Der Kleine Pauly

Lexikon der Antike

Auf der Grundlage von
Pauly's Realencyclopädie
der classischen Altertumswissenschaft
unter Mitwirkung zahlreicher Fachgelehrter
bearbeitet und herausgegeben von
Konrat Ziegler,
Walther Sontheimer
und
Hans Gärtner

Band 5
Schaf – Zythos
Nachträge

Deutscher Taschenbuch Verlag

März 1979
Deutscher Taschenbuch Verlag GmbH & Co. KG,
München

Umschlaggestaltung: Celestino Piatti
Gesamtherstellung: C. H. Beck'sche Buchdruckerei,
Nördlingen
Printed in Germany · ISBN 3-423-05963-X

Kriegsbeute der Israeliten 4. Mose 31,32; jährl. Verbrauch am Perserhof im 5. Jh. 300000 Stück Hdt. 3,90; Weiteres bei ORTH RE XII 604 (Art. Lana; DOHR 96). 2. Entwicklung dichter und feiner Wolle (s. u. 4,1); hierfür diente bes. die Zuchtform der *oves pellitae* bzw. *tectae* (Sch., deren Rücken mit einer Art Schabracke bedeckt war) im Unterschied zu den gewöhnlichen Bauernschafen (*oves colonicae, hirsutae:* Plin. 8,189. Colum. 7,2,6)). Zucht- und Wartungsvorschriften bei Varro 2,2,2–19. Colum. 7,2–4. Geop. 18,1–8; dazu Verg. georg. 2,384ff. Sie enthalten die Kriterien guter Auswahl beim Kauf eines Tieres (noch besser einer ganzen Herde) nach Körperbau und Haarfarbe (Varro 2,2,5f. fügt die geltenden Kaufrechtsformeln an), Anweisungen über den Bau von Ställen und Hurden (für trächtige und kranke Tiere gesondert) nebst Reinlichkeitsvorschriften, Regeln für den Weidegang nach dem Tagesablauf und die Wahl geeigneter (bes. milchtreibender) Futterpflanzen (u. a. *cytisus, laserpitium*, Luzerne, Seifenkraut) sowie für ausreichende Salzversorgung (nach Aristot. 596a 18 je 1 Scheffel Salz auf 100 Stück in 5 Sommermonaten); Schutz vor schädlichen Pflanzen und wolleschädigendem Weidebewuchs; Sorge für gesundes Wasser (das in der Paarungszeit die Haarfarbe der Lämmer beeinflussen kann: Aristot. 519a 13. Varro 2,2,14. Plin. 2,230. 31,13); Maßnahmen gegen die Aggressivität der Widder u.a. Breiten Raum nehmen die Vorschriften für die Nachzucht ein: *admissura* des Widders nicht vor dem 2. J.; er soll aus einem Zwillingswurf stammen und keine Flecken unter Gaumen und Zunge haben. Paarung im Frühjahr ergibt Herbstlämmer, die besser sind als Frühjahrslämmer (Celsus bei Colum. 7,3,11. Plin. 8,187). Paarung gegen Nordwind ergibt männlichen, gegen Südwind weiblichen Nachwuchs; das Geschlecht läßt sich auch durch Abbinden des rechten (bzw. linken) Widderhodens bestimmen. Nach Altersstufen genau geregelt ist auch die Aufzucht der Lämmer, von denen die meisten männlichen entweder ganz jung zur Schlachtung verkauft oder zur Gewinnung feinerer Wolle kastriert werden. Columella teilt einige Besonderheiten mit (7,3,16 Geburtshilfe; 7,2,4 Kreuzungsversuche mit Wild-Sch., s.o. 1,30), doch sind sie kaum völlig vereinzelt gewesen.

Daß das Melken und Schlachten bei den Nomaden Hauptzweck der Sch.-Haltung war, versteht sich von selbst, aber in den agrarischen Kulturen war es nicht weniger geläufig, wie die o.a. Unterscheidung (2,47) beweist. In der klass. und nachklass. Z. der Gr. und Römer tritt es jedoch in den Zeugnissen neben der Wollgewinnung völlig in den Hintergrund. Erst durch sie wurde das Sch. zu einem namhaften Wertobjekt, dessen Art und Kostbarkeit von vielen Faktoren (Klima, Futter, Wasser) abhing, am meisten aber

von sorgsamer Pflege. Weiße Wolle war das übliche Zuchtziel, da sie jede beliebige Farbe annimmt, dazu seidenartig feines Haar (ORTH RE XII 594ff. [Lana]; 655 [Landwirtschaft]; DOHR 96). Die kostbarste Wollzucht der alten Welt war die von → Milet, deren Verfahren später in Attika und im Westen übernommen wurden; sie machte spezielle Maßnahmen der Zucht, Unterbringung, Körperpflege und Begrenzung des Weideaustriebs erforderlich (Varro 2,2,18f. Colum. 7,4. Plin. 8,190); selbst für den Gebrauch des Mäntelchens (s.o. 3,7) gab es bestimmte Vorschriften (Colum. a.O. § 5). Edle Züchtungen mit nicht-weißen Naturfarben (schwarz, grau, gelb, rötlich) gab es in S.-Italien, der Gallia Cisalpina, der Baetica in Spanien (Colum. 7,2,4. Plin. 8,191). Vorschriften zur Schafschur bieten Varro 2,11,6ff. Colum. 7,4,7. 11,2,35. Plin. 18,254. Didym. Geop. 18,8. Neben dem Scheren kannte man auch das Ausraufen der Wolle, durch das angeblich die Haare weicher werden (Plin. 8,190; erörtert bei Aristot. probl. 893a 17ff.). Über Färben, Verarbeitung und sonstigen Gebrauch → Wolle.

Den Wert der Milch des Sch. hebt Verg. georg. 3,308ff. 394ff. neben dem der Wolle so nachdrücklich hervor, daß Plin. 11,96 nicht zu dem Glauben verführen darf, die Milch sei vor allem von Barbaren getrunken worden. Daß sie vornehmlich der Landbevölkerung diente (Colum. 7,2,1; vgl. Cic. Cato 56. Ov. fast. 4,547ff.; ähnlich den Hirten bei Theokr. 8,41f. 11,37), mag z.T. durch Transportschwierigkeiten bedingt gewesen sein. Darin hat sich seit Homers Z. (RICHTER 62ff.) nicht viel geändert. Nur in verkäster Form (s. W. KROLL RE X 1493f.) ließ sie weitere Verteilung, auch durch den Handel zu (WHITE 310f.). Als Kinder- und Diätnahrung fand sie wohl überall Verwendung (s. G. HERZOG-HAUSER RE XV 1571ff.), obgleich sie seltener erwähnt wird als die der anderen Tiere. Da jedoch Kuhmilch im allg. ausscheidet, so ist unter »Milch« allein gewöhnlich »Sch.-Milch« zu verstehen. Sie galt als süß und nahrhaft, aber auch als weniger leicht verdaulich (Varro 2,11,1. Dioskur. 2,70. Plin. 28,124. Galen. 6,765). Sie ergab auch die fetteste Butter (Plin. 28,133; ihre med. Verwendung: 29,105. 30,111. 118 u.a.). Die Milch eines Sch. unter 1 Jahr bezeichnet Aristot. 585a 23 als ungenießbar. – Daneben tritt das Fleisch des Sch. stark in den Hintergrund (bezeichnend seine Nichterwähnung bei Varro 2,11,4 und 11); nur Lammfleisch spielte auf dem Lebensmittelmarkt eine gewisse Rolle (Ezech. 27,21. Colum. 7,3,13; Rezepte für Zubereitung: Apic. 8,359–370 Sch.). Daneben verwendete man bestimmte Organe für Heilzwecke (s. bes. Plin. B. 29 und 30). – Der Mist des Sch. stand bei den Bauern in hoher Geltung, bes. für den Anbau von Getreide (Cato agr. 37) und Spargel (Cato agr. 161,4. Plin. 19,149). In den einschlägigen Systematiken (Cato bei Gell. 4, 12,1. Nigid. ebd. 10,5,2. Varro 1,38,3. Colum. 2,

S

FORTSETZUNG

Schaf. *ὄις* (*οἶς*), *ovis; κτίλος, κριός, ἀρνειός* (*ἀρνειὸς ὄις* Hom. Od. 10,572), (*ἀρήν*) *ἀρνός* etc. *vervex, aries* »Widder«, auch »Widderlamm« (vergleiche Richter 55, bes. Anm. 388); *ὁ, ἡ ἀμνός* (*ἀμνή* Anth. Pal. 9,150 u.a.; *ἀμνίς* Theokr. id. 5,3; *ἀμνάς* ebd. 8,35) *agnus, agna* »Lamm«; demin. *agnellus.* – Nächst dem Rind das wichtigste Wirtschaftstier der alten Welt. Es wurde spätestens im Neolith. an mehreren Stellen der Erde aus verschiedenen Wildformen (bes. dem asiat. Argali-Sch., dem s. europ.-mediterranen Muflon und dem n. afr. Halbschaf [Mähnen-Sch.]) gezüchtet, wobei das von der Argali-Rasse stammende asiat. Steppen-Sch. bei seiner Verbreitung nach Westen die eur.-afr. Rassen weitgehend verdrängt hat. Die wichtigsten Unterarten: 1. Merino-Sch., Ovis arcal hispanica, die führende ant. Rasse; 2. Zakkel-Sch., Ovis arcal strepsiceros, bes. auf Kreta und den griech. Inseln; spiralförm. Hörner; 3. Fettschwanz-Sch., Ovis arcal platyura; bes. Persien, Mesopotamien, Vorderasien; 4. Fettsteiß-Sch., Ovis arcal steatopyga; Asien und O.-Afrika. Daneben zeigen myken. Darstellungen eine kleine, dem ziegenartigen m. europ. Torf-Sch., Ovis aries palustris, ähnliche Rasse, die später ohne Bedeutung bleibt.

Wildschafe werden noch in hist. Z. für Phrygien (Varro rust. 2,1,5), N.-Afrika (Colum. 7,2,4) und die westl. Mittelmeerinseln (Paus. 10,17,6. Plin. nat. 7,199. 27,151 u.a.) bezeugt und gelegentlich zu Kreuzungen verwendet (Colum. a.O.) oder als Schautiere nach Rom gebracht (H.A. Prob. 19,7. Gord. 3; Jennison, Animals for Show and Pleasure... [1937] 43. 135ff.). Im übrigen ist fast nur vom Haus-Sch. die Rede, auch bei biolog. Angaben.

Biologisches: Reiche Mitteilungen finden sich in den zool. Büchern des Aristot. (Hauptstellen: hist. an. 573b 18ff.; 596a 14ff.; probl. 893a 17ff.), des Theophr. (»Aristot.« hist. an. 610b 22ff.), des Plin. (nat. 8,187–192; vieles Weitere passim) und des Ail. (bes. nat. an. 7,27, abweichend von den übrigen Quellen). Das Sch. ist Säugetier, Paarhufer, Pflanzenfresser und gehört zu den *πολυτόκα* (Aristot. gen. an. 770a 36); vieles hat es mit der → Ziege gemeinsam, ist aber bei geringerer Kraft gesünder als diese (Cels. bei Colum. 7,2,2). Lebensdauer ca. 10 J. (in Äthiopien 13–15 J.), beim Leitwidder bis 15 J. Geschlechtsreife vom 8. Monat an; Fortpflanzungsfähigkeit fast lebenslänglich. Sein Naturell ist gutmütig und dumm (vgl. S. 5,48); nach Theophr. a.O. ist es von allen Haustieren am schlechtesten zu halten, verläuft sich oft, läßt sich bei Gewitter und Schneefall höchstens durch den Leitwidder in den Stall zurückholen (vgl. Plin. 8,188; positiver Varro 2,1,4). Keine Oberzähne (Plin. 11,161), in manchen Gegenden ohne Galle (Aristot. 496b 26). Paarung Mitte Mai bis Mitte Juli (Plin. 8,187); Empfängnis nach 3–4 Paarungen (Aristot. 573b 17); Trächtigkeit 5 Monate (Aristot. ebd.; gen. an. 769b 23. Varro 2,2,14. Geop. 18,3); meist zwei, selten mehr oder weniger Lämmer bei einem Wurf. Donner und übermäßige Eichelnahrung bewirken Fehlgeburten ([Aristot.] 610b 30. Aristot. 604a 2). Die Krankheiten des Sch. entsprechen im ganzen denen des Menschen (Aristot. 604b 27) und erfordern solide Veterinärkenntnisse bei den Hirten (ausführl. Behandlung der Sch.-Heilkunde bei Varro 2,2,20 und Colum. 7,5).

Wirtschaftliches: Schafzucht ist seit frühester Z. eine der Grundlagen menschlichen Wirtschaftens (Colum. 7,2,1: Nahrung; Plin. 8,187: Wolle, Opfertier); zahlenmäßig übertrifft das Haus-Sch. die Ziege bei weitem (Richter 54f.), wohl auch das Rind. Es läßt sich in hist. Z. von Indien bis nach Spanien, von Äthiopien bis nach Britannien und S.-Rußland, meist in nomadischer oder halbnomadischer Herdenhaltung (White 206) gezüchtet, nachweisen, und zwar mit wechselndem Gewicht auf Milch- und Fleischgewinnung und auf Wollproduktion. Es ist die Lebensbasis der Juden und ihrer Nachbarn, die Grundlage der pers. und syr. Teppich- und Tuchindustrie, der kleinasiat. Feinwollerzeugung, die etwa seit frühhellenist. Z. in Unteritalien und Sizilien (Verg. georg. 4,126. Hor. c. 2,6,10 u.a.), bald auch in Spanien scharfe Konkurrenz erhielt (Strab. 3,2,6 p. 144. Colum. 6,2,3f.), sowie der gewinnreichen Färbereibetriebe der Phönizier, Parther, Gallier u.a. als sekundärer Wirtschaftsbranche. Eine große, vornehmlich auf Milch- und Fleischgewinnung gezüchtete Rasse hatte N.-Afrika (vgl. Pind. P. 9,11), wo das Sch. fast die einzige tierische Nahrungsgrundlage (neben bescheidenerer Ziegenzucht) bildete. Bei der mit großer Kunst und Mühe betriebenen Zucht konkurrierten zwei Ziele miteinander: 1. Vermehrung des Bestandes; wo Zahlen genannt werden, lassen sie z.T. auf riesige Herden schließen (z.B. 675000 Sch. als

14,4ff. Plin. 17,52ff.) rangiert er z.T. vor, z.T. nach dem Ziegenmist, stets nach dem des Esels und vor dem des Rindes.

Der Tausch- und Handelswert des Tieres stieg naturgemäß mit dem Fortschritt der Züchtung und der gewerblichen Auswertung des Hauptproduktes Wolle. Solon setzte den Stückpreis mit 1 Drachme fest (Plut. Sol. 23,3), im 5./4. Jh. waren 10 Drachmen für ein Opferschaf geläufig; während Lysias (or. 32,21) 16 Drachmen als Wucherpreis anprangert, taxiert Demosthenes, allerdings im eigenen Interesse, ein edles Wollschaf auf etwa 26 Dr. (or. 47,64). Varro 2,1,6 deutet das mythische Goldene Vlies als Anspielung auf den hohen Preis edler Rasse-Sch. Nach Strab. 3,2,6 p. 144 kosteten spanische Zuchtwidder bis zu 1 Talent.

In archaischen Verhältnissen begegnet das Tier auch als Werteinheit bei Zins-, Tribut und Strafzahlungen (2. Kön. 3,4. 2. Chron. 17,11. Strab. 16,3 p. 775. Varro 2,1,9. Plin. 18,11). Um so mehr hatte der Hirte darauf Bedacht zu nehmen, daß diese kostbaren und empfindlichen Tiere vor Krankheit, Schaden und Diebstahl beschützt und durch sachkundige Nachzucht vermehrt würden. Von gewöhnlichen Sch. gab man einem Hirten 100 Stück, von edlen Wollschafen nur 50 (Varro 2,2,20 mit Bezug auf Epirus, aber doch deutlich als Norm; vgl. 2,2,1).

Als Opfertier spielt das Sch. bei den Griechen eine Rolle im Kult der Aphrodite, des Zeus, des Hermes (dem es bes. eng verbunden war, vgl. Paus. 2,3,4. 9,34,3 u.a.; Anth. Pal. 4,334), des Pan, der Nymphen und vieler anderer Gottheiten, auch der chthon.; die letzteren erhielten gewöhnlich schwarze Schafe oder Widder (vgl. → Totenopfer), welche völlig verbrannt wurden, während sonst bei Opfern der Großteil des Fleisches gegessen wurde. Ebenso opferten die Römer den meisten Göttern Schafe bzw. Widder, namentlich → Mars, → Faunus, → Pales und → Dea Dia, sowie Wald- und Quellgottheiten. In der späten Kaiserz. kamen auch Sch.-Opfer für den Kaiser (Prud. c. Symm. 1,245ff.) und blutige Reinigungszeremonien mit Sch.-Blut auf (Prud. Perist. 10,1011ff.; Firm. de err. prof. rel. 27,8).

Im Sprichwort und in Redensarten ist das Sch. Symbol besonderer Weichheit (Philippid. frg. 29,2 Kock. Iuv. 8,15. Auson. epigr. 69) und Sanftheit (Ter. Ad. 534. Apul. met. 7,23. Sulp. Sev. dial. 2,9,4 u.a.), aber auch Dummheit (Kratin. 43 Kock. Plaut. Bacch. 1121. Merc. 524. Prop. 2,16,8. Macar. 6,8 u.a.). Den Ausdruck »stößiger Widder« für einen streitsüchtigen Menschen bezeugt schon Aristot. gen. an. 769b 20. Die topische Feindschaft zwischen Sch. und Wolf führt zu vielen Adynata: Der W. flieht vor dem Sch. (Verg. ecl. 8,52), heiratet es (Aristoph. Pax 1076; vgl. Theokr. 4,11), beschützt es (Aristoph. a.O. Diogen. 5,96) und wird gar als sein Hirte eingesetzt (Plaut. Pseud. 140. Ter. Eun. 832. Cic. Phil. 3,27. Ov. ars 2,364 u.a.). – In der Fabel spielt das Sch. eine minimale Rolle (Sch. und Wolf am Fluß: fab. 155 Perry; Streitgespräch mit dem Hund: fab. 356 P. = Babr. 128). W. R.

E.Hahn Die Haustiere und ihre Beziehung zur Wirtschaft des Menschen (1896). *O.Keller* Ant. Tierwelt I (1909) 309ff. *F.Stegmann von Pritzwald* Die Rassengeschichte der Wirtschaftstiere (1924). *Orth*, Art. Lana, RE XII (1924) 594ff. *M.Hilzheimer* Natürliche Rassengesch. der Haussäugetiere (1926). *E.Feige* Die Haustierzonen der Alten Welt (1928). *F.Flor* Haustiere und Hirtenkulturen. Wiener Beitr. zur Kulturgesch. und Linguistik 1 (1930). *O.Körner* Die homer. Tierwelt ([2]1930). *O.Brendel* Die Schafzucht im alten Griechenland, Diss. Gießen 1934. *K.F.Vickery* Food in Early Greece. Illinois Studies in Soc. Sciences 20,3 (1936). *J.Favis* Die althellen. Landwirtschaft in vorsolon. Zeit (1948). *T.Frank* An Economic Survey of Ancient Rome, 6 voll. (1959). *H. Dohr* Die ital. Gutshöfe nach den Schr. Catos u. Varros, Diss. Köln 1965. *W. Richter* Die Landwirtschaft im hom. Zeitalter; Archaeologia Homerica, Tl. H (1968). *K. D. White* Roman Farming (1970).

Schapur s. Sapor

Schattenmalerei (*σκιαγραφία*). Nach Plut. mor. 346 A hat → Apollodoros (10) die S., → Zeuxis die ratio von Lichtern und Schatten »erfunden« (Quint. inst. 12,10,4). Auf att. Vasen läßt sich Aufkommen und Ausbildung von Schattengebung verfolgen; sie diente wohl auch in der Tafelmalerei nur der Modellierung der Einzelfigur, erst seit hellenist. Z. zusammen mit Perspektive auch der Landschaftsdarstellung und (soweit wir erkennen können, sehr selten) der Komposition des Bildes. W. H. G.

Pfuhl II 620ff. 674ff. *Rumpf* HBArch IV/1 (1953) 96f. 121ff. 126f.

Scheda(e) *(sc(h)ida, σχίδα, σχίδος, σχίζειν)*. Auf Grund der Herleitung hat S. die Bedeutung »Abgespaltenes«, also z.B. Holzscheite oder -späne (Vitr. 2,1,4. 7,10,3). Davon ausgehend kann S. einen Papyrosstreifen bezeichnen, der von einem Papyrosstengel »abgespalten« wurde, und von denen mehrere zu einem Bogen zusammengeklebt werden konnten (Plin. nat. 13,77). Daraus wurde übertragen das Blatt Papier eines Buches oder Briefes (Cic. Att. 1,20,7. Quint. inst. 1,8,19). In späterer Z. bedeutet S. auch »Notizzettel, Konzept«. Für die Ableitung: P. KRETSCHMER, Glotta 10, 1920, 168ff. S. O.

Schedia. Zollstellen am Nil: 1. an der Abzweigstelle des nach Alexandreia vom kanop. Nilarm wegführenden Kanals, h. Kom el-Gize bei el-Keriun, 4 Schoinen von Alexandreia entfernt, mit Kult des Zeus Soter und der Athena Polias. 2. Anlage an der Abzweigung des Bahr Jussuf vom Nil im Gau von Kusae s. → Hermupolis (1), Zollstelle der s. anschließenden Thebais. W. H.

Schedios (*Σχεδίος*). Phoker aus → Panopeus, kämpfte mit seinem Bruder → Epistrophos

(1) gegen Troia und wurde von Hektor getötet, Il. 2,517. 17,306. Seine Gebeine wurden nach → Antikyra (2) überführt, Paus. 10,36,10. Nach Sch. Lykophr. 1067 gründeten die Brüder → Temesa in Unteritalien. H. v. G.

Scherie (Σχερίη). Das Land der → Phaiaken in Hom. Od.; die Vorstellung einer Insel (6,204) ist nicht durchgehend festgehalten. Von fern zeigt es sich → Odysseus als ein »Schild« im nebligen Meere (5,279 ff.). Der Schiffbrüchige rettet sich in die Mündung eines Süßwasserflusses. Auf einer günstig gelegenen Halbinsel hat → Nausithoos (1) eine ummauerte Polis angelegt: Geräumige Agora für Volksversammlung und Feste, Poseidontempel, prächtiger Königspalast, auch Werkstätten für Schiffsgerät; vor der Stadt das Königsgut des → Alkinoos, ein Hain der Athena, Ackerbreiten und Gärten: Modell einer aristokrat. ion. Hafenstadt. – Wie schon im Alt., lokalisiert man S. meist auf Korkyra; E. Bradford Reisen mit Hom., dtv. 1964, 227 ff. Das Inselchen Pondikonisi als versteinertes Schiff der Phaiaken ist bekannt. E. Drerup, Hom.^{2} 135 dachte an Kreta (wegen Rhadamanthys 7,321); dagegen Wilam. GldH 1,133,3. Andere Lokalisierungen in der Lit. über die Irrfahrten des Odysseus (s. d.). H. v. G.

Schiedsgerichtsbarkeit. I. Griechisch. 1. Athen. Die in Griechenland weit verbreitete Institution der S. ([8]) begegnet in Streitigkeiten sowohl zwischen einzelnen Bürgern ([2]) als auch zwischen Staaten ([5]. [6]). Von dem erlosten öffentl. Schiedsrichter, *διαιτητὴς κληρωτός* ([1]. [4]. [6]. [9]), ist der gewählte private, *ὁ. αἱρετός* ([3]. [7]), zu unterscheiden, → Diaitetai. Beide Arten der S. waren in Athen durch Gesetz geregelt ([9], 272 ff.). Der private Schiedsrichter hatte den Streit gütlich beizulegen (*διαλύειν*) und durfte ihn nur mit bes. Genehmigung der Parteien, dann allerdings ohne an die Regeln des strengen Rechts gebunden zu sein, entscheiden, *γιγνώσκειν* ([3]). Diese Entscheidung konnte sich auch auf den Eintritt oder Nichteintritt einer von den Parteien vorher festgesetzten Rechtsfolge beschränken. Der Schiedsspruch schloß ein gerichtliches Urteil in ders. Sache aus (vgl. zum privaten Schiedsspruch → Menandros' Epitrepontes III 1201,15 ff.). 2. Äg. Auch hier gab es zu allen Zeiten öffentl. ([10]. [13]) und private ([11]) Schiedsrichter. Die Belege sind allerdings recht vereinzelt. Private Schiedsrichter kommen vor allem in ptolem. Z. ([14]) auf dem Gebiet des Eherechtes, im Bereich der inneren Vereinsgerichtsbarkeit ([12]) und auf den großen Lehen vor. Nachrichten über das Verfahren fehlen allerdings für diesen Z.-Abschnitt völlig. E. B.

1. *Busolt* GStk. 1111,4. 2. *A. Steinwenter* Streitbeendigung durch Urteil, Schiedsspruch und Vergleich nach griech. Recht, 1925, 19f. 43. 50f. 91 ff. 172 ff. 3. *I. Caimo*, SIFC 5, 1927, 15 ff. 4. *Bonner-Smith* The Administration of Justice from Homer to Aristotle 1, 1930, 346 ff. 5. *M. N. Tod* Streiflichter auf die griech. Gesch., 1932/68, 22 ff. 6. *H. C. Harrell* Public Arbitration in Athenian Law, 1936. 7. *S. v. Bolla*, JOEAI 31, 1939, 170–178. 8. *S. Ch. Sakellariadis*, Ἀρχεῖον ἰδιωτικοῦ δικαίου 6, 1939, 497–512. 9. *M. Just* Die Ephesis in der Gesch. des att. Prozesses, Diss. iur. Würzburg 1965, 208 ff. 10. *Preisigke* Pap. WB. s. v. διαιτητής. 11. *J. Modrzejewski*, Journ. of Juristic Pap. 6, 1952, 257 ff. 12. *H. J. Wolff*, ZRG 70, 1953, 33,35. 13. *R. Taubenschlag* The Law of Greco-Roman Egypt, 1955^2, 484. 14. *E. Seidl* Ptolem. R.-Gesch., 1962^2, 83 ff.

II. Römisch. Im Gegensatz zur staatl. Gerichtsbarkeit beruht die S. darauf, daß sich die Parteien im Schiedsvertrag freiwillig der Jurisdiktion eines Privatmanns unterwerfen. Vor allem M. Wlassak hat in der S. den Anf. des röm. Zivilprozesses überhaupt sehen wollen, doch wird dem h. meist widersprochen (vgl. M. Kaser Röm. Zivilprozeßrecht, 1966, 20f.). Jedenfalls aber hat es in Rom schon früh Ansätze zu einer S. gegeben, nämlich den speziell zur Geldschätzung berufenen → *arbiter* (Kaser a. O. 41 ff.). Im klass. Recht erfordert die S. einen Schiedsvertrag (*compromissum*). In ihm versprechen sich die Parteien stipulationsförmig wechselseitig Strafen für den Fall der Nichteinhaltung des Schiedsspruchs (vgl. Ulp. Dig. 4,8,11,2f.). Der Schiedsrichter, über den sich die Parteien geeinigt haben, verspricht seine Tätigkeit durch ein → *receptum (arbitri)*. Hieraus wird er vom Prätor durch Koerzitionsmittel zur Erfüllung gezwungen, vgl. das Edikt in Ulp. Dig. 4,8, 3,2; frg. 15. In nachklass. Z. erlangt größere Bedeutung die schiedsrichterl. Tätigkeit der religiösen Oberen für die Juden und der Bischöfe für die Christen (*episcopalis audientia*), dazu Kaser a. O. 527 ff. Die in diesen Verfahren ergangenen Schiedssprüche können mit staatl. Machtmitteln vollstreckt werden. Iustinian bindet das *compromissum* an wechselnde Formen (vgl. M. Kaser Röm. Privatrecht 2, 1959, 281). D. M.

Schierling (*cicuta;* griech. *κώνειον* nach dem kegelförmigen Fruchtknoten [*κῶνος*] und viele andere auf die tödliche Wirkung hinweisende Bezeichnungen) wird von Theophr. h. plant. 1,5,3, Dioskur. mat. med. 4,78,2 und Plin. nat. 25,151 treffend beschrieben. Zahlreich sind die Zeugnisse über die Giftigkeit der Pflanze. Das stärktse Gift sitzt im Saft des Stengels, aber auch in Blättern, Blüten und Früchten. Seine Wirkung schildert Platon, wo er den Tod des nach athen. Rech[illegible] zum Gifttod verurteilten Sokrates beschreibt, P[illegible] 117a ff. Vgl. Lys. 219e. Aristoph. Ran. 1[illegible]. Nik. Alex. 184. Als Gegenmittel galt Wein [illegible]it allerlei Zutaten. Doch wurde Sch. auch verschiedentlich medizinisch verwendet. K. Z.

Gossen, RE Suppl. VIII 706 ff.

Schiffe, Schiffswesen s. Seewesen

Schild. Über den griech. S. → Aspis (s. a. BursJb 274, 1941, 87. A. Snodgrass Arms and armour of the Greeks, London 1967). In der Frühzeit des röm. Milizheeres stand nach Diod. 23,2,1.2 (s. MEYER 19 ff.) ein viereckiger Lang-oder Türschild (θυρεός) in Verwendung, der unter etr. Einfluß vom → *clipeus* abgelöst wurde und schließlich bei der Einführung der Manipulartaktik dem samnit. *scutum* wich. Dieses war nach Pol. 23,2–5 rechteckig, schwach zylindrisch gewölbt, 1,20 m hoch und 0,75 m breit. Es bestand aus einer doppelten mit Rinderleim verbundenen Bretterlage, die mit Leinwand und Kalbfell überzogen war. An den beiden kurzen Seiten war es durch Metallbänder verstärkt und dadurch gegen Schwerthiebe und die Abnützung beim Aufsetzen auf die Erde gesichert. In der Mitte befand sich der *umbo*, ein Buckel aus Eisen. Um 300 v. Chr. kam ein länglich ovaler S. auf. Beide Formen wurden auch in der Z. der Kohortentaktik und des homogenen Heeres der Kaiserzeit beibehalten (Cass. Dio 49, 30,1 f.), doch war das *scutum* der Kaiserzeit, wie Grabreliefs und die Traiansäule zeigen, kleiner als das polybianische. Außerdem kamen andere Formen wie Rund- (Ios. bell. Iud. 3,5,5) und Sechseckschilde (Marcussäule) auf. Die Außenseite der S. wurde verschiedenartig verziert, bes. durch blitzförmige Metallstreifen, die zugleich als Versteifung dienten und schon in der Z. der Kohortentaktik (KROM.-VEITH 410) vorkommen. In der Z. des differenzierten Heeres der späten Kaiserzeit verschwand der viereckige Langschild völlig und an seine Stelle trat der ovale S. Daneben gab es auch kreisrunde und herzförmige S., von denen erstere für das 5. und 6. Jh. n. Chr. typisch sind. Beim Marsche wurde der S. am l. Arm getragen. Für seine Versorgung diente ein lederner Überzug. A. N.

Fiebiger, RE II A 914 ff. *Ed. Meyer*, APrAW 1923, phil. 3,19 ff. *Krom.-Veith* 638. *R. Grosse* Röm. Militärgesch., 1920, 328 f. BursJb 218, 1928, 97 f. 274, 1941, 144 f. *W. Groenman-van Waateringe*, Helinium 3, 1963, 253 ff. Zur Signierung d. S. s. auch *A. Neumann* Ausgrabungen und Funde im Wiener Stadtgebiet 1950, Wien 1955, 6. *R. M. Mullen*, AJA 64, 1960, 23 ff. → *parma* (2), Bewaffnung.

Schildkröte *χελώνη, ἐμύς; testudo; mus marinus*? (Plin. nat. 9,166; vgl. Arr. Ind. 21. Aristot. hist. an. 5,558 a 8, wahrsch. *Sphragis coriacea*, Leder-Sch. – Im Alt. sicher bekannte Arten: *χ. (χελών, χελύς, χελύνη) χερσαία*, griech. Land-Sch. (Testudo graeca L.); *ἐμύς, χ. λιμναία*, Teich-Sch. (Emys orbicularis L.) u. a. Wasser-Sch.n; *χ. θαλαττία (t. marina* Plin.) Karett-Sch. (Thalassochelys caretta); wohl auch die Ganges-Weich-Sch. (*χ. ποταμία*: Ail. nat. an. 12,41. 16, 14) und die maurische Sch. (*χ. ὄρειος* Ail. 14,17. Plin. 9,38); daneben mehrere nicht bestimmte Arten. Erste Erwähnungen der Sch. bei Hom. h. Merc. 33 ff.; Emped. B 76 D. Eine große Zahl zool. Beobachtungen über Körperbau, Fortbewegung, innere Organe, Fortpflanzung usw. bei Aristot. hist. an., gen. an., part. an., respir., sowie Plin. nat. (z. T. abweichend) verrät intensives Interesse an dem eigenartigen Tier. Eine Beschreibung bietet Pacuv. trag. 4 ff. W. (Cic. div. 2,133). Sehr große Exemplare fand man in Arkadien (Paus. 8,23,9). Über die Stimme: Aristot. hist. an. 4,536 a 4. Plin. 11,267. Amphib. Verhalten der Meer-Sch.: Aristot. a. O. 589 a 24. Plin. 9,19. Brutverfahren: Aristot. a. O. 558 a 4; respir. 475 b 23. Plin. 9,37. Plut. soll. an. 33. Sprichwörtlich war ihre Langsamkeit: Anth. Pal. 11,436. Plut. mor. 1082 E. Sext. Emp. Pyrrh. 3,77 u. a.; daher »*testudineus gradus*« Tert. de pall. 3. Hieron. ep. 125,18 u. a. Ihr Panzer macht sie unverletzlich (Aristoph. Av. 1292 u. a.); ihre Feinde sind die Raubvögel (bes. Adler), die sie emporheben und auf Steinen zerschellen lassen (Soph. frg. 279. Plin. 10,7. Ail. 7,16. Hesych. s. *χελωνοφάγος*). Die Menschen jagen sie bes. im S. und O. (Diod. 3,21. Plin. 9,35 f.) und essen ihr Fleisch (Diod. a. O.; Plin. 6,109. GGM 1,352 u. a.), bei König Kroisos (Hdt. 1,48) allerdings etwas Ungewöhnliches. Griechen tun es sonst nicht (Zenob. 2,29; vgl. 4,19: Durchfall als Folge). Med. Verwendung gegen vielerlei Leiden bei Plin. 32. – Der Panzer diente als musikal. Resonanzboden (Hom. h. Merc.; vgl. Paus. 2,19, 7), bei Exoten als Dachziegel (Strab. 16,773. Diod. a. O. Plin. 6,91. Curt. 9,8,2. Ail. 16,17), und lieferte Schildpatt (bes. der der Karette) (Vell. 2,56. Varro Men. 448) für Zimmerwände (Ov. met. 2,737), Türen (Verg. georg. 2,463), Betten (Plin. 33,146. Iuv. 6,80. 11,94) u. dgl.; als Erfinder nennt Plin. 9,39 Carvilius Pollio. – Dem arkad. Pan ist die Sch. heilig (Paus. 8,54,7); Apollon und Athene verwandeln sich in sie (Ant. Lib. 32. Serv. Aen. 1,509. Phot. bibl. 444 a 23). Magische Kräfte werden ihr zugeschrieben (Pallad. 1,35,14; vgl. KELLER 257). In der Fabel spielt sie eine bescheidene Rolle (Aisop. 106. 226. 230 Perry); Hauptmotiv ist ihre Langsamkeit (vgl. auch OTTO Sprichwörter 346 f.). Über Sch. aus Ton und Bronze als Geräte, Spielzeug und Münzen s. KELLER 258 f. W. R.

O. Keller Antike Tierwelt 2, 1913, 247 ff.

Schirm (*σκιάδ(ε)ιον, umbraculum, umbella*). Feste oder zusammenklappbare S. kennt das Alt. als Würdezeichen (H. SCHMÖKEL Ur, Assur u. Babylon T. 106 ff. A. JIRKU Die Welt der Bibel T. 92, 1. H. H. V. D. OSTEN Die Welt der Perser T. 50) und als Sonnen-S. (L. BANTI Die Welt der Etrusker T. 100. E. GERHARD Etr. Spiegel IV T. 404. L. DEUBNER Att. Feste T. 18. 21,3). Beim Panathenäenfest trugen Dienerinnen den Kanephoren den S. nach (DEUBNER 31,14), wie überhaupt S. von Frauen benützt werden (Athen. 12,534 a), auch in Rom (Ov. ars 2,209; fast. 2,311. Tib. 2,5,97. Iuv. 9,50. Martial. 11,73,6. 14,28). Einen Regenschirm scheint das Alt. nicht gekannt zu haben. W. H. G.

Schlachtordnung. In hom. Z. galt die Einteilung nach Stämmen und Geschlechtern auch in der S. Sie war ein Viereck, in dem die einzelnen Schlachthaufen (*πύργοι*) und deren Unterabteilungen (*στίχες*), durch Zwischenräume getrennt, nebeneinander standen. Im ersten Gliede befanden sich die vollgerüsteten Vorkämpfer (πρόμαχοι), zu denen auch die Fürsten gehörten. Vor den Schlachthaufen waren die Wagenkämpfer aufgestellt und hinter den πύργοι die Leichtbewaffneten. Eine einheitliche Leitung fehlte, jeder Stammesführer handelte selbständig. Erst allmählich, z.Z. der griech. Freistaaten – zuerst in Sparta –, kam es zur Ausbildung jener → Phalanx der Schwerbewaffneten (→ Hoplitai), die in geschulter Massenbewegung unter einheitlichem Kommando vorging. Auch jetzt war die S. eine Aufstellung von durch Intervalle getrennten, doch taktischen Abteilungen von Kriegern mit gewöhnlich 8 Mann Rottentiefe. Vorkämpfer gab es nicht, sondern die Phalangen stießen oder sollten gleich auf der ganzen Linie aufeinander stoßen. Die Leichtbewaffneten (→ ἀκόντιον, Hippotoxotai, Toxotai, Schleuderer, Sphendonetai, Peltastai), zu denen auch die Schildknappen der Hopliten zählten, waren zusammen mit der → Reiterei entweder vor der Front oder an den Flügeln aufgestellt und eröffneten den Kampf. Mitunter wurden sie auch hinter der Phalanx (Thuk. 4,43,3) aufgestellt. Daneben wurden die Leichtbewaffneten mit der Reiterei an den Flügeln auch so verwendet, daß sie einen Teil der Front bildeten (Thuk. 5,70ff. Xen. an. 1,10,7). Auch zur Ausfüllung von Intervallen zwischen den einzelnen Abteilungen der Hopliten waren sie bestimmt (Xen. an. 5,4,22). Durch → Epameinondas wurde die bisherige S. wesentlich geändert. Es gab nun einen tief gestaffelten Angriffsflügel und einen mäßig gestaffelten Defensivflügel. Jener wurde durch Reiterei, dieser durch das Gros der Reiterei und durch die Leichtbewaffneten geschützt. Diese S. übernahmen auch → Philipp II. und Alexander d. Gr. Doch trat insofern eine Änderung ein, als der Angriffsflügel nicht mehr aus Fußvolk, sondern ausschließlich aus Reiterei gebildet wurde. In der Diadochenzeit war die S. im wesentlichen die gleiche, bloß das Fußvolk, die Phalanx, wurde, um eine größere Stoßwirkung zu erzielen, tiefer, in der Regel 16 Mann tief, aufgestellt. Neu war auch die Verwendung von Elephanten, die vor der Kampflinie in verschieden großen Abständen voneinander standen, welche Leichtbewaffnete ausfüllten.

Das älteste Gesamtaufgebot in der Frühzeit des röm. Milizheeres dürfte ähnlich wie die flache griech. Phalanx zur Schlacht aufgestellt gewesen sein (→ exercitus), bis sich durch horizontale und vertikale Gliederung daraus die sogenannte Manipularphalanx entwickelte, d.h. die → Legion wurde in 3 Treffen (→ hastati, → principes, → triarii) gegliedert und je 2 → centuriae von insgesamt 60 zu einem → manipulus zusammengefaßt. Innerhalb dieses standen die centuriae nebeneinander 6 Mann, die der triarii 3 Mann tief. Zwischen den einzelnen manipuli, welche durch alle 3 Treffen hintereinander aufgedeckt waren, gab es frontbreite Intervalle. Erst in der Z. der Manipulartaktik wurden die Intervalle von den manipuli des 2. und 3. Treffens gedeckt, so daß eine schachbrettförmige Aufstellung entstand. Dabei befanden sich die Legionen in der Mitte der S., die röm. Reiter *(→ equites militares)* anf. auf dem einen Flügel der Infanterie, die bundesgenössischen am anderen, später jedoch die röm.-ital. Reiterei auf dem einen, die Auxiliarreiterei *(→ auxilia)* am anderen. Die Leichtbewaffneten *(→ funditores, rorarii, sagittarii,* Schleuderer, *velites)* waren vor der Front, um den Kampf zu eröffnen. Durch die Zusammenziehung von 3 manipuli zu einer → *cohors* als taktischer Einheit in der Z. der Kohortentaktik änderte sich die S. insofern, als nun 3 manipuli dicht nebeneinander aufgestellt wurden. Die *triplex acies* blieb auch jetzt die Norm, d.h., 4 Kohorten bildeten das 1. Treffen und je 3 das 2. und 3. (Caes. civ. 1,83,2), doch war sie nur eine Möglichkeit neben anderen, wie der *acies duplex, acies simplex* oder der Vereinigung aller 3 in einer S. (Bell. Afr. 60). Wie in der Treffenbildung bestand auch Freiheit in der Disposition der einzelnen Kohorten und dies führte schließlich zur Verwendung des 3. Treffens als Schlachtreserve. Die Leichtbewaffneten und die Reiterei standen im Normalfall an den Flügeln der S., doch war die Möglichkeit zu Kombinationen gegeben. In der Z. des homogenen Heeres der frühen Kaiserz. wurde diese S. in verschiedenen Variationen angewandt (Tac. hist. 2,24. 5,16). Diese Kombinationen waren durch die steigende Bedeutung der Fernwaffen und der Reiterei (→ exercitus) seit dem 1. Jh. v. Chr. bedingt. Ein bezeichnendes Beispiel dafür ist auch die S. bei Arr., Ἔκταξις κατ' Ἀλανῶν 11ff.

Die *acies triplex*, die sich in der Zeit des differenzierten Heeres der späten Kaiserz. mit dem Verschwinden der alten Legion in ihrer Zusammensetzung wesentlich verändert hatte, kam allmählich ab und es wurden S., wie z.B. der *cuneus* in der Form eines Trapezes angewendet (Amm. 17, 13. Veg. mil. 3,9). Was die von Veg. mil. 3, 17–20 geschilderten Schlachtformationen einschließlich des *cuneus* betrifft, so wurden sie schon in der Frühzeit des röm. Heeres angewendet (SCHENK 54f.). Eine von ihnen, von der Veg. mil. 3,20 angibt, daß sie zu seiner Z. in Übung war, ist die Aufstellung in einer langen rechteckigen Front. Die Reiterei hatte auch jetzt ihren Platz an den Flügeln (Amm. 31,12), bildete aber teilweise auch die Reserve. A. N.

E. u. F. Lammert, RE II A 436ff. *Krom.-Veith* 631. 638. *F. Lammert*, Philol. Suppl. 23, 2, 1ff. 60ff. *J. Krom. – G. Veith* Ant. Schlachtfelder I–IV, 1903ff. Schlachtenatlas z. ant. Kriegsgesch., 1922ff. *D. Schenk*, Klio Bh. 22. *R. Grosse* Röm. Militärgesch., Bln. 1920, 254ff. *W. Krebs*, Wiss. Ztschr. d. Universität Rostock 13, 1964, 205ff.

Schlange ὁ ὄφις (seit Hom. Il. 12,208), *anguis, serpens;* andere Wörter werden teils allg., teils für Sonderarten gebraucht: ὁ δράκων (= ὄφις Hom. Il. 12,202. Hes. Th. 322. 825), ἡ ἔχιδνα (Hdt. 3,108 u.a.; metaph. »Verräter[in]« Aischyl. Ch. 249 u.a.), ἡ χέρσυδρος (Nik. ther. 359 u.a.); *vipera* (seit Cic. har. resp. 50), *coluber*, *colubra* (seit. Plaut., vor Petron. nur poet.).

1. Zoologisches. a) Allgemein: Nach Aristot., Antig. Car., Ail. u.a. gab es auf Kreta, den Balearen und Pityusen keine S., auf Sizilien keine giftigen (wie h. noch auf den meisten atlant. Inseln); im übrigen waren allen ant. Völkern S. vertraut, in Indien (Strab. 15,706. Megasth. frg. 47 u.a.) und Afrika (Diod. 3,36) eine gefürchtete Landplage. Gefährlichkeit und geheimnisvolles Wesen führten zu intensiver Beobachtung; so gibt es viele Nachrichten, u.a. über die schuppige Haut (Aristot. part. an. 4,676b 6. Verg. georg. 3,426 u.a.), knorpelige Knochen (Aristot. a.O. 2,655a 20 u.a.; angebl. 30 Rippen: hist. an. 2,508b 2. Plin. 11,207 u.a.; 180–450 Rippen: Paradox. Vatic. Rohdii 8), Zähne (Aristot. ebd.; gute Beschreibung bei Plin. 11,163), Zunge (Aristot. ebd. Plin. 11,171. Verg. georg. 3,439 u. oft bei Dichtern), Lunge (Aristot. ebd. 508a 32 u.a.), Samen nicht aus Hoden, sondern aus dem Rückgrat (Aristot. ebd. a 12. 3,509b 14), Eierstock und Eier (Aristot. ebd. 508a 13. 558a 30), Begattungsweise (Aristot. ebd. 540a 33; gen. an. 718a 27). Man kannte ihre Ernährung, ihren Winterschlaf, ihre Häutung (Beschreibung: Aristot. hist. an. 600b 28. Ail. nat. 9,16), das Überdauern langer Hunger- und Durstzeiten (Aristot. part. an. 2,606b 6. 4,691a 6. Plin. 22,106). Ihr »Zischen« (Aristot. hist. an. 4,536a 6) erscheint bei röm. Dichtern stereotyp. Daß es nichtgiftige S. gab, war bekannt (z.B. Lucan. 9, 727), doch werden die S. meist unterschiedslos als giftig, gefährlich, heimtückisch bezeichnet (z.B. Hom. Il. 3,33ff. 22,93. Cic. ac. 2,38. Verg. georg. 3,435; Aen. 2,379ff.). Über Giftwirkung und Giftversagen gab es z.T. märchenhafte Vorstellungen (Aristot. frg. 334. Pausan. 9,28,1. Nigid. bei Plin. 29,69. Ail. 8,7; vgl. die Philoktetsage Hom. Il. 2,723. Soph. Phil. Ov. trist. 5,2,14).

b) Einzelne Arten. Ihre Bestimmung ist vielfach problematisch. GOSSEN-STEIER, RE II A 521ff. unterscheiden 37 Arten, aber mit allem Vorbehalt; eine Liste von 15 Arten bietet Lucan. 9, 700ff. Die wichtigsten sind: 1. Ἀσπίς, *aspis*, die Uräus-S. (Naja haje L.), behandelt von Phylarchos *π. τῶν Αἰγυπτίων ἀσπίδων* (Philum. 16. Ail. 10,31. 17,5. Paus. 9,21,6 u.a.). Sie ist grau bis gelb, ca. 1,5 m lang, sehr erregbar, grimmige Feindin des Ichneumon (pompejan. Mosaik bei KELLER I Fig. 57), tödlich giftig (guter Bericht Philum. 16,3ff.), in Äg. zu schmerzloser Exekution verwendet (Ail. 10,31. Galen. 14,235). → Demetrios (25) von Phaleron und → Kleopatra (10) starben an Uräus-Gift. Einiges deutet auf die Möglichkeit, diese S. abzurichten (Ail. 4,54. 17, 5. 9,62. Exod. 4,3. 7,15. HELBIG Pompejan. Wandg. 5). In Äg. galt die Aspis als göttl. Symbol; der Pharao trug ihr Abbild am Diadem. 2. Διψάς, *dipsas*, nach den Zeugnissen wahrsch. die Avicenna-Viper (Cerastes vipera L.). Erste Erwähnung bei Nik.; monogr. behandelt von Lukian. *π. διψάδων*; Schilderung bei Philum. 20,1: ca. 0,5 m lang, nach Nik. ther. 334 der Sandviper ähnlich; Heimat Afrika, Arabien; tödlich giftig (Philum. 20,2. Lucan. 9,722 u.a.). 3. Δράκων, *draco*, Riesen-S. (Python molurus L.). Heimat Indien; der w. Welt zuerst wohl von → Nearchos (1) vorgestellt (Arr. Ind. 15. Strab. 15,706 u.a.; vgl. Kleitarch. bei Ail. 17,2). Ant. Größenangaben: 4,20–7,40 m und mehr (krasse Übertreibungen bei Paus. 2,28,1. Megasth. frg. 47. Onesikr. bei Strab. 15,689); ungiftig, tötet ihr Opfer durch Erwürgen. Hauptfeind ist der ind. Elefant (Plin. 8,32ff. Ail. 6,21f. Phil. de aet. mund. 24). Geschichten über Liebe des Dr. zu Menschen und Hilfe für ihn: Ail. 6,17. 63. Plin. 8,11. 61. 10,48. 132). 4. Afrikan. Riesen-S., Assala (Python sebae Gm.). Beschreibung bei Philum. 30. Nik. ther. 441ff. Heimat Äthiopien, Libyen; Länge bis 17 m (Alex. peripl. bei Ail. 17,1); auch über sie werden krasse Unwahrheiten berichtet. Eine aufregende Jagdschilderung vom Hof Ptolemaios' II. bei Diod. 3,36 und Ail. 16,39. Ebenfalls ungiftig; tötet Opfer durch Erwürgen, selbst Elefanten (Diod. a.O. KELLER a.O. Fig. 96). Märchenhaftes bei Liv. 21,22. Prop. 4,8,3. Ail. 11,16f. 5. Ἔχιδνα, ἔχις, Sandviper (Vipera ammodytes L.), z.T. schwer von der ital. Aspisviper zu unterscheiden. Heimat Südeuropa, Kleinasien. Oft erwähnt bei Aristot., weil diese S. allein »lebend gebiert«, d.h. ihre Eier in der Gebärmutter ausbrütet (hist. an. 511a 16. 558a 15; vgl. gen. an. 732b 23. Plin. 9,43). Beschreibung bei Aët. 13,21. Nik. ther. 209ff. 223ff. Giftig (Philum. 17,1f. Nik. ther. 235ff.; oft bei Dichtern erwähnt); sie soll den Wein schätzen und nach seinem Genuß sich greifen lassen (Aristot. hist. an. 594a 5). Über Beziehungen zur Muräne Opp. hal. 1,554ff. Ail. 1,50. 9,66; vgl. Aischyl. Cho. 994; Hik. 896. Kämpfe mit dem Ichneumon: Strab. 17,812. Opp. a.O. 430ff. Ihre Haut und das Fleisch (meist getrocknet) waren wichtige Allheilmittel (Hippokr. *π. γυν.* 2 [8,371 Littré]. Dioskur. 2,16. Galen. 14,2ff. 10. 995 u.a. Plin. 29,70). 6. Κεράστης, *cerastes*, Hornviper (Cerastes cornutus Forsk.). Zuerst bei Hdt. 2,47. 4,192 und Aristot. hist. an. 500a 4; gut beschrieben bei Philum. 18,1; vgl. Ail. 1,57. Länge 45–90 cm, am Kopf zwei (nach Hdt. a.O. ein) hornartige Auswüchse. Fortbewegung schildert Nik. ther. 264ff. Sie ist oft im Sand verborgen, gilt als heimtückisches Tier. Die meist tödliche Giftwirkung des Bisses schildert Philum. 18,2ff. (dort auch Gegenmittel) und Nik. ther. 272ff. 7. Παρείας (versch. Nebenformen, keine lat. Entsprechung; vgl. Hor. s. 1,3,27. Ov. met. 15,670. Plin. 29,71), die Äskulap-S. (Coluber longissimus Laur.). Heimisch um das ö. Mittelmeer, später mit dem Äskulapkult über das ganze röm. Reich verbreitet (sicher falsch Paus. 2,28,1: nur um Epidaurus). Glatt, gelbbraun, harmlos und leicht zähmbar (Philum. 32,1. Plin. a.O. Paus. a.O. Ail. 8,12); bes. in Äskulaptempeln, aber auch in Privathäusern als segenspendende Hypostasen des Gottes gehalten (s. die Überführung des Äskulapkultes nach Rom, Ov. met. 15,622ff. Val. Max. 1,8,3). Ihr Abbild ziert den Stab des Gottes und begegnet vielfach auf Mz., Gemmen, Amuletten und als Armband. 8. Σηπεδών (σήψ), *seps* (leicht mit der gleichnam. Eidechse zu verwechseln). Zool. nicht bestimmt. Nach Philum. 23. Ail. 15,18 u.a. ca. 90 cm lang, vom Kopf zum Schwanz stark verjüngt, hell gefleckt, giftig. Der Biß bewirkt Schwellung, Sepsis, Haarausfall u. langsamen Tod. 9. Ὕδρα, ὕδρος, *hydra, natrix* (oft nur *coluber*), die Ringelnatter (Tropidonotus natrix L. und Tr. bilineatus Jan.), eine Wasser-S., 1,5–2 m lang, schwärzlich mit weißem Kopf, Lungenatmer, von Mäusen, Vögeln, Wassertieren (bes. Fröschen) lebend, ungiftig (Aristot. hist. an. 606b 29. 612b 3. Ktes. bei Ail. 16,42. Verg. georg. 3,425 [dort und oft sonst fälschlich als giftig bezeichnet]). Ihre amphib. Lebensweise verleitete zu Fabeleien (Aristot. frg. 328. Theophr. h. pl. 2,4,4. Plin. 32,53). Über ihre Rolle in der Mythologie → Hydra (1). 10. Ὕδρος, χέρσυδρος, *chersydrus*, wahrsch. die Plattschwänzige Zeilen-S. (Laticauda laticaudata L.), vgl. Ail. 16,8. Eine Wasserschlange, die auch das Land aufsucht, heimisch im Ind. Ozean (Serv. georg. 3,415), der Uräus-S. ähnlich, giftig (ausführl. Philum. 24; vgl. Ail. 4,57. 8,7; bei Nik. Ther. 359ff. Vermengung mit der Hydra). 11. *Vipera* (kein gr. Äquivalent), in den meisten Fällen wohl die ital. Viper (Vipera aspis L.), eine kleine, giftige S., die sich gern im Dunkeln aufhält (Verg. georg. 3,417. Martial. 3,19). Auch sie wurde gezähmt (Manil. 5,190. Martial. 1,41,7. Galen. 11, 143). Behandlung ihres Bisses bei Haustieren: Veg. mul. 2,143.

2. S. und Mensch. a) Verwertung der S.: Ihr Gift diente vielfach zur Vergiftung von Pfeilen (Nep. Hann. 10. Sil. 1,322); wieweit auch für medizin. Zwecke, ist ganz ungewiß (nur Aristot. hist. an. 8,594a 23 erwähnt Vorhandensein in Apotheken). Viele Teile der S. galten als Sympathiemittel, z.B. Knochen, Zähne, Herz, Fett, bes. aber die Haut, meist gegen Zahn-, Ohren-, Leibschmerzen u.ä., aber auch in der Tier- und Baumzucht (Plin. 30,148. Pallad. 4,10,3. 12,7,4). Das Fleisch wurde vielfach gegessen (Oreib. coll. med. 15,2,35. Aristot. mir. ausc. 24,832a 18. Plaut. Stich. 321. Plin. 7,27), galt aber mindestens bei den Juden als schlecht (Matth. 7,10. Luc. 11,10).

b) Abwehr der Giftwirkung: Ihr galt das hauptsächliche praktische Interesse. Es gab eine reiche Speziallit. darüber (21 Titel von 16 Autoren bei GOSSEN-STEIER, RE II A 500); die wichtigsten

Werke waren: Apollodoros λόγος θηριακός und π. θανασίμων φαρμάκων (RE I 2895 Nr. 69) → Nikandros' (4) Lehrgedichte, Philumenos π. ἰοβόλων ζῴων καὶ θεραπείας (CMG X 1,1; s. RE XX 209 Nr. 7), Galen. π. θηριακῆς (2 Schriften, Bd. 14,210–310 Kühn). Dazu treten für uns Dioskurides und der ält. Plinius, die beide aus Sextius Niger schöpfen. Man kannte eine Menge angebl. wirksamer *medicamina* – Plin. (bes. B. 21–29) nennt 276 Mittel – vorwiegend pflanzlicher Art, bes. Lauchgewächse, ferner Fenchel, Minzen, Möhren, Raute, Brennessel, Schierling, einige Samen und Wurzeln (z.T. mit Wein); selten tierische, und diese meist magischer Art (z.B. das geröstete Wiesel). Auch der menschliche Speichel galt als Schutzmittel. Realistisches bietet Philumenos: Ausräuchern, Ausbrennen, Ausschneiden und Aussaugen der Bißwunde (er kannte wie Celsus 5,27,3 die Unschädlichkeit des S.-Giftes in unverletzten Speisewegen).

c) Sprichwort, Fabel, Mythos. Eine große Zahl Sprichwörter bezieht sich auf die Gefährlichkeit und angebl. Heimtücke der S., aber auch auf ihren vermeintl. scharfen Blick (OTTO Sprichw. 25. 88. 319. 372f.). Unter den äsop. Fabeln über S. gehen nur zwei (192 Perry: ahnungsloser Vogel brütet S.-Eier aus; 196 P.: S. verdirbt eine Freundschaft durch Mißtrauen) auf das Wesen des Tieres ein; im MA. wird die S. ein wichtiger, z.T. weiser Gesprächspartner des Menschen (573. 617. 620. 637. 640. 679 P.). Wichtig ist die Rolle der S. als Prodigium von günstiger (Plut. Alex. 2,6. Liv. 1, 56,4. 26,19,7. Plin. 8,153. Val. Max. 1,6,4 u.a.) und ungünstiger Bedeutung (Ter. Phorm. 707. Ov. Fast. 2,711. Plin. 29,4. 22. Val. Max. 1,6,9 u.a.). Auch kennen sie die Zukunft (Ail. 6,16. 11,19) und können Menschen die Kenntnis der Vogelsprache vermitteln (Plin. 10,137. 29,72. Porph. de abst. 3,5). Da ihr Blick magische Kraft hat, dient der S.-Kopf als apotropäisches Zeichen auf Amuletten u.ä. – Die weitverbreiteten myth. S.-Vorstellungen beruhen meist auf der Unheimlichkeit des im Dunkeln hausenden Tieres, das zur Erde gehört und von ihr erzeugt schien (Hdt. 1,78. Alkman. frg. 89 P. Plin. 8,59 u.a.), folglich dämonisches Wesen hat. Dies führt in früh- oder vorgriech. Z. zur Ausprägung zahlreicher Erddämonen wie Echidna (Bd. II 193), Erichthonios (II 356), Hydra (II 1259), Kekrops (III 175), Kychreus (III 390), → Python (1), → Typhon u.a. Ob hierher auch → Asklepios gehört, ist unsicher (s. Bd. I 645f.). Im ganzen griech. Raum galt die S. auch als Seelensymbol oder -Inkarnation (Belege bei HARTMANN, RE II A 514f.). Problematisch ist (trotz Verg. Aen. 5,84ff.) die verbreitete Deutung des röm. Genius als S.-Dämon (vgl. Bd. II 742; WISSOWA Rel.^{2} 175); dagegen belegen röm. Zeugnisse die wichtige Rolle der Haus-S. als häusl. Schutzgeist (Plin. 29,4. Liv. 26,19,7. Pers. 1,113. Gell. 6,1,3; S. im Tempel d. Iuno Sospita: Macr. Sat. 1,12,25f.). W.R.

J.Chr.Koch De cultu serpentum apud antiquos, 1717 (Thes. dissert. ed. Martini, T. II P. I 1765). *J.Mähly* Die S. im Mythos und Cultus der class. Völker, 1867. *C.S.Wake* Serpent Worship, London 1888. *E. Rohde* Psyche[5.6] Tübingen 1910 (Nachdr. 1961), s. Ind. *O.Seiffert* Die Toten-S. auf lakon. Reliefs, Breslau 1911. *E.Küster* Die S. in der gr. Kunst und Religion, RVV 13.2, 1913. *O.Keller* Ant. Tierwelt 2, 1913, 284–305. *J. Ph. Vogel* Serpent Worship in Ancient and Modern India, Ac. Or. [H] 2, 1924, 279ff. *H. Ranke* Das altäg. S.-Spiel (SB Heidelberg, Phil-Hist. Kl. 1920, 4). *M.P.Nilsson* Gr. Rel. Gesch. I[2], II[2] (1955, 1961) s. Ind. *J.A.Oliver* Snakes in Fact and Fiction, New York 1959. *Daremberg-Saglio* Dict. II 403ff. – RACh IV 226ff. – RGG[3] V 1419f.

Schlauch (uter, *culleus*, *ἀσκός*). Was h. im technischen Sinn S. heißt, kannte die Ant. nicht. Zur Aufbewahrung und zum Transport von Flüssigkeiten benutzte man außer Fässern abgezogene Tierhäute (Ziege, Schaf, auch Rind), die zugenäht waren; ein Bein diente als Aus- und Einguß, es wurde zugebunden, → Culleus. Zum Hüpfen auf einem eingefetteten Ziegen-S. → *'Ασκωλιασμός* und bes. K. Latte, H 85, 1957, 385ff. = Kl. Schriften 700ff. Die Archäologen nennen Askos ein kleineres, rundes oder ovales, auch figürlich gebildetes, dem Boden flach aufliegendes Tongefäß mit abgeknickter Mündung, M. Mayer, JDAI 22, 1907, 207ff. J. D. Beazley, AJA 25, 1921, 325ff. W. H. G.

Schleuderer. Seit jeher bildete der Wurf mit Steinen ein Kampfmittel, und bereits in urgeschichtl. Z. bediente man sich der Schleuder, um dem Steinwurf größere Kraft zu geben. In Äg. verwendeten sie libysche Söldner in der Z. des Mittleren und Neuen Reiches und im letzteren die Ägypter selbst. Für Babylonien ist die S. durch S.-steine aus vorsargonischer Z. bezeugt, für Hethiter und Assyrer durch Bilder. Das AT. bezeugt die Verwendung der S. durch die Israeliten. Auch in Griechenland reicht die Kenntnis der S. ins 2. Jt. v. Chr. zurück. So sind z.B. → Sphendonetai auf einem silbernen Rhyton aus dem 4. myken. Schachtgrab dargestellt, und das röm. Heer hatte von Anf. an S. (→ *rorarii*, *funditores*). Neben der Hand-S. wird von Veg. mil. 3,14 die Stab-S. *(fustibalus)* erwähnt, eine Stelle, die auf das verlorene militär. Werk des Sex. Iulius → Frontinus zurückgeht (Schenk 39ff.), d.h. die Stab-S. dürfte schon im homogenen Heer der Kaiserz. angewendet worden sein. Die Stab-S. hießen *fundibulatores* (Veg. mil. 3,14). Als *σφενδοβόλον* oder *σφενδοβόλιον* war die S. in byz. Z. bekannt (z.B. Leo Taktika 6,26). Sie wurde noch im MA. verwendet und ist in der Neuzeit Waffe von Naturvölkern. A. N.

H.Bonnet Die Waffen der Völker d. Alten Orients, 1926, 114ff. *W.Wolf* Die Bewaffnung des altäg. Heeres, 1926, 56f. *H.Hunger* Heerwesen und Kriegführung der Assyrer, 1911, 15f. *F. Lammert*, RE III A 1699. *D.Schenk*, Klio Bh. 22, 1930, 39ff. *Jähns* Entwicklungsgeschichte der alten Trutzwaffen, 1899.

Schloß und **Schlüssel.** Beide, schon im Äg. des 13. Jh.s v. Chr. bekannt, sind den Griechen des frühen 1. Jt. v. Chr. neu. Der Übergang ist bei Homer deutlich: das Schiffslagertor vor Troia, das »Hoftor« des Achilleus und des Odysseus sind durch Balken von innen verschlossen (und von außen nicht zu öffnen), Hom. Il. 12,455f. 24,453ff.; Od. 21,241. Der Athenetempel in Troia und die Bogenkammer des Odysseus sind bereits mit einer Art Schloß versehen und von außen mit einem Schlüssel zu öffnen, Hom. Il. 6,89; Od. 21,6f. 46ff. Das S. besteht aus einem mit Höckern versehenen Riegel, an dessen Unterseite ein Ring befestigt ist; von diesem Ring aus führt ein Riemen durch eine kleine Öffnung der Tür nach außen, wo der Riemen durch Verknoten an einem Türring befestigt wird. Der Riegel ist an der Innenseite der Tür durch etwa drei Klammern geführt, deren eine am linken, die beiden anderen am rechten Türflügel sitzen. Durch eine Öffnung in der Tür kann nun ein (in der Regel zweifach) gebogener Metallstab, der als Sch. fungiert, von außen so eingeführt werden, daß er, an den Höckern ansetzend, den Riegel zur Seite schiebt; beim Verlassen des Raums wird der Riegel mittels des Riemens von außen wieder vorgeschoben. Auch eine Kombination von zwei Riegeln ist möglich, vgl. H. Diels Ant. Technik (1914. [3]1924) Kap. 2. Entsprechende ant. Sch., in der Regel groß und schwer, sind im Original und in Darstellungen erhalten, Diels Abb. 7–10. Das System funktioniert auch, wenn man die Riegel senkrecht anordnet und verschiebt (Verschluß von Türober- bzw. -Unterteilen). Gegen 500 mag das erste echte S. in Griechenland aufgekommen sein (schon in Äg. unter → Ramses II. bekannt), nach Plin. nat. 7,198 Erfindung des → Theodoros von Samos. Bei Aristoph. Thesm. 421ff. ärgern sich die Frauen über die »geheimen, bösartigen« lakonischen Sch., mit denen die Männer die Speisekammern verschließen. Der Sch. mit mehreren Zinken, *γομφίος*, *dens*, hebt aus dem S. in den Riegel sperrend eingreifende Klötzchen, *βάλανος* (danach Balanos-S.), *pessulus*, hoch und löst so den Verschluß des Riegels (Blümner PrAlt. 25f.). Dieses S., zum ersten Mal bei Parmenides 1, 16 erwähnt, wurde in der Folgezeit verbessert, Ain. takt. 18,1–11, und war noch im röm. Reich weit verbreitet. Die Sch. waren im allg. zu groß, um sie unterwegs mitzuführen, zumal die ant. Kleidung keine Taschen kannte; das Haustor öffnet der Türhüter auch noch bei den Römern. Die kleinen Sch., die bei Aristoph. Thesm. 412ff. vorausgesetzt sind, gingen leicht verloren: auf der Saalburg wurden über 300 kleine röm. Sch. gefunden! Die Römer kannten neben dem Balanos-S. auch das im Prinzip dem h. üblichen S. entsprechende Dreh- oder Feder-S., dessen Sch. einen entsprechenden Bart hat; Beispiele sind etwa in Pompei erhalten (Blümner 28 Abb. 10). Diese S. sind nicht nur an den Türen fest angebracht, sondern auch als Vorhänge-S. erhalten, Jacobi Saalburg Abb. 76. Natürlich kannte die Ant. auch Nach-Sch., *clavis adultera* (Ov. ars 3,643) bzw. *adulterina*, Sall. Iug. 12,3. – Als Abzeichen ihrer Würde tragen Priesterinnen den Sch. des ihnen anvertrauten Heiligtums (Tempels), in der älteren Z. meist geschultert. Auch einige Götter tragen den Sch., vor allem Hekate und Persephone (vgl. Parmenides 1,14: Dike mit Sch. als Hüterin des Tores des Tages und der Nacht), im Umkreis des Mithrasglaubens Kronos. In der chr. Ikonographie ist Petrus der Träger der Sch. zum Himmelreich. W. H. G.

Schmetterling, *ψυχή* (*νύμφη* Aristot. gen. an. 758b 29), *papilio (papiliunculus* Tert. de an. 32*)*. Sammelbezeichnung für die bunte Familie der Lepidopterae. Im Alt. waren sie mindestens in den Ländern des n. Mittelmeerrandes ebenso verbreitet wie h., aber mit wenigen Ausnahmen kaum beachtet. Aristot. zählt sie zu den *ἔντομα* und kennt ihre Metamorphose ziemlich genau (Hauptstelle hist. an. 5,551a 13ff. [gute Beschreibung der Puppe, *χρυσαλλίς*]; vgl. auch gen. an. 1,723b 5. 2,733b 14); hist. an. 4,532a 27 erwähnt er ihre Fühler, *κεραῖα*. Die Späteren bringen keine neuen Kenntnisse hinzu. Von den gr. Autoren vor der Kaiserzeit sprechen nur noch Theophr. (h. pl. 2,4,4 u.a.; c. pl. 5,7,3) und Nikandros (ther. 87f.) über S., mit Ausnahme der *ἶπες*, einer Mottenart (Tinea vastella L.), die Hom. Od. 21,395 kennt. Das wichtigste praktische Interesse galt der Vertreibung der Raupen als Pflanzenschädlinge (Plin. nat. 17,266. 18,78. Colum. 11,3,46. Dioskur. 2,60. 70,5. Geop. 12,8 u.a.), die vor allem während der Malvenblüte in Massen auftreten (Colum. 9,14,9). Bei der Identifizierung einzelner Arten und Unterarten (Gossen, RE II A 572ff. zählt 83 auf) sind wir fast ganz auf bildl. Darstellungen der Kleinkunst angewiesen (vieles bei Keller, Mz. und Gemmen, 18). Hier nur die wichtigsten:

1. Kohlweißling (Pieris brassicae L.), bei Ail. nat. 9,39 *κραμβίς* genannt. Nur die Raupe wird erwähnt auf Kohlblättern: Aristot. hist. an. 5, 551a 14. Theophr. h. pl. 7,5,4. Plin. 19,177; grünlicher Rücken: Nik. a.O.; Methoden der Abwehr: Colum. 11,3,64. Plin. 17,266. 19,156 u.a. Geop. a.O., z.T. mit Volksmagie). 2. Kiefernprozessionsspinner (Thaumatopoea pityocampa Schiff.), *πιτυοκάμπη*. Ihre Raupe verwüstet Fichten- und Pinienwälder und erregt Hautentzündungen (Dioskur. 1,45,2. 2,70,5. Plin. 23,62. Gal. 19, 740 mit Heilmitteln); geröstet wurden sie gegen Krebs, Flechten u.ä. verwendet (Dioskur. 2,61,1. Galen. 19,264). 3. Ostmittelmeerischer Seidenspinner (Pachypasa otus Dr.), *βόμβυξ*. Hauptstelle Aristot. hist. an. 5,551b 9ff. über Metamorphose und Kokonbildung (schwer verständliche Erweiterung bei Plin. 9,76ff.). Aus den Fäden des Kokons wurde ein kostbares seidenartiges Gewebe hergestellt (erste Bezeugung Alkiphr. 4,14,4; oft in der Kaiserz.: Prop. 2,3,15. Martial. 8,33,16. 68,7. u.a. Apul. met. 10,36). 4. Chines. Seidenspinner (Seidenraupe, Bombyx mori L.). Die Kenntnis dieses wirtschaftlich wichtigen Tieres (d.h. seiner Raupe und Puppe) hat die Mittelmeervölker viel später erreicht als sein Produkt, die Serica (→ Seide), die die Griechen wohl zuerst beim Zug Alexanders d. Gr. nach Indien sahen. Nearchos (Strab. 15,693 E.) hat noch falsche Vorstellungen von der Natur des Kokons; die unbekannte Quelle des Paus. 6,26,6 vermischt Zutreffendes mit groben Irrtümern. Lebende Raupen wurden erst 551 von Mönchen nach Konstantinopel geschmuggelt (Prok. Goth. 4,17, 1–8; vgl. Zon. 14,9). Bis dahin wurden sie oft mit den *βόμβυκες* verwechselt oder gleichgesetzt. 5. Sackträger (Epichnopteryx pulla Esp.); die Larve ist als *ξυλοφόρος* »Holzträger« bezeichnet und genau beschrieben bei Aristot. hist. an. 5,557b 13ff. (sie steckt in einem mit »Stäbchen« besetzten *χιτών*, aus dem nur Kopf und Beine herausragen; vgl. Plin. 11, 117); welches geflügelte Wesen aus ihr hervorgehe, sei unerforscht. 6. Wachsmotte (Galleria mellonella L., viell. auch Achroea grisella F.), *πυραυστής* (*τερηδών* bei Aristot. a.O. 605b 17), der gefährlichste Wabenschädling (Aristot. a.O. 13. [Aristot.] a.O. 9,625a; verschlechtert bei Plin. 11,65). Er zerstört die Honigwaben, soll aber auch Exkremente hinterlassen, aus denen Bohrwürmer entstehen. Bekämpfung durch Ausräuchern: Verg. georg. 4,246, Colum. 9,7,5 u.a.; vgl. auch Ail. 1,58. 7. Wickler, bes. Clysia ambiguella Hb., der Heuwurm, in der zweiten Generation Sauerwurm, *ἴξ*, *con- (in-) volvulus;* von den Winzern gefürchteter Rebschädling (Alkman frg. 93 P. Cato agr. 95. Plin. 17,229. 264). Abwehrmaßnahmen bei Geop. 5,30. 48,6. 8. Weidenbohrer (Cossus cossus L.), *κεράστης*, gut beschrieben bei Theophr. h. pl. 5,4, 4 (danach Plin. 16,220 mit märchenhafter Erweiterung). 9. Motte. Erwähnt wird meist die Kleidermotte (Tinea pellionella L.), *σής*, tinea, die sprichwörtliche (Pind. frg. 222. Matth. 6,19) Zerstörerin von Wollgeweben (Aristoph. Lys. 730. Varro Men. 227. Vitr. 5,12,7 u.a.). Versuch, ihr Entstehen zu erklären, bei Aristot. a.O. 557b 1. Plin. 11,117. Bekämpfungsmittel bei Theophr. h. pl. 9,11,11. Cato agr. 89. Plin. 20,195 u.a. Geop. 13,8,8. W. R.

A. Spuler Die S. Europas. 4 Bde. ^{3}1908–1910. *O. Keller* Ant. Tierwelt 2, 1913, 435ff.

Schnecke, ein Wort, das alle Arten dieser Unterordnung in der Ordnung der Weichtiere umfaßt und sie von anderen (bes. Muscheln) unterschieden hätte, kannten weder Griechen noch Römer. *κογχύλια (conchylia, conchae)* bezeichnet alle Weichtiere mit hartem Gehäuse, ebenso *ὀστρακόδερμον* »Schaltier«. Aristot. hist. an. 4,528a 11 u.ö. unterscheidet *ὀστρ. δίθυρα* und *μονόθυρα*; unter die letzteren gliedert er auch die S. ein. Dagegen werden viele Arten gesondert bezeichnet und z.T. beschrieben, unter ihnen vor allem folgende:

1. *κῆρυξ*, *bucinum* (bei Plin. nat. auch *murex*, vgl. u. Nr. 7), Kink- oder Tritonshorn (Tritonium nodiferum Lam.). Gute biol. Angaben bei Aristot. hist. an. 4,527a–530a (Körperteile); 544a–547a (Lebensweise, Fortpflanzung). Diese S. wird später oft zusammen mit der Purpur-S. genannt (Galen. 12,344 u.ö. Oreib. coll. med. 2,53. Geop. 22,2). In der Heilkunde hat sie vielfältige Bedeutung (bes. Schale, Nacken, Leber: Xenokr. de al. 46), u.a. gegen Stoffwechsel- und Libidostörungen (Dioskur. med. 2,4. Oreib. a.O. 3,28. 15,3. Galen. 14,487 u.a.). Wie manche andere Art galt sie teilweise als Leckerbissen (Klearch. frg. 90 Wehrli. Alkiphr. ep. 4,13,16). Herstellung einer Hitzeschutzmasse aus Tritonshörnern: Galen. 5,115. »Triton« als Bezeichnung für eine Art Trompeten: Theokr. id. 22,75. Verg. Aen. 6,172. 10,209 u.a.); für götterartige Wesen, die auf solchen blasen: Theogn. 1231. Cic. nat. 1,78 und oft; → Triton; KELLER 540.

2. *κοχλία cochlea*, Schnirkel-S. (Helicidae), oft mit der Litorina (u. Nr. 3) verwechselt; bei Hes. op. 571 *φερέοικος*. Gute Beschr. bei Athen. 10,455 E. Symphos. 67; ein Landbewohner von unterschiedl. Größe (Varro rust. 3,14,4), fest mit dem Gehäuse verwachsen (Aristot. hist. an. 525a 27. 528a 8); Fühler statt Augen (Plin. 9,101. 11, 140), kleine spitze Zähne (ebd. 11,164. Aristot. a.O. 528b 28); über Begattung Aristot. gen. an. 762a 33; Trächtigkeit im Winter: hist. an. 544a 23. Plin. 9,164; Schädling in Garten und Feld: Theophr. h. pl. 4,14,3. Plin. 17,223; von Schweinen, Vögeln, Echsen gefressen: Ps. Aristot. hist. an. 621a 1. Plin. 8,141 u.a. Seit früher Z. ein billiger, aber geschätzter Leckerbissen (Aisop. fab. 54 P. Philyll. com. frg. 21. 27 K. Anth. Pal. 11, 319,4. Gal. 6,668. Alkiphr. ep. am. 4,13,16 u.a.), auch Aphrodisiacum (Alexis 2,399 K. Athen. 2,64 A. Theokr. 14,17. Petron. 130 u.a.). Über das Fleisch der K. s. Galen. 4,669 u.ö. Cels. 2,18. 20. 24. 28f. In Rom führte man im 1. Jh. v. Chr. die S.-Zucht in sog. cochlearia ein (Plin. 9,173f. Varro rust. 3,14; SCHAAFHAUSEN, Bonner Jb. 90, 208ff.); in Süd-Europa kommt dafür bes. die Sprenkel-S. (Helix adspersa), in NW.-Europa die Weinberg-S. (Helix pomatia) in Betracht. Daneben waren rund 20 andere Arten bekannt (für uns nur teilw. unterscheidbar); die meisten von ihnen wurden medizinisch für unterschiedlichste Zwecke verwendet (Belege bei GOSSEN-STEIER, RE II A 592). Sprichwörtl. war ihre langsame Fortbewegung (Plaut. Poen. 531. Rhet. ad Her. 4,62. OTTO Sprichw. 86).

3. *κόχλος*, eine oder mehrere (oder alle ?) Arten der Vorderkiemer (Unterordn. Kammkiemer); oft die Gattung Strand-S. Biol. Angaben bei Aristot. hist. an. 4,528a–530a; part. an. 4, 678b–679b.

4. *λαγὼς θαλάττιος*, *lepus marinus*, Seehase (Aplysia depilans Gm.), an Ägäis-Küsten sehr zahlreich. Beschr. bei Ail. nat. 2,45 (vgl. Plin. 9, 155). Er stößt eine dunkle, giftige Schutzflüssigkeit aus, gilt auch selbst als giftig (Plin. 32,8f. 70. Galen. 12,269. Plut. soll. an. 35. Ail. 9,51; vgl. Apul. apol. 33). Gegengifte bei Nik. Alex. 465ff. Plin. (s. Ind.). Galen. 14,139. Dioskur. eup. 2,160. Seine Asche diente als Enthaarungsmittel (Plin. 32, 70. Dioskur. med. 2,18; eup. 1,97), der Schleim als Heilmittel (Plin. 32,88. 104. 110). Eine nicht bestimmbare indische Großform: Plin. 9,155. 32,9. Ail. 16,19.

5. *λεπάς*, lopas, Gattung der Napf-S., bes. Patella scutellaris L. (vgl. Non. 551,5. Athen. 3, 86 D). Sie klebt an Felsen (Aristot. hist. an. 4, 530a 19 u.a.; kraß übertreibend Ail. 6,55); über Gestalt und Lebensweise: Aristot. a.O. 528a 14. b 2. 529a 31. 590a 33. Eßbar: Athen. 3,91 E. Oft von Dichtern erwähnt (zuerst Alk. 359 L.-P.); ein eigenes Buch des Kallias von Mityl. über sie bezeugt Athen. 3,85 F.

6. *πορφύρα* (*κάλχη* Nik. Alex. 391), *purpura*, *ostrum (concha* Lucr. 2,501), Purpur-S., die wirtschaftlich wichtigste Art, daher biol. am besten erforscht. Viele verstreute Angaben bei Aristot. hist. an. (s. Ind.), u.a. über die lange, harte Zunge (532a 9. 547b 7), über das Laichen (546b 18ff.); rasches Wachstum, 6jähr. Lebensdauer, Gewicht bis ¾ Pfund (547ab; vgl. Plin. 9,125. 128); Empfindlichkeit gegen Süßwasser, gegenseitige Ernährung der Tiere (Ps. Aristot. hist. an. 8,603a 13ff. Plin. 9,132 [Köderung durch Muscheln!]). Fang und techn. Verwertung der Purpur-S. (Zubereitung der Färbebrühe: Plin. 9,133) waren über die ganze Mittelmeerküste verbreitet und bildeten die Grundlage einer bedeutenden Industrie (→ Purpur; E. WÜST, RE XXIII 2000ff. H. BLÜMNER Technologie I² 233ff. R. J. FORBES Stud. in Anc. Technology IV 114ff.; 70 Fund- und Werkstätten zählen GOSSEN-STEIER, RE II A 609ff. auf). Vielseitige medizin. Verwendung dieser S. (bes. ihrer Leber und Asche) bezeugen die Ärzte (Hippokr. 6,550 L. Hikes. bei Athen. 3,87 E. Xenokr. de al. 47. Galen. 12,344. 348. Plin. s. Ind.). Das verbrannte Gehäuse diente als Zahnpulver (Dioskur. med. 2,4). Als Delikatesse ist die Purpur-S. nur in Rom bezeugt (Enn. hed. 11. Lucil. 3,132. Colum. 8,16,7 [Mästung] u.a.).

7. *πορφύρα* oft = *murex* (Murex brandaris L.), eine andere Purpur-S. (bei Plin. nur 5,12. 19,24. 22,3 sicher; sonst meist = *κῆρυξ* [Nr. 1]), stachelig und sehr hartschalig (Cato d. Ä. beantragte Pflasterung des Forums mit *murices*, Plin. 19,24). Gute Beobachtungen zur Lebensweise bei Colum. a.O. Medizin. Verwendung ähnlich wie bei Nr. 6. Auch aus dieser S. gewann man roten Färbstoff (Plin. a.O. Tib. 2,4,28. Hor. c. 2,16,136. Ov. met. 1,332 u.a.).

8. *στράβηλος*, *στρόμβος* (*στρόβιλος* Sch. Aristoph. Pax 829), alle kreiselförm. S. Sie sind den Purpur-S. und Kinkhörnern verwandt, in

Sizilien und am Bosporus verbreitet (Theokr. id. 9,26. Ail. 7,32), werden als Köder beim Fang der Purpur-S. benützt (Aristot. part. an. 661 a 23. Ail. 7,34); ihre Schalen dienten als Trompeten (Sch. Nik. ther. 883. Plut. conv. 7,8,4; vgl. Archil. 214 W. S. Emp. adv. mus. 24). Als Speise (Theokr. id. 9,27) nur mit Einschränkung brauchbar (Xenokr. de al. 56). Eine große indische *στρόμβος*-Art (Nil-Eckmund, Trochus niloticus Lam.?) bei Ail. 15,8. Strab. 17,823.

9. *χοιρίνη*, die Porzellan-S. (Cypraea vitellus L.). Ihre Schalen waren die Stimmsteine der athen. Richter (Aristoph. Equ. 1332 m. Sch.; Vesp. 333. 349), ihrer Form wegen (vgl. Plaut. Rud. 704 *concha* = *cunnus*) auch erot. Symbol (Hesych. s. *θαλάσσιαι ψῆφοι*). Man trug sie an Amulett-Ketten (KELLER 542 Fig. 156). W. R.

O. Keller Ant. Tierwelt 2, 1913, 519ff.

Schoineus (*Σχοινεύς*). **1.** Sohn des → Athamas und dessen 2. Frau → Themisto (3), Gemahl der → Klymene (4), Vater der → Atalante (2) und des → Klymenos (6), Apollod. 1,84. 3,109. Hyg. fab. 246. Eponym des boiot. Schoinos und des arkad. Schoinūs, Paus. 8,35,10. **2.** Gestalt aus Boios' Ornithogonie, Anton. Lib. 7, → Akanthis, → Anthos, → Hippodameia (6). H. v. G.

Schoinos (griech. *σχοῖνος*), äg. Wegemaß (→ Längenmaße) örtlich abweichender Norm (Strab. 17,804. 813) und von den Griechen zudem in verschiedene Stadienmaße (→ Stadion 1) umgerechnet, so daß mehrere abweichende Angaben existieren (s. außer Strab. etwa Hdt. 2,6,3 und Plin. nat. 12,53), von den Ägyptologen zu 20000 Ellen = 10,5 km bestimmt. H. Ch.

W. Helck–E. Otto Kl. Wörterb. d. Ägyptologie^2, Wiesb. 1969. *F. Oertel* Herodots äg. Logos u. d. Glaubwürdigkeit Herodots, Bonn 1970, 20ff.

Schoinus (*Σχοινοῦς*). **1.** Fluß in Boiotien ca. 9 km n. von Theben, nach der Stadt Schoinos genannt, Strab. 9,2,22 p. 408. Nik. Ther. 889. Steph. Byz. (*Σχοινεῦς*). BÜRCHNER, RE IIA 616f. Nr. 1. **2.** Berggipfel an der Grenze von Korinth und Epidauros, IG IV^2 71 (SCHWYZER 157) Z. 23f.

Bürchner, RE IIA 617 Nr. 5.

3. Hafenort am O.-Ufer des Isthmos von Korinth beim h. Kalamaki, Strab. 8,6,4 p. 369. 6,22 p. 380. 9,1,2 p. 391. Ptol. 3,14,34. Plin. nat. 4,23.

Curtius Peloponnesos 2,539. *Bürchner*, RE IIA 617 Nr. 6.

4. Örtlichkeit in Arkadien s. von → Methydrion, Paus. 8,35,10. Eustath. Il. 265,20. Steph. Byz. E. M.

1. *Curtius* Peloponnesos 1,308f. 340. 2. *Bürchner*, RE IIA 617 Nr. 7.

Schola. 1. Seit dem 1. Jh. v. Chr. gab es auf öff. Plätzen halbrunde steinerne Bänke (mit Rücklehne) zu öffentl. Benutzung, mit Blickrichtung auf eine bes. schöne oder wichtige Aussicht, sonst bevorzugt nach W. Sie heißen S. wie die formgleichen Anlagen an Gräberstraßen, die auch selbst als Grab dienen können. **2.** In den röm. Thermen heißen S. die apsisartigen Nischen mit Wasserbecken, in denen man sich vor und nach dem Bad aufhalten konnte, Vitr. 5,10,4. **3.** In der Kaiser-Z. heißen S. Räume verschiedener Form, mit (Plin. nat. 35,114. 36,22) und ohne Schmuck von Gemälde und Statuen, in denen sich der Senat oder andere Gruppen (Vereine) versammeln oder die als Büro dienen, Martial. 3,20,8. 4,61,3. CIL VI 103 = Nash II 301. HUG, RE II A S. 619ff. W. H. G.

Scholae Palatinae waren die Leibwache der spätröm. Kaiser und Purpurträger. Sie ist zuerst E. der Regierungszeit Konstantins d. Gr. nachweisbar (Cod. Theod. 14,17,9. 10. 12), sie umfaßten → *clibanarii* (*clibennarii*, Cod. Theod. 14,17,9), *armaturae* (Amm. 15,5,33), *scutarii*, *scutarii clibanarii* (Cod. Theod. 14,17,9) und *gentiles* (Amm. 14, 7,9), Reitertruppen, die sich anfangs nur aus Barbaren, seit → Zenon auch aus Reichsangehörigen ergänzten. Jede S. zählte 500 Mann, und insgesamt gab es im 4. Jh. wahrscheinlich bloß 5 S., im 5. Jh. 5 S. im Occident und 7 S. im Orient. Iustinian erhöhte ihre Zahl im Orient vorübergehend von 7 auf 11. Die Angehörigen der S. erhielten einen höheren Sold (Prokop. anecd. 24,16) als alle anderen Truppen und unterschieden sich von diesen noch durch andere Privilegien (Cod. Iust. 12,29,2). Jede S. wurde von einem → *tribunus* kommandiert (Cod. Theod. 7,4,23), der wieder, wie alle S. insgesamt, dem → *magister officiorum* (Not. dign. or. 11,4–11; occ. 9,4–9) unterstand. Als die Kaiser aufhörten, persönlich ins Feld zu ziehen, wurden aus den S. lediglich Paradetruppen. Erst in der Z. der militär. Regeneration des 7. Jh. bildeten sie wieder eine zuverlässige Kampftruppe, bis schließlich ausländische Söldnerkorps sie ablösten. A. N.

R. Grosse Röm. Militärgesch., Bln. 1920, 62f. 93ff. 146. *D. Hoffmann* Das spätröm. Bewegungsheer und die Not. Dignit., Bonn 1970, Epigraph. Stud. 7,1/2.

Scholastikos (*σχολαστικός*). **1.** Eigentlich »wer seine von Staatsgeschäften freie Z., *σχολή*, den Wissenschaften widmet« (Plut. Cic. 5), in röm. und byz. Z. behördlich geschützter Titel der Rechtskundigen, nämlich 1. des Parteianwaltes (vgl. OGIS 693. Cod. Theod. 8,10,2), 2. des Rechtsbeistands der höheren Beamten, → *comes*, 3. des → *defensor (civitatis)*, → *ἔκδικος*, 4. des Richters, z. B. *σ. καὶ συνήγορος φόρου* = *fori* (Pap. Lond. 5, 1707, 5). E. B.

2. Eunuch, *cubicularius*, † 431, hatte sich großen Reichtum erworben und bei Theodosius II. so bedeutenden Einfluß gewonnen, daß sich während des Konzils von Ephesos (431) sowohl → Kyrillos (1) als auch → Nestorios (1) um seine Gunst bemühten (Cod. Theod. 6,32,2; ACO 1,4, 50f. 85. 223f.). A. L.

Scholien (*σχόλια*), Bezeichnung für ant. (»S. vetera«) oder ma. (»S. recentiora«) Erläuterungen erklärungsbedürftiger Textpartien. *σχόλιον* (zuerst bei Cic. Att. 16,7,3) ist in dieser Bedeutung seit dem 2. Jh. n. Chr. gut bezeugt (vgl. Epikt. 3,21,6. Gal. 18,2,847 K. Lukian. vit. auct. 23). Während in alexandrin. Z. Textausgabe (*ἔκδοσις*) und Komm. (*ὑπόμνημα*), der sich gleichsam aus fortlaufend aneinandergereihten S. zusammensetzt, gesondert publiziert wurden, bevorzugt man später (d.h. wohl seit dem 1. Jh. n. Chr.: vgl. etwa die Reste der Alkman-Ausgabe im Pap. Paris. 71. Entsprechendes gilt mit größter Wahrscheinlichkeit auch für die Entwicklung im Lat.) eine Publikationsform, bei der die jeweils für notwendig erachteten Erklärungen über, neben und unter dem Text, jedenfalls in enger Verbindung mit diesem, vermerkt wurden. Speziell diesen Typus von Erklärungen pflegt man als S., genauer: als Marginal-S., zu bezeichnen. Die Grenzen zwischen Komm. und S. sind bis in späteste Z. hinein fließend: wie ein urspr. selbständiger Komm. – zumeist allerdings unter Substanzverlust – zu S. in unserem Sinne umgeformt werden konnte, so konnten auch Marginal-S. wiederum von dem Text, dem sie zugeordnet waren, getrennt und somit zum »Komm.« gemacht werden (vgl. z.B. Greg. v. Korinth zu Hermogenes im Cod. Laur. gr. 57,5 [14. Jh.] und in dem direkten Apographon Vindob. phil. gr. 16 [16. Jh.]). Für gewöhnlich gliedert sich ein Scholion in zwei deutlich voneinander geschiedene Teile: die ausgehobene, erklärungsbedürftige Textpartie (Lemma) und die eigentliche Erläuterung; erst später, namentlich im MA., setzen sich die weitaus rationelleren Verweiszeichen anstelle von Lemmata durch. Die Interpretamente erstrecken sich wie in den älteren Komm. auf alle Bereiche der philol. Exegese. Da es sich bei S. um eine in bes. Maße »ungeschützte« Art von Texten handelt, die durch Kontamination, Verkürzung, aber auch Erweiterung sowie mechanische Verstümmelung ständig verändert werden konnte, bereitet die Analyse des überkommenen Bestandes u. die Scheidung ihrer verschiedenen Ingredienzien große Schwierigkeiten u. hat nur in wenigen Fällen zu sicheren Ergebnissen geführt. H. Gä.

A. Gudeman, RE II A 625ff. *H. Erbse–D. Fehling*, LAW 2723ff. *Wilam.* Eur. 1,167f.

Schollen. Darunter wird hier die Fam. der Plattfische (Pleuronectidae) zusammengefaßt; ähnlich scheint gr. *ψῆττα* eine Sammelbezeichnung gewesen zu sein (Aristot. hist. an. 5,543a 2 *ψῆττα καὶ τὰ τοιαῦτα*). Die Römer halfen sich mit *pisces plani* (z.B. Plin. nat. 9,72). Unterscheidung der Gattungen war sachlich und sprachlich unsicher (Athen. 7,329 F–330 B; vgl. Gal. 6,724; nach Sch. Plat. conv. 191d ist *ψ.* das att. Wort für *βούγλωσσος*). – Hauptgattungen: 1. Scholle, Pleuronectes. a. *ψῆττα* im engeren Sinn. Aristot. mot. an. 714a 6 betont ihre Asymmetrie, Platon a.O. ihre leichte Halbierbarkeit. Sie befruchtet sich angebl. selbst und laicht einmal jährlich (Aristot. hist. an. 4,538a 20. 5,543a 2). Häufig an den Küsten Attikas (Clem. Al. Paed. 2,1,3 p. 155 St. Athen. 7,330 A). Fang mit Netzen: Aristot. a.O. 543a 2; in Sandmulden: Ail. nat. 14,3; künstl. Züchtung in röm. Z.: Colum. 8,17,9. Der Wert des Fleisches wurde unterschiedlich beurteilt (positiv Ps. Hippokr. *π. διαίτ.* 6, 548 L. Gal. 6,720 K. u.a. Athen. a.O., negativ Xenokr. de al. 22). b. *στρουθός*, *passer*, viell. Glattbutt, Rhombus laevis Ron. (vgl. Plin. 9,72); öfter neben anderen S. erwähnt (Ail. 14,3. Hor. s. 2,8,24. Ov. hal. 125. Colum. a.O.). 2. Rhombus (Butten). Hauptvertreter *ῥόμβος*, *rhombus* »Kreisel«, gew. der Steinbutt, Rh. maximus L. Zuerst von Nausikr. (4. Jh.) bei Athen. a.O. erwähnt, bei den Römern bes. beliebt (Hor. epod. 2,50. s. 1,2,116 u.ö. Iuv. 11,121), oft von sensationeller Größe (Iuv. 4, 39ff. Martial. 13,81); bester Fangplatz angebl. Ravenna (Plin. 9,169); lohnende Zucht in Teichen: Colum. 8,17,9. Martial. 10,30,20. 3. Seezunge (Gattung Solea), *βούγλωσσος* (*-ον*) (seit Epicharm.), *solea* (seit Plaut.); bei Athen. a.O. zu den Plattfischen gezählt; weiß glänzend wie *passer* und *rhombus* (Ov. hal. 124; vgl. Plin. 9,72); als Speisefisch so verschieden bewertet wie die *ψῆττα* Im übrigen sind die ant. Angaben ganz unsicher. Ein Witz bei Plaut. Cas. 497. – Gattung Arnoglossus, *κίθαρος*, *citharus*, nicht näher bestimmbar. Beschr. bei Aristot. frg. 319. Er lebt an Sandküsten (Opp. hal. 1,98), ist dem Apollon heilig (Apollod. bei Athen. 7,306 A), wird als Tafelfisch nicht sehr empfohlen (Xenokr. a.O. Plin. 32,146; am besten gebacken: Kallias bei Athen. 7,286b u. a.). 5. Gattung Synaptura, *κιθαρῳδός*, wahrsch. die Zebrazunge, Synaptura zebra Bl., zu den Chaetodontes gehörig. Farbenprächtiger Plattfisch von rotgoldenem Glanz mit schwarzer Längszeichnung (Name!). Zwei Arten vorzügl. geschildert bei Ail. 11,23. 6. *ὕαινα* (*ὑαινίς*), *hyaena*, wahrsch. Romboidichthys podas Delar., ein »Ungeheuer«, das beim Menschen Schreckbilder erzeugen kann (Ail. 9,49. 13,27; vgl. Athen. 7,326 F). Plin. war Zeuge eines Fanges bei Ischia (32,154). W. R.

O. Keller Ant. Tierwelt 2, 1913, 366ff. *D'Arcy W. Thompson* Glossary of Gr. Fishes 33. 114f. 223. 394.

Schrift. A. Orientalische Schriften. B. Das griech.-lat. Alphabet: [1] Griechisch. [2] Etruskisch. [3] Lateinisch. C. Schriftformen der Antike: [1] Überblick. [2] Entwicklung der griech. Schrift. [3] Lateinische Schrift. [4] Kurzschrift. D. Mittelalterl. Buchschriften: [1] Griech. Bibelstil. [2] Griech. Kursive. [3] Griech. Minuskel. [4] Lat. Unziale. [5] Nationalschriften. [6] Karolingische Minuskel.

A. Orientalische Schriften. Eine Reihe orient. S.en weist den alten Zustand der Wort-S. auf, bei der jedem Wort ein Bildzeichen entspricht. Das gilt von den → Hieroglyphen der Ägypter, von der ältesten sumerisch-babyl. Keilschrift und von der chinesischen S. Da der Sinn des Zeichens aber nicht mehr unmittelbar an der Sache, sondern vielmehr an einem Lautkomplex (Wort) haftete, konnte man in diesen S.en dasselbe Zeichen zur Wiedergabe von Wörtern verwenden, deren Gleichheit oder Ähnlichkeit sich nicht auf den Begriffsinhalt, sondern nur auf den Lautbestand bezog (Prinzip des Rebus). Wenn man – was bei den einsilbigen Wörtern schon in der Wort-S. der Fall ist – für jede Silbe ein eigenes Zeichen schuf, so befand man sich damit bereits auf einer weiteren Entwicklungsstufe, nämlich der Silben-S. Es mußten daher so viele verschiedene Zeichen erfunden werden, als es Silben in der betreffenden Sprache gab. In diesem Zustand kennen wir die kret. S., die kyprische Silben-S. und die altindische Brāhmī-S. Die Keil-S. entwickelte sich, durch den Bau der sumerischen Sprache mit ihren vielen ähnlich oder gleich klingenden einsilbigen Wörtern gefördert, weitgehend zur Silben-S.; immerhin wurden Wortzeichen in vielen Fällen beibehalten. Auch in der hethit. Bilder-S., die inschriftlich vom 14. bis 8. Jh. v. Chr. belegt ist, überwiegend eine Silben-S., treten Ideogramme (Bildzeichen), Determinative (Deutezeichen), aber auch einzelne Buchstabenzeichen auf. In der äg. Schrift wurden gleichfalls z. T. Silbenzeichen (Mehrkonsonantenzeichen) verwendet, wobei die Vokale unberücksichtigt blieben. Zur Schreibung von Fremdwörtern und fremden Namen bedienten sich die Ägypter dieser Silbenzeichen. Sie kannten mit den Einkonsonantenzeichen (Buchstaben) z. T. auch schon die letzte Stufe dieser Entwicklung, die *Buchstabenschrift*. An den äg. Sinai-Inschriften (15. Jh.) versuchte man die Herkunft der semitischen Buchstaben-S. aus dem Äg. wahrscheinlich zu machen. Hier scheinen einfache Hieroglyphen, d. h. ihr Sinnwert, ins Semitische übersetzt und die anlautenden Konsonanten der semitischen Wörter mit den übernommenen ägypt. Zeichen fest verbunden worden zu sein. Die südsemitischen S.en (Sabäisch, daraus abgeleitet Safatenisch, Thamudisch, Lihjanisch und Äthiopisch, aus diesem wieder Amharisch) zeigen noch deutliche Verwandtschaft mit den Formen der Sinai-Inschriften. In den nordsemitischen S.en machte sich auch der Einfluß der Keil-S. geltend (Buchstabenalphabet von Ugarit). Als Wiege der semitischen Buchstaben-S. gilt → Byblos (2), dessen Namen auch die Griechen mit dem Begriff der S., des Beschreibstoffes und Buches verbanden. Das nordsemitische Alphabet (22 Konsonanten) ist in drei verschiedenen Ausprägungen bekannt: *Phönizisch* (daraus Punisch), *Althebräisch* (Kanaanisch, daraus Samaritanisch), *Aramäisch* (daraus hebr. Quadrat-S., Palmyrenisch, Syrisch und das Nabatäische, der Ursprung der arab. S. mit ihren Varianten Kufisch, Neshi, Maghrebinisch und der altiranischen S.en Pehlevi und Avesta-S.).

B. Das griechische und lateinische Alphabet (= A.) [1] Die *Griechen* übernahmen ihr A. von den → Phoinikern. Die Erinnerung daran hat sich bei ihnen erhalten; schon die Buchstabennamen weisen vielfach auf die semit. Herkunft hin ('aleph, bêth, gîmel, dālĕth usw.). Die Buchstabenformen der ältesten griech. S.en stimmen weitgehend mit den altphönizischen überein, die Reihenfolge der Buchstaben und ihre entsprechende Verwendung als Zahlzeichen findet sich im Griech. wie im Altsemitischen. Die ältesten griech. Inschriften sind wie die semitischen bustrophedon oder linksläufig geschrieben. Während also die Herkunft des griech. A.s keinem Zweifel unterliegt, ist die Aufspaltung in eine Anzahl griech. Lokal-A.e und deren Weiterentwicklung schwieriger zu verfolgen. Das griech. Mutter-A. enthielt 21 Zeichen. Gegenüber dem späteren A. waren Ϝ (Digamma = w) und Ϙ (Koppa = k vor o und u) zusätzlich vorhanden; dafür fehlten ξ, φ, χ, ψ, ω. Vier phön. Buchstabenzeichen, die man mangels lautlicher Entsprechung im Griech. nicht brauchte, wurden zur Bezeichnung der 4 Vokale A, E, I, O verwendet, die ja im Phönizischen wie in allen semit. Schriften fehlten. Für den u-Laut nahm man das phön. Υ (w = wāw) und setzte es an das Ende des A.s. H (entsprechend phön. ḥēth) hatte zunächst den Lautwert h. In Gebieten, in denen der Hauch früh verstummte (sog. Psilose), verwendete man es aber schon früh für das offene (lange) ē und schuf parallel dazu *Ω* für das offene (lange) ō. Abgesehen von den archaischen A.en der dorischen Inseln Thera, Melos und Kreta unterscheidet man ostgriech. und westgriech. A.e, deren Verschiedenheiten vor allem in den sog. Zusatzbuchstaben liegen. Die ostgriech. A.e kennen die Zusatzzeichen *X* (= kh), Ξ (= ks) und *Ψ* (= ps) – für die beiden letzten Zeichen findet sich in manchen Gebieten auch *χσ* und *φσ* – die westgriech. A.e hingegen schreiben ↓ oder *Ψ* für kh, *X* für ks, ✳ bzw. *Φ*Σ für ps. *Φ* für ph ist beiden Gruppen gemeinsam. – Daß Athen 403 v. Chr. unter dem Archon → Eukleides (1) das kleinasiatisch-ionische A. für die offizielle Aufzeichnung von Gesetzestexten übernahm, wirkte beispielgebend für die anderen griech. Staaten, so daß im Laufe des 4. Jh.s das noch heute geläufige klassische (ionische) A. mit 24 Zeichen zugleich das gemeingriechische wurde. → Griechische Sprache.

[2] Schon im Laufe des 7. Jh.s übernahmen die *Etrusker* – woher und auf welchem Wege ist noch strittig – ein A. mit 26 Buchstaben, das zur Gänze auf dem Rand einer elfenbeinernen Schreibtafel aus Marsiliana d'Albegna zu lesen ist. 4 Buchstaben dieses A.s, nämlich b, d, das dem phön. samech entsprechende Zeichen und o, wurden praktisch nicht verwendet, da ihre lautlichen Entsprechungen im Etrusk. fehlten (o und u wurden, zumindest ursprünglich, nicht geschieden). Das etrusk. A. kannte ferner 2 Zeichen für s-Laute, die dem phön. sade und śin entsprachen. Gesichert ist auch die frühe Differenzierung (7./6. Jh.) der 3 k-Laute: c (vor e, i), k (vor a), q (vor u).

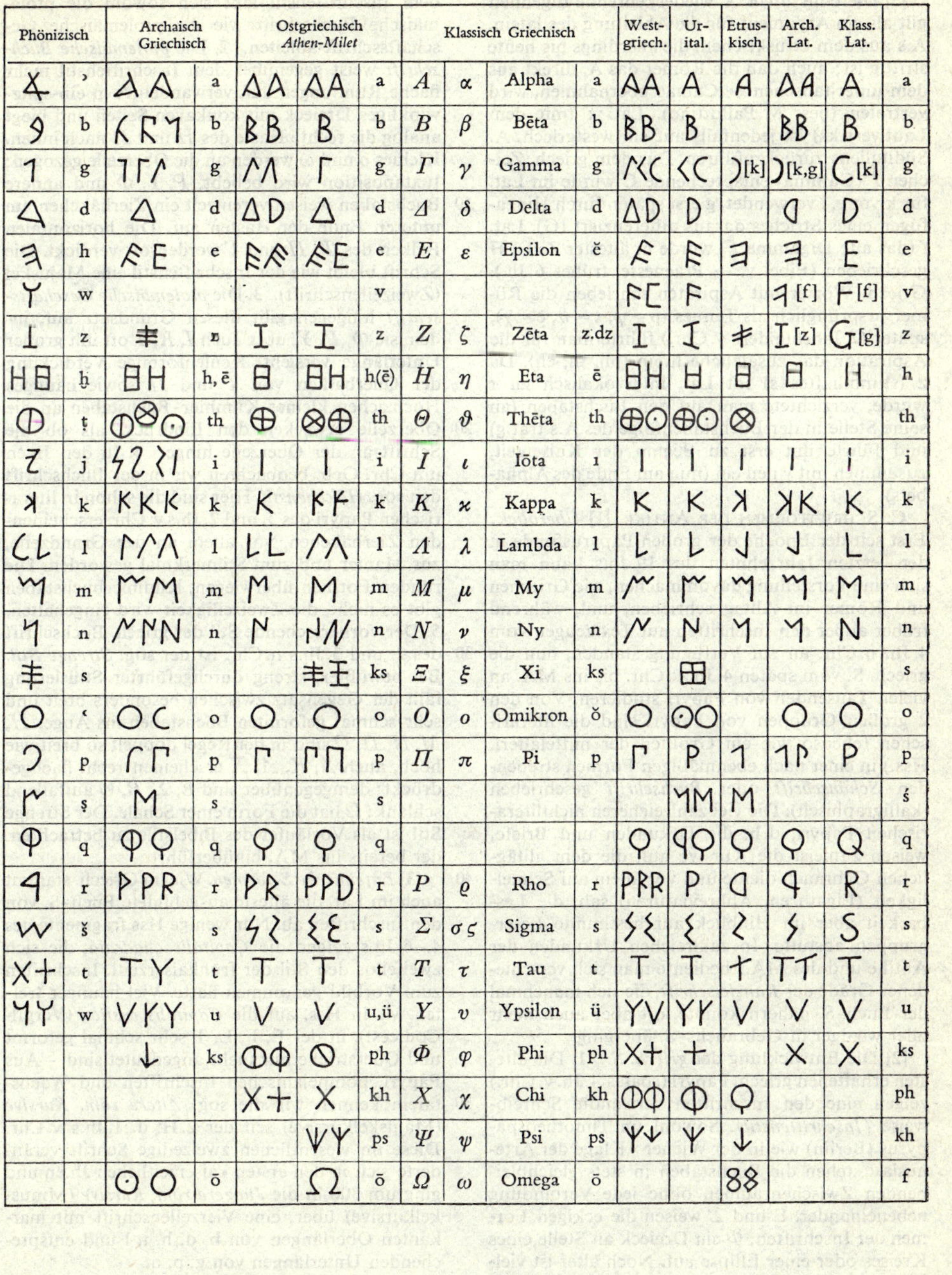

Die Entwicklung des Alphabets

[3] Diese im *latein. A.* wiederkehrende Eigenheit gilt als ein Argument für die Ableitung des latein. A.s aus dem etruskischen, die allerdings bis heute strittig ist; auch daß die Römer das A. direkt aus dem unteritalischen → Cumae übernahmen, wird vertreten (bes. M. Pallottino). Lat. x (mit dem Lautwert ks) ist jedenfalls auf ein westgriech. A. Süditaliens zurückzuführen. Das dem griech. Zeichen *Γ* (Gamma) entsprechende C wurde im Lat. für k vor e, i verwendet, g erst später durch Hinzufügen eines Striches daraus differenziert (G). Lat. f (das alte Digamma *F*) wurde in ältester Zeit FH geschrieben (Fibel v. → Praeneste, frühes 6. Jh.). Griech. Wörter mit Aspiraten schrieben die Römer ursprünglich als Tenues (p = *φ*, t = *ϑ*, c = *χ*), später (2. Jahrhundert v. Chr.) führte man für die Aspiration das zusätzliche h ein (ph, th, ch). Da z (stimmhaftes s) im Lat. intervokalisch zu r wurde, verzichtete man auf den Buchstaben (an seine Stelle in der Buchstabenfolge des A.s trat g) und führte ihn erst zu Beginn der Kaiserzeit, zusammen mit y neu ein (nun am Ende des Alphabets).

C. Schriftformen der Antike. [1] *Überblick:* Erst seit der Epoche der großen Papyrusfunde in den letzten Jahrzehnten des 19. Jh.s kann man sich eine Vorstellung davon machen, wie Griechen und Römer im Alltag schrieben, und, während früher außer den Inschriften nur Textzeugen vom 4. Jh. n. Chr. an zur Verfügung standen, nun die griech. S. vom späten 4. Jh. v. Chr. bis ins MA. an vielen Tausenden von Papyri studieren. Von den 2 großen Gruppen von Papyri sind die literarischen (ebenso wie ein Großteil der mittelalterl. Hss.) in einer nach ebenmäßigen Formen strebenden *Schönschrift* oder *Buchschrift* geschrieben (kalligraphisch). Die viel zahlreicheren nichtliterarischen Papyri, d. h. die Urkunden und Briefe, weisen zumeist die Kursive auf, die dem alltäglichen Gebrauch diente und vor allem auf Schnelligkeit (Ligaturen, Abbreviaturen) sah, die Lesbarkeit aber im Hinblick auf bestimmte Lesergruppen abstufte. In zahlreichen Urkunden der Antike und des MA.s bediente man sich verschiedener Grade der *Kanzleischrift*, die sich manchmal der Buch-S. nähern konnte, oft aber auch mehr oder weniger in Gebrauchs-S. überging.

[2] Die Entwicklung der *griech. S.:* 1. Die ältesten erhaltenen griech. Papyri (spätes 4. Jh. v. Chr.) zeigen eine den Inschriften verwandte Schreibweise *(Inschriftenstil)*. Sowohl im Timotheospapyrus (Berlin) wie in der Wiener »Klage der Artemisia« stehen die Buchstaben in stets gleichbleibenden Zwischenräumen ohne jede Verbindung nebeneinander. E und *Σ* weisen die eckigen Formen der Inschriften, *Φ* ein Dreieck an Stelle eines Kreises oder einer Ellipse auf. Noch älter ist vielleicht der 1962 gefundene Papyrus von Thessalonike: sein *Ω* ist gegenüber der kursiven Form in Artemisia und Timotheos rein inschriftlich. Aus dem Inschriftenstil läßt sich sowohl die ptolemäische Buchschrift wie die ptolemäische Geschäftsschrift ableiten. 2. Die *ptolemäische Buchschrift* weist gegenüber dem Inschriftenstil mehr flache Rundungen auf, verwandelt A in ein spitzwinkliges Dreieck mit konkaven Seiten und biegt analog die rechte Haste des *H* und *Π* nach innen. Kleines *o* und *ω* werden an die Oberzeile gezogen; Iuxtaposition wird beliebt, *P*, *Y*, *Φ* und andere Buchstaben weisen vereinzelt ein Zierhäkchen am unteren Ende der Hasten auf. Die horizontalen Balken des *T*, *Π* und *Γ* werden oft verdickt. Die Schrift bleibt wie der Inschriftenstil eine Majuskel (Zweizeilenschrift). 3. Die *ptolemäische Geschäftsschrift* hingegen gibt diesen Grundsatz auf, indem sie *Φ*, *P*, *Y*, aber auch *I*, *K*, *T* oft mit großer Unterlänge versieht. Keulenförmige Verdickung der Querbalken von *T* und *Π* sowie häufiges Hochziehen kleiner Kümmer-Buchstaben an die Oberzeile erwecken den Eindruck, als ob die Schrift an der Oberzeile hinge. 4. In den Jh.en um Chr. Geb. beobachten wir in der Buchschrift den sog. *Häkchenstil*. Hier sind die schon in literarischen Papyri des 3. und 2. Jh.s v. Chr. erscheinenden Zierhäkchen, vor allem an der Grundzeile, zur Manier und zum Stilmerkmal geworden. Die runden Formen überwiegen, Kümmerbuchstaben gibt es nicht, die Zweizeiligkeit wird eingehalten. 5. Der vorherrschende Stil der griech. Buchschrift des 2. und 3. Jh.s n. Chr. ist der sog. *Strenge Stil*. Bei bewußter, streng durchgeführter Stilisierung fällt der Gegensatz zwischen besonders breit und sehr schmal geformten Buchstaben ins Auge. *H*, *M*, *N*, *Π*, *Ω* sind in der Regel doppelt so breit wie hoch, auch *Δ*, *K*, *Λ*, *X* erscheinen recht flachgedrückt; demgegenüber sind *E*, *Σ*, *B*, *Θ* auffallend schlank; *Ω* hat die Form einer Schale. Der Strenge Stil ist als Vorläufer des Bibelstils zu betrachten, der bereits ins MA. hinüberführt.

[3] *Lateinische S.formen.* Wie im Griech. stammt auch im Lat. die älteste ausgebildete Buch-S. von den Inschriften ab. Nur wenige Hss.fragmente des 4.–6. Jh.s zeigen die *Capitalis quadrata*, die sich zweifellos den Stil der frühkaiserzeitl. Inschriften zum Vorbild genommen hatte. Viel häufiger treffen wir in Hss. auf die *Capitalis rustica* (Vergil-Codices!), in der E, F, L, T sehr schmal geformt und Querstriche nur mehr angedeutet sind. – Aus Papyri, pompejanischen Inschriften und Wachstafeln kennen wir die sog. *Ältere röm. Kursive* (Majuskelkursive) seit der 2. H. d. 1. Jh.s v. Chr. Diese im wesentlichen zweizeilige Schrift veränderte sich in den ersten kaiserzeitlichen Jh.en und ging um 300 in die *Jüngere röm. Kursive* (Minuskelkursive) über, eine Vierzeilenschrift mit markanten Oberlängen von b, d, h, i, l und entsprechenden Unterlängen von g, p, q.

[4] *Kurzschrift.* Sowohl im Bereich der griech. wie der lat. S.geschichte gibt es mehrere Versuche, ein System der *Kurzschrift* (Tachygraphie =

Schnell-S., Stenographie = Eng-S.) aufzustellen. Die *griech.* Tachygraphie ist auf Papyri und Wachstafeln (in spätantiken Urkunden fügten Notare ihren Unterschriften gern tachygraphische Notizen bei) überliefert; ihre Deutung ist bisher nur zum geringen Teil gelungen. Besser bewandert sind wir in der griech. Tachygraphie des MA.s, die uns vor allem in Hss. des 10–12. Jh.s, später noch in Ausläufern entgegentritt. Eine ganze Reihe geläufiger Kürzungen in griech. Minuskelhss. mit kursiven Zügen stammt aus der Antike. In *Rom* soll der Dichter → Ennius (um 200 v. Chr.) als erster »notae vulgares« (»gewöhnliche« Abbreviaturen) erfunden haben. Eine Erweiterung und Verfeinerung erfuhr dieses System durch Ciceros Freigelassenen → Tiro, dessen *Tironische Noten* in der ganzen Kaiserzeit und in Hss. des MA.s bis um die Jahrtausendwende in Gebrauch waren.

D. Mittelalterliche Buchschriften. [1] Die 3 größten und bis vor wenigen Jahrzehnten ältesten griech. Bibelhss., Cod. Sinaiticus, Cod. Vaticanus, Cod. Alexandrinus, sind in einer hochstilisierten Buchschrift geschrieben, die wir als *Bibelstil* (G. Cavallo: Bibelmajuskel), mit einem weniger glücklichen, konventionellen Ausdruck auch als *Unziale* bezeichnen. Anstelle der auffälligen Breitenunterschiede der Buchstaben im Strengen Stil ist hier alles auf Ausgleich der Größenunterschiede und edles Gleichmaß der Formen ausgerichtet. Für die meisten Buchstaben des Bibelstils könnte man ein Quadrat als Grundform annehmen; auch die vielen runden Buchstaben könnte man Quadraten einschreiben. Haar- und Druckstriche werden unterschieden, die Zweizeiligkeit ist genau eingehalten. Nach dieser vorbildlichen Ausprägung in den großen Hss. des 4. und 5. Jh.s erfuhr der Bibelstil erst im Laufe von Jh.en gewisse Veränderungen. Mit dem Sieg der Minuskel im 9. Jh. wurde die Unziale im wesentlichen auf liturgische Texte (spitzovale Formen, oft Schräglage) beschränkt. Daneben hielt sie sich noch lange als Auszeichnungsschrift in Minuskelhss. – In der Spätzeit (6.–10. Jh.) bildete sich eine Sonderform der griech. Unziale, der sog. *Koptische Stil:* Einzelne Buchstaben, besonders an abgehobenen Satzanfängen, werden überdimensioniert, *A*, *E*, *Θ*, *O*, *Σ* sehr schmal gehalten, *M* bis auf die Grundzeile eingesattelt. Die Stilisierung zielt auf die Kanzleischrift (Eindruck des Gitterwerks) und dürfte auf das alexandrinische Patriarchat zurückgehen.

[2] Seit der Zeit der Tetrarchie (um 300 n. Chr.) gewann die *Kanzleischrift* einen deutlichen Einfluß auf die griech. Kursive, die während der ersten kaiserzeitl. Jh.e in der Regel einen unansehnlichen Eindruck gemacht hatte. Schon im Laufe des 4. Jh.s entwickelte sich diese *Byzantinische Kursive* zur richtigen Vierzeilenschrift mit zahlreichen markanten Ober- und Unterlängen. Die weit ausholenden Schlingen und Schleifen, die oft mehrere Zeilen überschreitenden Unterlängen, kurz der bewußt barocke Zug dieser Kursive muß als Ausdruck byzantinischen Wesens verstanden werden.

[3] Anhand der immer noch zahlreichen griech. Papyrusurkunden aus der Zeit der Araberherrschaft in Ägypten (7.–8. Jh.) läßt sich zeigen, wie sich jene Buchstabenformen allmählich sammelten, die etwa 2. H. 8. Jh. zur Bildung einer neuen Buchschrift, der griech. *Minuskel* (auch *Buchminuskel* oder kalligraphische Minuskel genannt), führten. Sie blieb mit gewissen Veränderungen und Einschränkungen im ganzen MA. für die griech. Hss. von größter Bedeutung. Die älteste datierte Minuskelhs., der Cod. Uspenskij (ein Evangeliar) stammt aus d. J. 835. Die Buchminuskel ist wie die Byzantinische Kursive eine Vierzeilenschrift, d. h. sie weist viele Ober- und Unterlängen auf. Oft sind Gruppen bis zu 10 Buchstaben in einem Zug geschrieben: man wollte die klaren, schönen Formen der Unziale mit der Flüssigkeit und Schnelligkeit der Kursive verbinden. Die Spiritus gelten als ein Kriterium für das Alter der Minuskelhss. Die sog. halbierte Eta-Form, die eckige und runde Form folgen zeitlich aufeinander. Iota adscriptum steht in gleicher Größe neben den anderen Buchstaben. Im Laufe der folgenden Jh.e wurde die Minuskel durch Eindringen unzialer Formen allmählich wieder aufgelöst.

[4] Etwa seit dem 3. Jh. bildete sich neben der Capitalis quadrata eine vorwiegend auf Rundungen hin stilisierte Buchschrift, die *lateinische Unziale.* Das Wesen der Unziale zeigt sich beim Vergleich der charakteristischen Buchstaben A, D, E, G, H, M, Q, U mit den analogen Formen der Capitalis. Die lat. Unziale setzte sich, ähnlich wie der griechische Bibelstil, zugleich mit dem Pergament-Codex durch und wurde für die Herstellung von Bibelhss. und liturgischen Texten bevorzugt. Noch in karoling. Zeit können wir Erneuerungsversuche an der Unziale beobachten. – Etwas im Schatten der Unziale entwickelte sich die *Halbunziale*, eine Vierzeilenschrift, die unziale Buchstaben mit einer Reihe von Minuskelformen mischt. A erscheint in der auffälligen cc-Form, S wird in Majuskel- und Minuskelform geschrieben, G und R sind weitere Merkbuchstaben. Nur in Ravenna, Verona und Corbie konnte die Halbunziale die Unziale verdrängen; immerhin lebte sie bis ins 8. Jh. als Auszeichnungsschrift fort.

[5] Aus der Halbunziale und der röm. Kursive entwickelten sich die einst als *Nationalschriften* bezeichneten S.arten der vorkarolingischen Zeit, die von verschiedenen Ländern auf dem Boden des ehemaligen weström. Reiches ausgingen und vor allem im 7. und 8. Jh. das Medium für die Überlieferung der antiken Literatur bildeten. – Seitdem F. Masai (s. *Lit.*) die Theorie einer eigenständigen irischen Buchmalerei und Schreibkunst erschüttert hat, zieht man es vor, von einer *Insularen*

Halbunziale zu sprechen und die Scheidung in irische und angelsächsische Halbunziale zu vermeiden. In dieser Halbunziale sind die Oberlängen von b, d, h, l kurz, gedrungen und spachtelförmig, d, r, und s werden sowohl unzial wie halbunzial geschrieben. Die eng aneinandergedrängten Buchstaben erinnern an die Glieder einer Kette. Flechtwerkornamente und feine, farbige Punktsäume verzieren oft die Initialen (z.B. Book of Kells, Evangeliar, um 800). – Dieser breiten Halbunziale steht eine *Insulare Minuskel* gegenüber mit schmalen, in Spitzen auslaufenden Buchstaben, die wie die Zähne eines Kammes nebeneinander stehen (Spitz-S.); r mit großer Unterlänge erinnert an das lange s. Die Schrift steht zumeist senkrecht oder ist etwas links geneigt und kennt viele Ligaturen und Kürzungen; sie wurde häufig für Glossen und Marginalien verwendet. Die insularen S.arten wirkten im Zusammenhang mit der Mission weit in das europäische Festland hinein (angelsächs. Einfluß z.B. Fulda, Echternach; irischer Einfluß z.B. Luxeuil, Bobbio, St.Gallen). – Im westgotischen Spanien wurde neben der lat. Unziale auch die Halbunziale und Kursive gepflegt. Etwa um 700 setzte sich die neue *Westgotische* (oder *spanische*) *Minuskel* durch: Ober- und Unterlängen sind nicht sehr häufig, aber auffallend lang und stehen meist senkrecht, a ist oben offen, g nach rechts geöffnet und säbelförmig, t ähnelt einem geschlossenen a. Im 8.Jh. läßt sich Einfluß der westgotischen Minuskel auch in Frankreich und Italien beobachten. – Was man in der älteren Paläographie als *Merowingische Schrift* zu bezeichnen pflegte, wird heute in verschiedene Spezialtypen charakteristischer Skriptorien zerlegt. Die in den Urkunden der Merowingerkanzlei auftretende Stilisierung – aufrecht stehende, eng zusammengedrückte Schrift mit keulenförmigen Oberlängen und auffälligen Ligaturen – wirkte auch auf die zeitgenössische Buchs. ein. Als vorkarolingische Spezials.en auf fränkischem Boden seien der EN-Typ und ab-Typ von Corbie, der az-Typ von Lyon und der einst irrig als Typ von Luxeuil bezeichnete genannt. Im langobardischen Raum war das stark von der Insularschrift beeinflußte Kloster Bobbio von größter Bedeutung. – Bes. Erwähnung verdient die *Beneventanische Schrift*, eine Sonderform der süditalischen Halbkursive des späten 8.Jh.s, die durch den Benediktinerorden in den folgenden Jh.en weithin Verbreitung fand. Charakteristisch sind die dicken, gedrungenen Formen (breite Schreibfeder!), gebrochene Schäfte der Kleinbuchstaben und zahlreiche rhomboide Buchstabenelemente.

[6] Analog der Bildung der griech. Minuskel aus der spätbyzantin. Kursive neigte man im Laufe des 8.Jh.s auch im Westen, bes. in Klosterskriptorien, wo keine Schreiberpersönlichkeiten mit eigenwilligen Stilisierungen lebten, dazu, durch Vermeidung von Ligaturen und Kürzungen eine leicht

lesbare Schrift zu schreiben: sog. *Frühminuskel*, eine Vorstufe der karolingischen Schriftreform. In St.Martin in Tours etwa trat schon um 750 das kleine unziale a der Karolingischen Minuskel neben die alte cc-Form. Gleichzeitig treffen wir die Frühminuskel auch in St.Gallen und in der Reichenau an. Das erste Beispiel Karolingischer Minuskel bietet der sog. *Maurdramnus-Typ* von Corbie (vor 780), in dem die halbunzialen Formen von a, g und n konsequent durch entsprechende Minuskelformen ersetzt wurden. Die für die weitere Entwicklung der lat. S. im MA. entscheidende Ausbildung der *Karolingischen Minuskel* um 800 wird auf eine S.reform Karls d.Gr. zurückgeführt, die zwar nicht quellenmäßig bezeugt, aber an den Prunkhandschriften der Hofschule Karls unschwer abzulesen ist. Man wollte damals eine gut lesbare, ästhetisch hochstehende, einheitlich stilisierte Minuskel schaffen, die von den Kürzungen und Ligaturen der Halbkursive befreit war. a, g, n wurden dem Minuskelalphabet angepaßt und Rundungen und Gerade allgemein in idealen Ausgleich gebracht. Daneben bemühte sich die S.reform offenbar auch um eine Wiederbelebung der alten lat. Buch-S.en, der Capitalis, Unziale und Halbunziale, die nun häufig als Auszeichnungsschriften, aber auch sonst Verwendung fanden; dieser Archaismus wirkte nicht über das 10.Jh. hinaus. Die Durchführung der karolingischen S.reform ruhte natürlich zur Gänze auf den Klosterskriptorien, die damals vielfach eine hohe Buchkultur aufwiesen und oft in regem gegenseitigem Austausch standen. Die verhältnismäßig zahlreich erhaltenen Hss. des 9.Jh.s beweisen den Siegeszug der Karolingischen Minuskel, ermöglichen den Paläographen aber auch subtile Unterscheidungen in bezug auf die Herkunft und das Alter der einzelnen Schriftzeugnisse. H. Hg.

Lit.: *V. Gardthausen* Griech. Paläographie (1879), 1911 bis 1913^{2}. *A. Mentz* Gesch. u. Systeme der griech. Tachygraphie, 1907. *L. Traube* Vorlesungen u. Abh.en I: Zur Paläographie u. Hss.kunde, 1909. *W. Schubart* Griech. Paläographie, 1925. *F. Steffens* Lat. Paläographie, 1929. *H. Jensen* Die Schrift in Vergangenheit u. Gegenwart, 1936. *M. Norsa* La scrittura letteraria greca dal secolo IV a.C. all'VIII d.C., 1939. *F. Masai* Les origines de la miniature dite irlandaise, 1947. *G. Battelli* Lezioni di paleografia (1936), 1949^{3}. *W. Menn* Die Schrift und ihre Entwicklung, in: Hb. der Bibliothekswiss. I, 1950. *J. Mallon* Paléographie romaine, 1952. *G. Cencetti* Lineamenti di storia della scrittura latina, 1954. *R. Devreesse* Introd. à l'étude des manuscrits grecs, 1954. *C. H. Roberts* Greek literary Hands 350 B.C.–A.D. 400, 1955. *J. Irigoin* L'onciale grecque de type copte, Jb. Öst. Byz. Ges. 8, 1959, 29–51. *H. Hunger* Antikes u. mittelalterliches Buch- und Schriftwesen, in: Gesch. der Textüberlieferung I, 1961. *L. H. Jeffery* The Local Scripts of Archaic Greece, 1961. *H. Foerster* Abriß der lat. Paläographie (1949), 1963^{3}. *G. Cavallo* Ricerche sulla maiuscola biblica, 1966. *E. G. Turner* Greek Manuscripts of the Ancient World, 1971.

Schuhe. Als Fußbekleidung, *calceamentum*, ὑπόδημα, trugen Griechen und Römer → Sandalen, S. und St(iefel). Nach Material, Ausführung, Farbe, Form und Herkunft gab es eine fast verwirrende Zahl von S. und St., wofür auf die langen Listen bei Poll. 5,18. 7,85–94. 10,49 und Herod. 7,57ff. verwiesen sei. Die zahlreichen Darstellungen der bildenden Kunst mit den ant. Namen in überzeugende Übereinstimmung zu bringen gelingt nur selten (1). Der hohe geschlossene S. (im Gegensatz zur → Sandale) scheint aus dem O., von Medern, Persern, Hethitern nach Griechenland gekommen zu sein; er bezeichnet oft den Barbaren im Gegensatz zum Griechen (Medearelief, MDAI(R) 53, 1938, T. 38). Die S. reichen in der Regel bis über die Knöchel, können vorne geschlitzt sein und werden mit Haken, Schnüren oder Schlingen geschlossen ([1], Abb. 18–24). S. mit Gamaschen tragen Männer in myken. Z. (MARINATOS Kreta u. d. myken. Hellas, 1959, T. 178. 182. 233. RODENWALDT Der Fries des Megarons von Mykenai, 1921, 28 Abb. 16 vgl. Beilage 1–3), Frauen bei der Jagd (Tiryns II 111f. Nr. 141 bis 142. 122 Nr. 160. ? 154 Nr. 223) und beim Stierspiel (MARINATOS T. XVII. Tiryns II T. 18), vgl. den S. mit hochgebogener Sohle vorn (MARINATOS T. 236). Schnabel-S. sind aus dem O. bekannt und werden in Ionien und Etrurien getragen, aber auch im lakon. Bereich (Arkesilas: PFUHL Abb. 193, vgl. den Bärtigen auf dem Panzer aus Olympia PFUHL Abb. 135). Seit klass. Z. tragen Männer und Frauen S. mit oft reich geschmücktem Oberleder (Vasenbilder). → Arbyle, Karbatine (1), Krepis (2), Laconica (1). St. (d.h. Fußbekleidung mit Schäften, die mindestens bis zur Wade reichen) tragen schon die kret. Soldaten und Sportler (MARINATOS T. 100. 106). In Griechenland ist bes. verbreitet der Jagd- und Reise-St., → Embas, mit heraushängenden Laschen, die → Endromis ohne Laschen, und der im tägl. Leben und auf der Bühne benutzte → Kothurn.

In Etrurien sind neben griech. S. und St. einheimische S. und St. bekannt; bes. berühmt war eine etr. Holz-Sandale mit Beschlägen und hoher Sohle. Ein Mittelding zwischen S. und Sandale (der ganze Spann bedeckt, die Zehen frei) tragen Tänzerinnen (JDAI 31, 1916, 119 Abb. 7. 120). Häufig ist der Schnabel-S., *calceus repandus* (Cic. nat. 1,82), z.B. L. BANTI Die Welt der Etrusker (1960) T. 37. 49. 57.

In Rom trug man Sandalen nur im Hause, griech. *crepidae* außerhalb Roms und zu griech. Tracht, während zur *toga* der → *calceus* gehört. Im ausgehenden 1. Jh. v. Chr. kommt die → *Gallica* dazu (nicht zur *toga* getragen), in der späteren Kaiser-Z. der *campagus*, Lyd. mag. 1,17. H. A. 19, 28,8. 23,16,4, ein Riemen-S., der Zehen und Ferse einhüllte, den übrigen Fuß sichtbar ließ (VOLBACH Frühchr. Kunst, 1958, T. 53: die drei Kaiser). Soldaten, Fuhrleute, Bauern usw. trugen oft die → *caliga*, Jäger einen hohen St., der an griech. Vorbilder angelehnt ist. W. H. G.

1. *K. Erbacher* Griech. S.-werk, Diss. phil. Würzburg 1914. 2. *Hug*, RE II A 741ff. 3. *O. Lau* Schuster u. Schusterhandwerk, Diss. Bonn 1967.

Schulen. A. Griechenland.

1. Elementarschulen. Obwohl schon in homer. Z. die Erziehung innerhalb der Adelsgesellschaft als sehr wichtig galt, sind feste S.-Formen erst nach der Mitte 6. Jh. aus Sparta bekannt (Xen. Lak. pol. 2ff. Plut. Lyk. 14ff.). Vom 8. bis zum 20. Lebensjahr wurden hier die freigeborenen Kinder (Jungen und Mädchen) in einem 3-S.-Klassen-System (1. Klasse 7–11 jährige, 2. Klasse 12 bis 15 jährige, 3. Klasse 16–19 jährige) durch Spielen, Exerzieren und Übungen in Selbstzucht, Beherrschung und Gehorsam erzogen. Der Elementarunterricht (Lesen, Schreiben, Musik) spielte hier eine untergeordnete Rolle. Neben nur wenigen bezeugten Schulen ähnlicher Art (z.B. Troizen [Plut. Them. 10,5]) waren in der Regel die Elementar-S. privat. Der Beruf des Lehrers war wenig geachtet, und da es keine staatl. Besoldung gab, mußte er von den Zuwendungen seiner Schüler leben. Diese wurden vom 7. bis zum 14. Lebensjahr vom παιδοτρίβης in Sport, vom κιθαριστής in Musik und vom γραμματιστής in Lesen und Schreiben unterrichtet. Der παιδαγωγός, meist ein Sklave, begleitete seinen Zögling zum Sportplatz oder zu den privaten Räumlichkeiten, in denen der Unterricht stattfand. Als Lehrmittel standen im allg. Wachstafeln und Griffel zum Schreiben und der nicht selten benutzte Rohrstock zur Verfügung. Da Bücher sehr teuer waren, gehörte das Auswendiglernen von Klassiker-Texten zur täglichen Schulung.

2. Als höhere S.-Form mit staatl. Unterstützung (oder nur Überwachung wie in Athen [Aischin. 1, 9]) entstand im 4. Jh. das Ephebengymnasion (wohl ident. mit der Grammatiker-S.). Hier erhielten Jungen nach Beendigung der Elementar-S. unter Aufsicht eines Gymnasiarchen neben sportl. und militär. Unterricht eine Ausbildung im Sinne der ἐγκύκλιος παιδεία, zu der Geometrie, Arithmetik, Musik und Astronomie, vor allem aber der literar. Unterricht durch den γραμματικός an Hand der Klassiker-Texte (bes. Homer, Euripides, Demosthenes) gehörten. Hierfür stand ein gesonderter Raum in der Palaistra (Vitr. 5,11, 2), das sog. Ephebeion, zur Verfügung.

3. Der von Rednern und Sophisten auf Rhetoren-S. erteilte Hochschul-Unterricht war weniger auf spezielle Berufe als auf eine allg. sittliche Bildung ausgerichtet und umfaßte theoret. und prakt. Übungen zur Rhetorik und Philosophie. Die Lehrer, oft Wanderlehrer, genossen ein hohes soziales Ansehen und konnten entsprechende Honorare fordern, so daß nur einer kleinen, reichen Oberschicht der Besuch solcher S. möglich war. Die philos. Ausrichtung war von Einzelpersönlichkei-

ten, meist von den Schulgründern, abhängig und wurde in den fest etablierten S. (→ Akademeia, → Lykeion) durch die Jh.e, oft bis zur Schließung in chr. Z., tradiert. Neben diesen allgemeinbildenden S. gab es Fach-S., so u.a. für Medizin oder Malerei.

B. Rom. 1. Das röm. S.-System ist mit geringen Änderungen vom griech. übernommen. Auch hier war die Elementar-S. *(ludus litterarius)* eine rein private Institution. Der wenig geachtete *ludi magister* hielt seinen Unterricht in öffentlichen Läden am Forum ab, wo er die Kinder vom 7. Lebensjahr ab in Schreiben und Lesen unterwies. Diese S. sind bereits im 5. und 4. Jh. v. Chr. bezeugt (Liv. 3,44,6. 6,25,9) und sind im 1. Jh. n. Chr. bis in die kleinsten Gemeinden des röm. Reiches verbreitet (Plin. nat. 9,25. Suet. Cal. 45,2).

2. Die Grammatiker-S. ist eine direkte Übernahme aus dem Griechischen. Die Jungen wurden bis zum 17. Lebensjahr zunächst durch griech. Lehrer (hier ohne jede staatl. Unterstützung) an Hand griech. Texte unterwiesen. Erst unter Augustus gab es auch lat. Schulen mit lat. Texten (bes. Vergil, Terenz) als Lehrstoff. Die dadurch bedingte zweisprachige Ausbildung wurde für die höhere S. selbstverständlich. Ein erstes staatl. Interesse zeigte sich unter → Vespasian, der den Lehrern der höheren S. Steuerfreiheit gewährte.

3. Auch der Hochschulunterricht bei Rednern und Philosophen war zunächst auf griech. Lehrinhalte beschränkt. Daneben entstanden lat. Rhetoren-S., die anfänglich mit staatl. Widerstand zu kämpfen hatten (Cic. de or. 3,93ff. Suet. rhet. 1). Doch im 1. Jh. n. Chr. ist eine zweisprachige Unterweisung an den Rhetoren-S. die Regel. Das Hauptgewicht des Unterrichts lag in Rom auf der Rhetorik, während in Athen die Philosophie und in → Berytos die Rechtswissenschaften im Vordergrund standen. Der Ausschluß aller Nichtchristen vom Lehrer- und Hochschullehrerberuf unter Iustinian setzte der ant. Schulform ein Ende. S. O.

E. Ziebarth, RE II A 758. *Ders.* Aus dem griech. Schulwesen, ^{2}1914. *Ders.* Aus den griech. Schulen. Slg. griech. Texte auf Pap., Holztafeln, Ostraka (Lietzmanns Kl.-Texte 65) ^{2}1913. *v. Arnim* Dio von Prusa, 1898. *F. Eby–Ch. F. Arrowood* The History and Philosophy of Education Ancient and Medieval, ^{5}1949. *H. I. Marrou* Geschichte der Erziehung im klass. Altertum, 1957. *M. P. Nilsson* Die hellen. Schule, 1955. *W. Jäger* Paideia I (^{4}1959). II (^{2}1954). III (^{2}1955).

Abb.: *F. Winter* Schulunterricht auf griech. Vasenbildern, BJ 1905, 275ff. *A. Greifenhagen* Ant. Kunstwerke, 1965, T. 71. *Espér*, Rec. Bd. 6 S. 345.

Schuster, Leihwort aus *sutor* (σκυτεύς, σκυτοτόμος, ὑποδηματοποιός). Bei den Römern heißt der S. *sutor*, vom Nähen, s. kann auch jeden Lederarbeiter allgemein bezeichnen. Daneben gab es nach der Art der → Schuhe, wie bei den Griechen, eine Fülle bes. Bezeichnungen. σκυτοτόμος, »Lederschneider«, kann auch Schildmacher, Sattler usw. bedeuten. Der Sch. schnitt das Leder (→ Pellis. Gerberei) mit dem halbmondförmigen *culter crepidarius* nach für jeden Fuß einzeln genommenem Maß zu, bohrte mit der Ahle *(subula,* ὄπεας, ὀπήτιον) entlang den Rändern der Einzelteile Löcher und vernähte diese über einem Leisten *(forma calcei* Dig. 9,2,5,3. καλάπους) mit Tiersehne. Es gab Leder-, Holz- (Poll. 7,92) und Korksohlen (Plin. nat. 16,34). Das Leder konnte gefärbt, die Sohlen konnten genagelt werden. Ant. Darstellungen von Sch. sowie Werkzeug sind aus griech. wie röm. Z. erhalten: Blümner Techn. I^2 Abb. 86ff. Diepolder Die att. Grabreliefs T. 4. Hekler Bildniskunst d. Griechen u. Römer T. 223, b. W. H. G.

O. Lau Schuster und Schusterhandwerk, Diss. Bonn 1967.

Schwalbe. χελιδών (ῑ: Herodian. 2,604 L.), *hirundo* bezeichnet im allg. die Haus- (Mehl-) Sch., zuweilen die Rauch-Sch. (Hirundo rustica) und die Ufer-Sch. (Clivicola riparia), die beide keine eigenen Namen haben. Daneben stehen ἄπους (= δρεπανίς?) und κύψελος, Alpensegler und Mauersegler, beide nur selten erwähnt. Die folg. Angaben beziehen sich fast durchwegs auf die Haus-Sch. – Wenigen anatom.-physiol. Mitteilungen stehen zahlreichere über Fortpflanzung und Brutpflege (jährl. 2 Legezeiten: Aristot. hist. an. 544a 26. Plin. nat. 10,147; Gelege bis zu 5 Eiern: Aristot. a. O. gen. an. 774b 29. Ail. nat. an. 3,25; Blindheit der Jungen: Aristot. gen. an. a. O. Plin. 10,165; Aufzucht durch beide Eltern *summa aequitate:* Plin. 10,92. Theokr. 14,39f.; Verg. Aen. 12,473 u. oft; Opfermut der Mutter-Sch.: Opp. hal. 5,579ff.) sowie über den kunstvollen Nestbau (Theophr. Aristot. hist. an. 612b 23. Varro rust. 3, 5,6. Ov. fast. 1,175f. Calp. ecl. 6,1. Plut. mor. 966 D) gegenüber. Sie nährt sich von kleinen Tieren, bes. Zikaden (Aristot. hist. an. 592b 16. Plut. a. O. 976 C. Ail. 8,6 u.a.), im Flug (Plin. 10, 73. Plut. quaest. conv. 8,7,3), bei dem sie sich durch Wendigkeit vor Verfolgern sichert (Plin. a. O.; vgl. Hom. Od. 22,24). Als Zugvogel (ἐνιαύσιος Vita Hom. Herod. 33,11) kommt sie nach Griechenland mit dem Wind χελιδονίας (Theophr. hist. pl. 7,15,1. Plin. 2,122), nach Italien um den 23. Febr. (Ov. fast. 2,853. Col. 11,2,21), etwas früher als heute, und verläßt die Länder gegen Mitte Sept. (Demokr. B 14,7 D. Plin. 18,311). In Äg. (Hdt. 2,22. Paus. 10,4,9) und Palästina (Jer. 8,7. Is. 38,14) wird sie auch im Winter gesehen. Angebl. Überwinterung ohne Federn in Felsen: Aristot. a. O. 600a 18. Plin. 10,70. Ail. 1,52. – Sie ist die eigentliche Frühlingsbotin (Hes. opp. 568. Stesich. 34 P. Aristoph. Pax 800 u.a. Hor. epist. 1, 7,13. Ov. fast. 2,853 und oft sonst; vgl. auch Kretschmer Gr. Vasenbilder 2. 24). Als solche wird sie vom Volk in Liedern gefeiert (berühmtes rhod. Lied bei Athen. 8,360 C [Carm. pop. 2 P.]; ferner Anakr. 49a P.; viell. Sappho 135 L.-P.). – Ihren Gesang (χελιδονίζειν, τιττυβίζειν, ψιθυ-

ρίζειν, τραυλίζειν, τρύζειν, κωτίλλειν) empfand man als Geschwätz in Barbarensprache (Aischyl. Ag. 1050. Aristoph. Av. 1681 u. a.) und zugleich als melancholisch (Anth. Pal. 5,273. 9,57. Mosch. 3,39; vgl. die → Itylos-Sage. – Zur med. Bedeutung der Sch. (vor allem der Sand-Sch.) s. THOMPSON 322f. Rötliche Steine aus dem Bauch der Jung-Sch. *(chelidonii)* haben mag. Kraft (Plin. 11,203 u. a. Dioskur. 2,56. Alex. Trall. 1,561). Vorzeichenbedeutung hat ihr Erscheinen oder Nisten bald im guten (Aristoph. Lys. 770ff.), bald im schlechten Sinne (Plut. Anton. 60. Arr. an. 1,25. Ail. 10,34). Vor allem zeigt sie Regen an (Arat. 944, s. MARTIN z. St. Verg. georg. 1,376ff.). In Äg. sollen Sch. durch eine Mauer (*χελιδόνιον τεῖχος*) die Isis-Insel Kopton vor Überschwemmung geschützt haben (Ps.-Plut. de fluv. 16,2. Plin. 10,94). Isis selbst als Sch.: Plut. Is. et Os. 16. In der Tierfabel ist die Rolle der Sch. gering (Aisop. 39 PERRY [sie begibt sich in den Schutz des Menschen]; 63 [fiktive Fabel des Redners → Demades]). Das bekannte Sprichwort »Eine Sch. macht noch keinen Sommer« (Aristot. eth. Nic. 1098a 18. Aristoph. Av. 1417 Teles 43,4 H. u. ö.) steht allein (Aristoph. frg. 601 K. [dazu Hesych. s. *χελιδών*] scheint nicht den Vogel zu meinen). – In der Kunst findet man die Sch. häufig auf Grabmälern (Sinnbild der Klage?). W. R.

T. Krüper Die Schwalben Griechenlands. Jb. für Ornithologie 1860, 271–84. *O. Keller* Antike Tierwelt 2, 1913, 114 bis 118. *D'Arcy W. Thompson* A Glossary of Greek Birds (1936, Nachdr. 1966) 315–25.

Schwamm *σπόγγος, σπογγία* (att. *σπογγιά*), *spongia (peniculus* bei Kom., *penicillus* bei Fachschriftst.*)*; gewöhnlich der gemeine Bade-S. (Euspongia officinalis Bronn.). Aristot. hist. an. 5, 548ab beschreibt 4 Unterarten, 3 schwarze und 1 weiße (*ἀπλυσία* der Gattung Sarcotragus Schmidt); eine fünfte bei Dioskur. 5,118,1; ein Süßwasser-S. bei Plin. nat. 27,69. Das Problem, ob der S. Pflanze oder Tier ist, hält Aristot. in der Schwebe (a. O. 1,487b 9. 5,548b–549a. 8,588b 20; part. an. 4,681a 12ff.), während Plin. nat. 9,146ff. 31,124 sich klar für die tierische Natur entscheidet (ungewiß, ob nach fremder Quelle). Über Körperbau und Lebensbedingungen Aristot. hist. an. 548ab. 549a. Plin. 9,148ff. – Der S. war wegen seines Jodgehaltes ein vielseitig verwendbares Heilmittel, bes. per os in Form von Asche (Hauptstellen Plin. nat. 31,123–131 [aus Sextius Niger]. Dioskur. med. 5,120. Galen. 12,376), aber auch äußerlich (Oreib. coll. med. 9,23 u. a.); letzteres auch in der Tierheilkunde (Geop. 17,20,4. 5,14,3). Daneben war er ein wichtiger Gebrauchsgegenstand des Alltags, weniger zum Baden und Waschen des Körpers (Hom. Il. 18,414. [Hipp.] 2,366 L. Aristoph. Ach. 436 u. a.) als zum Abwischen von Gegenständen (Tische: Hom. Od. 1,111 u. a.; Schultafeln: Demosth. 18,258; Gefäße: Cato agr. 67,2. Colum. 11,3,43. 12,9 u. a.; Schuhe: Aristoph. Vesp. 600; Schreib- und Zeichengerät: Aischyl. Ag. 1329. Anth. Pal. 6,65,8) und zur Polsterung wie h. der Schaumgummi (für Helme, Beinschienen: Aristot. hist. an. 548b 1. Liv. 9,40,2. Plin. 31,131; Schrittdämpfer der Diebe: Eust. Il. 1173,42). Verwendung bei der Baumpflege: Geop. 3,5,5. 11,2 u. a. Auf den Latrinen hing ein S. am Holzstiel zur Afterreinigung (Aristoph. Ran. 487. Sen. contr. 7 pr. 3. Martial. 12,48,7. Sen. epist. 70,20; de ira 3, 19,2). – Über die S.-Fischerei, die als bes. schwieriger Beruf galt, ausführl. Opp. hal. 5,612ff.; vgl. auch Theophr. h. p. 4,6,5. Ps.-Aristot. probl. 32, 960b 21. W. R.

O. Keller Ant. Tierwelt 2, 1913, 583ff.

Schwan *κύκνος, cycnus, olor,* der Stöcker-S. (Cycnus olor Gm.) und der Sing-S. (C. musicus Bechst.), einer der meistgenannten Vögel der alten Welt, obgleich nicht sehr häufig, zumal in Italien. Hom. Il. 2,461 verbindet ihn mit der »asischen Wiese« in Lydien (vgl. Strab. 14,650), Hom. hymn. 21,3 mit dem Peneios in Griechenland, Aristoph. Av. 768 mit dem Hebros in Thrakien, Ov. her. 7,1 mit dem Maiandros der Troas, Ps.-Aristot. mirab. 839a 24 mit dem Avernersee in Unteritalien, viele Spätere mit dem Po (Sil. 14,189. Claud. ad Seren. 12; epithal. 109; spottend abgelehnt von Lukian. de electro). Vier Besonderheiten begründen seinen Ruhm: der lange, gewundene Hals (Hom. Il. a. O. Bakchyl. 15,6. Eur. Iph. Aul. 794 u. a.), die weiße Farbe des Gefieders (Eur. Herc. 110 u. ö. Aristoph. Vesp. 1064. Paus. 8,17,3. Verg. ecl. 7,38; georg. 2, 199 u. ö.; *olorinus* = *albus:* Verg. Aen. 10,187. Ov. met. 10,718; *purpureus* »leuchtend« vom S.: Hor. c. 4,1,10; der »schwarze« S. Iuv. 6,165 ist ein Adynaton), sein Gesang (s. u.) und seine Weisheit (Anth. Pal. 5,134. Opp. kyn. 2,547; Bez. zu Apollon s. u.). Ferner fiel seine kämpferische Natur auf (Aristot. frg. 344 R. Ps.-Aristot. hist. an. 9,610a 1ff. 615b 1. Ail. 5,34 u. a.); er hat mächtige Feinde (Adler: Hom. Il. 15,690. Verg. Aen. 1,393 u. a.; Schlange: Ail. nat. 5,48 u. a.), ist ihnen aber oft überlegen. Gute Beschr. des Fluges bei Plin. nat. 10,63.

Am meisten gerühmt wird seine S t i m m e (Hes. scut. 316. Eur. Iph. T. 1104. frg. 775. Anth. Pal. 5, 124 u. a.), die ihn zu sagenhaftem Gesang befähigt (Hom. hymn. 21. Pratin. lyr. frg. 1,5. Meleagr. Anth. Pal. 9,363. Kallim. hymn. Del. 249ff. Lucr. 2,505 u. ö. Verg. ecl. 8,36; Aen. 7,700 u. a.). Die Vorstellung, daß er nur einmal, nämlich im Sterben, singe (Plat. Phaid. 84ef. Aristot. frg. 344. Cic. Tusc. 1,73), obgleich von Alex. Mynd. (Athen. 9, 393 D) und Plin. a. O. bestritten, behauptete sich durch das ganze Alt. (Belege bei THOMPSON 181f.). So wird der S. zum Sinnbild des Dichters (Eur. Herc. 691; Bacch. 1361; von Orpheus in der Unterwelt: Plat. rep. 10,620a. Anakreon: Anth. Pal. 7, 30. Pind.: Hor. c. 4,2,25 Hor. von sich selbst: c. 2,20, vgl. Prop. 3,3,39; R. E. SCHWINGE, H 93, 1965, 438; oft ausdrücklich vom a l t e n Dichter [ebenso die Zikade: R. Pfeiffer, H 63, 1928, 324]) und einer verfeinerten dichter. Kunst (Kall. frg. 260,56 Pf. [Gegens. Rabe]. Lucr. 3,6 [Schwalbe]. 4,181 [Kranich]. Verg. ecl. 8,55 [Eule]. 9,35 Prop. 2,34,83 u.a. [Gans]. Martial. 1,35,7. Apul. de deo Socr. pr. [Krähe] usw.; Antip. Tars. Anth. Pal. 9,92 [negativ gegen Zikade]. Anth. Pal. 9,307. 380 [unentschieden gegen Lerche]). Zahlreiche Redensarten und Sprichwörter beziehen sich auf das Weiß seines Gefieders und bes. auf den Gesang (Otto Sprichw. 104f.); dasselbe gilt von den wenigen aisop. Fabeln (Nr. 233. 396. 398. 399 Perry).

Mythologisches: Enge Verbindung besteht zu Apollon; der S. ist sein Vogel (Aristoph. Av. 772. Kallim. frg. 260,56 Pf. Cic. Tusc. 1,73 u.a.), der bei seiner Geburt anwesend ist (Kallim. hymn. Ap. 5; Hymn. Del. 249ff.), ihn durch die Luft trägt (Sappho frg. 208 L.-P.) und durch ihn weissagen kann (Plat. Phaid. 84e. Verg. Aen. 1,393 u.a.). – Nur in Rom ist er mit Venus verbunden, deren Wagen er zieht (Ov. met. 10,708. Sil. 7,441. Stat. silv. 3,4,22; mehrf. in bildl. Darstellungen). – Zeus als S. bei → Leda (s. Bd. III 531) begegnet nicht vor Eur. Hel. 16ff.; Or. 1386, danach oft bei den Mythographen und auf Bildwerken, bes. der Kleinkunst, aus röm. Z. – Einzelne Verwandlungssagen s. RE XI 2441f. (Kyknos Nr. 4. 5). W. R.

L. Lindermayer Die Vögel Griechenlands, 1860, 156. *P. Cassel* Der S. in Sage und Leben, 1872. *A. Pischinger* Der Vogelgesang bei den Dichtern (Progr. Eichstädt 1901 [1904]). *O. Keller* Ant. Tierwelt 2, 1913, 213ff. *D'Arcy W. Thompson* A Glossary of Greek Birds 179ff.

Schwefel (*θεῖον, sulphur;* Etym. d. griech. Bezeichnung unklar). In der Ant. war nur der »gediegene« Sch. bekannt. Urspr. diente er zur magisch-relig. Reinigung (z.B. nach dem Freiermord in der Odyssee). Diese Reinigungsfunktion konnte auch rational genutzt werden, z.B. in der Landwirtschaft (Schädlingsbekämpfung) oder zum »Schwefeln« von Wein. In der Medizin war Sch. bes. beliebt und wurde meist äußerlich (in Salben o.ä.), aber auch innerlich (vgl. z.B. Aretaios CMG II 115,20 u.ö.) angewendet. Auch Sch.-Bäder waren bekannt. F. K.

Schwein. Gr. *σῦς, ὗς* »Wild-S.« (auch *σῦς ἄγριος, ὕαγρος*) und »Haus-S.«, *χοῖρος* (Demin. *χοιρίον, χοιρίδιον, χοιρίσκος*) »S.« allg. und »Ferkel, Jung-S.«, *δέλφαξ* »Jung-S.«; Dial. *πτέλας, σύβρος* »Eber«, *μολόβριον, κολύβριυν* »Wild-S.-Ferkel, Frischling«, lat. *sus, porcus* (Demin. *porculus, porcellus*) »S.«, *aper* »Eber« (meist Wild-E.), *scrofa* »Muttersau«, *verres* »Eber« (männl. Haus-S.).

Das Wild-S. (Sus scrofa) ist in der ganzen alten Welt n. des Mittelmeeres verbreitet (nicht in N.-Afrika, Hdt. 4,192; Verg. Aen. 1,324 ist keine Gegeninstanz). Bei Hom. zählt es zu den vom Adel geschätzten, weil gefährlichen jagdbaren Tieren (Il. 9,546. 12,146. 16,823 u.a.); man erlegte es mit Hunden, Netzen, Spießen, Fangeisen, Gruben (Od. 19,428–54. Xen. kyn. 10; Kyr. 1,6,28; vgl. Orth, RE IX 588ff.). Als Jagdwild ist es in viele Sagen (Herakles, Theseus, Meleagros, Adonis u.a.) eingegangen, aber auch in Sprichwörter (s.u.). Trotzdem ist seine Rolle bescheiden neben der des Haus-S., das seit dem Neolithicum zum Grundbestand der Wirtschaft aller uns bekannter Kulturvölker zählt. Zur Domestikationsgesch. s. Zeuner 256ff. Seit dem 3. Jt. findet sich im Donauraum, in Kleinasien, Mittel- und Südgriechenland, Kreta u.a. (Fundliste bei Vickery 70f.) eine Zuchtrasse, die überwiegend Merkmale des ostasiat. Sus vittatus aufweist, aber über mehrere Kreuzungen entstanden ist (Sus domesticus indicus); auch das Torf-S. der Schweizer Pfahlbauern ist ihr verwandt. Dieser leicht zu züchtende und zu unterhaltende Nahrungsspender wird bei Hes. nie, in der Ilias selten (9,208. 19,179ff. 23,32), in der Od. sehr häufig erwähnt, und zwar stets als Herdentier in Herrenbesitz; trotzdem muß angenommen werden, daß das S. damals wie in allen späteren Zeiten auch zum Besitz des kleinen Mannes gehörte (Richter 65). Dasselbe gilt trotz dem mosaischen S.-Fleischverbot auch für die Länder des vorderen Orients, auch Syrien und Palästina (Jes. 65,4. 66,3. Matth. 8,28f.), ebenso für Äg. (Hdt. 2,14. Ail. nat. 10,16. A. Staffe, Ztschr. f. Tierzüchtung 41, 1938, 107), wo das S. im allg. als unrein galt. In den Zeugnissen der klass. und hellenist. Z. gehört S.-Fleisch zu den Hauptnahrungsmitteln für jedermann (z.B. Antiph. com. frg. 133. Ekphant. frg. 1 Edm.), insbesondere das Ferkel (Alk. frg. 71 L.-P. Aischyl. frg. 309 N. Aristoph. Ach. 818 u.a., ein Lob des S.-Fleisches bei Ail. 9, 28), und es gab eigene S.-Fleisch-Verkaufsstellen (*χοιροπώλης* Aristoph. a.O., *χοιρέμπορος* Pap. Giss. 40 II 18, 3. Jh. v. Chr., u.a.). Für Rom und Italien gilt dasselbe zu allen hist. Z.en. Im Bereich der Fleischnahrung steht das S. quantitativ und qualitativ an erster Stelle; dem entspricht die Zahl der Rezepte bei Apic. 367–83 And.

Bezüglich der Betriebsform ist schon für die arch. Z. zwischen Haltung in geschlossenen Herden unter Aufsicht von Spezialkräften (*ὑφορβοί, porcularii*) und Haltung in kleinen Gruppen oder Einzelstücken im Gehöft zu unterscheiden (Zeuner 260f. Richter 67f.). In der Od. begegnen beide Typen (B. 14 S.-Hof des Eumaios; 10,230 S.-Stall, *συφεός*, der Kirke); ihnen entsprechen unterschiedliche Formen der Unterhaltung (Weidegang / Einzelfütterung) und der wirtschaftl. Auswertung (Marktversorgung / Selbstversorgung). Hauptquellen für die üblichen Wartungsmethoden nach der Odyssee sind Aristot. hist. an. 8,595a 14ff. (Ernährung und Mästung), Varro rust. 2,4. Colum. 7,9. Plin. nat. 8,205ff. Florent. Geop. 19,6 (Züchtung, Fütterung, Krankheiten), Ail. 5,45 (Mästung). Die Angaben stimmen in allem Wesentlichen überein, beziehen sich aber meist auf Herdenhaltung. Danach nährt sich die S.-Herde von allem, was Wald und Feld bieten (Eicheln, Knollen, Beeren, Bucheckern, Wild-Fallobst usw., am ausführlichsten Colum. § 6f.), doch muß der Tierhalter im Winter für Ergänzung durch eingelagertes Futter sorgen (u.a. Gerste, Bohnen, Hirse, Feigen, Gurken, auch Eicheln), da in kühleren Gegenden (bes. Italien) der Weidegang im Winter unterbleibt (Varro § 6. Geop. a.O. § 4). Planmäßige Mästung auf hohes Gewicht ist spätestens in klass. Z. üblich (Aristot. a.O.; über Ferkelmästung Athen. 14,656 F; einschlägige Vorschriften bei allen röm. Fachschriftstellern). Dasselbe dürfte für die Nachzuchtregelung gelten; Aristot. a.O. 546a 11ff. läßt erkennen, daß feste Regeln ausgebildet waren; die Römer bieten ausführliche Angaben über Größe, Gestalt u.a. Qualitätsmerkmale der Zuchttiere sowie ihre vorteilhaftesten Deckzeiten. Das Mutter-S. soll so viele Ferkel aufziehen, wie es Späne hat, doch fordert Colum. § 4 seine Entlastung durch frühen Verkauf von Ferkeln, wo der Markt es ermöglicht; denn die Sau soll zweimal jährlich werfen. Anlage von Ställen für die weibl. Tiere kennt schon die Od. (je 50 Tiere in einem Stall); die röm. Autoren verlangen Koben zur Isolierung jedes Muttertieres mit seinen Ferkeln, im übrigen Stallhaltung nur für den Winter. Als wirtschaftlich günstigste Herdengröße nennt Varro (§ 22) 100–150 Stück, wobei je 1 Eber auf 10 Sauen fällt. Doch gab es in arch. Zeiten viel größere Herden (Eumaios hat über 1000 Stück, aber nur 4 Hirten; s. RICHTER 66). – Unter den S.-Krankheiten (Aristot. a.O. 8, 603a 30ff. Colum. 7,10. Didym. Geop. 19,7) sind die wichtigsten eine von Aristot. *κραύρα*, von Colum. *nausea* genannte, die Fieber, Kopfschmerzen und Schwindel bewirkt; eine andere Art *κραύρα* mit Durchfall; eine Milzerkrankung (Milzbrand?), die vor allem vollgefressene Tiere bei Hitze befällt. – Kastration zur Erzielung höheren Lebendgewichtes wendete man nicht nur beim männlichen, sondern auch beim weiblichen Tier an (Varro § 21. Colum. 7,11 [2 Verfahren]. [Aristot.] hist. an. 9,632a 22 [Beschreibung der Operation]).

Außer den Zuchtvorschriften bietet Aristot. hist. an. viele zoologische Angaben, die in der Regel für Wild- und Haus-S. gleichermaßen gelten (wo nur das Wild-S. gemeint ist, steht immer *ὗς ἄγριος*), aber vornehmlich das Haus-S. im Auge haben (häufig S. und Hund gemeinsam genannt; sie sind *εὐανθρωπευόμενα*): über die Hauer 501a 15 (beim Weibchen fehlend 538b 21); Hoden, Gebärmutter 509b 14. 510b 17; Paarung und Paarungsalter 545a 28ff.; Trächtigkeit und Wurf 573a 32ff. 578a 26 (Wild-S.); kurze Tragzeit 542a 19 (vgl. Aisop. fab. 223 Perry); Unterschiede zw. Wild- und Haus-S. 498b 27. 499a 5. Ps.-Aristot. (= Theophr.) ibid. 609b 28ff. weiß, daß das Wild-S. mit dem Wiesel verfeindet ist und Schlangen frißt; 330a 2, daß es oft Löwen erfolgreich

annimmt. Über sein aggressives Naturell s. Aristot. a.O. 488b 15. 571b 15.

Die kultische Bedeutung des S. bei den klass. Völkern beruht auf seiner Häufigkeit als Opfertier. Zum Eidopfer wird es schon bei Hom. Il. 19,250ff. geschlachtet; dem entspricht das S.-Opfer beim Abschluß von Verträgen aller Art bei den Römern (Staatsbündnis: Pol. 3,25,6. Liv. 1,24; Ehebündnis Varro rust. 2,4,9). Sehr oft erscheint es bei Reinigungsriten (Apoll. Rhod. 4,702ff. Paus. 5,16,2ff.; vgl. auch Aristoph. Ach. 43; Eccl. 128. Sylloge^3 348 und andere) und bei Sühneopfern (Cic. div. 1,101. Macrob. Sat. 1, 12, 20. O. KERN Gr. Religion I 159). Das S. ist keiner bestimmten Gottheit zugeordnet, aber auch keiner gegenüber tabuisiert; über Aphrodite als angebl. Ausnahme (Aristoph. Ach. 793. Paus. 2,10,4 u.a.; dagegen Athen. 3,95 unter Berufung auf Kallim.) s. L. ZIEHEN Leges sacrae 309. R. PFEIFFER zu Kallim. frg. 200a 4; vgl. auch den Witz bei Antiph. com. frg. 126 Edm. und die aisop. Fabel 222 P. Im Vordergrund stehen naturgemäß die ländlichen Gottheiten Demeter (zur Rolle des S. in den eleusin. Feiern s. NILSSON, GGR I^2 663; G. E. MYLONAS Eleusis and the Eleusin. Mysteries 249f.), Ceres, Tellus, Silvanus, Terminus, die Laren, sowie die röm. → Bona Dea; auch zu Gruppenopfern wie der alten *τριττύς* (Hom. Od. 11,131) und der *δωδεκάς* (Soph. Trach. 760) sowie den *Solitaurilia (→ Suovetaurilia)* ist das S. stets vertreten. Im Unterschied zum Rind und analog zu Schaf und Ziege gehört das S. vornehmlich zum religiösen Privatbereich; dem entspricht die Häufigkeit der Jungtieropfer als Gabe auch der ärmeren Bevölkerungsschichten (vgl. Plat. rep. 2,378a. Xen. an. 7,8,5. Demosth. 54,39. Pherekr. frg. 28 Edm. Cato agr. 141. Varro rust. 2,1,20; vgl. NILSSON GGR I^2 104; KRAUSE, RE Suppl. V 252ff. WISSOWA Rel.^{2} 409ff.). – Prognost. Bedeutung hat das S. für Unwetter, Hunger und Seuchen (Verg. georg. 1,400. Ail. 6,16. 7,8).

In der aisop. Fabel tritt fast nur das Wild-S. auf, ohne eine typische Gestalt zu werden (224. 269. 338. 414 P.). In Nr. 85 wird der Hochmut des Ferkels von Schafen geduckt. – Groß ist die Zahl sprichwörtl. Redensarten, in denen das S. einerseits Inbegriff des Schmutzigen und Stinkenden ist (das S. im Schlamm: Lucr. 6,978; auch nach dem Waschen: II. Petr. 2,22; Perlen vor die Säue: Matth. 7. 6; Sau in den Rosen: Krates com. frg. 4 Edm.; S. und Majoran sind zweierlei: Lucr. 6,973. Gell. pr. 19; S. und junge Hunde stinken verschieden: Plaut. Epid. 579), dabei dumm und anmaßend (S. mißt sich mit Athene: Theokr. id. 5,23 und Gow z. St.; wenn die Sau zu fett ist, fällt sie auf die Schnauze: Menand. Frg. 21 Kö.), andererseits auch etwas Kostbares (ein S. für einen schlechten Hund eintauschen: Pind. Ol. 6,90; gebratene S. laufen umher: Petron. 45); aus dem Jägerlatein: *uno in saltu capere duos apros*, Plaut. Cas. 576;

OTTO Sprichw. 28f. 284. 336. – Mit der ersten Vorstellung verwandt ist die Metapher χοῖρος »weibl. Geschlechtsteil«, χοιροπωλεῖν »Prostitution treiben« (Aristoph. Ach. 773. Suda). – Die Athener kannten ein altes Schimpfwort »böotische Sau« (Pind. Ol. 6,88. und Sch.; vgl. Kratin. frg. 310 Kock συοβοιωτοί; Menand. frg. 748 Kö.). W. R.

F. Stegmann von Pritzwald Die Rassengeschichte der Wirtschaftstiere, 1924. *P. Nimtz* Die Haltung und Zucht des S. und dessen Bedeutung für die Volkswirtschaft und Kultur im gr.-röm. Altertum, Diss. Bln. 1927. *K. Winkelstern* Die S.-Zucht im klass. Altertum, Diss. Gießen 1933. *K.F. Vickery* Food in Early Greece (Illinois Stud. in Social Sciences 20. 3) 1936. *F. Heichelheim* An Ancient Economic History I. ([2]1958). *H. Gummerus* Der röm. Gutsbetrieb (Klio Beih. 5) 1906. *F.E. Zeuner* A History of Domesticated Animals (1963; ausführl. Bibliogr.). *H. Dohr* Die ital. Gutshöfe nach den Schriften Catos und Varros, Diss. Köln 1965. *W. Richter* Die Landwirtschaft im homer. Zeitalter (Archaeologia Homerica, Teil H, 1968). *K.D. White* Roman Farming, 1970.

Schwimmen. Die Fähigkeit des S. ist im griech. Bereich seit dem 2. Jt. bekannt und belegt (A. EVANS The Palace of Minos 1 Abb. 521 b); auch setzte die intensive Schwamm- und Purpurfischerei die Kenntnis im S. und Tauchen voraus (F. SCHACHERMEYR Die minoische Kultur des alten Kreta, 1964, 228). Seit archaischer Z. ist S. Selbstverständlichkeit. Es gehört wie das Lesen sprichwörtl. zu den Elementarkenntnissen (Plat. leg. 3, 689d; Paroem. 1,278; 2,39 »weder lesen noch schwimmen können«). Da S. nie als Sport angesehen wurde, gab es auch keine S.-Wettkämpfe. Man schwamm zum eigenen (Plin. epist. 9,33) oder in Vorstellungen auch zum Vergnügen anderer (Martial. spect. 26). Weitere Anwendung fand das S. und Tauchen im Krieg (Veg. mil. 1,10), um z.B. Ankertaue zu kappen (Cass. Dio 75,12) oder sich bei Schiffbruch zu retten (Hom. Od. 5,342ff. Hdt. 8,89). Auch in der Heilkunst wurde S. gegen verschiedene Leiden empfohlen (z.B. Plin. nat. 31,6,37. Cels. 4,28). An S.-Arten sind das Brust.-S. (S. REINACH Rép. stat. 2,409), Rücken-S. (Manil. 5,429–31), Seiten-S. und Kraulen (T. DOHRN Die Tyche von Antiochia, 1960 T. 8. 9. 30. A. MAIURI La peinture romaine, 1953, 111. ARIAS-HIRMER 1000 Jahre griech. Vasenkunst, 1960 Abb. 43) belegt. Man schwamm in natürlichen Gewässern und seit dem 5. Jh. zunehmend auch in künstlichen Becken, wie sie in Olympia und im Gymnasium von Delphi erhalten sind. In röm. Z. erhält jede größere Thermenanlage auch ein S.-Becken (E. NASH Bildlexikon zur Top. des ant. Rom, 1962 Abb. 1233. Dort auch weitere Belege). S. O.

E. Mehl, RE Suppl. V 847. *Ders.* Ant. Schwimmkunst 1927.

Scingomagus s. Segusio

Scipio »Stock«, cognomen der berühmtesten Familie der gens Cornelia (s. Bd. I 1313,8ff.). Ihr Familiengrab an der via Appia vor der porta Capena, in dem die Leichen in den unterirdischen Kammern unverbrannt beigesetzt wurden, ist 1614 gefunden und 1750 ganz aufgedeckt worden, die Funde (Inschriften, der berühmte Sarkophag von Nr. 5, die sog. Enniusbüste) größtenteils ins Vatikan. Museum gelangt, s. Bd. I 1312,49ff. Die Familie beschränkte sich auf die Vornamen Cn., L. und P. **1.** S., Cn. C. Asina → Cornelius (I 73). **2.** S., Cn. C. Calvus, Bruder von Nr. 9, cos. 222, besiegte 217 → Hasdrubal (3) in einer Seeschlacht vor der Ebromündung (Liv. 22,19. 20,1–3). Ab 216 kämpfte er gemeinsam mit seinem Bruder in Spanien gegen die Karthager und fiel 211, einen Monat später als Nr. 8. (Liv 25,34–36. SANCTIS StR 3,2, 1968², 432,4:212). **3.** → Cornelius (I 77). **4.** → Cornelius (I 78). **5.** → Cornelius (I 75), wo P. in L. zu verbessern ist. **6.** → Cornelius (I 62). **7.** S., L. C. Asiagenus *(Asiagenes, Asiaticus)* nahm als Legat an den Feldzügen seines älteren Bruders (Nr. 10) in Spanien, Africa und Sicilien teil, verwaltete 193 als Praetor Sicilien, kämpfte 191 unter M.' → Acilius (10) Glabrio in Griechenland (Liv. 36,21,7) und erhielt als cos. 190 den Oberbefehl im Krieg gegen → Antiochos III. (Liv. 37,1,7–10. App. Syr. 21); sein Bruder begleitete ihn als Legat, nahm jedoch an der entscheidenden Schlacht bei → Magnesia (3) 190 nicht teil. Nach Abschluß des Friedensvertrags 189 triumphierte S. 188, doch setzten die Prozesse gegen ihn (187) und seinen Bruder (184) der polit. Laufbahn beider ein Ende. Zu den Prozessen vgl. RE IV 1475ff. und H.H. SCULLARD Rom. Politics 220–150 B.C., 1951, 290ff. **8.** S., L. C. Asiagenus *(Asiagenes, Asiaticus)*, Münzmeister ca. 101 (SYDENHAM The Coinage of the Rom. Rep., 1952, 79), Augur seit 88 (E. BADIAN, Arethusa 1, 1968, 29ff. gegen BROUGHTON 2,44), kämpfte 85 als Propraetor (?) (BROUGHTON 2,59,2) in Makedonien oder Illyrien. Als cos. 83 mußte sich S. → Sulla (1) ergeben und abdanken, nachdem sein Heer zu diesem übergelaufen war. Nach einem erneuten Widerstandsversuch 82 von Sulla proskribiert, entkam er nach Massilia (App. civ. 1,383ff. 441ff. Cic. Sest. 7). **9.** S., P. C., cos. 218, wurde am → Ticinus, sein College Ti. → Sempronius (I 11) Longus an der → Trebia von Hannibal geschlagen (Liv. 21,45. 54 bis 56); S. vereinigte sich 216 mit seinem Bruder Cn. (Nr. 2) in Spanien und besiegte Hasdrubal am Ebro (Liv. 23,28f.). Trotz einiger Siege über die Karthager (212 Einnahme von → Saguntum) gelang es den Brüdern nicht, sie aus Spanien zu vertreiben. S. fiel 212 (211? Liv. 25,34,11). **10.** S., P. C. Africanus, Sohn von Nr. 9 (235?–183), nahm an den Schlachten am Ticinus und bei Cannae teil (Liv. 21,46,7ff. 22,53) und erhielt nach dem Tode seines Vaters und seines Oheims 211 als Proconsul den Oberbefehl in Spanien, aus dem er bis 206 die Karthager vertrieb (Liv. 28,14ff.). Cos. im J. 205 mit dem Kommando in Sicilien, setzte S. trotz Widerstandes im Senat (Liv. 28,40,1–45,11. 29,8,

5–9, vgl. → Pleminius-Affäre 29,18ff. und den Vorwurf unmilitär. Verhaltens Liv. 29,19,11–20, 11. 21,13–22,6) den Übergang nach Africa durch, vereinigte sich mit → Massinissa und siegte 202 entscheidend über Hannibal bei → Zama (Pol. 15,5 u.a.). Nach Abschluß des Friedensvertrags 201 triumphierte S. und erhielt den Beinamen *Africanus* (Liv. 30,45. Pol. 16,23 u.a.). Trotz beträchtlichen polit. Einflusses (199 Censor und Princeps senatus) gelang es S. in seinem 2. Consulat 194 nicht, den Oberbefehl für den Antiochoskrieg zu erhalten (Liv. 34,43,4ff.); doch unterstützte er 190 als Legat seinen Bruder L. (Nr. 7) bei der schnellen Beendigung des Krieges (Friedensverhandlungen: Liv. 37,34–37. 45. Pol. 21,15). S.s letzte Lebensjahre waren erfüllt von polit. Auseinandersetzungen, die 187/84 in Prozessen gipfelten, in denen den Brüdern Bestechung durch Antiochos und Unterschlagung vorgeworfen wurden (Liv. 38,50–56), und die dazu führten, daß S. Rom verließ. 183 starb er in Campanien. Pol. rühmt seine militär. und polit. Begabung, während die übrige Geschichtsschreibung ihn aufgrund seiner glänzenden Taten und seiner anziehenden Persönlichkeit, die unter dem besonderen Schutz der Götter zu stehen schien, zu einem sagenumwobenen Helden werden ließ (z.B. Liv., vgl. Cic. rep. 6,9ff.).

11. → Cornelius (68).

12. S., P.C. Aemilianus Africanus Numantinus (185 ?–129), Sohn des L. → Aemilius (I 22) Paullus und von dem Sohn des Africanus adoptiert. Unter seinem Vater zeichnete er sich in der Schlacht bei → Pydna aus (Plut. Aem. 22). Von Jugend an mit griech. Kultur vertraut (später auch Verbindung zu → Lucilius und → Terentius), schloß er sich 167 eng an → Polybios an; berühmte Schilderung der ersten Begegnung (22,9,2–15,12). 151 meldete sich S. freiwillig für den span. Krieg (Liv. per. 48), in dem er sich durch persönliche Tapferkeit auszeichnete und das Vertrauen der Spanier gewann. Als trib. mil. lieferte er 149 in Africa nicht nur Beweise seines militär., sondern auch seines diplomat. Könnens (Teilung des Reiches → Massinissas unter seine Söhne, Gewinnung des Phameas für Rom), so daß er, obgleich zu jung, 147 auf Wunsch des Volkes gegen den Widerstand im Senat zum Consul gewählt wurde (App. Lib. 112ff.) und den Oberbefehl in Africa erhielt (Liv. per. 51), wohin ihn Pol. begleitete. Nach Wiederherstellung der zerrütteten Disziplin im röm. Heer schnitt S. durch große Befestigungen Karthago völlig vom Hinterland ab; 146 fiel die Stadt nach verzweifeltem Kampf und wurde völlig zerstört (Pol. 39,1f. App. Lib. 128ff.). Nach Einrichtung der Provinz Africa triumphierte S. in Rom und erhielt den Beinamen Africanus (App. Lib. 135. Cic. rep. 6, 11). 142 verschaffte ihm die Volksgunst das Censorenamt, das er mit energischer Strenge ausübte. Die Anekdote bei Val. Max. 4,1,10, wonach S. als Censor nicht mehr um Erweiterung der röm.

Macht, sondern nur noch um ihre Bewahrung betete, ist wahrscheinlich nicht hist. (Astin S. Aemilianus, 1967, 325ff.). 141–139 führte S. eine mit bedeutenden Vollmachten ausgestattete Gesandtschaft in den Orient (Begleiter: → Panaitios [4], Plut. mor. 777a). Von seiner polit. Tätigkeit bis 134 sind sein wahrscheinliches Eintreten für die → lex (8) Cassia tabellaria 137 und sein Widerstand gegen die Ratifikation des Vertrages mit den Numantinern wie auch gegen die Auslieferung seines Schwagers Ti. → Gracchus (8) 136 bekannt (Plut. Ti. Gracch. 7,4). 134 wurde S., dispensiert vom Verbot der Iteration des Consulats, cos. II (Liv. per. 56), um den Oberbefehl in Spanien zu übernehmen. Nach strenger Disziplinierung des demoralisierten und verkommenen Heeres setzte S. → Numantia bis zu seiner Übergabe 133 einer unbarmherzigen Einschließung aus. Nach der Zerstörung der Stadt feierte er 132 den 2. Triumph (*Numantinus:* App. Ib. 98 u.a.). Obwohl sein Freund → Laelius (2) sich mit einer Gesetzesvorlage zur Landreform beschäftigt hatte, zeigte sich S. als entschiedener Gegner der Gracchen, so daß sein plötzlicher Tod 129 zu dem Gerücht führte, er sei von deren Anhängern ermordet worden, vgl. RE IV 1458f. In der Folgezeit wurde S. vor allem durch Cic. in seinen philos. (rep., Lael., Cato) und rhet. (de or., Brut.) Schriften zu dem Idealbild eines griech. gebildeten röm. Aristokraten stilisiert.

13. S., P.C. Nasica, Vater von Nr. 14, brachte 204 auf Senatsbeschluß die → Mater Magna nach Rom (Liv. 29,14,9. 11,5ff. 36,40,8. Latte RRel 259). 194 Praetor im jenseitigen Spanien, vollendete er 191 als cos. (Liv. 25, 34,4f.) die Unterwerfung der → Boier (Triumph: Liv. 36,40,9). 189 und 184 bewarb sich S. vergeblich um die Censur.

14. S., P.C. Nasica Corculum, Sohn von Nr. 13, nahm am Krieg gegen → Perseus (2) teil (eigener Tatenbericht: Plut. Aem. 15ff.). 165 Praetor, mußte er 162 aus religiösen Gründen den Consulat niederlegen (Fast. Cap.). Als Censor 159 stellte er die 1. Wasseruhr in Rom auf (Plin. nat. 7,215). Cos. II 155 unterwarf S. die → Dalmater (Liv. per. 47). S. verhinderte den Bau eines Theaters (Liv. per. 48) und setzte sich energisch für die Erhaltung Karthagos ein (M. Gelzer Kl. Schr. 2, 1963, 39ff.). 150 pont. max., 147 und 142 princeps senatus, berühmt wegen seiner Beredsamkeit und seiner Rechtskenntnisse.

15. S., P.C. Nasica Serapio, Sohn von Nr. 14, Praetor 141, cos. 138, seit 141 pont. max. Unter seiner Führung wurde 133 Ti. → Gracchus (8) erschlagen (Liv. per. 58 u.a.). Dem Haß des Volkes entwich S. an der Spitze einer Gesandtschaft in den O., wo er 132 in Pergamon starb (Plut. Ti. Gracchus 21,3 u.a.). M. D.-M.

A.E. Astin Scipio Aemilianus, 1967. *H.H. Scullard* S. Africanus: Soldier and Politician, 1970. *R.M. Haywood* Studies on S. Africanus, 1933. *A.H. McDonald,* JRS 28, 1938, 153ff.

Sciri, Volksstamm der nach Plin. nat. 4,97 das Land *Aeningia* bis zur Weichsel zusammen mit → Sarmatae, → Venedae und Hirri bewohnte. Im 3. Jh. v. Chr. am Schwarzen Meer bei → Olbia bezeugt (CIG II Nr. 2058), sind sie im 4. Jh. n. Chr. am n. Karpatenrand. Auf der Veroneser Völkertafel zwischen Sarmaten und → Carpi aufgezählt, erscheinen sie später in den Karpaten, von wo aus sie mit den unter Attila vereinigten Goten in Oberitalien einbrechen. H. C.

K. Kretschmer, RE II A 824.

Scodra, Stadt in Illyricum, 17 m. p. vom Meer entfernt, an der Stelle der h. Stadt Shkodër-Skutari. Hauptstadt des Staates, der Mitte 3. Jh. v. Chr. entstand. Seit → Philipp (7) V. unter makedon. Einfluß geprägte Bronzemünzen. Z. Z. von → Genthios (180–168) bis zur röm. Besetzung im J. 168 v. Chr. eine mit Mauer umringte bedeutende städt. Siedlung. Röm. Garnison im J. 167. Hier verlief die Grenzlinie zwischen den Machtsphären von Octavianus und Antonius. Die Stadt behielt ihre Bedeutung bis zum E. der Republik. Während der Kaiserzeit *Colonia Claudia*, ihr Territorium schloß das Gebiet der → Labeates mit ein. Bei der Reorganisierung → Diocletians wurde sie die Hauptstadt von *Praevalitana*. Später gehörte sie zur byz. Provinz → Dyrrhachion. J. F.

Scopae (*κάλλυνθρον, κόρηθρον, σάρον*) ist ein Kehrbesen, der aus mehreren gebündelten Reisern (daher ist der Plur. das Gebräuchliche, Varro l. l. 10,24) von Ulmen (Cato agr. 152), Tamarisken und Myrten (Plin. nat. 16,108. 23,166) oder Palmen (Hor. s. 2,4,83) besteht. S. wurde vom *scoparius* benutzt, um den Fußboden zu kehren (Petron. 34. Plaut. Stich. 347. Hor. s. 2,4,81). Sprichw. heißt *scopas dissolvere* (Cic. or. 235) etwas seiner Ordnung berauben. S. O.

Abb. in *Dar–Sagl.* 4,2,1122 = JDAI 11, 1896, 186.

Scordisci, Volk kelt. Ursprungs an der Saumündung. Nach ant. Überlieferung (Iust. 32,3,6ff.) bestand es aus einer Gruppe der Kelten, die von Delphi heimkehrten. Im 2. Jh. v. Chr. hielten sie den mittleren Teil des n. Balkans besetzt. Nach Strab. 7,313ff. lebten die großen S. im Gebiet zwischen Noaros und Margos (Morava) sowie in Syrmien, die kleinen S. ö. des Margos. Ihr Siedlungsgebiet erstreckte sich südwärts bis zum Quellgebiet des Margos. Auf dem Gipfel ihrer Macht, E. 2. Jh. v. Chr., drangen sie bis N.-Makedonien, zu den illyr., paion. und thrak. Bergen vor. Der erste Konflikt mit den Römern erfolgte im J. 156. Nach wechselvollen Kämpfen (in den J. 135, 117 und 114) erlitten sie 112 und 109 schwere Niederlagen und büßten ihre Herrschaft über ihre s. Nachbarn ein. Endgültig wurde ihre Macht 88 von → Scipio (8) Asiagenus gebrochen. Die kleinen S. räumten ihr Gebiet und zogen ins Banat n. der Donau. Das kelt. oppidum von Zidovar stammt wohl aus dieser Z. Die großen S. konnten sich jedoch behaupten und führten mehrere Feldzüge gegen die Römer (85,78–76,75–73). Mitte des Jh. wurden sie vom König → Burebista bezwungen, nach dessen Tod sie ihre Unabhängigkeit zurückgewannen. Im J. 15 n. Chr. wurden sie von Tiberius unterworfen. In der Kaiserz. war ihr Gebiet aufgeteilt und zu Pannonia, Dalmatia und Moesia geschlagen. In Pannonien lag die *civitas Scordiscorum* bei Bassiana, in Dalmatien bildeten sie eine *civitas* unter dem Namen *Dindari*, in Moesia Superior unter dem Namen *Celegeri*. J. F.

G. Alföldy Des territoires occupés par les Scordisques, AAntHung 12, 1964, 107–127.

Scotti (Scoti), Volksstamm der goidelischen (Q-)Kelten, der urspr. im n. Irland beheimatet war: *Scot(t)ia* = Irland (MGAA 10,151. 212. Oros. 1, 2,81f. Isid. orig. 14,6,6 u. a.). Wohl seit dem 4. Jh. n. Chr. sind die S. auch im N.-Teil Britanniens ansässig. Nach Beda hat die Übersiedlung vor dem Beginn der Römerherrschaft stattgefunden. Die h. Bezeichnung Schottland für den n. Teil der brit. Hauptinsel ist erst seit dem 11. Jh. nachweisbar. Der Name S. ist kelt. und bedeutet so viel wie Herrscher, Besitzer. Erstes Auftreten der S. in der gesch. Überlieferung in Verbindung mit den Picten bei Amm. um die Mitte des 4. Jh.; älteste Erwähnung im Laterc. Veron. von 297 (Notit. dign. 251 Seeck). Amm. berichtet mehrfach von bedrohlichen Einbrüchen in die röm. Provinz Britannien. Diese Einfälle lassen sich bis zur Mitte des 5. Jh. verfolgen (Avitus: Sidon. c. 7,88ff.). Das Christentum war bereits 431 unter den S. verbreitet. Der Glaubenseifer der »schottischen« Mönche war berühmt. Im übrigen waren die S. wegen ihrer Wildheit gefürchtet. Sie lebten in Weibergemeinschaft (Hier. epist. 69,3). Als Baumaterial für ihre Häuser bevorzugten sie Holz und Schilf (Beda hist. eccl. 3,25). In hohem Ansehen standen die Klosterschulen der S. in Irland. Ihre Anziehungskraft wirkte sich auch auf die bildungshungrige Jugend des benachbarten Britannien aus. K. A.

Keune, RE II A 838ff. *McDonald-Brandenstein*, RE XX 1198ff.

Scriba. Zum Unterschied vom → *librarius*, dem Kopisten, ein höherer Schreiber: Sekretär, Buch- und Rechnungsführer im privaten oder öffentlichen Dienst. **1.** In älterer Z. Name für Dichter (Fest. 333 M.), die ein eigenes *collegium s. histrionumque* bildeten (E. G. Sihler, AJPh 26, 1905, 1ff. Ed. Fraenkel, RE Suppl. V 599ff.). **2.** Privatschreiber großer röm. Häuser (Marqu.-Mau 1,150f.), nach Spezialgebieten *a commentariis, a studiis, ab epistulis* genannt, ebenso auch am Kaiserhof. **3.** Als Staatsschreiber vornehmste Klasse der → *apparitores magistratuum*. Unter ihnen standen die in 3 Dekurien gegliederten *s. librarii quaestorii ab aerario* am höchsten (bis Sulla 27, danach 36), denen die Kassenführung des Aerarium, die Verwaltung der Rechnungsbücher und des Archivs oblag. Als ständige Beamte hatten sie durch ihre große Akten- und Rechtskenntnis oft großen Einfluß. Ihnen am nächsten standen die *s. aedilicii*, die s. der curul. Aedilen. Ferner gab es Schreiberdecurien bei den Kollegien der Volkstribunen, der pleb. Aedilen, der Cerealaedilen und bei Sonderämtern (z. B. s. der *Xviri litibus iudicandis*). Sehr spät (451 n. Chr.) begegnet auch ein *s. senatus* (CIL VI 33721. MOMMSEN RStR 3,2, 1004ff.). In der Militärverwaltung dagegen hießen die Schreiber in der Regel *librarii*. Da die s. die höchste Schicht des Subalternbeamtentums bildeten, und auch wegen der hohen Entlohnung war das Amt für Freigeborene sehr erstrebenswert, viele der *s. quaestorii* waren Ritter oder wurden es durch ihr Amt; Freigelassene dagegen bilden die Ausnahme, Söhne von Freigelassenen sind häufig. **4.** Stadtschreiber in den Municipien und Kolonien. Man unterscheidet s. der *IIviri* oder der *IVviri* und *s. aedilicii*. Wie den *s. quaestorii* oblag ihnen die Verwaltung der städt. Aerarien und Rechnungsbücher. **5.** Als s. werden auch die Vereinsschreiber in den einzelnen Kollegien bezeichnet. H. Gu.

1. *Kornemann*, RE II A 848ff. 2. *Mommsen* RStR 1,332ff. 3. *Friedländer-Wiss.* 1,155. 218f. 4. *W.Liebenam* Städteverwaltung im röm. Kaiserreiche, 1900, 277ff. 5. *A. H. M. Jones* Stud. in Roman government and law, 1960, 150ff.

Scribonianus Camerinus, Sohn des M. → Licinius (II 8) Crassus Frugi und der → Sulpicia (II 11) Praetextata. Wahrscheinlich im J. 67 zugleich mit dem Vater hingerichtet oder verbannt. Ein entlaufener Sklave namens → Geta (2), der sich im J. 69 für ihn ausgab und Unruhe stiftete, wurde hingerichtet, Tac. hist. 2,72,1f. G. Wi.

Scribonius. Pleb. *gens*, wohl aus Caudium (CIL I² 1744f.) stammend, in Rom seit 2. Pun. Krieg bezeugt. Die S. Libones spielten noch zu Beginn der Kaiserzeit eine bedeutende Rolle, die S. Curiones erloschen nach Actium.

I. Republikanische Zeit.

1. L. S. wurde als einer von drei Gefangenen nach Rom geschickt, um über den Loskauf der bei → Cannae gefangenen Römer zu verhandeln, Liv. 22,61,5–10. Die Gesandtschaft blieb trotz der Unterstützung durch Nr. 7 erfolglos. **2.** S. Curio, Sohn von Nr. 7 aus dessen Ehe mit Fulvia, 31 von Octavian als gefährlicher potentieller Prätendent hingerichtet, Cass. Dio 51,2,5. **3.** C. S. Curio baute 196 als aed. pl. den Faunustempel, Liv. 33,42, 10f., vertrat 183 als Praetor die Consuln und erlangte 174 als 2. Plebeier das Amt des Curio max., Liv. 41,21,9 (daher der erbliche Beiname). **4.** C. S. Curio, vielleicht 121 Praetor (BROUGHTON 1,521), bekannter Gerichtsredner, Vater von Nr. 5. Seine berühmte in einem Inzestprozeß gehaltene Rede genügte jedoch späteren ästhet. Anforderungen nicht mehr, s. H. MALCOVATI, ORF, ³1966, 173f. **5.** C. S. Curio, Sohn von Nr. 4, Vater von Nr. 6, cos. 76, überzeugte als Redner trotz Fehlens wissenschaftlicher Ausbildung durch Gewandtheit und Kraft des Ausdrucks. Gegner des → Apuleius (I 6) Saturninus 100, Anhänger des M. Livius → Drusus (I 4) 91, verhielt sich aber als Volkstribun 90 ruhig. Folgte 88 Sulla nach Asien, scheint nach der Rückkehr ca. 80 die Praetur bekleidet zu haben, bekämpfte als Consul die Bestrebungen zur Wiederherstellung des von Sulla geschwächten Volkstribunats. Als Proconsul 75–73 drang er von Makedonien bis zur Donau vor und unterwarf das spätere Moesien. Triumph. Trat 66 für die → *lex* (20) *Manilia* ein und verlangte 63 die härteste Bestrafung der Catilinarier, verteidigte → Clodius (I 8) 61 zum Ärger Ciceros, setzte sich aber 58 für Cic. ein und verbündete sich mit ihm im Kampf gegen Caesar, den er 55 in einer Invektive angriff, Cic. Brut. 218f. H. MALCOVATI, ORF, ³1966, 298ff. † 53. **6.** C. S. Curio, Sohn von Nr. 5, Volkstribun 50, rhet. hochbegabt, befreundet mit M. Antonius, P. → Clodius (I 8). Schlechtes Verhältnis zum Vater, da völlig verschuldet, aber polit. mit ihm konform. Trat 61 für Clodius ein, wandte sich 59 offen gegen Caesar und Pompeius. Caesar konnte S. jedoch – wohl nicht allein durch Geld – nach dem Tode des Vaters auf seine Seite bringen. S. widersetzte sich nun der Abberufung Caesars aus Gallien, forderte die gleichzeitige Niederlegung der Kommandos durch Caesar und Pompeius und ging nach der Übertragung des Oberbefehls an Pompeius zu Caesar über, setzte nach Kämpfen in Italien und Sizilien nach Afrika über, wo er nach anfänglichen Erfolgen von Iuba in einen Hinterhalt gelockt, völlig besiegt wurde und fiel. Zur Person vgl. M. GELZER Caesar, 1960, 162ff. J. MARTIN Die Popularen, Diss. 1965, 110ff. **7.** L. S. Libo. Volkstribun 216 und etwa gleichzeitig *IIIvir mensarius* zur Gewährung von Staatsdarlehen zum Rückkauf von Gefangenen (s. Nr. 2). 204 Praetor per., Liv. 29,11,11. **8.** L. S. Libo, wies 194 als aed. cur. bei den Ludi Romani den Senatoren bes. Sitze an, 192 Praetor per., 186 *III vir col. ded.* zur Wiederbesiedlung der Kolonien → Sipontum und → Buxentum. **9.** L. S. Libo, Volkstribun 149, beantragte den Rückkauf der vom Praetor Ser. → Sulpicius Galba versklavten → Lusitaner und die Bestrafung des Galba. Zum Prozeß gegen Galba, der mit Freispruch endete s. W. EDER Das vorsullan. Repetundenverfahren, Diss. 1969, 51ff. **10.** L. S. Libo, cos. 34, Schwiegervater des Sex. → Pompeius (3), kämpfte 49/48 mit Erfolg gegen die Flotte Caesars in der Adria. Nach Pharsalos Rückzug ins Privatleben, weitere polit. Betätigung nach Caesars Tod. 43 proskribiert, floh er zu Sex. Pompeius. 40 durch die Ehe zwischen Octavian und Scribonia zu dessen Schwager geworden, vermittelte er zwischen ihm und Pompeius: Vertrag von → Misenum 39. Obschon als cos. für 38 vorgesehen, folgte er Pompeius nach Asien. Nach Übertritt zu Antonius (35) Bekleidung des Consulats. R. SYME Rom. Revolution, ²1952, 562. W. Ed.

II. Kaiserzeit. **1.** S., Astrologe, vermutlich Freigelassener der Libones, prophezeite Tiberius als kleinem Kind die künftige Macht, Suet. Tib. 14,2. **2.** M. S. Libo Drusus, Sohn des L. → S. Libo (I 10) und der Pompeia, der Tochter des Sex. → Pompeius (3), Strazzula, RSA 12, 1909, 74f.). Nach dem Tode des Augustus verdächtigt, den Sturz des Tiberius zu planen (Tac. ann. 2,27f. Vell. 2,130,3. Suet. Tib. 25. Cass. Dio 57,15,4), stand er unter ständiger Beobachtung und wurde im J. 16 von → Fulcinius (II 2) Tiro, → Fonteius (II 1) Agrippa und C. → Vibius unter der Beschuldigung, Geister zu beschwören, vor das Senatsgericht gebracht (Tac. ann. 2,28ff. Cass. Dio 57,15,4. Sen. epist. 1,70,10). Da die Bitte um Gnade erfolglos war, erstach er sich gegen den Rat seiner Tante → S. (7) am 13. Sept. 16 (CIL I 402. 577). Die Ankläger wurden durch die Güter des S. und die Praetur *extra ordinem* belohnt (Tac. ann. 2,32. Cass. Dio 57,15,5). **3.** L. S. Libo Frugi, *cos. suff.* vor 99 (Degrassi FImp. 29), trat als Konsular im Repetundenprozeß gegen → Caecilius (II 6) Classicus gegen den Ankläger → Norbanus (II 3) Licinianus auf (Plin. epist. 3,9,33). **4.** S. Proculus wurde im J. 40 aus unbekannten Gründen unter dem Beifall des Caligula in der Kurie von den Senatoren zerrissen (Cass. Dio 59, 26,2. Zon. 11,6. Suet. Cal. 28). **5.** P. Sulpicius S. Proculus, Sohn von Nr. 4, unter Claudius oder Nero *[cur(ator) aedium sac]rarum et operum [publicorum]*, CIL XI 1340, dann zusammen mit seinem Bruder S. Rufus mit der Herstellung der Ruhe in Puteoli betraut (Tac. ann. 13,48). Nach dem vor 56 zusammen bekleideten Suffektkonsulat (Degrassi FImp. 15f.) gingen beide Brüder als Statthalter nach Germanien (Tac. ann. 13,53). Proculus nach Obergerm. (CIL XIII 11806 = DessILS 9235), Rufus nach Untergerm. (Ritterling Fasti 17f. 51f.). Im J. 67 wurden beide Brüder zu Nero nach Griechenland berufen, wo sie aufgrund der gegen sie erhobenen Anschuldigungen Selbstmord begingen (Cass. Dio 63,17,3. 4). **6.** Scribonia, Tochter des L. → S. (I 10) Libo, Gemahlin des Sex. → Pompeius (3), † um 36 v. Chr. **7.** Scribonia, Schwester des L. → S. Libo (I 10), dreimal vermählt; zuerst mit Cn. → Cornelius (I 47) Lentulus Marcellinus, *cos.* 56 v. Chr., dann mit einem P. Cornelius Scipio und schließlich im J. 40 v. Chr. aus polit. Gründen mit → Augustus (Tac. ann. 1,27. Suet. Aug. 62. Cass. Dio 58,34,3. Zon. 11,14. App. civ. 5,53), der sie aber bald nach der Geburt der → Iulia (II 95) im J. 39 v. Chr. verstieß. S. begleitete ihre Tochter im J. 2 v. Chr. in die Verbannung. G. Wi.

E. F. Leon Scrib. and her daughters, TAPhA 82, 1951, 168ff.

8. S. Largus, röm. Arzt in d. 1. Hälfte 1. Jh. n. Chr., Vf. einer erhaltenen Rezeptsammlung *Compositiones*, wohl kein Freigelassener, sondern urspr. Angehöriger der gens Scribonia. Scr. L. war nicht Leibarzt des Claudius oder der → Messalina (2), befand sich aber zeitweise im Gefolge des Kaisers. Er hat auch griech. geschrieben (nichts erhalten). Bes. interessant ist sein Vorwort, aus dem – bei aller Verpflichtung gegenüber der griech. Med. – gewisse Züge einer röm. Auffassung der Med., bes. der ärztl. Ethik, herausgearbeitet werden können. Ihn einer bestimmten Ärzteschule (vor allem den Empirikern) zuzuweisen, scheint problematisch.

Ta.: *G. Helmreich*, Lpz. 1887. F. K.

Lit.: *K. Deichgräber*, Professio medici. Zum Vorwort des Scr. L., AAMz 1950 (mit krit. Edition d. Vorworts).

Scrinium. Ein meist zylindrischer Kasten aus Holz oder Stein zur Aufnahme von senkrecht stehenden Buchrollen (Martial. 1,2,4), Manuskripten (Suet. Nero 47,3. Martial. 1,66,6), Briefen und Urkunden (Sall. Cat. 46,6) und selten auch von anderen Dingen wie Salböl (Plin. nat. 7,108). S. sind als Attribute bei Philosophen- und Rednerstatuen dargestellt (z. B. Sophoklesstatue im Lateran. Abb. bei Lippold, HBArch. 5. Lief. T. 98,4. L. Alscher Griech. Plastik 3 [1956] 65ff. T. 22). Seit Diokletian sind *scrinia* Abteilungen der kaiserl. Hofkanzlei und Verwaltung und werden durch einen *magister* oder den darunterstehenden *proximus* geleitet. Sie sind nicht selbständig, sondern unterstehen dem *magister officiorum.* Eine Reihe von s. sind in ihren Funktionen bekannt, so das *s. memoriae*, das den Kaiser zu erinnern hatte, worum er gebeten war, und was er versprochen hatte; das *s. epistularum*, das unter anderem Bittschriften zu beantworten hatte; das *s. libellorum*, das vor allem die kaiserl. Gerichtsprotokolle zu führen hatte, und das *s. dispositionum*, das für die Ausarbeitung und Koordinierung der kaiserl. Reisepläne zuständig war. Darüber hinaus sind noch eine Menge weiterer s. bekannt, deren Arbeitsgebiete von der Buchung der gemünzten und ungemünzten Gold-, Silber- und Kupfervorräte bis zur Inventarisierung der kaiserl. Kleidung reichte. S. O.

Seeck, RE II A 893.

Scriptura bedeutet allg. das Schreiben und speziell die Urkunde; noch spezieller den Schuldschein oder die schriftl. Bestimmung (z. B. durch Testament oder Gesetz). Daneben bezeichnet s. auch die für die Benutzung des *ager scriptuarius* geschuldete Weidegebühr. D. M.

Scripulum *(scrupulum)*, von *scrupus*, eigentl. »kleiner, spitzer Stein«, griech. *γράμμα*, 1/24 der → *Uncia* und damit 1/288 des → As. Es beträgt als Gewicht (As = → *Libra*) 1,137 g, als Flächenmaß (As = → *iugerum*) 8,76 m^2 = → *Decempeda quadrata*, als Hohlmaß (As = → *Sextarius*) 1,9 cm^3 (ohne prakt. Wert). Als Längenmaß wird das S. im techn. Bereich verwendet bei Frontin. aqu. 39ff., wo es 1/288 teils des → *Digitus*, teils der *quinaria* (Normalröhrenquerschnitt) bezeichnet.

Das S. als Gewichtsgröße hat bes. im Münzwesen große Bedeutung erlangt. Höchstwahrscheinlich liegt es manchen mittelital., vor allem etr. Gold- und Silbermünzen als Einheit zugrunde, sicher wurden der → *Quadrigatus* und das ihn begleitende Schwurszenen-Gold (→ *Aureus*) sowie der älteste → *Denarius* samt dem assoziierten Mars-Adler-Gold auf dem S.-Gewicht aufgebaut. So betrug urspr. die Norm des Quadrigaten 6 S., die des Denars 4, und der → *Sestertius* wog demnach 1 S. Die Bedeutung des S. als kleiner, bes. für Edelmetalle gebrauchter Einheit erklärt wohl auch, weshalb der 1 S. wiegende Sesterz neben und vor dem Denar zur röm. Recheneinheit wurde. H. Ch.

F. Hultsch Metrologie² 83ff. 119. 145ff. *K. Regling,* RE II A 905ff. *R. Thomsen* Early Roman Coinage 2, Kopenh. 1961, 272ff.

Scultenna fließt vom Apennin herab ö. an Mutina vorbei in den Padus (Strab. 5,218. Plin. nat. 3,118), war röm. Westgrenze in den Kämpfen d. J. 177/176 (Liv. 41,12,8. 18,1), bildet den w. Abschluß der via des Cornelius (Radke Viae publicae Rom. 162) und spielt eine Rolle 43 v. Chr. (Frontin. strat. 3,13,7. 14,3) sowie in der Langobardenzeit (Paul. Diac. hist. Lang. 4,45). H. im kurzen Oberlauf Scoltenna, sonst Panaro. G. R.

Forbiger Handbuch d. alt. Geogr. 3,367. *Nissen* It. Ldk. 2,260.

Scurra (viell. von σκαίρω, σκιρτάω, ahd. scern, scherzen). Zuerst bei Plautus (Trin. 202ff.), der s. als *urbani assidui cives* bezeichnet, die ungebildete Leute vom Lande verachten (Most. 15) und das Gegenteil von einem tatkräftigen Soldaten (Epid. 15; Truc. 491) sind. Der s. ist ein berufsmäßiger Witzbold (Cic. Quinct. 11) von schlechtem Ruf (Cic. Sest. 39), der in seiner nichts verschonenden Schwatzhaftigkeit bei Gelagen die Gäste zu unterhalten hatte (Hor. s. 1,5,52; epod. 1,15,28), meist auf Kosten anderer. Seine Schmeicheleien dem Geldgeber gegenüber stellen ihn auf die Stufe eines Parasiten und Schmarotzers. In der späteren Kaiserz. wird s. gleichbedeutend mit *mimus* (H. A. Verus 8,11). Wohl wegen seiner Ironie wird Sokrates als *scurra atticus* (Cic. nat. 1,93) bezeichnet. Es sind mehrere s. namentlich bekannt. S. O.

Sebaste (Σεβαστή, vgl. etwa IGRom IV 682, 18). Stadt in Phrygien, die von oder eher wohl unter Augustus durch Synoikismos verschiedener Ortschaften im Tal des auf Münzen von S. (Head HN² 684) bezeugten Σέναρος bzw. Σίνδρος (allem Anschein nach der h. Banaz Çay) gegründet wurde. Daß sich unter diesen bereits eine Polis befunden hat, lassen im wesentlichen die Reste einer Stadtmauer aus hellenist. Z. vermuten, die man auf dem Ruinenfeld von S. beim h. Selçukler beobachtet hat. Der Name S. hat sich offensichtlich in der Bezeichnung der n. ö. gelegenen modernen Stadt Sivasli erhalten. E. O.

L. Bürchner, W. Ruge, RE II A 951f. Nr. 1. *D. Magie* Rom. Rule in Asia Min., Princeton 1950, 472. 1334,14.

Sebasteia (Σεβάστεια). **1.** Spiele zu Ehren eines → Σεβαστός (Augustus) sind während der ganzen Kaiserz. (mit gewissen Wandlungen nach der offiziellen Einführung des Christentums) im griech. Reichsteil an vielen Orten gefeiert worden, z. T. mit Zusatz des Namens des betr. Kaisers oder eines andern Gottes. → Herrscherkult (mit Lit.) und RE II A 952 (Fluss). – Den Seb. müßten in der westl. Reichshälfte *ludi Augustales* entsprechen, die es aber nicht gegeben zu haben scheint; die *Augustalia* der röm. Steinkalender vom 12. Oktober galten der Rückkehr des Kaisers aus dem Orient im J. 19 v. Chr., s. Latte RRel. 305,2; *ludi victoriae Caesaris Augusti* in Iguvium bezeugt CIL XI 5820. K. Z.

2. S. (vgl. Ptol. 5,6,10), arch. noch nicht eindeutig lokalisierte, epigr., numism. und liter. bezeugte Stadt im → Pontos Polemoniakos; ihre Stätte sucht man im oder beim h. Sivas. E. O.

W. Ruge, RE II A 952f. *F. und E. Cumont,* Studia Pontica II (1906) 217–28. Zur seldschuk. Siedlung auf der Burg von Sivas: *T. Özgüç* Türk Tarih Kurumu Yayinlarindan Ser. 7 Nr. 5 (1947) 227–33 (dt.).

Sebastianus. 1. Bithynier, Manichäer, ging 358 als *dux* in Alexandreia gegen Anhänger des → Athanasios vor (Athan. hist. Arian. 55ff. Liban. epist. 520.596). Als *comes* nahm er 363 am Perserfeldzug des → Iulianus (5) teil, kämpfte 368 in Gallien, 375 in Pannonien. Als *magister peditum* fiel er am 9. Aug. 378 bei Adrianopel im Kampf gegen die Goten (Amm. 23,3. 27,10. 30,5,13. 31, 11,1. Zos. 3,12. 4,23. Eunap. frg. 47). **2.** 432 *mag. mil.*, Nachfolger seines Schwiegervaters → Bonifatius (1), 434 aus Italien verbannt, 435 aus Constantinopel vertrieben. Danach begegnet S. als Seeräuber in der Propontis, als Helfer des Westgoten → Theoderich und des → Geiserichus, der ihn aber 450 töten ließ (Chr. min. 1,478. 2,22. 24f. 79. Vict. Vit. 1,6). A. L.

Sebastopolis. 1. Nur durch Inschr. und Mz. (erst in byz. Z. liter.) bezeugte Stadt in Karien (beim h. Kızılca).

1. *L. Bürchner,* RE II A 955 Nr. 2. 2. *L.* und *J. Robert* La Carie 2, 1954, 313–36. 3. *D. Magie* Rom. Rule in Asia Min., Princeton 1950, 1334, 14. 4. *Head* HN² 624.

2. Ant. Stadt in → Pontos, deren Lage am Oberlauf des Skylax (h. Çekerek Irmağı) beim h. Sulusaray inschr. gesichert ist. E. O.

W. Ruge, RE II A 956 Nr. 3. *H. Kasten,* BursJb 244, 1934, 152. *Head* HN² 499.

Sebastos (Σεβαστός) ist die offizielle griech. Übersetzung des dem Princeps im J. 27 v. Chr. auf Senatsbeschluß verliehenen cognomens *Augustus.* Erste Bezeugung Mon. Anc. VI 34: *quo pro merito meo senatus consulto Augustus appellatus sum* = ἐξ ἧς αἰτίας δόγματι συνκλήτου Σεβαστὸς προσηγορεύθην. Vgl. Neumann RE II 2370ff. K. Z.

Sebennytos, äg. Ṯb nṯrj, das »göttliche Kalb«, Name eines Ortes im Nil-Delta, alte Hauptstadt des 12. u. ä. Gaues, assyr. Zabnuti, j. Sammanûd.

S. spielt in der frühen und klass. Z. kaum eine Rolle, erst in assyr. Z. ist S. eigenes Fürstentum; dann stammen die Könige der 30. Dyn. (378–341 v. Chr. → Nektanebos I., → Tachos, → Nektanebos II.) aus S. Der Hauptgott war → Onuris, neben ihm eine Löwengöttin; vom Tempel sind nur geringe Reste der Spätzeit erhalten. W. H.

Sēbēthos (ē und griech. Endung Stat. silv. 1,2, 263), Fluß Kampaniens (Vib. Sequ. p. 151 R.), der → Neapolis (2) ö. begrenzt. Seine Tochter (Verg. Aen. 7,734. Colum. 10,134) gebiert dem Telon den kampan. Urkönig → Oibalos. S. erfährt kultische Verehrung, wie Mz. (HEAD HN^2 40) aus dem 4. Jh. v. Chr. und eine Inschrift (CIL X 1480) lehren. H. Fiume della Maddalena oder auch Sebeto. G. R.

Forbiger HB. d. alt. Geogr. 3,376. *Nissen* It. Ldk. 2,746. *Beloch* Campanien ^{2}52.

Sebosus Statius. Nur von Plin. nat. zitierter lat. Schriftsteller, Ind. 2,3,5,6,9,12,13, dann 6,183 (Entfernung von Meroe), 202 (Hesperiden), 9,46 (fabelhafte Fische des Ganges). Als Vermittler der Zitate des → Iuba (2) – dies lehnen W. KROLL, RE III A 2223 u. F. JACOBY zu FGrH 275 F 42–44 ab – betrachtet ihn A. KLOTZ, RE I A 966f. und somit als einen allg. Geographen. Aber wenn man sich an die namentlichen Zitate hält, wird man ihm mit mehr Wahrscheinlichkeit eine Beschreibung von Afrika und Indien zuweisen, noch wahrscheinlicher eine Abhandlung über geogr. Paradoxa. Er lebte vor Nero (6,183), und es ist nicht ausgeschlossen, daß er mit dem bei Cic. Att. 2,14,2. 15,3 erwähnten Freund des Q. Catulus ident. ist. F. L.

Sebritai (*Σεβϱῖται*). Nach Strab. 16,770. 17, 786 Bezeichnung der äg. Söldner, die → Psammetichos I. verließen (Hdt. 2,30) und nach Nubien flüchteten, wo sie auf der durch Atbara und Nil gebildeten Halbinsel angesiedelt wurden. Der Name soll nach Strab. »Fremdlinge« bedeuten. W. H.

Secessio. Auszug der Plebs aus Rom als Kampfmaßnahme (Ausstand, polit. Streik oder »Wehrstreik«), mehrfach während des Ständekampfes. **1.** S. von 494 (auch als *seditio* aufgefaßt) auf den → Aventinus mons (älteste Tradition) bzw. den → Mons sacer (jüngere Schichten), angebl. wegen Bedrückung durch Patrizier und kriegsbedingter Verschuldung; Einzelheiten – wie die Parabel des → Menenius (6) – spätere Erfindung, aber auch der hist. Kern ist umstritten, Liv. 2,32ff. **2.** S. von 449 auf den Aventin (bzw. den Mons sacer), angebl. wegen der Beseitigung des Volkstribunats durch die → Decemvirn (1), wohl hist., wenn auch später ausgestaltet; Rückkehr im Zusammenhang mit dem wohl hist. Teil der *leges Valeriae Horatiae* (→ Horatius I 4). Vgl. Ed. MEYER Kl. Schr. I^2 373ff. (Quellenanalyse). **3.** S. von 287 auf das → Ianiculum, hist. gesichert; große Teile der Plebs zogen aus und kehrten erst nach langen Auseinandersetzungen und der *lex Hortensia de plebiscitis* (→ Hortensius 4) zurück. Abschluß der Ständekämpfe, Liv. per. 11 u. a. – Später konstruiert je eine S. 445 und 342 v. Chr. H. G. G.

Ältere Arbeiten bei *Fluss*, RE II A 974f. *Siber*, RE XXI 110–113 nachgewiesen. *Ernst Meyer* Röm. Staat^2 43. *A. Heuss*, RG 18. 22. 33. *H. Bengtson*, RG 54. 66.

Secretarium, der nicht allg. zugängliche Gerichtsraum im Amtsgebäude *(praetorium)*. Schon vor 303 n. Chr. (Lact. de mort. pers. 15,5) in diesem Sinne erwähnt (vgl. 2,166). Schranken *(cancellum*: Amm. 30,4,19. Lyd. mag. 3,37) trennten das Publikum vom s., das außerdem noch durch Vorhänge *(vela)* gänzlich abgeteilt werden konnte. Bestimmten Standespersonen *(honorati)* war der Zutritt jedoch gestattet. C. E.

1. *Checchini*, Scr. giuridici e storico-giuridici 2, 1958/1925, 119ff. 171ff. 2. *Hanslik*, Mél. Mohrmann, 1963, 165ff.

Sectio (sc. bonorum), der Verkauf des Vermögens des Staatsschuldners *(bona publicata*, wahrscheinl. jedoch auch von *bona caduca)* durch die *quaestores aerarii*, die in das Vermögen eingewiesen wurden *(publice in possessionem mitti*: Liv. 38,60,8) und dieses nach Ausschreibung *(proscriptio)* zur Versteigerung brachten. Der Erwerber *(sector*: Gai. 4,146) bezahlte einen Pauschalpreis (oder nach a. M. einen Bruchteil des Wiederverkaufspreises) und war nach nicht unbestrittener Auffassung Universalsukzessor. Sein Besitz war durch ein eigenes Interdikt *(interdictum sectorium*: Gai. a. O.*)* geschützt. C. E.

Talamanca Contributo allo studio delle vendite all' asta nel mondo classico, 1954, 158ff. Weitere Nachweise bei *Kaser* Röm. Zivilprozeßrecht, 1966, 301 A. 7.

Secundinus. Cognomen (Weiterbildung von *Secundus*, vgl. I. KAJANTO Lat. Cognomina, 1965, 292), häufig, in den Fasten der Kaiserzeit bei Aeliern, Flaviern, Mummiern (vgl. DEGRASSI FImp. 267). H. G. G.

Secundus. 1. Cognomen (ursprünglich zur Bezeichnung des Zweitgeborenen, vgl. I. KAJANTO Lat. Cognomina, 1965, 292), sehr häufig, in den Fasten der Republik bei den Poppaeern, in denen der Kaiserz. bei zahlreichen weiteren Gentes, vgl. DEGRASSI FImp. 267. H. G. G.

2. Aus Tarent (Überschrift Anth. Pal. 9,260), Epigrammatiker des Philippos-Kranzes. Von den 4 erhaltenen Epigrammen behandeln 3 übliche Themen (9,36 Schiff an Land verbrannt, 9,260 alternde Lais, 16,214 Eroten mit den Waffen der Götter). Originell ist 9,301 (ein Esel beklagt sich über seine Verwendung beim Dreschen). R. K.

A. S. F. Gow, *D. L. Page* Garland of Philip, 1968.

Securis bedeutet das Liktorenbeil. Mit ihm wurde in Rom bis zur Republik die Strafe der Enthauptung vollzogen. Seit der Kaiserzeit ist an seine Stelle das Schwert getreten. D. M.

Securitas, kaiserzeitl. Vergöttlichung der Sicherheit des öffentlichen und privaten Lebens.

Spärliche literar. und inschr. Zeugnisse; häufig auf Mz. Frühestes sicheres Zeugnis Bronzemz. Neros mit der Aufschrift *s. Augusti*. Mz.-Zeugnisse reichen von Nero über Constantin hinaus, zeigen S. bald sitzend, bald stehend, bald durch die Person eines kaiserl. Prinzen ersetzt. K. A.

Myth. Lex. III 2082. IV 595ff. RE II A 1000ff. *Wissowa* Rel.^{2} 335. *Latte* RRel 321.

Sedatius. Römischer Senator gallischer Abstammung (Lukian. Alex. 27), voller Name M. S. Severianus Iulius Acer Metilius Nepos Rufinus Ti. Rutilianus Censor. * um 105. Seine Laufbahn Arch. Értes. 31, 1911, 433 = DESSILS 9487 und AE 1933, 249: *quaest. prov. Sic(iliae), tr. pl., praet., leg. Aug. leg. V Mac(edonicae), curat. viae Flam(iniae), leg. Aug. pr. pr. prov. Dac(iae)*: CIL III 1575, wo er 152/53 tätig war (A. STEIN Dazien 24ff.). *cos. suff.* (CIL II 2008 = DESSILS 5423. III 1562. DEGRASSI FImp. 43). Als Statthalter von Kappadokien (IGR III 113 und Stud. Pont. 3, 1910, 271) trat er 161 nach Befragung des Orakels von → Abonuteichos den in Armenien eingedrungenen Parthern entgegen, die ihn bei Elegeia vernichtend schlugen (Lukian. hist. consc. 21. Alex. 27. Cass. Dio 71,2,1. Zon. 12,2,82. MAGIE Asia min. 660). S. beging Selbstmord. Lukian. hist. conscr. 21. H. A. Verus 6,9. Vom Reichtum des S. zeugen seine großzügigen Stiftungen an die Collegia der Stadt Ostia (CIL XIV 246. 247. 248. 250 = DESSILS 6174) und seine bekannten üppigen Gastmähler (Lukian. hist. conscr. 25. 26). – Zur Charakteristik der Person s. Lukian. Alex. 27. A. STEIN Strena Buliciana 259. G. Wi.

Seditio bedeutet im röm. Strafrecht Ähnliches wie h. Aufruhr und Landfriedensbruch: Widerstand oder sogar aktive Gewalttätigkeit durch eine zusammengerottete Menschenmenge (ähnl. *turba*). Bestraft werden die *auctores seditionis* in späterer Zeit nach der *lex Cornelia de sicariis et veneficiis* (Marc. Dig. 48,8,3,4), und zwar mit dem Tode oder mit Deportation (Pauli Sent. 5,22,1). Dagegen scheinen die einfachen Teilnehmer von der *lex Iulia de vi publica* erfaßt worden zu sein (Marc. Dig. 48,6,5 pr.). D. M.

Sedulius, chr.-lat. Dichter, verf. um 450 neben einem abeced. Hymnus und heilsgesch. Memorierversen das *Paschale Carmen*, ein Bibelepos in 5 B. (die B.einteilung ist umstritten), das um 490 aus dem Nachlaß hg. wurde (so mit einer subscriptio gegen [1], 31ff.). S. hat nicht versifiziert, sondern die mirabilia des N.T. in 4 B., dazu einleitend jene des A.T., in prunkvoll vergilianisierenden, stets in typolog. Verarbeitung übergehenden Perikopen gereiht. Das Werk wird im Widmungsbrief *ad Macedonium* mit Verweis auf das Publikum begründet, doch hat S. es später auf Verlangen als *Opus Paschale* in Prosa umgesetzt. Das Motiv dieser für altchr. und ma. Poesie richtungsweisenden Umformung ist weder mit der ält. Forschung als chr. Angriff auf die Poesie noch mit [3] als rhet. Vorwand zu sehen: die Zusätze des *Op. pasch.* tendieren zur Vollständigkeit des Bibelkomm. und präludieren dem pros.-poet. Werk des → Arator; die Gattung Epos verliert ihre Autonomie. R. He.

Ta.: *J. Huemer*, CSEL 1885 (unbefriedigend).
Komm.: *N. Scheps*, 1938 (B. 1 u. 2). 1. *J. Huemer* De S. poetae vit. et script., 1878. 2. *G. Boissier* Le C. P. et l'O. P., RPh 6, 1882, 28ff. 3. *E. R. Curtius* Eur. Lit. u. lat. MA., 1965^{5}, 455ff.

Seduni, kelt. Stamm im mittleren Wallis, Name im h. Sitten, frz. Sion weiterlebend, Caes. Gall. 3,1, 1. 2,1. 7,1. Liv. 21,38,9. Plin. nat. 3,137. CIL XII 136. [3], Nr. 37. 139. [3], Nr. 47, mit dem übrigen Wallis seit etwa 15 v. Chr. römisch. Sitten wurde im späteren 6. Jh. n. Chr. Bischofssitz. E. M.

1. *Keune*, RE IIA 1026ff. 2. *F. Stähelin* Schweiz in röm. Zeit^{3} 86f. 126f. 3. *How.-Meyer*, 195ff. 131 A. 8.

Seeigel, ἐχῖνος, *echinus* (dazu Varro l.l. 5, 77), Echinus esculentus L. An allen Mittelmeerküsten massenhaft vorkommend, wurde er teils wegen der wohlschmeckenden Eierstöcke (Aristot. hist. an. 530b. Plaut. Rud. 297 u. a.), teils zur Herstellung einer Lake (Hor. s. 2,4,33) gesammelt. Med. Verwendung, bes. gegen Ekzeme, bezeugt Plin. nat. 32,58. 67 u. a. Beschreibungen bei Aristot. a. O. und Plin. 9,99f.; nach letzterem deutete man die Gewohnheit des S., sich durch Ansaugen von Steinchen, Pflanzenteilen usw. zu tarnen, fälschlich als Schutzmaßnahme gegen Wellenstöße und glaubte, er zeige dadurch Stürme an. W. R.

Seekrieg. Auch für den S. haben schon die ant. Marinen allg. Prinzipien in Strategie und Taktik begründet ([1]). Die erste inschr. und durch Reliefabb. (Medinet Habu) belegte Seeschlacht ist die zwischen der Flotte → Ramses' III. und der der »Seevölker« ca. 1173 v. Chr. ([2]). Die Invasorenschiffe wurden bei der Einfahrt ins Nildelta durch ein äg. Umfassungsmanöver vom Meer zum Ufer abgedrängt und fielen so, wie es beischr. heißt, »ins ausgespannte Netz«. Das Nildelta-Gefecht zeigt die wesentl. Merkmale des S. der frühen Phase: Küstennähe, nicht operativer Selbstzweck, sondern Abwehr feindl. Transporter mit Landungstruppen, nicht Kampf gegen das Schiff, sondern gegen dessen Besatzung, und zwar erst durch Wurfgeschosse, dann durch Entern und Nahkampf (Entertaktik). Noch das Seewesen der hom. Epik ([3]) gehört dieser Phase an: Gefechte auf See werden nicht geschildert, das hom. Schiff ist nur Transportmittel, als bes. Waffe dienten ξυστὰ ναύμαχα (Il. 15,388f. 677; [4]). Erst die revolutionäre Erfindung des Rammsporns (ἔμβολον, *rostrum*) leitet zur zweiten S.-Phase über: Das ἔμβολον, oft verwechselt mit spornähnlichen Kielverlängerungen zum Zweck der Kursstetigkeit ([5]), ist zwar formal seit dem Iolkos-Boot 1600 v. Chr. nachweisbar ([6]) und daher ägäischen Ursprungs ([7]), hat aber als Kampfinstrument die bes. Kriegsschiffkonstruktion der ναῦς μακρά mit starkem Ruderapparat zur Voraussetzung, d.h. Pentekontere, Diere, → Triere. Rammstoß im Flottenverband wird in der Lit. zum erstenmal für 536 v.Chr. erwähnt (Hdt. 1,166). Aus gleicher Z. stammt der erste lit. ἔμβολον-Beleg (Hippon. frg. 45,3 D.). Erst durch den Rammsporn wurde das Schiff selbst zur Waffe mit dem Ziel der Versenkung des feindl. Schiffskörpers. Damit traten zugleich neue seetaktische Bewegungsmanöver auf: der offensive διέκπλους (FGrH 176 F 1), d.h. der aus der Kiellinie (ἐπὶ μιᾶς) entwickelte Durchbruch durch die Dwarslinie (ἐπὶ φάλαγγος), zuerst vom ion. Kontingent bei → Lade 494 v.Chr. gegen die pers. Flotte vorgeführt (Hdt. 6,12ff. [6], 137ff.), die defensive Kreisformation des κύκλος, bei → Naupaktos 429 v.Chr. von den Korinthern exerziert (Thuk. 2,83ff. [8]), der περίπλους, z.B. bei den → Arginusen 406 v.Chr. (Xen. hell. 1,6, 31). Zu Recht ist gesagt worden, daß sich der »Geist des griech. S.« in dieser komplizierten Bewegungstaktik am reinsten verkörpert hat ([9]). → Salamis (1) 480 v.Chr., wo »wenige Schiffe gegen viele kämpften« (Diod. 11,15, 4), ist hierfür exemplarisch ([6], 139ff.). Die dritte S.-Phase in hellenist. Z. wird durch den Großschiffbau von Polyeren ([10]) und techn. Erfindungen gekennzeichnet ([11]). Es kommt zu Riesenbauten wie der Tesserakontere Ptolemaios' IV. mit 4000 Rojern (FGrH 627 F 1). Artillerist. Fernkampf mittels Wurfgeschützen vom Typus καταπέλται und λιθοβόλα, wie sie → Demetrios (2) Poliorketes bei → Salamis (2) 306 v.Chr. einsetzte (Diod. 20,49ff.), eröffnet jetzt das Gefecht und führt zu erheblichen Veränderungen maritimer Taktik, auch wenn es zu weit geht, wenn gesagt wurde, daß der Rammstoß damit »fast aufgehört« habe ([12]). Der S. röm. Z. muß trotz engen Anschlusses an den griech.-hellenist. S. als durchaus eigene und damit vierte Phase bezeichnet werden. Charakteristisch ist, daß der auf See nie ganz heimisch gewordene Römer die Landkriegstaktik auf die See übertragen hat ([13]), wofür Enterhaken und Enterbrücken benutzt wurden (Pol. 1,22, 3ff. [14]). Nach Liv. 36, 44,9 wurde so die maritime *pugna pedestri similis* und das »Schiff zum Schlachtfeld« ([14],90). Noch → Aktion 31 v.Chr. schien eher ein »Infanterie- und Mauerkampf« (Plut. Ant. 66,3). Marinegesch. bedeutsam ist in der röm. Kaiserzeit dann die erstmalige Einrichtung stehender Flotten ([15]). Erst aus byz. Z. stammen erste erhaltene theoret. Schriften über den S., so Περὶ θαλασσομαχίας von Leo VI. ca. 905/06 n.Chr. u.a. ([16]), die auch über den Rammstoß informieren (Περὶ θαλ. 69). Das oström. Byzanz, das »England von 500 bis 1000« ([17]), herrschte fast uneingeschränkt über das Mittelmeer. Unter Leo III. kommt es im 8.Jh. zur umfassenden Flottenreorganisation ([18]). Neue Seetaktik und Schiffskonstruktionen zeigen in aller Schärfe, worin stets die Schwäche des ant. S. bestanden hatte ([19]): in mangelhafter Seefähigkeit und -dauer, Signalwesen, Engigkeit der Bordverhältnisse, Verpflegungs- und Trinkwasserproblemen. Erst jetzt wurde auf der Dromone, dem byz. Standardkriegsschiff ([20]), das uralte Rahsegel des ant. S. durch das Lateinsegel ersetzt.

D. Wa.

1. *S. W. Roskill* Der S. im Wandel d. Zeiten, 1964, 10. *W.L. Rodgers* Greek and Roman Naval Warfare, 1937, 5ff. (zus. mit des Vf. »Naval Warfare under Oars 4th–16th Centuries«, 1940, Standardwerk u. einzige Gesamtübers.z. ant. S.). 2. *H.Nelson*, JNES 2, 1943, 40ff. 3. *D. Gray* Seewesen, Arch. Homerica I G (im Erscheinen). *G Ahlberg* Fighting on Land and Sea in Greek Geometric Art, 1971, 25ff. 4. *G.S. Kirk*, BSA 44, 1949, 132. 5. *B. Landström* Das Schiff, 1961, 27. 6. *Morrison - Williams* Greek Oared Ships 900–322 B.C., 1968, Tf. 1a. 7. *Ch. Gibson*, Mariner's Mirror 33, 1947, 164ff. *L.Cohen*, AJA 42, 1938, 486ff. 8. *A.Köster* Stud. z. Gesch. d. ant. Seewesens, 1934, 81ff. 9. *F. Miltner*, NJb. f. Ant. u. dt. Bildg. 3, 1940, 48ff. 10. *L.Casson*, Mariner's Mirror 55, 1969, 185ff. *L. Basch*, ebd. 381f. 11. *W. W. Tarn* Hellenistic Military and Naval Developments, 1930, 101ff. 12. *Krom.-Veith* 202. 13. *J. H. Thiel* Stud. on the History of Rom. Sea-Power in Republican Times, 1946, 25f. 14. *H. T. Wallinga* The Boarding-Bridge of the Romans, Diss. Groningen 1956. 15. *D. Kienast* Unters. z. d. Kriegsflotten d. röm. Kaiserzeit, 1966. 16. *A. Dain* Naumachica, 1943 (Textausg.). 17. *Lächler-Wirz* Die Schiffe d. Völker, 1962, 310. 18. *H. Ahrweiler* Byzance et la mer, 1966, 45ff. 19. *L. Bréhier*, Byzantion 19, 1949, 9ff. *A.W. Gomme*, JHS 53, 1933, 16ff. 20. *R.H.Dolley*, JRS 38, 1948, 48ff.

Seeraub (ληστεία, *piratica*). Seehandel, Seekrieg, Kaperei und S. sind am Anf. mediterraner Schiffahrt noch ungetrennt ([1]). Nach Thuk. 1,5, 1 begann der S. schon mit den Anf. griech. Seefahrt überhaupt, war Haupterwerb und durchaus »ehrenhaft« ([2]), was durch Hom. Od. 3,105f. 4,90. 9,39–42. 252–55. 14,199–359 u.ö. bestätigt wird, Stellen, die nicht nur die Praxis des 8.Jh. v.Chr. widerspiegeln, sondern auch noch an die »sea-raids« myken. Z. erinnern ([3]). Der ant. S. wurde entscheidend durch das Küstenrelief des ö. Mittelmeeres begünstigt, das durch seine zahllosen Vorgebirge, Buchten und Inseln überall Schlupfwinkel für den S. bot ([4]). Bei Theophr. char. 25,2 sieht der »Ängstliche« in jedem Vorgebirge ein Piratenschiff. Ausführlich beschreibt Heliod. Aeth. 5,20–27 eine solche Piratenfalle hinter einem Vorgebirge mit anschließender Verfolgung und Kaperung, wobei nach dem νόμος ληστρικός demjenigen, der zuerst das Schiff enterte, die Beutewahl zufiel (ebd. 5,31 Z. 24 Colonna). Schiffe für den S. waren daher wendige, schnelle Bootstypen wie die ἡμιολία [5], die *liburna* ([6]), der μυοπάρων ([7]). Eine sf. att. Schale von 510 v.Chr. zeigt den Angriff einer ἡμιολία auf einen hochbordigen Kauffahrer ([5] T. 5), eine etr. Pyxis vom E. 7.Jh. v.Chr. den eines der berüchtigten etr. Korsaren ([8]), wobei hier durch Schiffsauge und tierkopfförmigen Vorsteven der Eindruck eines *κῆτος* entsteht, wie es Philostr. im. 1,19,3 angibt ([9]). Abwehrmaßnahmen gegen den S., der sich zu einer solchen Plage auswuchs, daß der Tod durch Seeräuber epigramm. Thema wurde (Anth. Pal. 7,640. 654) und der S. zu den Hauptmotiven der Neuen Komödie und des griech. Romans zählte, wurden von den Atthidographen schon mit der Argo verknüpft (FGrH 323 F 17). Nach Thuk. 1,8,1–3. 13,5 schritt in frühgesch. Z. erstmals die kret. Marine gegen den S. ein ([10]), dann im 7. Jh. v. Chr. die Korinths ([11]). Mehrfache energische Versuche unternahmen später Athen ([12]), dann in hellenist. Z. Rhodos, König → Eumelos (4) und die Ptolemäer ([13]). Doch brachten letztlich erst Großoperationen wie die des Pompeius ([14]), bei denen 67 v. Chr. 846 Boote versenkt oder erbeutet wurden (Plin. nat. 7,97), und die stehenden Flottenverbände der röm. Kaiserz., die als Seepolizei jahrhundertelang über die *pax maritima* wachten (Hor. c. 4,5,19 f.), entscheidende Abhilfe ([15]). Die byz. Marine hat sich im 7. Jh. n. Chr. zuerst erfolgreich gegen arab. S. behauptet, war dann aber E. 12. Jh. unterlegen und geriet schließlich gar unter das Kommando des »ärgsten aller Korsaren«, des Steiriones ([16]). D. Wa.

1. *F. M. Heichelheim* Wirtschaftsgesch. d. Alt. 1, 1938, 248. *E. Ziebarth* Beitr. z. Gesch. d. S. u. Seehandels i. alt. Griechenland, 1929, 4. *W. Kroll*, RE 2 A 1036f. 2. *G. Biraghi*, Acme 5, 1952, 471–477. 3. *H. A. Ormerod* Piracy in the Anc. World², 1967, 88–96. *Z. Herman* Peoples, Seas and Ships, 1966, 105–112. 4. *Ch. Semple* Pirate Coasts of the Mediterranean Sea, Geogr. Rev. 2, 1916, 134–151. 5. *L. Casson*, JHS 78, 1958, 14–18. 6. *S. Panciera*, Epigraph. 18, 1956, 130–156. 7. *C. Torr* Anc. Ships², 1964, 118f. 8. *S. Paglieri*, SE 28, 1960, T. 51 Abb. 14. *F. Behn*, MDAI(R) 34, 1919, 13f. 9. *D. Wachsmuth* *ΠΟΜΠΙΜΟΣ Ο ΔΑΙΜΩΝ*, Diss. Bln. 1967, 87f. 258. 10. *R. J. Buck*, Hist. 11, 1962, 129–137. 11. *E. Will* Korinthiaka, 1955, 310ff. 12. *M. Amit* Athens and the Sea, 1965, 119ff. 13. *Ziebarth* (s. ob. 1) 20–43. 14. *M. Gelzer* Pompeius, 1949, 74–86. *G. A. Rost* Vom Seewesen u. Seehandel i. d. Ant., 1968, 25–28. 15. *C. G. Starr* Rom. Imperial Navy 31 B. C. – A. D. 324, ²1960, 17f. 114f. 16. *H. Ahrweiler* Byzance et la mer, 1966, 17ff. 288ff.

Seevölkerwanderung. Die Bezeichnung Seevölker legt die moderne Historiographie denjenigen barbarischen Völkern bei, die teils als Söldner, teils als Plünderer oder Eroberer während der 18. und 19. Dyn. in die Levante und bes. nach Äg. gelangten. Von ihnen treten die Sardana in den Amarna-Tafeln schon unter → Amenophis III. und IV. (ca. 1413–1358) als Söldner im Dienst der Pharaonen und ihrer Vasallen auf. – In großer Zahl haben wir es dann unter → Ramses II. (ca. 1301–1234) mit Sardana-Söldnern zu tun, als sie im Kampf gegen die → Hethiter in der Schlacht von Qades eine Elite von Nahkampftruppen stellten. – Unter Merneptah (ca. 1234–1220) ließen sich die → Libyer in ihren Angriffen auf Äg., wohl über die → Kyrenaika, von solchen Helfern und Söldnern unterstützen, die hier auch als Streitwagenkämpfer auftraten. Darunter werden wieder die Sardana, weiter die Sekelesa (die man mit Sardinien und Sizilien zusammenbringt), ferner die Aqaiwasa (Achaier) und Turusa (Tyrsener) genannt. Vgl. zu alledem F. Schachermeyr Etrusk. Frühgesch. 1929, 226ff. Ders. Hethiter und Achäer, 1935, 141ff. Ugaritica VI (Miss. de Ras Shamra XVII [1969]) 451ff.; Mnemes charin (Gedenkschr. f. Paul Kretschmer) II (1957) 118ff.

Der große Seevölker-Angriff erfolgte aber erst unter → Ramses III. (ca. 1197–65). Von den bisherigen Seevölker-Elementen scheiden nun allerdings die Aqaiwasa und Turusa aus, da sie wohl selbst zu den Opfern der nun einsetzenden Völkerwanderung zählten. Dafür traten neben die immer noch höchst aktiven Sardana und Sekelesa aber in entscheidender Weise die → Philister (Pulusati) in den Vordergrund, zu denen sich auch die Takara (Teukrer) und Denjen gesellten. Die Angriffe erfolgten nun, ähnlich wie später bei der german. Völkerwanderung, in verschiedenen Wellen und Aktionen, und zwar sowohl zu Lande wie auch zur See. Zu Lande wurden → Troia VII a, die hethit. Hauptstadt Hattusas, viele andere anatol. Plätze, Karkemisch am Euphrat, die Seehandelsstadt → Ugarit und eine Reihe von Städten im s. Syrien (Amurru) so wie in → Palästina zerstört. Ein großer Angriff auf Äg. wurde von den Philistern und ihren Bundesgenossen, die mit ihren auf Räderkarren beförderten Familien angerückt kamen, vergeblich versucht. Über See wurden → Kypros erobert, hier eine Reihe von Städten zerstört und als Seevölkerzentren wieder aufgebaut. Ein Angriff zur See auf Äg. scheiterte aber gleichfalls (vgl. zu den Kämpfen Ramses' III. die Reliefs von Medinet Habu).

Schon vorher war die myken. Welt in Griechenland überrannt worden. Noch bevor die im Bau befindliche Verteidigungsmauer auf dem → Isthmos vollendet werden konnte, gelang den Barbaren der Einbruch und die Eroberung von → Mykenai und → Tiryns. Dagegen dürfte der Palast von → Pylos (Ano Englianos) von der See her zerstört worden sein. Anscheinend waren unter diesen Völkern die Sardana und Sekelesa mit der Seefahrt am vertrautesten. Sie kamen vielleicht von W. (ital. Fibeln nun in der Ägäis und auf Kypros). Aber auch die aus dem SO. von Rumpfeuropa kommenden Philister, die vermutlich thrak. oder phryg. Herkunft waren, stellten sich am Mittelmeer z. T. auf die Seekriegsführung um. Offenbar nahmen sie nun auch myken. Ritter und Schiffe in ihren Dienst. Überhaupt scheint es in der myk. Stufe III C (etwa von 1220 bis 1170) in der Ägäis Seevölker-Herrschaften gegeben zu haben (in der Keramik Pictorial Style!). Ähnlichen Herrschaften begegnen wir nun auf Kypros in

Enkomi und → Kition (Teukrer ?), in Palästina aber zu Dor (Teukrer) und im Bereich von → Gaza, → Askalon und Asdod (Philister). Doch brachen diese Herrschaften bald wieder zusammen, in Hellas durch die Einwanderung der Dorier (→ Dorische Wanderung), in Palästina aber durch die Abwehr von seiten der Juden (Kampf von David gegen Goliath). F. Sch.

Vgl. die oben angegebene Lit., weiter *Meyer*, GdA^2 II 1, 544ff. *F.Schachermeyr* Etrusk. Frühgesch., 1929, 27ff. *Breasted* Anc. Records of Egypt IV; *Grapow* in *Th.Bossert* Altkreta^3, 1937, 54ff. 58ff. *H.H.Nelson* Medinet Habu I, 1930 und II, 1932 (Univ. Chicago Orient. Inst. Publ. 8 u. 9). *W.Wreszinski* Atlas z. äg. Kulturgesch. II (ohne Jahr). *C.Schaeffer* Enkomi-Alasia, 1951 (irrig *ders.*, Ugaritica V 1968, Miss. de R.Shamra XVI S.753ff.). *P.Dikaios* Enkomi, Excav. 1948–1958, I bis III, 1969. *R.Herbig*, JDAI 55 (1940) 58ff. *M.Dothan* Ashdod I (Atiqot VII), Jerusalem 1967. *A.Malamat*, Judges, First Series: Anc. Times III 23ff. *Per Alin* Das Ende der myk. Fundstätten auf dem griech. Festland (Stud. in Medit. Arch. I) 1962. *V.R.Desborough* The last Mycenaeans and their Successors, 1964. *R.D.Barnett* The Sea-Peoples, CAH (rev. ed.) Kap. 28, 1969.

Seewesen. Arch. Funde haben das bisherige Bild von den Anf. des mediterranen S. von Grund auf verändert. Meso- und neolith. Besiedelungen setzen erste Bootsfahrten nach den Inseln Skyros, Kephallenia, Zakynthos schon für das 10. Jt. v. Chr. voraus (VERMEULE Greece in the Bronze Age, 1964, 6), nach Zypern für das 6. Jt. (KARAGEORGHIS Zypern, 1968, 37ff.), nach Kreta und den Kykladen für das 5. Jt. (PLATON Kreta, 1966, 137ff.; EHRICH Chronologies i. Old World Archaeology, 1965, 285ff.), nach Malta für die Mitte des 3. Jt. (EVANS Malta, 1963, 34). Erste Abb. von Riemenbooten stammen aus dem prädynast. Äg. der Mitte des 4. Jt. (BAUMGARTEL The Cultures of Prehist. Egypt 1, 1955^2, 11ff.), erste Abb. einmastiger Segler aus Äg. vom E. 4. Jt. (BOWEN, Mariner's Mirror 46, 1960, 144ff.). Damit ist sicher, daß schon in diese Z. die Anf. der Segeltechnik gehören (CASSON The Muses at Work, 1969, 173). Das älteste erhaltene Schiff der Welt, zerlegt in 161 Einzelteile, wurde 1954 bei der Cheopspyramide gefunden: ein 43,40 m langes, 5,53 m breites Boot für die Jenseitsfahrt von ca. 2530 v. Chr. (NOUR The Cheops-Boats, 1960, 10). Erste äg. Hochseeschiffe, die nach Byblos fuhren, sind urkdl. seit der 3. Dyn., in Abb. seit der 5. Dyn. ca. 2400 v. Chr. nachweisbar (FAULKNER, Journ. Eg. Arch. 26, 1940, 3ff.). Sie tragen das Rahsegel, das dann bis zur Erfindung des Lateinsegels das Standardsegel des ant. S. war, sind freilich noch abhängig vom achterlichen Wind (BOWEN, Mariner's Mirror 45, 1959, 332ff.). Erste Schiffsabb. der Ägäis treten erst seit der Frühbronzezeit auf, was kein Zufall ist, weil in dieser Z. die große Expansion über See einsetzt (BLEGEN, Studies pres. to H. Goldman, 1956, 34f.). Marinegesch. bedeutsam ist die bei Dorak gefund. Schwertklinge der Yortan-Kultur mit Abb. von 9 Booten aus der 2. H. 3. Jt. v. Chr. (MELLAART The Chalcolithic and Early Bronze Ages i. the Near East and Anatolia, 1966, 170). Denn zus. mit Funden aus → Naxos (DOUMAS, Deltion 20, 1965, 49. 53), → Thera (Ergon 1972 [1973] 104 Abb. 100) u. → Iolkos (THEOCHARES, Archaeology 11, 1958, 13ff.) ist damit die alte Streitfrage, was denn bei den kyklad. Syros-Booten (Eph. 1899, 86ff.) und kret. FM I-Booten (MARINATOS, BCH 57, 1933, T. 13,19 u.ö.) Vor- oder Achtersteven sei, jetzt entschieden: mit flach im Wasser liegendem, spornähnlichem Bug und hohem, anf. steilem Heck sind es die ersten Belege für die im ant. S. dann typische asymmetr. Schiffsbauweise, die noch bis zum spätröm. Mosaik von → Althiburus nachweisbar ist, und zwar unabhängig von der erst in hist. Z. beginnenden Differenzierung zwischen Kriegs- und Handelsschiff (DUVAL, MEFR 61, 1949, 119ff. WACHSMUTH, Gn 44, 1972, 690ff.). Die allgemeine Verbreitung sowohl dieses als auch des zweiten Typus, des symmetrischen, das heißt der vorn und achtern gleich hohen ναῦς στρογγύλη, zeigt zugleich einen Grundzug des ant. S., den man am besten als »nautische Koiné« bezeichnet. Neben allen ethnischen und lokalen Besonderheiten (MILTNER, G 62, 1955, 18ff.) hat es von Anf. an die übernationale Kommunikation, Verflechtung, Nachahmung gegeben. Wie auf äg. Werften fremde Schiffe eingedockt oder mit importiertem Holz gebaut wurden (GLANVILLE, ÄZ 66, 1931, 105ff.; 68, 1932, 7ff.) und asiat. Kapitäne in der äg. Marine Dienst taten (HELCK Die Beziehungen Äg. z. Vorderasien i. 3. u. 2. Jt. v. Chr., 1962, 544), so hat das kret. S. Erfahrungen im Schiffbau von den Kykladen, in Segel und Takelung vom äg. S. übernommen (HUTCHINSON Preh. Crete, 1962, 93ff.). Die myk. Griechen, denen ja von Hause aus die See fremd war, haben ebenso Schiffbau und Navigation erst lernen müssen, wie später die Römer in die nautische Schule der Griechen, Etrusker, Karthager gegangen sind (STELLA Italia ant. sul mare, 1928, 301ff.). Wie groß bei beiden idg. Völkern das Erbteil war, zeigt allein die naut. Terminologie (HERMANN, NAG 1943. BOLELLI, SIFC 14, 1937, 47ff. CHANTRAINE, Étrennes de Linguistique off. à E. Benveniste, 1928, 1ff.). Schiffbauer wurden ausgeliehen (Thuk. 1,13,3. FGrH 575 F 1,2 § 2), oder man baute Modelle einfach nach (Pol. 1,20, 15f. 59, 8). Die Folge war, daß im → Seekrieg die Typen vielfach nicht zu unterscheiden waren (Diod. 14,102, 1. App. civ. 5,121 u.o.) und so die häufigen Täuschungsmanöver möglich wurden (Polyain. 3,11,11. 8,53,1. Frontin. 4,7, 12 u.o.). Die Schwierigkeit ethnischer Bestimmung bei Schiffsabb. hat hierin ihre Ursache, so z.B. beim Aristonothos-Krater (SCHWEITZER, MDAI(R) 62, 1955, 78ff.) oder bei der neolith. Tonscherbe der Adria-Insel Hvar (NOVAK Prehist. Hvar, 1955, 320f. T. 194). Das Ineins von

Erbe und Neuschöpfung zeigt bes. klar die Technik im Schiffbau. Dank der noch jungen Unterwasser-Archäologie, mit der ein neues Kapitel in der Kenntnis des ant. S. begonnen hat, wissen wir jetzt, daß die griech.-röm. Schiffbauer die äg. kiellose Schalenkonstruktion mit der neuen Kielbaumethode kombinierten, freilich noch nicht im Sinne des heutigen Skelettbauverfahrens. Die Spanten wurden erst nach Fertigstellung der Außenhaut eingesetzt (Casson, TAPhA 94, 1963, 28 ff. Bass Taucher i.d. Vergangenheit, 1972, 52. 67 ff.). Hingegen ist nie versucht worden, das Seitensteuer zu ändern, das freilich im Gegensatz zu früheren Fehlurteilen durchaus zweckmäßig war (Carlini, Bull. Ass. techn. maritime 39, 1935, 445 ff.). Das feste Heck- oder Stevensteuer ist nicht früher als die Kogge des 13. Jh. n. Chr. (Heinsius Das Schiff d. hans. Frühzeit, 1956, 119). Auch beim Segel blieb man lange konservativ. Das Rahsegel wurde beim röm. Kauffahrer durch Topp- und Artemon-Vorsegel ergänzt (Pézard, REL 25, 1947, 215 ff.), Schratsegel wie z. B. das Sprietsegel sind erst vereinzelt ab 2. Jh. v. Chr., das Lateinsegel ab 2. Jh. n. Chr. belegt (Casson, Archaeology 7, 1954, 214 ff.; Annahme einer Gaffeltakelung des Kyreneia-Wracks vom E. 4. Jh. v. Chr.: Bass, a. O. 52). Bei ruhiger See und günstigem Wind lief der hellenist. Kauffahrer 4–6 kn. Für die Route Puteoli – Alexandreia, ca. 1000 sm, brauchte er z. B. bei 4,6 kn Fahrt 9 Tage (Casson, TAPhA 82, 1951, 136 ff. m. Routentabellen). Im Unterschied zum Kriegsschiff (Phil. leg. G. 251) war der Kauffahrer keineswegs auf die Küstenfahrt, das *μὴ πελαγίζειν*, beschränkt (Strab. 1,48). Hochseefahrten sind vielmehr seit dem 5. Jh. v. Chr. nachweisbar (Maximowa, Klio 37, 1959, 106 ff.). Die Tonnage der beiden gängigsten Typen betrug 130 und 250 Tonnen, bei Lukians Korntransporter »Isis« (nav. 5) 1200–1300 Tonnen (Casson, Studi in onore di Calderini e Paribeni 1, 1956, 231 ff.). Die Bedeutung des ant. Kauffahrers, z. B. für die wichtigen Korntransporte, ist kaum überschätzbar (Casson, TAPhA 85, 1954, 168 ff.). Immer war das ant. S. saisonbedingt. Vom 11. Nov.–10. März war das Meer wegen des stürmischen Wetters geschlossen (sog. »*mare clausum*«: Veg. mil. 4,39. Saint-Denis, REL 25, 1947, 196 ff.). Die Wiedereröffnung wurde seit hellenist. Z. mit dem Schiffsopfer des → Ploiaphesien-Festes begangen. Der religiöse Einschlag zeigt einen weiteren Grundzug im ant. Seewesen: Frömmigkeit und Aberglauben (Wachsmuth, *ΠΟΜΠΙΜΟΣ Ο ΔΑΙΜΩΝ*, Diss. Berlin 1967). Kein Boot lief ohne kultische Akte aus (Arr. kyn. 35,2. Epikt. 3,21,12 u. o.). Bei Flottenoperationen gingen feierliche Flottenopfer voran (Thuk. 6,32. App. civ. 5,96,401. Liv. 29,27,1–5). Der Schiffskörper war durch religiöse Stevenzierate, Götterbilder *(→tutela navis)*, Schiffsaugen, → Aphlaston, → Stylis usf. geschmückt (Wachsmuth a. O. 82 ff. 241 ff.). Omina, Tabus, Votivwesen haben sich in keinem ant. Lebensbereich reicher entfaltet (Wachsmuth a. O. 131 ff. 277 ff.). Die Gründe liegen einmal in der berechtigten Furcht vor Schiffbrüchen, die immer häufig blieben (Huxley, Greece and Rome 21, 1952, 117 ff.). »Kein Schiff altert«, hieß es (Prop. 3,7,35 f.). Hinzu kam die ant. Religiosität unerträgliche Todesart des Ertrinkens, die keine rituelle Bestattung zuließ (Wachsmuth a. O. 424 ff.). Schließlich war das ant. Verhältnis zu Meer und Schiffahrt seit Anf. ambivalent (Heydenreich Tadel und Lob d. Seefahrt, 1970, 13 ff.). Riten wie der bis auf das vorgriech. S. zurückgehende kathart. »Schiffertanz« auf Delos u. a. weisen auf das Alter dieser und ähnlicher Vorstellungen hin (Kall. h. Del. 316 ff. Lawler, TAPhA 75, 1944, 22 ff.). Auch die reiche ant. Schiffssymbolik zeigt eine vertiefte Bedeutung des S. (Rahner Symbole d. Kirche, 1964, 239 ff.; Bibliogr. z. ant. Bildersprache, 1964 s. v.). S.-Szenen in kret. und frühgriech. Kunst deuten auf z. T. noch unerklärte religiöse Zusammenhänge (Evans Palace of Minos 4,952 ff. Fittschen Unt. z. Beginn d. Sagendarstellungen b. d. Griechen, 1969, 44 ff. Hood, AJA 71, 1967, 82 ff.). Die so unterschiedlichen Vorstellungen vom Schiff als »Mutter« (Apoll. Rhod. 4,1327 f.), so auch vom äg. Horus-Boot (Wachsmuth a. O. 82, 78), als »göttlicher Erfindung« (Soph. Oid. K. 711 ff. Eur. Suppl. 209 f.), als »prometheischer Gabe« (Aischyl. Prom. 467 f.), als im *ψόγος ναυτιλίας* zu verurteilendem techn. Vehikel menschlicher Hybris, das den *oceanus dissociabilis* übersprang (Hor. c. 1,3. 21 ff.) und daher *sacrae aquae* verletzte (Albin. Pedo, FPL 116 Z. 21 f.), als »Freund und Reisekamerad« (Anth. Pal. 7,635,3. Ov. trist. 1,10, 10), als mit *διάνοια* begabte *ἔμψυχος ναῦς* (Syn. epist. 41. Greg. Nyss. Cant. Hom. 12. Catull. 4) usf. belehren nachdrücklich über Spannweite und Komplexität des ant. S. im Zeitraum mehrerer Jt.e. D. Wa.

Gesamtdarstellungen zum S.: *G. F. Bass* A History of Seafaring, 1972. *St. John Wilkes* Nautical Archaeology, 1971. *L. Casson* Ships and Seamanship in the Ancient World, 1971; *ders.* in: The Muses at Work, ed. *C. Roebuck*, 1969, 172 ff.; *ders.* Illustrated History of Ships and Boats, 1964; *ders.* The Anc. Mariners, 1959. *P. Throckmorton – S. Wignall* Surveying in Archaeology Underwater, 1969. *D. Gray* Seewesen, Archaeologia Homerica IG (i. Erscheinen). *B. Landström* Segelschiffe, 1970; *ders.* Das Schiff, 1961. *J. S. Morrison – R. T. Williams* Greek Oared Ships 900–322 B.C., 1968. *G. A. Rost* Vom Seewesen u. Seehandel i. d. Antike, 1968. *J. Rougé* Recherches sur l'organisation du commerce marit. en Méditerranée sous l'Emp. rom., 1966. *Z. Herman* Peoples, Seas and Ships, 1966. *P. Gille* Les navires à râmes de l'antiquité, 1965. *M. Amit* Athens and the Sea, 1965. *J. Meirat* Marines ant. de la Méditerranée, 1964. *R. C. Anderson* Oared Fighting Ships, 1962. *D. Barnett* Early Shipping in the Near East, Antiquity 32, 1958, 220 ff. *L. Foucher* Navires et barques, Musée Alaoui 15, 1957. *R. Roux* Le problème des Argonautes, 1949. *W. W. Hyde* Anc.

Greek Mariners, 1947. *J. Hornell* Watertransport, 1946; *ders.*, Sea Trade in Early Times, Antiquity 15, 1941, 233 ff. *J. H. Thiel* De Grieken en de zee, Tijdschrift voor Geschiedenis 62, 1949, 1 ff. *E. de Saint-Denis* Le vocabulaire des manoeuvres nautiques en Latin, Thèse Paris 1935. *P. Dahlgren* Primitiva skepp, 1932. *L. A. Stella* Italia ant. sul mare, 1928. *Ch. Boreux* Étud. de nautique égypt., 1925. *G. E. Smith* Ships as Evidence of the Migrations of Early Culture, 1917.

Bibliogr.: Rivista di Studi Liguri mit FORMA MARIS ANTIQUI (beide: *Albenga*, Mus. Navale Romano). Fasti archaeologici. The Mariner's Mirror. L'Année philologique. Arch. Bibl. d. JDAI.

Segallauni (Segovellauni). Kelt. Völkerschaft zwischen → Tricastini und → Allobroges, in der späteren röm. Gallia Narbonensis. Sie gehörten zu dem Bund der Cavares. *Regio Segovellaunorum* Plin. nat. 3,34. Im 1. Jh. v. Chr. war ihr Hauptort → Valentia, *in agro Cavarum* Plin. nat. 3,36. Ptol. 2, 10,7. Ihr Name ist kelt.-ligur.: N. LAMBOGLIA, Rev. Ét. Lig. 16, 1950, 61. Ihr Gebiet war von Rhône, Isère und Drôme begrenzt. Nahe dem Zusammenfluß von Isère und Rhône, am Ausgang des Tales der Isère und der Drôme wurde von den Römern die Kolonie Valentia angelegt, zuerst nur ein Militärposten, später eine cäsarische Kol. (Cass. Dio 37,47,2). In ihrem Gebiet sind noch Spuren der röm. Centuriation vorhanden (Inschr. CIL XII S. 207). M. L.

Desjardins Géogr. Gaule 2,225. *G. Barruol* Les peuples préromains du Sud-Est de la Gaule, Paris 1969, 267–72. *J. Sautel*, FOR 9, Drôme, Paris 1957. *A. Blanc* Valence des origines aux Carolingiens, Valence 1964.

Segericus, Bruder des → Sarus, wurde im Sommer 415 als Nachfolger des → Ataulfus (Bd. I 1544) König der Westgoten, jedoch bereits nach einer Woche umgebracht (Olympiod. frg. 26. Oros. 7,43,9. Iord. Get. 31). A. L.

Segesta. 1. (Ἔγεστα, Σέγεστα, Αἴγεστα; Ethnikon: *Segestani;* Ἐγεσταῖοι, Αἰγεσταῖοι, Αἰγεστεῖς), neben → Entella und → Eryx (1) die 3. elymische Stadt im w. Sizilien 10 km s.s.w. Castellammares am Fiume Caldo-Freddo auf dem 410 m hohen Monte Varvaro; n.w. der Stadt ragt der Tempelberg 340 m auf. Nach der Sage ist S. eine troische Gründung (vgl. Thuk. 6,2,3). Die Segestaner gelten daher später als Stammverwandte der Römer. Herkunft aus Kleinasien mag der Legende zugrunde liegen. Als Gegenspielerin von Selinus widersetzte sich S. griech. Landnahme. Traditionell war seine Allianz mit Karthago. Der von Diod. 11,86,2 berichtete Kampf mit Lilybaion (Mitte 5. Jh.) ist ungeschichtlich. S. tritt bei der 1. sizil. Expedition der Athener (427–424) auf deren Seite. 416/15 löst es die (2.) sizil. Expedition aus, indem es Athens Waffenhilfe erbittet und einen größeren Reichtum als vorhanden vorspiegelt. Die Gesch. der Folgezeit bis zum Eingreifen der Römer in Sizilien ist einzig aus Diodor bekannt. 410 besiegt S. das feindliche Selinus mit

karthag. Hilfe. 397 wird es als Bundesgenosse Karthagos von Dionysios I. belagert. Im 4. Jh. scheint S. wirtschaftlich an Bedeutung verloren zu haben und polit. in starke Abhängigkeit von Karthago geraten zu sein. Sein Bündnis mit → Agathokles (2) während dessen Kriegs mit Karthago schützt es nicht vor der Brandschatzung durch den Condottiere (307); beim Friedensschluß (306) kehrt es unter pun. Oberhoheit zurück. → Pyrrhos' (1) Sizilienfeldzug sieht es auf seiten des epeirot. Königs (276; Diod. 22,10,2). Beachtlich ist seine Rolle bei Beginn des 1. pun. Krieges. 263 tritt es auf die Seite der Römer über; 260 wird es als Hauptstützpunkt des röm. Heeres im w. Sizilien von den Karthagern belagert und durch C. → Duilius (2) nach dem Seesieg von → Mylai entsetzt. Seit Mitte 3. Jh. hört es auf, eine eigene Gesch. zu haben abgesehen von einem kurzen Hervortreten im Sklavenkrieg des → Athenion 2 (104 bis 100). S. hat wohl bis zum Ausgang des Alt. fortbestanden; der Zeitpunkt seiner Verödung ist unbekannt. Die Reste aus griech. und röm. Z. sind geringfügig. Das wohlerhaltene Theater wurde in hellenist. Z. erbaut. Der (unvollendete) Tempel stammt aus der 2. Hälfte 5. Jh. Inschr. IG XIV 287 bis 292. CIL X 7263. Mz. HEAD HN^2 164 ff. Die Hauptgöttin S. ist wesensgleich mit der Venus Erycina; bei der Hellenisierung wurde sie der → Artemis geglichen.

Ziegler, RE II A 1055 ff. *v. Stauffenberg* Trinakria, 1963. *Tusa*, Enc. Art. Ant. 7,151 ff.

2. Stadt der Tiguli zwischen Luna und Genua; h. Sestri Levante. **3.** Stadt unbekannter Lage im Gebiet der Carni. **4.** Göttin einer Heilquelle in der Gallia Lugudunensis; h. Sceaux oder Ferrières (dép. Loiret). K. A.

Segestes, Cheruskerfürst, als treuer Anhänger der Römer mit dem röm. Bürgerrecht ausgezeichnet (Tac. ann. 1,58). Er warnte im J. 9 n. Chr. P. → Quinctilius (II 1) Varus vor den Verschwörern und bat, zusammen mit den anderen germ. Führern in Fesseln gelegt zu werden (Vell. 2,118,4. Tac. ann. 1, 55. 58. Flor. 2,30,33. Cass. Dio 56,19,3). Nach der Niederlage der Römer im → Teutoburger Wald mit → Arminius vor allem wegen der Entführung seiner Tochter → Thusnelda verfeindet (Strab. 7, 292). Nach wechselvollen Streitigkeiten von Arminius belagert, jedoch von → Germanicus (2) befreit und nach Rom gebracht (Tac. ann. 1,55. 57–59). G. Wi.

L. Schmidt Gesch. d. deutschen Stämme: Westgerm., ²1938, 101 ff. 113 ff.

Segetia ist neben Seia und Tutilina eine von drei Gottheiten, deren Bilder im Circus (Plin. nat. 18,8) standen (Aug. civ. 4,8. Macr. sat. 1,16,8); statt S. wird innerhalb dieser Trias auch *Segesta* (Plin. a.O.) oder *Messia* (Tert. spect. 8) genannt. Der Name der Seia wird *a serendo*, der der S. *a segetibus* (Plin. a.O. Aug. a.O. Tert. a.O.) erklärt, wobei *seges* alternativ *de semine, quod* *iacimus, sive a sectione* (vgl. Plin. a.O. *Messia a messibus*) zu verstehen ist (Isid. or. 17,2,7). Aussprechen aller drei Namen (Macr. a.O.) oder des Namens der dritten von ihnen (d.h. Tutilina) *sub tecto* (Plin. a.O.) bedeutet *religio* und veranlaßt *ferias observare*. G. R.

Prell.-Jord. 2,223. *Peter* Myth. Lex. 2,221. *Wissowa* Rel.[2] 201. *Radke* Götter Altitaliens 285f. *Latte* RRel. 51. 250. *Norden* Aus altröm. Priesterbüchern 204. *Dumézil* Rel. Rom. Arch. 266. 547.

Segimerus. 1. Cheruskerfürst, Vater des → Arminius (Vell. 2,118,2). Zusammen mit dem Sohn im J. 9 n.Chr. Haupt der germ. Verschwörung gegen P. → Quinctilius (II 1) Varus (Cass.Dio 56,19,2). † vor dem J. 16 (Tac. ann. 2,9). **2.** Cheruskerfürst, Bruder des → Segestes, unterwarf sich im J. 15 den Römern (Tac. ann. 1,71. Strab. 7,1,4). G. Wi.

Segimundus, Cherusker, Sohn des → Segestes und also wohl wie dieser röm. Bürger mit dem Gentilnamen Iulius, Priester an der ara Ubiorum, ging nach der Katastrophe des P. → Quinctilius (II 1) Varus zu den Rebellen über. Als im J. 15 Segestes von seinen Volksgenossen belagert wurde, schickte er den Sohn mit einem Hilfegesuch zu → Germanicus (2). Nach der Befreiung erhielt Segimundus Verzeihung, mußte aber 17 beim Triumph des Germanicus (wie seine Schwester → Thusnelda und → Thumelicus) einhergehen, während Segestes geehrter Zuschauer war. Tac. ann. 1,57. Strab. 7,291. K. Z.

Segisamo lebt fort in Sasamon (CIL II p. 932); Station der Straße von Tarraco nach Asturica. Nebenformen wie *Segisamum* u.ä. nicht ausgeschlossen. K. A.

Segni, nur bei Caes. Gall. 6,32,1 erwähnte german. Völkerschaft zwischen → Treverern und → Eburonen *(clientes* der Treveri*)*. Mit den → Condrusi genannt, werden die Siedlungsplätze der S. im Ösling, den luxemburg. Ardennen und an der oberen Ourthe vermutet. H. C.

J.B.Keune, RE II A 1075.

Segobriga. 1. Iberisch-röm. Stadt auf dem Hügel »Cabezo del Griego« bei Sahelices (Provinz Cuenca). Sie gehörte zum Convent von Carthago Nova (CIL II 4252). Die Ruinen spiegeln die ehemalige Bedeutung (Amphitheater). Balil, Enc. Art. Ant. 7,154. **2.** H. Segorbe bei Sagunt. K. A.

Segobrigii, Name einer kelt. oder ligur. Völkerschaft im s.ö. Gallien. Die S. sind nur aus der Sage von der Gründung → Massalias (Marseille) durch die kleinasiat. Phokaier unter Protis bekannt in der Fassung, wie sie von Pompeius Trogus geboten wird (vgl. Iust. 43,3,4ff.). K. A.

Segodunum, kelt. Ortsname, Hauptort der Rutener, h. Rodez (aus *Ruteni = civitas Rutenorum*), im Dép. Aveyron. Die Altertümer verzeichnet RE II A 1079. Die wirtschaftliche Bedeutung des umgebenden Gebiets beruhte auf Bergwerken, Webereien und Kunsttöpferei. K. A.

Segontia. Bedeutende Grenzstadt der keltiber. → Arevaci gegenüber den → Carpetani. Sie wurde im J. 195 v.Chr. von Cato belagert (Liv. 34,19,10). Später spielte sie im Krieg gegen → Sertorius eine Rolle (App. civ. 1,110. Plut. Sert. 21). Sie liegt an der großen Heerstraße Zaragossa-Merida. In chr. Zeit wurde sie zum Bischofssitz, was sie bis h. geblieben ist, h. Siguenza. K. A.

Segontiaci, britann. Völkerschaft in der Gegend der Themse. Im J. 54 v.Chr. ergeben sich die S. Caesar (Caes. Gall. 5,21,1). K. A.

Segontium (Seguntium), Ortschaft und befestigtes Truppenlager an der NW.-Küste von Wales gegenüber der Insel Mona (Anglesey) bei dem h. Ca(e)rnarvon. Die Anlage des Lagers geht auf → Frontinus oder wahrscheinlicher → Agricola zurück. Auch im 2. Jh. war es belegt, von Severus wurde es weiter ausgebaut, am E. 3.Jh. geräumt, bald nach 360 wieder besetzt bis zur Herrschaft des Magnus → Maximus (8). Inschr. RIB Nr. 429ff. Überreste röm. Bauten. K. A.

Wheeler S. and the Roman occupation, 1924. *Ders.* Prehist. and Early Wales, 1925. *Richmond* in: *Foster / Daniel* Prehist. and Early Wales, 1965.

Segora, Stadt der *civitas* → *Pictonum* in Gallia Celtica, später in Aquitania (Tab. Peut.), an der Straße von Portus → Namnetum (h. Nantes: 18 *leugae*) oder von Limonum (h. Poitiers: 33 *leugae*). Daher mehrere Lokalisierungen möglich: La Ségourie (18 Leugen von Nantes) oder Les Cranières (33 Leugen von Poitiers). M. L.

A.Champigneulle Le problème de Segora, Ann. de Bretagne 70, 1963, 69–92.

Segorigium, inschr. bezeugter Vicus bei Worringen am Niederrhein (CIL XIII 8518 *vicani Segorigienses*), h. verschollen. H. C.

Segovia, kelt. oder (möglicherweise) ligur. Ortsname. Er scheint Festung zu bedeuten. Ethnikon *Segoviensis*. **1.** Stadt der keltiber. → Arevaci (Vaccäer?) in der späteren röm. Provinz Hispania Tarraconensis am N.-Abhang des Guadarramagebirges zwischen Madrid und Valladolid. S. wird erwähnt im Freiheitskrieg des → Viriathus 147 bis 139 (Frontin. strat. 4,5,22; vgl. Gundel, RE IX A 212), sowie im Krieg gegen → Sertorius 75 (Liv. 91 frg. 22. Flor. 2,10 = 3,22; vgl. Gelzer Pompeius, 1949, 52f.). In der röm. Kaiserz. ist S. Teil des Conventus Cluniensis. Unter den röm. Bauresten ragt hervor der Aquaedukt El Puente, das größte erhaltene Römerwerk in Spanien. Inschr. CIL II 2729–62 und 5773–86. Seit 589 sind für S. Bischöfe bezeugt. García y Bellido, Enc. Art. Ant. 7,155. **2.** Ortschaft in der Hispania Baetica am Fluß Singilis (h. Jenil) zwischen → Hispal und → Corduba. S. wird von Hirtius (bell. Alex. 57,6) bei den Ereignissen des J. 48 erwähnt. Wenn der Verfasser der Weihinschrift CIL II 1166 (= DessILS 3318) wirklich diesem S. entstammt, ist die Stadt der Tribus Quirina zugerechnet worden. K. A.

Segovii heißt ein Volk in den cottischen Alpen, dessen Name an erster Stelle auf dem Ehrenbogen von Susa (→ Segusio) genannt ist (CIL V 7231 = DESSILS 94). G. R.

Segusiavi, gall. Volksstamm am r. Ufer des Rhodanus, in der späteren röm. Prov. Gallia Lugdunensis. Der Name ist keltisch. Ihr Gebiet erstreckte sich über die Forez- und Lyonnais-Gegend, zwischen Rhodanus, Arar und dem Oberlauf des Liger (Loire), Caes. Gall. 1,10. 7,64. Sie waren *clientes* der Aedui (Gall. 7,75,2) (*Σεγοσιανοί* Strab. 186. 192). Caesar nennt die S. im J. 58 v. Chr. als Gegner der Helvetier (Gall. 1,10,5) und 52 des Vercingetorix (Gall. 7,64,4). Seit Augustus werden sie unter den *populi* der Gallia Lugdunensis aufgezählt: *Secusiavi liberi in quorum agro colonia Lugdunum* (Plin. nat. 4,107). Die röm. Kolonie Lugdunum seit 43 v. Chr. und der sakrale Mittelpunkt der 64 *civitates* der *tres Galliae* (Amphitheater und Ara Romae et Augusti) lagen seit 12 v. Chr. in ihrem Gebiet.

Civitas libera Plin. a. O. CIL XIII 8862. 8864. 8865. Hauptort: *Forum Segusiavorum* (h. Feurs, dép. Loire) Ptol. 2,8,11. Tab. Peut. 2,5 *foor Segustauarū.* CIL XIII 1640. 8861; *col. Fl(avia) For. Segus.* 8917. Denkmäler: ein nur durch CIL XIII 1642 bekanntes Theater; ein Tempel der kelt. Göttinnen Dunisia (CIL XIII 1646) und Segeta (CIL XIII 1641. 1646). Forum; Thermen; Wasserleitung. – Andere Siedlungen der S.: *Rodumna* (h. Roanne, dép. Loire) an dem hier schiffbaren Liger (Ptol. 2,8,11 *Ῥοδούμνα.* Tab. Peut. 2,4/5. CIL XIII 1649); *Mediolanum* (h. Miolan, dép. Rhône); *Asa Paulini* (h. Anse, dép. Rhône), dort eine Villa mit Mosaiken; *Ludna* oder *Lunna* (Itin. Ant. 359,3. Tab. Peut. 2,5).

Mehrere Bürger sind in Inschr. genannt als Priester *apud Aram Romae et Augusti* (CIL XIII 1711. 1712. 1926. XII 1851); als *flamen* des öffent. Kaiserkultus (CIL XIII 1629–1644).

Wirtschaftszweige: Blei (*Segusiavic. plumbum* CIL XII 5700,1); Keramik, bes. in Rodumna; Marktflecken *For. Seg.* Inschr. CIL XIII S. 222. IL Trois Gaules 211 ff. Bildwerke: ESPÉRANDIEU Rec. 3, 1910, 44–47. M. L.

Desjardins Géogr. Gaule 2,468. 604. 3,76. *A. Bernard* Description du pays des S., Paris 1858. *B. Rémy* L'administration et la religion des S., Et. Foréziennes 3, 1970, 109. *Roux* Rech. sur Forum Seg. et l'origine gallo-rom. de la ville de Feurs, Lyon 1851. *R. Périchon* Feurs à l'époque gallo-rom., Roanne 1971. *J. Poncet* Rodumna, Roanne dans l'Antiquité, Et. Foréziennes 3, 1970, 83.

Segusio, Hauptstadt des Königs Cottius und Beginn der Alpes Cottiae (Amm. 15,10,3. 7). Von S. ab rechnet man Italien (It. Burd. 556,4 f. *inde incipit Italia.* Paneg. 4,17,3), später *vicus* der 11. Region (Plin. nat. 3,123), dessen Bewohner *Segusini* (CIL V 7231 = DESSILS 94), *Segusienses* (Paneg. 4,17,3. 21,1. 22,2) oder *Σεγουσιανοί* (Ptol. 3,1,40) hießen. Station an der Straße über den Mt. Génèvre: Tab. Peut. 3,4. It. Ant. 341,3. 357,1. It. Gadit. 74). Die Entfernungsangaben bei Plin. nat. 2,244. Agathem. 4,17 (518 mp von Rom) und Strab. 4,179 (20 mp w. Ocelum) beweisen Identität (RADKE Viae publicae Rom. 268) mit Scingomagus (Strab. a. O. Beginn Italiens). H. Susa. G. R.

Forbiger HB. d. alt. Geogr. 3,145. 149. *Nissen* It. Ldk. 2,150.

Segustero, in Gallia Narbonensis (h. Sisteron, dép. Basses-Alpes). Rastort der Heer- und Poststraße von Italien nach der Narbonensis über den Paß des Mt. Genèvre und durch das Tal der → Druentia. *Civitas Sogiontiorum* im 2. Jh. CIL XII 1871; im Bund der Vocontii Strab. 4,119. Auf den Reisebechern von Vicarello, *Segusterone* (CIL XI 3281–3284). Not. Gall. 16 *civ. Segesteriorum.* Die röm. Stadt lag unter der ma. und modernen Ortschaft; neue Funde: Gallia 7, 1949, 81–88. 12, 1954, 447. 20, 1962, 663. M. L.

Desjardins Géogr. Gaule 2,502. 4,15,44. 64. 156. *Rostaing* Essai sur la toponymie 248. *G. Barruol* Les peuples préromaine du sud-Est de la Gaule, Paris 1969, 284.

Seia s. Segetia

Seianus, L. Aelius, Sohn des Ritters L. → Seius (II 2) Strabo, * zwischen 20 und 16 v. Chr. in → Volsinii (Tac. ann. 4,1; C. CICHORIUS, H 39, 1904, 461 ff.), durch seine Mutter Cosconia Gallitta mit bedeutenden senator. Familien verwandt: F. ADAMS, AJPh 75, 1954, 70 ff. R. SEALEY, Phoenix 15, 1961, 97 ff.; von L. → Aelius (II 9) Gallus adoptiert. Er begleitete C. → Caesar (II 25) im J. 1 n. Chr. in den Orient (Tac. ann. 14. Cass. Dio 57,19,5). Bald nach dem Regierungsantritt des → Tiberius (1) im J. 14 neben dem Vater *praefectus praetorio* und als Begleiter des → Drusus (II 1) Caesar zur Unterdrückung des pannon. Aufstandes entsandt (Tac. ann. 1,24 ff.). Als der Vater zum *praefectus Aegypti* befördert wurde, blieb S. alleiniger *praefectus praetorio* (Cass. Dio 57,19,6). Er vereinigte die bisher auf verschiedene Garnisonen verteilten → *praetoriae cohortes* in einem Lager auf dem Viminal (Tac. ann. 4,2. Cass. Dio 57,19,6). Sein Einfluß auf Tiberius vergrößerte sich immer mehr. S. erhielt die *ornamenta praetoria* (Cass. Dio 57,19,7), und seine Bildnisse wurden öffentlich verehrt (Tac. ann. 3,72. 4,7. 74. Suet. Tib. 48. Cass. Dio. 58,4,4). Im J. 20 wurde eine Tochter des S. mit → Claudius (II 19) Drusus verlobt (Tac. ann. 3,29. Suet. Claud. 27. Cass. Dio 58, 11,5). S. verstieß seine Gemahlin → Apicata, von der er drei Kinder hatte (Tac. ann. 4,3), und unterhielt ehebrecherische Beziehungen zu → Livia (Livilla, 3), der Gattin des → Drusus (1), die er zur Ermordung ihres Gatten anstiftete (Tac. ann. 4, 3 ff. Suet. Tib. 62. Cass. Dio 57,22). Seine Bitte, Livia heiraten zu dürfen, wurde von Tiberius im J. 25 abgelehnt (Tac. ann. 4,29 f.). S. veranlaßte den Kaiser, Rom zu verlassen und sich nach → Capreae (Capri) zurückzuziehen (Tac. ann. 4,41. Cass. Dio 58,5,1). Die nun erreichte Machtstellung nützte S. vor allem zur Vernichtung der Familie des → Germanicus (2) aus (Tac. ann. 5,3. 6,23. 25. Suet. Tib. 55). Im J. 31 wurde S. zusammen mit dem Kaiser *cos. ord.* (Suet. Tib. 65. Tac. ann. 6,8. Cass. Dio 58,4,3 DEGRASSI FImp. 10), Mitglied eines Priesterkollegiums und Teilhaber der prokonsular. Gewalt (Cass. Dio 58,7,4). Verlobung mit → Iulia (II 97), der Tochter des beseitigten Drusus (1; Cass. Dio 58,3,9). Um ganz an die Macht zu kommen, inszenierte S. eine Verschwörung (Tac. ann. 5,8. 6,47. Ios. ant. Iud. 18,181), die von → Antonia (II 15), der Witwe des älteren Drusus, aufgedeckt und dem Tiberius gemeldet wurde. Dieser setzte S. ab und ernannte → Macro zum *praefectus praetorio* mit dem Befehl, den Sturz des S. durchzuführen (Tac. ann. 6,48. Cass. Dio 58,9. Philo leg. Gai 6,37). S. wurde in den Senat gelockt, verhaftet und noch am selben Tag (18. Okt. 31) mit seinen Kindern aus der Ehe mit Apicata hingerichtet (Tac. ann. 5,9. Suet. Tib. 48,2. Cass. Dio 58,9ff. Inscr. Ital. XIII/1 187f. E. KÖSTERMANN, H 83, 1955, 350ff.). Sein Vermögen wurde eingezogen (Tac. ann. 5,6ff. 6,2ff. 13,45. Suet. Tib. 65. Sen. tranqu. 11,11. Cass. Dio 58,6ff. Iuv. 10,66ff.). Zwei einander widersprechende Charakteristiken geben Tac. ann. 4,1 und Vell. 2,127f. G. Wi.

M. Friedenthal S., Diss. Heidelberg 1957. *R. Syme* Tacitus, 1958, Ind. 825 App. 65. *A. Baddington* S., AJPh 84, 1963, 1ff.

Seide σηρικὸν νῆμα (bzw. ὕφασμα), μέταξα, *serica*. Gespinst aus dem Rohseidenfaden, einem Drüsensekret, das die S.-Raupe (Maulbeerseidenspinner, Bombyx mori; s. → Schmetterling Nr. 4) bei der Verpuppung ausscheidet. Der taubeneigroße Kokon enthält 3000–4000 m S.-Faden, wovon ca. 900 gewerblich verwertbar und fertig abspulbar sind. Die Chinesen kannten die S. seit dem 3. Jt., konnten aber ihre Gewinnung bis Anf. 1. Jt. geheimhalten; von da an breitet sich die S.-Produktion über Japan und S.-Asien aus und läßt die S. zu einem wichtigen Handelsgut im Verkehr mit der w. Welt werden. Die Vermittlung erfolgt teils auf dem Seeweg, teils auf der berühmten S.-Straße (Lojan – Sian – Lantschou – Tunhuang, dann über Turfan und Kaschgar [n. Zweig] oder Chotan und Jarkand [s. Zweig] nach Merw – Seleukeia – Antiocheia), meist im Austausch gegen Glas und Metallwaren; über die S.-Straße haben auch viele andere Kulturgüter (→ Pfirsisch, → Mandel, → Klee usw.) und östl. Religionen den W. erreicht. – Aristot. kennt die chines. S. noch nicht; seine Schilderung der βομβύκια und Nennung der Insel → Kos (hist. an. 5,551b) bezieht sich auf die Pachypasa otus Drury, einen der zahlreichen Seidenspinner geringerer Qualität im Mittelmeerraum, deren größte Art, der Atlasspinner, die sog. Fagara-S. liefert. Ebenso bezieht sich σηρικά bei Nearchos (Strab. 15,694) nicht auf die S., sondern auf ein Baumfasergespinst. Dagegen trägt die Königin → Kandake, Tochter der → Semiramis, bei Ps.-Kallisth. 3,22,2 sicher echte S. Aus S. waren auch die Fahnen der Perser (Flor. 3, 11). Was in Rom seit Varro (Plin. 4,62), Hor. sat. 1,2,101 und den Elegikern unter *Coa vestis* läuft, war wohl meist Wild- oder Halbseidengewebe (*subserica*); nur Verg. georg. 2,121 und Hor. epod. 8,15 (Bucheinbände) sprechen von »serischen« Stoffen. Auffallend früh berichtet Paus. 6,26 über die S.-Raupenzucht; daß Caesar die kostbare S. bereits als Sonnenschutz über das Theater spannen ließ (Cass. Dio 43,24), ist eine ungesicherte Nachricht. Im J. 16 n. Chr. verbot der röm. Senat den Männern das Tragen von S.-Kleidung (Tac. ann. 2,33. Cass. Dio 57,15); schon Caligula hielt sich nicht streng daran (Suet. Cal. 52), aber erst Heliogabalus trug ausschließlich S.-Gewänder (H. A. Hel. 26). Im wesentlichen blieb die S. reichen Damen und erfolgreichen Kokotten vorbehalten (über Kleopatra: Lucan. 10,141 ff.). S.-Preise im 3. Jh.: Ed. Diocl. 23,1f. Sie sinken danach stark ab (Amm. 23,6,67); Iustinians Monopolisierung treibt sie wieder auf das rund Neunfache hinauf. Die große Wende bringt die heimliche Ausfuhr lebender S.-Raupen nach Byzanz im J. 551 durch zwei Mönche (Prok. Goth. 4,17); von da an wird die S.-Produktion ein heimischer Wirtschaftszweig der meisten Mittelmeerländer. W. R.

Dar–Sagl. IV 2,1251 ff. *Marqu.–Mau* 491 ff. *Blümner* PrAlt. 243 ff. *Ders.* Techn.[2] 201 ff. *A. Ley* Technologie und Wirtschaft der S. (1929). *S. Hedin* Die S.-Straße (1940).

Seife. In der Antike ist S. im h. Sinne, d. h. als ein durch Versieden von Fetten mit Laugen oder durch Neutralisieren von Fettsäuren mit Alkalien gewonnenes chemisches Produkt, nicht bekannt. Entsprechende Reinigungsmittel (ῥύμμα, σμῆγμα, im Lat. gibt es keine Bezeichnung dafür) bestanden aus tonigen Erdarten (bes. von Kimolos, Selinus und Chios) oder Alkalien und wurden beim Baden zum Reinigen des Körpers (Aristoph. Lys. 377. Athen. 8,351e) und zum Waschen und Walken von Stoffen benutzt. Diese Mittel konnten auch mit wohlriechenden Essenzen versetzt werden (Athen. 9,409d). Auch die bei Plinius (nat. 28,191) als *sapo* bezeichnete Mischung aus Fett und Pflanzenasche war keine Seife, sondern diente zum Färben von Haaren. S. O.

Seil (Strick, Tau). Das älteste Material für S. waren Binsen (→ Oknos) und Stroh, deren Verwendung durch die ganze Ant. anhält, später kamen Flachs, Hanf und Pfriem- bzw. Spartgras hinzu (Varro rust. 1,23,6. Plin. nat. 19,26f.). Die vorbereiteten Fasern wurden von dem rückwärts gehenden Seiler mit Hilfe des sich drehenden Seilerrades torsionsartig zusammengedreht (Aristoph. Pax 36f. mit Sch.). Je nach gewünschter Dicke wurden drei bis 45 Fäden zu einem S. vereint, um dann als S., Strick, Tau verwandt oder zu Netzen usw. zusammengefügt zu werden. W. H. G.

Seilenos s. Silenos-Satyros

Seimios s. Simia

Seirenes (*Σειρῆνες. Sirenes, -ae*). Das Schiffermärchen der Od. (12,39 ff. 158 ff.) verwertet nur einige Züge des Volksglaubens; sein Schwergewicht liegt auf dem Streich, den Odysseus auf Kirkes Rat ihnen spielt (er verstopft die Ohren der Gefährten mit Wachs, läßt sich selbst an den Mastbaum binden). In ihrer Sangeskunst und ihrer Allwissenheit scheint Angleichung an die → Musen (vgl. Alkm. frg. 10 D.) vorzuliegen. Von ihrer Gestalt, ihrer Herkunft, ihrem eigenen Schicksal erfahren wir nichts; so blieb Dichtern, Mythographen und Künstlern Raum zur Ausgestaltung und Ausdeutung der hom. Szene, wobei auch volkstümliche Auffassungen eingeblendet werden konnten.

Als Meerdämonen gab man ihnen → Acheloos (1. 2) oder → Phorkys (1) zum Vater, als singenden Wesen eine Muse zur Mutter. Die hom. Zweizahl wurde zur Dreiheit erweitert. Man erdichtete einen Wettstreit mit den Musen, in dem diese siegten und die S. sich freiwillig den Tod gaben und in Klippen oder Inseln an großgriech. Gestaden verwandelt wurden. Vielleicht fußt das S.-Abenteuer der Od. bereits auf einem älteren Argonautenepos, K. MEULI Od. und Argonautensage, 1921, 91. Jedenfalls erzählt Apoll. Rhod. 4, 891 ff. eine Begegnung zwischen den → Argonauten mit Orpheus und den S. Im Zusammenhang mit der euhemerist., stoisch., neuplaton. Homerallegorese wird auch das S.-Abenteuer rationalist., psychologisch (Cic. fin. 5,18) und moralisch gedeutet. Dem folgt die chr. Deutung von Iustin. mart. und Clem. Alex. bis ins MA., H. RAHNER Griech. Mythen in chr. Deutung, ²1957, 414 ff.

Neben dem hom.-lit. Aspekt (und sich damit kreuzend) stehen in unzähligen Dokumenten bezeugte volkstüml. Auffassungen und Bräuche. Seit dem 8. Jh. wurden die S., auch die hom., unter äg.-vorderas. Einfluß als Vögel mit Menschenkopf dargestellt, allmählich erhielten sie Arme und Brüste, und ganz spät kommt die rein menschliche Form vor. Von Haus aus sind sie wohl Todesdämonen, verwandt mit den → Harpyien und → Lamien (Vampire), gierig nach Blut und Liebesgenuß, NILSSON, GgrR² 1,228 f. Taf. 50,5. Andere halten sie für Mittagsdämonen. Die Auffassung als »Seelenvögel«, G. WEICKER (1902), von WILAM. GldH 1,264,1 schroff verworfen, scheint noch nicht ausgestorben (H. J. ROSE Griech. Mythol. 248 f. S. EITREM, RE VI A 862 ff. 897). Gewiß stehen die S. in Beziehung zu Hades und Persephone (Apoll. Rhod. 4,897. Soph. frg. 777. Eur. Hel. 167 f. u. a.). Aber die S. auf den Gräbern (seit ca. 400) bedeuten nicht den Toten selbst, sondern ein Wesen, das ihm durch eleg. Gesang und Musik den Weg ins Jenseits erleichtert; aus der Hades-S. ist eine Art Todesengel geworden, der zum Himmel führt (Eur. Antiope frg. 911; vgl. die 8 Sphären-S. Plat. rep. 10,617 b): so, etwas einseitig, E. BUSCHOR Die Musen des Jenseits (1944); einschränkend J. R. T. POLLARD Muses et S., CR 66, 1952, 60 ff. Diese Auffassung führte später zur Darstellung von S. als Symbolen der Unsterblichkeit auf röm. Sarkophagen, K. SCHEFOLD Orient. Hellas und Rom, 1949, 202. Daneben gab es allerdings massenhaft rein dekorative Verwendung von S. an den verschiedensten Geräten. – Zeus Seiren: A. B. COOK Zeus 1,740. H. v. G.

F. Brommer, Ant. u. Abendl. 4, 1954, 42 ff. *K. Maròt* The S., Acta ethnogr. Acad. sci. Hung. 7, 1958, 1 ff. *Th. Klauser*, JbAC 1963 f. *H. Pulitzer* Das Schweigen der S., Dt. Vierteljahrszstchr. f. Lit.-Wiss. u. Geistesgesch. 1967, 444 ff. – Bild. Kunst: *Weicker*, Myth. Lex., 4, 617 ff. *Zwicker* RE IIIA 300 ff.

Seiron (*Σείρων*), lat. *Siron*. Angesehener Epikureer des 1. Jh.s v. Chr., in Neapel ansässig (Pap. Herculanens. 312: W. CRÖNERT Kolotes und Menedemos, 1906, 125). Dort leitete er einen Kreis philos. Gleichgesinnter, dem zeitweilig der junge Vergil (Cat. 7,9. 10,1) angehörte. Cicero nennt S. *familiaris* und *amicus* (fin. 2,119; fam. 6,11,2) und rühmt seine Gelehrsamkeit (fam. a. O.); spezielle Lehren sind jedoch nicht kenntlich. G. Schm.

R. E. H. Westendorp Boerma Vergilius, Catalepton I, 1949, 95–101.

Seisachtheia (*σεισάχθεια*), »Lastenabschüttelung«. So bezeichnete → Solon die von ihm vor seiner Gesetzgebung (Aristot. Ath. pol. 10,1; zur Chronologie M. MILLER, Arethusa 1, 1968, 62 ff. 2, 1969, 62 ff.) verfügte, später durch diese (F 66. 67. 69 Ruschenbusch) ergänzte Schuldentilgung, mit der er das Land von den Pfandsteinen (→ Horoi) und die Menschen von der Schuldknechtschaft (→ Hektemoroi) befreite (Plut. Sol. 15,6. Aristot. Ath. pol. 12,4). Die Erinnerung an Solons S. hielt ein Fest dieses Namens wach (Plut. Sol. 16,3). H. B.

Seius. Ital. Familienname (SCHULZE Eigenn. 93), auch *Sehius* (inschr. in Praeneste). Kaufleute, wohl aus Unteritalien (inschr. auf Delos), seit 1. Jh. v. Chr. in Rom nachweisbar.

I. Republik. Zeit: **1.** M. S. (L. f.), 74 curul. Aedil, ließ Getreide und Öl unter Preis verkaufen. **2.** M. S., Ritter, Geschäftsmann, seit 53 als Anhänger Caesars nachweisbar, verkehrte aber auch mit Cicero, Atticus u. a. Bekannt war er als Züchter von Mastgeflügel u. ä. **3.** Q. S. Postumus, Ritter, der 58 von → Clodius (I 8) vergiftet worden sein soll, Cic. de domo 115. 129 u. a. H. G. G.

II. Kaiserzeit. **1.** S. Fuscianus, Jugendfreund und Mitschüler des Marcus Aurelius (H. A. Marcus 3,9), *cos. suff.* in unbekanntem J. und *cos. II ord.* 188 (H. A. Comm. 12,9, DEGRASSI FImp. 52), unter Commodus *praefectus urbi* (H. A. Pert. 4,3. Cass. Dio 79,4,6); zwei von ihm behandelte Rechtsfälle Tert. ad nat. 1,16 und Hippolytos refut. omn. haer. 9,11,4. 12,7 f. **2.** L. S. Strabo, Vater des → Seianus, Ritter aus → Volsinii (CIL XI 2707. Tac. ann. 4,1. 6,8. Iuv. 10,74 f.). Erreichte unter Augustus und Tiberius die ritterlichen

Spitzenämter des *praefectus praetorio* (CIL XI 2707. Tac. ann. 1,7), zuerst allein, dann zusammen mit dem Sohn (Tac. ann. 1,24. 6,8), und *praefectus Aegypti* (Cass. Dio 57,19,6 A. Stein Äg. 24). Seine Gattin war Cosconia Gallitta (CIL XI 7285). **3.** L. S. Tubero, Sohn von Nr. 2, Senator. Bruder des → Seianus, Legat des → Germanicus (2) in Germ. inf. (Tac. ann. 2,20. Ritterling Fasti 123,9), *cos. suff.* 18 (Suet. Tib. 26, Degrassi FImp. 8). Im J. 28 trotz schwerer Krankheit von → Vibius Serenus wegen *tumultus hostilis et turbandae rei publicae* angeklagt (Tac. ann. 4,29. Cass. Dio 57,24). **4.** Gnaea Seia Herennia Sallustia Orba Barbia Orbiana, Tochter des → Sallustius (II 2) Macrinus, 225–229 Gattin des Kaisers Alexander Severus (→ Aurelius II 30), der ihr den Titel *Augusta* verlieh (CIL III 3734. VIII 9355. X 1654), auf Betreiben der Schwiegermutter → Iulia (A II 98) Mamaea in die libysche Wüste verbannt (H. A. Alex. Sev. 49,3. Herodian. 6,1,9. Zon. 12,15). Mz. Barbieri Albo senatorio 598. Bildnisse Bernoulli Ikon. 2,3,106f. G. Wi.

Sekoma (σήκωμα von σηκόω = wägen), Gewicht, das zum Eichen oder zur Kontrolle benutzte Normalgewicht oder -maß. Diese befanden sich in den Eichämtern bzw. am Markt gelegenen bes. Gebäuden. → Gewichte, → Hohlmaße, → Metronomoi, → Ponderarium. H. Ch.

E. Michon, Dar-Sagl. IV 1176ff.

Selbstmord. A. Griechenland. I. Dichtung und Philos. Der S. wurde in der Dichtung nicht als verwerflich angesehen, unter bes. U. sogar empfohlen. Die Stellung der Philos. zum S. war nicht einheitlich. Platon lehnte ihn ab, erkannte aber als berechtigte Gründe zum S. Krankheit oder unauslöschliche Schande an. Ähnlich war die Haltung der Stoa, die die Gründe zum berechtigten S. auf überwältigenden Schmerz, Verstümmelung oder unheilbare Krankheit festlegte, aber auch eine Pflicht zum S. anerkannte. Im Gegensatz zu den Kynikern, die für die unbedingte Freiheit des S. eintraten, lehnten die späteren Neuplatoniker den S. entschieden ab ([1]). II. Recht ([2]). Der vollendete S. wurde nicht als Tötungsdelikt, sondern als Verletzung bes. Pflichten gegen die Gemeinschaft eingestuft (Aristot. eth. Nic. 5,15,1138a). Eine Strafe kam nicht in Betracht, wohl aber Maßnahmen, die der Übelabwehr dienten. Der Archetyp des befleckenden S. war der durch Erhängen: die Kleider und Schlingen des Täters wurden in das → βάραθρον geworfen (Plut. Themist. 22). Bei einem S. durch das Schwert wurde dem Täter die rechte Hand abgehauen und gesondert bestattet (Aischin. 3,244. Ios. bell. Iud. 3,85). Im übrigen drohte den Selbstmördern ein einsames Grab ohne Denkstein und Namensaufschrift (Plat. leg. 9,373c). Mit diesen Riten sollten die magischen Folgen des S. abgewehrt und bes. der Täter symbolisch aus der Gemeinschaft ausgeschlossen werden. Auch in Theben gingen die Selbstmörder der Totenehren verlustig (Aristot. bei Zenob. prov. 6,17). Auf Kypros galt dagegen bei S. noch der auf den gleichen Anschauungen beruhende ältere Ritus der Leichenverwitterung: Der Tote blieb unbestattet (Dion Chrys. 44,4,592 M.). In anderen Staaten war der S. nach alter Sitte, aber wohl kaum auf Grund eines Gesetzes, erlaubt, so auf Keos (Men. bei Strab. 10,486. [3]) und in Massalia (Val. Max. 2,6, 8). Der versuchte S. blieb straflos.

B. Rom. Dem Selbstmörder drohte wie in Griechenland auf Grund der gleichen archetypischen Vorstellungen ein unehrenhaftes Begräbnis ([4]. [5], 95f.). Diese Maßnahme wurde später zu einem Verbot der Trauerzeremonien abgemildert. Dieses betraf ausnahmslos den, der sich erhängt hatte, alle anderen Selbstmörder dagegen unter dem Einfluß der griech. Philos. nur dann, wenn sie nicht aus Lebensüberdruß, sondern *mala conscientia* aus dem Leben geschieden waren (Dig. 3, 2,11,3. [5], 96. 103). Der S.-Versuch war nur beim Soldaten strafbar. Die Strafe war abgestuft nach dem Motiv des S.: bei unerträglichen Schmerzen, Lebensüberdruß, Krankheit, Raserei oder Scham wurde die unehrenhafte Entlassung, andernfalls die Todesstrafe verhängt (Dig. 49,16,6,7. [6], 193). Wegen Nichthinderung fremden S. wurden nur Sklaven bestraft, und zwar nur bei einem S. des Herrn, den sie hätten verhindern können, aber nicht verhindert hatten (Dig. 29,5,1,22. [4], 630,6). E. B.

1. *K. A. Geiger* Der S. im klass. Alt., 1888. 2. *R. Hirzel* Der S., 1966 (= Nachdr. aus ARW 11, 1908). 3. *B. Schmidt* Der S. der Greise von Keos, N. Jahrb. f. d. klass. Alt. 11, 1903, 617–628. 4. *Mommsen* RStrR passim. 5. *A. Lebigre* Quelques aspects de la responsabilité pénale en droit rom. class., 1967. 6. *E. Costa* Crimini e pene, 1921.

Selene (Σελήνη »die Strahlende« Plat. Krat. 409 a. b. A. Scherer Gestirnnamen bei den idg. Völkern, 1953, 71ff. Frisk 2,690f.; s. aber [4], 370). Griech. Göttin des Mondes (Hes. theog. 371. Macr. 5,22,9. → Luna. Gegenüber den in Vorderasien verhältnismäßig stark ausgeprägten Kulten einer meist männl. Mondgottheit (Sources Orient. 5, 1962. → Men) sind Kultzeugnisse für S. spärlich (Porph. antr. 20. Eus. praep. ev. 3,12,3. → Kultus), während geneal. und mythol. Bezug auf → Helios vorwiegt (Apollod. 1,8. Quint. Smyrn. 10, 337. Eur. Phoen. 174 m. Sch. W. Deonna, RHR 132, 1946, 8ff. [5], 276ff.). Allerdings könnten hinter der am → Latmos (1) lokalisierten Sage von S. und → Endymion ältere rel. Gehalte stehen (O. Jirani, Listy Fil. 41, 1918, 161ff. U. Pestalozza, AGI 39, 1954, 27ff. 40ff.); ähnliches gilt vielleicht im Hinblick auf das Relief von Venedig für die Geschichte von → Kleobis und Biton ([2], 250ff. T. XXIV. M. Guarducci Studi U. E. Paoli, 1956, 365ff. 370ff. T. XII). Die Zugehörigkeit des Mondes zur Sphäre der Nacht (→ Nyx) bedingte eine Verbindung mit Erde, Grab und Totenwelt (Plut.

mor. 766c. Lyd. mens. 4,148. Mart. Cap. 2,161. [2], 177ff. 204ff. – S. und Endymion auf heidn. Grabdenkmälern: E. Diez, JOEAI 46, 1961/63, 150ff. R. Turcan, RA 1962, 1,199ff.); in Zusammenhang damit steht die Beziehung zur Pflanzenmagie (A. Delatte, BAB 22, 1936, 227ff. 269. 333) und zum weibl. Sexualleben ([4], 363ff. 368f. E. Neumann, Eranos Jb 18, 1950, 324. 327. 333ff. M. Eliade Images et Symboles, 1952, 164ff.). In der Syzygie mit → Hekate (Pestalozza, Acme 5, 1952, 531ff.) spielte S. als bergliebende Nacht- und Totengöttin (Hymn. Mag. 5,46. Hymn. Orph. 2,8) eine bedeutende Rolle in der spätant. u. ma. Zauberlit. ([1], 125ff. R. Ganszyniec, Mitra 1, 1914, 191f. E. Heitsch Dichterfragmente der röm. Kaiserzeit 1, 1963, 187ff. H. G. Gundel, Am. Stud. in Papyrol. 7, 1970, 187f.). – Zu Σελήνη als Epitheton ant. Herrscherinnen J. Charbonneaux, Libyca 2, 1954, 60ff. Z. Kadar, Acta Class. Debr. 2, 1966, 101ff. – Zur chr. Mondsymbolik bei Ambrosius (epist. 18,24), Methodios von Philippi (symp. 8,6), Severianus von Gabala (or. 3,5) und Zeno von Verona (tract. 1,16,8) s. H. Rahner, Ztschr. kath. Theol. 63, 1939, 311ff. 428ff. 64, 1940, 61ff. 121ff. [3], 380ff. 395ff. W. F.

1. *Th. Hopfner* Pisciculi F. J. Doelger, 1939, 125ff. 2. *F. Cumont* Recherches sur le Symbolisme Funéraire des Romains, 1942. 3. *H. Rahner*, Eranos Jb 10, 1943, 305ff. 4. *U. Pestalozza*, Acme 6, 1953, 349ff. 5. *E. Will* Le Relief Cultuel, 1955.

Σελήνης ὄρος ἀφ' οὗ ὑποδέχονται τὰς χιόνας αἱ τοῦ Νείλου λίμναι: laut Ptol. 4,8,2 zieht sich das Mondgebirge unter 12° 30′ S. vom 57. bis zum 67. Längengrad hin (danach Prokl. in Tim. 37d, Philop. de creat. mundi 5,5 usw.). Dieser Beschreibung kann nur der Kilimandscharo entsprechen, von dem Ptol. bzw. → Marinos (2) v. Tyros durch die Araber Kenntnis gehabt haben dürfte. F. L.

Seleucus mons, Ortschaft im Gebiet der Vocontii in Gallia Narbonensis, an der Alpenstraße von Italien nach Valentia und Vienna (h. La Bâtie-Montsaléon, dép. Hautes-Alpes). *Monte Seleuco* Itin. Ant. 357,8. Itin. Hieros. (J. 333 n. Chr.). Dort ein sehr besuchtes Heiligtum; Weih. an den gall. Landesgott Allobrox, Silvanus, Mars, Victoria, Isis, Mithra (CIL XII 5686. 1160). Im J. 353 erlitt bei S. → Magnentius seine dritte Niederlage (Sokr. 2,32. Soz. 4,7,3. Iul. or. 2,74). M. L.

Desjardins Géogr. Gaule 1,98. 4,35. 49. *Espérandieu* Rec. 1, 1907, 239. *J. Roman* Répertoire arch. Htes Alpes, 1888, 149. *G. Barruol*, Ogam 15, 1963, 362.

Seleukeia. 1. S. am Tigris, Σελεύκεια ἡ ἐπὶ τῷ Τίγρει Strab. 16,738. 743. 750 u.ö., *S. Magna* Plin. nat. 6,43, keilschr. Siluki'a ZA 6, 234ff., heute Tell Umar am r. Tigrisufer, ca. 60 km n.ö. Babylon an der Mündung des Nahr Malka, damit sehr verkehrsgünstig gelegen. Benachbart (auf gegenüberl. Ufer d. Tigris?) lag das alte Upi/→ Opis, wahrscheinlich auch Akšak, später wurde

→ Ktesiphon gegründet. Gegründet wurde S. um 300 von → Seleukos (1) an der Stelle einer älteren, noch nicht bestimmten, Siedlung (G. Gullini Mesopotamia 1 [1966]) als Hauptstadt seines Reiches, aber schon 293 zugunsten von → Antiocheia (1) am Orontes als solche wieder aufgegeben. Der Grundriß der mit einer Doppelmauer (6,7 km lang) und Wassergräben bewehrten Stadt glich nach Plin. nat. 6,122 einem die Schwingen ausbreitenden Adler. Als Brennpunkt des Handels und Umschlagsplatz innerasiat. Ķarawanen blühte S. sehr rasch auf und erlangte durch Siedler aus → Babylon (Strab. 16,738. Paus. 1,16,3. App. Syr. 55), durch Makedonen, Griechen und Juden bald eine Bevölkerung von 600000 Menschen (Plin. nat. 6,122, vgl. Strab. 16,750). In der Gesch. spielte S. selten eine aktive Rolle. Bei der Empörung des → Molon (1) von Medien wurde es von ihm 220 v. Chr. eingenommen (Pol. 5,40–56), war bald wieder seleukid. und wurde für den Abfall gestraft. 164 besetzt der aufständische Satrap → Timarchos von Babylonien S., 162 wird es von → Demetrios (5) I. Soter zurückerobert. 141 kommt es durch → Mithradates (12) I. in parth. Gewalt, in der es mit einem kurzen Zwischenspiel durch → Antiochos (8) VII. Sidetes in d. J. 138–129 bleibt, bes. nachdem schräg gegenüber von S. in der 1. Hälfte 2. Jh. → Ktesiphon als Residenz der Parther gegründet war. Der Triumphzug des → Surenas nach dem Sieg über Crassus im J. 53 v. Chr. führt durch S. Die Stadt wendet sich unter → Artabanos (7) III. dem Gegenkönig → Tiridates zu, wird deshalb belagert aber erst 43 n. Chr. von → Vardanes erobert (Tac. ann. 11,8–9). 116 öffnet es Traian kampflos die Tore, hat jetzt aber wegen einer Verlagerung des Tigrislaufs bereits an Bedeutung verloren. 165 n. Chr. wird S. von → Avidius (1) Cassius, dem Legaten des Kaisers L. → Verus, aus unbekanntem Grund in Brand gesteckt, worauf im röm. Heere die Pest ausbricht (Cass. Dio 71, 2. Amm. 23,6,24. Zon. 12,2 usw.). Es verliert darauf völlig seine Bedeutung, besteht aber bis in sassanid. Z. weiter. S. hatte republ. Staatsform mit eigenem Recht und berühmter Münze, unter den Arsakiden Hauptmünzstätte des Reiches. Eine Patrizierpartei stellte den Senat von 300 Mitgliedern, häufig angefeindet von der Volkspartei der Orientalen (Judenverfolgung unter Artabanos III. mit Mord an 50000 jüd. Bürgern). S. galt als Handelsstadt als Zentrum von Reichtum, Luxus und Schwelgerei im Orient, war aber auch wertvolles Bindeglied zwischen Orient und griech. Kunst und Wissenschaft. Funde sind noch selten, wohl auch nach Ktesiphon verschleppt; die Statue des komäischen Apollon wurde aus seinem Tempel in S. nach Rom verbracht (Amm. 23,6,24). An Philosophen kamen → Diogenes (15) der Stoiker (um 240–150 v. Chr.) und Diogenes der Epikureer († um 144 v. Chr.) aus S. Berühmt war der Astronom → Seleukos (11, der Chaldäer bzw. Babylonier) aus S., der zwischen 170–125 v. Chr. lebte (Strab. 16,739. Diog. Laert. 6,2,81 Nr. 13).

L. Watermann Preliminary u. Second Prelim. Report upon the Excav. at Tel Umar (1931. 1933). *G. Gullini* u.a. Mesopotamia 1. 2 (1966f.).

2. S. Pieria, Hafenstadt von → Antiocheia (1) an der Mündung des Orontes, nach Strab. 16,751 40 Stadien von der Mündung entfernt, am Abhang und Fuß des *κορυφαῖον ὄρος*, eines s. Ausläufers des → Amanos, gelegen. Zwei Wildbachtäler schirmten die Stadt ab, die zudem noch durch eine 12,5 km lange Mauer geschützt war. Die Hafenanlage bestand aus einem Binnenhafen, der durch die Bäche oft vermurte, und Vorhäfen, die durch Kanäle verbunden waren. S. war einer der bedeutendsten Häfen der nordsyr. Küste, wurde um 310 durch → Seleukos (1) Nikator gegründet, war infolge des 3. Syr. Krieges 27 J. lang im Besitz der Lagiden, bis es → Antiochos (4) III. 219 zurückeroberte. Mit kurzer Unterbrechung (145) blieb es seleukidisch, leistete → Tigranes I. bei seinem Syrienfeldzug allein Widerstand (83–69 v. Chr.) und erhielt deshalb noch von Pompeius die *libertas*. Es blieb in der Römerzeit wichtige Flottenstation; ein Vorhafen wurde unter Constantius mit Hilfe des Militärs erbaut. Infolge stärkerer Versandung verlor S. in den 2 Jh.en vor dem Arabereinfall an Bedeutung. 403 wird es von den → Isauriern geplündert, 526 durch ein Erdbeben heimgesucht. Von den Arabern wird S. im J. 21 der Heğra erobert und dann bedeutungslos.

V. Chapot S. de Piérie, Bull. soc. nat. ant. de France 1906, 140–226.

3. *Σ. πρὸς Βήλῳ*, Stadt am O.-Ufer d. Orontes nahe → Apameia (3), häufig erwähnt (Plin. nat. 5, 82. Paus. frg. 2. Steph. Byz.), aber ohne größere Bedeutung; h. sqēlebīje. **4.** S. am → Euphrat (*Σ. ἐπὶ τοῦ Ζεύγματος*), Festung in → Osrhoene am l. Ufer des Euphrat unweit → Samosata. Hier vermählte sich → Antiochos (4) III. 221 v. Chr. mit einer pont. Prinzessin (Pol. 5,43,1) und ließ → Tigranes I. die → Kleopatra (12) Selene, Witwe des → Antiochos (11) X., umbringen. Pompeius schenkt S. an → Antiochos (13) von → Kommagene (App. Mithr. 114). W. Rö.

5. S., von Seleukos I. gegründete Stadt (h. Silifke) in Kilikien am r. Ufer des → Kalykadnos (h. Göksu) nahe der Mündung ins Mittelmeer. Was an Überresten noch vorhanden ist (Theater, Tempel, Nekropole), stammt aus röm. Z.

1. *W. Ruge*, RE II A 1203f. Nr. 5. 2. *D. Magie* Rom. Rule in Asia Min., Princeton 1950, 268. 1142,21. 3. *L. Robert* Documents de l'Asie Mineure Méridionale, 1966, 101 bis 105. 4. *E. Akurgal* Anc. Civilizations and Ruins of Turkey, Istanbul 1970, 341. 5. MAMA III 3–22. 6. *Head* HN² 727f.

6. S., ant. Stadt im nordpisid. Seengebiet; sie führte zur Unterscheidung von den zahlreichen Städten gleichen Namens den Beinamen Sidera (»die Eiserne«). E. O.

1. *W. Ruge*, RE II A 1204f. Nr. 6. 2. *D. Magie* Rom. Rule in Asia Min., Princeton 1950, 457. 1316, 23. 3. *L. Robert*, Hellenica 10, 1955, 243f. 4. *Head* HN² 710.

Seleukos (*Σέλευκος*), maked. Form für *Ζάλευκος*. O. HOFFMANN Die Makedonen, 1906, 174ff. **1.** S. I. Nikator (OGIS 233), Gründer des Seleukidenreiches, Sohn des Maked. Antiochos, * 358/54, Iust. 17,1,10. App. Syr. 63, im ind. Feldzug Alexanders d. Gr. 326 bewährt, Arr. an. 5,13,4. 16,3, heiratete 324 → Apama (1), Tochter des → Spitamenes, Arr. 7,4,6, beteiligte sich, von → Perdikkas (4) 323 zum Chiliarchen ernannt, 321 an dessen Ermordung. Bei der Reichsordnung von → Triparadeisos erhielt S. die Satrapie Babylonien, kämpfte gegen → Eumenes (1) für → Antigonos (1), floh dann vor diesem 316 zu → Ptolemaios (1), Diod. 18,39,6. 19,12f. 55. In dessen Dienst schlug S. 312 bei Gaza den → Demetrios (2), kehrte mit Hilfe des Ptolemaios nach Babylonien zurück und gründete 311 als Hauptstadt → Seleukeia (1) am Tigris. Diod. 19,80. 86. 90. E. WILL Histoire politique du monde hellénistique 1, 1966, 242. Mit der Wiedereroberung → Babylons beginnt die Seleukidenära, nach maked. Kalender mit dem 1. Okt. 312, nach babylon. mit dem 1. Apr. 311. S. gewann 311–304 Oberasien bis zum Indus, trat aber Teile → Gedrosiens, → Arachosiens und das → Paropamisadenland (Ghandara) an den Inder → Sandrokottos ab, erhielt 500 ind. Elefanten und schloß eine Epigamie, deren Inhalt, ob Heiratsverbindung der Dynasten oder Mischehenrecht zwischen Indern und Griechen, noch unklar ist. Strab. 15,724. App. Syr. 55. Die Staatsverträge des Alt. hg. v. H. H. SCHMITT 3, 1969, 57, n. 441. Nachdem S. in Babylonien bereits wie ein König ein Diadem angelegt hatte, nahm er 305/04 den Königstitel an. Plut. Demetr. 18,3. W. RITTER Diadem und Königsherrschaft 1965, 99ff. Mit → Lysimachos (1) und → Kassandros (2) schlug er dank der Elefanten 301 Antigonos bei → Ipsos und erhielt Syrien ohne Koilesyrien, was zu dauerndem Streit zwischen Seleukiden und Ptolemaiern führte. Pol. 5,67,4ff. Die Staatsverträge des Alt. 3,81, n. 447. Wegen des Zugangs zum Mittelmeer gründete er → Seleukeia (2) in Pieria und als neue Hauptstadt → Antiocheia (1). Ohne Trennung von Apama heiratete S. 298 → Stratonike (3), Tochter des → Demetrios (2), trat sie aber 293 seinem Sohn → Antiochos (2) I. ab, den er zum Mitregenten für das Reichsgebiet ö. des → Euphrats erhob. Plut. Demetr. 31. 38,10. App. Syr. 61. C. B. WELLES Royal corresp., 1934, 54, n. 9. WILL 74. Das Demetrios gehörende Kilikien besetzte er 294. 286 liefen die Truppen des Demetrios zu S. über und riefen ihn zum König aus, S. nahm Demetrios gefangen und internierte ihn in → Apameia (3) am Orontes, Plut. Demetr. 49,4. Weitere Teile Kleinasiens erwarb er durch seinen Sieg über Lysimachos 281 bei → Kurupedion. Dann überschritt er den Hellespont, um Thrakien und Makedonien zu erobern, und wurde im selben J. von → Ptolemaios (25) Keraunos ermordet. Sein Grabtempel war das *Νικατόρειον* in Seleukeia in Pieria. Strab. 13,623. App. Syr. 62f. Unter S., dem 2. *conditor imperii Macedonici* nach Alexander d. Gr. (Iust. 38,7,1), hatte das Reich den größten Umfang mit ca. 3½ Mill. qkm (Iran, Zweistromland, N.-Syrien, W.- und S.-Kleinasien). Mit Massen von Makedonen und Griechen gründete er zahlreiche Städte mit maked. Namen, doch blieben Iranier, Semiten und Anatolier die eigentliche Bevölkerung. V. TSCHERIKOWER, Philol. Suppl. 19,1, 1927, 165ff. Die Verwaltung war uneinheitlich. Feudalherren, Tempelterritorien und Städte hatten Privilegien, bes. Selbstverwaltung. Das übrige Gebiet war in ca. 25 Satrapien mit Hyparchien und Toparchien eingeteilt. E. BIKERMAN Institutions des Séleucides 1938. D. MUSTI Lo stato dei Seleucidi, Studi class. e orientali, Pisa 15, 1966, 61ff. Zu Entdeckungsfahrten sandte S. → Megasthenes nach Indien (Gangeslauf), → Patrokles (3) ins Kasp. Meer, Demodamos aus Milet über den → Iaxartes, Plin. nat. 6,49. 58. Göttliche Ehren hatte er zu Lebzeiten in griech. Städten, im Reichskult erst unter Antiochos III. OGIS 224. C. HABICHT Gottmenschentum und griech. Städte, 1956. Er begann den Neubau des Apollontempels in → Didyma und wurde für einen Sohn des Apollon ausgegeben. Andere Geschenke an Didyma werden 288/87 in einem Schreiben des S. an Milet erwähnt. T. WIEGAND Didyma 2, A. REHM Die Inschriften 322. WELLES Royal corr. 33, n. 5. G. M. A. RICHTER The portraits of the Greeks, 1965, 269f. Abb. 1865ff. E. T. NEWELL The coinage of the eastern Seleucids mints from Seleucus I... 1938; ders. The coinage of the western Seleucids mints, 1941. **2.** S., älterer Sohn des → Antiochos (2) I. und der Stratonike, * um 293, Mitregent des Vaters 280–268, wegen Komplottverdachts getötet. OGIS 220,13. Trog. prol. 26. Ioh. Antioch. 55 (FHG 4,558). WILL 1,131. **3.** S. II. Kallinikos (OGIS 233,3f.), ältester Sohn des → Antiochos (3) II. und der → Laodike (3), * 265/60, vom Vater zum Erben bestimmt. Unter ihm begann im O. wie im W. die Absplitterung der Randgebiete des Seleukidenreiches. Zwar behauptete sich S. im Laodikekrieg 246–241 gegen → Ptolemaios (3) III. und die Erbansprüche der → Berenike (2) in Vorderasien, gründete am Euphrat Kallinikon, verlor aber Gebiete in Kleinasien, thrak. Küstenplätze und Seleukeia in Pieria. WILL 1,231f. Von der Mutter gezwungen, gab S. dem jüngeren Bruder Antiochos Hierax Königstitel, Mitregentschaft und Kleinasien (Hauptstadt → Sardeis). H. BENGTSON Die Strategie 2, 1944, 104ff. Trotzdem wurde S. im Bruderkrieg (241–239?) von Antiochos bei → Ankyra geschlagen, → Attalos (4) I. besetzte das seleukid. Kleinasien. Trog. prol. 27. Iust. 27,2,6ff. 3,12. Porph. FGrH 260 F 32,8. Plut. mor. 184a. 489ab. WILL 1,265ff. Im O. gründete → Diodotos (2) das baktrische Reich, wurden → Parthien-Hyrkanien selbständig nach erfolglosem Partherzug des S. (230–227). Doch besiegten → Achaios (5) und Andromachos, die Feldherren des S., den in Mesopotamien eingedrungenen Antiochos 228. Polyain. 4,17. Dem erdbebengeschädigten → Rhodos spendete S. 227 Getreide, 10 Penteren u. a. Pol. 5,89,8f. Nach Suet. Claud. 25,3 bot der röm. Senat S. Bündnis und Freundschaft an, wenn er die stammverwandten Ilier von allen Lasten befreie. 226 starb er durch einen Sturz vom Pferde. Zur Heiratspolitik des S. mit → Laodike (5) J. SEIBERT, Hist. Bh. 10, 1967, 57ff. Schreiben des S. an Milet 227 WELLES Royal corresp. 105, n. 22. **4.** S. III. Soter Keraunos (urspr. Alexandros, Porph. FGrH 260 F 32,9), Sohn des S. II. und der → Laodike (5), * 243, suchte 225–223 vergebens gegen → Attalos (4) I. Kleinasien zurückzuerobern, wurde in Phrygien von Höflingen vergiftet. Pol. 4,48,6ff. 5,34,2. 40,6. App. Syr. 66. Iust. 29,1,3. **5.** S. IV. Philopator (OGIS 247,2. HEAD HN^{2} 762), Sohn des → Antiochos (4) III. und der → Laodike (6), * nach 220, verwaltete 196–191 in → Lysimacheia (1) den thrak. Besitz des Antiochos, belagerte 190 vergebens Pergamon, nahm L. → Cornelius (I 64) Scipio gefangen, befehligte bei Magnesia 190 den l. Flügel und unterstützte Cn. → Manlius (I 40) Vulso gegen die Galater. Pol. 18,51,8. Liv. 37,18,1ff. 21, 4. 41,1. 38,13,8f. 15,12f. Mitregent wurde er 189 bis 187. Nach dem Tode des Vaters hoffte er als Alleinherrscher seit 187 das geschwächte Reich durch geschickte Politik zu stärken, beteiligte sich nicht am Krieg des → Pharnakes (1) gegen Pergamon (182–179), verheiratete 178 → Laodike (11), Tochter aus der Ehe mit → Laodike (9), an → Perseus (2) von Makedonien, sandte den Sohn → Demetrios (5) im Tausch gegen → Antiochos (5) IV. als Geisel nach Rom. Diod. 29,25. Pol. 25,4,8ff. 31, 2,1f. 5. Liv. 42,12,3. Um die 188 auferlegten Kriegsentschädigungen Rom zu zahlen, suchte S. durch → Heliodoros (1) bei den Juden Kontributionen einzutreiben. 175 wurde S. von Heliodoros ermordet. Hier. in Dan. 11,20. 2. Makk. 3f. App. Syr. 45. Porph. FGrH 260 F 32,11. Brief des S. 186 an Seleukeia in Pieria WELLES Royal corresp., 1934, 45. **6.** S. V., älterer Sohn des → Demetrios (6) II. und der → Kleopatra (14), nahm 125 nach dem Tod des Vaters das Diadem an, wurde kurz darauf auf Befehl der Mutter ermordet, weil er ohne ihre Ermächtigung sich zum König gemacht hatte. Iust. 39,1,9. Liv. per. 60. App. Syr. 69. R. A. BELLINGER The end of the Seleucids, Transactions of the Connecticut Acad. 38, 1949, 59,4. 64,24. WILL 2,374. RITTER Diadem und Königsherrschaft 142. **7.** S. VI. Epiphanes Nikator (OGIS 261. HEAD HN^{2} 771), ältester Sohn des → Antiochos (9) VIII. und der → Kleopatra (15), schlug 96 nach dem Tode des Vaters seinen Onkel → Antiochos (10) IX., wurde 95 von → Antiochos (11) X. nach

Kilikien verdrängt, bei → Mopsuestia besiegt und getötet. Ios. ant. 13,366ff. App. Syr. 69. Porph. FGrH 260 F 32,25f. BELLINGER 73f. H. V.

E. R. Bevan The house of Seleucus, 1902. Nachdr. 1966. *A. Bouché-Leclercq* Histoire des Séleucides, 1913. Nachdr. 1963.

8. S. aus Tarsos, Vf. einer *'Αλιευτικά* betitelten Prosaschrift über Fische (Athen. 1,13c. 7,320a). Falls Athen. seine Autoren in chronol. Reihenfolge aufzählt, hätte S. im 2. Jh. v. Chr. gelebt. **9.** S. aus Emesa, griech. Dichter (und Grammatiker?) der Kaiserz., Vf. eines Lehrgedichtes über das Angeln (*'Ασπαλιευτικά*, 4 B.) und eines Epos (oder Prosawerkes?) über Partherkriege (*Παρθικά*) in 2 B. (Suda s. *Σ. 'Εμισηνός* = FGrH 780). **10.** S. aus Alexandreia, *ὁ 'Ομηρικός*, griech. Grammatiker der frühen Kaiserz. (Suda s. *Σ.*), zeitweise am Hofe des → Tiberius lebend, vom Kaiser in den Tod getrieben (Suet. Tib. 56). S. schrieb in der Tradition der alexandrin. Schule Komm. zu Homer, Hesiod, den Lyrikern, Simonides, Solons Gesetzen, über die krit. Zeichen des → Aristarchos (6), eine große glossogr. Slg. *Περὶ 'Ελληνισμοῦ* sowie eine Reihe kulturgeschichtl. Werke (u. a. über die Sprichwörter der Alexandriner [wahrscheinlich Quelle für die gleichnamige, → Plutarch (2) zugeschriebene Slg.; → Paroimiographoi], über Philosophie, vielleicht auch Biogr. literar. Persönlichkeiten und *Περὶ θεῶν* [bezweifelt von JACOBY zu FGrH 341]). Als Philologe verrät S., im Unterschied etwa zu seinem etwas älteren Zeitgenossen → Didymos (1), Selbständigkeit und krit. Distanz, auch gegenüber → Aristarchos (6). S. war vor allem → Tryphon und → Apollodoros (5) verpflichtet und wurde seinerseits namentlich von → Pamphilos (3) benutzt. Durch Vermittlung spätant. Werke gelangten zahlreiche Glossen in das Etym. gen. H. Gä.

Frg.: Eine moderne Slg. fehlt noch immer; das wichtigste Material bei *M. Müller* De S. Homerico, Diss. Gött. 1881, und *R. Reitzenstein*, Gesch. d. griech. Etym. 156ff.; dazu FGrH 341 und 634. *E. Maass*, PhU 3,33ff.

11. S. von Babylon, nicht früher als → Aristarchos (5) von Samos, nicht später als → Poseidonios (2). Hielt nach DielsDoxGr 328a 5. 383b 25. Plut. mor. 1006c das Weltall für unendlich und das Planetensystem für heliozentrisch, die Erde also für bewegt. Beobachtete Anomalien von Ebbe und Flut (Strab. 1,1,9 = 6 C.) und erklärte die Gezeiten durch die Mondbewegung (Strab. 3,5,9 = 174 C.) nach Poseidonios. J. M.

Orinsky, RE II A 1249.

Selge, bedeutende ant. Stadt am s. Abhang des Taurosgeb., die verschiedentlich zu Pisidien bzw. zu Pamphylien gerechnet wurde; ihre Ruinen (Theater, Stadion, 2 Tempel, Nekropole) sind beim h. Dorfe Zerk anzutreffen. E. O.

W. Ruge, RE II A 1257. *K. Graf Lanckoroński* Städte Pamphyliens und Pisidiens 1, Wien 1892, 173–184. *D. Magie* Rom. Rule in Asia Min., Princeton 1950, 264f.

1137,13. *G. E. Bean* Kleinasien 2, dtsche. Ausg. 1970, 128 bis 137. *Head* HN[2] 710–12.,

Selicius. Röm. Gentilname (SCHULZE Eigenn. 227f. 232), selten, inschr. aber außer in Rom (CIL VI 26132ff.) auch in Praeneste zu finden. **1.** Q. S., Geldverleiher, den Cicero im J. 61, 56 und 46 (vielleicht schon als tot) erwähnt. **2.** Selicia, von Cicero im Oktober 44 erwähnt (Att. 15,13,4). H. G. G.

Selinus (*Σελινοῦς*, von *σέλινον* Eppich, Sellerie). Name mehrerer Flüsse und Orte. **1.** w. von Olympia einmündender, s. Zufluß des → Alpheios (1), h. Fluß von Krestaena, Xen. an. 5,3,8. Strab. 8,7,5 p. 387. Paus. 5,6,6. Diog. Laert. 2,6,8. **2.** Fluß in → Achaia, am → Erymanthos entspringend und 6 km ö. von → Aigion in den korinthischen Golf mündend, h. Fluß von Vostitsa. Strab. 8,7,5 p. 387. Paus. 7,24,5. E. M.

1. *Philipps.-Kirst* 3,179. 2. *Bürchner*, RE IIA 1265 Nr. 1. 2.

3. Kleiner Fluß im w. Sizilien, h. Modione oder Madiuni, mündet bei der gleichnamigen Stadt. **4.** (*Σελινοῦς, ὁ, ἡ*; Ethnikon: *Σελινούντιος, Σελινούσιος*, auf Mz. nur *Σελινούντιος*), westlichste der griechischen Pflanzstädte an der S.-Seite Siziliens ca. 40 km s. ö. → Lilybaions an dem gleichnamigen Fluß. S. wurde von den hyblaiischen → Megarern (3) an einer bis dahin unbesiedelten Stelle gegründet, u. zwar 628 nach Thuk. (6, 4,2), 651 nach Diod. (13,59,4). Die Frühzeit füllen Kämpfe mit → Segesta (1). Die Tyrannis des Peithagoras u. Euryleon (E. 6. Jh.) bleibt flüchtige Episode (Hdt. 5,46). 480 nimmt S. als einzige griech. Stadt auf karthag. Seite an der Schlacht bei Himera gegen Gelon und Theron teil, erlangt jedoch nach der Niederlage vom siegreichen Gegner Verzeihung. 466 hilft es den Syrakusanern, sich von der Gewaltherrschaft des Thrasybul zu befreien (Diod. 11,68,1). Um 450 siegt es im Krieg gegen einen unbekannten Gegner (Sylloge[3] 1122). Das 5. Jh. ist für S. die Zeit höchster Blüte (vgl. bes. Thuk. 6,20,3). Basis des Reichtums ist die Agrarproduktion sowie ein ausgedehnter See- und binnenländischer Handel. 416 löst ein Zwist mit Segesta die (2.) sizil. Expedition aus. S. stärkt die syrakusan. Abwehr (z. B. Thuk. 6,65,1. 67,2). S.' maßlose Forderungen an Segesta nach der athen. Katastrophe veranlassen Karthago, militär. zu intervenieren. Der Feldzug unter dem Oberbefehl Hannibals (410/09) führt zur Zerstörung der Stadt (Diod. 13,54,1ff. rhet. übersteigert). Die Einwohner, soweit sie die Katastrophe überlebten, werden Karthago tributpflichtig. Wahrscheinlich 408/07 macht sich → Hermokrates (1) zum Herrn von S. und unternimmt von hier aus Überfälle auf karthag. Gebiet in Sizilien (Diod. 13,63). Die von ihm wiedererrichteten Befestigungswerke werden von → Dionysios I. weiter ausgebaut (wohl nach 397). Seit 405 steht S. mit kurzen Unterbrechungen unter karthag. Oberhoheit (vgl. Diod. 13,114). Bedeutung hat die Stadt nicht mehr erlangt. Mehrmals wird die Zugehörigkeit zu Karthago vertraglich bestätigt. Das J. 250 bringt das Ende; die Bewohner werden von den Puniern nach Lilybaion verpflanzt, die Festungsanlagen weitgehend geschleift. Am Ausgang des Alt. gab es auf der Akropolis eine chr. Siedlung. Die Wiederentdeckung verdankt man Fazello (1551). – Kern der zu S. gehörigen Gemarkung ist die im Durchschnitt 25 km breite Strandebene. Unter den Agrarprodukten spielte der Weizen eine hervorragende Rolle. In der Flora dominierte neben dem Eppich die Zwergpalme. Dem vulkanischen Mte. Calogero entströmen bedeutende Schwefel-, Eisen- und Salzquellen sowie Schwefeldämpfe von großer Heilkraft (vgl. Strab. 6,275). S. selbst liegt auf dem w. Ausläufer eines Tuffplateaus 30 m über NN. Das Stadtgebiet gliedert sich in die sog. Akropolis und die Neustadt, die nach 409 nicht wieder aufgebaut worden ist. Ö. dehnt sich die Niederung des Gorgo di Cottone, eine ehemalige Meeresbucht, die man zu einer Hafenanlage ausgestaltet hatte. Die Tempel, soweit sie bekannt sind, befinden sich teils auf der Akropolis (O, A, B, C, D), teils auf dem gegenüberliegenden Plateau Marinella, das die Niederung des Gorgo di Cottone nach O. hin begrenzt (E, F, G), teils auf dem W.-Ufer des S.-Flusses (Heiligtum der Demeter Malophoros). In besonderer Reinheit spiegelt sich der klass. Dorismus im Tempel E. Die Befestigung läßt 3 Schichten erkennen: Reste der alten Mauer, die Wehranlage des Hermokrates und die des Dionysios I. Die Nekropolen von S. sind die umfänglichsten Siziliens. In der griech. Skulptur nehmen die berühmten Metopen einen hervorragenden Platz ein als Dokumente des hoch- und spätarchaischen sowie des schön-strengen Stils. Inschr. IG XIV 268 ff. Mz. HOLM Gesch. Siciliens im Alt. 3 Nr. 10 ff. 83 ff. 199 ff. HEAD HN[2] 167 ff. Die Prägung erstreckt sich über das 5. Jh. K. A.

Hulot-Fougères Sélinonte, 1910. *Ziegler*, RE II A 1266 ff. *Dunbabin* The Western Greeks, 1948. *Bérard* La colonisation grecque d'Italie mér. et de la Sic. dans l'Ant.[2], 1957. *Schenk v. Stauffenberg* Trinacria, 1963. *Lévêque* La Sicile, 1966. Guide Sicily, 1967. *Marconi Bovio*, Enc. Art. Ant. 7,175 ff.

5. S., ant. Stadt an der kilik. Küste; sie führte, nachdem hier Traian 117 gestorben war, dem Kaiser zu Ehren den Namen → Traianopolis (3). Ruinen (Theater, Aquaedukt, Stadtmauer) beim h. Selindi. E. O.

W. Ruge, RE II A 1308 f. Nr. 11. *D. Magie* Rom. Rule in Asia Min., Princeton 1950, 1467,39. *Head* HN[2] 728.

Selkis, äg. Slk.t, altäg. Skorpiongöttin, mit vollem Namen Slk.t-ḥtw »die die Kehle atmen läßt« (ein apotropäischer Name, da Skorpionstiche Atembeschwerden hervorrufen), erscheint häufig zusammen mit → Isis, → Nephthys, der Waffengöttin → Neith als Schutzgottheit am Sarkophag. S. ist zudem Göttin der Zauberei; Ärzte sind als Magier »Propheten der Selkis«. Sie ist auch Schutzgöttin beim König, indem sie im Bild hinter ihm getragen wird. W. H.

Lit.: *H. Kees* Götterglaube, 1956, 58 f. *H. Bonnet*, RE der äg. Rel.-Gesch., 1952, 696 f.

Sella curulis, Amtssitz aller höheren Magistrate, die danach curulische hießen, in Form eines elfenbeinernen oder stark mit Elfenbein verzierten Klappstuhls ohne Rücken- und Seitenlehnen mit geschweiften Beinen, der den Beamten nachgefahren und aufgestellt und bei Gerichtsverhandlungen, in der Volksversammlung, bei Aushebungen und beim Vorsitz im Senat benützt wurde, nicht aber bei Einholung der Auspicien. Die s.c. war urspr. der Wagen- und Gerichtsstuhl (Isid. diff. 1,108), von dem herab der König Recht sprach, daher einzig richtige Ableitung von *currus* (Gell. 3,18. Fest. 49 M. Serv. Aen. 11,334; vgl. WALDE-HOF.[3] s.v.); sie wurde von den Etruskern übernommen (Liv. 1,8,3 u.a.), doch schwankt die sagenhafte Überlieferung, ob von Romulus, Tullus Hostilius oder Tarquinius Priscus. Die s.c. stand zu: Interrex, Consul, Praetor, Decemvirn, Consulartribun, Proconsul, Propraetor, Dictator, Magister equitum, curul. Aedil; von den nichtcurul. Beamten den Censoren, dem Flamen Dialis, wahrscheinl. seit Sulla auch den plebejischen Aedilen (L. ROSS TAYLOR, AJPh 60, 1939, 194 ff.), ebenso natürlich den Kaisern. Bei Leichenfeiern wurden die Ahnenbilder auf die s.c. gesetzt, Verstorbenen wurden Ehrensessel gewidmet, auswärtigen Fürsten wurde die s.c. gelegentlich als Ehrengabe übersandt (z.B. → Syphax im J. 210: Liv. 27,4,8). H. Gu.

Kübler, RE II A 1310 ff. *Mommsen* RStR 1,395. 399 ff. *G. Pellegrini*, Studi e Materiali 1, 1924, 87–118.

Sellasia (ἡ Σελλασία), spartan. Perioikenstadt im Tal des Oineus (Kelephina) an der Straße von Sparta nach Argos n.ö. von Sparta, die ant. befestigte Ortslage auf dem Palaeogulas ([3]). S. war nach → Leuktra wenige Jahre selbständig, nach 221 v. Chr. beim achaiischen Bund, zu Pausanias' Zeit verlassen. S. ist bekannt durch den Sieg des → Antigonos (3) Doson über → Kleomenes (6) III. von Sparta im J. 222/21 v. Chr. Zur Topographie der Schlacht [1. 3]. Xen. hell. 2,2,13. 6,5,27. 7,4,12. Diod. 15,64,1. Plut. Ag. 8,1 u.ö. Paus. 2,9,2. 3,10,7. Pol. 2,65–69. E. M.

1. *Honigmann*, RE IIA 1316 ff. 2. *Bölte*, RE IIIA 1320, 29 ff. 3. *W. Kendrick Pritchett* Studies in anc. Greek topography 1, 1965, 59 ff.

Sellisternium, bes. Form der Verehrung weiblicher Gottheiten im Rahmen der → Lectisternia. Während die männlichen Gottheiten bei den Götterbewirtungen lagerten, wurden die weiblichen Gottheiten bei diesem Anlaß vielfach in sitzender Haltung gezeigt. S. bes. für die *ludi saeculares* nachweisbar. Nach WISSOWA soll es sich um eine röm. Neuerung handeln. Neuerer Forschung ist der Nachweis des griech. Vorbilds gelungen. K. A.

Klotz, RE II A 1322. *Eisenhut*, Kl.P. 3,531. *Wissowa* Rel.^{2} 423. *Latte* RRel 243. *Bayet* Hist.Rel.Rom. 137f. *Dumézil* Rel.Rom.Arch. 542.

Selloi (Σελλοί, Pind. frg. 59 Ἑλλοί). Priester des Zeus in Dodona, die, an bes. rituelle Vorschriften gebunden, aus dem Rauschen der heil. Eiche, später aus dem Klang von Erzbecken oder aus den Stimmen wilder Tauben (→ Peleiades 1) den Willen des Gottes deuteten; Il. 16,234. Od. 14, 327. Soph. Trach. 1166. Hdt. 2,54ff. Auch als Name eines epeirot. Volksstammes aufgefaßt und zusammengestellt mit Ἕλλοπες (→ Hellopia) und Ἕλληνες (→ Hellas). Zusammenhang mit der Göttin → Hellotis? H. v. G.

Meyer GdA 2,265. *Wilam.* Eur. 2,1. *A.B.Cook* Zeus 2, 960. *O.Kern* Die Rel. der Griechen 1, 181f. *A.Lesky*, WSt 45, 152ff. 46,44ff. 101ff. *Ziehen*, RE Suppl. V 963ff.

Selymbria (Σηλυμβρία) h. türk. Siliwri; griech. Stadt in Thrakien an der N.-Küste der Propontis, etwas früher als → Byzantion von → Megara (2) gegründet. Der thrak. Name bezeugt das vorherige Bestehen einer Thrakersiedlung. Nach dem ion. Aufstand wurde S. 493 v. Chr. von den Persern erobert. Im Att.-Del. Bund gehörte es zum hellespont. Steuerbezirk, zahlte aber, solange das → Odrysenreich mächtig war, nur einen geringen Beitrag. Am Schluß des Pelop. Krieges kam S. vorübergehend unter spartan. Herrschaft. Seit 377 gehörte S. dem 2. Att. Seebund an.

S. prägte im 5. Jh. Silbermünzen, Head HN^2 271. Die Verwaltung führte ein Kollegium von αἰσιμνῶντες mit einem προαισιμνάτας als Obmann. In röm. Zeit wird S. selten genannt.

Erst mit der Gründung von Constantinopolis gewann S. wieder an Bedeutung. Nach → Eudoxia (1), der Gemahlin des Kaisers Arkadios, wurde S. vorübergehend in Eudoxiupolis umbenannt. Unter Anastasios I. (507–512) wurde es in die äußere Befestigungslinie der Hauptstadt einbezogen. In den Bischofslisten wird es des öfteren erwähnt.

Hdt. 6,33. Xen. hell. 1,1,21. 3,10; an. 8,2,28. 5, 15. Strab. 7,319. Ptol. 3,11,6. B.D. Meritt Ath. Trib. Lists 1,400f. Chr. D.

Oberhummer, RE II A 1324ff. *Detschew* Thrak. Sprachreste 437ff. *Danoff* Altthrakien, Sofia 1968 (bulg.), 219, 258ff. 284. 402.

Semele (Σεμέλη). Tochter des → Kadmos (1) (Pind. O. 2,24ff.) von Theben (Hom. Il. 14,323); durch Zeus Mutter des → Dionysos (Pind. O. 3, 98f. Hom. Il. 14,325. Hes. theog. 940ff. 1,62ff.); mit ihren 3 Schwestern → Ino, Agaue und Autonoe (theog. 975ff.) dem Kultkreis des Sohnes (Σεμελήιος Sch. Aristoph. Ran. 479) einbezogen (Pind. frg. 75. Theokr. id. 26,35ff.), als Θυώνη dem Schwarm der Mänaden integriert (Eur. Bacch. 26ff. Phoen. 1755ff. [1], 65. – Θivina [= Θυώνη] neben Lena und Naia in der messap. Inschr. von Francavilla Fontana O. Haas Messap. Stud., 1960, 34ff. [B 1. 15]). In Theben zeigte man den θάλαμος der vom Blitz des Zeus getroffenen S. als → Abaton (Paus. 9,12,3. Eur. Bacch. 6ff.) in Form eines σηκός beim Heiligtum des Dionysos Kadmeios ([1], 64. 67f. [2], 72,1). Auch sonst fällt die enge Beziehung zwischen Sohn und Mutter auf, bei der für → Troizen (Paus. 2,31,2), → Delphi (Plut. quaest. Graec. 12) und → Lerna (Paus. 2,37,5) bezeugten Anodos der S. ([1], 64f. [2], 600. Nilsson Griech. Feste 286ff.) wie bei dem ihr geltenden Jahresopfer an den Lenaien von → Mykonos (Syll.^{3} 1024,24. [2], 584). Sie dauert an auf kleinasiat. Inschr. und Mz. (Kern Inschr. von Magnesia 214. M. Bernhart, Jb. f. Numism. und Geldgesch. 1, 1949, 31 T. VIII 3) sowie in den hellenist. Dionysos-Mysterien (P. Boyancé, RPAA 38, 1965/66, 79ff. C. Bérard, Pro Aventico 19, 1967, 57ff.). Die von P. Kretschmer Aus der Anomia, 1890, 17ff. Einl. 241 vertretene sprachl. Verwandtschaft des Namens Σεμέλη mit slaw. zemlja »Erde«, lit. Zemýna »Erdgöttin« (vgl. Frisk 2, 692. [2], 568) und die darauf basierende Auffassung der S. als einer Form der thrako-phryg. Γῆ Χθονία (vgl. Lyd. mens. 4,51. Diod. 3,62), in der Koppelung διως ζεμελω »Himmelsgott-Erde« auf phryg. Gräbern (s. aber Haas, Sprache 7, 1961, 80,14), wird unter Hinweis auf Hes. theog. 942 (ἀθάνατον θνητή) abgelehnt bei [1], 65f. W.F.

1. *W.F.Otto* Dionysos, 1933/1960. 2. *Nilsson* GgrR 1, 1955^2.

Sementivae feriae. Fest der beendeten Aussaat, gefeiert an 2 durch einen 7tägigen Abstand getrennten Tagen im Jan. zu Ehren von Tellus und Ceres. Übliche Darbringungen sind eine trächtige Sau und Spelt. Das Fest wird den Indictivae (Conceptivae) zugerechnet. K. A.

Dar-Sagl. III 1425. IV 273. *Klotz*, RE II A 1346f. *Marqu.* RStV 3,198f. *Wissowa* Rel.^{2} 193. 402,9. 440. *Latte* RRel 71. *Bömer* zu Ov. fast. 1,658. *Bayet* Hist.Rel.Rom. 10. 96. *Dumézil* Rel.Rom.Arch. 368f. *L.Delatte* Recherches sur quelques fêtes mobiles du calendrier romain, AC 5, 1936, 381ff., 3ff. *J.Bayet* Les »feriae sementinae« et les indigitations dans le culte de Cérès et de Tellus, RHR 137, 1950, 172ff.

Semilibralstandard, Reduktionsstufe des ital. → Aes-Grave. Der urspr. librale (pfündige) As wog nur noch die Hälfte, in Rom um 230 v. Chr. eingeführt. H. Ch.

R. Thomsen Early Roman Coinage 3, Kopenh. 1961, 263f.

Semiramis, legendäre babylon. Königin, bereits Hdt. 1,184 und 3,154 bekannt, Überlieferung des Ktesias bei Diod. 2,4–20, vgl. Iust. 1,1,10–2, 13. Danach war sie eine Tochter der syr. Göttin Derketo, von großer Klugheit und Schönheit, die ein assyr. Beamter namens Onnes heiratet, dem sie von König → Ninos abgenommen wird. Nach dem Tod des N. regiert sie allein und errichtet in → Babylon und Medien (→ Ekbatana) gewaltige Bauten, unternimmt Feldzüge bis → Baktrien und Indien (hier vernichtend geschlagen), gibt sich sonst aber einem ausschweifenden Leben hin. Ein Versuch ihres Sohnes, sie zu beseitigen, mißlingt. Sie verzichtet auf den Thron und wird zu den Göttern entrückt, vom Volk noch im Bild einer Taube verehrt. Verschiedene Varianten der Erzählung betonen die märchenhaften Züge, die wahrscheinlich aus der Volksüberlieferung um assyr. und babylon. Königinnen auf S. konzentriert wurden. Auch die berühmten »hängenden Gärten« der S. (Diod. 2,10), angeblich von → Nebukadnezar seiner aus Persien stammenden Gattin gebaut, gehören ins Reich der Sage, wenngleich in der Südburg in Babylon Substruktionen für Gewölbebauten gefunden wurden, die wahrscheinlich zu der Erzählung führten (s. R. KOLDEWEY Das wieder erstehende Babylon 90ff.). – Hist. Persönlichkeit und Urbild der S. war Sammuramat, als Gattin des Königs Šamšī-Adad V. (824–10 v. Chr.) assyr. Königin, eine vordem babylon. Prinzessin. Sie besaß, wie einige andere assyr. Königinnen, einen gewissen Einfluß auf die Politik, vielleicht auch deshalb, weil ihr Sohn Adad-nīrārī III. (810–782) noch in jungen Jahren auf den Thron kam. Eine fünfjährige Regentschaft anstelle ihres Sohnes läßt sich nicht nachweisen (zuletzt S. PAGE, Orientalia, NS 38, 1969, 457f.), doch wurde ihr in Assur eine Stele aufgestellt (W. ANDRAE, WVDOG 24, 1913, Nr. 5), wie auch anderen assyr. »Palastfrauen«. Genaueres über ihr Leben wissen wir nicht. Sie soll – der Sage nach – 62 J. alt geworden sein, davon 42 »regiert« haben. Falls damit ihr Stand als Königin gemeint ist, wäre sie 782 v. Chr. mit ihrem Sohn gestorben. Jedenfalls erweist eine Stele mit Weihung für Adad-nīrārī und S. aus dem Jahre 797 (oder später), daß sie damals noch am Leben war. W. Rö.

E. Unger Reliefstele Adadniraris III. aus Saba'a und S. (1916). *H. Lewy* Nitokris-Naqî'a, Journ. of Near Eastern Stud. 11, 1952, 264ff.

Semis, »halber → As, die Hälfte eines als Einheit verstandenen Ganzen«, als Gewicht = ½ → Libra (163,7 g), als Längenmaß = ½ → Pes (148 mm), als Flächenmaß = ½ → Iugerum (ca. 1260 m²), als Zeitmaß = ½ Hora. *Usurae semisses* bedeuten die Hälfte des Normsatzes von 1% monatlich *(centesima)*, also 6% Zinsen, mit *heres ex semisse* wird der Empfänger der halben Erbschaft bezeichnet. In der → Kleingeldrechnung bildete der S. erst die Hälfte des As, später des → Denars.

Im Münzwesen begegnet der S. als Halbstück in fast allen ital. → Aes-Grave-Serien und deren Reduktionsstufen. In der jüngsten röm. Reihe mit der Prora-Rs. trägt er auf der Vs. einen Iuppiterkopf, dazu die Wertmarke **S.** Zur Zeit der Bürgerkriege und zu Beginn des Prinzipats (Augustus, Tiberius, Nero) wurde er noch in geringen Mengen geprägt, vereinzelt erscheint er unter Vespasian und Titus, während als S. angesprochene Münzen Domitians, Nervas, Traians, Hadrians und schließlich des Decius vielleicht → Quadranten sind. Fraglich ist es, ob die H. A. Sev. Alex. 39,7 genannten *semisses aureorum* einen t. t. darstellen. Die moderne Bezeichnung des halben → Solidus als S. ist m. W. ohne ant. Beleg. H. Ch.

K. Regling bei *Schrötter* WBMzK s. v. *H. Mattingly* in den Einleitungen zu BMCRomEmp.

Semiten (Einführung der Bezeichnung 1781 durch A. L. Schlözer für die meisten der in Gen. 10,21 ff. auf Sem zurückgeführten Völker, zu denen nun aber auch, neben neu bekanntgewordenen Sprachträgern, einige »Nachkommen« des Ham und des Kusch gezählt werden müssen), eine durch Sprach- und z. T. Kultur-, aber nicht durch Rassenverwandtschaft zusammengehörige Völkergruppe, die seit etwa 3000 v. Chr. von Arabien aus sukzessive ins Licht der Gesch. tritt. Nahezu alle Wanderungsbewegungen sind in Staatenbildungen zur Ruhe gekommen. Dies ist schon für die akkad. Stadtstaaten zu Anf. des 3. Jt.s anzunehmen, ebenso für das Großreich → Sargons I. und Naramsins (2350–2150), das durch eine (vor allem von W. v. SODEN sog.) Welle von Amoritern vorbereitet worden sein muß. Ihre noch kaum faßbare Sprache ging im Akkadischen auf, das von ca. 1950 bis ins 1. Jh. v. Chr. in babylon., bis ins 7. Jh. v. Chr. in assyr. Dialekten erscheint. Es folgen ca. 2100 bis 1700 im fruchtbaren Halbmond die Kanaanäer (mit dem Ugaritischen im N., dem Phönizischen in der Mitte, dem Hebräischen und Moabitischen im S. und der im Babylonischen aufgehenden westsemitischen, früher sog. amoritischen Sprache der Ostkanaanäer) und zwischen 1400 und 900 in ganz Vorder- (ohne Klein-)asien die Aramäer. Ihre seit dem 9. Jh. aus Inschr. bekannte Sprache – die seit dem 12. Jh. in Palästina bei der Entstehung Israels im Hebräischen aufgegangen sein muß, das im neuen Israel als Ivrit wiederbelebt wird – war weit verbreitete Umgangs- und offizielle Kanzleisprache im Achämenidenreich (»Reichsaramäisch«) und gliederte sich seit dem Anf. unserer Zeitrechnung in einen westlichen Zweig (mit dem Samaritanischen, Jüdisch- und Christlich-Palästinischen, Nabatäischen, Palmyrenischen sowie dem noch gesprochenen Dialekt von Maʿlula) und einen östlichen Zweig (mit dem edessenischen Syrisch, der Sprache des babylonischen Talmud, dem Mandäischen und den noch gesprochenen Dialekten von Mossul und dem Urmiasee). Die Araber sind schon seit vorchr. Z. Träger einzelner Vorstöße und bisher genannter Sprachen, breiten das Nordarabische aber erst seit Anf. 7. Jh. n. Chr. mit dem Islam aus; es veränderte sich in den eroberten Gebieten zu zahlreichen Dialekten, ist aber als Schriftsprache noch relativ einheitlich. – Die südarabisch-äthiopische-Gruppe erscheint seit dem 9. Jh. v. Chr. in den Reichen von Saba', Maʿīn, Qatabān und Ḥadramaut, seit spätestens 200 v. Chr. auf dem äthiopischen Hochland, wo die Gründer des seit 350 chr. Reiches von Aksum das Geʿez sprachen, das im h. noch bestehenden Nachfolgestaat – neben hamitischen Dialekten –

vor allem vom Amharischen, vom Tigre und Tigriña abgelöst wurde. – Wichtige Vermittlungen zwischen S. und griech.-röm. Welt fanden beim wests.-ägäischen Kulturkontakt, mit der Entwicklung der Buchstabenschrift, in der griech. Übers. des A.T. und dem griech. Einfluß auf die chr.-s. Dialekte sowie durch Rezeption der Philosophie durch Syrer und Araber statt. C. C.

G. Bergsträßer Einführung in die s. Sprachen, 1928. *B. Spuler* (Hg.), Semitistik (Handb. Or. Abt. 1 Bd. 3), 1954. *S. Moscati* Geschichte und Kultur der s. Völker, 1955. *F. Altheim – R. Stiehl* Die aramäische Sprache unter den Achämeniden, Bd. 1, 1963. *W. v. Soden* Grundriß der akkad. Grammatik, 1952; Erg.-Heft 1969. *J. Friedrich – W. Röllig* Phönizisch-Punische Grammatik, 1970.

Semnones, Volk der Sueben zwischen Elbe und Oder, das erstmals mit den Römern um 5 n. Chr. anläßlich der Expedition des → Tiberius in Berührung kam (Strab. 7,290. Tac. ann. 2,45; Germ. 39. Vell. 2,106). Als Mutterstamm der Sueben genossen die S. großes Ansehen, weil in ihrem Gebiet der heilige Hain *(silva S.)* gelegen war, in dem alljährlich die Gesandten der stammverwandten Völker zum Menschenopfer an den *regnator omnium deus* zusammentrafen. Zuletzt um 178 n. Chr. bezeugt, ziehen die S. nach SW. und bilden das Kernvolk der um 213 unter → Caracalla erstmals erwähnten → Alamannen. H. C.

Schönfeld, RE II A 1355. *Schmidt* Gesch. der dt. Stämme 2, 1915, 236.

Semones werden im Arvallied (CIL I² 2,3) angerufen; die paelign. Inschrift VETTER HB Nr. 213 kennt eine *sacaracirix semunu*. Mart. Cap. 2,156. Fulg. serm. ant. 11 p. 115,5 HELM halten die S. sicherlich irrig für Halbgötter. Ihr Name ist von *semen* und den Namen der *Semonia* und des *Semo* → *Sancus* nicht zu trennen. G. R.

Prell.-Jord. 2,274 ff. *Peter* Myth. Lex. 2,221 f. *Wissowa* Rel.² 130 f. *Latte* RRel 51. 65. *Norden* Aus altröm. Priesterbüchern 204 ff. *Radke* Die Götter Altitaliens 286.

Semonia wird nur Fest. 404,18 L. Macr. sat. 1,16,8 vermutlich als zweites Namensglied zu Salus (vgl. den späteren Zusatz CIL VI 30975 = DESSILS 3090) genannt; wer ihren Namen ausspricht, muß *ferias observare*. G. R.

Wissowa Rel. ²131. *Latte* RRel. 51. *Radke* Die Götter Altitaliens 286.

Semonides (*Σημωνίδης*, auch als *Σιμωνίδης* überliefert) von Amorgos, dorthin als Führer von Auswanderern aus Samos übergesiedelt (Suda *Σ* 431 Adler), hinterließ Jamben und Elegien (Suda *Σ* 446). S. lebte offenbar in der 2. Hälfte 7. Jh., er ist im ganzen außer von Hesiod von Archilochos abhängig, während → Phokylides Frg. 2 eher eine kurze Zusammenfassung von S. Frg. 7 als dessen Vorbild ist. Frg. 1 deckt sich in seinem vulgären Pessimismus weitgehend mit dem eleg. Frg. 29, das deshalb sicher mit Recht nicht Simonides 2., sondern S. als einziger Rest seiner Elegien gegeben wird. Am interessantesten ist das lange, nur am E. verstümmelte Frg. 7, eine Weiberbescheltung, die sich als solche an Festbräuche anlehnt (WILAM. GldH 1,287), auch viele volkstümliche Züge enthält; dazu gehört der Tiervergleich, hier so gewendet, daß die verschiedenen Typen aus verschiedenen Tieren (oder Elementen) erschaffen sind. Doch ist die Gestaltung durchaus individuell (Komm. von W. J. VERDENIUS, Mnem. 21, 1968, 132/58). Die wenigen anderen Frg. enthalten teils volkstümliche Lebensweisheit, teils konkret aus dem Leben Gegriffenes im Stil des Archilochos. W. K.

Schmid-Stählin 1,397 ff. *Lesky* GGrL² 135 f. *W. Marg* Der Charakter in der Sprache der frühgr. Dichtung, 1938.

Semos (*Σῆμος*), Perieget wahrscheinlich des späten 3. Jh.s v. Chr. aus Delos, wo sich Angehörige der Familie inschr. (vgl. IG XI 693. 1054 u. ö.) in wichtigen Ämtern nachweisen lassen. S.' Werke über Paros und Pergamon sowie 2 B. *Περίοδοι* (?) sind restlos verschollen. Dagegen bietet Athenaios eine Reihe von Zit. aus seiner *Δηλιάς* (8 B.; auch als *Δηλιακά* zit.). Die Anlage des Werkes bleibt zwar unklar, wohl aber geben die Frg.e eine Vorstellung von der Vielseitigkeit der Themen (Weihgeschenke und ihre Anlässe, Fest- und Kultbräuche, daneben auch Fragen, die benachbarte Inseln betrafen, usw.). und sprechen, ebenso wie die Reste einer Schrift *Περὶ παιάνων*, für sachliche und zuverlässige Arbeitsweise. FGrH 396. H. Gä.

Semo Sancus s. Sancus

Sempronius. Röm. Gentilname. S. mit dem Beinamen Atratinus erscheinen am Beginn der Republik als Vorkämpfer der Patrizier, Dion. Hal. ant. 10,41,5. 42,3; s. dazu R. WERNER Der Beginn der röm. Republik, 1963, 179 ff. Seit 304 sind jedoch nur pleb. S. bekannt (Beinamen: Tuditani, Longi, Blaesi, Gracchi, Aselliones. Vornamen: A. C. L. M. P. Ti.), die in der mittleren und späteren Republik eine bedeutende Rolle spielen. Zur Frage der eventuellen nachträglichen Einsetzung der patriz. S. in die Fasten durch die pleb. S. oder einer *transitio ad plebem* eines ehemals patriz. Geschlechts vgl. R. WERNER a. O. 233,2 und 275,6.

I. Republikan. Zeit.

1. A. S. Asellio. Identifikation mit dem Historiker → Asellio (III) kaum möglich, da dieser ca. 160 geboren wurde, Gell. 2,13,3. Eher wohl ein Sohn des Geschichtsschreibers. A. S. war möglicherweise *Xvir a. d. a.* unter dem Gesetz des Livius → Drusus (I 4) 91, BROUGHTON 2,23. Er versuchte als Praetor urb. 89 die schwierige Situation, die als Folge des Bundesgenossenkrieges zwischen Gläubigern und Schuldnern entstanden war, durch Wiederaufnahme alter Wuchergesetze zugunsten der Schuldner zu bereinigen. Dies führte zu einem Aufruhr, bei dem S. erschlagen wurde. Der Mord konnte nicht verfolgt werden, weil sich gegen die Drahtzieher aus dem Kapitalistenstand keine

Zeugen fanden, Liv. ep. 70. App. civ. 1,235ff. E. Badian Foreign Clientelae, 1958, 227,4. **2.** L.S. Asellio, Praetor ca. 96, bekannt durch die vorbildliche Verwaltung Siziliens zusammen mit dem Legaten C.S. (?) Longus, Diod. 37,8,1–4. Diese Angabe Diod.s ermöglicht die Wiederherstellung des verderbten Namens des Praetors – Ἀσύλλιος oder Σύλλιος – zu S. Asellio, da vermutlich beide, Praetor und Legat, der *gens S.* angehörten, Broughton 2,10,3. Möglicherweise ist dieser S. *Xvir a.d.a.* des J. 91 (vgl. Nr. 1). **3.** A.S. Atratinus, cos. 497 (Weihung des Saturntempels und Stiftung der Saturnalien) und 491, Dion. Hal. ant. 6,1,1. 7,20,1. Praefectus urbi 499 oder 496 (Dion. Hal. ant. 6,2,3) und vielleicht 487 (Dion. Hal. ant. 8, 64,3. Broughton 1,11. 20), Militärtribun 496 (Fest. 180 L. Broughton 1,21), Interrex 482, Dion. Hal. ant. 8,90,4. Alle diese Ämter sind vermutlich annalist. Fälschungen, die als Folge der großen Bedeutung eines S. (Nr. 14) als cos. 304 und als Censor 300 (DegrI XIII 1,1,39) eingeschwärzt wurden. S. dazu F. Münzer, RE IIA 1364f. R. Werner Der Beginn der röm. Republik, 1963, 275f. **4.** A.S. Atratinus. Nach Diod. 12,32,1 und Liv. 4,7,1 Mitglied des ersten Kollegiums von Consulartribunen 444. Dieses soll wegen fehlerhafter Wahl im 3. Monat zurückgetreten und durch ein Consularkollegium ersetzt worden sein. Zur möglichen Interpol. dieser Angaben durch die Annalistik. s A. Klotz Livius, 1940, 209 und R. Werner 286f. **5.** A.S. Atratinus, cos. 428/27, Diod. 12,77,1, Consulartribun 425. 420. 416, Liv. 4,35,1. 44,1. 47,8. Nach Liv. 4, 44,5–10 im J. 420 Wiederaufnahme eines Verfahrens gegen seinen Vetter Nr. 6, weil sich S. durch parteiische Leitung von Wahlen bei den Volkstribunen unbeliebt gemacht hatte. Nach R. Werner, 172. 288 sind die 3 Consulartribunate sowie das nur bei Diod. erwähnte Consulat zu tilgen. **6.** C.S. Atratinus, cos. 423, Liv. 4,37,1, wurde 422 wegen Gefährdung des Heeres vom Volkstribunen L. Hortensius angeklagt, das Verfahren jedoch auf Veranlassung der Ritter eingestellt, Liv. 4,42,3–9. Eine neuerliche Anklage 420 führte zu Verurteilung und Geldstrafe (zu den Gründen vgl. Nr. 5 und Liv. 4,44,7–10: C.S. hatte sich gegen ein tribuniz. Ackergesetz gewendet). Das zwischen dem wohl hist. Consulat und der Verurteilung liegende Geschehen dürfte nachträglich erfunden worden sein, s. F. Münzer, RE IIA 1366. **7.** L.S. Atratinus, cos. suff. 444 nach Amtsniederlegung der Consulartribunen (s. Nr. 4 und Liv. 4,7,10), Censor 443 als erster nach Einführung der Censur, Liv. 4,8,7. Zur Historizität vgl. Broughton 1,53f. R. Werner 287. J. Suolahti The Roman Censors, 1963, 170. **8.** L.S. Atratinus, * 73, cos. suff. 34. Sohn des L. → Calpurnius (I 6) Bestia, von L. Sempronius adoptiert. Trat als Ankläger des M. → Caelius (I 9) Rufus auf, der kurz vorher seinen Vater Bestia angeklagt hatte, Cic. Cael. passim; möglicherweise 40 praetor suff. (Broughton 2,380), seit 40 Augur. War 39 *legatus pro praetore* unter Antonius in Griechenland (DessILS 9461. Head HN^2 435) und führte 36 eine von Antonius geschickte Flottenabteilung gegen Sex. Pompeius. Antonius verschaffte ihm auch den Consulat, indem er dies Amt Anf. 34 übernahm und sofort zugunsten des S. niederlegte, Cass. Dio 49,39,1. Sein Übertritt zu Octavian (zur Dat. s. V. Fadinger Die Begründung des Prinzipats, 1969, 261,2) brachte ihm den Proconsulat über Afrika. 21 Rückkehr und Triumph. Selbstmord 7 n. Chr. **9.** C.S. Blaesus, cos. 253 und 244, hatte 253 als Kommandant von 260 Schiffen einige Erfolge an der kleinen Syrte, verlor jedoch bei der Rückkehr durch Sturm im Tyrr. Meer 150 Schiffe. Triumph, aber Einstellung des Seekriegs, Pol. 1,39,5f. W. Tarn, JHS 27, 1907, 54. Im 2. Consulat Kampf um den Eryx, Pol. 1,58,1–6. **10.** C.S. Blaesus, Volkstribun 211, zog den ehemaligen Praetor Cn. → Fulvius (I 13) Flaccus wegen einer militär. Niederlage bei → Herdoniae vor Gericht, Liv. 26,2,7–3,12. Dennoch oder deswegen als Legat zum Bruder des Verurteilten nach Campanien geschickt, aber von diesem bald auf den etrur. Kriegsschauplatz beordert. S. dazu J. Bleicken Das Volkstribunat, ^{2}1968, 136f.

S. Gracchi s. Bd. II 859ff. **11ff.** S. Longi sind vom hannibal. Krieg bis in die sullan. Z. nachweisbar. Sie führen die Vornamen C. P. Ti. und sind mit den Aselliones, Gracchi und Tuditani verwandt. **11.** Ti.S. Longus, Consul 218, erhielt im Krieg gegen Hannibal die Provinzen Sizilien und Afrika, Liv. 21,17,1, sammelte in Sizilien Truppen zum Angriff auf Afrika und ließ die Lage dort erkunden, Pol. 3,41,2f. App. Iber. 14. Im Herbst eilige, aber geordnete Rückkehr nach Oberitalien zur Abwehr Hannibals, Pol. 3,61,9–11. Bei Placentia Vereinigung mit dem Heer des Mitconsuls P. → Scipio (9). Sicher gemacht durch einen Anfangserfolg beim Zurückdrängen einer kleinen karthag. Einheit und die Weigerung Hannibals, die daraufhin von S. angebotene Schlacht anzunehmen, ließ sich S., angeblich gegen den Willen Scipios, aus dem Lager locken, Pol. 3,70,1–8. 72,1f. Liv. 21,52; behindert durch den Hochwasser führenden Trebia und die Ungunst der Witterung (Pol. 3,75,1), wurde das röm. Heer fast völlig aufgerieben. Als Folge der Niederlage lief ein Großteil der kelt. Stämme zu Hannibal über. S. blieb vermutlich bis zu seiner Ablösung im Frühjahr 217 in Oberitalien. Das bei Liv. 21,59,1–10 erwähnte zweite Treffen bei Placentia zwischen Hannibal und S. nach dessen Aufenthalt zum Zwecke der Wahlen in Rom dürfte aus annalist. Quellen stammen (anders: A. Lippold Consules, 1963, 150. 302). **12.** Ti.S. Longus. Sohn von Nr. 11, Consul 194, Augur und *Xvir sacris faciundis* seit 210, erhob als Volkstribun 200 Einspruch gegen die Ovatio des L. → Cornelius (I 32) Lentulus, zog ihn aber wieder zurück, Liv. 31,20,5f. Aed. cur. 198, *IIIvir col. ded.* 197–194. Praetor 196 und Propraetor in Sardinien 195. Im Consulat 194 deutliche Demonstration der Bedeutung des Senats durch Anweisung besonderer Plätze an die Senatoren bei Spielen. Nach Einrichtung von Kolonien in Campanien und Lucanien ging S. in den Norden. Die Historizität der Schlacht gegen die → Boi (Liv. 34,46,4–47,8) ist anerkannt (vgl. H.H. SCULLARD Roman Politics, 1951, 118), in Einzelheiten jedoch zweifelhaft. Möglich ist seine Teilnahme 193 als Legat des → Cornelius (I 56) Merula im Kampf gegen die Boier (SCULLARD 122) und 191 gegen → Antiochos (4), Liv. 36,22,7. 24,2. Bei der Bewerbung um die Censur 184 erfolgloser Gegenkandidat des → Cato (4), Liv. 39,40,3. **13.** C.S.Rufus. Bekannt durch Prozesse gegen einen → Vestorius 51 (Cic. Att. 5,2,2) und M. → Tuccius (Cic. fam. 8,8,1), in denen er unterlag. Vermutlich begab er sich daraufhin in die Verbannung, vgl. Cic. Att. 14,14,2. Zur Datierung der Praetur s. BROUGHTON 2,465. F. MÜNZER, RE IIA 1436f. hält den bei Porph. Hor. c. 2,2,49f. erwähnten *Rufus praetorius*, den Erfinder des Storchbratens, für diesen S. **14.** P.S.Sophus. cos. 304 (Datierung auf 303: R.WERNER a.O. 485), suchte als Volkstribun 310 vergeblich Appius → Claudius (I 4) zum Rücktritt von der Censur zu zwingen. Im Consulatsjahr beendete er den Samnitenkrieg und vernichtete mit dem Kollegen P. → Sulpicius (I 26) Saverrio die → Aequer, Liv. 9, 45,1–18; Triumph. Nach Liv. 10,9,2.14 als einer der ersten Plebeier 300 zum Pontifex und gleichzeitig zum Censor gewählt (s. J.SUOLAHTI The Roman Censors, 1963, 235). 296 sollte er als Praetor Rom vor der Koalition der Etrusker, Samniten, Umbrer und Gallier schützen, Liv. 10, 21,4. Obgleich über eine jurist. Tätigkeit des S. sonst nichts überliefert ist, besitzt die Angabe des Pompon. Dig. 1,2,2,37, S. sei unter die großen Juristen zu zählen, hohe Wahrscheinlichkeit, da die Pontifices zu dieser Z. die Rechtsfortbildung erheblich förderten (M.VOIGT Das ius naturale 2, 1858, 226). **15.** P.S.Sophus. Sohn von Nr.14. cos. 268, unterwarf mit seinem Kollegen Appius Claudius Rufus die Picenter. Triumph. Gründung der Kolonien → Ariminum und → Beneventum. Stieß als Censor 252 zusammen mit dem Mitcensor 16 Senatoren aus dem Senat (Liv. ep. 18) und nahm 400 Rittern wegen Ungehorsams das Pferd, Val. Max. 2,9,7.

16 ff. S.Tuditani. Name vermutlich nach einem Hammer *(tudes)* im Wappen der Familie. Anders bei Fest. 482 L. (hammerförmiger Kopf des ersten Tuditanus). Als Vornamen erscheinen C.M. und P. Zum Stammbaum s. RE IIA 1439. **16.** S.Tuditanus, Sohn von Nr.18. Letzter männlicher Vertreter der Familie, wurde im Alter größenwahnsinnig, Cic. Phil. 3,16. **17.** C.S.Tuditanus, aed. pleb. 198, als Praetor 197 mit *imperium proconsulare* in Hispania citerior in schwere Kämpfe verwickelt; wurde 196 als Propraetor von den span. Aufständischen geschlagen und starb an einer hierbei erlittenen Verwundung, Liv. 33,25,9. Oros. 4,20,10. BROUGHTON 1,333. 337. Andere Datierung: U.SCHLAG Regnum in senatu, 1968, 31. Sein Pontifikat (Liv. 33,42,5) ist nicht datierbar. **18.** C.S.Tuditanus, cos. 129, Quaestor 145 und Praetor 132. Durch Aufnahme des Kampfes gegen die Illyrier entzog er sich der ihm vom Senat übertragenen Richtertätigkeit in Streitsachen zwischen der gracch. Landverteilungskommission und Bundesgenossen, denen durch diese Kommission Grundstücke weggenommen worden waren, und legte so die Landverteilung lahm, App. civ. 1,19, 80. A.E.ASTIN Scipio Aemilianus, 1967, 239f. S. besiegte die → Iapoden. Triumph. Seine Kriegstaten ließ er von → Hostius im *Bellum Histricum* besingen. Bei Cic. Brut. 25,95 wird eigene literar. Tätigkeit des S. angedeutet. Wahrscheinlich schrieb er *libri magistratuum* (Macr. Sat. 1,13,21) in mindestens 13 Büchern (Gell. 13,15,4) und ein histor. Werk. Zur Tendenz seiner Werke vgl. J.Baron UNGERN-STERNBERG VON PÜRKEL Unt.-en zum spätrep. Notstandsrecht, 1969, 46. Frg.e bei HRR I² CCI-CCIII, 143–147. **19.** M.S.Tuditanus, cos. 185, ließ als Volkstribun 193 durch Plebiszit die Latiner und Italiker im Kreditrecht den Bürgern gleichstellen, Liv. 35,7,4–5. SANCTIS StR 4, 1,549f. Praetor 189 in Sizilien. Als cos. unterwarf er die → Apuaner, Liv. 39,32,2f. Seine Bewerbung um die Censur 184 war vergeblich, doch wurde er 183 Pontifex. 174 Tod durch Seuche. **20.** P.S. Tuditanus, cos. 204, schlug sich nach der Schlacht bei Cannae 216 als Kriegstribun mit wenigen Leuten nach Canusium durch, Liv. 22,50,6ff. Aed. cur. 214, Liv. 24,43,6, und 213 Praetor. In seiner Praetur und Propraetur 212/211 hielt er sich zum Schutze gegen Galliereinfälle in Ariminum auf, Liv. 24,44,3. Ohne vorherige Bekleidung des Consulats wurde er 209 zum Censor gewählt, übte strenge Aufsicht (Liv. 27,11,7. 12–16) und setzte gegen den Brauch die Wahl des Q. → Fabius (I 40) Maximus zum *princeps senatus* durch (enge Verbindung mit den Fabiern?). 205 mit *imperium proconsulare* in Illyrien, schloß er nach geringfügigen militär. Operationen den Frieden von Phoinike mit → Philipp (7) V. von Maked., Liv. 29,12. Zum Friedensschluß vgl. W.DAHLHEIM Struktur und Entwicklung des röm. Völkerrechts, 1968, 208f. 204 als cos. in Bruttium wurde er anf. von Hannibal geschlagen, errang aber nach Verstärkung durch die Truppen des Proconsuls P. → Licinius (I 24) Crassus beachtliche Erfolge (Sieg über Hannibal bei Kroton und Wiedergewinnung mehrerer Städte). Als Proconsul ebenfalls in Bruttium. Er reiste 201/200 als einer von drei Gesandten in den O., u.a. mit der Absicht, Ptolemaios V. Epiph. von Äg. zu besuchen, Pol. 16,27,5. Zur Bedeutung der Orientgesandtschaft s. W.DAHLHEIM, a.O.

242ff. F. W. Walbank A Historical Commentary on Polybios 2, 1957, 543f.

21. Sempronia. Unscheinbare Tochter des Ti. S. → Gracchus (7) und der → Cornelia (I 92). Seit etwa 150 in kinderloser und unglücklicher Ehe mit P. → Scipio (12) Aemilianus (s. A. E. Astin Scipio Aemilianus, 1967, 235f. 241). Leugnete ca. 101 trotz der drohenden Haltung der Volksmenge die Verwandtschaft mit L. → Equitius (1). **22.** Sempronia. Tochter von Nr. 18 und Mutter des berühmten Redners Q. → Hortensius (7), Cic. Att. 13,6,4. 20,2. **23.** Sempronia. Tochter von Nr. 16, Frau des M. → Fulvius (I 6) Bambalio und somit die Mutter der → Fulvia (I 32), mit der sie 52 nach der Ermordung des P. → Clodius (I 8) Pulcher im Prozeß gegen T. → Annius (I 16) Milo als Zeugin auftrat, Ascon. in Mil. p. 36 St. **24.** Sempronia. Möglicherweise die Tochter des C. → Gracchus (1) (so F. Münzer Adelsp. 272f.), Frau des D. Iunius → Brutus (1) cos. 77. Sie war in die catilinar. Verschwörung eingeweiht und gewährte dazu Hilfe, Sall. Cat. 40,5, der sie sehr negativ charakterisiert, Cat. 25. W. Ed.

II. Kaiserzeit. **1.** S. Densus, *centurio* der Praetorianer, der von → Galba (2) mit dem Schutz des Thronfolgers L. → Calpurnius (II 23) Piso Frugi betraut war und sich für diesen aufopferte (Tac. hist. 1,43, etwas anders Plut. Galba 26. Cass. Dio 64,6,4. 5). **2.** S. Gracchus, Verführer der Augustustochter → Iulia (II 95; Tac. ann. 1,53), deswegen auf die Insel Cercina verbannt (Tac. ann. 4,13. Vell. 2,100,5. Cass. Dio 55,10,15), wo er 14 ermordet wurde (Tac. ann. 1,53). Seine Gattin war Alliaria. S. ist auch als Dichter von Tragödien hervorgetreten (Ov. Pont. 4,16,31. Prisc. gramm. 6,15. Non. 202,17). TRF^{2} 266. **3.** S. Gracchus, als *praetor* Leiter der *quaestio* gegen den Wucher (Tac. ann. 6,16. 17. Suet. Tib. 48. Cass. Dio 58,21,4. 5). **4.** S. Gracchus wird von Iuv. 2,117–142 getadelt, weil er sich mit einem Hornbläser vermählt und diesem 400000 Sest. Mitgift zugebracht hatte. Er war auch als *retiarius* im Zirkus aufgetreten (Iuv. 2,142–148. 8,199–210. **5.** C. S. Gracchus, Sohn von Nr. 2, vom Vater in die Verbannung auf die Insel Cercina mitgenommen, wo er seine Jugend verbrachte (Tac. ann. 4,13). Von der Ämterlaufbahn ausgeschlossen, widmete er sich dem Handel und wurde 23 angeklagt, den Rebellen → Tacfarinas mit Getreidelieferungen unterstützt zu haben (Tac. ann. 4,13). Vielleicht mit dem Ankläger des → Granius (II) Marcellus im J. 35 ident. (Tac. ann. 6,38). **6.** M. S. Liberalis, *praef. Aegypti* 154–158/59 (A. Stein Äg. 84ff.). **7.** P. Aelius S. Lycinus. Seine Laufbahn aus der Z. der Severer CIL III 6756. 6757 = DessILS 1414. 1413: *omnibus equestribus militiis perfunctus proc. XX h(ereditatium) provinciarum Galliarum Narbonensis et Aquitaniae, proc. provinc. Daciae Porolisensis* (CIL III 7659 A. Stein Dazien 85), *proc. Alexandria[e] idiu logu, proc. Augg. prov. Syriae Palaestinae.* In seiner Heimatstadt → Ankyra dedizierte er dem Kaiser Caracalla die Inschr. CIL III 244. H.-G. Pflaum Carr. proc. équestr. 700f. Nr. 262. G. Wi.

III. Literarische Persönlichkeit.

S. Asellio, ca. 160 bis ca. 90 v. Chr., römischer Politiker und Historiograph, 134/133 Militärtribun vor Numantia, Vf. eines Geschichtswerks (*res gestae*, mindestens 14 B.), das sich als erstes in Rom auf den Zeitraum der eigenen Erfahrung (ca. 146 bis 91) beschränkte. In der Vorrede (Frg. 1 P.) nahm S. gegen eine rein faktische und militärische, »annalistische«, und für eine begründende und die Innenpolitik berücksichtigende Darstellung Partei. Allerdings bestätigen die Frg.e Ciceros (leg. 1,6) negatives Urteil über seinen Stil; Einfluß auf die lat. historiograph. Tradition blieb ihm offenbar versagt. P. L. Sch.

Frg.e: HRR 1, ^{3}1967, CCXLIIff. 179ff. 392.

Lit.: *R. Till*, WJ 4, 1949/50, 330ff. *H. Bardon* Lit. Lat. Inc. 1, 1952, 113ff. *M. Mazza*, Sic. Gymn. 1965, 144ff. *M. Gelzer* in: Röm. Geschichtsschr., ed. *V. Pöschl*, 1969, 130ff.

Semuncia, »Halbunze« (→ Uncia), 1/24 des → As und in allen Bereichen der As-Unzen-Rechnung anzutreffen: als Gewicht = 13,65 g, als Längenmaß = 12,3 mm, als Flächenmaß = ca. 105 m^2, als Zeitmaß = 1/24 Stunde. S. bezeichnet weiter 1/24 einer Erbmasse, in der → Kleingeldrechnung 1/24 des As, später des → Denars, im Zinswesen ½% (1/24 der *centesima*, des Normsatzes von 1% im Monat). Als Münze erscheint die S. in einigen ital. und röm. → Aes-Grave-Reihen (bis zum Sextantalstandard). H. Ch.

H. Chantraine, RE IX A 604ff.

Semunzialstandard, Reduktionsstufe des ital. Bronzegeldes mit einem As von 1/24 der urspr. libralen (pfündigen) Norm, in Rom 89/88 eingeführt. H. Ch.

Sēna (Plin. nat. 3,113. It. Ant. 100,6. 316,3 *Senagallia*. Pol. 2,14,1 *Σήνα*. Steph. Byz. s. *Σήνη*. App. civ. 1,88 *Σῆναι*), urspr. umbr. (Strab. 5,227) Stadt an der Küste des adriat. Meeres am gleichnamigen Flusse (Lucan. 2,407. Sil. 8,455). 283 v. Chr. nach Vernichtung der → Senones röm. Bürgerkolonie (Pol. 2,19,12. Liv. ep. 11) in der 6. Region (Plin. a. O.); die Tribus ist nicht bekannt. Wegen ihrer Lage im *ager Gallicus* (jedoch Eutr. 3,18 *apud Senam Piceni civitatem*) Senagallia (s. o.) oder *Σένα Γάλλικα* (Ptol. 3,1,22). Röm. Standquartier vor der Schlacht (Cic. Brut. 73 *proelium Senense*) am → Metaurus (2) 207 (Liv. 27, 46,4. Vir. ill. 48,2. Nep. Cato 1,2. Eutr. a. O.). H. Senigallia. G. R.

Forbiger HB. d. alt. Geogr. 3,439. *Nissen* It. Ldk. 2,385. *Beloch* RG 452. 605.

Senaculum bezeichnet urspr. den Sammelplatz der Senatoren vor ihren Sitzungen (Varro l. l. 5,156. Val. Max. 2,2,6), der zwischen dem Severusbogen und dem Concordiatempel zu lokalisieren ist (H. Jordan Topogr. der Stadt Rom im Alt. 2,

337ff.), später auch den Ort, wo der Senat tagt. Ein *s. mulierum* wurde unter Elagabal auf dem Quirinal erbaut (H. A. Heliog. 4,3). S. O.
S.B. Platner, Th. Ashby A Topogr. Dictionary of Anc. Rome, 1965 s.v.

Senatus (ἡ σύγκλητος. γερουσία Plut. mor. 789 c. D. Magie De Romanorum iuris publici sacrique vocabulis sollemnibus in Graecum sermonem conversis, 1905, 4. W. Porzig, G 63, 1956, 319ff.), in der Königszeit der Rat der Alten, der Häupter *(patres)* der patriz. Geschlechter, zählte unter Romulus 100, nach Anschluß der Sabiner 200, unter Tarquinius Priscus 300 Mitglieder; dies blieb in der Republik bis Sulla die Normalzahl. Dion. Hal. ant. 2,12. 47. 57. 3,67. Andere Berichte über die Vermehrung des S. bei O'Brien Moore 664f. Die Anrede *patres conscripti* unterschied wohl 2 Gruppen, die »Väter« und die »Eingeschriebenen«, die seit dem 5. Jh. hinzugekommenen, minderberechtigten vornehmen Plebejer. A. Momigliano, Entretiens sur l'antiquité classique 13, 1966, 204ff. U. v. Lübtow Das röm. Volk, 1955, 145f. nimmt *patres conscripti* als Einheit, die im S. eingeschriebenen *patres* im Gegensatz zu den nicht zum S. gehörenden *patres*. Der S. beriet den König und wählte bei dessen Tod einen → *interrex*. Dieses Recht hatten bis zum E. der Republik nur die patriz. Senatoren.

In der Republik gewann der S., dessen Zusammensetzung sich wesentlich änderte, als Ratgeber der Magistrate steigende Bedeutung. Zuerst wählten die obersten Magistrate Mitglieder für den S., seit 312 die → Censoren durch die → *lectio senatus*. Neben angesehenen Plebejern kamen gewesene Magistrate in den S., seit 200 nach Bekleidung eines kurul. Amtes, seit 130 nach der pleb. Aedilität, seit 100 nach dem Volkstribunat, seit Sulla nach der Quaestur. So wurde der S. indirekt durch Volkswahl erneuert. Cic. Sest. 137. Die lebenslänglichen Mitglieder sicherten durch Autorität und Erfahrung eine kontinuierliche Staatsführung, während die Magistrate jährl. wechselten. Bedeutendere Fraktionsbildungen gab es bis zu den → Gracchen nicht, da die S.-Nobilität das Staatsinteresse über eigene Ansprüche stellte. Als führende Schicht der Gesellschaft verdankten die Senatoren ihren Wohlstand ihrem Grundbesitz, ihr Ansehen und ihren politischen Einfluß ihren zahlreichen → *clientes*. Wenn auch der Ausdruck *ordo senatorius* erst bei Cicero (Cluent. 152; div. in Caec. 8) vorkommt, so ist doch ihr Standesbewußtsein schon früher durch Verbote und Ehren bezeugt. Handwerkliche Berufe und bezahlte Dienste etwa eines *scriba* schlossen die Wahl zum S. aus. Besitz großer Schiffe und Beteiligung am Handel war den Senatoren seit 218 durch die *lex Claudia* verboten. Liv. 21,63,4. Sondersitze im Theater erhielten sie 194, als Standesabzeichen trugen sie den → *calceus senatorius* und den breiten Purpurstreifen an der Tunica *(latus clavus)*. Ohne Erlaubnis des S. durften sie Italien nicht verlassen. Die Aufgaben des S., gesetzlich niemals festgelegt, ergab das Herkommen. Wenn vereinzelt Magistrate wie der Konsul L. Postumius Megellus 262 erklärten, der S. verfüge nicht über sie, sondern sie über den S. (Dion. Hal. 17,4,5), befragte doch in der Regel der Beamte im Interesse seiner weiteren Laufbahn den S. um Rat und folgte ihm. In der Praxis lenkte der S. die wichtigsten Zweige der Staatsverwaltung. Die → *auctoritas patrum* war für Gesetze und Wahlen erforderlich. Der S. konnte Gesetze wegen Verfahrensmängeln kassieren und als Berufungsinstanz Entscheidungen der Beamten kontrollieren. Er bestimmte die Außenpolitik, leitete Kriegserklärungen und Vertragsschlüsse ein. Mommsen RStR 3, 1047,2. Er empfing Gesandte und entsandte Senatoren, um Bündnisse anzuknüpfen und Streit zu schlichten. Pol. 6,13. Er regelte Aushebung, Nachschub und Versorgung der Legionen, Cic. Pis. 5, bewilligte Supplikationen und Triumphe. Bis 123 bestimmte er die Provinzstatthalter, dann nach der *lex Sempronia* des Gracchus im voraus 2 Provinzen, deren Zuteilung die Konsuln auslosten. Mommsen 3, 1088. Er verlängerte das Imperium der Amtsträger und betraute Promagistrate mit außerordentlichen Kommandos. Neben den Feldherren richteten Senatskommissionen Provinzen ein (*lex Rupilia* für Sizilien, Cic. Verr. 2,32. 39f. 90). Der S. kontrollierte Einkommen und Ausgaben des Staates, die die Quaestoren und Censoren verwalteten, beaufsichtigte die Münzprägung, bewilligte Kosten für religiöse Feste und Gelübde. Im sakralen Bereich empfahl er neue Feste (Kult der →Mater Magna Liv. 29,10,6. 14,6. 36,36,4), ordnete bei Vorzeichen entsprechende Maßnahmen an und befragte die → Haruspices (Liv. 28, 11,5. 34,55. 32,1,14). In Notzeiten riet er die Ernennung eines → Diktators, setzte seit dem 2. Jh. außerordentliche Gerichte *(quaestiones*, Liv. 39, 14,6. Plut. Ti. Gracch. 20) ein oder gab mit dem *SC. de re publica defendenda* (sog. *SC. ultimum*, Caes. civ. 1,5. Liv. 3,4,9) den Konsuln alle Vollmacht, die Ruhe ungeachtet des Provokationsrechtes wieder herzustellen. Sall. Cat. 29. (Übliche Form *ut consules rem publicam defendant operamque dent [videant], ne quid res publica detrimenti capiat*). Die Möglichkeit, im S. jemand zum *hostis* zu erklären, gab die jurist. Grundlage für das Senatsgericht der Kaiserzeit. Bleicken 17ff. H. Bellen, Gn 36, 1964, 387ff. B. Rödl Das Senatus consultum ultimum und der Tod der Gracchen, Diss. Erlangen 1968. J. Baron Ungern-Sternberg v. Pürkel Unters. z. spätrepublik. Notstandsrecht, 1970.

Einberufen wurde der S. von den Konsuln oder Praetoren, seit 287 auch von Volkstribunen mit Angabe der Zeit, des Ortes und der Tagesordnung. Cic. fam. 11,6,2. Sitzungen fanden nur von Sonnenaufgang bis -untergang statt, nur in Rom in der *curia Hostilia* oder einem *templum*. Beschlußfähigkeit (fallweise ein Drittel oder die Hälfte der Senatoren) konnte auf den Zuruf *numera* überprüft werden. Cic. Att. 5,4,2. Der Einberufer sprach bes. in der ersten Jahressitzung allg. *de re publica* oder *de singulis rebus* und endete mit der Formel *de ea re quid fieri placeat*. Cic. Cat. 3,13. Bei der namentlichen Befragung *(interrogatio; dic ... quid censes* Liv. 1,32,11) sprachen nach der S.liste der *princeps senatus*, die Censorier, Konsularen, Praetorier und s.w., innerhalb der Gruppen die Patrizier vor den Plebejern, die Amtsälteren vor den -jüngeren. Viele Senatoren richteten sich bei der Stimmabgabe nach der Autorität der Konsulare. Bei unbegrenzter Redezeit war Obstruktion *(diem consumere)* und Abschweifen vom Thema möglich. Cic. Att. 4,2,4. Der Vorsitzende verfügte, über welche *sententiae* er durch → *discessio* abstimmen ließ. Während der Abstimmung war → *intercessio* möglich. Ein trotzdem folgender Beschluß galt als *senatus* → *auctoritas*. Zur Form der Senatsbeschlüsse s. → *Senatus consultum*.

In der Kaiserzeit wurde der S. gesellschaftlich hoch geachtet, polit. aber entmachtet. Nur Senatorensöhne erreichten nun über die Wahl zum Quaestor nach dem 25. Lebensjahr einen Senatssitz, wenn sie zuvor als *tribuni laticlavii* ein Jahr im Heer gedient und dann eine Stelle des → Vigintivirat bekleidet hatten. Den somit erblichen Senatorenstand ergänzte der Kaiser durch → *adlectio* aus dem Ritterstand und durch Verleihung des *latus clavus*, er konnte jährlich Mitglieder aus dem → *album senatorium* streichen, half mitunter einzelnen Senatoren zu dem nötigen Mindestvermögen von 1 Million Sesterzen. Viele Munizipale und Provinziale kamen in den S., zuerst aus den W.-Provinzen, dann aus den ö. So wurde der S. ein höherer Reichsrat. Seit dem 2. Jh. erhielt der Senator mit Frau und Kind den Titel *clarissimus*. Die Senatoren stellten die hohen Staatsbeamten, die Statthalter der Provinzen, die Befehlshaber der Legionen, den *praefectus urbi*, die *praefecti aerarii* u.a. Von bes. wichtigen Vertrauensposten wie dem → *praef. Aegypti*, dem → *praef. praetorio* u.a. waren sie freilich ausgeschlossen. Sogar das Betreten von Äg. war ihnen verboten. Nachdem Caesar den S. auf 900 erhöht hatte, übernahm Augustus die seit Sulla übliche Normalzahl 600. Als *princeps senatus* konnte der Kaiser neben den regelmäßigen Versammlungen *(s. legitimi*, Anfang, Mitte des Monats) in der *curia Iulia* mit dem Altar der Victoria Sondersitzungen einberufen. Die Anwesenheitsziffer, oft festgestellt, wurde den Beschlüssen beigefügt: *i(n)s(enatu)f(uerunt)*, CIL VI 32272. Mit dem Vorlesen wichtiger Dokumente wie des Testaments des Augustus (Tac. ann. 1,8. 11. Suet. Aug. 101) oder kaiserl. Schreiben und mit den Reden der Kaiser vor dem S. wurde dieser ein wichtiges Publikationsorgan (→ *Acta senatus* [1]). Abstimmungen wurden zunehmend durch →

Acclamationen ersetzt. Zur Erfüllung seiner teils erweiterten, teils eingeschränkten Funktionen war der S. letztlich von dem guten Willen der Kaiser abhängig, der bes. unter Augustus und Tiberius und den Adoptivkaisern spürbar war. Am *dies imperii* übertrug er dem Herrscher das → *imperium proconsulare maius*, mit dem dieser auch die vom S. verwalteten Provinzen überwachte. Den toten Kaiser konnte der S. durch → *consecratio* (3) ehren oder durch → *damnatio memoriae* zum *hostis* erklären. Statt des Volkes wählte der S. seit Tiberius, freilich durch die → *commendatio* und → *nominatio* des Kaisers beengt, die senator. Beamten. Seit dem 2. Jh. traten S.-beschlüsse mit Gesetzeskraft anstelle der Volksbeschlüsse. Als Gerichtshof und Standesgericht führte der S. Repetunden- und Majestätsprozesse in außerordentlicher Form *(cognitio)* durch. *SC Calvisianum* 4 v. Chr., S. RICCOBONO Fontes iuris Romani 1, 1941, 403 ff. BLEICKEN 44 ff. 158 ff. Das von MOMMSEN angenommene Prägerecht des S. für Kupfermz. gab es nicht. K. KRAFT Jb. Numism. Geldgesch. 12, 1962, 1 ff. Die S.-kontrolle über das → *aerarium* wurde durch die Einrichtung des *aerarium militare* und das Aufkommen des → *fiscus* bedeutungslos. Für sakrale Angelegenheiten und für Ehren wie Triumphe und Privilegien wie die Befreiung von Rechtsbeschränkungen für Unverheiratete und Kinderlose (Cass. Dio 55,2) blieb der S. weiter zuständig, andere Entscheidungen berieten die Kaiser mit dem → *consilium principis* und später dem → *consistorium*. Seit → Gallienus wurden die Senatoren von militär. Posten ausgeschlossen. Mit der Gründung von Konstantinopel schuf Konstantin d. Gr. einen Sonder.-S. zweiten Ranges, dessen Mitglieder nur *clari* genannt wurden. Anon. Vales. 30. Nach 339 wurde er gleichrangig mit dem röm. S.-SEECK Unterg. 4^2,68. Der S. in Rom sank zum Stadtrat unter dem *praef. urbi* herab, hütete zwar noch Tradition, Religion und alte Bildung, konnte jedoch die Entfernung des Victoriaaltars 359 aus der Curie nicht verhindern. Er wird zuletzt 580 bei einem Hilfegesuch in Ostrom gegen die Langobarden erwähnt. Menander frg. 62 (FHG 4,263). Der S. in Konstantinopel tritt 1453 zuletzt auf. DUKAS 39 p. 280 Bonn. H. V.

Mommsen RStR 3,2. *O'Brien Moore*, RE Suppl. VI, 1935, 660 ff. *F. De Marini Avonzo* La funzione giurisdizionale del senato Romano, 1957. *J. Bleicken* Senatsgericht und Kaisergericht, 1962. *S. De Laet* De samenstelling van den romeinschen Senat gedurende de eerste eeuw van het Principat 28 v. Chr. bis 68 n. Chr., 1941. *K. Schneider* Die Zusammensetzung des röm. Senates von Tiberius bis Nero, 1942. *B. Stech* Senatores Romani qui fuerint inde a Vespasiano usque ad Traiani exitum, Klio Bh. 1912. *W. Eck* Senatoren von Vespasian bis Hadrian, 1970. Für die Regierungszeit Nervas *A. Garzetti* Nerva, 1950, 103 ff. *P. Lambrechts* La composition du sénat romain de l'accession au trône d'Hadrien à la mort de Commode 117–192 n. Chr., 1936.

A.Barbieri L'albo senatorio da Settimio Severo a Carino (193–285 n.Chr.), 1952. *M.Hammond* Composition of the senate A.D. 68–235, JRS 47, 1957, 74ff. *E.Meyer* Röm. Staat und Staatsgedanke³, 1964.

Senatus consultum (SC), Antwort des → Senats auf eine Anfrage eines Magistrats, ein Senatsbeschluß. Die inoffizielle Bezeichnung (Cic. leg. 3,10) *senatus decretum* drückt den Anteil des Beamten an dem gemeinsamen Akt aus. Fest. 339 M., *senatus sententia* wurde selten gebraucht CIL I² 581. *SC. ultimum* → Senatus. In später Kaiserzeit wurden die SC. von den Juristen mit von Eigennamen abgeleiteten Adjekt. benannt, z.B. *SC. Pegasianum* nach dem Konsul Pegasus, Gai. 1, 31. 2,254f. Ein SC. ohne Rechtskraft hieß *senatus → auctoritas*. Das SC. hatte, während oder nach der Sitzung niedergeschrieben, 4 Teile. Die Eingangsformel nannte den Verhandlungsleiter (Name, Amt, *senatum consuluit*), Tag und Monat, den Versammlungsort und die 3 bis 11 Zeugen der Niederschrift *(scribendo adfuerunt)*. Es folgten das Thema *(quod ille verba fecit)* in indirekter Rede, die Einleitung zum Beschluß *(de ea re ita censuerunt)*, der Beschluß in indirekter Rede *(senatui placere, senatum existimare)* und das Abstimmungszeichen C *(censuere)*. In der Kaiserzeit wurden Abstimmungsgründe *(cum res ita se habeat)*, die Zahl der anwesenden Senatoren und der Autor des angenommenen Antrages beigefügt. Zu wortgetreuen griech. Übers. P. VIERECK Sermo Graecus quo S.P.Q.R. magistratusque populi Romani ... usi sunt, 1888, 79. Die SC., auf Holz- oder Bronzetafeln oder Papyrusrollen im Staatsarchiv des → *aerarium* oder im Cerestempel hinterlegt, waren in einer Ordnung registriert, die Jahr, Kodex oder Rolle, Tafel oder Kolumne angab. Veröffentlicht wurden SC. meist nur, wenn sie Rechte oder Immunitäten verliehen, von den Empfängern. Zum Aushang auf dem Kapitol Suet. Vesp. 8. Liste der inschr. oder literar. erhaltenen SC. bei O.BRIEN MOORE, RE Suppl. VI 808ff. L.WENGER Die Quellen des röm. Rechts, 1953, 381ff. H. V.

Seneca. 1. L. Annaeus S., Rhetor, lebte von ca. 55 v.Chr. bis 40 n.Chr. Er stammte aus einer begüterten Ritterfamilie in → Corduba. Mit seiner Gattin Helvia hatte er drei Söhne, Novatus, L. Annaeus → Seneca (2) und L. → Annaeus (II 3) Mela, die er in äußerster Strenge und altväterischer Gesinnung erzog. Er war der Großvater des Dichters → Lucanus. In jungen Jahren kam er zum Studium nach Rom, das er später noch einmal aufsuchte (contr. 4, praef. 3) und wo er alle berühmten Redner und Rhetoren hörte. Er war Sachwalter oder Beamter und widmete sich erst in hohem Alter der Schriftstellerei.

WERKE: 1. Eine Geschichte der Gegenwart seit Beginn der Bürgerkriege (Gracchenzeit) bis zu seinem Tode; nicht erhalten, 2 Frg.e bei Suet. Tib. 73,2 und Lact. 7,15,14. 2. Oratorum et rhetorum sententiae divisiones colores. Davon sind große Teile erhalten: 7 Stücke der suasoriae; von den 10 B. controversiae die B. 1,2,7,9,10 ganz, die übrigen in Exzerpten des 4. und 5.Jh. S. skizziert fingierte Rechtsfälle, wie sie in den zeitgenössischen Deklamationen gewöhnlich behandelt wurden, und führt dazu mit erstaunlichem Erinnerungsvermögen die Meinungen zahlreicher Redner und Rhetoren an, kritisiert sie und flicht Anekdoten und Witze ein. S. ist ganz Ciceronianer, kritisiert daher diese Übungen bzw. ihre Übertreibung, ist den Neuerungen gegenüber aber aufgeschlossen. Aufschlußreich für den Geist der Z. sind bes. die Vorreden, die ein eingehendes Bild der im 1.Jh. in immer engere Bahnen gedrängten Rhetorik (vgl. Tac. dial. 38ff.) ergeben. S. fordert dabei vom angehenden Redner das Wissen um die Grenzen dessen, was man von der Übung der Schule fordern kann. Seine rhet. Theorien lassen sich nicht auf bloß formalistische Regeln reduzieren, sondern räumen der eigenen Überlegung und der authent. Erfahrung viel Raum ein. S.s Stil stellt einen Übergang dar zwischen ciceronian. Periodisierung und dem pointierten Stil des jüngeren S., doch mindert das Schematische seines Satzbaues, sein Verhaftetsein im Verfahren der Schule bisweilen die Qualität.

Bis zum Beginn der Neuzeit trennte man den älteren und den jüngeren S. nicht, erst Raphael von Volterra hat die beiden geschieden. H. Gu.

I. Ta.: *H.J.Müller*, Prag 1887. *A.Kießling*, Teubner 1922. Controverses et Suasoires, ed. et trad. *H.Bornecque*, 1932. *W.A.Edward*, 1928 (Suasorien mit engl. Übers. und Komm.). Überblick über die Ausg. seit dem 16.Jh.: *H.D.L.Vervliet* De Gulden Passer (Amsterdam), 35, 1957, 179ff. II. Lit.: *H. Bornecque* Les déclamations et les déclamateurs d'après S. le père, 1902. *H. Bardon* Le vocabulaire de la critique litt. chez S. le Rhéteur, 1940. *Ders.* Mécanisme et stéréotypie dans le style de S. le Rhéteur, AC 12, 1943, 5ff. *A. F. Sochatoff* Basic rhetorical theories of the elder Seneca, CJ 34, 1939, 345ff. *J.E.G.Whitehorne* The elder Seneca. A review of past work. Prudentia 1, 1969, 14ff.

2. L. Annaeus S., der Politiker, stoische Philosoph und Dichter, * als mittl. der 3 Söhne von 1 und Helvia E. 1. Jh. v. Chr., nach verbreit. Annahme i. J. 4, in Corduba; † im April 65 nahe Rom.

I. Leben, polit. Wirken (Zeugnisse bei [39]). S. kam früh nach Rom, wo er seine Ausbildung erhielt. Er hörte berühmte Redner und empfing nachhalt. philos. Orientierung durch Attalos (Stoiker), → Papirius (39) und → Sotion (3a, Pythagoreer). Als Sachwalter bereitete er sich auf die polit. Laufbahn vor. Nach längerem, wohl krankheitsbedingt. Ägyptenaufenthalt (bis 31/32) wurde er auf Verwendung einer Schwester seiner Mutter Quaestor und Senator. Sein wachsender Rednerruhm soll Caligulas Eifersucht erregt haben; angebl. bewahrte ihn nur Kränklichkeit vor dem Todesurteil. Bald nach Claudius' Regierungsantritt wurde er auf Grund einer Intrige (man warf ihm Ehebruch mit → Iulia [A I 105] vor) nach Korsika verbannt (41–48). Die Rückberufung verdankte er → Agrippina (3), die ihm die rhetor. Ausbildung ihres 11jähr. Sohnes Nero übertrug und 50 die Praetur verschaffte. Bei Claudius' Ermordung hielt er die laudatio und verspottete den Toten zugleich in einem Pasquill. Das erste Jahrfünft der Herrschaft Neros sah den Höhepunkt seiner öffentl. Wirksamkeit. Zusammen mit → Afranius (3) Burrus leitete S., 55/56 Consul, die Reichspolitik, zunächst innenpolit. (Entspannung) und außenpolit. (Armenienkrieg) erfolgreich. Kaiserl. Gunst vermehrte sein Vermögen um 300 Mill. Sestert. (Tac. ann. 13,42); Cass. Dio 61,10 beziffert es auf 75 Mill. Denare. S.s Haltung in den Hofintrigen, die 59 in Agrippinas Ermordung gipfelten, wird von Tac. günstiger als von Cass. Dio beurteilt. Seit Burrus' Tod (62) einflußlos, ersuchte S. nach Tac. ann. 14,53 f. Nero um Rücktrittsgenehmigung und Vermögensrücknahme. Der Kaiser lehnte ab; S. zog sich dennoch auf seine Besitzungen bei Rom und in Campanien zurück und lebte dort 62–65 ganz lit. Arbeiten. Beim Scheitern der Pison. Verschwörung als angebl. Mitwisser zur Selbsttötung gezwungen, schied er nach Tac. ann. 15, 60–64 mit philos. Gelassenheit aus dem Leben. Wahrscheinl. war S. zweimal verheiratet, in 2. Ehe mit Paulina. Einzig. ant. Bildnis auf einer Berlin. Doppelherme (Deutung strittig, s. K. Schefold Die Bildnisse der ant. Dichter, Redner und Denker, 1943, 178 f.).

Obwohl er unter 3 Principes den Wechsel kaiserl. Gunst erfuhr, fand S., der dem *ordo equester* entstammte, sich anders als die opposit. Senatsaristokratie mit der Realität des Prinzipats ab. Allerdings forderte er *clementia* als integrier. Bestandteil kaiserl. Macht. Daß sein Ideal einer *concordia ordinum* (Vorbilder in der Gesellschaftslehre der Mittl. Stoa und im august. Prinzipat) einschließl. humaner Behandlung der Sklaven (benef., epist. 47. W. Richter, G 65, 1958, 196 ff.) nicht pure Utopie war, lehrt die Entwicklung des 2. Jh.s.

II. Philosophie. S.s Leben und Lehre galten schon den Zeitgenossen als widersprüchlich (dial. 7,17,1. Cass. Dio 61,10), werden richtiger jedoch in der Einheit ihrer Gegensätze verstanden. Indem S. den Menschen nach der inner. Haltung beurteilt (über S.s »Innerlichkeit« [17]), gewinnt er für die Praxis breiten Spielraum und schafft in situationsgemäßer Auslegung der stoisch. Güterlehre für sittl. Forderungen wie für ihre Erfüllung sein eigenes Maß. Bekenntnis zur Stoa und selbständiges Urteil (dial. 7,3,2; epist. 2,5. P. Grimal, LEC 38, 1970, 3 ff.) sind ihm kein Widerspruch. Wie andere kaiserzeitl. Stoiker orientiert er sich bes. an der Alt. Stoa (»Neustoizismus«). Differenzierter im Verhältnis zur Mittl. Stoa, benutzt er → Poseidonios (2) gelegentl. zu Akzentwirkungen (epist. 92. dial. 6. K. Abel, RhM 107, 1964, 221 ff.).

Die auffällig positive Bewertung epikur. Maximen epist. 2–29 stimmt zum propädeut. Charakter dieser Briefe ([18], 83). Quellen – für S. keine unabdingbare Voraussetzung eigenen Philosophierens – sind neben altstoisch. und doxograph. (zu summarisch M. Giusta I dossografi di etica 2, 1967) Lehrgut u.a. Poseidonios (nat., epist., s. [9]), → Hekaton (benef.), ein Stoiker des 2. Jh.s (epist., s. RE Suppl. XII 1380 ff.). Logik und theoret. Physik begegnen nur beiläufig. Interesse an naturwiss. Detail bekundet sich früh, verdichtet sich aber erst spät (nat.). Im Blick bleiben die eth. relevanten Begriffe Natur, Gott (mit Zügen von Transzendenz), Vorsehung, *fatum*. Die Ethik dominiert, bes. Fragen der Lebenspraxis wie Affektbekämpfung *(ira, dolor)*. Oberstes Anliegen ist die richt. Einstellung zum Tod. Nach S.s Rücktritt konkretisiert sich die Zielvorstellung im *otium*-Ideal (H. Dahlmann in: Das neue Bild d. Ant. 2, 1942, 296 ff.).

III. Werke. Aus S.s reichem lit. Schaffen bezeugt Quint. inst. 10,1,12 *orationes*, *poemata*, *epistulae*, *dialogi*. S.s Reden, Quelle frühen Ruhmes, sind verloren. Von den poem. (= Dichtungen) erhielten sich außer Tragödien und apocol. nur die 3 Epigramme Anth. Lat. 232. 236 f. (Zuschreibung umstritten: H. Bardon, REL 17, 1939, 63 ff.). Zu den eng verwandt. Werkgruppen der epist. und dial. (≈ διαλέξεις, durch die → Diatribai beeinflußte popularphilos. Schriften) gehört außer verlorenen Werken die erhaltene philos. Prosa. Fälschung ist der zuerst Hier. de vir. ill. 12 und Aug. epist. 153 erwähnte, unbedeut. Briefwechsel zwischen S. und Paulus.

A. Philos. Prosa. 1. Dialogi. 12 B., im cod. Ambros. C 90: 1 de providentia, 2 de constantia sapientis, 3–5 de ira, 6 consolatio für Marcia, 7 de vita beata, 8 de otio, 9 de tranquillitate animi, 10 de brevitate vitae, 11. 12 consolat. für Polybius und Helvia. Vermutlich entstanden 1: 62–65, 2: E. des Exils oder später, 3–5: ab 41, 6: 37–41, 7: 58/59, 8: 62, 9: ca. 62, 10: 49, 11. 12: 42–44. 7, 8, 11, 12 haben ihre Note durch den Bezug auf S.s Erleben (Verteidigung gegen den Vorwurf unphilosoph. Lebensführung, Stimmung beim Rückzug vom Hof, Einstellung zum Exil), 9 durch nuancierte Psychologie, 1 und 6 durch Hereinnahme kosm. Maßstäbe. In 2 Reihen angeordnet (viell. von S. selbst: [16], 92. 154), bilden die dial. einen cursus, der zu Selbstüberwindung und Sicherung der Glücksempfindung anleitet.

2. De clementia, 55 (W. Richter, RhM 108, 1965, 146 ff.) oder 56 an Nero gerichtete, auf 3 B. berechnete, doch mit Anf. des 2. B. abbrechende wichtige Schrift. Versuche, ihre clem.-Vorstellung mittels der Begriffe *aequitas* (M. Fuhrmann, G 70, 1963, 481 ff.) oder *humanitas* (K. Büchner, H 98, 1970, 203 ff.) zu umreißen, erwiesen letztlich die Eigenständigkeit der S.schen Konzeption, die sich mit der Tradition der »Fürstenspiegel« berührt.

3. De beneficiis, materialreich. Traktat in 7 B., → Aebutius (8) gewidmet, zw. 56 und 64 abgefaßt, in den ersten B. von größerer prakt. Relevanz als in den späteren. Entgegen der herrschenden Hypothese mehrmaliger Erweiterung deutet das themat. Gewicht des zentral. 4. B. (*benef.* der Gottheit, *bonum*-Charakter der *benef.*) auf einen einheitl. lit. Plan.

4. Epistulae morales, 124 Lehrbriefe in 20 B. (nicht vollständ.: Gell. 12,2,3 zit. das 22. B.), an → Lucilius (II 4) adressiert, 62–64 abgefaßt, durch gedankl. Vielfalt und Geschmeidigkeit der lit. Form S.s Hauptwerk. Die Einsicht, daß diese Vorzüge weniger der Improvisation als vielmehr einer wohldurchdachten Gedankenfolge entspringen ([17]. [20]), erweist die Briefform weitgehend als Fiktion. Entsprechend den Grundsätzen freundschaftl. »Seelenleitung« [18] wirbt S. für sinnbewußte Lebensführung, Gefaßtheit gegenüber dem Tod und integriert schließlich die stoische *bonum*-Theorie in den Lehrzusammenhang.

5. Naturales quaestiones in 7 B. (B. 4 jedoch aus 2 B. zusammengewachsen), gleichzeitig mit epist. entstanden und dem gleichen Adressaten gewidmet. Themen sind in der überlieferten B.-Folge, die G. Stahl, Diss. Kiel 1960 und H 92, 1964, 425ff. verteidigt: 1 Nebensonnen und dgl., 2 Gewitter, 3 Gewässer, 4a Nil, 4b Niederschläge, 5 Winde, 6 Erdbeben, 7 Kometen. Von den Vorschlägen für B.-Umstellung fand Beifall A. Rehm, Philol. 66, 1907, 374ff.: 4b–7. 1–4a. Die *ignes caelestes* haben, als Rahmen oder Kern, eine Vorzugsstellung innerhalb des Werkes. An vielen Stellen betont S. die eth. Relevanz der physik. Thematik.

6. Von weiteren verlorenen Schriften (vgl. [8]. [16], 155f. [19]. [39]) sind kenntlich durch Frg.e: Exhortationes, de superstitione dial., de matrimonio, de amicitia, durch Exzerpt des Martinus v. Bracara (6. Jh.): de officiis, nur dem Titel nach: de lapidum natura, de piscium natura, de motu terrarum, de situ Indiae, de situ et sacris Aegyptiorum, de forma mundi, de vita patris (diese wohl vor 41 entstanden), remedia fortuitorum, weitere Brief-Slg. und die moralis philosophiae libri von 64, als theoret. Werk wohl Ergänzung zu epist. und Gegenstück zu nat.

B. Dichtungen. 1. Tragödien. S.s Namen tragen 9 Trag. und die unechte → Octavia (3). 2 Überlieferungsstränge, repräsent. durch cod. E (Etruscus = Laur. 37,13) und die sog. A-Klasse, differieren in Textgestalt, Anordnung der Stücke und z.T. den Titeln. Während der von Leo verworfene A-Text längst wieder Beachtung findet, gilt als ältere Anordnung allg. die von E: Hercules furens, Troades, Phoenissae, Medea, Phaedra, Oedipus, Agamemnon, Thyestes, Hercules Oetaeus. Doch ist wohl die konzentr. A-Anordnung, mit Oed. als Mitte, ursprünglicher; ob von S. selbst vorgesehen, hängt an der Echtheit des Herc. Oet., die strittig ist (W.-H. Friedrich, H 82, 1954, 51ff. [31]). Entstanden denkt man sich die Trag., für die Daten fehlen, im kors. Exil oder vorzugsweise in den J. der Einflußnahme S.s auf Nero (Herc. Oet. bes. früh [27] oder spät [2]?). Die durchweg frei bearbeiteten Vorlagen sind für Phaedr.: Eur. Hipp. Kalypt., für Thy.: Eur. Thy. (?), für die übr. Stücke: die erhaltenen Dramen des Aischyl., Soph. und Eur., dazu weitere, z.T. jüngere griech. (kaum röm.) Dramen. Die Regeln des griech. Theaters befolgt S. teils (3 Schauspieler, 5 Akte), teils überwindet er sie durch dramaturg. Neuerungen (z.B. wechselnder Schauplatz, Tötungen auf offener »Szene«), die seine Stücke als Lese- bzw. Rezitationsdramen auszuweisen scheinen. Doch sind dramat. Aufführungen (auf Neros Hofbühne?) nicht ganz ausgeschlossen. Die Chöre, außerhalb der Verwicklungen stehend, verwenden aus der griech. Dichtung und Hor. bekannte Maße meist stichisch und nichtstrophisch (zur Metrik u.a. J. D. Bishop, RhM 111, 1968, 197ff. P. Hahlbrock, WSt 81, 1968, 171ff.). Das bipolare Menschenbild ist bestimmt durch Affekte *(ira, furor, amor)*, Schmerz, Todesleid auf der einen, Todesbereitschaft und -überwindung auf der anderen Seite ([24]. U. Knoche, A 17, 1941, 60ff.). In der Reduktion auf Extremhaltungen exemplifiziert es S.s stoische Anthropologie. Ohne Gegenstück in der philos. Prosa ist die den Trag. eigentüml. Vorliebe für das Grausige (M. Fuhrmann in: Die nicht mehr schönen Künste, 1968, 45ff.). S. geht hier mit dem Zeitgeschmack und reflektiert zugleich das Unbehagen an der inhumanen Wirklichkeit, bes. der höfischen Welt.

2. Als Akt der Selbstbefreiung von unwürdiger Konvention läßt sich S.s Schmähsatire von 54 begreifen, die im besten cod. (Sangallens. 569) Divi Claudii apotheosis, in den übrig. codd. ludus de morte Claudii, bei Cass. Dio 60,35 apokolokyntosis (Verkürbissung, d.h. »Veräppelung«: Weinreich, Komm. 11) heißt; Titel also wohl Divi Claudii apocolocyntosis. S.s Schilderung der Himmel- und Höllenfahrt des Kaisers, die einzige vollständig erhalt. Menippische Satire, verspottet mit beißend. Witz Claudius' Konsekration. Zuschreibung an andere Autoren (G. Bagnani Arbiter of elegance, 1954: Petron.; L. Herrmann in Homm. à M. Renard, 1969, I 431ff.: Phaedr.) ist unnötig: Die apocol. bezeugt vielmehr nachdrückl. S.s Ausdrucksvielfalt.

IV. Stil. Die Einheit in der Vielgestaltigkeit des S.schen Werkes verbürgen nicht zuletzt formale Qualitäten. Seit Caligula S.s »Stakkato«-Stil als *harena sine calce* diskreditierte (Suet. Cal. 53,2), fehlte es zwar nicht an krit. Stimmen. In neuerer Z. machte man die Rhetorik für den »Schwulst« der S.schen Sprache verantwortlich. Pathos, Ausdruckssteigerung, »manieristische« Pointiertheit sind ihr in der Tat eigen. Die Fülle stilist. Finessen, bes. Antithesen, entstammt jedoch nicht äußer. Formzwang, sondern durchaus ungekünsteltem, reichem Artikulationsvermögen. Nicht zuletzt diese Fähigkeit, seinen Gedanken nuanciertesten Ausdruck zu verleihen, ließ S., einen der größten lat. Stilisten, zu Roms geistig führender Persönlichkeit der frühen Kaiserzeit werden.

V. Fortwirken. Dem lit. Rang der Werke S.s entspricht ihre starke Nachwirkung, mit Höhepunkt im 16.–18. Jh. S.s Prosa gehörte damals zur meistgelesenen philos. Lit.; durch ihren Bewunderer Montaigne wurde sie Muster der neuen lit. Form des Essays. S.s Trag., zeitweilig berühmter als die griech., erfuhren Abwertung im 19. Jh., genießen gegenwärtig jedoch neue, fast übermäßige Wertschätzung. G. Schm.

Ausg. Dial.: *E. Hermes*, 1917. *A. Bourgery – R. Waltz*, 1922 ff. (frz. Übers.). Benef., clem.: *C. Hosius*, 1900. *F. Préchac*, 1921/27 (frz. Übers.). Benef.: *S. Guglielmino*, 1968 (it. Übers.). Epist.: *O. Hense*, ^{2}1914. *A. Beltrami*, ^{2}1931. *F. Préchac – H. Noblot*, 1945–1964 (frz. Übers.). *L. D. Reynolds*, 1965. Nat.: *A. Gercke*, 1907. *R. Oltramare*, 1929 (frz. Übers.). Frg.: *F. Haase*, S. opera 3, 1853 (unzulängl.). [39]. Trag.: *F. Leo*, 1878/79. *R. Peiper – G. Richter*, ^{2}1902. *L. Herrmann*, 1924/26 (frz. Übers.). *H. Moricca*, ^{2}1947. *I. C. Giardina*, 1966 (z. Z. beste Ausg.; zu den Hss. vgl. *W. Woesler* S.s Trag., 1965). – Apocol.: *F. Buecheler – G. Heraeus* in Petron., ^{6}1922. *O. Roßbach*, 1926. *C. F. Russio*, 1948 (it. Übers.). *W. Schöne*, 1957 (Übers.). – Epigr.: *C. Prato*, 1964 (it. Übers., Komm.). – Briefw. S.-Paulus: *Haase* a. O. 476 ff. [39], II 379 ff.

Dt. Übers. Philos. Prosa: *O. Apelt*, 1923/24. Hsg. v. *M. Rosenbach*, 1969 ff. – Trag.: *Th. Thomann*, 1961/69. – Apocol.: *O. Weinreich*, 1923 (wicht. Komm.) und 1949 (in: Röm. Satiren).

Zahlreiche Kommentare zu einzel. dial., epist., Trag. Ind. *P. Grimal*, 1965 ff. (op. moral.). *L. Delatte* u. a., 1962 ff. (dial.). *W. Oldfather – A. St. Pease – H. V. Canter*, 1918 = 1964 (Trag.).

Lit.-Ber. Philos. Prosa: *A. L. Motto*, CW 54, 1960, 1 ff. 37 ff. – Trag.: *M. Coffey*, Lu. 2, 1957, 113 ff. Apocol.: ders. a. O. 6, 1961, 239 ff.

Erläuterungen. Allg.: 1. *R. Waltz* La vie polit. de S., 1909. 2. *K. Münscher* S.s Werke, 1922. 3. *U. Knoche* Der Philosoph S., 1933. 4. *C. Marchesi* S., ^{3}1944. 5. *F. Martinazzoli* S., 1945. 6. *I. Lana* L. A. S., 1955. 7. Actas del congresso internat. de filosofía en conmemoración de S., 1965–67.

Philos. Prosa: 8. *E. Bickel* Diatribe in S. philos. frg. 1, 1915. 9. *K. Reinhardt* Poseidonios, 1921. 10. *E. Albertini* La composition dans les œuvr. philos. de S., 1923. 11. *M. Pohlenz*, NGG 1941 Nr. 6 = Kl. Schr. 1,384 ff. 12. *Th. Hermes* Epikur in den ep. mor. S.s, 1951. 13. *F. Giancotti* Cronologia dei Dial. di S., 1957. 14. *W. Trillitzsch* S.s Beweisführung, 1962. 15. *L. D. Reynolds* The mediev. trad. of S.s letters, 1965. 16. *K. Abel* Bauformen in S.s Dial., 1967. 17. *H. Canzik* Unters. zu S.s ep. mor., 1967. 18. *I. Hadot* S. und die griech.-röm. Trad. der Seelenleitung, 1969. 19. *M. Lausberg* Unters. zu S.s Frg., 1970. 20. *G. Maurach* Der Bau von S.s ep. mor., 1970.

Trag.: 21. *L. Herrmann* Le théâtre de S., 1924. 22. *H. V. Canter* Rhet. elements in the Trag. of S., 1925. 23. *G. Carlsson* Die Überlief. der S.-Trag., 1926. 24. *O. Regenbogen* Schmerz und Tod in den Trag. S.s, Vortr. Bibl. Warburg 7, 1930, 167 ff. = Kl. Schr., 409 ff. 25. *W. Marx* Funkt. und Form der Chorlieder in den S.-Trag., 1932. 26. *W.-H. Friedrich* Unters. zu S.s dram. Technik, 1933. 27. *E. Paratore* Storia del teatro Lat., 1957. 28. *G. Runchina* Tecnica dramm. e retorica nelle trag. di S., 1960. 29. *C. Zintzen* Krit. Hypomnema zu S.s Phaedr., 1960. 30. *O. Zwierlein* Die Rezitationsdramen S.s, 1966. 31. *B. Axelson* Korruptelenkult, 1967.

Briefw. S.-Paulus: 32. *J. N. Sevenster* Paul and S., 1961.

Stil: 33. *E. Norden* Die ant. Kunstprosa 1, 1915, 306 ff. 34. *A. Bourgery* S. prosateur, 1922. 35. *R. Westman* Das Futurpartizip als Ausdrucksmittel bei S., 1961. 36. *Chr. Wanke* S., Lucan, Corneille, 1964.

Fortwirken: [24]. [36]. 37. *K.-D. Nothdurft* Stud. z. Einfluß S.s auf die Philos. und Theol. des 12. Jh.s, 1963. 38. *J. Jacquot* u. a. Les trag. de S. et le théâtre de la Renaissance, 1964. 39. *W. Trillitzsch* S. im lit. Urteil der Ant., 1971.

3. S. Grandio, röm. Deklamator, von dem wir nur durch → Seneca (1) d. Ä. (suas. 2,17) etwas wissen. Seinen Beinamen erhielt er, weil er sich vornahm, nur über »Großes« und »Erhabenes« zu reden. Dieses Bestreben wurde fast krankhaft und machte ihn natürlich lächerlich. Seine »Liebe für das Erhabene« fand auch im Privatleben seinen Ausdruck: Z. B. kaufte er nur große Sklaven und große Gefäße, aß er nur große Feigen, und auch seine Konkubine mußte von »erhabener Größe« sein. Beim Reden stand er meistens auf Fußspitzen; Thema seiner Reden waren häufig die Taten des »großen Xerxes«. O. Dr.

Senecio. 1. Vertrauter des → Licinius (II 3), hetzte seinen Bruder → Bassianus (3) gegen Kaiser Constantin auf. Als dann Licinius die Auslieferung des S. verweigerte, wurde dies 316 (?) ein Anlaß zum Krieg (Anon. Vales. 5,15). A. L.

2. s. Sosius (II 1).

Senecta oder **Senectus**, Personifikation des Greisenalters, offenbar unter griech. Einfluß gebildet und durch die philos. Diskussion gefördert. Vgl. auch Verg. Aen. 6,275. Hor. epod. 8,4. Tib. 3, 5,16 u. a. – Der Altar der S. bzw. des *Γῆρας* bei Philostr., v. Apoll. Tyan. 5,4, p. 167 K. ist wohl Erfindung. W. P.

Senia *(colonia Seniensis)*, die wichtigste Hafenstadt des n. Dalmatien (h. Senj). Das Stadtrecht erhielt sie von Octavianus *(tribus Sergia)*. Viele ital., dann oriental. Kaufleute siedelten sich hier an. Wiederherstellung eines Badehauses: CIL III 10051. Die Inschr. (CIL III 3016 f.) nennen *decurio, ordo, plebs, Augustalis, sacerdos primus corporis Augustalium*. J. Sz.

Fluss, RE II A 1460. *G. Alföldy – A. Mócsy* Bevölk. und Gesellsch. d. röm. Prov. Dalm., Budapest 1965, 76.

Sēnis im Gottesnamen Petesēnis bezeichnet die Insel Bigeh (Snm.t) bei → Philai, bekannt durch ihr Osirisgrab in einem Hain (Abaton). Im N. R. lag auf Bigeh eine Sperrfestung. Myth. lag auf Bigeh die Nilquelle, als deren Herr → Osiris erscheint. Außerdem lag dort ein Tempel der aus der Ferne geholten Tefnut-Hathor; den einholenden Gott nannten die Griechen Arhensnouphis. W. H.

Sĕnones, kelt. Volksstamm, in 2 Teilen: in N.-Italien, und im mittleren Gallien. **1.** Aus Gallien wanderten die S. im 4. Jh. v. Chr. in Italien ein (Liv. 5,32f. Plut. Cam. 15). Nach dem Vorstoß auf Rom (Liv. a.O. Gell. 17,21,21) waren sie seßhaft an der O.-Küste Italiens *ab Utente flumine usque ad → Aesim* (Liv. 5,35,3. Pol. 2,17,7. Ptol. 3,1,19). In ihrem Gebiet waren röm. Kolonien: → Sena Gallica, → Ariminum, später → Pisaurum, → Fanum Fortunae. **2.** In Gallien lag das Gebiet der S. zwischen dem mittleren → Liger und der → Sequana, und reichte über die Seine hinaus bis n. an die → Belgae. Sie erscheinen liter. erst bei Caesar (2,2,3), ihre Nachbarn waren die → Tricasses, die → Lingones, die → Aedui, die → Carnutes (um Orléans), die → Parisii (um Paris). Mit diesen bildeten die S. eine gemeinsame *civitas* (Caes. 6,2,5) *imprimis firma et magnae inter Gallos auctoritatis* (5,54,2). Mehrere kelt. Siedlungen, z.B. im Hauptort → Agedincum an der → Icauna h. Sens (Gallia 1954, 517. 1962, 472); Serbonnes (Nekropole, Heroon) Gallia 1962, 477. Andere von Caes. genannte *oppida* sind: Metiosedum oder Mellodunum (bei Melun), → Autessiodurum (Auxerre), Intaranum (Entrains). Zuerst im Dienste Caesars gegen die Belgae (im J. 57), wurden die S. Feinde der Römer, die ihnen im J. 54 einen König aufgezwungen hatten (Caes. Gall. 2, 2,3. 5,54,2). Über manche Schwierigkeiten mit den S. berichtet Caes. 5,56,1. 6,2,3f. Im J. 52 stellten sich die S. als die ersten auf die Seite des Vercingetorix (Caes. 7,4,6). Nach → Gergovia marschierte Caes. *in Senones* (7,56,5), um sich mit Labienus zu vereinigen. Dann werden sie nur noch bei → Alesia erwähnt (Caes. 7,75,3).

In röm. Z. war die *civitas* S. der Prov. Gallia Lugdunensis zugeteilt (Strab. 4,195. Ptol. 2,8,9: Σένονες. Plin. nat. 4,107). Nach der Neuordnung der Prov. durch Diocletianus gehörte sie zur *Lugdunensis prima* (Amm. 15,11,11). In der Z. 369–85 wurde die Lugdunensis zerlegt und Agedincum die Hauptstadt der neuen *Prov. Lugd. quarta* (→ Senonia). Im J. 353 entleibte sich hier → Decentius (1; Eutr. 10,12. Oros. 7,29,13), bezog → Iulianus (5) hier Winterquartiere (Amm. 16,3,11) und wurde von den Alamannen erfolglos belagert.

Die S. erscheinen an der *ara Romae et Aug.* bei → Lugdunum (CIL XIII 1676. 2940), auch in → Cenabum XIII 3067, in der *civ. Venet(orum)* XIII 2950, in → Londinium CIL VII 191. Handwerkliche Tätigkeit der S. auf den Denkmälern: Espérandieu Rec. 2767. 2768 (Tuchwalker), 2781 (Schneider), 2769 (Schmiede), 2775 (Vogler). Der Ackerbau blühte: *villae rusticae* z.B. in Noyers-sur-Serein (Gallia 1964, 331), Nitry (ebd.) 333; Ste-Nitasse (ebd. 1968, 506). Agedincum war ein Straßenknotenpunkt für → Lutecia, → Caesaromagus, → Augusta Suessionum, → Augustobona, → Augustodunum, → Cenabum.

Agedincum wird in Not. Gall. 4,1 und bei späten Schriftstellern *civitas Senonum* (Sens, Sénonais) genannt, Bauwerke: Thermen, Wasserleitung, Amphitheater (A. Grenier Man. arch. gallo-rom. 4, 1960, 171). Mosaiken, Bildwerke (Espérandieu Rec. 2756. 7153. 8307). Nekropolen: Gallia 1962, 472. 1964, 334. 1966, 406. Im 3. Jh. zerstört, wurde Agedincum etwa um 300 befestigt (Blanchet Les enceintes rom. Gaule, 1907, 61.272. Gallia 1958, 313. 1962, 383. 390). Wichtige Baureste in der Umgebung: in La Motte du Ciar; in Escolives (bei Auxerre) Gallia 1962–1970; in Les Fontaines Salées Grenier Man. arch. 4, 1960, 449. M. L.

Desjardins Géogr. Gaule 243. 270. 282. *Espérandieu* Rec. bas-rel. 3, 1910, 2756. 7153. 4, 1911, 8307. *G. Julliot* Musée galloroм. de Sens 1898. Neue Funde: Gallia 1950, 177. 1953, 161. 295. 1954, 517. 1958, 313. 1960, 362. 1962, 383. 390. 472. 1964, 334. 1966, 406.

Senonia, Name der spätröm. gall. Prov., die E. 4. Jh. neu geschaffen wurde, als die zwei Prov. Gallia Lugdunensis in vier Prov. geteilt wurden = *Lugdunensis quarta* mit Sens als Hauptstadt (Pol. Silv. laterc. 2,16. Not. Gall. 4. *Lugdunensis Senonia* Not. dign. occ. 3,31. 22,19. *Lugdun. Senonica* ebd. 1,117). M. L.

Sententia. In der Rechtssprache bezeichnet s. vornehmlich das Urteil im Zivil- und Strafprozeß, desgleichen den Schiedsspruch des durch *compromissum* eingesetzten → *arbiter*. In ihr schlägt sich die persönliche Überzeugung (»Meinung«) des Richters bzw. Schiedsmannes oder der Richterbank vom Gegebensein einer bestimmten Sach- und Rechtslage nieder. Dementsprechend ist es üblich, die s. mit *videri* zu formulieren (Cic. ac. 1,47,146; vgl. Verr. 2,2,38,93. 5,6,14; Pis. 40, 97; Tull. 5,12; Att. 4,17,5. Plin. nat. 14,13,90. Dig. 3,2,20. 40,12,27,1. 48,16,1,5). Ist ein Richtergremium zur Urteilsfindung berufen, genügt zur Verurteilung (→ *condemnatio)* die einfache Stimmenmehrheit, zur Freisprechung (→ *absolutio)* Stimmengleichheit. In Freiheitsprozessen ist bei Stimmengleichheit stets *pro libertate* entschieden. – Das Fällen des Urteils ist *iudicare;* demnach bedeuten → *iudicatum* bzw. *res iudicata* als Ergebnis der Entscheidungsfindung häufig ebenfalls »Urteil«.

Zu ihrer Wirksamkeit bedarf die s. der mündlichen Verkündung, im Kognitionsverfahren (→ *cognitio)* außerdem der vorherigen Niederschrift in einem Konzept, aus welchem das Urteil abgelesen wird (vgl. Cod. Iust. 7,44). Die Mitteilung der Entscheidungsgründe ist nicht erforderlich. Die s. muß in lat., seit Ausgang des 4. Jh. n. Chr. in lat. oder griech. Sprache verfaßt sein. Im übrigen bestehen für Abfassung und Erlaß der s. keine

Formgebote. Die Verkündigung *(s. m dicere, ferre, dare, promulgare, pronuntiare, proferre)* bindet auch den Richter: eine Abänderung oder ein Widerruf der s. ist nachher nicht zulässig.

Schon im klass. Kognitionsverfahren und vollends im nachklass. Prozeß verändert sich die Wertung der s., indem nun statt des richterlichen Wissensentscheids der autoritative Willensakt der staatlichen Obrigkeit als das Wesentliche angesehen wird. Seither bezeichnet s. nicht mehr nur das zur Sache ergehende Endurteil (jetzt = *definitiva s.;* auch *definitio, decretum*), sondern auch jeden meritorischen oder prozessualen Zwischenentscheid (= auch *interlocutio, articulus, praeiudicium* in neuem Sinn).

Inhaltlich lautet die s. im Straf- und regelmäßig auch im Zivilprozeß entweder auf Verurteilung *(condemnatio)* oder Freispruch *(absolutio)*. Die rechtskräftige (vgl. → *appellatio*, → *iudicatum*) verurteilende s. bildet hier wie dort die Grundlage der Exekution. Für das Leistungsurteil gilt im Formularprozeß das Prinzip der *condemnatio pecuniaria* ohne Rücksicht auf die Art des Streitgegenstandes. Das Kognitionsverfahren, welches auch bei anderen als Geldleistungen wirksame Vollstreckungsmaßnahmen kennt, beseitigt jenes Prinzip. H. St.

Marcello Molè s.v. Sentenza (Diritto romano), Noviss. Digesto Ital. 16, 1969, 1081–1103. *Max Kaser* Das röm. Zivilprozeßrecht, 1966, 88ff. 284ff. 381ff. 495ff.

Sentinum ist eine umbrische (Strab. 5,227. Ptol. 3,1,53) Stadt der 6. Region (Plin. nat. 3,114) in der *tribus Lemonia* (L. Ross Taylor The Voting districts etc. 274) an der von → Sena über → Camerinum und den Paß von Pistia führenden (CIL XI 6629) Völkerstraße (Radke Viae publicae Rom. 127). Nahe S. finden Entscheidungsschlachten 295 v. Chr. (Pol. 2,19,6. Liv. 10,17ff. Frontin. strat. 1,8,3) und 552 n. Chr. (Prok. Goth. 4,29,4 nach H. N. Roisl bei *Altheim-Stiehl*, Gesch. d. Hunnen 5,377. Sigismondi Boll. Deput. stor. patr. per l'Umbria 65, 1968, 1ff. Radke a. O. 151. 154). statt. S. liegt ca. 1 mp n. des h. Sassoferrato. G. R.

Forbiger HB. d. alt. Geogr. 3,441. *Nissen* It. Ldk. 2,386. *A. Pagnani* Sentinum, Sassoferrato 1954.

Sentius. Ital. Geschlecht (Schulze Eigenn. 228), in Rom seit ca. 100 v. Chr. hervorgetreten.

I. Republik. Zeit. **1.** C. S. (C. f.), schloß als *praetor urbanus* 94 ein Bündnis zwischen Rom und Tyrrheion/Akarnanien (IG IX 1,483) und war 93–87 als Propraetor in Macedonia tätig (Kämpfe gegen Thraker, vgl. Broughton Mag. 2,15. 49), das er jedoch im Mithridat. Krieg verlor, Cic. Verr. 3,217 u. a. **2.** C. S. (C. f., *tribu Sabatina*), war 49 Anhänger des Pompeius, bei → Lentulus (2) Crus in Ephesos. Vielleicht Vater von Nr. II 1. **3.** L. S. (C. f.), Münzmeister ca. 100–95, vgl. Broughton Mag. 2,452, dann Praetor. **4.** S. Saturninus Vetulo, evtl. ident. mit Nr. 2, wurde 43 proskribiert, entkam aber nach Sizilien (Val. Max. 7,3,9), ging zu Sex. Pompeius, trat 40 als dessen Gesandter in Erscheinung (Broughton Mag. 2, 384) und ging 36 von diesem zu Antonius über (App. civ. 5,579). H. G. G.

II. Kaiserzeit. **1.** C. S. Saturninus, wohl Sohn des → S. (I 4) Saturninus Vetulo. Während der Vater bei Pompeius blieb, erlangte der Sohn beim Frieden von Misenum 39 v. Chr. Amnestie, Vell. 2,77,3, und weilte fortan am Hofe des Augustus; vgl. Mon. Anc. 25. Seine Laufbahn ist unbekannt; 19 v. Chr. war er *cos. ord.* Degrassi FImp. 4, fast das ganze Jahr hindurch *sine collega* CIL II 2255 = DessILS 8007. Cass. Dio 54,10,1; seine korrekte Amtsführung wurde von Vell. 2,92 gerühmt. Er hinderte den sehr populären M. → Egnatius (II 6) Rufus an der Bewerbung um den Consulat, doch forderte der anschließende Aufruhr mehrere Todesopfer, Cass. Dio 54,10,1. 5. Zon. 10,34. Eine Gesandtschaft des Senates reiste Augustus nach Campanien entgegen, Q. → Lucretius (II 20) wurde zum *cos.* ernannt, Degrassi FImp. 4. An den Säkularfeiern des J. 17 v. Chr. nahm S. als *magister* der *XVviri* teil, CIL VI 32323, 107. 151, und war sicher auch an der Abschrift der *libri Sibyllini* beteiligt, Cass. Dio 54,17,2. Als *procos.* von Africa weihte er 14/13 v. Chr. die Befestigungsanlagen der Kolonie → Karthago feierlich ein, Tert. de pall. 1,2. Thomasson Statth. v. Afr. 2, 11f. Während seiner Legation in Syria 9–6 v. Chr. war er von seinen Söhnen (II 2 und 3) begleitet, Ios. ant. Iud. 16,369, und nahm am Prozeß gegen → Herodes (1) und seine Söhne teil, wobei er für Milde plädierte, Ios. bell. Iud. 539ff. ant. Iud. 361ff. Er veranstaltete einen census in seiner Provinz, Tert. adv. Marc. 4,19, der vielleicht mit der fälschlich dem P. → Sulpicius (II 7) Quirinius zugeschriebenen Volkszählung z. Z. der Geburt → Jesu identisch ist. Als Legat unter dem Oberbefehl des → Tiberius weilte er etwa 4–6 n. Chr. in Germanien und war an den Eroberungszügen führend beteiligt, so daß er mit den *ornamenta triumphalia* ausgezeichnet wurde, Cass. Dio 55,28,6. Bei der Expedition gegen → Maroboduus führte er die westl. Heeresgruppe, Vell. 2,109,5. Tac. ann. 2,46,2.

R. Syme The Stemma of the Sentii Saturnini, Hist. 13, 1964, 156ff.

2. C. S. Saturninus, Sohn von Nr. II 1, weilte mit dem Vater in Syrien und wohnte 7 v. Chr. dem Prozeß gegen die Söhne des → Herodes (1) bei (Ios. ant. Iud. 16,368f.; bell. Iud. 1,541); *cos. ord.* 4 n. Chr. zusammen mit Sex. → Aelius (II 5) Catus: Degrassi FImp. 6, Urheber der *lex Aelia Sentia*, die das Recht der → *manumissio* beschränken sollte, wahrscheinlich Gatte der Paulina, die von → Decius (II 3) Mundus 19 n. Chr. verführt worden war, Ios. ant. 18, 66–80. Zon. 6,5. **3.** Cn. S. Saturninus, Bruder des Vorigen, wie dieser als junger Mann beim Vater in Syrien, *cos. suff.* 4 n. Chr. anstelle des Bruders (Degrassi FImp. 6). Er begleitete → Germanicus (2) 19 als *legatus pro praetore* in den Orient und übernahm nach dessen Tod die Verwaltung der von Cn. → Calpurnius (II 15) Piso verlassenen Provinz Syrien (Suet. Cal. 3,3. Tac. ann. 2,70). Er hinderte Piso an der neuerlichen Besitznahme Syriens (Tac. ann. 2,76–79. 3,12–14. Magie Asia min. 499) und wurde von Tiberius im Amte bestätigt (CIL III 6703). **4.** Cn. S. Saturninus, Sohn des Vorigen. Nach CIL IX 2460 *q(uaestor)*, *tr. pl.*, *pr(aetor)* im J. 37, *cos. suff.* im J. 41 (Degrassi FImp. 11). Nach der Ermordung des → Caligula durch → Cassius (II 8) Chaerea versuchte S. zusammen mit seinem Amtskollegen Q. → Pomponius (II 8) Secundus die Republik wiederherzustellen (Ios. ant. Iud. 19, 17–271), während die Praetorianer → Claudius (II 39) zum Kaiser ausriefen (Suet. Claud. 10. Cass. Dio 60,1,4). S. begleitete Claudius im J. 43 nach Britannien, wo er militärische Erfolge errang (Eutr. 7,13,2). Unter Nero hingerichtet oder zum Selbstmord gezwungen (Tac. hist. 4,7), sein Name aus den Inschr. getilgt (CIL IX 2460). G. Wi.

Sephrēs, äg. Śꜣḥw-Rʿ, 2. König der 5. Dyn., ca. 2455–2443 v. Chr., errichtete seine Pyramide Ḫʿ-bꜣ-S. bei Abusir (48 m hoch) mit noch gut erhaltenem Totentempel, dessen Reliefs u. a. eine Schiffsexpedition nach Asien zeigten. Außerdem sind Expeditionen nach dem Sinai, nach Punt und in die Dioritbrüche w. Abu Simbel bekannt. S. war Bruder seines Vorgängers Wśr-kꜣ.f und seines Nachfolgers Nfr-jr-kꜣ-Rʿ, Sohn einer Ḫntj-kꜣw. s. W. H.

Sepias (*Σηπιάς*), Küstenstrich der SO.-Küste der Halbinsel → Magnesia (1), Landeplatz der pers. Flotte vor der Schlacht am → Artemision (1), die hier durch Sturm große Verluste erlitt, Hdt. 7, 183,3. 188. 191,2. Strab. 9,5,22 p. 433. Diod. 11, 12,3. Ferner gleichnamige Stadt Strab. 9,5,15 p. 436, und Kap, h. Kap Hg. Georgios, Apoll. Rhod. 1,582 m. Sch. Strab. 7 p. 330 frg. 32. Mela 2,35. 44. Ptol. 3,12,13. E. M.

1. *Stählin*, RE IIA 1544ff. 2. *Ders.* Das hellenische Thessalien 52. 56. 3. *Philipps.-Kirst.* 1,161.

Sepphoris (*Σέπφωρις*, aram. *sippori[n]* »Vogel«), Stadt im galil. Bergland 6 km n. → Nazareth, E. 2. Jh. v. Chr. erstmals erwähnt (Ios. ant. 13,338). In röm. Z. einer der größten (vita 346) Orte Galiläas, häufig dessen polit. Zentrum (ant. 14,91. 18,27; vita 38). Hellenist. geprägt (Theater, Bevölkerung z. T. nichtjüd.). Stand im jüd. Krieg auf röm. Seite (bell. 2,511. 628. 3,30. 59; vita 30). Vermutl. unter Hadrian in *Diocaesarea* umbenannt. Entwickelte sich im 2. Jh. zu einem der Mittelpunkte jüd. Lebens in Palästina (Sitz einer rabbin. Akademie, zeitweilig des großen Synhedriums) und blieb bis ins 4. Jh. überwiegend jüd. besiedelt. In byz. Z. chr. Bischofssitz. Ausgrabungen 1931. B. Sch.

1. *Schürer* 2, 1907⁴, 209–13. 2. *S. Klein* Beitr. zur Geogr. und Gesch. Galiläas, 1909, 26ff. 3. *L. Waterman* Report of Excavations at S., 1937. 4. *Abel* Géographie 2, 1938, 305f.

Septem aquae heißt ein Gau im Velinobecken, der durch seine gute Bewässerung bes. fruchtbar war (CIL IX 4206.4207.4208.4399). G. R.

Nissen It. Ldk. 2,474.

Septem fratres (*Ἑπτάδελφοι ὄρος*), Gebirgsstock von 7 aneinander gereihten Bergen (vgl. Mela 1,29. Plin. nat. 5,18) an der afrikan. Seite der Meerenge von Gibraltar wohl bei dem h. Ceuta. Im ausgehenden Alt. lag hier ein Kastell. K. A.

Septemviri (urspr. *IIIviri:* Cic. de or. 3,73. Liv. 33,42,1; seit Caesar *Xviri:* Cass. Dio 43,51,9) *epulonum* (vgl. etwa DessILS 8819. 8819a), seltener *epulones* (Fest. 78 M. 193 L.), im J. 196 v. Chr. zur Entlastung der → *pontifices* von bestimmten organisatorischen Aufgaben eingerichtetes höheres Priesteramt (an 4. Stelle nach dem → *pontifex max.*, den → *augures* und den → *XVviri sacris fac.:* DessILS 107,5. CIL VI 903). Den S. oblag anfangs die Ausrichtung des *epulum Iovis* zu den *ludi plebei* und *ludi Romani* (→ Spiele 2, → Epulo 2), im Laufe der Z. wurden sie auch für die Durchführung anderer Zeremonien zuständig (vgl. Cic. har. 21). Wissowa Rel.² 518. Latte RRel 251. 398f. H. Gä.

Septerion (*Σεπτήριον*). Ein alle 8 Jahre in Delphoi gefeiertes (enneaterisches) Fest zur Erinnerung an die Tötung des Python durch Apollon, verbunden mit sehr seltsamen, rätselhaften Riten, für die der einzige Zeuge, Plut. mor. 295c und 418a, ausgeklügelte Deutungen vorträgt. Hesych. gibt die sicher falsche Variante *Στεπτήριον*. RE II A 1553–57 (Pfister). K. Z.

Septicius. C. S. Clarus, *praef. praet.* unter Hadrian (H. A. Hadr. 9,5). Im J. 122 zusammen mit C. → Suetonius (2) Tranquillus, der von ihm begünstigt wurde und ihm seine Kaiserbiographien gewidmet hatte (Lyd. mag. 2,6), entlassen (H. A. Hadr. 11,3. 15,2). Auch der jüngere → Plinius (2) wurde von ihm gefördert und richtete das Dedikationsschreiben seiner Briefsammlung (1,1) an ihn. Onkel des Sex. → Erucius (II 1) Clarus. G. Wi.

Septimius. I. Republik. Zeit. **1.** Aus dem umbrischen Stamm der Camerter, stammte aus → Firmum und sollte 63 im Auftrage Catilinas die Erhebung im → Picenum vorbereiten (Sall. Cat. 27,1). **2.** Röm. Ritter, bekannt aus den Werken des Horaz als ein Freund des Dichters, der sich mit S. in der lieblich-fruchtbringenden Landschaft um Tarent zur Ruhe setzen wollte (c. 2,6). Wohl auf Horaz' Empfehlung hin begleitete S. 20 v. Chr. Tiberius nach Armenien (epist. 1,9). Wahrscheinlich ist er ident. mit dem auch Augustus bekannten S. (Suet. vita Hor.). **3.** C. S. setzte sich als Praetor 57 für die Rückkehr Ciceros aus dem Exil ein (Cic. p. red. in sen. 23) und war 56 als Propraetor Statthalter in Asien. Identität mit S., der App. civ. 4,96f. auf Wunsch seiner treulosen Gattin 43 proscribiert wurde, ist wegen der geringen Wahrscheinlichkeit des Berichts nicht anzunehmen. **4.** L.S. kämpfte 67 unter Pompeius im Seeräuberkrieg, später im Heer des A. → Gabinius (I 6), der → Ptolemaios (15) XII. Auletes 55 eine Schutzgruppe hinterließ (Caes. civ. 3,103,5). S. gehörte ihr an und wurde 48 Pompeius entgegengeschickt, als dieser auf seiner Flucht nach Äg. gelangte. Nachdem Pompeius mit wenigen Begleitern ein Boot bestiegen hatte, um an Land zu gehen, erstach ihn S. (Caes. civ. 3,104,2. Plut. Pomp. 78f.). Zusammen mit → Achillas führte S. im alexandrin. Feldzug 48/47 die äg. Truppen (Cass.Dio 42,38,1). **5.** P.S. diente nach 76 als Quaestor unter M. Terentius → Varro, der ihm B. 2–4 seines Werkes *de l.l.* widmete (l. l. 5,1. 7, 109). Vielleicht ist S. ident. mit P.S., der nach Vitruv (7 praef. 14) ein Werk über Architektur geschrieben hat, und mit dem bei Quint. inst. 4,1, 19 erwähnten Vf. von *observationes*. **6.** P.S. Scaevola wurde 72 in einem Repetundenprozeß verurteilt, weil er als Geschworener 74 in dem von C. → Iunius (I 3) geleiteten Mordprozeß Bestechungsgelder angenommen hatte (Cic. Verr. 1, 38f.; Cluent. 115f. MOMMSEN RStrR 711,2. 725,4). M. D.-M.

II. Kaiserzeit. **1.** L.S. übersetzte das Werk des → Diktys (6) Cretensis im 4.Jh. n.Chr. (?) ins Lat. Ein Stück des in neron. Z. (Dict. Cret., ed. W.Eisenhut, 1958, VIII) entstandenen griech. Orig. ist erhalten PTeb. 2, Nr.268 (FGrH 49 F 7 = Dict. 4,9–15. SCHANZ-Hos. 4,85ff). M.D.-M.

2. S.Flaccus bekämpfte als Statthalter von Numidien (THOMASSON Afr. 2,159f.) E. 1.Jh. die → Garamantes (Ptol. 1,8,4). **3.** P.S.Geta, Bruder von Nr.7; seine Laufbahn AE 1946, 131 = IRT 541: *Xvir stlitibus iudicandis, trib. laticl. leg. II Aug., quaest. provinc. Cretae et Cyrenarum* (IGR I 970), *aed. Cerealis, curator rei pub. Anconitanorum, praet. hastarius et tutelar., leg. leg. I Italicae, procos. Siciliae* (G. M. BERSANETTI, Epigraphica 5, 1942, 105ff.), *leg. Auggg. pr. pr. provinciae Lusitaniae* um 190 (G. ALFÖLDY Fast. Hisp. 145), *cos. suff.* um 191 (DEGRASSI FImp. 52), *leg. Auggg. pr. pr. provinciae Mysiae inferioris* in den J. 193/94 (A. STEIN Moes. 81. J.FITZ Moes. inf. 49), *leg. Au[ggg. p]r. pr. provinc. Daciarum* (CIL III 905. 7794. SHA Sept. Sev. 8,10 A.STEIN Dazien 56ff.), *cos. II ord.* 203 DEGRASSI FImp. 57. **4.** P.S.Geta, röm. Kaiser, Sohn von Nr.7, → Geta (3). **5.** Aurelius S. Heraclitus, *praefectus Aegypti* 215; A.STEIN Äg. 117ff. **6.** S.Severus, *adfinis* des Kaisers S. (7), der dessen Aufnahme in den Senat betrieb (H.A. Sept. Sev. 1,2). **7.** L.S.Severus, röm. Kaiser = Imp. Caes. L.Septimius S. Pertinax Aug. * 11.April 146 (oder 145) in → Leptis magna (H.A. Sev. 1,1. Cass. Dio 76,15,2. 78,11,4. 6. 17,1); zum Datum s. J. GUEY, BSAF, 1966, 33ff. Aus ritterl. Familie (A.STEIN Ritterst. 313. 393), sein Vater P. Septimius Geta (CIL VIII 19493 = DESSILS 439. AE 1947, 48), seine Mutter Fulvia Pia (AE 1947, 49. H.A. 1,2); zur Verwandtschaft K.A.NEUGEBAUER A 12, 1936, 155ff. G.M.BERSANETTI, Ath. 24, 1946, 28ff. S.AURIGEMMA, QAL 1, 1950, 59ff. J.GUEY, MSAF 82, 1951, 161ff. S. verbrachte seine Kindheit in der Heimat, befaßte sich schon früh mit griech. und lat. Lit. (H.A. 1,4. Eutr. 8,19. Aur. Vict. 20,22) und ging zu weiterer Ausbildung nach Rom, wo er auf Fürsprache seines *adfinis* → S. (6) Severus von Kaiser → Marcus (2) Aurelius in den Senat aufgenommen wurde (H.A. 1,5). Quaestor in Rom 170 und statt in der von Mauren bedrohten Baetica (G.ALFÖLDY Fast. Hisp. 88 Anm. 98) 171/172 in Sardinien (H.A. 2, 3f. P.MELONI Sard. 269,98), *legatus prov. Africae* 173/74 (DI VITA-EVRARD, MEFR 75, 1963, 389ff. THOMASSON Afr. 2,141,37), *trib. pl. candidatus* (IRT 555. H.A. 3,1), *praetor* 178 und *iuridicus Asturiae et Callaeciae* 178–181 (SHA 3,4. ALFÖLDY a.O. 88f.), *leg. leg. IV Scythicae* in Syrien (H.A. 3,6. P.THOMSEN, ZDPV 67, 1945, 75ff.), wo er dem Statthalter Helvius → Pertinax unterstand und Verbindungen zu den Priestern des → Baal von → Emesa anknüpfte. 184/85 setzte S. seine Studien in Athen fort (H.A. 3,7. HASEBROEK Sept. Sev. 11f.) und war 186–89 Statthalter der Gallia Lugdunensis (H.A. 3,8. 4,1. Cass.Dio 74,3,2. P.WUILLEUMIER Lyonn. 17f.). 185 heiratete er in 2. Ehe – seine erste Gattin → Paccia (II 2) Marciana (DESSILS 440) war vor 185 verstorben – die aus der Priesterfamilie von → Emesa stammende Syrerin → Iulia (II 101) Domna, die ihm 2 Söhne gebar: Septimius Bassianus, später → Caracalla genannt, * 4.April 186 in Lugudunum (BGU 1,362. Aur. Vict. Caes. 21,1) und Septimius → Geta (3), * 27.Mai 189 (Cass.Dio 77,2,5). Proconsul von Sicilia 189/190 (H.A. 4,3), *cos. suff.* 190 H.A. Sev. 4,4. Cass.Dio 72,12,4. DEGRASSI FImp. 53). 191 bis 193 Statthalter von Oberpannonien (H.A. 4,2. Cass.Dio 73,14,3. W.REIDINGER Pann. 93ff., 15. A.DOBÓ Pann. 112,93), wo er nach der Ermordung des → Pertinax am 9.April 193 in → Carnuntum zum Kaiser proklamiert wurde (H.A. 5. Did. Iul. 5,2. Clod. Alb. 1,1. Aur. Vict. Caes. 19,2. Cass.Dio 73,14,3. Herodian. 2,9,2). S. wurde von allen Legionen des Donauraumes und am Rhein bestätigt, mit Ausnahme der *leg. X gemina* in Vindobona, vgl. die Liste der Legionsmz. bei HASEBROEK 152. Nach 10tägiger Vorbereitung (Cass.Dio 73,15,3. Herodian. 2,11,2) Aufbruch zum Zug gegen den von den Praetorianern in Rom erhobenen → Didius (II 5) Iulianus, nachdem er dem von den britann. Legionen erwählten D. → Clodius (II 2) Albinus den Caesarentitel angeboten hatte (Cass.Dio 73,15,1f. CIL VIII 1549. 17726. 26498). Didius Iulianus wurde beim Herannahen des S. am 2.Juni 193 ermordet (Cass.Dio 73,17,5), der Senat, der S. vorher zum Staatsfeind erklärt hatte (H.A. 5,5), begrüßte ihn als Kaiser (H.A. 6,1. Herodian. 2,16,6) und geleitete ihn am 9.Juni 193 im Triumphzug in die Stadt Rom (Cass.Dio 74,1,

4). Auflösung der Praetorianergarde, die jetzt aus altgedienten Legionären, deren Sold auf 500 Denare jährlich erhöht wurde (H.A. 5,2 T. PEKÁRY, Hist. 8, 1959, 473), bestand (Cass. Dio 74,2,4ff. Herodian. 2,4,5. Zon. 12,8). Divinisierung des Pertinax, dessen Namen S. annahm (Cass. Dio 74,4,11. 5,5). Am 9. Juli 193 Aufbruch nach dem O. zur Auseinandersetzung mit C. → Pescennius (1) Niger, der in → Antiocheia (1) zum Kaiser ausgerufen worden war (Herodian. 2,14,6–3,2,5). Die Truppen Nigers, die in Thrakien einmarschiert waren, wurden bei → Perinthos, das von L. → Fabius (II 6) Cilo verteidigt wurde, geschlagen (Cass. Dio 74,6,3. H.A. Niger 8,3) und zogen sich unter → Asellius Aemilianus nach Byzanz zurück, wo sie im Sommer 193 belagert und E. 193 bei → Kyzikos schwer geschlagen wurden (Cass. Dio 74, 6,4. G. MIHAILOV Acta Ant. Philippolitana 1963). *cos. ord.* II 194 zusammen mit → Clodius (II 2) Albinus (DEGRASSI FImp. 54). Nach einem weiteren Sieg durch Ti. → Claudius (II 15) Candidus Anf. 194 bei → Nikaia (5) in Bithynien (Cass. Dio 74,6,5. H.A. 8,17) fiel Ägypten von Niger ab (BGU 326 II 12). Schließlich gelang den Truppen des S. der Durchbruch durch die Tauruspässe (Herodian. 3,3,6ff.) und durch P. → Cornelius (II 4) Anullinus der entscheidende Erfolg bei → Issos (Cass. Dio 74,7,2–8). Der geflohene Niger wurde bei Antiocheia eingeholt und enthauptet (Cass. Dio 74,8,3. Herodian. 3,4,6; vgl. zum Ganzen MAGIE Asia min. 670ff. 1538ff.). Die für Niger eingestellten parth. Vasallenstaaten wurden in einem kurzen Krieg *(expeditio Parthica)* zurechtgewiesen (CIL II 4114 = DESSILS 1400. Cass. Dio 75,2,3), → Adiabene und → Osroene unterworfen, die Provinz Syria in *S. Coele* (Norden) und *S. Phoenice* (Süden) geteilt, die Hauptstadt Antiocheia mit der Minderung ihrer Rechte bestraft (G. DOWNEY, Berytus 6, 1939/41, 1ff.). Verleihung der Siegertitel Adiabenicus, Arabicus und Parthicus (H.A. 9,10. Eutr. 18,4). Christenverfolgung im Orient (H.A. 17,1. Tert. apol. 35. K.H. SCHWARTE, Hist. 12, 1963, 185ff.). Anf. 196 zog S. auf dem Landweg nach W., um sich mit Clodius Albinus zu messen. In → Viminacium ernannte er seinen Sohn → Caracalla zum Caesar (Cod. Iust. 4,19,1) und gab ihm den Namen M. Aurelius Antoninus (H.A. 10, 3. Herodian. 3,10,5), um damit seine Familie mit den Antoninen zu verbinden. S. selbst bezeichnete sich als *Commodi frater* (CIL VIII 9317) und betrieb die Divinisierung des damnierten → Commodus (H.A. Comm. 17,11). Kurzer Aufenthalt in Rom (Dig. 27,9,1), Clodius Albinus zum Staatsfeind erklärt (H.A. 10,2. Herodian. 3,6,8). Nach wechselnden Kämpfen in Gallien und Germanien (Cass. Dio 75,6,2), bei denen sich auf der Seite des S. bes. → Numerianus auszeichnete (Cass. Dio 75, 5,1. 2. Zon. 12,9), kam es am 19. Febr. 197 zur Entscheidungsschlacht bei → Lugdunum (Cass. Dio 75,6,1. Herodian. 3,7,2); große Verluste auf beiden Seiten, Albinus fiel auf der Flucht (Cass. Dio 75,7,1. 2. Herodian. 3,7,6). Blutige Verfolgungen seiner Anhänger (Herodian. 3,8,2. CIL II 4114 = DESSILS 1400). Teilung der Provinz Britannia (Herodian. 3,8,2. CIL VIII 280. 281). Sommer 197 in Rom, Vorgehen gegen den Senat, der mit Albinus sympathisiert hatte (Cass. Dio 74,9,1ff. G. BARBIERI, Epigraphica 14, 1952, 5ff. G. ALFÖLDY, BJ 68, 1968, 112ff.). Vorbereitungen zum Partherkrieg, Aufstellung dreier neuer Legionen: legio I, II, III Parthica (Cass. Dio 55,24,4). Aug. 197 Landung in Syrien und Belagerung von → Ktesiphon, das E. 197 fiel (H.A. 16,1. Cass. Dio 75,9,4). Ausrufung der Söhne → Caracalla und → Geta (3) zum Augustus bzw. Caesar (H.A. 16,3,4), 198 erfolgloser Angriff auf → Hatra (Cass. Dio 75, 10,1. 11,1), 199–200 Aufenthalt in Äg. (CIL III 6581 R.M. HAYWOOD, TAPhA 71, 1940, 175ff. K. HANNESTAD, Class. et Med. 6, 1944, 194ff.), Schaffung der Provinz → Mesopotamia mit der Hauptstadt → Nisibis, die (wie Äg.) nur von Rittern verwaltet wurde (Cass. Dio 75,3,2; s. MAGIE Asia min. 681ff. 1545f.), Jan. 202 Rückkehr nach Rom (J. FITZ, Arch. Hung. 11, 1959, 237ff.), *cos. ord. III* 202 zusammen mit Caracalla (DEGRASSI FImp. 57), Erbauung des schon 195 beschlossenen Triumphbogens auf dem Forum (CIL VI 1033 = DESSILS 425. H.U. INSTINSKY, Klio 35, 1942, 216 R. BRILLIANT, Mem. of the American Acad. at Rome 29, 1967), rege Bautätigkeit (H.W. BENARIO, Latomus 17, 1958, 712ff.). Feier der Dezennialspiele (Cass. Dio 76,1,4. 5. Herodian. 3,10,2, zu den Mz. A. TOCCHI, RIN 58, 1956, 3ff. und G. TRAVERSI ebd. 20ff. Vermählung des → Caracalla mit Plautilla, der Tochter des Gardepraefekten → Fulvius (II 8) Plautianus (CIL VI 226. Cass. Dio 76, 1,2); starke Münzverschlechterung (J. GUEY, BSAF 1952/53, 89ff.), Trennung von → *patrimonium* und → *res privata*, die vor allem durch Konfiskationen gespeist wurde (Cass. Dio 74,8. 77,16. Herodian. 3, 8. 13,15. SHA 12,3. T. PEKÁRY, Hist. 8, 1959, 455ff.). Zur angeblichen Bevorzugung der Afrikaner bei der Postenvergabe s. R.M. HAYWOOD, TAPhA 71, 1940, 175f. G. ALFÖLDY, BJ 168, 1968, 112ff. A.R. BIRLEY, ebd. 1969, 247ff. Nach dem Sturz des Gardepraefekten → Fulvius (II 8) Plautianus (Cass. Dio 76,2ff. Amm. 26,6,8. Herodian. 3,11,4ff. E. HOHL, SDAW 1956, 2) gewann das → *consilium principis*, in dem die Juristen (→ Papinianus, → Ulpianus) dominierten, großen Einfluß (J. CROOK Cons. princ. Cambr. 1955, 79ff.). 208 Aufbruch nach Britannien in Begleitung der Familie (Cass. Dio 76,11,1. Herodian. 3,14,1. 2). Iulia Domna blieb mit Geta, der zum Augustus ernannt wurde (IG III 10. AE 1946, 38. 1948, 14. 161. 1950, 126. 136), in → Eburacum (Cass. Dio 76, 10,1. M.G. JARRETT, Yorkshire Arch. Journ. 41/3, 1965). Zug zur N.-Grenze der Insel (Cass. Dio 76, 13,1ff. Herodian. 3,14,10), Krieg gegen die → Caledonii und Maeatae (Cass. Dio 76,15,1ff.),

Aufgabe der Clota-Bodotria-Linie und Rückzug hinter den verstärkten Hadrianswall (Cass. Dio 76, 15,2, s. S. N. Miller, CAH 12, 1939, 235 ff.). † 4. Febr. 211 in Eburacum (H. A. 19,1. Cass. Dio 76,15,2. 17,4. Herodian. 3,15,2 ff. Eutr. 8,19. Aur. Vict. Caes. 20,27.

Münzen: *Hasebroek* 152–172. *H. Mattingly* The Coinage of Sept. S. and his time, Num. Chron. 1932, 177 ff. Bildnisse: *H.P.L.L'Orange* Apotheosis in anc. portr., 1947, 73 ff. *F. Poulsen*, Ny Carlsberg Glyptothek 1951, 721 ff. *G. A. M. McCann* The Portr. of Sept. S., Mem. Americ. Acad. Rome 30, 1968. *M. Platnauer* The Life and Reign of the Emperor L. Sept. S., Oxf. 1918. *J. Hasebroek* Unters. zur Gesch. des Kaisers Sept. S., Heidelberg 1921. *M. Hammond* Sept. S., Roman bureaucrat, Harv. Stud. Class. Phil. 51, 1940, 137 ff. *G. J. Murphy* The Reign of the Emperor L. Sept. S. from the Evidence of the Inscriptions, Philadelphia 1945. *A. Calderini* I Severi, Bologna 1949. *G. Walser-T. Pekáry* Die Krise des röm. Reiches, Bln. 1962, 1–11. *T. D Barnes* The Family and Career of Sept. S., Hist. 16, 1967, 87 ff. *A. R. Birley* Sept. Sev., the African Emperor, London 1971.

8. C. S. Vegetus, *praef. Aeg.* unter → Domitianus (CIL XVI 32. IGR I 1099 = DessILS 9369. IGR I 1287. A. Stein Äg. 43 f.). **9.** S. Vorodes, *proc. duc.* von Syrien (IGR III 1040–45) 262–67 (J. F. Gilliam, AJPh 1958, 23), daneben bekleidete er noch zahlreiche Ämter in seiner Heimat Palmyra (Clermont-Ganneau, Rev. Bibl. 29, 1920, 384). G. Wi.

Septimontium, am 11. Dez. als *dies sacer* (Sch. Veron. georg. 2,535) bzw. *feriae* (Varro l. l. 6, 24) nicht des *populus*, sondern der *montani* (Varro a. O.) *pro montibus* (Fest. 284,20 L.) und deshalb ohne Nennung in den Staatsfasten gefeiert (CIL I^2 1003). Erwähnung im Bauernkalender (CIL I^2 p. 210. 253) zeigt Bedeutung für die Bauern (Colum. 2,10,8. Pallad. 13,1). Ausschirren des Zugviehs (Plut. mor. 280 d), Festessen (Suet. Dom. 4,5). Der Name S. nicht nach den 7 Hügeln (Serv. Aen. 6,783) der Stadt (Varro l. l. 5,41. 6,24. Lyd. mens. 4,155), sondern urspr. nach den von Antist. Labeo bei Fest. 476,1 ff. L. (vgl. ebd. 458, 1 ff. Paul. Fest. 459,2 f. L.) genannten, deren Synoikismos ein Stadium der Entwicklung Roms vor der Vierregionenstadt bezeichnet. G. R.

Wissowa Ges. Abh. 230 ff.; Rel. ^{2}439. *Latte* RRel 112. *Platner-Ashby* Topogr. dict. 471 ff. *R. Werner* Der Beginn der röm. Republik 389 f.

Septizodium (oft auch septizonium). Als Schaufassade der severischen Palastbauten auf dem Palatin in Rom (→ Palatium) wurde 203 n. Chr. ein S. dediziert (CIL VI 1032. 31229. H. A. Sept. Sev. 19,5. 24,3–4, vgl. Geta 7,2. Amm. 15,7,3. Nash 2,302 ff.); die letzten Reste des monumentalen, dreistöckigen Baues wurden 1588/89 abgetragen. Dies S. galt wohl zugleich den sieben Tagesgöttern (Boll-Bezold-Gundel Sternglaube u. Sterndeutung, ^{5}1966, 27. 102. Dombart, RE II A 1578 ff.). Ein älteres röm. S. erwähnt Suet. Tit. 1; wir wissen sonst nichts von ihm. Andere S. nennen Inschr. aus Africa (Dombart a. O.). S. mag Latinisierung eines griech. ἑπταζώνιον sein, das vor allem bei Astrologen und in Zauberliteratur vorkommt (Dombart a. O.); hier bezeichnet es zunächst die Globuszone, später bes. die Reihenfolge der sieben Planeten (ohne die Erde) und die ihnen entsprechenden Tagesgötter. W. H. G.

Septuaginta. 1. Name: S. (LXX) wird die griech. Übers. des AT einschließlich der Apokryphen genannt. Der Name rührt von einer Legende des → Aristeasbriefes (2) her (ähnlich Phil. de vita Mosis 2,5–7), nach der König → Ptolemaios II. Philadelphos eine Übers. der jüd. Tora für seine Bibliothek veranlaßt habe, die dann von 72 Übersetzern in 72 Tagen vollendet worden sei. Der Aristeasbrief gibt an, daß die Übersetzer den endgültigen Wortlaut miteinander abgesprochen hätten, Philo dagegen weiß von einer Inspiration des Textes. Wahrscheinlicher als die Legende ist die Vermutung, daß griech. sprechende Diasporajuden, die nicht mehr hebräisch konnten, eine Übers. anregten. Unter den wahrscheinlich zahlreichen Versuchen hat sich allmählich der alexandrin. durchgesetzt. Zeitlich wird in der 1. H. 3. Jh. mit der Übers. der Tora begonnen worden sein, während die Propheten, die Schriften und die Apokryphen in den folgenden 100–150 J. übertragen worden sind.

2. Textgesch.: Zunächst stand die LXX bei den Juden in hohem Ansehen. Dies änderte sich jedoch, als die Christen die LXX zu ihrem hlg. B. erklärten. So entstanden in der Folge wortgetreuere Übers. (Aquila, Theodotion, Symmachus). → Origenes hat die ihm bekannten griech. Übers. und den transscribierten hebr. Text in seiner Hexapla nebeneinandergestellt. Dabei änderte er den LXX-Text an vielen Stellen nach dem hebr. Original oder nach genaueren Übers. Z. Z. des Hieronymus hatte der hexaplarische Text kirchl. Geltung. Hauptzeuge desselben ist für uns ein im Codex Syro-Hexaplaris Ambrosianus V 313 enthaltene syr. Übers. des Bischofs Paulus v. Tella (612–18). Außer Origenes haben noch → Hesychios (2) und Lukianos von Samosata († 312) wesentlich auf die Textgestalt der LXX eingewirkt. Hss. der LXX existieren in großer Zahl. Die wichtigsten sind der vollständige Vaticanus (4. Jh.), der vollständige Alexandrinus (5. Jh.) und der große Teile wiedergebende Sinaiticus (4. Jh.).

3. Literar. Bedeutung: Die LXX kann in ihrer Bedeutung kaum überschätzt werden. Einerseits ist sie das Dokument einer akuten Hellenisierung des Diasporajudentums und andererseits stellt sie die Brücke dar, auf der der jüd. Monotheismus ins Abendland vordrang. Diese Brückenfunktion konnte die LXX um so besser ausfüllen, da sie auf weiten Strecken die *κοινή* der Umwelt spricht. Kl. W.

Ausg.: *H. B. Swete* The OT in Greek I–III (1887–91), 1907–$12^{3,4}$. Septuaginta. Vetus Testamentum Graecum auctoritate Societatis Gottingensis 1926ff. (noch nicht vollständig). *A. Rahlfs* Septuaginta (1935), ^{7}1962. *P. Kahle* The Cairo Geniza, 1947. *B. J. Roberts* The OT Text and Versions, 1951. *P. Katz* Studia Patristica I (TU 63), 1957, 343–353 (Lit.). *Kautsch*, RE II A 1586–1621. RGG^{3}I, 1193ff.

Septumuleius. Seltener Familienname, inschr. in Aesernia bezeugt. – L. S., wohl ein Nichtbürger, der 121 den Kopf des C. → Gracchus (1) dem cos. → Opimius (2) überbrachte und angeblich mit Gold aufgewogen erhielt, Cic. de or. 2,269. Diod. 35,29. Plut. C. Gracch. 17,4f. u. a. (Einzelheiten z. T. zumindest aufgebauscht). H. G. G.

Sepulchri violatio. Die Grabverletzung (z. B. Zerstörung oder Beschädigung des Grabmals, Beisetzung anderer als der vom Stifter zugelassenen Personen; Verwendung der Grabstätte als Wohnung u. a.), in der Frühzeit des röm. Rechts nicht belegt (vgl. jedoch Cic. leg. 2,24,61), war bei den klass. Juristen *delictum privatum*, das durch eine poenale praetor. *actio in personam* verfolgt wurde. Diese *actio sepulchri violati* wurde dem am Grab Berechtigten auf *bonum et aequum* gegeben; wollte dieser nicht klagen oder gab es keinen Berechtigten, so konnte *quivis ex populo* die *actio* begehren; sie ging dann auf eine fixe Geldbuße, die dem siegreichen Kläger zufiel; unter mehreren Klageprätendenten erhielt die Klage der, *cuius iustissima causa esse videbitur* (Ulp. Dig. 47,12,3 pr.). Die aus dem Bedürfnis nach Ordnung und Sicherheit entwickelte *actio s. v.* fiel vermutlich in die sachliche Kompetenz der Rekuperatorengerichte. Rechtsfolge der Verurteilung war die Infamie (Ulp. Dig. 47,12,1). Ein vermutlich aus dem Anf. der chr. Zeitrechnung stammendes kaiserl. Edikt (Reskript? *διάταγμα Καίσαϱος* FIRA I Nr. 69), dessen zeitlicher und örtlicher Geltungsbereich unsicher ist, droht nach einem Akkusations- (oder Kognitions-?) verfahren für Tymborychia, d. h. für Störung der Totenruhe bei Familiengräbern, die Todesstrafe an. Nach Macer Dig. 47,12,8 konnte die s. v. nach der *lex Iulia de vi publica et privata* verfolgt werden: je nach dem gesellschaftlichen Stand des Täters wurde auf Bergwerksarbeit, Relegation, Deportation erkannt oder die Todesstrafe verhängt (vgl. Pauli Sent. 1. 21. 4.5.12; Dig. 47,12,11). F. R.

Kaser Röm. Privatr. I^{2}, 1971, 378^{25}. 380. 610. 628. 630. *Gerner*, RE VII A 1742ff. Art. Tymborychia. *Schmidlin* Das Rekuperatorenverfahren, 1963, 79ff. *De Visscher* Le droit des tombeaux romains, 1963, 139ff. u. ö.

Sequana, Fluß der Gallia Celtica (Caes. Gall. 1,1,2. 7,57,1. 4. 58,3. 6. Mela 3,2,20. Plin. nat. 4, 105. 109. Amm. 15,11,3), aber *Secuana* CIL XIII 2863 und *Siqu[a]nna* 2864. Strab. 4, 189. 192. 195. 199. Ptol. 2,8,2 usw. *ὁ Σηκοάνας* Cass. Dio 11,38,4. *Sigunna* Geogr. Rav. 4,26. 39. *Sigona*, *Segona*, *Secona* in nachröm. Z., h. Seine. Der Name ist kelt. Holder 2,1505. Strab. beschreibt ihren Lauf und vergleicht ihn mit dem Rhein, mit einem Irrtum: die S. entspringt nicht in den Alpen (4,3,2), sondern auf dem Plateau de Langres. Nebenflüsse: r. Albis (Aube), → Matrona (2), → Isara (2; Oise); l. → Icauna, Autura (Eure). Auf einer Insel in der S. liegt → Lutecia Parisiorum (Paris).

Zum Teil war die S. Grenzfluß zwischen *Gallia celtica* und *Gallia belgica* (Caes. Gall. 1,1,2. Mela 3,2,20. Plin. nat. 4,105. Ptol. 2,8,3. Amm. 15,11,3). Zu ihrer Bedeutung im gall. Krieg im J. 52 v. Chr. vgl. Caes. Gall. 7,57–62. Ihre Mündung diente als Ausgangspunkt für militär. Operationen (Strab. 4,199, so im Krieg des → Constantius (1) gegen → Allectus im J. 296 (Paneg. 5,14). Auf dem Fluß herrschte Schiffsverkehr (Caes. Gall. 7,58,4. Strab. 4, 1894. 198). CIL XIII 3026 *nautae Parisiaci*. Espérandieu Rec. 3,3132f.

Eine Göttin *dea S.* wurde in der Nähe der Quellen festgestellt, wo ein wichtiges Heiligtum 1836 entdeckt und 1952 neu ausgegraben wurde. Die Tempelstätte liegt in einem Tal, 8 km von Saint-Seine: mehrere Bauwerke um ein Becken (A. Grenier Man. arch. gallo-rom. 4, 1960, 608, mit Plan 613). Funde: eine Weihgabe in Gestalt eines Ruderschiffes aus Bronze, zahlreiche Weihgaben in Stein, Holz, Keramik und Metall. Inschr. *deae S.:* CIL XIII 2859f. Münzen von Augustus bis Magnus → Maximus (I 8). M. L.

Desjardins 4,282f. *Bonnard* La navigation intér. de la Gaule à l'époque gallo-rom., Paris 1913. *H. Corot* Statuettes de bronze découvertes aux sources de la Seine, Mém. Comm. Antiq. Côte-d'Or, 20, 1933–35. Neue Funde: *Gallia* 1950, 158. 1964, 302. 1968, 489. *Dijon* Musée arch. Ex voto du sanctuaire des sources de la Seine, 1966.

Sequăni, Volksstamm der Gallia Celtica zwischen Jura, Rhône und Saône, worum er mit den Aedui stritt (Caes. Gall. 1,1,5. 12,1. 33,4. 4,10,3. Strab. 4,186. 192f. Z. Z. Caesars gehörte zu ihnen das Quellgebiet der mit ihnen namengleichen Sequana nicht mehr. Die S. waren ein sehr mächtiges Volk, Hauptort → Vesontio. Die S. waren in Caesars Kriegen in Gallien seit J. 58 v. Chr. beteiligt (Gall. 1,2. 31f. 6,12. Cass. Dio 38,32. Liv. epit. 104. Oros. 6,7,6). Seit Augustus gehörten sie zur Prov. Gallia Belgica. Im J. 21 n. Chr. waren sie an dem Aufstand der Aeduer unter → Iulius (A II 80) Sacrovir beteiligt (Tac. ann. 3,45), im J. 68 Parteigänger des Vindex (Cass. Dio 63,24. Tac. hist. 4,67). Bei Ptol. 2,9,10 gehört *Οὐισόντιον* zu Germania superior. Nach der Neuordnung des → Diocletianus bildeten sie mit → Raurikern und → Helvetiern eine bes. Prov. *Sequania* oder *Maxima Sequanorum*. Inschr. CIL XIII 1674. 5340. M. L.

Desjardins 4,283. *Jullian* HG 2,522f. *Espérandieu* Rec. basrel. 7, 1918, 3–80.

Sequester. Die Parteien eines Zivilprozesses können übereinkommen, die Sache, welche Gegenstand des Rechtsstreites ist, für dessen Dauer einem Dritten, dem s. (von *secus*), anzuvertrauen, der sie zu verwahren und späterhin dem Gewinner herauszugeben hat. Es ist dies der Hauptanwendungsfall der Dritthinterlegung *(sequestrum; sequestre;* später *sequestratio)*, einer Abart des → *depositum*, welche eine Mehrheit von Hinterlegern ein- und derselben Sache voraussetzt (vgl. Dig. 16, 3,6. 17 pr. 50,16,110). Der s. haftet ihnen mit einer Spezialklage, der *actio (depositi) sequestraria.* Während der Dauer der Verwahrung hat er (anders als ein gewöhnlicher Depositar) Interdiktenbesitz. – Neben dem vereinbarten *depositum in sequestre* kennt das spätere Recht Sequestration durch einstweilige gerichtliche Verfügung. H. St.

A.Biscardi s.v. Sequestro (Diritto romano), Noviss. Digesto Italiano 17, 1970, 42ff. *M.Kaser* Das röm. Privatrecht 1, [2]1971, 389. 536. *Ders.* Das röm. Zivilprozeßrecht, 1966, 73,44. 166. 224. 464.

Sera (*Σῆρα*). Nach → Marinos (2) v. Tyros, der sich auf einen griech. Reisebericht (um 100 n. Chr.) stützte, lag die Stadt *Σῆρα* am Endpunkt der Seidenstraße (Ptol. 1,11,3–6 u. 6,13,1), was am besten zu Liang-tschou im Kansu (1200 km w.s.w. Peking) paßt. Als *μητρόπολις τῶν Σήρων*, stellte Marinos sie sich zu Unrecht nicht als eine Grenzstadt, sondern als das Zentrum der *Σηρική* (Seidenland) vor. Er gab diesem Land Grenzen, die es nach W. verschieben: Himalaya im W., Gangetisches Indien im S. Aber er identifiziert es richtig mit dem Hinterland von Küsten-China (Sina: ebd. 1,17,4) und weiß, daß der Hoang-Ho dort entspringt (ebd. 6,16,3). F. L.

Serangeion (*τὸ Σηράγγειον*), Örtlichkeit an der O.-Seite der → Peiraieushalbinsel zwischen → Zea und → Munychia mit einem Bad und Heroon des Serangos. Harpokr. Suda. Hesych. Phot. lex. Isaios 6,33. Alkiphr. 3,43. Anecd. Bekk. p. 301,16ff. E. M.

1. *Judeich* Topogr. v. Athen[2] 435f. 2. *Geyer* und *Gunning*, RE II A 1663f.

Serapeum. Nach dem memphit. Serapis-Tempel benannte Osiris-Kultstätten im Delta, davon lag eine auf der Landenge von Suez an der Straße von → Heliopolis (1) durchs Wadi Tumilat nach Suez (Klysma); die genaue Lokalisierung steht noch aus. W. H.

Serapion. 1. Äg. Astrologe, der im J. 217 dem Kaiser → Caracalla sein baldiges Ende voraussagte und dabei auf den Gardepräfekten M. Opellius → Macrinus (3) zeigte. Caracalla ließ aber irrtümlich einen andern Mann töten und S. einem Löwen vorwerfen, der ihn aber nicht anrührte. So mußte S. auf andere Weise getötet werden (Cass. Dio 78,4,4f.). G. Wi.

2. Von Antiocheia. Vf. astronom. geograph. Handtafeln zur Bestimmung der Zeit je nach Breite und Höhe (daher Plin. nat. Ind. 2 *Serapione gnomonico*). Vielleicht Zeitgenosse Ciceros, der seine Abhandlung als neueste Quellschrift für die Abfassung seiner *Geographica* erwirbt (Att. 2,4,1 u. 6,1) und auf seine und des → Hipparchos (6) Kritik an → Eratosthenes (2, vgl. Anecd. Par. I 373 bezüglich der Dimensionen von Sonne und Erde) hinweist. F. L.

Serapis s. Sarapis

Serdica (*Σερδική*), h. Sofia, die Hauptstadt Bulgariens; in einer fruchtbaren Ebene an der Vereinigung der Quellen des → Oescus und an der wichtigen Heerstraße Singidunum – Naissus – Philippopolis – Hadrianopolis – Konstantinopel gelegen. Die städt. Siedlung entwickelte sich aus einem röm. Kastell in der 1. Hälfte 1. Jh. n. Chr. In und um Sofia haben prähist. Siedlungen bestanden. Seinen Namen hat S. von den thrak. Serdoi. Von Traian zum *municipium* erhoben, daher Beiname *Ulpia*. Urspr. zur Provinz Thracia gehörend, wurde S. von Aurelian in die von ihm eingerichtete Dacia Ripensis einbezogen und zu ihrer Hauptstadt erhoben. Z. Z. des M. Aurelius und des Commodus wurde S. stark befestigt. S. war als eine Stadt kleinasiat. Typs eingerichtet und verwaltet.

Im J. 344 fand das oft bei Kirchenschriftstellern genannte Konzil von S. statt. 447 von den Hunnen zerstört, wurde S. unter Iustinian wieder aufgebaut. Neue Epoche der Gesch. von S. nach der Eroberung durch den Bulgarenkönig Krum. – Im MA. hieß S. slavisch-bulg. Triaditza und Sredetz.

Ptol. 3,11,6. CIL III 2316 u.a. X 1754. VI It. Ant. 135. Hierokl. 571. Amm. 16,8,1 u.a. Eutr. 9,22,1. Tab. Peut. 7,5. Prokop. b. G. 3,40,1; de aed. 4,1,31. Chr. D.

Oberhummer, RE II A 1669–71. *G.I.Kazarow* Sofia im Alt. (bulg.), 1928 (Jubiläumsbuch d. Stadt Sofia), 15–27.

Serena, * ca. 365, Tochter des → Honorius (2), Nichte des Kaisers → Theodosius I., der die hochgebildete S. sehr schätzte und sie 384 mit → Stilicho vermählte. Aus dieser Ehe stammten → Maria (2) → Eucherius (2), → Thermantia (DESSILS 800). Bedeutenden Einfluß gewann S. am Hof des von ihr in seiner Kindheit betreuten → Honorius (3). 408 geriet sie in Gegensatz zu Stilicho, fiel aber dennoch nach dessen Ermordung in Ungnade, wurde in Rom wegen Hochverrates angeklagt und hingerichtet (Claudian. c. 21,69ff. 24,176ff. 28, 92ff.; carm. min. 30 – *laus Serenae* – 31. 45ff. Zos. 4,57. 5,28. 35ff. Olympiod. frg. 2.6). Mz. RIC 9. A. L.

Serenos. Mathematiker aus Äg., Z. nach Hadrian, wahrschl. 5. Jh. (Th. HEATH 2,519). Sein Kommentar zu den *Κωνικά* des → Apollonios (2) ist verloren. Spuren davon bei Theon v. Smyrna. Schrieb über Zylinder- und Kegelschnitte, überliefert zusammen mit den Kegelschnitten des Apollonios; Ausg.: HEIBERG, BT 1896. *Περὶ κυλίνδρου τομῆς* beweist Sätze über die Gleichheit von Zylinder- und Kegelschnitten und die Projektion des Zylinders in die Ebene. *Περὶ κώνου τομῆς* beweist Sätze und löst Aufgaben über durch die Kegelspitze laufende, daher dreieckige, Schnitte. J. M.

Th.Heath History of greek mathematics, Oxford 1921, 2, 518–526. *Orinsky*, RE II A 1677.

Serenus. 1. Q.S. (oder Serenius), Vf. eines med. Lehrgedichts der 2.H. des 4.Jh.s n.Chr. *(Liber medicinalis)*; die → Medicina Plinii als Vorlage (Mitte 4.Jh.) schließt eine Identifikation mit dem Vorigen aus. Als Quellen des Werkes, das in 1107 Hexametern Rezepte für 64 Krankheiten bietet, kommen Plin. nat. und eine dritte (griech.?) hinzu. Zuerst von → Marcellus (14) Empiricus (um 400), dann von Benedictus Crispus (7.Jh.) benutzt, ist es im MA. von einiger Wirkung gewesen, wie zumal eine Reihe von Codices bezeugen.

Ta.: *F.Vollmer*, 1916. *R.Pépin*, 1950.
Index: *P.v.d.Woestijne*, 1941.
Lit.: *Schanz-Hos.* 3,28ff.

2. S.Sammonicus. Berühmter Gramm. und Antiquar des 2.Jh.s n.Chr., fiel 212 als Anhänger von Septimius Severus' Sohn → Geta (3) dessen Bruder → Caracalla zum Opfer (H.A.Car. 4,4). Mit Antoninus, dem die von Geta bes. geschätzten, wohl gramm. Bücher gewidmet waren (H.A. Geta 5,6), dürfte Marc Aurel gemeint sein. Hingegen zitiert Macr. Sat. 3 mehrere Abschnitte aus einem antiquar. Werk *Res reconditae* (mindestens 5 B.), die Septimius Severus und wohl Caracalla zugeeignet waren. S.' Einfluß auf → Macrobius dürfte über den Bereich der Zitate hinausgehen; auch sonst ist er in der Spätant. mehrfach benutzt worden (Arnobius, Donat, Sidon., Lyd. mag. [?]).

RE I A 2129ff. II A 1675. *Schanz-Hos.* 3,180. *H.Bardon* Lit. Lat. Inc. 2, 1956, 262f.

3. S. Sammonicus, nach der H.A. Sohn des Vorigen, soll von Alexander Severus (30,2) als Dichter geschätzt worden sein und dem jüngeren → Gordianus, seinem Schüler, die reichhaltige Bibliothek seines Vaters hinterlassen haben (H.A. Gord. 18,2); wohl eine fingierte Figur, vgl. R.Syme Ammianus and the Historia Augusta, 1968, passim. P. L. Sch.

G.W.Bowersock Greek Sophists in the Rom. Empire, 1969, 102. 107.

Seres (*Σῆρες*, *Serae*), die Seidenleute (chin. *si*, die Seide [12], 234ff.), die Chinesen. Die früher → Nearchos (1; FGrH 133 F 19) zugeschriebene Erwähnung der Seide (*σηρικά*) hat sich als Zusatz Strabons herausgestellt ([15], 110,1), ebenso fraglich ist auch die Stelle aus Apollodoros v. Artemita (Strab. 11,516. [15], 109f. [7], 347f.). Um echt chin. Waren handelte es sich bei den seidenen *παραπετάσματα* der Spiele Caesars (Cass. Dio 43,24,2) und bei den seidenen Standarten der Parther im Kriege mit Crassus (Flor. 1,46,8). Deutliche Hinweise auf die Erzeuger der chin. Seide liefert erst die august. Lit. (Verg. georg. 2, 121. Hor. c. 1,12,56. 3,29. 27. Ov. am. 1,14,6) und damit wohl einen Widerhall jenes Seidenhandels, der indirekt durch die Lieferungen des Kaisers Wu (141–87 v.Chr.) an die Hsiung-nu eingeleitet wurde, die ihrerseits dann die Seide weiter nach dem W. abgaben ([16], 85). Anfänglich sind die geogr. Vorstellungen über die S. unzureichend: Sie werden ö. der → Skythen als Anwohner des serischen Ozeans (GLM 6,30. 26,6. 45,38. 74,6. 88,38. 92,5. Oros. 1,2,14. 47) oder ganz allg. mit diesen und den Indern im O. angenommen (Mela 1,2,11. 3,7,60. Sil. 6,4. 15,79. 17,595). Uneinheitlich äußert sich Plin. nat. 6,54 ([7], 55f.). 7,27. 12,2,17,38,84. Der peripl. m. r. 64 (GGM 303) hat bereits genauere Vorstellungen, wenn er von der großen Stadt *Θῖναι* im N. der Insel Chryse spricht (vgl. *Σῖναι ἢ Θῖναι* bei Ptol. 7,3,6). Dazu gehört *Τζίνιστα* (vgl. ai. *Cīnasthāna*, pers. *Činistān*, syr. *Ṣīnastān*) bei Kosmas Indikopl. (2, 45ff. [Wolska-Conus]. 11,337 [PG 88,445]). Thinai ist der Name für S.-China, während S. N.-China bedeutet ([17], 145ff.). Thinai wurde auf dem Seeweg bekannt, bei dem der ind. Zwischenhandel eine große Rolle spielte. So ist in den Annalen der Han-Dynastie ([7], 49f.) von einer Gesandtschaft des Herrschers An-tun (M.Aurelius Antoninus) aus Ta-ts' in (Rom) die Rede. Auf intensiven Seeverkehr weisen auch die Funde von Oc-Eo im Mekong-Delta ([8], 84ff. [13], 172ff.). Aus später Z. stammt die auf die Landverbindung mit China zurückgehende Nachricht des Theophyl. Simokattes (7,7,11 de Boor) von der mächtigen Stadt *Ταυγάστ* (vgl. den türk. Namen für China »Tavġač«) in N.-China ([17], 169ff.). Gerühmt wurde die Friedensliebe und Milde der S. (Plin. nat. 6,54. Solin. 51. Amm. 23,6,67. Eus. praep. ev. 6,10,12ff. [Bardesanes]), ihre Gerechtigkeit (Mela 3,7,60) und die große Mauer (Amm. 23,6,64). Die wichtigsten Waren, die über das Meer und die Karawanenstraßen ([17], 150ff.) nach dem W. gelangten, waren: Eisen (Plin. nat. 34,145. Oros. 6,13,2), Pfeile und Bogen (Charit. 6,4,2), Kissen (Hor. epod. 8,15) und vor allem die Seide (*σηρικόν*, *sericum*, *seta*). Teilweise richtig informiert Paus. 6,26,6 über die Kultur des Seidenwurmes (*σήρ*). Lange Z. kamen nur fertige Seidenstoffe aus dem O., die in der Regel bunt gefärbt (Prop. 1,14,22) oder mit Stickereien durchwirkt waren (Lucan. 10,142) und dem Luxus der Damen und der Kaiser dienten. Eingeführt wurde auch Seidengarn (*νῆμα Σηρικόν* [peripl. m. r. 39. 49. Amm. 23,6,68]) und Rohseide (*μέταξα* [17], 80ff.). Ganzseidige Stoffe, die sehr teuer waren, hießen *holoserica* (H.A.Al. Sev. 40,1. Aurel. 45,4. Tac. 10,4. [12], 230), halbseidige *subserica* (Symm. ep. 5,20. Isid. 19,22,14 [*tramoserica*]). Von der Einfuhr des Seidenwurmes nach Europa berichtet Prok. b. G. 4,17 (3). → Seide. F. F. S.

1. *Herrmann*, RE II A 1678ff. 2. *Blümner*, ebd. 1724ff. 3. *Herrmann*, ebd. 1727f. 4. *Ders.* Die alten Seidenstraßen zwischen China und Syrien, 1910. 5. *R.Hennig* Terrae incognitae, 1936–37. 6. *A.Herrmann* Das Land der Seide und Tibet im Lichte der Ant., 1938. 7. *F.Altheim* Weltgesch. Asiens im griech. Zeitalter 1, 1947. 8. *Ders.* Lit. u. Gesellschaft im ausgehenden Alt. 2, 1950. 9. *R.C.Majumdar* in: The Hist. and Cult. of the Indian People 2[3], Bombay 1960, 644ff. 10. *Ders.* ebd. 3[2], 1962, 608ff. 11. *R.K.*

Mookerji Indian Shipping^{2}, Allahabad 1962, 82ff., 108ff., 114ff. 12. *F. Altheim* Gesch. der Hunnen 5, 1962. 13. *M. Wheeler* Der Fernhandel des röm. Reiches, 1965. 14. *F. Altheim – R. Stiel* Die Araber in der Alten Welt 2, 1965, 298ff. 15. *W. W. Tarn* The Greeks in Bactria and India^{3}, 1966. 16. *H. Franke – R. Trauzettel* Das Chines. Kaiserreich, 1968. 17. *N. Pigulewskaja* Byzanz auf den Wegen nach Indien, 1969. 18. *Z. Kádár*, Serica, Acta Class. Univ. Scient. Debrecen. 3, 1967, 89ff. 19. *J. Thorley*, Greece and Rome 18, 1971.

Sergius. Name eines alten patriz. Geschlechts, nach dem die *tribus Sergia* benannt ist. In den Fasti erscheint es vom Dezemvirat bis über den gall. Brand hinaus. Mit Nr. 10 und 13 erreichte es die Praetur. Der berühmteste Gentile war L. S. → Catilina.

I. Republikan. Zeit. **1.** (M.?) S. soll 81 von seinem Bruder L. → Catilina ermordet und nachträglich auf die Proskriptionsliste gesetzt worden sein, Plut. Sulla 32,3. Cic. 10,3. Die Nachricht ist wohl (wegen Ascon. tog. cand. 75 St. u. Q. Cic. pet. cons. 9) erfunden, MÜNZER, RE II A 1688; anders DRUMANN 2,401. **2.** Wurde E. 43 proskribiert, jedoch Anf. 42 auf Betreiben des → Antonius (I 9) begnadigt und stimmte deshalb, als im Senat die *hostis*-Erklärung und die *damnatio memoriae* gegen jenen beschlossen wurden (wohl Anf. 30, nicht schon 32, da gegen Suet. Aug. 17,2 u. M. KASER RRG, 1967^{2}, 100 das Zeugnis des Cass. Dio 50,4,3. 21,1. 3. 26,3 und Plut. Ant. 60,1 spricht), als einziger offen dagegen, App. civ. 4,45, 193. V. FADINGER Die Begründung des Prinzipats, 1969, 245ff. **3.** (L.) S. soll von seinem Vater L. Catilina ermordet worden sein, weil er dessen neuer Ehe mit → Aurelia (I 29) Orestilla im Wege stand, App. civ. 2,2,4. Sall. Cat. 15,2. Val. Max. 9, 1,9 nimmt den Mord *(veneno sustulit)* als Tatsache an. **4.** L. S., wohl ident. mit dem Freigelassenen gleichen Namens in CIL I^{2} 1882, Anhänger Catilinas, spielte nach dessen Tod bei den Tumulten der nächsten J. bis 57 eine Rolle, Cic. dom. 13. 14. 21. 89. RE IIA 1692. **5.** M. S., tr. mil. 205, BROUGHTON 1,304, wurde nach der Einnahme von → Lokroi von Q. → Pleminius wegen eines Streites zwischen ihren Soldaten hingerichtet, W. EDER Das vorsullan. Repetundenverfahren, Diss. 1969, 15 mit den Quellen. **6.** L. S. Fidenas, C. f. C. n. (DEGRI, XIII 1, p. 27. Cogn. kein Siegerbeiname, Liv. 4,17,7. J. REICHMUTH Die lat. Gentilicia, Diss. Zürich 1956, 55, sondern Herkunftsbezeichnung, SANCTIS StR 2, 1960^{2}, 132. R. M. OGILVIE Comm. on Liv. 1965, 560), 437 cos. (verlustreicher Sieg über die → Fidenaten, Liv. 4,17,8), untersuchte und bestrafte 428 (zus. mit Q. Servilius Priscus Fidenas) die Teilnahme der Fidenaten an Übergriffen auf röm. Territorium *(tribus Sergia* und *Servilia*? L. R. TAYLOR Voting districts, 1960, 40) und erhielt deshalb wohl den Bein. *Fidenas*. Cos. II 429, tr. mil. c. p. 433,424,418 (erlitt damals eine schwere Niederlage durch die Aequer und Labikaner), BROUGHTON 1,58ff.; mit abweichender Chronologie R. WERNER Der Beginn d. röm. Republik, 1963, 292. **7.** L. S. Fidenas (M.' f. L. n.), Sohn von Nr. 8, 397 trib. mil. c. p., BROUGHTON 1, 87, war 394 einer der drei Gesandten, die einen goldenen Mischkrug aus der Beute von Veii als Weihegeschenk nach Delphi bringen sollten, Liv. 5,28,2. SANCTIS a. O. 139. **8.** M.' S. Fidenas (L. f. L. n.), DEGRI a. O. p. 27 (mit anderem Praenomen Liv. 4,61,4. 5,8,1), tr. mil. c. p. 404 u. 402, erlitt vor Veii eine Niederlage (Liv. 5,8,4–13), für die er im folgenden J. mit einer hohen Geldbuße bestraft wurde, ebd. 11,4–12,2. 13,10. **9.** C. S. Orata (Cog. »Goldforelle«, Varro rust. 3,3,10. Colum. 8,16,5; anders Fest. 182 M.) betrieb neben einer (durch Rationalisierungsmaßnahmen und technische Verbesserungen) einträglichen Fisch- und Austernzucht auf seinem Gut am → Lucrinersee und am Golf von → Baiae ein schwunghaftes Immobiliengeschäft und führte in dieser Sache kurz vor 91 einen Prozeß gegen M. → Marius (I 12) Gratidianus, J. H. D'ARMS Romans on the bay of Naples, 1970, 18ff. mit den Quellen. **10.** C. S. Plautus, 200 praetor urb., 199 propraet., Liv. 32, 1,6. BROUGHTON 1,323. 328. **11.** L. S. Silus, Vater Catilinas, vielleicht ident. mit dem Zeugen Silus, den der Redner L. → Crassus (1) in einem Repetundenprozeß zw. 114 und 111 lächerlich machte, Cic. de or. 2,285. RE II A 1719; anders E. S. GRUEN Roman politics, 1968, 134,162. **12.** M. S. Silus (Cogn. bei Liv. 32,27,7 und auf einer Münze: E. A. SYDENHAM Coinage of the Roman Rep., 1952, 71 Nr. 544), 197 praetor urb. (Liv. 32,28,2. 31,6), verteidigte sein Recht in einer Rede (erhalten in Varros Auszug bei Plin. nat. 7,104–106), als ihn seine Amtskollegen wegen seiner im Keltenaufstand 218 und in den Feldzügen gegen Hannibal erlittenen Verstümmelungen von den Opfern ausschließen wollten. **13.** Sergia, 331 wegen Giftmischerei angeklagt, nahm sich vor Gericht das Leben, Liv. 8,19,8f. **14.** Ältere Schwester Catilinas, war mit dem Ritter Q. Caecilius verheiratet, der 81 angeblich von seinem Schwager bei den Proskriptionen ermordet wurde, Q. Cic. pet. cons. 9; abweichend Ascon. tog. cand. 65 St. V. F.

II. Kaiserzeit. **1.** Neffe des → Solomon (1), wurde 543 *dux limitis prov. Tripolitanae*, 544 *mag. mil. per Africam* und *praef. praet. Africae*. S. zeigte sich bei Bekämpfung aufständischer Mauren wenig befähigt, wurde aber dank seiner guten Beziehungen zu Kaiser → Iustinian (1) erst 546 abberufen und zu → Belisar nach Italien beordert (Prok. 4,21 ff. 7,27; anecd. 32f.). 559 wurde S. beim Kotrigureneinfall in Thrakien gefangen, aber bald freigekauft (Agathias 5,23). A. L.

Sergii Paulli. Vornehme Familie aus Antiochia Caesarea in Pisidien, wo zahlreiche Familienangehörige im 1. und 2. Jh. n. Chr. inschriftl. bezeugt sind.

2. L. S. Paullus. Unter Claudius *curator riparum et alvei Tiberis* (CIL VI 31545 = DESSILS 5926). Proconsul von Cypern während der ersten Missionsreise des Apostels → Paulus (5), dessen Predigt er anhörte (Apg. 13,8). Trotz der Widerrede des jüd. Magiers Barjesu, den Paulus mit vorübergehender Blindheit schlug (Apg. 13,12), zeigte er eine Neigung zum Christentum; an eine vollkommene Bekehrung ist aber wohl kaum zu denken. Dennoch nahm Paulus unter dem Eindruck der Begegnung das Cognomen des Proconsuls an, Hier. de vir. inl. 5. DESSAU, H 45, 1910, 347 ff. G. Wi.

W. M. Ramsay, JRS 16, 1920, 202 ff. *K. Lake* The Beginnings of Christianity, 1933, 455 ff.

3. L. S. Plautus, stoischer Philosoph (1. Jh. n. Chr.), übertrug philos. Fachtermini vom Griechischen ins Lateinische, SCHANZ-HOS. 2,361 mit den Quellen. V. F.

Seriphos (ἡ Σέριφος), w. Kykladeninsel, etwa 11 km lang und breit und 75 qkm groß, mit vielen Buchten, aus Granit, Gneis und Marmor bis 585 m hoch, mit Blei- und Magneteisenerzlagern. Der ant. Ort lag an der Stelle des h. an der SO.-Küste. Ant. Reste sind auf der Insel sehr gering. Prähist. Funde: FIMMEN Kret.-myken. Kultur 14. In gesch. Z. ist S. ionisch, war am Perserkrieg beteiligt und Mitglied des att. Seebundes. Die Seriphier waren im Alt. wegen ihrer Armut verspottet, und die Insel war daher in der Kaiserzeit Verbannungsort, Tac. ann. 2,85. 4,21. Iuv. 6, 564. 10,170. Pind. P. 12,21. Aristoph. Ach. 542. Skyl. 58. Strab. 10,5,3 p. 485. 5,10 p. 487. Ptol. 3, 14,24. Dion. Call. 137. Stadiasm. m. m. 273. Eust. Dion. Per. 525. Anth. Pal. 13,12. EpGr 214. Syll. I³ 153,12. 93. II 562,81. Inschr.: IG XII 5 Nr. 509–519. Mz. HEAD HN² 490. E. M.

1. *Hiller von Gärtringen*, IG XII 5 p. XXVII. Suppl. p. 112. 2. *Philipps.-Kirst.* 4,74 ff. 3. *Bürchner*, RE IIA 1729 ff. Nr. 1 u. 2.

Serius. Altitalisches nomen gentile (SCHULZE Eigenn. 229). **1.** C. Iunius S. Augurinus, *cos. ord.* im J. 132 (AE 1933, 58. DEGRASSI FImp. 38). **2.** C. S. Augurinus, Sohn von Nr. 1, *cos. ord.* im J. 156 (CIL VI 222 = DESSILS 2161. DEGRASSI FImp. 44), *procos.* von Africa im J. 170 (Cod. Iust. 3,31,1. THOMASSON Statth. Afr. 2,84). **3.** Cn. S. Oppianicus Augurinus, Sohn von Nr. 2, wurde im J. 181 ins *collegium* der Salier kooptiert (CIL VI 1979). G. Wi.

Sermyle (Σερμύλη), griech. Stadt am inneren Ende des toronaeischen Meerbusens der → Chalkidike, beim h. Ormylia. Hdt. 7,122. Thuk. 1,65,2. 5,18,8. Skyl. 66. Steph. Byz. IG I² 949,50 und in den att. Tributlisten [4] 1,400 f. Mz.: D. M. ROBINSON Excavations at Olynthos 3,26 f. 108. 6,35. 95. 9,312 f. E. M.

1. *W. M. Leake* Travels in Northern Greece 3,153 f. 2. *Ad. Struck* Makedon. Fahrten 1,57 ff. 3. *E. Oberhummer*, RE IIA 1736 f. 4. *B. D. Meritt* The Athenian tribute lists 1,546 u. ö.

Serra (πρίων). Die Säge, seit der Stein-Z. (aus Feuerstein bzw. Silex gefertigt) bekannt, soll Daidalos (Plin. nat. 7,198) oder ein anderer myth. Handwerker erfunden haben. Das Blatt (*lamina*, Verg. georg. 1,143) hatte geschränkte Zähne (*dentes* Ov. met. 8,246. ὀδόντες Aristot. phys. 200 b 6). Mit S. wurden Holz, Bein, Elfenbein gesägt, aber auch harte Materialien wie Marmor (Plin. nat. 36,51 ff. Die S. dazu ohne Zähne, μαχαιρωτὸς πρίων, Gal. 18 B, 331 K. Paul. Aeg. 6,62). Es gab S. mit zwei Griffen (Aristoph. Vesp. 694), mit bogenartigem Holz, in das das Blatt eingespannt war (CLOCHÉ Les classes les métiers le trafic Taf. 23,1), mit nur einem Griff sowie die S. der Mediziner. W. H. G.

Hug, RE II A 1738 ff.

Serratus (zu *serra* »Säge«), am Rande wie eine Säge gezahnter Denar (Tac. Germ. 5). SYDENHAM zufolge setzen S. nach einem Vorläufer um 140 erst gegen 113 v. Chr. ein, CRAWFORD datiert den frühesten 211–08 und läßt gleich HERSH die Masse in den 120er J. beginnen. Der Anlaß für die merkwürdige Ausführung war wohl das Schutzbedürfnis vor gefütterten Stücken. Gezahnte Münzen gab es auch außerhalb Roms. → Subaeratus. H. Ch.

K. Regling bei *Schrötter* WBMzK s. v. *E. A. Sydenham* The Coinage of the Rom. Rep., London 1952, 43. 64 f. *C. A. Hersh*, NC 1966, 71 ff. *M. H. Crawford* Rom. Rep. Coin Hoards, London 1969.

Serreion (Σέρρειον ἄκρα), h. Kap Makri, Vorsprung an der ägäischen Küste Thrakiens (Gebiet der Kikonen) n. w. der Mündung des Hebros, mit gleichnamigem Kastell, das von Philipp II. und später von Philipp V. besetzt wurde.

Hdt. 7,59. Demosth. 7,36 ff. 9,15. 10,8. Aischin. 3,82. Liv. 31,16,4. Strab. 7, frg. 48. Chr. D.

Oberhummer, RE II A 1744. *Detschew* Thrak. Sprachreste 433 ff. *Meritt* Ath. Trib. Lists 1,399.

Sertorius. Name einer röm. *gens*, der sich auf 3 republikan. Inschr. erhalten hat: CIL I² 917. 1497 (Tibur). 2011 (Clusium).

Q. S. (123–72) stammte aus einer Ritterfamilie des sabin. → Nursia und erwies sich früh als guter Redner. Nachdem er sich in den Schlachten bei → Arausio (105), → Vercellae (102) und als Kriegstribun unter T. → Didius (I 4) in Spanien ausgezeichnet hatte (97–93), wurde er 90 Quaestor in Gallia Cisalpina und nahm als Legat am Bundesgenossenkrieg teil. Nachdem S. 87 wohl auf → Sullas (1) Betreiben hin bei der Wahl zum Volkstribun durchgefallen war, schloß er sich → Marius (I 2) an. Bei der Einnahme Roms 87 erwies er sich jedoch als maßvoller und in der Folgezeit auch als vorausschauender und einsichtiger als Marius und dessen übrige Anhänger. 83 ging er als Praetor in das ihm als Provinz zugewiesene diesseitige Spanien, aus dem ihn jedoch der Sullaner T. Annius 81 vertrieb. Nach vergeblichen Versuchen, sich im Bunde mit kilik. Piraten wiederum in Spanien festzusetzen, und nach dem Scheitern seines Plans, zu den Inseln der Seligen zu fahren, gelang es S., in Mauretanien Fuß zu fassen, bis ihn die → Lusitaner zurückriefen, um unter seiner Führung gegen Rom zu kämpfen. Er gewann das volle Vertrauen der Spanier, die glaubten, er stehe über eine weiße Hirschkuh in ständiger Verbindung mit den Göttern, und diesen Glauben bestätigt sahen durch die Erfolge, die S. ab 80 zusammen mit seinem Quaestor → Hirtuleius und ab 77 mit dem ebenfalls nach Spanien geflohenen Lepidusanhänger M. → Perperna (5) Vento gegen den Statthalter des jenseitigen Spanien, Q. Caecilius → Metellus (I 22), und den des diesseitigen Spanien, M. → Domitius (I 15) Calvinus, errang, meist in der einheimischen Guerillataktik. Als 77 Pompeius nach Spanien kam, schlug ihn S. bei → Lauro (1) und am Sucro, wurde jedoch ab 75 (Bündnis mit → Mithradates [5]. M. Gelzer Kl. Schr. 2,139 ff.) nach einer unentschiedenen Schlacht am → Turia gegen die Heere des Pompeius und Metellus in die Defensive gedrängt. Die röm. Emigranten, aus denen S. einen dreihundertköpfigen Gegensenat gebildet hatte, warfen ihm Bevorzugung der Spanier vor, die Spanier selbst gaben seine Sache auf. Beides bestrafte S. in grausamer Weise, so mit der Tötung der Kinder des span. Adels, für die er in → Osca eine Schule gegründet hatte, in der sie nach röm. Art erzogen worden waren. 72 wurde S. von Perperna ermordet, den kurz darauf Pompeius besiegte und töten ließ. 71 war der span. Widerstand erloschen, und 70 triumphierten Metellus und Pompeius in Rom. Trotz hervorragender milit. Begabung hatte S. sein Ziel, von Spanien aus Rom zu erobern, nicht erreicht. Die unterschiedliche Beurteilung seiner Persönlichkeit in den wichtigsten ant. Quellen für sein Leben, Plut. Pomp. u. Sert. (günstig) und App. civ. 1,108–115 (ungünstig), findet sich auch in der modernen Forschung (vgl. A. Schulten Sertorius, 1926. W. H. Bennett, Hist. 10, 1961, 467 f., dagegen H. Berve, H 64, 1929, 199 ff.). M. D.-M.

Servilius. Name eines alten (angebl. aus → Alba Longa umgesiedelten) Geschlechtes, das vom Beginn der Republik bis 342 (Ahalae, Fidenates), dann wieder vom 1. pun. Krieg an (Caepiones, Gemini, Vatiae, Isaurici) eine große Rolle spielte. Seit der Z. des Perseuskrieges begegnen auch plebeische Servilii.

I. Republikanische Zeit. **1.** 88 praetor (Broughton 2,41), nicht identifizierbar. **2.** 65 Flottenbefehlshaber des Pompeius im Schwarzen Meer (Broughton 2,160), ident. mit P. S. (30) Isauricus oder jenem Caepio, der nach Flor. 1,14,10 im Seeräuberkrieg 67 Legat des Pompeius war: RE IIA 1761. **3.** C. S., 102 praetor oder propraetor in Sizilien, blieb im Kampf gegen die aufständ. Sklaven ohne Erfolg und wurde wegen seiner lässigen Kriegführung verurteilt, Diod. 36,9,1 f. Die Identifikation mit dem Augur S. bei Plut. Luc. 1,1 f. (so Münzer, RE II A 1763. Broughton 1, 568) ist aus chronolog. und sachl. Gründen (C. S. wurde verurteilt, der Augur S. aber nach Plut. freigesprochen) zweifelhaft. Nach E. S. Gruen Rom. Politics, 1968, 176 ff. ist der Augur, der (102?) Lucullus anklagte und (kurz nach 100?) von dessen Söhnen in einen Prozeß verwickelt wurde, ident. mit C. S. Vatia Nr. 34 (so schon Mommsen RW 535 f.) und verschieden von dem Praetor C. S., der (101?) in einem von Freunden des Lucullus angestrengten Repetundenprozeß verurteilt wurde. **4.** M. S. bei Liv. 30,25,2 ist wegen dreier Liv. Hss. (15. Jh.) und Pol. 15,1,3 gegen RE IIA 1765 mit Conway und Walters in L. Sergius zu emendieren. Ob M. S., Kriegstribun 181 (Liv. 40,27,4), hist. ist, bleibt umstritten. Der gleichnamige Pontifex von 170 (Liv. 43,11,13) dürfte der Sohn des M. S. (32) Pulex Geminus gewesen sein. **5.** M. S., vielleicht ident. mit dem 51 in einem Repetundenprozeß angeklagten M. S. bei Cic. fam. 8,8,2–3 (R. K. Sherk Rom. Doc. from the Greek East, 1969, 162), seit 10. 12. 44 Volkstribun, unterstützte Ciceros Politik gegen Antonius (M. Gelzer Cicero, 1969, 368 ff.). 43–42 Legat des Brutus und Cassius, wurde von den Triumvirn begnadigt und nahm 39 an dem Senatsbeschluß zugunsten des Zeustempels von Panamara teil, R. K. Sherk a. O. 158 Nr. 27. **6.** Q. S., 91 als *praetor* (Vell. 2,15,1) oder *propraetor pro cos.* (Liv. per. 72. App. civ. 1,38,171 f.) in → Picenum eingesetzt. Seine Ermordung (zus. mit seinem Legaten → Fonteius [I 1] und allen anwesenden Römern) löste den → Bundesgenossenkrieg aus, Broughton 2,20. **7f.** Servilii Ahalae (Cogn. *A(ha)la* jüng. Form von *Axilla:* »Achselhöhle«, Schulze Eigenn. 420,3), altes Geschlecht mit unbekanntem Stammbaum, von dem sich die späteren S. Caepiones herleiteten, RE IIA 1768. **7.** C. S. Ahala, mag. equit. 439?, Mörder des Sp. → Maelius (2), der des Strebens nach der Alleinherrschaft verdächtig war (Diod. 12,37,1). Nach der älteren Version (Dion. Hal. ant. 12,4,2–5 = L. Cincius Alimentus frg. 6 HRR; vgl. auch Calpurnius Piso frg. 24 HRR) handelte C. S. im Auftrag des Senats als *privatus*, nach der jüngeren (Dion. Hal. 12,2,1 ff. Liv. 4,13,12 ff.) erschlug er den Maelius als *mag. equ.* Die Erzählung ist kaum hist., sondern in den wesentl. Motiven eine Ausschmükkung der ält. Annalistik, in der sich die Stellungnahme der Anhänger (jüng. Trad.) und Gegner (Piso) des Ti. → Gracchus (8) zu zeitgenöss. Problemen der Innenpolitik widerspiegelt, J. Baron Ungern-Sternberg von Pürkel Unt. z. spätrepubl. Notstandsrecht, Vestigia 11, 1970, 47 f. **8.** C. S. Structus Ahala (Axilla), cos. 427 (DegrI, XIII 1, p. 96. 374 f.), tr. mil. c. p. 419,418,417, Broughton 1,71 ff. Während die fast. Cap. (Degr. a. O. 374 f.) nach der urspr. Version unter Verwendung des älteren Cogn. Axilla die Identität des Consulartribunen mit dem Cos. von 427 bezeugen, hat die bei Liv. 4,45,5. 47,7 in der letzten Gestaltung vorliegende annalist. Tradition (Licinius Macer? R. M. OGILVIE Comm. on Liv. 583) diese eine gesch. Persönlichkeit durch Verwendung verschiedener Prae- und Cognomina in mehrere Schattenwesen aufgelöst, um die außerordentliche Machtstellung der Servilier zu verschleiern, RE II A 1774. **9.** P. S. Balatro, Klient des → Maecenas (Hor. s. 2,8,21 ff.), der sich durch freimütige Äußerungen gegenüber Augustus einen Namen machte, Ps.-Acro zu Hor. s. 2,3,166. **10.** Cn. S. Caepio, 213 pontifex, 207 curul. Aedil, 205 praetor urb., 203 cos., gewann in seiner Provinz Bruttium die letzten von Hannibal besetzten Ortschaften (SANCTIS StR 3,2, [1968²], 525), war 195 Mitglied einer Gesandtschaft nach Karthago (BROUGHTON 1,341) und 192 einer der Gesandten, die unter Leitung des → Flamininus Griechenland bereisten (Liv. 35,23,5), † 174. **11.** Cn. S. Caepio, Sohn von Nr. 10, 179 curul. Aedil, 174 praet. in Hispania ult., 172 Mitglied einer Gesandtschaft zu König Perseus? (Liv. 42,25,1–13 wohl annalist. Fälschung: P. MELONI, Perseo, 177), 169 cos. (als erster Patrizier nach drei J., J. BRISCOE, JRS 54, 1964, 75f.). **12.** Cn. S. Caepio, älterer Bruder von Nr. 13 und Sohn von Nr. 11, cos. 141. 139 oder 138 Belastungszeuge im Repetundenprozeß gegen seinen Kollegen im Konsulat, Q. Pompeius (E. S. GRUEN a. O. 36f.), unterdrückte 133 einen Sklavenaufstand in Minturnae und Sinuessa (Oros. 5,9,4). 125 Censor, J. SUOLAHTI The Rom. Censors, 1963, 410f. **13.** Q. S. Caepio, jüng. Bruder v. Nr. 12, cos. 140, erneuerte mit Billigung des Senats als procos. in Hispania ult. 139 ohne zwingenden Grund den Krieg mit → Viriathus und ließ ihn, als er zu keinem militär. Erfolg kam, kaltblütig ermorden, H. SIMON Roms Kriege in Spanien, Diss. 1962, 124 ff. **14.** Q. S. Caepio, * um 150 als Sohn von Nr. 13, 129–126 Militärtribun in Asien (OGIS II 551,25. 30), 109 praet. in Hispania ult. (107 Triumph über die Lusitanier), gab 106 als Cos. durch eine *lex iudiciaria* dem Senat die Gerichte zurück (Cic. inv. 1,92. Tac. ann. 12,60,3. W. EDER Das vorsullan. Repetundenverfahren, Diss. 1969, 140,2 aufgrund von Ascon. in Corn., p. 61 St. gegen Liv. per. 66 und J. P. V. D. BALSDON, PBSR 1938, 101). 105 procos. in Gallien, verhinderte beim Angriff der Cimbern und ihrer Bundesgenossen aus Hochmut gegenüber dem Consul, dem *homo novus* Cn. → Mallius (4) Maximus, eine einheitliche Kriegsführung und verschuldete so die vernichtende Niederlage der Römer bei → Arausio. Bereits 104 wegen angeblicher Unterschlagung des *aurum Tolosanum* vor Gericht, wurde er 103 aufgrund seines militär. Versagens erneut angeklagt und wegen *perduellio* verurteilt, E. S. GRUEN Rom. Politics 161 ff. **15.** Q. S. Caepio, Sohn von Nr. 14, opponierte 100(?) als quaestor urb. gegen das Getreidegesetz des → Saturninus, wurde deshalb 99 *de maiestate* verklagt, jedoch freigesprochen (Auct. ad Her. 1,21. 2,17). 95 aus unbekannter Ursache erneut vor Gericht, wurde er vom Cos. Licinius → Crassus (1) verteidigt (Cic. Brut. 162. BROUGHTON 2,11; wenig überzeugend E. S. GRUEN a. O. 195f.). 92 (?) Prozeß gegen M. → Aemilius Scaurus (I 28) und dessen Gegenklage. 90 praetor (?), BROUGHTON 2,24,5, trennte sich von der Senatspolitik und verfocht als erbitterter Gegner seines Schwagers Livius → Drusus (4) die Sache der Ritterschaft. Anf. 90 erneute Anklage gegen Scaurus aufgrund der Lex Varia (E. BADIAN, Historia 18, 1969, 449 ff.), fiel im gleichen J. im Bundesgenossenkrieg (BROUGHTON 2,28. 30). **16f.** S. Caepiones, Zweig der gens S. aus der Zeit Ciceros, soll nach dem widersprüchlichen Zeugnis der Quellen einschließlich M. → Brutus (9) vier Namensträger umfaßt haben, RE II A 1779. Die h. vorherrschende Ansicht rechnet mit zwei verschiedenen Caepiones. **16.** (Q. S.?) Caepio, Sohn von Nr. 15?, leiblicher Bruder → Servilias (37) und Halbbruder → Catos (10; Plut. Cat. min. 1,1), 72 tr. mil. im → Spartacuskrieg (ebd. 8,1), 67 Quaestor des → Pompeius (A I 1; Reise nach → Ainos und Tod in Thrakien, BROUGHTON Suppl. 57). **17.** Q. S. Caepio Brutus, Adoptivsohn dieses seines Oheims, wohl ident. mit dem Caesarmörder → Brutus (9), der sich nach seiner Adoption Q. Caepio Brutus nannte (Cic. Att. 2,24,2. MÜNZER Adelsp. 338f. [vgl. aber RE IIA 1779]. CHR. MEIER Res publica amissa 20,79. Anders M. GELZER Caesar, 1960⁶, 72,60), mußte 59 als Verlobter von Caesars einziger Tochter Iulia zugunsten des Pompeius zurücktreten, Suet. Caes. 21. **18.** C. S. (Casca?), tr. pl. 212 (Liv. 25,3,15. 17 mit gefälschtem Cogn.), ident. mit C. S. (23) Geminus, der nach Liv. 27,21,10 vor 209 Volkstribun war. **19.** P. S. Casca Longus, tr. pl. 43, einer der Caesarmörder, 42 Legat unter Brutus im O., beging kurz nach Philippi Selbstmord? RE II A 1789. **20f.** S. Fidenates, Nachkommen des Q. S. Priscus Fidenas. **20.** Q. S. Fidenas, tr. mil. c. p. 402,398,395,390,388,386 (BROUGHTON 1,83 ff.). **21.** Q. S. Fidenas, tr. mil. c. p. 382,378,369. **22ff.** S. Gemini, zur Plebs übergetretener Zweig der gens S., der sich von P. S. (25) Geminus herleitete. **22.** C. S. (Geminus), Sohn von Nr. 25, ca. 220 praetor, 218 triumvir a. d. a. (Anlage der Kolonien → Placentia und → Cremona), wurde von den Galliern hinterlistig gefangengenommen und nach 15 J. von seinem Sohn (23) befreit. Wird (wegen der Zugehörigkeit seiner Söhne zur Plebs) noch vor 220 die *transitio ad plebem* vollzogen haben, um dem gesunkenen Ansehen des Geschlechts zu erneutem Aufschwung zu verhelfen: J. BLEICKEN Das Volkstribunat, 1968², 95. **23.** C. S. (Geminus), Sohn von Nr. 22, 212 tr. pl., 210 pontifex, 209 pleb., 208 kurul. Aedil und mag. equitum, 206 praetor in Sizilien, 203 cos. (befreite seinen Vater aus gall. Gefangenschaft und erhielt die Gültigkeit seiner früh. pleb. Ämter bestätigt, die aufgrund einer Gesetzesbestimmung aus der Zeit zw. 232 u. 218 in

Frage gestellt worden war (Liv. 30,19,9. Sanctis StR IV 1, 1969^2, 524 gegen RE II A 1791f.), 202 *dict. comit. habend. caussa* (DegrI, XIII 1, p. 48f.), Anf. 201 *decemvir agris assignandis*, 194 duumvir, 183 Pontifex Maximus. **24.** Cn. S. Geminus, cos. 217, übergab nach der Vernichtung seiner Reiterei durch Hannibal sein Landheer dem inzwischen in den Zenturiatkomitien gewählten (ungenau RE IIA 1794) dict. → Fabius (I 40) Maximus, bewährte sich dann als Flotten- und Truppenbefehlshaber und fiel 216 als procos. in der Schlacht von → Cannae. **25.** P. S. Geminus, cos. I 252, cos. II 248. **26.** Q. S. Geminus, Zwillingsbruder von Nr. 25, RE IIA 1796. **27.** S. Glaucia, 162 Mitglied einer von Ti. → Gracchus (7) geleiteten Gesandtschaft nach Kleinasien, Broughton 1,443. **28.** C. S. Glaucia, gab 104 (?) den Rittern durch ein Repetundengesetz die Gerichte zurück (Greenidge-Clay-Gray Sources, 1960^2, 100f.; zum Problem der Datierung und dem Inhalt des Gesetzes W. Eder Das vorsullan. Repetundenverfahren 141,2). Mindest seit 102 Anhänger des Saturninus, unterstützte er 100 als Praetor die Politik des Cos. → Marius (I 2; gegen Metellus Macedonicus) und strebte gesetzwidrig den Konsulat von 99 an. In den darauf folgenden Unruhen (Ermordung des Mitbewerbers C. → Memmius I 3) griff der Senat mit einem SCU ein, dessen Vollzug Marius nicht umgehen konnte, Greenidge-Clay-Gray Sources^2, 108f. J. Baron Ungern-Sternberg von Pürkel, Vestigia 11, 1970, 71ff. **29.** P. S. Globulus, 67 tr. pl., 64 praetor, 63 propraet. in Asien. **30.** P. S. Isauricus, Sohn von Nr. 35, * ca. 94, unterstützte um 60 als Quaestorier im Senat die Politik → Catos (10) gegen die Steuerpächter. 54 praetor, schloß sich um 50 Caesar an und wurde 48 dessen Kollege im Konsulat (Broughton 2, 272). 46–44 segensreiche Tätigkeit als procos. von Asien (vgl. Cic. fam. 13,66–72. Chr. Habicht Inschr. d. Asklepieions, 1969, 20f.). Nach Caesars Tod Parteigänger Octavians, dem er seine Tochter zur Frau gab. Für die bald darauf erfolgte Lösung der Ehe wurde er 41 mit dem Konsulat »entschädigt«, Broughton 1,370. **31.** S. Prisci und Structi. Erster Träger beider cogn. war wohl der Cos. 495, Broughton 1,13. Vom Sohn (cos. 476) ist nur Structus, vom Enkel (cos. 463) nur Priscus als Cogn. in den Fast. Cap. überliefert, RE IIA 1803. Liv. 4,21,9 scheint über das Cogn. des Urenkels (dict. 435 und 418) ebenfalls im unklaren gewesen zu sein. **32.** M. S. Pulex Geminus, 211 Augur, 204 curul. Aedil, 203 mag. equitum, 202 cos., 201 procos. (Liv. 30,41,3), E. 201 Mitglied einer Zehnerkommission (Ackerverteilung in Samnium und Bruttium), Broughton 1,322, legte von 197–194 mehrere Küstenbefestigungen an (→ Puteoli, → Volturnum u. a., Liv. 33,29,3f.). **33.** S. Rulli, pleb. Zweig der gens S. aus dem letzten Jh. v. Chr.: P. S. Rullus, tr. pl. 63, brachte am 12. Dez. 64 auf Betreiben Caesars und des → Crassus (2) ein Ackergesetz ein, mit dessen Durchführung eine 10-Männerkommission mit diktator. Vollmachten auf 5 J. beauftragt werden sollte, M. Gelzer Cicero, 1969, 71,6. 72. Der Antrag, der weitblickende sozialpolit. Tendenzen mit kraß machtpolit. verband (Chr. Meier Res publica amissa, 1968, 112), scheiterte an → Ciceros Widerstand. **34.** C. S. Vatia, Vater von Nr. 37, Schwiegersohn des → Metellus Macedonicus (I 18; Cic. Verr. 2,3,211), vor 100 Promagistrat in Makedonien? Broughton 2,465. **35.** P. S. Vatia Isauricus, Sohn von Nr. 36, 134–44. Um 98 tr. pl.? (Broughton 2,5), 93 oder 92 praet., seit 92 oder 91 propraet. vermutlich in Sardinien oder Africa (E. Badian Stud. in Greek and Rom. Hist., 1964, 84. 100,3 gegen RE IIA 1816), kehrte 88 im Triumph zurück (DegrI, XIII 1, p. 84f. 563) und fiel 87 als Sullas Kandidat bei den Konsulwahlen durch, Plut. Sulla 10,3. Nach einer Niederlage gegen Marius bei → Ariminum 82 Sieg über die Anhänger Cinnas bei → Clusium, erhielt dafür den Konsulat für 79. Bekämpfte 78–75 als procos. in Kilikien erfolgreich die Seeräuber und unterwarf die → Isaurier (Isauricus!), 74 2. Triumph. In der Folgezeit einer der einflußreichsten senator. Politiker, 55 und 54 Censor, J. Suolahti Rom. Censors 480ff. **36.** Servilia, Tochter des Cn. Caepio, Gattin des App. → Claudius (I 28) Pulcher und Schwiegermutter des M. → Brutus (9), Cic. Att. 12,20,2. **37.** * ca. 100 als Tochter des Q. S. (15) Caepio und der Livia, Stiefschwester des Cato Uticensis, auf den sie großen Einfluß ausübte. Zuerst verheiratet mit M. → Brutus (8), nach dessen Tod von 77–61 Gattin des D. Iunius Silanus (drei Töchter), dann Caesars Geliebte (Suet. Caes. 50,2), spielte in der Politik nach dessen Tod bis zu dem ihres Sohnes → Brutus (9) eine bestimmende Rolle, J. P. V. D. Balsdon Roman Women, 1962, 51f. **38.** Tochter des Q. S. (16) Caepio, zweite Frau des L. → Lucullus (5) und Mutter des M. → Lucullus (7), dessen Vormund nach dem Tod des Vaters Cato wurde, Varr. rust. 3,2. RE IIA 1921. **39.** Tochter des P. S. (30) Isauricus, wurde zw. 46 u. 44 in Pergamon durch eine Statue geehrt (IGRom IV 434). Im Sommer 43 Verlobte Octavians, der sich von ihr nach Abschluß des Triumvirats zugunsten von Antonius' Stieftochter Clodia trennen mußte (Suet. Aug. 62,1), heiratete 36 wohl → Lepidus' Sohn (I 6. 7) und folgte dem von Octavian wegen Hochverrats Verurteilten freiwillig in den Tod, Vell. 2,88,3–4. V. F.

II. Kaiserzeit. **1.** M. S. Nonianus, *cos. suff.* 35 (Tac. ann. 6,31. Cass. Dio 58,25. Plin. nat. 11,24, Degrassi FImp. 10), Historiker (Tac. dial. 23), der seine Werke öffentlich rezitierte (Plin. epist. 1,13,3. Quint. inst. 10,1,102. Schanz-Hosius 2^4,646). **2.** S. Tuscus, einer der Ankläger des Mamercus → Aemilius (II 10) Scaurus, der wegen eines Formfehlers der Anklage auf eine Insel verbannt wurde (Tac. ann. 6,29. 30). **3.** S. Vatia, reicher Praetorier z.Z. des Tiberius, der in seiner Villa bei Baiae ein zurückgezogenes Leben führte (Sen. epist. 55). **4.** Servilia, Tochter des Q. → Marcius (II 2) Barea Soranus (Tac. ann. 16,30), Gattin des → Annius (II 12) Pollio (Tac. ann. 16,30). Nach der Verbannung ihres Gatten wurde sie durch die falsche Zeugenaussage des P. → Egnatius (II 3) Celer im J. 66 zusammen mit ihrem Vater zum Tode verurteilt (Tac. ann. 16,32. Cass. Dio 62,26,1 f.). G.Wi.

Servitus bedeutet 1. die Sklaverei, speziell *s. poenae* ihre strafweise Entstehung, etwa nach dem *SC Claudianum* für die Freie, die mit einem Sklaven gegen den Willen seines Herrn geschlechtl. verkehrt (alle Tatbestände bei M. KASER Röm. Privatrecht ²1971, 1,292). 2. bedeutet s. die Grunddienstbarkeit (dazu KASER a.O. 143f. 440ff.; Bd. 2, 1959, 215ff. mit Lit.): ein dinglich, d.h. gegen jedermann geschütztes Recht, kraft dessen der Eigentümer des belasteten (»dienenden«) Grundstücks eine bestimmte Einwirkung von einem anderen (dem »herrschenden«) Grundstück zu dulden oder seinerseits eine an sich zulässige Einwirkung zu unterlassen hat. Eingeteilt wurden die *servitutes* in ländliche *(iura praediorum rusticorum)* und städtische *(i.p. urbanorum)*. Zu den ersten gehören insbes. *iter, actus, via* (Wegerechte: Fußweg, Viehtrift, Lastentransport) und *aquae ductus* (Wasserleitungsrecht). Sie werden als → *res mancipi* verstanden und folglich an ital. Grundstücken durch → *mancipatio* oder *in iure* → *cessio* erworben. Dazu kommen Vindikationslegat und Richterspruch im Teilungsverfahren. Erwerb durch Ersitzung *(usucapio)* ist seit einer *lex Scribonia* aus der späten Republik unmöglich. Für die nicht als *res mancipi* anerkannten städt. *servitutes* (z.B. Balkenstütz-, Tropf-, Licht-, Aussichtsrechte) fällt von diesen Erwerbsformen die *mancipatio* weg. An Provinzgrundstücken erfolgt der Erwerb durch *pactiones et stipulationes* oder *longi temporis praescriptio* (10 oder 20 Jahre). Geschützt wird die Ausübung der s. durch eine → *vindicatio servitutis* (auch *actio confessoria* genannt) und spezielle Interdikte. D. M.

Servius. Praenomen und Gentilname. Den Vornamen soll zuerst der König S. → Tullius getragen haben (Dion. Hal. ant. 4,1,3 u.a.); die Abkürzung war SER., um eine Verwechslung mit *Sextus* auszuschalten (Plut. quaest. Rom. 103); später selten und bes. bei den → Sulpiciern gebraucht. Das Gentilicium inschr. in Aquinum und Praeneste nachweisbar; der Münzmeister L. S. Rufus (ca. 43–42, BROUGHTON 2,452) viell. aus Tusculum. **1.** Sklave (legendär ?), der 404 für seinen Verrat der etr. Stadt Artena das röm. Bürgerrecht erhielt, Liv. 4,61,8. 10. H. G. G.

2. S. (die Schreibung *Sergius* in manchen Hss. ist falsche Namensform oder Verwechslung mit einem wirklichen Sergius; ebenso unsicher ist der Vorname Marius oder Maurus bzw. dazu Honoratus.) lebte um 400 n.Chr., in den Saturnalien

des Macrobius tritt er als Dialogpartner auf (danach läßt sich seine Geburt auf etwa 370 n.Chr. festsetzen). Seine Herkunft ist unbekannt. Als lat. Grammatiker (Vorlesungen über Vergil und Grammatik im Anschluß an die Ars des → Donatus [2 bis]) genoß er großes Ansehen (Macr. Sat. 1,2, 15. 24,8. 6,6,1 u.a.).

WERKE: 1. Vergilkommentar. Dieser ist in einer kürzeren und in einer erweiterten, aber keineswegs einheitlich durchgestalteten Fassung überliefert, den sog. Scholia Danielis (nach dem Entdecker P. DANIEL, veröffentlicht 1600), die vermutlich Teile des Kommentars des Donatus enthalten, der aber vielleicht nicht die unmittelbare Quelle gewesen ist (H. J. THOMSON Servius auctus and Donatus, CQ 21, 1927, 205ff.), aber bereits als Grundlage zur Zusammenstellung der kürzeren Fassung diente (J. J. H. SAVAGE The manuscripts of the comm. of Servius Danielis on Virgil. HSPh 1932, 77ff.). Die Erweiterungen sind die wertvollsten Teile der Erklärungen. S. schätzt an Vergil die hohe Kunst und Gelehrsamkeit, sein Komm. spiegelt die Kultur seiner Epoche, ihre enzyklop. Bildung und Rhetorik. S.' Pedanterie, seine Vorliebe für grammat. Regeln (oft ohne Zusammenhang mit dem Text) und seine Gegnerschaft zu vergilfeindl. Kritikern führen bisweilen zu unhaltbaren Behauptungen, doch innerhalb dieser Grenzen bringt der Kommentar viel Wertvolles. In den Sch. Dan. dagegen spielen die grammat. Erklärungen keine solche Rolle, dafür rhet. und mythol.

2. Komm. zu den beiden Artes des Donatus. Er bringt nicht nur eine fortlaufende Erklärung, sondern auch Ansichten anderer Grammatiker.

3. Drei weitere kleinere grammat. und metr. Schriften von geringer Bedeutung: De finalibus (über die Quantität der Endsilben), De centum metris (100 verschiedene Versarten mit Beispielen) und De metris Horatii. Unter dem Namen des S. gehen auch die sog. Glossae Servii grammatici, ein bilingues Glossar (lat.-griech.). H. Gu.

I. Ta.: *G. Thilo*, 3 Bde., 1881–87 (Vergilkomm.; III 2 = Appendix Serviana, ed. *H. Hagen*, 1902). Servianorum in Vergili carm. comm. vol. II. Ed. *E. K. Rand* u.a. 1946. Servianorum in Verg. carm. comm. vol. III. Confec. *A. F. Stocker* u.a. 1965. GrLat IV 405–565.

II. Indices: *J. F. Mountford-J. T. Schultz*, Cornell Stud. 33, 1930.

III. Lit.: *Schanz-Hos.* II 103–105 und IV, 1,172–177. *Wessner*, RE II A 1834ff. *J. W. Jones* An analysis of the allegorical interpretations in the Servian comm., 1959. *Ders.*, CJ 56, 1961, 217ff. *M. Muehmelt* Griech. Grammatik in der Vergilerklärung, 1965 (Zetemata 37). *R. D. Williams* Servius, commentator and guide, Proceed. Virg. Soc. 6, 1966/67, 50ff. *R. B. Lloyd* Republican authors in Servius and the Scholia Danielis, HSPh 65, 1961, 291ff.

Sesamon (*Σήσαμον* aus dem Semit.). Der Same der Ölpflanze *σησάμη* oder *σησαμίς*, die für das gesamte Mittelmeergebiet, Mesopotamien und Indien, für Griechenland seit Solon und Aristoph. bezeugt, von Theophr. mehrfach erwähnt und treffend beschrieben ist. Anweisungen für die Saatzeit geben Plin. nat. 18,49 und Colum. 2,7. Die kleinen, in fächerförmigen Kapseln sitzenden Samenkörner lieferten, zerrieben oder gemahlen, ein Öl, das als Speiseöl sowie vielfältig als Pulver oder Salbe zu medizin. Zwecken verwendet wurde gegen Ohrenentzündungen, Augenleiden, Brandwunden, Schlangenbiß usw. S.kuchen (σησαμῆ oder σησαμοῦς) durfte in Athen bei Hochzeitsfeiern nicht fehlen. Auch Brot wurde aus S. gebacken und mit S.körnern bestreut. S.käse (σησαμότυρον) war wohl eine breiartige Speise. Als wichtiger Handelsartikel figuriert S. im → Edictum Diocletiani. Vgl. RE II A 1849–53 (Steier). K. Z.

Sescuncia oder *sescunx*, »1½ → Uncia« und damit 1/8 der jeweiligen Einheit (→ As): der → Libra = 40,9 g, des → Pes = 37 mm (bei Frontin. aqu. 26 auch des → Digitus), des → Iugerum = ca. 315 m², einer Erbschaft und des → Denars in der → Kleingeldrechnung. Als Münze begegnet die S. in → Paestum und → Venusia. Die Vermutung, → Nero (2) habe auch S. geprägt, ist abzulehnen. H. Ch.

K. Regling bei *Schrötter* WBMzK s. v.

Sesklo. Bei S. handelt es sich um einen Fundort am Übergang vom Golf von Pagasai in das thessal. Inlandsbecken. Hier hat seinerzeit Tsountas zum erstenmal die älter- und mittelneolith. Kultur Griechenlands und bes. Thessaliens erschlossen. Er stellte diese damals recht bodenständig anmutende Gesittung der jüngeren Kultur von Dimini (gleichfalls nach dem Fundort benannt) gegenüber, die eher fremdartig anmutet. Seither bezeichnet man die zuerst genannte Kultur, die übrigens stark von Vorderasien her beeinflußt erscheint, als die von S. Nun hat V. Milojcic diese bes. ins 5. und 4. Jt. fallende Ära in einzelne Stufen unterteilt, die er (z.T. wenig glücklich) folgendermaßen bezeichnete: Proto-Sesklo, Vorsesklo, Sesklo I, II und III. F. Sch.

Tsountas *Αἱ προιστορικαὶ ἀκροπόλεις Διμηνίου καὶ Σέσκλου*, 1908. *Wace Thompson* Prehistoric Thessaly 1912. *Grundmann*, AM 57, 102ff. *Schachermeyr*, RE XXII 1351ff. *Ders.* Älteste Kulturen Griechenlands, 1955; Das ägäische Neolithikum (Stud. in Medit. Arch. VI 1964; Arch. Anz. 1962, 169ff.). *V. Milojcic* Hauptergebnisse der Deutschen Ausgrab. in Thessalien, 1959; Neue deutsche Ausgrab. 1959, 225ff. *S. Weinberg* The Stone Age in the Aegean, CAH (rev. ed.) vol. I Kap. 10, 1965.

Sesonchōsis. 1. Manethos Benennung von → Sesostris I. (Ḫpr-kꜣ-Rʿ), äg. König der 12. Dyn. (1971–1925 v. Chr.), der 10 J. Mitregent seines Vaters Amenemhet I. war und am E. seiner Regierung noch 3 J. seinen Sohn Amenemhet II. neben sich hatte. Er begann im 18. J. mit der Eroberung Nubiens. **2.** Nach Manetho (b. Eusebius; Africanus nennt ihn Sesōnchis) 1. König der 22. bubastit. Dynastie, äg. Ššnq, hebr. Šišaq, bei Ios. bell. Iud. 6,436 Ἀσωχαῖος, Sousakim in der Septuaginta (3. Kg 11,40), ca. 945–924 v. Chr. (Ḥḏ-ḫpr-Rʿ-štp-n-Rʿ). Am E. seiner Regierung stieß S., als das Reich Salomos zerfiel, nach Judäa und Israel vor; die Liste der betretenen Orte befindet sich am sog. Bubastidenportal in Karnak. Könige von Byblos (Zirbar-Baal, Eri-Baal) erkannten ihn an. – Vielleicht ist der bei Hdt. 2,136 genannte König Ἄσυχις mit Scheschonq gleichzusetzen. W. H.

Sesostris (Σέσωστρις), äg. S-n-Wśr.t »Mann der Göttin Wśr.t«, Name verschied. Könige, bes. der 12. Dyn.: **1.** S. I. (Ḫpr-kꜣ-Rʿ, 1971–1925 v. Chr., vgl. Sesonchōsis). **2.** S. II. (Ḫʿ-ḫpr-Rʿ, 1896–1877), Pyramide bei Illahun am Fajumausgang. **3.** S. III. (Ḫʿ-kꜣw-Rʿ, 1877–1839), Eroberer Nubiens, galt später als Landesgott dieser Kolonialbereiche. Seine Pyramide ist die n. bei Dahshur. – Bei Hdt. 2,102–111 ist S. Bezeichnung des Königs → Sethos I. der 19. Dyn., jedoch sind einige Züge einer alten S.-Sage mit eingearbeitet (Beherrschung Nubiens 2,110). Manetho bringt auch die Eroberungen, die Hdt. für Sesostris erwähnt, bei Sethos I. Preislieder auf S. erwähnen jedoch Diod. 1,53 und Plut. de Iside 24. W. H.

Sestertius (aus *semis-tertius*), »dritthalb« = 2½, so *sestertius pes* = 2½ Fuß (angeblich schon im Zwölftafelgesetz = tab. VII 1), bes. aber mit oder ohne *nummus* (oft als *n.* verkürzt) 2½ Asse, das Viertel des um 210 eingeführten → Denarius und um 130 nach dessen Neutarifierung auf 4 Asse festgesetzt. S. wurden in der Republik in Silber und nur selten geprägt. Die ältesten (um 200 endend) sind mit den Denaren typengleich (Romakopf, doch Wertmarke IIS – Dioskuren, ROMA). Nach der Erneuerung durch die *lex Papiria* (89/88) wich unter Wegfall der Wertmarke erst das Rs.-Bild, dann auch das Vs.-Bild anderen Typen. Auf häufigere Prägung in den 50er J. folgten nach 44 spärlichere Emissionen und erste Ausgaben in Aes (mit Wertmarke HS und Δ). Seit Augustus eine Messingmünze im Gewicht einer → Uncia (27,3 g), wurde er, immer leichter werdend, bis zur Münzreform → Diocletians (293) beibehalten. Von → Decius (II 1) bis → Postumus (2) gab es auch Doppelsesterze.

Der älteste Sesterz wog 1 → Scripulum (1,137 g), eine gängige Gewichtseinheit für Edelmetall. Wohl deshalb wurde er neben und vor dem Denar zur üblichen Recheneinheit (bis Diocletian; → Kleingeldrechnung). Scheinkäufe wurden auf einen S. gestellt. Ins Griech. ging der S. als τετρασσάρ(ι)ον oder als νοῦμμος (→ nummus) ein. H. Ch.

K. Regling, RE II A 1878ff. und *Ders.* bei *Schrötter* WBMzK. s. v.

Sestius (Σήστιος). Name eines im 5. und 4. Jh. patriz., später jedoch pleb. Geschlechts.

1. L. S. (Liv. 3,33,10: P. S.) wurde 451 von dem Decemvirn C. → Iulius (I 10) Iullus wegen Mordes vor dem Volk angeklagt. Da die Decemvirn solche Fälle selbst an sich ziehen konnten, wollen die

Quellen damit ihre maßvolle Zurückhaltung in dieser Z. hervorheben (Cic. rep. 2,61). **2.** L.S., Vater von Nr. 4, war zwischen 100 und 90 Volkstribun. **3.** L.S., Sohn von Nr. 4, trat 56 im Prozeß gegen seinen Vater auf (Cic. Sest. 6. 10. 144. 146). Als Quaestor (44) und Proquaestor (43–42) kämpfte er auf der Seite des M. Iunius → Brutus (9), dem er zeitlebens die Treue hielt. Zwar wurde S. 43 proscribiert, doch später begnadigt und 23 von Augustus zu seinem Nachfolger im Consulat ernannt. Horaz widmete ihm als seinem Freund c. 1,4. **4.** P.S., * etwa 95 (Gemahlinnen: 1. Albinia. 2. Cornelia, Tochter des L. Cornelius → Scipio (8) Asiaticus), kämpfte als Quaestor 63 unter dem Consul C. → Antonius (2) bei → Pistoria gegen → Catilina (Cic. Sest. 12), bevor er Antonius als Proquaestor nach Makedonien begleitete. Nach seiner Wahl zum Volkstribun für 57 setzte sich S. 58 bei Caesar für Ciceros Rückberufung ein und verband sich 57 zu demselben Zweck mit seinem Collegen T. → Annius (I 16) Milo. Nach Zusammenstößen mit → Clodius (I 8) und seinen Banden in seinem Volkstribunat 57 (Cic. Sest. 79f. 81. 85. 90) wurde S. 56 nach der *l. Plautia de vi* angeklagt, da er milit. ausgerüstete Banden unterhalten habe (Cic. Sest. 84. 90. 92. 135). In dem unter Vorsitz des M. → Aemilius (I 29) Scaurus stattfindenden Prozeß wurde S. von Cicero mit der erhaltenen Rede verteidigt. Als S. nach seiner Praetur (54) 52 wegen *ambitus* angeklagt wurde, verteidigte ihn wiederum Cic. (Cic. Att. 13,49,1; fam. 7,24,2). 48 ging S., der damals Cilicien verwaltete, nach der Schlacht bei Pharsalos zu Caesar über und hatte unter ihm eine recht einflußreiche Stellung. **5.** Q.S. wurde 48 in Spanien bei dem Anschlag auf Q. → Cassius (I 21) Longinus ergriffen, konnte sich jedoch loskaufen (Bell. Alex. 55,5. Val. Max. 9,4,2: *Silius*). **6.** P.S. Capito(linus?) Vaticanus war 452 zusammen mit T. → Menenius (12) Agrippa Lanatus Consul und 451 *decemvir leg. scrib.* (Liv. 3,33,3f. u.a.). M. D.-M.

Sestos (Σηστός), Stadt auf der thrak. Chersones gegenüber Abydos (vgl. die Sage von Hero und Leander); zuerst im Katalog der troischen Streitkräfte genannt. Urspr. thrak. Siedlung, später um 600 v. Chr. von aiol. (lesb.) Siedlern kolonisiert. Hier ging die Armee des Xerxes über den Hellespont; 478 von Athen besetzt und dem Att.-Del. Bund angegliedert, 404 von den Spartanern genommen; Zankapfel zwischen den thrak. Königen und den Persern; 353 v. Chr. von Athen wieder eingenommen und die Bevölkerung grausam gezüchtigt. 334 setzte Alexander von S. aus nach Asien über. 190 von den Römern genommen. In der Kaiserz. rascher Verfall.

Hom. Il. 2,836. Ov. her. 17. 18. Hdt. 4,143ff. Thuk. 1,89 u.ö. Xen. hell. 4,8,5ff. OGIS I 339. Chr. D.

Oberhummer, RE II A 1892–94. *Danoff* Altthrakien, Sofia 1968 (bulg.) 252 u.ö. *Detschew* Thrak. Sprachreste 439.

Setaia (Σηταία). Eponymin der Klippe Setaion bei Sybaris, von den aus Troia heimsegelnden Griechen dort angeschmiedet, weil sie ihre tro. Mitgefangenen überredet haben soll, die griech. Flotte in Brand zu stecken, Lykophr. 1075 bis 1082 mit Sch. (nach Timaios), daraus Steph. Byz. s. Σηταῖον. Etym. m. 711,39. H. v. G.

Seth (Σήϑ, äg. Stẖ), äg. Gott, dessen Äußeres in klass. Zeit ein Fabeltier mit krummer Schnauze, eckigen aufrechten Ohren und pfeilartigem, nach oben gerichteten Schwanz zeigt. Urspr. könnte es sich um einen Wildesel gehandelt haben; auch später erscheint S. manchmal in Gestalt eines Esels. S. ist Gott der Wüste, bes. der W.-Wüste und der Oasen (alter Name ʿš); er bringt von dort das Unwetter. Hauptkultorte waren → Omboi (1) in O.Äg. und Hypselis im 11. o.äg. Gau. Während dieser feindliche Aspekt des Gottes der Vorstellungswelt der Niltalbewohner entsprach, die die Wüste fürchteten, galt S. der erobernden jägernomad. Schicht (→ Negade II.) als Königsgott, der mit dem Falken zusammen die wichtigste Doppelerscheinungsform des Königs darstellte. Dabei sind sie aber auch die »beiden Streitenden«, die sich gegenseitig verstümmeln – wohl eine Mythologisierung des Gegensatzes der beiden Volksschichten der Niltalbewohner und der erobernden Jägernomaden (wobei der Horusfalke sekundär den u.äg. Stier ersetzt). Im A.R. wurde S. bei der Bildung des heliopolitan. Systems der Weltschöpfung als Wüstengott dem → Osiris gegenübergestellt, der hier das im Wasser »ertrinkende« Fruchtland bedeutet. Dadurch entsteht das Bild des S. als Feindes des Osiris, wobei er auch in der urspr. Mythenform dem Tier, das Osiris tötet, seinen Namen gibt. Damit beginnt die Verschiebung seines Wesens zur Verkörperung des Bösen, die dann in der Spätzeit zu seiner Verfemung und der Auskratzung seines Bildes führt. Trotzdem bleibt S. in manchen Mythen, bes. solchen um den Sonnengott, eine gute Macht: Er bekämpft am Abend die Apophisschlange, die das Sonnenschiff aufhält; er schützt als der »Zauberreiche« den König. In der Ramessidenzeit war S. der Dynastiegott, da er dem Baʿal der ins O.-Delta eingesikkerten Semiten Namen und Gestalt gegeben hatte; die Ramessiden aber stammten aus dieser Gegend. – Schon früh war jedoch aus dem alten Motiv der »streitenden Brüder« und dem Gegensatz Osiris-Seth in Heliopolis eine komplizierte Mythe entstanden, in der Seth den Osiris tötet und seine Leiche zerstückelt in den Nil wirft, dann aber der Rache des → Horus, des Sohnes des Osiris, ausgesetzt ist und ihr erliegt, sei es in immer neuen Kämpfen, sei es in einem Gerichtsverfahren vor Geb in Heliopolis. In der Spätzeit, in der Fremde Äg. beherrschen, wird diese Mythe Verheißung für die Vertreibung der Feinde; S. ist dann Verkörperung der Fremdherrscher. – In der spätesten Zauberliteratur wird Seth zum größten Gott, dessen Macht die Welt bewegt und vom Zauberer angerufen wird. W. H.

H. te Velde Seth, God of Confusion, Leiden 1967.

Sethos. 1. S. I. (Mn-mꜣʿ.t-Rʿ), 2. König der 19. Dyn. (1306–1290 v. Chr.), Sohn des Dynastiegründers → Ramses I., Thronbesteigung am 24. XI., führte mehrere Kriege gegen die Hethiter und Libyer, die er an den Außenwänden der Tempel verewigte, erhalten in Karnak an der N.-Wand der von ihm errichteten hypostylen Halle. Sein Totentempel in Gurna (Theben-West) sowie ein prächtiges Kenotaph mit Tempel in → Abydos (2) sind noch erhalten. – Seine durch die Reliefs sichtbar gebliebenen Kriegstaten sind auch später noch erzählt worden, so bei Manetho. Hdt. verband unter Namensverwechslung die gleichen Erzählungen mit → Sesostris (2,102–111); auch die ätiolog. Erzählung zu einer Statue des Königs auf Unterworfenen stehend (2,107 als Söhne gedeutet), sowie die 2 Statuen mit der Königin vor dem Ptahtempel (→ Phthas) von → Memphis (2, 110) und der Ausbau dieses Tempels selbst (2,108) sind auf Sethos I. zu beziehen. Auf den nicht mehr erhaltenen Wänden des Ptahtempels werden die Reliefs seiner Kriege angebracht gewesen sein, die zu den Erzählungen der Kriegstaten geführt haben, die späterhin immer mehr ausgeschmückt, aber mit dem Namen Sesostris verbunden worden sind. **2.** S. II., äg. König am E. der 19. Dyn. (Wśr-ḫprw-Rʿ-śtp-n-Rʿ, 1199–93), von seiner Königin Tꜣ-wśr.t überlebt, die zunächst einen kleinen Prinzen Siptah für 6 J. als König einsetzte, dabei aber als Regentin regierte, zwei weitere J. dann das Königtum beanspruchte. Zu ihrer Zeit (1192 bis 1185) setzt Manetho, der sie »König« Thoeris nennt, den trojanischen Krieg an. Hdt. 2,112 nennt sie nach dem homer. Meergott Proteus. W. H.

Sētia (ē Sil. 8,379), Latinerstadt (Dion. Hal. ant. 5,61. Plin. nat. 3,64. Ptol. 3,1,63) am steilen (Lucil. frg. 112 Marx) W.-Abhang der Monti Lepini mit gutem Wein (Strab. 5,237). Bürgerkolonie 379 (Vell. 1,14,2. Liv. 6,30,9), 342 von → Privernaten geplündert (7,42,8), 340 gegen Rom (8,3,9), versagt 209 (27,9,7. 28,15,5). Aufstand karthag. Geiseln und Sklaven 198 (32,26,5). 82 von Sulla eingenommen (App. civ. 1,87); später unbedeutendes (Martial. 13,112,1 f. *exigua*) municipium (Plin. a.O. MOMMSEN, CIL X p. 640); zur via Setina (vgl. RADKE Viae publicae Rom. 71. H. Sezze. G. R.

Forbiger HB. d. alt. Geogr. 3,478. *Nissen* It. Ldk. 2,645.

Seuthes (Σεύθης). **1.** I., Sohn des Sparadokos, beredete 429 seinen Onkel, den Odrysenkönig → Sitalkes (1), den Kampf gegen → Perdikkas (2) abzubrechen, und heiratete dessen Schwester → Stratonike (1). Nach Sitalkes' Tod bezog S. jährl. von Stammesfürsten und griech. Städten 400 Tal. Tribut. 410 entstanden Teilfürstentümer im O. des Reiches unter Maisades und Teres. Thuk. 2,97,3; 101,5. 4,101,5. Demosth. 12,9. J. WIESNER Die Thraker, 1963, 127. **2.** II., Sohn des vertriebenen Fürsten Maisades, erzogen von → Amadokos I. (1), besaß um 400 unter dessen Oberhoheit das väterliche Erbe mit griech. Städten an der Propontis, nahm den Rest der 10000 in Dienst, half → Derkylidas, erhob sich gegen Amadokos. → Thrasybulos versöhnte 389 beide zu einem Bündnis mit Athen. S. verlor bald die Herrschaft an den Odrysen Hebryzelmis, gewann sie durch → Iphikrates (1) wieder. † 383. Xen. an. 7,1 ff.; hell. 3,2,2 ff. Aristot. pol. 5,1312 a,9 ff. Nep. 7,8,3. 11,2,1. H. BENGTSON Die Staatsverträge des Alt. 2, 1962, 238. Zur Hellenisierung des mit Alkibiades befreundeten S. WIESNER 128 ff. **3.** ὕπαρχος des → Kersebleptes, Polyain. 7,32. **4.** III., Odrysenfürst, von Maked. abhängig, erhob sich 330 mit → Memnon (4) gegen Alexander, gewann, von → Antipatros (1) unterworfen, 324 nach Untergang des maked. Strategen → Zopyrion Unabhängigkeit, verlor sie an → Lysimachos (1), S. gründete → Seuthopolis. H. BENGTSON, Hist. 11, 1962, 18 ff. G. MIHAILOV Inscr. Graecae in Bulgaria repertae 3, 1964, 146 ff. WIESNER 140 f. BERVE Alex. 702. H. V.

Seuthopolis (Σευθόπολις). Residenzstadt des Thrakerfürsten → Seuthes III. (4), die er sich über einer älteren Siedlung gegen E. 4. Jh. v. Chr. errichtete; von keiner ant. Quelle erwähnt, erst 1948–1954 aufgedeckt.

S. liegt 3,5 km s. des Dorfes Koprinka und etwa 8 km w. der Stadt Kazanlak in SO.-Bulgarien, von 3 Seiten von Wasser umgeben und von einer stellenweise 2 m dicken Stadtmauer geschützt, ein Fünfeck von etwa 5 ha Fläche. Hippodamische Stadtplanung; geräumige Wohnhäuser vom sog. Pastadentyp; auf der Agora im Stadtzentrum ein Dionysostempel.

Über der ant. (hellenist.), etwa 1,80 m dicken Schicht liegt eine mittelalterliche, die selten 0,60 m erreicht. Von den über 1000 bisher gefundenen Münzen entfallen etwa 800 auf den Gründer.

Der Name Seuthopolis ist nur aus der dort gefundenen großen Inschrift bekannt. Chr. D.

Danoff, RE Suppl. IX 1370–78 (mit Lit.). *Ders.* Altthrakien, Sofia 1968 (bulg.), 81. 421. 434.

Severia (Σεβήρεια, Σευήρεια, Σεουήρεια, Σεβήρια; *Severia*), Feste zu Ehren des Kaisers → Septimius (II 7) Severus und seiner Söhne, durch Inschriften und Münzen vielfach bezeugt in der ganzen östlichen Reichshälfte, bes. in Athen und Kleinasien, anscheinend auch Mauretanien, manchmal in Verbindung mit anderen Göttern, z. T. bis in die 2. Hälfte des 3. Jh.s Vgl. RE II A 962–64 (HARTMANN). K. Z.

Severianos, Bischof von Gabala in Syrien, † nach 408, ist als einer der schärfsten Gegner des Johannes Chrysostomos hervorgetreten, nachdem er sich einen Namen als Prediger gemacht hatte. Mehrere Homilien sind unter dem Namen seines großen Feindes überliefert. Weitere Predigten sind in syrischen, koptischen und arabischen Übersetzungen erhalten. In Katenen haben sich Reste eines Paulus-Komm. gefunden. B. R. V.

Lit.: *H.D. Altendorf* Unters. zu S. von Gabala, Diss. Tübingen 1957. *Altaner*[7] 332 (mit Angaben über Ta.).

Severinus, Schüler des Libanios (epist. 879), dann Advokat (epist. 945). Er trat in den Hofdienst ein, vielleicht im J. 363, und wurde *comes rerum privatarum* des Theodosius, 388–90 (Liban. epist. 879. 945. Cod. Theod. 9,27,7), dann *comes sacrarum largitionum* 391 (Cod. Theod. 1,10,4), endlich *praefectus urbis Constantinopolitanae*, 398 bis 399 (Cod. Theod. 8,1,14. 15,1,39. 6,12,1. 4,33). M. L.

P. Petit Les étudiants de Libanius, Paris 1956. *A. H. M. Jones, J. R. Martindale, J. Morris* The Prosopography of the Later Rom. Emp., Cambridge 1971, 830.

Severos. Platoniker des 2. Jh. n. Chr., wirkte (nach K. PRAECHTER) »im Vorgelände des Neuplatonismus«. S. vertrat unter anderem eine harmonist. Angleichung der stoischen an die platon. Kategorienlehre (wie in → Platons Sophistes vorgetragen). Im übrigen versuchte er, die Diskrepanz zwischen platon. und aristotel. Timaios-Erklärung zu überbrücken. Was S. lehrte, wird fast nur aus knappen Notizen deutlich, die Proklos im Komm. zum Timaios erhalten hat. H. D.

Severus. 1. Septimius S. → Septimius II 7. **2.** S. Alexander → Aurelius II 30. **3.** Kämpfte 357/58 als *mag. mil. per Gallias* gegen die Rheingermanen (Amm. 16,10f. 17,2,10. Liban. or. 18, 48). **4.** 365 *comes domesticorum*, 367–72 als *mag. equitum* in Britannien (Amm. 27,6,8,10. 28,4. 29,5. Cod. Theod. 6,24,2f. 7,1,11). **5.** Valerius S., Christ, *procos. Africae* 381 (?), *praef. urbi* in Rom 382 (Cod. Theod. 6,6,1. 8,9,2. Inscr. Cret. 4,315. ILCV 1592. Symm. epist. 7,116). **6.** Libius S., weström. Kaiser 461–65, wurde in → Ravenna durch → Ricimer zum Kaiser ausgerufen. Kaiser → Leo (2) erkannte ihn nicht an. Völlig beherrscht durch Ricimer starb er 465 in Rom (Chr. min. 1,305. 492f. 2,89. 157f. 3,416f. 535. Iord. Rom. 335f. Priscus frg. 30f. Nov. Sev.). Mz. COHEN emp. 8,227. A. L.

7. Flavius Valerius S. → Valerius

Seviri. Von Augustus im J. 2 v. Chr. eingeführtes Ehrenamt (Cass. Dio 55,10. Zon. 10,35). Voller Titel *s. equitum Romanorum* als Anführer der sechs alten → *turmae*. Ihre Aufgabe war die Vorbereitung jährlicher Spiele, was große finanzielle Opfer verlangte. G. Wi.

Sexagenarii »Sechzigjährige«. Sprichwörtlich ist ein *mos maiorum* (Cic. S. Rosc. 100. Varro Men. 494 B.) erwähnt, *sexagenarios* (daher *depontani* Paul. Fest. 66,5 L.) *de ponte ... deici oportere* (Varro b. Non. 523,21), wofür man entweder das Argeeropfer als Beispiel nannte (Fest. 450,22ff. L.) oder ihr Ausscheiden aus polit. Funktionen (Sinn. Capito b. Fest. 452,17ff. L.) oder den Verlust des Stimmrechts (Varro a. O.) als Grund angab; vgl. Varro Men. 493 B. Ov. fast. 5,623f. Macr. sat. 1,5, 10. Lact. inst. 1,21,6. Afran. frg. 297 CRF. Eine plausible Erklärung steht aus. G. R.

Otto Sprichwörter und sprichwörtl. Redensarten d. Römer 320f. *Bömer* Ovids Fasten II 328. *Mommsen* StR II[3] 408,2. [*pons* ist hier der Steg, über den die stimmberechtigten, d.h. die wehrfähigen Bürger unter 60 J., in die → saepta gehen. S. Cic. leg. 3,39. K. Z.]

Sexi (*Sexs, Ex; Σέξ, Σίξος*; Ethnikon: Sexitani, Saxetani; *Σαξιτανοί, Ἑξιτανοί, Ἀξιτανοί*). Phoinik. Gründung an der S.-Küste Iberiens. Zeit der Gründung nicht überliefert, wohl älter als → Malaca. Älteste Bezeugung bei Hekataios FGrH 1 F 43. (Neuerdings mit Almuñécar [Prov. Granada] identifiziert). Berühmt wegen seiner Marinaden. Mz.-Funde zeigen meist Herakleskopf mit 2 Thunfischen. K. A.

M. P. Catalán Madr. Mitt. 4, 1963, 9ff. *A. Vives* La Moneda hispánica 1926, III 19ff.

Sextans, »Sechstel« des als Einheit verstandenen → As, 2 → Unzen, 1/6 der → Libra (54,58 g), des → Pes (49,3 mm; Frontin. aqu. 40ff. kennt auch *s.* → *digiti*), des → Iugerum (ca. 420 m²), des → Sextarius (91 cm³), der *centesima*, des Normalzinssatzes von 1% monatlich (also 2% Zinsen), einer Erbschaft.

Als Münzwert ist der S. stehend in allen duodezimal teilenden ital. → Aes-Grave-Serien (in der röm. Prora-Reihe mit Vs. Merkur und 2 Wertkugeln). Ab 89/88 nicht mehr geprägt, erscheint er nochmals in der Z. der Kämpfe zwischen M. Antonius und Octavian. → Hexas. H. Ch.

K. Regling, RE II A 2030f.

Sextantalstandard, Reduktionsstufe des ital. → Aes-Grave mit 1/6 des urspr. libralen (pfündigen) As-Gewichtes, in Rom um 210 zusammen mit dem → Denar eingeführt, auf den 10 sextantale → Asse gingen. H. Ch.

Sextarius, »Sechstel« des → Congius, röm. Hohlmaß für Flüssiges und Trockenes zu 0,546 l. Er wurde in 2 → Heminae, 4 → Quartarii und 12 → Cyathi geteilt und galt gemäß dieser duodezimalen Teilung als → As. Ins Griech. ging er als *ξέστης* über u. verdrängte vielfach die Namen im O. herrschender Hohlmaße ähnlicher Größe. H. Ch.

H. Chantraine, RE IX A 2101ff.

Sextilius. Name eines pleb. Geschlechts, das erstmals im 4. Jh. in den Fasten der Consulartribunen, im 3. Jh. in den Priesterlisten und von da an häufig auf röm. und ital. Inschr. erscheint.

I. Republik. Zeit. **1.** Verriet C. Iulius → Caesar (I 2) Strabo, der ihn in einem Capitalprozeß verteidigt hatte, 87 an seine marianischen Verfolger (Val. Max. 5,3,3). **2.** Kämpfte 69 als Legat unter → Lucullus (5) mit großem Erfolg gegen Truppen des → Tigranes und gegen Araber (Plut. Luc. 25,4–7) und zeichnete sich bei der Belagerung → Tigranokertas aus (App. Mithr. 84). 68 sandte ihn Lucullus zu dem Partherkönig Arsakes (Phraates?), der ihn gefangensetzte (Cass. Dio 36,

3,2f.). Vielleicht ident. mit Nr. 3. **3.** Praetor vor 67, geriet mit seinem Kollegen → Bellienus (1) und beider Liktoren in die Hand der Seeräuber (Cic. Manil. 32. 53. Plut. Pomp. 24,4). **4.** L. S. war vor 218 *IIIvir nocturnus* und wurde mit seinen Collegen vor Gericht gezogen und verurteilt, weil sie zu spät zu Löscharbeiten bei einem nächtlichen Brand an der Via Sacra erschienen waren (Val. Max. 8,1 damn. 5). Vielleicht handelte es sich dabei um den Brand des Vestaheiligtums im J. 241 (Liv. per. 19). **5.** M. S. aus → Fregellae wurde 209 von Volk und Senat hoch geehrt, da er, nachdem 12 Kolonien weiteren mil. Beistand abgelehnt hatten, als Sprecher der übrigen 18 Kolonien Hilfe zusagte (Liv. 27,10,3ff.). **6.** P. S. war 89 oder 88 und 88/87 als Praetor Statthalter von Africa. Als Marius auf der Flucht dorthin kam, verbot ihm S. den Aufenthalt in der Provinz (Plut. Mar. 40,3f. App. civ. 1,62: *Σέξστιος*). → Cassius (III 5) Dionysius von Utica widmete ihm seine griech. Bearbeitung der Schrift → Magos (12) über die Landwirtschaft (Varro r. r. 1,1,10). **7.** C. S. Rufus war 47 als Quaestor auf Cypern. Cic. fam. 13,48 ist an ihn gerichtet. Vielleicht führte S. 43 eine Flottenabteilung des → Cassius (I 15) in dieser Gegend (vgl. Cass. Dio 47,31,3 *Λούκιος Ῥοῦφος*). **8.** P. S. Rufus betrog seinen Freund Q. Fadius Gallus, indem er dessen Tochter um den größten Teil ihres Erbes brachte (Cic. fin. 2,55). **9.** Sextilia, Vestalin, die wegen Inzest 274 lebendig begraben wurde (Liv. per. 14). M. D.-M.

II. Kaiserzeit. **1.** S. Felix, Procurator von Noricum in den J. 69/70 n. Chr., Anhänger der Flavier, setzte die Inngrenze gegen Raetia, das für → Vitellius Partei ergriffen hatte, in Verteidigungsbereitschaft (Tac. hist. 3,5,2). Im Bataveraufstand des → Iulius (A 28) Civilis schlug er den → Iulius (A 86) Tutor n. der Nahe (Tac. 4,70,3f.). **2.** Sextilia, Gattin des L. → Vitellius (cos. 34. 43. 47), Mutter des Kaisers → Vitellius und seines Bruders L. (Suet. Vit. 3,1f.). Sie erhielt den Titel Augusta (Tac. hist. 2,89,2) und starb wenige Tage vor dem Sturz ihres Sohnes in hohem Alter (Tac. 3,67,1; über ihren Charakter ebd. 2,64,2 und Suet. a. O.). H. Gä.

Sextius. Name eines plebeischen Geschlechtes, zuweilen mit Sestius verwechselt. Ein S. war es (Nr. 7), der der Plebs den Aufstieg zum Konsulat erkämpfte. Sonst erhob sich die gens im allg. nicht über das Mittelmaß.

I. Republikan. Zeit. **1.** Erster Lictor und Gehilfe des C. → Verres in Sizilien von 73 bis 71, Cic. Verr. 3,156. 5,113. 118f. 125. RE II A 2039. **2.** M. S., tr. pl. 414, griff den tr. mil. c. p. M. → Postumius (I 1) Regillensis heftig an und beantragte ein Ackergesetz zur Besiedlung von Bola, Liv. 4,49,8–51,6 (vermutlich annalist. Fälschung, RE II A 2040), BROUGHTON 1,75. **3.** T. S., seit 53 Legat Caesars in Gallien, Caes. Gall. 6,1,1. 7,49,1. 51,1. Praetor 45 (?), verwaltete 44 die Provinz

Africa Nova (Numidien), BROUGHTON 2,330. Nach Caesars Tod Anhänger des → Antonius (I 9; Cass. Dio 48,21,1), eroberte 42 für die Triumvirn die Provinz Africa Vetus (Sieg über den republik. Statthalter Q. → Cornificius (5) und Annahme des Imperatortitels, EHRENBERG-JONES Documents illustr. the reigns of Augustus and Tiberius 1955^2, 152f. Nr. 330), übergab die beiden Provinzen aufgrund des Vertrags von Philippi 41 an den Beauftragten Octavians C. → Fuficius (2) Fango, blieb aber in der Provinz und eroberte sie 40 für Antonius zurück. Mitte 40 übergab er sie an → Lepidus (I 6), P. ROMANELLI Storia delle Province Romane dell'Africa 1959, 142ff. mit den Quellen. **4.** C. S. Calvinus setzte 124 als Consul und dann 123 als Proconsul den von seinem Vorgänger M. → Fulvius (I 15) Flaccus eröffneten Kampf gegen die → Ligurer, → Vocontier und → Salluvier fort, gründete 122 am Orte seines Sieges über die Salluvier das nach ihm benannte Castellum → Aquae (2) Sextiae und feierte in Rom einen Triumph über die drei Völkerschaften, BROUGHTON 1,518. **5.** C. S. Calvinus, wahrscheinlich Sohn des Vor., war z. Z. von Ciceros Knabenjahren (100–90) ein angesehener Redner. Seiner polit. Einstellung nach ein Anhänger der Mittelparteien, war er Gegner des L. → Appuleius (I 6) Saturninus (Cic. de or. 2, 249) und Freund des C. Iulius Caesar Strabo, ebd. 2,246. Vielleicht ident. mit dem CIL I^2 2,801 C. Sextius C. f. genannten Praetor von 92 (?), der einer unbekannten Gottheit auf Verordnung des Senats den an der Nordwestecke des Palatium stehenden altertümlichen Travertinaltar von neuem weihte, BROUGHTON 2,18. **6.** S. Naso, senator. Parteigänger des Cn. → Pompeius (1) und einer der Caesarmörder von 44, App. civ. 2,113. BROUGHTON Suppl., 60. **7.** L. S. Sextinus Lateranus, tr. pl. 376–367, erreichte nach zehnjährigem Kampf zusammen mit seinem Kollegen C. → Licinius (I 51) Stolo durch eine Absprache mit den Führern der Patrizier (J. BLEICKEN Das Volkstribunat der klass. Republik, 1968^2, 17f. aufgrund von Liv. 6,42,10) den Zugang der Plebs zum Konsulat und wurde 366 (nach R. WERNER Der Beginn der röm. Republik, 1963, 294 dagegen im J. 362) als erster Plebeier zum Consul gewählt, BROUGHTON 1,114 mit den Quellen. V. F.

8. Q. S., röm. Philosoph z. Z. des Augustus. Er lehnte es ab, als Stoiker bezeichnet zu werden und begründete in Rom eine z. T. nach pythagor. Grundsätzen gestaltete Lebensgemeinschaft – *Romani roboris secta*, so Sen. nat. 7,32,2. Vermutlich sollte dort eine eigenständig röm. Philos. = Lebensführung verwirklicht werden. Um sich ganz auf diese Aufgabe zu konzentrieren, lehnte S. den *cursus honorum* ab, den Caesar ihm anbot, so Sen. epist. 98,13; vgl. im übrigen Sen. epist. 59,7. 73,12. 108,17. H. D.

II. Kaiserzeit. **1.** T. S. Africanus, *cos. suff.* 59 (CIL IV 3340. DEGRASSI FImp. 16), 61 zusammen mit Q. → Volusius Saturninus und M. → Trebellius Maximus mit der Durchführung des *census* in Gallien betraut (Tac. ann. 14,46. E. STEIN Beamte und Truppenkörper 61f.). Mitglied der Arvalbrüder (CIL VI 2039). **2.** T. S. Africanus, *cos. ord.* 112 (CIL VI 542. DEGRASSI FImp. 33). **3.** T. S. Lateranus, *cos. ord.* 154 (CIL VI 33856. IGR I 147 = IG XIV 1052. SHA Verus 3,3. DEGRASSI FImp. 43), *procos.* von Africa 170/71 (CIL VIII 11799. THOMASSON Afr. 2,84). **4.** T. S. Lateranus, *comes* des → Septimius (II 7) im Partherkrieg 195 (Cass. Dio 75,2,3), *cos. ord.* 197 (CIL XIII 1754 = DESSILS 4134. VIII 8937. DEGRASSI FImp. 55). Er verdankte seinem kaiserl. Freund großen Reichtum (Epit. de Caes. 20,6) und wurde Besitzer des nach ihm benannten Palastes auf dem Lateran (CIL XV 7536). **5.** T. S. Magius Lateranus, *cos. ord.* 94 (CIL VI 1988 = XIV 2392. 25527 = DESSILS 7869. 9059. DEGRASSI FImp. 28). Kaum mit dem *pinguis Lateranus* Iuv. 8,146ff. identisch. **6.** L. S. Paconianus, plante im J. 32 die Ermordung des späteren Kaisers Caligula und rettete sein Leben durch Anzeige des → Latinius (II 1) Latiaris (Tac. ann. 6,3). Er wurde eingekerkert und, als er im J. 35 Schmähgedichte auf das Kaiserhaus verfaßte, hingerichtet (Tac. ann. 6,39). **7.** S. Sulla, Freund des → Plutarchos (2) aus Karthago (Plut. Rom. 15). Zusammen mit C. → Minicius (4) Fundanus Dialogperson in De cohib. ira (mor. 440–52), HIRZEL Dialog. 2,168f. **8.** Sextia, Schwiegermutter des L. → Antistius (II 11) Vetus; beging zugleich mit diesem und ihrer Enkelin Pollitta im J. 65 Selbstmord (Tac. ann. 16,70). G. Wi.

Sextos. 1. Aus Chaironeia, Neffe des → Plutarch (2), Lehrer der nachmaligen Kaiser → Marcus (2) Aurelius und L. → Verus; über ihn knapp M. Aur. εἰς ἑαυτόν 1,9. **2.** S. Empeirikos, skept. Philosoph aus der Nachfolge des → Pyrrhon von Elis; die erhaltenen Schriften dürften 180–200 n. Chr. verfaßt sein. Durch den Beinamen ἐμπειρικός ist S. der empir. Ärzteschule zugewiesen. S.' Lehrer war → Herodotos (3) von Tarsos, sein Schüler und Nachfolger war Saturninos. Diese Datierung beruht auf der (allein gesicherten) Angabe des Diog. Laert. 9,116; in der Suda wird S. mit Sextos Nr. 1 verwechselt.

S. hat die Argumente der pyrrhon. Skepsis in bemerkenswerter Vielseitigkeit auf alle Bereiche des Wissens angewendet, einschl. der paraphilosoph. Bildungszweige; so dringt S. zu einer oft fundierten (oft freilich spitzfindig übertriebenen) Kritik alles damaligen Wissens vor. Seine Schriften stellten in ihrer Gesamtheit eine negative Enzyklopädie des Wissens dar. Erhalten sind: Πυρρώνειοι ὑποθέσεις, 3 B. (dieser Titel wohl in Anlehnung an den Titel, den das Hauptwerk des → Ainesidemos trug), πρὸς δογματικούς in 5 B., oft als B. 7–11 des folgenden Werkes gezählt: πρὸς μαθηματικούς in 6 B. Beide Werke hatten tiefgreifenden Einfluß auf die Erkenntnis-Kritik des 17. und 18. Jh. Verloren sind: ἰατρικὰ ὑπομνήματα und περὶ ψυχῆς ὑπομνήματα. H. D.

Ta.: *H. Mutschmann* (nur vol. I und vol. II), Lpz. 1911 und 1914, 2. Aufl. besorgt durch *J. Mau*, Lpz. 1957, dazu der abschließende Bd. 3, hg. von *J. Mau*, Lpz. 1954 (nebst Ind. von *K. Janáček*).

3. Unter dem Namen S. steht eine Slg. von Sprüchen (*Σέξτου γνῶμαι*, 451 Sentenzen, 2 Hss.: Patm. 263, Vat. Graec. 742), die, um 200 n. Chr. entstanden und bei → Origenes (2) erstmals erwähnt, in lat., syr. und armen. Übers. bis ins späte MA. viel Anklang gefunden hat. Als Autor ist von → Rufinus (II 2) Papst Xystus II. (257/58), von → Hieronymus dagegen ein Pythagoreer S. genannt worden. Beide kommen kaum in Betracht. Die Slg. ist offenbar das Werk eines unbekannten chr. Redaktors, der wahrscheinlich eine pythagor. Slg. als Vorlage benutzt, diese jedoch durch chr. Interpolationen so umgestaltet hat, daß er sich eine apologetische Wirkung erhoffen konnte. Th. W.

Ta., Komm.: *H. Chadwick* The Sentences of S., 1959. Übers.: *J. Kroll*, Nt. Apokryphen ed. *E. Hennecke*,² 1924, 625ff.

Sextula, »kleines Sechstel«, 1/6 → Uncia und somit 1/72 → As. Ihr Gewicht von 4,55 g hatten der älteste → Denar und der → Solidus. Als 1/72 → Iugerum hielt sie ca. 35 m². Frontin. aqu. 26 kennt eine S. der *quinaria*, des Normalröhrenquerschnitts. H. Ch.

O. Viedebantt/*K. Regling*, RE II A 2056.

Sextus Placitus Papyriensis, Arzt (?) der Spätant. (Lebenszeit unbestimmt). Erhalten ist ein *liber medicinae ex animalibus* (bekanntes Thema, s. z. B. → Xenokrates v. Aphrodisias), das inhaltlich ganz unselbständig (eine Hauptquelle ist Plin. nat.), sprachlich aber wegen der Vulgarismen interessant ist. F. K.

Ta..: *Howald–Sigerist*, CML IV, 1927.

Siagu, Stadt der Prov. Africa proconsularis, zwischen → Neapolis (10; h. Nabeul) und → Hadrumetum (Sousse); h. Ksar ez-Zit. (Tunesien). Σιαγούλ Ptol. 4,3,9. *Siagu* Tab. Peut. *Civitas Siagitana* ILT 793. Unter Tiberius ist dort ein *senatus populusque S.* mit einem Sufeten an der Spitze bekannt (CIL V 4922 = ILS 6099). Im 2. und 3. Jh. *decuriones* (CIL VIII 964). Ruinen: Atl. arch. Tun. f^e^ 39, Hammamet, Nr. 4. Inschr. CIL VIII 964. 12446. 29090. ILT 792. M. L.

Sibyllen. Gottbesessene (Herakl. frg. 92 Diels. Aristot. probl. 1. Diod. 4,66,7. Paus. 10,12,3. Cic. div. 1,4. 79. Plin. nat. 7,119. Serv. auct. Aen. 3, 443) Seherinnen (Aristoph. Pax 1095. 1116; Equ. 61. Plat. Theag. 124d; Phaidr. 244b) ungedeuteten (falsch Varros Herleitung von σιοῦ βουλή Serv. Aen. 3,445. 6,12. Isid. or. 8,8,1. Lact. inst. 1,6,7) Namens (irrig als lat. Wort Lyd. mens. 4,47. Sud. s. v. Sch. Plat. Phaidr. a. O. Anecd. Par. 1,332), unbestimmter Zahl (Tac. ann. 6,12). Zwei S. Mart. Cap. 2,159 (erythr. S. *Symmachis* in *Cumae* und phryg. S. *Herophile*), drei S. Sch. Aristoph. Av. 962

(Apollons Schwester, erythr. S., sard. S.), Solin. 2, 18 (*Delphica* Bocch. frg. 1 P., *Herophile*, *Aniena*), Sch. Lykophr. 1278 = Cass. Dio frg. 10,8 M. (Apollons Schwester = kym. S., erythr. S., sard. S.), vier S. Tib. 2,5,67ff. (*Amalthea*, *Marpesia Herophile*, *Pytho Graia*, *Aniena Tiburs*), Ail. var. 12,35 (erythr. S., sam. S., äg. S., sard. S. und weitere sechs, darunter kym. S., jüd. S.), Paus. 10,12, 1ff. (Tochter der Lamia = libysche S., Artemis oder Herophile, Ἀπόλλωνος γυνὴ γαμετή, τότε δὲ ἀδελφὴ καὶ αὖθις θυγάτηρ = marpess. oder erythr. S., kym. S. Demo, babylonische bzw. äg. S. Sabbe, Tochter des Berossos), neun S. Clem. Al. strom. 1,21,132 (sam., kolophon., kym., erythr., thessal., thesprot. S., Phyto, Taraxandra, Maketis). Katalog von zehn S. Lyd. mens. 4,47. Suda s. v. (neben zwei anderen Listen). Anecd. Par. I 332ff. Sch. Plat. a.O. Prol. or. Sib. p. 26 Kurf. Chr. Pasch. 108 (11 S.). Isid. or. 8,8,1ff. Lact. inst. 1,6,7ff. nach Varro): 1. chald., hebr., pers. S. Sambethe (Nikanor FGrH 146 F 1), vom Stamme Noës, verkündet Alexander d. Gr. (damals in Erythrai S. Athenaïs Kallisthen. FGrH 124 F 14. Strab. 14,645); 2. libysche S. (Eur. TGF p. 506), Tochter Apollons und der Lamia (Plut. or. Sib. 9); 3. delph. S. (Chrysipp. frg. 1216 SVF), Tochter (Diod. a.O.) Apollons (vgl. Paus. a.O. 2); 4. ital. bzw. kimmer. S. (Piso frg. 41 P. Naev. frg. 18 M.; nur Sch. Plat. a.O. zitiert Eratosth. FGrH 241 F 26; zu *Cimmerium oppidum* Plin. nat. 3,61. Aur. Vict. or. 10,1) = Mutter Euanders (Clem. Al. strom. 1,21,108. Prol. or. Sib. a.O.; vgl. Liv. 1,7,8); 5. erythr. S. (Apollod. FGrH 422 F 1; Herakl. Pont. frg. 130 W. Isid. a.O. 4. Plut. or. Sib. 14. Solin. 2,18. Sch. Plat. a.O. *Herophile*) auf Mz. 1. Jh. v. Chr. (HN^2 579) *θεά* genannt, geboren in Erythrai (Paus. a.O. 7. Epigramm MDAI(A) 17, 1892, 16ff. 38, 1913, 1ff. = Kurfess Sibyll. Weissag. 11f.) oder Marpessos (Paus. a.O. 4. Steph. Byz. s. Μερμησσός); 6. sam. S. *Phoito*, *Phyto* (Eratosth. a.O.) oder *Phemonoe* (Isid. a.O. 4) z.Z. der Gründung von Byzanz (Anecd. Par. 2,264,20) oder 712 (Eus. p. 84 Sch. Herophile); 7. kym. S. (Mz. HN^2 554) *Amaltheia* oder *Herophile* (Lact. a.O. 10 so und *Demophile*; Sch. Plat. a.O. so und *Taraxandra;* Serv. Aen. 3, 445 *Phemonoe;* Verg. Aen. 6,36 *Deïphobe;* Hyperoch. FGrH 576 F 2 *Demo;* Aristot. mir. 95 = Lykophr. 1464 *Melankraira*) mit *carmen Euboicum* (Ov. fast. 4,257. 6,210) bzw. *Chalcidicum* (Stat. silv. 5,3,182); 8. hellespont. S. aus Marpessos/Gergit(h)ion (Mz. HN^2 545. Phlegon FGrH 257 F 2) z.Z. des Kyros (Herakl. Pont. frg. 131 W.; Nikol. Dam. FGrH 90 F 67. Tib. 2,5,68 *Herophile*), Chr. Pasch. a.O. Τρωάς = Tochter von Dardanos und Neso (Arr. FGrH 156 F 95. Lykophr. 1465 m. Sch.); 9. phryg. S. (Herakl. Pont. frg. 130 W. Artemis; Mart. Cap. a.O. *Herophile;* Suda s. v. *Sarysis*, *Kasandra*, *Taraxandra*); 10. tiburt. S. Albunea (Tib. 2,5,69. Solin. 2,18 *Aniena*). Zusätzlich bei Suda s. v. thessal. S. *Manto*, kolophon. S. *Lampusa*, thesprot. S., sikel. S., rhod. S., sard. S., lukan. S.

Wanderungen: Erythr. S. nach Cumae (Aristot. mir. 95. Serv. Aen. 6,321. Mart. Cap.); phryg. S. nach Delphi (Herakl. Pont. frg. 130 W.); marpess. S. nach Samos, Klaros, Delos, Delphi (Paus. a.O. 5); babylon. S. nach Erythrai (Lact. a.O. 13. Isid. a.O. 4. Or. Sib. 3,810. 814). – Vater Theodoros (Hexameter bei Paus. a.O. 3. Epigramm s.o.); – Liebe Apollons (Paus. a.O. 2. Ov. met. 14,136ff. Serv. Aen. 6,321). – Hohes Alter sprichwörtlich (Makar. 7,61. Aristot. mir. 95. Herakl. Pont. frg., 130 W. Akesandr. FGrH 469 F 7. Phlegon FGrH 257 F 37 V 2ff. Plut. or. Sib. 9. Verg. Aen. 6,321. 628. Ov. met. 14,144ff. Petron. 48 u.a.). – Saiteninstrument Sambyke (Skamon FGrH 476 F 5). – Grab in Troas (Paus. a.O. 6), Gergis (Steph. Byz. s.v.), Kyme (Hyperoch. a.O. Iust. coh. ad Graec. 37), Sizilien (Solin. 2,17. 5,7. Isid. a.O. 5). – Akrostichon als Echtheitsmerkmal (Dion. Hal. ant. 4, 62,6. Cic. div. 2,111f. Phlegon FGrH 257 F 36 X); Christus-Akrostichis Or. Sib. 8,217ff. (= lat. Aug. civ. 18,23). Manches stammt aus den sog. jüd.-chr. Or. Sib., die unter Verwendung hom. und hesiod. Zitate in Corpus von 14 B. (wertvolle Nebenüberlieferung) erhalten sind. Verse aus den älteren Büchern 3 (2. Jh. v. Chr.), 4,5 schon von Clem. Al. protr. 4,50. 6,70; paed. 2,10,99, aus 3–8 ca. 1. Jh. später von Lact. inst. 1,11,47. 15,15. 4,13, 25. 15,3. 15. 25. 18,20. 7,16,13. 23,4. 24,14 zitiert.

Vaticinia ex eventu sollen Zutrauen in zeitgebundene polit. Weissagungen wecken; vergleichbar die im 1. Jh. v. Chr. im polit. Leben Roms verwendeten S.-Sprüche (Cic. Rab. Post. 4; Cat. 3,9; div. 2,110; fam. 1,7,4. Sall. Cat. 47. Suet. Caes. 79. Plut. Caes. 60. App. civ. 2,110. Cass. Dio 39,15,2. 41,14,4. 44,15,3). Mit ihnen haben jedoch die *libri Sib.* des röm. Kults nichts zu tun: Sie enthalten keine Weissagungen, sondern Ritualvorschriften. Der Sage nach bot eine fremde Frau (seit Verg. Aen. 6,10 die Kym. S.) dem Tarquinius Priscus oder Superbus 9 bzw. 3 B. für 300 Goldphilippeioi (erst seit 194 v. Chr. in Rom bekannte Mz.) an; nach Verbrennen der ersten beiden Drittel kauft der König den Rest für gleiche Summe (Varro bei Lact. inst. 1,6,10f. Dion. Hal. ant. 4,62,2. Serv. Aen. 6,72. Plin. nat. 13,88. 34,22. 29. Solin. 2,16f. Gell. 1,19. Isid. or. 8,8,6. Philarg. ecl. 4,4. Myth. Vat. 2,88. Lyd. mens. 4,47. Cass. Dio frg. 10,8 M. Sch. Lykophr. 1278. prol. or. Sib. p. 26 Kurf. Suda s.v.). Die *libri* werden im kapitolin. Tempel deponiert, mit dem sie 83 v. Chr. verbrennen (Dion. Hal. a.O. 5f. Plut. Sulla 27). Ersatz wird in Samos, Ilion, Erythrai, Afrika, Sizilien, Ital. coloniae gesucht (Tac. ann. 6,12), in Erythrai gefunden (Varro bei Serv. Aen. 6,36. 72. Cic. div. 1,34), 76 v. Chr. abgeholt (Fenest. frg. 18 P. Varro bei Lact. inst. 1, 6,14. Dion. Hal. a.O.), von Augustus 12 v. Chr. in den palatin. Apollotempel überführt (Suet. Aug.

31,1. Serv. Aen. 6,36. 72). Geheimhaltung (Cic. div. 2,112; leg. 2,30. Gran. Lic. p. 15 Fl. Cass. Dio 39,15, 3. Comm. Lucan. 1,364. Lact. inst. 1,6,13; ira 23,2) der *fata* (Lact. ira 23,2) *et remedia* Serv. Aen. 6,36, 72. Plin. nat. 11,105) bzw. *decreta* (Isid. or. 8,8,5) *Romana* bzw. *Sibyllina* (Cic. Cat. 3,9) durch Strafe für M. Atilius bezeugt (Dion. Hal. a.O. 4. Val. Max. 1,1,13). Einsichtnahme nur auf Senatsbeschluß (Cic. div. 1,97. 2,112. Cass. Dio 39,15,3. Dion. Hal. a.O. 5; vgl. Liv. 5,13,5 u.a.) allein durch *XVviri* (Gell. 1,19,11; vgl. Liv. 21,22,6 u.a.); Voraussetzung unheilverkündendes *prodigium* (Liv. 22,9,8) wie *tumultus* (Dion. Hal. a.O. Val. Max. 1,1,1. Liv. 3,10,7), *clades* (Überschwemmung, Pest, Krieg), *ostenta* (bes. Androgynen; sonst Verg. georg. 1,471 ff. Tib. 2,5,71 ff.). *Ad placandos deos* (Cic. Cat. 3,20) Befragung nach nötigen Maßnahmen (Varro rust. 1,1,3. Liv. 10,47,7): Schriftl. Gutachten der *XVviri* (Liv. 42,2,7) regelt Prokurationen nach *ritus Graecus* (Varro l.l. 7,88. Cic. leg. 2,21. Liv. 25,12,13), Supplikationen (Obsequ. 6), Lectisternien (Liv. 5,13,6), Prozessionen (Liv. 27, 37,11 ff.), Spiele (Liv. 25,12,11 f. 39,22,1. Serv. Aen. 2,140), Menschenopfer (Cass. Dio frg. 48 M. = Zon. 8,19. Plut. Marc. 3), neue Kulte, Säkularspiele. Aus der 76 v. Chr. erneuerten Slg. sind das Androgynenorakel 125 v. Chr. (Datum zweifelhaft) bei Phlegon FGrH 257 F 36 X) und das Säkularorakel 17 v. Chr. (Phlegon F 37 V 4. Zos. 2,1,6) erhalten (zeitgenössische Fälschung wahrscheinlich). Häufige Befragung in der Kaiserzeit (H.A. v. Hadrian. 2,8. v. Aurel. 19,4 u.a.), zuletzt 363 (Amm. 23,1,7). Verbrennung unter Stilicho 408 (Rutil. 2,51). G. R.

Klausen Aeneas u. d. Penaten 203 ff. *E. Maass* De Sibyllarum indicibus, Diss. Greifsw. 1879; H 18, 1883, 335. *Prell.-Jord.* 2,74. *H. Diels* Sibyll. Blätter. *Geffcken*, GGN 1900, 88 ff. *W. Hoffmann* Wandel u. Herkunft d. sibyllin. Bücher in Rom, Diss. Lpz. 1933; RhM 1895, 110 ff. *Mras*, WS 1908, 25 ff. *Buchholz* Myth. Lex. 4,790 ff. *Rzach*, RE II A 2073 ff. *A. Kurfess*, WJ 2, 1947, 373. 3, 1948, 194. 402. *Ders.* Sibyllin. Weissagungen, 1951. *Wissowa* Rel. ²536 ff. *Latte* RRel 160. *Th. Zielinski* La Sibylle, Paris 1924. *Norden* Geb. d. Kindes 145 ff. *W. Weber* Der Prophet und sein Gott. *G. Radke*, G 66, 1959, 217 ff. *Gagé* Apollon Romain 446 ff.

Sibyrtios (*Σιβύρτιος*), Makedone unbekannter Herkunft. 324 Satrap von → Karmanien (Arr. an. 6,27,1), erhielt S. bald darauf nach Ablösung durch → Tlepolemos → Gedrosien, → Arachosien und das → Oreitengebiet (Arr. Ind. 36,8. Curt. 9, 10,20) und wurde in diesem Amt 323 wie auch 321 bestätigt. 316 von → Eumenes (1) zur Unterstützung gezwungen (Diod. 19, 14 ff.) konnte er sich diesem entziehen und behielt seine Satrapie unter → Antigonos (1) wie auch → Seleukos (1) (Diod. 19, 48). G. W.

Berve Alexanderreich 2 Nr. 703. *Geyer*, RE II A 2183 f. *Niese* St 1,507. *Beloch* GG 4,1,141.

Sica, sicarius. Der sichelartige, krumme Dolch der thrakisch-illyr. Völker (Enn. ann. 504 Vahlen. Val. Max. 3,2,12) wurde in Rom so typisch für Banditen und Mörder, daß diese schon 81 v. Chr. danach ganz allg. *sicarii* hießen (*lex Cornelia de sicariis et veneficiis*), vgl. G. Rotondi Leges publicae p. R. (1912, Nachdr. 1966, 357 f.). Bei den Gladiatoren ist die s. (Isid. orig. 18,6,8. Martial. 3,16,2) mit der Schneide an der inneren Krümmung im Gegensatz zu dem zweischneidigen geraden Dolch, *pugio*, Angriffswaffe des möglicherweise nach der Herkunft dieses Dolches genannten Thraex (zu diesem vgl. K. Schneider, RE VI A S. 389 ff.). W. H. G.

Sicca Veneria, Stadt der Prov. Africa proconsularis an der Straße von → Karthago nach → Cirta (Constantine), r. von → Bagradas, auf einem Hügel; h. El Kef. Erste Erwähnung Pol. 1,66. 67 anläßlich des karthag. Söldneraufstands im J. 241 v. Chr. Im Iugurth. Krieg unterwarf sie sich den Römern (Sall. Iug. 56). Seit Augustus *col. Iulia Veneria Cirta Nova S.* (CIL VIII 1632. 15858. 15868. 16258. Über ihr Verhältnis zu dem anderen Cirta s. L. Teutsch Das röm. Städtewesen in Nordafrika, 1962, 173; Plin. nat. 5,22. Ptol. 4,3,30. 8,14,9. Itin. Ant. 45). In S. ein Heiligtum der Venus (der Erycina? Solin. 27,8). Selbstprostitution der pun. Matronen Val. Max. 2,6,15. G. Picard Rel. Afr. ant. 116.

Zum Gebiet der Stadt gehörten zahlreiche *castella* (ILS 444. 6807. CIL VIII 27828. Inschr. CIL VIII 1623. 10621. 15829. 27568 = ILS 6773. ILT 1588–1611). Ruinen: Atl. arch. Tun. f^e^ 57, El Kef, Nr. 145. Neue Befestigung durch Iustinian Prok. 6,7,10.

Aus S.V. stammten → Arnobius (1) und → Caelius Aurelianus. M. L.

Tissot Géogr. prov. rom. Afr. 2,375 ff. *Cagnat, Saladin* Voyage en Tunisie 200 ff. *Gauckler* Inv. mos. Gaule et Afr. 2,185 ff. *S. Gsell* Hist. anc. Afr. N. 4,403 ff. *Berthier, Juillet, Charlier* Le Bell. Iug. de Salluste et le problème de Cirta, Constantine 1949.

Siccius, urspr. patriz. Gentilname, vgl. Schulze Eigenn. 231. Oft mit → Sicinius verwechselt, so ein Cn. S., tr. pl. 471 mit C. → Sicinius (I 1), Mommsen RF 1,109 ff., 88. **1.** L. S. Dentatus, als pleb. Kriegsheld und »römischer Achill« (Gell. 2,11,1) von der antiquar. Tradition zu den J. 455 (454 dann angeblich tr. pl.) und 449 erfunden bzw. zugkräftig ausgeschmückt, Dion. Hal. 10,36,2 ff. Liv. 3,43,2 ff. u.a. **2.** T. S. Sabinus (?), cos. 487 (wohl kaum ein Sicinius, wie Broughton Mag. 1,19 f. meint), Patrizier, kämpfte gegen Volsker (Triumph?) und 480 gegen Veienter. H. G. G.

Sichel (*falx*, *δρέπανον*). **1.** Die S. etwa der gleichen Form wie h. gehört zu den ältesten landwirtschaftl. Werkzeugen. Sie diente zum Schneiden von Getreide (*falx foenaria* = Sense?) usw., zum Beschneiden von Bäumen und Stauden, als Winzermesser usw. Zahlreiche ant. Beispiele haben sich erhalten. **2.** Als Waffe ist die S. (*ensis falcatus, hamatus. ferrum lunatum. ἅρπη. δρέπανον*) ein sichelförmiges Schwert (→ Sica) mit gerader oder gezackter Schneide oder eine gerade Klinge mit sichelförmigem Ansatz; sie wird vor allem von Perseus (K. SCHAUENBURG Perseus in d. Kunst d. Alt., 1960), Hermes, Herakles und Saturn geführt. Im Krieg wurde die S. an Wagen bzw. als *falx muralis* oder *navalis*, formal den Feuerhaken von h. ähnlich, gebraucht. W. H. G.

Sichem (*Συχέμ, Σύχεμ, Σίκιμα*), h. Tell Balāṭa, 60 km n. von Jerusalem und 2 km o.s.ö. von Nablus (→ Neapolis 12). Der kanaan.-hebr. Name Škm = »Nacken« trifft genau die Situation von S. im Sattel zwischen Ebal und Garizim. Wegen ihrer beherrschenden Position im Schnittpunkt der beiden zentralen Verkehrsadern des Landes war die Stadt »die ungekrönte Königin von Palästina« (ALT III 246). Schon Jahrzehnte vor Errichtung der 1. Stadtmauer wird S. in äg. Texten des Mittl. Reiches in der Form škmm erwähnt. Nach Ausweis der Grabungsbefunde erlebte die Stadt, abgesehen von den Verwüstungen bei Vertreibung der → Hyksos zu Beginn der 18. Dyn., eine relativ ungestörte Entwicklung und Bauphasenfolge in Befestigungs- und Tempelanlagen. Die größte Ausdehnung ihres Machtbereiches erfuhr sie offenbar in der Amarna-Z. unter Labaja und dessen Söhnen (EA 244f. 250. 252 bis 255. 289). Nach der Landnahme Israels unternahm der manassit.-sichemit. Mischling Abimelech den Versuch, auf der heterogenen Basis seiner Herkunft eine Tyrannis nach Labajas Vorbild zu gründen und scheiterte (Jdc. 9). Nach Salomos Tod erfolgte in S. die Reichsspaltung und die Wahl Jerobeams zum 1. König des N.-Reiches (1. Reg. 12). Ob die auf der N.- und NW.-Seite der Stadt entdeckten Kasemattenmauern diesem König zuzuschreiben sind, ist nicht ganz sicher. Nach Gründung der Hauptstadt → Samaria sank S. zu einem unbedeutenden Distriktsvorort ab und scheint in der späteren Achämeniden-Z. kaum besiedelt gewesen zu sein. Erst seit 331 erlebte S. eine neue und letzte Blüte: die Samaritaner ließen sich dort nieder, erneuerten die Befestigungen und erbauten auf einem n. Vorsprung des Garizim-Massivs (h. Tell er-Rās) ihren Tempel. Stadt und Heiligtum wurden E. des 2. Jh.s v. Chr. von Johannes → Hyrkanos I. (2) zerstört. Auf den Fundamenten des letzteren erstand unter Hadrian ein dem Zeus Olympios geweihter Tempel. A. Ku.

Lit.: *E. Sellin*, ZDPV 64, 1941, 1ff. *G. E. Wright* Shechem, the Biogr. of a Bibl. City, New York 1965. *Ders. u.a.*, BASO 144, 1956. 148, 1957. 161, 1961. 169, 1963. 180, 1965. 190, 1968, 4ff. (zu T.er-Rās). *G. R. H. Wright*, ZAW 80, 1968, 1–35. *E. Nielsen* Shechem, a traditio-hist. Investigation, Kopenhagen 1955. *J. A. Soggin*, ZDPV 83, 1967, 183ff.

Sicilia (*Σικελία*), größte Insel im Mittelmeer (25426 km²). Sie soll urspr. *Τρινακρία* bzw. *Θρινακία* geheißen haben, dann nach den Sikanern in Sikania umbenannt worden sein, schließlich von den Siculern den bekannten Namen empfangen haben (vgl. Thuk. 6,2,2f. Hdt. 7,170).

G e o g r a p h i s c h e s: S. ist Überrest der bedeutenden Landbrücke, die vor Zeiten Europa mit Afrika verband. Der Zusammenhang mit Italien ging in der Tertiärzeit verloren infolge eines plötzlichen Einbruchs oder einer allmählichen Senkung. Als sich später in der Diluvialzeit die afrikan. Flachsee bildete, riß die Verbindung mit Afrika ab. (Neuerdings wird freilich bestritten, daß S. jemals mit dem Festland zusammenhing.) Im Alt. sah man S. als ein losgelöstes Stück Italien an (Strab. 1,54). Nach ant. Begriffen sollte der nach Italien hinüberführende Isthmus infolge Meeresabrasion oder eines seismischen Ereignisses zerstört worden sein. – S. liegt mit seiner Hauptmasse zwischen dem 37. und 38. Grad n. Breite sowie 13. und 15. Grad ö. Länge. Es hat die Gestalt eines Dreiecks mit den Eckpunkten Pachynos, Pelorias und Lilybaion. Davon hatte man bereits im Alt. einen klaren Begriff (ältestes Zeugnis Pind. frg. 322 Snell), doch dachte man sich die Lagerung dieses Dreiecks um ca. 90° gegenüber der wirklichen verschoben (vgl. bes. Strab. 6,266 nach Poseid.). Die ant. Angaben bezüglich der Länge der Dreiecksseiten kommen der Wahrheit überraschend nahe (300 : 200 : 280 km). Man schwankte in der Ant., ob S. oder Sardinien als größte Insel zu gelten habe. In der Tat ist der Unterschied geringfügig (25426 : 24090 km²). Das Richtige hat bereits der Komiker Alexis (frg. 268 K.), dem S. die größte Insel vor Sardinien und Korsika ist. Ebenso Strab. (2,123), abweichend Hdt. 1,170 und Timaios (FGrH 566 F 65). Für die Bevölkerungsdichte in den verschiedenen Perioden des Alt. fehlt es an verläßlichen Anhaltspunkten. Heute ist S. dichter besiedelt als Mitteleuropa. – Die Bezeichnungsweise der S. umgebenden See schwankt im Alt. teilweise. Die N.-Küste bespült das Tyrrhen. Meer, die SW.-Küste (nach ant. Vorstellung SO.-Küste) in ihrem w. Teil das libysche. Das *mare Siculum* hingegen wird von den einen auf die Straße von Messina beschränkt (Mela 2, 115), andere wie Strab. (2,123) lassen es bis zu den Vorgebirgen Kretas um die Peloponnes herum bis in den Golf von Korinth reichen. Bei einer dritten Gruppe stoßen Adria und tyrrhen. See in der Straße von Messina aneinander. Das *Fretum Siculum* (*πορθμὸς Σικελικός*) entspricht der h. Straße von Messina. Die Breite beträgt an der engsten Stelle 3,2 km, bei Rhegion (Reggio) ist sie bereits auf 10 km angewachsen. Die Länge wird mit ca. 35 km angegeben. Infolge wahrscheinlicher Verbreiterung des Abstands zwischen S. und dem Festland (bei dem Erdbeben von 1908 beobachtete man ein Absinken des Strandes an beiden Ufern) weichen die ant. Maßangaben von den modernen erheblich ab. Am *fretum* hat man Skylla und Charybdis lokalisiert. Der Strömungswechsel in der Meerenge wurde von Eratosth. mit dem Niveauunterschied des Tyrrhen. und sizil. Meeres erklärt, eine Ansicht, die Strab. (1,54f. nach Poseid.) bestreitet, die sich indes die moderne Wissenschaft angeeignet hat. – Von den Küsten ist die reichgegliederte O.-Küste bes. hist. bedeutungsvoll. Im n. Teil finden sich steil zum Meer abfallende Berge, der s. ist vergleichsweise flach. Von den Siedlungen sind erwähnenswert → Messana, → Tauromenion, → Naxos (4), → Katane, → Megara (3) Hyblaia und → Syrakus. Desgleichen ist die SW.-Küste (zwischen Pachynos und Lilybaion) flach. Sie säumen u. a. die Orte → Kamarina, → Gela, → Phintias (1), → Akragas, → Selinus (4), → Lilybaion. Natürliche Häfen vermißt man. An der NW.-Ecke ragt der Kalkklotz des → Eryx, von Pol. (1,55,7) in seiner Höhe überschätzt. Die N.-Küste steigt fast senkrecht aus dem Meer. Von den hier liegenden Orten seien hervorgehoben Eryx, → Panormos (3), → Solus, → Himera, → Kale Akte, → Mylai (2). S. ist im wesentlichen eine Hochebene, in die sich zahlreiche Flüsse mit schmalen Tälern eingegraben haben. Größere Strandebenen trifft man selten. Der Hauptgebirgszug streicht längs der N.-Küste mit etlichen Erhebungen von 1300 bis 1900 m. Von den Flüssen gilt, daß sie im Alt. (wegen des ausgedehnteren Waldbestands) weit wasserreicher waren als h. Größter Wasserlauf ist der → Symaithos (h. Giaretta) mit seinen zahlreichen Quellflüssen in den Montes → Nebrodes und Heraei. Vielgenannt ist der → Akis, der dem Ätna entspringt, der → Anapos (2) und schließlich der → Halykos, der Grenzfluß zwischen dem griech. und karthag. Herrschaftsgebiet. Die Thermalquellen bei Segesta, Selinus und Himera hatten einen Namen. Das milde Klima von S. kennt keine extremen Temperaturschwankungen (mittlere Temperatur im Jan. 11°, im Juli 27°). Die Wirtschaft der Insel beruhte in der Ant. zur Hauptsache auf der Getreide-, bes. der Weizenerzeugung (*cella penaria rei publicae:* Cato bei Cic. Verr. 3,5). Zudem lieferte S. einen ausgezeichneten Wein. Die Viehzucht hatte einen hohen Stand (Pferde, Schafe, Schweine).

Besiedelung: Nach dem Mythos sollten die Laistrygonen und Kyklopen die Ureinwohner S.s sein. In der einhelligen gesch. Überlieferung galten die Sikaner als die ältesten Siedler. Sie wurden teils als Autochthonen angesehen, teils als Iberer, die aus ihren urspr. Wohnsitzen am Sikanos (Jucar in Spanien) verdrängt worden seien. Ihre Sprache ist unbekannt. Sie lebten auf einer niedrigen Kulturstufe, trieben Ackerbau und siedelten in offenen Dörfern. Sie wurden am E. 2. Jt. von den aus Italien eingewanderten → Siculern aus dem ö. Teil der Insel vertrieben. Vielfach wird angenommen, daß die sicul. Sprache mit der lat. aus einer Wurzel stammt, doch ist die Induktionsbasis sehr schmal. Die kulturelle Überlegenheit der Siculer gegenüber den Sicanern wird gelegentlich bestritten. Sie wohnten in festen Bergstädten. Vor der griech.

Kolonisation wichen sie an die N.-Küste und ins Landesinnere zurück. Um 450 erheben sie sich unter → Duketios, um die wirtschaftl. und polit. Vormachtstellung der Griechen zu erschüttern. Während der Sizil. Expedition (415–13) unterstützen sie die Athener. In der Folge gehen sie völlig im Griechentum auf. Für die Römer ist der Unterschied zwischen *Sikeloi* und *Sikeliotai* (wie sich die Griechen S.s nannten) gegenstandslos geworden. Noch vor den Siculern haben sich die → Elymer in S. festgesetzt. Ihre Städte, → Segesta, Eryx und → Entella, liegen im NW. der Insel. Nach Thuk. (6,2,3) waren sie troischen Ursprungs, eine Anschauung, die in modifizierter Form (ägäische Herkunft) noch in der mod. Forschung vertreten wird neben konkurrierenden Hypothesen (ligur., illyr., sikan. usw. Abstammung). In den Kämpfen zwischen Karthagern und Griechen ergriffen die Elymer für die Punier Partei. Sie hellenisierten sich frühzeitig. Der Kult der Venus Erycina trägt oriental. Gepräge (Hierodulen), was von manchen auf pun. Einfluß zurückgeführt wird. Von einer radikal-krit. Richtung der modernen Forschung werden die ant. Traditionen über die prähist. Ethnographie S.s verworfen, weil sie mit dem Befund der Archäologie nicht in Einklang zu bringen seien. – Gegen E. 2. Jt. hatten die Phoiniker vom Mutterland aus Faktoreien in der Nähe der Kaps und auf den vorgelagerten Inselchen eingerichtet, vor den griech. Kolonisten zogen sie sich auf → Motya, → Solus und → Panormos (3) zurück (Thuk. 6,2,6). Die Phoiniker ganz von der Insel zu verdrängen gelang den Griechen nicht, wohl aber den Römern. – Die griech. Kolonisation setzte in der 2. Hälfte 8. Jh. ein, Ioner und Dorier sind an ihr beteiligt. Naxos ist die älteste Gründung, es verdankt sein Dasein den Chalkidiern von Euboia. Bald darauf gründete Archias von Korinth Syrakus. Akragas, eine der jüngsten Gründungen (um 580 oder 600), ist gemeinsame Anlage von Rhodiern und deren Pflanzsiedlung Gela. Bei der Kolonisation waren zunächst die Ioner führend, später gerieten sie gegenüber den Doriern ins Hintertreffen. Die klass. Darstellung stammt von Thuk. (6,3–5). Bezüglich der Chronologie ist die ant. Überlieferung gespalten.

Politische Gesch.: Auf Grund der Quellenlage läßt sich über die ersten 250 J., sieht man von der Gründung der einzelnen Kolonien ab, wenig sagen. Nach den sonstigen Überresten zu schließen, scheint es eine Epoche mächtigen Emporblühens gewesen zu sein. Im 6. Jh. installieren sich in vielen Gemeinwesen Tyrannen, was auf vorangegangene Parteifehden deutet. Anf. 5. Jh. bemächtigte sich → Gelon (1) der Stadt Syrakus und errichtete ein mächtiges Reich im ö. S. Im Bund mit dem Tyrannen von Akragas → Theron wehrte er die Karthager ab, die als Verbündete des Xerxes das w. Griechentum zu vernichten trachteten (Schlacht bei Himera 480). Bei Gelons Ableben

(478) folgte ihm sein ältester Bruder → Hieron (1) in der Herrschaft. Er dehnte seine Macht auf die Apenninenhalbinsel aus. Den syrakus. Hof machte er zu einem strahlenden kulturellen Mittelpunkt der griech. Welt. Aischyl., Pind. u.a. berief er nach dort. Seine Politik begünstigte einseitig das Doriertum. Schwer lastete seine Hand auf den Untertanen. Eine starke Opposition bildete sich. Hierons Bruder und Nachfolger → Thrasybulos fiel ihr nach kurzer Regierungszeit (466/65) zum Opfer. Mit dem Sturz der Deinomeniden (465) brach für S. eine Periode der Wirren an, die freilich der kulturellen und wirtschaftl. Blüte keinen wesentl. Eintrag tat. Die Sizil. Expedition Athens (415–13) und ihr unglücklicher Verlauf beschwor für das Griechentum der Insel eine ernste Gefahr herauf. Die Karthager setzten zum Generalangriff an. Ihren Heeren unter Hannibal und Himilkon fielen die Griechenstädte eine um die andere leicht zur Beute (409–05). Erst an den Mauern von Syrakus brach sich die Wucht des karthag. Angriffs. Dionysios I. trotzte beim Friedensschluß (405/04) den Karthagern das Zugeständnis ab, daß die zerstörten Griechenstädte wieder aufgebaut werden durften, sie wurden jedoch tributpflichtig. Dionysios I. (ca. 430–367) hatte die Not der Zeit als Tyrann an die Spitze des Gemeinwesens geführt. Er verstand es, sich eine gewaltige Machtposition aufzubauen. Sein Reich, Vorläufer der Territorialstaaten der hellenist. Ära, umfaßte auch Teile des ital. Festlands. Er suchte die nationalen Unterschiede zwischen Griechen, Kampanern und Siculern zu nivellieren. Außenpolitisch trachtete er die Macht der Karthager und Etrusker zu schwächen. Syrakus hat er zur größten Stadt der griech. Welt gemacht. Platon hat er an seinen Hof gezogen, doch für dessen polit. Utopien sich zu begeistern, hinderte ihn sein nüchterner Tatsachensinn. Das Staatswesen, das er seinem Sohn Dionysios II. hinterließ (367), war innerlich so fest gefügt, daß sein Bestand zunächst trotz der Kraftlosigkeit des neuen Regenten gesichert war. Von → Dion (1) vertrieben (357), machte sich → Dionysios II. nach 10 J. abermals zwar nicht zum Herrn des von seinem Vater ererbten Reiches, wohl aber von Syrakus. Der endgültige Sturz erfolgte durch den Korinther → Timoleon (344). Dieser vereitelte alsdann den karthag. Plan, den griech. Machtzerfall für den Ausbau der eigenen Herrschaft auf der Insel zu nutzen (Schlacht am → Krimisos 341). Gegen E. 4. Jh. wirft sich → Agathokles (2; 361–289) zum Tyrannen von Syrakus auf. In einem kühnen Kriegszug (311–07) suchte er die Punier aus S. zu vertreiben. Nach glänzenden Anfangserfolgen endet das Ringen mit einer Bestätigung der seit langem bestehenden Einflußzonen (Halykosgrenze: 306). Nach dem Tod des Agathokles (289) brechen bei den sizil. Griechen erneut Wirren aus, die den Puniern eine günstige Gelegenheit zu bieten scheinen, ihr Herrschaftsgebiet auszuweiten. Da erscheint → Pyrrhos (1) von Epeiros auf dem Plan (277). Die Insel in schnellem Siegeszug durcheilend, beschränkt er die Karthager auf Lilybaion, das er vergebens zu nehmen trachtet. In den anschließenden Verwicklungen zwischen → Hieron (2) von Syrakus und den → Mamertinern von Messana erringt Hieron einen entscheidenden Erfolg (Schlacht am Longanos 269). Die drohende Eroberung von Messana wird durch pun. Hilfe abgewendet. In dem Festsetzen der Punier am *Fretum Siculum* erblickt Rom eine unmittelbare Bedrohung seiner Lebensinteressen. Das führt zum Ausbruch des 1. Pun. Krieges (264–41), in dem S. Kampfobjekt und Preis des Siegers ist. Hieron, anfangs mit den Karthagern alliiert, wechselt zu den Römern hinüber und erweist sich als treuer Bundesgenosse. Zum Dank belassen die Römer ihn bis zu seinem Tod (215) im Besitz seines Reichs. Mit dem Sieg bei den Ägatischen Inseln (241) sind die letzten Punier vom Boden S.s verdrängt. S. wird mit Ausnahme von Hierons Reich zur 1. röm. Provinz. Während Hieron auch im 2. Pun. Krieg (218–01) zu Rom hielt, machte sein Enkel und Nachfolger → Hieronymos (4) mit den Karthagern gemeinsame Sache. Mit der Einnahme von Syrakus (212) und Akragas (210) bringen die Römer die ganze Insel wieder in ihre Gewalt. Die neue Provinz wird von M. → Claudius (I 13) Marcellus und M. → Valerius Laevinus in einer Form organisiert, die abgesehen von geringfügigen Änderungen des → Rupilius (3) und → Aquilius (4) bis auf Augustus fortbestanden hat. Mit der Verwaltung ist ein Praetor beauftragt, dem, ein staatsrechtliches Unikum, 2 Quaestoren beigegeben sind mit Sitz in Syrakus und Lilybaion. Die Gemeinden zerfallen in 4 Klassen mit unterschiedl. Rechtsstatus: 1. *civitates foederatae*, 2. *civ. liberae atque immunes*, 3. *civ. decumanae*, 4. *civ. censoriae*. Die Gesch. S.s während der letzten Jh.e vor der Zeitenwende ist nur fragmentarisch bekannt, eine unmittelbare Folge des Verlusts der polit. Selbständigkeit. Von S. aus unternehmen der ältere und jüngere Scipio nach dem Vorbild des Agathokles ihren Angriff auf Karthago (204 bzw. 149). 135–32 und 104–100 ist die Insel Schauplatz bedrohlicher Sklavenkriege, eine Auswirkung der sich ausbreitenden Latifundienwirtschaft. Von den Bürgerkriegen des 1. Jh.s zieht nur der 3. zwischen Sex. Pompeius und Octavian S. stark in Mitleidenschaft. Im Zuge der august. Neuordnung der Provinzialverwaltung wird S. senator. Provinz 2. Ranges, die Verantwortung trägt ein praetor. Proconsul. – Aus der Kaiserzeit sind gesch. Nachrichten über die Insel noch dürftiger. Strab.s Schilderung (6,265 ff.) scheint auf Poseid. zu fußen und trägt daher weitgehend anachronist. Gepräge. Plin.' (nat. 3,88 ff.) Angaben sind im Detail unzuverlässig, doch die allg. Gruppierung nach Kolonien, Munizipien röm. Bürger, Städten latin. Rechts und *stipendiarii* dürfte hist.

Gewähr besitzen. Die Verleihung der *civitas Romana* an die Bürger S.s ist nicht überliefert, sie fand vermutlich geraume Z. vor der *constitutio Antoniniana* (212) statt. Nach der diocletian.-constantin. Reichsverfassung trat an die Spitze der Provinz ein *consularis*, der dem *vicarius urbis Romae* unterstellt war. Ein *rationalis* war für das Steuerwesen verantwortlich. Spuren der Christianisierung setzen vergleichsweise spät ein (ältestes literar. Zeugnis Cypr. epist. 30,5), die Katakomben reichen vermutlich ins 2. Jh. zurück. Unter Gallienus (260–68; H.A. Gall. 4,9) kommt es nochmals zu einem Sklavenaufstand. Im MA. machen sich nach Germanen (Vandalen, O.-Goten), Byzantinern, Arabern die Normannen zu Besitzern der Insel. Unter dem Staufer Friedrich II. (1212 bis 1250) erlebt S. eine Periode hoher Blüte. In der Folgezeit haben sich Spanier, Österreicher, Franzosen in der Herrschaft über die Insel abgelöst. 1860 wird sie durch Garibaldi dem Königreich Italien eingegliedert.

S. nimmt in der griech. Geistesgesch. einen bedeutenden Platz ein: Chorlyrik → Stesichoros, Komödie → Epicharmos, Mimos → Sophron, Naturphilosophie → Empedokles, Sophistik → Gorgias (1), Geschichtsschreibung → Philistos und → Timaios, peripatet. Philosophie → Dikaiarchos, Bukolik → Theokritos, Mathematik und Naturwissenschaft → Archimedes. Mit den Tempelbauten des 6. und 5. Jh. hat es einen wertvollen Beitrag zur griech. Architektur geliefert. Von der Plastik ist wenig bekannt, doch sei an die berühmten Metopen von Selinus erinnert. Die sizil. Mz.-Prägung zeichnet sich durch ihre bes. Schönheit aus: vgl. HOLM Gesch. S.s im Alt. 3,543 ff. RIZZO Monete greche della S., 1946. CHRIST, Jb. Numism. Geldgesch. 5/6,181 ff. Sie setzt bald nach dem Tod des Augustus aus. Was Sikelioten wie Calpurnius Piso u.a. zur lat. Lit. beigesteuert haben, ist weniger bedeutend. Die baulichen Überreste der röm. Z. verdienen Beachtung (Amphitheater, Aquaedukte u.a.). Im religiösen Leben stand der Demeter- und Korekult, den die Griechen aus dem Mutterland mitgebracht hatten, im Mittelpunkt. Auch der Herakleskult tritt stark hervor, was in einem vorwiegend von Dorern besiedelten Gebiet nicht auffallen kann. Ant. Quellen zu S.: Inschr. IG XIV. Ergänzungen: SEG. CIL X 2. HOLM 1, 307 ff. K. A.

Ziegler, RE II A 2461 ff. *Finley* Ancient S., 1968 (Lit.). *Baedeker* Unteritalien und S.[17], 1936. *Pace* Arte e civiltà della S., 4 Bde. 1935 ff. *Dunbabin* The Western Greeks, 1948. *Bérard* La colonisation grecque etc.[2], 1957. *Schmoll* Die vorgriech. Sprachen S.s, 1958. *Bernabò Brea* La S. prima dei Greci[2], 1960. *v. Stauffenberg* Trinakria, 1963. *Langlotz / Hirmer* Die Kunst der W.-Griechen in S. und Unteritalien, 1963. *Pareti* La S. ant., 1965. *Lévêque* La S., 1966. Guide Sicily, 1967. *Adamesteanu*, Kokalos 10/11, 293 ff. *Scramuzza* in: *Frank* Econ. Survey etc. 3,225 ff. Encl. Art. Ant. VII 257 ff. (Lit.).

Sicilicus, griech. Σικελικός (zu *sicilis* = Sichel, weil Sigle Ↄ; die Ableitung von Shekel, lat. *siclus*, *sicel* ist abzulehnen), ¼ der → Uncia und somit 1/48 der Einheit (→ As), sei es der → Libra = 6,82 g, des → Pes = 6,2 mm, des → Iugerum = 52,6 m², aber auch der *Hora* (Plin. nat. 18,324 f.) und des → Sextarius (= *mystrum*). Der S. war seinerseits = 1½ → Sextulae, 6 → Scripula und 36 → Siliquae. Im Münzwesen wird der S. modern → Quartuncia genannt, in der → Kleingeldrechnung notiert er 1/3 des As. Seine Sigle diente auch als Interpunktionszeichen (aber auch z.B. für das claudische Antisigma [= psi], als *nota* für *mulier*, *centurio*, *centuria* oder → *Sextarius*). H. Ch.

O. Viedebantt–K. Regling, RE II A 2193 f. *H. Chantraine*, ebd. XXIV 663 u. IX A 617 ff.

Sicinius. Röm. pleb. Gentilname, öfter mit → Siccius verwechselt (auch bei dem cos. von 487); inschr. vgl. SCHULZE Eigenn. 231 u.ö.

I. Republikan. Zeit. **1.** C.S., Volkstribun, nach einer Version bereits 494, nachdem er die 1. → *secessio* veranlaßt hatte (auch als L.S.L.f. Vellutus [Bellutus], BROUGHTON Mag. 1,15), 492 Aedil, 491 Führer der Plebs; nach der anderen tr. pl. 471 (nicht Siccius). Jedenfalls gehörte ein S. zum frühesten Tribunencollegium. Ein Doppelgänger war dann ein C.S., der 449 einer der Volkstribunen war, Liv. 3,54,12. **2.** Cn.S., 186 pleb. Aedil, 183 Praetor (Sardinien), 177 *IIIvir col. deduc.* (Luna), 172 Praetor II (Sonderauftrag in Apulien, Fremdenpraetur, vgl. MÜNZER Adelsp. 218 f.), Kriegsvorbereitungen gegen Makedonien, auch 171. Wohl ident. mit dem Gesandtschaftsführer an die Illyrier im J. 170. **3.** Cn.S., Volkstribun 76, witziger Redner, fand wahrscheinl. ein gewaltsames Ende, Sall. hist. 3,48,10. **4.** L.S., tr. pl. 387, ebenso wie T.S., tr. pl. 395 wohl histor. (im Gegensatz zu Nr. 1). **5.** Q.S., Münzmeister ca. 49, BROUGHTON Mag. 2,453. H. G. G.

II. Kaiserzeit. S. Aemilianus, Hauptgegner des → Apuleius (II 8) v. Madaura, den er beim *proconsul* von Africa Claudius Maximus wegen Zauberei anklagte. Sein Bruder S. Amicus war der erste Mann der Aemilia Pudentilla, der späteren Gattin des Apuleius, gewesen. Im Namen seiner Neffen S. Pontianus und S. Pudens führte S. Aemilianus, aufgehetzt von → Herennius (II 5) Rufinus den Prozeß, bei dem Apuleius freigesprochen wurde (Apul. apol. 23 ff.). G. Wi.

P. Valette L'apologie d'A., 1908. *A. Abt* Die Apologie des A. und die ant. Zauberei, RVV 1908, 4,2.

Sicoris, h. Segre, n. Nebenfluß des → Iberus (1) in der Hispania Tarraconensis. Er entspringt im Gebiet der Cerretaner und berührt auf seinem Lauf die alte Ibererstadt → Ilerda, wo Caesar 49 v. Chr. L. → Afranius (2) und M. → Petreius (1) zur Übergabe zwang. K. A.

Schulten Iberische Landeskunde (1955/7) 313.

Siculi (Σικελοί), seit sehr alter Zeit in Sizilien ansässiger Volksstamm, der dem Land seinen

Namen gegeben hat. S. ist etym. verwandt mit *Sicani*, doch der Rückschluß auf ethn. Identität ist unsicher. Nach einhelliger ant. Überlieferung sind die S. aus Italien eingewandert; bezüglich des Zeitpunkts und des Ablaufs dieses Vorgangs weichen die Zeugen voneinander ab (Hellanikos 3 Generationen, Philistos 80 J. vor dem Troian. Krieg, Thuk. 300 J. vor dem Beginn der griech. Kolonisation im W. Antiochos von Syrakus: Zeitpunkt unbestimmt). Als Be- und Verdränger erscheinen die → Iapyger oder die → Oinotrer und → Opiker oder nur die Opiker oder die → Umbrer und → Pelasger. Bei den Antiquaren finden sich zahlreiche Spuren sikel. Siedlung in Latium. Die wenigen erhaltenen sikel. Wörter deuten auf eine Verwandtschaft mit dem Lat. Die angebl. kulturelle Überlegenheit über die Sicaner ist durch die Archäologie nicht erhärtet worden. Als die Griechen in Sizilien Fuß faßten, drängten sie die S. zur N.-Küste und ins (ö.) Landesinnere ab, wo die S. in zahlreichen festen Bergstädten wohnten. Vergeblich versuchten sie, sich von der griech. Vorherrschaft zu befreien. Der nationale Aufstand unter → Duketios (um 450) schlug fehl. In der Folgezeit haben sich die S. vollständig dem Hellenentum angeglichen. K. A.

Ziegler, RE II A 2483ff. *Philippson*, RE II A 2204ff. *Schulten*, RE II A 2459. *Herbig-Reche*, RLV 12, 123ff. *Dunbabin* The Western Greeks, 1948. *Bérard* La colonisation grecque de l'Italie mérid. et de la Sicile dans l'Ant.[2], 1957. *Bernabò Brea* La S. prima dei Greci[2], 1960.

Siculus. Cognomen (Ethnikon und Siegerbeiname, vgl. I. Kajanto Lat. Cognomina, 1965, 52. 193), z. B. bei → Cloelius (6–10) und → Herennius (I 15). H. G. G.

Siculus Flaccus, röm. → Feldmesser wohl traian. oder hadrian., jedenfalls aber nachdomitian. Z., gilt mit → Frontinus und → Hyginus (4), auf denen er aufbaut, als Klassiker der Gromatik. Erhalten ist eine in der jetzigen Gestalt auf Italien beschränkte Schrift *de condicionibus agrorum*. Corp. agrimens. Rom. ed. C. Thulin I 1,98–130. H. Ch.

K. Lachmann Die Schriften der röm. Feldmesser 2, Bln. 1852, 136ff. *Teuffel-Kr.-Sk.* 3,43ff. *Schanz-Hos.* 2,803.

Side (*Σίδη*), Hafenstadt im ö. Pamphylien auf einer flachen Halbinsel, die sich gegen SW. erstreckt (Liv. 37,23), etwa 60 km in Luftlinie von Antalya und 7 km von → Melas (9; h. Manavgat Çayi) entfernt (Stad. m. m. 214. 215). H. Eski Antalya oder Selimiye. Vorgriech. Siedlung, worauf der ungriech. Name, nach Hesych. (s. *Σίδαι*) »Granatapfel«, und die bis in späthellenist. Z. gesprochene (vgl. Arr. an. 1,26,4) u. geschriebene einheimische Sprache und Schrift deuten (Bossert, Belleten 14, 1950, 1ff. u. Par. del Pass. 5, 1950, 32ff. Brandenstein Minoica, Festschr. Sundwall, 80ff. Darga, Belleten 31, 1967, 49ff. Neumann, Kadmos 7, 1968, 75ff. Brixhe, Kadmos 8, 1969, 52ff.). Die frühesten Zeiten liegen im Dunkeln. Es ist fraglich, ob S. eine Kolonie von Kyme in der Aiolis gewesen ist (Skyl. 101. Strab. 14,667. Arr. an. 1,26,4), da später zwischen beiden Städten keinerlei Verbindung bestanden hat. Um die Mitte 6. Jh. v. Chr. unter lyd. (Hdt. 1,28), dann bis zur Besetzung durch Alexander d. Gr. unter pers. Herrschaft (1. Satrapie, vgl. Hdt. 3,90). Beim Satrapenaufstand (1. Hälfte 4. Jh. v. Chr.) in Mitleidenschaft gezogen (Diod. 15,90ff.), 334/33 von Alexander eingenommen. Nach dem Tode Alexanders Streitobjekt zwischen den hellenist. Großmächten. Bis 301 v. Chr. gehörte S. dem Reich des → Antigonos (1; Curt. 10,10. Diod. 18,3 App. Syr. 266) an, kam dann unter ptolem. (301–218) und seleukid. Einfluß (218–189). S. leistete → Antiochos (4) III. Hilfe gegen die Pisider (Liv. 35,13,5) und stellte ihm am Anf. des 3. syr. Krieges Schiffe zur Verfügung (Liv. 35,8,6). Vor S. fand 190 v. Chr. die große Seeschlacht zwischen der von Hannibal kommandierten seleukid. Flotte und der rhod. Flotte statt, die mit dem Sieg der Rhodier endete (Liv. 37,23ff. 45,22. App. Syr. 109. 138. Cass. Dio 19,20,2). Obwohl nach dem Frieden von Apameia (188 v. Chr.) Pamphylien dem Königreich Pergamon zugesprochen wurde, konnten die Attaliden nur den w. Teil, der wahrscheinlich bis zum Flusse Kestros reichte, besetzen. Der ö. Teil und S. blieben frei und erlebten zwischen 188 u. 102 v. Chr. eine große Blütezeit. Nach der Errichtung der *provincia Asia* (129 v. Chr.) scheint Pamphylien und auch S. unabhängig gewesen zu sein. Im Piratenkrieg in Mitleidenschaft gezogen (Strab. 14,664), von Mithradates VI. von Pontos besetzt (App. Mithr. 77. Athen. 5,213a). Nach der Eroberung und dem Anschluß Pamphyliens an die röm. Provinz Cilicia durch P. Servilius (78 v. Chr.) scheint S. eine Zeitlang seine Autonomie bewahrt zu haben. Als Pamphylien, von Antonius 42 v. Chr. dem Königreich Galatien angegliedert (Cass. Dio 49,32,3), von Augustus 25 als kaiserl. Provinz eingerichtet (Cass. Dio 53,26,3), in der Z. des Marcus Aurelius endgültig der Verwaltung des Senats unterstellt wurde, wurde S. Hauptstadt (Metropolis) dieser Provinz und erlebte im 2. u. 3. Jh. n. Chr. als Handelsstadt u. berühmter Sklavenmarkt (Strab. 14,664) seine zweite Blütezeit, wovon die noch z. T. aufrecht stehenden Bauten Zeugnis ablegen. Gegen E. 3. Jh. n. Chr. Eindringen verschiedener Völkerschaften (vor allem Skythen u. Isaurier) in die pamphyl. Ebene, so daß S. seine Mauern wiederherstellen mußte und durch eine neue Mauer in 2 Teile geteilt wurde, von denen nur der s. bewohnt gewesen zu sein scheint. Im 4. Jh. n. Chr. ziemlich verarmte chr. Stadt. Im 5. Jh. als Hauptstadt von Pamphylia II u. Sitz eines Metropoliten neuer Aufschwung, der anscheinend bis in das 6. Jh. gedauert hat. Seit dem 7. Jh. Arabereinfälle. Im 9.–10. Jh. höchstwahrscheinlich durch Feuer zerstört und verödet.

Von Konstantin Porphyrogennetos (De Thematib. 1,37,1) als »Piratennest« und vom arab. Geographen Idrisi (Mitte 12. Jh.) als das »abgebrannte Antalya« bezeichnet (SAUBERT Géographie d'Idrisi 2,154).

Für die Gesch.: *Magie* Rom. Rule in Asia Min. 1, 261 f. 2,1133 f. u. Ind. *Jones* Cities in the eastern Rom. Provinces 124 ff. *Bosch* Stud. z. Gesch. Pamphyliens 49 ff. *Mansel* Die Ruinen von Side 1 ff. *Ders.*, RE Suppl. X 879 ff.

Topographie u. Bauten: Systemat. Grabungen wurden im Namen der Türk. Hist. Ges. und der Archäolog. Station der Univ. Istanbul von A. M. MANSEL in den J. 1947–1966 durchgeführt und dabei die wichtigsten Bauten der Stadt untersucht. Von der Befestigung (2. Jh. v. Chr. ?) steht noch die Landmauer aufrecht: es handelt sich um eine Kasemattenmauer, die mit rechteckigen, runden und halbrunden Türmen versehen ist. Von den Toranlagen, deren Frontseiten von 2 vorspringenden Türmen flankiert sind, hat das n. Tor (Haupttor) einen halbrunden, das ö. Tor einen rechteckigen Hinterhof. Für den nicht ganz regelmäßigen Stadtplan scheinen das Haupttor und die von diesem ausgehenden zwei Säulenstraßen bestimmend gewesen zu sein, von denen die erste das Zentrum der Stadt, wo sich die wichtigsten Bauten befinden (z. B. Agora mit dem runden Tychetempel (?), Theater, Dionysostempel, Bogentor, Thermen, Zisternen, Brunnenhäuser, Latrine), einerseits mit dem Stadttor, andererseits mit den Tempeln beim Hafen in Verbindung brachte. Es sind 2 Peripteraltempel korinth. Ordnung, die wahrscheinlich Athena und Apollon, den Hauptgottheiten der Stadt, geweiht waren, und ein halbrunder Podiumtempel (Mentempel?). Der Hafen in Form eines in das Gelände einschneidenden unregelmäßigen Dreiecks ist von Kaimauern und Molen umschlossen; ein zweiter Hafen im W. schließt sich an (die Unt. von H. SCHLÄGER u. J. SCHÄFER noch nicht publiziert). Weitere Bauten: 2 Thermen im s. Stadtteil, die Staatsagora (Gebäude M) mit Kaisersaal und Bibliothek, die durch eine breite Straße mit der Verkaufsagora in Verbindung stand, das stattliche Nymphaeum außerhalb der Stadt, die Bischofsbasilika mit Baptisterium und Palast an der 2. Säulenstraße, sowie einige Hof- u. Peristylhäuser. Außerhalb der hellenist. Stadtmauer befindet sich die ausgedehnte Nekropole, in der Grabformen, die von einfachen Erdgruben bis zu stattl. Mausoleen variieren, anzutreffen sind. Hervorzuheben in der W.-Nekropole eine Grabanlage mit 2 hintereinander liegenden Höfen und einem Grabbau in Form eines prostylen Podiumtempels korinth. Ordnung (E. 3. Jh. n. Chr.) A. M. M.

Ältere Lit.: *Beaufort* Karamania^2 147 ff. *Lanckoronski* Städte Pamphyliens u. Pisidiens 1,125 ff. *Paribeni–Romanelli*, Mon. Ant. 23, 1914, 126 ff. *Rott* Kleinsasiat. Denkmäler aus Pisidien, Pamphylien, Kappadokien u. Lykien. Darstellender Teil, 29 ff. – Ausgrabungspublikationen: *Mansel* Ber. über Ausgrab. u. Unt. in Pamphylien 1946–1955, AA 1956, 34 ff. *Mansel–Bosch–Inan* Vorläufiger Ber. über die Grabungen in Side im J. 1947. *Mansel–Bean–Inan* Die Agora v. Side u. die benachbarten Bauten. *Mansel* Die Grabbauten v. Side, AA 1959, 364 ff.; *Ders.* Die Ruinen von Side; *Ders.* in EAA VII, 279 ff.; *Ders.*, RE Suppl. X 896 ff.; *Ders.* Osttor u. Waffenreliefs von Side, AA 1968, 239 ff. *Bean* Turkey's Southern Shore, 78 ff. *Akurgal* Anc. Civilisations and Ruins of Turkey 282 ff. – Skulpturen: *Inan* Röm. Porträts aus dem Gebiet v. Antalya. – Byz. Bauten: *Eyice* V. Türk Tarih Kongresi, Tebliğler, 53 ff.; *Ders.* in Actes du X. Congr. Int. d'Études Byz., 130 ff. *Mansel*, RE Suppl. X 913 ff. – Inschr.: RE II A 2209. XVIII, 2. Hälfte, 396. *Mansel*, RE Suppl. X 895. *Bean* The Inscriptions of Side. – Münzen: RE II A 2208. XVIII 2. Hälfte, 396. *Mansel*, RE Suppl. X 896. *Atlan* Unt. über die sidet. Münzen des V. u. IV. Jh. v. Chr.

Sprache. S. hat (bestimmt bis ins 3., vielleicht bis ins 2. vorchr. Jh.) eine eigene Alphabetschrift besessen, die wir aus Münzlegenden und 5 Inschr., davon 2 griech.-sidet. Bilinguen kennen. Von den etwa 25 Buchstaben ist aber bisher nur bei zwei Dritteln der Lautwert bekannt. In dieser Schrift wird eine nicht-griech. Sprache geschrieben. Erkennbar sind einige aus dem Griech. entlehnte u. lautlich eingepaßte Personennamen (z. B. *Pordor* aus *Ἀπολλόδωρος* sowie Lehnwörter wie *anaϑema*. Genauere Aussagen über die sidet. Sprache selbst sind noch verfrüht; immerhin ist aus allg. Erwägungen ihre Zugehörigkeit zur heth.-luw. Sprachgruppe wahrscheinlich. Mit ihr nahe verwandt oder ident. dürfte die epichorische Sprache sein, die das Substrat unter dem pamphyl. Dialekt des Griech. bildet. G. N.

1. *Paribeni-Romanelli*, Mon. Ant. 23, 1914, 128 ff. 2. *H. Th. Bossert*, Belleten 14, 1950, 1–29. 675 f. 3. *W. Brandenstein*, Minoica, Festschr. J. Sundwall, 1958, 80 ff. 4. *S. Atlan*, Kadmos 7, 1968, 67 ff. 5. *G. Neumann*, ebd. 7, 1968, 75 ff. 6. *Cl. Brixhe*, ebd. 8, 1969, 54 ff. und 143 ff.

Sidero (*Σιδηρώ*). Die 2. Frau des → Salmoneus, die ihre Stieftochter → Tyro mit grimmem Haß verfolgte, bis deren Söhne Pelias und Neleus sie am Altar der Hera töteten, Apollod. 1,92. Anth. Pal. 3,9. Typ der »bösen Stiefmutter«. Soph. behandelte den Stoff in seiner 2. »Tyro«. Kunstdarstellungen ZWICKER, RE IIA 2213. H. v. G.

Sĭdĭcīnī (Quantitäten Verg. Aen. 7,727. Sil. 5, 551. 12,524. Act. triumph. 340 v. Chr. CIL I^2 44), osk. (Strab. 5,237) Volk im N. Kampaniens ö. der Rocca Monfina (Liv. 8,22,2 bis Fregellae?) mit Stadt (Cic. Att. 8,11 B 2. D 2. Liv. 22,57,8. Plin. nat. 3,63. Feldm. 238 *Teanum Siricinum*; r aus osk. d verlesen: vgl. HN^2 42). Im 4. Jh. Unruheherd (Liv. 7,29,4. 8,1,8. 2,10 u. a. App. Samn. 4), Anf. 3. Jh. selbständig (Mz.); Bundeskontigent in Rhegion (Dion. Hal. ant. 20,4); 211 durchzieht Hannibal *ager S.* (Liv. 26,9,2); Antonius schädigt die S. (Cic. Phil. 2,107); august. Kolonie (Feldm.

a. O.) in der *Tribus Teretina* (L. Ross Taylor Voting districts etc. 97. 275). G. R.

Forbiger HB. d. alt. Geogr. 3,485. *Nissen* It. Ldk. 2,692. *Beloch* RG 370ff. *B. Rehm*, Philol. Suppl. 24,2, 1932.

Sido, König der Quaden, Schwestersohn des → Vannius, an dessen Vertreibung er beteiligt war, regierte zusammen mit seinem Bruder → Vangio (Tac. ann. 12,29. 30), nahm 69 zusammen mit Vangios Nachfolger → Italicus (2) an der Seite der Flavianer an der Schlacht von → Cremona teil (Tac. hist. 3,5,21). G. Wi.

Sidon (*Σιδών*, *Σειδών*, phön. *ṣdn*), h. Ṣaida, ehemals bedeutende Hafenstadt am Mittelmeer, ca. 45 km s. von Beirut gelegen. Bereits aus dem Paläolithikum sind Siedlungsreste bekannt, erste Erwähnung geschieht im Pap. Anastasi I 20,8, dann in Texten aus Ugarit: König Keret besucht im Epos S., König Japa-Addu von S. schrieb nach Ugarit (s. Arch. f. Orientforsch. 21,135). In der Amarnazeit um 1350 hält Zimrida von S. teils Treue zu Ägypten, teils unterstützt er Aziru von Amurru bei einer erfolglosen Belagerung von Tyros. → Tiglatpileser I. erobert S. um 1100 (Keilschrifttexte aus Astur hist. Inh. 2,68), die Stadt erholt sich rasch, erreicht eine neue Blüte, gründet auch Kolonien (→ Oliaros bei → Paros, → Leptis [s. Sall. Iug. 78], evtl. weitere), steht aber hinter → Tyros zurück. Als Tributär wird S. mehrfach von assyr. Königen genannt (877: Assurnasirpal; 842 und 839: → Salmanassar (2) III.; 804: Adadnirari III.), → Sanherib setzt 701 v. Chr. Luli als König ab und Tuba'ilu ein, Asarhaddon erobert nach der Empörung des Abdimilkutti S. und gibt einen Teil seines Gebietes an Tyros. 608–605 steht S. unter äg. Hoheit, fällt dann an → Babylon, unterwirft sich den Persern freiwillig (Hdt. 3,19). Eine neue Blüte bezeugen phön. Inschr. einheimischer Herrscher vom E. 6. Jh. bis ca. 400, von denen Ešmunazar I., Tabnit mit Königin Ummiaštart, Ešmunazar II., Bodaštart und Jatanmilk in direkter Folge (Keilschrifttexte aus Assur hist. Inh. Nr. 13–17), neuerdings noch Baalšillem, Abdemon und Bana durch eine Dedikationsinschrift (s. Welt d. Orients 5, 1969, 121 ff.) bekannt sind. Durch Heerfolge ihrer Schiffe (Hdt. 7,96. Diod. 11,13,2) besaßen sie die Gunst des Großkönigs und saßen direkt neben ihm (Hdt. 8,67). Die dadurch einem griechischen Gesandten am pers. Hofe gewährte Hilfe verschaffte König Straton I. (370–58) die athen. Proxenie. Der Periplus des → Skylax nennt als sidon. Gebiet *'Ορνίθων πόλις*, → Arados und Dor, N.-Grenze ist der Nahr ed-Dāmūr (Pol. 5,68. Strab. 17,756). Der Abfall des → Tennes (ca. 354–50) endete unglücklich, 40000 Opfer waren beim Brand der Stadt zu beklagen. S. bleibt aber mit seiner Glas- und Purpurindustrie, als Hafen- und Handelsstadt weiter reich und mächtig. Alexander erobert es 312, setzt Straton II. als König ab, Abdalonymos ein (Iust. 11,10. Curt. 4,1,16ff. Diod. 17,47). Bis 64 ist S. meist in der Hand der Seleukiden, wird 111 autonom und zählt nach neuer Ära, 20 v. Chr. verliert es aber die Autonomie, weil es auf der Seite des Triumvirn Antonius gestanden hatte, und wird allmählich bedeutungslos. Seine frühere kulturelle Bedeutung ist erwiesen: der Sidonier Mochos soll die Atomtheorie entwickelt haben, die Philosophen → Boethos (3) und Diodotos, Zeitgenossen Strabons (16,757), und der Epikureer → Zenon stammten aus S. Das Christentum fand früh in S. Einlaß (Act. ap. 27,3), 512 fand hier ein Konzil statt; 5 Bischöfe sind namentlich bekannt. 501 zerstörte ein Erdbeben S., das dann 637/38 arab. wurde. W. Rö.

F. C. Eiselen Sidon. Columbia Univ. Orient. Stud. 4 (1907). *R. Mouterde – A. Poidebard – J. Lauffray* S., Aménagements ant. du port de Saida (1951). *O. Hamdy Bey – T. Reinach* Une Nécropole Royale à S., 2 Bd.e (1892). *K. Galling*, ZDPV 79 (1963) 140–151.

Sidonius Apollinaris. C. Sollius Apollinaris S., * ca. 430 in Lyon aus galloröm. Adel, widmete dem weström. Kaiser → Avitus (1), seinem Schwiegervater, einen Panegyricus (456; c. 7), schloß sich nach dessen Sturz dem Nachfolger → Maiorianus (1) an (Paneg. im J. 458; c. 5); dem erneuten Thronwechsel 461 folgte bis 468 liter. Muße in der von W.-Goten und Burgundern noch verschonten Auvergne. Nach einem letzten polit. Intermezzo (468 Paneg. auf Kaiser Anthemius [2], c. 2; dafür *praef. urbi*) wurde S. um 470 Bischof von Clermont-Ferrand, wo er, nach zeitweiliger Internierung durch die W.-Goten, ca. 486 starb. 9 B. stilist. an → Plinius (2) und → Symmachus (4) orientierter (1,1) Kunstbriefe wollen jeweils (Einzelveröffentlichungen) die epistologr. Typen vorführen und beleuchten die weltl. und kirchl. Adelsgesellschaft des spätant. Gallien ([2]). Die Slg. der Gedichte umfaßt die Panegyriken, in enger Nachfolge → Claudians (5) und → Merobaudes' (2) verfaßt, und (ab c. 9) die *nugae* in der Tradition von → Statius (II 3; vgl. 22,6) und Claudian: Epigramm, Epithalamien, Ekphrasis, Enkomien (in chr. Umformung c. 16). S. erscheint als Epistolograph wie in seiner Entwicklung vom panegyr. Zeitdichter zum der Poesie absagenden (epist. 9,12. 16), sie gleichwohl praktizierenden (epist. 9,13. 15) Bischof als Exponent der chr.-spätant. Mischkultur. R. He.

Ta. *Chr. Luetjohann – F. Leo*, MGAA 8, 1887. *A. Loyen*, 1–3 (m. Komm.), 1960–70. 1. *A. Loyen* S. et l'esprit précieux en Gaule..., 1943. 2. *K. F. Stroheker* D. senat. Adel im spätant. Gallien, 1948. 3. *S. Pricoco* Studi su S., Nuov. Didasc. 1965, 71ff.

Sidus (*Σιδοῦς*), befestigte Ortschaft im korinth. Gebiet am O.-Ufer des → Isthmos am saron. Golf beim h. Susaki. Vielfach gerühmt die Äpfel von S. Skyl. 55. Xen. hell. 4,4,13. 5,19. Plin. nat. 4,23. Athen. 3,82 a–c. Steph. Byz. Hesych. s. *Σιδουντιάς*. E. M.

1. *Geyer*, RE IIA 2329. 2. *Fowler* Corinth 1,48f. 3. *E. Meyer*, RE XV 169,29ff. 4. *Philipps.-Kirst.* 1,961f.

Die Sieben gegen Theben (*Οἱ ἑπτὰ ἐπὶ Θήβας*). Ein Teil des im → ep. Zyklus, in der Tragödie, bei → Statius (II 3) und den Mythogr. mit vielen Varianten und aus wechselnder geistiger Sicht behandelten theban. Sagenkreises. Hier eine kurze Zusammenfassung; für die einzelnen Fakten, Motive und Quellen s. die Stichwörter.

→ Eteokles (2) und → Polyneikes (1) entzweien sich (unter der Wirkung des väterlichen Fluches, → Oidipus) um die Herrschaft in Theben. Polyneikes weicht und geht zu → Adrastos (1) nach Argos, wo er mit dem aus → Kalydon vertriebenen → Tydeus zusammenstößt. Adrastos gibt den beiden seine Töchter zu Frauen und verspricht ihnen Zurückführung. Zunächst rüstet er gegen Theben. Die Liste der S. in der kykl. Thebais: Adrastos, Polyneikes, Tydeus, Kapaneus, → Parthenopaios, → Mekisteus und der Seher → Amphiaraos. Aischyl. Hept. 375ff. rechnet Adrastos nicht mit und nennt statt Mekisteus → Eteoklos und → Hippomedon (1). Etwas anders Eur. Phoen. 1090ff. Diese Liste wird maßgebend für die Mythographen (Apollod. 3,58ff. Hyg. fab. 70). Erster Halt in Nemea: Episode mit → Hypsipyle und → Opheltes, Stiftung der nemeischen Spiele (→ Nemea 4). Tydeus' Botenrolle, Il. 4,382ff. 5,802ff. Vor Theben verteilen die Angreifer sich auf die sieben Tore der Stadt. Retardierende Momente: Vermittlungsversuch → Iokastes und Opfertod des → Menoikeus (2). Kapaneus erklettert die Mauern, wird aber durch einen Blitz des Zeus niedergeworfen. Dann Zweikampf von Eteokles und Polyneikes, in dem beide fallen. Auch Tydeus, Parthenopaios und Hippomedon fallen. Nur zwei werden gerettet: Amphiaraos, plötzlich von der Erde verschlungen, wird zum Gott, Adrastos entkommt auf seinem Rosse → Areion. – Das Bestattungsverbot des neuen Herrschers → Kreon (1) scheint dem hom. Epos nicht bekannt gewesen zu sein; → Antigone (2). Nach einer att. Version zwingt Theseus Kreon, die Toten zur Bestattung herauszugeben. Die Gräber bei Theben (Il. 14,114. Paus. 9,18,2) oder in Eleusis (Hdt. 9,27. Paus. 9,39, 2); → Euadne (2). – 10 J. später gelingt es den → Epigonen, Theben zu erobern. H. v. G.

Die Sieben Weisen (zumeist *οἱ ἑπτὰ σοφοί*, *septem sapientes*). Die (möglicherweise analog zu den 7 Heliossöhnen [Pind. Ol. 7,131ff.; vgl. aber die Siebenzahl bei Hom. Il. 2,405ff. 3,146ff. sowie im Babylon. und Ind.] gebildete) Gruppe der s. W. wird zum ersten Male vollständig von Plat. (Prot. 343a) genannt. Freilich ist es nicht der später, d.h. seit → Demetrios (25) von Phaleron (Stob. 3,1,172 = DielsVorsokr 10,3) allg. feststehende Kreis, bestehend aus Kleobulos von Lindos, → Solon von Athen, → Chilon (1) von Sparta, → Thales von Miletos, → Pittakos von Mitylene, → Bias (2) von Priene und → Periandros von Korinthos; vielmehr steht → Myson (1) von Chen anstelle des Periandros. Auch sonst gibt es in den älteren Zeugnissen starke Schwankungen hinsichtlich der Namen (insgesamt stehen 17 Namen in den verschiedensten Kombinationen zur Auswahl; vgl. die Übersicht bei Diog. Laert. 1,40ff.): Gelegentlich werden z.B. → Epimenides von Kreta, Leophantos von Lebedos, → Pythagoras (1) und des öfteren → Anacharsis einbezogen, wobei letzterer ohnehin durch die Orakelgeschichte mit den übrigen Weisen verknüpft erscheint (in Anlehnung daran sollte wohl auch Sokrates durch das Chairephon-Orakel den s. W. angenähert werden).

Die s. W. sind mit Apollon, ausschließlich mit dem delph. allerdings erst verhältnismäßig spät, verbunden; Ausdruck dafür ist die Gesch. von der Auffindung und Weihung des Dreifußes, der dem Weisesten gehören sollte.

In der älteren Lit. ist für gewöhnlich nur von einem einzelnen oder allenfalls einigen der Sieben die Rede, obendrein keineswegs nur mit freundlicher Bewertung (vgl. etwa Alkaios über Pittakos oder Herodot über Periandros). Zuverlässige Angaben über Lebensumstände und Werke der s. W. stehen in reicherem Maße eigentlich nur für Solon zur Verfügung. In erster Linie galten die Sieben als Urheber gnom. Spruchweisheit, die in der gesamten Ant. bis hin zum MA. immer wieder zit. und interpretiert wurde. Die Trennung des hist. Verbürgten vom Legendären war bereits im 4. und 3. Jh. v. Chr. nicht mehr durchzuführen, obwohl sich namhafte Autoren (neben Demetrios vor allem → Dikaiarchos, → Ephoros, → Hermippos [2]) darum bemühten. In hellenist. Z. wucherten die Erfindungen üppig weiter und führten zur Entstehung von Briefromanen und → Symposien-Lit., deren Mittelpunkt die s. W. bilden (vgl. Epistologr. Gr.; Plut. mor. 146b ff.).

Eine Reihe von Bildnissen mit den Namen der s. W. (Einzelporträts, Doppelhermen oder ganze »Galerien«) ist erhalten; es sind späte Schöpfungen ohne authent. Wert (G. M. A. Richter The Portraits of the Greeks 1, London 1965, 80ff. Abb. 314ff. T. Lorenz Galerien von griech. Philosophen- und Dichterbildnissen ..., Mainz 1965, 51. J. Frel, List. Fil. 89, 1966, 278ff.). H. Gä.

Testim. und Ta.: *Diels* Vorsokr. 10. *B. Snell* Leben und Meinungen der S.W., München [4]1971. *K. Metropulos*, Athen 1957. Anth. lyr. fasc. 6,190ff.

Lit.: *R. Hirzel* Der Dialog 2, Lpz. 1890 (Nachdr. Hildesheim 1963), 132ff. *H. Wulf* De fabellis cum collegio septem sap. memoria coniunctis quaest. crit., Diss. phil. Hal. 13, 1897, 161ff. *J. Micolajczak* De septem sap. fabulis quaest. sel., Bresl. phil. Abh. 9, 1902, 1ff. *F. Wehrli* *ΛΑΘΕ ΒΙΩΣΑΣ*, Lpz.-Bln. 1931, 41ff. *W. Wiersma*, Mnem 3. Ser. 1, 1933/34, 150ff. *O. Gigon* Sokrates, Bern 1947, 96ff. *B. Snell*, Festschr. I. Kapp, München 1954, 106ff.

Siegerstatuen. Sieger in Agonen aller Art ([2], 2274) konnten in der Heimatpolis und am Ort ihrer Siege im griech. Bereich S. erhalten; das gilt bes. für Sieger in athletischen Agonen. Die S. sind

Weihungen der Sieger (ihrer Familie, ihrer Polis) an die Gottheit; die Unterscheidung Paus. 5,21,1 zwischen S. und anderen Anathemen ist spät und ohne Bedeutung. Wir kennen S. am besten aus Olympia; die folgenden Ausführungen stützen sich wesentlich auf olymp. Material.

Der Brauch, S. zu errichten, scheint im 6. Jh. aufgekommen zu sein. Material, in ältester Z. auch Holz und Stein, war meist Bronze. S. waren kostspielig; die Sieger erhielten das Recht, S. aufzustellen, für die Ausführung mußten sie (ihre Familie, Polis) sorgen. Viele Sieger erhielten nie S., andere erst lange nach dem betr. Sieg. Die S. durften Lebensgröße nicht überschreiten (Lukian. pro imagg. 11). Ob Plin. nat. 34,16: nur dreimalige olymp. Sieger hätten S. *quas iconicas vocant* aufstellen dürfen, Fremdenführererfindung ist oder was es sonst bedeutet, ist umstritten ([4]. [5]). S. waren im Stil ihrer Z. und ruhig stehend, betend oder in einer typischen Bewegung ihrer Sportart dargestellt. Erhalten hat sich außer Statuenbasen und Paus. 6,1–18 fast nichts ([5], T. 63–65). → Andrias. Stele. W. H. G.

1. *W. W. Hyde* Olympic Victor Monuments, 1921. 2. *G. Lippold*, RE II A, 2265ff. 3. *P. Amandry*, in: Charites (Festschr. E. Langlotz 1957) 63ff. 4. *Gross*, NAG 1969, 61ff. 5. *H.-V. Herrmann* Olympia (1972) 114ff.

Siga, Stadt der Prov. Mauretania Caesariensis, am Tafna, Skyl. 111 (GGM I, 90), 3 m. p. vom Hafen *Portus Sigensis* entfernt (Itin. Ant. 12), auch mit einem im J. 1960 entdeckten Flußhafen, h. Takembrit (Dépt. Oran). Die Lage durch Strab. 17,829. Plin. nat. 5,19. Itin. Ant. CIL VIII 22630. Rev. Afr. 1914, 343 gesichert; Residenzstadt des Königs → Syphax (Plin. a. O.) κολ. bei Ptol. 4, 2, 2. *municipium* Itin. Ant. Inschr. CIL VIII 10470. 22630. Ruinen. M. L.

S. Gsell Atl. arch. Alg. f^e 31, Tlemcen, Nr. 1. 2. *P. Grimal* Les fouilles de S., MEFR 1937, 108. *G. Vuillemot* S. et son port fluvial, Antiq. Afr. 5, 1971, 39. *L. Teutsch* Das röm. Städtewesen in Nordafrika, 1962, 218. *S. Gsell* Hist. Anc. Af. N. 2,164.

Sigeion (*Σίγειον*). **1.** Vorgebirge in der s. Troas (h. Kumkale) gegenüber der S.-Spitze der Thrak. Chersonesos, auch *Σιγειὰς ἄκρα* (Strab. 13,603) genannt (Hdt. 4,38. Soph. Phil. 35. Thuk. 8,101. Aristot. hist. an. 5,15,3. 17. 5. Strab. 13,595. *Sigeum* Liv. 44,28. Cic. Arch. 10; fam. 5,12. Mela 1,18,3. Plin. nat. 2,245. 4,49. 5,124f., 140. 150. Serv. Aen. 2,312). **2.** Stadt im S. des Vorgebirges, Ruinen mit großer Wahrscheinl. etwa 800 m s. vom h. Dorf Yenişehir (Achilleion?) (Hekat. FGrH 1 F 221. Skyl. 95. Hdt. 5,94. Thuk. 6,5. Demosth. 2,28. Diod. 4,42,1. 13,39,1. 20,107,2. Strab. 13, 595). Aiol. Siedlung, wegen ihrer strateg. Lage seit dem 7. Jh. v. Chr. im Besitz von Athen, jedoch im 6. Jh. v. Chr. Streitobjekt zwischen Athen und Mytilene, nach 510 Sitz des aus Athen vertriebenen Hippias, im 5. Jh. Mitglied des att.-del. Seebundes mit einem Beitrag von 1000 Dr., im

3. Jh. von Lysimachos erobert, im 2. Jh. von Ilion zerstört. A. M. M.

Forchhammer, Journ. of R. Geogr. Soc. Lond. 12, 1842, 39ff. *Ders.* Topogr. u. physiogr. Beschreibung der Ebene v. Troja 22f. *Lehmann-Haupt*, Klio 15, 433ff. *Leaf* Strabo on the Troad 187f. *Brückner*, AA 1925, 241. RE II A 2275ff. VII A 530. 563.

Sigerus. Freigelassener und Kämmerer des → Domitianus (1), zusammen mit → Parthenius führend an dessen Ermordung und der Erhebung → Nervas beteiligt (Suet. Dom. 17,2. Cass. Dio 67, 15,1. Zon. 11,19). G. Wi.

Sigillaria heißen die den *Saturnalia* folgenden (Suet. Claud. 5. Sch. Iuv. 6,154) 7 Tage (h.: Woche vor Heiligabend) nach Weihgaben für → Saturnus, Tonbildern (Arnob. 6,11), benannt, die dann verkauft (Macr. Sat. 1,10,24. 11,49f.) und verschenkt wurden, weshalb s. für Geschenke (Sen. epist. 1,12,3) wie Markt (Suet. Nero 28,2. Gell. 2,3, 5. 5,4,1. Dig. 32,102,1. Sch. Iuv.); vgl. H. A. Hadr. 17,3; Carac. 1,8; Aurel. 50,3. Cass. Dio 59,6,4. G. R.

Sigillum (Demin. von *signum*) bezeichnet eine kleine Figur (Statuette) aus verschiedenen Materialien wie Metall (Gold, Silber, Bronze, Eisen, Blei), Stein, Holz, Elfenbein, Gips, Wachs und gebranntem Ton. S. aus Metall und Terrakotta sind in großen Mengen erhalten. Es ist meist Massenware, die fabrikmäßig durch Tonformen (Matrizen) hergestellt, also nicht frei modelliert wurde. In erster Linie dienten S. als Weihgeschenke. Im Haus fanden S. Aufstellung in → Lararia oder bes. Nischen; man gab sie auch Toten mit in das Grab. Für den privaten Bereich sind S. vornehmlich erot. Charakters bekannt. Zur Massenfabrikation: A. H. Borbein Campanareliefs, MDAI(R) Erg. H. 14, 1968. S. O.

Sigismundus, * ca. 474, Sohn des → Gundobadus, König der Burgunder 516–24. S., 494 vermählt mit Ariagne, Tochter → Theoderich d. Gr., Förderer der Katholiken, eng verbunden mit → Avitus (2): Avit. epist. 8,29. 31. Um die Gunst des Kaisers → Anastasius (1) bemüht (Avitus epist. 93f.), geriet S. in Konflikt mit Theoderich. 523 wurde er von den Franken besiegt, 524 umgebracht (Greg. Tur. 3,5f. 33. Passio Sigim. = MGSS Merov. 2,33). A. L.

Sigisvultus, Germane, kämpfte 427 als *comes* gegen → Bonifatius (1) in Africa, schickte Maximinus zur Disputation mit Augustinus nach Hippo. 437 war S. als Consul und 440 als *mag. mil. praesentalis* in Italien (Chr. min. 1,472. 3,530. August. coll. c. Max. 1. Nov. Valent. 6,1. 9). A. L.

Demandt, RE Suppl. XII 661f.

Siglen. Im Lat. ist nur die Form *sigla* (n. pl.) sicher bezeugt: Iust. ad antecess. 8; cod. Iust. 1,17, 1,13. 2,22 = Dig. praef. 22. Die griech. Version der letztgenannten Stelle (*σημεῖα, ..., ἅπερ σίγλας καλοῦσιν*) setzt anscheinend das fem. *siglae* voraus (vgl. Du Cange s. v., aber ohne weiteren

Beleg). Die von Probus (KEILGrL 4,271) angedeutete Ableitung von *singulae litterae* könnte ebenfalls auf *siglae* führen. Ob Probus' Etym. richtig ist (zustimmend R. MOWAT, Bull. Epigr. 4, 1884, 127; vgl. Dict. étym. s. sigla) oder ob das Wort zum gleichen Stamm wie *signum* und *sigillum* gehört (WALDE-HOF.[4] 534), ist umstritten. Unter S. versteht man Abkürzungen von Wörtern durch einzelne Buchstaben, namentlich den jeweiligen Anfangsbuchstaben, aber auch – als Ergebnis von Suspension oder Kontraktion – durch Buchstabengruppen, die ausgeschrieben oder aber nach Art eines Monogramms verschmolzen werden können, und schließlich durch Zeichen, die den gemeinten Begriff bildlich (»hieroglyphisch«) darstellen. Eine saubere Abgrenzung der S. gegenüber anderweitigen Symbolen, etwa den *notae* der ant. Tachygraphie, bei der im Unterschied zu modernen stenograph. Systemen die Wiedergabe von Wortanfängen eine große Rolle spielte, ist kaum befriedigend durchzuführen.

Ausschlaggebend für die Verwendung von S. dürfte in der Frühzeit der Wunsch nach Platz- bzw. Materialersparnis gewesen sein, später, bes. bei längeren Texten, auch das tachygraph. Interesse. S. begegnen zuerst vor allem auf griech. Münzen (Prägeorte); im 4. Jh. breitet sich ihr Gebrauch zunehmend auch auf den Inschr. aus. Doch bleiben sie im wesentl. auf häufig wiederkehrende und allg. bekannte Wörter (Demotika, Ethnika, Amtsbezeichnungen, t.t. usw.) sowie auf Zahl-, Wert- und Gewichtsangaben beschränkt. Ihre Zahl und ihre Varianten sind, trotz landschaftlich bedingter Unterschiede, vergleichsweise überschaubar. Weniger einheitl. ist das Bild, das die nichtliterar. Pap. bieten: hier wird, was Häufigkeit und Formen betrifft, ausgesprochen willkürl. mit S. gearbeitet, so daß manche Dokumente schon in der Ant. nur den unmittelbar Eingeweihten verständl. gewesen sein dürften. Bei den Römern war der Gebrauch von S. nach Ausweis der Inschr. von Anf. an insgesamt im öffentl. Bereich viel stärker verbreitet als in der griech. Welt. Bestandteile privater Eigennamen (bes. die Praenomina, aber auch Filiations-, Standes- und Tribusangaben), Orts- und Götternamen, Bezeichnungen von Ämtern und mil. Rängen, ferner eine große Zahl von Titulaturen und durch Zeremoniell festgelegte Floskeln im relig. und staatl. Bereich werden fast ausnahmslos durch S. wiedergegeben. Allerdings erleichtert die einigermaßen konsequente Anwendung der Zeichen sowie die ausgeprägte Formelhaftigkeit der röm. Dokumente das richtige Verständnis. Auch sind für einige Teilgebiete ant. Verzeichnisse von S. und ihren Bedeutungen überliefert. Daß der Gebrauch von S. aber zumindest innerhalb der jur. Texte zeitweise überhand nahm und zu einer Gefahr für ihre Verständlichkeit zu werden drohte, lehren die eingangs zit. Stellen: Iustinianus verbietet unter Strafandrohung die Benutzung von S. *(siglorum obscuritates)* in allen Expl. seines Gesetzgebungswerkes.

Ein beträchtlicher Teil der ant. S. beider Sprachen wurde von den Schreibern der ma. Hss. übernommen. H. Gä.

Ant. Texte: Probus, De notis iuris (KeilGrL 4,271ff.); vgl. auch Metrol. script. rel. ed. *Hultsch*, Lpz. 1864/1866. Übersichten über ant. S.: *F. Bilabel*, RE II A 2284ff. (und die dort genannte Lit.). *W. Larfeld* Griech. Epigraphik 276ff. DESSILS 3,2 Ind. XV. *A. Cappelli* Lex. Abbreviaturarum, Milano [6]1961.

Siglos (*σίγλος, σίκλος*, lat. *siclus, sicel*, vom akkad. *šiklu*), Shekel, altoriental. → Gewicht von 1/60 (auch 1/50) Mine (→ *μνᾶ*) und 1/3600 (auch 1/3000) → Talent und, entsprechend der Verwendung als Münznorm (→ Drachme), auch Bezeichnung von Silbermünzen. Als *σίγλος μηδικός* bildete er die pers. Reichsmünze in Silber (vgl. Xen. an. 1,5,6), geschaffen um 515 v. Chr. von Dareios I. Er zeigte zunächst den Großkönig als Halbfigur mit Pfeil und Bogen, um ihn dann (seit Xerxes?) wie auf dem → Dareikos im sog. Knielaufschema mit Bogen und Speer darzustellen (wobei das urspr. Gewicht von ca. 5,4 g auf ca. 5,6 g anstieg). Die Rs. der meist bohnenförmigen Stücke trägt eine nur wenig untergliederte langrechteckige Vertiefung. Zum späteren Typ erscheinen auch seltene Drittel, Sechstel und Zwölftel. S. oder Doppels. sind auch die autonomen Großsilbermünzen phoinik. Städte wie Sidon und Tyros (→ Phoinik. Münzfuß) sowie die der jüd. Aufstände unter Nero und Hadrian.

Die abweichenden S.-Normen, dazu die den oriental. → Gewichten eigentümliche Erscheinung, daß vielfach eine den gleichen Namen tragende doppelte Norm existiert, haben zu den verschiedensten, von den ant. Autoren oft nicht mehr verstandenen Gleichungen und damit zu zahlreichen Verwirrungen geführt. So finden wir den S. mit dem → Tetradrachmon, dem → Didrachmon, der → Drachme gleichgesetzt, aber auch mit 2 → Lepta, dem → Kodrantes (≙ → Quadrans) oder dem → Sicilicus geglichen. H. Ch.

O. Viedebantt–K. Regling, RE II A 2316ff. *K. Regling* bei Schrötter WBMzK s. v. *A. G. Barrois* Manuel d'Arch. bibl. 2, Paris 1953, 253f. 269ff. *E. S. G. Robinson*, NC 1958, 187ff.

Sigma. Nach der späten Halbmondform des Buchstabens hießen S. die halkbreisförmigen röm. Speiselager (auch *accubitum* genannt). Urspr. lag man so im Freien, woher *στιβάδιον*, *stibadium* (»Lager von Gras und Blättern«) für S. synonym wird. Die S. waren einheitliche Möbel aus Holz oder Stein, darauf Polster mit einem Wulst an der Innenseite; → Elagabal (2) ließ solche Polster im Palast auf den Boden legen, H. A. Heliog. 25,2. Auf dem S. hatten gewöhnlich 5–8 Personen Platz, doch kommen auch größere S. vor (z. B. Villa Hadriana bei Tivoli). Die Ehrenplätze waren am rechten und linken Ende. S. sind in Pompei und sonst zahlreich erhalten. W. H. G.

→ Convivium. *Marqu.-Mau* 306ff. *Rodenwaldt*, RE II A 2323f.

Signa bedeuteten Zeichen, die im Signaldienst Verwendung fanden. Sie konnten akustischer oder optischer Art sein. Die akust. – zu ihnen zählten auch gesprochene Worte wie der Zuruf eines Kommandanten – waren nach Veg. mil. 3,5 *sunt quae per tubam aut cornu aut bucinam dantur*. (S. auch bucina, cornicines, tuba.) Opt. s. waren Fahnen jeglicher Art, Flammen, Rauch und ähnliches. Die Verwendung von → Feldzeichen reicht bis ins 4. Jt. zurück. Ägypter, Israeliten, Babylonier und Assyrer besaßen bereits solche. Im 5. Jh. v. Chr. leiteten Mardonios (Hdt. 9,59) und im pelop. Krieg die Heerführer *ἀπὸ σημείου* die Schlacht ein (Thuk. 1,49. 3,22,91. 7,34. 8,95). Bei den Flotten führte ein Schiff die Admiralsflagge (Hdt. 8, 92). In den Heeren der hellenist. Z. gab es Zeugfahnen (Pol. 2,66,10f. Liv. 33,10). Auch die Latiner hatten Feldzeichen (Liv. 3,8) wie die Samniten (Liv. 7,37,7) und die Campaner (Liv. 23,35). Auf dem Bogen von Orange sind gall. Feldzeichen zu sehen.

Bei den Römern hießen zwar alle Fahnen s., doch im engeren Sinne die Manipelstandarten. Ihre älteste Form scheint eine Stange mit einer erhobenen Hand aus Holz gewesen zu sein. Später erhielten sie ein Querholz mit einem → *vexillum* und an Stelle der Hand eine Lanzenspitze. Als die Kohorte taktische Einheit wurde und ein *vexillum* als Fahne erhielt, verschwand das *vexillum* der Manipelstandarten vom oberen Querholz und wurde in sehr kleiner Ausführung am unteren Teil der Stange geführt. Schließlich trat an Stelle dessen eine Metallplatte mit der Bezeichnung der Einheit im Querholz. An der Standartenstange wurden neben verschiedenen Zierarten die Auszeichnungen wie → *coronae* und → *phalerae* geführt, die der Truppe insgesamt verliehen worden waren.

Unter s. wurde auch die Parole *(tessera)*, das Losungswort verstanden (Veg. mil. 3,5. Tac. hist. 1,27,3,22. 27. 73) und schließlich die Feuertelegraphie (Pol. 10,43–47). A. N.

W. Kubitschek, RE II A 2325ff. *Reinke* Nachrichtenwesen, RE XVI 1496ff. S. a. Feldzeichen. Nachrichtenwesen.

Signifer. Die Bezeichnung s. (*σημαιοφόρος*), mit der allg. jeder Fahnenträger im röm. Heer bezeichnet werden konnte, bezog sich im engeren Sinn auf die Träger der Standarten *(→ signa)*. Allerdings dürfte daneben auch der Ausdruck → *vexillarius* üblich gewesen sein, solange die Standarten auch durch ein → *vexillum* gekennzeichnet waren. Nach Pol. 6,24 wurden die kräftigsten und tapfersten in der Legion zu s. ausgesucht. Und zwar hatte jeder → *manipulus* einen s. und einen Stellvertreter, was auch bei allen anderen Einheiten, die eine Standarte zum → Feldzeichen hatten, der Fall gewesen sein dürfte. Auch theoret. und prakt. Kenntnisse waren für den s. erforderlich. Alle, die die volle Qualifikation zum s. erlangt hatten, hießen *discentes signiferum*. Die s. wurden auch für andere Aufgaben herangezogen. So führten sie z. B. die 10 Kohortenkassen und die Sterbekassa der Legion (Veg. mil. 3,20). CIL XIII 6712. 6714 erwähnen sie als *optio navaliorum*, CIL VIII 18224 als *curator macelli* und CIL V 808 Suppl. 165 bei der *lustratio legionis*. Die s. waren takt. Chargen und zählten damit zu den → *principales*. Der ranghöchste s. hieß *princeps s.* (CIL VIII 4333) und der Vorstand des sakralen collegium der s. *optio s.* (CIL III 1124). A. N.

RE II A 2348ff. Bh.e der BJ 14 (1967), 317.

Signum. 1. → Signa. **2.** (*sigillum*, *σφραγίς*). Bei Griechen und Römern bezeichnet S. wie unser »Stempel« oder »Siegel« sowohl das Werkzeug, mit dem gesiegelt (gestempelt) wird (griech. auch *δακτύλιος*), wie dessen Abdruck (griech. auch *σφράγισμα*). Die Kennzeichnung lebendiger oder lebloser, beweglicher oder ortsfester Sachen als Eigentum einer bestimmten Person, Gottheit oder Gruppe, oder als zu einer bestimmten Kategorie von Gegenständen gehörig, endlich in der Z. einer ausgebildeten Schriftlichkeit die Bekräftigung einer Unterschrift, schließlich die Sicherung eines Verschlusses so, daß der Verschluß nicht unerkannt erbrochen werden kann, geschieht seit alters durch S. Technisch kann das durch Einschneiden, Einritzen, Einbrennen, Aufmalen oder Aufdrükken eines bestimmten Zeichens, aber auch durch Umhängen einer bestimmten Marke, eben des S., vorgenommen werden. Fast alle Formen, die dann in Griechenland und Rom vorkommen, sind schon im Alten Orient bezeugt.

Tiere werden durch S. als Eigentum oder als kultisch rein bzw. als Opfertier gekennzeichnet (z. B. Hdt. 2,38. Crusius, Philol. 62, 1903, 130f. Sylloge[3] 796. BGU II 427,12ff. Verg. georg. 1,263. 3,157f.). Sklaven konnten durch in die Hand eingebrannte oder eingeschnittene S. als solche gekennzeichnet werden (Xen. vect. 4,21), soweit dazu nicht an Hals, Arm oder Fuß befestigte Marken verwandt wurden. Flüchtige Sklaven (vgl. das röm. Halsband mit der Inschr. *fugi tene me* Bruns-Grad. 361f. T. xxxiv) oder verbrecherische Sklaven wurden bes. stigmatisiert (Quint. inst. 7,4,14. Mitt.-Wilcken Grdz. Nr. 369), ins Gesicht bzw. auf die Stirn, was Constantinus verbot (Cod. Theod. 9,40,2 = Iust. 9,47,17); solche Sklaven konnten durch Freilassung nicht röm. Bürger werden *(lex Aelia Sentia*, Gai. 1,13. Ulp. 1,11. Isid. orig. 9,4,50); nach dem S. hießen sie auch *inscripti* (Plin. nat. 18,21) oder *litterati* (Plaut. Cas. 401. Vgl. Apul. met. 9,12,3).

Gegenstände werden durch S. entweder als Eigentum gekennzeichnet oder bezügl. ihrer Herkunft als Erzeugnisse eines bestimmten Handwerkbetriebes, eines bestimmten Künstlers usw. bezeichnet. In diesen Zusammenhang gehören die röm. Ziegelstempel ebenso wie die Stempel der

Weinamphoren, die Marken auf Tonlampen, Terra sigillata oder Metallgeschirr, Waffen usw. (z. B. FREMERSDORF Urkunden z. Kölner Stadtgesch. [2]1969, 39 T. 14. H. JANKUHN Nydam und Thorsberg, 1952, 29f. Abb. 11. 14. G. BEHRENS, in: Reinecke Festschr., 1950, 1ff. H. WILLERS Neue Untersuch. über d. röm. Bronzeindustrie, 1907, 64ff. 72ff. → Terra sigillata). Das Eichen von Maßen und Gewichten konnte durch ein S. bezeugt werden, IG II 476,17f. 64ff.; zahlreich erhalten sind die gestempelten Bleirohre röm. Wasserleitungen. Hierher gehört auch die Münze, die in Rom als *materia forma publica percussa* definiert wird, Dig. 18,1,1 praef. → Münzwesen.

Freie Menschen wurden allg. nicht gebrandmarkt, doch begegnet freiwillige Tätowierung (Brandmarkung) bei einigen Religionen ö. Ursprungs. Einen Sonderfall berichtet Isid. orig. 19, 23,7, die Picten hätten sich tätowiert als eine Art Stammesabzeichen. In der späteren Kaiser-Z. kommt Signierung von Rekruten vor, Veg. mil. 1,8. 2,5 (DÖLGER, Sphragis 1911, 32ff.). Gegen Freie wird Brandmarkung nur ausnahmsweise als Strafe verhängt: dem verleumderischen Ankläger wurde in der röm. Republik nach Verurteilung ein K (für *calumnia*) in die Stirn gebrannt zum Zeichen des Verlusts der bürgerlichen Ehrenrechte (Cic. S. Rosc. 20,57. MOMMSEN RStrR 495); vgl. die Philipp-Anekdote bei Sen. benef. 4,37.

Über Stempelung von Pap.-Urkunden und erhaltene Stempel [1], 2373ff. Versiegelung von Sachen durch aufgedrückte S. kam zu allen Z. vor; in Rom wurde Geld in Körben *(fisci)* versiegelt, CIL I 198,67f., oder in einem *sacculus*, Dig. 18,3, 8. 16,3,1,36. Das Siegeln von Urkunden hat in der Ant. einen etwas anderen Stellenwert als h. Wie HEUSS ([2]) gezeigt hat, ist der Vertragsabschluß mit der Schwurhandlung, nicht mit der Unterschrift des Textes vollzogen. Die Siegel werden neben die Unterschriften gesetzt und/oder zum Versiegeln der Urkunde benützt; Staats- und Privatsiegel sind dabei von wechselnder Bedeutung. In Rom, wo es nie ein Staatssiegel gab, haben während der Republik die Beamten mit ihrem eigenen Siegel gesiegelt; die Kaiser haben (mit Ausnahme Galbas) das letzte von Augustus benützte Siegel (mit seinem eigenen Bildnis) fast als eine Art Staatssiegel verwandt ([5]). Außen versiegelt sind die röm. Doppelurkunden, d.h. jene Urkunden, deren versiegelter Innenteil den Text der Urkunde ebenso enthält wie die Außenseite; bekanntestes Beispiel sind die → Militärdiplome. Hänge-Siegel, wie sie das MA. kennt, scheint es in der Ant. nicht gegeben zu haben. Erhalten sind zahlreiche ant. Siegelsteine verschiedenster Form (→ Gemmen), sowie Abdrücke von (meist verlorenen) Siegeln.

1. *Wenger*, RE II A, 2361ff. 2. *A. Heuß*, Klio 27, 1934, 14ff. 218ff. (Nachdr. 1967: Abschluß u. Beurkundung des griech. u. röm. Staatsvertrages). 3. *J. Diehl* Sphragis, Diss. Gießen 1938. 4. *P. Wenger* D. Quellen des röm. Rechts (1953) 129ff. 5. *H. U. Instinsky* D. Siegel d. Kaisers Augustus, 1962.

3. S. im Sinne eines 2. Doppel- oder Spitznamens mag aus dem Versuch entstanden sein, schwierige Namen zu übersetzen, z. B. Suda s. *Εἰρηναῖος, ὁ καὶ Πάκατος*. Dann bezeichnet S. den zweiten Namen allg., etwa CIL VIII 21333 *M. Ulpi Hammoni iun(ioris), huic Baniura signum fuit*. Weiteres dazu KUBITSCHEK, RE II A 2448ff. **4.** Geschäfts- und Hauszeichen, in der Lit. mehrfach erwähnt (Cic. de or. 2,66,266 = Plin. nat. 35,24 = Quint. inst. 6,3, 38 mit Irrtümern; *scutum illud signi gratia positum*), sind auch im Original erhalten, z. B. AZ 29, 1872, 65ff., vor allem aber in Pompei, OVERBECK-MAU Pompeji ([4]1884) 379 m. Abb. 186. W. H. G.

Sigus, Stadt Numidiens, im Gebiet von → Cirta (Constantine), h. Sigus. *castellum* CIL VIII 19121, *respublica Siguitanorum* 5693, 5699. *magistri pagi* und *decuriones* 19135. Bischofssitz im J. 411, coll. Carth. I 197. 209 PL XI 1333. Inschr. CIL VIII 5693. 10856. 19112. Grenzsteine F. LOGEART, Rev. Afr. 83, 1939, 161. Ruinen: S. GSELL Atl. arch. Alg. f[e] 17, Constantine, Nr. 335. M. L.

Sikanos (*Σικανός*), Syrakusier, Sohn des Exekestos, wurde im Herbst 415 v. Chr. mit → Hermokrates (1) und → Herakleides (3) zum Strategen mit unumschränkter Machtbefugnis gewählt. 413 zur Eroberung von → Akragas ausgeschickt, kehrte er unverrichteter Dinge zurück. Sein Versuch, die Schiffe, die die Athener aus der verlorenen Seeschlacht (Anf. Sept. 413) gerettet hatten, in Brand zu stecken, mißlang. K. A.

Sikinos (*ἡ Σίκινος*), Insel der s. Kykladen, 14 km lang, 4 km breit, 339 qkm groß, ein einziges steiles Gebirgsmassiv ohne Ebenen und Hafen, bis 600 m hoch. Die gleichnamige ant. Stadt lag im W.-Teil der Insel mit geringen Resten, dabei ein zur Kirche Episkopi umgebautes Heroon der Kaiserzeit ([3]). In gesch. Z. war S. ionisch, Mitglied des 1. und 2. att. Seebundes, sonst aus der Gesch. wenig bekannt. Sol. frg. 2,3 D. Skyl. 48. Strab. 10,5,1 p. 484. Ptol. 3,14,24. Stadiasm. m. m. 273. Plin. nat. 4,69. Apoll. Rhod. 1,624ff. m. Sch. Inschr.: IG XII 5 Nr. 24–34. Suppl. Nr. 177. SEG 15,514. Mz.: HEAD HN[2] 491. E. M.

1. *Philipps.-Kirst.* 4,139ff. 2. *Bürchner*, RE IIA 2523ff. Nr. 1. 2. 3. *Hiller von Gärtringen*, IG XII 5 p. XXIII. Suppl. p. 100. 4. *Al. Frank* u. a. The »temple of Apollon Pythios« in S., AJA 73, 1969, 397ff.

Sikyon (*ἡ Σικυών*), einheim. *Σεκυών*), w. Nachbarstadt v. Korinth. Grenze gegen Korinth der → Nemeabach (3), gegen das achaiische → Pellene der → Sythas. Die große Fruchtbarkeit der Ebene und des aus neogenen Mergeln gebildeten Hügellandes mit ihren vielen Erzeugnissen war schon im Alt. berühmt. Hügelland und Ebene werden von den Flüssen → Asopos (3) und → Helisson (2) durchflossen. Siedlungen hellad. Z.: R. HOPE SIMPSON A gazetteer and atlas of Mycenaean sites *athletas*), vor allem aber Porträts: Sappho (Cic. Verr. 2,4,125f. Tatian. p. 34,10 Schwartz), Korinna (Tatian. 34,16), die Platonstatue in der Akademie (Diog. Laert. 3,25, vgl. o. Bd. III 895. Vor 347? Nur nach dem Stil datierbar!), → Apollodoros (11) (Plin. nat. 34,81. Oft mit dem Sokratesschüler identifiziert), sowie Athletenstatuen für Olympia (Paus. 6,4,5. 14,4. 11). S. soll auch *praecepta symmetriarum* geschrieben haben (Vitr. 7 praef. 14). Wir kennen nur den Kopf der Platonstatue aus röm. Kopien; andere Zuschreibungen sind kaum haltbar. Die Stärke des S. lag in der Charakterisierung, vgl. Platon und, zu Apollodoros, Plin. nat. a. O.: *nec hominem ex aere fecit, sed iracundiam.* W. H. G.

1. *E. Schmidt*, JDAI 47, 1932, 239ff. 49, 1934, 180ff. 2. *Lippold*, HBArch III/1 (1950) 272ff. 3. *Ch. Picard* Manuel d'archéol. grecque III/2 (1963) 660ff. 4. *Berger*, LAW 2797. 5. *Moreno*, Enc. Arte Ant. VII (1966) 288ff. 6. *H. v. Heintze* D. Bildnis d. Sappho, 1966, dazu *H. Jucker*, Gn 41, 1969, 77ff.

Silanus. Cognomen (auch »stülpnasig«), vgl. I. Kajanto Lat. Cognomina, 1965, 237, in den Fasten der republik. Z. bei Caeciliern und → Iuniern (I 21ff.), in denen der Kaiserzeit außerdem bei weiteren Gentes, Degrassi FCap. 148; FImp. 268. H. G. G.

Sĭlărus (ĭ, ă Verg. georg. 3,146. Sil. 8,582; *Sĭler* Colum. 10,136. Lucan. 2,426), Fluß, der aus Lukanien kommt (Serv. georg. 3,146. Vib. p. 151 R. Ptol. 3,1,8) und im Unterlauf Kampanien gegen Lukanien begrenzt (Plin. nat. 3,71. Strab. 6,252. 255 Σίλαρις); Mündung bietet Fixpunkt zur Küstenvermessung (Plin. nat. 3,70. 74). H. Sele. G. R.

Nissen It. Ldk. 2,901. *Forbiger* HB. d. alt. Geogr. 3,376. *Miller* Itin. Rom. 386.

Silber (*argentum*, ἄργυρος). In der griech. Frühz. ist S. seltener (und kostbarer?) als → Gold. Erst seit die Phoiniker die S.minen Spaniens ausbeuteten, wird es, vor allem im nahen O., häufiger und billiger. In den griech. Funden des 2. und frühen 1. Jt. v. Chr. ist S. noch ausgesprochen selten, doch seit der Handel das span. S. reichlicher lieferte und die techn. Voraussetzungen zur S.gewinnung in den att. Bergwerken von → Laureion gegeben waren (andere Vorkommen in Griechenland sind gering), wird S. zum gebräuchlichen Edelmetall und geradezu synonym für Geld, zumal die Poleis fast ausschließlich S.geld prägten. Die Römer gewannen S. in Spanien, in geringerem Umfang in anderen Provinzen; sie prägen S. seit 269 v. Chr. (Plin. nat. 33,44. Liv. epit. 15).

Aus den S.erzen wurde durch Ausschmelzen S. gewonnen; nicht bleihaltigen Erzen setzte man Blei oder Bleiglanz zu. Die ant. Berichte darüber sind unvollständig und z.T. unklar (Plin. nat. 33, 95ff. Strab. 3,147. Diod. 5,36,2ff. Vgl. [2], 20f. [4]).

Verwandt wird S. außer für Münzen vor allem zu Gefäßen und Geräten, auch zu Schmuck, seltener zu Statuen und Statuetten (erhalten z. B. Silberbüsten des L. Verus ([10] T. 1. [13], 331), von Privatpersonen und Göttern ([13], 334–338. 345ff.), außerdem zur Versilberung von Bronze (z. B. [24], 201 Nr. C 15–18. 206 Nr. C 37. 210 Nr. C 47. 332 Nr. H 4j) und zu Einlegearbeit (Tauschierung, z. B. [24], 206 Nr. C 33–34. 241 Nr. C 186). Zu Schmuck wird S. rein oder vergoldet verarbeitet; auch Goldblech über S.kern war beliebt (z. B. [9], 12 Nr. 9. 15 Nr. 11. 148 Nr. 94). S.bleche konnten über einen Formkern oder in eine Form gearbeitet werden ([6]. [7]. [9], 219ff. [13]). Statuetten wurden im allg. voll gegossen, Hohlguß ist seltener (z. B. [9], 89 Nr. 57). Bei besseren Stücken ist Treibarbeit bes. häufig ([6]. [13]. [17]), etwa bei → Phalerae und bei Emblemen und Reliefs kostbaren Tafelgeschirrs. Im Gegensatz zum Goldschmied, χρυσοχόος, heißt der S.-Schmied von der Treibarbeit ἀργυροκόπος, bei den Römern *(faber) argentarius* bzw. *argentarius vascularius*. Erhalten sind außer S.geld und S.-schmuck vor allem Tafelgeschirr, z. T. in ganzen Sätzen ([15]. [16]. [18]. [19]. [22]. [23]), dazu Phalerae ([17]. [24], 333ff.), repräsentative Ausrüstungsstücke ([21]), kaiserliche Ehrengeschenke (Volbach Frühchr. Kunst 1958, T. 53) u.a., Möbelbeschläge ([24], 244 Nr. C 200), ganze Möbel ([24], 252 Nr. C 240), einzelne Gefäße, Votivbleche ([24], 246f. Nr. C 210. 212–14). Modelle aus griech. Z. (→ Mentor [4]. Segall, AA 1965, 553ff. [6]. Athen. 11,479f.) waren bei den Römern so beliebt, daß sie kopiert (Plin. nat. 34,47), wohl auch gefälscht, sicher imitiert und variiert wurden (z. B. [20]). Aus der Kaiserz. sind S.schatzfunde aus Italien ([10]. [15]. [19]), den Provinzen ([16]. [21]. [22]. [23]. [26]), auch etwa aus dem freien Germanien ([17]. [18]. [24], 328 Nr. H 2. 333 Nr. H 6. [25]) und Skandinavien ([20]) bekannt. Eine zusammenfassende Behandlung des ant. S. fehlt bisher. W. H. G.

1. *Blümner* Techn. 4. 2. *Ders.*, RE III A, 13ff. 3. *Cagiano de Azevedo*, Enc. Arte Ant. I (1958) 621ff. 4. *Forbes* Metallurgy in Antiquity, 1950. [2]1964. 5. *D.E. Strong* Greek and Roman Silver Plate, 1966. 6. *A. Ippel* Guß- u. Treibarbeit in S. (97. Berliner Winckelmann-Pr.) 1937. 7. *H. Küthmann* Unt. z. Toreutik des 2. u. 1. Jh. v. Chr. (Diss. Basel 1959). 8. *Walters* Catalogue of the Silver Plate (Brit. Mus.) 1921. 9. *H. Hoffmann–V. v. Claer* Ant. Gold- u. Silberschmuck, Hamburg 1968. 10. *G. Bendinelli* Il tesoro di argenteria di Marengo, 1937. 11. Ori e argenti dell'Emilia antica (Ausst.-Kat. Bologna) 1958. 12. *C. Carducci* Gold- u. Silberschmuck aus d. ant. Italien 1962. 13. *F. Braemer*, RA 1968, 327ff. 1969, 81ff. 14. L'art dans l'occident rom. (Ausst.-Kat. Paris) 1963. 15. *A. Héron de Villefosse* Monuments et Mémoires (Fond. Piot) 5, 1899. 16. *E. Babelon* Le trésor d'argenterie de Berthouville, 1916. 17. *F. Matz* Die Lauersforter Phalerae (92. Berl. Winckelmann-Pr.) 1932. 18. *Pernice–Winter* Der Hildesheimer Silberfund, 1901. *U. Gehrig* Hildesheimer Silberfund, 1967. 19. *A. Maiuri* La casa del Menandro e il suo tesoro di

argenteria, 1933. 20. *V.H. Poulsen* Die Silberbecher von Hoby (Ant. Plastik 8, 1968, 69ff. T. 42–55). 21. *H. Klumbach–J. Keim* Der röm. Schatzfund von Straubing, 1951. 22. *R. Laur-Belart* Der röm. Silberschatz von Kaiseraugst, ^{3}1967. 23. The Mildenhall Treasure. A Handbook, 1947. ^{2}1958. 24. Römer am Rhein (Ausst.-Kat. Köln) 1967. 25. *W. Grünhagen* Der Schatzfund von Groß Bodungen, 1954. 26. *A. Odobesco* Le trésor de Pétrossa 1889–1900. → Bergbau. → Elektron. → Gold.

Silberfund, Hildesheimer. Der 1868 als Zufallsfund bei Hildesheim geborgene S. besteht aus etwa 70 Stück ant. Tafelsilbers, teils zum Gebrauch, teils als Tafelaufsatz. Inschr. zeigen, daß nur ein Teil eines urspr. größeren röm. Besitzes erhalten ist, der aus verschiedenem Vorbesitz gesammelt war. Anlaß und Z. der Vergrabung sind unbekannt, Verbindung mit Varus (→ Quinctilius II 1) bleibt Vermutung. Die teils gegossenen, teils getriebenen, z.T. feuervergoldeten Stücke entstammen verschiedenen Werkstätten augusteischer (und späterer?) Z.; die Zugehörigkeit zweier Humpen zu diesem Bestand ist umstritten. Der S. gehört zu den besten Silberarbeiten der frühen Kaiserz. W. H. G.

E. Pernice–F. Winter Der Hildesheimer S., 1901 (grundlegend). *H. Küthmann* Unt. z. Toreutik des 2. und 1. Jh.s v. Chr., Diss. Basel 1959. *U. Gehrig* Hildesheimer S., 1967.

Silberprägung, -währung s. Münzwesen

Silenos (*Σιληνός*). **1.** S. (richtiger wohl Silanos [Strab. 3,172]) aus Kale Akte (?), griech. Historiker des 3./2. Jh.s v. Chr., Vf. einer Gesch. Hannibals (benutzt von → Coelius [6] Antipater und möglicherweise von → Diodoros [12]), zu dessen Gefolge er, wie auch → Sosylos, gehörte (Nep. Hann. 13,3), und eines mind. 4 B. umfassenden Werkes über Sizilien (*Σικελικά*). FGrH 175.

R. Lauritano, Kokalos 2, 1956, 206ff. *E. Manni*, Kokalos 3, 1957, 136ff. *V. La Bua* Filino-Polibio-Sileno-Diodoro, *Σικελικά* III, Palermo 1966.

2. Von Chios, griech. Mythograph unbestimmter Z., Vf. von *Μυθικαὶ Ἱστορίαι* in 2 B., aus denen nur eine singuläre Etym. des Namens Odysseus erhalten ist. FGrH 27. H. Gä.

Silenos-Satyros: *Σιληνός* (dor. *Σιλανός*) ebenso wie *σάτυρος* aus dem Griech. nicht erklärbar (Frisk s.vv.), *σάτυρος* bei Ail. var. 3,40 u.a. *τίτυρος* gleichgesetzt (*τίτυροι* sikel. für *σιληνοί*?). Das archäolog. Material ist viel reicher als das liter. Glatte Unterscheidung von *σιλ.* und *σατ.* nicht möglich. [7], 222ff. Beide sind Mischbildungen aus Mensch und Pferd, darin den → Kentauren verwandt; Unterschied: Sie sind im ganzen menschlich, der Pferdecharakter beschränkt sich auf Ohren, Schweif, häufig Beine oder wenigstens Hufe; dazu Behaarung des Körpers, starker Haar- und Bartwuchs, Stülpnase, großer Mund, runde Augen, Phallos. Gesellen dieser Art ist auf Vasen *Σιληνοί* resp. *Σιληνός* beigeschrieben: sfg.: Françoisvase, Ergotimosschale, Beazley AV 2.79 u.a.; rfg. [9], 49, Anm. 1. Silenos, als Typus überall in griech. Gebiet verbreitet (monum. und literar. Zeugnisse: [10], 38ff.), war usrpr. selbständiger Dämon ohne Verbindung mit Dionysos. Ein ernster, weiser, musikliebender Waldgott, konnte er – wie alle Dämonen – sowohl Gutes wie Böses wirken. In unseren Zeugnissen schwankt Einzahl und Mehrzahl.

Spuren von Kulten sind problematisch.

Geschichten vom S.: a) Von König → Midas (1) gefangen, verkündet er die pessimist. Weisheit: gar nicht geboren zu sein ist für den Menschen das Beste; ist einer aber geboren, möglichst schnell in den Hades zu gehen (Hdt. 8,138,3. Aristot. frg. 44. b) Gespräch S.-Midas: Theop. FGrH 115 F 75. c) Silen → Marsyas (1) im musikal. Wettkampf mit Apollon (Hdt. 8,26,3 u.v.a.). Sonstige Beziehungen des S.: a) S.-Nymphen (Hom. h. Aphr. 262 und seither allenthalben). Wesensverwandtschaft. b) S.- → Hermes (seit Hom. h. Aphr. 262): Wesensverwandtschaft mit dem Berggott von Kyllene. c) S. apotropäisch verwendet (Material [10], 42. [11], 453. 495). d) S. als guter Hausgeist und *κουροτρόφος* [10], 42f.

Verbindung der Silene mit → Dionysos ist sekundär. Sie werden zu Thiasoten des Gottes, wobei lächerl. und verächtl. Eigenschaften immer mehr hervortreten; Einfluß des → Satyrspiels (Material zur stufenweisen Eingliederung in die Begleitung des Dionysos: [10], 44ff.). Verbindung mit Mänaden ([10], 46. [11], 463. 466) entspricht der früheren Verbindung mit Nymphen. Mytholog. Szenen, bei denen S. anwesend sind, ohne daß dies auf ihre Verbindung mit Dionysos zurückginge, erklären sich als Ausgestaltungen durch das Satyrspiel. Im Satyrspiel ist der verächtl. Charakter der S. ausgeprägt ([10], 47, [11], 496ff., 6 passim); dort erscheint der S. (Papposilen) als Vater des Satyrchors (z.B. Aischyl. Diktyulkoi, Soph. Ichneutai, Eur. Kyklops), daher greisenhafte, kahlköpfige Silene seit etwa Mitte 5. Jh. in der bildenden Kunst. S. als Erzieher des Dionysos (Soph. *Διονυσίσκος*), des Dionysossohnes Maron (1; Eur. Kykl. 141).

σάτυρος kommt erstmalig bei Hes. frg. 123 M. (*γένος σατύρων οὐτιδανῶν καὶ ἀμηχανοεργῶν* zusammen mit Nymphen und Kureten als Abkömmlinge einer Tochter des argol. → Phoroneus) vor. Gegen E. 5. Jh. kommt Satyros ohne Scheidung vom Begriff Silen vor (Marsyas bei Hdt. 7,26,3 Silen, bei Plat. Symp. 215b. 216d. 221d. e, wo Sokrates mit ihm verglichen wird, gleichermaßen Silen und Satyr genannt). Wahrscheinlich waren wesensgleiche Dämonen an verschiedenen Orten verschieden benannt: in der Peloponnes wurden diese Dämonen anscheinend *σάτυροι* genannt (Hes. a.O. Apollod. 2,1,2,3; → Pratinas v. Phleius, → Arion in Korinth). Waren ihre Vorläufer dort die aus Vasen bekannten »Dickbauchtänzer«? (Brommer *σιλ.* u. *σατ.* 227); möglich, daß die Pferdedämonen auch anderwärts in Griech. Gebiet *σάτυροι* genannt wurden. Das → Satyrspiel scheint aus der Peloponnes nach Attika gekommen zu sein. Allmählich setzte sich im Sprachgebrauch die Unterscheidung Silenos für den alten, Satyros für den jungen Dionysosbegleiter durch. Schon im 5. Jh. kommen beide Namen als Personennamen vor.

Bocksattribute erhalten die S. erst in hellenist. Z. unter dem Einfluß des Pan-Typus ([10], 52f. [11], 488ff. [8], 226ff.). F. St.

1. *A. Pickard-Cambridge – J. Gould – D. M. Lewis* The Dramatic Festivals of Athens, ^{2}1968. 2. *M. P. Nilsson* GgrR 1, ^{3}1967, 232ff. 3. *H. Patzer* Die Anfänge der griech. Tragödie, 1962. 4. *A. W. Pickard-Cambridge – I. B. L. Webster* Dithyramb, Tragedy, Comedy, Oxf. ^{2}1962. 5. *M. Bieber* The History of the Greek and Roman Theater, 1961. 6. *F. Brommer* Satyrspiele, ^{2}1959. 7. *E. Buschor* Satyrtänze und frühes Drama, SBAW 1943, 5. 8. *F. Brommer* σιληνοί u. σάτυροι, Philol. 94, 1941, 222. 9. *Ders.* Satyroi, 1937. 10. *A. Hartmann* Silenos u. Satyros, RE III A 35ff. *E. Kuhnert* Satyros u. Silenos, Myth. Lex. IV 444ff.

Silentiarii, urspr. Sklaven (seit 1. Jh. n. Chr.: CIL VI 6215) oder Freigelassene, seit → Constantin (1) d. Gr. Hofbeamte, die für Ruhe unter der Dienerschaft zu sorgen hatten. Die S. (im O. gab es 30), immer mehr Vertraute des Kaisers und der Kaiserfrauen (Prok. 2,21,2. 29,31; anecd. 26. 28. Agath. 5,9. Athanas. apol. c. Ar. 56. Ambros. de ob. Valent. 26) wurden im 5. Jh. → *spectabiles* und erhielten wichtige Privilegien (Cod. Theod. 6, 23. 8, 7,5. Cod. Iust. 3, 28,30. 12, 16,5f.). A. L.

Silingi (*Σιλλίγγαι*) werden von Ptol. 2,11,10 s. von den → Semnonen angesetzt. Die Wohnsitze des vandal. Stammes lagen in Schlesien. Mit → Vandalen, → Alanen und → Sueben überschreiten die S. 406 n. Chr. den Rhein und dringen durch Gallien nach Spanien vor, wo sie 411 als Bewohner in der → Baetica genannt werden (Hydat. Contin. [49 Chron. min. II 1 p. 18]). H. C.

Schönfeld, RE III A 61.

Siliqua, »Hülsenfruchtschote, Samen des Johannisbrotbaumes«, griech. → *κεράτιον*, röm. Gewicht von 1/6 → Scripulum, 1/24 → Sextula, 1/144 → Uncia, 1/1728 röm. Pfd. und somit, die → Libra zu 327,45 g gerechnet, = 0,19 g, selbst in 3 *grana hordei* (Gerstenkörner) und 4 *σιτάρια* (Weizenkörner) zerfallend, erst seit constantin. Z. belegt. Damals scheint die S. auch ins → Münzwesen eingeführt worden zu sein (ältester Beleg DESSILS 9420). Als Rechenwert galt sie 1/24 des eine → Sextula wiegenden goldenen → Solidus, ausgebracht wurde sie jedoch als Silbermünze, zunächst – wohl bis etwa 360 – im Sollgewicht von 3,41 g (= Gewicht des neron. → Denars bzw. des diocletian. Argenteus), dann von 2,27 g, wobei die Prägung bis Honorius massenhaft erfolgte, in der Folgezeit (bis Herakleios?) dagegen nur spärlich. Das starke Variieren der Gewichte (zw. 1,04 u. 2,66 g) läßt in der S. eher Kreditgeld vermuten, das bei größeren Zahlungen nach Gewicht genommen wurde, als an Ganz- und Teilstücke denken. Das Doppelte der S. bildete das → Miliarense. H. Ch.

K. Regling – O. Seeck, RE III A 61ff. *Mattingly* 218ff. *P. Bruun* bei *Mattingly* RIC VII 3ff. *J. W. E. Pearce,* ebd. IX p. XXVIIff. *H. Chantraine,* RE IX A 619. 621.

Silius. Röm. pleb. Gentilname, inschr. auch *Sillius,* gr. *Σείλιος,* vgl. SCHULZE Eigenn. 232. Namensträger traten vereinzelt im 5. Jh. (Nr. 3) und im 1. Jh. v. Chr. hervor, stiegen dann aber unter Augustus steil auf (7 Consuln) und verschwanden im 1. Jh. n. Chr. Stammbaum RE III A 69f.

I. Republikan. Zeit. **1.** A. S. stand 45 mit Cicero (z. B. Att. 12,22,3 u. a.) in Verhandlungen wegen des Verkaufs von Grundstücken, der jedoch nicht zustande kam. **2.** P. S., Praetor um 58 (?) oder 52 (?), Propraetor in Bithynia und Pontus 51–50, nach Äußerungen Ciceros, der ihm mehrere Empfehlungsschreiben schickte (fam. 13, 61–65), ein tüchtiger Verwaltungsbeamter. 44 führte er einen schwierigen Erbschaftsprozeß, Cic. fam. 7,21 u. a. Wahrscheinl. war sein Sohn der cos. von 20, er selbst trug aber wohl kaum das Cognomen Nerva. **3.** Q. S. gehörte 409 zu den ersten pleb. Quaestoren, Liv. 4,54,3. BROUGHTON 1,78. **4.** T. S., Ritter und Praefect oder Kriegstribun unter Caesar, im Winter 57/56 von den Venetern festgenommen, aber ausgetauscht, Caes. Gall. 3,7 – 10. 16. H. G. G.

II. Kaiserzeit. **1.** C. S., Sohn von Nr. 3, *cos. des.* 47 und 48 (Sen. apocol. 13,4. Tac. ann. 11,5f. DEGRASSI FImp. 14). Aus Liebe zu → Messalina (1) trennte er sich von seiner Frau → Iunia (II 27) Silana (Tac. ann. 11,12) und vermählte sich während der Abwesenheit des → Claudius (II 39) offiziell mit der Kaiserin (Tac. ann. 11,26ff. Suet. Claud. 26f. 29). Dem zurückgekehrten Kaiser trat er mutig entgegen, wurde aber ergriffen und von den Praetorianern hingerichtet (Tac. ann. 11,35f.). Nach Iuv. 10,331ff. *optimus . . . et formosissimus . . . gentis patriciae.* **2.** P. S., *procos.* von Macedonia um 1 n. Chr. (PREMERSTEIN, JOEAI 1, 1899, 155), *cos. suff.* 3 n. Chr. (DEGRASSI FImp. 6). **3.** C. S. A. Caecina Largus, Sohn von Nr. 6, vermählt mit Sosia, *cos. ord.* 13 n. Chr. (Suet. Aug. 101. DEGRASSI FImp. 7), mit → Germanicus (2) befreundet (Tac. ann. 4,18). Kommandant des obergerm. Heeres 14–21 (Tac. ann. 1,31ff. 4,18. RITTERLING Fasti 12f.). Anläßlich einer Revolte nahm er die Frauen der Offiziere in seinem Hauptquartier auf (Tac. ann. 2,40), 15 *ob res cum Germanico gestas* ausgezeichnet (Tac. ann. 1,72. 4,18), 18 mit dem Bau einer Flotte befaßt (Tac. ann. 2,6). Ein Kriegszug gegen die → Chatti verlief erst im 2. J. erfolgreich (Tac. ann. 2,25). Die glückliche Niederwerfung der Erhebung des → Iulius (II 80) Sacrovir 21 (Tac. ann. 3,40ff.) brachte die Feindschaft mit → Visellius Varro, dessen Sohn, *cos. ord.* 24, Anklage wegen Erpressung erhob (Tac. ann.

4,18ff.). S. beging Selbstmord, sein Vermögen wurde zu ¾ beschlagnahmt (Tac. ann. 4,19. 20). **4.** L.S. Decianus, vielleicht Sohn des Dichters S. Italicus (vgl. Plin. epist. 3,7,2. Martial. 8,66), *cos. suff.* 93 (DEGRASSI FImp. 28). **5.** S. Nerva, *cos. ord.* 65 (Tac. ann. 15,48), s. A. → Licinius (II 13) Nerva Silianus Firmus Pasidienus. **6.** P.S. Nerva, *cos. ord.* 20 v.Chr. (Vell. 2,90. 116. Cass. Dio 54,20. DEGRASSI FImp. 4), *leg. Aug. pr. pr.* von *Hispania citerior* (CIL II 3414, G. ALFÖLDY Fasti Hisp. 7), wo er 19 v.Chr. die aufständischen → Cantabri unterwarf (GARDTHAUSEN Augustus 1, 688). 16 v.Chr. war er als *procos.* von Illyricum mit den Vorbereitungen zur Unterwerfung der Alpenvölker betraut (CIL V 8270. Cass. Dio 54, 20). Er besiegte 15 die → Trumpilini, die → Cammuni und die → Venostes (vgl. ZIPPEL Römer in Illyricum 259ff.) und warf einen Vorstoß der Noriker in röm. Gebiet zurück, was schließlich das E. des regnum → Noricum bedeutete (Cass. Dio 54,20). Auch die Niederwerfung der aufständischen → Dalmatae erwies seine militär. Tüchtigkeit (Suet. Aug. 71). **7.** P.S. Nerva, *cos. ord.* 28 (CIL X 1196. NSA 1892, 479. Tac. ann. 4,68. Plin. nat. 8,145. DEGRASSI FImp. 9). **8.** Silia, Gattin eines unbekannten Senators, die wegen ihres ausschweifenden Lebens 66 in die Verbannung geschickt wurde (Tac. ann. 16,20). G. Wi.

Silius Italicus (Ti. Catius Asconius S. I., vgl. [1], 92ff.), röm. Epiker. Die hauptsächlich aus Plin. epist. 3,7 und Martial. 4,14. 7,63 erschließbaren biogr. Daten (* ca. 35, cos. 68, procos. Asiae ca. 77, † ca. 100) zeigen S. als begüterten, der stoischen Philos. anhängenden, die Dichtung als Ehrgeiz seiner Muße betreibenden Vertreter der Senatorenschicht, wenig berührt von den polit. Wandlungen zwischen Nero u. Trajan; das Lebenswerk, die Punica in 17 B., ist unabhängig, distanziert von den Zeitumständen. Gegenüber der älteren Forschung, die 14,686ff. als Hinweis auf → Nerva interpretierte und daher nach einem (→ Lucanus vergleichbaren) Bruch gegenüber dem Preis des Domitianus 3,594ff. suchte (seit BICKEL, RhM 1911, 500ff.) hat [3] nachgewiesen, daß S. in langer, von ca. 78 bis zum Tod reichender Feile das Epos ohne Änderung der Konzeption, vielleicht ohne endgültigen Abschluß, ausarbeitete; die Punica wären so zugleich das erste und letzte Werk flavischer Epik.

Das bewußt Unzeitgemäße seiner Dichtung wurzelt darin, daß S. den Bruch Lucans mit der national-röm.-epischen Tradition nicht wie seine Zeitgenossen mit dem Rückgang auf das mytholog., panegyr. abgesicherte (im Unterschied zu → Statius (II 3) und → Valerius Flaccus fehlt das panegyr. Proömium) Epos quittiert, sondern mit dem Stoff des 2. pun. Krieges das histor. Epos aufnimmt, es gegen die Tendenz seines Vorgängers vergilianisierend (vgl. [4], 21. 184). Die Punica folgen eng dem livian. Bericht (B. 1–3 Sagunt, 4 Ticinus, Trebia, 5 trasimen. See, 6–8 Hannibal u. Fabius in Italien, 9–10 Cannae, 11–13 Capua, Zug auf Rom, Spanien, 14 Sizilien, 15 Scipio in Spanien, 16 bis 17 bis Zama; zur Quellenfrage A. KLOTZ, RhM 1933, 1ff.); paraphrasennahe Abfolge wird durch Erbstücke epischer Technik überformt: mytholog. Rahmen (B. 1 Kontrafaktur des Aeneisproömiums; die Punica erscheinen als weitere Folge der *ira Iunonis*, Hannibal als ihr Werkzeug; mytholog. Maschinerie), Kataloge (1,189ff. 3,222ff. 8,349ff.), Einbeziehung und Kontrast vergil. Gestalten (Didos Schwester 8,25ff., Asbyte/Camilla 2,56ff., Scipio/Aeneas 4,417ff.), Schildbeschreibung (2, 391ff.), Götterkampf (9,287ff.), Nekromantie (13,381ff.), Gleichnisse (vgl. [4], 90ff.). Doch bilden paraphrast. u. episch-imitative Darstellung Komplemente des silian. Dichtungsziels (vgl. J. GROESST, Quatenus S. I. a Verg. pendere videatur, 1887, u. bes. [4]): das als vordergründig (oft unanschaulich und spannungslos) dargestellte Faktum erscheint ständig als hist. Exempel des vergil. Geschichtsmythos, so z.B. spiegelt sich Aeneas sowohl in seinem Gegenbild Hannibal als auch in der Vielzahl typisierter *virtus*-Vertreter (im Fall Scipio 15,1ff. vor der Personifikationsdichotomie entpersonalisiert). Die epische Technik ist nicht mehr Selbstzweck, sondern legt aus. Der in der Forschung oft als reaktionär bezeichnete S. (vgl. [1]) hat mit seiner paraphrast.-exegetischen Epik Strukturen der spätant. Gattung antizipiert. Die Punica blieben bis zur Entdeckung durch Poggio verschollen. R. He.

Ta.: *L. Bauer*, 1890–92. *J. Duff* (engl. Übers.), 1934.

Lit.: 1. *C.W. Mendell* S. the reactionary, PhQ 1924, 92ff. 2. *A. Klotz*, RE III A 79ff. 3. *E. Wifstrand* D. Chronologie d. Punica d. S.I., 1956. 4. *M. v. Albrecht* S.I., 1964.

Sillybos (σίλλυβος, pl. σίλλυβα) bezeichnet einen oft sich verbreiternden, verschiedenfarbigen Pergamentstreifen an Papyrosrollen, auf dem Verfasser und Titel des Textes vermerkt war. Bei waagerecht lagernden Rollen hing jeweils vorn zur schnellen Orientierung ein S. herab (Cic. Att. 4, 4a). Es sind S. im Original erhalten (z.B. POxy 8, 1091). Abb. auf einem verschollenen Relief aus Neumagen (ESPÉR, Rec. 6,5176). S. O.

Sillyon (versch. Schreibungen des Namens begegnen: mit *y* oder *i*, mit *ll* oder *l*), **1.** ant. Stadt in Pamphylien zwischen den Flüssen Kestros (h. Aksu Çayi) und → Eurymedon (5; h. Köprü Irmagı); ihre Ruinenstätte befindet sich bei Asar Köy auf einem ca. 200 m hohen Tafelberg (u.a. Theater und Odeion, versch. Häuser und Tempel, Nekropole).

W. Ruge, RE III A 100f. Nr. 1. *D. Magie* Roman Rule in Asia Min., Princeton 1950, 1135. *G.E. Bean* Kleinasien II, Stuttg. 1970, 50–57.

2. Bei Pol. 21,34,11 (= Liv. 38,14,10) erwähnte Stadt im Herrschaftsbereich des Tyrannen Moagetes in Lykien, deren Lage noch nicht sicher ausgemacht werden konnte. E. O.

W. Ruge, RE III A 101 Nr. 2. *H. Berve* Die Tyrannis bei den Griechen, Münch. 1967, 427ff.

Silo. Cognomen (vgl. I. KAJANTO Lat. Cognomina, 1965, 118. 237 [inschr. Belege]), bes. bei dem Marser Q. → Poppaedius S., in Fasten der Kaiserzeit bei Larcius und Pompeius, vgl. A. DEGRASSI FImp. 268. H. G. G.

Silphion (*σίλφιον*, nichtgriech., aus epichor. *σίλφι* oder *σίρφι*, lat. *sirpe*, *laserpicium* aus *lac sirpicium;* außerdem sind bes. griech. Namen für Teile der Pflanze überliefert). Name einer in der Cyrenaica wachsenden Pflanze und bes. des aus deren Stengel und Wurzel gewonnenen harzigen Milchsaftes, der vom 6. Jh. v. Chr. an eine sehr hochgeschätzte Droge war und als Ausfuhrartikel die Grundlage des Reichtums von → Kyrene bildete. Auch in der hellenist. Z. war der S.-Handel gewinnbringend (Plaut. Rud. 630 Catull. 7,4), aber vom Beginn der Kaiserz. an war das echte S. vom Markt verschwunden (in der Cyrenaica ausgerottet?), und man behalf sich mit minderwertigem S. aus dem Orient. Trotz erhaltener Beschreibungen bei Theophr. u. a. (s. bes. Plin. nat. 19, 38–46) und Abbildungen auf Mz.n von Kyrene und auf der Pariser → Arkesilaos (2)-Schale (auf der er die Verpackung und Verschiffung von S. beaufsichtigt) und vieler Bemühungen von Historikern und Botanikern (eine ganze Literatur!) ist die sichere Bestimmung des S. nicht gelungen; doch scheint es sich um eine mit Scorodosma foetidum, welches Asa foetida liefert, nahe verwandte Pflanze zu handeln; obwohl S. einen zwar sehr intensiven, aber doch angenehmen Geruch gehabt haben soll. Über die Verwendung des S. sind die ant. Angaben spärlich. Stengel und Blätter wurden als Gemüse gegessen, und die Droge diente als Gewürz und medizinisch als Allheilmittel, ohne daß – wie sonst so häufig – Einzelindikationen gegeben werden. K. Z.

Hehn-Schrader Kulturpflanzen[8] 112. *Steier,* RE III A 103–114.

Silures, britann. Völkerschaft, die im s. ö. Wales (Monmouthshire, Glamorgan, s. Brecknockshire) verbreitet war. Im äußeren Erscheinungsbild zeigte sie Verwandtschaft mit den Iberern (Tac. Agr. 11,2); wahrscheinlich stellten die S. einen Seitensproß der eisenzeitlichen B-Kultur dar. Den eindringenden Römern leisteten sie jahrelang hartnäckigen Widerstand (Tac. ann. 12,32, 1ff.), dessen Seele eine Zeitlang → Caratacus war. Um ihre Angriffslust zu zügeln, legten die Römer → Isca Silurum (Caerleon = Castra legionis) an. Die endgültige Unterwerfung verdankte man S. Iulius → Frontinus (74–78 [?] n. Chr.: Tac. Agr. 17,2). K. A.

R. G. Collingwood Myres Roman Britain, 1937². *I. A. Richmond* Roman Britain, 1963². *Frere* Britannia, 1967.

Silvanus. 1. S. gilt als *arvorum pecorumque* (Verg. Aen. 8,601) bzw. als *rusticorum deus* (Isid. orig. 8,11,81) und Erfinder der Pflanzungen (Serv. auct. georg. 1,20). Zu dieser agrarischen Funktion paßt das *votum pro bubus ut valeant* für Mars S. (Cato agr. 83); Frauen dürfen ihm nicht opfern (Cato a. O. Sch. Iuv. 6,447). Da S. eine Gefahr für neugeborene Kinder darstellt, ruft man zum Schutz vor ihm hilfreiche Gottheiten an (Aug. civ. 6,9). Einer früheren Gleichsetzung mit Pan (Plaut. Aul. 674ff. 766. Acc. trg. frg. 404ff. R. Isid. or. a. O. Plut. par. min. 22 p. 311b; S. als Liebhaber des Kyparissos Serv. Aen. 3,680; ecl. 10,26; georg. 1, 20) folgt die mit Faunus (Plin. nat. 12,3. or. gent. Rom. 4,6). Geheimnisvolle Stimmen aus dem Walde gelten als die des S. (Liv. 2,7,2) oder der *Fauni* (Cic. nat. 2,6; div. 1,101. Dion. Hal. ant. 5, 16,2). So wird S. zum Herrn der Wälder (Sch. Stat. Theb. 6,111. Serv. georg. 1,20), ohne daß sein Name etym. mit *silva* verbunden sein müßte. Es ist fraglich, ob etr. *selvans* (PFIFFIG Die etrusk. Sprache 138) aus S. herzuleiten (*selva[ns]* in der 8. Region der Bronzeleber von Piacenza entspricht bei Mart. Cap. 1,52 *Veris fructus!*) ist oder umgekehrt. S. hatte ein *simulacrum* in Rom (Plin. nat. 15,77). G. R.

Prell.-Jord. 1,392ff. *Peter* Myth. Lex. 4,824ff. *Wissowa* Rel.² 213ff. *Latte* RRel 333. *Radke* Die Götter Altitaliens 287. *Dumézil* Rel. Rom. Arch. 340.

2. Franke, Christ, 351 *tribunus scholae armaturarum* des → Magnentius, der aber noch vor der Schlacht bei → Mursa zu → Constantius II. überging und die Würde eines *mag. ped. praesentalis* erhielt. Der 353/54 (?) zur Bekämpfung german. Invasoren nach Gallien entsandte S. wurde durch Feinde am Hof des Hochverrats verdächtigt. In die Enge getrieben nahm er am 11. Aug. 355 in Köln den Purpur. Bereits am 29. Aug. töteten ihn durch den zu seiner Beseitigung entsandten → Ursicinus bestochene Soldaten (Amm. 15,5f. Aur. Vict. 42,14f. Liban. or. 18,31. Iul. or. 1,48. 2,98. Zon. 13,9). A. L.

M. Waas Germanen im röm. Dienst², 1971, 105f. *Demandt,* RE Suppl. XII 567f.

Silvester, Papst 314–35. Er leitete die röm. Kirche nach dem Sieg des → Constantinus (1), blieb aber, da der Kaiser selbst die Konzilien berief und Entscheidungen traf, ohne Einfluß auf die Kirchenpolitik. Zum Konzil von Nikaia entsandte er nur zwei Priester als Vertreter. Rom erhielt die ersten großen Kirchenbauten (Lateranbasilica und Baptisterium, Peterskirche u. a.) mit reichen kaiserl. Geschenken. Erst eine legendäre Vita (2. Hälfte 5. Jh.) erzählt, Constantinus sei von Gott mit Aussatz bestraft und durch einen Traum an den vor der Verfolgung sich verbergenden S. verwiesen worden. S. habe ihn getauft und der geheilte Kaiser ihm zum Dank die geistliche Herrschaft gleichen Rangs neben der weltlichen des Kaisers verliehen. Im 8. Jh. leitete die sog. Donatio Constantini daraus auch noch den Herrschaftsanspruch des Papstes über Rom und Italien ab. O. H.

Vita: *B. Mombritius* Sanctuarium, Paris 1910^{2}, 2,508–31 (Ta.). Liber pontificalis *Duchesne* 1^{2}, 1955, 170–201. *E. Caspar* Gesch. des Papsttums 1, 1930, 115–130. *H. U. Instinsky*, Lex. f. Theol. und Kirche 9^{2}, 1964, 757f.

Silvinus, P., röm. Ritter (?) neron. Z., Gutsbesitzer und Nachbar → Columellas im etrusk. → Caere. Columella widmete ihm seine 12 Bücher *de re rustica*, an deren Entstehung S. offenbar starken Anteil hatte. Von öffentlicher Tätigkeit des S. ist nichts bekannt. W. R.

Silvius. Name zu *silva*, vgl. Dion. Hal. ant. 1, 70: *Σιλούιος Ὑλαῖος*). **1.** S. Postumus, Sohn des → Aineias (1) und der → Lavinia (Dion. Hal. a.O., nach Cato; vgl. Verg. Aen. 6,760ff.), myth. Stammvater der Könige von → Alba longa, nachdem er sich gegen Iulus, den Sohn des → Askanios, durchgesetzt hat, Nachfolger seines Stiefbruders. Liv. 1,3 harmonisiert in annalist. Tradition die Zusammenhänge: Ascanius erscheint als Sohn der Lavinia und Vater des S. Zur Problematik der Königsliste von Alba longa → Kapys (4), → Numitor. – S. Aeneas nennt nur Verg. Aen. 6, 769 (vgl. Serv. z. St.) als letzten der Königsreihe. **2.** Inschr. mehrfach belegter Eigenname, vgl. CIL II 5007. III 3096 u.ö. SCHULZE Eigenn. 371. H. Gä.

Sima. Der aufgebogene Rand aus Ton oder Stein über dem Geison griech. Tempel (und weniger anderer Bautypen) diente der Ableitung des Regenwassers. Die S. war dazu an den Lang-(Trauf-)seiten mit Ausflußöffnungen versehen, an denen Wasserspeier, meist Löwenköpfe, saßen. Zu den zahlreichen griech. Namen der S. vgl. [2]. In der Regel war die S. mit Anthemien (Blütenfries aus abwechselnd Palmetten und Lotosblüten über einer Rankenkette), später mit Akanthus-Ornamentik verziert. W. H. G.

1. *M. Schede* Simaornamentik, 1909. 2. *Ebert*, RE III A, 133ff. 3. *F. Willemsen* Die Löwenkopfwasserspeier vom Dach des Zeustempels (Olymp. Forschungen 4), 1959. 4. *G. Gruben* Die Tempel der Griechen, 1966, 35. 135.

Simbru(v)inus, Name eines durch Stauung des Anio im *ager Subruinus* (Frontin. aqu. 15; lies: *Simbruinus*) entstandenen Sees (Tac. ann. 14,22,2 *stagna Simbruina*. Sil. 8,370f. *gelidus Simbruvius*); nach Tac. ann. 11,13,2 kommt das Wasser von den *colles Simbruini*. G. R.

Simeon Stylites (d. Ältere), der berühmteste der hl. Mönche Syriens, * um 390 in Sisan an der syr.-kilik. Grenze. S. begründete auf dem Berge bei Telanissos in N.-Syrien eine strenge Form der Ortsaskese, indem er 42 J. lang auf einer Säule stand, wo er vom Abend bis zum folgenden Nachmittag betete, dann den Besuchern predigte und Rat und Segen erteilte. Nach seinem Tod (459) wurden die Reliquien nach Antiocheia, von dort in das kaiserliche S.-Kloster des Styliten Daniel am Bosporos verbracht. Noch im 5. Jh. wurde eine Kirche um die Säule gebaut in einem Achteck, von dem 4 dreischiffige Basiliken ausgehen, ein Kreuz bildend, daneben Kloster und Pilgerherbergen (h. Qalʿat Simʿan). Telanissos am Fuß des Berges wurde vom Bauerndorf zur Wallfahrtsstadt mit 3 Klöstern, Kirchen, Herbergen und Basaren (h. Deir Simʿan). Noch zu Lebzeiten des S. hatte → Theodoretos (1) sein Leben beschrieben (Philotheos hist. 26, MIGNE PG 82,1463–84). Aus d.J. 473 stammt die ältere Rez. der syr. Vita. Später und weniger treu ist die griech., deren Vf. Antonios sich als Jünger des S. ausgibt. O. H.

H. Lietzmann, TU 32,4, 1908 (Ta.). *H. Delehaye* Les saints Stylites, Subsidia hagiogr. 14, 1923. *P. Peeters* Analecta Bolland. 61, 1943, 29–71. *Altaner*^{7} 243. – Arch.: *Honigmann*, RE IV A 1099–1102. *D. Krencker*, APrAW 1938, Phil.-hist. Kl., H. 4. *G. Tschalenko* Villages antiques de la Syrie du Nord 1–3, Paris 1953–1958.

Simia (*Σημεα* L. JALABERT – R. MOUTERDE Inscr. Gr. et Lat. de la Syrie 5, 1959, 59f. [Borğ el Qâ^{c}i]; *Σιμα* IGR III 1079. *Sima* CIL III 159 [Deir el Qal^{c}a]). Syr. Gottheit ungewisser Wesensart und anscheinend sowohl weiblicher (Smj W. CURETON Spicilegium Syriacum, 1855, 25. 44f.) als auch männl. Erscheinungsform (*Σείμιος* JALABERT–MOUTERDE Inscr. 2, 1939, 215ff. [Kafr Nabu]), in letzterer mit → Adonis (Dura Europos), → Ešmun-Asklepios (Delos) und → Hermes-Mercurius (Baalbek) konfundiert (R. DUSSAUD Mana 1,2, 1949, 395ff.). In → Hatra bildet S. mit → Hadad und Atargatis (→ Dea Syria) eine Trias ([4], 24. [5], 57f. 62ff.), ebenso in → Bambyke (H. GESE Die Rel. Altsyriens, 1970, 219), wo dem anikon. Kultbild (*Σημήιον*) der Ritus der Hydrophorie zuteil wurde ([5], 66. [6], 246). W. F.

1. *H. Zimmern*, Islamica 2, 1926, 574ff. 2. *J. Février* La Rel. des Palmyréniens, 1931. 3. *R. Dussaud*, Syria 23, 1942/43, 42ff. 4. *H. Ingholt* Parthian Sculptures from Hatra, 1954. 5. *A. Caquot*, Syria 32, 1955, 59ff. 6. *H. Seyrig*. Syria 37, 1960, 233ff. 7. *D. Homès-Frederiq* Hatra et ses Sculptures Parthes, 1963.

Simias (neben *Σιμίας* auch die Form *Σιμμίας*) von Rhodos, griech. Grammatiker und Dichter um 300 v. Chr. (Strab. 14,655. Suda s. *Σ. Ῥόδιος*), verfaßte *Γλῶσσαι* in 3 B. (wenige Frg.e: [1], 113ff.) und 4 B. *Ποιήματα διάφορα*. Erhalten blieben mehrere Epigramme in der Anth. Pal. (aus dem »Kranz« des → Meleagros [8]; 7,60 [aus Diog. Laert.] wird S. jedoch zu Unrecht zugeschrieben: vgl. zuletzt [5]), Reste ep. Gedichte, u.a. eines *Ἀπόλλων* (dazu gehören wohl auch die Verse im PMich. 3,139 = Nr. 1458 PACK^{2}; vgl. [6]), verschiedene Gedichte in stichisch verwendeten lyr. Maßen aller Art und einige Technopaignien (»Ei«, »Flügel« [eines Eros], »Axt«). S. bedient sich eines künstlichen dor. Dialektes und zeigt Vorliebe für seltene Wörter und Formen und (bes. im »Ei«) für dunkle und gesuchte Ausdrucksweise (wichtig zum Verständnis [4] und [7]). Seiner eigenwilligen metr. Experimente wegen wird er des öfteren von → Hephaistion (2) zit. H. Gä.

Ta.: *Powell*, Coll. Alex. 109ff. Anth. lyr. 6,257ff. und [1]. Lit.: 1. *H. Fränkel* De S. Rhodio, Diss. Gött. 1915.

2. *Wilam.* Hellenist. Dichtung 111 ff. 3. *Ders.* Sappho und Simonides 226ff. 4. *Ders.* Textgesch. der griech. Bukoliker 243 ff. 5. *J. A. Notopoulos*, AJPh 63, 1942, bes. 281 ff. 6. *R. Merkelbach*, Aegyptus 31, 1951, 254ff. 7. *Ders.*, MH 10, 1953, 68f.

Simitthus, Stadt der Africa proconsularis im Medjerda-Tal, h. Chemtou, berühmt durch ihre Marmorsteinbrüche (*marmor Numidicum* Plin. nat. 36,49. S. GSELL Hist. anc. Afr. N. 5,211. 262); seit Augustus *col. Iulia Augusta Numidica* CIL VIII 14612 = ILS 6823. Plin. nat. 5,29. Ptol. 4,3,29. Mehrere Grabinschr. von Veteranen: CIL VIII 1261. 10592. 14551. 25629. Bull. Comité 1928/29, 380. 1932/33, 476. 509. ILT 1254. AE 1957, 66. Ruinen. M. L.

Atl. arch. Tun. f^e 33, Ghardimaou, Nr. 70. *L. Teutsch* Das röm. Städtewesen in Nordafrika, 1962, 32. 171.

Simmias (*Σιμμίας*). **1.** Von Theben gehörte mit seinem Freunde → Kebes (1) zu den Schülern und Freunden des → Sokrates. Zuvor hatte S. den Unterricht des → Philolaos von Kroton genossen (so Plat. Phaid. 61 E); S. und Kebes stellen mithin die Verbindung zur Denkweise des Pythagoreertums her. Aus doppeltem Grunde hat Platon S. die nach Sokrates wichtigste Rolle im Phaidon, dem Dialog am Sterbetage, zugewiesen. Dadurch wird S. nicht nur als treuer Freund geehrt; es wird vor allem pythagoreische Unsterblichkeits-Lehre in diesen Dialog eingebracht. Eine analoge Mittler-Rolle spielt S. (wiederum mit Kebes) in Plutarchs Schrift de genio Socratis. Zwei Nennungen durch Xen. mem. 1,2,49 und 3,11,17 stützen lediglich, daß S. zum Freundeskreis des Sokrates gehörte. Diog. Laert. 2,124 führt, ohne Weiteres aus dem *βίος* des S. zu zitieren, die Titel von 23 Dialogen auf, die S. verfaßt haben soll. Es ist sehr zweifelhaft, ob das zutrifft; erhalten ist nichts.

Die Erwähnungen des S. und des Kebes im 13. ps.-platon. Brief 363 A und in den → Sokratiker-Briefen 14 und 22 sind sicher apokryph. Das Epigramm auf das Grab Platons Anth. Pal. 7,60 darf gewiß nicht mit H. HOBEIN (Art. S. RE A III 148f.) dem S. von Theben zugeschrieben werden; es gehört dem S. von Rhodos. **2.** S. aus Syrakus, zweimal von Diog. Laert. genannt, 2,113 und 114, soll als Freund des → Stilpon dessen Tochter geheiratet haben, deren Lebensführung als *ἀκόλαστος* Anstoß erregte. Als man das dem Stilpon sagte, um S. anzuschwärzen, erwiderte Stilpon »er wird nicht besser mit ihr fertig als ich« – offensichtlich das Mittelstück einer misogynen Novelle über die Unverbesserlichkeit der Frauen. H. D.

3. s. Simias.

Simodoi (*Σιμῳδοί*), Sänger einer nach einem Magnesier *Σῖμος* genannten Art einfacher und niederer Lyrik. In den Quellen (bes. Strab. 14,648 sowie Aristokles und Aristoxenos bei Athen. 14, 620d/e) erscheinen neben der Simodie auch die Hilarodie, Lysiodie und Magodie. Wahrscheinlich bezeichneten die beiden ersteren zunächst einen mehr ernsten, die beiden letzteren einen eher ausgelassenen Gesang. Später scheint diese Trennung aufgegeben. Ein hierher gehöriger Text ist nach [1] »Des Mädchens Klage« auf einem Pap. des 2. Jh.s v. Chr. [2]. U. K.

1. *P. Maas*, RE III A 159f. 2. In der Anth. lyr. 2,6² (1940), 197–200 oder in den Coll. Alex. [ed. *J. U. Powell* (1925)], 177–180.

Simoeis (*ὁ Σιμόεις*, vgl. Hom. Il. 4,475 und öfter), h. Dümrek Çayı, r. Nebenfluß des → Skamandros, h. Küçükmenderes Çayı, in der Troas. E. O.

L. Bürchner, RE III A 160f. Nr. 1.

Simon. 1. Athener, Vf. einer technolog. Schrift *Π. ἱππικῆς*, der Xenophon teilweise folgt (equ. 1,1. 3. 11,6), wohl ins 5. Jh. zu setzen, wie seine Kritik an dem der Z. Kimons angehörenden Maler → Mikon zeigt (Test. 2 Deleb.); vielleicht ist er ein Hipparch des J. 424 (Aristoph. Equ. 242 u. Sch.). Neben der indirekten Überlieferung (Test. 1–6; Suda s. *τρίλλη* gehört wohl eher einem homonymen S.) kennen wir das Werklein durch 2 Hss. des MA., die das 1. Kap. enthalten, das vom Aussehen (*εἶδος*) des Pferdes handelt. Daß S. auch von der Dressur des Pferdes sprach, beweist Test. 5. Der Stil zeigt die schmucklose Nachdrücklichkeit der technolog. Schriften (vgl. RE IX A 1761 ff.). H. R. B.

Ausg. u. Komm.: *J. Soukup*, Comment. Aenipont. VI 1911. Corp. Hippiatr. Graec. II 228–231. *E. Delebècque* Xénoph. de l'art équestre, Paris 1950, 155–168.

2. Von Athen, von Beruf Schuhmacher – *σκυτοτόμος* – war vielleicht ein Dialogpartner im Dialog S. des → Phaidon von Elis, sonst bezeugt nur als Neben-Gestalt in den → Sokratiker-Briefen. Danach war S. als Schuhmacher einer der Handwerker, deren Werkstatt Sokrates aufsuchte, so auch Plut. mor. 776b. Diog. Laert. 2,122 schreibt dem S. 33 Dialoge in einem Bande zu. Es ist müßig, die Geschichtlichkeit dieses S., den Platon nicht nennt, erweisen oder widerlegen zu wollen. H. D.

3. Schwager und mit Bianor Feldherr des thrak. Teilfürsten → Amadokos (2; Demosth. 23, 10. 180), war Freund Athens und hatte das att. Bürgerrecht (a. O. 12. 189). Athens Beziehungen zu den rivalisierenden Feldherrn der thrak. Fürsten behandelt Demosth. 23 vom J. 352. G. Do.

4. Von Argos, Bildhauer (Erzgießer). Nach Paus. 5,27,2 schuf S. je ein Pferd und einen Wagenlenker für die Gruppe, die Phormios von Mainalon in der 1. Hälfte 5. Jh. v. Chr. in Olympia stiftete; die Gegenstücke schuf → Dionysios (35). Ob dieser S. mit dem Plin. nat. 34,90 genannten ident. ist, und wie die Pliniusstelle zu verstehen sei, ist umstritten. Vgl. auch Diog. Laert. 2,124. W. H. G.

5. Der Gerechte, jüd. Hoherpriester der vormakkabäischen Z. Nach Ios. ant. 12,43. 157f. der Nachfolger → Onias I. um 300 v. Chr., nach babylon. Talmud Joma 69a Zeitgenosse Alexanders d. Gr. Beide Angaben sind zweifelhaft. Sie

35f. G. E. Mylonas *Ἡ νεολιθικὴ ἐποχὴ ἐν Ἑλλάδι* 78f. K. Th. Syriopulos *Ἡ προϊστορία τῆς Πελοποννήσου* 72 u.ö. Einzelheiten der Gesch. sind erst seit der ersten Glanzzeit von S. unter der hundertjährigen Tyrannis der → Orthagoriden mit → Kleisthenes (1; ca. 600–570 v. Chr.) bekannt. Die Orthagoriden sollen das ältere »ionische« Bevölkerungselement gegenüber der herrschenden dorischen Oberschicht bevorzugt haben. Aus dieser Z. stammen in Delphi ein kleiner Rechteckbau mit Säulen und schönem Metopenfries um etwa 580 v. Chr. und ein Rundbau mit dor. Säulenhalle um 560 v. Chr., beide in das spätere Schatzhaus verbaut, de la Coste-Messelière Au musée de Delphes 19ff., dieses Schatzhaus aus dem E. 6. Jh., Paus. 10,11,1, RE Suppl. IV 1248ff. G. Daux Pausanias à Delphes 97, und der erste Bau des Schatzhauses in Olympia, Paus. 6,19,1ff. RE XVIII 121f. Sturz der Tyrannis mit spartan. Hilfe um 510 v. Chr. S. war seitdem Verbündeter Spartas und damit an allen Kriegen der folgenden Zeit auf seiten Spartas beteiligt, auch noch nach → Leuktra am Bündnis festhaltend. Das Eingreifen Thebens führte zum Umschwung und zur Tyrannis des → Euphron (1). S. nun auf seiten Thebens, innere Kämpfe führten noch zweimal zu einer Tyrannis und zu makedon. Besetzung der Burg, die durch den gleichnamigen Enkel Euphrons nach Alexanders Tod vertrieben wurde. Beteiligung am → lam. Krieg. In der Diadochenzeit unter wechselnder Herrschaft. 303 v. Chr. Eroberung durch → Demetrios (I 2) Poliorketes und Verlegung der Stadt von der Ebene auf den höheren Platz, auf dem sie seitdem blieb. Weiterhin unter makedon. Einfluß mit mehreren Machthabern nacheinander. 251/50 v. Chr. Befreiung durch → Aratos (2) und Anschluß an den achaischen Bund, in dem S. eine führende Stellung einnahm. Bei der Zerstörung Korinths erhielt S. einen großen Teil des Gebiets und die Leitung der isthm. Spiele. Aus der röm. Z. ist wenig bekannt, zerstörendes Erdbeben um 140 n. Chr., Paus. 2,7,1. Einige Einzelerwähnungen röm. Z.: Iuv. 3,69. Liban. epist. 86. Themist. or. 23 p. 295. Philostr. Apollon. epist. 34. Genannt ist S. noch Hierokl. synekd. 646,8, in der vulgären Ortsliste des 7. Jh., Ztschr. f. Kirchengesch. 12, 1890/91, 533 Z. 776, dazu A. Bon Le Péloponnèse byzantin 22ff. Constant. Porph. them. p. 52 Bonn. Die Erwähnung bei Chalkokond. p. 348,9ff. Bonn ist liter. Archaismus. Zum Nachfolgeort Vasilika s. A. Bon La Morée franque, 1969, 481f. u.ö.

Eine bes. Rolle spielt S. in der griech. Kunstgeschichte. Daß die protokorinth. Vasen aus S. stammen, wird h. nicht mehr allg. angenommen. Hochberühmt war S. als Sitz bedeutender Maler und Bronzegießer. Die berühmtesten Namen sind → Kanachos, → Polykleitos (5) und → Lysippos (2) und unter den Malern → Pamphilos (5) und → Pausias. Lokalhistoriker FGrH IIIB S. 536ff.

Von der Stadt der archaischen und klass. Z. ist in situ nichts bekannt, die 303 v. Chr. gegründete Stadt auf der Stelle der alten Akropolis liegt 3 km vom Meer auf zwei Geländestufen zwischen den Flüssen → Asopos (3) und Helikon beim h. Vasiliko. Erhalten oder ausgegraben und z.T. restauriert bes. das große Theater, das große Gymnasion des Kleinias, des Vaters des Aratos, Tempelfundamente, hypostyles Buleuterion, 105 m lange Stoa und h. als Museum eingerichtete röm. Thermen. Pläne: [1. 3. 4. 5.]. Große Basilika des 6. Jh. in der Ebene *Πρακτ.* 1933, 81ff. 1954, 219ff. Pind. O. 13,109; N. 9,1. 53. 10,43; I. 3,44. Skyl. 41f. Skymn. 516ff. Strab. 8,2,2 p. 335. 6,24f. p. 382f. 7,4 p. 385. 9,2,28 p. 411. Paus. 2,5,5–12,2. 7,26,2f. BCH 45, 1921, 11 II 34. Inschr.: IG IV Nr. 424 bis 438. SGDI III Nr. 3162–3169. BCH 61, 1937, 57ff. Hesp. 8, 1939, 35ff. SEG 11,244–274. 13,235a. 14, 309–313. 15,195. 16,238–241. 17,138. 18,144. 22, 257. 24,271. L. H. Jeffery The local scripts of archaic Greece 138ff. Mz.: Head HN^2 409ff. 417. Jahrb. f. Numism. 8, 1957, 94ff. E. M.

1. *Ch. Skalet* Anc. Sicyon 1928 (Neudruck 1965). 2. *Geyer-Lippold*, RE IIA 2528ff. 3. *E. Meyer*, RE Suppl. IX 1378. 4. *G. Roux* Pausanias en Corinthie 123ff. mit Abb. 28–34. 5. *Kirsten-Kraiker* Griechenlandkunde^5 329ff. 880 (Lit.). 6. *L. Guerrini*, Enciclop. arte ant. 7,276ff. (mit Bibliogr.). 7. *Philipps.-Kirst.* 3,160ff. 8. *L. Moretti* Ricerche sulle leghe grecche 63ff.

Sīla (*ī* Verg. Aen. 12,715). **1.** Waldreiches Gebirge in Bruttium (Plin. nat. 3,74. Strab. 6,261. Dion. Hal. ant. 20,15. Serv. Aen. a.O. *Lucaniae*), aus dessen reichem Holzbestand das »bruttische Pech« (Strab. Dion.) gewonnen wurde (Cic. Brut. 22). Die von Strab. angegebene Ausdehnung von 700 Stad. läßt nicht erkennen, ob S. der h. Sila oder den h. le due Sile entspricht. G. R.

Nissen It. Ldk. 1,244ff. 2,926.

2. Stadt Numidiens, im Gebiet von Cirta (Constantine), h. Bordj el Ksar; *respublica Silensium* CIL VIII 19198. 10295 (Grenzstein); *magistratus*, *ordo* und *decuriones* in CIL VIII 5884. 19198. 19199. Bischofssitz im J. 484 Not. episc. prov. Num. Nr. 92. Inschr. CIL VIII 5881. 18198. A. Berthier, Bull. Arch. Alg. 3, 1968, 283 (7. Jh.). H. G. Pflaum, Ant. afr. 3, 1969, 133. Ruinen: S. Gsell Atl. arch. Alg. f^e 17, Constantine, Nr. 333; 2 christl. Basiliken Berthier Les vestiges du Christianisme antique dans la Numidie centrale, Alger 1943, 40. M. L.

Silanion (*Σιλανίων*), Athener (Paus. 6,4,5. 14,11), Plastiker (Erzgießer). Der Lehrer ist unbekannt, die Akme wird 328/25 angesetzt (Plin. nat. 34,51), wie bei → Lysippos (2). S. war vielleicht schon vor 350 (Platonbildnis, s.u.) tätig. S. schuf Statuen von Heroen (Achilleus, Plin. nat. 34,82. Theseus, Plut. Thes. 4. Iokaste, Plut. mor. 18 c. 643 e, in deren Gesicht eine Silberzumischung zur Bronze die Todesblässe ausgedrückt haben soll), einen Trainer (Plin. a.O. *epistaten exercentem* beruhen wahrscheinlich auf Personenverdoppelung ([1]) bzw. -verwechslung (vgl. Ios. ant. 11, 329ff.). Vermutl. (s. Mischna Abot 1,2) handelt es sich um den unter → Antiochos III. (4) und → Ptolemaios V. (5) amtierenden Hohenpriester S., der durch sein polit. und theolog. Wirken über seine Z. hinaus bekannt blieb (Sir. 50, 1 ff.; 3. Makk. 2,1 v.l. Ios. ant. 12,238, rabbin. Lit. passim). B. Sch.

1. *G.F. Moore* S. the Righteous, Jew, Stud. in Memory of I. Abrahams, 1927, 348–64. 2. *R. Marcus* Josephus Bd. 7, 1943, 732–36 (Lit.).

6. 2. Sohn des jüdischen Priesters → Mattathias (→ Hasmonäer), von diesem zum Vormund seiner Brüder bestellt (1. Makk. 2,65). Er unterstützte diese als kluger Feldherr (5,17–23. 9,65 bis 69. 12,38) und übernahm nach dem Tode des → Ionathan 143 v. Chr. als vom Volk offiziell sog. »Hoherpriester, Feldherr und Anführer der Judäer« die alleinige Führung des makkabäischen Aufstands so erfolgreich, daß er im 170. J. seleuk. Ära, seinem ersten vollen Regierungsjahr (26. März 142 bis 12. April 141), eine neue Jahreszählung einführen konnte (R. Hanhart, BZAW 88, 1964, 95). Von → Demetrios (6) II. erreichte er Bestätigung, Tributerlaß und Freigabe der Akra (→ Hierosolyma 2) und mußte sich nach dessen parthischer Gefangenschaft gegen dessen, gegen S. vertragsbrüchigen, Bruder → Antiochos (8) VII. wenden. Dessen Feldherr wurde zunächst von S.s Söhnen geschlagen, aber S.s Schwiegersohn Ptolemaios hoffte von ihm die Macht zu erhalten, weshalb er S. und seine Söhne Mattathias und Judas (→ Hasmonäer) 134 v. Chr. ermordete (1. Makk. 13–16. Ios. ant. Iud. 13,6,6–7,4; bell. Iud. 1,2,2 f.). C. C.

Lit.: Bei den einzelnen Hasmonäern sowie die Komm. zu 1. Makk. von *S. Zeitlin* (1950) und *J.C. Dancy* (1954).

7. Sohn des Gioras (*ὁ τοῦ Γιώρα* Ios., *Βαργιώρας* Cass. Dio 66,7, *quem et Bargioram vocabant* bei Tac. hist. 5,12 verstellt hinter *Ioannes* statt *Simo*) von Gerasa, einer der fanatischsten Rebellenführer im jüd. Krieg von 66–70, zuerst im Land, dann 69/70 im belagerten Jerusalem neben → Eleazar (11) und Ioannes von Gischala, als letzter gefangen, 71 in Rom im Triumph aufgeführt und getötet. Über seine Taten verzweifelter Tapferkeit, Wildheit und Grausamkeit berichtet ausführlich Ios. bell. Iud. 2,521. 652ff. und in längeren Partien der B. 4–6, zuletzt 7,154f. Vgl. Tac. und Cass. Dio a. O. Stein, RE III A 176ff. K. Z.

8. S. Magus, gemäß der Ketzerhistorie der Vater aller Ketzerei, stammte aus dem samaritan. Gittai (Iust. Apol. 1,26,1) und wirkte als Magier in Samaria und vielleicht unter Kaiser Claudius in Rom. Nach Apg. 8,9–24 gab er sich als *ἡ δύναμις* (*τοῦ θεοῦ*) *ἡ καλουμένη μεγάλη* aus, d.h. als Verkörperung des höchsten Gottes (Iust. Dial. 120,6). Diese Selbstprädikation und die ihm zugeschriebene Behauptung, die tyr. Dirne Helena sei ein Gefängnis der Archonten für die göttliche *Ἔννοια*, die zu befreien er gekommen sei, sind der Beweis für eine vorchr. → Gnosis. In einem späteren Stadium drangen in diese Gnosis chr. und philos. Motive ein (s. Hippol. ref. 6,9–18). In den Pseudoklementinen begegnet S. als Magier, der dem Petrus entgegentritt. Kl. W.

Frg. slg.: *A. Hilgenfeld* Ketzergesch. des Urchristentums, 1884, 454ff. *Lietzmann*, RE III A 180–184. *Ders.*, ThWBzNT IV 362f. *H. Jonas* The Gnostic Religion, 1958. *G. Strecker* Das Judenchristentum in den Pseudoklementinen (TU 70), 1958, 154. 187ff.

Simonides (*Σιμωνίδης*). **1.** * in Iulis auf Keos ca. 557/56 (Frg. 77 D.), † 468/67 in Akragas, war vornehmlich, aber nicht ausschließlich Chorlyriker. Er wirkte zuerst im Umkreis seiner Heimatinsel, dann neben → Anakreon und → Lasos (1) am Hofe des → Hipparchos (1). Nach dessen Ermordung finden wir S. in der Umgebung thessal. Fürsten, zur Zeit der Perserkriege wieder in Athen, in Kontakt mit Themistokles. Seine letzten Jahre verlebte er in Sizilien, auch dort im Umgang mit den Fürsten Hieron von Syrakus und Theron von Akragas. Seiner Vermittlung gelang es, einen bewaffneten Konflikt zwischen den beiden abzuwenden. Als Dichter scheint er sich dort kaum mehr betätigt zu haben, er führte an seiner Stelle seinen Neffen → Bakchylides ein. Pindar reagiert auf die Konkurrenz der Keer in Isthm. 2.

S.' Werk umfaßte Epinikoi (in der alex. Ausgabe nach Kampfesarten geordnet, diese Gattung hat er wohl begründet), Dithyramben (nach frg. 79 D. hatte S. nicht weniger als 56 Dithyramben-Agone gewonnen), Päane (frg. 14 P.), Threnoi, monod. Lyrik, wie das Skolion für Skopas, das nur in Plat. Protag. erhalten war, Lieder und Elegien zu Anlässen der Perserkriege (Suda), Kateuchai (Wilam. GldH 1,286[1]); unter S.' Namen ging ein Buch Grab- und Weihepigramme der Perserkriegszeit.

S. erscheint durch seine geistreich-reflektierte, skeptisch-ironische Art wie durch die Verachtung gesellschaftlicher Konvenienz, mit der er das Dichten offen als Gewerbe trieb, als ein Vorläufer der Sophisten. Er zog sich dadurch den Ruf der Habsucht zu (Pind. I. 2,6ff.), der ihm sonst geistesverwandte → Xenophanes nannte ihn deshalb *κίμβιξ* (»Filz«). Aber er war auch groß in suggestiver Darstellung der äußern wie der innern Welt, wie unter dem wenigen Erhaltenen vor allem die Schilderung der mit ihrem Säugling auf dem Meer treibenden Danae (frg. 13 D.) bezeugt. Das ihm zugeschriebene Wort, Malerei sei schweigende Dichtung, Dichtung redende Malerei (Plut. mor. 346 f), kennzeichnet diese Seite seiner Kunst.

S. wirkte auf seine Zeitgenossen nicht nur durch seine Dichtung, sondern unmittelbar durch die geistige Potenz, die Gabe zu formulieren und die Erfahrung eines langen Lebens, in dem er weit herumgekommen und mit führenden Männern vertraut gewesen war. Xenophon zeichnet ihn im »Hieron«, Lessing hat ihn mit glücklicher Prägnanz den griechischen Voltaire genannt (Laokoon, Vorrede). Die Erfindung einer Mnemotechnik wird ihm zugeschrieben. Er ist einer der ersten »Intellektuellen« der griech. Gesellschaft. W. K.

Frg.: Anthol. lyr. ed. *Diehl*, Poetae Melici Graeci ed. *D. Page*. *Wilamowitz* Sappho und S., 1913. *H. Fränkel* Dichtung und Philosophie des frühen Griechentums, ²1962, 346ff. 493ff. *W.J.H.F.Kegel* Simonides, Groningen 1962.

2. Att. Stratege 426/25. Frühsommer 425 nimmt er in Thrakien durch Verrat Eion, doch kann er es nicht halten (Thuk. 4,7). G. Do.

Simonius. D.S. Proculus Iulianus. Senator, *iuridicus per Transpadum*, Statthalter von Thrakien (A. STEIN Thrac. 61f.) und Arabien (PFLAUM Syria 1957, 135), *cos. suff.* 238 oder 239 (DEGRASSI FImp. 66), Statthalter der *tres Daciae* (CIL III 1573. VI 1520 = DESSILS 1189 A. STEIN Dazien 72ff.), *praefectus urbi* (CIL XV 7528. DESSILS 8627). Er hatte große Besitzungen in der Poebene (CIL VI 1520) und eine Villa in Rom. G. Wi.

Simos, → Aleuade, Tyrann in → Larissa (3), rief 357 → Philipp II. (4) zu Hilfe gegen die Tyrannen in → Pherai. Als sein Bruder bei Zwistigkeiten der Aleuaden getötet wurde, bestrafte S. den Mörder brutal. Kall. frg. 588 Pf. Sch. Il. 22,397. Ov. Ib. 331f. Sch. Lenz. S., Freund der → Neaira (6), besuchte die → Panathenaeen in Athen; 344 wurde er von Philipp vertrieben. Demosth. 18,48. 59,24. H. BERVE Die Tyrannis 1, 1967, 295. H. V.

Simplikios (*Σιμπλίκιος*), Neuplatoniker, Schüler des → Ammonios (5), Sohnes des Hermeias. S. muß von Alexandreia nach Athen übergesiedelt sein. Als das Schließungs-Edikt von 529 erging, war S. Mitglied der Akademie. Mit anderen Akademikern versuchte er, im pers. Reiche, vermutlich zu Ktesiphon am Hofe des Königs → Chosroes I. (3), eine neue Stätte für philos. Forschung und Lehre zu begründen. Das schlug fehl; 533 kehrte S. mit seinen Kollegen ins Röm. Reich zurück; hier war ihm untersagt, eine Lehrtätigkeit auszuüben. Alle Schriften des S., die erhalten sind, sind nach 533 verfaßt. S. war der letzte Platoniker, der in seinen Schriften das Christentum angriff. Seine Schriften sind durchweg Komm.e, indes ist kein Komm. des S. zu einem Dialog Platons bekannt; vermutlich erschien es S. als zwecklos, mit den Komm.en des → Proklos (1) in Wettstreit zu treten. Verloren ist sein Hauptwerk, der Komm. zu Aristoteles' Metaphysik. In Hss. erhalten, aber noch nicht ediert (!) sind ein Komm. zu → Hermogenes' (9) *τέχνη* und zu → Iamblichos' (2) *περὶ τῆς Πυθαγόρου αἱρέσεως*. Erhalten und sämtlich in den Commentaria in Aristotelem Graeca ediert sind folgende Komm.e zu: 1. de caelo, ed. J. L. HEIBERG 1894, CAG VII. 2. categoriae, ed. C. KALBFLEISCH 1907, CAG VIII. 3. physica, ed. H. DIELS 1882. 1895, CAG IX und X. 4. de anima, ed. M. HAYDUCK 1882, CAG XI. Das ungewöhnlichste Werk des S. ist sein Komm. zum *ἐγχειρίδιον* des → Epiktetos (1). Die dringend notwendige Neuausgabe wird von Frau Dr. I. HADOT vorbereitet.

Sehr viele Komm.e anderer Platoniker sind aus Vorlesungen für Anfänger hervorgegangen. Ihnen gegenüber sind die Komm.e des S. von weit höherem Niveau. Ihm, der nicht mehr lehren durfte, ging es darum, für künftige Gelehrte zu schreiben. »Gerade seine nüchternere Weise macht ihn im Verein mit seiner großen Gelehrsamkeit zu einem höchst achtenswerten Kommentator.« (K. PRAECHTER). In engem Zusammenhang damit steht, daß S., vor allem im Komm. zur Physik, Zitate aus vorsokrat. Philosophen, oft in beträchtlichem Umfang, in seinen Text aufgenommen hat (Stellenverzeichnis bei DIELS Vorsokr 3,638 40); daß → Empedokles und → Parmenides für uns mehr sind als nur Namen, ist einzig S. zu verdanken. Die Beweisführung des S. tendiert dahin, daß aus allen Philosophen die gleiche *σοφία* und der gleiche *λόγος* spricht wie aus Platon; das gilt für die Vorsokratiker ebenso wie vor allem für Aristoteles: Da, wo dieser Platon widerspricht, handelt es sich nur um eine Diskrepanz in Worten. So wird seine riesige Arbeit zu einer imposanten Apologie der Lehre, daß alle Philosophen, selbstverständlich auch → Epiktetos (1), immer nur die eine, stets sich selbst gleiche, unwandelbare Wahrheit verkündet haben.

Außer dem RE-Art. von K. PRAECHTER gibt es keine zusammenfassende Würdigung des S. H. D.

Simpuvium (so, nicht *simpulum*, vgl. A. BRINCKMANN, ALex 15, 1908, 139ff.). Die dem griech. → Kyathos (1) funktionell entsprechende Schöpfkelle gehört zu den ältesten Geräten des röm. Kultes, die nicht aus Metall, sondern aus Ton gefertigt waren, Plin. nat. 35,158. Iuv. 6,143. Apul. apol. 18. Im täglichen Leben wurde das S. durch den eleganteren, auch aus kostbarem Metall herstellbaren Kyathos verdrängt, im Kult hielt sich das S. zur Weinspende. Vgl. LATTE RRel 384. Ant. Darstellungen sind auf Münzen und Reliefs erhalten: LATTE Abb. 30. BMCRom Emp 1, T. 3, 18. 4,11. 20,1. 27,27. 33,6–8. W. H. G.

R. v. Schaewen Röm. Opfergeräte, 1940.

Simylos (*Σιμύλος*). **1.** Wenig bekannter Dichter der Neuen Komödie, siegte mit seiner [*Ἐφε*]*σία* in den 80er J. des 3. Jh.s v. Chr. E. CAPPS, AJA 4, 1900, 74ff. WILHELM Urk. 52ff. Eine Komödie *Μεγαρική* zit. Poll. 10,42. CAF 2, 444. H. Gä.

2. Von dem Komiker S. hat MEINEKE, Historia crit. comic. Gr. (1839) p. XIIIff., einen Didaktiker S. getrennt und die Reste seiner moralisierenden Iamben gesammelt. Doch gehört das bei Theophil. ad Autol. 3,7 erhaltene Frg. vielleicht dem Komiker. Ob der Vf. einer Elegie auf Tarpeia (Anth. lyr. 2²,6,102. K. MÜLLER, MH 20, 1963, 114ff.) mit diesem S. ident. ist, ist unsicher. R. K.

Sinai (*Σῖναι*, vgl. Ptol. 1,17,5 u.ö.) leitet sich von der Benennung eines schon um 900 v. Chr. in O.-Kansu gegründeten Staates bzw. eines dort ansässigen Herrschergeschlechts, Tsʿin, ab, unter dem gegen E. 3. Jh. v. Chr. der größte Teil des h. als China bekannten Landkomplexes zum ersten Mal für kurze Zeit staatlich zusammengefaßt war. Den ind. Kaufleuten, die den Seidenhandel mit China betrieben, lag der Staat Tsʿin auf dem Landwege am nächsten und gab ihnen so die Bezeichnung für ganz China ab, die im Sanskrit bereits um 300 v. Chr. als Cīna nachweisbar ist. Über den Seehandel von Indien nach Äg. wurde der daraus entwickelte Name S. der Mittelmeerwelt bekannt und hat im 2. Jh. n. Chr. die dort übliche, vom chines. Wort für Seide, *sir*, abgeleitete Kennzeichnung der Chinesen als *Σῆρες (Seres, Serae)* vollständig abgelöst. E. O.

A. Herrmann, RE III A 219–21 Nr. 1. *E. Honigmann*, RE II A 1681.

Sindike (*Σινδική*), das von den → Sindoi besiedelte Gebiet, im s. Teil der h. Tamanhalbinsel, das sich auch auf die anliegende Schwarzmeerküste bis etwa zum h. Noworossijsk erstreckte. Die N.-Grenze bildete der → Hypanis (2; h. Kubáni). Im 6. Jh. entstanden hier einige griech. Kolonien. Seit dem 4. Jh. v. Chr. bildete die S. einen Bestandteil des Bosporan. Reiches. Der *Σινδικὸς λιμήν* lag auf dem Gebiet des h. Anapa, Strab. 11,495. Chr. D.

K. Kretschmer, RE III A 224ff. *Danoff* Pontos Eux., RE Suppl. IX 1045 mit dem sowjet. Schrifttum.

Sindoi (*Σινδοί*), menschenreicher, maiot. Stamm, der im 1. Jt. v. Chr. und in den ersten Jh. n. Chr. die Tamanhalbinsel und die benachbarte Schwarzmeerküste bewohnte, zuerst von den Logographen und bei Hdt. genannt, vielleicht mit den Taurern stammverwandt. Grundbeschäftigung war Landbau, Fischfang und verschied. Gewerbe und Handel mit Griechen und Skythen. Seit dem 4. Jh. v. Chr. waren die S. dem Bosporan. Reich untertan. Der Hellenisierungsprozeß war bei ihnen verhältnismäßig früh fortgeschritten, Hdt. 4,28. 86. Strab. 11,495. Plin. nat. 6,17. Chr. D.

K. Kretschmer, RE III A 226ff.

Singidunum, Stadt an der Mündung der Save in die Donau (h. Beograd, Belgrad). Festgestellt: Reste des Legionslagers und der Zivilsiedlung in und bei der Festung, Wasserleitungen, Zisterne, Gräberfelder, Schiffsbrücke über die Save. Bedeutende Funde: lebensgroße Gewandstatuen aus Marmor, ein Sarkophag mit der Darstellung des »Guten Hirten« und des Jonas. Nach 169 n. Chr. wurde S. *municipium*, um 238 *colonia*. Seit 91 war in S. die *legio IV Flavia* stationiert. Die Inschr. nennen *ordo*, *duumviri*, *decurio*, *Augustalis*. J. Sz.

Fluss, RE IIIA 234–235. *A. Mócsy* Gesch. und Romanisation in der röm. Prov. Moesia superior, Budapest 1970, 126ff.

Singos (*Σίγγος*, h. Sykia), Stadt an der O.-Küste der chalkid. Halbinsel Sithonia; nach S. war der *Σιγγιτικὸς κόλπος* benannt. Nach dem Nikiasfrieden wurden die Einwohner in ihrer Autonomie bestätigt. Seit 454 v. Chr. gehörte S. dem Att. Seebund an, zu Beginn des Pelop. Krieges fiel es ab.

Hdt. 7,122. Ptol. 3,12,9. Thuk. 5,18,6. Plin. nat. 4,37. CIA I 226–244. 446. Strab. 7,330 frg. 31. Chr. D.

Oberhummer, RE III A 236f.

Singulares waren Ordonnanzen der höheren Offiziere. Sie sind im *officium* der *praefecti praetorio*, der *tribuni cohortium praetoriarum*, der *tribuni cohortium urbanarum*, der *tribuni laticlavii* und *praefecti alarum* nachgewiesen. Über die *equites* und *pedites singulares* der Provinzstatthalter → equites militares – singulares und → numerus. A. N.

Fiebiger, RE III A 1237. *A. v. Domaszewski*, Bh.e d. BJ 14, 1967, 317.

Sinis (*Σίνις* »Räuber«). Einer der Unholde, die → Theseus auf der Reise von → Troizen nach Athen beseitigte. Er lauerte auf dem Isthmos Wanderern auf, band sie an 2 niedergezogene Fichten (daher *Πιτυοκάμπτης*) und ließ sie von den emporschnellenden Bäumen zerreißen; Diod. 4, 59,3. Paus. 2,1,3f. Sch. Pind. Isthm. hypoth. Etwas anders Apollod. 3,218. Hyg. fab. 38. Theseus bereitete ihm das gleiche Schicksal. Bakchyl. 18,19 gibt die Todesart nicht an. Zahlreiche Vasenbilder geben Theseus Schwert oder Beil als Waffe. Als Sohn Poseidons und durch → Pittheus ist S. mit Theseus verwandt, daher Entsühnung in Athen, Paus. 1,37,1ff. Plut. Thes. passim. – L. RADERMACHER Mythos u. Sage bei den Griechen² 271f. bringt Parallelen aus Märchen verschiedener Völker. A. B. COOK Zeus 2,109. H. v. G.

Sinnaces, Sohn des Abdagaeses, vornehmer Parther, Haupt der Verschwörung gegen König → Artabanos III. (7), erwirkte im J. 35 bei Tiberius die Entsendung des Prinzen Phraates als Thronpraetendenten, nach dessen Tode die des →Tiridates, war auch weiter gegen Artabanos tätig. Sein ferneres Schicksal ist unbekannt. Tac. ann. 6, 31f. 36f. K. Z.

Sinnius Capito, röm. Grammatiker des 1. Jh.s v. Chr. Neben einem gelehrten Briefwechsel mit dem älteren Clodius Tuscus und Pacuvius → Antistius (I 13) Labeo (Gell. 5,20. 21) verfaßte er Werke über Schauspiele (Lact. inst. 6,20,35) und *De syllabis* (KEIL GrL 5,110). Eine Reihe von Frg.en bei Festus deuten auf paroemiogr. und geogr. Interessen des S. FUN GrRF 457ff. H. Gä.

W. D. Lebek, Festschr. W. Ehlers, München 1968, 134ff.

Sinon (*Σίνων* »Schädling«). Der aus Verg. Aen. 2,57ff. bekannte Helfer der Griechen bei der Eroberung Troias. Verg. geht letzten Endes auf die Iliupersis des → Arktinos zurück. Urspr. war S. wohl nur ein bei Abfahrt der Griechen nach

→ Tenedos zurückgelassener Späher, der ihnen ein Feuersignal für die Rückkehr geben sollte, s. Apollod. epit. 5,19. Hyg. fab. 108, dann wurde er zu dem patriot. und skrupellosen Gefangenen, der sich selbst verstümmelt und durch einen meisterhaften Lügenbericht – zusammen mit dem Wunder an Laokoon – die Troer dazu vermag, das hölzerne Pferd in die Stadt zu ziehen. Abweichende Darstellung bei Q. Smyrn. 12,243ff. und Triphiod. 220ff. Nach Paus. 10,27,3 und Lykophr. 344 mit Sch. ist S. Vetter und Freund des Odysseus, als dessen erbittertsten Gegner er sich gibt. H. v. G.

Sinope (*Σινώπη*, ausführl. Beschreibungen aus ant. Z. bei Pol. 4,56,5f. Strab. 12,545f.), eine der bedeutendsten miles. Gründungen des 7. Jh.s v. Chr. und selbst Mutterstadt zahlreicher Kolonien, so etwa von → Trapezus. Auf dem Hals einer aus der S.-Küste des Schwarzen Meeres herausspringenden Halbinsel (an der Stelle des h. Sinop) gelegen, verfügte S. über ausgezeichnete Naturhäfen im W. und im O. Dank dieser geograph. Gunst entwickelte sich S. in Kürze zu einer der wichtigsten Handelsstädte an der kleinasiat. N.-Küste: Einerseits exportierte sie eigene (speziell Thun-) Fischbestände, andererseits diente die Stadt als Umschlagsplatz für Waren, die auf einer alten Handelsstraße aus dem Inneren Anatoliens herangeführt wurden. Ihre handelspolit. Bedeutung dokumentieren die vielfältigsten Verbindungen von S. mit allen Teilen des Mittelländ. und des Schwarzen Meeres. Die Stadt war deshalb immer wieder von den verschiedensten Mächten umworben, so etwa vom Perserreich, dem sie zeitweise angehörte, dem Pont. Reich der Mithradatiden, dem sie lange J. als Residenzstadt diente, oder dem röm. Reich, dem sie seit der Ostordnung des Pompeius im J. 63 eingegliedert war. E. O.

W. Ruge, RE III A 252–55 Nr. 1. *D. M. Robinson* Ancient Sinope, AJPh 27, 1906, 125–153. 245–79. *D. Magie* Roman Rule in Asia Min., Princeton 1950, 183–185. 1074–1077. *E. Akurgal*, *L. Budde* Vorl. Ber. über die Ausgrabungen in S.: Türk Tarih Kurumu 5. Ser. Nr. 14, 1956. Weitere, bes. russ. Lit. bei *Chr. Danoff*, RE Suppl. IX 1062f.

Sintflutsage, ein über die ganze Welt verbreitetes, vor allem in Vorderasien beheimatetes Motiv der Vernichtung von Erde und Menschen durch eine große Überschwemmung. Die sumer. Königsliste läßt das Königtum nach einer S. erneut vom Himmel herabkommen (Th. Jacobsen, Assyriol. Stud. 11,76,39ff.). Oft meint die hist. Tradition mit dem Bilde der S. nicht nur die im Schwemmland häufigen Naturkatastrophen, sondern auch das Eindringen räuber. Feinde kann als »Flut« bezeichnet werden (A. Falkenstein, Fischer Weltgesch. 2,56). Schlecht erhalten ist die sumer. S.-Dichtung mit Held Ziusudra von Šuruppak; wenig jünger ist das altbab. Epos von Atram-Ḫasīs, das in der 3. Tafel die Vernichtung des zunächst für den Frondienst geschaffenen, dann die Ruhe der Götter störenden Menschengeschlechts durch eine S. schildert. A. baut, vom Gott Enki/Ea gewarnt, ein Boot, rettet sich, seine Familie und Tiere durch die 7tägige S. und führt, wieder auf festem Land, die Opfer der Götter fort. A. ist auch Held des S.-Fragments aus Ugarit (um 1300 v. Chr.), dagegen heißt der Protagonist der ausführl. Schilderung in der 11. Tafel der neuassyr. 12-Tafel-Version des Gilgameš-Epos Utnapištim. Hier wird die – unmotivierte – S. ebenfalls durch Ea angekündigt, es folgt eine genaue Beschreibung der Arche, die Verwüstung der Erde wird ausführlich geschildert. Die Erzählung über das Ende der Flut, Anlegen der Arche am Berge Niṣir in Kurdistan, dreimaliges Aussenden von Vögeln zur Feststellung des Verlaufs des Wassers usw. bietet treffende Parallelen zu den beiden in Gen. 6,7ff. verflochtenen at.lichen Berichten von Noahs Errettung. Aus babylon. Quelle schöpfte → Berossos (FGrH 680), der auch von einer Entrückung des Xisuthros (entspr. der des Utnapištim) weiß. In der → Deukalion (2)-Erzählung (Ov. met. 1,260ff.) lebt mesopotam. Gedankengut über die S. ebenso weiter wie in dem der griech. Philos. wohlbekannten Gedanken des Kataklysmos (vgl. z. B. Aristot. met. 12,8. 1074b 1). W. Rö.

J. Riem Die S. in Sage u. Wissenschaft[2] (1925). *A. Heidel* The Gilgamesh Epic and Old Testament Parallels[4] (Chicago 1963). *W. G. Lambert–A. R. Millard* Atra-Ḫasīs. The Babylonian Story of the Flood (Oxf. 1969).

Sintier, Sinties s. Lemnos. Sintoi

Sintoi (*Σιντοί*), menschenreicher thrakischer Stamm n. der → Bisaltai zwischen dem paion. besiedelten Doberostal und den thrak. → Odomantoi, wahrscheinl. mit den bei Homer Il. 1,594 auf Lemnos genannten *Σίντιες* identisch. Frühes Stammeszentrum der S. war Sintia, später Herakleia Sintike (Lage noch nicht sicher festgestellt).

Thuk. 2,98 u. ö. Strab. 7,331. Ptol. 3,13,30. Chr. D.

Oberhummer, RE III A 258f. *Papazoglu* Makedon. Städte in der Römerzeit (serb.), Skopije 1957, 273–278. *Danoff* Altthrakien, Sofia 1968 (bulg.), 100. 116ff. 156.

Sinuessa (älter **Sĕnuissa:* CIL I^2 1576 *Senuīsanīs*. Pol. 3,91,4 *Σενουεσανοί*), 296/95 als Bürgerkolonie (Liv. 10,21,7. 22,14,3. Vell. 1,14,6) *in saltu Vescino* (Liv. 10,21,8), wo früher die griech. Stadt *Sinope* lag (Liv. a. O. Plin. nat. 3,59), an der *via Appia* (106 mp von Rom: Tab. Peut. 6,3. Itin. Anton. 108,4. Burd. 611,6; hier beginnt später die *via Domitiana:* Cass. Dio 67,14,1) als letzte Stadt von *Latium* (Strab. 5,219. 231. 234. Mela 2,70) *adiectum* (Plin. a. O.) angelegt (Name nach Meeresbucht: Strab. 5,234). Mildes Klima (Sil. 8,529. Tac. ann. 12,66,1), Wein vom *mons Massicus* (Hor. epist. 1,5,5), Thermalbäder (Liv. 22,13,10. Plin. nat. 31,8. Strab. 5,234), Landhaus Ciceros (fam. 12,20; Att. 14,8,1). G. R.

Nissen It. Ldk. 2,684. *Forbiger* HB. d. alt. Geogr. 3,472. *Radke* Viae publicae Rom. 83f. 98.

Siphai (*Σῖφαι*, u.ä.), Hafen im Gebiet von → Thespiai am korinth. Golf, seit dem 4. Jh. v. Chr. selbständig. Ruinen beim h. Aliki am W.-Fuß des Korombili, mit Scherben bereits späthellad. Z. Aus S. sollte der Steuermann der Argo, → Tiphys, stammen. Thuk. 4,76,3. 77,2. 89,1 ff. Skyl. 38. Paus. 9,32,4 (*Τίφα*). Steph. Byz. s. *'Αφόρμιον*. Apoll. Rhod. 1,105 m. Sch. Ptol. 3,14,5. Plin. nat. 4,8. IG VII 207. SEG 24,361 Z. 25. E. M.

1. *Bursian* Geogr. Griechenl. 1,241. 2. *Frazer* Pausanias 5, 164. 3. *Geyer*, RE IIIA 262f. 4. *P. Roesch* Thespies et la confédération béotienne, 1965, 54ff. 5. *Heurtley*, ABSA 26, 1923/24, 40. 6. *Philipps.-Kirst.* 1,457. 461f. 7. *Wüst*, RE VI 1426ff. (Tiphys). 8. *R. Hope Simpson* A gazetteer and atlas of Mycenaean sites, Inst. of class. stud. Bull. Suppl. 16, 1965, 123.

Siphnos (*ἡ Σίφνος*), w. Kykladeninsel, 17 km lang und bis 8 km breit, 89 qkm groß, bis 696 m hoch, mit mehreren Buchten im W. und S.; besteht aus Schiefer und Marmor mit Vorkommen von Eisen, Blei und im Alt. auch Gold, dazu ein zu Gefäßen verarbeiteter Schiefer. Kleine Ebenen an der Küste und eine Hochfläche im O. fruchtbar und reich angebaut; auf dieser liegt der ant. und h. Hauptort Kastro. Siedlungsfunde seit mindestens früher Bronzezeit ([3. 5]. [7], 31), in gesch. Z. war S. ionisch und galt als die reichste Kykladeninsel. Schatzhaus in Delphi mit bes. reichem Skulpturenschmuck, Paus. 10,11,2. Hdt. 3,57. o. Bd. I, 1452,13 ff. S. war am Perserkrieg beteiligt, Hdt. 8,26,4. 48. Sylloge³ 31 X, im att. Seebund mit einem Tribut von 3 (425/24:9) Tal. veranlagt, B. D. Meritt The Athen. tribute lists 1,406 f. u.ö., ebenso Mitglied des 2. Seebundes, Sylloge³ 147,126. In späterer Z. unbedeutend. Hdt. 3,57 f. (= Anth. Pal. 14,82). Isokr. 19. Skyl. 58. Strab. 10,5,3 p. 485. Dion. Call. 138. Ptol. 3,14,24. Plin. nat. 4,66. 36, 159. Stadiasm. m. m. 273. 284. Sch. Dion. Per. 525. Theophr. lap. 7,42. Steph. Byz. Anth. Pal. 9,421. Sylloge³ 153,12 f. 113. 294. 359. Inschr.: IG XII 5 Nr. 480–508. Suppl. Nr. 227–230. BCH 60, 1936, 184 ff. SEG 1,346–348. 2,503. Mz. Head HN² 491. Weil, Zeitschr. f. Numism. 28, 1910, 358. E. M.

1. *Hiller von Gärtringen*, IG XII 5 p. XXVII f. Suppl. p. 111. 2. *Philipps.-Kirst.* 4,76ff. 3. *Bürchner*, RE IIIA 263ff. 4. *L. Guerrini*, Enciclop. arte ant. 7,328f. 5. *Fimmen* Kret.-myken. Kultur 14. 6. *Schachermeyr*, RE XXII 1413,58ff. 1416,60ff. 7. *J. K. Brock – G. M. Young* Excavat. in S., ABSA 44, 1949, 1ff. (mit Plan). 8. *J. H. Young* Anc. towers on the island of S., AJA 60, 1956, 51ff.

Sipontum (*Sīpūs* Lucan. 5,377. Sil. 8,635), angeblich von Diomedes gegründeter (Strab. 5, 284) Hafen (nach Salonae It. mar. 497,8) der S.-Küste des Garganus, 140 Stad. vom alten Platz Salapias (Strab.), 21 mp von Arpi (Tab. Peut. 6,3) entfernt; seit 194 röm. Bürgerkolonie (Liv. 34,45, 3. 39,23,3) in der 2. Region (Plin. nat. 3,103), wegen der Trockenheit berüchtigt (Cic. leg. agr. 2, 71). Namensherleitung von den Sepien (Strab.) ist unglaubhaft, eher Zugehörigkeit zu Argosipion (Liv. 34,45,3 *in agrum, qui Arpinorum fuerat*) auch im Namen. Für Pol. 10,1,8 N.-Punkt der apul. Küste. Reste bei h. Sta. Maria di Siponto s. w. des 1263 gegründeten Manfredonia. G. R.

Forbiger HB. d. alt. Geogr. 3,498. *Nissen* It. Ldk. 2,848. *Beloch* RG 549.

Sipylos (*Σίπυλος*, vgl. Hom. Il. 24,615), Gebirgszug (h. Manisa Dağı), der sich vom Golf von → Smyrna aus in n. ö. Richtung etwa 30 km landeinwärts erstreckt und in seinem ö.sten Ausläufer bis 1517 m ansteigt. Auf dem Berge befanden sich im Alt. eine Stadt und ein See gleichen Namens, beide Lokalitäten noch nicht mit Sicherheit identifiziert. E. O.

L. Bürchner, RE III A 275–81 Nr. 1. *D. Magie* Roman Rule in Asia Min., Princeton 1950, 36. *G. E. Bean* Kleinasien I, Stuttg. 1969, 37. 55ff.

Sirbonis (*Σιρβωνίς*, auch *Σερβωνίς*), See an der Mittelmeerküste ö. → Pelusion, gilt bei Hdt. 2,6 als O.-Grenze Äg.s. An ihm lag der Berg Kasios mit Baʿalskult. Der See selbst war in späterer Z. bereits versumpft und wurde so 342 v. Chr. den Persern beim Angriff zum Unglück (Diod. 16, 46). W. H.

Sirenen s. Seirenes.

Siris (= Metapont irrig Eust. Dion. Per. 368. Steph. Byz. s. *Μεταπόντιον*), nach Eponyme (Eur. frg. 496 N.² Timaios FGrH 566 F 52. Etym. m. s. *Πολίειον*. Sch. Dion. Per. 461) oder Fluß (Archil. frg. 21 B.⁴ Strab. 6,264. Lykophr. 982 Sinis = h. Sinni) benannte »troische« (Aristot. frg. 584 R. Tim. F 51. Strab. Sch. Lykophr. 978. Iust. 20,2,4 Athenabild) bzw. chonische (Antioch. FGrH 555 F 3a. Aristot. pol. 7,9,3) Stadt, von Ionern (Aristot. mir. 106. Strab.) aus Kolophon (Aristot. frg. 584 R. Tim. F 51) besiedelt (= Polieion: Steph. Byz. Etym. m. s. v. Steph. Byz. Etym. m. s. *Σῖρις*. Strab.). Reichtum (Archil. Tim. Aristot.; vgl. Hdt. 6,127) reizt achaiische Allianz zu Überfall (Iust. a. O. Sch. Lykophr. 984); Anspruch Athens (Hdt. 8,62). Nach Gründung → Herakleias (10; Plin. nat. 3, 97) 433 (Diod. 12,36,3) durch Tarent (Antioch. F 11) nur noch Hafen (Strab.; vgl. Itin. Anton. 113,5). G. R.

Forbiger HB d. alt. Geogr. 3,374. *Nissen* It. Ldk. 2,914. *E. Wikén* Die Kunde d. Hellenen usw., 1937, 56. 97. *T. J. Dunbabin* The Western Greeks, 1948, 31. *J. Bérard* La colonisation Grecque usw., ²1957, 187ff. 350ff. *A. v. Stauffenberg* Trinakria, 1963, 68ff. *H. Kaletsch*, Hist. 7, 1958, 31f. *E. Pais* Italia ant. 2,43ff. *Perret* Siris, Paris 1941. *G. Radke*, o. Bd. II 1037.

Sirius s. Sternbilder

Sirmio, Halbinsel an der S.-Küste des Garda-Sees, durch Catulls Villa bekannt (31,1); gleichnamige Poststation an der Straße Brixia–Verona (Itin. Anton. 127,12); Lage der von den Franken zerstörten Burg *Sermiana* (Paul. hist. Lang. 3,31) unbekannt; h. Sirmione. G. R.

Nissen It. Ldk. 2,208. *Forbiger* HB. d. alt. Geogr. 3,405.

Sirmium *(Sermium, Syrmis)*, Stadt am Einfluß des Bacuntius in die Save (h. Sremska Mitrovica), das Zentrum der Amantini, später Rezidenzstadt Illyricums und Bischofssitz, mit einer Waffenfabrik; Flottenstation; Münzstätte 330–378 n. Chr. Als röm. *colonia* gehörte S. zur *trib. Quirina:* CIL III 4991. Freigelegt: *Cella trichora*, Badehäuser, Paläste, Stadtmauern, Wasserleitung, Kanalisation. Die Inschr. nennen: *duumviri, decurio, ordo, quaestor*. Verkehrsknotenpunkt an der Kreuzung des o.w. Handelsweges zu Wasser und der n.s. Verkehrsstraße auf dem Festland. Viele Veteranen, Italiker, Dalmatiner siedelten sich in S. an. J.Sz.

Fluss, RE III A 351ff. *A. Mócsy* Die Bevölkerung v. Pannonien, Budapest 1959, 77. 97. *E.L. Ochsenschlager – V. Popović*, Archaeology 26, 1973, 85ff.

Sirŏna, Name einer kelt. Heilgöttin, nur bekannt durch Weihinschriften von Orten mit Heilquellen in Gallien und Obergermanien (darunter Wiesbaden), oft gepaart mit dem kelt. Heilgott → Grannus ~ Apollo, zuweilen mit bildl. Darstellung. KEUNE, RE III A 354–60. K. Z.

Siscia *(Sicce*, Geogr. Rav. 4,20. *Σεγεστική* Strab. 7,313*)*, an der Mündung des Colapis in die Save (h. Šišak). Als röm. *colonia* gehörte S. zur *trib. Quirina*. Die Inschr. nennen: *duumviri, decurio, praefectus, Augustalis, flamen*. Die Einwohner waren Italiker, Dalmatiner und aus dem O. u. W. Eingewanderte. Die *legio IX Hispana* lag dort bis zum J. 42–43 n. Chr. in Garnison. Handel mit dem W. über Italien (Bleitafel von S.); Fabrik für Sigillata-Gefäße. Von Bedeutung war die Bronzeindustrie (Bronzehelme aus der Kulpa). J. Sz.

Fluss, RE III A 361ff. *A. Mócsy* Die Bevölkerung v. Pannonien, Budapest 1959, 24–26. 101. 138.

Sisenna, L. Cornelius, röm. Politiker und Historiker, * um 118 v. Chr., diente (unter Sulla?) im Bundesgenossenkrieg und begann seine polit. Laufbahn in den 80er Jahren unter der Herrschaft der Marianer, schloß sich aber dann dem zurückkehrenden Sulla an; zu seiner Freundschaft mit Lucullus und Hortensius vgl. Plut. Luc. 1,7f., dazu E. BADIAN, Ath. 1964, 422ff. Praetor im J. 78 und dann wohl Prokonsul von Sizilien, setzte S. sich 70 für Verres ein und starb 67 in Kreta als Legat des Pompeius. Als Redner war er nicht sonderlich aktiv (vgl. Cic. Brut. 228 und E. MALCOVATI Or. Rom. Frg., ³1967, 307ff.); auch die Übersetzung der *Milesiaca* des → Aristeides (2; vgl. Ov. trist. 2,443f.) hat kaum Spuren hinterlassen. Seine bedeutendste Leistung war eine – offenbar durch eigene Erfahrungen angeregte – Zeitgeschichte (*Historiae*, mehr als 13 [?] B.), die den Bundesgenossen- und Bürgerkrieg von 91–79 behandelte. Trotz eines unverkennbar sullan. Standpunktes (Sall. Iug. 95,2) scheint die Darstellung nicht zu einer parteiischen Verzerrung entartet zu sein, so daß die Orientierung an dem Alexanderhistoriker Kleitarch (Cic. leg. 1,7) nicht mangelnde Wahrheitsliebe, sondern formale Abhängigkeit impliziert. In der Tat lassen die etwa 140 Frg.e ein abwechslungsreiches, von der hellenist. Historiographie beeinflußtes Bild erkennen (Träume, Exkurse, Reden). Die Sprache ist von vorklassischer Fülle, poetische Vokabeln stehen neben Neologismen; berühmt waren seine Adverbien auf *-im* (Gell. 12, 15, vgl. G. BARABINO, Tetraonyma, 1966, 33ff.). S. wirkte zumal auf Livius und Sallust, der mit seinen *Historiae* nicht nur zeitlich anschließt, sondern auch in Struktur und Stil beeinflußt scheint. Der Archaismus beruft sich erneut auf S. (vgl. schon Tac. dial. 23,2 und vorher Vell. 2,9,5), und Nonius kann noch ein Exemplar mit B. 3/4 direkt benutzen. P. L. Sch.

Frg.e: HRR CCCXXXIVff. 276ff. *G. Barabino*, in: Studi Noniani 1, 1967, 69ff.

Lit.: *F. Candiloro*, Stud. Class. Or. 1963, 212ff. *W. D. Lebek* Verba Prisca, 1970, 58f. 267ff. *P. Frassinetti*, Ath. 1972, 78ff.

Sistrum (*σεῖστρον*), äg., dem Isiskult zugehöriges und mit diesem weit verbreitetes Schlag- und Lärminstrument. Die Grundform des aus Metall gefertigten S. besteht aus einem mit einem Handgriff versehenen u-förmigen Bügel, in dem sich meist drei, durch umgebogene Enden vor dem Herausfallen gesicherte Stäbe bewegen lassen. U.K.

G. Wille Musica Romana, 1967, 63f. Abb. in: Musikgesch. in Bildern 2,1 (Äg. ed. *H. Hickmann*), 1961, Abb. 23. 25 bis 27; 2,5 (Etrur. u. Rom ed. *G. Fleischhauer*), 1964, Abb. 49f.

Sisygambis (*Σισύγγαμβρις* Diod.), Tochter des Ostanes, Gemahlin des Arsames und Mutter des → Dareios (3) Kodomannos, nach → Issos von Alexander gefangen genommen (Arr. an. 2,12,3f. Diod. 17,37,3f. Curt. 3,12,1f.), ließ sich während der Schlacht bei Gaugamela nicht bewegen, aus dem makedon. Lager zu fliehen. Sie starb auf die Nachricht vom Hinscheiden Alexanders einen freiwilligen Hungertod (Diod. 17,118,3. Curt. 10,5,211). J. D.-G.

Sisyphos (*Σίσυφος*, gesteigertes *σοφός*?). Sohn des → Aiolos (1), Gründer und König von Ephyra (= Korinth), Bruder des → Salmoneus, Gemahl der → Merope (1). Vater des → Glaukos (2; Hom. Il. 6,153). Stifter der → Isthmien (Apollod. 3,29. Paus. 2,1,3). – Attribute wie *κέρδιστος* Hom. a. O., *αἰολόμητις* Hes. frg. 7, *πυκνότατος παλάμαις* Pind. O. 13,52 waren als Lob gedacht. Allmählich aber wurde S. Typus bedenkenlosester Schlauheit und Träger volkstüml. Schalksgeschichten. So überführte er den Meisterdieb → Autolykos (1) des Diebstahls seiner Rinder (Polyain. 6,52). Zugleich verführte er dessen Tochter → Antikleia noch vor ihrer Hochzeit mit → Laertes, so daß → Odysseus eigentlich Sohn des S. ist. S. o. IV 239,25ff. Durch Fesselung des → Thanatos sperrt er dem Totenreich den Zustrom, bis Hades ihn durch Ares befreien läßt. Als nun S. sterben muß, verbietet er seiner Frau die üblichen Totenopfer; durch deren Ausbleiben vermag er sich von Pluton oder Persephone Urlaub zu erwirken, um die Schuldige zurechtzuweisen. Natürlich bleibt er auf der Oberwelt. Schließlich führt Hermes auch ihn in den Hades, wo der bekannte Felsblock auf ihn wartet. Als ewigen Steinwälzer kennt ihn schon die Nekyia, Od. 11,593 ff., und stellt die Kunst ihn seit den sf. Vasen häufig dar. WILAM. Hom. Unt. 199 sah in dem Büßer ein Bild des ewigen Wollens und Nichtvollbringens, KERÉNYI Die Heroen der Griechen 91 des vergeblichen Bemühens, das Los aller Sterblichen von sich abzuwälzen, A. CAMUS Der Mythos von Sisyphos, ein Versuch über das Absurde, dt. Düsseldorf 1950, ein Symbol des heroischen Menschen, der bewußt den Widersinn des Lebens auf sich nimmt (Existenzialismus). H. v. G.

A. v. Sabas S., in: Corolla, Festschr. f. L. Curtius. *Bolte-Polioka* Anm. zu den Kinder- und Hausmärchen der Brüder Grimm 2, 163 ff.

Sisyra (*σισύϱ(ν)α, σίσυς, σίσυϱ(ν)ος, σίσυϱνον. sisura, susurna*). Der dicke, zottige Flaus- oder Pelzmantel wurde von Skythen und Galliern, in Griechenland und Rom von Hirten und Landsklaven getragen. S. kann auch die Pelzdecke auf der Kline bedeuten, in die man sich zum Schlafen einwickelte. W. H. G.

Sitalkes. 1. Sohn des Teres, Odrysenkönig, gewann durch Austausch verwandter Flüchtlinge die skyth. Freundschaft, Hdt. 4,80. Nach einem Bündnis mit Athen verwüstete S. 429 die → Chalkidike und Makedonien, um Amyntas als König gegen → Perdikkas (2) einzusetzen. Auf Rat des → Seuthes (1) schloß er mit Perdikkas einen Epigamievertrag. † 424 im Feldzug gegen die → Triballer. Thuk. 2,101. 4,101,5. Diod. 12,50, 2f. H. BENGTSON Die Staatsverträge des Alt. 2, 1962, 165. J. WIESNER Die Thraker, 1963, 116 ff. **2.** Thraker, seit 333 im Heer Alexanders d. Gr. bei → Issos und → Gaugamela, 330 an der Ermordung → Parmenions (1) beteiligt, 325 wegen Gewalttaten hingerichtet. Arr. an. 1,28,4. 2,5,1. 2,9,3. 3,12,4; 26,3. 6,27,3f. BERVE Alex. 712. H. V.

Siteresion (*σιτηϱέσιον*) war in den griech. Heeren das Verpflegungsgeld, das auch als *σῖτος* bezeichnet wurde. Es bestand aus dem in natura ausgegebenen Proviant, an dessen Stelle schon früh das s. getreten war. Schließlich bedeutete s. wie *σῖτος* den Sold (*μισθός*). In der Zeit der griech. Freistaaten z. B. erhielten die Söldner außer der Verpflegung auch Sold, die bürgerl. Truppen nur Verpflegungsgelder. Doch waren diese so hoch, daß sie den Gesamtgebühren der Söldner gleichkamen, d. h. der bürgerliche Infanterist bekam 22½ bis 30 att. Drachmen (Thuk. 5,47,6) im Monat, der Söldner für die gleiche Zeit 25 bis 30 (Xen. an. 1,3,21). SCHULTHEISS, RE III A 382–88. KROM.-VEITH 78. A. N.

Sitesis (*σίτησις*), »Speisung« aus der Staatskasse (*ἐγ δημοσίου*, IG XII 9,196,13) im Amtsgebäude der höchsten Beamten (allg. *ἐν πϱυτανείῳ*, vereinzelt *ἐν δαμιοϱγείῳ* [SGDI III 1, 3501 f., Knidos]), wo der Staatsherd (→ Hestia) steht, oder in einer Kultstätte (*ἐμ Πανιωνίωι*, Inschr. v. Priene n. 174, *ἐν ἱεϱοθυτείῳ*, IG XII 1,846 ff. [Lindos]). Außer den Beamten nehmen an der S. solche Bürger teil, denen der Staat dieses Privileg für eine Ruhmestat (z. B. Tyrannenmord: Isai. 5,47, Olympiasieg: Plut. Arist. 27) oder wertvolle Dienste (IG II/III² 832) auf immer (auch für die Nachkommen, vgl. IG II/III² 657) zuerkennt. Fremde gelangen zur S. meist über die → Proxenia oder als Gesandte. Typische Einladungsformel: *καλεῖν*... LARFELD Epigr. 1,518 f. 2,779 f. H. B.

Sithon (*Σίθων*). Thrak. König, Sohn von Poseidon und Ossa. Eponym der thrak. Sithonen (Sithonia heißt die mittlere Halbinsel der Chalkidike), wie auch die Namen seiner Verwandten von thrak. Örtlichkeiten abgeleitet sind. Seine Gattin ist die Nymphe Mendeis (→ Mende), seine Töchter heißen Rhoiteia (→ Rhoiteion) und → Pallene (2). Die Erzählung von dem Freierkampf um Pallene (Parthen. 6. Konon. 10) ist eine Variante der → Oinomaossage. Nonn. Dion. 48,90 ff. erzählt, daß Dionysos Pallene, um dem blutschänderischen Leben ihres Vaters ein Ende zu machen, zur Ehe fordert, sie durch einen Ringkampf erwerben muß und dann S. tötet, Lykophr. 583. 1161. H. v. G.

Sithones (*Σιθῶνες* und *Σίθωνες*), thrak. Stamm, der urspr. auf der Halbinsel Sithonia, der mittleren der drei Chalkidischen Halbinseln, wohnte (Hdt. 7,123), dann mit einem Teil in den Raum zwischen Hebros und dem Pontos Eux. übersiedelte. Strab. 7,329 frg. 11, wonach die S. zur Gruppe der → Edonen gehörten.

Strab. 7,329 frg. 11. Plin. nat. 4,41. Chr. D.

Danoff Altthrakien, Sofia 1968 (bulg.), 118. *Detschew* Thrak. Sprachreste 441 ff.

Sitifis, Stadt der Prov. Mauretania Caesariensis, s. von → Saldae, unweit der Grenze Numidiens; h. Sétif. *Σίτιφι κολ.* Ptol. 4,2,7. Seit Nerva *col. Nerviana Aug. Martialis veteranorum Sitifensium* (CIL VIII 8473. 10362 u. ö.). Im spätröm. Reich wurde S. Hauptstadt der im J. 288 geschaffenen *prov. Mauret. Sitifensis*, spielte eine Rolle im Krieg gegen → Firmus (3), Amm. 29,5 ff.; Erdbeben z. Z. Augustins (serm. 19,6); in byz. Z. wieder Hauptstadt der *prov. Mauret. prima* (Prok. 2,20. Inschr. CIL VIII 8432. 20340. AE 1955, 57. 196). Bedeutende Ruinen, mehrere Kastelle. M. L.

S. Gsell Atl. arch. Alg. f^e 16, Sétif, Nr. 364. *P. A. Février*, Cah. Arch. 14, 1964, 26; Bull. Arch. Alg. 2, 1966–67, 11. Fouilles de Sétif. Les basiliques chrétiennes du quartier Nord-Ouest, Paris 1965.

Sitones, nur bei Tac. Germ. 45 erwähnte Völkerschaft, die, den skandinav. Suiones benachbart, in N.-Finnland siedelte.

Die Deutung des Namens S. aus an. *sida* = zaubern könnte auf das Schahmanentum der Finnen in früher Zeit bezogen werden. H. C.

Schönfeld, RE III A 397.

Sitophylakes (*σιτοφύλακες*), »Getreideaufseher«, sind als Magistrate für Perinthos, Priene, Rhodos, Tauromenion und bes. für Athen bezeugt (K. KÖSTER Die Lebensmittelversorgung der altgriech. Polis, 1939, 41. 73). Hier bilden sie ein 10, später 35 köpfiges Kollegium (Aristot. Ath. pol. 51,3, W. Göz, Klio 16, 1920, 187 ff.), dessen Kompetenzen sich z. T. mit denen der → *ἀγορανόμοι* und → *ἐπιμεληταὶ τοῦ ἐμπορίου* überschneiden (Aristot. Ath. pol. 51,3 f. Demosth. 20, 32). Entsprechend dem chronischen Getreidemangel Athens (Demosth. 18,87. 20,31) besteht ihre Hauptaufgabe in der Überwachung des Verbots, Getreide über ein bestimmtes Maß aufzukaufen (Lys. 22,5 f.). Wie die Getreidehändler bei Mißachtung des Verbots, so sind die S. bei Amtsmißbrauch mit dem Tode bedroht (Lys. 22,16). H. B.

Sitos (*σῖτος*), Weizen, allg. Korn, Getreide, auch Mehl, Brot, Mehlspeisen, Proviant, Verpflegung. Getreide galt als das wichtigste Agrarprodukt und war das Hauptnahrungsmittel des Menschen in den Gebieten gemäßigter Zone, durch verschiedene andere Gerichte (*ὀψώνιον*) ergänzt. Sowohl im pharaonischen Äg. wie auch in den monarch. Flächenstaaten des alten Orients betrieb man bedeutenden Ackerbau. Die älteste Kulturpflanze war wohl der Weizen (*πυρός*). Neben ihm der Spelt (*ὄλυρα*), eine minderwertige Abart des Weizens. Die Gerste (*κριθή*) hielt man nur für einen Ersatz der Getreidefrucht. (Auch die Hirse wurde zu den Cerealien gezählt.)

In Hellas war die Anbaufläche für Getreide infolge des überwiegend gebirgigen Charakters des Landes verhältnismäßig klein. Der steigende Bedarf an Getreide erforderte bessere Bewirtschaftung des ohnehin unwirtlichen Bodens. Die Anwendung eiserner Ackergeräte, der Pflugschar ermöglichte schon im archaischen Hellas eine bessere Bodenbestellung. Bereits in homer. Z. waren Argos, Lakonien, Messenien und Ithaka als Getreideproduzenten bekannt. Die Eigenproduktion von Hellas konnte jedoch den Bedarf bald nicht decken. Schon früh mußte die Nachfrage durch den Fernhandel befriedigt werden, allmählich trat neben dem Pontos und Thrakien auch Sizilien als wichtiger Getreidelieferant Griechenlands auf. Es galt also jetzt, sich nicht nur um die eigene Getreideerzeugung, sondern auch um die Sicherung der Verkehrswege und des Transportes zu kümmern.

Um 600 v. Chr. befand sich Attika in einer folgenschweren Agrarkrise. Die Verfassungsreform und Gesetzgebung → Solons (594/593 v. Chr.) gab der Wirtschaft, bes. dem Ackerbau, neuen Auftrieb. Seine Reformen fand man jedoch nicht ganz zufriedenstellend. Die Tyrannis des → Peisistratos (3; 561–527 v. Chr.) suchte – wohl aus polit. Gründen – den Bauern zu helfen. Obwohl er eine der Landwirtschaft auferlegte Naturalsteuer vom Boden einführte, erleichterte er die Lage der att.

Kleinbauern: Er gewährte ihnen Saatdarlehen und erließ ihnen von Zeit zu Zeit die Ertragsabgabe. Er kolonisierte die Chersonesos und eröffnete dadurch dem Getreidehandel Athens die Verbindung zu den ertragreichen Getreidegebieten des Pontos.

Das 5./4. Jh. v. Chr., die Z. des klass. Hellas, brachte u. a. die Modernisierung des Ackerbaues mit sich. »Verstärkte rationale Anwendung der Technik von Düngung, Brache und Fruchtwechsel, die bis zur Dreifelderwirtschaft sich emporentwickelte« (HEICHELHEIM, RE Suppl. VI 834). Der so gesteigerte Ertrag konnte trotzdem den steigenden Bedarf nicht decken, man blieb auch weiter auf Import angewiesen. Der Kornhandel nahm einen Aufschwung, und die Einfuhr schädigte bes. das att. Bauerntum. Die Kaufleute konnten einen, wenn auch mit gewissem Risiko verbundenen, beträchtlichen Gewinn erzielen. Die wichtigste Getreidehandelsstraße führte durch den Hellespont und den Bosporos zu den getreidereichen Küsten des Schwarzen Meeres. Diese Straße zu sichern, war die Sorge weitblickender Staatsmänner. Die Perserkriege (492/449) sperrten aber zeitweise den att. Schiffen diesen Weg. Erst in der Z. des Perikles konnten die Wege zu den Pontoshäfen für den att. Handel wieder gesichert werden. Der öfters eintretende Getreidemangel veranlaßte die Regierung mitunter, der Not mit Getreidespenden zu steuern. Man griff auch zu gesetzlichen Maßnahmen, z. B. zum Kornausfuhrverbot und setzte die Handelspreismarge fest.

In der hellenist. Z., in der Periode der großen Wirtschaftseinheiten, strebten die Regierungen nach Verwirklichung der Autarkie. Man förderte die Ausfuhr, auch die Kornausfuhr wurde von Staats wegen gesteigert. Viele griech., sogar kleinasiat. Städte waren auf Einfuhr angewiesen. Trotzdem sank die Agrarproduktion Griechenlands im 4. Jh. nicht stark. Die durch den Krieg verursachten Schäden waren bald behoben. Um die Nahrungsmittelsorgen zu beheben, verteilten die Monarchen an die Bürger der Poleis geschenkweise Getreide, auch entgeltliche Kornspenden kamen vor. Das ptolemaiische Regiment Äg.s trieb eine zentralisierte, geplante und straff organisierte Wirtschaftspolitik, deren Grundlage die Landwirtschaft bildete. Den ansässigen Bauern wurde mit Saatdarlehen geholfen und man schrieb die anzubauenden Feldfrüchte vor, um von den bestimmten Pflanzengattungen nicht mehr zu produzieren, als die vorherberechneten Staatsbedürfnisse erforderten. Man förderte den Export. Kriege zerrütteten die thrak. und südruss. Kornproduktion. Die bedeutendsten getreideerzeugenden Länder, auch Zypern, Phoinikien, die Kyrenaika, waren in der Hand der Ptolemaier. So konnten sie sich den griech. Markt sichern. Die Ptolemaier vergrößerten die Anbauflächen und verbesserten die Bewässerung. Die Naturalpachtleistung und Steuer der Königsbauern war einer der größten Einkommensposten des Staatshaushaltes. Das Getreideproblem der hellenist. Welt blieb trotzdem bis zu ihrem Aufgehen im Röm. Reich akut. (Über die Getreideprobleme in der röm. Z. → Frumentum.) G. Ü.

F. Heichelheim Art. Sitos, RE Suppl. VI 819ff. *Olck* Art. Ackerbau, RE I 261ff. *Orth* Art. Getreide, RE VII 1336ff. *Rostovčev* Art. Frumentum, RE VII 126ff. *Ders.* Soc. a Ec. Hell. W. *Jardé* Les céréales dans l'antiquité grecque, 1925.

Sittake (*Σιττάκη*, vgl. Hekat. FGrH 1 F 285), pers. Stadt in der nach ihr benannten Landschaft Sittakene, die sich vom Physkos (h. Diyala), einem l. Nebenfluß des Tigris, entlang dem Tigrisufer nach S. erstreckte. Die genaue Lage der Stadt ist noch nicht ermittelt, doch hat man sie wahrscheinl. beim h. ʿAzīziyya am l. Ufer des Tigris zu suchen. E. O.

Weißbach, RE III A 399–404. *E. Herzfeld* The Persian Empire, Wiesbaden 1968, 10f.

Sittas, Gote, *buccellarius*, kämpfte 526 als *dux* in Armenien (Prok. 1,12,20ff.), wurde 528 *mag. mil. per Armeniam et Pontum Polemonicum* (Cod. Iust. 1,29,5), war vermählt mit Comito, der Schwester von Kaiserin → Theodora (Malal. 429f. Theophan. p. 175). Nach Unterwerfung der → Makrones (= Tzanen) wurde S. 530 *mag. mil. praesentalis* (Prok. 1,15). 539 fiel der mil. und vor allem polit. sehr fähige S. im Kampf um die Wiederherstellung der Ordnung in Armenien (Prok. 2,3). A. L.

Sittius. Ital. Personenname (inschr. auch *Sitius*, Schulze Eigenn. 232), der sich von Campanien (Puteoli, Pompeii, Nuceria) aus verbreitete. **1.** Aus Cales, entkam bei den Proskriptionen 43 v. Chr. App. civ. 4,201f. **2.** P. S. aus Nuceria, hielt im → Bundesgenossenkrieg den Römern die Treue. Vater von Nr. 3. **3.** P. S. P. f. aus Nuceria, Grundbesitzer in Campanien, mit Cicero (fam. 5,17 u. a.) und dem König von Mauretanien befreundet. Als Catilinarier warb er 63 Truppen in Spanien, mit denen er nach seiner Verbannung als Söldnerführer nach N.-Afrika ging; seine ital. Güter ließ er durch P. → Sulla (2) verkaufen, in dessen Prozeß (62) Cic. den S. als schuldlos hinstellte. 51 dürfte er im Zusammenhang mit der Lieferung von Panthern für Spiele genannt sein. 46 schloß er sich mit → Bocchus (2) von Mauretanien → Caesar (12) an und nahm Cirta, die Hauptstadt des Iuba I., Bell. Afr. 25,2f. Durch einen Sieg über → Saburra gewann er das ganze Land und machte damit eine Sammlung der bei → Thapsus geschlagenen Pompeianer unmöglich. Caesar belohnte ihn mit Cirta, das bald röm. Kolonie wurde, und Umgebung; seine Soldaten *(Sittiani)* wurden angesiedelt (viele Inschr.). S. wurde Frühj. 44 von Arabion ermordet. Vgl. Fr. Vittinghoff Röm. Kolonisation und Bürgerrechtspolit., AAMz 1951 Nr. 14, 112f. L. Teutsch D. röm. Städtewesen in Nordafrika, 1962, 65ff. H. Bengtson RG^{2} 229. Das Brustbild des eigenartigen »Kolonie«-Gründers S. ist auf Mz. erhalten, J. Mazard Corp. numm. Numidiae Mauretaniaeque, 1955, 154f. 157ff. H. G. G.

Situ dike (*σίτου δίκη*). Im att. Recht: **1.** Eine Privatklage a) gegen den Vormund wegen Unterhalts des Mündels oder Erstattung der Unterhaltskosten ([1], 58f.). b) des Kyrios einer verwitweten oder geschiedenen Frau gegen den Inhaber ihrer Mitgift wegen Unterhalts ([1], 497f.). Die Verfahrensfragen sind noch ungeklärt ([1], 137ff. [2]). **2.** Eine Privatklage nach dem Korngesetz gegen Aufkäufer und Monopolbesitzer (Isaios 3, 9. Vgl. Demosth. 59,52. [3]). E. B.

1. *J. H. Lipsius* Das att. Recht u. Rechtsverf., 1905–1915. 2. *A. R. W. Harrison* The Law of Athens, 1968, 104. 3. *Lidd.-Sc.* s. v. *σῖτος* II 2.

Situlus, *situla*. Urspr. der Wasser- oder Schöpfeimer zu religiösem und profanem Gebrauch, dann auch eine Losurne und Bestandteil der Ausrüstung des röm. Soldaten, war die S. in verschiedenen Formen aus Holz oder Metall hergestellt. Im archäol. Sprachgebrauch ist S. eine vornehmlich im etr. und Osthallstattkreis verbreitete, meist verzierte Eimerform. O. H. Frey D. Entstehung der Situlenkunst, 1969. W. H. G.

Σκαιαὶ (*πύλαι*). Das Haupttor → Troias, in der Il. ab 3,145 häufig genannt. Man sucht es im S. oder im NW. des Mauerrings. Hesych. erklärt es als »linkes« oder »schiefes« Tor und setzt es mit dem → Dardanischen Tor gleich – *Σκαιοί = Δαρδάνιοι* Bürchner, RE IIIA 424. H. v. G.

Skamandrios (*Σκαμάνδριος*) = → Astyanax, Sohn Hektors und Andromaches. Hektor nennt ihn so als »Schützling des (für Troia wichtigen Flußgottes) → Skamandros«. Die Benennung ist eine Ehrung für den Vater; vgl. Eurysakes, Telemachos u. a. Wilam. Il. und Hom. 312 erklärt den Doppelnamen aus dem Zusammenfall zweier myth. Gestalten. In Andromaches Ahnungen von S.' trag. Ende, Il. 21,484ff. 24,726ff., fand man einen Niederschlag vorhom. Sage. Aber gerade die Version von der Tötung durch → Neoptolemos (1), der die meisten Bildwerke folgen, stimmt nicht zu jenen Ahnungen. Schon Hellanikos bietet die Version, daß S. überlebte und zwar von Neopt. nach Griechenland gebracht wurde, aber wieder in die Troas zurückkehren durfte, Sch. Il. 24,735. Strab. 13,607. H. v. G.

W. Kullmann, HES 14, 186f. 217,3. *R. v. Scheliha* Patroklos 364.

Skamandros (*Σκάμανδρος*). Fluß in der Troas, h. Menderes Su, entspringt in einem Quellental, fast senkrecht unter den höchsten Gipfeln des → Idagebirges (2). In der Trockenzeit wasserarm, in der Regenzeit anschwellend, wechselt er häufig sein Bett und setzt an der mit dem → Simoeis gemeinsamen Mündung Land an. Zwei Quellen, eine warme und eine kalte, verlegt Il. 22,

148 in die Nähe von Troia. Als Flußgott, in der Göttersprache Xanthos genannt, ist er Sohn des Zeus 14,434 u. s. (des Okeanos und der Tethys, Hes. theog. 345), Gemahl der → Idaia (2), Vater des → Teukros, der Strymo u. a. und durch sie Ahnherr des tro. Königsgeschlechts. Er hat einen Priester in Troia, Dolopion (5,77), Stiere und lebende Pferde werden dem »großen Gott« geopfert (21, 131.248), der sogar an der olymp. Götterversammlung teilnimmt (20, 73). In menschlicher Gestalt (21,213) hemmt er mit seinem Bruder Simoeis das Vorwärtsstürmen des Achilleus in der *μάχη παραποτάμιος* (Il. 21). – Philostr. Eik. 1 (ed. Schönberger) 88 f. 273 ff. → Kallirhoe (5). H.v.G.

Güntert Von der Sprache der Götter und Geister, Halle 1921. *A.Lesky* Thalatta 90,132. *Wilam.* GldH. 1,90,3.

Skambonidai (*Σκαμβωνίδαι*), mittelgroßer att. Demos der danach benannten Stadttrittys der Phyle → Leontis, später der Hadrianis, im N. der Stadt Athen. Aus S. stammte Alkibiades. Harpokr. Steph. Byz. Sch. Aristoph. Vesp. 81. Suda. Hesych. IG I^2 188. II^2 1742,25 ff. 2362,33. Hesp. 30, 1961, 33,219 ff. 265 Nr. 82. E. M.

1. *Judeich* Topogr. von Athen^2 172. 2. *Honigmann*, RE III A 434 f. 3. *Philipps.-Kirst.* 1,892 A. 1. 4. *v. Schoeffer*, RE V 103 ff.

Skandeia (*Σκάνδεια*), Hafen auf der Insel → Kythera, h. Kastri an der SO.-Küste der Insel mit Funden seit frühhellad. Z. Hom. Il. 10,268. Thuk. 4,54. 4. Paus. 3,23,1. SEG 22,300. E. M.

1. *R.Leonhard* Die Insel Kythera, Peterm. Mitt. Erg.-H. 128, 1899, 21. 2. *Geyer*, RE III A 438. 3. *Philipps.-Kirst.* 3, 516. 4. *R.Weil*, MDAI(A) 5, 1880, 226 ff. 5. *S.Benton*, ABSA 32, 1931/32, 245 f. 6. *H. Waterhouse – R. Hope Simpson*, ABSA 56, 1961, 152 f. 7. BCH 89, 1965, 879 ff. 90, 1966, 797 ff. 8. *R.Hope Simpson* A gazetteer and atlas of Mycenaean sites, Inst. of class. stud. Bull. Suppl. 16, 1965, 56.

Skaphe (*σκάφη, σκαφίς, σκάφιον, σκαφίον, σκάφος. scaphium, scapha*). Das Becken, der Trog, die Wanne nicht ganz gesicherter Form gehört zu den Landwirtschafts-, Küchen- und Backgeräten. Auch ein Nachtgeschirr heißt S. Material war Holz oder Metall. Auch die halbkugelförmige Auffangfläche der Sonnenuhr hieß S. In den Inventaren der Tempelschätze kommen S. öfter vor; bei den Panathenäen trugen *σκαφηφόροι*, Metöken in rotem Chiton, mit Wachs oder Kuchen gefüllte S. im Festzug (Harpokr., Hesych. und Suda s. *σκαφηφόροι*. Poll. 3,55. Anecd. Bekk. 1,304, 27), vgl. die Darstellung im Parthenonfries Nord 13. Schließlich kann nahezu jeder wannen- oder kübelförmige Gegenstand S. genannt werden, vom Waschkübel, vor allem als Fußwaschbecken (Poll. 10,77. Darstellungen auf Vasen), bis zum Spucknapf (Aristoph. bei Poll. 10,76). Auch Geräte bei Trinkgelagen heißen S., doch ist deren Funktion nicht deutlich (Athen. 4,142 d. Plut. Kleom. 13,4 scheint das gleiche Gerät Phiale zu nennen. In den Tempelinventaren finden sich S. unter den *ποτήρια*, z. T. mit Emblemen, vgl. IG XI 4, 1307, 16 ff.). Den Belegen scheint am ehesten ein rundes oder schiffförmiges flaches Gefäß zu entsprechen. Anders steht es mit S. als Haarschnitt (Hesych. s. v. Poll. 2,29): die Lexika beziehen sich auf Aristoph. Av. 806; Thesm. 838, beide mit Sch., wo das *εἶδος κουρᾶς δουλικῆς* auf die kurzgeschnittenen Haare der Sklavinnen wie PFUHL Abb. 421 geht. W. H. G.

Skapsis s. Skepsis

Skapte Hyle (*Σκαπτὴ ὕλη*, eher *Σκαπτησύλη*), Örtlichkeit u. Goldbergwerk im → Pangaiongeb.; Thukydides hatte Anteil an den Bergwerken und lebte dort nach seiner Verbannung. Der Name S. scheint thrak. Ursprungs zu sein. Hdt. 6,46. Markellin. vita Thuc. 19. 25.47. Plut. mor. 605 c. Chr. D.

Oberhummer, RE III A 446. *P.Perdrizet* Skaptésylé, Klio 10, 1910, 1–27. *Detschew* Thrak. Sprachreste 454 ff. *Danoff* Altthrakien, Sofia 1968 (bulg.), 236 ff.

Skarabäus (vielleicht Entstellung des griech. *κάραβος*, aber nicht belegt). Plinius erwähnt (nat. 30,30) *Scarabeum, qui pilas volvit* als heilig bei den Ägyptern. Gemeint ist der Mistkäfer, der seine Eier in Mistkugeln ablegt. Er wurde als Gottheit unter verschiedenen Namen verehrt, wichtig ist die Huldigung als Chepre innerhalb des Sonnenkultes, als »der aus der Erde entstandene«. Erklärlich ist dann auch die Nachbildung aus Stein, die Verwendung als Emblem auf der Brust der Mumie, als »Herzskarabäus«, der dem Toten in einem Behältnis im Brustkorb der Mumie mitgegeben wurde. Die sehr verbreiteten kleinen S. aus weichen Steinen, die äußerlich durch eine Glasur gehärtet wurden (Smalt oder Fayence) – selten wurden Chalcedone verwendet – tragen meistens Hieroglyphen, häufig Königsnamen. Sie sind kaum Siegel gewesen, sicher aber Amulette, die auch als Schmuck am Finger oder an Halsketten getragen wurden. Zu Tausenden sind die äg. S. im ganzen Mittelmeerraum gefunden worden, weshalb man sich die Übernahme der S.form durch andere Völker leicht erklären kann. Während die äg. S. künstlerisch nicht sehr hoch standen, zeigten die S. aus dem karthag.-phoinik. Bereich höchste Vollendung, meist aus hartem grünem Jaspis oder aus Karneol geschnitten, mit gut ausgearbeitetem S.käfer. Die untere flache Seite trug anspruchsvolle Bilder. Während des 6. und 5. Jh. war der S. auch innerhalb der griech. Glyptik die wichtigste Gemmenform geworden, wobei die Vollendung der Bilder, die mitunter Meistersignaturen trugen, bei weitem den Vorrang vor der Ausarbeitung des Käfers hatte. Die Etrusker schnitten seit der 2. Hälfte 6. Jh. v. Chr. S., bei denen die Gestaltung des Käferrückens bes. sorgfältig war. Die S. aus Etrurien eroberten in den folgenden Jh.en die Mittelmeermärkte und kamen bis nach der Krim. Die etr. S.bilder folgten anfänglich dem griech. Bildrepertoire auf Vasen, Wandgemälden u.a., später zeigten sie zunehmend Eigenständigkeit, bis sie während des 3. und 2. Jh. allmählich von der Ringsteinglyptik abgelöst wurden. Die nicht sehr zahlreichen röm. S. sind künstlerisch geringwertig. P. Z.

W. M. F. Petrie Scarabs and Cylinders with Names (1917). *J. Ward* The Sacred Beetles. Egyptian Scarabs in Art and History (1968). *P. Zazoff* Etrusk. Skarabäen (1968).

Skardon Oros (*Σκάρδον Ὄρος*), h. Šarplanina oder eine ihr vorgelagerte Bergkette. W. der thrak. Länder mit schwierigem Aufstieg. Südlich vom SO. liegt Makedonien, ö. Dardanien, w. Illyrien. Einige Autoren machen ihn zum Quellgebiet des Drilon und des Drinus, Pol. 28,8,3ff. Liv. 43, 20. 44,31. Strab. 7, 329, frg. 10. Chr. D.

Fluß, RE III A 459.

Skarpheia (*Σκάρφεια*), Stadt in O.-Lokris ö. der → Thermopylen in der Nähe des h. Molo, an der Straße nach Mittelgriechenland, daher häufig genannt. 426 v. Chr. durch Erdbebenflutwelle zerstört, Strab. 1,3,20 p. 60, aber wieder erstanden. Beutestück aus S. aus dem Antiochoskrieg, NSA 77, 1952, 20f. Entscheidender Sieg der Römer über den achaiischen Bund 146 v. Chr., Paus. 7,15, 3ff. Spätant. ein Hauptort Mittelgriechenlands. 551/52 n. Chr. wieder durch Flutwelle zerstört, Prok. 8,25,19ff. Hom. Il. 2,532. Strab. 9,4,4f. p. 426. Liv. 36,19,5. Paus. 10,1,2. Plin. nat. 4,17. Tab. Peut. 8,1. Geogr. Rav. 375,6. Hierocl. synecd. 643,7. Steph. Byz. BCH 45, 1921, 20 III 136. IG VII 24 (Sylloge^3 908) Z. 9ff. Inschr.: IG IX 1 Nr. 314–317. Mz.: Head HN^2 337. E. M.

1. *Oldfather*, RE IIIA 460ff. XIII 1140,26ff. 2. *Philipps.-Kirst.* 1,344.

Skedasos (*Σκέδασος*). Heros von → Leuktra, dessen Töchter von Spartanern geschändet wurden und Selbstmord verübten. Auch S. tötete sich, nachdem er in Sparta vergebens sein Recht gefordert hatte. Alle starben mit einer Verfluchung Spartas, und eine Weissagung bedrohte es mit Unheil an dem *μνῆμα τῶν παρθένων*. Deshalb opferten die Thebaner hier vor der Schlacht bei Leuktra ein weißes Fohlen, Xen. hell. 6,4,7. Diod. 15,54. Paus. 9,13,5. 14,3. Plut. Pelop. 20ff.; narr. amat. 3. H. v. G.

Skelmis s. Kelmis

Skene (*σκηνή*). **1.** Die »Zelte« der Griechen vor Troia, *κλισίαι*, nicht *σκηναί*, sind wie Hütten (vgl. Hom. Il. 18,589) oder Blockhäuser geschildert, Hom. Il. 24,448ff.; zeltähnlich werden die spartan. *σκιάδες* beschrieben, Athen. 4,141f. Hesych. s. v. *σκιάς*. *σκιάδεια*. Berühmt war der persische S.-Bau, Hdt. 9,82. Athen. 2,48d. 12, 534d. Xen. Kyr. 5,5,2. Diod. 17,35. Plut. Alex. 20. Alexander hielt in solchen S. Gericht, Polyain. 4,3, 24. Athen. 12,539d.e. Ail. var. 9,3, oder Bankett, Ail. var. 8,7. Ausführlich beschreibt Kallixeinos bei Athen. 5,196a–197b die Prunk-S. des Philadelphos, vgl. dazu Studniczka, AbhAkadLeipz. 30,2 (1914). Die S. des Ariamnes faßte 400 Gäste

und mehr, Athen. 4,150e. Die Besucher der Götterfeste wohnten in S., Xen. hell. 7,4,32. Plut. Them. 25,1. Polyain. 6,45. Auf dem Markt wurden S. benützt, Demosth. 18,169. Theokr. 15,16. Harpokr. s. v. *σκηνίτης*, und für Aufbahrungen Gefallener, Thuk. 2,34. Griechen und Römer benützten S. im Felde; Abb. solcher S. auf der Traians- und Marcussäule. Die Planen auf Wagen waren öfter S.-artig ausgestaltet, vgl. ausführlich K. F. Müller Der Leichenwagen Alexanders d. Gr. (Diss. Leipzig 1905) und v. Wilamowitz, JDAI 20, 1905, 103ff. Daß man S. auch auf Schiffen aufschlug, wird häufig berichtet. Allg. waren die S. auf Holz- oder Metallstützen mit Stoff oder Leder gedeckt und in der Größe sehr variabel. W. H. G.

2. s. Theater

Skenikoi agones (*Σκηνικοὶ ἀγῶνες*). Das Wort findet sich zum erstenmal im 3. Jh. (IG V 2, 117). Dramat. Wettkämpfe (*τραγικοί, κωμικοί*) im Gegensatz zu den *μουσικοί* (*θυμελικοί*) und *γυμνικοί*. → Thespis trat als erster als Schauspieler in seinem Stück bei den städtischen Dionysien in Athen im J. 534/33 auf und gewann als Preis eine Ziege (Marm. Par. 43. Eus. Chron. Ol. 61,3. Suda s. *Θέσπις*. Aristoph. Vesp. 1479). Dürfen wir den Bericht über einen dramat. Wettkampf unter staatlicher Aufsicht zu dieser frühen Z. als wahr hinnehmen? Lesky (GGrL^2 256) antwortet: »...möglich, doch wissen wir darüber nichts.« Es besteht wenig Grund zu bezweifeln, daß es der erste seiner Art war. Zweifellos enthielten die fragmentar. Aufzeichnungen den Namen des Thespis zusammen mit den Siegern in den anderen Wettkämpfen, entweder in den Jahreslisten, falls, wie Schneider, RE III A 494 auf Grund von Athen. 12,532 vermutet, die in der Überschrift von IG II^2 2318 genannten *κῶμοι* (seien es → Dithyramben oder Männerchöre) im J. 533/32 in die städtischen Dionysien in Athen aufgenommen wurden, oder aber in einer früheren Aufzeichnung, wenn dies erst 509/08 oder ca. 501/500 erfolgte (Pickard-Cambridge Dramat. Festivals 103. 114). Die einzige vollständige Aufzeichnung des Programms der städtischen Dionysien von 459/58 (IG II^2 2318,41–51) legt die Vermutung nahe, daß die sk. ag., bei denen Sieger aufgezeichnet wurden, zu dieser selben Z. zu einem Bestandteil der städtischen Dionysien gemacht wurden. Genannt sind die Sieger bei den Knaben- und Männerchören und ihre Choregen (die eigentlichen *κῶμοι*?), der siegreiche komische Dichter und sein Chorege sowie der tragische Dichter und sein Chorege (ist Thespis der Erstverzeichnete auf diesem Gebiet?). Als Sieger in diesem Agon nach Thespis nennt die Suda → Choirilos (2) in Ol. 64, → Phrynichos (3) in Ol. 67 und → Pratinas, → Aischylos (1) und Choirilos als Konkurrenten in Ol. 70. Jeder tragische Dichter bot drei Tragödien und ein Satyrspiel. Die Suda

s. *Σοφοκλῆς* schreibt diesem Dichter das Verfahren zu, als erster 3 Stücke gebracht zu haben, die thematisch nicht zusammenhingen, aber wir wissen, daß Aischylos dies bereits früher in der Trilogie getan hat, die die Perser enthielt. Komische Dichter traten zum erstenmal 486/85 an den städtischen Dionysien zum Wettstreit an; → Chionides wurde Sieger, während → Magnes (3) 472/71 Sieger war (Suda s. *Χιωνίδης*. Aristot. poet. 1448a 5. 1449b 1); komische Agone sind bis ca. 120/19 bezeugt (IG II^2 2323. PICKARD-CAMBRIDGE Festivals 111. 124). Der *ἄρχων βασιλεύς* (z. Z. des Aristoteles die Phylen) bestimmte 5 Choregen für Komödien (Aristot. Ath. pol. 56,2). 5 Dichter reichten je ein Stück ein (IG XIV 1097,6 – ein 5. Preis wird genannt im J. 434/33). In der Regel wurden bis ins 4. Jh. bei den Großen Dionysien nur neue Tragödien (und Komödien) aufgeführt. Eine Ausnahme waren nach seinem Tod die Stücke des Aischylos (Philostr. vit. Apoll. 7,11). Ein Wettkampf tragischer Schauspieler wurde etwa um 449/48 (IG II^2 2325,220) hinzugefügt, ein solcher für komische Schauspieler zwischen 329 und 312 (IG II^2 2318 und 2323a), der bis etwa 120/19 (IG II^2 2323a) bestehen blieb. Eine alte Tragödie (341 bis 339, IG II^2 2320,1) und eine alte Komödie (340/39, IG II^2 2318,316–319 und bezeugt bis 154/53, IG II^2 2323) erweiterten ferner das Programm als Sondervorstellungen außerhalb der Konkurrenz um die Preise. Ein einzelnes Satyrspiel für jedes J. ist in den Didaskalien verzeichnet (341/40, IG II^2 2320,16. 30). Dithyramb. Wettkämpfe erscheinen in den Urkunden von 473/72, aber sie wurden zweifellos schon früher in sie aufgenommen. Wettkämpfe für Schauspieler in alten Satyrspielen und alten Tragödien und Komödien, ob an den Dionysien oder den Lenaien, ist ungewiß, sind berichtet für 255/54 (Hesp. 7,116–118). Trag. Wettspiele lassen sich inschriftlich bis 40/39 verfolgen (IG II^2 1042,8. 1040,37); um die Mitte 2. Jh. n. Chr. hörte man in Athen auf, neue Tragödien zu schreiben (Lukian. Demosth. encom. 27), und die sk. ag. in Athen gingen zu Ende. Dramat. Vorstellungen wurden an den Lenaien (Jan.–Febr.) ebenso gegeben wie an den Großen Dionysien, aber der Ton lag auf der Komödie. Der Wettstreit trag. Dichter und Schauspieler ist in den Urkunden verzeichnet bis E. 3. Jh. v. Chr., während die Wettbewerbe für kom. Dichter und Schauspieler anscheinend bis über 150/49 hinaus fortdauerten. Kein Bericht über Satyrspiele, alte Komödien oder Tragödien findet sich in den Urkunden für die Lenaien. Ein Sieg im Dithyrambus wird im frühen 3. Jh. v. Chr. verzeichnet (IG II^2 3779).

Die folgenden Ausführungen betreffen im wesentlichen das 5. und 4. Jh. v. Chr.: Der *ἄρχων ἐπώνυμος* bestimmte Choregen für die Wettkämpfe und überwachte die städtischen Dionysien, der *ἄρχων βασιλεύς* (mit der Ausnahme, daß z. Z. des Aristoteles die Choregen von den Phylen benannt wurden) die Lenaien (Aristot. Ath. pol. 56,5. 57,1). Die Choregen sorgten für Ausstattung und Unterhalt des Chores als unentgeltliche Leistung für die Gemeinde, während der Dichter die Einstudierung überwachte (*διδάσκειν*). Nach dem Perserkrieg waren die Darsteller Berufsschauspieler, deren jedem Dichter 3 zugewiesen wurden (Suda s. *νεμήσεις ὑποκριτῶν*; Demosth. 18,362 berichtet allerdings, daß der Protagonist die beiden anderen Spieler anwarb). Sowohl an den Dionysien wie an den Lenaien fand vor den Aufführungen eine einleitende Feier statt, bei der die Dichter zusammen mit den Schauspielern erschienen und die aufzuführenden Stücke ankündigten (Aischin. 3,67 mit Sch. Sch. Aristoph. Vesp. 1109. Plat. symp. 194). Der Rat wählte für die verschiedenen sk. ag. 10 Preisrichter aus, je einen aus jeder Phyle (Isokr. 17,33. Plut. Kim. 8,9). Die Reihenfolge, in der die Dichter ihre Stücke aufführten, wurde durch Los festgelegt (Aristoph. Eccl. 1154f.). Bei den städtischen Dionysien wurden die Komödien am 1. Tag aufgeführt, an jedem der folgenden 3 Tage brachte dann einer der tragischen Dichter seine Tetralogie zur Aufführung. Der siegreiche Dichter wurde mit Efeu bekränzt und sein Name durch einen Herold im Theater ausgerufen (Alkiphr. 2,3. 10. 16. Athen. 5,217 a. 6,241 f); vielleicht erhielt er in älterer Zeit zusätzlich einen Preis in Naturalien (Marm. Par. 43). Jeder zum Wettstreit zugelassene Dichter empfing eine Geldsumme (Sch. Aristoph. Pax 697). O. W. R.

K. Schneider, RE III A 492ff. *A. Lesky* Trag. Dichtung d. Hell.^{2}, 1964, 39–44 (zu Thespis). *A. W. Pickard-Cambridge* Dithyramb, Trag. and Comedy^2, 1962, 97 bis 121. *Wilhelm* Urk. *A. W. Pickard-Cambridge* Dramat. Festivals in Ath.^{2}, 1968, 101–125; über *Κῶμοι* in der Überschrift von IG II^2 2318, ebd. 101–104.

Skepsis, Skeptiker. Die S. erwächst aus der method. Frage: Ist es möglich, objektiv gültige Erkenntnis zu gewinnen? Und, wenn ja, ist es möglich, etwaige Ergebnisse vollständig und unmißverständlich weiterzugeben? – Mithin ist das Vorfeld ant. Skepsis die Kritik der Sinnes-Wahrnehmungen; ihr Zentrum ist die Kritik an ethischen Entscheidungen oder Norm-Setzungen.

Reich an skept. Erwägungen waren → Herakleitos (1; »die meisten verstehen den Logos nicht«), → Parmenides, → Demokritos (1). Fast zum Spiel wurde die Verunsicherung von Gegnern, die auf skept. Argumente nicht gefaßt waren, in der Schule der Eristiker (→ Megarische Schule). In bes. hohem Maße ist Sokrates Skeptiker gewesen; er mißtraute der absoluten Gültigkeit der Wahrnehmung ebenso wie den ethischen Wertungen der Sophisten; indes scheint er eine durch sachgerechte Übung erworbene Sachkenntnis = *ἐπιστήμη* anerkannt zu haben. Nach Sokrates sind drei Gruppen von Skeptikern zu unterscheiden: 1. Die skept. Schule des → Pyrrhon von Elis und des →

Timon von Phleius. 2. Die jüngere skept. Schule des → Ainesidemos und des → Sextos (2) Empeirikos, dem nahezu alle Bezeugungen zur S. verdankt werden. 3. Die Akademie zu Athen in ihrer skept. Phase von → Arkesilaos (5) bis → Philon (8) von Larissa; wichtigster Vertreter → Karneades (1). Diese Phase der S. wird am besten durch → Cicero kenntlich, der als Schüler des Philon dessen Lehren festgehalten hat. Durch die Wendung der Akademie zur S. ist ἀκαδημαϊκός = *academicus* ein Synonym für skept. geworden. Noch Augustin richtet die 3 B. *contra Academicos* gegen die S. H. D.

Lit.: *A. Goedeckemeyer* Die Gesch. der griech. S., 1905. *M. M. Patrick* The Greek Sceptic, 1929. *A. Weische* Cicero und die Neue Akademie. Unt. zur Entstehung und Gesch. des ant. Skeptizismus, 1961.

Skepsis (ἡ Σκᾶψις auf den ältesten Mz., vgl. HEAD HN² 548; ἡ Σκῆψις: ebd., epigr. und liter.), aiol. Siedlung in der Troas beim h. Kurşunlu Tepe im oberen Tale des Skamandros (h. Küçükmenderes Çayı). E. O.

L. Bürchner, RE III A 445 f. (s. Skapsis). *D. Magie* Roman Rule in Asia Min., Princeton 1950, 904.

Skeptron (σκῆπτρον, *sceptrum*). Urspr. der Stab, auf den man sich stützte (Hom. Il. 18,416), wird S. schon früh Würdezeichen, bei Homer der »Könige«. Diese S. sind mit Gold verziert und werden über Generationen vererbt (z. B. Hom. Il. 2,100 ff.). Man hält sie bei der Rede vor der Volksversammlung (Hom. Il. 1,234. 23,568. Od. 2,37), in der Rats- und Gerichtsversammlung (Hom. Od. 3,412) und beim Schwur (Hom. Il. 7,412. 10,321. 328). Das S. wird Symbol der Gemeindegewalt, adlige Geronten halten es beim Rechtsprechen (Hom. Il. 1,237 ff. 18,505). Auch Herolde, Priester, Seher führen das S. (Hom. Il. 1,15. 7,277. Od. 11, 91), Hes. theog. 30 auch der Dichter. Die Diadochen führen das S., zu Strabons Z. (14,633) die Androkleiden in Ephesos. In der bildenden Kunst tragen vornehmlich Götter und Heroen ein S., oft mit figürlicher Verzierung am oberen Ende. Bei den Römern ist das S., *sceptrum*, *scipio*, Abzeichen der Götter und angeblich der Könige; entsprechend trägt der Triumphator den adlergeschmückten *scipio eburneus* (Dion. Hal. ant. 3,61. Val. Max. 4,4,5); auf der Gemma Augustea tragen Augustus, Roma und Tiberius ein S. (KÄHLER Alberti Rubeni Dissertatio, 1968, T. 3–5). Der *genius Senatus* kann den s. mit Kaiserkopf führen (MAGI I rilievi Flavi, 1945, T. 3). Seit M. 2. Jh. n. Chr. tragen die Consuln den s. beim *processus* am 1. Jan.; in der Spätant. wird er mit den *ornamenta consularia* verliehen (VOLBACH Frühchr. Kunst T. 59. 96. 97. 109. 220). Die frühchr. Kunst gibt gelegentlich Engeln das S. (VOLBACH T. 230. 231. 245. 257). W. H. G.

Skerdilaïdas (Σκερδιλαΐδας. Liv. 26,24,9 Scerdilaedus), Sohn des → Pleuratos (1), wendiger illyr. Fürst, bekämpfte 239 für → Teuta die Epeiroten, fuhr raubend trotz des illyr. röm. Vertrages über die → Lissosgrenze, Pol. 2,12,3. 4,16,6, fiel 220 mit den Aitolern in Achaia ein, ging, bei der Beute betrogen, zu → Philipp V. (7), Pol. 5,3,3. 4,3. 95,2, verriet dessen Flottenbau 216 Rom, Pol. 4,29,3. 5,110,8, wurde 212 mit dem Sohn → Pleuratos (2) *adscriptus* des röm.-aitol. Bündnisses, Liv. 29,12,14; † vor 205, da im Frieden von Phoinike unerwähnt. H. H. SCHMITT Die Staatsverträge des Altertums 3, 1969, 500. 507. 515. 536. H. V.

Skeuothek (σκευοθήκη, *armamentarium*). Urspr. jeder Magazinraum für Gerät, bedeutet S. bes. das Zeughaus für die Ausrüstung der Kriegsschiffe mit (Xen. oik. 8,12) σκεύη ξύλινα (Ruder, Stangen) bzw. σκεύη κρεμαστά (Segel, Tauwerk), Poll. 10,10. 13. Anecd. Bekk. 1,303. Phot. s. v. σκευοθήκη. Plin. nat. 7,125. Die S. gehören zusammen mit den Schiffshäusern (→ Navalia [2]). Am bekanntesten ist durch IG II² 1668 (vgl. Plin. a. O. Strab. 9,395) die S. des → Philon (14), um 330 dreischiffig erbaut. Die zweistöckigen Seitenschiffe enthielten unten Truhen (κιβωτοί) für die Segel, oben Regale für das Tauwerk. Der Bau hatte je 36 Fenster an den Lang- und 3 an den Schmalseiten, dazu noch Lüftungsschlitze. W. H. G.

Lit.: → Philon (14): *Marstrand* und *Jeppesen*.

Skiathos (ἡ Σκίαθος), die westlichste Insel der sog. n. → Sporaden vor der Küste von Magnesia, 10–11 km lang, 45 qkm groß und bis 435 m hoch. Die gleichnamige ant. Stadt, Kolonie v. → Chalkis (1), lag an einem guten Hafen im SO. mit gut erhaltenen Mauerresten, darüber »Alt-S.«, IG I² 118. S. war Mitglied des 1. und 2. att. Seebundes und ist wegen der Lage als Flottenstützpunkt oft genannt, in der Kaiserzeit zu Athen gehörend. Hdt. 7,176,1 u. ö. Skyl. 58. Skymn. 580 ff. Mela 2,106. Plin. nat. 4,72. Ptol. 3,12,43. BCH 45, 1921, 17 III 48. Inschr.: IG XII 8 Nr. 631 bis 639. BCH 63, 1939, 183 ff. (Vertrag mit Delphi). Mz.: HEAD HN² 313. E. M.

1. *Fredrich*, IG XII 8 p. 166 ff. 2. *Ders.*, MDAI(A) 31, 1906, 99 ff. 3. *Ders.*, RE IIIA 520 f. 4. *Philipps.-Kirst.* 4,41 ff.

Skilla (σκίλλα). Die zur Familie der Liliaceen gehörige, noch heute als Bulbus scillae offizinelle Meerzwiebel (Urginea maritima Baker, Scilla maritima L.), die an sandigen Küsten der Mittelmeerländer, in Griechenland auch auf Hügeln und Vorbergen, oft weit bis ins Landinnere, verbreitet ist. Als Synonym erscheint auch σχῖνος. Bes. diente sie zur Herstellung des Meerzwiebelessigs, wegen dessen vielfältiger Heilwirkung Plin. nat. 19,33 die s. als *nobilissima* unter den Zwiebelgewächsen bezeichnet. Man unterschied eine *scilla mascula foliis albis* und eine *feminea foliis nigris*. Plin. nat. 29,97 beschreibt eingehend die Bereitung des Essigs und seine mannigfache Verwendung gegen vielerlei Leiden. Der Schärfe des *acetum scillinum* (oder *scillites*) schrieb man seine Heilkraft zu. Scrib. Larg. gibt zahlreiche Rezepte. Auch Wein wurde aus der S.-Zwiebel bereitet. Vgl. STEIER, RE III A 522–526. K. Z.

Skillus (*ὁ Σκιλλοῦς*), Ortschaft in der Landschaft Triphylien, s. von Olympia, genaue Lage wegen Fehlens genügender Reste nicht ganz sicher, wahrscheinlich auf dem Profitis Elias bei Makrisia, in gesch. Z. zumeist zu Elis gehörend. Der Heratempel in Olympia soll Weihung von S. gewesen sein, Phot. Suda s. *Κυψελιδῶν ἀνάθημα*. Sonst ist S. kaum genannt und war wohl schon in hellenist. Z. verlassen. Bei S. lag das von Sparta geschenkte große Landgut Xenophons, das in dem weiten Tal beim h. Krestaena gelegen haben muß. Spuren so wenig vorhanden wie von dem von Xenophon auf seinem Gut gebauten Artemistempel. Xen. an. 5,3,7–13. Paus. 5,6,4–7. Strab. 8,3,14 p. 344. Inschr. v. Olympia 16. 930 (?). E. M.

1. *Geyer*, RE IIIA 526 2. *E. Meyer* Neue peloponnes. Wanderungen 45f. 47f. 63ff. 3. *Ders.*, RE Suppl. IX 1379. 4. *Themelis*, *Ἀρχ. Δελτ.* 23, 1968, A 284ff.

Skindapsos (*σκινδαψός*), urspr. außergriech., vielleicht äg. Saiteninstrument mit vier Saiten, das vorwiegend aus Athen. (4,81 p. 183 a/b sowie 14, 38 p. 636b) bekannt ist und entweder zu den Lauten oder zu den Harfen gehört. U. K.

H. Hickmann Der Skindapsos, in: Speculum Musicae Artis (Festg. für *H. Husmann*), 1970, 187–191.

Skione (*Σκιώνη*), Stadt an der SW.-Küste der Halbinsel → Pallene (4) der → Chalkidike, geringe Reste zwischen Nea Skioni und Hg. Nikolaos. S. war angeblich Kolonie von → Pellene, Thuk. 4, 120,1. Polyain. 7,47, im 5. Jh. im att. Seebund. 423 v. Chr. Abfall von Athen, 421 zurückerobert und schwer bestraft, die Bewohner ermordet und das Gebiet an vertriebene Plataier gegeben. Hdt. 7,123. Skyl. 66. Strab. 7 p. 330 frg. 27. Plin. nat. 4,36. Steph. Byz. Mz.: Head HN² 210. D. M. Robinson Excavat. at Olynthos 3,106ff. 4,35. 93ff. 9,310ff. H. Bloesch, Schweizer Numism. Rundschau 38, 1957, 5ff.; Schweizer Münzbl. 13/14, 1964, 59ff. E. M.

1. *Ad. Struck* Makedon. Fahrten 1,52. 2. *Oberhummer*, RE IIIA 529f. 3. *B. D. Meritt* The Athen. tribute lists 1,410f. 549f. u. ö. 4. *Meritt*, AJA 27, 1923, 450f. (mit Plan).

Skiritis (*ἡ Σκιρῖτις*), Grenzlandschaft Lakoniens gegen Arkadien, Thuk. 5,33,1, das Schiefergebiet der NW.-Abdachung des n. Parnon, im Alt. ohne größere Ortschaften, gehörte urspr. zu Arkadien, Steph. Byz. s. *Σκῖρος*, Hesych., Inschr. v. Ol. 47 = Sylloge³ 665,34. Im 5. Jh. zu Sparta in perioikenähnlicher Stellung, 369 v. Chr. Abfall und Anschluß an Megalopolis, Xen. hell. 6,5,24ff. 7,4,21. Diod. 15,64,3ff. und die o. zitierte Inschr. (164 v. Chr.), in der Kaiserzeit wohl wieder zu Sparta. Im spartan. Heer bildeten die Skiriten eine Eliteabteilung am l. Flügel und wurden für Sonderunternehmungen verwandt, Thuk. 5,67,1. 68,3. 71,2f. Diod. 15,32,1. Xen. hell. 5,2,24. 4,52f.; Lak. pol. 12,3. 13,6; Kyr. 4,2,1. Hesych. Phot. lex. Anecd. Bekk. 1,305,22f. E. M.

1. *Geyer*, RE IIIA 536f. 2. *Bölte*, RE IIIA 1308f. 3. *Kahrstedt* Griech. Staatsrecht 1,4. 23. 80. 304f.

Skiron (*Σκίρων*), Eponymos der »skiron. Klippen« und des am S.-Abfall der → Geraneia verlaufenden gefürchteten »skiron. Weges« (Kakiskala); Hdt. 8,71. Strab. 9,391 (→ Megara [2]). Urspr. ident. mit dem Heros von → Salamis, Skiros (*σκῖρος* »Kalk, Gips«), → Nausithoos (3). Den Megarern war S. ein freundlicher Heros, der den o. genannten Weg angelegt hatte, Paus. 1,44, 7f. Plut. Thes. 10. Den Athenern war er seit dem Aufblühen der Theseus-Sage einer der von diesem beseitigten Unholde, vgl. → Sinis. Er zwang die Wanderer, ihm die Füße zu waschen und stürzte sie dabei durch einen Fußtritt ins Meer hinunter, wo sie einer gewaltigen Schildkröte zum Fraß dienten, Diod. 4,59,4. Plut. Thes. passim. Ciris 465ff. Ov. met. 7,443ff. Mela 2,3,47. S. galt als Sohn Poseidons oder als Sohn oder Enkel des → Pelops (1). Nach L. Radermacher Sage u. Mythos, ²1942, 258. 269f. verkörpert er die Gefährlichkeit jener Gegend, nach E. Maass, JDAI 22, 1940, 43 ist er der Geist des NW.-Sturmes; am Turm der Winde in Athen (→ Argestes) war S. neben Boreas dargestellt. H. v. G.

Skironides (*Σκιρωνίδης*). Att. Stratege 412/11, führte mit → Phrynichos (2) und → Onomakles die Offensive, die E. Sommer 412 von Samos aus Milet zurückerobern sollte, aber trotz siegreicher Feldschlacht wegen der peloponnes. Flottenübermacht abgebrochen wurde (Thuk. 8,25–27). Mit Phrynichos und Charminos befehligte er dann das att. Geschwader bei Samos (a. O. 8,30,2). Anf. 411 wurden er und Phrynichos abgesetzt (a. O. 8,54,3). S. stand vielleicht den Oligarchen nahe. G. Do.

Skironische Felsen (*Σκιρωνίδες πέτραι*), der hohe Steilabsturz der Geraneia zum saron. Golf w. von → Megara (2). Der Weg daran entlang, wo nach der Sage der Räuber → Skiron die Reisenden ins Meer stürzte, war als gefährlich berüchtigt und wurde durch Hadrian als fahrbare Straße ausgebaut, noch h. »Kaki Skala«. Epipaläolithisch bewohnte Höhlen, RE Suppl. XII s. Megara. Strab. 9,1,4 p. 391. Paus. 1,44,6. Hdt. 8, 71. Steph. Byz. s. *Σκίρος*. E. M.

1. *Philipps.-Kirst.* 1,949. 2. *Geyer*, RE IIIA 546f. 3. *E. Meyer*, RE XV 167,55ff. 169,42ff.

Skirophorion (*Σκιροφοριών*), der 12. Monat des att. Jahres (= Mai–Juni), benannt nach dem am 12. des Monats für Athena Skiras und Poseidon-Erechtheus, doch auch für Demeter und Kore gefeierten Fest der Skira oder Skirophoria, über das verschiedene widersprüchliche und vieldeutige ant. Berichte vorliegen. K. Z.

Pfister, RE III A 530ff. *L. Deubner* Att. Feste 40ff.

Sklaverei. Die sowjet. Fachliteratur überwertet mit dem Begriff des Sklavenhalterstaates die S. als Grundlage der ant. Wirtschaft und Kultur, die deutsche von J. Vogt angeregte Forschung sucht in vielen Vorarbeiten die nach Ort und Zeit verschiedene Bedeutung der S., ihren Anteil am Produktionsprozeß und dem Kulturschaffen festzustellen. F. Vittinghoff, Saec. 11, 1960, 89ff. J. Vogt, Hist. E 8, 1965, 109f. N. Brockmeyer Arbeitsorganisation und ökonom. Denken in der Gutswirtschaft des röm. Reiches, Diss. Bochum 1968, 8ff. (Überblick über nichtmarxist. und marxist. Forschung). Die S. unterscheidet sich von der Leibeigenschaft der → Heloten und der röm. → Coloni. Der Sklave ist Eigentum eines anderen Menschen, der Leibeigene nur an den Boden, nicht an einen Menschen gebunden. Die griech. Worte für Sklaven *οἰκέτης, ϑεράπων, παῖς* sind unscharf, bezeichnen auch den Diener freien Standes, eindeutiger drückt *δοῦλος* den unfreien Rechtsstand aus und stellt *ἀνδράποδον* den Sklaven als Marktware mit dem Vieh (*τετράποδον*) gleich. F. Gschnitzer Stud. z. griech. Terminologie der S., 1963. Ob in myken. Texten *doero* dem *δοῦλος* auch sachlich entspricht, ist unklar. In den hom. Epen wird S. kaum erwähnt (*δούλη* nur Il. 3,409; Od. 4,12, *δμῶες* sind eher freie Diener). Kriegsgefangenschaft, Menschenraub und -handel sind Quelle der S. (Phoinik. Sklavenhändler Od. 14,452. 15,381ff.). Eine Frau ist 4 Stück Vieh wert, Il. 23,705. Eumaios erhofft von seinem Herrn eine Frau und ein Haus. Die natürliche Fortpflanzung der Sklaven in sog. hausgeborenen (*οἰκογενεῖς*) Sklaven ist also möglich, Dion. Chrys. 15,25 betont sie als Quelle der S. Die Lage eines Sklaven scheint erträglich; Achilleus empfindet das Los des Tagelöhners, nicht das eines Sklaven, als bes. bitter. Od. 11,489. G. Micknat Stud. z. Kriegsgefangenschaft und Sklaverei in der griech. Gesch. 1, 1954. Mit Geldwirtschaft, Handel und Gewerbe nahm um 600 die S. zu, gebietsweise sehr verschieden. In Boiotien und Thessalien (Penesten) blieben ältere Formen der Un- und Halbfreiheit, in Phokis und Lokris wurde erst im 4. Jh. S. zugelassen. FGrH 566 F 11. Chier beschäftigten als erste gekaufte Barbaren. FGrH 115 F 122. → Periandros verbot in Korinth den Erwerb von Sklaven aus innenpolit. Gründen. FGrH 90 F 58. → Solon beseitigte die Schuldknechtschaft als Quelle der S. Aristot. Ath. pol. 9,1. Sklavenzahlen werden selten erwähnt. Der Metoike Kephisodoros besaß 5 Thraker, 3 Karer, 2 Syrer, 2 Illyrier und je 1 Kolcher, Skythen, Lyder und Malteser. Sylloge^3 96, 14ff. Im peloponn. Krieg flüchteten mehr als 20000 Sklaven aus Attika. Thuk. 7,27,5. → Lysias (6) und sein Bruder hatten 120, → Pasion (2) mehr als 50 Sklaven. Lys. 12,19. Demosth. 36,11. Doch mußte die Mehrheit der Bürger mit eigener Arbeit den Unterhalt verdienen. A. H. M. Jones, WG 14, 1954, 19ff. Für Attika vermutet man E. 5. Jh. 60000–80000 Sklaven. G. De Ste Croix, CR 7, 1957, 54ff. Sie arbeiteten im Haushalt als Diener und Pädagogen, Vogt 69ff., als Landarbeiter, als Handwerker im Metall-, Leder- und Töpfergewerbe des Herrn, als Bankangestellte, Ärzte, Musiker, oder waren gegen eine Abgabe (*ἀποφορά*) an Dritte vermietet. F. Kudlien Die Sklaven in der griech. Medizin d. klass. und hellenist. Zeit, 1968. Staats- und niedere Tempelämter waren mit Sklaven besetzt, der Polizeidienst in Athen mit Skythen. Zu den guten Leistungen in den Bergwerken S. Lauffer Die Bergwerkssklaven von Laureion 1, 1956. 2, 1957. Die Sklavenpreise schwankten nach körperlicher Eignung und Spezialausbildung zwischen $\frac{1}{2}$ und 10 Minen, Durchschnittspreis 150 bis 200 Drachmen. Xen. mem. 2,5,2. Die Sklavenarbeit war nicht billiger als die freie Lohnarbeit, der Lohn nach Baurechnungen am Erechtheion bei gleicher Arbeit für Freie und Unfreie gleich, die Leistung nicht geringer, da der Sklave im allg. durch verbesserte Leistung die Freilassung erreichen konnte. Zur Freilassung in militär. Notzeiten Paus. 1,32,3. 7,15,7. In Athen unterschieden sich Bürger und Sklaven nicht in der Kleidung. Xen. Ath. pol. 10ff. Das persönliche Verhältnis Herr–Sklave bestimmten die Umgangssitten des Hauses, Betriebes und der Gesellschaft. Von polit. Rechten ausgeschlossen, besaß der Sklave ein gewisses Ehe-, Vermögens- und Zeugnisrecht. Aristot. oec. 1,1344b. Xen. oik. 9,5f. Das Gesetz regelte in → Gortyn Ehen zwischen Freien und Sklaven, bestrafte in Athen Tötung und Mißhandlung eines Sklaven durch Dritte. Sklaven waren zu den → Mysterien zugelassen, übernahmen Kulte der Herrenreligion oder behielten Kulte ihrer Herkunftsländer. Demosth. 59,21. F. Bömer Unters. über die Religion der Sklaven in Griechenland und Rom, 4 Bde. 1957/63. Von den Sklaven wurde die S. selbst nicht in Frage gestellt, Sophisten wie → Alkidamas erklärten alle Menschen von Natur aus frei, betonten die innere Freiheit des Sklaven und sein Recht auf menschliche Behandlung ebenso wie später die Stoiker und Kyniker. Eur. Ion 854ff. Sen. epist. 47. W. Richter, G 65, 1958, 213. Platon und Aristoteles hielten die S. für unerläßlich. Plat. leg. 7,806 de; polit. 309a. Aristot. pol. 1,1253b 18ff. 34ff.: »Wenn jedes Werkzeug auf Weisung oder die Weisung im voraus erratend seine Verrichtung wahrnehmen könnte ..., dann brauchten allerdings die Meister keine Gesellen und die Herren keine Sklaven.« In hellenist. Z. nahm die Sklavenzahl durch Piraterie, neue Handels- und Absatzgebiete und Sklavenaufzucht zu. Pol. 38,15,1f. Markt auf → Delos, Strab. 14,668. Die Gesetze über die Rechtsstellung der Sklaven, die Besteuerung des Sklavenhandels, die Fahndung gegen Entlaufene, aber auch das Asylrecht wurden ausgebaut. Mitt.-Wilcken Grdz. 2,2, 369. Das z.T. familiäre Verhältnis zwischen Sklaven und Freien schildern → Menandros' (9) Komödien. P. Spranger Hist. Unters. zu den Sklavenfiguren des Plautus und Terenz, 1960.

Neben dem üblichen *servus (serva* wurde meist durch *ancilla* ersetzt) bezeichnete in Rom den Sklaven *mancipium* nach der Erwerbsform, *puer* und *famulus* nach seinem Dienst; *verna* ist der hausgeborene Sklave. Das XII Tafelgesetz, das die Körperverletzung des Sklaven durch Dritte bestrafte (tab. 8,3), bezeugt Versklavung von Schuldnern. Sie wurde durch die *lex Poetelia* 326 bekämpft. Liv. 8,28. E. M. STAERMAN Die Blütezeit der Sklavenwirtschaft in der röm. Republik, 1969, 59 ff. Seit dem 4. Jh. nahm die Kaufs. in Italien zu (348 beschränktes Verbot im röm.-karthag. Vertrag, H. BENGTSON Die Staatsverträge 2,326). Viele Kriege Roms brachten bes. aus dem O. Gefangenenmassen als Sklaven, von 250 bis 150 v. Chr. etwa 250000, der Eroberung Galliens 58 bis 51 folgte eine zweite Versklavungswelle. H. VOLKMANN Die Massenversklavungen, 1961, 117. Bithynien wurde durch Sklavenhandel entvölkert. Diod. 36,1. Verwendung und Behandlung der Sklaven unter einem *vilicus* bei Getreide- und Weinanbau und in der Weidewirtschaft mittlerer ital. Güter, seit 1. Jh. v. Chr. der Latifundien, beschreiben Cato agr., Varro rust. (37 v. Chr.) und Columella (unter Kaiser Claudius). Varro 1,17,5 und Colum. 1,8,19 fordern mit Belohnungen die Sklavinnen zur Aufzucht von Sklavenkindern auf. BROCKMEYER 71 ff. Die Beschäftigung von Sklaven in Manufakturbetrieben, von einer Hierarchie der Luxussklaven in den *familiae urbanae* mit der Aufstiegsmöglichkeit durch Freilassung (→ *libertini*) stieg. STAERMAN 102 ff. 130 ff. Die soziale und nationale Uneinigkeit der Sklaven, gefördert vom Besitzer (Plut. Cat. m. 21,4), versagte den Sklavenaufständen 140–70 v. Chr. den Erfolg (in Sizilien durch → Eunus, in Kleinasien durch → Aristonikos (3), in Italien durch → Spartacus, in att. Bergwerken und auf Delos). Sie fallen in die Zeit der Massenversklavung Freigeborener als zeit- und ortsbedingte Erhebungen gegen eine ungemein harte Behandlung. Selbst in diesen Ausnahmefällen erstrebten die Empörer persönliche Freiheit, nicht grundsätzlich Abschaffung der S. VOGT 20 ff. In der Kaiserzeit verringerten die Abnahme der Kriege und die vielen Freilassungen, die Augustus u. Tiberius gesetzlich einzuschränken suchten, die Sklavenzahl. Die Ausfälle wurden durch die Kinder der Sklavenehen in nicht erkennbarem Umfang ersetzt. Grabinschr. des 1. und 2. Jh. und solche aus den *columbaria* zeigen Ehen, Kinder und Familiensinn der Sklaven. DESSILS 8555. WESTERMANN, RE Suppl. VI 1040. Nach An- und Verkaufsurkunden, nach Ammen- und Lehrverträgen der Hausgeborenen erscheint Aufzucht eines Sklavenkindes vorteilhafter als der Kauf eines erwachsenen Sklaven. J. BIÉZUNSKÁ-MALOWIST Hommages à M. Renard 2, 1969, 91 ff. B. ADAMS Paramone ... 1964, 146 ff. Die Preise waren in den Reichsteilen nach der Qualität der Sklaven sehr verschieden. WESTERMANN, a. O. 1011 f. Mit dem Übergang der Landwirtschaft von Großbetrieben zur Parzellenpacht traten freie oder hörige Bauern an die Stelle der Sklaven. In großer Zahl arbeiteten Sklaven in der Hofhaltung der Kaiser, in der Reichsverwaltung, auf Domänen, in Manufakturbetrieben und im Bergbau. G. BOULVERT Les esclaves ... impériaux sous le Haut Empire Rom. 1964. H. CHANTRAINE Freigelassene Sklaven im Dienst der röm. Kaiser, 1967. Die Vermutung, der bequeme Einsatz von Sklaven habe den techn. Fortschritt gehemmt, trifft nicht zu. F. KIECHLE Sklavenarbeit und techn. Fortschritt im röm. Reich, 1969. Das Sklavenrecht wurde in Schadenshaftung, Geschäfts- und Vermögenshaftung ausgebaut, der Sklave als Handelsobjekt, aber nie völlig als Sache *(res)* betrachtet, das Strafrecht dauernd, bes. unter Hadrian, Diokletian und Konstantin I., gemildert, Mißhandlung und Tötung verboten. Die chr. Lehre unterschied nicht zwischen Sklaven und Freien, da beide Diener Christi waren. Paul. Gal. 3,28 (*οὐκ ἔνι δοῦλος οὐδὲ ἐλεύθερος*). Sie forderte aber nicht die förmliche Abschaffung der S. Paulus (1. Kor. 7,22) betonte die Irrelevanz der irdischen Freiheit und der Freilassung. Die chr. Herren sollten ihre Sklaven wie Brüder behandeln (Kol. 4,1). Erst im 4. Jh. riefen Mönchsgruppen der Eustathianer (→ Eustathios 6) in Kleinasien und der Circumcellionen in Nordafrika die Sklaven unter dem Vorwand der Frömmigkeit zur Flucht auf. Theodoret. in ep. 1. Cor. 7,21, MIGNE PG 82, 280. Radikale Christen verlangten in der Zeit des Bischofs → Theodoros von Mopsuestia (392–428) die völlige Beseitigung der S. Theod. Mops. in ep. ad Philem. arg. (2,262 Swete): *plurimi vero nostris temporibus, nescientes quae qualiter et quando fieri debeant, existimant contemplatione pietatis oportere omnia praesentis vitae confundi et nullam esse discretionem inter servos et dominos.* In der Praxis geschah nichts, um dieses Ziel zu erreichen. Immerhin erklärte die Kirche die Sklavenfreilassung für heilsam und menschenfreundlich. Greg. Nyss. or. 3, MIGNE PG 46,657. So sollte die S. nicht sofort und gewaltsam, sondern allmählich und mit Zustimmung der Herren abgeschafft werden. Ioh. Chrys. hom. 40,5 in 1. Cor., MIGNE PG 61,354. Hier. comm. in Isaiam 16,58, MIGNE PL 24,565 (Freilassung nach dem 7. Dienstjahr). H. BELLEN Stud. zur Sklavenflucht im röm. Kaiserreich, 1971. In der Spätant. nahm die S. ab und hatte für den Übergang der Ant. zum MA. keine Bedeutung. H. V.

W. L. Westermann, RE Suppl. VI 894 ff. *Ders.* The slave systems of Greek and Roman antiquity, 1955. *M. J. Finley* Slavery in Class. Antiquity, 1960. *S. Lauffer* Die Sklaverei in der griech.-röm. Welt, G 68, 1961, 370 ff. *H. Kühne* Zur Teilnahme von Sklaven und Freigelassenen an den Bürgerkriegen im 1. Jh. v. u. Z. in Rom, Studi Classici 4, 1962, 189 ff. *D. Savramis* Zur Soziologie des byzant. Mönchtums, 1962, 33 (Verbot des Sklavenbesitzes für Klöster). *H. Gülzow* Christentum und Sklaverei in den ersten drei Jahrhunderten, 1970.

Skolion (*σκόλιον*) heißt ein beim Symposion gesungenes Lied. Nach → Dikaiarchos (Frg. 88 W. und dazu angeführte Texte) wurden gesungen:

1. gemeinsam der Paian, 2. von jedem Gast der Reihe nach ein Lied; der Sänger hielt einen Myrtenzweig, den er weitergab, 3. nur von den *συνετώτατοι* Lieder zur Lyra; von der unregelmäßigen Folge dieser Sänger stamme der Name S. Anders → Aristoxenos (Frg. 125 W.), der nur das 2. *γένος* Dikaiarchs zu kennen scheint. Zu 2 vgl. Aristoph. Vesp. 1217–49. 1219 erwähnt die Flötenbegleitung. Athen. 15,694 c steht eine Slg. attischer S., E. 6. und Anf. 5. Jh. in Adelskreisen entstanden. Nr. 8 ist aus → Alk. Frg. 249 L.-P. entlehnt. Inhalt der kurzen Lieder: Götteranrufungen, Lebensregeln, auf die Toten von Leipsydrion, auf Harmodios und Aristogeiton in 4 Varianten (Ehrenberg, WS 69, 1956, 57–69) u. a. Zur Lyra gesungen (vgl. Aristoph. Nub. 1354–62) wurden Lieder, nicht nur S., der Lyriker (Eupolis Frg. 139. 366 K. Aristoph. Frg. 223 K.). Vf. von S.: Pythermos (Athen. 14,625 c), Simonides (Frg. 4 D. = 37 P.), Pindar (van Groningen P. au banquet, 1960), Timokreon (Sch. Aristoph. Ach. 532), Hybrias (Athen. 15,695 f). Die den 7 Weisen zugeschriebenen entstammen dem 5. Jh. Im 4. Jh. verstummen die S.; letzte Vertreter, in gekünstelter Sprache, auf einem Pap. aus Elephantine (3. Jh. v. Chr.). Die Grammatiker mieden die Bezeichnung S. für Gedichte der Lyriker. R. K.

Ta.: Anth. lyr. 2^2,5,159. 6,16–28. *Page* Poetae mel. gr. (1962) p. 472–482.

Lit.: *R. Reitzenstein* Epigramm u. S., 1893. *C. M. Bowra* Greek Lyric Poetry^2 (1961), 373–403. *Harvey*, CQ 49, 1955, 162 f.

Skomios (*Σκόμιος*, richtiger wohl Skombros oder Skopios), h. das Witošageb. s. von Sofia; wichtiges Scheidegebirge in NW.-Thrakien, an dem der Strymon entspringt; einige ant. Autoren lassen fälschlich auch den Hebros und den Nestos auf dem S. entspringen, Thuk. 2,96,3 ff. Aristot. meteor. 1,13,22. Plin. nat. 4,35. Chr. D.

Oberhummer, RE III A 567. *Detschew* Thrak. Sprachreste 459. *Danoff* Altthrakien, Sofia 1968 (bulg.), 101, 105. 109. 119.

Skopadai, thessal. Adelsgeschlecht in → Krannon, berühmt durch Reichtum an Herden, stellte zeitweise den → Tagos des thessal. Bundes. Plut. Cim. 10,5. Theokr. 16,36 ff. Sch. Um 575 warb Diaktoridas um → Agariste (1). Hdt. 6,127. Ob der Athen. 10,438 c. Quint. 11,2,15 genannte Skopas I. oder Skopas II. die Tribute der thessal. Perioiken ordnete, bleibt fraglich. Xen. hell. 6,127. Auf Skopas II. dichtete → Simonides (1) ein Epinikion. Um 510 kamen die S. beim Deckeneinsturz ihres Hauses in → Pharsalos um. Dem Untergang widmete Simonides einen Threnos. Poetae Mel. Gr. fr. 16. 37 P. Aus einer Seitenlinie stammte Skopas, ein Zeitgenosse des Sokrates. Ail. var. 12, 1. Diog. Laert. 2,25. M. Sordi La lega tessala, 1958, 61 ff. H. V.

Skopas (*Σκόπας*). **1.** Sohn des Sosandros, Aitoler aus → Trichoneion, 224 *γραμματεύς*, half 221/20 dem Strategen Ariston, plünderte mit → Dorimachos Messenien, zwang als Stratege 220/19 → Philipp V. (7) zum Rückzug aus Aitolien, eroberte 211/10 als Stratege mit den Römern Antikyra. Pol. 4,5,1. 6,7 ff.; 27,1. Liv. 26,24,7. 25,9 ff. IG IX 1^2,4,8. 29,8 f. Wegen seiner Macht als Stratege 205/04 und Nomograph verdächtigt, ging S. nach Alexandreia, eroberte mit griech. Söldnern 201/200 Judaea und Jerusalem, wurde aber 200 von → Antiochos III. (4) bei Panion (→ Caesarea 2) geschlagen, 197 von → Aristomenes (2) vor Gericht gestellt und vergiftet. Pol. 13,1,2 f. 1 a. 15,25,16 ff. 16, 39,1. 18,53 f. Liv. 31,43,5 ff. Zur Chronologie F. W. Walbank A histor. commentary on Pol. 2, 1967, 12 f. H. V.

2. Von Paros, Bildhauer und Architekt. Plin. nat. 34,49 gibt eine falsche Datierung (Akme 420 v. Chr.), 36,60 die richtige Parallelisierung mit → Bryaxis, → Leochares und → Timotheos, d. h. 4. Jh. v. Chr. Paus. 8,45,5 nennt S. als Architekten des Athenatempels in Tegea, 47,1 als Künstler des Asklepios und der Hygieia, die beiderseits des Kultbildes standen und aus pentel. Marmor gearbeitet waren. Der Bau hat außen schlanke dor., in der Cella korinth. Säulen; er zeigt Verwandtschaft mit att. Bauten und dem Tempel in Bassai ([2]. [11]). Allg. werden der Werkstatt des S. auch die Giebelskulpturen zugeschrieben (O: kalydon. Eberjagd. W: Achilleus gegen Telephos), von denen Frg.e mit charakteristischen, fast quadratischen Köpfen erhalten sind ([2] T. 96 ff.). Die Datierung (nach 395) ist umstritten; h. werden die Giebel meist 350/40 angesetzt ([5], 46). Nach Plin. nat. 36,30–31 arbeitete S. den O.-Fries des → Maussolleion (1), um 350 v. Chr.; die Platten 1013–1015 des British Museum ([5], 18 f. [6], T. 4) werden h. allg. seiner Werkstatt oder Hand zugeteilt. Die ant. Literatur nennt weitere Werke des S., Götter und Heroen, in Attika, Boiotien, Kleinasien und auf der Peloponnes ([6], 60 ff.), doch ist davon nichts im Original erhalten, auch nicht das Säulenrelief vom Artemision in Ephesos, Plin. nat. 36,95 ([8]). Aus stilist. Erwägungen heraus hat man dem S. einen Meleager ([6], T. 11–12), einen Herakles ([6], T. 1,3–4. 2,6–7) und eine Mänade ([6], T. 10) zugeschrieben; andere Zuweisungen müßten neu begründet werden. Der allg. dem S. zugeschriebene »Pothos« ist sicher später als die Lebensz. dieses S. (v. Steuben, in: Helbig Führer durch d. öffentl. Sammlungen klass. Altertümer in Rom II^4 (1966) 436 f. Nr. 1644). Der Ruhm des S. beruhte auf seiner Marmorarbeit (nur ein Erzwerk ist überliefert: Aphrodite auf dem Bock, in Elis, Paus. 6,25,1). Seine Gestalten zeigen mehr Pathos und unruhigere Haltung als die seines Z.-Genossen → Praxiteles. S. liebte Überschneidungen, in Haarwiedergabe und Proportionen steht er dem → Lysippos (2) nicht fern. S. gehört zu den bedeutendsten ant. Bildhauern.

1. *K.A.Neugebauer* Studien über S., 1913. 2. *Dugas-Berchmans-Clemmensen* Le sanctuaire d'Aléa Athéna à Tégée (1924). 3. *Ch.Picard* Manuel d'archéologie grecque. La sculpture III/2, 633ff. 4. *Lippold,* HB Arch III/1 (1950) 249ff. 5. *E.Buschor* Maussollos u. Alexander (1950). 6. *P.E.Arias* S. (1952). 7. *Sichtermann,* MDAI(R) 69, 1962, 43ff. 8. *H.Koch,* in: Theoria (Festschr. W.-H. Schuchhardt) 123ff. 9. *Berger,* LAW 2817. 10. *Arias,* Enc. Arte Ant. VII (1966) 364ff. 11. *Gruben* D. Tempel d. Griechen (1966) 124ff.

3. Von anderen, jüngeren Bildhauern S. ist kein Werk gesichert. **4.** Gemmenschneider, schuf in einem konvexen Hyacinth in Leipzig ein signiertes, vorzügliches Bildnis eines jüngeren Mannes (→ Gemmen), 1. Jh. v. Chr. W. H. G.

M.-L. Vollenweider Die Steinschneidekunst u. ihre Künstler (1966) 26f. T. 15,1. 3. *E.Diehl,* G 74, 1967, 564. *Gross,* GGA 220, 1968, 52.

Skopelianos aus → Klazomenai, Sophist und Vf. eines Epos *Γιγαντία*, um 100 n. Chr., Schüler des → Niketes (2), bewundert als Stegreifredner und Meister der *ἀκμαιότεραι ὑποθέσεις*, wegen seines Bemühens um *μεγαλοφωνία* jedoch auch als *διθυραμβώδης* getadelt. S. war *ἀρχιερεὺς τῆς Ἀσίας*. Als Advokat und Lehrer der Rhetorik in → Smyrna zu großem Ansehen gelangt, wurde er mehrfach mit Gesandtschaften zum Kaiser betraut. Schüler: → Polemon (5), → Herodes (16) Attikos. Quelle: Philostr. v. soph. 1,21. Th. W.

Dornseiff, RE III A 580f.

Skorpion **1.** s. Geschütze. **2.** s. Spinnentiere (3)

Skorpios s. Sternbilder

Skotussa (*Σκότουσ(σ)α, Σκοτοῦσ(σ)α*), Stadt in der thessalischen Landschaft → Pelasgiotis mit erhaltenen Stadtmauerresten, Theater u.a. beim h. Supli. 367 v. Chr. von Alexandros von → Pherai überfallen und ausgemordet, Stützpunkt → Philipps V. (7) in Thessalien und bedeutende Stadt des thessal. Bundes nach 196 v. Chr., zuletzt genannt vor der Schlacht von → Pharsalos, zu Pausanias' Z. verlassen. Skyl. 64. Strab. 7,7,12 p. 529. Ptol. 3, 12,39. Paus. 6,5,2f. Steph. Byz. BCH 45, 1921, 16 III 22. Inschr.: IG IX 2 Nr. 397–410. SEG 15,370. Mz.: HEAD HN² 309f. E. M.

1. *Stählin,* RE IIIA 613ff. 2. *Ders.* Das hellenische Thessalien 109ff. (mit Plan).

Skupoi (*Σκοῦποι*), Siedlung urspr. illyr. (?) Ursprungs am Axios (Wardar) mit thrak. Namen, nicht weit von der h. Stadt Skopije. Als wichtige Durchgangsstation aus Makedonien nach Illyrien an der Straße von → Naissus nach → Stoboi erhielt S. in röm. Z. das Stadtrecht. Es war eine deduzierte Kolonie der Flavier, die durch Hadrian und Pius verstärkt wurde. Die *legio VII Claudia* hatte dort lange Z. ihr Standlager. In der Spätant. Hauptstadt der Provinz Dacia Mediterranea. 518 durch ein Erdbeben zerstört, bestand S. noch im 7. Jh.

Ptol. 3,9,4. Cod. Iust. 8,44,28. 12,23,3 u. ö. Inschr. CIL III. Chr. D.

Fluß, RE II A 910. *Besnier* Lex. de géogr. anc. 680. *Detschew* Thrak. Sprachreste 461ff.

Skylax (*Σκύλαξ*) von → Karyanda, Seefahrer und Geograph. Nach Hdt. 4,44 umschiffte er zum erstenmal Arabien im Auftrag → Dareios' I. zwischen 519 und 512. Von Kaspapyros (var. *Κασπάτυρος*), *πόλις Γανδαρική* (Hekataios FGrH 1 F 295), am Kabulfluß oder am Einfluß des Kabul in den Indus aufbrechend, sei er 30 Mon. später in Suez angekommen. Als Vf. von *Τὰ κατὰ Ἡρακλείδην τὸν Μυλασσῶν βασιλέα* (Suda), der namentlich die heroische Haltung des kar. Helden Herakleides bei Artemision erzählte, ist er frühestens nach 480 gest. (s. BENGTSON, Hist. 1955, 301). Mit dem Titel *Περίπλους τῶν ἐκτὸς τῶν Ἡρακλέους Στηλῶν* verbindet man 7 Frg.e, die sich auf die Fahrt um Arabien beziehen, und durch Quellenanalyse mehrere Nachrichten über Indien, den Pers. Golf und Arabien bei Hekataios und Herodotos. Sechs andere gehören zu der *Γῆς περίοδος* und erwähnen die Heraklessäulen (nach → Kolaios v. Samos?), Illyrien und verschiedene Gegenden Kleinasiens.

Der *Περίπλους τῆς θαλάσσης τῆς οἰκουμένης Εὐρώπης καὶ Ἀσίας καὶ Λιβύης*, erhalten unter dem Namen des Skylax (GGM I 15–96, A. BACHMAKOFF La synthèse des périples pontiques, 1948), ist eine Kompilation früher Periploi (P. FABRE, Les Études Class. 1965, 353) oder von Berichten des 4. Jh. v. Chr. (A. PERETTI, St. Class. ed Orientali 1963, 16). Frg.e: FGrH 709. F. L.

K. v. Fritz Die griech. Geschichtsschreibung 1, 1967, 33.

Skylla (*Σκύλλα*, ep. *-η*, wohl zu *σκύλλειν* »zerzausen«). **1.** In einem Schiffermärchen der Od. 12,73ff. 201ff. ein eine Meerenge versperrendes Ungetüm mit 6 langen Hälsen und Köpfen mit je 3 Zahnreihen und 12 Stummelfüßen. Bellend wie ein junger Hund (*σκύλαξ*), schnappt es aus der Höhle eines glatten Steilfelsen nach Nahrung, während auf der anderen Seite der Enge auf einem niedrigeren Felsen die → Charybdis haust. Nach Kirkes Rat meidet Odysseus diese und opfert lieber 6 seiner Leute der S. Später kommt er allein noch einmal der S. gefährlich nahe, 12, 426ff. Die → Argonauten waren durch → Thetis sicher an ihr vorbeigeleitet worden, Apoll. Rhod. 4,789. 827ff. 922. Apollod. 1,136. Aineias geht ihr auf Helenos' Rat durch Umfahrt aus dem Wege, Verg. Aen. 3,420f., findet aber später Skyllen (vgl. Lucr. 5,893) *in faucibus Orci* 6,286.

Stesich. erzählte Mythen von ihr, die in hellenist. Z. phantastisch ausgeführt wurden. Herakles tötet S., weil sie ihm eines der Rinder des → Geryones geraubt hat, aber ihr Vater Phorkys bringt sie wieder zum Leben durch Verbrennen und Aufkochen (Lykophr. 45. 651 mit Sch.). Der Meergott → Glaukos (1) wirbt vergeblich um S., urspr. eine schöne, aber spröde Jungfrau; die eifersüchtige

Kirke verwandelt S. in das hom. Ungetüm, Ov. met. 13,730ff. 14,1ff. 59ff. Hyg. fab. 199. – Plat., Eratosth., Cic., Ov. u. a. erklärten S. für ein Phantasiegebilde; sonst lokalisierte man sie im Alt. in der Straße von Messina, Thuk. 4,24,5; in der Nähe lagen Vorgebirge und Stadt Scyllaeum; Apoll. Rhod. 4,828 nennt S. *Αὐσονίη*, Eur. Med. 1342 *Τυρσηνίς*. Auch moderne Od.-Topographen suchen S. u. Charybdis meist dort. z. B. E. BRADFORD Reisen mit Hom., Dt. Taschenbuch Verlag. Nr. 431, 168ff. PHILIPP, RE Suppl. V 980 sucht sie im Bosporos. – An die Stelle rein tierischer Gestalt bei Hom. trat später in Literatur und Kunst eine variable Mischgestalt. (*biformis* Verg. Aen. 6,280, *triplex* Auson., *multiplex* Min. Fel. 20,3). F. MÜLLER Od.-Illustrationen, 1913, 118ff. WASER, Myth. Lex. 4, 1024ff. JOH. SCHMIDT, RE IIIA 650ff. G. JACOPI L'antro di Tiberio a Sperlonga, 1963. Vgl. G 65, 1958, 481ff. – Wie andere Fabelwesen, wurde S. schon im Alt. realist. (Riesenkrake), rationalist. und alleg.-moralisch aufgefaßt. Die letztere Auffassung lebte bis ins MA. fort: Fresko in Corvey 9. Jh., H. CLAUSSEN Westf. Ztschr. 113, 1963, 478. – *Incidit in Scyllam, qui vult vitare Charybdim* zuerst in der Alexandreis des Walter v. Châtillon, 12. Jh.

2. Tochter des Königs → Nisos (1) von Megara. Dem die Stadt belagernden → Minos zuliebe tötet sie ihren Vater, indem sie ihm im Schlafe ein goldenes (purpurnes) Lebenshaar abschneidet (vgl. → Komaitho, → Peisidike 2, Simson und Delila, → Tarpeia). Minos verschmäht sie und läßt sie am Heck seines Schiffes durchs Meer schleifen. Bei Aischyl. Choeph. 612ff. wird sie durch ein Geschenk des Minos verführt, in einer verlorenen Tragödie (Ov. trist. 2,393) ist Liebe das Hauptmotiv. Hellenist. Dichtung ließ die Sage in Verwandlungen ausklingen, S. wird zur → *Κεῖρις*, Nisos zum Seeadler, Hyg. fab. 198. Ausführliche, aber verschiedene Darstellungen in dem ps.-verg. Epyllion Ciris, dessen Schlußverse sich mit Verg. georg. 1,406ff. decken, und Ov. met. 8,6ff. H. v. G.

Büchner, RE VIII A 1109ff. (Art. Vergilius).

Skyllaion (*Σκύλλαιον*), das NO.-Vorgebirge der Halbinsel Argolis, h. Kap Spathi oder Skyli. Strab. 8,5,1 p. 368. 6,13 p. 373. Paus. 2,34,7f. Plin. nat. 4,17f. Ptol. 3,14,33. Stadiasm. m. m. 273. E. M.

1. *Philipps.-Kirst.* 3,115. 2. *Geyer*, RE IIIA 659f. 3. *A. Miliarakis* *Γεωγραφία* ... *Ἀργολίδος* 226. 254f.

Skyllētion (Diod. 13,3,4. Strab. 6,261; später *Σκυλάκιον* Strab. Ptol. 3,1,11. *Scȳlăcēum* Verg. Aen. 3,553), Stadt an O.-Küste → Bruttiums in nach ihr benannter Bucht (Aristot. pol. 7,9,2 p. 1329b 12. Dion. Hal. ant. 1,35,1); angebliche Gründer Odysseus (Serv. auct. Aen. 3,553) oder Menestheus (Strab. Serv. auct.) und Athener (Plin. nat. 3,95. Solin. 2,10). Funde nicht vor 5. Jh.; erste Erwähnung zum J. 415 v. Chr. (Diod.); 123 v. Chr. röm. Kolonie *Scolacium Minervia* (Vell. 1,15,4; vgl. CIL X 103 = ILS 5750); Athenakult vielleicht nach Lykophr. 853. H. Squillace. G. R.

Forbiger HB. d. alt. Geogr. 3,363. 514. *Nissen* It. Ldk. 2, 947. *Wikén* Die Kunde der Hellenen usw. 108. *v. Stauffenberg* Trinakria 77. *J. Bérard* La colonisation Grecque etc.[2] 160. 379f.

Skymnos. 1. Von Chios, wohl ident. mit dem 185/84 als Proxenos in Delphi geehrten Sohn des Apelles (Sylloge[3] 585,86), verfaßte eine *Περιήγησις* in mindestens 16 B. in ion. Prosa nach dem Muster des → Hekataios (3). Die 9 erhaltenen Frg.e verteilen sich auf die beiden Teile des Werkes, Asien (mit Libyen) und Europa. Gemäß dem perihegetischen Stil räumen sie einen breiten Raum der Geschichte (Koloniegründungen usw.), der Mythologie und paradoxen Schilderungen ein (vgl. die Beschreibung der armen Vegetation Britanniens nach → Pytheas [4] bei Apoll. hist. mir. 15).

Frg.e: *F. Gisinger*, RE III A 664–672.

2. Die anonyme *Περιήγησις* in Jamben in den GGM, die von HOLSTEIN (1630) Skymnos zugeschrieben und meist als Ps.-Skymn. zitiert, von [2] aber richtiger *Periegesis ad Nicomedem regem* betitelt und einem Pausanias v. Damas (Const. Porph. them. 1,2) zugewiesen wird ([2], 177 u. TAPhA 1955, 268–279), ist ein auf der Geographie des → Ephoros beruhendes und um 110 v. Chr. abgefaßtes Lehrgedicht. Die einzig erhaltenen V. 1–874 beschreiben Europa, 875–978 Asien bis zum Sangarios (zahlreiche Ergänzungen bieten die Paraphrasen im Anon. Peripl. Pont. Eux. GGM I 402–423). F. L.

Ta.: 1. GGM I 196–237. Von V. 722 an: 2. *A. Diller* The Tradition of the Minor Greek Geographers, 1952, 165–176 (dort auch Lit.).

Skyphos (*σκύφος*). Nach Athen. 11,498ff. und Macr. Sat. 5,21 ist S. ein Becher mit Henkeln. In der archäolog. Fachsprache ist S. ein tassenförmiger Napf mit zwei Horizontalhenkeln am Oberrand, vgl. RICHTER-MILNE Shapes and Names of Athenian Vases (1935) Abb. 174–176. »Rhodische« Vogelschalen (PFUHL Abb. 47), att., korinth. und unterital. Exemplare zeigen die Formentwicklung. W. H. G.

Skyros (*Σκῦρος*), Insel ö. von → Euboia, von vielen kleineren umgeben, 36 km lang, bis 14 km breit und 202 qkm groß, seit neolith. Z. besiedelt. Die ant. Stadt auf steiler Höhe an der O.-Küste mit gut erhaltenem Mauerring. Der Sage nach Aufenthaltsort des jungen Achilleus, 476/75 v. Chr. durch Kimon, der dort Theseus' Gebeine gefunden haben soll, für Athen erobert und seitdem bis in die Kaiserz. athenisch. Skylax 58. Skymn. 580ff. Strab. 2,5,21 p. 124. 9,5,16 p. 436f. Ptol. 3,12,43. Dion. Per. 521 u. Eust. z. St. Plin. nat. 4,69. 72. Inschr.: IG XII 8 Nr. 666–679. Suppl. Nr. 516–526. SEG 1,407f. 16,520. E. M.

1. Belegstellen IG XII 8 p. 175ff. *Pape-Bens.* 2. *Fredrich*, MDAI(A) 31, 1906, 257ff. 3. *Ders.*, RE IIIA 690f. 4. *Philipps.-Kirst.* 4,53ff. 5. *P. Graindor* Histoire de l'île de Sk. jusqu'en 1558, 1906. 6. *N. Bonacasa*, Enciclop. arte

ant. 7, 112. 7. *H.D. Hansen* Prehistoric S., Studies presented to D.M. Robinson 1,54ff.

Skytale (*σκυτάλη*) bedeutet neben Stab, Knüppel und Keule übertr. eine verschlüsselte Nachricht, die bes. im spart. militär. Bereich verschickt wurde. Man wickelte einen Pergamentstreifen in ansteigenden Spiralen um einen Stab und beschrieb den Streifen. Das abgewickelte Schriftstück konnte vom Empfänger nur gelesen werden, wenn er es in derselben Steigung um einen Stab gleicher Stärke wickelte (Plut. Lys. 19. Gell. 17,9). S. O.

Skythai (*Σκύϑαι, Scythae*). **1.** Auf dem Gebiete der h. Ukrain. Soz. Sowjetrepublik saßen im Alt. menschenreiche Volksstämme, die vom 7. bis 3. Jh. v. Chr. als eine große Stammesgruppe aufgefaßt und als *Σκύϑαι* bezeichnet wurden. Ihrer ethn. und sprachl. Zugehörigkeit sowie ihrer Kultur nach waren sie mit den iran. Sarmaten und den Persern verwandt. Die gesicherte schriftl. Überlieferung beginnt im 7. Jh. v. Chr. Ihre Einwanderung und Ausbreitung westwärts aus dem weiten euras. Steppenraum mag bereits gegen E. 9. Jh. eingesetzt haben. Eines der am frühesten überlieferten Ereignisse aus der Gesch. der S. ist ihr Krieg mit den → Kimmeriern. Indem die S. die Kimmerier verdrängten und verfolgten, drangen sie in Kleinasien ein, wobei sie um 600 einige Jahrzehnte über den nördlichen Iran und über Armenien herrschten. Andere S.-Schwärme drangen bis nach Syrien und Palästina vor. Die Spuren der S. aus jener Z. lassen sich in den nordkaukas. Gebieten verfolgen. Nach ihrer Rückkehr ließen sich die S. hauptsächlich in dem weiten Steppenraum zwischen der Donau und dem Don nieder und besiedelten auch das Steppengebiet der Krimhalbinsel. Der Verlauf der N.-Grenze ihres Siedlungsgebietes in der Ukraine läßt sich nicht einwandfrei feststellen. Die S. gliederten sich in verschiedene Stammesverbände. Am östlichsten saßen die → Saken (eine große Gruppe von ihnen jenseits des Kasp. Meeres). Unter den europäischen S. hatten eine Vormachtstellung die Königsskythen (*βασίλειοι*), welche das Steppengebiet zwischen Dnjepr und Don besiedelten und die skolotischen S. zu Nachbarn hatten. Am r. Ufer des unteren Dnjepr und in den Krimsteppen saßen die nomadischen S. Im Raum zwischen dem h. Ingul genannten Fluß und dem Dnjepr saßen die »Ackerbauer« (*γεωϱγοί*), die mit den nomad. S. vermischt waren. Im südlichen Teil des Hypanis (Bug)-Beckens im Hinterland von Olbia saßen die → Kallipiden bzw. die Hellenoskythai, n. davon die Alazonen und die S. Aroteres (die ackerbautreibenden S.). Der Prozeß der sozialen und wirtschaftl. Schichtung unter den S. wurde durch die regen Handelsbeziehungen zur griech. Welt gefördert, und die Stammesverbände verwandelten sich allmählich in einen primitiven Staat, in dem die königl. Macht früh erblich und die Könige vergöttert wurden. Der Krieg gegen den Perserkönig Dareios I. (514/513) trug wesentl. zur polit. Einigung der S. bei. Im 4. Jh. entstand unter Ateas ein großes skyth. Königreich im Raum zwischen der Maiotis und dem Unterlauf der Donau. Sein Zentrum lag in der Kamenskoje-Siedlung, unweit der h. sowjet. Stadt Nikopol. Die Ergebnisse der Eroberungszüge Philipps II. in Skythien (339) waren von kurzer Dauer: → Zopyrion, der Statthalter Alexanders, erlitt 331 eine vernichtende Niederlage. Im 3. Jh. befanden sich die S. unter dem Drucke der Sarmaten im Rückgang. Im 2. Jh. rafften sie sich aber von neuem auf und entwickelten in der Folgezeit ein reges wirtschaftl., polit. und kulturelles Leben. Damals war ihre Hauptstadt nach dem skyth. Neapolis verlegt. Das skyth. Königreich bestand bis zur 2. H. 3. Jh. n. Chr. und brach unter dem Druck der Goten zusammen. Die S. büßten ihre ethn. Charakterzüge ein und gingen in den Nachbarstämmen und -völkern auf.

Die S. waren berühmt als Viehzüchter und Bogenschützen. Parallel damit aber trieben zahlreiche S.-Stämme den Landbau, was sich in ihren Stammesnamen widerspiegelt. Es gab auch Gewerbetreibende. Den Bestattungen der vermögenden S. wurde reicher Goldschmuck beigegeben. Auffallend sind die monumentalen Formen der skyth. Rüstung und des reichlich verzierten Pferdegeschirrs. In der Kunst der S. spielte der zoo- und theriomorphe Stil eine hervorragende Rolle. Speziell die künstler. Behandlung des Tierkörpers und der tier. Vorderteile wirkte stark auf die darstellende Kunst der Nachbarvölker in ö. Richtung über Sibirien, im W. über die ungarische Tiefebene bis nach Schlesien und der Niederlausitz und im SW. bes. in Thrakien und Griechenland.

Hdt. B. 4 sowie 1,103 u.ö. Thuk. 2,96. 97,5–6. Xen. an. 3,4,15; Kyr. 1,1,4; mem. 2,1,10 u.ö. Aristot. meteor. 1,64 u.ö. Strab. 1,7. 7,311. 11, 490 u.ö. Plin. nat. 4,80ff. 6,34ff. u.ö. Ptol. 6,14. 15 u.ö. Chr. D.

Kretschmer, RE II A 923–42. *Minns* Scythians and Greeks in S. Russia, 1913. *Rostovčev* Iranians and Greeks in S. Russia, 1922. *T. Talbot Rice* The Scythians, 1957. *M. Gibellino – Krascennicova* Gli Sciti, 1942. *R. Werner* in *W. von Barloewen* Abriß der ant. Randkulturen, 1961. *G. Borovka* Scythian Art, 1928. *Schefold*, Lex. d. A. W., 2820ff. Über die sowjet. Lit. s. *Danoff* Pontos Eux., RE Suppl. IX 1022ff. *J. Potratz* D. Skythen in Südrußland, Basel 1963.

2. S. heißen die als Polizeikorps formierten athen. Staatssklaven (→ Demosioi) nach ihrer Herkunft; andere Bezeichnungen betreffen ihre Bewaffnung (→ Toxotai 2) bzw. ihren Organisator (Speusinioi). BUSOLT GStk. 2,979,4. Mitte 5. Jh. in einer Stärke von 300 Mann aufgestellt (And. 3,5), zunächst auf der Agora, dann auf dem Areiopag stationiert (Sch. Aristoph. Ach. 54), stehen sie den Beamten für entsprechende Aufgaben bes. bei Volksversammlungen und Gerichtsverhandlungen zur Verfügung. Ihre Zahl ist viell. später auf 1000 erhöht worden (Suda s. τοξόται). Die hohen Ausgaben für sie würden dann ihre Abschaffung im 4. Jh. erklären (A. ANDREADES Gesch. der griech. Staatswirtschaft 1, 1931, 228). H. B.

O. Jacob Les esclaves publics à Athènes, 1928, 64–73. *W. L. Westermann* The Slave Systems of Greek and Roman Antiquity, 1955, 10.

Skythes (Σκύϑης). **1.** Eponym der Skythen, Sohn des Herakles und der → Echidna (2), Bruder des → Gelonos (1). Herakles (bei Diod. 2,43 Zeus) ist hier interpretatio graeca für einen einheim. Gott, MEYER GdA 2,263. H. v. G.

2. Tyrann über Kos um 500, gab die Herrschaft seinem Sohn → Kadmos (2), wurde, von → Hippokrates (4) unterstützt, 496/95 Tyrann von Zankle. Während er eine Sikelerstadt belagerte, eroberten Samier Zankle. Hippokrates setzte S. 494/93 ab. Aus der Haft in → Inykon floh er zu → Dareios I. (1) und starb an dessen Hofe. Hdt. 6,23 f. Ail. var. 8,17. H. BERVE Die Tyrannis, 1967, 118 f. 139. H. V.

3. Vasenmaler. Der um 515–500 tätige S. signierte und malte rf. Schalen (NACHOD, RE III A 694 ff. BEAZLEY AV 1². 82–85) und viell. (zweifelnd BEAZLEY 82) sf. Tontafeln (»Pinakes«) in Athen. S. war wohl nicht-att. Herkunft (Sklave?). Sein sehr persönlicher Stil ist oft nicht ohne Humor. W. H. G.

Skythopolis (Σκυϑόπολις), alt Bet-še'an, h. Tell el-hösn, Stadt am W.-Ufer des Jordan s. des Tiberias-Sees, war von → Thutmosis III. (3) bis → Ramses III. äg. Stützpunkt und Festung, wurde unter R. III. von den Seevölkern erobert und von Philistern besetzt. Seit dem 10. Jh. v. Chr. war S. israelit. (1. Kg. 4,12). S. gehörte in der Diadochenzeit zunächst den Ptolemäern, wurde 218 v. Chr. durch Antiochos III. seleukid., 107 v. Chr. durch Iohannes → Hyrkanos (2) jüd. Die Herkunft des Namens ist unklar. Ausgrabungen ergaben kanaanit. Tempel, Häuser der äg. Verwaltung, israelit. Befestigungen. W. H.

A. Rowe Topography and History of Beth-shan (1930). *A. Rowe – G. Fitz-Gerald* Four Canaanite Temples of B. (1930/40). *F. James* The Iron Age at Beth-shan (1966).

Smaragd (σμάραγδος), Bezeichnung unbek. Herkunft für eine grünliche Edelsteinart, schon bei Herodot (3,41) erwähnt. Es gab im Alt. bekannte Sm.-Minen. Der Stein war als Schmuck bes. beliebt. F. K.

Smerdis (altp. *Bardiya*, bei Xen. Kyr. 8,7,11 Ταννοξάρκης), ein Sohn des → Kyros (1) und Bruder des → Kambyses (2), nach dessen Antritt bald ermordet, nach der Behistun-Inschr. vor dem Zuge gegen Äg., nach Hdt. 3,30 erst nachher. Nach der Inschr. erhob sich ein falscher Bardiya, in Wahrheit ein Magier namens Gaumata, gegen Kambyses und nahm die Krone an. Nach dem Tode des Kambyses erlag er einer Verschwörung des → Dareios (1) und sechs anderer pers. Großen, die ihn ermordeten. Es wird von vielen Gelehrten vermutet, daß Dareios die ganze Gesch. des falschen Bardiya erfand, um seine eigene Machtergreifung zu legitimieren. Die griech. Berichte haben sich früh des Stoffes bemächtigt; schon Hdt. 3,75 hat zwei Versionen gehabt. J. D.-G.

Smikros. Der spätarchaische (tätig um 500) att. Vasenmaler signierte und malte Stamnoi, Peliken und Psyktere in enger Nachahmung des → Euphronios (2). BEAZLEY AV 1². 20 f. ARIAS-HIRMER Tausend J. griech. Vasenkunst (1960) T. 105–107. W. H. G.

Smilis (Σμῖλις), Sohn des Eukleides von Aigina, Bildhauer. Nach Paus. 7,4. 7. Clem. Al. Protr. 4,47,2. Athenag. 14 p. 19,15 Schw. arbeitete S. das Kultbild der Hera von Samos um (OHLY, MDAI(A) 68, 1953, 25 ff.), nach Paus. 5,17,1 schuf S. auch die Sitzbilder der Horen im Heraion zu Olympia. Irrtümlich gibt Athenag. a. O. dem S. auch das Herabild in Argos und nennt ihn Plin. nat. 36,90 Architekt. W. H. G.

Smintheus s. Apollon

Smyrna (ἡ Σμύρνα), ant. Hafenstadt am Izmir Körfezi. Die von aiolischen Griechen auf einer seit dem 3. Jt. v. Chr. besiedelten, h. ins Festland einbezogenen Halbinsel (auf dem Hügel Tepe Kule beim Dorfe Bayrakli, vgl. [3]) gegen E. 9. Jh. angelegte befestigte Niederlassung, im 8. Jh. von ion. Kolonisten aus → Kolophon übernommen und weiter ausgebaut, hatte in der 2. Hälfte 7. Jh. einen hohen Wohlstand erreicht, als sie um 600 von dem Lyderkönig → Alyattes erobert und zerstört wurde. Schwach bevölkert, blieb S. seither des Stadtcharakters verlustig, bis zu Beginn der hellenist. Z. um den Pagos-Hügel (h. Kadife Kale) eine Neugründung der Stadt vorgenommen wurde. S. hat es in der Folgezeit geschickt verstanden, sich im Einflußbereich verschiedener hellenist. Großmächte ein Höchstmaß an Freiheit zu bewahren, die ihr im wesentlichen auch anfangs nicht verlorengegangen sein dürfte, nachdem die Stadt mit der Provinz Asia unter röm. Herrschaft gekommen war. Zur wirtschaftl. Blüte der Stadt im 2. Jh. n. Chr. vgl. [4]; zum Anspruch S.s, die Geburtsstätte Homers zu sein, vgl. [7]. E. O.

1. *L. Bürchner*, RE III A 730–764 Nr. 3. 2. *C. J. Cadoux* Ancient Smyrna, Oxf. 1938. 3. *J. M. Cook, R. V. Nicholls, J. K. Anderson, J. Boardman*, ABSA 53/54, 1958/59, 1–181. 4. *T. R. S. Broughton* Roman Asia Min.: An Economic Survey of Anc. Rome 4, 1959, 750–752. 5. Zu den baul. Überresten von S. vgl. *G. E. Bean* Kleinasien I, Stuttgart 1969, 37–49. 6. Lit. zu den Münzen von S. bei *D. Kienast*, Jahrb. f. Num. 12, 1962, 168–172. 7. *A. Lesky*, RE Suppl. XI 690.

Soccus, der leichte niedrige Schuh, kam aus Griechenland, doch ist sein griech. Name nicht sicher bekannt (σύκχος, συκχίς?). In Rom trugen die hausschuhartige Bekleidung zunächst nur

Frauen, später auch Männer. S. ist vor allem der Schuh der Komödienschauspieler (Gegensatz: → Kothurn), so daß S. geradezu für Komödie stehen kann, z. B. Hor. ars 80. 90. Plin. epist. 9,7,3. W. H. G.

Societas hat – während *socii* gemäß der sprachlichen Zusammengehörigkeit mit *sequi* »Gefolgsleute« eines Führenden sind – die allgemeine Bedeutung von »Gemeinschaft, Gesellschaft« Gleichgestellter, die sich zur Erreichung eines die Kräfte eines einzelnen übersteigenden Zweckes zusammentun und einem selbstgewählten *magister* unterstellen. Das Hauptanwendungsgebiet der s., auf dem diese als Institut eine erhebliche Entwicklung und Ausgestaltung erfahren hat, ist der privatrechtliche Schuldkontrakt. – Gewisse s-tes, und zwar Erwerbsgesellschaften, an deren Tätigkeit der röm. Staat ein Interesse hatte, genossen schon früh Korporationsrechte, so die der → publicani u. a. Eine solche s. wurde dem *collegium* und *corpus* als juristische Person zur Seite gestellt. Das galt nicht für die rein privatrechtlichen s-tes. Über diese sowohl wie über die öffentlich-rechtl., auch die unter das Kriminalrecht fallenden *s-tes scelerum* gibt es eine umfassende ant. und moderne Literatur. K. Z.

Manigk–Täubler–Pfaff, RE III A 772–84. *M. Wegner* Untersuchungen zu den lat. Begriffen socius und societas, Hypomnemata 21, 1969.

Socii, allg. Begriff für die Bundesgenossen des röm. Volkes. Unter ihnen wurden in der Formel *socii nominisque Latini* die Latiner als *nomen Latinum* herausgehoben. Sall. Iug. 40,2 *(homines nominis Latini ac socii Italici)*. MOMMSEN RStR 3,637,2. 661,2. DAHLHEIM 124,32. Die s. waren mit Rom durch ein → *foedus* verbunden, daher auch *civitates foederatae* genannt. Der nur bei Liv. 35, 46,10 belegte t. t. *foedus iniquum* zeigt, daß die tatsächliche Ungleichheit der Bündnispartner nicht betont wurde. Die s. waren auf einseitiges röm. Aufgebot zu bedingungsloser Waffenhilfe verpflichtet, deren Höhe in der *formula togatorum* (CIL I^2 585,21. 50) festgelegt war, konnten keine Außenpolitik betreiben und erkannten mit der Formel *maiestatem populi Romani comiter conservare* Rom als Vormacht an. Cic. Balb. 16,36. Dig. 49,15,7,1. Zu Steuern waren sie nicht verpflichtet, hatten innere Autonomie mit eigenem Bürgerrecht und eigener Verwaltung. Nur gelegentlich ersuchte der röm. Senat die s., bestimmte Maßnahmen auf ihrem Gebiet durchzuführen. DESSILS 18. Übergriffe röm. Beamter trugen 90 zum Bundesgenossenkrieg bei, durch den alle s. röm. Bürger wurden.

Vorübergehende Kampfbündnisse oder dauernde Bündnisse mit Gleichberechtigung schloß Rom bes. in der Ostpolitik mit außerital. Fürsten, Städten oder Stämmen, die in die *formula sociorum* eingetragen wurden. Liv. 43,6,10. 44,16,7. Ihre militär. Hilfe beanspruchte Rom nur im Notfall. Neben das Vertragsbündnis trat seit 188 v. Chr. in der Außenpolitik die formlos hergestellte → *amicitia*, daher wurden in der Literatur *amicus*, *amicus et s.* und *s.* synonym. Liv. 42,6,6ff. DAHLHEIM 163ff. 265. H. V.

K. J. Beloch Der ital. Bund unter Roms Hegemonie, 1880. *H. Horn* Foederati, Diss. Frankfurt 1930. *E. Meyer* Röm. Staat und Staatsgedanke^3, 1964, 228ff. *W. Dahlheim* Struktur und Entwicklung des Völkerrechts im 3. und 2. Jh. v. Chr., 1968.

Sodales Augustales heißen die 21 Mitglieder eines nach der Apotheose des Augustus von Tiberius eingesetzten Kollegiums (Tac. ann. 1,54, 1; hist. 2,95), dem Tiberius, Drusus, Claudius, Germanicus *extra ordinem* (Suet. Claud. 6,2) angehörten; ihre Aufgabe war *supplicia edere* (Tac. ann. 3,64,3). Nach dem Tode des Claudius gab es *s. A. Claudiales* (CIL 322 u. a.), nach dem Vespasians *s. A. Flaviales* (CIL VI 1333 u. a.). Dies wurde auch auf andere Kaiser ausgedehnt. G. R.

Wissowa Rel.^{2} 564. *Latte* RRel 318. *M. W. Hoffmann Lewis* The official priests of Rome under the Iulio-Claudians, Pap. Monogr. Am. Ac. Rome 16, 1955, 111f. 133ff.

Sodalicium ist wie *collegium* eine Bezeichnung für den Verein, der in Rom oft einen öffentl.-rechtl. Einschlag hatte. S. bezeichnet vorwiegend den geselligen Verein, aber vereinzelt auch die Kultgemeinschaft oder die Gelegenheitsgesellschaft (vgl. SCHNORR v. CAROLSFELD, ZRG 56, 1936, 122f.). Speziell bedeutet s. eine Vereinigung zur Wahlbeeinflussung durch Bestechung, vgl. Cic. Planc. 36. 47. Von da her heißt s. dann auch die derart organisierte Wahlbestechung selbst (eine Unterform des → *ambitus*). Sie wird in der späten Republik unter Kriminalstrafe gestellt. D. M.

Sodom (*Σόδομα*, hebr. *s^{e}dom*), nach at. Überl. ([3]) im s. Jordangraben gelegene (Gen. 10,19. 13, 12) kananäische Stadt (häufig zusammen mit Gomorrha genannt: Gen. 18,20. 19,24. Dt. 32,32. Jes. 1,9 u. ö.), die infolge einer auf ein göttl. Strafgericht zurückgeführten Naturkatastrophe untergegangen sein soll (Gen. 19. Dt. 29,23. Jes. 13,19. Am. 4,11). Auch bei griech. und röm. Autoren erwähnt (Strab. 16,44. Tac. hist. 5,7. Gal. 11,694 K. Solin. 35,8). Lokalisierung im S. ([3]. [5]; alte Lokaltradition, s. Ez. 16,46 [?], Strab.) oder N. ([1]. [4], erstmals in frühchr. Pilgerber., s. [2], 49ff.) des Toten Meeres (rabbin. Lit. = Meer von Sodom) bisher ohne archäol. Evidenz ([1], 228f.). Bereits im A. T. (Jer. 23,14. Ez. 16,46–56 u. ö.), danach im ant. Judentum (Phil. ebr. 222 u. ö. Ios. ant. Iud. 1,174. Test. Napht. 4,1. CIJ I 417 Nr. 567 [pompeian. Inschr.]) und Christentum (Mt. 10,15. 2 Petr. 2,6. Jud. 7) sprichwörtl. Beispiel menschl. Verderbtheit; anders in der Gnosis, s. Ägypterevangelium des Nag-Hammadi Codex III (56,11. 60,12ff., vgl. New Testament Studies 16, 1969/70, 202.204). B. Sch.

1. *J. Simons* Geographical and Topological Texts of the O. T., 1959, 222–29. 2. *E. Power*, Biblica 11, 1930, 23–62.

149–182. 3. *M.J.Lagrange*, Rev. Bibl. 41, 1931, 489–514. 4. *A.Köppel*, Biblica 13, 1932, 6–27. 5. *J.P.Harland*, The Biblical Archeologist 5, 1942, 17–32; 6, 1943, 41–54 (Lit.).

Söldner. Die Anfänge des Söldnertums in Griechenland reichen in die Z. der Tyrannen vor den Perserkriegen zurück; → Peisistratos (3) von Athen, → Polykrates (1) von Samos und die sizilianischen Machthaber waren zu ihrem eigenen Schutz auf S. angeweisen (Hdt. 1,61. 3,39. 44. 46). In der Z. des Pelop. Krieges führten Unternehmungen der Athener und Spartaner zum Einsatz großer Söldnerverbände (Thuk. 4,78,1. 80,3. 5,6,4), und der Feldzug des jüngeren → Kyros (3) in Kleinasien wurde vorwiegend mit S. geführt. Die qualitative militär. Überlegenheit der S. bewirkte die Ausbildung des Berufssoldatentums und das Aufkommen stehender Heere. In den Heeren Alexanders d. Gr. und der Diadochen waren S. aller Waffengattungen vertreten. Auch die Römer nahmen volksfremde Hilfstruppen in Sold. S. darüber → auxilia, → numerus. A. N.

Krom.-Veith 632. 639. BursJb 274, 1941, 70. *H.J.Diesner*, Alt. 3, 1957, 213 ff.

Sogdiana (*Σογδιανή*), Landschaft des Perserreiches zwischen dem Oxos und Iaxartes, zur 16. Satrapie gehörig, Bewohner *Σογδιανοί* oder *Σόγδοι*, altp. *Sug(u)da*, avest. *Sughda*. Die soghd. Sprache ist im Heimatlande nur spärlich bezeugt (unter anderem in den Mugh-Dokumenten, 7. Jh. n. Chr.), lebt aber noch h. im *yaghnobi* im Zarafšan-Tal weiter. Aber die Verheerung der Gegend von → Marakanda (Samarkand) durch Alexander war wohl die Hauptursache für die Diaspora der Leute von S.: entlang den Karawanenwege gründeten sie Kolonien, die den Handel zwischen China und der w. Welt allmählich in ihre Hände brachten. J. D.-G.

W.Henning Mitteliranisch, HB. der Orient., 1958.

Sohaemias s. Iulius (A II 108)

Sohaemus (*Σόαιμος*, *Σόεμος* Hss.). **1.** Ituraeer, von → Herodes (1) 30 v. Chr. mit Bewachung und notfalls Tötung der Gemahlin → Mariamme (1) und deren Mutter Alexandra beauftragt, verriet ihnen den Befehl und wurde 29 hingerichtet. Ios. ant. Iud. 5,185 f. 227 ff. **2.** S. regierte, 38 n. Chr. von → Caligula eingesetzt, über einen Teil von → Ituraea bis zu seinem Tode 49. Cass. Dio 59,12,2. Tac. ann. 12,23. S. war wohl Nachkomme des S., dessen Sohn Ptolemaios 47 v. Chr. Caesar half. Ios. ant. Iud. 14,129; vita 52. Schürer 587 f. 720 f. **3.** C. Iulius S. Philocaesar Philoromaeus, Sohn des → Sampsigeramos, DessILS 8958, seit 54 n. Chr. *rex magnus* von → Emisa und → Sophene, nahm 66 am röm. Feldzug gegen Jerusalem teil, schloß sich 69 Vespasian und Titus an, zog 72 mit → Caesennius (3) Paetus gegen Kommagene, erhielt *ornamenta consularia* und war Patron und *II vir quinquennalis* in Heliopolis (→ Baalbek). Ios. ant. 20,158; b. Iud. 2,501. 3,68. 7,226. Tac. ann. 13,7,1; hist. 5,1. S. war durch die Schwester Iotape und den Bruder Azizus verschwägert mit M. → Iulius (A II 110) Agrippa. PIR² 4,582. **4.** König von Großarmenien aus dem Arsakidengeschlecht, röm. Senator, Konsul, von L. Verus 164 eingesetzt. Mz. *rex Armen(iis) datus*, 172 vertrieben, dann von → Martius (2) Verus, Statthalter von Kappadokien, zurückgeführt. Cass. Dio 71,2,3. Front. epist. 5,127 N. Erotici script. Gr. 1,225,4 ff. H. Suda s. *Μάρτιος*. BMC-RomEmp 4,426,300. A. v. Premerstein, Klio 13, 1913, 88 ff. H. V.

Soklaros. 1. Vertrauter Freund des → Plutarchos (2), gleich ihm in → Chaironeia ansässig, Dialogperson in 5 der Quaest. conv. (mor. 612 d ff.), bes. mit Fragen der Baumzucht vertraut, sowie in De sollertia animalium (mor. 959 a ff.), gewiß ident. mit dem durch die Inschr. IG IX 1,61 von → Daulis bezeugten *Λεύκιος Μέστριος Σώκλαρος*, der seinen röm. Gentilnamen gleich Plut. von L. → Mestrius (3) Florus hatte. Nach ihm (oder nach Nr. 3) war benannt **2.** Ältester Sohn Plutarchs, der noch im Jünglingsalter starb. **3.** S., Sohn des Aristion aus → Tithora, auch er ein Freund Plutarchs, im Dialog Amatorius (mor. 748 e ff.) auftretend, gewiß ident. mit dem delphischen Archon und Epimeletes des J. 98/99 *Τίτος Φλάουιος Σώκλαρος*, s. RE IV 2671 und IG IX 1, 200. K. Z.

Stein, RE V A 801 f. *Ziegler*, RE XXI 648 f. 684 f.

Sokos (*Σῶκος*). **1.** Gemahl der → Kombe, Vater der Korybanten, von → Kekrops getötet. Höfer Myth. Lex. 4,1137. **2.** Ein tro. Kämpfer, der seinem von Odysseus tödlich getroffenen Bruder → Charops (4) beispringt und jenen schwer verwundet, dann aber flieht, so daß Odysseus ihn noch von hinten durchbohren kann. Il. 11,426 ff. H. v. G.

Sokrates. 1. Aus Boiotien, Truppenführer unter → Demetrios II. (3) und → Antigonos (3) Doson, nach 220 Instruktionsoffizier bei → Ptolemaios IV. (4), Befehlshaber der Peltasten bei → Rapheia 217. Pol. 5,63,12 f. 65,2. 82,4. H. V.

2. S. von Athen, Begründer der att. Philosophie. A. Lebensdaten. B. Die sokratische Frage. Sechs Gruppen von zeitgenössischen Zeugnissen über S.: 1. Aristophanes. 2. Xenophon. 3. Andere Sokratiker. 4. Platon. 5. Aristoteles. 6. Die Ankläger des S. C. Die Lehre des S. 1. Abwendung von der Naturphilos. 2. S. und die Sophisten: a) Trennendes, b) Verbindendes. 3. Die Suche nach dem *κριτήριον*. 4. S.' Wertlehre, von Platon weitergebildet. D. Einheit von Lehre und Lebensführung. 1a. Standhaftigkeit und Folgerichtigkeit. 1b. Das Daimonion als Regulativ. 2. Die Anklage gegen S. 3. Die Verteidigung des S. 4. Der Ausgang des Prozesses. 5. S.' Tod. E. Bildnisse des S.

A. Lebensdaten. S., * um 470, wurde März 399 v. Chr. durch Gift hingerichtet. Er war der Sohn des Steinmetzen → Sophroniskos und der

Hebamme → Phainarete; er war Bürger des att. Demos Alopeke. Er war (wohl erst in hohem Alter) mit → Xanthippe verheiratet, mit der er drei Kinder hatte. Als S. 70 J. alt starb, war der älteste Sohn noch *μειράκιον*, der jüngste Kleinkind, *παιδίον* – vgl. Plat. Phaid. 60a. Die Behauptung, daß S. mit Xanthippe und einer → Myrto (2) in Bigamie gelebt habe, wurde zwar schon um 300 v.Chr. aufgestellt, verdient aber keinerlei Glauben (sicher irrig J.W. Fitton, CQ 20, 1970, 56–66). Derlei war im Athen des 5.Jh.s, wo streng darauf geachtet wurde, daß die Söhne, weil künftige Bürger, legitim und echtbürtig waren, durchaus undenkbar.

B. Abgesehen von solchen Legenden liegen 6 Gruppen von Zeugnissen über S. vor. Sie sind z.T. widersprüchlich, z.T. unvereinbar. Es liegt vor allem an den schweren Diskrepanzen der ant. Bezeugung, daß die Darstellung und die Bewertung des S. zu allen Zeiten uneinheitlich war.

1. → Aristophanes (3) hat in den »Wolken« (aufgeführt 323 v.Chr.) den S. als die Karikatur des spitzfindigen und geldgierigen Sophisten auf die Bühne gebracht. Das sicher schwer verzeichnete Bild, das der Komiker entwarf, hat noch 24 J. später, beim Prozeß 399, auf die Urteilsfindung eingewirkt; vgl. Plat. apol. 18b und bes. 19c. 2. → Xenophon verfaßte eine Schrift *ἀπομνημονεύματα Σωκράτους* = Erinnerungen an S. in 4 B. Weder gehörte er zum engeren Kreis der Schüler des S., noch war er während seiner letzten J. in Athen anwesend, da er seit 402/01 an der Expedition des jüngeren → Kyros (3) teilnahm. 3. Schüler des S. waren → Eukleides (2) von Megara, Gründer der megar. Schule, → Phaidon aus Elis, Gründer der elisch-eretr. Schule, → Antisthenes (1) von Athen, nachmals Lehrer des → Diogenes (14) von Sinope, → Aristippos (3) von Kyrene, Gründer der kyrenäischen Schule, → Platon (1) von Athen, Gründer der Akademie. Sie alle sind von S. tiefgreifend beeinflußt, haben sich aber in so verschiedener Weise (z.B. Kyniker und Hedoniker) entwickelt, daß kaum ein Rückschluß auf das, was sie S. verdanken, möglich ist. 4. Als einziger von den Genannten hat sich → Platon (1) gänzlich mit S. identifiziert. Für ihn war die Begegnung mit S., die um 408 stattfand, schlechthin entscheidend. Bis in sein hohes Alter hat Platon alles, was er niederschrieb, unter den Namen des S. gestellt (Ausnahmen nur: Timaios, Nomoi, Briefe). 5. Im Werk des → Aristoteles (7) finden sich wenige, aber wichtige Notizen über Lehrmeinungen des S. Fast regelmäßig betont er, daß Platon sich von dem, was S. meinte, entfernt habe; er wirkt also der Identifikation mit S., die Platon beanspruchte, durchaus entgegen. Dabei ist nicht zu entscheiden, ob Aristot. auf Grund unabhängiger Kenntnis von Meinungen des S. urteilt, oder ob auch ihm nur die in der → Akademie umlaufenden Informationen über S., die man Platon verdankte, zu Gebote

standen. Hierzu von hohem Wert O. Gigon Die S.-Doxographie bei Aristoteles, MH 16, 1959, 174ff. 6. Ein Zeugnis eigenen Wertes muß darin erblickt werden, daß die Stadt, in der S. lebte, ihn ablehnte. Das Gericht, das S. (wenn auch mit geringer Mehrheit) schuldig sprach, befand sich ohne Zweifel nicht im Widerspruch zur damals in Athen vorherrschenden Meinung. Wer ein Bild des S. zu zeichnen unternimmt, muß versuchen, auch diesen Punkt mit zu erklären.

Im Ganzen genommen haben die unter 1. 3. und 5. genannten Zeugnisgruppen mehr peripheren Wert. Entscheidend ist dagegen, wie man das Zeugnis des Xenophon (oben: 2) und des Platon (oben: 4) wertet. Sicher war Xenophon nicht der Mann, philos. Aussagen des S. in voller Tiefe auszuschöpfen. Umgekehrt hat Platon Ansätze, die er S. verdankt, in die Begründung der eigenen Metaphysik mit eingebracht. Beider Abstand vom hist. S. kann nur ganz ungefähr gekennzeichnet werden.

C. Man darf S. einen Rationalisten nennen, denn er forderte verstandesgemäßes Nachprüfen aller Behauptungen. Man darf ihn einen Skeptiker nennen, denn er mißtraute der viele faszinierenden Gewandtheit der damals modernen Weisheitslehrer (Sophisten). Man darf ihn einen Utilitaristen nennen, denn er forderte, daß alles Philosophieren zu Wertungen führen solle, und daß diese Wertungen praktikabel sein müßten. Freilich sind solche Versuche, S. »einzuordnen«, nur zulässig, wenn man sich gleichzeitig vor Augen hält, daß S. mit solcher Attitude Mißbräuche abwehrte, die für ihn deutlich zu Tage lagen, von vielen Zeitgenossen aber noch nicht durchschaut waren:

1. Zur Frage nach dem Wesen und dem Grund der Natur im ganzen und in ihren einzelnen Erscheinungen waren seit → Thales viele Erklärungen (zuletzt von → Anaxagoras, dem S. begegnet sein dürfte) vorgetragen worden. Sie alle waren Hypothese geblieben, keine war bis zum Letzten beweisbar. S. wandte sich mit Entschiedenheit von dieser Fragestellung ab, weil sie nicht zu realen und konkreten (und nachprüfbaren!) Ergebnissen führte.

2a. Dem war die Auseinandersetzung mit den Sophisten benachbart. Diese versprachen freilich, praktisch Nutzbares zu vermitteln: Im Begriff *σοφία*, vor allem im *σοφὸν γενέσθαι*, ist die theoret. mit der prakt. Beherrschung von Wissen und Fähigkeiten ganz eng verbunden (→ Sophia). Gegen die Sophisten führte S. einen doppelten Angriff: Erstens warf er seinen sophist. Gegnern vor, keine genügende Kenntnis von ihren Gegenständen zu haben; d.h. Unkenntnis im Theoretischen. Er hielt ihnen aber auch vor, daß das angeblich Nützliche, das sie anboten (vor allem Rhetorik), in Wahrheit schädlich sei; sein Vorwurf gipfelte darin, daß sie als Erzieher unverantwortlich handelten. Der oft hervorgehobene, ja negativ bewertete Aspekt des Agnostikers, des Skeptikers, des Anti-Intellektualisten ist bedingt und bewirkt durch S.' krit., ja iron. Haltung; wichtig hierzu C.J. de Vogel, Journ. Hist. Phil. 1, 1963, 143ff.

Mit vollem Recht hat J. Stenzel (im Art. S., RE III A 822) die ungemein wichtige Rolle hervorgehoben, die für S. die Sprache, das Sprechen, der Dialog gespielt hat. Erkenntnis der Wahrheit fließt niemandem aus einsamem Nachdenken zu. Derart gewonnene Positionen müssen im Gespräch geprüft werden. Darum hielt S. nichts vom schriftlichen Fixieren; Geschriebenes ist aus dem Gespräch herausgenommen. Folgerichtig hat er keine Zeile verfaßt. Durch den berühmten Satz vom Nichtwissen – *οἶδα οὐκ εἰδώς* – negiert S. nicht, daß es Wissen gebe, sondern er fordert zur sorgfältigen Prüfung jedes vermeintlichen Wissens auf.

2b. Die Sophistik hatte zu radikaler Prüfung aller überkommenen Wertungen aufgefordert – eine Bewegung, die um 420 v.Chr. ihren Höhepunkt erreichte. Aus den Komödien des → Aristophanes (3) ist abzulesen, auf wie heftigen Widerstand diese oft umstürzend wirkende Kritik stieß. S. griff die Sophistik von einer anderen Seite an – er muß ihr aber in ihrem Anspruch, Kritik zu üben und Begründungen zu fordern, grundsätzlich Recht gegeben haben. Hier dürfte der Grund dafür liegen, daß S. von Aristophanes für einen Sophisten gehalten und mit allen negativen Zügen eines solchen auf die Bühne gebracht wurde. Dabei hat sich A. nicht darüber Rechenschaft gegeben, daß S. den Sophisten eben den Mangel vorwarf, den diese in den vor-sophist. Wertungen aufzeigten: Die krit. Prüfung, die Anrufung einer im Rationalen klärenden Instanz war nicht erfolgt; vor dem → Logos (1) konnte manches nicht bestehen (wozu angemerkt sei, daß Logos noch ganz vom Sprechen her verstanden wird). Damit macht sich S. eine Forderung seiner Gegner zu eigen, weist diesen aber zugleich nach, daß sie die eigene Forderung nicht erfüllen, sondern in unkrit. Postulate, ja in verantwortungslose Versprechungen zurückfallen. Immerhin läßt sich verstehen, warum weite Kreise in Athen S. als »Sophisten« ansahen.

3. Wie war nun gründliches Wissen von den brillanten, aber oft leichtfertigen Thesen der Sophisten zu sondern? Mit Nachdruck wies S. auf diejenigen hin, die einen unbestreitbaren Sachverstand haben: Die Handwerker. Einerseits ist der gute Handwerker durch lange Übung mit seinem Handwerk vertraut, andererseits behält er im Auge, daß alles, was er herstellt, einem *ἀγαθόν* dienen muß: seine Erzeugnisse müssen zweckdienlich sein. Dies die Wurzel des sog. Utilitarismus des S. – Indes tut man ihm sicher Unrecht, wenn man ihm (mit Xenophon) unterstellt, er habe der Philos. den gleichen Nutzen zugewiesen wie einem Handwerk. Durch die eben skizzierten Gedankengänge sollte der Philos. nicht etwa eine eng umrissene Nützlichkeit zugewiesen werden; sondern S. suchte mit ihrer Hilfe zu einem *κριτήριον*, einem Maßstab dafür zu gelangen, was Wissen ist und was nicht.

4. Aus den zwei bezeichneten Ansätzen (a. Erkenntnis kann im Gespräch »entbunden« werden; b. der Handwerker praktiziert ein bewährtes Wissen, obschon er dessen »Theorie« nicht zu formulieren vermag) hat Platon die metaphys. Grundlegung allen Wissens postuliert: Alles Werthafte hat teil an, ja ist geprägt von ideellen Werten, den Ideen. Sicher darf diese Lehre Platons nicht ohne stärkste Einschränkung auf S. zurückprojiziert werden. Ohne Zweifel war S. auf der Suche nach den Werten; sicher war sein Weg durchaus intellektualistisch: Man muß die Werte *wissen* können, d.h. dieses Wissen muß durch ein prüfendes Gespräch freigesetzt = entbunden werden können. S.' Prüfen (Elenktik) ist mit dem Frei-Setzen von Wissen (Maieutik) aufs engste verbunden. Ganz gewiß kann der Mensch kein Wissen im Sinne eines Neu-Schaffens produzieren. Wissen, bes. Wissen von den Werten, ist in jedem Menschen latent vorhanden; der Praktiker S. hat wahrscheinlich noch nicht nach dem Woher, also nach der Präexistenz der Werte gefragt. Hierzu darf das Wort des Aristoteles nicht überhört werden, S. habe (im Unterschied zu Platon) das *χωρίζειν* nicht vollzogen – so metaph. *M* 4,1078b 30 –, d.h. er habe das »Allgemeine« keineswegs einer anderen Seins-Stufe oder Seins-Weise zugeordnet als die Realisierungen des Allgemeinen im Einzelnen. Sicher stellen für S. die Werte eine von der Zufälligkeit menschlicher Auffassung unabhängige Realität dar. Ob man diese Realität (mit C.J. de Vogel a.O.) eine metaphys. Realität nennen darf, erscheint zweifelhaft. Eine Differenzierung des Physischen vom Metaphysischen hat S. ohne Zweifel nicht geleistet. Dennoch wäre es eine unerlaubte Vereinfachung, dem S., so wie Xenophon es tat, einen Begriff vom Guten zuzuschreiben, der mit dem Nützlichen zusammenfällt. Gewiß, letzten Endes ist das Gute auch immer das richtig verstandene Nützliche. Wer Unrecht tut, schadet letzten Endes sich selbst. Darum ist es besser, Unrecht zu leiden als Unrecht zu tun: *βέλτιον τὸ ἀδικεῖσθαι τοῦ ἀδικεῖν*. Dieser Satz, für Sokrates nicht nur ein Lippenbekenntnis (man machte es ihm mehrfach leicht, der Hinrichtung zu entgehen), setzt ein sehr wohl abgeklärtes, zugleich ein polit. Verständnis vom »Nützlichen« voraus: Jeder durch Unrecht erworbene Vorteil bewirkt einen (durchaus schwerer wiegenden) Schaden der Gesamtheit, nämlich der Recht setzenden Polis.

D. Das bisher Gesagte hinge in der Luft, wenn es nicht 1. durch mehrere Züge aus S.' Lebensführung, 2. durch die Anklage gegen S., 3. durch seine Verteidigung, 4. durch den Ausgang des Prozesses und 5. durch sein Sterben erhärtet würde.

1 a. In allem, was von S. berichtet wird, dominiert der Charakterzug der Beharrlichkeit und der Folgerichtigkeit; äußere Einflüsse konnten ihn nicht zu Kompromissen veranlassen. Er nahm als att. Hoplit an mehreren Feldzügen teil; was da von ihm berichtet wird (bes. Plat. symp. 219 e ff.), kreist um seine Fähigkeit, Strapazen zu ertragen und in der Krisenstimmung eines Rückzuges ruhig und gefaßt zu bleiben. Ein Beispiel für ungewöhnliche *continentia* in Liebesdingen tritt diesen Beispielen an die Seite, ebd. 216 D ff. Mindestens zweimal bewies S. in den Wirrnissen der athen. Politik den Mut, sich der herrschenden Strömung entgegenzustellen: Als eine tobende Volksversammlung nach der Schlacht bei den → Arginusen den spektakulären Prozeß gegen die mißliebig gewordenen Strategen forderte, nahm S., damals einer der → Prytanen (2), als einziger dagegen Stellung. Ebenso versagte er der entgegengesetzten polit. Richtung Gefolgschaft und Gehorsam: Er lehnte es ab, an der Verhaftung eines den »Dreißig« (→ Kritias) mißliebigen Bürgers mitzuwirken.

1 b. S. vermochte gar die Kraft zu benennen, die ihn davon abhielt, durch Handlungen gegen das als richtig Erkannte zu verstoßen. Diese (meist nur als abratend, also hemmend beschriebene) Kraft nannte er sein *δαιμόνιον*. Es macht seine Größe aus, daß er sich in der Tat nur von diesem *δαιμόνιον* leiten ließ. Ein Konflikt mit dieser inneren Stimme erschien ihm unerträglicher als ein Konflikt selbst mit Machthabern. Plat. apol. 40 a b ist ein Zeugnis dafür, in wie hohem Maße S. von dieser Übereinstimmung mit dem Daimonion getragen und durch sie bestätigt wurde. Es darf in Verbindung gebracht werden mit dem latent vorhandenen Wissen vom Richtigen (vgl. oben S. 252). Durch ein Gespräch kann es in Worte gefaßt werden; aber auch wenn das (noch) nicht gelungen ist, darf ihm nicht entgegengewirkt werden.

2. Die Anklage warf S. eben die zwei Fehlhaltungen vor, deren man gemeinhin Natur-Philosophen und Sophisten beschuldigte: 1. Verächtliche Haltung gegen die Götter, die die Stadt Athen verehrte (*θεοὺς μὴ νομίζειν* heißt nicht: ungläubig sein, sondern: Gültigkeit versagen), zugleich Einführung zuvor unbekannter Kulte; 2. Zersetzender Einfluß auf die Jugend – das war ein polit. Vorwurf: Bestand er zu Recht, dann drohte der att. Demokratie durch eine künftige, pervertierte Generation Gefahr.

3. S.' Verteidigung, von Platon wohl im Ganzen zutreffend nachgezeichnet, ging auf die 1. Anklage nur wenig ein; es fiel ihm leicht, nachzuweisen, daß er den Theoremen des → Anaxagoras, dem einst eine ähnliche Anklage drohte, fern stand. In der Tat war dieser 1. Punkt der Anklage, so unbegründet er sachlich war, nur darum gefährlich, weil für erwiesene *ἀσέβεια* Todesurteil möglich war.

Viel eingehender widerlegte S. den 2. Punkt der Anklage. Er schilderte sein Bemühen, zum gültigen *κριτήριον* (vgl. o. 252) zu gelangen; die Sophisten tun so, als wüßten sie viel, sie wissen aber nichts. Dagegen sind die Handwerker im Besitz einer *ἐπιστήμη*, die der Prüfung standhält. S. weiß wohl, daß sein Fragen (heute: Hinterfragen!) stark gegen ihn einnimmt, ja aufreizt. Indes brauche Athen einen Unruhe-Stifter wie ihn (S. vergleicht sich mit der Bremse, die das Pferd sticht; anderen Orts [Plat. Men. 80 a] mit dem Zitterrochen, der Schläge austeilt). Sein Bemühen um Kritik zersetzt nicht (*οὐ διαφθείρει*) die jungen Menschen, sondern setzt sie in Stand, sich krit. gegen die Sophisten zur Wehr zu setzen – diese sind die eigentlichen Verderber.

4. S.' Verteidigung überzeugte das Gericht, das aus 501 Richtern bestand, nicht; freilich wurde S. mit nur wenigen Stimmen Mehrheit schuldig gesprochen (280:221). Hiernach hatten Ankläger und Angeklagter jeder ein Strafmaß vorzuschlagen. Die Ankläger → Anytos und → Meletos (4) forderten den Tod; S. setzte seinen ärmlichen Besitz dagegen, im Wert von einer → Mna. Die Freunde des S. erkannten sofort, daß das krasse Mißverhältnis dieses Angebotes zur Forderung der Ankläger dem S. bei den Richtern schadete; sie bürgten für den immer noch sehr bescheidenen Betrag von 30 Mnai. Zwar trug S. dieses neue Angebot dem Gericht vor, sagte aber zugleich, er habe nicht Strafe, sondern Lohn, ja, die höchste Auszeichnung verdient, die Athen zu vergeben hatte: nämlich die Speisung am Amtssitz der Prytanen (Plat. apol. 36 d). Damit brachte S., der ohnehin völlig darauf verzichtet hatte, die Richter, was üblich war, um Wohlwollen, ja um Gnade zu bitten, viele derart gegen sich auf, daß die Zahl derer, die nun für die Todesstrafe votierten, erheblich größer war (nach Diog. Laert. 2,42 um 80 Stimmen) als die Zahl der schuldig Sprechenden.

5. Der Prozeß des S. fand zu Beginn des Monats → Anthesterion statt, in dem Athen sich regelmäßig durch Entsendung einer Gesandtschaft (*θεωρία*) an dem Apollon-Fest zu Delos beteiligte. Bis zur Rückkehr dieser Gesandtschaft durfte keine Hinrichtung stattfinden. S. verbrachte daher diesen Monat, und vermutlich noch einige Tage länger, gefesselt im Gefängnis; vgl. K. Praechter, H 39, 1904, 473 ff. Die Fesseln wurden ihm erst am Sterbetage abgenommen (Plat. Phaid. 59 d). Während dieser Zeit wurde S.' Befreiung aus dem Gefängnis durch → Kriton (1) vorbereitet; S. wies diesen Versuch zurück. Die Haltung, die S. während seiner Haft und am Tage des Todes an den Tag legte, hat zu allen Zeiten Bewunderung erregt; S. blieb bis zur Stunde seines Todes mit seinen Schülern im philos. Gespräch.

E. Bildnisse des S. Das in seiner Häßlichkeit faszinierende Äußere des S. wird mehrmals geschildert: Plat. Men. 80 a vergleicht S. in seinem

Äußeren und in seiner Wirkungsweise mit dem Zitterrochen, symp. 215a ff. mit einem Silen; dazu tritt Tht. 143e ff. und Xen. symp. 5,5. 6 und 7.

Die erhaltenen Bildnisse sind zwei Typen zuzuordnen (äußeres Merkmal: 1. Ohren sichtbar, 2. Ohren verdeckt), die auf zwei Originale zurückgehen: 1. auf eine um 380 aufgestellte Statue, vielleicht von → Silanion; 2. auf eine Statue des → Lysippos (2), die im → Pompeion zu Athen aufgestellt war. Vgl. bes. R. Kekulé von Stradonitz Die Bildnisse des S., APrAW 1908. F. Studniczka Zwischen Philosophie und Kunst (Festschr. f. H. Volkelt) 125, bes. 129ff. K. Schefold Die Bildnisse etc. 68/69. 82–85 nebst Anm. H. J. Kruse Ein S.-Porträt in Sfax, AA 83, 1968, 435–46. H. D.

Nachstehende Lit.-Übersicht wird in »ältere« und »jüngere« unterteilt. Dem 18. wie dem 19. Jh. war S. eine Gestalt, deren man zum Verständnis der eig. philos. Situation bedurfte (vgl. die letzten zwei Titel). Entsprechend groß war um 1900 die Zahl der breit angelegten Monographien über S.

Lit. Ältere: 1. Monographien: *F. Schleiermacher* Über den Wert des S. als Philosoph, APrAW 1818, 50ff. = Sämtliche Werke III 2 (1838), 287–308. *Th. Gomperz* Griech. Denker 2^{2} (1903) 3–200. *K. Joel* Der echte und der xenophont. S., 2 Bde., 1893 und 1901. *Heinrich Maier* S., sein Werk und seine gesch. Stellung, 1913. *Ad. Busse*, 1914 (Reihe: Die großen Erzieher, hg. von *R. Lehmenn*, Bd. 7). *H. Gomperz*, HZ 129, NF. 33,377–423.

2. Geraffte Darstellungen: *Ivo Bruns* Das literar. Porträt der Griechen im 5. u. 4. Jh. 1896, 181ff. *Ed. Schwartz* Charakterköpfe a. d. ant. Lit. 1^{3} (1910) 47ff. *J. Stenzel* Art. S. RE III A, 1926, 811–90. *U. v. Wilamowitz* Platon I^{4} 67ff. und 116ff. *W. Windelband* Über S., Präludien I^{5} (1915) 55–87.

Lit. Jüngere: *A.E. Taylor*, S. ^{1}1932. ^{2}1953. *L. Edelstein* Xenophont. und platon. Bild des S., 1935. *H. Kuhn* S. Ein Versuch über den Ursprung der Metaphysik, 1934. ^{2}1959. *G. Bastide* Le moment historique de S., 1939, dazu: *P. Aubenque* La conversion socratique, Ét. philos. 1970, 159–166. *O. Gigon* S., sein Bild in Dichtung und Gesch., 1947. *W. Schmid*, Philol. 97, 1948, 209–228. *A. J. Festugière*, S., 1966. *G. Nebel*, S., 1969. *L. Strauss* S. and Aristophanes, 1966. *C.J. de Vogel* Journ. Hist. Philos. 1, 1963, 143–161. *B. Boehm* S. im 18. Jh. Stud. z. Werdegang des modernen Persönlichkeitsbewußtseins: Kieler Stud. z. dt. Literaturgesch. 4, 1966. *H. Naumann*, Ant. und Abendl. 12, 1969, 64–103.

3. Aus Rhodos, griech. Historiker wohl des 1. Jh. v. Chr., Vf. einer Gesch. der Bürgerkriege (*Ἐμφύλιος πόλεμος*). Ein längeres Frg. aus B. 3 (Athen. 4,147e ff.) schildert die prunkvolle Begegnung Kleopatras mit Antonius in Kilikien im J. 41/40. Berührungen mit Plutarch (Biogr. des Antonius) sind vorhanden; wie stark S. auf andere spätere Historiker gewirkt hat, ist jedoch umstritten. H. Gä.

FGrH 192. *Susemihl* 2,382.

4. Von Argos, Vf. einer *Περιήγησις Ἄργους* (*Ἀργολικά?*), einer Schrift *Περὶ ὁσίων* (Kultaltertümer in Argos) und einer Streitschrift (?) *Πρὸς Εἰδόθεον*. Alle drei Werke sind nur aus kaiserzeitl. Zitaten bekannt; da die Kenntnis von *Περὶ ὁσίων* indessen bei einigen Autoren durch → Apollodoros (5) vermittelt scheint, gehört S. wahrscheinlich noch in die hellenist. Z. Von dem Argiver S. zu unterscheiden ist S. von Kos, der Vf. einer Schrift *Ἐπικλήσεις θεῶν*. Ein Werk *Περὶ ὀρῶν καὶ τόπων καὶ πυρὸς καὶ λίθων*, gleichfalls unter dem Namen S. zitiert, stammt vermutlich weder von dem Argiver noch von dem Koer. FGrH 310. Th. W.

5. S., Scholastikos (Rechtsanwalt) genannt, verfaßte unter → Theodosius II. in Konstantinopel eine KG. über die Zeit von 305–439 in 7 B. Das Werk ist in einer vom Vf. nach Entdeckung neuer Quellen überarbeiteten Fassung erhalten. Diesem Wahrheitsstreben entspricht das Bemühen um chronolog. Fundierung mit genauen Datenangaben sowie ausgiebiges Zitieren von Dokumenten. S. folgt damit → Eusebios (7), den er im übrigen inhaltlich fortsetzt. Das Gerüst der Darstellung bietet die polit. Geschichte, für die S. sich auf eine verlorene Chronik von Konstantinopel, z. T. auch auf → Eutropius (1) gestützt hat. Hauptquelle für die kirchengeschichtl. Teile sind → Rufinus (II 2) und → Athanasios, außerdem Bischofslisten und Aktenpublikationen. Ab B. 6 bringt S. mündl. Tradition und eigene Erinnerung. Als Laie war er aufgeschlossen für heidnische Bildung und stand den dogmat. Streitigkeiten trotz orthodoxer Grundhaltung unbefangen gegenüber. Im Streben nach Zuverlässigkeit und Wirkung auf weitere Kreise hat er auf rhet. Ausgestaltung verzichtet. Der Erfolg bei Späteren (→ Theodoros Anagnostes, → Cassiodorus, armen. Übersetzung) hat ihm Recht gegeben. B. R. V.

Ta.: *H. Valesius*, 1668 (mit wichtigem Komm.; = *Migne*, PG 67). *R. Hussey*, 1853.

Lit.: *W. Eltester*, RE III A 893–901. *F. Scheidweiler*, ByzZ 50, 1957, 85–98. *Altaner*^{7} 226/27.

6. Maler. Plin. nat. 35,137 nennt S. unter den Meistern der Enkaustik und als allg. bewunderte Werke: a) Asklepios mit Hygieia, Aigle, Panakeia, Iaso, und b) → Oknos. Nach Plin. nat. 36,32 setzten einige ihn mit dem Bildhauer Nr. 7 gleich. Stil und Z. des S. sind uns unbekannt. **7.** Von Theben, Bildhauer. Nach Paus. 9,25,3 arbeitete S. zusammen mit Aristomedes das Kultbild aus Marmor für das von Pindar in seinem Hause (Theben) gestiftete Hieron der Meter Dindymene. Vom gleichen S. kann das Charitenrelief der Athener Akropolis stammen (Paus. 1,22,8), das im Alt. oft irrig für ein Werk des Philosophen S. gehalten wurde (Lippold, HBArch III/1 T. 35,4. Um 470). Paus. a.O. nennt auch den Hermes Propylaios der Akropolis ein Werk des S., dessen Typus in röm. Kopien bisher nicht sicher nachgewiesen ist. W. H. G.

8. S., inschr. mehrfach genannter Aulet aus

Rhodos, der in der 1. H. 3. Jh. v. Chr. in Athen und Delphi tätig war. U. K.

H. Riemann, RE Suppl. VIII 717–719.

Sokratiker. Nach der Theorie des → Sotion (1), die vor allem bei Diog. Laert. vorliegt, sind alle Gründer philos. Schulen des 4. Jh.s Schüler des Sokrates gewesen; in den gleich zu nennenden Schulen lebt also die *διαδοχή* der sokrat. Lehre fort. Diese *διαδοχή* gelangte über a) → Aristippos (3) in die kyrenäische Schule: → Kyrenaiker. b) Über → Phaidon von Elis in die elische, später eretrische Schule: → Menedemos (8), → Stilpon. c) Über → Platon (1) in die → Akademie und in den Peripatos. d) Über → Antisthenes (1) in die kynische Schule; → Diogenes (14) von Sinope.

Zwar wurde in den genannten Schulen z.T. diametral Entgegengesetztes vertreten, so im Kynismos und im Hedonismus; dennoch geht diese Konzeption auf die Vorstellung zurück, daß die oben Genannten alle von Sokrates beeinflußt seien, ja nach seinem Tode so etwas wie eine Gemeinde der Sokrates-Schüler gebildet hätten. Das muß frühzeitig durch eine Behauptung des → Hermodoros (2), erhalten bei Diog. Laert. 2,106, gestützt worden sein, wonach Platon und die anderen S. nach Sokrates' Tod bei → Eukleides (2) von Megara Zuflucht gefunden hätten. So zweifelhaft diese Notiz und so gering die Gemeinsamkeit der S. untereinander ist, so hat sich doch der Terminus S. bewährt zur Bezeichnung aller derer, auf die Sokrates eingewirkt hat. Den Namen derjenigen S., die Schulen gebildet haben, sind die Namen des → Aischines (1) von Sphettos und des → Xenophon voranzustellen; sie sind – neben Platon – recht eigentlich die Kronzeugen für die Wirkung des Sokrates. H. D.

Sokratiker-Briefe. In der Brief-Literatur, die in der frühen Kaiserzeit (vielleicht noch im 1. Jh. v. Chr.) entstand, nehmen die S. B. einen wichtigen Platz ein. Sie dienen dazu, das Vacuum um das Ende des Sokrates mit Fakten zu füllen; sie kommen einem Briefroman nahe, da sie alle Personen um Sokrates in Aktion zeigen. Insofern spiegelt diese Brief-Slg. die These wider (vgl. o. Z. 21), daß die S. eine Art Gemeinde gewesen seien, die in freundschaftlicher Verbindung miteinander standen. Die ersten acht (als 7 gezählt) Briefe sollen Sokrates zum Vf. haben, der u. a. an Xenophon und (sehr kurz) an Platon schreibt; dieses Billet drückt den Entschluß aus, das Gefängnis trotz Kritons Drängen nicht zu verlassen. Die Briefe 8–29 (27) stellen die eigentlichen S. B. dar (Zahlen in Klammern nach Sykutris); diese Reihe wird eröffnet, durch ein Briefpaar Antisthenes/Aristippos; der Brief 29 (27), eine Art Vermächtnis des Aristippos an seine Tochter → Arete mit der Weisung, sie solle den Enkel, den nachmaligen *Ἀρίστιππος ὁ Μητροδίδακτος*, im Sinne seiner Philos. erziehen, schließt diese Gruppe der S. B. ab. Die dazwischenliegenden Briefe, in denen nahezu jeder S. an jeden S. schreibt, haben durchweg die Situation nach dem Tode des Sokrates, bis zur Reise Platons nach Äg., zum Gegenstand.

Die Briefe 30 (28)–37 (35), wiewohl im selben Corpus überliefert, gehören nicht zu den eigentlichen S. B.; sie haben Schüler Platons zu Vf.n. Von bes. Interesse ist Brief 30 (28), den → Speusippos an König Philipp richtet. Er unterscheidet sich in Länge, sprachlicher Form und Inhalt stark von den übrigen – wahrscheinlich muß er als echt angesehen werden. Daß ein echter Brief zum Ansatzpunkt wurde, ihm weitere (31 (29)–37 (35) sicher unechte folgen zu lassen, wäre verständlich. Offensichtlich folgen in der einzigen Hs., dem Vat. Gr. 64 (datiert aus d. J. 1270) auf die 29 S. B. ohne weitere Kennzeichnung 8 Platoniker-Briefe, in denen es durchweg um die Nachfolge des → Speusippos geht. H. D.

Ta.: *R. Hercher* Epistologr. Gr. 609ff. *L. Köhler* Philol. Suppl. 20,2 (1928). *L. E. Bickermann–J. Sykutris* Speusipps Brief an König Philipp, Ber. Sächs. AW, phil.-hist. Kl. 80, 1928.

Lit.: *J. Sykutris*, RE Suppl. V 981ff. *Ders*, PhW 48, 1928, 1284ff. *Ders.* Die Briefe des Sokrates und der S., Paderborn 1933 (Nachdr. New York 1968).

Sol (irrige Herleitung von *solus:* Cic. nat. 2,68. 3,54. Macr. Sat. 1,17,7; somn. 1,20,4. Lyd. mens. 2,4. Mart. Cap. 2,187), sabin. (Varro l.l. 5,68 *sol au⟨s⟩el, quod ita Savini;* Wissowa Rel. ²315,3), Gott in Rom (Varro l.l. 5,74. Dion. Hal. ant. 2, 50,3. Aug. civ. 4,23), nach dessen Kult *Auselii-Aurelii* heißen (Paul. Fest. 22,5ff. L.). S. besaß eine *vetus aedes* (Tac. ann. 15,74,1) *apud* (= in: Tac. ann. 1,5,3. 64,2. 15,32) *circum* mit *effigies in fastigio* (Tert. spect. 8,1) zusammen mit Luna (Tert. spect. 9. Philocal. 28. Aug. CIL I² p. 270. Frg. Fast. Praen. ebd. p. 239. Notit. reg. XI p. 374 Richter) und ein *pulvinar* (= *templum* Serv. georg. 3,532. Mon. Anc. 19 *ναόν*) auf dem Quirinal (Quint. inst. 1,7,12) mit *sacrificium publicum* am 8. Aug. (Fast. Vall. CIL I² p. 240) und *feriae* am 9. Aug. (Allif. ebd. p. 217. Amit. ebd. p. 244). Nach Lyd. mens. 4,155 galten Agonalia (Fast. Ost. CIL XIV 4547 *[Ag]on. Ind*[. .] meist *Ind[igetis]* ergänzt; Vetter, RhM 103, 1960, 92ff. jedoch *[Ag]on. ind[icantur]*) am 11. Dez. *δαφνηφόρῳ καὶ γενάρχῃ* *῾Ηλίῳ* (= *Laurenti Soli Indigiti*? Vgl. Diod. 37,17 B.). Das *ἱερὸν ῾Ηλίου* bei Lavinium (Dion. Hal. 1,55) galt dem S. Indiges (Plin. nat. 3,56). S. liter. zuerst Plaut. Bacch. 895 (neben anderen röm. Göttern). Epid. 604 (Vater Circes) Enn. scaen. 284 *(summe Sol);* vgl. Hor. c. s. 9 *alme Sol.* Auf Mz. S. seit 3. Jh. v. Chr. (Babelon Descr. 1,20. 2,520; mit Viergespann 135 v. Chr. ebd. 2,175). Die dem S. heilige Quadriga (Tert. spect. 9. Cassiod. var. 3,51,6) auf dem palatin. Apollotempel (Prop. 2,31,11) und am Panzer von Primaporta (Baum. Denkm. 1,229); die beiden Obelisken *Soli deo* (CIL VI 701. 702). Den *colossus Neronis* weihte

Vespasian dem S. (Plin. nat. 34,45. H. A. v. Hadr. 19,13). Oriental. S. in Rom zuerst 102 n. Chr. (CIL VI 31034); S. und Luna nach kapitol. Trias 1 n. Chr. (CIL VI 30975), S. *divinus* nach I. O. M. 102 n. Chr. (CIL VI 31139); *Soli invicto* zuerst 158 n. Chr. (CIL VI 715); Verehrung durch Elagabal (Herodian. 5,3,4. Aur. Vict. Caes. 23,1). Einen großartigen Tempel des als oberster röm. Staatsgott verstandenen S. (zur Lage H. KÄHLER, MDAI(R) 52, 1937,94ff.) weiht Aurelian 274 (H. A. v. Aurel. 1,3. 4 u. ö. Tac. 9,2. Eutr. 9,15) am 25. Dez. (Philocal. CIL I^2 p. 278) mit *pontifices Solis* (CIL VI 846. 1397. 1673. 1741 u. a.; die bisherigen hießen *pontifices Vestae* CIL VI 503. 1741 u. a.). G. R.

Prell.-Jord. 2,325ff. 408ff. *Fr. Richter* Myth. Lex. IV 1137ff. *Wissowa* Rel. [2]315ff. 364ff. *Latte* RRel 231f. 349f. *B. Bernhard*, Schweizer numismat. Rundschau 25, 1933, 245ff. *Altheim* Soldatenkaiser, 1939, 277ff.; Der unbesiegte Gott, 1957. *C. Koch* Gestirnverehrung im alten Italien, 1933. *Dumézil* Rel. Rom. Arch. 174f. 419. 591. *Radke* Götter Altitaliens 290. *A. v. Domaszewski* Abh. z. röm. Rel. 197ff. *H. Usener* Weihnachtsfest [2]348ff.

Solicia, Ort der Gallia Belgica, im Gebiet der → Leuci *(civitas Leucorum)*, an der oberen → Mosa, und an der Straße von → Andematunnum (Langres) nach → Tullum (Toul); *vicus Soliciae* CIL XIII 4679 (232 n. Chr.).

Zahlreiche Steindenkmäler, Inschriften, Bildwerke, die meisten im Museum zu Epinal: *Espérandieu*, Rec. 6, 1915, 4845–4890. CIL XIII 4678 bis 4703. Neue Funde: Mauer, Stelen (Gallia 14, 1956, 293. 17, 1959, 361), 2 Meilensteine des Crispus und Constantinus II (AE 1968, 313). M. L.

Desjardins Géogr. Gaule 2,460ff.

Solidus (sc. aureus), das »massive« Goldstück, das Einheitsstück der röm. Goldwährung zu 1/72 röm. Pfd. = 4,55 g (= 1 → Sextula), mit dem Constantin d. Gr. 307 (bzw. 324 für das Gesamtreich) den von Diocletian eingeführten → Aureus zu 1/60 r. Pfd. ablöste. Letzterer erscheint nur noch in seltenen Sonderemissionen. Der S. blieb bis zum Untergang des röm. Reiches (im O. bis 1453) *die* röm. Goldmünze von theoret. gleichbleibendem Fuß, später auch *νόμισμα* oder – seit dem 11. Jh. – wegen seiner nunmehr leicht schüsselförmigen Gestalt *scyphatus* genannt. Als Teilstücke wurden die Hälfte (→ Semis oder Semissis) und (häufiger) das Drittel (→ Triens oder Tremissis) ausgebracht. Mehrfache S. (Multipla) von 1½ fachem, 2fachem etc. Gewicht sind selten, aber in vielen Stufen für bes. Anlässe geprägt worden (→ Medaillon). In fester Wertrelation zum S. standen das → Miliarense (1/12) und die → Siliqua (1/24). Mit seinem Schrot und Korn, seiner Verkehrsfähigkeit beschäftigen sich viele Gesetze, zahlreiche Prüfgewichte *(exagia)* sind erhalten. S. wie Triens haben die Goldprägungen der Völkerwanderungszeit wie die Erneuerung der AV-Münzung im 13. Jh. nachhaltig beeinflußt. H. Ch.

K. Regling, RE III A 920ff. *Mattingly* 216ff. *M. R. Alföldi* Die const. Goldprägung, Mainz 1963. *P. Bruun* bei *Mattingly* RIC VII 1ff.

Solinus (C. Iulius Solinus nur in wenigen Hss.), Vf. von *Collectanea rerum memorabilium*. S. lebte vor → Ammianus (der S. benutzte) und nach → Suetonius (der letzten nachweisl. Quelle), meist wegen stilist. Kriterien (»schwülstig u. dabei stammelnd« KLEBS, Philol. 49, 1890, 299) in die Mitte 3. Jh. n. Chr. datiert; S. erwähnt weder *Constantinopolis* (für *Byzantium* 10,17) noch die Provinzteilung Diocletians noch das Christentum (doch vgl. [3], 73f.). Einige Hss. bezeichnen S. als *grammaticus*.

Sein Werk gibt einen Überblick *(compendium)* über das Interessanteste aus der Gesch. Roms, dem Bereich des imperium Romanum u. der übrigen Oikumene. Gliederung: 1,1–52 Rom (Urgesch., hist. Epochen, Kalendergesch., Augustus); 1,53–127 Anthropologie (Gynäkologie, extreme körperl. Fähigkeiten, große Gestalten der Gesch.); 2 Italien, dann die Erdteile in Periplusform nach der von → Plinius (1) nat. 3–6 vorgegebenen Folge: 3–23 Europa (Balkan, Pontus und Mittelmeer [das 18,1 erstmals *maria mediterranea* heißt], Skythien, Nordeuropa, Gallien, Hispanien); 24–31 Libya (West-, Nord-, Innerafrika, Aethiopia); 32 Aegyptus (und Nil); 33–56 Asia (Arabien, Syrien, Kleinasien, Kasp. Region, Zentralasien, Indien, Parthien, Babylonien, Südozean).

Indessen schreibt S. keine Geographie; in der Widmung an Adventus (Identität mit Oclatinius Adventus, Konsul 218 n. Chr., sehr zweifelhaft) begründet er den geogr. Aufbau als tragendes Gerüst bunter Notate über Menschen, Tiere, exot. Pflanzen und fabelhafte Völker am Oikumenerand mit ihrem *ritus dissonus*. In der Beschränkung auf das Sensationelle sieht S. das *fermentum cognitionis*, – womit er die Bildung seiner Z. charakterisiert (vgl. → H. A.!). S. erhebt keinen Anspruch auf Originalität, beläßt ausdrücklich die Verantwortung für die Zitate bei deren Autoren. Seine unmittelbaren Vorlagen nennt er nie (wohl ohne täuschende Absicht): etwa ¾ des Stoffes stammt aus Plin. nat. 3–12. 37, dazu tritt → Pomponius (B 5) Mela (geogr. Überblicke) und Suet. Prata (Rom, vgl. Cens. 20–22; Schlangenexkurse, vgl. Comm. Bern. in Lucan. 9,700ff.). Die alten Hypothesen, S. benutze eine Plin.-Bearbeitg. des 2. Jh.s (»Chorogr. Pliniana«, [1]) oder S. u. Plin. gemeinsam eine Enzyklopädie des 1. Jh.s (»Chorogr. Varro-sallustiana«, [7]) sind heute abgetan. Tadelte man frühe S. wegen der schweren Fehler u. Verfälschungen des Plin., so treten heute die oft erstaunlichen Zusätze des S. zu Plin. hervor; z. T. werden sie durch Glossen in S.' Plin.-Text erklärt ([3], 6), z. T. kommen sie aus unbekannter Quelle.

An S. exemplifizierte MOMMSEN schon 1864 die Lachmannsche Editionstechnik. Schwierigkeiten macht die erweiterte Recensio der Hss.-Kl. III, zu der ein Begleitschreiben des Autors gehört (S. 217 ²M.), das eine authent. Überarbeitg. S.' mit neuem Titel »Polyhistor« behauptet, von [1] gegen [2] als Mystifikation des 7. Jh.s abgelehnt, neuerdings von [3] wieder als echt zu erweisen versucht.

S. wird seit Amm. ständig, wenn auch nicht ausgiebig, meist in Verbindg. mit Plin., durch Spätant. und MA. bis zur ed. princ. 1520 benutzt, epitomiert, sogar versifiziert (Theoderich von St. Trond, um 1100). K. S.

Ta.: 1. *Mommsen* ²1895. 2. *Cl. Salmasii* Plinianae exercitationes in C. Julii Solini Polyhistora 1629.

Lit.: 3. *Herm. Walter* Die »Coll. rer. mem.« des C. Iulius Solinus, 1969. 4. *Teuffel-Kr.-Sk.* 3, ⁶1913, § 389. 5. *E. Diehl*, RE X 823–38. 6. *Schanz Hos.-Krüger* 3, ³1922, § 636. 7. *G. M. Columba* Le fonti di Giulio Solino, Rass. ant. class. Palermo 1, 1896, 7ff. 105ff. 8. *Friedr. Rabenald* Quaest. Solinianarum capita duo, Diss. Halle 1909.

Solium, *soleum.* **1.** Der hohe Sitz mit Fußbank, Rück- und Armlehne wie der griech. → Thronos war vielleicht Sitz der röm. Könige. In hist. Z. kennen wir das s. als Sitz der Götter, Heroen und divinisierten Kaiser (G. M. A. RICHTER The Furniture of the Greeks Etruscans and Romans (1966) Abb. 476–481. 484–489). Auf dem s. sitzt der röm. Hausherr, wenn er Rat erteilt (Cic. de or. 3,133. 2,143; leg. 1,10); das *s. paternum* war Erbstück, Verkauf galt als pietätlos (Cic. de or. 2,226). Zum Ritus für Göttinnen → Lectisternium. **2.** Die Badewanne war aus Holz (Suet. Aug. 82,2) oder Metall (Plin. nat. 33,152), in den Einzelbadezellen der Thermen auch gemauert (OVERBECK-MAU Pompeji⁴ 232). **3.** In der Kaiserz. bezeichnet s. auch den → Sarkophag. W. H. G.

Sollion (*Σόλλιον*), korinth. Kolonie an der Küste von Akarnanien in der Nähe von → Palairos; im peloponnes. Krieg von Athen erobert, sonst nirgends genannt, genaue Lage unbekannt. Thuk. 2,30,1. 3,95,1. 5,30,2. Steph. Byz. E. M.

1. *Geyer*, RE IIIA 932f. 2. *Philipps.-Kirst.* 2,382. 3. *Kirsten*, RE XVIII, 2. H., 2485,40ff.

Soloi. 1. (*Σόλοι*, Ethn. *Σόλιος*), Stadt an der NW.-Küste von → Kypros, zuerst genannt in den Inschr. Asarhaddons, LUCKENBILL Anc. records 2,266. R. BORGER Die Inschriften Asarhaddons 60. Zur sonstigen Geschichte s. Kypros. S. im jonischen Aufstand, Hdt. 5,110. 113,1. 115. Von → Euagoras (1) von Salamis unterworfen, Diod. 14, 98,2. Ephoros FGrH 70 F 76. Könige von S. (Mz.) Stasikrates, Pasikrates (Plut., Arr.), → Eunostos (Athen. 13,576e). Anschluß an Alexander, Plut. Alex. 29,2, an Ptolemaios, Arr. FGrH 156 F 10,6. Bischöfe: Nea taktika ed. GELZER Georg. Cyprius 1104. Not. episc. 1,1057. LE QUIEN 2, 1071ff. Reste der Stadt sind gering, vor allem Theater röm. Z., z. T. wieder aufgebaut (BCH 88, 1964, 378), w. außerhalb der Stadt Tempelbezirk Cholades. Aischyl. Pers. 892. Skyl. 103. Strab. 14, 6,3 p. 683. Plin. nat. 5,130. Ptol. 5,13,4. Stadiasm. m. m. 311f. – Geogr. Rav. 393,13. Tab. Peut. 10,3. Plut. Sol. 26,2ff. BCH 45, 1921, 4 I 6. Inschr.: [3], Nr. 211–213. SEG 16,797. 18,592f. 20,292. 295. 23, 659–663. Mz.: HEAD HN² 745. [3], 220ff. E. M.

1. *E. Oberhummer*, RE IIIA 938ff. 2. The Swedish Cyprus expedition 3,399ff. (mit Plänen). 4 passim. 3. *Ol. Masson* Les inscr. chypriotes syllabiques 217ff. 4. *A. Westholm* The temples of S., 1936. 5. Neuere Ausgrabungen: BCH 90, 1966, 352ff. 91, 1967, 360ff. 92, 1968, 328ff. 93, 1969, 552ff. *V. Karageorghis – H. G. Buchholz* Zypern (Archaeologia mundi) 1968, 109.

2. (*οἱ Σόλοι*, vgl. Strab. 14,671), ant. Hafenstadt an der kleinasiat. S.-Küste im Grenzgebiet zwischen dem w. sog. »Rauhen« und dem ö. sog. »Ebenen Kilikien«, urspr. phoinik. Kolonie, im späten 8. Jh. v. Chr. von Griechen aus Rhodos besiedelt. → Tigranes I. von Armenien zerstörte 83 v. Chr. die Stadt und verpflanzte die Bevölkerung in seine neugegründete Residenzstadt → Tigranokerta. An der Stätte von S. hat dann Pompeius einen Teil der von ihm bezwungenen Seeräuber seßhaft gemacht und S. in Pompeiopolis umbenannt. E. O.

W. Ruge, RE III A 935–38 Nr. 1. *D. Magie* Roman Rule in Asia Min., Princeton 1950, 273f. 1148f. *E. Blumenthal* Die altgriech. Siedlungskolonisation (Tübinger geogr. Studien 10) 1963, 121 mit Abb. 39. *F. Stark* Auf den Spuren Alexanders, Stg. ²1968, 30–32.

Solomon. 1. * bei → Dara, vor 535 *consul*, 533 *domesticus* Belisars beim Endkampf gegen die Wandalen, 534 *mag. mil.* und *praefectus praetorio* von Africa. 534/35 kämpfte S. erfolgreich gegen maur. Stämme und legte neue Befestigungen an (Prok. 4,10/13. CIL VIII 1863. 4677. 16851. Iust. Nov. 1. 36). 536 kam es zu einem gefährlichen Soldatenaufstand. Nachdem Belisar die Gefahr eingedämmt hatte, mußte → Germanus (1), der Nachfolger des 536 abberufenen, 539 zurückgekehrten S., noch lange um Ruhe kämpfen (Prok. 4,14f.). Von 539 wieder mehrfach zum Kampf gegen die Mauren genötigt, fiel der wegen seiner Strenge im Heer unbeliebte, aber organisatorisch befähigte und tapfere S. 544 in der Schlacht bei Cillium, s. ö. Theveste (CIL VIII 4799. 8483. 8805. Prok. 4, 19 bis 21. Cor. Ioh. 3,281ff.).

Stein 2,320ff. 547f.

2. Neffe von 1, Stabsoffizier beim Kampf gegen die Levathen (maur. Stamm) 543, wurde 544 gefangen. S. kam auf dubiose Weise frei, blieb aber weiter in der Gunst Kaiser Iustinians (Prok. 4,22; anecd. 5,33). A. L.

Solon. 1. Athen. Staatsmann und Dichter, * um 640 v. Chr., Sohn des Exekestides aus dem Geschlecht der → Medontidai; seine Mutter war mit der Mutter des → Peisistratos (3) verwandt. Plut. Sol. 1. Diog. Laert. 1,49. Teils vor, teils nach seiner Gesetzgebung reiste er in Handelsgeschäften, erwähnt in seinen Elegien den Nil und Kypros. Anth. lyr.³ 6. 7 D. In dem langen Krieg gegen → Megara (2) um → Salamis (1) rief er als Herold der geknechteten Insel die Athener zu zähem Kampf auf, 2 D. Für den Anspruch Athens soll S. auf die Art der Bestattung hingewiesen haben. Plut. 10. Diog. 1,48. In der sozialen und wirtschaftl. Krise Athens wurde er 594/93 zum Archon und Schiedsmann (*διαλλακτής*) mit bes. Vollmacht gewählt. Seine Stellung entsprach der eines → Aisymnetes. Aristot. Ath. pol. (zit. Aristot.) 5. Diog. 1,62. Plut. 14,3. Zu dem zu korrigierenden Ansatz auf 592/91 bei Aristot. 13,1 Bengtson GG^4 122,4. T. J. Cadoux, JHS 68, 1948, 93ff. Aristot. 10 nennt 3 Akte der Reform S.s, die Entschuldung der Bürgerschaft, die Ordnung von Maß, Gewicht und Münze und die Gesetzgebung, die Aristot. pol. 2,9,1273b 34 in *νόμοι* (Kodifikation des Rechts) und *πολιτεία* (Festlegung der Verfassung) scheidet.

Von den beiden Forderungen, Tilgung der Schuldenlast und Neuverteilung des Bodens, erfüllte S. als Mann der Mitte, »wie ein Grenzpfahl (25 D.) zwischen den Parteien, wie ein gehetzter Wolf in der Meute Mitte (24 D.)« nur die erste. Aristot. pol. 4,9,1296a 19. Mit der Annullierung aller öffentlichen und privaten Schulden (Aristot. 6,1 *χρεῶν ἀποκοπὰς καὶ τῶν ἰδίων καὶ τῶν δημοσίων*), gefeiert als *σεισάχθεια*, verschwanden die Hypothekensteine (24 D. *ὅροι*) von den Feldern. J. V. A. Fine, Hesp. Suppl. 9, 1951, 179. Androtion FGrH 324 F 34, der eine *χρεῶν ἀποκοπή* leugnet, denkt nur an eine Ermäßigung der Schuldzinsen durch Münzreform und bezeichnet sie als Lastenabschüttelung, wird aber durch S.s eigene Worte widerlegt. Die → Hektemoroi und die von Gläubigern als Sklaven in Attika und ins Ausland verkauften Bürger wurden frei. Mit dem Verbot *μὴ δανείζειν ἐπὶ τοῖς σώμασιν* schaffte er die Schuldknechtschaft ab. Aristot. 6,1. Wie der Rückkauf der Schuldsklaven und die evtl. Ausstattung der Entschuldeten mit Land im einzelnen vor sich ging, ist nicht bekannt. S. soll ein Höchstmaß an Grundbesitz festgesetzt haben. Aristot. pol. 2,7,1266b 17. Manche Reiche verarmten. Aristot. 13,3.

Als 2. Akt der Reform ordnete S. Maße, Gewichte und Münze. Die dunklen Berichte (Bengtson GG^4 123) bei Aristot. 10 und Plut. 15,3 (verbessert von T. Reinach, H 63, 1928, 238ff.) sind zuletzt von K. Kraft, Jb. f. Numismat. und Geldgesch. 10, 1959/60, 21ff.; 19, 1969, 7ff. interpretiert worden. V. Ehrenberg From Solon to Socrates, 1968, 71. 397,50. Statt des bisher geltenden euboiisch.-chalkid. Gewichtssystems, nach welchem es in Athen damals noch keine Münzprägung gab, führte er das in Achaia und in dessen Kolonien in Unteritalien übliche Gewicht ein.

Die alte Gewichtsmine von 70 → Drachmen wurde durch die neue von 100 ersetzt. Dieses Gewichtssystem erhöhte er für die beginnende Mz.prägung um 5% und machte dadurch den att. → Stater, das → Didrachmon, mit dem korinth. Mz.stater gleich und die Wirtschaft Athens im Außenhandel konkurrenzfähig. Die Hohlmaße wurden größer als die pheidon. (vgl. den spartan. Syssitienbeitrag nach spartan. und att. Maßen, Plut. Lyk. 12. Athen. 4,141c. Kraft 30).

Der Wirtschaft diente auch ein Teil der Gesetze. Die Gesetze waren in numerierte hölzerne Stelen (*ἄξονες*) mit quadrat. Grundriß bustrophedon eingeschnitzt. Diese Achsen waren senkrecht (nach L. H. Jeffery The local scripts of archaic Greece, 1961, 52 waagrecht) in rechteckige mannshohe Rahmen drehbar eingelassen. Wenn eine Achse mit einer Kante dem Betrachter zugekehrt war, konnte ihr Grundriß dreieckig erscheinen. Harp. s. *ἄξονι*. E. Ruschenbusch (zit. R.) *Σόλωνος νόμοι*, Hist. E 9, 1966, 23ff. Abb. S. 24. Das schon in der Ant. umstrittene Verhältnis der Axones zu den bisweilen zitierten → *κύρβεις* des Solon scheint von R. 14ff. geklärt, das Gesetzeswerk hatte 2 Bezeichnungen, deren Unterschied sich aus der Konstruktion des Gesetzesträgers ergab; da *κύρβεις* ausschließlich im Plural verwendet wurde, bezeichnete es die Rahmengestelle der Axones. Ehrenberg 396,46. Die Axones waren bei der Gesetzesredaktion 410 und 403 vorhanden, wurden seit Aristoteles' 5 Büchern *περὶ τῶν Σόλωνος ἀξόνων* (R.T 1) immer wieder kommentiert, waren seit 200 der Zerstörung preisgegeben, so daß Plut. 25,1 nur geringe Reste im Prytaneion kannte. Manche Gesetze wurden seit 356 von den att. Rednern und der Komödie ohne Anhalt an den Axones um des Affektes willen als solonisch zitiert. Corpus der echten und der S. zugeschriebenen Gesetze bei R. 59ff. Die Gesetze sollten 100 J. gelten, wurden 410 und 403 durch Volksbeschlüsse als geltendes Recht bestätigt. Plut. 25. Lys. 30,2. 26. And. 1,83. Ruschenbusch, Hist. 5, 1956, 123ff. Das röm. Zwölftafelgesetz sollte auf S.s Gesetzen beruhen. Liv. 3,31,8. Cic. leg. 2,64. Ruschenbusch, Hist. 12, 1963, 250ff. Das alexandrin. Stadtrecht übernahm Vorschriften S.s über den Bauabstand zu Nachbargrundstücken. P. Hal. 1,80. Dig. 10, 1,13. R. F 60a. E. Seidl Ptolemäische Rechtsgesch.^{2}, 1962, 1,3.

Über die Gliederung des Gesetzeswerkes ist außer 6 Frg., bei denen die Nr. des Axon genannt ist, nichts bekannt; die oft angenommene Folge nach Amtsbereichen ist nicht nachweisbar. Daher folgen hier die wichtigsten Frg. mit R. nach Sachgebieten. Im Familienrecht verbot S. die Ehe unter Vollgeschwistern (Phil. de spec. leg. 3,22 = R. F 47), gab dem kinderlosen Erblasser zu Ungunsten der Geschlechtsgenossen die Testierfreiheit (Plut. 21,3 = R. F 49ff.), definierte die *παῖδες γνήσιοι* und die → *ἐγγύησις* der Braut (Demosth. 46,18 = R. F 48) und ordnete das Erbtochterrecht (→ *ἐπίκληρος*, Plut. 20 = R. F 51ff.). S. forderte Unterhalt für Witwen und Waisen, doch sollte nur der im Alter von seinen Söhnen Hilfe verlangen können, der sie ein Gewerbe hatte lernen lassen. Tötung des Ehebrechers war nur in flagranti erlaubt, Vergewaltigung einer Freien wurde mit 100 Drachmen, Verführung mit 20 bestraft. Plut. 23. Dig. 48,5,24. R. F 28. 26. 30a. Die Höhe der Mitgift, der Aufwand beim Begräbnis wurden beschränkt, Parfümherstellung und -handel verboten. Plut. 21. Cic. leg. 2,63. Athen. 13,612a. 15, 687a. R. F 71ff. Zugunsten der Wirtschaft untersagte S. die Ausfuhr aller Bodenprodukte, ausgenommen den Oelexport, und gestattete Einbürgerung pol. Flüchtlinge und Techniten. Plut. 24,4. R. F 75. → Metoikoi. Für Darlehen war der Zinsfuß unbegrenzt. Lys. 10,18 = R. F 68. Vereine durften sich, sogar zum Seeraub, Statuten geben, soweit die Staatsgesetze nicht widersprachen; dieses Vereinsrecht wurde von den Römern übernommen. Dig. 47,22,4. R. F 76. S. setzte Preise für Opfertiere (1 Ochse = 5 Drachmen; 1 Schaf = 1 Drachme) fest und befaßte sich mit dem Opferkalender. Plut. 23,3. R. F 83ff.

Im Prozeßrecht führte er die Popularklage ein, jeder, nicht nur der Sippengenosse, konnte Übeltäter öffentlich anklagen. Aristot. 9,1. Plut. 18,6. R. F 40. S. erließ eine allg. Amnestie mit Ausnahme der wegen Mordes oder Strebens nach der Tyrannis Verurteilten. Aristot. 8,5. Plut. 19. Cic. Att. 10,1,2. Der Atimie verfiel, wer bei einem Aufruhr nicht Partei ergriff. Aristot. 8,5. Gell. 2,12, 1. R. F 38 (von R. auf Verweigerung des Kriegsdienstes gegen äußere Feinde bezogen).

Nach den bereits bestehenden Klassen der Wehrordnung teilte S. die polit. Rechte den Bürgern zu und schuf die Timokratie. Der Besitz, nicht mehr adlige Herkunft, wurde maßgebend. Nur → Pentakosiomedimnoi (mit einem Jahresertrag von 500 Scheffeln oder Maß) konnten Archonten und Schatzmeister (ταμίαι) werden, die anderen Ämter waren auch Rittern (mit 300 Scheffeln) und → Zeugiten (200 Scheffel) zugänglich. Das Vermögen grundbesitzloser Bürger wurde umgerechnet (1 Scheffel = 1 Schaf = 1 Drachme). Plut. 23,3. Die → Theten waren nur zur Ekklesia und zur → Heliaia (2), dem von S. eingeführten Volksgericht, zugelassen. Als Gegengewicht gegen den Areiopag bildete S. den Rat der 400 aus je 100 erlosten Ratsherren der 4 Phylen. Aristot. 8. Plut. 19.

Nach Abschluß der Gesetzgebung Solons schwor der Rat, die Gesetze einzuhalten. Plut. 25. Die inneren Kämpfe gingen aber weiter. S. hatte weder Reiche noch Arme befriedigt. 590 riet er als Vertreter Athens den Amphiktyonen zum Krieg gegen → Krisa. Aristot. frg. 572. Dann verließ er Athen. Im folgenden Jahrzehnt blieb das Amt des eponymen Archon zweimal unbesetzt. Nach dem Versuch des → Damasias 582/80, sich zum Tyrannen aufzuschwingen, erlebte S. später noch den Beginn der Tyrannis des Peisistratos. Damals sei er mit Schild und Speer in der Volksversammlung erschienen und habe die Waffen, als er keinen Widerstand gegen Peisistratos entfachen konnte, vor dem Amtsraum des Strategen niedergelegt. Plut. 30. Diog. 1,49f. † 560. Plut. 32. Die Volkssage stellte ihn in den Kreis der → 7 Weisen mit dem Spruch μηδὲν ἄγαν und brachte ihn in Verbindung mit → Kroisos. Hdt. 1,29ff. 86f. Clem. Al. strom. 1,61. B. Snell Leben und Meinungen der 7 Weisen, ⁴1971.

Als Dichter stellte S. mit hinreißendem Schwung seine Elegien direkt oder indirekt in den Dienst seiner polit. Idee, des Ausgleichs der Stände. Nach Platons Urteil (Tim. 21 c) hätte S. Hesiod und Homer an Ruhm übertroffen, wenn er nicht die Poesie nur ἐν παρέργῳ gepflegt hätte. Das Schriftenverzeichnis bei Suda und Diog. 1,61 nennt außer den Gesetzen Elegien (5000 Verse), Iamben und Epoden; erhalten sind etwa 220 Verse aus den Elegien und 70 aus Iamben und Trochäen. S. pries das gesunde Maß und die rechte Mitte, die Grundgedanken seiner Ethik (1 D.), warnte vor der δυσνομία und mahnte zur rechten Ordnung, der εὐνομία, mit Motiven, die an Hesiods Schilderung der gerechten und ungerechten Polis erinnern. 3 D. Die Parteikämpfe sind in Elegien spürbar, die die Tyrannis wie ein kommendes Unwetter ankünden. 8. 10 D. Er selbst war kein Asket, wünschte sich rechtlich erworbenen Reichtum, Ansehen und langes Leben. A. Lesky GGrL 1963, 143ff.

Seit dem 4. Jh. stand eine Bronzestatue S.s vor der Stoa poikile, eine andere seit 380 auf dem Markt von Salamis. Paus. 1,16,1. Demosth. 26, 33. Ail. var. 8,16. Aischin. 1,25. Diog. 1,62. G. M. A. Richter The portraits of the Greeks, 1965, 83ff. Abb. 326ff.

A. Masaracchia Solone, 1958 (betont zu sehr die konservative Haltung S.s, vgl. *J. H. Thiel*, Mn 13, 1960, 166ff.). *G. Ferrara* La politica di Solone, 1964. *A. E. Raubitschek*, CPh 58, 1963, 136ff. (gute Übersicht über die Gesch. der Überlieferung).

2. Sohn des Straton aus → Bargylia, polit. Berater des → Antigonos (1) und → Demetrios (2), vertrat 303/02 die Interessen Athens und wurde dafür mit dem Bürgerrecht und anderen Auszeichnungen geehrt. Sylloge³ 347. **3.** S. mußte, von → Perseus (2) 171 nach Rom geschickt, um den König zu verteidigen, Italien innerhalb von 30 Tagen verlassen. Pol. 27,6,2. Als Kommandant in Pydna übergab er 168 die Stadt den Römern. Liv. 44,45,7. H. V.

Solonius ager läßt sich durch Liv. 8,12,2. Fest. 296,16 L. auf den Raum s. der mittleren *via Ostiensis* lokalisieren. S. a. war reich an Schlangen (Cic. div. 1,79. 2,66); Marius (Plut. Mar. 35) und Cicero (Att. 2,3,3) hatten dort Landgüter. Aus einer Stadt Solonium kommt Lucumo dem Romulus zu Hilfe (Dion. Hal. ant. 2,37,2; deshalb darf Prop. 4,1,31 nicht mit cod. N *Soloni* gelesen werden). Der *ager Solinius* (Macr. Sat. 1,10,16) ist kaum identisch. G. R.

Nissen It. Ldk. 2,522.

Solus (*Σολοῦς, Soluntum;* Ethn. *Σολούντιος, Σολουντῖνος, Soluntini*) h. Solanto: Stadt an der N.-Küste Siziliens. Eine der drei Festungen neben → Motye und → Panormos, auf die sich die Phoiniker beschränkten, als sie vor der einsetzenden griech. Kolonisation in den äußersten W. Siziliens zurückwichen. Herakles soll den eponymen Heros S. getötet haben. 397/96 von Dionysios I. verwüstet und im folgenden Jahr durch Verrat eingenommen. 307 den Soldaten des Agathokles von Karthago als Siedlungsplatz zugewiesen. 254 sich den Römern anschließend. Nicht unbedeutende Reste der über der phoinik. errichteten röm. Stadt. Inschr.: CIL X 7336. IG XIV 311. 312. Enc. Art. Ant. VII 402 (Tusa). K. A.

Solymoi (*Σόλυμοι*). Alter Volksstamm in SW.-Kleinasien. Von → Lykien aus bekämpft sie → Bellerophon, und sein Sohn Isandros fällt im Kampfe, Il. 6,184. 204. Sie werden mit Milyern (Hdt. 1,173; → Milyas [2], → Milye; über ihre Sprache → Lykia II) oder Pisidern (Strab. 1,34) gleichgesetzt. Ihr Name haftet an dem Berg Solymos (Solyma), auf dem das pisid. → Termessos lag. H. v. G.

Meyer GdA 1²,624. 627. 2,231. *A.B.Cook* Zeus 1,123.156.

Somatophylakes (*Σωματοφύλακες*), Leibwächter von Feldherren und Fürsten sind z. B. für Sparta (Hdt. 7,205. 8,124. Xen. hell. 6,414). Athen (CIA II 267,7), Syrakus (Diod. 14,43,3) bezeugt. Bei den Makedonen bestanden sie aus Edlen. Viele Generäle Alexanders sind aus ihrem Kreis hervorgegangen. Bei den Römern hießen sie *corporis custodes* (→ Equites militares-singulares). A. N.

E.Lammert, RE III A 991 f.

Somnus s. Hypnos

Sondergötter werden seit H. Usener (1896) vorwiegend röm. Gottheiten begrifflicher Durchsichtigkeit und funktionaler Begrenzung, d. h. Varros *dei certi*, genannt: *pontifices dicunt singulis actibus proprios deos praeesse; hos Varro certos deos appellat* (Serv. auct. Aen. 2,141). Wegen Nennung in den → *indigitamenta* heißen sie auch Indigitamentalgötter, wegen der Art des Wirkens Eigenschaftsgötter, Funktionsgötter, Augenblicksgötter, Manifestationen, Potenzen o. ä. Durch die S. werden Leistungen (Serv. georg. 1,21) der Götter, durch sie erreichbare Qualifikationen (Hor. c. 1,2,44 *Caesaris ultor*), in sie gesetzte Erwartungen (Aug. civ. 4,24) ausgedrückt; Verbindung mit anderen Göttern in Doppelnamen bezeichnet Bereich ihres Wirkens. G. R.

F.Altheim, SMSR 8, 1932, 146 ff.; Klio 30, 1937, 33 ff.; Röm. Religionsgesch. 1, 1951, 99 ff. *L. Deubner*, ML 3, 2068 ff. *G. Dumézil.*, Rel. Rom. Arch. 389. *K. Latte*, ARW 24, 1926, 244 ff.; RRel 50 ff. *H. Lindemann*, Diss. Münch. 1930. *M.Nilsson* GgrR 1,363. *W.F. Otto*, RhM 64, 1909, 449 ff. *R. Peter*, Myth. Lex. 2,129 ff. *G. Radke* Die Götter Altitaliens 10 ff. *F. Richter*, RE IX 1334 ff. *H. Usener* Götternamen 75 ff. *H. Wagenvoort* Rom. Dynamism 73 ff. *G. Wissowa* Rel. ²72.

Sonnenschirm s. Schirm

Sonnenuhren s. Analemma. Gnomon. Parapegma

Sontius (Cassiod. var. 1,18,1. 1,29 inscr. 2, 159 *Isontius*), Fluß Venetiens, an dem Theoderich 489 den Odoakar schlug (Anon. Vales. 2,50 Mor. Iord. Get. 57); Name der Brückenstation *Ponte Sontii* (Tab. Peut. 4,5) wird als Verstümmelung aus *ponte [Ae]sontii* verstanden (PID 1,246); h. Isonzo. G. R.

Forbiger HB. d. alt. Geogr. 3,371. *Nissen* It. Ldk. 2,229 f. *Holder* 2,1616. *Radke*, Glotta 41, 1963, 288.

Soos (*Σόος*), Spartiate, Plat. Krat. 412 b, bei Plut. Lyk. 1 f., Paus. 3,7,1 u. a. als legendärer König, Sohn des → Prokles (1), in die → Eurypontidenliste eingeschoben, um sie mit der Folge der → Agiadai auszugleichen, soll die Helotie begründet und Arkadien bekriegt haben. P. Poralla Prosop. d. Lakedaimonier, Diss. Breslau 1913, 114. 150 f. F. Kiechle Messen. Stud., 1959, 97 f. H. V.

Sopatros. 1. Aus → Halikyai, wurde 74 freigesprochen, 73 aber von Verres erneut belangt, erpreßt und widerrechtlich verurteilt. **2.** Aus → Tyndaris, wurde 73/72 von Verres brutal zur Herausgabe einer Hermesstatue gezwungen, Cic. Verr. 4,85–87. 92. H. G. G.

3. Dichter aus Paphos, lebte von der Z. Alexanders bis zu Ptolemaios II. (Athen. 2,71 a). Er heißt bei Athen., der sämtliche Frg. überliefert, *παρῳδός* und *φλυακογράφος*. Titel: *Γαλάται, Ἱππόλυτος, Νέκυια, Ὀρέστης, Σίλφαι, Φακῆ* u. a. Sprache und Vers (meist iamb. Trimeter) teils der Komödie angemessen, teils die Tragödie parodierend. R. K.

Frg.: CGF 192–197. *Al.Olivieri* Frammenti commed. gr. 2²,27–42.

Lit.: *Gigante*, Annali Ist. ital. studi stor. 1, 1967/68, 56 ff.

4. Griechischer Rhetor in Athen; sofern sich Walz Rhet. 8,318,29 auf → Himerios bezieht, lebte er im 4. Jh. n. Chr. (über Lebenszeit und Homonyme vgl. [1]). Er verfaßte unter dem Titel *Διαίρεσις ζητημάτων* eine Slg. von 81 deklamator. Übungsstücken, in denen jeweils, freilich mit unterschiedlicher Sorgfalt und Ausführlichkeit, techn. Anleitung und Musterbeispiel miteinander verbunden sind. Im großen ganzen orientierte sich S. an der Statuslehre des → Hermogenes (9), der er auch einen eigenen (erhaltenen) Komm. gewidmet hat. Außerdem schrieb er Prolegomena zu Ailios → Aristeides (3) und Einführungen für den rhet. Unterricht (Progymnasmata, Paraphrasen von Homer- und Demosth.-Stellen; von beiden nur geringe Reste). H. Gä.

Ta.: Hermog.-Komm.: *Walz*, Rhet. 5,1 ff. Vgl. den Katenen-Komm. a. O. 4,39 ff. (→Marcellinus 19, → Syrianos) *Διαίρ. ζητ.*: *Walz* a. O. 8,1 ff.

Proleg.: Ael. Aristid. ed. Dindorf 3,744 ff.

Paraphr.: *H.Rabe*, RhM 63, 1908, 141 ff. *St.Glöckner*,

RhM 65, 1910, 504ff. Progymn.: Aphthon. progymn. ed. Rabe 59ff.

Lit.: Lit.-Bericht: *E. Richtsteig*, BursJb 238,81f. 1. *F. Focke* Quaest. Plutarch., Diss. Münster 1911, App. II 57ff. 2. *R. Henry*, AC 7, 1938, 291ff. 3. *S. Wilcox*, AJPh 64, 1943, 1ff. 4. *F.W. Lenz* The Aristeides Prolegomena, Leiden 1959.

Sopeithes (*Σωπείϑης*), ind. Fürst (Arr. an. 6,2,2, Strab. 15,699 [*νομάρχης*]) ö. der → Kathaioi, der sich Alexander unterwirft (Curt. 9,1,24ff. *Sophites*) und ihm u.a. 150 Tigerhunde zum Geschenk macht (Diod. 17,92,1. Strab. 15,700). Ob zwei S. zu unterscheiden sind (Berve Alex. 2,735), ist ebenso wie die Gleichsetzung mit ai. *Saubhūti* und der Mz.aufschrift [*ΣΩ*]*ΦΥΤΟΥ* nicht sicher auszumachen. F. F. S.

Kroll, RE III A 1008. *A.K. Narain* The Indo-Greeks[2], 1962, 4f. *E.J. Rapson* (ed.) The Cambr. Hist. of India[2], Delhi 1962, 54,348,564f. *D.C. Sircar* Select Inscr. bearing on Indian Hist. and Civiliz. I[2], Calcutta 1965, 83. *E.J. Rapson* The Coinage of Anc. and Med. India, Chicago 1967, 3f., Pl. I, 8.

Sophainetos (*Σοφαίνετος*) aus Stymphalos in Arkadien, wurde noch in vorgeschrittenem Alter einer der Söldnerführer des jüngeren Kyros (Xen. an. 5,3,1. 6,5,13). Er warb Griechen unter dem Anschein des Krieges gegen Milet (a. O. 1,1,11. 1,2,2) u. führte dann in Sardes (a. O. 1,2,3) bzw. in Kelainai (a. O. 1,2,9; irrtümliche Doppelerzählung des Xen.) Kyros 1000 Hopliten zu. Nach der Schlacht bei Kunaxa geriet er nicht mit den anderen Strategen in den pers. Hinterhalt. Beim Rückzug wurde er, entsprechend seinem Alter, für weniger anstrengende Aufgaben verwendet (vgl. a. O. 4,4,19). Mit Philesios leitete er den Schiffstransport von Trapezus nach Kerasus (a. O. 5,3,1). Wegen Unregelmäßigkeiten wurde er zu einer Geldstrafe verurteilt (a. O. 5,8,1). Unter seinem Namen gab es später eine *Κύρου Ἀνάβασις*, von der nur Splitter erhalten sind (FGrH 109), die aber vielleicht über Ephoros bei Diod. 14,19–31 zugrunde liegt. G. Do.

F. Schrömer Der Bericht des S. über d. Zug der Zehntausend. Masch. Diss. München 1954.

Sophanes (*Σωφάνης*). Sohn des Eutychides, aus Dekeleia (Hdt. 6,92,3. 7,73,1). Nach Marathon soll er in der Volksversammlung angeblich gegen die Verleihung eines Kranzes an Miltiades aufgetreten sein (Plut. Kim. 8,1). Im Krieg gegen Aigina tötete er im Zweikampf Eurybates, den Anführer der argiv. Freiwilligen auf seiten der Aigineten (Hdt. 6,92. 9,75. Paus. 1,29,5). Bei Plataiai focht er mit Auszeichnung (Hdt. 9,73f. Plut. Arist. et Cat. comp. 2,2). 465/64 war er als Stratege einer der Leiter des Kolonisationsunternehmens in Enneahodoi in Thrakien und fiel bei der Niederlage von Drabeskos 464 (Hdt. 9,75, vgl. Thuk. 1,100,3. Sch. Aischin. 2,31). Mit den anderen Gefallenen erhielt er ein Grab auf dem äußeren Kerameikos (Paus. 1,29,4f.). G. Do.

Sophene (*Σωφηνή*, vgl. Strab. 11,521), ant. Bez. für die Landschaft, die im W. an den Euphrat (h. Firat Nehri), im N. an den östl. Tauros (Güneydoğu Toroslar), im O. an den Oberlauf des Tigris (h. Botan Çayı) und im S. an das Masios-Gebirge (Gebirgsland um Mardin) grenzt. E. O.

Weißbach, RE III A 1015–1019.

Sophia (*σοφία*, etwa: »Weisheit«) ist einer der wichtigsten Wert-Begriffe des Griechentums. Anf. bezeichnete S. ein »Sich-Verstehen-Auf«, lange Zeit ohne Sonderung eines theoret. und eines prakt. Aspekts. Noch die Sophisten traten mit dem Anspruch auf, die »Verständigen« im eigentlichen Sinne zu sein.

Die Geschichte dieses Begriffes ist die Geschichte seiner Sublimierung. Ein erster Schritt in dieser Richtung wurde in der Schule des Pythagoras getan; S. wird als die Summe alles Wissens verstanden; die einzelnen Wissenschaften und Fertigkeiten sind Teile des Ganzen. Sogleich wird vermutet, daß kein Mensch die vollständige S. erreichen kann; ihr voller Besitz ist der Gottheit vorbehalten. Ein Mensch kann (und soll) sich mühen, die S. zu gewinnen; so darf er sich Freund der S. = *φιλόσοφος* nennen, kann die Benennung *σοφός* aber nicht beanspruchen. Diesen vermutlich pythagoreischen Ansatz hat Sokrates weiter geführt: Er lehnte es für sich selbst völlig ab, auch nur in einem Punkte Kenntnis zu besitzen; so nimmt auch Sokrates die Bezeichnung »Philosoph« an. – Für Platon ist S. durchaus auf die Erkenntnis der Werte im Bereich des Transzendenten gerichtet. Da S. die Erkenntnis des höchsten Wertes, der Idee des Guten, als eigentlichen Inhalt umfaßt, ist sie selbst werthaft und transzendent.

Die Stoa scheint noch einmal die Verbindung von Theorie und Praxis herbeizuführen. Der vollkommen Weise, der alles weiß, muß eben darum alles auf das beste verrichten können; er muß der beste Staatslenker, der beste Priester, der beste Zukunftsdeuter sein (→ Paradoxa Stoicorum). Der Logos, indem er erkannt wird, drängt nach Verwirklichung. Dieser Kernsatz gilt noch für den Kaiser → Marcus (2). Indes konvergieren der stoische und der mittel- und neuplatonische Begriff S. mehr und mehr. Auch die Vorstellung vom stoischen Weisen ist ein Ideal, das sich nie vollkommen realisiert (Ausnahme: In M. Porcius → Cato [10] war die vollkommene S. verwirklicht). Das schließt die Einsicht ein: Kein Mensch vermag die vollkommene S. (verstanden als Kenntnis aller Ursachen und Wirkungen) zu gewinnen.

Mithin rückte S. in den übermenschlichen Bereich auf; die »Theologisierung« schritt von Jahrhundert zu Jahrhundert fort. Bald kann sie in Gnosis und Hermetismus (*Πίστις Σοφία*) als Person und als Gottheit vorgestellt werden; das Christentum verehrt die Weisheit Gottes als *Ἁγία Σοφία* (→ Constantinopolis). Platonismus und Christentum waren darin einig, daß göttliche S.

aus dem transzendenten Bereich ins Diesseits herabwirkt. Wohl kann und soll menschliche S. in Analogie zur göttlichen S. treten (und nur wenn diese Analogie besteht, ist menschliche S. gültig, andernfalls ist sie ärgste Torheit). Aber menschliche S. kann die göttliche S. wohl symbolhaft widerspiegeln (ἀπαύγασμα), kann ihr aber nie gleichkommen. H. D.

W. Burkert Weisheit und Wissenschaft; Stud. zu Pythagoras, Philolaos und Platon, 1962, dazu: *C. J. de Vogel*, Philosophia 1, 1970, 78–91.

Sophilos. 1. Aus Sikyon oder Theben, Dichter der Mittleren Komödie (Suda). Wir kennen 7 (8?) Titel, 9 Frg. Androkles, nach dem ein Stück heißt, mag, aber muß nicht derselbe sein, den Men. Sam. 606 AUSTIN als Greis erwähnt. W. K.

Körte, RE III A 1039.

2. Vasenmaler. Um 580 tätig ist S. der älteste bisher bekannte att. Vasenmaler, der seine Werke signiert. Er bemalte (und töpferte?) → Dinoi, Hals-→ Amphoren, → Krateres, → Lutrophoren und Tontafeln (»Pinakes«). S. bereicherte die sf. Technik mit Deckfarben, vergrößerte den Abstand zur korinth. Keramik. Seine myth. Szenen sind (anders als seine Tierbilder) temperamentvoll, z. T. witzig und unkonventionell erzählt, doch ist sein Strich nicht sehr sorgfältig. S. setzt den Stil des älteren Gorgomalers fort und bereitete wohl den des bedeutenderen → Kleitias vor. W. H. G.

S. Papaspyridi-Karusu, MDAI(A) 62, 1937, 111ff. und Ἀγγεῖα τοῦ Ἀναγυροῦντος (1963) Index s. S. *Beazley* Development of Attic Black-Figure (1951) 17ff. und AV 2.37ff. *Scheibler*, JDAI 76, 1961, 26ff. *Arias-Hirmer* Tausend J. griech. Vasenkunst T. 39.

Sophistik s. Antiphon (6). Gorgias (1). Kritias. Prodikos. Protagoras (1). Thrasymachos (1)

Sophokles (Σοφοκλῆς). **1.** Sohn des Sostratides, att. Stratege 426/25, 425/24 und vielleicht 424/23, wurde Frühj. 425 mit Eurymedon nach Sizilien gesandt (Thuk. 3,115,5. Diod. 12,54,6), dabei Befestigung von Pylos in Messenien durch Demosthenes (Thuk. 4,2ff.). Nach dem Fall Sphakterias (E. Sommer 425) fuhren sie über Korkyra (Eingriff in den Parteienstreit, a. O. 4, 46ff.) nach Sizilien (a. O. 4,48,6). Als S. ohne bes. Leistungen nach dem Frieden von Gela 424 heimkehrte, wurde er wegen Bestechung verurteilt (a. O. 4,65,3. Philoch. FGrH 328 F 127). Er ist vielleicht ident. mit S., einem der 30 Tyrannen (Xen. hell. 2,3,2). G. Do.

2. Der große Tragiker.

Leben: Quellen: Σ. γένος καὶ βίος in mehreren Hss.; Suda s. v. Σ. 815 u. a. Alle Berichte, gesammelt bei O. JAHN Sophoclis Electra³, 1882, 1ff. (Hauptquellen für den βίος: → Aristoxenos, → Satyros [5] und → Istros [4]).

S., Sohn d. Sophillos, Athener aus dem Demos → Kolonos (2), Phyle Aigeis. Daten: 497 *; 480 Vorsänger beim Siegespaian nach d. Schlacht bei Salamis. 468 erster Sieg an d. Gr. Dionysien; 443/442 Hellenotamias; 441/39 zus. mit Perikles Stratege im sam. Krieg; 428 Stratege im Krieg gegen die Anaier (?); 413–11 Mitglied d. Probulenkollegiums (?); 406/05 †.

Im Knabenalter Erfolge in körperl. und mus. Agonen; sein Lehrer in d. Musik → Lampros 2 (?), in der Trag. Aischylos. Ehe mit Nikostrate, Sohn → Iophon (2); Verbindung mit der Sikyonierin Theoris, Sohn → Ariston (1). Als Priester des Heilheros Halon nahm er den aus → Epidauros (1) nach Athen gebrachten → Asklepios bis zur Errichtung eines eigenen Temenos in sein Haus auf; daher nach seinem Tode selbst als Ἥρως Δεξίων verehrt (Etym. m. 256,6). Gründer eines Musenthiasos. Er war ein θεοφιλής: Traumerscheinung d. Herakles ließ ihn einen von der Akropolis entwendeten goldenen Kranz auffinden; von der Belohnung stiftete er ein Heiligtum des Herakles Menytes. Persönliche Beziehungen zu → Perikles (1), → Herodotos (1), → Ion (3) v. Chios (frg. 8). Allerlei absonderliche Todesursachen werden genannt. Bestattet in der Familiengruft an der Straße nach Dekeleia, 11 Meilen vor der Stadt, eine Sirene oder Keledon auf seinem Grabmal. Wegen seiner Liebenswürdigkeit war S. allg. beliebt; Athen hat er trotz zahlreicher Berufungen durch auswärtige Könige nicht verlassen.

Porträts [6], I 124ff.: a) literar. bezeugt: 1. Statue, bald nach S. Tode von → Iophon (2) errichtet (Vita § 11). 2. Bronzestatue, die → Lykurgos (10) im Theater errichten ließ (Ps.-Plut. Vit. X Orat. p. 841f. Paus. 1,21,1). 3. Gemaltes Porträt, kitharaspielend, von Polygnotos in d. Stoa Poikile (Philostr. Min. im. 13). b) erhalten: 4 Typen 1. Typus Farnese, als ältlicher Mann, Original ca. 310; 2. Typus Lateran, als Mann in der Blüte der Jahre, Original ca. 340/30, Kopie der Lykurgos-Statue. 3. Identifikation nicht sicher; als junger Mann, Original vielleicht 360/50. 4. Identifikation unsicher, als Greis; Original hellenist.

Werk: Angaben über die Zahl seiner Dramen und Siege schwanken. 130 (nach Aristoph. Byz.), davon 17 (7 ?) unecht (Vita § 18); 123 (Suda); ändert man die Zahl der unechten der Vita von 17 in 7, so ergibt sich 123 der Suda. Dionysiensiege 18 (IG II² 2325. Diod. 13,103,4); die Vita (§ 8) gibt 20 Siege (nach → Karystios) und fügt hinzu, S. habe oft den 2., nie den 3. Preis erhalten; Suda 24 Siege. Außer Dramen nennt die Suda noch als Werke: Elegien, Paiane, eine Prosaschrift περὶ χοροῦ. Reste von Elegien und einem Paian: DIEHL Anth. Lyr.³ 1,79; inschr.: O. KERN Inscr. Graec., Bln. 1913, T. 45; Philostr. vita Ap. Ty. 3,17. Philostr. Min. im. 13,4. Wir kennen wenigstens 132 Titel von Stücken (einschließlich der erhaltenen); die Überzahl erklärt bei PEARSON S. XVIII ff. Die Ausg. der Frg.e von PEARSON (1917) zählt 1129 Frg.e, einschließlich der bis damals bekannten Papyri. Die S.-Papyri bis 1965 bei PACK²

Nr. 1461–80. Seither fast nichts (APF 21, 1972, Referat von UEBEL).

Chronologie: Triptolemos 468 (Plin. nat. 18, 65), Antigone 442 (Hyp. I), Philoktetes 409 (Hyp. II), Oid. Kol. erst postum 401 aufgeführt (Hyp. II). Wahrscheinlich: Trachinierinnen und Aias kurz vor Antigone, Oidipus Tyr. vor 425 (Aristoph. Ach. 27), nach 429 (Pest in Athen), Elektra ca. 420 (? Vor der El. d. Euripides – diese Reihenfolge von manchen bestritten). S. selbst unterschied 3 Perioden in seiner künstler. Entwicklung (Plut. De prof. in virt. 79b): a) aischyl. Überschwang, b) seine Herbheit und Künstlichkeit, c) der ihm persönliche Stil mit dem meisten ἦθος.

Szen. u. dramaturg. Neuerungen: Aufgabe der inhaltlich gebundenen Tetralogie aischyl. Stils (Suda; einzige Ausnahme: Telephostrilogie (?) IG II² 3091). Einführung d. 3. Schauspielers (Aristot. poet. 1449a 17. Vit. 4. Diog. Laert. 3,56. Suda s.v.: doch vgl. Vit. Aesch. 15); Bühnenmalerei (Aristot. a.O.); Vergrößerung d. Chors von 12 auf 15 (Vit. 4, Suda); *καμπύλη βακτηρία* und *λευκὴ κρηπίς* (Vit. 6); er trat nicht mehr als Schauspieler auf (Vit. 4).

Die erhaltenen Dramen.

1. Trachinierinnen (*Τραχίνιαι*). Chronologie problemat. (zahlreiche Unters., aufgezählt bei [1], 191f.; keine Einhelligkeit der Resultate). Relativ frühes, vielleicht ältestes erhaltenes Werk (ca. Mitte der 40er J.: DAIN-MAZON 9. STOESSL Der Tod d. Herakles, Zürich 1946. E. R. SCHWINGE Die Stellung d. Trach. im Werk des S., Hypomn. 1, 1962). Inhalt: Tod d. Herakles – nach der Eroberung → Oichalias (3) und Sendung der gefangenen Königstochter Iole als Kebsweib in Herakles' Haus in → Trachis und zu seiner Gattin → Deianeira (1) – durch das mit dem Nessosblut getränkte Gewand, das Deianeira dem Gatten als vermeintlichen Liebeszauber schickt. Sie ist selbst dem Trug des sterbenden Kentauren Nessos erlegen, der ihr sein Blut als Liebeszaubermittel angepriesen hatte, und wird so schuldlos zur Mörderin des Gatten; Aufklärung des Irrtums bringt Gewißheit über das trag. Verhängnis; bisher mißverstandene, nun richtig gedeutete Orakel erfüllen sich durch den Tod des Herakles. 2 Grundmotive: a) Schuldlosigkeit des Menschen an der von ihm begangenen Untat. b) Durchbruch vom Irrtum zur Wahrheit; die Erkenntnis aber bedeutet Untergang. Diptychonkomposition (wie Ai. und Ant.). Herkunft des Stoffes: Kreophylos von Samos, *Οἰχαλίας ἅλωσις*, → Peisandros (8), → Panyassis.

2. Aias. Relativ sehr frühes Stück, sehr nahe Trach. u. Ant. (jetzt allermeist angenommen, Spätdatierung – Vertreter bei [1], 180, Anm. 2 – verworfen). Inhalt: Nach dem Waffengericht, welches die Waffen des Achilleus dem Odysseus zusprach, will sich Aias an den Achaierfürsten rächen, wird aber von Athene mit Wahnsinn geschlagen und tötet Herdentiere, die er für die Fürsten hält; als der Wahnsinn weicht, läßt die Erkenntnis der Wahrheit die Schande der Tat deutlich werden, und Aias, der nach Verlust seiner Ehre nicht mehr leben kann, endet durch Selbstmord; sein Halbbruder Teukros erwirkt, unterstützt von Odysseus, gegen den Widerstand der Atriden die Bestattung des Leichnams. 2 Grundmotive: a) Die Verantwortung, also die Schuld an dem Geschehenen liegt nicht beim Menschen sondern bei der Gottheit. b) Durchbruch vom Wahn zur Wahrheit, die Erkenntnis aber bedeutet auch hier Untergang. Diptychonkomposition (wie Trach. und Antig.). Herkunft des Stoffes: → *Αἰθιοπίς*; Ilias parva (→ Ep. Zyklus); Aischyl. *Ὅπλων κρίσις, Θρῇσσαι, Σαλαμίνιαι.*

3. Antigone. Aufführung 442. Inhalt: Antigone führt – entgegen → Kreons (1), des neuen Herrschers, Verbot – eine (Not)bestattung ihres beim Angriff auf Theben im Zweikampf mit ihrem und seinem Bruder → Eteokles (2) gefallenen Bruders → Polyneikes durch, wird ertappt, von Kreon zum Tode verurteilt und trotz des Einspruches ihres Verlobten → Haimon (5) in einer Felsenhöhle zum Hungertode eingemauert. Kreon, durch den Seher → Teiresias zur Erkenntnis seines Fehlers gebracht, bestattet den Leichnam, findet aber Antigone in ihrer Höhle erhängt; Haimon begeht an ihrer Leiche Selbstmord, seine Mutter Eurydike, Kreons Gattin, tötet sich. Kreon bleibt gebrochen und allein im Leben zurück. Die Grundmotive – ähnlich wie in Trach. u. Ai. – nicht an der Heldin Ant., sondern am Gegenspieler Kr. entwickelt: a) Da er das Bestattungsverbot und die Durchsetzung der für die Übertretung angedrohten Strafe gegen alle Menschlichkeit für Staatsraison hält, fehlt er zwar, ist aber nicht im eigentlichen Sinne schuldig. b) Durchbruch zu Erkenntnis und Wahrheit bedeutet Untergang. Diptychonkomposition (wie Trach. u. Ai.): Untergang Antigones ~ Tragödie d. Kreon. Stoff: aus den Epen des theban. Sagenkreises (*Θηβαΐς, Οἰδιπόδεια*); Aischylos *Ἑπτά* (?); Ion v. Chios (Hyp. II).

4. Oidipus Tyrannos. Vor 425 (Aristoph. Ach. 27), nach 429 (Pest in Athen). S. erhielt den 2. Preis nach → Philokles (4; Hyp. II). Inhalt: Oidipus, der Retter Thebens und Gatte der Königin Iokaste, der mächtige und weise Herrscher, wird durch eine Pest in Theben und einen nach Befragung ergangenen Befehl des delph. Orakels veranlaßt, nach dem Mörder seines Vorgängers, des Königs Laios, zu forschen, und erkennt sich selbst als Sohn und Mörder seines Vaters Laios, als Gatten seiner eigenen Mutter Iokaste, als den Verderber Thebens, um dessentwillen die Pest über die Stadt gekommen ist; und er straft sich durch Blendung seiner Augen, die sehend so blind gewesen waren. Iokaste, die die Zusammenhänge noch vor dem Sohn-Gatten durchschaute, hatte ihrem Leben ein Ende gemacht. Das Ringen nach Wahrheit hat Macht und Glück des Oidipus als Schein

entlarvt, seine Untaten als Wirklichkeit erwiesen; die enthüllte Wahrheit bedeutete den Untergang des Menschen. Aber trotz allem war Oidipus schuldlos an den Greueln, die er begangen: Was zu tun ihm verhängt war, hatte ihm ein Orakel verkündet, hatte ihn aber über das Entscheidende, über seine wahre Abkunft im Dunkeln gelassen; so bewirkte der Gott, daß Oidipus gerade dadurch, daß er sein Schicksal zu vermeiden suchte, es herbeiführte. Die beiden sophokl. Grundmotive sind im Oid. Tyr. am reinsten und mächtigsten gestaltet. Komposition: analytisch; an Konzentration und Folgerichtigkeit die meistbewunderte ant. Tragödie. Stoff: Theban. Sagenkreis, → *Οἰδιπόδεια* und → *Θηβαΐς*, an denen S. aber wohl geändert hat, und Aischyl. Theban. Trilogie (467).

5. Elektra. Chronologie umstritten; jedenfalls ein relativ spätes Stück. Hauptproblem: zeitl. Verhältnis zur Elektra des Euripides, deren Chronologie selbst wieder umstritten ist. Reiche Lit. zur Frage bei [1], 229. Anm. 93 u. 94 und 393 Anm. 192 u. 193. Mir scheint am wahrscheinlichsten: Eur. El. ca. 418 (metr. Gründe), Soph. El. ± 420. Inhalt: Um die Rache an → Klytaimestra und → Aigisthos vollstrecken zu können, läßt → Orestes (1) durch seinen Paidagogen seinen eigenen Tod melden, ja bringt selbst eine Urne, die angeblich seine Asche enthält. Damit täuscht er nicht nur die Machthaber, sondern auch Elektra selbst, die sich nun vollkommen verlassen und obendrein von den Machthabern mit dem Tode nach der Rückkehr Aigisths bedroht glaubt. So beschließt sie, das Rachewerk selbst zu tun. Die Erkennung der Geschwister legt die Tat wieder in die Hände des Orestes; es fällt erst Klytaimestra, dann Aigisthos. In dieser Fügung scheint des Orestes Schuld vermindert, da die notwendige Blutrache an Aigisthos den Schluß- und Höhepunkt bildet, vor dem der Muttermord eher verblaßt, und da selbst die Frau Elektra zu dieser Tat entschlossen war; Elektra ihrerseits ist sowohl durch das Gebot der Blutrache wie durch die Bedrohung ihres Lebens von Schuld entlastet; die von ihr geplante, von Orestes vollbrachte Tat erscheint so fast wie ein Akt der Notwehr. Die Grundmotive: a) Schuldlosigkeit des Menschen an der von ihm begangenen Untat. b) Durchbruch vom Schein (Tod d. Orestes) zur Wahrheit; die Erkenntnis bedeutet hier Untergang nicht für die Helden, sondern für die Gegenspieler. Komposition: Szenengruppen schließen sich wie Schalen um die Mitte, Elektras Anklage gegen Klytaimestra und ihre scheinbare Vernichtung durch die angebliche Aschenurne des Orestes ([1], 236 mit Anm. 105). Stoff: Epos; → Stesichoros' Oresteia; → Aischylos' Orestie.

6. Philoktetes. Aufgeführt 409, erster Preis (Hyp.). Inhalt: Da Troja nur mit Hilfe des Philoktetes und seines (einst Herakles') Bogen erobert werden kann, kommen → Odysseus und → Neoptolemos (1), den Kranken, bei der Hinfahrt auf → Lemnos Ausgesetzten, zu holen. Vorspiegelung des Neoptolemos auf Anstiftung des Odysseus: er sei mit den Griechenfürsten zerworfen und wolle Ph. in seine Heimat bringen. Ph. glaubt dem Trug, vertraut sich dem Jüngling und überläßt ihm sogar wegen eines Anfalles seiner Krankheit den Bogen. Neopt. kann aus seiner *φύσις* heraus den Trug nicht durchhalten, offenbart die Wahrheit und gibt sogar den Bogen zurück. Erst Herakles, deus ex machina, kann Ph. zur Mitfahrt nach Troia bewegen. Sieg der Wahrheit über den Schein in der Seele des Jünglings und im Verlauf der Geschehnisse als Ganzem ist das Thema dieses Dramas. Die Gestalt des reinen Jünglings vielleicht das Sehnsuchts- und Hoffnungsbild des greisen S. Komposition: ganz auf die 3 Charaktere Odysseus, Ph., Neoptolemos gestellt; keine Frauenrolle! ([1], 246). Stoff: *Κύπρια*; Ilias parva; Aischyl. Ph.; Euripides Ph. (431. Hyp. Eur. Med. Dion Chrys. 52).

7. Oedipus Coloneus. 401 postum von → S. 4 aufgeführt (Hyp. II). Inhalt: Der blinde Oidipus gelangt, von Antigone geleitet, an den → Kolonos (2) Hippios in Athen; → Theseus gewährt dem Fluchbeladenen Asyl. → Kreon (1) will ihn erst durch trügerische Überredung, dann mit Gewalt (Entführung seiner Töchter Ismene und Antigone, schließlich Ergreifung des Greises selbst) an die Grenze des theban. Landes bringen, da an seiner Gegenwart der Sieg hängt. Kreon wird von Theseus vertrieben, die Töchter zurückgewonnen. → Polyneikes, auf seinem Zug gegen Theben, sucht die Hilfe des Vaters zu gewinnen, wird aber abgewiesen und verflucht. Endlich wird der greise Oid. im Hain der Eumeniden aus diesem Leben entrückt, nur der Landesherr Theseus darf ihn bis zuletzt begleiten, die geheime Stätte der Entrükkung, die für Athen Sieg bringen wird, wissen, um sie dann nur seinem Nachfolger bekanntzugeben. Der durch die begangenen Greuel zwar Gezeichnete, aber doch Schuldlose wächst allmählich von der Ohnmacht des blinden Bettlers zur Macht des Heros, dessen Grab Sieg verheißt, heran, sein Weg zum Tode als letzte Erfüllung ist das Thema dieses Dramas. Ausdruck des persönlichen Lebensgefühls des über 90jährigen S. ?. Komposition: lose Reihe von Szenen, ganz anders als die sonst so straff komponierten Stücke des S. Stoff: Att. Lokalsage? Eur. Phoinissen; eigene Kombinationen.

Fragmente der verlorenen Dramen. Nur auf einige, vor allem die durch Papyrusfunde vermehrten, kann hier hingewiesen werden. Die meisten umfangreicheren Papyri zuletzt publiziert bei D. L. Page Literary Papyri, Lond. 1962, Nr. 3–7 (Vgl. [1], 257 ff.).

Eurypylos. (P. Oxy. 9,1175, 1912; P. Oxy. 17, 2081 b, 1927, Fr. 206–222 P). Inhalt: Tod des Priamosneffen → Eurypylos (2) durch Neoptolemos. Stoff: Ilias parva (vgl. Aristot. poet. 1459 b 6). – Theseus (P. Oxy. 27,2452, Fr. 246 P). Inhalt:

Theseus' Rettung der Athenerkinder? – Inachos. Satyrspiel (Tebt. P. III 1,692, 1933; P. Oxy. 23, 2369, 1956, Fr. 270–295 P). Inhalt: Geschehnisse um die Verwandlung der Io. – Iphigeneia (MILNE Cat. Nr. 79, 1927, Fr. 305–313 P). Inhalt: Iph. in Aulis. Stoff: *Κύπρια*. – Ichneutai. 3 nichtssagende Zitatfrg.e, dann P. Oxy. 9,1174. 1912, u. 17,2081, 1927, Fr. 314–318 P). Inhalt: die Satyrn als Helfer Apollons bei der Suche nach seinen von dem Baby Hermes gestohlenen Rindern; Erfindung der Leier durch Hermes. Also Enthüllung der Wahrheit wie in den Tragödien, nur in der Komik des Satyrspiels. Stoff: Homer, Hermeshymnus. – Niobe (Brit. Mus. Pap. DCXC. Greek Papyri, Oxf. 1897 = PAGE Lit. Pap. Nr. 22. PEARSON Fr. 442–444). Inhalt: Tod d. Niobiden. – Polyxena (P. ed. LOBEL, Greek Poetry and Life, Ess. pres. to G. MURRAY, 1936, p. 295. PAGE, Lit. Pap. Nr. 30 ?; Fr. 522–528 P). Inhalt: Tod der → Polyxene. Stoff: Iliupersis, Nostoi (?). – Skyrioi (P. Oxy. 17,2077 = PAGE Lit. Pap. Nr. 5, Fr. 553–561 P). Inhalt: Auszug des Neoptolemos zum Kampf gegen Troia. Stoff: Ilias parva. – Telepheia. Einzige für S. bezeugte Inhaltstrilogie (resp. Tetralogie) um das Schicksal des Myserkönigs → Telephos: IG II² 3091 (PICKARD-CAMBRIDGE Festivals² p. 54): *Ἀλεάδαι* (Fr. 77–91 P). *Μυσοί* (Fr. 409–418). *Ἀχαιῶν σύλλογος* (BerlKlT V 2, p. 64, 1907. PAGE Lit. Pap. Nr. 3, Fr. 142–148 P). Inhalt: Versammlung der Achäer in Aulis (zum 2. Mal), Ankunft des Telephos, seine Heilung durch Achilleus; er führt den Weg nach Troia. *Τήλεφος* Sat. (? Fr. 580 P). – *Τηρεύς* (Fr. 581–595 P). Inhalt: Rache der Prokne an → Tereus, Tod des → Itys, Verwandlung aller in Vögel. Phaidra (Fr. 677–693 P). Stoff: Eur. Hippolytos.

Überlieferung: A. Textgeschichte: 1. Exemplar des Dichters, beim spielleitenden Beamten eingereicht. 2. Buchausgabe. 3. Schauspielerexemplare (Textveränderungen, Interpolationen). 4. Staatsexemplar des → Lykurgos (10). 5. Erwerbung einer wertvollen athen. Tragikerausgabe (wohl des lykurg. Staatsexemplars) durch Ptolemaios (Philadelphos?). 6. Ordnung d. trag. Lit. durch → Alexandros (17) Aitolos. 7. Ausg. des → Aristophanes (4) v. Byzanz: alle Stücke in alphabet. Reihenfolge, dazu Komm.e (Hypomnemata), wahrscheinlich Abteilung der lyr. Partien in Kola. 8. → Didymos (1): Komm.e zu den Tragikern (entscheidend für die Sch.); Ausg., Lexikographisches (*τραγικὴ λέξις*). 9. Allmähliches Schrumpfen des Bestandes. 10. Kanon der 7 erhaltenen Stücke; Übergang von der Rolle zum Kodex. 11. Auswahl von 7 Stücken in erklärenden Ausg.; im 4. Jh. Redaktion dieser Auswahl durch → Salustios (1). 12. Rezensionen des S.-Textes durch die byzantin. Gelehrten → Planudes, Moschopulos, Thomas Magister, Triklinios. Herausbildung einer Auswahl von je 3 Stücken der Dramatiker, »byzantinische Trias«, für S.: Ai., El., Oid. T.

B. Handschriften: Es existieren 190 Hss. (beschrieben von A. TURYN). Die Überlieferung beruht auf 3 Klassen:

I. a) Laurentianus 32,9: L. geschr. zw. 960 u. 980; stammt direkt aus einem Unzialkodex 5. Jh. b) Leidener Palimpsest B. P. G. 60 A: P. geschr. etwa gleichzeitig mit L. c) Laurentianus 28,25, 13. Jh., und 4 weitere Hss.: C.

II. a) Laur. Conv. Soppr. 152, vollendet 15. VII. 1282: G. b) Vat. Gr. 2291. 15. Jh.: R. c) Zahlreiche Hss., 14. Jh.

III. a) Paris. gr. 2712; 2. Hälfte 13. Jh.: A. Bewahrt viele ant. Lesungen und ist für die Rezension unentbehrlich. b) Mehrere Hss., 14. Jh.

Nachleben: S. war durch die ganze Ant. als Dichter hochgeschätzt. Die wichtigsten Daten (vgl. [36], 502 ff.): Zu Lebzeiten gewann S. 24 Siege, mehr als irgendein anderer Tragiker, von dem wir wissen (Suda s. v.). Große Hochschätzung im Kreis des Sokrates (Xen. mem. 1,4,3). Wiederaufführungen seiner Stücke im 4. Jh. Schulautor. Textbearbeitung und Erklärung durch die hellenist. Philologie. Im Attizismus höher geschätzt als Eur. Das röm. Theater der republ. Z. brachte S. fast ebenso reichlich wie Eur. heraus. Man zählt 21 Titel gegen 24 des Eur. auf: Viele uns verlorene Dramen sind uns durch Frg.e lat. Übertragungen z. T. bekannt. Die Überzahl der Stücke außerhalb der Auswahl zeigt die damals noch unbegrenzte Lektüre des S.

Von den Tragödien Senecas gehen 2 auf ein S.-Stück der Auswahl zurück; eines scheint wenigstens Kenntnis eines nicht der Auswahl angehörenden Dramas zu zeigen: Polyxena?

Den Beweisen für die Hochschätzung des S. in der Kaiserz. steht die im Vergleich zu den anderen Tragikern viel geringere Zahl von S.-Papyri gegenüber.

Das Nachleben des S. in der Weltliteratur seit den Erstdrucken des Textes in Italien (1502 Aldina; 1522 Juntina) ist kaum zu überblicken. Material bei [38], [36], 505 ff., [12], [4], 8. Als unmittelbares Nachleben und Gradmesser der Wirkung des S. können jedenfalls die treueren oder freieren Übersetzungen in die verschiedensten Sprachen bezeichnet werden. (Material bei [3], 343 ff.). Alle übrige Dichtung ist Umdeutung, nach deren Entfernung von S. man etwa folgende Stufen unterscheiden mag: a) Nachdichtung nach S. b) Freie Behandlung des Mythos, eventuell mit Vermischung verschiedener antiker Quellen. c) Freie Weiterdichtung des Mythos. d) Anregung durch S. oder den Mythos als solchen. Innerhalb dieser Kategorien läßt sich die Intensität der Nachwirkung etwa in folgender Skala angeben: Oid. Tyr., Antig., El., Phil., Trach., Ai., Oid. Kol.

Ausgaben. Komment. Gesamtausgaben. 1. *R. Jebb*, 7 Bde. 1883–1896. 1a) Fragmente von *A. C. Pearson*,

3 Bde. 1917. 2. *Schneidewin-Nauck-Bruhn-Radermacher,* 8 Bde. 1909–1914 mit 8. Band über Sprache des S. 3. *I.C. Kamerbeek,* Ai. (1953), Trach. (1959), Oid. T. (1967). Neueste Ta.: 1. *A.C.Pearson,* 1924. 2. *A.Dain* und *P.Mazon,* 3 Bde. 1955. 1958. 1960. 3. *E.Diehl* Suppl. Sophocleum, 1913 (Zuwachs an Frg.en). 4. *C.E.Fritsch* Neue Frg.e d. Aisch. u. S., Diss. Hamburg 1936. 5. *D.L. Page* Greek Literary Papyri 1, 1950. Scholien: 1. *W.Dindorf,* 1852. 2. *P.N.Papageorgios,* 1888. 3. *V. De Marco.* Sch. in Soph. Oed. Col., 1952. Lexica: *F.Ellendt,* Bln. ^{2}1872, Neudr. 1958. *G.Dindorf,* 1870.
Literatur: Für die unübersehbare Sekundärlit. muß auf die bibliograph. Hilfsmittel verwiesen werden. Die im folgenden angeführte Liste beschränkt sich auf einige Nachschlagewerke und Monographien, wo weitere Anregung gefunden werden mag.
1. *A.Lesky* Die trag. Dichtung der Hellenen, ^{3}1972. 2. *W. Bröcker* Der Gott d. S., 1971. 3. *A.Lesky* GGrL^{3}, 1971, 311. 4. *E.Frenzel* Stoffe der Weltliteratur, ^{3}1970. 5. *T.B.L.Webster* An Introduction to S., ^{2}1969. 6. *G.M.A. Richter* The Portraits of the Greeks, 1965. 7. *K.Schefold* Griech. Dichterbildnisse, 1965. 8. Theater der Jahrhunderte, hg. v. *J.Schondorff* (Antigone ^{3}1971, Elektra 1971, Herakles 1964, Ödipus 1968, Orest ^{2}1967). 9. *B.M.W. Knox* The Heroic Temper. Stud. in Sophoclean Tragedy. Sather Class. Lectures 35, 1964. 10. *J. Trencsényi-Waldapfel* Sophoklés, 1964. 11. *A.Maddalena* Sofocle, ^{2}1963. 12. *T.Sheppard* Aeschylus and S., 1963. 13. *A.Hekler* Bildnisse berühmter Griechen, 3. Aufl. v. *Heintze,* ^{3}1962. 14. *J. De Romilly* L'évolution du pathétique d'Eschyle à Euripide, 1961. 15. *J.Errandonea* Sofocles. Investigaciones sobre la estructura dramática de sus 7 tragedias y sobre la personalidad de sus coros, 1958. 16. *G.M.Kirkwood* A Study on Sophoclean Drama. Cornell Stud. in Class. Philol. 31, 1958. 17. *H.D.F.Kitto* S. Dramatist and Philosopher, 1958. 18. *S.M. Adams* S. the playwright, 1957. 19. *F.Egermann* Arete und trag. Bewußtheit bei S. und Herodot. Vom Menschen in d. Antike. Klass. Reihe II, 1957, 5. 20. *V.Ehrenberg* S. and Pericles, 1954. Dt. Münch. 1956. 21. *H.D.F.Kitto* Form and Meaning in Drama, 1956. 22. *F.J.H.Letters* The Life and Work of S., 1953. 23. *F.Egermann* Vom att. Menschenbild, 1952. 24. *J.C. Opstelten* S. and Greek Pessimism, 1952. 25. *A.Turyn* Stud. in the Manuscript Tradition of the Tragedies of S. Illinois Stud. 36,1–2, 1952. 26. *A.J.A. Waldock* S. the Dramatist, 1951; repr. 1966. 27. *C.H.Whitman* S., Harv. Univ. Pr. 1951. 28. *A. Turyn,* TAPhA 80, 1949, 94. 29. *K. Reinhardt* S., ^{3}1948. 30. *H.Weinstock* S., ^{3}1948. 31. *C.M. Bowra* Sophoclean Tragedy, 1944 (repr. 1947, paperb. 1965). 32. *F. R.Earp* The Style of S., 1944. 33. *A. Turyn* The Manuscripts of S., Traditio 2, 1944. 34. *M. Untersteiner* Sofocle, 1935. 35. *G.Perrotta* Sofocle, 1935. Rist. 1963. 36. *Christ-Schmid* 1, 2, 1934. 37. *T.v.Wilamowitz* Die dramat. Technik des S., 1917. 38. *K.Heinemann* Die trag. Gestalten der Griechen in der Weltlit., 2 Bde. 1920. 39. O. *Ribbeck* Die röm. Tragödie im Zeitalter der Republik, 1875.

3. Sohn des → Iophon (2), Enkel von Nr. 2.

4. Sohn des → Ariston (1), Enkel von Nr. 2 (Vita Soph. § 13), Tragiker, 40 (11 in Alexandreia erhalten?) Dramen, 7 Dionysiensiege (Suda s.v. 816), 5 Lenäensiege (erschlossen aus Diod. 14,53,6). Sieg in Eleusis von 405 (IG II^{2} 3090)?, führte 401 den Oid. Kol. des S. 2 auf (Hyp. II Oid. Kol.), begann mit eigenen Aufführungen 396 (Diod. 14, 53,6), Dionysiensieg 388/87 (IG II^{2} 2318 col. VIII), 376/75 (a.O. col. IX). Handelte über die Dioskuren (Frg. 1 Sn); Frg. Soph. 97–103 N^{2} sind vielleicht ihm zuzuschreiben.
1. TGF ed. *Snell,* 1971, 208f. 2. *F. Russo* Euripide e i concorsi tragici lenaici, MH 17, 1960, 165.

5. Tragiker und Lyriker, Nachkomme von Nr. 2, lebte nach der alexandrin. → Pleias, man kannte 15 Stücke (Suda s.v. 817). Vgl. IG VII 3197. F. St.
Schramm Trag. Graec. hellenist. quae dicitur aetatis frg.a, Diss. Münster 1929, 88.

6. S., richtiger wohl Sophokleios (Sch. Apoll. Rhod. 1,1039. 4 suscr.; vgl. [3]), griech. Grammatiker der Kaiserzeit (2. Jh.?). Er erklärte im Anschluß an → Theon (1) und → Lukillos die Argonautika des Apoll. Rhod. In den Sch. erscheint sein Name zwar nur an den beiden genannten Stellen, aber Übereinstimmungen zwischen namentl. Zit. bei Steph. Byz. (z. B. s. *Ἄβαρνος, Γενήτης, Κάναστρον*) mit myth. und geogr. Erkl. der Sch. machen es wahrscheinlich, daß sein Komm. stark benutzt worden ist. Auch polem. Partien (gegen → Eirenaios [1]: Sch. 2,123/29e. 1015b) dürften auf ihn zurückgehen. H. Gä.
1. *Susemihl* 1,389f. 2. *Wilam.* Eur. 1,187f. 3. *C.Wendel,* AAG 3. F. 1 (1932) 90f.

Sophoniba (*Σοφονίβα* Diod. 27,7. App. Lib. 10. 27f. Liv. 29,23,3ff. 30,12,11f. *Σοφωνίς* Cass. Dio 17,57,51. Zon. 9,11ff. Punische Form *Saphanbaal,* Sanctis StR 3,2,532,137; mod. Sophonisbe), Tochter → Hasdrubals (5), wurde, obwohl mit → Massinissa verlobt, nach 206 mit dessen Rivalen → Syphax vermählt und hielt ihn vom Übertritt zu Rom zurück, Pol. 14,1,4. 7,6. Nach dessen Gefangennahme wurde S. 203 Massinissas Frau. Er vergiftete sie, als Scipio ihre Auslieferung verlangte. H. V.

Sophron, Zeitgenosse des Euripides (Suda; genauer Olivieri), lebte in Syrakus und schrieb Mimen, die er liter. machte. Plat. brachte von S. *βιβλία* (Diog. Laert. 3,18) nach Athen, las sie gern (sie lagen angeblich unter dem Kissen des Entschlafenen: Quint. 1,10,17 u.ö.), spielte auf sie an (rep. 451c: R. Förster, RhM 35, 1880, 471, und 606c: Wilam. Antig. v. Karysth. 285,18), ja nahm sie vielleicht in der Dialoggestaltung zum Vorbild (Diog. Laert. 3,18; vgl. C. Murley, TAPhA 71, 1940, 281ff.). Daraus schließt F. Giancotti Mimo e Gnome, 1967, 359 auf liter. Höhe der Mimen, E. Latte, Philol. 88, 1933, 263 sieht ein Bindeglied in der aufklärerischen Haltung. – Die Stoffe nahm S. aus dem Alltagsleben, dessen (dor.) Sprache er naturalistisch, unter reichem Gebrauch von Sprichwörtern (Demetr. de elocut. 156) wiedergab. Myth. Stoffe fehlen. S. schrieb »männliche« und »weibliche« Mimen (Spur davon bei Plat. rep. 451 c). Männliche Titel: *῎Αγγελος, ῾Ωλιεὺς τὸν ἀγρώταν, Θυννοθήρας, Παιδικὰ ποιφυξαῖς*. Weibliche: *᾿Ακέστριαι, Ταὶ Θάμεναι τὰ ῎Ισθμια, Νυμφοπόνος, Πενθερά, Ταὶ γυναῖκες αἳ τὰν θεόν φαντι ἐξελᾶν*. → Theokrit – ebenso wie → Herodas in Nachfolge zu S. – hat in Id. 2 höchstens die Pharmaka, nicht aber Szene, Handlung und Zweck übernommen (PH. E. LEGRAND, REA 36, 1934, 28). – Auch der Stil ist umstritten. Nach Suda schrieb S. in Prosa (*καταλογάδην*), nach einem Scholion (CGF 1, S. 153) gebrauchte er Rhythmen und Kola. Während noch WILAM., Textgesch. d. gr. Lyr. 27,3 die rhythm. Kolagliederung von E. NORDEN AKpr. 1,48 ablehnte, weist die neuere Forschung (G. PERROTTA, SIFC 22, 1947, 93ff. U. ALBINI, Maia 13, 1961, 126ff.) Kola, ja sakralvolkstümliche Dimeterformen nach. Die Nachwirkung des liter. Mimus des S. ist von der des Mimus im allg. kaum zu trennen. → Apollodoros (5) schuf einen Kommentar zu S. in 3 oder 4 B.n und wohl eine Ausgabe, woher die Kolometrie des Pap. stammen dürfte. In der röm. Lit.: → D. Laberius' Belonistria könnte nach S.' *᾿Ακέστριαι* betitelt sein (GIANCOTTI 47), Verg. ecl. 8,108 auf Frg. 4, Anh., anspielen (B. LAVAGNINI, AC 4, 1935, 153 f.); auch der Roman (Petron. und Apul.) mag Anregungen aus S. geschöpft haben (Q. CATAUDELLA, RCCM 8, 1966, 5f.). Gelesen wurde S. in der Schule noch im 1. Jh. n. Chr. (Stat. silv. 5,3,158) und von → Chorikios v. Gaza (6. Jh.). K.V.

Frg.: CGF 1,152–181; Frammenti della comm. Greca e di mimi ..., ed. *A. Olivieri*, 1947², 2,59–143. Das Pap.-Frg.: PGL 11, 1953, 1214 (zuerst: *M. Norsa* u. *G. Vitelli*, SIFC 10, 1933, 119ff.; 247ff.); Lit. Pap. Poetry, ed. *D.L. Page*, 1962, 3,328ff. (mit Lit. Angaben).

Lit.: 1. *A. Körte*, RE III A 1100–1103. 2. *P. Colombo* Il mimo di Sofrone ... 1936. 3. *K. Kerényi*, RIFC 13, 1935, 1ff. 4. *S. Eitrem*, Symb. Osl. 12, 1933, 10ff.

Sophroniskos (*Σωφρονίσκος*), Vater des → Sokrates (2), verheiratet mit → Phainarete, war von Beruf Steinmetz (*λιθουργός*). Die einzige etwas ausführlichere Erwähnung steht bei Plat. Lach. 180 a: Da wird S., bereits verstorben, von seinem Freunde Lysimachos mit Herzlichkeit, doch ohne weitere Charakterisierung, gerühmt. Während sehr wohl kenntlich wird, was Sokrates seiner Mutter verdankte – nämlich die *μαιευτική*, bleibt die Gestalt des S. und sein Anteil an der Formung des Sokrates im Dunkeln. Vollständige Liste der Nennungen des S.: PA 13424. H. D.

Sophrosyne (*Σωφροσύνη*). »Besonnenheit«, Tochter der *Αἰδώς*, z. B. mit den → Chariten und → Pistis (Theogn. 1135ff.) oder mit Phronesis, → Ischys und → Themis (vgl. Eustath. 2,34ff.) verbunden. Zwei Altäre der → Arete und S. in → Pergamon, ein Priester für → Hygieia und S. in Phrygien sowie eine Priesterin für S. in → Emesa (Belege bei TÜRK, RE III A 1107) zeugen für Kult wenigstens im O. → Dionysios I. (I 1) von Syrakus gab einer seiner Töchter den Namen S. (Plut. Dio 6,1). W. P.

Sopianis (Sopianae), Stadt in Pannonia inf. (h. Pécs, Fünfkirchen). Seit Diocletian Vorort von Pannonia Valeria. Knotenpunkt von fünf Straßen. Geburtsort des Kaisers Maximinus. Die Italiker von S. hatten die führende Rolle auf dem Handelswege vom S. nach N. Große Gebäude der röm. Stadt S. kamen im Hof der modernen Postzentrale zum Vorschein: ein Badehaus mit Terrazzo-Fußboden und den Säulen der Heizanlage. Die neuen Ausgrabungen lieferten viele Säulenkapitelle, Fragmente von Gesimsen und Fresken usw., die von prunkvollen Bauten stammen. Die Inschr. nennen Statthalter und höhere Verwaltungsbeamte. In einem Grab fand sich eine Schmuckkassette, mit mytholog. Szenen verziert; ferner das Handwerkszeug eines Arztes, Altäre für Silvanus, Iuppiter, Iuno. Auf einem Bronzekrug aus S. ist Hercules dargestellt. Bischofssitz war S. wohl seit Mitte 4. Jh. Altchr. Bauten. Doppelgrab mit bemalten Wänden, über dem ein Museum eingerichtet wurde (h. Komitatsbibliothek); das Gittermuster an den Wänden symbolisiert (mit den Blumen) das Paradies; zwei große Grabkammern, deren eine einst 14 Gräber enthielt; weitere Grabkammern in der Nähe des modernen Domes; Freskendarstellungen: die Apostel Petrus und Paulus, Sündenfall, Prophet Jona, Noah, Marienkopf, 3 Waisen; eine *cella trichora* und *septichora*. J. Sz.

F. Fülep Pécs romaikori emlékei, Budapest 1963.

Sōra (*ō* Sil. 8,396), volsk. (Liv. 10,1,2) Stadt am Liris (Strab. 5,238) mit fester Burg (Liv. 9,24,2. 5), 345 von Römern erobert (Liv. 7,28,6), nach Ermordung der Besatzung (9,23,2. Diod. 19,72,3) 314 zurückerobert (9,24,13ff. Triumph 312 CIL I² p. 45), 306 samnit. (9,43,1. Diod. 20,80,1), 305 wieder röm. (9,44,16), 303 latin. Kolonie (10,1,1. Vell. 1,14,5); versagt 209 (Liv. 27,9,7). Bürgerrecht in *Tribus Romilia* (L. ROSS TAYLOR Voting districts etc. 274); august. Kolonie (Plin. 3,63. Feldm. 237). H. noch Sora. G. R.

Forbiger HB. d. alt. Geogr. 3,482. *Nissen* It. Ldk. 2,672f. *Beloch* RG 406ff. 420.

Sōracte (nach Porph. Hor. c. 1,9,1 Neutrum wie auch Sil. 8,494, vulgo *Sorax;* Plin. nat. 7,19 *ad montem Soractem;* Strab. 5,226 *Σωράκτῳ*; Cato frg. 52 P. *in Sauracti*), gelegentlich schneebedeckter (Hor. c. 1,9,1) Berg *in Faliscorum agro* (Plin. a. O.) nahe der *via Flaminia* (Serv. Aen. 7,696. 11, 785. Ps.-Acro Hor. a. O.), der als den Manen (Serv. Aen. 11,785) oder dem Apollo (Sil. a. O.) heilig (Verg. Aen. 11,785 *sancti custos Soractis Apollo*) galt; auf ihm wird Apollo (Ps.-Acro a. O.) durch ein jährliches Opfer verehrt (Plin. a. O.), nach anderen *Ditis pater Soranus* (Serv. a. O.). Die wenigen Familien angehörenden *hirpi Sorani* galten als »Wölfe« und gingen unverletzt über glühende Kohlen (Serv. a. O. Plin. a. O.); vgl. jedoch CIL XI 7485 (= ILS 4034): *sancto Sorano Apollini.* Der Feronia-Kult (Strab. a. O.) ist nicht zugehörig. G.R.

Nissen It. Ldk. 2,354f. *Forbiger* HB. d. alt. Geogr. 3,368. *Wissowa* Rel.² 238. *Latte* RRel 148.

Soranos (*Σωρανός*) aus Ephesos, Arzt in Rom um 100 n. Chr., Angehöriger der Schule der → Methodiker. Doch gehörte er nicht zu den starren, sondern den freieren Methodikern, d.h. er hielt z.B. auch die Anatomie für beachtenswert (mindestens in der gynäkol. Schrift). In der Suda ist von 2 Personen gleichen Namens die Rede; wir gehen jedoch von der Annahme der Identität beider aus. Danach hat S. viel geschrieben, u. zwar über Medizin: *Γυναικεῖα* (erhalten); *π. σπέρματος καὶ ζωογονίας* (nur frg. erhalten); *π. ὀξέων καὶ χρονίων παθῶν* (in der lat. Bearbeitung des → Caelius Aurelianus erhalten); *Αἰτιολογούμενα* (nur frg. erhalten); *π. κοινοτήτων* (typisch method. Thema; nicht erhalten); *π. πυρετῶν* (nicht erhalten); *Ὑγιεινόν* (nicht erhalten); *π. βοηθημάτων* (therap. Handbuch; nicht erhalten); *Φιλίατρος* (populäre Schrift; nicht erhalten); eine pharmazeut. Schrift (nicht erhalten); *Ὀφθαλμικός* (nicht erhalten); *Χειρουργούμενα* (daraus ein B. über Knochenbrüche erhalten); *π. ἐπιδέσμων* (erhalten). Hinzu kamen grammat. (z.B. Hippokr.-Kommentare), biogr. (erhalten eine Hipp.-Vita), etym. (die nicht erhaltene Schrift über Körperteil-Nomenklatur ist behandelt von Voigt, Diss. phil. Greifswald 1882) u. philos. Schriften (eine nicht erhaltene Schrift *π. ψυχῆς* ist von → Tertullian De anima benutzt). Alles in allem ist S. einer der bedeutendsten Vertreter jener vorgalen. fruchtbaren Epoche ant. Med. im 1./2. Jh. n. Chr. gewesen. F. K.

Ausg.: *J. Ilberg*, CMG IV, 1927. *O. Temkin* et al., Soranus' Gynaecology, transl. with an introduction, Baltimore 1956.

Soranus s. Q. Marcius (II 2) Barea

Sornatius. Seltener Personenname (inschr. Belege bei Schulze Eigenn. 235). – S., Legat des → Lucullus (5) zwischen 74 und 68 (Broughton 2,120), zeichnete sich 71 im Kampf gegen → Menandros (5) in Pontos aus, wo er dann 69 zurückgelassen wurde und mit Mühe die Stellung hielt, Plut. Luc. 17,1. 24,1 (Inschr. v. Pergamon 431). 30,3f. H. G. G.

Sosias (*Σωσίας*). Der att. Töpfer, tätig um 500 v. Chr., schuf einen Untersatz (Berlin 2315) und eine Schale (Berlin 2278. Innen: Achilleus verbindet den verwundeten Patroklos. Außen: Einführung des Herakles in den Olymp), deren Malerei den Spätstil des → Euphronios (2) fortsetzt. Zum Töpfer: H. Bloesch Formen att. Schalen (1940) 55f. Zum S.-Maler: Beazley AV 1².21f. Corpus Vas. ant. Bln. 2 T. 49–51. W. H. G.

Sosibios. 1. Sohn des Dioskurides aus Alexandreia in Äg. IG VII 507. 3166. XI 4,649. OGIS 79. Alexanderpriester 234/33, J. Ijsewijn De sacerdotibus ... eponymis, 1961, 29. Neben → Agathokles (6) Minister des → Ptolemaios IV. (4), beseitigte S. → Berenike (3), → Magas (3), Lysimachos und → Kleomenes (6), bereitete den Krieg gegen → Antiochos III. (4) diplomat. durch Unterstützung des → Achaios (5) vor, befehligte die äg. Phalanx 217 bei → Raphia, tötete als Regent des → Ptolemaios V. (5) → Arsinoe (4). Pol. 5,35,7. 36,2. 6. 37,11f. 63ff. 15,25. 34,3f. P. Maas, Mél. Grégoire 1, 1949, 443ff. K. Abel, H 95, 1967, 72ff.

2. Sohn des Vor., *σωματοφύλαξ*, stürzte → Agathokles (6), wurde Vormund und Siegelbewahrer des → Ptolemaios V. (5), von Tlepolemos abgesetzt, Pol. 15,32,6. 16,22,1f. 11. H. V.

3. Erzieher des → Britannicus, trat im J. 47 als Ankläger gegen → Valerius Asiaticus und → Poppaea (II 3) Sabina auf und wurde dafür auf Antrag des L. → Vitellius mit 1 Mill. Sesterzen belohnt (Tac. ann. 11,1,4). Von → Agrippina (3) vom Hofe entfernt und unter dem Vorwande, er trachte dem jungen Nero nach dem Leben, 51 verurteilt und hingerichtet (Tac. ann. 12,41. Cass. Dio 60,32,5. Zon. 11,10). G. Wi.

4. Der Lakone, Grammatiker, Vf. von Schriften über Sparta (Kultwesen, *ἔθη*, Komödie), eines sachlichen Kommentars zu → Alkman und einer *Χρόνων ἀναγραφή* (nach Olympiaden). Aus allen Schriften sind nur knappe Zitate erhalten. Die *Χρόνων ἀναγραφή* scheint unter dem Einfluß von → Timaios und → Eratosthenes (2) verfaßt, wenngleich sie von deren Berechnungen wesentlich abweicht; den Komm. zu Alkman hat → Apollodoros (5) benutzt. S. ist daher in die Z. zwischen 250 und 150 v. Chr. zu datieren. FGrH 595. Th. W.

Sosigenes. 1. Peripatetiker, Lehrer des → Alexandros (21) von Aphrodisias. Bekannt nur aus den Aristoteleskommentaren dieses Alexandros, des Simplikios u.a. Dexippos, In Aristot. cat. 7,4,28 Busse, dazu SVF II 370 A.: Stellungnahme im Semantik-Streit der Stoiker, Akademiker u. Peripatetiker. Zur Modallogik: Ammonios, In Anal. pr. 39,24 Wallies, Philop. In Anal. pr. 126,22 Wallies. In der Schrift *Περὶ ὄψεως* erklärte er lt. Themistios In an. 61,22 und Alex. Aphrod. In Aristot. meteor. 143,13 Hayduck das Leuchten gewisser Körper durch Verbindung mit der quinta essentia. In *Περὶ τῶν ἀνελιττουσῶν* (scil. *σφαιρῶν*, »über das mit sich ineinander drehenden homozentrischen Kugeln arbeitende Modell der Astronomie«) bewies er, daß das mit Exzentern und Epizykeln arbeitende Modell des Ptolemaios dem des Aristoteles und Eudoxos überlegen ist. Quelle: Simplikios In Aristot. cael. 488–510 Heiberg. 505,8: Ringförmige bzw. totale Sonnenfinsternisse zeigen ihm, daß sich die relative Entfernung zwischen Sonne und Mond ändert.

Rehm, RE III A 1157.

2. Astronom, von Caesar bei der Einführung des Julian. Kalenders hinzugezogen, Plin. nat. 18,212. → Kalender. J. M.

Sosikrates. 1. Komödiendichter (der νέα: vgl. Frg. 1 mit Men. Dysk. 390. 755. 766). Wir kennen 2 Titel, 4 Frg.; sehr zierlich Frg. 2. W. K.

Körte, RE III A 1160.

2. Verfasser einer Schrift über Kreta und einer Philosophengeschichte. Die *Κρητικά* des S. enthielten nach den erhaltenen Resten eine sehr genaue Beschreibung der Insel sowie Angaben über Verfassung und Gesetze. Die Schrift *Φιλοσόφων διαδοχή*, in Auszügen aus Diog. Laert. und Athen. bekannt, zeichnete sich offenbar durch das Bemühen um eine exakte Chronologie aus. Die *Κρητικά* sind wahrscheinlich von → Apollodoros (5) in seinem Komm. zum Schiffskatalog benutzt worden; da die *Φιλοσόφων διαδοχή* umgekehrt den Einfluß von Apollodoros' *Χρονικά* verrät, hat man sie einem anderen S. (Diog. Laert. 2,84 *Σ. ὁ Ῥόδιος*, textkrit. umstritten) zuweisen wollen. Der streng wissenschaftliche Charakter beider Werke weist indessen auf einen Autor. Er wird, als Zeitgenosse des Apollodoros, um 150 v. Chr. gelebt und geschrieben haben. FHG 4, 500ff. FGrH 461. Th. W.

Sosipatros. Komödiendichter wohl der νέα. Bekannt nur 1 Titel: *Καταψευδόμενος*, und 1 langes Frg. (Athen. 377f ff.): Tirade eines Kochs, der sich rühmt, mit zwei anderen – realen Personen – der letzte Vertreter einer wie die hippokrat. Medizin auf Naturphilosophie gegründeten Kochkunst zu sein. W. K.

Körte, RE III A 1167. *H. Dohm* Mageiros, 1964.

Sosiphanes. 1. V. Syrakus, Sohn des Sosikles, Tragiker, † 313/12 mit 45 J., * also 357/56 (Marm. Par. B 15) Suda s.v. 863: 73 Dramen, 7 Siege (Suda). Anekdote Athen. 10,453a. Ihm gehören wahrscheinlich die Frg.e 1–7 bei SNELL. 1 Titel bekannt: Meleagros (Frg. 1 Sn.). Komm. bei [3], 6–15.

1. *Snell* TGF 1, 1971, 261ff. 2. *F. Nicolini*, Dioniso 5, 1935/36, 9–21. 3. *F. Schramm* Tragicorum Graecorum hellenist. quae dicitur aetatis frg.a, Diss. Münster 1929, 6–15. 4. *F. Jacoby* zu FGrH 239 B 15. 22.

2. Wahrscheinlich Enkel des S. 1, Tragiker der → Pleias (Suda Nr. 863), * 306/05 (Marm. Par. B 22). Sch. Alkm. 1,60 (p. 6 Page) bezog sich wohl auf ihn. F. St.

Sosipolis (*Σωσίπολις*). **1.** Name eines Heros in der Stadt Elis und in Olympia, der, aus einem kleinen Kind in eine Schlange verwandelt, einen Angriff der Arkader zurückschlägt und so zum »Stadtretter« wird (Paus. 6,20,2ff. 25,4). **2.** Beiname des Zeus in Magnesia (2). O. KERN Inschr. v. Magnesia 82 Nr. 98. Sylloge³ 553. Strab. 14,648. Nach C. ROBERT, MDAI(A) 18, 1893, 37ff. sind 1 und 2 identisch (gemeinsame Herkunft vom Zeuskind-Kult in Kreta). Vgl. J. SCHMIDT, RE III A 1170ff. W. P.

Sosistratos. 1. Führer einer oligarch. Hetairie in Syrakus, kämpfte für → Kroton gegen die → Bruttier, von → Agathokles (2) der Tyrannis

angeklagt, riß er die Macht an sich, Diod. 19,3,3ff. Nach mißglücktem Feldzug gegen → Rhegion wurde S. mit Anhang 322 verbannt. Aus dem Straßenkampf in Gela gegen S. und seine karthag. Hilfstruppen rettete sich Agathokles mit List, Polyain. 5,37. Die mit S. Verbannten kehrten durch → Akestoridas nach Syrakus zurück, wurden 316 von Agathokles endgültig vertrieben, Diod. 19,4f. Für den Bürgerkrieg holten sie den Spartaner → Akrotatos (1). Er tötete S. bei einem Gastmahl in Akragas. Diod. 19,71,4. H. BERVE Die Tyrannis 1, 1967, 442. 2,728. **2.** Syrakusaner, Enkel von Nr. 1, Tyrann von Akragas und 30 weiteren Plätzen um 279 v. Chr., besetzte Syrakus bis auf die Insel Ortygia, die Thoinon hielt. Um die Vereinigung der Städte durch S. zu vermeiden, belagerten die Karthager Syrakus. S. und Thoinon riefen → Pyrrhos (2), übergaben ihm Stadt und Insel und versöhnten sich 278. S. unterstellte Pyrrhos auch Akragas, seine übrige Herrschaft und seine Truppen. Als Pyrrhos despotisch Thoinon hinrichten ließ, floh S. aus Syrakus. Diod. 22, 7,6. 8,4f. 10,1. Plut. Pyrrh. 22f. Dion. Hal. 20,8,1. 4. Mz. W. GIESECKE Sicilia numismatica, 1923, 103f. H. V.

Sositheos aus Syrakus oder Athen oder Alexandreia in der Troas, Tragiker der → Pleias, Rivale des → Homeros (2) v. Byzanz, blühte Ol. 124 (284/80), schrieb auch *ποιήματα* und Prosa (Suda). In seinem Grabepigramm bes. gerühmt seine Satyrspiele, in denen er zur urwüchsigen Art des → Pratinas zurückkehrte (Dioskor. Anth. Pal. VII 707). 1 Tragödientitel bekannt: Aethlios, daraus Frg. 1 Sn. Satyrspiele: 1. Sage von Krotos (Test. 3 SCHRAMM = Frg. 5 Sn., 4 STEFF.), 2. Daphnis oder Lityerses (Test. 5–10 SCHRAMM = Frg. 1a–3 Sn. = Frg. 1,2 STEFF.), daraus Frg. 2 u. 3 Sn. 3) Angriff gegen den Stoiker Kleanthes, wohl nach 262 (Test. 11 SCHRAMM), daraus Frg. 4 Sn. = 3 STEFF. Zuweisung des von LOBEL in Greek Poetry and Life, Ess. pres. to G. Murray, 1936, 295ff. erstmals veröffentlichten Tragikerpapyrus an S. durch [3] hat keine Nachfolge gefunden. F. St.

1. *Snell* TGF I, 1971, 267ff. 2. *D. L. Page*, Gr. Lit. Pap. 1, 1962, Nr. 30. 3. *J. C. Kamerbeek*, Mnem 6, 1938, 335 bis 349. 4. *F. Schramm* Tragicorum Graecorum hellenist. quae dicitur aetatis frg.a, Diss. Münster 1929, 42–59.

Sosius. Ital. Familienname, inschr. auch *Sossius*, SCHULZE Eigenn. 425.

I. Republikan. Zeit. **1.** Sosii, Verlagsbuchhändler, Hor. epist. 1,20,2. 2,3,345. **2.** C. S., Unterfeldherr des → Antonius (I 9). Seine Abstammung ist durch C. f. T. n. nur namentlich bekannt. Quaestor 39 (?), Mz. aus Zakynthos, vgl. BROUGHTON 2,387; cos. des. 38–37 und 36; bis zu seinem Triumph 34 hatte er ein procos. Imperium in Syrien und Iudaea inne (37 Einnahme von → Arados und – mit Hilfe des → Herodes [1] – von Jerusalem 37, Imperatorakklamation), vielleicht auch in Cilicien. 36 war er viell. *praefectus classis* gegen Sex. Pompeius in Sicilien. 32 cos. zusammen mit Cn. → Domitius (I 10) Ahenobarbus, beide verließen jedoch nach ihrem Amtsantritt als Anhänger des Antonius sofort Rom und gingen nach Ephesos. In der Schlacht bei → Aktion 31 (o. Bd. I 1529 f.) hatte er Anfangserfolge, wurde später gefangen und auf Fürsprache des → Arruntius (5) begnadigt. Im Apollontempel neben dem Marcellustheater in Rom ließ er Kunstwerke aus → Seleukeia (5) aufstellen (daher auch *templum Apollinis Sosiani*). Bei der Saecularfeier 17 v. Chr. war er *XVvir sacris faciundis* (wohl seit vor 31 v. Chr., Broughton 2,427). R. Syme Rom. Rev., 1960, 563 (Ind.). H. G. G.

II. Kaiserzeit. **1.** Q. S. Senecio, lernte als *procos.* von Achaia (Groag Achaia I 44) → Plutarchos (2) kennen, der ihm die vitae parallelae widmete (Plut. Dem. 1,1. 31,7), ebenso quaestiones convivales (Plut. mor. 612 e ff.). S. war mit der Tochter des Sex. Iulius → Frontinus vermählt, was ihm den Zugang zu Kaiser → Traianus eröffnete. Er war *cos. ord.* 99 (Degrassi FImp. 29), danach Statthalter einer unbekannten kaiserl. Provinz (Plin. epist. 4,4). Als Legat von Moesia inferior (A. Stein Moes. 62 f., dagegen jedoch J. Fitz Moes. inf. 11 f.) nahm er 105/06 am 2. Dakerkrieg des Traianus teil und wurde für seine Verdienste mit den *ornamenta triumphalia* und der Errichtung einer Statue ausgezeichnet (Cass. Dio 68,16,2). *cos. ord. II* 107 mit → Licinius (II 17) Sura (Degrassi FImp. 32). Zu seinen Freunden zählten neben Traianus und Plutarchos der jüngere → Plinius (Plin. epist. 1,13. 4,4), L. → Dasumius (2; CIL III 10229,127), T. → Avidius (6) Quietus und C. → Calvisius (II 2) Rufus. **2.** Sossia Polla, Tochter von Nr. 1, Gattin des Q. → Pompeius (II 6) Falco, der ihr während seines Prokonsulats von Asia in Samos die Inschr. CIL III 7163 = DessILS 1037 setzte; vgl. auch IGR IV 779. DessILS 8820. G. Wi.

Sosos (*Σῶσος*). Plin. nat. 36,184 nennt S. den berühmtesten Mosaikkünstler. Er schuf in Pergamon als Fußbodenmosaik einen »unausgefegten Speiseraum« *(asarotus oecus)* und Tauben auf einem Gefäß, wohl 1. Hälfte 2. Jh. v. Chr. Ant. Nachklänge bei Parlasca, JDAI 78, 1963, 256 ff., der den *asarotus oecus* als Rahmen um das Taubenmosaik vermutet. Zur inhaltlichen Bedeutung Deonna-Renard Croyances et superstitions de table dans la Rome antique (1961) 113 ff. W. H. G.

Sossinatoi (*Σοσσινάτοι*), ein sardischer Gebirgsstamm (wie die Paratер, → Balarer und Akoniter), der in Höhlen lebte, in geringem Maß das Land bestellte, zumeist die Feldfrucht der Landbau treibenden Nachbarvölker raubte (Strab. 5,225). K. A.

Sosthenes, Makedone, setzte 279 den König Antipatros Etesias, Neffen des → Kassandros (2), nach dessen 45 tägiger Regierung ab, schlug die Kelten und vertrieb sie. Von der Heeresversammlung zum König ausgerufen, begnügte er sich mit dem Titel eines Strategen. Iust. 24,5,12 ff. 6,2. Bei einem neuen Kelteneinfall siegte → Brennus (2), räumte aber wegen seiner Verluste Makedonien. Trotzdem konnte sich S. nicht überall in Maked. durchsetzen; † 278. Regierungsdauer nach Eus. maked. Liste 2, thessal. Liste 1 Jahr. Porph. FGrH 260 F 3,10. 31,2. Diod. 22,4. Nach ihm benannt der Ort → Sosthenis im Spercheiostal. G. Daux, BCH 58, 1934, 164,2. Vielleicht ident. mit S., dem Strategen des Lysimachos 287. OGIS 11. H. Bengtson Die Strategie 1,221 f. 2,381 ff. H. V.

Sosthenis (*Σωσθενίς*), Stadt der Oitaia im Spercheiostal beim h. Vardates, Mitglied des aitol. Bundes. Ptol. 3,12,42. BCH 45, 1921, 20 III 128. 137. E. M.

1. *Fr. Stählin* Das hellen. Thessalien 210. 2. *Ders.*, RE IIIA 1198 f. 3. *G. Daux*, BCH 58, 1934, 157 ff. 4. *Y. Béquignon* La vallée du Spercheios 306 f. 5. *Philipps.-Kirst.* 1, 251.

Sostratos (*Σώστρατος*). Sohn des Dexiphanes, von Knidos, Architekt. Frühes 3. Jh. v. Chr. Für Knidos erbaute (und stiftete?) S. eine bald berühmte *pensilis ambulatio* (Plin. nat. 36,83. Lukian. amores 11), in Delphi verschiedene Gebäude (EDelph. III/1 Nr. 298/99), half bei der Eroberung von Memphis durch Nilkanäle (Lukian. Hippias 2. S. schuf vor allem den berühmten → Pharos (1), Plin. a. O. Steph. Byz. und Suda s. v. *Φάρος*. S. gehörte zu den *φίλοι* des Ptolemaios II. (Strab. 17,791), für den er auch diplomatisch tätig war (S. Emp. adv. gramm. 276). W. H. G.

Sosylos (*Σωσύλος*) aus Lakedaimon, griech. Historiker des 3./2. Jh.s v. Chr., wie → Silenos (1) im Gefolge Hannibals, dessen Taten er in 7 B. beschrieb (Diod. 26,4). → Polybios (3) scheint das Werk trotz heftiger Kritik (3,20,1 ff.) ausgiebig benützt zu haben. Ein längeres Würzburger Pap.-Frg. enthält die Beschreibung einer Seeschlacht zwischen Römern und Karthagern unter Mitwirkung der Massalioten. FGrH 176. H. Gä.

A. García y Bellido, Arch. esp. de Arqueol. 20, 1947, 147 f. *P. Bosch Gimpera*, RFIC 28, 1950, 313 ff. *H. Bengtson*, Hist. 3, 1955, 301 ff. *G. Manganaro*, Par. del Pass. 14, 1959, 283 ff.

Sotades. 1. Athener, Dichter der Mittleren Komödie. Athen. 7,293 a und 9,368 a zitiert 2 Titel mit je 1 Frg.: die lange Rodomontade eines Kochs (s. H. Dohm Mageiros, 1964, 105) und einen Ausfall auf den Politiker → Hegesippos (1). 4 Verse über die Müßigkeit der Prophezeiung hat E. Hauler bei Ps.-Orig. in Hiob (s. Christ-Schmid 2,2, 1325,3) entdeckt und als Titel des Stücks *Χαρῖνοι* (*Χαρῖνος* Körte) hergestellt. W. K.

Körte, RE III A 1206.

2. Aus Maroneia, Verfasser von *κίναιδοι* (Strab. 14,648) in ion. Dialekt, griff → Ptolemaios II. am Hofe des → Lysimachos (1) an, Lysimachos († 281) in Alexandreia, ebenso andere Könige, auch Privatpersonen. Der Angriff auf Ptolemaios II. wegen der Ehe mit seiner Schwester Arsinoe soll ihm nach → Hegesandros (4) den Tod durch Ertränken (Athen. 14,620f), nach Plut. mor. 11a lange Haft eingetragen haben. Gedichte in dem nach ihm benannten Versmaß: *Ἄδωνις*, *Ἰλιάς*, nur in der Suda genannt *εἰς Ἅιδου κατάβασις*, *Πρίηπος*, *εἰς Βελεστίχην* (Geliebte Ptolemaios' II.), *Ἀμαζών*. Die Echtheit der von Stob. zitierten moralisierenden Verse in Koine ist fraglich. R. K.

Frg.: Anth. lyr. 2^2,6 p. 186–195 (nicht Suppl. 66–68). *L. Escher* De Sotadis Maronitae reliquiis, Giessen 1913.

3. Att. Töpfer, signierte um 460/50 → Kantharoi (3), Knopfhenkelschalen, → Phialen, Mastoi und → Rhyta. Der S.-Maler malte bes. zart weißgrundige Schalen, in rf. Technik u.a. originelle Figurenrhyta und einen Ton-Astragal. W. H. G.

Buschor, Münchener Jb. bild. Kunst 11, 1919, 1ff. *Lippold*, ebd. 3–4, 1952/53, 85ff. *Curtius*, SHAW 1923/24. *Beazley* AV I^2 (1963). 763ff. 772f.

Soter (Retter), fem. Soteira, Kultbeiname für Götter, die bei höchster Not, Krankheit, Seenot, Geburt u.ä. helfen. Zeus S. *τρίτος* erhält die dritte Weinspende beim Symposion. Plat. leg. 3, 692a. Ausführliche Liste bei Höfer Myth. Lex. 4,1247ff., u.a. Asklepios, die Dioskuren, Artemis, Apollon. Oft werden allg. *θεοὶ σωτῆρες* oder *θεὸς σωτήρ* angerufen. Menschen werden als S. fast heroisiert, so → Gelon (1), Diod. 11,26, → Brasidas, Thuk. 5,11,1, → Philipp II. (4), Demosth. 18,43. S. werden im Herrscherkult Ptolemaier (→ Ptolemaios 1), Seleukiden (→ Antiochos IV. [5] *σ. τῆς Ἀσίας* OGIS 263), Attaliden, röm. Senatoren (Diod. 31,15,3), Feldherren wie T. → Flamininus, Caesar (*σ. τῆς οἰκουμένης* IG XII 5,557) und Kaiser wie Hadrian (*σ. τοῦ σύμπαντος κόσμου* IG Rom 3,719). Der Begriff wird vergeistigt, daher ist → Epikuros, der durch seine Lehre innere Freiheit verspricht, S. Pap. Herc. 346,4,19. Unter Einfluß der Stoa, der Mysterien und der pers. Tradition, die den Saoshysant, den »Errettenden« kennt (Nilsson GgrR 2,371f.), wird S. der Heilbringer einer neuen Weltzeit, der Weltenheiland. S. in der Not heißt Jahwe 5. Mos. 32,15 u.a., Jesus wird *der* Heiland, bes. in gnost. Kreisen, F. Dölger, Antike und Christentum 6, 1950, 257ff. Im lat. war S. schwer übersetzbar, Cic. Verr. 2,2,154 *ut Latine uno verbo exprimi non possit. Is est nimirum Soter qui salutem dedit.* Man behalf sich mit *Conservator* und *Salvator*. H. V.

A. Oxé, WS 48, 1930, 38ff. *H. Kasper* Griech. S.vorstellungen und ihre Übernahme in das polit. Leben Roms, Diss. Mainz 1959.

Soteria (*Σωτήρια* sc. *ἱερά*), einer Gottheit dargebrachte Dankopfer oder -feste für Rettung aus einer Gefahr oder Bittopfer für die Zukunft. Einmalig wurden S. 320 v.Chr. von Nesos für Thersippos und in Delos für Philokles, den König der Sidonier, gefeiert. OGIS 4. Sylloge^3 391. In hellenist. Zeit wurden S. jährlich wiederholt. An den Sturz des Tyrannen Hieron erinnerten in → Priene seit 297 v.Chr. S. Inschr. v. Priene 11. Liste anderer S. bei Pfister, RE III A 1223ff. Berühmt waren die für die Abwehr der Keltengefahr 279 in Delphi gestifteten S. Ihre panhellen. Verbreitung, vom aitol. Bund gefördert, zeigen die Annahmedekrete der zum Fest eingeladenen Städte. Die Zeit der neuorganisierten Feier hängt von der Datierung des att. Beschlusses IG II^2 680 unter dem Archon → Polyeuktos (4) ab. H. V.

Sothis (*Σῶθις*, äg. Špdw, der Hundsstern Sirius), weibl. Gottheit. Da S. unmittelbar vor dem Beginn der Nilüberschwemmung am Morgenhimmel sichtbar wurde, galt sie als Bringerin der Überschwemmung. Man ließ mit dem S.-Aufgang das Jahr beginnen; da das danach festgelegte äg. Kalenderjahr jedoch um ¼ Tag zu kurz ist, wanderte der S.-Aufgang in ungefähr 1460 J. einmal durch das ganze J. (sog. »Sothisperiode«, die aber die Ägypter nicht benutzt haben). Da nach Censorinus 139 n.Chr. eine neue Sothis-Periode begann, kann ca. 2768 v.Chr. (nach Ingham, Journ. eg. archaeol. 55,36ff.) als wahrscheinliches Datum der Einführung des Kalenders in Äg. (s.o. III 59) angesehen werden (d.h. etwa zu Beginn der 2. Dyn.). W. H.

Sotion (*Σωτίων*). **1.** Aus Alexandreia, Peripatetiker des 2. Jh. v.Chr., lediglich bekannt durch sein Hauptwerk *διαδοχαὶ τῶν φιλοσόφων* in 13 B., das zwischen 200 und 170 v.Chr. verfaßt ist. Tragender Gedanke des Werkes: Jeder einzelne Philosoph ist allein durch seine Stellung in der Tradition bestimmt und zugleich legitimiert, nicht etwa durch eigene produktive Leistung. Der Begriff *διαδοχή* = »legitime Erbfolge« deckt sich mit dem staatsrechtlichen Begriff *διαδοχή*, durch den die Herrschaft der Nachfolger → Alexanders d. Gr. legitimiert war. → Diogenes (11) Laert. hat das Werk des S. nicht nur in vielen Einzelheiten ausgebeutet; er folgt ihm insbesondere in der skizzierten Tendenz. Die grundlegende Anordnung, nämlich die Sonderung zweier Traditions-Reihen, der ion. und der ital., geht auf S. zurück, so Diog. prooem. 13–15. Schematische Übersicht bei H. Diels DoxGr 244 und K. Praechter Die Philosophie des Alt. 20f. Das Werk des S. gewann grundsätzliche Bedeutung. Es leistete nachhaltig der nachmaligen Vorstellung Vorschub, die Philos, sei durch eine Uroffenbarung des Logos zu den Menschen gelangt, der Philosoph seit mithin nicht so sehr als ein sich selbst verantwortlicher Forscher und Denker bestimmt, sondern er hat ein ihm anvertrautes Erbe zu verwalten. Ebenfalls auf S. geht die nachmals beherrschende These zurück, daß alle nachmalige Philos. (außer der Epikurs) in der Nachfolge des → Sokrates stehe. Näheres hierzu → Sokratiker. **2.** Vorbemerkung. Es sind mehrere Träger des Namens S. bekannt, die im Zeitraum von ca. 100 v.Chr. bis 50 n.Chr. als Philosophen tätig waren. Es ist nicht mit Sicherheit möglich, die verschiedenen

Träger des Namens S. zu sondern. Falls einer oder mehrere von ihnen auf verschiedenen Gebieten der Philos. tätig waren, läßt sich für Identifikation oder Sonderung kein sicherer Anhaltspunkt gewinnen. **2 a,** Peripatetiker, vor allem kenntlich durch zwei Slg.en von *mirabilia:*

1. Das Füllhorn (*τὸ κέρας τῆς Ἀμαλθείας*) vgl. Gell. 1,8,1. Damit eignete sich S. ein geflügeltes Wort an → Amaltheia (1); seit S. und durch S. wird der Ausdruck *Ἀμαλθείας κέρας* verwandt, um die Fülle der Thematik und die *copiositas* eines Redners zu bezeichnen, z.B. Philostr. vitae soph. 1,7,1 über → Dion (3) von Prusa.

2. »Entlegene Notizen über wundersame Gewässer« *τῶν σποράδην περὶ ποταμῶν καὶ κρηνῶν καὶ λιμνῶν παραδοξολογουμένων*, vgl. Phot. bibl. cod. 189. 145b 28–36. Plut. Alex. 61 gibt eine anekdotenhafte Notiz aus der Alexander-Gesch. des → Potamon von Lesbos wieder; dabei ist Plutarchs unmittelbarer Gewährsmann S., der die Notiz von Potamon gehört habe. Nun paßt diese Anekdote in eine Mirabilien-Slg.: Alexander habe in Indien nicht nur eine Stadt nach seinem Lieblingspferde, sondern sogar eine Stadt nach seinem Lieblingshund benannt. Wenn diese Notiz auf S. 2a bezogen werden darf, dann war S. 2a jüngerer Zeitgenosse des Potamon, ist also in die erste Hälfte 1. Jh. n. Chr. einzuordnen. **2 b.** Für S. sind bezeugt *ζητήματα* (wohl nicht im Sinne fortlaufender Kommentare) zur Topik und zur Kategorienschrift des Aristoteles, zitiert von → Alexander (21) in top. CAG II 1; 434,2 Wallies und von → Simplikios in cat. CAG VIII; 159,24 Kalbfleisch. Dieser S. war also sicher Peripatetiker. War er darum ident. mit S. 2a? **3 a,** der Lehrer des jüngeren Seneca; knapp erwähnt ep. 49,2, als Vertreter pythagor. Gedanken gekennzeichnet ep. 108,17, eine wörtliche Anführung zur Seelenwanderung ep. 108,20–21. Nach diesen Zeugnissen war S. 3a der Schüler des → Sextius (I 8). Aus den wenigen Erwähnungen bei Seneca wird S. als Vertreter der pythagoreisierenden Richtung in der Stoa kenntlich. **3 b.** Mit Nennung des Namens S. führt Stob. 3,14, 10. 20,53. 54. 55 und 4,44, ferner an fünf weiteren Stellen ohne Namensnennung Stücke aus einer stoischen Schrift *περὶ ὀργῆς* an. Ihr Autor *kann* S. 3a sein; freilich treten die Merkmale des S. 3a, die Seneca erwähnt (Hinneigung zu pythagoreischen Gedanken) in der Schrift *περὶ ὀργῆς* nicht hervor. Die Gleichung S. 3a = S. 3b ist möglich, aber nicht erweisbar. H. D.

Sozomenos, Salamanes Hermeias, Scholastikos (Rechtsanwalt) in Konstantinopel, schrieb unter → Theodosius II. unter starker Anlehnung an → Sokrates (5) eine KG. in 9 B. über die Z. von 324 bis 439. Eine Epitome in 2 B. über die frühere Zeit ist verloren. S. stammte aus Bethelia bei → Gaza und wurde wahrscheinlich von Mönchen erzogen. Er hat den Stoff der KG. durch Berücksichtigung des Mönchswesens erweitert. Durch sorgfältige Stilisierung und weitgehendes Referieren statt des üblichen Zitierens von Dokumenten hat er versucht, die KG. den Normen der ant. Historiographie anzunähern. In Einzelheiten ist er unmittelbar auf von Sokrates genannte Quellen zurückgegangen und hat aus ihnen seinen Vorgänger, von dem er im Aufbau völlig abhängig ist, stillschweigend korrigiert. Für die polit. Geschichte hat er u.a. → Eunapios benutzt, für die hagiograph. Abschnitte außer → Palladios (6) pers. Märtyrerakten. Das Werk ist, vermutlich wegen des Todes des Vf., nicht zum geplanten Abschluß gelangt. B. R. V.

Ta.: *J. Bidez – G. C. Hansen* (GCS 50), 1960.
Lit.: Einl. zur Ausgabe (s.o.). *Altaner*[7] 227.

Spado heißt im weiteren Sinn jeder Zeugungsunfähige, Ulp. Dig. 50,16,128. Im engeren Sinn dagegen meint s. nur den aus natürl. Grund Zeugungsunfähigen, so daß Kastraten und Eunuchen ausgeschlossen sind. Beide Gruppen werden auch rechtl. verschieden behandelt: Nach Ulp. Dig. 23,3,39,1 (vgl. auch Marci Dig. 40,2,14,1) soll nur die Ehe eines *castratus* nichtig sein, nicht aber auch die eines s. aus anderem Grund. Iustinian verbietet nur den Kastraten die Adoption (Inst. Iust. 1,11,9 gegen Gai. 1,103). Nach Paul. Sent. 3,4a,2 soll der s. mit 18 Jahren testierfähig werden. D. M.

Spalatum, Ortschaft in → Dalmatien, auf einer Landzunge, ca. 3 m.p. von → Salona entfernt; h. Split. Hier ließ → Diocletian seinen mächtigen Palast aufbauen. Der viereckige Palast ist 179,48 bis 175,30 m lang und 216–215,10 m breit. An der Meeresseite eine Cryptoporticus mit 4 Toren und 16 Türmen. Im Inneren das Mausoleum des Diocletian, ein Tempel, ein Peristylium, ein Vestibulum. J. F.

Spanien s. Hispania

Spargel s. Asparagos

Sparta (*Σπάρτη*, dor.-*τα*). Die ca. 950 von einwandernden Doriern im N. der → Eurotasebene zwischen → Taygetos (2404 m) und → Parnon (1937 m) auf dem r. Ufer gegründete Siedlung hieß in der Amtssprache der Spartaner und des Auslandes *Λακεδαίμων*. Thuk. 5,18,10 (Friedensvertrag 421). Sylloge[3] 1069. Att. Redner wie And. 3, 3,6, Lys. 12,58 u. Pol., Plat., Aristot. nennen ebenfalls die Stadt so. Auch bezeichnet Lakedaimon das Staatsgebiet oder den Staat, Hdt. 7,234. Xen. hell. 4,7,2, bei Hom. Il. 3,239,244 das Herrschaftsgebiet des Menelaos. Die Römer meinen mit *Lacedaemon* immer die Stadt. Cic. Tusc. 5,77. Dieser Name ist ebenso wie S. etym. nicht geklärt. Frisk 74f. 758. Bölte 1268f. 1272f. S. wird nichtamtlich (Ausnahme Isokr. 4,61. 5,44) u. mit Emphase in spartan. Poesie, von Thuk. und Xen. neben Lakedaimon u. in inschr. Epigrammen gebraucht. Tyrt. 3. 4. 18 D. Aristoph. Lys. 1305. IvO 160,1. IG V 540,3. 724. Das von der Stadt abhängige Gebiet wird nur von

Pherekydes FGrH 3 F 168 und Kratinos frg. 368 K. S. genannt, von Thuk. →Λακωνική. Übliches Ethnikon für Spartiaten und Perioiken war Λακεδαιμόνιος, bzw. Λάκων. Hdt. 1,51. Paus. 5,8,7 (Olympioniken). 10,4. 23,4. 6,1,7. 18. Zu dem singulären Σπαρτιᾶται, bzw. Σπαρτιάτης IvO 244. 263. Paus. 6,3,14. V. Ehrenberg Polis und Imperium, 1965, 216ff. Titel der ältesten Werke über S. Λακεδαιμονίων πολιτεία Kritias frg. 32ff. D. Xen., Aristot. frg. 582ff., dagegen πολιτεία Σπαρτιατῶν des → Dikaiarchos. Suda s. Δικαίαρχος. Spartan. Truppen haben Λ als Schildzeichen. Phot. s. Λάμβδα. Zur ant. Lit. über S. FGrH IIIb, S. 613, LXXI. Lage und Umfang des spartan. Bürgerlandes und wichtigste Perioikenorte → Lakonike.

Die Siedlung hatte zwischen freien Flächen 5 Wohnhügel (ὦβαί), → Pitane, → Mesoa, → Kynosura (3), → Limnai und seit ca. 800 → Amyklai, E. Kirsten - W. Kraiker Griechenlandkunde[5], 1967, Abb. 112, Verteidigungswerke erst 317 beim Anmarsch des → Kassandros (2), 294 gegen → Demetrios (2), 272 beim Angriff des → Pyrrhos (1), Paus. 1,13,6. 7,8,5, Iust. 14,5,5, beim Einfall → Philipps V. (7) Mauern und Türme, Pol. 5, 22,11. 23,10, unter → Nabis 192 eine Ringmauer, Paus. 7,8,5, auf Befehl des achaiischen Bundes abgerissen, 182 wieder aufgebaut, vorhanden z. Z. des Paus. 7,9,5. Ihre Reste und Verlauf A. J. B. Wace, ABSA 12,284ff. 13,5ff. Umfang der Stadt 48 Stadien, Pol. 9,26a, 2 B.-W. Karte Bölte 1353f. Paus. 3,11,2ff. beschreibt die Stadt. Was erhalten, bestätigt Thuk. 1,10,2 »Wenn die Stadt der Lakedaimonier zur Einöde würde, die Heiligtümer und Bauten sich nur in den Fundamenten erhielten, würden wohl die Nachfahren an ihrer Macht im Hinblick auf ihren Ruhm zweifeln.« Die örtliche Ansetzung der von Paus. genannten Gebäude ist selten möglich. Bölte 1360ff. Die einzige bedeutende Ruine stellt am NW.-Abhang des Akropolishügels das Theater mit einer 45 m breiten Orchestra dar. Die Anlage aus dem 3. Jh. v. Chr. wurde z. Z. des Augustus, Vespasians und im 2. Jh. n. Chr. weitergeschmückt. H. Bulle, SBAW 5, 1937. Der Dromos, ein Übungsfeld mit 2 Gymnasien, und der Platanistas, wo die Epheben in 2 Abteilungen miteinander kämpften, sind nur durch Liv. 34,17,4. 35,35,10 und Paus. 3,14,6ff. bekannt. Das Fundament des Tempels der Athena Chalkioikos, in dem → Pausanias (1) starb, fand sich auf dem Akropolishügel über dem Theater. Der im 6. Jh. von → Gitiadas errichtete Lehmziegelbau mit Holzrahmenwerk auf Steinsockeln war mit Bronze verkleidet. Das Heiligtum der Artemis Orthia nahe dem Eurotas – daher hieß die Göttin auch Limnatis – wurde nach Überschwemmungen wiederholt erneuert. Zu dem seit Anf. 1. Jt. benutzten Opferaltar traten im 8. Jh. und Anf. des 6. Jh. Tempelbauten, im 3. Jh. n. Chr. wurde für Zuschauer der berühmten → διαμαστίγωσις (s. o. I 623) ein Theater angebaut. Kirsten-Kraiker Abb. 113. R. M. Dawkins, JHS Suppl. 5, 1929. E. Kunze, Gn 9, 1933, 1ff. J. Boardman, ABSA 58, 1963, 1ff. E. Kirsten, BJ 158, 1958, 170f. Das heutige, 1834 gegründete S. liegt etwa 4,5 km w. von dem ant. am Fuß des Taygetos.

Die in das von Achaiern beherrschte Lakonien eingedrungenen Dorier gewannen → Amyklai erst in der 1. H. 8. Jh. An seinen Anschluß knüpft wohl die große Rhetra an. Meist ohne Widerstand besetzte König → Teleklos S.-Lakonien mit Ausnahme von Helos, die Halbinsel → Tainaron (1) und die O.-Küste des messen. Golfes bis → Pharai (1). Paus. 3,2,6ff. Strab. 8,360. Kiechle 55ff. 106. 255. Von Landnot getrieben, eroberten die Spartaner die fruchtbare mess. → Pamisosebene (1). Der 1. mess. Krieg (zwischen 740 und 710, Th. Kelly, Hist. 16, 1967, 425. Bengtson GG[4] 82,5) endete nach 20 J. mit dem Fall der Bergfeste → Ithome (1). Tyrt. frg. 4. 5 D. F. Kiechle Messen. Stud. 1959, 61ff. Die Messenier wurden Heloten. Mitte 7. Jh. brach, geführt von → Aristomenes (1), ein Aufstand der mess. Heloten aus, den → Pisaten, Argiver und Arkader unter → Aristokrates (1) unterstützten. Trotz innerer Unruhen siegten nach mehreren Niederlagen die Spartaner, angespornt durch Lieder des → Tyrtaios. Die Messenier mußten die Bergfeste → Hira aufgeben und z. T. auswandern. Zum Zeitansatz Bengtson GG[4] 23,4 gegen F. Kiechle Mess. Stud. 82ff. (erst 500/490 v. Chr.). Das mess. Ackerland wurde zu den Landlosen der Spartaner geschlagen, eine spartan. Siedlung dort nicht gegründet. Infolge der Volkszunahme legte S. um 700 eine Kolonie in → Tarent an, Paus. 10,10,6ff., behielt nach langen Kämpfen mit → Argos (1) → Kynuria (1) und die → Thyreatis; Hdt. 1,82. Paus. 2,24,7. Den Versuch, »Tegea aufzumessen« (Hdt. 1,66,2. Kiechle 217f.) vereitelte → Tegea (1), mußte sich aber um 550 zur Heeresfolge und Ausweisung flüchtiger Messenier verpflichten. Aristot. frg. 592. H. Bengtson Die Staatsverträge des Alt. 2, 1962, 112. Aus weiteren Verträgen mit peloponnes. Staaten entstand in der 2. Hälfte 6. Jh. der sog. Peloponnesische Bund, dessen amtliche Bezeichnung οἱ Λακεδαιμόνιοι καὶ οἱ σύμμαχοι war. Außer Argos und Achaia gehörten ihm alle Peloponnesier und außerhalb der Halbinsel → Megara (2) und → Aigina an; K. Wickert Der Peloponnesische Bund und seine Entstehung bis zum Archidamischen Krieg, Diss. Erlangen 1961. Mit den zur Heeresfolge verpflichteten Bundesgenossen war das Sicherheitsbedürfnis S.s befriedigt, seine expansive Politik, die den nötigen Landbesitz gebracht hatte, wurde eingestellt.

Zur gleichen Zeit, Mitte 6. Jh., erfolgte die innere Wandlung S.s. In der Frühzeit hatte es an der kulturellen Entwicklung Griechenlands teilgenommen. Funde, bes. im Bezirk der Artemis Orthia, belegen ein starkes Kunstgewerbe mit

Plastiken aus Stein und Elfenbein, Tonreliefs, grotesken Tonmasken, Kleinbronzen, Bleifigürchen und Keramik im geometr. und orientalisierenden Stil. E.A. Lane, ABSA 34, 1933/34, 99ff. 150. G. Lippold 1527 (Künstlerliste); HB Arch. 3,1, 1950, 38ff. 89. 105f. E. Homann-Wedekind, Ant. und Abendland 7, 1958, 63ff. Kiechle 247ff. → Bathykles, → Medon (6), Gitiadas bauten Tempel, Tyrtaios mahnte zum Kampf, → Alkman dichtete für die Mädchenchöre, → Terpandros siegte 675 bei den Karneia (→ Karneios), mus. Agone hatten die Hyakinthia (→ Hyakinthos 1). Bei den olymp. Spielen siegten vom E. 8. bis Mitte 6. Jh. Spartaner. E.N. Tigerstedt The legend of S. in classical antiquity, 1965, 39ff. 336ff. Gegen diese ion. beeinflußte Kultur verschloß sich seit E. 7. Jh. allmählich S. Mit der → *ξενηλασία* wurden Fremde ferngehalten, mit dem Verzicht auf Gold- und Silbermz. brach der Wirtschaftsverkehr nach außen ab. Die Einführung der Hoplitenphalanx im 2. messen. Kriege beschleunigte die Umwandlung S.s in ein Heerlager. Plat. leg. 66e *στρατοπέδου πολιτείαν ἔχετε*. Die alten, oft → Lykurgos (4) zugeschriebenen Formen des Gemeinschaftslebens wurden u.a. durch → Chilon (1) zu fester Staatsordnung. Ihre Organe nennt die Große Rhetra (E. 8. oder Anf. 7. Jh., Plut. Lyk. 6. Kiechle 155); die beiden Könige aus dem → Agiaden- und → Eurypontidenhause, die Gerusia und die Apella, die Versammlung des Damos. Sie stimmte monatlich unter Leitung der Könige, später der → Ephoren, die im 5. Jh. eigentlich regierten, über Krieg und Frieden, Gesetze und Bündnisse ab. Während des 1. messen. Krieges wurde die Stellung der Gerusia gegenüber der Apella verstärkt. Kiechle 167ff. Die → Perioiken trieben Handel und Gewerbe, die → Heloten bewirtschafteten die Güter der → Spartiaten, diese, urspr. 9000 bis 10000 (Plut. Lyk. 8. Hdt. 7,234. Aristot. pol. 2,1270a 37. Kiechle 212), waren als Krieger der strengen Agoge unterworfen. Wer zu den gemeinsamen Mahlzeiten (→ *συσσίτια, φιδίτια*) nicht beisteuern konnte, sank in die Klasse der »Minderen« (*ὑπομείονες*), Xen. hell. 3,3,6.

S., zu Lande militär. überlegen, vermied Eingriffe außerhalb der Peloponnes, zumal 524 Unternehmen gegen → Polykrates (1) und später das des → Kleomenes (3) in Athen mißglückten. Durch die Schlacht bei Sepeia setzte Kleomenes 494 Argos polit. matt. Dem → Aristagoras (3) versagte S. Hilfe im ion. Aufstand. In den Perserkriegen traf sein Aufgebot 490 bei → Marathon zu spät ein. Obwohl S. für Verteidigung am → Isthmos war (Hdt. 8,40. 71f.), opferte es 480 → Leonidas (1) mit 300 Spartiaten bei Thermopylai, siegte Pausanias 479 bei → Plataiai und → Leotychidas (2) bei → Mykale, lehnte aber die Führung der kleinasiat. Ionier gegen Persien ab, so daß der Att. Seebund entstand. S. mußte in der Peloponnes um die Hegemonie gegen Tegea, Argos und Arkadien kämpfen.

464 vernichtete ein Erdbeben in S. die Jungmannschaft im Gymnasion und viele Frauen und löste den 3. messen. Krieg 464–460/59 aus. Die Rücksendung → Kimons (2) führte zum Bruch mit Athen. Im Bunde mit Theben suchte S. Athens Herrschaft in Mittelgriechenland zu brechen (Sieg bei → Tanagra 457). Nach dem 5jähr. Waffenstillstand ab 453 erkannten beide Rivalen 446/45 in einem 30jähr. Frieden ihre Machtsphären an. Seit dem Frieden mit Argos 451 war S. Herr der Peloponnes. Auf Drängen Korinths begann es aber 431 den peloponnes. Krieg. Das Friedensangebot 425 nach der Gefangennahme von 120 Spartiaten, das Defensivbündnis mit Athen 421 gegen den Abfall von → Elis, → Mantineia und Korinth, der 412 durch → Alkibiades (2) vermittelte Subsidienvertrag mit Persien zeigen die Schwäche Spartas. Nach den Siegen des → Lysandros (1) verzichtete S. 404 auf die Zerstörung Athens. Seine rücksichtslose Hegemonie mit Einsatz von Oligarchien und → Harmostai (1) führte seit 395 Theben, Korinth, Argos und Athen zu einer antispartan. Koalition, während S. in Kleinasien gegen Persien unter → Agesilaos (1) kämpfte. 394 beendete → Konon (2) bei → Knidos die spartan. Seeherrschaft. Im Königsfrieden 386 wurde S. als Vormacht Griechenlands (*προστάτης*, Xen. hell. 5,1,36) anerkannt. 385 bezwang es Mantineia, besetzte 382 die Kadmeia in Theben und organisierte seine Bündner in 10 Militärkreisen (7 auf der Peloponnes, als 8. Akarnanien, 9. Phokis, Lokris, 10. Boiotien, Olynth, Thrakien), Diod. 15,31,2. Bei Leuktra (→ Epameinondas) verlor S. 371 diese Hegemonie, mehr als 350 Spartiaten und mit Messenien, das unabhängig wurde, die Grundlage seiner Existenz. Die Niederlage bei Mantineia 362 besiegelte den Zusammenbruch, 338 blieb S., beschränkt auf das Gebiet zwischen Parnon und Taygetos (Pol. 9,28,7), außerhalb des Korinth. Bundes und leitete 333/31 die Bewegung gegen Alexander d. Gr. unter → Agis III. (3). In hellenist. Z. behauptete es sich leidlich zwischen den Kämpfen der großen Staaten. Könige wie → Archidamos III. (2) und Spartiaten wie → Xanthippos (Pol. 1,32ff.) wurden Söldnerführer, Kap Tainaron Werbeplatz für Söldner. → Areus (1) rettete S. 273/72 vor → Pyrrhos (1) und strebte vergebens ein hellenist. Königtum an (1. Silbermz.). Der zahlenmäßige Rückgang der Spartiaten (8000 im J. 479, Mitte 3. Jh. 700, davon nur 100 vollberechtigt, Plut. Ages. 5,6) durch Kriegsverluste und Kinderarmut, die Ballung des Grundbesitzes in der Hand weniger nach Wegfall des Verkaufsverbotes der Landlose und die Preisgabe alter Sitten verlangten Reformen, sie scheiterten 242 unter → Agis IV. (4) u. 227 unter → Kleomenes III. (6), der das Ephorat abschaffte. Nach der Schlacht bei → Sellasia zog mit → Antigonos (3) erstmals ein Sieger in S. ein und zwang es in seinen Hellenenbund. Pol. 4,9,6; 15,4; 16,5. Mit der Tyrannis des

→ Machanidas und des → Nabis, der viele Heloten befreite und Söldner als Bürger aufnahm, änderte sich die Sozialstruktur S.s radikal. 191 mußte es dem achaiischen Bund (→ Achaioi 2) beitreten. Nach vielen Streitigkeiten mit ihm wurde es durch Roms Eingriff *civitas libera*. Die Perioikenstädte wurden in dem Bund der → Eleutherolakones von S. unabhängig. S. ACCAME Il dominio romano in Grecia, 1946, 120. In der Kaiserzeit genoß S. durch Gönner wie → Iulius (A II 38) Eurykles und dessen Nachkommen Wohlstand und pflegte in antiquarischer Spielerei die alte Verfassung ohne Könige, aber mit Ephoren, Gerusia, Apella, Syssitien, Agoge und Diamastigosis. Knabenagone IG V 1, 255ff. Liban. or. 1,23. Zur kultischen Archaeomanie NILSSON GgrR 2, 1950, 319. Zu den Kulten S. WIDE Lakonische Kulte, 1893. L. ZIEHEN 1453ff. 267 wurde S. durch die → Heruler geplündert, 395 durch die Goten Alarichs zerstört. Synk. p. 717. H. V.

H. Berve Sparta, 1937 = Gestaltende Kräfte der Antike^{2} 1966, 58ff. *U. Kahrstedt* Griech. Staatsrecht 1, 1922: S. und seine Symmachie. *F. Bölte – V. Ehrenberg – L. Ziehen – G. Lippold*, RE III A 1266ff. *G. Zeilhofer* Sparta, Delphoi und die Amphiktyonen im 5. Jh. v. Chr., Diss. Erlangen 1959. *F. Kiechle* Lakonien und Sparta, 1963. *V. Ehrenberg* Polis und Imperium 1965, 161ff. (Spartiaten und Lakedaimonier. Der Damos im archaiischen Sparta). *A. H. M. Jones* Sparta, 1967. *W. G. Forrest* A history of S. 950–192 B.C., 1968. *I. Hahn*, Acta antiqua 17, 1969, 285ff.

Spartacus, ein Thraker, Athen. 6,272f. App. civ. 1,539 Flor. 2,8,8, aus dem Stamm der → Maider (Plut. Crass. 8,3; K. ZIEGLER H 83, 1955, 248ff.), vielleicht Angehöriger der Spartokiden (→ Spartokos), floh, als röm. Kriegsgefangener in Italien versklavt, 73 aus einer Gladiatorenschule in → Capua mit etwa 70 Kelten und Thrakern. Mit Zulauf flüchtiger Sklaven schlugen S. und der Kelte Krixos am Vesuv den Propraetor C. Claudius Glaber und den Praetor P. → Varinius, Plut. 9,2. 5. Der Aufstand erfaßte Kampanien und Lukanien. S. befehligte bald 30000, Krixos 10000 Mann. Oros. 6,24,2. Da Krixos weiteren Kampf forderte, während S. die befreiten Sklaven nach Thrakien oder Gallien führen wollte, trennten sich beide. 72 wurde Krixos mit seinen Kelten und Germanen in Apulien geschlagen und getötet, Plut. 9,7. S. besiegte die Konsuln Cn. Cornelius Lentulus und L. → Gellius (I 7) Poplicola nacheinander, zog nach Oberitalien und schlug bei Mutina den Prokonsul C. → Cassius (I 14) Longinus, Plut. 9,9. Nun beschlossen die Aufständischen in Italien zu bleiben. S. schlug wiederum beide Konsuln im → Picenum, zog plündernd und mordend wie Hannibal nach S. und nahm → Thurioi zum Stützpunkt, wo er seine Leute besser bewaffnete, App. civ. 1,547f. Der Prokonsul → Crassus (2) drängte S. in den S. Bruttiums zurück. Der Versuch, mit Hilfe kilik. Seeräuber nach Sizilien überzusetzen, mißlang. Plut. 10,7f. Flor. 2,13. Crassus baute eine 53 km lange Sperrmauer mit Graben quer durch Bruttium. Plut. 10,7f. App. 551. Nach wechselvollem Stellungskrieg durchbrach S. die Sperre, wurde 71 von Crassus in Lukanien geschlagen und fiel. Bild seines Todes NSA 1927, 21f., fig. 5. Die Gestalt des S., schon im Alt. sprichwörtlich geworden (Cic. Phil. 3,21. 4,15. 13,22. Lucan. 2,554), wirkt bis in die neuere Literatur (LESSING, GRILLPARZER, HEBBEL u. a.) und die polit. Agitation (K. LIEBKNECHTS Ztschr. 1916, Briefmarken der DDR 1966, Bezeichnung der Assoziation marxist. Studenten 1969). In der Wissenschaft werden die Absichten des S. erörtert. Die Uneinigkeit zwischen Krixos und S. erklären VOGT 37 und KOVALEV (STAERMAN 263) mit der ethnisch bunten Zusammensetzung der Sklaven, andere russ. Forscher mit der sozialen Ungleichheit der Sklaven und ihrer Mitläufer, der freien Landarmen. Jede dieser Gruppen habe entgegengesetzte Interessen verfolgt. Nach BRISSON habe S. die Italiker zu einem neuen Bundesgenossenkrieg gegen Rom aufwiegeln wollen, sei daher in das Gebiet der → Marser und → Samniten eingefallen und habe Krixos nach Apulien geschickt. Der Plan sei mißlungen, ebenso seine Absicht, seine Kräfte im bäuerlichen Norditalien aufzufüllen. Zur Kritik dieser Vermutungen OLIVA 82 und STAERMAN 265. H. V.

J. Muszkat-Muszkowski S., eine Stoffgeschichte, Diss. Leipzig 1909. *J. Vogt* Struktur der ant. Sklavenkriege, 1957. *J. P. Brisson* Spartacus, 1959. *P. Oliva*, in: Neue Beitr. z. Gesch. der alten Welt 1965, 82. 87,1. *E. M. Staerman* Die Blütezeit der Sklavenwirtschaft in der röm. Republik, 1969, 261ff.

Spartianus s. Historia Augusta

Spartiatai (Σπαρτιᾶται), die Vollbürger des lakedaimon. Staates, die im Gegensatz zu den → Perioiken in der Hauptstadt Sparta wohnten. Als ὅμοιοι, die »Gleichen«, mußten sie einen von → Heloten bewirtschafteten Kleros besitzen und die Agoge durchlaufen. In dieser Lebensordnung wurden sie nach dem 7. Lebensjahr jahrgangsweise in Wohngemeinschaften erzogen, galten mit 20 Jahren als Männer, besaßen als Vollbürger vom 30. J. Stimmrecht in der Volksversammlung und aktives Wahlrecht. Sie lebten in Zelt- und Speisegemeinschaften als Kriegerstand. Erwerbstätigkeit war verboten. Urspr. einige Tausend waren sie in hellenist. Z. durch Kriegsverluste und Wirtschaftsrückgang wenige Hundert. H. V.

U. Kahrstedt Griech. Staatsrecht 1, 1922, 40ff.

Spartoi (Σπαρτοί, »die Ausgesäten«). Die bewaffneten Männer, die aus den von → Kadmos (1) auf Athenes (oder Ares') Geheiß in die Furchen gepflügten Landes gesäten Drachenzähnen hervorwuchsen und sich nach dem Steinwurf des Kadmos gegenseitig töteten, bis 5 übrigblieben, die Stammväter der theban. Geschlechter, mit denen Kadmos Theben erbaute. Die Namen nennt schon Aischyl. frg. 376 N^{2}; → Echion, → Pelor (3), Chthonios, Hyperenor, Udaios. Die Sage bekundet eine drastische Vorstellung von der Autochthonie und eine ambivalente Bewertung der Drachen und erinnert an den Mythos von → Deukalion. Das Motiv ging in die → Iasonsage (1) über; Athene gibt die Hälfte der Drachenzähne dem → Aietes: Apoll. Rhod. 3,1278ff. u. a. H. v. G.

A.B.Cook Zeus 1,450. *L. Radermacher* Mythos u. Sage^2, 1938, 202. 361. *F. Vian* Les origines de Thèbes, 1963.

Spartokos (*Σπάρτοκος* Mz. HEAD HN^2 503, Inschr., *Spartakos* liter. Quellen). R. WERNER in Abriß der Gesch. ant. Randkulturen, 1961, 243; DERS., Hist. 4, 1955, 412ff. **1.** I. 438/37–433/32, thrak. Söldnerführer, Archon des → Bosporanum regnum, Begründer der Spartokidendynastie. Diod. 12,31. 36. **2.** II. 349/48–344/43, Sohn → Leukons I. (1), regierte mit dem Bruder → Pairisades (1). Ehrendekret für sie IG II^2 212 mit Erlaubnis, athen. Seeleute für die bospor. Flotte anzuwerben. **3.** III. 304/03–284/83, Sohn des → Eumelos (4), Archon und König, erhielt att. Ehrendekret 289/88 für eine Getreidespende. IG II^2 653. Sein Sohn war → Pairisades II. (2). Corp. inscr. regni Bosporani (CIRB) 18. 974. 1043. **4.** IV. 245–215, Sohn des → Pairisades II. (2), unter ihm beginnt der Verfall des Reiches durch Vordringen der Krimskythen. Seine Tochter Kamasarye heiratete → Pairisades III. (3). Sylloge^3 439. CIRB 24ff. 75. 822. TH. WIEGAND, Didyma 2, Die Inschr. von A. REHM, 1958, 463,29. **5.** V., Sohn des → Pairisades IV. (4), regierte zwischen 160 und 150 mit seinem Bruder → Leukon II. (5), wurde von ihm ermordet. Ov. Ib. 309f. mit Sch. CIRB 26. H. V.

Spartolos (*Σπάρτωλος*), Stammeszentrum der Landschaft Bottike auf der Chalkid. Halbinsel einige km w. von Olynthos, h. Portariá. Die Bevölkerung war vorwiegend thrak. Herkunft. S. ist bekannt durch die Niederlage der Athener (429) und der Spartaner (381), Thuk. 2,79. 5,18,5. Xen. hell. 5,3,6. Chr. D.

Oberhummer, RE III A 1543. *Detschew* Thrak. Sprachreste 476ff.

Sparton (*Σπάρτων*), Thebaner, Feldherr der Boioter in der siegreichen Schlacht bei Koroneia 447 gegen die Athener unter Tolmides, die zum Verlust der athen. Vorherrschaft in Boiotien führte (Plut. Ages. 19,2. Thuk. 1,113). G. Do.

Spatha. Das zweischneidige german. Langschwert. Der → *gladius*, das Kurzschwert des röm. Legionärs erwies sich schon im 1. Jh. n. Chr. gegenüber Infanterie mit Stoßwaffen wie Kavallerie als ungeeignet. Im 2. Jh. n. Chr. fand die S. auch bei den Legionen Eingang und wurde für das differenzierte Heer der späten Kaiserzeit charakteristisch. S. war auch das Schwert des Henkers (Tert. cult. fem. 2,13). A. N.

F. Lammert, RE III A 1544f. *R. Grosse* Röm. Militärgesch., Bln. 1920, 330ff. *F. Lammert*, Philol. Suppl. 23, Heft 2, 1931, 20f. 24. 26.

Specht, *δρυ(ο)κολάπτης* »Holzklopfer« (seit Aristoph.), *πιπώ* (Aristot.), *πελεκάν* (nur Aristoph. und die gr. Lexika); *pīcus* (seit Plaut.; Herkunft ungeklärt). Aristot. hist. an. 593a 5ff. unterscheidet eine größere und eine kleinere Art (Buntspechte) vom Grün-S. (*κελεός*); Ps.-Aristot. (= Theophr.) ebd. 614b 9 fügt dazu den Schwarz-S. Der S. lebt in Bergwäldern, wo er durch Aufhacken der Baumrinden mit seinem scharfen Schnabel Larven, Holzkäfer usw. erjagt, aber auch Mandeln und Nüsse in Holzspalten steckt, um sie aufhacken zu können (Theophr. a. O. 614a 34ff. [Hauptstelle!]). Als einziger Vogel nistet er in Baumhöhlen. Adler und Reiher galten als seine Feinde. Man schrieb ihm geheimnisvolle Fähigkeiten zu: Wo er nistet, halte kein Pflock oder Nagel im Holz, und Keile, mit denen man sein Nistloch versperrt, läßt er mit Hilfe der Päonie (»Springkraut«) herausfallen (Theophr. a. O.). In Rom (nur dort) war er ein wichtiger Auguralvogel (Plin. a. O. 10,41 Anekdote vom S. und dem Augur → Aelius (I 14) Tubero. Nach der Sage wirkte er bei der Gründung von → Picenum und bei der Rettung der röm. Zwillinge mit. Als → Picus Martius galt er als Wald- und Flurgott und latin. König (Myth. Lex. III 2494ff.) oder als heiliger Vogel des Mars; im → Äquerland hatte er zu Tiora Matiene ein altes Orakel (Dion. Hal. 1,14, 5). – Zuweilen mit Wiedehopf oder Bienenfresser verwechselt. W. R.

O. Keller Ant. Tierwelt 2 (1913) 50ff. *D'Arcy W. Thompson* Glossary of Greek Birds (1936, ^{2}1966) 92f. Myth. Lex. II 2430f. (Mars). *G. Wissowa* Rel.^{2} 285.

Spectabilis *(vir)*, spätant. Rangtitel (zuerst Cod. Theod. 7, 6,1 von 365) für Beamte der 2. Rangklasse nach den → *illustres*, urspr. im Sinne von *admirabilis* gebraucht (Ov. met. 3, 708. 6,165. Plin. nat. 4,15,1. Tac. Agr. 34), seit Mitte 2. Jh. auch zur Bezeichnung vornehmer Personen; gr. *περίβλεπτος* (Cod. Iust. 1, 4,22. 5,16. Nov. Iust. 24,4), aber auch *σπεκταβίλιος* (Nov. Iust. 17,10. 26,2. 5). Erst um 400 scheint der Kreis der *spectabiles* fixiert. Damals gehörten dazu z. B. *proconsules vicarii, comites duces* (Cod. Theod. 7, 4,30. 11, 18,1. Iust. 1, 54,6. Symm. epist. 2,33. Not. dign. pass.). Später, bes. unter → Iustinian (1) kamen weitere Beamte hinzu (Cod. Iust. 4, 59,1. 12, 17,2. 33,8. Nov. Iust. 20f. – weiteres RE III A 1561ff.). Auch innerhalb der s. gab es Rangstufen. Die s. genossen mehr Privilegien als die *viri clarissimi*, aber weniger als die *illustres*. A. L.

Speculatores waren im allg. Späher, Kundschafter, Spione (→ Spionage). In militär. Beziehung betrieben sie im Gegensatz zu den → *exploratores* die Einzelaufklärung (Caes. Gall. 2,11,2). Im homogenen Heer der röm. Kaiserzeit gab es in jeder Legion 10 s. (CIL II 4122. III 4452), die nur im *officium* des Provinzstatthalters dienten. Rangmäßig zählten sie zu den → *principales*. Eine der Aufgaben dieser s. war auch die Hinrichtung Verurteilter. In der Garde bildeten die s. eine auserwählte Truppe des Herrschers, die auch für Kurierdienste herangezogen wurde (Suet. Cal. 44. Tac. hist. 2,73). A. N.

Bh.e d. BJ 14, 1967, 20ff. 29ff. 32f. 63ff. 73f. u. ö.

Speculum s. Spiegel

Speiraion, *τὸ Σπείραιον*, Vorgebirge an der NW.-Küste der Argolis am Saronischen Golf der Inselgruppe Pendenisia gegenüber an der Grenze zwischen Korinth und Epidauros, das den alten Namen bewahrt hat, *κοινῶς Κάβο Σπεῖραι* [1], Kap Spiri. Plin. nat. 4,18. 57. Ptol. 3,14,33. *Τὸ Σπίραιον* in der Grenzinschrift aus dem 3. Jh. v. Chr., IG IV, 1^2 71 (Sylloge³ 471) Z. 4. 17f. Etwa 6 km ö. davon im korinthischen Gebiet die unbewohnte Hafenbucht Peiraios, h. Frangolimani, Thuk. 8,11,2ff. 13,1f. 14,2. 20,1. Steph. Byz. s. *Πειραιός*. Alles Nähere bei [2] mit genauer Karte und Diskussion. E. M.

1. *Meletios* Γεωγραφία παλαιὰ καὶ νέα, Venedig 1728, 2. Aufl. v. Anth. Gazis, Venedig 1807, II 431. 2. *Bölte*, RE III A 1592ff. 3. *E. Meyer*, RE XIX 101 (Peiraios 2).

Spelunca hieß eine *villa* (Tac. ann. 4,59,1) bzw. ein *praetorium* (Suet. Tib. 39) des Tiberius in einer natürlichen Höhle (Strab. 5,233); der *locus Speluncae* (Plin. nat. 3,59) lag ö. Tarracina. Nahe h. Sperlonga sind bedeutende Funde gemacht worden. G. R.

G. Jacopi L'antro di Tiberio a Sperlonga, 1963.

Spendius. Ital. Personenname (auch *Spedius*, vgl. SCHULZE Eigenn. 236,2). – S., Kampaner, der im 1. Pun. Krieg zu den Karthagern überlief und als Führer im karth. Söldnerkrieg seit 241 hervortrat, Pol. 1,69,4 – 85,7 u. a. H. G. G.

Sperber (einschl. Bussard, Falke, Habicht, Weih). Daß die Familie der Falconiden (gew. unter *ἱέρακες*, *accipitres* zusammengefaßt) viele Arten umfaßt, war bekannt; Ps.-Aristot. (= Theophr.) hist. an. 9,620a 16ff. zählt 10 Arten auf, Plin. nat. 10,21 kannte 16. Aber nur selten lassen sich Nachrichten auf eine von ihnen festlegen. Die wichtigsten sind: 1. der Bussard (*τριόρχης*, *buteo*; zum Namen s. Plin. a. O.), der stärkste *ἱέραξ* (Theophr. a. O. 17), einer der wichtigsten Auguralvögel in Rom (Plin. a. O. Fest. 197 M.), in Äg. religiös verehrt; 2. der Turmfalke (*κεγχρηΐς*, *κερχνῄς*, *cenchris*, *tinnunculus*; 3. der Hühner- (Tauben-)habicht (ohne eigene Namen; hom. *κίρκος* wurde früher zu Unrecht auf ihn bezogen); 4. der eig. Sperber (keine Bezeichnung gesichert; Theophr. a. O. 606a 24 spricht von »kleineren S.-Arten in Äg.; *σπιζίας* [ebd. 620a 20] ist ungeklärt [THOMPSON 266], *nisus* [Plin. 10, 205] war falsche Konjektur), der Horosvogel der Ägypter; 5. der Weih (*ἰκτῖνος*, *milvus*), bei Aristot. hist. an. 592b 1 von den *ἱέρακες* getrennt, bei Plin. 10,28 zu ihnen gerechnet, der gierigste und am weitesten schweifende der S. Für die Griechen war er Frühlingsbote (Aristoph. Av. 499ff. 713. Plin. 18,237).

Sie alle zählen zu den Raubvögeln (*γαμψώνυχες*), die sich überwiegend vom Fleisch kleinerer Vögel (Tauben, Hühner, Enten, Dohlen usw.) ernähren, die sie auf verschiedene Weise jagen; angebl. verschmähen sie aber das Herz ihrer Beute (Theophr. a. O. 615a 5. Plin. 10,24 u. a.). Bei Hes. erg. 203ff. verkörpert der Habicht (Bussard?) das Recht des Stärkeren. Die Überlegenheit dieser Räuber liegt vor allem in ihrer Schnelligkeit (Hom. Il. 13,62. 15,238 u. oft. Hes. a. O.). Im n. Mittelmeergebiet sind sie Zugvögel, in Äg. Standvögel (Hdt. 2,22). Nistplätze haben sie meist in unzugänglichen Felsen (Hom. Il. 13,62f. u. a.); sie legen 4–6 Eier (die Falken nur 2: Aristot. a. O. 558b 27) und brüten 20 Tage lang. Bastardisierung kommt vor. Man wußte von vielen Feindschaften mit anderen Tieren, so des Habichts gegen Fuchs und Taube, des Weihs gegen den Raben, aller S. gegen Adler, Geier, Schlange, Skorpion, aber auch von einer Schutzfreundschaft des Falken für die Taube (Colum. 8,8,7). Das Fleisch der S.-Arten wurde gern gegessen, jedoch mit Ausnahme des Herzens.

In Religion und Aberglauben spielen die S. eine wichtige Rolle. In Äg. gehören sie zum Kult des Horos, der mit dem S.-Kopf dargestellt wird; ihm werden sie geopfert (Hdt. 2,65. 67. Ail. 10,14) und von eigenen Priestern (*ἱερακοβοσκοί*) gehalten und nach Vorschrift gefüttert (Plut. Is. Os. 51. Ail. 7,9. 12,4). Ein Falke als Überbringer eines heil. Buches in phöniz. Sprache nach Theben: Diod. 1,87,8; Bedeutung des S. beim Feuerkult: Ail. 10,24. Verwandlung in »Apollon« (Horus) Anton. Lib. 28. Ov. met. 6,123. Die Seele des toten S. als Weissagerin: Porph. abst. 4,10. Bei den Griechen ist ein *κίρκος* als Glücksbote (Hom. Od. 15, 525ff.) vereinzelt; dagegen gehören die *accipitres* in Rom zu den wichtigsten Auguralvögeln (Cic. nat. deor. 3,47. Obseq. 58. Sil. 4,104 u. a.). Ferner ist der S. Regenanzeiger. Mit ihm verbinden sich viele mirabilia: Er lebt 70 J. (Ail. 10,14), heilt seine Augen mit wildem Lattich (2,43), bedeckt Leichen mit Erde (2,42) u. a. mehr (Plin. 10,8. Diod. 1,87). Sein Fleisch hilft nach Volksglauben gegen Augenleiden, Fieber, Sterilität u. a., ebenso sein Blut und Kot (Plin. 29,125. 30,98. 130).

Verwendung gezähmter Falken oder Habichte zur Jagd war lange Z. eine Besonderheit ö. und n. Völker (Indien, Thrakien, zuerst wohl bei den Turkvölkern, s. SCHRADER bei HEHN 380f.); im W. ist das älteste Zeugnis Martial. 14,216; verbreitet wurde die Falkenbeiz erst vom 4. Jh. an (*falco* zuerst bei Firm. math. 7; german. Herkunft von BAIST, Ztschr. dt. Alt. 27,50, und SCHRADER a. O. 381 angenommen, von WALDE-HOF.³ I 447 abgelehnt). W. R.

A. Lindermayer Die Vögel Griechenlands (1860) 12ff. *V. Hehn* Kulturpflanzen und Haustiere (⁸1911) 374ff. *O. Keller* Antike Tierwelt II (1913) 16ff. *O. Körner* Homerische Tierwelt (1930) 60f. *D'Arcy W. Thompson* Glossary of Greek Birds (1936; ^{2}1966) 30 (αἰσάλων); 114ff. (ἱέραξ); 119ff. (ἰκτῖνος); 134ff. (κεγχρηΐς); 144ff. (κίρκος); 286f. (τριόρχης); 302 (φασσοφόνος). *J. Heurgon*, REL 14, 1936, 109ff.

Spercheios (ὁ Σπερχειός), Fluß des n. Mittelgriechenland, entspringt am Tymphrestos und mündet nach etwa 82 km in den mal. Meerbusen, im Unterlauf nur auf Brücken zu überschreiten, Stammesgrenze. Mündungsgebiet durch große Anschwemmungen seit dem Alt. stark verändert. Il. 16,173ff. 23,142ff. Aischyl. Pers. 486ff. Hdt. 7,198,2. Skyl. 62. Strab. 1,3,20 p. 60. 9,4,17 p. 429. 5,9 p. 433. E. M.

1. *Philipps.-Kirst.* 1,234ff. 2. *Fr. Stählin* Das hellenische Thessalien 191ff. 3. *Ders.*, RE IIIA 1626f. 4. *Y. Béquignon* La vallée du Spercheios dès origines au IVe siècle, 1937. 5. *R. Hope Simpson – J. F. Lazenby*, Antiquity 33, 1959, 102ff.

Sperling (στρουθός, στρουθίς u. a. Nebenformen), Dem. στρουθίον, elisch δειρητής (Nik. frg. 123); *passer*, Dem. *passerculus* (Plaut. u. a.). Der gewöhnlichste heimische Kleinvogel der alten Welt, daher oft für beliebige kleine Vögel genannt (Anth. Pal. 9,209. Galen. 6,700; strittig Hom. Il. 2,308ff., wo Thompson mit Körner »Vögelchen«, Steier RE III A 1630 mit Pischinger 27ff. »Sp.« versteht; ähnlich Catull. 2. 3 [von Keller 80 und Steier 1629 als Blaudrossel, von anderen als Sp. gedeutet; schwankend Kroll]). Die Alten unterschieden keine Arten. Einige gute zool. Angaben bei Aristot. hist. an. über innere Organe, Ernährung, Auftreten von Albinos, Paarung und Fortpflanzung. Bäume als Nistplätze: Ail. nat. 4,38; Blindheit der Jungtiere: Aristot. gen. an. 774b 29. Enge Verbindung zu Aphrodite-Venus: Sch. Hom. Il. 2,308. Sappho frg. 1,9. Aristoph. Lys. 724 vgl. Eroten auf Sp. reitend: Xen. Eph. 1,9); daher *passer, -ercula (-us)* als Kosewort: Plaut. Cas. 138; Asin. 666. Front. ad M. Caes. 4,6. Der Sp. als Schädling in Getreidefeldern: Diod. 3,30 u. a. Vom Falken verfolgt: Ail. 2, 43. Phaedr. 1,9; vom Menschen gejagt und gegessen: Antim. 30. Athen. 2,65 e (auch als Aphrodisiacum: Athen. a. O. Plin. 30,141). Als Spieltier gehalten: Catull. 2. 3 (s. o.); Darstellungen in der bildenden Kunst sind sehr selten. W. R.

A. Lindermayer Die Vögel Griechenlands (1860) 57ff. *A. Pischinger* Das Vogelnest bei den gr. Dichtern, Tl. II, Progr. Ingolstadt 1907. *O. Keller* Ant. Tierwelt II (1913) 88ff. *O. Körner* Homer. Tierwelt (1930) 73f. *G. Jennison* Animals for Show and Pleasure in Anc. Rome (1937) 18. 100ff. 117. *D'Arcy W. Thompson* A Glossary of Greek Birds (1936, ^{2}1966) 268ff.

Sperthias (Hdt. 7,134ff. Σπερθίης. Plut. mor. 235 f Σπέρτις; 815 e Σπέρχις. Stob. 3,7,69 H.), Spartiate, stellte sich mit Bulis in Susa dem → Xerxes zur Sühne für die von Sparta ermordeten Gesandten des → Dareios (1). Obwohl beide den Fußfall vor dem Perser verweigerten, wurden sie von Xerxes freigelassen. 430 wurden ihre Söhne auf einer Gesandtschaft nach Persien von den Athenern am Hellespont getötet. H. V.

Spes. In Griechenland lediglich blasse dichterische Personifikation (seit Hes.); in Rom hingegen hat S. seit verhältnismäßig früher Z. Tempel und Kult. Ihr Wirken erstreckt sich naturgemäß auf alle Gebiete des Lebens. Im 1. pun. Krieg gelobt ihr A. Atilius Calatinus einen weiteren Tempel am Forum holitorium. 31 v. Chr. brennt er ab, 17 n. Chr. wird er erneut von Germanicus geweiht. Mit Fortuna und Salus steht S. in enger Verbindung. Die S.-Verehrung wird unter dem Prinzipat Bestandteil der Loyalitätsreligion (vgl. z. B. *Feriale Cumanum:* DessILS 108). Bildliche Darstellungen der S. auf Mz. lehnen sich an den Aphrodite-Typ der archaischen griech. Kunst an. K. A.

Dar-Sagl. IV 1430ff. Myth. Lex. III 2162. IV 1295ff. *Latte*, RE III A 1634ff. *Platner-Ashby* Top. Dict. 493f. 225. *Wissowa* Rel.^{2} 329ff. *Latte* RRel. 238. 322. *Radke* Gött. Altit. 291. *Dumézil* Rel.Rom.Arch. 388.

Speusippos, Neffe Platons und sein Nachfolger in der Leitung der Akademie, † 340/39. Seine Eltern: Eurymedon und Potone, die Schwester Platons; es ist kaum möglich, Sp.' Geburtsjahr zu errechnen, weil nicht feststeht, ob Potone älter oder jünger war als Platon. Trifft ersteres zu, dann dürfte Sp. der Akademie seit ihrer Gründung (etwa 385) angehört haben. Sp. übernahm nach Platons Tod die Leitung der Akademie, ohne daß eine Wahl stattfand. Diog. Laert. 4,1 sagt, Sp. sei zwar bei den Lehren Platons verblieben, in seiner Verhaltensweise – ἦθος – habe er sich aber von Platon unterschieden. Beides scheint zuzutreffen. Nach dem Index Acad. (ed. S. Mekler) col. 7,122 geben die Schüler nach Sp.' Tode dem → Xenokrates darum ihre Stimme, weil sie von ihm ein Verhalten erwarteten – σωφροσύνη –, das Sp. nicht an den Tag gelegt hatte. Auch durch den Bericht des Diog. Laert. 4,1ff. schimmert durch, daß Sp. als unverträglich galt. Zugleich mußte der Kritik Nahrung geben, daß Sp. nicht, wie vor ihm Platon und nach ihm Xenokrates, in der Akademie wohnte.

Sp. griff mit einem offenen Brief 343/42 in die polit.-publizist. Diskussion zwischen → Isokrates (2) und der Partei des Königs Philipp ein; dieser Brief ist als einer der → Sokratikerbriefe überliefert; er dürfte echt sein. Darin wird konsequent der Standpunkt verteidigt, den Platon gegen Isokrates eingenommen hatte. Ohne Zweifel war Sp. bemüht, auch im polit. Bereich Platons Linie fortzusetzen. Mithin kann es zutreffen, daß Sp. als Gast an der Hochzeit des → Kassandros (2) im J. 340 teilnahm. Bei Diog. Laert. 4,1 dient die Notiz dazu, Sp.' ἦθος zu diskreditieren. Vielleicht ist sie dazu erfunden.

Leider ist aus dem Verzeichnis der 30 B.-Titel (Diog. Laert. 4,4) kaum etwas für Sp. Kennzeichnendes zu gewinnen. Etwas weiter führen die ant. Zitationen.

1. Reich an Detail war das Werk ὅμοια (voller Titel τὰ περὶ τὴν πραγματείαν ὅμοια) in 10 B. Hier wurde den »Ähnlichkeiten« in Tier- und Pflanzenreich nachgegangen; das Werk diente letztlich der Aufgabe, die Sonderung von εἶδος und γένος in der belebten Natur zu begründen: Die Vertreter von Arten und Gattungen sind durch »Ähnlichkeiten« verbunden; dabei unterschied Sp. vermutlich mehrere Grade der Ähnlichkeit. Das Werk diente der Definition und der Begriffsbildung im Wege der διαίρεσις. Die Vermutung liegt nahe, daß Platon dem Sp. dieses Forschungsfeld übertrug, damit das Problem γένος/εἶδος im Bereiche von Zoologie und Botanik durch detaillierte Untersuchungen gelöst würde. Vielleicht enthielt die Schrift περὶ γενῶν καὶ εἰδῶν παραδειγμάτων eine Zusammenfassung zum bezeichneten Thema.

2. Das wenige, was zur Metaphysik des Sp. zitiert wird, trägt einen durchaus anderen, ansatzartigen Charakter. Das einzige ausführlichere Stück, bei Iamblichos erhalten, gibt Rechenschaft über den Symbolgehalt der Zahlen 1–10. – Aristot. metaph. Z 2,1028b 18 (vgl. Sp. frg. 33a Lang) tadelt es, daß Sp. den Zahlen und den »Größen« (in geometr. Sinne) eigene οὐσία zugewiesen habe; vermutlich hat Sp. die beiden Gebiete der Mathematik zu dissoziieren versucht; er definierte die Seele nicht, wie nachmals Xenokrates auf pythagoreischer Basis, als Zahl und Harmonie, sondern als ἰδέα (= etwa Urform oder Urgestalt) des allseits Dimensionierten, frg. 40 L. Mithin hielt Sp. an Platons Axiom fest, daß das Mathematische im Verhältnis der Analogie zu den Ideen und zur Seele stehe. Aber er scheint die Zahlen stärker den Ideen zugeordnet, die Seele aber in Analogie zur Geometrie und zur Dimensionierung gesetzt zu haben. Sp. weigerte sich, die Zahl Eins mit dem Guten in Verbindung zu bringen. Er erkannte, daß dann eine negative Bewertung alles Werdens vorweg ausgesprochen ist; in jedem Werde-Prozeß verbindet sich Gegensätzliches (frg. 35 L.). Über diese Warnung sind die Nachfolger, voran Xenokrates, hinweggegangen. Folgerichtig wich Sp. von Platons Postulat ab, das Gute sei mit der ἀρχή (nach Platon: dem Grund der Welt) identisch. Sp.' Gegenargument: Pflanze und Tier bringen das Gute (nunmehr: Nutzwert, Ertrag) aus sich hervor. Folgerung: das Gute liegt nicht in der ἀρχή, sondern im τέλος. Freilich sind dann »Anfang« und »Ende« recht naiv, ja im Vergleich zu Platon primitiv, rein zeitlich, und das Gute als der Nutzen verstanden.

Sicher war Sp.' philos. Aktivität nicht darauf gerichtet, ein System zu entwerfen. In verschiedenen Spekulationen, die auf Einwände antworteten, versuchte er Platons Philosophieren fortzusetzen. Auch dieser ist von in sich verschiedenen Ansätzen ausgegangen und hat in verschiedenen philos. »Höhenlagen« Lösungsversuche vorgetragen, die nicht immer kommensurabel sind. Indem Sp. diese Linie fortführte, entstand die Gefahr, daß einzelne Philosopheme aus dem Ganzen herausfielen. Das ist regelmäßig der Fall, wo Aristoteles ihn tadelt, so frg. 33a. 34a–f, 35a u.ö. Das »ansatzartige«, aber nicht systemat. Philosophieren des Sp. bereitete die Umkehr im Methodischen vor, die → Xenokrates vollzog; dieser entwarf und begründete eine platon. Systematik. Im Unterschied dazu hat Sp. Platons Gedanken sinnvoll weiterzubilden versucht, ja, er hat in Platons Sinne voranschreiten wollen, wobei partielle Umwandlungen in Kauf genommen werden mußten. Der Nachfolger hat ihm die Legitimation dazu bestritten. Der Platonismus hätte eine weithin andere geistige Form gewonnen, wenn es Sp. vergönnt gewesen wäre, die Weiche zu stellen. Sein Scholarchat war zu kurz dazu.

3. Als nächstem Angehörigen und als Nachfolger oblag es Sp., die Lobrede auf Platon zu verfassen. Dieses ἐγκώμιον Πλάτωνος ist vermutlich nicht am Grabe, sondern an der ersten Geburtstagsfeier Platons nach dessen Tode gehalten und bald danach publiziert worden (frg. 27 L.). Da berichtete Sp. von der wunderbaren Zeugung und Geburt Platons: Ariston konnte und durfte → Periktione (1) nicht berühren. Apollon offenbarte, daß er Periktione in seiner κατοχῇ halte; damit gab er sich als Platons Vater zu erkennen. Dieser Bericht von Platons Gottessohnschaft hat auf die relig. Vorstellungen in Hellenismus und Spätantike tiefsten Einfluß ausgeübt; nächste Stufe: → Alexander (II 4) sei von Zeus → Ammon (2) gezeugt. Durch dieses ἐγκώμιον von der Göttlichkeit Platons hat Sp. den späteren Platonismus geformt. H. D.

Frg.-Slg.: *P. Lang* De Sp.-i Academici scriptis, Diss. Bonn 1911. *E. Bickermann–J. Sykutris* Sp.s Brief an König Philipp, Ber. Verh. Sächs. Ak. phil. hist. Kl. 80, 1928 [Textausg.]; dazu: *M. Pohlenz*, H 64, 1929, 41–62, bes. 55. *Ph. Merlan*, Philol. 103, 1959, 198–214, vgl. die bibliogr. Notizen zu → Platon. *H. J. Krämer* Platonismus und hellenist. Philos., 1971.

Sphärenharmonie. Entsprechend ihrer auf zahlenmäßig faßbaren Prinzipien und einer diesen innewohnenden Harmonie aufgebauten Welterklärung übertrugen die Pythagoreer die von ihnen entdeckten Gesetze der Intervall- und Toneinteilung auch auf die Bewegung der Planeten. Danach erzeugen die Himmelskörper, die sich um das Zentrum des Alls in Abständen bewegen, die denen der Töne der Tonleiter analog sind, harmonisch zusammenklingende Intervalle. Diese Harmonien werden nur deshalb scheinbar nicht wahrgenommen, weil sich das menschliche Ohr an sie wie an einen nachhallenden Dauerklang gewöhnt hat. In einer die ganze Ant. von den Pythagoreern über Platon und Cicero bis hin zu Nikomachos, Martianus Capella, Boethius u.a. durchziehenden Beachtung hat dieser Grundgedanke einer S. allerdings verschiedene Ausgestaltungen erfahren. So begegnet gegenüber der pythagor. Auffassung, nach der die einzelnen Sphären mit zunehmendem Abstand vom Zentrum immer tiefer klingen, bei Cicero (rep. 6), der für die folgenden Darstellungen bestimmend wurde, die Ansicht, daß dem äußersten Kreis der Fixsternsphäre aufgrund seiner Geschwindigkeit der höchste Ton zukommt. Weiterhin führte ein unterschiedlicher Ansatz des Abstands der Sphären auch zu verschiedenen Intervallen. U. K.

G. Wille Musica Romana, 1967, passim, bes. 438–442, weitere Lit. und Stellen ebd. 438f. Anm. 312 und 313.

Sphairos von → Borysthenes, Schüler der Stoiker → Zenon und → Kleanthes (1), * 285 od. 265, † nach 221, tätig am Hof des → Ptolemaios II., zu anderer Zeit Ratgeber des Königs → Kleomenes (6). Diog. Laert. 7,177 bezeugt 32 Buchtitel des Sph. Cic. Tusc. 4,53 lobt die Vortrefflichkeit von Sph.' Definitionen. Frg.e SVF I 139–142. H. D.

Sphakteria (*Σφακτηρία*, auch *Σφαγία*, *Σφαγίαι*), die Bucht von Navarino (Pylos) gegen W. größtenteils abschließende schmale, unbewohnte Felseninsel aus Kalk, berühmt geworden durch die Kapitulation der 292 Spartaner im J. 425 v. Chr., h. mit Denkmälern von Gefallenen der Schlacht von Navarino vom 20. Okt. 1827. 5 km lang und bis 135 m hoch. Thuk. 4,8,6ff. 16. 26. 29–38. Strab. 8,3,21 p. 348. 4,2 p. 359. Plin. nat. 4,55. Ptol. 3,14. 44. Steph. Byz. E. M.

1. *Philipps.-Kirst.* 3,387. 2. *Bürchner*, RE IIIA 1693f. 3. *A. W. Gomme*, CQ 17, 1923, 36ff. = Essays 125ff. 4. *W. Kendrick Pritchett* Studies in anc. Greek topography 1,25ff.

Sphendonetai (*σφενδονῆται*) zählten zu den griech. Leichtbewaffneten. Ihre Waffe war die *σφενδόνη*, eine Schleuder, die aus einem in der Mitte breiten, an den Enden in Riemen auslaufenden Leder bestand. In das breite Lederstück wurde das Geschoß aus Stein, Blei, Bronze oder Ton eingelegt. Die Aufgabe der S. bestand vor allem in der Einleitung des Kampfes. In der Zeit der griech. Söldnerheere spielten die S. eine große Rolle, bes. die Rhodier waren als S. berühmt. Den *σφενδονῆται* entsprachen im röm. Heer die → *funditores*. A. N.

F. Lammert, RE III A 1695ff.

Sphettos (*Σφηττός*), großer Demos der Landtrittys der att. Phyle Akamantis und Name der Trittys, eine der angeblichen alten 12 Städte Attikas, auf dem »Kastro tu Christu« w. vom h. Koropi, mit Siedlungsspuren seit neolith. Z. Strab. 9,1,20 p. 397. Paus. 2,30,9. Harpokr. Steph. Byz. IG II² 1774. 1775. Hesp. 9, 1940, 53ff. Nr. 1. 30, 1961, 33 Z. 306ff. (= SEG 19,149). E. M.

1. *Wrede*, RE IIIA 1700f. 2. *Philipps.-Kirst.* 1,817 A. 3. 3. *A. G. Kalogeropoulos*, BCH 93, 1969, 56ff. (mit Plan).

Sphinx. 1. Ägyptisch šśp-ʿnḫ »lebendes Abbild«, Bezeichnung einer Mischgestalt mit Löwenkörper und Menschenkopf, durch die die Äg. das bes. Wesen ihres Königs ausdrücken wollten, das höchste phys. Kraft und Denkvermögen verband. In dieser Form stellt man den König gern die Feinde zertretend dar. Bekanntestes Beispiel ist die große Sphinx von Giza, die Chefren darstellen dürfte. Später sah man darin den Sonnengott → Harmachis (Ḥr-m-3h.t, »Horus im Horizont«). Auch sonst erscheinen Götter als Sphingen, bes. als Wächter vor ihren eigenen Tempeln, vgl. die Widdersphinxallee beim Amuntempel von Karnak; hier tragen die Sphingen den Widderkopf des Gottes Amun. Kunstgeschichtl. bedeutungsvoll sind die sog. Mähnensphingen des Mittl. Reichs, bei denen nicht das Königskopftuch, sondern die Löwenmähne den Übergang von Löwenkörper zu Menschenkopf verdeckt. – Auch die Königin kann als Sphinx erscheinen, die dann weiblich ist. Dieser Typ wurde von Syrern und Kretern übernommen, wohl als Erscheinungsform der weibl. Gottheiten, und von da wieder nach Äg. übertragen, wo die schreitende weibl. Sphinx mit Blumenkrone seit der 18. Dyn. auftritt. Bei dieser Wanderung des Motivs wird es immer wieder mit neuen Vorstellungen verbunden, so in Griechenland, aber auch in Äg., wo die geflügelte weibl. Sphinx ein Symbol für fremde Frauen werden kann. W. H.

U. Schweitzer Löwe und Sphinx im a. Äg., Glückstadt 1940. *W. Helck*, Mitt. Dtsch. Orient-Inst. 3, 1955, 1ff.

2. (*Σφίγξ, -γγός*). Die aus der → Oidipussage bekannte S. hebt sich als individualisierte Gestalt aus der Gattung der Sphingen des griech. Volksglaubens heraus. Die lit. Fixierungen (ep. → Oidipodien, att. Tragödie) und die volkstüml. Vorstellungen u. künstler. Prägungen beeinflußten sich wechselseitig. Das oriental. Mischwesen: Löwe mit Menschenhaupt (in Äg. männl., in Vorderas. weibl.) wurde, nach kret.-myken. Vorläufern, im 8. Jh. in freier Form (mit sichelförmigen, später Vogelflügeln) und mit neuer Bedeutung übernommen. Die S. waren Todesdämonen, wie die → Harpyien, → Seirenen, → Ker(en), und wurden mannigfach verwendet: als Apotropaion, Wappentier, an Heiligtümern, auf Gräbern, auch einfach ornamental. Geneal. → Echidna (1), → Typhon.

Die boiot. S. hieß *Φίξ* (Hes. theog. 326) und wohnte auf dem Berg *Φίκειον* (Aspis 32f.), war also ein menschenraubender Berggeist, urspr. wohl mit phys. Kraft wirkend und von Oidipus ebenso erlegt. Dann vergeistigt, stellt sie das → Rätsel vom Menschen als Zwei-, Drei- und Vierbein, das Oidipus löst: ein → Märchenmotiv, wie die Gewinnung der Braut durch Besiegung eines Unholds und dessen Selbstvernichtung. Die Sendung der S. durch eine Gottheit (Hera) als Strafe für ein Verbrechen (des → Laios (1) an Chrysippos) entsprach dem ep. Stil. Das sprachl. Problem, ob *Φίξ* boiot. Sonderform oder gemeingriech. Urform ist, und das Verhältnis von *Φίξ* und S., wird verschieden beurteilt. *Pix* (= *Φίξ*) findet sich noch in Plaut. Aul. 701, allerdings in Verwechslung mit den »Greifen«. Daß urspr. *Φίξ* in volksetym. Anlehnung an *σφίγγειν* (würgen) zu S. geworden sei (Bethe, Robert, Kern, Lesky), ist wenig einleuchtend. Der S.-Anlaut war doch wohl das Ursprüngliche; vgl. äg. *šsp-ʿnḫ* (Lex. d. a. W. 2858). H.v.G.

Lesky-Herbig, RE III A 1703ff. *A.Dessenne* Le S., 1957.

Sphodrias, Kyniker, nur von Athen. 4,162b genannt als Vf. einer *τέχνη ἐρωτική* = ars amatoria, modern gesprochen: eines Sex-Buches. H.D.

Sphragis (*σφραγίς*). **1.** Siegel, Siegelstein, Siegelring, Siegelabdruck (vgl. Art. Gemmen). **2.** Aus heidn.-profanem Gebrauch abgeleitete altchristl. Taufbezeichnung. **3.** Literar. t. t. zunächst für den vorletzten Teil des kitharod. → Nomos (2), in dem der Dichter – auch verbunden mit programmat. Äußerungen seinen Namen nennt. Danach dann Bezeichnung für die seit hellenist. Zeit häufigen dichter. Selbstvorstellungen und die diesbezügl. Schlußteile einzelner Lieder oder Liederbücher. H. K.

Zu 1 und 2: *F.J.Dölger* Sphragis, Stud. zur Gesch. u. Kultur des Altertums 5,3/4, 1911 (Nachdr. 1967). *J.Diehl* Sphragis, Diss. Gießen 1938. Zu 3: *W.Aly*, RE III A 2 1757f. *W.Kranz*, RhM 104, 1961, 3ff, 97ff. (= Stud. zur ant. Lit. und ihrem Fortwirken, Hdbg. 1967, 27ff.). *E.Fraenkel* Horaz, 1963, 425f. (mit weiterer Lit.).

Sphyros (*Σφῦρος*). Wohl alter peloponnes. Heros, nachträglich zum Sohn des → Machaon gemacht und dadurch mit → Asklepios in Verbindung gebracht. S. galt als Erbauer des ersten Asklepieions in Argos (Paus. 2,23,4). Der Name gehört zu *σφῦρα* bzw. *σφυρίον* »Hammer« (als ärztl. Instrument?). H. Gä.

Nilsson GgrR 1,538. Myth. Lex. 4,1409f.

Spiculum, eine Weiterbildung des → *pilum*, war handlicher und nicht wie dieses nur zum Wurf, sondern auch zum Stoß geeignet. Anf. 2. Jh. n. Chr. wurde es an Stelle des *pilum* in den röm. Legionen eingeführt. Eine Beschreibung des s. gibt Veg. mil. 2,15. A. N.

F.Lammert, RE III A 2, 1761f. *Ders.*, Philol. Suppl. 23,2, 1931, 29.

Spiegel (*κάτοπτρον, ἔνοπτρον, ἔ(ι)σοπτρον, speculum*). Als S. wird in ältesten Zeiten das Wasser benützt (→ Narkissos [1]). Im 2. Jt. v. Chr. lernt die myken. Welt (nicht Kreta?) den Hand-S. aus Äg. kennen ([2.9]), als Bronzescheibe mit Elfenbeingriff ([9]). Im frühen 1. Jt. in Griechenland wohl nicht mehr hergestellt, wird der Hand-S. in archaischer Z. nach äg. und phoinik. Vorbildern erneut in Griechenland, von da in Etrurien heimisch; die Metallscheibe sitzt mittels eines verzierten Zwischengliedes auf dem Griff aus Elfenbein, Knochen oder Holz (selten Metall). Dieser Hand-S. ist vor allem bei den Etruskern seit dem 4. Jh. beliebt, auf der Rückseite reich graviert ([3. 8]). In der röm. Kaiserzeit tauchen neben reich verzierten Bronze- und Silber-S. auch rechteckige Hand-S. auf. Fast gleichzeitig mit der Übernahme der Hand-S. entwickelt Griechenland den Stand-S., vielfach mit künstlerisch bedeutenden Stützfiguren (nackte Kuroi; bekleidete, in Sparta auch unbekleidete weibliche Gestalten. Nichtfigürliche Stützen sind selten. [4] Index s. Mirrors. [5.6]). Nach der Mitte des 5. Jh. löst dann der Klapp-S. (Kapsel-S.) den Stand-S. ab und bleibt bis in den frühen Hellenismus herrschend. Die S.-Scheibe sitzt im Inneren einer aufklappbaren Dose, deren Deckel vielfach reich verziert ist ([7]). Wand- und Hänge-S. waren im Alt. selten (Nachweise: [1],31), Glas-S. noch seltener ([1],44f.), doch haben letztere die Ant. überlebt, während die Metall-S. schon im MA. seltene Ausnahmen werden. W. H. G.

1. *v. Netoliczka*, RE XI 29ff. 2. *Bénédite* Catalogue général des antiquités égypt. XXXVII, 1907. 3. *Gerhard-Klugmann-Körte* Etrusk. S. I–V, 1840–1897. 4. *W.Lamb* Greek and Roman Bronzes, 1929, Index s. Mirrors. 5. *U. Jantzen*, AA 1937, 335ff. 6. *K.Schefold*, A 16, 1940, 11ff. 7. *W. Züchner* Griech. Klapp-S. (JDAI Erg.-H. 14, 1942). 8. *J.D. Beazley*, JHS 69, 1949, 1ff. 9. *J. Schäfer*, MDAI(A) 73, 1958, 73ff. 10. *P. Oberländer* Griech. Handspiegel (Diss. Hamburg 1967, MS).

Spiele. 1. Jede Kultur kennt S. für Kinder und Erwachsene; Muße für S. ist geradezu Kennzeichen für Kultur, [1]. Im Alt. werden vielfach fast die gleichen Kinder-S. (auch von Erwachsenen) gespielt wie noch h. Die beste Übersicht ist immer noch [2], das Bildmaterial bei [4]. [5]. *ἄθυρμα* heißt das S. zeug schon Hom. Il. 15,363; Od. 18,323 (vgl. LFE s. v.) wie in Griechenland noch h. Es gab S. mit Abzählversen, Puppen ([26]). Man spielte außer wie h. »Mutter und Kind« oft »Priesterin und Göttin«), Reifen, Kreisel ([7]), Ball ([9]), es gab Huckepack ([10]), Verstecken und Hüpfen auf einem Bein ([12]), als S. zeug dienten Steckenpferd und Peitsche ([4]. [5]), Wägelchen, Tiere, Schaukel, Drehscheiben (»Jojo«: [4], 165 Abb. 8–9), Wippe, Papierdrachen, kleines Geschirr (aber keine Puppenstuben) usw.; unbekannt waren z. B. Soldaten aus Blei, Zinn, Holz usw. als S. zeug. Ältere Kinder und Erwachsene spielten leidenschaftlich Brett-S. mittels verschiedenster S. steine ([32]. [22], T. 99), oft auf in den Boden oder auf Stein geritzten Feldern ([28]–[30]; vgl. [31]), vor allem aber Glück-S. mit → Astragalen ([14] bis [18]) oder Würfeln ([21]. [22], T. 100). Erwachsene verspielten dabei u. U. nicht nur Geld, sondern Besitz und Rechte. Beim Symposion spielte man → Kottabos ([20]). Heranwachsende spielten das Königs-S. in Persien (Hdt. 1,114) wie in Rom ([27]), wo vor allem das Richterspiel, *ludus ad iudices*, beliebt war. Man kannte Knobeln (Theophr. char. 5,5, dazu [8]), Stelzen (auch für Tänze, Brommer Ant. Kunst 11, 1968, 50ff.), Wurf-, Lauf- und Rate-S. Der Übergang von diesen und Ball-S. zu Sport war wie h. unscharf, Ephedrismos (Huckepack) konnte auch bei Älteren »Strafe« für den Verlierer sein. Bes. gut kennen wir die att.

Kinder-S. durch die Kännchen, die an den Choen (→ Anthesterien) den Kindern geschenkt wurden ([4]. [5]). Ball-S. Erwachsener kennen wir von Alexander und Caesar (Macr. Sat. 2,6,5. Plut. Alex. 39,5. 73,7), als Parodie bei Petron. 27; Übertreibung rügt Sen. dial. 10,13,1. Hahnenkämpfe waren beliebt (z.B. [4], T. 19). Der urspr. kultische Hintergrund ist bes. deutlich beim Stier-S. in Kreta (Matz Kreta, Mykene, Troja, 1956, T. 51) wie in Rom ([33]) und bei den Gladiatoren-S. Etruriens und Roms (→ Gladiatores. M. Grant Gladiators, 1968). Als Gesellschafts-S. schätzte man bes. → Rätsel; hier liegt freilich der Übergang vom S. zur spielerischen Form des Ernstes sehr nahe ([34]).

1. *Huizinga* Homo ludens, 1944. 2. *Grasberger* Erziehung und Unterricht im klass. Alt. I 1,1864. 3. *Falkener* Games Ancient and Oriental, Nachdr. 1961. *Klein* Child Life in Greek Art, 1934. 4. *Deubner*, A 6, 1930, 162ff. 5. *van Hoorn* Choes and Anthesteria, 1951. 6. *Mingazzini*, RPAA 32, 1959/60, 81ff. 7. *Caputo*, Historia 7, 1933, 185ff. 8. *Rüdiger*, MDAI(R) 73/74, 1966/67, 248ff. 9. *Wagner*, G 70, 1963, 356ff. 10. *Zazoff*, Ant. u. Abendland 11, 1962, 35ff. 11. *Minto*, SE 18, 1945, 83ff. 12. *Latte*, H 85, 1957, 385ff. = Kl. Schr. 700ff. 13. *Latte*, NAG 1953, 82f. = Kl. Schr. 511f. 14. *Hampe* 107. Berliner Winckelmann-Pr. 1951. 15. *Rodziewicz*, Meander 15, 1960, 233ff. 16, 1961, 524ff. 16. *Deubner*, AA 1929, 272ff. 17. *Neutsch*, in: Ganymed (1949) 18ff. 18. *Jüthner*, JOEAI 27, 1931, Beibl. 97ff. 19. *Deonna* Un divertissement de table »A Cloche-Pied«, 1959. 20. *Sparkes*, Archaeology 13, 1960, 202ff. 21. *Blavackaja*, Eunomia 3, 1959, 68ff. 22. *Davidson* The Minor Objects (Corinth XII), 1952. 23. *Bollini*, Studi Romagnoli 15, 1964, 181ff. 24. *Rohlfs* Ant. Knöchelspiel im einstigen Großgriechenland, 1963. 25. *Diehl-Perkmann*, AAWW 1931, 28ff. 26. *Elderkin*, AJA 34, 1930, 455ff. *Dörig*, Ant. Kunst 1, 1958, 41ff. 27. *van der Harst*, Tijdschr. v. geschiedenis 58, 1943, 245ff. 28. *Coupry*, BCH 70, 1946, 102ff. 29. *Ferrua*, Epigraphica 8, 1964, 53ff. 30. *Michaelidou-Nicolaou*, BCH 89, 1965, 122ff. 94, 1970, 549f. 31. *H.J. R. Murray* A History of Boardgames Other than Chess, 1952. 32. *Bös*, BJ 155/156, 1955/56, 178ff. 33. *J. Aymard*, Études Class. 23, 1955, 259ff. 34. *Ohlert* Rätsel u. Gesellschafts-S. d. alten Griechen, ^{2}1912.

2. Kampf- und Theater-S. sowie musikalische Darbietungen heißen bei den Griechen nie S., sondern Wettkampf, *ἀγών*. Die Römer nennen sie S., *ludi*. Zum ant. Musik-S. → Musik, zum Theater-S. → Drama, → Komödie, → Tragödie, → Theater. Kampf-S. gab es in Griechenland offenbar schon vor der dor. Wanderung ([1]), bei Homer sind sie mit adligen Totenfeiern (Patroklos) verbunden, vgl. auch etwa die *ἆθλα* für → Pelias. Später wurden gymnische (sportliche) und musische (künstlerische und geistige) Agone unterschieden; der Ursprung ist immer kultisch. Zahlreiche Götter haben eigene S., die meisten fanden alle 4 oder 2 Jahre statt. Die berühmtesten waren die penteterischen S. in Athen (Grosse → Panathenaia) und Olympia (→ Olympia III. → Agon. [2]) sowie die jeweils zwischen den Olympiaden stattfindenden S. für Zeus (→ Nemea 4. → Agon), Apollon (Pythia in Delphoi, → Agon), und Poseidon (→ Isthmien, → Agon); für den Ruhm dieser S. und ihrer Sieger haben die Dichter, bes. Pindar, Bakchylides, Simonides, über ganz Hellas hin gesorgt. Später treten in Kleinasien einzelne auch über die jeweilige Landschaft hinaus bedeutende S. hinzu. Die vier gemeingriech. S. sind im Rhythmus wohl schon früh aufeinander abgestimmt worden. Alle griech. Poleis wurden eingeladen, ein von Delphi energisch geschützter Gottesfriede (*ἐκεχειρία*) für die Teilnehmer an den S. und für die Dauer der S. einschließl. Hin- und Rückreise garantierte freien Zugang auch in kriegerischer Z. Im Hellenismus gewinnen die mus. und die rhetor. Agone neben den gymnischen eine bes. Bedeutung, zumal seit E. 5. Jh. die gymn. S. immer ausschließlicher von Berufsathleten bestritten werden. Zu Einzelheiten der S. → Agon.

Die röm. Wettkampf-S., vielfach etr. Ursprungs, erst spät auch von den griech. S. beeinflußt, heißen *ludi*, was auch Gladiatorenkämpfe, Tierhetzen, dramat. Aufführungen einbegreift; freie röm. Bürger haben sich dabei kaum je sportlich betätigt, von einzelnen Mißbräuchen der Kaiserz. abgesehen. Der Charakter der S. war somit von den griech. S. grundlegend verschieden, bewahrte aber wie diese immer den engen Zusammenhang mit den religiösen Festen. Zu den ältesten röm. S. gehören die *ludi Romani (ludi Magni)* zu Ehren des Iuppiter Optimus Maximus, angebl. seit 366 jährlich gefeiert ([3]), und die *Matralia* (→ Matuta). Wir wissen u.a. von den *ludi Tarentini*, seit 249 für die Unterweltsgötter Dis Pater und Proserpina gefeiert, den *Florales* (seit 240 oder 238) für → Flora, den vor 216 für Iuppiter eingerichteten *ludi Plebeii* ([4]), den *ludi Apollinares* seit 212 ([5]), den *ludi Megalenses* (seit 204, → Mater Magna), den → *Cerialia* seit vor 202 (→ Ceres), den (penteterischen?) *ludi Taurei* (seit vor 186) für die Unterweltsgottheiten ([6]), den *ludi Victoriae Caesaris* (46 zum ersten Mal gefeiert; seit Augustus jährlich) für Venus Genetrix, den → *Augustales* (seit 19 v. Chr.), den *ludi Sevirales* (wohl seit 2 v. Chr.) für Mars Ultor, den *ludi Palatini* (→ Augustalia) für das Gedächtnis des Augustus; aus der Kaiserz. sind uns etwa die *ludi Latini* (→ Feriae Latinae) bekannt sowie eine ganze Reihe mehr oder weniger kurzlebiger ludi, die von einzelnen Kaisern gestiftet waren (etwa die *Neronia* oder der Capitolinische Agon des Domitianus) oder dem Gedächtnis von Kaisern (wie Hadrian, Antoninus, Severus) bzw. von Siegen *(ludi Alamannici, Persici* usw.) galten ([7]). Diesen entsprechen außerhalb Roms die zahlreichen von den provinzialen Kaiserkultzentren eingerichteten S., die vielfach unter der Leitung des zuständigen Priesters des provinzialen Kaiserkults standen; manche von ihnen haben die Regierungsdauer des betr. Kaisers bzw.

seiner Dynastie nur geringfügig überdauert. Im »neuen Rom« Konstantinopel werden vor allem die circensischen S. noch Jahrhunderte lang weiter gepflegt. W. H. G.

1. *W. R. Ridington* The Minoan-Mycenaean Background of Greek Athletics, Diss. Univ. Pennsylvania 1935. 2. *H.-V. Herrmann* Olympia, 1972. 3. *Piganiol* Recherches sur les Jeux Romains, 1923. *Latte* RRel 248f. *Quinn-Schofield*, Latomus 26, 1967, 96ff. 4. *Quinn-Schofield*, Latomus 26, 1967, 677ff. 5. *J. Gagé* Apollon Romain (1935) 280ff. 395ff. *Latte* RRel 223. 6. *Latte* RRel 157. 7. Übersicht bei *Latte* RRel Anhang: Der röm. Festkalender.

Spina. 1. Die zur Trennung der Bahnen in der Achse des Circus errichtete Mauer mit der → Meta (2), Ovarien und Delphinen am Ende (→ Circus) konnte mit Statuen, Obelisken usw. geschmückt sein; die einst delph. Schlangensäule und der Obelisk des Theodosius stehen noch h. auf der S. des Circus in Konstantinopel. S. (nur Cassiod. var. 3,51) heißt *agger* Verg. Aen. 5,113 und *εὔριπος* Lyd. mens. 1,12.

2. Die etr. Siedlung, etwa 6 km ö. von Comacchio (Prov. Ferrara) etwas landeinwärts der ant. Küste am *ostium Sagis* gelegen (Plin. nat. 3,120. Dion. Hal. ant. 1,18,3ff. Iust. 20,1), legendäre Heroengründung, von manchen als griech. Stadt bezeichnet (Strab. 5,214. Skyl. 17), blühte vom 6.–4. Jh. (eigene Weihgeschenke in Delphoi). Um 300 brachten wohl Gallier das E. der Stadt, noch lange existierte eine dorfähnliche Siedlung, h. ist das ganze Gelände vom Podelta überflutet. S. war Handelsstadt. Griech., etr. und venet. Personennamen begegnen als Graffitti auf Vasen, die Einfuhr att. Keramik war bes. im 5. Jh. bedeutend (zahlreiche Gräberfunde). Gemischt wie die Bevölkerung war der Beisetzungsmodus; Bestattung überwiegt Verbrennung etwa 3:2. S. war durch Kanäle mit seinen Häfen verbunden. Stadt und Gräber werden seit 1922 in ergebnisreichen Grabungen erforscht. W. H. G.

Arias-Alfieri S., 1958. *Aurigemma* Scavi di S., 1960. 1965.

Spinnen, Spinnerei. Das im häuslichen Betrieb meist von der Frau zu verspinnende Material (Wolle oder Flachs) mußte zunächst gründlich gewaschen (Plin. nat. 24,96), geklopft, gekämmt und »gekrempelt« (*ξαίνειν* Aristoph. Lys. 536) werden, letzteres mit Hilfe eines *ἐπίνητρον* (ARIAS-HIRMER 1000 Jahre griech. Vasenkunst, 1960 Abb. 203), das man über den Oberschenkel legte und über das man die Wolle zog. Das so vorbereitete Material wurde um den Spinnrocken (*ἠλακάτη, colus plena*) gewickelt. Aus dem mit der Linken gehaltenen Rocken zog man mit der Rechten einen Faden, der zwischen den Fingern gedreht wurde und an dem man mit Hilfe eines Hakens (*ἄγκιστρον*) die Spindel (*ἄτρακτος, fusus*) befestigte. Durch Drehen der Spindel, die aus einem Spinnwirtel (*σπόνδυλος, turbo, verticillus*) und einem daran befestigten Stab bestand, konnte die Spinnerin (*χερνῆτις, νηθίς, quasillaria*) den Faden (*στήμων, stamen*) drellen, der sich dabei auf die Spindel wickelte. Fertige Wollknäuel wurden in einem Korb aufbewahrt. Je nach Bedarf konnte ein dicker Faden *(filum crassum)* für die Kette oder ein dünnerer Faden *(filum subtile)* für den Schuß beim → Weben hergestellt werden. Unerwünschte Verdickungen wurden während des Spinnens mit den Zähnen entfernt. Das S. ist in erster Linie eine häusliche, private Tätigkeit geblieben, auch wenn es in begrenztem Umfang staatliche Spinnereien (Veg. mil. 1,7) unter Aufsicht eines *gynaeciarius* gab. S. O.

Hug, RE III A 1784. *Blümner* Techn. 1,98ff. *M. Bieber* Entwicklungsgeschichte der griech. Tracht, 1967, T. 1. *E. Berger* Das Basler Arztrelief, 1970, 126 Abb. 145. Catull. 64, 311–19.

Spinnentiere. 1. Von den 4 Ordnungen der S. treten nur 2 in den ant. Zeugnissen deutlich hervor: echte Spinnen und Skorpione. Die dritte, die reizbaren und hochgiftigen Walzen-S. (Solipugae), eine Landplage der heißen Länder (Agatharch. mar. Erythr. 59 = GGM p. 151 u. a.), kam n. des Mittelmeeres wohl nur in Spanien (dort *salpugae* genannt: Plin. nat. 29,92) und Griechenland (meist *φαλάγγια* genannt) vor und wurde wenig beachtet. Gute Unterscheidung zweier Arten: Plin. 29,87. – Von der vierten Ordnung, den Milben (Acarina), war mit Sicherheit der Holzbock (Zecke; Ixodes rhicinus L.) als Haustierparasit bekannt (lat. *ricinus:* Plin. 11,116 u. a.; vgl. Cato agr. 96; viell. *κρότων* b. Aristot. hist. an. 557a 19). Ein gutes Rezept gegen ihn: Colum. 7, 13,1; Volksmedizinisches bei Plin. 28,256 u. a.

2. Echte S. *ὁ ἀράχνης* (seit Hes. erg. 777), *ἡ ἀράχνη* (seit Aischyl. Ag. 1492), *aranea* (seit Plaut.) gehörten zum ant. Alltag, blieben aber zool. wenig erforscht (die 8 Beine von Aristot. nie erwähnt; zuerst bei Plin. 11,258). Das Hauptinteresse galt ihrem Netz (s. u.) und der listigen Art, andere Tiere damit zu töten. ([Aristot.] hist. an. 9,623a 34ff. u. a.). Über Fortpflanzung und Brutpflege hatte man unsichere, z. T. legendäre Vorstellungen. – Wichtigste bekannte Arten: a. Kreuz-S. (Epeira speciosa). Keine eigene Bezeichnung, aber erkennbar an den Schilderungen des oft gerühmten geometr. Netzes ([Aristot.] hist. an. 9,623a 7ff. Plin. 11,80ff. u. a.), dessen Stoff schon Demokritos als Sekret erkannte (Plin. 11, 80). b. Maligmatte, kugelig, schwarz, mit weißen bzw. roten Punkten, giftig; in der Lit. erkennbar an typ. Vergiftungssymptomen. Zur Identifizierung s. KOBERT Beitr. z. Kenntnis der Gift-S. 11ff. GOW Einl. zur Nik.-Ausg. 22f. c. Haus-S. *ἀραχνία γλαφυρά*. Harmlos, sehr verbreitet, aber als Schädling in Bienenstöcken gefürchtet. d. Vereinzelt unterscheidbar sind die Labyrinth-S. (Cic. nat. deor. 2,123. Plin. 11,80), die ihr Netz an Mauern und Böden ausbreitet, und der langbeinige Weberknecht, Phalangium L. (Plin. 29,

132). – Im Volksglauben spielen die echten S. eine wichtige Rolle. Sie sollen aus Titanenblut entstanden sein; ihr giftiger Biß läßt Erbrochenes und Urin »spinnwebartig« werden; ihr Auftreten bedeutet Unglück aller Art (OTTO Sprichwörter 34), bes. auch Schlechtwetter oder Hochwasser. Als Traumerscheinung deuten sie auf schlechte Menschen (Artemid. 2,13). In der chr. Lit. sind sie Sinnbild für Kurzlebigkeit wie bei uns die Eintagsfliege. Die Spinnwebe steht sprichwörtl. für Leere, Verkommenheit u. ä. Gegen den Biß der S. gab es Zauberformeln (Plat. Euthyd. 290a) und Sympathiemittel neben echter Therapie (Theophr. hist. pl. 9,11,1). Die S. selbst galt als Mittel gegen zahlreiche Leiden (s. Plin. Ind.).

3. Skorpione. σκορπίος (χερσαῖος), *scorpios (terrestris), scorpius.* Hervorstechendes Merkmal ist der Schwanzstachel, mit dem er sein Opfer schlägt und durch ein hochwirksames Gift tötet. Er war sehr gefürchtet, bes. bei Hitze, und in manchen Gegenden ungemein häufig; er gilt als heimtückisch und reizbar (daher Metapher für Menschen dieser Art) und angebl. raffinierter Angriffsmethoden fähig. Zool. anscheinend kaum erforscht. Daß er lebende Junge zur Welt bringt, wußte Ail. 6,20. Von den vielen Sk.-Arten werden nur bei Nik. Ther. 769ff. mehrere unterschieden. Die wichtigste ist der relativ harmlose (Plin. 11,89) Haus-Sk., der sehr oft auf Mz., Gemmen, Kameen usw. dargestellt ist. Der oft erwähnte geflügelte Sk., den Megasthenes selbst gesehen haben will (Strab. 15,703), ist ein Irrtum. – Mehr noch als die echten Sp. ist der Sk. geheimnisvoll und unheimlich; man glaubte an seine Entstehung aus Basilienkraut, toten Krebsen, toten Krokodilen; Plin. sammelte viele Seltsamkeiten über die Wirkung des Stiches, kannte mag. Abwehrmittel und apotropäische Pflanzen, aber auch solche, die den toten Sk. wiederbelebten. Mediz. Rezepte gegen den Stich des Sk. finden sich bei allen Ärzten, darunter viele aus der Volksmedizin; aber auch er selbst liefert medizin. anwendbare Materialien. Das massenhafte Vorkommen des Sk. in der Kleinkunst ist ebenfalls z.T. durch mag. Verwendung seines Abbildes begründet; mehrere afr. und vorderas. Länder verwendeten ihn als Wappentier, bes. auf Mz.; der 3. (Kyren.) Legion diente er als *signum.* Angebl. alte mytholog. Verknüpfung des Sk. mit dem Katasterismos des Orion teilt Nik. Ther. 13ff. (nach Hes. [frg. 18 Rz.]) mit; vgl. Ov. fast. 5,537 (s. BÖMER z. St.). W.R.

O. Keller Ant. Tierwelt 2, 461ff. *J.H. Fabre* The life of the Spiders (1912). *Th.H. Savory* The Biology of the Spiders (1928). *P.P. Grassé* Traité de Zoologie VI (1949).

Spinther. Cognomen (»Funke«, WALDE-HOF.[3] 2,575) bei den → Corneliern (I 49). H.G.G.

Spionage ist zweifellos sehr früh betrieben worden. Jede Kriegführung setzt allg. Formen der Erkundung voraus. Ohne solche sind Feldzüge

wie die Ägyptens nach Nubien oder Alexanders d. Gr. nach Indien undenkbar. Das bekannteste Beispiel ist die Vorbereitung des Unternehmens gegen Britannien durch Caesar (Caes. Gall. 4,20. 21). In Griechenland hieß der militär. wie der zivile Spion κατάσκοπος (Thuk. 6,63), bei den Römern *speculator* (Sall. Iug. 106. 108. Frontin. strat. 4,7,7). Im röm. Heer gab es neben → *exploratores* → *speculatores* und *speculatoriae naves* (z.B. Liv. 30,10). In der frühen röm. Kaiserz. wurde die polit. S. von Staats wegen organisiert (→ *frumentarii,* → *speculatores*) und erlebte ihre Hochblüte in spätröm. und byz. Z. Gefaßte militärische Spione wurden schwer bestraft, in Athen gefoltert und hingerichtet (Antiphanes b. Athen. 2,60 D), in Rom wurden ihnen beide Hände abgehauen (Liv. 22,33), oder sie wurden geköpft (Bell. Hisp. 20,5) oder erschlagen (Bell. Hisp. 13). Handelte es sich um Sklaven, so ließ man sie ans Kreuz schlagen (Bell. Hisp. 20,5). A. N.

RE X 2485 (Art. κατάσκοπος). *K.D. Singer* Three thousand years of espionage, New York 1948. *A.D. Rogers* Rapporto sul spionaggio dal 2500 a.C. a oggi, Roma 1959. *R. Grosse* Röm. Militärgesch., Bln. 1920, 104ff. *W.G. Sinnigen,* AJPh 80, 1959, 238ff.; ByzZ 57, 1964, 78ff. *W. Blum* Curiosi und Regendarii, München 1969.

Spitamenes (Σπιταμένης), baktr. Adliger, Seit 330 bei → Bessos, lieferte diesen 329 an Alexander d. Gr. aus, wohl um dadurch eine gewisse Eigenständigkeit → Baktriens sowie der → Sogdiana zu erhalten. Hierin getäuscht, leitete er gegen Alexander einen erbitterten Volkskrieg, wobei er mit Hilfe benachbarter Steppennomaden von Alexander besetzte Städte belagerte und Truppenverbände aufrieb (Arr. an. 4,5,7–9. 16,5). Nach systemat. Sicherung des Landes durch Alexander wurde er 328 von seinen → massaget. Bundesgenossen ermordet. Seine Tochter → Apama (1) wurde 324 in Susa mit Seleukos verheiratet und begründete mit ihm dessen Dynastie. G. W.

Berve Alex. II Nr. 717.

Spithame (σπιθαμή, zu σπάω), »Handspanne«, Strecke zwischen Spitze von Daumen und Kleinem Finger bei gespreizter Hand, ohne röm. Entsprechung (doch → *Palmus*), 3/4 des jeweiligen Fußmaßes (→ Pus), 1/2 → Pechys, in 12 → Daktyloi und 3 → Palaistai zerfallend. H. Ch.

F. Hultsch Metrologie[2] 29f. *W. Becher,* RE Suppl. VII 1231f.

Spithridates (Σπιθριδάτης). **1.** Ein pers. Feldherr, kämpfte um 420 gegen den Rebellen → Pissuthnes, unter → Pharnabazos (2) gegen die 10000, schloß sich 396 → Agesilaos (2) an, ging 395/94 zu den Persern zurück. Ktes. FGrH 688 F 15,53. Xen. an. 6,5,7; hell. 3,4,10. 4,1,20ff.; Ag. 3,3. **2.** Satrap von Lydien und Ionien, fiel am → Granikos im Zweikampf mit Alexander d. Gr. Arr. an. 1,12,8.16,3. Diod. 17,19,4.20,2.5 (Σπιθροβάτης). HEAD HN[2] 530. 598. BERVE Alex. 2,715. H. V.

Spitzmaus (*μυγαλῆ*), *sorex* (altlat. *saurex*), *mus araneus* »Spinnenmaus«; Rieger, Wörter und Sachen 4, 1912, 218). – Das zool. interessante Tier (kleinstes Säugetier!) blieb im Alt. fast unerforscht. Die beste Beschreibung (Med. Plin. 3,35 p. 95 Oennerf.) weiß von schwachem Gesichtssinn der S.; Plin. nat. 11,136. 265 erwähnt behaarte Ohren und geraden Schwanz. Daß es mehrere Arten gab, blieb unentdeckt, um so mehr Fabeleien wurden geglaubt. Nach Ail. nat. 2,56 soll ihre Leber mit dem Mond zu- und abnehmen; bei jedem Versuch, eine tiefere Wagenspur zu überqueren, müsse sie sterben, wofür unterschiedliche Begründungen gegeben werden. Der verbreitetste und dauerhafteste Aberglaube betrifft ihre angebl. tödliche Giftigkeit, nach röm. Autoren allerdings nur bei gebissenen Tieren; Steier (RE III A 1819) erklärt den Irrtum mit der Annahme, die S. sei Übertrager des Gasbrandbazillus. Unter den überlieferten *remedia* gegen das Gift, die sämtlich mag. Charakter haben, ist das interessanteste das Auflegen derselben oder einer anderen S. auf die Wunde, wofür man sich in Öl konservierte S.e bereithielt. Die S. ihrerseits lieferte Heilmittel gegen vielerlei Krankheiten. Im Auguralwesen der Etrusker und Römer galt das Pfeifen der S. als böses Omen, das Auspizien und andere Amtshandlungen sofort unterband. Die Tatsache, daß die S. in späteren lat. Quellen oft mit der Maus verwechselt wird, läßt auf Abnahme des Interesses an ihr schließen. In Äg. galt sie als heilig und wurde massenweise mumifiziert und bestattet. W. R.

O. Keller Ant. Tierwelt 1, 14f. *Brehms* Tierleben I[4] 272ff.

Spitznamen. I. Definition und Überlieferung. II. Beispiele. III. Eigennamen (EN.) aus S.

I. 1. Unter S. versteht man eine nach einem auffallenden Merkmal gewählte, in verletzender oder karikierender Absicht gebrauchte und in gewissem Ausmaß usuell gewordene Benennung einer Person. Ein S. kann anstelle des EN. oder neben diesem gebraucht werden. Als S. werden gewöhnlich charakterisierende Appellativa (oder auch EN.) gewählt, seltener wird der Ausdruck des EN. mit dem eines charakterisierenden Appellativums kontaminiert. Die Abgrenzung der S. von nur kennzeichnenden oder anerkennenden Benennungen ist problematisch, weil die Bewertung von Merkmalen und Wortinhalten nicht immer eindeutig ist. Von EN. unterscheiden sich die S. durch ihre grundsätzliche Motiviertheit und durch ihre intentionell beschränkte Verwendung.

2. Aus der Ant. sind, obwohl die Überlieferung für den privaten und episodischen Bereich spärlich ist, mehrere Hundert S. bekannt (die Mehrzahl aus dem griech. Raum), und zwar hauptsächlich von polit. und lit. Persönlichkeiten, dazu von Parasiten und Hetären. Hauptquellen sind biogr. Werke (Plut., Diog. Laert., Sueton) und Sammelwerke (Athenaios, Suda), dazu Strabon und die Hist. Augusta; Namenslg.en wie *Περὶ ὁμωνύμων ποιητῶν τε καὶ συγγραφέων* des → Demetrios (II 24) von Magnesia (Quelle für Diog. Laert. und [?] Athen.) und der Onomatologos des → Hesychios (4) von Milet (Quelle der Suda) sind verloren. Daß die Zahl der S. tatsächlich viel größer war, läßt sich aus den zahlreichen EN. schließen, die aus S. hervorgegangen sind (s. u. III).

II. 1. Als S. finden sich verwendet:

a) aufgrund einfacher Bedeutungsfestlegung (Determination) charakterisierende Bezeichnungen menschlicher Klassen und Eigenschaften (»X ist in auffallender Weise ein ...«), im Griech. gerne mit dem bestimmten Artikel: *ὁ Ἐπιθέτης* »Angreifer« = Grammatiker → Ptolemaios (B 2; wegen Angriffs auf → Aristarchos [6], Suda), *ὁ Φορμοφόρος* »Lastträger« = → Protagoras (1), *Mulio* »Maultiertreiber« = → Vespasianus (beide nach früher ausgeübten Tätigkeiten, Diog. Laert. 10,8 bzw. Suet. Vesp. 4,3) *ὁ Φάλανθος* »der Kahle« = Stoiker → Ariston (6; Diog. Laert. 7, 160), *Tristis* »der Verdrießliche« = Kaiser → Clodius (II 7) Pupienus (H. A. 21,6,1), *Χαλκέντερος* »der mit ehernen Eingeweiden« = → Didymos (1; nach seinem Fleiß, Suda).

b) aufgrund einer Metonymie Bezeichnungen von charakteristischen Dingen (Körperteilen, Gebrauchsgegenständen etc.) oder Sachverhalten (»X hat in auffallender Weise ein ...«): *Πώγων* »Bart« = → Seleukos II. (3; Pol. 2,71,4), *Mentula* »Penis« = → Mamurra (Catull. 94,1), → *Caligula* »Soldatenstiefelchen« = Kaiser Gaius (Suet. Cal. 9,1), *Χώνη* »Trichter« (beim Trinken benutzt) = → Diotimos (1) aus Athen (Ail. var. 2,41), *Μόχθος* »Streitlust« = → Apion (Suda); ein Sonderfall sind S. nach charakteristischen Äußerungen: *Cedo alteram* »Einen-anderen-(Stock)-her« = Centurio → Lucilius (A II 1; Tac. ann. 1,23,3), im Griech. nominalisiert: *Κειτούκειτος* »Belegt-oder-nicht-belegt« = Grammatiker Ulpianos (*κεῖται ἢ οὐ κεῖται*, Athen. 1, 1 de), wohl auch *Δώσων* »Werde-geben« = → Antigonos III. (3; der »*δώσω*« sagt und sein Versprechen nicht hält, Plut. Aem. 8. 3).

c) aufgrund einer Metapher Bezeichnungen oder EN. von Dingen, Tieren oder Personen, für die das charakteristische Merkmal notorisch ist (»X ist in auffallender Weise wie ...«): Appellativa: *Κόκκη* »Scharlachbeere« (*κόκκος*) = → Kleopatra III. (6; rote Haare? Strab. 17. 794), *Ξίφος* »Schwert« = Kleodemos (scharfes Mundwerk, Lukian. conv. 6), *Κεραυνός* »Blitzschlag« = Parasit Damasippos (stürzte sich auf Mahlzeiten, Athen. 10, 417 a), *Βῆτα* = → Eratosthenes (2; wie B. auf 2. Rang, Markian. Herakl., GGM 1,565), *Πελαργός* »Storch« = Rhetor → Varus aus Perge (Form der Nase; Philostr. vit. soph. p. 250 K.), *Asinus albus* »weißer Esel« = Iunius Bassus (Quint. inst. 6,3,57), *Κυβιοσάκτης* »Salzfischhändler« = → Vespasianus (wegen Kleinkrämerei, Suet. Vesp. 19,4); EN.: *Σίσυφος* = → Derkylidas (*μάλα μηχανητικός*, Xen. hell. 3,1,8), *Serapio* = → Scipio (15) Nasica (nach einem ähnlichen Sklaven; Val. Max. 9,14,3. Plin. nat. 7,54).

d) durch Ausdruckskontamination des EN. und der Bezeichnung eines auffälligen Merkmals (oft gegen die Wortbildungsregeln gebildet): *Ἐλεγξῖνος* aus *Ἀλεξῖνος* und *ἐλέγξαι* »streiten« = Philosoph A. von Elis (*ἀνὴρ φιλονεικότατος*, Diog. Laert. 2,109), *Biberius Caldius Mero* aus *Tiberius Claudius Nero* und *bibere calda* (»Glühwein«) *merus* = → Tiberius *(propter nimiam vini aviditatem*, Suet. Tib. 42,2).

2. Wo ausdrückliche Angaben fehlen, kann der Anlaß eines S. nur aus dessen Normalbedeutung vermutet werden: *Λαβύρινθος* = Stoiker Diphilos, etwa nach verschlungenen Gedankengängen? Solcher Rekonstruktion verdächtig sind auch nicht-zeitgenössische Angaben der Ant.: *Κάραβος* »Krabbe« = Rhetor → Kallimedon (1), nach Athen. 8,339f. wegen seines Schielens oder seiner Lieblingsspeise.

3. Von der Bewertung der Merkmale »hart« bzw. »zaudernd« hängt ab, ob *ὁ Χαλεπός* = → Arkesilaos (2) von Kyrene und *Cunctator* = → Fabius (I 40) Maximus unter die S. einzureihen sind, von der Bewertung des Wortinhalts »Hund« die Einordnung von *ὁ Κύων* = → Diogenes (14) und spätere Kyniker in die S. oder Ehrennamen.

III. S. können im Rahmen der Möglichkeiten des jeweiligen Personennamensystems unter Wegfall von Motivation und Gebrauchsbeschränkung (s.o. I. 1.) zu EN. werden (→ Personennamen I. 3. II. 2.).

1. Ersatz des Geburtsnamens durch den S. ist für hist. Z. nur im griech. Bereich denkbar; eindeutige Belege fehlen. Immerhin wurde für Platon unwidersprochen ein Geburtsname *Ἀριστοκλῆς* erfunden (Diog. Laert. 3,4), *Πλάτων* »der Breite« also als S. interpretiert. Der Spartaner Zeuxidamos muß seinen S. *Κύνισκος* »Hündchen« (Hdt. 6,71) später als EN. angesehen haben, da seine Enkelin – offenbar nach dem Großvater (→ Personennamen I. 2.) – *Κυνίσκα* hieß. EN. wie *Στράβων* (»Schieler«), *Φάλακρος* (»Kahlkopf«), *Μέμψις* (»Beschwerde«) müssen ihrem appellativen Wortsinn nach urspr. S. gewesen sein.

2. Als Zusatz zum Geburtsnamen kann der S. im griech. Bereich die Stelle von Vater- oder Herkunftsangabe einnehmen (Ptolemaios *Αὐλητής* [»Flötenspieler«]), im röm. Bereich die des Cognomens, vor allem, ehe dieses offiziell anerkannt war (C. Vibius *Pansa* [»Plattfuß«], → Personennamen II. 2.), in der Kaiserz. die des Signums oder Supernomens *(Q. Mantius Ianuarius qui vocitatur Asellus* [»Esel«], → Personennamen II. 4.). H. R.

Hug, RE III A 1821 ff.

Spōlētium (*ō, ē* Martial. 6,89,3. 13,120. 14, 116), am O.-Rand des → Clitumnustales auf fester Höhe gelegene Stadt Umbriens (Strab. 5,227. Ptol. 3,1,54), seit 241 v. Chr. latin. Kolonie (Cic. Balb. 48. Liv. per. 20. Vell. 1,14,8) der 6. Region (Plin. nat. 3,114) in *tribus Horatia* (L. Ross Taylor Voting districts etc. 272) an *via Flaminia* (Itin. Anton. 125,4. Burdig. 613,8. Tab. Peut. 5,3; vgl. Radke Viae 139f.); treu im 2. pun. Krieg (Liv. 22,9,1 u.a.), von Sulla versteigert (Flor. 2,9), spielt Rolle in der Gotenzeit (Cassiod. var. 2,37. 4,24. Prok. Goth. 1,16,3 u.a.). Über *Spoletum* (Paul. hist. Lang. 2,16. Prisc. 2,56) h. Spoleto mit vielen eindrucksvollen Resten. G. R.

Forbiger HB. d. alt. Geogr. 3,438. *Nissen* It. Ldk. 2,403 f. *Beloch* RG 443. 604.

Spolia (ehrenvolle Kriegsbeute, Cic. Phil. 2, 68. Liv. 10,7,9 u.a. Gell. 2,11,3. Serv. Aen. 7,183) *opima* (Plut. Rom. 16,6), nur dreimal von röm. Führern (mit *auspicium* vielleicht erst august. Fest. 204,13 L. Liv. 4,20,6; nur dann Val. Max. 3, 2,6. Cass. Dio 51,24,4; auch sonst Varro b. Fest. 204,4 L.) dem feindlichen Führer abgenommen und Iuppiter (Marcellus Serv. Aen. 6,859. Sil. 1, 133. 3,587. 12,280) Feretrius (Mon. Anc. 19. Nep. Att. 20,3. Dion. Hal. ant. 2,34,4f.) geweiht (Fest. 204 L. Liv. 1,10,5ff. 4,19f. epit. 20. Val. Max. 3,2, 3ff. Prop. 4,10. Elog. CIL I² p. 189. Serv. Aen. 6, 841. 855. 859. 10,449. Plut. Rom. 16; Marc. 8. Cass. Dio 44,4,3). Pontifikalbuch (Fest. 204,9ff. L.) und *lex Numae* (ebd. 12ff. Plut. Marc. 8,6) nennen *prima, secunda, tertia* s.o. für Iuppiter Feretrius, Mars, (Ianus) Quirinus mit unterschiedlichen Opfertieren (Serv. Aen. 6,859 vermengt beides) und Prämien. G. R.

Wissowa Rel. ²117. *E. Norden* Aeneis VI zu Vers 859. *M. Nilsson*, MDAI(R) 48, 1933, 245ff. *Latte* RRel 126,2. 204f. *G. Ch. Picard* Les trophées des Romains, 1957, 131. *G. Radke* b. *Altheim-Stiehl* Die Araber i. d. alten Welt 3, 1966, 465f. *G. Dumézil* Rel. Rom. Arch. 172f. *W. Eisenhut*, o. Bd. II 536. *R. M. Ogilvie* A commentary on Livy Books 1–5. ²1970, 563f.

Sponsalia, das Verlöbnis. Urspr. zwischen den Gewalthabern der Brautleute in Form der → *sponsio* mit sakralen, später zivilrechtl. Sanktionen abgeschlossen (Varro l. l. 6,70–73. Gell. 4,4), waren die *sp.* des klass. Rechts ein formloses, nicht klagbares Versprechen (Dig. 45,1,134,p). E. Bu.

E. Weiss, RE III A 1850f. *E. Volterra*, Boll. dell'Ist. di Dir. Rom. 40, 1932, 87ff. *H. Kupiszewski*, ZRG 77, 1960, 125ff.

Sponsio. Haftungsbegründendes Versprechen *(Spondeo)* auf Frage des Gläubigers *(Decem mihi dari spondes?)*. Der Ausdruck für die Frage des Gläubigers, → *stipulatio*, dient im Corpus Iuris auch zur Bezeichnung der ganzen, aus Frage und Antwort bestehenden *verborum obligatio*. Obwohl *sp.* und *stipulatio* urspr. nur die beiden Teilakte der *verborum obligatio* bezeichnen (Arangio-Ruiz), hat sich in der romanist. Wissenschaft *sp.* als term. techn. für den ältesten Verbalkontrakt und einen noch im klass. Recht besonderen Regeln folgenden Bürgschaftstyp erhalten. Die älteste *sp.* war wahrscheinlich ein eidliches Versprechen mit ausschließlich sakraler Sanktion

(Fest. 51. 440 L. Isid. orig. 5,24,31; Etymol.: σπένδω). Spätestens zur Zwölftafelzeit konnte aus einer *sp.* geklagt werden (Gai. 4,17a). Der urspr. Anwendungsfall der *sp.* ist Haftungsübernahme für das Verhalten eines Dritten, also Bürgschaft. Die Garantie eigener Leistung scheint erst später möglicher Inhalt der *sp.* geworden zu sein. Der Gebrauch des Wortes *spondere* war beim privatrechtlichen Verbalkontrakt röm. Bürgern vorbehalten (Gai. 3,93) im Gegensatz zu *sp.* des Völkerrechts, einem Vorvertrag mit einem nichtröm. Gemeinwesen (Liv. 9,5,1. 9,10,9. Gai. 3,94). E. Bu.

E. Weiss, RE III A 1851. *E. Levy* Sponsio, fidepromissio, fideiussio, 1907. *M. Kaser* Das altröm. ius, 1949, 256ff. *V. Arangio-Ruiz*, Boll. dell'Ist. di Dir. Rom. 65, 1962, 193ff.

Sporaden (αἱ Σποράδες), zusammenfassende Bezeichnung von Inseln der Ägäis, die im Gegensatz zu den → Kykladen nach der gewöhnlichen Etymologie »wie ausgestreute Samen« verstreut lägen, Sch. Dion. Per. 132. 530. Eust. Dion. Per. 530. Mela. Plin. Der Name ist in älterer Lit. nicht belegt, auch noch nicht bei Pseudoskylax (48. 58. 96–99), und scheint von den hellenist. Geographen gebildet, um die Inseln zu bezeichnen, für die die übliche Definition der Kykladen nicht paßte. Über die Abgrenzung zwischen S. und Kykladen besteht keine Einigkeit. Strabon rechnet die Inseln der Südägäis zu den S., nämlich die beiden s. Reihen der h. Kykladen, Siphnos, Sikinos, Ios, Amorgos, Lebinthos, Kimolos, Melos, Pholegandros, Thera, Anaphe, Astypalaia, dazu die kleineren Inseln vor der kar. Küste zwischen Ikaros und Rhodos, Ikaros, die Korassiai, Patmos, Leros, Kalymnos, Nisyros, Telos, die Chalkiai und schließlich Karpathos und Kasos, Strab. 10,5,1 p. 484f. 5, 12ff. p. 487ff., dazu 2,5,21 p. 124. 10,4,1 p. 474. 14, 12 p. 655. Davon rechnete → Artemidoros (1) nach Strab. 10,5,3 p. 485 aber Siphnos, Melos, Kimolos zu den Kykladen, die übrigen also wohl zu den S., ähnlich, aber wieder nicht ganz gleich Dion. Call. 130ff. 144ff., Mela 2,111 und Plin. nat. 4,68–71 mit der längsten Liste von Namen, von denen manche ganz unbekannt, wohl z.T. dichterisch, Irrtum oder Überlieferungsfehler sind. Vereinzelte Erwähnungen bei späteren Geographen ergeben nichts oder sind verwirrt und unbrauchbar, wie die Zuweisungen bei Steph. Byz. und Ptol. Die Beschränkung der Bezeichnung S. auf die Inseln des sog. Dodekanes vor der kar. Küste ist ebenso modern wie die Bezeichnung »nördl. S.« für die Inseln vor der thessal. Küste. E. M.

Bursian Geogr. Griechenl. 2,348ff. 496ff.

Sporn (μύωψ, κέντρον, *calcar*). Der S. dürfte bei den Kelten aufgekommen und von Germanen, Griechen und Römern übernommen worden sein. Bei den Griechen ist er vom 5. Jh. v. Chr. an bekannt (Xen. hipp.). Der kelt. S. ist durch einen kurzen Bügel mit Knöpfen an den Enden und einer Spitze auf der Mitte seiner Wölbung gekennzeichnet. Für die Germanen war anf. der mit einem starken Stachel an einer dicken Platte versehene Stuhl-S. typisch. Der röm. wies anstatt der Knöpfe Ösen auf, und die Ansatzstelle des Stachels ist bei ihm eine runde Scheibe. Im 2. Jh. n. Chr. kam der Niet-S. auf, der sich vom 3. Jh. n. Chr. an auch bei den Germanen findet. Bis dahin kannten sie den Stuhl-S. und die O.-Germanen seit Beginn der Kaiserzeit den Knopf-S. Daneben war bei ihnen seit E. 2. Jh. n. Chr. der Knebel-S. vertreten, der an Stelle der Knöpfe Knebel zur Befestigung des Riemens hatte. Im 3. Jh. n. Chr. gab es bei ihnen auch den Haken-S. mit hakenartig nach außen gewandtem Bügel. Die S. waren aus Bronze, Eisen oder aus Bronze mit Eisenspitze. Die geringe Zahl der Funde spricht nicht für allg. Verwendung. A. N.

F. Lammert, RE III A 1875ff.

Sporos oder Poros. Identität umstritten (Kliem, Gudeman). Zeit: um 200 n. Chr. Bekannt aus → Eutokios' Archimedes-Komm. und den Aratscholien. Schrieb(en) nach Eutokios (Arch.-Comm. 3,264,19 H.) *Κηρία Ἀριστοτελικά*, was lt. Gellius ein Buchtitel (»Wachstafelnotizen«) ist für Miscellanea. Ebenfalls nach Eutokios (300,28): Kritik an Archimedes' Approximation der Zahl π; eigener Lösungsversuch des Delischen Problems ebd. 90–91. (der Buchtitel vollständig, aber ohne Vf.-Namen 264,19. Buchtitel und Vf.-Name Poros 300,28. Vf. ohne Buchtitel 90–91). Nach Pappos (1,252,26 Hultsch) Ablehnung der Quadratrix des → Hippias (6) v. Elis. In den Aratschol. (E. Maass Comm. in Aratum rel., Berlin 1898, pass.) erscheint er als Herausgeber und krit. Erklärer des Phainomena des → Aratos (4). J. M.

Kliem, Gudeman, RE III A 1879. *T. Heath* A History of Greek Mathematics I, Oxf. 1921, 226. 229. 266.

Sportula (*sporta, sportella*) bezeichnet urspr. einen aus hartem Gras (Isid. orig. 20,9,10) oder Palmblättern (Petron. 40) geflochtenen Korb, in dem man u.a. Lebensmittel oder Geld transportieren konnte. Davon abgeleitet erhält S. in der Kaiserz. die Bedeutung einer öffentl. Speisung, die von Privatleuten, Beamten oder vom Kaiser selbst zu bes. Anlässen für die allg. Öffentlichkeit oder für einen bestimmten Personenkreis organisiert und finanziert wurde. Im Gegensatz zur *cena recta*, die mit Hilfe einer aufwendigen Ausstattung von Geschirr und Besteck abgewickelt wurde, transportierte und servierte man bei der S. das Essen in Körben. Neben Speisen konnten auch Geldgeschenke als S. verteilt werden. So bedeutet S. die tägliche Zuweisung des *patronus* an seine → *clientes*, nachdem sie ihre *meritoria salutatio* (Sen. de brev. vitae 14,3) absolviert haben (Iuv. 1,95ff.). Die tägliche Austeilung der S., die seit Traian ca. 6¼ Sesterzen betrug (etwa das Trinkgeld für einen Sklaven [Martial. 10,75,11]), ging streng nach

Rangordnung vor sich und unterlag bes. Sicherheitsvorkehrungen. Im 4. und 5. Jh. n. Chr. sind S. festgelegte Gebühren, die an den Gerichten von Beamten für Dienstleistungen erhoben werden konnten (Cod. Iust. 3,2). S. O.

Hug, RE III A 1883. *Dar-Sagl.* 4,1443. *J. Marquardt* Privatleben der Römer, ²1886, 207ff. *L. Friedländer* Sittengeschichte Roms, ¹⁰Bd. 1,225ff. *E. Badian* Foreign Clientelae, 1958. *W. Warde Fowler* Social Life at Rome, 1963, 269.

Sporus. Lustknabe → Neros, wegen seiner Ähnlichkeit mit der im J. 65 verstorbenen → Poppaea (II 3) Sabina vom Kaiser entmannt und in aller Form geheiratet (Suet. Nero 28. 29. Aur. Vict. Caes. 5,16. Oros. 7,7,2. Cass. Dio 62,28,2. 3. Zon. 11,12). Er blieb auf der Flucht bei Nero, konnte ihn aber nicht töten (Suet. Nero 48,1. Cass. Dio 63,27,3. 28,3). Nach Neros Tod von → Nymphidius (3) Sabinus (Plut. Galba 9) und → Otho mißbraucht (Cass. Dio 64,8,3). Als er von Vitellius gezwungen werden sollte, im Theater als Kore aufzutreten, beging er Selbstmord (Cass. Dio 65,10,1). G. Wi.

Sprache. I. Griech. Sprache. 1. Äußere Geschichte. 2. Dialekte. 3. Entwicklung der äußeren und inneren Form.

1. a. Die griech. S. gehört mit zahlreichen anderen europ. und vorderasiat. S. zur indogerman. (idg.) Sprachfamilie. Ihre Gesch. beginnt mit der Auslösung der Vorfahren der späteren Griechen aus der (ur-)idg. Sprach- und Kulturgemeinschaft und der damit verbundenen Formung und Konsolidierung des Urgr. und reicht bis in die h. Z. Der Erforschung dieser Gesch. stehen die Ergebnisse der Indogermanistik (Rekonstruktion der Ursprache), die in Linear B geschriebenen Urkunden der myk. Z. und vom 8. Jh. an eine immer breiter werdende lit. und epigraph. Überlieferung zur Verfügung. Die Frage, wann und wo sich das Urgr. ausgebildet hat, hängt u. a. von der Datierung der Einwanderung der Urgriechen ab; gegenüber dem traditionellen Ansatz (Anf. 2. Jt.) ist auch ein etwas späterer (17. Jh.) denkbar. Die Annahme eines relativ einheitlichen, erst nach der Einwanderung dialektal sich differenzierenden Urgr. verdient gegenüber anderen Auffassungen sicher den Vorzug. Die S. der vorgr. Bevölkerung hat auf die Struktur des Gr. kaum Einfluß ausgeübt; er ist spürbar in der Übernahme von Toponymen und zahlreichen Appellativa aus Lebensbereichen, die den Urgriechen bisher unbekannt gewesen waren. Ob das vorgr. (früher meist »pelasgisch« gen.) Substrat ethnisch und sprachlich einheitlich gewesen ist, bleibt unsicher; voridg., mit der Urbevölkerung Altanatoliens verwandte Urbewohner sind vielleicht (Anf. 2. Jt.) durch Idg. der hethit. Sprachfamilie überschichtet worden.

b. Spätestens um 1500 dürfte sich eine erste dialektale Differenzierung des Gr. vollzogen haben; die Existenz größerer Machtgebilde in N.-, Mittel- und S.-Griechenland mag einer weitgehenden sprachl. Aufgliederung entgegengewirkt haben. Den entscheidenden Wandel bringen ausgedehnte innergriech. Wanderungsbewegungen, die im 11. Jh. einsetzen und letztlich durch das gewaltsame Ende der myk. Herrschaften um 1200 ausgelöst und ermöglicht worden sind. Bisherige Zusammenhänge werden gesprengt, entstandene Vacua gefüllt, neue Siedlungsräume erschlossen; es dürfte der Aufbruch der bisher vermutlich in NW.-Griechenland seßhaften Dorier nach dem S. gewesen sein, der die Bewegungen der Aioler nach O., die Ausdehnung der Ioner über die Ägäis nach Kleinasien und die gr. Besiedlung Kyperns in Gang gebracht hat. Die Verschiebungen in diesen Jh. haben das bunte Bild der gr. Dialektkarte geschaffen, und damals erst, in einer Z. weitgehender polit. Aufsplitterung, ist der Großteil der sprachl. Merkmale entstanden, mit denen man die späteren gr. Dialekte gegeneinander abgrenzen kann. Die Kolonisationsbewegungen der archaischen Z. bringen das Gr. nach Unteritalien und Sizilien sowie an zahlreiche Stellen des mittelmeer. und pont. Küstengebietes.

c. Die sprachl. Situation der klass. Z. ist ein Spiegelbild der polit. Lage; den Tendenzen, den eigenen Dialekt zu erhalten und zu verdeutlichen, stehen gewisse Ausgleichsbestrebungen gegenüber. Die Eroberungen Alexanders und die Konsolidierung gr. Herrschaften im O. vergrößern nicht nur den gr. Sprachraum in ungeahnter Weise, auch die Herausbildung einer Gemeinsprache, der sog. Koine (*κοινὴ γλῶσσα*), und die schrittweise Zurückdrängung der epichor. Dialekte bahnen sich an, die schließlich im 2. und 3. Jh. n. Chr. nur noch in Resten erkennbar sind. Das Attische, das bereits im 5. und 4. Jh. durch Sophisten, att. Redner und Philosophen eine Vorrangstellung gewonnen hatte, bildet die Grundlage der Koine, aber auch einige Elemente anderer Dialekte, vor allem des Ion., finden Eingang.

d. Im ausgehenden Alt. und im MA. wird im Gefolge der polit. Ereignisse der gr. Sprachraum schrittweise wieder eingeengt; abgesehen von einigen Außenposten (Pontos, S.-Italien) verbleibt dem Mittelgr. nur der Ägäisraum: Mutterland, Inseln, westkleinas. Küste mit dem polit. und geistigen Zentrum Byzanz. Damals entstehen auf der Basis der Koine neue Dialekte, die (abgesehen vom Tsakonischen, dessen Wurzeln im Lakonischen liegen) mit den alten nichts zu tun haben. Die am kaiserzeitl. Attizismus orientierte, konservative Hochsprache von Byzanz steht in betontem Gegensatz zu der aus der Koine entwickelten Volkssprache und ihren Dialekten; diese Diglossie findet ihre Fortsetzung im Neugr.: Der Hochsprache (*Καθαρεύουσα*) steht die Volkssprache (*Δημοτική*) gegenüber.

2. a. Die Situation in archaischer und klass. Z. läßt folgende Einteilung zu: 1. Ionisch-Attisch (kleinas. Küste von Smyrna bis Milet, Kykladen,

Euboia, Attika), 2. Arkadisch-Kyprisch, 3. Aiolisch (Lesbisch, Thessalisch, Boiotisch), 4. Dorisch-NW.-Gr. (Dor.: Peloponnes ohne Arkadien, Elis und Achaia; Kreta, Rhodos, Kyrene, Sizilien; NW.-Gr.: Elis, Achaia, Mittelgriechenland ohne Boiotien und Attika; Epeiros); einen dor. Grundstock besitzt wohl auch der seltsame pamphylische Dialekt.

Die Versuche, von dieser rein deskriptiven, im einzelnen variablen Gliederung auf die Genesis der gr. Dialekte zu schließen, sind durch die Entdeckung des sog. myken. Dialekts, in dem Urkunden der myk. Z. aus Knossos, Pylos, Mykene und Theben abgefaßt sind, auf eine neue Basis gestellt worden. Die Eigenart der myk. Silbenschrift (Linear B) läßt zwar oft die genaue Lautgestalt der Wörter nicht erkennen, immerhin ist bereits der Grobentwurf einer myk. Grammatik möglich. Die Auswertung der Linear B-Tafeln läßt, wie bes. E. Risch gezeigt hat, vermuten, daß in myk. Z. nur geringe Dialektdifferenzen bestanden haben; sicher ist, daß es neben dem myk. Dialekt, in dem die Assibilierung *ti>si* vollzogen ist, einen Bereich mit erhaltenem *ti* gegeben hat. Vermutlich ist eine dialektale Gliederung der myk. Z. in eine NW.- und eine SO.-Gruppe erst nachmykenisch gewaltsam verändert worden (s. 1.b); in den Dialekten Ionisch, Arkadisch und Kyprisch darf man die Nachfahren der alten SO.-Gruppe, in Dor.-NW.-Gr. (und Aiolisch ?) die der NW.-Gruppe erblikken; einen bestimmten Dialekt der SO.-Gruppe als geradlinigen Nachfahren des myk. Dialekts zu bestimmen, ist kaum möglich; die engsten Beziehungen des Myk. gehen zum Arkad.-Kyprischen.

b. Neben den Dialekten stehen die Kunst- oder Literatursprachen. Die älteste, die hom. Kunstsprache, wurzelt wohl in einer frühen Sprachform des Ion. (mit altem *ā* und Ϝ; ohne Kontraktion, Ersatzdehnung und metathesis quantitatum) und ist untrennbar von der metr. Form des Hexameters. In den Epen erscheint sie angereichert durch jüngere ion. Formen, künstliche Archaismen, aiol. Elemente und poetische Neologismen. Sie bleibt die Sprachform des Epos (von Hesiod bis Nonnos); an sie lehnt sich eng die Sprachform von Elegie und Epigramm an. – Im aiol. Umgangsidiom von Lesbos wurzelt die monodische Dichtersprache von Sappho und Alkaios; ihre Erhöhung erhält sie durch ausgewählte Homerismen. – Schwierig ist die (bei den einzelnen Dichtern verschieden gelagerte) Frage der Kunstsprache der Chorlyrik zu beurteilen. Kennzeichnend ist für sie das Nebeneinander dor., aiol. und ep. Formen; daß das Dor., wie meist angenommen, ihren sprachlichen Mutterboden bilde, ist nicht auszuschließen, aber unbeweisbar. – In der att. Tragödie stehen die Dialogpartien sprachlich in der Tradition der in Ionien entstandenen iamb. und troch. Dichtung; sie erscheinen in att. Gewand, dem gelegentlich und mit Absicht Ionismen und Dorismen angeheftet sind. Die Chorpartien sind nicht dorisch, nur dorisierend zu nennen: dor. Färbung wird bes. durch *ᾱ* statt ion.-hom. *η* erreicht. – Eine echte Kunstsprache liegt auch bei Herodot vor. Sie beruht auf der im 6. Jh. in Ionien geschaffenen Lit.-Sprache; die Verwendung ep. statt umgangssprachlicher Formen sowie zahlreicher hom. Wendungen gibt ihr besonderen Glanz. – Für die spätere Zeit ist bes. die Entwicklung des Attizismus bezeichnend.

3. Die entscheidenden Neuerungen, die das früheste Urgr. vom Idg. absetzen und nicht erst nach der Konsolidierung des Urgr. geschaffen sind, kann man nur zum kleinen Teil sicher fassen. Aus dem Bereich der Laute wird man den Wandel der Media asp. zur Tenuis asp. (*bh>ph* usw.) und die Verhauchungen *sV->hV-* und *VsV>-VhV* nennen dürfen. Im übrigen zeichnet sich das Urgr. gerade durch weitestgehende Erhaltung des idg. Lautinventars aus. Die myk. Texte haben gezeigt, daß dies in noch weiterem Umfang gilt als bisher angenommen: die Labiovelare sind in myk. Z. noch erhalten, vielleicht auch (teilweise) sonantisches *r̥*; die Tatsache, daß konsonant. *i̯* im Anlaut und intervokalisch noch teilweise geschrieben wird, sowie weitere Beobachtungen lassen vermuten, daß *i̯* im Urgr. in allen Positionen lebendig gewesen ist. Für die Formen gilt Ähnliches: die Tafeln zeigen ausschließlich die ererbten Steigerungsformen auf *-i̯ŏ̄s*, *-ii̯ŏ̄s/-ohos* und *-istos*, die thematische Bildung der Part. Pf. Akt. auf *-wŏ̄s/-wohos*, *-ujja*, die Erhaltung der *-m-Stämme* (Instr. *hemē;* vgl. *ἑνί*), alter Regeln für Wortbildung und -zusammensetzung sowie den lebendigen Gebrauch eigener Formen für den Abl.-Instrum. und den Lokativ (?). Bezeichnend ist beim Verbum die weitgehende Erhaltung des idg. Aspektsystems und der Modi Ind., Imp., Konj. und Opt.; die Erfüllung medialer Formen mit pass. Bedeutung und die Schaffung eigener Passivformen (nur für Aor. und Futur) scheint auf innergriech. Entwicklung zu beruhen. – Entscheidende Veränderungen des Lautbildes bringen die Jh. zwischen der myk. und hom. Z.: Ersatz der Labiovelare; *ā>ē* und Schwund des *w* im Ion.; Schwund der Laute *j* und *h* in den Stellungen *-VjV-*, *jV-*, *-VhV-* und die damit verbundenen Erscheinungen: Kontraktion, Ersatzdehnung, Entstehung der sog. unechten Diphthonge (*ει*/ *ē* /, *ου*/*ọ̄* /). – In nachklass. Z. erfolgt schrittweise eine Neugestaltung des gr. Lautstandes: die alten Kurz- und Langdiphthonge verschwinden, das klass. System der 5 kurzen und 7 langen Vokale wird unter Aufhebung der Quantitätsunterschiede ersetzt durch ein System von 6 (später 5) Kurzvokalen, die Tenues asp. und Mediae werden zu stimmlosen bzw. stimmhaften Reibelauten (*φ/ph/>/f/;β/b/>/w/* usw.). Zahlreiche Entwicklungen, die zu den für das Neugr. kennzeichnenden Erscheinungen führen, kündigen sich schon im kaiserzeitlichen Spätgr., z. T.

noch früher an: Verdrängung der *μι*-Verben, Ersatz des alten Dativs, weitgehender Verlust der alten Futur- und Perfektformen, des Opt., Inf. und Part. Immerhin hat das Neugr. noch vergleichsweise viele uralte Formen und Ausdrucksweisen erhalten, denen in den anderen idg. S. wenig Vergleichbares gegenübersteht. A. H.

Zu 1: 1. *A. Meillet* Geschichte des Gr., 1920. 2. *O. Hoffmann–A. Debrunner* Geschichte der gr. S. 1,2 (hg. v. *A. Scherer*), 1969^{4}. – Zu 1.a: 3. *A. Scherer*, IF 61, 1954, 201–215. 4. *V. Pisani* Storia della lingua Greca, in: Enciclopedia Class. 5, 1959. 5. *J. Chadwick* The Prehistory of the Greek Language, CAH 1/2, Cap. 39, 1963. 6. *A. Heubeck* Praegraeca, 1961. – Zu 1.b: 7. *E. Risch*, MH 12, 1955, 61–71. MH 16, 1959, 215–227. Le Protolingue (Atti del 4. Convegno intern. di linguisti 2.–6. 9. 1963), 1965, 91–118. – Zu 1.c: 8. *A. Thumb* Die gr. S. im Zeitalter des Hellenismus, 1901. 9. *Blass–Debr.* – Zu 1.d: 10. *A. Mirambel* La langue grecque moderne, 1959. – Zu 2.a: 11. *F. Bechtel* Dial. 12. *C. D. Buck* Greek Dialects, 1929. 13. *A. Thumb* HB. der gr. Dialekte 1 (hg. v. *E. Kieckers*), 1932^{2}. 2 (hg. v. *A. Scherer*), 1959^{2}. 14. *M. Ventris – J. Chadwick* Documents in Myc. Greek, 1957. 15. *L. R. Palmer* The Interpretation of Myc. Greek Texts, 1963. 16. *E. Vilborg* A Tentative Grammar of Myc. Greek, 1960. 17. *A. Bartonek* (u.a.) in: Studia Mycenaea, 1968, 155–210. 18. *E. Grumach* The Coming of the Greeks, Bull. of the Rylands Library 51, 1968/69, 1–62. – Zu 2.b: 19. *K. Meister* Die hom. Kunstsprache, 1921 (Nachdr. 1966). 20. *P. Chantraine* Grammaire Homérique 1, 1958^{3}. 2, 1963^{2}. 21. *M. Leumann* Hom. Wörter, 1950. 22. *E.–M. Hamm* Grammatik zu Sappho und Alkaios, 1957. 23. *E. Risch* Die Sprache Alkmans, MH 11, 1954, 20–37. 24. *B. Forssman* Unters. zur Sprache Pindars, 1966. 25. *G. Björck* Das Alpha impurum und die trag. Kunstsprache, 1950. 26. *W. Aly* Herodots S., Glotta 15, 1926/27, 84–117. 27. *H. Erbse* Bemerkungen zu Herodot, Glotta 39, 1961, 215–222. – Zu 3.: 28. *Kühner–Blass*. 29. *E. Schwyzer* Griech. Grammatik 1, 1939, 2 (mit *A. Debrunner*), 1950. 3 (Register v. *D. J. Georgacas*), 1953. 30. *W. Brandenstein* Griech. Sprachwissenschaft, 1–3, 1954–1966. 31. *Frisk*.

II. A. Die lat. Sprache ist zunächst der Stadtdialekt von Rom, in ältester Z. sogar nur des *mons Palatinus*. Sie wird früh zur Sprache der Landschaft Latium, von der sie ihren Namen ableitet. Am nächsten stehen ihr die Dialekte von Praeneste, Ardea, Lanuvium, Norba, Tibur, sowie der von Falerii (das Faliskische). Diese latino-falisk. Gruppe gehört zu den → indogerm. (indoeurop.) Sprachen; nahe verwandt ist sie mit den west-idg. Sprachen Keltisch, Germanisch, Venetisch, → Oskisch-Umbrisch, vielleicht auch mit dem Sikulischen, einer unsicher bezeugten idg. Sprache Siziliens; dagegen besteht keine nähere Verwandtschaft mit dem Griechischen. – Zeit (etwa 12. Jh.?) und Weg der Einwanderung der »protolatinisch« sprechenden Vorfahren aus Mitteleuropa in die Apennin-Halbinsel sind unbekannt. – Vom idg. Phonemsystem werden die Vokale gut bewahrt, die Diphthonge teilweise monophthongisiert: *ei* zu *ī; oi, ou, eu* zu *ū*. Doch bringt die Anfangsbetonung eine Schwächung oder Ausstoßung der Mittelsilbenvokale mit sich: *éxigo* aus *ex-ágo* usw. – Von den Konsonanten haben sich die mediae aspiratae sämtlich verändert; intervokal. *s* ist zu *r* geworden. – Zum ererbten Wortschatz schuf man Neuprägungen, z. B. *filius* »Sohn«, *totus* »ganz«, *nancisci* »erreichen«; beim Verbum als neue Tempora Futur I und II, Plusquamperfekt sowie als Verbalnomina Gerundium und Gerundivum. In der neuen Heimat kommt es zu engem Kontakt mit den separat eingewanderten Osko-Umbrern, der auch zu gemeinsamen sprachlichen Neuerungen führt: Gen. Plur. der Subst. fem. auf *-āsom*, Abl. Sing. auf *-ād, -īd*, Imperfekt auf *-bā-* usw. – Aus benachbarten osk.-umbr. Dialekten gelangen Lehnwörter ins Stadtröm.; z. B. erweist inlautendes *f bufalus, rufus* als entlehnt (gegenüber echt-lat. *bubalus, ruber*). Auch *bos, lupus, popina* sind Lehnwörter; echt-lat. müßten sie **vos*, **luquos, coquina* lauten. Umgekehrt haben die Osker die erst im 5. Jh. geprägten röm. Magistratstitel als *keenzstur, kvaísstur* usw. entlehnt. – Aus dem nicht-idg. Etruskischen sind *idus, mantisa*, die Berufsbez. *lanista, subulo* sowie viele Namen, z. B. *Aulus, Gracchus, Otho* entlehnt; umgekehrt haben die Etrusker Wörter wie *nepos, pronepos* und Namen aus dem Lat. entlehnt. Viele griech. Fremdwörter hat das Etrusk. vermittelt: gr. *πρόσωπον* »Maske« wird etr. *φersu*, von da lat. *persona;* griech. Akk. *λαμπτῆρα* wird über das Etrusk. zu lat. *lanterna*. – Noch stärker war schon seit dem 6./5. Jh. der unmittelbare Einfluß des Griechischen; zunächst strahlt er von den griech. Kolonien in Unteritalien und Sizilien (Cumae, Tarent, Syrakus) aus: *tessera* aus ion. *τέσσαρες*, *mac(h)ina* aus dor. *μαχανά* usf. Das Griech. wirkt in immer neuen Wellen, nicht nur auf den Wortschatz, sondern auch auf Syntax und Stil des Lat. – Von den seit 400 v. Chr. in Oberitalien sitzenden Galliern sind vor allem Namen von Wagentypen *(raeda, carrus, petorritum)*, Waffen *(lancea, parma, cateia)* und Kleidungsstücken *(sagum, braca)* ins Lat. gedrungen. Aus dem Punischen ist der Gruß *ave!* entlehnt. Auf ein »mediterranes Substrat«, d. h. auf die nichtidg. Sprache einer Vorbevölkerung, mögen Wörter wie *ficus, fungus, laurus, mulus, plumbum* zurückgehen.

B. Die räumliche Ausbreitung des Lat. bis zur herrschenden Weltsprache im West-Teil des Imperiums läuft parallel mit der polit. und militär. Expansion. Dabei stützt sie sich auf die röm. Bürger- und Militärkolonien. Bis zur Zeit des Augustus sind schon alle sabell. Mundarten durch die lat. Reichssprache verdrängt –, mit Ausnahme des Oskischen selbst, das sich z. B. in Pompeji noch 79 n. Chr. nachweisen läßt. In Mittelitalien wird noch etr., im SO. noch messap., im S. noch griech. gesprochen (davon leben noch h. in der Terra d'Otranto winzige Reste!).

C. Die ältesten Zeugnisse der lat. Sprache bilden die literar. überlieferten Reste der um 450 v. Chr. niedergeschriebenen »Zwölftafel-Gesetze«, Bruchstücke kultischer Dichtung und liturg. Formeln, z. B. aus den *Carmina Saliaria*, dem *Carmen Arvale*. Dazu treten von epigraph. Zeugnissen z. B. die verstümmelte Foruminschrift, die Aufschrift der Fibel von Praeneste (CIL I^2 Nr. 3) und die *Duenos*-Inschrift (ebd. Nr. 4) aus dem 4. Jh. v. Chr. Von lat. Lit. kann erst ab 240 v. Chr. die Rede sein. Vorher mag es kodifiziertes Recht, Amtsannalen und niedergeschriebene Preisreden für Verstorbene gegeben haben. All das ist verloren. Am Anf. der poet. lat. Lit. steht der Tarentiner Grieche → Livius (B 1) Andronicus, der die Odyssee in lat. Saturnier übersetzte und Dramen schrieb. Es folgte Cn. → Naevius aus Campanien. Quintus → Ennius, ein in griech. Kultur aufgewachsener Messapier, schuf das lat. Epos, die *fabula togata* und die *satura*. Seine Dichtersprache ist reich an kühnen Neubildungen. Auch die Grammatik führt er in Rom ein. – In seiner Zeit beginnen Grammatiker, Schriftsteller, Beamte die Normierung des Hoch-Lateins, mit der Tendenz zu sprachl. Schönheit und Ökonomie. Doppelformen werden ausgemerzt, Regeln für Deklinationstypen, Satzbau und Orthographie festgelegt. Der Scipionenkreis, dann → Hortensius (7) und später die Puristen wie → Cicero und → Caesar (12) setzen dies fort. So entsteht in 200jähr. Arbeit eine durchgebildete Hochsprache mit dem Ideal der *urbanitas*. Dadurch, daß sie die Periode, d. h. den Großsatz mit streng logisch gefügter Unterordnung mehrerer Nebensätze, entwickelt sowie den Wortschatz durch eigene Neuprägungen, Lehnübersetzungen wie *qualitas* nach griech. *ποιότης*, *Lucifer* nach *Φωσφόρος* und zahlreiche Entlehnungen aus dem Griech. stark erweitert hat, wird sie fähig, die Gedankengebäude der griech. Philos. oder jurist. Darlegungen adäquat wiederzugeben, und sich auch den Forderungen der verschiedenen poet. Stile geschmeidig anzupassen. Von der Klassik der *aurea aetas* (mit Vergil, Horaz; Cicero, Caesar) setzt sich die spätere Zeit (z. Beispiel Seneca) bewußt ab, indem sie nach Originalität strebt und die individuellen Wesenszüge betont. In den Prosastil dringen zahlreiche poet. Elemente ein, z. B. in den Geschichtswerken des Tacitus. – Eine archaist. Gegenbewegung, die schon Vorläufer in → Asinius (I 5) Pollio und → Varro Reatinus hatte, greift dann wieder bewußt auf Cato und Ennius zurück, so z. B. Aulus → Gellius (II) oder → Apuleius (II 8).

D. Neben der Hochsprache, die in Dichtung, Geschichtsschreibung, Wissenschaft und Rechtsprechung herrscht und die wir in den offiziellen Inschr., z. B. im → Monumentum Ancyranum, wiederfinden, bleibt immer das gesprochene Latein (wenig glücklich »Vulgärlatein« genannt) in vielen »Soziolekten« (= Sprachen bestimmter sozialer Gruppen) lebendig. Die Sprache der untersten Schicht *(sermo plebeius)* lernen wir aus den Wandkritzeleien, z. B. Pompejis, aus den Fluchtäfelchen und den naturalistisch wiedergegebenen Gesprächen im Roman des → Petronius (10) kennen. Aus dem Verkehrs-Latein der Soldaten, Beamten, Händler sind in den verschiedenen Provinzen des Reichs, ausgehend von den städt. Zentren, die einzelnen roman. Sprachen erwachsen. Wir müssen es uns schon regional differenziert vorstellen: Das im 2. Jh. v. Chr. eroberte Spanien hat ein anderes Latein gelernt als Gallien ab 50 vor Chr. oder Rumänien (Provinz Dacia, seit 107 n. Chr.) – Zwischen den Soziolekten der Soldaten *(sermo castrensis)*, Kolonisten, Händler und der Hochsprache gab es – ohne scharfe Trennung – eine ihrerseits vielfach geschichtete Umgangssprache *(sermo familiaris, cottidianus)*, die wir in der altlat. Komödie, später in den *saturae*, im privaten Briefstil, bei halbgebildeten Fachschriftstellern, aber in Spuren auch bei den Rednern fassen. Einfluß auf die Lit. gewinnt die Volkssprache mit dem Christentum, das sich den Unterschichten verständlich machen will. Das beginnt mit der *Vetus Latina*, der ältesten noch vor Hieronymus entstandenen Bibelübersetzung, später folgen z. B. die *Peregrinatio Egeriae* und die Benediktinerregel. Im späten »Vulgärlatein« ist das alte (synthetische) Kasussystem weithin zusammengebrochen (die Kasus werden durch Präpositionen markiert: *de* für den Gen., *ad* für den Dativ), Deminutiva ersetzen die Simplicia *(oricla* für *auris)*, Intensiva die Grundverben *(cantare* für *canere)*, da sie sowohl expressiv wie von regelmäßiger Flexion sind. Etwa ab 800 wird dann in den »romanischen« (»neulatein.«) Sprachen auch geschrieben.

E. Das Mittellatein knüpft bewußt an die spätantike lat. Schriftsprache an, doch nimmt es Wendungen und Vokabeln der Muttersprache des betr. Schreibers auf. Zudem fühlen sich die m.lat. Autoren berechtigt, neue Wörter für theolog., philos. oder jurist. Begriffe zu schaffen. Erst der Humanismus greift (beginnend mit Petrarca) bewußt auf Cicero zurück. Doch führt die Festlegung auf einen Schriftsteller als Norm zur Erstarrung, indem alle weitere freie Schöpfung und Adaption ausgeschlossen wird; Latein wird zur »toten« Sprache. Aber dadurch, daß es als Sprache der Kirche, aller höheren Bildung des MA. und später auch als Vehikel der neuentstehenden Wissenschaften dient, hat es bis h. auf Europa gewirkt. Alle west- und mitteleurop. Kultursprachen stehen stark unter seinem Einfluß. Noch die Terminologie der modernen Wissenschaften schöpft aus seinem Wortschatz. G. N.

Gesamtdarstellungen: *Franz Skutsch* Die Lat. Sprache, in: Kultur der Gegenwart I 8^2, ^{3}1912, 523 ff. *Leumann – Hofmann – Szantyr* Lat. Grammatik, ^{3}1928 / ^{6}1965. *J. Cousin* Évolution et structure de la langue lat., 1944. *V. Pisani* Manuale storico della lingua lat., 1960–1964. *L. R. Palmer*

Th eLatin Language, London ^{3}1961. *Stolz – Debrunner – Schmid* Geschichte der lat. Sprache (Göschen), Bln. ^{4}1966. *A. Meillet* Esquisse d'une histoire de la langue lat., Paris ^{6}1928, erw. Neudr. 1966. *G. Devoto* Geschichte der Sprache Roms, Heidelberg 1968.

Literatur zu Einzelaspekten: *J.B. Hofmann* Lat. Umgangssprache, ^{3}1951. *E. Norden* Die ant. Kunstprosa, ^{5}1958. *E. Löfstedt* Late Latin, 1959. *V. Väänänen* Introduction au Latin Vulgaire, 1963. *G. Reichenkron* Histor. Latein-Altromanische Grammatik, 1. Teil, 1965. *J. Marouzeau* Das Latein, dt. Übers. 1969.

Handbücher und Lexika: *F. Sommer* HB. der lat. Laut- u. Formenlehre, ^{3}1914. *A. Ernout* Histor. Formenlehre des Lateinischen, dt. von Hans Meltzer, ^{3}1920. *A. Walde – J.B. Hofmann* Lat. etym. WB., ^{3}1938–1954. *Ernout-Meillet* Dictionnaire étymologique de la langue lat., ^{4}1959. *K.E. Georges* Ausführl. lat.-dt. Handwörterbuch, ^{11}1962. *A. Meillet – J. Vendryes* Traité de grammaire comparée des langues class., ^{3}1963. – The Oxford Lat. Dictionary, London 1968 ff.

III. → vorgriech. Sprachen.

Sprichwort s. Paroimia. Paroimiographoi

Spurinna. Etr. Gentilname, bis in kaiserzeitl. Inschr. nachweisbar. – S., etr. Haruspex, warnte Caesar vor den Iden des März, Cic. div. 1,119 u.a. Vielleicht ident. mit dem *summus haruspex* (Cic. div. 2,52), der Caesar 46 vor dem Unternehmen Africa gewarnt hatte. DRUMANN^{2} 3,652,3. H. G.G.

Spurius. 1. Ein Kind, das nicht einem *iustum* → *matrimonium* entstammt. Der *sp.* und seine Mutter waren nach klass. Recht cognatisch verwandt. Zwischen ihnen bestand Unterhalts- und Erbrecht. Mit dem Vater war der *sp.* weder agnatisch noch cognatisch verwandt. Er hatte keinen Unterhaltsanspruch. *Status libertatis* und *civitatis* folgten dem Stand der Mutter. Der *sp.* war von Geburt an *sui iuris* (→ *patria potestas*). Über gesellschaftl. Diskriminierung ist nichts überliefert; *Sp.* war ein verbreiteter Vorname. Zur Behandlung der Unehelichen im nachklass. Recht vgl. → *naturales liberi*. E. Bu.

E. Weiss, RE III A 1889 u. ZRG 49, 1929, 260 ff. *G. Longo*, Rev. Intern. Droits de l'Ant. 14, 1967, 405 ff.

2. Röm. Praenomen (abgekürzt *Sp.*, häufig und ohne die urspr. anzunehmende zurücksetzende Einstufung des unehel. Kindes) und Gentilicium. Als Familienname z.B. bei einem Münzmeister *A. Spuri(us)* – wohl nicht *Spuri(llius)* – ca. 135–127 (vgl. BROUGHTON 2,453), einem Duumvir in Herculaneum (CIL I^{2} 1625) und *Μάρκος Σπόριος* (App. civ. 2,474), der zu den Verschwörern gegen Caesar 44 gehörte. H. G. G.

Staatsformen. Die Griechen kannten hauptsächlich 2 aus der Stammesverfassung hervorgewachsene Staatsformen, *ἔθνος* und *πόλις*, den Staat ohne und mit städt. Mittelpunkt. Eine Übergangsstufe zwischen beiden bildete die Zusammensiedlung (Synoikismos), durch die in dem nur von Dörfern und Gehöften besiedeltem Gaustaat eine Polis entstand. V. EHRENBERG Der Staat der Griechen^{2}, 1965, 27 ff. Innerhalb der Staatsformen waren verschiedene Verfassungen möglich. Ihre Entwicklung ist in der ant. Theorie und Praxis greifbar.

Das erste ausführliche Zeugnis ist die von sophist. Vorbildern angeregte Verfassungsdebatte bei Hdt. 3,80 ff., in der Otanes gegen die Monarchie für die → Isonomia, Megabyzos für die Oligarchie und Dareios für die Basileia als beste Staatsformen sprechen. Von einem natürlichen Umschwung (Metabole) oder Kreislauf (Anakyklosis) der Verfassungen ist noch nicht die Rede. H. APFFEL Die Verfassungsdebatte bei Hdt., Diss. Erlangen 1957. H. BRAUNERT Theorie, Ideologie und Utopie im griech. hellenist. Staatsdenken, Gesch. in Wissensch. und Unterricht 1963, 146 ff. Plat. rep. 8,544 a unterscheidet fehlerhafte Verfassungen (*πολιτεῖαι ἡμαρτημέναι*) von der richtigen (*ὀρθή*). Ziel des Staates ist die Gerechtigkeit (*τὰ ἑαυτοῦ πράττειν*, rep. 4,433 ff.). Der Wert einer Staatsform liegt in der Beachtung der Gesetze und dem Einverständnis der Regierten und Regierenden (*ὁμοδοξία*, rep. 4,433 b). Zu den 3 Grundformen fügt Plat. polit. 291 d ff., 301 a die Tyrannis und Aristokratie hinzu. Der vollkommene Staat der Philosophen kann über 3 Stufen, die Timokratie, Oligarchie und Demokratie, zum Staat des Tyrannen absinken (rep. 8,545 b); daß von ihm eine Rückkehr zum Philosophenstaat möglich ist, deutet Plat. leg. 4,709 e ff. wohl an, wo aus der Tyrannis durch Metabole die *ἀρίστη πολιτεία* gewonnen wird. Im Blick auf Sparta begegnet bei Plat. leg. 4,712 c f. der Begriff der Mischverfassung. Mit der traditionellen Frage, ob ein einzelner, einige oder alle regieren, unterscheidet Aristot. pol. 3,1279 a 17 Monarchie, Aristokratie und *die* Politeia (so nennt er die Demokratie) als *ὀρθαὶ πολιτεῖαι* von ihren *παρεκβάσεις*, der Tyrannis, Oligarchie und Demokratie, mit der er terminologisch die Ochlokratie meint. Die spartan. Verfassung kennt er pol. 2,1265 b 35 wohl als Mischverfassung, doch zieht er pol. 6,1295 b 25 ihr die *μέση πολιτεία*, den Staat des Mittelstandes vor, der den Gegensatz zwischen reich und arm ausschaltet. Das Ziel des Staates ist das *εὖ ζῆν*, das sittlich gute Leben; sein Wert hängt davon ab, ob zum Vorteil der Herrschenden oder der Untertanen regiert wird. J. DE ROMILLY, REG 72, 1959, 81 ff. Die Mischung der 3 klass. Staatsformen betrachten → Dikaiarchos (fr. 67–72 Wehrli) im Tripolitikos, Stoiker wie → Zenon und → Chrysippos (2; Diog. Laert. 7,131), und ausführlich Polybios 6,3–4. 8–9, der den Kreislauf der Staatsformen mit Wachstum–Niedergang–Wechsel zeichnet, als Idealverfassung. Neben der spartan. preist Pol. 6,3,7. 10,6–11. 18,1–8 Roms Verfassung als Mischung aus Monarchie (Konsuln), Aristokratie (Senat) und Demokratie (Volksversammlung). Auch ihre Stabilität scheint freilich bedroht (6,9, 12–14. 57). H. RYFFEL *Μεταβολὴ πολιτειῶν*. Der

Wandel der Staatsverfassungen, 1949. K. v. Fritz The theory of the mixed constitution in the antiquity, 1954. K. E. Petzold, Hist. 9, 1960, 254. Th. Cole, Hist. 13, 1964, 440ff. Cic. rep. 1,42. 45. 69. 2,3. 4–69 übernimmt in seiner Staatslehre den Kreislauf mit der Folge *regnum, civitas optimatium* und *civitas populi*, hält aber demgegenüber Roms Verfassung für die Beste als *genus quod erit aequatum et temperatum ex tribus primis rerum publicarum modis* (rep. 1,69). Einer zwangsläufigen Veränderung (rep. 2,45 *motus naturalis*) zum Schlechten sollen die Regierenden mit ihrer Weisheit (*consilium*) entgegenwirken und das Fundament des Staates, die Gerechtigkeit (rep. 1,39), wiederherstellen. In der Kaiserzeit beruft sich Aristeid. 26,90ff. auf die *κρᾶσις ἁπασῶν πολιτειῶν*, in ihr ist an die Stelle der Konsuln der Kaiser getreten und so ist für Aristeid. 26,60 das röm. Weltreich eine »Demokratie unter dem Kaiser« (*κοινὴ τῆς γῆς δημοκρατία ὑφ' ἑνὶ τῷ ἀρίστῳ ἄρχοντι καὶ κοσμητῇ*). J. H. Oliver, Transact. of the Amer. philos. soc. 43,4, 1953, 927, 942. Ebenso besteht nach Cass. Dio 52,14,4 die wahre Demokratie nur unter einer Monarchie, da nur dort allen das gleiche nach Würdigkeit zukomme. Dion Chrys. feiert daher in 4 Reden die Basileia, die Monarchie, die soziale und wirtschaftliche Sicherheit biete. Aug. civ. 19,21 fordert den Staat, der die Gerechtigkeit und mit ihr den Gehorsam gegen den wahren Gott bringt. Fast alle vorstehend genannten Termini, bes. die Dreiteilung der Staatsformen und die Gewaltenteilung (gesetzgebende, ausführende und richterliche Gewalt, Aristot. pol. 6,1297b 41f.) haben über die Renaissance die moderne Staatstheorie beeinflußt. Die Staatswissenschaft untersucht h. wesentlich 3 Faktoren, Staat und Verfassung, Gesellschaft und Wirtschaft in ihren wechselseitigen Beziehungen. Die Griechen sahen zunächst die Form der Herrschaft, erst Platon würdigte die Bedeutung der Gesellschaft im Staate und Aristoteles die Wirtschaft als Faktor seiner Staatslehre.

Zwischen den bisher genannten Staatsformen gab es in Wirklichkeit viele örtlich verschiedene Zwischenstufen, dazu verlief die Abfolge der Formen oft anders als die Theorie behauptete. Um den Sachverhalt festzustellen, ließ Aristot. 158 Verfassungen sammeln, erhalten ist nur z. T. der »Staat der Athener«, der – obwohl Sonderfall – h. oft als Leitfaden für die Verfassungsentwicklung genommen wird. Die erste Form der Monarchie, das Königtum, begegnet in hom. Zeit. Der König war Feldherr, Richter und Priester und hatte einen Beirat der Adligen. G. Jachmann, Maia 6, 1953, 241ff. Reste dieses Königtums finden sich im Doppelkönigtum Spartas, im *ἄρχων βασιλεύς* und den *φυλοβασιλεῖς* in Athen und in Makedonien und Epeiros. Bei der zweiten Form der griech. Monarchie (Ehrenberg 54), der Tyrannis, usurpierte der Alleinherrscher die Führung des Staates, gestützt auf den Demos oder auf Söldner, ließ aber formell wie → Peisistratos (3) die geltende Verfassung meist weiter bestehen. H. Berve Die Tyrannis bei den Griechen, 1967. Entgegen der Theorie folgte die Tyrannis nicht auf die Monarchie, in Athen bildete sie vielmehr den Übergang zwischen Oligarchie und Demokratie. Manche Staaten mit oligarch. Verfassungen wie Chalkis, Aigina, Elis oder Boiotien erlebten die Tyrannis nicht. In der Oligarchie lagen alle staatlichen und sakralen Funktionen in den Händen der großen Adelsgeschlechter, es gab Beamte auf längere Zeit, später jährlich bestellt, die → Bule mit großer Kompetenz (Areiopag, Aristot. Ath. pol. 3) und eine nur bei wichtigen Fragen entscheidende Bürgerversammlung. Die Vollbürgerzahl war nach Geburt oder Vermögen beschränkt, im ital. → Lokroi auf die 100 Häuser, im opunt. → Lokris auf die »Tausend«. Ehrenberg 59. Zwischen diesen 3 staatlichen Faktoren verschob sich in der Demokratie das Schwergewicht auf die → *ἐκκλησία*. Aristot. pol. 1291a 30ff. zählt 4 sich steigernde Demokratien, in der letzten, der Ochlokratie, gelten Volksbeschlüsse mehr als das Gesetz. Ch. Meier Die Entstehung des Begriffs »Demokratie«, 4 Prolegomena zu einer histor. Theorie, 1970. Ein mehr oder weniger fester Überbau in der Form von Staatenbünden oder Bundesstaaten (→ *κοινόν* 1, aitol. Bund, → Achaioi 2) vereinigte im 3. und 2. Jh. einzelne Poleis und Landschaften. J. A. O. Larsen Representative government in Greek and Roman history, 1955. Eine neue Staatsform brachte der → Hellenismus mit seinen Monarchien und ihrem Königsideal. Der hellenist. König war absoluter Herr und Eigentümer des Landes. E. R. Goodenough The political philosoph of the hellenistic kingship, Yale Cl. St. 1, 1928, 55ff. K. W. Welwei Könige und Königtum im Urteil des Pol., Diss. Köln 1963. Zum Aufbau dieser Territorialstaaten Ehrenberg 191ff. In Rom folgte auf das Königtum und die Herrschaft der patriz. Geschlechter der Staat der Nobilität. Die → *res publica* hatte in Senat, Beamten und Volksversammlung dieselben Körperschaften wie die griech. Staaten. Ihr eigentümliches Zusammenwirken wurde aber faktisch mehr durch die bes. Struktur der röm. Gesellschaft (→ Ritterstand) als durch die legalen Institutionen bestimmt. Diese Eigenart kennzeichnet bes. den Prinzipat, der letztlich die monarch. Herrschaft des ersten Mannes in der angeblich wieder hergestellten *res publica* darstellte. E. Meyer Röm. Staat und Staatsgedanke[3], 1964. P. De Francisci Arcana imperii, 1947/48 (Überblick über die wichtigsten Staatsformen vom Alten Orient bis Spätrom). E. Meyer Einführung in die ant. Staatskunde, 1968. H. V.

Stab. In seiner natürlichen Funktion dient der S. (*σκῆπτρον, βάκτρον, ῥάβδος, baculum*), der glatt, mit Knoten versehen, gerade, gekrümmt oder gewinkelt sein kann und in Länge und Dicke frei variiert, dem Stützen bei Schwäche, Ermüdung und Alter. Gewöhnlich tragen ihn Greise oder Kranke ([6] Abb. 166. [7] Fig. 62. 324. 491. 495). Für Heimkehrer vom → Symposion war der S. unentbehrlich ([6] Abb. 138. 161), um z.B. nach reichlichem Weingenuß das Gleichgewicht zu halten ([6] T. 33). Darüber hinaus kann der S. bestimmte Typen, bes. beim Theater, charakterisieren wie z.B. den Bettler (Aristoph. Ach. 448), den Geizkragen ([7] Fig. 508), den putzsüchtigen Gekken (Theophr. char. 5), den Hurenwirt (Poll. 4,120) und den kynischen Philosophen (Martial. 4,53). Natürlich gehört der S. auch zum Handwerkszeug der Lehrer, um damit zu strafen (Martial. 10,62) oder etwas zu zeigen. Sportlehrer sind fast immer mit ihm ausgestattet und bei der Züchtigung ([9] T. 12) oder in kontrollierender und antreibender Funktion ([6] Abb. 120. 121. [9] Abb. 23. 26) dargestellt. Neben der natürlichen Anwendung ist der S. ein signum z.B. der Unverletztlichkeit beim Boten, der Unbestechlichkeit beim Richter und der Würde und Machtbefugnis beim Priester, hohen Beamten und Herrscher. Eine magische Funktion als nichtanthropomorpher Kraftträger ist hier, zumindest für die Anfänge, vorauszusetzen, bis der S. zum bloßen Symbol oder Abzeichen wird. So tragen in Griechenland die Richter einen S., auf dessen Bedeutung oft hingewiesen wird (Hom. Il. 7,412. Pind. P. 4,152. Apoll. Rhod. 4, 1178). Er verleiht Schutz und verbürgt die Wahrheit der Worte. Unverletzlichkeit garantiert auch der Herold-S. (κηρύκειον), der in der Form einer nach oben geöffneten Acht ständiges Attribut des Götterboten Hermes ist ([6] Abb. 47. [7] Fig. 484). Macht und Würde verleiht bzw. symbolisiert, das Zepter, das aus kostbarem Material bestehen und reich verziert werden konnte ([6] T. 24. Abb. 131). Im Bereich des Mythos trägt Dionysos und in seinem Gefolge bes. die → Mainades den → Thyrsos-S., der meist mit Binden umwickelt ist und an seiner Spitze einen Pinienzapfen trägt. Neben der Schutzfunktion gegen aufdringliche Satyrn ([6] Abb. 123) bewirkt der Schlag mit dem Thyrsos-S. Raserei und Ekstase. Er besitzt also magische Kräfte ebenso wie der S. des Asklepios, der den Wander-S. fahrender Ärzte symbolisiert, vor allem aber eine besondere Kraft der Erde repräsentiert, durch welche Menschen geheilt werden können ([10] 41 ff.). Hierin ist er dem Zauber-S. des Hermes ähnlich, der damit Menschen einschläfern und aufwecken kann (Hom. Il. 24,343). Dieser Zauber-S., meist zwei- oder dreigablig, wird schon im 6. Jh. v. Chr. zum Kerykeion umstilisiert und verliert damit seine magische Funktion, so daß Hermes gleichzeitig Kerykeion und Zauber-S. tragen kann ([5] Bd. 1,509 T. 33,3). → lituus, → skytale, → stimulus. S. O.

1. *de Waele*, RE III A 1894. 2. *Ders.* in *Roscher* Myth. Lex. 6,542 s.v. Zauberstab. 3. *R. Boetzkes* Das Kerykeion, Diss. Münster 1913. 4. *R. von Schaewen* Röm. Opfergeräte, ihre Verwendung im Kultus und in der Kunst, Arch. Stud. H. 1, 1940. 5. *Nilsson* GgrR. 6. *Arias-Hirmer* 1000 Jahre griech. Vasenkunst, 1960. 7. *M. Bieber* The History of the Greek and Roman Theatre, 1961. 8. *Latte* RRel 157. 9. *L. Drees* Olympia, 1967. 10. *J. Schouten* The Rod and Serpent of Asklepios, 1967.

Staberius Eros, Grammatiker des 1. Jh.s v. Chr., wahrscheinlich von Sulla nach Rom gebracht, später freigelassen. Er lebte als angesehener Lehrer, u.a. des Brutus und Cassius, in der Stadt und schrieb über Analogie *(de proportione)*. FUN GrRF 106f. H. Gä.

Stabiae (ā Ov. met. 15,711. *Stabii* Tab. Peut. 6,5), kampan. Stadt, 90 v. Chr. von Italikern (App. civ. 1,42), April 89 von Sulla (Plin. nat. 3,70) erobert, Kurort (Cic. fam. 7,1,1. Colum. 10,133, Plin. nat. 31,9. 32,17), beim Vesuvausbruch 79 n. Chr. verschüttet; Plinius d. Ä. fand hier seinen Tod (Plin. epist. 6,16,12); Neuanlage mit Milchkuren (Gal. Therap. meth. 5,12) näher *Mons Lactarius* (Cassiod. var. 11,10. Prok. Goth. 4,35). Umfangreiche neue Grabungen b. Castellammare di Stabia. G. R.

Nissen It. Ldk. 2,766. *Forbiger* HB. d. alt. Geogr. 3,493. *Beloch* Camp. [2]248 ff. *Miller* Itin. Rom. 363. *L. d'Orisi*, RA 1959, 78 ff. *Ders.* Gli scavi arch. di Stabia, Mil. 1965. *O. Elia* Le pitture di Stabia, Nap. 1957. *K. Schefold* Das neue Mus. von Cast. di Stab., Bern 1959. *J. M. Croisille*, Latomus 25, 1966, 245 ff.

Stadiasmos bezeichnet im eigentlichen Sinne Berechnung von Entfernungen in Stadien. Der Ausdruck erscheint als Titel einer Abhandlung des → Timosthenes v. Rhodos, die die Entfernungen von Hafen zu Hafen im ganzen Mittelmeer zusammenfaßte, wahrscheinlich für den Gebrauch der Seefahrer (SUSEMIHL 1,661). Diese Abhandlung hat als Grundlage für den Periplus des → Artemidoros (1) gedient. Nach ihrem Titel zu urteilen, scheinen die *Ἀσίας σταδιασμῶν α' καὶ Εὐρώπης α'* des Hermogenes, Charidemos' Sohn, auch Landmessungen hinzugezogen zu haben, die bezweckten, die Dimensionen der Ökumene zu schätzen (IG Rom. IV 1445, Smyrna, 2. Jh. n. Chr.). Dagegen beschränkt sich der *Σταδιασμὸς ἤτοι περίπλους τῆς μεγάλης θαλάσσης*, eine anonyme byz. Bearbeitung eines St. des 3. Jh. n. Chr., der seinerseits auf älteren Abhandlungen fußte, auf das Mittelmeer. Erhalten sind die Küstenmessungen Alexandreia-Utica und Arados (Phoinikien)-Miletos und die Periploi von Kypros und Kreta (GGM I 427–514). F. L.

Stadion. 1. (στάδιον, argiv. σπάδιον, zu σπάω?), »das in die Länge Gezogene, Raumstrecke«, gängigstes griech. Wegemaß, urspr. wohl der Weg, der in 2 Minuten zurückgelegt werden konnte, nach Einfügung in das System der → Längenmaße zu 6 → Plethra und 600 Fuß (→ Pus) normiert (vgl. Hdt. 2,149,3) und entsprechend den verschiedenen Fußnormen stark variierend. So hielt das St. des Fußes von 296 mm 177,6 m, gab es ein St. von ca. 185 m, dessen 8faches der röm. Meile *(mille → passus)* von rund 1,5 km entsprach, maß das St. in Olympia 192,3 m. H. Ch.

F.Hultsch Metrologie² 28. 32ff. 48f. u. sonst (s. Index). *C.F.Lehmann-Haupt*, RE III A 1930ff.

2. Bezeichnung für einen Lauf, übertragen von der Strecke, über die er ausgetragen wurde, einem Stadion = ca. 180 m (vgl. Dromos o. II 165; zur Etym. s. RE III A 1930f.). Die genaue Distanz variierte geringfügig an den verschiedenen Rennplätzen. Das Rennen verlief in gerader Richtung von der Doppellinie am Start (*γραμμή*) bis zur Ziellinie (Pind. O. 10,64). Hölzerne Schranken (*βαλβῖδες*) wurden verwendet, um einen gleichen Start der Konkurrierenden zu gewährleisten (Poll. 3,146), die durch das Los in Riegen (*τάξεις*) zur Abhaltung von Ausscheidungsläufen (Paus. 6,13, 4) eingeteilt wurden. Das Rennen verlangte vielmehr die Erzielung größtmöglicher Schnelligkeit über eine kurze Distanz als Ausdauer wie beim *δόλιχος* und den längeren Läufen (Parmenion, Anth. Pal. 9,342. Plut. Phok. 23) und bedingte den Laufstil mit flügelschlagartigen Armbewegungen, um so den Schwung zu vergrößern, wie man es auf vielen Vasenbildern sehen kann, bes. auf der panathenäischen Amphora 498 (Mon. d. Inst. 10, 48 m. Philostr. Gymn. 32–33). Das S. ist der älteste der athlet. Wettkämpfe und der einzige bei den ersten 17 Olymp. Spielen (Paus. 5,8,6), und als andere Wettkämpfe hinzugefügt wurden, war es vielleicht der Eröffnungskampf, obschon später der *δόλιχος* das Programm eröffnete (Paus. 6,13, 3). Der Lauf bei den Leichenspielen für Patroklos war auch dieser Art, es sei denn, man betrachtet den Ausdruck *τέρματα* (Il. 23,757), wie GARDINER es tut (JHS 23, 1903, 261), als »Wendemarken«. Für das S. war der wertvollste Preis im Knabenwettlauf bei den Panathenäen im 4. Jh. ausgesetzt (IG II² 2311). O. W. R.

W.Zschietzschmann Wettkampf u. Übungsstätten in Griechenland, 1960/61. *E.N.Gardiner* Greek Athletic Sports and Festivals, 1910. *Ders.* Athletics of the Anc. World, 1930.

3. Ursprünglich ist das S. nur Laufbahn über die Distanz eines S. (= 600 Fuß). Im Zeusheiligtum von → Olympia, dessen S. hier als Beispiel für die andern stehen mag, ist der S.-Lauf ein Teil der Kulthandlung. Daher liegen die ersten beiden S.-Anlagen aus dem 6. und 5. Jh. v. Chr. im Heiligtum selbst, wobei das Ziel (*τέρμα*) nordöstlich des Zeustempels liegt, so daß der Lauf immer vom Start (*ἄφεσις*) in Richtung auf den Tempel und den Altar erfolgte. Erst mit zunehmender »Profanierung« der Spiele, was jedoch keine Loslösung vom Kult bedeutet, wird das S. im 4. Jh. v. Chr. aus der Altis herausverlegt und durch die Echohalle vom Heiligtum abgetrennt. Längs- (212,14 m) und Schmalseiten (30,55 im W. und 31,26 m im O.) tragen künstliche Böschungen, auf denen etwa 50000 Zuschauer stehend Platz fanden. Sitze hat es im S. von Olympia mit wenigen Ausnahmen nicht gegeben. An beiden Schmalseiten sind Startschwellen – Kalksteinblöcke mit jeweils 2 parallelen Rillen – für 20 Läufer zum großen T. in situ erhalten. Ihr Abstand beträgt 192,25 m (Delphi 177,35; Epidauros 181,30; Athen 184,30). Rings um das S. zieht sich eine Wasserrinne mit Becken und eine Steinsetzung, die an den Längsseiten eine starke Kurvatur aufweist. Das S. erhält im 3. Jh. v. Chr. einen überwölbten Zugang von der Altis her mit einer vorgeblendeten korinth. Toranlage. Während das S. in Olympia diese Form bis zum Ende beibehält, erhalten andere S.-Anlagen steinerne Sitzreihen, abgerundete Schmalseiten und Brüstungen, die den Zuschauer von der Kampfbahn trennen (Delphi, Athen, Rhodos), wobei sich allmählich der Übergang zum → circus vollzieht. S. O.

Fiechter, RE III A 1967. *W.Zschietzschmann* Wettkampf und Übungsstätten in Griechenland, Beitr. zur Lehre und Forschung der Leibeserziehung Bd. 5, 1960. *L. Drees* Olympia, 1967. *A.Mallwitz* Olympia und seine Bauten, 1972. *H.-V.Herrmann* Olympia, Heiligtum und Wettkampfstätte, 1972. *E. Kunze* in: 100 Jahre deutsche Ausgrabung in Olympia, 1972. *F.Kritzinger* Das Stadion (im Druck).

Städtebau. Die Polis als Lebensraum der Griechen hat baulich eine vom S. der vor- und außergriech. Welt verschiedene Entwicklung genommen. Das minoische Kreta kennt die um den Herrschersitz sich entwickelnde St(adt) ohne Befestigung, die im Typus den St. Vorderasiens und Äg. grundsätzl. nahesteht. Die griech. St., seit dem 5. Jh. in der Regel mit Mauerring, hat keinen Herrschersitz, dafür als Zentren bürgerl. Lebens einerseits die Tempel, andererseits die → Agora. Schon früh tritt neben die unregelmäßig gewachsene St. ([6], 82 Abb. 3. Athen) die gegründete, einem regelmäßigen Plan folgende Anlage. Aus dem urspr. wohl mit der Praxis der Koloniegründungen, bei der alle Kolonisten ein gleich großes Baulos zugeteilt erhielten ([8], 52 Abb. 44) zusammenhängenden regelmäßigen St. plan entwickeln griech. Architekten seit um 500 v. Chr. ein rationales, orthogonales System, in dem »die Häuserblocks ... nach einfachsten Zahlenverhältnissen proportioniert sind. Damit wird das gleiche echt griech. Bedürfnis nach einer durch die Zahl garantierten gedanklichen Ordnung sichtbar wie im Proportionsgefüge des Tempels, das also stärker war als die Vorteile der sehr viel elastischer dem Gelände sich anpassenden unregelmäßigen Anlage« ([7]). Frühes Muster dieses S. ist der Neubau von → Miletos ([2], T. 6. [6], 98) nach der Perserzerstörung, zugeschrieben dem → Hippodamos, der auch Staatstheoretiker war. Das hippodamische System des S. liegt vielen Neubauten der klass. Z. zugrunde, etwa dem → Peiraieus oder → Olynthos. Agora und Tempelbezirke werden durch

Aussparen von Häuserblocks gewonnen; in der Regel gehört auch eine geordnete Wasserversorgung zum System. → Priene ist formengeschichtl. ein Fortschritt, insofern »die Platzanlage der Agora ... als proportionierte Fläche jetzt umgekehrt die angrenzenden Häuserblocks anschneidet« ([7]). Der Hellenismus differenziert stärker zwischen Haupt- und Nebenstraßen; es bleibt fraglich, ob dies Vorbereitung des italischen S. ist, bereits unter dessen Einfluß oder unabhängig von diesem geschah. Hellenist. Beispiele etwa →Alexandreia (1; [6], 119) oder → Dura-Europos ([6],166).

Auch Italien kennt von Anfang an die gewachsene St. (etwa Rom. St.kern von Pompeii [21]), daneben früh die gegründete St. Spätestens beim Neubau nach 409 hat → Selinus (4; [6], T. 7,2) das breite Achsenkreuz von Hauptstraßen erhalten ([2], 31. [6], 89ff.), das nicht allein aus dem hippodamischen System zu erklären ist; ähnlich auch die St.erweiterung von Pompeii noch vor dem Hellenismus ([21]). Altital. S. mag dabei mitgewirkt haben, doch sicher hat mindestens für die röm. → *coloniae* die Grundanlage der → *castra* eine entscheidende Rolle gespielt. → Augusta (3) Praetoria (h. Aosta) ist dafür ein gutes Beispiel ([26], 161 Abb. 156). Der Typus wurde für alle großen St. der Kaiserz. maßgebend, die Einzelheiten immer aufwendiger ausgestaltet. Das streng achsiale Straßensystem mit Haupt- und Nebenstraßen ist so angelegt, daß Hauptstraßen auf wichtige Bauten hinführen (Capitolium, Thermen, Theater usw.). Hauptstraßen werden gern als Säulenstraßen angelegt, deren Kreuzung durch einen *Ianus* → *quadrifrons* (Bogen mit vier Zugängen) betont sein kann. *Fora*, *templa* usw. sind nicht Bestandteil der Verkehrsanlage, sondern durch Säulenhallen, seltener Mauern aus ihr ausgegliedert, oft durch Niveauänderung für Fahrzeuge unbenützbar gemacht. Die meist gepflasterten Straßen sondern Fahrbahn und Fußgängersteig. Fora und Thermen werden nach Möglichkeit rational verteilt. Ein bes. Kennzeichen röm. S. sind die zahlreichen Brunnen, denen das Wasser entweder durch Leitungen vom *castellum aquae* her oder durch Anlage eines Aquaeduktes in die St. hinein zugeführt wird. Ist die St. eine *colonia*, so liegt das Capitolium am Hauptplatz, dem auch die St.verwaltung *(curia* usw.*)* gern zugeordnet wird. Da der Ausdehnung der St. über den Mauerring hinaus Grenzen gesetzt sind, entstehen, ermöglicht durch die Technik des Ziegelbaues, im Lauf der Kaiserz. vielstöckige Miethäuser (→ *Insula*). Wuchs die St. über eine Mittelgröße hinaus, so entstanden schwierigste Probleme für Versorgung, Wasserzu- und -abfuhr, Abfallbeseitigung usw., die kaum lösbar waren. Das Areal der röm. Großst. war dem MA. im allg. zu weit; erst seit der Renaissance gibt es wieder einen S., der es an Qualität mit der mittleren und späteren Kaiserz. aufnehmen kann. W. H. G.

1. RE VIII A 1974ff. 2. *v. Gerkan* Griech. Städteanlagen, 1924. 3. *Krischen* Die griech. Stadt, 1938. 4. *Boethius* Greek and Roman Town Architecture, 1948. 5. *Wycherley* How The Greeks built Cities, 1949. ²1962. 6. *R. Martin* L'urbanisme dans la Grèce ant., 1956. 7. *Drerup*, G 62, 1955, 144f. 8. *Ders.* Griech. Baukunst in geometr. Z., 1969. 9. *Castagnoli* Ippodamo di Mileto e l'urbanistica a pianta ortogonale, 1956. 10. *Ders.*, Archaeologia Class. 15, 1963, 180ff. 11. *Naumann* Architektur Kleinasiens, 1955. 12. *Egli* Gesch. d. S. I: Die alte Welt, 1959. 13. *Kriesis* Greek Town Building, 1965. 14. Studi di urbanistica ant. (Quaderni dell'Istituto di topogr. ant. Roma) 1966. 15. *Lavedan-Hugueney* Histoire de l'urbanisme. Antiquité, ²1966. 16. *García y Bellido* Urbanistica de las grandes ciudades del mundo antiguo, 1966. 17. *Giuliano* Urbanistica delle città greche, 1966. 18. *Coppa* Storia dell'urbanistica, 1969. 19. *Weißengräber*, JOEAI 48, 1966/67, 76ff. 20. *Staccioli*, Archaeologia Class. 20, 1968, 141ff. 21. *v. Gerkan* Der Stadtplan von Pompeji, 1940. 22. *Vinaccia* Il problema dell'urbanistica dell'ant. Roma, 1939. 23. *Homo* Rome Impériale et l'urbanisme, 1951. 24. *Boethius*, Göteborgs Högskolas Årsskrifter 54, 1948/3. 25. *Ders.*, Opusc. Atheniensia 1, 1953, 172ff. 26. *Crema* L'architettura romana, 1959. 27. *Dodi* Dell'antica urbanistica romana nel medio oriente, 1962.

Stämme Israel s. Iuda

Stageiros (*Στάγειρος*, später *Στάγειρα*), kleine griech. Stadt, gegründet von den Andriern, beim h. Nizvoro, im ö. Bergwerkdistrikt der chalkid. Halbinsel, Geburtsort des Aristoteles. S. gehörte dem Att. Seebund an mit einem geringen Beitrag. Im pelop. Krieg ergab sich S. dem Brasidas, verteidigte sich erfolgreich gegen Kleon und bewahrte seine Autonomie. Im olynth. Krieg (349) durch Philipp II. zerstört, doch dem Aristot. zuliebe wieder aufgebaut, Hdt. 7,115. Thuk. 4,88,2. Strab. 7,331. Plut. Alex. 7,3. Chr. D.

Stahl (*χάλυψ*, *στόμωμα*, *adamas*). Die Gewinnung von S. (vereinzelt schon am E. des 2. Jt.s, in größeren Mengen erst seit geom. Z.) erfolgte durch Anreicherung des Roheisens mit Kohlenstoff (zw. 0,5% und 1,7%), indem man das Eisen auf Holzkohle mit verschiedenen Zusätzen (gemahlenes Ziegenhorn, Salz, Eiweiß von Vogeleiern u.a.) wiederholt durchglühte und ausschmiedete. Eine weitere Methode des Härtens war das »Ablöschen« (*βαφή*) des glühenden Eisens mit Wasser (Hom. Od. 9,391), mit Urin eines mit Farnkraut gefütterten Bockes oder eines rothaarigen Knaben, mit Bocksblut (Plin. nat. 28,148) oder für feinere Geräte auch mit Öl (Hippokr. Coacae praen. 384). Dabei wurden oft nur bestimmte Teile eines Gerätes gehärtet. Zu spröde gewordener Stahl konnte (wohl erst in röm. Z.) durch das sog. Anlassen (Erhitzung bis ca. 250° und langsames Erkalten oder Behandeln mit Öl [Plin. nat. 34,146]) an der Oberfläche wieder geschmeidig gemacht werden. Der beste Stahl entstand durch Zusammenschmieden von Eisen- und Stahlstäben, wobei die Härte des Stahls und die Geschmeidigkeit des Eisens

z. B. für Schwertklingen eine günstige Verbindung darstellten. Obwohl im ganzen Mittelmeergebiet Eisenerzlager im Alt. ausgebeutet wurden, importierte man auch Eisen und Stahl vor allem aus Indien (Serica?) wegen der besseren Qualität (Plin. nat. 34,145). S. O.

Rommel, RE III A 2126. *Blümner* Techn. 67ff. *Ἱστορία τοῦ Ἑλληνικοῦ ἔθνους* 2, Athen 1971, 468 (mit Abb.). *H. Hodges* Technology in the Anc. World, 1970, 146ff. (mit Abb.). *R. J. Forbes* Bergbau, Steinbruchtätigkeit und Hüttenwesen, Archaeologia Homerica Bd. 2 K, 1967, 29ff. (mit Abb.). *Ders.* Studies in Anc. Technology VIII und IX, 1964.

Staienus. Osk. Gentilname, Weiterbildung von → Staius. – C. S., 108 bis vor 66 v. Chr., viell. aus → Atella, nannte sich nach fiktiver Adoption C. Aelius Paetus S. Quelle: Cic. Cluent., bes. 65ff. 72. 99. 101f., dazu Verr. 1,39 u. a. Als Quaestor 77 (Broughton Mag. 2,89) war er Urheber einer Meuterei unter den Soldaten des cos. Mam. Aemilius Lepidus; deshalb wurde er später von den Brüdern → Cominius (I 3) angeklagt und in einem Maiestätsverfahren verurteilt. Doch zunächst war er als Anwalt tätig, bewarb sich 74 um die Aedilität und erwies sich als Geschworener skrupellos, bestechlich und unredlich, bes. im Prozeß des Safinius und dem des Statius → Albius (4) Oppianicus im J. 74. H. G. G.

Staius. Osk. Gentilname (Schulze Eigenn. 186f.), inschr. auf Delos schon E. 3. Jh. v. Chr. **1.** Minatus S. (wahrscheinl. Name des von Liv. 10, 20,13 genannten Statius Minacius), samnit. Feldherr, der 296 in Campanien gefangen wurde. **2.** L. S. Murcus (Sex. f.), wohl aus Mittelitalien. Legat Caesars im Bürgerkrieg, 48 Befehlshaber in → Orikon, zus. mit M. → Acilius (I 9) Caninus, und 46 in Africa (vgl. M. Gelzer Caesar[6] 247,346). 45 (?) Praetor (Broughton Mag. 2,307), ging nach Caesars Ermordung zu den Attentätern über (App. civ. 2,500) und bekämpfte dann als Statthalter in Syrien (procos. 44–43) den Q. → Caecilius (I 10) Bassus, den er nach Unterstützung durch Q. → Marcius (I 16) Crispus in → Apameia (3) einschloß. Von → Cassius (I 15) wurde er 43 zum Flottenpräfecten ernannt (42–41, Cass. Dio 28,4; Mz.: *Murcus imp.*), entschied den Untergang des P. → Dolabella (1), schlug 43 die Rhodier, blokkierte dann den → Antonius (9) in Brundisium, mußte zurückweichen, beherrschte aber dann die See wieder und schlug zusammen mit Cn. → Domitius (I 10) Ahenobarbus im Herbst 42 den Cn. → Domitius (I 14) Calvinus. 41 schloß er sich dem Sex. Pompeius an (als Legatus ?) und wurde, wohl auf Betreiben des → Menodoros (1) u. des → Menekrates (3), ca. 39 in Syrakus ermordet, Vell. 2,77,3 u. a. R. Syme Rom. Rev., 1960, 563 (Ind.). H. G. G.

Stallius. Ital. Personenname (Schulze Eigenn. 425). – Sthennius S., Feldherr der Lukaner, leitete 2 Einfälle in das Gebiet von Thurioi; 285 entschieden sich die Römer für eine Intervention, die C. → Fabricius (I 4) 282 durchführte. Plin. nat. 34,32. H. G. G.

Staphylos (*Στάφυλος*, zu *σταφυλή* »Weintraube«; *Σταφυλίτης, Εὐστάφυλος* Beiname des Dionysos). **1.** Sohn von Dionysos und Ariadne, Bruder des → Oinopion, Gatte der Chrysothemis (1; Diod. 5,62,1), Vater von → Rhoio, → Molpadia (1) und → Parthenos (3). Vgl. auch Parthen. 1. S. als Argonaut nur Apollod. 1,113. Theseus als Vater des S. Plut. Thes. 20. **2.** Sohn des Silenos, angebl. Erfinder des Brauches, Wein mit Wasser zu mischen. Sall. frg. 87 (II 138 D.). Plin. nat. 7,199. **3.** Nonn. Dion. 18–20 schildert romanhaft den Besuch des Dionysos auf seinem Triumphzuge nach Indien bei dem assyr. König S., seiner Gattin *Μέθη* und seinem Sohne *Βότρυς*, den Tod des Königs und die *ἆθλα ἐπὶ Σταφύλῳ*. H. v. G.

Stasanor (*Στασάνωρ*), wohl aus Fürstengeschlecht von → Soloi stammend, *ἑταῖρος* Alexanders d. Gr. (Arr. an. 3,29,3). Er erhielt 329 nach Verhaftung des bisherigen Satrapen die Satrapie → Areia, dazu 328 → Drangiana, die er bis 321 leitete (Arr. 6,27,3. Diod. 18,3,3. Ps.-Call. 3,31. Ersetzung durch Stasandros 321 Arr. succ. 36) ist wegen Namensähnlichkeit zweifelhaft, doch scheint St. danach in → Baktrien, der → Sogdiana (Diod. 18. 39,6. Porphyr. de abstin. 4, 21. Iust. 15. 4,11) und selbst der → Parthia (Iust. 13,4,23) geherrscht zu haben. G. W.

Niese St 1. 2 pass. *Berve* Alexanderreich II Nr. 719. *Honigmann*, RE III A 2153.

Staseas aus Neapel, Peripatetiker, hielt sich während Ciceros Jugend in Rom auf; er wohnte und lehrte im Hause des L. → Calpurnius (I 22) Piso. Cicero nennt und rühmt ihn fin. 5,8 und 75, ferner de or. 1,102 und 104. H. D.

Stasikrates (*Στασικράτης*). Plut. Alex. 72, 5ff.; mor. 335cff. nennt S. den Architekten, der bei Vitr. 2 praef. 1ff. Dinocrates, Strab. 14,641 Cheirokrates, Eust. Hom. Il. 14,229 (= Sch. Townleyana) Diokles heißt. → Deinokrates (3). W. H. G.

Stasimon: *στάσις* (*ἵστημι*) »das Stehen, Stellung, Aufstellung«, daher auch »Chor« (Hesych.). Adj. *στάσιμος* »stehend«, von der Musik etwa »gesetzt, statarisch«, substantiviert *στάσιμον* Bezeichnung bestimmter Lieder im Drama. Für die Trag. unterscheidet Aristot. poet. 1452b 16 unter den *χορικά* das *στάσιμον* von der *πάροδος* und definiert: *στάσιμον δὲ μέλος χοροῦ τὸ ἄνευ ἀναπαίστου καὶ τροχαίου* (a. O. 23f.). Von dieser und allen späteren Definitionen (Sch. Aristoph. Ran. 1281 u. a.) ist die Unterscheidung des S. von der Parodos festzuhalten, während die spätere Vorstellung von der Bewegungslosigkeit des Chores falsch ist. Das S. war immer mit Musik und Tanz verbunden ([2], 251ff.); *στάσιμον* bedeutet, daß der Chor seinen Platz (in der Orchestra) erreicht hatte, [3], 251. Die Definition von [4], 114: »einheitliches Lied des (trag.) Chors, das die Handlung äußerlich und innerlich gliedert« mag auch für Satyrspiel und Komödie gelten.

Übersicht über S. in der griech. Tragödie bei [4], 124f. Bau fast durchwegs antistrophisch (aa, bb, cc ...). Die Zahl der S. innerhalb eines Stückes nimmt im Laufe der Entwicklung im allg. zu: Aischyl. 3, Soph. u. Eur. meist 4, manchmal 5; dagegen nimmt die Strophenzahl des einzelnen S. im allg. ab: Aischyl. bis zu 5, Soph. u. Eur. gewöhnlich 2, Eur. gelegentlich mit Epodos. Gegen E. 5. Jh. verloren die S. wie alle Chorlieder immer mehr den Zusammenhang mit der Handlung und wurden zur bloßen Zwischenaktmusik. → Agathon (1) soll als erster seinen Chor Embolima haben singen lassen (Aristot. poet. 1456a 30).

Die röm. Tragiker der Republik wie auch später Seneca hatten Chöre, die denen ihrer klass. griech. Vorbilder ungefähr entsprachen, also auch handlungsgliedernde. F. St.

1. *J. Rode* Das Chorlied. In: *W. Jens* Die Bauformen der griech. Tragödie, Bh. z. Poetica 6, 1971, 85–115. 2. *A. Pickard-Cambridge–J. Gould–D. M. Lewis* The Dramatic Festivals of Athens, Oxf. 1968. 3. *W. Kraus* Strophengestaltung in d. griech. Tragödie. Bd. 1: Aischylos und Sophokles. SBAW 231/34, 1957. 4. *W. Kranz* Stasimon, Bln. 1933.

Stasinos (*Στασῖνος*) aus Kypros wird neben anderen als Vf. der Kypria genannt (Athen. 8, 334b. 15,682d. Clem. Al. Strom. 6,2,19,1. Prokl. Chrestom. 22 SEVERYNS u. a.). Da die Kypria auch als hom. galten, erfand man, daß Homer sie als Mitgift für seine Tochter S. überlassen habe (Prokl. ebd. Ail. var. 9,15). R. K.

Stasippos (*Στάσιππος*). Führer der spartafreundlichen Oligarchen in Tegea. Als die Demokraten nach der Schlacht bei Leuktra nach einer Teilnahme am arkad. Gesamtstaat strebten, widerstanden die bisher herrschenden Oligarchen unter S. Es kam zum Kampf, in dem die zunächst geschlagenen Demokraten, denen gegenüber S. sich maßvoll verhielt, dann mit mantineischer Hilfe doch siegten. Die unterlegenen Oligarchen mit S., die in einen Tempel geflohen waren, wurden getötet (Xen. hell. 6,4,18. 6,5,6–9. 6,5,36. Diod. 15,59; vgl. Val. Max. 4,1 Ext. 5). G. Do.

Stasislehre. In hellenist. Z. (→ Hermagoras 1) entwickeltes, von den Römern (→ Rhet. ad Herennium, Cic. inv., Quint. inst. 3,6 und B. 7) übernommenes, in den folgenden Jh.en (z. B. von → Hermogenes 9, → Sulpicius B 6, → Zenon v. Athen) weiter tradiertes und verfeinertes System der Bestimmung des jeweils anstehenden Streitfalles (*quaestio*), d. h. des exakten jur. Aspektes und seiner Benennung, soweit dies für die Anlage und Ausrichtung einer Rede von Belang war. Somit war die St. ganz vorwiegend dem *genus iudiciale* zugeordnet. Der angeblich schon von → Naukrates (2) verwendete griech. Begr. *στάσις* wird zunächst mit *constitutio* (Rhet. Her., Cic. inv.), seit Cic. top. 93 mit *status* wiedergegeben und in den HB. zumeist als raumgreifender Exkurs im Rahmen der *inventio* abgehandelt. Zu den üblichen 4 Hauptstatus (1. *στοχασμός, st. coniecturalis = controversia facti*, 2. *ὅρος, st. definitivus = contr. nominis*, 3. *ποιότης, st. generalis = contr. generis*, 4. *μετάληψις, st. translativus = contr. actionis*) tritt eine bei den einzelnen Autoren verschieden große Zahl untergeordneter Sonderfälle. Vgl. o. Bd. IV 1411–1414. H. Gä.

W. Kroll, RE Suppl. VII 1091. 1135ff. *H. Lausberg* HB. der lit. Rhet. §§ 79ff. *G. Kennedy* The art of persuasion in Greece, Princeton 1963, 306ff.

Stata Mater wurde in Rom verehrt, weil sie dem Feuer Einhalt gebot; das wird aus Cic. leg. 2,28. Fest. 416,25ff. Paul. Fest. 417,4 L. erschlossen. Sie hatte ein *simulacrum* auf dem Forum und gab einem *vicus* den Namen (CIL VI 36809; vgl. *vicus Statae Siccianae*, CIL VI 975); Inschr. CIL I² 994. VI 763–66. 802. G. R.

Prell.-Jord. 2,153. *Peter* Myth. Lex. 2,223. *Wissowa* Rel.² 230. *Latte* RRel 337. *Radke* Götter Altitaliens 291f.

Stateira (*Στάτειρα*). **1.** Gemahlin des → Artaxerxes II. (2), wurde von der Königinmutter → Parysatis (1) gehaßt und bei einer Mahlzeit vergiftet, Plut. Artax. 5. 6. 17ff. In dem Roman des → Chariton kämpft S. um die Liebe des Großkönigs gegen Kallirhoe, erkennt ihre Schönheit an und wird durch Kallirhoe aus äg. Gefangenschaft gerettet. R. PETRI Über den Roman des Chariton, 1963, 39ff. **2.** Schwestergemahlin des → Dareios III. (3), Königin der Perser, starb, nach der Schlacht bei Issos gefangen, im Kindbett und wurde auf Befehl Alexanders d. Gr. prächtig bestattet, *non amoris, sed humanitatis causa*. Iust. 11,12,6. Plut. Alex. 30; mor. 338e. Diod. 17,54,2. Curt. 3,3,22. 11,24,24. 12,11. 22. 4,10. Gell. 7,8. BERVE Alex. 2, 721. **3.** Tochter des → Dareios III. (3). Dieser bot 332 die nach der Schlacht bei → Issos gefangene S. Alexander als Frau an, falls er seinen Zug nicht fortsetzte, Alexander lehnte ab, heiratete aber 324 S. in Susa, um sich als Nachfolger der → Achaimeniden zu zeigen. Nach dem Tode Alexanders wurde S. nach Babylon gelockt und auf Anstiften der → Roxane ermordet. Diod. 17,54,2. Plut. Alex. 21. 29,7. 77,6. BERVE Alex. 2,722. H. V.

Stater (*στατήρ*), eigentl. der »Wieger«, viell. beiderseits gleiches Gewicht auf der Waage, Doppeltes einer Gewichtseinheit, der Mine (→ *μνᾶ*) oder der → Drachme (in Athen aber auch des → Didrachmons [PERNICE 31f. 82]) und selbst als Einheit verstanden. Als t. t. des → Münzwesens bedeutet St. das »Normal-« oder »Einheitsstück«, meist das Didrachmon des jeweiligen Münzfußes, sei es in → Elektron (→ Kyzikener), sei es in Gold (→ Kroiseios, Dareikos, Philippeioi), worin auch mehrfache St.: Tetrastateron (→ Oktadrachmon), Pentastateron (→ Dekadrachmon), und die Hälfte: Hemistateron, begegnen, sei es in Silber (→ Didrachmon, Drachme, Nummus). In der att. Silberwährung bilden dagegen seit ihrem Einsetzen um

530 die → Tetradrachmen das Normalstück und damit den St., und das gilt auch für Prägungen, die die att. zum Vorbild haben. Auf diesem Umwege wurde in röm. Z. der Münz-St. wieder zum Gewicht, indem das 4fache der sog. jüngeren att. Drachme (= neron. → Denar zu 3,41 g) auch zur Bezeichnung der → Semuncia von 13,64 g diente. H. Ch.

E. Pernice Griech. Gewichte, Bln. 1894. *K. Regling*, RE II A 2172ff. und bei *Schrötter* WBMzK s. v.

Stathmuchos (σταθμοῦχος) bezeichnete **1.** in Äg. in ptolem. Z. den Eigentümer eines Hauses, das in Ermangelung staatl. Baracken als Truppenunterkunft oder als privates Absteigequartier der Militäransiedler oder auch der Zivilbeamten von dem Vertreter der Gau-Finanzverwaltung in Anspruch genommen worden war ([1]). Das urspr. hinsichtlich des Stathmos bestehende Verfügungsverbot ([2]) wurde im Laufe der Z. verschiedentl. gelockert; **2.** in röm. Z., vor allem in den census-Erklärungen, den Hauseigentümer im Gegensatz zu seinen Mietern (Preisigke Pap. WB. s. v.). E.B.

1. *R. Taubenschlag* The Law of Greco-Roman Egypt, 1955, 238. 2. *E. Seidl* Ptolem. R.-Gesch., 1947, 121.

Statielli (Plin. nat. 3,47. Liv. 42,21,5; *Statiellenses* Cic. fam. 11,11,2; *Statiellates* Liv. 42,8,5), ligur. (Liv. 42,7,3) Stamm, mit dem die Römer 173/72 v. Chr. zu kämpfen hatten; ihr Hauptort *Aquae* (s. Bd. I 475) *Statiellae* (Strab. 5,217; *Aquae Statiellorum* Plin. nat. 3,49) an der Bormida gehört zur *Tribus Tromentina* (L. Ross Taylor Voting Districts etc. 275); h. Acqui. G. R.

Nissen It. Ldk. 2,157f. *Forbiger* HB. d. alt. Geogr. 3,394.

Statilius. Ital. Gentilname (Schulze Eigenn. 166. 236. 444). In Rom seit dem 1. Jh. v. Chr.

I. Republikanische Zeit. **1.** Befreundet mit → Cato (10), dem er als jüngerer Mann 46 in den Tod folgen wollte, und dann mit → Brutus (9), fiel 42 bei Philippi, Plut. Cat. min. 73,3; Brut. 12,2. 51,3. **2.** L. S., röm. Ritter, blieb 63 als Anhänger → Catilinas in Rom zurück (Sall. Cat. 17,4. 52, 34), sollte sich an der Brandstiftung beteiligen (43,2) und war anwesend bei den Verhandlungen mit den Gesandten der Allobroger (44,1f.). Er wurde am 3. Dez. verhaftet und am 5. Dez. mit 4 weiteren Catilinariern im → Tullianum hingerichtet (55,6). **3.** Marius S., Führer einer lukan. Reiterabteilung, bewährte sich 216 vor der Schl. bei Cannae als Kundschafter, Liv. 22,42,4ff. 43,7. Später (215 ?) gelang es Q. → Fabius (I 40) Maximus, ihn durch Auszeichnungen bei der Treue zu halten. **4.** Statius S., lukan. Feldherr, der 282 von C. → Fabricius (I 4) geschlagen und gefangen wurde. Viell. ident. mit Sthennius → Stallius. Val. Max. 1,8,6. H. G. G.

II. Kaiserzeit. **1.** T. S. Barbarus. Seine Laufbahn aus sever. Z. (CIL VI 1522 = DessILS 1144): *sevir eq. rom.*, *[X vir stli]t. iudic.*, *tr. laticl.* einer unbekannten Legion, *[q(uaestor)] prov. Afric.*, *[praet.]*. Er nahm 195 als Legionslegat am *bellum Parth(icum) Mesop(otamicum)* des → Septimius (II 7) Severus teil, *leg. pr. pr. prov. Thraciae* 196–198 (IGR I 787, vgl. 746. 747 und zahlreiche Mz.; A. Stein Thrak. 41ff.), *cos. suff.* 198 oder 199 (Degrassi FImp. 56), *leg. Augg.* von Obergermanien (Ritterling Fasti 36f. 35). **2.** T. S. Maximus. Seine Laufbahn (CIL III 10336): *IIII[vir v(iarum) curand.]*, *trib. leg. IIII Sc[yth.]*. Teilnahme am Partherkrieg → Traians, Verleihung der *dona militaria*, *quaest. u[rb.] ab act(is) senat(us)*, *tr[ib.] plebis*, *praet. curat[o]r viae Aurel.*, *leg. leg. I ad(iutricis) in Brigetio* (J. Fitz, Act. ant. 9, 1961, 162f.), *iurid(icus) pr. pr. utriusqu[e] Pannoniae* 136/37 im Zusammenhang mit dem Kommando des L. → Ceionius (4) Commodus = L. Aelius Caesar (Reidinger Pann. 177 Anm. 284) und *leg. p[r.] pr. Pannoniae infe[r.]* 138–142 (CIL XVI 175. J. Fitz, Act. ant. 11, 1963, 259ff. Á. Dobó Pann. 53f., 36), *cos. ord.* 144 (CIL VI 2379. XVI 90. Degrassi FImp. 41), *curat. aed. sacra[r(um)]* (CIL VI 1008).

3ff. Statilii Tauri. Familie aus Lukanien, die seit august. Z. durch kluge Heiraten und Konfiskationen zu großem Reichtum gelangte.

3. T. S. Taurus. Anhänger und Feldherr des Augustus, bereits 43 v. Chr. Senator, Cic. fam. 12,25, etwa 40 *praetor*, 37 *cos. suff.* zus. mit M. Vipsanius → Agrippa, Broughton 2,395. Im Krieg gegen Sex. → Pompeius (I 3) Befehlshaber der Flotte, App. civ. 5,97ff. Oros. 6,18f., und 36–34 Statthalter von Africa, das er nach dem Sturz des M. Aemilius → Lepidus (I 6) für Augustus sicherte, Pallu de Lessert Fastes de la prov. Afr. 63; dafür mit einem Triumph *ex Africa* belohnt. 34/33 Oberbefehlshaber in Illyricum, App. civ. 3,28. Cass. Dio 49,38, und 31 bei → Actium Kommandant des Landheeres, Vell. 2,85,3. Nach der Rückkehr nach Rom erbaute S. ein Amphitheater auf dem Marsfeld, Cass. Dio 51,23. 59,10. Strab. 5,236. Suet. Aug. 29; Cal. 18. 29 kämpfte er gegen die → Cantabri und Asturi in Spanien, Cass. Dio 51,20. Gardthausen Aug. 1,699, und wurde *patronus* der *colonia* → *Ilici*, CIL II 3556 = DessILS 893. Für seine mil. Erfolge insgesamt dreimal als *imperator* akklamiert, CIL X 409 = DessILS 893a, und 26 zus. mit Augustus *cos. ord. II*, CIL X 409. 3770. Suet. Nero 35. Degrassi FImp. 3. Während der Abwesenheit des Augustus trotz hohen Alters 16–10 Stadtpraef., Cass. Dio 54,19. Tac. ann. 6,11. **4.** T. S. Taurus, *cos. ord.* 11 (CIL XII 4333. Degrassi FImp. 7), mit einer Tochter des M. Valerius → Messalla (II 4) Corvinus vermählt (CIL VI 6231). **5.** T. S. Taurus, älterer Sohn von Nr. 4, *cos. ord.* 44 (CIL VI 10399 = XI 3806. DessILS 7061. Degrassi FImp. 12), *procos.* von Africa 51/52 und 52/53 (Thomasson Afr. 2,36f.). Der von der Kaiserin → Agrippina (3), die es auf seine prächtigen Gärten abgesehen hatte, durch seinen Legaten → Tarquitius (4) Priscus angestrengten Klage *de repetundis* kam er durch Selbstmord zuvor (Tac. ann. 12,59. 14,46). **6.** T. S. Taurus Corvinus, jüngerer Sohn von Nr. 4, *cos. ord.* 45, beteiligte sich 46 zusammen mit → Asinius (II 4) Gallus an einer Verschwörung gegen → Claudius (II 39; Suet. Claud. 13. Cass. Dio 60,27), scheint aber begnadigt worden zu sein, da er noch 50–54 als *frater Arvalium* erscheint (HENZEN Acta 59). **7.** T. S. Taurus Sisenna, *cos. ord.* 26 (CIL VI 7479), besaß ein Haus auf dem Palatium (Vell. 2,14,3) und große Güter in Dalmatien und Oberitalien (CIL V 332. 409. 878). Die Grabstätte seines Gesindes an der via Appia (CIL VI 6213–6640). **8.** Statilia s. Messalina (1). G. Wi.

Statilius Flaccus (*Στατύλλιος Φλάκκος*), Vf. von etwa 14 Epigrammen der Anth., lebte zwischen → Laurea, dessen Epigramm Anth. Pal. 12, 24 er dreimal variiert (12,25–27), und → Alpheios (3), der S.' Epigramm auf den schlafenden Eros 16,211 in 16,212 nachahmt (GOW-PAGE 2 p. 425. KEYDELL, Gn 43,678), also etwa E. 1. Jh. v. Chr. Er zeigt wenig Originalität, variiert → Antipatros (8) 7,290 durch 7,289, sich selbst vielleicht 9,44 und 45. Öfter behandelte Motive nehmen auf 5,5 (Lampe) und 9,98 (Sophokles). 6,196 zeigt den Stil des Leonidas (9). Dagegen ist 7,542 von → Philippos (22) 9,56 nachgeahmt. R. K.

A. S. F. Gow – D. L. Page The Garland of Philip, 1968.

Statio war im römischen Heer allg. der Platz des Postens (Caes. Gall. 6,37) wie der Posten selbst und die Wache überhaupt (Liv. 8,8,1). Im bes. bedeutete st. die Wache als Abteilung, so die Torwache (Liv. 3,5,4), die Innenwache (Tac. ann. 13, 24) und die Palastwache des Kaisers (Suet. Tib. 24). St. bezeichnete aber auch den Teil eines röm. Heeres, der in Waffen stand, während der andere schanzte (Caes. Gall. 5,15). Aus dem 4. Jh. n. Chr. sind *st. agrariae* (z. B. Amm. 14,3,2. 31,8,5), größere Feldwachen außerhalb des Lagers, und *stationarii milites*, ständige Wachkommandos an bestimmten Punkten (Amm. 18,5,3), bekannt. A. N.

F. Lammert, RE III A 2211 f. *R. Grosse* Röm. Militärgesch., Bln. 1920, 225. Über den Wachdienst siehe RE Suppl. IX 1694 ff.

Statius. Ital. Praenomen und Gentilicium. Als Vorname, abgeleitet *a stabilitate* (Auct. de praen. 4), inschr. häufig, aber in der Kaiserzeit seltener (Belege u. a. bei SCHULZE Eigenn. 37. 237. 469); bes.: S. → Gellius (I 5) 305 v. Chr., S. → Minatius (1) 296, S. → Statilius (I 4) 282, S. → Mettius, S. → Trebius (1) 216 und der berüchtigte S. → Albius (4) Oppianicus 74; als Sklavenname, wie der Dichter S. → Caecilius (III 1) erweist. Das Gentilicium S. ist wohl zuerst in → Capua (106 v. Chr.), → Praeneste und → Formiae bezeugt.

I. Republikan. Zeit. **1.** Samnite, Führer im → Bundesgenossenkrieg 90, wurde röm. Senator und verbrannte sich als achtzigjähr. Proskribierter 43 in seinem Haus. App. civ. 4,102. **2.** Sklave, Vertrauter und Geschäftsführer (bes. 61 bis 59) und seit 59 Freigelassener des Q. → Tullius Cicero. Bis 44 erscheint er in der Korrespondenz

Ciceros, oft in »Dienstbotengeschichten« (MÜNZER). **3.** T. S., Volkstribun 475, bes. wegen der Zusammenhänge (Liv. 2,52,6. Dion. Hal. ant. 9, 28,1) hist. suspekt. BROUGHTON 1,28. H. G. G.

II. Kaiserzeit. **1.** M. S. Priscus Licinius Italicus. Seine Laufbahn: CIL VI 1523 = DESSILS 1092. Nach den Anfängen einer ritterlichen Laufbahn (PFLAUM Carr. équestr. 322 ff.) trat er 136 in die senator. Karriere über: *quaes[t.]*, *tr. pl.*, *pr(aetor) inter cives et peregrinos*, Legat der *legio XIIII gem. Martia victrix* in Carnuntum (J. FITZ, Act. ant. 9, 1961, 182 f.) und als Legat der *legio XIII gem.* 156–158 Statthalter von Dakien (CIL III 940. 1061 = DESSILS 4006. 1299. 1416. XVI 108. A. STEIN Dazien 27 f.), *cos. ord.* 159 (DEGRASSI FImp. 45), *curato[r] alvei Tiberis et cl(o)acarum urbis* (W. HÜTTL Antoninus Pius 2,189), Statthalter von Moesia superior 161 (AE 1910, 86. A. STEIN Moesia 45), von Britannien 161/62 (A. R. BIRLEY, Epigr. Stud. 4, 1967, 73,28) und von Kappadokien 162–64 (PREMERSTEIN, Klio 13, 1913, 89. MAGIE Asia min. 1594). Er beteiligte sich am Partherkrieg, nahm die alte armenische Metropole → Artaxata ein (H. A. Marcus 9. Verus 7) und legte die neue Hauptstadt Kainopolis an (Suda s. *Μάρτιος*. MAGIE 661), wo er eine röm. Besatzung zurückließ (Cass. Dio 71,3, vgl. CIL III 7505 = DESSILS 2311). Er starb hochbetagt noch während des Krieges. **2.** L. S. Quadratus, *cos. ord.* 142 (CIL VI 160. XIV 67. DEGRASSI FImp. 40), *procos.* von Asia 154/55 (IGR IV 1339. Aristeid. or. 47,2. 50,63. 71. MAGIE Asia min. 1584), leitete den Märtyrerprozeß gegen den hl. Polykarpos (Iren. Adv. 3,3,4. RUINART Act. prim. mart.² 45). G. Wi.

3. P. Papinius S., röm. Dichter, * ca. 40 n. Chr. als Sohn eines erfolgreichen Rhetors u. Poeten aus dem Ritterstand (s. 5,3) in Neapel, selbst in mehreren literar. Agonen Domitians mit Panegyriken siegreich (s. 5,3,225. 4,22,66), nahm in Rom wie → Martialis (1) am poet. Klientenwesen der Zeit teil (vgl. Iuv. 7,82), kehrte kurz vor seinem Tod (ca. 96) nach Neapel zurück.

S. ist das seit → Ovidius poetisch vielseitigste Talent der röm. Dichtung. Er ist Erbe der lyr. Tradition seit → Catull, deren Elemente in den 5 B. Silvae zu einer bis zum E. der Antike abschließenden Verbindung kamen. Die *Silvae* entstanden als virtuose Stegreifpoesie (hierauf weist auch der Titel, zur Gattung vgl. Quint. 10,3,17 u. [5], 395. Vorgänger in der poet. Rezeption ist → Lucanus), sie wurden buchweise, jeweils mit prosaischen *praefationes*, verschiedenen Gönnern zugeeignet (außer B. 5), veröffentlicht (B. 1 vor 92, B. 2–3 bis 94, B. 4 95, B. 5 96?). Vertreten sind unterschiedl. lyr. Formen: Ekphrasis (1,1. 3. 5; 2,2. 3,1. 4,6), Epikedeion (*consolatio* 2,1. 6. 7 an Lucans Witwe. 3,3. 5,1. 3. 5), Genethliakon (4,7. 8 – in Odenform), Epithalamion (1,2), Propemptikon (3,2. 4), (horaz.) Ode (4,5), daneben *carmina gratulatoria* und verschiedene epigramm. und *nugae*-Formen. S. verknüpft neoterische, vor allem auch röm.-elegische und epigrammat. Formen, doch nicht wie Martialis durch Erweiterung einer herkömmlichen Gattung, sondern in einer nicht mehr gattungsverbundenen, rhetorisch schematisierten lyrischen Mischform. Sein Aufbau der Ekphrasis (vgl. z.B. → Sidon. ep. 1,2, ein Muster des MA.), sein Einkleidungsschema des Epithalamions (vgl. Z. PAVLOVSKIS The influence of S. upon lat. lit. before the 10th cent., 1962) und seine Reduktion des Mythos auf kompositor. Funktion (vgl. → Claudians [5], → Merobaudes' [2] und Sidonius' panegyr. Epen) blieben fortan verbindlich.

Das in der Lyrik hervorstechende deskriptiv-visuelle Talent des S. (vgl. [5]. [7]) hat in seiner mythol. Epik die manierist. Entwicklung der Gattung seit Lucanus verstärkt. In der **Thebais** in 12 B., ca. 78 bis 90 entstanden (hierzu und zum Domitianproömium W. SCHETTER, MH 1962, 204ff.), tritt die zunächst wenig komponiert erscheinende Handlung (B. 1–3 Kriegsvorbereitungen, 4/5 Auszug der Argiver gegen Theben; Hypsipyle-Archemoros-Episode, 6 Spiele, 7–10 Kampf vor Theben, 11 Zweikampf der Brüder, 12 Abschluß des Kriegs durch Theseus; zur Aufbaufrage [4] und [6], 64ff.) vor einem effektvollen, oft als szenischer Selbstzweck erscheinenden Gefüge epischer Stilisierungen zurück, das mit der mytholog. (zur Eur.-Rezeption A. REUSSNER, 1921) und epischen Tradition (zu Homer H. JUHNKE, 1970; zum Verhältnis zu → Seneca [2] und Lucanus vgl. RFIC 1967, 425ff.; zur lat. Tradition fehlt eine abschließende Unters., vgl. zur Vergil-imitatio Exemplarisches H 1969, 209ff.) frei schaltet. Götterapparat, Nachbildung der Kampf-Aristien (B. 7–10), der epischen Nekromantie (4,406ff.), Rückwendung nach der Apologoitradition (5,49ff.), der Dolonie mit Kontrafaktur der vergil. Nisus-Euryalus-Episode (B. 10) u.a. rücken ein in sich ruhendes Tableau ans andere; dieser Extremfall epischen Erzählstils, zuerst von [3] analysiert, – isolierte Bilder, Überwiegen der Deskription, des Effektvollen, Übernatürlichen, Pathetischen und Grausigen – wurzelt in der (trotz des versöhnl. 12. B.) düsteren Konzeption des Dichters (vgl. E. BURCK, Studies Robertson 2, 1953, 693ff. O. SCHÖNBERGER, Helikon 1965, 123ff.): einer gegen die *pietas* frevelnden Menschheit treten die Götter nur noch als Rächer gegenüber, strafend in einer metaph. Maschinerie, die sich in z.T. dämonisierten Göttern (Mars; Pluto, dessen Höllenmonolog einen Beginn der europ. Satansepik bildet), bes. aber in Personifik. ins epische Geschehen einschaltet – gemeinsame Auftritte von Personifik. und marionettenhaft geführten Menschen gehören neben dem durchgehenden Irrationalismus und der Raffinesse szenischer Effekte (vgl. bes. [6]) zum Zukunftsweisenden in der Epik S.'

Die **Achilleis**, nach der Theb. mit B. 1 und einem T. von B. 2 unvollendet, sollte, wieder nach panegyr. *recusatio* (1,14ff.), ein mythol. Thema unter veränderter Konzeption (*omnem heroa* 1,4f.) darstellen; ausgeführt wurde die Jugend des Helden.

S.' Werk hat seit der Lyrik und Epik Claudians ununterbrochen gewirkt. Sidon. Apoll. berief sich mehrfach auf ihn (bes. c. 22,6); die Kommentierung der Theb. durch → Lactant. Placid. vermittelte dem MA. den Hauptbestand seiner mythol. Kompendien (z. S.-Bild Dantes vgl. Cultura Neolat., 1969, 117ff.; z. Wirkung in der Renaissance [5], 401ff.). R. He.

Ta. Silvae: *F. Vollmer*, 1898; *A. Marastoni*, 1964². Thebais: *A. Klotz*, 1908; Einzelkomment. (zu ihnen vgl. Gn 1972, 405): B. 1 *H. Heuwel*, 1932 B. 2 *H. M. Mulder*, 1954 B. 6 *H. W. Fortgens*, 1934 u. *G. v. Stosch*, 1968. Achilleis: *A. Klotz*, 1902; *O. A. W. Dilke*, 1954 (Komm.).

Lit.: 1. *R. Helm* De P. Pap. S. Theb., 1892. 2. *L. Legras* Étude sur la Théb. de S., 1905. 3. *G. Krumbholz*, Glotta 1955, 93ff. 231ff. 4. *B. Kytzler* S.-Studien, Bln. 1955. 5. *A. Marastoni*, Aevum 1957, 393ff. 1958, 1ff. 6. *W. Schetter* Unters. z. ep. Kunst d. S., 1960. 7. *H. Cancik* Die lyr. Kunst d. S., 1965.

4. S. Sebosus s. Sebosus S.

Statores erwähnt Cicero (z.B. fam. 2,17,1. 10,21,2) in der Funktion von Boten. In der Kaiserzeit waren s. Gerichtsoffiziale, denen auch polizeiliche Aufgaben oblagen. Sie standen im Dienste des Kaisers (CIL VI 2545), höherer militär. Befehlshaber und der Statthalter (CIL III 8117). Bei den Praetorianern gab es 5 centuriae s. A. N.

F. Lammert, RE III A 2228f. *A. v. Domaszewski*, Bh.e BJ 14, 1967, 28. 39. 48. 55. 56, XI. XVII.

Statorius. Ital. Geschlechtsname, in dem man bes. militär. ein gutes Omen sah (Fest. ep. 121); Inschr. (z.B. aus → Amiternum, → Brundisium, → Caere) auch bei SCHULZE Eigenn. 237. 334 (407 auf etr. *statu* zurückgeführt [?]). – Q. S., Centurio 213 in Spanien unter den Scipionen, wirkte dann als Truppenorganisator bei → Syphax in Numidien, Liv. 24,48,9ff. H. G. G.

Status ist zunächst ein Grundbegriff der Rhetorik und bedeutet dort die typ. Streitpunkte im Prozeß. Weiter ist s. aber auch ein Begriff der Juristen: s. bedeutet in den Rechtsquellen allg. einen (rechtl. erhebl.) Zustand. So ist etwa *s. aetatis* oder *legitimus* die Volljährigkeit. Technisch bedeutet s. bes. den Personenstand. Für ihn wird in der modernen Lit. im Anschluß an Gai. 1,158–163 oft die Teilung in *s. libertatis*, *civitatis* und *familiae* verwendet. Das ist zwar nicht quellenmäßig, aber doch als Ordnungsprinzip brauchbar: 1. Der (wichtigste) *s. libertatis* betrifft die bürgerl. Freiheit. Sie wird im Streitfall in einem bes. Freiheitsprozeß *(liberalis causa, s. quaestio)* festgestellt, der regelmäßig als → *vindicatio in servitutem* oder *in libertatem* geführt wird (vgl. KASER Röm. Privatrecht 1², 1971, 114f. 288f.). Der bedingt Freigelassene heißt während des Schwebens der Bedingung *statuliber*. 2. Der *s. civitatis* betrifft das Bürgerrecht (vgl. Kaser a.O. 279ff.). Dieser s. verliert an Bedeutung, soweit sich das röm. Bürgerrecht ausbreitet und 212 n.Chr. durch die const. Antoniniana endlich fast ganz allg. wird. 3. Der *s. familiae* betrifft die Zugehörigkeit zu einem Familienverband. In diesem Sinn sagt Gai. 1,162, daß bei der *capitis* → *deminutio minima s. hominis commutatur* (z.B durch → *adoptio* oder → *emancipatio*). D. M.

Steigbügel. Die griech.-röm. Ant. kannte den S. nicht. Man benützte zum Auf- und Absitzen die Lanze (Xen. equ. 7,1. 3. Liv. 4,19,4. peripl. m. Eux. 10,3), Steine, den Reitknecht (Xen. equ. 6,12) oder andere Hilfsmittel. Woher der seit dem 6.Jh. n.Chr. bekannte S. gekommen ist, bleibt umstritten. W. H. G.

Steinbock. Der echte (Alpen-) S. (Capra ibex L.) wird bei den Griechen nie, bei den Römern äußerst selten (zuerst Plin. nat. 8,214) genannt *(ibex)*. Da aber Isid. orig. 12,1,16f. teils dasselbe, teils mehr, teils weniger über den S. weiß, darf man auf gemeinsamen Ursprung der Nachrichten schließen. Erwähnt werden die mächtigen Hörner und scharfen Augen, die Alpen als Standort, dazu ein paar *mirabilia* und Ungereimtheiten. Unter Gordianus und Probus wurden S. zu Hunderten gefangen und zu Arenajagden verwendet (H.A. Gord. 3,7. Prob. 19). W. R.

O.Keller Ant. Tierwelt 1, 299ff.

Steinbruch (*λατομεῖον, λιθοτομία, lapicidinae, latomiae*) ist ein Ort, an dem aus anstehendem Gestein mit technischen Mitteln Rohmaterial zu Bauzwecken und Bildhauerarbeiten in bestimmten Größen und Formen gebrochen wurde. Die Abbruchverfahren sind seit der frühesten Z. bis zum Ausgang der Ant. im Prinzip die gleichen geblieben, wenn sich auch die technischen Möglichkeiten allmählich verbesserten. Die ältesten Verfahren in Griechenland müssen den äg. entsprochen haben, wie sie dort seit prädynastischer Z. angewendet wurden. In eine Reihe von Keillöchern, die mit hartem Dolerit und später mit Eisenwerkzeug ins Gestein geschlagen wurden, trieb man Holzkeile, die sich durch Anfeuchten ausdehnten und den Block längs der Keillochreihe absprengten ([4] K 4). Dabei mag das Quellen des Holzes mit einer Kapillarwirkung der in die feinen Haarrisse in Richtung der Keillöcher eindringenden Feuchtigkeit zusammengewirkt haben ([13] Anm. 15). Um den Bruchverlauf unter Kontrolle zu halten, legte man mit fortschreitender Technisierung Schrotgräben an ([5] Abb. 22), in welche die Keillöcher eingetieft wurden ([5] Abb. 24), oder die Blöcke wurden durch tiefe Gräben ganz freigeschrotet und durch Hebespaltung vom Untergrund getrennt ([8] Abb. 32). Die Verfahren sind durch die ungleiche Spaltbarkeit der Gesteinsarten bedingt und wurden zeitlich nebeneinander angewendet. Seit archaischer Z. kannte man auch Steinsägen, die in röm. Z. bis zu großen Pendelsägen mit Blättern über 6 m Länge (auch von Wasserkraft getrieben, Auson. Mos. 361–64) weiterentwickelt wurden. Die Schneidewirkung der Sägen wurde durch Quarzsand erzielt, der mit Wasser in die Nut eingespült wurde ([7] 303). Das im S. gewonnene Material wurde in der Regel am Ort roh vorverarbeitet (*πελέκησις*), worauf viele in Bosse stehende Architekturteile wie Säulen ([5] Abb. 26), Kapitelle ([10] Anm. 14), Obeliske ([8] Abb. 18) oder Skulpturen wie der noch mit dem Gestein verbundene Kuros von Naxos ([11] Fig. 592) deuten. Schon der Transport machte es rentabler, bestellte Werkstücke als Halbfertigprodukte auszuliefern und unnötigen Ballast vorher zu entfernen. Der Abtransport aus dem S. wurde für leichtere Stücke (in röm. Z. bis zu 10 t Gewicht) mit dem Wagen, für schwere Stücke auf Schleifen ([5], 741ff.) durchgeführt. Lag ein S. in Nähe des Meeres oder eines Flusses, wurde der Wasserweg vorgezogen ([13], 31).

In Griechenland waren die Steinbrüche im allg. staatl. Besitz, während in Rom bis zur Kaiserz. die S. in Privathand waren. Erst mit Augustus wurden die meisten S. wieder staatl. oder kaiserl. Besitz und von Beamten verwaltet oder an Unternehmer verpachtet, die dann eher zeitl. als räuml. Ausbeutungsrechte besaßen, bis im 4.Jh. n.Chr. Constantinus die S. wieder zu reprivatisieren versucht (Cod. Theod. 10,19,1). Zu den schweren Arbeiten in den S. wurden im allg. Kriegsgefangene (Thuk. 7,86) oder Sklaven ([7], 288ff.) herangezogen, daneben gab es auch freie Facharbeiter und Soldaten.

Die wichtigsten in der A. gebrochenen Gesteinsarten waren unter den Sedimentgesteinen Marmor (Attika, Euboia, Naxos, Paros, Phrygien (vgl. [7]), Carrara und der punische Marmor ([16], 114), Kalkstein (überall im Mittelmeergebiet, bes. in Syrakus und Tivoli) und unter den Eruptivgesteinen bes. Granit und Porphyr (Mons Claudianus, Mons Porphyrites in Äg. (vgl. [6]). S. O.

1. *Fiehn*, RE III A 2241. 2. *Blümner* Techn. 3,60ff. 3. *R. Delbrueck* Ant. Porphyrwerke 1, 1932, 1ff. 4. *R.J. Forbes* Bergbau, Steinbruchtätigkeit und Hüttenwesen, Arch. Homerica Bd. 2, 1967. 5. *Th.Kraus–J.Röder* Voruntersuchungen am Mons Claudianus 1961, AA 1962, 693ff. 6. *Th.Kraus, J.Röder, W.Müller-Wiener* Mons Claudianus, Mons Porphyrites. Bericht über die 2. Forschungsreise 1964, MDAI(K) 22, 1967, 108ff. 7. *J. Röder* Marmor Phrygium. Die ant. Marmorbrüche von Iscehisar in Westanatolien, JDAI 86, 1971, 253ff. 8. *Ders.* Zur Steinbruchgeschichte des Rosengranits von Assuan, AA 1965, 467. 9. *Ders.* Die ant. Steinbrüche der Mareotis, AA 1967, 118ff. 10. *H.Lauter-Bufe* Kapitellfabrikation in spätrepublikanischer Z., MDAI(R) 79, 1972, 323ff. 11. *G.M.A. Richter* Kuroi. Archaic Greek Youth [3]1970. 12. *V.Hankey* A Marble Quarry at Karystos, Bull. du Mus. de Beyrouth 18, 1965, 53ff. 13. *W.Wurster* Ant. Steinbrüche an der

westl. Nordküste von Aegina, AA 1969, 16ff. 14. *C. Nylander* Bemerkungen zur Steinbruchgeschichte von Assuan, AA 1968, 6ff. 15. EAA 4,860 s.v. Marmo (*A. Moretti*). 16. Ausgrabungen, Funde, Forschungen, Deutsches Arch. Inst. Bln. 1972. 17. *A. J. B. Wace* Mycenaean Archaeological History and Guide, 1964, 135ff.

Steinhuhn (ὁ, ἡ πέρδιξ, das Junge: περδίκιον, περδικεύς, κακκαβίς, *perdix* f. Caccabis saxatilis). Erste Nennungen bei Archil. fr. 106. Alkman fr. 25. Man unterschied zwei Arten nach ihrem Lockruf (κακκαβίζειν, τρίζειν), deren letztere FLOERICKE (RE I A 349) als das Frankolin zu erkennen glaubt. Die zahlreichen Erwähnungen und Schilderungen (Hauptstellen: Ps.-Aristot. [= Theophr.] hist. an. 9,8f. 613b 6ff. Plin. nat. 10, 100–103. Athen. 9,388e–390d [doxograph.]) machen sonst keinen Unterschied. Das St. war ein beliebtes Federwild, wurde aber auch gezähmt und zur Hühnerjagd abgerichtet oder zum Vergnügen wegen seines Gesanges und seiner erotischen Exzesse im περδικοτροφεῖον gehalten (Plin. 10,101. Athen. 389cf. Klearch. ebd. 389f). Die große Masse der Nachrichten, bes. bei Aristot. (s. BONITZ, Ind. 578f. THOMPSON 236) betreffen die extreme Geilheit beider Geschlechter, ihre Liebesspiele und Liebeskämpfe, Perversitäten der Männchen, Befruchtung des Weibchens schon beim Anblick des Männchens, beim Hören seiner Stimme und dgl., sowie die Brutgewohnheiten und den Brutschutz. Eigenartig ist Theophrasts Notiz (frg. 182 W., oft nacherzählt), in Paphlagonien habe das St. zwei Herzen. Seine Buntheit und Stimme machen es zum Liebling vieler Menschen (z.B. Simmias 20 POWELL. Damocharis Anth. Pal. 7,212. Martial. 3,58,15); es weiß das selbst und steigert seinen Ton durch Fressen von Knoblauch (Ail. nat. 4,13), wie es auch Wunden selbst zu behandeln versteht (Auflegen von Diptam: Ail. 1, 35). Strab. 14,625 berichtet von einem vielbewunderten St.-Bild des Malers Protogenes. Fleisch, Organe und Eier des St. werden als Heilmittel gegen vielerlei Krankheiten empfohlen (Plin., Galen.). – Eine wesentlich größere exotische Art (wohl Megaloperdix himalayensis) brachten ind. Gesandte im J. 20 als Geschenk für Augustus nach Rom (Strab. 15,719). W. R.

O. Keller Ant. Tierwelt 2,156–158. *D'Arcy W. Thompson* A Glossary of Greek Birds 234–238.

Steinigung. Als spontane Entladung des Zornes eines Kollektivs eine in der Ant. sehr verbreitete Form der Lynchjustiz (tumultuarische S.). Strafcharakter im Sinne einer in einem geordneten Verfahren ausgesprochenen Rechtsfolge hatte sie vor allem bei den Juden, bei denen sie die Todesstrafe schlechthin war. Aber auch die Griechen, nicht jedoch die Römer, scheinen die S. als Strafe vor allem für Delikte gegen die Gemeinschaft und gegen die Religion gekannt zu haben. Daß die rechtl. geordnete S. aus der tumultuarischen hervorgegangen ist, der urspr. Zweck nicht Tötung, sondern Ausstoßung war, ist unbestritten. Davon ausgehend deutet die traditionelle Ansicht die S. als einen symbol.-abwehrenden Akt, als rituelle Sühne der Gemeinschaft, mit der sie sich von der Untat distanziert. Dagegen wendet sich eine Arbeit ([4]), die mit eingehender Begründung aus der Verhaltensforschung versucht, die S. bloß aus instinktiven Verhaltensweisen zu erklären. A. V.

1. *R. Hirzel* Strafe der S., Abh. Sächs. Ges. d. Wiss., 27, 1909, 7 (Nachdr. 1967). 2. *Pfaff*, RE XII 775f. 3. *Latte*, RE III A 2294f. 4. *D. Fehling*, S. (im Erscheinen!).

Steinkult. Die Verehrung steinerner Naturgebilde (ἀργοὶ λίθοι Paus. 1,28,5. 7,22,4) von auffälliger anikon. Form (Paus. 9,24,3. → Hyettos; 9,27,1 → Eros; 9,38,1 → Charites; LATTE, RE III A 2298f.), dann auch von künstl. bearbeiteten säulen-, kubus-, kegel-, pyramiden- oder cippusförmigen Monolithen (Paus. 1,44,2. 2,9,6. [1], 144. [2], 405. F. ADAMA VON SCHELTEMA, Antaios 2, 1960/61, 404ff.) als Sitz numinoser Kräfte (Terpon-Stein von Antibes: IGA 357; Säulenidol der Hera von Argos: Phoron. fr. 4. F. JACOBY, H 57, 1922, 372; Zeus Λίθος-Iuppiter Lapis: Polyb. 3, 25,6ff. Serv. Aen. 8,641. E. HARRISON Essays W. Ridgeway, 1913, 92ff.) durch Adoration, Salbung, Bekränzung oder Bekleidung (Xen. mem. 1,1,14. Theophr. char. 16. Paus. 10,24,6. Lukian. conc. deor. 12. Tibull. 1,1,11. Apul. flor. 1. Arnob. adv. nat. 1,39. → Kultus). Fetischistische Litholatrie (E. B. TYLOR La Civilisation Primitive 2, 1878, 209ff.) ist in den Frühkulturen des mediterranen bzw. vorderasiatischen Raumes stark verbreitet gewesen (G. VON KASCHNITZ-WEINBERG Festschr. W. Worringer, 1943, 181ff. S. VON CLES-REDEN Die Spur der Zyklopen, 1960): min. Stalaktiten- bzw. Stalagmitenkult (M. GÉRARD, Studi Micenei ed Egeo-Anatolici 3, 1967, 31ff.) in den kret. Höhlen von Tylissos, Skoteino, Amnisos (J. HAZZIDAKIS Tylissos, 1934, 75ff. A. EVANS Palace of Minos 1, 1921, 163. S. MARINATOS, Praktika 1929, 94ff. AA 1930, 156f. → Eileithyia); → Omphalos (Delphi: F. POULSEN Delph. Studien, 1924, 34ff.) als Phallos- oder Uterussymbol (von KASCHNITZ-WEINBERG Die mittelmeer. Grundlagen der ant. Kultur, 1944, 43ff.); → Hermai als allmählich sich anthropomorph gestaltende Pfeileridole ([1], 146; → Hermes); kubische Blöcke als Vorformen primitiver Altäre (Paus. 2,32,4. Aristot. Ath. pol. 55,5. H. HOFFMANN, AJA 43, 1957, 189ff. [3], 1; – Zeus Μάδβαχος und Zeus Βωμός G. TSCHALENKO Villages Antiques de la Syrie du Nord 1, 1953, 103ff. M. H. SILVERMAN, JNES 28, 1969, 193f. [7], 577ff.); Aërolithen (Porph. vit. Pyth. 17. Plin. nat. hist. 37, 135; Meteor von Aigospotamoi: Plut. Lys. 12; Kappotas von Gythion: Paus. 3,22,1. [3],7. [7], 565ff. → Baitylia), als Kultobjekte vor allem im Orient bis in Spätzeiten konserviert (Syrien [Sfire]: J. A. FITZMYER, JAOS 81, 1961, 213f. → Bethel; [Emesa]: Herodian. 5,3,5; → Elagabal; Arabien [Ka ba]: R. EISLER, Philol. 68, 1909, 118ff.

H. Corbin, Eranos-Jb 34, 1965, 118ff. T. Fahd Le Pantheon de l'Arabie Centrale, 1968, 24ff. 203ff.; Kleinasien: Herodian. 1,11,1. Arnob. 7,49. Liv. 29,10ff. → Kybele; *Petra genetrix* in den Mithras-Mysterien: J. Toutain, RHR 60, 1909, 299ff. L. R. Campbell Mithraic Iconography and Ideology, 1968, 275ff.). W. F.

1. *Ch. Michel*, RHR 60, 1909, 141ff. 2. *E. Kalinka*, NJb 45, 1920, 404ff. 3. *E. Maass*, RhM 78, 1929, 1ff. 4. *R. Eisler*, Monde Or. 23, 1929, 48ff. 5. *E. Benveniste*, RPh 6, 1932, 145ff. 6. *E. G. Suhr* Before Olympos. A Study of Aniconic Origins of Poseidon, Hermes and Eros, 1967. 7. *J. T. Milik*, Biblica 48, 1967, 565ff.

Steinschneidekunst, Glyptik (von *γλύφειν*), das Einarbeiten von Zeichen oder Bildern in weiche Steine (Statite, Serpentine) oder harte Halbedelsteine (Bergkristall, Karneol, Chalcedon). Die → Gemmen und Kameen, aber auch die aus edlem Stein (meist Sardonyx) gearbeiteten Gefäße, wie die berühmte Tazza Farnese in Neapel, sind die Erzeugnisse der S. Die älteste S. wurde im Babylonien des 5. Jt. betrieben. Die Siegel oder Amulette aus weichem Stein ließen sich leicht mit dem Ritzstichel herstellen, die härteren erforderten unbedingt das Schleifen mit Diamantpulver (Plin. nat. 37,60). Daß hierbei das rotierende Rad mit auswechselbaren, verschiedenförmigen Schneidern, h. Zeiger oder allg. Schneidegeschirr genannt, sehr früh benutzt wurde, läßt sich aus den erhaltenen → Gemmen erschließen. P. Z.

A. Furtwängler Die ant. Gemmen, Gesch. der St. im klass. Alt. (1900). *M.-L.-Vollenweider* Die St. und ihre Künstler in spätrepubl. und august. Zeit (1966).

Steiria (*Στειρία*, *Στειριά*, Demot. *Στειριεύς*), Demos der Phyle → Pandionis, am N.-Teil der Bucht von Porto Raphti. Strab. 9,1,22 p. 398. 10,1,6 p. 446. Harpokr. Steph. Byz. IG II^2 1751. 1753. 1773. 1776. Hesp. 30, 1961, 32 Z. 184ff. 38, 1969, 427 Z. 112ff. REG 73, 1960, 89 Z. 33. E. M.

1. *E. Meyer*, RE III A 2305f. 2. *Philipps.-Kirst.* 1, 820f. mit A. 3.

Stele (*στήλη*). Urspr. ein aufgerichteter Stein (seltener Holz [IG I^2 314,130] oder Bronze [Thuk. 5,47,11 a. E.]), der flach oder rund sein kann, differenziert sich die S. schon früh in Grab-S. (Erinnerungsmal), Votiv-, Ehren-, Urkunden-S. und Grenzstein. Diese Differenzierungen sind modern. Vereinzelt bedeutet S. auch Statuenbasis (And. 1, 38. IG I^2 256,5. V 2,518) oder Eckverstärkung einer Verteidigungsanlage, Hom. Il. 12,259. a) Grab-S., schon für Hom. Il. 16,457 = 675 *γέρας* der Toten, entwickelt sich vom einfachen, unverzierten Stein (K. F. Johansen The Attic Grave-Reliefs, 1951, 65ff.) zum mit Relief oder Malerei verzierten Mal, das außer dem Namen des Toten sein Bild (allein oder mit Lebenden zusammen) oder ornamentale Zier enthalten kann. Solche S.n gab es in Attika, Ionien und den Inseln, einigen nordgriech. Landschaften. Vor allem die att. Grab-S. weisen im 6. und dann wieder Ende 5. bis 4. Jh. hervorragende Meisterwerke auf. → Relief und E. Berger Das Basler Arztrelief, 1970. Kurtz-Boardman Greek Burial Customs, 1971. Die Römer kennen die freistehende S. kaum; Grabreliefs sind dort allg. in Grabbauten eingefügt (Toynbee Death and Burial in the Roman World, 1971). b) Votiv-S., soweit sie nicht dem heroisierten Toten galten und daher mit a) fast ident. sind, gab es bemalt und mit Relief verziert. Götter, Heroen und/oder Menschen sind das Thema (HBArch III/1 T. 35, 1–2. 41,1. 58,3. Berger 104 Abb. 125). Weihreliefs haben jedoch meist Querformat (→ Relief), gehören also nach moderner Terminologie nicht zu den S. c) Die Ehren-S. ist uns am besten durch die Polybios-S. bekannt, HBArch III/1 T. 131,1. d) Urkunden-S. Gesetze, Verträge, Inventare, Abrechnungen, Sieges- und Dankinschriften usw. werden auf Stein (Bronze) geschrieben und als S. aufgestellt. Sie können, vor allem in Attika im 5./4. Jh. ein Reliefbild tragen (→ Relief). In röm. Z. zeigen vor allem die griech. Ephebenlisten oft einen oder mehrere Kränze usw. als Relief. Heiligtümer sind vor allem für Staatsverträge als Aufstellungsort der S. beliebt (Thuk. 5,47,11). Bes. groß sind die Pfeiler der att. Tributlisten IG I^2 191ff., deren Höhe bis zu 3,46 m aufragt. Im bes. heißen att. S. die Inschr. der Auktion des Vermögens des Alkibiades, vgl. Pritchett u. a. Hesp. 22 1953, 225ff. 25, 1956, 178ff. 30, 1961, 23ff. e) Die Grenzsteine für sakrales, öffentl. und privates Land sowie die Hypothekensteine haben S.-Form und heißen demgemäß entweder *ὅρος* oder *στήλη ἐφορία* (Poll. 9,9). → Horoi. W. H. G.

Stellatura oder *stillatura* hieß im spätröm. Heer der Mißbrauch, die Bezüge des Beurlaubten dem, der den Urlaub erteilt hatte, auf dessen Dauer zu überlassen, eine Einrichtung, die offenbar weit zurückreicht. Inhaber dieser Befugnis waren im 3. Jh. n. Chr. Tribunen (H. A. 11,3,8,18, 15,5), während früher dieses Recht Centurionen zustand (Tac. ann. 1,17. 35; hist. 1,46,2–4). Seit Vitellius wurden diese Beträge bei den Legionen (Tac. hist. 1,58) und seit Otho bei den Praetorianern (Tac. hist. 1,46,2–4) durch den Fiskus ausbezahlt. Doch erfolgte dies im 3. Jh. n. Chr. nicht mehr. Auf s. stand nach H. A. 18,15,5 der Tod. Erst 406 n. Chr. wurde sie wieder anerkannt. (Cod. Theod. 7,4,28 = Cod. Iust. 12,37,12). A. N.

A. Neumann, RE Suppl. X 923f.

Stellionatus, Delikt der arglistigen Täuschung, existierte frühestens seit Antoninus Pius. Es war weder ein *crimen legitimum* (Ulp. Dig. 47, 20,3,2) noch ein *cr. publicum* (Pap. Dig. 47,20,1), sondern ein *cr. extraordinarium* (Ulp. Dig. 47,20,2) und wurde von kaiserl. Beamten (*praefectus urbi*, Provinzialstatthalter) im Kognitionsprozeß geahndet. Seine Funktion ergibt sich aus Ulp. Dig. 47,20,3,1: So wie die *actio de dolo* nur in Frage kommt, *si de his rebus alia actio non erit*, hatte auch das *crimen s.* vor allem subsidiären Charakter. Wie weit diese Subsidiarität allerdings in klass. Z. ging, scheint fraglich. Von den in den Quellen genannten Fällen, die in ihrer Mannigfaltigkeit doch durch das gemeinsame Element der arglistigen Schadenszufügung verbunden sind, seien hervorgehoben: Die Verpfändung einer fremden Sache, die für den Handelsverkehr bedeutsamen Arglistfälle von Dig. 47,20,3,1, der Verkauf eines *statuliber* unter arglistiger Verschweigung dieses → *status*. Sogar der Meineid zum Zwecke der Bereicherung und das sogenannte *fumum vendere*, d.i. der Verkauf eines nichtvorhandenen Einflusses auf fremde Personen, konnten als s. verfolgt werden. Die Anklage wegen s. konnte neben die *actio de dolo* oder neben eine Kontraktsklage treten, auch eine Konkurrenz mit *falsum* war u. U. nicht auszuschließen. Die Strafe war nicht feststehend, ging jedoch nicht über Verbannung *(honestiores)* bzw. Zwangsarbeit *(humiliores)* hinaus. Die Verurteilung war wohl mit Infamie verbunden (Näheres insbes. [1]). A. V.

1. *U. Zilletti*, Archivio Giuridico 161, 1961, 72ff. 2. *Mommsen* RStrR 680. 3. *Pfaff*, RE II A 2326ff. 4. *U. Brasiello*, Novissimo Digesto Italiano 18, 1971, 427f.

Stenographie. Der t.t. ist modern; griech. ist ταχυγράφος und ταχυγραφέω spät und selten belegt; ταχυγραφία hat es sicher gegeben, doch fehlen frühe Belege; häufiger sind Ausdrücke mit σημεῖον. Plut. Cat. min. 23,4 σημειογράφος entspricht lat. *notarius*. Sicher sind schon früh Abkürzungszeichen für häufig wiederkehrende Wörter und Silben, bes. Praepositionen und Flexionsendungen, aufgekommen und in Schreibschulen festgelegt worden und haben im O. wie im W. bis zum E. des MA. überlebt. Über stenograph. Aufzeichnung von Reden ist das erste und klarste Zeugnis Plutarchs Bericht über die Sitzung des röm. Senats am 5. Dez. 63, in der über das Schicksal der verhafteten Catilinarier entschieden wurde, Cat. min. 23: Die damals von Cato gehaltene Rede sei die einzige von ihm erhaltene, weil der Konsul Cicero die besten Geschwindschreiber an verschiedenen Stellen des Sitzungssaales postiert und sie Zeichen gelehrt hatte, die mit kurzen und knappen Strichen (τύποις) den Sinn vieler Buchstaben wiedergaben. Denn man kannte und übte nicht die sog. Zeichenschrift, sondern es soll dies damals der erste Versuch gewesen sein. Ohne Zweifel handelt es sich um die von Ciceros Freigelassenem → Tiro »erfundenen« sog. *notae Tironianae*, die sicher auf hellenist. Vorbildern beruhen und dann in mancherlei Ausgestaltung eine außerordentliche Nachwirkung geübt haben (Kaiser Titus war nach Suet. Tit. 3,2 ein geübter Stenograph). Über diese sehr komplizierte Frage (weil naturgemäß oft schwer lesbare Texte in Betracht kommen) gibt es eine große Lit.; vgl. o. S. 32f. K. Z.

Johnen Gesch. der Stenographie, 1911. *Gardthausen* Griech. Paläographie II ²1913, 262. *Mentz* Gesch. und Systeme der griech. Tachygraphie, 1907. *Cappelli* Dizionario di abbreviature, 1899. *Lindsay* Notae latinae, 1913. *Steffens* Lat. Paläographie, ²1907. *Weinberger*, RE XI 1217–31 (Art. Kurzschrift).

Stentor (Στέντωρ »Brüller«). Il. 5,785 sucht Hera in Gestalt des »hochgemuten S. mit der ehernen Stimme, so stark wie die von 50 Männern«, die Argeier zum Stehen zu bringen. Nach dem Wortlaut ist S. einer der Griechen vor Troia, nicht etwa eine vorhom. Sagenfigur (Wilam. Il. und Hom.² 295). Die Kombinationen der Schol. über S. sind wertlos. Sprichwörtlich: Aristot. Aristeid. Dion Chrys. Iuv. 13,112. – Groteske Steigerung Il. 5,859: Der verwundete Ares schreit wie 10000 Männer. H. v. G.

Stenyklaros (ὁ oder ἡ Στενύκλαρος, Στενύκληρος), Name der oberen messen. Ebene, wohl nach einer alten Ortschaft. Hdt. 9,64,2. Strab. 8,4,7 p. 361 (zum Text W. Aly, SHAW 1928/29, 1,26. De Strabonis codice rescripto 4). Paus. 4,3,7. 6,6. 15,8. 16,6. 33,4. Steph. Byz. E. M.

1. *Philipps.-Kirst.* 3,400ff. 2. *Bölte*, RE III A 2339ff.

Stephanephorie. Tragen des → Kranzes als Zeichen sakraler oder magistrat. Würde, meist verbunden mit Eponymität (daher auch ἐπώνυμος στέφανος, Inschr. v. Priene Nr. 114,24), war in Kleinasien weit verbreitet (D. Magie Roman Rule in Asia Min. 1950, 836–39. 1006. 1507). Bekannt waren vor allem die den → Molpoi angehörenden Stephanephoren von Milet, in deren Liste auch Alexander d. Gr. erscheint (A. Rehm Milet I 3, 1914, Nr. 122 col. II 81). H. B.

Stephanos. 1. s. Corona. Kranz. **2.** s. Sternbilder.

3. Sohn des Antidorides aus dem Demos Eroiadai (IG II/III² 213,5 = Sylloge³ 205,5: Antrag aus dem J. 347/46 auf Erneuerung des Bündnisses mit Mitylene), athen. Redner und Politiker. Hauptquelle: Ps.-Demosth. or. 59, die Rede gegen → Neaira (6; vgl. auch Aischin. 2,140. Athen. 13, 593f). S. konnte, trotz seiner Verbindung mit Neaira (Ende der 70er J.), lange Z. hindurch als Ankläger (bes. auf der Linie des → Kallistratos 1) eine bedeutende Rolle in Athen spielen, bis schließlich (E. der 40er J.) → Apollodoros (1), eines seiner früheren Opfer, den Skandal um Neaira und → Phano zu dem Versuch benutzte, S. polit. zu vernichten. Der Ausgang des Prozesses ist jedoch unbekannt. H. Gä.

A. Schäfer Demosth. Beil. 179ff. *Blass* AttBereds. 3,1, 535ff.

4. Freigelassener der → Flavia (II 23) Domitilla, der Gattin des T. → Flavius (II 6) Clemens (Suet. Dom. 17,1. Philostr. v. Apoll. 8,25). Einer der Mörder Domitians, jedoch von den uneingeweihten Mitverschworenen irrtümlich getötet (Cass. Dio 67,15ff. Zon. 11,19). G. Wi.

5. Dichter der Neuen Komödie, Sohn des Antiphanes, erhalten nur 5 Verse aus dem Φιλολάκων (Athen. 469a). W. K.

Körte, RE III A 2364.

6. Von Byzantion, chr. griech. Grammatiker des 6. Jh. an der Hochschule von Konstantinopel (s. Ἀνακτόριον und Βήθλεμα), Vf. eines alphabet. angelegten, → Iustinianus I. gewidmeten geogr. Lex. Ἐθνικά (Choirob. Gramm. Gr. 4,1, 305,4 Hilgard. Suda s. Ἑρμόλαος). Erwähnungen von Vorgängern und Zeitgenossen führen auf ein Entstehungsdatum von ca. 530 n. Chr. (der Verweis auf → Choiroboskos [s. Ταμίαθις] ist spätere Interpolation: vgl. Choirob. a. O.). Die Ethnika umfaßten urspr. mehr als 50 B. (mit O. begann B. 36; außerdem Reste einer selbständigen Buchzählung innerhalb der einzelnen Buchstaben); überliefert ist eine Fassung, die aus Exc. unterschiedlicher Reichhaltigkeit besteht (vollst. Artikel z. B. *Δύμη* – *Δώτιον*; ausführliche Artikel, möglicherweise der origin. Fassung, zahlreicher bei *Α*–*Δ* und *Σ*–*Ω*; sehr dünne Auszüge ab *Ε*; Lücken u.a. zwischen *Κέλαιθρα* und *Κόρακος πέτρα*, *Λάρισαι* und *Λῆμνος*; Rückverweise auf verlorene Teile s. *Αἰθίοψ* [*προτεχνολογήματα*, also wohl eine method. Vorrede zum Gesamtwerk] und s. *Γότθοι* [setzt reichhaltigeren Artikel *Βυζάντιον* voraus]). S. behandelt geogr. und ethnogr. Eigennamen der Oikumene (bes. gründlich ist Äg. berücksichtigt) und ihre korrekten Ableitungen; sein Interesse ist ganz überwiegend auf orthogr.-philolog. Fragen gerichtet. Die eigentl. geogr. Angaben sind alles andere als zuverlässig (mehrmalige Behandlung eines und desselben Ortes unter orthogr. leicht variierten Namen; Mißverständnisse seiner Quellen: *Μακεδνόν* und *Ἀρτεᾶται* aus Hdt. 1,56,3 bzw. 125,3; vgl. auch *Αὔλη*). Der Wert der Ethnika, selbst der verdünnten Fassung, beruht auf den reichen Belegen und Zit. zu den einzelnen Lemmata, allesamt Resten älterer Gelehrsamkeit auf dem Gebiet der Grammatik (u.a. → Herodianos 1, → Epaphroditos 3: dazu [10]), Geogr., Historiogr., Mythogr., Biogr., Paroimiogr., Mirabilienlit. u.a.m. Freilich hat S. das meiste dem Werk des → Oros (2) entnommen und nur wenige der zit. Autoren selber benutzt (unter diesen → Strabon: [8] und [9], sowie → Pausanias 7: [7], und spätant. Autoren wie → Marcianus (9), → Dexippos (2), → Iulianus (5) und → Uranios). Zit. aus chr. Schriften (→ Eusebios 7, → Synesios) sind selten.

Verwertet wurde das Werk in der vollst. Form von Konstantinos Porphyrogennetos (daraus wertvolle Ergänzung der Artikel *Ἰβηρία*, *Ἱσπανία*, *Σικελία*), in der epitom. Fassung von → Eustathios (4), → Symeon und in verschiedenen byz. Chroniken (vgl. [5]). Die stark kontaminierte Überlieferung basiert auf mehreren Hss. des 15. Jh.s (vgl. [4], dazu E. Grumach bei [11], 25 A. 117).

Ta.: Ed. princ. Aldina 1502. *W. Dindorf*, Lpz. 1825. *A. Westermann*, Lpz. 1839. *A. Meineke*, Bln. 1849, Nachdr. Graz 1956 (keine befriedigend; krit. Ausgabe, die E. Grumach vorbereitete, ist von R. Keydell zu erwarten).

Lit.: 1. *Christ-Schmid* 2,2,1084 f. 2. *R. Reitzenstein* Gesch. der griech. Etym. 317ff. 3. *Honigmann*, RE III A 2369ff. (dort die ältere Lit.). 4. *A. Diller*, TAPhA 69, 1938, 333ff. 5. *Ders.*, TAPhA 81, 1950, 241ff. 6. *G. Neumann* Frg.e von Apollodors Komm. zum homer. Schiffskatalog im Lex. d. S. v. Byz., Diss. Gött. 1953. 7. *A. Diller*, TAPhA 87, 1956, 84ff. 8. *W. Aly* De Strabonis cod. rescripto..., Città del Vaticano 1956, 253ff. 9. *J. M. Cook*, JHS 79, 1959, 19ff. 10. *H. Erbse*, Zetemata 24 (1960) 251ff. 11. *E. Mensching* Favorin v. Arelate, Bln. 1963, 24ff. 62f.

7. Byz. Grammatiker unbestimmter Z., Erklärer der Techne des → Dionysios (26) Thrax. In den verschiedenen Sch.-Slg.en wird er des öfteren neben → Heliodoros (7), → Choiroboskos und → Melampus (2) angeführt. Die Klärung der wechselseitigen Abhängigkeit scheint jedoch unmöglich zu sein.

Ta.: Gramm. Gr. 1,3 Hilgard (vgl. Index S. 596).
W. Hoerschelmann De Dion. Thracis interpretibus vet., Diss. Lpz. 1874.

8. Byz. Grammatiker des 12. (?) Jh., Vf. eines offenbar aus dem Unterricht erwachsenen Komm. zu Aristot. rhet. 1,2–3,9. S. verweist mehrfach auf seine Beschäftigung mit Geometrie, Philos., Theol. und Rhet., bes. mit den Schriften des → Aphthonios und → Hermogenes (9), scheint also den gesamten Kanon byz. Schulstoffe unterrichtet zu haben. H. Gä.

Ta.: *H. Rabe*, Comm. in Aristot. Gr. 21,2,263ff.
Chr. A. Brandis, Philol. 4, 1849, 1ff.

9. Griech. Arzt um 600 n. Chr. (?). Unter seinem Namen sind einige Hippokrates- u. Galen-Komm. erhalten (hg. bei Dietz Scholia in Hippocratem et Galenum). Fragen der Echtheit usw. können erst nach Aufarbeitung der hsl. Tradition geklärt werden. F. K.

10. Bildhauer S. bezeichnet sich in der Signatur auf der Stütze einer Jünglings-(Athleten-)Statue (Rom, Villa Albani. Lippold HBArch III/1 T. 36, 3) als Schüler des → Pasiteles, wirkte also in der 2. Hälfte 1. Jh. v. Chr. Die hundert Jahre lang oft kopierte Figur verbindet Anlehnung an strengen Stil mit späthellenist. Proportionen und manierierter Haltung und ist damit typisch für den eklektisch-klassizist. Stil der Pasiteles-Schule. Die Appiades des S. (Plin. nat. 36,33) im Besitz des → Asinius (I 5) Pollio können von dem gleichen S. stammen. W. H. G.

P. Zanker in: *Helbig* Führer durch d. öffentl. Slg.en klass. Altertümer in Rom[4] IV Nr. 3236.

11. Der 1. chr. Märtyrer. Außer dem Ber. Apg. 6–7 über seine Wahl zu einem der 7 Diakone, seine Rede vor dem Synhedrion und seine Steinigung gibt es keine hist. Zeugnisse. Große Bewegung löste der Brief des Priesters Lukianos von Kaphargamala bei Jerusalem über die Auffindung des S. am 3. Aug. 415 aus. In lat. Übers. brachte ihn → Orosius samt Teilen der Reliquien aus Jerusalem mit, zuerst, da er sein Ziel Bracara in Lusitanien nicht erreichen konnte, nach der Insel

Minorca und N.-Afrika. Die 386 von Ambrosius mit der Auffindung der Märtyrer Gervasius und Protasius begründete Welle der Reliquienverehrung erhielt durch S. einen neuen Impuls. Aug. civ. 22,8 (CChr. 48,821 ff.) zählt eine Reihe der jetzt in Afrika geschehenen S.-Wunder auf; in den Sermones 314 ff. zum Fest des S. (26. Dez.) weist er auf eine bildl. Darstellung der Steinigungsszene in der Kirche hin (316,5. Migne PL 38, 1434). Der S.-Kult faßte bes. in den Küstenstädten Fuß (Ancona, Neapel); vom Rhônetal (→ Caesarius v. Arelate serm. 219 f.) und von Aquileia aus drang er nach N. vor. In Jerusalem selbst ließ → Eudokia (1) n. der Stadt 439 eine S.-Kirche weihen, die sie mit reichem Mosaikschmuck als ihre Grablege ausstattete, wo auch → Eudokia (2) beigesetzt wurde. Diese Kirche zerstörten 614 die Perser.

Lukianbrief u.a. Zeugnisse zum S.-Kult: Ta.: *Migne*, PL 41, 805–54. *J. Martin*, HJ 77, 1958, 419–33. *M. Simon* St. Stephen and the Hellenists in the primitive Church, London 1958. *F. M. Abel*, DB Suppl. 2 (1934), 1132–46.

12. Röm. Papst 254–57. Gegen → Cyprianus der in seinen Briefen (67–75) auf nicht erhaltene Schreiben des S. Bezug nimmt, vertrat er die Gültigkeit der von Häretikern gespendeten Taufe, während Cyprian deren Wiederholung forderte. O. H.

E. Caspar Gesch. des Papstums 1, 1930, 79–83. 86–91.

Sternbilder (*ἄστρα, ἀστερισμοί, σημεῖα, τείρεα, εἴδωλα, ζῴδια; sidera, signa, astra, constellationes*). Um die Mitte 5. Jh. v. Chr. scheinen die meisten St. bekannt gewesen zu sein unter den Namen, die in ihrer lat., oft von den Aratübersetzern Cicero, Germanicus, Avienus geprägten Form bis h. von den Astronomen benutzt werden.

Hervorgehoben wird *der Tierkreis*, den scheinbar die Sonne in einem Jahr durchwandert. Er umfaßt 12 St. von verschiedener Länge zum Gebrauch der Astronomen, eingeteilt in 12 Sternzeichen von je 30° ([1], 121–133. [2], 180–195. [3], 165–174). – 1. Widder, *Κριός, Aries*, nach Plin. nat. 2,8 von Kleostratos um 520 v. Chr. benannt, [4], 69. – 2. Stier, *Ταῦρος, Taurus*, ist nach Sch. Il. 18,486 im 6. Jh. v. Chr. dem → Pherekydes (2) bekannt [4], 29. Die Hyaden und Pleiaden werden mit in dies St. einbezogen. – 3. Zwillinge, *Δίδυμοι, Gemini;* genannt [4], 28; als Dioskuren, Kastor und Polydeukes aufgefaßt, bei Astrologen oft als Herakles und Apollon. – 4. Krebs, *Καρκίνος, Cancer*, bei → Euktemon um 430 v. Chr. nachweisbar [4], 28. – 5. Löwe, *Λέων, Leo* [4], 28. – 6. Jungfrau, *Παρθένος, Virgo*, [4], 89, vielleicht zur Ähre, *Στάχυς, Spica*, hinzuerfunden, auch *᾿Αστραίη, Δίκη, ᾿Ικαρίου κούρη, Erigone* genannt. – 7. Waage, *Χηλαί, Ζυγός, Bracchia, Libra.* Das St. galt als die Scheren des Skorpions, als eigenes St. seit 273 v. Chr. nach Ptol. Synt. 9,7. [4], 69. – 8. Skorpion, *Σκορπίος, Scorpio*, [4], 94. Sein hellster Stern ist der Antares. – 9. Schütze, *Τοξότης, Sagittarius*, nach Plin. nat. 2,8 von Kleostratos eingeführt, [4], 94. – 10. Steinbock, *Αἰγόκερως, Capricornus*, seit Euktemon bekannt, [4], 76 f. – 11. Wassermann, *῾Υδροχόος, Aquarius*, mythol. *Γανυμήδης, Deucalion.* Vielleicht ist das St. zum Krug, *Κάλπη, Urna* mit dem Wasserguß hinzuerfunden, [4], 106. – 12. Fische, *᾿Ιχθύες, Pisces*, für → Demokritos (1) von Lyd. mens. p. 109,3 belegt, [4], 111. 71. 77. Von diesen St. sind Stier, Zwillinge, Löwe, Jungfrau, Skorpion, Schütze, Steinbock, Fische wohl von St. Babylons herzuleiten, von St. Äg. vielleicht Widder, Krebs, Wassermann.

Die nördlichen St. ([1], 90–120. [2], 160–180. [3], 176–187). – 1. Kleine Bärin *῎Αρκτος μικρά, Κυνόσουρα, Φοινίκη*; Thales habe es als Schiffergestirn aus Phoinikien eingeführt (Kall. frg. 191, 55 Pf.), [4], 15. 77. *Arctus minor, Ursa minor.* – 2. Große Bärin, *῎Αρκτος μεγάλη, ῞Αμαξα, ῾Ελίκη*, schon bei Hom. Il. 18,489; Od. 5,272, [4], 15. *Arctus* maior, *Septentriones.* – 3. Flechte der Berenike, *Πλόκαμος*, erst von → Konon (3) von Samos 247 v. Chr. nach der Königin B. benannt (Kall. frg. 110,1–94[b] Pf.); *Berenices crinis, coma B.*, Catull. c. 66. – 4. Drache, *ὁ διὰ τῶν ῎Αρκτων ῎Οφις, Δράκων*, [4], 15; wohl Pherekydes im 6. Jh. v. Chr. bekannt; *Draco, Anguis, Serpens.* – 5. Kepheus, *Κηφεύς, Cepheus*, [4], 33. – 6. Bootes, *Βοώτης*, schon Hom. Od. 5,272, [4], 24; *᾿Αρκτοφύλαξ*, [4], 24, *᾿Αρκτοῦρος* nach dem Hauptstern, *᾿Ικάριος γέρων, Τρυγητής*, da er von Dionysos den Weinbau erlernt habe; *Bootes, Custos Ursae, Arctophylax, Arcas, Lycaon.* – 7. Krone, *Στέφανος (βόρειος)*, [4], 18, *Στέφανος τῆς ᾿Αριάδνης, Corona, Corona Ariadnes*, Mart. Cap. 8,838 ff. – 8. Hercules, *᾿Εγγόνασιν*, [4], 17, *῾Ηρακλῆς; Engonasin, Innixus, Hercules.* – 9. Leier, *Λύρα* [4], 64[a], *Χέλυς, Lyra, Fides, Fidicula*, Chelys. – 10. Schwan, *῎Ορνις*, [4], 39, *Κύκνος, Ales, Avis, Olor, Cygnus, Volucris.* – 11. Kassiopeia, *Κασσιέπεια*, [4], 34, *Βασίλισσα; Cassiepia, Cassiopea.* – 12. Perseus, *Περσεύς*, [4] 35, *Perseus*, mit dem Haupt der Meduse, *Γοργώ, Γοργόνειον, P. qui fertur tenere caput Gorgonis* (arab. ra's al-gul, caput daemonis, danach jetzt Algol). – 13. Fuhrmann, *῾Ηνίοχος*, [4], 29, *Auriga, Agitator*; älterer Name dieser bes. als Wettersterne genannten St. Ziege, Böcklein, *Αἴξ, ῎Εριφοι*, [4], 102; *Capella, Haedi, Haeduli.* – 14. Schlangenträger, *᾿Οφιοῦχος*, [4], 19, *᾿Ασκληπιός, Ophiuchus, Anguitenens, Serpentarius.* – 15. Schlange, *ὁ ἐχόμενος ῎Οφις*, [4], 16; *Serpens, Anguis.* – 16. Pfeil, *᾿Οιστός*, [4], 87. *Sagitta, Telum.* – 17. Adler, *᾿Αετός*, [4], 71; *Aquila.* – 18. Delphin, *Δελφίς*, [4], 106; *Delphinus.* – 19. Füllen, *῞Ιππου προτομή*, Ptol. Synt. 7,5, *῞Ι. κεφαλή, Equiprevicisio*, spät: *Equus minor, Equuleus.* – 20. Pegasus, *῞Ιππος*, [4], 66, *Πήγασος, Equus, Pegasus.* – 21. Andromeda, *᾿Ανδρομέδα*, [4], 34; *Andromeda.* – 22. Triangel, *Τρίγωνον*, [4], 34, *Δελτωτόν*; *Triangulum, Trigonum, Deltoton.*

Die südlichen St. ([1], 133–158. [2], 195–209. [3], 187–194.) – 1. Walfisch, *Κῆτος*, [4], 52, *Cetus*,

Pistrix, Belua. – 2. Orion, Ὠρίων, schon bei Hom. Il. 18,486ff. 22,29; Od. 5,274, [4], 52, Ἀλεκτροπόδιον, Σκεπαρνία; *Orion.* – 3. Eridanus, Ποταμός, [4], 52, Ὕδωρ, Ὠκεανός, Ἠριδανός; *Flumen, Eridanus, Oceanus.* – 4. Hase, Λαγωός, [4], 82; *Lepus.* – 5. Großer Hund, Κύων, [4], 73 mit dem Sirius, Σείριος, *Canis, Canis maior, Canicula.* – 6. Kleiner Hund, Προκύων, [4], 82; *Prokyon, Antecanis, Argion.* [3], 190. – 7. Argo, Ἀργώ, [4], 102; *Argo, Navis.* – 8. Wasserschlange, Ὕδρος, [4], 82, Ὕδρα, Δράκων; *Hydra, Hydrus, Anguis.* – 9. Becher, Κρατήρ, [4], 59 = Arat. 448; *Crater Urceus.* – 10. Rabe, Κόραξ, [4], 59 = Arat. 449; *Corvus.* – 11. Kentaur, Κένταυρος, [4], 108, Χείρων; *Centaurus, Chiron.* – 12. Wolf, Θηρίον, [4], 94; *Quadrupes vasta, Praeda, Bestia, Hostia, Panthera.* – 13. Altar, Θυμιατήριον, [4], 74, θυτήριον; *Ara, Turibulum, Sacrarium, Puteus.* – 14. Südliche Krone, Στέφανος νότιος, Ptol. Synt. 8,5; *Corona australis, C. meridionalis.* – 15. Südlicher Fisch, Ἰχθὺς νότιος, Ptol. 8,5 ὁ μέγας Ἰ.; *Piscis austrinus, P. meridionalis.*

Die St. der Sphaera barbarica, die als Paranatellonten zu den Tierkreisbildern in den Auszügen des Rhetorios aus →Teukros von Babylon, Antiochos, dem Byzantiner Kamateros ([1], 17ff. 162ff.) und Hermes Trismegistos vorliegen ([2], 50–73. [3], 197ff.). – 1. Τυφῶν, Typhon. – 2. Ὄσιρις ὕπτιος, Ὠρίων, Κηρύκιον (fehlt bei Hermes). – 3. Πλοῖον καὶ ἐν αὐτῷ δράκων; *Navis et desuper draco mortuus.* – 4. Ἄνουβις; *Deus.* – 5. ὁ τὸ πρόσωπον τὸ βασιλικὸν ἔχων; *Ancipitri faciem habens tamquam regina.* – 6. θεά τις ἐπὶ θρόνου καὶ τρέφουσα παιδίον, ἥν... λέγουσι ... θεὰν Ἶσιν, Εἰλείθυια; *Lucina sedens et baiulans puerum.* – 7. Δεκανὸς μετὰ λαμπάδων (fehlt bei Hermes). – 8. ὁ Κυνοκέφαλος ὁ τὰ λύχνα φέρων; *Cynocephalus ...... deferens candelabrum.* – 9. Δαίμων ἀκέφαλος βαστάζων τὴν ἰδίαν κεφαλήν, Σάτυρος κρύψας ἑαυτοῦ τὴν κεφαλήν; *Satirus abscondens totam faciem suam cum capite.* – 10. ἡ μάχαιρα, ξίφος; *machaira.* – 11. ὁ δίχα ἅρματος ἡνίοχος, ἡν. καὶ τρόχος; *sine curru auriga.* – 12. λείψανον νεκρᾶς γυναικός, ὁ νεκρός; *Mors.* – 13. Φρὺξ ἄροτρον πήσσων καὶ πτύον ἔχων; *Frix figens aratrum et tenens navem,* Bucephalus. – 1. ὁ Ἅιδης... ὁ πορθμεὺς καὶ μέρος τῆς Ἀχερουσίας λίμνης, Στυγὸς ὕδωρ; *Pluto ... Nauclerus, Acherontis palus.* – 2. Ἄδωνις καὶ Ἀφροδίτη; *Adonis et Venus.* – 3. ποιμένος σχῆμα; *figura pastoris.* – 4. ἡ ἀκέφαλος περιστερά, ὁ ἀκέφαλος ὄφις; *columba sine capite, serpens sine capite.* – 5. οἱ τρεῖς ἥρωες οἱ καὶ βαλισταί· τρέχοντες νῶτα ἀλλήλοις διδόντες καὶ ἐπάνω εἷς τρέχων... τὰ δύο κρανία; *tres heroes qui vocantur Baldistae, duo currentes et terga sibi dantes ad invicem et desuper unus nudus, cranium et coronam tenens;* ὁ ἑλκόμενος χεροῖν ἀπὸ τριχῶν ὑπὸ ἥρωος; *Chiron, qui per capillos attrahitur ab heroe viro.* ὁ οὐρανοσκόπος; *Uranoscopus.* – 6. ἡ δυσώνυμος λύρα; *binomia lyra.* – 7. ἡ Ἀθηνᾶ; *dea Pallas.* 8. Αἱ τρεῖς Χάριτες, *tres Gratiae.* – 9. Μοῦσα λυρίζουσα; *Deferens parvam lyram.* – 10. ἡ Ἀριάδνη ἀνακειμένη, ἡ κοίτη καὶ ἐν αὐτῇ ἡ ἀνακειμένη γυνή; *lectus et in eo mulier accumbens.* – 11. Νηρηίς; *Nereis.* – 12. Ἄτλας, Τάλος; *Atlas.* – 13. Κεφαλαὶ ζʹ (fehlt bei Hermes). – 14. Κρόνου πρόσωπον, Κρόνος; *duae larvae Saturni et Apollinis.* – 15. Ἡ Ἥβη, ἡ Ἶβις; *Ibis.* – 16. ὁ ἱπποκράτωρ; *hippocrator.* – 17. ὁ ψαύων Σάτυρος τοῦ ῥοπάλου; *Satirus cum baculo.* – 18. Πέλαγος; *pelagus.*

Die ägyptischen 36 Dekane waren Sterngottheiten, κραταιοὶ ἡγεμόνες, ἐπίσκοποι τοῦ παντός, die im Testamentum Salomonis als Wesen in Menschen-, Stier- oder Schlangengestalt, auch mit Sphinx- oder Vogelkopf erscheinen. Ihre Namen wurden, oft sehr entstellt, lange weiterüberliefert. In hellenist. Z. werden die Planeten als Dekanherren über je 10° in den einzelnen Tierkreiszeichen gestellt in der Reihenfolge – vom Widder an beginnend – Mars, Sol, Venus, Mercurius, Luna, Saturnus, Jupiter. In diesen 10° zeigt der Planet sein Gesicht, πρόσωπον, *facies* und hat die gleiche Wirkungskraft wie in seinem Haus. Manilius weist den Dritteln der Tierkreisbilder die Dekanstellung zu, scheint aber damit allein zu stehen (S. GUNDEL Dekane und Dekansternbilder, Stud. Bibl. Warburg 19, 1936, S. 212ff.).

Die St. der Dodekaoros ([1], 295ff. [2], 50–73. [3], 207ff.). In den Paranatellontenlisten wird im 1. Teukrostext zu jedem Tierkreisbild ein Tier genannt, dessen Kopf, Körper-Mitte und -Ende je einem der 3 Dekane zugeteilt ist mit dem Zusatz τῆς δωδεκαώρου. Dies ist die Bezeichnung für je eine Doppelstunde des vollen Tages von 24 Stunden. Teukros 2 und Hermes nennen nur einige dieser Tiere, geben aber (Teukros 2 nur wenige, Hermes regelmäßig) Längenangaben dazu, nach denen man die Lage dieser St. am Himmel bestimmen kann. Es sind zum Widder die Katze, ὁ αἴλουρος, αἰ. ἕως κζʹ; 26–27° *aelurus*; zum Stier ὁ κύων, ὁ κυνοκέφαλος; vielleicht 24–27°, *inferior a nave Deus;* zu den Zwillingen ὁ ὄφις, ὁ ὄ.; 19–20° *Serpens;* zum Krebs der Käfer, ὁ κάνθαρος, τὰ μέσα τοῦ κανθάρου; 19–20° *Scarabaeus;* zum Löwen der Esel, ὁ ὄνος, Τυφῶν; 28–30° *Typhon* (nach dem eselsköpfigen Seth-Typhon); zur Jungfrau der Löwe, ὁ λέων (fehlt bei Teukros 2 und Hermes); zur Waage der Bock ὁ τράγος (fehlt bei Teukros 2); 20–30° *hircus;* zum Skorpion der Stier, ὁ ταῦρος, ὁ βουκέφαλος; 12–18° *Bucephalus;* zum Schützen der Sperber ὁ ἱέραξ, τὸ ἔμπροσθεν τοῦ ἱέρακος; 6–10° *Ancipitri faciem habens tamquam regina,* 27–30° *anterior pars ancipitri;* zum Steinbock der Affe, ὁ κυνοκέφαλος zum 1., τὸ δυσώνυμον ζῷον zum 2., τὸ δυσώνυμον zum 3. Dekan (ob bei Teukros 2 die δυσώνυμος λύρα und bei Hermes der *Satyrus abscondens totam faciem suam* an die Stelle des Affen gestellt worden sind, bleibt fraglich); zum Wassermann der Ibis, *ἡ ἶβις, ἡ Ἥβη; 4–7° volucris Ibis;* zu den Fischen das Krokodil, *ὁ κροκόδειλος, ὁ κρ.*; 4–6° *cauda Crocodili*, 16–18° *medietates Crocodili*, 28–30° *Caput Crocodili;* also im Gegensatz zu den anderen Tieren mit dem Kopf endend, so auch bei Teukros 1, der bei der regelmäßigen Zuteilung zu den einzelnen Dekanen bei allen anderen Dodekaoros-Tieren mit dem Kopf beginnt. Diese Tiere gelten als Gestalten des Sonnengottes. E. Bo.

Sternglaube. Nur wenige der Sternbilder sind in deutlicher Gestalt erkennbar, die meisten hat man erst mit viel Phantasie zusammengestellt und ihnen Namen gegeben, die daher in verschiedenen Ländern auch verschieden sind. Die ältesten wurden meist nach Gestalten des eigenen Lebensbereiches benannt, so die Bärengestirne von den Jägern, Ziege und Böcklein, Henne und Küchlein von den Bauern. Mythen gestalteten die Bilder lebendiger, die öfters zu Sagenkreisen zusammenwuchsen und mehrere Bilder verbanden, so der Kreis um Perseus mit Andromeda, Kepheus, Kassiopeia und Ketos, Orion mit Hase und Hunden und dem Todfeind Skorpion. Sagen und Dichtungen faßt → Aratos (4) von Soloi um 275 v. Chr. mit eigenen Beiträgen zusammen in den *Φαινόμενα*, die in der hellenistisch-röm. Z. zu hohem Ansehen und weiter Verbreitung gelangten, wie die 3 Übers., des Cicero im 1. J. v. Chr., des Germanicus im 1. und des Avienus im 4. Jh. n. Chr. zeigen; ihnen ist wohl, da sie als Lehrbuch in den frühen Klosterschulen dienten, die Überlieferung bis zur heutigen Sternbildbenennung in der Astronomie zu verdanken. Auch die dem → Eratosthenes (2) zugeschriebenen *καταστερισμοί* sind in der röm. Kaiserz. behandelt worden, wie → Hyginus (3) zeigt.

Die Entrückung Sterblicher als Gestirne an den Himmel hat bisweilen den Glauben erweckt, daß auch anderen Menschen für bes. Verdienste oder durch die Gunst der Götter solche Verstirnung zuteil werden könne. Allerdings gab es auch Stimmen, die die Mythen als Fabelei ansahen, so Manil. 2,37. Nach dem Weltbild des Alt. lagen Himmel und Erde in festen Grenzen mit der Erde ruhend im Mittelpunkt, die die Planeten- und die Fixstern-Sphären umkreisten und beeinflußten – denn die Lehren der → Pythagoreer, des → Demokritos (1), des → Aristarchos (5) von Samos und des → Seleukos (11) von Seleukeia blieben auf den Kreis der Philosophen und Astronomen beschränkt und konnten sich nicht durchsetzen. Da mit dem Auf- oder Untergang bestimmter Sterne oder Sternbilder verschiedene Witterungserscheinungen auftraten, Wärme, Kälte, Stürme, Gewitter, entstand der Glaube, daß diese Sterne solche Wetteränderung bewirkten, nicht nur andeuteten. Und die unwandelbare Beständigkeit der Sterne und ihrer Bahnen ließ sie als etwas Göttliches erscheinen, und da gegen das so oft willkürliche Handeln der olymp. Götter die Kritik seit → Xenophanes (DielsVorsokr 21 B 11) nicht verstummt war, wurden sie, die vollkommene Ordnung und Gesetzmäßigkeit im Weltall bewahren, als die *ὁρατοὶ θεοί* (Plat. Tim. 40d 4) angesehen. Als Abbild des Alls, des Makrokosmos, empfand sich der Mensch, der Mikrokosmos, und beide waren durch die *συμπάθεια τοῦ ὅλου* verbunden, ein Gedanke, der zur Astrologie führte, wie sich bei den Philosophen der Stoa erkennen läßt, die daher stets für die Vorherbestimmung des Menschenschicksals eingetreten sind. Um die Starrheit des Systems zu mildern, suchten später die Astrologen, die der Menge nicht die gelassene Resignation der Stoa zumuten konnten, einen Ausweg: daß die Sterngottheiten durch Opfer und Gebete eine Milderung oder Aufhebung des verhängten Geschickes gewähren könnten. E. Bo.

Sternschnuppen, unterschieden in astronomische: *ᾄττοντες, διᾴττοντες, διαπίπτοντες ἀστέρες, stellae transcurrentes, transvolantes*, und atmosphärische: *καταφερόμενοι, διαθέοντες ἀστέρες* (Aristot. meteor. 342 b21), *stellae discurrentes, cadentes*, heißen nach ihrer Erscheinungsform *αἶγες, ἀκοντισμοί, βολίδες, διεκδρομαί, διαδρομαί, ῥύακες, ῥυμοί, σπινθῆρες, haedi, bolides, clipei, faces, lampades, scintillae.* Man erklärte sie als Sterne oder Sternteile, die, vom Winde losgerissen, am Himmel eine andere Stelle suchen oder zur Erde stürzen, auch als Abgabe des Überschusses aufgenommener Erddünste. Nur die sublunarischen St., entzündete *ἀναθυμιάσεις*, kennt Aristot. meteor. 1,4,341b bis 342b. Die regelmäßig wiederkehrenden S.-Schwärme hat man nicht bes. beobachtet, wohl aber die Farbe, die Himmelsrichtung und die Größe, nach denen sich Glück oder Unglück voraussagen ließ. Plat. (rep. 621b 4) nennt die Seelen, die zur Wiedergeburt auf steigen, *ᾄττοντας ὥσπερ ἀστέρας*, aber sie gelten auch als zum Himmel zurückehrende Seelen Verstorbener. Nach den Zauberpapyri kommen Geisterwesen aus den St. zu den Beschwörern. E. Bo.

1. *F. Boll* Sphaera, 1903. 2. *W. Gundel* Neue astrolog. Texte des Hermes Trismegistos, ABAW N.F. 12, 1936. 3. *A. Scherer* Gestirnnamen bei den indogerman. Völkern, 1953. 4. *F. Lasserre* Die Fragmente des Eudoxos von Knidos, 1966. 5. Myth. Lex. 6,867ff.

Sterope (*Στερόπη*). **1.** Eine der → Pleiaden (→ Sternbilder), Tochter von → Atlas und → Pleione, Gattin des → Oinomaos (1), Mutter → Hippodameias (1). Arat. 262. Apollod. 3,110f. Hyg. fab. 192; astr. 2,21. Dargestellt auf dem Fries des O.-Giebels des Zeustempels in Olympia, Paus. 5,10,6. L. Drees Olympia, 1967, 160f. – Nach Eratosth. kat. 23 von Ares Mutter des Oinomaos; bei Hes. frg. 275 und Hyg. fab. 84 heißt sie *Asterope*. Bei Clem. Alex., Arnob., Firm. Geliebte Apollons. **2.** Tochter des Königs von Tegea, →

Kepheus (1). Apollod. 2,144. Auf Mz. von Tegea reicht Athena ihr oder ihrem Vater eine eherne Locke der Gorgo. **3.** → Peleus. H. v. G.

Steropes s. Kyklopen

Stertinius. Ital. Gentilname, vgl. SCHULZE Eigenn. 237 (m. Inschr.). **1.** C.S., Praetor 188 (Sardinien), Liv. 38,35,2. 10. **2.** L.S., 199–197 Statthalter *(procos. imperium)* in Hispania Citerior, ließ 196 in Rom (Circus Maximus, Forum Boarium) 3 Ehrenbogen erbauen und gehörte 196 zum Zehnmännerkollegium, das mit → Flamininus die Verhältnisse in Hellas ordnen sollte; er wirkte in Hephaistia, → Thasos, → Thrakien, Pol. 18,48,2 u.a. BROUGHTON 1,338. **3.** L.S. (Sohn von Nr. 2, Neffe von Nr. 1?), Quaestor 168 mit Sonderauftrag in Brundisium. H. G. G.

Stesichoros. 1. Chorlyriker, von Simonides Frg. 59 P. erwähnt. Vermutlich deshalb wurde sein Tod mit → Simonides' Geburt (556/53) synchronisiert. S.' Bruder Mamerkos (Mamertios?) wirkte nach → Hippias (6) v. Elis als Geometer zwischen → Thales und → Pythagoras (Prokl. zu Eukl. p. 65, 11 F). S.' Geburt setzte man auf 632/29 (Suda). Die Datierung des Marm. Par. ep. 50 ist offenbar falsch, WILAM. Annahme eines weiteren S. außer S. 2 unnötig (Maas). S. war Bürger von → Himera, stammte aber aus einem Matauros, das nach Steph. Byz. s.v. in Sizilien (Strab. 6,275), nach andern (Suda) in Bruttium lag.

S.' Gedichte füllten 26 Rollen (Suda), die uns bekannten (nicht von S. herrührenden) Titel sind: *Ἆθλα ἐπὶ Πελίᾳ* (auch → Ibykos zugeschrieben, doch s. Athen. 4,172e), *Γηρυονηΐς* (daraus POxy 2617), *Ἑλένη*, dazu die Palinodie in 2 Teilen, *Ἐριφύλη* (Sieben gegen Theben), *Εὐρώπεια* (Gründung Thebens), *Ἰλίου πέρσις* (auf der Tabula Iliaca als Quelle genannt; daraus POxy 2619), *Κέρβερος*, *Κύκνος*, *Νόστοι* (Frg. 32 berührt sich mit Od. 15), *Ὀρέστεια* in 2 Teilen, *Σκύλλα*, *Συοθῆραι* (Kalyd. Jagd). Nicht in der alexandrin. Ausgabe enthalten und kaum authentisch war die Liebesromanze *Καλύκη*, sicher nicht echt eine zweite, *Ῥαδίνη*, in lesb. Asklepiadeen wie auch angebliche (bukol.) Lieder auf Daphnis und die Erzählung vom dankbaren Adler, die nach → Krates (4) in einem wenig bekannten Gedicht des S. stand (Frg. 100–103 P.); möglich daß etwas davon S. 2 gehörte.

S. repräsentiert am reinsten den Übergang der Darstellung des Mythos vom Rhapsodenvortrag auf den Chorgesang, *epici carminis onera lyra sustinens* (Quint. inst. 10,1,62). Das bezieht sich auf die Breite der Erzählung, die auch aus den wenig umfangreichen oder stark zerstörten Frg.en zu ersehen ist, und auf die heroische Stilisierung: *reddit enim personis in agendo simul loquendoque debitam dignitatem.* Auch die Sprache zeigt viele epische Elemente. Die Gedichte waren dementsprechend umfangreich. Von der *Ὀρέστεια* wird ein 2. Teil zitiert (*ἐν δευτέρῳ* Frg. 36. 37), und durch POxy 2506 = Frg. 16 haben wir erfahren, daß auch die Palinodie aus 2 Gedichten bestand, deren eines gegen Homer, das andere gegen Hesiod polemisierte. Solche Polemik zeigt, wie sehr die chorlyrische Mythendarstellung gesellschaftlich und politisch von Belang war: nachdem S. Helenas Ehebruch nach Homer und Hesiod (Frg. 93 Rz.) erzählt und ihr noch anderes nachgesagt hatte (Frg. 14), sah er sich offenbar mit Rücksicht auf ihren Kult in Sparta veranlaßt, durch die Version von dem Trugbild zu widerrufen. Die Motivierung durch Verlust des Augenlichts ist Legende und stand gewiß nicht in den Gedichten. Den Chor behandelte S. als Instrument (Frg. 33). Er hat die Triadenform entwickelt, das Metron sind lyr. Daktylen, z.T. mit Vorschlagsilben (»Auftakt«), dazu hie und da Epitrite, meist, aber nicht nur am Periodenende.

Ta.: Poetae Melici Graeci ed. *Page*, Oxford 1962. Dazu POxy 2506. 2617/19. 2735? 2803?

Lit.: *P. Maas*, RE III A 2458. *M. Treu*, RE Suppl. XI 1253. *J. A. Davison*, Quad. Urb. 2, 1966, 80. *R. Kannicht*, Eur. Hel. I 26/41.

2. Von einem zweiten S. aus → Himera verzeichnet Marm. Par. ep. 73 z.J. 369/68 einen Sieg in Athen. Wir kennen ihn als Vf. eines Dithyrambos *Κύκλωψ* (Didym. Komm. zu Demosth. 12,61). Himera war seit 409 zerstört, S. konnte noch dort geboren sein und nannte sich *Ἱμεραῖος* als mindestens fiktiver Nachkomme von S. 1. W. K.

Wilam. Sappho und Simonides 233. *P. Maas*, RE III A 2462.

Stesimbrotos (*Στησίμβροτος*) aus Thasos, Rhapsode, Homererklärer und Publizist des 5. Jh.s v. Chr. in Athen. Zu seinen Schülern zählten → Nikeratos (1; Xen. symp. 3,6) und → Antimachos (2: Suda s. *Ἀ.*). Der Titel seines Werkes über Homer ist nicht bekannt, die wenigen Reste sprechen für den Typus *ζητήματα* und *λύσεις*. Von allegor. Auslegung, auf die Plat. Ion 530 cd hindeutet (vgl. [3]), findet sich keine Spur. In einer Schrift *π. τελετῶν* (Frg. 12–20 Jac.), aus der noch → Philodemos zitiert, scheint u.a. eine ausführliche Behandlung der Mysterien von Samothrake gestanden zu haben. Sehr kontrovers ist die Beurteilung der (nach 430 verfaßten) Schrift *Π. Θεμιστοκλέους καὶ Θουκυδίδου καὶ Περικλέους*. Die (bei Plut. überlieferten) 11 Frg.e enthalten ausschließlich boshaften Klatsch über Themistokles, Perikles, Kimon und ihre Familien. Es ist schwer zu entscheiden, ob die Reste ein zuverlässiges Bild von der Tendenz des Werkes vermitteln, ob es sich – so die communis opinio – um ein polit. Pamphlet handelte, in dem ein Vertreter der gedemütigten Bundesgenossen die namhaftesten Exponenten athen. Machtpolitik angriff, oder ob wir es mit einer zufällig zustande gekommenen Auswahl aus einer biographisch ausgerichteten, allerdings höchst kritiklos kompilierten Darstellung zu tun haben (so [5]). H. Gä.

FGrH 107. *A. Tresp*, RVV 15,162ff. *G. Lanata* Poetica Pre-Platonica, Firenze 1963, 240ff.
Lit.: 1. *Christ-Schmid* 1,2,676ff. 2. *I. Bruns* Das lit. Porträt 46ff. 3. *F. Wehrli* Zur Gesch. der allegor. Hom.-Interpretation, Diss. Basel 1928, 91f. 4. *A. Dihle* Stud. zur griech. Biogr., Gött. ^{2}1970, 49f. 5. *F. Schachermeyr*, SAWW 247,5 (1965).

Stheneboia heißt später (seit Hes. frg. 27 Rz.^{3}?) die hom. → Anteia, Gemahlin des → Proitos, (Apollod. 2,2,1,3. Sch. Hom. Il. 6,160. Aristoph. Ran. 1043 mit Sch. Hyg. astr. 2,18. Serv. ecl. 6,48. Sch. Stat. Theb. 4,589). Eur. schildert die Liebe der S. zu → Bellerophon (Apollod. 2,3,1,2), dessen Rückkehr aus Lykien und die Bestrafung der S., die Bellerophon vom fliegenden → Pegasos ins Meer hinabstürzt (TGF p. 567ff. H. v. ARNIM Suppl. Eur. 43ff.); Selbstmord der S. (Hyg. fab. 57. 243. Sch. Stat. a. O. Sch. Aristoph. a. O.) vermutlich aus Vergleich mit Phaidra (Aristoph. a. O. Iuv. 10,327) mißverstanden. Beide repräsentieren das Motiv der Frau des Potiphar. G. R.
Prell.-Rob. 2,182ff. *Buslepp* Myth. Lex. 4,1506ff. *Christ-Schmid* 1, 3,390ff.

Sthenelaidas (*Σθενελαίδας*), spart. Ephor, sprach 432 in der Versammlung der Spartiaten im Interesse der Bundesgenossen gegen → Archidamos (1) für die Kriegserklärung gegen Athen. Da er aus der Abstimmung durch Zuruf die Stärke der Kriegs- und Friedenspartei nicht erkannte, ließ er durch Auseinandertreten abstimmen, ob Athen die Verträge gebrochen habe. Da die Mehrheit dies bejahte, beschleunigte S. den Ausbruch des pelopon. Krieges. Thuk. 1,85ff. Paus. 3,7,11. H. V.

Sthenelos (*Σθένελος*). **1.** Begleiter des Herakles auf dem Amazonenzug, der auf dem Rückweg an der paphlagon. Küste umkam. In Wehr und Waffen erschien er aus seinem Grabe den vorbeifahrenden Argonauten, die ihm opferten. Apoll. Rhod. 2,911ff. mit Sch. **2.** Sohn des → Androgeos. Auf dem Amazonenzuge des Herakles werden dessen Leute von 4 Brüdern des Androgeos auf Paros überfallen. Herakles tötet sie und nimmt S. und dessen Bruder Alkaios als Geiseln mit, die er später auf Thasos ansiedelt. Apollod. 2,100. 105. Myth. Rückspiegelung der Kolonisation von Thasos durch Parier z. Z. des → Archilochos. **3.** Sohn des → Perseus (1) und der → Andromeda, vertrieb → Amphitryon aus ganz Argos. Sein und der Pelopstochter Nikippe Sohn war → Eurystheus, Herakles' Feind (→ Alkmene). S. wurde von → Hyllos (1) getötet. Apollod. 2,49. 53. 56. Hyg. fab. 244. **4.** Argiver, Sohn von → Kapaneus und → Euadne (2). Er erobert Theben mit den → Epigonen. Hom. Il. 4,401ff. Paus. 2,20,5. Apollod. 3,82, freit um Helene, ebd. 129. Wagenlenker, Helfer und Freund des → Diomedes (2) vor Troia, Il. 2,564. 4,367. 5,241 u. ö. 8,113f. Hyg. fab. 257. Insasse des hölzernen Pferdes, ebd. 108. Verg. Aen. 2,261. Q. Smyrn. 12,316. Er entführt das Bild des dreiäugigen Zeus aus Troia nach Argos, Paus. 2,24,3. 8,46,2 (PRELL.-ROB. 1,155), begleitet Diomedes nach Aitolien, Hyg. fab. 175. Grab in Argos (Paus. 2,22,9) oder Kolophon (Lykophr. 433). H. v. G.
E. Bethe, Hom. 3,109ff. *Wilam.* Il. u. Hom. ^{2}296. *W. Kullmann* Die Quellen der Il., H(ES) 14, 89. 150f.

Sthenidas (vielleicht Pseudonym), Pythagoreer, Vf. einer Schrift *περὶ βασιλείας*, von welcher bei Stob. IV p. 270 HENSE ein Textstück erhalten ist. In Form und Inhalt eng damit verwandt sind Texte gleichen Titels, die unter den Namen Diotogenes und → Ekphantos (1) gehen.

Die Datierung dieser Reste pythagor. Lit. war lange strittig. Jüngst sind gegen den Versuch einer Spät-Datierung (L. DELATTE: 2. Jh. n. Chr.) wichtige Argumente für eine Frühdatierung vorgetragen worden (H. THESLEFF: 3. Jh. v. Chr.). H. D.
Ta.: The Pythagorean Texts of the Hellenistic Period, coll. and ed. by *Holger Thesleff*, Abo 1965, bes. S. 187f.
Lit.: *Lucien Delatte* Les traités de la Royauté d'Ecphante, Diotogène et Sth., Lüttich 1942. *Holger Thesleff* An Introduction to the Pythagorean Writings of the Hellenistic Period, Abo 1961.

St(h)enius. Osk. Praenomen (eigentl. *Stenis*), bes. bei S. → Mettius, S. → Stallius ca. 285, und inschr. Dann auch Gentilicium, SCHULZE Eigenn. 89. 425. Ein S. galt als Stammvater der → Mamertiner, unter denen die S. wohl als vornehmste Familie galten. – S. aus → Thermai Himeraiai (Sicilien), der als vornehmer, gebildeter und angesehener Mann 82 seine Vaterstadt beim Erscheinen des Pompeius rettete, 72 von Verres ausgeplündert und verurteilt wurde und 70 als ein Hauptzeuge gegen ihn auftrat, Cic. Verr. 2,83–118 u. a. DRUMANN^{2} 5,271f. H. G. G.

Sthennis (*Σθέννις*), Sohn des Herodoros, Bildhauer (Erzgießer). Der Paus. 6,16,8. 17,5 Olynthier genannte S. ist wohl mit dem Athener der Signaturen identisch, d. h. nach dem Fall von → Olynthos Athener geworden. Plin. nat. 34,51 datiert S. 328; S. war jünger als → Leochares, mit dem er arbeitete (IG II 1395), da er noch 287/81 tätig war (IG VII 279). S. schuf Götterbilder (Demeter, Zeus, Athene im Tempel der Concordia, Rom), *flentes matronas et adorantes sacrificantesque* (Plin. nat. 34,90), vor allem Sieger- und Porträtstatuen, Paus. 6,16,8. 17,5. IG II 1395. VII 279. XIV 1149. Plut. Luc. 23,4f. (Strab. 546. App. Mithr. 83,371ff.). Kopien sind nicht identifiziert, der Stil des S. ist uns daher unbekannt. W. H. G.

Sthen(n)o (*Σθεν(ν)ώ* »die Starke«). Eine der Gorgonen (→ Gorgo 1, → Euryale 1). Hes. theog. 276. Apollod. 2,40. Nonn. Dionys. 30,265. H. v. G.

Stibadion, Stibas s. Sigma

Stichios (*Στιχίος*.). Mit → Menestheus (1) Führer des athen. Kontingents vor Troia. Il. 13, 195. 691. Von Hektor erlegt 15,329. WILAM. Il. und Hom.^{2} 227. W. KULLMANN H(ES) 14,125ff. H. v. G.

Stichometrie. Moderne Bezeichnung für die ant. Methode, den Umfang literar. Werke durch die Zahl der Verse bzw. Zeilen (ἔπη, στίχοι) auszudrücken. Bei Prosatexten wird allg. mit einer »Normalzeile« von der Länge eines Hexameters (vgl. Gal. 5,655 K.) gerechnet. Stichometr. Angaben sind seit dem 4. Jh. v. Chr. gut bezeugt (Isokr. or. 12,136. Theop. FGrH 115 F 25); spätere Zeugnisse z. B. Dion. Hal. de Thuc. 10. 13. 19. 33. Gal. 2,227 K. Diog. Laert. 7,187; ferner der Cic.-Text des → Asconius. In zahlreichen Pap. (z. B. POxy 223. 841. 852 u. ö.) und Hss. haben sich ebenfalls stichometr. Angaben erhalten. Am häufigsten ist die Zählung im Abstand von je 100 Zeilen. Die Kennzeichnung erfolgt durch Buchstaben (darunter auch den frühen »Zahlzeichen« *X*, *H* und *Π*), gelegentlich auch durch einfache Striche am l. Rand. Am Schluß eines Werkes ließ sich auf diese Weise der Gesamtumfang bestimmen, was bes. für die Berechnung des Schreiberlohns, außerdem natürlich für die Arbeit der Bibliothekare (→ Pinax 5) von Bedeutung war. H. Gä.

K. Ohly Stichometr. Unters., Lpz. 1928 (Nachdr. Nendeln-Wiesbaden 1968). *E. M. Thompson* Greek and Latin Paleography, Oxf. 1912 (Nachdr. New York o. J.). *E. G. Turner* Greek Papyri, Oxf. 1968, 94 f. *Th. Mommsen*, H 21, 1886, 142 ff. (= Ges. Schr. 7,283 ff.) 25, 1890, 636 ff.

Stichomythie. Einzige überlieferte Definition Poll. 4,113 *στιχομυθεῖν δ' ἔλεγον τὸ παρ' ἓν ἰαμβεῖον ἀντιλέγειν καὶ τὸ πρᾶγμα στιχομυθίαν.* Die Definition ist etwas zu eng. Hinzuzurechnen sind a) auch andere Verse, vor allem troch. Tetrameter, b) Dialoge in Verspaaren (Distichomythie, Terminus nicht antik) und in Halbversen (*ἀντιλαβαί* Hesych. [7], 9). Grundformen daher: 1:1; 2:2; 1/2:1/2, daraus gebildete Mischformen: 1:2, 2:1. Gewöhnlich einige Übergangsverse vor Anf. und nach E. der S. ([7], 14 ff.), oft Unterbrechung durch 2 oder mehr Verse oder durch Interjektion ([7], 25 ff.). Teilnehmer an der S. 2 oder auch 3 Personen ([7], 30 ff.). Über Ursprung der S. gibt es nur Spekulationen ([1], 219), sie blieb wichtiges Bauelement aller dramat. Dichtung. In der griech. Trag. nimmt sie chronolog. an Umfang und Formenreichtum zu, Seneca hat sie sehr reichlich ([2]), die griech. alte Komödie gebraucht sie meist mit bes. viel Freiheiten der Dialogzerpflückung ([7], 40), ebenso die *Νέα* und die röm. Komiker (Beispiele für 1:1, Men. Per. 349 ff. Plaut. Amph. 812 ff.; Cist. 240 ff.). Fraglich, ob die zerpflückten Dialoge überhaupt als S. zu bezeichnen sind ([1], 184). F. St.

1. *B. Seidensticker* Die St., in: *W. Jens* Die Bauformen der griech. Tragödie, München 1971, 183–220. 2. *Ders.* Die Gesprächsverdichtung in den Tragödien Senecas, Heidelb. 1969. 3. *R. Schwinge* Die Verwendung der St. in den Dramen des Euripides, Heidelb. 1968. 4. *W. Jens* Die St. in der frühen griech. Tragödie, Zetem. 11, 1955. 5. *W. Ludwig* Sapheneia. Ein Beitrag zur Formkunst im Spätwerk des Euripides, Diss. Tübingen 1954. 6. *J. L. Hancock* Studies in St., Chicago 1917. 7. *A. Gross* Die St. in d. griech. Tragödie u. Komödie., Bln. 1905.

Stickerei. Das Sticken (*ποικίλλειν, acu pingere*) ist eine aus dem Orient übernommene Kunst, Stoffe jeglicher Art mit Ornamenten oder Figuren zu verzieren. Die Vorliebe der Griechen für weiche, fallende Gewänder macht es unwahrscheinlich, sich die überaus reichen Verzierungen der Kleidung, bes. archaischer Z. (z. B. Exekias-Amphora im Vatikan, Arias-Hirmer 1000 Jahre griech. Vasenkunst, 1960, Abb. 62) als gestickt vorzustellen, da Stickerei eine Versteifung der Gewänder bewirkt. Obwohl in der Darstellung nicht zu trennen, werden reiche Gewandverzierungen eingewebt worden sein, während sich die S. auf Borten, Säume, Haarbänder, Gürtel u. ä. beschränkte. Als Handwerkszeug dienten Stickrahmen (Abb. bei Blümner Techn. 1,220. E. Kusch Herculaneum, 1960, Abb. 31) und Nadeln, von denen genügend Exemplare gefunden wurden (z. B. Corinth Bd. 12, 1952, T. 78). Die Stickerei, in Griechenland vom *ποικιλτής* (Aischin. 1,97. Poll. 7,35) oder *βελονοποικίλτης* (Hesych.) ausgeübt, war in Rom Sache der *plumarii* oder der *phrygiones*, da nach Plin. nat. 8,196 Phryger diese Kunst erfunden haben sollen. Wahrscheinlich führten verschiedene Stickarten zu der Differenzierung der Bezeichnung; während der erste den Plattstich verwendete, brachte der zweite seine Ornamente im Kreuzstich auf den Stoff. Neben der üblichen Verwendung der S. zur Ausschmückung von Kleidungsstücken, konnten auch Teppiche, Vorhänge und Tischdecken (z. B. mit den zu erwartenden Speisen, H. A. 17,27) bestickt werden. S. O.

Hug, RE III A 2490. *Dar–Sagl.* 4,449. *Blümner* Techn. 1, 218 ff. *M. Bieber* Entwicklungsgesch. der griech. Tracht, 1967 S. 14 T. 46. 47. 48. *F. von Lorentz*, MDAI(R) 52, 1937, 165 ff.

Stigmatias (*στιγματίας* »Gebrandmarkter«). Brandmarkung war Strafe von Sklaven hauptsächlich für Entlaufen (Aristoph. Av. 760. Aischin. 2,79. Lukian. Tim. 17. Clem. Al. paed. 3, 2,10,3. Petron. 103. Quint. inst. 7,4,14), aber auch für andere Vergehen (Diog. Laert. 4,46. Iuv. 14, 21 ff. Petron. 69). Nach dem *stigma* (auch *punctum, nota, titulus* genannt) hießen die Gebrandmarkten *stigmatiae* (Varro l. l. 7,107). Cic. off. 2,7, 25 nennt einen tätowierten Thraker S. Zu den rechtlichen Folgen → Signum (2). W. H. G.

Stilicho, Flavius, röm. Reichsfeldherr, um 365 als Sohn eines Wandalen im röm. Dienst geb. 383 (?) war St. *tribunus militaris*, 384 nahm er an einer Gesandtschaft zu den Persern teil; er wurde mit → Serena verheiratet und zum *comes domesticorum* befördert. Seit E. 391 *magister militum (per Thracias ?)*, kämpfte er 392 erfolgreich gegen die → Bastarnen (Claud. c. 21,93 ff.). 394 stand er mit → Timasius an der Spitze des Heeres gegen → Eugenius (2). Nach dem Sieg (am 6. Sept.; vom Anteil St. ist nichts bekannt) ernannte ihn Theodosius zum Oberbefehlshaber im W. und vertraute ihm auf dem Totenbett (Januar 395) die Fürsorge über → Honorius (3) und → Arcadius an. 395 fügte sich der gegen die Westgoten (unter Alarich) kämpfende St. den von Arcadius erhobenen Forderungen nach Räumung des ö. Illyricum und Rücksendung der zum O. gehörenden Truppen. 397 kam es erneut zum Konflikt mit dem O., von wo aus man den dann 398 besiegten → Gildo zum Aufstand veranlaßte. Der Einfall Alarichs (im Dienste Ostroms) nach Italien 401 zwang St., Truppen aus dem Alpenvorland und vom Rhein abzuziehen. Nach Schlachten bei Pollentia (402; unentschieden) und Verona (403) gelang es, Alarich zum Abzug aus Italien zu bewegen und ein Bündnis mit ihm zu schließen. St. konnte 406 das Gros der E. 405 unter → Radagais eingefallenen Barbaren vernichten. Er vermochte jedoch nicht E. 406/07 dem Rheinübergang barbar. Völkerschaften (Wandalen, Alanen, Sueben) zu begegnen. Erschwert wurde die Situation durch die Usurpation des → Constantinus (3) und Drohungen des hohe Zahlungen fordernden Alarich. Da St. in der ausweglosen Situation für Nachgiebigkeit gegenüber Alarich eintrat und er nach dem Tode des Arcadius (1. Mai 408) verdächtigt wurde, die Kaiserwürde für → Eucherius (2) zu erstreben (vgl. aber Zos. 5,32), erreichten die Gegner (vor allem Antigermanen wie → Olympios 5) die Absetzung. Der vergeblich Asyl in einer Kirche suchende St. wurde am 22. Aug. 408 in Ravenna getötet (Olympiod. frg. 33. Philostorg. 12,3. Zos. 5,33f.). Die Beurteilung des gegenüber der theodosian. Dynastie fast immer loyalen und zu den bedeutendsten Germanen im röm. Dienst zählenden Stilicho ist schwierig, da panegyr. Verherrlichung durch → Claudianus (5; bes. c. 7f. 15. 21–26) ein ebenso tendenziöses Negativbild gegenübersteht (bes. Oros. 7,37f. Rut. Namat. de red. suo 2,41ff. Eunap. frg. 62). – Bildnis: Consulardiptychon in Monza (bei Volbach-Hirmer Frühchristl. Kunst, 1958, 63). A. L.

A. Cameron Claudianus, 1970. *S. Mazzarino* Stilicone, 1942. *Th. Mommsen*, H 38,101ff. Prosopography of the Later Roman Empire I, 1971, 853ff.

Stilpon, Philosoph der → megar. Schule und deren 3. Vorstand, lebte und wirkte etwa 380 bis 300 v. Chr., berühmt als glänzender Eristiker; vgl. Diog. Laert. 2,113–120. St. lehnte es ab, an den Hof des Königs → Ptolemaios (A 1) Soter zu gehen; zweimal, 307 und 306, erlebte St. die Eroberung seiner Heimatstadt Megara mit. Diog. Laert. 2,120 führt 9 Schr. des St. auf, sämtlich Dialoge.

St. setzte die Tradition der megar. Eristik fort, bes. leugnete er, daß eine andere Prädikation als die der Identität gültig sein könne; vgl. bes. Plut. adv. Col. 22,1119cff. und Simpl. in Aristot. phys. 120,13ff. Im Bereich der Ethik war St. vom Kynismos beeinflußt (auch die biogr. Tradition legt St. Beziehungen zu → Diogenes [14] bei).

Berühmt wurde sein Ausspruch, als er bei der Plünderung von Megara alle Habe verloren hatte: ἐπιστάμαν οὐδεὶς φέρει – vgl. Plut. Demetr. 9,5. Lat. Fassung: *omnia mecum porto mea*, vgl. Cic. parad. 1,8. Sen. epist. 9,18 und const. sap. 5. 6. Plut. mor. 468a berichtet von einem Gespräch des St. mit → Metrokles, der St. die skandalöse Lebensweise – ἀκολασία – seiner Tochter vorhielt. Dabei wies St. mit einer Maxime der kyn. Ethik eben den kyn. Tadler zurück. St. war ein Philosoph von oft skept., dabei aber gemäßigter und ausgeglichener Haltung. H. D.

Stilus bezeichnet den ant. Schreibgriffel, der aus Holz, Bein oder Metall bestehen konnte. Auf der einen Seite war der S. spitz, um die Schrift in Blei oder meist Wachs einzuritzen, während er auf der anderen Seite abgeplattet war, um das Wachs wieder glattstreichen und damit Fehler korrigieren zu können. Gelegentlich wurde S. auch als Waffe benutzt (Suet. Caes. 82). Daneben konnte S. spitze, aufrecht stehende Gegenstände allg. bezeichnen wie Oliven- oder Spargeltriebe (Colum. 11,3,16) oder im Boden versenkte Palisaden (Bell. Afr. 31, 7). → Stimulus. S. O.

Gaerte, RE III A 2533. Bildl. Darstellg. *Dar–Sagl.* 4 Fig. 6634. 6636. *V. Gardthausen* Griech. Paläographie, ^{2}1911, Bd. 1,182ff. Fig. 1. 8. 17. 33. 34. 35. *M. Bieber* Entwicklungsgeschichte der griech. Tracht, 1967, T. 15,2. *R. Büll* Vom Wachs, Hoechster Beitr. zur Kenntnis der Wachse 1, Beitr. 9, 854–57.

Stimulus (κέντρον) ist ein Stab zum Antreiben von Tieren, der in eine Spitze (auch aus Metall) auslaufen kann. Bes. Zugtiere wie Pferde (Hom. Il. 23,387. Plaut. Men. 865. Ov. met. 2,127) oder Ochsen (Tib. 1,1,30. Ov. met. 14,647) wurden mit einem S. zu höherer Leistung angetrieben. In der Bildüberlieferung findet sich der S. bes. bei Darstellungen von Wagenrennen (z. B. auf der Strickhenkelamphora in Arezzo, Arias-Hirmer 1000 Jahre griech. Vasenkunst, 1960, Abb. 212. 213). Übertriebenen Gebrauch des S. meidet man; so lehnt Xen. den S. bei der Pferdedressur ab (equ. 11,6), und Columella warnt vor Mißbrauch (2,2,26). S. konnte auch zur Züchtigung und Folterung von Menschen gebraucht werden (Thuk. 4, 47. Xen. hell. 3,3,11; an. 3,1,29), wobei der Delinquent mit dem S. gestochen (κεντεῖν, Plat. Gorg. 456d [im Gegensatz zu μαστιγοῦν], *fodere* oder *forare*, Plaut. Curc. 130. Most. 56), seltener geschlagen wurde. Schließlich kann S. im Festungskrieg eingegrabene Spitzpfähle bezeichnen. → Stilus. Hug, RE III A 2534. Dar-Sagl. 4,1511. S. O.

Stipendium (μισθοφορά) bezeichnet urspr. nur die Löhnung des Legionärs. Nach Liv. 6,59,11 wurde in Rom 406 v. Chr. zum erstenmal Sold vom Staat gezahlt. Als feste Rechnungseinheit von 75 Denaren (für die Dauer eines Feldzuges) bildete er sich bereits in der Republik aus und wurde in der Kaiserzeit auch für *praemia militiae*, *donativa* und *largitiones* maßgebend. Caesar erhöhte den Sold von 75 auf 150 Denare (Suet. Caes. 26) und Augustus 5 n. Chr. auf 225. Unter Domitian (Suet. Domit. 7) stieg er auf 300 Denare, unter Commodus auf 375, unter Septimius Severus auf 500 und unter Caracalla auf 750 Denare. Was die Prätorianer betrifft, so erhielten sie bei Augustus' Tode 750 Denare (Tac. ann. 1,17) und unter Commodus 1250. Vom 4. Jh. n. Chr. an spielt der Sold gegenüber der → *annona* und dem → *donativum* eine untergeordnete Rolle. Mit s. wurden auch Kriegskontributionen und Kriegssteuern bezeichnet (z. B. Cic. Verr. 3,6). A. N.

F.Lammert, RE III A 2536ff. *A.v.Domaszewski*, Bh.e d. BJ 14, 1967, 28f. 342 (Sold).

Stips, ursprüngl. wohl geprägte Münze (Fest. 379, 412 L.). Im kultischen Sprachgebrauch das Geldopfer, das man nach weitverbreiteter Sitte einer Quell- oder Flußgottheit darbringt, indem man eine Mz. ins Wasser wirft, oder die Geldspende zugunsten einer Tempelkasse *(thesaurus)*. S. im letztgenannten Sinn entspricht einem griech. religiösen Brauch, der sich seit E. 3. Jh. v. Chr. schnell in Rom einbürgert. Dabei legt man eine Mz. in den Opferstock oder auf die *mensa sacra*. Öffentliche Kollekten waren nur ausnahmsweise gestattet (z. B. im Kult der Mater Magna). Die *s.* ist im Gegensatz zur *decuma*, die auf einem Gelübde beruht, freiwillig. K. A.

Dar-Sagl. IV 1515f. *Hug*, RE III A 2538ff. *Marqu.* RStV 3,142f. 456. *Wissowa* Rel.[2] 428ff. *Latte* RRel ind.

Stipulatio, förmliches, mündliches Leistungsversprechen, bestehend aus der Frage des zukünftigen Gläubigers *(stipulator)* an den zukünftigen Schuldner und Antwort des letzteren, wobei das Frageverbum in der Antwort wiederkehren muß, z. B. *dari spondes*? *spondeo*. Das Formular mit *spondere* war noch im klass. röm. Recht röm. Bürgern vorbehalten, andere Formulare waren auch Peregrinen zugänglich *(promittere, fidepromittere, fideiubere:* Gai. Inst. 3,92*)*. Seit dem 3. Jh. n. Chr. wurde auf den Gleichlaut der Stichworte verzichtet, schließlich auch auf das Erfordernis der Mündlichkeit, so daß die schriftliche s.-Klausel den Beweis für den Abschluß lieferte (Paul. sent. 5,7,2). Iustinian ließ wieder die Entkräftung der Urkunde durch den Nachweis der Abwesenheit einer Partei zu (Cod. Iust. 8,37,14). Ursprung und Worterklärung der s. sind umstritten. Ihre Wurzel wird vor allem im Sakralrecht (Eide), aber auch in den Prozeßkautionen vermutet, *stipulari* (= sich versprechen lassen) wird hergeleitet aus *stipulus* *(= firmus)*, aus *stipula* (= Halm), schließlich von *stips* (= Stäbchen). Die zentrale Bedeutung der s. rührt daher, daß sie infolge ihrer Fassung jede mögliche und erlaubte Leistung zum Gegenstand haben konnte und so auch wegen des Typenzwanges sonst nicht klagbare Leistung klagbar gemacht werden konnte. Im Edikt sind sog. praetor. Stipulationen vorgesehen, deren Abschluß u. U. erzwungen werden konnte. C. E.

1. *J. G. Wolf* Causa stipulationis, 1970. 2. *Pastori* Appunti in tema di sponsio e stipulatio, 1961. 3. *Biondi* Contratto e stipulatio, 1953. 4. *M.Kaser* Das röm. Privatrecht 1, [2]1971, 168ff., 538ff.; 2, 1959, 273ff. mit Lit.

Stiris (*Στῖρις, Στίρις*), Stadt im s. Phokis in fruchtbarem Talkessel s. ö. von Distomo, entweder die ant. Ortslage auf einem Tafelberg in der Ebene s. ö. des Klosters Hosios Lukas oder der große Mauerring, in dem das Kloster steht. Aus der Gesch. von S. ist kaum etwas bekannt. Ca. 175 oder 135 v. Chr. wurde durch Sympolitievertrag das benachbarte → Medeon (1) einverleibt, IG IX 1,32 = Sylloge[3] 647. Paus. 10,35,8–10. Inschr.: IG IX 1 Nr. 32–57. E. M.

1. *E. Meyer*, RE III A 2548ff. 2. *Philipps.-Kirst.* 1,438.

Stoa. 1. Bezeichnet eine langgestreckte, schmale Halle mit geschlossenen Rück- und Schmalseiten und einer offenen, durch Stützen gegliederten Vorderseite. Von Kreta übernommen, wo sich Hallen dieser Art z. B. in Hagia Triada oder Malia (S. Marinatos Kreta und das myk. Hellas, 1959, 86. 88) finden, ist die S. in myk. Z. schon ein verbreiteter Bautypus. So liegt in → Tiryns oberhalb der sog. Kasematten eine S. mit Kammern an der Rückseite. An der Vorderseite sind noch 4 der 12 steinernen Basen für die Holzsäulen erhalten. Auch der Hof vor dem Megaron trägt in Tiryns (ähnlich: → Pylos [4] und das Haus der Säulen in → Mykene) an drei Seiten nach innen offene Hallen (G. Karo Führer durch Tiryns, 1934, 17 Abb. 6), so daß durch die rechtwinklige Anordnung der Eindruck einer starken Geschlossenheit entsteht, ein Bauprinzip, das bei Marktanlagen und Heiligtümern späterer Z. vorherrschend wird. In archaischer Z. wird die S. zu einem oft mehrschiffigen, autonomen Baukörper, dessen Bauglieder der Tempelarchitektur entlehnt sind. Die erste zweischiffige, freistehende Halle (Länge 70 m) entsteht gegen Ende des 7. Jh.s v. Chr. im Heraion von → Samos (2; ähnliche Hallen aus dem 7. und 6. Jh. in → Didyma, → Argos [II 1] u. → Delos). Nach 480 errichten die Athener in Delphi eine ionische Halle mit der polygonalen Stützmauer des Apollontempels als Rückwand. Schlanke, monolithe Säulen tragen bei weitem Achsabstand ein hölzernes Gebälk. In ihr waren Beutestücke aus den Perserkriegen aufgestellt (P. Amandry Fouilles de Delphes Bd. 2,1, 1953). Um 430 entsteht auf der Agora von Athen die S. des Zeus Eleutherios (viell. ein Werk des → Mnesikles [3], vgl. J. Travlos Bildlex. zur Top. des ant. Athen, 1971, 527), die abweichend vom Normaltypus mit zwei Eckrisaliten und daher mit zwei zur Front gewandten Giebeln ausgestattet ist. Der große Achsabstand der Säulen erfordert (mit Ausnahme der Risalite, wo die Säulen enger stehen) im Gebälk jeweils drei Metopen zwischen den Interkolumnien (in der Tempelarchitektur sind es zwei), was für Hallenbauten (sogar mit 4 und 5 Metopen) typisch wird. Im 4. Jh. v. Chr. ist die Süd-S. von → Olympia mit einem Mittelrisalit und offenen Seitenflügeln (A. Mallwitz Olympia und seine Bauten, 1972, 240) das Bindeglied zur hellenist. S., die bei den großen Platzanlagen und Heiligtümern (Kos, Lindos, Pergamon) die Sakralarchitektur zurückdrängt. Das eindrucksvollste Beispiel ist die wieder aufgebaute zweigeschossige S. des → Attalos (5) in Athen (Länge 111,96; Tiefe 19,52; Höhe 11,42 m) mit im Erdgeschoß außen dor. und innen ionischen, im Obergeschoß außen ionischen Doppelsäulen und innen Säulen mit pergamenischen Kapitellen. 21 Räume in jedem Stockwerk, die als Schreibstuben oder Läden eingerichtet waren, bilden die Rückseite (J. Travlos Bildlex. zur Top. des ant. Athen, 1971, 505). Die S. des Attalos vermittelt am deutlichsten die Großartigkeit hellenist. Platzanlagen, die auf allen 4 Seiten mit solchen Hallen umgeben sein konnten. → porticus. S. O.

2. Philosophische Schule, um 300 v. Chr. von → Zenon aus Kition begründet, bestand bis etwa zur Mitte 3. Jh. n. Chr. Die St. erhielt ihren Namen von der *στοὰ ποικίλη*, einer bunt ausgemalten Wandelhalle an der Agora zu Athen, daher oft: *οἱ ἀπὸ τῆς στοᾶς*. Die älteren Stoiker hatten nicht die finanziellen Mittel, ein Grundstück für ihre Schule zu erwerben (vgl. → Akademeia, → Epikuros, → Lykeion); so war die St. die einzige Schule, deren Unterricht in einem öffentlichen Gebäude stattfand.

Die Stoa ist eine materialistische Philos., welche die Natur als das schlechthin Vernünftige ansieht. So wie alle Erscheinungen der Natur rational zu erklären sind, so bedarf jede Entscheidung des Menschen der Zustimmung durch die *ratio*, den Logos. Physik (Naturlehre) und Ethik befinden sich in vollkommener Analogie; der Logos, definiert als feinste Materie = feuriges *πνεῦμα*, durchzieht – *διήκει* – die ganze Welt, und so auch jeden Menschen. Die stoische Philos. ist monistisch; außer dem Logos gibt es kein wirkendes Prinzip.

Ant. Muster folgend teilt man die Stoa ein in a) ältere St. Hauptvertreter → Zenon von Kition, → Kleanthes (1) von Assos, → Chrysippos (2) von Soloi; neben diesen: → Ariston (6) von Chios, → Herillos von Karthago, → Dionysios (II 15) von Herakleia, → Sphairos.

Von manchen werden die Nachfolger des Chrysippos als Früh-Mittel-Stoiker bezeichnet: → Diogenes (15) von Babylon und → Antipatros (9) von Tarsos. Da der Terminus »mittlere Stoa« uneinheitlich verwendet wurde, ist es ratsam, auf diesen Terminus ganz zu verzichten.

Die Fragmente der bisher Genannten sind gesammelt in: Stoicorum Veterum Fragmenta (SVF), coll. *Io. v. Arnim*, 3 Bde. (+ Registerband 1924) 1903. b) Jüngere Stoa; Hauptvertreter: → Panaitios (4) von Rhodos und → Poseidonios (2) von Apameia. c) Kaiserzeitliche Stoa; Hauptvertreter: L. Annaeus → Seneca (2) → Epiktetos (1), der Kaiser → Marcus (2) Aurelius.

Neben den Genannten sind wichtig: → Athenodoros (2) und (3), → Areios Didymos, Herakleitos, Kornutos, C. → Musonius (1) Rufus, → Chairemon (2), → Hierokles (5) → Kebes (2). H. D.

Max Pohlenz Die Stoa. Gesch. einer geistigen Bewegung, 2 Bde. 1948, [3]1971/72 (mit bibliogr. Ergänzung und vollst. Stellen-Index, besorgt von *Th. Johann*).

Stobaios (*Στοβαῖος*) = Iohannes aus Stoboi/Makedonien, Vf. des umfangreichsten (lückenhaft) erhaltenen Exzerptenwerkes der Ant. in 4 B. Nach Suda s. *Ἰωάννης Στοβεύς* trug es den Titel *Ἀνθολόγιον*, nach Phot. (bibl. 167), der noch die vollständige Form las und eine Aufzählung der Kapitelüberschriften gibt, *Ἐκλογαὶ Ἀποφθέγματα Ὑποθῆκαι*. S. fertigte es für seinen Sohn Septimios an (Reste der Vorrede: Phot. a. O.). Da der späteste zit. Autor → Themistios ist und chr. Schriften gar nicht berücksichtigt sind, scheint S. im frühen 5. Jh. n. Chr. gelebt zu haben. Der protreptisch-erziehlichen Absicht (vgl. Phot. a. O. 112a 19ff.) der Slg. gemäß stellte S. an den Anf. von B. 1 ein (verlorenes) Lob der Philos. und eine Darstellung ihrer Richtungen; darauf folgten Texte zu Metaphysik und Physik. B. 2 und 3 enthalten vorwiegend Exc. zur Ethik, B. 4 solche zu Politik, Familienleben und Hausverwaltung. Die einzelnen Bücher sind in Kapitel (mit den Inhalt kennzeichnenden Überschriften) unterteilt; die Exc. zeigen jeweils die Reihenfolge Dichtung-Philos.-Historie-Redner-Ärzte. Bes. stark sind Euripides und Menandros berücksichtigt, was sich aus ihrer Verbreitung in älteren Florilegien erklärt. In der 2. Gruppe herrschen Platon und die »volkstümlichen« Philosophen → Diogenes (14) und → Epiktetos (1) sowie → Pythagoras (1) vor, außerdem Plutarch, die Neuplatoniker → Porphyrios und → Iamblichos (2), zudem Stücke aus hermet. Lit. In den restlichen Kategorien dominieren Xenophon, Isokrates und Hippokrates, während die Größen der Kaiserz., abgesehen von → Dion (3) Chrysostomos und Themistios, gänzlich fehlen.

S. hat das gewaltige Material (aus über 500 Autoren) zum größten Teil bereits gesammelt und geordnet vorgefunden, für B. 1 z. B. in den Placita des → Aëtios (2); andere Quellen waren Slg.en von Aussprüchen verschiedener Philosophen und Staatsmänner. Das Werk hat seinerseits den byz. Florilegien als Grundlage gedient. Sein Wert liegt in der Vermittlung zahlreicher Partien aus verlorenem Schrifttum und einer oftmals guten Nebenüberlieferung erhaltener Texte, obwohl falsche Zuweisungen und gewaltsame Anpassung von Zit. an die Erfordernisse eines Gnomologiums nicht selten sind (vgl. [3]).

Bereits das Expl. des Photios war in 2 Bd.e unterteilt. Daraus erklärt es sich, daß auch in der ma. Überlieferung B. 1–2 und B. 3–4 voneinander getrennt und unter den willkürlich gegebenen Titeln Eclogae physicae et ethicae bzw. Florilegium (oder Sermones) umliefen. Blattverluste (Anf. von B. 1; B. 2 [teilweise ergänzt durch das sog. Floril. Laur.]) und Eingriffe von Bearbeitern (B. 3 und 4 wurden unter Kürzung des Originalbestandes zusammengezogen) haben die urspr. Reichhaltigkeit stark beeinträchtigt. H. Gä.

Ta.: Ed. princ.: »Ecl.«: *W. Canter*, Antwerpen 1575. »Floril.«: *V. Trincavelli*, Venedig 1535/36.
Lat. Übers.: *V. Camers*, Rom 1517.
Dt. Übers.: *G. Frölich*, Basel 1551.
C. Wachsmuth–O. Hense, Bln. 1884/1923 (Nachdr. 1958); die hermet. Stücke: *A.-J. Festugière*, Corp. Hermet. 3–4, Paris 1954.
Lit.: 1. *Christ-Schmid* 2,2,1087ff. 2. *O. Hense*, RE IX 2549ff. 3. *S. Luria*, RhM 78, 1929, 81ff. 225ff. 4. *A. L. di Lello-Finuoli* Il Floril. Laur., Quad. Urbin. di Cult. Class. 1967, 4, 139ff.

Stoboi (Stopis, Stobos, Stoloi), Stadt an der Mündung des Crna Reka in den → Axios (h. die Flur »Pustogradsko«), wichtig als Verkehrs- und Handelszentrum. Als röm. *municipium* gehörte S. zur *trib. Aemilia*; später *colonia*, Vorort von Macedonia II (*Salutaris*). Freigelegt: Pfeiler der spätant. Brücke, frühchr. Kirche (Manastirište), Friedhofbasilika, Presbyterium der städt. Bischofskirche, Teile des Theaters (85x30 m). Seit den Flaviern hatte S. das Recht zur Ausgabe von kupfernen Mz.; die spätesten stammen von → Elagabal. 479 vernichtete Theoderich d. Gr. die Besatzung von S. Auf dem Konzil von Nikaia 325 unterzeichnete Budius als Bischof von S. Die Bischofskirche wurde E. 5. Jh. gebaut. J. Sz.

B. Saria, RE IV A 47–54.

Störe (Familie Chondrostei). Für das Alt. kommen fast nur der Gemeine S. (Acipenser sturio L.) und bes. der Sterlet (Acipenser ruthenus L.) in Betracht. Hauptstellen: Plin. nat. 9,60. Athen. 7,294cff. Macr. Sat. 3,16. Für den Sterlet ist die Gleichung von *accipenser* (*ἀκκιπήσιος*) mit *ἔλ(λ)οψ* und *γαλεός* durch Apion und Archestratos (Athen. a. O.) gegeben (von Athen. zu Unrecht bezweifelt; andere Identifizierungen versuchten Dorion [Athen. a. O.] und Plut. soll. an. 981d). Dieser berühmte Fisch (Plin. a. O. *piscium nobilissimus*; vgl. Enn. var. 39. Lucil. 1240 M.) galt als Glücksfang, den die Fischer, Serviersklaven und Tafelgäste durch Musik und Tragen von Kränzen feierten (Archestr. a. O. Macr. § 7). Als kostbarer Leckerbissen wurde er extrem hoch bezahlt (nach Archestrat. mindestens 1000 att. Drachmen; vgl. Epich. 71 K. Varro Men. 549 Bue. Ov. hal. 95. Ser. Samm. bei Macr. a. O.; abweichend nur Plin. a. O.); Timokles (Athen. a. O.) empfiehlt Zubereitung in Essig und Öl. Fanggebiete waren bes. küstennahe Zonen des Mittelmeeres um Sizilien und Kleinasien. Biol. Angaben sind spärlich (Aristot. hist. an. 2,505a 15. 506b 15 über Kiemen und Gallenblase; Nigid. Fig. de animal. bei Macr. a. O. über die *squamae adversae*, als welche man fälschlich die in 5 Reihen angeordneten Knochenschilder deutete). Heiligkeit des Fisches behaupten Plut. a. O. und Ail. nat. 8,28. – *γαλεός* heißt der S. nur bei Apion, Varro rust. 2,6 und Athen. a. O.; die meisten Nennungen des *γαλεός* beziehen sich auf den → Hai. Die Herkunft des Wortes *ἔλ(λ)οψ* war umstritten (Sch. Theokr. Syrinx 18. Plut. qu. conv. 8,729a. Athen. 7,308 C) und ist bis h. ungeklärt (Frisk 1, 500). Nebenformen: *ἔλλοπος* Emp. 117; *ἔλλος* Titanomach. frg. 4. Soph. Ai. 1297. W. R.

O. Keller Ant. Tierwelt 2 (1913) 374f. *D'Arcy W. Thompson* A Glossary of Greek Fishes (1947) 42. 62f.

Stoichades, fünf Inseln vor der Südküste der Gallia Narbonensis (*Στοιχάδες νῆσοι*: Apoll. Rhod. 4,553. Agathem. 5,20. Dioskur. 3,26. Strab. 4,184. Mela 2,124. Lucan. 3,516. Plin. nat. 3,79. 32,21. Tac. hist. 3,43. Amm. 15,11). Sie gehörten zu → Massalia. Die 3 größten sind die îles d'Hyères (Porquerolles, Port-Cros, île du Levant), die 2 kleinsten Ratonneau u. Pomègue. Berühmt durch ihre Korallenfischerei (Plin. a. O.). M. L.

Jullian Hist. Gaule 1, pass. *Desjardins* Géogr. Gaule 1, 180ff. *F. Benoit* Rech. sur l'hellénisation du Midi de la Gaule, Aix 1965.

Stola s. Tracht

Stolo. Cognomen (metonym. von »Wurzelschoß«, Varro rust. 1,2,9. Walde-Hof.[3] 2,599), bes. bei → Licinius (I 51ff.). Vgl. I. Kajanto Latin Cognomina, 1965, 90. 337. H. G. G.

Storax s. Styrax

Storch, *ὁ πελαργός* (nach Etym. magn. 659,8 von *πελιός* »schwarz« und *ἀργός* »weiß«; vgl. Kretschmer, Glotta 3, 1912, 294), Dimin. *πελαργιδεύς* (Aristoph. Av. 1356 u. a.), *ciconia*, praenest. *conea* (Plaut. Truc. 691). Seine Größe wird durch Vergleiche mit dem Kormoran, dem Ibis und dem Pelikan bezeichnet; wegen des langen Halses heißt er *δολιχός* oder *μακρός*; über den langen Schnabel: Phaedr. 1,26 u. a.; gravitätisches Schreiten: Plin. nat. 10,111; sein Klappern (*glottorare, crotolare* u. ä.): Suet. gramm. p. 251. 311 Reiff. Nach Plin. nat. 10,62 hat er keine Zunge. Aufenthalt an Flüssen und Seen, gemiedene Nistorte, Nisten auf Dächern wird mehrfach bezeugt. Gemeint ist stets der weiße S. (bei Verg. georg. 2, 319 *candida avis*, vgl. Ov. met. 6,96). Er lebt von Fröschen, Schlangen und Eidechsen (Verg. a. O. u. a.). Daß er Zugvogel ist, wußten Varro Men. 272. Ail. 3,23 u. a. (eingehend Plin. 10,61f.), über das Ziel des Herbstfluges gab es nur vage Vermutungen; Abflug und Rückkehr als Termine des Bauernkalenders: Verg. a. O. Colum. 11,2,71.

Richtig hat man beobachtet, daß der S. seine Jungen mit Sorgfalt und Wachsamkeit aufzieht. Dagegen war der verbreitete Topos von der Pietät des S. gegen seine Eltern (Aristoph. Av. 1353 ff. u. a.) reine Fabelei, desgleichen der Glaube, alte S. würden zu ewiger Seligkeit in Menschengestalt auf die ozean. Inseln versetzt (Ail. 3,23). Schol. Aristoph. Av. 1355 erwähnt S.-Darstellungen auf (äg.?)

Szeptern als Symbol der Gerechtigkeit. Mit dem Vogel verbinden sich also Begriffe sittlicher Werte und Gefühle der Sympathie. Auch in der äsop. Fabel von den Kranichen und dem S. (Babr. 13. Aphth. 14 p. 139 HAUSR.) ist der S. »gerecht«, in anderen freilich eher einfältig (570. 576 PERRY). Als Kinderbringer ist er im Alt. unbekannt.

Verzehrt werden S. im allg. nicht, außer im Rom der späten Republik, von strafrechtlichem oder rel. Schutz wird nur aus Thessalien berichtet (Plin. 10,62). Vereinzelt werden S.-Fleisch und S.-Magen medizin. empfohlen.

Πελαργοί ist der Titel einer späten Komödie des Aristoph. (CHRIST-SCHMID 1,4,215; Inhalt unbek.); Verwandlung der troian. Antigone in einen S. bei Ov. met. 6,97ff. In Rom nannte man eine spottende Gebärde hinter dem Rücken eines Menschen *ciconia* (Pers. 1,58). W. R.

O. Keller Ant. Tierwelt 2, 193ff. *D'Arcy W. Thompson* Glossary of Greek Birds ([2]1966) 221ff.

Stotzas, 533 Stabsoffizier des → Martinus (1), 536 Anführer der Revolte gegen → Solomon (1). St. 536 von Belisar, 537 von Germanus besiegt, nahm einige Jahre später, verbündet mit Mauren den Kampf wieder auf und wurde 545 im Zweikampf mit dem röm. Feldherrn tödlich verwundet (Prok. 4,15/17. 24). A. L.

Stein 2,323f. 549f.

Strabo. Cognomen (»Schieler«) griech. Herkunft, Cic. nat. 1,80 u.a., zweifellos individuell, und auch als Spitzname (vgl. RE III A 1828) gebraucht; bes. bei M. → Licinius (I 53) S., trib. mil. 176, C. → Fannius (I 8) S., cos. 161, C. Iulius → Caesar (2) S., aed. cur. 90, Cn. → Pompeius (I 7) S., cos. 89 u.a., A. DEGRASSI FImp. 269, vgl. I. KAJANTO Latin Cognomina, 1965, 239. H. G. G.

Strabon. Von Amaseia. Stoischer Historiker und Geograph.

Übersicht: 1. Leben. 2. Geschichtswerk. 3. Geographie. 4. Quellen der Geographie. 5. Bedeutung.

1. Leben. Auf der Grundlage der Angaben wie *καθ' ἡμᾶς* und *μικρὸν πρὸ ἡμῶν* in der Geographie hat NIESE [3], 38ff. die Geburt des S. sicher auf den Winter 64/63 v. Chr. festgelegt. Er stammte aus einer lange Zeit berühmten Familie in → Amaseia – der Ururgroßvater mütterlicherseits → Dorylaos (1) war mit → Mithradates V. (4) befreundet – und wurde nacheinander in Nysa von Aristodemos, in Rom (oder Alexandreia? Vgl. [4], 66f.) von dem Peripatetiker Xenarchos, endlich in Rom, wo er seit 44 (12,6,1–2) sich aufhält, durch → Tyrannion (1) unterrichtet. Um 35 ist er Zeuge der Hinrichtung des Räuberhauptmanns Seluros (6,2,6), besucht Populonia als Schauplatz wichtiger Kriegsereignisse der Z. Sullas (5,2,6), arbeitet also damals wahrscheinlich schon an seiner Weltgeschichte. Im J. 29 passiert er, von Asien kommend, Korinth (10,5,3). Zwischen den J. 27 und 25 vollendet er sein Geschichtswerk. Im J. 25/24 begleitet er → Aelius (II 9) Gallus in Äg. und fährt mit ihm den Nil hinauf bis Syene. Er sieht noch in Alexandreia die riesige Schlange, die eine ind. Gesandtschaft im J. 20 zu Augustus nach Samos brachte (15,1,45, vgl. Cass. Dio 54,9). Er besucht Neapel, Baiae und Dikaiarcheia lange nach den großen, von Agrippa im J. 37 durchgeführten Hafenarbeiten, wahrscheinlich gleich nach der Einrichtung der gymnischen Spiele im J. 2 n. Chr. (5,4,7, vgl. [1], 216). Endlich hat er in Rom das Mausoleum des Augustus nach dem J. 14 gesehen (5,3,8). Der Ort, wo er sich zwischen diesen Daten aufhält, ist unbekannt, wie auch der seines Todes, der frühestens nach 23 eingetreten ist, da er 17,3,7 den Tod Jubas II. erwähnt (über dieses Datum J. CARCOPINO Le Maroc antique, 1943, 35).

2. Geschichtswerk. Gedacht als Fortsetzung des Polybios (T 2), begannen die *Ἱστορικὰ Ὑπομνήματα* mit einem Überblick über die gesamte griech. Geschichte bis 145/44 in 4 B. und erzählten dann im einzelnen die Geschichte der griech.-röm. Welt, jedenfalls bis zum E. der Bürgerkriege in 39 oder 43 B. (T 2 *τὰ μετὰ Πολύβιον ἐν λόγοις μγ'* unklar). Die 19 erhaltenen Frg.e machen den Eindruck eines anspruchslosen, unpersönlichen, aber nützlichen Werkes, weil es die Quellenautoren – Timagenes, Hypsikrates, Asinius Pollio, Poseidonios, Apollodoros v. Artemita, Metrodoros v. Skepsis, Theophanes v. Mitylene, Q. Dellius – zusammengeholt und z.T. mit Namensnennung exzerpiert hat.

3. Geographie. Der Stoff der 17 B. *Γεωγραφικά* (erg. *Ὑπομνήματα*) ist hauptsächlich zwischen 20 und 7 v. Chr. gesammelt worden, zu schließen aus den zahlreichen Bezugnahmen auf Ereignisse zwischen diesen Daten (17,1,5 bezeugt Forschungen in der Bibliothek von Alexandreia über das Problem der Nilschwelle zwischen 25 und etwa 20). Offenbar hat S. diese kurz nach der Veröffentlichung des hist. Werkes begonnene Arbeit als notwendige Fortsetzung dieses Werkes konzipiert (1,1,22–23). Nach E. PAIS [5], 275–291, habe er eine erste Ausgabe im J. 7 v. Chr. veröffentlicht. Spärlicher zwischen 7 v. und 14 n. Chr., häufen sich die Hinweise wieder vom J. 14 an und vermehren sich seitdem noch bis zum J. 19, wo sie am zahlreichsten auftreten: dies wäre nach PAIS das Anzeichen einer 2., am Lebensende S.s erschienenen Ausgabe, oder nach F. SBORDONE, Annuario celebrativo del Linceo, 1958, 51–59, des Rückgriffs auf ein altes Manuskript. ALY [6], 396ff. glaubt vielmehr an eine fortlaufende, im vorletzten Jahrzehnt v. Chr. begonnene und beim Tod unvollendet hinterlassene Arbeit S.s: Die zahlreichen Doppellesungen und verkehrten Eintragungen (Beispiele [2], 157) rührten von Randnotizen seines Exemplars her, die der postume Herausgeber falsch verstanden habe (so auch G. AUJAC [1], I, XXIII; diese Eigentümlichkeiten

können sich indes auch aus einer doppelspurigen Tradition erklären). Jedenfalls bedingt die verhältnismäßig feste Verankerung der vermutlichen Nachträge eine tiefgreifende Redaktionsarbeit (so das Lob Italiens und der Kaiser am E. von B. 6,4,1–2, oder der *pax Romana* 3,2,11 und 3,8 usw.) und gestattet die Hypothese, daß S. sein Werk in Teilstücken verfaßt hat, von denen manche im Zustand des Entwurfes geblieben sind (so B. 8–9), während andere, zwischen 18 und 23 redigiert oder überarbeitet im Hinblick auf eine bevorstehende Veröffentlichung, besser komponiert und besser geschrieben sind (bes. B. 1–6 u. 17). Das beständige Ausschreiben sehr unterschiedlicher Autoren erklärt zur Genüge den ungleichen Charakter des Ganzen und bestimmter Kapitel innerhalb des gleichen Buches, ohne daß man zu der Annahme einer postumen Veröffentlichung greifen muß. In höchstem Maße muß man diese Arbeitsweise bei der Beurteilung des Stils berücksichtigen, der in den echt strabon. Partien gemäß der spätattizist. Tendenz der Zeit trocken, nüchtern, hart und dürftig erscheint.

Die B. 1 und 2, die nach 9 n. Chr. redigiert oder überarbeitet sind (1,2,1; von hier an in Klammern die spätesten Anspielungen jedes Buchs) enthalten die Prolegomena. Nach einem ersten Teil stoischer Färbung über die Wichtigkeit der Geographie für den Philosophen und den Staatsmann (1,1–23) geht S. zur Kritik seiner Vorgänger über. 1. Eratosthenes wirft er vor, Homer ernsthafte geograph. Kenntnisse abgesprochen zu haben, und greift ihn (nach Hipparchos) wegen seiner kartographischen Irrtümer an (1,2–2,1). 2. Poseidonios wirft er vor, an eine bewohnte Äquatorialzone geglaubt zu haben (2,2–3). 3. Polybios wirft er vor, die Dimensionen der Kontinente schlecht zu vergleichen und zu Unrecht Europa in Vorgebirge aufzuteilen (2,4). Vollendet im J. 18 oder früher (Heranziehung eines nachaugusteischen Panegyricus von Lasserre [1], II, 110ff. nachgewiesen), beschreiben die B. 3–6 die iberische Halbinsel, Gallien mit den britann. Inseln und die Alpen, Italien bis zur Grenze von Lucanien und das s. Italien mit Sicilien. B. 7 (7,1,4: Triumph des Germanicus im J. 17) umfaßt den N. Europas beiderseits der Donau von Germanien bis zur Taur. Chersonesos wie auch Illyrien, Epirus, Thessalien und Mazedonien (die letzten Kapitel nur fragmentarisch erhalten). Die B. 8–10 (10,5,3: Aufenthalt des Augustus in Korinth im J. 29) sind Griechenland und den Inseln des Ionischen und des Ägäischen Meeres gewidmet. Fußend hauptsächlich auf dem Kommentar des Apollodoros zum Schiffskatalog, geben sie wenig Beschreibung und befassen sich hauptsächlich mit der Identifizierung der hom. Lokalitäten. Das B. 11 (11,2,12: Aufstände im Kaukasosgebiet um 19 n. Chr.; vgl. Tac. ann. 2,18,1) leitet die Beschreibung Asiens ein, das von Europa durch den Tanais (Don) getrennt ist, und beschreibt den Kaukasus, Turkestan (Parther, Arier, Baktrer), Medien und Armenien. Kappadokien und die Nordküste Kleinasiens bis Phrygien bilden den Inhalt von B. 12 (12,3,29: Tod des Archelaos nach 17 n. Chr.; vgl. im allg. J. G. C. Anderson, Anatolian Studies pres. to W. M. Ramsay, 1923, 1–13). Die B. 13 (13,1,3: Tiberius' Freundschaft mit Pompeius Macer frühestens 15 n. Chr.) und 14 (keine Anspielung später als S.s Jugend) beschreiben die Troas mit den angrenzenden Gegenden und die Kleinasiat. Küste bis Cilicien. Buch 15 (15,1,4: ind. Gesandtschaft bei Augustus im J. 20 v. Chr.) handelt von Indien und dem Pers. Golf nach den von Eratosthenes zitierten Alexanderhistorikern. B. 16 (16, 2,46: Tod des Archelaos, des Sohnes des Herodes, nach 6 n. Chr.) behandelt Assyrien, Syrien und Arabien. B. 17 (17,3,7: Tod Jubas im J. 23 n. Chr.) handelt hauptsächlich von Äg. und beendet die Beschreibung Asiens mit Libyen und Mauretanien. Es bringt einen kurzen Schluß über die noch aufständischen Völker im röm. Reich und die Regierung des Tiberius (17,3,24–25).

4. Quellen der Geographie. Beim Thema Quellenbenutzung tauchen verschiedene Probleme auf, so der wissenschaftliche Rang S.' (darüber Aujac [7]), seine Arbeitsweise (Aly [4], 391 ff.), sein Stil, sein Ziel. Man stellt jedenfalls fest, daß er nicht eine Synthese seiner Lektüre zu geben versucht hat, sondern daß er eine kleine Zahl von Handbüchern für jeden Teil seines Werkes ausgewählt hat, die er durch passende Zitate ergänzt. Daraus ergibt sich eine große Ungleichmäßigkeit der Bücher, die oft eher Absicht und Stil ihrer Quellen widerspiegeln als seine eigenen, aber er behält sich die Kritik ihrer Meinungen vor und behauptet so eine relative Unabhängigkeit. Für die Prolegomena hat S. Eratosthenes gelesen und die Schrift des Hipparchos *πρὸς τὴν Ἐρατοσθένους γεωγραφίαν*, aber er stützt sich vor allem auf Polybios' B. 34 (Beschreibung Europas) und auf *Π. ὠκεανοῦ* des Poseidonios, denen er seine eigenen Überzeugungen auf dem Gebiet der wissenschaftlichen Geographie entlehnt. Er bleibt ablehnend gegenüber der Wissenschaft seiner Zeit, die auf die Probleme der Kartographie und der Bestimmung der Positionen durch die Astronomie gerichtet ist. Die *Γεωγραφούμενα* des Artemidoros liefern ihm den Plan für die B. 3–17 hinsichtlich der Beschreibung der Küsten und des anschließenden Hinterlands, bes. Iberiens, Galliens, Italiens (B. 3–6), Kleinasiens (B. 12–14), Äg.s und Mauretaniens (B. 17). Er bedient sich noch ein wenig des Polybios für Iberien, Gallien und Italien, benützt aber viel mehr für diese Gegenden die geographischen Teile des Geschichtswerkes des Poseidonios, das ihm durch seine vorausgegangenen Arbeiten bekannt war. Poseidonios dominiert gleichermaßen in den Kleinasien und Syrien gewidmeten Büchern. Die B. 8–10

und 13 sind voll von Auszügen aus den Kommentaren des Apollodoros und des Demetrios von Skepsis zu den Katalogen der Ilias, mit langen Zitaten aus Ephoros (s. E. FORDERER Ephoros und Strabon, 1913). Endlich haben Eratosthenes und über ihn die Alexanderhistoriker die Quellenbelege für Indien und Arabien geliefert. Alle sekundären Belege stammen von den schon o. bei der Behandlung des Geschichtswerkes zitierten Historikern. Ohne den Charakter der Kompilation eines solchen Werkes zu leugnen, hat ALY [6] mit Recht S.' Verfahren als ein beständiges Bemühen um Herbeiziehung von Augenzeugnissen gedeutet, des ursprünglichsten und wertvollsten Elementes seiner wissenschaftlichen Tätigkeit.

5. Bedeutung. Wenig benützt vor dem 5. Jh. n. Chr., läßt die Geographie von dieser Z. ab eine bemerkenswerte Verbreitung erkennen, die bes. durch die zahlreichen Zitate bei Steph. Byz. und durch den Palimpsest (W. ALY De Strabonis codice rescripto, 1956) bezeugt wird, der, durch eine italien. Bibliothek erworben, vielleicht Cassiodorus die beiden durch Iord. Get. (5,2,12. 14) überlieferten Zitate geliefert hat. Wieder abgeschrieben in den Bibliotheken des Photios und des Arethas bringt die Geogr. mehrere Exzerptensammlungen und Abschriften hervor, die sich bis zum 15. Jh. vervielfachen sollten. Seit ihren ersten Ausgaben darf sie trotz ihrer Mängel als die reichste Quelle der ant. Geographie gelten. F. L.

Text u. Textgesch.: Grundlegend *G. Kramer*, 1844–1852 *A. Schulten*, 1952 (B. 3) *W. Leaf*, 1923 (B. 13). Im Erscheinen: *F. Sbordone*, 1963 (1–2), 1. *G. Aujac* u. *F. Lasserre*, 1966–69 (1–6), 2. *W. Aly*, 1968 (1–2). Geschichtswerk: FGrH 91.

Lit.: 3. *B. Niese*, H 1878, 33–45. 4. *M. Dubois* Examen de la géographie de S., 1881. 5. *E. Pais* Italia ant. 1, 1922, 267–316. *E. Honigmann*, RE IV A 76–155. 6. *W. Aly* Strabonis Geographica IV, 1957. 7. *G. Aujac* Strabon et la science de son temps, 1968.

Strafgelder. An öffentl. Kassen (Staat, Gemeinden, Vereine) zu entrichtende Geldbußen sind schon in den Gesetzen Drakons (als Viehgeld; Poll. 9,61) und Solons (Plut. Sol. 23) bezeugt. S. werden verhängt 1. koerzitiv von den Magistraten (*ἐπιβολή*, *multa*); oft sind gesetzl. Höchstsummen vorgeschrieben; 2. als gerichtliche Strafe, im griech. Recht auch mit Ersatzfreiheitsstrafe und auch als Zusatzstrafe zu Privatbußen; 3. als Prozeßstrafen, so im att. Recht die *πρυτανεῖα* und die *παρακαταβολή*, Geldeinsätze wie das röm. → *sacramentum*, wobei der des Siegers zurückgegeben oder vom Unterlegenen ersetzt wird; ferner (im griech. wie im röm. Recht) gegen den erfolglosen Ankläger (→ *tergiversatio*) und im spätröm. Kaiserrecht wegen mutwilligen Prozessierens (Zeno, Cod. Iust. 7,51,5). 4. Vertraglich ausbedungene S. finden sich in äg. Papyrusurkunden; sie sind bei Vertragsbruch an öffentliche Kassen zu entrichten; ähnliche »Fiskalmulten« im röm. Recht in letztwilligen Verfügungen zur Sicherung vor allem sepulchraler Anordnungen. 5. S. als Sanktionen bei Verstößen gegen Vereinssatzungen sind dem griech. wie dem röm. Recht bekannt. (Keine S. sind Sukkumbenzgelder wie die *ἐπωβελία* und die bei Gai. 4,171 angeführten, dann die Bußen aus Popularklagen u. ä.: sie fallen an die obsiegende Partei.) F. H.

1. *Kübler*, RE IV A 155 ff. 2. *Marvulli/Brasiello*, Novissimo Digesto Italiano 10, 1964, 983 ff. (s. v. *multa*).

Strafprozeß s. Einzelart.: 1. *Ἀγραφίου γραφή. Αἴδεσις. Αἰκίας δίκη. Ἀνδραποδιστής. Ἀνδροληψία. Ἀντιτίμησις. Ἀπαγωγή. Ἀργίας γραφή. Ἀτίμητος ἀγών. Βαλαντιοτόμοι. Βάσανοι. Βιαίων δίκη. Βλάβης δίκη. Βουλεύσεως γραφή. Δειλίας γραφή. Δεκασμοῦ γραφή. Δικαστήριον.* Dike. *Διωμοσία. Δώρων γραφή.* Drakon. *Εἰσαγγελία. Ἔνδειξις. Ἔφεσις. Ἐφέται. Ἐπιβολή. Ἐπιορκία. Γραφή.* Gynaikonomoi. Heirgmu graphe. Heliaia. Hetaireseos graphe. Hierosylias graphe. Hoi hendeka. Hybreos graphe. Hypoboles graphe. Kadiskoi. Kakegoria. Kakosis. Kakurgoi. Katacheirotonia. Katalyseos graphe. Kategoroi. Katengyan. Klopes graphe. Lipomartyriu dike. Lipotaxiu graphe. Mageia. Martyria. Menysis. Moicheia. Palindikia. Parakletos. Paranomon graphe. Parapresbeias graphe. Phasis. Probole. Prorresis. Prosklesis. Pseudokleteias graphe. Pseudomartyrion dike. Synegoros. Synomosia. 2. Accusatio. Anquisitio. Cognitio. Comperendinatio. Confessio. Crimen. Iudex. Iudicium publicum. E. B.

Strafrecht (griech.-röm.). I. Griech. S. 1. Klassische Z. Die Unterscheidung zwischen Privatrecht und S. ist hier wie im frühen röm. Recht nicht brauchbar, weil viele der Gebiete, die in den mod. Gesetzgebungen zum S. gehören, zum Privatrecht gerechnet wurden. In der Frühz. gab es überhaupt kein öffentl. S.; denn innerhalb der Familie kam die Strafgewalt des Hausvaters zum Zuge und außerhalb des Hauses die Rache des verletzten Familienverbandes. Das S. stand noch ganz unter dem Zeichen mag. und relig. Vorstellungen, die ihre Spuren auch noch in der späteren Entwicklung hinterließen. Die erste Aufzeichnung des S. veranlaßte in Athen → Drakon. Noch → Solon kannte keine Strafe, die durch staatl. Organe aktiv vollstreckt wurde. Eine Reihe rechtl., sozialer und polit. Faktoren führte erst nach Solon zum Verschwinden des privaten Zugriffs auf die Person des Täters. Erst über die Popularklage des öffentl. S., welche die Befugnis zur Strafverfolgung jedermann zugestand, kam es zur Entwicklung einer analogen Klage im Privat-S. ([1]–[10]). 2. Hellenist. und byz. Z. In Äg. wurde in ptolem. Z. das nationale S. der Ägypter auch für die einheimische Bevölkerung durch das griech. S. zurückgedrängt, das sich hier vor allem im Hinblick auf die systemat. Einteilung der Delikte eigenständig fortentwickelte. Das griech. S. trat

wiederum in röm. Z. vor dem Forum des Statthalters gegenüber einem »provinzial gefärbten« röm. S. in den Hintergrund. Auch für die byz. Periode zeigt sich, daß das provinziale S. einer selbständigen Entwicklung fähig war ([11]-[12]).
II. Röm. S. Das röm. S. wurde durch das griech. nicht beeinflußt. Im Recht der Zwölftafeln war noch die Privatrache des Verletzten die allg. Richtschnur, ein Prinzip, das nur bei leichteren Delikten durch die Normierung von festen Geldbußen ausgeschlossen und bei den schwereren insofern eingeschränkt war, als das Gesetz die Anwendung bestimmter »Strafen« vorschrieb. Der private Zugriff des Racheberechtigten auf die Person des Täters bedurfte allerdings der Legitimation durch ein vorausgegangenes Privatanklageverfahren. Erst danach wurde der Verletzte dem Ankläger zur Ausübung der Privatrache ausgeliefert. Dieses private Kriminalverfahren bestand teilweise noch bis zur Augusteischen Gesetzgebung fort, doch hatte sich das zügigere → *iudicium publicum* mit seiner formlosen Prozeßeinleitung und staatl. Urteilsvollstreckung schon im Laufe des 2. Jh. v. Chr. immer mehr durchgesetzt und war seit Sulla durchaus vorherrschend. Neben der Bestrafung auf Grund eines förmlichen Gerichtsverfahrens vor einer Geschworenenbank stand die magistratische Koerzition. Sie war in Rom durch das Recht eines jeden Bürgers, gegen kapitale Bestrafung und körperliche Züchtigung das Volk anzurufen, eingeschränkt ([13]-[21]). E. B.

Zur älteren Lit. s. allg. die Übersicht bei *J. Pfaff*, RE IV A 167 ff. Zur neueren Lit. zum griech. S. vgl. auch die einschlägigen Abh. in der Bibliogr. bei *E. Berneker* Zur griech. R.-Gesch., 1968, 697 ff. 1. *J. J. Thonissen* Le droit pénal de la république athénienne, 1875. 2. *G. Glotz* La solidarité de la famille dans le droit criminel en Grèce, 1904. 3. *L. Schröer* Die allg. strafrechtl. Grundsätze in Platos »Gesetzen«, 1910. 4. *O. Tesar* Staatsidee und S. 1, 1914. 5. *H. J. Treston* Poine, 1923. 6. *H. v. Hentig* Die Strafe 1, 1954, passim. 7. *D. M. MacDowell* Athenian Homicide Law in the Age of the Orators, 1963, dazu Gn 37, 1965, 67-72. 9. *K. Latte* bei *E. Berneker* a. O., 263-315. 10. *E. Ruschenbusch* Unt. zur Gesch. des athenischen S., 1968, dazu ZRG 87, 1970, 469-474. 11. *R. Taubenschlag* Das S. im Rechte der Pap., 1916. 12. *J. Modrzejewski*, Iura 8, 1957, 93-101. 13. *Mommsen* RStrR. 14. *G. F. Falchi* Diritto penale romano, 1932/37. 15. *H. Siber* Analogie, Amtsrecht und Rückwirkung im S. des röm. Freistaates, 1936. 16. *C. Dupont* Le droit criminel dans les Constitutions de Constantin, 1953/55. 17. *G. Longo*, Bollettino dell'Ist. di Dir. Rom. 20, 1958, 103-206. 18. *W. Kunkel* Unt. zur Entwicklung des röm. Kriminalverfahrens in vorsullanischer Z., 1962. 19. *Ders.*, Symbolae M. David 1, 1968, 111-133. 20. *Ders.* Über die Entstehung des Senatsgerichts, 1969. 21. *C. Gioffredi*, Studi in onore di G. Grosso 3, 1970, 35-54.

Stragulum, *stragula (vestis)*. Die Decke, je nach Zweck aus Leinen, Wolle, Pelz, in alter Z. Ziegen- oder Schaffell, konnte weiß, bunt oder gestickt sein. S. wurden für die Kline, als Reitdecke oder als Decke über Tote verwandt; als Bettdecke unterschied man S. (Bettbezug) von *opertorium* (Zudecke). Juristen teilten das s. zur *vestis*, dagegen die *toralia* (Behang) zur *supellex*, Dig. 33,10,5. W. H. G.

Strategemata (*στρατηγήματα*) bedeuteten allg. Feldherrntätigkeiten, im engeren Sinne Kriegslisten. Auf sie gehen die Kriegsschriftsteller oft ein, doch gibt es außer Val. Max. 7,4 bloß die Sammlungen des → Frontinus aus dem 1. Jh. n. Chr. und die des → Polyainos (2) aus dem 2. Jh. n. Chr. Dabei benützte Polyainos das Werk des Frontinus nicht. Gemeinsamkeiten gehen auf gemeinsame Quellen, wahrscheinlich ältere Slg.en von St. zurück. A. N.

F. Lammert, RE IV A 174 ff.; *Ders.*, BursJb 274 (1941) 53.

Strategius. 1. Musonianus, Christ, hochgebildet (Amm. 15,1), beriet Constantin d. Gr. bei dem Studium der Sekten, wirkte als *comes* 343 (Konzil von Serdica) zugunsten der Arianer (Athan. Apol. c. Arian.), wurde um 350 *proconsul* von Constantinopel, 353 *proconsul* von Achaia. Als *praefectus praetorio* (354-58) wirkte er meist in Antiocheia und gestand dem Libanius großen Einfluß zu (Liban. or. 1,81 f. 106 ff.; epist. 323. 344. 378. 388. 497. Amm. 16,9. 17,5. Cod. Theod. 1,5, 6 f. 8,5,5). St. starb vor dem 11. Febr. 371 (Cod. Theod. 13,5,14). **2.** 532-38 *comes sacrarum largitionum*, hatte 538 gemeinsam mit Summus, *dux Palaestinae*, Gebietsstreitigkeiten zwischen arab. Fürsten zu schlichten (Iust. Nov. 136. POxy 1928. Prok. 2,1). A. L.

Stein 2,363.

Strategos (*στρατηγός*, dor. *στραταγός*), Heer- bzw. Flottenführer, dann hoher Beamter mit mehr oder weniger ausgedehnten Zivilkompetenzen. In Athen führten seit → Kleisthenes (2) 10 jährl. aus den Phylen, später aus dem ganzen Volk ohne Rücksicht auf die Phylen gewählte S. die Aufgebote der 10 Phylen unter dem Oberbefehl des Polemarchos. Plut. Arist. 5. Aristot. Ath. pol. 22,2. 61,1. Nach 480 war gemeinsame Leitung mit wechselndem Oberbefehl üblich, Diod. 13,97. 106. Einen ständigen Oberstrategen gab es nicht. BUSOLT GStk. 891,3. M. H. JAMESON, TAPhA 86, 1955, 63 ff. Bisweilen erhielt ein S. den Oberbefehl auf einem Kriegsschauplatz oder wurde nur ein Teil der S. mit einem Unternehmen betraut. Für Sonderfälle wie die sizil. Expedition 415 ernannte das Volk *σ. αὐτοκράτορες* mit erweiterten Befugnissen. IG I^2 98 f. Thuk. 6,26. M. SCHEDE *Σ. αὐτοκράτωρ*, Diss. Leipzig 1932. Die S. leiteten die Aushebungen, führten nach vom Volk beschlossenem Plan den Krieg und schlossen vorläufig Kapitulationen, Waffenstillstände oder Friedensverträge. Staatsverträge wurden vom Rat und den S. beschworen, Sylloge^3 123. Mit der Einziehung der Tribute im att. Seebund erhielten die S. administrative und finanzielle Befugnisse. Sie führten Prozesse gegen militär. Vergehen (Nichtbefolgung des Stellungsbefehls, Feigheit), nahmen an Ratssitzungen mit Antragsrecht teil und konnten Einberufung von Volk und Rat verlangen. BUSOLT 1026. In monatlicher Epicheirotonia erhielten sie ein Vertrauensvotum oder wurden durch Apocheirotonia abgewählt und vor Gericht gestellt. Wegen ihrer Sachkenntnis, der Möglichkeit unbeschränkter Wiederwahl und ihrer sozialen Stellung (J. SUNDWALL, Klio Bh. 4, 1906, 19ff.) gewannen manche S. bestimmenden Einfluß auf die athen. Politik. Perikles war ununterbrochen 15mal S., Phokion 45mal. Plut. Per. 16,3; Phok. 8,2. Viele griech. Staaten hatten wohl S., wenn sie auch wenig bezeugt sind, so mehrere, wahrscheinlich 5 S. in Korinth (Thuk. 4,43,1), 5 in Argos (Thuk. 5,59,5), 15 in Syrakus (Thuk. 6,72,4) und mehrere in Eretria (Sylloge^3 123). Diese Polisstrategie war in hellenist. Z. weit verbreitet. In Athen erhielten einzelne S. besondere Geschäftskreise, der *σ. ἐπὶ τὰ ὅπλα* die Kriegsführung (IG II^2 556), der *σ. ἐπὶ τὴν χώραν* die Aufsicht über stehende Garnisonen (IG II^2 204), 2 *σ. ἐπὶ τὸν Πειραιέα* den Hafenschutz (Aristot. Ath. pol. 61, 1), der *σ. ἐπὶ τὰς συμμορίας* die Einrichtung der → Symmorien (Aristot. a. O.), der *σ. ἐπὶ τὴν παρασκευήν* die Sorge für Kriegsrüstung und der *σ. ἐπὶ τὸ ναυτικόν* die für die Flotte (Sylloge^3 409). In der Kaiserzeit brauchte Athen infolge des wirtschaftlichen Niederganges keine große Zahl von höheren Beamten. Der einzige der S., der übrigblieb, war der *σ. ἐπὶ τὰ ὅπλα*. Als Oberhaupt der Verwaltung sorgte er für die Ausbildung der Jugend in der Ephebie und für die Volksernährung, veranstaltete Feste und pflegte gute Beziehungen zu Rom, bes. zum Kaiserhaus, durch Gesandtschaften. Plut. mor. 737d. Philostr. vit. soph. 1,23. IG II^2 1039ff. 1100,51. D. J. GEAGAN The Athenian constitution after Sulla, Hesp. Suppl. 12, 1967. Zu den S. im übrigen griech. Mutterland, in den griech. Städten Kleinasiens, auf den Inseln, in Unteritalien und Sizilien W. SCHWAHN, RE Suppl. VI 1081ff. In Syrakus wurde die Stelle des *σ. αὐτοκράτωρ* Vorstufe zur Monarchie, → Agathokles (2), → Hieron (2). Eine bedeutende Stellung hatten S. in den Bundesstaaten, die einer straffen Führung bedurften. Als *σ. αὐτοκράτωρ* des Korinth. Bundes führten Philipp II. und Alexander d. Gr. den Perserkrieg. Im aitol. Bund gab es nur einen eponymen S. als Oberbefehlshaber, Leiter der Bundesversammlung und Vertreter des Bundes in der Außenpolitik, im achaiischen Bund (→ Achaioi 2) seit 255/54 statt der bisher üblichen 2 nur einen ebenfalls eponymen S. mit größerer Befugnis, die → Aratos (1) ausnutzte. Pol. 2,43,1f. BUSOLT 1527f. 1537. Liste der aitol. S. IG IX 1^2,1, XLIXff.; der achaiischen S. A. AYMARD, REA 30, 1928, 1ff. Das regional erweiterte Gebiet der S. kennzeichnet bes. die Verwaltung der hellenist. Monarchien. In Alexanders und der Diadochenzeit waren → Antipatros (1) und → Antigonos (1) als *σ. τῆς Εὐρώπης*, bzw. *σ. τῆς Ἀσίας* Reichsverweser, → Eumenes (1) zunächst *σ. αὐτοκράτωρ τῶν ἐν Ἀρμενίᾳ καὶ Καππαδοκίᾳ δυνάμεων*, später *σ. αὐτοκράτωρ τῆς Ἀσίας*. BENGTSON 1,15ff. 100ff. 119ff. Die einzelnen Provinzen unterstanden S. als Militär- und Zivilbefehlshabern. Diese zunächst in gefährdeten Gebieten übliche Verwaltung führte → Antigonos (1) in Kleinasien ein. Die Seleukiden übernahmen sie dort, verwalteten aber das übrige Reich durch Satrapen. → Antiochos III. (4) übertrug wohl nach dem Vorbild der Ptolemaier seit 221 v. Chr. das in Kleinasien herrschende System auf das ganze Seleukidenreich. BENGTSON 2,143ff. Viele Nachfolgestaaten des Seleukidenreiches behielten es bei, so das Attalidenreich, in dem die Stadt Pergamon außerdem eigene Stadts. hatte, Kappadokien, Armenien usw. Volle Militär- und Zivilgewalt und finanzielle Befugnisse hatten die S. in den Außenbesitzungen der Ptolemaier (Kypros, Kyrene, S.-Syrien), in Äg. waren sie zuerst nur Militärbefehlshaber eines Gaues, dann wurden sie unter → Ptolemaios III. (3) Chef der ganzen Gauverwaltung. Im 2. Jh. übernahm der S. als reiner Zivilgouverneur die Aufgaben des Nomarchos und Oikonomos und gab das Militärkommando an den Epistrategen ab. Der Epistratege war seit 176/75 Militärbefehlshaber in ganz Äg. ohne Alexandreia und Vorgesetzter aller Gaubehörden. Sein Amt wurde öfter mit der Strategie der Thebais verbunden, die seit E. 3. Jh. die Südgaue zusammenfaßte. In der Kaiserzeit gab es als reine Zivilbeamte je einen *procurator ad epistrategiam* im Delta, in der Heptanomia und der Thebais. Sie gehörten als Ritter noch zu der röm. Spitze der Verwaltungspyramide in Äg. Die ebenfalls nur mit zivilen Aufgaben betrauten S., die Gaue verwalteten, wurden auf Vorschlag der griech. Bewohner des Gauvorortes, der Metropolis, aus ihren Reihen vom Praefekten ernannt und erhielten von ihm ihre Anweisungen. Unter → Maximinus (1) Daia (307/10) verschwand mit dieser Gauverfassung auch das Amt des S. H. HENNE Liste des stratèges, 1935 (für ptolem. und röm. S.). BENGTSON 3,207ff. (Liste der ptolem. S. der 21 Gaue, der Epistrategen, der S. der auswärtigen Besitzungen). G. MUSSIES P. Lugd. Bat. 14, 1965 (Ergänzungsliste zu Henne). Das Antigonidenreich hatte S. nur in den Nebenländern Thrakien, Karien, und im maked. Besitz in Hellas. An der Spitze des maked. Reiches waren an Königsstelle 279 → Sosthenes und 229–227 → Antigonos (3) S. als von der Heeresversammlung gewählte Reichsverweser. Im Kriegsfall befehligten in allen Monarchien S. Truppen oder verteidigten Festungen, in Friedenszeiten wurden sie auch mit Sonderaufgaben betraut, so in Äg. die *σ. ἀποσταλέντες ἐπὶ τὴν θήραν τῶν ἐλεφάντων* mit der Elefantenjagd. BENGTSON 3,133ff. In amtlichen griech. Übersetzungen wurden röm. Beamte *cum imperio* als *σ.*

bezeichnet, Statthalter *pro consule* als σ. ἀνθύπατοι, Konsuln als σ. ὕπατοι. Sylloge^3 592. 745. D. Magie De Romanorum iuris publici sacrique vocabulis solemnibus in Graecum sermonem conversis, 1905, 6f. 74ff. M. Holleaux Στρατηγὸς ὕπατος, 1918. H. Bengtson Die Strategie in der hellenist. Z. 1–2, 1937–1944, 1964^2. 3, 1952. H. V.

Stratiotika (στρατιωτικά, sc. χρήματα), Heereskasse. Ihr inschr. zuerst 349/48 (IG II^2 207 C) erwähntes Bestehen in Athen rühmt 349 Demosth. 1,19. Sch. Dind. 8,32f. Überschüsse der Verwaltung (τὰ περιόντα τῆς διοικήσεως) sollten σ. sein. Nach Einführung der Festgelder (θεωρικά, des Kittes der Demokratie, κόλλα τῆς δημοκρατίας, Plut. mor. 1011 b) um 360 wies ein Gesetz Überschüsse nur im Kriegsfall den σ., sonst den θ. zu. Demosth. 3,10ff. 19 bekämpfte das Gesetz, das das Aufbringen der für Kriegszwecke nötigen Gelder erschwerte. 349/48 legte → Apollodoros (1) ein Probuleuma vor, das Volk solle beschließen, ob die Überschüsse θ. oder σ. sein sollten, wurde aber mit der γραφὴ παρανόμων zu einer Geldstrafe verurteilt. Demosth. 59,4. → Eubulos (1) setzte dann ein Gesetz durch, das den Versuch, θ. in σ. zu verwandeln, mit Todesstrafe bedrohte. Liban. hypoth. Ol. A 10 (Foerster). Sch. Ol. A 9 (Ddf. 8,32. 33). Zur Frage der Echtheit des Gesetzes J. J. Buchanan Theorika, 1962, 62,2. Aber 346 stellte Eubulos selbst die Alternative, den Frieden des → Philokrates (2) anzunehmen oder τὰ θεωρικὰ στρατιωτικὰ ποιεῖν. Demosth. 19,291. Erst Demosth. erreichte 339/38 die Verwendung aller Staatsgelder als σ. während des Krieges. Philoch. FGrH 328 F 56a. Sopatros, Rhet. Gr. ed. C. Walz 5,181. Seit 344/43 hatte die Kasse einen eigenen Verwalter, den ταμίας τῶν σ. IG II^2 1443. Er wurde für ein J. gewählt. Aristot. Ath. pol. 43,1. Busolt GStk. 1145. Soweit das ἐξαιρεθὲν εἰς τὰ σ. ἀργύριον (IG a. O.) nicht ausgegeben wurde, übergab es der τ. den ταμίαι τῆς θεοῦ für den Staatsschatz. Der τ. war bei Verpachtung der Staatseinkünfte zugegen und besorgte Niken und Preise für die Panathenaien. Aristot. 47,2. 49,3. Von 322–307/06 verschwindet das Amt. Seit 306/05 ist das Amtsjahr ident. mit dem Archontenjahr. Sylloge^3 334. Busolt a. O. Seit 230 gab der τ. das Geld für die Aufstellung von Ehrenbeschlüssen, die oft Personen betrafen, die mit dem Heerwesen zu tun hatten. Das spätest datierte Zeugnis für den τ. fällt ins J. 49/48. IG II^2 1047,5. In der Liste der τ. bei E. Meyer, RE IV A 267 ist → Eurykleides in das J. 247/46 zu setzen und Sosikrates für das J. 269/68 hinzuzufügen. IG II^2 1304 b. SEG 22,126. H. V.

Stratokles. **1.** Athen. Stratege des 4. Jh. v. Chr., führte bei → Chaironeia den anfangs erfolgreichen linken Flügel der Verbündeten gegen Philipp (Aischin. 3,143. Polyain. 4,2,2). PA 12931.

2. Sohn des Charidemos aus dem att. Demos Oion, † kurz vor 360 v. Chr., Verwandter des wohlhabenden Hagnias, um dessen Nachlaß es in der 11. Rede des → Isaios (1) geht. Der Vormund von S.' Sohn klagt dort gegen Theopompos, den Bruder des S., auf Herausgabe einer Hälfte des Hagnias-Erbes. PA 12942.

A. Schäfer Demosth. Beil. 229ff.

3. Sohn des Euthydemos aus dem att. Demos Diomeia, Politiker des 4./3. Jh. v. Chr. (zahlreiche Inschr., u. a. Sylloge^3 326. 328), * zwischen 360 und 350, gehörte zu den staatlich bestellten Anklägern im → Harpalos-Prozeß (Deinarch. 1,1. 20f.). Berüchtigt war seine schrankenlose Schmeichelei gegenüber → Demetrios (2) Poliorketes, dem er seit 307 großen Einfluß in Athen verdankte (Plut. Demetr. 11f. 24. 26). Eine Reihe von Anträgen des S. zielen auf maßlose Ehrungen für Demetrios und seine Anhänger (IG II/III^2 471. 495. 496 + 507 [= Sylloge^3 347]. 561. 460. 461 u. ö.). Eine rühmliche Ausnahme bildet lediglich sein Antrag auf Ehrung des → Lykurgos (10), Sylloge^3 326. Nach der Schlacht bei → Ipsos (im J. 301) scheint S. zunächst seine Macht eingebüßt, sie aber bald wiedererlangt zu haben: IG a. O. 649 (aus dem J. 294/93) erscheint er von neuem als Antragsteller. Sein Todesjahr ist unbekannt. PA 12938.

Frg. e: OA 2,342f. *A. Schäfer* Demosth. 3,329ff. *Blass* AttBereds. 3,2,333ff. *Berve* Alex. 2,364.

4. Nicht weiter bekannter Redner des 4. Jh. v. Chr., als Gegner erwähnt von Demosth. 37,48 (etwa aus dem J. 345). PA 12930. H. Gä.

5. Von Rhodos, stoischer Philosoph, Schüler des → Panaitios (4), lebte um 100 v. Chr. St. wird erwähnt bei Strab. 14,653 und im Ind. Stoic. (hg. von D. Comparetti, 1875) col. 17,6 und 79,1ff. Danach war St. Verfasser einer Gesch. der → Stoa (2), die aus Biographien ihrer Vertreter bestand. H. D.

Straton. **1.** Komödiendichter. Nur 1 Titel (Φοινικίδης Athen. 9,382 b, Φοῖνιξ Suda) wird mit 1 Frg. zitiert, Erzählung von einem Koch, der in Homerglossen redet. Dabei werden V. 43 die Glossen des → Philetas erwähnt, das Stück kann also nicht älter sein als ca. 310, S. ist zur νέα, nicht zur μέση (Suda) zu rechnen. Dieselbe Stelle, offenbar berühmt, ist als Schulbuchexzerpt auf Papyrus erhalten (Page Select Pap. Nr. 57), die Fassung bei Athen. enthält Interpolationen, aber auch im Pap. fehlen notwendige Verse (12. 22) und steht ein störender. W. K.

Körte, RE IV A 275. *H. Dohm* Mageiros, 1964, 198ff.

2. Aus Sardeis (Notiz in der Anth. Pal.; Beckby 4^2, S. 8), Verfasser von fast 100 päderastischen, eleganten, aber meist grob sinnlichen Epigrammen in Anth. Pal. 11 und 12. Er wäre unter Hadrian zu setzen, wenn 11,117, ein mit Hyperbeln spielendes Spottgedicht auf → Artemidoros (5) Kapiton, echt wäre; doch ist es von Jacobs (Anth. Gr. 13,955) u. a. mit Recht S. abgesprochen. Wahrscheinlich sind 12,175 und 191 von Martial. 9,25 und 4,7 nachgeahmt und schrieb S. unter Nero (Keydell,

H 80,499f.). Er verwendet oft überlieferte Motive, doch sind z.B. 12,195. 202. 226 nicht fiktiv. R. K.
Maxwell-Stuart, H 100, 1972, 215–240.

3. Von Lampsakos, peripatet. Philosoph, Vorstand des Peripatos seit 287/86, † 269/68 v.Chr. S. war Schüler und Nachfolger des → Theophrastos. Durch Testament (Diog. Laert. 5,61–64) übertrug St. die Leitung des Peripatos an → Lykon (4). Vor 285 war St. längere Zeit Erzieher des späteren Königs → Ptolemaios (2) Philadelphos. St. war auf allen Gebieten der Philos. tätig; Diog. Laert. nennt im Schriftenverz. (5,58–60) 44 Titel, darunter 7 zur Logik, 9 zur Ethik. Rekonstruierbar ist aber nur St.s Beitrag zur Physik (daher sein Beiname: »Der Physiker«), bes. zur Lehre von der Bewegung und vom Vacuum. H. D.
Frg.-Slg.: *F.Wehrli* Die Schule des Aristoteles 5, 1950. [2]1969.
Lit.: *H.Diels* Über das physikal. System des St., SPrAW 1893, 101–127 = Kl. Schr. 1969, 239–65. *H.B.Gottschalk* St. of Lampsacus. Some Texts, 1963. *M. Gatzemeier* Die Naturphilosophie des St. von Lampsakos, Monogr. zur Naturphilosophie 10, 1970 = Diss. phil. Münster 1967.

4. Nur bei Diog. Laert. 5,61 erwähnter griech. Historiker, der über die Makedonenkönige → Philippos V. (7) und → Perseus (2) schrieb. FGrH 168. H. Gä.

5. Von den mehreren Ärzten gleichen Namens ist dieser Schüler des → Erasistratos der bekannteste. Er lebte im 3. Jh. v.Chr. in Alexandreia. Den späteren Nachrichten zufolge hat er, wie sein Lehrer, auf vielen med. Gebieten geforscht. Die Nachricht, S. sei ein Sklave des Erasistratos gewesen, scheint eine Erfindung zu sein (vgl. F. Kudlien Die Sklaven in d. griech. Med. d. klass. u. hellenist. Z., Wiesbaden 1968, S.42 A.1). F. K.

Stratonike (*Στρατονίκη*). **1.** Tochter → Alexandros' I. (2) von Maked., von ihrem Bruder → Perdikkas II. (2) 429 mit dem Thraker → Seuthes (1) verheiratet, der dafür den Abmarsch der Thraker aus Maked. bewirkte. Thuk. 2,101,5f. Diod. 12,51. **2.** Tochter des Maked. Korrhagos oder Korraios, Plut. Demetr. 2, Gemahlin des → Antigonos (1). Ihre Söhne waren → Demetrios (2) Poliorketes und Philippos. 316 versuchte Attalos durch Dokimos vergeblich, Beziehungen zu ihr anzuknüpfen. Diod. 19,16,4. Nach dem Tode des Antigonos von Demetrios nach Kypros gebracht, wurde sie 295 in Salamis von → Ptolemaios I. (1) gefangen, aber ehrenvoll entlassen. Plut. Demetr. 35. 38. Diod. 21,1,4. **3.** Tochter des → Demetrios (2) und der → Phila (2), Plut. Demetr. 31f. 53, zu Rhossos mit → Seleukos (1) 299/98 verheiratet, der sich mit Demetrios gegen → Ptolemaios I. (1) und → Lysimachos (1) sichern wollte. J. Seibert, Hist. Bh. 10, 1967, 48ff. Ihre Tochter Phila wurde mit → Antigonos (2) Gonatas vermählt. 294/93 trat Seleukos S. an seinen Sohn → Antiochos I. (2) ab. Zur Erklärung wurde die Liebe des Antiochos zu der Stiefmutter und seine Krankheit, die Besorgnis des Vaters und die Klugheit des Arztes → Erasistratos von Keos, der die Krankheitsursache erkannte und Seleukos zur Abtretung der S. veranlaßte, romanhaft ausgeschmückt. App. Syr. 59ff. Plut. Demetr. 38. Lukian. de dea Syria 17f. Aus dieser Ehe stammten 2 Söhne, Seleukos und → Antiochos II. (3), und 2 Töchter, Apame II. und S. II. (s. Nr.4). S. wurde in Smyrna mit Antiochos II. als Göttin verehrt, in anderen Orten als Aphrodite Stratonikis. OGIS 229,9. C. Habicht Gottmenschentum und griech. Städte, 1956, 100. **4.** Tochter → Antiochos' I. (2) und der S. Nr.3, vermählt mit → Demetrios II. (3) von Maked., kehrte wegen dessen Ehe mit der Epeirotin Phthia zu → Antiochos II. (3) zurück, um ihn zum Rachekrieg zu bewegen. Iust. 38,1,1ff. 235 versuchte sie einen Aufstand in Antiocheia gegen → Seleukos II. (2) zu erregen, da er eine Ehe mit ihr ausschlug, flüchtete nach → Seleukeia (2) und wurde dort getötet. Ios. c. Ap. 1,206. Agatharchides FGrH 86 F 20. Seibert 34ff. **5.** Tochter des Ariarathes IV. von Kappadokien, vermählt 188 mit → Eumenes II. (3) von Pergamon. Strab. 13, 624. OGIS 350. Auf die falsche Nachricht vom Tode des Eumenes heiratete → Attalos II. (5) 172 S., löste später die Ehe auf und heiratete S. endgültig 159 nach dem Tode des Eumenes. Liv. 42,16, 8ff. Diod. 29,34. Plut. mor. 489ef. S. überlebte Attalos, soll unter → Attalos III. (6) vergiftet worden sein. Iust. 36,4,1ff. **6.** Gemahlin → Mithradates' VI. (5), Tochter eines Zitherspielers. Von Mithradates 65 auf der Flucht verlassen, überlieferte sie aus Rache Pompeius die Festung Symphorion gegen das Versprechen, sie und den Sohn Xiphares zu schonen. Dieser jedoch, in der Gewalt des Mithradates, wurde von ihm getötet. App. Mithr. 107. Plut. Pomp. 36. Cass. Dio 37,7. T. Reinach Mithradates, 1895, 291ff. 398f. H. V.

Stratonikeia. 1. (*Στρατονίκεια*, Strab. 14, 658. Ptol. 5,2,15. Eutr. 4,20: *Στρατονίκη*/*Stratonice*), seleukid. Gründung in Karien, beim h. Eskihisar, wo noch eindrucksvolle Überreste (Buleuterion, Theater, Tempel) zu sehen sind. Die Stadt gehörte zeitweise zur Rhod. Peraia.
W. Ruge, RE IV A 322–25. *D. Magie* Roman Rule in Asia Minor, Princeton 1950, 995ff. *P.M. Fraser-G.E. Bean* The Rhodian Peraea and Islands, Oxford 1954, 98ff.

2. Seleukid. Gründung am → Kaïkos (h. Gelenbe Çayı) in Lydien nahe des h. Siledik, benannt nach → Stratonike (3), der Gemahlin Antiochos' I. In der Nähe von S. wurde → Aristonikos (3), mit seinem Königsnamen Eumenes III., von dem röm. Consul M. → Perperna (3) geschlagen und gefangengenommen ([2]). Aufgrund der Sympolitie mit dem benachbarten Gemeinwesen der Indipediaten prägte die Stadt unter Traian und Hadrian Münzen mit den Namen I. und S. Im J. 123 n.Chr. hat Hadrian S. besucht und allem Anschein nach bei dieser Gelegenheit die Neugründung vorgenommen, derzufolge die Stadt neben S. den Namen Hadrianopolis geführt hat. E. O.

1. *W. Ruge*, RE Suppl. VII 1244–1250. 2. *T. R. S. Broughton*, CPh 29, 1934, 252ff. 3. *L. Robert* Villes d'Asie Mineure, Paris ^{2}1962, 43–82. 261–264. 4. *D. Magie* Roman Rule in Asia Min., Princeton 1950, 978.

Stratonikos (*Στρατόνικος*), athen., vor allem aus Strab. und Athen. (bes. 8,40–46 p. 347f bis 352d) bekannter Kitharist und Humorist des 4. Jh. v. Chr. Seine Witze (*εὐτράπελοι λόγοι*) wurden vielfach gesammelt und zitiert, ihre Reste finden sich bei Athen. a. O. U. K.

P. Maas, RE IV A 326f. *K. Abel*, RE X A 247 (s. v. Zethos).

Stratos (*ὁ* od. *ἡ Στράτος*), bedeutendste Stadt → Akarnaniens am r. Ufer des Acheloos beim Eintritt in die Ebene beim h. Sorovigli (amtl. Stratos). Großer, sehr gut erhaltener Mauerring wohl des 3. Jh. v. Chr., dor. Zeustempel des späten 4. Jh. oder später im W. des Stadtgebiets, urspr. außerhalb, kleines Theater und andere Reste. S. war im 5. und 4. Jh. v. Chr. Vorort des akarnan. Bundes und seit der Teilung Akarnaniens um 260 v. Chr. aitolisch; seit der Gründung von → Nikopolis (3) verödete auch S. Thuk. 2,80,8ff. 3,106,1. Strab. 10, 2,2 p. 450. BCH 45, 1921, 23 IV 48. Inschr.: IG IX 1,2^{2} Nr. 390–417. SEG 16,371. 17,284. Mz.: Head HN^{2} 331f. 406. E. M.

1. *F. Courby – Ch. Picard* Recherches archéolog. à Stratos d'Acarnanie, 1924 (mit Plänen). 2. *Zschietzschmann*, RE IVA 331ff. 3. *Kirsten-Kraiker* Griechenlandkunde^{5}, 1967, 758ff. (mit Plan). 903 (Lit.). 4. *Philipps.-Kirst.* 2,333. 604f. 613ff. 637 A. 21 u. ö. 5. *R. Flacelière* Les Aitoliens à Delphes 4f. 201f. 6. Neue Grabungen: BCH 83, 1959, 661ff. 89, 1965, 761.

Strattis (*Στράττις*). **1.** Tyrann von → Chios, als welcher er ca. 513/12 am Skythenzug des → Dareios (1) teilnehmen mußte, Hdt. 4,138. Zu Anf. des Ion. Aufstandes wohl vertrieben, vgl. Hdt. 5, 38, scheint er nach der Rückeroberung von Chios durch die Perser (ca. 493/92) zurückgekehrt zu sein und war nach der Schlacht von Salamis (480) Ziel einer vorzeitig aufgedeckten Verschwörung, Hdt. 8,132. Im Verlauf der Befreiung Ioniens nach der Schlacht von → Mykale (479) wird auch S. gestürzt worden sein. K. K.

H. Berve Die Tyrannis bei den Griechen, 1967, 106f. 581.

2. Dichter der Alten Komödie (»neuen« Körte versehentlich), wirkte ca. 410–375. Die erhaltenen 16 (17?) Titel zeigen viel Tragödienparodie und sonst literar.-künstler. Themen: *Κινησίας* (Dithyrambiker), *Καλλιππίδης* (trag. Schauspieler), *Μακεδόνες ἢ Παυσανίας* (= Pausanias, der Verehrer Agathons, der mit ihm nach Pella ging?), *Ζώπυρος* (= der Physiognomiker, Sokrates' Gesprächspartner bei Cic. Tusc. 4,80; de fato 10?). POxy 35 (1968) Nr. 2743, von Lobel nicht ganz sicher der *Λημνομέδα* (und andern Stücken?) des S. zugeschrieben, enthält u. a. Reste einer Parabase und Politisches. W. K.

Körte, RE IV A 336.

3. Aus Olynthos, griech. Historiker wohl noch des 4. Jh.s v. Chr., schrieb über die königl. → Ephemerides (5 B.), über das Ende Alexanders d. Gr. sowie über Gewässer. FGrH 118. H. Gä.

Strauß (Struthio camelus L.). 1. Namen. Im Gr. urspr. *ὁ (ἡ) στρουθός*, aber um Verwechslung mit dem → Sperling zu vermeiden, meist mit Attributen (*μέγας, κατάγειος, χερσαῖος, χαμαιπετής, ἄπτηνος* oder *Λιβυκός, Ἀράβιος, Μαυρούσιος* u. ä.), nur in eindeutigem Kontext ohne Beifügung (z. B. Aristoph. Ach. 1106). Bei Diod. 2,50,4 zuerst *ὁ (ἡ) στρουθοκάμηλος* (erklärbar aus dem Zusammentreffen von Größe, Form der Beine, Zweihufigkeit, Aristot. part. an. 4,965a 18, und geogr. Nähe zum Kamel), doch blieb das Wort im Gr. immer ungewöhnlich (Galen. 6,702. 788 K.). Im Lat. dagegen setzte sich *struthocamelus* offenbar sofort durch und verdrängte die ältere Bezeichnung *passer marinus* (Plaut. Pers. 199; vgl. Fest. p. 248 L.); Cic. nat. deor. 2,122 sagt sogar nur *camelus*. Im späten Lat. bürgerte sich daneben *struthio, structio* (m.) ein und verdrängte vom 4. Jh. an *struthocamelus* völlig.

2. Zoologisches. Über den S. ist seit dem 5. Jh. v. Chr. viel geschrieben worden; erste Nennungen bei Hdt. 4,175. 192. Aristoph. Ach. 1106. Xen. an. 1,5,2 mit Bezeugung des Tieres für N.-Afrika, Arabien und Mesopotamien. Ausführl. Behandlung bei Aristot. part. an. 4,697b 14ff. Plin. nat. 10,1. Neben der Größe, Form der Hufe und unvollständigen Befiederung fiel auf, daß der S. Eigenschaften teils eines Vogels, teils eines Säugetieres hat (Aristot.) und daß er alles Erreichbare gierig in sich hineinschlingt und verdaut (Plin.). Ungenau, aber nicht falsch sind Angaben über große Gelege und Zerstörung unbefruchteter Eier, ebenso über Verbergen des Kopfes im Sand oder Werfen mit Steinen bei Verfolgung.

3. Wirtschaftliches. In N.-Afrika und Mesopotamien war der S. immer ein begehrtes Wild, das man beritten und mit Schlingen, Fallen und Hunden jagte (Opp. kyn. 4,489. Ail. 14,7; assyr. Jagdbilder), in Arabien auch maskiert verfolgte und mit Pfeilen oder Keulen erlegte. Man begehrte vor allem die kostbaren, als Schmuck verwendeten Federn (Helmschmuck bei den Griechen: Aristoph. Ach. 1106) und das wohlschmekkende Fleisch (den Juden verboten), das allerdings von Galen. 6,703 schlecht beurteilt wird und von Griechen und Römern kaum gegessen wurde; Kochrezept bei Apic. 6,212. Die Haut diente als Decke oder Schildbespannung Hdt. a. O.), das Fett für med. Zwecke (Plin. 29,96). Als Reit- oder Zugtier war der S. sicher eine Ungewöhnlichkeit. Dagegen läßt sich die Verwendung des S. in Arena und Zirkus von Rom zu Schauvorführungen und Venationen vom 2. Jh. v. Chr. bis zum 3. Jh. n. Chr. verfolgen (Plaut. Pers. 199 u. a.). W. R.

O. Keller Ant. Tierwelt 2, 166ff. *D'Arcy W. Thompson* Glossary of Greek Birds (^{2}1966) 270ff. *Kittel-Friedrich*

Theol. Wörterbuch zum NT. VII 729ff. *J.W(iesner)*, Lex. AW 2942.

Streitwagen. Der S. – im alten China und Orient schon lange bekannt – wurde auch von den Griechen angewendet. Abgesehen vom Kampf und der Jagd erwies er sich zur Fahrt zum Schlachtfeld, zur Flucht und zur Verfolgung nützlich. Der griech. S. der myken. Z. war mit 2 Pferden bespannt. Auf dem Wagen befand sich der Lenker und der Kämpfer mit der Lanze. Darstellungen des S. aus dem 9. bis 7. Jh. v. Chr. zeigen den Kämpfer mit Schild, Schwert und 2 Speeren ausgerüstet. Mit dem Aufkommen der → Phalanx kam der S. allmählich außer Gebrauch. Auch die Kelten kannten den S. (→ *covinnus*, → *essedarius*, → *essedum*). A. N.

Fr.Lammert, RE IV A 847ff. *O.Spengler*, WG 3, 1937, 280ff. *G.Brunnhuber* Der vierrädrige Wagen in Vorzeit und Antike, Diss. Wien 1951, 15ff. 168ff. *W.Nagel*, Beitr. zur Vor- und Frühgesch. 10, Bln. 1966. Über das Technische → Wagen.

Strēna (*ē* Plaut. Stich. 461. 672. Pompon. frg. 114 R. = *omen;* vgl. Ov. fast. 1,187), sabin. Wort für *ὑγίεια* (Lyd. mens. 4,4), *die religioso ominis boni gratia* (Fest. 410,21 ff. L.) verschenkt (Athen. 3,97d), besteht aus Zweigen (Symm. rel. 15,1; vgl. Hes. Phot. Etym. m. s. *Ὑγίεια*), wie sie am alten Jahresanfang (1. März) vor Türen standen (Ov. fast. 3,137ff. Macr. sat. 1,12,6), Datteln und Feigen (Ov. fast. 1,185. Martial. 8,33,1. 13,27. CIL VI 33885 = ILS 7214), später *anni novi auspices* (Symm.) am 1. Jan. (Liban. 4,1054,15. Symm. rel. 7,1. Tert. idol. 14) mit Geldgeschenk (CIL a. O.), das erwidert wurde (Suet. Aug. 57,1; Tib. 34,2). S. (plural. Consent. GL V 396f. K.) = Neujahrsfest (Aug. serm. 198,2). Zugehörig Göttin Strenia (Varro l. l. 5,47. Fest. 372, 15 L. Aug. civ. 4,11. 16). G. R.

Prell.-Jord. 1,180. *Marqu.-Mau* 252. *Wissowa* Rel.² 244. *Latte* RRel 52. *Deubner*, Glotta 3, 1912, 34ff. *Nilsson*, ARW 19, 1916/1919, 61ff. *Schneider*, ARW 20, 1920/21, 373ff. *Bömer* Ovids Fasten 2,26. 151f. *L. Deubner* b. *Chantepie* 2,421. *Radke* Götter Altitaliens 294.

Strenia s. strena

Striges s. Eulen

Strigilis. 1. *στλεγγίς, ξύστρα.* Das Gerät mit Griff und gebogenem, kannelurartigem Hauptteil diente zum Abschaben der Kruste aus Öl, Schweiß und Staub nach dem Sport. Zahlreiche S. aus griech. und röm. Z. haben sich erhalten. BLÜMEL Sport d. Hellenen (1936) 41. 84. 69. **2.** *stria, ῥάβδος* (SEG 4,448,7), die senkrechte konkave Furche (Kannelur) der griech. → Säule nach Vitr. 4,4,3. **3.** *ὠτεγχύτης.* Das med. Gerät wurde als Spritze in der Ohrentherapie verwandt, Cels. 6,7. Gal. de san. tuenda 6,12,4. Plin. nat. 25, 164, aber auch für Waschungen der Blase, Fistelausspritzungen usw., Oreib. 8,24. Paul. Aig. 4,59. **4.** In Spanien hieß nach Plin. nat. 33,62 ein kleines Stück einheimischen Goldes s. (oder, je nach Lesart, *strix*). W. H. G.

Strigo. Cognomen (»schmächtig«, vgl. RE III A 1828), bei den Fufiern (A. DEGRASSI FCapit. 148), vgl. I. KAJANTO Latin Cognomina, 1965, 244. H. G. G.

Stromata (*στρώματα*). Decken aller Art, jeden Materials, einfarbig oder bunt, hießen S. Zur Verwendung → *stragulum.* Darstellungen von S. sind auf ant. Symposionbildern häufig. Unterdecken, *ὑποστρώματα*, wurden von Zudecken, *περιστρώματα*, unterschieden. Sprichwörtl. ist *στρῶμαθ' ὑποσπᾶν* »das Bett unter dem Leib wegziehen« Demosth. 24,197. Auf Reisen wurden die S. in einem Sack, *στρωματόδεσμος* (-*μον*), *στρωματεύς* transportiert. Die Perser hatten für elegantes Legen der S. einen eigenen Sklaven, *στρώτης*, Athen. 2,48d. Plut. Pelop. 30,10; der Aufseher über Bett und Tischzeug hieß *στρωματοφύλαξ*, Plut. Alex. 57,5. Von der Buntheit der Teppiche hießen Schriften vermischten Inhalts *στρωματεῖς*, → Clemens (6), → Caesellius Vindex. W. H. G.

Strombichides (*Στρομβιχίδης*), Sohn des Diotimos, att. Stratege 412/11. Er operierte 412 erfolglos gegen Teos (Thuk. 8,15,1. 16), belagerte mit Onomakles und Euktemon im Winter 412 erfolglos Chios (a. O. 8,30. 33,2–34. 38. 40f. 55, 2–56,1. 61–63), von wo er Frühj. 411 in den Hellespont fuhr, um Athens verlorene Machtstellung dort zu retten (Eroberung von Lampsakos und Sestos, a. O. 8,62). 411 blieb er der Demokratie treu und wirkte in der Flotte bei Samos (a. O. 8, 79). 404 wurde er wegen Widerstandes gegen den Friedensschluß mit Sparta eingekerkert (Lys. 13, 13–34) und dann von den 30 Tyrannen hingerichtet (a. O. 13,34–43.30,14). G. Do.

Strongyle, »die runde«, heißt nach ihrer Form (Strab. 5,276. Verg. Aet. 435) die nördlichste (Plin. nat. 3,94. Solin. 6,3) der äolischen (Sch. Apoll. Rhod. 3,41) Inseln mit noch tätigem Vulkan; sie gilt als Wohnsitz des Aiolos (Strab. Plin. Solin.) oder Hephaistos (Sch. Apoll. Rhod. 4,761); vgl. Thuk. 3,88,2. Diod. 5,7. App. civ. 5,105. Ptol. 3,4, 16. Mela 2,120); h. Stromboli. G. R.

Nissen It. Ldk. 1,250. *Forbiger* HB. d. alt. Geogr. 3,542.

Strongylion (*Στρογγυλίων*), Bildhauer (Erzgießer) unbekannter Heimat (Athener?), tätig um 400 v. Chr. S. schuf für Athen das Troianische Pferd, Paus. 1,23,8 (vgl. 9,30,1). IG I 406 (ed. min. 535). Sch. Aristoph. Av. 1128. Plat. Frg. 201 MeinFCG. Hesych. s. v. *δούριος ἵππος*, für Megara das Kultbild der Artemis Soteira, Paus. 1,40,2 (auch für Pagai, Paus. 1,44,4?), auf dem Helikon eine Musengruppe, an der auch → Kephisodotos (4) und Olympiosthenes beteiligt waren, Paus. 9,30,1, schließlich zwei wohl kleinformatige Werke, später in röm. Besitz, eine Amazone mit schönen Beinen (*εὔκνημος*) und den »Knaben des Brutus«, Plin. nat. 34,82. Martial. 2,77. 9,50. 14,171. Kopien sind nicht erhalten, der Stil des S. uns daher unbekannt. W. H. G.

Strophades (*Στροφάδες*), zwei flache kleine Inseln 44 km s. von Zakynthos im offenen Meer, h. Strophadia (schon bei Hierokl. s. u.), zur Hauptsache mit dichter Macchie bestanden. Die Sage erklärt den Namen damit, daß hier die Boreassöhne bei der Verfolgung der Harpyien umgekehrt seien, Apoll. Rhod. 2,285–297 m. Sch. Verg. Aen. 3,209 ff. Im Alt. gehörten die unbewohnten Inseln zu Kyparissia, h. steht ein Kloster und Leuchtturm darauf. Strab. 8,4,3 p. 359. Ptol. 3,14,44. Mela 2,110. Plin. nat. 4,55. Itin. marit. 523,3 f. Hierokl. synecd. 648,10. Harpokr. Steph. Byz. E. M.

1. *Creutzburg*, RE IV A 374 ff. 2. *Philipps.-Kirst.* 2,541 ff.

Strophios (*Στρόφιος*), Herrscher von → Krisa, seit Eur. als Gemahl einer Schwester Agamemnons mit den Pelopiden verwandt, Vater des → Pylades (1). Zu dem greisen S. brachte Klytaimestra vor der Heimkehr ihres Gatten den jungen → Orestes (1; Aischyl. Ag. 880), oder → Elektra (5) brachte ihn nach der Ermordung (Apollod. epit. 6,24. Hyg. fab. 117) oder die Amme → Arsinoe (4) (Pind. P. 11,17 ff.). H. v. G.

Strophium (*στρόφιον*). Jedes in sich gedrehte oder um etwas gewundene Band hieß S. **1.** *μίτρα, στηθόδεσμος, κεστός, mamillare, fascia pectoralis.* Der Büstenhalter der Frauen ist in der ant. Kunst öfter dargestellt. → Fasciae. **2.** Ein Gürtel ist vielleicht gemeint Turpilius bei Non. 14 p. 538,9 f., doch ist auch hier Büstenhalter wohl die richtigere Interpretation. **3.** Jede Form von Kopfbinde sowohl der Frauen wie der Priester. Zu Form und Darstellung vgl. A. Krug Binden in d. griech. Kunst, Diss. Mainz 1967 (1968). **4.** Philostr. gymn. 10(14) nennt S. den Riemen der Boxer, der sonst *ἱμάς* heißt. **5.** Apul. met. 11,16,7 bezeichnet das gedrehte Ankertau als *s. ancorale.* W. H. G.

Strues hieß eine Art von Opferkuchen (zu ihrer Form Fest. 408,21 ff. L.), stets zusammen mit *fer(c)tum* (Sch. Pers. 2,48) genannt (Paul. Fest. 75, 17 ff. L. Ov. fast. 1,276 *cum strue ferta* statt überliefertem *farra*). Beim Voropfer soll man *Iano struem, Iovi fertum obmovere* (Cato agr. 134,2 ff.); st. und *ferta* beim Piacularopfer der Arvalen (Act. Arv. 135. 139 f. Henzen); vgl. *strufertarii* (Paul. Fest. 75,19. 377,2 L.). Der *flamen Dialis* mußte *capsulam cum strue atque ferto* bei seinem Bett haben (Gell. 10,15,14). G. R.

Wissowa Rel.[2] 412,4. *Latte* RRel 376.

Struthas (*Στρούθας*), pers. Oberfeldherr in den Seeprovinzen Kleinasiens, an Stelle des → Tiribazos vom Großkönig eingesetzt, um eine spartafeindliche Politik einzuleiten. Er nahm gleich nach seiner Berufung die Verbindung mit Athen auf. Als die Lakedaimonier → Thibron (1) mit Truppen nach Kleinasien schickten, wurde er von S. überfallen und vernichtet (Xen. hell. 4,8, 17 ff. Diod. 14,99,1 ff.). J. D.-G.

Strychnos (*στρύχνος, ὁ* und *ἡ*; *solanum, strumus*) bezeichnet verschiedene Arten der Familie der Nachtschattengewächse (Solanaceae), sowohl der als Gemüse eßbaren (*ἐδώδιμος, ἥμερος, κηπαῖος* = Solanum nigrum nebst Varietäten, darunter die Tomaten), die zugleich als Heilkräuter gegen mancherlei Leiden geschätzt wurden, wie auch der einschläfernden, in stärkerer Dosierung zu Wahnsinn und Tod führenden. Nach den Angaben bei Theophr. und Dioskur. mat. med. handelt es sich um Judenkirsche, Tollkirsche oder Stechapfel, die bei Plin. nat. sind unklar und widersprüchlich. Vgl. Steier, RE IV A 385–90. K. Z.

Strymon (*Στρυμών*), die h. Strúma (Name thrak.). S. war einer der meistgenannten Ströme der Balkanhalbinsel, da er als Grenze zwischen Thrakien und Makedonien (in der Zeit vor Philipp II.) galt. Der Ursprung des S. liegt an der s. w. Abdachung des Skombrosgebietes (h. Witoša). Er mündet in den *Στρυμονικὸς κόλπος*, nachdem er die → *Κερκινῖτις λίμνη* (jetzt nicht mehr vorhanden) durchflossen hat.

Hdt. 1,64 u. ö. Thuk. 1,98 u. ö. Liv. 44,44 u. ö. Strab. 7,323. 330. Plin. nat. 4,38 ff. Ptol. 3,13,9. 18. Chr. D.

Oberhummer, RE III A 2125. *Meritt* Ath. Trib. Lists 1, 412–413. *Detschew* Thrak. Sprachreste 478. *Danoff* Altthrakien, Sofia (bulg.) 1968, 108–115 ff. passim.

Stuck (*opus albarium, κονίαμα*). Die aus »Zement« und Marmorstaub- oder Kalkspatzusatz hergestellte, feuchte formbare Masse wird nach dem Trocknen formbeständig (Plin. nat. 36, 177. Vitr. 7,3,5 ff.). Als z. T. plastisch geformter Malgrund begegnet S. schon in Äg., im minoischen Kreta und Mykene. Die Griechen überzogen aus grobkörnigem Material (Poros. Kalkstein) errichtete dor. Tempel mit S., der seit E. 5. Jh. auch für Innendekoration (Stoai. Häuser) verwandt wurde. In der röm. Kaiserz. wird S. als Malgrund und Relief oft benützt; zu S.-Reliefs s. Andreae in: Kraus Das röm. Weltreich (Propyläen Kunstgesch. II) T. 157–171. Wichtig sind auch die ant. S.-Kopien griech. Metallarbeiten aus Äg. und Afghanistan. W. H. G.

Stuhl s. Möbel

Stuprum. **1.** Jede freiwillige (bei Gewaltanwendung *crimen vis*) geschlechtliche Beziehung zwischen einem Mann und einer freien, anständigen, unverheirateten Frau (urspr. umfassender; Gegensatz zu *adulterium* Werk der Jurisprudenz; Mod. Dig. 48,5,35). Die Verfolgung des s. in der Republik liegt im Dunkeln (Selbsthilfe; *iudicium domesticum;* Anklage durch Ädil im *comitium;* unbekannte Gesetze?). Sicheres Zeugnis einer Strafrechtsnorm ist erst die *Lex Iulia de adulteriis* (Konfiskation des halben Vermögens, für *humiliores relegatio* und Züchtigung, Inst. Iust. 4,18,4). Sie fordert allerdings Vollendung *sciens dolo malo;* Ulp. Dig. 48,5,13 (Versuch u. U. *iniuria*). Später Differenzierung (z. B. Vormund mit Mündel, *virgo nondum viri potens*) und Tendenz zur Strafverschärfung. **2.** Päderastie *(s. cum masculo):* seit einer *lex Scatinia (Scantinia?)*, ca. 149 v. Chr., Geldstrafe, unter den chr. Kaisern Todesstrafe. A. V.

1. *Mommsen* RStrR 688ff. 2. *Pfaff*, RE IV A 423f. 3. *M. Molè*, Novissimo Digesto Italiano 18, 1971, 582ff.

Stylis (στυλίς). Zu scheiden ist zwischen der St. als Verstrebungsstütze des → Aphlaston (Poll. 1,90) und der St. als freistehender Hasta mit Querleiste auf dem Heck ant. Schiffe. Diese St. ist seit 340 v. Chr. auf panathenäischen Preisamphoren, Münzen von → Histiaia und Goldstateren Alexanders nachweisbar. Phoinik. Ursprungs und durch Kulttänien, Inschriftentafeln mit Namen der Schutzgottheit (CVA Karlsruhe 2, T. 75,1) u. a. als sakrale Standarte gekennzeichnet, tritt die St. an die Stelle der Götterbilder oder -statuen am Heck. D. Wa.

D. Wachsmuth *ΠΟΜΠΙΜΟΣ Ο ΔΑΙΜΩΝ*, Diss. Bln. 1967, 86f. m. Anm. 81.

Stymphalides (Στυμφαλίδες [ὄρνιθες]). Myth. Vögel am Sumpfsee beim arkad. Stymphalos, die ihre ehernen Federn wie Pfeile auf Tier und Mensch wie auf die Saat abschossen. Herakles (5. oder 6. ἆθλος) scheucht sie mit lautstarkem ehernem Klapperwerk, einem Geschenk Athenas, auf und verjagt sie. Diese ältere lit. Überlieferung gestattete eine Verbindung zur Argonautensage: sie waren zur Aresinsel im Pontos geflogen, wo die → Argonauten nach dem Vorschlag des → Amphidamas (1) mit ihnen fertig wurden (Apoll. Rhod. 2,1033ff.). Die bildl. Zeugnisse (seit 8. Jh.) zeigen Herakles und Iolaos sie mit Pfeilen oder Schleudern erlegend. F. Brommer Herakles, 1953, 25. 71. 87. Auf der Metope im Zeustempel in Olympia überreicht Herakles Athena einige Vögel. Paus. 8, 22,4. H. v. G.

Stymphālos (ὁ oder ἡ Στύμφαλος, Στύμφηλος), Stadt im n. Arkadien mit danach benanntem See, s. der → Kyllene (1) und zugleich Name von Quelle, Fluß, See und Berg. Das allseits von hohen Gebirgszügen umgebene, aber über niedrige Pässe zugängliche schmale, etwa 590 m hoch liegende Becken von S. ist oberirdisch abflußlos, der See daher je nach Zustand der Katavothre von sehr wechselnder Größe bis zu völligem Verschwinden. Ausfluß des Sees ist der Küstenfluß → Erasinos s. von Argos, W. Kendrick Pritchett Stud. in anc. Greek topogr. 1,122f. 132f. Bei S. erlegte Herakles die »stymphalischen Vögel«, Apollod. 2,5,6,92f. Paus. l. c. Die ant. Stadt lag, in der Kaiserzeit etwas verlegt, am N.-Rand des Beckens, mit Resten der Stadtmauer, mehreren Tempelfundamenten u. a. Aus S. stammte → Sophainetos, Xen. an. 1,1,11 u. ö. Plan: *Πρακτ.* 1925/26, Taf. 1. Im 4. Jh. gehörte S. zum arkad. Bund, 315 von → Kassandros' (2) Strategen Apollonides durch Überfall gewonnen, Diod. 19,63,1, dann im achaiischen Bund, nicht an → Kleomenes III. (6) angeschlossen, Pol. 2,55,8. Rechtshilfevertrag mit Aigeira jetzt SEG 11,1105. 16,276. Trotz Strabons Behauptung, S. gehöre zu den ganz oder fast verschwundenen Städten, in der Kaiserzeit bestehend, letzte Erwähnung Ptol. 3,14. 35. 40. Hadrian ließ das Wasser der Hauptquelle nach Korinth leiten. Hom. Il. 2, 608. Pind. O. 6,99f. Hdt. 6,76,1. Diod. 15,49,5. Strab. 8,8,2 p. 388. Paus. 8,4,6. 22,1–9. Plin. nat. 4,20. Steph. Byz. BCH 45, 1921, 13 II 116. 90, 1966, 157 II 24 (= SEG 23,189). Inschr.: IG V 2 Nr. 351 bis 359. SEG 11,1105–1111. 17,18. 19,327. 20,716, 19ff. 24,379. Mz. Head HN^{2} 418. 453f. Jahrb. f. Numism. 8, 1957, 96. E. M.

1. Belegstellen: IG V 2 p. 74f. 2. *Bölte*, RE IV A 436ff. 3. *Philipps.-Kirst.* 3,232ff. 4. *N. Bonacasa*, Enciclop. arte ant. 7,535.

Styppax, Kyprier, Bildhauer (Erzgießer). Nach Plin. nat. 22,44. 34,81 schuf S., angeblich ein Sklave des Perikles (Variation der Legende bei Plut. Per. 13,13), den Splanchnoptes, einen Opferdiener, der Eingeweide röstete und dabei zur Anregung des Feuers die Backen aufblies. Kopien sind nicht bekannt. W. H. G.

Styra (ἡ Στύρα), Stadt an der SW.-Küste von → Euboia, schon Hom. Il. 2,539 genannt, am Perserkrieg mit 2 Schiffen beteiligt, dann im att. Seebund, im → lamischen Krieg zerstört und seitdem zu Eretria gehörend. Geringe Reste von Stadtmauer und Hafen beim h. Stura (amtl. Styra). Strab. 10,1,6 p. 446. Paus. 4,34,11. Steph. Byz. IG XII 9 Nr. 52–71. E. M.

1. *Fr. Geyer* Topogr. und Gesch. der Insel Euboia 108ff. 2. *Creutzburg*, RE IV A 455f. 3. *Ziebarth*, IG XII 9 p. 160. 4. *Philipps.-Kirst.* 1,625. 5. *B. D. Meritt* The Athen. tribute lists 1,414f. u. ö.

Styrax (ἡ στύραξ der Baum, τὸ στύραξ das Produkt; *styrax*, später *storax*), ein Baum oder Strauch, dessen Harz als wohlriechende Droge hochgeschätzt und im kaiserzeitl. Rom teuer bezahlt, darum durch Mischung mit anderen Drogen verfälscht wurde. Der Strauch kam auch in Griechenland vor (bei → Haliartos, Plut. Lys. 28,7), doch die Droge wurde aus Syrien und Kleinasien (Pamphylien, Pisidien, Kilikien) bezogen, eingerollt in Schilf- und Palmblätter (noch h. Storax calamitus). Sie diente als Räucherwerk im Kult, doch auch zur Ausräucherung von Ungeziefer (nach Hdt. 3,107 vertrieben die Araber so die kleinen geflügelten Schlangen, die sie bei der Weihrauchgewinnung störten), zur Herstellung von Parfümen und, innerlich und äußerlich angewendet, zu mancherlei medizin. Zwecken (s. Plin. nat. 12,82. 124. 125. 13,18. 15,26. 24,24. 26,28. Galen. 12,131f. u. a. Ärzte). K. Z.

Steier, RE II A 64–67. *Hehn-Schrader* Kulturpflanzen ^{8}344f. *Schmidt* Drogen- und Drogenhandel im Alt. 122.

Styx (στυγὸς ὕδωρ, ἡ Στύξ), »Wasser des Grausens«, Wasserfall über 200 m hohe senkrechte Felswand in grandiosem Felskessel am N.-Abhang des Chelmos im Gebiet des ant. → Nonakris in N.-Arkadien. Bei dem Wasser der S. wurde geschworen, und es galt als todbringend für Mensch und Tier und sollte nur in einem Huf oder Horn aufbewahrt werden können. Alexander d. Gr. soll nach einer Version durch Styxwasser vergiftet worden sein, Arr. an. 7,27,1 u. a. Hdt. 6,74. Strab. 8,4 p. 389. Paus. 8,17,6–18,6. Antimachos frg. 189. 173 ed. Wyss S. 85.50ff. u. a. m.

Bei Hom. Il. 14,271. 15,37; Od. 5,185; h. 1,85. 5,259, ferner Od. 10,514; Il. 2,755. 8,369 ist Στυγὸς ὕδωρ ein Unterweltsfluß, bei dem die Götter schwören. Diesen Vorstellungen liegt ebenso wie bei Hes. theog. 361ff. 383ff. 775ff. die wirkliche S. zugrunde. S. a. Unterwelt. E. M.

1. *Hiller von Gärtringen*, IG V 2 p. 83,42ff. 2. *A. Philippson*, Ztschr. d. deutsch. u. oest. Alpenvereins 22, 1891, 395ff. 3. *Ders.* Der Peloponnes 133f. 4. *Philipps.-Kirst.* 3,219f. 5. *Frazer* Pausanias 4,248–256. 6. *Bölte*, RE IV A 457ff. 7. *D. Baud Bovy – F. Boissonnas* En Grèce par monts et par vaux Taf. XIV.

Subaeratus, Edelmetallmünze mit unedlem Kern, vgl. Petron. 56,1: *nummularius, qui per argentum aes videt.* Solche, auch als plattiert oder gefüttert bezeichneten Stücke mit einer »Anima« aus Erz, Eisen, Blei, aber auch Goldmünzen mit Silberkern sind kaum jünger als die Münzprägung und verdanken ihre Entstehung privater wie staatlicher Fraudulenz. Namentlich → Denar-Serien der späten röm. Republik wie solche des Augustus und bes. des Tiberius haben einen hohen Anteil an S. Man schützte sich vor derartigen Stücken durch Prüfung mittels Einhieben o. ä., Markierung der guten Exemplare durch Punzen, Kontermarken etc., Nachwiegen (→ *Nummularius*), und die Ausgabe von Münzen mit gezahntem Rand (→ *Serratus*) gehört wohl in diesen Zusammenhang. H. Ch.

K. Regling, RE IV A 471ff. *H. Chantraine*, Limesforschungen 8, Bln. 1968, 32.

Sublaqueum, Villa Neros (Tac. ann. 14,22,2) unterhalb dreier (Plin. nat. 3,109) von ihm durch Stauung des Anio angelegter Seen (Frontin. aqu. 93. Plin. a. O. *Sublaqueum.* Tac. a. O. *stagna Simbruina.* Sil. 8,371 *gelidus Simbruvius*), die er durch die *via Sublacensis* (Frontin. 7. 14. 15) mit Rom verband (Tab. Peut. 6,2 *Sublacio*); Anf. 6. Jh. errichtete hier Benedikt von Nursia Klöster *sub lacu* (Paul. hist. Lang. 1,26); h. Subiaco. G. R.

Nissen It. Ldk. 2,617f. *Forbiger* HB. d. alt. Geogr. 3,482.

Sublicius pons war die älteste Brücke Roms. Nach Livius (1,33) wurde sie unter König Ancus ohne Verwendung von Metall ganz aus Holz erbaut. Ihre Erhaltung und Wiederherstellung, und zwar in der alten Form, z. B. nach einem Hochwasser (Tac. hist. 1,86. H. A. Antoninus 8), galt späteren Zeiten als religiöses Gebot. Die Lage der Brücke ist unterhalb der Tiberinsel in der Nähe des Forum Boarium und der Porta Trigemina anzunehmen. Rud. G.

Weiss, RE IV A 481.

Subligaculum, *subligar.* Der Schurz (auch ein kurzes Röckchen, eine Art Badehose) zur Verhüllung der Scham wurde urspr. statt der Tunica unter der Toga getragen, Non. 29,20. Varro l. l. 6,21. Cic. off. 1,129. Porph. Hor. ars 50. Das S. ist Arbeitstracht, Plin. nat. 12,59 und vom *limus*, dem Schurz der → *victimarii*, zu unterscheiden. Zum S. bei Frauen vgl. Martial. 3,87,4. W. H. G.

Submissio, *submittere* bedeutet »als Ersatz stellen« (synon. *substituere, supplere*), vor allem im Zusammenhang mit dem → *ususfructus.* Hauptanwendungsfall ist der *ususfructus gregis* (vgl. auch Dig. 7,1,18; Ersatz abgestorbener Bäume). Den Nießbraucher einer Herde traf die Pflicht, *capita defuncta* und *inutilia* zu ersetzen. Die Erhaltung der Herde war Voraussetzung für den Bestand des *ususfructus* (Dig. 7,4,31). Probleme ergeben sich aus der möglichen Kollision zwischen dem Fruchtziehungsrecht und der Pflicht zur s. Wie und wann – bei Notwendigkeit einer s. – die Tierjungen als *fructus* in das Eigentum des Nießbrauchers fielen, scheint nicht m. Sicherheit entscheidbar zu sein. C. E.

J. A. C. Thomas, Rev. int. des Droits de l'Antiquité, 3e série, 11, 1964, 255ff. mit Lit.

Subrius. 1. Sex. S. Dexter, Tribun einer Praetorianerkohorte, versuchte 69 vergeblich die gegen Galba meuternden Soldaten umzustimmen (Tac. hist. 1,31); 74 *proc. et praef. Sardiniae* (CIL X 8023. 8024. Meloni Sard. 192,12). **2.** S. Flavus. Als Tribun einer Praetorianerkohorte Teilnehmer an der pison. Verschwörung (Tac. ann. 15,50ff. Cass. Dio 62,24,1. 2). Er zeigte großen Mut und bewahrte noch angesichts des Todes die innere Ruhe (Tac. ann. 15,67). G. Wi.

Subscriptio. 1. Die Unterschrift im heutigen Sinn (§ 126 BGB) war dem röm. Recht urspr. fremd. Die s. kam in der Urkundspraxis mit der Verwendung neuer Schreibstoffe (Pergament, Papyrus) auf, bestand aber immer in einem zusammenfassenden Satz. 16 n. Chr. bestimmte ein *SC Libonianum*, daß ein Testament vom Testator unterschrieben werden müsse, falls darin eine Verfügung zugunsten des Testamentsschreibers getroffen wurde (Dig. 48,10,1,8). Jedoch erst in nachklass. Z. hatte sich die s., wohl unter hellenist. Einfluß, im Zusammenhang mit der gewachsenen Bedeutung des → *chirographum* in der Praxis allg. durchgesetzt und war auch auf öffentl. Urkunden üblich geworden. Demgemäß forderten nun auch Kaisergesetze, die diese Praxis präzisierend (Zeno, 478 n. Chr., Cod. Iust. 8,53,31: s. des Schenkers *secundum solitam observationem*) sich mit dem Urkundswesen auseinandersetzten, die s. So z. B. Arcadius und Honorius, 396 n. Chr., die s. der Testamentszeugen (Cod. Theod. 4,4,3), Theodosius II., 439 n. Chr., die des Testators (Cod. Iust. 6, 23,21). Iustinian verlangt schließlich in einer eingehenderen Regelung der Beurkundung u. a. die s. einer für gewisse Geschäfte genau bestimmten Anzahl von Zeugen und vor allem für schriftl. Verträge die Unterschrift der Parteien (Cod. Iust. 4,21,17).

1. *H. Steinacker* Die antiken Grundlagen der frühmittelalterlichen Privaturkunde, 1927, 112ff. 2. *Karlowa* I, 995ff. 3. *Kübler*, RE IV A 490ff. 4. *M. Kaser* Röm. Privatrecht 2, 1959, 52ff.

2. Im Strafprozeß die Unterschrift unter der Anklageschrift, bzw. die Anklageschrift selbst.

Mommsen RStrR 386.

3. s. censoria → nota censoris. **4.** s. principis → libellum principis. A. V.

Subsellium (*βάθρον*). Die vierfüßige Bank, in der Regel niedriger als die *sella*, ist ein allg. gebrauchtes Möbel (Haus, Schule, Laden usw.), vielfach Sitz des Rangniederen (der Parasit: Plaut. Stich. 703). Während der Schemel, *scamnum*, nur einer Person dient, bietet das s. mehreren Personen Platz, daher es Sitz der plebeischen Aedilen und der Volkstribunen ist, *s. tribunicium* Suet. Caes. 78,2; Claud. 23,2. *δημαρχικὸν βάθρον* Cass. Dio 42,20,3. 60,16,3. Da in Rom bei Gericht alles außer dem *quaesitor* auf s. sitzt, steht s. geradezu für Gericht, Cic. de or. 1,32.2, 143. Suet. Ner. 17. Das s. hat allg. keine Rücklehne (Overbeck-Mau Pompeji[4] 207 Abb. 119), doch vgl. die *subsellia cathedraria* Dig. 33,10,5. W. H. G.

Substitutio. 1. Bei Erbeinsetzungen: Benennung eines Ersatzerben für bestimmte Fälle, wohl um die Intestaterbfolge auszuschließen. Die s. geht der Akkreszenz unter Miterben vor (Dig. 37, 11,2,8). a) Als s. vulgaris für den Fall, daß der zuerst Eingesetzte nicht Erbe werden will oder kann. Der *substitutus* ist Erbe des Testators, seine Quote kann von der des *institutus* verschieden sein. Legate belasten den *substitutus* erst seit Severus und Caracalla, außer bei ausdrücklich anderslautender Anordnung des Testators (Dig. 30,74). b) als s. pupillaris für einen eingesetzten unmündigen Abkömmling in *potestate*, falls dieser zwar nach dem Testator, aber vor erreichter Testierfähigkeit stirbt. Die *s. pupillaris* umfaßt das gesamte Vermögen des Unmündigen und ist der einzige Fall einer Testamentserrichtung für einen anderen. Der *substitutus* wird sowohl als Erbe des Testators als auch des *pupillus* behandelt. Schon in klass. Z. galt die Regel, daß jede s. im Zweifel auch die der anderen Art in sich begreife (Dig. 28, 6,4 pr.). c) Bei Iustinian findet sich noch – anknüpfend an kaiserl. Vergünstigung im Einzelfall – die sog. *s. quasipupillaris* (Cod. Iust. 6,26,9), die Ersatzerbschaft für den geisteskranken Abkömmling. **2.** Bei Fideikommissen: Möglichkeit der s. nicht nur als Ersatz-, sondern auch als Nachberufung, insbes. nach dem Tode des Erstbedachten (*s. fideicommissaria*, vgl. das *fideicommissum familiae relictum*). C. E.

1. *P. Voci*, Dir. ered. rom. 2, [2]1963, 160ff. 2. *M. Kaser* Das röm. Privatrecht 1, [2]1971, 688ff. 2, 1959, 352f. mit Lit.

Subura war ein dichtbevölkertes, von kleinen Gewerbetreibenden bewohntes und übel beleumundetes Viertel der IV. Region, zwischen Quirinal, Cispius, Viminal und Esquilin (Martial. 12,18. Iuven. 11,51). Die Etymologie des Wortes (Varro l.l. 5,48) ist bis h. noch umstritten. Jährlich am 15. Okt. veranstalteten die Bewohner der Stadtteile S. und → Sacra via zu Ehren des Mars einen Wettkampf; im Zusammenhang damit wurde an der *turris Mamilia* der Kopf eines geopferten Pferdes aufgehängt. Die Hauptstraße des Viertels, der *clivus Suburanus*, führte vom Argiletum zwischen Oppius und Cispius hindurch zur *porta Esquilina* empor. Rud. G.

Weiss, RE IV A 510f. *Lugli* M 3, 392f.

Sucellus (auch *Sucelus*, *Sucaelus*), kelt. Gott, nur bekannt durch 8 Weihinschriften, sämtlich kaiserzeitl., auf deren einer er mit *Nantosuelta* gepaart (auf einer andern mit → *Silvanus* (1) verbunden [oder gleichgesetzt?]) und abgebildet ist, er stehend, bärtig, mit einem langen, auf dem Boden stehenden Herrscherstab, der oben in einen Schlegel ausläuft, in der erhobenen Linken und einem rundbauchigen Topf in der halbgesenkten Rechten, sie Iuno-artig, langgewandet und ebenfalls mit einem langen Herrscherstab. Hiervon ausgehend hat man eine große Anzahl erhaltener Steinbildwerke und insbesondere von Bronzebildchen, die einen Gott darstellen, der in der einen Hand einen Schlegel oder Zuschlaghammer hält, teilweise mit kurzem Stiel, meist aber umgebildet zu einem langen, auf den Boden gestützten Herrscherstab (Hammerstab), auf S. gedeutet; neben den Darstellungen der Gestalt des Gottes auch viele Bildwerke verschiedener Art, die nur sein charakteristisches Attribut zeigen. Ausführliche Behandlung aller Belege und der (recht hypothetischen, einander widersprechenden) Deutungen bei Keune, RE IV A 515–40. K. Z.

Suchos, äg. Šbk, nicht deutbare Bezeichnung für Krokodilsgötter, wie sie an bes. gefährlichen Stellen des Nil verehrt wurden (Kom Ombo, Gebel Silsile, Pathyris, Dendera, Tehne, im Fajjum und in der Mareotis), um ihre Gefährlichkeit zu besänftigen. S. war gleichzeitig Herr der Fische (Edel, NAWG 1961 Nr. 8 p. 219ff., wie Räuber der Frauen; später nahm er als S.-Re Züge des Sonnengottes an. S. kann aber auch eine Erscheinungsform des Königs sein. Euphemistisch nennt man ihn »den mit freundlichem Gesicht« (Pnēpherōs: Pꜣ-nfr-ḥr) – so im Fajjum, wo auch in griech. Z. zahlreiche Krokodilskulte belegt sind (z. B. Psosnaus in Kasr el-Banat: ein Krokodils-»Paar«), so auch in dessen Hauptort Šd.t (griech. Krokodilopolis, j. Medinet el-Fajjum). Dort hielt man noch in röm. Z. ein hl. Krokodil in einem See (Strab. 17,811, Pap. Tebt. 1,33,14/5), das gefüttert wurde (Hdt. 2,69). Nach dem Tod wurden diese hl. Krokodile als Suchos-Osiris begraben (Hdt. 2,148 im Labyrinth v. Hawara). Andere S.-Beinamen aus dem Fajjum sind Soknopaios (»S., Herr der Insel« nb-iw), Sobknebtynis (»Herr von Tebtynis«), Phembroēris (»Der vom Großen See«: Pꜣ-n-mr-wr) oder Sokopichōnsis, der S. mit dem Mondgott Chons gleichsetzt. In der späten Osirissage fischt S. die Osirisglieder aus dem Wasser, wie er in einer alten Mythe auch die abgeschlagenen Hände des Horus auffindet. Letztlich nähert er sich als Gott des Nilwassers dem → Osiris, und kann durch seine Verknüpfung mit → Re und Osiris pantheistische Züge annehmen. W. H.

H.Bonnet, RÄRG 755ff.

Suda (ἡ *Σοῦδα*), Titel des umfangreichsten erhaltenen byz. Lex. (10. Jh.).

Infolge eines bereits auf → Eustathios (4) zurückgehenden Mißverständnisses wurde das Werk bis etwa 1930 allg. einem Vf. namens Suidas zugeschrieben, obwohl dieser sehr seltene, seiner Form nach obendrein thessal. Name in byz. Z. überhaupt nicht nachweisbar ist. Das von A. Adler in ihrer krit. Ausg. vorgelegte hsl. Material sowie die richtige Bewertung eines byz. Zit. (Steph. in Aristot. rhet. 285,18 Rabe) haben dann Sicherheit darüber erbracht, daß S. der urspr. Titel dieses offensichtlich in Gemeinschaftsarbeit kompilierten Werkes ist (vgl. auch den Eingangssatz: ...*οἱ δὲ συνταξάμενοι τοῦτο ἄνδρες σοφοί*). Zu einer lebhaften, mehr als 30 J. währenden Kontroverse (vgl. die Zusammenfassung von [11]) führte hingegen der Versuch, die Bedeutung des Titels S. zu ermitteln. Neben der These von [9], S. sei durch eine Reihe von Mißverständnissen aus dem ital. Vermerk *guida* »Ratgeber« (über *ΓΟΥΙΔΑ* > *ΣΟΥΙΔΑ*) entstanden (dagegen spricht vor allem die Tatsache, daß *guida* in der geforderten Bedeutung erst im späten MA. nachweisbar ist; aber auch sonst sind die Voraussetzungen reichlich kompliziert. Trotzdem befürwortet von B. Lavagnini, RFIC 90, 1962, 441ff. G. Schirò, Riv. Cult. Cl. e Med. 4, 1962, 240f. u. a.), steht die bisher nicht eindeutig widerlegte Deutung von [6], S. sei als Akrostichon zu verstehen (etwa *Συναγωγὴ ὀνομαστικῆς ὕλης δι' ἀλφαβήτου* bzw. *διαφόρων ἀνδρῶν*), und vor allem der umsichtig begründete und wohl einleuchtendste Erklärungsversuch von [5]: es handele sich um eine der unter mil. t. t. bes. verbreiteten Rückbildungen, abzuleiten von * *sudare* (< *sudis;* vgl. gr.-byz. *σουδᾶτον*). In Texten bis hin zum 10. Jh. wird dieses Wort (das danach nur noch » Graben « bedeutet) zur Bezeichnung von Befestigungsanlagen (Graben und Palisaden) verwendet. Der Buchtitel wäre somit in übertragenem Sinne als » Schanzwerk « zu verstehen, wobei offenbleiben mag, ob mehr an die sorgfältige Fügung der Einzelteile, also die Sorgfalt der Kompilation, oder an die Bestimmung des Werkes (» Bollwerk gegen die Unwissenheit « u. ä.) gedacht ist.

Der einmalige Rang der S., die einem geläufigen byz. Ordnungsprinzip folgend antistoichisch (→ Lexikographie) angelegt ist, beruht darauf, daß sie unter ihren etwa 30000 Lemmata neben glossogr. auch biograph. und Sach-Artikel aller Art enthält, also einem Konversations-Lex. modernen Typs durchaus nahesteht. Die Ausführlichkeit der Artikel ist sehr ungleichmäßig, die Schwankungen verteilen sich jedoch über alle Teile des Werkes. Zahlreiche Artikel sind durch ungeschicktes Vorgehen der Kompilatoren (falsche Abtrennung bzw. Kontamination von Zit. u. a.) entstellt. Im Prooimion werden 11 ältere Lex., darunter solche des → Eudemos (4), → Helladios (2), → Longinos (1), → Eirenaios (1) und → Pamphilos (3), als Quellen angeführt. In Wahrheit liegen aber hauptsächl. wesentl. jüngere Vorlagen zugrunde: für die gramm. Lemmata vor allem die *Συναγωγὴ λέξεων χρησίμων* (Anecd. Bachmann 1,1ff.), die auch → Photios benutzte, daneben → Harpokration (2) und sonstige Spezial-Lex. sowie Sch. zu Homer, Sophokles, Thukydides, Lukianos u. a. Auch die reichlich vertretenen Sprichwörter sind bereits fertig vorliegenden paroimiogr. Slg.en entnommen. Ebenso gehen die Belege aus ant. Historikern nicht auf die Originaltexte, sondern fast ausschließlich auf die Exc.-Slg.en des → Constantinus (6) Porphyrogennetos, und zwar auf deren noch vollständige Fassung, zurück. Sehr wichtig für die Kenntnis der ant. Lit.-Gesch. sind die reichhaltigen biogr. Artikel der S., ungeachtet der gerade hier bes. häufig feststellbaren Kontamination von Homonymen. Die Hauptvorlage war eine im 9. Jh. angefertigte, um chr. Biogr. erweiterte epit. des *Ὀνοματολόγος* des → Hesychios (4) Illustrios (vgl. Suda s. *Ἡσύχιος*), ergänzt durch gelegentliche Entlehnungen namentlich aus → Athenaios (3), → Philostratos (5), → Diogenes (11) Laertios und verschiedenen Kirchenschriftstellern. Diog. Laert. hat auch das meiste Material für die philos. Artikel der S. geliefert. Unter den wenigen direkt benutzten älteren Autoren sind vor allem → Kallimachos (3; Hekale) und Kaiser → Iulianus (5; Briefe) zu nennen.

Die besten Hss. sind für *Α–Θ* die Paris. 2625 (13. und 14. Jh.) und 2623 (15. Jh.), für *Κ–Ψ* Paris. 2626 (12. und 15. Jh.) und Voss. 2 (12. Jh.). H. Gä.

Ta.: Ed. princ.: *Dem. Chalkondyles*, Mailand 1499; maßgeblich: *A. Adler*, Lpz. 1928/1938 (Nachdr. Stuttg. 1967/1971).

Lit.: 1. *A. Adler*, RE IV A 675ff. (hier 675f. und [3], 568ff. die ält. Lit.). 2. *Christ-Schmid* 2,2,1091ff. 3. *Krumbacher* 562ff. 4. *K. Rupprecht*, Philol. Suppl. 15,1 (1925). 5. *F. Dölger*, SBAW 1936 Nr. 6; ByzZ 38, 1938, 36ff. 51, 1958, 165ff. 53, 1960, 430. 6. *H. Grégoire*, Les Et. Cl. 6, 1937, 346ff.; Byzantion 11, 1936, 774ff. 12, 1937, 346ff. 658ff. 13, 1938, 389ff. 7. *A. Dain*, Ann. Inst. de Phil. et d'Hist. Or. et Slav. 5, 1937, 233ff. 8. *F. Lammert*, ByzZ 38, 1938, 23ff. 9. *S. G. Mercati*, Byzantion 25/27, 1955/1957, 173ff.; in erweiterter Form in: Mem. Acc. Naz. dei Lincei Ser. 8., 10 fasc. 1 (1960); RAL Ser. 8., 17 (1962), 1ff. 10. *G. Scarpat*, Atti Sodal. Glottol. Milan. 1960/61, 3ff. 11. *N. Walter*, Alt 8, 1962, 179ff.

Suebi (*Σουῆβοι Suevi*), erstmals Caes. Gall. 1,51,2 im Heere des → Ariovistus 58 v. Chr. bezeugt, siedelten im Gebiet zwischen den rechtsrhein. → Ubiern, den → Cheruskern (Caes. Gall. 6,10,5) und dem von den → Boiern um 60 v. Chr. aufgegebenen Böhmen, im Flußgebiet des Main. Den Gegenangriffen Caesars auf Übergriffe der → Sugambrer 55 v. Chr., der → Usipeter und → Tencterer 53 v. Chr. (1. und 2. Rheinübergang Caesars) wichen die S. in unwegsame Waldgebiete aus. Ihrer feindlichen Politik werden um 38 v. Chr. die Ubier durch Umsiedlung in linksrhein. Gebiet entzogen, doch finden wir die S. 30 v. Chr. als Eindringlinge in Gallien, dann als Bündner der Sugambrer und Cherusker (11 und 9 v. Chr.), doch weichen sie seit 8 v. Chr. in ö. Richtung aus (später als → Quaden in Mähren), während der Name Suevia an dem Siedlungsraum zwischen Mainz und Straßburg haften bleibt (Tab. Peut.). Nach Strab. 7,290 ist S. Sammelbegriff für mehrere Völker des Raumes zwischen Rhein und Elbe (Tac. Germ. 38), während Tac. Germ. 2 S. enger gefaßt mit → Semnonen und den aus ihnen hervorgegangenen Völkern bestimmt wird. Die S. sind urspr. ein westgerm. Stamm, der zu den → Herminonen gehörte (Plin. nat. 100). Ihre Wohnsitze lagen in der Lausitz an Havel und Spree, später an der Elbe, in Sachsen und Thüringen, während andere Teile der S. bis ins Donau- und Schwarzwaldgebiet vordrangen. S. Völker sind die Semnonen, → Alamannen, → Juthungen, → Quaden (diese gehen in den → Markomannen auf).

406 n. Chr. schließen sich die S. den → Vandalen und → Alanen an, fallen in Gallien ein und ziehen 409 weiter nach Spanien. Ein Teil der im Mutterland verbliebenen Quaden geriet unter hunnische Vorherrschaft, befreite sich nach Attilas Tod 453 n. Chr. und wurde im 6. Jh. dem → Langobardenreich einverleibt.

Die südl. S., als Markomannen mehrfach erwähnt, wandern z. T. nach Böhmen aus, während die im Neckargebiet verbleibenden Bevölkerungsteile als S. Nicretes *(civitas)* in Lit. und Inschr. bezeugt werden. Der Vorort der *civitas* ist → Lopodunum (h. Ladenburg), an der Neckarmündung. H. C.

Schönfeld, RE IV A 564.

Sueius, röm. Dichter der spätrepublikan. Epoche, Vf. ländlicher Idyllen (*Moretum*, *Pulli*, *Nidus*, vgl. Charis. p. 132 B.) in alexandrin. Manier und eines hexametrischen Gedichtes; kaum ident. mit dem Grammatiker Sevius Nicanor oder dem Ritter M. → Seius (I 2; vgl. aber zuletzt L. Herrmann, AC 1946, 257 ff.). P. L. Sch.

Frg.e: MorelFPL 53 ff. *A. Traglia* Poetae Novi, 1962, 4f. 43 ff. 117 ff. 127.

Lit.: *B. Luiselli*, Ann. Fac. Lett. Cagliari 1960, 58 ff.

Suessa Aurunca (Vell. 1,14,4. Geogr. Rav. 4,34 *Suesaruntia*. Guid. 42 *Suessa Irunca*), von Auson gegründete (Paul. Fest. 16,27 L.), trotz des nahe S. 340/37 errungenen röm. Sieges (Diod. 16, 90) 337 von den Sidikinern zerstörte und am h. Platz neuerrichtete Stadt namens *Ausona* (Liv. 9,25,4; vgl. Etym. m. 171,15; beachte Fehlen des Rhotazismus!), 314 zerstört (Liv. a. O.), 313/12 als Kolonie neugegründet (Liv. 9,28,7. Vell. a. O.). 294 kämpft *cohors Suessana* (Liv. 10,33,1); Notlage im 2. pun. Krieg (Liv. 27,9,7. 29,15,5); *municipium* (Cic. Phil. 13,18. Plin. nat. 3,63) in der *tribus Aemilia* (CIL X 4776); auf Sullas Seite (App. civ. 1,85 f.); später *colonia Iulia Felix Classica Suessa* (CIL X 4832). H. Ausonia. G. R.

Nissen It. Ldk. 2,666. *Forbiger* HB. d. alt. Geogr. 3,478. *Beloch* RG 382. *Radke*, Klass. Sprachen u. Lit. 6, 1971, 81 Anm. 40.

Suessa Pometia (Dion. Hal. ant. 6,29 Σουέσσα Πωμεντιανή), früher reiche (Cic. rep. 2,44. Plin. nat. 7,69) latin. (Diod. 7,5. Cato frg. 58 P. *Pometinus*. Verg. Aen. 6,775 *Pomĕtios*), später volsk. (Strab. 5,231; Bevölkerungswechsel bestätigt durch unlatein. Synkopierung zu *Pomptia:* Paul. Fest. 263,6 L.) Stadt unbekannter Lage, nach der die *tribus* → *Pomptina* benannt ist (Paul. Fest. a. O.); von Tarquinius Superbus zerstört (Fab. frg. 13 P. Cic. a. O. Liv. 1,53,2. Tac. hist. 3,72. Dion. Hal. ant. 4,50); spätere Eroberung (Liv. 2,17,1. 22,2. Dion. Hal. 6,29). G. R.

Nissen It. Ldk. 2,634. *Forbiger* HB. d. alt. Geogr. 3,477. *Beloch* RG 356 f. *R. Werner* Der Beginn d. röm. Rep. 413 ff. 436 (= Apiolae).

Suessetani, iberischer im n. ö. Spanien zwischen Ebro und den Pyrenäen siedelnder Volksstamm. Er wird nur von Liv. in der Gesch. der J. 210–184 v. Chr. erwähnt: 25,34,6. 28,24,4 u. ö. Vielleicht sind die S. mit den Cessetanern identisch. Ihr Gebiet grenzte an das der → Edetani und → Lacetani. Den Römern gegenüber nahmen sie bald eine freundliche, bald eine feindliche Haltung ein. K. A.

Suessiones, kelt. Volk der Gallia Belgica, zwischen Matrona und Isara, Nachbarn der → Remi, h. le Soissonnais. Die Fruchtbarkeit des Gebietes, bes. an Getreide, und die Zahl der Städte (12 *oppida*) hebt Caesar hervor: Gall. 2,3 ff.

Mitte 1. Jh. v. Chr. herrschte Galba, König der S., auch über die Remer. Sie bildeten gegen Caesar einen Bund mit anderen belg. Stämmen. Nach dem Sieg stellte Caesar die S. unter die Herrschaft der Remer. Die *civitas S.* gehörte zur Prov. Belgica, mit *Augusta Suessionum* als Hauptort. Plin. nat. 4,106 nennt die S. *liberi*. In spätröm. Z. gehörten sie zur Prov. Belgica (Not. Gall. 6,2). M. L.

Desjardins Géogr. Gaule 2,453 ff. *Jullian* Hist. Gaule 2, 482 ff. 6,453 ff. Bildwerke: *Espérandieu*, Rec. 5,3798–3802. Inschr.: CIL XIII 3462.

Suessula, kampan. (Strab. 5,249) Stadt zw. Capua u. Nola (Tab. Peut. 6,4), Platz der samnit. Niederlage von 343 (Liv. 7,37,4 ff.); minderes Bürgerrecht seit 338 (Liv. 8,14,11) als *praefectura* (Fest. 262,11 L.). *Supra S.* Operationen im 2. pun. Kriege (Liv. 23,14,13. 17,3. 32,2. 39,8. 24,46,1. 25,22,7. 26,5,8); *municipium* (CIL X 363. Plin. nat. 3,64) und sullan. Kolonie (Lib. col. 237,5). H. Torre di Sessola b. Castellone. Namensgleich ein sabin. Ort (Varro b. Dion. Hal. ant. 1,14,3 Συεσβόλα). G. R.

Nissen It. Ldk. 2,475. 753. *Forbiger* HB. d. alt. Geogr. 3, 460. *Beloch* Campanien² 384 ff.; RG 508.

Suetius, L., röm. Ritter, einer der Belastungszeugen im Prozeß gegen C. → Verres (Cic. Verr. 1, 14. 2,31. 5,147). G. Wi.

Suetonius. 1. C. S. Paullinus, Kommandant der röm. Truppen in Mauretanien (Cass. Dio 60, 9,1. Plin. nat. 5,11. 14. Thomasson Afr. 2,242), *cos. suff.* um 41 (Degrassi FImp. 12), Statthalter von Britannien 58/59–61 (Tac. ann. 14,29–39; Agr. 5. 14. Cass. Dio 62,7. A. R. Birley, Epigr. Stud. 4, 1967, 66,5). Sein Versuch, die Insel → Mona (2) zu erobern, mußte 61 wegen des Aufstandes der → Boudicca abgebrochen werden (Tac. ann. 14,30). Nach der Niederlage des Legaten Q. → Petilius (II 1) Cerialis bei → Camulodunum (Tac. ann. 14,31 f.; Agr. 16. Cass. Dio 62, 7,1) gelang es S. unter großen Anstrengungen, den Aufstand niederzuwerfen (Tac. 14,34. 37; hist. 2, 35. 37; Agr. 5). Als S. mit dem ihm unterstellten Prokurator in Streit geriet, wurde er von Nero abberufen (Tac. ann. 14,38 f.). *Cos. ord.* 66 (CIL VI 8639 = X 6637. XI 395 = DessILS 2648) und *vetustissimus consularium* 69 (Tac. hist. 2,37). S. trat für Otho ein und nahm an den Kämpfen in führender Stellung teil (Tac. hist. 1,90. 2,23. 31. 44. Plut. Otho 5 ff.), trotzdem gelang ihm die Rechtfertigung vor → Vitellius (Tac. hist. 2,60). G. Wi.

2. C. S. Tranquillus, der römische Biograph (* ca. 70 n. Chr., Todesjahr unbekannt), gehörte dem Ritterstande an (der Vater war Offizier: Otho 10,1). Er stammte wahrscheinl. aus → Hippo (6) Regius: dort kamen 1951 Frg.e einer ihm geltenden Inschr. zum Vorschein (AE 1953, Nr. 73. [10]. [13], 9 ff.). Er genoß die standesübl. rhetor. Ausbildung (in Rom?; vgl. gramm. 4,9); er betätigte sich zunächst als Advokat (Plin. epist. 1,18). Der jüngere Plinius wurde sein Gönner und Freund: er half ihm, dem *scholasticus*, beim Kauf eines Gütchens in der Nähe von Rom (epist. 1,24) und erwirkte für ihn bei Traian das → *ius (trium) liberorum* (ebd. 10,94–95); s. ferner ebd. 3,8. 5,10. 9,34. S. trat in kaiserl. Dienste (s. die gen. Inschr.): er erhielt die Ämter *a studiis* und *a bibliothecis* (wohl noch unter Traian, etwa ab 114) sowie schließlich den wichtigen Posten *ab* → *epistulis* (unter Hadrian, 118). Er wurde – wie sein Freund, der Prätorianerpräfekt → Septicius Clarus – im J. 121 entlassen (H. A. Hadr. 11,3; er habe, heißt es dort, die Etikette gegenüber der Kaiserin → Vibia Sabina nicht gewahrt). Er hat dann wohl noch längere Z. als Privatgelehrter gelebt.

Von seinen Schriften sind die Kaiserbiographien *(De vita Caesarum)* nahezu vollständig (der Anf. bis zum 16. Lebensjahre Cäsars fehlt) und das biograph. Sammelwerk *De viris illustribus* fragmentar. erhalten. Die *Caes.* waren Septicius Clarus gewidmet (Lyd. mag. 2,6); sie schildern in 8 B. das Leben aller 12 Kaiser von Cäsar bis Domitian. Jede Vita steht für sich (keine Querverweise). Die Proportionen sind ungleich: die Viten der früheren 6 Kaiser (jul.-claud. Dynastie) nehmen 3- bis 4 mal soviel Raum ein wie die der späteren (Vierkaiserjahr/Flavier); vielleicht hat S. die der späteren zuerst verfaßt (so [14]). Die längeren Viten befolgen ein stereotyp wiederkehrendes Schema: ein erzählender, die Chronologie beachtender Rahmen schildert einerseits den Lebenslauf bis zum Beginn der Herrschaft, andererseits das Ende; ein beschreibender, nicht chronolog. Mittelteil führt in einer locker gefügten Serie von Rubriken die Tätigkeitsbereiche, Charakterzüge und Lebensgewohnheiten eines jeden Kaisers vor. Diesem Schema, zumal seinen übergreifenden Kategorien (Aug.: öffentl./private Sphäre. Tib., Cal., Nero: Gutes/Böses), gelten die wenigen expliziten Hinweise des Autors (Caes. 44,4; Aug. 9,1 und 61, 1; Tib. 42,1; Cal. 22,1; Nero 19,3 und 40,1). Es entstammt schwerlich der hellenist. Schriftstellerbiographie (so [2]. S. aber [4]), sondern ist wohl – jedenfalls in der pedant. Starre, mit der es in den Caes. gehandhabt wird – S.s eigenes Werk. Man hat die literar. und historiograph. Qualitäten der Caes. bisher i. allg. niedrig veranschlagt; demgegenüber insistiert eine jüngere, von [4] ausgehende Richtung (s. [6]. [15], ferner [8]) auf dem künstler. und biograph. Talent S.s, das sich vor allem in dem durchdachten Arrangement der Einzelheiten äußere. Diese Richtung übertreibt (s. [5]. [12]): Nicht nur der Stil und die Darstellungsweise – man vergl. z. B., wie S. und Tacitus bei der Schilderung des Endes von Vitellius (Vit. 16 ~ hist. 3,84) divergieren –, sondern auch die Komposition und die gesamte Haltung erweisen die *Caes.* als Repräsentanten des *genus tenue*, als fast schon »subliterar.« Werk. S. hat nicht in dem Maße »Geschichte« bringen wollen, wie gemeinhin vorausgesetzt wird; seine Caes. zielen vor allem auf Unterhaltung. So erklären sich einerseits das Fehlen jegl. Tendenz oder Geschichtsauffassung, andererseits die Faktenfreudigkeit und die Vorliebe für Anekdoten, Klatsch und allzumenschl. Züge. Die *Caes.* sind ein kulturhistor. Dokument von Rang; ihr überhaupt nicht von polit. und wenig von moral. Absichten bestimmter Realismus ergänzt auf willkommene Weise die Perspektiven, welche die eigentl. historiograph. Werke, zumal die Schriften des Tacitus, von der frühen Kaiserz. vermitteln. S.s *Caes.* machten in der Spätant. Schule (→ Historia Augusta. Vor der Annahme eines erhebl. Einflusses auf die Hagiographie warnt [11]); ihre edelste Frucht ist Einhards *Vita Caroli*. Sie wurden im MA. eifrig gelesen (Hunderte von Hss.). Bester Codex: Memmianus, s. IX (Paris, Nat. bibl. 6115).

Das Sammelwerk *vir. ill.* (Titel: Hier. vir. ill. praef.) enthielt kurze, trockene, nach festen

Kategorien geordnete Biographien von Berühmtheiten der röm. Lit.; es gliederte sich wohl in Abteilungen über Dichter, Redner, Geschichtsschreiber, Philosophen und Grammatiker / Rhetoren (mit gramm.-rhet. als selbständ. Schrift rechnet [13], 59f.). Erhalten: 1. etwas mehr als die 1. Hälfte der Abt. Grammatiker / Rhetoren; 2. einzelne Dichter-Viten, die von spätant. Philologen den Ausg.n oder Komm.en vorausgeschickt wurden (Terenz, Vergil, Horaz, Persius, Lukan; z.T. in überarbeiteter Fassung); 3. die Vita des Redners → Passienus (1) Crispus (Sch. Iuv. 4,81); 4. die Vita des älteren → Plinius (Hss. der nat.). Ferner gehen auf S.s *vir. ill.* die literarhistor. Notizen zurück, die → Hieronymus seiner Übersetzung der eusebian. Chronik beifügte. Diesem Werk entstammt somit ein erhebl. Teil der biograph. Tatsachen, die über röm. Autoren bekannt sind. Es hat Hieronymus zu seiner ebenfalls *vir. ill.* betitelten chr. Biographienslg. angeregt.

Die sog. Suda nennt 9 weitere Werke vornehml. kulturhistor. Inhalts; aus zwei dieser Schriften (Über die Spiele der Griechen; Über Schmähworte) haben sich in griech. Sprache abgefaßte Exzerpte erhalten (s. TAILLARDAT). Durch die sonstige Überlieferung sind außerdem noch 5 Schriften sowie ein Sammelwerk mit dem Titel *Prata* bezeugt. Man hat versucht, diese Monographien sämtl. oder z.T. als Abschnitte der *Prata* zu deuten; s. [9], 233ff. M. F.

Erstausg. der Caes.: Rom 1470 *(Campano; Joh. Andr. von Aleria)*.

Ta.: Caes.: *Ihm*, 1907 (ed. min. 1933). *Rolfe*, 2 Bde. (m. engl. Übers.), 1928–1930. *Ailloud*, 3 Bde. (m. franz. Übers.), 1961–1964². *Butler-Cary* (Iul. Caes. m. Komm.), 1927. *Levi* (Aug. m. Komm.), 1958². *Braithwaite* (Vesp. m. Komm.), 1927.

Frg.e: *Reifferscheid*, 1860. *Brugnoli* (gramm.-rhet.), 1963². *Rostagni* (poet. m. Komm.), 1964. *Taillardat* (*π. βλασφημ.*, *π. παιδ.*), 1967. Ind.: *Howard-Jackson*, 1922.

1. *A. Macé* Essai sur S., 1900. 2. *F. Leo* Die griech.-röm. Biographie nach ihrer literar. Form, 1901. 3. *E. Paratore* Una nuova ricostruzione del De poetis di S. (1946), 1950². 4. *W. Steidle* S. und die ant. Biographie (1951), 1963² (Zetemata 1). 5. *A. Dihle*, GGA 1954, 45–55 (Rez. von [4]). 6. *R. Hanslik*, WS 67, 1954, 99–144. 7. *G. d'Anna* Le idee letterarie di S. (1954), 1967². 8. *C. Brutscher* Analysen zu S.s Divus Julius und der Parallelüberlieferung, 1958 (Noctes Romanae 8). 9. *Fr. della Corte* S. eques Romanus (1958), 1967². 10. *G.B. Townend*, Hist. 10, 1961, 99–109. 11. *G. Luck*, Mullus (Festschr. Th. Klauser), 1964, 230–241. 12. *B. Mouchová* Studie zu Kaiserbiographien S.s, 1967. 13. *G. Brugnoli* Studi suetoniani, 1968. 14. *G.W. Bowersock*, Hommages à M. Renard, 1969, 1,119–124 (Coll. Latomus 101). 15. *H. Gugel*, G 77, 1970, 5–22.

Sufeten, hebr. *schofetim*, dem Wortsinn nach »Richter«, oft wie *iudex* für *consul* mit der Bedeutung »Führer, Häuptling«, MOMMSEN StR 2,76, Titel der höchsten Beamten in punischen Gemeinden, Liv. 28,37,2. 30,7,5. 34,61,15 *sufetes*, sonst als *reges* oder *βασιλεῖς* bezeichnet, Nep. Hann. 7,4. Aristot. pol. 2,1273a 21ff. In Karthago gab es 2 (Nep. a. O.) auf ein Jahr vom Volk nach Vornehmheit und Reichtum gewählte (Aristot. a. O.) eponyme S., sie beriefen als Vorsitzende Gerusia und Volksversammlung ein, sprachen Recht, behandelten mit der Gerusia die Außenpolitik. Pol. 3,33,3. Diod. 25,16. Fest. s. *sufes*. Liv. 34,61,15. Iust. 19, 2,5. Kumulation mit dem Strategenamt war im 5. und 4. Jh. möglich. Wegen der Machtbeschränkung durch die Behörde der 104 und die Pentarchien verglich Aristot. pol. 1272b 34ff. die S. mit den spartan. Königen. In Tyros waren S. vorübergehend richterliche Oberbeamte. Ios. c. Ap. 1,157. In der Inschrift CIS I 165 erließen im 5./4. Jh. die S. eine Verordnung für das karthag. Opferwesen. A. HEUSS in: Rom und Karthago, herausgegeben von J. VOGT, 1943, 113,2. S. gab es u. a. in → Gades und Tharrus in Sardinien. Liv. 28,37,2. S. GSELL Hist. anc. de l'Afrique du Nord³ 2,290f. In Thugga war Zilalsan, Großvater → Massinissas, im 3. Jh. S. GSELL 5,132. Die Amtsbezeichnung lebte außerhalb des karthag. Gebiets in Afrika bes. im 1. und 2. Jh. n. Chr. fort und wurde bei der Romanisierung durch den Titel *Duumvir* abgelöst. CIL VIII 765. CAGNAT-MERLIN Inscr. lat. d'Afrique 634. W. ENSSLIN in Rom: und Karthago 274ff. H. V.

Sufetula, Stadt der *prov. Africa Byzacena*, 25 Millien von Sufes, wovon S. das Diminutivum ist; h. Sbeitla (Tunesien). In der 2. Hälfte des 1. Jh. gegründet, wurde S. an einem wichtigen Straßenknotenpunkt in einer Ölbaumgegend *municipium*, dann zu ungewisser Zeit *colonia*, CIL VIII 11340. Imposante Ruinen: Forum mit 3 Tempeln, Ehrenbogen für Antoninus Pius, Thermen, Tempel mit Hof, Amphitheater, Theater und Kirchen. Inschr. CIL VIII 231. 11334. 23218. IL Afr. 116. ILT 349. M. L.

R. Cagnat – A. Merlin Atl. arch. Tun., 2ᵉ s., fᵉ 48, Nr. 18. *N. Duval* Histoire et bibliographie du site de S., Paris 1971.

Suffragator, derjenige, der in der röm. Republik jemanden beim Volk zur Beamtenwahl, später beim Kaiser oder einem hohen Beamten oder bei der Wahl im Senat für ein Amt oder sonstwie empfiehlt. Cic. Mur. 16. 44. 71; Planc. 15. Suet. Caes. 73; Vesp. 23. Plin. epist. 3,20,5. Sen. ben. 7, 28. Cod. Iust. 2,12,7. Cod. Theod. 2,12,6. Für *suffragatio* »Empfehlung« Cic. Mur. 38. CIL VI 930,12. H. V.

Suffragium, etym. ungeklärt, nicht aus *sub* und *frango* »Scherbe«, da in Rom erst mündlich, dann mit Tabellae abgestimmt wurde; ob von *fragor*, dem Lärm der zustimmenden Menge? WALDE-HOF. 2,625. L. ROSS TAYLOR Roman voting assemblies, 1966, 2. 85. S. bedeutet Abstimmung, Einzelstimme in der Volksversammlung und im Quaestionengericht und Stimmkörper *(sex suffragia* der *comitia centuriata)*. 179 änderten die Zensoren die Stimmkörper. Liv. 40,51,9 *(s. mutare)*. Zur Abstimmung gehen heißt *s. inire* oder *ferre.* Liv. 1,17,9. 25,3,15. DESSILS 6089c. 55. Die Stimme des Richters, der auf den Seiten seiner Tabella *A(bsolvo)* und *C(ondemno)* auswischte, war ungültig: *sine suffragio.* CIL I² 583,22. Bei einem epileptischen Anfall eines Wählers war das *s.* nicht *iustum* oder *legitimum.* Liv. 9,34,25. MOMMSEN StR 1,87. Unter Traian gab es im Senat geheime Abstimmung *(s. tacitum.* Plin. epist. 3,20. 4.25.*)*. S. bezeichnet auch das Stimmrecht, das *ius suffragii.* Liv. 38,36,8. In der späteren Kaiserzeit ist s. die mit Geld erkaufte Fürsprache beim Kaiser oder höheren Beamten, um ein Amt zu erhalten. 394 regelte → Theodosius I. den *contractus suffragii.* Cod. Theod. 2,29,2 = Iust. 4,3,1. H. V.

Sugambri, Völkerschaft der Istvaeonen (Plin. nat. 4, 100), am r. Rheinufer zwischen → Ubiern und → Bructerern, nach O. → Chatten und → Cheruskern benachbart, gegenüber den → Eburonen siedelnd. 55 v. Chr. gewährten die S. den von Caesar besiegten → Usipetern und → Tencterern Asyl und verweigerten die Herausgabe der Flüchtlinge (Caes. Gall. 4,16). An den Kämpfen um Aduatuca 53 v. Chr. wie auch an Aufständen und Angriffen gegen die Römer beteiligt, werden die S. unter Tiberius im linksrhein. Gebiet zwangsweise angesiedelt (als *Cugerni* im Bereich der späteren Col. Ulp. Traiana = Xanten), während die verbliebenen Bevölkerungsteile in german. Völkern aufgehen. H. C.

Schönfeld, RE IV A 659. *C.B. Rüger* Germania Inferior, 1968, 85.

Suggestus s. Rednerbühne

Sui heredes. Freie Personen, die durch den Tod des Erblassers *sui iuris* werden. Dazu gehören Kinder und Kinder vorverstorbener Söhne, Witwe und Schwiegertöchter, soweit sie bis zum Tode des Erblassers in seiner → *patria potestas* bzw. → *manus* standen. Die Sonderstellung der *s.h.* im Erbrecht erklärt sich aus ihrer Haus- und Wirtschaftsgemeinschaft mit dem Erblasser (vgl. Gai. 2,157. Paul. Dig. 28,2,11). Im Intestaterbrecht des *ius civile* bilden die *sui* die erste Erbklasse. Kinder teilen nach Köpfen, wobei die *uxor in manu* einer Tochter gleichgestellt ist (Gai. 3,3), fernere Abkömmlinge nach Stämmen (Gai. 3,7f.). *S.h.* erwerben die Erbschaft als eingesetzte oder Intestaterben *ipso iure* mit dem Tode des Erblassers (Gai. Dig. 38,16,14) und können sie nicht mit ziviler Wirkung ausschlagen *(heredes necessarii,* Gai. 2, 157*)*; jedoch behandelt der Praetor einen *suus,* der *se hereditate abstinuit,* wie einen Nichterben (Gai. 2,158). *Sui* können nur ausdrücklich, nicht durch bloße Erbeinsetzung anderer Personen, enterbt werden, und zwar Söhne nur *nominatim* (Gai. 2,127); bei anderen *sui* genügt Enterbung *inter ceteros* (Gai. 2,128). Übergehung eines Sohnes bewirkt Nichtigkeit des ganzen Testaments (Gai. 2,123). Sind nur andere *sui* übergangen, so gelten sie als nicht eingesetzt (Gai. 2,124). E. Bu.

A. Manigk, RE IV A 664. *G. Wesener,* RE Suppl. IX 1176. *W.H. Kirk,* ZRG 58, 1938, 161f. *P. Voci* Diritto ereditario rom.² 2, 1963, 5ff. 634ff.

Suidas s. Suda

Suillius, röm. Gentilname, nach Plut. Popl. 11,7 und quaest. Rom. 41 von der Viehzucht *(sus)* abgeleitet. **1.** S. Caesonianus, Sohn von Nr. 3, gehörte zur Gruppe um → Messalina (2), nach deren Sturz 48 er der Verurteilung nur knapp entging (Tac. ann. 11,36). **2.** M. S. Nerullinus, Sohn von Nr. 3, *cos. ord.* 50 (CIL X 6637. 6638. XII 2234. Tac. ann. 12,25. DEGRASSI FImp. 14). Nach der Verurteilung des Vaters durch Intervention Neros gerettet (Tac. ann. 13,43), doch von der Losung um Provinzen ausgeschlossen. Erst 69/70 *procos.* von Asia (MIONNET Suppl. VI 335, 1665. MAGIE Asia min. 1582). **3.** P. S. Rufus, Gatte der Stieftochter des → Ovid, mit dem er während der Verbannung korrespondierte (Ov. Pont. 4,8). Quaestor des → Germanicus (Tac. ann. 4,31. 13, 42), *cos. suff.* zwischen 41 und 45 (CIL VI 24729. AE 1949, 250. Iust. inst. 3,8,3. Dig. 38,4,1), *procos.* von Asia 52/53 (IGR IV 972. MAGIE Asia min. 1421). Unter Claudius ein gefürchteter Ankläger (Tac. ann. 11,5. 13,42). Zu seinen Opfern zählten → Iulia (II 97), die Tochter des Drusus, → Poppaea (II 4) Sabina und zahlreiche Konsulare (Tac. ann. 13,43). Einer Anklage im Senat konnte er sich durch seine Beredsamkeit entziehen (Tac. ann. 11,6). *Procos.* von Asia unter Claudius (IGR IV 972. 995. MAGIE Asia min. 563. 1421). Unter Nero auf Veranlassung des von ihm beleidigten → Seneca (2) *de repetundis* angeklagt und trotz hohen Alters auf die → Balearen verbannt (Tac. ann. 13, 42f.). Seine beiden Söhne Nr. 1 und 2 entstammten seiner Ehe mit Vistilia (Plin. nat. 7,39). G. Wi.

Sulci, Hafen im SW. Sardiniens (Ptol. 3,3,3. Plin. nat. 3,85. Bell. Afr. 98 *Sulcitani*) nahe Caralis (Artemidor. b. Steph. Byz. s. *Σολκοί.* Strab. 5, 214 *Σοῦλχοι.* Mela 2,124), karthag. Gründung (Paus. 10,17,9. Steph. Byz. s. *Σύλκοι.* Claud. bell. Gild. 518); vgl. Tab. Peut. 3,5. Itin. Anton. 84,6. Geogr. Rav. 5,26. Guid. 64. CIL X 7513ff. H.S. Antioco. G. R.

Miller Itin. Rom. 408. *Forbiger* HB. d. alt. Geogr. 3,547.

Sulla. 1. L. Cornelius L. f. Sulla Felix. Zum Beinamen S. → Cornelius (I 87ff.). Quint. inst. 1,4, 25. Macr. sat. 1,17,27. Bewandert in der Gesch. seiner fast vergessenen patriz. Familie, nannte S. in seinen *commentarii* P. → Cornelius (I 88) als ersten Träger des Namens S. HRR frg. 2. * 138. Vell. 2,17, 2. Plut. Sull. 6,10. Val. Max. 9,3,8. App. civ. 1,492. Sall. Iug. 95. Blondhaarig, blauäugig, Frauenliebling, gebildet, aber verarmt, verkehrte S. mit Schauspielern, liebte Zechgelage, gewann, Erbe einer reichen Dirne und seiner Stiefmutter, ein Vermögen. Plut. 1f. 6. Val. Max. 6,9,6. *Cupidus voluptatum, sed gloriae cupidior* (Sall. a. O.) faszinierte er 107 als Quaestor im jugurthin. Kriege, begabt im Umgang mit Menschen, die Soldaten und → Marius (I 2), entschied mit der Reiterei die

Schlacht bei → Cirta, verhandelte geschickt mit → Bocchus (1), lockte verschlagen wie ein Fuchs (Plut. 28) → Iugurtha in einen Hinterhalt, übergab ihn 105 Marius und bereicherte sich in Afrika. Plut. 1. Meister der Selbstverherrlichung, setzte er Iugurthas Auslieferung auf seinen Siegelring. Plut. 3; Mar. 10. Val. Max. 8,14,4. Plin. nat. 37,4. Sein Sohn → Cornelius (I 87) Faustus brachte sie um 62 auf Mz. E. A. SYDENHAM The coinage of the Roman republic, 1952 n. 879; Pl. 21. Eine entsprechende Gruppe stellte Bocchus zum Ärger des Marius auf dem Kapitol auf. Plut. 6; Mar. 32. In Gallien zeichnete sich S. 104 als Legat des Marius, 103 als Kriegstribun aus. Plut. 4. Vell. 2,17. Unter Q. → Lutatius (I 4) konnte er den Cimberneinfall nach Oberitalien nicht verhindern, befehligte 101 bei → Vercellae die röm. Mitte und schrieb sich den Sieg zu. HRR frg. 5f. Mit Verzicht auf das Aedilenamt bewarb er sich 99 vergebens um die Praetur, erreichte sie 98 für 97 und führte von Bocchus geschenkte Löwen im Circus vor. Plut. 5. Val. Max. 7,5,5. Plin. nat. 8,53. Sen. brev. 13. Zur Chronologie E. BADIAN, Ath 37, 1959, 279 ff. = Stud. in Greek and Roman history, 1964, 157 ff. Als Propraetor *(pro consule* BADIAN 174,27) setzte S. im Senatsauftrag 96 → Ariobarzanes (3) als König in Kappadokien ein, verjagte → Gordios (2) und verhandelte am Euphrat als erster Römer mit dem Gesandten des Partherkönigs Arsakes VIII. auf erhöhtem Sitz zwischen ihm und Ariobarzanes. Dort sagte ein Chaldaeer S. künftige Größe voraus. Plut. 5,3f. Vell. 2,24. K. H. ZIEGLER Die Beziehungen zwischen Rom und dem Partherreich, 1964, 20 ff. Im Bundesgenossenkrieg trieb er als Legat 89 die Samniten aus Kampanien und eroberte u. a. das Lager des L. → Cluentius (1) vor Nola. Sein Heer verlieh ihm den Graskranz *(corona graminea)*, was S. auf einem Gemälde in seiner tusculanischen Villa darstellen ließ. Liv. per. 75. Val. Max. 1,6,4. Cic. div. 1,73. 2,65. Plin. nat. 22,12. Dank der Erfolge zum Konsul für 88 gewählt, trennte er sich von seiner 3. Frau → Cloelia (12), gewann durch Heirat mit Caecilia Metella (→ Metellus I 26), Nichte des Q. Caecilius → Metellus (I 21), des Todfeindes des Marius, das mächtige Haus der Meteller für sich und erhielt vom Senat den Oberbefehl gegen → Mithradates (5). Vell. 2,17. App. 1,241; Mithr. 22. Plut. 6. Diod. 37, 25. Mit dem Kollegen Q. → Pompeius (4) Rufus wandte er sich gegen den Volkstribun P. → Sulpicius (I 22) Rufus, der die ital. Neubürger in alle 35 Tribus eingliedern wollte. Vor dem von Sulpicius entfachten Straßenkampf ging S. zu seinem Heer vor → Nola, gewann es, als Sulpicius durch Volksbeschluß den Oberbefehl gegen Mithradates Marius übertrug, zum Marsch auf Rom und besetzte die Stadt. Verletzter Ehrgeiz und der Wunsch, das Senatsregime zu stärken, trieben S. zu dem beispiellosen, folgenschweren Schritt. App. 1,242 ff. Plut. 9; Mar. 35. Oros. 5,19,4. MEIER 222f. Marius und seine Anhänger wurden zu *hostes publici* erklärt, die Beschlüsse des Sulpicius aufgehoben. Anträge der Volkstribunen sollten nur mit der *auctoritas patrum* und nur in Centuriatcomitien gestellt, der Senat um 300 Ritter erweitert werden. App. 1,266. Trotz der Wahl des unzuverlässigen Konsuls L. Cornelius → Cinna (3), den S. durch Eid an seine Anordnung band, und der Anklage des Volkstribunen M. → Vergilius (Plut. 10,4 ff. Cic. Brut. 179) begann S. den Krieg gegen Mithradates 87 von Epirus aus und belagerte das zu Mithradates abgefallene, von → Archelaos (3) zäh verteidigte Athen und den Piraeus. Um die Kriegskosten aufzubringen, plünderte er die Tempel in Delphi, Epidauros und Olympia. Aus dem Raub prägten sein Quaestor L. → Lucullus (5) und M. → Lucullus (6) Gold- und Silbermz., das »Lucullusgeld«. Plut. 12. App. Mithr. 30. WOSNIK 42 ff. Das Holz der Belagerungsmaschinen lieferten die Platanen der platon. Akademie und der Park des Apollon Lykeios. Am 1.3. 86 erstürmte S. Athen und ließ die Soldaten morden und plündern. Der Piraeus, in dem Schiffshäuser und andere Bauten verbrannten, verödete als Hafen. April/Mai 86 siegte S. gegen fünffache Übermacht bei → Chaironeia durch geschickte Taktik gegenüber den feindlichen Sichelwagen. Plut. 15 ff. Frontin. 2,3, 17. Während der von Cinna als Vermittler (MEIER 233 ff.) entsandte Konsul L. → Valerius Flaccus wegen seiner unzuverlässigen Truppen nicht mit S. verhandelte und in Kleinasien einen eigenen Feldzug gegen Mithradates begann, schlug S. Herbst 86 bei → Orchomenos durch persönlichen Einsatz ein neues Heer des Mithradates. Griechenland war nun fest in seiner Hand. App. Mithr. 49. Frontin. 2,8,12. Polyain. 8,9,2. Um den Griechen sein Feldherrnglück zu begründen und Mithradates, den »neuen Dionysos«, zu übertrumpfen, führte S. in der Siegesinschr. von Chaironeia und später im Verkehr mit Griechen den Beinamen *Epaphroditos*, »Liebling der Aphrodite«, auf die ihn der nach einem Traum befragte delph. Apollon verwiesen hatte. In Rom zum *hostis publicus* erklärt, betrachtete er sich als legitimen Prokonsul und bevorzugte auf Mz. und Inschr. den Ehrentitel *Imperator*. Plut. 19. IG VIII 264. 372. VOLKMANN 39 ff. Mz. mit *imp(erator) iterum* (Zählungsbeginn unter S.), Venuskopf, Trophaeen, Augurabzeichen. WOSNIK 13 ff. 72 ff. E. BADIAN Sulla's augurate, Arethusa 1, 1968, 26 ff. Die Lage in Rom drängte zur Eile, daher schloß S. August 85 mit Mithradates in → Dardanos Frieden. Der König kam glimpflich davon, behielt den Besitzstand vor Kriegsausbruch 89, zahlte 2000 Talente Kriegsentschädigung und stellte 70 Schiffe. Sein Massenmord an den Italikern blieb ungesühnt. Nach Ausschaltung des C. → Flavius (I 11) Fimbria reorganisierte S. die Provinz Asia, die in 44 Steuerbezirken 20000 Talente und den Heeresunterhalt aufbringen mußte. Plut. 25. Aus Athen nahm S., mit den

Sylleia geehrt, Kunstwerke und die Bibliothek des → Apellikon von Teos mit. Plut. 26. A. E. RAUBITSCHEK Stud. in Roman economic. .. in honor of A.C. Johnson, 1951, 49ff. Im Frühjahr 83 landete er mit dem ihm verschworenen Heer in → Brundisium. Obwohl er das röm. Bürgerrecht der Bundesgenossen und ihre Zuweisung in alle Tribus nun anerkannte, dauerte der Bürgerkrieg 1½ J. S. fand viele Anhänger, so Q. Caecilius → Metellus (I 22), Cn. → Pompeius (1) und M. Licinius → Crassus (2). Viele Truppen der Gegner liefen zu ihm über. In 3 blutigen Schlachten siegte S., 83 am Berg → Tifata über C. → Norbanus (I 1), 82 bei → Sacriportus über C. → Marius (3) und am 1. Nov. 82 am collin. Tor Roms über die aufständischen Samniten. Seine Rache war grausam. Mehrere tausend gefangene Samniten wurden niedergestochen, das Mariusgrab geschändet, Städte wie → Praeneste geplündert, ihr Land eingezogen, die Einwohner erschlagen. Plut. 30. 32. Val. Max. 9,2, 1. An 40 Senatoren, 1600 Ritter, insgesamt 4700 Römer wurden proskribiert, ihre Güter an S.s Anhänger versteigert, ihre Söhne und Enkel von allen Ämtern ausgeschlossen. App. 1,440ff. Val. Max. a.O. Vell. 2,28,3 *primus ... exemplum proscriptionis invenit*. Freigelassene Sklaven, 10000 Cornelii und 120000 in Militärkolonien angesiedelte Veteranen sicherten S.s Herrschaft. App. 1,469. 489. DESSILS 871. Mit einer Reiterstatue (Mz. WOSNIK 126, Abb. 2) und der amtlichen Anerkennung seines Beinamens *Felix* (WOSNIK 94ff.) geehrt, wurde S. 82 durch den *interrex* C. → Valerius Flaccus auf Grund der → *lex Valeria* (34) zum *dictator legibus scribundis et rei publicae constituendae* ernannt, »so lange er wolle, bis er die Stadt, Italien und das ganze Reich, die durch Revolutionen und Kriege erschüttert waren, wieder gefestigt habe«. App. 1,459. 461f. Cic. leg. 3,5. J. JAHN Interregnum und Wahldiktatur, 1970, 161ff. In dem von der älteren Diktatur grundverschiedenen Notstandsamt reorganisierte S. durch die → *leges Corneliae* (12) die Senatsherrschaft. WOSNIK 104. Er erweiterte den Senat durch 300 vom Volk gewählte Ritter und Centurionen auf 600; künftig kam jeder Quaestor in den Senat. E. GABBA, Ath 29, 1951, 262ff. (Senatoren- und Kolonienliste); 34, 1956, 124ff. Die Gerichtshöfe wurden nur mit Senatoren besetzt. Gesetze mußten vom Senat genehmigt werden. Die Zahl der Quaestoren erhöhte S. auf 20, der Praetoren auf 8, der Pontifices und Augures von 9 auf 15, der → Decemviri zu → Quindecimviri durch *cooptatio*. Die Volkstribunen wurden von der Ämterlaufbahn ausgeschlossen. Er regelte die Ämterfolge und die Provinzialverwaltung, nach dem Amtsjahr in Rom übernahmen die Oberbeamten als Prokonsuln bzw. Propraetoren eine Provinz. App. 1, 466. Er setzte neu ständige Gerichtshöfe *(quaestiones perpetuae)* gegen Mörder und Giftmischer, Testamentsfälscher, Amtserschleichung, Unterschleif im Amt, Majestätsbeleidigung und Ehrverletzungen ein. Die Getreideverteilungen *(frumentationes)* schaffte er ab. Sall. hist. frg. 55,11. Beim Triumph am 29./30. Jan. 81 feierten ihn die mit ihm zurückgekehrten Römer als »Vater und Retter«. Mz. WOSNIK 126, Abb. 3. Plut. 34. Plin. nat. 33,16. DEGR I XIII 1,85. 563. Neben dem gewählten Konsul Q. Caecilius → Metellus (I 22) Pius bekleidete S. 80 als Diktator noch das Konsulat. App. 1,480. Vor der Volksversammlung legte er 79 förmlich die Diktatur nieder. Der überraschende Schritt, von Caesar (Suet. Caes. 77) später scharf verurteilt, erklärt sich wohl aus S.s Wunsch, vor dem ihm für den Gipfel seines Glücks vorausgesagten Tode das Leben auf dem Landgut bei Puteoli zu genießen. VOLKMANN 86f. Dort schrieb er 22 Bücher Memoiren, erlebte die Wahl seines Gegners M. Aemilius → Lepidus (I 5) zum Konsul, plante den Neubau des → Tabulariums, hoffte, den 83 auf dem Kapitol verbrannten, neuerbauten Iuppitertempel zu weihen, da starb er 78, von Lungentuberkulose und Hautkrankheit (vom Volk als Phtheiriasis gedeutet) gequält, an einem Blutsturz und wurde in einem Staatsbegräbnis auf dem Marsfeld in Rom verbrannt. HRR 1,195ff. Plin. nat. 7,138. App. 1,493ff. VOLKMANN 90ff. I. CALABI I commentarii di Silla come fonte storica, Atti della acc. naz. dei Lincei, memor. della classe di science mor. .. 3, 1950, 247ff. Seine Kinder waren → Cornelius (I 87) Faustus, Cornelia (I 96) Fausta, Cornelia (I 93). Schon der Ant. war S. ein Rätsel. Val. Max. 9,2,1 *quem neque laudare neque vituperare quisquam satis digne potest*. Sen. dial. 6,12,6 *istud inter res nondum iudicatas abeat, qualis S. fuerit*. Durch den Einsatz des Heeres in die Innenpolitik förderte S. entscheidend den Verfall der Republik. Seine Proskriptionen wurden immer wieder verurteilt. Liv. per. 88. Vell. 2,28. Plin. nat. 7,137. Sen. clem. 1,12,2. Aug. civ. 3,29. Pompeius gebärdete sich mitunter wie S. Cic. Att. 9,10,2 *sullaturire;* 9, 10,6 *proscripturire*. Caesar betonte ihm gegenüber die eigene Versöhnungspolitik. Cic. Att. 9,7 C. Die Triumvirn des J. 43 vernichteten wieder durch Proskriptionen ihre Gegner. H. V.

H. Berve Gestaltende Kräfte der Antike², 1966, 375ff. *H. Volkmann* Sullas Marsch auf Rom, 1958 (Nachdr. 1969). *E. Badian*, Hist. 11, 1962, 197ff. (Forschungsber.). *B. Wosnik* Unters. z. Gesch. Sullas, Diss. Würzburg 1963. *Ch. Meier* Res publica amissa, 1966. *T. F. Carney* The death of Sulla (ob durch Syphilis?), Acta Classica, Proc. of the Cl. Association of South Africa 4, 1961, 64ff.

2. P. Cornelius S. Als Verwandter des Diktators bereicherte er sich durch billige Grundkäufe bei den Proskriptionen (Cic. off. 2,29) und war für das J. 65 zusammen mit P. → Autronius (5) Paetus *consul designatus*. Vom Sohn des durchgefallenen Mitbewerbers L. → Manlius (I 32) Torquatus *de ambitu* angeklagt konnten aber beide ihr Amt nicht antreten, Cic. Sull. 11. 49f. 81. Sall. Cat. 18 u.a. S. lebte zurückgezogen in Neapel (Cic. Sull.

15. 17. 74) und beteiligte sich kaum an der sog. 1. Catilinar. Verschwörung, Cic. Sull. 67. Liv. epit. 101. Suet. Caes. 9. Die von seinem Halbbruder L. → Caecilius (I 19) Rufus betriebene Rehabilitierung blieb erfolglos (Cic. Sull. 62ff. Cass. Dio 37,25,3), und im J. 62 wurde er neuerlich von L. Manlius Torquatus *de vi* angeklagt. Die Verteidigung übernahmen Q. → Hortensius (7) Hortalus und → Cicero, der an S. hoch verschuldet war, Gell. 12,12,2f. Es kam zu einem Freispruch. Im J. 57 diente sein Haus dem P. → Clodius (I 8) Pulcher als Hauptquartier im Kampfe gegen T. → Annius (I 16) Milo, Cic. Att. 4,3,3. Eine Anklage *de ambitu* gegen A. → Gabinius (I 6) schlug fehl, da dieser schon vorher *de repetundis* verurteilt worden war, Cic. Att. 4,18,3. ad Q. fr. 3,3,2. Im Bürgerkrieg stand S. auf der Seite Caesars und verteidigte im J. 48 das Lager bei → Dyrrhachion gegen die Pompeianer, Caes. civ. 3,51,1ff. Bei → Pharsalos befehligte er den rechten Flügel der Caesarianer (Caes. civ. 3,89,2. 99,3. App. civ. 2,76) und hatte anläßlich der Überführung der Truppen von Italien nach Africa und Sizilien Schwierigkeiten, Cic. Att. 11,21,2. 22,2. Beim Verkauf der Güter der Geächteten konnte er sich neuerlich bereichern, Cic. off. 2,29. fam. 15,19,3. Sein Tod wurde nicht bedauert, Cic. fam. 9,10,3. 15,17,2. G. Wi.

Sulmo, pälign. (Ptol. 3,1,64. Strab. 5,241) von Solymus gegründete (Ov. fast. 4,79. Sil. 9,72) Stadt 7mp s. Corfinium (Caes. civ. 1,18,1; 90mp von Grenze des *ager Romanus* Ov. trist. 4,10,4), *municipium* der 4. Region (Plin. nat. 3,106) der *tribus Sergia* (Cic. Vat. 36. CIL IX 3082), kühl (Ov. fast. 4,81. Sil. 8,512) und wasserreich (Ov. am. 3,15,11). Hannibal 211 in S. (Liv. 26,11,11); von Sulla zerstört (Flor. 2,9); auf seiten Caesars (Caes. a.O, Cic. Att. 8,4,3). Heimat Ovids (trist. 4,10,3; am. 2,16,1. 3,15,8); h. Sulmona. Ort gleichen Namens in Latium (Plin. nat. 3,68). G. R.

Nissen It. Ldk. 2,449f. 645. *Forbiger* HB. d. alt. Geogr. 3. 454. 478. *L. Ross Taylor* Voting Distr. 275.

Sulpicius. Name einer patriz. *gens*, deren Vertreter ab 500 in den Fasten erscheinen und deren Herkunft wohl → Cameria ist (ältestes Cognomen: *Camerinus*). Während das Praenomen *Servius* (entstellt: *Servilius*) so häufig ist, daß es manchmal anstelle des Cognomens verwandt wird, tritt eine große Zahl von Cognomina auf (4. Jh.: *Cornutus, Rufus, Praetextatus, Longus, Peticus;* 3. Jh.: *Saverrio, Paterculus, Galus, Galba*). Im 1. Jh. ist der polit. bedeutendste Zweig der *gens* die Familie der *S. Galbae*, neben die die seit der Mitte des 4. Jh. aus den Quellen verschwundenen *S. Rufi* treten, die den größten Juristen der röm. Republik stellten.

A. Politische Persönlichkeiten.

I. Republik. Zeit. **1.** C. S. entdeckte als Praetor 63 im Hause des C. Cornelius → Cethegus (2) ein Waffenlager (Cic. Cat. 3,8. Plut. Cic. 19,1). **2.** C. S. Camerinus war 382 Consulartribun (Liv. 6,22,1. Broughton 1,104,1) und 380 zusammen mit Sp. Postumius Regillensis Censor (Broughton 1,105. 106,2 gegen Münzer, RE IV A 745, der diese Censur für eine Übertragung aus dem J. 366 hält [vgl. Nr. 21]). **3.** Ser. S. Camerinus war 393 *cos. suff.*, 391 Consulartribun und 387 Interrex. Wenn S. mit Nr. 24 ident. ist (vgl. Broughton 1,99,2), besaß er als 2. Cognomen Rufus. **4.** Ser. S. Camerinus Cornutus, Consul 500 (Fast. Cap.), erscheint bei Dion. Hal. ant. 5,52, 1–57,5 mit seinem Collegen Tullius als Retter des Staats in einem der catilinar. Verschwörung nachgebildeten Bericht über Umsturzversuche des niederen Volks und der Sklaven. Bis 463 war S. wohl Curio Maximus (Liv. 3,7,6). **5.** Ser. S. Camerinus Cornutus, wohl Sohn von Nr. 4, war 461 Consul und ist vielleicht ident. mit dem Xvir von 451 (Dion. Hal. ant. 10,1,1. 52,4 gegen Liv. 3,31,8. 33, 3: P. S. [Broughton 1,43,2]). S. verhandelte 449 mit der auf den Aventin ausgezogenen Plebs (Liv. 3,50,15f.) und kämpfte 446 gegen die Volsker (Liv. 3,70,2–5). **6.** Q. S. Camerinus Praetextatus war 434 Consul (Liv. 4,23,1) oder Consulartribun (Diod. 12,53,1. Broughton 1,62,2) und kämpfte 431 unter dem Dictator A. Postumius Tubertus gegen Aequer und Volsker (Liv. 4,27,9). Zum Wechsel der Cognomina *Camerinus, Praetextatus* und *Rufus* innerhalb der Familie von S. in dieser und der folgenden Generation vgl. Münzer, RE IV A 749. **7ff.** S. Galbae, seit dem 2. pun. Krieg bedeutendster Zweig des Geschlechts, dessen letztes Mitglied der Kaiser Galba war. Die Herkunft des Cognomens war schon in der Ant. umstritten (Suet. Galba 3,1). Während die S. Galbae im 2. Jh. 3 Consuln stellten, erreichten sie im 1. Jh. nur noch einige Male die Praetur. Vielleicht sind die S. Rufi des 1. Jh. ein Zweig dieser Familie. **7.** C. S. Galba, Sohn von Nr. 11 und Bruder von Nr. 12, war ein Schwager des C. Gracchus, nach dessen Tod er 121 *IIIvir col. ded.* für Colonia Iunonia in Africa (CIL I² 696) wurde (Broughton 1,522,5, vgl. Münzer, RE IV A 754). Auf Grund der *lex Mamilia* wurde S. 109 angeklagt und verurteilt, obwohl er Augur war. Cic. schätzte seine rhetor. Fähigkeiten (Brut. 127f.). **8.** P. S. Galba, zwischen 69 und 57 als *pontifex* bezeugt (Broughton 2, 134. 136,11), bewarb sich vergeblich um den Consulat von 63. **9.** Ser. S. Galba, wohl Bruder von Nr. 15, war 205 Mitglied der Gesandtschaft, die die → Mater Magna aus Pessinus nach Rom brachte (Liv. 29,11,3), und gehörte 203–199 dem Collegium der *pontifices* an (Broughton 1,329). **10.** Ser. S. Galba, 187 *praetor urbanus*, bewarb sich 185,184,183 und 182 vergeblich um den Consulat (vgl. Liv. 39,32,6f. zum J. 184). Nach Cic. ac. 1,2,51 war S. mit Ennius befreundet. **11.** Ser. S. Galba, wohl Sohn von Nr. 10, kämpfte im 3. makedon. Krieg als Kriegstribun unter L. Aemilius Paullus, dessen Triumph er 167 mit einer Rede vor der Volksversammlung zu verhindern suchte. Nur der Einspruch Catos und der des M. → Servilius (I 32) Pulex Geminus retteten den Triumph (zu Cato als der Quelle des livian. Berichts [45,35,3–39,20] und der eingestreuten Reden vgl. MÜNZER, RE IV A 760). S. begründete damals seinen Ruhm als Redner (1. Beispiel einer erfolgreichen Obstruktion durch Dauerreden). 151 wurde S. als Praetor in Spanien von den Lusitanern völlig geschlagen. 150 erreichte er jedoch ihre freiwillige Unterwerfung, woraufhin er das wehrlose Volk niedermetzeln ließ und die Überlebenden verkaufte (Liv. per. 49 u.a. H. SIMON Roms Kriege in Spanien, 1962, 57f.). Damit traf ihn nach ant. Ansicht die Schuld an den nun ausbrechenden span. Kriegen (SIMON a.O. 60f.). Die Annahme eines Antrags, S. wegen Verletzung des Völkerrechts vor Gericht zu ziehen, vermochte dieser mit Hilfe seines Reichtums und durch einen für Rom neuartigen Appell an das Mitleid des Volkes zu verhindern (App. Ib. 225. SIMON a.O. 62ff.). Doch führte dieser Vorfall 149 wahrscheinlich zur Einrichtung der ständigen *quaestio repetundarum*, und wohl auch dazu, daß S. erst 144 zum Consulat gelangte, in dem sein Bemühen um den Oberbefehl gegen → Viriatus am Einspruch des Scipio Aemilianus (Hinweis auf S.' Habsucht: App. Ib. 255. Val. Max. 6,4,2) scheiterte. Wohl 141 (BROUGHTON 1,478 gegen MÜNZER, RE IV A 764ff.: 137) führte S. eine Gesandtschaft nach Creta (Sylloge[3] 685). Cic. übernahm das Urteil über S. als den berühmtesten Redner seiner Z. (Brut. 82; de or. 1,58), war jedoch nach der Lektüre der erhaltenen Reden des S. enttäuscht (Brut. 92f. u.ö.). **12.** Ser. S. Galba, Sohn von Nr. 11, erhielt 111 als Praetor die Provinz Hispania ulterior und war 108 zusammen mit M. Aurelius Scaurus (BROUGHTON 1,550,2) Consul (Fast. Cap. CIL I[2] 675). Inschr. bei Tarracina in der Geburtsvilla des späteren Kaisers Galba (CIL I[2] 694) und auf einem Grabstein s. des Aventin (CIL I[2] 695), wo die Familie wahrscheinlich große Gärten besaß (Cic. ac. 1,2,51), beziehen sich auf S., vielleicht auch auf Nr. 11. **13.** Ser. S. Galba wurde bei Ausbruch des Bundesgenossenkriegs 91 in Lucanien gefangengenommen, kam jedoch frei und kämpfte offenbar als Legat 90–89 unter Cn. Pompeius Strabo (CIL I[2] 709). Da in den erhaltenen Berichten (App. civ. 1,205f. Liv. per. 76) meist das Cognomen fehlt, ist S.' Identität oft nicht sicher gegen die von Nr. 22 abzugrenzen. 86 zeichnete sich S. in der Schlacht bei Chaironeia aus, wird jedoch später nicht mehr erwähnt (Plut. Sulla 17,3). **14.** Ser. S. Galba, wohl Enkel von Nr. 12 (gegen Suet. Galba 3,2), kämpfte als Legat in Gallien 61–60 unter Pomptinus (Cass. Dio 37, 48,1f.) und 58–56 unter Caesar (Caes. Gall. 3,1, 1–6,5). Als Anhänger des Dreibundes wurde S. 54 Praetor, bewarb sich jedoch 50 vergeblich um den Consulat. Als Mitglied des Augurencollegiums stand er wahrscheinlich in der Frage der sacralrechtlichen Zulässigkeit der Consulwahlen von 49 auf Caesars Seite (Cic. Att. 9,9,3), fühlte sich jedoch später von ihm zurückgesetzt und gehörte zu seinen Mördern. Als solcher wurde er, nachdem er an der Schlacht bei Forum Gallorum teilgenommen hatte (Cic. fam. 10,30), auf Grund der *lex Pedia* geächtet (Suet. Galba 3,2). Weitere Nachrichten über ihn fehlen. **15.** P. S. Galba Maximus, wohl Enkel von Nr. 27, verdankte seinen Consulat 211, den er erreichte, ohne vorher ein Amt bekleidet zu haben, wahrscheinlich dem Einfluß des Q. → Fulvius (I 17) Flaccus (verheiratet mit Sulpicia). Nachdem die Consuln nach dem Fall Capuas Rom verteidigungsbereit gemacht hatten (Pol. 9, 6,6. 7,1. 4), übernahm S. E. 211 (–206) von M. → Valerius Laevinus den Oberbefehl im O. Zusammen mit den Aitolern eroberte er 210 Aigina (Pol. 9,40. 42,5–8). Darstellung des Sieges auf einer Münze seines Nachkommen Nr. 14 (vgl. MÜNZER, RE IV A 737): SYDENHAM The Coinage of the Rom. Rep., 1952, 156 Nr. 931). Nach Plünderungszügen im Gebiet des achaiischen Bundes und nach einem Zusammenstoß mit Philipp V. vereinigte sich S. mit → Attalos (4), doch brachte auch die gemeinsame Kriegführung wenig Erfolge (M. HOLLEAUX, CAH 8,127ff. Liv. 28,5,18ff. 7,4. 18). Da von Rom keine Hilfe kam, blieb S. 207 und 206 untätig und konnte nicht verhindern, daß die kriegsmüden Aitoler 206 mit Philipp Frieden schlossen. 203 *dictator com. hab. causa* (J. JAHN Interregnum u. Wahldictatur, 1970, 142ff. gegen Liv. 30,24,3f.), wurde S. 200 *cos. II* und erhielt den Oberbefehl im 2. makedon. Krieg (Liv. 31,5,2–9). Nach umfangreichen Vorbereitungen zog S. in die westmakedon. Lynkestis und schlug Philipp, der ihm zunächst ausgewichen war, 200 bei Ottolobum (Liv. 31,38,1ff.). Im Herbst 199 traf S. in Apollonia seinen Nachfolger P. → Villius Tappulus. Gemeinsam mit diesem 197 Legat unter T. Quinctius → Flamininus, gehörte S. nach Kynoskephalai der Zehnmännerkommission an, die Flamininus bei den Friedensverhandlungen unterstützte. Bis zum Ausbruch des Antiochos-Krieges spielte S. in den Verhandlungen mit dem König bzw. dessen Ministern eine bedeutende Rolle (Liv. 34,59,8. 35,13–17). Für die Z. nach S.' Rückkehr aus dem O. 192 fehlen weitere Nachrichten über ihn. **16.** C. S. Galus (nicht Gallus, vgl. Fast. Cap. zu den J. 243 und 166 und Fast. Triumph. Urbisalv. zum J. 166. CIL I[2] 24. 25. DEGRI XIII 338f.) war 243 Consul. **17.** C. S. Galus, Enkel von Nr. 16, kämpfte unter L. Aemilius Paullus 182 gegen die Ligurer. Da S. mit Aemilius Paullus 171 von der Provinz Hispania ulterior in der Klage gegen einen Statthalter zu ihrem Patron gewählt wurde, ist eine Tätigkeit S.' in Spanien während der Statthalterschaft des Aemilius Paullus 191/90 wahrscheinl. Als *praetor urbanus* unterstützte S. bei den Aushebungen 169 das Volk gegen die Consuln (Liv. 43,14,3–5 u.ö.). 168 kämpfte S. wiederum unter L. Aemilius Paullus als Kriegstribun in Makedonien und soll die wissenschaftl. Erklärung für die Mondfinsternis am Vorabend der Schlacht bei Pydna geliefert haben (Cic. rep. 1,23. Val. Max. 8,11,1; nicht erwähnt in der besseren Überlieferung bei Pol. 29,16,1 f. Plut. Aem. 17,5). In seinem Consulat kämpfte S. 166 gegen Ligurer und andere Alpenstämme (Triumph). 164 ging er als Gesandter nach Griechenland und Kleinasien (Pol. 31,1, 6) und starb wahrscheinlich nicht lange vor 149 (Cic. Brut. 90). S.' Scheidung von seiner Frau und seine Wiederverheiratung finden Parallelen in dem Verhalten des L. Aemilius Paullus und des älteren Cato (Val. Max. 6,3,10. Plut. quaest. Rom. 14). Abgesehen davon, daß in seiner Praetur der Thyestes des Ennius und in seinem Consulat die Andria des Terenz aufgeführt wurden, ist von seiner Persönlichkeit und seiner Bildung wenig bekannt, wenn man von Cic.s kaum auf Tatsachen beruhendem Lob absieht (Brut. 78 u. ö.). Pol. verurteilt S. wegen seines schroffen Vorgehens gegen → Eumenes II. 164 (31,6). Varro kannte eine Schrift des S. über griech. Astronomie (Plin. nat. 2,53). **18.** C. S. Longus widersetzte sich in seinem Consulat 337 der Wahl eines Plebejers zum Praetor (Liv. 8,15,9) und wurde daher wohl erst 323 *cos. II*. Nach seiner Censur 319 (Abdication ? Broughton 1,154, 2) kämpfte S. als *cos. III* 314 gegen die Samniten, über die er triumphierte (Liv. 9,27,2–28,2. Act. Tr.). Die Geschichtlichkeit weiterer Siege aus diesem J. und die der Dictatur des S. 312 sind umstritten (Münzer, RE IV A 814 gegen Broughton 1,157. 159). **19.** Q. S. Longus war 390 Consulartribun (Liv. 5,36,12). Die Einrichtung der *dies postriduani* soll auf den Tag zurückgehen, an dem S. vor Roms Einnahme durch die Gallier die Kriegsopfer darbrachte (Gell. 5,17,2. Macr. Sat. 1,16,22. Latte RRel. 205,4). Auch die Verhandlungen mit → Brennus über den Loskauf der Stadt soll S. geführt haben (Liv. 5,48,8). **20.** C. S. Paterculus errang 258 in seinem Consulat auf Sardinien bedeutende Erfolge, ehe er die Carthager in einer Seeschlacht besiegte (Triumph: Act. Tr.). Vielleicht war der *portus S.* auf Sardinien nach ihm benannt (Ptol. 3,3,4). **21.** C. S. Peticus, 380 Consulartribun, mußte 366 als Censor nach dem Tode seines Collegen Postumius abdanken (Broughton 1,105. 106,1. 2. 115). Nach seinem 1. Consulat 364 kämpfte S. 362 als Legat erfolgreich gegen die Herniker, ebenso auch 361 als *cos. II* (Triumph). Die Berichte über seine Dictatur 358 (Triumph über die Gallier: Act. Tr.) weisen im einzelnen ungeschichtl. Züge auf, die aus späterer Z. übertragen wurden (RE IV A 818 f.). 355 wurde S., nachdem er zunächst Interrex war, *cos. III* und 353 *cos. IV*. Auch 351 war er Interrex, ehe er *cos. V* wurde und in diesem J. mit Tarquinii einen Friedensvertrag auf 40 J. schloß. Liv. 9,17,8 nennt ihn unter den Feldherrn, die Alexander d. Gr. in Italien entgegengestanden hätten. **22.** P. S. Rufus,

bekannt aus Cic. de or. und Brut., wo er als der beste Redner seiner Generation gepriesen wird, gehörte 91 zum engsten Freundeskreis des Livius Drusus. Wahrscheinlich 90, sicherlich 89 kämpfte er als Legat gegen die Bundesgenossen, ehe er im Dez. 89 nach seinem Übertritt zur Plebs das Volkstribunat antrat und mit seinen Gesetzesanträgen (Rückführung der nach der *lex Varia* Verbannten, Verteilung der Bundesgenossen und Freigelassenen auf alle *tribus*, Festsetzung einer Schuldenhöchstgrenze für Senatoren) die Politik des Drusus fortsetzte. Um seine Ziele zu erreichen, verbündete sich S. offenbar mit Marius, dem er den Oberbefehl gegen Mithradates übertragen ließ. Bei der nun folgenden Eroberung Roms durch Sulla konnte sich S. retten, wurde aber von einem Sklaven verraten und ermordet. Das vernichtende Urteil der Quellen ist einseitig von der Ansicht seiner Gegner geprägt (vgl. Plut. Sulla 8, 1 f. Liv. per. 77. App. civ. 1,242 ff.). **23.** P. S. Rufus kämpfte als Legat Caesars seit 55 in Gallien und während des Bürgerkriegs zunächst in Spanien, ehe er als Praetor 48 mit einem Teil der caesarian. Flotte C. → Cassius (I 15) Longinus von der sizil. Küste vertrieb (Caes. civ. 3,101,4–6). 46 kämpfte S. in Illyricum gegen M. Octavius und erhielt offenbar den Imperatorentitel und eine *supplicatio* (Cic. fam. 13,77,1). 45 gründete er wahrscheinlich während seiner Statthalterschaft in Bithynien und Pontos (46–45. Broughton 2,299) die Colonie → Sinope (M. Grant From Imperium to Auctoritas, 1946, 11 f. 251 f.). Von etwa 47 bis nach 42 war S. Mitglied des Collegiums der *pontifices* (Grant a. O. 252). **24.** Ser. S. Rufus (vielleicht Rufus Camerinus. vgl. Nr. 3), Consulartribun 388, 384,383 und 377 (Fast. Cap. zum J. 377: Ser. S. Praetextatus. Broughton 1,108,1). 377 soll die mit C. → Licinius (I 51) Stolo verheiratete Schwester seiner Gemahlin Fabia den Anstoß zu den licin.-sext. Rogationen gegeben haben (Liv. 6,34, 5–10). **25.** Ser. S. Rufus unterstützte seinen Vater (→ S. B 4) wahrscheinlich 63 im Prozeß gegen L. → Licinius (I 37) Murena. Zu Beginn des Bürgerkriegs sollte S. auf Wunsch seines Vaters zwischen Caesar und Pompeius vermitteln. In der Folgezeit stand er in enger Verbindung zu Cic. (fam. 4,3,4 u. ö.), den er wohl nicht lange überlebte. Wahrscheinlich Vater der Dichterin → Sulpicia (B 7; Tib. 3,8,1. 14,5. 16,4), ist S. vielleicht auch ident. mit dem Hor. s. 1,10,86 und Plin. ep. 5,3,5 erwähnten Dichter. **26.** P. S. Saverrio besiegte in seinem Consulat 304 die Samniten (Triumph: Act. Tr.). Censor im J. 300, führte er während des Interregnums 298 als 2. Interrex die Consulwahlen durch. **27.** P. S. Saverrio, wohl Sohn von Nr. 26, wurde in seinem Consulat 279 zusammen mit seinem Collegen P. Decius Mus bei Ausculum von → Pyrrhos (1) geschlagen. M. D.-M.

II. Kaiserzeit. **1.** S. Asper, centurio der Praetorianer, neben → Subrius (2) Flavius einer der verwegensten Teilnehmer an der pison. Verschwörung, erlitt die Todesstrafe (Tac. ann. 15,49. 50. 68. Cass. Dio 62,24,1. 2). **2.** Q. S. Camerinus Pythicus, cos. suff. im J. 46 (CIL V 5050 = DESSILS 206. DEGRASSI FImp. 13), *procos.* von Africa 54–57 (Tac. ann. 13,52. THOMASSON Afr. 2,38), mußte sich 58 wegen Erpressung verantworten, wurde aber freigesprochen (Tac. ann. 13,52); 67 von M. → Aquilius (II 5) Regulus der Majestätsbeleidigung angeklagt und hingerichtet (Plin. epist. 1,5,3. Cass. Dio 63,17f.). **3.** S. Cornelianus, Freund des Redners Cornelius → Fronto, Redner und Anwalt (Front. amic. 1,1. 2). **4.** C. S. Galba, Vater des Kaisers, *cos. suff.* 5 v. Chr. (CIL VI 9319. DEGRASSI FImp. 5), *procos.* von Asia. Als Redner tätig (Suet. Galba 3. Macr. 2,4,8. 6,4). Vermählt zuerst mit → Mummia (II 5) Achaica, dann mit Livia Ocellina (Suet. Galba 3). **5.** C. S. Galba, Sohn von Nr. 4, Bruder des Kaisers, *cos. suff.* 22 (CIL VI 562. 10051. XV 4611. Tac. ann. 3,52. DEGRASSI FImp. 9). Nachdem er sein Vermögen durchgebracht hatte, verließ er Rom (Suet. Galba 3). Tiberius verbot ihm, sich um eine Provinz zu bewerben, worauf er Selbstmord beging (Tac. ann. 6,40. Suet. Galba 3). **6.** Ser. S. Galba, röm. Kaiser, s. Galba. **7.** P. S. Quirinius, aus armer Familie aus → Lanuvium (Tac. ann. 3,48). Wegen seiner militär. Erfolge von Augustus sehr gefördert und zur senator. Laufbahn zugelassen. Als *procos.* von Creta-Cyrene 15 v. Chr. unterwarf er die → Marmarides und → Garamantes (Flor. 2, 31,41 = 4,12,41). *cos. ord.* 12 v. Chr. (CIL VI 17130. VIII 68 = DESSILS 6095. DEGRASSI FImp. 4), anschließend 12–7 v. Chr. Statthalter von → Galatia (RAMSEY, JRS 7, 1917, 229ff. MAGIE Asia min. 1322f. SHERK Galatia 21ff., dagegen CORBISHLEY, Klio 29, 1936, 81ff.), wo er die Homonadenses besiegte (Tac. ann. 3,48). Begleiter des C. → Iulius (II 23) Caesar im Orient, *procos.* von Syria 6/7 n. Chr. Als solcher veranstaltete er nach der Absetzung des → Herodes (3) Archelaos in → Iudaea eine Volkszählung (Ios. ant. 17,13,5. 18,1,1. 2,1. 20,5,2; bell. 2,17,8. 7,8,1), die von Lk. 2,2 fälschlich in die Z. der Geburt → Jesu verlegt wurde (BRAUNERT, Hist. 6, 1957, 192ff.). Zweimal vermählt, mit Appia Claudia und Aemilia → Lepida (II 2), starb er kinderlos (Tac. ann. 3,22f. Suet. Tib. 49). Die Inschr. DESSILS 918 aus Tibur bezieht sich nicht auf ihn (ROOS, Mnem 9, 1941, 306ff.). **8.** Ser. S. Similis, vom centurio (Cass. Dio 69,19,1) unter Traian zu hohen Ritterämtern befördert: *praef. annonae* (Ulp. de off. tut. 238), *praef. praet.* zusammen mit P. → Acilius (II 1) Attianus (Cass. Dio 69,19,2. H. A. Hadr. 9,5,6), *praef. Aeg.* 107–12 (CIL III 24, p. 969 = DESSILS 5741 = IGR I 1259 A. STEIN Aegypten 53ff.). **9.** Sulpicia, Gattin des Cornelius Lentulus Cruscelio, dem sie als Dienerin verkleidet in die Verbannung folgte (Val. Max. 6,7,3. App. civ. 4,164f.). **10.** S. Dryantilla, Gattin des Usurpators → Regalianus. Zum Stammbaum ihrer Familie s. E. GROAG, JOEAI 2, 1899, 206ff. H. DESSAU, Ztschr. f. Num. 22, 1900, 199ff. R. GÖBL, Denkschr. Akad. Wien 101, 1970, 34f. **11.** S. Praetextata, Gattin des im J. 67 hingerichteten M. → Licinius (II 8) Crassus Frugi, Mutter des → Scribonianus Camerinus. G. Wi.

B. Literarische Persönlichkeiten.

1. C. S. Apollinaris, röm. Grammatiker frühantonin. Z. († wohl gegen 160 n. Chr.), Lehrer des → Gellius (II), und des → Pertinax, befreundet mit → Favorinus, Sex. → Erucius (II 1) Clarus und → Fronto (1), dessen klassizist. Interessen er offensichtlich teilte. Gellius betont (4,17,11. 13,18,2. 18,4,1 u. ö.) die überragende Gelehrsamkeit des S. und läßt ihn des öfteren in Gesprächen als Kenner der lat. Sprache, namentlich ihrer Bedeutungsnuancen, auftreten. S. behandelte grammat. Fragen in Briefform (Gell. 15,5,3. 13,18,2) und verfaßte Inhaltsangaben zu den Komödien des Terenz in je 12 iamb. Senaren.

Von diesem S. zu trennen ist höchstwahrscheinl. ein S. aus Karthago, unter dessen Namen dürftige hexametr. Inhaltsangaben der einzelnen Bücher der Aeneis (Poet. Lat. Min. 4,169ff.) überliefert sind. H. Gä.

Schanz-Hosius 3,159ff. *J. W. Beck* S. Apollin., Groningen 1884/85. *A. Mazzarino*, SIFC 22, 1947, 165ff.

2. C. S. Galba, Geschichtsschreiber des 1. Jh.s v. Chr., Großvater des Kaisers → Galba (2; Suet. Galba 3,3). Sein wohl antiquarisch orientiertes Geschichtswerk, das die Z. von Romulus bis in die späte Republik umfaßte, ist von Livius, Iuba und dem älteren Plinius benutzt worden. HRR 2, LVIII. 41. 222. **3.** S. Lupercus Serbastus Iunior. Unter diesem Namen überliefert der Voss. Lat. Fol. 111 zwei spätant. Gedichte (aus dem Gallien des 5. Jh.s?), eine Klage über die Vergänglichkeit und eine Satire gegen Römer, die aus Habgier Barbaren dienen. Anth. Lat. 648f. P. L. Sch.

J. Ferguson, Class. Med. 1958, 120ff. *C. J. Classen*, Class. Med. 1960, 43ff.

4. Ser. S. Rufus, † 43, Zeitgenosse und Freund Ciceros und von diesem als größter Jurist seiner Zeit gerühmt (Brut. 150–57; off. 2,65), urspr. Redner, Quaestor 75, Praetor 65, Konsul 51, belangte 63 erfolglos seinen siegreichen Konkurrenten um das Konsulat, Murena (→ Licinius I 37), wegen *ambitus* (Cic. Mur.). Polit. vorsichtig-neutral und ausgleichend, wurde er 46/45 von Cäsar als Statthalter nach Achaia entsandt. – Als Jurist war S. Schüler des L. → Lucilius (I 5) Balbus und C. → Aquilius (I 11) Gallus, beide Schüler des Q. → Mucius (12) Scaevola. Originalschriften sind nicht erhalten, auch nicht in den Dig. (ein Frg. bei Gell. 4,4). Von seinen ca. 180 hinterlassenen und z. Z. des Pomponius (Dig. 1,2,2,43) noch teilweise vorhandenen Büchern (zumeist wohl *responsa*) sind folgende Titel überliefert: De dotibus; De sacris detestandis; Reprehensa Scaevolae capita oder Notata Mucii; Ad Brutum (zwei Bücher zum Edikt). Wahrscheinlich gab es auch einen XII-Tafel-Komm. des S. An nichtjur. Schriften sind zwei Briefe erhalten: Cic. fam. 4,5 (Beileidsbrief zu Tullias Tode) und 4,12. S. ist in den Dig. und bei Gai. sehr oft zitiert. Seine bedeutendsten Schüler waren P. → Alfenus Varus, P. → Aufidius (I 12) Namusa und A. Ofilius (= → Ofellius 4); in ihren z. T. erhaltenen Werken ist wohl viel Gedankengut des S. Kennzeichnend für ihn waren Systematik und Dialektik (Cic. Brut. 152f.), beruhend auf gründlicher philos. Bildung. F. H.

1. *Münzer/Kübler*, RE IV A 851ff. 2. *R. Orestano*, Novissimo Digesto Italiano 17, 1970, 99f. mit Lit. 3. *P. Meloni* Servio Sulpicio Rufo e i suoi tempi, Annali Cagliari 14, 1946, 67–245. 4. *E. Vernay* Servius et son École, 1909, dazu jedoch krit. *H. Peters*, ZRG 32, 1911, 463ff.

5. S. Severus, chr. Historiker und Hagiograph, * um 363, wandte sich wie sein Freund → Paulinus (5) von Nola nach erfolgreicher Rednertätigkeit einem Leben der Askese zu, das er in – verlorenen – Briefen und in Schriften über → Martinus (2) von Tours verherrlichte. Gegen Ende seines Lebens soll er, da er sich mit dem Pelagianismus eingelassen hatte, verstummt sein. Vor 397, dem Todesjahr des Helden, entstand die Vita Martini, im Stil der klass. hist. Biographie. Sachliche Ergänzungen geben 3 Briefe, ausschweifende Wunderberichte die Dialogi, deren Einkleidung von Cic. acad. 1 bestimmt ist. Die Chronica, wohl 403 entstanden, keine Weltchronik, geben in 2 B. einen Abriß der jüd. Geschichte nach dem AT. einschließlich der Makkabäerbücher bis zum J. der Kreuzigung Christi, einen Überblick über die Verfolgungszeit – unter Ausschluß des N. T. – bis zu Constantin I. und eine Darstellung der von → Areios und → Priscillianus ausgehenden Streitigkeiten. Das Werk war für die Gebildeten bestimmt, die die Bibel nicht lesen. Stilistische Vorbilder sind → Sallust (II 4) und → Tacitus (2), die Chronol. beruht auf Euseb. chron.; als Quellen sind neben der Bibel Tacitus und → Hilarius (1) gesichert, der Schlußteil dürfte unabhängig sein. B. R. V.

Ta.: *C. Halm* (CSEL 1), 1866. Vita und Epistulae (mit Komm.): *J. Fontaine*, 1–3, 1967–1969.
Lit.: *J. Bernays* Über die Chronik des S., 1861 = *Ders.* Ges. Abh. 2, 1885, 81–200. *J. Fontaine* Einl. zur Ta. (s. o.). *B. R. Voß* Der Dialog in der frühchr. Literatur, 1970, 308/14. *Ders.*, Frühmittelalterl. Studien 4, 1970, 53–69.

6. S. Victor, röm. Rhetor vermutlich des 4. Jh.s n. Chr., Vf. von *Institutiones oratoriae*, einer Bearbeitung des rhet. HB. des → Zenon von Athen, wie S. im Widmungsbrief an seinen Schwiegersohn M. Silo mitteilt. Abweichungen von seiner Vorlage pflegt S. im Text genau zu bezeichnen. Das in transparenter Sprache abgefaßte Werk enthält im 1. Drittel die wichtigsten Definitionen (Begriff und Gegenstand, Aufgaben), die Lehre von der Analyse der jeweiligen *causa* sowie von der *inventio* und *dispositio*; im Hauptteil behandelt S. wesentl. ausführlicher die Lehre von den *status* (13 von Zenon übernommene sowie p. 340 eine aus → Marcomannus entlehnte Unterteilung der *translatio*). H. Gä.

Ta.: *Halm*, Rhet. Lat. Min 311ff. *Schanz-Hosius* 4,1, 185f.

7. Sulpicia. Nichte des → Messalla (II 4) Corvinus, Vf.in eines kurzen, im Corp. Tib. (3,13–18) überlieferten Gedichtzyklus, in dem sie ihrer Liebe zu einem Mann Ausdruck gibt, der sich hinter dem Pseudonym Cerinthus verbirgt; die Motive dieses Verhältnisses werden von dem Dichter der Elegien 3,8–12 (→ Tibull?) weiter literarisiert.

Ta. in allen vollständigen Tibulleditionen.
Bibl.: *H. Harrauer* A Bibliography to the Corp. Tib., 1971, 59f.
Lit.: *E. Breguet* Le Roman de Sulpicia, 1946.

8. Sulpicia, Dichterin der Z. Domitians, die der Liebe zu ihrem Mann Calenus in Gedichten neoterischer Tradition ohne Scheu Ausdruck verlieh (Martial. 10,35. 38), ihren Ruhm noch im 5. Jh. bezeugt eine Satire dieser Epoche gegen Domitian, die auf ihren Namen verfaßt ist (Epigr. Bob. 37). P. L. Sch.

Ta.: *I. Lana*, 1949. *H. Fuchs* Festg. f. E. Bonjour 1, 1968, 32ff.
Lit.: *Schanz-Hos.* 2,560f.

Sumelocenna, kelt. Name einer vorröm. Ansiedlung, in röm. Z. Hauptort einer *civitas* und Sitz einer kaiserl. Domänenverwaltung, h. Rottenburg am l. oberen Neckar (Tab. Peut. IV 1. CIL XIII 6365. 2506. 9084. 6669 u. a.). Seit dem 5. Jh. v. Chr. besiedelt (Helvetier), wurde S. zur Sicherung der röm. Grenzverbindungen als Kastell Arae Flaviae bei Rottweil neu begründet, Sitz des Procurators einer kaiserl. Domäne (*saltus S.*) und der Verwaltung der *Civitas S.* (erwähnt *decurio, Sevir Augustalis.* Reste von zwei Bädern, Theater, Tempel, Befestigungsmauer, Reliefs von Grabdenkmälern), wurde der Ort 268 von den Alamannen zerstört, lebte aber als Handelsstätte in constantin. Z. wieder auf. H. C.

J. B. Keune, RE IV A 886.

Sumerer, altes Kulturvolk im s. Zweistromland, Schöpfer der ersten Hochkultur. Die Herkunft der S. ist unbekannt, wahrsch. kamen sie im 4. Jt. v. Chr. über See in das bereits dünn besiedelte Marschland, überlagerten eine Ureinwohnerschaft von Bauern und Handwerkern und entwickelten durch systemat. Be- und Entwässerung und Anlage von Städten die Kultur des Landes rasch. Schon früh sind Wechselbeziehungen zu Semiten spürbar, die gleichfalls ins Zweistromland einsickerten und sich mit den S., die nicht durch Zuwanderer des eigenen Volkes verstärkt wurden, vermischten. Eigenständig ist bes. die Sprache der S., die agglutinierend ist und sich an kein bekanntes System anschließen läßt. Für sie wurde auch die → Keilschrift entwickelt, eine reiche Lit. (Epen und Mythen, Hymnen, Klagelieder, Weisheitstexte u.a.m.) läßt uns die S. als Schöpfer der meisten altor. Ideen erkennen. Die zahllosen Wirtschaftstexte bes. der 3. Dynastie von Ur geben Einblick in das komplizierte und bürokratisch geregelte Wirtschaftsgefüge des Landes, das selten zentral, meist von kleinen Stadtfürstentümern aus regiert wurde. Durch den Handel strahlten die S. ihren Einfluß bis ans Mittelmeer und nach Äg. aus. Um 2000 v.Chr. sterben Sprache und Volk der S. endgültig aus. W. Rö.

S.N. Kramer The Sumerians, Chicago 1967. *A. Falkenstein* Das Sumerische, HB. d. Orient., Leiden 1959. *F.R. Kraus* Sumerer und Akkader, Amsterdam 1970.

Summanus. Name (CGlL 2,348 *sub mane.* Mart. Cap. 2,161 *summus manium.* Plaut. Curc. 413ff. *summanare;* vgl. Vitr. 8,1,3) unklar (Ov. fast. 6,731. Aug. civ. 4,23); Tonstatue am kapitol. Iuppitertempel (Cic. div. 1,16. Liv. epit. 14. Plin. nat. 28,16). Tempel (Arnob. 6,3) beim Circus Max. (Plin. nat. 29,57) am 20. Juni (Fast. Esquil. Venus. Amit. CIL I^2 p. 211. 221. 243) 278 v.Chr. (Ov. fast. 6,732. Liv. a.O.) geweiht (neben Volcanus Varro l.l. 5,74. Liv. 32,29,1). Dem S. schrieb man die Blitze (Fest. 254,3f. Paul. Fest. 66,16 L. Plin. nat. 2,138. Aug. a.O.; CIL VI 30880 = ILS 3059 *Summanium fulgur.* VI 206. 30879) am Nachthimmel (Lucr. 5,521 *Summania templa*) zu. Der Gleichsetzung mit Pluto (Arnob. 5,37. Mart. Cap. a.O.) entsprechen schwarze Opfertiere (Act. Arv. CCXIV. 146 Henzen) für *S. pater*; jedoch Radform der *Summanalia liba* (Fest. 474,1f. Paul. Fest. 475,7 L.); S. neben → Sol (Plaut. Bacch. 895); Iupiter S. (CIL V 3256. 5660). G. R.

Prell.-Jord. 1,243f. *Peter* Myth. Lex. 4,1600f. *Wissowa* Rel.^{2} 135. *Müller-Deecke-Pfiffig* Die Etrusker 2,60. *Thulin* Die etrusk. Disziplin 1,23. *Usener*, RhM 60, 1905, 17f. = Kl. Schr. 4,485f. *Koch* Der röm. Iuppiter 101ff. *Bömer* Ovids Fasten 2,385. *Radke* Götter Altitaliens 295. *Grimal* Dict. Myth. 432. *Petrikovitz*, Mitt. Ver. klass. Phil. Wien 8, 1931, 35–42. *Goethert*, MDAI(R) 55, 1940, 233ff.

Sumptus im allg. jede Art von Kosten, daher bedeutungsgleich mit *impensae.* s. wird sowohl im Singular als auch im Plural verwendet. Bei den Juristen ist es bes. gebräuchlich als *s. funeris* (Dig. 11,7) und *s. litis* (hier auch *expensae*, Cod. Iust. 7, 51). Im bes. bedeutet s. die Aufwendungen für luxuriösen Lebensstil. In republ. Z. versuchten censorische Maßnahmen und Gesetze *(leges sumptuariae)* den Luxus einzuschränken. Während schon die XII-T. Bestimmungen gegen übermäßigen Bestattungsaufwand enthielten, betrafen die eigentlichen l.s. vor allem den Luxus in der Kleidung und bei Gastmählern. Die *l. Oppia* (215 v.Chr., aufgehoben 195) wandte sich gegen den Luxus in der Frauenkleidung; die *l. Orchia de coenis* (181 v.Chr.) beschränkte die Zahl der Gäste, die *l. Fannia* (161 v.Chr.) die Kosten der Mahlzeiten und die Art der Speisen. Die *l. Didia* (143 v.Chr.) dehnte die *l. Fannia* auf ganz Italien aus. Bestimmungen über Art und Ausmaß der Speisen enthielten die *l. Aemilia* (115 v.Chr.) und die *l. Licinia* (Datierung umstritten, aufgehoben 95 v.Chr.). Sulla stellte die *l. Licinia* mit Erleichterungen wieder her. Ähnliche Bestimmungen traf auch die *l. Antia* (71 v.Chr.?), die außerdem Magistraten die Annahme von Einladungen verbot. Pompeius ließ eine geplante l.s. wieder fallen, Caesars l.s. (46 v.Chr.?) verfügte Beschränkungen für Gastmähler, Kleidung und Schmuck. Die letzte l.s. stammt von Augustus (18/17 v.Chr.). C. E.

G. Longo, Novissimo Digesto Italiano 9, 1957, 629ff. mit Lit.

Sunion (*Τὸ Σούνιον*), das SO.-Kap Attikas mit den aufrechtstehenden Säulen des Poseidontempels, nach dem das Kap in der Neuz. Kap Kolonnes hieß, 60 m hoch aus kristallinen Schiefern. Der Tempel, ein dor. Peripteros von 13,48:31,15 m mit 6:13 Säulen aus bes. weißem lokalem Marmor, stammt aus der Mitte 5. Jh. v.Chr. und steht auf der Spitze des Kaps auf einer besonderen Terrasse innerhalb eines ummauerten Temenos mit Propylon und zwei Säulenhallen. Der fast genau gleich große Porostempel des 6. Jh. war von den Persern zerstört worden. Das Temenos liegt innerhalb eines Kastells von 350:220 m, von dem außer der urspr. wohl schon aus dem 6. Jh. stammenden Umfassungsmauer noch zahlreiche Reste von Wohnhäusern und ein in den Felsen geschlagenes Doppelschiffshaus im NW. unmittelbar innerhalb des Kastells erhalten sind. Im Kastell sind durch Weihungen noch Kulte von Apollon, Aphrodite, Asklepios und Zeus belegt. Auf einem flachen Hügel 500 m n.ö. außerhalb des Kastells Fundamente des von Vitr. 4,8,4 genannten Athenatempels innerhalb eines ummauerten Temenos. Der klass. Tempel war eine einfache Cella von 14,90:10,10 m mit später angebauter ion. Säulenhalle nur an der S.- und O.-Seite. Auch hier ist ein Vorläufer des 6. Jh. von den Persern zerstört.

S. war zugleich großer Demos der Phyle → Leontis, nach 200 v.Chr. der Attalis. Schiffshäuser und weitere Reste an der geräumigen Bucht im NW. des Kaps. Spuren des Kults beginnen in geometr. Zeit. Die Festung war auch durch die ganze hellenist. Z. besetzt und diente den aufständischen Sklaven 104–100 v.Chr. als Stützpunkt, Athen. 6,272 ef. Im Kastell befand sich anscheinend eine staatliche Münzstätte. Plan von Kastell und Temenos EA 1917 Taf. 4. [2. 3. 4.]. Hom. Od. 3,278. Soph. Ai. 1218ff. Eur. Cycl. 293f. Hdt. 6, 80. Thuk. 8,4. Skyl. 51. Strab. 9,1,21f. p. 398. Paus. 1,1,1. Mela 2,27. Plin. nat. 4,24. Ptol. 3,14,1. 7. Cic. Att. 7,3,10. Steph. Byz. Sch. Aristoph. Nub. 401 u.a.o. IG II^2 1180. 1260. 1270. 1300. 1742,60ff. 1752,21ff. Hesp. 30, 1961, 33 (SEG 19,149), 195ff. SEG 10,10. 227 Z. 62. 82. 16,91 Z. 66ff. 21,527. E. M.

1. *Milchhöfer* in *Curtius-Kaupert* Karten von Attika, Text 3,29ff. 2. *V. Stais* Τὸ Σούνιον, 1920. 3. *E. Meyer*, RE

IV A 910ff. (mit der älteren Lit.). 4. *L. Vlad Borrelli*, Enciclop. arte ant. 7,562ff. 5. *O. Walter* Pausanias vor S., Klio 31, 1938, 253ff. 6. *J.H. Young* Studies in South Attica, Hesp. 20, 1941, 163ff.

Suovetaurilia heißt das Opfer vom apotropäischen Herumführen dreier Opfertiere verschiedener Art, Stier, Widder, Eber (Fest. 372,22ff. L. Charis. p. 139,5f. B. Ps.-Ascon. div. in Caec. 7) für Mars (Fest. 154,1 L.), bei der Lustration des Heeres (Liv. 1,44,2. Varro rust. 2,1,10. Val. Max. 4,1,10. Tac. ann. 6,37,2. Ps.-Ascon. a.O.), des Arvalenhains (Act. fr. Arv. p. 143 H. *s. maioribus*), des Ackers (Cato agr. 141,1ff. *s. lactentibus*), bei den *spolia opima* (Fest. 204,16 L.) und beim Triumph (Serv. Aen. 9,624). Der Name *solitaurilia* (nach Quint. inst. 1,5,67 = S.) wird falsch *a solis maribus* (Valg. frg. 2 FunGrRF p. 484), von *solidus* (Fest. 372,25 L.), *a sollo* (Fest. 374,3 L.) erklärt. G.R.

C. Krause, RE Suppl. V 265ff. *Wissowa* Rel.^{2} 415. *Walde-Hof.*^{3} 2,632. *L. Deubner* b. *Chantepie* 2,425. *U. Scholz* Stud. zum altital. und altröm. Marskult und Marsmythos 66. 70f. *J.S. Ryberg* Rites of the State Rel. in Rom. Art, 1955, 104ff.

Superficies (als Rechtsbegriff). Das vererbliche Recht, auf fremdem Grund ein Gebäude zu bauen und zu halten (Erbbaurecht). Es war ein Recht an fremder Sache, denn das Bauwerk fiel nach der Regel *S. solo cedit* dem Grundeigentümer zu, dem aber prakt. nur die *nuda proprietas* verblieb. Schrittweise Verdinglichung eines urspr. rein obligator. Rechtes kennzeichnen die im einzelnen umstrittene Entwicklung: Der Ansatz ist im öffentl. Recht, im Überbauen öffentl. Bodens gegen Entrichtung einer Anerkennungsgebühr *(vectigal)* zu finden. Wohl schon in klass. Z. auch an privatem Boden begründet (normalerweise durch → *locatio*), erscheint die S. als ein Institut des Privatrechtes, stets für längere Z., regelmäßig gegen Zahlung eines Bodenzinses *(solarium)* eingeräumt. Die Schaffung eines eigenen → *Interdictum de superficie* nach dem Muster des *i. uti possidetis* durch das prätor. Edikt (erhalten durch Ulp. Dig. 43,18,1 pr.) bot dem Superfiziar einen ersten Schutz gegen Dritte, aber nur gegen Störung oder Entziehung des der *lex locationis* entsprechenden, tatsächlichen Genusses der S. Der zweite, vermutlich jüngere Halbsatz des Edikts gewährte unter dem Vorbehalt bes. Prüfung des einzelnen Falles eine dingliche Klage. In den Dig. wird die S. u.a. auch als verpfändbar und veräußerlich erklärt, außerdem werden dem Superfiziar *actiones utiles* zuerkannt, die den Klagen des Eigentümers entsprechen (nachklass.?). Gegen Ende des 4. Jh. n.Chr. macht das Recht der S. einem vulgarrechtl. Eigentumsbegriff Platz. Durch Iustinianus, in etwas modifizierter Form wiederbelebt, geht sie schließlich in der → emphyteusis auf. A. V.

F. Pastori La superficie nel diritto rom., 1962. *H. Vogt* Erbbaurecht im klass. röm. Recht, 1950. *Karlowa* 2, 1260ff. *Kübler*, RE IV A 925ff. *B. Biondi* La categoria rom.

delle servitutes, 1938, 441ff. *A. Paladini*, Novissimo Dig. Ital., 18, 1971, 941ff. *M. Kaser* Röm. Privatrecht, I^2, 1971, 456; II^1, 1959, 222f. *J.P. Meincke* S. solo cedit, ZRG (rom. Abt.) 88, 1971, 136ff.

Superindictio oder *superindictum* bezeichnet seit dem 4. Jh. n. Chr. die zur regelmäßigen hinzukommende außerordentliche Steuer oder Leistung. → Gratianus (2) schrieb 382 für die Erhebung kaiserliche Genehmigung vor (Cod. Theod. 11,6,1), doch bedurfte es wahrscheinlich schon seit → Iulianus (5) einer → *delegatio* des Kaisers (Cod. Theod. 11,5,2. Iust. 10,16,13). Zur s. kam es bes. in Notzeiten. Abgabepflichtig waren die Grundbesitzer (Cod. Theod. 11,1,36). Schon bald gab es Befreiungen von der eine schwere Belastung darstellenden s. (Cod. Theod. 11,16,1. 15,3,3. 16, 2,40. Nov. Maior. 2. Cassiod. var. 1,26,2. Ambros. de ob. Val. 21). A. L.

Superstitio. S. und *superstitiosus* werden im Altlatein (Plaut. Amph. 323. Enn. scaen. 52 u.a.) ohne verächtlichen Beiklang gebraucht. Die Ausdrücke gehen auf eine ekstatische Opfermantik. Mit dem Einzug bewußtseinsentrückter Formen des Götterdienstes (1. H. 2. Jh. v. Chr.) ändert sich dies; s. tritt in Gegensatz zu *religio* und meint eine der Denk- und Handlungsart nach verfehlte Form der Frömmigkeit. Vom Standpunkt seines philos. geläuterten Gottesbegriffs formuliert Varro, daß der *religiosus* die Götter scheue *(vereri)*, der *superstitiosus* sie fürchte (*timere;* bei Aug. civ. 6,9). Cic.s Verlegung der Scheidung von *religio* und s. in eine ferne Vergangenheit (nat. 2,71) hat keinerlei Gewähr. K. A.

Pfaff, RE IV A 937ff. *Riess*, RE I 29ff. *Latte* RRel 268. *Pease* zu Cic. nat. 2,71.

Suppiluliuma s. Hethiter

Supplicatio. a) im weiteren Sinn: Darbringung eines Wein- und Weihrauchopfers durch einen Privatmann, oft vom Spiel eines Flötenspielers begleitet, urspr. *supplicium* genannt, später vereinzelt *supplicamentum.* b) in engerem Sinn: eine von Staats wegen angesetzte religiöse Feierlichkeit, die in Zeiten besonderer Bedrängnis oder Freude vom Senat für einen oder mehrere Tage beschlossen und von den Magistraten verkündet wird. Für die Dauer der s. sind die Tempel geöffnet, damit Männer wie Frauen in ihnen bekränzt ihr Wein- und Weihrauchopfer vollziehen können. Der Bestimmung nach unterscheidet man Bitt-s. *(obsecratio)* und Dank-*s. (gratulatio)*. Die Dank-*s.* büßt in den letzten Jahrzehnten des Freistaats zunehmend ihren religiösen Charakter ein und wird zur bloßen Siegerehrung. Bitt-*s.* sind bes. durch Prodigien veranlaßt. Der Senatsbeschluß ergeht in der Regel nach Einholen eines pontificalen Gutachtens (Befragen der sibyllin. Bücher). Unter dem Prinzipat werden diese beiden Arten der *s.* abgelöst von der *s.* als Loyalitätskundgebung im Kaiserkult. In der Entwicklung des röm. religiösen Bewußtseins sind die *s.* eine wichtige

Etappe als freier Ausdruck individueller Frömmigkeit. Wie weit bei ihrer Entstehung griech. Einfluß mitgewirkt hat, läßt sich schwer feststellen. K. A.

Dar-Sagl. IV 1565ff. *Wissowa*, RE IV A 942ff. *Ders.*, Rel.² 58. 423ff. *Latte* RRel 245ff. *Bayet* Hist. Rel. Rom. 129. 138. *Dumézil* Rel. Rom. Arch. 543ff. *L. Halkin* La supplication d'action de grâces chez les Romains, 1953.

Supplicium bedeutet im entwickelten röm. Recht sowohl die Strafe ganz allg. als auch die Todesstrafe, diese meist mit dem Zusatz *summum* oder *ultimum*. Nach Mommsen ist die urspr. Bedeutung die Todesstrafe allein (vom Niederbeugen des Hauptes bei der Enthauptung), nach anderer Meinung (Heinze) verlief die Bedeutungsentwicklung von der Bitte um Verzeihung des von der Rache Bedrohten (enger Zusammenhang mit *supplicare*) und der damit verbundenen freiwilligen Sühnegabe zur zwangsweise auferlegten Strafe hin; in der ausschließl. engen Bedeutung von Todesstrafe sei s. zu keiner Zeit in Gebrauch gewesen. Zu den vielfachen Arten der Vollstreckung, → Todesstrafe. C. E.

1. *Mommsen* RStrR 916. 2. *R. Heinze*, ALex 15, 1908, 89ff. 3. *Berger*, RE Suppl. VII 1610ff. (s. v. Todesstrafe).

Suppositio Partus, die Kindesunterschiebung (auch *partum subicere*). Dieses Delikt wurde als → *falsum* bestraft, wobei Art und Zeitpunkt der Subsumption unter die → *lex Cornelia* (12 g) zweifelhaft sind. Besonderheiten sind die Beschränkung des Anklagerechts auf die persönlich Beteiligten (Dig. 48,10,30,1) und der Ausschluß der Verjährung (Dig. 48,10,19,1). Vgl. dazu Dig. 25,4,1,10 *De inspiciendo ventre custodiendoque partu.* C. E.

Scarlata-Fazio, Encicl. di diritto 16, 1967, 504ff. (s. v. Falsità e Falso) mit Lit.

Sura. 1. Cognomen (»Wade«, RE III A 1828. Walde-Hof.³ 2,634, als etr. von Schulze Eigenn. 372. 420 angesehen) bei den → Corneliern (I 51) u. a., vgl. A. Degrassi FImp. 269. I. Kajanto Latin Cognomina, 1965, 63. 226. H. G. G.

2. Ein vorkelt. Flußname, l. Nebenfluß der Mosel, h. die Sauer (Auson. Mosella 354–58. Ven. Fort. 7,4,15 und 10,9,17–20). Zahlreiche vorgeschichtl. und röm. Siedlungen entlang des Flußlaufes, von denen Echternach (mit spätant. Befestigung) und Wasserbillig, sowie das Ferschweiler Plateau Erwähnung verdienen. H. C.

J. B. Keune, RE IV A 961. *J. Steinhausen* Archäol. Siedlungskunde des Trierer Landes, 1936.

3. Röm. Grenzfeste am r. Ufer des Euphrat (vgl. Plin. nat. 5,87. 89) ö. von → Thapsakos, dessen Ruinenstätte sich beim h. al-Sūriyya befindet. S. ist möglicherweise zu den von Cn. → Domitius (II 9) Corbulo im J. 62 n. Chr. gegründeten Festungen (Tac. ann. 15,3,4) zu rechnen; Hinweise auf eine frühere Besiedlung des Ortes in vorchr. Z. sind nicht vorhanden. E. O.

E. Honigmann, RE IV A 953–60 Nr. 1. *E. Herzfeld* The Persian Empire, Wiesbaden 1968, 136.

Surena(s) (Σουρήνας), Bezeichnung der höchsten erblichen Würde im Partherreiche nächst dem Könige. Im Kampf gegen die Römer unter Crassus spielt der junge S. als Diplomat und Feldherr eine entscheidende Rolle (Plut. Crass. 21ff. Cass. Dio 40,16,2. 21,1. 26. Flor. 1,46). Das Amt wurde von den Persern unter den Sassaniden übernommen und spielte in den Kämpfen zwischen Persien u. Byzanz eine große Rolle. J. D.-G.

Surkh Kotal, eine seit 1952 von den Franzosen ausgegrabene Ruinenstätte am N.-Abhang des Hindukusch im Tal des Kunduz-āb s. von Baghlān. In der Niederung fanden sich die Reste eines griech.-buddhist. Denkmals und auf einem Hügel die eines griech.-iran. Herrschermonumentes der Kuṣāṇas. Durch eine 1957 entdeckte Inschr. wurde Kaniṣka, dessen Datierung zwischen der 2. Hälfte 1. Jh. n. Chr. und der Mitte 3. Jh. n. Chr. schwankt, als Bauherr des Dynastenheiligtums erkannt. Auch die Buchstaben der in einem eteo-tochar. Dialekt abgefaßten Inschr. sind griech. F. F. S.

A. Maricq Inscr. de Surkh-Kotal, Journ. Asiat. 246, 1958, 345ff. *D. Schlumberger* The Excav. at Surkh Kotal and the Problem of Hellenism in Bactria and India, Proc. Brit. Acad. 47, 1961, 77ff. *M. Mayrhofer* Das Bemühen um die S.-K.-Inschr., ZDMG 112, 1962, 325ff. *F. Altheim–R. Stiehl* Geltungsbereich des Griech. im Orient, in: Die Araber in der A. W. 1, 1964, 245ff. 4, 1967, 43ff. *W. B. Henning* S. K. und Kaniṣka, ZDMG 115, 1965, 75ff. *R. Göbl* Die drei Versionen der Kaniška-Inschr. von S. K., Denkschr. Österr. Akad. 88, 1965. *D. Schlumberger* Nachkommen der griech. Kunst, in: *F. Altheim–J. Rehork* Der Hellenismus in Mittelasien, 1969, 295ff. *F. Altheim–R. Stiehl* Zeit und Sprache Kaniškas, ebd. 432ff.

Surrentum (< * *sr̥snt̄ŏ-* zu → *Sarnus;* osk. Σωρεντόν b. Steph. Byz. s. Πολλεντός), vom Ausonsohn Liparos gegründete (Diod. 5,7,6), von Griechen besetzte (Lib. col. 236,22) osk. (Vetter HB Nr. 132) Stadt »*Tyrrheniens*« (Steph. Byz. s. Συρρέντιον), d. h. Kampaniens (Strab. 5,247) an S.-Küste (Ptol. 3,1,7. Tab. Peut. 6,5) des Golfs von Neapel gegenüber Capri (Cass. Dio 52,43,2), *municipium* (CIL X 676. Plin. nat. 3,62) der *tribus Menenia* (L. Ross Taylor Voting Distr. 273) nahe dem *promunturium Surrentinum* (Tac. ann. 4,67,1. Plin. a. O. *promunturium Minervae*) in reizvoller, (Hor. epist. 1,17,52) gesunder (Sil. 5,466) Lage; Wald (Stat. silv. 3,1,118), Weinbau auf den Bergen (Plin. nat. 3,60. 14,68. Stat. silv. 2,2,4. Ov. met. 15, 710. Strab. 5,243 u. a.); Villen (bes. die des Pollius Felix Stat. silv. 2,2,1ff. u. a.) seit august. Zeit (Suet. Aug. 65,1). Nahe S. Sirenentempel (Strab. 1,22. 5,247. Aristot. mir. 103. Steph. Byz. s. Σειρήνουσσαι) und von Odysseus gestifteter (Strab. 5,247) Athenekult (Strab. 1,22. Liv. 42,20,3). H. Sorrento. G. R.

Nissen It. Ldk. 2,768f. *Forbiger* HB. d. alt. Geogr. 3,490. *Beloch* Campanien² 252ff.; RG 508. *Radke*, Klass. Sprachen u. Lit. 6, 1971, 97 Anm. 182.

Susa (*τὰ Σοῦσα*, elam. *Šušan, Šušim* usw., h. Šuš, Hauptstadt des alten Reiches Elam, *'Ελυμαΐς, Σουσιανή*, altp. *U(va)ja (Hūža* zu lesen*)*, daraus np. *Ḫūz*, ar. *Ḫūz*, Pl. *Ahwāz*). Die alte elam. Stadt wurde ca. 645–640 von Assurbanipal zerstört. S. war der erste und wichtigste Königssitz der Achaimeniden. Im Palast des → Dareios (1) ist eine altp., babyl. und elam. abgefaßte Inschr. gefunden worden, in der Dareios berichtet, wie der Palast unter Heranziehung fremder, darunter griech. Arbeiter gebaut wurde. Nach dem Buch Daniel erlebte der Prophet »in der Veste Susa im Lande Elam« eine Vision, und Gabriel erklärte ihm »zwischen den beiden Ulai-Armen« (also in Susa) das Gesicht. Die Schlacht bei → Gaugamela lieferte Alexander S. in die Hände. Als → Antiochos III. (4) 187 starb, scheint sich das Reich *'Ελυμαΐς* von den Seleukiden losgetrennt zu haben, kam aber bald unter parth. Hoheit. Unter den zwei ersten → Sassanidenkönigen wieder sehr blühend, wurde S. von → Sapor II. vernichtet. Es ist jetzt eines der reichhaltigsten Ausgrabungsorte des Iran. J. D.-G.

W. Hinz Das Reich Elam, 1964. *G. Le Rider* Suse sous les Séleucides et les Parthes, 1965. *O. Szemerényi*, Die Sprache 1966, 190ff.

Susarion wird als »Erfinder« der Komödie zuerst → Marm. Par. ep. 39 genannt: danach erste Aufführung mit einem Chor der Ikarier ca. 570 (!). Erst Clem. Al. Strom. 1,16,79 nennt ihn selbst Ikarier (wie → Thespis). Sonst besteht die Überlieferung über S. aus folgenden Versen, die natürlich nicht von ihm, sondern entweder aus einer späteren Komödie oder fingiert sind: *ἀκούετε λεῴ· Σουσαρίων λέγει τάδε, υἱὸς Φιλίνου Μεγαρόθεν Τριποδίσκιος· κακὸν γυναῖκες· ἀλλ' ὅμως, ὦ δημόται, οὐκ ἔστιν οἰκεῖν οἰκίαν ἄνευ κακοῦ* [*καὶ γὰρ τὸ γῆμαι καὶ τὸ μὴ γῆμαι κακόν.*] Bei Stob. 4,22,68 H. fehlt V. 2, durch den S. zum Megarer gemacht wird (s. o. Bd. III 283,14), nur Stob. hat den letzten V., der dem Sinn des Vorhergehenden (»trotzdem muß man heiraten«) widerspricht. Die Namensform (*ου* = geschlossenes ō) zeigt thessal. Aussprache in junger phonet. Schreibung (CGF 77). W. K.

L. Radermacher, WS 54, 1936, 20. *Körte*, RE IV A 973.

Susceptor, Steuereinnehmer, in der Regel ein *decurio*, seit dem 4. Jh. nach Chr. bezeugt. Der s. wurde vom *ordo decurionum* jährlich gewählt und nahm je eine Art der vorgeschriebenen Abgaben einer *civitas* (Geld, Lebensmittel, Wein, Futter, Kleidung usw.) entgegen, für deren Aufbringen er mit seinem Vermögen haftete; daher (äußerst unbeliebtes) → *munus mixtum* (zum Unterschied vom → *exactor* vgl. RE VI 1542ff.). Naturalien lieferte der s. an den Staat oder direkt an die Truppen ab, mußte sie diesen aber auf Verlangen in Geld einlösen *(adaeratio*, zeitweilig verboten*)*. Für seine Mühe erhielt der s. eine bescheidene Entschädigung *(epimetrum)*. Den säumigen oder unredlichen s. bedrohten harte Geld- oder Leibesstrafen. F. H.

Lammers, RE IV A 974ff.

Susiana (*ἡ Σουσιανή*, vgl. OGIS 54,17. Pol. 5,46,7), vorderasiat. Landschaft, im S. vom Pers. Golf und vom Unterlauf des Tigris, im N. vom Zagros-Geb. begrenzt (h. Chusistan), Satrapie des Achaimenidenreiches. Einzige bedeutende Stadtsiedlung war → Susa, eine der Residenzstädte des Großkönigs. S. auch Elymaïs (1). E. O.

Suthul, Stadt in Numidien, in der sich → Iugurthas Schatzkammern befanden, deren sich der Propraetor A. → Postumius (I 11; 110–109 v. Chr.) bemächtigen wollte. Sall. Iug. 37,3. 38,2. Sie lag *in praerupti montis extremo* und war von einer sumpfigen Ebene umgeben, Sall. Iug. 37,3, Nach Oros. 5,15,6 lagen die *thesauri regii apud* → *Calamam urbem*. Mit diesem wurde S. identifiziert (dagegen S. Gsell Hist. Anc. Afr. N. 5,271) oder auch mit → Sufetula gleichgesetzt. Die Lage von S. bleibt ungewiß. M. L.

Sutor s. Schuster

Sutrium, feste (Liv. 6,9,4. 9,32,1 *claustra*) Stadt Südetruriens (Ptol. 3,1,50. Strab. 5,226) an der späteren *via Cassia* (Tab. Peut. 5,3. It. Ant. 286,3; 33 mp von Rom), früh mit Rom verbündet (Liv. 6,3,2. 9,31,1), seit 383 Latiner-Kolonie (Diod. 14,117,4. Vell. 1,14,2). Kämpfe um S. seit Beginn des 4. Jh.s (Liv. 6,3,4. 9,3. 9,32,1. 33,1. 35,1. Diod. 14,98. 117,4. 20,35. Frontin. strat. 2,5,2. Plut. Cam. 35. CIL I² p. 191), so daß *Sutrium ire* zur Redensart wurde (Plaut. Cas. 524. Fest. 406,30ff. L.). Schwierigkeiten (Liv. 26,34,10. 27,9,7. 29,15,5) im 2. pun. Krieg (Sil. 8,493). Später Veteranenkolonie *colonia coniuncta Iulia Sutrina* (CIL XI 3254) in der *tribus Papiria;* h. Sutri. G. R.

Nissen It. Ldk. 2,355. *Forbiger* HB. d. alt. Geogr. 3,431. *Beloch* RG 306. 607. *Radke* Viae publicae Rom. 217. *L. Ross Taylor* Voting Distr. 273.

Swāt, Landschaft n. von Peshāwār in W.-Pakistan, der *Σουαστηνή* (Ptol. 7,1,42) entsprechend, die sich n. der → Gandaritis erstreckte und vom Swāt-Fluß (skt. *Suvāstu*) durchzogen wird, den → Megasthenes (Arr. Ind. 4,11 [*Σόαστος*]) als Nebenfluß des → Kophen und Ptol. 7,1,26 f. 42. 44 (*Σουάστος*) als einen des Koas (h. Kābul) nennt. Im Skt. heißt das S.-Gebiet *Uḍḍiyāna*, in chines.-buddhist. Reisebeschreibungen *Udyāna*. Alexander drang 327 in S., dem Land der Assakenoi (Arr. an. 4,25,5 [ai. *Aśvakāyana*], Strab. 15,691), die ihre Hauptstadt → Massaga (Arr. an. 4,26,1 [ai. *Maśakāvatī*]. Curt. 8,10,22 [*Mazagae*]) tapfer verteidigten, ein, eroberte deren Zitadelle → Aornos (2) und gelangte bis Ora (Arr. an. 4,27,5), dem h. Udegram. S. hatte durch die Verbreitung des Buddhismus unter den → Mauryas, den indogriech. und śak.-parth. Herrschern sowie unter den Kuṣāṇas große Bedeutung. Die ab 1956 von den Italienern geführten Grabungen in Butkara, Udegram, Gogdara, Panr, Loebanr und Katelai ergaben wichtige Einblicke in die Entwicklung der Gandhara-Kunst. F. F. S.

A.K. Narain The Indo-Greeks, 1962^2. Reports and Memoirs, Istituto Ital. per il Medio ed Estremo Oriente, Centro Studi e Scavi Archeol. in Asia, Roma 1962ff. *G. Tucci* La via dello Svat, Bari 1963. *Ders.* The Tombs of the Asvakayana-Assakenoi, East and West 14, 1963, 27f. *D. Faccenna* A Guide to the Excav. in Swat (Pakistan) 1956–1962, Roma 1964. *G. Stacul* Excav. near Ghālīgai, East and West 19, 1969, 44ff. *M. Hallade* Indien-Gandhāra, 1969.

Syagrius. 1. Befreundet mit → Symmachus (4; Symm. epist. 1,94ff. 3,19. 21), 380/82 *praefectus praetorio Italiae* (Cod. Theod. 11,30,38. 12,1,88 u.ö.), 381 *consul* (Amm. 28,2,5; vgl. JONES-MARTINDALE Prosopography I s.v. Syagrius Nr. 3, ebenso Nr. 2). **2.** Sohn des → Aegidius, beherrschte von 464–86 im Namen Roms das Gebiet von Soissons; 486 vom Frankenkönig Chlodovech besiegt (Greg. Tur. 2,18. 27). A. L.

K.F. Stroheker Der spätröm. Adel in Gallien, 1948 Nr. 370. *E. Zöllner* Gesch. der Franken, 1970, 47f.

Sybaris (*Σύβαρις*). **1.** Berggeist am → Kirphis, auch → Lamia (1) genannt. Statt des als Menschenopfer für die Befreiung von der Landplage vorgesehenen Alkyoneus trat freiwillig Eurybatos ein. Er warf S. aus ihrer Höhle. Wo sie aufschlug, entsprang die Quelle S. Anton. Lib. 8 (nach Nikandros). Nach ihr ist die Stadt S. benannt. **2.** Eponym des Flusses oder der Stadt S., der auf einem bei Paus. 6,6,11 beschriebenen Gemälde eine ungeklärte Rolle spielt. → Polites (2). **3.** Tochter des Themistokles, Plut. Them. 32. H. v. G.

4. Die berühmte Stadt am lukan. Fluß S. (Antioch. FGrH 555 F 10. Skymn. 339. Diod. 12,9. Dion. Hal. ant. 19,1. Sch. Theokr. 5,1. Steph. Byz. s.v.) von Achaiern (Antioch. FGrH 555 F 12. Skymn. 340. Strab. 6,263. Liv. 25,15,7; irrig Nikand. frg. 53 Schn. Lokrer) mit Troizen. (Aristot. pol. 5,2,10. Solin. 2,10) 720 v.Chr. (Skymn. 360; Eus. p. 84f. Sch.: 709/08) gegründet. Trotz Hafenmangels (Tim. FGrH 566 F 50) durch geogr. Vorzüge (Tim. a.O. Diod. 11. 90. 12,9) sprichwörtl. (Apost. 1,4. 15,83a. Makar. 7,87. Diogen. 1,2. Hesych. Suda s.v.) reich (Skymn. 338. Diod. 12,9. Strab. HN^2 84), Territorialmacht (Strab.), groß, volkreich (Diod. Strab. Athen. 519c), polit. führend (Pol. 2,39,6), gründet Metapont (Antioch. a.O. Iust. 20,2,3), Laos (Hdt. 6,21. Strab. 6,253), Poseidonia (ebd. 252), Handel mit Milet und Etrurien (Tim. Hdt.), Schatzhaus in Olympia (Paus. 6,19,9), Luxus (Aristot. frg. 583 R. Tim. a.O. Phylarch. FGrH 81 F 45. Theopomp. FGrH 115 F 248. Ail. nat. 6,10. 16,23). Frevel (Tim. a.O. Ail. var. 3,43. Athen. 521d. Steph. Byz.), Boykott olymp. Spiele (Skymn. 350. Dion. Per. 374. Athen. 522a), Tyrannis (Hdt. 5,44. Herakl. Pont. frg. 49 W.) bringen 510 Krieg mit Kroton, Niederlage, Zerstörung (Hdt. Diod. Strab.), Trauer Milets (Hdt. 6,21); 476 erneut belagert (Tim. F 93b. Diod. 11,48), Neugründung 453 (Diod. 11,90. 12, 10) mit Hilfe Poseidonias (HN^2 84f.) besteht 5 J., Neugründung 443 mit Hilfe Athens (Plut. v. X or. 3. Porph. v. Pyth. 21. Strab.) zuerst S. (HN^2 85), nach Vertreibung der Altsybariten (Aristot. pol. a.O. Diod. 12,11) und Gründung von S. am Traeis (Diod. 12,22,1) in → Thurioi umbenannt (Steph. Byz.). S. alter Name von → Lupia (Paus. a.O.); vgl. Themistokles' Tochter S. (Plut. Them. 32). G. R.

Forbiger HB. d. alt. Geogr. 3,507. *Nissen* It. Ldk. 2,919. *Bérard* La colonisation Grecque etc. ^{2}140ff. *v. Stauffenberg* Trinakria 66ff. 75ff. *Dunbabin* The Western Greeks 24. 82. 448. *Wikén* Die Kunde der Hellenen usw. 74ff. *Ciaceri* Storia della Magna Grecia ^{2}146ff.

Sybota. 1. (*τὰ Σύβοτα*), Inselgruppe an der Küste von → Epeiros gegenüber der S.-Spitze von → Korkyra, noch h. mit gleichem Namen, bekannt durch die Seeschlacht zwischen Korinth und Korkyra 433 v.Chr., Thuk. 1,47ff. Strab. 2,5,20 p. 124. 7,7,5 p. 324. Prokop. b. Goth. 4,22,30. Steph. Byz.

1. *Honigmann*, RE IV A 1012 Nr. 1. 2. *Gomme* A hist. comm. on Thucydides 1,182f. 3. *Hammond*, JHS 65, 1945, 26ff. 4. *Ders.* Epirus 474 mit A. 4. 498 A. 2. 5. *Philipps.-Kirst.* 2,98. 270 A. 26a.

2. Hafen an der Nr. 1 gegenüberliegenden Küste von Epeiros, h. Bucht von Murtos (amtl. Syvota). Thuk. 1,50,3. 3,76,1. Ptol. 3,13,3. Cic. Att. 5,9,1. E. M.

1. *Honigmann*, RE IV A 1012 Nr. 2. 2. *Gomme* A hist. comm. on Thucydides 1,186f. 3. *Hammond*, JHS 65, 1945, 26f. 4. *Ders.* Epirus 498 mit A. 2. 5. *Philipps.-Kirst.* 2,98. 6. *A. Delatte* Las Portulans Grecs bes. 204,12ff.

Sychaeus s. Dido

Syene (*Συήνη*, äg. Šwnj.t, d.h. »Handelsplatz«), h. Assuan, Ort am W.-Ufer des Nil gegenüber der Insel → Elephantine, älteste Erwähnung auf einem Grenzstein unter → Sesostris I. (Ann. Serv. 49,258). S. war wichtiger Markt, Stapelplatz und Ausgangspunkt der nub. Expeditionen, spielte aber verwaltungsmäßig und militär. zunächst keine Rolle; eine pers. Besatzung wird durch die aramäischen Papyri in S. belegt. In röm. Z. lagen hier 3 Kohorten; Iuvenal war Kommandant der Besatzung von S. Ein von Ptolemaios III. der Isis-Sathis geweihter kleiner Tempel ist noch erhalten. W. H.

Syennesis (*Συέννεσις*), Name kilik. Dynasten: S. I. hat im J. 585 zwischen Medien und Lydien vermittelt (Hdt. 1,74). S. II., Vasall des → Xerxes und vermutlich Enkel von S. I., nahm am Zuge von 480 teil (Hdt. 7,98. Xen. Kyr. 7,4,2). S. III., vermutlich Enkel von S. II. Sein Doppelspiel bei → Kyros' (3) Zuge von 401 hat offenbar ihn und sein Haus die Krone gekostet: → Kilikien ist eine normale Satrapie geworden (Xen. an. 1,2, 12. 21. 26f. Diod. 14,20,2f.). J. D.-G.

Sykophantes (*συκοφάντης*). Die nur in ihrem zweiten Teil (→ Phasis) einsichtige Wortverbindung kennzeichnete denjenigen, der sich die allg. Anklagebefugnis des att. Rechts zum Zwecke der Bereicherung oder der Diskriminierung persönlicher bzw. polit. Gegner zunutze machte. Gegen den S., der nicht selten durch eine → Hetairia gedeckt wurde, boten *συκοφαντίας* → *γραφή* (Aristot. Ath. pol. 59,3) und andere Rechtsmittel keinen ausreichenden Schutz. Im J. 404 v. Chr. ließen die Dreißig die berüchtigtsten Sykophanten zum Tode verurteilen (Xen. hell. 2,3,12. Aristot. Ath. pol. 35,3). Mit der Demokratie kehrte der S. als Schreckgestalt (Lys. 6,31. 13,65) in das athen. Prozeßgetriebe zurück. Über das Sykophantentum als polit. Gefahr außerhalb Athens s. Aristot. pol. 5,1304b 20ff. H. B.

J.O.Lofberg Sycophancy in Athens, 1914. *G.M.Calhoun* Athen. Clubs in Politics and Litigation, 1927. *K.Gerst* Die allg. Anklagebefugnis in der att. Demokratie, Diss. München 1963, 47–88. 126–135.

Syleus (*Συλεύς*). Ein Unhold, der die Fremden zwang, seine Weinberge umzugraben. Als Herakles im Dienst der → Omphale stand, hackte er ihm die Reben mit den Wurzeln heraus. Dann erschlug er ihn und seine Tochter. Apollod. 2,132. Diod. 4,31. Andere Versionen der Sage in einem Satyrspiel des Eur., im 30. Briefe der Sokratiker, bei Konon 17. Einige Kunstdarstellungen Türk, RE IV A 1040. H. v. G.

Syllaios, Sohn des Teimu, Kanzler und »Bruder« des Nabataeerkönigs Obodas III., schuldig am Scheitern der arab. Expedition des → Aelius (II 9) Gallus 24 v. Chr., nach mißglückter Werbung um → Salome (1) Feind des → Herodes (1). Strab. 16,779f. Ios. ant. 16,220ff.; b. Iud. 1,487. A. Rehm Das Delphinion in Milet, 1914, 387,165. Wegen Streitigkeiten mit Herodes und dessen Einfall in das Nabataeerreich verklagte S. ihn 8 v. Chr. zunächst mit Erfolg in Rom vor → Augustus, aber → Nikolaos (3) von Damaskos, → Antipatros (5) und → Aretas (4) beschuldigten S. in weiteren Verfahren vor Augustus u.a. des Mordes an Obodas und dem Prokurator Fabatus. 6 v. Chr. wurde er auf Befehl des Augustus hingerichtet. Ios. ant. 16, 336ff. 351ff. 17,54ff. Strab. 16,782. H. Volkmann Zur Rechtsprechung im Principat des Augustus, 1935 (Nachdr. 1970), 167ff. H. V.

Syllogismus = etwa: der logisch begründete Schluß, hervorgegangen aus dem *συλλογίζεσθαι*. Dabei werden zwei Urteile = *λόγοι* in ein Verhältnis zueinander gebracht; durch den S. wird ein Gewinn an Erkenntnis erreicht.

Das *συλλογίζεσθαι* ist von → Aristoteles (7) zur Methode entwickelt worden; zuvor wurde es wohl nur unreflektiert gehandhabt. Definition des S.: Aristot. top. 1,1; 100 a 25 = an. pr. 1,24b 18. Aristoteles unterscheidet den beweisenden S. (*ἀποδεικτικός*; behandelt in den Analytika 1 u. 2), den dialektischen S. (behandelt in den Topika) und den eristischen S. (behandelt in der Schr. *περὶ τῶν σοφιστικῶν ἐλέγχων*). Für Aristoteles war durch den S. eine immer anwendbare, festen Regeln unterworfene Kontrolle über »Richtig« und »Falsch« aufgefunden; so top. 10,183a 27ff. Folgerichtig wurde der S. zum wichtigsten Übungsfeld für Anfänger, zur »philosophischen Gymnastik« (als solche wird der S. noch in der Schüler-Szene im Faust I ironisiert – collegium logicum). Für Aristoteles stand im Vordergrund, daß der S. zur Abwehr des Falschen und für den Gewinn des Richtigen positiv nutzbar ist. Daneben trat die vielleicht schon von Aristoteles, sicher aber von der Stoa gemachte Entdeckung, daß der S. den Eingang in die formale Logik eröffnet. H. D.

H.Maier Die Syllogistik des Aristoteles, 1896–1900. *J.Lukasiewicz* Aristotle's Syllogistic from the Standpoint of Modern Formal Logic, [1]1951, [2]1957. *G.Patzig* Die aristotel. Syllogistik, 1959. *J. Mau*, H 85, 1957, 147 bis 158.

Syloson (*Συλοσῶν*), jüngerer Bruder des → Polykrates (1) von Samos, von diesem nach Äg. vertrieben. → Dareios (1) ließ sich den roten Mantel, den S. trug, schenken. Als er König geworden war, erfüllte er den Wunsch S.s, ihm seine Heimat Samos ohne Blutvergießen zurückzugeben; aber starker Widerstand brachte den pers. Feldherrn → Otanes (1) dazu, alles niederzumachen. Aus dem Sprichwort *ἕκητι Συλοσῶντος εὐρυχωρίη* mit den dazu überlieferten Deutungen ist zu schließen, daß S. seine Herrschaft sehr grausam geführt und sein Land verödet habe. Ein anderes Sprichwort ist aus der Begegnung mit Dareios entstanden: bei denen, die mit ihrer Kleidung prahlen, redet man von *ἡ Συλοσῶντος χλαμύς* (Hdt. 3,39. 139ff. Ail. var. 4,5. Polyain. 1,23,2. Strab. 14,638). J. D.-G.

Symaithos (*Σύμαιθος*), wasserreichster Fluß Siziliens; bildete die Grenze zwischen dem Gebiet von → Leontinoi und → Katane (Thuk. 6, 65). Häufige Erwähnung bei röm. Dichtern, Verg. Aen. 9,584. Ov. fast. 4,472 u.a. Bekannt wegen seiner Hammerfische (Athen. 1,4c). Wegen der Nähe des Ätna war sein Lauf häufigen Änderungen unterworfen. Quelle nach Strabon (5,267) am Ätna, Mündung nach Ptol. 3,4,4 n. w. von Katane. H. Simeto, der n. von Bronte an den Monti Nebrodi entspringt. Einzugsgebiet 4387 qkm = 1/7 Siziliens. Er führt h. weniger Wasser als ehedem infolge der fortschreitenden Entwaldung. K. A.

Symbole, -aion (*συμβολή, συμβόλαιον*). Rechtswort mit weiter Bedeutung, dessen Ursprung noch ungeklärt ist ([10]). **1.** Rechtswirksame Bindung auf dem Gebiet des privaten ([2]. 487,1. [9]), aber auch des öffentl. Rechts ([1]. [2], 1017), z.B. ein internationaler Vertrag über Rechtshilfe ([2],1243f. 1257). Im Rahmen der S. des Privatrechts wurden wiederum die dem Willen der Parteien entsprechenden Rechtsverhältnisse, *σ. ἑκούσια*, von den unerlaubten Handlungen, den *σ. ἀκούσια*, unterschieden ([8]. [10]). **2.** Das Privatrecht im Gegensatz zum Strafrecht

(And. 1,88. [10]). **3.** Im engeren Sinne: Kreditgeschäft ([10]). **4.** Beweisstück, Ausweis, gleichbedeutend mit Symbolon (Anecd. Bekk. 242. [10]). **5.** Quittung ([5]). **6.** Beweisurkunde über Verträge, erst seit hellenist. Z. ([10]); vgl. bes. über die seit Iustinian von einem konzessionierten Notar auf dem Marktplatz errichteten Verträge, σ. ἀγοραῖα [7]. **7.** Kostenbeitrag der Teilnehmer an einem gemeinsamen Mahl ([6]). E. B.

1. *A. Böckh* Die Staatshaushaltung der Athener 2, 1886³, 92 *. 2. *Busolt* GStk. passim. 3. *E. Weiß* Griech. Privatrecht 1, 1923, 221,6. 4. *Lidd.-Sc.* s. v. 5. *Preisigke* Pap. WB. s. v. 6. RE IV A s. v. Συμβολή 2). 7. *L. Wenger* Die Quellen des röm. Rechts, 1953, 748f. 8. *G. S. Simonetos* b. *E. Berneker* Zur griech. R.-Gesch., 1968, 458. 9. *L. Gernet* b. *E. Berneker* a. O., 410. 10. *P. Kußmaul* Synthekai, 1969, 25ff.

Symbolon (Σύμβολον). **1.** Gebirgszug s. bzw. s. ö. von → Philippoi, dessen Verbindungsstraße zum ant. Hafen → Neapolis (1; h. Kawalla) über einen Στενά oder Πύλαι genannten Paß durch das S. führte. S. war ein wichtiger strategischer Punkt im Bürgerkrieg: vgl. App. civ. 4,105ff. Plut. Brut. 38,2. Cass. Dio 47,35,3). H. Gä.

2. S. bezeichnete zuerst die unter Gastfreunden ausgetauschten zerbrochenen Kennzeichen, die durch Zusammenfügen (συμβάλλω) als Beweis früherer Beziehungen dienten (Plat. symp. 191d. Sch. Eur. Med. 613). Dann heißen S. (lat. → *tessera. spinthria*) die runden oder eckigen, manchmal münzähnl. Marken aus Bronze, Blei, Bein oder Ton. Diese dienten als Erkennungs-, Eintritts-, Berechtigungszeichen für den Besuch der Volksversammlung, der Gerichtssitzung, des Theaters, Circus, Bades oder Bordells, bei Getreide- usw. -Spenden, als Spiel- und Rechenmarken, in Äg. auch als Steuerzahlungsbeleg, endlich als eine Art privates Ersatzgeld (Poll. 9,70ff. Sch. Aristoph. Plut. 277. IG V 2,323. Cass. Dio 49,43,4). Zahlreiche S. aller Formen, Materialien, Zweckbestimmungen haben sich erhalten. Regling, RE IV A 1092. W. H. G.

Syme (Σύμη), n. Nachbarinsel von → Rhodos an der kar. Küste, von kleineren Inseln umgeben, 69 qkm groß, steil und kahl, bis 552 m hoch mit vielen Buchten. Die ant. und h. Stadt liegt an der tiefsten Einbuchtung im NO. mit Resten der Akropolismauer und Johanniterburg. Im Alt. gehörte S. soweit bekannt stets zu Rhodos. Hom. Il. 2,671ff. Hdt. 1,174. Strab. 14,2,14 p. 656. Diod. 5,53. Thuk. 8,41ff. Ptol. 5,2,19. Plin. nat. 5,133. Steph. Byz. Inschr.: IG XII 3 Nr. 1–27. JOEAI 7, 1904, 81ff. SEG 3,713f. E. M.

1. *Philipps.-Kirst.* 4,308ff. 2. *Zschietzschmann*, RE IVA 1097f. 3. Guida d'Italia del Touring Club Italiano, Possedimenti e colonie, 1929, 139ff. 4. *G. Gerola* Monumenti medioevali delle tredici Sporadi, ASAA 2, 1916, 1ff. 5. *B. Pace* Sopravvivenze del culto di Apollo a Simi, RA 31/32, 1948, 787ff.

Symeon (Συμεών). Unter dem Namen eines sonst unbekannten, frühestens dem 12. Jh. angehörenden S. mit dem Ehrentitel ὁ μέγας γραμματικός ist im Cod. Parmens. 2139 und Vind. phil. gr. 131 (14. bzw. 13. Jh.; jüngere erweiterte Fassung unter der Überschrift μεγάλη γραμματική im Laur. S. Marci 303 und Voss. gr. 20, beide aus dem 13. Jh.) ein Etymologikon überliefert, dessen Quelle (neben dem Etym. m. und Gud.) vor allem das Etym. gen. bildet und das deshalb für die verlorenen bzw. schlecht überlieferten Partien des letzteren große Bedeutung besitzt. Erforschung und Edition stehen noch in den Anfängen. H. Gä.

Ta.: *H. Sell*, Meisenheim 1968 (α – ἀΐω); dazu *K. Alpers*, Gn 42, 1970, 120ff. *A. Colonna*, Paideia 23, 1968, 350f. *R. Reitzenstein* Gesch. der griech. Etym. 254ff. *N. A. Libadaras*, Ἀθηνᾶ 70, 1968, 83ff. *G. Berger* Etym. gen. et Etym. S. is (β), Meisenheim 1972.

Symmachia (συμμαχία), Verbindung zweier oder mehrerer Staaten überhaupt, besonders aber für den Krieg (τά τ' ἄλ⟨α⟩ καὶ πὰρ' πολέμο, H. Bengtson Staatsvertr. des Alt. II, 1962, Nr. 110). Eine solche »Kampfgemeinschaft« (Plat. def. 415c) wird meist auf eine feste Zahl von J. (5 bis 100) begründet (Busolt GStk. 2,1251,2), kann aber auch auf unbegrenzte Z. oder ausdrücklich auf immer (zuerst: Staatsvertr. Nr. 223 [395 v. Chr.]) beschworen werden. Nach Art des Zustandekommens gliedern sich die S. verträge in die nach einem Waffengang und die aus freien Stücken geschlossenen, jurist. basieren sie auf Unterwerfung oder Parität (Liv. 34,57,7–9. [4],476). Ein weiteres Einteilungsprinzip unterscheidet Einzel- und Plural-S. und kennzeichnet letztere als hegemonial ([3], 362–365. [6]). Vielfältig wie diese Klassifizierungen sind die Klauseln der einzelnen Pakte. Sie reichen von der gegenseitigen Beistandspflicht bei einem feindl. Angriff (ἐπιμαχία: Thuk. 1,44,1. [1], 72f. [4], 477–480) bis zur Verpflichtung des schwächeren gegenüber dem stärkeren Partner, ihm überallhin zu folgen (ἀκολουθεῖν ὅποι ἂν ὑμεῖς ἡγῆσθε, Xen. hell. 6,3,7. [1], 274ff. [2], 387–390). Am häufigsten begegnet die Formel »dieselben Feinde und Freunde zu haben« (τοὺς αὐτοὺς ἐχθροὺς καὶ φίλους νομίζειν, Aristot. Ath. pol. 23,5), die hinsichtlich ihres konkreten Gehalts verschiedener Auslegung fähig ist ([4], 480–82). Sozusagen alle Spielarten der S. verträge finden sich in dem System des delisch-att. Seebundes vereinigt (Thuk. 6,85,2), dessen Entwicklung zur ἀρχή im übrigen die Möglichkeiten aufzeigt, die in der S. angelegt sind. Eine andere Struktur zeigt der → peloponnes. Bund. Außer diesen beiden Prototypen gehören in die Kategorie der hegemonialen S. der zweite att. Seebund und der Korinth. Bund, wobei letzterer zugleich ein Produkt der κοινὴ εἰρήνη -Bewegung ist ([7], 102–109. 150–162). Als Nachfahren haben der Hellenenbund des → Antigonos (1) Monophthalmos und der des → Antigonos (3) Doson zu gelten (H. H. SCHMITT Staatsvertr. des Alt. 3, 1969, Nr. 446. 507). Genetisch besteht vielleicht eine Verbindung zwischen Plural-S., Eidgenossenschaft und → Amphiktyonia [5]. Als Nachwirkung wäre der Übergang der Freund-Feind-Formel in den Kaisereid zu vermerken (P. HERRMANN Der röm. Kaisereid, 1968, 21–23) sowie der Versuch des Ailios → Aristeides (3), das Imperium Romanum als hegemoniale S. zu begreifen (laud. Rom. 208ff. [40ff. KEIL], D. NÖRR Imperium und Polis, ^{2}1969, 83–85). H. B.

1. *H. Schaefer* Staatsform und Politik, 1932. 2. *V. Martin* La vie internationale dans la Grèce des cités, 1940, 121 bis 391. 3. *H. Triepel* Die Hegemonie, ^{2}1943, 355–417. 4. *E. Bickermann* Bemerk. über das Völkerrecht im klass. Griechenl. (1950). In: Z. griech. Staatskunde, hg. von *F. Gschnitzer*, 1969, 474–91. 5. *F. R. Wüst* Amphiktyonie, Eidgenossenschaft, Symmachie, Hist. 3, 1954/55, 149 bis 153. 6. *V. Ehrenberg* Der Staat der Griechen, ^{2}1965, 137 bis 147. 321–23. 7. *T. T. B. Ryder* Koine Eirene, 1965.

Symmachos. 1. Griech. Grammatiker des 1./2. Jh.s n. Chr., Vf. von Komm. zu Aristophanes (ob nur zu den erhaltenen 11 Stücken oder noch weiteren, ist nicht sicher, ebensowenig, ob diese Auswahl selbst auf S. zurückgeht), von denen Bruchstücke in den byz. Sch. erhalten sind. S. benutzte, freilich durchaus selbständig und kritisch, vor allem → Didymos (1). Sein Hauptinteresse war auf die Sacherklärung gerichtet. H. Gä.

Wilam. Eur. 1,180ff. *J. van Leeuwen* Proleg. ad Aristoph. 266. *P. Boudreaux* Le texte d'Aristoph. et ses comm., Paris 1919, 153ff. *G. Zuntz*, Byzantion 13, 1938, bes. 658ff. *W. J. W. Koster*, Mnem. 4. Ser. 15, 1962, 394ff.

2. Übers. des A.T. ins Griech., gehörte nach Auffassung des → Origenes (7) des → Eusebios (2), und des → Hieronymus den Ebioniten an, während → Epiphanios (1) ihn für einen samaritan. Proselyten hält. Nach Eus. h. e. 6,17 besaß Origenes, der die Übers. des S. in der 4. Spalte seiner Hexapla aufführt, aus der Hand des S. noch bibl. Komm.e und eine ebionit. Streitschrift gegen das Matth.-Evangelium. Erhalten nur einige kleine Frg.e seiner Bibelübers., deren Korrektheit schon Hieron. rühmte (Comm. in Am. I ad 3,11). Kl. W.

Ta.: *Field* Originis Hexapl. quae supersunt I–II, 1875. *A. v. Harnack* Gesch. der altchr. Lit. 2, 2,164ff. *Bardenhewer* 379f.

Symmachus. 1. L. Aurelius Avianius S. Phosphorius (DESSILS 726. 769. 1257), *pontifex maior* und *quindecimvir sacris fac.*, *praefectus annonae* vor 350, *vicarius urbis* um 360, *praefectus urbi Romae* 364/365 (Cod. Theod. 7,4,10. 11, 2,1. Amm. 27,3). S., Vater von Nr. 4, angesehen im Senat und am Hof, starb 376 (vgl. Symm. or. 4/5; epist. 1,1ff. 44. 52. 3,6). **2.** Volusius Venustus, Vater des → Flavianus (2), um 330 *corrector Apuliae et Calabriae*, 363 *vicarius Hispaniarum* (DESSILS 5557b. Amm. 23,1,4. 28,1, 24. Macrob. Sat. 1,5,13). **3.** Memmius Vitrasius Orfitus Honorius, angesehener Jurist, *pontifex Vestae, quindecimvir sacr. fac.*, *pontifex Solis*, *consularis Siciliae*, *proconsul Africae* 352, *praefectus urbi Romae* 353–56 und 357–59 (Cod. Theod. 6,4,7. 8,13,3. 14,6,1. Amm. 14,6. 16,10. CIL VI 1151f. 1739/42). S., 364 kurz verbannt, starb um 370 (Amm. 27,3,2. 7,3. Symm. epist. 1,1. 9,150). **4.** Q. Aurelius S. Eusebius, berühmter Redner, * ca. 345, *pontifex maior*, *proconsul Africae* 373/75, *praefectus urbi* 384, *consul* 391 (cursus: DESSILS 2946). Die 384 von S. dem Kaiser in Mailand vorgetragene Bitte heidnischer Senatoren um Aufhebung von heidenfeindlichen Maßnahmen (Symm. rel. 3; dagegen noch 403 Prudentius c. Symm.) scheiterte bes. am Widerstand des Ambrosius (Ambros. epist. 17f.). S., der sowohl → Maximus (8) als → Eugenius (2) unterstützte; fand jeweils wieder die Gnade des Theodosius. Bis zum Tode im J. 402 behauptete S. eine führende Position im Senat. S. und sein Kreis sorgten auch für die Neuausgabe von Klassikern (z. B. Livius, Vergilius). S., der ungeachtet hoher Ämter kein einflußreicher Politiker war, erscheint in seinem in kultiviertem Latein verfaßten, freilich teils rhetorisch überladenen und inhaltsarmen Reden (8, darunter → Panegyrici auf → Valentinianus I. und → Gratianus) und Briefen (über 900) als hochgebildete, aus Überzeugung an verehrungswürdigen Traditionen festhaltende, aber nicht mehr zu neuen Wegen findende Persönlichkeit.

O. Seeck in MGAA 6. *R. Klein* Symmachus, 1971. *Ders.* Der Streit um den Victoria-Altar, 1972. *F. Paschoud* Roma Aeterna, 1967.

5. Q. Fabius Memmius S., * ca. 385, *praetor* 401, edierte nach 402 die Briefe seines Vaters (4; DESSILS 2946f. Symm. epist. 2,46f. 4,14. 20. 58f. 5,5. 7,1. 9,93). **6.** Q. Aurelius Memmius S., Urenkel von (4), *consul* 485, *patricius*. S., der als Haupt des Senates galt und teils gute Beziehungen zu → Theoderich pflegte, wurde nach dem Tode seines Schwiegersohnes → Boethius (Boeth. consol 1,4. 2,3f.) im J. 524 des Hochverrates verdächtigt und 525 hingerichtet (Prok. 5,1,32ff. Anon. Vales. 92. Cassiod. var. 1,23). S. verfaßte 7 (nicht erhaltene) B. Röm. Geschichte (W. ENSSLIN Des S. Historia Romana als Quelle des Iordanes, 1948). A. L.

Symmoria (συμμορία), Bezeichnung einer Personengruppe, in → Teos für gentiliz. Abteilungen mit eigenem Kultstatut, CIG 3064ff. (2. Jh. v. Chr.), BUSOLT GStk. 267, häufig für Vereine, so in → Nysa (3), BCH 9,124ff. (Z. d. Antoninus Pius), in Äg. für den nach dem συμμοριάρχης benannten Ephebenjahrgang, MITTEIS-WILCKEN Grdz. 1,2, n. 148. In Athen waren die S. steuerpflichtige Gruppen zur Erhebung der → εἰσφορά. Um 428/27 waren die Bürger der ersten 3 solon. Klassen auf 100 S. verteilt, sie steuerten zu den erforderlichen 200 Talenten 166 2/3, jede S. 1 2/3 bei, die restlichen 33 1/3 die S. der Metoiken. →

Kleidemos FGrH 323 F 8. Poll. 8,144. IG II^2 244, 20. 26. Thomsen 86ff. (zur Chronologie). 118. 378/377 wurden die Steuerpflichtigen nach dem geschätzten Gesamtvermögen von 6000 Tal. auf 400 S. verteilt, jede S. repräsentierte ein Vermögen von 15 Tal. Thomsen 254. In der S. zahlte jeder den vom Gesamtvermögen festgesetzten Bruchteil, der *διαγραφεύς* der S. führte eine entsprechende Liste. Suda. Harpokr. s. *διάγραμμα*. Thomsen 188ff. In gleicher Weise regelte das Gesetz des Periandros 357 die Trierarchie und verteilte 1200 Reiche auf 20 S. mit je 60 Mitgliedern. Die → Epimeletai und der *στρατηγὸς ἐπὶ τὰς συμμορίας* teilten die S. in Synteleiai von 3–10 Personen, die je ein Schiff stellten. Demosth. 47, 21f. IG II^2 1613f. 212. 1629, 210. Demosthenes wollte 354 die Trierenpflichtigen auf 2000 erhöhen, die Schiffszahl auf 300 normieren, jeder S. 15 zuweisen, die 5 Syntelien für je 3 Schiffe bilden sollte. 340 verringerte er den Kreis auf die 300 Reichsten. Demosth. 14,16ff. 18,102ff. Harpokr. s. *συμμορία*. R. Thomsen Eisphora, 1964. H. V.

Symphosius. Eine Slg. von 100 hexametrischen Rätseln, die im codex Salmasianus (und in Parallelüberlieferung) erhalten ist, geht unter dem Namen des S. scholasticus; sie wirkte auf die ma. Rätselliteratur, vor allem Aldhelmus *de metris et enigmatibus*. R. He.

Ta.: *A. Bücheler* Anth. lat. I^2 (1894), 221.

Symplegades (*Συμπληγάδες* [*πέτραι*], die »Klappfelsen«). In ep. Schiffermärchen 2 bewegliche, abwechselnd zusammenprallende und auseinandertreibende Felsen. Der Argo gelang die Durchfahrt (→ Argonauten, o. I 538,24); seitdem stehen sie still. Od. 12,59ff. Apoll. Rhod. 2,317ff. 549ff. (mit Taubenorakel). Pind. P. 4,208ff. *σύνδρομοι πέτραι*: lebende Wesen, schneller als die Stürme. Man fand sie am Eingang zum Bosporos, → Kyaneai. Soph. Ant. 966. Eur. Med. 431. Oft mit den »Irrfelsen«, → Planktai, verwechselt (Apoll. Rhod. 4,786. 930ff.). H. v. G.

Parallelen: *L. Radermacher* Mythos u. Sage der Griechen^2 218 mit Anm. 538. Unterweltsbedeutung: *A.B. Cook* Zeus 3,975ff.

Sympoliteia (*συμπολιτεία*), staatsrechtlicher Zusammenschluß zweier oder mehrerer autonomer Städte (*πόλεις*) zu einem neuen Staat (*πολιτεία*). Auch stammesmäßig gegliederte Staaten (*ἔθνη*) bilden eine S., wenn es neben dem Bürgerrecht des Zweigstammes noch ein solches des Gesamtstammes gibt. M. Sordi in F. Gschnitzer Zur griech. Staatskunde, 1969, 363f. Wenn sich die alte Gliederung eines *ἔθνος* nach Teilstämmen in eine Gliederung nach Städten wandelt, entsteht die bundesstaatliche S. als → *κοινόν*. An dem Bund der Chalkider erklärt Xen. hell. 5,2 die S. (12 *συμπολιτεύειν*, Gegensatz 14 *αὐτοπολῖται εἶναι*) als eine durch Beschluß der Beteiligten (19 *ἐψηφισμένοι εἰσί*) erreichte Staatenvereinigung (16 *καθ' ἕν*) mit gleichen Gesetzen (12 *νόμοις τοῖς αὐτοῖς χρῆσθαι*, Gegensatz 14 *τοῖς πατρίοις νόμοις χρῆσθαι*), denen sich die Einzelverfassungen unterordnen, einer gemeinsamen Kriegsmacht (14) und der privatrechtlichen Gleichstellung der Bürger (19 *συγκλεισθήσονται ταῖς τε ἐπιγαμίαις καὶ ἐγκτήσεσι παρ' ἀλλήλοις*). Der Abschluß der S. erfolgt durch Vertrag (*ὁμολογία*). Sie begegnet in mehreren Formen. Kleinere Partner gehen durch Eingemeindung oder Übersiedlung (synoikistische S.) völlig in dem größeren auf, so → Myus in → Miletos 2 (*δι' ὀλιγανδρίαν συμπεπόλισται*, Strab. 14,636), Pidasa in Milet (Milet, Delphinion 149), → Magnesia (3) in → Smyrna (H.H. Schmitt Die Staatsvertr. des Altertums 3,1969, Nr. 492), → Stiris in → Medeon (1; Sylloge^3 647), → Kalymna in → Kos (Staatsvertr. 3, Nr. 545, hier statt S. *ὁμοπολιτεία* genannt). Öfter schließen sich 2 Gemeinden mit gleichen Rechten zusammen, wobei eine faktisch das Übergewicht hat, die andere noch teilselbständig bleibt, bes. in Kleinasien. IGR III 692 *Ἀπερλειτῶν ὁ δῆμος καὶ οἱ συνπολειτευόμενοι αὐτῷ Σιμηνέων καὶ Ἀπολλωνειτῶν καὶ Ἰσινδέων*. Bisweilen sind S. nur an Mz. erkennbar, Mz. mit Aufschrift *Κρημνέων καὶ Κεραετῶν* bezeugen die S. zwischen Keraia und der röm. Kolonie → Kremna, der Name Keraias verschwindet, nur Mz. erinnern dann an die frühere Existenz des Ortes. L. Robert Villes d'Asie Mineure^2, 1962, 54ff. 272. In den bundesstaatlichen S. behalten die Bundesstädte mit der Autonomie eigenstaatliches Dasein. Der Bundesstaat nennt sich nach dem führenden Stamm (*οἱ Αἰτωλοί* Syll.^{3} 480) oder als *κοινόν* (*τὸ κ. τῶν Ἀχαιῶν*, Syll.^{3} 519), mitunter als *ἔθνος* (Inschr. v. Magnesia 91,6,11), Pol. 2,44,5 spricht von der *πολιτεία τῶν Ἀχαιῶν*. Der Bürger eines Bundesstaates gibt mit der typischen Formel der S. neben dessen Namen auch den der Heimatstadt an. *Αἰτωλὸς ἐκ Ναυπάκτου* Syll.^{3} 380. *Ἀκαρνὰν ἀπὸ Θυρρείου* Syll.^{3} 739. Sein Bundesbürgerrecht ist in der Regel Folge seines Stadtbürgerrechts, das er durch Geburt oder Verleihung besitzt, und sichert ihm → *ἐπιγαμία* und → *ἔγκτησις* in jeder anderen Bundesstadt zu. → Aratos (2) besaß Häuser in Korinth. Plut. Arat. 41f. Das aktive Wahlrecht kann der Bundesbürger nur an seinem Wohnort ausüben, das passive besitzt er auch abwesend in allen Bundesstädten (Wahl des Aratos zum Strategen in Argos, Plut. Arat. 44). Auch der Bund kann sein Bürgerrecht verleihen, das der Betreffende in einer Stadt nach seiner Wahl ausüben kann. IG IX 1,445. W. Kolbe in F. Gschnitzer Zur griech. Staatskunde 375ff. Die Zuständigkeit des Bundes und seiner Organe ist jeweils sehr verschieden durch Vertrag oder Gesetz geregelt, aber nur wenig bekannt. Die Bundesversammlung aller Bürger (*κοινόν, ἐκκλησία*) tritt jährlich einige Tage zusammen, wählt die Bundesbeamten, an ihrer Spitze den Strategen, und beschließt Gesetze, Bündnisse und Kriege. Neben ihr steht meist ein Bundesrat (βουλή, συνέδριον), dessen Mitglieder nach einem bestimmten Zahlenverhältnis von den Gliedstaaten bestellt werden. Er erledigt minderwichtige Angelegenheiten und bereitet die Vorlagen für die Bundesversammlung vor. Sehr verschieden war die Münzprägung der einzelnen Bundesstaaten. Nur Bundesmünzen gab es bei den Chalkidern, Aitolern, Phokern u.a., bei den Achaiern prägten die Städte im Bundesauftrag, so daß die Mz. den Bundes- und Stadtnamen tragen, bei den Euboiern Bund und Städte, bei den Arkadern die Städte mit dem Bundesmonogramm. Teils Bundessache (bes. bei Hochverrat), teils städtisch war die Rechtsprechung. Das Verhältnis zwischen Bund und Gliedstaaten war ein Zentralproblem. Überspannte der Bund seine Befugnisse, bedrohte die Eifersucht der Städte auf ihre Autonomie den Bestand der S. Eine zu schwache Zentralgewalt ermunterte dagegen Gliedstaaten zum Austritt und gefährdete die Existenz der S. Bei den Achaiern führten polit. und wirtschaftliche Gegensätze zu Auflehnungen der Gliedstaaten Sparta und Messene und zu offenen Kämpfen. Eine Verschiedenheit der Verfassungsform in Bundesstaat und dessen Gliedern oder in den letzteren widerspricht grundsätzlich dem Wesen der S. Der Beitritt oligarch. Gemeinden zu einer S. mit demokrat. Grundlage mußte Konflikte hervorrufen und zu einer Verfassungsänderung führen. Wenn auch die S. der einzelnen Bundesstaaten verschiedene Schattierungen von der streng oligarch. Form bis zur völlig demokrat. zeigen, siegte schließlich fast überall die Demokratie. Die Gesch. der S. beginnt mit dem Vorschlag, den → Thales den Ionern zum Zusammenschluß machte (Hdt. 1,170), reicht bis in die Kaiserz. und ist noch ungeschrieben. Eine reichhaltige Übersicht bietet W. Schwahn, RE IV A 1171 ff., eine weitere will L. Robert in seinem Buch Les cités grecques à l'époque hellénistique geben. In Bünden auf der Grundlage der S. lebten die Chalkider (→ Chalkidike), die Akarnanen, die Aitoloi, die Phoker, die Boioter, die Thessaler (IG XII 3, 251), die Magneten, die phthiotischen Achaier, die Ainianen, die Epeiroten, die Arkader und bes. die → Achaioi (2), deren S. Pol. 2,41 ff. im Entstehen und Wachsen schildert. H. V.

Symposion. Der fröhliche Umtrunk unter Männern (bei Griechen waren Ehefrauen und Kinder ausgeschlossen) begann nach dem → Deipnon; es konnte wie ein → Eranos (→ Deipnon) organisiert sein. Die bekränzten, mit parfümiertem Öl gesalbten Teilnehmer wählten einen Symposiarchen, der Mischungsverhältnis von Wein und Wasser, Gefäßgröße, Auflagen beim Trinken (Vortrag von Skolien usw.), andere Unterhaltungen, u.U. Straftrinken autoritär bestimmte. Jedes S. begann mit einer Trankspende an einen Gott. Die Teilnehmer lagen auf Klinen (→ Sigma. Triclinium). Über ungeladene Teilnehmer → Convivium. Allg. wurden die Gefäße (durch Diener[innen] oder Teilnehmer) rechtsherum weitergereicht; sie mußten oft auf einen Zug geleert werden. Während die archaische Adelsgesellschaft beim S. vielfach noch eigene, formal wie inhaltlich anspruchsvolle Verse vortrug, hört das mit der Verbreiterung des Teilnehmerkreises am S. und dem Absinken der musischen Vorbildung auf. Die Unterhaltungen hatten selten die Höhe der lit. überlieferten S.; bes. beliebt waren → Spiele wie → Rätsel und → Kottabos, aber auch Hetären, Tänzer, Gaukler. Zum E. des S. wurde Hermes gespendet, oft schloß sich ein → Komos an. Das S. entsprach dem Bedürfnis vor allem der Jüngeren nach Geselligkeit (eine Einrichtung wie das moderne Wirtshaus fehlte!); entsprechend waren viele S. von Übermut und Überschwang, bei steigender Trunkenheit auch von Streit charakterisiert. Bilder att. Vasen geben ein anschauliches Bild davon. W. H. G.

Symposion-Literatur, eine in der Ant. verbreitete (und im erhaltenen Bestand gut dokumentierte) Darstellungsart für beliebige, bald scherzhafte, bald seriöse Themen. Sie knüpft an an die – zumindest unter Gebildeten herrschende – Sitte, unter weitgehendem Verzicht auf bloß äußerliche Unterhaltung durch Musik- und Tanzeinlagen im Verlauf einer geselligen Mahlzeit bzw. eines → Symposions Erzählungen, vor allem aber Erörterungen verschiedenster Gegenstände Raum zu geben. Dieses lit. Abbild solcher Symposien, das schon in der Ant. als Sonderform anerkannt war (Hermog. π. μεθ. δ. 36, p. 453 ff. R.), bedient sich naturgemäß des Dialogs (vgl. [3]), worin man mit Recht einen wichtigen Unterschied gegenüber der (beschreibenden) Deipnon-Lit. sehen wollte (dazu [5], 149 ff. [6]).

Vorbilder für die meisten späteren Autoren gaben die beiden bedeutenden »sokratischen« (vgl. Hermog. a.O. [5], 1 ff.) Werke des 4. Jh. v. Chr., das in seiner Beschränkung auf ein einziges Thema (Wesen des Eros) trotz aller Lebensnähe der Szenerie »ideale« Symposion → Platons (1) sowie andererseits → Xenophons gleichnamiges Werk ab. Eine Reihe namhafter Philosophen der Folgezeit (→ Speusippos, → Hieronymos 7, → Prytanis 2, → Epikuros, → Persaios 2) sind als Autoren solcher S. hervorgetreten. Es gab auch Versuche, den Dialog durch die Briefform (→ Lynkeus 4) zu ersetzen. Seit Aristoteles' Συμπόσιον (Frg. 99 ff. R.) wird es üblich, die dargestellten Tischgespräche mit Gelehrsamkeit aller Art zu befrachten (→ Aristoxenos, → Didymos 1) oder sie geradezu als wissenschaftl. Darbietungsform zu mißbrauchen (→ Herodianos 1, → Herakleides 23). So kann sich die S. zu einer Sonderform der Buntschriftstellerei entwickeln, wobei nicht selten die Einkleidung gänzlich unglaubhaft wird. Insbes. gilt dies für → Athenaios (3). Ein geschmackvoller Autor wie → Plutarchos (2) suchte dieser Gefahr dadurch zu entgehen, daß er teils das klass. Muster Platon nachahmt (Gastmahl der → Sieben Weisen), teils die Vielfalt möglicher Gesprächsthemen auf zahlreiche einzelne Symposion-Szenen verteilte, die er dann zu einer Slg. *Συμποσιακά* vereinigte. Als Parodie auf die Unverträglichkeit zeitgenössischer Philosophen verschiedener Schulen ist → Lukianos' (1) *Συμπόσιον ἢ Λαπίθαι* gemeint. Angeregt durch Lukian (und somit in menippeischer Tradition stehend) benutzte → Iulianus (5) sein »Symposion« zur Darstellung seines Herrscherideals und zur Polemik gegen die Christen. Aus deren Reihen stammt das *Συμπόσιον ἢ περὶ ἁγνείας* des → Methodios (2). Bei den Römern gaben zuerst die Satiriker → Lucilius (I 10), → Varro (1) und Horaz (s. 2,8) in derb-volkstümlicher Weise Schilderungen von Gastmählern *(cenae, convivia;* vgl. [8]). An griech. Mustern orientiert, aber in röm. Verhältnisse übertragen war das *Symposium* des → Maecenas (4), wohl auch das des → Asconius (vgl. [7]). Einen unerreichten Höhepunkt dieser Lit.-Gattung, eine satir. Schilderung des unsäglich tiefen Bildungsniveaus mancher finanzkräftiger Freigelassenen seiner Z. unter parodistischer Verwendung zahlreicher Einzelheiten aus klass. S. stellt → Petronius' (10) *Cena → Trimalchionis* dar. Der gelehrten griech. Tradition stehen die *Saturnalia* des → Macrobius (1) nahe, ein trotz aller Vielfalt der zur Sprache kommenden Themen in formaler Hinsicht durchaus respektables Werk. Mittelpunkt des Gespräches zwischen namhaften Vertretern vornehmer Familien Roms sind Persönlichkeit und Werk Vergils. H. Gä.

Lit.: 1. *Hug*, RE IV A 1273 ff. 2. *Christ-Schmid* 2,1,53. 3. *R. Hirzel* Der Dialog 1, 359 ff. 4. *F. Ullrich* Entstehung und Entwicklung der Literaturgattung des Symposion, Progr. Würzburg 1908/09. 5. *J. Martin* Symposion, Paderborn 1931 (Nachdr. New York 1968). 6. *Ders.*, RACh 3, 658 ff. 7. *R. Hirzel*, RhM 43, 1888, 314 ff. 8. *L.R. Shero*, CPh 18, 1923, 126 ff.

Synagoge. Mit S. (*συναγωγή*) übersetzt die LXX das hebr. עֵדָה = die sich versammelnde Gemeinde. S. heißt auch das Versammlungsgebäude der jüd. Gemeinde. In Aboth 1,1 wird die von der Z. Esras bis zum J. 330 bestehende Versammlung von 120 Schriftgelehrten »Große S.« genannt. Andere Bezeichnung für das Versammlungsgebäude ist *προσευχή* (Übers. des hebr. בֵּת הַתְּפִלָּה Jes. 56,7). In chr.-theolog. Sprachgebrauch wird S. schon im Barnabasbrief (2. Jh.) als Synonym für die jüd. Gemeinde gebraucht. Die Entstehung der S. ist nicht ganz geklärt, doch steht fest, daß sie erst nach dem babylon. Exil an Bedeutung gewann. Für eine Herkunft der S. aus der babyl. Diaspora spricht, daß es im Exil nach 1. Kön. 8,46–50 Versammlungen gab, bei denen man nach Jerusalem hin betete. Esra 7,25 weiß von einer Bestimmung Artaxerxes' II. zu berichten, die für Juden in Syrien Gesetzesunterricht befiehlt. Wo anders als in einer S. soll solcher Unterricht stattgefunden haben? Mit ELBOGEN ist anzunehmen, daß die S. unabhängig vom Tempel entstanden ist. Die ältesten S. (Mitte 3. Jh. v. Chr.) sind in Äg. nachweisbar. In hellenist. Z. wird es aber im gesamten Mittelmeerraum S. als Zentren jüd. Lebens gegeben haben. Entdeckt worden sind S. in Delos, Milet, Priene, Aigina, in der Nähe von Tunis und in Ostia. Aus dem 3.–7. Jh. n. Chr. stammen die meisten in Palästina gefundenen S. Eine Theodotusinschr. (GALLING Textbuch zur Geschichte Israels, 1950, 81) aus Jerusalem (noch vor 70 n. Chr.) ist das älteste Zeugnis von einer Synagoge in Palästina. Neben dem eigentlichen S.raum besaßen die ant. S. noch Nebenräume für verschiedene Zwecke (Waschungen, Gäste). Nach Dan. 6,11 (vgl. b. Ber. 31 a) soll der Gebetsraum Fenster haben und nach Jerusalem orientiert sein. Vielfach dürften die ant. S. der hellenist. Ratsbasilika geglichen haben. Das in Tos. Sukka IV,6 beschriebene Diplostoon von Alexandreia besaß zwei Säulenreihen, üblich wird jedoch nur eine Säulenreihe gewesen sein. Die S. von Kapernaum (3. Jh.) hat einen nahezu quadrat. Grundriß. Die Inneneinrichtung der S.n war sehr verschieden, wies aber immer eine Estrade für die Lesungen auf und häufig einen Ehrensessel. Die Schriftrollen wurden entweder in Nebenräumen aufbewahrt oder aber in Nischen mit Holzschreinen. Kl. W.

I. Elbogen Der jüd. Gottesdienst in seiner gesch. Entwicklung, ³1931. *H. Kohl / C. Watzinger* Ant. S. in Galiläa, 1916. *E.L. Sukenik* Anc. Synagogues in Palestine and Greece, 1934. *K. Galling* Erwägungen zur ant. S., ZDPV 72, 1956, 163–178. *B.C. Roth* Die Kunst der Juden I, 1962. RGG³ 6, 557 ff. *W. Schrage*, Artikel *συναγωγή* in ThWB 7, 738–850.

Synallagma (*συνάλλαγμα*). I. Griechenland. 1. Rechtssprache ([1]. [2]): a) alle auf Begründung einer Verpflichtung gerichteten privaten oder öffentlichrechtl. Rechtsgeschäfte. b) die über diese Rechtsgeschäfte errichteten Urkunden. 2. Philos. Bei Aristot. Oberbegriff für Verpflichtungen aus Vertrag, *σ.τα ἑκούσια*, und Delikt, *σ.τα ἀκούσια*. Vorläufer des klass. röm. Begriffs der *obligatio* (RE IV A 1322).

II. Äg., ptolem. bis byz. Z.: jede Vertragsurkunde.

III. Rom. 1. Lat. Texte: S. wird nur zur Verdeutlichung des Begriffs *contractus* herangezogen (Dig. 2,14,7,2. 50,16,2), ohne daß darunter wie im gemeinen Recht ein gegenseitig verpflichtender Vertrag verstanden wird ([3]. Zustimmend [4], ablehnend [5]). 2. Griech. Texte: Rechtsgeschäfte aller Art (PREISIGKE Pap. WB. s.v.). E. B.

1. *J.H. Lipsius* Das att. Recht u. Rechtsverf., 1905–1915, 683. 2. *H.J. Wolff*, Rev. Hist. de Droit Français et Étranger 44, 1966, 569–583. 3. *H.P. Benöhr* Das sog. S. in den Konsensualkontr. des klass. röm. Rechts, 1965, bes. 8 ff.

4. *T. Mayer-Maly*, ZRG 83, 1966, 482. 5. *A. Burdese*, IURA 17, 1966, 362f.

Syndikos (σύνδικος). I. Griechenland: Rechtsbeistand. 1. Öffentl. S. a) Mitglied eines fünfköpfigen vom Volk gewählten Kollegiums, dessen Aufgabe es war, bei der alljährlichen *ἐπιχειροτονία* der Gesetze und bei den Klagen wegen Paranomia die bestehende Rechtsordnung zu verteidigen. b) Vertreter der staatl. Interessen in Prozessen wegen Verschleuderung öffentl. Gelder unter den Dreißig. c) Gewählte Rechtsbeistände für Rechtsfragen in internationalen Verhandlungen. 2. Private S. Neben dem Kläger oder Beklagten vor Gericht auftretende Sachwalter, → Synegoros ([1]. [2]. [3]).

II. Rom. 1. Ständige Rechtsberater bei Vereinen ([4]). 2. Ad hoc gewählte Vertreter der Städte für einen Rechtsstreit vor dem Kaiser oder dem Statthalter ([5]). 3. Beamtentitel in einigen selbständigen boiot. Gemeinden (LIDD.-SC. s.v. PREISIGKE Pap. WB. Abschnitt 8). E. B.

1. *R. J. Bonner* Lawyers and Litigants in Ancient Athens, 1927. 2. *H. J. Wolff* Demosth. als Advokat, 1968. 3. *Ders.*, Festschr. f. d. 45. Dt. Juristentag, 1964, 1–22. 4. *F. Poland* Gesch. des griech. Vereinswesens, 1909, 404. 5. *W. Liebenam* Städteverwaltung im röm. Kaiserreiche, 1900, 303, 2–5.

Synegoros (συνήγορος). I. Athen. 1. Fürsprecher, die auf Grund der alten Unterstützungspflicht der Gemeindegenossen in größerer Zahl neben einer Partei im Prozeß auftraten und ein Leumundszeugnis erstatteten. 2. Aus 1. gingen dann Anwälte hervor, die auch sachlich in den Prozeß eingriffen ([1]. → Syndikos).

II. Äg. In Anschluß an die griech. Entwicklung bildete sich schon in ptolem. Z. ein eigener Berufsstand des S. heraus, dessen Gebühren gesetzlich geregelt waren. In Steuerstrafsachen durfte der S. nicht auftreten. Zu keinem Zeitabschnitt war er – von wenigen Ausnahmen abgesehen – Stellvertreter der Partei ([2]). E. B.

1. *Busolt* GStk. 1159f. 2. *R. Taubenschlag* The Law of Greco-Roman Egypt, 1955, 507.

Synesios, Bischof von Kyrene, aus altem Adel, * um 370. Nach gründlichen rhet. und philos. (neuplaton.) Studien in Alexandreia, u.a. unter → Hypatia, lebte er auf seinen Besitzungen literar. Neigungen und der Jagd. 399–402 war er als Gesandter für die Ptolemais am Hof in Konstantinopel. Nach seiner Rückkehr organisierte er Abwehrkämpfe gegen räuberische Wüstenstämme. 410 wurde er, ungetauft, verheiratet und trotz erklärter Bedenken gegen Teile des chr. Dogmas, zum Bischof geweiht. Nach wenigen Jahren verantwortungsvollen Wirkens, das neben der geistlichen nach wie vor die polit. und soziale Fürsorge für seine Mitbürger umfaßte, ist er, wohl 413, gestorben. 156 Briefe (1.) geben ein eindrucksvolles Bild vom Vf. und den Zeitverhältnissen. Unter den Prosaschriften (2.) zeichnet sich der *Dion* aus durch ein Bekenntnis zu einem Leben philos. begründeter innerer Freiheit mit Distanzierung von der Inhaltslosigkeit der Rhetorik wie der Kulturlosigkeit der Mönche. 9 Hymnen (3.) in klass. Formen sind Zeugnis einer Religiosität, in der sich Neuplatonismus und chr. Lehre verbunden haben. B. R. V.

Ta.: 1. *R. Hercher* Epistolographi Gr., 1873, 638–739. 2. *N. Terzaghi*, 1944. 3. *Ders.*, 1939 (mit Komm.). Komm. Dion: *K. Treu* (TU 71), 1957. De regno: *Ch. Lacombrade*, 1951. De providentia: *S. Nicolosi*, 1959. Lit.: *Ch. Lacombrade* S. de Cyrène, 1951 (Bibl.). *H. v. Campenhausen* Gr. Kirchenväter, ⁴1967, 125–136. *H. I. Marrou*, The Conflict between Paganism and Christianity in the Fourth Century, ed. *A. Momigliano*, 1960, 126–150. *Altaner*⁷ 282f.

Syngraphai (συγγραφαί). 1. Griechenland ([2], 26. 58f. 111). Von einem Ausschuß auf Grund eines Volksbeschlusses ausgearbeitete Entwürfe, die sich auf Gegenstände der Gesetzgebung ([1], 628. 1022. → Misthosis II. VII.) oder auf Staatspachten ([2], 1. 8. 47) bezogen. Sie wurden zur endgültigen Entscheidung an Rat und Volk weitergeleitet. 2. Äg. Die Einrichtung der S. wurde in hellenist. Z. bei Vergabungen mit der Maßgabe übernommen, daß an Stelle des Volkes der Fiskus trat (RE IV A 1376). E. B.

1. *Busolt* GStk. 2. *D. Behrend* Att. Pachturkunden, 1970.

Syngraphe (συγγραφή), »Schriftstück« ([12], 21). A. Griech. Recht. I. Klass. Z. 1. Öffentl. Urkunde ([9]). 2. Die private Vertragsurkunde. Über das mündliche Zugeständnis der einen Partei gegenüber der anderen, Homologia ([5]), wurde für gewöhnlich eine Urkunde ausgestellt ([1]. [3]. [6]. [12]). Die S. ist von den → Syngraphai (Plural) und den → Synthekai zu unterscheiden. Die objektiv stilisierte, urspr. nur über Seedarlehen errichtete Urkunde ([2]. [12], 94) entwickelte sich zu einer dispositiven Urkunde über Rechtsgeschäfte aller Art ([10]. [11]). II. Hellenist. Z. Die S. weist nunmehr in der Regel die Form der Doppelurkunde (→ Diptychon) auf Pap. mit versiegelter Innen- und offener Außenschrift auf. 1. Persisch-Kurdistan (s. MINNS, JHS 35, 1915, 22ff.). 2. Äg. a) Die griech. Vertragsurkunde. Sie begegnet urspr. in der Gestalt der privaten, objektiv stilisierten Sechszeugenurkunde (*ἑξαμάρτυρος σ.*), die u.U. bei einem privaten Urkundenhüter, *συγγραφοφύλαξ* ([4]. [8],60), oder bei einer öffentl. Hinterlegungsstelle (*χρεωφυλάκιον*) hinterlegt werden mußte. b) Die subjektiv stilisierte äg. Vertragsurkunde ([8], 50ff.). c) Die staatsnotarielle Urkunde. Diese wurde durch den → Agoranomos oder durch die → Mnemones in der Form eines Protokolls oder einer Homologie abgefaßt. B. Röm. Recht. Das Institut des griech. Rechts wurde nur für das Verhältnis zwischen Peregrinen oder zwischen Bürgern und Nichtbürgern anerkannt (Gai. 3,134. [7], 273f. 280). Im Gegensatz zum griech. Recht bezeichnet aber S. nur die von dem Rechtsgrund losgelöste Darlehensschuldurkunde ([1], 1384ff.). E.B.

1. *W. Kunkel*, RE IV A 1376–1387. 2. *L. Gernet* b. *E. Berneker* Zur griech. R.-Gesch., 1968, 409,110. 3. *G. S. Simonetos* b. *E. Berneker* a. O., 458. 4. *G. Lotter*, Iura 3, 1952, 217ff. 5. *H. J. Wolff* b. *E. Berneker* a. O., 494. 513ff. 518f. 6. *L. Gernet* Droit et société dans la Grèce ancienne, 1955 und 1964, 189ff. 7. *M. Kaser* Das röm. Privatrecht 2, 1959. 8. *E. Seidl* Ptolem. R.-Gesch., 1962. 9. *F. Meulemans – M. Verschueren*, Rev. intern. des droits de l'antiquité, 3e sér., 10, 1963, 163–173. 10. *H. Kühnert* Zum Kreditgeschäft in den hellenist. Pap. Äg. bis Diokletian, 1965. 11. *H.-A. Rupprecht* Unters. zum Darlehen im Recht der gräkoäg. Pap. der Ptolem.-Z., 1967, 60ff. 12. *P. Kußmaul* Synthekai, 1969.

Synhedrion (*συνέδριον*). Als »Gemeinschaft Zusammensitzender« bezeichnen die Griechen Gremien des Vereins-, Gerichts- und Staatslebens, die durch Beratung und Beschluß ihre Aufgaben wahrnehmen. Zum S. im Vereinswesen [1], passim; Bezeichnung eines Gerichtshofs als S. z. B. bei Aischin. 3,19. Im staatl. Bereich kann ein Beamtenkollegium S. genannt werden ([Demosth.] 59,83: → Basileus und → Paredroi, Lys. 9,6. 9f.: → Strategen, Inschr. v. Magnesia 362,5f.: → Neopoioi), überwiegend aber heißt so die okkasionell oder permanent fungierende Ratskörperschaft. Der erstere Fall ist z. B. für das S. der im Korinth. Krieg (395–386 v. Chr.) gegen Sparta verbündeten Staaten gegeben (Diod. 14,82,2. 84,5. [4], 51. 210, 10). Das S. als ständiges Organ staatl. Zusammenschlüsse begegnet **1.** in der delph. → Amphiktyonie, wo Hieromnemones und → Pylagoroi bzw. Agoratroi (*ἀγορατροί*) die Mitgliedstaaten im S. vertreten [5]; **2.** in den hegemonialen → Symmachien des 4. und 3. Jh. v. Chr. ([7], 140–149), von denen der zweite att. Seebund gute Einblicke in Zusammensetzung, Kompetenz und Verfahren des S. vermittelt ([3]. [4], 55. 59. 61–64) und der Hellenenbund des → Antigonos (1) Monophthalmos Aufschlüsse über die Rolle der → Prohedroi (2) gibt; **3.** in den → Koina, deren mehr oder minder ausgebildete Repräsentativverfassung (*συνεδριακὴ πολιτεία*, Pol. 31,12,2) im S. (manchmal auch → Bule genannt, bei den → Achaiern (2) nur der letztere Terminus) ihren Ausdruck findet. Aufzählung der Koina mit S.: [4], Reg. s. v. [8], 155. [10], 26f. Zur Funktion des S. in den einzelnen Koina [7], 154–160. [9] passim.

4. S. wird in röm. Z. vielerorts in Griechenland statt → Bule als Benennung der städt. Ratsversammlung verwendet ([8], 191).

5. An den hellenist. Höfen bezeichnet S. den »Kronrat«, zu dem der König nach Gutdünken seine Freunde (→ Hoftitel) und wen immer er für einen speziellen Beratungsgegenstand geeignet hält, versammelt (Pol. 5,41,6: *ἀθροισθέντος δὲ τοῦ συνεδρίου*). Das Ergebnis ist die »mit den Freunden beratene« (vgl. Pol. 5,22,8) Entscheidung des Königs ([2]. [6]. [7], 198. 220).

6. Schließlich kann S. neben anderen Termini den röm. → Senat bezeichnen ([8], 157ff.). H. B.

1. *F. Poland* Gesch. des griech. Vereinswesens (1909). 2. *G. Corradi* Studi ellenistici (1929) 231–55. 3. *S. Accame* La lega ateniese del sec. IV a. C. (1941) 107ff. 4. *J. A. O. Larsen* Representative Government in Greek and Roman History (1955). 5. *G. Daux*, BCH 81, 1957, 104ff. 6. *Chr. Habicht*, Vierteljahresschr. f. Sozial- und Wirtschaftsgesch. 45, 1958, 1–16. 7. *V. Ehrenberg* Der Staat der Griechen ([2]1965) 140–149. 154–160. 198. 220. 8. *J. Touloumakos* Der Einfluß Roms auf die Staatsform der griech. Stadtstaaten des Festlandes und der Inseln im 1. und 2. Jh. v. Chr. (Diss. Göttingen 1967). 9. *J. A. O. Larsen* Greek Federal States (1968). 10. *A. Giovannini* Unters. über die Natur und die Anfänge der bundesstaatl. Sympolitie in Griechenland (1971).

Synkellos. Georgios, zumeist nach seinem geistl. Amt eines *σύγκελλος* (hierüber [6]) beim Patriarchen Tarasios von Konstantinopel (784 bis 806) S. genannt, byz. Mönch und Chronist, schrieb eine Weltchronik (*Ἐκλογὴ χρονογραφίας*), die er bis auf die eigene Z. herabführen wollte. Sein Tod (bald nach 810) verhinderte jedoch die Ausführung des Planes, so daß das Werk nur bis Diocletianus gedieh. S.' Freund → Theophanes Confessor setzte es fort.

S. errechnete für die Weltschöpfung das J. 5493 v. Chr.; das 5500. J. seiner Zählung war das der Geburt, 5534 das der Kreuzigung Christi. Divergierende Zählungen, die er in seinen wichtigsten Quellen (→ Iulius [B 3] Africanus, → Eusebios [7], → Panodoros) fand, nötigten ihn zu umständlicher Überprüfung; S.' kritische Auswertung der Vorlagen betont, gegen [1] und [4], zu Recht [2]. Da keine abschließende Überarbeitung mehr stattfand, blieben Widersprüche und Doppelfassungen (z. B. äg. Königslisten; dazu [5]) im Text stehen. Die Profangesch. wird erst für die Z. nach Abraham berücksichtigt; zur Gesch. der Ant. bringt S. kaum Wertvolles. Seine Zit. aus älterer Lit. übernahm er oft ohne Quellenangabe von seinen Gewährsmännern. Deshalb ist z. B. kaum zu entscheiden, welche Autoren er im Original benutzte und ob er etwa Palästina aus Autopsie kannte ([2]) oder in den fraglichen Partien lediglich Zit. in der 1. Person übernahm. H. Gä.

Ta.: *W. Dindorf*, Bonn 1829 (ungenügend; krit. Auswertung der Überl., deren Hauptzeugen aus dem 10. und 11. Jh. stammen, steht noch aus).

Lit.: 1. *Krumbacher* 339ff. 2. *Laqueur*, RE IV A 1388ff. 3. *M. E. Colonna* Gli storici biz. ... 54f. 4. *H. Gelzer* Sext. Iul. Afric. 2,176ff. 5. *C. Frick*, RhM 29, 1874, bes. 272ff. 6. *Metropolit Athenagoras*, Ἐπ. Ἑτ. Βυζ. Σπ. 4, 1927, 3ff. 5, 1928, 169ff. 6, 1929, 103ff. 7. *V. Grecu*, Mem. Sect. Ist. a Acad. Române 28,2 (1947) 241ff.

Synnada (*Σύνναδα*, vgl. Strab. 12,577), ant. Stadt in Großphrygien beim h. Şuhut, deren Bestehen erstmals für 302 v. Chr. liter. bezeugt ist (Diod. 20,107,3f.). N. von S. brach man alabasterartigen Marmor, der urspr. nach dem kleinen Ort

Dokimeion, in der röm. Kaiserz. aber nach S. benannt wurde. E. O.

W. Ruge, RE IV A 1410–1412. *D. Magie* Roman Rule in Asia Min., Princeton 1950, 1001 f. (791 zum Straßennetz um S., 815 zu den Marmorvorkommen bei S.). Münzen: *L. Robert* Monnaies Grecques, 1967, 66–68. Inschr.: MAMA 4, 1933, 14–35. 6, 1939, 127–132.

Synodos (*σύνοδος*) wird **1.** im griech. Staatsrecht gebraucht, wenn die Mitglieder eines Verfassungsorgans (z. B. des → Synhedrions der → Symmachie von 302 v. Chr.: IG IV^2 1,68,70, der athen. *βουλή* oder *ἐκκλησία*: Aristot. Ath. pol. 4,3) »zusammenkommen«, um ihre Aufgaben wahrzunehmen. Als t. t. spielt S. im Achäischen Bund (→ Achaia) eine bes. Rolle. Hier findet jährl. viermal eine S. aller Bürger statt ([3], 463 f. [4], 79 bis 81). Es ist die Frage, ob die S. diesen Charakter nach 200 v. Chr. behält [6] oder ob nun die S. nur von Rat und Beamten gebildet wird, während die Volksversammlung als *σύγκλητος* unregelmäßig zu außerordentlichen Beschlüssen einberufen wird ([4], 76–84. [5]. [7]). **2.** kann S. (neben *κοινόν*) jedweden in der »Zusammenkunft« sich manifestierenden Verein sowie (neben *συναγωγή*) dessen turnusgemäße Festversammlung bezeichnen. Aus der Vielfalt des diesbezügl. Materials ([1]. [2]) hebt sich das → Museion von Alexandreia als *σ. τῶν φιλολόγων ἀνδρῶν* heraus (Strab. 17,794). Wegen vollständiger Erhaltung einer auch die S. betreffenden Vereinssatzung ist das Testament der → Epikteta von Interesse (IG XII 3,330 Z. 109 bis 288). Häufige Erwähnung zeichnet die als S. organisierten → *Ἀθληταί* und dionysischen → Technitai aus. Eine wichtige S.-Gründung der röm. Kaiserz. betrifft Ärzte und → Professoren (R. Herzog, SPrAW 1935, 32,37 ff.). H. B.

1. *F. Poland* Gesch. des griech. Vereinswesens (1909). 2. *M. San Nicolò* Äg. Vereinswesen z. Z. der Ptolemäer und Römer I. II (1913/15). 3. *A. Aymard* Les assemblées de la Confédération achaienne (1938). 4. *J. A. O. Larsen* Representative Government in Greek and Roman History (1955) 75–102. 165–188. 5. *Ders.* Greek Federal States (1968) 223–231. 6. *A. Giovannini*, MH 26, 1969, 1–17. 7. *F. W. Walbank*, MH 27, 1970, 129–143.

Synoikismos (*συνοικισμός*) bedeutet im griech. Staatsrecht die aus polit. oder militär. Gründen (oder beiden) erfolgte »Zusammensiedlung« bisher nicht verbundener Orte im eigentlichen (= räumlichen) und übertragenen (= rechtlichen) Sinne. Der S. kann eine bestehende → Polis verstärken oder die Anlage einer neuen ermöglichen. Im letzteren Falle verlieren alle an dem Vorgang beteiligten Poleis diese Qualität zugunsten der Neugründung, im ersteren wird die der einen auf die anderen erstreckt. Die Fortexistenz von → Komai nach einem S. bildet in beiden Fällen die Regel. Die polit. Gründe für einen S. können vielfältiger Art sein: Einigung einer Landschaft durch die mächtigste Polis (→ Attika durch Athen: Thuk. 2,15,2. C. Hignett A History of the Athenian Constitution, 1952, 34–37), Hauptstadtgründung für ein neues Staatswesen (→ Rhodos: Diod. 13,75,1), Ausbau einer Polis zur Residenzstadt (→ Halikarnassos durch → Maussolos: Strab. 13, 611, Kassandreia [→ Poteidaia] durch → Kassandros (2); Diod. 19,52), Stärkung der Wirtschafts- und Finanzkraft einer Polis (→ Teos: C. B. Welles Royal Correspondence, 1934, n. 3/4. Rostovčev Soc. a. Ec. Hell. W. 1,121), Urbanisierungsbestrebungen (→ Apollonis: Keil / Premerstein 2. Reise in Lydien, 1911, n. 113. Zum Gründungsdatum L. Robert Villes d'Asie Mineure, ^{2}1962, 31 ff. 257 ff.). Musterbeispiele für S. aus militär. Gründen sind → Theben und von den Städtegründungen der Diadochen vor allem → Demetrias (E. Kirsten Die griech. Polis, 1956, 57. 96). Sowohl polit. als auch militär. Ziele verfolgt u. a. die Anlage von → Megale polis in Arkadien (H. Braunert / T. Petersen, Chiron 2, 1972, 57 ff.). Dieser S. besticht zugleich durch seinen Umfang: 39 Poleis werden dazu aufgerufen (Paus. 8,27,3 f.). An Zahl der erfaßten Gemeinwesen steht ihm am nächsten der S. von → Thessalonike: 26 *πολίσματα* (Strab. 7 fr. 21). Gelegentlich begegnet die Aufhebung eines S. Ein solcher Dioikismos ist 385 v. Chr. für → Mantinea bezeugt (Xen. hell. 5,2,7). Die röm. Kaiserz. kennt als größten S. den von → Nikopolis (3) durch → Augustus (G. W. Bowersock Augustus and the Greek World, 1965, 93 f.). Zu erwähnen sind noch die Bemühungen des → Dion (3) Chrysostomos, der Landbevölkerung (→ Paroikoi) von → Prusa durch S. das Bürgerrecht zu verschaffen (or. 45,13. Rostovčev GuW 2,277). H. B.

Synomosia (*συνωμοσία*): Die gemeingriech. Institution der Schwurbrüderschaft. Ihre Mitglieder verpflichteten sich urspr. allg. zu gegenseitiger Hilfe und Unterstützung. Durch die frühe Form der S. wurde wahrscheinlich wie im germ. Recht der Kreis der zur Blutrache Berechtigten und Verpflichteten erweitert. Später erstreckte sich die S. auf die verschiedenartigsten besonderen Zwecke, z. B. auf dem Gebiet der Politik, des Kults, der Wirtschaftspolitik, des Militärwesens und des Prozesses. Über die Eidesformel vgl. Seidl, RE IV A 1445 ff., über *Ζεὺς συνωμόσιος* Lidd.-Sc. Suppl. s. v. *συνωμόσιος*. E. B.

Syntaxis (*σύνταξις*). **1.** Von → Kallistratos (1) bei der Organisation des zweiten att. Seebunds statt des diskreditierten Begriffs → Phoros vorgeschlagener t. t. für den vom → Synhedrion festzusetzenden Beitrag der Symmachoi (Theop. FGrH 115 F 98), dessen Gesamthöhe um die Mitte 4. Jh. 45–60 Talente betrug (Demosth. 18,234. Aischin. 2,71). Verwendet wurden die Syntaxeis vornehmlich zur Soldzahlung, weshalb ihre Einforderung oft den → Strategen übertragen wurde (z. B. IG II/III^2 207). S. Accame La lega ateniese del sec. IV a. C. (1941) 131–137. **2.** Von → Alexandros (4) d. Gr. vielleicht in Anlehnung an die unter 1 beschriebene Verwendung von S. als Bezeichnung für die den befreiten Griechenstädten Kleinasiens auferlegten Zahlungen benutzt (TOD GHI 185. Arr. an. 1,17,7). E. BADIAN, Greece and Rome 12, 1965, 166. G. WIRTH, Chiron 2, 1972, 91–98. **3.** Von den Ptolemaiern den Tempeln (OGIS 90,15, auch dem → Museion: Athen. 11,494a) gewährte Natural- oder Geldzuwendungen. W. OTTO Priester und Tempel im hellenist. Äg. I (1905) 366–84. Sodann ist S. als Name einer vielleicht in ganz Äg. erhobenen Kopfsteuer spärlich bezeugt (Pap. Tebt. 103. 189). CL. PREAUX L'économie royale des Lagides (1939) 384–87. H. B.

Syntheke (*συνθήκη*), die »Übereinkunft«, in erster Linie auf dem Gebiet des öffentl., bes. des Völkerrechts ([1]), aber auch des Privatrechts ([3], 1165). Da eine S. regelmäßig mehrere Vereinbarungen enthielt, begegnet häufiger für das einzelne Rechtsgeschäft die Mehrzahl *συνθῆκαι*. Die vielen Synonyma ([3], 1162ff.) wie → Syngraphe, Synthema, → Symbole, Symbolon, Homologia, Philia und Graphai, die das gemeinsame Handeln betonen, aber auch solche, die nur auf das Bindungsmittel anspielen, wie z. B. Spondai, Horkoi (→ Eid) und Anankai, zeigen, daß wir es nicht mit einem festumrissenen techn. Begriff zu tun haben. Erst als der Gedanke des röm. Konsensualkontraktes nach dem 3. oder 4. Jh. n. Chr. sich in Äg. durchgesetzt hatte, wurde S. zu einem festen t. t. ([4]). Sowohl schriftliche als auch schriftlose Vereinbarungen konnten als S. bezeichnet werden (so [7] gegen [6]). Eine über die S. schriftlich oder sogar inschr. niedergelegte Urkunde diente nur Beweiszwecken, nicht dagegen der Inkraftsetzung der Vereinbarung ([7]). Schriftliche S. mußten bei einem privaten Dritten deponiert werden ([3], 1166ff.). Über die Paarung der Begriffe S. und *νόμος* s. [3], 1168. Die Erfüllung der privatrechtlichen S. konnte ohne Rücksicht auf einen etwa nachweisbaren Schaden mit einer eigenen Klage, der *συνθηκῶν παραβάσεως δίκη*, erzwungen werden ([2]). Über die S. in hellenist. und byz. Z. s. [5]. E. B.

1. *Busolt* GStk. 1252. 2. *K. Latte*, RE IV A 1458 s. v. *Συνθηκῶν παραβάσεως δίκη*. 3. *O. Schulthess*, RE Suppl. VI 1158ff. 4. *H. J. Wolff*, Journ. of Juristic Pap. 1, 1946, 77. 5. *R. Taubenschlag* The Law of Greco-Roman Egypt, 1955², 295,13. 6. *P. Kußmaul* Synthekai, 1969. 7. *D. Behrend* Att. Pachturkunden, 1970, 111ff.

Syphax (*Σύφαξ*, *Σόφαξ* Pol. 14,6,12f.), König der Masaisylier in W.- → Numidien mit der Hauptstadt → Siga, Liv. 24,48,2. 28,17,5. Plin. nat. 5,19, erhob sich 214/13 gegen Karthago, nahm Verbindung mit P. → Cornelius (I 67) Scipio und Cn. Scipio in Spanien auf, kam, von → Massinissa geschlagen, bald wieder in den Besitz seines Reiches. 206 umwarben ihn Karthago durch → Hasdrubal (5) und Rom durch → Laelius (I 1) und P. → Cornelius (I 70) Scipio in Siga, er entschied sich für Karthago, da Hasdrubal ihm seine Tochter → Sophoniba zur Frau gab. Liv. 28,17f. App. Ib. 29f. H. H. SCHMITT Die Staatsverträge des Altertums III, 1969, Nr. 546. Mit Hilfe der Karthager eroberte S. ganz Numidien mit → Cirta. Nach der Landung der Römer zwang er Scipio, die Belagerung von → Utica aufzugeben, suchte Frieden zwischen Rom und Karthago zu vermitteln (Liv. 30,3f. Pol. 14,1,9), verlor 203 sein Lager vor Utica, floh nach der Niederlage auf den »Großen Feldern« und wurde bei Cirta von Massinissa gefangengenommen. Pol. 14,7. 15,4ff. App. Lib. 20. 26. Ov. fast. 6,769. Nach einer Zusammenkunft mit Scipio wurde S. nach Rom gebracht, dann ins Gefängnis von → Alba Fucens und schließlich nach → Tibur, wo er 201 starb. Der Senat ließ ihn auf Staatskosten bestatten. Liv. 30,13. 16,1. 17,1. 45,2ff. Val. Max. 5,1,1. Sein Sohn Vermina kämpfte mit Hannibal bei → Zama, erhielt 200 von Rom einen kleinen Teil des väterlichen Reiches. Liv. 30,36,7. 40,3. Mz. J. MAZARD Corpus nummorum Numidiae ... 1955, 18ff. H. V.

Syrako s. Syrakusai

Syrakusai (*Συράκουσαι*), h. Siracusa, am östlichsten Vorsprung des jungtertiären Kalkhügelrandes der s.o.-sizil. Tafel. Vielleicht späte Erfindung ist *Συρακώ* als Name eines Sumpfes, von dem die Bezeichnung der Polis abgeleitet sein soll (vgl. Duris FGrH 76 F 59).

Aufgrund archäolog. Funde lassen sich vorkolonisat. Handelsbeziehungen annehmen. Die Gründung durch korinth. Siedler erfolgte nach der Datierung bei Thuk. 6,3,1, die durch sikul. und frühestes griech. Material bestätigt wird, im J. 733; als Gründer nennt er *Ἀρχίας τῶν Ἡρακλειδῶν*.

Nach archäol. Befund – und entgegen den Theorien einer urspr. Inselsiedlung bzw. einer altphoinik. Randbesiedlung (Thuk. 6,2,6. 3,2) – wurde S. von vornherein als Doppel- oder Brückenkopfsiedlung angelegt, d. h. zugleich auf der 40 ha großen Insel, wo nach Auflösung einer sikul. Siedlung die griech. Siedler Temenos und älteste *ἐσχάρα* im Bereich des späteren Athenaion anlegten, und auf der gegenüberliegenden Festlandszunge, wo n. des Sumpfes → *Λυσιμέλεια* vom 8. Jh. an die älteste Nekropole entstand.

Der alte Inselname → *Ὀρτυγία* weist den Ort als eine seit alters der Artemis heilige Stätte aus, bedeutet also nicht im urspr. Sinne »Wachtelland« (von *ὄρτυξ*). Während Thuk. 6,3,2 in geogr. Sinne von *νῆσος* spricht, gebrauchen Spätere *Νῆσος* als Ortsnamen. An der W.seite der Insel liegt die Quelle → Arethusa (8). Insel und Festlandszunge zus. lassen sich auch als Halbinsel zwischen den zwei Seeseiten ansehen, zumal wohl schon sehr früh ein Verbindungsdamm bestand, der später durch eine Brücke abgelöst wurde. Zu beiden Seiten dieser »Halbinsel« liegen die Häfen: die S.spitze von Ortygia bildet mit dem → *Πλημμύριον* das *στόμα* des bis

Belagerung von Syrakus 414–413

3,8 km langen großen Hafens, n. von Ortygia liegt der 350 m breite kleine Hafen.

In der archaischen Epoche wuchs die Bedeutung von S. teils durch die Agrarproduktion auf den Großgütern der herrschenden Aristokratie der *γαμόροι*, deren Land von sikul. Hörigen, den *κυλλύριοι*, bestellt wurde, teils durch die Handelsbeziehungen zu Korinth sowie später (ab 530: Beginn der Münze) durch ihre Funktion als eigenständiger Umschlagplatz des griech. W.handels. Am N.rand von Ortygia erhob sich zu Anf. 6. Jh. der wohl früheste aller dor. Tempel Siziliens, umstritten als Artemision oder Apollonion; im Zentrum trat an die Stelle eines älteren Holzbaues ein neues Athenaion, wenig n. davon wurde ein etwa gleichzeitiger ion. Tempel nicht vollendet. Auf dem Festland läßt sich seit M. 7. Jh. ein erstmaliges Anwachsen des Stadtareals nach N. feststellen, markiert durch eine Kette von Nekropolen 1–1,5 km von der N.spitze von Ortygia (mit gegen 1000 Gräbern). Der offenbar von der auf den Ton- und Konglomeratböden gedeihenden *ἀχράς* (Birne) abgeleitete Name *Ἀχραδινή* (*Ἀχραδίνη*) für dieses neue arch. Proasteion, d.h. die erweiterte und nun volkreich besiedelte *ἔξω πόλις* (Thuk. 6,3,2), ist zwar erstmals im Zusammenhang mit den Ereignissen d. J. 466 bezeugt, doch kann über die Identität mit der archäol. erkennbaren frühesten Stadterweiterung kein Zweifel bestehen. In ihrem alten Kern liegt die Agora. Für eine frühe Befestigung spricht Thuk. 6,3,2, während die von Diod. 11,73,1 für d. J. 463 genannte Achradina-Mauer wohl als gelonische Erneuerung aufzufassen ist.

Mit der sicheren Fixierung des Areals der Achradina entfallen alle Spekulationen früherer Topographie über eine Ausdehnung dieses Stadtteils auf das Plateau von *Ἐπιπολαί* (Thuk. 6,96, 2 *διὰ τὸ ἐπιπολῆς τοῦ ἄλλου εἶναι*) hinauf. Diese Hochfläche, die insgesamt eine Fläche von 1730 ha umfaßt, bildet in geogr.-morpholog. Sinne eine Einheit, und wegen des völligen Fehlens jeglicher Besiedlungsspuren läßt es sich auch nicht teilweise dem bebauten Stadtareal irgendeiner Epoche zuschlagen; die → Latomien an der 30 m-Linie des SO.-Randes von Epipolai bildeten zu allen Zeiten die äußerste N.grenze der Stadt.

Das somit für die archaische Epoche erschlossene Gesamtareal beträgt 125 ha; mit Recht konnte Hekataios FGrH 1 F 74 eine Stadt innerhalb solcher Grenzen als *πόλις Σικελίας μεγίστη* bezeichnen. Zu ihr gehören noch einige Anlagen im W. des Stadtgebietes: das Heiligtum des Apollon Temenites mit ältestem Altar aus dem späten 7. Jh., ein frühes Trapezoidal-Theater an der Stelle des späteren Großen Theaters, ein »Lineartheater« (bzw. kultische »Schautreppe«) sowie, s. des Zusammenflusses von → Anapos (2) und → Kyane, das → Olympieion mit dem Vorort Polichna. Dies entwickelte w. Vorfeld ist im Zusammenhang zu sehen mit der Sicherung des 3885 km^2 umfassenden weiten Hinterlandes der hybläischen Tafel (s.o.), die auf drei Durchdringungswegen (S.-Akrai- → Kasmenai-Akrillai-Scornavacche, S.-Heloros-Ina, S.-Kamarina-Hybla Heraia) vorgenommen wurde. Mit der Gründung von → Kamarina 599 kann die dor.-syrakus. Expansion als abgeschlossen gelten, eine Periode der Konsolidierung folgte. Die jüngste und eigenständigste Tochterstadt wandte sich einer kommerziellen Ausweitung bis zum sikul. Hybla Heraia zu, um sich mit diesem in der Auseinandersetzung mit S. 553 zu verbünden (Thuk. 6,5,3. Philistos FGrH 556 F 5). Die Zerstörung von Kamarina erwies sich als Vorspiel für den Konflikt zwischen S. und den Herren von → Gela. 492 mußte S. an den siegreichen → Hippokrates (4) das kamarineische Gebiet abtreten, der mit dem Wiederaufbau neuer *οἰκιστής* der Stadt wurde (Hdt. 7,154,3. Thuk. a.O. Philistos F 15). Eine Revolte des Demos und der Kyllyrioi (s.o.) beseitigte in S. die Herrschaft der Gamoren; die Rückführung der nach Kasmenai exilierten Aristokratie (Hdt. 7,155,2) nahm Gelon 485 zum Anlaß, sich der Herrschaft über S. zu bemächtigen.

Mit diesem Ereignis beginnt eine neue Phase der Entwicklung, in der S. endgültig die Dimension einer Groß-Polis bekommt. S. wurde Hauptstadt des deinomenidischen ostsizil. Flächenstaates, in dem die dominierende Militärmonarchie das Element der autonomen Bürgergemeinden im Prinzip nicht aufhob, und erfuhr einen bedeutenden Aufschwung; deutlicher Beleg dafür ist auch der wachsende Münzausstoß. Der Wohlstand unter der als glücklich gepriesenen gelon. Herrschaft wurde z.T. durch rigorose Maßnahmen erzwungen: die Einwohner der gerade acht Jahre alten Neugründung Kamarina wurden nach S. überführt, ebenso eine Großzahl von Bewohnern von Gela und die Oberschicht von Megara, für das 1½ Jh. Geschichtslosigkeit folgen sollte, und Euboia (Hdt. 7,156,2f.); überdies erhielt eine größere Zahl von Söldnern Bürgerrecht.

Die neuen Kultbauten der gelon. Z. sind Reflex des glücklichen Ausganges des 480 erfolgten ersten Zusammenstoßes mit den Karthagern. Nach dem Sieg begann auf Ortygia der Bau des Tempels der Athena, h. einbezogen in die Kirche S. Mar[illegible] delle colonne. Gelon schuf mit der Anlage von Docks auch eine der Voraussetzungen dafür, daß S. militär. Seemacht wurde; seine Flotte bestand aus 200 Schiffen (Hdt. 7.158). Der Seesieg, den Hieron I. bzw. *hιάρōν ὁ Δεινομένεος καὶ τοὶ Συρακόσιοι* (Inschrift der beiden in Olympia geweihten Beutehelme, Sylloge[3] 35. Tod IGH 22. MH 21, 1964, 186) über die Etrusker bei Kyme 474 erfochten, ist Folge der von seinem Bruder eingeleiteten Entwicklung.

Nach 472 ist S. als Vormacht der sikeliot. Poleis anerkannt und als Macht im italiot. Raum präsent. In der kulturellen Bewegung dieser Epoche steht S. mit → Epicharmos und → Sophron nicht zurück, und der Glanz des hieronischen Hofes versammelte die großen zeitgenössischen Dichter → Aischylos (1), → Pindaros, → Simonides (1), → Bakchylides.

Mit dem Sturz des Thrasybulos, der 466 dem aufständischen Volk (Diod. 11,68,1) weichen mußte, beginnt die Phase der »Zweiten Demokratie«, eingeleitet durch innere Unruhen. Obwohl insbesondere das Wiederaufleben des Nationalgefühls der ion.-chalkid. Städte die unmittelbare Vorherrschaft von S. auflöste, behielt es doch die von den Deinomeinden vermachte Position sowohl im Handel als auch im Militärischen. S. nahm die Kapitulation des → Duketios und der gemeinsam mit Akragas bekämpften sikel. Aufstandsbewegung entgegen und konnte die 446 bis 440 folgende Auseinandersetzung um die so gewonnene Position mit Akragas erfolgreich bestehen. Kulturell ist diese Phase der »Zweiten Demokratie« als Fortsetzung der Blütezeit anzusehen; besonders die Rhetorik entwickelte sich durch Korax und → Teisias; für die Historiographie s. Antiochos (FGrH 555). – Im Verfolg der bes. gegenüber den chalkid. Städten imperialist. Politik stieß S. dann auf Athen, das sich bereits 454 zur Unterstützung von → Katane gegen S. sowie von → Segesta gegen → Selinus (4) und 453 zugunsten von Katane und → Leontinoi gegen die Sikuler engagiert hatte. Die durch die syrakus. Politik bedrohten Städte → Rhegion und Leontinoi schlossen 433 Verträge mit Athen, Leontinoi sandte 428 → Gorgias (1) nach Athen, und es folgte 427 die sog. 1. Sizil. Expedition. Zwei Jahre später folgte der Abbruch des begrenzten Krieges und das Einverständnis der Sikelioten auf dem Kongreß von Gela 424 (→ Hermokrates 1). Der damalige Machtbereich von S. läßt sich u.a. an der Bestimmung des Friedensvertrages ablesen, S. solle an Kamarina → Morgantine abtreten (Thuk. 4,65,1). Völlige Unterordnung unter S. vollzogen nach dem Kongreß die Besitzenden von Leontinoi; bei den folgenden Wirren versuchte Athen bereits 422 einzugreifen und fand dann mit der Hilfe für Segesta und mit der Unterstützung der Wiederherstellung der Autonomie von Leontinoi die Vorwände für die große Sizil. Expedition.

Zur athen. Belagerung 414–13 darf als Prämisse gelten, daß sich mit dem von der Wissenschaft der letzten Jahrzehnte erschlossenen Stadtbild eine seit der Renaissancetopographie übliche NS.-Absperrung nicht vereinbaren läßt. Vielmehr muß die athen. Einschließungslinie halbkreisförmig um die Stadt gelaufen sein, d.h. an ihrem Nordteil in WO.-Richtung (s. Abb.). Um zu verhindern, daß S. auf kürzester Strecke abgeriegelt werden konnte, errichteten die Syrakusier während der Winterpause 415/14 eine neue Nordmauer. Im Mai 414 landeten Athener und Verbündete 7000 Mann Kampftruppen am Küstenstreifen → Leon (10), rückten dann 6–7 Stadien gegen Epipolai vor und erstiegen dort gemäß thukyd. Maßangabe die erhaltene, zum Direktweg S.-Megara gehörende Prosbasis zum Euryelos-Teil des Plateaus. Nach Anlage eines der Sicherung und der Verbindung zur Flotte dienenden Forts auf der 50 m-Kuppe des → *Λάβδαλον* begannen die Athener den Bau des Einschließungsringes (*κύκλος*) n. vom Temenites am dortigen 60 m-Hang, der nach seinem Feigenbaumbestand den Flurnamen *Συκῆ* trug. Um die Fortsetzung dieses N.-Teils nach W. hin abzufangen, bauten die Syrakusier vergeblich Gegenlinien. Im Sommer 414 war S. vom 4,7 km messenden *κύκλος* fast umschlossen; unfertig war lediglich der strategisch weniger wichtige Teil am Kap → *Τρωγίλος*. Durch diese Lücke konnte jedoch die Entsatzarmee des → Gylippos nach S. gelangen. Gylippos ließ zwecks Rückgewinnung von Epipolai von der Achradina-Vorstadt aus eine dritte Gegenlinie g_3 bauen, wodurch die athen. Armee selbst in einen Kessel zwischen g_3 und die syrakus. Südstellung geriet. Mit dem Scheitern des von → Demosthenes (1) vorzüglich konzipierten Angriffs auf die N.front des Kessels sowie der zweiten Seeschlacht ist der Mißerfolg der Belagerer besiegelt.

Aus der athen. Niederlage zog zunächst nicht S., sondern Karthago mit der erfolgreichen Invasion der J. 409–05 den größten Nutzen. Doch wurde durch die karthag. Bedrohung ebensowenig wie vorher durch die athen. die kulturelle Blüte unterbrochen, die dann unter Dionysios I. einen großartigen Aufschwung nehmen sollte (bes.: Münzen des → Euainetos und des Kimon; Historiographie des → Philistos; Errichtung des Thesauros in Delphoi zwischen 410 und 400, vgl. Paus. 10,11,5). → Dionysios (1), in der Situation karthag. Bedrohung zur Tyrannis gelangt, konnte S. erneut zum Zentrum des griech. W. machen. Nach Abdrängung der Karthager in den NW. der Insel erstreckte sich die neue »Reichsbildung« der zweiten Tyrannis über vier Fünftel Siziliens; der Sieg über die Poleis der italiot. Liga öffnete das sikel. wie das adriat. Meer der polit. und kommerz. syrakus. Expansion.

S. selbst gilt in dieser Epoche als größte Griechenstadt (Isokr. Nikokl. 23. Timaios FGrH 566 F 40. Diod. 13,96,4). Mit wachsender Bevölkerung entsteht nach Aufgabe der Nekropole zwischen Achradina-Vorstadt und Temenites ein neues, 30 ha großes Proasteion (→ Tyche 2). Ebenfalls für diese Epoche wird als Nachfolgestadtteil des Temenites die 110 ha große → Neapolis (3) erwähnt.

Im J. 402, in Erwartung neuer Auseinandersetzungen mit den Karthagern, begann Dionysios I. mit der fortifikator. Sicherung von S. zunächst durch den Mauerbau am N.rand von Epipolai (Diod. 14,18) von der Euryelos-Flur bis zur Scala Greca. Später wurde eine S.mauer vom höchsten Punkt des Euryelos (das dortige Fort ist offenbar erst ein Werk des 3. Jh.s) bis zur Portella Fusco errichtet sowie die N.mauer am NO.-Rand des Plateaus weitergeführt; dabei entstand an der Ausfallstraße nach Leontinoi die Toranlage Hexapylon. Der Raum der so entstandenen »Landschaftsfestung« blieb, abgesehen von einigen Gehöften und kleineren Kultstätten, unbesiedelt. – Zur Sicherung seiner Herrschaft wandelte Dionysios Insel und Festlandszunge in einen Festungskomplex um: gegen das Gebiet der Achradina war die Burg durch ein Mauersystem abgeschlossen, in das auch die *νεώρια* am kleinen Hafen einbezogen waren; auf der Insel blieben nur *φίλοι* und *μισθοφόροι* (Diod. 14,7,1 ff. 10,4; Pentapylon: Plut. Dion 29). Die Agora der Achradina wurde repräsentativ umgestaltet.

In die Regierungszeit Dionysios' II. (ab 367) fallen der zweite und dritte Besuch → Platons (367. 361) in S. und der mißlungene Versuch einer platon. Verfassungsorganisation. Im Verlauf der Kämpfe zwischen den Parteiungen → Dions (1) und Dionysios' sperrten die Syrakusier 357 die Festlandszunge gegen die Tyrannenburg durch Mauern zwischen den beiden Hafenseiten (s.o.) ab. Die Bürgerkriege endeten erst 344, als der Korinthier → Timoleon die Demokratie wieder herstellte. Ist auch die vorangehende Verfallszeit z.B. bei Plut. Tim. 22,5 zu kraß gezeichnet, so beginnt doch mit Timoleons Herrschaft nach Abwehr der Karthager und Befreiung der Poleis von ihren Tyrannen für S. und die Griechen Siziliens eine Zeit der Renaissance. Mit dem Herbeiströmen neuer Kolonisten aus Korinth und dem übrigen Griechenland fällt der archäolog. bezeugte Ausbau der Neapolis (s.o.) zusammen. Einbezogen in den großen Epipolai-Mauerring von nunmehr 180 Stadien (Strab. 6,270) bleiben Neapolis und Tyche fortan ohne bes. Mauerschutz im N.; die Stadtteile können daher als *ἔξω πόλις* bezeichnet werden (Plut. Marc. 18, 6). Anstelle der Vorinsel-Burg ließ Timoleon Gerichtsgebäude erbauen, doch blieb der Gesamtcharakter der Inselfestung erhalten.

Unter → Agathokles (2), *στρατηγὸς αὐτοκράτωρ* 317 und *βασιλεύς* 305, lief S. zunächst zweimal (311. 309) Gefahr, in karthag. Hand zu geraten; beim Angriff 309 war der Bereich Euryelos offenbar noch nicht von dem Fort gedeckt, dessen Hauptanlage aber bald danach errichtet worden sein muß. Auch die Inselfestung wurde u.a. durch Türme verstärkt; hier stand auch der berühmte *οἶκος ὁ ἑξηκοντάκλινος ὀνομαζόμενος* (Diod. 16,83,2). Die Blütezeit agathokleischer Herrschaft endet mit dem erfolglosen Versuch der Wiederherstellung der Demokratie, und während des Niederganges unter der Tyrannis des → Hiketas (2) und Thoinon wäre S. ohne Eingreifen des → Pyrrhos (1) von Epeiros unter karthag. Herrschaft geraten. Pyrrhos machte nach Einnahme der ganzen Insel außer Lilybaion und Messene S. zur Hauptstadt der sikeliot. Föderation. Der Stadt → Hierons II. gilt der Lobpreis Theokr. Epigr. 18,5. Unter dem Neuschöpfer des syrakus. Reiches wurde die ganze Neapolis großzügig umgestaltet. Das große Theater in seiner Gesamtanlage stammt wohl aus dieser Zeit; s.ö. davon entstand die fast 200 m lange Ara Hieronis, auf der zu den Eleutheria 150 Rinder geopfert wurden. Ortygia war Königsburg; an der Agora wurde ein Tempel des Olymp. Zeus errichtet. Entgegen der romfreundlichen Politik Hierons verfolgten die Syrakusier in der demokrat. Schlußphase ihrer Unabhängigkeit eine prokarthag. Politik und provozierten so das Eingreifen Roms.

Bei ihrem ersten Angriff 213 hofften die Römer mit einem Stoß auf zwei Hauptstücke der Befestigung auf einen raschen Erfolg. Dabei mußten Flotte und Truppe unter Marcellus (→ Claudius I 15) die Stärke der ö. Achradina-Seemauer sowie die Gefährlichkeit ihrer von → Archimedes veranlaßten Bestückung erfahren. Erst 212 wurde die Mauer erstiegen und bald danach die Eroberung vollendet. Unter röm. Herrschaft blieb S. zwar Hauptstadt der Insel, doch sah Augustus sich veranlaßt, eine Kolonie zu entsenden, die die geschädigten Festlandsstadtteile wiederherstellte (Strab. 6,270); u.a. wurde dabei der Platz vor der Ara Hieronis (s.o.) mit einer Porticus umgeben. Aus der 2. Hälfte des 2. Jh.s stammt das Amphitheater der Neapolis.

Gründlich ruiniert wurde S. erst durch die Sarazenen, die die Stadt 878 nach zehnmonatiger Belagerung einnehmen konnten, sowie durch die Erdbeben von 1693 und 1757. H.-P. D.

J. Bérard Bibliogr. topogr. des princip. cités grecques de l'Italie mérid. et de la Sicile dans l'antiquité, Paris 1941. *T.J. Dunbabin* Contributions to the bibliography of the Greek cities in Sicily and South Italy, Pap. Brit. Sch. Rome 18, 1950, 104 ff. *M.-P. Loicq-Berger* Syracuse. Hist. cult. d'une cité gr., Coll. Latomus 87, 1967, 295 ff. *H.-P. Drögemüller* Syrakus. Zur Topogr. und Gesch. einer griech. Stadt, G Beih. 6, 1969, 151 ff. *Ders.*, RE Suppl. XIII 815 ff.
Vor- und Frühgesch.: *L. Bernabò Brea* Alt-Sizilien, Köln 1958. *T. J. Dunbabin* The Western Greeks, Oxf. 1948. *Drögemüller* Syrakus 33 ff.
Gründungschronol.: *Dunbabin* a.O. 52, 435 ff. *Drögemüller* a.O. 33 ff. *G. Vallet – Fr. Villard*, BCH 76, 1952, 298 ff. *R. van Compernolle* Étude de chronol. et d' historiogr. siciliotes, Brüssel–Rom 1960.
Topographie, Gesch.: *K. Fabricius* Das ant. Syrakus, Klio-Beih. 28, 1932, Neudr. 1963. *G.V. Gentili* Siracusa, Enc. Arte Ant. VII, 392 ff. Veraltet, aber für Einzelheiten wertvoll: *F.S. Cavallari – A. Holm* Topogr. arch. di Siracusa, Palermo 1883. *B. Lupus* Die Stadt S. im Alt., Straßb. 1887.

Belagerungstopogr.: *A. Piganiol*, REG 1937, 1ff. *Drögemüller*, a. O. 68ff. 115ff.
Hinterland: *A. di Vita*, Kokalos 2, 1956, 177ff.
Verfassung: *W. Hüttl* Verfassungsgesch. v. S., Prag 1929.
Kulturgesch.: *M.-P. Loicq-Berger* a. O.
Theater: *G.E. Rizzo* Il teatro greco di Siracusa, Mailand-Rom 1923. *C. Anti* Guida Teatro ant. di S., Florenz 1948; *Ders.* La storia meravigliosa ..., Scritti in on. di G. Libertini, 1958, 83ff.
Mz.: *E. Böhringer* Die Mz. von S., Bln. 1929. *G. E. Rizzo* Monete greche della Sic., Rom 1946.

Syria. 1. Grenzen. 2. Natur. 3. Geschichte bis 333 v. Chr. 4. Geschichte bis zur Araberzeit. 5. Religion. 6. Kultur und Wirtschaft.

1. Grenzen: S., griech. *Συρία* < *Ἀσσυρία*, Küstenlandschaft im Ostmittelmeerraum, reicht nach → Hekataios (3) bis → Gaza, ist bei Hdt. bes. Bezeichnung für → Palästina bzw. das philistäische Küstenland. Bes. die O.-Grenze ist schwankend: Bei Xenophon ist die Grenze zw. S. und Arabia der → Araxes (4; d.h. der Ḫābūr), seit Alexander ist es der → Euphrat. Allg. Sprachgebrauch nennt den Raum zw. → Amanos und → Tauros, Euphrat und arab. Steppe, Äg. und der Mittelmeerküste S. Palästina und Phoinikien rechnet meist nicht dazu.

2. Natur: Geograph. bildet S. den Übergang vom maritimen zum kontinentalen Bereich, ist durch parallel zum Meer verlaufende Gebirgszüge (→ Libanos 2, Antilibanon, Amanus, Nosairiergebirge) zerrissen, nach N. durch den Tauros abgeschirmt. Entwässert wird S. durch → Orontes (6) und → Jordan (2), mehrere kleine Flüsse fließen direkt ins Meer (bes. Eleutheros = Nahr el-Kebīr). Küstenland und Gebirge haben verhältnismäßig feuchtes Seeklima, das Hinterland hat Festlandklima mit geringem Niederschlag. Die Flußniederungen von Euphrat, Orontes und Jordan und der schmale Küstenstreifen wurden schon früh kultiviert, umfangreiche Bewässerungsanlagen machten auch Steppengebiete und die Oasen von → Damaskos und → Palmyra fruchtbar. Die Gebirge waren einst dicht bewaldet, die Zedern des Libanon jahrtausendelang begehrter Exportartikel. Es gedeihen auch → Cypressen, → Lorbeerbaum, Fichte, Sumachbaum und → Platane. Exportiert wurden auch Öl und Wein, Gewürze und Datteln. Neben der üblichen Mittelmeerfauna gab es Löwen, Panther und Wölfe; der syr. Elephant wurde noch bis z. E. 2. Jt. v. Chr. in Sumpfniederungen gejagt, starb dann aus.

3. Geschichte bis 333: S. bildete nur ganz selten eine polit. Einheit, zerfiel vielmehr in viele kleine Gebiete und Staaten, die meist um zentrale Städte oder Oasen entstanden: Damaskos, Hama, → Emesa/Höms, Qatna, Aleppo, Karkemisch, Palmyra, an der Küste Ugarit, Arwad, → Byblos usw. Als typ. Landbrücke und Kreuzungspunkt wichtiger Karawanenstraßen unterlag es immer dem Einfluß fremder Völker, vor allem den Semiten: Kanaanäer, Aramäer und Araber; aber auch Ägypter, Hurriter und Hethiter, Urartäer und Skythen, Makedonen und Griechen waren hier anzutreffen. – Paläolith. sind Reste einer Megalithkultur feststellbar, neolith. bedeutende Siedlungsplätze (Ugarit, Tell el-Ǵudēde in der Amq-Ebene, Byblos, Jericho, Tell Sukās) mit präkeram. Kulturen seit dem 7. Jt. v. Chr.; erste Züchtung von Getreide aus Wildgräsern. Im Chalkolithikum wird Mesopotamiens Einfluß stärker, aber auch der Äg., das über Byblos Holz importiert. Zu Beginn 3. Jt. v. Chr. reicht sumer. Einfluß bis N.-S. (Funde von Tell Chuēra und Habūba Kabīra). Lugalsagesi von Umma und → Sargon (1) von Akkade (2330–2275) erreichten als erste das »Obere Meer«; z. Z. der 3. Dyn. von Ur (ca. 2000 v. Chr.) sind Kontakte auch urkundl. belegt (E. Sollberger, AfO 19,120ff.). In altbab. Z. beherrscht das Königshaus von Aleppo/Jamḫad Nordsyrien, dann kommt es in die Interessensphäre der → Hethiter. Ḫattušili I. zieht um 1590 erstmals über den Taurus, besiegt eine Koalition unter Führung von Jamḫad. Sein Sohn Muršili marschiert um 1532 über Aleppo nach Babylon, auch die Ägypter stoßen unter Thutmosis I. um 1500 erstmals zum Euphrat vor. In S. selbst haben nun die Hurriter die Vorherrschaft (Reich von Mitanni, Hauptstadt Waššukkanni), das Land liegt im Interessenbereich von Hatti und Äg., später auch Assur. Nach Ausschaltung der Hurri-Mitanni unter Tušratta durch Suppiluliuma I. findet die Auseinandersetzung zwischen Hatti und Äg. auf dem Boden S.s statt, wobei die einheimischen Kleinstaaten von Nija, Nuḫašše, Mukiš (Alalaḫ), Qadeš, Qatna, Amurru und Ugarit teils als Hilfstruppen der Großmächte auftreten, teils eine eigene Politik verfolgen. Das diplomat. Briefarchiv von Amarna (VAB Bd. 2) zeigt deutlich, wie sie bis zur Schlacht bei Karkemiš (1285) geschickt die Schwächeperioden der großen Kontrahenten ausnützen, um auch gegenseitige Rivalitäten auszutragen. Der Vertrag zwischen Ḫattušili III. und Ramses II. von 1270 grenzt die Einflußgebiete ab. Das der Hethiter reicht bis zum Libanon, in Karkemiš wird eine Sekundogenitur errichtet, die syr. Fürsten durch Staatsverträge an die Krone gebunden. Der Seevölkersturm, 1177 von → Ramses III. auf syr. Boden zum Stehen gebracht, beendet das Gleichgewicht der Kräfte, in das durch das Zerbrechen der Kleinstaaten entstandene Vakuum strömen Aramäer ein, die allmählich, teilweise in Rivalität zu »späthethitischen« Fürstentümern, eigene Staaten bilden: Gurgum, Kummuḫ (später Kommagene), Que, Ja'udi, Bīt Adini, Bīt Agūsi, La'aš, Aram Zoba und Bēt Rehob, Damaskos und Hamat. In wechselnden Koalitionen versuchen sie, dem allmählich stärker werdenden Imperialismus der Assyrer zu widerstehen. Assurnaṣirpal II. (884–59) und → Salmanassar (2) III. (859–24) fallen mehrfach

in S. ein, aber selbst bei der Schlacht von Qarqar (853) gelingt noch kein Durchbruch. Erst nachdem die syr. Kleinstaaten nach mehrfachem Herrschaftswechsel nicht mehr koalitionsfähig sind, kann → Tiglatpileser III. (745–27) S. erobern und in das System der assyr. Provinzen eingliedern. Mehrfach versuchen syr. Fürsten in Aufständen ihre Selbständigkeit wiederzugewinnen (z.B. Hosea von Israel 724 gegen Salmanassar V.), doch blieb S. bis z. E. des Assyrerreiches von diesem abhängig. Nach 614 trat Babylon die Nachfolge Assyriens an, zunächst in Rivalität zu Äg., das aber nach der Schlacht bei Karkemiš (605 v.Chr.) das Feld räumt. Unter Kyros wurde S. unter dem Namen Abarnaharā pers. Satrapie und blieb es bis zur Schlacht bei Issos.

4. bis zur Araberzeit: Auch Alexander setzt in den jetzt getrennten Provinzen Koilesyria und Syria Satrapen ein. In der Diadochenzeit ist S. Zankapfel zw. Seleukiden und Ptolemäern. Die Teilung von 301 schlägt den größeren, n. Teil den Antigoniden zu, die Hauptstädte → Antigoneia (1), → Seleukeia (2) Pieria und die bedeutsamen Orte → Apameia (3) und → Laodikeia (1) liegen hier. Mit den Lagiden kommt es jedoch in den 5 Syr. Kriegen zwischen 274 und 195 v.Chr. zu Auseinandersetzungen mit Verschiebungen der Einflußsphären. Phoinikien, ursprünglicher Besitz der Lagiden, ist später mit ganz S.-Syr. im Besitz Antiochos' IV. Mit dem Verfall der seleukid. Macht bricht S. wieder in Kleinfürstentümer auseinander, die jetzt teilw. arabisch sind (Idumaea, Iudaea, Ituräer, Nabatäer, Kommagene). Die Parther fallen erstmals 93/92 und 88 v.Chr. ein, 83–69 v.Chr. herrscht → Tigranes (2) von Armenien über S., das dann mit dem Sieg über ihn im J. 65 v.Chr. an Rom fällt und als dessen stets durch die Parther bedrohte O.-Grenze bes. Bedeutung gewinnt. Die Kriege zwischen Caesar und Pompeius und zwischen Antonius und Augustus ziehen auch S. schwer in Mitleidenschaft, die Provinz, 64 v.Chr. durch Pompeius geschaffen (Hauptstadt Antiocheia), konsolidiert sich aber bald. Im S. wurden als Vasallen die Königreiche der Nabatäer und Ituräer sowie Iudaea nicht eingegliedert, die griech. Städte der Dekapolis behielten innere Autonomie. Erste Proconsuln waren → Gabinius (I 6) und → Crassus (2; Partherfeldzug). Zu den Proconsuln und Statthaltern s. RE IV A 1628ff. 93 n.Chr. wurde auch Iudaea eingegliedert, 194 die große Provinz durch Sept. Severus in Coilesyria und Phoenice geteilt. Bes. Bedeutung erhielt S., als mit Varius Avitus → Elagabalus (2) 218 ein Sproß des Priestergeschlechtes von Emesa/Höms röm. Kaiser wird. Sein Vetter Severus Alexander hat als erster in S. 231 gegen die → Sasaniden zu kämpfen (Ardašīr I.), lange bleibt dann S. Grenzgebiet zu diesem nie besiegten Gegner Roms. Teilweise kommt es zu gefährlichen Aufständen (→ Zenobia von Palmyra, 272 von → Aurelianus [4] geschlagen), doch wurde S. bes. durch → Diocletianus als Grenzprovinz reorganisiert und befestigt, in vier Provinzen *(arabia, palestina, fenice, coelesyria)* geteilt. Das inzwischen fast völlig christianisierte Land wurde in den folgenden Jh.en durch Aushebungen für Feldzüge gegen Persien und Einfälle des Feindes geschwächt, konnte sich im 5. Jh. erholen, um nach Verlust an den Sasaniden Chosrau II. 608–14 und kurze Rückeroberung durch Herakleios von Byzanz am 20. Aug. 636 in der Schlacht von Γαβιϑᾶ an die Araber zu fallen.

5. Die Religion S.s ist entsprechend der polit. Gliederung nie einheitlich gewesen, infolge ihrer Einwirkung auf Judentum und Christentum aber von ausschlaggebender Bedeutung. Die lokalen Panthea wurden meist von einer → Baal-Gestalt beherrscht, die Züge eines Wetter- und Fruchtbarkeitsgottes trägt. Bes. berühmt der als Zeus Kassios auf dem Ğebel al-ʿAqra verehrte Baal. Daneben stehen meist Astarte-Gestalten (die Astaroth des A.T.), jungfräulich gedachte Göttinnen wie Anat neben der mütterlichen Ašera, beide verbunden in der aramäischen Atargatis. Eine frühe Stufe kennt als beherrschende Gestalt El, der bereits im 2. Jt. v.Chr. zurücktritt, später aber im Zuge einer Hinwendung zur Sonnenreligion wieder erstarkt. Lokale Gottheiten wie → Melqart von Tyrus, Ešmun von Sidon, → Adonis von Byblos fanden durch phönik. Kolonisation weite Verbreitung, andere Götter, die oft in Triaden aus Vater-Mutter-Kind zusammengestellt waren, wurden durch das röm. Heer über das ganze Reich hin bekannt. Seit dem 2. Jh. n.Chr. finden die oriental. Kulte, also bes. die aus S., immer stärkeren Einlaß in Rom, z.B. Überführung des schwarzen Steins des Elagabal von Emesa nach Rom 219. Das Christentum breitete sich in S. bes. unter der jüd. Diaspora rasch aus, drang von S. aus auf den Handelswegen nach O. vor. Eigenständige Überlieferung (Diatesseron des → Tatianus, Peschittā), eigene Ausprägung der Frömmigkeit (Säulenheilige, Mönchsorden) und verschiedene Häresien (Bardesanes und Afrahat; Ephraim als nicäischer Orthodoxer, dyophysit. → Nestorianer in → Nisibis und Seleukeia, monophysit. Kirche der W.-Syrer) prägen ihr Gesicht.

6. Die Wirtschaft S.s ist geprägt durch Exporte von Holz (Libanonzedern), Öl (auch ätherische Öle) und Wein, den Zwischenhandel aus den großen Oasen bzw. den Karawanenstädten. → Petra (1) und Palmyra, Damaskos und Aleppo waren die Knotenpunkte des Verkehrs mit Arabien und dem O., über Sinai/Palästina liefen die Routen aus Äg. und Afrika, über Mersin und Adana die Tauruspässe. Die Küstenstädte Byblos, Tyros, Sidon, Simyra, Ugarit, Laodikeia und Seleukeia vermittelten den Kontakt mit dem gesamten Mittelmeerraum, waren aber nicht nur Transferhäfen, sondern auch Produzenten, so

Tyros und Sidon von Purpurstoffen, Byblos von Pergament. Das Kunsthandwerk, bes. Herstellung von Kupferschalen und Möbeln mit teilw. reichem geschnitzten Elfenbeinschmuck, war stark von Äg. und Mesopotamien, auch der Ägäis beeinflußt. Das gilt auch von der sehr uneinheitlichen syr. Kunst, die bes. im Hellenismus der Verschmelzung des fremden Kulturgutes und der Weitergabe an den O. diente. Für die Bedeutung, die S. bei der Weiterentwicklung und Weitergabe ant. philos. Lehren und hist. Traditionen zukam, seien nur die Namen der Stoiker → Poseidonios (2) von Apameia, → Boethos (1) von Sidon, → Geminos (von Tyros?), der Epikureer → Philodemos und → Zenon sowie der Schriftsteller → Sanchuniathon von Beirut, → Damaskios, → Lukianos (1) von Samosata und → Eusebios (7) von Caesarea genannt. W. Rö

R. Dussaud Topographie hist. de la S. antique et médiévale (1927). *E. Honigmann*, RE IV A 1549–1727. *M. Rostovčev* Gesch. d. A. W. I (1941). *Ders.* Soc. a. Ec. Hell. W. *H. Th. Bossert* Alt-S. (1951). *Ph. K. Hitti* History of S. (1951). *H. Klengel* Gesch. Syriens im 2. Jt. v. u. Z. I–III (1965–1970). *E. Wirth* Syrien, eine geograph. Landeskunde (1971). *H. Gese* Die Religionen Altsyriens in: Religionen der Menschheit 10/2 (1970).

Syrianos (*Συριανός*), neuplaton. Philosoph der 1. H. 5. Jh. n. Chr. Über sein Leben besitzen wir nur spärliche Angaben aus Marinos' Vita Procli, aus der Suda s. *Σ.*, z. T. auch aus Damaskios' Vita Isidori. Danach war S. gebürtiger Alexandriner. In der athen. Akademie war er Schüler des → Plutarchos (3) und wurde 431/32 sein Nachfolger im Scholarchat. S.' Todesjahr steht nicht fest. Eine Vermutung (»um 437«) ist o. Bd. IV S. 1160 ausgesprochen, doch wird gewöhnlich ein späteres Jahr angenommen. Unter S.' Schülern ragen → Hermeias (3), → Domninos und vor allem → Proklos (1) hervor, der ihm in der Schulleitung folgte und mit dem er gemeinsam in einem Grab am O.-Hang des Lykabettos beigesetzt war.

Nach der Suda schrieb S. 7 B. Homer-Erklärungen, 4 B. Komm. zu Platons Staat, eine Schrift über Orph. Theologie, ein Werk über die Götter bei Homer, 10 B. Lehrübereinstimmungen (*συμφωνίαι*) des Orpheus, Pythagoras und Platon und weitere exeget. Schriften. Erhalten sind nicht die genannten Titel, sondern 1. ein Komm. zu den B. *ΒΓΜΝ* der Aristot. Metaphysik und 2. ein Komm. zum 1. B. des Hermogenes *περὶ ἰδεῶν* (Zuweisung nicht gesichert). Für die Kenntnis S.' sind ferner die Werke des Proklos wichtig, der ihn gewöhnlich ohne Namensnennung ehrfurchtsvoll als seinen »Lehrer« (*καθηγεμών*) zitiert. Dem mündl. Unterricht legte S. Aristoteles (zur Einführung), Platon (als Hauptautor), orph. und chaldäische Schriften (zusätzl. Quellen der Weisheit) zugrunde.

Während für uns S.' Ruhm durch den des Proklos verdunkelt ist, galt S. in der späten Akademie als eine der ersten Autoritäten: Von Platon und Iamblichos, so deutete man die Schulgeschichte, führte der Weg des Wissens über S. zu Proklos und Damaskios. Aus dem themat. Repertoire des Neuplatonismus betonte S. die Lehre vom Einen und der unbestimmt. Zweiheit, verteidigte gegen Aristoteles die Annahme von Ideenzahlen, schob zwischen Ideen und Formen die stoisch. *λόγοι* und setzte die Materie teils mit der unbestimmt. Zweiheit, teils mit der letzten Emanationsstufe gleich. G. Schm.

Ta.: 1. ed. *G. Kroll*, Comm. in Aristot. Gr. VI 1 (1902). 2. ed. *H. Rabe*, Rhet. Graeci XVI (1892).
Lit.: *K. Praechter*, RE IV A 1728–1775. The Cambridge History of Later Greek and Early Medieval Philosophy, ed. *A. H. Armstrong*, 1967, 272. 280. 302f.

Syrinx (*Σύριγξ*). **1.** Arkad. Nymphe, von → Pan verfolgt, im → Ladon (2) auf ihr Flehen durch ihre Schwestern (oder Gaia, Serv. Verg. ecl. 2,31. Mythogr. Vat. 1,127) in Schilfröhricht verwandelt. Pan seufzt hinein, und es tönt ihm klagend entgegen. Er schneidet einige Rohre verschieden zu, fügt sie mit Wachs zusammen und erfindet so die Hirtenflöte, Ov. met. 1,689ff. Ach. Tat. 8,6. Theokrits Rätselgedicht S. (*τεχνοπαίγνιον*, Lesky GGrL ³813f.). Neben Pan gelten Apollon, Hermes und Daphnis als Erfinder der S. H. v. G.

F. G. Jünger Griech. Götter, Frankf. 1943, 36. 47. *R. Herbig* Pan, Frkf. 1949.

2. (*fistula* u. a.), Blasinstrument des ländlichen Bereichs (Panpfeife, Panflöte), das im röm. Pantomimus auch als Orchesterinstrument begegnet. Es besteht aus mehreren brett- oder bündelförmig zusammengefaßten, meist gedackten, verschieden langen oder verschieden tief ausgehöhlten Rohren, die ohne ein bes. Mundstück angeblasen werden. U. K.

M. Wegner Das Musikleben der Griechen, 1949, 58–60. 226f. T. 2a. 3a. *G. Wille* Musica Romana, 1967, 112f. u. ö. Abb. in: Musikgesch. in Bildern 2,4 (Griechenland ed. *M. Wegner*), 1963, Abb. 23. 29f.; 2,5 (Etrur. und Rom ed. *G. Fleischhauer*), 1964, Abb. 12. 41.

Syros (*ἡ Σῦρος*), Kykladeninsel, h. Syra, 17 km lang, bis 10 km breit, 86 qkm groß, bis 451 m hoch, mit zahlreichen Buchten, h. wichtigster Hafen der Kykladen. S. war seit neolith. Z. besiedelt, [4. 5], spielte im Alt. aber keine Rolle. Die ant. Stadt lag an der Stelle der h. (Hermupolis), war ionisch und Mitglied des att. Seebundes. Aus S. stammte der Mythograph → Pherekydes (2). Hom. Od. 15,403ff. m. Sch. Skyl. 58. Strab. 10,5,3 p. 485. 5,8 p. 487. Mela 2,111. Plin. nat. 4,67. Ptol. 3,14,24. Stadiasm. m. m. 283. Sch. Dion. Per. 525. Steph. Byz. SEG 19, 204 A 3. Inschr.: IG XII 5 Nr. 652–713. Suppl. Nr. 238–244. SEG 14,550–552. Mz.: Head HN² 491f. E. M.

1. *Philipps.-Kirst.* 4,81ff. 2. *Hiller von Gärtringen*, IG XII 5 p. XXXXI. 3. *Zschietzschmann*, RE IVA 1789ff. 4. *D. Fimmen* Kretisch-myken. Kultur 14. 5. *Schachermeyr*, RE XXII 1399, 15ff. 1413, 58f. 1419, 35ff.

Syrtis (*Σύρτις*; entgegen ant. Etym. [< *σύρω*] wohl semit. Ursprungs). **1.** Ant. Bezeichnung für 2 Buchten an der n.-afrikan. Küste, die Große S. im O. (h. Golf von Bengasi) und die Kleine S. (h. Golf von Gabes) im W. Der Name ist zuerst bei Herodot (2,32 u.ö.) belegt; ausführliche Behandlung der Geogr. bei Skyl. GGM 1,84ff.; vgl. Strab. 2,126. 17,834f. u.ö. Die S. waren in der ant. Seefahrt gefürchtet wegen ihrer unberechenbaren Strömungen mit Gezeitencharakter (Hor. c. 1,22, 5. 2,6,3f.) und ihrer wandernden Sandbänke, die namentlich bei Stürmen den Schiffen gefährlich werden konnten (dramat. Schilderung bei Lucan. 9,303ff.; vgl. 1,499ff.: der *Auster* treibt das Wasser aus der S. und erzeugt neue Untiefen). **2.** S. insula → Cercina. → Meninx. H. Gä.

H. Treidler, RE IV A 1796ff.

Syrus s. Publilius (B 1)

Syssitia (*συσσίτια*) heißen in der griech. Welt »Mahlgemeinschaften« jedweder Art. Der Ausdruck wird auch auf analoge außergriech. Erscheinungen angewandt (Aristot. pol. 2,1272b: → Karthago, Phil. quod omnis probus liber sit 86: → Essener). Im → Museion von Alexandreia heißt der Speiseraum für die → Synodos der dort tätigen Philologen *συσσίτιον* (Strab. 17,794). Am bekanntesten sind die S. in Kreta (→ Hetairia) und Sparta (→ Homoioi), deren urspr. Bezeichnung *ἀνδρεῖα* bzw. *φιδίτια* lautet. Sie unterscheiden sich vor allem durch die Art der Kostenbestreitung: in Kreta weitgehend durch staatl. Mittel, in Sparta durch Beiträge der einen → Kleros (1) besitzenden Spartiaten. Aristot. pol. 2,1272a. Die spartan. S. fungieren auch als mil. Formationen (Polyain. 2,3,11). H. B.

R.F.Willets Aristocratic Society in Anc. Crete, 1955, 20–22. 139–140 u.ö. *F.Kiechle* Lakonien und Sparta, 1963, 204–206. 219f.

Sythas (*Σύθας*), Grenzfluß zwischen Sikyon und Pallene in Achaia, wahrscheinlich der h. Fluß von Trikala, Paus. 2,7,8. 12,2. 7,17,12. Ptol. 3,14, 28 (*Σῦς*) (?). E. M.

Bölte, RE IVA 1836ff.

T

T. Sigle für das Praenomen Titus (etr. **tite*, zu Deutungen vgl. WALDE-HOF.[3] 2,686f.), die gerade bei diesem gebräuchlichen röm. Vornamen bereits ins 4.Jh. v.Chr. angesetzt werden darf (E. FRAENKEL, RE XVI 1661f.). H. G. G.

Tabai (*Τάβαι*). **1.** Strab.12,570. 576: auf einer felsigen Anhöhe gelegene ant. Stadt im äußersten S. einer nach T. benannten (*τὸ Ταβηνὸν πεδίον*: Strab. 13,629) Ebene zwischen dem Bergland des Babadağ im N., des Bozdağ im O. und des Sandrasdağ im S. auf dem Terrain des h. Davas (der ant. Name ist im modernen noch zu fassen) im Grenzgebiet zwischen Karien, Phrygien und Pisidien.

W. Ruge, RE IV A 1839f. Nr.2. *L. et J. Robert* La Carie II: Le plateau de T. et ses environs, Paris 1954, 80–152. 380f.

2. Curt. 5,13,2: *Tabae oppidum est in Paraetacene ultima*, ant. Stadt im äußersten O. der Landschaft → Paraitakene (im h. Iran), deren genaue Lokalisierung noch nicht gelungen ist (= Gabai beim h. Isfahan?). E. O.

F.A. Weißbach, RE IV A 1840–1842 Nr.4. *H. Treidler*, RE Suppl. X 480f.

Tabellarius. Postbeförderung, auch über weiteste Strecken, war in Rom grundsätzlich Privatsache. Für Magistrate richtete erst Augustus den → *Cursus publicus* ein, der nur amtliche Poststücke und bes. berechtigte Amtspersonen beförderte. Privatleute hielten sich zur Postbeförderung eigene *t.*, meist Freigelassene oder Sklaven, die aus Ersparnisgründen oft Post mehrerer Absender mitnahmen und in der Regel am Zielort abwarteten, bis sie mit Antwortschreiben zurückkehren konnten. Die Leistungsfähigkeit der *t.* (auch *cursor*, spätantik *baiulus*, griech. *γραμματοφόρος* bzw. *ἡμεροδρόμος* geheißen) war beträchtlich, wenn auch stark von Gelände (und Seeverhältnissen) abhängig; man hat (bei den amtl. *t.*) Tagesstrecken von 90 km und mehr errechnen zu können geglaubt (vgl. SCHROFF, RE IV A 1846, 20ff.). Eine Inschr. aus der Z. nach Antoninus Pius, CIL III 6077, nennt ein *collegium tabellariorum*. W. H. G.

Tabellio (im griech. O. gleichbedeutend: *ταβελλίων*, *συμβολαιογράφος*, *νομικός* und *νοτάριος*; [4]). 1. Prinzipats-Z. Gewerbsmäßiger privater Urkundenschreiber, erstmals von Ulp. (Dig. 48,19,9,4) für den Beginn des 3.Jh.s als eine bereits bekannte Einrichtung erwähnt. Die privaten t. sind aus den beamteten Schreibern hervorgegangen, die in der kaiserl. Verwaltung sowie bei den Provinzial- und Munzipalmagistraten beschäftigt waren ([5], 2. H., 53). Zur Aufbesserung ihrer Einkünfte übten nämlich die Behördenangestellten eine gewerbliche Nebentätigkeit gegen Entgelt als Schreiber und Berater der Parteien aus. So entwickelte sich – zudem begünstigt durch die Steigerung des Beweiswerts der Rechtsurkunden – ein vortreffliches Beurkundungswesen ([5], 1. H., 234. 2. H., 52ff.), das mit seinen feststehenden Formularen eine gleichförmige Rechtsanwendung auch in der Provinz ([1], 177) gewährleistete ([5], 2. H., 53). Die t. waren an Hand von Vorlagen mit der Ausarbeitung von subjektiv stilisierten Urkunden über Rechtsgeschäfte aller Art, aber auch mit der Herstellung von Prozeßschriften u. a. behördlichen Eingaben, hauptsächlich für die → *cognitio*, befaßt ([6], 162. Beispiele für T.-Urkunden s. bei P. M. MEYER Jur. Pap. passim). Ihre handwerksmäßige Tätigkeit fiel nicht in den Zuständigkeitsbereich der → *advocati* ([6], 456). 2. Seit Iustinian genossen die T.-Urkunden einen Beweisvorzug vor den Parteiurkunden ([2], 78 ff.). Nunmehr war auch die Ausübung des Gewerbes des t. von einer staatlichen Konzession abhängig, bei der bestimmte persönliche und sachliche Voraussetzungen vorliegen mußten. Iustinians »Beurkundungsgesetz«, das später noch durch einige Novellen ergänzt wurde, liegt in Cod. Iust. 4,21,17 (528) vor. Auch die von den t. aufgesetzten *instrumenta* sollten durch drei Zeugenunterschriften bekräftigt werden. Sie erbrachten aber erst vollen Beweis für die beurkundeten Tatsachen, wenn der t. am Schluß die Echtheit der Urkunde und den Beurkundungsvorgang durch einen von ihm unterschriebenen Vermerk bezeugte *(completio)* sowie durch seinen Eid erhärtete ([6], 490) und die Parteien sie genehmigten *(absolutio)*. Für Geschäfte der Schreibunfähigen galten erschwerte Formvorschriften ([5], 2. H., 54. [6], 492,46). Erst nach Erfüllung dieser Erfordernisse war die Beurkundung rechtswirksam. Die *traditio cartae* gab dagegen dem Vertrag nur eine symbolische, metajuristische Bekräftigung ([5], 2. H., 53,40. Vgl. auch [2], 96 ff.). Die t. waren verpflichtet, die Urkunden an Interessenten des Inhalts herauszugeben ([3], 262 f.). Die ganze äußere Gestaltung der T.-Urkunden, wie sie sich in der Praxis herausgebildet hatte, von der an die Spitze gestellten Datierung bis zu den Unterschriften der drei Zeugen, war durch Iustinian gesetzlich festgelegt. Die t. übten ihre Urkundstätigkeit öffentl. in Geschäftslokalen *(stationes)* aus, die sich auf dem Forum oder auf anderen öffentl. Plätzen befanden. Das von ihnen unterhaltene Schreibpersonal hatte nur eine untergeordnete Funktion; denn die persönliche Mitwirkung bei der Beurkundung *(completio)* wurde den t. infolge eingerissener Mißstände von Iustinian ausdrücklich zur Pflicht gemacht. Stellvertreter durften nur auf Grund einer Bestellung und nur unter ganz bestimmten Voraussetzungen für sie tätig werden. Bei Vernachlässigung der Pflichten drohten den t. nach der Schwere der Verletzung abgestufte Strafen. Den t. waren Archiv- und Registerbeamte, die *tabularii*, angeglichen, die als Urkundspersonen eine entsprechende Tätigkeit auf dem Gebiet des Privatrechts und Prozeßrechts ausübten ([2], 78 f. [6], 456,89). Seit Iustinian waren die t. auch in einer → Zunft, *schola*, unter einem Vorsteher organisiert ([6], 456). E. B.

1. *L. Mitteis* Reichsrecht und Volksrecht in den ö. Provinzen des röm. Kaiserreichs, 1891, 176 ff. 2. *H. Steinacker* Die ant. Grundlagen der frühma. Privaturkunde, 1927. 3. *L. de Sarlo* Il documento oggetto di rapporti giuridici privati, 1935. 4. *L. Wenger* Die Quellen des röm. Rechts, 1953, 744, 102. 5. *M. Kaser* Das röm. Privatrecht 1. H., ^{2}1971. 2. H., ^{2}1959. 6. *Ders.* Das röm. Zivilprozeßrecht, 1966.

Taberna. 1. Schuppen, Scheunen zur Aufbewahrung landwirtschaftl. Produkte, Geräte usw. heißen *t.*, Vitr. 6,5,2. DessILS 9059 II, 19. Frontin. aqu. 76. **2.** Solche *t.* dienten auch als Wohnungen armer Leute, Isid. orig. 15,2,43. Varro l.l. 5,160. Hor. c. 1,4,13. Zur schlechten Bauart vgl. Cic. Att. 14,9,1. Nach diesen *t.* heißt die *fabula tabernaria* Diom. 1,489,15 K. **3.** Jeder Laden, jede Werkstatt kann *t.* heißen, sowohl selbständige Bauten wie auf die Straße geöffnete ebenerdige Räume. Zur ersten Gruppe gehören die *t. veteres* und *t. novae* am röm. Forum, Liv. 1,35,10. 3,48,5, urspr. Fleischerläden, später Lokale der Bankiers, *t. argentariae*, Liv. 9,40,16. 26,27,2. Oft heißen sie einfach *novae*, *veteres*, *argentariae* (ohne *t.*), Plaut. Curc. 480. Cic. ac. 2,70; de or. 2,266. Liv. 9,40,16. 40,51,5. 44, 16,10. Die *t. argentariae* befanden sich an den Rückseiten der → Basilica Aemilia und Iulia. Wo auf dem Forum die *t. septem* standen, wie weit sie mit den *t. novae* ident. waren, ist umstritten, Liv. 26,27,2. 27,11,16. Fest. 230 M. **4.** Allg. Läden sind die *t.* in den Portiken der Fora (Vitr. 5,1,2). Beispiele sind in vielen Städten des Imperium zu Tage gekommen (→ Marktanlagen). Solche *t.*, vielfach mit Hängeboden für Wohn- oder Vorratszwecke, finden sich zahlreich in den Hauptstraßen der röm. Städte (→ Städtebau). Die breite Öffnung, nachts durch ineinandergeschobene Bretter verschließbar, ermöglichte Ausstellung der Ware und Verkauf im Laden wie auf der Straße (OVERBECK-MAU Pompeji^{4} 376 ff.). **5.** Eine bes. Bedeutung gewann die *t.* als Schänke oder Gasthaus. Der Übergang von *popina*, *caupona* und *t.* ist fließend. Zahl der Räume und Qualität des Gebotenen wechselten stark, doch gehören der Laden- oder Bartisch in der breiten Straßenöffnung der *t.*, Gestelle für Gefäße, ein Herd (bei besseren *t.* eigene Küche), Abort sowie mehrere Zimmer für die Gäste zum Grundbestand. Die *t.* sind zahlreich in den röm. Städten, bes. häufig in der Nähe der Stadttore, Thermen und Theater und des Forum. Spezielle Weinlokale heißen *t. vinaria* oder *thermopolium* (nach dem bevorzugten heißen Weingemisch). *T.* mit Räumen für Unterkunft (Hotels, Gasthöfe) fanden sich auch entlang den großen Reichsstraßen, nach ihnen heißen bis h. Orte wie Zabern, Tafers usw. Kunden der *t.* waren hier fast alle Reisenden, in den Städten Vereine und bes. das Proletariat (Iuv. 8,173 ff. Amm. 14,6,25. Sidon. epist. 8,11,3,42 ff.). Allg. sind Besitzer und Personal der Lokale ebenso schlecht beleumdet (Prostitution, Betrug) wie die Leistungen (Weinverfälschung). Betrieben wurden die *t.* vielfach von Freigelassenen, das Personal war oft unfrei. W. H. G.

T. Kleberg Hotels, restaurants et cabarets dans l'antiquité romaine, 1957. *Ders.* In den Wirtshäusern und Weinstuben des ant. Rom, 1963.

Tabernaculum war das röm. Militärzelt oder die Militärbaracke. Das Zelt bestand aus Leder (Liv. 23,18,5), die Baracke aus Holz oder Stein. Diese wurde mit Schilf und Stroh (Liv. 27, 3,2f.) oder mit Ziegeln (Liv. 45,48,10) gedeckt. Das Aufstellen (Pol. 6,27–32. 41) wie die Lage der Zelte (Ios. bell. Iud. 3,5,2) war genau geregelt. Das größte Zelt war das des Feldherrn, das einem Tempel ähnlich sah (Ios. a. O.). Es enthielt außer den für den Feldherrn bestimmten Räumen auch einen für dienstliche Veranstaltungen (Fischer 56ff.). Eine Zeltordnung für die Zeit des Kaisers Iustinian enthält der Anon. Byz. *Περὶ Στρατηγικῆς*. A.N.

Köchly–Rüstow Kriegsschriftsteller 2, [2]1855, c. 27. *Fr. Lammert*, RE IV A 1873. *W. Fischer* Das röm. Lager, Lpz. 1914, 54ff.

Tabernae. 1. Nach Tab. Peut. und Itin. Anton. 355 *Tabernis* im Gebiete der → Nemetes, h. Rheinzabern (Pfalz, s. Speyer). T. ist Standort ausgedehnter Ziegeleien der Z. von Claudius bis Domitian (CIL XIII 6 p. VII; Stempel der Legionen *IV Macedonica*, *XXII Primigenia*, *I Adiutrix*, *XIV Gemina* und kurzfristig der *leg. VII Gemina*). Nach dem Chattenkrieg und der Vorverlegung des Limes wird der Ziegeleibetrieb eingestellt. Um 120 n. Chr. begründen Töpfer aus Ittenweiler und Heiligenberg eine ausgedehnte Sigillata-Industrie. Die Rückverlegung des Limes an den Rhein führt zur Abwanderung und Verlegung der Töpfereien in die Argonnen und zur Wiederaufnahme der Ziegelproduktion durch Grenztruppen. T. wird Sitz eines *praefectus militum Menapiorum* (Not. dign. occ. 41,16).

Ludowici Kat.e meiner Ausgrabungen in Rheinzabern I–V, München 1904–1927. *F. Sprater* Die Pfalz unter den Römern, 1929. *Zeiss*, RE IV A 1873f.

2. Station an der Römerstraße Bingen–Trier zwischen Belginum und → Noviomagus (7), erwähnt Auson. Mos. 8. Der Ort wird am Heidenpütz n. von Heinzerath-Elzerath vermutet, wo ausgedehnte Siedlungsreste nachgewiesen werden konnten. H. C.

W. John Decimi Magni Ausonii Mosella, 1932, 83 Anm. *J. Steinhausen* Arch. Siedlungskunde des Trierer Landes, 1936, 302.

3. s. Tres Tabernae

Tablinum s. Haus

Tabor (Bed. unbek.), ein Berg in → Galilaea s.w. des Sees → Gennesar (h. ğebel eṭ-ṭōr) und ein nach ihm benannter Gott (Ios. 19,22. 34. Jdc. 4,6. 12. 14. Jer. 46,18. Ps. 89,13. 1. Chr. 6,62). Der Berg erscheint als (*τὸ*) *'Αταβύριον* oder *'Ιταβύριον* z.B. bei Pol. 5,70,6. Ios. ant. Iud. 5,1,22. 5,3. 8,2,3. 13,5,4; bell. Iud. 2,20,6 u. ö. Eus. onom. Hesych. Steph. Byz. s. v. Der Gott scheint sich vom Typus des → Baal nicht unterschieden zu haben. Sein Kultus ist wohl durch Handelsbeziehungen, auf die noch Dtn. 33,18f. (im Unterschied zur positiven Würdigung hier wird er Hos. 5,1 verworfen!) anspielt, also der Kanaanäer (aufs 2. Jt. v. Chr. weisen die Baale vom → Kasion, → Libanon, → Antilibanon und *ΒΡΑΘΥ* = *ΘΑΒΥΡ* des Phil. Bybl. bei Eus. praep. ev. 1,10,8), nicht erst der Phoiniker, nach → Rhodos übertragen worden, wo der Gott als *Ζεὺς 'Αταβύριος* erscheint (Sch. Pind. O. 7,160f. Strab. 14,2,12 p. 655. Diod. 5,59,2. Apollod. 3,2,1. Plin. nat. 5,132. Lact. inst. 1,22,22f.; Inschr. aus Rhodos und Lindos unsicher). Ein Rhodier weiht ihm eine Inschr. auf der Krim (CIG 2103b). In chr. Z. wurden in einem Bistum auf dem paläst. T. Traditionen vom T. als Ort der Verklärung oder der Auferstehungserscheinung Jesu gepflegt. C. C.

Lit.: *O. Eißfeldt*, ARW 31, 1934, 14ff. = Kl. Schr. 2, 1963, 29ff. *J. Lewy*, Hebr. Union Coll. Annual 23, 1950/51, 357ff. *H.-J. Kraus*, Festschr. W. Freytag, 1959, 177ff. *A. Alt*, ZDPV 64, 1941, 91ff.

Tabula. Allg. das Brett (Cic. off. 3,89. Plin. nat. 31,128. 33,76. 36,114. Ov. met. 11,428), wovon sich noch das Spielbrett (→ Spiele [1], → *t. lusoria*) nennt, wird *t.* früh einerseits das Bild (»Tafelbild«), Cic. fin. 5,1,3. Plin. nat. 35,64, andererseits die beschreibbare oder beschriebene Tafel aus beliebigem Material, meist Holz mit Weißung (→ Album) oder einer Wachsschicht (*t. cerata*, schon den Griechen bekannt, Isid. orig. 6,9) oder Metall (z. B. → Militärdiplome). Ein zusammengebundener Stoß solcher *t.* hieß → *codex*. Mit dem Aufkommen von Papyrus und Pergament unterstellten die Juristen auch diese Beschreibstoffe den *t.*, Dig. 37,11,1. Der röm. Adel bewahrte die Familienchronik auf *t. (codex)* zu Hause auf, Plin. nat. 35,7; zum Wirtschaftsbuch → Codex. Öffentlich dienten die *t.* zur Aufzeichnung von Gesetzen, *t. duodecim*, für die Ankündigungen der Magistrate (→ Album); amtliche Akten wurden im *tabularium* aufbewahrt. Im Rechtsleben dienten die *t.* allen Zwecken, für die Urkunden benötigt wurden. Hierher gehören auch die Geschäftsquittungen, wie sie im Haus des Bankiers L. Caecilius Iucundus in Pompei gefunden wurden (CIL IV Suppl.). Für die verschiedenen staatlichen Zwecke gab es terminol. definierte *t.* wie die → *t. caeritum* (Schätzlisten der *cives sine suffragio*), die → *t. censoriae*, die → *t. honestae missionis* (→ Militärdiplome). Sie alle sind Teil der → *t. publicae*, der öffentlichen Akten. W. H. G.

Tabula Iliaca. Aus speziellen Marmorsorten (palombino, giallo antico) gearbeitete kleine Relieftafeln (Hauptfrg.: erhalten 28x25 cm) zeigen in malerischem Flachrelief Szenen aus Il., Od., kykl. Epen (Iliupersis nach → Stesichoros 1) sowie je einmal den ruhenden Herakles und die Schlacht bei Arbela, dazu miniaturhaft kleine Inschr. Als Redaktor (und Hersteller?) nennt sich mehrfach ein Theodoros. Die Tafeln haben auf der Rs.

Reliefs oder Texte, waren also nicht in eine Wand eingemauert. Zweck und Verwendung sind ungeklärt. Entstehung (mit Ausnahme des wohl spätantonin. Herakles, vgl. WILLERS in: HELBIG Führer durch die öffentl. Slg.en klass. Altertümer in Rom[4] 4 Nr. 3278) wird allg. in der frühesten Kaiserz. angenommen. Bekannt sind 19 Expl.e, davon 2 verschollen. Lit., Abb. aller Stücke, Komm. ausführlich bei A. SADURSKA Les tables Iliaques, Warschau 1964. W. H. G.

Tabula lusoria. Bewegliche oder ortsfeste, z.T. auf Gebäudestufen oder Pflasterplatten geritzte Spielbretter aus vielerlei Material, schon in Äg. und Kreta des 2. Jt. (EVANS Palace of Minos I T. V) bekannt, gab es in der Ant. von Homer bis in byz. Z. Sie sind mit Feldern (aber nicht dunkelhell), Kreisen, Linien oder Buchstaben versehen. Gespielt wurde mit Würfeln, gesetzt mit Steinen. Wir kennen die ant. Regeln nicht, das Buch des → Suetonius (2) über Spiele ist verloren. Mühle geht sicher, Puff wahrscheinl. auf ant. → Spiele zurück. Zahlreiche T. l. sind erhalten. Ausführl. Behandlung der gesamten lit. und monumentalen Überlieferung bei LAMER, RE XIII 1900–2029. S. a. Brettspiele. W. H. G.

Tabula Peutingeriana s. Peutingeriana Tabula

Tabulae Caeritum. Schätzungsliste, in die *cives sine suffragio* (→ Municipium [2]) eingeschrieben wurden. Als erste Gemeinde wurde Caere nach röm. Überlieferung *municipium sine suffr.* (Gell. 16,13,7. Strab. 5,2,3. Liv. 7,20,8). Frühdatierung: M. SORDI: um 386 v. Chr. im Zusammenhang mit der Gallierkatastrophe; Spätdatierung: BELOCH RG 363ff.: 273 – nach Cass. Dio frg. 33 BOISS.; die Stelle ist aber chronolog. nicht fixierbar. Am wahrscheinlichsten ist die Z. vor dem Latinerkrieg 338 (DAHLHEIM 114f.). Die *cives s.s.* standen nicht in den Listen der Vollbürger und hatten in Rom kein Wahlrecht. Dieses »Halbbürgerrecht« (MOMMSEN) war nur Übergang, spätestens seit 90/89 *(l. Plautia Papiria)* verschwinden die *municipia s.s.* Die *t. C.* bleiben bestehen, in sie wurden *ignominiae causa (notae causa:* Gell. a. O.*)* von den Zensoren röm. Bürger eingeschrieben (Ps.-Ascon. z. Cic. div. in Caec. 8. Hor. epist. 1,6,62). Ob sie überhaupt des Stimmrechtes ermangelten und → *aerarii* wurden oder nur in eine niedrigere Tribus versetzt wurden *(tribu movere* – MOMMSEN RStR 2,403ff.), bleibt unklar. H. Vr.

Mommsen RStR 2,394ff. 3,570ff. *A. Bernardi,* Ath 16, 1938, 239ff. *U. v. Lübtow* Das röm. Volk, 1955, 635ff. *M. Sordi* I rapporti rom.-ceriti e l'origine della civitas s. s., 1960. *E. Meyer* Röm. Staat u. Staatsgedanke, [2]1961. *W. Dahlheim* Struktur u. Entwicklung des röm. Völkerrechtes im 3. u. 2. Jh. v. Chr., Vestigia 8, 1968.

Tabulae censoriae. Amtsbücher der → *censores* = *libri censorii* (Gell. 2,10) = *tabulae publicae* (*lex Iulia mun.*, CIL I 206). Sie umfassen die Schätzungslisten, Aufstellung des Staatsvermögens, der Staatsdomänen in Sizilien (Cic. leg. agr. 1,4) u. ä. Aufbewahrung in verschiedenen staatl. Gebäuden (MOMMSEN RStR 2,360f.) oder in den Häusern der Zensoren (Dion. Hal. ant. 1,74. 4,72). H. Vr.

Tabulae duodecim, auch *lex (leges) duodecim tabularum*, heißen die XII Tafeln. Sie sind die älteste (und zugleich für fast tausend Jahre einzige) Gesamtkodifikation des röm. Rechts.

I. Entstehung. Die *t. d.* sollen mit dem Ständekampf zusammenhängen: 462 v. Chr. habe der Volkstribun C. → Terentilius Arsa eine Rechtsaufzeichnung gefordert. Ziele sollten sein die Beseitigung der Rechtsungleichheit zwischen Patriziern und Plebejern sowie die Offenlegung des bisher von (patrizischen) Priestern und Magistraten verwalteten Rechtswissens. Trotz Widerstands der Patrizier seien 3 Bürger zum Studium der solon. Gesetze und anderer griech. Stadtrechte nach Griechenland geschickt worden. Dann seien für 451 v. Chr. 10 Patrizier (die → *decemviri legibus scribundis*) mit aller Staatsgewalt versehen und mit der Rechtsaufzeichnung beauftragt worden. Die von ihnen erarbeiteten 10 T. seien jedoch unvollständig gewesen. Daher habe man für 450 nochmals *decemviri* gewählt, jetzt unter Beteiligung von Plebejern. Das Ergebnis seien 2 weitere Tafeln gewesen. Diese Decemvirn seien zwar durch einen Aufstand gestürzt worden, doch sei schließlich die ganze Kodifikation aus 12 T. in Kraft getreten (wie, ist nicht sicher).

Diese Ber. sind in manchem wenig glaubhaft. Deshalb und wegen mehrerer Ungereimtheiten bei der Überlieferung des Inhalts der *t. d.* ist ihre Echtheit angezweifelt worden: Sie seien erst später aus verschiedenen Gesetzen zusammengefügt worden (E. PAIS) oder stellten sogar bloß eine private Rechtsaufzeichnung dar (ED. LAMBERT). Die gesicherte und einheitl. Anerkennung der *t. d.* durch die röm. Historiker und Juristen spricht jedoch entschieden für die Echtheit; nur in Einzelheiten wird unsere Überlieferung unzuverlässig sein.

II. Rekonstruktion und Ausgaben. Die *t. d.* sollen in Bronze oder Holz aufgestellt gewesen, aber 387 v. Chr. beim Gallierbrand vernichtet worden sein. Doch gab es inzwischen natürlich viele Abschriften. Cicero will die *t. d.* in seiner Jugend noch auswendig gelernt haben. Uns ist epigr. nichts erhalten. Und die lit. Überlieferung beschränkt sich auf die Erwähnung oder Kommentierung einzelner Institute oder Regeln durch Juristen, Historiker und Grammatiker (wobei diese keineswegs immer noch den Urtext gekannt haben müssen). Bei solcher Überlieferung sind die fortgeltenden Partien (etwa Teile des Privatrechts) gegenüber überholten Teilen (etwa dem Sakralrecht) bevorzugt worden, so daß für uns ein falscher Eindruck von der ursprüngl. Gewichtung entstehen kann. Insges. kennen wir bloß den kleineren Teil der *t. d.*, und auch insoweit nur selten den Urtext.

Die modernen Versuche einer Rekonstruktion der *t. d.* aus diesen Trümmern haben im 16. Jh. begonnen (Aymarus Rivallius); bahnbrechend Schöll Legis duodecim tabularum reliquiae, 1866. Heute noch befolgt wird insbes. die von Schöll vorgeschlagene Aufteilung des uns Erhaltenen auf die 12 T., obwohl daran vieles hypothetisch und einiges wahrscheinl. falsch ist. Neuere Ausg.: Bruns-Grad. I. Riccobono Fontes iuris Romani anteiustiniani I^2, 1941.

III. Inhalt. Die T. I–III enthalten Zivilprozeßrecht mit einer Tendenz zum Schutz des Beklagten (Schuldners); die T. IV und V bringen Familien-, Vormundschafts- und Erbrecht (mit dem Grundsatz der freien Bestimmung von Erben und Vormündern); die T. VI–VII enthalten im wesentl. Sachenrecht, darunter viel Nachbarrecht; die T. VIII und IX bringen Strafrecht und die T. X Sakralrecht. Die T. XI–XII endlich enthalten verschiedene Ergänzungen.

IV. Weitere Bedeutung. Die *t.d.* haben für viele Jh.e die Entwicklung des röm. Rechts bestimmt. Zwar sind einige wenige Vorschriften formell aufgehoben worden (so schon 445 v. Chr. das Verbot der Ehe zwischen Patriziern und Plebejern). Andere Bestimmungen sind dadurch obsolet geworden, daß neben sie neues Recht getreten ist. Aber viel schwerer als solche Verdrängungen wiegt die Fortentwicklung des Rechts durch *interpretatio* der *t.d.* Ihre andauernde Bedeutung zeigt sich an mehreren späteren Komm., wohl zuerst durch Sextus → Aelius (I 13) Paetus Catus um 200 v. Chr. Noch im 2. Jh. n. Chr. hat → Gaius (1) die *t.d.* in 6 B. kommentiert. Von diesem Komm. hat Justinian 27 Frg.e in seine Digesten aufgenommen (s. O. Lenel, Palingenesia Iuris Civ. 1, 1889, 242ff.), überdies weitere Texte anderer Juristen zu den *t.d.* Daher hat nicht einmal die justinianische Kodifikation das Recht der *t.d.* völlig verdrängt.

Das moderne Urteil über die *t.d.* ist positiv: Eine Gesamtkodifikation solchen Umfangs und Abstraktionsgrades ist für das 5. Jh. v. Chr. allein schon eine hervorragende Leistung. Vor allem aber haben die *t.d.* eine tragfähige, andererseits auch nicht übermäßig beengende Grundlage für die folgende röm. Rechtsentwicklung bieten können. D. M.

Lit.: 1. *A. Berger*, RE IV A 1900ff. 2. *C. W. Westrup* Introduction to Early Roman Law 4,1, 1950, 77ff. 3. *L. Wenger* Die Quellen des röm. Rechts, 1953, 357ff. 4. *F. Wieacker*, Revue internat. des droits de l'antiquité 3^3, 1956, 459ff. 5. *A. Guarino* L'ordinamento giur. rom.^{3}, 1959, 94ff. 6. *J. Gaudemet* Institutions de l'antiquité, 1967, 384ff. 7. *F. Wieacker* in: Les origines de la république rom., 1967, 293ff.

Tabulae honestae missionis sind Bescheinigungen, die röm. Soldaten bei der Entlassung aus ihrem Dienst *(missio)* erhalten konnten. Einige *t.h.m.* enthalten auch die Verleihung von Privilegien. D. M.

Tabulae hospitii, patronatus heißen Urkunden, die in Rom von Einzelpersonen, Gemeinden oder Handwerkerkollegien ausgestellt wurden. Die *t.h.* bezeugten einen Freundschafts- und Gastvertrag zwischen den Kontrahenten. Die *t.p.* ergaben darüber hinaus, daß der eine Vertragsteil (meist eine angesehene Persönlichkeit) den → *patronatus* über die Gemeinde oder das Handwerkerkollegium übernommen hatte. Hierdurch wurde offenbar das Ansehen des Patrons gemehrt. D. M.

Tabulae nuptiales. Nach klass. röm. Recht war die Ehe verwirklichte Lebensgemeinschaft. Zur Eheschließung bedurfte es keiner Formen. Etwa mit dem Prinzipat ist aber die Sitte aufgekommen, über die Eheschließung selbst und die mit ihr oft einhergehende Mitgiftbestellung *(→ dos)* eine Urkunde aufzunehmen. Sie heißen *t.n.* oder auch *matrimoniales tabulae*, *tabulae dotales*, *instrumenta dotalia* u. ä. Dabei ist ö. Einfluß wahrscheinlich. Bis zu Diokletian versichern jedoch die Juristen und die Kaiser, die Gültigkeit von Ehe und Dosbestellung sei unabhängig von der Errichtung einer Urkunde, z. B. Pap. Dig. 39,5,31 pr. Cod. Iust. 5,4,13. Im Prinzip bleibt das auch später so, doch werden dann Ausnahmen gemacht: Wo der Verdacht eines bloßen Konkubinats naheliegt, werden für die Anerkennung der Ehe *t.n.* gefordert. Das gilt etwa bei Standesungleichheit, bei Umwandlung eines Konkubinats in eine Ehe oder bei Ehen zwischen Würdenträgern und Schauspielerinnen. Auch sonst werden die *t.n.* für den Nachweis der Ehewillens wohl immer gebräuchlicher. D. M.

Lit.: *M. Kaser* Röm. Privatrecht 1^2, 1971, 322. 2, 1959, 116f. mit weit. Nachweisen.

Tabulae privatae heißen in Rom die privat aufgenommenen Urkunden (Gegensatz → *tabulae publicae*); andere Bezeichnungen *cautiones, chirographa* (dies für eigenhändige Urkunden). Bei den *t.p.* handelt es sich zunächst meist nur um Beweisurkunden. Ihre Beweiskraft wird oft durch Urkundszeugen (gewöhnlich 7) erhöht. Solche *t.p.* können Rechtsgeschäfte beurkunden (vor allem Testamente) aber auch bloß tatsächl. Vorgänge wie Geburten oder Zeugenaussagen. Aus den *t.p.* über Rechtsgeschäfte hat sich vielfach das Erfordernis der Schriftform entwickelt. Material für die *t.p.* sind meist mit Wachs überzogene Holztäfelchen; der Text wird in den Überzug geritzt. Dabei sind zwei Täfelchen mit identischem Text derart verbunden, daß der eine Text offenliegt, während der andere verdeckt ist; die verbindenden Schnüre sind durch die Siegel der Zeugen gesichert. Seit dem 4. Jh. wird hieraus die mit Hilfe eines privaten Urkundenschreibers *(→ tabellio)* errichtete Urkunde *(instrumentum publice confectum)*. D. M.

Lit.: *M. Kaser* Röm. Privatrecht 1^2, 1971, 230ff. 2, 1959, 49ff., und zur Beweiskraft im Prozeß: Röm. Zivilprozeßrecht, 1966, 489ff., überall mit Nachweisen.

Tabulae publicae heißen in Rom die Beurkundungen durch eine Behörde (Gegensatz → *tabulae privatae*). Gegenstand der Beurkundung können eigene Verlautbarungen oder Vorgänge der Behörde sein, wie etwa in dem auf geweißten Holztafeln (→ *album*) publizierten Edikt des Praetors oder in den Amtstagebüchern der Magistrate. Gegenstand können aber auch privatrechtliche Geschäfte sein, nämlich wenn die private Erklärung vor der Behörde abgegeben und von dieser protokolliert wird (→ *apud acta*). Das wird seit der Severer-Z. in Rom häufiger, wohl nach hellenist. Vorbild. Eine schwächere Form stellt es dar, wenn die Behörde eine ihr eingereichte privat errichtete Urkunde in das amtliche Protokoll einträgt (*actis insinuare*). D. M.

Lit.: *A. Steinwenter* Beiträge z. öffentl. Urkundenwesen der Römer, 1915. *L. Wenger* Die Quellen des röm. Rechts, 1953, 749ff.

Tabularium nannten die Römer ein Gebäude, das der Aufbewahrung öffentl. und privater Urkunden diente. Das wichtigste dieser Gebäude war das *Aerarium populi Romani* oder *Saturni*, das röm. Staatsarchiv an der SO.-Seite des Kapitols. Aus röm. Z. sind h. noch auf einer Front von 70 m das untere Stockwerk und eine darüber liegende Arkadenhalle erhalten; sie gehören zu einem Neubau, den der Konsul des J. 78 v. Chr., Quintus → Lutatius (5) Catulus, errichten ließ. An dem Werk wurde fortwährend weitergebaut; so entstand allmählich der heutige Senatorenpalast, dessen Prunkfassade an der NW.-Seite von Michelangelo stammt. Die Front gegen das Forum zu wurde seit Anf. 19. Jh. freigelegt, zwei Arkaden des oberen Stockwerks 1939 wieder zugänglich gemacht. Das T. diente urspr. der Verwahrung der öffentlichen Gelder, war also Staatskasse, später enthielt es die Urkunden der staatl. Verwaltung, *leges*, Senatskonsulte, Plebiscite, Zensuslisten, danach auch die kaiserl. Erlasse, aber keine Privaturkunden. Daneben gab es in Rom noch das *T. castrense;* es enthielt die Rechnungsabteilung des kaiserl. Haushalts. Das *T. Caesaris principis* in den Provinzhauptstädten diente der Verwaltung der kaiserl. Domänen, das *T. civitatis* in den Munizipien enthielt die Gemeindekasse. Rud. G.

RE IV A 1963/69. *Nash* 2,402ff. (S.a. Archiv).

Tabularius s. Tabellio

Taburnus mons, fast 1400 m hohes Gebirge Kampaniens (Verg. Aen. 12,715 mit Serv. Gratt. cyneg. 509) mit Olivenbestand (Verg. georg. 2,38. Vib. p. 157 R.). G. R.

Nissen It. Ldk. 2,806.

Tacape s. Takape

Tacfarinas, Numider, ein »afrikanischer Arminius« (MOMMSEN RG 5,633), desertierte aus den röm. *auxilia*, organisierte nach röm. Art die → Musulamii und andere numid. und maur. Stämme zum Guerillakrieg 17–24 n. Chr. Obwohl von M. → Furius (II 1) 17 und L. → Apronius (II 2) geschlagen, forderte T. Land und drohte mit endlosem Kampf. Für kurze Z. beendete Q. → Iunius (II 3) mit kombinierten Operationen 22 den Aufstand. 24 fiel T. im Kampf bei Auzia (Aumale) gegen P. → Cornelius (II 14), den → Ptolemaios (34) von Mauretanien unterstützte. Tac. ann. 2, 52. 3,20f. 73f. 4,23ff. AE 1961, 107f. H. V.

P. Romanelli Storia delle province rom. dell' Africa, 1959, 227ff. *A. Deman*, Jb. f. Wirtschaftsgesch. 1968, 3,341ff. *R. Syme*, Stud. in Roman economic ... in honor of A. Ch. Johnson, 1951, 113ff. *M. Rachet* Rome et les Berbères, 1970, 82ff.

Tachos (*Ταχώς*), äg. Irw-mꜣʿ. t-n-Rʿ Ḏd-Ḥr-śtp-n-In-ḥr. t, König der 30. Dyn., etwa 365 v. Chr. von seinem Vater → Nektanebos I. (Nḫt-nb. f) als Mitregent eingesetzt (IG II^2 1,119), übernahm 362 v. Chr. die Alleinherrschaft. T. versuchte, den Satrapenaufstand gegen → Artaxerxes II. (2) auszunutzen und stieß mit Hilfe des spartan. Königs → Agesilaos (2) und des athen. Feldherrn → Chabrias 360 v. Chr. nach Palästina vor. Als der zurückgelassene Statthalter in Äg. den Sohn des T. Nektanebos II. (Nḫt-ḥr-ḥbj. t) zum König ausrief und das Heer und Agesilaos zu ihm übergingen, mußte sich T. zum Perserkönig flüchten, der ihn aufnahm. W. H.

F. K. Kienitz Polit. Geschichte Äg.s vom 7. bis zum 4. Jh. v. d. Z., Bln. 1953, 96 mit Lit. in Anm. 2.

Tachygraphoi (*ταχυγράφοι*, auch *σημειογράφοι*). Die Stenographen, in der frühen Kaiserz. Hilfspersonal für Protokolle und Briefausfertigung (→ Exceptor, → Notarius, → Stenographie), später Beamte, konnten in der späteren Kaiserz. (→ Scrinium) über Sekretärsposten zu hohen Würden aufsteigen, Synes. epist. 61. Lyd. mag. 3,6. W. H. G.

Tacita. »Muse«, deren Kult Numa den Römern empfiehlt (Plut. Numa 8,11 *σιωπηλὴν ἢ ἐνεάν*); der T. (Ov. fast. 2,572) gilt eine magische Handlung, um *hostiles linguas inimicaque ora* (581) zu binden; T. = *dea muta* (583) und Mutter der Lares (615f. Lact. inst. 1,20,35). T. »bringt zum Schweigen«. G. R.

Prell.-Jord. 2,70. 99. *Wissowa* Rel. ^{2}174. 235. *Latte* RRel 60. 98,1. *Eitrem* Hermes und die Toten 10. 18. *Wünsch*, RhM 56, 1901, 402ff. *W. F. Otto*, WS 35, 1913, 62f. *Rose*, JRS 23, 1933, 60. *Deubner*, ARW 33, 1936, 103f. *v. Blumenthal*, RhM 90, 1941, 326f. *Tabeling* Mater Larum 68ff. 77ff. *Radke* Götter Altitaliens 295f.

Tacitus. 1. P. Cornelius T., röm. Geschichtsschreiber (Vorname unsicher: *P.* Cod. Medic. I, *C.* bei Sidon. epist. 4,14,1. 4,22,2 und in jüngeren Hss.), * nach Plin. epist. 7,20,3f. ca. 55–56 n. Chr., Todesj. unbekannt. Der Plin. nat. 7,76 erwähnte Ritter Cornelius T., Procurator von Belgica, wohl ein Verwandter. Die Heimat der Familie unbekannt; die persönl. Beziehungen des T. und versteckte Hinweise in den Schriften deuten auf Narbonensis (so [12] 2,611ff.) oder auf Gallia Cisalpina (Patavium? – so [16]. [17]). Rhet. Ausbildung in Rom, bei M. → Aper (1) und → Iulius (B 17) Secundus (dial. 2,1). T., ungewöhnl. talentiert, wurde schon als junger Mann bewundert, u.a. von Plinius minor (epist. a.O.), mit dem er Freundschaft schloß. 78 Heirat der Tochter des Cn. Iulius → Agricola. Ämterlaufbahn (nach hist. 1,1,3; ann. 11,11,1): unter Vespasian wahrscheinl. *vigintivir* oder *tribunus laticlavius*, unter Titus Quaestor; unter Domitian zunächst Volkstribun oder Aedil, um dieselbe Z. Aufnahme ins Kollegium der *XVviri sacris faciundis*. Als *XVvir* sowie als Praetor wirkte T. bei der Säkularfeier des J. 88 mit; er stand damals durchaus in der Gunst Domitians. Danach verbrachte er mind. 4 J. fern von Rom (Agr. 45,5); wo und in welcher Funktion, ist unbekannt. Konsul unter Nerva (97); er hielt damals die Leichenrede auf L. → Verginius (II 1) Rufus (Plin. 2,1,6). Im J. 100 Repetundenprozeß gegen → Marius (II 11) Priscus; T. und Plinius fungierten als Ankläger. T. hatte ca. 112/113 das Prokonsulat in Asia inne (Inschr. von Mylasa OGIS 487; s. [3]. [12] 2,664f.).

Nach dem Regierungsantritt Trajans (wohl noch im J. 98) veröffentlichte T. seinen lit. Erstling, die Biogr. seines Schwiegervaters Agricola. Auf das Proömium, ein für die Antriebe der gesamten tacit. Historiogr. wichtiges Dokument (1–3), folgen die Darstellung von Agricolas Karriere bis zur britann. Statthalterschaft (4–9) sowie ein ethnogr.-hist. »Exkurs« über Britannien und die röm. Britannien-Feldzüge bis Agricola (10–17). Das Kernstück (18–38) schildert, nach J. geordnet, Agricolas britann. Statthalterschaft; T. schließt mit Agricolas »Ruhestand« und Tod in Rom sowie mit einem feierl. Preis des Verstorbenen (39–46). Die Schrift, der Substanz nach Biogr., verbindet Elemente verschiedener Gattungen (Ethnogr., annalist. Geschichtsschreibung, Enkomion/*laudatio funebris*) zu einem eigenwilligen Ganzen; sie strebt nach Erhabenheit und meidet alles Triviale oder Anekdotische (im Gegensatz zu Cornelius Nepos, Plutarch oder Sueton). Sie dient apologet. Zwecken: sie lobt Agricola wegen seines Gehorsams gegenüber Domitian und sucht ihn, den von Domitian Geförderten, als dessen Opfer hinzustellen (39–43, mit einer Reihe von unbegründeten Bezichtigungen Domitians); diese Tendenz soll offenbar die Auffassung stoischer, T. nahestehender Kreise abweisen, wonach sich für Agricola (und für T. selbst) Widerstand gegen das tyrann. Regime geziemt hätte.

Die *Germania* (vollständiger Titel wohl: *De origine et situ Germanorum*) wurde (nach 37,2) wohl ebenfalls noch im J. 98 veröffentlicht. Der 1. Teil (1–27) handelt von den Germanen im allg.: von den Grenzen und der Beschaffenheit des Landes (1–5) sowie vom öffentl. (6–15) und privaten Leben der Bewohner (16–27); der 2. Teil (28–46) befaßt sich mit den einzelnen Stämmen. Der Stoff ist hauptsächl. aus lit. Quellen geschöpft (Caesar, Livius, *Bella Germaniae* des Plinius maior. Nach [12] 1, 125ff. gibt T. oft einen um Jahrzehnte veralteten Stand der Kenntnisse wieder); er enthält überdies mancherlei Wandermotive der ethnogr. Lit. Das Werk ist als Spezialschrift über ein fremdes Volk ein Unikum. Daher die Schwierigkeit, seinen Charakter und seinen Zweck zu bestimmen: ein verselbständigter Exkurs der Historien? (so [2], 28ff.; anders ebd. 451); aktuelle polit. Anlässe? (so zuletzt H. Nesselhauf in [36], 208ff.). Jetzt herrscht wieder die »Sittenspiegeltheorie« (so [33], 419): T. habe seinem röm. Milieu, einer korrupten, unfreien und krieger. Leistungen kaum noch fähigen Umwelt eine Existenzweise entgegenhalten wollen, die auf Einfachheit, Freiheit, Ehre und Kampfesmut beruhte; dieses Kontrastbild mußte um so überzeugender wirken, als T. trotz mancher Idealisierung und trotz seiner Sympathie für die Germanen deren Schwächen durchaus eingestand. Andererseits waren die Germanen in den Augen des T. desto gefährlichere Feinde des gegenwärt. Rom, je deutlicher ihre *virtus* an das einstige Rom erinnerte – daher die grausame Genugtuung über die selbstmörder. germ. Zwietracht (33).

Der *Dialogus de oratoribus* ist nicht zweifelsfrei als Werk des T. überliefert; daher bis h. Plädoyers für eine nicht-tacit. Autorschaft (u.a. mit Berufung auf den »ciceron.« Stil; s. [6], 145ff.). Plin. epist. 9,10,2 enthält eine kaum bestreitbare Anspielung auf dial. 9,6/12,1. Entstehungsz.: vielleicht 102 (Konsulat des Adressaten L. → Fabius [II 9] Iustus). Wohl Benutzung von Quint. inst. (s. R. Güngerich in [36], 349ff.). Z. des Dialogs (nach 17,3/24,3): 75/76 (oder 77). Der Lücke nach Cap. 35 fiel wohl der Beitrag des → Iulius (B 17) Secundus zum Opfer (umstritten. Wie hier K. Vretska in [36], 361ff. [30]. Anders zuletzt [37]). Die Schrift hält angebl. ein Gespräch fest, dem T. als junger Mann beigewohnt habe; Teilnehmer: der Redner und Dichter Curiatius Maternus, die Redner M. Aper und Iulius Secundus sowie → Vipstanus Messalla. Vorgespräch: ob das Metier des Redners (so Aper) oder des Dichters (so Maternus) den Vorzug verdiene (3–13). Hauptgespräch: die Unterschiede zwischen der »alten« und der zeitgenöss. Beredsamkeit (von allen Beteiligten außer Aper als Verfall bewertet) sowie deren Ursachen. Messalla beruft sich auf die Entartung der Kindererziehung und des rhet. Unterrichts; der auf die Lücke folgende Schluß, der wohl Maternus gehört, macht die Veränderung der staatl. Verhältnisse, den Übergang von der Republik zur Monarchie, für den Verfall verantwortlich. Das Thema wurde, wie Petron (1–5), Quintilians verlorene Monographie *De causis corruptae eloquentiae* und der Schluß des Traktates *περὶ ὕψους* (→ [Ps.-] Longinos 2) beweisen, im 1. Jh. n. Chr. oft behandelt; der gedankenreiche, von feiner Ironie durchzogene Dialog des T. übertrifft alle Konkurrenten. Die Schrift dient vermutl. einem autobiogr. Zweck: hinter Maternus und seiner Wendung zur Poesie verbirgt sich T., der damals – aus Einsicht in die Zwänge der Monarchie – von der Beredsamkeit Abschied genommen haben mag, um sich ganz der Geschichtsschreibung zu widmen (s. [4]. K. BÜCHNER Röm. Lit.-Gesch., ^{4}1968, 473).

Die beiden großen Geschichtswerke des T., die *Historiae* und *Annales* (die Titel sind von zweifelhafter Authentizität; die ann. heißen im Cod. Medic. I *Ab excessu divi Augusti*), werden von Hieronymus (comm. in Zachar. 3,14) als 30 B. Kaisergesch. von der Z. nach Augustus bis zum Tode Domitians erwähnt; Cod. Medic. II zählt das 1. B. der hist. als B. 17; folgl. haben die hist. aus 14 und die ann. aus 16 B. bestanden (nicht unbestritten; s. die [31], 103,91 genannte Lit.). Hiervon erhalten: hist. 1–4 und der Anf. von 5 (1. Jan. 69 bis zum Bataveraufstand im J. 70); ann. 1–4 und der Anf. von 5, 6 außer dem Anf. sowie 11–16 außer dem Anf. von 11 und dem Schluß von 16 (es fehlen die Z.-Abschnitte 29–31, 37–47 und 66–68 n. Chr.). T. hatte im Agr. (3,3) angekündigt, er wolle die Tyrannei Domitians und das Glück der Gegenwart darstellen. Die hist. führten den ersten Teil dieses Versprechens aus, mit der Modifikation, daß sie, von den Wirren des Vierkaiserjahres ausgehend, die Gesch. des gesamten flav. Hauses darstellten; sie erschienen um 105 bis 110. T. griff sodann in den ann. (trotz abermal. Ankündigung eines zeitgesch. Werkes: hist. 1,1,4) auf die Gesch. des jul.-claud. Hauses seit dem Tode des Augustus zurück – wohl aus der Einsicht, daß die wahrheitsgetreue Behandlung des trajan. Regiments unmögl. sei (s. [12] 1,217ff.). Die Entstehungsz. der ann. ist unbekannt; die vieltraktierte Erwähnung des *mare rubrum* (2,61,2; = Pers. Golf?) entstammt am ehesten den J. 116/117 (andere Deutungen bei E. KOESTERMANN, Komm. z. St.). Die viell. auf 18 B. bemessenen ann. blieben wohl unvollendet; das Vorhaben, in einem weiteren Werk die Z. des Augustus darzustellen (ann. 3,24,3), hat T. nicht mehr in Angriff nehmen können.

Als Quellen der hist. kommen Plinius maior, → Cluvius (II 2) Rufus und → Fabius (III 2) Rusticus, ferner – für den Feldzug gegen Vitellius – Vipstanus Messalla in Betracht (erwähnt nur Messalla und Plin.: 3,25,2. 3,28,1. Außerdem 2,101,1 scharfe Kritik an ungenannten flavierfreundl. Historikern); die intensive Forschung hat noch nicht zu gesicherten Resultaten geführt (s. [12] 1,176ff. [24]). Das Erhaltene schildert die Ereignisse von nicht einmal 2 J. – wegen der Fülle des Stoffes und seiner grundlegenden Bedeutung für die gesamte flav. Dynastie; Höhepunkte die 2. Schlacht von Bedriacum und Erstürmung Cremonas (3,22–34) sowie die Zerstörung des Capitols (3,69–75); 5,2–10 der Juden-Exkurs. Die Doktrin der Galba-Rede 1,15f. (die Wahl des Besten als Freiheitsersatz) spiegelt aktuelle Probleme der beginnenden Adoptivkaiserz. und ist von großem Gewicht für die polit. Überzeugungen des T. selbst (s. [22], 1ff. [31], 86f.).

In den Tiberius-B. der ann. (1–6) wird außer Primärquellen wie den Memoiren Agrippinas (4, 53,2) nur Plinius maior als Gewährsmann namentl. erwähnt (1,69,2); die Nero-B. (13–16) nennen abermals Plinius sowie Fabius Rusticus, Cluvius Rufus, Cn. → Domitius (II 9) Corbulo und die *acta senatus* (13,20,2. 14,2,1f. 15,16,1 u.ö.). Da T. – trotz mancher Übereinstimmungen mit der Parallelüberlieferung (s. [12] 2,688ff.) – seinen Stoff souverän gestaltet hat, ist die Suche nach bestimmten Abhängigkeiten über Vermutungen nicht hinausgekommen (s. [12] 1,271ff. [18]. [40]). T. hat jedenfalls an die oppositionelle Geschichtsschreibung der jul.-claud. Z. angeknüpft; er ist geradezu deren Vollender (s. [20], 469ff.). Er hat sich offensichtl. um einigermaßen ausgewogene Proportionen bemüht: 6 B. Tiberius (= 23 J.); 6 B. Caligula-Claudius (= 17 J.); 4 B. Nero (bis 66 = 12 J.). Die 1. Hexade gliedert sich deutlich in 2 Triaden: B. 1–3 behandeln die (relativ) »gute« Z. des Tiberius (bis 22; mit der Lichtgestalt des Germanicus als Kontrastfigur); B. 4–6 sind seiner sich stufenweis verschlimmernden Tyrannis gewidmet (mit der dämon. Persönlichkeit Sejans als Gegenspieler); s. bes. 4,1,1 und 6,1 *(mutati in deterius principatus initium)* sowie 6,51,3. B. 12 erhält durch die wachsende Macht Agrippinas seine Signatur (s. die Jahresanf.: 5,1. 25,1 usw.). B. 13, das 1. Nero-B., hat exponierenden Charakter; es schildert das durch die Regentschaft des Seneca und Burrus geprägte, noch einigermaßen ruhige *quinquennium* (54–58 n. Chr.). B. 14–16 sind eng miteinander verzahnt; die schauerl. Höhepunkte der neron. Schreckensherrschaft: die Ermordung Agrippinas und Octavias (14,1–13. 60–64); der Brand von Rom und die Christenverfolgung (15,38–44; über die Forschung zum Christenkap. [38]); die pison. Verschwörung und Neros Reaktion, sein Wüten gegen die Senatsaristokratie (15,48–74. 16,7–35).

Die tacit. Geschichtsschreibung ist erhabene Kunstprosa par excellence (*σεμνῶς*: Plin. epist. 2,11,17); T. verhält sich aus h. Perspektive in stilist.-kompositor. Hinsicht zu Sallust wie der Vollender zum Wegbereiter. Er hat die auffälligsten Merkmale der sallust. Diktion, die Prägnanz und Dunkelheit, die Antithesen und Inkonzinnitäten sowie die Vermeidung des Üblichen zu einem überaus eigenwillig gehandhabten Instrument fortgebildet, das teils mit erbarmungsloser Präzision enthüllt, teils – durch Anspielungen und Ambivalenzen – das fahle Licht einer unbestimmten

Suggestivität erzeugt. Die Gesuchtheit der tacit. Stilkunst hat sich, wie zumal die Wortwahl zeigt, bis zu den ersten B. der ann. ständig gesteigert; ab ann. 13 läßt sich ein Rückgang zu einer minder ungewöhnl. Ausdrucksweise feststellen – vielleicht fehlt diesen B. die letzte Feile (s. z.B. [5]. [12] 1, 340ff. 2,711ff. [39]). T. hat seiner Geschichtsschreibung das annalist. Schema zugrunde gelegt, bes. streng in der 1. Hexade der ann. (jedes B. beginnt mit einem neuen J.; zusammengehörige Ereignisse werden rigoros auf die J. verteilt), während die späteren B. freier verfahren: sie gruppieren den Stoff um die beherrschenden Persönlichkeiten oder ordnen ihn nach Schauplätzen (s. z.B. 12,31–40: 7 J. röm. Eroberung in Britannien). Das Raffinement des Aufbaus ist bei T. – wie in Epos oder Drama – wesentl. Element der »Aussage«: erst die (steigernde, kontrastierende, die weitere Entwicklung vorwegnehmende) Anordnung verleiht der jeweil. Materie den Stellenwert, der ihr im hist. Ganzen zukommt. Weder der Stil noch die Komposition der tacit. Werke dürfen in ästhetisierender Weise als selbständige künstler. Gegebenheiten betrachtet werden (so die ältere Forschung): sie stehen im Dienste des historiogr. Zweckes (s. z.B. F. Klingner in [36], 388ff. [14]. [21], 659ff. [23]).

T. ist der einsame Schlußpunkt einer 300jähr. Tradition senator. Geschichtsschreibung; er hat sich mit deren Formen auch deren Maßstäbe, den Kodex der Senatsaristokratie, zu eigen gemacht: die bedeutende, zumal mil. Leistung *(virtus)*, den rühmenden Preis *(gloria)* sowie die innere und äußere Freiheit *(libertas)* als die Bedingung von beidem. Er giert nach jener Römergröße, die in republikan. Z. das Weltreich geschaffen hatte: nach dem freien Wettbewerb innerhalb der herrschenden Schicht und der hieraus resultierenden Tat. Er weiß indes, daß die Monarchie die Möglichkeiten des aristokrat. Wettbewerbs und der aristokrat. Tat stark reduziert, wenn nicht aufgehoben hat; er weiß sogar, daß die neue Staatsform zu den irreversiblen Notwendigkeiten der Gesch. gehört (hist. 1,1,1. 1,16,1). Hieraus erwächst die Grundantinomie der tacit. Geschichtsbetrachtung: die Unvereinbarkeit von Kaiserregiment und Adelskodex. Diese beherrschende Diskrepanz zwischen Wirklichkeit und Sehnsucht hat ein Werk von grandioser Negativität hervorgebracht. Sie wird gesteigert durch den stets wachen Scharfblick eines bohrenden Menschenkenners: die oft iron., ja sarkast. Entlarvungskunst des T. hat mit den hist. und ann. ein Pandämonium menschl. Schwächen – des Eigennutzes, der Genußsucht, der Kurzsichtigkeit, Feigheit, Heuchelei und Niedertracht – geschaffen. T., der die Fakten respektierte und ehrlich bestrebt war, *sine ira et studio* darzustellen (ann. 1,1,3), hat, wenn ihn seine polit. und seine moral. Prämissen in dieselbe Richtung drängten, rigoros schematisiert: der Gegensatz Domitian-Agricola, die Grundfiguration des lit. Erstlings, setzt sich in den Kontrastpaaren der ann. (Tiberius-Germanicus; Nero-Corbulo) mit auffälliger Gleichförmigkeit fort, und das tacit. Tiberius-Bild, zumal die vernichtende Schlußcharakteristik (ann. 6,51), ist ein berüchtigtes Beispiel gewollt-ungewollter Verleumdung. Über den nach unverrückbaren polit.-moral. Normen beurteilten Protagonisten, über Rom, dem Kaiserhaus und der Senatsaristokratie kommt das Reich mit seiner Verwaltung und seiner Zivilisation, kommen die anonymen Kräfte, die das Z. alter geprägt haben, die allgemeinen sozialen und geistigen Entwicklungen entschieden zu kurz; die moderne Geschichtswissenschaft hat das Bild vom frühen Prinzipat, das die Werke des T. vermitteln, durch eine erhebl. divergierende Auffassung ersetzt. Gleichwohl geht von dem düster-grimmigen T. nach wie vor eine starke Faszination aus; sie beruht auf dem Widerstreit der Prinzipien, dem der Autor sich selbst und seine Leser aussetzt (hierzu gehört auch das des öfteren berührte, nie aufgelöste Verhältnis von Götter- und Menschenwalten, von Schicksal und freiem Willen; s. z.B. hist. 1,3,2. 4,78,2; ann. 3,18, 4. 4,20,3. 16,33,1), auf einer ungewöhnl. Sensibilität, dem Produkt dieser Spannung, sowie auf einer künstler. Potenz, die sich in jedem Detail ebensosehr durch die Form mitzuteilen weiß wie durch den Inhalt.

In der geistigen Agonie des 2. und 3. Jh.s n. Chr. war für T. kein Raum; die H.A. erzählt die Mär, Kaiser Tacitus habe sich für einen Nachkommen des Historikers gehalten und für die Verbreitung von dessen Schriften gesorgt (Tac. 10,3). Einige Resonanz wurde T. im 4. und 5. Jh. zuteil: Ammianus Marcellinus setzte ihn fort, Sulpicius Severus und Orosius benutzten, Sidonius Apollinaris und Cassiodor erwähnten ihn usw. Dann Stille bis zum 9. Jh.: Rudolf von Fulda kennt die ersten B. der ann. und zit. ganze Cap. der Germ. Diesem Boden entstammt ein Teil der hsl. Überlieferung: der Cod. Hersfeldensis (s. IX) mit den kleinen Schriften (hiervon im Cod. Aesinas ein Quaternio mit Agr. 13–40 erhalten; das übrige nur durch Humanistenabschriften bezeugt) und der Cod. Medic. I aus Corvey (s. IX) mit ann. 1–6. Ann. 11–16 und hist. 1–5 hingegen sind durch eine Hs. aus Monte Cassino (s. XI) = Cod. Medic. II bewahrt geblieben; ob daneben der Cod. Leidensis, eine Humanistenhs., selbständige Überlieferung enthält, ist noch umstritten (s. [15]. [25]. [32]). Die Neuz. lernte zuerst den Cod. Medic. II (Boccaccio), dann den Hersfeldensis (2. H. 15. Jh.), schließl. den Medic. I (Anf. 16. Jh.) kennen. Eine breite Wirkung hatte T. während des Absolutismus: seine Schriften waren die Hauptpfeiler des sog. Tacitismus, einer die Lehren Machiavellis variierenden Theorie von der Staatsräson. Das Z.alter der Französ. Revolution hingegen sah in T. vor allem den Republikaner und Tyrannenfeind. Die faszinierenden Gestalten der tacit. Geschichtswerke (Tiberius, Otho, Nero, Agrippina, Britannicus) waren vom 16. bis 19. Jh. ein bevorzugtes Repertorium für Dramenstoffe. M. F.

Ed. pr. (erste vollst. Ausg.): Rom 1515 *(Beroaldus)*.
Ta.: *Koestermann* I²/II 1–2², 1964/69. *Furneaux-Anderson* (op. min.), 1900. *Fisher* (hist.), 1911. *Ders.* (ann.), 1906.
Komm.: *Ogilvie-Richmond* (Agr.), 1967. *Much-Jankuhn-Lange* (Germ.), ³1967. *Gudeman* (dial.), ²1914. *Heubner* (hist., bisher 3 Bde.), 1963/72. *Furneaux* (ann., 2 Bde.), ²1896/1907. *Koestermann* (ann., 4 Bde.), 1963/68.
Ind.: *Gerber-Greef* (2 Bde.), 1877/90.
Onomast.: *Fabia*, 1900.
Lit.-Ber.: *C. W. Mendell*, CW 48, 1954/55, 121ff. *H. W. Benario*, CW 58, 1964/65, 69ff. 63, 1969/70, 253ff. *R. Hanslik*, AAHG 13, 1960, 65ff. 20, 1967, 1ff.
Lit.: 1. *H. Tiedemann* T. und das Nationalbewußtsein der dt. Humanisten, Diss. Berlin 1913. 2. *E. Norden* Die german. Urgesch. in T.' Germania, (1920) ⁴1959. 3. *A. J. Suskin*, AJA 40, 1936, 71f. 4. *H. Bardon*, REL 19, 1941, 113ff. 5. *E. Löfstedt*, JRS 38, 1948, 1ff. 6. *E. Paratore* T., (1951) ²1962. 7. *B. Walker* The Annals of T., (1952) ²1960. 8. *K. Barwick*, SBA Lpz., Phil.-hist. Kl. 101,4, 1954. 9. *F. Vittinghoff*, H 82, 1954, 348ff. 10. *A. Briessmann* T. und das flav. Geschichtsbild (H-Einzelschr. 10), 1955. 11. *C. W. Mendell* T. – The Man and his Work, (1957) ²1970. 12. *R. Syme* T. (2 Bde.), 1958. 13. *Ders.*, G 69, 1967, 241ff. 14. *M. Fuhrmann*, Philol. 104, 1960, 250ff. 15. *E. Koestermann*, ebd. 92ff. 16. *Ders.*, Ath 43, 1965, 167ff. 17. *Ders.*, Archivio Veneto 77, 1965, 5ff. 18. *C. Questa* Studi sulle fonti degli Annales di T., 1960. 19. *J von Stackelberg* T. in der Romania, 1960. 20. *F. Klingner* Röm. Geisteswelt, ⁴1961. 21. *Ders.* Stud. zur griech. und röm. Lit., 1964. 22. *K. Büchner* Stud. 4: T. und Ausklang, 1964. 23. *H. Heubner*, G Beih. 4, 1964, 133ff. 24. *B. G. Townend*, AJPh 85, 1964, 337ff. 25. *F. R. D. Goodyear*, CQ 15, 1965, 299ff. 26. *Ders.* T., 1970. 27. *R. Häussler* T. und das hist. Bewußtsein, 1965. 28. *U. Schillinger-Häfele*, Hist. 14, 1965, 443ff. 29. *E. L. Etter* T. in der Geistesgesch. des 16. und 17. Jh.s, 1966. 30. *H. Gugel*, Symb. Osl. 41, 1966, 115ff. 31. *A. Michel* T. et le destin de l'empire, 1966. 32. *K. Wellesley*, RhM 110, 1967, 210ff. 33. *S. Borzsák*, RE Suppl. XI 373ff. 34. *D. R. Dudley* The World of T., 1968 (T. und die Welt der Römer, 1969). 35. T., ed. *T. A. Dorey*, 1969. 36. T., hg. v. *V. Pöschl* (Wege der Forschung 97), 1969. 37. *K. Bringmann*, MH 27, 1970, 164ff. 38. *A. Wlosok* Rom und die Christen, 1970. 39. *J. N. Adams*, CQ 22, 1972, 350ff. 40. *D. Flach*, MH 30, 1973, 88ff. 41. *A. Köhnken*, ebd. 32ff.

2. Imp. Caesar M. Claudius T. Augustus. * in Interamna etwa nach 200 (H. A. vit. 15,1) aus reichem Hause. *Cos. ord.* 273 mit Iulius Placidianus, CIL VIII 18844, MOMMSEN Chr. min. 1,60. *Consularis*, Aur. Vict. 36,1. *Princeps senatus*, vit. 4,1. 3. Einige Zeit nach der Ermordung Aurelians erwählten die Senatoren T. im Sept. 275 durch Akklamation zum Kaiser, vit. 3–8, ALTHEIM Niedergang d. ant. Welt 2,367f. Er kam aus Campanien nach Rom und nahm die Wahl ungern an, vit. 7,1. Er ernannte seinen Halbbruder M. → Annius (II 4) Florianus zum Gardepräfekten und ging mit ihm nach dem Osten, um gegen die Goten zu kämpfen, die vom Schwarzen Meer nach Kleinasien eingedrungen waren. Im J. 276 *cos. II, procos., pater patriae*, G. PICARD, Gallia 26,342f. T. besiegte die Goten in Kilikien, vit. 13,2f., nahm den Titel *Gothicus Maximus* an, wurde aber in Tyana (Aur. Vict. 36,2) oder in Pontus (Oros. 7, 24,1. Malal. 12 p. 301ff.) etwa im Oct./Nov. 276 (s. CH. LELONG, Rev. Arch. du Centre 8,221ff.), angeblich im Alter von 75 J. von seinen eigenen Soldaten getötet, wobei die Ursache der Empörung die Einsetzung eines mißliebigen Verwandten Maximinus zum Statthalter von Syrien gewesen sein soll, Zos. 1,63,2. Zon. 12,28. Er war verheiratet (vit. 11,6) und hatte als Kaiser noch Söhne in jugendlichem Alter. – Münzen: RIC V 1,319–48. FELLETI MAJ Iconographia p. 273f., T. LIII 185 und LIV 186. DELBRÜCK Münzbildnisse p. 161 bis 166, T. 25,1–9. R. H.

Lit.: *E. Hohl*, Klio 11,117ff. 204ff. *R. Syme* Emperors and Biography (1971) 237ff.

Tadinae (Plin. nat. 3,114 *Tadinates*. Tab. Iguv. Ib 16f. u.a. Prok. Goth. 4,29,3 *Taginae*), Station (*municipium* der 6. Region Plin. a. O.) an der jüngeren Route der *via Flaminia* (Itin. Burdig. 614,3 *civitas Ptanias*) 8 mp hinter → Nuceria bei h. S. Antonio della Rasina. Hier lagerte → Totila 552, bevor er → Narses (3) über den Apennin entgegenzog. Fortleben des Namens: Casa Taino und weiter n. Gualdo Tadino. G. R.

Nissen It. Ldk. 2,392. *A. v. Hofmann* Das Land Italien und seine Geschichte, 1921, 610f. *Radke* Viae publicae Rom. 151. 154. *G. Sigismondi*, Boll. Deput. stor. patr. per l'Umbria 65, 1968, 1ff. *H. N. Roisl* bei *Altheim-Stiehl* Gesch. d. Hunnen 5,377.

Tadius. Ital. Familienname, inschr. auch *Taddius*, SCHULZE Eigenn. 425. **1.** P. T., Geschäftsmann, lebte 79 v. Chr. in Athen und stand mit Verres in Beziehungen, Cic. Verr. 1,100; 73–71 war er Legat unter Verres in Sicilien, Cic. Verr. 2, 49. 5,63. Sein Bruder war wohl: **2.** Q. T., ein Bekannter des Verres und dessen Familie. Da er mehrfach 79 und 74 mit Verres in Verbindung stand, dienten seine Geschäftsbücher und seine Aussagen im Verres-Prozeß 70 als Belastungsmaterial. Cic. Verr. 1,128. 130. H. G. G.

Taenia (ταινία). **1.** Kopfbinden als kult. und Fest- wie Ehrenschmuck sind urspr. griech. Sitte, die von Rom übernommen wurde. Zugrunde liegt wie beim Kranz der Glaube, die T. gewähre Schutz und Kraft. Mit T. umwand man Götterbilder, Grabsteine, Urnen, das Haupt der Priester, Mysten und Opfertiere (→ Infula); auch Beamte (FGrH 328 F 64) und Sieger aller Art tragen die T. Im Sakralbereich heißt sie meist → Strophium bzw. Infula, die weiße oder purpurne Königs-T. → Diadema. Zur äußeren Form vgl. A. KRUG Binden in d. griech. Kunst, Diss.

Mainz 1968. **2.** T. kann alle Arten Binden bezeichnen, → Fasciae, z. B. beim Blindekuhspiel, Poll. 9,123. **3.** Wimpel an Schiffen und Speeren hießen T., Poll. 1,90. Diod. 15,52,5, danach wird Gesinnungswechsel mit der »Windfahne« T. verglichen Dion Chrys. 74,8. **4.** In der Architektur dor. Ordnung ist T. der über dem Architrav bzw. der obersten Quaderschicht vorspringende, durchlaufende Streifen, an dem jeweils unter den Triglyphen die → Regula hängt. G. Gruben Die Tempel d. Griechen Abb. 28. 32–34. 42–44. 51. 74. 88. 95. 140. **5.** In der Zoologie ist T. der Bandfisch, cepola taenia L., vgl. Athen. 7,325f. 326a. **6.** Bis h. ist T. med. der Bandwurm, vgl. Galen und Plin. nat., der über Länge und Gegenmittel berichtet. **7.** In der Geogr. sind T. Sandbänke, Landzungen und Klippen, Strab. 1,49–50. Pol. 4,41,1. App. Lib. 121,572. Dion Chrys. 5,9. Plin. nat. 3,4. 9,131.
W. H. G.

Tagaste, Stadt in Africa proconsularis (h. Souk-Ahras, Algerien). Itin. Anton. *municipium*, mit *ordo* und *decuriones* (ILAlg. I 875. 880). Ruinen: S. Gsell Atl. Arch. Alg. 18 (Souk-Ahras), Nr. 340. Inschr. ILAlg. I 866–927. Bull. Comité 1932/33, 477. 1934/35, 227. 351. 362. 1938/40, 45. 324. Bischöfe vor der Z. Konstantins. Geburtsort des → Augustinus. M. L.

Tages. Etr. Götterknabe, der mit Altersweisheit begabt die Haruspicin lehrte. Bauern hatten ihn aus der Erde gepflügt; nachdem er ihnen die Zukunft geweissagt und seine Lehren mitgeteilt hatte, starb er (Cic. div. 2,50; dazu [2]). Die Etym. seines Namens erkl. infolgedessen das Sch. Lucan. 1,636 mit ἀπὸ τῆς γῆς. Wahrscheinl. ist aber der Name die latinisierte Form eines etr. Wortes, Ov. met. 15,558: *Indigenae dixere Tagen.* Seine urspr. in etr. Sprache abgefaßte Lehre (Isid. orig. 8,9,34) wurde später ins Lat. übertragen, erweitert (Cic. div. 2,50) und in hexametr. Form gebracht. Neben der Darstellung der Haruspicin wurden darin mitgeteilt Lehren über den Blitz (Amm. 17,10,2. Arnob. 2,69), Erdbeben (Lyd. mens. 4,79) und Fruchtbarkeitszauber (Colum. 10,344f.). Benutzt haben diese Schriften u. a. C. Labeo, → Apuleius (II 8), → Nigidius Figulus und Plinius. T. selbst galt als religiös-philos. Autorität und wurde von Proklos (bei Lyd. de ost. 3) mit χϑόνιος Ἑρμῆς gleichgesetzt. C. Z.

Lit.: 1. *Pauli-Schultz*, Myth. Lex. 5,3 ff. 2. *Pease* zu Cic. div. 2,50.

Tageszeiten. I. Bei den Griechen:

Bei Homer (Il. 21,111) finden wir eine deutliche Dreiteilung des eigentlichen Lichttages (ἔσσεται ἢ ἠὼς ἢ δείλη ἢ μέσον ἦμαρ), wobei ἠώς die Morgendämmerung, in weiterem Sinne das zunehmende Tageslicht, δείλη die Abenddämmerung und μέσον ἦμαρ die ganze dazwischen liegende Zeit, natürlich mit fließender gegenseitiger Abgrenzung, bezeichnet. Als Ersatz für die fehlende Stundenzählung nimmt Homer Vorgänge aus dem Alltagsleben, insbesondere die Mahlzeiten, deren es im Heroenleben drei gab. Bei Hdt. 4,181 finden wir eine Vierteilung des Lichttages in ὄρϑρος, die Zeit des Aufstehens für die arbeitenden Klassen, dann ἀγορᾶς πληϑούσης, μεσημβρία und ἀποκλινομένης τῆς ἡμέρας. Theophrast (περὶ σημείων) unterschied die Morgenzeit (πρωΐ), den Mittag (μεσημβρία) und den Nachmittag (δείλη), der dann später in δείλη πρωία (früher Nachmittag) und δ. ὀψία (später Nachmittag) zerlegt wurde. An diese schließt sich die ἑσπέρα, die Abenddämmerung an. Die Nacht selbst beginnt mit dem Anzünden des Lichtes (περὶ λύχνων ἁφάς oder περὶ πρώτην νύκτα), der mittlere Teil der Nacht wird mit μέσαι νύκτες u. ä. bezeichnet. Eine genauere Einteilung erforderte das gewöhnl. bürgerl. Leben nicht; man verließ sich zur notwendigen Orientierung auf den Stand der Sterne. Für die Forderungen des Kriegsdienstes (Ablösung im Wachdienst) teilte man die Nacht in 4 unter sich gleiche, aber jahreszeitlich verschieden lange Abschnitte (φυλακαί). – In die 4 Hauptabschnitte des Lichttages fügten sich die Tagesbeschäftigungen ein. Der Tagesanfang wird durch die Toilette und den Morgenimbiß, die ersten Morgenstunden durch die berufliche und sonstige Beschäftigung (Gymnastik, Besuche und dgl.) in Anspruch genommen. Als 2. Tagesabschnitt schließt sich der Gang auf den Markt an (ἀγορᾶς πληϑούσης) zur Volksversammlung, zur Abwicklung der Geschäfte, zur Besprechung der Tagesereignisse u. a. Der 3. Tagesabschnitt wird mit der ἀγορᾶς διάλυσις (wenn die Hitze im Sommer den Aufenthalt auf dem Markt unangenehm macht) eingeleitet, und der 4. beginnt – wenigstens in der klass. Zeit – mit dem δεῖπνον vor Sonnenuntergang. Natürlich bestanden in dem gewöhnlichen Sprachgebrauch noch zahlreiche, vielfach einander überschneidende oder ineinander übergehende Variationen (von Poll. 1,68f. aufgeführt), s. RE IV A 2020.

II. Bei den Römern:

Die genaue Einteilung des Lichttages nach Stunden war an die Einführung der Sonnenuhren gebunden (Cens. 22,6 *in horas XII divisum esse diem noctemque in totidem notum est*). Über Sonnenuhren s. Uhren. Vor der Einführung der Sonnenuhren hatte man für die Einteilung des Lichttages nur allg. Ausdrücke, die von dem Stand der Sonne hergeleitet waren, urspr. auf *ortus* und *occasus solis* und *meridies* beschränkt (Plin. nat. 7,212); doch zitieren Gell. und Cens. schon aus den XII Taf. die Zeiten *ante meridiem* und *post meridiem*. Diese Tagesabschnitte wurden von dem Amtsdiener der Konsuln (dem *accensus*) ausgerufen (Varr. l. l. 6,89. Plin. nat. 6,212). Als Teile des Lichttages gibt Cens. 24,3 an: *mane cum lux videtur solis, post hoc ad meridiem, ..., inde de meridie, hinc suprema*, in den Ablauf von Stunden übertragen etwa *mane:* von Sonnenaufgang bis Schluß der 3. Stunde, *ad meridiem:* Vormittag bis Schluß der 6. Stunde, *de meridie:* Nachmittag bis Schluß der 9. Stunde, *suprema:* Abend bis Sonnenuntergang. Auch die Nacht wurde in 4 Teile zu je 3 Stunden eingeteilt, wobei – wie bei den Griechen – das Bedürfnis des mil. Wachdienstes maßgebend war (nach Veg. 3,8), mit Hilfe der *clepsydra.* Die Nachtwachen begannen mit Sonnenuntergang, dehnten sich höchstens auf 3 Stunden aus und waren je nach der Jahreszeit in ihrer Dauer veränderlich. Der Beginn der 3. Nachtwache fiel dabei etwa auf Mitternacht, die Wachablösungen wurden durch ein Signal mit der *bucina* angezeigt. Die Stundenrechnung und der Gebrauch der Uhren blieb das Vorrecht der begüterten Kreise der Stadtbevölkerung. W. S.

Marqu.-Mau 253 ff. *G. Bilfinger* Die ant. Stundenangaben, Stuttg. 1882. *Ders.* Der bürgerl. Tag, Stuttg. 1888. *J. Carcopino* Das Alltagsleben im alten Rom, 1950, 237 ff.

Tagma (*τάγμα*) war die Bezeichnung von verschieden großen Truppenkörpern (Xen. mem. 3,1,11. Pol. 6,24,2), bes. der röm. Legion A. N.

Fr. Lammert, RE IV A 2023 f.

Tagonius, h. Tajuña, rechter Nebenfluß des → Tagus (= Tajo, Tejo). Entspringt auf der Sierra de Sigüenza. In der ant. Lit. nur bei Plut. Sert. 17,2 genannt. In der Nähe befand sich das Siedlungsgebiet der höhlenbewohnenden Charakitaner. K. A.

Forbiger HB. d. alt. Geogr. 3,14,55. *A. Schulten*, RE IV A 2023 f. *Ders.* Iber. Landeskunde 1, 1955, 345.

Tagos (*ταγός*). Bezeichnung der obersten Behörde in Thessalien. Seit dieses in die Machtsphäre Makedoniens unter Philipp II. einbezogen war, wurde die Bezeichnung nur noch für Behörden geringerer Bedeutung angewendet. A. N.

Fr. Lammert, RE IV A 2024.

Tagus, h. span. Tajo, port. Tejo. Längster Fluß der iber. Halbinsel (1008 km). Entspringt in den Montes Universales, mündet bei Olisipo (h. Lissabon) in den Atlantik. Erstmals erwähnt bei Hannibals Kämpfen mit den → Carpetanern 218 (Pol. 3,14,5. Liv. 21,5,8). Bes. bei Strab. viele Angaben über den Fluß: 2,107. 3,139. 142. 151 f. Führte Gold (Mela 3,8 u. a.). K. A.

Forbiger HB. d. alt. Geogr. 3,14. *Schulten*, RE IV A 2025. *Ders.* Iber. Landeskunde 1, 1955, 341 ff.

Taifali. Germ. Volk, von Zos. 2, 3 fälschlicherweise *Σκυθικὸν γένος* genannt. Ihr Name kommt als *T.* (Amm. 17,13,9. 31,3,7. Eutr. 8,2. Not. dign. or. 5,3; occ. 16 = 59,7,206. Iord. Get. 16,91), *Ταίφαλοι* (Zos. 4,25,1), *Θαίφαλοι* (Zos. 2,31,3), *Taifruli* (Laterc. Ver. 13,26) vor. Sie erschienen zuerst im J. 248 als Verbündete der Goten, im Kampf gegen → Decius (II 1; Iord. Get. 16,89). Ebenfalls im Bündnis mit den Goten kämpften sie im J. 291 gegen die Vandalen und Gepiden. Sie werden unter den Hilfsvölkern → Constantius' II. erwähnt, als dieser gegen die sarmat. Limigantes zog. Nach der Aufgabe Daciens war ihr Wohnort Muntenia, bis sie sich vor den Hunnen nach Transsylvanien zurückzogen. Von hier floh ein Teil über die Donau und wurde in Italien angesiedelt, während der größere Teil unter → Theodosius I. auf thrak. Gebiet untergebracht wurde. Anf. des 5. Jh.s erscheinen sie in der Gegend von Poitiers. J. F.

Tainaron (*τὸ Ταίναρον*, seltener *ὁ*, *ἡ Ταίναρος*). **1.** Das südlichste Kap der Peloponnes auf 36° 22' 40" n. Breite, letzter Ausläufer des → Taygetos, h. Kap Matapan, Name wahrscheinlich vorgriech. T. ist die 315 m hohe äußerste S.-Spitze einer besonderen 5 km langen Halbinsel, die durch einen nur 540 m breiten Isthmos mit den tiefen Buchten Achilleios-Porto Marinari im W. und Psamathus-Portokalio im O. abgeschnürt ist. Sie besteht aus Marmor mit fast ungegliederter schroffer W.-Seite und zwei Buchten an der O.-Seite, Porto Asomato im S. und Vathy weiter n. An der Bucht Psamathus lag die später verschwundene gleichnamige Ortschaft, von der nur spärliche Reste vorhanden sind. Die Ortschaft T. (→ Nr. 2) mit ausgedehnten Resten lag an der Bucht Asomato. An der W.-Flanke einer zum O.-Teil der Bucht hinabführenden Schlucht liegt eine 10 m tiefe und etwas breitere Höhle mit den Spuren eines h. fast verschwundenen Rechteckbaus davor, der die ganze Breite der Schlucht einnahm, ein einfacher schmuckloser Bau, der Tempel des Poseidon. Die Höhle galt als Eingang in die Unterwelt, und hier soll Herakles den Höllenhund heraufgeholt haben, u. a. Thema eines Dramas des Sophokles. Der Kult des Pohoidan *ἐπὶ Ταινάρῳ* war bereits vordor.-achaiisch, und das Heiligtum besaß Asylrecht bes. für → Heloten, Aristoph. Ach. 510. Thuk. 1,128,1. Ail. var. 6,7. Paus. 4,24,5. 7,25,3. Thuk. 1,133,1. Diod. 11,45,4. Aristodemos FGrH 104 F 8,2. Das Heiligtum wurde um 240 v. Chr. von Aitolern, Pol. 9,34,9, und im 1. Jh. v. Chr. von Seeräubern geplündert, Plut. Pomp. 24,5. Bronzestatue eines Reiters auf einem Delphin, auf → Arion gedeutet, im Heiligtum, Hdt. 1, 23 f. Paus. 3,25,7 u. a.

Für die Schiffahrt war die tiefe, gut geschützte Bucht von Psamathus wichtiger und der eigentliche Hafen. Hier war auch der Lagerplatz der Söldner, für die T. in der 2. Hälfte des 4. Jh. v. Chr. ein wichtiger Sammel- und Anwerbeplatz war. Marmorbrüche, Strab. 8,5,7 p. 367. Plin. nat. 36, 135. 158. Sonst: Eur. Cycl. 292. Aristoph. Ach. 510. Skyl. 46. Skymn. 513 ff. Strab. 8,5,1 f. p. 363. Paus. 3,25,4 ff. Mela 2,51. Ptol. 3,14,32. Sch. Aristoph. Ach. 509. Inschr.: IG V 1 Nr. 1224 bis 1238. 1258.

Kolbe, IG V 1,229 ff. *Bölte*, RE IV A 2030 ff. *Philipps.-Kirst.* 3,440 f. *H. Waterhouse–R. Hope Simpson*, ABSA 56, 1961, 123 f.

2. Die Stadt T. lag urspr. an der Bucht Asomato an der O.-Seite des Kaps (→ Nr. 1), die »Neustadt« Kainepolis, Kainupolis (Paus. 3,25,9. Ptol.

3,14,32. Prok. bell. 3,15,8), die erst seit Augustus an ihre Stelle trat, etwa 10 km n. des Kaps beim h. verlassenen Dorf Kyparisso an der W.-Seite der Halbinsel, wo ausgedehnte Reste vorhanden sind. Weihungen an röm. Kaiser bis Gordian, IG V 1 Nr. 1242. Angriff Geiserichs 467 n. Chr. Prok. bell. 3,22,16. Inschr.: IG V 1 Nr. 1237–1275. SEG 23, 199f. E. M.

Bölte, RE IV A 2046ff.

Taisiai (SGDI 2580,115; vgl. A. PLASSART, BCH 45, 1921, 66), bruttische Festung nahe Rhegion, vermutlich identisch mit Tisiai (Diod. 37,2,13 codd. *Ἰσίας*), Tisia (Steph. Byz. s. v. App. Hann. 44), unbekannter Lage. G. R.

Nissen It. Ldk. 2,999. *Forbiger* HB. d. alt. Geogr. 3,517. *E. Kirsten* in: Vie di Magna Grecia, Napoli 1963, 142.

Takape (*Τακάπη*), Stadt in Süd-Tunesien (h. Gabès): Oase *in mediis harenis* (Plin. nat. 18, 188) und Hafen in der Kleinen Syrte, am Ausgang der Seengegend (*παμμέγεθες ἐμπόριον* Strab. 17,835). Vielleicht pun. Gründung, doch wenige pun. Dokumente. *Civitas* z. Z. des Augustus (Plin. nat. 5,4,25. 18,22,51). *Col. Tacapae* (Tab. Peut. Anon. Rav.) *Resp. Taca(pitanorum)* CIL VIII 100. Die röm. Reste sind in modernen Gebäuden wieder verbaut (Atl. Arch. Tun. f[e] 60, Nr. 61. Inschr. CIL VIII 39 10492 22777. ILT 60) M. L.

Taktik. Unter T. wird im weitesten militär. Sinn alles verstanden, was mit der Durchführung militär. Aufgaben zusammenhängt, im engsten die Lehre vom Gefecht. Die Schlachtentaktik der hom. Z. (→ Heerwesen, → Schlachtordnung) war durch das Einzelkämpfertum gekennzeichnet. Erst in der Periode der griech. Freistaaten kam es zur Ausbildung der auf Massendruck berechneten → Phalanx. Der Aufmarsch (*παραγωγή*) erfolgte aus der Marschkolonne nach links. Nach den Flanken hin waren Schwenkungen erforderlich und nach rückwärts der Kontremarsch (*ἐξελιγμός*), weil die Führer jeder Rotte als die zuverlässigsten Kämpfer stets vorn und die Schließenden stets hinten stehen mußten. Beim gewöhnl. Kolonnenmarsch bestand die Vorhut aus Reiterei und Leichtbewaffneten. Ihr folgte der Troß und die Schwerbewaffneten (Xen. Kyr. 6,3). Eine außergewöhnliche Marschform war das Viereck (*πλαισίον*, Thuk. 4,125,2, Xen. an. 3,2,36). Die Seiten bildeten Hopliten (→ Hoplitai), innen befanden sich Leichtbewaffnete und der Train und an der Tète und Queue Reiterei. Seitenhuten gab es offenbar nicht. Das Lager war unregelmäßig, nicht befestigt, doch durch Posten gesichert. Daran scheint sich auch in makedon.-hellenist. Z. mit Ausnahme der Marschtaktik nicht viel geändert zu haben. Für diese ist der Aufmarsch zur Schlacht am Granikos bezeichnend. In der Mitte marschierte die Infanterie in 2 Kolonnen und l. und r. davon ritt je eine Kolonne Kavallerie. Als Vorhut waren Leichtbewaffnete eingesetzt. Den Schluß bildete der gesamte Train.

Auch für die Frühzeit des röm. Milizheeres war die Phalanx charakteristisch. Doch verlief die weitere Entwicklung über die Manipularphalanx zur Manipulartaktik, die auf der Selbständigkeit des Einzelkämpfers im → *manipulus*, des Manipels in der → *legio* und auf der planmäßigen Unterstützung der vorderen Abteilungen durch die rückwärtigen beruhte (→ *exercitus*, → Schlachtordnung). Der Aufmarsch zum Gefecht erfolgte gewöhnlich aus dem *agmen quadratum* (Pol. 6,40). Dabei marschierten die zusammengehörigen Manipel der → *hastati, principes, triarii* nebeneinander in 3 Marschkolonnen mit dem Train vor jeder Abteilung. Die Schlachtordnung konnte so, unter Ausscheidung des Trains, nach allen Seiten, am leichtesten nach l. und r., gebildet werden. Beim Reisemarsch *(agmen pilatum*, Pol. 6,40*)* eines einfachen Konsularheeres in gewöhnlicher Marschkolonne marschierten an der Tète die → *extraordinarii* und ihnen folgten in täglich wechselnder Reihenfolge Alen *(*→ *ala)* und Legionen mit dem Train hinter jedem Truppenkörper. Nur der der *extraordinarii* war an den der nächsten *ala* angeschlossen. Der Reisemarsch von Lager zu Lager *(iter iustum)* betrug bei guten Straßen 20 km und dauerte mit den Rastpausen vermutlich von Sonnenaufgang bis Mittag. Jede darüber hinausgehende Inanspruchnahme der Truppe durch Verkürzung der Marschzeit, durch Klima, Witterung, Gelände war ein Gewaltmarsch *(iter magnum)*. Außer den *extraordinarii* als Vor- bzw. Nachhut, gab es keine Marschsicherung bzw. Aufklärung. Das Lager *(*→ *castra)* war regelmäßig, befestigt und durch Wachen gesichert.

Die Z. der Kohortentaktik war durch die einheitlich bewaffnete Kohorte *(*→ *cohors)* als takt. Einheit, durch die Freiheit in der Treffenbildung, in der Disposition der einzelnen Kohorten und in der Ausbildung des 3. Treffens als Schlachtenreserve gekennzeichnet *(*→ *exercitus*, Schlachtordnung*)*. Von Caesar wurde der Marsch mit erhöhter Gefechtsbereitschaft ohne Minderung der Marschleistung *(iter expeditum)* eingeführt. Die Vorhut bildete dabei der größte Teil der Kavallerie, der als Gros 3/4 der Legionen ohne Train, der gesamte Truppentrain und als Nachhut ¼ der Legionen folgten. Aufklärung und Marschsicherung wurden getrennt und diese von Nachrichtenpatrouillen *(*→ *exploratores)*, Kavallerie und Spionen *(*→ *speculatores)* durchgeführt. Ferner wurde die Feldbefestigung, z. B. durch Gräben, Schanzen vorgenommen und als neue Kampfform der Stellungskrieg eingeführt.

Die Sicherstellung des Nachschubs war Aufgabe des Feldherrn, der zu verschiedenen Mitteln griff, z. B. auch zur Einrichtung von Depotplätzen. Die Sicherung der Etappenlinien oblag zu Lande meistens den → *auxilia*, zur See Flottenabteilungen. In der Zeit des homogenen Heeres der Kaiserzeit wurde seit Hadrian die → *centuria* takt.

Einheit und der Gefechtsmarsch so geändert, daß die Schlachtordnung auch nach der Tète und Queue hin leichter hergestellt werden konnte (Tac. ann. 1,51.13,40). Die Schlachtentaktik (→ *exercitus*, Schlachtordnung) trug der steigenden Bedeutung von Kavallerie und Fernwaffen Rechnung. Als neue Lagertype wurde das Standlager (→ *castra*, *castellum*) für die Reichsbefestigung (→ *Limes*) charakteristisch.

Die Z. des differenzierten Heeres der Kaiserz. ist durch Anwendung verschiedener Schlachtordnungen (→ *exercitus*, Schlachtordnung) und Marschformationen wie z. B. der *cunei* (Amm. 31, 9) im unübersichtlichen und des *agmen quadratum* (Amm. 24,1. 29,5) im offenen Gelände gekennzeichnet. Der Anmarsch zur Schlacht erfolgte meistens in einer oder mehreren Kolonnen (Amm. 16,12). Der Train verblieb dabei unter Bedeckung an einem befestigten Ort. Über Festungskrieg → Poliorketik, über T. zur See → Flottenwesen, → Seekrieg, über Flußübergänge → *pons*. A. N.

Krom.-Veith 79ff. 114ff. 132ff. 135ff. 141ff. 639. BursJb 248 (1935) 194. 198f. 274 (1941) 33ff. 79ff. 140ff. *F. Lammert*, Philol. Suppl. 23,12ff. 34ff. *K. Völkl*, RhM 97, 1954, 82ff. *F. Kiechle*, BRGK 45, 1964, 87ff. *M. J. W. Bell*, Hist. 14, 1965, 404ff. *J. K. Anderson* Military theory and practice in the age of Xenophon, Berkeley 1970. *H. Gugel*, G 78, 1971, 241ff. S. a. Kriegskunst.

Talaos (Ταλαός). Myth. Herrscher von Argos, Sohn von → Bias (1) und → Pero (2), Gatte der → Lysimache, Vater der meisten der → Sieben gegen Theben: → Adrastos (1), Aristomachos, → Hippomedon (1), → Mekisteus, → Parthenopaios, Pronax, und der → Eriphyle. Er starb im Kampf gegen → Amphiaraos, Pind. N. 9,13. Grab in Argos, Paus. 2,21,2. Argonaut, Apoll. Rhod. 1,118. H. v. G.

Prell.-Rob. 2,912. 916.

Talarius ludus. Cic. Att. 1,16,3; off. 1,150. Front. p. 160 N. Quint. inst. 11,3,58 (*ludus talaris*) betonen den unfeinen Charakter (Quint.: *licentia*) des Tanzes zu Begleitung von → Krotalon und → Tympanon, der wohl nach dem bis auf die Knöchel (*talus*) der Tänzer reichenden Gewand hieß. Der *T. l.* ist offenbar ident. mit der πλανιπεδαρία ἡ καταστολαρία Lyd. mag. 1,40. Der etr. Ursprung des *T. l.* ist Vermutung, die Verbindung mit der *fabula planiped(ar)ia* (→ Fabula) dagegen nicht a priori abzulehnen, da ALTHEIM, RE IV A 2061ff. bei seinem Schluß, der *T. l.* habe keinen Gesang (= Text) gekannt, den Zusammenhang bei Quint. a. O. außer acht läßt. W. H. G.

Tălassĭō (*Tălassĕ*). Im röm. Hochzeitsritus Zuruf der Umstehenden an die Braut. Nach Liv. 1,9. Aur. Vict. 2. Plut. mor. 271f; Rom. 15; Pomp. 4 urspr. mit dem Raub der Sabinerinnen verbunden. Ein bes. schönes Mädchen, das »für Talassius« bestimmt war, wurde diesem unter dem Ruf »T.« zugeführt. Weitere Erkl. b. Plut. a. O. Später personifiziert als Hochzeitsgott ähnl. griech. → Hymenaios. Die Überlieferung des Wortes *T(h)alas(s)i-us/o*, *Talasse* (vgl. Liv. a. O. Plut. a. O. Catull. 61,134. Martial. 1,35,6. 7. 3,93,25. 12,42,4. *Thalam-us/o* Isid. orig. 15,3,6) ist ebenso unsicher wie die ant. (Fest. 478,34ff. L.) und modernen Herleitungen. Ungeklärte Bedeutung. K. D. F.

G. A. W. Rossbach Unt. über d. röm. Ehe, 1853, 345f. *Prell.-Jord.* 2,216. *R. Schmidt* De Hymenaio et T. dis veterum nuptialibus, Diss. Kiel 1886. *Latte* RRel 96. *Marbach*, RE IV A 2064f.

Talent, griech. τάλαντον, zu τάλας: »Träger, tragend«, »Waagschale, Waage«, und daher in diesem Sinn zunächst nur im Plural begegnend, Gewicht, Geldsumme. Während bei Hom. (Il. 9, 122 u. s.) das T. eine kleine, stets für Gold verwendete Gewichtsgröße darstellt – viell. das Äquivalent für den Wert eines Ochsen und in archäol. belegten frühen kreis- und länglichrunden Barren zu erkennen –, bezeichnet es sonst die größte Gewichtseinheit (→ Gewichte) und – bei dem engen Zusammenhang von Gewicht und Münze – den obersten Rechenwert (= 6000 → Drachmen). Wie die verschiedenen, aber um einen Mittelwert schwankenden Standards und die Teilung in 60 Minen (→ Mna) lehren, ist das T. dem Zweistromland entlehnt. Seiner Normierung liegt wohl die Vorstellung als schwerster noch einigermaßen bequem vom Menschen zu bewältigender Last zugrunde. In Mesopotamien begegnet das T. als *biltu* zu 30,12 kg (vgl. Hdt. 3,89,2; die Mine zu ca. 502 g, doch auch etwas leichtere und schwerere Normen nachweisbar). Strittig sind erhöhte, sog. königl. Normen. Die at. Juden übernahmen diese Gewichtseinheit als *kikkar* (Kreis) zu ca. 34–36 kg, und die Entsprechung in Kreta hat ca. 29 kg. Gemäß den zahlreichen lokalen Normen, vielfachen Änderungen des Standards, häufiger Differenzierung von Handels-(Markt-) und Münz-Gewicht und der Ausbildung warenspezifischer Größen gab es bei den Griechen eine Vielzahl von T. Die wenigsten sind genügend genau bekannt. Genannt seien das aiginet. T. zu 37,44 kg, das alte att. Handelst. zu 39,3 kg, das »solon.« T. zu 26,196 kg und das sog. att. T. der Kaiserzeit zu 20,40 kg. Die Teilung erfolgte in 60 Minen, die im Alten Orient in 60, gelegentl. 50 Shekel (→ Siglos), in Griechenland jedoch in 100 Drachmen (= 50 → Didrachmen = → Statere) zerfielen. Ob zu den wohl erst in assyr. Zeit begegnenden um 100% gesteigerten sog. schweren Minen ein entsprechendes Talent gehörte oder dieses dann nur 30 Minen hatte, ist ungewiß. Gleiches gilt für die doppelt schweren Minen. In 30 Einheiten zerfiel das T. im min. Kreta, und da in Athen (und sonst?) neben und vor der μνᾶ das δίμνουν als Einheit (→ Stater) fungierte, ist die 30er-Teilung auch dort belegt. Für Sizilien ist die Gliederung des (att.) T. in 240, später 120 → Litrai bezeugt. Zahlreiche Angaben über andere Stückelungen (vgl. etwa Poll. 9,86 und Fest. 359a M.) sind Gleichungen mit anderen

Normen oder Äquivalenzangaben. Im röm. System fehlt das T., doch entsprach das Wasser-(Wein-)Gewicht des → Quadrantal mit 80 röm. Pfd. (→ Libra) einem att. T.

Ein oder mehrere T. repräsentierende Gewichtsstücke gibt es nur aus dem Alten Orient (bei den at. Juden nicht sicher belegt). Als Sigle diente den Griechen T oder ξ mit Schrägstrich unten (= 60 [Minen]). H. Ch.

Lit. s. unter Gewichte.

Talio bedeutet die Talion: Der Täter muß als Vergeltung eben das Übel erleiden, das er selbst seinem Opfer zugefügt hat. Isid. orig. 5,24: ... *talio est similitudo vindictae, ut taliter quis patiatur, ut fecit. Hoc enim est natura et lege institutum, ut laedentem similis vindicta sequatur*. Die *t.* findet sich in allen ant. Rechten, im mosaischen als »Aug' um Auge, Zahn um Zahn«. Entwicklungsgeschichtl. ist die *t.* eine schon fortschrittliche Milderung gegenüber dem unbeschränkten Racherecht des Verletzten. Abgelöst wird die *t.* ihrerseits durch die Pflicht des Täters zur Zahlung einer bestimmten Buße. Für das röm. Recht zeigen die XII T. zugleich die *t.* und den fortschrittlicheren Bußanspruch: Nach XII T. 8,2 soll bei schwerer Körperverletzung t. eintreten *(Si membrum rupsit, ni cum eo pacit, talio esto)*. Dagegen sind nach XII T. 8,3. 4 für leichtere Körperverletzung und *iniuria* feste Bußen vorgesehen. – Der *t.* ähnlich sind die spiegelnden Strafen: Die Tat wird an dem Glied vergolten, mit dem das Delikt begangen worden ist (z.B. Abhacken der Schwurhand oder der Hand des Fälschers). Auch solche Strafen begegnen vor allem in jungen Rechten. D. M.

Talmud s. Rabbinische Literatur

Talos (*Τάλως*, auch *Κάλως*, wohl vorgriech.). **1.** Myth. Athener, Sohn der → Perdix, Neffe und Schüler des → Daidalos (1), Erfinder von Töpferscheibe, Zirkel und Säge, von seinem Meister aus Künstlerneid von der Akropolis herabgestürzt, dabei von Athena in ein Rebhuhn (*πέρδιξ*) verwandelt. Apollod. 3,214f. Paus. 1,21,4. 26,4. – T. heißt selbst Perdix bei Soph. frg. 300. Ov. met. 8, 236ff. Hyg. 39. 244. 274. **2.** Kret. Sagengestalt, von Hephaistos aus Bronze geschaffen, um → Minos als Wächter der Insel zu dienen. Eine einzige Ader lief ihm vom Nacken bis zum Knöchel, hier durch ein Häutchen oder einen Nagel gesichert, die einzige verwundbare Stelle. Als Riese (*τριγίγας*) ausdrücklich nur Orph. Arg. 1351 bezeichnet. Die → Argonauten entledigten sich seiner durch die Pfeile des → Poias oder durch → Medeias Zauberei, ihren »bösen Blick« oder falsche Versprechungen. Er ritzte sich den Knöchel, und sein *ἰχώρ* entströmte wie geschmolzenes Blei, Apollod. 1,140ff. Apoll. Rhod. 4,1638ff. Auf dem »Taloskrater« aus Ruvo (c. 410) sind die Dioskuren beteiligt, Furtwängler – Reichhold Griech. Vasenmalerei 1 T. 38f. Mz. von → Phaistos zeigen ihn geflügelt, mit Steinen in den Händen, auf der Rs. einen Hund (→ Pandareos). – Man lokalisierte T. auch in Sardinien: er umarmte seine Opfer mit seinem rotglühend gemachten ehernen Leibe; dabei zeigten sie (oder er selbst) das *σαρδάνιος γέλως* genannte verzerrte Grinsen. Sch. Hom. Od. 20,302. Sch. Plat. rep. 1,337 (nach Simonides und Soph.). T. scheint eine Roboterphantasie zu sein, die mit den Möglichkeiten und Gefahren des Bronzegusses spielt. – Zur Genealogie Paus. 8,53,5 und → Leukos (3). H. v. G.

Talpa s. Maulwurf

Talthybios (*Ταλθύβιος*). **1.** Herold Agamemnons, Il. 1,320f. u.ö., in der Trag., bes. Eur. Tro. und Iph. A., in der bildenden Kunst (RE IV A 2089). Er und → Eurybates (1) werden als *θεράποντες* bezeichnet und von Achilleus, von dem sie Briseis abholen sollen, als *Διὸς ἄγγελοι ἠδὲ καὶ ἀνδρῶν* begrüßt. Vgl. pepl. 37 *θεῶν κήρυκα καὶ ἀνδρῶν*. T. und der tro. Herold → Idaios (3) trennen den Zweikampf von Aias und Hektor, 7, 274. **2.** Spartan. Heros, Ahnherr der Talthybiaden (lebenslängliche Staatsherolde). Heiligtum und Grab in Sparta (und Aigion, Paus.). Er zürnt den Spartanern wegen Ermordung der pers. Gesandten, Hdt. 7,134ff. → Sperthias. → Keryx (2). H.v.G.

Tamarus, bedeutender Fluß in Samnium, nur durch Stationsnamen Itin. Anton. 103,1 bekannt; h. Tammaro. G. R.

Nissen It. Ldk. 1,332. *Miller* Itin. Rom. 370.

Tamassos (*Ταμασ[σ]ός*), bedeutende Stadt in der Mitte von Kypros, s. vom h. Nikosia mit geringen, aber ausgedehnten Siedlungsspuren seit der Bronzez. und Stadtmauerresten beim Dorf Politiko, drei große archaische Kammergräber, mehrere große Nekropolen seit der Bronzez. Heiligtümer des Apollon und der Göttermutter aus Funden bekannt. Grabungen in und bei T. unveröffentlicht. Wegen der reichlichen Kupfervorkommen war T. Mittelpunkt der Kupfergewinnung und -verarbeitung, als solches schon bei Hom. Od. 1,184 (*Τεμέσῃ*) genannt. Strab. 14,6,5 p. 684. Ptol. 5,13,6. Plin. nat. 5,130. Tab. Peut. 10,3. Geogr. Rav. 5,20,393,6. Steph. Byz. Nonn. 13,445. Lykophr. 854 m. Sch. Ov. met. 10,644ff. BCH 45, 1921, 4, I 7. T. ist bereits in den Städtelisten Asarhaddons genannt, Luckenbill Anc. records 2, 266. 341. R. Borger Die Inschr. Asarhaddons 60 Z. 68. Um 340 v. Chr. von König Pasikypros an → Kition verkauft, Athen. 4,167cd und Inschr., dann zu → Salamis (2) gehörend. Früheste Christengemeinde und erster Bischof von Kypros, Herakleidios, Hierokl. synekd. 706,5. Not. ep. 1,1060. Nil. 186. Georg. Cypr. ed. Gelzer 1107. Le Quien Or. Christ. 2,1057ff., noch bis ins 15. Jh. n. Chr. genannt. Inschr. (phoinik., kypr., griech.): [6], Nr. 214–16. [3], 236ff. Nr. 1–10. SEG 18,595. 20,296f. 23,667–671. E. M.

1. *E. Oberhummer*, RE IV A 2095ff. 2. *R. Gunnis* Historic Cyprus 394ff. 3. *O. Masson*, BCH 88, 1964, 199ff. (mit Plan). 4. The Swedish Cyprus expedition IV passim.

5. *V. Karageorghis* Cypern (Archaeologia mundi 29) passim. 6. *O. Masson* Les inscr. chypriotes syllabiques 222ff. 7. *G. Hill* A history of Cyprus I passim. 8. *A. Westholm*, Opuscula arch. 2, 1939, 36ff. (die Gräber).

Tamenthes s. Tementhes

Tamesis (Caes. Gall. 5,11,8), auch *Tamesa* (Tac. ann. 14,32,2; *Ταμέσα* Cass. Dio 40,3,1 u.ö. *Ταμῆσα* Ptol. 2,3,4), später *Tamensis* oder *Tamese*, bedeutender Fluß im s.ö. Britannien, h. Thames (Themse). H. Gä.

Tamfana. Nach Tac. ann. 1,51 Name einer Gottheit der Marser (nur in Ligatur überliefert.) *Templum Tamfanae* bezeichnet wohl ein Kultzentrum mehrerer Gentes mit Kultbauten, dessen Lage noch nicht festgestellt werden konnte. Der Kult bezieht sich viell. auf ein Numen des Herbstes und der Ernte. H. C.

K. Helm Altgerm. Rel.-Gesch. 1,287. 299. *Heichelheim*, RE IV A 2098f.

Tamias (*ταμίας* von *ταμεῖν* »vorschneiden«, »verteilen«, Frisk 2,850), bei Hom. Il. 19,44 Verwalter des königlichen Besitzes, dann in vielen griech. Städten Kassenführer im Staats- wie im Privatdienst. **1.** T. der Tempel in Athen. Bereits vor Solon gab es *τ. τῆς θεοῦ*. Aristot. Ath. pol. 7,3. 8,1. 47. IG I^2 393. Ihre den Phylen entsprechende, nach dem *νόμος περὶ τῶν ταμιῶν* durchs Los besetzte Normalzahl 10 wurde oft aus Mangel an Bewerbern nicht erreicht. Aristot. 4,1. 8,1. IG I^2 91. Sie mußten zu den → Pentakosiomedimnoi gehören, erhielten keine Besoldung, nur Anteil am Opferfleisch, amtierten im r. Teil des Opisthodomos. IG II^2 334. Iteration und Kumulierung waren verboten. Aristot. 62,3. Ohne Befehlsgewalt und Gerichtsbarkeit empfingen sie unter Aufsicht des Rates Gelder nach Gesetzen und Psephismen oder zahlten sie aus. Im 4. Jh. lief ihre Amtszeit 4 J. In jeder Prytanie und nach der Dienstzeit zur Rechenschaft (*λόγος*) gezogen, gaben sie die erhaltenen Gelder nach deren Herkunft, Ausgaben mit Empfänger und Zweck und Datum der Zahlung, die Summe der Ausgaben, den Restbetrag und die Übergabe an Nachfolger an. SEG 10, 1949, 184ff. 222ff. Die → Hellenotamiai überwiesen ihnen Überschüsse und $^1/_6$ der Tribute. Die Schätze vieler anderer Götter betreuten seit 435/34 die *τ. τῶν ἄλλων θεῶν* im l. Teil des Opisthodomos. IG I^2 94,17. Beide Kollegien wurden 406/05 zu den *τ. τῶν ἱερῶν χρημάτων τῆς Ἀθηναίας καὶ τῶν ἄλλων θεῶν* vereinigt, 385/84 wieder getrennt. IG II^2 1371. Seit 346/45 gab es nur die *τ. τῆς θεοῦ*, bzw. *τ. τῶν θεῶν* oder nur die *τ.* Das Heiligtum in Eleusis besaß im 4. Jh. 2 *τ. τοῖν θεοῖν* für Opfer und Feste. W. S. Ferguson The Treasurers of Athena, 1932. C. Hignett A hist. of the Athenian constitution, 1952, 325. P. J. Rhodes The Athenian Boule, 1972. **2.** T. profaner Kassen in Athen: a) der Kriegskasse (*τῶν στρατιωτικῶν*) zuerst 344/43. IG II^2 1443. G. L. Cawkwell, Mnem 4, 1962, 381ff. Rhodes 105,3. b) Verf. und Verwalter des Staatshaushaltes (*τῆς κοινῆς διοικήσεως*), zunächst außerordentliches Amt, von → Lykurgos (10) bekleidet. Plut. mor. 852b. Hyp. 1,28. Später 307/06 als ordentliches Amt des *ἐπὶ τῇ διοικήσει* beibehalten, IG II^2 1,463,36. Inhaber ein einzelner oder ein Kollegium entsprechend dem Wechsel maked. Herrschaft und Freiheit. c) Eines Fonds (*τοῦ δήμου*) für Aufstellung von Gemeindebeschlüssen und Besorgung von Kränzen, seit 302 nicht bezeugt. IG II^2 212. 393. Rhodes 101,3. 4. d) Der Ratskasse (*τῇ βουλῇ*) für Opfer, Besoldung der Ratsherren und -diener seit 390/89. Busolt GStK. 1032. e) Beamter für Getreidekäufe (*τῶν σιτωνικῶν*), Verpflegung der Soldaten. IG II^2 1272. 3504f. SEG 21,469C, 58f. K. Köster Die Lebensmittelversorgung der altgriech. Polis, 1939, 74. f) Der → Paralos und Ammonis für Bezahlung der Mannschaften und Schiffsausrüstung. Aristot. 61,7 Demosth. 21,171. IG II^2 213. g) Für öffentliche Unterstützung der Armen (→ *ἀδύνατοι*) h) Für die Prytanen (*τῶν πρυτανέων*). S. Dow Prytaneis, 1937, 13ff. Rhodes 110. i) Für Phylen und Demen. IG II^2 1168. 1185. 1212. Busolt 968. k) Der Geschlechter (*γένη*), z. B. der Eumolpiden. IG II^2 1078. **3.** T. im übrigen Griechenland in Auswahl (ausführlicher Schwahn, RE IV A 2099ff.). In Akarnanien war unter den 10 Bundesarchonten ein T. IG IX 1^2, 3 A. 582. Die Aitoler hatten in 7 Bezirken (*τέλη*) um 268 je 1 T. IG IX 1^2, 3 A. In Delphoi gab von 339–326 ein Kollegium von 24 T., von der → Amphiktyonie entsandt, unter Aufsicht der Hieromnemones Geld für den Tempelbau an die → Neopoioi bei einer Amtsdauer von 4 J. Sylloge^3 78. 233. Je 3 T. besorgten in boiot. Städten Finanzwirtschaft und Stadthaushalt. Der T. von Thisbe erfand eine neue Form des Darlehensvertrages. *Ἀρχ. Δελτ.* 8, 1923, 182ff. In Thessalien waren seit dem 5. Jh. und in röm. Z. T. in Freilassungsurkunden oft eponym IG IX 2, p. 315. H. Rädle Unt. zum griech. Freilassungswesen, 1969, 105ff. Im maked. Leta begegnet 118/17 der *ὁ τῆς πόλεως ταμίας*. Sylloge^3 700. Der Achaierbund hatte einen T., Sparta zuerst nur im Felde, seit der Mz.-Prägung im 3. Jh. auch daheim. Xen. Lak. pol. 13,11. IG V 1,4. 32 B. In der Stadt Messene war der T. ein einfacher Kassenbeamter. Sylloge^3 736. In Arkadien hatten Megalopolis, Tegea, Mantineia und Lykosura je einen T. Sylloge^3 550,40. 624,35. IG V 2,6. 342. 527. In Kalauria gab es einen eponymen T. Sylloge^3 320. 359. 993. Viele Inselstädte beschäftigten einen oder mehrere T., so Rhodos 7 (IG XII 1,50). In Milet und Teos verwalteten sie Stiftungsgelder, in Thera das Staatssiegel. Milet I 3 n. 145,12. Sylloge^3 578. IG XII 3,322. Für die griech. Städte in Kleinasien vgl. W. Liebenam Städt. Verw. in röm. Kaiserzeit, 1900, 564. Bei den W.-Griechen sind T. nur für Tauromenion und Akragas bezeugt. Für die T.

(τῶν πολιτικῶν χρημάτων) im röm. Äg. vgl. P. Jouguet La vie municipale dans l'Égypte, 1968. A. K. Bowman, Amer. Stud. in Papyrology 11, 1971. T. in Vereinen und bei Privatleuten s. F. Poland Griech. Vereinswesen, 1909, 376ff. Demosth. 49,14ff. T. für *quaestor* Cic. Flacc. 44. App. civ. 1,100. Mommsen RStR 2,535,2. H. V.

Tamieion (ταμιεῖον, ταμεῖον, ταμῖον). **1.** Kassen- und Depotraum für Staats-, Tempel- und Privatgelder, überall, wo es einen ταμίας gab, aber selten erwähnt. Thuk. 1,96,2. Athen benutzte den Opisthodomos des Parthenon als T., Sparta hatte schon unter den Ephoren ein T. Hesych. s. ἄβηρ. In röm. Z. meint T. den kaiserl. Fiscus, IG IV² 63, Ios. ant. Iud. 14,10,3, das *aerarium Saturni*, Plut. Popl. 12, τ. στρατιωτικῶν das *aerarium militare*, Cass.Dio 55,25,2, Ios. a. O. 14,10,10 ein Archiv. Ürögdi, RE Suppl. X 2187. E. Posner Archives of the anc. world, 1972. Geld im Privathaus nennt Plat. rep. 8,548a ταμιεῖα καὶ οἰκεῖοι θησαυροί, T. Apollonios, Finanzminister des → Ptolemaios (A I 2), seine Privatkasse. W. Westermann, CPh 19, 1924, 229ff. **2.** Speicher, Fabrik (βασιλικὸν τ. τῶν δερμάτων staatl. Fabrik für Leder, Pap. Petr. 2,33,5. 238 v. Chr.), Versammlungsraum (Sylloge³ 783), in hellenist.-äg. Mietsverträgen Vorratskammer. H. V.

Tammuz, aram. *Tam(m)uza*, hebr. *Tammūz*, babylon., urspr. sumerische Gottheit, Name dort *dumu-zi* »rechter Sohn«. Babylon.-assyr. theolog. Tradition nennt ihn als ersten der 7 Ea-Söhne (Cun. Texts in the Brit. Mus. 24,16,30) oder ordnet ihn in den Šamaš-Kreis ein (Mat. z. Sum. Lex. 4,8,76f.). Er kam jedoch weder als theophorer Bestandteil der Eigennamen vor, noch war er Haupt- oder Stadtgott, sondern er war *der* Vegetationsgott. Sein Verschwinden in die Unterwelt wurde alljährlich durch Trauerriten in dem nach T. benannten Monat (Juni/Juli) beim Hinsterben der Vegetation begangen, in Klageliedern besungen (vgl. Ez. 8,14; dort in LXX griech. Form Θαμμούζ). – Die sumer. hist. Tradition kennt einen Fürsten D., den Hirten, von Badtibira und einen Fürsten D., den Fischer, von Uruk. Die reiche myth. Überlieferung in (bisher) 6 sumer. Erzählungen sieht in ihm den Geliebten und Gemahl der Göttin Inanna/Ištar, die ihm aber »Jahr für Jahr zu weinen bestimmte« (Gilg. Ep. 6 I 41). Nach dem Mythos von »Inannas Gang zur Unterwelt« wird D. als Ersatz für die in das Totenreich hinabgestiegene und dort gefangengehaltene Göttin auserwählt, da er sich nicht der Trauer des Landes um die verschwundene Inanna angeschlossen hat. 7 galla-Dämonen verfolgen ihn trotz einiger Verwandlungen (»Dumuzis Traum«) und führen ihn in die Unterwelt, zu deren Göttern er fortan zählt. Die Dämonen zerstören auch seinen Stall und die Schafpferche, Symbole der Fruchtbarkeit der Herden. Die Deutung des T. als Repräsentanten der Vegetation oder der im Frühjahr fließenden Milch (Jacobsen) ist noch uneinheitlich. Eine »Auferstehung« des T. gab es nicht. Parallelen zu Adonis und Attis, die bereits frühchr. Schriftsteller ziehen, sind haltlos. Wohl aber darf T. nach einer neu erschlossenen Überlieferung die Hälfte des Jahres an der Oberwelt verbringen. – Nebenüberlieferungen sehen in T. entweder einen kriegerischen Helden, eine Gestirngottheit oder einen Wächter am Himmelstor. Könige der 3. Dyn. von Ur und von Isin vollzogen zw. 2000 und 1800 v. Chr. in ihrer Eigenschaft als Herren von Uruk in Stellvertretung des T. den ἱερὸς γάμος mit Inanna. – Ein Weiterleben des T.-Kultes bis ins 5. Jh. n. Chr. in Antiocheia am Orontes bezeugt Isaak Antiochenus (Opera 2,210 ed. Bickel), falls nicht eine Verwechslung mit einem Adoniskult vorliegt. W. Rö.

Lit.: *H. Zimmern*, Abh. K. Sächs. Ges. d. Wiss., phil.-hist. Kl. 27, 1909. *A. Moortgat* T., 1949. *A. Falkenstein* in: Compte Rendu de la Troisième Rencontre Assyriologique, 1954, 41ff. *Th. Jacobsen* Hist. of Rel. 1, 1962, 189ff. *O. R. Gurney*, Journ. of Semitic Studies 7, 1962, 147ff. *E. M. Yamauchi*, ebd. 11, 1966, 10ff. *B. Alster* Dumuzi's Dream, 1972.

Tamos (Ταμώς) aus Memphis, Unterstatthalter des → Tissaphernes in Ionien 412/11 (Thuk. 8,31,2. 87,1. 3), Befehlshaber der Flotte des → Kyros (3), floh mit ihr und seinen Geldern nach dessen Tode nach Äg., wurde mit seinen Kindern vom König → Psammetichos getötet. Xen. an. 1,2,21. 4,2. 2,1,3. 7. Diod. 14,19,6. 35,3ff. H. V.

Tamphilus. Cognomen, in den Fasten der republik. Zeit bei → Baebius (I 14–18). H. G. G.

Tamsapor, unter → Sapor II. mit Verteidigung der pers. W.-Grenze betraut, führte 357 Friedensverhandlungen mit Rom, kämpfte 359 erfolgreich (Amm. 16,9. 18,5. 8f. Themist. or. 4, 57); ident. mit Sabur Tamsabur bei Assemani Acta S. Martyrum, 1748, 1,129. 197. A. L.

Tamynai (Ταμῦναι, Τάμυναι), Ortschaft im Gebiet von → Eretria auf Euboia, wohl beim h. Avlonari an der O.-Seite mit Siedlungsspuren seit frühhellad. Z., Stadtmauerring und Architekturteilen eines dor. Tempels des 4. Jh. [4–8], nicht bei Aliveri, Strab. 10,1,10 p. 447. Harpokr. Steph. Byz. Als Demotikon von Eretria bes. IG XII 9 Nr. 191. 240–49 oft. Sieg der Athener unter → Phokion über Kallias von Chalkis, Plut. Phok. 12f. Aischin. 3,86ff. Kult und Orakel des Apollon mit Agonen Tamyneia, IG XII 9,90–95a. E. M.

1. *F. Geyer* Topogr. und Gesch. d. Insel Euboia 75f. 2. IG XII 9 p. 161. 3. *Fiehn*, RE IV A 2151f. 4. *Konstantinu-Travlos*, Πρακτικά 1941, 27ff. 5. *W. Wallace*, Hesp. 16, 1947, 118f. 128. 130ff. 142f. 6. *Kirsten*, RE XXII 342,9ff. 7. *Philipps.-Kirst.* 1,613 A. 1. 615 A. 1. 8. ABSA 61, 1966, 71ff. Nr. 72–74.

Tanager, lukanischer Fluß in der Val di Diano (Plin. nat. 2,125. Serv. georg. 3,151. Vib. p. 151 R.), an dem die Station *Ad Tanarum* (Itin. Anton. 109,5) lag; h. Tanagro. G. R.

Nissen It. Ldk. 1,334. 2,903.

Tanagra (*Τάναγρα*, Ethn. *Ταναγραῖος*; Hesych. *τανάγρα* »bronzener Kochkessel«; vgl. Poll. 10,165), bedeutendste Stadt im s.ö. Boiotien, 5 km s. von Schimatari und ebensoviel s.ö. von Vratsi (amtl. T.) auf einem flachen Ausläufer (Akropolis 189 m) des Bergzuges am l. Ufer des Asopos. Reichliche Reste, bes. die im ganzen Umfang erhaltene Stadtmauer und Theater. Ö. der Stadt lag die Nekropole, aus der bes. seit 1893 die Unmengen von Terrakotten aller Art stammen, beginnend in archaischer Z., bes. aber hellenist., die den Namen T. berühmt gemacht haben und nach denen solche Terrakotten allgemein »Tanagrafiguren« oder »Tanagräerinnen« heißen. Das Gebiet von T. war seit hellenist. Z. sehr ausgedehnt und umfaßte das gesamte SO.-Boiotien von der att. Grenze bis zum Gebiet von Theben und fast zum Euripos. An bekannteren Orten gehörten dazu das → Delion (1), schon bei Thuk. 1,97. 4,76, 4, → Aulis, → Mykalessos, → Harma (2), Hyriai, → Eleon und → Oinophyta. → Herakleides (17) rühmt das gepflegte Aussehen der Stadt, die freundliche Art der Bewohner, die Sicherheit im Lande und den besten Wein Boiotiens. Myken. Funde in der Umgebung FIMMEN Kret.-myken. Kultur 6. Myken. Nekropole mit gemalten Tonsarkophagen bei VRATSI, Athens ann. of arch. 2, 1969, 20ff. 3, 1970, 184ff. Im Schiffskatalog nicht genannt, Gleichsetzung mit Graia, Hom. Il. 2,498, fraglich. Die Gründungslegende Plut. mor. 299c–e spricht auch für eher späten Synoikismos. → Herakleia (7) am Pontos soll von → Megara (2) und T. gegründet sein, Paus. 5,26,7. Weihung von einem Sieg T.s über eine unbekannte Stadt in Olympia SEG 11, 1202, einer boiotischen Stadt über T. SEG 15, 245, beide wohl noch 6. Jh. Niederlage der Athener bei T. 457, Thuk. 1,108,1, goldener Schild der Spartaner am Zeustempel in Olympia, Paus. 5,10, 4. Grabmal der gefallenen Argiver, IG I^2 931/32. SEG 10,407. 12,69. Siegesdenkmal der Thessaler in Delphi, BCH 82, 1958, 329ff. SEG 17,243. Nach dem athen. Sieg bei → Oinophyta Zerstörung der Stadt, Thuk. 1,108,3. Diod. 11,82,5. Im boiot. Bund nach 447 stellte T. einen Boiotarchen, Hell. Oxyrh. 16(11),3. Auch später führende Rolle in Boiotien, Strab. 9,2,5 p. 403; 2,25 p. 410 nennt er T. neben → Thespiai als einzige noch bestehende Stadt, Plin. nat. 4,26 nennt sie *civitas libera*. Genannt noch bei Hierokl. synekd. 645,5. Bischöfe LE QUIEN Or. Christ. 2,212f. Der Hauptkult der Stadt galt Hermes, daneben Dionysos mit Kultbild des → Kalamis. Heroenkult des Orion. Aus T. stammte → Korinna, deren Grab auch gezeigt wurde, Paus. 9,22,3. Berühmt waren die Kampfhähne von T., Paus. 9,22,4. Varro rust. 3,6,9. Colum. 8,2,4. Plin. nat. 10,48. Sonst: Herakleides 1,8–10 (p. 76f. PFISTER). Paus. 9,20,1–22,4. Dion. Call. 93. Skymn. 496. Ptol. 3,14,19. Cic. dom. 111. Steph. Byz. BCH 45, 1921, 14 II 130. Inschr.: IG VII Nr. 504–1663. 3501–47. 4238. SCHWYZER Nr. 451–63. SEG 2,184. 188f. 14,382. 15,316. 16, 301. 17,211–216. 18,163f. 19,335–50. 22,373–75. 23,270. Mz.: HEAD HN^2 347ff. Jb. f. Num. 17, 1967, 72f. E. M.

J.G.Frazer Pausanias 5,76ff. *Fiehn*, RE IV A 2154ff. *D.Burr Thompson*, Enc. arte ant. 7,590ff. (mit Planskizze und großem Lit.-Verz.). *Philipps.-Kirst.* 1,512ff. *B.Haussoullier* Quomodo sepulcra Tanagraei decoraverint, Thèse Paris 1884 mit Geländeskizze. *R.Kekulé* Griech. Tonfiguren aus T., 1878. *G.Kleiner* Tanagrafiguren, JDAI Erg.-H. 15, 1942.

Tanais (*Τάναις*). **1.** H. Don; großer Fluß Skythiens und Sarmatiens, der in die Maiotis (Asovsches Meer) mündet; die ant. Geographen hatten im allg. keine genaue Kenntnis von ihm und bes. von seinem Quellgebiet. Man glaubte, daß der T. einem großen See entspringe, entweder auf dem Kaukasus oder in den Ripaei Montes (*Ῥιπαῖα ὄρη*). Den geograph. Vorstellungen der Alten zufolge bildete der T. die Grenze zwischen Asien und Europa.

Hdt. 4,100. Skyl. 68. Pol. 3,37. Skymn. 874. Strab. 2,107. 7,310 u. bes. 11,490.

Herrmann, RE IV A 2162ff. *Danoff*, RE Suppl. IX 925 mit neuerem Schrifttum.

2. Griech. (miles.) Kolonie im europ. Sarmatien an der Mündung des gleichnamigen Flusses, wohl später entstanden als die übrigen miles. Gründungen. Solange T. eine unabhängige Polis war, herrschte es über die umwohnenden maiot. Stämme. Ihre Abhängigkeit von den bosporan. Herrschern z.Z. des Pharnakes und Asandros scheint erträglich gewesen zu sein. Als sich T. gegen die Bosporaner z.Z. des → Polemon (2) erhob, wurde es zerstört. Das Bedürfnis nach einem Umschlagplatz an der Donmündung rief eine neue befestigte Stadt T. ins Leben am n. Mündungsarm des Don.

In griech. und hellenist. Z. war T. der Mittelpunkt eines lebhaften Handels mit einheimischen Sklaven und Pelzwaren im Austausch mit griech. Weinen, Öl und gewerblichen Erzeugnissen. In der Römerz. war der Handel von T. viel kleiner.

Strab. 7,310. 11,493. 495 u.ö. Plin. nat. 6,20. 22. Chr. D.

Herrmann, RE IV A 2166ff. *Danoff*, RE Suppl. IX 1138. *T.N.Knipovič* T., eine hist.-arch. Unt., russ., Moskau-Leningrad 1949.

Tanaquil. Lat. Form eines etr. Namens (*ϑanaχvil* u.a., MÜLLER-DEECKE Die Etrusker 1, 459. F. SCHACHERMEYR, RE IV A 2172. 2370), gr. *Ταναχυλ(λ)ίς* u.a. – T., Gestalt der röm. Sage. Sie stammte aus einem vornehmen Geschlecht in Tarquinia und heiratete dort den → Tarquinius (6) Priscus. In der Deutung von Vorzeichen bes. bewandert, verschaffte sie ihrem Mann den Thron in Rom und nach dessen Ermordung ihrem Schwiegersohn Servius → Tullius (I 5) die Nachfolge; Liv. 1,34,4ff. 41,1ff. u.a. A. SCHWEGLER RG 1,668ff. 678ff. O.-W. v. VACANO Die

Etrusker i.d. Welt d. Ant., 1957, 116. In der jüngeren Tradition ist sie ein exemplum weiblicher Tugenden, Vorbild für Ehegattinnen, vgl. Fab. Pictor frg. 11b HRR. Enn. frg. 155 VAHLEN. WISSOWA Rel.[3] 129. Das von J. BACHOFEN Die Sage von T., 1870, erschlossene Mutterrecht bei den Etruskern ist jedoch nicht haltbar, vgl. z.B. F. ALTHEIM Röm. Rel.-Gesch. 1, 1956, 43. In einem Teil der Tradition war sie mit Gaia → Caecilia (I 20) gleichgesetzt, Plin. nat. 8,194. – Vgl. J.P.V.D. BALSDON Rom. Women, 1962, 26. H. G. G.

Tanarus, bedeutender Nebenfluß des Po, aus den Seealpen kommend (Plin. nat. 3,118. Ail. nat. 14,29). G. R.

Nissen It. Ldk. 1,186. 2,154.

Tanfana s. Tamfana

Tanis (*Τάνις*). **1.** Äg. Ḏʿn.t, h. San el-Hagar, im NO. des Deltas nahe des Menzale-Sees, zuerst zu Beginn der 21. Dyn. als Sitz des u.-äg. Vezirs genannt (Wen-Amun-Erzählung). Die Könige der 21. und 22. Dyn. haben T. großzügig mit Bauteilen abgerissener Tempel bes. → Ramses' II. aus dessen südlicher gelegenen Ramses-Stadt ausgebaut; einige dieser Könige sind auch dort begraben. Als Sa'anu ist T. in der Assyrerzeit Sitz eines Königs Putubišti; im A.T. heißt es Zoan (Jes. 12,11. 13. 30,4).

H. Kees, NAG phil.-hist. Kl. 1944, 145ff. *Pierre Montet* T., Par. 1942. *Ders.* Necropole Royale de T. I/II, Paris 1947/51.

2. Nach Strab. 17,813 Ort bei → Hermupolis magna, wohl die Nekropole dieser Stadt, h. Tuna el-Gebel. W. H.

Tanit s. Tinnit

Tanne (*ἐλάτη, abiēs, -ĕtis;* Etym. ungeklärt) ist die einzige Nadelholzart, die in Griechenland einen geschlossenen Waldbestand bildet, doch nur in Höhen von 1000 m an aufwärts, wo Feuchtigkeit und Kühle ihr die nötigen Lebensbedingungen bieten. Die griech. T. ist nicht die Weißtanne unserer Wälder, sondern die Edel- oder Apollot. (abies Cephalonica var. Apollinis Heldr. = abies Apollinis Link). Die T. war neben dem Ölbaum für die Griechen der wirtschaftlich wichtigste Nutzbaum als Lieferant des Bauholzes, bes. für den Schiffbau. Schon in der Odyssee (5,239) ist die *ἐλάτη οὐρανομήκης* der wichtigste unter den Bäumen, die Odysseus für den Bau seines Floßes fällt, das Schiff, das Telemachos besteigt, hat einen *ἱστὸς εἰλάτινος* (2,424), mit *ξεστῇς ἐλάτῃσι* werden die Schiffe gerudert (12,172; Il. 7,5.24,450 ist das Zelt des Achilleus mit T.-Balken errichtet). Metaphorisch steht *ἐλάτη* für das ganze Schiff bei Eur. Alc. 444; Iph. A. 474. 1322; Phoen. 208; vgl. Catull. 64,1 die *Peliaco ... prognatae vertice pinus.*

Von Theophr. h. plant. an wird die T. oft behandelt, aber nicht genau genug, um die von ihm unterschiedenen Unterarten männlich und weiblich sicher zu identifizieren. Er wußte, daß die T. außerhalb Europas (mit Makedonien und Thrakien) auch auf den Küstengebirgen Kleinasiens heimisch war (bes. Pontos), meinte aber, daß sie im Landesinnern und gegen O. fehle, obwohl die Admirale Alexanders das Holz für ihre Flottenbauten schon in innerasiatischen T.-Wäldern haben schlagen lassen (Strab. 11,509f.).

Die Römer deckten ihren Bedarf an Bauholz (bes. auch Schiffbauholz) aus den T.-Wäldern des Apennin (hier Weißtanne, abies pectinata DC.), dann der Alpen, des Jura und der Vogesen (Plin. nat. 16,197 u.a.). Außer als Bauholz lieferte die T. auch das Material für die Tafeln der Maler, Schreibtafeln und allerlei feine Tischlerarbeiten.

Ihrer einstigen Lage in der Nähe von T.-Wäldern verdanken offenbar ihren Namen mehrere Städte → Elateia. Mythographen erfanden dazu als einen Gründerheros Elatos und eine Schwester des → Otos und Ephialtes namens Elate, die sich um die Brüder zu Tode weinte und in eine T. verwandelt wurde (Eust. Il. 582,22; Od. 1532,42. K. Z.

Steier, RE IV 2216ff. *Hehn–Schrader* Kulturpflanzen[8] 301ff. *Blümner* Techn. 2,285ff.

Tannetum (Itin. Burdig. 616,12 *Canneto*), gall. Dorf (Pol. 3,40,13. Liv. 21,15,13. 30,19,7; *πόλις* Phlegon FGrH 257 F 37 II 85. Ptol. 3,1,46) an der *v. Aemilia* (Itin. Anton. 267,8. Tab. Peut. 4,3), *municipium* der 8. Region (Plin. nat. 3,116); h. Tanneto. G. R.

Forbiger HB. d. alt. Geogr. 3,410. *Nissen* It. Ldk. 2,268. *Radke* Viae publ. Rom. 179.

Tantalos (*Τάνταλος*). Myth. König, der vom → Sipylos aus das goldreiche Lydien beherrschte. Das kykl. Ep. von der Rückkehr der Atreiden frg. 2 BETHE (= Nostoi 10 KI.) weiß, daß T., der Gesellschaft der Götter gewürdigt, von ihnen mit Gütern überschüttet, sich trotzdem ein göttergleiches Leben wünschte; Zeus erfüllt den Wunsch, hängt aber zugleich einen Stein über sein Haupt, so daß ihm jeder Genuß unmöglich wird (Athen. 7,218b). In der Nekyia Od. 11,582ff. ist er als *γέρων* einer der ewigen Büßer im Hades; Wasser und Früchte sind ihm nah, aber unerreichbar; so leidet er, ewig enttäuscht, ewig Hunger und Durst; seine Schuld wird nicht angegeben. – Bei Pind. O. 1 entwendet er den Göttern Nektar und Ambrosia für seine Freunde – später in Verrat göttlicher Geheimnisse umgedeutet – und setzt ihnen bei einer Gegeneinladung Fleischstücke seines Sohnes Pelops vor, was Pind. nicht glauben kann und was später teils als Beweis der höchsten Gastlichkeit (Sch. Lykophr. 152), meist aber als schwerstes Verbrechen aufgefaßt wurde. Die ältere Strafart ist wohl der Fels, der über dem zwischen Erde und Himmel Freischwebenden hängt (Eur. Or. 4), auch in den Hades verlegt, Plat. Krat. 395d. Lucr. 3,978. Polygnot zeigte beide Strafen in seinem Unterweltsbild in Delphoi, Paus. 10,31,12. Vgl. die apul. Unterweltsvase in München, FURT-

WÄNGLER–REICHHOLD Griech. Vasenmalerei 1, T. 10. Ein weiteres Verbrechen des T. → Pandareos. – Sohn des Zeus oder Tmolos und der → Pluto (2), Gemahl der Euryanassa, Klytia oder Dione, ist T. Ahnherr eines fluchbeladenen Geschlechts. Kinder: → Broteas (1), → Daskylos (1), → Pelops, → Niobe. Stammbaum K. KERÉNYI Die Heroen der Griechen 405. – Etym.: redupl. *ταλ* – »tragen« (vgl. *῎Α-τλα-ς*), gedeutet als urspr. Berggott, WILAM. Eur. 3,96, oder als der »Wagemutige«, KERÉNYI a.O. 68. H. v. G.

Tanusius. Ital. Familienname, dem Etr. nahestehend, vgl. SCHULZE Eigenn. 142f., mit Inschr.: griech. *Τανύσιος*. **1.** L. T., röm. Ritter, ein Opfer → Catilinas bei den Proskriptionen Sullas 82 v. Chr., Cic. tog. cand. bei Ascon. 75 K.-S. u.a. **2.** T. Geminus, spätrepublik. Geschichtsschreiber, aus dessen *historia* durch Suet. Iul. 9 ein Ereignis aus dem J. 66, durch Plut. Caes. 22,3 ein anderes aus dem J. 55 fixiert ist. Entstehungszeit: um 50 (?) oder nach 44. Tendenz caesarfeindlich, benutzt von Strab. 17,3,8 p. 829. Sen. epist. 93,11 charakterisiert sonst nicht bezeugte *annales* eines T. als *ponderosi*, wobei er mit *et quid vocentur* möglicherweise die von Catull. 36,1 ff. als *cacata carta* verspotteten *annales Volusi* (vgl. H. GUNDEL–M. SCHUSTER, RE IX A 899–903) auf T. übertragen hat. HRR 2,49–51. SCHANZ-HOS. 1,327f. R. SYME Sallust, 1964, 96. **3.** Tanusia, Tochter von Nr. 1 (?), rettete zusammen mit dem Freigelassenen Philopoimen ihren im J. 43 proskribierten Gatten T. → Vinius (I 2). Suet. Aug. 27,2 u.a. H. G. G.

Tanz. Tanzkunst. Der T. gehört zu den ältesten Ausdrucksformen der Menschheit. In willkürlichen rhythmisierten harmon. Bewegungen werden Freude, Schmerz, Verehrung, Lebenslust geformt, Handlungen nachgeahmt, kriegerische oder enthusiast. Stimmungen erzeugt. Die Griechen kannten den Waffen-T., Pyrrhiche, der Männer ([4]), den T. des dramat. → Chors, der danach seinen Namen hat, kult. T. für viele Götter, T. bei → Komos, Hochzeit und Bestattung. Griech. T. ist meist Reigent. von Männern, Jünglingen, Frauen, Mädchen, seltener gemischt. T. mit Ball ist schon Hom. Od. 8,370ff. gerühmt. Man umfaßte sich nicht beim T., drehte sich nicht um einander; tanzten Paare, so aufeinander zu oder von einander weg. Aus der ant. Lit. (Lukian. salt. Athen. 14,628cff.) kennen wir eine größere Zahl von T.-Namen, wie den Kranich-T. (Geranos) des del. Apollonkultes oder den unzüchtigen → Kordax, doch kennen wir weder die Bewegungsfolgen noch die Rhythmen; die zahlreichen ant. T.-Darstellungen ([1]. [3]) auf Vasen, Reliefs usw. lassen sich allg. nicht mit den ant. T.-Namen zusammenbringen. Der ant. Theorie nach bestand der T. aus 3 Hauptteilen, Schritte (*φοραί*), Stellungen (*σχήματα*) und Handbewegungen (*δείξεις*), Plut. mor. 747c. T. an Götter- und anderen Festen war Sache der Vollbürger; daneben gab es schon früh berufsmäßige Tänzerinnen (→ Hetairai). Während die Griechen auch Götter im T. denken und darstellen (*θεοὶ συγχορευταί* Plat. leg. 2, 654a), z.B. Aphrodite, Dionysos, Zeus, Nymphen und Musen, der T. in Terpsichore seine eigene Muse hat, scheinen die Etrusker Götter im T. so wenig gekannt zu haben wie T. mit Ballspiel ([5]). Sonst wird etr. T. oft dargestellt, bes. in Grabbildern, die Lebensfreuden zum Inhalt haben. Rom kannte, bes. in älterer Z., vor allem den kult. T. (→ Salii [2], → Lares III, → Arvales fratres III), der stark etr. beeinflußt gewesen zu sein scheint. Der Römer alter Art tanzt sonst nicht: noch Cic. Mur. 6,13 kann sagen, keiner tanze nüchtern, der seinen Verstand beisammen habe, und Plin. nat. 7,159 nennt Stephanio, offenbar urspr. kein Römer, *qui primus togatus saltare instituit*. Doch vgl. andererseits Hor. c. 1,37,1f., der hier mit dem T. kaum die Salier meint. Seit Augustus sind getanzte Pantomimen bei allen Schichten beliebt (→ Pantomimos). Die Tänzer waren meist Unfreie und gemietet, aber auch Caligula tanzte selber leidenschaftlich (Suet. Cal. 54). Reiche hielten in der Kaiserz. eigene T.-Truppen, doch galt das konservativen Kreisen als unfein (Plin. epist. 7,24). Philosophen fanden den T. für sich unpassend (Lukian. salt. 69), aber solcher Moralismus hat dem T. noch nie schaden können; selbst Liban. or. 64 verteidigt ihn. W. H. G.

1. *Weege* Der T. in d. Ant., 1926. 2. *Lawler* The Dance in Anc. Greece, 1964. 3. *G. Prudhommeau* La danse grecque ant., 2 Bde., 1965. 4. *K. Latte* De saltationibus Graecorum armatis, RVV 13,3 (1913). 5. *M. A. Johnstone* The Dance in Etruria, 1956.

Taochoi (*Τάοχοι*: Xen. an. 4,4,18 u.ö.; nach Sophainetos FGrH 109 F 2 auch *Τάοι* genannt), Gebirgsvolk im n. Armenien, das im Tal des Glaukos, eines Nebenflusses des Çoruh Nehri, mehrere feste Plätze mit Nahrungsmittelspeichern unterhielt. Die T. standen nicht in direkter Abhängigkeit vom Großkönig, dienten aber zeitweise im persischen Heer als Söldner. E. O.

A. Herrmann, RE IV A 2247.

Tapae (Iord. Get. 10,12; *Τάπαι* Cass. Dio 67, 10,2. 68,8,1). Schlachtfeld in Dacien, wo die Dacier im J. 88 von → Tettius (II 2) Iulianus eine schwere Niederlage erlitten. Im J. 101 ging dort eine andere Schlacht unentschieden aus. Man sucht den Ort entlang der Straße Tibiscum–Sarmizegetusa (Tab. Imp. Rom. L 34, Budapest 1968). J. F.

Tapes (*τάπης*, *-πις*, *-πήτιον*, *δάπις*. *tapete*). Aus Wolle gewebte Decken und Teppiche dienten als Wandbehang, Türvorhang, Decken auf → Kline, Tisch, Stuhl, seit Alexander auch als Bodenbelag. Urspr. wohl eine Erfindung der Nomaden (woran die Namen der babylon., kappadok., phryg., lyd., miles. Ware erinnert), kam der T. schon früh zu den Griechen (Hom. Il. 9,200) und blieb seitdem in der Ant., in allen Farben, öfter auch mit Figuren geziert (Plin. nat. 8,195f.), bis in späteste Z. beliebt, z.B. Hor. c. 3,29,15. Edict. Dioclet. 19,17ff. Synonym sind etwa ἐπίβλημα, στρῶμα, *peripetasma*, *peristroma*, *stragulum*, *vestis* (letzteres so sehr, daß *vestiarius* dem h. Dekorateur-Tapezier entspricht). W. H. G.

Taphiai (*Ταφίων νῆσοι*), Inselgruppe zwischen Leukas und Akarnanien mit Hauptinsel Taphos–Taphias–Taphiussa, wohl dem h. Meganisi. Die zweite Insel hieß Karnos, wohl das h. Kalamos. Skyl. 34. Strab. 10,2,14 p. 456. 2,20 p. 459. 2,24 p. 461. Plin. nat. 4,53. 36,150. Sch. Apoll. Rhod. 1,747. Steph. Byz. s. *Τάφος* und *Κάρνος*. Die Taphier unter ihrem Herrscher → Mentes (2) sind in der Od. als gute Seefahrer, aber auch Seeräuber genannt, 1,105. 180f. 417ff. 14,452. 15,427. 16,426. Später mit den → Teleboern gleichgesetzt. Siedlungsspuren seit neolith. Z., [3]. Vgl. → Taphiassos. E. M.

1. *Philipps.-Kirst.* 2,390ff. 488f. 2. *Fiehn*, RE IV A 2254. 3. *S.Benton*, ABSA 32, 1931/32, 230ff. 4. *R.Hope Simpson* A gazetteer and atlas of Mycenaean sites 95 Nr. 323. 5. *Klaffenbach*, SPrAW 1935, 710. 6. *N.G.L.Hammond* Epirus 378f.

Taphiassos (*Ταφιασσός*), Berg und Kap in Aitolien an der N.-Küste des korinth. Golfs gegenüber → Patrai, Grenze zwischen → Aitolien und W.- → Lokris, h. Klokova, 1041 m hoch, aus Kalk bestehend. Die schwefligen Quellen am SO.-Fuß sollten ihren Geruch von den Gräbern des → Nessos und der anderen Kentauren bekommen haben. Strab. 9,4,8 p. 427. 10,2,4 p. 451. 2,21 p. 459f. Plin. nat. 4,6. Diod. 8,17. Myrsilos FGrH 477 F 6 (*Τάφιος*). E. M.

Oldfather, RE IV A 2254ff. *L.Lerat* Les Locriens de l'ouest 7f. 75. *Philipps.-Kirst.* 2,347f.

Taph(i)os (*Τάφος*, *Τάφιος*), Eponym der Insel Taphos und der taphischen Inseln, die er von → Mykene aus besiedelte. Später kehrte er nach Mykene zurück, wo er → Elektryon bekämpfte und dessen Söhne tötete. Sch. [Hes.] Asp. 11. Er galt als Sohn Poseidons und → Hippothoes (3), Apollod. 2,50ff. T.' Sohn war → Pterelaos. → Mentes (2), → Teleboai. H. v. G.

Taposiris (*Ταπόσειρις*). **1.** Ort in der Mareotis, h. Abusir, etwa 50 km w. von → Alexandreia (1); erhalten ist die Ummauerung eines Osiristempels, an dessen Stelle jedoch h. die Reste einer frühen chr. Kirche stehen. Ostw. davon steht ein ant. Leuchtturm, auch erkennt man Reste des Hafens am Mareotis-See, da T. wichtigster Umsteigehafen für die Pilger nach Abu Menas war. **2.** Nach Strab. 17,800 Ort ö. von Alexandreia, von Kees, RE II A 2260 mit Kom et-Terban, bei Mandara, 16 km ö. von Alexandreia, gleichgesetzt. W.H.

Tappulus. Cognomen, in den Fasten der republik. Zeit bei → Villius (5). H. G. G.

Taprobane (*Ταπροβάνη*), die Insel Ceylon, deren Name bereits in den Edikten Aśokas ([2], 93,130) als *Taṃbapaṃni* (skt. *Tāmraparṇī*) und im Pāli als *Tambapaṇṇi* aufscheint und von den Griechen (Strab. 15,691 [Onesikr.]. 2,119. 133 [Eratosth.]) mit *Ταπροβάνη*, von den Römern (Plin. nat. 6,81) mit *Taprobane* wiedergegeben wurde. Die Form *Παλαισιμούνδου* (Ptol. 7,4,1) – bei Plin. nat. 6,85 als Inselhauptstadt *Palaesimundus* überliefert – geht wohl auf skt. *pārasamudra* (Kauṭalīyārthaśāstra 2,11), »das Land jenseits des Meeres«, zurück ([6], 7. [9], 118), schwerlich auf das rekonstruierte Pālisīmanta ([1], 2262). Die Pāli-Bezeichnung *Sīhaladīpa* (skt. *Siṃhaladvīpa* [9],153), »die Löweninsel«, spiegelt sich in *Σαλική* (Ptol. 7,4,1. Marc. Heracl. 1,8 [GGM 1,521]), *Σηρίνδα* (Prok. b. G. 4,17), den *Serendivi* (Amm. 22,7,10), was Al-Bērūnīs »Sarandīb« ([9], 160) entspricht, und in *Σιελεδίβα* (Kosm. Indik. [PG 88] 445b. [11], 72ff. 104ff.). Der in der griech.-lat. Lit. nicht übernommene, für sehr alt gehaltene Name Laṅkā ([1], 2261) ist verhältnismäßig jungen Datums ([12], 90ff.). Da der Bericht des → Onesikritos (a.O.) über T. nicht Ceylon meinen kann ([1], 2263), ist → Megasthenes für uns der erste Autor, der über die Insel Auskunft gibt (Plin. nat. 6,79. 81). Dann folgte → Eratosthenes (2; a.O.), Plinius (nat. 6,84–91), der von der Landung des *libertus* eines gewissen Annius Plocamus im ceylonesischen Hafen Hippuros (h. Kudrimalai) und einer singhalesischen Gesandtschaft an Claudius weiß, weiters mit erweiterten Kenntnissen Ptolemaios ([1], 2265ff.), Marc. Heracl. 1,36 (GGM 1,535), der Peripl. m. r. 61 (GGM 1,301f.) und schließlich Kosmas Indikopleustes ([11], 145ff.). Letztlich geht der Großteil der Nachrichten über T.s Flora, Fauna, Stämme, Siedlungen (Ptol. 7,4,9: *Ἀνουρόγραμμον* = Anurādhapura) und Einrichtungen auf den Handelsverkehr der Ant. mit S.-Indien und Ceylon zurück, der sich während des Sommermonsuns (Plin. nat. 6,82) abwickelte und u.a. Muscheln, Schmucksteine (Peripl. m. r. a.O.), Gold, Perlen, Edelsteine (Plin. nat. 6,81. 89. 21,66), Reis, Honig, Gewürze und Edelmetalle (Ptol. 7,4,1) in den Westen brachte. F. F. S.

1. *Herrmann*, RE IV A 2260ff. 2. *J.Bloch* Les inscriptions d'Asoka, 1950. 3. *R.Delbrueck* Südasiat. Seefahrt im Alt., BJ 155/56, 1955/56, 38ff. 235. 251ff. 280ff. 290ff. 4. *G.C. Mendis* in: *K.A.Nilakanta Sastri* (ed.) A Comprehens. Hist. of India 2, Calcutta 1957, 568ff. 5. *E.Peiris*, Ceyl. Hist. Journ. 10, 1961, 8ff. 6. *C. W. Nicholas – S.Paranavitana* A Concise Hist. of Ceylon, Colombo 1961. 7. *B.N. Puri* India in Class. Greek Writings, Allahabad 1963, 183ff. 8. *M. Wheeler* Der Fernhandel d. röm. Reiches, 1965, 129ff. 9. *D.C.Sircar* Cosmogr. and Geogr. in Early Indian Lit., Calcutta 1967. 10. *J. R. Sinnatamby* Ceylon in Ptolemy's Geogr., Colombo 1968. 11. *N.Pigulewskaja* Byzanz auf den Wegen nach Indien, 1969. 12. *H.Jacobi* Das Rāmāyana, 1970. 13. *F.F.Schwarz* Ein singhales. Prinz in Rom, RhM (im Druck).

Taranis (richtiger *Taranus*, auch *Tanarus*, *Taranucus*, *Taranucnus*), altkelt. Gottheit, literar. bezeugt nur durch Lucan. 1,446 mit Sch. als

Kriegs- und Gewittergott, dem Menschenopfer gebracht wurden, und in einigen Inschr., die ihn *Iuppiter (Opt. Max.)* nennen. Zu ihnen stellt HEICHELHEIM mehrere Dutzend Bildwerke aus dem ganzen kelt. Kulturgebiet, die Iuppiter (z.T. mit anderen Gottheiten verbunden) als Gewittergott mit den Symbolen des Blitzes und eines mehrspeichigen Rades darstellen. Hinzu treten sehr zahlreiche Monumente, die statt des Gottes nur sein Symbol, das Rad, zeigen. Inwieweit die Dedikanten – in dem komplexen, vieldeutigen Synkretismus der Kaiserz. – neben dem kelt. T. auch den germ. Donar im Sinne gehabt haben, ist kaum auszumachen. K. Z.

Heichelheim, RE IV A 2274ff. *Höfer*, Myth. Lex. 5,87ff., beide mit viel Lit.

Tarantinon (*ταραντῖνον, -νίδιον*). Das urspr. in Tarent hergestellte feine, durchsichtige, an einer Seite mit Fransen versehene Gewand (Sch. Aristoph. Lys. 45. Sch. Lukian. dial. mer. 7,2; cal. non cred. 16. Phot. Etym. m. Hesych. s. *T.* Poll. 7,76. Eust. ad Dion. 376. Suda s. *κατάπτυστον*) wurde von Frauen als Überwurf, an Dionysosfesten (Athen. 14,622b) und im Zustand der Trunkenheit (Polyain. 5,3,3) auch von Männern getragen. Hetären trugen das T. manchmal auch ohne Untergewand, Aristain. 1,25. Ein bes. kleines T. als Kopftuch kennt Gal. 8,839. 842 K. Das T. ist bisher nicht mit Sicherheit an Denkmälern identifiziert worden. W. H. G.

Taras (*Τάρας*). Flußgott und Eponym von Taras = → Tarentum, Sohn Poseidons und einer einheim. Nymphe. Auf Mz. erscheint er als Delphinreiter (→ Delphin; vgl. → Arion) oder als Kind, das die Hände nach Poseidon ausstreckt. In Tarent gab es das Standbild eines Delphinreiters, in Delphoi ein tarentin. Weihgeschenk, das die Überwältigung des → Iapygerkönigs Opis durch T. und → Phalantos darstellte und neben diesem einen Delphin zeigte. Paus. 10,10,8. 13,10. Prob. Verg. georg. 2,197. NISSEN It. Ldk. 2,866f. H. v. G.

Taraxippos (*Ταράξιππος* »Pferdeschreck«). Ein Dämon, der die Pferde scheu macht. An der s. Langseite des Hippodroms in → Olympia (o. Bd. IV 286,26), bei einem Durchlaß durch den Erdwall, hatte er einen erhöhten Rundaltar. Da hier die Pferde oft scheuten (Blendung durch die Morgensonne?), opferten die Lenker dem T. Man suchte nach myth. Namen für diesen T. und riet auf → Myrtilos (1), → Oinomaos (1), → Alkathoos (2) u. a. Paus. 6,20,15ff. sieht in T. einen Beinamen des Poseidon Hippios. – Der T. auf dem Isthmos wurde mit → Glaukos (2) identifiziert. H. v. G.

Gebhard, RE IV A 2288ff. *Usener* Götternamen 259. *O. Kern* Die Rel. der Griechen 1,117. *L. Drees* Olympia, 1967, 112ff.

Tarbelli, Volksstamm in Aquitanien, am Ufer des *mare Cantabricum*. Nach Ptol. 2,7,8 *Τάρβελλοι* s. der Bituriges Vibisci bis zu den Pyrenäen. *Tarbella Pyrene* Tib. 1,7,9. *Tarbellicum aequor* Lucan. 1,421. *Tarbelli oceani* Auson. Parent. 4,12), in Mos. 468 *Tarbellicus Aturrus* (= Adour). An ihm lag die Hauptstadt Aquae Tarbellicae, dann Aquae Augustae (h. Dax); neue Funde: Gallia 17, 1959, 404.

Name ligurisch (HOLDER 2, 1730). Im J. 56 v.Chr. wurden die T. von P. Licinius → Crassus (4) unterworfen (Caes. Gall. 3,27,1). Ihre Goldgräberei war berühmt (Strab. 4,190); ebenso die warmen und kalten Heilquellen (Plin. nat. 31,4). In der Spätzeit bestanden 4 *civitates: c. Aquensium* (Dax), c. *Aturensium* (Aire), *c. Benarnensium* (Béarn), *c. Illuronensium* (Oloron): Not. Gall. 14. Inschr. CIL XIII 407. Bildwerke: ESPÉR. Rec. 1043. M. L.

Desjardins 2,365. 3,162. *C. Jullian*, REA 3, 1901, 211; HG 4,73. 6,373. *A. Grenier* Man. arch. g. r. IV 2, 1960, 414.

Tarchetios, König von Alba, sieht in seinem Herde einen Phallos, von dem statt seiner Tochter eine Sklavin geschwängert wird und Zwillinge gebiert, die T. töten will; sie werden jedoch gerettet, von Wolfin und Vögeln ernährt; erwachsen töten sie T. Ihre Namen werden nicht genannt (Promathion FGrH 817 F 1). G. R.

W. F. Otto, ALex 15, 1908, 118. *Soltau*, ARW 12, 1909, 101ff. *Wissowa* Rel.²169. *Altheim* Griech. Götter im alten Rom 51ff. *Euing* Die Sage von Tanaquil 23f. *W. Schultz*, Myth. Lex. 5,100ff.

Tarchon (Strab. 5,219 *Τάρκων*), Begleiter (Strab.), Sohn (Cato frg. 45 P.) oder Bruder des → Tyrrhenos und Sohn des → Telephos (Lykophr. 1248. Sch. Lykophr. 1242. 1245. 1249. Steph. Byz. s. *Ταρχώνιον*), Gründer von → Tarquinii (Strab. Steph. Byz. s. *Ταρκυνία*), → Mantua (Serv. auct. Aen. 10,198. Sch. Veron. 10,200), → Pisae (Cato), → Cortona (Sil. 8,472), Bundesgenosse des Aeneas (Verg. Aen. 10,153 u.a.; nach Lyd. ost. 3 ist das ein jüngerer T.), Feind des → Cacus (Cn. Gell. frg. 7 P.). T. stand mit → Tages in Verbindung (Lyd. a.O.) und erfand Schutz gegen Blitze (Colum. 10, 346). G. R.

Waser, Myth. Lex. 5,105ff. *Müller-Deecke-Pfiffig* Die Etrusker 1,67. 84. 2,24. 283. 311. *Schulze* Eigenn. 565.

Tarcondimotus. 1. T. I. Philantonius (HEAD HN² 735), König im → Amanos, röm. Bundesgenosse, Strab. 14,676. Cic. fam. 15,1,2, Anhänger des Pompeius, Caesar, Cassius, Antonius, † 31 bei Actium, Cass. Dio 41,63,1. 47,26,2. 50,14,2. Plut. Ant. 61,2. OGIS 752ff. **2.** T. II. Philopator, Sohn von Nr. 1, König seit 20 v. Chr., † 17 n. Chr. Tac. ann. 2,42,5. Cass. Dio 54,9,2. H. V.

D. Magie Roman rule in Asia min., 1950, 1240. 1337.

Tarentini ludi s. Tarentum (2)

Tarentinus portus s. Tarentum (1)

Tărentum. 1. (ă Hor. c. 3,5,56. Ov. met. 15, 50; gewöhnl. neutr., doch mask. Mela 2,4,8. Sil. 12,34. Sidon. c. 5,430 und fem. Prud. Symm. 2,748; auch *Tarentos* Martial. 1,69,2. Flor. 1,18. Akk. *Tarenton* Flor. 1,19. Liv. epit. 25; *Taras* Lucan. 5,376. Griech. *Τάρας, -αντος* gewöhnl. mask., fem. Dion. Per. 376. Name wahrscheinl. einheimischen Ursprungs: »Stadt am Tara-Fluß« App. civ. 5,93f. Steph. Byz. s. *T.*; KRETSCHMER, Glotta 14, 1925, 87ff. 30, 1943, 104ff., h. Taranto). Eine der bedeutendsten Städte an der kalabr. Westküste s. der Galaesus-Mündung (Verg. georg. 4,126 m. Serv. Hor. c. 2,6,10 m. Sch. Vib. Sequ. p. 148 RIESE) in schöner, fruchtbarer Gegend (Strab. 6,281) auf einer Halbinsel zwischen einer Bucht (h. mare grande) des nach T. genannten *sinus Tarentinus* mit 2 der Küste schützend vorgelagerten Inseln (Choeraden Thuk. 7,33; h. Isole S. Pietro und S. Paolo) und einer Lagune (h. mare piccolo), die einen weiträumigen (Strab. 6,278. 282) Hafen, *Tarentinus portus* (Liv. 23,33, 4. 27,15,3. Prok. 7,23,14 u. ö.), bildet, den einzigen an dieser Küste (Pol. 10,1,1. Strab. 6,278. Prok. 7, 28,1 ff.). Der Hafen ist mit der Bucht durch einen schmalen Durchlaß (150 m) verbunden, der überbrückt war (Strab. a. O. App. Hann. 34; vgl. Pol. 8, 36). Der Name *T. p.* erscheint außerdem in einer Aufzählung von Häfen (Plin. nat. 3,101), die meist an der Adriaküste zwischen Lecce und Otranto lokalisiert werden. Demnach hätte T. auch einen Hafen an der Adria besessen ([1], 882; dagegen MAYER, Philol. 65, 1906, 498), was bei der Annahme eines alten Landweges zwischen T. und Hydruntum (KIEPERT FOA 19) nicht unwahrscheinlich ist. Der eigentliche Hafen von T. war jedoch das Becken des mare piccolo. Diese für Fischfang (Aristot. pol. 1291b 23; vgl. Hor. s. 2,4, 34) und Seefahrt überaus günstige Stelle ist schon in der Bronzezeit besiedelt worden. Die myken. und geometr. Keramikfunde weisen auf eine Beziehung zu Griechenland seit ca. 1200. Vor der lakon. Kolonisierung um 700 soll schon eine bedeutende Stadt (Paus. 10,10,8. Iust. 3,4,11) der Iapyger bestanden haben, in deren Gebiet Antiochos (FGrH 555 F 3) T. ansiedelt, wie auch aus dem Orakel vor der Gründung T.s hervorgeht (F 13. Diod. 8,21. Strab. 6,279). Außerdem nennt die Überlieferung weitere Namen und Besiedlungen (Aristot. mir. 840a 11). Der einzig hist. Name ist *Τάρας*. Nach ant. Tradition soll der Heros → Taras, ein Sohn Poseidons, der Stadt seinen Namen gegeben haben (Skymn. 331. Paus. 10,13,10. Serv. georg. 4,125. Hesych. s. *Τάρας*. Isid. orig. 15,1,62, vgl. HEAD HN² 54ff.), so daß bei der Ankunft des Spartaners → Phalanthos und seiner »Parthenier«, die allgemein als Gründer T.s angesehen wurden (Antioch. und Ephor. b. Strab. 6, 278–280. Aristot. pol. 1306b 30ff. Skymn. 330ff. Pol. 8,35,9. Diod. 8,21. Paus. a. O. Iust. 3,4), der Name schon bestand. Nach Serv. Aen. 3,551 hat Taras T. gegründet und benannt, Phalanthos es vergrößert. Die lakon. Koloniegründung datiert Eus. (Hier. chron. p. 91 HELM) auf 706. Nach dem Sturz von → Siris (um 530) und → Sybaris (um 510) entwickelt sich T. zur bedeutendsten Handelsstadt Süditaliens mit regem Verkehr mit den Städten Griechenlands und der ägäischen Inseln (Hdt. 1,24. 3,138. Plin. nat. 34,11) und berühmten Waren (Varro rust. 2,2,18. Hor. c. 2,6,10 u. a.), befindet sich aber in ständiger Auseinandersetzung mit Messapiern, Peuketiern und Iapygern (vgl. Paus. 10,10,6; 13,10). Während der Perserkriege Königtum (Hdt. 3,136). Die Niederlage gegen die Iapyger 473 (Hdt. 7,170. Diod. 11,52) vernichtet großenteils die Nobilität und schafft der Demokratie Bahn (Aristot. pol. 1303a 4). Nach Gründung von → Thurioi (443) Kampf um Siris. Nach dem Sieg gründet T. 433/32 → Herakleia (10; Diod. 12,36, 4). Unter → Archytas (Diog. Laert. 8. 79) gelangt T. in der 1. Hälfte des 4. Jh.s zur Blüte. Ab ca. 350 leiten die Kämpfe mit den ital. Stämmen den Untergang ein. 344–338 Unterstützung durch → Archidamos III. (2) von Sparta (Diod. 16,63), 332–330 durch → Alexandros I. (5) von Epeiros (Liv. 8,17,9. Arr. 3,6. Iust. 23,1,15), 303 durch → Kleonymos (3; Diod. 20,104). 282 verletzen die Römer einen alten Vertrag mit T. (App. Samn. 7) und schicken eine Flottille, die von T. überfallen wird. 282/81 Überfall T.s auf die röm. Besatzung in Thurioi. 280 ruft T. → Pyrrhos (1) gegen Rom zu Hilfe (App. Samn. 7,8. Plut. Pyrrh. 13ff. Cass. Dio Frg. 40,6; vgl. Liv. 9,14f.). Am Ende des tarentin.-pyrrhischen Krieges 272 kommt T. unter röm. Macht (Oros. 4,3) und hat seitdem starke röm. Besatzung auf der Akropolis (Pol. 2,24,13. Liv. 28,10. 15. 29,13,6. App. Syr. 15). 212 auf Seiten Hannibals (Pol. 8,26ff.), 209 blutige Unterwerfung unter Rom und Verlust der Unabhängigkeit (Strab. 6,278. 281. Liv. 27,16. Plut. Fab. 22). 123 Ansiedlung einer *colonia Neptunia* (Strab. 6,281. Vell. 1,15,4). 67 siedelt Pompeius unterworfene Piraten an (Prob. georg. 4,125), 60 n. Chr. Nero Veteranen (Tac. ann. 14,27). T. bewahrt lange griech. Sprache und Kultur (Strab. 6,253. Cic. fin. 1,7). Im 2. Jh. ist es bedeutungslos (Dion Chrys. 33,25). Die alte Befestigung wurde 546 zum Schutz Calabriens erneuert, 549 jedoch von → Totila genommen (Prok. 7,23. 37). Später saßen hier Byzantiner, Langobarden, Sarazenen und Normannen.

Lit.: 1. *Nissen* It. Ldk. 2,866ff. 2. *Forbiger* HB. d. alt. Geogr. 3,502f. 3. *Oehler*, RE IV A 2302ff. 4. *Türk*, RE IV A 2286f. 5. *Philipp*, RE IV A 2287. 6. *P. Wuilleumier* Tarente des origines à la conquête romaine, Paris 1939.

2. Auch *Terentum* (Paul. Fest. 479,6f. L.; vgl. Serv. Aen. 8,63), Stelle auf dem campus Martius in Tibernähe mit unterirdischem Altar für Dis pater und Proserpina, wo im Anschluß an in 3 Nächten stattfindende Opfer mit Gelöbnis der Wiederholung nach einem → *saeculum* die 249 zur Sühnung von Prodigien nach Auskunft der *libri Sibyllini* eingesetzten *ludi Tarentini* (Cens. 17,8ff. Val. Max. 2,4,5. Zos. 2,3,3; 4,1. Liv. epit. 49. Aug. civ. 3,18) mit Pferderennen (Fest. 478,19 L.) abgehalten wurden. Da der Kult für Tarent und Übertragung nach Rom nicht nachweisbar sind und die Wurzel **tar-* besonders im etr.-lat. und illyr.-lat. Bereich als Bildeelement bei Orts- und Personennamen häufig ist, ist die Beziehung der *ludi T.* zur Stadt T. zweifelhaft. Die spärliche Überlieferung ergibt keine klare Deutung. K. D. F.

Lit.: *Weinstock*, RE IV A 2313ff. *Nilsson*, RE I A 1696ff. *Wissowa* Rel.² 309ff. 430ff. *Latte* RRel 246ff. *Weinstock*, Glotta 21, 1932, 40ff. *P. Wuilleumier*, REL 10, 1932, 127ff. *E. Wikén* Die Kunde der Hellenen von ... der Apenninenhalbinsel bis 300 v.Chr., 1937, 153ff. *A. Schenk v. Stauffenberg* Trinakria, 1963, 67ff. *J. Bérard* La colonisation Grecque ..., ²1957, 162ff.

Taricheai s. Magdala

Tarius. L.T. Rufus. Aus niedrigem Stande schloß er sich früh Octavian an und befehligte im Kriege gegen Antonius und Kleopatra eine Abteilung von Kriegsschiffen gegen C. → Sosius (I 2), Cass. Dio 50,14,1f. Nach IGRom III 952 war er später Procos. von Cypern. In der 2. H. d. J.s 16 v.Chr. *cos. suff.* mit L. Domitius Ahenobarbus, DEGRI XIII 1, p. 284. 291. Nach RITTERLING, RE XII 1229,56 wäre er auf Grund von Cass. Dio 54, 20,3 unmittelbar nach dem Konsulat *procos. Macedoniae* gewesen und hätte einen Sarmatenfeldzug beendet, wofür er vielleicht die *ornamenta triumphalia* erhalten hat (Suet. Aug. 38,1). Noch 23 n.Chr. war er *curator aquarum*, Frontin. aqu. 102,3. Er wurde sehr reich, Plin. nat. 18,37. CIL V 8112,78. III 12010,30. R. H.

Tarkos (so Manetho), König der 25. (nubischen) Dynastie, regierte 690–664 v.Chr.; Thronname Ḫw-Nfr-tm-Rʿ. Nach FHG II 593 beseitigte er seinen Verwandten und Vorgänger Šubitku. Nach friedlichen Jahren, in denen T. eine große Bautätigkeit entfaltete, stieß 674 v.Chr. Assarhaddon gegen Äg. vor, wurde aber bei Sile *(Šaawele)* geschlagen. 671 v.Chr. gelang es dem Assyrer, durch die Sinai-Wüste vorstoßend, T. nach 3 Schlachten im Wadi Tumilat und nach Einnahme von → Memphis nach Ober-Äg. zu verdrängen. 669 v.Chr. war Memphis wieder in der Hand des T.; Assarhaddon starb auf dem Zug gegen ihn, und sein Sohn Assurbanipal mußte 667 v.Chr. ein Heer senden, das die Nubier bei Karbanite (Pr-Spdw?) schlug, → Thebai (3) jedoch nicht nehmen konnte. Folgende Aufstände von Stadtfürsten im Delta nutzte 664 v.Chr. nach dem Tode des T. dessen Sohn Taltamanu zu erneutem Vorstoß gegen die Assyrer aus. W. H.

Tarnis, Nebenfluß der Garumna (h. Tarn). Auf dem *mons Cebenna* entsprungen, bildet er die Grenze zwischen *prov. Narbonensis* und *Aquitania*. Plin. nat. 4,109 erwähnt T. als Grenzfluß zwischen den Tolosani und Petrocori. Mit Recht lokalisiert zwischen den Tolosani und Cadurci bei DESJARDINS 1,148. M. L.

Tarodunum. Allein von Ptol. 2,11,15 überlieferter Name einer »Stadt« am Eingang des Höllentales im Südschwarzwald, zwischen den Quellflüssen Dreisam, Rotbach und Wagensteigbach, h. Zarten. Die befestigte Siedlung (*-dunum* = Burg, also T. = Burg des Taros) mit Mauer (murus Gallicus), Abschnittswall und Innengraben ist von den Helvetiern angelegt worden, die noch vor Caesar von den Germanen vertrieben wurden. In röm. Z. wurde T. *mansio* oder *mutatio* zwischen der Rheinstraße und der Verbindung Windisch–Rottweil. Nach 260 n.Chr. von den Alamannen besetzt, verblieb ein Teil der Bevölkerung in T. und tradierte den Ortsnamen in das MA. H. C.

K. Schuhmacher Siedelungs- und Kulturgesch. der Rheinlande 2, 1923, 158. *Franke*, RE IV A 2328f.

Tarpeia, Sabinerin (s.u.), Tochter des T. → Tatius (Antigon. FGrH 816 F 2), oder Römerin, Tochter des Sp. → Tarpeius, Befehlshabers auf dem Kapitol. T. öffnete den Sabinern eine Pforte (Fest. 496,28. Paul. Fest. 246,15 L.) unter der Bedingung zu erhalten, was sie am linken Arm trügen; statt der goldenen Reifen warfen sie ihre Schilde über T. und töteten sie (Fab. Pict. frg. 8 P. Cinc. frg. 5 P. Fest. 496,24ff. L. Ov. met. 14,776f.; fast. 1,261f. Liv. 1,11,6ff. Val. Max. 9,6,1. vir. ill. 2, 6f. Serv. Aen. 1,261. 8,348. Dion. Hal. ant. 2,38ff. Plut. Rom. 17f. Cass. Dio frg. 4,12 M. Aristid. FGrH 286 F 13). Strafe in der Unterwelt (Sil. 13, 834ff.), Strafe für Tarpeius (Sulpic. frg. 1 P. Iuba FGrH 275 F 24). T.s Motiv war Liebe (Prop. 4,4), Rache (Antigon.) oder die Absicht, die Sabiner zu entwaffnen (Piso frg. 5 P.). Simylos FGrH 840 F 28 nennt statt der Sabiner Kelten, wozu der Goldschmuck besser paßt. Varro l.l. 5,41. Prop. 4,4,18. Sil 13,448 nennen T. Vestalin; ihr Grab erhielt Opfer (Piso. Varro. Fest. 464,5 L.). Bild der T. in *aedes Iovis* (sc. *Statoris*) *Metellina* (Fest. 496,22 L.). Verbindung mit *parentatio* (CIL I² p. 258) der Vestalin durch MOMMSEN CIL I² p. 309 zweifelhaft. Zum Verrat und Tod einer Jungfrau (RADKE) vgl. Arne (Ov. met. 7,465), Demonike (Kleitophon FGrH 293 F 1), → Komaitho, Leukophrye (Parthen. 5), Pedasa (Hes. frg. 85 Rz.³), Peisidike (Parthen. 21), → Polykrite, → Skylla (2). Namensform T. neben Tarquinius *(p<qu)* empfiehlt Verbindung mit Sabinern, aber zeitl. Ansetzung nicht vor 400 (Kelten!). T. für Gentilgöttin (W. F. OTTO, RhM 64, 1909, 465) zu halten, unberechtigt; eher entstand die Sage aus Tropaion (REINACH). G. R.

Prell.-Jord. 2,351. *Höfer*, Myth. Lex. 5, 111ff. *Wissowa* Rel. ²233. *Radke* Die Götter Altitaliens 296f. 437. 249. T., 1963, 54ff. *Devoto*, Scritti min. 2,456. *Bömer* Die Fasten 2,34f.

Tarpeium saxum (Fest. 464,8 L.), auch *mons Tarpeius* (Varro l.l. 5,41) oder *rupes Tarpeia* (Liv. 7,10,3), hoher und steiler (Dion. Hal. ant. 7, 35,5. Sen. contr. 1,3,3) Abhang im SO. des Kapitols, nahe dem *angiportus* (Fest. 466,33 L.) und den *centum gradus* (Tac. hist. 3,71). Von hier wurden hinabgestürzt (vgl. kultischen Felsensturz), die sich falschen Zeugnisses (Lex XII tab. 8,23), als Unfreier des Diebstahls (ebd. 8,14), des Verrats am eigenen Herrn (Liv. epit. 77. Val. Max. 6,5, 7. Plut. Sulla 10), der Blutschande (Tac. ann. 6,19,

1), des Überlaufs und der Flucht (Liv. 24,20,6. 25, 7,14), des Verrats am Volke (Sen. dial. 3,16,5), als Vestalin des Inzests (Sen. contr. 1,3,1 ff. Quint. inst. 7,8,3) schuldig gemacht hatten (Tac. ann. 2, 32,3. 4,29,2. App. civ. 3,3. Cass. Dio 48,34,5. 57, 22,5. 59,18,3); Ausführung durch *tribuni* (Liv. 6, 20,12) oder Tribunen und Konsuln (Cass. Dio 58, 15,3). Letzte bezeugte Exekution i.J. 43 n.Chr. (Cass. Dio 60,18,4); später verboten (Dig. 48,19, 25,1). G. R.

Mommsen RStrR 931. *U.v.Lübtow* Das röm. Volk 100f. *Richter* Top. ²118f. 131. *Bömer* Die Fasten 2,347. *Radke* Die Götter Altitaliens 325. *Lyngby* Beiträge zur Topogr. d. Forum-Boarium-Gebietes in Rom, 1954, 77ff.

Tarpeius. 1. *T. mons* hieß das Kapitol (Varro l.l. 5,41). **2.** Danach der Name auch Iuppiter beigelegt (Ov. fast. 6,34 u.a.; Iuppiter auch *T. pater* bei Prop. 4,1,7). **3.** T. hieß ein Gefährte des Romulus (Fest. 464,8 L.) und **4.** der Vater der → Tarpeia (Liv. 1,11,6). **5.** Wird noch ein Sp. T. als Konsul d. J.s 454 v.Chr. (Fast. Cap. Cic. rep. 2,60. Liv. 3,31,5. Plin. nat. 7,101. Gell. 2,11,1. Diod. 12,6,1) erwähnt; auf ihn geht die *lex T. de multa et sacramento* (Cic. a.O. Fest. 270,3 L.) zurück. T. gehörte 449 einer Gesandtschaft zu den Plebeiern an (Liv. 3,50,15. Ascon. p. 77 Cl.). Sein Amtsgenosse war → Aternius. G. R.

Tarphe (*Τάρφη*), nur in der Ilias 2,533 genannte Stadt in O.- → Lokris, die bei Strab. 9,4,6 p. 426 mit Pharygai gleichgesetzt wird, ebenso Steph. Byz. s.v. und s. *Φαρύγαι*. Lage unbekannt. E. M.

Oldfather, RE IV A 2342f.

Tarquinii, nach der ant. Tradition bedeutendster Polisstaat in Südetrurien, 3 km ö. vom mod. Tarquinia (bis 1922 Corneto) auf dem Hügelrücken Civita ([1. 2. 3]). Von der etwa 8 km langen Stadtmauer (4. Jh.) sind Reste erhalten. Auf einem s. der Stadt verlaufenden Hügel die 5 km lange und fast 1 km breite Nekropole Monterozzi (beginnt i.d. 2. Hälfte des 8. Jh.s mit Spätvillanovagräbern) mit den ausgemalten Kammergräbern ([4. 7.]), von denen nach dem Einsatz der geophysik. Methoden von C. M. Lerici ([5]) fast doppelt so viele wie 1958 bekannt sind. Sie reichen von der 2. Hälfte des 6. Jh.s bis zum 1. Jh. Die archaischen Nekropolen (9.–7. Jh.) liegen auf den Hügeln im O. der Stadt (Poggio Selciatello, P. dell' Impiccato) mit Pozzetto- und Fossagräbern, mit Leichenbrand in einer bikonischen Urne, die mit einer aufgestülpten Schüssel oder einem Helm bedeckt ist und nicht selten in einer mit Deckel versehenen Kassette aus Tuff steht. Weniger häufig finden sich Hausurnen. In den Fossagräbern (seit 2. Hälfte des 8. Jh.s) etwas später auch Körperbestattung. Mit dem 7. Jh. (orientalisierende Periode) beginnen die Kammergräber. Das zwischen → Caere im S. und Vulci (→ Volcei) im N. liegende Gebiet von T. reichte im O. bis an den Bolsenasee und umfaßte etwa 800 qkm mit den in röm. Z. selbständigen Landstädten → Tuscana, Musarna, Blera und Surrina (Viterbo?). Der Seehafen von T. war → Graviscae (Porto Clementino). Der etr. Name von T. ist *tarχnal-* (CIE 5430. 5811), vom Namen des Heros eponymos → Tarchon, eines Sohnes (Bruders?) des Lyders → Tyrsenos (Cato bei Serv. Dan. Aen. 7,179. 198. Strab. 5,219. Eust. zu Dion. Per. 347); die griech. Form ist *Ταρχώνιον* / *Ταρκυνία* / *Ταρκύνιοι* (Steph. Byz. Strab. Eust.). Nach dem Namen der Stadt benannten sich die Nachkommen des Demaratos, eines aus Korinth geflohenen Bakchiaden. Das Gentiliz *tarcna*/*tarχna* ist in Caere belegt. Es handelt sich um Nachkommen der röm. → Tarquinier, die nach Liv. 1,60,2 in Caere Zuflucht gefunden hatten. Von der Gesch. von T. wissen wir nur einiges über Konflikte mit Rom. Zuletzt wird 308 ein Waffenstillstand geschlossen. Dann tritt T. nach 268 um den Preis seiner Küste in das *foedus* mit Rom. 181 deduziert Rom eine Kolonie nach Graviscae (Liv. 40,29,1). In der Gracchenzeit tritt T. vor seinen Mauern Boden für eine Bürgerkolonie ab (Schr. d. röm. Feldm. 1,219). Bis zum Bundesgenossenkrieg ist T. *civitas foederata*, wie das Quattuorvirat nach 87 beweist ([6]). Als röm. Munizipium gehört T. zur *tribus Stellatina*. In der Kaiserz. Sitz des *collegium LX haruspicum*, in Einklang mit der Tradition, nach der → Tages dem Tarchon die *Etrusca disciplina* geoffenbart hatte (Cic. div. 2,50). Als röm. Munizipium hat T. geringe Bedeutung. Im 8. Jh. von Sarazenen zerstört, wurde T. 1307 völlig verlassen. Inschr.: CIE 5327–5600. 5683–5897. A. Pf.

1. *H. Philipp*, RE IV A 2343ff. 2. *M. Pallottino*, T., Monum. ant. pubbl. per cura dell' Acc. dei Lincei 36, 1937. 3. *P. Romanelli*, NSA 1948, 193ff. 4. *M. Pallottino* Etruscan Painting, Genf 1952. 5. *C. M. Lerici* Prospezioni arch. a T., Milano 1959. 6. *A. J. Pfiffig* Die Ausbreitung des röm. Städtewesens in Etrurien, Firenze 1966. 7. *M. Moretti* Nuovi monumenti della pittura etr., Milano 1966.

Tarquinius. Der Name T. ist die Latinisierung eines altetr. GN *tarqu(n)-na*, vgl. *Tarquenna* Varro rust. 1,2,27, jungetr. *tarcna*/*tarχna*. Basis ist der in Kleinas. häufige Nama *Tarḫu* ([9], 487f. § 1512,3–11). *Tarχunies* der bekannten Inschr. in der Tomba François ist Rücketruskisierung des lat. *Tarquinius*. Vom GN *tarχna* ist *tarχnal* (Lok. *tarχnalϑi*) abgeleitet, der etr. Name der Stadt → Tarquinii. In der Tomba delle Iscrizioni in Caere haben die etr. Inschr. *tarcna*/*tarχna*, die lat. *Tarquitius* (CIE 5907–74). Es genügte die geringfügige Änderung, um den nach dem Regifugium verpönten Namen T. akzeptabel zu machen ([8], 286f.), vgl. Fest. 496 L.: *Tarquitias scalas quas Tarquinius Superbus fecerit, abominandi eius nominis gratia ita appellatas esse* ...

1. Ar(r)uns, älterer Bruder von Nr. 6, Vater des → Egerius (1; Liv. 1,34,2. Dion. Hal. ant. 3,46,5. 47,1). Ar(r)uns ist etr. *aranϑ*/*arunϑ*, jünger *arnϑ*.

2. Ar(r)uns T. Egerius (Collatinus). Sohn von Nr. 1;

→ Egerius (1). Dion. Hal. 3,50,3. **3.** Ar(r)uns T., jüngerer Bruder von Nr. 7, vgl. Dion. Hal. 4,28,1 f. 30,1. Zon. 7,9. Liv. 1,46,4. Die Gestalt ist eine Fiktion der Pseudohistorie ([1], 2367). **4.** Ar(r)uns T., Sohn von Nr. 7, vom Vater als Herrscher in Circei eingesetzt, fällt in der Schlacht beim Wald Arsia im Zweikampf mit Brutus (Liv. 2,6,6ff. Dion. Hal. 5,15). Die Gestalt ist fiktiv ([1], 2368). **5.** Cn. T. *(cneve tarχunies rumaχ)*, abgebildet auf einem Gemälde der Tomba François in Vulci (Anf. 3. Jh.). CIE 5275 = TLE^{2} 300. Er wird von *marce camitlnas*, einem Gefolgsmann der Brüder *aule* und *caile vipinas* und des *macstrna* (Mastarna) getötet. Er dürfte eine hist. Persönlichkeit sein, ist aber weder mit T. Priscus noch mit T. Superbus identifizierbar. Es ist möglich, daß Rom außer Priscus und Superbus noch andere Könige aus der Dynastie der Tarquinier hatte. **6.** L. Tarquinius Priscus, fünfter röm. König nach der traditionellen Zählung. Er hieß urspr. *Lucumo* (Liv. 1,34,1. Dion. Hal. 3,46,5. Strab. 5,219. Macr. Sat. 1,6,8. Aur. Vict. vir. ill. 6,2) und nannte sich erst in Rom *Lucius*. Die beiden Namen sind im Grunde ident., da etr. *lauχume* und lat. *Lucius* auf ital. **louk-* von ide. **leuk-* »leuchten« zurückgehen. Als Herrscherbezeichnung ist *Lucumo* ein Titel (»der Leuchtende, Erlauchte«), der sich in jungetr. Z. als GN erhalten hat (Müller–Deecke Die Etrusker 1, 337ff. Münzer, RE XIII 1706ff.). Das CN *Priscus* ist sekundäre Erfindung zur Unterscheidung, als solche (im Gegens. zu Liv. 1,34,10) schon von Dion. Hal. 1,75,2. 4,41,4 erkannt. Priscus ist Sohn des Bakchiaden Demaratos aus Korinth (Liv. 1, 34,1 ff. Dion. Hal. 3,46,3 f.); sein GN T.[*tarχ(u)na*] kann durch Adoption erklärt werden. Damit löst sich das von [1], 2371 herausgestellte Dilemma. Da zwischen dem ersten und dem letzten Tarquinier in Rom noch andere Könige aus dieser Dynastie möglich sind – s.o. zu Nr. 5 –, könnten die beiden in Einzelheiten so ähnlichen Könige – Tempelbau, → Vulca aus → Veii, Sibyllinen, Triumph, Cloaca maxima – nach griech. Beispiel den guten Beginn einer Tyrannis und ihren Verfall in den Nachkommen darstellen. Der von Priscus gelobte und begonnene Bau des kapitolin. Tempels ist wohl noch von der Dynastie vollendet und dediziert worden ([5]. [6]). Die Zuweisung an die junge Republik ist Geschichtsklitterung im Sinne der röm. Reichsmyth. Neben der Einführung der Spiele und des Triumphs, der Insignien, der Fasces und der *bulla aurea* wird dem Priscus von Strab. 5,220 auch die Einführung von Opferritual (vgl. Fest. 285 L.), Mantik und Musik zugeschrieben; dies mag sekundäre Kombination sein, die aber vielfach das Richtige trifft, da hier ein echter Zusammenhang mit dem Tempelkult besteht. Die Gesch. der Ermordung des Priscus ist sagenhaft (Liv. 1,40f. Dion. Hal. 3,73. 4,4f. Flor. 1,6,1 f.). **7.** L.T. Superbus, letzter röm. König. Das CN ist späte Erfindung. Lucius gilt als Sohn des Priscus (jüng. Annalistik), nach Piso (frg. 15 P.), dem Dion. Hal. 4,6f. folgt, ist er dessen Enkel. Nach der Ermordung des Servius → Tullius usurpiert Superbus die Königswürde. Tullias Frevel an der Leiche ihres Vaters ist Aitiologie für *vicus sceleratus*. Gewalttaten und Volksfeindlichkeit des Superbus sind Erfindungen, um das Charakterbild des bösen Tyrannen zu zeichnen und die Abschaffung der Monarchie zu rechtfertigen. Der Bericht über die Auffindung des Menschenhauptes bei der Fundamentierung des kapitolin. Tempels (Dion. Hal. 4,59,2; 61,2. Serv. Aen. 8,345) ist ein Aition für den Namen *Capitolium*, aber ein wichtiges Zeugnis für die etr. Lehre von der Beeinflußbarkeit der Omina. Die Gesch. von der Gesandtschaft nach Delphi (vgl. Cic. rep. 2,44) dürfte Erfindung sein. Die Lucretiagesch. folgt dem Schema des hellenist. Romans. Zum Entstehen der Republik s. [2], [5] und [6]. → Porsenna dürfte die Restitutionsversuche unterstützt und Rom besetzt (vgl. Tac. hist. 3,72. Plin. nat. 34,139), dann aber eine aus etr. und latin. Patriziern gebildete Zweimännerregierung eingesetzt haben, die sich bis etwa 475 v. Chr. hielt. Ein Zusammenhang vom E. des etr. Einflusses in Rom mit der etr. Niederlage vor Kyme 474 v. Chr. ist wahrscheinlich. **8.** L.T. Collatinus, Herrscher von Collatia, Sohn oder Enkel des → Egerius (1), nimmt an der Verschwörung gegen Superbus teil und wird mit Brutus Konsul, vielleicht als Erbe der tarquin. Macht (vgl. Schwegler RG 2,79ff.). **9.** L.T., Patrizier, *mag. equitum* 458 v. Chr. (Dion. Hal. 10,24,3. Liv. 3,27,1 [*Tarquitius*, ebenso Fast. Cap.]). **10.** Sextus T., Sohn von Nr. 7. Überlistet Gabii (Dion. Hal. 4,58,4; 85,4. Liv. 1,60,2) und gilt als Schänder der → Lucretia. Nach der Vertreibung des Superbus befehligt er die Streitkräfte der Tarquinier gegen Rom und fällt in der Schlacht am Lacus Regillus (Dion. Hal. 6,4,1. 5,1 ff. 11,2. 12,5). Cic. rep. 2,45. 46 und Dion. Hal. 4,64,2 nennen ihn den ältesten der Brüder, Liv. 1,53,5 den *minimus ex tribus;* beides dürfte, wenn man an der Aussage des Namens festhält, falsch sein. **11.** Titus T., Sohn von Nr. 7, vom Vater in Signia als Herrscher eingesetzt (Dion. Hal. 4,63,1). Auch er soll, wie Sextus T., Führer der tarquin. Streitkräfte gewesen (Dion. Hal. 5,15,4; 22,4f. 6,54, vgl. Liv. 2,19f.) und in der Schlacht am Lacus Regillus gefallen sein. Die Gestalt ist fiktiv, eine Dublette von Nr. 10. A. Pf.

1. *Schachermeyr*, RE IV A 2349ff. 2. *S. Mazzarino* Dalla monarchia allo stato della repubblica, 1945. 3. *R. Paribeni* Storia di Roma 1, 1954, 64ff. 4. *E. Gjerstad* Early Rome I–III, 1953–60; Legends and facts of early Rom. hist., 1962. 5. *R. Bloch*, RHR 149, 1961, 141ff. 6. *A. Alföldi* Early Rome and the Latins, 1964. 7. *M. Cristofani* La Tomba delle Iscrizioni a Cerveteri, 1965. 8. *A. J. Pfiffig*, G 74, 1967, 285ff. 9. *L. Zgusta* Kleinasiat. Personennamen, 1964.

12. L.T., Anhänger → Catilinas; er wurde am 4. Dez. 63 im Senat verhört und belastete dabei den M. → Crassus (2), Sall. Cat. 48,3–8. Vgl. M. GELZER Cicero, 1969, 96f. **13.** P. und M. T., 2 Brüder aus Laurentum, verrieten im J. 500 eine Verschwörung von Plebeiern und Sklaven zur Zurückführung der vertriebenen Tarquinier und erhielten u.a. die *civitas*. Dion. Hal. ant. 5,54f. 57. Späte Konstruktion, Ed. SCHWARTZ, Progr. Göttingen 1903, 5. H. G. G.

Tarquitius. Gentilname, der als Umformung von → *Tarquinius* galt (Fest. 363), auch inschr. bezeugt, SCHULZE Eigenn. 96 u.ö. **1.** C. T., P. f., 82 v. Chr. Quaestor des *procos.* C. → Annius (I 12) Luscus in Spanien (gegen Sertorius). **2.** L. T. Flaccus, L. f., 458 v. Chr. Reiteroberst des *dict.* L. Quinctius → Cincinnatus (1). Fast. Cap. Liv. 3, 27,1 *(patriciae gentis)* u.a. BROUGHTON 1,40. **3.** C. T. Priscus, *L. f.*, *Fal(erna tribu)*, war 89 v. Chr. Offizier des Cn. → Pompeius (I 7) Strabo vor → Asculum Picenum, CIL I² 709,9. C. CICHORIUS Röm. Stud. 167 hat erwiesen, daß er ident. ist mit dem Sertorianer T. Priscus, Legat im J. 76 (Frontin. strat. 2,5,31, BROUGHTON 2,95), und dem von Sall. hist. 3,81. 83 MAUR. erwähnten T., der 72 bei der Ermordung des → Sertorius durch M. → Perperna (5) mitwirkte. H. G. G.

4. M. T. Priscus organisierte im J. 47 n. Chr. das Kollegium der Haruspices, HEURGON, Latomus 12,402ff. Im J. 52/53 *legatus prov. Africae* unter T. Statilius Taurus, Tac. ann. 12,59,1, gegen den er auf Betreiben Agrippinas Anklage wegen *magicae superstitiones* erhob; deshalb aus dem Senat gestoßen, unter Nero wieder aufgenommen. *procos. Bithyniae*, D. MAGIE Roman Rule ... 2, 1421, 69. Im J. 61 durch die Bithyner wegen Repetunden angeklagt und verurteilt, Tac. ann. 14,46,1. R. H.

5. T. Priscus, Vf. von Lehrschriften über etr. Disziplin und Übersetzer originaler etr. Schriften (Serv. ecl. 4,43, der ein *ostentarium arborarium* des T. zit.; vgl. auch Macr. Sat. 3,7,2; 20,3). Den Titel einer Schrift *de rebus divinis* bezeugt Amm. 25,2,7. Plin. nat. 2 und Lyd. de ost. 2 nennen ihn als Quelle. Die wahrscheinl. kompilator. Werke des T. scheinen eine wichtige Rolle in der Vermittlung etr. Lehren an die Römer gespielt zu haben. C. Z.

J. Heurgon, Latomus 12, 1953, 402ff.

Tarrăcina (*-ae* Liv. 4,59,4. Ptol. 3,1,5; volksetym. mit τρᾱχύς verbunden Ov. met. 15,717 *Trāchas; ă* wegen *Tarrĭchinensis* CIL I² 2066), früher → *Anxur*, 62 mp von *p. Capena* (Itin. Anton. 107,5), *v. Appia* als *decumanus maximus* (Feldm. 179), erstmals zu 508 erwähnt (Pol. 3, 22,11), strittig zw. Rom und Volskern (Liv. 5,8,2. 13,1. Diod. 14,16,5), 329 röm. Kolonie (Liv. 8,21,1. Vell. 1,14,4), *municipium* der *trib. Ouf.*, Badeort (Martial. 5,1,6 u.a.), Vegetation (Plin. nat. 14,34. 16,138); Kulte: Iuppiter (Verg. Aen. 7,799. Liv. 28,11,2. 40,45,3), Minerva (Obs. 12), Apollo (DEUBNER Att. Feste 187f.), → Feronia, Roma und Augustus (h. Kathedrale). Tagesmessung (Ptol. 8,8,3). H. Terracina. G. R.

Forbiger HB. d. alt. Geogr. 3,471. *Nissen* It. Ldk. 2,640ff. *Miller* Itin. Rom. 336. *Schulten*, H 33, 1898, 541f. *Beloch* RG 298. 390. *Radke* Viae publ. Romanae 104f. *L. Ross Taylor* Voting Districts 273. *Lugli* Forma It. Reg. I 1,1.

Tarraco *(Tarracona)*, Ethn. *Tarraconensis.* H. Tarragona. Stadt an der span. O.-Küste auf einem 160 m hohen, nach N., O. und S. abschüssigen, nach W. sanft abfallenden Sandsteinfelsen. Die im Alt. als Hafen dienende Bucht ist inzwischen durch die Anschwemmungen des Tulcis (Francolí) versandet. Nach SCHULTENS unsicherer Vermutung tyrrhen. Gründung. Früheste Erwähnung in der Quelle von Avienus or. mar., einem massaliot. Periplus (um 530). In der 1. Phase des 2. Pun. Krieges bis zur Einnahme von Neukarthago (209) ist T. Stützpunkt der Römer. Aus dieser Z. stammt die Stadtmauer, auch die unterste megalith. Schicht, mit ihren 6 (1,5 m breiten) Toren und den nach außen vorspringenden Türmen (vgl. Plin. nat. 3,21). Während der Republik war T. neben Neukarthago Amtssitz des Praetors der Hispania cit. (Strab. 3,167), mochte es auch an Bedeutung von der Rivalin überflügelt werden (Strab. 3,159). Caesar erhebt T. zur Colonia mit dem Namen *col. Iulia victrix*. Während des kantabr. Krieges (26–24) leitet Augustus von hier aus die mil. Operationen. Seitdem ist T. endgültig die Hauptstadt der Prov. Hisp. cit. (Der Name *Tarraconensis* kommt erst im 3. Jh. auf). Die Prov. bestand aus 3 Dioecesen: *Asturia et Callaecia*, *dioecesis Tarracon.* und (wahrscheinl.) *dioecesis Carthaginiensis;* Grenzen waren der → Durius (Duero), der *saltus Castulonensis* (ö. Teil der h. Sierra Morena) und die Stadt Urci am Mittelmeer. An der Spitze der kaiserl. Prov. stand ein konsular. *legatus Augusti pro praetore*. In der Kaiserz. war T. das polit. Machtzentrum der iber. Halbinsel, mag es wirtschaftl. auch von anderen Städten überflügelt worden sein. T. hatte eine Garnison von einer *vexillatio* der von Galba gebildeten 7. Legion. Der Schutz der reichen Küste oblag einer Miliz von 2 Kohorten Tirones unter einem *praef. orae maritimae Laeetanae*. Viele Ehreninschr. für Kaiser (von Augustus bis → Anthemius 2) und sonstige Würdenträger. T. hatte die Verfassung einer *colonia* mit *decuriones*, *aediles*, *quaestores*, *patroni* usw. (CIL II p. 240). Es war der *tribus Galeria* angegliedert. Im Wirtschaftsleben der Stadt traten dominierend hervor Weinbau und Leineweberei. Weitere Einnahmequellen waren Landbau und Seehandel. P. Annius → Florus (1. 2. 3), der sich nach langem Umherirren in T. als *grammaticus* niederließ, hat auf den Ort ein begeistertes Loblied angestimmt (p. 185f. ROSSBACH = p. 107f. HALM). Unter den röm. Bauresten ragt neben der Stadtmauer der Aquädukt (4 km n. w. der Stadt) hervor, der bedeutendste Spaniens nächst dem von Segovia. Der Tempel des Augustus (vgl. Tac. ann. 1,78,1) ist auf den Mz. des Tiberius abgebildet (A. VIVES Moneda

Hispánica T. 170). Einen Tempel für Iuppiter Ammon bezeugt Florus (a. O.). Ca. 500 Inschr., darunter nur sehr wenige griech. und iber. (CIL II p. 538. 711. XLVII 972). K. A.

Forbiger HB. d. alt. Geogr. 3,54f. *A. Schulten*, RE IV A 2398ff. *Ders.* T., 1934. *S. M. de Navascuéz* Tarragona, 1929. *A. Balil*, Enc. art. ant. 7,625ff. *Alföldy*, RE Suppl. XIV.

Tarruntenus Paternus (oder *Tarrutenius*) heißt ein röm. Jurist aus der 2. Hälfte 2. Jh. n. Chr. Er war Leiter der Kanzlei *ab epistulis latinis* und *praefectus praetorio;* Commodus hat ihn hinrichten lassen (vgl. W. Kunkel Herkunft und soz. Stellung der röm. Juristen, ²1967, 219ff.). Bekannt ist seine Schrift *De re militari* durch zwei Fragmente in den Dig. (49,16,7. 50,6,7). D. M.

Tar(r)utius. Ital. Familienname, auch inschr. bezeugt, Schulze Eigenn. 241. **1.** T., Gestalt der Sage, nach Licin. Macer frg 1 HRR (FHR 191,13) ein *Tuscus*. Als reicher Mann heiratete er die → Acca Larenti(n)a und vermachte ihr sein Vermögen. Plut. Rom. 5,5f.; quaest. Rom. 35. Aug. civ. 6,7,2 u. a. Mommsen RF 2,5f. Weitere Lit. o. Bd. I 24. H. G. G.

2. L. T. aus Firmum, Freund Ciceros (div. 2, 98 *familiaris noster, in primis Chaldaicis rationibus eruditus*) und Varros (Plut. Rom. 12,3), schrieb nach Plin. nat. ind. 18 *Graece de astris*. Auf Veranlassung Varros errechnete er aus Lebensdauer, Schicksalen und Todesart 1. das Horoskop des Romulus (Plut. a. O.) und 2. das Datum der Gründung der Stadt Rom (Plut. a. O. Cic. a. O. Solin. 1,14. Lyd. mens. 1,14. Manil. 4,773). Astrolog. Erläuterung bei W. Kroll, RE IV A 2407ff. (Irrig *Carutius* bei Macr. Sat. 1,10,14. 17). K. Z.

Tarsos (*Ταρσοί*: Xen. an. 1,2,23; *ἡ Ταρσός*: Arr. an. 2,4,5. Strab. 14,673f.), ant. Stadt am Unterlauf des → Kydnos (h. Tarsus Çayi) im W. des Ebenen Kilikien, deren Überreste in der Hauptsache unter der modernen Stadt Tarsus liegen und daher nur zum kleinsten Teil ausgegraben werden konnten (vgl. [3]). Die wirtschaftspolitische Bedeutung, die T. in ant. Z. auszeichnete, war durch die günstige geographische Lage der Stadt bedingt: T. hatte einerseits über den schiffbaren Unterlauf des Kydnos Verbindung zur offenen See, bildete andererseits eine wichtige Station auf der vom syrischen → Antiocheia (1) zur ägäischen Küste Kleinasiens führenden Handelsstraße und war schließlich der Ausgangspunkt der das Mittelmeer mit dem Schwarzen Meer (bei → Amisos) verbindenden Überlandhandelsroute. Auf den einheimischen Ursprung der Siedlung weist schon der unzweifelhaft kleinasiat. Name hin, der möglicherweise vom Gott Tarku abzuleiten ist. Vielleicht bereits im Verlauf der Dor. Wanderung, spätestens aber z. Z. der großen Kolonisation im 8./7. Jh. v. Chr. erhielt T. Zuzug von Siedlern aus dem griech. Mutterland. In hist. Z. begegnet T. auf numismat. und lit. Zeugnissen als Residenz einheimischer Dynasten, die über Kilikien herrschten, aber vom pers. Großkönig abhängig waren. Seit etwa 400 residierten in T. pers. Satrapen. In hellenist. Z. stand die Stadt durchwegs unter seleukidischer Herrschaft und geriet nur vorübergehend unter ptolemaiischen Einfluß (246 v. Chr.). Im Rahmen der Ostordnung des Pompeius wurde Kilikien als römische Provinz organisiert; T. wurde Amtssitz des röm. Statthalters. In den Wirren der Revolutionszeit hat T. seit 47 treu zur Partei Caesars gehalten; die Stadt mußte für ihre Parteinahme wohl Schlimmes erdulden, wurde aber gerade aus diesem Grunde von M. Antonius und von Augustus besonders ausgezeichnet. In der Kaiserz. konnte sich in T. ein äußerst reges wirtschaftl. und kulturelles Leben entfalten (vgl. Strab. a. O.). Aus T. stammte der Stoiker → Antipatros (9) und der Apostel → Paulus (5). E. O.

1. *W. Ruge*, RE IV A 2413ff. 2. *D. Magie* Roman Rule in Asia Min., Princeton 1950, 1146ff. 3. Excavations at Gözlü Kule, Tarsus I 1950, II 1956, III 1963, ed. *H. Goldman*. 4. *C. B. Welles* Mél. de l' Université St. Joseph 28, 1962, 41ff. 5. *J. Boardman*, JHS 85, 1965, 5ff. 6. *P. D' Amelio*, Enc. art. ant. 7, 1966, 626ff. 7. *A. H. M. Jones* The Cities of the Eastern Roman Provinces, Oxford ²1971, 192ff.

Tartaros (*Τάρταρος*, auch *τὰ Τάρταρα*, redupliz. lautmalendes Wort). Gebilde myth. Kosmologie, in Hes. theog. im Anschluß an den Sturz der → Titanen in einer Reihe von Visionen beschrieben, die sich zu einer nicht genealog. Spekulation über die Ursprünge des Alls erweitert. V. 720: Der T. ist ein bes. Teil des Alls, so tief unter der Erde (Hom. Il. 8,13f.: unter dem Hades), wie der Himmel über ihr (Verg. Aen. 6,578f.: doppelt so tief). 726: Ein finsterer, modriger Raum mit ehernen Mauern und Toren (vgl. Il. 14,279f. Aen. 6,549. 552). Bis dorthin reichen die Wurzeln von Erde und Meer; *ἔσχατα γαίης* 731 ist nicht auf Lokalisierung im W. zu deuten. Der »Hals« (T. also faßartig gedacht, vgl. Il. 5,385ff.) ist in 3 Schichten von Nacht umhüllt. 736: Hier sind die eigentl. Quellen und Enden nicht nur von Erde (Il. 18,475), Meer und Himmel, sondern auch des T. (*ὑποταρτάριος* 851. Il. 14,279), widerwärtig, modrig, gottverhaßt. 740: Ein ungeheurer Schlund (Il. 8,14 *χάσμα*, vgl. → Chaos), von Moder und Wirbelstürmen erfüllt, selbst für Götter unheimlich (*τέρας*). Die *πύλαι* 741 erinnern an 726ff. Hier ist die Nacht (726) zu Hause. 746: Davor steht → Atlas (s. 517) als Himmelsträger. Man muß sich demnach den T. wohl mit seinem Rande so von unten auf der Erde aufliegend denken wie den Himmel von oben. 758: Hier hausen auch → Hypnos und → Thanatos, Kinder der Nacht (Rückverweis auf 211ff.), hier → Hades und → Persephone mit → Kerberos. 775: Hier steht das Felsenhaus der → Styx, Strafort für meineidige Götter (wie Il. 8,13ff. der T. für Widerspenstige). Sie dient dem Zeus, ihre Kinder wohnen bei ihm (384–401). 807–10 = 726–29. 811: Hier hausen die → Titanen sogar vor den Toren des T. und außerhalb des Chaos, ihre Wächter aber, die → Hekatoncheiren, an den Grundfesten des Okeanos (s. zu 746). Bald wird → Typhoeus, von Gaia mit T. erzeugt (ein Gegenstück zu dem ἱερὸς γάμος mit Uranos), in den T. geschleudert. – Abweichungen bei Apollod. 1,1–7. – Später tritt der Hades in den Vordergrund, der T. wird als tiefster Teil des Hades aufgefaßt, schließlich, abgesehen vom Elysion, mit ihm identifiziert. S. → Weltentstehung, → Unterwelt. H. v. G.

O. Waser, Myth. Lex. 5,121 ff. *A. Dieterich* Nekyia, [2]1913. *H. Schwabl*, G 62, 1955, 526ff. *H. Fränkel* Dichtung u. Philos. des frühen Griechentums, 1951. *W. Karl* Chaos u. T. in Hes. theog., Diss. Erlangen 1967.

Tartarus, oberitalien. Fluß (Tac. hist. 3,9. Plin. nat. 3,121) mit starken Veränderungen seines Laufs; h. Tartaro. G. R.

Nissen It. Ldk. 1,206.

Tartessos. Stadt zwischen den beiden Mündungsarmen des → Baetis (= Tartessos [vor 200 v. Chr.], h. Guadalquivir). Wird gewöhnl. mit dem תרשיש des A.T. (1. Reg. 10,22. 22,49) gleichgesetzt. Bestand schon vor der Gründung von → Gades (um 1150), das viell. als Umschlagplatz des tyr. Silberhandels mit T. angelegt worden ist. T. war Hauptstadt des Landes Turta und der → Turdetani. Seit den frühesten Z.n beherrschte es den Zwischenhandel für Zinn mit der Bretagne und England. Um 800 scheinen die Tartessier in Abhängigkeit von den Tyriern geraten zu sein (vgl. Strab. 3,149 f. A. T. Ies. 23,1). Als → Tyros um 700 von den Assyrern bedrängt wird, gewinnt T. seine Freiheit zurück und erlebt eine neue Blüte, die bis gegen 500 währt. Im 7. Jh. treten die Griechen in Verbindung mit T. (→ Kolaios von Samos). Bes. enge Beziehungen entwickeln sich zu den → Phokaiern (Hdt. 1,163). Arganthonios, König von T., ermutigt sie zur Ansiedlung (→ Mainake). Erinnerungen an diese Z. namentl. bei Avien. or. mar. (Quelle massaliot. Periplus aus der Z. um 530). Avien bezeugt die ausgedehnte Macht von T., die auf Silber- und Kupfergewinnung sowie dem Zinnhandel beruht. Nach Strab. (3,139; Quelle Poseidonios?) war die geistige Kultur von T. bedeutend. Nach der Zerstörung um 500 (durch Karthago? die Kelten?) verblaßt sein Ruhm. Daher Verwechslungen mit → Gades und → Carteia in der Überlieferung. K. A.

A. Schulten T., [2]1950. *Ders.*, RE IV A 2446ff. *J. M. Blazquez* T., 1968.

Tarus, s. Nebenfluß des Po w. Parma (Plin. nat. 3,118), bietet Namen für die Station *Ad Tarum* der *v. Aemilia* (Itin. Burdig. 616,14); h. Taro. G. R.

Tarusates, Völkerschaft in Aquitanien, wahrscheinlich n. vom Aturius (h. Adour), in der Umgebung Tartas. Plin. nat. 4,108 nennt die *Toruates*, aber die Gleichsetzung ist ungewiß, ebenso mit den Aturenses (Desjardins 2,365. 645. C. Jullian HG 3,307,3). Die T. wurden im J. 56 v. Chr. von P. Licinius → Crassus (4) unterworfen (Caes. Gall. 3,23,1. 27,1). M. L.

Tarusco. 1. Sehr kleine Stadt der Gallia Narbonensis (πολίχνιον Ταρούσκων Strab. 4,187), h. Tarascon. Grenzort der 3 Volksstämme Cavari, Salluvii und Volcae. Desjardins 3,433 zählt ihn irrig zum Gebiet von Arelate; C. Jullian HG 6,326 nennt ihn *vicus* der Cavari; mit Recht G. Barruol Les peuples prérom. du Sud-Est de la Gaule, 1969, 239, bei Ptol. 2,10,8 im Gebiet der Salluvii. Neue Funde: Gallia 8, 1950, 124. FOR (B. du Rh.) 580. **2.** *Oppidum* im Gebiet der Volcae Tectosages (h. Tarascon sur Ariège). Plin. nat. 3,37. Desjardins 3,87. M. L.

Tarvisium (wechselnde Namensformen in den Inschr.; Geogr. Rav. 4,31 *Trebicium* zu h. Treviso), zur *tribus Claudia* (L. Ross Taylor Voting districts ... 271) gehöriges *municipium* (CIL V 2109) der 10. Region (Plin. nat. 3,130) an der *v. Claudia* (Radke Viae 194); Bedeutung in Spätantike (Prok. Goth. 2,29,40. Paul. Diac. h. Lang. 2,12). G. R.

Forbiger HB. d. alt. Geogr. 3,414. *Nissen* It. Ldk. 2,223.

Tasgetius. Kelt. Personenname, Holder 2, 1479. – T., ein vornehmer → Carnute, wurde 56 von Caesar als König seines Stammes (Raum Chartres) eingesetzt, aber schon 54 von Gegnern aus den eigenen Reihen ermordet. Caes. Gall. 5,25, 1–4; 29,2. Gelzer Caesar[6] 129. H. G. G.

Tatia. Einzige Tochter des T. → Tatius u. Frau des Numa (Plut. Num. 3,7 f. 21,1 f. Zon. 7,5). G. R.

Tatianus. 1. Fl. Eutolmius T., Heide (Liban. epist. 855. 899), *praefectus praetorio* 388/92, *consul* 391 (cursus: Dess ILS 8840), war um 358 *advocatus*, 367/70 *praefectus Augustalis* (Cod. Theod. 12,18,1. POxy 1101. 2110. Rufin. h. e. 1,2), 370 *comes Orientis* (Liban. or. 10,37), 374/80 *comes sacr. larg.* (Cod. Theod. 9,35,5. 10,20,8). T., der die Praefektur (vgl. z. B. Cod. Theod. 16,2,27 f. 3,19. 4,2. Iust. 11,25,2) erst in hohem Alter erreichte, wurde auf Betreiben des → Rufinus (5) im Sommer 392, gemeinsam mit seinem Sohn Proculus (*comes Orientis* 383/84, *praefectus urbi Const.* 388/92) wegen angeblicher Verfehlungen im Amt gestürzt, jedoch im Gegensatz zu Proculus (393 hingerichtet) begnadigt und im J. seines Todes (396) rehabilitiert (Cod. Theod. 9,38,9. 42, 12 f. 12,1,131. Zos. 4,45. 52. Eun. frg. 59. Claud. in Ruf. 1,232). T. dichtete eine Fortsetzung der Ilias und hatte gute Beziehungen zu Libanios (Liban. epist. 840. 851. 909. 959. 990. 1021). **2.** Enkel von 1, *patricius*, nahm als *praefectus urbi* von Constantinopel am Konzil von Chalkedon (451) teil (Mansi 6,563. 7,128. 429. 497. Leo epist. 82. Cod. Iust. 1, 39,2). Nach 463 bei erfolgloser Gesandtschaft zu Geiserich (Prisc. frg. 31 f. Candidus FHG 4,132). **3.** *Mag. off.* 520 und 527 (Cod. Iust. 7,63,4. 1,31,5), wirkte mit bei der Thronbesteigung Iustinians (Const. Porph. de caerim. 1,95). A. L.

4. Der Syrer, chr. Apologet des 2. Jh.s. T. stammt nach eigener Aussage (or. ad Graec. 42) aus Assyrien (Gegend ö. des Tigris). Er hat einen griech. Bildungsgang durchlaufen und vor seinem Übertritt zum Christentum viele relig. und philos. Systeme kennengelernt. Durch → Iustinus (6) in Rom bekehrt (Eus. h.e. 4,29) nahm er dort eine eigene Lehrtätigkeit auf, die 172 zufolge Bruches mit der röm. Gemeinde (Vorwurf der Ketzerei wegen enkratitischer Äußerungen T.') endete. In seiner Heimat setzte T. seine Lehrtätigkeit fort. Von der großen Zahl seiner Schriften (Eus. h. e. 4,29,7: zum A.T., zu Paulusbriefen, christol. Schriften, u. dgl.) ist nur eine *ἐπιστολὴ πρὸς Ἕλληνας* erhalten. Sie enthält eine scharfe Polemik gegen die griech. Philos., der er trotzdem verpflichtet scheint. Grundgedanke seiner Theol. ist die exclusiv verstandene Einheit der göttl. Wahrheit. Dieser Gedanke ist auch hinter seiner Evangelienharmonie (→ Diatessaron) zu vermuten. Die Göttlichkeit Christi, des Logos, leitet T. philos. aus der Einheit Gottes ab. Für die o.-syr. Kirche war T. bis ins 5. Jh. hinein von prägender Bedeutung. Kl. W.

Ta.: *E. Schwartz* (TU 4), 1888. *E. J. Goodspeed* Die ältesten Apologeten, 1914.

Lit.: *Hennecke*[3] 1, 1959, 81. 110. 2, 1964, 26. 240. 274f. *Preuschen*, RE f. prot. Theol. 19,386ff. *E. Fascher*, RE IV A 2468ff. *M. Elze* T. und seine Theologie, 1960.

T. Tătius (ă: Enn. ann. 109), nach der Überlieferung *rex Sabinorum*, führt Rachekrieg mit Rom wegen des Mädchenraubes (Varro l. l. 5, 46. Liv. 1,10,1f. Plut. Rom. 17,2), besticht → Tarpeia (Liv. 1,11,6. Prop. 4,4,7ff. Plut. a.O. 17,3), schließt *foedus* mit Romulus (Cic. rep. 2,13; Bilder: Plin. nat. 34,23. Serv. auct. Aen. 8,641); gemeinsame Herrschaft (Serv. auct. Aen. 8,635. Dion. Hal. ant. 2,50,1) und Gesetze (Fest. 260,7 L.). T. wohnt *in arce* (Solin. 1,21. Plut. a.O. 20,5. Dion. Hal. 2,50, 2). Nach ihm heißen die *Titienses* (Varro l. l. 5,55. Cic. rep. 2,14. Paul. Fest. 106,14 L. Prop. 4,1,30f. Liv. 1,13,8. Plut. a.O. 20,2) und → *Titii sodales* (Tac. ann. 1,54,1). T. führt sabin. Kulte in Rom ein (Varro l. l. 5,74. Aug. civ. 23. 6,10. Dion. Hal. 2,50,4), bes. → Ianus (Serv. Aen. 1,291), → Volcanus (Plut. mor. 276b). Im Alter (Verg. Aen. 8,638) in Laurentum ermordet (Varro l. l. 5,152. Cic. rep. 2,14. Liv. 1,14,1f. Dion. Hal. 2,52. Plut. a.O. 23,1ff). Grab auf dem Aventin (Varro a.O.). G. R.

Schulze Eigenn. 97. 425. *J. Poucet* in: Aufstieg und Niedergang der röm. Welt (Festschrift J. Vogt) I 1, 1972, 95ff. *Ders.*, Les Ét. Class. 39, 1971, 295ff. *Ders.* Rech. sur la légende sabine ..., 1967, 271ff.

Tatta (Strab. 12,568: *ἡ Τάττα*; Plin. nat. 31, 84: ⟨*lacus*⟩ *Tattaeus*), mit rund 1600 km² Wasserfläche der größte, in Großphrygien gelegene, abflußlose See Inneranatoliens mit dem bemerkenswert hohen Salzgehalt von 32,2% (h. Tuz Gölü, d.h. »Salzsee«; Vergleichswert vom Toten Meer: ca. 24%). In der Regenzeit über große Flächen hin nur etwa 1 m tief, trocknet der See in der heißen Jahreszeit fast ganz aus. Schon in ant. Z. hat man die Salzhaltigkeit des T.-Sees bewundert, weshalb z.B. Strab. a.O. ihn ein »natürliches Salzwerk« nannte. E. O.

W. Ruge, RE IV A 2477. *T. R. S. Broughton* Roman Asia Minor: An Economic Survey of Anc. Rome 4, 1938, 624. *Baedeker* Türkei 142.

Tattius. C. T. Maximus. *Tribunus equitum singularium* 142–145, CIL VI 31150–52. 155–157 *praef. vigilum*, CIL VI 222. Von Pius wurde er zum Praetorianerpraefekten ernannt, H. A. vit. Pii 8,7f. Er starb 159 im Amte. R. H.

Taube. Fam. der *περιστεροειδῆ* (Aristot. hist. an. 544b 1), eine der zahlreichsten und meistgenannten ant. Vogelarten.

1. Arten. a) Wildlebende: *πέλεια*, Feld- (Felsen-)T. (Columba livia L.), von *πολιός* »dunkel, blaugrau«; sehr oft bei Hom., der nur diese Art erwähnt (bei Aristot. a.O. u.a. auch *πελειάς*, von der *περιστερά* unterschieden) und sie »furchtsam« (*τρήρων*) nennt (z.B. Il. 5,778; Od. 12,62; vgl. Il. 2,502 *πολυτρήρων*). Sie wurde gejagt (Il. 23,850; Od. 22,468) und von Raubvögeln verfolgt (Od. 15,527 u.a.). Bei den Römern wird sie selten genannt (z.B. Varro rust. *col. saxatilis sive agrestis*). – *φάσσα* (*φάττα*), *palumbes (-bus, -ba)*, Holz- (Ringel-)T. (Columba palumbes L.), dass. wie *φάψ* (Aristot. 593a 16ff. und Dittmeyer im App.; anders Athen. 9,393f; der Name zuerst bei Aischyl. Phil. frg. 232 N.²), dunkelgrau mit schillerndem Kopf (Alex. Mynd. b. Sch. Theokr. 5,96), in Griechenland teils Zug-, teils Standvogel (Aristot. a.O. 600a 25), in Italien nur Zugvogel (Plin. nat. 10,72. 78. Serv. ecl. 1,58); Baumbrüter (Theokr. 5,96f. Verg. ecl. 3,68f.); angebl. von enormer Lebensdauer (25–40 J.: Aristot. 563a 1. Plin. 10,106 u.a.). – *οἰνάς*, Hohl-T. (Columba oenas L.), der Größe nach zw. Ringel-T. und Haus-T. (Aristot. 593a 20), Zugvogel, gern an Tränken gefangen (Aristot. a.O. Athen. 9,394 b). Eine lat. Bezeichnung fehlt. – *τρυγών*, *turtur*, Turtel-T. (Columba turtur L.), die kleinste aller T., im allg. Zugvogel (Aristot. 597b 3. Varro rust. 3,5,7; falsch Aristot. 593a 18 u.a. über angebl. Winterschlaf), aschgrau, auffallend durch ihr Gurren (*τρύζειν*; vgl. Isid. orig. 12,7,16 *t. de voce vocatur*). – b) Haus-T.: *περιστερά* (selten *περιστερός*); Dim. *-ριον*, *-ρίδιον*, *-ριδεύς*; *columba*, *-bus* (meist das Männchen; Ausn. Colum. 8,8,1. Plin. 10,25 u.a.); Dim. *-bulus* (Columba livia domestica L.). Zahmheit und Zugehörigkeit zum Menschen betonen Soph. frg. 781 N.² (früheste Stelle!), Aristot. a.O. 488b 3. 544b 2 u.ö. Gal. 13,514 K. u.a. In der röm. Lit. seit Plaut. sehr häufig erwähnt. Weiße T. in Griechenland erst seit den Perserkriegen (Athen. 9,394 d u.a.). – Seit → Daïmachos bei Athen. 9,394 e. Theophr. [Aristot.] hist. an. 9,609a 19 gibt es Erwähnungen der Ind. Papagei-T. (Treron Waalia), die nach Ail. nat. 15,14 in Indien ein beliebtes Ge-

schenk für Fürsten war; ihr gehört viell. die Bezeichnung πυραλλίς (Kall. frg. 416 Pf.).

2. Zoologisches: Die ant. Lit. teilt zahlreiche Beobachtungen mit, die sich meist auf die Haus-T. beziehen; hier nur weniges daraus: der eigenartige Kropf (Aristot. hist. an. 508b 28); das Schließen der Augen mit beiden Lidern (Aristot. part. an. 657a 27); das saugende Trinken (Plin. 10,105 u.a.); falsch, aber bei chr. Autoren oft behauptet, das Fehlen der Galle (richtig: der Gallenblase: Gal. de atra bile 9), daher besondere Friedfertigkeit. Oft erwähnt ist das Schnäbeln (*κυνεῖν*, *osculari*) vor der Begattung, ferner die rasche Geschlechtsreifung und große Fruchtbarkeit. Bezüglich der Ernährung kannte man besondere T.-Pflanzen, so den *περιστερεών* (Eisenkraut), das *περιστέριον* (Hoher Wolfsfuß?), die *ἑλξίνη* (Ackerwinde?), letztere angebl. zur jährl. Magenreinigung gefressen. Als Charaktereigenschaften galten Furchtsamkeit, Zärtlichkeit, Gattenliebe und Treue zum Geschlechtspartner; letzteres wurde in sp. Z. oft phantastisch aufgebauscht.

3. Jagd, Zucht und Verwendung der T. a) Das Taubenschießen, in der Il. (23,830ff.) eher ein Sport, hat seinen Ursprung in der Lust am T.-Essen. So fing man die T. auf jede mögl. Art, mit Schlingen, Netzen, Leimruten, geblendeten Lock-T. (*παλλεύτριαι*, *illices*); in Rom führte man zusätzlich das Mästen gefangener Wild-T. ein, um ihr an sich trockenes Fleisch (Cato agr. 90. Varro a.O. 3,7,9 u.a.) saftig zu machen. Über Zubereitung s. Apic. 6,2,1. 4,4. – b) Zur Zucht der Haus-T. s. Bd. II 714. c) Fleisch, innere Organe und Blut der T. wurden von fast allen Ärzten seit den Schriften des Corp. Hippocr. als bekömmlich und vielfältig heilwirksam empfohlen, ganz bes. der T.-Mist, der gegen Schwellungen, Ekzeme, Vergiftungen u.a. innerlich und äußerlich verordnet wurde (s. bes. Plin. nat. 30 pass.); er galt auch als blutstillend und hämatomauflösend, namentl. der der Wild-T.-Arten. d) Verwendung von Brief-T., bereits im äg. Alten Reich bekannt, wird durch Ail. var. 9,2 in Griechenland erstmals für 444 belegt (dazu Paus. 6,9,3); bei Anakr. frg. 149 B.[4] ist sie Liebesbote; im 2. röm. Bürgerkrieg verbinden T. das eingeschlossene Mutina mit der Außenwelt (Frontin. strat. 3,13,8. Plin. 10,110).

4. Religiöse Bedeutung: Für die semit. Völker ist die T. (bes. die weiße) der heil. Vogel der Astarte und als solcher für Menschen tabuisiert. Von dorther übernahmen sie die Griechen kaum vor dem 4. Jh. in den Kult der Aphrodite, die Römer in den der Venus. In allen vom Orient beeinflußten Heiligtümern der Göttin wurden T. gehalten, bes. in Paphos, Amathus, Kythera und auf dem Eryx; in der Kunst erscheint die T. als ihr wichtigstes Attribut, das auch auf andere Gottheiten (Dione, Eros, Adonis) übertragen wird. Auffallend ist der Zusammenhang der T. mit dem Orakelwesen (→ Peleiaden!); in der Gründungssage der Orakel von Siwah (Ammon) und Dodona (Zeus) spielt sie eine bedeutende Rolle. Ob ein Zusammenhang mit ihrer Rolle in den Sintflutsagen besteht, ist nicht geklärt. Bei den Juden ist sie vor allem Opfertier. In chr. Vorstellung wird sie zum Symbol des heil. Geistes, auch Christi und der Kirche, sowie Seelensymbol und Personifizierung verschiedener Tugenden.

5. Volkskundliches: Der »zärtliche« und gewaltlose Charakter macht die T. im Sprichwort zum Inbegriff von Liebe und Sanftmut, aber auch von Ängstlichkeit (Otto Sprichwörter 88f.) und naiver Leichtgläubigkeit (Hesych. s. *ἡμέρα πελειάς*. Plaut. Poen. 676 u.a.). Oft wird die Antithese T.-Adler (Rabe) auf menschl. Verhaltensgegensätze übertragen (Hor. c. 4,4,31. Martial. 10, 65,12. Iuv. 2,63). Die Phrase *πυγῇ λαλεῖν* = »geschwätzig sein« beruht auf dem Glauben, die Turtel-T. »rede« gleichzeitig mit Schnabel und Hinterteil. Oft sind die Bezeichnungen für »T.« erot. Kosenamen oder Bezeichnungen für »Dirne« u.ä. In der Fabel spielt die T. eine unbedeutende und unspezifische Rolle (Aisop. Nr. 129. 201. 202. 235. 238 Perry). W. R.

A. Lindermayer Die Vögel Griechenlands (1860) 118ff. *D. Lorentz* Die T. im Altertum (1886). *H. Fischl* Die Brief-T. im Alt. und MA. (1909). *V. Hehn–O. Schrader* Kulturpflanzen und Haustiere ([8]1911) 341ff. *O. Keller* Ant. Tierwelt II (1913) 122ff. *F. Sühling* Die T. als religiöses Symbol (1930). *D'Arcy W. Thompson* A Glossary of Greek Birds ([2]1936) 210. 225. 238. 290. 300. *G. Jennison* Animals for Show and Pleasure (1937) 11. 100. *G. Fuchs*, MDAI(R) 69, 1962, 96. *H. Dohr* Die ital. Gutshöfe ..., Diss. Köln 1965. *Goldammer*, RGG 6, 622. *Greeven*, Kittels Lex. 6, 63ff.

Taucheira (*Ταύχειρα*), h. Tokra am W.-Rand der Cyrenaika, 69 km n.ö. Bengasi, am Meer; seit → Ptolemaios III. hieß es nach seiner Mutter → Arsinoe (II 2), Antonius benannte den Ort Kleopatris. Erhalten ist das 600 m Seitenlänge messende Quadrat der Stadtmauer aus der Zeit Iustinians, z.T. aus Resten griech. und röm. Z. 2 Kirchenruinen verweisen auf frühen chr. Kult: T. war bereits auf dem Konzil von Nicaea durch einen Bischof vertreten. Daneben hielt sich der Kybelekult. W. H.

Tauchen s. Schwimmen

Taufe (christl.). 1. Begriff. 2. Rel.-gesch. Hinweise. 3. Die T. bei Jesus, in der Urgemeinde und bei Paulus. 4. Entwicklungen.

1. T. (im chr. Sprachgebrauch *βάπτισμα*; der Begriff fehlt sowohl in der Profangraezität wie in der LXX) ist die Bezeichnung eines von Anbeginn des Christentums geübten Sakraments, das in den großen Kreis ant. Waschungen und Aufnahmeriten gehört. Das entsprechende Tätigkeitswort ist *βαπτίζειν*. Andere Bez. sind *λουτρόν*, *σφραγίς*, *σημεῖον*, *χρῖσμα* u.a.

2. Im Verlauf der Forschungsgesch. ist das, was im Christentum T. heißt, von hell. Mysterien

(Reitzenstein), von Taufbräuchen der Sekte von → Qumran, von solchen anderer paläst. T.-Sekten, von gnost. Riten (K. Rudolph) und von der jüd. Proselyten-T. hergeleitet worden. Allen diesen Ableitungsversuchen gegenüber wird man zurückhaltend sein müssen, weil sie immer nur im Blick auf Einzelzüge überzeugen können. Unbezweifelbar aber ist Abhängigkeit der chr. T. von der eschatolog. motivierten Bußtaufe Iohannes des Täufers und die Feststellung von gnost. Vorstellungen, hell. Rechtssprache und jüd. Weihebegriffen.

3. Für die Annahme, → Jesus habe selbst getauft, gibt es im NT. keine Anhaltspunkte. Der T.-Befehl Jesu, Matth. 28, ist ein Wort des Auferstandenen und spiegelt die Praxis der Gemeinde vom E. 1. Jh. wider. Andererseits hat Jesus, indem er sich von Johannes taufen ließ, deutlich gemacht, daß er die eschat. T. und den entsprechenden Bußruf bejahte. Im Gegensatz zu Jesus hat die Urgemeinde bald nach Ostern selbst getauft, die T. als Initiationsritus für das »neue Israel« in Dienst genommen und durch die Nennung des Namens Jesu über dem Täufling christianisiert. Die Verbindung der T. mit der Gabe des Geistes (Mk. 1,17 nennt die Joh.-T. dagegen eine Wasser-T.) scheint auch von Anf. an konstitutiv für die chr. T. gewesen zu sein. Paulus setzt die T. aller Christen bereits voraus (1. Kor. 12,13). In der griech. Gemeinde wird die T. bes. von 4 Motiven bestimmt: Reinigung von Sünden, Versiegelung auf den Namen Christi, Anteilgabe an Tod und Auferstehung Jesu, Geistverleihung. Paulus nimmt diese Motive auf, interpretiert sie aber neu im Zusammenhang seiner Christologie und Anthropologie. Wichtig ist für sein T.-Verständnis die Einbeziehung der T. in das christolog. Kerygma (Röm. 6,5. 8), ihr Verständnis als gegenwärtiges Heilsgeschehen und die Bedeutung des in der Wortverkündigung gründenden Glaubens als Voraussetzung der T.

Die für Paulus charakterist. Spannung zwischen dem Indikativ des Heils und dem Imperativ, die neue Existenz zu ergreifen, ist in Korinth (1. Kor. 10,1–13) und später in vielen Epochen der Kirchengesch. durch ein magisches Mißverständnis des Sakraments verdrängt worden.

Die weitere Entwicklung ist durch eine sich steigernde Sakramentalisierung *(opus operatum)* und durch eine engere Bindung der T. an das kirchl. Amt bestimmt (bei Ign. ad Sm. 8,2 ist die Anwesenheit eines Bischofs vorausgesetzt). Statt Anthropologie und Christologie werden jetzt Ekklesiologie und Bußlehre enger mit der T. verbunden. Did. 7,1 läßt einen T.-Unterricht vermuten. Neben der urspr. ausschließlich ausgeübten Erwachsenen-T. (gegen J. Jeremias) wird E. 2. Jh. (Tert. bapt. 18,5) auch die Säuglingst. bezeugt, die Mitte 3. Jh. von Cyprian (epist. 64) für notwendig gehalten wird (doch gibt es noch im 4. Jh. Beispiele für Erwachsenen-T. → Gregor v. Naz.). Motive für die Einführung der Säuglings-T. sind die Sakramentalisierung, die Erbsündenlehre und die Änderung der Kirchenstruktur. Kl. W.

Allg. Darst.: RE f. prot. Theol. 19,396ff. RGG [3]6,626 bis 637. ThWB 1,527ff. RE IV A 297ff. *Bauer* [5]261ff. *W. Heitmüller* T. u. Abendmahl im Urchristentum, 1911. *R. Reitzenstein* Die Vorgesch. der chr. T., 1929. *H. v. Soden* Sakrament u. Ethik bei Paulus, 1931 (= Urchristentum u. Gesch. 1, 1952, 239–75). *E. Käsemann* Leib und Leib Christi, 1933. *J. Thomas* Le mouvement baptiste en Palestine et Syrie, 1935. *O. Cullmann* Die Tauflehre des NT., 1948. *O. Kuss*, Theol. u. Glaube 42, 1952, 401ff. *G. Bornkamm*, Ges. Aufs. 1, 1952, 34ff. *J. Jeremias* Die Kindert. in den ersten vier Jh.en, 1958. *K. Aland* Die Säuglingst. im NT. und in der alten Kirche, [2]1963. *K. Rudolph* Die Mandäer I/II, 1960/61. *R. Bultmann* Die Theol. des NT., [4]1966. *H. Kraft*, ThZ 17, 1961, 398ff. *G. Braumann* Vorpaul. chr. T.-Verkündigung bei Paulus (BWANT V, 2), 1962. *N. Gäumann* T. und Ethik. Stud. zu Röm. 6, 1967.

Taufsymbol nennen wir ein festformuliertes chr. Bekenntnis, das im 6. Jh. in Gallien und Spanien, später auch in Irland und Deutschland in Verbindung mit der Taufe begegnet. Sein Name *Symbolum Apostolicum* (eigentlich *Symbolum Apostolorum*) beruht auf dem Irrtum, das Bekenntnis stamme von den Aposteln (so vor allem → Rufinus [II 2]). Vorläufer des T. sind schon die eingliedrigen Christusprädikationen des NT. (Phil. 2, 11; Röm. 10,9 u. a.), die zweigliedrigen Formeln, die neben Christus Gott als das Subjekt der Auferweckung nennen (Röm. 3,25 u. v. a.) und liturg. Stücke in triad. Form (Matth. 28,19). Wie für die Anf. der Bekenntnisbildung, so ist auch für ihre Entwicklung der Gottesdienst, bes. der Sakramentsgottesdienst, von entscheidender Bedeutung. Die zum Wortlaut des Romanum führende Entwicklung hat das Symbol in Rom genommen (Mitte 2. Jh. bis M. 3. Jh.), wo es einen einheitlichen Text gewinnt, der etwa in den Tauffragen des Hippolytos als allg. gebraucht vorausgesetzt ist und von Rufinus als Symboltext bezeugt wird.

Der Text des T. (Romanum) lautet: *Πιστεύω εἰς θεόν, πατέρα παντοκράτορα. Καὶ εἰς Χριστὸν Ἰησοῦν, υἱὸν αὐτοῦ τὸν μονογενῆ, τὸν κύριον ἡμῶν. Τὸν γεννηθέντα ἐκ πνεύματος ἁγίου καὶ Μαρίας τῆς παρθένου. Τὸν ἐπὶ Ποντίου Πιλάτου σταυρωθέντα καὶ ταφέντα, τῇ τρίτῃ ἡμέρᾳ ἀναστάντα ἐκ νεκρῶν, ἀναβάντα εἰς τοὺς οὐρανούς, καθήμενον ἐν δεξιᾷ τοῦ πατρός, ὅθεν ἔρχεται κρῖναι ζῶντας καὶ νεκρούς. Καὶ εἰς πνεῦμα ἅγιον, ἁγίαν ἐκκλησίαν, ἄφεσιν ἁμαρτιῶν, σαρκὸς ἀνάστασιν.* Die ebenfalls erhaltene lat. Fassung (3. Jh.) ist von diesem Text abhängig. Die weitere Entwicklung des T. ist durch mancherlei Zusätze und stilist. Änderungen bestimmt, deren Ertrag dann der Text ist, wie wir ihn aus unserem Gottesdienst kennen. Kl. W.

Texte: *A. Hahn* Bibliothek der Symbole und Glaubensregeln der Alten Kirche, [3]1897. *F. Kattenbusch* Das apost.

Symbol 1, 1894. 2, 1900. *K. Holl* Zur Auslegung des 2. Art. des sog. apost. Glaubensbekenntnisses, 1919 (= Ges.Aufs. 2, 115 ff.). *H. Lietzmann*, ZNW 21, 1922, 5 ff. 22, 1923, 257 ff. 24, 1925, 193 ff. 26, 1927, 75 ff. *O. Cullmann* Die ersten chr. Glaubensbekenntnisse, 1949. *J.N.D. Kelly* Early Christian Creeds, 1950.

Taulantii. Illyr. Volk in SW.-Dalmatien, dessen Sitz von den Autoren unterschiedlich bestimmt wurde. Aufgrund von Plin. und App. befanden sich ihre früheren Siedlungen n. des → Drilon, an der Küste zwischen → Epidaurum und → Lissus und im Gebiet zwischen → Scodra und dem Lacus → Labeatis. Einige sind in die Gegend von → Dyrrhachium umgesiedelt, wo sie seit Hekat. mehrfach Erwähnung finden: Ταυλάντιοι (Strab. 7,326. App. Ill. 16; civ. 2,39. Ptol. 3,12,2. Prok. b. Goth. 1,1,13; b. Vand. 1,2,9. Zon. 9,25). Ταυλαντῖνοι (Hekat. FGrH 1 F 101), *Taulantii* (Liv. 45,26,13. Plin. nat. 3,144 u.a.). Seit E. des 7. Jh.s werden in den gesch. Quellen zahlreiche Zusammenstöße mit den Makedonen erwähnt. → Philippos II. (4) erzielte einen bedeutsamen Sieg über die vereinten illyr.-thrak. Streitkräfte, denen zahlreiche T. beigetreten waren. Ihr König → Glaukias (2) erlitt eine Niederlage von Alexander d. Gr., kämpfte aber um 313 mit mehr Erfolg gegen den maked. König → Kassandros (2). 167 wurden die T. von den Römern unterjocht (Liv. 45,26), doch brach E. der Republik ein Aufstand aus. Im J. 33 v. Chr. gehörten sie zu den Völkern, die von Octavian niedergeworfen wurden. Ihre *civitas* wurde später von Augustus aufgelöst und ihr Territorium unter den Städten Acruvium, Butua, Olcinium und Lissus aufgeteilt. J. F.

Taunus. Bezeichnung für den ö. Teil des rhein. Schiefergebirges, zwischen Unterlauf des Main, dem Mittelrhein, Lahn und Wetterau, bis ins 19. Jh. »die Höhe«, h. Taunus. Der wahrscheinl. kelt. Name wird erstmals beim Chattenzug des Germanicus 15 n. Chr. erwähnt (Tac. ann. 1,56. 12,28 Chattenaufstand unter Claudius 50 n. Chr. Vgl. Mela 3,3,30). Seit dem Neolithikum besiedelt; um die Mitte des 1. Jt. v. Chr. dringt eine kelt. Jäger- und Hirtenbevölkerung aus Ostfrankreich vor. Eine 2. Einwanderungswelle in der La Tenè-Z. sichert das Gebiet durch Ausbau zahlreicher Ringwälle gegen den Zustrom germ. Völker (→ Chatten, → Mattiaker, → Suebi), wird aber schließlich doch verdrängt. Drusus dringt mit einem Heere 11–9 v. Chr. über die schon früher besetzten Randlagen weiter in das Gebirge vor und errichtet *in monte Tauno* ein Kastell (Tac. ann. 1,56. Cass. Dio 54,33,4), das 15 n. Chr. Germanicus bei einem Chattenzug erneuerte. Erst unter Vespasian und Domitian wurde das rechtsrhein. Gebiet durch Einrichtung ausgedehnter Befestigungsanlagen besetzt und gesichert (Limes über den Taunus und die Wetterau). Im 2. Jh. wird das Land bis zum Grenzwall intensiv besiedelt, die Zivilverwaltung organisiert und *civitates* eingerichtet *(civ. Mattiacorum* und *Taunensium)* mit den Vororten Wiesbaden und Nidaheddernheim, sowie 2 weiteren *(civ. Auderiensium* und *civ. Haiq* ...), deren Lage noch nicht bestimmt werden konnte. Im 3. Jh. geht das Gebiet mit den Grenzbefestigungen den Römern verloren, die nur das Heilbad → Aquae Mattiacae und den Brückenkopf Mainz-Castell halten können. H. C.

K. Schuhmacher Siedelungs- und Kulturgesch. der Rheinlande 2, 1923, 163. *W. Schleiermacher* Der röm. Limes in Deutschland, ^{2}1961. *Franke*, RE IV A 2530 ff.

Taurasia. 1. Früh untergegangene Stadt in Samnium. Inschr. erwähnt als von L. → Cornelius (I 75) Scipio Barbatus 298 zusammen mit sonst unbekanntem Cisauna erobert (CIL I^2 7). Im *Taurasinorum ager* (Liv. 40,38,3) siedelten 180 die Römer Ligurer an (Liv. a. O. 41,4. Plin. nat. 3,105). Nicht ident. mit dem Plin. nat. 3,70 genannten *Taurania*. **2.** Nur App. Hann. 5 im Zusammenhang mit Hannibals Zug 218 genannter Hauptort der Tauriner. K. D. F.

Nissen It. Ldk. 2,814. *Forbiger* HB. d. alt. Geogr. 3,459. *Philipp*, RE IV A 2535 f.

Taureas (Ταυρέας). Athener, Verwandter des Redners → Andokides, Vetter von And.' Vater → Leogoras (1); einer der 415 wegen des Hermokopidenfrevels Verhafteten (And. 1,47), die dank And.' Anzeige anderer freikamen (a. O. 68). – Vielleicht ident. mit T., dem von → Alkibiades (2) verprügelten Rivalen in der Choregie im J. 417/16 ([And.] 4,17. 20 f. Demosth. 21,147. Plut. Alk. 16,5). K. K.

Gomme Hist. Comm. Thuc. 4, 287.

Tauria (Ταύρια). Fest des → Poseidon (Hesych. s. v.), vermutlich in → Ephesos, wo die Mundschenken bei seinem Fest »Stiere« (ταῦροι) hießen (Athen. 10,425c) und es Stierspiele gab (Artemid. on. 1,8). Es galt P. ταύρειος (→ Tauros [4]). D. Wa.

Taurĭānum (*Taurinum* Mela 2,4,8. *Tauriana* Tab. Peut. 7,2. *Tauroentum* Plin. nat. 3,73). Stadt in Bruttium auf wahrscheinl. gleichnamigem *promuntorium* (vgl. Ptol. 3,1,9) etwas s. vom → Matauros beim Monte Traviano/Tavriano, in dessen Namen der alte Ortsname erhalten ist. Hierher gehört das Cato orig. frg. 71 P. erwähnte Ethnikon *Tauriani*. Plin. a. O. überliefert *Tauroentum oppidum*, dessen griech. Form ἡ Ταυροέντων πόλις auf einen ital. Volksstamm weist, der dem bei Cato angeführten Ethnikon entspricht. Die sagenhafte Angabe Catos *(id oppidum Aurunci primo possiderunt, inde Achaei Troia domum redeuntes)* deutet auf frühe einheimische Besiedlung vor der Inbesitznahme durch Griechen. Ob der Strab. 6, 256 genannte Μέταυρος ἕτερος auf T. deutet, ist nicht zu entscheiden. Die Lage könnte zutreffen. K. D. F.

Nissen It. Ldk. 2,960 f. *Oldfather*, RE IV A 2450 ff.

Taurii ludi (Fast. Ost.: CIL XIV 4541. Serv. auct. Aen. 2,140 *Taurei*), sabin. Urspr. (Serv.) oder von → Tarquinius (7) Superbus *ex libris fatalibus* den *di inferi* eingerichtet (Serv. Fest. 478,22 ff. Paul. Fest. 479,8 ff. L.), um epidem. Fehlgeburten (Varro rust. 2,5,6. Serv. *taura* bzw. *taurea* = *sterilis*) abzuwenden (Fest.: *ex carne taurorum immolatorum*); zweitägig mit Pferderennen (Preis [?] *Taurium aes:* Fest. 494,1 L.) im *Circus Flaminius* (Varro l. l. 5,154. Liv. 39,22,1: i. J. 186. Fast. Ost.: 25.–26. Juni); unklar Varro frg. 410 Fun. G. R.

Prell.-Jord. 2,92. *Wissowa* Rel. ^{2}456,3. 542. *Latte* RRel 157. *Radke* Die Götter Altitaliens 44 f. *G. Piccaluga* Elementi spettacolari nei rituali romani, 1965, 29. 54.

Taurini (Liv. 5,34,8. 21,38,5. Plin. nat. 3,123. Pol. 3,60,8. 34,10,8. → *Taurisci* Cato b. Plin. nat. 3,133. 134. Pol. 2,15,8. 28,4. 30,6. Steph. Byz. s. *T. Taurinates* Paneg. 9,6,7). Volk am Fuß der cottischen Alpen (etwa h. Piemont). In jüngerer Z. unterschieden von dem in die Ostalpen (Noricum, Pannonia) abgedrängten Volksteil, auf den der ältere Name → Taurisci (Pol. 34,10,10) nachträglich eingeengt wurde. Nach Plin. nat. 3, 123. Strab. 4,204 Ligurer, doch weisen Orts- und Personennamen ihres Gebiets auf kelt. Herkunft (vgl. Pol. 3,60). Herren der *Taurini saltus* (Liv. 5, 34,8); 225 Teilnahme am Keltenzug gegen Rom (Pol. 2,28,4. 30,6); 218 treu zu Rom gegen Hannibal, der ihre Hauptstadt Augusta Taurinorum (→ Taurasia 2), h. Torino, eroberte (Liv. 21,38. 39. Strab. 4,209). K. D. F.

Nissen It. Ldk. 1,138. 2,163. *Forbiger* HB. d. alt. Geogr. 3, 393. 399. *Philipp*, RE IV A 2544 f. *Fluss*, RE V A 1 ff.

Taurion, Makedone, Statthalter des → Antigonos (3) in der Peloponnes, Vormund für → Philipp V., wiederholt Feldherr im Bundesgenossenkrieg 220–217, finanzierte den Transport der Lemben des Demetrios von Pharos über den Isthmos, verhandelte 217 in Naupaktos für Philipp mit den Aitolern, war an der Vergiftung des → Aratos (2) beteiligt. Pol. 4,6,4. 10,2. 19,7 f. 80,3. 87. 5,27,4. 92,7 ff. Plut. Arat. 52. H. V.

Tauris. Insel in der Adria zwischen → Pharos (2) und → Corcyra nigra, h. Šćedro (laut einigen Forschern, z. B. N. Štuk, J. J. Wilkes: Šipan), *T.* (Bell. Alex. 45,1,2) oder *Tavris* (Tab. Peut. 6,4) genannt. 14 *tumuli* deuten auf die frühe Siedlungsperiode hin. Die späteren Einwohner trieben Handel mit den griech. Kolonien → Issa und Pharos. Im J. 47 besiegte P. → Vatinius (I 2) die Pompeianer mit der für Caesar kämpfenden Flotte. Die spätant. Funde stammen aus der Z. des → Gratianus und → Valentinianus II. J. F.

Taurisci. In mehrere Zweige geteiltes kelt. Volk. Ein Teil lebte im Gebiet des W.-Alpen (Pol. 2,15,8; 28,4. → Taurini), andere zogen sich nach der Schlacht bei → Telamon (2; im J. 225) auf das Gebiet der O.-Alpen, in das spätere W.-Pannonien, zurück (Pol. 34,10,10), während der 3. Teil den n. w. Teil → Daciens besetzte *(Teurisci)*. Die Vermutung, wonach ein Bruchteil in der Gegend von → Sirmium, n. der Fruska Gora, gelebt haben soll, läßt sich nicht bestätigen. Bis in die jüngste Z. werden die T. der O.-Alpen von der Wissenschaft sehr unterschiedlich gedeutet. Neben der Ansicht, die T. seien mit den Norici ident. (G. Zippel, A. Holder, R. Egger, H. Müller-Karpe), wird die Meinung vertreten, die Norici seien Illyrer, die T. hingegen kelt. Okkupanten gewesen (W. Schmid, M. Fluss, R. Pittioni, E. Swoboda). Andere sehen in ihnen 2 Nachbarvölker (E. Polaschek, F. Miltner, A. Schober, H. Vetters, P. Petru) oder halten, wie R. Heuberger, T. für einen Sammelnamen für mehrere Völker des s. → Noricum oder, wie G. Alföldy, für sämtliche Völker Noricums und S.-Pannoniens. Der ältesten Quelle zufolge wurde auf ihrem Gebiet, in der Gegend von → Aquileia (→ Nauportus [1]), Gold gefunden (Pol. 34,10,10. Strab. 4,6,12). Dort werden sie auch durch die Strafaktion des Konsuls C. → Sempronius (I 18) Tuditanus lokalisiert, die dieser im J. 129 gegen → Carni, → Liburni und T. vornahm, sowie durch die des M. → Aemilius (I 28) Scaurus im J. 115 gegen Carni und T. Keine der angeführten Quellen deutet daraufhin, daß sich die Siedlungen der T. auf das Gebiet Noricums erstreckt hätten. Da sie Nauportus besaßen, ist es wahrscheinlich, daß sie das ganze Ljubljana-Becken mit den anschließenden Gebieten (Gorenjsko – Oberkrain, Dolenjsko – Unterkrain) vermutlich bis zu den Alpes Iuliae und der Ocra-Hochebene (Postojnska vrata) besetzt hielten. Nach Strab. 7,2,2 wurde das spätere → Pannonien damals von 3 Völkern, den → Boii, → Scordisci und T., beherrscht. Letztere haben zu jener Z. ihre Macht über ihr Stammesgebiet hinaus auf ganz SW.-Pannonien ausgedehnt. Von den Scordisci waren sie durch den Mons Claudius getrennt (Plin. nat. 3,148); ihr n. Nachbar war das Königreich Noricum, während sich im W. die Carni, im S. die → Iapodes anschlossen. Diese Bestimmung ihres Gebietes widerlegt 2 frühere Theorien: Wir können weder von bes. pannon. T. sprechen, die zu unbestimmter Z. aus Noricum in die Gegend von Nauportus eingewandert wären, noch sind sie mit den Kelten Noricums gleichzusetzen. Die den Quellen zufolge anscheinend vorhandenen Übereinstimmungen sind nicht ethn. Art, sondern machtbedingt. Nach der von Boirebistas erlittenen Niederlage büßten die T. ihre frühere Machtstellung ein, die von ihnen unterjochten kleineren Völker gelangten danach unter die Herrschaft ihrer Nachbarn (Plin. nat. 3,133). Auch die T. wurden gewissermaßen vom Königreich Noricum abhängig. Der Hinweis Strab. 4,6,9: *τῶν δὲ Νωρικῶν εἰσι καὶ οἱ Ταυρίσκοι* wird durch die Angaben bestätigt, wonach Nauportus Mitte des 1. Jh.s von den Römern – den Verbündeten der Norici – in Besitz genommen wurde. Die Abhängigkeit der T. von Noricum kann weder eng noch dauerhaft gewesen sein: Der Feldzug, den Octavian gegen sie führte, war nicht gleichzeitig auch gegen Noricum gerichtet. Bei dieser Gelegenheit wurden sie von Rom endgültig unterworfen und tributpflichtig gemacht (App. civ. 3,16. Cass. Dio 49,34,2). Als die O.-Alpen unter röm. Herrschaft gelangten, wurde das Gebiet der T. nicht Noricum, sondern Illyricum angegliedert und in mehrere *civitates* aufgeteilt. Ihr Name blieb in keiner derselben erhalten. J. F.

Tauriskos (*Ταυρίσκος*). **1.** Schüler des → Krates (4) von Mallos, Grammatiker des 2. Jh.s v. Chr. S. Emp. (math. 1,248 ff. = Frg. 18 METTE) überliefert seine wohl im Anschluß an seinen Lehrer entwickelte Definition philol. Methode als Beschäftigung mit 1. der Grammatik (*λογικόν*), 2. dem Stil (*τριβικόν*) und 3. dem Stoff (*ἱστορικόν*). T. scheint als erster die Begriffe *τρόπος* und *πλάσμα* als t. t. verwendet zu haben. H. Gä.

H. J. Mette Parateresis, Halle 1952, 56 ff.

2. Von Tralleis, Sohn des Artemidoros, adoptiert von Menekrates, Bildhauer. T. arbeitete zusammen mit seinem Bruder → Apollonios (9), Plin. nat. 36,34. Von T. allein nennt Plin. nat. 36, 33 *hermerotes*, von deren Aussehen wir nichts wissen. Wohl 1. Jh. v. Chr. **3.** Toreut, durch Plin. nat. 36,33 von Nr. 2 unterschieden. Plin. nat. 33,156. Werke nicht bekannt, Z. wohl hellenistisch. **4.** Maler. Plin. nat. 35,144 nennt als Bilder seiner Hand einen Diskobolen, Klytaimestra, einen Panisken, Polyneikes *regnum repetentem* und Kapaneus. Stil und Z. sind unbekannt. W. H. G.

Taurobolium. Stieropferritual im Kult der → Kybele, von griech. *ταυροβόλιον* (aus *ταῦρος* + *βάλλειν*), was im 1. Jh. v. Chr. in Inschr. von Ilion und → Pinara noch Stierhetze und -spiel bedeutet (ROBERT Les gladiateurs dans l'Orient grec, 1940, 315 f.), dann, belegbar erstmals in Inschr. von → Pergamon 105 n. Chr. (Inschr. von P. 2,554. MDAI[A] 29, 1904, 162 f.) und → Puteoli 134 n. Chr. (CIL X 1596), t. t. ritueller »Stiertötung« ist. Nach der verbalen Terminologie der lat. T.-Inschr. unterscheidet die jüngste T.-Forschung jetzt drei T.-Phasen ([1]): 1. T. als Stieropfer für Kybele, bei dem die Dedikation der Stiergenitalien (*vires tauri* CIL XIII 522) eine bes. Rolle spielte, 2. T. der Übergangsphase, bei dem das Blut des getöteten Stieres vermutl. in einem *cernus* (Opferschale) aufgefangen und dem Dedikanten übergeben wurde, 3. T. als kathart. »Bluttaufe«, worüber ausführl. Prud. Peristeph. hymn. 10,1006–1050 referiert: Der *tauroboliatus* stieg in eine Grube (arch. *fossa sanguinis*-Funde: PETRIKOVITS Das röm. Rheinland, 1960, 129–131 m. T. 12. NAUMANN, MDAI[Ist.] 17, 1967, 239 f. m. Abb. 12 f. RICHARD, Latomus 28, 1969, 661 ff.), über der auf einer durchlöcherten Bohlendecke ein Stier geschächtet wurde, von dessen Blut dann der Myste in Gesicht und Kleidung benetzt wurde. Üblich war nach dem T. die Weihung von T.-Altären (RICHARD, REA 69, 1967, 255 ff. HERMANN Röm. Götteraltäre, 1961, 148 ff.). Umstritten ist neuerdings, ob dem T., das wie der → Mithras-Kult zu den orient. Kulten der röm. Kaiserz. gehörte ([2]), der Glaube an die rel. »Wiedergeburt« zugrunde lag (CIL VI 510 *taurobolio in aeternum renatus*) oder nur der an eine »spiritual purification« ([1], 110). D. Wa.

1. *Duthoy* The T., 1969, 92–111. 2. *Nock*, Essays on Religion and the Ancient World 1, 1972, 36 ff. *Cumont*[2] 61 ff. *Latte* RRel 353 ff. *Nilsson* GgrR 2,624 ff.

Tauroi (*Ταῦροι*), später auch *Tauroscythae*. Die T. bildeten, wie es scheint, die älteste Bevölkerung der Taur. Chersones; sie werden gewöhnlich als die Überreste der von den Skythen verdrängten Kimmerier betrachtet. Die T. lebten von Raub und Krieg und waren durch ihre Überfälle als Seeräuber bes. verrufen.

Einige moderne Forscher nehmen an, daß der Symbolon Limen (»Hafen der Wahrzeichen« – h. die Balaklawabucht), von dem aus die T. ihre Raubzüge unternahmen, an die Beschreibung der Örtlichkeit bei Hom. Od. 10,81 erinnere, von wo die → Laistrygonen ähnliche Unternehmungen durchführten. Bes. auffallend sind die Bestattungsriten, die z. T. an die der Thraker erinnern (schichtenweise Massenbestattungen!). Die Opferstätte, die die höchste Verehrung genoß, befand sich w. auf dem Parthenionvorgebirge und war einer jungfräulichen Göttin geweiht, die die Griechen ihrer Artemis gleichsetzten, der sie das Epitheton Tauropolos gaben. Ihre Bezeichnung als Tauroskythai weist auf die spätere Verschmelzung der T. mit den Skythen hin.

Hdt. 4,99 ff. Skyl. 68. Skymn. 831 u. s. Ov. Pont. 3,2,45 ff.; trist. 4,4,63. Strab. 7,308 f. 311. Amm. 22,8,34. Chr. D.

Herrmann, RE V A 22 ff. und bes. *Danoff*, RE Suppl. IX 1025; grundlegend *P. N. Šulz* Über einige Fragen aus der Gesch. der T., in: »Geschichtsprobleme der n. Schwarzmeerküste in d. Ant.« (russ.), Moskau 1959, 235 ff.

Taurokathapsia (*ταυροκαθάψια*). Das Einfangen und Bändigen von Stieren (zu unterscheiden von den kret. Stierspielen) als Sport verbreitete sich von Thessalien (Plin. nat. 8,182. Suet. Claud. 21,3. Artemid. on. 1,8) über die griech. und bes. röm. Welt. Urspr. sakralen Charakters werden die T. spätestens in röm. Z. zum Sport, bei dem Berittene den Stier hetzten, um sich a. E. vom Pferd auf den ermatteten Stier zu schwingen und ihn zu Boden zu zwingen. Vgl. die ausführl. Schilderung Heliod. Aith. 10,30 und das Relief (5 Phasen der T.) JDAI 7, 1892, 73. Ob und welche anderen Stierspiele mit den T. gleichzusetzen sind, bleibt umstritten, vgl. ZIEHEN, RE V A 24 ff. W. H. G.

Tauromenion (*Ταυρομένιον*, Ethn. *Ταυρομενίτης*). Stadt an der O.-Küste Siziliens oberhalb von → Naxos (4), h. Taormina.

Der alte Sikelerplatz (Diod. 14,88,1) wurde 396 v. Chr. zur städt. Siedlung, als der Karthager → Himilkon (1) nach der Einnahme von → Messana die 403 von Dionysios im Gebiet des zerstörten Naxos angesiedelten (Diod. 14,15,2–3), dann von ihm abgefallenen Sikeler veranlaßte, auf dem Berge Tauros das feste T. zu gründen (Diod. 14,59,1–2). Im Winter 394/93 vergeblich von Dionysios belagert (Diod. 14,87,4–88,4), fiel T. diesem 392 im Friedensvertrag mit den Karthagern zu (Diod. 14,96,4). Dionysios vertrieb die meisten Sikeler und siedelte dafür eigene Söldner an (Diod. 14,96,4). 358 sammelte Andromachos die Überlebenden von Naxos und gab ihnen in T. eine neue Heimat (Diod. 16,7,1). Unter ihm gelangte T. zu Macht und Reichtum (Plut. Tim. 10,7). 345 nahm er → Timoleon auf und unterstützte ihn (Diod. 16,68,4. Plut. Tim. 10, 6–8), weshalb er später als einziger Alleinherrscher Siziliens seine Stellung behalten durfte (Markell. v. Thuc. 27). Um 316 fiel T. in die Hände des → Agathokles (2; Diod. 19,102,6) und wechselte nach dessen Niederlage am Eknomos 311 zu den Karthagern über (Diod. 19,110,3). Seit ca. 285 wurde T. von dem Tyrannen → Tyndarion beherrscht (Diod. 22,2,1), der 278 → Pyrrhos (1) landen ließ (Diod. 22,7,4. 8,3). Später kam es in den Besitz → Hierons II. (Diod. 22,13,2), der es im Frieden mit den Römern 263 ausdrücklich zugebilligt erhielt (Diod. 23,4). Nach seinem Tod trat T. rechtzeitig zu Marcellus über (App. Sic. 5) und rückte deshalb in die Reihe der bevorzugten *civitates foederatae* (Cic. Verr. 3,13). Im ersten siz. Sklavenkrieg war es eine der Hauptfesten der Sklaven, die der Konsul → Rupilius (3) 132 nach schwerer Belagerung eroberte (Diod. 24,2. 20f.). In den Kämpfen mit Sex. → Pompeius (A I 3) wurde T. Schauplatz einer schweren Niederlage Octavians (→ Augustus; App. civ. 5,427. 434. 449ff. Vell. 2,79,4. Cass. Dio 49,5,1). 21 v. Chr. (?) wurde T. röm. Kolonie (Diod. 16,7,1. Plin. nat. 3,88). Die Bedeutung von T. in der hellenist. und der röm. Kaiserz. bezeugen die Bauten, bes. das im 3. Jh. v. Chr. errichtete, in der Kaiserz. umgebaute Theater, ferner die sog. Naumachia, das Odeion, das Gymnasium und die Thermen (alle röm. Kaiserz.). – Der nur von Vib. Sequ. erwähnte Fluß *Tauromenius* heißt h. torrente Selina. Kl. M.

Inschr.: IG XIV 421–47 und CIL X 2,6989–98.

Mz.: *Holm* Gesch. Sic. 3, Nr. 507–24. *G.E. Rizzo* Monete greche della Sicilia, Rom 1946.

Lit.: *K. Ziegler*, RE V A 27ff. *M. Santangelo* Taormina e dintorni, Rom 1950 (auch in dt. Übers.). *G. Manganaro*, Sic. Gymn. 16, 1963, 51ff. *Ders.*, Arch. Class. 1963, 13ff. *G. V. Gentili*, Enc. arte ant. 7, 1966, 598f. (Lit.).

Taurophoren, das Bild eines Stiers tragende Münzen, werden nur in den del. Schatzlisten erwähnt. In den *τέτραχμα καινὰ ταυροφόρα* sieht Robert das Großsilber Eretrias nach 196 v. Chr. mit Rs. Rind in Lorbeerkranz, der Ausdruck [*νόμισμα*] *τ.* schließe vielleicht die Oktobolen und Tetrobolen derselben Serie ein. H. Ch.

L. Robert Ét. de numism. grecque, Paris 1951, 156ff.

Tauropolos s. Artemis

Tauros. 1. (*ὁ Ταῦρος*: Strab. 11,521ff.), südanatolisches Randgebirgssystem (türk. Toros), das sich von Karien und Lykien im W. (Westt. mit dem Bey Dağlari – 3086 m) über Kilikien (Mittlerer T. mit dem Kaldi Dağ – 3734 m) hinzieht, von wo er das → Amanos-Geb. nach SO. und den Antit. nach N. entläßt, mit seinem Stammgebirge aber n.ö. bis hin zum Ararat-Hochland (Innerer und Zentraler Ostt. mit dem Ararat – 5165 m) erstreckt, nachdem ein anderer Antit. (Äußerer Ostt. mit dem Çilo Dağ – 4170 m) sich in der → Sophene nach SO. abgespalten hat.

W. Ruge, RE V A 39–50.

2. Von dem gleichnamigen großen südanatol. Randgebirgssystem zu unterscheiden ist das Gebirge, das sich als ein Teil des → Amanos von den *Πύλαι Σύριαι* (h. Belen-Paß) n. wärts erstreckt (h. Alma Dağ). E. O.

E. Honigmann, RE V A 50f.

3. s. Sternbilder

4. (*ταῦρος*; etym. wegen ursemit. * *tauru*, phoin. *θῶρ*, arab. *taur* usw. kaum idg., sondern »un mot asiatique et méditerranéen«: Deroy, Par. Pass. 17, 1962, 427), der Stier, überall in den Rel. früher agrar. Kulturen archetyp. Symbol der Fertilität, Virilität, des Wetters und Wassers und mit z. T. deutlichen Hierophanie-Merkmalen, solar-lunarmyth. Aspekten und oft in Verbindung mit der großen Muttergottheit, hat im voridg. mediterr. Kulturkreis die »rel. bedeutsamste Rolle« unter allen Tieren gespielt (Schachermeyr Die ält. Kulturen Griechenlands 234). 1. Nach T.-Symbolik schon in paläolith. Felsmalereien ab Inter-Gravetto-Solutréen ca. 25000 bis 18000 v. Chr. (Leroi-Gourhan Prähist. Kunst, 1971, 163) ist im Zusammenhang mit der neolith. Rinddomestikation eine allg. afro-eurasiat. T.-Kultausbreitung mit Ausstrahlungszentrum im s. w. Asien erkennbar, belegbar zuerst im neolith. T.-Kult von Çatal Hüyük in Südanatolien 6500–5700 v. Chr. (Mellaart Çatal Hüyük, 1967, 77ff.). Während im kleinasiat.-vorderorient. Raum der T. als Wettergott dominierte (Helck Betracht. z. großen Göttin u. d. ihr verb. Gottheiten, 1971, 91ff.), so schon in Çatal Hüyük (Helck a. O. 91), dann z. B. ablesbar in der T.-Symbolik der hatt. T.-Standarten von Alaça Hüyük 2300 v. Chr. (Akurgal Die Kunst d. Hethiter 15. T. 3–6), bei den sum.-akk. Wettergöttern Iškur und Adad, beim phoin.-syr. Wettergott Baal Hadad und beim hurr.-hethit. Wettergott (Haussig, WB. d. Myth. 1,135ff. 195. 209ff. 255), für die seit dem 3. Jt. der Bildtypus des Stehens auf dem T. charakteristisch ist (Brentjes, Klio 54, 1972, 23ff. Demircioglu Der Gott auf d. Stier, 1939), ein ikonograph. Motiv, das seine Entsprechung im göttl. T.-Reiter hat (Mellaart a. O. T. 88ff. Brentjes a. O. 17ff. Technau, JDAI 52, 1937, 76ff.), ist 2. für die bedeutsamen T.-Kulte auf

Zypern ab E. 3. Jt. der T. als Fruchtbarkeitsgott kennzeichnend, wobei gerade dort der Übergang vom zoomorphen zum anthropomorphisierten T.-Gott mit T.-Symbolik bes. deutlich ist (KARAGEORGHIS, Archéologia 43, 1971, 58ff. DIKAIOS Enkomi 2, 1971, 527ff. 899f.). 3. Klass. Land der T.-Kulte war seit der 1. Dyn. Äg. mit den berühmten T.-Kulten des → Apis, → Mnevis und Buchis (RÄRG) 751ff.), doch begegnet kein äg. T.-Gott »als ganz selbständiger Gott« (OTTO Beitr. z. Gesch. d. Stierkulte i. Äg., 1938, 58). Auch gingen nach Ausweis nordafrik. Felsgraffiti ab 4000 v. Chr. neolith. T.-Kulte mit Solar-Symbolik voraus (RESCH Das Rind i. d. Felsbilddarstellungen N.-Afrikas, 1967, 51. 54. 66ff. T. 4. 7c. 10–12). 4. Für Kreta haben jüngste Unt. die NILSSON-These (GgrR 1^3,297) verifiziert, daß seit FM II der T. zwar im Toten- und Opferkult von eminenter Bedeutung war, es aber keinen kret. T.-Gott gab (SAKELLARAKIS, Praehist. Ztschr. 45, 1970, 157ff.). 5. Während in der myk. Rel. der T., abgesehen vom Toten- und Poseidon-Kult, »keine bes. Stellung einnahm« (SAKELLARAKIS a. O. 197f.), weist 6. die spätere griech. Rel. eine Reihe von T.-Theriomorphismen auf, wobei überall ägäischer T.-Einfluß nachwirkt. So waren tauromorph die → Flußgötter mit Acheloos an der Spitze, dessen Bildtypus des T.-Körpers mit menschl. Kopf vom orient. »Stiermenschen« übernommen wurde (ISLER Acheloos, 1970, 92ff.), dann → Poseidon, der als *ταύρειος* (Ps.-Hes. scut. 104. Hesych. s. *T.*) und T.-Reiter (HEIMBERG Das Bild des P. i. d. griech. Vasenmalerei, Diss. Freiburg 1968, 28) vormyk.-ägäisch ist (SIMON Die Götter d. Griechen, 1969, 71), → Dionysos, der vorgriech. Vegetationsgott, als *βουγενής* (FGrH 310 F 2), *ἄξιος ταῦρος* (PMG 871 Page). D. Wa.

Wachsmuth, RE Suppl. XV s. T. *Simoons* A Ceremonial Ox of India, 1968, 244ff. *A. de Miranda* Ritos y juegos del toro, 1962. *Malten*, JDAI 43, 1928, 90ff.

5. L. Kalbenos T. aus Berytos, Platoniker des 2. Jh.s n. Chr., nach Hier. chron. *ἀκμή* i. J. 145. T. war Leiter der Akademie; A. → Gellius (II), der zu seinen Schülern gehörte, berichtet mehrfach, z. T. Anekdotisches, vom damaligen Lehrbetrieb. Er gibt das Gentile des T. mit *Calvisius* an: das war wohl die Namensform, die T. Römern gegenüber führte. Sylloge^3 868 Abs. A gibt die griech. Form *Λ. Καλβηνος Ταυρος*. Die Suda s. *T.* weiß von sehr vielen Schriften des T., nennt aber nur 2 Titel: Über den Unterschied der Lehr-Entscheidungen Platons und des Aristoteles und Über die unkörperlichen Wesenheiten. Von beiden ist nichts erhalten. Dagegen hat → Iohannes (14) Philoponos in »De aeternitate mundi« 3 Unt. des T. zum Timaios erhalten: a) 6,8, p. 145,13ff. RABE (nachmals teilw. wiederholt); b) 6,20, p. 186,23ff. R.; c) 13,15, p. 520,8 R. Das sind – im eigentl. Sinne des Wortes *ὑπομνήματα* – Einzel-Unt. zu den Stellen, die besondere Schwierigkeiten boten. Hier erweist sich T. als orthodoxer Platoniker, der den Timaios in dem Sinne auslegt, daß die Welt der Zeit nach nicht geworden ist. Dank den recht zahlreichen Notizen im Werk des Gellius, den T. zur Beschäftigung mit der eigentl. Philos. gar nicht zuließ, wird ein recht differenziertes Bild von seiner Persönlichkeit möglich. Wie Plutarch und andere Platoniker wurde T. durch die Ehrenbürgerschaft von Delphi ausgezeichnet. H. D.

Lit.: *K. Praechter*, H 57, 1922, 481ff. *H. Dörrie*, Kairos N.F. 15, 1973, 24ff.

Taurosthenes (*Ταυροσθένης*), aus Chalkis (Euboia), Sohn des Mnesarchos, Aischin. 3,85 mit Sch., Bruder des → Kallias (7), beteiligt an der vom Vater begründeten Herrschaft seines Bruders (40er J. 4. Jh.). Nach Kursschwenkung auf Athens Seite 341 (BENGTSON Staatsvertr. 339), einem Höhepunkt der Bestrebungen des Demosth., mit dem athen. Bürgerrecht ausgezeichnet, lebte T. seit dem Sieg Philippos' in Athen (Aischin. 3,85. 87. Deinarch. 1,44. Hyp. 5 col. 20. Sch. Aischin. 3,85. Vgl. Philoch. FGrH 328 F 159 [mit Komm.]). K. K.

Berve Tyrannis 302.

Taurus. 1. Röm. Cognomen, wie *Aper*, *Aquila*, *Capreolus*, *Leo*, *Ursus* u. a. als Metapher für Kraft, vgl. I. KAJANTO The Latin Cognomina, Helsinki 1965, 86. 329 (Inschr.). In den Fasten der republ. Zeit bei den → Statilii (I 3ff.; vgl. Varro rust. 2,1, 10. MÜNZER, RE V A 70,28ff.), in denen der Kaiserzeit außerdem bei den Flavii, Petronii, Rutilii. Vgl. DEGRASSI FCap. 149; FImp. 270. H. G. G.

2. Fl. Palladius Rutilius T. Aemilianus (AE 1934, 159), um 345 *comes* (Athanas. hist. Arian. 22), 354 *quaestor sacri pal.*, 355/61 *praefectus praet. Italiae et Africae* (Cod. Theod. 7,4,2f. 8,5,8f. 12,1,49), *cos.* 361. T., Arianer, leitete 359 im Auftrag von Constantius II. das Konzil von Ariminum und erzwang eine gemeinsame Glaubensformel der Bischöfe des W. (Sulp. Sev. Chron. 2,41. 43f.). 360/61 floh er vor Iulianus, der ihn dann verbannen ließ (Amm. 21,9. 22,3. Zos. 3,10). Söhne: → Aurelianus (3), → Caesarius (3), Harmonius. **3.** Enkel von 2, *patricius comes rerum priv.* 416, *praefectus praet. Orientis* 433/34 (Cod. Theod. 6,30,21. 11,28,16. MANSI 5,904) und 445 (Cod. Iust. 1,2,11); † 449 (Marc. Comes). A. L.

Tautalos. Lusitaner, 139 v. Chr. Nachfolger des ermordeten → Viriatus, kapitulierte nach erfolglosem Vorstoß gegen Carthago Nova im Raum w. des Baetis vor Q. → Servilius (I 13) Caepio. App. Ib. 320 (Diod. 33,1,4 hat *Tautamos*). Vgl. H. SIMON Roms Kriege in Spanien, 1962, 138. H. G. GUNDEL, Caesaraugusta 31/32, 1968, 192. H. G. G.

Taxatio bedeutet Abschätzung und speziell für den röm. Zivilprozeß zweierlei: **1.** Dem *iudex* konnte nach Gai. 4,51 in der *condemnatio incerta* einiger Klagformeln ein Höchstbetrag vorgeschrieben werden, den er bei der Geldverurteilung nicht überschreiten durfte. **2.** Der *iudex* konnte seinerseits dem Kläger, der zur eidlichen Bestimmung der Urteilssumme *(iusiurandum in litem)* zugelassen wurde, hierfür durch t. einen Höchstbetrag vorschreiben. D. M.

Taxiarchos (*ταξίαρχος*) ist in Athen der Führer einer → Taxis (Thuk. 8,92,4), im makedon. Heer der Kommandant einer Abteilung der → Pezetairoi. T. gab es auch in den Söldnerheeren (Xen. an. 4,23,22). Im röm. Heer entsprach der T. dem → *centurio*, im byz. dem → *tribunus*. A. N.

Fr.Lammert, RE V A 75.

Taxila (*τὰ Τάξιλα* Arr. an. 5, 3,6; 8,2. 7, 2,2, *Taxilla* Plin. nat. 6,62), berühmte Stadt (skt. *Takṣaśilā*, Pāli *Takkasilā*, chin. *Chu-ch'a-shi-lo* [8], 136ff.) n.w. des h. Rawalpindi, am Schnitt der alten Handelsstraße, die Indien mit Vorder- und Innerasien verband. Wenn auch nicht direkt in → Gandhāra gelegen ([10], 118), beherrschte T. doch durch Jh.e dieses Gebiet. Seit dem Alexanderzug war T. als große (Arr. an. 5. 3,6), hervorragend verwaltete (Strab. 15,698) und prächtige Stadt (Philostr. v. Ap. 2,20. 23) dem W. bekannt. In Indien wurde sie als Sitz der Wissenschaften ([7], 478f. 489f.) und als buddhist. Zentrum ([9], 143ff.) gefeiert. Ausgrabungen haben drei nacheinander erbaute Städte (Bhir mound, Sirkap, Sirsukh) erwiesen, deren Funde für die Geschichte der Stadt bis über die Kūšān hinaus ([5], 4ff.) und die Bestimmung der Gandhārakunst ([6], 29ff. 79ff. 146ff.) von größter Bedeutung sind. F. F. S.

1. *Herrmann*, RE V A 75ff. 2. *J. Marshall*, T., 1951. 3. *M. Taddei*, Enc. arte ant. 7, 1966, 630ff. 4. *B.N.Puri* Cities of Anc. India, Meerut 1966, 113ff. 5. *F. R. Allchin* in: *A.L.Basham* (ed.) Papers on the Date of Kaniska, 1968. 6. *M.Hallade* Gandhāra, 1968. 7. *R.K.Mookerji* Anc. Indian Education[4], Delhi 1969. 8. *S.Beal* Si-yu-ki. Buddhist Records of the Western World, Delhi 1969. 9. *B.N.Chandhury* Buddhist Centres in Anc. India, Calcutta 1969. 10. *P.H.L.Eggermont*, Orient. Lovan. Period. 1, 1970, 111ff.

Taxiles (*Ταξίλης* Arr. an. 5, 3,6; 8,2. Strab. 15,698), König von → Taxila und dem umliegenden, riesigen (Strab. a. O. Plut. Alex. 51. [6], 161f.), fruchtbaren Land zwischen → Indos und → Hydaspes. Sein Personenname lautete *Μῶφις* (Diod. 17,86,4) oder *Omphis* (Curt. 8,12,5), was man mit ai. *Āmbhi* zusammenbringen wollte ([1], 78f. [3], 152,165.[4], 91,310). Es dürfte sich dabei aber um die verkürzte und verderbte Wiedergabe des ai. Stadtnamens *Udābhaṇḍa* (h. Und nahe Attock), also um eine Toponymie, handeln ([7], 104). Omphis erhielt nämlich erst später seinen offiziellen Herrschernamen T. (Diod. 17,86,7. Curt. 8, 12,14). Kurz nach Regierungsantritt (um 329) – verfeindet mit → Poros (1) und dessen Bundesgenossen → Abisares (Arr. an. 5, 18,7. 20,5. 22,2 Curt. 9, 1,7. 3,22) – nahm er mit dem in die → Sogdiana eingedrungenen Alexander Verbindung auf (Diod. 17,86,4. Curt. 8, 12,5). 327 kamen T. und sein Gefolge zu Alexander und versprachen ihm Unterstützung (Arr. an. 4,22,7). Nach der Eroberung von Orobatis (ai. *Varṣapura*, h. Shāhbāzgaṛhī, [7], 73f.) bot T. Alexander Taxila an (Arr. an. 5, 3,5f. Curt. 8, 12,8f.) und empfing ihn freundlich (Strab. a. O. Diod. 17,86,4). T. nahm auch an der Schlacht am Hydaspes (326) teil, nach der er als Alexanders Unterhändler mit Poros zusammenstieß (Arr. an. 5, 18,6f.). Später wurden die beiden durch den Makedonen versöhnt (Arr. an. 5, 20,4. Curt. 9, 3, 22). Im Sommer 326 dürfte T. in sein Reich zurückgekehrt sein. Nach dem Tode des Satrapen → Philippos (19) wurde T. zusammen mit → Eudamos (1) die Statthalterschaft über das Indos-Hydaspes-Gebiet übertragen (Arr. an. 6, 27,2). F. F. S.

1. *O. Stein*, RE V A 78ff. 2. *Berve* Alex. 2,739. 3. *B. Prakash* Polit. and Soc. Movements in Anc. Panjab, Delhi 1964. 4. *W.W. Tarn* Alex. d. Gr., 1968. 5. *J.W. McCrindle* The Invasion of Anc. India by Alex. the Great[2], New York 1969. 6. *J. R. Hamilton* Plutarch, Alexander, 1969. 7. *P.H. L. Eggermont*, Orient. Lovan. Period. 1, 1970, 68ff.

Taxis (*τάξις*) hieß mil. die Ordnung schlechthin, bes. aber die Ordnung beim Marsch und in der Schlacht. Ferner wurde darunter die Stellung, die Linie und die Reihe und das Glied verstanden, oder der Platz des einzelnen Mannes in einer Aufstellung und schließlich die Truppenabteilung und das Lager. A. N.

Fr.Lammert, RE V A 85ff.

Taxus (*ἡ [σ]μῖλος, ἡ σμῖλαξ, τὸ θύμαλλον*; *taxus* fem.), die Eibe, der immergrüne, der Weißtanne ähnelnde Waldbaum, der jetzt im Aussterben begriffen ist, im Alt. aber ziemlich verbreitet war. Hom. kennt T. noch nicht, aber Theophr. beschreibt ihn genau (h. plant. 1,9,3. 3,4,2. 10,2. 4,1,3. 5,7,6. Vgl. Plin. nat. 16,50f. 212. Verg. georg. 2,113. 257). Von seiner Giftigkeit sprechen viele ant. Zeugnisse; für Blätter und Samen trifft es zu. Der Eburonenhäuptling → Catuvolcus tötete sich nach Caes. Gall. 6,31,5 *taxo, cuius magna in Gallia Germaniaque copia est*. Das Holz wurde wegen seiner Härte geschätzt und für Fabrikate, die Zähigkeit und Dauer haben sollten, verwendet (zum Schnitzen von Götterbildern Paus. 8,17,2, für Bogen Verg. georg. 2,448).

Als spezif. Unterweltsbaum schildern T. (wegen seiner düsteren Erscheinung) erst kaiserzeitl. Dichter (Ov. Sen. Lucan. Sil. Claud.) K. Z.

Steier, RE V A 87ff. *Hehn-Schrader* Kulturpflanzen[8] 531f.

Taygete s. Pleiaden

Taygetos (*Ταΰγετον, Τηΰγετον*, seltener *Ταΰγετος, Τηΰγετος*), vielleicht »das große Gebirge«, die imposante Gebirgsmauer, die in einer Länge von 115 km in n.n.w.-s.s.ö. Richtung Lakonien und Messenien trennt, mit 2407 m höchster Erhebung im Prof. Elias zugleich das höchste Gebirge der Peloponnes, in der Neuzeit Pentedaktylon. Das Gebirge besteht hauptsächlich aus Schieferformationen mit aufliegenden Ketten aus

Kalk und Marmor, der im Alt. mehrfach ausgebeutet wurde. Der etwa 18 km lange Hauptkamm mit ca. 2100 m Höhe gerade w. von Sparta fällt gegen Lakonien äußerst steil fast ohne Vorberge ab und ist den größten Teil des Jahres schneebedeckt. Die ant. Beiwörter betonen bes. die Höhe und Steilheit des Gebirges, Hom. Od. 6,103 (*περιμήκετον*). Aristoph. Lys. 117f. Stat. Ach. 2,427. Strab. a. O., und die Lage Spartas unter dem Steilabsturz des T., Hom. h. 17,3. 33,4. Pind. P. 1, 63f. Strab. 8,5,1 p. 363. 10,2,11 p. 494. Besiedelt waren im Alt. im T. nur der niedrigere breitere N.-Teil, die Aigytis, und das breite Vorland gegen Messenien, die Dentheliatis (→ Denthalioi). Ant. Straßen über den zentralen Teil des T. gab es nicht. Die ehemaligen Wälder sind h. nahezu verschwunden, ebenso der im Alt. gerühmte Bestand an Großwild. Bergstürze am T. werden mehrfach genannt, vor allem beim Erdbeben von 465 v.Chr., Strab. 8,5,7 p. 367. Plin. nat. 2,191. Plut. Kim. 16,4. Cic. div. 1,112. Sch. Aristoph. Lys. 1144. Sonstige Hauptstellen Strab. 4,6,12 p. 208f. 10,4,4 p. 475. Paus. 3,20,4ff. Eust. Od. 1554,9ff. Solin. 7,9. Ptol. 3,14,35. E. M.

Philipps.-Kirst. 3,417ff. *Bölte*, RE V A 91ff.; III A 1301ff. 1348ff.

Teanum Apulum (Cic. Cluent. 197. Feldm. 210,14. Tab. Peut. 6,2. Geogr. Rav. 4,31. 5,1. Guido 70. Strab. 5,242. 6,285; *T. Apulorum* Plin. nat. 3,103; nur *T.* Cic. Cluent. 27; Att. 7,12,2. Mela 2,65. Guido 22. Ptol. 3,1,72; *Teanenses* Liv. 9,20,4; → *Teate* Liv. 9,20,7. Feldm. 261,16. Mz. bei VETTER HB 200 E 1 S. 137), bedeutende apul. Grenzstadt 2. Region (Plin.), seit 318 in röm. Hand (Liv.), *municipium* der *tribus Cornelia* (L. ROSS TAYLOR The Voting Districts 272), 18mp von Larinum (Cic. Cluent. 27); h. Ponte di Cività. G. R.

Forbiger HB. d. alt. Geogr. 3,500. *Nissen* It. Ldk. 2,841f. *Miller* Itin. Rom. 219.

Teanum Marrucinum (Tab. Peut. 6,1. Rav. 4,35. 5,1. Guido 46) s. Teate

Teanum Sidicinum (Cic. Att. 8,11 B 2. D 2. Liv. 22,57,8. Plin. nat. 3,63. Gell. 10,3,3. Tab. Peut. 6,3. Strab. 5,237. 248. 249. Mz. bei VETTER HB 200 A 1 S. 132; nur *T.* Cic. Phil. 12, 27; leg. agr. 2,86. 96. Liv. 23,24,5. Ptol. 3,1,68. Itin. Anton. 121,12. 304,1; *Τιανῖται* Pol. 3,91,5), bedeutende Stadt der → Sidicini im N. Kampaniens (Pol.) am Fuß der Rocca Monfina, august. Kolonie 1. Region (Plin.), Straßenkreuzung (RADKE Viae publ. Rom. 75. 83); h. Teano (Ruinen). G. R.

Forbiger HB. d. alt. Geogr. 3,490. *Nissen* It. Ldk. 2,692f.

Tearos (*Τέαρος*), kleiner Fluß in Thrakien, von Hdt. 4,90ff. beim Feldzug des Dareios gegen die Skythen ausführlich geschildert. T. ist Nebenfluß des sonst nicht erwähnten Flüßchens Kontadesdos, das in den → Agrianes (2; h. Ergené) und durch diesen in den Hebros fließt. T. war offenbar einer der Zuflüsse des Agrianes aus dem Strandžagebirge (*Asticus mons*). Das Wasser galt als heilkräftig und entsprang nach Hdt. 38 Quellen. Man identifizierte den T. bereits E. 19. Jh.s mit dem Fluß Bunár-hissár (türk. »Quellen-Festung«). Chr. D.

Oberhummer, RE V A 100. *Detschew* Thrak. Sprachreste, 495. *Danov* Altthrakien, Sofia 1968 (bulg.), 196ff., wo auf S. 197 Anm. 96; die dt. Fassung im Druck.

Teate (Sil. 8,522. Feldm. 258,24. Geogr. Rav. 5,1. Guido 22; *Τεατέα* Strab. 5,241. Ptol. 3,1,60), marrukin. (Plin. nat. 3,106. Sil. 17,454. Itin. Anton. 310,3. Strab. Ptol.) Stadt am O.-Ufer des → Aternus in 4. Region (Plin.). Tab. Peut. 6,1 statt T. → *Teanum Marrucinum*. Auch → Teanum Apulum heißt T.; h. Chieti. G. R.

Forbiger HB. d. alt. Geogr. 3,453. *Nissen* It. Ldk. 2,444.

Techne (*τέχνη*). Urspr. ist jede Art von Können, Geschicklichkeit, Kunst(fertigkeit) und Kenntnis der *ἐπιστήμη*, dem Wissen, fast bis zur Identität verwandt und wird der *φύσις* (Natur) gegenübergestellt. Letzterem widerspricht schon Plat. leg. 10,888eff. Aristot. phys. 2,194a 18ff. 199a 11ff. wendet sich gegen die Gleichsetzung von T. und Natur; er postuliert die Wiederkehr der Struktur der Natur in der Struktur der T., die als menschliches Arbeiten und Hervorbringen definiert wird. Gegensatz der T. ist nun das theoret. Wissen, *ἐπιστήμη*. Deren Objekt ist notwendig und immer vorhanden, das der T. ist nicht notwendig und muß erst hervorgebracht werden (Aristot. eth. Nic. 6,3–4; an. post. 100a 9). W. H. G.

R. Schaerer *Επιστήμη* et *τέχνη*, Ét. sur les notions de connaissance et d'art, 1930. *M. Timpanaro Cardini* in: Studi di filos. gr. in on. di R. Mondolfo (1950) 277ff. *K. Bartels* in: Synusia, Festschr. W. Schadewaldt (1965) 275ff.

Technik. Die grundlegenden techn. Erfindungen wie Wagen, Rad, Achse, Brennen von Ton, Abbau von Steinen, Metallgewinnung, Schiffsbau, Glasherstellung usw. fanden die Griechen schon vor und verbesserten sie stetig und konsequent. Techn. Fortschritt bestand vor allem in der Anwendung des einmal Gefundenen, in der Organisation der Arbeit, selten in grundlegenden Neuerungen wie dem Bronzehohlguß aus der verlorenen Wachsform (→ Toreutik) oder der systemat. Anwendung der Hebelkraft (→ Mechanik). Die meisten techn. Entdeckungen der Griechen entsprangen ihrem hochentwickelten mathemat., bes. geometr. Denkvermögen (K. REIDEMEISTER Das exakte Denken d. Griechen, 1949), blieben aber eben darum vielfach im grundsätzl. Ansatz stekken und führten nicht zu Technologien großen Maßstabs (→ Automaten. → Hodometron. → Ingenieure. → Mechanik). Die benötigte Energie lieferten bis zum E. der Ant. vor allem menschl. und tierische Muskelkraft, Holz und Holzkohle; Wasserkraft wird erst in der röm. Kaiserz. in größerem Umfang ausgenutzt. Viele Gebrauchsgegenstände wurden noch bis in die Spätant. zu Haus bzw. im eigenen Landwirtschaftsbetrieb hergestellt, doch entwickelten sich schon früh spezialisierte Handwerksbetriebe wie Waffenschmiede, Bildhauer, Toreuten, später auch Schuster usw. Während der → Bergbau, etwa in → Laureion, später vor allem in den kaiserl. Minen ein typischer Großbetrieb war, blieb die hochentwickelte Holzverarbeitung außerhalb der staatl. Schiffswerften mehr Handwerksbetrieb. Die Größe der techn. ausgezeichneten korinth. und att. Töpfereibetriebe entzieht sich unserer Kenntnis, → Terra sigillata wurde in Großbetrieben hergestellt, Ziegel z.T. in eigenen Legionswerkstätten. Die T. des ant. → Steinbruchs ist letzthin gründlich untersucht worden (J. Röder, MDAI [Kairo] 22, 1967, 108 ff.; JDAI 86, 1971, 253 ff.), die Weiterverarbeitung vor allem der kostbaren Steinsorten geschah in kaiserl. Großbetrieben. Halbedelsteine wurden zunächst geritzt, dann mit dem rotierenden Rad (→ Gemmen), bes. bei den Etruskern dann auch mit dem Rundperl bearbeitet (P. Zazoff Etr. Skarabäen, 1968. W. Martini Die etr. Ringsteinglyptik, MDAI[R] Erg.-H. 18, 1971). Die Weiterverarbeitung der Metalle ist bes. für Gold (H. Hoffmann–Davidson Greek Gold, 1965. Hoffmann–v. Claer Ant. Gold- und Silberschmuck, 1968) und Bronze (Mitten-Doeringer Master Bronzes from the Class. World, 1967. → Toreutik) gut bekannt. Zur T. der Glasverarbeitung → Glas. Maschinen wurden wenig und spät eingesetzt; nur Tretrad, Winde und Flaschenzug sind schon früh bekannt. Erst spät kam das Göpelwerk auf, vor allem zum Betrieb von Schöpfrädern mit Hilfe von Tierkraft. Erst die Römer haben mit den → Wasserleitungen (doch vgl. M. Kootz Das Rohr d. griech. Hochdruck-Wasserleitung in Pergamon, 1963) die großen röm. → Thermen ermöglicht; vgl. auch zur Heizungs-T. → Hypocaustum. Sind auch techn. Großprojekte wie der → Kanal bei Korinth oder zwischen Mosel und Saône gescheitert, so hat die ant. T. doch bewundernswerte Leistungen vollbracht. W. H. G.

Lit.: → Mechanik. → Automaten. → Ingenieure.

Technitai (*τεχνῖται*). Die urspr. allg. Bezeichnung von Handwerkern und Künstlern engt sich im frühen Hellenismus auf »Festkünstler« ein, die vereinsmäßig organisiert sind (*τὸ κοινόν*, später vor allem *ἡ σύνοδος τῶν περὶ τὸν Διόνυσον τεχνιτῶν*). Die Vereine hatten religiösen Charakter, wurden von einem Dionysospriester geleitet und genossen bis in die späte Kaiserz. hinein zahlreiche Privilegien (Asylie. Freiheit von Steuern und Kriegsdienst. Stephanophorie, für die Priester Chrysophorie, d.h. das Tragen von Goldschmuck der Gottheit, usw.). Mitglieder waren außer »Förderern« (*φιλοτεχνῖται*) Schauspieler von Tragödie, Komödie, Satyrspiel, Choreuten, Chorlehrer, Tänzer, Sänger und Instrumentalmusiker aller Art, Herolde, Dichter, Kostümverleiher (*ἱματιομίσθης*) und Bühnenrequisiteure (*σκευοποιός*). Die T. bestreiten Festzüge und Festaufführungen aller Art, besonders *σκηνικοὶ ἀγῶνες* und *θυμελικοὶ ἀγῶνες*, Theateraufführungen und Chöre, Tänze, Aufführungen bei und mit feierlichen Opfern, z.B. anläßlich der Feste des provinzialen Kaiserkultes. Die T.-Vereine sind zunächst an einzelne Orte (Athen. Syrakusai. Smyrna usw.) gebunden, später an Landschaften und Provinzen (Äg., Kypros); in der Kaiserz. gibt es als Zusammenschluß einen Reichsverband, der *ἱερὰ σύνοδος*, nie *κοινόν*, heißt. Die einzelnen T. messen sich in Agonen, die Sieger führen dann Titel wie *Ἀσιανίκης, Καπετωλιονίκης, Σεβαστονίκης*. Ausführl. Darstellung der Gesch. der T. bei Poland, RE V A 2473 ff. Vgl. auch M. Bieber The History of the Greek and Roman Theatre, [2]1961, 84. W. H. G.

Technopaignia, moderner Name für Gedichte, die einen Gegenstand nachbilden. Vf. griech. T.: → Simias (*Πέλεκυς, Πτερύγιον, Ὠιόν*), → Theokritos (?; *Σῦριγξ*, in Rätselsprache), → Dosiadas (*Βωμός*, in Rätselsprache; da die Echtheit der *Σῦριγξ* unsicher ist, ist auch das zeitliche Verhältnis zwischen beiden T. zweifelhaft), Besantinos (unter Hadrian; *Βωμός*, in Rätselsprache). Vf. lat. T.: → Laevius (2; Pterygion Phoenicis; Morel FPL p. 60. Bücheler, JbPhPäd 111, 1875, 306), → Publilius (B 2) Optatianus Porfyrius (unter Konstantin; Orgel, Altar, Flöte). Die griech. T. waren in einer Slg. mit Komm. vereinigt, aus der sie in Anth. Pal. 15 und Bukoliker-Hss. kamen. Ausg.: Bucolici Graeci rec. Wil.; rec. Gow. Dosiadas u. Besantinos: Anth. lyr. 2[2] (1942), 6 p. 181–185. R. K.

Tector (*t. albarius, albarius*). Das *opus tectorium* (Vitr. 2,8,20), *albarium* (Vitr. 5,10,3. 7,2,1), der Wandverputz, vom *t.* hergestellt, besteht (in Delos, Pompeii, Rom usw.) aus drei Schichten, deren oberste poliert oder in feuchtem Zustand bemalt werden kann (→ Stuck). Der *t.* gliedert ihn auch nach dem Entwurf des Architekten in Felder oder formt Gesimse bzw. Leisten daraus. W. H. G.

Teer. Bei der Gewinnung von Pech durch Erhitzen von Holz tropfte T. zuerst dünn-, dann dickflüssig aus. Soweit er nicht zu Pech weitergekocht wurde, diente T. zum wasserdichten Streichen flacher Dächer, Plin. nat. 36,166. Zwischen T. und Pech (*πίσσα, πίττα*; *pix*) gibt es in der Ant. keinen klaren Unterschied im t.t. W. H. G.

Tegea. 1. *Ἡ Τεγέα* (Ethn. *Τεγεάτης*), bedeutendste Stadt des s.ö. Arkadien inmitten des 15:17 km großen S.-Teils der ostarkadischen Hochebene auf etwa 670 m Meereshöhe. Die Ebene aus fettem fruchtbarem Lehm ist oberirdisch abflußlos, die Katavothren liegen einerseits am O.-Rand, andererseits am SW.-Rand. Vor letzteren liegt der auch im Sommer ungenügend entwässerte große Takasee. S. und O. der

Hochebene wird vom Sarandapotamos (Alpheios; s. Gn 38, 1966, 591f.) durchflossen. Durch die allseits von Gebirgen umgebene Höhenlage ist das Klima verhältnismäßig rauh, der Ölbaum gedeiht nicht mehr. Oberirdische Reste der ant. Stadt fehlen so gut wie ganz, ausgegraben sind kleine Stücke der Stadtmauer, das Theater und einzelne Heiligtümer. Mittelpunkt des ant. T. mit der Agora war beim h. Palaeo Episkopi, wo auch das Theater lag, das → Antiochos IV. (5) neu bauen ließ, Liv. 41,20,6. Die Akropolis mit dem Tempel der Athena Polias, des Zeus Klarios und anderer Götter befand sich auf dem flachen Hügelzug beim h. Hg. Sostis und Omertsausi. Der schon im Alt. hochberühmte Tempel der Athena → Alea (1) im h. Piali (jetzt amtl. Alea) lag außerhalb der Stadt. Der Tempel wurde nach dem Brand von 394 um 350 v. Chr. von → Skopas (2) neu erbaut, von dem auch die Giebelskulpturen stammen, der einzige Marmortempel der Peloponnes, Paus. 8, 45,4ff. Es war ein dor. Peripteros von 6:14 Säulen mit korinth. Halbsäulen im Inneren, Neufunde: Athens annals of arch. 1, 1968, 121f. BCH 92, 1968, 808ff. In der Nähe lag die mit der Gründungssage von → Pergamon verbundene Quelle der Auge und andere Heiligtümer, sowie das Stadion. Der Kult der Alea geht nach den Funden wohl schon in myken. Z. zurück.

Siedlungsfunde beginnen mit den eben erwähnten myken. beim Aleatempel. T. ist im Schiffskatalog Hom. Il. 2,607 genannt. Wohl ins 6. Jh. gehört der Synoikismos von T. aus neun Dörfern, Strab. 8,3,2 p. 337. Im 6. Jh. konnte T. sich gegen Sparta noch behaupten, mußte sich dann aber dem peloponnes. Bund anschließen, daher auch am Perserkrieg beteiligt. Ein Versuch der Selbständigkeit wurde von Sparta um 470 bei Dipaia niedergeschlagen, Hdt. 9,35,2. Rivalität gegen das um sich greifende → Mantineia führte sogar zu kriegerischen Zusammenstößen, Thuk. 4,134. T. war an dem antispartan. Bund von 420 nicht beteiligt und auch nach → Leuktra noch Sparta treu. Die Rivalität mit Mantineia bestand auch im arkad. Bund des 4. Jh. weiter, und beim Einmarsch des → Epameinondas stand T. auf boiot. Seite. Durch → Philipp II. (4) erhielt T. eine Gebietserweiterung nach S., Pol. 9,28,7. Beschluß über die Rückführung der Verbannten nach dem Dekret Alexanders, Sylloge[3] 306. SEG 15,327. T. war am lam. Krieg beteiligt, Sylloge[3] 434/35. Seit etwa 240 v. Chr. in Sympolitie mit dem aitol. Bund, 229/28 vergeblicher Handstreich des → Aratos (2) auf T., Plut. Kleom. 4,226, Anschluß an Kleomenes III., Pol. 2,46,2. Plut. Kleom. 14,1. 223 Eroberung durch → Antigonos (3) Doson, Plut. Kleom. 23,1. Pol. 2,54,6ff. 70,4, und Eintritt in den achaiischen Bund. In der Severerzeit neue Münzprägung, Weihungen für röm. Kaiser reichen bis zu → Constans, IG V 2 Nr. 140. 395 Verteidigung gegen die Goten → Alarichs durch einen Konsul Rufus, IG V 2 Nr. 153. JOEAI 15, 1912, 215ff. Genannt ist T. noch bei Hierokl. synekd. 647,5 und in dem vulgären Ortsverzeichnis des 7. Jh.s n. Chr., ZKG 12, 1891, 533 Nr. 809. Bischöfe: Le Quien Or. Christ. 2,195f. [3],, 6. Aus T. stammte die Dichterin → Anyte. Bei röm. Dichtern steht tegeatisch oft für arkadisch. Strab. 8,8,2 p. 388. Paus. 8,44,1–53,11. Ptol. 3,14,40. Plin. 4,20. Steph. Byz. BCH 45, 1921, 13 II 112. Inschr.: IG V 2 Nr. 1–259. 560–565. Premerstein, JOEAI 15, 1912, 197ff. 207ff. Schwyzer Nr. 650–660. SEG 3,324. 11,1046 bis 1083. 14,346. 15,327–329. 19,325. 22,315–318. 23,233f. Mz. Head HN[2] 418. 454 ff. Jb. f. Num. 8, 1957, 96. E. M.

1. *Philipps.-Kirst.* 3,245ff. 253ff. 2. *G. Fougères* Mantinée et l'Arcadie orient. 9ff. 565ff. mit T. IX. 3. *V. Bérard,* BCH 16, 1892, 529ff. 17, 1893, 1ff. 4. *Hiller von Gärtringen,* IG V 2 S. 1ff. 5. *Ders.,* RE V A 107ff. 6. *L. Vlad Borrelli,* Enc. arte ant. 7,659ff. (mit Lit.). 7. *Kirsten–Kraiker* Griechenlandkunde[5] 399ff. 883 (Lit.). 8. *Chr. Callmer* Stud. z. Gesch. Arkadiens, Lund 1943, 109ff. (mit Geländeskizze). 9. *W. Kendrick Pritchett* Stud. in anc. Greek topogr. 1, Berkeley 1965, 122ff. 10. *G. J. Schwedler* De rebus Tegeaticis, Diss. Lpz. 1887. 11. *C. Dugas* u. a. Le sanctuaire d'Aléa Athéna au IVe siècle, Paris 1924. 12. *H. Berve–G. Gruben* Griech. Tempel und Heiligtümer 153ff. 13. *G. Gruben* Die Tempel der Griechen 124ff. 14. *R. Vallois,* BCH 50, 1926, 135ff. 15. *R. Hope Simpson* A gazetteer and atlas of Mycenaean sites 40 Nr. 89.

2. Stadt in Africa proconsularis, im Bell. Afr. 78,1 erwähnt: *erat oppidum infra castra Scipionis nomine Tegea,* h. Sidi Dekril (oder Hr. Merbesse), 9 km w. n. w. von Aggar, bei S. Gsell Hist. Anc. Afr. N. 8,111, dem Krom.-Veith folgen. Im Krieg Caesars stand T. gegen die Pompeianer (Bell. Afr. 78,1). M. L.

Ch. Tissot Géogr. comp. Afr. 2,747. 752. *S. Gsell* Hist. Anc. Afr. N. 8,120.

Tegianum, lukan. Stadt, die der Val di Diano den Namen gab (Feldm. 209 *Tegenensis.* Plin. nat. 3,98 *Tergilani?*); zur *tribus Pomptina* (L. Ross Taylor Voting districts ... 274); h. Teggiano. G. R.

Nissen It. Ldk. 2,904. *G. Lugli* in: Vie di Magna Grecia, Napoli 1963, 32.

Tegula s. Ziegel

Tegyra (*Τέγυρα, Τεγύρα, Τεγύραι*), Ortschaft am NW.-Ende des → Kopaissees in Boiotien (wahrscheinl. beim h. Polyjira), bei der Pelopidas 375 v. Chr. einen Sieg über die Spartaner errang. Kult und Orakel des Apollon Tegyraios, der dort geboren sein sollte. Plut. Pelop. 16ff.; Ages. 27,3; mor. 412b. Diod. 15,81,3. Lykophr. 646. Steph. Byz. E. M.

Fiehn–Kruse, RE V A 124. *Lauffer,* AA 1940, 187. *Philipps.-Kirst.* 2,476. 687f.

Tegyrios (*Τεγύριος*). Thrak. König, Eponym des später boiot. → Tegyra, nahm den flüchtigen Eumolpos, Sohn von Poseidon und → Chione (1), nach andern Sohn des → Musaios (1), auf und gab dessen Sohn Ismaros oder → Immarados seine

Tochter zur Frau. Eumolpos ging aber bald nach Eleusis, wo er bei der Einrichtung der → Mysterien eine Rolle spielte (Hom. h. 5,475). Später übernahm er die Herrschaft des T. und unterstützte mit thrak. Kräften die Eleusinier gegen → Erechtheus; er selbst fiel in dem Kampfe. Apollod. 3, 202ff. Seine Verbindung mit Thrakien ist eine Erfindung des 5. Jh.s (Pendant zu Orpheus). H. v. G.

Kern, RE VI 1117ff. *Prell.-Rob.* 1,787ff. *Wilam.* GldH. 1, 51,1.

Teia s. Theia (2)

Teichius (Τειχιοῦς), eine der wohl von den → Aitolern nach 279 v. Chr. erbauten Sperrfestungen am Gebirgsweg über den → Thermopylen, nicht sicher zu identifizieren. Strab. 9,4,13 p. 428. Liv. 36,16,11. 17,1. 19,1. App. Syr. 17. Steph. Byz. E. M.

Bolte, RE I A 959f. (Rhoduntia). *Stählin*, RE V A 125f. 2421,62ff. (mit Geländeskizze 2399f.). *W. Kendrick Pritchett* Stud. in anc. Greek topography 1, 1964, 71ff. 74ff.

Teichiussa (Τειχιοῦσσα Thuk. 8,26,3; Τειχιόεσσα Archestratos bei Athen. 7,320a; Τειχιοῦς Stratonikos bei Athen. 8,351a), Demos von Milet, Phyle Akamantis. G. E. Bean und J. M. Cook haben mit guten Gründen die Ruinenstätte von Doğanbeleni nahe bei Kazikli mit T. identifiziert, [2]. E. O.

1. *W. Ruge*, RE V A 126. 2. *J. M. Cook*, ABSA 56, 1961, 90ff.

Teichoskopie (Mauerschau), ist eine Episode der Il., 3,121–244, von starker poet. Kraft, die es ermöglicht, die beiden Schauplätze der Handlung in Verbindung zu setzen und zugleich → Helene (1) und → Priamos sowie mehrere achai. Helden (Agamemnon, Odysseus, Menelaos, Aias, Idomeneus) zu charakterisieren. Helene wird von Iris veranlaßt, die Ältesten der Stadt auf dem Turm am Skaiischen Tor aufzusuchen, die von dort aus das Schlachtfeld besehen, und beantwortet Fragen nach einzelnen Helden. Über eine etwaige Vorlage der T.: G. Finsler Hom. 2², 33ff. Eine Nachahmung bei Eur. Phoen. 88–192. H. v. G.

Teidius. Röm. Gentilname, auch inschr. bezeugt. Schulze Eigenn. 251. **1.** Sex. T., Senator, der 52 die Leiche des ermordeten P. → Clodius (I 8) nach Rom überführte und 49 (als bejahrter Beinamputierter) mit Pompeius nach Hellas ging. Broughton 2,497. H. G. G.

2. Sex. T. Valerius Catullus. Nach Degrassi XIII 1, 186f. CIL XIV 2466 *Cos. suff.* mit Faustus → Cornelius (II 52) Sulla von Mai–31. Juli 31 n. Chr. Er dürfte aus der Familie Catulls, somit aus Verona, stammen und von Nr. 1 adoptiert worden sein, s. Syme Rom. Revol. 94,1. R. H.

Teiranes (pers. *tiraân* = Bogenschütze), so Mz., deren Rs. einen röm. Kaiser zeigt, Head HN² 504; sein voller Name war Tib. Iulius T. Φιλοκαῖσαϱ Φιλοϱωμαῖος Εὐσεβής. IPE 2, Nr. 29. Corp. inscr. regni Bosporani (russ.) 1965, Nr. 36. König des → Bosp. regn. 275/76–278/79. Die Hofämter auf der Siegesinschr. für T. und seine Frau Aelia zeigen seine hellenisierte Verwaltung. H. V.

Teiresias (Τειϱεσίας, *Tiresias*, zu hom. τείϱεα bzw. τέϱας). Der berühmte blinde theban. Seher, Abkomme des → Sparten Udaios, Sohn des Eueres und der → Chariklo (2). Für seine Erblindung gab es 3 Erklärungen: a) Nach der → Melampodie tötete er bei der Beobachtung sich paarender Schlangen einmal das Weibchen, ein andermal das Männchen und erfuhr dabei jedesmal eine Geschlechtsverwandlung (vgl. → Kaineus, → Leukippos 2). Auf Grund dieser Erfahrungen befragten ihn Zeus und Hera, ob Mann oder Frau beim Geschlechtsverkehr den größeren Genuß habe. Als T. der Frau einen 9mal größeren Genuß zuschrieb, blendete Hera ihn, Zeus aber verlieh ihm Sehergabe und 7fache Lebensdauer. Ov. met. 3,316ff. b) Nach Pherekyd. beraubte Athena ihn des Augenlichts, als er sie im Bade nackt gesehen (vgl. → Aktaion), entschädigte ihn aber auf Chariklos Bitte durch die Gabe, die Vogelsprache zu verstehen. Kall. h. 5,77ff. c) Er verlor das Augenlicht, weil er als Wahrsager göttl. Geheimnisse verriet. Apollod. 3,69ff. 84f. 94. Hyg. fab. 67f. 75. – Als manchmal mißachteter Seher und Berater steht er Thebens Herrschern durch mehrere Generationen zur Seite, → Kadmos (1), → Laios (1), → Oidipus, → Kreon (1): Soph. Ant.; Oid. T. Eur. Bacch.; Phoen. → Menoikeus (2). Die → Epigonen rät er durch Verhandlungen hinzuhalten und inzwischen die Stadt zu räumen. Auf der Flucht stirbt er nach einem Trunk aus der Quelle → Tilphusa; hier wurde sein Grab gezeigt, Paus. 9,33,1. Im Hades behält er das Bewußtsein und rät Odysseus das Mittel zur Versöhnung Poseidons, Od. 10. 11. – Als Orakelgott bei Orchomenos verehrt, Plut. mor. 434c. Diod. 4,67. – Töchter: → Manto (1), → Historis. H. v. G.

L. Radermacher Mythos und Sage 57. *Ders.*, RhM 93, 1950, 327ff. *H. Kleinknecht*, H 74, 1939, 324. – Bildwerke im Myth. Lex. s. v.

Teisamenos (Τεισαμενός, *Tisamenus*). **1.** Sohn des → Thersandros, Königs von Theben, der in Mysien fiel. Für den zu jungen T. führte → Peneleos das theban. Kontingent nach Troia. Il. 2,494. Paus. 9,5,15. Nach dessen Tode wurde T. König; unter ihm ruhte der Fluch des Geschlechts. Sein Enkel Theras soll die Insel → Thera kolonisiert haben. Paus. 3,1,7 u. ö. Apoll. Rhod. 4,1762ff. H. Lamer, RE V A 133ff. ist von dem authent. Charakter der theban. Königsliste zu sehr überzeugt. **2.** Sohn von → Orestes (1) und → Hermione, König von Argos und Sparta, fiel im Kampf mit den → Herakleiden (Apollod. 2, 171. 176) oder mit den ion. Achaiern auf der Suche nach neuen Wohnsitzen (Paus. 2,18,6ff. 38,1). Seine Söhne 7,6,2. Grab in → Helike, Gebeine später nach Sparta übertragen, 7,1,8. **3.** Seher aus dem el. Geschlecht der → Iamiden, der in Sparta nach der Schlacht bei den Thermopylen das Bürgerrecht gewann und dem jeweils ins Feld rückenden König zugewiesen wurde. An 5 siegreichen Kämpfen der Spartaner beteiligt. Paus. 3,11,6–8. Hdt. 9,33–36. Vielleicht war T. Hdt.' Gewährsmann für Plataiai. H. v. G.

4. Athener, Sohn des Mechanion (Lys. 30, 28), beantragte die Verfassungsrevision von 403 (And. 1,83). Untersekretär zur Revision der Gesetze mit → Nikomachos (1), Lys. a.O. MacDowell And. On the Myst. 120ff. 194ff. – Vielleicht ident. mit T. aus Paiania, 414/13 ταμίας τῆς ϑεοῦ und Vorsitzer des Kollegiums, IG I² 248. 271. 286. 297; mit T., dem Beantrager eines Ehrendekretes 411, IG II/III² 12; mit der Titelfigur der Komödie »T.« des Theopompos. P. Geissler, PhU 30, 1925, 65. **5.** Seher in Sparta, als Mitverschwörer des → Kinadon 398 hingerichtet (Xen. hell. 3, 3, 11). K. K.

Teisandros. Vornehmer Athener, Sohn des Epilykos, Schwiegervater des Periklessohnes → Xanthippos (2; Plut. Per. 36,2). Durch eine andere Tochter Großvater des → Andokides (1); T.' Sohn Epilykos schloß mit Dareios II. 424/23 den sog. Epilykosvertrag (And. 1,117. 3,29). G. Do.

Teisias (*Τεισίας*). **1.** Athener, κηδεστής des → Charikles (1). Klagte um 397/96 Alkibiades, Sohn des → Alk. (2), wegen eines Viergespanns an, das Alk. (2) für T. erworben, dessen ol. Sieg (416? Vgl. Raubitschek, TAPhA 79, 1948, 202f.) er aber als eigenen proklamiert habe. Isokr. verfaßte die Verteidigung (16,1. 3. 43. 45. 49. Plut. Alk. 12,3). Statt T. ein Diomedes (PA 4070) Diod. 13,74,3. [And.] 4,26ff. Plut. a.O. **2.** Athener, Vater des Sprechers von Demosth. 55 (um 358; Verteidigung in Schadenersatzsache unter Nachbarn). Demosth. 55,3. **3.** Athener aus Acharnai, Demosth. 45,8. → *Διαιτητής*, a.O. 10. 24f. 60. [Demosth.] 46,5. **4.** Athener aus Kephale, Sohn des Teisimachos, Mitstratege bei der brutalen Vergewaltigung von Melos 416. Thuk. 5,84,3. IG I² 302. Gomme Hist. Comm. Thuc. 4,158. 189. **5.** Athener aus Rhamnus, Aischin. 1,157. Bruder des → Iphikrates (1), a.O. mit Sch. Demosth. 21,62. Vater des Timarchos (PA 13634), den Aischin. a.O. dem von ihm angegriffenen → Timarchos (1) als leuchtendes Beispiel gegenüberstellt. T. konkurrierte, noch zu Iphikrates' Lebzeiten, mit dessen Gegner Diokles als Chorege, Demosth. a.O. K. K.

6. Aus Syrakus, nach verbreiteter ant. Ansicht (zuerst bei Aristot. soph. el. 183b 31; Frg. 137 R.) im Anschluß an seinen Landsmann und »Lehrer« Korax im 5. Jh. v. Chr. Lehrer (u.a. angebl. des → Lysias [6] und des → Isokrates [2]) und eigentl. Begründer der Rhet. als einer lehr- und erlernbaren Techne (der Gerichtsrede), die er auch in einem Lehrbuch zusammengefaßt haben soll. Der Anstoß für die Ausbildung dieser Techne ging angebl. von den vermögensrechtl. Streitigkeiten

aus, die sich nach dem Sturz der sizil. Tyrannis (467) ergaben.

Die ältesten Zeugnisse (Plat. Phaidr. Aristot. a.O.; rhet. 1402a 17) lassen folgendes erkennen: seine Definition der Rhet. als πειϑοῦς δημιουργός (Proleg. Syll. p. 277,16ff. Rabe); den Versuch, Wahrscheinlichkeitsgründe gezielt in den Dienst der Argumentation zu stellen (Plat. a.O. 272cff.; Aristot. rhet. a.O.); ferner eine (auf Korax' Ansätzen fußende) siebenteilige Disposition der Gerichtsrede (Prooimion, Prokataskeue, Prokatastasis, Katastasis, Agon, Parekbasis, Epilog: erläutert von → Troilos (2), Proleg. Syll. p. 52,2ff. R.). H. Gä.

Frg.e: *L. Radermacher*, Art. Script. A V 4ff. B II.

Lit.: *Christ-Schmid* 1,3,91f. *Blass* AttBereds. 1,17ff. *P. Hamberger* Die redner. Disposition in der alten τέχνη ῥητορική, Paderborn 1914. *D. A. G. Hinks*, CQ 34, 1940, 61ff. *G.B. Ruckh*, CPh 38, 1943, 256ff. *L. Radermacher*, Symb. Osl. 27, 1949, 19ff.

Teisikrates (*Τεισικράτης*), Sohn des Thoinias, Bildhauer (Erzgießer), Sikyonier (Plin.) oder Boioter. Nach Plin. nat. 34,67 war T. Schüler des → Euthykrates (2), doch im Stil dem → Lysippos (2) näher. T. schuf Porträtstatuen (→ Demetrios [2] Poliorketes, → Peukestes [2], einen *senex Thebanus*, Porträt?), Plin. a.O., ein Zweigespann (Plin. nat. 34,89), eine Siegerstatue in Theben (IG VII 2470), eine Gruppe im → Ptoion (Heiligtum des Apollon, BCH 44, 1920, 242), eine Statue für Oropos (IG VII 267). Zwei Kopien (?) standen in Rom (Löwy Inschr. griech. Bildhauer 478. 493). Da sichere Kopien des Demetrios nicht existieren, ist uns der Stil des T. unbekannt. T. war um und nach 300 v. Chr. tätig. W. H. G.

Teisiphone (*Τεισιφόνη*, *Tisiphone*, »Rächerin des Mordes«). **1.** Eine der 3 → Erinyen (→ Furiae) neben Al(l)ekto und → Megaira. Dreizahl und Namen sind nachklassisch. Lucil. 1,169 *sanctissima Erinys* (Eur. Iph. T. 963 πρέσβειρα, ohne Namen). Die röm. Epiker malen ihr Aussehen und ihre Strafen noch gräßlicher aus als Aischyl. T. haust als Schergin des → Rhadamanthys am Eingang des Tartaros, Verg. Aen. 6,555ff. (vgl. 273ff.). 605; im Vorhof Iuppiters 10,761. 12,849. Im Dienste Iunos versetzt sie Ino und → Athamas in Wahnsinn, Ov. met. 4,453ff. E. Wüst, RE Suppl. VIII 82ff. **2.** In Eur. Ἀλκμέων ὁ διὰ Κορίνϑου Tochter des Muttermörders → Alkmaion und der → Manto (1). Bei → Kreon (2) in Korinth aufgezogen, von dessen Frau aus Eifersucht als Sklavin verkauft, gelangt sie an ihren Vater, der sie aber erst später erkennt. Apollod. 3,94f. Rose Griech. Myth. 193f. H. v. G.

Teisiphonos (*Τεισίφονος*), Sohn → Iasons (2), führte mit seinen Brüdern → Lykophron (3) und → Peitholaos 358 nach Ermordung des Alexandros auf Anstiften der → Thebe (1) die Tyrannis in → Pherai, stellte 357 Theben Schiffe für das Unternehmen gegen Euboia, † 355, da 354 nur seine Brüder erwähnt werden. Mz. HEAD HN² 309. Xen. hell. 6,4,35ff. 5,1. Diod. 16,14. 61. 35,12. 37,3. Sch. Aristeid. 3 p. 298 D. Plut. Pelop. 35,6ff. H. BERVE Die Tyrannis ..., 1967, 293f. H. V.

Teisippos (*Τείσιππος*), Aitoler, Romfreund, ließ 168 v. Chr. mit → Lykiskos (1) 550 aitol. Patrioten durch röm. Soldaten töten, ging 167 mit Lykiskos als Gesandter zur Beglückwünschung der siegreichen röm. Feldherren nach Makedonien. Liv. 45,28,7. Pol. 30,13,4. H. V.

Teïspes (*Τεΐσπης*, altp. *Čišpiš*, elam. *Šišpiš*, bab. *Šišpiš*), Sohn des → Achaimenes (2), etwa 640 bis 610. Daß der erste T. bei Hdt. 7,11 nicht der Urenkel des zweiten T. sein kann, sondern mit diesem personengleich ist, steht nach den Angaben der Keilinschr. fest. T. hatte zwei Söhne, → Kyros I., Vater des → Kambyses I. und Großvater → Kyros' II., andererseits Ariaramnes, Vater des → Arsames (1) und Großvater des → Hystaspes (2), des Vaters → Dareios' I. Er wird von seinem Urenkel Kyros II. als »großer König, König der Stadt Anšan« bezeichnet. J. D. G.

Tekmessa (*Τέκμησσα*, vorgriech.). Als Beutefrau (*γέρας*) des → Aias (1) von Agamemnon Il. 1,138 ohne Namen erwähnt, von Soph. im »Aias« als Tochter des phryg. Königs Teleutas bezeichnet und zur echten und treuen Ehefrau erhöht. Ihr Sohn → Eurysakes. Nach Dictys 2,18 war ihr Vater → Teuthras (1), den Aias im Kampf erschlug. T. kam auch in altröm. Trag. vor. H. v. G.

Tekmon (*Τέκμων*), befestigte Ortschaft im Gebiet der → Molosser in Epeiros, 167 v. Chr. durch die Römer erobert, nicht sicher zu lokalisieren, Liv. 45,26,4. 10. Steph. Byz. E. M.

Oberhummer, RE V A 158.

Tektaios (*Τεκταῖος*), Bildhauer. Nach Paus. 2,32,5 waren T. und sein Bruder Angelion Schüler des → Dipoinos und Skyllis, Lehrer des → Kalon (1). Sie schufen die Kultstatue des Apollon auf Delos im 6. Jh. (Bogen in der Rechten, drei Chariten mit Musikinstrumenten auf der Linken. Wohl Holz mit Goldzutaten). Paus. 2,32,5. 9,35,3. Plut. mor. 1136. Sch. Pind. O. 14,16. LIPPOLD HBArch 3,1,45. W. H. G.

Tektamos s. Teutamos (2)

Tektosagen (*Τεκτόσαγες* Strab. 4,187. *Τεκτοσάγαι* App. Syr. 32. *Tectosagi* Iust. 32,3,9. *Tectosages* Liv. 38,16,11), kelt. Stamm der → Volcae, urspr. in der → Hercynia silva. Caes. Gall. 6,24. Ein Zweig siedelte später um → Tolosa, Iust. a. O., ein anderer wanderte mit den Tolistoagiern und Trokmern über den Balkan 278 nach Kleinasien und besetzte das Gebiet um → Ankyra. Liv. 38,16, 12. 24,1. Zur Gesch. dieser T. → Galatia. Ihre Bergfestung → Magaba wurde 189 durch Cn. → Manlius (I 40) Vulso erstürmt. Statt der üblichen 4 → Tetrarchen der T. setzte Pompeius einen ein. Ob Castor Tarcondarius oder Domnilaos 49 Caesar half, ist unklar. D. MAGIE Roman rule in Asia Minor, 1950, 1236f. → Deiotaros vereinigte die T. mit den übrigen Galatern. In der Provinz Galatia begegnen seit 25 v. Chr. die T. auf Inschr., auf Mz. als *Σεβαστηνοί*; Ankyra war *μητρόπολις τῆς Γαλατίας Σεβαστῇ Τεκτοσάγων*. OGIS 533,48; 54,26. 548. HEAD HN² 747. H. V.

Tela s. Weben

Telamon (*Τελαμών*). **1.** Aiginete, Sohn des → Aiakos und der Endeis, gehörte mit → Peleus, der seit Hes. als sein Bruder galt, zu den kalydon. Jägern und den Argonauten, Apollod. 3,158ff. 1,68. 111. Nach dem Tode seines Halbbruders → Phokos (1) ging er nach → Salamis (1), wo König → Kychreus ihm die Hand seiner Tochter und das Nachfolgerecht gab, Diod. 4,72. Später heiratete er Eriboia (→ Periboia [5]); ihr Sohn ist der große → Aias (1), Pind. I. 6,37ff. Mit Herakles zog er gegen → Laomedon (1) vor Troia, drang zuerst in die Stadt und wandte die Eifersucht des mächtigen Freundes durch Errichtung eines Altars für »Herakles Kallinikos« ab. Dann bekam er → Hesione (4) als Ehrenpreis. Sie gebar ihm (→ Trambelos und) → Teukros (2), der Il. 8,284 als unebenbürtig gilt. Pind. a. O. 27ff. Apollod. 2,133. Hyg. fab. 89. Helfer des Herakles war T. auch bei dem Kampf gegen die Amazonen (er tötete → Melanippe [2]) und gegen den Giganten → Alkyoneus, Pind. N. 3,38ff. 4,27ff. Kult auf Aigina und Salamis. – Ahnherr von Miltiades und Kimon, Paus. 2,29,4. H. v. G.

Prell.-Rob. 2,1039. 1043ff. *Joh. Schmidt*, Myth. Lex. 5,215ff. *Wilam.* GldH. 2,11.

2. Ein für Argonautengründung gehaltener Hafen Etruriens 800 Stad. von Rom (Diod. 4,56,6. Plin. nat. 3,51. Mela 2,72. Ptol. 3,1,4. Steph. Byz. s. v.); die Entfernungen bei Diod. a. O. Itin. marit. 500,3f. Tab. Peut. 4,3 passen zu h. Talamone, nicht jedoch zum gleichnamigen Ort des Galliersieges 225 v. Chr. (Pol. 2,27,2), der zw. Ariminum, Faesulae und Clusium zu suchen ist (Pol. 2, 23–26). G. R.

Nissen It. Ldk. 2,309. *Radke* Viae publ. Rom. 199.

Telandros (*Telandrus:* Plin. nat. 5,101; Alex. Polyhist. FHG 3,234 Frg. 71: *Τήλανδρον* und *Τηλάνδρεια*), ant. Stadt in Karien bzw. Lykien, die man allgemein bei Nif am Nif Çayi (dem ant. Glaukos?) sucht, vgl. [2]. Skepsis gegenüber dieser Lokalisierung ist angebracht, vgl. [1]. E. O.

1. *W. Ruge*, RE V A 193. 2. Athen. Trib. Lists 1, 1939, 555.

Telauges (*Τηλαύγης*), erfundene Person, angebl. Sohn des → Pythagoras (1) und der → Theano (5; Diog. Laert. 8,42 und Porph. vita Pyth. 4). Durch T. wird eine Abfolge – *διαδοχή* – von Pythagoras zu → Xenophanes (2) einerseits und von Pythagoras zu → Empedokles andererseits hergestellt; beide sollen Schüler des T. gewesen sein, der mit seiner Mutter Theano und seinem Bruder → Mnesarchos (2) die von Pythagoras gegründete Schule geleitet habe (Eus. praep. ev. 10,14,14). Unter den Dialogen des → Aischines (1) befand sich nach Diog. Laert. 2,61 ein »T.«; vermutl. liegt hier die Wurzel der nachmals als gesch. angesehenen Erfindung. Die Existenz des T. wurde gestützt durch einen (unechten) Vers, den Empedokles an T. gerichtet haben sollte (Diog. Laert. 8,43 = DIELS Vorsokr 31 B 155), und durch einen Brief des T. an → Philolaos, den nach Ausweis von Diog. Laert. 8,55 schon → Neanthes (d. Ä.) kannte, aber als unecht anzweifelte. Später galt T. als Vf. eines *ἱερὸς λόγος περὶ θεῶν* (Iambl. v. P. 28,146) und einer Schrift *περὶ τετρακτύος* (Suda s. *T.*). H. D.

Telchines (*Τελχῖνες*). Die bruchstückhaften und meist späten Nachrichten über die T. bezeugen ein lebhaftes Interesse ant. Mythographen an diesen altertüml. Gestalten, aber auch die Mehrdeutigkeit der Vorstellungen über sie. Athen. 7, 282a zitiert eine *Τελχιανικὴ ἱστορία*. Eine kurze zusammenhängende Darstellung steht in der rhod. Archäologie Diod. 5,55f. (wohl nach → Apollodoros [5]): Sie sind Ureinwohner von Rhodos, »Söhne des Meeres«, technisch begabt, kulturschöpferisch, errichten die ersten Götterbilder (Apollon Telchinios u. a., vgl. GOETHE Faust II, Klass. Walpurgisnacht V. 8301), behalten ihr Können aber für sich. Sie verstehen sich auf Wetterzauber und auf Gestaltverwandlung. Rhea überträgt ihnen (hier erscheinen sie als Brüder, nicht als Volk) und der Okeanine Kapheira die Aufziehung des kleinen Poseidon (vgl. die → Kureten des Zeus auf Kreta, Strab. 10,472). Herangewachsen, zeugt Poseidon mit ihrer Schwester → Halia außer der → Rhode 6 Söhne, die er wegen Inzests und Gewalttätigkeit unter der Erde verbergen muß. Die T. selbst, in Vorahnung einer kommenden Überschwemmung, zerstreuen sich in verschiedene Richtungen. Ihre Herrschaft wird von der der → Heliaden abgelöst.

Dieser Bericht wird durch andere Autoren ergänzt, z. B.: Flossenhände und Fehlen der Füße bei einigen T. (Suet. »Über Schimpfwörter«; T. war ein solches, s. u.) sprechen für ihren Charakter als Meeresdämonen; die Verfertigung des Dreizacks für Poseidon (Kall. h. 4,31) und der Harpe für → Kronos (Strab. 14,654) zeigt sie als kunstreiche Schmiede; der Erfinder der Mühlen, → Mylas, ist einer der T. In der außerdiodor. Überlieferung kommt zusätzl. als wesenhafter Grundzug der T. Neid und Boshaftigkeit zum Ausdruck. Ihr Zauber ist Schadenzauber; mit Styxwasser und Schwefel verderben sie die Vegetation (Strab. a. O.); wegen der schädigenden Wirkung ihres »bösen Blicks« hat Zeus sie ertränkt (Ov. met. 7, 365ff.). Schon Stesich. frg. 93 bringt sie mit den Keren, Bakchyl. frg. 52 mit Nemesis und Tartaros in Verbindung. Pind. O. 7,53. 70f. spielt auf ihre Hinterlist an. Kall. nennt seine lit. Widersacher im Prolog der Aitia T., d. h. heimtückische Gegner, und in diesem Sinn sind die T. sprichwörtl. geworden. – Sie sind aber nicht nur auf Rhodos bodenständig, auch auf → Keos (Kall. frg. 9,64ff. Pf., unter Berufung auf den Lokalforscher → Xenomedes), auf Kreta und Kypros, in Lykien und im Mutterlande: → Teumessos in Boiotien (Athena Telchinia, Paus. 9,19,1), in Delphoi (Fest Telchinia), in → Sikyon, dessen alte Königsliste Telchin und Thelxion (T. wurde von *θέλγειν* abgeleitet) aufweist, Paus. 2,5,6ff. Die T. sind eine vor- (oder früh-)griech. Göttergruppe, die zu überwiegend bösen Dämonen herabsank oder durch die Epiklese *Τελχίνιος* von olymp. Göttern absorbiert wurde. Sie sind der Ausdruck frühmetallzeitl. Vorstellungen. J. WIESNER Olympos 242ff. Thalass. Züge scheinen nicht primär zu sein. K. KERÉNYI (Die Mythologie der Griechen 87f. 180f.) sieht in ihnen Diener der großen Göttermutter wie die idäischen → Daktylen, aber auch unterweltliche Wesen. Daß die T. als Zwerge gedacht wurden (WILAM. GldH. 1,274), ist nirgends bezeugt. S. o. Bd. II 1025,38. H. v. G.

Tele (*τέλη*) bedeutet – unter anderem – Taxen, Liturgien, Steuern (wohl hauptsächlich die indirekten, so [3], 84f.), also Abgaben und Leistungen einzelner an den Staat (vgl. etwa Aristot. Ath. pol. 55,3. Poll. 8,156. Belege für Äg. in F. PREISIGKE WB. der griech. Papyrusurk. 3,250f.). Mit Fragen der Staatseinkünfte, und dadurch mit den T., befassen sich Schriften des Platon (Gesetze), des Ps.-Xen. (vect.) und das 2. B. der *Οἰκονομική* des Ps.-Aristoteles. Von direkten Steuern sind Vollbürger meist ausgeschlossen, wenigstens in vorhellenist. Z. Die verschiedenen T. sind: Zölle, Hafengebühren, Durchfahrtsgebühren (*πρόσοδοι*); Marktgebühren; Verkaufsabgaben, die nach dem Wert des Objektes bestimmt werden; Metökensteuern; Gewerbesteuern, bes. vielfältig im hellenist. Äg.; → Monopole, ebenfalls erst seit dem Hellenismus häufig; die Einnahmen der öffentlichen Banken (→ Trapeza 2); schließlich Spezialsteuern, wie jene bei Freilassungen von Sklaven. Kopfsteuern gibt es erst seit hellenist. Z. im Seleukidenreich (unsicher, ob in allen Satrapien) und in Äg. (→ Syntaxis); sie gelten als Zeichen der Unfreiheit. Vermögenssteuern gibt es in klass. Z. auch nur ausnahmsweise, bes. im Kriegsfall. Die Anfänge sind umstritten, der erste sichere Beleg für Athen bei Thuk. 3,19 für 428/27 v. Chr. Art der Berechnung und Progressivität sind umstritten, vgl. → *Εἰσφορά*; G. E. M. DE STE. CROIX, Classica et Mediaevalia 14, 1953, 30ff. Zu den T. kann man auch die Einnahmen aus dem Staatsbesitz rechnen, bes. aus den Bergwerken (Gold in Thasos, Silber in Athen), weniger aus Ackerland. Beide werden meistens verpachtet. Anders sind die Verhältnisse im hellenist. Äg., wo das ganze Land Eigentum des Königs ist. Die T., wenigstens die indirekten Steuern, werden vom Staat an einzelne oder an Gesellschaften verpachtet; → Telonai. Th. P.

1. *U. Wilcken* Griech. Ostraka 1, 1899. 2. *H. Francotte* Les finances des cités grecques, 1909. 3. *A. Andreades* Gesch.

d. griech. Staatswirtschaft 1, 1931. 4. *W. Schwahn*, RE IX A 226ff. (ausführlich, aber nicht fehlerfrei). 5. *F. M. Heichelheim* An Anc. Economic History 2, 1964, 133ff. 238ff. (ausführl. Lit.); 3, 1970, 184ff. 6. *R. Thomsen* Eisphora, 1964.

Teleboai (*Τηλεβόαι*). Myth. Volk in W.-Akarnanien und den vorgelagerten Inseln (taph. Inseln, Echinaden, Leukas, Kephallenia). Der Name ist ep. Ursprungs: »weithin rufend«. In nachhom. Z. sind die T. Nachbarn der → Taphier, meist aber mit diesen gleichgesetzt, als Seeräuber verrufen. Ihr Ahnherr Teleboas, Sohn Poseidons oder → Pterelaos', Bruder des → Taphios, Vater von 22 Söhnen, führt einen Raubzug gegen Argos (→ Elektryon), → Amphitryon einen Rachezug gegen T. [Hes.] Asp. 19. Pind. N. 10,15. Hdt. 5,59. – Strab. 7,322f. 10,456 u.s. Apollod. 2,50ff. Apoll. Rhod. 1,747 mit Sch. – → Telon. H. v. G.

Teleboas. 1. *Ὁ Τηλεβόας* (Xen. an. 4,4,3), ein hübscher, nicht gerade großer Fluß, in dessen Tal zu Xenophons Zeiten zahlreiche Dörfer lagen: Der h. Kara Şu, ein Nebenfluß des ö. Euphrat. E. O.

F. H. Weißbach, RE V A 313.

2. s. Teleboai

Teledamos. 1. (*Τηλέδαμος*). Nach Eust. Od. 1796, 47ff. in der → Telegonie erwähnter Sohn des Odysseus und der → Kalypso. Änderung in *Τηλεδαπός* (Wilam. Hom. Unt. 183. Prell.-Rob. 2,1343) ist nicht genügend begründet. Andere Söhne des Paares: Nausinoos, → Nausithoos (2), → Auson. **2.** (*Τελέδαμος*). In myken. Lokalsage Sohn von → Agamemnon und → Kassandra, von → Aigisthos getötet. Sch. Od. 11,240. Grab in Mykenai, Paus. 2,16,6. H. v. G.

3. (*Τελ-*). Argiver, mit → Mnaseas (1) und Myrtis Führer der makedon. Partei, von Demosth. 18, 295 beschuldigt, seine Landsleute zu Sklaven → Philipps II. gemacht zu haben, von Pol. 18,14,3 verteidigt, da er Philipp in die Peloponnes gerufen, so die Lakedaimonier gedemütigt und seine Vaterstadt geschützt habe. H.V.

Telegonie (*Τηλεγόνεια*). Wohl das späteste Epos des tro. Sagenkreises, → ep. Zyklus, meist → Eugam(m)on von Kyrene, auch dem erhebl. älteren → Kinaithon von Lakedaimon zugeschrieben, benannt nach → Telegonos (1), dessen Sage im 2.B. behandelt wurde. Das 1.B. erzählt die Abenteuer des Odysseus nach seiner Heimkehr, die Reisen nach Elis (→ Polyxenos [3]) und Thesprotien (→ Kallidike [2], → Polypoites [2]). S.o. Bd. IV 239,12ff. 242,35ff. Die T. brachte neben Telemachos noch 2 Söhne von Odysseus und Penelope ins Spiel, P(t)oliporthes und Arkesilaos. Da Paus. eine Thesprotis als besondere Dichtung erwähnt und Clem. Al. von einem Plagiat nach → Musaios (1) spricht, dachte Wilam. Hom. Unt. 79f. 347f. an ältere Vorlagen des Eugamon, E. Bethe Der tro. Epenkreis, Darmstadt 1966, 40ff. 136ff. an eine Vereinigung von 3 Kleinepen. A. Hartmann Unt. über die Sagen vom Tod des Odysseus, 1917, betont das hohe Alter einiger Motive. Die Bearbeitungen des Stoffes durch Aischyl., Soph. und Pacuv. sind nicht erhalten. H. v. G.

Telegonos (*Τηλέγονος*). **1.** Sohn des → Odysseus und der → Kirke, Hes. theog. 1014. Auf der Suche nach seinem Vater nach Ithake verschlagen, tötet er unwissend Odysseus, der den Eindringling angreift, mit seiner Lanze, der in höchst altertümlicher Weise ein Rochenstachel als Spitze dient. Ein Beispiel des trag. Vater-Sohn-Motivs (umgekehrt → Euryalos [3]). Mit Penelope und Telemachos fährt er zu seiner Mutter nach Aiaia, wo er und sein Halbbruder je ihre Stiefmutter heiraten. Apollod. epit. 7,34ff. Hyg. fab. 127. T.' und Kirkes Sohn ist Italos, Hyg. a.O.; vgl. → Latinus (1). – T. gründet → Tusculum (Liv. 1,49) und → Praeneste (Ps.-Plut. parall. min. 41). – Andere Version → Kassiphone. **2.** s. Io, o. Bd. II 1427, 9. H. v. G.

Telekleides aus Athen, erfolgreicher Dichter der Alten Komödie: drei Siege an den Dionysien, der erste bald nach 446, fünf an den Lenäen (IG II^2 2325,54. 119). Dagegen gelangte sein Werk nur z.T. nach Alexandreia. Zitiert werden *Ἀμφικτύονες*, *Ἀψευδεῖς*, *Ἡσίοδοι* (vgl. Kratin. *Ἀρχίλοχοι*), *Πρυτάνεις*, *Στερροί* (mit Reprise), *Τίσις* (? Edmonds). Nur durch IG XIV 1098a sind *Εὐμενίδες* und [*Στρατ*]*ιῶται* oder [*Νησ*]*ιῶται* bekannt. Die Frg. zeigen den durch → Kratinos (1) entwickelten Typ der Komödie: Zeitkritik (Frg. 6. 11), bes. an Perikles (Frg. 42. 44), und das Gegenbild des wunschtraumhaften *βίος ἐξ ἀρχῆς* im Stil des Schlaraffenlandes (Frg. 1, vgl. Kratin. 160 Edm.). T. war vielleicht der erste, der Euripides Abhängigkeit von Sokrates nachsagte (Frg. 39. 40). W. K.

Körte, RE V A 322.

Telekles (*Τηλεκλῆς*). Philosoph der Mittleren → Akademie (IIb), Schüler des → Lakydes, übernahm gegen E. des 3.Jh. v.Chr. zus. mit → Euandros (2) die Leitung der Akademie; vgl. Diog. Laert. 4,60 und Ind. Acad. Hercul. col. XXVII 11, p. 94 Mekler. Schriften oder Lehrentscheidungen des T. sind nicht bekannt. H. D.

Teleklos (*Τήλεκλος*), Sohn des Archelaos, Vater des Alkamenes, 8. (9. Exc. barb. 304,19 Frick. P. Poralla Prosopogr. d. Lakedaimonier, 1913, 140) Agiade, spartan. König von 853–814. Hdt. 7,204. Eus. 81ff. Helm. Diod. 7,8,2. Paus. 4, 4,2. Er eroberte → Amyklai (1), Pharis, → Geronthrai, Paus. 3,2,6, besiedelte in → Denthalioi → Poiaessa, Echeiai und Tragion mit lakon. Kolonisten, Strab. 8,360. Seine Ermordung im Heiligtum der Artemis in → Limnai (2) soll den 1. messen. Krieg veranlaßt haben. Paus. 4,4,2f. Strab. 6, 279. Ein Heroon des T. lag später in Sparta nahe beim Theater, Paus. 3,15,10. H. V.

F. Kiechle Lakonien und Sparta, 1963, Ind.

Telemachos (*Τηλέμαχος*). Sohn des → Odysseus, der Il. 2,260. 4,353 seine Vaterschaft bekräftigt, und der → Penelope, in der Odyssee einziges Kind. Bevor Odysseus gen Troia zog, entlarvte → Palamedes (1) seinen geheuchelten Wahnsinn, indem er den neugeborenen T. mit dem Schwerte bedrohte oder dem Vater vor den Pflug legte. T. wurde von Penelope und → Eurykleia aufgezogen, von → Mentor (2) und → Medon (2) betreut. Im 20. J. der Abwesenheit des Vaters ist T. erwachsen, heiratsfähig und verfügungsberechtigt über sein Erbe, das seit 3 J. von den Freiern Penelopes verpraßt wird. Nach Odysseus' Willen (Od. 18,175f. 257) sollte sie sich jetzt neu vermählen, aber sie kann sich nicht entschließen, und T. ist ebenso ratlos. Da besucht Athena ihn in Gestalt des Nachbarfürsten → Mentes (2), erkundigt sich nach den Verhältnissen und rät ihm, die Freier aus dem Hause zu weisen und auf Kunde von dem Vater auszufahren. Eine daraufhin von T. einberufene Volksversammlung verläuft ohne Ergebnis, und das Schiff kann nur mit Athenas Hilfe, die diesmal in der Gestalt Mentors erscheint und sogar mitfahren will, ausgerüstet werden. Die Reise führt zuerst zu → Nestor (1) nach → Pylos (4), dann, unter Begleitung von dessen Sohn → Peisistratos (1), zu → Menelaos (1) und Helene nach Lakedaimon, wo T. von den Weissagungen des → Proteus erfährt. Erst in B. 15 mündet die »Telemachie« (B. 1–4) in die inzwischen längst angelaufene Haupthandlung ein. T. landet wieder in Ithake, nachdem er den auflauernden Freiern entgangen ist, und begibt sich zu → Eumaios, bei dem er seinen Vater trifft, der sich zu erkennen gibt und mit T. über die Bestrafung der Freier berät. T. hilft Odysseus bei der Vorbereitung und Ausführung seiner Pläne. Schließlich ist er noch an dem Besuch bei → Laertes und dem letzten Waffengang beteiligt.

T. ist der wohlerzogene, rücksichtsvolle, aber seiner Situation nicht immer gewachsene Jüngling, der durch Mentes und Mentor, in denen er erst beim Scheiden die Göttin erkennt, und durch seine Erfahrungen (die mißglückte Volksversammlung, die Reise an die peloponnes. Fürstenhöfe) allmählich zu selbständigerem Auftreten und Handeln heranwächst und dann dem heimgekehrten Vater umsichtig helfen kann. Nach Lage der Dinge muß ihm das rechte Verhalten gegenüber der Mutter und gegen die Freier Schwierigkeiten machen. Aber auch dabei bleibt er der *πεπνυμένος* »beseelt vernünftig«, gegenüber dem *πολύμητις*. Die spätere Epik hat keine Gelegenheit gefunden, ihn als reifen Mann zu zeigen. Sie beschäftigt sich vorzugsweise mit seiner Heirat und gibt ihm → Polykaste (2), → Kirke, → Kassiphone oder → Nausikaa zur Frau und verschiedene Söhne. Von Kassiphone oder den Seirenen soll er den Tod gefunden haben. – Im Namen T. steckt ein wichtiger Aspekt des Vaters, »Fernkämpfer« (in Troia oder mit dem Bogen?). Mit Unrecht sah man zeitweise in ihm einen »blassen Doppelgänger« des → Telegonos (1). – Serv. Verg. Aen. 10,167 macht T. zum Gründer von → Clusium. H. v. G.

F. Klingner Über die 4 ersten Bücher der Od., SB. Sächs. AW 1944. *R. v. Scheliha* Patroklos, 1943, 214ff. *O. Brinkmann*, G 59, 1952, 97ff. *F. Wehrli*, MH 16, 1959, 228ff. *W. Jaeger* Paideia 1,57. *L. Allione* T. e Penelope nell' Odissea, Torino 1963.

Telemnastos (*Τηλέμναστος*), Kreter, Gesandter des → Perseus (2) von Makedonien zu → Antiochos IV. (5) 168 v. Chr., Pol. 29,4,8. Ob ident. mit T., Sohn des Antiphatas, aus Gortyn, der 192 → Philopoimen mit 500 Kretern gegen → Nabis half und im Asklepieion von → Epidauros (1) durch eine Bronzestatue geehrt wurde, ist fraglich. Pol. 33,16,1. 6. IG IV² 1,244. H. V.

M. Launey Recherches sur les armées hellénist., 1950, 1153.

Telemos (*Τήλεμος*). Ein Seher, der lange bei den Kyklopen lebte, selbst kaum ein Kyklop. Als Odysseus seinen wahren Namen nannte, erinnerte sich → Polyphemos (2), daß T. ihm die Ankunft eines Odysseus und die Blendung durch ihn geweissagt hatte. Er hatte sich aber unter diesem einen bes. stattlichen Helden vorgestellt. Od. 9, 507ff. Theokr. 6,23. Ov. met. 13,770ff. H. v. G.

Telephassa (*Τηλέφασσα* »weithin leuchtend«). Gemahlin → Agenors (1), Mutter von → Kadmos (1), → Kilix, → Phoinix (1) und → Europe. Auf der Suche nach dieser starb sie in Thrakien und wurde von Kadmos begraben. Apollod. 3,2ff. 21. In Moschos' Epyllion Europe ist T. Tochter von Poseidon und Libye und Gemahlin des Phoinix. K. Kerényi (Die Heroen der Griechen 37) betrachtet T. als Beinamen der Mondgöttin. H. v. G.

Telephontes s. Polyphontes (4)

Telephos (*Τήλεφος*). **1.** Arkad.-mys. Heros, Sohn des Herakles von der Priesterin der Athena → Alea (1a) in → Tegea (1), Auge. T. wird von Auges Vater → Aleos im Gebirge → Parthenion ausgesetzt, wo eine Hirschkuh ihn ernährt und Hirten ihn aufziehen; → Korythos (5) wird sein Pflegevater. Auge wird in verschlossenem Kasten dem Meere preisgegeben und, in Mysien an Land getrieben, von König Teuthras als Frau, Apollod. 3,103, oder als Pflegetochter, Hyg. fab. 99, aufgenommen; andere Versionen: → Teuthras. Herangewachsen, hat T. seine Oheime erschlagen, ist dafür mit Stummheit (*ἄφωνος*) bestraft und zur Sühne vom Orakel auf Suche nach seiner Mutter ausgesandt worden (Hyg. fab. 244. Aristot. poet. 1460a 32). Er kommt auch zu Teuthras, der ihm zum Lohne für seine Mithilfe in einem Kriege die Hand der Auge und das Recht der Thronfolge gewährt. Das Aufzischen einer Schlange während des Beilagers führt unter dramat. Umständen zur *ἀναγνώρισις* zwischen Mutter und Sohn und verhindert die Vermählung, Hyg. fab. 100. In einer anderen Version heiratet T. Teuthras' Tochter → Argiope (3). – Während des mys. Vorspiels des tro. Krieges (o. Bd. III 1532) besiegt T. die Achaier am unteren Kaïkos. Er tötet → Thersandros, empfängt aber selbst von Achilleus eine unheilbare Wunde (durch Eingreifen des Dionysos, Pind. I. 8,49 ff.; O. 9,70 ff. In diesen Kampf gehört die Sosiasschale: Achilleus verbindet Patroklos, FURTWÄNGLER-REICHH. Griech. Vasenmalerei T. 123). Der Spruch ὁ τρώσας ἰάσεται (Eur. frg. 700) nötigt T. nach 8 J. der Qual, die Achaier in Argos aufzusuchen (Vasenbild des »T.-Malers«), wo er gegen das Versprechen, den richtigen Weg nach Troia zu weisen, die Heilung durch Achilleus erwirkt. Soweit die Kyprien. E. BETHE Der tro. Epenkreis, Darmstadt 1966, 89 ff. Aischyl. ließ T. durch brutale Erpressung sein Ziel erreichen; er bedroht den kleinen Orestes am Altar mit dem Schwerte. Bei Eur. gibt sich T. im Bettlergewand als angeblichen Feind des T. und verficht raffiniert dessen Sache. Als Heilmittel dienen Rost oder Späne der Lanze, Hyg. fab. 101.

Die Sage scheint ein Nachklang alter Kolonistenkämpfe mit Barbaren und eigenen Leuten zu sein. Schon die Kyprien bahnten eine Verbindung mit Troia an. In einer jüngeren Fassung stammt T. sogar aus Troia, POxy 11,1359. Hyg. fab. 273. Alkid. Od. 16, und heiratet eine Troerin: → Astyoche (4), → Laodike (1). Sein Sohn → Eurypylos (2) kämpft für Priamos. Die Attaliden von Pergamon betrachten T. als Ahnherrn und lassen am großen Altar den Telephosfries erstehen, eingehend beschrieben von G. BRUNS Der große Altar von Pergamon, 1949, 55 ff. Abb. 40–51. Es entsteht ein »T.-Roman« (F. SCHWENN, RE V A 364 f.), in dem z. B. die amazonenhafte Hiera (→ Nireus [1]) eine Rolle spielt. Von ihr und T. sollen → Tarchon und → Tyrsenos stammen, die Etrurien kolonisierten, Lykophr. 1245 ff.; auch → Kyparissos (1). Die hellenist. Dichtung befaßt sich mit T. Ennius und Accius schaffen lat. Nachdichtungen des eur. Dramas. Pompejan. Wandgemälde: Herakles findet T.: L. CURTIUS Wandmalerei Pompejis 229 ff. Abb. 2–6. WILAM. GldH. 2,362. C. BAUCHHENNS-THÜRIEDL Der Myth. von T. in der ant. Bildkunst, Würzburg 1971. H. v. G.

2. Griech. König in → Gandhāra, von dem lediglich wenige Münzfunde künden, die neben den sonst nur bei dem Śaka-König Maues ([8], 618 ff.) anzutreffenden Monogrammen  und  ([3], 147) folgende Legenden zeigen: *ΒΑΣΙΛΕΩΣ ΕΥΕΡΓΕΤΟΥ ΤΗΛΕΦΟΥ* (Vs.), *Maharajasa Kalanakramasa Teliphasa* (Rs.). Der in der Karoṣṭhī geschriebene ind. Text (»[Die Münze] des Großkönigs T., des trefflich Handelnden«) ist eine freie Wiedergabe des griech. Originals ([6], 33. [7], 44 ff.). Derartige Titel finden sich sonst bei den griech.-ind. Königen nicht. T. hat wahrscheinlich nach dem Tode des Apollodotos (um 95 v. Chr.) aus Revanche für die Niederlage des Antialkidas ([3], 120), zu dessen Münzgruppe er gehört ([3], 102,104. [8], 626 f.), auf kurze Zeit → Taxila zurückerobert ([3],148). Die Regierung dieses »ephemeral ruler« ([2], 179) wird um 95–80 anzusetzen sein ([3], 181). F. F. S.

1. *O. Stein*, RE V A 371 ff. 2. *J. N. Banerjea* in: *K. A. Nilakanta Sastri* (ed.) A Comprehens. Hist. of India 2, Bombay 1957, 176 ff. 198 ff. 3. *A. K. Narain* The Indo-Greeks, ²1962. 4. *W. W. Tarn* The Greeks in Bactria and India, ²1966, 331 ff. 400 ff. 496 ff. 5. *G. Woodcock* The Greeks in India, 1966, 123 ff. 6. *A. K. Narain* The Coin Types of the Indo-Greek Kings, Chicago 1968. 7. *R. B. Whitehead* Indo-Greek Numismatics, Chicago 1970. 8. *F. Altheim–R. Stiel* Gesch. Mittelasiens im Alt., 1970.

3. Aus Pergamon, vielseitiger griech. Grammatiker (Suda s. *T.*) des 2. Jh.s n. Chr., zus. mit → Hephaistion (2) angeblich Lehrer des L. → Verus (H. A. Ver. 2,5). T. starb beinahe 100jährig (Gal. san. tuenda 5,4,15. 12,28). Sein riesiges Oeuvre umfaßte Einführungsschriften in Phil. und Bücherkunde, ein Synonymen-Lex. (Ὠκυτόκιον), 5 B. *Π. συντάξεως λόγου Ἀττικοῦ*, ein alphabet. angelegtes → Onomastikon (Kleidung und Gebrauchsgegenstände), Spezialschriften zum Verständnis der att. Redner, Biogr. der Tragiker und Komiker, periheget. und hist. Werke über Pergamon und mehrere Abh. zu Homer (Hom. = ältester Attiker; = Begründer der systemat. Rhet. [vgl. WALZ Rhet. 7,5]; über die Irrfahrten des Odysseus; Versuch, Platon mit Homer auszusöhnen). FHG 3,634 f. FGrH 505. H. Gä.

H. Schrader, H 37, 1902, 530 ff.

Teles (*Τέλης*), vermutlich aus Megara, kyn. Wanderprediger des 3. Jh.; er verfaßte Diatriben, aus denen bei → Stobaios 8 Exc. erhalten sind. In diesen beruft sich T. mehrfach auf → Bion (1), auf → Krates (3) und auf → Stilpon. Da das Exc. *περὶ πενίας* auf etwa 270/260 zu datieren ist, dürfte T. die Genannten gehört haben. Das Exc. *περὶ φυγῆς* kann nicht vor 242, nicht nach 229 verfaßt sein. Ebenso wie Bion hat T. die Entwicklung der *διατριβαί* (→ Diatribai, o. Bd. II 1577 f.) nachhaltig beeinflußt. H. D.

Frg.-Slg.: *O. Hense*, ²1909 (Nachdr. Hildesheim–New York 1969). Französ. Übers. des Exc. *π. αὐταρκείας*: *A.-J. Festugière* La révélation d'Hermès Trismégiste 2, Paris 1949, 592 ff.

Lit.: *Wilam.* Antigonos von Karystos 292 ff.

Telesia, samnit. (Strab. 5,250. Ptol. 3,1,67; Mz. bei VETTER HB 200 B 5 S. 136) Stadt an der Straße Teanum–Benevent (Tab. Peut. 6,3. Itin. Anton. 122,2. 304,3. Geogr. Rav. 4,34), 217 von Hannibal (Liv. 22,13,1), 214 von Fabius erobert (Liv. 24,20,5), Kol. der Triumvirn (Feldm. 238,3), dann *municipium* 1. Region (Plin. nat. 3,64), Heimat des Samnitenführers C. → Pontius (I 1; Cic. Caec. 87. Vell. 2,16. 27. Val. Max. 6,8,2. App. civ. 3,90. 93); h. Telese. G. R.

Forbiger HB. d. alt. Geogr. 3,460. *Nissen* It. Ldk. 2,801 f.

Telesilla (*Τελέσιλλα*), Dichterin aus Argos in der 1. Hälfte 5. Jh. v. Chr. Die sehr spärlichen Frg.e bezeugen Lieder auf die vor dem Alpheios fliehende Artemis und auf Apollon. Das Versmaß (akephaler Glyconeus) wurde nach ihr Telesilleion benannt. In Argos erzählte man, daß T. die Frauen der Stadt zum siegreichen Kampf gegen die spartan. Könige → Kleomenes (3) und → Damaratos führte (Plut. mor. 245c mit Berufung auf → Sokrates [4] von Argos; Paus. 2,20,8–10). Diese Legende hätte sich schwerlich gebildet, wenn T.s Blüte von Eus.-Hier. chron. mit Recht in Ol. 82,2 = 452/51 gesetzt würde. Anth. lyr. 2² (1942), 5 p. 72–75. D. L. PAGE Poetae mel. gr. (1962) p. 372–74. R. K.

Telesippos (*Τελέσιππος*), Athener aus Cholargos, Sohn des → Hippokrates (3), Großneffe des Perikles, zusammen mit seinen 2 Brüdern verhöhnt von Aristoph. Nub. 997. Eupol. frg. 116 E. Ihrem von ihnen verklagten Vormund schrieb Lysias die Verteidigungsrede (*πρὸς τοὺς Ἱπποκράτους παῖδας*, frg. 43 TH.). K. K.

Telesphoros (*Τελεσφόρος*). **1.** Sprechender Name (»Vollender«) eines griech. Heilgottes, der zu den »problemreichsten (Gestalten) der griech. Rel.-gesch.« zählt ([1], 159 A. 101). Erst spät als »neues Reis« und »Sohn des Asklepios« zu dessen Kreis tretend (MAAS Epidaur. Hymnen 152, c. 9f. IG II/III² 2127), wurde T. durch Orakel E. 1. Jh. n. Chr. in → Pergamon eingeführt (Paus. 2,11,7; früheste T.-Inschr. jetzt 98–102 datiert: Altert. v. Perg. VIII 3, 1969, 135f.), wo ihn z. B. → Aristeides (3) oft erwähnt (BEHR Ael. Arist. and the Sacred Tales, 1968, 153) und von wo aus sich sein Kult rasch ausbreitete (NOLL, Festschr. Egger 2, 1953, 184ff.). Wegen der *παῖς*-Gestalt und des Kapuzenmantels ist T. ident. mit den *genii cucullati*, die Fruchtbarkeits-, Heil-, aber auch Totengötter waren ([2]–[4]). D. Wa.

1. *Ohlemutz* Die Kulte ... in Pergamon, ²1968, 159ff. (dort weitere Lit.). 2. *Egger* Röm. Ant. u. früh. Christentum 2, 1963, 1ff. 3. *Deonna* De Télesphore au «moine bourru», 1955 (grundlegend). 4. *Trencsényi-Waldapfel* Unt. z. Rel.-Gesch., 1966, 453ff.

2. Vornehmer Makedone, befreite 313 im Auftrag seines Onkels → Antigonos (1) die von Alexandros, dem Strategen des → Kassandros (2), besetzten Städte der Peloponnes außer Korinth und → Sikyon, konnte das von Kassandros belagerte → Oreos nicht entsetzen, fiel 312 aus Neid auf → Ptolemaios (22) von Antigonos ab, besetzte die Akropolis von Elis, plünderte das olymp. Heiligtum, wurde aber von Ptolemaios vertrieben. Diod. 19,74,1f. 75,7. 87. Diog. Laert. 5,79. Ident. mit T. unter → Lysimachos (1), Athen. 14,616c. Plut. mor. 606b? H. V.

H. Bengtson Die Strategie 1, 1937, 149ff.

Telesterion s. Eleusis

Telestes (*Τελέστης*). **1.** Nach Diod. 7,9,5f. und Paus. 2,4,4 der letzte Erbkönig von Korinth, von Verwandten umgebracht (ca. 748). Seitdem herrscht die Oligarchie der → Bakchiaden bis zur Tyrannis des → Kypselos. H. v. G.

2. Aus Selinus (Marm. Par. A 72. Athen. 14, 616f. 625f. Diod. 14,46,6), Dithyrambendichter, siegte in Athen 402/01 (Marm. Par.). Bezeugte Titel: *Ἀργώ* (darin gegen → Melanippides), *Ἀσκληπιός*, *Ὑμέναιος*, *Διὸς γοναί* (?). Seine Dithyramben ließ sich Alexander d. Gr. ins Feld schicken (Plut. Alex. 8). R. K.

C. *del Grande* Ditirambografi 125–130. Anth. lyr. 2² (1942), 5, 198–200. *D. L. Page* Poetae mel. gr. 419–422.

Telete (*τελετή*), zu *τέλομαι* (FRISK 2,871; zuerst Alkm. Frg. 7,4 PAGE), hat folgende relig. Bedeutungen: **1.** zunächst allg. »hl. Handlung«, daher synonym mit *ἑορτή*, *θυσία* (Hesych. s. *T.*), so z. B. auch von Festen gesagt wie den olymp. Spielen (Pind. O. 10,51), den → Theoxenien (Pind. O. 3,41), den → Panathenaien (Pind. P. 9,97), den → Thesmophorien (Hdt. 2,171), dann **2.** früh t. t. orgiast., mit Tanz (*τ. οὐδὲ μίαν ἀρχαίαν... ἄνευ ὀρχήσεως*: Lukian. salt. 15) verbundener Kulte (SOKOLOWSKI in: Charisteria G. Przychocki, 1934, 272ff.), so des Dionysos (Pind. Frg. 70b, 6. Eur. Bacch. 22. Clem. Al. protr. 1,2,2: *τ. βακχική*), der Korybanten (Plat. Euthyd. 277d) u. a., **3.** = *καθαρμοί*, »Reinigungsriten« (NOCK Conversion 28ff. zu Theophr. char. 16,12. BOLKESTEIN Theophr. Char. d. Deisidaimonia 55ff.), **4.** ab 5. Jh. v. Chr. = *μυστήρια*, »Mysterieninitiation« (Aristot. rhet. 1401a 14: *τὰ μυστήρια πασῶν τιμιωτάτη τελετή*), so bes. die → Eleusinia (Isokr. 4,28. Paus. 1,37,4; MYLONAS Eleusis 239. 258–278), die der → Kabeiroi (FGrH 548 F 1. Clem. Al. protr. 2,19,4: *τ. Καβειρική*. Samothrace 1, 1958, 147 s. T.), die des → Orpheus (GUTHRIE Orpheus and Greek Religion² 201ff.), der ebenso Vf. von T. gewesen sein soll (Orph. frg. 315–17 Nr. 29) wie → Musaios (FGrH 328 F 208), → Eumolpos (Sud. s. *E.*) u. a. (zur *περὶ τ.*-Lit. von Stesimbrotos u. a.: ZIJDERVELD a. O. 40f.), daher **5.** dann später auch von der chr. Rel. gesagt, die als *καινὴ τ.* bezeichnet wurde (Lukian. Peregr. 11. Orig. Cels. 3,59. NOCK, Essays 811ff.), wie früher gern von äg. Kulten (ZIJDERVELD a. O. 100f.) und auch metaphorisch in Übernahme der Mysteriensprache (Plat. Phaidr. 249c. Dion. Hal. comp. 25, 195: *τ. τοῦ λόγου*. Chrysipp. Frg. 42. Ach. Tat. 1, 9), **6.** oft t. t. in Magie und Zauberei = »Weihe. Konsekration« von Amuletten u. a. (Heliod. Aith. 8,11: *δακτύλιος τελετῆς ἀνάμεστος*, PGM 4, 2205. 5,159 u. o.; BONNER Stud. in Magical Amulets 14ff. FESTUGIÈRE, CPh 46, 1951, 82f.). Auch gab es T.-Personifizierung, zu der auch Kulte gehörten (KERN, RE V A 396; zum Tänien-Symbol der T.: METZLER in: Festschr. H. E. Stier, 1972, 115), und Paus. 9,30,4 sah eine T.-Statue auf dem Helikon (zum T.-Relief von Luku: KARUSU, MDAI[R] 76, 1969, 256 m. T. 83,2). D. Wa.

Zijderveld Τελετή, Diss. Utrecht 1934. *Matz*, AAMz 1963 Nr. 15 (1964). *Des Places* La religion grecque, 1969,

379. *Nock*, Essays on Religion and the Anc. World 2, 1972, 797ff.

Telethrion (*Τελέϑριον*), Gebirge im n. Euboia, über Oreos- → Histiaia, reich an Arzneipflanzen, h. Gebirge v. Galitsades, aus Schiefer und Sandstein, 985 m hoch. Strab. 10,1,3f. p. 445. Theophr. h. plant. 4,5,2. 9,15,4. 8. 20,5. Plin. nat. 25,94. Steph. Byz. E. M.

Philipps.-Kirst. 1,571ff. *Fiehn*, RE V A 397.

Teleutias (*Τελευτίας*), Sohn des Theodoros und der Eupolia, Stiefbruder des → Agesilaos II. (2). Xen. hell. 4,4,19. Plut. Ages. 21,1. Anth. Pal. 7,426. P. Poralla Prosopogr. d. Lak., 1913, 159. T. befehligte 392–86 mehrfach Spartas Flotten, wie oft als Nauarch, ist umstritten; Xen. gibt ihm nur 5,1,13 für 387/86 diesen Titel, auch war öftere Bekleidung des Amtes z.Z. des → Lysandros (1) verboten, Xen. 2,1,7. Andererseits trat T. zweimal die Stelle eines Nauarchen an und hatte längere Zeit zumindest nauarch. Kompetenz. Poralla 116 nimmt 3 Nauarchien des T. an: 392/91, 390/89 und 387/86. T. erhielt 392 die 12 Trieren des → Herippidas. Bei einem Angriff des Agesilaos auf Korinth nahm T. die Schiffe und Werften in → Lechaion. Xen. 4,4,19. Plut. Ages. 21,1f. 390 übernahm er die Flotte des Nauarchen Ekdikos in Knidos, kaperte 10 att. Trieren, half der Spartanerpartei auf Rhodos, kehrte 389 über → Aigina, wo er dem Nauarchen Hierax die Flotte übergab, heim. Xen. 4,8,24f. 5,1,1f. Beliebt und gefeiert als Führer (vgl. seine Rede Xen. 5,1,14ff.) erhielt T. 388 ein Flottenkommando anstelle des gefallenen → Gorgopas, erbeutete mit einem Handstreich gegen den → Peiraieus und durch Überfall einer Getreideflotte bei Sunion so viel, daß er einen Monatssold vorauszahlen konnte. Xen. 5,1,18ff. Als Harmost besiegte er 382 die Chalkidier vor → Olynthos, verwüstete das Land, wurde 381 vor Olynth geschlagen und fiel. Xen. 5,3,1ff. Diod. 15, 21,1f. H. V.

Telines (*Τηλίνης*). → Gelon (1) stammte aus einem Geschlecht, das von T. her die Würde eines Hierophanten der chthon. Gottheiten besaß: Männer aus → Gela, die in einem Bürgerkrieg unterlegen und nach → Maktorion geflohen waren, führte T. unter dem Schutze der Kultgeräte jener Gottheiten nach Gela zurück unter der Bedingung, daß seine Nachkommen die Hierophantenwürde behielten (Hdt. 7,153). Kl. M.

Telis (*ἡ τῆλις*) s. Bockshornklee

Telliadai (*Τελλιάδαι*). Elisches Sehergeschlecht, Hdt. 9,37. Mit Namen bekannt sind uns → Hegesistratos (2) und Tellias aus der Z. der Perserkriege. K. K.

Tellis (*Τέλλις*), Spartiate, Vater des → Brasidas, war mit der durch ihren Ausspruch über den Tod des Sohnes berühmten Argileonis verheiratet. Plut. Lyk. 25,8; mor. 190 b. 219 d. 240 c. Diod. 12,74,3. T. war Schwurzeuge bei dem Nikiasfrieden 421. Thuk. 5,19. 24. H. Bengtson Die Staatsverträge des Alt. 2, 1962, Nr. 188. Als Vertreter der von → Pleistoanax (Thuk. 5,17) verfochtenen Friedenspolitik stand er im Gegensatz zu seinem Sohn. Thuk. 4,108,7. H. V.

Tellos (*Τέλλος*, ein Kurzname). Ein Athener, den nach Hdt. 1,30 → Solon dem → Kroisos als den glücklichsten Menschen pries, weil er in der Blütezeit seiner Polis brave Kinder und gesunde Enkel hatte und schließlich in siegreichem Kampf für das Vaterland bei → Eleusis fiel, wo er ein Ehrengrab erhielt. Als Hdt.' Quelle wird ein lehrhaftes att. Volksbuch oder die Grabinschrift selbst angenommen. H. v. G.

Tellumo, Tellurus s. Tellus

Tellus, *prima deorum* (Verg. Aen. 7,136), hat in Rom ihren Tempel *in Carinis* (Fast. Praen. CIL I^2 p. 237. Serv. Aen. 8,361. Dion. Hal. ant. 8,79,3. Plut. Sull. 8) auf (Cic. dom. 101. Val. Max. 6,3,1) oder vor (Liv. 2,41,11. Dion. a.O.) dem Grundstück des Sp. → Cassius (I 26; dessen Bild: Plin. nat. 34,30); bei Erdbeben in der Schlacht von P. → Sempronius (I 15) 268 gelobt (Flor. 1,14); *dies natalis* (Arnob. 7,32) 13. Dez. (Fast. Praen. a.O. Antiat. p. 249. Ost. CIL XIV 4547); Straßenname bezeugt durch *Tellurense secretarium* (DessILS 5523); Interesse Ciceros (har. 31; ad Q. fr. 3,1,14). Dort Senatssitzung vom 17. März 44 (Cic. Phil. 1,31; Att. 16,14,1. Cass. Dio 44,22,3. App. civ. 2, 126). T. erhält Opfer an den *feriae sementivae* (vor der Saat: *porca praesentanea*, eine *sus plena* Fest. 274,6 L. Arnob. 7,22) mit Ceres (Ov. fast. 1,671. Lyd. mens. 3,9) bei Besuch des Tempels (Varro rust. 1,2,1), an den *Fordicidia* eine *bos forda* (Ov. fast. 4,634. 665f.; vgl. Varro l.l. 6,15), vor der Ernte (Cato agr. 134,1. Paul. Fest. 243,1f. L.) die *porca praecidanea* als *piaculum suscipiendum Telluri et Cereri* (Varro bei Non. p. 163 M.), beim *sacrum Cereale* des *flamen* mit Ceres (Fab. iur. pont. frg. 3 P.), von den *pontifices* mit Tellumo, Altor, Rusor (Varro bei Aug. civ. 7,23), nach der Ernte (Hor. epist. 2,1,143). T. wurde bei der Devotion zusammen mit den Manes angerufen (Liv. 8.9,8. 10,28,13. 29,4. Macr. Sat. 3,9,11; bei ihrem Namen wird die Erde berührt. Val. Max. 1,7,3; bei Iuv. 8,257 *Terra parens* wie bei der Verfluchung: Suet. Tib. 75,1. Aur. Vict. Caes. 33,21). T. neben Iuppiter (Varro rust. 1,1,5), als *initium* (Aug. civ. 7,28), *alma* (Ov. met. 2,272. Serv. Aen. 10,252), *fertilis frugum pecorisque* (Hor. c. s. 29), ist der Name der Göttin, während das Element *terra* heißt (Serv. Aen. 1,171. 12,778). Anrufung *in auspiciis nuptiarum* (Serv. auct. Aen. 4,166) *diversis nominibus* (Aug. civ. 7,24). T. ist eng mit Ceres verbunden (Kalender zum 13. Dez. Fab. bei Serv. auct. georg. 1,21. Varro bei Non. p. 163 M. Ovid. fast. 1,671. Arnob. 7,32. Mart. Cap. 1,47 *Ceres Tellurus = Ceres Telluris*), ebenso mit Terra (Cic. nat. 3,52. Varro l.l. 5,67). T. und *Terra mater* in Grabgedichten (CEpigr. 1129,2. 1476,2 u.a.). Statt T. später *Terra mater* (zuerst Pacuv. frg. 93

R.; vgl. CIL VI 84. 770. 771. 772 u.a.): Bei Säkularfeier (Act. lud. saec. 136f.) eine *sus plena* für *Terra mater* (Zosim. 2,6,11), deren Name vermutlich Übersetzung des griech. *Δημήτηρ* ist; demnach griech. Einfluß naheliegend. Die Funktion der Ceres und Terra beschreibt Ov. fast. 1,674: *haec praebet causam frugibus, illa locum.* G. R.

Prell.-Jord. 2,3f. *Wissowa*, Myth. Lex. 5,331ff. *Ders.* Rel. ²192ff. *Deubner*, NJb 27, 1911, 332. *Ders.* bei *Chantepie* 2,440ff. *Eitrem*, Myth. Lex. 5,391. *Latte* RRel 71. *Altheim* Terra mater 108ff. *Radke* Die Götter Altitaliens 298f. *Dumézil* Rel. Rom. Arch. 363ff. *Le Bonniec* Le Culte de Cérès ... 111ff. *Bayet*, RHR 137, 1950, 172ff. *Dieterich* Mutter Erde 73ff. *Richter* Topogr.² 323ff.

Telmissos. 1. (Die Namensform *Τελμεσσός* erst aus dem 2./1.Jh. v.Chr. in Sylloge³ 1044 belegbar.) Lelegersiedlung in Karien, erst neuerdings mit guten Argumenten beim Dorfe Gürice auf einer Anhöhe, ca. 8 km w. von → Halikarnassos (h. Bodrum; vgl. Polemon FHG 3,125 Frg. 35) entfernt, lokalisiert, vgl. [2]. Auf dem Territorium von T. befand sich ein berühmtes Apollon-Orakel, mit dem zusammen T. das *κοινὸν Τελμισσέων* (JHS 14, 1894, 377 Z. 6f.) bildete.

1. *W. Ruge*, RE V A 409f. 2. *G.E. Bean–J.M. Cook*, ABSA 50, 1955, 151–155. 3. *G.E. Bean* Turkey beyond the Maeander, London 1971, 122f.

2. (Die Namensform *Τελμισσός* ist offensichtlich nicht die ursprüngliche.) Ant. Küstenstadt in Lykien an der Grenze zu Karien; ihre Ruinenstätte hat man mit Sicherheit beim h. Fethiye (ehem. Makri) lokalisieren können. Epigraphische Zeugnisse lykischer Sprache, die dort gefunden wurden, weisen auf ein hohes Alter der Siedlung hin (TAM I Nr. 1–5). Neben dem *κοινὸν τῶν Λυκίων* hat die Stadt grundsätzlich eine eigenständige Politik getrieben. T. war eine Zeitlang Mitglied im Del.-Att. Seebund, geriet dann unter die Herrschaft des karischen Dynasten → Maussolos (2), war in hellenist. Z. Teil des seleukidischen, seit der Mitte des 3.Jh.s Teil des ptolemaiischen Reiches und geriet mit dem Vertrag von Apameia 188 v.Chr. in die Gewalt des pergam. Hofes. Seit 133 wieder selbständig, unterstützte T. als Mitglied des Lykischen Bundes die Rhodier im Kampf gegen → Mithradates VI. (5). Bekannt waren die Telmessier für ihre mantischen Fähigkeiten; ihr Apollon-Orakel war zwar nicht so berühmt wie das der gleichnamigen kar. Stadt (Nr. 1), hat aber doch eine beachtliche Wirksamkeit entfaltet, deren Spuren man vormals zu Unrecht insgesamt der karischen Orakelstätte zugeschrieben hat. E. O.

W. Ruge, RE V A 410ff. *D. Magie* Roman Rule in Asia Min., Princeton 1950, 1371. Die Inschr. TAM II Nr. 1 bis 118. Die Mz. *Head* HN² 698.

Telon (*Τέλων*). König der → Teleboer, der von Taphos nach → Capreae (Capri) übersiedelte, von wo aus sein Sohn → Oibalos eine ausgedehnte Herrschaft auf dem gegenüberliegenden campan. Festland gründete. Verg. Aen. 7,734 mit Serv. z. St. H. v. G.

Telonai (*τελῶναι*) sind aus der klass. Z. nur aus Athen gut bekannt. Indirekte Steuern (→ *τέλη*) werden für 1 Jahr vom Staat verpachtet, Bergwerke 3 oder mehr Jahre. Die Pacht ist gesetzlich geregelt (*οἱ νόμοι οἱ τελωνικοί*, Demosth. 24, 96. 101). Pächter konnten Einzelpersonen oder Gesellschaften sein; der Zuschlag erfolgte üblicherweise an den Meistbietenden. Die T. mußten Bürgen stellen und in zwei (?) Raten bezahlen: am Anf. (*προκαταβολή*) und zu einem späteren Zeitpunkt. Wenn dieser nicht eingehalten wurde, erfolgte → Atimie, Erhöhung der Summe, Haft und schließl. Konfiskation des Vermögens (And. 1,73). Die Atimie blieb auch an den Nachkommen haften. Zur Übernahme der Pacht gehörte ein gewisses Vermögen. Diese Form von Kapitalinvestition scheint ziemlich gewinnbringend gewesen zu sein. Im Kriegsfall oder unter bes. Bedingungen konnte ein Teil der Pachtsumme durch die Volksversammlung erlassen werden. Die T. waren vom Kriegsdienst suspendiert und hatten gewisse Rechte, wie Kontrolle von Schiffsladungen, Konfiskation unverzollter Waren u.ä.

Im hellenist. Äg. stehen die T. unter strenger staatl. Kontrolle, sonst ist das System der Pacht ähnlich wie in Athen; allerdings können auch Nichtgriechen T. werden. Pachtverträge sind auf uns gekommen (*πρᾶσις, ὠνή*), auch Steuerpachtgesetze (MITT.-WILCKEN Grdz. 1,2, Nr. 258f.). Die Gewinnmöglichkeiten scheinen niedriger gewesen zu sein als in Athen; außerdem haftet der T. sogar bei Naturkatastrophen mit seinem eigenen Vermögen. Deshalb sind Pachtgesellschaften häufig. Der Staat verhandelt allerdings nur mit einer Person, etwa dem Leiter (*ἀρχώνης*). Afterpacht ist möglich. Bürgen müssen gestellt werden; sie durften, ebensowenig wie die T., königliche Beamte sein. Die Bürgschaftsurkunden (*σύμβολα*) wurden in Banken deponiert. Das Personal der T. wurde nach staatl. Vorschriften entlohnt. Den T. entsprechen in röm. Z. die → *publicani*. Th. P.

W. Schwahn, RE V A 418ff. *Rostovčev* Soc. a. Ec. Hell. W. passim, bes. 257ff.

Telos (*Τῆλος*), Insel n.w. von Rhodos, 63 (59) qkm groß, 16 km lang, 1,2 bis 9 km breit, bis 651 m hoch, mit mehreren tiefen Buchten, aus Schiefer- und Kalkformationen mit breiten kulturfähigen Talmulden aus Bimssteintuff bestehend. Die ant. Stadt mit teilweise erhaltenen Mauer- und Gebäuderesten lag über dem h. Hauptort im N. Reste von Wachttürmen um die Insel, [4]. 394 v.Chr. Anschluß an → Pharnabazos (2) und → Konon (1), Diod. 14,84,3 (*Τηλίους* statt *Τηίους* [6]). Seit dem 2.Jh. v.Chr. als Demos zu Rhodos gehörend. Im Alt. waren Salben aus T. berühmt, Plin. nat. 4,69. 13,13. Skyl. 99. Strab. 10, 5,14ff. p. 488. Stad. m. m. 272. Steph. Byz. Suda s.

Ἤριννα. Hesych. s. Ἀγάθουσα. Kall. frg. 581 PF. Inschr.: IG XII 3 Nr. 29–85. EA 1922, 42ff. Ἀρχ. Δελτ. 16, 1960, 94ff. [4], 261ff. Abh. Sächs. AW 62,1, 1969, 13ff. SEG 3,715–635. 19,545. Mz.: HEAD HN² 642. E. M.

1. *Fiehn*, RE V A 427ff. 2. *Philipps.-Kirst.* 4,304ff. 3. Guida d'Italia del Touring Club Italiano, Possedimenti e colonie 135f. *(Piscopi)*. 4. *G. Susini*, ASAA 41/42, 1963/64, 261ff. (mit Plan). 5. *Bent*, JHS 6, 1885, 233ff. 6. *L. Robert*, RPh 8, 1934, 43ff. = Opera min. 1,569ff. 7. *G. Gerola*, ASAA 2, 1916, 13ff.

Telphusa s. Thelphusa

Telys (Τῆλυς), Demagoge (Diod. 12,9,2ff.) in → Sybaris (4), dann König bzw. Tyrann (Hdt. 5,44. 47), erreichte die Verbannung der 500 reichsten Bürger und Einzug ihres Vermögens. Die Vertriebenen fanden in → Kroton Schutz. T. begann trotz der Warnungen des Sehers Kallias den Krieg, in dem angeblich 300000 Sybariten gegen 100000 Krotoniaten unter → Milon (2) kämpften. T. wurde geschlagen und mit seinen Anhängern von den Sybariten umgebracht. Herakl. Pont. frg. 49 WEHRLI. H. V.

H. Berve Die Tyrannis ..., 1967, 158. 610.

Tembris (neben anderen Namensformen wie *Tembros, Tembrios* u. dgl.), h. Porsuk Çayi, linker Nebenfluß des → Sangarios (h. Sakarya). Er entspringt im phryg. → Dindymon (2)-Geb. (h. Murat Daği), wendet sich in großem Bogen nach W., N. und von der Höhe der ant. Stadt → Dorylaion (3 km n.ö. von Eskişehir) nach O., um n.w. von → Gordion (beim h. Yassihüjük) in den Sangarios zu münden. E. O.

W. Ruge, RE V A 433.

Temenion (Τημένιον), kleiner Ort an der Küste von Argos mit Grab und Kult des → Temenos (2) und anderen Heiligtümern, mit geringen ant. Resten, ca. 5 km s. von Argos. Strab. 8,6,2 p. 368. Paus. 2,36,6. 38,1f. Steph. Byz. E. M.

E. Meyer, RE V A 434. *Philipps.-Kirst.* 3,145.

Temenos. 1. Τέμενος. Bei Hom. ausgesonderter Teil bei der Landnahme als Ehrengabe für den König und besondere Helden, nur viermal ein den Göttern bestimmtes Landstück. Il. 2,690, verbunden mit einem Altar, Il. 8,48. 23,148; Od. 8, 368. Neben der Bedeutung als Tempelbezirk wird T. für den gesamten Landbesitz einer Gottheit gebraucht. Er ist durch Grenzsteine gesichert. IG I² 860ff. Sakralrechtl. unterschied man zwischen dem Tempelbezirk und dem abgetrennten Grundbesitz eines Gottes. Der heilige Tempelbezirk durfte nicht für Feldbau (Aischin. 3,108), Bau von Häusern (Sylloge³ 988), Tierweiden (a. O. 963,36), Fällen von Bäumen (a. O. 984), Begraben von Toten (Thuk. 3,104,2), nur zur Aufnahme von Weihgeschenken und Ehrendekreten benutzt werden (T. des Demos und der Chariten). Der übrige Landbesitz der Götter wurde von der Tempelverwaltung, in Athen vom βασιλεύς (Aristot. Ath. pol. 47,4) wie Staatsländereien besonders für Kultzwecke verpachtet. Verdingungsbestimmungen in Athen Sylloge³ 93. 968. Sein Umfang wurde oft durch Stiftungen bestimmt, bes. in hellenist. Z. OGIS 60,4. Xen. an. 3,7ff. STENGEL 17ff. ROSTOVČEV Soc. a. Ec. Hell. W.

2. Τήμενος (Nachkommen: Τημενίδαι). Urenkel des → Hyllos, Sohn des → Aristomachos (1), einer der → Herakleidai. Hdt. 6,52. 7,204. Vell. 1,2. Paus. 2,18,7. 38,1. Theop. FGrH 115 F 393. Ephor. FGrH 70 F 115. Argiv. Landesheros, Stammvater der Könige von Argos und Makedonien. T., beraten durch das delph. Orakel, weshalb frühere Züge gegen die Peloponnes mißlangen, setzte mit den Brüdern → Aristodemos (1) und → Kresphontes von → Naupaktos über. Unter Führung des durch das Orakel bestimmten → Oxylos (2) von Aitolien eroberten sie die Peloponnes. Bei der Auslosung der 3 Teile Argos, Lakedaimon und Messene erhielten T. Argos, die Söhne des verstorbenen Aristodemos, → Prokles (1) und → Eurysthenes (1), Lakedaimon und Kresphontes durch einen Trick (Einwurf einer Erdscholle statt eines Steines in die wassergefüllte Urne) Messenien. Da T. → Deïphontes, den Gemahl seiner Tochter → Hyrnetho, als Erben bevorzugte, wurde er von seinen Söhnen getötet, Deïphontes nach → Epidauros (1) vertrieben. Nik. Dam. FGrH 90 F 30. Diod. 7,14a. Zahlreiche Söhne werden mit schwankenden Namensangaben als Temeniden genannt. So regierte Kissos in Argos, Phalkes in Sikyon, Agraios in Troizen. Apollod. 2,172ff. → Pheidon von Argos wurde als 5. oder 10. nach T. gezählt. Diod. 7,15. Ephor. FGrH 70 F 115. Archelaos oder → Perdikkas (1) begründeten als Nachkommen des T. die Dynastie in Makedonien. Hdt. 8,137. Hyg. fab. 219. Eur. feierte den Archelaos, Temenos und die Temenidai. TGF 426. 742ff. 728ff. Ein Kult des T. knüpfte an sein Heroengrab, das → Temenion bei Lerna, an. Paus. 2,36,6. 38,1. Strab. 8,368. G. VITALIS Die Entwicklung der Sage von der Rückkehr der Herakliden, Diss. Greifswald 1930. A. ANDREWES, CQ 45, 1951, 39ff. **3.** Sohn des → Pelasgos, erzog in → Stymphalos → Hera (1) und stiftete ihr 3 Heiligtümer als Mädchen, Frau und Witwe (παῖς, τελεία, χήρα). Paus. 8,22,2. NILSSON GgrR 40,1,4. **4.** Sohn des → Phegeus (1), König von → Psophis, ermordete → Alkmaion (1). Paus. 8, 24,10. Apollod. 3,7,5 (hier Pronoos genannt). H.V.

Temenothyrai (Τεμένου θύραι, Paus. 1, 35,7), erst für das 1. nachchr. Jh. (zeitweise als *Flaviopolis*) inschr. nachweisbare, ihrer einheimischen Namensform zufolge sicher viel ältere Stadt, allem Anschein nach ehemals Station der Pers. Königsstraße im Grenzgebiet zwischen dem ö. Lydien und dem n. w. Phrygien, einer der Hauptorte der Landschaft Mokadene am Oberlauf des Hippurios, in nächster Nähe beim h. Uşak am Fuße des 1805 m hohen Elma Daği. E. O.

J. Keil, RE V A 458f. *D. Magie* Roman Rule in Asia Minor, Princeton 1950, 132. 999.

Tementhes. König von Äg., den nach Polyain. 7,6 → Psammetichos mit Hilfe kar. Söldner am Isistempel, 5 Stadien vor Memphis (d.h. am Tempel der Hathor der s. Sykomore) schlug. T. ist der letzte König der nub. 25. Dyn., äg. Bꜣ-kꜣ-Rꜥ Ta-n-ô-ta-aman, assyr. Taštamanu (: Taltamanu), der 664 gegen Assyrer und libysche Deltafürsten das Reich zurückeroberte, aber unmittelbar darauf durch Assurbanipal nach Oberäg. zurückgeworfen wurde, wo er bis 657 v.Chr. herrschte, um dann auch dort von Psammetichos von Sais, dem Hauptverbündeten der Assyrer, vertrieben zu werden. Die äg. und klass. Tradition, die die Assyrerherrschaft in Äg. verschweigt, schreibt die Vertreibung T.' dem Psammetichos zu, der seine spätere Alleinregierung von 664 v.Chr., dem Todesjahr seines Vaters → Necho, ab rechnete, der bei der Verteidigung von Memphis gegen T. gefallen war. W. H.

Temĕsa (*ĕ* Ov. met. 15,707; *Temisa* Mela 2,69; synkop. *Tempsa* Strab. 6,255. Plin. nat. 3,72; *Τεμεσία* Pol. 13,10,11; *Τεμέσσα* Lykophr. 1067), auson. (Strab.) Stadt Oinotriens (Sch. Hom. Od. 1, 184) 10mp s. Clampetia (Tab. Peut. 7,2) an Fluß T. (Steph. Byz. s. *Τάμασος*), im 5. Jh. kroton. (Mz. HEAD HN^2 112) und lokr. (s.u.), im 4. Jh. von Bruttiern (Strab. Liv. 34,45,4. Ptol. 3,1,9; Sch. Hom. *Βρεντησία* = T.) erobert. Jungfrauenopfer an → Polites (2; Strab. Paus. 6,6,7. Ail. var. 8,18) beendet der lokr. Olympionike (484–472) Euthymos (Suda s.v.). Nach Hom. Od. 1,184 Erzhandel. 194 röm. Bürgerkolonie, leidet unter → Spartacus (Cic. Verr. 5,39. 41); Weinbau (Plin. nat. 14,69). G. R.

Forbiger HB. d. alt. Geogr. 3,515. *Nissen* It. Ldk. 2,929f. *Bérard* La colonisation Grecque ... ^{2}147f. 307. 340f. *Dunbabin* The Western Greeks 162.

Temese s. Tamassos

Temnos (*ἡ Τῆμνος*, Hdt. 1,149. Strab. 14, 621), aiol. Stadt im SO. des Dumanli Daği am r. Ufer des → Hermos (2; h. Gediz Çayi), wo der Fluß in ant. Z. ins Mittelmeer mündete; die Ruinenstätte Nimrud Kalesi beim h. Gürece. T. war nicht Mitglied im Delisch-Attischen Seebund, konnte aber doch seine Unabhängigkeit vom Großkönig wahren (Xen. hell. 4,8,15). Zu Ende des 3. Jh.s dürfte die Stadt bereits unter der Herrschaft der Attaliden in Pergamon gestanden haben. Das berüchtigte Erdbeben vom J. 17 n.Chr. hat auch T. in Mitleidenschaft gezogen; wie andere Städte dieser Gegend, so hat der Kaiser Tiberius auch T. damals großzügig unterstützt, so daß sich die Stadt von dieser Katastrophe wieder erholte. – In der Nähe von T. befand sich das berühmte Heiligtum des Apollon Kynneios. Aus T. stammte der Redner → Hermagoras (1). E. O.

J. Keil, RE V A 461f. *L. Robert*, BCH 57, 1933, 497ff. *Ders.* Études Anatoliennes, Paris 1937, 90.

Temonarius. Seit Diocletian werden Einheiten der Steuerrechnung – meist sind es mehrere Grundbesitzer zusammen – verpflichtet, jährlich einen Rekruten zu stellen. Diese Einheiten heißen *temones* oder *capitula* (zwischen den beiden Ausdrücken ist wohl kein Unterschied, Cod. Theod. 11,16,14 u.ö.; *temones* dürfte der Vulgärausdruck sein). Die Steuersorte ist eine Reallast des ländlichen Grundbesitzes (Cod. Iust. 1,42,8); gewisse Ämter und Würden befreien den Grundbesitz des Inhabers davon. Die Besitzer stellen abwechselnd den *capitularius* bzw. *temonarius* (Cod. Theod. 7, 13,7). Er mußte jährlich eine Summe von den Steuerpflichtigen seiner Gruppe nach der Höhe der *capitatio* des einzelnen eintreiben, die entweder der Staat anstatt eines Rekruten erhielt *(adaeratio)* oder aber jener Grundbesitzer, der aus seinen Colonen oder Inquilinen den Rekruten stellte. Weil Unregelmäßigkeiten vorkamen, setzte Valens im J. 375 diese Summe auf 36 Solidi fest, wovon 30 der Besitzer, 6 der Ausgehobene erhielt (Cod. Theod. 7,13,7; vgl. Symm. epist. 9,10,2; MITT.-WILCKEN Grdz. 1, 2 Nr. 466). Arcadius setzte die Summe auf 25 Solidi herab, Theodosius II. erhöhte sie wieder auf 30 (Cod. Theod. 7,13,13. 20). Valentinian II. befahl stufenweise Abgaben. – Früheste Erwähnung des T. in der Passio S. Maximiliani aus dem J. 295 (für die Authentizität P. MONCEAUX Histoire litt. de l'Afrique chrét. 3, 1905, 114ff.), vgl. auch Cod. Iust. 10,62,3. Der T. war wahrscheinlich mit seinem Vermögen für die Summe verantwortlich. Über Auswahl, Verpflichtung und Einstellung des T. handelt Cod. Theod. 6,4,21 aus dem J. 372. Th. P.

O. Seeck, RE III 1540ff. *S. Mazzarino* Aspetti sociali del quarto secolo, 1951, 271ff. *J. Karayannopulos*, ByzZ 49, 1956, 80ff. *A. H. M. Jones* The Later Roman Empire, 1964, 2,615. 3,184 Anm. 16.

Tempanius. Als lat. Gentilicium nur zum J. 423 v.Chr. in einem zumindest sehr stark ausgeschmückten Zusammenhang genannt: Sex. T. hat sich als Reiter-Decurio unter dem *cos.* C. → Sempronius (I 6) Atratinus im Gefecht bei Verrugo gegen die Volsker durch selbständiges Handeln (Absitzen der Reiter) ausgezeichnet und so eine Wendung im Kampfverlauf herbeigeführt: in Rom berichtete er schlicht über die Vorgänge und vereitelte damit eine Anklage des *tr. pl.* C. → Iunius (I 1) gegen den Feldherrn. Als *tr. pl.* 422 (BROUGHTON 1,69) half er, daß der *tr. pl.* L. → Hortensius (o. Bd. II 1228,52) eine erneute Klage gegen Atratinus zurückzog. Liv. 4,38–42 u.a. H. G. G.

Tempe (*τὰ Τέμπη*), »Einschnitt«, das berühmte Durchbruchstal, durch das der → Peneios zwischen → Olympos (1) und → Ossa (1) zur Küste durchbricht. Die 8 km lange Talenge ist ein Erosionstal, stellenweise schluchtartig mit sehr schmaler Talsohle und hohen senkrechten Felswänden, im Verein mit der reichen Vegetation der Talsohle und der flacheren Hänge von großer landschaftl. Schönheit. Durch das Tal ging stets eine der wichtigsten Straßen zwischen Griechenland und Makedonien, doch spielt die Enge in der Kriegsgesch. eine geringe Rolle, da T. im N. auf mehreren Wegen umgangen werden kann, so schon von → Xerxes. → Perseus (2) ließ die Enge durch mehrere Festungen sperren, Liv. 44,6,9ff. Straßenbau durch → Cassius (I 19) Longinus 48 v. Chr., CIL III 588. Meilensteine d. J. 125 n. Chr., CIL III 7362. 14206,32. 33. Am O.-Ausgang lag ein altes Apollon-Heiligtum, von dem eine Prozession den Lorbeerzweig nach Delphi brachte, Ail. var. a. O. Nik. Alex. 198ff. m. Sch. Paus. 10,5,9. Mela 2,36. IG IX 2, 1034. Im Alt. führte man T. auf ein Erdbeben zurück, Hdt. 7,129,4. Strab. 9,5,2 p. 430. Sen. nat. 6,25,2 u.a. Sonst bes. Plin. nat. 4,31. Solin. 8,2. Ail. var. 3,1. Tab. Peut. 7,5. 8,1. Geogr. Rav. 4,9, 195,6. 5,12,374,8. Hierokl. synekd. ed. PARTHEY app. 3,126: *αἱ νῦν Κλεισοῦραι*. Inschr.: IG IX 2, 1014,6. E. M.

Fr. Stählin Das hellen. Thessalien 11ff. u.ö. *Ders.*, RE V A 473ff. mit Planskizze. *Philipps.-Kirst.* 1,112ff.

Tempel. Der T. ist zunächst das Haus des Gottes. In Äg. gab es Götter-T. von den einfachsten Formen bis zu ummauerten Monumentalanlagen mit mehreren Höfen, Hallen, Sälen und dem von Kapellen umgebenen Allerheiligsten. Bei Sonnen-T. steht ein Obelisk im Mittelpunkt der Anlage. Die Pyramiden-T. der Könige und die Toten-T. sind im Grundsatz den Götter-T. ähnlich.

In Griechenland birgt der T. (*ναός*) als Wohnung des Gottes dessen Kultbild, nicht den Altar, der vor dem T. steht und an dem fast alle Kulthandlungen stattfinden. Kern des T. ist die Cella (Naos im engeren Sinn). Die einfachste Form des T. ist der → Pronaos, der zum → Prostylos und → Amphiprostylos erweitert werden kann. Die ältesten griech. T., z. T. mit gerundeter Rückseite, enthielten außer dem Kultbild auch den Altar (Herd). Die Entwicklung zum altarlosen, reinen T. mit Kultbild ist im einzelnen noch ungeklärt ([4], 37). Schon die einfachen Frühformen hatten Giebeldach. Der entscheidende Schritt zur Monumentalität, zugleich Entfernung vom profanen Wohnbau, ist die Zufügung der Ringhalle um den T.-Kern. Sie verleiht dem T. eine höhere Würde (*auctoritas* Vitr. 3,3,9), macht ihn allseitig ansichtig und schützt ihn. Die Ringhalle ist eine autochthon griech. Erfindung des 9./8. Jh. v. Chr. und hängt techn. wie bedeutungsmäßig mit dem Baldachin zusammen ([4], mit Erörterung älterer Theorien). Die weitere Ausgestaltung zunächst der dor. Ordnung, dann der ion. und später der korinth. Formenwelt stellte den griech. Architekten Aufgaben für Jahrhunderte. Die Grundrißtypen (Peripteros: einfache Ringhalle, Peristasis, um den Kernbau. → Dipteros. → Pseudodipteros), die Einbindung des Kernbaus in die Peristasis, die Proportionierung der Einzelelemente und des Ganzen, ihre Beziehung zueinander sind auf die verschiedenste Weise geschaffen und kombiniert

worden. Immer wieder haben große Systematiker dabei in die Entwicklung entscheidend eingegriffen, so etwa, wenn → Hermogenes (13) beim Artemis-T. in Magnesia die Rolle des gestaltenden Schattens konsequent einsetzt ([5]). Während ion. und korinth. Ordnung mit dem → Epistylion und dem (späten) Fries darüber in der Außengestaltung verhältnismäßig frei waren, stellte das über dem Epistyl sitzende Band aus → Metope (2) und → Triglyphe beim dor. T. den Architekten schwierigste Aufgaben, an denen bis zur Klassik unaufhörlich gearbeitet wurde, deren systemat. Unlösbarkeit aber auch schon im 4. Jh. das Verdorren der dor. Ordnung herbeigeführt hat. Der vielbehandelte dor. Eckkonflikt entsteht daraus, daß im System über der Mitte jeder Säule und jedes Intercolumniums eine Metope sitzt. An den T.-Ecken muß die Metope jedoch außen sitzen, am E. des Bandes. In Großgriechenland wurde versucht, durch breitere Ecktriglyphen (Selinus, T. C), durch breitere Eckmetopen (Paestum, Athena-T.), durch Kontraktion der beiden Eckjoche beiderseits (Akragas, »Concordia«-T.), durch Kontraktion der Eckjoche um den halben Fehlbetrag und kontinuierliche Verbreiterung mehrerer Metopen (Paestum, »Poseidon«-T. [2], 40. 253) das Problem zu lösen. Im Mutterland herrscht zunächst die einfache Kontraktion der Eckjoche vor. Am Parthenon geht jedoch diese Kontraktion über das zum Ausgleich Erforderliche hinaus, faßt dadurch die T.-Fronten energisch und aesthetisch befriedigend zusammen, gleicht das durch Verengung der Metopen aus und schafft so eine in ihrer Subtilität nie wieder erreichte Harmonie ([2], 41). Nur die dor. Ordnung kennt auch eine dem Auge kaum merkliche Krümmung der horizontalen und Neigung (zur Cella hin) der vertikalen Teile, sog. Kurvatur, die ähnlich der Entasis der → Säule lebendige Spannung hervorruft. Jeder ant. T. ist durch lebhafte Farben akzentuiert. Der dor. T. steht im Normfall auf einem dreistufigen Unterbau (→ Krepis [1]), der ion. T. kennt sowohl eine niedrigere Krepis wie hohe Unterbauten (Athena-T. Milet. Artemision Magnesia. Jüngeres Artemision Ephesos). Sonderformen gehen möglicherweise auf kult. Erfordernisse zurück ([6]. [7]).

Der italisch-etr. T., weitgehend Holzbau mit reichem Terrakottaschmuck, hat eine tiefe Vorhalle, oft eine dreigeteilte Cella, keine Peristasis. Er steht auf einem Podium. Kein Beispiel ist gut erhalten.

Der röm. T. (*aedes sacra*) verbindet griech. mit etr. Elementen (Podium. Tiefe Vorhalle). Er ist stark auf Fassadenwirkung angelegt, sein Platz ist oft die Schmalseite einer Platzanlage. Die Peristasis, wenn vorhanden, kann voll ausgebildet sein oder so angelegt, daß die Cellawände bis fast an den seitl. Podiumrand vorgeschoben sind, die Säulen hier daher zu Halbsäulen werden. In der

Kaiserz. sind die korinth. Ordnung und korinth., bes. aber Kompositkapitelle bevorzugt. Die Abmessungen können megalomane Ausmaße annehmen (Baalbek). W. H. G.

1. *Rodenwaldt* Griech. T., 1941. 2. *Gruben* Die T. d. Griechen, 1966. 3. *Matz*, Marb. Jb. Kunstwiss. 15, 1949/50, 73ff. 4. *Drerup*, Festschr. F. Matz (1962) 32ff. 5. *Ders.*, Marb. Winckelmann Pr. 1964, 13ff. 6. *Fehr*, Marb. Winckelmann Pr. 1971/72, 14ff. 7. *Weber*, MDAI(A) 84, 1969, 182ff. 8. *Crema* L'architettura romana, 1959. 9. *Krenker-Zschietzschmann* Röm. T. in Syrien, 1938. 10. *Krauß-Herbig* Die korinth.-dor. T ..., Paestum, 1939. 11. Lex. d. Alten Welt 2994ff.

Tempelgrab. Im S. des Palastes von → Knossos, in einem dicht bevölkerten Stadtteil, liegt das sog. T., bisher einziges Beispiel einer aus dem Typus des Kammergrabs entwickelten minoischen Großanlage (um 1500 v. Chr. → Minoische Kultur). Auf Vorhalle und Vorhof folgt eine zweigeschossige Anlage mit Treppenhaus, Nebenräumen, Pfeilerraum (darüber ein Kultraum) und ganz aus dem Felsen gehauener Grabkammer. Das T. war offenbar Fürstengrab. W. H. G.

Evans The Palace of Minos 4,2,962ff. *Marinatos* Kreta u. d. myken. Hellas 34. 81. T. 46–47.

Tempelschlaf (*χρηματισμός* Artemid. Oneir. 1,2; *incubatio* Macr. somn. 1,3,2), Schlaf an geheiligtem Ort, Höhle, Quelle, Tempel (*ἐγκατακοιμᾶσθαι* Hdt. 8,134; *ἐγκατακεῖσθαι* Aristoph. Plut. 742; *incubare* schon bei Plaut. Curc. 61), in der Absicht, durch direkten Kontakt mit göttlichen Kräften Offenbarungen und später eingeengt auch med. Rat und Heilung zu erhalten. Der T. ist alt und auch im Orient verbreitet gewesen bei Babyloniern (A. Boissier, Choix de textes rel. à la divination Assyro-babylonienne 1,175), Juden (Jes. 65,4) und Ägyptern (Hdt. 2,141). Im außergriech. Bereich ist das Empfangen von Träumen durch Lagern am Grabe bezeugt (Hdt. 4,172. Mela 1,8,46; vgl. [2]); das macht den urspr. Zusammenhang der Incubation mit dem → Totenkult wahrscheinlich: die Erde birgt die Toten, die Traum und Offenbarung senden, → Mantik. Die Erde als Geberin der Träume auch bei Eur. Hec. 70; Gaia besitzt die Orakel urspr. in Delphi (Eur. Iph. T. 1261) und Olympia (Paus. 5,14,10). Träume und Wissen erfuhren durch Incubation → Epimenides (Max. Tyr. 10,1) und → Pythagoras (1; Porph. v. Pyth. 17). Im Heilkult des → Asklepios ist der T. charakteristisch. Der Gott erscheint dem Schlafenden in kultisch bekannter Gestalt (Ov. met. 15,653f.), aber auch als schöner Jüngling (Sylloge³ 1168,25f.) oder als Schlange. Zu den verschiedenen Riten und Vorschriften für den Incubanten vgl. [1], 14ff. 25. Kritik äußern Aristoph. Plut. 653f. Plaut. Curc. 260f. Wie Asklepios erteilten auch andere Heroen Orakel und brachten Heilung durch T., z. B. → Amphiaraos in Argos und → Trophonios in → Lebadeia (Paus. 10,39. Aristoph. Nub. 508). Ein Incubationsorakel erwähnt Verg. Aen. 7,81f., wenn → Latinus (1) im Schlaf durch Faunus Weisung erhält (vgl. Ov. fast. 4, 657). Der Serapis- und Isiskult kannte das Schlaforakel verbunden auch mit Heilwirkung (Diod. 1, 25. Tib. 1,3,27). Die zur Mystik neigende Spätant. hat dem T. große Bedeutung beigemessen; theoret. Begründung bei Iambl. myst. 3,3, der (a. O. p. 108, 7f.) über den Heilschlaf in den Asklepiosheiligtümern grundsätzlich die Medizin vom T. ableitet. Die Verbreitung bes. im hellenisierten Alexandreia bezeugt Damask. v. Isid. 12. 13 p. 12–14 Zintzen. Auch die Kirche hat bis zum MA. nicht auf die Vorstellung vom weissagenden und heilenden T. verzichtet (vgl. [1], 56ff. und A. Franz Die kirchl. Benediktionen im MA. 2,442f.). C. Z.

1. *L. Deubner* De incubatione, Lpz. 1900. 2. *W. R. Halliday* Greek divination, London 1913. 3. *Pley*, RE IX 1256f. 4. *Latte*, RE XVIII 832f. 5. *Nilsson* GgrR 1,169. 569.

Tempestates s. Winddämonen

Templum. **1.** In der Auguralformel ist T. der vom Auguren durch genau definierte Grenzen festgelegte »Visierraum«, außerhalb dessen alles Gebiet als *tescum* bezeichnet wird.

Latte, Philol. 97, 1948, 143ff. = Kl. Schr. 91ff.

2. Jeder offene Raum kann T. heißen. **3.** Bes. sind heilige (geheiligte) Räume T.: die *rostra*, das *asylum*, Heiligtümer und Kultplätze. **4.** s. Tempel. W. H. G.

Tempus utile ist ein Begriff aus dem röm. Recht: Dort werden Fristen regelmäßig als *tempus continuum* zusammenhängend und so berechnet, daß die Möglichkeit zur Vornahme der fristgebundenen Handlung unerheblich bleibt. Im Gegensatz dazu steht die Berechnung als *t. u.* in Ausnahmefällen nach praetor. Recht. Dabei gibt es zwei Formen: Entweder beginnt die Frist erst, wenn die fristgebundene Handlung möglich ist, und läuft von da an als *tempus continuum*; oder es werden bei der Berechnung alle (auch die in den Lauf der Frist fallenden) Tage nicht mitgezählt, an denen die Handlung nicht vorgenommen werden kann. D. M.

Tempyra (*Τέμπυρα*), kleine Stadt in SO.-Thrakien, nahe beim späteren → Traianopolis (1). Die Truppen des Consuls Cn. → Manlius (I 40) Vulso wurden hier auf dem Rückmarsch von dem Krieg gegen die Galater 188 v. Chr. von den thrak. Trausern angegriffen.

Liv. 38,41. Strab. 7,331, frg. 48. Ov. trist. 1,10, 21. Itin. Anton. 322. Itin. Hieros. 602. Geogr. Rav. 4,6. Chr. D.

Oberhummer, RE V A 489.

Tenages (*Τενάγης*). Der jüngste und schönste der 7 Söhne des Helios und der Nymphe → Rhode, auch Phaëthon genannt, → Heliadai, aus Neid von einigen seiner Brüder, nach Sch. Il. 24,544 von → Makar (1) allein, umgebracht. H. v. G.

Tenagino Probus. Ritter aus Oberitalien, wo nur das seltene Gentile vorkommt (Schulze Eigenn. 304. 268f.), *praeses* von Numidien (CIL

VIII 2571 = 18057. AE 1936, 58. 1941, 33. THOMASSON Statth. Nordafr. 2,224ff. KOLBE Praes. Num. 3ff.) und 269/70 *praefectus Aegypti* (A. STEIN Präf. v. Äg. 148ff.). Als solcher besiegte er die räuberischen Marmariden in der Cyrenaica und gründete die Stadt Claudiopolis (AE 1934, 257. H. A. Probus 9,1ff.). Er säuberte das Meer von got. Piraten und schlug einen Einfall der Palmyrener (→ Palmyra) zurück (H. A. Claudius 11,1f. Zos. 1,44,2). Bei einem neuerlichen Kriegszug geriet er in einen Hinterhalt, wurde gefangen und beging Selbstmord (Zon. 12,27. Malalas 12 p. 299. SCHWARTZ, Bull. Soc. arch. d'Alex. 40, 1953, 66ff.). G. Wi.

A. Stein, Klio 29, 1934, 237ff.

Tencteri, germ. Völkerschaft Innergermaniens, die nach der Niederlage des → Ariovistus, zusammen mit den → Usipetes von den Sueben aus ihren Wohnsitzen verdrängt, 59/58 v. Chr. den Rhein überschreitet. Nachdem die → Menapier, Aufnahme verweigernd, von den T. besiegt worden waren, zogen sie die Mosa aufwärts bis ins Land der → Eburones und → Condrusi; *ad confluentem Mosae et Rheni* von Caesar vernichtend geschlagen, konnte nur die Reiterei sich retten und ins Gebiet der Sugambrer flüchten. 17 v. Chr. besiegen die T. mit Usipetern und Sugambrern die Römer (*clades Lolliana*, Cass. Dio 54,20,4), werden jedoch 12/11 v. Chr. von Drusus unterworfen. 9 n. Chr. und im Bataveraufstand 69/70 auf Seiten der germ. Völker, werden sie seit dem 3. Jh. n. Chr. von den Franken aufgesogen (Caes. Gall. 4,1,1; 4,1; 16,2; 18,4. 5,55,2. 6,35,5. Tac. hist. 4; Germ. 32). H. C.

M. Besnier, RE V A 490ff.

Tenea (ἡ Τενέα), Dorf im Gebiet von Korinth an einem der Wege in die → Argolis, etwas s. des h. Chiliomodi. Sehr geringe Reste. Kult des Apollon Teneates. T. galt im Alt. sprichwörtl. als glücklich, wohl wegen der Kleinheit. Späthellad. Scherben, [4. 5. 6]. Aus der Gesch. nur bekannt, daß T. auf seiten von Argos an der Zerstörung von → Mykenai beteiligt war, Strab. 8,6,19 p. 377 (*Τενεατῶν* statt *Τεγεατῶν* zu lesen). Von → Mummius (I 4) bei der Zerstörung von Korinth verschont. Strab. 8,6,22 p. 380. 6,21 p. 379 nach Vatic. Gr. 2061 A. Xen. hell. 4,4,19. Cic. Att. 6,2,3. Steph. Byz. E. M.

1. *E. Meyer*, RE V A 492f.; Suppl. IX 1391. 2. *H. N. Fowler* - *R. Stillwell* Corinth 1,96. 3. *Philipps.-Kirst.* 3,91. 4. AA 1939, 271. 5. *R. Hope Simpson* A gazetteer and atlas of Mycenaean sites 52 Nr. 50. 6. *K. T. Syriopulos* Ἡ προιστορία τῆς Πελοποννήσου, Athen 1964, 88 Nr. 22.

Tenedos (ἡ Τένεδος), Insel vor der Küste der Troas, 10 km lang, 5 km breit, 41 qkm groß, bis 190 m hoch, aus Kalk, Schiefer und Trachyt mit jungtertiären Ablagerungen, wasserreich mit Wein- und Obstbaumkulturen. Skyl. 95. Hdt. 1, 151. Strab. 13,1. 46 p. 604. Dion. Per. 135 mit Eust. z. St. Diod. 5,83. Ptol. 5,2,19 u. a. o. T. ist schon bei Homer öfters genannt, Il. 1,38. 452. 11, 625. 13,33, und spielte wegen seiner Lage in der Kriegsgesch. eine größere Rolle. Der ant. Ort mit 2 Häfen lag an der Stelle des h. an der O.-Küste, Reste sehr spärlich. Landgebiet auf dem Festland, Strab. 13,1,32 p. 596. 1,44 p. 603. 1,46f. p. 604. Aristot. rhet. 1375 b 31. In gesch. Z. aiolisch von → Lesbos besiedelt, nach dem ion. Aufstand persisch, Hdt. 6,31. 41. Im att. Seebund mit einem Tribut von 4 Tal. und 300 Drachmen, MERITT Athen. trib. lists 1,420f., ebenso im 2. Seebund, IG II^2 43,79 = $Sylloge^3$ 147. Vorübergehende pers. Eroberung, Arr. an. 2,2,2f. 3,2,3. Seesieg des → Lucullus (5) über → Mithradates (5) bei T., Plut. Luk. 3,8ff. Cic. Arch. 21; Mur. 33. Beraubung durch Verres, Cic. Verr. 2,1,49. Anschluß an → Alexandreia (2) Troas, Paus. 10,14,4. Späte Erwähnungen Prok. aed. 5,1,14. Hierokl. synekd. 686,8. Bischöfe LE QUIEN Or. Christ. 1,947ff. Aristoteles' *Τενεδίων πολιτεία* frg. 593f. »Tenedisch« war sprichwörtl. für Härte, Roheit und Falschheit. Inschr.: IG XII 2, 639–644. Suppl. Nr. 144–148. Mz.: HEAD HN^2 550f. E. SPECHT Die Münzprägung von T., Masch. Diss. Wien 1968. E. M.

Philipps.-Kirst. 4,219f. *L. Lacroix* Iles de la Grèce, 1883, 338ff. *Fiehn*, RE V A 494ff. *W. Leaf* Strabo on the Troad 214ff.

Teneros (*Τήνερος*). Theban. Orakelgott, später Apollon untergeordnet als sein und der theban. Nymphe → Melia (1) Sohn, geboren im theban. Ismenion (→ Ismenios ist ein Bruder des T., Paus. 9,10,6; → Ismenos) und bestimmt zum Propheten und Herrn Thebens wegen seiner besonnenen Männlichkeit, Pind. pae. 9,41ff. (vgl. P. 11,4ff.). Lykophr. 1211. Als das → Ptoion in den Besitz Thebens kam, wurde T. auch dort *ναοπόλος μάντις*, Pind. frg. 51d. Paus. 9,26,1. H. v. G.

Wilam. Pind., 1922, 187f. 396,1. *Ders.* GldH. 1,186,2. 2,31,1.

Tennes (*Τέννης*, auch *Τένης*). **1.** Göttl. verehrter Gründer von → Tenedos, Sohn des → Kyknos (2) von → Kolonai (das zeitweise zum festländ. Besitz von Tenedos gehörte) bzw. Apollons und der Prokleia. Die Sage übertrug 2 bekannte Motive auf ihn. Seine Stiefmutter Phylonome, deren Liebe er abwehrte, verleumdete ihn bei Kyknos, der ihn zusammen mit seiner Schwester Hemithea, die ihn übermäßig bedauerte, in einem Kasten ins Meer werfen ließ. Poseidon rettete sie nach Leukophrys-Tenedos, wo T. zum König ausgerufen wurde. Als Kyknos seinen Irrtum erkannte, ließ er Phylonome lebendig begraben. Einen Aussöhnungsversuch aber vereitelte T., indem er das ausgeworfene Schiffstau seines Vaters mit einem Beil kappte. Darauf bezog man das Sprichwort *Τενέδιος πέλεκυς*, das in Wirklichkeit auf die Doppelaxt auf den Mz. von Tenedos anspielte; der janusartige Doppelkopf von Mann und Frau auf der Rs. wurde auf T. und Hemithea bezogen. – T. fiel anfangs des tro. Krieges bei einem Angriff des Achilleus auf Tenedos; → Mnemon (1). Hemithea wurde von der Erde verschlungen. Apollod. epit. 3,23ff. Diod. 5,83. Plut. quaest. gr. 28. Cic. nat. 3,39; Verr. 2,1,49. H. v. G.

Wilam. GldH. 1,213,1. *L. Radermacher* Myth. u. Sage, [2]1942, 176f.

2. T. (phoinik. *Tabnit*), König von → Sidon 354 bis 350, rebellierte mit 4000 griech. Söldnern unter → Mentor (3) gegen → Artaxerxes (3), schlug die Satrapen Syriens und Kilikiens. Als Artaxerxes anrückte, verriet T. die Stadt an ihn, wurde aber trotzdem getötet. Die Bewohner äscherten verzweifelt Sidon ein. Diod. 16,41ff. HEAD HN[2] 796. H. V.

D. Baramki Die Phönizier, 1965.

Tenos (ἡ *Τῆνος*), Insel der n. Kykladen zwischen → Andros und → Mykonos, von Andros nur durch einen 1½ km breiten Kanal getrennt, 27 km in w.n.w.-o.s.ö. Richtung lang, bis 12 km breit, 195 qkm groß, von einfachem birnenförmigem Umriß ohne reichere Küstengliederung zumeist mit Steilrand und nur offenen Buchten. Hauptsächlich aus verschiedenen Schieferformationen bestehend, dazu Marmor und im NO. Granit, mit sehr kärglichem Ackerboden, höchste Erhebung im NO. mit 714 m. Der ant. Hauptort der archaischen und klass. Z. lag im Inneren bei dem ma. Hauptort Exoburgo (vgl. KONTOLEON, *Πρακτ.* 1949, 122ff. und folg. Jahrgänge), die spätere Stadt mit geringen Resten der Stadtmauer und anderem an der Stelle der h. Hauptstadt im O. der S.-Küste. Das berühmte Heiligtum des Poseidon mit bes. in hellenist. Z. viel besuchtem Fest ist in der Strandebene Kionia w. der Stadt ausgegraben, Strab. 10,487. Philoch. FGrH 328 F 176. Tac. ann. 3,63. Innerhalb der Temenosmauer stand der Tempel aus dem 3. Jh., ein dor. Peripteros mit 6:8 Säulen und 16:21 m, davor ein großer Altar mit reichem Reliefschmuck von 10½:10½ m, eine dor. Säulenhalle von 175 m Länge und mehrere weitere Nebengebäude, dazu die Gruppe der Kolossalstatuen des Poseidon und der Amphitrite aus dem 3. Jh. Heiligtum und Stadt besaßen Asylrecht.

Prähist. Funde sind noch sehr spärlich, FIMMEN Kret.-myken. Kultur 13; ABSA 51, 1956, 13. Nekropole geometr. Z. bei Kardiani, ASAA 8/9, 1925/26, 203ff. Archaische Reliefpithoi [10]. T. stand in archaischer Z. unter der Herrschaft von → Eretria, Strab. 10,1,10 p. 448. Bei Salamis lief eine Triere von T. zu den Griechen über, daher ist T. auf den Siegesdenkmälern genannt, Hdt. 8,66,2. 82. Sylloge[3] 30,22. Paus. 5,23,2. Dem att. Seebund gehörte T. mit einem Tribut von 2–3 Talenten an, B. D. MERITT Athen. trib. lists 1,424f. 2,83. Beteiligung am sizil. Unternehmen Athens, Thuk. 7,57,4. Im 2. att. Seebund, IG I[2] 43 B 17. Sylloge[3] 147. Überfall durch Alexandros von → Pherai, [Demosth.] 50,4. In hellenist. Z. Mitglied des Bundes der Inselgriechen und oft Tagungsort, seit 200 unter rhod. Schutzherrschaft. Durch Seeräuber oft in Mitleidenschaft gezogen, in der Kaiserz. neuer Aufschwung, Anth. Pal. 9,550, und in der Severerzeit neue Münzprägung. Späteste Ehreninschr. für röm. Kaiser für → Trebonius (5) Gallus, IG XII 5 Nr. 938. Bischöfe Not. ep. passim. LE QUIEN Or. Christ. 1,943f. Sonst Skyl. 58. 113. Strab. 10,5,11 p. 487. Dion. Call. 142. Stad. m. m. 284. Ptol. 3,14, 24. Plin. nat. 4,65. Hierokl. synekd. 686,11. Aischyl. Pers. 885f. Aristoph. Plut. 718. Apoll. Rhod. 1, 1300ff. m. Sch. Eust. Dion. Per. 525. Inschr. IG XII 5 Nr. 798–999. Suppl. Nr. 303–329. [8. 9]. GRAINDOR, RBPh 5, 1926, 519ff. SEG 13,451. 14,553–555. 15,522f. 16,484. 18,331. 19,564–566. Mz. HEAD HN[2] 492f. [8], 70ff. E. M.

1. *L. Roß* Inselreisen 1,11ff. 2. *Philipps.-Kirst.* 4,98ff. 3. *Hiller von Gärtringen*, IG XII 5,2 p. XXXIIIff. 4. *Fiehn-Regling*, RE V A 507ff. 5. *M. Cristofani*, Enc. arte ant. 7, 869f. (mit Lit.). 6. *Kirsten-Kraiker* Griechenlandkunde[5] 521ff. 890 (Lit.). 7. *G. Patroni*, MDAI(A) 20, 1895, 397ff. 8. *H. Demoulin*, Mus. Belge 8, 1904, 64ff. (Plan des Heiligtums); BCH 26, 1902, 399ff. 9. *P. Graindor*, Mus. Belge 10, 1906, 309ff. 14, 1920, 5ff. 233ff. 10. *J. Schäfer* Stud. zu den griech. Reliefpithoi des 8.–6. Jh.s v. Chr., 1957, 67ff.

Tensa (auch *thensa*). Das wohl urspr. etr. Wort bezeichnet einen sakralen Prunkwagen (zu unterscheiden vom *currus triumphalis*). Die vierspännige T. ist zweirädrig mit eckigem, hohem, reliefgeschmücktem Wagenkasten. Sie wurde in einem eigenen Raum auf dem Capitolium aufbewahrt. Auf der T. werden die Attribute der Götter zum Circus gefahren, geleitet vom spielleitenden Beamten (Fest. 364 M. Liv. 5,41,2); dabei war ein kompliziertes Ritual zu beachten (Cic. har. 11,23. Plut. Cor. 25,6). Abb.: SYDENHAM Coinage of the Roman Republic T. 21,705–707. Modern ist die Bezeichnung T. für die sog. T. Capitolina, HELBIG Führer[4] Nr. 1546 (m. Lit. zum Thema T.). KOCH, RE V A 533ff. W. H. G.

Tenthredon (*Τενθρηδών* »Gallwespe«). Vater des Magnetenführers (→ Magnesia [1]) → Prothoos (3), Il. 2,756, nach den Sch. ein Enkel des Magnes. Lykophr. 899. – FICK-B. PN [2]418. H. v. G.

Tentyra (*Τέντυρα*), h. Dendera, äg. Iwn.t, Hauptort des 6. o.äg. Gaues, auf dem l. Nilufer, wo die Göttin Hathor verehrt wurde (daher Ortsname, der kopt. *Nitentōre* lautete, d.h. »Die [Leute] des [Tempels] der Göttin«). Das Zeichen des Tentyrites war ein Krokodil. In röm. Z. galten die Bewohner als Krokodiljäger (Plin. nat. 8,92f.); ihren religiösen Fanatismus schildert Iuv. 15, 27ff. Der noch stehende Tempel der Hathor ist von den letzten Ptolemaiern und Augustus errichtet worden. Das Hauptfest war der Besuch des Horos von Edfu als des göttlichen Sohnes im 9. Monat. Tempeltradition nennt bes. → Phiops II. und → Thutmosis III. als Restauratoren des Tempels. Für den Kult wichtig waren die Geburtshäuser (des → Nektanebos, des Augustus), in denen die Geburt des Horos durch Hathor dargestellt wurde. W. H.

Teos (*ἡ Τεώς*, Hekat. FGrH 1 F 231f. Strab. 14,644; zur Lage von T. vgl. auch Liv. 37,27,9), ant. Hafenstadt im S. des h. Siğacik an der kleinasiat. Westküste ca. 30 km s.w. von Izmir (ant. → Smyrna). Die Ruinenstätte (Grundmauern des berühmten, von → Hermogenes [13] aus Alabanda erbauten Dionysos-Tempels, Theater aus hellenist. Z. mit röm. Proscenium, Odeion, Gymnasion) befindet sich auf dem Isthmos zu einer kleinen Halbinsel, auf dessen Mitte sich die Akropolis von T. erhob. Die Stadt verfügte über einen größeren Hafen im S., der etwa 80 Schiffe faßte, und einen kleineren im N. (vgl. K. Lehmann-Hartleben Die ant. Hafenanlagen des Mittelmeeres, Klio Bh. 14, 1923, 283f.). Dort befand sich allem Anschein nach bereits eine einheimische Siedlung, als ion. Flüchtlinge im Verlauf der → Ion. Wanderung sich in T. niederließen. Sehr früh gewann die Stadt aufgrund ihrer günstigen geogr. Situation große handelspolit. Bedeutung, deren Spuren sich für das 6. Jh. v. Chr. sogar bis nach Äg. verfolgen lassen. T. war Mitglied im Ion. Bund; doch als diese religiös-polit. Vereinigung den vom Perserkönig auf die Griechenstädte an der kleinasiat. Küste ausgeübten Druck nicht wirksam abwehren konnte, wanderten (ca. 543 v. Chr.) viele Einwohner von T. aus und gründeten die nachmals bedeutendste Kolonie der Stadt, → Abdera am Nestos-Delta in Thrakien. In der Seeschlacht bei Lade i. J. 496 stellten die Teer mit 17 Schiffen das größte Kontingent der ion. Flotte. Nach dem Zusammenbruch des Ion. Aufstandes geriet T. unter die Herrschaft des Großkönigs, aus der sie der Sieg der griech. Flotte bei Mykale i. J. 479 wieder befreite. Seither war T. Mitglied im Del.-Att. Seebund; T. entrichtete einen sehr hohen Beitrag nach Delos bzw. nach Athen. Um den Besitz der wohlhabenden Stadt kämpften Spartaner und Athener während der letzten 8 J.e des Pelop. Krieges verbissen. Nachdem die Spartaner mit pers. Unterstützung in diesem Ringen Sieger geblieben waren, bemühten sie sich, wie die übrigen Griechenstädte Kleinasiens, so auch T. gegen den Machtanspruch des Großkönigs zu decken. Mit dem Frieden des → Antialkidas i. J. 387/86 fiel T. jedoch wieder in den pers. Machtbereich zurück. Erst Alexander d. Gr. hat der Stadt ihre Autonomie wieder geschenkt (334). Ein ganz Ionien verheerendes Erdbeben (304) war möglicherweise der Grund dafür, daß → Antigonos (1) Monophthalmos den Plan faßte, → Lebedos und T. durch einen Synoikismos zu vereinen; doch ist dieser Plan nicht zur Ausführung gelangt, [3], 875f. Schon sehr früh, unter Attalos I., geriet T. unter die Herrschaft der Könige von Pergamon. Die Stadt war jedoch um die Wende vom 3. zum 2. Jh. nicht mehr pergamenisch, sondern befand sich

damals offenbar in der Hand → Antiochos' (4) III. (vgl. etwa Sylloge^3 601: die Vertretung der teischen Bitte um Asylieabkommen mit den Römern im Senat durch einen seleukid. Gesandten i. J. 193). Im Röm.-Syr. Krieg (192–188) nahm T. jedenfalls für den Seleukiden Partei und ist wohl aus diesem Grunde im Friedensvertrag von Apameia dem pergamen. Reich wieder eingegliedert worden. So ging T. mit dem Testament des letzten Attalidenkönigs i. J. 133 in röm. Besitz über und wurde Teil der 129 konstituierten *provincia Asia*. Die Dürftigkeit der Quellenzeugnisse für den Bestand von T. in der röm. Kaiserz. läßt darauf schließen, daß die Bedeutung der einst so blühenden Handelsstadt unter der röm. Herrschaft ganz erheblich zurückgegangen ist. – Eine wichtige, uns speziell durch Inschriftenfunde erhellte Rolle spielte in T. die Dionysische Künstlervereinigung, [3], 899–901. Aus T. stammte der im 6. Jh. v. Chr. wirkende Lyriker → Anakreon.

Inschr. (die wichtigsten): OGIS 246. 309. 325. 326. Sylloge^3 37. 38. 344. 426. 563–566. 578. 601. 656. IC I 3,1. 5,52. 53. 6,1. 2. 8,8. 11. 14,1. 16,2. 15. 19,2. 24,1. 27,1. II 1,1. 3,1. 2. 5,17. 10,2. 12,21. 15,2. 16,3. 23,3. 26,1. III 3,2. Vgl. die Liste bei W. Ruge, RE V A 539ff. Dazu L. Robert Études Anatoliennes, Paris 1937, 9ff. P. Hermann, Anadolu 9, 1965, 29ff. mit L. Robert, REG 82, 1969, 502ff. G. Dunst–R. Merkelbach, Ztschr. Pap. u. Epigr. 3, 1968, 170ff. J. H. Oliver, Gr. Rom. Byz. Stud. 9, 1968, 321f. P. Hermann, Ztschr. Pap. u. Epigr. 7, 1971, 72ff. (zu Sylloge^3 656).

Mz.: Head HN^2 595f. J. M. Balcer, Schweiz. Num. Rundsch. 47, 1968, 11ff. Lit.-Ber. D. Kienast, Jb. f. Num. u. Geldgesch. 12, 1962, 172. E. O.

Lit.: 1. *W. Ruge*, RE V A 539ff. 2. *C. Schëffler* De rebus Teiorum, Diss. Lpz. 1882. 3. *D. Magie* Roman Rule in Asia Minor, Princeton 1950, 79ff. 898ff. 4. *P. Hermann*, Anadolu 9, 1965, 29ff. 5. *M. Cristofani*, Enc. art. ant. 7, 1966, 710f. 6. *G. E. Bean* Kleinasien 1, Stuttg. 1969, 135ff. 7. *E. Akurgal* Ancient Civilizations and Ruins of Turkey, Istanbul 1970, 139ff.

Tepidarium. Der mäßig erwärmte Durchgangsraum der röm. → Thermen fehlte den griech. Badeanlagen. Das zwischen Frigidarium und Caldarium gelegene, daher auch *cella media* (Plin. epist. 5,6,26) genannte T. diente einerseits dazu, schroffe Temperaturwechsel zu vermeiden, andererseits zum Ausruhen nach den Sportübungen und vor dem Bad. Das T. ist also kein eigentl. Baderaum, obwohl darin manchmal Wannen mit kaltem Wasser für Abreibungen standen. Im T. konnte man sitzen, umhergehen, sich unterhalten. Der meist aufwendig verzierte Raum hatte entweder die übliche Beheizung der Thermen (→ Hypocaustum) oder wurde durch Holzkohlenbecken erwärmt. Zur Lage des T. in den verschiedenen Bädertypen → Thermen. W. H. G.

Teppich s. Tapes

Terambos (*Τέραμβος*) = → Kerambos. Der Anlautswechsel, an → Talos neben Kalos erinnernd, weist auf vorgriech. Sprachgut. Anlaß zur Verwandlung des musikliebenden Hirten durch die Nymphen in einen Hirschkäfer ist seine Schmähung, sie stammten von Deino, einer Phorkyade (→ Phorkides). H. v. G.

Terebinthos (*ἡ τέρμινθος*, erst später *τερέβινθος*). Der Terpentinbaum ist im Mittelmeerraum seit alters heimisch. Hom. weiß noch nichts von ihm. Xen. an. 4,4,13 spricht von *τερμίνθινον χρῖμα* bei den Armeniern. Genau kennt und beschreibt ihn Theophr. h. plant. 1,9,3. 3,4,1 f. u. ö. Vgl. Plin. nat. 11,77. 13,54. 16,80. 98 u. ö. Das wichtigste Produkt des T., das durch Einschneiden von Stamm und Zweigen gewonnene Harz, wurde in bester Qualität aus den Ländern des O. und von den → Kykladen eingeführt. Es diente vornehmlich zu med. Zwecken, äußerlich und innerlich, bei vielerlei Leiden. Die Früchte wurden bes. von den Persern gern gegessen. Das harte T.-Holz wurde in der Kaiserz. als Edelholz geschätzt. Das h. Terpentin genannte Harz hat mit dem des T.-Baumes nichts zu tun. K. Z.

Steier, RE V A 577 ff. *Hehn-Schrader* Kulturpflanzen^8 430 f.

Terebra (*τέρετρον, τρύπανον*). Der Bohrer ist seit vorgesch. Z. bekannt. Die Ant. kennt vom kleinen, etwa med. verwandten Gerät (Cels. 8,3,1: *modiolus, χοινικίς, t.*) bis zum großen Kriegsgerät (Vitr. 10,13,3) fast alle techn. denkbaren Variationen. Der Metallschaft besaß einen Griff oder, beim Drillbohrer, Knauf und bogenförmigen, drehbaren Griff bzw. eine Spule zur Aufnahme und Führung der Riemen (Blümel, JDAI Erg.-H. 11, 1927, T. 1 i–l). Die *t.* wurde mit der Hand gedreht oder mittels Riemen, die oft an einem fiedelbogenähnl. Gerät zum Hin- und Herbewegen saßen. Die Plin. nat. 37,200 genannte *t.* zur Bearbeitung von Gemmen ist wohl das h. Rundperl genannte Gerät (→ Technik). W. H. G.

Terentianus. Afrikan. Grammatiker des 2./3. Jh.s n. Chr., Vf. von 3 in der Nachfolge des → Caesius (II 8) Bassus der Metrik gewidmeten Lehrgedichten, a) *De litteris* (über die Artikulation der Buchstaben), b) *De syllabis* (über die metr. Qualität von Buchstaben und Silben), c) *De metris*. Die Überlieferung hat die 3 Werke durch Voranstellung der urspr. zu b) gehörenden Vorrede zu einem zusammengefaßt; die urspr. Abgrenzung ist also a) V. 85–278, b) V. 1–84. 279–1299, c) V. 1300–2981. Die in der Spätant. viel benutzten Gedichte waren im MA. verschollen und sind erst 1493 in einer Bobienser Hs. wiederentdeckt worden, die – ihrerseits verloren – der Ed. princ. (Mailand 1497) zugrunde liegt. P. L. Sch.

Ta.: *Keil* GrL 6,313 ff.

Lit.: *Schanz-Hos.* 3, ^{3}1922, 25 ff. *E. Castorina* Questioni neoteriche, 1968, 244 ff.

Terentilius. Ital. Personenname, Diminutivbildung von → Terentius, auch inschr. selten, vgl. Schulze Eigenn. 357 (a). 460. – C. T. Harsa, *tr. pl.* 462, stellte erstmals den Antrag, eine Kommission (von 5 Männern) zur Aufzeichnung von Gesetzen zu wählen, zog ihn jedoch wieder zurück. Liv. 3,9,2. 10,3 (bei Dion. Hal. ant. 10,1,5 *Terentios*). Broughton 1,36. H. G. G.

Terentilla. Kosename, bei Suet. Aug. 69,2 wohl für Terentia, Gattin des → Maecenas (4), mit der Caesar Octavianus nach der im J. 32 erhobenen Anschuldigung des M. → Antonius (I 9) Ehebruch getrieben haben soll. Vgl. R. Syme Rom. Revolution, 1960, 277. 342. H. G. G.

Terentius. Name einer aus dem Sabinischen stammenden röm. *gens*, deren Vertreter in der Z. der pun. Kriege in den Quellen erscheinen, oft mit Cognomina, die ihre Abstammung bezeichnen (*Afer, Lucanus, Massaliota, Tuscivicanus*). In späterer Z. haben allein die *T. Varrones* polit. Bedeutung gewonnen.

A. Politische Persönlichkeiten.

I. Republikan. Zeit. **1.** T. intercedierte in seinem Volkstribunat 54 gegen den Antrag, gegen C. → Memmius (I 6) und Cn. → Domitius (I 14) Calvinus, Kandidaten für den Consulat von 53, mit einem *iudicium tacitum* vorzugehen, da sie mit den Consuln von 54 ein illegales Abkommen getroffen hatten (Cic. Att. 4,17,3). **2.** Cn. T. soll nach Cassius Hemina (HRR 37 und Varro bei Plin. nat. 13,84–86; vgl. Aug. civ. 7,34) 181 auf seinem Grundstück unterhalb des Ianiculum den Steinsarg des Königs → Numa und eine Kiste mit Schriften gefunden haben, die man als Numas Werk ansah, nach einer Prüfung aber als staatsgefährdend verwarf und auf Senatsbeschluß verbrannte. In der wohl weniger glaubwürdigen Version bei Liv. 40,29,3. 9 f. Val. Max. 1,1,12 und Lact. 1,22 heißt der Finder L. Petillius. **3.** Cn. T., 63 Senatsmitglied, der den Anhänger Catilinas M. Caeparius bis zur Hinrichtung in seinem Hause in Haft hielt (Sall. Cat. 47,4). **4.** L. T. und T. T., wahrscheinlich aus → Firmum stammende Brüder und Angehörige der *tribus Velina*, werden als Zeugen in der Bürgerrechtsverleihung an eine span. *turma* durch Cn. → Pompeius (A I 7) Strabo 89 aufgeführt (CIL I^2 709,8). L. T. kämpfte noch 87 unter Strabo und ließ sich mit anderen von → Cinna (3) zu dem Mordanschlag auf Vater und Sohn Pompeius verleiten (Plut. Pomp. 3,1–3), der jedoch fehlschlug. **5.** Ser. T. versuchte seinen Freund D. → Brutus (11) auf dessen Flucht vor den Truppen des Antonius 43 dadurch zu retten, daß er sich für ihn ausgab; er wurde jedoch erkannt (Val. Max. 4,7, 6). **6.** Q. T. Culleo wurde 201 zusammen mit 3000 anderen Römern auf Veranlassung Scipios aus karthag. Kriegsgefangenschaft entlassen (Liv. 30, 43,11) und schritt aus Dankbarkeit mit dem Abzeichen eines gerade Freigelassenen (*pilleus*, vgl. RE XX 1329) bekleidet im Triumphzug Scipios mit (Liv. 30,45,5). Nachdem T. 195 an einer Gesandtschaft nach Karthago teilgenommen hatte, brachte er in seinem Volkstribunat 189 ein Gesetz durch, das für die Söhne von Freigelassenen die Einschreibung in allen 35 *tribus* möglich machte (Plut. Flam. 18,2. ROTONDI Leges Publicae Pop. Romani, 1912, 274). In seiner Praetur 187 wies T. auf Grund der Klagen latin. Gemeinden über Abwanderung ihrer Bürger nach Rom 12000 Latiner aus (Liv. 39,3,5f.). Valerius Antias hat den Prozeß gegen L. → Scipio (7) fälschlich in T.' Praetur gelegt und T. dabei als vorbildlichen Richter dargestellt (Liv. 38,55,1–5. 58,1. 60,1–10). Damit in Zusammenhang stehende Berichte und Anekdoten bei Liv. (38,55,2. 39,6,4) und Plut. (apophth. Scip. mai. 7) verdienen ebensowenig Glauben. Nach vergebl. Bewerbung um den Consulat 184 (Liv. 39,32,8) ging T. 171 noch einmal als Gesandter nach Afrika, um für den Krieg gegen → Perseus (2) die Unterstützung Karthagos und → Massinissas zu sichern (Liv. 42,35,7). **7.** Q.T. Culleo versuchte in seinem Volkstribunat 58, Pompeius wieder auf die Seite des Senates zu ziehen, und ging gegen das Gesetz, auf Grund dessen Cic. in die Verbannung gegangen war, als *privilegium* vor (Cic. Att. 3,15,5. MOMMSEN RStR 3,336). Cic. erwähnt ihn har. 12 als *pontifex minor* des Collegiums, von dem 57 der Wiederaufbau seines Hauses abhing, und dachte 56 daran, das Tusculanum T.' zu kaufen (ad Q. fr. 2,2,1). Die Identität mit Q.T. Culleo, der als Untergebener des → Lepidus (I 6) nach der Schlacht bei → Mutina Antonius entkommen ließ (App. civ. 3,340), ist umstritten. **8.** P.T. Hispo, Freund Cic.s und Verwandter seiner Frau (→ Nr. 22), lebte als *promagister* einer in Asien tätigen → Publikanergesellschaft in → Ephesos (Cic. fam. 13,65; Att. 11,10, 1). **9.** C.T. Istra verwaltete 182 als Praetor Sardinien und war 181 *IIIvir col. deduc.* für → Graviscae (Liv. 40,29,2). **10.** T. Lucanus, bei Suet. vita Ter. 1 ohne Praenomen, bei Plin. nat. 35,52 und in einer Münzaufschr., deren Datierung schwankt (CIL I² app. 125: 194. SYDENHAM The Coinage of the Rom. Rep., 1952, 49: zw. 135 und 126; vgl. BROUGHTON 2,453), mit dem Praenomen C. erscheinender Name, bei dessen Träger es sich um ein und dieselbe Persönlichkeit handelt, wenn man die Münze dem bei Suet. erwähnten Senator und Patron des Terenz zuschreibt (RE V A 664). Vielleicht hat der Senator das Praenomen C. von seinem Adoptivvater, der wohl sein leiblicher Großvater war (Plin. nat. 35,52), geerbt, denn dieser hätte dann das bei den Terentii verhältnismäßig seltene Praenomen mit anderen Terentii seiner Generation gemeinsam (Nr. 9 und Nr. 17), wenn er nicht sogar mit einem dieser Vertreter ident. ist. Die Identität des bei Suet. (a. O.) und Plin. (a. O.) erwähnten T. wird ferner dadurch gestützt, daß die bei Plin. beschriebene öffentliche Aufstellung der Darstellung von Fechterspielen in dieser Z. (Mitte 2. Jh.) sicherlich Aufsehen erregte. **11.** L.T. Massaliota, in dessen Aedilität 200 die Aufführung des plautin. Stichus fällt, nahm 196 in → Lysimacheia (1) an den Gesprächen der röm. Gesandtschaft mit → Antiochos (4) III. teil (Pol. 18,49,2–52,1. 50,1) und verwaltete 187 als Praetor Sizilien. 182–180 kämpfte er als Kriegstribun unter Q. → Fulvius (I 19) Flaccus in Spanien und berichtete im Senat über die span. Erfolge (Liv. 40,35,3ff.).

12ff. Terentii Varrones, bedeutendster Zweig der Terentii, dessen ruhmvolle Gesch. mit dem cos. von 216 beginnt. Der Name Varro hat manchmal die Stellung eines Gentilnomens (SCHULZE Eigenn. 302). Von der Mitte des 2. Jh.s an existieren mehrere Zweige der T. Varrones unabhängig nebeneinander. **12.** T. Varro, Münzmeister, dessen Identität umstritten ist, da die Datierung seiner Münzen zwischen 240 und 173 schwankt, bzw. die Münzen, die seinen Namen tragen, drei verschiedenen Personen zugeschrieben werden (BMCRomRep 1,35. 68f. 2,222 [3 Personen]; vgl. BAHRFELDT Descr. 2,479–83. BROUGHTON 2,453. BAHRFELDT CIL I² app. 58 und 82). Je nach Datierung wird versucht, ihn mit Nr. 14, 17 oder dessen Sohn zu identifizieren. **13.** T.? Varro, sonst nicht bekannter Nachbar des Q. Tullius Cicero bei Laterium in der Nähe von → Arpinum (Cic. ad Q. fr. 3,1,4). **14.** A.T. Varro, vielleicht Sohn von Nr. 17, führte 190/189 die aitol. Gesandtschaft nach Rom, ging 172 (?) als Gesandter zu dem illyr. König → Genthios und gehörte 167 der Zehnerkommission für Makedonien an. Vorher hatte er 184 als Praetor und 183/182 mit proconsular. *imperium* so erfolgreich in Spanien gekämpft, daß ihm 182 eine *ovatio* gewährt worden war (Liv. 39,16,11). **15.** A.T. Varro, wohl Sohn von Nr. 14, gehörte 146 der Zehnerkommission an, die mit L. → Mummius (I 4) die Provinz Achaia einrichtete (Inschr. von Olympia 324). **16.** A.T. Varro, über dessen Herkunft und Tätigkeit wir durch einige griech. Inschr. aus → Karien, → Delos (bilinguis), → Rhodos und aus dem Gebiet des → Bosporus unterrichtet sind (BCH 22, 1898, 374 = DESSILS 8773. BCH 29, 1905, 228f. = DESSILS 866 [CIL I² 738]. IG XII 8,260. XII 1,48), führte offenbar 82 als Legat seines Verwandten L. → Licinius (I 36) Murena eine Flottenabteilung in der Gegend des Bosporus. 76 und 75 wurde T. von App. → Claudius (I 27) Pulcher in einem Repetundenprozeß angeklagt, von seinem Verwandten Q. → Hortensius (7) verteidigt, jedoch erst nach Bestechung der Geschworenen freigesprochen (Cic. div. in Caec. 24; Verr. 1,17. 35. 40. 47. Ps.-Asc. 109f. OR. = 193f. ST. u. a.). **17.** C.T. Varro erreichte 216 als erster seiner Familie den Consulat und wurde zusammen mit seinem Kollegen L. → Aemilius (I 23) Paullus im gleichen J. von Hannibal bei → Cannae geschlagen. Während die gesch. Überlieferung ihm die Verantwortung für die Niederlage zuzuschieben sucht (vgl. die gehässige Darstellung seiner Laufbahn bis 217 Liv. 22,25,18–26,4; Quelle Coelius Antipater?), zeigen die erhaltenen Frg. aus der Familiengesch. der T. Varrones, daß T. bei seinen Nachkommen in hohen Ehren stand (Val. Max. 4,5,2. C. CICHORIUS Röm. Studien, 1922, 189ff.). T. zeichnete sich wahrscheinlich im 1. illyr. Krieg aus (229/28) und war spätestens 220 Aedil. Nach Val. Max. 1,1,16 und Lact. inst. div. 2,16 (Quelle wohl Varro) soll sich T. bei der Abhaltung von Spielen den Zorn der Venus zugezogen und so seine spätere Niederlage herbeigeführt haben (die *instauratio* der *ludi Romani* und der *ludi plebei* Liv. 23,30,16f. steht vielleicht mit einem Formfehler bei den Spielen des T. in Zusammenhang). Nach seiner Praetur 218 setzte sich T. 217 vergeblich für die *l. Metilia de aequandi magistri equitum et dictatoris iure* (G. ROTONDI Leg. Publ. Pop. Rom., 1912, 251) ein (Liv. 22,25,18). Das Urteil der Geschichtsschreibung über T.' Tätigkeit in seinem Consulat 216 fällt einhellig zu seinen Ungunsten aus und setzt ihn in ständigen Kontrast zu seinem bei Cannae gefallenen Collegen L. Aemilius Paullus, dem Vater des Pydnasiegers, von dem wohl Pol. (3,107,8. 116,13) die T. feindliche Einstellung übernahm, die nach ihm auch Liv. (22,61,14 u.ö.), Val. Max. (3,4,4. 4,5,2), App. (Hann. 25) u.a. haben. Während jedoch bei Pol., der T. ἀπειρία vorwirft (3,110,3), der Bericht bis zu der Schlacht bei Cannae nur einen kleinen Streit zwischen den Consuln verzeichnet, sind die Berichte bei Liv., die T. als Exponent der Masse und Gegner der Nobilität (22,34,4) kennzeichnen, von Anf. an von dem scharfen Gegensatz zwischen Paullus und Fabius Maximus als den vorsichtigen und besseren Heerführern auf der einen Seite und T. als dem unüberlegten und rücksichtslos ehrgeizigen Führer auf der anderen Seite geprägt (zu den Reden der beiden Consuln vor der Schlacht s. RE V A 685), wobei jedoch auch bei Liv. deutlich wird, daß die überwiegende Mehrheit des Heeres bei dem Entschluß für die Schlacht hinter T. stand (22, 43,8f.). In der Schlacht selbst führte T. den linken Flügel und konnte nach dem Tode seines Kollegen mit einigen Reitern nach → Venusia entkommen (Schlachtbericht bei Liv. 22,45,5–49,18. Pol. 3, 113–116). Hier und später in → Canusium sammelte er die Reste des Heeres und zog nach Rom, wo er von Volk und Senat mit der größten Achtung empfangen wurde (Liv. 22,61,14 mit dem Zusatz: *ex clade, cuius ipse causa maxima fuisset*). Vielleicht von seinem Nachkommen Varro stammt die Nachricht, er habe eine Diktatur abgelehnt, nach der Niederlage Haar und Bart wachsen lassen und beim Essen nie wieder gelegen (Frontin. 4,5,6. Val. Max. 4,5,2). Nach der Ernennung des Diktators M. → Iunius (I 19) Pera kehrte T. ins Feld zurück, wo ihm bis 212 wechselnde Aufgaben übertragen wurden. In den folgenden J. war er an der Niederwerfung der rebellischen Etrusker beteiligt, nahm 203 an einer Gesandtschaft zu → Philipp (7) V. und 200 an einer Gesandtschaft nach Karthago und zu → Massinissa teil und wurde 200 zusammen mit T. Quinctius → Flamininus und P. → Scipio (13) Nasica *IIIvir col. ded.* für das im 2. pun. Krieg schwer getroffene Venusia. **18.** M. T. Varro erscheint im J. 25 v. Chr. als Zeuge in 2 Senatsbeschlüssen für → Mitylene (IG XII 2, 35 = IGRom IV 33. vgl. CAGNAT IGRom IV p. 17), gehörte der *tribus Papiria* an und verwaltete wahrscheinl. 24–23 als Praetorier und Legat des Augustus Syrien, wo er auf Grund der Klagen der Damascener gegen die räuberischen → Ituraeer vorging (Ios. bell. Iud. 1,20,4; ant. Iud. 15,10,1). Auf Grund seiner Tribuszugehörigkeit ist T. nicht als Sohn Varros anzusehen und wahrscheinlich auch nicht ident. mit Nr. 21. **19.** M. T. Varro Gibba verteidigte gemeinsam mit Cic. 52 M. → Saufeius (I 4), war 46 Quaestor und 43 Volkstribun. In diesem J. gab er unter Hinweis auf sein 2. Cognomen *Gibba*, das er seiner buckligen Gestalt verdankte, öffentlich bekannt, er sei nicht mit dem proscribierten M. T. Varro ident. (Cass. Dio 47, 11,3f.). Wahrscheinlich bezieht sich die Anekdote bei Suet. gramm. 9 *(Varro, Murena)* und Macr. Sat. 2,6,4 von → Orbilius und seinem buckligen Gegner letzten Endes auf ihn (RE V A 704f.). **20.** A. T. Varro Murena ist wahrscheinlich ident. mit dem bei Cic. fam. 16,12,6 und Caes. civ. 3,19,4 als Legat des Pompeius genannten A. Varro, ebenso mit dem bei Cic. fam. 13,22,1 erwähnten Varro Murena, und war danach wohl Sohn des L. → Licinius (I 37) Murena, *cos.* 62; dieser ließ ihn vielleicht von A. T. (Nr. 16) Varro, mit dem er 82 unter L. Murena gemeinsam in Asien gekämpft hatte, adoptieren. Während des Bürgerkriegs hielt sich T. offenbar meist in Griechenland auf. Wohl 44 bekleidete er die Aedilität (BROUGHTON 2,322). **21.** A. T. Varro Murena, vielleicht Sohn von Nr. 20 (RE V A 706f.). Über sein Leben ist wenig bekannt: Um 56 *, verlor er im Bürgerkrieg sein Vermögen; 25 unterwarf er in Augustus' Auftrag die → Salasser (Cass. Dio 53,25,2–4) und wurde um die gleiche Z. Augur, als den ihn Hor. c. 3,19 feiert. 23 bekleidete er mit Augustus den Consulat (Fast. Cap. CIL I² 1,28; alle übrigen Consularfasten haben in diesem J. Cn. → Calpurnius [II 14] Piso). In demselben J. wurde T. (fälschlich?) wegen Teilnahme an der Verschwörung des → Fannius (II 1) Caepio unter Anklage gestellt (Cass. Dio 54,3,5. 6 u.a.) und auf der Flucht getötet, obwohl sich sein Stiefbruder → Proculeius und → Maecenas (4) bei Augustus für ihn eingesetzt hatten (Cass. Dio 54,3,5, der ebensowenig wie Vell. Pat. 2,91,2 [*L. Murena*] die Tatsache erwähnt, daß T. in seinem Consulat den Tod fand (vgl. RE V A 709). Eine der Schwestern des T. war die Großmutter des → Seianus, die andere die Gemahlin des Maecenas (Nr. 24 und 23).

22. Terentia stammte aus vornehmem und

wohlhabendem Hause und heiratete zwischen 80 und 77 Cicero, dem sie eine Tochter (79?) und einen Sohn (65) gebar. Von ihrem polit. Interesse und ihrer polit. Aktivität zeugen ihr Eingreifen in die Diskussion um die Bestrafung der Anhänger → Catilinas 63 (Plut. Cic. 20,2. Cass. Dio 37,35,4) und die auf ihr Betreiben zurückgehende belastende Aussage Cic.s im Prozeß gegen → Clodius (8) 61 (Plut. Cic. 29,2). Letzteres trug sicherlich dazu bei, daß sie während der Verbannung Cic.s einige Demütigungen zu erleiden hatte (Cic. fam. 14,2,2; Cael. 50); sie stand jedoch ihrem Gemahl mit ihrem Trost tapfer zur Seite, während sie sich gleichzeitig für seine Rückkehr einsetzte und ihn auch wirtschaftl. unterstützte. Das gute Verhältnis zwischen den Ehegatten dauerte bis zu Beginn des Bürgerkrieges an – 51 verlobte T. ihre Tochter → Tullia mit → Dolabella offenbar ohne Cic.s Vorwissen, jedoch ohne damit seinen Groll zu erregen (Cic. Att. 6,6,1; fam. 3,12,2) –, 48 kam es jedoch wohl über wirtschaftl. Fragen zum Bruch, und 46 schied sich Cic. von T. In den folgenden J. bedrückte ihn die Rückzahlung der Mitgift an T., von der die Quellen später nur noch legendenhaft berichten, sie habe → Sallust (II 4) und nach ihm → Messalla (II 4) Corvinus geheiratet und sei 103 J. alt geworden. Das Urteil über ihre Persönlichkeit schwankt im Alt. wie in der Moderne je nach der Einstellung zu Cic. (vgl. Plut. Cic. 29,2. 41. Drumann 6,608. 612 und Boissier Cicero und seine Freunde, 1884[7], 92ff. St. Weinstock, RE V A 714ff.). **23.** Terentia, Gemahlin des → Maecenas, Schwester von Nr. 21 (Cass. Dio 54,3,5) und der Großmutter des → Seianus. Die Ehe, die Hor. c. 2,12 preist, wurde durch die Neigung des Augustus zu T. und deren Launen belastet und 12 v. Chr. geschieden, Cass. Dio 54,30,4. Scheidungsgutachten des Juristen (C.) → Trebatius (2) Dig. 24,1,64.
M. D.-M.

24. Terentia. Mutter des Präfekten von Äg. L. → Seius (II 2) Strabo, CIL XI 7285, wahrscheinlich Schwester von Nr. 23, Cichorius, H 39, 1904, 466f.

II. Kaiserzeit: **1.** M. T. Röm. Ritter, Freund Seians, der nach dessen Sturz angeklagt wurde, sich aber zur Freundschaft mit ihm bekannte und freigesprochen wurde, Tac. ann. 6,8f. Cass. Dio 58,19,3ff. – Syme Tac. 1,385. **2.** T. Gentianus. Sohn des Q. Hedius Rufus Lollianus Gentianus (RE XIII 1367ff.). Er war vor 209 n. Chr. *praetor tutelaris. Cos. ord.* 211, CIL VI 2144. T. war Bruder der Obervestalin Terentia Flavola, er selbst *flamen Dialis*. – Barbieri Albo senat. 498. **3.** D. T. Gentianus. Sohn von Nr. 9. * ca. 89/90; er war ca. 108–110 *tribun. milit.*, bekleidete etwa 111 die Quaestur, 113 den Volkstribunat, ca. 114 die Praetur. Im J. 115 dürfte er ein Legionskommando im Partherfeldzug Traians innegehabt haben, CIL III 1463 = CEpigr 1, 270, und wurde dafür ausgezeichnet. Von 117/118 bis 119/120 war er *legat. Aug. pr. pr. prov. Macedoniae ad census accipiendos*, CIL III 21 (6625) = DessILS 1046a. AE 1924, 57. Woodward, JHS 33, 1913, 337ff. Doch fiel auch er bei Hadrian in Ungnade, H. A. Hadr. 23,5. **4.** C. T. Iunior. Gebildeter Freund des jüngeren Plinius, epist. 7,25,2f. 8,15. 9,12. Ritterlichen Standes, wurde er nach der Offizierslaufbahn *procurat. prov. Narbonensis*, epist. 7, 25,2, zog sich aber dann auf ein Landgut bei Perusia zurück, CIL XI 1947, s. Pflaum Carrières proc. éq. 1,163f. **5.** T. Maximus aus Kleinasien glich Nero völlig im Aussehen und sang und spielte wie er Kithara. Er gab sich unter Titus als Nero aus und gewann Anhänger vor allem im Partherreich, wurde aber entlarvt und getötet, Cass. Dio 66,19,3. Or. Sib. 5,119–124. Tac. hist. 1,2. **6.** T. Maximus. Procurator von Bithynien unter Domitian, Plin. epist. 10,58,5. Sherwin-White Letters Plin. 643. **7.** Olus T. Pudens Uttedianus. Karthager, der E. 2. Jh. Legat der *leg. XIII gemina* in Dakien und *legat. Aug. pr. pr. prov. Raetiae* war, CIL III 993. **8.** T. Rufus, Legat der *leg. X Fretensis*, die unter ihm im J. 70 im zerstörten Jerusalem als Besatzung verblieb, Ios. bell. Iud. 7,31. **9.** D. T. Scaurianus, vielleicht Sohn von Nr. 6, Vater von Nr. 3. Nach Inschr. von Freigelassenen (CIL XII 5211. Espér. Inscr. I 497) wohl aus der Narbonensis. Er dürfte um 104 *cos. suff.* gewesen und dann auf den dakischen Kriegsschauplatz abgegangen sein. Bereits E. 106 war er *legat. Aug. pr. pr. prov. Daciae*, CIL XVI 57. 160. III 1443. 1081, und hatte als solcher die Provinz einzurichten. Er blieb in Dakien bis 110/111, CIL XVI 163. Nach einer Inschr. bei Paribeni Optimus Princeps 1,314 hatte er die Hauptstadt des Dakerreiches, → Sarmizegetusa, als röm. Kolonie zu instituieren, vor allem aber, gestützt auf die im Lande verbliebenen *leg. XIII gemina* und *I adiutrix*, die Ruhe aufrecht zu erhalten. Es gelang ihm in kurzer Zeit, das verwüstete Land zu einer blühenden Provinz zu machen, Paribeni a.O. 1,309–324. Rostovčev GuW 1,338f. Er baute sofort eine Reihe großer Straßen, so die von → Tibiscum über Sarmizegetusa nach → Apulum, dem Standquartier der *leg. XIII*, sowie nach → Potaissa und → Napoca, CIL III 1627. 1081. Die Vermutung Groags, RE V A 671, ein Scaurianus, Sohn eines Maximus auf einer Inschr. aus Dura-Europos bei Rowell, Compt. Rend. 1930, 272 könnte T. sein, wird ebenso zurecht bestehen, wie die weitere, daß der Ignotus von CIL III 14387d mit ihm ident. sei; dann wäre T. wohl 113/114 Statthalter von Syrien gewesen und hätte als solcher die Aufgabe gehabt, die Provinz als Aufmarschgebiet für Traians Partherkrieg einzurichten. T. nahm am Partherkrieg teil und wurde im J. 115 erster Statthalter der neuen Provinz Mesopotamien, Speidel, JRS 60, 1970, 142–153. RA 1971, 75–78. Wahrscheinlich blieb T. in Mesopotamien bis zur Aufgabe der Provinz durch Hadrian. **10.** Terentia.

Tochter von Nr. 9, Schwester von Nr. 3. Auf einer Reise durch Äg. ließ sie zur Erinnerung an ihren Bruder Nr. 3 das selbst verfertigte Gedicht CIL III 21 (6625) auf einer der Pyramiden von Gizeh einmeißeln. Ihr Gatte war wohl L. Lollius Avitus *cos.* 114, ihr Sohn der gleichnamige *cos.* 144. R. H.

11. Aus Rom, Bäcker, 364/65 *corrector Tusciae*, hingerichtet 374 wegen Fälschungen (Cod. Theod. 12,1,61. 65. Amm. 27,3). **12.** *Dux Valeriae* (CIL III 3762), 369/74 *comes et dux Armeniae*, brachte 370 den Armenierkönig → Pap (1) und den Ibererkönig Sauromakes in ihre Heimat zurück. T., Freund des → Basileios (4), regierte 373/74 Armenien, nachdem Pap zu Kaiser Valens zitiert worden war (Amm. 27,12. Theodoret. 4,32. Faustus Byz. 5,1. 4–6. 32. Basil. epist. 64. 99. 105. 214f.). A. L.

B. Literarische Persönlichkeiten.

1. P. T. Afer, der berühmte Palliatendichter. Quellen über sein Leben: Prologe der Komödien, die in den Hss. enthaltenen Didaskalien und eine wertvolle ant. Biographie, Suet. vita Ter. bei Don. comm. Ter. ed. WESSNER 1,3ff. (mit einem auctarium Donatianum [aus Probus?] ebd. 9,14ff.; Textkrit. bei MARTI, Lustrum 6, 1961, 223ff.; über Biogr. im allg. [1], 232ff. [4], 598ff. M. BROŻEK, Eos 50, 1959/60, 109ff.). Nach Sueton dürfen wir das Folgende als sicher oder wenigstens als wahrscheinlich betrachten: daß T. 185 (vita 7,8ff.) oder vielleicht früher (Fenestella, vita 3,12ff.) in Karthago geboren wurde (das cognomen *Afer* läßt libysche Herkunft vermuten); daß er in Rom Sklave des Senators T. Lucanus war, der ihn *liberaliter* erzog und ihm die Freiheit schenkte; daß er in Beziehungen zu Angehörigen des Adels stand, zweifellos zu Persönlichkeiten des »Scipionenkreises« – bes., wie man später glaubte, zu → Scipio (12) Aemilianus und → Laelius (I 1) –, deren Strohmann er schon nach einigen Zeitgenossen gewesen wäre (vita 5,13ff. Ter. Haut. 22ff.; Adelph. 15ff. Cic. Att. 7,3,10. Quint. inst. 10,1,99; vgl. MOMMSEN RG 2,437 Anm. u. BROŻEK a.O. 120ff.). Zwischen 166 und 160 schrieb er sechs Komödien, deren erste, die Andria, er dem → Caecilius (III 1) vorgelesen habe, wobei er von diesem bewundert worden sei (vita 4,14ff.); doch hatte er nicht immer Beifall, und es fehlte ihm nicht an Konkurrenten (→ Luscius Lanuvinus); aber kräftig stützte ihn der Schauspieldirektor → Ambivius Turpio (vgl. die Prol. u. Didask. zu Hec. u. Haut.), der vorher auch Caecilius gestützt hatte (Hec. 14ff.). Noch nicht 25jährig unternahm er eine Studienreise nach Griechenland und Kleinasien, von der er nicht zurückkehrte (vita 7,8ff.): Er soll bei einem Schiffbruch umgekommen oder *in Arcadia Stymphali sive Leucadiae* (? vita 8,1ff.) gestorben sein. Er erreichte einen gewissen Wohlstand (vita 8,8f.). Über sein körperliches Aussehen s. vita 8,7f. und die Bildnisse SCHEFOLD Bildnisse d. ant. Dichter ..., Basel 1943, 171,5. 173,35.

Die Stücke gehen hauptsächlich auf menandr. Vorbilder zurück, außer Hec. Phorm. (beide nach → Apollodoros [3] v. Karystos); benutzt ist → Diphilos (5) in Ad. Zur plautin. Komödie, von der sich schon Caecilius in mancher Hinsicht entfernt hatte, steht T. in noch ausgeprägterem Gegensatz, durch die folgenden Merkmale: größere Treue, auch im Äußerlichen, gegenüber den griech. Vorbildern (alle Titel sind griech., wie schon teilweise bei → Naevius und meistens bei Caecilius; ein »menandrischer« Geschmack für milde Charaktere und ruhige Situationen, der manchmal bei T. noch auffälliger ist, als wir ihn für die griech. Vorbilder annehmen dürfen (was das einschränkende Urteil Ciceros beim Vergleich mit Menander verursachte); eine allg. Neigung zum Realistischen und Wahrscheinlichen und in eth. Hinsicht eine bes. Feinfühligkeit für die Werte der *humanitas:* vgl. bes. Haut. 77 (über neuere Arbeiten: HAFFTER, Philol. 100, 1956, 287ff.); das fast ausschließliche Vorkommen iambo-trochäischer Verse, die den Eindruck der Gleichmäßigkeit erwecken (W. A. LAIDLAW The Prosody of T., London 1938; letzter Bericht HARSH, Lustrum 3, 1958, 215ff.; s. dazu H. W. BRUDER Bedeutung u. Funktion des Verswechsels bei T., Diss. Zürich 1970). Auf der anderen Seite erstrebt T. eine gewisse Vervielfachung und Verschlingung der Handlung: In allen Komödien erkennt man das Bestreben, Personen und Situationen zu »verdoppeln«. Oft wird die *contaminatio* geübt, die T. selbst in den Prol. bezeugt (Andr. 13f.; Haut. 16ff.; Eun. 25ff.; die *contaminatio*-Probleme behandelt ausführlich MARTI, Lustrum 8, 1963, 23ff.); es tritt auch die allg.-röm. Tendenz zutage, pathetische und moralisierende Züge hervorzuheben, womit die Vorbilder den Ansprüchen des röm. Publikums angepaßt werden (vgl. im allg. W. LUDWIG, Gr. Rom. and Byz. St. 9, 1968, 169ff.). Eine große Neuerung sind die Prologe: T. ersetzt die Expositionen seiner Vorbilder durch polemische Auseinandersetzungen, die seine Komödien hervorriefen, und gibt die nötigen Hinweise zum Handlungsverlauf erst im Stück selbst (vgl. zuletzt E. LEFÈVRE Die Expositionstechnik in den Komödien des T., Darmstadt 1969; über die Prologe im allg. F. STOESSL, RE XXIII 2404ff.).

T.' Sprache setzt sich Reinheit und Eleganz zum Ziel, wenn auch in beträchtlichem Maße Elemente der Umgangssprache Eingang fanden (H. HAFFTER Unt. z. altlat. Dichterspr., Bln. 1934, pass., bes. 126ff. [7], 92ff.). A. TRAINA Vortit barbare, Roma 1970, 167ff. J. T. ALLERDICE Syntax of T., London 1929.

Die Chronologie der Komödien ist mit genügender Sicherheit durch das Zeugnis der Didaskalien (vgl. RITSCHL, Parerga, Lpz. 1845, 249ff. DZIATZKO, RhM 20, 1865, 570ff. 21, 1866, 64ff.), durch die vita und durch einige Andeutungen der Prologe festgestellt; demgegenüber wiegen die Einwände neuerer Forscher nicht allzu schwer.

Die Komödien. 1. Andria. An den *ludi Megalenses* des J. 166 aufgeführt. Kern der Handlung sind die Schicksale eines Verliebtenpaares, die am Ende durch eine *agnitio* eine glückliche Lösung finden. Vorbild: Menanders Ἀνδρία mit Περινθία kontaminiert (9ff.). Aus der Περ. stammt mind. Szene I 1 (Don. zu 10. 13. 14); bezweifeln kann man, ob die Einführung von Gestalten wie Charinus und Byrria, die in der Ἀνδρ. fehlen (Don. zu 301, vgl. zu 977), auf terent. Erfindung zurückzuführen ist (so z.B. F. Schoell, SHAW 1912, Abh. 7). Andere Zeugnisse terent. Überarbeitung: Don. zu 771. 891. 959. Über Römisches vgl. G. Williams, JRS 48, 1958, 20f. Der zweite Schluß der Kom., der bei Don. zu 978 (vgl. Eugraph.) erwähnt und von einigen *recentiores* überliefert wird, ist bestimmt unecht. Ein dritter Schluß, aus dem MA., bei Fr. Falbrecht, Diss. phil. Vind. 14, 1893, 1ff. (vgl. Dziatzko, Woch. kl. Phil. 10, 1893, 795ff.). Vgl. H. Oppermann, H 69, 1934, 262ff. E. Bigott Die Komposition der Andria des T., Diss. Köln, Bochum 1939. Einzelausg.: A. Thierfelder, Heidelberg ^{2}1960. Einzelkomm.: A. Spengel, Berlin ^{2}1888. R. Kauer, Bielefeld 1930. G. P. Shipp, London ^{2}1960.

2. Hecyra. Zwei durchgefallene Aufführungen: an den *ludi Megalenses* des J. 165 und an den Leichenspielen für L. → Aemilius (I 22) Paulus i.J. 160; 3. Aufführung i.J. 160, wahrscheinl. an den *ludi Romani:* Didaskalien und 1ff. (aus dem Prolog der 2.) und 33ff. (aus dem Prolog der 3. Aufführung). Kern der Handlung ist der unbegründete Verdacht, daß eine Mutter die ehelichen Schwierigkeiten ihres Sohnes verschuldet habe. Stoff und Ton im allg. wenig komödienhaft, mehr dem bürgerlichen Drama angenähert. Vorbild: Apollodoros v. Karystos (Don. praef. I 1. auct. Donat. p. 10,4f. W. Eugraph. Hec. prol. p. 259,4 W.; dazu Don. zu 58. 214. 286. 380. 440). Didask. *Graeca Menandru* verfehlt (Apollod. verkannt auch bei Sidon. epist. 4,12,1f.); Apollod. könnte jedoch Men. nachgeahmt haben (vgl. K. Stavenhagen, H 45, 1910, 564ff., bes. 576ff.). Erzählung statt Handlung nach Don. zu 825 *(brevitati consulit)*. Im allg. vgl. W. Schadewaldt, H 66, 1931, 1ff. (= Hellas u. Hesperien, Zürich 1960, 472ff.) Posani, AeR 42, 1940, 225ff. 44, 1942, 141ff. Einzelkomm.: P. Thomas, Paris 1887.

3. Heautontimorumenos. An den *ludi Megalenses* 163 aufgeführt. Zu einem Vater, der die Strenge bereut, mit welcher er seinen Sohn behandelt hat, gesellen sich als weitere Gestalten ein selbstherrlicher und intriganter Vater und dessen charakterloser Sohn. Die Handlung besteht aus einer Reihe von Zwischenfällen, die der Sklave durch Vorspiegelungen und Personenvertauschungen bewerkstelligt. *Agnitio* im Laufe des Stückes (614ff.). Die Handlung dauert zwei Tage, vielleicht im Unterschied vom Vorbild. Die Kom. wird als *stataria* bezeichnet (36). Vorbild: Men. Ἑαυτὸν τιμωρούμενος (5 u. Didask.). In der heutigen Forschung ist die These einer *contaminatio* aufgegeben, die, nach V. 6, u.a. von Fr. Skutsch, Philol. 59, 1900, 1ff. = Kl. Schr. 123ff. vertreten wurde: vgl. [1], 241,4. A. Klotz, WS 35, 1913, 235ff. [7], 79f. Im allg. vgl. O. Koehler De Heaut. Terentianae compositione, Diss. Lpz. 1908. W. Kroll, Jb. d. Schles. Ges. f. vaterl. Kultur 100, 1927, 122ff. Einzelkomm.: F. G. Ballantine, Boston 1910. G. Mazzoni, Torino 1926.

4. Eunuchus. An den *ludi Megalenses* 161 aufgeführt. Das Stück erntete stärksten Beifall, erfuhr eine zweite Aufführung und wurde mit dem höchsten damals beurkundeten Preis belohnt (vgl. vita 5,8ff. auct. Donat. 10,6f. Don. praef. Eun. 1,6). Bei den Liebesabenteuern zweier Brüder begegnen neben einer edelmütigen Hetäre die eher plautin. anmutenden Gestalten eines *miles gloriosus* mit seinem Parasiten und eines falschen Eunuchen. Vorbild: Men. Εὐνοῦχος (vgl. 19f.) mit Hinzufügung der Gestalten des *miles* und des Parasiten aus Men. Κόλαξ (30ff. Don. zu 228). T.' Erfindung ist die Person des Antipho, durch den ein Monolog des Vorbildes zum Dialog wird (539ff.; vgl. Don. zu 539. B. Denzler Der Monolog bei T., Diss. Zürich 1968, 36ff.; vgl. jedoch Ed. Fraenkel, MH 25, 1968, 235ff.). Im allg. vgl. A. Klotz, WJ 1, 1946, 1ff. W. Ludwig, Philol. 103, 1959, 1ff. Einzelkomm.: Ph. Fabia, Paris 1895.

5. Phormio. An den *ludi Romani (ludi Megalenses* Don. Phorm. praef. I 6, aber vgl. Eun.) d.J. 161 (so Σ). Eine spätere Aufführung im J. 141 (weniger wahrscheinlich 140; s. A Didask.). Ein Parasit löst durch einen doppelten Betrug die Schwierigkeiten eines jungen Verliebtenpaares. Die Kom. ist *prope tota motoria* (Don. Phorm. praef. I 2). Vorbild: Apollod. v. Karystos Ἐπιδικαζόμενος (vgl. Didask. u. 24ff.), der keiner wesentlichen Veränderung unterworfen wurde. Don. merkt bloß kleinere Unterschiede an, z.B. zu 91. Vgl. W. E. Kuiper Two Comedies by Apollodorus of Carystus, Leiden 1938, 50ff. Posani, AeR 43, 1941, 29ff. Einzelkomm.: Dziatzko-Hauler, Lpz. ^{4}1913. R. H. Martin, London 1959.

6. Adelphoe. An den Leichenspielen für Aemilius Paulus i.J. 160 (wie Hec.) aufgeführt (es handelte sich nach einigen Forschern um eine Wiederaufführung wegen Don. Ad. praef. I 8, vgl. jedoch W. Wagner, JbPhPäd 91, 1865, 289ff. u.a.). Mit den Liebesschicksalen zweier Brüder, die vom Vater und vom Onkel verschiedenartig erzogen wurden, ist hier das Problem der Jugenderziehung behandelt. Vorbild: Men. Ἀδελφοί ᾱ mit Hinzufügung einer Szene (II 1, Monolog 196ff. ausgenommen [vgl. Don. zu 199]) aus Diphilos' Συναποθνῄσκοντες (vgl. Didask. u. 6ff.). Einige Unterschiede gegenüber Men. werden bei Don. zu 351. 938 hervorgehoben. Vgl. O. Rieth Die Kunst

Men.s in den Ad. des T., Hildesheim 1964. H. Drexler, Philol. Suppl. 26, 1934, 2,1 ff. Einzelkomm.: A. Spengel, Berlin ^{2}1905. Ph. Fabia, Paris 1892. Dziatzko-Kauer, Lpz. 1903.

Fortleben. Die Didask. von Andr. Haut. Eun. Phorm. scheinen zu bezeugen, daß diese Kom. auch nach dem Tode von T. aufgeführt wurden. Für das Fortleben von Haut. auf der Bühne zu Varros Zeit vgl. rust. 2,11,11. Dem einschränkenden Urteil von → Volcacius Sedigitus (fr. 1,10 Morel), der ihn in seinem Kanon an die sechste Stelle setzt, stellt Sueton (vita 8,15 ff. W.) das günstige Urteil von → Afranius (1) entgegen. Ebenda eine mittlere Bewertung *(hactenus laudat)* von Cicero (poet. fr. 2 Morel), der – wenn Verse, die nach der Überlieferung Caesar (poet. fr. 1 Morel) zugeschrieben sind, ihm angehören – T. *dimidiatus Menander* nennt, indem er ihm *lectus sermo*, *comitas* und *dulcedo*, aber keine *vis* zuerkennt (für die *elegantia sermonis* im Gegensatz zu Caecilius vgl. Att. 7,3,10. E. Malcovati Cicerone e la poesia, Pavia 1943, 163 ff.). Varro hielt ihn für hervorragend *in ethesin* (Men. 399 B.) und zitierte ihn als Beispiel der *mediocritas* (frg. 322 FunGrRF). Nach dem landläufigen Urteil der augusteischen Z. lag T.' größte Bedeutung in der *ars* (Hor. epist. 2,1,59, wo 60f. auch auf noch lebendige Aufführungen hingewiesen wird). In der Kaiserz. und Spätant. blühten die Komm. (erhalten sind die von Aelius → Donatus [2 bis], ohne Haut., und von → Eugraphius, der vorwiegend rhet. Züge aufweist; verlorengegangen sind die von → Aemilius Asper, → Helenius Acro, → Arruntius [II 9] Celsus, → Euanthius); zugleich weckte T. das Interesse von Grammatikern (→ Verrius Flaccus, → Probus [3], der eine Ausgabe verfertigte [vgl. RE VIII A 206 f.], → Priscianus) und Scholiasten (J. F. Mountford The Sch. Bembina, Liverpool 1934. Fr. Schlee Sch. Terentiana, Lpz. 1893). Er erwarb sich einen Stammplatz in der Schule, wo er größtes Ansehen genoß. Bemerkenswert ist, daß der Verscharakter seiner Komödien bestritten werden konnte, wie wir in Priscians De metris fab. Ter. (KeilGrL 3, 418 ff.) erfahren. Auch das günstige Urteil des → Augustinus (vgl. H. Hagendahl Augustine and the Latin Classics, Göteborg 1967, 1,254 ff.) mußte dazu beitragen, daß sein Nachleben das MA. hindurch dauerte. Im 10. Jh. verfaßte die Nonne Hrotsvith 6 Dramen in lat. rhythm. Prosa, die sich ausdrücklich auf T. berufen (vgl. Manitius 1, 619 ff.). Über ma. Biographien und Komm. vgl. R. Sabbadini, SIFC 5, 1897, 303 ff. Zur ma. Nachwirkung der Thematik um Gnatho und Thais (Eun. 391 ff.) und zum Problem der direkten Kenntnis des T. bei Dante vgl. M. Barchiesi Un tema classico e medievale. Gnatone e Taide, Padova 1963. Auf lebhaftes Interesse stieß T. auch bei Petrarca; erst im 15. Jh. bahnt sich eine Bevorzugung des Plautus an. In der Neuzeit wurde T. u.a. von Ariost u. Molière nachgeahmt (W. Creizenach Gesch. d. neueren Dramas, Halle ^{2}1923 [s. Reg.]; G. E. Duckworth The Nature of Roman Comedy, Princeton 1952, 396 ff.).

Die direkte Überlieferung (vgl. G. Jachmann Gesch. d. Terenztextes im Alt., Basel 1924. G. Pasquali Storia della tradizione, Firenze ^{2}1952, 354 ff.) ist zweigeteilt: a) Cod. Bembinus (Vat. Lat. 3226 [A], aus dem 4.–5. Jh. [fehlend der größere Teil der Andria]; facsim. bei S. Prete Il codice di T. Vat. Lat. 3226, Città del Vaticano 1970), vgl. R. Kauer, WS 20, 1898, 252 ff. 22, 1900, 56 ff. Prete Il codice Bembino di T., Città del Vaticano 1950; b) die auf der Revision eines Grammatikers des 4.–5. Jh.s beruhende sog. recensio Calliopiana (Σ), die von zwei Hs.-Zweigen karoling. Zeit (γ u. δ) vertreten wird: darunter Paris. 7899 (P) s. IX, Vat. 3868 (C; facsim. hg. v. Jachmann, Lpz. 1929), Ambr. H 75 inf. (F) s. X (facsim. hg. v. E. Bethe, Lugd. Bat. 1903). Papyri: P. Vindob. inv. L 103. POxy 2401 (= Pack^2 2993 a. 2294), beide aus der Andria. Verwandtschaft mit der Calliop. Rezension zeigen die Palimpsestfrg.e im Sangallensis 912 (wenige Verse aus Haut.), von dem Entdecker P. Lehmann (SBAW 1931, 1) ins 4., von E. A. Lowe (Codd. Lat. Ant. 7,974) ins 5. Jh. datiert. Über die alphabet. und chronol. Anordnung der Kom. vgl. Brożek, Eos 51, 1961, 79 ff.
Sc. M.

Letzter Forschungsbericht (1909–1959): *H. Marti*, Lustrum 6, 1961, 114 ff. 8, 1963, 5 ff.

Gesamtausg.: *R. Kauer – W. M. Lindsay*, Oxonii 1926 (suppl. apparatus cur. *O. Skutsch*, 1958). Dazu: *A. Fleckeisen*, Lpz. ^{2}1898. *J. Marouzeau*, Paris 1942–1949 u.ö. *S. Prete*, Heidelberg 1954. Gesamtkomm.: *S. G. Ashmore*, New York ^{2}1910.

Lex.: *P. McGlynn* Lex. Terentianum, Lond./Glasguae 1963–1967 (vgl. *Ed. Fraenkel*, Gn 36, 1964, 778 ff. 40, 1968, 575 ff.). Älterer Ind. verb. v. *E. B. Jenkins*, Chapel Hill 1932.

Lit.: 1. *F. Leo* Gesch. d. röm. Lit. 1, Bln. 1913, 232 ff. 2. *A. Saekel* Quaest. comicae de T. exemplaribus Graecis, Diss. Berol. 1914. 3. *N. Terzaghi* Prolegomeni a T., Torino 1931. 4. *G. Jachmann*, RE V A 598 ff. 5. *E. Reitzenstein* T. als Dichter, Amsterdam 1940. 6. *F. Arnaldi* Da Plauto a T. 2, Napoli 1947. 7. *H. Haffter*, MH 10, 1953, 1 ff. 73 ff. (ital. Übers. mit bibliogr. Nachtrag v. *D. Nardo*, Roma 1969). 8. *A. Ronconi* T., Le commedie, Firenze 1960, Einleitung (= Da Lucrezio a Tacito, Firenze 1968, 278 ff.). 9. *O. Bianco* Terenzio, Roma 1962.

2. T. Clemens. Röm. Jurist aus der Mitte des 2. Jh.s n. Chr. Er scheint mit → Salvius (II 7) Iulianus in Verbindung gestanden zu haben. Sonst wissen wir über sein Leben nichts; der Versuch, ihn als Griechen zu erweisen, überzeugt nicht (W. Kunkel Herkunft und soz. Stellg. der röm. Juristen, ^{2}1967, 177 ff.). Geschrieben hat er einen Komm. *ad legem Iuliam et Papiam* in 20 B. Hiervon sind uns 37 Frg.e in den Dig. überliefert (abgedruckt bei O. Lenel, Palingenesia Iuris Civilis 2, 1889, 335 ff.).
D. M.

3. Q. T. Scaurus, berühmter lat. Grammatiker aus der Z. Hadrians (Gell. 11,15,3), von dessen umfangreichem Oeuvre nur Bruchstücke überkommen sind. 1. Von dem Einfluß seiner *Ars grammatica* (in mehreren B.) auf die spätant. gramm. Tradition (K. BARWICK Remmius Palaemon, 1922, passim) vermitteln die wenigen namentlichen Zit.e nur ein unzureichendes Bild. 2. In karoling. Hss. überliefert ist ein Werkchen *De orthographia*, das auf Varro zurückgeht, ebenso 3. eine Ergänzung (p. 29,3–33,13 KEIL) einer Schrift 4. *De litteris novis*, von der wir nur den Titel kennen. Gegen den Kollegen → Caesellius Vindex richtete sich 5. *De Caeselli erroribus* (Gell. 11,15, 3ff.). 6. Ein Horazkomm. umfaßte 10 B., während die Existenz 7. eines selbständigen Vergilkomm. nicht sicher bewiesen werden kann. P. L. Sch.

Ta. (De orthographia): *Keil* GrL 7,11ff.

Lit.: *Keil* a.O. 3–10. *Schanz–Hos.* 3, ^{3}1922, 156ff. *W. Strzelecki*, Eos 1938, 11ff. 1950, 1,89ff. *G. Radke*, Gedenkschr. f. G. Rohde, Tübingen 1961, 215ff.

4. M. T. Varro → Varro (1)

5. P. T. Varro Atacinus → Varro (2)

Tereus (*Τηρεύς*). Myth. thrak. König, Verbündeter und Schwiegersohn des att. Königs → Pandion (II.). Seinen Bruder → Dryas (2) ermordete er. Über sein Verbrechen an seiner Schwägerin und die gräßliche Rache seiner Frau → Philomele: → Prokne, → Itys, auch → Aëdon. Schauplatz ist das phok. → Daulis, wo, wie anderwärts in Mittelgriechenland, in der Frühzeit Thraker saßen, Thuk. 2,29. Strab. 7,321. WILAM. GldH. 1,51f. mit Anm. J. WIESNER Die Thraker, 1963, 19. 62f. mit Anm. Dasselbe gilt für → Pagai in Megaris, wo nach Paus. 1,41,8f. eine ältere Fassung der Sage spielt; T. tötet sich selbst, die Frauen beweinen ihr Leid und ihre Untat bis zum Tode in Athen. Erst Soph. scheint die Handlung in das eigentl. Thrakien verlegt zu haben. WILAM. a.O. 158,3. In Aristoph. Av. ruft T. alle Vögel zu einer Versammlung. H. v. G.

Tergeste (Artemidor. GGM 1,575 und Dion. Per. 382 m. Eust. *Τέγεστρον*. Suda s. *Τεγέστη*. Steph. Byz. s. *Τέγεστρα*. Mela 2,55. Avien. 3,529. *Τέργεστον* Ptol. 3,1,27. *Tergestum;* sonst *T.*), Dorf in Istrien, später Kastell (Strab. 5,215) und *colonia* (Plin. nat. 3,127. Ptol.) an der *v. Flavia* 28 mp hinter → Aquileia, leidet unter Einfällen der Nachbarn (Caes. Gall. 8,24,3. Vell. 2,110,4) auf der Strab. 7,314 erwähnten Straße. T. ist Hafenstadt; h. Trieste. G. R.

Forbiger HB. d. alt. Geogr. 3,417. *Nissen* It. Ldk. 2,239. *Radke* Viae publ. Rom. 196f.

Tergiversatio bedeutet im röm. Strafprozeß das ungerechtfertigte Fallenlassen der einmal erhobenen Anklage durch den Ankläger *(deserere, desistere)*. Es gilt als tadelnswert: Der Angeklagte kann Fortsetzung des Prozesses fordern und nach seinem Freispruch den Ankläger wegen → *calumnia* belangen (vgl. Pap. Iust. Dig. 48,16,18,2). Durch das *SC Turpillianum* wurde die *t.* zum selbständigen Delikt erhoben und auch unabhängig von der *calumnia* mit Geldstrafe bedroht (Mac. Dig. 47,15,3,3). D. M.

Terias (*Τηρίας*). Fluß in Sizilien (Hesych. s.v.), an dem → Leontinoi lag (Diod. 14,14,3. Skyl. 13), h. fiume San Leonardo. Erwähnt auch von Thuk. 6,50,3. 94,2. Plin. nat. 3,89. Kl. M.

Terillos (*Τήριλλος*). Tyrann von → Himera, wurde 483 v. Chr. von → Theron vertrieben. Der Hilferuf des T. und des mit Kydippe, der Tochter des T., verheirateten → Anaxilaos von → Rhegion, löste 480 v. Chr. die Offensive der Karthager unter → Hamilkar (1), dem Gastfreund des T., aus. Von → Gelon (1) und Theron wurden die Karthager bei Himera vernichtend geschlagen (Hdt. 7,165 bis 167). Vom späteren Schicksal des T. ist nichts bekannt. Kl. M.

W. Schwahn, RE V A 725. *T. J. Dunbabin* The Western Greeks, Oxf. 1948, 419ff.

Torina (ī bzw. ει Skymn. 306. Lykophr. 726. 1008), an der Mündung des Flusses T. (Steph. Byz. s. *T.*; nach Lykophr. Okinaros), am → *Terinaeus sinus* in → Graecia Magna von Kroton (Mz. 5. Jh. HEAD HN^2 112ff.) gegründet (Skymn. Phlegon FGrH 257 F 31. Plin. nat. 3,72. Solin. 2,10), 356 von Bruttiern (Diod. 16,15,2), 325 von → Alexandros (5) v. Epeiros (Liv. 8,24,4) erobert, 203 von Hannibal zerstört (Strab. 6,256); h. S. Eufemia (nicht das landeinw. gelegene Nocera Tirinese). G. R.

Forbiger HB. d. alt. Geogr. 3,515. *Nissen* It. Ldk. 2,930f. *Bérard* Colonisation Grecque ... ^{2}161.

Terinaeus sinus (Plin. nat. 3,72. 95. Thuk. 6,104,2) an der brutt. W.-Küste nach → Terina benannt, begrenzt das ursprüngl. → Italia; andere Namen nach Hipponion (Strab. 6,255. Ptol. 3,1,9) bzw. Vibo (Cic. Att. 16,16,1. Plin. nat. 3,72) oder *Ναπήτη* (Antioch. FGrH 555 F 3. 5) bzw. *Λάμητος* (Aristot. pol. 7,1329 b 13). G. R.

Termera (*Τέρμερα, πόλις Λυκίας*, Steph. Byz.), kar. Stadt auf der Halbinsel von → Halikarnassos, ihre Ruinenstätte h. Asarlik. → Histiaios (2), der Sohn des Tymnes, der zu Beginn des Ion. Aufstandes von → Aristagoras (3) festgenommen wurde und später in der Flotte des Xerxes 481/80 v. Chr. als Chef einer Schiffsabteilung fungierte (Hdt. 5,37. 7,98), war möglicherweise Tyrann von T. (eine Silbermünze seines Vaters bei HEAD HN^2 627?). Um die Mitte des 5. Jh.s verlor diese Dynastie die Herrschaft über die Stadt (Schluß aus den Athen. Tributquotenlisten, in denen T. für die Jahre 454–424 nachweisbar ist; vgl. [2]). Als der kar. Dynast → Maussollos (2) um 360 v. Chr. seine Residenz von → Mylasa nach Halikarnassos verlegte und diese Stadt durch einen → Synoikismos der umliegenden Siedlungen verstärkte, mußte auch die Bevölkerung von T. ihre Heimatstadt verlassen und nach Halikarnassos umsiedeln. T.

wurde teilweise zerstört, erhalten blieb nur eine Zitadelle (*χωρίον Τέρμερον*, Strab. 14,657). E. O.

1. *W. Ruge*, RE V A 729f. 2. *G. E. Bean – J. M. Cook*, ABSA 50, 1955, 147–149.

Termeros (*Τέρμερος*, Steph. Byz.), wie Lykos lelegischer Räuber, der eine Stadt auf der Halbinsel von → Halikarnassos gegründet und nach sich benannt haben soll (→ Termera). Herakles hat ihn im Zweikampf bezwungen und getötet (vgl. etwa Plut. Thes. 11). E. O.

Termes. Stadt im Gebiet der keltiber. → Arevaci, auch *Termeste*, *Τερμεντία*, *Τερμησός* genannt; Bewohner *Τερμήσσιοι*, *Τερμεντεῖς*, *Termestini*. Lag auf einem Sandsteinfelsen, der aus einem tiefeingeschnittenen Bergtal aufsteigt. Neben → Numantia Hauptbrennpunkt der Kämpfe der span. Kriege von 154–133 v. Chr. 141 von Q. Pompeius vergebl. angegriffen (App. Ib. 327ff.). Behauptet sich nach dem Fall von Numantia (133). Erst von T. → Didius (I 4) genommen (98: App. Ib. 431). Er veranlaßte die Bewohner, sich in der Ebene anzusiedeln. 75 in der Umgegend Kämpfe zwischen → Pompeius (A I 1) und → Sertorius (Sall. hist. 2,95). Röm. Ruinen in der Talebene. Siedlungsspuren auf dem Sandsteinfelsen. Inschr. CIL II 5794f. K. A.

Forbiger HB. d. alt. Geogr. 3,75 Anm. *Schulten*, RE V A 732.

Termessos (*Τερμησσός*, Strab. 14,666). **1.** Ant. Stadt in SO.-Pisidien (später in die röm. Provinz Pamphylia einbezogen) im s. Vorgeb. des Tauros; ihre eindrucksvollen Ruinen (Mauern, Agora mit Säulenhallen, Zisternen, Theater, Odeion, Tempel, Felsgräber) finden sich ca. 30 km vom h. Antalya in einer Höhe von über 1000 m am SW.-Fuß des Güllük Daği (ant. Solymos). Die Lage der Stadt an der Paßstraße aus dem phryg. Hinterland in die pamphyl. Ebene schildert Arr. an. 1,27,6: »Ein Höhenrücken verläuft von der Stadt hinunter auf die Straße, wo er endet; auch gegenüber erhebt sich nicht minder schroff eine Anhöhe. Diese Gebirgsformation gestaltet sich über dem Wege wie ein Tor, und so kann auch eine kleine Wachmannschaft von diesen Höhen aus die Straße total sperren.« – Der sagenhafte Gründer von T. war → Bellerophontes. Die pisid. Ursprünge der sehr früh hellenisierten Stadt lassen sich nur unscharf im pisid. Namensschatz von T. fassen. Die früheste hist. Erwähnung findet sich bei Arr. a.O. anläßlich des Alexanderzuges i.J. 334 v. Chr. In T. suchte → Alketas (5), der Bruder des Perdikkas, im Kampf gegen → Antigonos (1) Monophthalmos Zuflucht, wurde verraten und verübte schließlich Selbstmord (319 v. Chr.). Gegenüber den Königen von Pergamon wie auch später im Verhältnis zu den Römern gelang es T., sich einen hohen Grad an Selbständigkeit zu bewahren.

R. Heberdey, RE V A 732ff. *D. Magie* Roman Rule in Asia Minor, Princeton 1950, 263ff. 1136ff. *P. Vianello*, Enc. arte ant. 7, 1966, 719ff. *F. Stark* Auf den Spuren Alexanders, Stuttg. ^{2}1968, 98ff. *G.E. Bean* Kleinasien 2, Stuttg. 1970, 109ff.

2. Im Gegensatz zu Nr. 1 bezeichnete man als Klein-T. deren im 3. Jh. v. Chr. gegründete Kolonie (Steph. Byz. Eust. Dion. Per. 859 = GGM 2,368), deren Ruinen sich am r. Ufer des → Xanthos (h. Koca Çayi) n.ö. vom ant. → Oinoanda gefunden haben. Die Entwicklung dieser Siedlung wurde sehr wesentlich bestimmt durch die Nähe des mächtigeren Oinoanda, dessen Geschicke sie als Teil der Tetrapolis von → Kibyra (1) und seit 84 als Mitglied im Lykischen Bund geteilt hat. E. O.

R. Heberdey, RE V A 775ff. *L. Robert* Villes d'Asie Mineure, Paris ^{2}1962, 206,2 (Mz.).

Terminalia, Fest der *termini* (Plin. nat. 18,8 vergleicht mit Recht die *Fornacalia*) am 23. Febr. (Lact. de m. pers. 12,1), in den Kalendern *TER* (Fast. Caer. CIL I^2 p. 212. Maff. ebd. p. 223), *TERM* (Fast. Ant. vet. ILLRP Nr. 9. Verul. NSA 1923,196), *TERMINALIA* (Philocal. Polem. Menolog.). *T.* als Jahresende (Varro l.l. 6,13. Ov. fast. 2,49f.) zur Datierung benutzt (CIL I^2 682. Cic. Att. 6,1,1); Interkalation zwischen *T.* und *Regifugium* (Liv. 43,11,13. 45,44,3. Macr. Sat. 1,13,15. 19. Cens. 20,6. Aug. civ. 7,7). Zur privaten Feier vgl. Ov. fast. 2,639ff., zur Staatsfeier am 6. mil. der *v. Laurentina* ebd. 679ff. G. R.

Mommsen Röm. Chron. ^{2}38ff. *A. Kirsopp Michels* The Calendar of the Roman Rep. 160ff.

Terminatio, Grenzfestlegung durch Steine (CIL VI 31545 = DESSILS 5926 *cippis positis*) oder Pfähle (Feldm. p. 244 *depalatio et determinatio*). Steine beschriftet (Hyg. grom. p. 136. 159 TH.), bilden die *t. per omnes angulos* (ebd. p. 160 TH.); ihre Veränderung wird bestraft (BRUNS-GRAD. Nr. 15. Dig. 47,21,3). Ein Protokoll (CIL IX 2827 = DESSILS 5982 *libellus*) in der *sententia Minuciorum* d.J. 117 v. Chr. erhalten (CIL I^2 584 = ILLRP 517); aus gleicher Z. die T. des Prokonsuls Caecilius (CIL I^2 633f. 2501 = ILLRP 476f.); *lapides Graccani rotundi columniaci* (Feldm. p. 242) der *IIIviri a.i.a.* (BROUGHTON 1, 495) d.J. 133 v. Chr. (CIL I^2 639–644. 696. 719 = ILLRP 467–475); die T. des Tiberufers von 54 v. Chr.–198 n. Chr. (DESSILS 5922–5934). Von der T. des → *pomerium* sind 8 *cippi* der Kaiser Claudius, Vespasian *(auctis p. R. finibus)*, Hadrian erhalten. T. auf *ager publicus* erfolgt *ex s.c.* (CIL I^2 633. 636. 719. 766k. VI 31540–31542) bzw. *de sen. sent.* (CIL I^2 838f. 2197. 2516); selten der Name des *mensor* (DESSILS 5947a) bzw. *agrimensor* (ebd. 5965) genannt. Die Form der *termini* wird von den Feldm. beschrieben (RUDORFF, Feldm. 2, 271ff.). G. R.

Terminus heißt jeder der einzelnen Grenzsteine, deren Einsetzung dem T. Tatius (Varro l.l. 5,74. Liv. 1,55,2ff.) oder Numa (Dion. Hal. ant. 2,74,2f. Plut. Num. 16; mor. 267c) zugeschrieben wird; zur kult. Form der Steinsetzung vgl. Feldm. 141 (ebenso an den → *Terminalia* Ov. fast. 2, 643 ff. Hor. epod. 2,59; früher angeblich unblutige Opfer: Dion. Plut.). Wer den *t.* versetzte, wurde *sacer* (Dion. Paul. Fest. 505,20 f. L.; vgl. Bruns-Grad. 1,96: Geldstrafe). Auch der unbearbeitete Stein auf dem Kapitol, in dem man T. verehrte, wich nicht vom Platz, als man den Iuppitertempel baute, und wurde unter einer Öffnung im Dache in diesen einbezogen (Cato frg. 24 P. Varro frg. 35 Fun. Paul. Fest. 505,22 ff. L. Ov. fast. 2,669 ff. Liv. 1,55,3 f. 5,54,7 u.a.). Der T. auf dem Kapitol ist kein Grenzstein, sondern Fixpunkt kultischer Limitation. *Iuppiter T.* lediglich CIL XI 351 (Ravenna). G. R.

Prell.-Jord. 1,217. 254. *Wissowa* Rel. ^{2}136 f. *Latte* RRel 64. 360. *Radke* Die Götter Altitaliens 299 f. *Deubner* bei *Chantepie* 2,436. *Warde Fowler* Rom. Festivals 325. *Bömer* Die Fasten 2,129 f. *A. Magdelain*, REL 40, 1962, 224 ff.

Terpandros (*Τέρπανδρος*) aus Antissa auf Lesbos, erste wirklich faßbare griech. Musikerpersönlichkeit vom Anf. 7. Jh. v. Chr (→ Musik, o. III 1487). Als Hauptvertreter einer lesb. Kitharodenschule war T. vor allem in Sparta tätig, wo er 676 v. Chr. an den Karneen (→ Karneios) siegte. Nach versch. Berichten (bes. bei Ps.-Plut. De mus.) tat er sich bei der Komposition des kitharod. → Nomos (2) hervor, dessen einzelnen Spielarten er eine für längere Z. verbindl. siebenteilige Form gab und denen er eigene und hom. Texte zugrunde legte. Im Zusammenhang mit der Ausgestaltung des Nomos soll er außerdem mehrere musikal. Erfindungen gemacht haben. Darunter fallen die Einführung einer siebensaitigen → Lyra bzw. → Kithara sowie der → Barbitos, in der Harmonik die Verwendung des Mixolydischen (s.o. Bd. III 1490–1494), in der Rhythmik der Gebrauch des dionys. Iambus und Trochäus oder auch die Verwendung der Musik zu therapeut. und psychagog. Zwecken. U. K.

Frg. (zweifelh. und unbedeut.) in der Anth. lyr. 2,5, ^{2}1940, 1–3 und bei *D. L. Page* Poet. Mel. Gr., 1962, 362 f. *M. Wegner* Das Musikleben der Griechen, 1949, 125. 141 f. 227 u.ö. *W. D. Anderson* Ethos and Education in Greek Music, 1966, 44 f. 56. *Lesky* GGrL^{3} 155–157 u.ö.

Terpnos. Kitharöde, der vom J. 54 n. Chr. an Nero unterrichtete, Suet. Ner. 20,1, sich von ihm im J. 67 in Olympia in dieser Kunst besiegen lassen mußte (Cass. Dio 63,8,4. Philostr. vit. Apollon. 5,7 p. 169 K.) und der noch von Vespasian geehrt wurde, Suet. Vesp. 19,1. R. H.

Terpolius. Auch auf Inschr. seltener Gentilname. Hist. bekannt nur M. T., *tr. pl.* 77 v. Chr., vgl. Broughton 2,88. H. G. G.

Terpsichore (*Τερψιχόρη* »reigenfroh«, vgl. Euterpe), → Muse, Hes. theog. 78. Dargestellt mit Trigonon, Phorminx, Lyra, Flöte, mit Lorbeer und Efeu bekränzt, später im langen Gewand des Kitharöden. Wirkungsbereich bis in späte Z. schwankend. Der Name spricht für Chorgesang und Tanzkunst. Anth. Pal. 9,504: Flöte. Neben anderen Musen gilt sie als Mutter des → Linos (1), → Hymenaios, → Rhesos und der → Seirenen. H. v. G.

W. F. Otto Die Musen, ^{3}1961, 40 ff. 49 ff.

Terpsion aus Megara, Schüler des → Sokrates (2), nur durch Platon bekannt (2 Nennungen in den → Sokratikerbriefen 621,15 und 624,17 H., dazu eine Nennung bei Plut. de gen. Socr. 11 p. 481 a geben nichts aus). Bei Plat. Tht. 142a–143c ist T. Partner des Rahmengespräches; ihm liest → Eukleides (2) den schriftl. festgehaltenen Dialog vor. Phaid. 59c wird T.s Anwesenheit bei Sokrates' Tod erwähnt; danach reiste T. mit Eukleides nach Athen, um bei Sokrates zu sein. Trotz der Bekanntschaft mit Eukleides gehörte T. der → megarischen Schule nicht an. H. D.

Terra mater s. Tellus

Terra sigillata. Das moderne Wort bezeichnet ein ant. Tafelgeschirr mit roter Oberfläche, die besten Stücke aus rotem Ton, das klirrend hart gebrannt ist. T.s. kann mit eingeschnittenen, eingepunzten, eingeprägten und aufgelegten Ornamenten und/oder Figuren verziert sein. Vorstufen gibt es im hellenist. O., seit 30 v. Chr. wird T.s. in Italien (bes. Arretium, Puteoli, dann im N.), seit spätaugust. Z. in Gallien (bes. La Graufesenque, Lezoux, Banassac, Montans), danach in Germanien, seit dem 2. Jh. auch in Britannien, Spanien, Africa und Pannonien (bes. Aquincum) hergestellt. Die beste Ware stammt aus Arretium (Stenico La ceramica arretina, 1960. 1966). Werkstattstempel erlauben eine z.T. sehr genaue Chronol. Die frühe T.s. aus Italien und Gallien mit z.T. sehr feinen Figuren hat hohen kunstgesch. Wert. Anregungen stammen von zeitgenöss. Silbergeschirr und dem gesamten Repertoire der august. Kunst. T.s.-Scherben finden sich im Gesamtbereich des röm. Reichs. Die Nachfolgevölker haben die T.s., wohl aus techn. Gründen, nicht weitergeführt. W. H. G.

Oswald-Pryce An Introduction to the Study of T.s., 1920. *Comfort*, RE Suppl. VII 1295 ff. und Enc. arte ant. 7 s.v. *Gose* Gefäßtypen d. röm. Keramik im Rheinland, 1950. *Charleston* Roman Pottery, 1955. *Oxé* (hg. v. *Comfort*) Corp. Vas. Arretinorum, 1968. Älteres bei *Pallarés* Bibliogr. sistemat. della ceramica romana, 1962.

Terrakotten. Aus gebranntem Ton (italien.: »terra cotta«), wozu das Rohmaterial fast überall zu Gebote stand, sind seit dem Neolithikum Gefäße, Geräte, Figuren aller Art und Größe hergestellt worden. Zu Einzelnem → Lampen, → Sarkophage, → Vasenmalerei. Bes. versteht man unter T. figürl. T. und T.-Reliefs. Letztere dienten z.T. als Verkleidung von Holzarchitektur, bes. im frühen Griechenland, in Italien, Etr. und im republikan. Rom ([1]). T. als Weihreliefs sind u.a. aus → Melos ([2]) und → Lokroi ([3]) bekannt. Figürl. T. wurden zunächst aus der Hand geformt, später nahm der Koroplast von seinem Modell

(Patrize) eine Hohlform (Matrize); die einzelnen Exemplare wurden aus der Matrize geformt, in Details nachmodelliert, oft mit einer freihändig modellierten Rückseite (mit Brennloch) versehen, bemalt und gebrannt ([4]). Handgeformte T. in Menschen- und Tiergestalt kannte schon das minoische Kreta, Tiere und Idole auch das myken. Hellas. Seit früharchaischer Z. kennen alle griech. Landschaften eigene T. in zahlreichen Typen (Götter, Heroen, Menschen, Dämonen, Tiere, Gruppen, Votivgegenstände). Die Blütez. der figürl. T. beginnt mit dem 4. Jh. (Attika. → Tanagra. In hellenist. Z. → Myrina [4]) mit Werken von z. T. hoher Qualität. In der wiss. Erfassung stehen h. nach der Typologie ([5]) Kataloge ([6]) und Aufarbeitung lokaler Werkstätten ([7]) im Vordergrund. Die röm. Kaiserz. produzierte T. in vielen lokalen Werkstätten und Typen. Eine Sondergruppe bilden die sog. Campana-Reliefs. Urspr. architekton. verwendet wurden die Platten später auch in (z. T. profanen) Innenräumen fries- und bildartig in die Wand gefügt ([8]). W. H. G.

1. Ant. Denkmäler II T. 50–52. *Rumpf* HBArch 6,1,34. *Rhomaios* Keramoi tes Kalydonos, 1951. *Buschor* Die Tondächer d. Akropolis, 1929. 1933. *Darsow* Sizil. Dach-T., Diss. Köln 1938; Olymp. Forschungen 1 (1944) 83 ff. *Andrén* Architectural T.as from Etrusco-Italic Temples, 1940. *Koch* Dach-T. aus Campanien, 1912. *Ders.*, MDAI(R) 30, 1915, 1 ff. Corinth 4, 1929. *van Buren* Greek Fictile Revetments, 1926. 2. *Jacobsthal* Die mel. Reliefs, 1931. 3. *Quagliati*, Ausonia 3, 1908, 136 ff. *Neutsch*, MDAI(R) 60/61, 1953/54, 62 ff. *Zancani Montuoro*, Atti e Memorie Soc. Magna Grecia 1954, 1 ff. und ArchClass 12, 1960, 37 ff. Vgl. Tarent: *Neutsch*, MDAI(R) 68, 1961, 150 ff. 4. *Neutsch* Stud. z. att. Koroplastik, 1952. 5. *Winter* Die Typen d. figürl. T., 1903. 6. *Higgins* Cat. of the T. (British Museum), 1954 ff. *Mollard-Besques* Cat. ... des figurines ... et reliefs en terre-cuite (Paris Louvre), 1954 ff. *Breitenstein* Cat. of T. (Nat. Mus. Kopenhagen), 1941. 7. *Kleiner* Tanagrafiguren, 1942. *Hoffmann*, MDAI (Istanb.) 21, 1971, 125 ff. (Priene); Dädal. Kunst auf Kreta (1970) 94 ff. *Rizza-Scrinari*, ASAA 64/65, 1967/68, 211 ff. 8. *v. Rohden-Winnefeld* Architekton. röm. T. der Kaiserz., 1911. *Borbein* Campanareliefs, 1968. 9. Allg.: *Köster* Die griech. T., 1926. *Charbonneaux* Les terres-cuites grecques, 1936. *Schneider-Lengyel* Griech. T., 1936. *Webster* Greek T., 1950. *Knoblauch* Stud. z. archaisch-griech. Tonbildnerei in Kreta Rhodos Athen und Böotien, Diss. Halle 1937.

Terramare (Plur.). Name (von dial. *terra marna* »fette Erde«) einer Siedlungsform der vollen und späten Bronzezeit in Oberitalien mit Zentrum s. des Po bis an den Fuß des Apennin, parallel zu den nordpadan. Pfahlbauten (palafitte) und Moorbauten (bonifiche). Die T. sind meist viereckige Dorfsiedlungen mit Wall und Graben und rechtwinkelig sich schneidenden Straßen. Die Hütten haben Holzunterbau in Blocktechnik in Verbindung mit Pfahlreihen von noch nicht genau bekannter Funktion. Die bautechnische Ausgestaltung wohl den klimat. Verhältnissen der s. Poebene mit häufigen Überschwemmungen entsprechend ([1], 225). Zur Chronol. [2], 69 f. [1], 226. SÄFLUND ([3]) zählt etwa 60 Stationen auf. Sehr formenreiche Keramik; henkellose Schalen und solche mit Bandhenkel und Hörnern bzw. Halbmonden, doppelkon. Töpfe, glatt oder mit Buckeldekoration bzw. Kannelur. Beziehung zur Lausitzer Kultur fraglich, ebenso die Erfindung der Violinbogenfibel in den T. ([2],68). Den T. wird auch das zweischneidige Rasiermesser zugeschrieben. Knochenfunde belegen die Haltung von Hund, Rind, Schwein und Schaf. Die zahlr. Biberknochen weisen wohl auf Pelzverwertung hin. Beisetzungsritus ist die Verbrennung; Körpergräber werden der ältesten Phase zugeschrieben ([1], 228). Die Aschenurnen sind in Pozzettofeldern beigesetzt. Verbindung der T. mit der *Roma quadrata* ist abzulehnen ([4], 345). A. Pf.

1. *R. Pittioni*, RE Suppl. IX 224 ff. 2. *Fr. Schachermeyr* Etr. Frühgesch., 1929, 67 ff. 3. *G. Säflund* Die Terramare ..., 1939. 4. *G. v. Kaschnitz-Weinberg* HBArch 4. Lfg., 1950. 5. *M. Pallottino* Die Etrusker, 1965, 24 f.

Terrasidius. Seltenes Gentilicium, Weiterbildung von *Terrasius*, SCHULZE Eigenn. 373. Hist. greifbar nur der röm. Ritter T. T., der als Praefect oder Kriegstribun Caesars in Gallien vom Legaten P. → Crassus (4) 57/56 zu den → Esuviern wegen Getreidelieferungen geschickt, aber dort festgehalten wurde, wodurch die Unterwerfung der Küstenstämme n. der Loire ausgelöst wurde. Caes. Gall. 3,7,2 ff. 8,2 ff. 9,1. 3. 10,2. 16,4. BROUGHTON 2,212. H. G. G.

Terruncius, Stück von 3 → Unzen, wohl älter als → *quadrans* (Plin. nat. 33,45), bei Plaut. Capt. 477 im Sinne von »kleiner Betrag« verwendet, erscheint auf Gewichten der ö. Reichshälfte als *τριούνκιν*. In der → Kleingeldrechnung bedeutet t. 1/40 des → Denars resp. → Sesterz. Modern dient T. als t. t. für das Dreiunzenstück in dezimal teilenden Assystemen (→ As). H. Ch.

Tertia. Weibl. Praenomen (Varro 1. 1. 9,60) und noch häufiger Cognomen, vgl. RE XVI 1661. L. KAJANTO The Lat. Cognomina, Helsinki 1965, 74 f. 292. Hist. bekannte Frauen zusammengestellt von F. MÜNZER Adelsp. 351; RE V A 821 f. H. G. G.

Tertius. Cognomen (nach der Reihenfolge der Geburt, → Tertia) und spät sogar Gentilname. Inschr. bei SCHULZE Eigenn. 48 f. 242. H. G. G.

Tertullianus. 1. Röm. Jurist, der um 200 n. Chr. gewirkt hat. Seine Identität mit Nr. 2 ist zwar behauptet worden, doch gibt es keinen stichhaltigen Beweis dafür (W. KUNKEL Herkunft und soz. Stellg. der röm. Juristen, ²1967, 236 ff.). Vom Leben des T. wissen wir nichts. Geschrieben hat er einen *liber singularis de castrense peculio* und *quaestionum libri VIII*. Von beiden Werken sind uns in den Dig. nur wenige Frg.e überliefert (abgedruckt bei O. LENEL, Palingenesia Iuris Civilis 2, 1889, 341 ff.). D. M.

2. Q. Septimius Florens T., Kirchenschriftsteller in Karthago, * gegen 160, † nach 220 n. Chr. Er war rhet. gebildet; seine offenbare Vorliebe für jurist. Argumentation genügt aber nicht, um ihn mit dem zeitgenöss. Rechtslehrer T. Nr. 1 zu identifizieren. Alle griech. und ein Teil der lat. Schriften sind verloren, der Text der erhaltenen schlecht überliefert. Nur vom *Apologeticum* gibt es zahlreiche Hss., von denen jedoch der Cod. Fuldensis eine stark abweichende Rezension bietet. Dem E. 197 entstandenen *Apologeticum* kommt gegenüber → Minucius Felix wahrscheinl. die Priorität zu ([6]), so daß T. der älteste erhaltene lat. chr. Autor ist. Die lat. Kirchensprache war in Africa schon vor ihm geprägt, die Bibelzit. gehen von einem gegebenen, aber noch nicht völlig fixierten lat. Text aus ([7]). Doch hat T. durch oft kühne Neuschöpfung den Wortschatz sehr bereichert. Sein kompromißloser Rigorismus entfremdete T. der kath. Kirche und führte ihn gegen 207 zur Sekte des → Montanismus. Die erhaltenen Werke setzen im J. 197 ein: *Ad nationes*, ein Angriff gegen das Heidentum, Vorentwurf für das *Apologeticum*, das, an die röm. Statthalter gerichtet, die Rechtsgrundlage der Christenprozesse entkräftet. *Adversus Iudaeos* zeigt, wie das at. Gesetz in dem von den Propheten vorausgesagten Christus aufgehoben ist. Bes. der 2. Teil besteht aus mangelhaft zusammenhängenden Skizzen, die später im 3. B. *Adv. Marcionem* verwertet sind. *Ad martyres* spricht den Christen im Gefängnis Mut zu. Möglicherweise ist auch die *Passio Perpetuae et Felicitatis*, ein Ber. über deren Martyrium (202/203) von T. redigiert. In diese Z., nicht die der Verfolgung von 212, gehört die *Scorpiace* (Heilmittel gegen den Stich der Skorpionen, d. h. der Gnostiker, die nicht bis ins Martyrium standhalten wollen). *De testimonio animae* führt den programmat. Satz (apol. 17) aus, daß auch Heiden bei spontanen Äußerungen im Grunde chr. denken, weil das der Natur der menschlichen Seele entspricht. *De spectaculis* verurteilt die den Christen verbotene Unmoral der Schauspiele. *De praescriptione haereticorum* stellt fest, daß jede Abweichung von der apostol. Wahrheit der Kirche als Irrlehre zu gelten hat, die Haeretiker also von vornherein abgewiesen sind. *De baptismo* erklärt das Taufsakrament, *De oratione* das Vaterunser. *De patientia* lobt eine Tugend, von der T. zugibt, sie selbst nicht zu besitzen. *De paenitentia* handelt von der Buße vor der Taufe und der nur einmal erlaubten Buße für schwere Sünden nach der Taufe. *De cultu feminarum* tadelt die Putzsucht. In *Ad uxorem* rät T. seiner Frau, nach seinem Tode keine 2. Ehe einzugehen. *De virginibus velandis* fordert das Tragen des Schleiers außer Hause. Hier zeigt sich schon montanist. Strenge. Gegen gnost. Sektierer richten sich *Adversus Hermogenem* und *Adversus Valentinianos*. Das umfangreichste antihäret. Werk sind die 5 B. *Adv.*

Marcionem (→ Markion). In *De pallio* rechtfertigt T. satirisch seinen Entschluß, die Toga des röm. Bürgers mit dem Pallium der Philosophen, dem Zeichen der Freiheit, zu vertauschen. *De anima* erklärt gegen gnost. platonisierende Theorien die Seele unter Berufung auf Stoiker und den Arzt → Soranos als körperlich, im Einzelmenschen entstanden als Ableger der Seele des Erzeugers. *De carne Christi* bekämpft die doketistische Meinung, Christus habe nur einen Scheinleib gehabt. Ebenso verteidigt er in *De resurrectione carnis* die leibliche Auferstehung der Toten. *De corona* knüpft an einen Vorfall beim Thronwechsel des J. 211 an: Ein Soldat hatte sich als Christ geweigert, sich den Lorbeerkranz aufzusetzen. T. schilt die, die das provozierende Verhalten tadeln: Ein Christ hat jeden heidn. Brauch zu meiden und darf deshalb keinen Soldatendienst leisten. In *De idololatria* geht er weiter: Der Christ darf auch nicht als Künstler Bilder formen oder als Kaufmann, Lehrer oder Beamter dem heidn. Staat dienen. Hinsichtlich der Zweitehe verschärft sich seine Haltung in *De exhortatione castitatis:* Die 2. Ehe ist eine Art von Unzucht. Noch extremer urteilt er im Spätwerk *De monogamia* (um 217). Die Verfolgung um 212 veranlaßte die Schriften *Ad Scapulam*, worin er dem röm. Proconsul die Strafe Gottes ankündigt, und *De fuga in persecutione*, wo T. verbietet, sich dem Martyrium zu entziehen. *Adversus Praxean* entwickelt die chr. Trinitätslehre (erster Beleg des Wortes *trinitas*). In *De ieiunio* führt T. einen Angriff auf die *psychici*, d. h. die Katholiken, von denen sich die Montanisten als Vertreter des Hl. Geistes *(pneumatici)* distanzieren. In *De pudicitia* verurteilt T. einen Bischof, der fleischliche Sünder zur Buße zugelassen hatte, und bestreitet der Kirche das Recht zur Sündenvergebung. Obwohl sich T. von der Kirche getrennt hatte, wurde er bis zum E. des Alt. viel gelesen, erst im MA. schwindet die Kenntnis.

O. H.

Ta.: CSEL, 1890/1957. Corp. Christ. 1 f., 1954. Wichtige Komm.: Nat.: *A. Schneider*, 1968 (B. 1). *M. Haidenthaller*, 1942 (B. 2). Apol.: *J. P. Waltzing*, 1919. *C. Becker*, ²1961. *Ders.*, 1954 (Monographie). Adv. Iud.: *H. Tränkle*, 1964. Mart.: *A. Quacquarelli*, 1963. Test. anim.: *M. Haidenthaller*, 1942. Spect.: *J. Büchner*, Diss. Würzburg 1935. Bapt.: *E. Evans*, 1964. Orat.: *F. Diercks*, Diss. Amsterdam 1947. Paenit.: *W. P. Le Saint*, 1959. Cult. fem.: *W. Kok*, Diss. Amsterdam 1934. Uxor.: *A. Stephan*, Diss. Amsterdam 1954. Hermog.: *J. H. Waszink*, 1956. Pall.: *A. Gerlo*, 1940, Anim.: *J. H. Waszink*, 1947. De carne Chr.: *E. Evans*, 1956. Resurr.: *E. Evans*, 1960. Coron.: *J. Fontaine*, 1966. Scap.: *A. Quacquarelli*, 1957. Fug.: *J. J. Thierry*, Diss. Amsterdam 1941. Prax.: *E. Evans*, 1948. Pudic.: *W. P. Le Saint*, 1959.

Lit.: 1. *T. D. Barnes* T., 1971. 2. *J.-C. Fredouille* T. et la conversion de la culture ant., 1972. 3. *R. Klein* T. und das röm. Reich, 1968. 4. *R. Braun* Deus Christianorum, 1962. 5. *J. Moingt* La théol. trinitaire de T., 1966/69. 6. *B. Axelson*

Das Prioritätsproblem T.-Min. Fel., 1941. 7. *T.P.O'Malley* T. and the Bible, 1967.
Sprache: 8. *H. Hoppe* Syntax und Stil des T., 1903. 9. *Ders.* Beitr. zur Sprache und Kritik, 1932. 10. *E. Löfstedt* Zur Sprache T., 1920. 11. *V. Bulhart*, SAWW 231, 1957. 12. *St. W.J. Teuwen* Sprachl. Bedeutungswandel bei T., 1926.

Tertullus. Häufiges Cognomen, Weiterbildung von → *Tertius*, J. KAJANTO The Latin Cognomina, Helsinki 1965, 128. 292 (Inschr.!). Hist. bezeugt bei den Gentilicia: Flavius, Gavius, Insteius, Iulius, Marcius, Mummius, Naevius, Ovinius, Prosius, Scapula, Silius, Sulpicius, Vigellius. Weitere in kaiserzeitl. Fasten, vgl. A. DEGRASSI FImp. 270. – I. Republikan. Zeit. **1.** Tertulla, Gattin des M. → Crassus (2), dem sie – wohl schon vor 85 – 2 Söhne schenkte. Suet. Caes. 50,1. Plut. Crass. 1,1 ff. Von Cic. Cael. 9; fam. 5,8,2 sehr gelobt, aber vom polit. Klatsch (Beziehungen zu Caesar, Suet.) nicht unberührt. A. ESSER Cäsar u. d. jul.-claud. Kaiser im biolog.-ärztl. Blickfeld, 1958, 19. **2.** Römerin, mit der Octavian nach Suet. Aug. 69,2 unerlaubte Beziehungen gehabt haben soll. **3.** Gattin des T. → Flavius (I 14) Petro, zog als Greisin bei → Cosa ihren Enkel, den späteren Kaiser → Vespasianus, auf. Suet. Vesp. 2,1 (u. ö.). H. G. G.

II. Kaiserzeit. **1.** Heide, mußte als *praefectus urbi* (359/61) in Rom mehrere Versorgungskrisen bewältigen (Amm. 19,10. 21,10. Symm. rel. 34). H. P. KOHNS Versorgungskrisen und Hungerrevolten im spätant. Rom, 1961, 123 ff. **2.** Senator, von → Attalus (o. Bd. I 1545) zum Consul für 410 ernannt (Oros. 7,42,8. Zos. 6,7,4. Chr. min. 1,246. Paul. Diac. Hist. Rom. 3,1). A. L.

Tervingi (bei Amm. 31,3,4; 5,1 *Thervingi*; weitere Belege bei M. SCHÖNFELD WB. d. altgerm. Personen- und Völkernamen, 1911, 222), Name der → Westgoten, vermutl. erst nach Mitte des 3. Jh., d. h. nach Trennung von den Ostgoten, vorkommend, wohl im Blick auf die neuen Wohnsitze in den Waldgegenden (got. *triu* = Baum) Siebenbürgens entstanden. Vgl. H. ROSENFELD, WG 17, 1957, 245 ff. R. WENSKUS Stammesbildung und Verfassung, 1961, 472 f. A. L.

Tessera, »Viereck«, Täfelchen, Marke, Mosaik- oder Spielstein, modern auch für runde und polygonale Objekte verwendet. T. begegnen in Athen, Mantinea, Ägypten in Zusammenhang mit Gerichtssitzungen, Volksversammlungen, Theaterbesuch, als Verschlußplomben und Marken unbekannten Zwecks. In Rom finden wir die *t. militaris* als Erkennungsmarke und als Täfelchen für Befehl oder Losung. Unter *t. frumentaria* hat man sowohl das Verzeichnis der Empfangsberechtigten bei Getreideverteilungen (→ *congiarium*) als die einzelne Berechtigungsmarke zu verstehen. Letztere sind münzähnlich, aus Erz oder Blei mit Zahlen auf der Rs., ab Nero nur selten mit dem Kaiserkopf auf der Vs. (Zeit: 1. und 2. Jh., wenige 3. Jh.).

Eine bes. Form bildeten die *missilia*, Streumarken, die zum Empfang der auf ihnen genannten Dinge berechtigten. Andere T. sind Eintrittsmarken für Theater, Spiele – gelegentlich mit Namen der *curatores ludorum*-Bäder und – im privaten Bereich – für Bootsfahrten, Bordelle *(spintriae)* u. a. Vielfach dienten bei Mangel an Kleingeld T. als privater Ersatz zur Bezahlung von Klienten. Dienern, zur Verrechnung in Geschäften oder Wirtschaften (durch die Anfangsbuchstaben der *tria nomina* des Emittenten markiert, 1. und 2. Jh.), → Quadrans und Metalla. Zu den sog. *t. nummulariae* (früher *gladiatoriae*) → Nummularius. Die *t. hospitales* waren zerbrochene Münzen u. dgl., Unterpfand und – durch Wiederzusammenfügung – Beglaubigungsmittel zugleich. Viele T., bes. aus Bein und Terrakotta, waren Spielsteine. H. Ch.

K. Regling, RE V A 851 ff.

Tesserarius. Der *t.*, den es bereits in der Zeit des röm. Milizheeres in der Manipulartaktik gegeben haben muß (Pol. 6,34,7), übermittelte den Parolebefehl an die Mannschaft (Veg. mil. 2,7. 9). Er zählte zu den takt. Chargen *(→ principales)* und bildete deren unterste Stufe. Der *t.* ist nicht nur in der Legion, sondern auch bei den *cohortes praetoriae*, *c. urbanae*, *c. vigilum* und *c. auxiliorum* nachweisbar und noch für die Z. des Kaisers Gallienus bezeugt. Er dürfte noch im 4. Jh. existiert haben (Amm. 21,5,13. 23,2,2). A. N.

Fr. Lammert, RE V A 854 f. *A. v. Domaszewski*, BJ Bh. 14, 1967, 318.

Testa s. Trebatius (2)

Testament (Altes und Neues). Mit A.T. und NT. bezeichnet die chr. Kirche zwei Slg.en heiliger Schriften, die ihr seit dem 4. Jh. als kanon. gelten. Die Trennung zwischen einem Alten und einem Neuen T. signalisiert die Auffassung der Christen, die das A.T. als Vorstufe des Neuen verstanden wissen möchten. Das lat. *testamentum* ist Übers. des griech. διαθήκη, das wiederum das hebr. בְּרִית wiedergibt. בְּרִית ist in der israelit. Religionsgesch. ein Schlüsselwort und bezeichnet den von Jahwe dem Volke gewährten Bund der Erwählung, der so etwas wie ein partnerschaftliches Vertragsverhältnis darstellt, in dem die beiden Partner zur Treue verpflichtet sind. Das griech. διαθήκη, das die LXX für בְּרִית setzt, hat bei den att. Gerichtsrednern des 4. Jh.s die Bedeutung einer letztwilligen Verfügung (Vermächtnis). Weil dieser Begriff im Griech. religiös nicht besetzt war, konnte Israel ihn in Dienst nehmen und neu mit Inhalten füllen, die dem hebr. בְּרִית eigentümlich waren. Lit. Bedeutung hat διαθήκη schon in vorchr. Z. gehabt (geist. Vermächtnis), in der Kirche wird das Wort aber erst von Clem. Al. als Bezeichnung für das im Judentum sonst תּוֹרָה = Gesetz oder הַכָּתוּב = Schrift genannte A.T. und für das

NT. in Dienst genommen (Strom. 5,85.4,134). Möglich ist, daß Paulus an dieser Stelle stimulierend gewirkt hat (er redet 2. Kor. 3,14 im Blick auf die Tora von ἡ παλαιὰ διαθήκη). Der Umfang der beiden διαθῆκαι, deren Entwicklung zum Kanon ineinandergreift, liegt für das A.T. im 2. Jh. (Talm. b. Baba Bathra 14b), für das NT. erst im J. 367 (Osterfestbrief des → Athanasios) fest. Kl. W.

RE V A 856ff. (Lit.). RGG ^{3}1,1121ff. (Lit.). *E. Lohmeyer* Διαθήκη, 1913. *W. G. Kümmel* Das NT., ^{2}1970.

Testament, Altes s. Bibel

Testament, Neues. 1. Umfang. 2. Der Kanon und seine Entstehung. 3. Sprache.

1. Seit E. 4. Jh. umfaßt das NT. in den großen Kirchen im O. und W. 27 Teile (4 Evangelien, 7 echte Paulinen, 6 Deuteropaulinen, den Hebr., 7 kath. Briefe und die Apk.). Nur die syr.-nestorian. Kirche zählt 22 (es fehlen 2. Petr., 2. 3. Joh., Jud. und Apk.) und die aithiop. 31. Über die Reihenfolge der Bücher herrscht keine Einigkeit.

2. Das Urchristentum besaß als Hl. Schr. das Gesetz und die Propheten Israels in einer für uns nicht mehr feststellbaren Abgrenzung. Das durch diesen Tatbestand signalisierte Problem ist das des Verhältnisses → Jesu zur Autorität des Gesetzes, das verschieden gelöst wurde. Übereinstimmung bestand darin, daß allein die Christen das richtige Verständnis der Hl. Schr. besäßen (2. Kor. 3,7ff. Apg. 17,2f. Joh. 5,39ff.). Neben der Hl. Schr. werden Worte Jesu schon bald als Autorität genannt (1. Kor. 7,10. 9,14. 1. Thess. 4,5) und auch Worte der Apostel gewinnen wachsende Bedeutung (s. z. B. die Inanspruchnahme apostol. Autorität durch chr. Lehrer: Eph. 4,1. 1. Petr. 5,1f.). Mögen »der Herr« und »die Apostel« Anf. 2. Jh. auch noch keine festen Größen sein, so stehen sie doch in Geltung. Erst Barn. 4,14 werden Jesus-Worte als Schrift bezeichnet, und 2. Petr. 3,15 verweist ausdrücklich auf Briefe des Paulus. Von einer völligen Gleichstellung der Paulusbriefe und der »Erinnerungen der Apostel« (Evangelien) mit dem »A.T.« kann aber erst Mitte 2. Jh. geredet werden (Iust. Apol. 1,67,3). → Markion war dann der erste, der Evangelium und Apostel zusammenstellte (gekürztes Lk. und gekürzte Paulusbriefe) und damit die Idee und die Wirklichkeit einer chr. Bibel schuf. Diese 1. Kanonsbildung nötigte die Kirche zu einer Antwort auf die Frage, was sie von den vielen jetzt schon vorliegenden Schriften für verbindlich halten wollte. Am vorläufigen E. dieses Ringens um eine Antwort (noch 270 sind Apk., Hebr. u. a. umstritten) steht das 1. uns erhaltene Kanonsfrg. (→ Murator. Frg.), das 4 Evangelien, die Apg., 13 Paulusbriefe, 2 Joh.-Briefe, Jud. und die Apk. als kanon. bezeichnet. Zwei Motive für die vorgenommene Abgrenzung werden genannt: 1. Die Apostolizität einer Schrift und 2. die Katholizität (Geltung für die ganze Kirche). Die Unsicherheit der Abgrenzung endet endgültig mit der autoritativen Entscheidung des 39. Osterfestbriefes des → Athanasios im J. 367, die sich auch im W. durchsetzen konnte. Als erster sprach → Tertullian von 2 T.en und bereitete so den heutigen Sprachgebrauch (A.T. und NT.) vor. Das durch den Kanon der Alten Kirche gestellte Problem ist nicht das durch den Tatbestand aufgegebene, daß viele der von der Alten Kirche für apostol. gehaltenen Schriften nicht von Aposteln stammen (die Evangelien, Jud., Hebr., Apk. u. a.), sondern das durch die Vielfalt theolog. Entwürfe gestellte. Wo ist die Norm für Kirche und Glauben? Als erster hat LUTHER das Problem ausdrücklich genannt.

3. Sämtliche Schriften des NT. sind in der griech. Volkssprache des 1. Jh.s verfaßt (Koine). Dennoch lassen sich Unterschiede in der Qualität der Sprache nicht übersehen (Apk. mißachtet alle gramm. Regeln, Hebr. kommt einer Lit.-Sprache nahe). Nicht selten begegnen im NT. Passagen mit semitisierendem Griech. Die Urschriften des NT. sind nicht erhalten, doch besitzen wir eine große Anzahl von Hss., die der Urform nahekommen mögen. Kl. W.

Zu 1. *C. R. Gregory* Textkritik des NT. 2, 1902, 848ff.

Zu 2. *Th. Zahn* Gesch. des nt. Kanons I, 1. 2, 1888/89; II, 1. 2, 1890/92. *A. v. Harnack* Das NT. um das J. 200, 1889.

Wichtige Qu. zur Kanonsgesch.: *E. Preuschen* Analecta II Zur Kanonsgesch. (SQS I, 8. 2. T.) ^{2}1910. *P. Feine – J. Behm – W. G. Kümmel* Einl. in das NT., ^{16}1969. *R. Bultmann* Theologie des NT., ^{6}1968. *H. v. Campenhausen* Die Entstehung der chr. Bibel, 1968. *E. Käsemann* (Hg.), Das NT. als Kanon, 1970.

Zu 3.: *Blass-Debr.* ^{12}1965. *Bauer* ThWB. *E. Fascher*, RE V A 911ff.

Testamentsvollstrecker. Ein vom Erblasser ernannter, neben dem Erben stehender unparteiischer Dritter, der die Verfügungen des Erblassers vollzieht oder deren Vollzug überwacht. 1. Griech. Recht. Hier wurde in den letztwilligen Verfügungen seit dem 3. Jh. v. Chr. ein T., → ἐπίτροπος, auch ἐπιμελητής, im Weg der → Parakatatheke (3) eingesetzt ([1]. [2]. [3]). Er ist von dem bloßen Verwahrer eines Testaments zu unterscheiden. 2. Röm. Recht. Dieses kannte urspr. keinen T. So war insbes. der *familiae emptor* nur ein unter Lebenden bestellter Treuhänder. Wenn einmal in einem röm. Testament ein T. eingesetzt wurde (ARANGIO-RUIZ Fontes 3, Nr. 50), dann geschah dies in Anlehnung an den griech. Rechtsbrauch. Dieser wirkte auch in den Testamenten auf Pap. nach, wenn z. B. ein Vormund dadurch zum T. wurde, daß er die Verwaltung des Nachlasses noch fortführen sollte, wenn sein Mündel die Volljährigkeit erlangt hatte. Erst seit der chr. Kaiserzeit setzte sich die Ernennung eines T. allmählich durch ([4]). E. B.

1. *J. H. Lipsius* Das att. Recht und Rechtsverf., 1905–1915, 565f. 2. *A. Ehrhardt*, ZRG 75, 1958, 59f. 3. *E. F. Bruck* Totenteil und Seelgerät im griech. Recht, 1926, insbes.

256ff. 4. *M. Kaser* Das röm. Privatrecht 1, 1955, 568, 579. 2,346.

Testamentum. I. Griechenland (→ Erbrecht. → *Διαθήκη*).

1. Gesch. und Begriff ([4], 8ff. [10], 171ff.). In archaischer Z. wurden bewegliche Sachen, die im Eigentum des Verstorbenen gestanden hatten, diesem ins Grab beigegeben (→ Bestattung. [6]). Der Erblasser konnte aber auch schon früh in den Poleis, in denen der Hausverband weitgehend an die Stelle des Sippenverbandes getreten war, zugunsten bestimmter ihm nahestehender Personen von Todes wegen sowohl über bewegliche als auch unbewegliche Sachen »verfügen«, *διατίθεσθαι*. Die *διαθήκη* ([7], 561) wird terminologisch von der dem gleichen Zweck dienenden Adoption unter Lebenden, *ποίησις*, scharf unterschieden ([11]). Der dem röm. T. annähernd entsprechende griech. t. t. hatte jedoch insofern eine weitere Bedeutung, als er auch den Verzicht auf das Hausvermögen mit umfassen konnte ([13]). Das Recht zur einseitigen Niederlegung des letzten Willens durch den Erblasser allein bestand schon gewohnheitsrechtlich vor Solon und wurde von ihm in seinem T.-Gesetz (Demosth. 46,14) ausdrücklich bestätigt ([11]). Ein gemeinschaftliches T. unter Ehegatten kannte das griech. Recht der klassischen Z. noch nicht.

2. Gesetzliche Regelung. Sie geht in Athen auf ein Gesetz → Solons (Plut. Sol. 21. Demosth. 46,14), in Sparta auf eine → Rhetra des Ephoren Epitadeus (400 v. Chr.; Plut. Agis 5) zurück.

3. Beispiele für T. überliefern die Redner (vgl. Lys. 32,5. Isaios 6,7. Demosth. 45,28. 27,42), die Inschr. (Dareste–Haussoullier–Reinach Recueil des inscr. jurid. grecques 2,59ff.) und die T. der Philosophen Platon, Aristoteles, Theophrastos, Straton, Lykon und Epikuros bei Diog. Laert. (dazu Bruns, ZRG 1, 1880, 1ff. [8], 12ff.). Dagegen bezieht sich Men. Dysk. nicht auf ein T. im engeren Sinn ([13]).

4. Errichtung ([14], 149ff.).

a) Persönliche Errichtung. Der Gesichtspunkt der freien Willensentschließung, der im T.-Gesetz Solons zum Ausdruck gebracht wird, schloß in Verbindung mit der Vorsorge vor Ränken Dritter jede Art von Stellvertretung (vgl. über diese [15]) in allen Epochen aus. Nur eine Mitwirkung bei der T.-Errichtung, z. B. des Kyrios der Frau, war möglich.

b) Testierfähigkeit. Sie bezieht sich auf die Person des Erblassers und ist die Fähigkeit, ein T. zu errichten, zu ändern oder aufzuheben. Sie setzte die Rechtsfähigkeit und Mündigkeit des Erblassers voraus. Auch polisfremde Griechen konnten also ein griech. T. errichten, nicht dagegen Sklaven. Regelmäßig war sie beschränkt. So war es z. B. in Athen seit Solon einem Erblasser, der einen oder mehrere Söhne hinterließ, verboten, ein Adoptions-T. zu errichten. Vorübergehend aufgehoben war die Testierfähigkeit für einen Beamten, solange er dem Staat Rechenschaft abzulegen hatte (Aischin. 3,21). Testierunfähig waren unmündige, geisteskranke und unter physischem oder psychischem Zwang stehende Personen (Sol. Demosth. 46,14). Auch Adoptiverben konnten seit Solon kein T. errichten; denn der leiblichen Familie des Adoptivvaters durfte die eventuelle Erbschaft eines Bauernhofes nicht entzogen werden ([11], 311).

c) Testierfreiheit. Sie bezieht sich auf den Inhalt der Verfügungen des Erblassers. Sie war in Athen (ähnlich auch in Gortyn) eingeschränkt durch das Noterbrecht der leiblichen Söhne und des Adoptivsohnes (Isaios 5,6. Plat. leg. 11,924a), durch das Erbtöchterrecht (Isaios 3,68. → *Ἐπίκληρος*) und auch durch die Bestimmung, daß Frauen nur bis zum Betrag eines Scheffels Gerste verfügen durften (Isaios 10,10. [15], 60f. Vgl. für Thessalien: Babakos, ZRG 79, 1962, 316).

d) Erbfähigkeit. Zum Erben eingesetzt werden konnten in einem Adoptions-T. nur Bürger, im übrigen jeder Mensch, dagegen nicht jurist. Personen (sie waren dem griech. Recht unbekannt), wohl aber Personenverbände. Zulässig war die Erbeinsetzung der Leibesfrucht, ja sogar des noch nicht Erzeugten ([17], 310f.).

e) Festlegung ([10], 185ff. [11], 310). Sie geschah stets nicht öffentlich und mündlich vor Zeugen ([1], 7). Diese hatten nur die Tatsache der T.-Errichtung, nicht dagegen den Inhalt des T. zu bezeugen. Die Verfügungen blieben geheim (Isaios 4,13). Jeder Formalismus war dem att. Recht fremd ([12]). Die Zuziehung von Zeugen – eine bestimmte Zahl war nicht vorgeschrieben – entsprach zwar der Übung, war aber keine Gültigkeitsvoraussetzung. Eine Niederschrift durch den Erblasser oder einen Dritten wurde erst später, aber wohl schon in solon. Zeit gebräuchlich (Aischin. 3,21). Der Erblasser unterschrieb die Urkunde in dieser Epoche noch nicht. Zur Verewigung auf Stein vgl. [21], 21f. 31f.

f) Hinterlegung. Die Urkunde wurde versiegelt und einem Vertrauensmann oder einer Behörde in Verwahrung gegeben (Isaios 1,15. 6,7. 27. 32. 9,5. Lys. 32,5. Demosth. 45,18). Die Hinterlegung war jedoch nicht obligatorisch.

5. Arten der T.

a) Adoptions-T. ([3], 9ff.). Diese sakralrechtliche Form ist die älteste. Der Erbe mußte nach att. Recht vor oder nach der T.-Errichtung adoptiert werden. Der sohnlose Erblasser war gezwungen, sich künstlich den Erben zu schaffen, der ihm den für sein Seelenheil wichtigen Totenkult bereitete (→ Adoptio). Das Adoptions-T. bewirkte vermögensrechtlich eine Nachfolge des Erben in die gesamte Rechtslage des Verstorbenen. Es ist in diesem Punkt dem röm. T. vergleichbar.

b) Vermächtnis-T. Das Erfordernis der Adoption fiel erst gegen Ende der klass. Z. fort.

Nunmehr begegnen auch rein vermögensrechtl. T., die nur Vermächtnisse und Erbeinsetzungen enthalten. Ihr von jetzt an für das griech. T. kennzeichnender Zweck ist es, den Nachlaß zu verteilen (Philosophen-T., o. I 3.).

c) Soldaten-T. Belege für die Existenz von ordentlichen Militär-T. oder militär. Not-T. fehlen für diesen Z.-Abschnitt.

6. Die Anordnungen des Erblassers.

a) Die Erbeinsetzung. Nur im Adoptions-T. setzte der Erblasser einen Nachfolger in die familien- und sakralrechtl. Stellung ein ([11], 308). Im Vermächtnis-T. war mit dem Erfordernis der Adoption auch das der Erbeinsetzung fortgefallen. Der Erblasser konnte hier Werte aus dem Nachlaß ohne Erbeinsetzung einzelnen Bedachten als Vermächtnisnehmern zuweisen, war aber nicht daran gehindert, auch einen oder mehrere Erben zu ernennen.

b) Ersatzerben kannte bereits das att. Recht. Insbes. durfte der Erblasser, der einen unmündigen Gewaltunterworfenen hinterließ, auch für den Fall, daß das Kind nach ihm, aber vor erreichter Mündigkeit sterben würde, einen Ersatzerben ernennen ([2], 30f.).

c) Vermächtnis. Gegenstand der Vermächtnisse in den Legaten-T. konnten Einzelsachen, Sachgesamtheiten und Rechte sein. Zwischen Vermächtnissen, die den Bedachten unmittelbar den zugewendeten Gegenstand selbst verschafften, und solchen, die nur einen schuldrechtl. Anspruch des Bedachten gegen den Erben erzeugten, wurde nicht unterschieden.

d) Bedingungen oder Auflagen waren meist mit der Formel ἐπὶ τῷ oder ἐφ' ᾧ, insbes. bei Gewährung von Nutzungsrechten üblich.

e) Testamentsvollstrecker. Er begegnet regelmäßig bei solchen T., die keine Adoptions-T. waren. Seine Bezeichnung ist → 'Επίτροπος und → 'Επιμελητής. → T.-Vollstrecker.

f) Sonstige letztwillige Anordnungen sind in den Philosophen-T. (o. I 3) bezeugt. Sie können außer dem Erbrecht (z. B. bei Bestimmungen über die Ausführung der Verfügungen oder die Beglaubigung und Aufbewahrung des T.) auch andere Rechtsbereiche betreffen, wie Freilassungen, Stiftungen, Veräußerungsverbote im Hinblick auf Sklaven oder Grundstücke und Vormundsernennungen, aber auch metajurist. Natur sein, wie Bestimmungen über das Begräbnis, über Gedächtnisfeiern und über die Aufstellung von Bildsäulen.

7. Widerruf testamentarischer Verfügungen.

a) Ein privat oder öffentlich hinterlegtes T. wurde durch Rücknahme aus der Verwahrung widerrufen. Wurde die Rückgabe verweigert (Isaios 1,25), so konnte der Erblasser vor Zeugen feststellen lassen, daß er das T. nicht mehr anerkenne (Isaios 6,32. [9], 368. 396f. [17], 392ff.). Ob zur Rücknahme die Mitwirkung der Bedachten oder der Zeugen erforderlich war, ist strittig ([7], 571,87. [5], 121. [9], 268).

b) Nicht hinterlegte T. konnten durch Handlungen an der T.-Urkunde, wahrscheinlich aber auch durch ein späteres T. unmittelbar oder mittelbar widerrufen werden. Der Widerruf konnte sich wohl aber auch auf die Beseitigung einzelner Verfügungen beschränken.

8. Die Eröffnung des T. Sie war in Attika und im übrigen Griechenland Privatsache ([2], 664. [7], 569, 82). Die T. wurden durch den Erblasser versiegelt, um das Geheimnis des T. zu wahren (vgl. o. I 4.e). Offene Abschriften vermied man daher ([7], 570, 84). Nach dem Tode des Erblassers ließen die an dem T. Interessierten zur Verhinderung von Fälschungen die Urkunde zusätzlich von neu hinzugezogenen Zeugen versiegeln ([7], 569, 82).

II. Hellenist. Äg. ([19], 190ff.).

1. Ptolem. Z. Beispiele für T. dieser Z. s. bei [18], 61. Da die Vorstellung vom archaischen Hausverband als einer sakralen und wirtschaftlichen Einheit in hellenist. Z. bereits erloschen war, wurde auch das auf ihr beruhende Adoptions-T. im gräko-äg. Recht nicht rezipiert. Im übrigen blieb aber das klass. griech. T.-Recht erhalten. Nur in einigen Punkten sind charakterist. Neubildungen zu verzeichnen. Die Schriftform wird wesentlich. Allerdings war es auch in dieser Z. noch nicht üblich, daß der Aussteller die Urkunde unterschrieb ([21], 129). Das T. dient nur noch der Vermögensverteilung. Nicht nur Griechen, auch Ägypter können ein T. in griech. Sprache verfassen ([17], 245ff. [20], 179ff.). Die T. werden zu Protokoll des Agoranomen erklärt. Ders. Erblasser konnte auch mehrere T. errichten. Das frühere T. wird nur insoweit aufgehoben, als ihm das spätere widerspricht. Es war auch zulässig, durch einen Erbvertrag bzw. Ehe- und Erbvertrag in der Form einer Sechszeugen-Doppelurkunde letztwillig zu verfügen ([20], 183f.). Die ältesten T. aus Äg. sind Soldaten-T. (Pap. Petr. Nr. 11ff.). Über ihre Errichtung vor dem Staatsnotariat vgl. Pap. Hal. S. 212.

2. Röm. Z. Beispiele für T. dieser Z. s. bei [21], 83f. Vgl. dazu [22]. Nach einem Fiskalkodex, dem sog. Gnomon des Idios Logos, dessen Kern auf Augustus zurückgeht, waren T. ohne öffentl. Protokollierung ungültig (BGU 5 § 7). Es ist nunmehr zu unterscheiden zwischen den nach griech. Recht errichteten griech. T., den griech. Übers. röm. T. und den in griech. Sprache errichteten röm. T. ([16], 187ff.). Den Römern war nämlich die Abfassung von T. in griech. Sprache durch ein Edikt des Alexander Severus von 230 gestattet (BGU 5 Teil 1 § 8 und Teil 2,30), worauf in solchen T. oft hingewiesen wird (vgl. z. B. Pap. Rain. 1702). Vorher existierten nur griech. Übers. des lat. Originaltextes. Nach griech. Recht in griech. Sprache abgefaßte T. begegnen seit dem obigen Erlaß nicht

mehr ([21], 83). Für die Beurkundung vor dem Agoranomos bildeten sich zwei Verfahren heraus: Entweder wurde das eigenhändig vom Erblasser oder in seinem Auftrag von einem Privatschreiber geschriebene, in griech. Sprache verfaßte T. dem staatl. Urkundsbeamten in zwei oder mehr Exemplaren zur Beurkundung überreicht, oder der Notar nahm den vor ihm mündl. vom Erblasser erklärten letzten Willen zu Protokoll. Die im Gegensatz zur vorigen Periode nunmehr obligatorische Unterschrift des Erblassers diente neben der Altersangabe und der Beschreibung körperl. Kennzeichen sowie des Siegels als Indiz der Echtheit. Außerdem wurde durch die Hypographe auch die Urkunde in ihrem vollen Umfang und Wortlaut anerkannt ([21], 132f.), wie sich schon aus der Wiederholung der einzelnen T.-Bestimmungen in der Hypographe ergibt. Nur im eigenhändigen T. unterblieb diese Wiederholung. Bei der T.-Errichtung waren sechs Zeugen zugegen, die die Urkunde mit unterschrieben. Das T. wurde sodann versiegelt und von der Behörde in Verwahrung genommen. Der Erblasser erhielt auf Verlangen eine Abschrift, die juristisch mit dem Original gleichwertig war, wenn auch sie vom Erblasser unterschrieben wurde ([21], 102). Wenn eine Frau das T. errichtete, so gab sie ihren Kyrios an, und wenn der Erblasser nicht schreiben konnte, mußte der Schreibgehilfe genannt werden (vgl. [21], 131). Die T. werden eingeleitet durch eine auf das altgriech. Recht (s. o. I 4. b) zurückgehende Versicherung der geistigen Gesundheit ([21], 105). Sie enthalten außer der Einsetzung des Erben auch die Ernennung von Ersatzerben sowie von Vor- und Nacherben ([21], 125), die Errichtung von Stiftungen ([23]) und das Vermächtnis des Nießbrauchs ([21], 123), sogar am ganzen Vermögen mit unbeschränkter Verfügungsmacht bis zum Tode. Die Erfüllung der Vermächtnisse, Auflagen und sonstigen Anordnungen suchen die Erblasser durch Strafandrohungen und Verwünschungen zu sichern oder zu erzwingen ([17], 371ff. [23], 34f.). In einer Abschlußklausel wird betont, daß das vorliegende T. den gesamten Nachlaß umfasse und keine Teilverfügung darstelle ([21], 128). Im übrigen ist das Formular unterschiedlich nach Abfassungs-Z. und Herkunft. Eine einheitliche und bes. ausgeprägte Form haben die T. aus Oxyrhynchos ([21], 83. [22], 48). Über Testierfähigkeit, Testierfreiheit und Erbfähigkeit vgl. [17]. Die Änderung oder Aufhebung des T. behält sich der Erblasser häufig vor ([17], 338f. [21], 109). Sie geschah durch ein späteres T. Die Aufhebung mußte aber in dem neuen T. ausdrücklich ausgesprochen sein. In der Rücknahme des T. aus der Verwahrung – was nur gegen Empfangsbescheinigung zulässig war – wurde, wie bereits im att. Recht (s.o. I 7), ein Widerruf erblickt. In manchen Fällen bedurfte die Aushändigung der Urkunde der Genehmigung des Statthalters. Nach Eintritt des Erbfalls wurde das T. eröffnet. Die Eröffnung war sowohl für die griech. wie für die röm. T. reichsrechtl. einheitl. geregelt (Paul. sent. 4,6. Cod. Iust. 6,32,2). Ein entsprechender Termin wurde nur auf Grund eines an den zuständigen Strategos gerichteten Gesuches des nächsten Interessenten anberaumt ([17], 395ff. [21], 85f.). Dazu wurden auch die urspr. T.-Zeugen, soweit sie noch lebten und erreichbar waren, geladen. Es mußten mehr als die Hälfte der Personen anwesend sein, die das T. bei seiner Errichtung bezeugt hatten. Vor der Eröffnung oblag es ihnen, die Unverletztheit ihres Siegels anzuerkennen. Nach Lösung der Siegel wurde das T. verlesen, eine Abschrift davon genommen und dann das Original erneut versiegelt und mit dem die Abschrift des T. enthaltenden Eröffnungsprotokoll im Archiv hinterlegt. Über Formerleichterungen für im Heere stehende Soldaten und Veteranen siehe BGU 5 Teil 1 § 34. Teil 2, 44f. E. B.

1. *F. Schulin* Das griech. T. verglichen mit dem röm., 1882. 2. *L. Beauchet* Hist. du droit privé de la républ. athén. 3, 1897, 656ff. 3. *G.E.W. van Hille* De t. iure Attico, 1898. 4. *E.F. Bruck* Zur Gesch. der Verfügungen von Todes wegen im altgriech. Recht, 1909. 5. *Ders.* Die Schenkung auf den Todesfall im griech. und röm. Recht 1, 1909. 6. *Ders.* Totenteil und Seelgerät im griech. Recht, 1926. 7. *J.H. Lipsius* Das att. Recht und Rechtsverf., 1905–1915, 561ff. 8. *F. Kraus* Die Formeln des griech. T., 1915. 9. *E. Weiß* Griech. Privatrecht 1, 1923. 10. *R. Maschke* Die Willenslehre im griech. Recht, 1926 (Nachdr. Darmstadt 1968). 11. *E. Ruschenbusch*, ZRG 79, 1962, 307ff. 12. *J.-H. Michel*, Chron. d'Égypte 38, 1963, 287ff. (zum T. des Knemon). 13. *A. Biscardi*, Stud. Doc. Hist. Iur. 32, 1966, 173ff. (zum T. des Knemon). 14. *A.R.W. Harrison* The Law of Athens. The Family and Property, 1968. 16. *L. Mitteis* Reichsrecht und Volksrecht in den ö. Provinzen des röm. Kaiserreichs, 1891. 17. *H. Kreller* Erbrechtliche Unt. auf Grund der gräko-äg. Pap. Urkunden, 1915 bis 1919. 18. *P.M. Meyer* Jurist. Pap., 1920. 19. *R. Taubenschlag* The Law of Greco-Roman Egypt in the Light of the Pap., ^{2}1955. 20. *E. Seidl* Ptolem. R.-Gesch., ^{2}1962, 183f. 21. *D. Klamp*, Ztschr. f. Pap. u. Epigr. 2, 1968, 81ff. (zum T. der Taarpaesis = Sammelbuch Nr. 10756). 22. *P.J. Sijpesteijn*, Ztschr. f. Pap. u. Epigr. 4, 1969, 47–64 (zum T. der Taarpaesis). 23. *P. Herrmann–K.Z. Polatkan*, SAWW ph.-h. Kl. 265, 1. Abh., 1969 (zum T. des Epikrates. Dazu *D. Behrend*, Gn 43, 1971, 619ff.).

III. Röm. Urspr. von Formpersonen bezeugtes *(testari)* Rechtsgeschäft, durch das der Erblasser letztwillige Verfügungen trifft.

1. Form. Das röm. T. hat ein hohes Alter. Es gibt keine der hist. Überlieferung noch erreichbare Frühzeit, in der es unbekannt gewesen wäre. Die XII Tafeln (5,3 und 4) setzen es voraus. Die frühesten T.-Formen (Gai. Inst. 2,101. Gell. 15,27,3) waren öffentliche. Der Testator erklärte seinen letzten Willen vor den vom *pontifex maximus* einberufenen Kuriatkomitien (*t.* → *calatis* → *comitiis*) oder vor dem zum Feldzug angetretenen Heer *(t. in procinctu)*. Der Inhalt dieser schon in der

älteren Republik außer Gebrauch gekommenen Testamente (Vermächtnis oder Erbeinsetzung?) ist ebenso umstritten wie die Frage, ob die Volksversammlung die Verlautbarung des Erblassers nur anzuhören oder auch zu genehmigen hatte. Wahrscheinlich jünger als die XII T. und bis in die Spätantike gebräuchlich ist das *testamentum per aes et libram*, urspr. eine Übertragung des Erblasservermögens unter Lebenden an einen Treuhänder *(familiae emptor)*, der es den Anordnungen des Testators gemäß nach dessen Tode an die Bedachten auszufolgen hatte (Gai. Inst. 2,103 ff.). Die Übertragung zu treuen Händen geschah durch → *mancipatio*. Neben dem Testator als Veräußerer mußten der *familiae emptor*, ein *libripens* und (mindestens) fünf Zeugen mitwirken. Der fiduziarische Charakter der Veräußerung wurde durch die Formelworte des *familiae emptor* hervorgehoben; er erklärte, das Vermögen nur in seine *custodela* zu nehmen und dem Erblasser die *mandatela* zu belassen. Den Kern des Formalakts bildete die *nuncupatio* des Erblassers, eine Erklärung seines letzten Willens vor Zeugen. Seit der jüngeren Republik beschränkte sich die *nuncupatio* meist auf die Erklärung, der letzte Wille sei in einer verschlossenen Urkunde niedergelegt, so daß der Inhalt des Testaments den Formpersonen unbekannt blieb. Da die urspr. Funktionen des *familiae emptor* und des *libripens* verblaßten und sie wie die Manzipationszeugen die Schnur, mit der die Urkunde verschlossen war, versiegelten, stellte sich das Ergebnis der Errichtung eines Libraltestaments regelmäßig als eine von sieben Zeugen gesiegelte Urkunde dar (Einzige erhaltene Originalurkunde ediert in Études de Papyrol. 6, 1940, 1 ff.). Jedoch hielten noch die klass. Juristen die Akte der *mancipatio familiae* und der *nuncupatio* für allein erforderlich und genügend. Schriftlich nicht fixierte Testamente kamen vor (Ulp. Dig. 28,5,1,3. Suet. v. Hor. Paul. Dig. 29,7,20), dürften aber selten gewesen sein. In der Praxis war das beurkundete Testament so sehr die Regel, daß der Prätor die *bonorum possessio secundum tabulas* demjenigen verhieß, der *tabulae testamenti non minus quam septem testium signis signatae* vorwies, in denen er als Erbe eingesetzt war (Cic. Verr. 2,1,117. Ulp. Dig. 38,6,3). Damit war keine Schriftform des Testaments anerkannt. Bis ins beginnende 3. Jh. n. Chr. ist unter den im vollen Wortlaut bekannten Testamentsurkunden keine, die nicht die *mancipatio familiae* erwähnte. Durch formlose schriftliche Erklärung *(→ codicilli)*, die nicht durch ein Testament bestätigt war, konnten nur → *fideicommissa* angeordnet werden.

Während der klass. Z. blieb das Libraltestament die einzige ordentliche Testamentsform. Mit Rücksicht auf die zahlreichen Ausländer im Heer befreiten die Kaiser die Soldaten vom Formzwang des Libraltestaments (Ulp. Dig. 29,1,1, pr.). Das *t. militis* konnte also schriftlich oder mündlich

errichtet werden; wählte der Soldat die Schriftform, waren Zeugen entbehrlich. Die Wirksamkeit des Soldatentestaments erlosch ein Jahr nach der *missio honesta*.

Als 212 alle Reichseinwohner durch die *constitutio Antoniniana* röm. Bürger geworden waren, befanden sich die Neubürger nichtital. Herkunft in der gleichen Situation wie die peregrinen Soldaten vor Einführung des Soldatentestaments. Alexander Severus erlaubte in einem wahrscheinlich (zunächst) auf Äg. beschränkten Erlaß (PER 1702; POxy 907 und 990) die Abfassung von Testamenten in griech. Sprache und leitete damit den Niedergang des Libraltestaments ein. Nach 235 ist in Äg. keines mehr nachweisbar. Nachklass. Praxis und Kaisergesetzgebung schufen neue Testamentsformen: das von 5 oder (seit Theodosius II.) 7 Zeugen unterschriebene schriftliche Testament (Cod. Theod. 4,4,3,1 [326] und 3 [396]. Cod. 6,23,21, pr. [439]), das auf den W. beschränkte zeugenlose eigenhändige Testament (Nov. Valent. 21,2 [446]), das mündliche Testament vor 7 Zeugen (Cod. Theod. 4,4,2,1 [389]. Nov. Theod. 16,6 [439]) und das *t. apud acta conditum*, das durch Einreichung zu den Gerichts- oder Gemeindeakten errichtet wurde (Cod. 6,23,19,1 [413]). Honorius stellte ihm 413 das dem Kaiser überreichte Testament gleich (*t. principi oblatum*, Cod. 6,23, 19). Seit Diokletian entwickelten sich erleichterte Formen für Nottestamente: Seuchentestament (Cod. 6,23,8 [290]); Dorftestament mit auf 5 herabgesetzter Zeugenzahl (Cod. 6,23,31 [534]), Testament des Blinden oder Schreibunfähigen (Cod. 6, 23,21,1 [439]. 6,22,8 [521]). Das Soldatentestament machte Iustinian 529 zum wirklichen Nottestament, indem er seine Errichtung nur Soldaten, *qui in expeditionibus occupati sunt*, erlaubte (Cod. 6, 21,17). Verfügungen zu wohltätigen und religiösen Zwecken genossen ebenfalls Formerleichterungen (Cod. 1,2,1 [321]. 1,2,13 [455]. 1,3,24 [455]. 1,2, 14,1 [470]).

Den Erbvertrag lehnte das röm. Recht während der ganzen Ant. als kaptatorisch und damit sittenwidrig ab. [Pap./Paul. Dig. 28,5,71. 72. Cod. 6, 21,11 [246]). Jedoch ließ Valentinian 446 das von Ehegatten gemeinschaftl. errichtete wechselseitige T. zu (Nov. Val. 21,1,1).

2. Die Errichtung eines gültigen Libraltestaments setzte Testierfähigkeit *(testamenti factio)* des Erblassers, entsprechende Eigenschaften der Formpersonen und Erbfähigkeit des eingesetzten Erben voraus. Unmündigen, Gewaltunterworfenen und Nichtbürgern ohne *commercium*, Geisteskranken, Taubstummen und Entmündigten fehlte grundsätzlich die *testamenti factio* (Paul. Sent. 3,4 A, 1 ff. Ulp. 20,10 ff.). Jedoch konnten *servi publici* über die Hälfte ihres → *peculium* letztwillig verfügen (Ulp. 20. 16). Augustus gestattete Haussöhnen, über ihr *peculium castrense* zu testieren (Ulp. 20,10. Gai. Inst. 2,106). Frauen waren bis

Hadrian nur unter der Voraussetzung einer zu Testierzwecken vollzogenen Manumission testierfähig (Liv. 39,9,7. Gai. Inst. 1,115a. 2,112). Ein in Kriegsgefangenschaft geratener Römer konnte wegen des Freiheitsverlusts nicht testieren. Jedoch wurde ein vor Gefangennahme errichtetes Testament durch → *postliminium* gültig, wenn der Kriegsgefangene heimkehrte (Ulp. 23,5. Paul. Sent. 3,4 A, 8). Exil und Deportation führten zur Testierunfähigkeit, weil der Betroffene das Bürgerrecht verlor.

Grundsätzlich konnte jeder, der z.Z. der Testamentserrichtung und des Erbfalls röm. Bürger war, als Erbe eingesetzt werden (Gai. Inst. 2,285). Die *lex Voconia* (169 v.Chr.?), die Erblassern aus der ersten Zensusklasse die Einsetzung von Frauen verbot, wurde in der Kaiserzeit nicht mehr angewandt (Gai. Inst. 2,274. Gell. 20,1,23). Eigene Sklaven konnte der Erblasser einsetzen, wenn er sie zugleich freiließ. Durch Einsetzung fremder Sklaven oder Hauskinder wurde der Gewalthaber Erbe, falls er erbfähig war (Ulp. 22,9). Den Grundsatz, daß der Eingesetzte z.Z. der Testamentserrichtung und des Erbfalls leben mußte, verließ das röm. Recht in allmählich sich vergrößerndem Umfange zugunsten Ungeborener (→ *postumus*). Personenverbände waren als *incertae personae* nicht erbfähig (Gai. Inst. 2,238. Ulp. 22,4f.). Erbrechtlicher Erwerb des röm. Staates und von Tempelvermögen beruhte auf öffentlichem Recht. Von der Erbfähigkeit ist die im Falle ihres Mangels nicht zur Unwirksamkeit des Testaments führende Erwerbsfähigkeit (vgl. → *caelibatus*, → *ius liberorum*, → *orbi*) zu unterscheiden.

3. Inhalt. In der älteren Republik fiel dem Libraltestament die Funktion zu, das Familienvermögen in der Hand eines Anerben zusammenzuhalten. Hieraus erklärt sich die die ganze klass. Z. hindurch beobachtete Regel, daß ein Testament ohne wirksame Erbeinsetzung (*heredis institutio*) ungültig ist (Gai. Inst. 2,229. 248), und zwar muß das Testament mit der *solemni more* zu formulierenden Erbeinsetzung (*Titius heres esto* oder *Titium heredem esse iubeo*) beginnen. Voraufgehende Vermächtnisse, nach sabinian. Ansicht auch Vormundsernennungen, sind ungültig (Gai. Inst. 2,229–31). Die Einsetzung eines oder mehrerer Erben schloß die gesetzliche Erbfolge stets aus: *Nemo pro parte testatus, pro parte intestatus decedere potest* (vgl. Inst. 2,14,5. Tryph. Dig. 19, 17,19,2). War die Summe der Einsetzungsquoten kleiner als 1, so fiel der Rest nicht an die gesetzlichen Erben, sondern wurde an die Testamentserben im Verhältnis der angeordneten Quoten verteilt. Für den Fall, daß der eingesetzte Erbe durch Tod oder Ausschlagung wegfiel, konnte der Testator einen oder mehrere Ersatzerben ernennen (→ *substitutio*). Die Einsetzung eines Nacherben war nur für den Sonderfall zulässig, daß ein eingesetzter Sohn vor erreichter Mündigkeit stürbe (Pupillarsubstitution). Obwohl die Erbeinsetzung notwendig die Wirkung einer Enterbung der gesetzlichen Erbanwärter hatte, war ausdrückliche Enterbung (→ *exheredatio*) möglich, zur wirksamen Enterbung von → *sui heredes* sogar erforderlich. Neben den in der *heredis institutio* bestehenden Mindestinhalt des Testaments konnten weitere Verfügungen treten: Vermächtnis (→ *legatum*), Fideikommiß (→ *fideicommissum*), Teilungsanordnung, direkte Freilassung (→ *manumissio*), Ernennung eines Vormunds (→ *tutela*), Auflage (→ *modus*), Errichtung einer Stiftung.

4. Ungültigkeit. Mängel der Errichtungsvoraussetzungen (s.o. 2) machten das Testament von vornherein ungültig. Ein gültig errichtetes wurde ungültig (*irritum*), wenn der Erblasser eine → *capitis deminutio* erlitt (Gai. Inst. 2,145). Die erbrechtlichen Folgen der Kriegsgefangenschaft waren bes. geregelt (s.o. 2 und → *postliminium*). Das Testament wurde ferner ungültig, wenn keiner der eingesetzten Erben zur Erbschaft gelangte, sei es wegen Vorversterbens, Ausschlagung oder eines anderen Umstands (Gai. Inst. 2,144. Ulp. 23,4). Durch Errichtung eines Testaments wurde ein zuvor errichtetes zur Gänze unwirksam (*rumpitur*; Ulp. 23,2. Gai. Inst. 2,144). Widerruf einzelner Verfügungen war dem röm. Recht unbekannt. Ruption trat außerdem durch Geburt eines → *postumus* ein. Schließlich konnte das Testament mit der → *querela inofficiosi testamenti* angefochten werden, wenn ein Noterbe weniger als ¼ seines gesetzlichen Erbteils erhalten hatte.

5. Die Eröffnung des Testaments wurde erst seit Einführung der Erbschaftssteuer durch die *lex Iulia de vicesima hereditatium* im J. 6 n.Chr. Gegenstand von Rechtsnormen. Nach der *lex Iulia* war die Testamentsurkunde *statim* nach dem Tode des Erblassers von dem zuständigen Beamten (in Rom dem *praetor*) in Gegenwart der Formpersonen oder anderer *viri honesti* zu eröffnen (Paul. Sent. 4,6). Eröffnungsprotokolle sind erhalten (P. Mich. 439. BGU 1655. P. Hamb. 73). Amtliche Verwahrung der eröffneten Urkunde wurde erst in nachklass. Z. vorgeschrieben (Cod. Theod. 4,4,4 [397]). E. Bu.

O. Lenel Z. Gesch. der *heredis institutio*, Essays on Legal History, 1913, 120ff. *V. Arangio-Ruiz* Le genti e la città, 1914. *P. Bonfante*, Scritti 1, 1926. 470ff. *Ders.* Corso di diritto rom. 6, 1930, 60ff. *E. Rabel*, ZRG rom. 50, 1930, 295. *E. Goldmann*, ZRG rom. 51, 1931, 223ff. *M. David*, ZRG rom. 52, 1932, 314ff. *B. Kübler*, RE V A 985ff. *F. Wieacker* Hausgenossenschaft und Erbeinsetzung, 1940. *G. Dulckeit*, ZRG rom. 70, 1953, 179ff. *B. Biondi* Successione testamentaria e donazioni, ²1955. *M. Kaser* Das röm. Privatrecht 1, ²1971, 105ff. 678ff. 2, 1959, 341ff. *M. Amelotti* Il testamento rom. attraverso la prassi documentale 1, 1966. *P. Voci* Diritto ereditario rom. 1, ²1967, 3ff. 2, ²1963, 64ff.

Testamentum porcelli. Spätant. (wohl 4.Jh.) Schultext von Tod und Testament des Ferkels M. Grunnius Corocotta, nicht ohne sprach-

und rechtsgesch. Interesse, dessen harmloser Witz in der Übertragung der »schweinischen« Optik in das menschliche Milieu liegt. P. L. Sch.

Ta.: *F. Bücheler* in ed. Petron., [6]1922, 268f. *A. d'Ors*, Est. Clás., Supl. Ser. de Textos 3, 1953.
Lit.: *A. d'Ors*, Rev. Int. Droits Ant. 10, 1955, 219ff. *L. Herrmann*, Studi Paoli, 1956, 385ff.

Testimonium. Im weiteren Sinne jedes Beweismittel (Cic. top. 73), im engeren die Aussage des Zeugen (Cic. Verr. 2,2,156).

I. Im röm. Prozeß war der Zeuge *(testis)* das wichtigste Beweismittel. Gut unterrichtet sind wir über den klass. und nachklass. Rechtszustand, über das Zeugnis im Strafprozeß besser als über das im Zivilprozeß. Absolut zeugnisunfähig waren wegen bestimmter Vergehen Verurteilte (Repetunden, Marcell. Dig. 1,9,2. Ehebruch, Paul. Dig. 22, 5,18. Ulp. Dig. 28,1,20,6) und bestimmte Kategorien Ehrloser (Ulp. Coll. 9,2,2. Callistr. Dig. 22, 5,3,5), aber nicht infame Personen *(→ infamia)* schlechthin. Der grundsätzlich auf der Folter *(→ tormentum)* befragte Sklave *(quaestionem habere)* wird von den röm. Juristen nicht *testis* genannt. Frauen (Cic. Verr. 2,1,94. Tac. ann. 2,34, 4. 3,49,2. Suet. Caes. 74,2) und Kinder (Cic. Verr. 2,1,94. 2,80) traten zumindest im Strafprozeß als Zeugen auf. Relativ zeugnisunfähig waren Aszendenten im Prozeß des Deszendenten und umgekehrt (Paul. Sent. 5,15,3. Paul. Dig. 22,5,9. Cod. 4,20,6 [294]), der *libertus* im Verhältnis zum → *patronus* (Paul. Sent. 5,15,3. Cod. 4,20,12 [423]) und der Verteidiger im Verhältnis zum Angeklagten (Cic. Verr. 2,2,24. Arcad. Charis. Dig. 22,5,25). Eine Pflicht zur Aussage bestand bis Iustinian nur in den *iudicia publica*, nicht im Zivilprozeß (Quint. inst. 5,7,9). Regelmäßig sagte der Zeuge vor dem erkennenden Gericht aus. Grundsätzlich (nicht aber vor dem Kaisergericht, Callistr. Dig. 22,5, 3,3) waren aber auch Aussagen verwertbar, die der Zeuge vor einem beauftragten Richter gemacht oder privat zu einem von Formzeugen beglaubigten Protokoll *(testatio)* gegeben hatte (Quint. inst. 5,7,1. Tac. dial. 36,7). Private *testationes* aus dem Prozeß der Iusta sind erhalten (Tabulae Herculanenses Nr. 16–30, ed. Arangio-Ruiz. La Parola del Passato 3, 1948, 171ff.). Im Strafprozeß hatte der Zeuge meist nach den Plädoyers (Cic. Flacc. 21. Plin. epist. 2,11,18) und, nachdem er vereidigt worden war (Cic. Verr. 2,1, 177; Flacc. 11f.; Cael. 20), auszusagen. Zuerst wurden die Zeugen der Anklage gehört, sodann die der Verteidigung. Die Gegenpartei hatte das Recht des Kreuzverhörs (Cic. Verr. 2,1,71. Plin. epist. 3,9,24). Bisweilen, in der Kaiserzeit häufiger, wurde die Zeugenaussage in den Parteivortrag eingeschoben (Apul. apol. 33. 61. 62. 101; anscheinend auch Cic. Tull. 24). Die Funktion des Zeugen, hist. wahrscheinlich auf die eines Streithelfers zurückzuführen, war noch in klass. Z. eine andere als heute. Der Zeuge hatte nicht so sehr seine Wahrnehmungen beweisbedürftiger Tatsachen mitzuteilen, als vielmehr mit seinem moralischen und sozialen Gewicht für die Sache einer Partei einzutreten (Mod. Dig. 22,5,2). Dementsprechend lautete die Zeugenaussage nicht auf *scire*, sondern auf *arbitrari* (Cic. Font. 29; acad. 1,2,146). Jedoch zeigt sich in der Praxis der Kaiserzeit eine Tendenz, die Vernehmung zu bestimmten Tatsachen in den Vordergrund des Zeugenbeweises zu stellen (Ulp. Dig. 48,18,1,21). In nachklass. Z. erfolgen gesetzgeberische Eingriffe in das Recht des Zeugenbeweises mit unterschiedlicher Zielsetzung. Konstantin betont 317 die Gleichwertigkeit des Zeugenbeweises mit dem an Bedeutung zunehmenden Urkundenbeweis (Cod. 4,21,15), ordnet aber 334 die Abstufung der Glaubwürdigkeit nach sozialer Stellung an und läßt die Aussage eines einzigen Zeugen, möge er noch so gut beleumundet sein, nicht mehr als Beweis gelten (Cod. 4,20,9). Iustinian macht die Aussagepflicht zum generellen, auch im Zivilprozeß geltenden Prinzip (Cod. 4,20,16 [527?]). In der Hauptstadt wohnhafte Zeugen sind nach Cod. 4,20,16,1 vom erkennenden Gericht, in der Provinz ansässige vom dortigen beauftragten Richter zu vernehmen. Dies gilt jedoch nicht für den Strafprozeß, in dem die Beweise unmittelbar vom erkennenden Gericht aufzunehmen sind (Nov. 90,5,1).

II. Formzeugen waren beim Abschluß bestimmter Geschäfte zuzuziehen, selten im öffentlichen Recht *(indictio belli*, Liv. 1,32,12), häufig im Privatrecht (Eheschließung Freigelassener, Gai. Inst. 1,29; *confarreatio*, Gai. Inst. 1,112; Ehescheidung, Paul. Dig. 24,2,9; sämtliche *negotia per aes et libram* wie → *mancipatio*, → *nexum*, librales → *testamentum*). Die Zahl der erforderlichen Zeugen war fixiert; sie betrug bei der *indictio belli* 3, bei den Libralgeschäften 5, bei der *confarreatio* 10. Die Herkunft der Zeugenzahlen ist unbekannt. Aus dem Prozeßrecht, das bis Konstantin keine Mindestzahl von Zeugen kennt, sind sie nicht abzuleiten. Beim Formzeugen waren die Voraussetzungen der Zeugnisfähigkeit enger umschrieben als beim Prozeßzeugen. Er mußte männlichen Geschlechts, röm. Bürger, *pubes* und zum Zeugnis aufgefordert sein (Gai. Inst. 1,29. 113. 119. Ulp. Dig. 28,1,20,6. Gell. 7,7,2). Seine Tätigkeit erschöpfte sich in der Wahrnehmung des Geschäftsabschlusses. Wurde, wie üblich, eine Urkunde über das Geschäft errichtet, so war sie durch die Zeugen zu siegeln *(→ tabula, → signum)*. Der Formzeuge war zur Aussage vor Gericht verpflichtet (XII tab. 2,3. 8,22. Inst. 2,10,6). E. Bu.

Mommsen RStrR 401ff. *M. Kaser*, RE VA 1021ff. *F. Pringsheim*, Revue Internat. des Droits de l'Antiquité 6, 1951, 161ff. *G. Pugliese*, Ius 11, 1960, 386ff. *G. G. Archi*, Iura 12, 1961, 1ff. *U. Zilletti*, Stud. Doc. Hist. Iur. 19, 1963, 124ff. *Ders.*, Boll. Ist. Dir. Rom. 67, 1964, 167ff. *G. Broggini*, Recueil Société Jean Bodin 16, 1964, 223ff. *M. Kaser* Das röm. Zivilprozeßrecht, 1966, 281ff. 493ff.

Testimonium falsum. Die falsche Zeugenaussage vor Gericht wurde nach dem Zwölftafelsatz 8,23 durch Sturz vom tarpeischen Felsen bestraft. Die *lex Cornelia de sicariis* (81 v. Chr.) drohte dem Zeugen, der durch Falschaussage im Strafprozeß ein Todesurteil bewirkte, Kapitalstrafe an (Marcian. Dig. 48,8,11. Paul. Sent. 5,23, 1). In der Kaiserzeit wurde die *lex Cornelia de falsis* (→ *falsum*) auf jede falsche Zeugenaussage angewandt (Paul. Coll. 8,2 und 3). E. Bu.

Mommsen RStrR 635. 668. 675. *E. Levy*, Boll. Ist. Dir. Rom. 45, 1938, 63 f.

Testis s. Testimonium

Testudo. 1. Mit *t.* wurde im röm. Heer die auch den Griechen bekannte enge Aufstellung (*συνασπισμός*) bezeichnet, bei der die Schilde der einzelnen Soldaten zu einer geschlossenen Wand zusammengesetzt werden konnten (Liv. 32, 17). Der Vergleich mit einer Schildkröte war bes. dann gegeben, wenn dies nicht nur das vorderste Glied, sondern auch die äußerste linke und rechte Reihe durchführte und alle übrigen Soldaten die Schilde über den Kopf erhoben und zu einem geschlossenen Ganzen zusammenfügten (Liv. 34, 39). Die Bildung der *t.*, die bes. im Festungskrieg angewendet wurde, war nicht nur ein Glanzstück der Infanterie, sondern noch mehr der Kavallerie, da bei dieser noch das gleichzeitige und ruckartige Niederlassen der Pferde auf den Boden hinzukam (Liv. 44,9. Cass. Dio 49,30). **2.** Im Belagerungskriege ein fahrbares, gedecktes Holzgestell, → Chelone. F. Lammert, RE V A 1062 f. Krom.-Veith 446. 523. 566. 600. A. N.

3. In der Architektur ist *t.* der offene Dachstuhl an Häusern (Vitr. 5,1,6. 10. 6,1,2. 2,1,4. Vgl. Sackur Vitruv 158 ff.), mil. Bauten (Varro l.l. 5, 161) und Tempeln (Serv. Aen. 1,505) oder eine flache (Vitr. 6,3,2) bzw. leicht gewölbte Holzdecke (Serv. a. O.). Varro rust. 3,5,1 ist *t.* ein Holzbau mit Ziegel- oder Netzdach zur Vogelzucht (*t. ut peristylum tectum tegulis aut rete*). W. H. G.

Tetartemorion (*τεταρτημόριον*) oder Tartemorion, »Viertel«, speziell des → Stater (*δίμνουν*, → Mna), in Athen mit Schild, dann Schildkröte, in der Spätz. mit halber Amphora markiert, und (im → Münzwesen) des → Obolos, als Silbermünze in Athen, Argos, Aigina, Epidauros u. a. pelop. Städten im 5./4. Jh. belegt, als Erzmünze viell. in Metapont. In Athen war das T. die kleinste Silbermünze, ihr Zeichen Ɔ, andernorts wurde *T* oder *TE* verwendet; → Trihemitetartemorion und → Tritetartemorion. T. dient auch als Übersetzung von → Quadrans; metonym. bedeutet es eine geringe Geldsumme. H. Ch.

K. Regling, RE V A 1064 f.

Tethys (*Τηθύς*). Sie und ihr Bruder → Okeanos sind Stammeltern aller Götter, Hom. Il. 14, 201 f. Hes. theog. 136 macht sie zu → Titanen und damit zu Kindern von Uranos und Gaia. Sie wohnen am Rande der Erde. Apollod. 1,2. 8. Orph. h. 22; frg. 32 u. ö. T. ist (durch Nereus und Doris) Großmutter der → Thetis, Catull. 64,29. Röm. Dichter gebrauchen T. auch metaphor. = Meer. An Töchtern der T. nennt Hom. nur → Eurynome (1) und → Perse. – Kein Kult, wenig Myth. Hera genoß bei ihr Zuflucht während des Titanenkampfes, dafür will sie später die entzweiten Gatten versöhnen, Il. 14,200 ff. 302 ff. T. versagt der ehemaligen Geliebten des Zeus, der als Bärin verstirnten → Kallisto, das Bad im Okeanos. Hyg. astr. 2,1; fab. 177. Ov. met. 2,508 ff.; vgl. Od. 5, 273 ff. Okeanos und T. machen → Glaukos (1) unsterblich, Ov. met. 13,950 f. T. verwandelt Aisakos, ebd. 11,783 ff. T. entläßt die Sonnenrosse morgens, ebd. 2,156; vgl. 68 f. H. v. G.

A. Lesky Thalatta 81 ff. 115 f. *O. Kern* Die Rel. der Griechen 1,197.

Tetrachalkon (*τετράχαλκον*), Münze von 4 → Chalkoi, in Athen 1/2 → Obolos. Kaiserz. Erzmünzen von Chios mit dieser Wertbezeichnung galten wohl 1 → *ἀσσάριον*. Hesych. s. *πέλανος* (= Eisenfladen, in Sparta als → Geld verwendet) gleicht diesen mit einem T. H. Ch.

Tetradrachmon (*τετράδραχμον*), auch Tetrachmon, Vierdrachmenstück. Das T. bildete in vielen Städten, so namentlich in dem für zahlreiche Prägungen maßgeblichen Athen (→ Münzwesen), im Alexanderreich und den Nachfolgestaaten die gängige Großmünze in Silber, den → Stater. H. Ch.

Tetraeteris s. Zeitrechnung

Tetralogie s. Tragödie

Tetrao s. Auerhahn

Tetrapolis. Kultverband von 4 att. Ortschaften um die Ebene von → Marathon (Marathon, → Trikorythos, → Oinoe [2], → Probalinthos), mit sehr alten Kulten. Galt als eine der alten Zwölfstädte mit älterem vorgriech. Namen *Ὑττηνία*. Eigene Festgesandtschaft nach → Delos und → Delphoi, Philoch. FGrH 328 F 75. EDelph 3,2 n 3. 7. 8. 10. 13. 18–22. Kultgesetz der T.: IG I² 1358 = Prott-Ziehen Leges Gr. sacrae 1,46 ff. Nr. 26. IG II² 1243. 2933. T. war zugleich Name der Küstentrittys der Phyle → Aiantis, IG I² 900. 901. Sylloge³ 917. Strab. 8,7,1 p. 383. Sch. Aristoph. Lys. 285. Steph. Byz. E. M.

W. Wrede, RE V A 1086 ff.

Tetrarches. 1. Befehlshaber über ein Viertel einer Truppe, bei der Kavallerie Führer von 4 Zügen (*λόχοι*) zu je 16 Mann, Arr. an. 3,18,5 (*τετραρχία ἱππική*); takt. 10,1. Ail. takt. 9,2. Asklep. takt. 2,8. Suda s. *τετράρχης*, im maked. Heer bei der Infanterie, P. Roussel, RA 3, 1934, 43. M. Feyel, RA 6, 1935, 31. H. Bengtson Die Strategie 2, 1944, 333. **2.** Oberhaupt eines Stammes oder einer Landschaft. Die 4 Bezirke (Tetraden, Hellanik. FGrH 4 F 52) der Thessaler, Thessaliotis, Pelasgiotis, Hestaiiotis und Phthiotis, standen unter je einem T. Eur. Alc. 1154. Sylloge³ 274. An ihre Stelle traten seit 457 → Polemarchen.

SEG 17, 1960, 243. M. Sordi La lega tessala fino ad Alessandro Magno, 1958, 344ff. → Philipp II. führte 342 wieder T. ein. Demosth. 9,26. Theop. FGrH 115 F 208. In Kleinasien waren die 3 Galaterstämme (→ Galatia) in je 4 T.ien, im ganzen 12, eingeteilt. Strab. 12,567. Liv. 38,18 *(reguli)*. → Mithradates (5) ließ 86 die galat. T. bis auf 3 ermorden. App. Mithr. 45. Pompeius bestätigte je Stamm 1 T. → Deiotaros herrschte schließlich allein als T.

Viele Fürsten des Orients wurden als T. bezeichnet, im J. 41 durch → Antonius (I 9) Phasael in Galilaia, → Herodes (1) in Iudaia. Ios. ant. Iud. 14,326; bell. Iud. 1,244. Augustus bestätigte → Herodes (4) Antipas und Philippos als T. über Galilaia und Peraia, bzw. Trachonitis, Batanaia, Gaulanitis und Panias. Ios. ant. 17,188f. 194; bell. 1,664. 668. Mz. Head HN² 802. 808. → Ptolemaios (A II 33) war T. von Chalkis am Libanon. Liste weiterer T.ien in Syrien bei Plin. nat. 5,74. 81f. H. V.

Tetras (τετρᾶς), griech.-sikul. Mischwort, »Viertel«, 3 ὀγκίαι (→ *unciae*) und somit = → *quadrans*. Der T. ist in vielen Prägungen der sizil. Griechen belegt, so in Akragas, Gela, Himera und Syrakus. H. Ch.

H. Chantraine, Jb. f. Numism. u. Geldgesch. 12, 1962, 51ff.; RE XXIV 649ff.

Tĕtrica (Verg. Aen. 7,713. Sil. 8,417), sabin. Grenzgebirge (Varro rust. 2,1,5. Vib. p. 157 R.; bei Serv. Aen. a.O. Isid. orig. 10,266 *Tetricus mons*); h. Monti Sibillini. G. R.

Tetricus s. Esuvius

Tetrobolon (τετρώβολον), Stück von 4 → Obolen = 2/3 → Drachme, erscheint im att., phoinik. und pers. Münzfuß (oft Ausgleichsmünze) und bildete den Tagessold der hellenist. Söldner. Die att. T. haben als Rs.-Bild 2 Eulen. In Korinth und Mende, wo der → Stater gedrittelt wurde, entsprach das T. der Drachme und hieß manchmal auch so. H. Ch.

K. Regling bei *Schrötter* WBMzK s.v.

Tettarakonta (*οἱ τετταράκοντα* bei Aristot. Ath. pol. 53,1. Demosth. 37,33. IG II² 742). Die 40, att. Richterkollegium im 4. Jh. v. Chr. mit je 4 aus jeder Phyle erlosten Männern, geht zurück auf die Landrichter des → Peisistratos (3), die *δικασταὶ κατὰ δήμους*, wie die T. auch genannt wurden. Demosth. 24,112. Nach dem E. der Tyrannis verschwanden sie. 453/52 wurden entsprechend der → Trittyen 30 Demenrichter eingeführt. Aristot. 26,3. Ihre Zahl stieg nach dem Sturz der »Dreißig« auf 40. Sie behandelten die von einem Euthynos (→ Euthynai) zugewiesenen vermögensrechtl. Privatklagen, Injurien und Klagen gegen → Metoikoi bis zum Streitwert von 10 Drachmen, andere gaben sie einem → Dikasterion (1) weiter. Busolt GStk. 1110. C. Hignett A hist. of the Athenian constitution, 1952, 218f. 222. H. V.

Tettienus. 1. T. T. Serenus. Die *gens* stammte wahrscheinlich aus Assisium, CIL XI 5511. Nach CIL XII 2602 war er E. der Regierung Vespasians Statthalter in Gallia Lugdunensis, DessILS 2118, höchstwahrscheinlich im J. 81 *cos. suff.* mit C. Scoedius Natta Pinarianus, CIL VI 163 (18. Juli). Im J. 92 in das Collegium der *sodales Augustales Claudiales* gewählt (CIL VI 32445), wurde er später Mitglied des Pontifikalkollegs, CIL VI 31034. † 114/115, CIL VI 1984. **2.** Galeo T. Severus Ti. M. Eppuleius Proculus Caepio Hispo. Wohl Sohn von Nr. 1, verheiratet mit Annia Marsi f. Quartilla aus Perusia, CIL XI 1940. *Praefectus aerarii militaris*, Statthalter der Baetica, *cos. suff.* eher 102 als 101 mit → Rubrius (II 2) Gallus, *procos. Asiae* 118/119, SEG 4,532. IGRom 4,1688. CIL V 5813. XI 14. XIV 2243. Syme, JRS 36,163. T. sprach im J. 103 im Prozeß gegen → Iulius (A II 21) Bassus, Plin. epist. 4,9,16–20. R. H.

Tettius. Röm. Gentilname, auch *Tetius* bzw. *Tetios*, alt (sprichwörtl.: *idem Atti, quod Tetti*, Varro Men. 217 Bü.) und inschr. häufig (Beisp. bei Schulze Eigenn. 242, hist. analysiert bei Münzer, RE V A 1106).

I. Republikan. Zeit. **1.** T. T., *T. f.*, *Vel(ina tribu)*, Pompeianer, der 47 als Kommandant *(praefectus)* von → Curubis die Stadt abwehrbereit gegen Caesar machte, CIL I² 780 = DessILS 5319. L. Teutsch Das Städtewesen in Nordafrika, 1962, 108. **2.** T. Damio, Haus(?)-Besitzer an der Via Sacra, bei dem Cicero (Att. 4,3,3) am 11. Nov. 57 vor den Banden des → Clodius (I 8) Zuflucht fand. M. Gelzer Cicero, 1969, 156. H. G. G.

II. Kaiserzeit: **1.** C. T. Africanus Cassianus Priscus. Nach CIL XI 5382 hat er die drei höchsten prokurator. Ämter innegehabt, war *praef. vigilum*, *praef. annonae*, *praef. Aegypti*, letzteres 80–82, Stein Äg. 41. Seine Gattin → Funisulana (2) Vettula hat ihn auf dem Memnonskoloß verewigt, CIL III 35. **2.** L. T. Iulianus. Er hatte im Frühjahr 69 das Kommando über die *leg. VII Claudia pia fidelis* in Moesien inne. Nach der Abwehr eines Einfalles der → Roxolanen erhielt er von → Otho die *ornamenta consularia*, Tac. hist. 1,79,11. Als Anhänger des Vitellius entzog er sich der drohenden Ermordung durch → Aponius (3) Saturninus, indem er zu Vespasian floh, Tac. hist. 2,85,4, *praetor* im J. 70, Tac. hist. 4,40,1. *Leg. Aug. pr. pr. Numidiae* im J. 80/81, CIL VIII 27854. AE 1954, 137, s. Thomasson Statth. Nordafr. 2,157f. *Cos. suff.* 83 n. Chr. mit Terentius Strabo Erucius Homullus, CIL XVI 29 (9. Juni). 88/90 war er nach Stein 38f. Statth. von Moesia sup. Wenn sich Stat. Silv. 3,3,115–118 auf T. bezieht, nahm er an den Daker-Feldzügen Domitians 88/89 teil, Cass. Dio 67,10,1. R. H.

Tettix (Τέττιξ »Zikade«). **1.** Ein Kreter, der bei → Tainaron (1) am Hadeseingang eine Siedlung angelegt haben soll; auch sein Grab wurde dort gezeigt. Dorthin verwies das delph. Orakel den Naxier Kalondas (mit dem Spitznamen Korax), der Archilochos in einer Schlacht getötet hatte, um die Seele des Sängers zu versöhnen. Plut. mor. 560e. Ein Spiel mit Vogelnamen: der krächzende Rabe und die zirpende Zikade. GÖBER, RE V A 1111 vermutet, daß Archilochos sich selbst τέττιξ genannt habe. H. v. G.

U. Bahntje Quaestiones Archilochiae, Diss. Gött. 1900, 2ff. *M. Treu* Archilochos 124f. 251.

2. T. als Schmuck aus Gold wird für die Z. um 490 und danach genannt (Asios b. Athen. 12,525f. Thuk. 1,6,3. Herakl. Pont. b. Athen. 12,512c) und galt zur Z. des Aristoph. (Equ. 1331; Nub. 984) als veraltet. Die T. scheint auf einem Band über der Stirn oder direkt auf einer Locke als Spange getragen worden zu sein; sie hatte das Aussehen einer Grille. Zu den älteren Erklärungen vgl. die Komm. zu Thuk. a.O. Überzeugend zuletzt A. RUMPF in: Symbola Coloniensia (Festschr. J. Kroll, 1949) 85ff. mit dem Nachweis, daß man in Athen E. 5. Jh. und im 4. Jh. gelegentl. wieder T. trug, die damals häufiger in Schatzverzeichnissen begegnen. W. H. G.

3. s. Zikade

Teukroi (Τεῦκροι). Volksstamm aus der Troas, dem Epos unbekannt, nach Hdt. 5,13. 122. 7,20. 43. 75 schon vor dem tro. Kriege nach Thrakien abgewandert, mit Ausnahme der Gergithen, → Gergis. Im 5. Jh. verschwinden sie aus der Gesch., dafür spielen sie in der Sage mit ihrem Eponym → Teukros (1) eine um so größere Rolle. Schon Aischyl. setzt sie mit den Troern gleich, bes. häufig Verg. (→ Dardanos [1]). H. v. G.

Teukros (Τεῦκρος, *Teucer*). **1.** Eponym der Teukrer, ältester König in der Troas, Sohn des → Skamandros und der → Idaia (2). Er gibt seine Tochter → Bat(i)eia (und → Neso [2]) dem Dardanos zur Frau, der sein Nachfolger wird. Apollod. 3,139f. Diod. 4,75. Viele glaubten, er sei aus Kreta eingewandert. Lykophr. 1302 m. Sch.; Verg. Aen. 3,104ff. und Serv. z. St. **2.** Salaminier, Troiakämpfer, Sohn des → Telamon (1) und der → Hesione (2), Bruder und treuer Waffengefährte des großen Aias. Hervorragender Bogenschütze, aber auch Lanzenkämpfer (Il. 13,313f.). 2 Aristien 13,266ff. 15,437ff. Nur göttl. Eingreifen hindert ihn an Hektors Erlegung. Er beteiligt sich mit Erfolg an den Leichenspielen für → Patroklos (1) und Achilleus, Il. 23 und Apollod. epit. 5,6. W. KULLMANN H(ES) 14,334. In Soph. Aias erwirkt er seinem Bruder ehrenvolle Bestattung. Insasse des hölzernen Pferdes, Paus. 1,23,8. Den Heimkehrenden nimmt Telamon nicht auf, weil er das Unrecht an Aias nicht gerächt habe (behandelt von griech. und röm. Tragikern; Lykophr. 447ff. Hor. c. 1,7,21ff.). Nun gründet er ein neues → Salamis (2) auf Kypros (Pind. N. 4,46. Aischyl. Pers. 895) mit Hilfe des phoinik. Königs Belus, → Didos Vater, Verg. Aen. 1,619ff. m. Sch., und durch Verschwägerung mit → Kinyras. Die kypr. Könige nannten sich Teukriden. – Iust. 46,3,3 u.a. sprechen noch von Fahrten des T. nach Spanien. H. v. G.

J. J. G. Vürtheim T. u. die Teukrer, Rotterdam 1913. Myth. Lex. 5,403ff. *Schwenn*, RE V A 1122ff.

3. Aus Kyzikos, griech. Historiker wahrscheinlich des 1. Jh.s v. Chr. Er schrieb u.a. (vgl. Suda s. *T.*) über die Taten des → Mithradates (5), über Tyros, über Byzanz, über die Ephebenausbildung in Kyzikos sowie eine jüd. Geschichte (6 B.). Rätselhaft bleibt eine Schrift *Περὶ ὁρισμῶν*, aus der Athen. 10,455e zwei Hexameter zit. Zwei Frg.e ungewisser Herkunft geben Aitia für Namen von Quellen; das ausführlichere (Steph. Byz. s. *Βουθρωτός*) ist in ion. Dialekt geschrieben. Bei dem T. von Kyzikos, dessen Krankengeschichte Ruf. Eph. (b. Orib. coll. med. 45,30,11ff.) mitteilt, handelt es sich möglicherweise um einen Nachkommen des Historikers. FGrH 274. H. Gä.

4. Von Babylon, Astrologe wohl des 1. Jh.s v. Chr., hat die Sphaera barbarica mit den der Sphaera graecanica fremden → Sternbildern überliefert als → Paranatellonta zu Tierkreisbildern und Dekanen. Ihn haben früh → Antiochos (17), im 6. Jh. Rhetorios, im 9. Jh. Abū Maʿshar exzerpiert, im 12. Jh. Kamateros ihn in Verse gesetzt. Die Quelle des T. haben auch Asklepiades von Myrlea und → Manilius (II 3) benutzt. Auch Mond-, Zu- und Abflüsse, Dekanwirkungen, Prosopa und Lose hat T. behandelt. Die Paranatellonten sind in Hss. und auf Wandgemälden dargestellt. E. Bo.

Ta.: *Boll* Sphaera 16ff. 41ff. CCAG 7,194ff. *Cumont* ebd. 8,1,246. *Gundel*, RE V A 1132f. *Ders.* Astrologumena 112f. Darstellungen: Verzeichnis (von Bd. 3 an: Cat.) astrolog. u. myth. illustr. Hss. des lat. MA. 1–4.

Teumessos (Τευμησσός), Berg und Ortschaft in Boiotien, h. Mesovuni ca. 8 km n.ö. von Theben, genannt schon Hom. h. 1,224 und danach bes. in der Dichtung öfters. Nach T. hieß der den Thebanern zur Strafe geschickte teumessische Fuchs. Bildloses Heiligtum der Athena Telchinia. Strab. 9,2,24 p. 409. 2,31 p. 412 (dazu der Vat. Gr., ALY De Strabonis codice rescripto 34). Paus. 9,19, 1. Antim. frg. 3 WYSS. Steph. Byz. E. M.

Bursian Geogr. Griechenl. 1,224. *J. G. Frazer* Pausanias 5,59f. *Fiehn*, RE V A 1134f. *Philipps.-Kirst.* 1,513.

Teuranus ager, ein Gebiet Bruttiums, genannt nur im sog. *SC de → Bacchanalibus* (CIL I² 581,30; aus dem J. 186 v. Chr.); in der Umgebung des h. Tiriolo, des Fundortes der Inschr. sowie ant. Mz., anzusetzen. H. Gä.

Nissen It. Ldk. 2,945. *A. de Franciscis – O. Parlangèli* Gli Italici del Bruzio nei docum. epigr., Napoli 1960, 20.

Teurnia. 1. Stadt in Noricum, am Drauufer, w. von Spittal. Der Name (Plin. nat. 3,146. Ptol. 2, 13 [Τεουρνία]. CIL III 4754. 5568f. VI 2382a = 32638a. 3768 = 32634a. XIII 11849; spätant. *Tiburnia*, Eugipp. 17. 21) ist kelt. Ursprungs. Als die Provinz → Noricum organisiert wurde, erhob Claudius T. in den Rang einer Stadt und ließ die

Siedlung in die *Claudia tribus* einstufen (CIL XIII 11841. VI 2382a = 32638a). Ihr Territorium reichte bis zu den Hohen Tauern. Die Inschr. erwähnen ihre städtische Organisation (CIL III 4741) und ihre Beamten (CIL III 4719 u.ö.). Seit E. des 4. Jh.s bischöfliche Residenz. Zur Z. des → Eugippius Hauptstadt von *Noricum mediterraneum*. Die Ausgrabungen legten die 850 m langen Stadtmauern, die Thermen, das Forum und die bischöfliche Basilika frei. **2.** Schutzgöttin der Stadt gleichen Namens. Ihr Altar war in die spätröm. Stadtmauer eingebaut: *Teurniae sanctissim. Aug. L. Herennius Epictetus.* J. F.

Teuta (»Königin«, Kurzform von *Teutana*, Flor. 1,2, zu * *teutanos* = got. *þiudans*, H. Krahe, Glotta 17, 1929, 93), Illyrierkönigin, regierte 230 bis 228 nach dem Tode des Gemahls → Agron (3) für den Stiefsohn Pinnes, führte Piratenzüge bis an die Küsten von Elis und Messenien, plünderte ital. Kaufleute, gab das eroberte Phoinike gegen eine Geldsumme frei, zwang → Epeiroten und → Akarnanen zu einem Bündnis und gewann → Atintanien, Pol. 2,5f. App. Ill. 7. Cass. Dio frg. 49, 3. Auf Hilfegesuche von → Apollonia (1) und Issa, das T. belagerte, schickte Rom C. und L. → Coruncanius zu T. Sie versprach, von Staats wegen die Römer nicht zu belästigen, erklärte aber, sie könne dem Seeraub einzelner wegen der Landesgesetze nicht steuern, Pol. 2,8,7f. Als die Gesandten auf der Rückfahrt ermordet oder gefangen wurden, erklärte Rom den Krieg. Obwohl ihr maked. Bundesgenosse → Demetrios (I 3) II. starb, brandschatzte T. die Küste der Peloponnes, besetzte → Kerkyra mit Demetrios von Pharos als Statthalter und belagerte → Epidamnos, Pol. 2,2, 5ff. 10,9ff. Als 229 der Konsul Cn. → Fulvius (I 7) Centumalus mit 200 Schiffen erschien, gab T. die Belagerung von Epidamnos auf. Fulvius besetzte Kerkyra, da sich Demetrios ihm anschloß. In Apollonia, das auf seiten der Römer trat, traf der Konsul L. → Postumius (I 14) Albinus mit 20000 Fußsoldaten und 2000 Reitern ein. Nach Anschluß von Epidamnos unterwarfen die Römer die → Ardiaier, befreiten das von T. belagerte → Issa, die illyr. Macht brach zusammen. Pol. 2,11, 11. T. floh in das feste Rhizon. Fulvius triumphierte 228 als *proco(n)sul ex Illuricis naval(i)*. CIL I² 1 p. 47. Im Frieden von 228 verpflichtete sich T. zur Auslieferung der Gefangenen und Überläufer, Zahlung eines Tributes in Jahresraten und zu einem Fahrverbot für Kriegsschiffe s. von → Lissos. Jeweils nur 2 Handelsschiffe durften diese Grenze überfahren. Pol. 2,12,3. T. dankte ab und behielt nur Rhizon; Kerkyra, Issa, Epidamnos, Apollonia, die → Parthiner und Atintanen kamen unter röm. Protektorat, Pinnes erhielt unter der Regentschaft des Demetrios von Pharos den Rest des illyr. Ardiaierreiches. Karte des illyr. Gebietes bei M. Fluss, RE V A 1147. E. Badian Stud. in Greek and Roman hist., 1964, 1ff. H. H. Schmitt Die Staatsverträge des Alt. 3, 1969, 193, Nr. 500 (Lit.). Das weitere Leben der T. und ihr Ende sind unbekannt. Zu ihrer Charakteristik betont Cass. Dio frg. 49,3f. ihren fortwährenden Stimmungswechsel, ihr Schwanken zwischen Furcht und Hoffnung und ihre Grausamkeit, Pol. 2,8,7 tadelt ihre Unbesonnenheit bei der Behandlung der röm. Gesandten. H. V.

Teutamos (*Τεύταμος*). **1.** Auch *Tautanes*, assyr. König, 20. Nachfolger des → Ninyas, der seinem angebl. Vasallen Priamos in Troia je 10000 Aithioper und Susianer unter Führung → Memnons (1) zu Hilfe schickte, Diod. 2,22,2, nach den fragwürdigen Königslisten des → Ktesias. **2.** Auch *Tektamos*, Sohn des → Doros, der von Thessalien aus mit Achaiern, Aiolern und Pelasgern Kreta besiedelt haben soll. Sein Sohn von einer kret. Königstochter, Asterios (→ Asterion), ist der irdische Gatte → Europes: so wird die dor. Besiedlung der Insel in minoische Z. zurückverlegt. Diod. 4,60,2. 5,80,3. H. v. G. **3.** Makedone, Kommandant der Argyraspiden neben → Antigenes (1), kämpfte, 319 → Eumenes (1) unterstellt, 317 für ihn gegen → Antigonos (1) in Kilikien und in → Paraitakene, besiegte bei Gabiene das Fußvolk des Antigonos. Da dessen Reiterei mit dem Lager des Eumenes Troß und Familien der → Argyraspiden erbeutet hatte, lieferte T. gegen ihre Rückgabe Eumenes an Antigonos aus. Diod. 18,59,3. 62,4f. 19,28,1. Plut. Eum. 16f. H. V.

Teuthis (*Τεῦθις*, Ethn. *Τευθίδης*), Stadt im zentralen Arkadien, das h. Dimitsana, urspr. zu → Orchomenos (3) gehörend, dann → Megalopolis einverleibt mit vorübergehender Selbständigkeit im achaiischen Bund. Teile der Stadtmauer in den Häusern von Dimitsana verbaut, geringe andere Reste. Paus. 8,27,4. 7. 28,4–6. Steph. Byz. Inschr.: IG V 2 Nr. 496–509. Mz. Head HN² 418. E. M.

Hiller von Gärtringen, APrAW 1911, 38ff. *Ders.*, IG V 2 p. 126. *E. Meyer*, RE V A 1158.

Teuthrania (*Τευθρανία*, Strab. 12,551), Landschaft und deren Hauptort im mys. Tal des unteren → Kaïkos (h. Bakir Çayi). Ihr Name leitet sich her vom myth. König → Teuthras, der die in Mysien strandende Auge (→ Athena) samt ihrem Sohne → Telephos (1) aufgenommen hatte. Nach allg. Verständnis erstreckte sich die Landschaft T. von der aiol. Küste (dagegen Strab. 12,571, der sie zwischen der Pergamene und Elaitis ansetzt) zwischen → Atarneus und Kisthene landeinwärts, etwa in die Höhe des oberen → Makestos (h. Simav Çayi). – Die Lage der Stadt T. ist nicht mit letzter Sicherheit am Fuße des Geyikli Daği auszumachen. T. war eine der Städte, die → Dareios I. bald nach 491 dem zu ihm geflohenen Spartanerkönig → Damaratos geschenkt hat. – Eine Stadt gleichen Namens befand sich nach Ptol. 5,4,2 M. an der paphlagon. Schwarzmeerküste. E. O.

W. Ruge, RE V A 1158ff.

Teuthras (*Τεύθρας*). Eponymer König von Stadt und Landschaft → Teuthrania in Mysien, Sohn von Midios und Arge, IG XI 4,1207. Als Auge und → Telephos in dem von → Aleos im Meere ausgesetzten Kasten bei ihm landen, heiratet er Auge und adoptiert ihren Sohn, Paus. 8,4, 9 (Hekat.). Strab. 13,615. In anderen Versionen kauft er Auge als Sklavin, und Telephos kommt erst später zu ihm, Apollod. 2,146f. 3,103f. Oder: Er nimmt Auge als Tochter an und bietet Telephos ihre Hand für geleistete Kriegshilfe, Hyg. fab. 100. Er gibt ihm seine Tochter → Argiope (3) und das Recht der Thronfolge, Diod. 4,33. – Auf dem Telephosfries in Pergamon kommt auch T. vor; → Tekmessa. H. v. G.

Teutlussa (*ἡ Τευτλοῦσσα νῆσος*, Thuk. 8, 42,4; *Τεύτλουσα, νῆσος Ἰωνίας*, Steph. Byz.), kar. Insel im S. von → Syme (nicht mit Plin. nat. 5,133 bei Rhodos). E. O.

Fiehn, RE V A 1165.

Teutoboduus. König und Heerführer *(dux)* der Teutonen im J. 102 v. Chr. (zum Namen Müllenh. DA 2,118ff.), ausgezeichnet durch Körpergröße und Leistungsfähigkeit, Flor. 1,38, 10. Eutr. 5,1,4, Oros. 5,16,2, aber ohne strateg. Bedeutung (vgl. H. G. Gundel Unters. z. Taktik u. Strat. d. Germanen, 1937, 65f.). Nach seiner Niederlage bei → Aquae Sextiae (H. Bengtson RG, 1967, 170) wurde er in den Bergen gefangen, 102, Gesandten der Kimbern gefesselt vorgestellt (Plut. Mar. 24,7), im Triumph aufgeführt und dann getötet. L. Schmidt Die Westgermanen, 1970, 11ff. 14. 20. H. G. G.

Teutoburgiensis saltus, der Teutoburger Wald, nach Tac. ann. 1,60 Schauplatz des Sieges der Cherusker und ihrer Verbündeten unter → Arminius über die röm. Truppen (3 Legionen) unter P. → Quinctilius (II 1) Varus im J. 9 n. Chr. Anläßlich des Zuges des → Germanicus im J. 15 n. Chr. wird die Örtlichkeit des Lagers und des Schlachtfeldes beschrieben: *ductum inde agmen ad ultimos Bructerorum quantumque Amisiam et Lupiam amnes inter vastatum haud procul Teutoburgiensi saltu, in quo reliquiae Vari legionumque insepultae dicebantur.* Trotz vielfältiger Versuche ist es bisher noch nicht gelungen, die genaue Lage des Schlachtfeldes im Gelände zu bestimmen. Überzeugende Bodenfunde stehen aus, und die aus den liter. Quellen (zusammengestellt bei A. Riese Das rhein. Germanien in der ant. Lit. 3,103ff. 4,33ff.) rekonstruierten Geschehnisse im Zusammenhang mit der Niederlage des Varus umschreiben ein Gebiet, das den Oberlauf der Lippe und Ems und das gebirgige Waldgebiet bis zur mittl. Weser umfaßt (Osning und Eggegebirge). Für den Übergang über das Gebirge können 5 verschiedene alte Paßwege in Betracht gezogen werden (Hellweg bei Driburg, Paß bei Horn, die Örlinghäuser Schlucht, die Bielefelder Gebirgsscharte und der Paß bei Iburg). Die Bezeichnung T. s. setzt ein *Teutoburgium* voraus, eine Volksburg, die, den Römern bekannt, zur Benennung des ganzen Gebirges geführt haben soll. Die Lage dieser Befestigung wurde für die Grotenburg bei Detmold in Anspruch genommen, kann jedoch aus den Funden bisher nicht überzeugend bewiesen werden. Andere Deutungen stellen Verbindungen zu gall. *theuda* »Volk« und zu den → Teutonen her. Außer der Erwähnung bei Tacitus erscheint T. s. erstmals 1627 als Bezeichnung des Lippischen Waldes auf einer Karte von Piderit und Clüver (nach W. Teudt Germ. Heiligtümer, ^{2}1931, 177), ein Gebiet, in das schon Melanchthon 1559 die Niederlage des Varus verlegte. H. C.

A. Franke, RE V A 1166ff. *W. John*, RE XXIV 907ff., bes. 922.

Teutomatus, kelt. Personenname (Holder). – König der → Nitiobrigen, Sohn des Ollovico, unterstützte 52 v. Chr. den → Vercingetorix. Vor → Gergovia wurde er von den Römern überfallen und entkam, Caes. Gall. 7,31,5. 46,5. M. Gelzer Caesar^{6} 143. H. G. G.

Teutoni *(Teutones)*. Durch Sturmfluten aus ihren Wohnsitzen an der Westküste Jütlands und der Elbmündung vertrieben (Pytheas b. Plin. nat. 37,35), brechen die T. mit den benachbarten → Cimbern nach S. auf und erreichen 110 v. Chr., durch die helvet. → Tiguriner und → Toygener verstärkt, den Rhein (wahrscheinl. bei Mainz). Von den Belgen abgewehrt, fallen sie in Gallien ein, das sie auf ihrem Zuge verwüsten. Ihrem weiteren Vorstoß ins röm. besetzte Südgallien sollen die röm. Truppen wehren, werden aber am 6. Okt. 105 v. Chr. in der Schlacht bei Arausio an der Rhône fast vollständig vernichtet. Ein neuer Gallierschreck befiel Rom (sprichwörtl. *furor Teutonicus*, Lucan. 1,255), doch war die Gefahr gebannt, als die Cimbern sich von den T. trennten und weiter nach Spanien zogen. Die T. verbleiben in Gallien, das sie streckenweise verwüsten. 2 J. später kehren die Cimbern nach Gallien zurück und vereinigen sich mit den T. und den verbündeten Völkerschaften im Gebiet der → Veliocasses und beschließen den Angriff auf Italien. Cimbern und Helvetier ziehen zurück über den Oberrhein und versuchen, durch Noricum in Oberitalien einzubrechen. T. und Ambronen ziehen durch das röm. Gallien, um durch die w. Alpenpässe den Durchgang nach Italien zu erzwingen. Die Feinde beobachtend, nutzten die Römer die eingetretene Verzögerung, um neue Verteidigungstruppen zusammenzustellen. → Marius (I 2) wurde mit größeren Truppenkontingenten den Germanen entgegengeschickt und bezog zunächst an der Mündung der Isère in die Rhône eine befestigte Stellung (Oros. 5,16,9. Plut. Mar. 15). Die Germanen weichen nach S. aus, um über die Seealpen nach Italien einzufallen. Auf Abkürzungswegen vermögen die Römer den Feind zu überholen und bei → Aquae Sextiae den Weg zu verlegen. Die Ambronen wurden beim Wasserholen von den röm. Legionen überrascht und geschlagen. Vor den nachfolgenden T. zogen sich die Römer in ihr Lager zurück und wurden nach 3 Tagen des Wartens von den T. auf ihren Höhen angegriffen. Die Ungunst des Geländes und ein Entsatzangriff der Römer unter → Claudius (I 18) Marcellus in den Rücken der Angreifer führte zur Niederlage der T. Der größte Teil der Germanen wurde niedergemacht, der König → Teutoboduus auf dem Kampfplatz gefangen genommen. Die Kriegsbeute fiel den Soldaten zu, ein Teil wurde von Marius den Göttern geopfert. Das Schlachtfeld soll durch Regengüsse von der Überzahl der Feinde gereinigt und entsühnt worden sein. Die Massilioten sollen ihre Weinberge mit den Gebeinen der Gefallenen umzäunt haben. Seitdem sind die T. aus den gesch. Quellen verschwunden. Nachkommen oder Zurückgebliebene siedelten im 2. und 3. Jh. n. Chr. in der Maingegend (Grenzstein *inter Toutonos* CIL XIII 6610). H. C.

A. Franke, RE V A 1172ff.

Thabena, Stadt in *Africa proconsularis*, nur im Bell. Afr. 77,1f. erwähnt. Im Feldzug gegen die Pompeianer (März 46 v. Chr.) erwürgten die *Thabenenses* die Besatzung Iubas. Th. lag an der Grenze des von → Iuba I. unterworfenen Gebiets. Die Lokalisierung von Th. ist umstritten, Identifizierung mit Thiabena (Aug. epist. 73,1) zwischen → Hippo und → Tagaste ist unmöglich. M. L.

Thais (Θαΐς), athen. Hetäre. Sie nahm am Feldzug Alexanders d. Gr. teil und war später Geliebte → Ptolemaios' I., dem sie mehrere Kinder gebar (Athen. 13,576). Die vielfach bezeugte Nachricht, sie habe 330 Alexander zur Verbrennung der pers. Residenz → Persepolis angestiftet (Plut. Alex. 38. Diod. 17,72. Curt. 5,7,3), scheint angesichts der Tragweite des Ereignisses wenig glaubwürdig und wird auf – freilich früh entstandene – alexanderfeindliche Tendenzen zurückgehen. Offensichtlich bezieht sich eine von Lukian. dial. meretr. 3,2 erwähnte gleichnamige Komödie → Menanders (9) auf sie. G. W.

Berve Alex. II Nr. 259. *E. Mederer* Die Alexanderlegenden bei den ältesten Alexanderhistorikern, Stuttg. 1936, 69ff.

Thala, Stadt in Africa, *oppidum magnum atque opulentum* z. Z. → Iugurthas, der eine *domus regia* dort hatte (Sall. Iug. 75,1. 76,4). In dieser befestigten, von der Wüste umgebenen, doch mit Quellen ausgestatteten Stadt hatte Iug. seine Familie und seine Schätze in Sicherheit gebracht. Er selbst flüchtete dorthin vor den Römern (Sall. a. O. 75. 76. 89. Flor. 3,1). Nach einer Belagerung von 40 Tagen wurde sie im J. 108 von → Metellus (I 21) erobert und zerstört (S. Gsell Hist. Anc. Afr. N. 5,277. 7,208). Tac. ann. 3,21 erwähnt Th. als *praesidium militare* z. Z. des Tiberius im → Tacfarinas-Krieg. Ohne Zweifel gab es 2 Thala; die eine Stadt (Sall.) etwa 20 km ö. von Gafsa (S.-Tunesien); die andere (Tac.) in der Nähe von Ammaedara, wo Ruinen und viele Inschr. gefunden sind (Atl. Arch. Tun. 1/100.000, Nr. 77. CIL VIII 501. 11680. 23280.) Für die vandal. Z. s. CIL VIII 23324. M. L.

Thalamai (Θαλάμαι, »Höhlung«, Ethn. Θαλαμᾶται). **1.** Spartan. Perioikengemeinde am O.-Ufer des messen. Golfs mit Orakelheiligtum der → Pasiphae an einer Quelle außerhalb der Stadt, Strab. 8,4,4 p. 360. Paus. 3,21,7. 26,1f. Ptol. 3,14,43. Pol. 16,16,3. 8f. Steph. Byz. Th. lag etwa 5 km landeinwärts auf der Anhöhe Palaeochora beim Dorf Svina ö. von Kutiphari (h. amtl. Th.), geringe Reste von Ortschaft und Heiligtum, aber Siedlungsspuren seit späthellad. Z., [1. 2. 4]. Hocharchaischer Terrakottakopf, BCH 82, 1958, 714. 83, 1959, 641. [4]. In der Kaiserz. gehörte Th. zu den Eleutherolakonen, Ehreninschr. noch für Caracalla, IG V 1,1318. Nach den Inschr. hatte Sparta noch in der Kaiserz. die Verwaltung des Heiligtums. Bei Pausanias gilt → Ino als Inhaberin des Heiligtums. Inschr.: IG V 1 Nr. 1312–1326. [1], 171ff. Nr. 14–20. [2], 131ff. Nr. 1–6. SEG 13, 260. 22,309.

1. *E. S. Forster*, ABSA 10, 1903/04, 161f. 2. *G. Dickins*, ABSA 11, 1904/05, 124ff. 3. *Bölte*, RE V A 1187ff. 4. *W. A. McDonald - R. Hope Simpson*, AJA 65, 1961, 251. 73, 1969, 168, Nr. 84.

2. Ortschaft in fester Lage im elischen Bergland, nicht sicher zu lokalisieren, wohl am Gebirgszug von Santameri (Skollis), Xen. hell. 7,4,26. Pol. 4,75,2ff. 84,2. E. M.

E. Meyer, RE V A 1193.

Thalamos (θάλαμος). Jeder im Inneren eines Hauses befindliche Raum (Zimmer, Kammer, bes. eheliches Schlafgemach) kann Th. heißen. Das hom. Haus unterscheidet noch nicht genau zwischen dem Raum(teil), in dem Hausfrau und Mägde arbeiten (Il. 6,316. 321; Od. 4,121. 17,506), Hausherr und Hausfrau schlafen (Il. 6,321; Od. 10,340. 23,178ff.), die unverheirateten Söhne und Töchter (Il. 9,473; Od. 1,425ff. 6,15ff.) wie die verheirateten wohnen (Il. 6,242ff.; Od. 3,413), und den Vorrats-, Waffen- und Schatzkammern (Il. 6, 288ff. 24,191, vgl. 228ff.; Od. 2,337ff. 8,439. 15, 99ff. 19,256. 21,8ff. 42ff. 22,109ff.). Diese sind ohnehin nach Lage, Beschaffenheit, Funktion nicht immer getrennt zu denken. Seit klass. Z. heißt Th. teils Braut- und Ehegemach (daher lat. *thalamus*), wonach das Hochzeitslied ὕμνος ἐπιθαλάμιος genannt ist, teils Vorrats- und Schlafkammer (Lidd.-Sc. s. v. IG XI 2,170ff. 287). Vitr. 6,7,2 kennt im hellenist. Haus seitlich der Prostas Th. und Amphi-Th. (Antith.? Thes. LL). Th. heißt auch das Bronzegemach, in das → Akrisios → Danae einschloß (Paus. 2,23,7. 10,5,11), das Allerheiligste syr. Tempel (Lukian. Syr. dea 31), bei Schiffen der Raum für die unterste Reihe Ruderer (diese danach θαλάμιοι, θαλαμῖται, θαλάμακες). Für Luxusschiffe ist der Aufbau auf

Deck für Eigner und Gäste so bezeichnend, daß die Schiffe danach *thalamegi, navis cubiculata,* ϑαλαμηγοί heißen. W. H. G.

Thalassios. 1. Reicher Antiochener, Verwandter des → Libanios (Liban. epist. 16. 1150. 1364. 1404), viell. Christ (darauf deutet Athanas. apol. ad Const. 3; ad monach. 22). 345/46 *comes,* 351/53 *praefectus praet. Orientis* (Artemii passio 12f. = Philostorg. 5f. Bidez); in Spannung mit dem Caesar → Constantius (5) Gallus, † 353/54 (Amm. 14,1,10; 7,9). **2.** Sohn von Nr. 1, trat 358 in den Hofdienst → Constantius' II. ein *(proximus libellorum)*; 362 gewährte ihm Iulianus in Antiocheia Verzeihung (Amm. 22,9,16f. Liban. epist. 5. 330. 377. 387. 620). **3.** Nach Philostorg. (h.e. 7,36) als Eingeweideschauer von Iulianus ausgezeichnet, dann in Antiocheia umgekommen. **4.** Schwiegersohn des Dichters → Ausonius (Symm. epist. 1,25), Vater des → Paulinus (7), 378 *proconsul Africae* (Cod. Theod. 11,30,37; 36, 23f.), 379 zurückgekehrt nach Burdigala (Paulin. Euch. 44ff.). **5.** Reicher Antiochener, Heide, bewahrte Reden des → Libanios auf und verbreitete sie; 390 versucht er in den Senat von Constantinopel zu gelangen (Liban. or. 42; epist. 922. 924ff. 951). **6.** 430 *comes rerum privatarum* (Cod. Theod. 10,10,34) und 439 *praefectus praetorio Illyrici* (Nov. Theod. 13,1), wurde noch 439 Bischof von Caesarea in Kappadokien (Sokr. 7, 48,4). Auf Befehl → Theodosius' II. leitete er 449 eine Synode in Constantinopel (Mansi 6,756f.), war dann in Ephesos Parteigänger des → Dioskoros (Mansi 6,608,621) und deswegen in Chalkedon (451) für kurze Zeit ausgeschlossen (Mansi 6,601. 604. 644f. 680. 935. 7,5. 96. 108 u.ö.), † vor 457 (Mansi 7,596 B). A. L.

Thaleia, *Thalīa* (Θάλεια, Θαλία, zu ϑάλλειν). **1.** Eine der → Musen, Hes. theog. 77. Sie wurde zur Muse des Lustspiels und der leichten Dichtung. Attribute: Maske und Krummstab. Sch. Apoll. Rhod. 3,1 u.s.; Muse der Landwirtschaft (vgl. → Thallo) und der Bukolik, Verg. ecl. 6,2. Diod. 4,7 bezieht auch Th. auf die Geschichtsschreibung. Nach Cornut. 14 bewirkt sie eine gepflegte Geselligkeit. Anth. Pal. 9,504 erzieht sie durch die Komödie zu tüchtiger Lebensart, 505 dagegen besingt sie »Taten unfrommer Männer auf beifallsüchtiger Bühne« (ϑυμέλῃσι φιλοκροτάλοισιν, H. Beckby Anth. Graeca 3,311 irreführend). – Die Myth. kennt sie als Mutter der Korybanten, Apollod. 1,18 (→ Kureten) und als Geliebte des → Daphnis, gewöhnl. Pimpleis (→ Lityerses). **2.** Eine der → Chariten, neben → Aglaia und → Euphrosyne Tochter von Zeus und → Eurynome (1), Apollod. 1,13. **3.** Nereide, Hom. Il. 18,39. Verg. georg. 4,338; Aen. 5,826. **4.** Neben Aitne erscheint die Nymphe Th. als Mutter der sizil. → Paliken von Zeus. Aischyl. Aitnai(ai). H. Bock, G 65, 1958, 402. 444. Sonst gilt Adranos (→ Adranon) als Vater der P. H. v. G.

Thalelaios heißt ein Jurist aus der Z. Iustinians. Wahrscheinlich war Th. Rechtslehrer in Berytos; sonst wissen wir über sein Leben nichts. Sein lit. Werk besteht aus einer Paraphrase zum Cod. Iust. in griech. Sprache. Diese kommentierende Schrift ist uns nicht direkt überliefert, sondern nur insofern, als sie für die Basiliken und deren Scholien Verwendung gefunden hat. D. M.

Thales. Von Milet, aus der Familie der Thelidai, viell. theban., schwerlich phoinik. Herkunft (vgl. Hdt. 1,146). Lebensz.: 1. H. 6. Jh. v. Chr.; den chronol. Fixpunkt gibt die Sonnenfinsternis des 28. Mai 585 (Tag der Schlacht am → Halys), die Th. vorausberechnete (→ Finsternisse). Mit Bezug darauf wurde vermutl. die ἀκμή des Th. auf 585/584, die Verleihung des Ehrentitels σοφός auf 582/581 angesetzt. Weiteres zur Chronol. bei F. Jacoby Apollodors Chronik, bes. 44. 179. 182ff. Als für die Ionier Kleinasiens die Gefahr des Untergangs heraufzog, schlug Th. eine polit. Einigung in Gestalt eines Bundes vor; die Ratsversammlung sollte im zentral gelegenen Teos tagen (Hdt. 1,170), womit indes der Rang anderer nicht gemindert werden solle: Ohne Zweifel war Th. im Sinne des 6. Jh.s σοφός, d.h., ihm standen Fertigkeiten und praktische Erfahrungen zu Gebote; er erleichterte es z.B. dem Heere des Kroisos, den Halys zu überschreiten, indem er den Fluß (ganz oder teilweise) umleiten ließ (Hdt. 1,75). Schon bald ist die echte Überlieferung über Th. so völlig verloren worden, daß Plat. Tht. 174a die Legende vom gänzlich weltfremden »Weisen« nacherzählen kann: Danach ist Th. bei nächtlicher Betrachtung der Sterne in einen Brunnen gefallen und muß sich von einer Magd auslachen lassen, weil er nicht sieht, was vor seinen Füßen liegt. Gegen ein solches Bild von Th. ist die Legende konzipiert, die Aristot. pol. 1259a 6 übereinstimmend mit Cic. div. 1,111 berichtet: Um den Spott, sein Wissen sei nutzlos, zu entkräften, nutzt Th. sein Vorher-Wissen von einer guten Oliven-Ernte, um in Oliven zu spekulieren.

Daß Th. das Wasser zur Ur-Substanz der Welt erklärt habe, war nachmals gängiges HB.-Wissen. Aber nur das Zeugnis des Aristot. metaph. 983b 20 erlaubt eine Interpretation; als weiteres Faktum war dem Aristot. offenbar bekannt, daß Thales annahm, die Erde befinde sich (schwimmend) auf dem Wasser. Aber Aristot. kann nur vermuten (ἴσως), wie etwa Th. zu seiner Annahme kam, das Wasser sei ἀρχὴ τῆς φύσεως. Die dort vermutete Begründung gehört also ganz gewiß nicht dem Th. Mit vollem Recht rückt dagegen Aristot. die myth. Vorstellung der παμπαλαιοί von Okeanos und Tethys an den Satz des Thales heran. Freilich kann Th.' Verdienst darin bestehen, daß er die Autorität des Mythos abstreifte, also seine physikal. These ohne solchen Schutz vertrat. Wohl ist es oft als der eigentl. Beginn der ion. Naturphilos. gepriesen worden, daß sie sich vom Mythos

»emanzipierte«. Aber von Th., seinem Leben und seiner Lehre ist zu wenig an Gesichertem erhalten, als daß dem Th. dieser große Schritt zugeschrieben werden dürfte. – So beruht leider alles, was die spätere Ant. ihm zuschreibt, auf einseitiger Auslegung anekdot. Überlieferung (so Cic. nat. 1,25). Vermutungen über Th.' Seelenlehre gehen auf eine schwerlich gut belegte Annahme des Aristot. (an. 411a 7) zurück; aus dem dort referierten Satze πάντα θεῶν πλήρη wurde gar ein Pantheismus Th.' hergeleitet. Die ant. durchweg legendäre Überlieferung wird von Diog. Laert. 1,22 bis 44 nahezu vollständig geboten; darunter findet sich der Bericht, Th. habe den (noch heute nach ihm) benannten Satz aufgefunden, wonach die Scheitelpunkte aller rechtwinkligen Dreiecke auf dem über der Hypotenuse errichteten Kreise liegen. Aber schon → Apollodoros (5) wies diese Entdeckung dem → Pythagoras (1) zu.

Kurz – schon dem 4. Jh., also Platon und Aristoteles, lag keinerlei substantielles Zeugnis von Th.' Lehre vor, das über den einen Satz vom Wasser als der Ur-Substanz hinausging. H. D.

Frg.e: *Diels* Vorsokr 11.

Lit.: bei *C. J. Classen*, RE Suppl. X 930ff.

Thaletas (*Θαλήτας*) aus Gortyn, in Sparta tätiger Musiker der 1. H. des 7. Jh.s v. Chr., der vor allem aus Ps.-Plut. De mus. bekannt ist. Er wirkte im Kreise weiterer Musiker als aulod. Dichter und war 665 an der Einrichtung der Gymnopädien beteiligt. Er soll die kret. Rhythmen eingeführt und sich bes. dem → Hyporchema und → Paian gewidmet haben. Ob von ihm der Rhapsode Th. aus Knossos zu trennen ist, ist unklar. U. K.

W. Vetter, RE V A 1213. *M. Wegner* Das Musikleben der Griechen, 1949, 142. 227.

Thallo (*Θαλλώ*) und → Karpo bildeten nach Paus. 9,35,2 das urspr. att. Horenpaar. Mit der Charitin Auxo kam sie in dem att. Ephebeneid vor. Poll. 8,106. Ob es mit dem von C. Robert postulierten, äußerlich gleichförmigen, sachlich einleuchtenden Dreiverein der → Horen oder → Chariten: Th., Auxo, Karpo, seine Richtigkeit hat, ist fraglich. Lesky, RE V A 1214f. neigt dazu, mit Usener (Götternamen 131ff.) die von Paus. vertretene Priorität einer Zweizahl anzunehmen. Die Phineusschale zeigt 2, die Sosiasschale 3 Horen. K. Deichgräber Charis und Chariten, Grazie und Grazien, München 1971. H. v. G.

Thallophoria. Tragen von Zweigen im griech. Kult, meist Öl-, Myrten-, Efeu-, Lorbeer- oder Rebzweige, so der → εἰρεσιώνη oder der ὦσχοι in den Prozessionen der Vegetationsfeste der → Pyanopsia, der → Thargelia und der → Oschophoria, ferner in den πομπαί der → Daphnophoria, der Lagynophoria (FGrH 241 F 16), der → Panathenaia (hier durch sog. θαλλοφόροι), aber auch im → Totenkult, in orgiast. oder Mysterienkulten wie in den → Eleusinia (mit Bakchoi und Myrtenzweigen: Beazley, NC 1941/42, 1ff. Metzger 28ff.), den Dionysien (Plut. mor. 527d. Lehnstaedt 92ff.), im Kult der → Kabeiroi (Hemberg Die Kabiren 199. 202), des Apollon Hylates (Paus. 10,32,6) und des Attis (Hepding Attis 150ff.), wo es sogar zur δενδροφορία (Baumtragen) kam, dann in frühgriech. Reigentänzen (Tölle Frühgriech. Reigentänze 75f.), im Brauchtum der ἱκετηρία, des mit weißer Wolle umwickelten »Bittzweiges« (Tresp, RE V A 1217f.) u.a. Wie der → Kranz, gehört auch die Th. zum vielfältigen Sinnkomplex des »Zweigsegens«, der jeweils sakrierende, kathartisch-hilastische, phylakterisch-apotropäische oder die Vegetationskraft symbolisierende und glückbringende Bedeutung hat. D. Wa.

Lehnstaedt Prozessionsdarstellungen auf att. Vasen, Diss. München 1970, 6f. *Chirassi* Elementi di culture precereali nei miti e riti greci, 1968 (passim). *L. Schmidt* Volksglaube u. Volksbrauch, 1966, 220ff. *Metzger* Recherches sur l'imagerie athénienne, 1965 (passim). *Blech* Stud. z. Kranz bei den Griechen (i. Erscheinen).

Thallos (*Θάλλος*). **1.** Antonios Th., Grieche aus Milet, dem Antonia, Witwe des Drusus, das Bürgerrecht erwirkt hatte, Epigrammatiker des Philippos-Kranzes. Die 5 erhaltenen Gedichte zeigen außer Anth. Pal. 9,220 weder in den Motiven noch im Stil Originalität. 6,235 geht nach Cichorius Röm. Stud. (1922) 356ff. auf den Kaiser Gaius, nach Gow-Page The Garland of Philip (1968) auf → Germanicus (2). R. K.

2. Kaiserzeitlicher griech. Chronograph. Was Jacoby FGrH 256 T 1 als Werkbegrenzung angibt – abrißweise Zusammenfassung in 3 B. von der Einnahme Ilions bis zur 167. Ol. (= 112/09 v. Chr.) – entspricht den Frg.en nicht, die von der Sonnenfinsternis vom 24. Nov. 29 n. Chr. (F 1), von → Ogygos, dem König von Attika (F 2), vom Assyrerkönig Belos (F 3) und von Saturn (F 4) sprechen. So ist anzunehmen, daß entweder die Werkbegrenzung unrichtig oder die urspr. Chronik durch Erweiterungen (»Ps.-Th.«) ergänzt worden ist. Neuerdings wurde auch Tert. Apol. 5,1f. (Eus. h. e. 2,2,5) auf Th. zurückgeführt. – Die Gleichsetzung des Chronographen mit dem von Suet. Aug. 67,2 genannten Freigelassenen des Augustus ist unwahrscheinlich. H. R. B.

Frg.e u. Lit.: FGrH 256. *R. Laqueur*, RE V A 1225f. *C. Cecchelli*, Studi Calderini-Paribeni 1, 1956, 351ff.

Thalna. Röm. Cognomen etr. Herkunft (I. Kajanto The Lat. Cognomina, Helsinki 1965, 106), in den Fasten der republikan. Z. bei → Iuventius (I 6–10). H. G. G.

Thalpios (*Θάλπιος*) führt mit → Amphimachos (2), → Diores (1) und → Polyxenos (3) das Kontingent der Epeier vor Troia, Il. 2,618ff. Paus. 5,3,3f. Insasse des hölzernen Pferdes, Q. Smyrn. Freier der → Helene (1), Apollod. 3,129. Grab in Elis, pepl. 36. Nach W. Kullmann, H(ES) 14,98 ist Th. wahrscheinlich eine vorhom. Gestalt. H. v. G.

Thalysia (*ϑαλύσια*). Name eines griech. Ernte-, Dresch- und Tennenfestes (NILSSON Griech. Feste^2 330ff.), zu *ϑάλλω* »blühen, wachsen« (FRISK 1,651), ebenso auch t. t. für die an den Th. gespendeten Erstlingsopfer (Hom. Il. 9,534. Hesych. s. *αἱ τῶν καρπῶν ἀπαρχαί*) und für das nach uraltem agrar. Ritus (NILSSON GgrR 1^3,127) von der neuen Ernte gebackene *ϑαλύσιος ἄρτος*, das »Erstlingsbrot« (Hesych. s. *ϑαλύσιος*). Dem Th.-Fest der Demeter auf Kos gilt Theokr. 7 (WEINGARTH Zu Theokrits 7. Idyll, Diss. Freiburg 1967). D. Wa.

Thamudenoi (*Θαμουδηνοί, Θαμυδηνοί, Θαμυδῖται, Thamudaei* u.a.m.), in dem Feldzugsbericht → Sargons II. (3) von 715 v.Chr. als *Tamudi* unter den von den Assyrern unterworfenen Völkerschaften O.- und Mittel-Arabiens genannt. Nach Agatharch. Peripl. 89 (GGM 1,179). Uranios FGrH 675 F 12. Ptol. 6,7,4. 21. Plin. nat. 6, 157 waren sie jedoch im n.w. Arabien im Grenzgebiet der → Nabataioi ansässig. Die griech.-nabat. Bilingue von Ruwāfa berichtet von einem Tempel, den sie zw. 166 und 169 n.Chr. zu Ehren des M. Aurelius Antoninus und L. Aurelius Verus errichteten; sie standen also damals im Vasallenverhältnis zu Rom. Den muslim. Arabern galten sie als ein Volk der Vorzeit, das nach dem Koran für seine Abweisung des Propheten Ṣāliḥ, in Wirklichkeit aber wohl durch einen Vulkanausbruch vernichtet wurde. Die zahlreichen, in einem südsemit. Alphabet abgefaßten sog. »thamudenischen« Graffiti (etwa 12000) sind über N.- und Zentral-Arabien verstreut und wohl nur z.T. den Th. zuzuordnen; ihre Entzifferung und chronolog. Einordnung (2.–4. Jh. n.Chr.?) bereitet noch Schwierigkeiten. A. D.

A. Musil The Northern Ḥeǧâz, New York 1926, 291f., 302ff. *A. van den Branden* Les inscriptions thamoudéennes, Louvain 1950. *R. Dussaud* La pénétration des Arabes en Syrie avant l'islam, Paris 1955, 132ff. *A. Grohmann* Arabien, München 1963, 71ff. *A. Dietrich* Gesch. Arabiens vor dem Islam (HB. d. Orientalistik 1,2,4), Leiden 1966, 312f.

Thamugadi, Stadt in prov. Numidia (h. Timgad). *Tamugadi* Tab. Peut. Itin. Anton. 14. 18. Etwa 20 km ö. von → Lambaese. Th. wurde im J. 100 von L. → Munatius (II 2) Gallus, *legatus* Trajans, als röm. Kolonie gegründet: *col. Marciana Traiana Th.* (CIL VIII 17842. 17843). Die Stadt entwickelte sich schnell. Bedeutende Ruinen: Forum, Theater, Monumentalbogen, Tempel, Märkte, Thermen, in *insulae* verteilte Häuser, viele Mosaiken (Inschr. CIL VIII 2340. 10738. 17811. 22313. AE seit 1894). Im J. 256 ist ein Bischof erwähnt. Mehrere Kirchen sind ausgegraben. E. 4. Jh. war der dortige Bischof → Optatus (4) Führer der donatist. Kirche (Aug. epist. 87,2. 108,5). Th. wurde der Hauptsitz des Donatismus. M. L.

S. Gsell Atl. Arch. Alg., fe 27 (Batna), Nr. 255. *E. Boeswillwald – R. Cagnat – A. Ballu* Timgad, une cité afric. sous l'empire rom., Paris 1891–1905. *C. Courtois* Timgad, antique Thamugadi, Alger 1951. *L. Leschi* Étud. d'épigr., d'arch. et d'hist. afr., Paris 1957, 201. *M. LeGlay* Saturne afr., Mon. 2, Paris 1966, 125. *P. Monceaux* Timgad chrétien, Paris 1911.

Thamyris (*Θάμυρις* od. *Θαμύρας*). Vielfach, bereits bei Hom. (Il. 2,595) genannter myth. Sänger aus Thrakien. Er gehört zu dem Kreis weiterer legendärer Musikerpersönlichkeiten wie → Orpheus, → Linos oder → Philammon, dessen (und der Nymphe Argiope) Sohn er gewesen sein soll. Sein meistbezeugtes Erlebnis ist ein durch eigene Prahlerei ausgelöster Kitharodie-Wettstreit mit den → Musen (o. Bd. III 1477), den er natürlich verlor. Als Strafe traf ihn eine *πήρωσις*, wohl eine mit dem Verlust seiner musikal. Begabung verbundene Blendung. Schauplatz dieses Geschehens, das an die Geschichte von → Marsyas (1) erinnert, war nach Hom. das viell. in Messenien gelegene Dorion, wo Th. auch als musikal. Erfinder gewirkt haben soll. Die weite Verbreitung von künstler. Darstellungen der Th.-Sage in der Ant. belegen neben lit. Zeugnissen auch zahlreiche, noch erhaltene Vasenbilder. Eine darauf und auch sonst begegnende Sonderform der → Kithara mit einfachem Schallkörper wird in mod. Terminologie als Th.-Kithara bezeichnet ([1], 45f.). U. K.

1. *M. Wegner* Das Musikleben der Griechen, 1949, 25. 227. 2. *H. Koller* Musik und Dichtung im alten Griechenland, 1963, 39–41 mit T. 2f.

Thanatos (*Θάνατος*, lat. *Mors, Letum* Verg. Aen. 6,277f.; georg. 4,481). »Th. ist keine Person des Glaubens, weder als Zwillingsbruder des Schlafes noch als Scherge des → Hades (→ Pluton), der dem Herakles die → Alkestis abjagt, noch als kom. Person im Märchen von → Sisyphos. Nicht einmal, daß er Alkestis die Stirnhaare wie einem Opfertier abschneidet, darf als allg. Glaube gelten.« WILAM. GldH. 1,309. In der Tat ist Th. kein Gott des religiösen, kult. fundierten Glaubens; er hat weder Festlied noch Altar, Aischyl. frg. 161. A. LESKY, RE V A 1257f. Später Kult nur in Sparta, O. KERN Die Rel. der Griechen 1,262. Aber er ist, vor allem in der älteren Z., mehr als eine bloße lit.-poet. Personifikation eines abstrakten Begriffs, zumal eines so emotionsempfänglichen. Zwar hat Th. bei Hom. noch keine feste Gestalt: Attribute wie *τανηλεγής, δυσηλεγής* deuten auf einen Übeltäter, die Verschwisterung mit Hypnos bei der Überführung des toten → Sarpedon nach Lykien auf ein freundlicheres geflügeltes Wesen (→ Memnon [1]). Bei Hes. theog. 759 wohnen die Geschwister als »starke Götter« im Tartaros, sie werden aber schon differenziert; Th. hat ein ehernes Herz und eisernen Sinn, hält fest, wen er gepackt hat, und ist selbst den Göttern verhaßt. Beide sind Kinder der → Nyx, 231ff. Solche Genealogien sind variabel (Soph. Oid. K. 1574 ist Th. ein Sohn von Ge und Tartaros), wie Th. selbst mit andern Unterweltsgestalten austauschbar ist. In der Tragödie erscheint er häufig als Erlöser von allem Erdenleid, nicht nur im Falle des Aias oder des Philoktet. Eine Sonderstellung nimmt Eur. Alc. ein. Hier tritt in Nachahmung des Phrynichos Th. selbst auf die Bühne und wird, natürlich außerhalb der Bühne, am Grabe der Alkestis (vgl. Soph. Oid. T. 942) im Ringkampf von Herakles besiegt, wie sonst → Hades und → Kerberos. Th. gibt sich abstoßend und schadenfroh, schneidet als *ἱερεὺς τῶν ϑανόντων* mit dem Schwert der Sterbenden eine Haarlocke ab, schlürft als *τῶν δαιμόνων κοίρανος* das Blut der Totenopfer, nennt sich *ἄναξ τῶν νεκρῶν* (V. 25. 75. 843. 845. 1140). Alkestis aber schaut im Sterben nur Hades und Charon. Daraus ergibt sich, daß Eur. in Th. volkstümliche Vorstellungen in seine Dichtung hineingezogen hat. – Später tritt Th. im Volksglauben immer mehr zurück zugunsten von → Charon, der schließlich der mittel- und neugriech. Todesgott schlechthin geworden ist. Dem Stil der Grabepigramme entsprechen beide nicht. – Für Kunstdarstellungen sei hingewiesen auf die → Kypseloslade (→ Hypnos), die weißgrundige Lekythos des »Th.-Meisters« (ca. 450) im Brit. Mus. (PFUHL Abb. 535), auf das Relief am ephes. Artemision, wo zuerst der Erostyp für Th. verwendet wird. Die zahlreichen kaiserzeitl. Genien mit abwärts gesenkter oder umgestürzter Fackel haben mit dem Th. der Sage und des Volksglaubens nichts mehr zu tun. A. LESKY a. O. 1258 ff. H. v. G.

K. Heinemann Th. in Poesie u. Kunst der Griechen, 1913. *J. Hjertén* Hypnos och Th. i dikt och konst, Stockholm 1951. *K. v. Fritz*, Ant. u. Abendl. 5, 1956, 27. *O. Waser*, Myth. Lex. s. v.

Thapsa, Stadt und Hafen in Nordafrika (*Θάψα καὶ πόλις καὶ λιμήν* Skyl. 111). Bei S. GSELL Hist. Anc. Afr. N. 2,151 wird Th. mit → Thapsos (2) verwechselt, das Liv. 29,30,5 (z. Z. des 2. pun. Kriegs) unweit von Cirta ansetzt. Vibius Sequester (GLM 151) erwähnt einen gleichnamigen Fluß Thapsus *iuxta Rusicade* (h. Oued Safsaf). Th. war vielleicht der erste Name von Rusicade: S. GSELL Atl. Arch. Alg., fe 8 (Philippeville), Nr. 196. M. L.

Thapsakos. Stadt in Syrien, am Westufer des Euphrat gelegen, wichtiger Flußhafen und Euphratübergang (semit. *tiphsaḥ* »Übergang, Furt«), zuerst in 1. Reg. 5,4 als (fiktiver) Grenzort des Reiches Salomons im NO. genannt. In Th. überschreitet → Kyros d. J. (3) den Euphrat (Xen. an. 1,4,11. 17 ff.); wenig später kommt → Konon (1) als Nauarch nach Th., das 20 Tage von der Kilik. Pforte entfernt liegt (Diod. 14,21,5), von wo aus der Fluß schiffbar ist (Diod. 14,81,4). Nach der Schlacht bei Issos 333 v. Chr. flieht Dareios hier über den Strom (Arr. an. 2,13,1); Alexander folgt ihm 331 v. Chr. auf zwei Schiffsbrücken (Arr. an. 3,6,4), läßt kurz vor seinem Tode in Th. Vorbereitungen für den Bau einer aus Phönizien herbeigeschafften Flotte treffen (Arr. an. 7,19,3. Plut. Alex. 68. Curt. 10,1,19). Später wird Th. – wohl wegen eines Namenwechsels – nicht mehr erwähnt. – Th. ist noch nicht sicher lokalisierbar (Vorschläge bei HONIGMANN, RE V A 1278 ff.), wahrscheinl. Qal'at ed-Dibse ca. 70 km w. der Mündung des Belīḫ. W. Rö.

Thapsos. 1. Kleine Halbinsel an der O.-Küste Siziliens innerhalb des Megar. Meerbusens, h. Magnisi. Beschreibung bei Thuk. 6,97,1. Auf Th. befindet sich eine bedeutende Nekropole mit Felsengräbern aus der späten Bronzezeit. Kurz nach 730 v. Chr. ließ sich der megar. Kolonistenführer → Lamis, nachdem er → Trotilon aufgegeben hatte und aus → Leontinoi verdrängt worden war, in Th. nieder. Nach seinem Tode verließen seine Leute Th. und schufen sich in dem 7 km n. gelegenen → Megara (3) Hyblaia eine neue Heimat (Thuk. 6,4,1). Seither blieb Th. ohne selbständige Dorf- oder Stadtgemeinde. Kl. M.

P. Orsi, Mon. ant. 6, 1896, 89 ff. *K. Ziegler*, RE V A 1281 ff. *P. Arias*, Bull. Paletn. Ital. 1, 1936/37, 57 ff. *L. Bernabò Brea* La Sicilia prima dei Greci, Milano 1960, 128 ff. *B. Neutsch*, AA 1954, 612 f.

2. Küstenstadt in Africa (h. Hr. ed-Dimas), 12 Meilen von Lemta (Lepti minus), am Ende eines Kaps, zwischen Kap Kaboudia und → Hadrumetum (Cass. Dio 43,7). Pun. Ursprung: *tapsah = transitus*. Pun. Nekropole und Dokumente: S. GSELL Hist. Anc. Afr. N. 2,134. 4,66. 159. Skyl. 110 erwähnt *Θάψος*, das im J. 310 v. Chr. von → Agathokles eingenommen wurde (Diod. 20,17,6). Im 3. pun. Krieg ergreift sie Partei für die Römer und wird nach der Zerstörung Karthagos *civitas libera*, vielleicht *immunis* (App. Lib. 94. CIL I 200). Befestigte Stadt im J. 46 v. Chr., in der ital. Händler einen *conventus* bilden und Getreidehandel treiben. Th. wird von Caesar angegriffen und ergibt sich (Bell. Afr. 79. Cass. Dio 43,7. Plut. Caes. 53). *Civitas libera* z. Z. des Augustus (Plin. nat. 5,25). Ruinen: *castrum*, Amphitheater, Zisternen. Inschr. CIL VIII 22897. M. L.

Ch. Tissot Géogr. comp. Afr. 2,172. 754. 810. Atl. Arch. Tun., fe 52 (Moknine), Nr. 75. 78.

Thargelia (*ϑαργήλια*). Griech., auf den ion.-att. Raum beschränktes ([1]) Vorerntefest am 6. bis 7. Thargelion (April/Mai), das später dem Apollonkult zugeordnet wurde, [2]. Die Namensbedeutung ist »Erstlingsfest«, denn *ϑαργήλια* heißen die in der Pompe am 7. Th. geweihten Getreideerstlinge und *ϑάργηλος χύτρα* (oder -*ος*) der Topf, in dem sie als Panspermie gekocht wurden (Hesych. Suda s. *Θ.*; vermutl. vorgriech. Wort: FRISK 1,654). Vorgeschoben ist dem typisch agrar. *ἀπαρχαί*-Opfer der kathartisch-apotropäische »Sündenbock«-Ritus des → *φαρμακός* am 6. Th., [3]. Hier wurden in Ionien ein Pharmakos (nach Kall. 90, Dieg. 2, 30 Pf. ein *ὠνητὸς ἄνθρωπος*), in Athen zwei Ph., die auch *συβάκχοι* hießen (aus *συκόβακχοι* = »Feigenbakchen«, [4]) und von denen »der eine für die Männer, der andere für die Frauen« als Sühnopfer fungierte (FGrH 334 F 50), in einer *ἀποπομπή* (Lys. 6,53) aus der Stadt exmittiert. Nach einem lustralen Stadtumgang (Kall. a.O. 35f.) wurde der ion. Ph. zu Boden geworfen, mit Feigenruten und Meerzwiebeln siebenmal auf die Genitalien geschlagen (Hippon. Frg. 5–10 MASSON. Tzetz. chil. 5,726ff.), gesteinigt, freilich zumindest in Abdera und Athen nicht getötet, [5], und dann »über die Grenze vertrieben« (Kall. a.O. 39f.). D. Wa.

1. *Sarkady*, Acta Class. Univ. Sc. Debrec. 1965, 12f. 2. *Nilsson* Griech. Feste ^{2}105ff. *Deubner* Att. Feste ^{2}179ff. *Gebhard*, RE V A 1287ff. *Pestalozza* Religione mediterranea, ^{2}1971, 261ff. *Masson* Les fragments du poète Hipponax, 1962, 109ff. 3. *Nilsson* GgrR I^3, 107ff. *Wiechers* Aesop in Delphi, 1961, 31ff. *Kümmel* »Ersatzrituale f. d. hethit. König«, 1967, 191ff. *Ders.*, ZATW 80, 1968, 289ff. 4. *Gebhard* Die Pharmakoi in Ionien u. die Sybakchoi in Athen, Diss. München 1926, 94; *σύμβακχοι* = »ceux qui sont possédés ensemble« liest *Masson*, Mél. H. Grégoire 2, 1950, 449ff. 5. *Deubner*, SIFC 11, 1934, 192; anders wegen Hippon. Frg. 118,18: *Masson* a.O. 112 u. REG 62, 1949, 311ff.

Tharyps (*Θάρυψ* Thuk. 2,80,6. IG IV 1504,31. *Θαρύπας* Paus. 1,11,1. Plut. Pyrrh. 1,4. *Tharybas* Iust. 17,3,11), König der → Molosser 430–390/85, zunächst unter Vormundschaft des Sabylinthos, führte, in Athen erzogen, als erster griech. Kultur, Schrift und wohl auch die Münzprägung ein und ordnete die Verfassung. Plut. a.O. Iust. a.O. *(senatum annuosque magistratus et rei publicae formam et leges composuit)* Th. erhielt das athen. Bürgerrecht. IG II^2 226,2. Daß er der Theorodokos Th. in IG IV 1504,31 sei, bezweifelt P. R. FRANKE Altepirus und das Königtum der Molosser, 1955, 17,75; Die ant. Mz. von Epirus 1, 1961, 86. 88. H. V.

Thasos (*ἡ Θάσος*, Ethn. *Θάσιος*, Name wohl vorgriech.), Insel in der n. Aegaeis vor der thrak. Küste 6 km vor der Mündung des → Nestos. Th. hat rundlichen Umriß ohne tiefere Buchten, ist 23:26 km und 398 qkm groß und bis 1203 m hoch, fast ganz aus Marmor mit eingelagertem Gneis und Glimmerschiefer bestehend, noch h. größtenteils von Kiefernwäldern bedeckt und auch sonst durch reichliches Wasservorkommen mit üppiger Vegetation ausgezeichnet. Im Alt. war der Marmor in röm. Z. für Statuen und Bauzwecke geschätzt, Plin. nat. 36,44. Vitr. 10,2,15. Stat. silv. 1,5,34. 2,2,92, dazu gibt es Kupfererz mit Antimon und Silber und im Alt. auch Goldgewinnung, Hdt. 6,47. Die ant. Stadt lag an der N.-Küste beim h. Limenas (amtl. Th.), sie ist durch die französ. Grabungen seit 1911 größtenteils ausgegraben, letzte Pläne [11], 3. 6 pl. I. 8 pl. A. [8. 10]. Mittelpunkt die in hellenist. Z. monumental ausgebaute Agora mit Platz von 80:90 m, allseits von Hallen und anderen Staatsgebäuden umgeben, auf dem Platz u.a. das gesondert ummauerte Heiligtum des Zeus Agoraios mit Tempel von 6:11½ m, das Heiligtum für den Olympiasieger Theogenes, Paus. 6,11,2–9. BCH 64/65, 1940/41, 163ff. 289f. 86, 1962, 594ff. [12] 3,62ff., und ein Heroon für den Adoptivsohn des Augustus L. Caesar. W. der Agora steht das h. Museum. Über der NO.-Seite der Agora große, später dem → Akakios geweihte Basilika des 4. Jh. n. Chr. Viele große Heiligtümer in der Stadt, so der Artemis Polo, des Dionysos, Poseidon, Herakles, dazu ein Odeion und das Theater an der Stadtmauer, auf der Akropolis (150 m) Heiligtümer des Pan, der Athena Poliuchos und des Apollon Pythios. Die sehr gut erhaltene 4 km lange Stadtmauer, die Akropolis und Kriegshafen einschließt, geht ins 7. Jh. v. Chr. zurück, ist aber mehrfach zerstört und neugebaut. Mehrere Tore waren mit Reliefs und metrischen Beischriften verschiedener Götter als Schützer der Tore versehen. Ö. neben dem geschlossenen Kriegshafen der offene Handelshafen. Die Nekropole lag an der Stelle des h. Orts, darin auch reichere Villa hadrian. Z. und große Basilika. Auf dem Kap Evraeokastro n.ö. der Stadt archaisches Heiligtum und chr. Basilika des 5. Jh., BCH 88, 1964, 866ff. 89, 1965, 142ff., im SO. bei Aliki zwei nebeneinanderliegende Heiligtümer aus der Z. um 500 v. Chr. und zwei chr. Basiliken, BCH 86, 1962, 949ff. 88, 884ff. 94, 1970, 855ff. Zahlreiche Türme um die Insel herum, [17].

Sehr spärliche Spuren seit neolith. Z. Urspr. Bewohner thrak. Saier; griech. Kolonisation durch → Paros Anf. 7. Jh. unter Führung des Telesikles, des Vaters des → Archilochos, der sich auch längere Z. auf Th. aufhielt. Schrift, Sprache und Kultur von Th. daher parisch. Die Phoiniker auf Th., Hdt. 2,44. 6,47. Paus. 5,25,12., sind höchst zweifelhaft. Schon früh ausgedehnter Landbesitz an der thrak. Küste, Hdt. 7,108,3ff. Skyl. 67. Thuk. u.ö. RE Suppl. XII 1021f. Nr. 9. Grenzsteine: Archaeology 16, 1963, 133. Der Reichtum des frühen Th. beruht großenteils auf dem Goldvorkommen und den sonstigen Einkünften dieser Peraia, daher sogar frühe Goldmünzenprägung. 494 vergebl. Belagerung durch → Histiaios (1) von Milet, stärkerer Ausbau der Stadtmauer, Hdt. 6, 28,1. 46,2, dann aber Unterwerfung unter → Dareios (1) mit erster Zerstörung der Stadtmauer. Von Anf. an Mitglied des att. Seebundes, zunächst mit eigenen Schiffen. Zwistigkeiten mit Athen um die Peraia führten zum Aufstand gegen Athen, der nach dreijähr. Belagerung niedergeschlagen wurde, 466/65–463/62. Auslieferung der Flotte und des Festlandbesitzes, Schleifung der Stadtmauer und Tribut von 3 Talenten, B. D. MERITT Athen. Trib. Lists 1,282f. u.ö., nach Rückgabe der Peraia seit 446 v. Chr. 30 Talente. 411 erneuter Abfall von Athen, Hell. Oxyrh. 7(2),4, dann mehrfach Wechsel von der athen. zur spartan. Seite und von Oligarchie zu Demokratie. 408/07 wieder athenisch, dann von → Lysandros (1) erobert, 389/88 wieder Anschluß an Athen und Mitglied des 2. att. Seebundes bis 340/339, Eroberung durch → Philipp II. (4) von Makedonien, aber Mitglied des korinth. Bundes, Sylloge^3 260b 5. Unter makedon. Herrschaft bis 196, dann frei. Mz. und Amphorenstempel belegen in hellenist. Z. lebhaften Handel nach Osteuropa und dem ö. Mitteleuropa, [5], 1320f. [12] 5,5ff. 215ff. Daux, Studii clasice 3, 1961, 49ff. 80 v. Chr. Senatsbeschluß für Th. mit Bestätigung der *amicitia* wegen der loyalen Haltung im mithradat. Krieg, SEG 18,349. [12] 5,37ff. Nr. 174. Plin. nat. 4,73 nennt Th. *civitas libera*. Lebhafte Bautätigkeit in der Kaiserz., Mz. bis in die Severerzeit, späteste Ehreninschr. für röm. Kaiser für Constantius Chlorus und Constantin II., [12] 5,189ff. Nr. 357–60. Bischöfe Not. ep. passim.

Von berühmteren Thasiern sind zu nennen vor allem → Polygnotos (1), der Dichter → Hegemon, → Stesimbrotos, der Geograph → Androsthenes (4). Den Thasiern wird die Erfindung der ganz gedeckten Kriegsschiffe zugeschrieben, Plin. nat. 7, 209. Berühmt war der Wein von Th., Aristoph. Eccl. 1119; Plut. 1021; Lys. 196. Demosth. 35,35. Xen. symp. 4,41. Poll. 6,15. Plin. nat. 14,39. 74. 117. Verg. georg. 2,91. Ail. var. 12,31. 13,6. Athen. oft. Suda s. v. Blütenlese sonstiger Erzeugnisse außer dem schon genannten: Marmor, Mineralien, Gemüse, Fische, Seetiere bei Poll. 6,63. Athen. Plin. nat. passim. Hesych. Suda. Phot. s. v. Der Reichtum von Th. war sprichwörtl., »ein Wald von Gütern«, Suda. Vgl. auch Zenob. 3,11. 4,34. Diogen. 5,2,90. Apostol. 5,83, dagegen spricht Hegemon im 5. Jh. v. Chr. von der Not, die die Thasier forttreibe, Athen. 15,698 d. – Ant. Hauptzeugnisse: Skyl. 67. Skymn. 659ff. Dion. Per. 523. Strab. 2,5,21 p. 124. 7 p. 331 frg. 48. 10,5,7 p. 487. Ptol. 3,11,8. Hierokl. synekd. 640,9. Steph. Byz. Eust. Dion. Per. 517. 520. Hippokr. epid. B. 1 und 3 (2,530ff. 3,1ff. Littré). IG IV 1^2,94b 31. 51 bis 55. BCH 90, 1966, 157 II 20. Inschr.: IG XII 8 Nr. 261–630a. p. VIIIf. Suppl. p. 150ff. Nr. 347 bis 515. [16. 18] in vielen Bänden. SEG 2,505–08. 3, 756f. 11–19 in jedem Band, bes. 18,338–82. Mz.: Head HN^2 217. 263ff. BCH 80, 1956, 6ff. [10], 185ff. E. M.

1. *Al. Conze* Reise auf den Inseln des thrak. Meeres, 1860, 3ff. 2. *G. Perrot* Mémoire sur l'île de Th., Arch. des miss. scientif. 2,1, 1864, 1ff. 3. *C. Fredrich*, IG XII 8 S. 75ff. 4. *Ders.*, MDAI(A) 33, 1908, 215ff. 5. *Hiller von Gärtringen*, RE V A 1310ff. (mit Plan). 6. *Philipps.-Kirst* 4, 210ff. 7. *Kirsten-Kraiker* Griechenlandkunde^5 633ff. 839f. 897 (Lit.). 8. *P. Vianello*, Enc. arte ant. 7,804ff. (mit Plan und großem Lit.-Verz.). 9. *D. Lazarides* Ἡ Θάσος, Saloniki 1958. 10. École franç. d'Athènes. Guide de Th., 1968 (mit Plänen und Abb.). 11. Études Thasiennes 1, 1944ff., bis jetzt 8 Bd.e. 12. *J. Pouilloux* u. a. Rech. sur l'hist. et les cultes de Th., I. De la fondation de la cité à 196 avant J.-C. [11], 3, II. De 196 avant J.-C. à la fin de l'antiquité, [11], 5. 13. *A. E. Bakalopoulos* Th., son histoire, son administration de 1453 à 1912, [11], 2, 1953. 14. *L. Ghali-Kahil*, BCH 78, 1954, 225ff. 15. Topographie der Insel: BCH 88, 1964, 267ff. 16. *J. Pouilloux*, REA 61, 1959, 273ff. 17. *A. Bon*, BCH 54, 1930, 147ff. 18. Regelmäßige Ausgrabungsberichte und viele sonstige Aufsätze in BCH seit 1921.

Thaulon (Θαύλων). Ahnherr des att. Geschlechts der Thauloniden, die als βουφόνοι am Feste der Dipolieia (Buphonia) mitwirkten. Th. soll zuerst einen Pflugstier, der von der Opfergerste für Zeus gefressen hatte, geschlachtet haben, dann aber geflohen sein, während sein Beil als schuldig verurteilt und ins Meer versenkt wurde. Paus. 1, 24,4. 28,10. Sch. Aristoph. Nub. 985. → Diomos. Verschiedene Deutungen: P. Stengel Opferbräuche der Griechen 203ff. L. Deubner Att. Feste 158ff. Wilam. GldH. 1,290. Nilsson GgrR^2 1,152f. Ders. Griech. Feste 14ff. H. v. G.

Thaumakie (Θαυμακίη), nur in der Ilias 2, 716 unter den Orten der Halbinsel Magnesia erwähnt, sonst unbekannt und gesch. nicht mehr existierend. Strab. 9,5,16 p. 436. Steph. Byz. E. M. *Stählin*, RE V A 1331.

Thaumakoi (Θαυμακοί, Ethn. gleichlautend), Stadt der Landschaft Achaia Phthiotis am N.-Abhang des → Othrysgebirges am wichtigsten Übergang nach Thessalien. Akropolis auf beherrschender Felskuppe (616 m) und Reste der Stadtmauer im h. Domoko w. der Paßstraße mit weiter Aussicht in die thessal. Ebene, Strab. 9,5,10 p. 434. Liv. 32,4. Anth. Pal. 7,544. Steph. Byz. s. Θαυμακία und Ἀμφίδολοι.

Aus der Gesch. ist wenig bekannt. Mit der weiteren Umgebung gehörte Th. zum aitol. Bund, vergebl. Belagerung durch → Philipp V. (7) 199, Liv. 32,4,191 an → Antiochos III (4) angeschlossen und von → Acilius (I 10) Glabrio erobert, Liv. 36,14, 12–15, nach 189 zu Thessalien. Meilenstein 283 n. Chr. IG IX 2,222. Bischöfe Not. ep. 10,601. 13,452. Le Quien Or. Christ. 2,127ff. Inschr. IG IX 2,215–222. SEG 3,468–475. E. M.

Fr. Stählin Das hellen. Thessalien 155ff. *Ders.*, RE V A 1331ff. *G. Daux-P. de la Coste-Messelière*, BCH 48, 1924, 353ff.

Thaumas (Θαύμας). Sohn von Pontos und Gaia, Bruder von Nereus, Phorkys u. a., Gatte der → Elektra (1), Vater der → Iris und der → Harpyien. Hes. theog. 237. 265ff. 780. Apollod. 1,10. Sein Name »Wunder« wird gern auf die Naturerscheinung des Regenbogens bezogen. Cic. nat. 3,51. H. v. G.

Thaumastus. Vornehmer Gallier, Verwandter des Apollinaris → Sidonius (Sidon. epist. 1,7,4. 5,6f.; c. 24,84f.). A. L.

Thaumatopoios, Thaumaturgos (θαυματοποιός, -ουργός). Als »Wundertäter« bezeichnet die Ant. Gaukler (→ praestigiator) und Zauberer, Taschenspieler aller Art. Meist werden sie nach ihrer Spezialität benannt, Seiltänzer (καλοβάτης, σχοινοβάτης. *neurobates*, *funambulus*. Zum Sicherheitsnetz vgl. H. A. Marc. 12,12), Aequilibrist (κοντοπαίκτης. *petaurista*, *-stes*,

-starius), Akrobat (*κυβιστήρ, σκανδαλιστής.* Vgl. dazu Philostr. v. Apoll. Tyan. 2,28), Stelzentänzer (*γύπων. grallator.* BROMMER, Ant. Kunst 11, 1968, 50ff.), Mauerkletterer (*τοιχοβάτης.* Vgl. H. A. Car. 19,2), Jongleur (*σφαιροπαίκτης. pilarius, pilicrepus, ventilator.* Vgl. auch Martial. 9,38), Messerwerfer, Schwerttänzer, Schwert»schlukker« (Apul. met. 1,4) u. a. m. Ein ganzes Programm bei Xen. symp. W. H. G.

Hermann-Blümner Lehrb. d. griech. Privataltertümer (1882) 503ff. *Gaheis* Gaukler im Alt., 1927.

Theadelphia, Dorf der Ptolemaierzeit, das im 3. Jh. n. Chr. verödete, am SW.-Rand des Fajum; Reste beim h. Harit; Herkunftsort zahlreicher Papyri. Hauptgott war der Krokodilsgott → Suchos Pneferōs (» Der Schöngesichtige «). W. H.

Breccia Teadelfia e il tempio di Pneferôs (1926).

Theagenes (*Θεαγένης*). **1.** Tyrann von Megara, wohl 2. H. 7. Jh. Führer der Landbevölkerung gegen die Oligarchie der Großgrundbesitzer, die er durch Hinschlachtung ihrer Herden traf (Aristot. pol. 1305a 21ff.). Er erhielt vom Volk eine Leibwache, die eine Grundlage seiner Macht war (Aristot. rhet. 1357b 31ff.). Durch Truppen unterstützte er den erfolglosen Versuch seines Schwiegersohnes → Kylon (1), in Athen eine Tyrannis zu errichten (Thuk. 1,126,3. 5. Paus. 1,28,1. 40,1). Viell. gewann unter ihm Megara Salamis von Athen (E. MEYER, RE XV 184). Er baute eine Wasserleitung und ein Brunnenhaus (Paus. 1,40,1. 41,2); ob die Ausgrabungen schon die Anlage des Th. gefunden haben, ist unsicher: R. DELBRÜCK – K. VOLLMÖLLER, MDAI(A) 25, 1900, 23ff. F. GRÄBER, MDAI(A) 30, 1905, 59f. G. ELDERKIN, AJA 14, 1910, 47f. E. VANDERPOOL, AJA 62, 1958, 323f.; SCHACHERMEYR 1345. Th. konnte (wegen zu kurzer Regierungsz.?) das soziale Problem nicht lösen; nach seinem gewaltsamen Sturz brach der Streit der Parteien bald wieder aus (Plut. mor. 295 cd. Aristot. pol. 1304b 34ff.).

P. N. Ure The Origin of Tyranny, 1922 (Nachdr. 1962), 264ff. *A. A. Trever*, CPh 20, 1925, 115ff. *E. L. Highbarger* The Hist. and Civilization of Anc. Megara, 1927, 120ff. *F. Schachermeyr*, RE V A 1341ff. *H. Berve* Die Tyrannis bei den Griechen, 1967, 33f. 536.

2. Fällt als ein Anführer der Boioter 338 bei → Chaironeia. Seine Schwester → Timokleia rächt 335 nach der Eroberung Thebens die Untat eines Makedonen (Deinarch. 1,74. Plut. Alex. 12; mor. 259d. 260c). G. Do.

3. Vornehmer Athener, Christ (Damaskios b. Suda und Phot. bibl. 242), kurz vor 450 Archon, Förderer der Philosophenschule (Marin. vita Procli 29). Th. stieg zum Senatsmitglied und zu einem hohen Amt auf *(praefectus praet. Illyrici?)*. In einem Enkomion auf Th., viell. von → Pamprepios (E. HEITSCH Griech. Dichterfrg. d. röm. Kaiserzeit I², 1963, 35,4), erscheinen Aias, Miltiades, Platon als seine Ahnen. A. L.

4. Aus Patrai, Kyniker des 2. Jh.s n. Chr. Schüler und Bewunderer des → Peregrinos (2) Proteus, hielt nach dessen Selbstverbrennung kyn. Predigten (zu seiner Verherrlichung: Lukian. de morte Peregr. 5). Über Th.' Ende berichtet ausführlich Gal. 10,909–916 K.: Sein Leberleiden sei falsch behandelt worden, und er sei, wie es einem Kyniker zukam, ohne Pflege durch Verwandte oder Diener gestorben und ohne jeden Aufwand bestattet worden. H. D.

5. Griech. Lokalhistoriker unbest. Z., Vf. von *Μακεδονικά* (bzw. *Μ. πάτρια*: Phot. bibl. 161). Die Frg.e enthalten Aitia für Ortsnamen, geben aber, da ausschließlich bei Steph. Byz. überliefert, gewiß nur ein einseitiges Bild. FGrH 774. **6.** Aus Rhegion, griech. Grammatiker des späten 6. Jh.s v. Chr. (Tatian. 31). Er schrieb ein Werk *Περὶ Ὁμήρου* (Sch. B Hom. Il. 20,67. Suda s. *Θεαγένους χρήματα*; vgl. Sch. A Hom. Il. 1,381), in dem er sich als erster mit sprachl.-stilist. Fragen beschäftigte (Sch. Dion. Thr. p. 164,23ff. HILG.: das Ziel seiner auf den *ἑλληνισμός* gerichteten Phil. sei das Lehren des *εὖ γράφειν* gewesen). Th. gilt als Begründer der allegor. Hom.-Interpretation.

Diels Vorsokr 8. *G. Lanata* Poetica Pre-Platonica, Firenze 1963, 104ff. *F. Mosino*, Klearchos 3, 1961, 75ff. *F. Wehrli* Zur Gesch. der allegor. Deutung Homers im Alt., Diss. Basel 1928, 88ff. *A. Bańkowski*, Euhemer Zeszyty Filoz. 1963, 4ff. *A. Presta* Almanacco Calabrese, 1969, 79ff.

7. Aus Knidos, griech. Grammatiker des 2. Jh.s n. Chr., Lehrer des → Herodes (16) Attikos (Philostr. v. soph. 2,1,14). H. Gä.

Theages. 1. Pythagoreer, vermutlich legendär, vorwiegend aus Iambl. v. P. 35,257–261 bekannt; wahrscheinl. wurde seine Gestalt eines Th. erfunden, um die Spaltung der Pythagoreer in Akusmatiker und Mathematiker zu motivieren. Bei Stob. 3,76 und 3,81 H. sind 2 Frg.e einer Schrift *περὶ ἀρετῆς* erhalten (dorisierender Dialekt), die dem Th. zugeschrieben werden; er gehörte mithin zu den (fiktiven) Autoren der z. T. späthellenist., meist kaiserzeitl. pythagor. Lit.

Ta.: The Pythagorean Texts of the Hellenistic Period, coll. and ed. by *H. Thesleff*, Abo 1965, 189–193.

2. Aus Athen, Sohn des Demodokos, Schüler des Sokrates, von Platon apol. 33e als bereits verstorben erwähnt. Im ps.-platon. Dialog »Th.« ist er der Dialogpartner des Sokrates. Das Thema des Dialoges ist Plat. rep. 6,496bc (mit Nennung des Th.) bezeichnet; aus dieser Stelle ist der Dialog »Th.« herausgesponnen. H. D.

Theaidetos (*Θεαίδητος*), romfreundl. Rhodier, erreichte 189 von Rom die Übergabe Lykiens und Kariens an Rhodos, führte 170 eine Gesandtschaft nach Rom, die Rhodos gegen den Vorwurf der Untreue verteidigte, überbrachte 168 einen Kranz von 10000 *χρυσοῖ* und beantragte ein Bündnis. † 167 mehr als 80jährig. Pol. 22,5. 27,14. 28,2. 16. 29,11. 30,5. 21. H. V.

H. H. Schmitt Rom und Rhodos, 1957.

Theaitetos (*Θεαίτητος*). **1.** Aus Athen, Mathematiker, Schüler des → Theodoros (II 5) von Kyrene und später Mitglied von Platons Akademie. In Platons nach ihm benannten Dialog tritt Th. zusammen mit dem greisen Theodoros im J. 399 v. Chr. als etwa Fünfzehnjähriger auf, er muß also um 414 geboren sein. Platon beschreibt ihn als äußerlich häßlich, aber sanftmütig, tapfer und von müheloser Auffassungsgabe. In der korinth. Schlacht von 369 verwundet, starb er wohl auf dem Heimweg an einer Epidemie.

Von den mathemat. Leistungen des Th. kennen wir 1. den Satz von der Irrationalität der Quadratwurzeln aller nichtquadratischen natürlichen Zahlen und sein Analogon für Kubikwurzeln, 2. eine Klassifikation auch im Quadrat irrationaler Zahlen u. 3. die Konstruktion der 5 regelmäßigen Polyeder.

1. Bei Platon (Tht. 148 ab) erklärt Th. ohne explizite Formulierung des Satzes damit doch *δύναμις* als t. t. für Seiten von Quadraten, deren Inhalte nichtquadratische Vielfache des Einheitsquadrats sind, sie seien eben nur *δυνάμει*, d. h. »potentiell« oder »in der 2. Potenz«, mit den *μήκη* genannten Seiten von quadratischen Vielfachen des Einheitsquadrats kommensurabel. Den Beweis führte Th. vermutlich indirekt, indem er zeigte (so [3]), daß die Annahme der Rationalität zu Quadraten führt, deren Inhalt eben ein quadratisches Vielfaches des Einheitsquadrats ist. Die Ausdehnung auf Kubikwurzeln nichtkubischer natürlicher Zahlen, auch durch den anon. Komm. zu Platons Theaitetos belegt (BerlKlT 2,28), konnte ganz analog bewiesen werden. Theodoros hatte nur die Irrationalität von $\sqrt{3}, \sqrt{5}, \ldots, \sqrt{17}$ bewiesen, und zwar einzeln. 2. Der (nur in arab. Übers. bekannte) Komm. des → Pappos zu Eukl. elem. 10 (p. 191 Thompson) schreibt unter Berufung auf → Eudemos (1) von Rhodos Th. die Klassifizierung bestimmter auch im Quadrat irrationaler Zahlen nach den verschiedenen mittleren Proportionalen zu: Die Mediale (*μέση*) habe er dem geometrischen, die Binomiale (*ἐκ δυοῖν ὀνομάτων*) dem arithmetischen und die Apotome (*ἀποτομή*) dem harmonischen Mittel zugewiesen. Dabei heißt $\sqrt{ab}$ Mediale, $a+b$ Binomiale und $a-b$ Apotome, wenn a und b rationale oder nur im Quadrat rationale, untereinander aber inkommensurable Größen sind. Eukl. elem. 10 zeigt nun gerade, daß Mediale, Binomiale und Apotome sich gegenseitig ausschließen und alle auch im Quadrat irrational sind; die Binomialen werden dann weiter unterteilt und daraus Größen abgeleitet, die in elem. 13 bei der Berechnung der Kantenlängen der regelmäßigen Polyeder auftreten (Maior, Minor). Das Auffinden der höheren Irrationalität von Mediale, Binomiale usw. hatte zur Folge, daß das alte Gegensatzpaar *ῥητόν* – *ἄρρητον* durch das Tripel *ῥητόν* – *δυνάμει μόνον ῥητόν* – *ἄλογον* ersetzt werden mußte. 3. Nach einem Sch. zu Eukl. elem. 13 (5,654,1 ff. Heiberg) stammen Würfel, Tetraeder und Dodekaeder von älteren Pythagoreern, Oktaeder und Ikosaeder aber von Th.; aus der Notiz geht auch hervor, daß elem. 13 auf Th. zurückgeht. Die Suda sagt s. *Θ.*: *πρῶτος ... τὰ πέντε καλούμενα στερεὰ ἔγραψε*. Th. hat demnach Oktaeder und Ikosaeder entdeckt, für alle 5 Körper exakte Konstruktionen geliefert, gezeigt, daß sie in eine Kugel einbeschrieben werden können, und die Verhältnisse der Kantenlängen zum Durchmesser der Kugel berechnet. Th. dürfte auch gewußt haben, daß es nur 5 regelmäßige Polyeder gibt, der diesbezügliche Satz am Ende von elem. 13 ist aber falsch formuliert und stammt wohl nicht von Th.; einige Sätze und Beweise im Zusammenhang mit der stetigen Teilung am Anf. des B. mögen vom frühen → Eudoxos (1) stammen, und im ersten Teil von elem. 10 scheint Euklid eine Reihe von Beweisen nach der Proportionenlehre des Eudoxos und nach Beweismethoden des → Archytas umgearbeitet zu haben; im wesentl. aber scheinen elem. 10 und 13 ein aufeinander bezogenes und abgeschlossenes Werk des Th. zu sein. D. Na.

1. *Heath* Hist. of Gr. Math. 1, 1921, passim. 2. *K. v. Fritz*, RE V A 1351 ff. 3. *v. d. Waerden* Erwachende Wissenschaft, ^{2}1966, 271 ff.

2. Epigrammatiker des Meleagros-Kranzes. Seine Z. wird annähernd bestimmt durch das Grabepigramm auf → Krantor, † etwa 275. Er wird von Kall. Anth. Pal. 9,565 wegen seiner dichterischen Kunst gelobt. Die 6 erhaltenen Epigramme stehen kallimacheischem Stil nahe.

Wilamowitz Hellenist. Dicht. (1924) 2,123 f. *Gow-Page* Hellenistic Epigrams, 1965.

3. Scholastikos (Rechtsanwalt), Epigrammatiker im Kyklos des → Agathias. Von den 6 erhaltenen Epigrammen sind Anth. Pal. 16,32b wahrscheinlich um 555, 9,659 bald nach 567 verfaßt. Mehrfach sind ältere Vorlagen benutzt. R. K.

Av. and Al. Cameron, JHS 86, 1966, 5 ff.

Theangela (*Θεάγγελα*, Steph. Byz.), karische Stadt ca. 45 km n. ö. von → Halikarnassos (h. Bodrum) beim h. Etrim. Dorthin hat allem Anschein nach der karische Dynast → Maussollos in der 1. H. des 4. Jh.s v. Chr. die Bewohner der Siedlung Syangela (beim h. Alâzeytin) im Rahmen der Hellenisierung seines Reiches umgesiedelt und dabei die Namensform des Ortes gräzisiert. Als Mitglied des Delisch-Att. Seebundes (bekannt aus den athen. Tributquotenlisten) hatte Syangela unter der Herrschaft eines Tyrannen namens Pigres gestanden. Einer seiner Vorfahren war offenbar jener → Pigres, der (Hdt. 7,98) in der Schlacht bei Salamis i. J. 480 unter dem Großkönig ein Flottenkontingent kommandierte. In dem Synoikismos, in dem Maussollos um 361 sechs Siedlungen der Pedasis in Halikarnassos zusammensiedelte, war Th. neben → Myndos nicht erfaßt. Erst in der 1. H. des 2. Jh.s v. Chr. ist Th. in Halikarnassos aufgegangen. E. O.

W. Ruge, RE V A 1373ff. *D. Magie* Roman Rule in Asia Minor, Princeton 1950, 910f. *G.E. Bean–J. M. Cook*, ABSA 50, 1955, 112ff. 145ff.

Theano (*Θεανώ*). **1.** In der Il. (11,218ff.) Tochter des Thrakerfürsten → Kisse(u)s, Gemahlin → Antenors, Mutter vieler Söhne, W. KULLMANN, H(ES) 14,178. Vor dem Kriege hatten Antenor und sie Menelaos und Odysseus, die Helenes Auslieferung forderten, freundlich aufgenommen, Il. 3,205ff. Bakchyl. 15. K. SCHEFOLD Frühgriech. Sagenbilder 81 über die »Astarita-Vase«. In der Kriegsnot führt sie als Athenapriesterin einen Bittgang der tro. Frauen an und legt der Göttin den schönsten Peplos Hekabes um; ihr Gebet wird aber nicht erhört, Il. 6,297ff. Lykophr. 340 läßt sie beim Raube des → Palladions mitwirken. In der Iliupersis des → Polygnotos (1) war sie mit 5 Kindern abgebildet, Paus. 10,27,3. Bei Verg. Aen. 7,320. 10,703 ist Th. Schwester Hekabes und Gattin des → Amykos (2). **2.** Gattin des Metapontos in Ikaria, dem sie, zunächst kinderlos, fremde Zwillinge unterschiebt (→ Melanippe [1]). Später bekommt sie selbst Zwillinge und hetzt sie, herangewachsen, auf, die anderen zu töten. Poseidon aber schützt seine Söhne und deren Mutter. Th. entleibt sich selbst, als sie die Ihren tot sieht, und Metapontios heiratet Melanippe und adoptiert deren Söhne von Poseidon. Hyg. fab. 186, nach Eur. Melan. desm. H. v. G.

3. Athenerin aus Agryle, Tochter des Menon. Als Alkibiades wegen der Mysterienprofanation verflucht werden sollte, weigerte sich als einzige Th. mit dem Hinweis, um zu beten, nicht um zu fluchen sei sie Priesterin (Plut. Alk. 22,5). **4.** In der novellistisch ausgeschmückten Variante zum Tod des → Pausanias (1) setzte dessen Mutter Th. den ersten Ziegelstein zur Einmauerung des Sohnes (Polyain. 8,51. Aristodem. FGrH 104 F 1,8,4. Diod. 11,45,6. Nep. Paus. 5,3). K. K.

5. Erfundene Person, angebl. Frau des → Pythagoras (1) oder des → Brontinos (s. Nachtr. Bd. V). Widersprüchl. Nachrichten über Th. haben dazu geführt, daß die Suda (s. *Τεανώ*) 2 Frauen des Namens T(h). zu sondern sucht. Wahrscheinl. hat man schon in hellenist. Z. (vgl. Timaios b. Porph. vita Pyth. 4 = FGrH 566 F 131) Frauen unter den Pythagoreern vermutet und dann sehr bald der Th. die eine oder die andere Stellung in diesem Kreise angedichtet. An versch. Stellen werden ihr als Söhne → Telauges und → Mnesarchos (2), als Töchter → Myia, Arignote, Damo(n) zugeschrieben. Sie galt als Urheberin mehrerer *ἀποφθέγματα* = Lehr-Sprüche pythagor. Inhalts; unter den Pythagoreer-Briefen (Epist. Gr. 603ff.) haben mehrere die Th. als angebliche Vf.in. Mehrere Schriften von ihr werden dem Titel nach zit.: *περὶ Πυθαγόρου, περὶ ἀρετῆς, περὶ εὐσεβείας* u. a. Trotz der zahlreichen Widersprüche stand für die Gebildeten der kaiserzeitl. Ant. die Existenz und die Bedeutung der Th. als Bewahrerin der pythagor. Lehre und Lebensführung als wohl beglaubigt fest. H. D.

Thearidas (*Θεαρίδας*). **1.** Vater des → Lykortas, aus Megalopolis, wohl ident. mit Th., der mit → Kleomenes (6) III. über die Schonung des eroberten → Megalopolis 222 verhandelte. Plut. Kleom. 24. Sylloge³ 626. **2.** Enkel von Nr. 1, Sohn des → Lykortas, älterer Bruder des → Polybios (3), in Epidauros geehrt, IG IV 1422, Stifter einer Weihung in → Lykosura, IG V 2,535. Im J. 182 in der Verwaltung von → Messene, Inschr. v. Olympia 46,6, achai. Gesandter in Rom 158 und 147. Pol. 32,17. 38,8. Paus. 7,14,3. **3.** Sohn des → Philopoimen, vom Großvater (Nr. 2) in Lykosura geehrt, IG V 2,535, wohl ident. mit Th., der 20 Minen für den Mauerbau von Megalopolis nach 146 stiftete. IG V 2,442. **4.** Gesandter aus → Stymphalos zum Wiederaufbau von → Elateia 190/85. F. G. MAIER Griech. Mauerbauinschr., 1959, Nr. 30,21. H. V.

Theater (*θέατρον. theatrum*). Das griech. Wort bezeichnet die Zuschauermenge (*θεᾶσθαι* »anschauen«), Hdt. 6,21,2. Cic. Att. 2,19,3. Lukian. salt. 83, dann einen Zuschauerraum mit ansteigenden Sitzen (Xen. hell. 7,4,31. Sylloge³ 970), die gesamte Th.-Anlage, schließlich Sonderformen wie das Odeion *(theatrum tectum)*, einen Vortragsraum (Philostr. v. soph. 2,5,3. Hor. epist. 1,9, 41 [?]), übertragen auch Schauplatz und Schauspiel. Th. im h. Sinne ist vor allem der Bau, in dem Aufführungen von Dramen (→ Drama. → Komödie. → Tragödie) stattfanden, der aber auch anderweitig verwandt werden konnte (z. B. für Volksversammlungen, → Ekklesia). Th.-Spiel, urspr. im att. Dionysoskult beheimatet, breitet sich von Athen aus bis Unteritalien/Sizilien (die Anf. der Posse dort sind umstritten) und bis Kleinasien. Mit dem Spiel entsteht das Bedürfnis nach dem Th. als Bau, wofür zunächst sicher überall provisor. Holzkonstruktionen ausreichten; ältere Stein-Th. als das Dionysos-Th. in Athen (um 330) sind nicht sicher nachweisbar. Die Aufführungspraxis hat im Lauf der Z. Wandlungen durchgemacht, die wir nur unsicher verfolgen können. Über Kostüme unterrichten vor allem Denkmäler ([10]. [22]. [23]. [26]. [27]), über Gesten, Bewegungen usw. die genaue Interpretation der Texte (→ Gebärden. [12]. [33]), über die Ausstattung (für die im klass. Athen der → Choregos zuständig war) Denkmäler und Lit., vgl. [2]. [31]. Das Spiel mit der Maske stellte hohe Anforderungen an den Schauspieler; je nach Drehung und Wendung, bezogen auf den (im Lauf des Tages wechselnden!) Lichteinfall kann die gleiche Maske, wie neuere Versuche gezeigt haben, die ganze Skala von Triumph und Freude bis Wut, Enttäuschung und Trauer weithin sichtbar ausgezeichnet ausdrücken. Zu den Schauspielern → Technitai. Im röm. Th. trat der → Chor, soweit es ihn überhaupt noch gab, ganz zurück. Wie lange in röm. Z. die Schauspieler Masken trugen, ist nicht gesichert. Im Lauf der Kaiserz.

verliert das Th.-Spiel den Bezug zum Religiösen endgültig, wird ganz Unterhaltung und sinkt schließlich auf das Niveau des Balletts; daher hielt es sich noch lange gegen chr. Kritik ([11]. [24]), bis 526 → Iustinianus (1) Schritte gegen das Th. unternahm, Prok. anekd. 26.

Ursprung des griech. Th.s ist die Orchestra, ein kreisförmiger Tanzplatz, auf dem der → Chor tanzte und sang; die Zuschauer standen um ihn herum. Mit der Entwicklung zum dramat. Spiel kam eine Ausgestaltung des Hintergrundes hinzu, die Skene (*σκηνή*, *scaena*), was die Zusammendrängung der Zuschauer auf der gegenüberliegenden Seite zur Folge hatte. Baute man für sie provisorische Sitz- oder Stehplätze, so war die Grundanlage des ant. Th.s fertig, die Dreiheit Skene, Orchestra, Zuschauerraum. Wie sich das im Einzelnen vollzogen hat, wie die provisor. Bauten aussahen, wie die ältesten Skenen gegliedert und dekoriert waren, ist lebhaft umstritten; eine genaue Vorstellung von den ältesten Th.n haben wir nicht (doch vgl. [14]. [34]). Ein Zusammenhang mit den minoischen Anlagen in Knossos und Phaistos ist nicht erweisbar (anders [14]. [34]). Gegen E. 5. Jh. scheint eine feste Holz-Skene von einheitl. Grundform (vortretende Flügelbauten, Paraskenien; dazwischen das Proskenion, der Spielplatz innerhalb der Orchestra vor der Skenenwand) errichtet worden zu sein, die allen späteren Th.n Vorbild wurde. Umstritten bleibt, ob der Spielplatz schon damals als erhöhte Bühne durch Stufen gegen die Orchestra abgesetzt wurde oder ob das später geschah. In der Orchestra stand urspr. auf einer Stufe (Bema) der Opferaltar für Dionysos, die → Thymele. Wegen des dramat. Spiels rückte der Altar später an den Rand, doch wurde für rein musikal. Aufführungen immer ein Altar in die Mitte der Orchestra verbracht. Das Gegenüber von Skene und Zuschauerraum mit der Orchestra dazwischen wahrte die Einheit von Schauplatz und Zuschauern; daran wurde auch durch Höherlegen des Spiels auf eine Bühne vor der Skenenwand nichts geändert. Der Zuschauerraum, meist in einen Berghang gebettet und nach seiner Hohlform Koilon genannt, umfaßte seit der Ausführung in Stein beim griech. Th. etwas mehr als einen Halbkreis. Zwischen Koilon und Skene führte beiderseits je ein Hauptzugang, Parodos, seitlich zur Orchestra. Das Koilon selbst ist in der Regel durch Treppen in keilförmige, zur Orchestra orientierte Abschnitte (Kerkides) geteilt; die Sitzreihen können durch horizontale Umgänge (Diazomata) zu Gruppen zusammengefaßt und in »Ränge« geteilt sein. Die unterste Sitzreihe enthielt die besten Plätze, die Prohedria, die für Priester und Amtsträger bestimmt waren.

Schon früh muß die Skene mehrstöckig gewesen sein (Episkenion), denn schon die Dramen des Euripides benötigen sowohl erhöhte Plätze für Götter (Theologeion) wie Raum für die verschiedenen techn. Einrichtungen (→ Ekkyklema. → Aiorai. → Bronteion. Die Blitzmaschine Keraunoskopeion Poll. 4,127. 130). Wie die malerische Bühnengestaltung, Skenographia, aussah (→ Agatharchos [2]. → Apollodoros [10]), wissen wir nicht; es handelte sich dabei wohl um auswechselbare Tafelbilder.

In hellenist. Z. änderte sich mit dem Wegfall der tragenden Rolle des Chors auch der Spielplatz. Auf dem jetzt sicher stark erhöhten Proskenion (das als Sprechbühne auch Logeion hieß) agierten die Schauspieler wie auf einer Bühne. Anders als im Mutterland und im O. bevorzugt der W. genau halbkreisförmige Zuschauerräume, die durch ein Parodostor, die Pylis, den Orchestraraum abschließen. Obwohl die Skenenbauten im O. und W. gewisse Verschiedenheiten aufweisen, setzt sich doch eine Dreiteilung mit je einem Zugang von hinten in der Mitte und auf beiden Flügeln durch; diese Zugänge haben im Spiel feste Bedeutung (»Palast«, »Land«/»Hafen«, »Stadt« usw.). Es gab auch Anlagen mit fünf Türen (Thyromata), die entweder mit gemalter Dekoration verschlossen werden konnten oder Einblick in Innenräume boten; in diesem Fall waren sie mit Vorhängen zu verschließen. Der W. kennt außerdem seit dem 4. Jh. (? E. 5. Jh.?) die verhältnismäßig niedrige Holzbühne der Phlyakenposse (→ Phlyakes). Ob und wie weit sich malerische Bühnenausstattung und Technik im Hellenismus geändert haben, entzieht sich unserer Kenntnis. Die Zwischenräume zwischen den Stützen des hölzernen Proskenionbodens wurden durch bemalte Holzplatten, Pinakes, geschlossen, was der Akustik zugute kam. Schon um 300 v. Chr. konnte auf 3 Spielplätzen simultan gespielt werden, die seitlich und der Höhe nach differenziert waren. Zu schnellem Dekorationswechsel dienten drehbare, entsprechend bemalte Prismen (Periakten), die meist in die äußeren Türöffnungen eingelassen waren, sowie das Hemikyklion und das Stropheion (Drehscheibe mit senkrechter Mittelwand?), von deren Funktionieren wir nur dürftige Kenntnis haben. Es gab (in Priene: [4]) Aufzüge für den Auftritt von Personen, vom Hyposkenion zum Logeion, wohl auch von dort zum Dach der Skene, sowie unterirdische Gänge unter der Orchestra mit Mündungen in und am Rand der Orchestra (in Eretria, [6] H. 8), die sog. Charonischen Stufen. Zur Aufbewahrung von Requisiten und Dekorationen diente die Skenotheke; die Schauspieler wechselten die Kostüme in Räumen hinter der Skene. Zur Verstärkung der Akustik ([32]) dienten u. a. Schallgefäße ([17]), die in den ansteigenden Zuschauerraum eingemauert waren.

Die röm. Republik gestattete seit 240 v. Chr. zunächst nur provisor. Anlagen: Holzbänke für die Zuschauer, Bretterpodest *(pulpitum, proscaenium)* mit Hintergrundswand *(scaenae frons)* als Bühne, Räume für die Darsteller *(postscae-*

nium). Der Aedil M. → Aemilius (I 29) Scaurus verbrauchte in einem immer noch provisor. Th. mit *cavea* (halbkreisförmiger Zuschauerraum) für eine dreistöckige Bühnenwand (unten Marmor, in der Mitte Glas, oben vergoldetes Holz!) 3000 Bronzestatuen und 360 Säulen; die Cavea faßte nach dem sicher verderbten Text angeblich 80000 Zuschauer (Plin. nat. 34,36. 36,5. 50. 113–115. 189). War hier der Prunk das Wichtigste, so die techn. Raffinesse bei den beiden drehbaren, nach Entfernung der *scaenae frontes* ein → Amphitheatrum bildenden Th.n des → Curio (2), immer noch Holzbauten, Plin. nat. 36,116ff. Das erste Stein-Th. baute 55 v.Chr. in Rom Pompeius (NASH 2,423ff.); es wurde zum Muster aller röm. Th. und noch von Amm. 16,10,14 zu den *decora urbis aeternae* gerechnet. Das röm. Th. ist nicht in einen Berghang gebettet, sondern freistehend aus Stein errichtet. Bühnenbau und Cavea sind gleich hoch, das Innere ist daher ein geschlossener Raum. Das Äußere hat monumentale (Fassaden-)Gliederung, meist von unten nach oben dor., ion., korinth. (oder Komposit-)Ordnung. Orchestra und Cavea sind halbkreisförmig und durch Schranken oder eine Brüstung *(pluteus)* voneinander getrennt, zum Schutz der Zuschauer bei Tierhetzen, die z.T. im Th. stattfanden. Die hohen Substruktionen für die oberen Ränge der Cavea boten ausreichend Raum für ein ausgeklügeltes System überwölbter Gänge und Treppen *(vomitoria, aditus)*, die relativ schnelle Füllung und Leerung der riesigen Bauten (10000–24000 Zuschauer) ermöglichten. Die Parodoi des griech. Th.s wurden zu überwölbten Gängen, über denen sich am Rand der Orchestra die Sitze für den Kaiser, den spielgebenden Magistrat usw. befanden *(tribunalia)*. Die Bühne mit Holzfußboden (aus akustischen Gründen) war länger als beim griech. Th. Die Skene *(scaenae frons)*, in der Regel dreistöckig, war mit Vor- und Rücksprüngen, Fenstern, Nischen und (im Untergeschoß) Türen gegliedert und reich mit Statuen ausgestattet. In der Kaiserz. finden sich in den meisten Th.n Kaiserstatuen. Der Aufbau der Skene mit rechteckigen und halbrunden Nischen, dreieckigen, halbrunden und gesprengten Giebeln über den Nischen, den verschiedenartigsten, oft von Stockwerk zu Stockwerk wechselnden Verkröpfungen unter Verwendung aller architekton. Ordnungen war das Prunkstück des Th.s, zugleich Ausweis des Ranges (oder Anspruchs) der Stadt. Von der Rückwand der Skene überragte meist ein Pultdach den Spielraum; von ihm aus konnte die ganze Bühne durch einen versenkbaren Vorhang *(aulaeum)* vor Beginn des Spiels und während der Szenenwechsel unsichtbar gemacht werden. Die techn. Vorrichtungen wurden weiter verfeinert und vervielfältigt, sogar Wasserspiele konnten im Th. gezeigt werden. Unter den zahlreich erhaltenen röm. Th.n sind vor allem wegen der gut erhaltenen Bühnenwand die Th. von → Arausio (h. Orange), → Aspendos ([30]), → Sabratha sowie das Odeion des → Herodes (16) Attikos in Athen (TRAVLOS Bildlex. z. Topogr. d. ant. Athen 378ff.) hervorzuheben, unter den griech. Th.n der hist. Bedeutung wegen trotz aller späteren Umbauten das Th. des Dionysos in Athen ([13]. TRAVLOS 537ff.) und das vorbildlich veröffentlichte Th. des → Polykleitos (8) in Epidauros ([21]). Auf das MA. hat das ant. Th. keine unmittelbare Wirkung gehabt, um so stärker hat es Theorie und Praxis des Th.-Baus seit der Renaissance beeinflußt. W. H. G.

1. *Dörpfeld-Reisch* D. griech. Th., 1896. 2. *Wilhelm* Urk. 3. *Fiechter* D. baugesch. Entwicklung d. griech. Th., 1914. 4. *v. Gerkan* Das Th. v. Priene, 1921. 5. *Bulle* Unt.en an griech. Th.n, ABAW 33, 1928. 6. *Fiechter* Ant. griech. Th.-bauten, 1930ff. 7. *Fensterbusch*, RE V A 1384ff. 8. *Arias* Il teatro greco fuori di Atene, 1934. 9. *Bulle* Das Th. zu Sparta, SBAW 1937, H. 5. 10. *Bieber* The History of the Greek and Roman Th., 1939. ^{2}1961. 11. *Theocharidis* Beiträge z. Gesch. d. byz. Profan-Th., Diss. München 1942. 12. *Spitzbarth* Unt.en z. Spieltechnik d. griech. Tragödie, 1946. 13. *Pickard-Cambridge* The Th. of Dionysos in Athens, 1946. 14. *Anti* Teatri greci arcaici, 1947. 15. *Reinhardt* Aischylos als Regisseur u. Theologe, 1949. 16. *Bulle-Wirsing* Szenenbilder z. griech. Th., 1949. 17. *Thielscher* in: Festschr. F. Dornseiff (1953) 334ff. 18. *Pickard-Cambridge* The Dramatic Festivals of Athens, 1953. 19. *Beare* The Roman Stage, 1950. ^{2}1955. 20. *Fensterbusch*, RE XXIII 1287ff. 21. *v. Gerkan – Müller-Wiener* Das Th. v. Epidauros, 1961. 22. *Webster* Monuments illustr. Old and Middle Comedy, 1960. 23. *Ders.* Monuments illustr. New Comedy, 1961. 24. *Andresen*, ZKG 72, 1961, 217ff. 25. *Arnott* Greek Scenic Conventions, 1962. 26. *Webster* Monuments illustr. Tragedy and Satyr Play, 1962. ^{2}1967. 27. *Ders.* Griech. Bühnenaltertümer (Stud.-H. z. Alt. Wiss. 9), 1963. 28. *v. Gerkan*, MDAI (Istanbul) 13/14, 1963/64, 67ff. 29. *Andresen*, LAW 3029f. 30. *D. de Bernardini* Teatri class. in Asia Min., 1966ff. 31. *Dingel* Das Requisit in d. griech. Tragödie, Diss. Tübingen 1967. 32. *Canac* L'acoustique des théâtres ant., 1968. 33. *Steidle* Stud. z. ant. Drama, 1968. 34. *Anti-Polacco* Nuove ricerche sui teatri greci arcaici, 1969.

Theatrum Balbi, von einem Freund des Kaisers Augustus, L. → Cornelius (I 9) Balbus, der 19 v.Chr. über die → Garamantes in Afrika triumphierte, unter großem Prachtaufwand erbaut (Suet. Aug. 19) und 13 v.Chr. eingeweiht. Das Theater lag auf dem Marsfeld in der Nähe des n. Teils der Tiberinsel und bot 6000–7000 Zuschauern Platz. Es war das kleinste der drei Theater der IX. Region. G. GATTI, der die Fragmente des severischen Stadtplans neu ordnete und 1960 publizierte, konnte Reste der *cavea* unter dem Palazzo Mattei di Paganica an der Piazza Paganica nachweisen. Rud. G.

J. Weiss, RE V A 1422f. *Nash* 2,414ff. (mit Lit.).

Thebai (*Θήβη* dichterisch seit Homer, sonst *Θῆβαι*, Ethn. *Θηβαῖος*, Name vorgriech.). **1.** Die Hauptstadt Boiotiens, noch h. mit demselben

Namen an derselben Stelle, liegt im s.ö. Boiotien an den n. Ausläufern des Höhenzuges, der die mittlere (»aonische«) boiot. Ebene von der → Asopos (2)-Niederung trennt. Mittelpunkt ist die Akropolis, die Kadmeia, auf die das h. Th. zur Hauptsache beschränkt ist, während sich die ant. Stadt nach O., N. und W. über die z.T. höheren Nachbarhügel ausdehnte. Die Kadmeia ist ein viergipfliger flacher Hügel von etwa 700 m Länge und 400 m Breite, der von S. nach N. von 218 m auf 180 m, etwa 60 m über der Ebene, abfällt, in einer Lage, die die Ebene und die bei Th. vorbeiführende Hauptstraße von S. nach Mittelgriechenland beherrscht. In und um Th. entspringen zahlreiche Quellen, dazu sind etwa ein Dutzend Wasserleitungen von myken. bis in fränk. Z. bekannt. Die erhaltenen ant. Reste sind äußerst spärlich, dafür hat Pausanias eine ausführliche Beschreibung Th.s gegeben. Die Kadmeia wird im W. und O. durch zwei tief eingeschnittene Täler mit ständig Wasser führenden Bächen begrenzt, im W. der aus mehreren Quellen entspringenden → Dirke, h. Plakiotissa, im O. des → Ismenos, h. Rhevma v. Hg. Joannis, der s.ö. der Kadmeia entspringt und weiter unterhalb aus der Quelle → Oidipodia einen starken Zufluß erhält. Beide Bäche fließen dann vereint in den Likerisee.

Kleine Stücke der Burgmauer aus myken. und späterer Z. sind ausgegraben. »Siebentorig« ist die Kadmeia schon bei Homer Il. 4,406; Od. 19,263. Die Namen der Tore werden später verschieden und in verschiedener Reihenfolge angegeben und sind mythisch. Pausanias kennt davon drei, das »elektrische« im SO. der Kadmeia, das »proitidische« im NO. und das »neitische«, wohl das »unterste« im W. Die Stadtmauer des 4. Jh. v. Chr. im Umfang von etwa 7 km (43 Stadien, Dionys. Call. 93 ff.) ist in mehreren ausgegrabenen Stücken und nach den Nekropolen bekannt. Von den vielen Heiligtümern ist durch Ausgrabung nur das Orakelheiligtum des Hismenos, später Apollon Ismenios, im SO. der Stadt bekannt mit einem älteren Tempel geometr. Z., dem ein Porostempel des 6. Jh. und ein dor. Peripteros des 4. Jh. folgt. Die Kultstatue stammte nach Paus. 9,10,2 von → Kanachos (1).

Älteste Siedlungsspuren, früh- und mittelhellad. Scherben und Baureste gehen bereits ins 3. Jt. zurück. In myken. Z. stand auf der Kadmeia ein großer, reich ausgestatteter Palast, der in spätmyken. Z. beginnt und durch Brand zerstört wurde (SH III A, ca. 1400–1320 v. Chr.), ersetzt durch einen kleineren an etwas anderer Stelle, ebenfalls vor E. der myken. Z. zerstört (SH III B, ca. 1320–1270 v. Chr.). Unter den Funden wichtig Reste der Wandmalerei ([9]), Teile des Archivs und ein Depot von 36 babylon. Siegelzylindern vor allem des 14. Jh. v. Chr., Kadmos 3, 1964, 25 ff. 108 f. 182 f. 9, 1970, 170 ff. *Ἀρχαιολογικὰ Ἀνάλεκτα* 1, 1968, 9 ff. 16 f. 3, 1970, 62. 322 ff. BCH 88, 1964, 775 ff. AJA 69, 1965, 172 f. Große myken. Kammergräbernekropolen bes. s. und ö. der Kadmeia. Die Bedeutung Th.s spiegelt sich in der großen Rolle wider, die Th. in Mythologie und Sagengesch. spielt ([12]), doch war → Orchomenos (1), dem Th. sogar tributpflichtig gewesen sein soll, bedeutender und mächtiger. Bei Homer heißen die myken. Bewohner Th.s *Καδμεῖοι*, *Καδμείωνες*, Il. 4,376 ff. 5,804 ff. 10,286 ff. 23,679 f.; Od. 10,275 f. → Kadmos (1) galt als Gründer der Stadt, während die Erbauung der Mauer den Brüdern → Amphion und → Zethos zugeschrieben wurde, Hom. Od. 10,262 ff., deren Grab bei Th. gezeigt wurde, Paus. 9,5,6 ff. 17,4. 10,32,11. Dazu bes. [7].

Daß Th. im Schiffskatalog, Hom. Il. 2,505, *Ὑπόθηβαι* heißt, muß damit erklärt werden, daß die nachmyken. boiot. Stadt zunächst unterhalb der Kadmeia entstand; es ist im Schiffskatalog eine Stadt neben anderen, während Orchomenos über ein großes Reich verfügt, Il. 2,505. 511 ff. Die führende Stellung Th.s in Boiotien ist erst in langen Kämpfen im Laufe des 6. Jh. errungen worden. Beziehungen zu den → Peisistratiden, Hdt. 1,61. Aristot. Ath. pol. 15,2. BCH 44, 1920, 237 ff. Weihgeschenk des Kroisos Hdt. 1,52. Weihgeschenk in Olympia für einen Sieg über → Hyettos, SEG XXIV 300. Bündnis mit → Tanagra, → Thespiai und → Koroneia (1), Hdt. 5,79,2. Der Anschluß → Plataiais an Athen führt zu kriegerischen Konflikten und zur Festlegung der S.-Grenze des theban. Gebiets am → Asopos (2), Hdt. 5,77. 80 f. 6,108. Thuk. 3,55 f. 61,2. 68,4. Zur Frühgesch. s. auch P. Guillon Les trépieds du Ptoion, Paris 1943, 119 ff.

Beim Xerxeszug sandte Th. zunächst ein Kontingent ans → Tempetal und an die → Thermopylen, Plut. mor. 864 ff. 865. Hdt. 7,202. 205 f. 222 bis 233, trat dann aber zu den Persern über, die es dann stark unterstützte mit besonderer Beteiligung an der Schlacht von Plataiai, Hdt. 9,31. 40. Dieser wohl vor allem beim Adel bestehende Medismos ist den Thebanern zum schweren Vorwurf gemacht worden, eine dreiwöchige Belagerung durch die Griechen nach dem Sieg bei Plataiai erzwang die Auslieferung der Schuldigen, während ein spartan. Versuch, Th. aus der → Amphiktyonie auszuschließen, nicht von Erfolg war. In Th. wurde wohl eine demokrat. Verfassung eingeführt, die Vorrangstellung in Boiotien war erschüttert, Diod. 11,91,1. Iustin. 3,6,10. Ein Versuch, diese mit spartan. Hilfe zurückzugewinnen, führte nach anfänglichen Erfolgen zur Niederlage von → Oinophyta, durch die Boiotien unter athen. Vorherrschaft kam. Die Demokratie wurde wieder gestürzt, Aristot. pol. 1302b 29 ff. Die Befreiung Boiotiens ging von Orchomenos aus, das nach dem Sieg bei Koroneia 447 v. Chr. den boiot. Bund mit timokratischer Verfassung neu organisierte, in dem es zunächst die führende Rolle spielte; von den 11 Boiotarchen und entsprechenden Anteilen verfügte Th. über zwei, Hell. Oxyrh. 16 (11), 3., dazu LARSEN, CPh 55, 1960, 9ff. SORDI, AeR 13, 1968, 66ff. Erst der Sieg über Plataiai im J. 427 v. Chr. und der Anschluß weiterer Orte im ö. Boiotien machte Th. zur herrschenden Stadt, Hell. Oxyrh. 17 (12), 3, mit einem Gebiet, das nun etwa ein Drittel Boiotiens umfaßte. In diese Jahrzehnte von etwa 500–440 v. Chr. fällt Pindars Tätigkeit.

Im peloponnes. Krieg stand Th. auf seiten Spartas. Hauptereignisse sind der Überfall auf Plataiai mit der nachfolgenden Belagerung und Zerstörung der Stadt, 431–427 v. Chr., und der Sieg über die Athener bei → Delion (1), der Th.s Machtstellung bedeutend steigerte. Dem Frieden von 421 traten die Thebaner erst zwei Jahre später bei und schlossen mit Sparta ein Bündnis, daher an den weiteren Ereignissen des Krieges bis zum Schluß mitbeteiligt. Der theban. Wunsch nach Zerstörung Athens wurde von Sparta nicht erfüllt.

Der Streit um die Beute aus dem Kriege führte zum Zerwürfnis mit Sparta, Th. unterstützte die athen. Verbannten, die von hier aus unter → Thrasybulos (3) den Sturz der Dreißig vorbereiten konnten. Diese Spannung veranlaßte den von theban. Politikern herbeigeführten »Korinthischen Krieg« gegen Sparta im Bunde mit Athen, Argos, Korinth, Euboia u. a., der trotz des Anfangssieges von → Haliartos für Th. unglücklich verlief. Nach dem Scheitern eines ersten Friedensversuches im J. 392 v. Chr. mußte Th. den Antalkidasfrieden mit der Autonomieklausel anerkennen. Der boiot. Bund wurde zwar nicht aufgelöst, aber Th.s Stellung war stark geschwächt. Orchomenos wurde wieder selbständig, Thespiai und Plataiai wieder aufgebaut, der O.-Teil des theban. Gebiets wurde selbständig oder fiel an Tanagra, Th. war zur Heeresfolge für Sparta verpflichtet. Die inneren Gegensätze veranlaßten 382 v. Chr. sogar die Besetzung der Kadmeia durch spartan. Truppen. In sorgfältig vorbereiteter Überrumpelung konnte → Pelopidas mit anderen Verbannten von Athen aus Th. befreien. Folge war der offene Krieg mit Sparta, in dem sich Th. trotz Rückschlägen erfolgreich behaupten konnte, damit auch erneuerte Vormachtstellung im boiot. Bunde, der mit demokratischer Verfassung neu geformt wurde mit nur noch 7 Boiotarchen.

Das Scheitern der Friedensverhandlungen von 371 v. Chr. führte zu dem neuen Angriff Spartas, das nun bei → Leuktra die entscheidende Niederlage seiner Geschichte erlitt, neu dazu [10], 13ff. Es folgt das Jahrzehnt der sog. theban. Hegemonie unter Führung des → Epameinondas und des Pelopidas, Th. beherrschte Mittelgriechenland und konnte sogar versuchen, die athen. Vormachtstellung in der Ägäis durch eine Flottenfahrt zu erschüttern. Der Tod des Pelopidas bei → Kynoskephalai 364 v. Chr. und des Epameinondas bei → Mantinea 362 v. Chr. brachte die Fortführung der Hegemoniepolitik zum Stillstand, vgl. Pol. 6, 43,4ff.

Durch Th.s Vorgehen gegen → Phokis kam es 356 v. Chr. zum Dritten Heiligen Krieg mit wechselvollen Siegen und Niederlagen, in dem Th. die Herrschaft über Mittelgriechenland großenteils einbüßte und schließlich → Philippos II. (4) von Makedonien zu Hilfe rufen mußte. Im Frieden von 346 wurde zwar Th.s Stellung wieder hergestellt, aber der Konflikt um Delphi 339 v. Chr. führte zu erneutem Eingreifen Philipps im Auftrage der Amphiktyonie und zum Sieg Philipps über die nun verbündeten Thebaner und Athener bei Chaironeia 338 v. Chr. Th. erhielt eine makedon. Besatzung, die Leitung wurde den Makedonenfreunden übergeben. Ein erster Versuch, nach dem Tod Philipps die makedon. Herrschaft abzuschütteln, scheiterte am schnellen Eingreifen Alexanders, aber die falsche Nachricht von seinem Tod ließ den offenen Aufstand aufflammen, an dem Th. auch beim Erscheinen des makedon. Heeres vor der Stadt festhielt. Nach kurzer Belagerung wurde die Stadt im Sturm genommen, mit Ausnahme der Heiligtümer und des Hauses Pindars nach Beschluß der Amphiktyonie völlig zerstört, die Überlebenden in die Sklaverei verkauft.

316 v. Chr. ließ → Kassandros (2) Th. wieder aufbauen, Paus. 9,7,1–4. Diod. 19, 54,1f. 63,4. Marm. Par. FGrH 239 B 14 (115). M. HOLLEAUX Études d'épigraphie 1,1ff. Th. erreichte aber die alte Bedeutung nie wieder und wurde auch nicht wieder Vorort des boiot. Bundes. → Herakleides (17) schildert es als eine gartenreiche Landstadt. Zunächst auf seiten Kassanders, 293 und wieder 291/290 Eroberung durch Demetrios Poliorketes und weiterhin unter Antigonos Gonatas, seit etwa 280 v. Chr. selbständig und zumeist im Bunde mit den → Aitolern, später mit Makedonien. Zur Lage im 3. Jh. v. Chr. Pol. 20,4–7 und [11]. 197 von → Flamininus durch Überrumpelung für Rom gewonnen, zu dem das Verhältnis aber gespannt blieb, vorübergehender Anschluß sowohl an → Antiochos III. (4) wie später an → Perseus (2). Auch am achaiischen Aufstand 146 v. Chr. beteiligt, dann Anschluß an → Mithradates (5) und von Sulla materiell schwer bestraft. Strab. 9,2,5 p. 403 nennt es nun »nicht einmal mehr ein nennenswertes Dorf«. Es bestand jedoch in der Kaiserz. als Stadt weiter, aber wie h. auf die Kadmeia beschränkt, Paus. 9,7,6. Ehreninschr. für röm. Kaiser reichen bis in konstantin. Z., IG VII 2451. 2493ff. 2503ff. Stück des diokIet. Preistarifs IG VII 2417 = SEG 14,386 (23,282). Bischöfe sind seit dem 4. Jh. bekannt, LE QUIEN Or. Christ. 2,207ff. Von → Alarich wurde Th. wegen seiner Festigkeit nicht angegriffen, Zos. 5,5,7. In byz. Z. und im MA. war Th. wieder die bedeutendste Stadt Mittelgriechenlands.

Von bedeutenderen Persönlichkeiten des kulturellen Lebens sind außer Pindar zu nennen der Kyniker → Krates (3) und mehrere berühmte Flötenspieler, wie bes. → Pronomos, [6], 65. 189f. Unter den Kulten Th.s treten archaische Züge und ältere Gottheiten stark hervor, unter den großen Gottheiten stehen Apollon und Dionysos an erster Stelle, [1], 1492ff. 1551ff. Ant. Hauptquellen: Herakleides 1,12–22 (p. 78ff. Pfister). Paus. 9,5,1 bis 18,6. 23,1–4. 25,1–10. Steph. Byz. s. *Θήβη*. Inschr.: IG VII 2405–2706c. 4247. 4248. Schwyzer 464–474. SEG 1,133–136. 14,386–388. 15,328. 329. 17,217–222. 22,411–420. 23,277. 278. 24, 364–378. Mz.: Head HN^2 349ff. Jb. f. Numism. 17, 1967, 73ff. Nr. 129–144. [6], 63ff. 135. 189 u.ö.

1. *F. Schober–L. Ziehen*, RE V A 1423ff. 2. *Philipps.-Kirst.* 1,509ff. 3. *Kirsten-Kraiker* Griechenlandkunde, ^{5}1967, 246. 823f. 876 (Lit.). 4. *E. Fabricius* Theben, Freiburg 1890 (mit Planskizze). 5. *A. D. Keramopullos*, *Ἀρχ. Δελτ.* 3, 1917, 1–503 (mit Plan). 6. *P. Cloché* Thèbes de Béotie des origines à la conquête Rom., Paris 1952. 7. *Fr. Vian* Les origines de Thèbes. Cadmos et les Spartes, Paris 1963. 8. *R. Hope Simpson* A gazetteer and atlas of Mycenaean sites 121f. Nr. 416. 9. *H. Reusch*, ADAW Kl. f. Sprachen 1955, 1. 10. *H. Beister* Unt. zu der Z. der theban. Hegemonie, Diss. München 1970. 11. *M. Feyel* Polybe et l'histoire de Béotie au IIIe siècle avant notre ère, Paris 1942. 12. *E. Bethe* Theban. Heldenlieder, Lpz. 1891.

2. Das phthiotische Th., *Θῆβαι Φθιώτιδες* (*αἱ Φθίαι*, *Ἀχαιίδες*), Stadt der südthessal. Landschaft Achaia → Phthiotis am N.-Rand der Ebene von Halmyros beim h. Akitsi (amtl. *Μικροθῆβαι*). Gut erhaltener Mauerring von knapp 2½ km Umfang von der Akropolis (158 m) in die Ebene hinabziehend. Geringe Reste von Theater, Häusern und Säulenhalle hellenist. Z. ausgegraben. Die Besiedlung beginnt auf der Akropolis in der jüngeren Steinzeit mit mehreren Siedlungsschichten übereinander, am E. der myken. Z. zerstört mit Neubesiedlung seit geometr. Z. Zuerst genannt bei Skyl. 63 und keine eigene Sagentradition. Im lam. Krieg auf makedon. Seite, Diod. 18, 11,1, Einverleibung der Nachbarorte → Phylake (1) und des Hafens → Pyrasos und damit wichtiger Hafen für Thessalien, Liv. 39,25,9. Eine weitere von → Kassandros (2) geplante Vergrößerung verhinderte Demetrios, Diod. 20,110,3ff. E. 3. Jh. zum aitol. Bund, Pol. 5,99,4. Eroberung durch → Philipp V. (7) im J. 217 v. Chr., Pol. 5,99f. und zeitweise Umbenennung in Philippopolis, Pol. 5, 100,8. Diod. 26,9 (Dind.). Steph. Byz. s. *Φίλιπποι*. Makedon. bis 197 v. Chr., dann selbständig mit vielleicht vorübergehendem Anschluß an Aitolien (Flacelière Les Aitoliens à Delphes, pass.), seit 189 v. Chr. zu Thessalien gezogen, zu dem es seitdem gerechnet wird. In röm. Z. großenteils verlassen, aber nach den Funden weiterbesiedelt. An die Stelle trat die Hafenstadt Pyrasos, die den Namen Th. übernahm und als blühende Stadt und Bistum

bis zum Slaveneinfall im 7. Jh. n. Chr. bestand, [3], 1591f. [8–10]. Befestigung unter Iustinian, Prok. aed. 4,3,5. Neubesiedelung von Th. in byz. Z. und im MA. Gräber klass. bis frühchr. Z., *Ἀρχαιολ. Ἀνάλεκτα* 3, 1970, 204ff. Herakleides 3,2 (p. 92 Pfister). Strab. 9,5,6 p. 431. 5,8. 10 p. 433. 5,14 p. 435. Ptol. 3,12,14. Plin. nat. 4,29. Solin. 8,2. Hierokl. synekd. 642,4. Steph. Byz. s. *Θήβη*. Inschr.: IG IX 2,132–195. 1322. 1326–1334. [3], 1583,1ff. SEG 12,372. 17,301. 19,414–420. 24, 398. A. S. McDevitt Inscript. from Thessaly. An analytic handlist and bibliography, Hildesheim 1971, 9ff. Nr. 22–145. Mz.: Head HN^2 310. [3] 1583, 10ff. E. M.

1. *Fr. Stählin*, MDAI(A) 31, 1906, 5ff. 2. *Ders.* Das hellen. Thessalien 171ff. (mit Plan). 3. *Ders.*, RE V A 1582ff. Nr. 3 (mit Plan). 4. *Philipps.-Kirst.* 1,179f. 5. *Kirsten-Kraiker* Griechenlandkunde, ^{5}1967, 603f. 6. *R. Hope Simpson* A gazetteer and atlas of mycenaean sites 147 Nr. 490. 7. Ausgrabungen: *A. J. B. Wace–M. S. Thompson*, Prehistoric Thessaly 166ff. *Πρακτ.* 1907, 161ff. 1908, 160ff. 8. *N. J. Giannopulos*, ByzZ 27, 1927, 42ff. 9. *Ders.*, *Θεσσαλικὰ Χρονικά* 4, 1934, 180ff. 10. *G. A. Sotiriu*, EA 1929, 1ff. (mit Plan).

3. Griech. Name einer Stadt in O. Äg., in mehreren Epochen Hauptstadt des Landes. Der Name geht auf ṯ3-mw.t (kopt. XHME) zurück, Bezeichnung eines »Urhügels« am kleinen Tempel von Medinet Habu, dem Totentempel Ramses' III. auf dem W.-Ufer, wo seit diesem König der Kern der Stadt lag (auch Herodot hat, 2,143, nur diesen Teil besucht), während vorher das Zentrum auf dem O.-Ufer um die Tempel von Karnak und Luxor lag. Altäg. hieß die Stadt wie der 4. o.äg. Gau, dessen Metropole Th. seit der 11. Dyn. war, W3s.t. Trotz Versuchen, die Bedeutung von Th. und seiner Tempel schon für das A.R. zu belegen (F. Daumas, Bull. Inst. franç. 65, 1967, 201ff.), beginnt die Gesch. Th.s – abgesehen von der Grabanlage eines Wnjś-ʿnḫ – erst mit der 11. Dyn. (D. Wildung, MDAI[Kairo] 25, 1969, 212ff.). Vorher war → Hermonthis die Gaumetropole. Die Könige der 11. Dyn. verlegten Residenz und ihre Gräber (D. Arnold, MDAI[Kairo] 23, 1968, 26ff.) nach Th. und bauten den Tempel des lokalen Gottes Amun, des »Unsichtbaren« (wohl urspr. eine Nilgans), aus. Auch als die 12. Dyn. die Residenz nach Lisht s. Memphis verlegte, blieb Th. als »Südstadt« neben der »Residenz« Sitz der s. Landesverwaltung und des s. Vezirs. In der → Hyksoszeit Sitz eines Kleinkönigtums, das n. ungefähr bis → Abydos reichte, ging von dort unter Seqenenre und Kamose der von Ahmose siegreich beendete Kampf gegen die asiat. Bedrücker aus, wodurch Th. wieder zum Mittelpunkt des Reiches wurde und es in der 18. Dyn. auch blieb, als die Könige aus strateg. Gründen von Memphis aus regierten. Das große Opet-Fest des Amun brachte aber jedes Jahr den König nach Th., der auch auf dem W.-Ufer Grab (seit Thutm.

I. im Königsgräbertal) und Totentempel errichtete. Nach der kurzfristigen Verlegung der Residenz nach → Amarna unter Echnaton residierten die Rammesiden zwar in Memphis bzw. in der »Rames-Stadt« im O.-Delta, doch errichteten auch sie ihre Grabanlagen in Th., von denen damals die großen, noch h. erhaltenen Tempel → Sethos' I. bei Gurna, des Ramesseums (→ Ramses II.) und von Medinet Habu (Ramses III.) erwähnenswert sind. Die Verlagerung des Verwaltungszentrums nach N. in dieser Z. führte aber dazu, daß die Hohenpriester von Karnak so selbstherrlich wurden, daß sie zunächst in der 20. Dyn. das Amt vererben und gleichzeitig alle wichtigen Ämter auch der Zivilverwaltung mit Familienangehörigen besetzen konnten. Es entsteht der theban. »Gottesstaat«, in dem Amun nomineller Herrscher und sein Hoherpriester sein Verwalter ist. Trotz eines Versuches des letzten Rammesiden (Ramses XI.), diese Entwicklung durch Eingreifen des Vizekönigs von Kusch Pꜣ-nḥśj aufzuhalten, bestehen seit der 21. Dyn. zwei Reichsteile nebeneinander, deren Grenze bei → Hermupolis liegt; jedoch haben die zunächst in → Tanis (1) regierenden Könige ein gewisses Übergewicht, was sich darin ausdrückt, daß sie versuchen, das Hohepriesteramt durch ihre Söhne zu besetzen, wobei immer wieder eine erneute Dynastiebildung in der Thebais verhindert werden muß. Am E. der 23. Dyn. versuchte man dies dadurch herbeizuführen, daß man eine Prinzessin als »Gottesgemahlin« des Amun einsetzte und ihr alle Macht und das Tempelvermögen zur Verwaltung gab. Diese Gottesgemahlinnen drängten den Hohenpriester in der Aithiopen- und Saitenzeit in den Hintergrund und waren damals die Herren der Thebais, wenn auch in den Kämpfen zwischen Aithiopen und Assyrern der Bürgermeister Monthemhet die Hauptrolle spielte und von den Assyrern als »König« von Ni (nw.t: die »Stadt«) bezeichnet wurde. Die »Gottesgemahlinnen« enden mit der Eroberung durch die Perser; die Thebais bleibt bis in die Ptolemaier- und Römerzeit ein mehr oder minder einheitliches Verwaltungsgebiet, ohne daß die einzelnen Gaue verschwinden. Polit. ist Th. seit der Perserzeit Provinz und spielt keine Rolle mehr. – Von wichtigen Bauten ist der Haupt- und Reichstempel von Karnak (Ip.t-iśw.t) zu nennen, den bes. die Könige der 18. und 19. Dynastie großartig ausgebaut haben, verbunden mit den Tempeln der Mut und des Chons, die mit Amun die Triade von Karnak bilden; daneben umgaben den Tempel zahlreiche weitere Tempel (Month, Maat, → Ptah) und Kapellen (bes. für verschiedene Gestalten des → Osiris). Eine 2 km lange Widderallee verband Karnak mit dem von → Amenophis III. und Ramses II. prunkvoll ausgebauten Tempel von → Luxor (ip.t-rśw.t, »südlicher Harim«), dessen kultische Bedeutung noch unklar ist. Auf der W.-Seite sind neben den bereits erwähnten Totentempeln Sethos' I., Ramses' II. und Ramses' III. noch die → Memnonskolosse als letzte stehende Zeugen des riesigen Totentempels Amenophis' III. erhalten, sowie die Tempel Menthuhoteps II. (11. Dyn.) und der Königin Hatschepsut (Deir el Bahari). Auf den Hügeln s. und n. des Talkessels von Deir el-Bahari, aber auch in der Ebene davor, liegen zahllose Gräber von hohen Beamten von der 11. Dynastie bis in die Saitenzeit, deren Bildausschmückung wichtige Aufschlüsse über das Leben und die religiösen Vorstellungen ihrer Zeiten geben. Im S. liegt der späte Tempel von Kasr el- Aguz. Erhalten ist außerdem ein Palast Amenophis' III. (Molgata), Gräber der Königinnen in einem gesonderten Tal, und die Arbeiterstadt von Deir el-Medineh, durch einen Bergpfad mit dem Königsgräbertal, ihrer Arbeitsstätte, verbunden; auch in dieser Siedlung ist ein später Tempel erhalten. Die Reste der kopt. Z., in der in den Ruinen zahlreiche Klöster (Deir) und in den Gräbern Mönchszellen angelegt waren, sind durch die Ausgrabungen restlos beseitigt worden, auch die Kirchenanlage in Medinet Habu. W. H.

E. Otto Topogr. des theban. Gaues, Bln. 1952. *E. Otto – M. Hirmer* Osiris und Amun, München 1966.

4. s. Thebe (2)

Thebaïs (*Θηβαΐς*), Epos aus dem → Epischen Zyklus, den theban. Sagenkreis behandelnd. Die Autorschaft war umstritten (vgl. W. Kullmann, H[ES] 14, 1960, 215). → Homer (dazu Paus. 9,9,5) oder → Antimachos (3) von Teos. Von den urspr. etwa 7000 Versen ist nur wenig erhalten. Der Anf. des Epos zeigt nächste Nähe zu den hom. Epen, offenbar im Sinne der Nachahmung (E. Kalinka, Almanach d. Ak. Wien 1934, 22). → Oidipus spricht zweimal einen Fluch über seine Söhne, der sich im Wechselmord des → Eteokles und → Polyneikes grausam erfüllt. Aus der Th. schöpften die att. Tragiker. Zum Thema vgl. E. Bethe Theban. Heldenlieder, 1891. C. Robert Oidipus, 1915. L. Deubner, APrAW, Phil.-hist. Kl. 1942/44, 27ff. EGF. – → Antimachos (2) von Kolophon verfaßte ein Epos Th., das mindestens 5 B., wahrscheinl. sogar 24 B. umfaßte. Das Verhältnis dieses Epos zum kykl. Epos ist kaum zu bestimmen. Erhalten ist die Th. des → Statius (II 3). W. P.

Thebe (*Θήβη*). **1.** Tochter des → Iason (2) von → Pherai, unglücklich vermählt mit Alexandros von Pherai, beklagte sich 369/68 bei → Pelopidas und bewog 358 ihre Stiefbrüder → Teisiphonos und → Lykophron (3), vor ihren Augen Alexandros zu ermorden. Xen. hell. 6,4,35ff. Diod. 16,14,1. Plut. Pelop. 28. 31. 35; mor. 256 a. Cic. inv. 2,144; off. 2,25. Val. Max. 9,13 ext. 3. H. V.

2. *Θ.* Strab. 13,585; auch *Θῆβαι*: Hom. Il. 22, 479), Herrschersitz des Kilikerkönigs → Eetion (1) in Mysien, Gründung des → Herakles, nach dessen Frau Th. benannt. Ihr Bestehen läßt sich für hist. Z. nicht nachweisen, zu Strabons Z. war die Stätte verödet (13,612. 614); man hat sie etwa beim h. Edremit (ant. → Adramyttion) zu suchen. Nach Th. benannt war die Ebene am n. ö. Ufer des adramytten. Golfes (τὸ Θήβης πεδίον, vgl. etwa Strab. 13,613), in der die Siedlungen Adrynion, → Chryse (3), → Killa (1) und → Lyrnessos (1) lagen. E. O.

W. Ruge, RE V A 1595ff. *D. Magie* Roman Rule in Asia Minor, Princeton 1950, 806.

3. s. Thebai (1)

Theches (Θήχης, Xen. an. 4,7,21; τὸ Χήνιον ὄρος, Diod. 14,29,3), Bergrücken, von dem aus die Zehntausend auf ihrem Rückzug nach der Schlacht bei → Kunaxa (im Herbst 401 v. Chr.) zum ersten Mal das Meer (das Schwarze Meer) wieder erblickten. Er ist nicht mit Sicherheit auszumachen, am ehesten wohl am 3063 m hohen Massiv des Zigana Daği zu suchen. E. O.

W. Ruge, RE V A 1600f.

Theia. 1. (Θεία), Titanin, die dem Titanen → Hyperion → Helios, Selene und Eos gebar. Hes. theog. 135. 371. Orph. frg. 114. Apollod. 1,2. 8. Catull. 66,44 *progenies Thiae* = Sol. Die »Göttliche« ist keine uralte Gottheit wie andere → Titanen, sondern Produkt theogon. Spekulation. Pind. I. 5,1 preist sie mit dem Ehrentitel πολυώνυμος (vgl. Euryphaessa Hom. h. 31, Basileia Diod. 3,57; → Akantho und Nyx, Soph. Trach. 94, als Mütter des Helios kommen hier nicht in Betracht; doch s. W. Aly Hes. Theog., 1913, zu V. 785. Pind. P. 1,17) als Inbegriff alles Glanzes (Gold, Schiffe, Pferde im Agon). Etym. auch zu θέα »Schau« oder zu Hesych. θοός· λαμπρός. H. v. G.

C. Robert, H 46, 1911, 229 (pergam. Altar). *K. Kerényi* Myth. der Griechen 188. *Ders.* Töchter der Sonne, 1944, 48. 56. *Wilam.* Pind., 1922, 201f. *Ders.* GldH. 1,254,2. *H. Fränkel* Dicht. u. Philos. d. frühen Griechentums 188.

2. Der letzte Ostgotenkönig, Juli 552–30. 10. (?) 552. Sohn eines Fritigern (Agath. 9,11). → Totila beauftragte ihn, mit dem Kern des Heeres die Etschlinie von Verona aus zu befestigen (Prok. Goth. 4,26), um dem von Salona heranrückenden → Narses (3) den Weg zu sperren. Nach Katastrophe bei den Busta Gallorum, 552, Rückzug der Goten über den Po und Th.s Wahl zum König in Ticinum. Vergebl. Bemühen um die Franken, Liquidierung der 300 in Pavia internierten röm. Geiseln (Prok. Goth. 4,34). Um das von Aligern, Th.s Bruder, befehligte Cumae, in dem sich der größere Teil des Gotenschatzes befand, zu entsetzen, eilte er auf Umwegen nach Kampanien (Prok. 4,34). S. des Vesuv, am l. Ufer des Sarnus, bezog Th. Stellung. Zwei Monate lang standen die Heere einander gegenüber, während die got. Flotte Th.s Truppe versorgte. Verrat des got. Flottenkommandanten erzwang Stellungswechsel auf den *mons* → *Lactarius*. Vielleicht von allen Seiten eingekreist, griffen sie am 30. Okt. (?) plötzlich die Byzantiner an. König Th., den alten Heroen ebenbürtig, stritt in der vordersten Reihe der Seinen. Nach seinem Tod zeigten die Römer sein Haupt auf der Spitze eines Speers (Prok. Goth. 4,35), ohne den Kampf dadurch zu beenden. Nach Prok. a. O. gewährte Narses den überlebenden Goten nach zweitägiger Schlacht freien Abzug aus Italien. Im Gegensatz dazu berichtet Agathias (1,1) von einem Verbleiben der Ostgoten in Italien. H. N. R.

A. Nagl, RE V A 1602ff. *D. Bartoletti* Sigillo dell'Umbria nella storia, nell'arte, nella fede e nella folclore, 1965. *H. Delbrück* Gesch. der Kriegskunst II. *S. Fuchs*, FF 19, 1943, 234. *R. Guerrieri* Storia Civile ed Ecclesiastica del Comune di Gualdo Tadino, Gubbio 1933. *A. Pagnani* Storia di Sentino e Sassoferrato 1, Camerino 1954, 101 bis 113. *D. P. Paolucci* Scheggia note critico-storiche, 1966. *A. Pertusi* in: Settimane di Studio del Centro It. di Studi sull'Alto Medioevo 15, Spoleto 1968. *H. N. Roisl* bei *Altheim-Stiehl* Gesch. der Hunnen 5, 1962, 363–377. *B. Rubin*, RE XXIII 273ff. *G. Sigismondi* La battaglia tra Narsete e Totila nel 552 d. C. in Procopio, Perugia 1968. *Stein* I. II.

Theias (Θείας). Sohn des Belos (→ Baal) und der Nymphe → Oreithyia, auf dem Libanon geboren, zeugte, ohne sein Wissen, mit seiner Tochter Smyrna (→ Myrrha [2]) den → Adonis und erhängte sich, als er der Blutschande bewußt wurde. Anton. Lib. 34. Ähnlich Apollod. 3,183f. (Panyassis). Tzetz. Lykophr. 829. Prob. Verg. ecl. 10,18 (Antimachos). Sonst heißt der Vater von Myrrha und Adonis → Kinyras. H. v. G.

Theiodamas (Θειοδάμας). Gestalt aus der Heraklessage, König der → Dryoper, eines »pelasg.« Volksstamms in S.-Thessalien, den Herakles in die Peloponnes umsiedelte, Hdt. 8,43. Diod. 4, 37. Er nahm Th., in der Sage einem einfachen Bauern, gewaltsam einen Ochsen vom Pfluge weg, schlachtete und verzehrte ihn; alsdann tötete er Th. und nahm dessen Sohn → Hylas mit. Apoll. Rhod. 1,1211ff. Die Sch. z. St. geben an, daß sogar → Deianeira (1) sich an dem Kampf beteiligte und verwundet wurde, und fügen anderseits als mildernden Umstand hinzu, daß Herakles für sein hungriges Söhnchen → Hyllos (1) Nahrung brauchte. Nach Apollod. 2,153 war es Herakles selbst, der hungerte. – Auf Rhodos war Lindos Schauplatz derselben Sage, aber mit einem Zusatz: Th. stößt Verwünschungen gegen den Räuber aus, der aber hört sich diese mit demselben Behagen an, mit dem er den Ochsen verspeist, und ebenso vollzieht sich das lind. Opfer für Herakles Βουθοίνας (= → Βουφάγος [2]) unter Flüchen des Priesters. Hier herrscht der kult.-aitiolog. Aspekt vor. Apollod. 2,118. Lact. inst. 1,21,31ff. (nach Varro?). Idyllisch ausgemalt Kall. frg. 29 Pf. (vgl. h. 3, 160f.), als reizendes Gemälde beschrieben Philostr. im. 2,24, ed. O. Schönberger, 1968, 244ff. 453ff. (darin Goethes Würdigung). Konon narr. 11. Die apotrop. Bedeutung des Ritus erkannte zuerst H. Usener, RhM 30,225ff. Auch Kritik an dem Opfer eines Pflugstiers, des bäuerlichen Arbeitskameraden, und an dem blutigen Opfer überhaupt (→ Thaulon) spielt hinein, und die Vorstellung von dem ungeheuren Appetit des Heros mochte den relig. Ernst des Festes ebenso auflockern wie die rituellen Verwünschungen. H. v. G.

R. Pfeiffer Kall.-Studien, 1922, 78ff. *Nilsson* Griech. Feste 14ff. 450f. *Ders.* GgrR ²1,152f.

Theios (*Θεῖος*) begegnet neben Herakles in einem att. Opferkalender hadrian. Z. (CIG I 523, 27), ferner in privaten kleinasiat. Weihinschr., stets im Dativ. Gilt die Weihung Th. allein, so ist Verschreibung für *θεῷ* oder (*τῷ*) *θείῳ* (Neutr.) nicht ausgeschlossen. Ist Th. mit anderen Göttern (Apollon, Zeus → Hypsistos) verbunden, so ließe sich das Bindewort *καί* als vulgäre Zerlegung eines rel. Begriffes mit mehreren Aspekten deuten. Eine Sonderstellung nimmt *Θείῳ Ἀγγέλῳ* in einer kar. Inschr. ein. K. ZIEGLER, RE V A 1611f., verweist auf die Gestalt der → Theia (1; Hes. Pind.) als Gegenstück. H. v. G.

Theke (*θήκη. theca*). Urspr. jede Art von Behältnis, Futteral usw., gern mit Bezeichnung dessen, was aufbewahrt wird (Typus: *βιβλιο-θ.*), genauer bestimmt, ist das griech. Wort (nur dieses!) seit Hdt. 1,67,3. 2,148,5 feierlicher Ausdruck für Grab, Gruft (darin dem lat. *loculus* entsprechend. → Loculi), Sarkophag. *θηκαῖα* bezeichnet dann die Grabstätte für mehrere Einzelbestattungen. Vgl. KURTZ-BOARDMAN Greek Burial Customs, 1971, Ind. s. thekai. *theca* ist nur Behälter, Futteral, bes. die Büchse für die Schreibgriffel (Schreibrohre), *th. graphiaria, calamaria, libraria*, auch *graphiarium* (*γραφιοθήκη*), *calamarium* genannt. → Griffel. W. H. G.

Thela. Vom Vater → Odoacer 490 zum Caesar ernannt, 493 zuerst vergeiselt, dann verbannt; nach der Rückkehr von → Theoderich (3) hingerichtet (Ioh. Antioch. frg. 214. 214a. Anon. Val. 54). A. L.

Thelepte, Stadt in der *prov. Africa*, später Byzacena (h. Medinet el-Kdima), in der Nähe von Feriana, 54 Meilen s.ö. von → Theveste. Tab. Peut. Itin. Anton., *municipium* vielleicht z. Z. Vespasians; *col.* vielleicht von Traian für Veteranen gegründet. Bedeutende Ruinen: Thermen, Theater, Festung. Inschr. CIL VIII 211. 2565. 11269. 23181. ILT 304. Im J. 354 wohnt dort der *dux* der Byzacena, Cod. Iust. 1,27,2,1. M. L.

Thelphusa (*Θέλφουσα, Θέλπουσα, Τέλφουσα*), Stadt in Arkadien am Mittellauf des → Ladon (2) beim h. Vanaena (amtl. Th.), muldenförmige Stadtlage mit Resten der Stadtmauer und sonstigen Resten und ausgedehntem Stadtgebiet, Grabung auf der Agora, BCH 63, 1939, 301. AA 1940, 222f. Von den bei Paus. genannten Heiligtümern des Landgebiets ist das des → Asklepios bei Bertsia am r. Ladonufer sicher festgestellt, [3], 99. [4], 18f. Zu Pausanias' Z. ziemlich verödet, aber noch bei Hierokl. synekd. 647,6 und in der vulgären Ortsliste des 7. Jh.s ZKG 12, 1891, 533 Z. 802. 14, 1894, 573ff. Paus. 8,25,1–11. Steph. Byz. s. *Τέλφουσα*. Inschr.: IG V 2 Nr. 411–414. [3], EA 1936, 140ff. SEG 11, 1123–1135. 1254 a. 12,371. 13,270. 15,254. 16,279. 17,192. 23,322–325. Mz.: HEAD HN² 456. Jb. f. Num. 8, 1957, 96. E. M.

1. *Hiller von Gärtringen*, IG V 2, S. 101f. 2. *E. Meyer*, RE V A 1618ff.; Suppl. IX 1392f. 3. *Ders.* Peloponnes. Wanderungen 84ff. 4. *Ders.* Neue peloponnes. Wanderungen 11ff.

Themis (*Θέμις*). Etym. zu *dhē-* und *στᾱ*, »die fest Stehende« (E. FRAENKEL, Glotta 4, 1913, 26); anders H. FRISK, Eranos 48, 1950, 1ff., vgl. [4], 33f. Th. ist Göttin des altgeheiligten Rechts und als *Θ.-θέμις* Person-Bereicheinheit. Sie verbürgt die elementaren Forderungen der Familie (Od. 11,451. 14,130) und der göttlichen Ordnung auch in der größeren Gemeinschaft (Od. 9,268. 24,286), aber auch den Göttern gegenüber (Hom. Il. 14,386. 23,44). P. KRETSCHMER, Glotta 4, 1913, 50f., sieht Th. als Erdgöttin an, wofür *Γῆς Θέμιδος* (IG III 318), *Θ. καὶ Γαῖα, πολλῶν ὀνομάτων μορφὴ μία* Aischyl. Prom. 209 sprechen. Sie besaß in Delphoi einen Altar dicht neben dem Ge-Heiligtum (vgl. [2] 1,207. [1], 24ff. 30f. [4], 33ff.), ebenso in Olympia (Paus. 5,14,10). Weitere Kultstätten in Thessalien (Larissa IG IX 2,517,40. Metropolis 274, Pharsalos 256, Gonnoi 1042, Halos 109,49, Hypata 20), Boiotien (IG VII 1816. Paus. 9,22,1), Attika (Athen, Paus. 1,22,1. IG III 318 usw., Rhamnus IG II 5,1233c) usw. Auch die Diadoche der Eigentümer des delph. Orakels bezeugt Th. als Erdgöttin; anders [3], 1628. – Nach Hes. theog. 135 ist Th. Tochter des → Uranos und der → Gaia, von → Zeus Mutter der → Moirai, der → Horai, der → Eunomia, → Dike und → Eirene (4; nach Aischyl. Prom. 18 auch des → Prometheus), *πάρεδρος* des Zeus nach Hom. h. 23. Sie warnt Zeus und Poseidon vor einem *γάμος* mit → Thetis (Pind. I. 8,33); sie rät Zeus, Gaia durch einen großen Krieg von der Last zu vieler Menschen zu erleichtern. – Die bekannteste Darstellung der Th. ist die große Statue (Nationalmus. Athen Nr. 231) aus dem Th.-Tempel in Rhamnus (3. Jh.), die in der l. Hand wahrscheinlich eine Waage hielt. Röm. Gelehrsamkeit identifizierte Th. mit → Carmenta (vgl. [3], 1630). W. P.

1. *V. Ehrenberg* Rechtsidee im frühen Griechentum, 1921, 2. *Wilam.* GldH. 1,206ff. 3. *K. Latte*, RE V A 1626ff. 4. *W. Pötscher*, WS 73, 1960, 31ff.

Themiskyra (*Θεμίσκυρα*), Stadt und Landschaft in Kleinasien, im späteren Pontus Galaticus am Unterlauf des → Thermodon (2) in einer sehr fruchtbaren gleichnamigen Ebene, nach myth. Überlieferung von den Amazonen gegründet, in Wirklichkeit aber eine Gründung der Griechen. Sie wurde eingenommen und zerstört von den Truppen des → Lucullus (5) z. Z. des Mithradat. Krieges.

Hdt. 4,86. Skyl. 89. Strab. 1,52 u.ö. Peripl. m. Eux. 29. Ptol. 5,6,3 u.s. Chr. D.

Ruge, RE V A 1630ff.

Themison (*Θεμίσων*). **1.** Tyrann von → Eretria, besetzte 366 mit theban. Hilfe das att. → Oropos. Die Athener belagerten Oropos. Nach gerichtl. Verfahren behielten die Thebaner Oropos. Diod. 15,76,1. 16,7,2. Demosth. 18,99. Sch. Aischin. 2,164. 3,85. SCH. H. BERVE Die Tyrannis ..., 1967, 301. **2.** Feldherr → Antiochos' (4), Reiterführer auf dem l. Flügel bei → Rapheia 217. Pol. 5,79,12. 82,11. **3.** Nauarch des → Antigonos (1), führte 40 Schiffe 315 vom Hellespont nach Syrien, befehligte wohl bei → Salamis (2) 306 die Flotte des → Demetrios (2). Diod. 19,62,7. 20,50,4. **4.** Kaufmann (*ἔμπορος*) aus Thera, sollte für Etearchos im kret. Axos dessen Tochter Phronime ertränken, brachte sie aber nach → Thera. Hdt. 4, 154. Suda s.v. Zum Motiv des verhinderten Kindermordes W. ALY Volksmärchen ... bei Hdt., 1921, 137ff. H. V.

5. Aus Laodikeia, Arzt im 1. Jh. n. Chr. Die vieldiskutierte Frage, ob er im eigentl. Sinn der Gründer der → Methodikerschule war, läßt sich wohl so beantworten, daß er, als Schüler des → Asklepiades (2) v. Bithynien, mind. in gewissem Grade Vorläufer des → Thessalos (6), sozusagen des Neubegründers, war (dazu s. L. EDELSTEIN, RE Suppl. VI 358ff. und K. DEICHGRÄBER, RE V A 1632ff.). Seine Theorie war vom Atomismus seines Lehrers beeinflußt; seine med. Grundkonzepte sind im wesentl. die der Methodiker, haben aber bei ihm eine erweiterte Bedeutung. Er schrieb *π. περιοδικῶν πυρετῶν*, *π. ὀξέων παθῶν*, *π. χρονίων παθῶν*, mehrere B. »Briefe«, eine als *liber salutaris* zit. Schrift. Pharmakol. und gynäkol. Frg.e stammen viell. aus weiteren B. F.K.

Themisonion, ant. Stadt im s.w. Phrygien, wohl im Tal des Kara Hüyük Çayi (sehr wahrscheinl. ist seine Identität mit dem auf Mz. genannten *Καζανης*, vgl. BMCPhrygia 418f.; dieser ist wiederum wahrscheinl. mit dem bei Liv. 38, 14,1 überlieferten *Casus* oder *Cahus amnis* gleichzusetzen), viell. beim h. Dere Köy oder Dodurga ([2], 112,4). Die Stadt hat ihren Namen von dem Kyprier Themison, der wie sein Bruder Aristos mit dem Seleukidenkönig → Antiochos II. eine enge, auch sexuell motivierte Freundschaft unterhielt. Es ist anzunehmen, daß die Stadt jedoch schon früher unter anderem Namen existierte. Ihr Bestand ist uns bis ins 5. Jh. n. Chr. bezeugt. E. O.

1. *W. Ruge*, RE V A 1638ff. 2. *D. Magie* Roman Rule in Asia Minor, Princeton 1950, 1138. 1157. 3. *L. Robert* Villes d'Asie Mineure, Paris ²1962, 112,4. 116.

Themista, eine der Frauen um → Epikuros. Von ihr berichtet Diog. Laert. 10,14, daß sie mit dem Meister Briefe wechselte. Ihre *sapientia* rühmt Cic. Pis. 63; vgl. fin. 2,68, wo mißbilligt wird, daß *tanta volumina* von Th. handeln. Sie war mit Epikurs Freund → Leonteus (2) verheiratet; ihrem Sohn gaben sie den Namen Epikuros. H. D.

Themistios. Sohn des Eugenios, etwa 317 bis 388, Philosoph und bewunderter Redner. Er entstammte dem Beamten-Adel konstantin. Z., wurde auf dem Landgute des Vaters in Paphlagonien geboren, wurzelt aber im Grunde in Konstantinopel, wo er sich seit 337 wohl ständig aufhielt. Dort begründete er 345 eine Schule, durch die er rasch zu hohem Ansehen gelangte. Kaiser → Constantius II. berief Th. am 1. Sept. 355 in den Senat; seither wurde Th. mehrfach die Aufgabe übertragen, Glückwunsch- oder Dank-Reden an die Kaiser von Constantius bis → Theodosius I., der ihn zum *praef. urbis* (383/84) und Erzieher des → Arcadius erhob, zu verfassen und vorzutragen. 36 in solchem Sinne polit. Reden lagen noch Photios vor (cod. 74, p. 52a 1); griech. erhalten sind 33, andere in syr. Übers. Als seine eigentl. Aufgabe scheint sich Th. die Verbindung der Philos. mit formschöner Darstellung gestellt zu haben. Dem dienten Paraphrasen aristotel. Schriften; hiervon erhalten sind Paraphrasen zu an. post. (ed. M. WALLIES, 1900 = Comm. in Aristot. Gr. 5,1), zu phys. (ed. H. SCHENKL, 1900 = CAG 5,2), zu an. (ed. R. HEINZE, 1899 = CAG 5,3); zu cael. und metaph. B. 12 nur hebr. erhalten (ed. mit lat. Übers. S. LANDAUER, 1902 = CAG 5,4); unecht die von an. pr. (ed. M. WALLIES, 1884 = CAG 23,3). Photios erwähnt auch exeget. Arbeiten zu Aristot. und zu Platon – davon ist leider nichts erhalten. Offensichtlich ist Th. im Laufe seines langen Wirkens von der philos. Unterweisung weniger Hörer mehr und mehr zur rhet.-sophist. Unterweisung eines größeren Publikums übergegangen; daß er diesen Schritt tat, hat er eigens in or. 21 verteidigt.

Als der arian. Kaiser → Valens einen Schlag gegen die Orthodoxen vorbereitete, bot Th. seinen Einfluß auf, um den Kaiser zur Toleranz zu bewegen. Dieses Auftreten hatte offenbar Erfolg, und von hier erklärt es sich, daß gerade Christen nicht nur voll Bewunderung von ihm sprechen (Soz. 6, 36,6f.), sondern sich als seinen Freund bekennen (Greg. Naz. epist. 139. 140). Gestützt auf seinen offenbar starken Einfluß bei mehreren Kaisern, gelang es Th., der selbst nie zum Christentum übertrat, eine vermittelnde Stellung zwischen den kirchenpolit. Parteien sowie zwischen Heiden und Christen einzunehmen. Diesen Vorzug verdankte er dem Umstand, daß er sich nicht, wie die → Akademie zu Athen, für Platon und den Platonismus entschied, sondern seine Bindung an Aristoteles im Sinne philos.-religiöser Toleranz auswertete. Es ist nicht so sehr seine einst viel bewunderte Virtuosität als Rhetor, es ist vielmehr diese seine vermittelnde Haltung zwischen den unversöhnlichen Parteien, die dem Th. einen besonderen Platz in der Gesch. seiner Z. zuweist. H. D.

Ta.: Aristot.-Paraphr. s.o.
Reden: *W. Dindorf*, Lpz. 1832 (Nachdr. Hildesheim 1961). *G. Downey* – *A. F. Norman*, Lpz. 1965/70; or. 20. u. 21: *S. Oppermann*, Diss. Gött. 1962; or. 26: *H. Kesters*, Louvain 1959; or. 34: *H. Schneider*, Winterthur 1966.

Lit.: bei *W. Stegemann*, RE V A 1642ff. und bei *Downey–Norman.*

Themisto (Θεμιστώ). **1.** → Nereide, Hes. theog. 261. **2.** Tochter des Lapithen → Hypseus (1) und einer Nymphe, die 3. Frau des → Athamas (Kinder Sphingios und Orchomenos). Ihre Vorgängerinnen waren → Nephele (1; deren Kinder → Phrixos und → Helle) und die Kadmostochter Ino (deren Kinder Learchos und → Melikertes). Ino, unerkannt zurückgekommen, bewirkt durch Kleidertausch, daß Th., die deren Kinder nachts umbringen will, ihre eigenen tötet. Sie geht dann selbst in den Tod. Hyg. fab. 4 (z.T. nach Eur.). 157. 239. Nach Apollod. 1,84 hatte Th. 4 Kinder, darunter → Leukon (1). O. KERN Die Rel. der Griechen 1,199, hält Th. wie Themis für eine alte Erdgöttin. H. v. G.

Themistogenes von Syrakus. Unter diesem Pseudonym hat → Xenophon (5) seine Anabasis herausgegeben, wie aus seiner auf dieses Werk hinweisenden Bemerkung hell. 3,1,2 erschlossen werden kann; dies hat Plut. mor. 345e richtig gesehen. Die moderne Forschung bestreitet zu Unrecht die Pseudonymität der Anabasis, die durch ihre apologet. Tendenz verständlich ist. Über Th. ist auch nichts weiter bekannt: was Suda s.v. und Tzetz. chil. 7,937 bringen, ist Pseudogelehrsamkeit. H. R. B.

Lit.: FGrH 108. *R. Laqueur*, RE V A 1684ff. *M. Mac Laren*, TAPhA 65, 1934, 240ff. *W. K. Prentice*, AJPh 68, 1947, 73ff. *C. Hoeg*, Class. et Med. 11, 1950, 166ff. *H. R. Breitenbach*, RE IX A 1644ff.

Themistokles. Der Held von Salamis und erste radikale (z.B. [9], 20; anders HIGNETT Hist. Ath. Const. 183) demokrat. Politiker Athens. Aus dem Demos Phrearrioi, Plut. Th. 1,1. 5,5. Sohn des Neokles, Hdt. 7,143. Nep. Th. 1,1. Plut. Th. 1,1, von nicht-athen. Mutter, vgl. Nep. 1,2. Plut. 1, aus dem Adelsgeschlecht der → Lykomidai, Plut. 1,4. Th. ging früh eigene Wege (vgl. Thuk. 1,138,3. Nep. 1,2. Plut. 2; vgl. [6], 87); als Lehrer wird nur → Mnesiphilos genannt; musisch war Th., nach Ion FGrH 392 F 13, ungebildet, vgl. Plut. 2,4. Die beste Charakterisierung dieses außerordentlichen Geistes gibt Thuk. 1,138,3. Zum Portrait RICHTER Portraits of the Greeks, 1965, 97ff. [1], 135ff. – Als Archon 493/92 (Dion. Hal. ant. 6,34,1. [11]) lenkte Th. Athen durch Ausbau des → Peiraieus, Thuk. 1,93,3, zur See hin; die *Μιλήτου ἅλωσις* des → Phrynichos (3; 493) führte den Athenern dessen Dringlichkeit vor Augen. Des → Miltiades (2) Rückkehr 493 ließ Th.' Programm zurücktreten; an der Marathon-Schlacht nahm er wohl als Strategos (vgl. Plut. Ar. 5,4) teil (490). – Mit dem E. des Miltiades 489 beginnt Th.' Aufstieg zu welthist. Bedeutung. Es war dem Weitblick des Th., der seit 493 unbeirrbar an der polit. und sozialen ([6], 89f. [8], 167) Umwandlung Athens in eine Seemacht gearbeitet hatte, zu verdanken, wenn Griechenlands Freiheit 480 erhalten blieb. – Ab 487 wurden die polit. Gegner durch → Ostrakismos ausgeschaltet. Die demokrat. Verfassungsreform von 487/86, Aristot. Ath. pol. 22,5, ist Th.' geistiges Werk, [6], 90. [7], 141f., vgl. [8], 166f. Das Flottenprogramm zu verwirklichen gelang ihm 483/82 durch Einnahmen aus neuen Silberminen bei → Laureion, Hdt. 7,144. Thuk. 1,14,2. 93,4. Aristot. a. O. 22,7. Plut. 4,1. 3. Nep. 2,1 (J. LABARBE La loi navale de Th., Paris 1957, dazu S. LAUFFER, Hist. 8, 1959, 381ff. [7], 414,42). – Th. war das Gehirn und der Motor des Abwehrkampfes der Griechen. In Athen befürwortete er die Rückkehr der Verbannten, vgl. Aristot. a. O. 22,8. And. 1,109. Plut. Ar. 8,1, außenpolit. betrieb er die Beilegung der Konflikte der griech. Staaten, Plut. 6,5. Aristeid. *τεττ.* 2,248 D., vgl. Hdt. 7,145; eine Allianz unter Führung Spartas wurde geschaffen und auf dem Kongreß Herbst 481 die Strategie entworfen, vgl. Hdt. a. O. P. BRUNT, Hist. 2, 1953, 135ff. [5], 98. [22], 168f. Th.' Beziehungen zu → Delphoi erwirkten jenes Orakel, durch welches die Athener sich auf die Aufgabe der Stadt und die Abwehr zur See festlegen ließen, Hdt. 7,141ff. Plut. 10,3. Im J. 1959 wurde bei Troizen eine Inschr. von Anf. 3. Jh. v. Chr. gefunden, die einen von ihm veranlaßten Volksbeschluß (Demosth. 19,303. Diod. 11,13,4. Nep. 2,8. Plut. 10,4. Aristeid. *Παναθ.* 1,226 D.; *τεττ.* 2,256 D. Iust. 2,12,16) wiedergeben soll; Authentizität und Wert der Inschr. sind umstritten. Frühj. 480 befehligte Th. das athen. Kontingent im → Tempe-Tal, Hdt. 7,173. Diod. 11,2,5. Plut. mor. 864e; Th. 7,2 ([22], 169, vgl. [5], 102f., dagegen [7], 417,59. [8], 172,1), dann die athen. Flotte bei → Artemision (1), Hdt. 8,4. Diod. 11,12, 4. Nep. 3,2. Plut. 7,2 (vgl. J. A. S. EVANS, Hist. 19, 1970, 387ff.). Nach dem Fall der Thermopylen (→ Leonidas [1]) zog sich die Flotte in den Sund von → Salamis (1) zurück; eine List des Th. verleitete Xerxes zum Angriff in der Meerenge, wo er vernichtend geschlagen wurde. Th. stand auf dem Gipfel seines Ruhmes. – Bereits Winter 480/79 treten die zurückgekehrten Alkmeoniden und → Aristeides (1) wieder hervor; → Kimons (2) Aufstieg fällt in die folgenden J. Mit Sparta überwirft sich Th. durch die Wiederbefestigung Athens 479/478, Thuk. 1,89ff. Plut. 19,1–3, und Opposition in der delph. → Amphiktyonie, Plut. Th. 20,3; Kim. 16,2. Sein Verhältnis zum Geld kommt ins Gerede, Hdt. 8,111. Timokreon frg. 1. Plut. 21 (H. BARTH, Klio 43/45, 1965, 30ff.), man beschuldigt ihn der Prunksucht, Plut. 5,4. 477/76 ist Th. Chorege der *Φοίνισσαι* des Phrynichos, Plut. 5,5 (CHRIST-SCHMID 1,2,174ff.). Gegen E. der 70er J. (Eus. chron. Ol. 71,1 [472/71]. [8], 197,2 gegen [12]) trifft ihn der Ostrakismos (Thuk. 1,135,3. Plut. 22,4; zu den Ostraka [19], 21. [1], 130f.) und im Exil in Argos die Verurteilung wegen Hochverrates, Krateros FGrH 342 F 11. Plut. 23,1. Auf abenteuerlichem Weg flüchtete er sich nach Kleinasien, Thuk. 1,136ff. Nep. 8f. Diod. 11,56. Plut. 24ff. Aristod. FGrH 104 F 1,10, wo er als Lehnsmann des Perserkönigs in → Magnesia (2) 65jährig (Plut. 31,6) ca. 459 ([12]) starb. Thuk. 1, 138. Nep. 10. Diod. 11,58. Plut. 27ff. K. K.

Quellen: 1. *Adolf Bauer–F.J.Frost* Th.; liter., epigraph. and archaeol. test., Chicago 1967. 2. *G.F.Hill–R.Meiggs–A.Andrewes* Sources for Greek History [478–31], Oxf. 1962. 3. PA 6669.

Lit.: 4. *A.R.Burn* Persia and the Greeks, 1962. 5. *C.Hignett* Xerxes' invasion of Greece, 1963. 6. *F.Schachermeyr* Die Frühe Klassik der Griechen, 1966. 7. *V.Ehrenberg* From Solon to Socr., 1968. 8. *H. Bengtson* GG, [4]1969. 9. *F.Schachermeyr* Perikles, 1969. 10. *I.S.Papastavrou* Θεμιστοκλῆς, Athen 1970. 11. *R.J. Lenardon*, Hist. 5, 1956, 401ff. 12. *Ders.*, Hist. 8, 1959, 23ff. 13. *F.Schachermeyr* Das Bild. des Th. i.d. ant. Gesch.schreibg., XII[e] Congr. Intern. des Sc. Hist., Rapports, 6, IV, 81ff. 14. *Ders.*, SAWW, ph.-h.Kl., 247,5. Abh., 1965. 15. *F.J.Frost*, Calif. Stud. in Class. Ant. 1, 1968, 105ff. (ohne Kenntnis von [13] und [14]).

Troizen-Inschrift: Bibliogr. in SEG, sowie 16. *M.Chambers*, Philol. 111, 1967, 158ff. Ed. princeps von 17. *M.H.Jameson*, Hesp. 29, 1960, 198ff.; verbesserter Text 18. *Ders.*, Hesp. 31, 1962, 310ff., ferner 19. *R.Meiggs–D.Lewis* IGH, Oxf. 1969, 23, u. [1], 109ff. Stellungnahme negativ: 20. *C.Habicht*, H 89, 1961, 1ff. [4], 364ff. [5], 458ff. [8], 169f. Vgl. *F.Jacoby* FGrH IIIb Suppl. S. 82 (vor Auffindung der Inschr.!). Vorwiegend positiv: [17]. [18]. 21. *H.Berve*, SBAW, ph.-h. Kl., 1961, 3,1ff. 22. *F.Schachermeyr*, JOEAI 46, 1961/63, 158ff. 23. *A.E. Raubitschek*, Festschr. L. Banti, 1965, 285ff. Ferner: 24. *G. A. Lehmann*, Hist. 17, 1968, 276ff. 25. *C.W. Fornara*, Am. Hist. Rev. 73, 1967/68, 425ff. 26. *W. den Boer*, Mnem 15, 1962, 225ff.

Themistos (*Θέμιστος*). Syrakusier, Gemahl der Harmonia, der Tochter → Gelons II. (2) und Enkelin → Hierons II. (2; Liv. 24,24,2. 6. 25,7. 10), vermutlich Mitglied des von Hieron für seinen minderjährigen Enkel → Hieronymos (4) bestellten Regentschaftsrates, beteiligte sich nach dessen Ermordung an dem von → Adranodoros gefaßten Umsturzplan (Liv. 24,24,2. 25,1). Beide wurden 214 v. Chr. auf Befehl der von dem Komplott unterrichteten Strategen hingerichtet (Liv. 24,24, 4). Kl. M.

F. Stähelin, RE V A 1699. *H.Berve* Hieron II., München 1959, 86ff.

Thenai, Stadt in der *prov. Africa* (h. Henchir Thina), 12 km s. von Sfax. Auf Mz. aus der Z. des Augustus mit pun. Inschr. *Thainat*, *Thaenae* in röm. Inschr., z. B. *col. Aelia Aug. Mercurialis Thaenit(anorum)* CIL VI 1635. An der Grenze der röm. Prov. und des numid. Reichs. Wichtige Ruinen: Festung, Thermen, Häuser und Gräber mit chr. Mosaiken. Inschr. CIL VIII 46. 22797. ILTun 79. M. L.

Ch. Tissot Géogr. comp. Afr. 2,16. 190. 811. *M.Fendri* Découvertes arch. région de Sfax, Tunis 1963, 56, mit Plan. Cah. de Tun. 1964, 47.

Theodahat. Ostgotenkönig 3. Okt. 534 bis Anf. Dez. 536. Sohn Amalafridas, der Schwester → Theoderichs (3), Bruder der Amalaberga und Vetter → Amalasunthas, der griech.-röm. Bildung ergeben, aber ohne soldat. Qualitäten (Prok. 7,3). Th. hatte trotz der schon von Theoderich gezügelten Habgier große Latifundien in Tuscien, die teilweise herauszugeben Amalasuntha ihn zwang (Prok. 4,4). Atalarichs Tod, 534, veranlaßte Amalasuntha, Th. Nov. 534 zum König zu proklamieren, wobei die alleinige Regierungsgewalt ihr vorbehalten sein sollte (Prok. 7,4). An der Spitze der nationalen got. Opposition ließ er die Königin auf einer Insel im Bolsenasee internieren wo sie am 30. April 535 ermordet wurde (Prok. 7, 4). Dies bildete für Iustinian den willkommenen Vorwand zur Eröffnung des Gotenkrieges, 535 (Prok. 7,5). Th. geriet in würdelose Abhängigkeit des Kaisers, dem er Sizilien abtrat und sich zum jährl. Tribut in Form einer 300 Pfund schweren Goldkrone und zur Stellung von 3000 got. Kriegern im Bedarfsfalle verpflichtete. Gegen eine angemessene Entschädigung war er sogar zur Abdankung bereit. Neapels Fall (Prok. 7,10) führte zur offenen Rebellion gegen Th. Ende Nov. 536 wurde er in Regata abgesetzt und → Vitigis zum König proklamiert (Prok. 7,11). Th. wurde auf der Flucht nach Ravenna durch einen dazu von Vitigis abkommandierten got. Offizier, Optaris, eingeholt und getötet (Prok. 7,11). H. N. R.

A.Nagl, RE V A 1705ff. *B. Rubin*, RE XXIII 273ff. *Stein* I. II.

Theodas (*Θεοδᾶς*, *Θειοδᾶς*), um 125 n. Chr., Empiriker/Skeptiker; wie → Sextos (2) Empeirikos, → Menodotos (2) u.a. bald als Arzt, bald als Philosoph bezeichnet. Schrieb Einteilungs- und Einführungsschriften der Medizin, die → Galenos als Quelle für die Darstellung der Lehre der ärztl. Empiriker benutzt hat (vgl. W. Capelle, RE V A 1713f.). F. K.

Theodebald (Theudebald), fränk. König 548 (547?)–555, * um 535 als Sohn → Theodeberts. Th., politisch gelenkt durch den *domesticus* Conda (Ven. Fort. 7,16,19ff.), lehnte es gegenüber Kaiser Iustinianus ebenso ab, fränk. Eroberungen in Oberitalien herauszugeben, wie aktiv gegen die Ostgoten einzugreifen (MGEpp 3,131. Prok. 8, 24). Viell. nur gegen den Willen des Th. (anders E. Zöllner Gesch. d. Franken, 1970, 98) zogen die ihm vermutlich untertänigen Alamannenherzöge → Leuthari und Butilin mit einem starken Heer nach Italien (Agathias 1,5f.; negativ zu Th. auch Greg. Tur. 4,9). A. L.

Theodebert (Theudebert) I., fränk. König 534–548 (547?), Sohn → Theoderichs (4), * um 500. Vor 534 bewährte sich Th. gegen nordische Invasoren, Ostgoten (in der Provence) und Westgoten. Verlobt seit 530 mit der Tochter des Langobardenkönigs Walcho, verheiratet aber zunächst (532–37) mit Deuteria (Greg. Tur. 3,20. 22. 27).

Th. trieb expansive Politik (Stein II. 526f. K. Reindel in: HB. d. bayer. Gesch. 1, 1967, 103f.), rühmte sich, Länder vom Ozean bis zur Grenze Pannoniens zu besitzen (MGEpp 3,133) und soll sogar geplant haben, Constantinopel anzugreifen (Agathias 1,4). Er unternahm 539 einen Zug nach Oberitalien (Prok. 6,25) und ersetzte selbstbewußt auf Goldmz. das Kaiserbild durch sein eigenes (Prok. 7,33,5. M. Prou Monn. Merov., 1892, 9, 38ff.). Th., ein fähiger Herrscher und guter Katholik, war um Zusammenarbeit mit dem gallo-röm. Adel und Verbesserung der wirtschaftl. Lage des Reiches bemüht (Greg. Tur. 3,1. 25. 34. 36. Ven. Fort. 2,15). Lieder auf ihn und seinen Vater spiegeln sich vermutl. in der Wolfdietrichsage (E. Zöllner Gesch. der Franken, 1970, 86ff.). A. L.

Theodektes (Θεοδέκτης). Rhetor und Tragiker. Seine Biogr. fußt wohl letztlich auf Hermippos π. τῶν Ἰσοκράτους μαθητῶν (Athen. 10, 451e. [5], 1722, 63ff.), ist aber in der Suda (s. Θ. 138) durch Vermengung mit dem gleichnamigen Sohn (s. Θ. 139) etwas verwirrt ([4]). Sohn des Aristandros aus Phaselis in Lykien, * ca. 405–400 ([4]), kam jung nach Athen, hörte Platon und Isokrates und später noch den jungen Aristoteles in der Akademie (Suda. [4], 69). Wie Isokrates verdiente er seinen Lebensunterhalt als Logograph und Redelehrer (Theop. FGrH 115 F 25). Als Vorleser hatte er den Sklaven Sibyrtios, der selbst Rhetor wurde (Suda s. Σ. 364). Zeugnisse über großartiges Gedächtnis eines Th. (Cic. Tusc. 1,59. Quint. inst. 11,2,51. Poll. 6,108. Ail. nat. 6,10) mögen sich auf ihn beziehen. In den 60er Jahren des 4. Jh.s wandte er sich der Tragödiendichtung zu. Die Siegerliste IG II² 2325 col. III führt ihn mit 7 Dionysiensiegen zw. → Astydamas (2; 373/72) und Aphareus, also ca. 368–365, an. Bei der Leichenfeier für → Maussolos (2) von Halikarnassos († 353) nahm er am Redewettkampf mit den berühmtesten Rednern der Z. teil (Suda s. Θ.; s. Ἰσοκράτης Ἀμύκλας. Gell. 10,18,6); damit im Zusammenhang seine zeithist. Tragödie Mausolos (Suda a. O.; Gell. a. O. 7 u. a. [5], 1724, 10ff.) Th. führte 50 Dramen auf (Suda. Steph. Byz. s. Φασηλίς u. a. [5], 1724, 56ff.). Er erlebte den Tod seines gleichnamigen Sohnes, der 41jährig, wohl nicht lange vor 334, starb und dessen Standbild in Phaselis Alexander d. Gr. ehrte (Plut. Alex. 17. [4], 66). Th.' Grabdenkmal stand, umgeben von Dichterstandbildern, an der Straße von Athen nach Eleusis ([Plut.] mor. 837c. Paus. 1, 37,4); das Epigramm in Distichen spricht von Teilnahme an 13 trag. Wettkämpfen und 8 Siegen; d. h., 12 Dionysienwettkämpfe mit Tetralogien = 48 Stücke und 1 Lenäenwettkampf mit 2 Stücken, zusammen also die 50 Stücke ([2], 165); 7 Dionysiensiege (IG II² 2325, col. III), 1 Lenäensieg. Legendenbildung nach seinem Tode: T 16 und 17 Sn.

Bekannt 9 Titel (Aias, Alkmeon, Helene, Lynkeus, Mausolos, Oidipus, Orestes, Tydeus, Philoktetes) mit 6 wörtl. Frg.en (11 ganze, 3 verstümmelte Verse); zu erschließen 2 weitere (Theseus F 6 Sn. Thyestes F 9 Sn. [5], 1728, 32ff.). Dazu 13 Zitatfrg.e aus unbestimmbaren Stücken (6 bis 18 Sn.), davon alle bis auf 6 und 18 Sn. aus Stobaios; ferner 2 zweifelhafte winzige Bruchstücke, Zit. in einem literarhist. Werk (POxy 13, 1611, frg. 17 = F 19 Sn.) und einem Florilegium (BerlKlT 5,2,123, Pap. 9772 col. 1,12 = F 20 Sn.). Seine Dichtung bewegte sich ganz in den Bahnen der 3 großen Tragiker ([5], 1726, 38ff.). Ca. 70 Verse sind kenntlich, davon 64 Trimeter, 1 Dochmius (5b Sn.), 5 Hexameter (18 Sn.). F. St.

Lit.: 1. *B. Snell*, TGF 1, 1971, Nr. 72. 2. *C. F. Russo*, MH 17, 1960, 165. 3. *T. B. L. Webster*, H 82, 1954, 302ff. 4. *L. Radermacher*, AAWW Phil.-hist. Kl. 76, 1939, 62ff. 5. *E. Diehl*, RE V A 1722ff.

Zu Th.' Τέχνη ῥητορική und ihrer Bedeutung für Aristoteles' (Frg. 125ff. R.) und → Anaximenes' (2) rhet. Lehrsysteme: *Blass* Att. Bereds. 2,441ff. *F. Solmsen*, H 67, 1932, 144ff. *Ders.*, RE V A 1729ff. *L. Radermacher* Art. Script. 202f. *G. Kennedy* The Art of Persuasion in Greece, Princeton 1963, 80ff. *A.-H. Chroust*, AC 33, 1964, 58ff. *K. Barwick*, Philol. 111, 1967, 47ff. – Zu Th.' Leistung auf dem Gebiet der Mnemotechnik *H. Blum* Die ant. Mnemotechnik, Hildesh. 1969, 80ff. H. Gä.

Theoderich. 1. Th. (Theoderid) I., König der Westgoten 418–451. Unter Th. erfolgte die im *foedus* zwischen → Constantius (6) und → Vallia vereinbarte Landnahme der Westgoten in der Aquitania II, mit Schwerpunkt im Raum → Tolosa (wird Residenz des Th.). 422 unterstützte Th. Rom gegen die Vandalen in der Baetica (Chr. min. 2,70. 77). 425 belagerte er Arelate. 436 ausgebrochene Kämpfe (Angriff des Th. auf Narbo) enden 439 mit dem Sieg über → Litorius und der Auflösung des *foedus* mit Rom. Eine Tochter verheiratete Th. mit → Hunericus (444/45 verstümmelt zurückgekehrt), eine andere 449 mit dem Suebenkönig Rechiar. 451 kämpfte Th. mit → Aëtius (3) gegen → Attila und fiel (Iord. Get. 194ff. Sidon. 7,332ff. Chr. min. 1,481. 2,26). Th., Arianer, pflegte gute Beziehungen zum Adel Galliens. Er publizierte vermutlich als erster Germanenkönig Gesetze. D. Claude Gesch. der Westgoten, 1970. Stein I. **2.** Th. II., König der Westgoten 453–466, Sohn Th.s I. Der romfreundliche Th. (Sidon. 7, 481ff. 23,69ff.; zu Tageslauf des Th. und Hofleben vgl. man Sidon. epist. 1,15) erneuerte das *foedus* mit Rom, bewog 455 seinen Lehrer → Avitus (1) Kaiser zu werden. Im Dienste Roms besiegte Th. 456 den Suebenkönig → Rechiar, besetzte Teile (bes. die Galaecia) des Suebenreiches in Spanien und bemühte sich, dort dann eine Position zu halten (Hydatius = Chr. min. 2,28ff. Iord. Get. 228ff.; dazu St. Hamann Vorgesch. und Gesch. der Sueben, 1971, 112ff.). In Gallien geriet Th. in Konflikt mit → Aegidius und vergrößerte sein Reich hin zur Loire. 466 wurde er von seinem Bruder → Euricus ermordet (Chr. min. 2,33f.). **3.** Th. d. Gr.,

König der Ostgoten 474–526, * 453 (?), Sohn des → Amalers Thiudimer und der → Ereleuva (einer nicht ebenbürtigen Frau). 461 kam er als Geisel nach Constantinopel. Heimgekehrt (470/71) bildete er sich eine Gefolgschaft und unternahm selbständig einen erfolgreichen Feldzug. 474 wurde er dem Wunsch des Vaters gemäß König (Iord. Get. 282). Er führte sein Volk von Makedonien an die untere Donau, wo ihm Kaiser → Zenon 476 das Gebiet von Sistowo als Föderat überließ. Vermutlich gleichzeitig wurde er *mag. mil. praesentalis* und erhielt die Ehrentitel *patricius* und Freund des Kaisers (Malchus frg. 11. Anon. Vales. 49). Schon 478 kam es erstmals zum Bruch mit Zenon (→ Theoderich [5] Strabo). Th. zog nach Thrakien, Makedonien und Dalmatien (Malchus frg. 14ff.). 483 erhielt Th. ein vergrößertes Siedlungsgebiet (in Dacia Ripensis und Moesia II) und wurde zum Consul für 484 designiert. Dafür unterstützte er (als *mag. mil.*) Zenon im Kampf gegen → Illos (Ioh. Antioch. frg. 214. Theophan. 5973/76). 486 unternahm Th. wieder einen Plünderungszug durch Thrakien. Dennoch entsprach es nicht allein Interessen des Kaisers, daß Th. seinem Auftrag folgend im Herbst 488 mit seinem Volk (ca. 100000 Menschen, meist Goten) zum Kampf gegen → Odoacer nach Italien aufbrach (Anon. Vales. 48. Iord. Get. 291. Ennod. Paneg. 25f. Marc. Comes). Th. errang Siege im Aug./Sept. 489 (am Isonzo und bei Verona) und im Aug. 490 (an der Adda), mußte aber dann Rückschläge hinnehmen und konnte nach über 2jähriger Belagerung Ravennas (der sog. Rabenschlacht der Sage) sein Ziel nur erreichen, indem er Odoacer, mit dem er die gemeinsame Herrschaft über Italien vereinbart hatte, ermordete (15. März 493). Erst 497 erkannte → Anastasius (1) Th. als König der Goten und zugleich als kaiserl. Regenten in Italien an. Er verlieh ihm das Recht, den Purpur zu tragen und einen der beiden Consuln zu ernennen. Außer Italien (mit Sizilien) umfaßte das Reich des Th. auch Dalmatien, Teile Pannoniens, Noricum und Raetien (fraglich ist es bei Raetia II; s. Bierbrauer, Bayer. Vorgesch. Bl. 36, 1971, 131ff.). Th., seit etwa 500 *Flavius Theodericus rex*, wollte zwar keine Verschmelzung zwischen seinen rechtlich stets als Ausländer geltenden Goten und Römern (kein *conubium*; getrennter Gerichtsstand), bemühte sich aber von Anf. an um Ausgleich und Frieden. Daher ließ er die Landzuweisung an die Goten, vor allem in Oberitalien, aber auch etwa in Etrurien, Picenum, Samnium, Sizilien, unter möglichster Schonung der röm. Eigentümer durchführen (Cod. Theod. 7,8,5. Cassiod. var. 1,18. 2,16f. 7,3). Die Goten und die weiteren Barbaren (eingeteilt vermutlich in Tausendschaften) hatten die Verteidigung zu übernehmen. Für die Provinzen und Städte mit got. Siedlern wurden, vielfach wohl der got. Oberschicht (»Adel«) entnommene, in den Rang des *spectabilis* bzw. *illustris* erhobene *comites* eingesetzt. Neben mil. hatten sie auch Belange der Goten betreffende zivile (bes. iurisdiktionelle) Aufgaben. Goten waren auch die als bes. Vertrauensleute des Königs geltenden, teils mit Funktionen der → *agentes in rebus* betrauten *saiones* (vgl. z.B. Cassiod. var. 1,20. 2,7. 20. 3,20. 36. 4,32. 7,1. 3. 13. 42). Im übrigen blieb die röm. Zivilverwaltung unverändert bestehen, hatten die Senatoren weiterhin die führenden Positionen inne (z.B. → Boethius, → Cassiodorus, → Liberius [1]). Senatoren finden wir ebenso neben got. Großen als Berater des Th., der freilich absolutistisch regierte und nie etwa einen Rat im Sinne einer Verfassungsinstitution benötigte. Seiner römerfreundlichen Haltung gemäß tolerierte der Arianer Th. die Katholiken stets. Bei aller Zurückhaltung blieb es ihm nicht erspart, in kirchliche Streitigkeiten, wie das seit 498 bestehende röm. Schisma, das er 507 zu Gunsten des Symmachus entschied (vgl. bes. die Synodalakten in MGAA 12,399ff. Ennod. pro synhodo. Lib. pontif. 122f. Mommsen), oder auch die Wiederaufnahme des Streites mit dem O. durch → Hormisdas (3), hineingezogen zu werden. Die 519 erzielte Einigung schwächte die Position des Th. bei den nun wieder den Kaiser als Schutzherrn des Glaubens ansehenden Katholiken. Ohne etwa von einem großen Germanenreich zu träumen, aber doch mit einem gewissen Anspruch auf Vorrang, suchte Th. nicht erst von 497 an ein vor allem auf dynastischen Verbindungen basierendes Bündnissystem im W. zu schaffen. 493 heiratete er Audefleda, eine Schwester des Frankenkönigs → Chlodovech (Bd. V Nachtr.), verheiratete er um 494 seine Töchter (aus früherer Ehe) Ariagne und Theudigotha mit dem Burgunder → Sigismund bzw. dem Westgoten → Alarich II., 500 dann seine Schwester Amalafrida mit dem Vandalen → Thrasamund und 510 seine Nichte Amalaberga mit dem Thüringerkönig Herminafried. Th. suchte 506/07 vergeblich den Angriff Chlodovechs auf die Westgoten zu unterbinden (vgl. Cassiod. var. 3,1–4). Als Preis der 508 gewährten Hilfe gliederte Th. die westgot. Provence seinem Reich an, setzte er → Theudis für das restliche Westgotenreich als Statthalter und zugleich als Vormund des → Amalaricus ein. Da ihm ein Sohn versagt blieb, verheiratete Th. 515 → Eutharicus mit seiner Tochter → Amalasuntha und setzte ihn als Thronfolger ein. Der Amtsantritt des Eutharicus als Consul des Jahres 519 konnte als Zeichen der Eintracht zwischen Goten und Römern, aber auch des guten Einvernehmens mit dem Kaiser angesehen werden. Daß dies nur eine Fassade war und starke Tendenzen zur Abschüttelung der Gotenherrschaft in Italien bestanden, zeigte sich 524/25, als es zu den Prozessen gegen → Boethius und → Symmachus (6) kam, aber auch als sich der Vandalenkönig → Hildericus (seit 523) eng an Rom anschloß. Als er dann Amalafrida umbrachte, rüstete Th. zum Krieg. Doch bevor es dazu kam, starb er am 30. Aug. 526 in Ravenna, wo er in dem von ihm selbst erbauten Mausoleum bestattet wurde. Th., der Italien nochmals eine Zeit der Blüte brachte, war ein stets tatkräftiger und auf Gerechtigkeit bedachter Herrscher (vgl. z.B. Prok. 5,1,27. Cassiod. var. 3,15. 20. 5,12. 15. Edictum Theodorici = MGLL 5,145ff.). Als Grundzüge seiner Politik seien abschließend das Bemühen um friedliche Koexistenz zwischen Goten und Römern in Italien und Frieden mit den anderen Germanenstaaten (obwohl hier ein gewisses Vormachtstreben unverkennbar ist) und um Loyalität gegenüber den Kaisern hervorgehoben. Als Dietrich von Bern lebte Th. in zahlreichen Sagen der germ. Dichtung fort (z.B. Hildebrandslied, Wolfdietrichsage), doch entfernte sich dieses Bild, das etwa auch Karl d.Gr. oder Kaiser Maximilian I. vor Augen hatten, von der hist. Realität ebenso wie das ihn zum Katholikenverfolger stempelnde Zerrbild (beachte z.B. Walafried Strabo, Portal von S. Zeno in Verona).

G. Bovini Il Mausoleo di Teodorico, 1959. *W. Enßlin* Th. d. Gr., 1947. I Goti in Occidente, Spoleto 1956. *L. M. Hartmann* Gesch. Italiens im MA. 1, ^{2}1923. *K. Hauck*, Frühma. Stud. 1, 1967, 10ff. *F. Kraus* Die Mz. Odovakars und des Ostgotenreiches, 1928. *H. Rosenfeld* in: N. Dt. Biogr. 3, 1957, 687f. *L. Schmidt* Gesch. der Ostgermanen, ^{2}1934. *Stein* II. *H. Wolfram* Intitulatio, 1967.

4. (Theuderich), fränk. König 511–533, * um 485 als Sohn des → Chlodovech (Nachträge Bd. V) und einer Konkubine (?; Greg. Tur. 2,28), erhielt bei der Teilung des Reiches 511 (dazu E. Ewig Die fränk. Teilungen, 1952) den O., d.h. das Gebiet der ehemal. Prov. Belgica, Germania I/II, der *civitates* Reims (Hauptstadt des Th.), Châlons, Basel, Teile Aquitaniens (Auvergne) und die nicht näher umgrenzbaren rechtsrhein. Gebiete. Zugewinne ergaben sich bei Teilung des Reiches des 523 gefallenen Bruders Chlodomer und nach dem Sieg über die Thüringer 531 (Greg. Tur. 3,7. E. Zöllner Gesch. der Franken, 1970, 83). Gegen 530 war ein Einfall der Gauten (von See her) abzuwehren (Greg. 3,3), 532 beteiligte sich Th. mit seinen Brüdern Childebert und Chlotachar am Krieg gegen die Westgoten (Zöllner 86). **5.** Th. Strabo, Ostgote, schon um 462 mächtiger Söldnerführer im Dienst des ihm verschwägerten Fl. → Ardabur Aspar (Iord. Rom. 269). 473 erreichte er vom Kaiser Leo I. Soldzahlung, Anerkennung als König seiner ostgot. Scharen, Ernennung zum *mag. mil. praesentalis* (Malchus frg. 2. Mal. 14). 475 schloß er sich → Basiliskos an. Kaiser Zenon erklärte ihn 477 zum Staatsfeind, suchte ihn aber schon 478/79 wieder gegen (den entfernt verwandten) → Theoderich (3) den Amaler auszuspielen. 480/81 zog Th. von Thrakien aus gegen Constantinopel, wurde von → Illos abgewehrt und verunglückte noch 481 tödlich (vgl. Malchus frg. 11ff. Euagr. 3,25. Ioh. Antioch. 210f.). A. L.

Theodora. 1. Flavia Maximiana Th., Tochter der → Eutropia (1), der Gattin des Kaisers → Maximianus (1), aus ihrer 1. Ehe mit einem Syrer (Anon. Vales. 4,12. Chr. min. 1,8,22 M.), wahrscheinlich dem Praetorianerpraefekten Afranius Hannibalianus, *cos.* 292, Stein I. 99,4. Seeck, RE IV 1041. Nach Paneg. Lat. 2,11,4 war sie schon 289 verheiratet mit dem späteren Kaiser → Constantius (1; nach Eutr. 9,22,1 u.a. fälschlich im J. 293). Sie hatte 6 Kinder: Dalmatius, Hannibalianus, Iulius Constantius, Constantia (Gattin des → Licinius [II 3]), Anastasia (Gattin des → Bassianus [3]) und → Eutropia (2), Oros. 7, 25,5. R. H.

2. Röm. Kaiserin 527–548. Vernichtende Kritik in → Prokops Anekdota (9f. 15f.; vgl. z.B. Zon. 14,61) und panegyr. Lob in monophysit. Quellen (Iohannes v. Ephesos, Michael Syrus) erschweren das Urteil über die sehr bedeutende Frau. Th., * 497 (?) als Tochter eines Tierwärters der Zirkuspartei der Grünen in Constantinopel, wurde Schauspielerin (trat im Mimus auf; vermutlich tendenziöse Schilderung lockeren Lebens bei Prokop), kam nach einigen Jahren im O. (z.B. Alexandreia, Antiocheia) zurück. Um 520 lernte sie Iustinian kennen, der sie nach Aufhebung des Eheverbotes zwischen Standespersonen und ehemaligen Schauspielerinnen (Cod. Iust. 5,4,23) und ihrer Erhebung in den Patriciat 524/25 heiratete. Die kluge, tatkräftige Th., seit 1. April 527 Augusta, galt als Mitregentin *(consors imperii)* des ihr stets vertrauenden Kaisers. In Erlassen und Verträgen wurde sie genannt, sie verhandelte mit fremden Gesandten, verlangte die Proskynese (Prok. an. 15,15. 30,23. Paulus Silent. 58ff. Lyd. mag. 26,23. Zon. 14,6f. Nov. Iust. 8,1. 28,5. 29,4). Entscheidenden Einfluß besaß sie bei Besetzung kirchlicher, ziviler und mil. Ämter (Prok. an. 17, 27; z.B. → Anthimos [2], → Belisarios, → Narses [3], → Vigilius). Verwandten Iustinians (z.B. → Germanus [1], → Hypathios) feindlich gesonnen, förderte sie die eigene Familie. Da Th. im Gegensatz zu Iustinian dem Monophysitismus anhing (vgl. z.B. Victor Tonn. zu 529ff. = Chr. min. 2, 197ff.), führte dies zu Unklarheiten in der Kirchenpolitik. Mit Hilfe ihres riesigen Vermögens (z.B. Prok. an. 9,32. 12,31) leistete die fromme Th. große Stiftungen für Kirchen, Klöster, Waisenhäuser, Spitäler (z.B. Prok. aed. 1,2,17. 9,5. 11,27. 5,3. Zon. 14. Lyd. mag. 3,69. Cod. Iust. 7,37,3). Ihre Tatkraft kam zur Geltung etwa bei Niederwerfung des Nikaaufstandes von 532 (Prok. 1,24. Theophanes a. 6025). Hoheitsvoll, autokratisch erscheint Th. auf dem Mosaik von S. Vitale in Ravenna. Sie starb am 28. Juni 548; beigesetzt in der Apostelkirche von Constantinopel. A. L.

Grillmeier–Bacht Chalcedon I/II, 1953. *R. Browning* Iustinian and Th., 1971; ferner s. Iustinianus 1.

Theodoretos (*Θεοδώρητος*). **1.** Ab 423 Bischof von → Kyrrhos (2), * 393, † wohl 466, einer der fruchtbarsten kirchl. Autoren seiner Z. Aufgewachsen in der Nähe syr. Mönche, stand er, frei von extremen Haltungen, als Exeget der antiochen. Schule nahe, in dogmat. Fragen den Lehren des → Nestorios. Auf dem Konzil von Ephesos (449) wurde er abgesetzt, 451 jedoch nach der Verdammung von nestorian. Gedanken rehabilitiert. Seine gegen → Kyrillos (1) gerichteten Schriften wurden 553 verurteilt. Th. gehört zu den geschätztesten Exegeten der alten Kirche. Größeres Interesse finden in der Neuzeit seine apologet. und historiogr. Werke. Doxographica sind großenteils verloren oder nur indirekt überliefert. Mehr als 200 als Zeitdokumente aufschlußreiche Briefe ([1]), z.T. nur lat. in Konzilsakten überliefert, ergänzen das stilist. hochstehende, in dieser Hinsicht bereits von → Photios gerühmte lit. Werk. Darin ragt heraus die apologet. Hauptschrift *῾Ελληνικῶν παθημάτων θεραπευτική* ([2]), inhaltlich aufruhend auf Clem. Al. strom. und Eus. praep., in der Darstellung überlegen. Die wortreiche *φιλόθεος ἱστορία* ([3]) enthält im Stil der vollentwickelten Hagiographie 30 Darstellungen syr. Asketen. Die später verfaßte KG. ([4]) schließt an Eusebios an. Ihr Wert beruht auf reichlicher Mitteilung von Urkunden, die Darstellung ist durch betontes Eintreten für die Orthodoxie beeinträchtigt. B. R. V.

Ta.: *Migne*, PG 80–84 (unvollst.). 1. *Y. Azéma* (3 Bde.), 1955. 1964/65. 2. *I. Raeder*, 1904 (Nachdr. 1969). *P. Canivet*, 1958. 3. *Migne*, PG 82,1283ff. 4. *L. Parmentier* – *F. Scheidweiler*, GCS 19, ^{2}1954.

Lit.: *H. G. Opitz*, RE V A 1791ff. *Christ–Schmid* 2,2, 1476ff. *L. Parmentier* Einl. zu Ta. (s.o. [4]). *Altaner*^{7} 227. 339ff.

2. Byz. Grammatiker unbest. Z., Vf. eines Lex. *Περὶ πνευμάτων*. Quelle: → Herodianos' (1) *Καθολικὴ προσῳδία* B. 20. Das in zahlreichen Hss. überlieferte, aber noch nicht kritisch edierte Werk diente neben anderen als Vorlage für das kontaminierte Lex. *Π. πνευμάτων*, das VALCKENAER (im Anh. zu Ammonius, De diff. adfin. vocabulorum, Leiden 1739 [Lpz. 1822]) ediert hat. H. Gä.

G. Uhlig, JbPhPäd 121, 1880, 789ff. *P. Egenolff* Die orthoep. Stücke d. byz. Litt., Progr. Mannheim 1887, 10ff. *Ders.* Die orthogr. Stücke d. byz. Litt., Progr. Heidelb. 1888, 32.

Theodoridas (*Θεοδωρίδας*) aus Syrakus (Athen. 15,699e), Dichter. Von seinen Werken nennt Athen.: Dithyramb. *Κένταυροι*, *Εἰς τὸν Ἔρωτα μέλος* und ein hexametrisches *ποιημάτιον* (6,229b). Erhalten sind 9 Epigramme aus dem Kranz des → Meleagros (8; Th. genannt Anth. Pal. 4,1,53), darunter eine fiktive Grabschrift auf → Mnasalkes, die dessen Schwülstigkeit kritisiert (13,21), und eine solche auf → Euphorion (3; 7, 406), die in zweideutigen Worten dessen Sexualität anprangert. Dieser Angriff auf den lebenden Euphorion datiert Th. in die 2. Hälfte des 3. Jh.s v. Chr. R. K.

Ausg. und Lit. s. zu Mnasalkes. Ferner: *Maas*, SIFC N. S. 15, 1938, 80. *T. B. L. Webster* Hellenist. Poetry and Art, 1964, 227ff. *Peek*, Philol. 117, 1973, 66ff.

Theodoros (*Θεόδωρος*).

I. Politisch-historische Persönlichkeiten. **1.** Athener aus Phegaia, 415 in den Mysterienprofanations- (Plut. Alk. 19,2. 22,4; mor. 621c) und Hermokopidenskandal (And. 1,35) verwikkelt; floh oder wurde hingerichtet. MACDOWELL And. On the Myst. GOMME, Hist. Comm. Thuc. 4,280. **2.** Athener, Eleusin. Hierophant. Hob 408 den Fluch gegen → Alkibiades (2) von 415 nicht auf. Plut. Alk. 33,3. Vgl. Diod. 13,69,2. **3.** Vater des Redners → Isokrates (2), Athener aus Erchia, [Plut.] mor. 836e, erreichte im Flötengeschäft (dah. Komödienspott auf Isokr., Aristoph. frg. 700 K. Strattis frg. 3 K.) genug Wohlstand zu bester Erziehung der Söhne (Isokr. 15,161. [Plut.] mor. 836e. Dion. Hal. Isokr. 1. Suda s.v.) und Choregie ([Plut.] a.O.). Grab beim Kynosarges, [Plut.] mor. 838c. **4.** Sohn von Nr. 3, Bruder des Isokr. (2), [Plut.] mor. 838bc. K. K.

5. Aus Henna, Belastungszeuge des Verres 70 v. Chr., Cic. Verr. 4,113. **6.** Freigelassener, der 35 v. Chr. mit Sex. → Pompeius (A I 3) von Sicilien nach Asia floh und von diesem nach dem Scheitern eines Anschlags auf Cn. → Domitius (I 10) Ahenobarbus getötet wurde, App. civ. 5,569. **7.** Erzieher des Antyllos, Sohnes des Triumvirn M. → Antonius (I 9) und der → Fulvia (I 32); im J. 30 lieferte er den Jungen aus und wurde nach dessen Hinrichtung gekreuzigt, Plut. Ant. 81,1f.; vgl. 4. H. G. G.

8. Aus Arabien, Heide, Redner in Antiocheia, Bekannter des → Libanios, um 365 *praeses* oder *consularis* (Liban. epist. 339. 1182. 1188. 1534). **9.** Durch Kaiser → Iulianus (5) Oberpriester der Provinz Asia, mit Überwachung und Einrichtung von Götterkult beauftragt (Iul. epist. 30. 35. 63). **10.** Am Hof des → Valens einflußreicher *notarius*, dem 372 der Hochverratsprozeß gemacht wurde, nachdem ihm durch ein Ringorakel der Kaiserpurpur geweissagt worden sein soll (Amm. 29,1, 5ff. Eun. frg. 38f. Ioh. Chrys. ad vid. iun. 4. Liban. or. 1,171. 225; 24,13f.). **11.** Freund des → Libanios, gewann um 388 Einfluß am Hof → Theodosius I. (Liban. epist. 842. 919. 942). **12.** Flavius Th., Fl. Mallius Th., Th. Priscianus s. Theodorus. A. L.

II. Literarische Persönlichkeiten.

1. Einer der berühmtesten Schauspieler des frühen 4. Jh.s (Plut. mor. 348e). Siegerliste trag. Schauspieler an den Lenäen IG II/III^{2} 2325 col. II 4 Siege (ca. 380–375); ebd. col. III für trag. Schauspieler an den Dionysien (ca. 390), wenn *Θε* richtig ergänzt ([3], 137). Th. spendet für den delphischen Tempel im J. 360: TOD IGH 2,140. Seine Stimme lobt Aristot. rhet. 3,1404b 22, deren Fähigkeit zur Nachahmung Plut. mor. 18c. Er spielte immer die Rolle, der die Anfangsworte zufielen (Arist. pol. 1336b 28). Anekdote über sein Auftreten vor Alexander v. → Pherai: Plut. mor. 334a; Pelop. 29. Ail. var. 14,40. Ephipp. Frg. 16 K. verspottet den Schauspieler. Anekdote über seine Gattin: Plut. mor. 737b. Grab an der heiligen Straße nach Eleusis: Paus. 1,37,3. Spitzname: πελεοβάψ (Hesych.). Wohl irrtümlich Dichter von Tragödien genannt (Diog. Laert. 2,104. Ail. var. 14,40. Hesych.). Von einer solchen Tätigkeit ist keine Spur erhalten. F. St.

Lit.: 1. *A. Pickard-Cambridge* The Dramatic Festivals of Athens, Oxf. ²1968. 2. *J. B. O'Connor* Chapters in the Hist. of Actors and Acting in Ancient Greece ..., Diss. Princeton, Chicago 1908. 3. *Wilhelm* Urk.

2. Von Kyrene, ὁ ἄθεος genannt, Philosoph der kyren. Schule, Schüler des jüngeren → Aristippos (4), * vor 340, † vermutl. nach 250 v. Chr. Von ihm handelten viele Anekdoten, die sich nicht alle in chronol. Zusammenhang bringen lassen. Th. mußte um 320 aus polit. Gründen Kyrene verlassen, hielt sich bis 307 in Athen auf, das er nach dem Sturz des → Demetrios (25) von Phaleron verlassen mußte. Später trat Th. in den Dienst des Königs → Ptolemaios I.; insbes. nahm er an einer (zeitl. nicht fixierbaren) Gesandtschaft an → Lysimachos (1) teil. In hohem Alter kehrte Th. nach Kyrene zurück. – Neben → Diagoras (1) von Melos galt Th. als der prominenteste und radikalste Leugner der Götter – so Cic. nat. 1,2 (mit Slg. der testimonia im Komm. von A. St. Pease). Diog. Laert. 2,97 versichert, er habe die Schrift des Th. περὶ θεῶν in der Hand gehabt; viele seien der Meinung, ihr habe Epikur das meiste entnommen.

Neben häufigen Hinweisen auf Anekdotisches (z. B. Cic. Tusc. 1,102. 5,117) steht nur ein Zeugnis, das es erlaubt, den Standpunkt des Th. im Hedonismus zu fixieren: Diog. Laert. 2,98f. Sein Hedonismus war einerseits radikaler als der des → Aristippos; andererseits scheint sich Th. für die intellektualistische Variante im Hedonismus entschieden zu haben: Das Streben nach Lustgewinn muß von voraufgehender Einsicht bestimmt werden; Triebhaftigkeit sollte als Motiv nicht gelten. Absolute Maßstäbe leugnete Th. radikal.

Eine einschlägige Behandlung des ant. Hedonismus, welchem Th. einen wichtigen Impuls gab, fehlt durchaus.

Frg.e: *G. Giannantoni* I Cirenaici, Firenze 1958. *E. Mannebach* Aristippi et Cyrenaicorum Frg.a., Leiden/Köln 1961, 58ff.

3. Von Asine, Platoniker, lebte etwa 275 bis 360 n. Chr. Er war Schüler des → Porphyrios in dessen letzten Lebensjahren; dann schloß er sich (wohl nur kurz) dem → Iamblichos (2) und danach dem → Aidesios (1) an. Es ist unbekannt, ob und wenn ja, wo Th. eine Schule begründete. Nachmals stand er bei → Proklos (1) und dessen Schülern in hohem Ansehen. Das dürfte dadurch mitbegründet sein, daß Th. zu Iamblichos in Widerspruch (z. T. auch polemisch) getreten war; später zog die postume Abwertung des Iamblichos die postume Aufwertung des Th. nach sich.

Von 2 Schriften des Th. sind die Titel bekannt: 1. περὶ ὀνομάτων behandelte offenbar die Terminologie damaliger Metaphysik, vor allem der Hypostasen-Lehre. 2. Ὅτι ἡ ψυχὴ πάντα τὰ εἴδη ἐστίν hatte wohl nicht nur die Seelenwanderung zum Gegenstand, sondern alle Konsequenzen des (oft behandelten) Axioms, daß die Seele alles ist (vgl. H. Dörrie, Rev. de Théol. et de Philos. 1973, 116ff.). In der Hauptsache verfaßte Th. Komm. zu Dialogen Platons (kenntlich werden solche zu Staat, Phaidon und viell. Philebos), wahrscheinl. auch zu Aristot. cat. Wirklich greifbar ist freilich von Vorstehendem nichts; einzig vom Komm. zum Timaios wird dank ausgiebiger Benutzung durch Proklos soviel erkennbar, daß Th. nicht nur ein Schatten bleibt. Insbes. hatte Th. ein »Modell« der physikal. und der metaphys. Hypostasen entworfen, das zu dem des Iamblichos in Konkurrenz trat. Proklos übernahm das Modell des Th. zwar nicht, wertete es aber in der Auseinandersetzung mit Iamblichos aus. Dank Th. wird eine Linie von Porphyrios' Nachwirken erkennbar, die durch den seine Generation beherrschenden Iamblichos verdunkelt war. H. D.

Frg.e: *W. Deuse* Th. v. Asine; Slg. d. Test. u. Komm., Diss. phil. Köln 1970 = Palingenesia 6, Wiesbaden 1973.

4. Mechaniker und Philosoph, Freund des → Proklos (1), der an ihn die nur in mangelhafter lat. Übers. des Wilhelm von Moerbeke erhaltene Schrift περὶ προνοίας καὶ τοῦ ἐφ' ἡμῖν (de providentia et fato et eo quod in nobis) gerichtet hat (hg. von V. Cousin, Procli opp. 1, 1820, 9ff.). Aus ihr ergibt sich, daß Th. seinerseits eine Schrift über das gleiche Thema verfaßt hat, in der er das αὐτεξούσιον (diesen griech. Terminus hat der Übers. beibehalten), die Willensfreiheit, allein der bewegenden Macht des Universums, Fatum und Providentia, zusprach und die menschliche Willensfreiheit als nicht existierend bezeichnete. Dadurch, sagt Proklos, werde das Universum zu einer Maschine und sein Schöpfer zu einem Mechaniker gestempelt, und der Freund Th. sei wohl seiner Wissenschaft zuliebe zu dieser Auffassung gekommen, die ihn, den Mechaniker, selbst zu einem Imitator des Weltschöpfers mache. Dem setzt Proklos die eigene abweichende Meinung entgegen und begründet sie (einige Auszüge bei Ziegler 1861f.). Offenbar ist Th. nicht ein fingierter Gegner, sondern wir haben mit der Existenz eines Mannes namens Th. um die Mitte des 5. Jh.s zu rechnen, der, Mechaniker von Beruf, trotz Christen und Neoplatonikern einen mechanist. Determinismus, verbrämt mit skept. und epikureischen Gedanken, in einer Schrift entwickelt hat, die Proklos einer ausführlichen Widerlegung für bedürftig hielt; eine auffallende Erscheinung in der Geistesgesch. ihrer Z., die wohl stärkerer Beachtung würdig ist, als ihr bisher zuteil geworden ist. K. Z.

K. Ziegler, RE V A 1860ff.

5. Von Kyrene, Mathematiker, Lehrer des → Theaitetos (1) und nach Diog. Laert. 3,6 auch Platons (wohl während dessen Reise von 396). Nach → Eudemos (1) von Rhodos (b. Prokl. in Eucl. elem. 65f. Friedlein) gehört er der Generation zwischen → Anaxagoras und Platon an, und in Platons Theaitetos tritt er (im J. 399) als Altersgenosse des Sokrates auf; seine Geburt fällt danach also in die Z. um 470–460 v. Chr. Platon bezeugt auch, daß Th. anfangs Schüler und Freund des → Protagoras war (Tht. 161b. 170c u. ö.), sich später aber bewußt der Philos. enthielt und ganz der reinen Mathematik widmete (a. O. 146b).

Die besondere Leistung des Th. ist, soweit überliefert, der Ausbau der Lehre vom Irrationalen. Platon zufolge (a. O. 147d) hat er, nachdem die Irrationalität von $\sqrt{2}$ offenbar schon von einem älteren Pythagoreer, viell. → Hippasos (4), erkannt worden war, die Irrationalität der Quadratwurzeln der nichtquadratischen natürlichen Zahlen von 3 bis 17 bzw. die Inkommensurabilität der Seiten von Quadraten mit 3, 5, ..., 17 Quadratfuß Inhalt und des Fußes als fest gewählter Längeneinheit einzeln bewiesen und dann bei 17 »irgendwie« (πως) aufgehört. Das Beweisschema des Th. ist nicht bezeugt, aber entsprechend den Möglichkeiten, πως 1. als »aus einem bestimmten Grund« oder 2. als »zufällig« zu deuten, ergeben sich Argumente für eine der folgenden Lösungen: 1. Hat Th. das bei Eukl. elem. 10,2 überlieferte Inkommensurabilitätskriterium benutzt, hat er also gezeigt, daß bei fortgesetzter Wegnahme der kleineren von 2 Größen von der anderen (ἀνταναίρεσις) die übrigbleibende nie die vorhergehende mißt, so mußte er für die Fälle 3, 5, ..., 17 jeweils eine besondere Proportion beweisen, Fall 18 war mit $\sqrt{18} = 3\sqrt{2}$ erledigt, für 19 aber hätte er eine ungleich schwieriger zu findende Folge von 5 Proportionen beweisen müssen ([1]. [3]). 2. Ein Widerspruchsbeweis wie für $\sqrt{2}$ (bei Eukl. elem. 10 App. 27 Stamatis) kann ohne weitere Schwierigkeit für die Quadratwurzel jeder nichtquadratischen natürlichen Zahl mit bekannter Primzahlzerlegung geführt werden, wenn einmal die Zerlegung der natürlichen Zahlen in gerade und ungerade zu einer Zerlegung in ganzzahlige Vielfache von n und nicht ganzzahlige Vielfache verallgemeinert ist ([1]). Zu verwerfen ist wohl der Vorschlag von [2], der Th. einen exakten Beweis abspricht.

Nach Prokl. (in Eucl. elem. p. 118) nannte Th. die Schraubenlinie eine κρᾶσις von εὐθύ und περιφερές, er hat sich also auch mit höheren Kurven befaßt. D. Na.

1. *K. v. Fritz*, RE V A 1811ff. 2. *Anderhub* Joco-Seria. Aus den Papieren eines reisenden Kaufmannes, 1941. 3. *v. d. Waerden* Erwachende Wissenschaft, ²1966, 233ff.

6. Aus Byzantion, griech. Rhetor der 2. H. des 5. Jh.s v. Chr. in Athen, jünger als → Thrasymachos (1), ungefährer Zeitgenosse und, als Lehrer, erfolgreicher Konkurrent des → Lysias (6). Die ältesten (krit. distanzierten) Zeugnisse (Plat. Phaidr. 266d [wo Th. ironisch λογοδαίδαλος genannt wird]; Aristot. rhet. 1414b 7ff.) lassen erkennen, daß Th. eine verfeinerte Gliederung der Gerichtsrede einführte (zusätzl. Teile: Prodihegesis, Epipistosis und Epexelenchos; Topos der Widerlegung sogar innerhalb der Anklage), aber auch Fragen des Satzbaues nicht vernachlässigte (Cic. or. 38). Seine Lehre war in einer Techne (trotz Aristot. rhet. 1400b 16 und Dion. Hal. Is. 19 handelte es sich wohl um ein einziges Werk) zusammengefaßt. Von seinen Reden (umstrittene Titel nennt Suda s. Θ.) ist nichts erhalten. Ein Stilurteil des Aristot. (Th. sei *ieiunior* als Lysias gewesen) referiert Cic. Brut. 48.

L. Radermacher Art. Script. B XII. *Christ-Schmid* 1,3,192ff. *Blass* AttBereds. 1,259ff. *P. Hamberger* Die redner. Disposition in der alten τέχνη ῥητορική, Paderborn 1914, 75ff.

7. Aus Gadara, Sohn des Isidoros (? vgl. E. Vanderpool, AJPh 80, 1959, 366ff.), berühmter Rhetor des 1. Jh.s v. Chr. (Hier. chron.: Akme 33/32) auf Rhodos, wo zeitweise Tiberius, den er wohl bereits früher unterrichtet hatte, zu seinen Hörern zählte (Quint. inst. 3,1,17. Suet. Tib. 57). Th.' Schriften (Verzeichnis: Suda s. Θ.) umfaßte hist.-geogr. (je 1 B. π. ἱστορίας, π. Κοίλης Συρίας: vgl. FGrH 850), philos. (π. πολιτείας), gramm. (π. διαλέκτων ὁμοιότητος καὶ ἀποδείξεως [?]; Einfluß auf Varro l. l. B. 8–10 vermutete G. Kowalski, Eos 31, 1928, 141ff.), vor allem aber rhet. Werke (π. ῥήτορος δυνάμεως, π. θέσεως und eine sogar ins Lat. übersetzte [Quint. inst. 2,15,21; vgl. Iuv. 7,177] Τέχνη ῥητορική) und Reden (Dion. Chrys. 18,12). Bruchstücke seines rhet. Systems, das bis in die Spätant. hinein nachwirkte, vermitteln bes. Quint. und der sog. Anon. Seguerianus, der von der lebhaften Schulfehde zwischen Th.' Anhängern (zu denen u. a. → Hermagoras 2, kaum jedoch der Autor π. ὕψους [→ Longinos 2] gehörte) und von denen des → Apollodoros (6) im 1. Jh. n. Chr. eine Vorstellung gibt. Th. wich in der Terminologie (z. B. Vermeidung des t. t. στάσις zugunsten κεφάλαιον) sowie in dem Verzicht auf pedantische Festlegung der Rededisposition (Betonung des καιρός, der jeweiligen bes. Gegebenheiten) und in der Definition der Rhet. (τέχνη, keine ἐπιστήμη) von Apollodoros ab. H. Gä.

Christ-Schmid 2,1,459f. *Susemihl* 2,507ff. *Blass* Griech. Bereds. ..., Bln. 1865, 158ff. *M. Schanz*, H 25, 1890, 36ff. *H. Mutschmann* Tendenz und Aufbau der Schrift vom Erhabenen, Bln. 1913, bes. 46ff. *O. A. L. Dieter* Stasis, Speech Monogr. 17,4 (1950) 345ff. *G. M. A. Grube*, AJPh 80, 1959, 337ff. *G. Ballaira*, Quad. Urbin. di Cult. Class. 5, 1968, 37ff.

8. Th. Scholasticus Hermupolitanus Thebanus, Jurist der 2. H. 6. Jh. n. Chr. in Konstantinopel. Von ihm stammt ein Index zum Cod. Iust. mit erklärenden Bemerkungen und Hinweisen auf Parallelstellen; dieser Index ist kürzer als die Codexparaphrase des →Thalelaios. Zudem hat Th. ein Breviarium aus der Slg. der 168 Novellen verfaßt. Index und Breviar sind berücksichtigt in den Basiliken und den Scholien dazu; das Breviar ist uns fast vollständig auch direkt überliefert. D. M.

9. Von Phokaia, Architekt, schrieb nach Vitr. 7 praef. 12 über die → Tholos in Delphoi, deren Architekt er wohl war. 4. Jh. v. Chr. Gruben Die Tempel d. Griechen, 1966, 92 ff. **10.** Sohn des Telekles, Samier, Architekt, Bildhauer (Erzgießer), Techniker, Gemmenschneider. Th. gehört zu den vielseitigen, künstlerisch wie technisch produktiven »Erfindern« Ioniens im mittleren 6. Jh. (etwa 560–530), vielfach zusammen mit → Rhoikos (3) tätig (irrige Datierung bei Plin. nat. 35,152). Nach Plin. nat. 7,198 erfand Th. Winkelmaß *(norma)*, Wasserwaage *(libella)*, Drehbank *(tornus)* und Schlüssel *(clavis)*. Er gravierte den Ring des Polykrates (Hdt. 3,41,1. Paus. 8,14,8), schuf einen riesigen Silberkrater (Fassung: 600 Amphoren = etwa 1800 l), Geschenk des Kroisos an Delphoi (Hdt. 1,51), einen goldenen Krater (Athen. 12, 514 f.) und angeblich auch die goldene Rebe im Besitz der Perserkönige (Himer. 31,8), erfand eine neue Art des Bronzegusses (= den Guß aus der verlorenen Wachsform?), Paus. 9,41,1. 10,38,6. Plat. Ion 533 b. Paus. 8,14,8. An Bronzewerken werden genannt das Kultbild des Apollon Pythios in Samos (Diod. 1,98,5. Athenag. 17) und ein überaus kunstvolles »Selbstbildnis« (Plin. nat. 34, 83). Als Architekt schuf er mit Rhoikos den großen → Dipteros auf Samos (Hdt. 3,60. Plin. nat. 34,83. 36,90. Reuther Der Heratempel von Samos, 1957), über den er auch schrieb (Vitr. 7 praef. 12). Zum Bau des Dipteros von Ephesos gab er einen entscheidenden Rat für die Fundamentierung im sumpfigen Grund (Diog. Laert. 2, 103. Vgl. Plin. nat. 36,95). Nach Paus. 3,12,10 schuf er auch die Skias in Sparta. Wir können Th. nur als Architekten beurteilen: er wagte mit Rhoikos den Schritt zum kolossalen Format und schuf »die organische Gestalt der ion. Ordnung« (Gruben Die Tempel d. Griechen 321). Der Toreut mag die bes. Formpräzision am sam. Tempel mitbestimmt haben. W. H. G.

11. Th. Prodromos, vielseitiger byz. Schriftsteller des 12. Jh.s († gegen 1158). Er verfaßte unzählige Gelegenheitsgedichte, Satiren, Dialoge, Reden, Briefe sowie philos., theolog. und gramm. Abh.en. Am bekanntesten sind sein »Katzmäusekrieg« (*Κατομυομαχία*) und der umfangreiche Versroman *Τὰ κατὰ Ῥοδάνθην καὶ Δοσικλέα* (9 B.), beide in iamb. Zwölfsilblern abgefaßt. Der Roman, der die Entführung der schönen Rhodanthe durch Dosikles, die Trennung der Liebenden nach einem Überfall durch Räuber, ihr Wiedersehen in Kypros und ihre glückliche Heimkehr nach Abydos zum Inhalt hat, ist deutlich an → Heliodoros' (5) *Αἰθιοπικά* orientiert. So wird etwa auch hier die Vorgesch. der Hauptpersonen erst in B. 4 in einer Erzählung nachgetragen. Daneben sind volkstümliche, wohl auch oriental. Motive verwendet. – Ungeklärt ist noch immer die Frage, ob der unter dem durchsichtigen Namen Ptochoprodromos in der Volkssprache schreibende Dichter mit Th. ident. ist (dazu zuletzt H.-G. Beck Gesch. d. byz. Volks-Lit., München 1971, 101 ff.). H. Gä.

Ta.: Gesamt-Ausg. fehlt; die einzelnen Werke weit zerstreut, manches noch nicht ediert. Der Roman: *R. Hercher*, Erot. Script. Gr. 2,287 ff. Katzmäusekrieg: *R. Hercher*, Lpz. 1873. *H. Ahlborn*, Bln. 1968 (gr.-dt.).

Lit. (in Auswahl): *Krumbacher* 749 ff. 804 ff. *E. Rohde* Der griech. Roman ... 562 ff. *G. Moravcsik* Byzantinoturcica 1, Bln. ²1958, 523 ff. *W. Hörandner* Stud. z. Überl. d. Werke d. Th. Prodromos, Diss. Wien 1966. *Ders.*, Jb. d. Österr. Byz. Ges. 16, 1967, 91 ff.

III. Theologen.

1. Bischof von Mopsuestia 392–428. Bald nach der Mitte des 4. Jh.s in Antiocheia *, wurde er dort Schüler des heidn. Rhetors → Libanios und des chr. Exegeten → Diodoros (17); er trat in Diodors Kloster ein. Von der Rückkehr ins weltliche Leben hielt ihn ein Brief seines Studienfreundes Iohannes Chrysostomos ab (Migne PG 47,309–316). Durch seine Bibel-Komm. war Th. der bedeutendste Exeget der antiochen. Schule und stand in Gegensatz zu → Kyrillos (1) von Alexandreia, der eine Polemik gegen ihn und Diodoros schrieb. Von der Verurteilung seines Schülers → Nestorios blieb Th. zunächst ausgenommen; die von ihm vorformulierte Lehre von den 2 Naturen Christi siegte 451 auf dem Konzil von Chalkedon über die zum → Monophysitismus hin tendierende alexandrin. Theologie. Erst 553 erklärte das Konzil von Konstantinopel, vorwiegend auf Grund von dem Th. fälschlich unterstellten Texten, seine Schriften für nestorianisch, was dann bis auf einige Reste ihren Untergang nach sich zog. Zahlreiche Frg.e sind in Katenen-Komm. enthalten, mehrere Werke in ant. lat. und syr. Übers. bewahrt. Ganz oder in umfangreicheren Resten erhalten sind: Der Psalmen-Komm. (lat., mit griech. Frg. [1]). Komm. zu den kleinen Propheten (griech. [2]). Komm. zum Evang. Ioh. (syr., mit griech. Frg. [3]). Komm. zu Paulusbriefen (lat., mit griech. Frg. [4]). Eine Katechese über die Sakramente und das Glaubensbekenntnis (syr., mit griech. Frg. [5]). Auszüge aus einem Werk über die Erbsünde, in dem Th. den Lehren des → Pelagius (4) zuneigt, gibt Phot. bibl. 177. Zu Anf. des 20. Jh.s entdeckte syr. Hss. eines Komm. zum Ecclesiastes und des dogmat. Hauptwerks Über die Menschwerdung sind verloren gegangen, bevor eine Edition möglich war.

Ta.: 1. *R. Devreesse*, 1939 (Studi e Testi 93). 2. *Migne*, PG 66, 123ff. 3. *J.B. Chabot*, 1897. *Devreesse*, 1948 (Studi e Testi 141). *I.M. Vosté*, 1940 (Corp. scr. chr. or. 115/16). 4. *H.B. Swete*, 1880–1882. *K. Staab*, Pauluskomm. der griech. Kirche, 1933. 5. *A. Mingana*, 1932f. (Woodbrooke Studies 5/6). *R. Tonneau – R. Devreesse*, Homélies catéchétiques, 1949 (Studi e Testi 145).
Lit.: *I.M. Vosté*, Rev. Bibl. 34, 1925, 54ff. *R. Devreesse* Essai sur Th. de M., 1948 (Studi e Testi 141). *R.A. Greer* Th. of M., 1961. *U. Wickert* Stud. zu den Pauluskomm., 1962 (ZNW Bh. 27). *R.A. Norris* Manhood and Christ, 1963. *G. Koch* Die Heilsverwirklichung bei Th. v. M., 1965. *H.G. Opitz*, RE V A 1881ff. *Altaner*[7] 319ff.

2. Th. Askidas, palästin. Mönch, Bischof von → Kaisareia 537–558. Th. verfocht die Lehren des → Origenes (2). Deswegen um 531 aus dem Sabas-Kloster vertrieben, gewann er am Hof des → Iustinianus (1) bestimmenden Einfluß auf die Religionspolitik. Er löste den sog. Drei-Kapitel-Streit aus, indem er den Kaiser bewog, die den Monophysiten verhaßten Schriften des → Th. von Mopsuestia, → Theodoretos (1) von Kyrrhos und Ibas von Edessa zu verurteilen. Das Edikt im J. 544 rief den Protest der Anhänger des Konzils von Chalkedon und des röm. Papstes → Vigilius hervor. Doch 553 wurde die Verurteilung der Drei Kapitel auf dem Konzil von Konstantinopel erreicht. O. H.
F. Diekamp Die origenist. Streitigkeiten im 6. Jh., 1899. *Ed. Schwartz*, Kl. Schr. 4, 1960, 153ff. 296ff. *A. Nagl*, RE V A 1890ff.

3. Th. Anagnostes, nach seiner kirchl. Stellung benannt, verfaßte im 6. Jh. wirkungsreiche Werke zur KG., die im wesentl. indirekt überliefert sind. Die KG. von → Sokrates (5), → Sozomenos und → Theodoretos (1) arbeitete er zusammen zur sog. historia tripartita, im Original bis auf 2 nicht edierte B. verloren, im lat. W. in der Bearbeitung durch → Cassiodorus / Epiphanius lange die wichtigste Quelle zur Gesch. der Kirche nach Konstantin. In einer eigenen KG. behandelte er in 4 B. die Z. von Theodosius II. bis Iustinus. Das Werk ist faßbar durch eine wirkmächtige kirchengesch. Epit. aus dem 8. Jh. B. R. V.
Ta.: *G. Chr. Hansen*, GCS, 1971. – Lit.: *H.G. Opitz*, RE V A 1869ff. *G. Chr. Hansen* Einl. zur Ausg.

Theodorus. 1. Flavius Mallius Th., vielleicht aus Mailand, Christ, *consularis Macedoniae*, 380 *comes rerum priv.*, 382/83 *praefectus praet. per Gallias*, 397/99 *praefectus praet. Italiae*, 399 Consul (Panegyricus: Claud. c. 16/17; vgl. Cod. Theod. 11,16,21f.; 30,58. Symm. epist. 9,25). 408/09 wahrscheinlich nochmals (und nicht sein Sohn, der bei Augustin c. Cresc. 3,56 erwähnte *proconsul Africae* von 396) *praef. praet. Italiae* (Cod. Theod. 9,42,20f. 11,28,4. 16,2,31). Dem auch wissenschaftl. tätigen Th. (sein Traktat *de metris* bei KEILGrL 6,585ff.) widmete Augustin 386 *de beata vita;* an Th. bzw. seinen Sohn: Symm. epist. 5,7ff. **2.** Flavius Th., wurde 500 durch → Theoderich (3) d. Gr. *praefectus praet. Italiae*, 505 *consul*, vor 509 *patricius*. 525/26 gehörte er zu der von Papst Iohannes geführten Gesandtschaft Theoderichs an Kaiser → Iustinus I. (Anon. Vales. 68. 90. Cassiod. var. 1,27. Chr. min. 1,328. Liber Pontif. 133f. MOMMSEN). A. L.

3. Th. Priscianus, um 400 n. Chr., Arzt, Schüler des → Vindicianus. Erhalten sind 3 B. *Euporista* (einfach zu beschaffende Heilmittel), die Th. zuerst griech. schrieb, dann ins Lat. übersetzte; ferner Frg.e aus den *Physica* (Wunderheilmittel, wie z. B. die φυσικὰ δυναμερά des → Bolos). Ihn den → Methodikern zuzuweisen, geht nicht an. Seine myst.-mag. Naturverehrung lehnt die »Theoretiker« ab. F. K.
Ta.: *V. Rose*, Lpz. 1890.
Lit.: *Th. Meyer* Th. Pr. u. d. Röm. Medizin, Wiesbaden 1967 (Nachdr.). *H. Morland*, Symb. Osl. 29, 1952, 79ff.

Theodosia (Θεοδοσία), die westlichste griech. Polis (miles. Gründung) des Bosporan. Reiches, h. Feodosija. Th. war eine der frühesten miles. dortigen Apoikien mit einem sehr guten Hafen; 335 v. Chr. durch den bosporan. König Leukon erobert. 107 v. Chr. vorübergehend durch die Skythen, dann von Mithradates VI. Eupator besetzt. Aus einer kurzen Nachblüte (Funde aus der Nekropole) stammt die Kopie eines Frauenkopfes praxitel. Stils. Wichtiger Mittelpunkt des Getreidehandels, zerstört im 2. Jh. n. Chr. Skyl. 68. Plin. nat. 4,86ff. Ptol. 3,6,2. 8,10,3. Chr. D.
Herrmann, RE V A 1921ff. *Danoff*, RE Suppl. IX 1131ff. (mit dem neuen sowjet. Schrifttum).

Theodosiopolis, Θεοδοσιούπολις oder Θεοδοσιόπολις, Name mehrerer durch Theodosius I. oder II. (wieder)gegründeter Orte. **1.** Th. in Osroene, nach Prok. bell. 2,19,29 (vgl. aed. 2,2,16) am Aborras ca. 40 Meilen von Dara entfernt gelegen, das von Theodosius I. um 383 zur Stadt erhobene (Malal. 345f. Bonn.) Dorf Resaeina (= Rās al-ʿAin am Quellkopf des Ḫābūr). Iustinian befestigte Th., das am Ende des byz. Limes lag, zusätzlich durch Kastelle (Prok. aed. 2,6,13ff.); 577 verwüstete der pers. Feldherr Sarnachorganes seine Umgegend; 584 erreicht ein Teil des Heeres des Philippikos vom Persienfeldzug heimkehrend nur mit Not Th. (Theophyl. Sim. 1,13,10ff.). Bischöfe von Th. s. LE QUIEN Or. Chr. 2,979ff. **2.** Th. in Armenien (armen. Karin-Stadt), gegen Prok. aed. 3,5,2 mit Prok. ebd. 3,1,11 wohl von Theodosius II. gegründet. Erstmals bei Belagerung durch Bahrām V. Gōr um 420 erwähnt (Theodoret. hist. eccl. 5,37,7ff.). Sitz eines Bischofs, der auch 451 am Konzil von Chalkedon teilnimmt. 502 wird Th. vom Sasaniden Kabades erobert, bald von Anastasius I. zurückgewonnen, der es durch doppelte Mauern und Geländeveränderungen schützte, in Anastasiopolis umbenannte (Prok. aed. 3,5,3ff.). Der Name verschwindet wieder; 645/46 wird Th. arabisch (Name Qālīqalā), fällt gelegentl. wieder in byz. Hand, 1071 an die Seldschuken verloren, führt Th. dann den Namen Arzan ar-Rûm > Arz ar-Rûm (»Römerland«) > h. Erzerum in der Osttürkei. W. Rö.

Theodosios (Θεοδόσιος). **1.** Skeptiker und Arzt, Empiriker; verfaßte *Σκεπτικὰ κεφάλαια* (etwa: »skeptische Grundsätze«). Daraus wird dank Diog. Laert. 9,70,3 = Frg. 308 DEICHGR. eine Kostprobe bekannt: Th. erklärte es für unzulässig, die herrschende Richtung der Skepsis nach → Pyrrhon zu benennen (*Πυρρώνειον καλεῖσθαι τὴν σκεπτικήν*). Denn da das Denken anderer nicht erfahrbar sei, wisse man ja gar nicht, was Pyrrhon gemeint habe. Außerdem habe Pyrrhon die Skepsis nicht erfunden, und er biete kein Dogma (das seinen Namen tragen könnte). H. D.

K. Deichgräber Die griech. Empirikerschule, Bln. 1930 (Neudr. 1965), 219.

2. Mathematiker und Astronom, den Strab. 12, 566 als einen der geistig bedeutenden Männer Bithyniens nennt. Da er zugleich schon seine Söhne als namhafte Mathematiker registriert, muß Th. spätestens in die 1. H. des 1. Jh.s v. Chr. gehören. Von seinen Schriften, die der etwas verworrene Suda-Art. s. Θ. nennt, sind erhalten: 1. *Σφαιρικά* in 3 B., das älteste auf uns gekommene griech. Werk über Kugelschnitte, ein Lehrbuch der elementaren Geometrie der Kugel, fußend auf → Autolykos (3) und → Eukleides (3) ohne weiterführende Erkenntnisse, auch ohne die inzwischen von → Hipparchos (6) entwickelte sphär. Trigonometrie; ins Arab. übers. im 9. Jh., danach oft ins Lat.; maßgebende Ausg. (mit Sch.) HEIBERG in AGG 19,3, 1927. 2. *περὶ οἰκήσεων βιβλίον*, hg. erst von R. FECHT in AGG 19,4, 1927, behandelt die Elemente der mathemat. Geogr. für die verschiedenen Zonen (*οἰκήσεις*) der Erde, Auf- und Untergang von Sonne und Gestirnen usw. 3. *περὶ ἡμερῶν καὶ νυκτῶν βιβλία τρία*, vor der Ausg. von FECHT a. O. nur durch die oberflächliche lat. Übers. von AURIA, Romae 1591, bekannt, behandelt das Längenverhältnis von Tagen und Nächten und seine Verschiebungen im Verlauf des Jahres und damit zusammenhängende Probleme. Die Schr. 2 und 3 stützen sich auf die *Σφαιρικά*. Mit dem von Vitr. 9,8,1 in der Liste der Erfinder von Sonnenuhren genannten Th. dürfte er ident. sein. Über die verlorenen Schr. s. K. ZIEGLER, RE V A 1930 ff. K. Z.

E. Hoppe Mathematik und Astr. im klass. Alt., 1911, 333 f. *R. Heath* A Hist. of Greek Mathematics 2, 1921, 245 ff.

3. Grammatiker des 4./5. Jh.s n. Chr. (vgl. Synes. epist. 4 fin.) aus Alexandreia, der im Anschluß an das gramm. System des → Dionysios (26) Thrax umfassende Reihen von Deklinations- und Konjugations-Paradigmen aufstellte (*Κανόνες εἰσαγωγικοὶ περὶ κλίσεως ὀνομάτων καὶ ῥημάτων*) und damit ein lange Zeit hindurch benutztes Lehrbuch der griech. Sprache schuf. → Choiroboskos verfaßte einen Komm. dazu. Gramm. Gr. 4,1,1 ff. HILGARD. H. Gä.

Theodosius. 1. Flavius Th., Vater → Th. d. Gr. (2), aus Spanien, Katholik (Sokr. 5,2. 6. Oros. 7,33,7), bewährte sich als Soldat, stellte 368 von Valentinianus I. beauftragt (als *comes Britanniarum*?) die erschütterte röm. Herrschaft in Britannien wieder her (Amm. 27,8. 28,3. Pacatus Paneg. 5). Seit Ende 369 *mag. equ. praesentalis* (oder *per Gallias*?), kämpfte er gegen die Alamannen (Amm. 28,5,14. 29,4,5), besiegte er 373/74 den Usurpator → Firmus (3) in Afrika. Th. ging hart gegen Meuterer vor (Amm. 29,5,20 ff. 32), setzte unter anderem den *comes Africae* → Romanus (2) ab. Vermutlich dessen Freunde (darunter → Maximinus 3) veranlaßten einen Majestätsprozeß, der zu Verurteilung (vor Valentinians Tod am 17. Nov. 375) und Hinrichtung (Anfang 376 – Hier. chron. 248c) des Th. in Karthago führte. Sein Sohn, in den Sturz hineingezogen, rehabilitierte ihn später (Pacatus a. O. 9. Symm. rel. 9,4. Liban. or. 20,10. CIL IX 333. AE 1966, 435). – Lit. bei DEMANDT, Hist. 18, 1969, 625 f. LIPPOLD, Riv. Stor. dell'Antichità 2, 1972, 195 ff. **2.** Th. I. (d. Gr.), röm. Kaiser 379–395, * 11. Jan. 347 in Cauca (NW.-Spanien), † 17. Jan. 395 in Mailand. Seit 368 nahm Th. im Stab des Vaters (Nr. 1) an Feldzügen in Britannien und gegen die Alamannen teil, 374 besiegte er als *dux Moesiae* die Sarmaten, 376 heiratete er → Flacilla († 386). Kaiser → Gratianus erhob ihn im Herbst 378 zum *magister militum*, am 19. Jan. 379 in Sirmium zum Augustus. Th. wurde die *praefectura Orientis* einschließlich Thrakien, dazu (vorübergehend) die Diözesen Dakien und Makedonien unterstellt. Th. bemühte sich um Neuaufbau der Armee des O. und die Befriedung der seit 376 von Barbaren überfluteten Balkangebiete (→ Valens). Er mußte die 379 schon weit gediehene Germanisierung der Armee fortsetzen, doch finden sich unter den führenden Generalen des Th. neben Germanen wie → Hellebich, → Richomer, → Stilicho, auch Römer wie → Timasius oder → Promotus. Da die Germanen nicht mehr zu verdrängen waren, schloß Th. 382 ein Bündnis, bei dem die unter Zusicherung der Autonomie auf Reichsboden angesiedelten Goten sich zur Waffenhilfe verpflichteten. Es ist zu beachten, daß dieser Vertrag singulär blieb und der Kaiser fortan energische Maßnahmen gegen das Eindringen weiterer Barbaren ergriff. – Da in der kritischen Lage von 379 die Glaubensgegensätze zusätzliche Erschwerung bedeuteten, dürfte Th. von Anf. an nicht nur aus religiösen Motiven auf Religionseinheit bedacht gewesen sein. Noch vor seiner Taufe im Herbst 380 erließ Th. am 28. Febr. 380 ein Edikt, das ein für alle Untertanen verbindliches Glaubensbekenntnis vorschrieb (Cod. Theod. 16,1,2). Im Sommer 381 ließ Th. auf dem von ihm nach Constantinopel berufenen (2. ökumenischen) Konzil das Anf. 381 nochmals präzisierte Bekenntnis, das noch h. für alle Christen gültige Symbolum Nicaeno-Constantinopolitanum, gleichsam kirchlich sanktionieren. Auch nach 381 respektierten die Bischöfe des O. die Autorität des Th. in Glaubensfragen, doch besteht kein Anlaß, von einer durch den Kaiser gelenkten Staatskirche zu sprechen. Th., für die Christen der zum Schutz des Glaubens verpflichtete Kaiser von Gottes Gnaden, hat 380 den Grundsatz des Glaubenszwanges verkündet und von da an eine Reihe von Gesetzen gegen Häretiker erlassen (Cod. Theod. 16,5,16ff.), doch hat er nie versucht, seine Konzeption rigoros durchzusetzen. Gegenüber den Heiden blieb Th. zunächst duldsam. Redner wie → Themistios und → Libanios blieben hochangesehen, Heiden finden wir (bis 392) in wichtigsten Ämtern (z. B. → Tatianus 1). Den sich 383 im W. gegen Gratianus durchsetzenden → Maximus (I 8) mußte Th. anerkennen. Erst als → Valentinianus II. aus Italien geflohen war und er dessen Schwester → Galla (2) geheiratet hatte (Ende 387), rüstete Th. gegen Maximus. Gegenüber 383/84 war die Position auch insofern gestärkt als es (wahrscheinl. 387) gelungen war, mit den Persern – es ging dabei vor allem um Armenien – einen den Frieden im O. für längere Z. sichernden Vertrag zu schließen. Nach dem Sieg über Maximus (Sommer 388) überließ Th. den W. Valentinian, sicherte sich aber Einfluß, blieb selbst bis 391 in Italien (389 Besuch Roms; Paneg. des → Pacatus). Schon 388 kam es wegen Maßregelung orthodoxer Fanatiker (sie hatten eine Synagoge angezündet) zum Konflikt mit dem ansonsten auf die Freundschaft des Th. bedachten → Ambrosius. Als Th. im Frühjahr 390 nach Ermordung Butherichs einen brutalen Vergeltungsbefehl zu spät zurücknahm, erließ Ambrosius eine zu Weihnachten 390 befolgte Aufforderung zur Buße (Ambr. epist. 51; de ob. Theod. 34. Aug. civ. 5,26). Erst durch die Legende (Ansätze bei Theodoret. 5,17f.) wurde aus diesem Sieg der Bußgewalt über den Sünder der Sieg des Bischofs über den Kaiser. Wohl unter dem Eindruck des Erlebens von 390 ging der nach wie vor seine Autorität gegenüber den Bischöfen wahrende Th. nun auch schärfer gegen die Heiden vor. Am 24. Febr. 391 wurden der Besuch von Tempeln und die Opfer verboten, am 8. Nov. 392 schließlich jeglicher Götterkult (Cod. Theod. 16,10,10. 12). Inzwischen war es im Sommer zur Usurpation des → Eugenius (2) gekommen. Wie 388 zeigte sich Th. auch nach dem Sieg über Eugenius (im Sept. 394) mild und um den zur Festigung der Reichseinheit nötigen Ausgleich bemüht. Auf dem Sterbelager vertraute Th. dem Stilicho die Obhut über → Honorius (3; Augustus im W.), aber auch → Arcadius (Augustus im O.) an (Ambr. de ob. Theod. 5. Claud. 1,7,151 ff.), doch sollte sich rasch erweisen, daß die Arcadius lenkenden Machthaber (→ Eutropius 4, → Rufinus I 4) nicht bereit waren, mit Stilicho zusammenzuarbeiten.

Th., schon im 5. Jh. für kirchliche Kreise »d. Gr.«, war, wie vor allem seine Gesetze zeigen, nicht nur in der Rel.-Politik sehr aktiv. Unter ihm, der sich vor allem als Bewahrer des Bestehenden sah, kann man ehestens beim Heerwesen (vgl. z. B. Cod. Theod. 5,13,8ff.; 18,3ff.; 22,9ff.; polemisch Zos. 4,27. 29) und bei der Rechtsprechung (chr. Einflüsse) von Reformen sprechen. Er war bemüht, den Adel wieder mehr für den Staat zu engagieren, die Moral der Beamten zu heben und das Los der für das Steueraufkommen haftbaren Ratsherren *(curiales)* erträglich zu gestalten. Wie auch sonst blieb der Erfolg teils versagt. Obwohl für die unteren Schichten kaum genug getan wurde, scheint es jedoch Th. insgesamt im wirtschaftl. und sozialen Bereich gelungen zu sein, eine weitere Verschlechterung zu verhindern. Auch an seinem Hof gab es mächtige Persönlichkeiten, doch im Gegensatz zu vielen Kaisern traf Th., unter dem das Reich keine Gebiete verlor, die wesentlichen Entscheidungen selbst. Vermutlich zwar nur mäßig gebildet (nach Epit. de Caes. 48,11f. Interesse für Gesch.), war Th. aber bemüht, Kontakt mit geistig führenden Persönlichkeiten zu halten (z. B. → Libanios, → Themistios, → Symmachus 4, Nicomachus → Flavianus 2). Wie die Lit. erlebte auch die Kunst in der Z. des Th. eine gewisse Blüte. Mit positiver Tendenz für den Kaiser ist zu rechnen bei den Kirchenhistorikern → Sokrates (5), → Sozomenos und → Theodoretos (1), den Rednern Libanios, Pacatus und Themistios, aber auch bei den Bischöfen Ambrosius von Mailand und → Gregor (3) von Nazianz oder dem Dichter → Claudianus (5). Scharfe Kritik hingegen wird greifbar bei dem für Th. weitgehend auf → Eunapios basierenden → Zosimos (bes. 4,27f. 33) und bei → Philostorgios. Das arch. Material ist wenig ergiebig. Von größter Bedeutung für die Gewinnung eines in etwa objektiven Bildes sind die zahlreichen, meist im Cod. Theod. überlieferten Gesetze.

Lit.: *W. Enßlin* Die Religionspolitik des Kaisers Th. d. Gr., 1953. *D. Hoffmann* Das spätröm. Bewegungsheer, 1969. *J. Karayannopulos* Finanzwesen des frühbyz. Staates, 1958. *N. Q. King* The Emperor Th., 1961. *A. Lippold* Th. d. Gr. u. seine Z., 1968. *Ders.*, RE Suppl. XIII 837ff. *M. Pavan* La politica Gotica di T., 1964. *Mattingly* RIC 9, 1951. *Seeck* Reg. *Stein* I. *W. F. Volbach–M. Hirmer* Frühchr. Kunst, 1958.

3. Th. II., röm. Kaiser 408–450, * 10. April 401, † 28. Juli 450, seit 402 Augustus mit seinem Vater → Arcadius, seit 1. Mai 408 allein Augustus im O. Der fromme, besonders auf die Würde des Kaisertums (vgl. z. B. Cod. Theod. 10,21,3. 15,4,1. Nov. Theod. 3. 16) und das Wohl der Kirche bedachte, nur selten in der Öffentlichkeit erscheinende Th. gelangte fast nie zu richtiger Selbständigkeit. Er wurde gelenkt von Persönlichkeiten wie dem *praefectus praetorio* → Anthemius (1), dem *magister officiorum* Helio (414–427), dem *praepositus sacri cubiculi* Chrysaphios (von 440 an), seiner Schwester → Pulcheria (2), seiner Frau → Eudokia (1), den Bischöfen Attikos (406–425 Bischof von Constantinopel), → Nestorios oder → Proklos (2). Daneben traten so mächtige Militärs germ. Herkunft wie Ardabur, → Ardabur Aspar oder → Plinta relativ wenig am Hof hervor. Ansatz zu selbständiger Regierung läßt sich nach dem Tod des → Honorius (3) im J. 423 vermuten. Gewisse Aktivität zeigte Th. auf den von ihm einberufenen Konzilien (z.B. Ephesos 431 und 449), blieb aber auch da Spielball der eigentlichen Akteure (→ Dioskoros, → Kyrillos 1). Greifbar werden persönliches Verhalten und damit zugleich Schwäche etwa noch bei den 448/50 mit → Attila geführten Verhandlungen (dazu Priscus frg. 7f. 12f.). In der Z. des Th. ergaben sich wiederholt freundschaftliche Kontakte zum W. wie die Verheiratung der → Eudoxia (2) oder die Publikation des Cod. Theod., doch setzte sich insgesamt die Entfremdung zwischen O. und W. fort. Ungeachtet der Wahrung des Besitzstandes blieb die Reichsverteidigung schwächlich, vor allem gegenüber den Hunnen im Donauraum. Häretiker, Heiden und teils auch die Juden wurden unter Th. bekämpft (Cod. Theod. 16,5,48ff.; 8,21ff.; 10,21ff. Nov. Theod. 3). Mehr Aufwand erforderte das der Milderung und Verhinderung innenpolit. Spannungen dienende Eingreifen in innerkirchl. Auseinandersetzungen (im wesentlichen nach 425). Neben der 438 publizierten Slg. der Kaiser-Gesetze seit 312 (→ Codex Theodosianus) seien aus der Z. des Th. der Bau der Landmauer (R. Janin Constantinople Byzantin, 1964, 265ff.) und die Neuorganisation der Hochschule von Constantinopel (Cod. Theod. 14,9,3. Janin 104f.) hervorgehoben. Dank der Redaktion des Cod. Theod. unter Th. kennen wir nicht nur viele Gesetze des Th. (für die Z. nach 438 vgl. die → Novellae), sondern dürfen wir auch mit relativ geringer Überarbeitung rechnen (Einzelheiten RE Suppl. XIII 1007ff.) Von lit. Quellen zu Th. seien genannt Marcellinus Comes (Chr. min. 2,67ff.), Chronicon Paschale, → Malalas, → Theophanes (2), → Priscus (4; reserviert gegenüber Th.), ferner (für Th. panegyrisch) die KG. des → Sokrates (B. 7) und → Sozomenos (B. 9), sowie die Konzilsakten (Acta Conc. Oecum. 1. Mansi 4–6). A. L.

Lit.: *Carson-Kent* Late Roman Bronze Coinage, 1970. *A. Godacre* Coinage of the Byz. Empire, 1928/1932. *W. E. Kaegi* Byzantium, 1968. *Thompson*, Hermathena 76, 1950, 58ff.; weitere Lit. → Nr. 2.

Theodotos (*Θεόδοτος*). **1.** Burgkommandant des → Lysimachos (1) in Sardeis, übergab 281 nachts die Burg dem → Seleukos I. (1). Polyain. 4,9,4. **2.** Nauarch des → Antigonos (1), wurde 315 auf der Fahrt an der kilik. Küste bei Aphrodisias von → Polykleitos (1), dem Nauarchen des → Ptolemaios (1), geschlagen, verwundet gefangen und starb. Diod. 19,64,4ff. **3.** Th. Hemiolios, Feldherr des → Antiochos (4), zog sich, gegen → Molon (1)

gesandt, nach → Seleukeia (1) am Tigris zurück, besetzte 219 die Pässe Koilesyriens, half Antiochos beim Sieg über den äg. Feldherrn Nikolaos 218 und bei der Belagerung und Eroberung von Rabbat Ammon, befehligte 217 bei → Rapheia die Phalanx, wurde aber geschlagen, dann von Antiochos nach → Alexandreia (1) zu Friedensverhandlungen geschickt. Pol. 5,42,5. 43,7. 68,9–69,9. 71. 79,5. 83,3. 87,1. H. H. Schmitt Unters. z. Gesch. Antiochos' des Gr., 1964. **4.** Aitoler, Feldherr des → Ptolemaios (4), vereitelte 221 durch Besetzung von → Gerrha, Brochoi und des Engpasses am Massyas den Versuch des → Antiochos (4), nach S. durchzubrechen. Durch Intrigen nach Alexandreia berufen, rächte sich Th., besetzte → Ptolemais (8) und → Tyros und übergab sie und 40 Schiffe 218 Antiochos. Th. wurde Generalgouverneur des Antiochos im eroberten Gebiet und Befehlshaber von 10000 Silberschildnern. Vor der Schlacht bei → Rapheia 217 begab er sich in das äg. Lager, um Ptolemaios zu töten, fand ihn nicht und tötete dessen Arzt Andreas. 214 half er dem Kreter → Lagoras bei der Eroberung von → Sardeis. Pol. 4,37,5. 5,40,1f. 61,3ff. 66,5. 79,4. 81. 7, 16ff. H. Bengtson Die Strategie 2,160,1. 3,168. **5.** Epeirote, Parteigänger des → Perseus (2) von Maked., versuchte 170 den Konsul A. → Hostilius (10) zu fangen, zog die → Molosser auf die Seite des Perseus. † 168 durch Selbstmord. Pol. 27,16. 30,7,2f. Diod. 30,5a. **6.** Syrakusaner, denunzierte 215, bei der Verschwörung gegen → Hieronymos (4) gefoltert, den Römerfreund Thrason und rettete sich. Nach der Ermordung des Hieronymos 214, an der Th. beteiligt war, rief er mit Sosis das Volk zu den Waffen, zwang → Adranodoros, → Ortygia und die königlichen Schätze zu übergeben, und wurde zum Strategen gewählt. Liv. 24,5,10ff. 21ff. Val. Max. 3,3 ext. 5. H. Berve König Hieron II., 1959, 86f. 94ff. H. V.

7. Aus Chios (aus Samos: App. civ. 2,82,345), griech. Sophist des 1. Jh.s v. Chr., Erzieher und Ratgeber → Ptolemaios' XIV. Als eifriger Befürworter des Mordes an Pompeius mußte er bald nach Caesars Ankunft aus Äg. fliehen. Brutus (nach App. a. O. 2,90,377: Cassius) ließ ihn im J. 43 oder 42 in Asia hinrichten (Plut. Pomp. 77. 80; Caes. 48; Brut. 33). Als Figur einer *controversia* erscheint Th. bei Quint. inst. 3,8,55ff. H. Gä.

8. Mit dem Beinamen Kolokynthios, Stadtpräfekt von Constantinopel seit 522/23, ging 524 scharf gegen Ausschreitungen der blauen Zirkuspartei vor, wurde (525?), obwohl ein Verdacht auf Usurpation nicht erwiesen, nach Jerusalem verbannt (Malal. 14,416. Theophan. a. 6012. Cod. Iust. 2,7,26). A. L.

9. Iulios Th. aus dem Demos Melite, athen. Sophist des 2. Jh. n. Chr., verh. mit Aelia Kephisodora, Vater des Iulios Apollodotos (IG II/III^{2} 3616. 3813. 4087. Stammbaum der Familie: ebd. 3609. Vgl. Philostr. v. soph. 2,2). Th. war Schüler des → Lollianus (7) und → Herodes (16) Attikos, zu dessen Gegnern er jedoch später zählte. Kaiser Marcus berief ihn auf den neuen Lehrstuhl für Rhet. in Athen, den Th. jedoch nur 2 J. innehatte, bis er (176?), nur wenig älter als 50 J., starb. Sein Nachfolger wurde → Hadrianos. H. Gä.

P. Graindor Herodes Atticus ..., Kairo 1930, 119ff. *G. W. Bowersock* Greek Sophists in the Roman Empire, Oxf. 1969, 95. 97f.

10. Hellenist. Arzt unsicheren Datums, zuerst von → Celsus (8) erwähnt. Nach ihm wurden Medikamente, vor allem Augenmittel (»Theodotion«) benannt. F. K.

11. Architekt unbekannter Herkunft. In der Bauinschr. des Asklepiostempels in → Epidauros (1), IG IV 1², 102 Z. 9. 31. 54. (104). 111. 112. 297 wird Th. als ἀρχιτέκτων, Erbauer des Tempels, mit Angabe seines Jahresgehalts genannt. Z. 97 ergänzt NEUGEBAUER, JDAI 41, 1926, 88f. Th. auch als Schöpfer der Tempelakrotere, was ganz unsicher bleibt. Der Tempel ist ein kleiner, gedrungener Peripteros (→ Tempel) ohne Opisthodomos, aber mit reichem plastischem und dekorativem Schmuck. Th. war in der 1. H. 4. Jh. v. Chr. tätig. W. H. G.

→ Epidauros (1). *Gruben* Die Tempel d. Griechen 131f.

12. Ein aus »dem O.« stammender Schüler des → Valentinus (→ Gnosis 4b) in der 2. H. des 2. Jh. (Theodoret. haer. fab. 1,8). Nach ihm als wohl wichtigstem ist eine Exc.-Slg. des → Clemens (6) Alex. benannt. Wieweit im ganzen Text Th. wiedergegeben wird, ist unsicher. Nach den Stellen, wo sein Name genannt wird (22,7. 30,1. 32, 2. 35,1), ist das Pleromabild Christus von der gefallenen Sophia hervorgebracht, und seiner Vermischung mit dem All scheint die Erlösungsbedürftigkeit des Pleromaengels Jesus aus der Ennoia des Mangels zu entsprechen. Nach solchen Aussagen und ihrer Umgebung stand Th. der Christologie und dem Sophiamythos seines Lehrers näher als seine Mitschüler. C. C.

Ta.: *F.-M. Sagnard* (SC 23), 1948 (Komm.). Clem. Al. 3 (GCS 17), edd. *O. Stählin* – (2. Aufl.) *L. Früchtel*, 1970, 105ff.

Übers.: *W. Foerster* Die Gnosis 1, 1969, 193ff. 287ff.

Lit.: *D. M. Scholer* Nag Hammadi Bibliogr. 1948–1969, 1971, Nr. 1049–1058.

Theodotus. Aurelius Th. *Praef. Aeg.* vom 14. Aug. 262 bis 8. Nov. 263, Pap. Straßb. 1,5,21. POxy 2107. 1467. BGU 3,745. Dem → Gallienus ergeben, besiegte er den Usurpator L. → Mussius Aemilianus und nahm ihn gefangen, H. A. v. Gall. 4,2, s. JONES–MARTINDALE–MORRIS Prosopogr. Later Rom. Empire (1971) 906. R. H.

Theogenes (Θεογένης). **1.** Einer der 30 Tyrannen des J.s 404, Xen. hell. 2,3,2. Viell. ident. mit dem Mitglied einer Gesandtschaft zu den Persern 409, a. O. 1,3,13. **2.** Athener aus Acharnai, verhöhnt von Aristoph. (Vesp. 1183; Pax 928; Av. 822. 1127. 1295; Lys. 63; frg. 571 K.) und Eupolis (frg. 122). CHRIST-SCHMID 1,4,133,7. **3.** Einer der athen. Unterzeichner des Nikiasfriedens und der athen.-spartan. Symmachie 422/21, Thuk. 5,19,2. 24,1. Viell. ident. mit Nr. 4. **4.** Athener, mit → Kleon (1) ausgesandt, um die Lage in Pylos zu untersuchen, Thuk. 4,27,3; ob er abfuhr, bleibt unklar. Viell. ident. mit Nr. 3. **5.** Th. ließ sich, angeblich unwissentlich, als ἄρχων βασιλεύς in des → Stephanos (3) Machenschaften verwickeln ([Demosth.] 59,6 u. ö.). K. K.

Theognetos, Dichter der Neuen Komödie, uns nur durch Athen. bekannt, der 2 Titel mit je 1 Frg. zitiert. Frg. 1 (3,104c) spottet über die Stoa, Frg. 2 (14,616a) spricht von dem πλάνος Pantaleon als Verstorbenem wie Chrysippos ebd.; das ist aber kein Zeitindiz, da doch wohl derselbe Pantaleon schon bei → Theopompos (5) als Titelfigur begegnet. W. K.

Körte, RE V A 1971.

Theognis (Θέογνις). **1.** Aus Megara (nicht dem sizil., wie Plat. leg. 630a irrtümlich angibt), Vf. von an seinen ἐρώμενος Kyrnos gerichteten Ratschlägen in elegischer Form. Als Titel ist in den Hss. nur ἐλεγεῖα überliefert. Als seine Z. wird von der Suda und Eus.-Hier. chron. Ol. 59 (544 bis 541) angegeben. Der Grund hierfür ist unbekannt, doch der Ansatz wahrscheinlich. Als Werke nennt die Suda ἐλεγείαν εἰς τοὺς σωθέντας τῶν Συρακοσίων ἐν τῇ πολιορκίᾳ, worüber nichts bekannt, πρὸς Κύρνον τὸν αὐτοῦ ἐρώμενον γνωμολογίαν δι' ἐλεγείων, καὶ ἑτέρας ὑποθήκας παραινετικάς. Erhalten sind Verse des Th. fast nur in einer gnomologischen Slg. (»Theognidea«), vor allem in deren 1. Teil (V. 1 bis 254), aber auch verstreut in V. 255–1220, die aus einer Slg. stammen, die Stücke verschiedener Dichter (Tyrtaios, Mimnermos, Solon, Th. und anon. Dichter) und versch. Inhalts, darunter auch von Frauen Gesprochenes, enthielt. Vielfach sind es Bruchstücke größerer Gedichte. In den als 2. Buch nur in einer Hs. erhaltenen, mit Prolog und Epilog versehenen paederast. V. 1231–1389 findet sich nur ein Stück (1353–1356) mit der Anrede an Kyrnos, die Vf. der übrigen sind unbekannt.

Th. sagt V. 19, auf seinen Versen (τοῖσδ' ἔπεσιν) solle ein Siegel liegen; so würde ein Diebstahl offenbar werden. Was damit gemeint ist, ob die 22 folgende Nennung seines Namens oder die Anrede an Kyrnos, ist strittig, wahrscheinlicher das letztere, da die einzelnen, beim Gelage vorzutragenden (vgl. 239) Stücke unmittelbar nur so und nicht durch einmalige Nennung des Namens Th. im Buch geschützt werden konnten. Auch erhält so die Aussage des vermutlichen Schlußgedichtes 237–54, daß Kyrnos' Name in aller Mund sein werde, ihre Grundlage.

Inhalt der Ratschläge an Kyrnos ist die traditionelle Ethik des Adels (der ἐσθλοί), Warnung vor Umgang mit den κακοί, den Emporkömmlingen, Befürchtungen, daß eine Tyrannis aufkommen könne, also Zeugnisse des im 6. Jh. sich vollziehenden sozialen Umbruchs. Über Th. erfahren wir, daß er durch ein mißglücktes Seefahrtunternehmen seinen Besitz verloren hatte (1197 bis 1202). Solons Gedichte kannte er.

Von diesem Th. zu scheiden ist der kurz vor dem Perserkrieg lebende megarische Dichter der V. 757 bis 794, aus denen eine andere Persönlichkeit spricht. Dies und vieles, das die Zahl der Th. gehörenden Verse und die Slg. betrifft, ist umstritten. R. K.

Ta.: *D. Young*, 1961. *Van Groningen* Th. Le premier livre (mit Komm.). Verh. Nederl. Ak. Afd. Letterk. 72,1. 1966. Iambi et elegi gr., ed. *M. L. West*, 1, Oxonii 1971, p. 172 bis 242.

Lit.: *P. Friedländer* Stud. zur ant. Lit. und Kunst 275–300. *F. Jacoby*, Kl. phil. Schr. 1,345–455. *J. Kroll*, Philol. Suppl. 29,1, 1936. *J. Carrière* Th. de Mégara, Paris 1948. *Aur. Peretti* T. nella tradiz. gnomologica, Pisa 1953. *V. Steffen* Die Kyrnos-Gedichte des Th., Archiw. filolog. 16, 1968. *A. Lesky* GGrL ^{3}200–204, wo weitere Lit.

2. Einer der 30 (Xen. hell. 2,3,2. Lys. 12,6ff.; vgl. Harpokr. 95,1. Phot. 83,20), wie → Kritias Tragödiendichter. Er unterlag mit Euripides dem → Nikomachos (2; Suda s. *N.*). Seine *ψυχρότης* verspottet Aristoph. Ach. 11. 140 (dazu Sch.); Thesm. 170. Suda s. *Θ.* 137 und *ψυχροῦ βίου ἀπαλλαγέντας*. F. St.

B. Snell, TGF 1, 1971, Nr. 28. PA 6736.

3. Bischof von Nikaia z. Z. des Konzils im J. 325. Als Studienfreund des Arius (→ Arianismus) trat er mit → Eusebios (8) für diesen ein. Zwar unterschrieb er schließlich das Glaubensbekenntnis des Konzils, nicht aber die Verurteilung des Arius. Nach Gallien verbannt, durfte er mit Eusebios nach einem Bittbrief (Sokr. 1,14. Soz. 2,16) zurückkehren und war fortan einer der aktivsten Gegner des → Athanasios. O. H.

Brieffrg.e: *De Bruyne*, ZNW 27, 1928, 106ff. *W. Enßlin*, RE V A 1984f. *Altaner*^{7} 270.

Theognostos (*Θεόγνωστος*), byz. Grammatiker des 9. Jh.s, Vf. eines umständlichen, 1003 Regeln umfassenden Lehrbuchs der Orthographie (Kaiser Leon V. gewidmet). Der Wert des Werkes liegt vor allem in den Beispielen, mit denen Th. seine Kanones erläutert; denn unter ihnen begegnen zahlreiche, sonst nicht belegte Wörter sowie Reste älterer Glossographie. Wichtigste Quelle ist, neben einem Kyrillos-Glossar, → Herodianos (1). Die Überlieferung beruht vor allem auf dem (lückenhaften) Cod. Barocc. 50 (10. Jh.) und dem Laur. gr. 57,36 (14. Jh.); hinzutritt ein Cod. Patmiacus (Kloster d. Hl. Johannes, 10./11. Jh.): W. Bühler, Jb. d. Österr. Byz. 22, 1973, 49ff.

Ein Geschichtswerk über den Aufstand des Euphemios und die Eroberung Siziliens durch die Araber im J. 826/27 (Theophan. contin. p. 82 Dind.) ist verloren. H. Gä.

Ta.: *Kramer* Anecd. Oxon. 2,1ff. *K. Alpers* Th. *Περὶ ὀρθογραφίας*. Überl., Quellen und Text der Kanones 1–84. Diss. Hamburg 1964 (dazu *W. Bühler*, Gn. 40, 1968, 659ff.).

Lit.: *Krumbacher* 585f. *P. Egenolff* Die orthogr. Stücke der byz. Litt., Progr. Heidelb. 1888, 21ff.

Theogonie (*θεογονία*). Die Unterscheidung von Th. und Kosmologie ist durch das Person-Bereichdenken (→ Personifikation) sehr entschärft, weil das primitive Denken sachl. Gegebenheiten zugleich als göttl. Personen ansah. Da die Griechen eine »creatio ex nihilo« nicht kannten, ließen sie die Welt aus irgendwelchen Urkräften entstehen, und da die Religion weitgehend polytheistisch war, die Götter von anderen abstammen. → Chaos, → Okeanos u. ä. standen am Beginn der Götter-Welt; auch die Ehen des → Zeus spielen in der Th. eine wichtige Rolle. Die Götterwelt entfaltet sich in ihr zu immer größerer Ordnung und Geistigkeit. – Schon bei Hom. (Il. 1,396. 14,153ff. 15,187) finden sich Andeutungen. → Hes. ist für die Frage der Th. zentral; wichtig auch → Musaios, → Epimenides, → Pherekydes (2), → Akusilaos und die → orphische Dichtung. Daneben sind für die Erforschung der griech. Th. auch außergriech. (churrit.-hethit., phoinik., babylon., äg.) Th.-en heranzuziehen. In der philos. Spekulation des → Thales (vgl. AAHG 22, 1969, 219f.), → Anaximandros, → Anaximenes, → Pythagoras (1), → Pythagoreer, → Herakleitos (1), → Parmenides, → Empedokles, → Anaxagoras u. a. finden sich noch theog. Elemente. Zum Thema ausführlich H. Schwabl, RE Suppl. IX 1433ff. mit viel Lit. W. P.

K. Ziegler, Myth. Lex. 5, 1469ff.

Theoi agnostoi (*θεοὶ ἄγνωστοι*), Altar-Inschr. in → Phaleron (Paus. 1,1,4), → Olympia (Paus. 5,14,8) mit ähnlicher rel. Bedeutung wie die *πάντες θεοί*-Formeln, d. h. möglichst vollständige Berücksichtigung der Gottheiten, also auch der »unbekannten« (Jacobi *ΠΑΝΤΕΣ ΘΕΟΙ*, Diss. Halle 1930, 53f.; richtig schon Usener Götternamen^3 345). Singulares *ἀγνώστῳ θεῷ* in Act. Apost. 17,23 ist hingegen, wie schon Hieronymus sah (Migne PL 26,607 B), monotheist. Tendenz. Chr. *θεοί* → *θεός*-Textänderungen sind später häufig (Canivet Hist. d'une entreprise apologétique au Ve siècle, 1958, 159). D. Wa.

Des Places La rel. grecque, 1969, 333ff. *Norden* Agnostos Theos, ^{4}1956. *Gärtner* The Areopagus Speech, 1955, 236ff. 242ff. *Dodds* Proclus. The Elements of Theology, 1963, 310ff. *Festugière* La révélation d'Hermès Trismégiste 4, 1954.

Theoi patrioi s. Penates

Theokles (*Θεοκλῆς*). Der Lakedaimonier, Sohn des Hegylos, Bildschnitzer wie sein Vater, schuf mit diesem zusammen nach Paus. 5,17,2. 6,19,8 im 6. Jh. (Tradition der → Daidalos [1]-Schule) eine vielfigurige Gruppe aus Zedernholz, das Hesperidenabenteuer des Herakles, für das Schatzhaus von Epidamnos in Olympia. Die Gruppe war z. Z. des Pausanias z. T. im Heraion. W. H. G.

Theoklymenos (*Θεοκλύμενος*). Argiv. Seher in der Od., der über → Polypheides und → Mantios von → Melampus (1) abstammt, 15,223 ff. Den wegen Totschlags Landesflüchtigen nimmt → Telemachos bei der Abfahrt von → Pylos (4) in sein Schiff auf. In Ithake bringt er ihn zunächst bei → Peiraios unter, 15,508 ff., bis er ihn selbst aufnehmen kann, 17,84. Nun verkündet Th. Penelope, daß Odysseus im Lande ist, 17,151 ff. Später weissagt er den Freiern in schaurigen Bildern das nahende Unheil, 20,350 ff. H. v. G.

Theokosmos (*Θεόκοσμος*). Der Bildhauer aus Megara schuf nach Paus. 1,40,4. 6,7,2 das unfertig gebliebene (in Gips und Ton vervollständigte) Kultbild des Zeus für Megara, ein Goldelfenbeinwerk, an dem angeolich → Pheidias beteiligt war. Gegen E. des 5. Jh.s schuf Th. die Statue des → Hermon (2) für das Siegesdenkmal des → Lysandros (1) in Delphoi. Kopien sind nicht bekannt, der Stil des Th. daher unfaßbar. W. H. G.

Theokrines (*Θεοκρίνης*), Athener des 4. Jh.s v. Chr. aus dem Demos Hybadai (IG II/III^2 2409, 44 f.), ein versierter Sykophant (vgl. Demosth. 18, 313). Sein Sündenregister enthält die 58. Rede des demosthen. Corpus, eine → *ἔνδειξις* aus dem J. 342, die der junge Epichares im Interesse seines Vaters vorbringt. Demnach bestritt Th. seinen Lebensunterhalt vorwiegend aus Schweigegeldern, die er durch Klagandrohungen erpreßte. H. Gä.

Schäfer Demosth. Beil. 266 ff. *Blass* Att. Bereds. 3,1,498 ff.

Theokritos (*Θεόκριτος*). **1.** Syrakusier (Suda. *Γένος* vor den Sch. Anth. Pal. 9,234), bukol. Dichter, Sohn des Praxagoras und der Philinna (Suda und *Γένος*). Sch. Eid(yllion) 4 setzt seine Blüte zu früh in Ol. 124 (284–81). Eid. 16, Bittgedicht an → Hieron (2) wahrsch. 275/74 in Sizilien verfaßt, blieb vergeblich. Dagegen fand Th. einen Gönner in → Ptolemaios II. (283–246). Das ihn feiernde Eid. 17 ist nach 274 verfaßt, wie die Aufzählung seiner Besitzungen zeigt, und vor 270, dem Todesjahr der → Arsinoe (II 3), nach Wilcken, SPrAW 1938, 311,5 für die → Ptolemaia 271/70, wogegen Wilam. Hellenist. Dicht. 2, 130. Abfassung in Alexandreia ist für 15 und 17 wahrsch. Enge Verbindung zu Kos und Aufenthalt dort bezeugt 7. Th. war also Zeitgenosse des → Kallimachos (3), dessen dichterische Prinzipien er übernahm (7,45 ff.). Sein Todesjahr ist unbekannt.

Chronol. Ordnung der Gedichte ist unmöglich. Über die bukol. allg. s. → Bukolik. 4 *Νομεῖς* ist ein ganz real gehaltenes, bei Kroton spielendes Gespräch zweier Hirten über Personen ihrer Umgebung. Eine Derbheit macht den Schluß. 5 *Αἰπολικὸν καὶ ποιμενικόν* ist ein in Hexameter umgesetzter Wettgesang zwischen 2 Hirten nach Regeln, die auch bei andern Völkern gelten. Der Partner muß auf jede Strophe des Gegners eine schlagende Antwort wissen. Wer nicht mehr antworten kann, hat verloren. In 10 *Θερισταί* trägt jeder der beiden Unterredner ein Lied vor, das ihrem gegensätzlichen Charakter entspricht. Während in 4,5,10 der Einfluß des → Mimus deutlich ist, wird in 6 *Βουκολιασταί* der Wettgesang zweier Hirten dazu benutzt, den verliebten → Polyphemos (2) vorzuführen, wie er durch den Kyklops des → Philoxenos (2) in die Lit. eingeführt war. Bei diesem hatte Polyphem das einzige Mittel gegen die Liebe, das Dichten, gefunden. Als solcher tritt er in 11 *Κύκλωψ*, einem Brief an Th.' Freund → Nikias (6) auf. 3 *Κῶμος* bringt die Übertragung des Paraklausithyrons in die Hirtenwelt. In 1 *Θύρσις* singt dieser Hirt das Lied vom Tode des → Daphnis (1) und erhält dafür ein mit Figurenschmuck versehenes Holzgefäß, dessen vorangehende Beschreibung das Gleichgewicht zum 2. Teil herstellt. 7 *Θαλύσια* schildert die Wanderung Th.', der sich hier Simichidas nennt, zum Erntefest koischer Freunde. Unterwegs trifft er Lykidas, wohl einen andern als Hirten verkleideten Dichter, den er zum Wettgesang auffordert. Den Schluß bildet die von echtem Naturgefühl erfüllte Beschreibung des Festes. Das schöne Gedicht ist in neuerer Z. vielen Deutungen ausgesetzt.

Mimen: 2 *Φαρμακεύτρια*, von → Sophron beeinflußt (Sch. p. 270 W.), schildert, wie ein verlassenes Mädchen den Geliebten durch magische Praktiken wieder an sich zu ziehen sucht und danach der die nächtliche Szene erhellenden Selene die Geschichte ihrer Liebe erzählt. 15 *Ἀδωνιάζουσαι* schildert mit köstlichem Realismus, wie in Alexandreia wohnende Syrakusierinnen das Adonisfest besuchen. In 14 *Αἰσχίνας καὶ Θυώνιχος* wird von einem der Unterredner die lebhafte Schilderung einer Eifersuchtsszene gegeben. Am Schluß wird ein Lob des Ptolemaios eingeflochten.

Gedichte auf und an Personen: 16 *Χάριτες ἢ Ἱέρων* (s.o.). Dies Bittgedicht wird zum → Enkomion. 17 *Ἐγκώμιον εἰς Πτολεμαῖον* (s. o.) befolgt die für prosaische Enkomien geltende Disposition. Das Lob ist hier stärker aufgetragen, Feinheiten wie in 16 fehlen. Ein Frg. der *Βερενίκη* bei Athen. 282 e. Aiolisch in lyr. Maß 28 *Ἠλακάτη*, ein Begleitgedicht für ein Geschenk an Nikias' Frau. Der Knabenliebe gelten der scherzhaft gehaltene *Ἀίτης* (12) und 2 aiolische *Παιδικά* in lyr. Maßen, dazu Frg. eines 3.

Mytholog.: 13 *Ὕλας* erzählt den Raub dieses Lieblings des Herakles durch eine Quellnymphe. 22 *Διόσκουροι*, ein erzählender Hymnos, berichtet die Besiegung des → Amykos (1) durch Polydeukes und des → Lynkeus (2) durch Kastor. Die Geschichte des → Hylas und des Amykos auch bei Apoll. Rhod. 1,1207–2,97. Die Priorität ist umstritten, doch wahrscheinlicher, daß die feinere Darstellung Th.' später liegt. 24 *Ἡρακλίσκος* (unvollständig) überträgt die von Pind. N. 1 erzählte Geschichte, wie der kleine Herakles die von Hera gesandten Schlangen tötet, in ein häusliches Milieu. 18 *Ἑλένης ἐπιθαλάμιος*, ein Hochzeitslied mit zart behandelten traditionellen Motiven, kunstvoll mit einem Aition verbunden.

Epigramme: In Bukoliker-Hss. 22 Epigr. Th.', von denen einige sicher echt, andere vielleicht unecht sind. Andere nur in der Anth. stehende Epigr. sind unecht. – Zweifelhaftes und Unechtes: *Σῦριγξ*, ein → Technopaignion, von Gow (s.u.) wegen der absteigenden Länge der Rohre für unecht gehalten. 26 *Λῆναι*. Das für uns unverständliche schlechte Gedicht gehört schwerlich Th., obwohl es in späten Th.-Pap. steht. Unecht ferner: 8 *Βουκολιασταί β'*, frühestes Beispiel einer sentimentalen Bukolik. 25 *Ἡρακλῆς λεοντοφόνος*, ein eigentümlich komponiertes Kleinepos. Dazu 9,19,20,21,23,27. – Die Sprache der Hexameter ist stark dorisch gefärbt, nur 22 in epischer Sprache, 12 ionisch abgefaßt. Die Metrik kommt den kallimacheischen Regeln nahe; sie ist in 1–7 strenger als in den anderen Gedichten (P. Maas Gr. Metrik 94). Wohllautende, abgewandelte Refrains zeichnen 1 und 2 aus. R. K.

Ausg.: *C. Gallavotti*, Romae 1946, mit Addenda 1955. *A.S.F. Gow* with a transl. and comm. 1/2, Cambridge 1952. *P. Monteil* Th. Idylles 2,5,7,11,15 (mit Komm.), Paris 1968. *K.J. Dover* Select Poems, 1971. Sch. in Th. vetera rec. *C. Wendel*, 1914.

Lit.: *Lesky* GGrL ³807ff. mit reicher, hier zumeist nicht wiederholter Lit. *K. Lembach* Die Pflanzen bei Th., 1970. Zu 1: *P. Friedländer* Joh. v. Gaza u. Paulus Sil., 1912, 13f. 5: *Merkelbach*, RhM 99, 1956, 97–115. Neugriech. Parallelen: *Petropulos*, *Λαογραφία* 18, 1959, 79–88. Anders über die Niederlage: *U. Ott* Die Kunst des Gegensatzes in Th.s Hirtengedichten, 1969. *Rossi*, Giorn. ital. filol. N.S. 2, 1971, 13–24. *Gr. Serrao* Problemi di poesia Aless. 1, Roma 1971, 69–90. 7: *Wilam.* Hellenist. Dicht. 2,135 bis 142. Weiteres bei *Lesky*. *Giangrande*, AC 37, 1968, 491–533. *Serrao* 11–68. *Williams*, CQ N.S. 21, 1971, 137–145. 8: *Rossi*, SIFC 43, 1971, 5–25. 11: *Erbse*, MH 22, 1965, 232–36. 12: *Wilam.* Textgesch. d. Bukol. 179–182. *Giangrande*, Quaderni Urbin. 12, 1971, 95–113. 13: *Serrao* 109–150. 16: *Treu* in: Miscellanea di studi Aless., 1963, 283–290. *W. Meincke* Unt. zu den enkomiast. Gedichten Th.s, 1966. 17: *Wilam.* Hellenist. Dicht. 2,130–135. 25: *Gr. Serrao* Il carme XXV del corpus teocr., Roma 1962.

2. Aus Chios, griech. Sophist und Politiker des 4. Jh.s v. Chr., Schüler des Isokrateers Metrodoros (Strab. 14,645. Ps.-Plut. mor. 11 ab. Athen. 12,540a. Suda s. Θ.). Th. trat zeitlebens als scharfzüngiger Gegner der Makedonenkönige und ihrer Anhänger auf (Angriffe gegen Aristoteles: Plut. mor. 603c. Diog. Laert. 5,11; gegen → Anaximenes [2]: Athen. 1,21c). Nach der Unterwerfung von Chios brachte ihn diese Haltung in scharfen Gegensatz zu → Theopompos (6; vgl. FGrH 115 F 243. 252) und Alexander d. Gr. → Antigonos (1), den er ebenfalls durch anzüglichen Spott herausgefordert hatte, ließ ihn hinrichten (Plut. mor. 633c. Ps.-Plut. mor. 11bc). Th. schrieb eine Gesch. Libyens und *Ἐπιστολαὶ θαυμάσιαι* (beides verloren). Allein eine Reihe seiner verletzenden Bonmots blieb in Erinnerung und führte zu der Konstruktion, Th. habe Chreiai verfaßt. Quelle für die gesamte anekdot. Überlieferung scheint die Biogr. gewesen zu sein, die sein Landsmann Bryon (Didym. z. Demosth. col. 6,44) verfaßte. FHG 2, 86f. FGrH 760. H. Gä.

F. Schröder, JbPhPäd 139, 1889, 317ff. *Berve* Alex. 2,176f.

3. Th., Lustknabe des Saoteros unter Commodus; für die Bühne ausgebildet. Er trat in Lugdunum, dann in Rom auf, wo er durch → Caracalla zu größter Macht kam. Er nahm an dessen Armenien-Feldzug wohl als *praef. castrorum* teil (H.A. vit. Car. 6,1), erlitt aber eine Niederlage. Er tötete 215/16 den *Praef. Aeg.* Flavius Titianus, Cass. Dio 77,21, 1ff. R. H.

Theomestor. Samier, Sohn des Androdamas, wird wegen Tapferkeit bei Salamis von den Persern als Tyrann von Samos eingesetzt (Hdt. 8,85, 2f.). Hinter seinem Rücken senden die Samier 479 an die griech. Flotte (Hdt. 9,90,1). Durch Samos' Abfall von den Persern (Hdt. 9,99,1f. 103,2. 106,1. 4) endete die Tyrannis. G. Do.

Theomnastos, gen. *Theorrektos* (»der von Gott Geschlagene«), begüterter und angesehener Bürger von Syrakus, der 73–71 ein zwar eigennütziger, aber treuer Anhänger des → Verres (2) war, Cic. Verr. 2,50f. 127. 3,101 u.ö. Im J. 70 wurde jedoch auch er ein Belastungszeuge des Verres, 4, 148f. Holm Gesch. Sic. 3, 151. 186. H. G. G.

Theomnestos (*Θεόμνηστος*). Athener aus unbekanntem Geschlecht, dem nach der Schlacht bei Korinth (394 v. Chr.) in einer *Εἰσαγγελία* wegen Feigheit das Recht streitig gemacht wurde, öffentlich zu reden. Der Prozeß endete mit einem Freispruch, Th. erreichte sogar die Verurteilung eines Belastungszeugen, wurde allerdings von einem weiteren Zeugen, den er des Vatermords beschuldigt hatte, erneut wegen *κακηγορία* verklagt. Die Anklagerede hat → Lysias (6) verfaßt (or. 10, ausgezogen in 11). Th. W.

Blass Att. Bereds. 1,601ff.

Theon (*Θέων*). **1.** Sohn des → Artemidoros (3; Etym. gen. s. *ἀρμοῖ*), Vorgänger des → Apion, alexandrin. Grammatiker august. Z. Er verfaßte Komm. zu Homer, Pindar, Soph. (? Vgl. aber POxy 1174), Kall., Lykophr., Theokr., Apoll. Rhod. und Nik. (vgl. POxy 2221). Im Widmungsbrief des → Hesychios (1) wird außerdem ein Lex. der kom. (und trag. ?) Diktion genannt (Reste im POxy 1801? So [6]). Die Frg.e seiner Komm. lassen erkennen, daß Th. mit gründlicher Gelehrsamkeit alle Aspekte eines Textes (krit. Konstituierung, Etym., Sacherkl. unter Berücksichtigung von Parallelen) behandelte. Die späteren Komm. zu den genannten hellenist. Dichtern dürften zum großen Teil auf seinen Arbeiten beruhen.

Frg.e: *C. Giese* De Th.e grammatico, Diss. Münster 1867

(infolge der Pap.-Funde überholt, aber noch nicht ersetzt).

Lit.: 1. *Susemihl* 2,215ff. 2. *Christ-Schmid* 2,1,435. 3. *M. Goetz* De scholiastis Graecis poetarum Rom. auctoribus, Diss. Jena 1918, 5ff. 4. *C. Wendel*, AAG 3. F. 1 (1932) 105ff. 5. *E. Cremonesi*, Dioniso 21, 1958, 109ff. 6. *M. Naoumidis*, Festschr. Vourveris, Athen 1964, 327ff.

2. Ailios Th., aus Alexandreia (Suda s. *Θ.*), griech. Rhetor wahrscheinl. des 1./2. Jh.s n. Chr. (? Die Bestimmung seiner Lebenszeit beruht vorwiegend auf der Analyse seiner Progymn. und ihren Übereinstimmungen mit Quint.). Der größte Teil seiner Schriften, darunter Komm. zu Xen., Isokr., Demosth., ein HB. der Rhet. und ein Werk über Probleme der Syntax, ist verloren. Erhalten blieben nur wesentl. Teile seiner → Progymnasmata, der ältesten und zugleich anspruchsvollsten überkommenen Slg. dieser Art. Der Schluß (ein Teil der Behandlung des *νόμος* und 5 weitere Abschn.) fehlt, einige Stücke wurden ausgelassen bzw. umgestellt, um das Werk mit dem des → Hermogenes (9) abzustimmen. Die Reihenfolge der einzelnen Stücke verrät ein pädagogisches Fortschreiten vom Leichteren zum Schwierigeren (prooem. p. 64,29ff. Sp.) und ein systemat. Gliederungsprinzip (Gruppierung mit Rücksicht auf die genera dicendi). Die Definitionen, die Th. als eigene Leistung ausgibt (p. 59,19ff.), unterscheiden sich mehrfach (vgl. Chreia, Dihegema, Prosopopoiia) von den später üblichen. Elemente peripatet. und stoischer Provenienz stehen ziemlich unverbunden nebeneinander. Th. polemisiert gegen Asianer (p. 71) und nimmt seine zahlreichen Beispiele aus dem üblichen Kanon der Attizisten, vermehrt um Menander (p. 68) und Ktesias (p. 118). Er war offensichtlich ein Mann der Praxis, wie eingestreute didakt. Hinweise an den Lehrer zeigen. Das Werk wurde im griech. Unterricht bald durch »modernere« (Hermogenes, → Aphthonios) verdrängt, wurde aber im O. weiterhin geschätzt (armen. Übers.). H. Gä.

Ta.: *E. Finckh*, Stuttg. 1834. *Walz* Rhet. 1,137ff. *Spengel* Rhet. 2,57ff.

Überl.: *I. Lana*, Torino 1959 (dazu *M. Sicherl*, Gn 33, 1961, 269ff.).

Sch. (die sich in Wahrheit auf Aphthonios beziehen): *Walz* 1,257ff. *I. Lana*, Atti Accad. Torino 92, 1957/58, 3ff.

Armen. Übers.: *I. A. Manandian*, Eriwan 1938 (über ihre Bedeutung: *P. N. Akinean*, Handes Amsorya 48, 1934, 197ff. 346ff. *G. Bolognesi*, RAL 17, 1962, 86ff. 211ff.).

Lit.: *W. Stegemann*, RE V A 2037ff. *Christ-Schmid* 2,1, 460f. *O. Ph. Hopplicher* De Th.e Hermogene Aphthonio progymn. scriptoribus, Diss. Würzburg 1884. *G. Reichel* Quaest. progymn., Diss. Lpz. 1909. *O. Schissel*, PhW 52, 1932, 1117ff. *Ders.*, H 68, 1933, 245ff. *G. B. Ruckh*, CPh 38, 1943, 256ff. *I. Lana* Quint., il Sublime e gli Esercizi preparatori di Elio Teone, Pubbl. Fac. Lett. e Filos. Torino III 4 (1951).

3. Häufig auftretende Person der Dialoge Plutarchs. Obwohl dieser mor. 271e den Namen

Th. zu den *κοινὰ ὀνόματα* rechnet, die griech. Philosophen ähnlich brauchen wie die röm. Juristen *Seius* oder *Titius*, und einmal selbst so verfährt (mor. 1061c), wonach man diesen Träger des Namens als fingierte Person glaubte ansehen zu sollen, so sind doch die speziellen Angaben, die Plut. über ihn macht, zumal in den Schriften, die auf ihn selbst und seine Familie Bezug haben (mor. 610c. 725f), so bestimmt, daß man Th. vielmehr als reale Person, als einen vielseitig gebildeten Zeitgenossen und Freund P.s wird anerkennen müssen. Aber ihn mit einem andern Träger des Namens in dieser Z. zu identifizieren, ist eben wegen der Häufigkeit des Namens nicht ratsam. Vgl. Ziegler, RE V A 2059. **4.** Aus Smyrna, Platoniker und Mathematiker, dessen Z. sich dadurch als hadrian. erweist, daß er den Hofastrologen des Tiberius, → Thrasyllos (2), und den Peripatetiker → Adrastos (3) zitiert, nicht aber die (147 veröffentlichte) »Syntaxis« des → Ptolemaios (B 1), der seinerseits in ihr 4 Sternbeobachtungen des Th. notiert. Eine in Smyrna gefundene Büste mit der Inschr. *Θέωνα Πλατωνικὸν φιλόσοφον* im Kapitolin. Museum in der stanza dei filosofi (G. M. A. Richter The Portraits of the Greeks 3, 1965, 285) wird mit Sicherheit in die Z. Hadrians datiert.

2 Schr. Th.s zu Plat. sind verloren. Die erhaltene Schr. *Τὰ κατὰ τὸ μαθηματικὸν χρήσιμα εἰς τὴν Πλάτωνος ἀνάγνωσιν* (Was man an mathemat. Wissen für die Lektüre Platons braucht) ist hsl. in zwei getrennten Hälften überliefert, die 1. im Ven. Marc. 307 saec. 11/12, die 2. im Ven. Marc. 303 saec. 14/15. Die übrigen Hss. scheinen von den genannten abhängig bis auf ein gesondert überliefertes Exc.

Die Schr. enthält nicht einen Komm. zu mathemat. Stellen in Platons Dialogen, sondern eine allg. Einl. in die Mathematik für den Studierenden der platon. Philos. Sie behandelt in der ersten Hälfte zuerst die Arithmetik, d.h. die Zahlentheorie, gibt vor allem eine Einteilung der Zahlen in gerade und ungerade, Primzahlen und zusammengesetzte Zahlen, Quadratzahlen und nichtquadratische Zahlen usw., was alles sich auch in der *ἀριθμητικὴ τέχνη* des → Nikomachos (7) von Gerasa findet und dort noch ausführlicher behandelt wird. Von bes. Interesse ist nur der Abschnitt über die Seiten- und Diagonalzahlen, der bei Nikomachos kein Äquivalent hat. Darauf folgt die Lehre von den Tönen, den Intervallen usw. in der Musik sowie die *ἐν ἀριθμοῖς μουσική*, d.h. die Lehre von den Verhältnissen, Proportionen und *μεσότητες* mit einigen sachfremden Einschaltungen.

Viel umfangreicher ist die erhaltene 2. Hälfte des Werkes, welche die Astr. enthält. Sie handelt von der Kugelgestalt der Erde, den Beweisen für diese und der Bestimmung des Erdumfangs, den Fixsternen und der astr. Himmelseinteilung, den Planeten und ihrer Bewegung, den Sonnen- und

Mondfinsternissen und ihrer Erkl. Den Schluß bildet ein Exc. aus → Derkylides mit einem Auszug aus der Astr.-Gesch. des → Eudemos (1) von Rhodos.

Sowohl die Erhaltung in getrennten Teilen wie die mangelnde Übereinstimmung der Darstellung mit den Ankündigungen über Inhalt und Disposition machen es wahrscheinlich, daß die Schr. unvollendet oder unvollständig erhalten ist. Es fehlt die versprochene Behandlung der Geometrie, Stereometrie und der Harmonie der Sphären. Wie sich dies erklärt, ist strittig, s. K. v. FRITZ, RE V A 2071 ff.

Ta.: *H. Martin*, Paris 1849 (2.Teil). *E. Hiller*, Lpz. 1878. *H. Dupuis*, Paris 1892 (mit frz. Übers.).

Lit.: *Th. Heath* A Hist. of Greek Mathematics 1,91 ff. 2,238 ff. *M. Cantor* Gesch. d. Math. 1,404 ff.

5. Von Alexandreia, Mathematiker und Astronom. Der Suda-Artikel nennt ihn Zeitgenossen des äg. Philosophen → Pappos, beide unter dem Kaiser → Theodosius I. (2). Das stimmt nicht für den etwa 50 J. älteren Pappos, wohl aber für Th., dessen Tätigkeit durch mehrere chronol. Notizen in seinen erhaltenen Werken (Finsternisse) auf nach 364 bzw. 377 datiert wird. Da die totale Sonnenfinsternis vom 20. November 393 nicht mehr bei ihm notiert ist, hat er sie viell. nicht mehr erlebt, jedenfalls nicht den Tod seiner berühmten Tochter → Hypatia im J. 415. Th. hat als Lehrer der Mathematik und Astr. in Alexandreia gewirkt. Seine Tätigkeit bestand dabei in der Behandlung und Erläuterung der grundlegenden Werke des → Eukleides (3) und des Klaudios → Ptolemaios (B 1). Zu den Werken des letzteren hat er Komm. verfaßt, die Werke des Eukleides herausgegeben. Erhalten sind:

1. Komm. (ὑπομνήματα) zu den 13 B. der »Großen Syntaxis« des Ptol., von denen die zum 11. B. ganz, die zu einigen anderen B. teilweise verloren sind, und die Komm. zu den einzelnen B. sind von so verschiedener Länge, daß es sich wohl nicht um einen eigenen, vollständigen Komm., sondern um eine Fortsetzung und Ergänzung des schon vorliegenden Komm. des Pappos handelt. Ta. von A. ROME, Commentaires de Pappus et de Théon d'Alexandrie sur l'Almageste, Roma 1931 ff.

2. Komm. zu den πρόχειροι κανόνες des Ptol., Ta. von HALMA, Paris 1821.

Sodann hat Th. die Ausg. der Elemente des Eukleides geschaffen, auf der die Mehrzahl der uns erhaltenen Eukl.-Hss. beruhen. Es kam ihm dabei nicht auf eine phil. getreue Wiedergabe des Eukl.-Textes an, sondern auf die Herstellung eines möglichst glatten, gleichmäßigen und leichtverständlichen Textes als Grundlage für den Unterricht. Für die Herstellung des echten Euklidtextes ist auf die nicht-theon. Hss. zurückzugreifen. Vgl. HEIBERG Literargesch. Stud. über Euklid, 1882, 174 ff. und Eukl.-Ausg. 5, XXIV ff. LI ff. LXXVI; H 38, 1903, 59 ff. – Auch von anderen Schr. Euklids hat Th. Ausg. veranstaltet, die aber auf die Mehrzahl der uns erhaltenen Hss. nicht eingewirkt haben. Bei den 'Οπτικά unterscheiden sich die beiden Rezensionen so sehr, daß HEIBERG sie in Bd. 7 seiner Ausg. gesondert abgedruckt hat.

Einige der in der Suda für Th. bezeugten Titel deuten darauf, daß er über die wiss. Mathematik und Astr. hinaus sich auch mit Astrologie und sonstiger Mantik befaßt hat. Daß er aber auch der in den Aratscholien bezeugte Aratkommentator gewesen sei (so E. MAASS, Comm. in Aratum reliquiae XXXI. LVII ff.), ist wenig wahrscheinlich. K. Z.

E. Hoppe Mathematik und Astr. im klass. Alt., 1911, bes. 425 f. *Th. Heath* A Hist. of Greek Mathematics 1,59 ff. 2,526 ff. *J. L. Heiberg* Gesch. d. Mathematik u. Naturwiss. im Alt., 1925, pass. *K. Ziegler*, RE V A 2075 ff.

6. Von Alexandreia, um 125 n. Chr., gymnast. Schriftsteller, häufig von → Galenos in sportmed. Schriften benutzt. **7.** Von Alexandreia, Arzt frühbyz. Z., schrieb ein nicht erhaltenes med. HB. Ἄνθρωπος, das offenbar der »Synopsis« des → Oreibasios ähnelte. F. K.

8. Von Samos, Maler. Plin. nat. 35,144 nennt Th. unter den *primis proximi*, den Malern 2. Ranges. Nach Quint. inst. 12,10,6 war Th. in der 2. H. 4. Jh. tätig, seine bes. Fähigkeit die Darstellung von *visiones* = φαντασίαι (dazu Quint. inst. 6,2,29 ff. 8,3,88. 10,7,15), d.h. die Darstellung auch des Unsichtbaren (Vorhergehenden, Nachfolgenden, Seelischen) im Sichtbaren, vgl. dazu TRENDELENBURG, 70. Berl. Winckelmann-Pr., 1910, 3 ff. SCHEFOLD, AA 1961, 231 ff.; MDAI(A) 77, 1962, 130 ff. Genannt werden Ail. var. 2,44 ein vorstürmender Hoplit, der allein die vollständige Kampfsituation evozierte, Plin. nat. 35,144 die *insania* des Orestes und der Kitharöde Thamyris, Plut. mor. 18a der Muttermord des Orestes, also Themen von bes. psycholog. Interesse. Eine klare Vorstellung von den Bildern des Th. haben wir nicht. W. H. G.

Theophane (Θεοφάνη). Tochter des → Bisaltes (2), von Poseidon in ein Lamm verwandelt, mit dem er in Widdergestalt den Widder mit dem Goldenen Vlies der Argonautensage zeugt. Hyg. fab. 188. Ov. met. 6,117. H. v. G.

Theophanes (Θεοφάνης). **1.** Von Mytilene, polit. Ratgeber des → Pompeius (A I 1) und Historiker seiner Taten. Th., Sohn des Ieroitas, scheint schon vor seiner Bekanntschaft mit Pompeius in → Mytilene politisch tätig gewesen zu sein (FGrH 188 T 1), vermutlich als Römerfreund, der das mithradatesfreundliche Mytilene nach der Rückeroberung durch die Römer im J. 80 wieder den Römern zuzuführen beabsichtigte. Von wann seine Bekanntschaft mit Pompeius datiert, ist unbekannt. Jedenfalls ist er auf dem Feldzug gegen → Mithradates (5) Pompeius' Begleiter (T 2). Im J. 62 (nach Cic. Arch. 24 = T 3a) wird Th. von

Pompeius in einer Heeresversammlung mit dem Bürgerrecht beschenkt (IG XII 2,150 wird er folgerichtig *Cn. Pompeius Th.* genannt), und wegen Th. erhält Mytilene die Freiheit zurück (T 4). Aufgrund dieser Verdienste wird Th. nach seinem Tode (Term. a.q.: 36) konsekriert und erscheint als *Θεὸς Ζεὺς ἐλευθέριος φιλόπατρις Θεοφάνης* (IG XII 2,163b, vgl. LAQUEUR 2093f.). Seine Nachkommen spielen noch z.Z. des Tiberius und später im 2.Jh. eine wichtige Rolle in Rom (→ Pompeius A II 10f.). Auf den Einfluß, den Th. als Ratgeber des Pompeius ausübte, weisen verschiedene Aussagen: Strab. 13,2,3 (= T 1), Plut. Pomp. 49,13f. (= T 5c), Cic. Att. 5,11,3 aus dem J. 51 (= T 7), Caes. civ. 3,18,3–5 (= T 8b). Auf Th.' Rat soll sich Pompeius sogar auf seiner Flucht nach Äg. gewendet haben (Plut. Pomp. 76, 6–9 = T 8d). Noch im J. 44 stand Cicero in Verbindung mit Th. (Cic. Att. 15,19,1 = T 9).

Der Titel von Th.' hist. Werk ist nicht bekannt (*Τὰ περὶ Πομπήιον*? nach JACOBY), ebenso sein Aufbau und die zeitl. Begrenzung. Es scheint ein rasch hingeschriebener Kriegsbericht gewesen zu sein; jedenfalls bezeichnet Cic. (T 3a) Th. schon im J. 62 als *scriptorem rerum suarum* (d.h. des Pompeius). Trotz LAQUEURS Widerspruch (2094f.) kann diese Aussage nicht weginterpretiert werden. Das rasche Erscheinen des Werkes lag auch durchaus im Interesse des Pompeius, denn die Tendenz des Buches war doch propagandistisch (auch wenn dies nicht mehr belegbar ist), sowohl für die griech., wie auch für röm. Leser. Die 7 bei JACOBY angeführten Frg.e geben, abgesehen von F 1, nur Geogr. und stammen meist aus Strab. Die Ergebnisse LAQUEURS 2101ff., der sich bemühte, aufgrund einer Neuinterpretation von Strab. B. 11 und 12 zu einer umfangreicheren Rekonstruktion des Werkes des Th. zu gelangen, sind zu unsicher, als daß darauf näher eingegangen werden könnte. F 1 (Plut. Pomp. 37), in dem Th. dafür zit. wird, daß P. Rutilius Rufus Mithradates zur Ermordung der Römer in Asien ermuntert habe, gibt keinen guten Eindruck von Th.' hist. Objektivität. FGrH 188.

Drumann 4, 554ff. *Laqueur*, RE V A 2090ff. *W. S. Anderson* Pompey, his friends..., 1963, 34ff. Strab. Geogr. ed. *Aly* 4, 1957, 91–101.

2. Th. Homologetes (»Confessor«), der byz. Mönch und Chronist, aus vornehmer Familie, * ca. 760 in Konstantinopel, † als Bilderfreund in der Verbannung auf Samothrake im J. 818 unter Kaiser Leon V. Auf Wunsch seines Freundes Georgios → Synkellos setzte er dessen Chronik, die von der Erschaffung der Welt bis 284 n.Chr. reichte, fort. Th.' eigene *Χρονογραφία* entstand in den J. 810–814 und umfaßt die Z. von 284–813. Für die chronolog. Darstellung ist Th. musterhaft: neben die Jahre seit der Weltschöpfung und seit Chr. Geburt setzt er die Regierungsjahre der byz. Kaiser, der pers. und arab. Fürsten, der

Päpste und der 4 Patriarchen, dazu tritt die Zählung nach den Indikationszyklen (zu einzelnen Fehlern der Jahreszählung s. OSTROGORSKY 2130). Als Quellen benützt Th. für die ältere Z. verschiedene Kirchengeschichten, für die spätere Z. ist die Quellenfrage z.T. noch offen (Übereinstimmungen mit → Malalas, → Prokopios [3], → Agathias u.a.). Besonders wichtig ist Th.' Chronik für die Z. des 7. und 8.Jh.s, wo sie neben dem Patriarchen Nikephoros die einzige Quelle ist. Die klare, in volkstümlicher Sprache verfaßte Geschichtsdarstellung des Th. wurde rasch populär, wie auch das Alter und die große Anzahl der Hss. zeigt; eine Kompilation verschiedener Autoren setzt die Chronik fort (»Th. continuatus«). Im 9.Jh. übersetzte Anastasius, der Bibliothekar Papst Hadrians II., die Chronik ins Lat. H. R. B.

Ta.: *J. Classen – I. Bekker*, Bonn 1839/41. *Migne* PG 108, 56–1009, beide überholt durch *C. de Boor*, Lpz. 1883/85 (Nachdr. Hildesheim 1963).

Lit.: *Krumbacher* 342ff. *G. Ostrogorsky*, RE V A 2127ff.

Theophiliskos (*Θεοφιλίσκος*), Admiral der Rhodier, veranlaßte 201 Rhodos und → Attalos (4) zum Krieg gegen → Philipp (7) V. von Maked. und zwang ihn, die Belagerung von Chios aufzugeben. In einer schweren Seeschlacht zwischen Chios und dem Festland, in der Th. tapfer kämpfte und schwer verwundet wurde, siegten die Rhodier, während Attalos Philipp unterlag. Am nächsten Tage stellte sich Philipp der neuen Anfahrt der Rhodier nicht und gab damit die Niederlage zu. Th. verfaßte noch den Bericht über die Seeschlacht, bestellte Kleonaios zum Hegemon und starb. Pol. 16,2ff. 5. 9 (lobende Charakteristik). H. V.

Theophilos (*Θεόφιλος*). **1.** Dichter der Mittl. Komödie, Sieger an den Dionysien 329 (IG II^2 2318,354), anderes Inschriftl. ist unsicher. Wir kennen 8 (9?) Titel, die teils auf Mythentravestie, teils wie auch manches Frg. auf Komödie in der Art der *νέα* weisen. Frg. 6 setzt → Theognis (1) 457/60 in Trimeter um. W. K.

Körte, RE V A 2137.

2. Rechtslehrer in Konstantinopel z.Z. Iustinians; der Kaiser nennt ihn (Cod. 1,17,2,9) *virum illustrem magistrum iurisque peritum in hac splendidissima civitate laudabiliter optimam legum gubernationem extendentem*. Th. war an wesentl. Teilen der justinian. Gesetzgebung beteiligt: am 1. Cod. (nicht dagegen am 2.), an den Dig. und den Inst. Außerdem verfaßte Th. eine griech. Inhaltsangabe zu den ersten B. (mind. 1–19) der Dig. und wahrscheinl. auch eine griech. Paraphrase der Inst. Maßgebl. Ausg.: C. FERRINI, 1884/87. D. M.

3. Thomas' Sohn, aus → Edessa, etwa 695 bis 785, hat als Christ doch die Astrologie gegen die Angriffe der Kirche verteidigt und dabei ältere Werke erhalten, so das des Anonymus von 379. Nach Gründung Bagdads durch Al Mansur scheint er bei ihm und unter Al Mâhdi am Kalifenhof als Astrologe tätig gewesen zu sein, wo er auch

Sterntafeln berechnet hat. Überliefert sind von Th. *περὶ κοσμικῶν καταρχῶν* und *π. πολεμικῶν κ.* und von → Petosiris beeinflußte *Ἀποτελέσματα τῶν ἡλιακῶν* und *Ἀ. τῶν σεληνιακῶν ἐκλείψεων*. Seine astrolog. Werke hat im 9. Jh. Abū Ma'shar, seine Geschichte der eigenen Zeit im 12. Jh. Michael Syrus benutzt. E. Bo.

CCAG 1,129. 4,123. 5,1,213. 229. 8,1,266. 9,1,33ff. 9,2, 150. *Kroll*, RE V A 2138.

4. Bischof von Antiocheia, verfaßte um 180 eine apologet. Schrift in 3 B. An Autolykos. Andere von Eusebios (h.e. 4,24) und Hieronymus (vir. ill. 25) genannte Werke sind verloren, darunter Kampfschriften gegen die Häretiker Hermogenes und → Markion, die → Tertullianus gekannt hat.

Ta.: *R. M. Grant*, 1971. – Lit.: *Altaner*⁷ 75ff.

5. Bischof von Alexandreia 385–412, suchte als Kirchenpolitiker mit nicht immer lauteren Mitteln die Macht des alexandrin. Patriarchats zu mehren. Während des Kampfes zwischen → Theodosius I. und dem Gegenkaiser → Maximus (I 8) wartete in Rom ein Gesandter des Th. mit Gratulationsbriefen für beide möglichen Sieger auf die Entscheidung; das Doppelspiel kam ans Licht. Dennoch übersandte Th. dem Theodosius eine Ostertafel, um ihn zu bewegen, unter Umgehung Roms die alexandrin. Regelung des Festdatums für das Reich anzuordnen. Mehrfach trat Th. seit 388 als Mittler in kirchl. Streitigkeiten auf, besonders im Zwist zwischen Bischof → Iohannes (7) von Jerusalem und → Hieronymus. Um 398 wandelte sich Th. zum scharfen Gegner der Lehren des → Origenes (2). Mit Hilfe des → Epiphanios (1) kämpfte er gegen den Patriarchen von Konstantinopel, Iohannes Chrysostomos, der die aus Alexandreia vertriebenen Origenisten, die sog. Langen Brüder, aufgenommen hatte. Th. reiste nach Konstantinopel, gewann die Unterstützung des Hofes und ließ Iohannes durch die sog. Eichensynode (403) für abgesetzt erklären. Als das Volk die Rückberufung des verbannten Iohannes erzwang, setzte sich Th. nach Alexandreia ab, erreichte aber durch seine Vertreter die erneute Verbannung, die mit dem Tod des Iohannes endete. Die Intervention des röm. Papstes Innocentius I. blieb erfolglos. Eine vollst. Slg. der Frg.e des Th. fehlt. Von den Briefen sind am bekanntesten diejenigen, die Hieronymus ins Lat. übersetzt hat (Hier. epist. 87. 89. 90. 92), darunter 3 Osterfestbriefe (96. 98. 100) und ein Frg. der nach Rom geschickten Anklage gegen Iohannes Chrysostomos (113).

Bibliogr. der Frg.: *H.G. Opitz*, RE V A 2149ff. *R. Delobel – M. Richard* Dict. théol. cath. 15,523ff.

Lit.: *A. Favale* Teofilo d'Alessandria, 1958. *Quasten* 3,100ff.

6. Th. der Inder, arian. Bischof und Missionar im 4. Jh. Nach dem Ber. des Philostorgios (h.e. 3,4ff.) sandte ihn Constantius II. um 356 zu den Homeriten und ins Reich von Axum (→ Axomis), von wo er um 358 über Antiocheia zurückkehrte. O.H.

Theophore Namen (*θεοφόρα ὀνόματα*, Gegensatz *ἄθεα ὀν.*) sind solche, die den Namen eines Gottes enthalten, mit dem der Namensträger so in eine bes. Verbindung gebracht wird, z.B. Diokles »Ruhm durch Zeus«, Apollodoros »Gabe Apollons«. → Personennamen. K. Z.

Theophrastos (*Θεόφραστος*) von Eresos, Schüler und Nachfolger des → Aristoteles (7) im Peripatos.

A. Leben: Quelle Diog. Laert. 5,2; dort auch Schriftenverzeichnis und Testament ([3], 1355ff.). Th. ist 372/71 oder 371/70 in → Eresos auf → Lesbos als S. des Melantas geb. Er soll urspr. Tyrtamos geheißen und von Aristot. den Namen Th. erhalten haben (Strab. 13,618). Alkippos, Platon und Aristot. waren seine Lehrer; mit diesem war er auch in → Assos und in Makedonien. Als sich Aristoteles nach → Chalkis zurückgezogen hatte, übernahm Th. das Scholarchat im J. 322/21. Er hatte viele Schüler – es sollen 2000 gewesen sein –, worum ihn vor allem → Zenon beneidete. Zu seinen Schülern gehörten u.a. → Demetrios (25) von Phaleron, → Erasistratos und → Menandros (9). Th. hatte Beziehungen zu auswärtigen Dynasten (→ Kassandros [2], → Ptolemaios [A 1]). Die Anklage des → Hagnonides gegen Th. wegen *ἀσέβεια* (etwa 319–315) blieb ohne Erfolg ([3], 1360). Sein Protest wies einen Angriff auf die Lehrfreiheit ab. Zur Abwesenheit von Athen vgl. [3], 1359f. Er blieb zeitlebens unverheiratet (vgl. seine Schrift *π. γάμου*!), um ganz seiner Forschung und Lehre zu dienen. In den letzten Lebensjahren scheinen sich Verstimmungen in der Schule ergeben zu haben (vgl. allerdings das Test. 2. Abschn.), weshalb er seine (auch des Aristot. Werke enthaltende) Bibliothek nicht der Schule überließ und sich auch nicht um einen Nachfolger kümmerte. † im Alter von 85 J. 288/87 oder 287/86 und in Athen unter großer Anteilnahme beigesetzt. Der enorme Arbeitseifer des Th. kommt in dem Ausspruch *πολυτελὲς ἀνάλωμα ὁ χρόνος* gut zum Ausdruck. – Porträt in der Villa Albani (J. J. Bernoulli Griech. Ikonographie 2, 99, T. 13). Zu der noch recht problemreichen Überlieferungsgesch. (→ Neleus [3] läßt die ihm von Th. vererbte Bibl. nach → Skepsis bringen, später wird sie versteckt; → Apellikon erwirbt sie, → Sulla [1] bringt sie 84 nach Rom, wo sich → Tyrannion [1] damit beschäftigt, vgl. Strab. 13,609. Plut. Sulla 26. Athen. 1,3ab) vgl. [3], 1370ff. (mit Lit.; dort auch über athen., rhod. und alexandr. Überlieferung und über die Bedeutung des → Andronikos).

B. Werke: I. Zur Logik und Topik (frg. oder nur Titel): 1) *ἀναλυτικά*; 2) *τοπικά* 2 B., vgl. Fr. Solmsen, PhU 4,66ff.; 3) *ἀνηγμένων λόγων α' β'*; 4) *περὶ ἀναλύσεως συλλογισμῶν* 1 B., vgl. [3], 1381f.; 5) *περὶ καταφάσεως καὶ ἀποφάσεως* 1 B., vgl. Alex. Aphr. in metaph. 1, 273,18; 6) *περὶ τῶν ἁπλῶν διαπορημάτων*; 7) *τίνες οἱ τρόποι τοῦ ἐπίστασθαι* steht in irgendeinem Zusammenhang mit metaph. 21–24; 8) κατηγορίαι; 9) περὶ αἰτιῶν 1 B.; 10) περὶ εἰδῶν. II. Zur Metaphysik: Sog. metaphys. Bruchstück (bei Diog. Laert. nicht bezeugt). Besprechung wichtiger metaphys. Fragen und ihrer affinen Methoden in stark aphorist. Form; vgl. [3], 1389ff. [5]. [14], 134. III. Zur Naturlehre: Die Titel περὶ θερμοῦ καὶ ψυχροῦ 1 B., περὶ κινήσεως 3 B., φυσικῶν α΄-η΄ u.ä. geben wenig aus; Versuch einer Zuordnung von Frg. bei [3], 1396ff. IV. Zur Psychologie, Physiologie und Pathologie: 1) περὶ ὄψεως, Rose Aristot. Pseudepigr. 377; 2) περὶ ὀσμῶν; 3) περὶ ὕπνου καὶ ἐνυπνίων 1 B.; 4) περὶ μελαγχολίας 1 B.; 5) περὶ κόπων über Ursachen, Wirkungen und Heilung u.ä. der Müdigkeit; 6) περὶ ἱδρώτων Arten des Schweißes, Einfluß von Sport und von Wasser, Krankheiten u.a.; 7) περὶ ἰλίγγων 1 B.; 8) περὶ λειποψυχίας 1 B.; 9) περὶ πνιγμοῦ 1 B., Anleitung für Wiederbelebung; 10) περὶ ἐπιλήψεως 1 B.; 11) περὶ παραλύσεως 1 B., für die peripat. πνεῦμα-Lehre von Bedeutung; 12) de sensibus (zum Verhältnis zu π. αἰσθήσεων vgl. [3], 1400) mit krit. behandelten Beispielen (Parm., Plat., Emped., Anaxagoras, Heraklit, Demokrit usw.) für die Entstehung der αἴσθησις und über αἰσθητά; 13) περὶ ψυχῆς, → Themistios. E. Barbotin La Théorie aristot. de l'Intellect d'après Th., 1954. V. Zur Meteorologie, Mineralogie u.ä.: 1) Μεταρσιολογικῶν 2 B.; 2) περὶ ἀνέμων 1 B., anschließend an 1), behandelt Arten von Winden, Verteilung auf Tages- und Jahreszeiten, Wirkung; 3) περὶ σημείων 1 B., Exzerpt aus einer verlorenen, ausführlicheren Schrift, nicht von Th. verfaßt; 4) περὶ λίθων 1 B., vgl. W. Jäger Diokles von Karystos, 1938, 119ff.; 5) περὶ μετάλλων 2 B., so gut wie verloren; 6) περὶ τῶν ⟨ἀπο⟩λιθουμένων 2 B.; 7) περὶ πυρός, Sonderstellung des Feuers; wichtige Probleme; 8) περὶ ὑδάτων 3 B.; 9) περὶ ἁλῶν νίτρου στυπτηρίας 1 B.; 10) περὶ ῥύακος τοῦ ἐν Σικελίᾳ 1 B.; 11) περὶ χυλῶν 5 B.; 12) περὶ μέλιτος 1 B., Beziehung von Honig und Pflanzen; 13) περὶ θαλάττης ⟨κινήσεως⟩ 1 B.; 14) περὶ θερμοῦ καὶ ψυχροῦ, 1 B., vgl. auch [12]. VI. Zur Tierkunde: Im allg. vgl. [3], 1423ff., wo auch über das sog. 9.B. von Aristot. hist. an. gehandelt wird. 1) περὶ ἑτεροφωνίας ζῴων τῶν ὁμογενῶν 1 B., vielleicht mit 2) περὶ τῶν αὐτομάτων ζῴων ident.; vgl. [3],1426. 3) περὶ τῶν δακετῶν καὶ βλητικῶν 1 B.; 4) περὶ τῶν ζῴων ὅσα λέγεται φθονεῖν 1 B.; 5) περὶ τῶν ἐν ξηρῷ διαμενόντων 1 B.; 6) περὶ τῶν μεταβαλλόντων τὰς χρόας 1 B. Als Grund der Farbveränderung bei Polypen und Chamäleon werden psych. Vorgänge und Zustände erwogen; 7) περὶ τῶν φωλευόντων 1 B., über Vierfüßler, Vögel, Fische, Reptilien, Insekten u.a.; 8) Über das schwierige Problem der Schrift περὶ ζῴων in 7 B. vgl. [3], 1429ff.; 9) περὶ ζῴων φρονήσεως καὶ ἤθους 1 B. Tierpsycholog. Abh. über die Begabung (αἴσθησις, φρόνησις) der Tiere. Zur Diskussion um die Existenz der Schrift und ihre Beziehung zu Aristot. hist. an. vgl. [3], 1432ff. VII. Zur Pflanzenkunde: Historia plantarum 9 B. und Causae plantarum 6 B. (gewöhnl. lat. zit. statt περὶ φυτικῶν ἱστοριῶν und περὶ φυτικῶν αἰτιῶν, wobei dieses auf jenes Werk Bezug nimmt und jünger ist) sind erhalten (Ausg., Komm., Nebenüberlieferung u.ä. vgl. [3], 1435ff.). 1) H. plant. bringt die Tatsachen als solche und zeigt im allg. einen gut durchdachten Plan und Aufbau (vgl. O. Regenbogen, H 69, 1934, 77ff.). Trennung von καθ' ὅλον (allg. Probleme) u. καθ' ἕκαστα (Einzelfragen). Den allg. Problemen sind das 1. B. und die Cap. 1–4 des 2. B. gewidmet, den Einzelfragen die B. 2 (Cap. 5–8 zahme Bäume), 3 (wilde Bäume), 6 (Sträucher), 7 (Gräser, Leguminosen) und 8 (Cerealien). Diesem Kern gegenüber stehen die B. 4,5 (über Hölzer und ihre Verarbeitung) und 9 (zu dessen Echtheit vgl. [3], 1450ff.). 2) C. plant. haben einen bes. überlegten Aufbau; sie wollen die Ursachen aufhellen: Verschiedene Arten der Genesis und die jährl. Sprossung (1.B.), natürl. Einflüsse der Umgebung, Frucht und Samen usw. (2. B.), künstl. Behandlung von Bäumen, Weinbau usw. (3.B.), einzelne Gesichtspunkte über den Samen, (4.B.), Veränderungen, Krankheiten und Absterben (5.B.), Säfte der Pflanzen (6.B.). Zur Quellenfrage der botan. Werke vgl. die krit. Analyse bei [3], 1455. Th.' Interesse galt method. Grundsätzen dieser Einzelwissenschaft, den einzelnen Fakten und kausalen Zusammenhängen, im bes. der Systematik, ohne daß er dadurch den Blick des Philos. verloren hätte. Th. hat die morpholog. Begriffe der Botanik ausgebildet und um den Begriff der φύσις gerungen. Er verwendet das zur Verfügung stehende Material, wertet es aus und ordnet es; auf Autopsie dürfte recht wenig zurückgehen; sonst vgl. auch [9]. [10]. VIII. Zur Ethik: 1) ἠθικά, vgl. [3], 1479f.; 2) ἀρετῶν διαφοραί, vgl. [3], 1479ff.; 3) περὶ βίων 3 B., vielleicht mit dem bekannten Streit um den βίος θεωρητικός und βίος πρακτικός in Zusammenhang zu bringen; 4) περὶ γήρως 1 B., anscheinend Quelle von Cic. Cato; 5) Ἐρωτικός; 6) περὶ εὐδαιμονίας 1 B., vgl. u.a. Cic. fin. 5,11f. 73. 75. 86. 93; Tusc. 5, 24. 85; ac. 1,33. 35. 2,134; 7) περὶ ἑκουσίου 1 B.; 8) περὶ ἡδονῆς. Th. anerkennt (gegen Platon) nicht, daß es eine ψευδὴς ἡδονή gebe. Das Gegensatzpaar ψευδής – ἀληθής ist bei Th. psycholog., nicht wertend aufgefaßt; 9) Καλλισθένης ἢ περὶ πένθους 1.B., vgl. Cic. Tusc. 3,21. 5,25. Das τύχη-Problem in Verbindung mit dem Charakter-Problem spielt eine wichtige Rolle; 10) περὶ μέθης 1 B. mit Belegen aus der Vergangenheit; 11) περὶ παθῶν 1 B. unter dem Aspekt des Graduellen; 12) περὶ φιλίας 3 B., vgl. Gell. 1,3,10ff.; 13) περὶ χάριτος 1 B.; 14) περὶ φιλοτιμίας 1 B.; 15) περὶ κολακείας 1 B.; 16) περὶ *πλούτου* 1 B. Übersicht über die Einschätzung des Reichtums von seiten seiner Schule. Th. vertritt eine großzügige Haltung (vgl. Cic. off. 2,56); 17) *περὶ γάμου*. Th. steht der Ehe recht skeptisch gegenüber; 18) Weitere Fragmente (76. 86e. 152 bis 158 W.) bereiten der Einordnung große Schwierigkeiten. Wichtige Nachrichten über die Gedanken des Th. zur Ethik bieten die Magna Moralia, das Exzerpt aus einem Kompendium des → Areios Didymos bei Stob. 2,7,13–26 und Cic., bes. fin. 5. – Die eth. Position Th.' ist im *φύσις*-Begriff begründet. Deshalb spielt die Charakterologie eine bedeutsame Rolle. Ziel der Ethik ist bei Th. die Verwirklichung der menschlichen Anlagen. 19) *ἠθικοὶ χαρακτῆρες* 1 B., 30 skizzenhafte Charakterbilder, an deren Spitze jeweils eine Definition steht; einigen dieser Charakterbilder folgt ein ps.-theophrast. Epilog. Auch das die Schrift einleitende Vorwort stammt nicht von ihm. Reiche hs. Überlieferung. – Beeinflussung Menanders durch Th.' Gedanken über Charaktere ist wahrscheinlich. IX. Zur Religion: Die Titel 1) *ἐγκώμια θεῶν*; 2) *περὶ ἑορτῶν* 1 B.; 3) *περὶ θεῶν* 3 B. geben viele Rätsel auf (vgl. [14], 4). Von der Schrift *περὶ εὐσεβείας* ist ein erheblicher Teil fast ausschließl. durch Porph. de abstin. erhalten; sie richtet sich gegen das blutige Opfer und gegen das maßlose, das ohne die richtige Einstellung dargebracht wird. Für die Rel. des Th., aber auch für seine Methode in geisteswiss. Belangen ist die Schrift von großer Wichtigkeit. Zur Opferlehre des Th. vgl. [14], 112ff. X. Zur Politik: 1) *περὶ τῆς ἀρίστης πολιτείας* 1 B., vgl. doch wohl Cic. fin. 5,11; 2) *περὶ βασιλείας* in verschiedener Form, vgl. [3], 1516f.; 3) *πολιτικὰ πρὸς τοὺς καιρούς* 4 B., vgl. Cic. fin. 5,11; 4) *περὶ νομοθετῶν* 3 B.; 5) *νόμων κατὰ στοιχεῖον* 24 B., vgl. Cic. fin. 5,4, auch [3], 1519ff. und [15]; 6) *περὶ παρανόμων* 1 B. usw. XI. Zur Ökonomie: vgl. [3], 1521f. XII. Zur Rhetorik: vgl. Cic. de or. 1,43 1) *θέσεις* 24 B., wovon *περὶ ψυχῆς θέσις μία* und *θέσεις* 3 B. nur Teile sein dürften; 2) *περὶ γνώμης* 1 B. 3) *περὶ γελοίου* 1 B.; 4) *περὶ διαβολῆς* 1 B.; 5) *περὶ τῶν ἀτέχνων πίστεων* 1 B.; 6) *περὶ ἐνθυμημάτων* 1 B.; 7) *ἐπιχειρημάτων* 18 B.; 8) *ἐνστάσεων* 3 B.; 9) *περὶ παραδείγματος* 1 B.; 10) *περὶ ἱστορίας* 1 B.; 11) *περὶ προοιμίων* 1 B.; 12) *περὶ προθέσεως καὶ διηγήματος* 1 B.; 13) *περὶ συμβουλῆς* 1 B.; 14) *περὶ ὑποκρίσεως* 1 B.; 15) *περὶ δικανικῶν λόγων* 1 B.; 16) *περὶ λέξεως* 4 B. (?), vgl. J. Stroux De Theophrasti virtutibus dicendi, 1912; diese sind *ἑλληνισμός, σαφήνεια, πρέπον, κατασκευή*. Dazu Cic. or. 75ff.; auch F. Wehrli, Phyllobolia für P. von der Mühll, 1946, 29. XIII. Zur Poetik: 1) *περὶ ποιητικῆς* 1 B. und *περὶ ποιητικῆς ἄλλο*. 2) *περὶ κωμῳδίας* 1 B. u.a., vgl. [3], 1532. XIV. Zur Musik: 1) *περὶ μουσικῆς* 3 B.; 2) *ἁρμονικά* 1 B.; 3) *περὶ ἐνθουσιασμοῦ* 1 B. XV) Zur Ge-

schichte der Philos.: 1) *περὶ εὑρημάτων* 2 B. über Erfindungen und Erfinder; 2) *περὶ παροιμιῶν* 1 B.; Bernays 53; 3) *φυσικῶν δόξαι* 16 B., vgl. [17]; 4) *πρὸς τοὺς φυσικούς*. XVI. Probleme u.ä.: *ἱστορικὰ ὑπομνήματα* u.a., vgl. [3], 1540. XVII. Titel wie *Μεγακλῆς, Μεγαρικός* u.ä. helfen kaum weiter. XVIII. Zu den Ps.-Aristotelica (*περὶ ἀτόμων γραμμῶν, περὶ χρωμάτων*, De Melisso, Xenophane, Gorgia, *περὶ πνεύματος*), die einiges Theophrastische enthalten dürften, vgl. [3], 1542ff.

C. Lehre: Th. steht im Gefolge des Aristot., so daß zuzeiten ihr Lehrgut nicht recht getrennt wurde, aber die fortschreitende Forschung zeigt doch eine nennenswerte Selbständigkeit des Th. Z.Z. der Abfassung von *π. εὐσ.* wenigstens hat Th. einen dreischichtigen Gottesbegriff (*νοῦς*-Himmel als Einheit der Gestirne – traditionelle Götter, wobei diesen ein höheres Maß an Wirklichkeit zugemessen wird als bei Aristot. 1074b 1ff.) vertreten; jeder Schicht entspricht eine Form der Opfer (*νοῦς καθαρός – ψυχὴ ἀπαθής* – kleine materielle Opfer), vgl. [14], 75ff. Th. bildet einen eigenen *εὐσέβεια*-Begriff aus. Enge Verbindung von Ontologie und »Historie« in der Betrachtungsweise. Die *οἰκειότης* (dazu [13], 123ff.) ist die grundlegende Denkkategorie des Th., welche Theologie, Erkenntnistheorie (vgl. [14], 135ff.), Ethik (vgl. [3], 1551) usw., ja sogar die Naturwiss. durchdringt. Im sog. Metaphys. Bruchstück zeigen viele Problemfragen ernste Kritik an Aristot. (z.B. 5b 3, über die Seele). Wichtige Fortschritte in Logik (z.B. Spezialisierung; allmähliche Ablösung von der Ontologie), Rhetorik (z.B. 4 *ἀρεταί*), Poetik, Musik (Qualität statt Quantität), Ethik (Zuordnung, also Strukturierung; Charakterologie), Botanik (*τύπος*-Begriff, Morphologie, ziemlich umfassende Behandlung des Materials), Rechtslehre usw. Stärkere Hervorhebung der einzelwiss. Aspekte (bes. in den kleinen Schriften); *αἴσθησις*, aber auch etym. Material, Sprichwörter u.ä. für Th. sehr wichtig; sie müssen mit dem *λόγος* übereinstimmen. Anschauliche Darstellung, aber Neigung zu fließenden Übergängen (Analogie, Typos!); Schichtenbau der Wirklichkeit (z.B. Pflanze – Tier – Mensch). Th. war Gelehrter und Philosoph in einer Person. W. P.

Ta. u. Komm.: Ges.-Ausg. m. Frg.en *F. Wimmer*, Lpz. 1854/62 bzw. Paris 1866 u.ö., zuletzt Frankf. 1964 (unvollständig, aber noch nicht gänzlich ersetzt). – Log. Frg.e: *A. Graeser*, Bln.–New York 1973. – Metaph.: *W.D. Ross–F.H. Fobes*, Oxf. 1929 (Nachdr. Hildesheim 1967). – De sens.: *Diels*DoxGr 497ff. *G. M. Stratton*, New York 1917 (Nachdr. Amsterdam 1964). – De igne: *A. Gercke*, Greifswald 1896. *V. Coutant*, Assen 1971. – Meteor. (syr. Auszug): *E. Wagner – P. Steinmetz*, AAMz 1964 Nr. 1. – De lapid.: *E. R. Caley – J.F.C. Richards*, Columbus 1956. *D. Eichholz*, Oxf. 1965. – H. plant., de odor., de sign.: *A. F. Hort*, London/Cambr., Mass. $^{4}/^{3}$1916 u.ö. – C. plant. B. 1: *R.E. Dengler*, Diss. Pennsylv.

1927. – π. φιλίας: *G. Heylbut*, De Th.i libris π. φ., Diss. Bonn 1876. – π. γάμου: *E. Bickel*, Diatribe in Sen. philos. frg.a 1, 1915. – Char.: *Phil. Ges. Lpz.*, Lpz. 1897. *J.M. Fraenkel – P. Groeneboom*, Groningen 1901. *H. Diels*, Oxf. 1909 u.ö. *O. Navarre*, Paris 1920 (^{3}1964). *O.Immisch*, Lpz. 1923. *J.M. Edmonds*, London/Cambr., Mass. 1929 (^{2}1946). *R.G. Ussher*, London 1960. *P. Steinmetz*, München 1960/62. – char. 16: *H. Bolkestein* Th.' Char. d. Deisidaimonia als rel.-gesch. Urkunde, RVV 21,2 (1929). – De piet.: *J. Bernays* Th.' Schrift über Frömmigkeit, Bln. 1866. *W. Pötscher*, Leiden 1964. – Leges: *H. Hager*, Journ. of Phil. 6, 1876, 1ff. – De elig. magistr.: *W. Aly*, Città del Vaticano 1943 (vgl. *F. Sbordone*, Par. del Pass. 3, 1948, 269ff.). – π. λέξ.: *M. Schmidt*, Halle 1839. *A. Mayer*, Lpz. 1910 (verfehlt). – Φυσ. δόξαι: *Diels*DoxGr 473ff.

Lit.: 1. *Zeller* PhdGr 2,2,806ff. 2. *Lesky* GGrL ^{3}772ff. 3. *O. Regenbogen*, RE Suppl. VII 1354ff. 4. *J.M.Bocheński* La logique de Th., Fribourg 1947. 5. *G. Reale* T. e la sua aporetica metafisica, Brescia 1964. 6. *J.H.H.A.Indemans* Stud. over Th., Diss. Amsterdam, Nijmegen 1953. 7. *L. Hindenlang* Sprachl. Unt.en zu Th.' botan. Schriften, Diss. phil. Argent. 14,2 (1910). 8. *R. Strömberg* Theophrastea, Göteborg 1937. 9. *Ders.* Griech. Pflanzennamen, Göteborg 1940. 10. *M.H. Thomson* Textes grecs inédits relatifs aux plantes, Paris 1955. 11. *G. Senn* Die Pflanzenkunde des Th. v. Eresos, Basel 1956. 12. *P. Steinmetz* Die Physik des Th. v. Eresos, Palingenesia 1 (1964). 13. *C.O. Brink*, Phronesis 1, 1955/56, 123ff. 14. *W. Pötscher* Strukturprobl. d. aristot. u. theophr. Gottesvorstellung, Leiden 1970. 15. *H.Bloch*, HSPh Suppl. 1, 1940, 355ff. 16. *A.E. Raubitschek*, Class. et Med. 19, 1958, 73ff. 17. *J.B. McDiarmid*, HSPh 61, 1953, 85ff.

Theophylaktos Simokat(t)es (*Θεοφύλακτος ὁ Σιμοκάτ(τ)ης*; vgl. Suda s. Θ. und Σ.), aus Äg. gebürtiger byz. Historiker des 7. Jh., der es in Konstantinopel unter Herakleios zum Präfekten und kaiserl. Sekretär brachte. Th.' Oeuvre umfaßt eine Slg. fingierter Briefe (*Ἐπιστολαὶ ἠθικαὶ ἀγροικικαὶ ἑταιρικαί*), wie sie seit der Spätant. geschätzt wurden; eine in die Form eines platon. Dialoges gekleidete Slg. von »naturwissenschaftl.« Problemata mit alchimist. Einschlag (*Περὶ διαφόρων φυσικῶν ἀπορημάτων καὶ ἐπιλύσεως αὐτῶν*; über ihre Quellen vgl. [5] und [7]), und, als wichtigstes Werk, eine *Οἰκουμενικὴ ἱστορία* (gelegentlich auch einfach als *Ἱστορίαι* zit.), die in 8 B. die Regierungszeit des → Maurikios (582–602) behandelt, also Menandros Protektor fortsetzt. Das mit großer Belesenheit verfaßte Werk gibt wertvolle Informationen, u.a. in B. 7 über die Frühgeschichte der Altai-Völker ([9] und [12]), seine Klarheit leidet jedoch nicht selten infolge Th.' künstlerischen Ambitionen (Verzicht auf chronol. Strenge; bizarre, mit Metaphern überladene Sprache: [1], [8]; zur Rhythmisierung vgl. [11]). Von Späteren wurde Th. sehr geschätzt (ausführl. Referat bei Phot. bibl. 65; ausgeschrieben von → Theophanes (2) Confessor und → Constantinus (6) Porphyrogennetos [exc.

de legat.]). Die Überlief. der Gesch. beruht allein auf dem Cod. Vatic. gr. 977. H. Gä.

Ta.: Hist.: *I.Bekker*, Bonn 1834. *C. de Boor*, Lpz. 1887. Epist.: *R.Hercher* Epistologr. Gr. 763ff. Lat. Übers.: *N.Copernicus*, Krakau 1509. Dt. Übers.: *B. Kytzler* in: Erot. Briefe d. griech. Ant., München 1967, 227ff. Quaest. phys.: *Fr.Boissonade*, Paris 1835. *J.Ideler* Phys. et med. gr. min. 1,168ff. *L. Massa Positano*, Napoli ^{2}1963. It. Übers.: *L. Torraca*, Napoli 1963.

Lit.: 1. *Krumbacher* 247ff. 2. *M.E.Colonna* Gli storici biz. ... 119ff. 3. *G. Moravcsik* Byzantinoturcica 1,544ff. 4. *M. Marcović*, Istor. Čas. Serb. Ak. 2, 1951, 29ff. Quaest. phys.: 5. *K.Praechter*, H 47, 1912, 117ff. 6. *L. Massa Positano* La tradiz. manoscr. delle Quaest. phys. di T.S., Napoli 1953. 7. *M. Marcović*, Živa Ant. 4, 1954, 120ff. Hist.: 8. *J.Eibel* Der Sprachgebrauch des Historikers Th.S., Schweinfurt 1898. 9. *B.A.Boodberg*, Harv. Journ. of As. Stud. 3, 1938, 223ff. 10. *Th.Nissen*, Byz. ngr. Jb. 15, 1939, 3ff. 11. *Ders.*, a.O. 17, 1944, 23ff. 12. *H. W. Haussig*, Byzantion 23, 1953, 275ff. 13. *O. Veh* Unt.en zu dem byz. Historiker Th.S., Fürth 1957.

Theopompos (*Θεόπομπος*). **1.** Athener aus dem Geschlecht der Buseliden, dem 361/60 v.Chr. das umstrittene Erbe des reichen Hagnias aus Oion zugesprochen wurde, da er sich als dessen nächster Verwandter ausweisen konnte (die Väter der beiden waren Vettern). Die Erbschaft blieb nicht unangefochten. Th. selbst mußte sich bereits 359/58 in einem Prozeß behaupten, in dem ihm durch den Vormund eines Neffen die Hälfte streitig gemacht wurde (Isaios 11). Gegen seinen Sohn → Makartatos (2) haben andere Verwandte erneut gerichtliche Schritte unternommen ([Demosth.] 43). Th. W.

Blass Att. Bereds. 2,565ff. 3,1,550ff.

2. Spartan. König aus der Familie der → Eurypontiden, Sohn des Nikandros, Vater des Anaxandridas, Hdt. 8,131,1. Paus. 4,4,4, regierte 47 Jahre 785–738, Diod. 7,8,2. Apollod. FGrH 244 F 62, nach Paus. 3,7,5 von 770/69 bis einige J. nach dem 1. Messen. Kriege (743–724), in dem er Messenien eroberte. Tyrt. frg. 4 D. Paus. 4,6,5. 10,3. F. Kiechle Lakonien und Sparta, 1963, 229f. Th. soll die → Ephoren eingesetzt und mit → Polydoros (4) durch einen Zusatz zur großen Rhetra die Macht des Damos zugunsten der Gerusia und der Könige beschränkt haben. Aristot. pol. 5,1313a26. Cic. rep. 2,58; leg. 3,16. Plut. Lyk. 6,7f. Th. kämpfte gegen die Arkader und gegen Argos um die → Thyreatis. Paus. 3,7,5. Polyain. 8,34. Seine Frau war → Chilonis (1), seine Söhne und seinen Tod geben Hdt. a.O. Paus. 3,7,5f. 4,6,4. 15,3. Plut. Agis 21,4 verschieden an. Sein *μνῆμα* lag beim Lykurgheiligtum in Sparta. Paus. 3,16,6. Seine lakon. Sprüche Plut. Lyk. 7,2. 20,7. 30,3. H. V.

3. Ein mit Cic. und dessen Bruder Q. befreundeter Mann, 59 und 55 erwähnt, vielleicht ident. mit dem Th., der Cic. (Att. 13,7,1) im J. 45 im Tusculanum besuchte. **4.** Aus Knidos, Sohn d.

Artemidoros, ein einflußreicher Günstling Caesars (47 u. 44 v. Chr. erwähnt), der auch auf dem Gebiet der Mythographie arbeitete. Plut. Caes. 48.
H. G. G.

5. Später Dichter der Alten Komödie, hatte seine ersten Erfolge an Lenäen (2 Siege) und Dionysien ca. 410–403 (IG II² 2325,129. 68). Anderseits war in seinem Ἡδυχάρης auf Platons Phaidon angespielt (Frg. 15). Man hatte von ihm 24 Stücke (Suda), wir kennen 20 Titel, ca. 100 Frg. Der päonische Pentameter hieß nach dem Vorkommen in Th.' *Παῖδες* Theopompeion. Aelian (Suda s. v. *Θ.*) beschreibt ein Votivrelief des Th. im Asklepieion. W. K.

Körte, RE V A 2174.

6. Von Chios, Historiker. In Photios' Bibl. ist ein sehr verkürztes Stück Bios erhalten (FGrH 115 T 2), dem folgendes zu entnehmen ist: Th., Sohn des Damasistratos, wurde zus. mit seinem Vater wegen Lakonismus verbannt und konnte im J. 333/32 im Alter von 45 J. auf Betreiben Alexanders wieder in seine Heimat zurückkehren. Seine Geburt ist also auf 378/77 anzusetzen. Nach Alexanders Tod wurde er erneut verbannt und kam, von überall verjagt, zu → Ptolemaios I. von Äg.; als dieser ihn als einen *πολυπράγμων* beseitigen lassen wollte, sei er durch die Intervention von Freunden gerettet worden. Daß Th. längere Z. am Hofe Philipps von Makedonien gelebt hat, geht aus T 6. 20. 48. F 25 hervor. Das vielgenannte Schülerverhältnis zu → Isokrates (2) wird wohl aus dem rhetorisierenden Stil Th.' und seiner Tätigkeit als Rhetor abgeleitet sein, doch ist diese Frage umstritten. Th.' Beteiligung am musischen Agon, den → Artemisia (2) für ihren verstorbenen Gatten → Maussollos veranstaltete, ist anekdotisch ausgestaltet. Während seiner Verbannung bereiste Th. ganz Griechenland (F 25). Wann und wo er gestorben ist, ist unbekannt.

Th. wirkte in seinen ersten Zeiten als Rhetor (F 25) und verfaßte zahlreiche Reden (T 48. F 25); Titel wie *Πρὸς Εὐαγόραν* (d. J.) oder *Παναθηναϊκός* zeigen aemulatio Isocratis; es kann aber daraus das direkte Schülerverhältnis nicht abgeleitet werden. Daß er in die Auseinandersetzung zwischen Philosophen und Rhetoren eingriff, belegt der Titel *Καταδρομὴ τῆς Πλάτωνος διατριβῆς* (vgl. T 7. 48 F 259 u. a.). Th. versuchte auch in die Politik einzugreifen, wie die Titel *Ἐπιστολαὶ Χῖαι* und der *Συμβουλευτικὸς πρὸς Ἀλέξανδρον* erweisen. Sein historiogr. Début gab Th. wohl mit der 2 B. umfassenden Herodotepit. Den nachhaltigsten Widerhall auch in späterer Z. fand er mit seinen beiden Geschichtswerken, den Hellenika in 12 B. (die Hellenika Oxyrhynchia sind *nicht* mit den Hell. Th.' zu identifizieren, vgl. RE Suppl. XII 411 f.) und bes. mit den Philippika in 58 B. (Vorläufer davon war wohl die *Ἐπιστολὴ πρὸς Φίλιππον* und/oder das *Ἐγκώμιον Φιλίππου*).

Hellenika (*Ἑλληνικαὶ ἱστορίαι*). Sie umfassen die Gesch. von 411/10, dem Ende des thukyd. Werkes, bis 394, der Seeschlacht von Knidos mit dem Zusammenbruch der spartan. Seeherrschaft, gehen also parallel zu Xen. hell. B. 1–4,3, übertreffen sie aber an Ausführlichkeit um mehr als das Doppelte. Th. ist für diese Epoche keine Primärquelle, sondern er beschrieb sie in einer zeitl. Distanz von fast einem halben Jh., war also auf literar. Primär- und Sekundärquellen angewiesen: Xenophons Werk erschien in der Mitte der 50er J.e und mochte viell. für Th. den Anstoß zu seinem eigenen gegeben haben. Daß er auch die Hell. Oxyrh. benützt hat, ist anzunehmen, so wie auch → Ephoros sie verwendete. Das Th. vorliegende hist. und publizist. Schrifttum über die von ihm in seinen Hell. beschriebene Z. war nicht unbedeutend und wohl umfangreicher als wir heute feststellen können (athen., lakedaimon. Parteischriften; Monographien; die boiot. Geschichtsschreibung; Atthiden oder deren Vorläufer).

Da von den Hell. nur etwas mehr als 20 Frg.e – darunter z. T. völlig bedeutungslose – vorliegen, ist über dieses B. kaum etwas Sicheres auszusagen, weder über Ökonomie und Chronol. noch über Tendenz, hist. Wert oder künstler. Qualität und Stil. An Substanziellem ist folgendes vorhanden: F 7 aus dem 1. B. über die Rückeroberung des hellespont. Gebietes durch die Athener; F 13 aus dem 6. B., spartan. Innenpolitik behandelnd, viell. die Verschwörung des → Kinadon; F 20 aus dem 10. B., eine bemerkenswert positive Charakteristik → Lysanders (1), wohl anläßlich seines Todes bei → Haliartos, mit starker Hervorhebung der spartiat. Selbstbeherrschung; in denselben Zusammenhang gehört F 333, das die Armut Lysanders bei seinem Tode preist; die gleiche Tendenz zeigt F 22 aus dem 11. B., in dem eine Wanderanekdote auf → Agesilaos (2) übertragen wird (Rückkehr aus Asien). – Daß → Ephoros die Hell. Th.' benützt hat, ist möglich, aber nicht beweisbar; → Diodoros (12) selbst ist seine Verwendung nicht zuzutrauen; die Quellenforschung der Viten Plutarchs, bei dem man direkte Benützung der Hell. Th.' am ehesten erwartet, konnte angesichts des kärglichen direkten Materials zu keinem schlüssigen Ergebnis kommen. So bleibt dieses Werk für uns ein Schemen.

Philippika (*Φιλιππικαὶ ἱστορίαι*). Es handelt sich im Grunde nicht um eine Gesch. der Taten Philipps II. von Makedonien, sondern um eine die Taten dieses Königs nur als Leitfaden benutzende, räumlich und zeitl. weit über den Bereich Makedoniens und die Epoche Philipps hinausreichende Weltgesch. (*αἵ τε τῶν Ἑλλήνων καὶ βαρβάρων πράξεις*, F 25), die, hierin ganz Herodot folgend, reich ist an Exkursen (*παρεκβάσεις*), welche Topograph., Myth., Kulturhist., Persönliches, Memorabilia und Thaumasia aller

Art behandeln. Dadurch, daß gewisse Exkurse weit in die Gesch. des 5. Jh.s zurückgreifen, andere ganze Teile der Gesch. von 394–360 behandeln, ergibt sich, zus. mit der Herodotepit. und den Hellenika, eine perpetua historia. Daß dabei, bes. für die Behandlung der Z. von 394–360, Th. schon eine reiche Materialsammlung besessen hat, ist offensichtlich; schon in der Ant. wurde ihm angekreidet, daß er die griech. Gesch. der Person Philipps untergeordnet habe, statt umgekehrt. Philipp V. hat aus dem riesigen Werke ein Exc. herstellen lassen, das sich nur auf die Taten seines Ahnen, Philipps II., beschränkte und 15 B. gegenüber 58 des Gesamtwerkes umfaßte. Zur Rekonstruktion des Aufbaus vgl. JACOBY Komm. zu FGrH 115, S. 359. LAQUEUR 2205ff. Größere wörtl. Frg.e behandeln folgendes: F 31: Thrakerkönig → Kotys (1); F 39/40: Illyrier und Ardiaier; F 49: Thessaler; F 62: der verheerende Einfluß der Demokratie auf die Byzantier und Kalchedonier; F 81: Philipps Spießgeselle Agathokles; F 105: der athen. Stratege → Chabrias; F 113: das *δεῖπνον* des Perserkönigs; F 121: → Hegesilochos (1) und die Rhodier; F 122: die Sklaven der Chier; F 124: der Argiver → Nikostratos (3); F 143: → Charidemos (2) von Oreos; F 162: die Thessaler; F 164: aus einer Rede des Atheners → Philokrates (2) anläßlich des nach ihm genannten Friedensschlusses von 346; F 166: aus einer Rede des → Aristophon (2); F 171: spartan. Frühgesch.; F 185,187/188: die Syrakusier Apollokrates und Nisaios; F 193: die Ausschmückung des delph. Heiligtums; F 204: die Sitten der Etrusker; F 210: → Timolaos (2) von Theben; F 213: Chares; F 215: die Arkader; F 224. 225abc. 236: die *ἀσωτία* Philipps und seiner Gefährten; F 227: die Methymnaier; F 233: die Tarentiner; F 263: der Perserzug anläßlich der Rückeroberung Äg.s; F 291: → Hermias (1); F 347b: das athen. Chytrenfest.

Gewisse größere Exkurse der Philippika haben sich in der späteren Überlieferung selbständig gemacht und sind unter Sondertiteln umgelaufen, so die *Θαυμάσια* aus B. 7 (darunter das wörtl. F 75c über das Meroperland bzw. die Gegenstadt des Machimos), *π. τῶν Ἀθήνησι δημαγωγῶν* aus B. 10 (darunter F 88/89 über → Kimon [2]; F 96 über → Hyperbolos; F 97 über → Kallikrates [1]; F 100 über → Eubulos [1]). Für eine selbständige Schrift Th.' hält JACOBY das B. *π. τῶν συληθέντων ἐκ Δελφῶν χρημάτων* (»Agitationsschrift in Philipps Interesse«), *Laqueur* hingegen auch für einen selbständig gewordenen Exkurs; in diesem Falle gehörte er viell. in den Zusammenhang von F 204.

Die Frage nach Th.' Quellen kann nicht im einzelnen geklärt werden: für die zeitgenössischen Teile seines Werkes hat er sicher eigene *ἱστορίη*, Erkundung, getrieben, da er ja, wie er selber im Prooimion sagt (F 25), ganz Griechenland bereist hat; hierbei hatte er Gelegenheit, die führenden Männer kennenzulernen; Autopsie liegt ebenfalls häufig vor (T 20a). Hinzu kommt auch die Verarbeitung historiograph. und literar. Materials aller Art, namentlich bei den antiquar. Teilen des Werkes, z. B. dem Demagogenexkurs des 10. B., wo sich Anklänge an die Redner und an die Komödie finden. Ob die Parallelen zwischen Partien der aristotel. Ath. pol. und gewissen Frg.en des Demagogenexkurses auf Benutzung des Th. durch Aristoteles oder auf eine gemeinsame Quelle zurückgehen, ist nicht auszumachen.

Th.' Werke, bes. die Philippika, sind viel gelesen und benutzt worden, namentlich ist für Cornelius Nepos und Plutarch auch direkte Th.-Kenntnis wahrscheinlich. Die Philippika gingen an ihrem Umfang und am erlahmenden Interesse gegenüber dem Hauptgegenstand, Philipp II., zugrunde.

Aus allen Werken liegen an wörtl. Frg.en über 520 Zeilen (in JACOBYS Ausg.) vor; die meisten jedoch – das hängt mit dem Auswahlkriterium des Athenaios bzw. seiner Quelle *π. τρυφῆς* zusammen – handeln von der Liederlichkeit und Lasterhaftigkeit der beschriebenen Staatsmänner und geben dadurch ein verzerrtes Bild der Gesch. und der Geschichtsschreibung Th.' Doch war Th. jedenfalls ein bitterer Moralist.

Die ant. Gesch.- und Stilkritik hat sich intensiv mit Th. beschäftigt, vgl. bes. Dion. Hal. ad Pomp. 6 (= T 20a). Dabei wurden seine Wahrheitsliebe, seine umfassende Gelehrsamkeit, der Aufwand seiner Forschung, die *καθαρότης*, *ὑψηλότης* und *μεγαλοπρέπεια* seines Stiles gelobt (wobei allerdings auch die gegenteilige Auffassung vertreten wird), hingegen seine *πικρότης* und seine Tadelsucht kritisiert, oft auch seine langen, den Rahmen des Werkes sprengenden Exkurse. Auf jeden Fall war es richtig, daß er als bedeutender Historiker in den Kanon der Geschichtsschreiber aufgenommen wurde. (T 49/50), wenn sich die ant. Beurteiler auch der unkonventionellen Ambivalenz dieses Schriftstellers und Historikers bewußt waren. H. R. B.

Ausg. und Lit.: Arbeiten, die die Hell. Oxyrh. als Teil von Th.' Hellenika behandeln, werden mit Ausnahme des RE-Artikels nicht genannt (die bedeutendste Arbeit dieser Art ist *Ed. Meyer* Th.' Hellenika, Halle 1909). – FGrH 115. *W. R. Connor* Th. and fifth-century Athens, Cambr., Mass. 1968. *K. v. Fritz*, Am. Hist. Rev. 46, 1941, 765ff. *R. Laqueur*, RE VA 2176ff. *A. Momigliano*, RFIC 59, 1931, 335ff. 63, 1935, 180ff. *G. Murray* Greek Studies, Oxf. 1946, 149ff. *W. R. Roberts*, CR 22, 1908, 118ff. *W. Schranz* Th.' Philippika, Diss. Freiburg i. Br. 1922. *H. D. Westlake*, Hist. 2, 1953/54, 288ff.

Theoria, -oi (*θεωρία, -οί*). t. t. für sakrale Festgesandtschaften und -gesandte, aus *θεα-(F)-ορός* »der eine Schau sieht« (FRISK 1,669; anders KOLLER, Glotta 36, 1957/58, 284: *θεο-ωρός* »den Gott wahrend«). NILSSON hat die Th. mit chr. Wallfahrten verglichen (Op. 1,167f.), KERÉNYI sah im Th.-Begriff ein Wesensmerkmal griech. Religion, die er als »Religion der Schau und der Festlichkeit« definierte (Die ant. Religion 116ff.), neuerdings aber haben Delos-Inschr. bestätigt, was doch schon Hesych. s. *ϑεωρικῶς* notiert hatte: zur Th.-Funktion gehörten essentiell *ἀπαρχαί*-Dedikationen. Mit Suda s. *ϑεωροί* ist freiiich hist. zu scheiden zwischen 1. Th., die zur Teilnahme an panhellen. Festen delegiert wurden (sog. »Gasttheorien«: ZIEHEN, RE V A 2232f.), 2. Th. für *ϑυσίαι ἀπόδημοι ὑπὲρ τῆς πατρίδος*. Ferner war 3. mögl. Aufgabe der Th. auch das Heimführen von *sacra*, so des hl. Feuers von Delos (Philostr. her. 207f. K.) und Delphi (EDelph III 2,32), des hl. Lorbeers von Tempe (Ail. var. 3,1), des hl. Dreifußes von Delphi (EDelph III 2,33; BOETHIUS 72ff.), 4. Orakelbefragungen (Thgn. 805ff. Soph. Oid. T. 114). Zu 1. rechnen z.B. die Th. für die Olympien, Pythien, Isthmien, Nemeen (Thuk. 6,16,2 *ἡ Ὀλυμπίαζε ϑ.*), seit dem 5.Jh. für die → Panathenaia (Pol. 28,16,4). Th.-Beispiele zu 2. sind die athen. Pythais nach Delphi (DAUX Delphes au IIe et au Ier siecle, 1936, 521ff. 708ff.), die athen. Pythais nach Delos (BRUNEAU 128ff.), dann bes. die von Theseus gestiftete (Plat. Phaid. 58b) athen. Th. zu den *Δήλια* (GALLET DE SANTERRE Délos primitive et archaique, 1958, 248ff.), wie denn überhaupt gerade Delos Ziel zahlr. Aparchai-Th. war (Th.-Überblick: BRUNEAU 93ff.). D. Wa.

Tréheux in: Stud. pres. to Robinson 2, 1953, 758ff. (grundlegend). *Bruneau* Recherches sur les cultes de Délos, 1970, 93ff.; begriffsgesch. noch immer wichtig: *Boethius* Die Pythais, Diss. Uppsala 1918, 2ff. 119ff. *Boesch* *ΘΕΩΡΟΣ*, 1908, 1ff.

Theorikon (*ϑεωρικόν*). **1.** In Athen die 2 Obolen Schaugeld aus der Th.-Kasse für arme Bürger zum Theaterbesuch an den Dionysien und anderen Festen. Seine Einführung ist umstritten, nach Plut. Per. 9,1 unter → Perikles (1), nach Harpokr. s. *Θ.* unter → Agyrrios, nach Iust. 6,9 erst nach 362. → Eubulos (1), einer der *οἱ ἐπὶ τὸ ϑ.* 354–350 wies alle staatl. Überschüsse den Th. zu. Die von Demosth. Phil. 4 geforderte Verwendung der Th. für Rüstungen gelang → Apollodoros (1) nicht. Fortan drohte das Volk jedem solchen Antragsteller den Tod an. Die maked. Besetzung Athens beseitigte das Th. J.J.BUCHANAN Th., 1962. G.L.CAWKWELL, JHS 83, 1963, 55,53. P.J.RHODES The Athenian Boule, 1972, 235ff. (zur Th.-Behörde). **2.** Steuer (?) im röm. Äg. L.WALLACE Taxation in Egypt, 1938, 454. J.J.BUCHANAN. G.L.CAWKWELL (s.o.). H.V.

Theoris (*Θεωρίς*). Eine Lemnierin, die in Athen als *φαρμακίς* angeklagt und in einem Asebieverfahren zum Tode verurteilt wurde (Demosth. 25,79f. Philoch. bei Harpokr. s.v.). Th. war viell. Priesterin eines fremden Kultes; nach Plut. Demosth. 14 soll Demosthenes ihr Ankläger gewesen sein. Th. W.

Theosebios. Platoniker des 5.Jh.s n.Chr., Schüler des → Hierokles (6), bekannt fast nur durch die vita Isidori des → Damaskios. Er berichtet bei Phot. bibl. 242 (338b 35ff.), Th. habe 2 Vorlesungen des Hierokles über Platons Gorgias mitgeschrieben; wahrscheinl. darf nicht gefolgert werden, daß Th. diese (weit voneinander abweichenden) Nachschriften veröffentlicht habe, sondern die Anekdote soll die *copiositas* des Hierokles rühmen, der sich nicht wiederholte. Hieran schließt sich (ebd. 339a 5) die Erzählung von Th.' Ehe, in welcher er ein Beispiel für pythagor. verstandene Keuschheit gab. Wiewohl Platoniker, verehrte Th. ganz bes. → Epiktetos (1) und nahm ihn sich zum Vorbild. H. D.

Test.: Damascii vit. Isid. rel. ed. *Cl.Zintzen*, 1967, Frg. 106–110.

Theosophia. Titel (wahrscheinl. mehrerer) rel. Schriften des 5.Jh.s n.Chr., in denen eine Verbindung ant. Orakel-Wesens mit chr. Gedanken hergestellt wird. Nur aus Auszügen (aus einem mehr als 12 B. umfassenden Werk) besteht die sog. Tübinger Th., hg. von K.BURESCH Klaros. Unt. z. Orakelwesen d. späteren Alt., Lpz. 1889, 89ff. Eine wesentliche Ergänzung brachte ein Fund von K.MRAS, WS 28, 1906, 43–83. Der dort publizierte Text entspricht dem 10.B. der Tübinger Th.; er muß zw. 474 und 507/08 abgefaßt sein. Mehrfach sind darin die *Institutiones divinae* des → Lactantius benutzt. Eine wiss. Auswertung dieser Texte hat noch nicht stattgefunden. H. D.

Theoteknos (*Θεότεκνος*), *curator civitatis* in Antiocheia, erreichte bei → Maximinus (1) Daia Wiederbelebung der Christenverfolgung, bemühte sich um Errichtung eines Zeusorakels, wurde bald nach dem Sieg des → Licinius (II 3) im J. 313 hingerichtet (Eus. h.e. 9,2f. 11). A. L.

Theotimos, griech. Historiker hellenist. Z., Vf. von Werken über Kyrene, Italien und Rhodos, letzteres in Auseinandersetzung mit dem rhod. Lokalhistoriker Aieluros. FGrH 470 und 834. H. Gä.

Theoxene (*Θεοξένη*), Tochter oder Stieftochter des → Ptolemaios I. (1), heiratete um 300 v.Chr. → Agathokles (2), der sie und ihre 2 Söhne kurz vor seinem Tode 289 mit der Mitgift nach Äg. zurücksandte. Der polit. Heiratszweck ist unklar. Iust. 23,2,6ff. J.SEIBERT Hist. Beitr. zu den dynast. Verbindungen in hellenist. Z. (Hist. ES 10), 1967, 73f. 104. H.V.

Theoxenia (*Θεοξένια*). Die Th. gehören als kult. Bewirtungen für Gottheiten (daher der t.t.) zu den Speiseopfern ([1]). Nach ant. Definition galten sie als »Fest der Götteradvente in den Städten« (Sch. Pind. O. 3 prooem.), was Theophanievorstellungen voraussetzt (Hdt. 1,51. [2]). Als Akt der Bewirtung mit *τράπεζα* (Eßtisch [3]), *τραπεζώματα* (Tischgaben [3],4f.) und → *κλίνη* ergeben sich z.T. enge Parallelen zum Heroen- und Totenmahl ([4]). Religionsgesch. sind sie Vorläufer der röm. → *lectisternia* und → *sellisternia*, wenngleich gerade in den Th. die anders geartete griech. Religiosität faßbar ist ([5]). Andererseits sind aber bereits auch für die griech. Th. Beeinflussungen nicht auszuschließen ([1],197f. Anm. 3). Zu scheiden ist zwischen privaten und öffentl. Th.: Private Th. galten bes. den → Dioskuren ([6]), deren Th. häufiges Bildmotiv ant. Kunst wurden. Abgebildet sind Klinai, Eßtische mit zubereiteten Mahlzeiten und die sich nähernden Gottheiten (z.B. BEAZLEY ARVP 2^2,1187,36; Th.-Heiligtum der → Kabiren auf Samothrake: SEYRIG, CRAI 1965 [1965] 105ff. m. Abb. 2–3, im Samothrakeion von Delos: CHAPOUTHIER, Explor. arch. de Délos 16,87). Von den Dichtern lud sie Bakchylides zu einem Th. ein (Frg. 21 SNELL-MAEHLER^{10}), Pindar schrieb O. 3 εἰς Θεοξένια für Theron, der sie und Helena bewirtete, die auch bei Eur. Hel. 1668 mit Th. empfangen wird ([7]), bei Sophokles war → Asklepios zu Gast (Etym. m. 256,10f.; Asklepios-Th.: BESCHI, ASAA 45/46, 1969, 399f.). Öffentl. Th. fanden für die Dioskuren auf Paros statt (IG XII 5,129,50–65), ebenso auf Delos (BRUNEAU Recherches sur les cultes de Délos, 1970, 391–394), Tenos besaß ein *κοινὸν θεοξενιαστῶν* (IG XII 5,872,114), → Pellene ein *Ἀπόλλωνος Θεοξενίου ἱερόν*, wo auch ein Agon Th. gefeiert wurde (Paus. 7,27,4). In Delphi war Apoll im Monat Theoxenios (= März/April) selber alljährl. Gastgeber für Th. ([8]), denen Pindars 6. Paian gilt ([9]), ebenso inschr. Paiane (Anth. lyr. 6,119–126). D. Wa.

1. *Meuli* Griech. Opferbräuche, Phyllobolia P. von der Mühll, 1946, 194ff. 2. *Weniger*, ARW 22, 1923/24, 31ff. 3. *Mischkowski* Die heiligen Tische i. Götterkultus d. Griech. u. Röm., Diss. Königsberg 1917. 4. *Nock*, Essays on Religion in the Ancient World 2, 1972, 585ff. *Herdejürgen* Die tarent. Terrakotten des 6. bis 4.Jh.s v.Chr. i. Antikenmuseum Basel, 1971, 26ff. *Thönges-Stringaris*, MDAI(A) 80, 1965, 1ff. *Neutsch*, MDAI(R) 68, 1961, 150ff. *Eitrem*, Symb. Osl. 10, 1932, 34ff. 5. *Latte*, Kl. Schr., 1968, 52. 6. *Chapouthier* Les Dioscoures au service d'une déesse, 1935, 132ff. *Deneken* De Theoxeniis, Diss. Bln. 1881, 1ff. 7. *Kannicht* Euripides Helena 2, 1969, 433. 8. *Amandry*, BCH 63, 1939, 209ff. 9. *Radt* Pindars 2. u. 6. Paian, 1958, 83f.

Theoxenos (*Θεόξενος*), achaiischer Stratege, verhalf 197 mit 10000 Mann zu Fuß und 100 Reitern den Rhodiern zum Sieg bei → Alabanda gegen die Makedonen. Liv. 33,18,5. Sein Weihgeschenk Inscr. de Délos 369 B, 51. 399 B, 82. 421, 92. 425,11. 439a,62. 442,68. 455 Bb,29. 461 Ba, 73f. 465f.,18 (194–179). M. LAUNAY Recherches sur les armées hellénist., 1949, 135. H. V.

Thera (*ἡ Θήρα*, Ethn. *Θηραῖος*), italienisch Santorin, neugriech. (Stadt) Phira, die Vulkaninsel in der s. Aegaeis und s.ste Kykladeninsel. Der Vulkan mit urspr. drei Krateröffnungen hat auf Meereshöhe einen Durchmesser von 12–18 km, fest damit verbunden an der SO.-Seite der Kalk-

klotz des Proph. Elias mit 566 m Höhe. Der Vulkan ist prähist. in einer riesigen Explosion in die Luft geflogen und hat die ganze Außenseite mit einer Bimssteinschicht von bis 60 m Höhe überschüttet. Dabei ist der Kraterrand im W. an drei Stellen bis unter den Meeresspiegel geborsten und das Meer hier in einer Breite von je 1½ bis 2½ km ins Innere des Vulkankegels eingedrungen. Vom W.-Rand sind die größere Insel → Therasia und das kleine Aspronisi stehen geblieben. So ist das h. Bild einer vom Meer erfüllten Caldera entstanden, die zumeist roten, nahezu senkrechten, aus Laven, Aschen- und Bimssteinschichten aufgebauten und bis zu 360 m hohen Innenwände des ehemaligen Kraters und die gleichmäßig flach abfallende Außenseite des Kraterringes. Die Hauptinsel Th. umfaßt 75 qkm. Th. ist völlig baum- und fast quellenlos, heute vor allem Anbau von Wein, Tomaten und Gemüse. Da der Vulkan an mehreren Orten bewohnt war, und durch weitere Beobachtungen auf Kreta läßt sich die Katastrophe, die eine riesige Flutwelle zur Folge gehabt haben muß, ungefähr datieren. Auf vorangehende Beben folgte ein erster Ausbruch um 1520 v.Chr., der die Bevölkerung zur Flucht zwang (Ende spätminoisch I A), und etwa ein halbes Jh. später die Schlußkatastrophe. Ältere Funde: [6], 94ff. [7], 3,39ff. BCH 46, 1922, 113ff. ABSA 51, 1956, 13. FIMMEN Kret.-myken. Kultur 15. Neue Grabung seit 1967 bei Akrotiri im SW. von Th.: MARINATOS, Athens ann. of arch. 1, 1968, 9ff. 213ff. *Πρακτ.* 1967, 124ff. 1968, 87ff. AJA 72, 1968, 276ff. 73, 1969, 354f. Kadmos 9, 1970, 96ff. Dazu bes. MARINATOS, Antiquity 13, 1939, 425ff.; Europa, Festschr. Grumach 204ff.

Im Inneren des Kraters entstanden in gesch. Z. durch neue Ausbrüche die Kaimeni-Inseln. Die im Alt. in den J. 197 v. und 46 n.Chr. entstandenen Inseln Hiera und Phia (Strab. 1,3,16 p. 57. Plut. mor. 399c. Plin. nat. 2,202. 4,70. Iust. 30,4,1f. Paus. 8,33,4. Eus. chron. Ol. 145,2 [armen. 144,3. 4]. 206,4 [armen. 2]. Sen. nat. 2,26,4. Cass. Dio 60, 29,7. Amm. 17,7,13. Aur. Vict. Caes. 5,14) scheinen wieder verschwunden und das h. Palaea Kaimeni 726 n.Chr. entstanden zu sein. Sonst sind die Kaimeni in den großen Ausbrüchen von 1457, 1570, 1707, 1866/70 und August 1925 bis Mai 1928 entstanden.

In gesch. Z. ist Th. von Dorern neu besiedelt, und zwar von Sparta aus, Hdt. 4,174ff. Strab. a.O. [3], 2279f. 2294. Die Stadt lag auf dem 370 m hohen, steil ins Meer abfallenden Ausläufer des Proph. Elias Mesavuno im SO. von Th. Ausgedehnte Reste erhalten und ausgegraben mit den Straßen, Privathäusern, der Agora, Hallenbauten, Amtsgebäuden, Tempeln, Gymnasion, Theater (FIECHTER Ant. griech. Theaterbauten 9,42ff.). Viele Inschr. vor allem aus archaischer Z. auf den Felsen. Nekropole mit reichen Funden archaischer Z. auf und an dem Sattel Sellada ö. der

Stadt, neue Grabung *Πρακτ.* 1963, 156f. 1965, 183ff. In der Strandebene s. der Stadt bei der Kirche Perissa Heroon röm. Z., hier auch der bes. in ptolemäischer Z. benutzte Hafen Eleusis. 5 km s.ö. der Stadt Marmortempel der Thea Basileia aus dem 3. Jh. v. Chr. (Kapelle des Hg. Nikolaos Marmaritis). Weitere Niederlassungen auf der Insel verstreut, Hdt. 4,153. [3], 2280f.

Um 630 v. Chr. wurde von Th. → Kyrene gegründet, Hdt. 4,150ff. u.a. [3], 2292f. 2296,25ff. Nach 431 (Thuk. 2,9,4), 430/29 Eintritt in den att. Seebund mit einem Tribut von 3 Talenten, B. D. Meritt Athen. Trib. Lists 1,284f. 166 (2,52) Z. 22ff. u.ö. Zugehörigkeit zum 2. Seebund ist unsicher. In hellenist. Z. war Th. Hauptstützpunkt der ptolem. Seeherrschaft mit größerer Garnison, auch ein großer Teil der Bautätigkeit und viele Inschr. stammen aus der ptolem. Z., die bis 146 dauerte. In der Kaiserz. zog der Kaiserkult ein und entstanden neue Bauten, letzte Ehreninschr. für einen röm. Kaiser für Alexander Severus, IG XII 3 Nr. 484. Mehrere Kirchenbauten in der Stadt, Bischöfe: Not. ep. passim. Le Quien Or. Christ. 1,941f. Der Wein von Th. war schon im Alt. berühmt, Poll. 6,16, nach Th. hieß eine Art von bunten Gewändern, die in der Komödie gebraucht wurden, Poll. 4,118. 7. 48. 77. Sch. Aristoph. Lys. 150. Athen. 10,424f. Theophr. frg. 119. Hesych. Phot. Etym. m. 85,16. Sonst: Strab. 10,5,1 p. 484, Dion. Call. 146. Stad. m. m. 284. Ptol. 3,14, 23. Paus. 3,1,8. Aristot. pol. 1290b 11ff. Apoll. Rhod. 4,1761f. Sch. Pind. P. 4,10. Hierokl. synekd. 687,4. Steph. Byz. Inschr.: IG XII 3 Nr. 320–1052. p. 230. Suppl. p. 84ff. Schwyzer Nr. 214–228. SEG 1,343. 2,499. 3,736. 13,440. 14,520–522. 15, 507. 16, 469–473. 17,370f. 18,324f. Mz.: Head HN² 493. E. M.

1. *Philipps.-Kirst.* 4,164ff. 2. *Hiller von Gärtringen*, IG XII 3 S. 69ff. (mit Karte). 3. *P. Wilski-Hiller von Gärtringen*, RE V A 2260ff. (mit Plänen). 4. *Kirsten-Kraiker* Griechenlandkunde⁵ 524ff. (mit Plänen). 835. 890 (Lit.). 5. *L. Vlad Borrelli*, Enc. arte ant. 7,821ff. 6. *F. Fouqué* Santorin et ses éruptions, Paris 1879. 7. *Fr. Hiller von Gärtringen* Th., 4 Bde. 1899–1903. 8. *Z. Durazzo-Morosini* Santorin, 1936. 9. *H. Reck* Santorin, 3 Bde., 1936. 10. *Hiller von Gärtringen*, Klio 33, 1940/41, 57ff. 11. *F. W. Hasluck*, ABSA 17, 1910/11, 176ff. 12. *Kondoleon*, EA 1939/41, 1ff. 13. *Ders.*, MDAI(A) 73, 1958, 117ff. (Archaische Plastik und Keramik). 14. *Hiller von Gärtringen*, EA 1937, 48ff.

Theramenes (*Θηραμένης*), Sohn des → Hagnon (1) aus → Steiria, * um 455, reicher Grundbesitzer, Vorkämpfer der gemäßigten Oligarchie, berühmter Redner, Lehrer des → Isokrates (2), Dion. Hal. Is. 1. Cic. de or. 2,93; Brut. 29. Suda s. *Δεξιός*. Bei dem oligarch. Umsturz in Athen 411 war Th. im Rat der 400 und wurde Stratege, warnte vor den extremen Oligarchen, die eine Festung auf der → Eetonieia errichteten, um den Spartanern den → Peiraieus zu öffnen, und trug zur Zerstörung des Baues bei. Thuk. 8,89,2. 90ff. Nach dem Sturz der 400 setzte er September 411 eine Verfassung durch, die die Regierung 5000 Bürgern (*οἱ τὰ ὅπλα παρεχόμενοι*) übertrug und die Besoldung aller Ämter abschaffte. Thuk. 8,97,1. Wieweit diese Verfassung mit der von Aristot. Ath. pol. 30f. ident. ist, ist umstritten. Bengtson GG² 241. Sie wurde 410 nach 8 Monaten aufgehoben, der alte Rat der 500 wieder eingesetzt, Th. fügte sich der Demokratie. Als Stratege stellte er in → Paros die Demokratie wieder her, half → Archelaos (1), Pydna zu belagern, vernichtete 410 mit → Thrasybulos (3) und → Alkibiades (2) die spartan. Flotte bei → Kyzikos, zwang 408 → Chalkedon zu Tributzahlungen und beteiligte sich an der Eroberung von Byzantion. Xen. hell. 1,1,12ff. Diod. 13,47. 49. 66f. Als Trierarch kämpfte er 406 bei den Arginusen und sollte die Schiffbrüchigen retten. Gegen die Feldherren, die wegen mangelhafter Bergung der Schiffbrüchigen in Athen angeklagt wurden, trat Th. mit demagogischen Mitteln als Zeuge auf. Xen. 1,6,35. 7,8. Diod. 13,98. 101. Seine Wahl zum Strategen für 405/04 wurde bei der Apodokimasia für ungültig erklärt. Lys. 13,10. Nach der Niederlage bei → Aigospotamoi verhandelte er 405 im Auftrag des Volkes mit → Lysandros (1) über 3 Monate, um den Widerstandswillen des Volkes durch Hunger zu zermürben, ging dann als *πρεσβευτὴς αὐτοκράτωρ* nach Sparta und brachte März 404 die Friedensbedingungen, die u.a. die Rückkehr der verbannten Oligarchen forderten. Xen. 2,2,16ff. Lys. 13,11. Zu den auf Druck des Lysandros eingesetzten Dreißig gehörte Th. Xen. 2,3,2. Lys. 12,76. Diod. 14,4. Da er dem Terror der 30 heftig widersprach, gab es Streit zwischen ihm und → Kritias. Xen. 2,3,15ff. Aristot. 36. Von diesem Okt. 404 des Verrats an der Oligarchie angeklagt, rechtfertigte Th. vergebens seine Ablehnung der radikalen Demokratie wie der extremen Oligarchie. Kritias strich Th. aus der Bürgerliste, verurteilte ihn zum Tode und ließ ihn von dem Altar, zu dem er sich flüchtete, zur Hinrichtung abführen. Xen. 2,3,23ff. Diod. 14,4,5ff. S. Usher, JHS 88, 1968, 128ff. Das ant. und moderne Urteil über Th., der wegen all zu leichter Anpassung den Spitznamen Kothornos erhielt (Xen. 2,3,31. Plut. Nik. 2; mor. 824b), schwankt. Aristot. 28,5 zählt ihn zu den 3 besten neueren Staatsmännern, Thuk. 8,68. Xen. 2,3,56 loben ihn bedingt, Lys. 12,78 verurteilt ihn. H. V.

Bengtson GG⁴ 242,1. *U. Hackl* Die oligarch. Bewegung in Athen am Ausgang des 5. Jh. v. Chr., Diss. München 1960.

Therapeuten (*Θεραπευταί*, s.u.): jüd.-hellenist. Asketen in Äg., Gegenstand von → Philons (9) De vita contemplativa; danach alle weiteren Berichte (Liste Adam² 65ff.), zuerst Eus. h. e. 2, 16f., seit dem die Th. als chr. gelten. Ihre Eigenlit. (s.u.) ist verloren; daß Teile der → jüd.-hellenist. Lit. von ihnen stammen, bleibt unbewiesen.

1. Philon beschreibt die angebl. überall, bes. in Äg. (21) verbreiteten Th. und -innen als Vertreter

»beschaulicher« Philosophie im Gegensatz zu den »praktischen« → Essenern. Sie verschenken ihre Habe und ziehen sich aus Familie und Polis in Gärten außerhalb der Städte zurück (20), um – daher der Name (2. 11) – ihre Seelen von πάϑη zu heilen und das Seiende zu verehren. Die Besten lassen sich in einer Siedlung am (n. vom? Daumas) Mareotissee (→ Marea) nieder (καθάπερ εἰς πατρίδα ἀποικίαν 22), wo sie ehelos, nur mit dem Nötigsten an Essen und Kleidung, einzeln in Hütten leben, die alle einen »heiligen Raum« (ὃ καλεῖται σεμνεῖον καὶ μοναστήριον 25) haben. Dort versenken sie sich zwischen Morgen- und Abendgebet »philosophierend« ins A.T. samt allegor. Komm. und komponieren Hymnen (25–29. 80). Am Sabbat ist Predigtversammlung in bes. Gebäude (κοινὸν σεμνεῖον 32). Alle 7 Wochen (65, vgl. Lev. 23,15ff. u.ö.) feiern sie weißgekleidet mit Brot und Salz (wie auf dem Schaubrottisch im Jerusalemer Tempel 81) und Wasser ein Kultmahl (Philon setzt es gegen die heidnischen Symposia, auch Platon, 40–63), danach bis morgens eine Vigil (ἱερὰ παννυχίς 83) mit Wechselgesängen und Tanz in Nachahmung von Ex. 15.

2. Der Bericht hat einen hist. Kern (Mitt. bzw. Quelle? Autopsie? beides?), jedenfalls in den Realien (mit Lücken: ökonom. Basis?), ist aber stark stilisiert (Heinemann). Die hist. Umrisse der Th. sind darum unsicher, bes. die religionsgesch. Beurteilung: »idéal lévitique généralisé en règle de vie« (Nikiprowetzky)? Diaspora-Essener (Vermes)? Äg. Komponente, vgl. → Chairemon (2; Daumas)? Strittig ist auch die Deutung des Namens (ϑ. für Glieder von hellenist. Kultvereinen Nilsson GgrR 2,598. Wendland 755; anders Vermes). Unbekannt bleiben Ursprung, Verbreitung und Gesch. Einfluß auf das → Mönchtum ist schon wegen des zeitl. Abstands fraglich. Dagegen blieb die lit. Erinnerung an die Th., nicht zuletzt dank Eusebios, bis in die Neuzeit wirksam; sie gab Mönchtum und chr. Kommunen die apostol. Weihe. Chr. B.

Ta., Übers. → Philon (9); Ta. auch *A. Adam* Ant. Ber.e über die Essener, KIT 182, 1961, von *Chr. Burchard* ²1972. Komm.: *F.C. Conybeare*, 1895 (ed. maior). *P. Geoltrain*, Semitica 10, 1960 (frz. Übers.). *F. Daumas–P. Miquel*, 1963 (Ta., frz. Übers.). Für die Analyse grundlegend: *I. Heinemann*, RE V A 2321ff. Echtheit: dagegen *P. E. Lucius* Die Th. und ihre Stellung in der Gesch. der Askese, 1879, dafür *L. Massebieau*, RHR 16, 1887, 170ff. 284ff. *Conybeare* a.O. *P. Wendland*, JbPhPäd Suppl. 22, 1896, 695ff. Name: *G. Vermes*, Rev. de Qumrân 2, 1959/60, 427ff. 3, 1961/62, 495ff. (aram. *'asajja* »Ärzte«, woher auch »Essener«). Lage der Siedlung: *F. Daumas* in: o. Hg., Philon d'Alexandrie, 1967, 347ff. Rel.-Gesch. zuletzt: *G. Vermes*, The Durham University Journ. N.S. 21, 1959/60, 97ff. *V. Nikiprowetzky*, Rev. Ét. Juiv. 122, 1963, 241ff. *Daumas* a.O. Wirkungsgesch.: wenig untersucht, vorläufig *Lucius* a.O. 204ff. *S. Wagner* (→ Essener) 3ff.

G.H. Williams The Radical Reformation, 1962, 820. Forschungsgesch.: *Wagner* a.O. Im übrigen s. die Bibliogr. von *Wagner* a.O. *Burchard* (→ Essener). *Adam* a.O. Seit 1958 laufend in Rev. de Qumrân.

Therapnai, Stadt im Inneren des mittleren n. Kreta, genaue Lage und Gesch. unbekannt, Mela 2,113. Plin. nat. 4,59. Solin. 11,4. E. M.

Herbst, RE V A 2350.

Therapne (Θεράπνα, Θεράπνη, Θεράπναι), berühmter, sehr oft genannter Kultort etwa 2½ km s.ö. von Sparta auf einem Höhenrücken am l. Eurotasufer 250 m unmittelbar über dem Fluß. Offenes Heiligtum in Form einer mauerumgebenen Plattform von 23,80:16,60 m mit Rampe und kleiner Cella von 6,60:5,45 m wohl aus der Mitte des 5. Jh. über älterer Anlage, dazu ein Nebengebäude. Tausende von Weihgeschenken seit frühgeometr. Z. Der Kult galt urspr. wohl einer weiblichen Gottheit und ihren Helfern, in gesch. Z. als → Helene (1) und Tindariden-→Dioskuren benannt, damit verbunden → Menelaos (1), der den älteren Kult verdrängt und nach dem der Platz seit hellenist. Z. Menelaion heißt. Auf dem Höhenrücken lag eine ausgedehnte Siedlung spätmyken. Z., die von den Spartanern zerstört wurde. In gesch. Z. gab es keine Siedlung Th. Pol. 5,22,3f. Paus. 3,19,6. 9. 20,1. Hdt. 6,61,3ff. Alkman frg. 7, 3 D. 4 B. Isokr. 10,63. Pind. P. 11,63; N. 10,56; I. 1,31. Steph. Byz. E. M.

A. J. B. Wace u.a., ABSA 15, 1908/09, 108ff. mit Plan T. V. *R. M. Dawkins*, ABSA 16, 1909/10, 4ff. *Bölte*, RE V A 2350ff.; III A 1329, 27ff.; XV 803ff. (Menelaion). *Kirsten-Kraiker* Griechenlandkunde⁵ 409. ABSA 55, 1960, 72 (mit Plan). *Ziehen*, RE III A 1482, 10ff.

Therasia (Θηρασία), w. Nachbarinsel von → Thera als weiterer stehengebliebener Rest des ehemaligen Vulkans, 5 km lang, bis 2½ km breit, 9 qkm groß, bis zu 295 m hoch, wie Thera auf der flachen Außenabdachung mit einer dicken Bimssteinschicht überschüttet. Gehört gesch. eng zu Thera und teilt dessen Schicksale. Prähist. Siedlung durch den Vulkanausbruch verschüttet (Fr. Lenormant, RA 14, 1866, 423ff. F. Fouqué Santorin 94ff.), Reste einer Siedlung und von Gräbern gesch. Z. Strab. 1,3,16 p. 99. 10,5,1 p. 484. Plin. nat. 2,202. 4,70. Ptol. 3,14,23. Iust. 30,4,1. Theoph. chron. p. 622 = 404 de Boor. Steph. Byz. Inschr.: IG XII 3 Nr. 1053–1057. E. M.

Herbst, RE V A 2365f. *Philipps.-Kirst.* 4,174f.

Therikles (Θηρικλῆς). Athen. 11,470e–472e zit. Gefäße, bes. Trinkgefäße aus Ton, Holz, Metall, die nach einem korinth. Töpfer Th., einem Zeitgenossen des → Aristophanes (3), Therikleia genannt und bes. in Athen hergestellt wurden. Therikleia wird schon bei den Dichtern der mittleren Komödie zum Gattungsnamen für bes. gut gearbeitete Gefäße (Theophr. h. plant. 5,3,2, mißverständl. wiedergegeben bei Plin. nat. 16,205) mit offenbar glänzender Oberfläche und metallischen Formen, denen dünnwandige Metallgefäße aus Rhodos, sog. Hedypotides, zu unbekannter Z. Konkurrenz machten, Athen. 11,469b. Vgl. noch Cic. Verr. 2,4,18,38: *Thericlia* von der Hand des → Mentor (4). Von Th. hat sich nichts erhalten, Therikleia sind nicht sicher nachgewiesen. W. H. G.

Therimenes (*Θηριμένης*), Spartiate, führte im Spätsommer 412 dem Nauarchen → Astyochos eine Hilfsflotte zu; sein Auftauchen vor Milet bewirkte den Abzug der siegreichen Athener, Thuk. 8,26f. *Ὁ γὰρ Θ. οὐ ναύαρχος ὤν, ἀλλ᾽ Ἀστυόχῳ παραδοῦναι τὰς ναῦς ξυμπλέων*, a.O. 29,2. Als Astyochos im Spätherbst eintraf, um die Schiffe zu übernehmen, hatte Th. einen neuen Subsidienvertrag mit Tissaphernes ausgehandelt (vgl. H.D. Westlake Individuals in Thuc., 1968, 296,2 gegen C. Meyer Die Urkunden im Gesch.-Werk des Thuk., 1955, 71f.), a.O. 31,1. 36,2. 38,1. Auf der Rückfahrt erlitt Th. Schiffbruch und kam um, a.O. 38,1. K. K.

Gomme Hist. Comm. Thuc. 5. *Ehrenberg*, RE V A 2369f.

Therippides (*Θηριππίδης*). Athener aus dem Demos Paiania, Vormund des → Demosthenes (2), von dessen Vater, mit dem er seit früher Jugend befreundet war, dazu eingesetzt. Demosth. hat, volljährig geworden, Th. ebenso wie → Aphobos und → Demophon (4) der Veruntreuung wesentl. Teile seines Erbes beschuldigt (or. 27 und 28). Th. W.

Schwahn, RE V A 2371ff.

Therma (*Θέρμα, Θέρμαι*), das h. Lutraki gegenüber von Korinth mit mehreren warmen Quellen, nur bei Xen. hell. 4,5,3. 8 genannt. E. M.

E. Meyer, RE V A 2376 Nr. 1. *H.N. Fowler - R. Stillwell* Corinth 1,35. *Philipps.-Kirst.* 1, 953.

Thermaeischer Golf (*Θερμαῖος κόλπος*, *Thermaicus sinus*, auch *Macedonicus sinus*) hieß nach der Stadt → Therme der zwischen → Magnesia (1) und der → Chalkidike tief hineinreichende Meerbusen (h. Golf von Saloniki), der die Hauptverbindung Makedoniens mit dem Meer darstellte. Der Th. G. ist also die westlichste Bucht des *Mare Thracicum.* Der innerste Winkel des Golfes bildete einen Orientierungspunkt bei der Abgrenzung der griech. Halbinsel sowohl über Land in n.w. Richtung nach → Epidamnos hin als auch über das Meer in Richtung → Sunion. Strab. 2,92. 124. 7, 323. 330 frg. 20ff., bes. 25. 8,334. Hekat. FGrH 1 F 146. Hdt. 7,121ff. 8,127. IG I^2 302,68 = $Sylloge^3$ 94,68. Liv. 44,11,2. Mela 2,35. Plin. nat. 36,72. Ptol. 3,13,13 u.a. (vgl. Pape Bens. 496f.). Chr. D.

E. Oberhummer, RE V A 2377. *Kirsten-Kraiker* Griechenlandkunde 598. 774 u.ö.

Thermai (*αἱ τῶν Ἱμεραίων*). Stadt an der N.-Küste Siziliens, h. Termini Imerese 37 km ö. Palermo. Zwei J. nach der Zerstörung von → Himera gründeten die Karthager 407 v. Chr. das 12 km w. gelegene, nach den dort entspringenden heißen Quellen benannte Th. als pun.-libysche Kolonie (Diod. 13,79,8). Auch die Überlebenden von Himera fanden hier eine neue Heimat (Cic. Verr. 2,86). 397 veranlaßte → Dionysios (1) Th. zur Teilnahme an seinem Zug gegen → Motya (Diod. 14,47,6), ein J. später besetzte es → Himilkon (1) auf seinem Vormarsch gegen Messana (Diod. 14, 56,2). Th. stand meist unter karth. Oberhoheit, so 361 v. Chr., als → Agathokles (2) hier geboren wurde (Diod. 19,2,2). Im 1. Pun. Krieg eroberten die Römer 252 die von den Karthagern evakuierte Stadt (Pol. 1,39,13. Diod. 23,20). Fortan blieb das *oppidum non maximum* (Cic. Verr. 2,112) in röm. Hand, und zwar *semper in amicitia fideque* (Cic. Verr. 2,90). Es erhielt den Status einer *civitas decumana* (Cic. Verr. 3,99). Nach der Eroberung Karthagos 146 v. Chr. gab → Scipio (12) Africanus die von den Karthagern 409 in Himera geraubten Kunstwerke den Bewohnern von Th. zurück (Cic. Verr. 4,73. 2,87). Aus röm. Z. sind Reste eines Amphitheaters, eines basilikaähnlichen Gebäudes sowie von Wohnhäusern erhalten. Inschr. IG XIV 313–348 und CIL X 2,7337–7455. Kl. M.

K. Ziegler, RE V A 2377ff.

Thermantia. 1. Großmutter → Theodosius' d. Gr., Gemahlin des → Honorius (1). **2.** Enkelin von Nr. 1, noch vor 384 mit ihrer Schwester in die Familie ihres Vetters → Theodosius d. Gr. aufgenommen und wie eine Adoptivtochter behandelt (Claud. laus Ser. 105ff. Epit. de Caes. 48,18). **3.** Aemilia Materna Th. (DessILS 8952), Tochter des → Stilicho und der → Serena, nach Tod ihrer Schwester → Maria (2) im J. 408 verheiratet mit Kaiser → Honorius (3). Nach Stilichos Sturz (22. Aug. 408) geschieden, zurück zur Mutter, † 415 (Zos. 5,28; 35,3; 37,5. Chr. min. 2,69. 71. Iord. Rom. 269). A. L.

Therme (*Θέρμη*, bei Aischin. 2,27. Harpokr. und Suda s. *Θέρμα*), h. der Badeort Sedes s. von Saloniki (→ Thessalonike). Die an einer Bruchlinie zu Tage tretenden warmen Schwefelquellen haben offenbar Th. den Namen gegeben. Städtische Siedlung im innersten Winkel des nach ihr benannten Meerbusens (→ Thermaeischer Golf), im NW. der Halbinsel → Chalkidike; bereits bei Hekat. FGrH 1 F 146 (= Steph. Byz. s. *Χαλάστρα*). Th. wird hier und bei späteren griech. Autoren als thrak. Stadt bezeichnet, weil in diesem Fall der Begriff »Thrake« auf Grund der früheren Zustände (etwa ab 11. Jh. v. Chr.) auch auf jene Teile der mit Thrakern besiedelten Länder ausgedehnt wird, die später zu Ostmakedonien geschlagen wurden. Es ist nicht von ungefähr, daß sogar z.Z. des Attisch-Delischen Bundes die Chalkidike zum thrak. Phoros gerechnet wird. Z.Z. der Perserkriege wird Th. von Hdt. wiederholt erwähnt (7, 121. 123ff. 127ff. 130ff.). Von Th. erfolgte der Aufbruch der Perserflotte nach Artemision, Hdt. 7, 179. 183. Th. muß schon frühzeitig unter die Herrschaft der makedon. Könige gekommen sein, da Makedonien einen guten Hafen dringend brauchte. So wurde Th. nach Thuk. (1,57,6. 59,1. 61,2) von den Athenern unter Archestratos (432 v. Chr.) erobert, aber bereits im folgenden Jahr dem → Perdikkas (2) zurückerstattet (Thuk. 2,29,6). Während der heftigen Thronwirren in Makedonien um 368 v. Chr. wurde Th. zeitweise von dem Prätendenten → Pausanias (5) eingenommen (Aischin. 2, 27). Bei der Gründung von Thessalonike wurde Th. zur Besiedlung der neuen Stadt durch Synoikismos herangezogen. Strab. 8,330 frg. 24 gab zu der lange festgehaltenen Meinung Anlaß, daß Th. an der Stelle von Thessalonike gelegen habe. Chr. D.

E. Oberhummer, RE V A 2391 f. *G. Bakalakis*, Ant. Kunst, 1. Bh. 1963, 30 ff.

Thermen. Zum Baden benutzte man seit min. Z. tragbare oder ortsfeste Badewannen, in denen der Badende saß und mit Wasser übergossen wurde. Solche Wannen (*ἀσάμινθοι*) sind bis in klass. Z. vielfach erhalten, z. B. in Aigina (Furtwängler Aegina 94 f. T. 15,4) oder Olympia (Herrmann Olympia 157 ff.), wo auch das einzige bislang bekannte offene Schwimmbecken klass. Z. nachgewiesen werden konnte. Schon das 5. Jh. kannte auch Schwitzbäder (Saunen), → Laconicum, sowie Kaltwaschgelegenheiten in den Gymnasien (z. B. Schede Priene² Abb. 99 f.). Rundbäder mit Sitzwannen und z.T. Heizung sind im hellenist. Griechenland öfter erhalten ([1]).

Röm. Bäder (*balnea*) begegnen zuerst in Campanien mit seinen Warmwasserquellen, bezeichnenderweise in Privathäusern. Man badete in Wannen; die Räume waren meist eng, muffig, dunkel, vgl. die ausführl. Schilderung des Bades des → Scipio (10) Africanus maior bei Sen. epist. 86,4 ff. Das Badewasser war oft unklar. Öffentl. Bäder dieser Art wurden von den Aedilen eigenhändig auf Wassertemperatur (nicht zu warm!) überprüft (Sen. a. O.). Vom Aussehen solcher Bäder geben die Wannenbadräume der sog. Stabianer Th. in Pompeii eine Vorstellung. Das lakonische Bad (Schwitzbad mit Hilfe erhitzter Steine, anschließend Kaltwasserbad) galt schon Strab. 3,154 als altväterisch. Mit der Erfindung der Unterflurheizung (→ *Hypocaustum*) ändert sich der Badebetrieb grundlegend. Im Anf. werden so noch Kessel mit versch. warmem Wasser geheizt (Vitr. 5,10), später ganze Räume. Private wie öffentl. Th. kennen Auskleideräume (→ *apodyterion*), Kaltbaderaum (*frigidarium*. Darin oft kaltes und laues Schwimmbad, → *piscina* 4. *cisterna*. → *baptisterium*), mäßig erwärmten Durchgangsraum (→ *tepidarium*), Warmluftraum (*sudatio*), Warmwasserbad (*caldarium*) mit Wasserbecken (→ *alveus* 1. → *solium* 2. *pyelus*) und, auf der gegenüberliegenden Seite, einem flachen Becken für kalte Abwaschungen (→ *labrum*), manchmal ein *laconicum* (auch *assa sudatio* genannt). Öffentl. Bäder hatten zudem einen offenen Hof für Sport und Spiel (*Palaestra*), oft mit Freibad (*natatio*), Räume für → Ballspiel (*sphaeristerium*), für Massage und Salben (*unctuarium*), die Kaiser-Th. auch Bibliotheken, Räume für Unterhaltung usw. Nahe bei den Th. lagen oft Gaststätten verschiedenster Qualität und Bordelle, so daß die drei klass. Freuden *balnea*, *vina*, *Venus* nahe vereint waren. In der Kaiserz. sind die Th. populäre, Gesundheit und Bildung fördernde, allg. benutzte Einrichtungen; selbst Hadrian benutzte auch öffentl. Th., H. A. Hadr. 17,5–7. Die Th. wurden entweder vom Besitzer selbst verwaltet oder verpachtet; der *conductor* konnte ein – meist geringes – Badegeld, *balneaticum*, erheben, das öfter als Stiftung reicher Privatleute oder Beamter erlassen wurde.

Der Anlage (Reihenfolge der Räume) nach lassen sich die röm. Th. in verschiedene Typen gliedern. Den unübertroffenen Höhepunkt bilden die Kaiser-Th. Der einfachste Th.-Typ reiht Apodyterium, Frigidarium, Tepidarium und Caldarium hintereinander (z. B. Forum-Th., Pompeii). Eine solche Anlage konnte verdoppelt werden, etwa für Männer und Frauen getrennt (meist wurden die Th. zu versch. Z.en für Männer und Frauen geöffnet; seit Mitte 1. Jh. gab es gemischtes Baden [Plin. nat. 33,153], was jedoch die Behörden immer wieder zum Einschreiten veranlaßte) oder um doppelten Raum zum Baden zu haben ([2], 178 f.). Die Baderäume konnten zu einem Ring vereinigt werden, so daß man nicht durch die einmal benützten Räume zurückkehren mußte ([2], 178); es konnten auch einzelne Abschnitte verdoppelt werden, etwa Frigidarium und/oder Tepidarium ([2], 179). Beim sog. Kleinen Kaisertyp liegen Palaestra, Frigidarium, Tepidarium und Caldarium auf einer Achse, die anderen Räume gruppieren sich symmetrisch dazu; so z. B. die Kaiser-Th. in Trier ([2]), sowie zahlreiche andere Th. im ganzen Reich ([2], 180. 213 Abb. 195). Der große Kaisertyp, wohl aus dem Vorbild der Nero-Th. Roms weiterentwickelt und immer weiter vergrößert, legt die Palaestra vor den gesamten, symmetrischen, mit reichen Nebenräumen ausgestatteten Badekomplex. Bekannteste Beispiele sind die Th. des Caracalla (Nash 2, 434 ff.) und des Diocletianus (Nash 2,448 ff.). Die hohen, kühn überwölbten Räume sind kaum verständlich ohne die h. fehlende Wandverblendung aus farbigen Marmoren, die Fenster und Fußbodenmosaike, die »nicht frei hinzugefügter Schmuck war(en), sondern nach der Raumform selbst das entscheidende Element für Entwurf und Raumerscheinung« darstellten (Tschira, JDAI 72, 1957, 59). Einen schwachen Abglanz kann h. das Innere des → Pantheon in Rom oder die aus einem Raum der Diocletians-Th. von Michelangelo geschaffene Kirche S. Maria degli Angeli vermitteln. Die Th. gehören zu den bedeutendsten röm. architekton. Leistungen. Sie stellen zugleich ein Element dar, das vergleichbar in allen Teilen des Reichs vorkommt und noch h. wesentlich zum Eindruck von der Einheitlichkeit der

Kultur des Imperium beiträgt. In der röm. Lit. sind Beschreibungen von Th. häufig, Vitr. 5,10. Sen. epist. 86,4ff. Martial. 6,42. Stat. silv. 1,5. Plin. epist. 2,17,11. 5,6,25. Lukian. Hippias. Sidon. epist. 2,2,4ff. Ärzte geben Vorschriften über den Verlauf des Bades, Cels. 2,17. Gal. 10,481. 708. 717. 723 K.). Die erhaltenen Reste röm. Th. in Italien, bes. in Rom, haben vor allem auf die Architektur der Renaissance gewirkt. W. H. G.

1. *R. Ginouvès* Balaneutiké, 1962. *Diehl*, Gn 35, 1963, 700ff. 2. *Krencker–Krüger* Die Trierer Kaiser-Th., 1929. 3. *Crema* L'architettura romana, 1959, 68ff. 185ff. 287ff. 403ff. 531ff. 586ff. 4. *Grenier* Manuel d'arch. gallo-rom. 4,1 (1960). 5. *Kretzschmer* Die Entwicklungsgesch. d. ant. Bades, 1961. 6. *Blümner* PrAlt. 420ff.

Thermodon (*Θερμώδων*). **1.** Fluß am N.-Abhang des Hypatongebirges (h. Sagmatas) zwischen → Tanagra und → Glisas, nicht näher zu identifizieren, Hdt. 9,43. Paus. 9,19,3. Etym. m. 445,28. Die Übertragung des Namens auf den Bach → Haimon (2) bei → Chaironeia, Plut. Thes. 27,6; Demosth. 19. Lykophr. 647 m. Sch., ist künstliche Konstruktion. E. M.

Fiehn, RE V A 2395 (falsch).

2. Fluß im pontischen Kleinasien, h. Terme Çayi. Er bildet die Ostgrenze der überaus fruchtbaren Küstenebene → Themiskyra. E. O.

W. Ruge, RE V A 2395ff.

Thermopylen (*αἱ Πύλαι*, literar. meistens *Θερμοπύλαι*), der berühmte Küstenpaß am N.-Fuß des → Kallidromongebirges, im Alt. der einzige für Truppenbewegungen brauchbare Durchgang von N.- nach Mittelgriechenland. Man teilte daher Griechenland ein in »innerhalb und außerhalb der Pylai«, Strab. 8,1,3 p. 334. 9,4,15 p. 428. Pol. 10,41,5. Plut. mor. 418a. 867bd; Demetr. 23,2; Tit. 5,3. Arr. an. 1,7,5. Paus. 10,20,9. Suda s. *Γαλάται*. EDelph III 1 Nr. 486 = Bengtson Staatsverträge III Nr. 558, IV A Z. 3, oder ließ Griechenland sogar erst bei den Th. beginnen, Hdt. 7,176,2. Paus. 1,4,2. 3,4,8, dagegen Herakleides 3 (p. 90ff. Pfister). Hinter dem Gebirgswall von Kallidromon und Oite fühlte man sich geschützt, eine Bedrohung des Passes oder gar seine Überwindung wirkte höchst alarmierend. Die Hoffnung, Griechenland hier verteidigen zu können, hat aber fast stets getrogen, da der Paß irgendwie umgangen werden kann.

Das Gelände ist gegenüber dem Alt. durch die Tätigkeit der von S. kommenden Flüsse, später auch des → Spercheios stark verändert, es sind seitdem 4–7 km Land angeschwemmt. Die von S. kommenden Flüsse mündeten damals getrennt ins Meer, h. in den stark nach S. abgedrängten Spercheios, der mal. Golf reichte viel weiter ins Land hinein als h. Etwa 9 km w. der eigentl. Th. bricht der → Asopos (1) in 4 km langer, sehr enger Felsenklamm durch das Gebirge, nach O. folgen zuerst mäßig steile Hänge, dann schroffe Steilhänge, die mit undurchdringlichem Wald oder Buschwald bestanden und unbegehbar sind. Hier trat das Meer im Alt. an drei Stellen hart an den Gebirgsfuß heran und bildete drei Engen, das h. sogenannte W.-Tor, 3 km weiter ö. das Mitteltor, die eigentlichen Th., und das O.-Tor weitere 3 km ö. beim ant. Alpenoi. Zwischen W.- und Mitteltor lag auf einem Hügel Anthela, der alte Sitz der pylaiischen → Amphiktyonie unmittelbar w. über dem Zastanorema, dessen Felsenschlucht tief ins Gebirge einschneidet. Gegenüber an der O.-Seite der Schlucht entspringen an ihrem Ausgang die heißen Quellen, nach denen die Th. heißen, schon im Alt. zum Baden hergerichtet und von → Herodes (16) Atticus weiter ausgebaut, Philostr. v. soph. 2,1,5, h. mit größerer Badeanstalt, Hotel und Restaurant. Das stark riechende, grünlichblaue schweflige Wasser ist am Austritt 54,8° heiß. Es verbreitet sich in vielen Rinnen über die Ebene und hat diese mit einer weißen Sinterschicht von mehreren qkm Ausdehnung bedeckt, die das Gelände weiter verändert. Die Quellen waren dem Herakles heilig, der hier ein offenes Heiligtum besaß.

Die Lage am Mitteltor ist dadurch bestimmt, daß hier ein 56 m hoher Hügel mit Steilabsturz zum Meer vortritt, der durch eine flache Einsattelung mit dem Gebirge verbunden ist, »Hügel I«. Auf ihm zieht sich die schon 480 v. Chr. verfallene (Hdt. 7,176,4f.), aber offenbar mehrfach reparierte »Phokermauer« in o.w. Richtung mit Front nach S. etwa 140 m lang hin, erst von Marinatos 1939 in ihrer richtigen Lage erkannt. Sie beherrscht die s. über den Sattel führende Straße, sperrt sie aber nicht, von einer n.s. ziehenden Sperrmauer über den Sattel ist h. keine Spur vorhanden. W. von Hügel I fällt das Gelände breit und flach zum Zastanorema ab. S. und ö. hinter Hügel I liegt eine Talmulde mit einer Quelle an ihrem O.-Ende. Etwa 100 m n.ö. von Hügel I liegt der nur 25 m hohe »Hügel II«, der »Kolonos« Herodots. Die ant. Straße führte über die Einsattelung und s. unter Hügel I und II hindurch. Die Kämpfe 480 v. Chr. in den ersten Augusttagen ([17]) spielten sich an und w. von Hügel I ab, wo auch → Leonidas (1) fiel, die letzten Verteidiger zogen sich auf Hügel II zurück, wo sie durch den Pfeilhagel der Perser aufgerieben wurden; große Massen von Pfeilspitzen hier gefunden. Auf dem Hügel II liegt heute ein flacher Steinkreis im Boden mit dem berühmten Thermopylenepigramm, n. des Hügels jenseits der modernen Straße steht seit 1955 ein großes Denkmal für Leonidas und die Toten von 480 v. Chr., deren Gräber (Hdt. 7,225,2. 228. Strab. 9,4,16. Paus. 9, 32,9) nicht gefunden sind. Schon im Alt. veränderten die Anschwemmungen das Gelände, → Philipp II. (4) machte die Straße »breit und leicht begehbar«, Arr. an. 7,9,4. Sylloge^3 220. 279 v. Chr. war am Mitteltor Sumpf, man konnte aber noch von den Schiffen bis an Land schießen, Paus. 10,

21,4. 7. → Antiochos III. (4) mußte die Verteidigung ans O.-Tor verlegen, wo schon ein breiter Landstreifen vorhanden war, Liv. 36,15,10, und → Alarich (1) konnte 395 »wie auf einer Rennbahn« hindurchziehen, Eun. frg. 65.

Der Umgehungsweg der Anopaia führt in ungefähr 1000 m Höhe auf dem Gebirgsrücken mit einem n. und einem s. Zweig, die sich ö. der Zastanoschlucht treffen, entlang. Anstieg von W. vor allem über die mäßig steilen Hänge gleich ö. der Asoposschlucht über die h. Quelle Chalkomata und das Panagiakloster, von den Persern unter → Ephialtes' (4) Führung benutzt und ähnlich von den Römern, ferner aus dem Asopostal s. der Schlucht (nicht aus der Schlucht selber!) über das h. Eleftherochori, in weiterer w. Umgehung von den Galliern benutzt, und von S. her. Die Aitoler sicherten diese Wege durch die Sperrforts Teichius, Rhoduntia und Kallidromon, deren Identifizierung mit den vorhandenen ant. Anlagen nicht ganz sicher ist.

Das Gebiet der Th. gehörte urspr. den → Phokern, um 480 v. Chr. zu Malis. Schon die Thessaler umgingen die phok. Sperrmauer im Mitteltor, Hdt. 7,215. Demophilos FHG 2,86. Über die Topographie der Kämpfe von 480 v. Chr. s. o., neuere Lit. dazu [16–18]. 353 hinderten die Athener Philipp II. am Durchmarsch, Diod. 16,38,1 f. Iust. 8,2,8. Demosth. 19,84, dazu Aischin. 2,132 ff. 279 wollte ein großes kombiniertes Heer unter Führung der Aitoler die Gallier hier abwehren, wobei wie 480 auch die Gallier auf der Anopaia die Stellung umgingen. Doch konnten dieses Mal die Verteidiger auf att. Schiffen gerettet werden, Paus. 10,20,3–22,1. 22,8–13. 191 suchte Antiochos III. durch eine befestigte Stellung am O.-Tor die Römer aufzuhalten, die die Stellung wieder auf dem Gebirgsweg umgingen, wobei → Cato (1) das Sperrfort Kallidromon durch Überraschungsangriff nehmen konnte, Liv. 36,15,5–19,13. Plut. Cat. Mai. 13 f. App. Syr. 17 ff. [12]. In hellenist. Z. lag auf Hügel II eine kleine Siedlung, ebenso sind hier Befestigungen und Gräber verschiedener Z. gefunden, [7], 340. Philipp V. konnte den Durchmarsch 207 gegen aitol. Widerstand erzwingen, Liv. 28,7,3. Um 257 n. Chr. Besetzung der Th. zum Schutz gegen die Goten, Synk. I p. 715 Bonn. (381 C). Alarich nahm 395 die Enge kampflos, Zos. 5,5. Eun. frg. 65. Claud. b. Poll. 186 ff., während die Slaven 539/40 den Durchbruch wieder durch Umgehung über die Anopaia erzwangen, Prok. b. 2,4,10. Iustinian ließ die Th. neu befestigen und durch eine dauernde Besatzung sichern, Prok. aed. 4,2,2–15; b. 8,26,1; an. 26,31. Reste dieser umfangreichen Befestigungen sind am O.-Tor, bei den heißen Quellen und im Gebirge an mehreren Stellen als Straßensperren noch sichtbar. – Ant. Hauptstellen zur Topographie: Hdt. 7,176. 198 f. Strab. 9,4,12–17 p. 428 f. Skymn. 600 f. Paus. 4,35,9. Sch. Aristoph. Nub. 1050. Harpokr. Suda s. v. Tab. Peut. 7,5. Sylloge³ 243 D 42 ff. 250 D 42 f. 251 H III 9 ff. E. M.

1. *Philipps.-Kirst.* 1,251 ff. 2. *G.B.Grundy* The great Persian war 257 ff. (mit vielen Abb. und 2 Plänen). 3. *Harmening* bei *Kromayer* Ant. Schlachtfelder 4, 21 ff. 4. *Fr. Stählin* Das hellen. Thessalien 198 ff. 5. *Ders.*, RE V A 2398 ff. (mit Planskizze). 6. *E. Meyer*, MDAI(A) 71, 1956, 101 ff. mit Plan des Mitteltores 1:2000. 7. *Sp. Marinatos* Forschungen in Th., Ber. über d. 6. Intern. Kongreß f. Arch. 333 ff. 8. *Ders.* Th., An hist. and arch. guide, Athen 1951. 9. *A. R. Burn* Th. and Callidromos, Stud. present. to D.M. Robinson 1, 480 ff. 10. *Ders.* Persia and the Greeks 403 ff. 11. *W. Kendrick Pritchett*, AJA 62, 1958, 203 ff. 12. *Ders.* Stud. in anc. Greek topogr. 1,71 ff. 13. *P.A. McKay*, AJA 67, 1963, 241 ff. (mit guter Karte der weiteren Umgebung, vor allem der Anopaia). 14. *Y. Béquignon* La vallée de Spercheios 38 ff. 181 ff. (Anthela). 235 ff. 15. *Kirsten-Kraiker* Griechenlandkunde⁵ 229 ff. (mit Geländeskizze). 875 (Lit.). 16. *A. Dascalakis* Problèmes hist. autour de la bataille des Th., Paris 1962. 17. *J. Labarbe*, BCH 78, 1954, 1 ff. 18. *C. Hignett* Xerxes' invasion of Greece, Oxf. 1963, 105 ff. 361 ff.

Thermos (*Θέρμος*, *Θέρμον*), das zentrale Heiligtum → Aitoliens und des aitol. Bundes, am O.-Rand der Ebene von Kephalovryson (h. amtl. Th.) über dem O.-Ende des Sees von → Agrinion (Trichonis), h. Palaebazari, mit Kult des Apollon Thermios. Hier fanden außer den Jahresfesten mit Markt die Hauptversammlungen des aitol. Bundes statt, und hier wurden die Inschr. und Weihgeschenke des Bundes aufgestellt. An der Stelle des Heiligtums lag vorher eine Siedlung mit Apsidenhäusern von spätmyk. bis archaischer Zeit. Der Apollontempel mit Lehmziegelmauern auf Bruchsteinsockel, hölzernen Säulen und Gebälk und tönernen Metopen stammt aus dem E. des 7. Jh., später in Stein umgebaut und mehrfach erneuert, 12,10:38,20 m mit 5:15 Säulen. Darunter liegt ein noch älterer Langbau in Megaronform mit elliptisch umlaufender Säulenstellung von 36 Holzsäulen, wohl noch myk. Ferner gab es zwei weitere archaische Tempel mit Tonmetopen, Säulenhallen und andere Nebengebäude. 218 und 207 wurde Th. durch → Philipp V. (7) gründlich verwüstet und geplündert, Pol. 5,7,1–13,1. 11,7,2, aber wiederaufgebaut und mit einer rechteckigen Festungsmauer von 200:340 m mit Türmen umgeben. Inschr. und Statuen reichen bis gegen 30 v. Chr. (Gründung von → Nikopolis [3]). Pol. 5, 8,4 ff. Strab. 10,3,2 p. 463 (= Anth. Pal. app. 386). Steph. Byz. Inschr.: IG IX 1², Nr. 1–94. p. 82 f. Nr. 196. Klaffenbach, SPrAW 1936, 379 f. MDAI(A) 80, 1965, 152 f. SEG 13,385. 15,358 f. 17,265–267. E. M.

Philipps.-Kirst. 2,342 f. 360. 567. *Fiehn*, RE V A 2423 ff. *Kirsten-Kraiker* Griechenlandkunde⁵ 762 ff. 903 (Lit.). *R. Vlad Borrelli*, Enc. arte ant. 7,825 ff. (mit Lit.). *S. Benton*, ABSA 32, 1931/32, 238 f.

Thero (*Θηρώ*). Amme des Ares, der nach ihr *Θηρ(ε)ίτης* hieß. Paus. 8,19,7 f. bezieht den Bei-

namen auf die tierische Wildheit des Gottes. Hesych. kennt einen Θηρίτης 'Ενυάλιος mit Kultstätte bei Sparta. Wahrscheinl. ist ein Lokalgott Θηρίτης »Jäger« in Ares aufgegangen. H.v.G.
Prell.-Rob. 1,341. *Usener*, Kl. Schr. 4,250ff. *Wilam.* GldH. 1,102.

Theron. Tyrann von → Akragas aus dem Geschlecht der Emmeniden, ca. 540/30–472 v.Chr. Aus seiner ersten Ehe stammten Thrasydaios und → Damarete, die Gemahlin → Gelons (1), in zweiter Ehe (seit ca. 485) war Th. mit einer Tochter des Polyzelos verheiratet (Timaios FGrH 566 F 93. Sch. Pind. O. 2,29b–d). Th. gelangte 488 zur Herrschaft über Akragas (Diod. 11,53,1) und eroberte 483 durch Vertreibung des → Terillos → Himera (Hdt. 7,165), das er seinem Sohne Thrasydaios anvertraute (Diod. 11,48,6). In der Schlacht bei Himera besiegten Th. und Gelon die von Terillos und → Anaxilaos zu Hilfe gerufenen Karthager entscheidend (Hdt. 7,165–67. Diod. 11,20 bis 26). Unter Th.s milder Herrschaft wurde Akragas eine der schönsten und reichsten Städte der griech. Welt (vgl. Pind. P. 12,2. Timaios F 26a. Diod. 11,25,2–5). An seinem Hofe wirkten → Simonides (1) und → Pindar (O. 2 u. 3; frg. 118f.). 477 geriet Th. in Gegensatz zu Hieron, da sich Polyzelos vor Hieron zu Th. flüchtete und sich die Himeraier, empört über die drückende Herrschaft des Thrasydaios, an Hieron wandten, doch versöhnten sich die beiden Herrscher, vielleicht durch Vermittlung des Simonides (Timaios F 93b. Diod. 11,48–49). Nach seinem Tode 472 (Diod. 11,53,1) folgte Thrasydaios in der Herrschaft. Kl. M.
F. Schachermeyr, RE V A 2447ff. *T.J. Dunbabin* The Western Greeks, Oxf. 1948, 410ff. *H. Berve* Die Tyrannis bei den Griechen, München 1967, 1, 132ff. 2, 595ff.

Thersandros (Θέρσανδρος). Einer der → Epigonen auf dem Zuge gegen Theben, Pind. O. 2,47ff. Paus. 2,20,5. Sohn des → Polyneikes und der → Argeia (2), Gatte der → Demonassa, Vater des → Teisamenos (1). Nach dem Vorbild seines Vaters bestach er → Eriphyle mit dem Mantel der → Harmonia, um die Teilnahme ihrer Söhne → Alkmaion (1) und → Amphilochos zu erreichen. Apollod. 3,80ff. Paus. 10,10,4. Quelle: Thebais, BETHE Theban. Heldenlieder 129f. Er wird König von Theben, Paus. 9,5,14. Nach den Kyprien ist er am 1. Troiazug der Achaier beteiligt, der irrtümlich nach Teuthranien führt; hier fällt er durch → Telephos (1); Patroklos und Diomedes retten seine Leiche, Apollod. epit. 3,17. Heroon im aiol. Elaia. Hyg. fab. 108 und Dikt. 2,2 nennen ihn Thessandros nach dem Insassen des hölzernen Pferdes, Verg. Aen. 2,261. H. v. G.
Prell.-Rob. 2,949ff. 1148ff. *W. Kullmann*, H(ES) 14, 150. 160. 194. 265.

Thersilochos (Θερσίλοχος). **1.** Einer der mit Troia verbündeten Paioner, Gefolgsmann des → Asteropaios, von Achilleus erlegt, Il. 21,209. Lit.: s. Pyraichmes. **2.** Troer, Sohn Antenors, von Turnus erschlagen, Verg. Aen. 6,483. 12,363. H. v. G.

Thersippos (Θέρσιππος). **1.** Ein Athener, brachte nach Herakl. Pont. Frg. 156 die Nachricht vom Sieg bei Marathon nach Athen, während sonst meist ein anderer Name genannt wird (Plut. mor. 347c. Lukian. pro lapsu 3). **2.** 333/32 sandte Alexander d. Gr. von → Marathos (2) aus Th. an Dareios mit seinem Antwortbrief auf dessen erstes Friedensangebot (Arr. an. 2,14,4. Curt. 4,1,14). Vermutlich ist er ident. mit dem nach Alexanders Tod von den Nesioten geehrten Th. (OGIS 4). BERVE Alex. II Nr. 368. G. Do.

Thersites (Θερσίτης). Hom. Il. 2,211ff. ein Meuterer, Lästerer und Prahlhans, dessen gemeine Gesinnung mit körperlicher Mißgestalt in Einklang gesetzt wird. Erst als Odysseus der Flucht des Heeres Einhalt geboten hat, beginnt T. seine Hetzrede gegen Agamemnons Habsucht. Von Odysseus kräftig mit dem Zepter gezüchtigt, krümmt er sich vor Schmerzen und erntet schadenfrohes Gelächter bei der Masse, in deren Namen er zu sprechen vorgab. Als »Sprecher des Heeres« wird man ihn kaum bezeichnen können, vielleicht als anachronist. Bild eines »Demagogen«. Was er sagt, sind eigentl. Gedanken und Stimmungen des Achilleus (B. 1) in vergröberter Form, G. FINSLER Hom. ^{2}2,25. Als Typ der Häßlichkeit oder des feigen Hetzers oder auch nur des Possenreißers lebt er im ganzen Alt. fort. Die Deutung des Namens als »Frechling« paßt nicht zu den sonstigen Namen mit ϑερσ-, doch vgl. Polytherses, Vater des Freiers Ktesippos, Od. 22,287.

Während die Il. weder Th.' Vater noch Heimat nennt, erscheint er in der Amazonie (Aithiopis) als Mitglied eines aitol. Fürstengeschlechtes. Er schoß der von Achilleus getöteten → Penthesileia ein Auge aus; darob erboste jener und schlug ihn mit einer gewaltigen Ohrfeige tot, Sch. Soph. Phil. 445. Nun fordert Diomedes Blutrache für seinen Verwandten und beruhigt sich erst, als Achilleus auf Lesbos durch Odysseus entsühnt worden ist. Sch. Lykophr. 999. E. BETHE Der tro. Epenkreis, Darmstadt 1966, 98f. Nach Pherekyd. FGrH 3 F 123 war Th. Sohn des → Agrios (3), also Neffe des → Oineus (1; den er erschlug, Apollod. 1,77f.) und Vetter des → Tydeus (1). Th. nahm an der kalydon. Jagd teil und wurde dabei durch → Meleagros (1) von einer Anhöhe herabgestürzt; daher die körperliche Entstellung (Euphorion). Problem: Hat der kykl. Epiker seine Szene aus der Erfindung des hom. Th. herausgesponnen (so WILAM. Il. u. Hom. ^{2}271), oder kannte der Dichter von Il. 2 den myth. Stoff der Aithiopis und hat ihn umfunktioniert, sich dabei aber gehütet, Diomedes anwesend sein und den Schlag des Odysseus tödlich werden zu lassen (so W. KULLMANN, H(ES) 14, 146ff. 303ff. 379. 385)? Vielleicht sind die beiden Th. verschiedene Personen, die erst später miteinander in Bez. gesetzt wurden. Soph. Phil. 436ff.

läßt Th. überleben (danach in Schillers Siegesfest: »und Th. kehrt zurück«). → Chairemon (1) schrieb ein Satyrspiel Ἀχιλλεὺς Θερσιτοκτόνος, Lukian. dial. mort. 25: Schönheitswettbewerb des Th. mit → Nireus (1) im Hades; Demonax 61: Th. als Kyniker. Liban. schrieb ein Ἐγκώμιον Θερσίτου. Q. Smyrn. 1,18ff. 770ff. behandelt Th. ausführlich. – Polygnotos stellte in seinem delph. Hadesgemälde Th. und Palamedes beim Würfelspiel dar, Paus. 10,31,1f. Pind. frg. 129. Eine apul. Prachtamphora aus Bari zeigt anschaulich das Strafgericht des Achilleus über Th. – USENER, Kl. Schr. 4,241, hat mit der Entdeckung eines alten Gottes in Th. wenig Beifall gefunden. H. v. G.

Thesauros (ϑησαυρός). **1.** Urspr. bezeichnet Th. den Ort, wo etwas verwahrt wird, und das Verwahrte selbst. Erst später ist aus dem einen »Schatzhaus« und »Opferstock«, aus dem anderen »Schatz« geworden. Die ält. Form sind wohl unterirdische (κατάγειοι) Th. = Erdgruben, künstl. oder natürl. Höhlen, Hdt. 2,150,3. Paus. 2,16,4; anschauliche Schilderung Plut. Philop. 19,4. Vgl. auch die Th. von Mykene, WACE Mycenae, 1949, 13ff. 26ff. Griech. Städte bauten Th. (auch *οἶκοι* genannt) in den Heiligtümern, wo Kultgeräte und Weihgeschenke »thesauriert« wurden, während ausgesprochene Wertobjekte oft in den Tempeln selbst ihren Platz fanden. Am besten sind die z.T. in Form kleiner Antentempel (→ Anta) errichteten, reich ausgeschmückten Th. in Delphoi und Olympia bekannt (GRUBEN Die Tempel d. Griechen 57ff. 77ff. HERRMANN Olympia 97ff. Inventar: Athen. 11,479f.). Opferstöcke, d.h. Behälter zum Einwerfen freiwilliger oder obligator. Spenden (vgl. Sylloge[3] 736 XVIII mit Vorschriften über Öffnung, Verteilung des Inhalts usw., aus Andania) sind auch im Original erhalten (GRAEVEN, JDAI 16, 1901, 160ff.); sie waren schwer zu öffnen, der Einwurfschlitz verengte sich nach unten so, daß ein Hineingreifen unmöglich war. Auch ein Magazin, Lagerhaus, Speicher kann Th. heißen, unabhängig von runder oder viereckiger Grundform (Mém. miss. arch. franç. Caire 9,1, 1892. Vgl. CIL VI 8498. 9080. 30737. VIII 1322). Zu den röm. Magazinen → Horreum. W. H. G.

2. *Thesaurus* bedeutet den Schatz. Das ist in Rom wie h. eine Sache, die so lange verborgen gewesen ist, daß der Eigentümer nicht mehr festgestellt werden kann; Paul. Dig. 41,1,31,1: *th. est vetus quaedam depositio pecuniae, cuius non exstat memoria, ut iam dominum non habeat.* Doch haben die Römer wohl nur an den Normalfall der in einem Grundstück verborgenen Sache gedacht. Urspr. steht der *th.* wohl ganz dem Grundeigentümer zu (vgl. Dig. 41,2,3,3). Hadrian gibt hälftiges Eigentum dem Grundeigentümer und dem zufälligen Entdecker (Iust. Inst. 2,1,39). Wechselnde Sonderregeln gibt es außerdem für den Schatzfund in Fiskalgrundstücken und in Grabstätten (vgl. Call. Dig. 49,14,3,10f.). Im 5. Jh. kann der Finder drei Viertel beanspruchen, doch kehrt Iustinian wieder zu der Halbteilung zurück. D. M.

M. Kaser Röm. Privatrecht 1, [2]1971, 426f. mit Angaben; 2, 1959, 207f.

Theseus (Θησεύς), Staatsheros der Athener. Sohn Poseidons oder des att. Königs → Aigeus und → Aithras, Tochter des troizen. Königs → Pittheus, bei dem er aufwuchs. Herangewachsen, bemächtigte er sich der von Aigeus hinterlassenen Erkennungszeichen (Schwert und Schuhe). Auf dem Wege nach Athen beseitigte er mehrere Unholde: → Periphetes, → Sinis, → Phaia, → Skiron, → Kerkyon (1), → Prokrustes, meist in der Art der Talion. In Athen vereitelte er die von → Medeia geplante Vergiftung (o. Bd. III 1127,38), bändigte den marathon. Stier (Einkehr bei → Hekale) und entledigte sich des → Pallas (1) und seiner Söhne, die ihm die Nachfolge des Aigeus streitig machten. Dann befreite er Athen von dem Menschentribut an den kret. König → Minos (o. Bd. III 1334,23ff.) mit Hilfe → Ariadnes (Episode: Sprung ins Meer, mit Ringmotiv, → Amphitrite). Über → Naxos, wo er Ariadne dem Dionysos überließ (o. Bd. II 79,8. 56. 80,19. IV 25,45), und → Delos (Hörneraltar, Apollonfest, Kranichtanz) kehrt er nach Athen zurück; wegen der schwarzen Segel hält Aigeus Th. für verloren und gibt sich den Tod.

Als neuer König einigt Th. Attika (συνοικισμός; o. I 723,21) und beschränkt die Königsgewalt (Aristot. Ath. pol. 41,2). Seit 6. Jh. gilt er in Athen als Gründer der Demokratie und Stifter der → Panathenaia, → Oschophoria u.a. Feste. Die Tragiker feiern ihn als Schützer der Bedrängten (→ Herakleiden, Bestattung der → Sieben gegen Theben, Aufnahme des → Oidipus). Gesch. sieht man auch seine Rolle in der Sage von den → Amazonen. Als Teilnehmer an dem Zug des Herakles hatte Th. ihre Königin → Antiope (2; oder → Hippolyte 1) zur Gattin gewonnen; als sie einen Rachezug gegen Athen unternahmen, vernichtete er sie am Areopag (Pind. Aischyl. Hdt.). Dabei fand Antiope den Tod. Seine 2. Frau, die Kreterin → Phaidra, von der er die Söhne → Akamas (1) und → Demophon (2) hatte, trieb ihren Stiefsohn → Hippolytos (1) in den Tod (diese Geschichte spielt immer in Troizen). Ein anderes Stück der Sage gesellt Th. zu → Peirithoos, mit dem er gegen die → Kentauren kämpft (Il. 1,265 ist Itp.), die junge → Helene aus Sparta für sich entführt (o. II 990, 10ff. → Aphidnos, → Dioskuroi) und in die Unterwelt eindringt, um für Peirithoos Persephone zu entführen; Hades aber läßt sie auf ewig auf ihren Felssitzen festwachsen; in Eur. »Peirithoos« befreit Herakles den Th. Bei seiner Heimkehr nach Athen findet er → Menestheus als Herrscher vor; er flieht nach → Skyros, wo → Lykomedes ihn umbringt. Von dort brachte → Kimon (2) um 475 seine angebl. Gebeine nach Athen (Heroon mit Asylrecht). Über die Theseia WILAM. GldH. 2,

348, über das »Theseion« o. Bd. I 696. → Nausithoos (3), → Phaleros, → Staphylos (1), → Phorbas (6).

Die Analyse der Th.-Sage, wie sie in allen Sparten griech. Lit., bes. bei Plut., Paus., Diod., Apollod. – fußend auf verlorener alter Epik, Logo- und Atthidographie – und in einer Fülle z.T. von der Lit. abweichender künstler. Darstellungen – s. LÜBKERS Reallex., [8]1914. Lex. der Alten Welt, 1965 – vorliegt, ergibt eine Mischung von echten Ortssagen und Wandermotiven, von hist. Erinnerungen und phantast.-novellist. Zügen; vor allem zeigt sie das Streben Athens auf, gegenüber benachbarten dor. Gemeinden Th. für sich zu usurpieren und zugleich zu idealisieren, z.T. auch, ein ion. Gegenstück eigenständiger Art zu Herakles zu schaffen (RADERMACHER 260. NILSSON GgrR 1,665f.). – Th. kommt in Linear-B-Texten als Personenname vor. Das scheint gegen die Vermutung RADERMACHERS u.a. zu sprechen, daß Th. urspr. ein Gott war, der zum Heros herabsank.
H. v. G.

Steuding, Myth. Lex. 5,678ff. *Gruppe* Griech. Myth. 1, 581ff. *Prell.-Rob.* 2,676ff. *F. Brommer* Vasenliste [2]1960, 160ff. *L. Radermacher* Mythos u. Sage bei den Griechen [2]1947, 239ff. Abb. 14–20. *K. Kerényi* Heroen der Griechen 235ff. Abb. 49–61. *F. H. Wolgensinger* Th., Diss. Zürich 1945. *H. Herter*, RhM 85, 1936, 177ff. 88, 1939, 244ff. 89, 1940, 273ff.; RE Suppl. XIII 1045ff. *Ch. Ducas*, REG 56, 1943, 1ff. *K. Schefold*, MH 3, 1946, 59ff. *P. de la Corte-Messelière*, RA 1947, 145ff. *J. Fick*, WG 20, 1960, 16ff. *W. Fauth*, RhM 115, 1970, 35. *W. Kullmann* Die Quellen der Il., H(ES) 14,74ff. – *A. Gide* Th., Paris 1946.

Thesmophoria, -os (*Θεσμοφόρια, -ος*). Griech. Kultfest der → Demeter und → Kore-Persephone (Hauptquelle: Sch. Lukian. dial. mer. 2,1), Epiklese beider Göttinnen, so auch im Dual (Aristoph. Thesm. 83 u.o.: *Θεσμοφόρω*), und kret. Monatsname (*-ιος, ιών*; WILLETTS Cretan Cults and Festivals, 1962, 105ff.). Die Th., verbreitetstes griech. Fest überhaupt ([1]), weisen sich durch den Ritus, die Legendentradition und ethnograph. Parallelen ([2]) als vorgriech. ([3]), vermutl. schon neolith. ([4]) jahreszeitl. Vegetationskult und Fruchtbarkeitszauber agrar. Religion aus. Laut Hdt. 2,171 brachten die → Danaiden die Th. aus Äg. mit und unterwiesen die pelasg. Frauen der Peloponnes ([5]). Auf der Kadmeia in Theben war Demeter Th. Burggöttin (Paus. 9,16,5), ebenso unter → Kar (2) im vordor. Megara ([6]), das nach den *μέγαρα*, den unterirdischen Opfergruben der Demeter Th. benannt worden sein soll (Paus. 1,39,5; wohl zu semit. *me'ārā* »Höhle«: FRISK 2,189. HENRICHS, Ztschr. f. Pap. u. Epigr. 4, 1969, 31ff. YAVIS Greek Altars, Abb. 92/93). Die att. Th., am besten tradiert ([7]), wurden am 11.–13. Pyanopsion gefeiert, dem »Saatmonat« (Plut. mor. 378e = Okt./Nov.), wobei die Festtage *Ἄνοδος* (»Aufstieg«), *Νηστεία* (»Fasten«) und *Καλλιγένεια* (»Schöne Nachkommenschaft«) hießen (Sch. Aristoph. Thesm. 80). Sie waren ein Frauenfest (Aristoph. Thesm. 1150f.), dessen Hauptritus im sog. *μεγαρίζειν* ([8]) bestand: Aus den *μέγαρα* holten Frauen namens *ἀντλήτριαι* (»Schöpfende«) die vorher, vermutl. am Fest der Skira E. Juni ([9]), in die Gruben geworfenen Ferkel ([7], T. 2), Pinienzweige mit Zapfen und Nachbildungen von Phallen und Schlangen aus Weizenteig herauf. Anschließend wurden die Ferkelkadaver auf den Altar gelegt und dann der Saat beigemischt, um damit – so ant. Komm. – »das Wachstum der Früchte und Menschen zu befördern« (Sch. Lukian. a.O.). Die Fruchtbarkeitssymbolik des *μεγαρίζειν* ist ebenso deutlich wie der Schlag mit der Lebensrute an den Th. (Hesych. s. *μόροττον* [1], 323 Anm. 3), das Essen von Granatapfelkernen (Clem. Al. protr. 2,19,3) oder das Sitzen auf der Erde ([10]) auf Weidenzweigen am Fastentag (Plut. mor. 378e. Plin. nat. 24,59). Der Th.-Name, fraglos früher als die Demeter-Epiklese, wurde in Analogie zu den griech. Festnamen auf – *φόρια* gebildet: »Tragen der *θεσμοί*«, d.h. des in die Megara »Niedergelegten« ([11]). Wichtig zum Th.-Kult sind jüngste Ausgrabungen auf Naxos (SALVIAT, BCH 82, 1958, 248ff.), wo gef. tönerne Votivschweine mit aufgeschlitzter Bauchdecke vermutl. auf einen »rite d'éventrement« hinweisen (ROLLEY, BCH 89, 1965, 468ff.), Delos (BRUNEAU Recherches sur les cultes de Délos, 1970, 269ff.), Sizilien (ORLANDINI, AIIN 12/14, 1967, 1ff.; DERS., Kokalos 12, 1966, 8ff.), in Athen (THOMPSON, Hesp. 5, 1936, 156ff.). D. Wa.

1. *Nilsson* Griech. Feste[2] 313ff. RE VI A 24ff. (Kultorttabellen). 2. *Frazer* GB 8,20ff. 3. *Eitrem*, Symb. Osl. 23, 1944, 40. 4. *Simon* Die Götter d. Griechen, 1969, 92. 5. *Sarkady*, Acta Class. Univ. Debrec. 5, 1969, 17. 6. *Hanell* Megarische Stud., Diss. Lund 1934, 50ff. 7. *Deubner* Att. Feste[2] 50ff. 8. *Festugière*, CRAI 1959 (1960), 316ff. 9. *Des Places* La religion grecque, 1969, 99; anders: *Thompson*, Hesp. 5, 1936, 188 Anm. 1. 10. Als Adorationsgestus verstanden: *Jeanmaire* Couroi et Courètes, 1939, 271. 11. *Nilsson* GgrR 1[3],464.

Thesmophylakes s. Nomophylakes

Thesmotheten (*θεσμοθέται*, »Rechtssetzer«), in Athen seit Mitte des 7. Jh.s innerhalb der 9 Archonten ein sechsköpfiges Kollegium. Thuk. 1,126,8. Ihr Amtslokal war seit Solon zusammen mit den übrigen Archonten das Thesmotheion. Aristot. Ath. pol. 3,15. Diog. Laert. 1,58. Zum Gehilfen hatten sie einen *γραμματεύς*. Aristot. 55,1f. Antiph. 6,35. R. HIRZEL Themis, 1927, 340. Sie sollten die Satzungen aufzeichnen und für richterliche Entscheidungen bei Prozessen bewahren. BUSOLT GStk. 802. Alle Th. wurden 344/43 durch Apocheirotonie abgesetzt, weil einer von ihnen sich von dem Schurken → Theokrines bestechen ließ. Demosth. 58,27f. Unverschämtheit eines Bürgers gegen einen Th. im Dienst bezeugt Demosth. 21,33. Die Th. waren einer zweimaligen

→ Dokimasia vor dem Rat und vor einem Gericht unterworfen. Aristot. 55,1 ff. BUSOLT 1045. Iteration des Amtes scheint seit dem 3. Jh. möglich. IG II² 2336, 17. 98. 152. U. KAHRSTEDT Unt. z. Magistratur in Athen, 1936, 139. Anwesenheit aller Th. war nicht immer erforderlich, den Vorsitz im Gericht führte ein einzelner Th. Aristoph. Vesp. 935. Zu ihrer Dienstpflicht gehörte im 4. Jh. die Beteiligung an der Pythais. Demosth. 19,128. Sch. Demosth. S. 399. Die Th. waren keine Gesetzgeber, hatten aber als ein Verwaltungsgerichtshof weitgehende Befugnisse, die freilich fast alle erst aus dem 4. Jh. bekannt sind. Sie überwachten regelmäßig die neuen Beschlüsse und Gesetze; stellten sie Widersprüche oder materielle Mängel fest (*γραφὴ παρανόμων*; *νόμον μὴ ἐπιτήδειον θεῖναι* Aristot. 59,2), machten sie Vorschläge, worauf die Bestellung von → *νομοθέται* (II) erfolgte. Aischin. 3,39. Sie befanden über das verfassungsgemäße Verhalten des Vorsitzenden in der Volksversammlung, gegen das eine *γραφὴ πρυτανική, προεδρική, ἐπιστατική* erhoben wurde. Aristot. 59,2. Harpokr. s. *ῥητορικὴ γραφή*. Es stand ihnen das Verfahren gegen Richter- und Beamtenbestechung zu. Demosth. 21,113. 19,7. 46,27. Jede öffentl. Klage gegen abtretende Beamte oder Gesandte wurde in letzter Instanz durch ein von den Th. geleitetes Gericht entschieden. Aristot. 48,5. Poll. 8,45. Nur Klagen gegen Strategen wurden unmittelbar von einem Gericht unter Vorsitz der Th. erledigt. Aristot. 59,2. IG II² 1629 a, 205. Sie beaufsichtigten die richtige Führung der Liste der Staatsschuldner (*ψευδεγγραφή, ἀγραφίου, βουλεύσεως*, Aristot. 59,3) und straften die (wegen *ἑταίρησις*) der Ehrenrechte Verlustigen, wenn sie als Redner in der Volksversammlung auftraten. Demosth. 22,21. Ihnen oblag die Tötung des widerrechtlich heimkehrenden Verbannten. Demosth. 23,31. Lykurg. 121. Ob eine → *ἔνδειξις* an die Th. möglich war, wenn ein Staatsschuldner als Richter oder Beamter zu wirken wagte, hängt von der Echtheit der bei Demosth. 24,22. 50 erwähnten Gesetze des → Timokrates (1) ab. Auch Klagen wegen *ὕβρις, μοιχεία, ἀδίκως εἱρχθῆναι ὡς μοιχόν* fielen in ihren Bereich. Sie legten die mit fremden Staaten abgeschlossenen Rechtsschutzverträge (*σύμβολα*) der → Heliaia zur Ratifizierung vor, Aristot. 59,6. Poll. 8,88. IG II² 466,32 ff., und stellten den Vorsitz in Gerichten, die Bürgerrechtsverleihungen behandelten. IG II² 646,48. 652,32. 654,53. Sylloge³ 409,96. Sie wiesen Gerichtshöfe und -tage den betr. Beamten zu. Aristot. 59,1. 5. 66,1. H. HOMMEL Heliaia, 1927, 32 ff. An Privatklagen führten sie die *δίκη μεταλλική* und *ἐμπορική* nach Aufhebung der → Nautodiken, sowie gegen den Sklaven, der einen Freien beschimpfte, und gegen Diebstahl an öffentlichen Orten durch. Aristot. Ath. pol. 59,5; probl. 29,41. Gemälde der Th. Paus. 1,3,5. H. V.

Thespeia (*Θέσπεια, Θέσπια*, jünger *Θεσπιαί* u. ä., Ethn. *Θε[ι]σπιεύς*,) bedeutendste Stadt des s. ö. Boiotien am S.-Abhang der ö. Ausläufer des Helikon bei den h. Orten Erimokastro (amtl. Th.) und Kaskaveli (amtl. Leondari), mit nur sehr geringen Stadtmauer- und anderen Resten. Das Gebiet von Th. war sehr umfangreich bis zur Küste des korinth. Golfs mit den Häfen → Kreusa (5) und → Siphai, ebenso gehörte → Leuktra, → Askra und das berühmte Musental im Helikon zu Th. Siedlungsspuren seit neolith. Z., bes. mykenisch, [5]. Hesp. 20, 1951, 289 f. Th. ist bei Homer genannt, Il. 2,498. Das Kontingent von Th. blieb bei → Leonidas (1) an den → Thermopylen, Hdt. 7,202. 222, ebenso bei → Plataiai beteiligt, Hdt. 9,30, und daher auf dem Siegesdenkmal genannt, Sylloge³ 31,18. Von den Persern zerstört, aber wieder aufgebaut, Hdt. 8,50,2. 75,1. Im boiot. Bund nach 447 v. Chr. stellte Th. 2 Boiotarchen zugleich für → Thisbe und Eutresis mit, Hell. Oxyrh. 16(11),3. Schwere Verluste auf theban. Seite in der Schlacht beim → Delion (1), Thuk. 4,93,4. 96,3. 133,1. Der Grabhügel der Gefallenen mit Löwendenkmal vielleicht ö. von Th. gefunden, [3],141 f. Im 4. Jh. zunächst ganz unter spartan. Einfluß, Xen. hell. 5,4,20. 41. 43 ff., nach 374 aber zum Eintritt in den boiot. Bund gezwungen, Diod. 15,33,5 f. 46,6. Kontingent am Alexanderzug, Anth. Pal. 6,344. In hellenist. Z. führendes Mitglied des boiot. Bundes, im Perseuskrieg auf röm. Seite, Pol. 27,1, 1 f. Strab. 9,2,5 p. 403. 2,25 p. 410 nennt Th. und → Tanagra als einzige noch bestehende Städte Boiotiens, Plin. nat. 4,25 nennt es *civitas libera*. Nach Herakleides hätten die Thespier nichts anderes Rühmenswertes aufzuweisen als Statuen, also den Eros des → Praxiteles, so auch Cic. Verr. 2,4,4. 135. Die Inschr. belegen Blüte in der Kaiserz., ebenso prägte Th. weiterhin Münzen, späteste Kaiser-Ehreninschrift für Valentinianus IG VII 1849. Dazu auch Plut. mor. 748 f ff. Genannt ist Th. noch bei Hierokl. synekd. 645,2. Bischöfe LE QUIEN Or. Christ. 2,210 f. Der Hauptkult galt dem → Eros mit der berühmten Statue des Praxiteles, die aber unter Gaius und ein zweites Mal unter Claudius nach Rom verbracht wurde und dort in einem Brand zugrunde ging, Paus. 9,27,3. Dazu war der Kult der → Musen im Musental mit viel besuchtem Fest und Agonen von Bedeutung. Strab. 9,2,25 p. 409 f. Paus. 9,26,6–27,8. Dion. Call. 100. Herakleides 1,25 (p. 82 f. PFISTER). Ptol. 3,14,19. Steph. Byz. BCH 45, 1921, 10 II 27. Inschr.: IG VII 1719–2222. 3562. 4240–4242. SCHWYZER Nr. 477–492. BCH 62, 1938, 149 ff. 70, 1946, 474 ff. RA 31, 1948, 825 ff. RPh 40, 1966, 70 ff. Hesp. 37, 1968, 245 ff. SEG 1, 132. 225. 3,333. 13,343–348. 14,383 f. 15,320–325. 17,223 f. 18,165. 19,351–372. 22,376–404. 23,271 bis 275. 24,361–363. Mz.: HEAD HN² 354 f. Jahrb. f. Num. 17, 1967, 76. E. M.

1. *Philipps.-Kirst.* 1,452 f. 506 f. 2. *Fiehn*, RE VI A 37 ff. 3. *J. G. Frazer* Pausanias 5, 140 ff. 4. *P. Roesch* Thespies et

la confédération béot., Paris 1965 (mit Abb.). 5. *R. Hope Simpson* A gazetteer and atlas of Mycenaean sites 122 Nr. 418. 6. *M. Mayer*, RE XVI 696ff. *Fiehn*, ebd. 821f.

Thespiades (*Θεσπιάδες*). **1.** → Musai, nach einem ihrer bevorzugten Sitze, Thespiai am Helikon, Varr. l. l. 7,70. Ov. met. 5,310. **2.** Die 50 Töchter des von → Erechtheus herstammenden (Paus. 9,26,6) Thespios, Königs von → Thespiai (Boiotien), von Megamede (von mehreren Frauen, Diod. 4,29). Er entsühnte Herakles nach der Tötung seiner und des → Iphikles Kinder, Apollod. 2,72f. Mit den Th. zeugte Herakles 50 Söhne, ebd. 161ff. Paus. 9,27,7, von denen 40 unter Führung des → Iolaos (1) nach Sardinien gingen, Apollod. 2,149. Paus. 9,23,1. Ihre Leiber blieben unverwest (Simplikios). H. v. G.

Thespis. Aus → Ikaria, Sohn des Themon (T 4a Sn.), Schöpfer der Tragödie, indem er als Einzelsprecher in Prolog und Rhesis dem Chor gegenübertrat (Aristot. bei Them. or. 26,316d. Diog. Laert. 3,56). Wirksamkeit als Dichter begann in vorpeisistrat. Z. (Begegnung mit Solon: Plut. Sol. 29,6. Diog. Laert. 1,59; Ikaria hatte Dionysoskult und Theater im Anf. des 6. Jh.s). Erste Aufführung an den gr. Dionysien in Athen Ol. 61 (536–533): Suda s. Θ. Marm. Par. A 43 (cf. Ioann. Diak. ed. H. Rabe, Rh. Mus. 63, 1908, 150). Bemühungen um Entwicklung der Maske (Suda a. O., vgl. [4], 80ff.). 4 Titel bei Suda a. O. ebenso wie die 5 Frg.e unecht. Im 4. Jh. fälschte → Herakleides (15) Pontikos Tragödien auf seinen Namen (Diog. Laert. 5,92). Testimonia bei [1], 61ff. F. St.

Lit.: 1. *Br. Snell*, TGF 1, 1971, Nr. 1. 2. *F. Stoessl* Die Anf. der Theatergesch. Athens, Grazer Beitr. 2, 1974. 3. *A. Lesky* Die trag. Dichtung der Hellenen, Gött. ³1972, 49ff. 4. *A. Pickard-Cambridge* The Dramatic Festivals of Athens, Oxf. ²1968. 5. *G. F. Else* The Origin and Early Form of Greek Tragedy, Harv. Univ. Pr. 1965, 51ff. 6. *A. W. Pickard-Cambridge* Dithyramb, Tragedy, and Comedy, Oxf. ²1962, 69ff. *H. Patzer* Die Anfänge der griech. Tragödie, Wiesbaden 1962, 21ff.

Thesprotis (*Θεσπρωτίς*). Epos aus dem → Epischen Zyklus (Paus. 8,12,5. Clem. Al. Strom. 6,2,25,2). Die Th. handelte von einer Wanderung des → Odysseus durch die epeirot. Landschaft Thesprotien, einer Heirat des Helden und einem Kampf mit den → Brygern; darin dürfte die Th. Vorlage für die → Telegonie gewesen sein. Über das Verhältnis der beiden Epen zueinander ist nichts Sicheres auszumachen. W. P.

Thesprotoi (*Θεσπρωτοί*), einer der Hauptstämme von → Epeiros, im fruchtbaren südlichsten Abschnitt der Küste vom Fluß → Thyamis bis zum Golf von → Ambrakia, der südlichste Teilstamm der → Kassopaier, später selbständig. Im Gebiet der Th. lag das Totenorakel am Fluß → Acheron (1). Als südlichster Stamm → Korkyra gegenüber wurden die Th. den Griechen zuerst bekannt und sind schon in der Odyssee genannt, 14,314ff. 16,424ff., auch Herakles sollte einen Zug ins Land der Th. unternommen haben, Diod. 4,36, 1. Paus. 5,14,2. Th. steht daher oft für Epeiros überhaupt und wohl auch deshalb in älteren Quellen → Dodona als thesprot. bezeichnet, Hdt. 2,56. Strab. 7,7,11 p. 328, nicht wegen späterer Eroberung durch die Molosser. Im 5. Jh. mit Korinth verbündet, Thuk. 1,46,3f. 47,3, und nicht mehr unter Königen, Thuk. 2,80,5. Mit der Vormachtstellung der Molosser seit dem 4. Jh. unter ihrer Hegemonie und damit unter dem epeirot. Königtum, dann einer der drei Hauptstämme des Bundes der Epeiroten. Kohlenvorkommen erwähnt Theop. FGrH 115 F 273. Hdt. 8,47. Thuk. 1,30,5. 46,3f. Skyl. 30. Strab. 7,7,1 p. 321. 7,5 p. 324. 7,10 frg. 328 (zum Text Aly, SHAW 1931/32, 1,24 A. 1). Ptol. 3,13,3. E. M.

B. Lenk, RE VI A 64ff. *Philipps.-Kirst.* 2,12ff. 93ff. 207f. 212f. *C. Klotzsch* Epirot. Gesch. 11f. u. ö. *M. P. Nilsson*, Acta Univ. Lundensis I Bd. 6,4, 1909, 48ff.

Thessalien, *ἡ Θεσσαλία*, Stammesname liter. *Θεσσαλοί*, einheim. *Φεθαλοί*, *Φεταλοί*, *Πετθαλοί*, P. R. Franke, AA 1970, 85ff. Die nördlichste Landschaft Griechenlands, zur Hauptsache von den großen in niedriger Meereshöhe liegenden Binnenebenen gebildet und allseits von Gebirgen umrahmt. Die abgeschlossene Lage bedingt ein relativ kontinentales Klima mit sehr heißen Sommern und kalten frost- und schneereichen Wintern. Für den Ölbaum und andere mediterrane Vegetation ist das Innere Th.s bereits zu kalt. Die sehr heißen trockenen Sommer bewirken andererseits den fast baumlosen Steppencharakter der Ebenen, die aus lehmigen Schwemmlandflächen bestehen, in die die Flüsse nur wenig eingeschnitten sind, die daher im Frühjahr weite Gebiete überschwemmen. Die Landesnatur begünstigt den Großgrundbesitz, der bis in klass. Z. maßgebend blieb und in türk. Z. wieder das Siedlungsbild bestimmte. Neben großem Viehbesitz lieferte im Alt. der Getreidebau reichlich Exportüberschüsse. Die S.-Grenze Th.s bildet der breite Rücken des → Othrys mit den w. anschließenden Flyschzonen des → Pindos. Im W. ist Th. bes. schroff durch die hohen parallelen Ketten des Pindos abgeschlossen, nach N. verbindet im W. zunächst das Bergland der Chassia mit dem inneren Makedonien, während weiter ö. die Ketten der → Kambunia Th. von Makedonien trennen und zum → Olymp (1) überleiten; vom Meer im O. ist Th. durch die zusammenhängenden Bergmassen von Niederolymp, → Ossa und → Pelion abgeriegelt. Von S. führen über den Othrys leichte Übergänge nach Th., ebenso von N. aus Illyrien und Makedonien über die Chassia und Kambunia; nach W. verbindet nur der einzige brauchbare 1650 m hohe Zygospaß Th. mit Epeiros. Zum ö. Meer hin führt das Tempetal nur zu einer völlig hafenlosen Küste und ist daher nur für den Landverkehr von Bedeutung, dagegen öffnet niedriges Hügelland den Zugang zum → pagasaeischen Golf mit seinen Häfen. Das Innere Th.s ist durch niedrige Bergzüge in drei große Beckenebenen geteilt. Das kassidiarische und ziragiotische Bergland verbindet Othrys und Pelion und trennt die Küstenebene von Halmyros (140 qkm) am pagasaeischen Golf ab, während das von diesem Bergzug nach NW. zu den Chassia und Kambunia ziehende niedrige Hügelland die n. ö. Ebene der → Pelasgiotis (1156 qkm) von der großen w. Hauptebene trennt, die die Landschaften → Phthiotis, Thessaliotis und Hestiaiotis umfaßt (1718 qkm). Fast das gesamte Th. wird durch den → Peneios (2) mit seinen Nebenflüssen entwässert mit dem einzigen Auslaß zum Meer durch das Tempetal. Der gesamte Flächeninhalt Th.s beträgt etwa 12000 qkm.

Kulturell war Th. nur in der Steinzeit führend. Neuerdings sind in der Umgebung von → Larisa (3) sowohl bereits paläolith. wie präkeram.-frühneolith. Siedlungen bekannt geworden (VL. MILOJČIĆ u. a., Germania 34, 1956, 208ff. 36, 1958, 319ff. JRGM 6, 1959, 1ff. AA 1954, 1ff. 1955, 157ff. 182ff. 1956, 141ff. 1957, 37ff. 1959, 36ff. 51ff. Neue dt. Ausgrabungen im Mittelmeergebiet und im Vorderen Orient 1959, 225ff. Paläolithikum um Larissa in Th., 1965. Die dt. Ausgrabungen auf der Argissa-Magula in Th. I. Das präkeram. Neolithikum, 1962). Dichte Besiedlung mit z. T. befestigten Herrensitzen im Neolithikum in den zwei nach → Sesklo und Dimini benannten Stufen [7–12]. Die offenen Hüttendörfer schließen sich zumeist den Flußläufen und den Rändern der großen ehemaligen Seen und Überschwemmungsgebiete an (GRUNDMANN, MDAI[A] 62, 1937, 56ff. [2], 260ff.). Vorgriech. Ortsnamen sind aber nicht zahlreich, z. B. Olympos, Larisa, Pagasai, Pyrasos, Thebai, Pamisos. Die indogerm. Vorfahren der Griechen wanderten etwa im Anf. des 2. Jt.s v. Chr. ein, Th. wurde griech., trennte sich aber bei sinkendem Kulturniveau stärker von Mittel- und Südgriechenland und wurde von der myken. Kultur nur in küstennahen Gebieten berührt (→ Iolkos). Gegen E. des 2. Jt.s wanderten von Epeiros her die Thessaler und einige Nachbarstämme ein und verdrängten oder unterwarfen die Vorbevölkerung. Diese liter. Überlieferung bei Hdt. 7,176,4. Thuk. 1,12,3. Hom. Il. 2,749f. wird dadurch bestätigt, daß im thessal. Dialekt, der im ganzen aiolisch blieb, die nordwestgriech. Einflüsse von W. nach O. abnehmen ([22]). Die Grenze gegen die als epeirot. geltenden Stämme am obersten Peneios blieb fließend. Die Bedeutung Th.s für die archaisch-griech. Z. ergibt sich aus der Sagengesch.: → Phthia, die Heimat des → Achilleus (1), ist das s. ö. Th., der Name → Hellas, Hellenen geht von hier aus, und Iolkos ist Ausgangspunkt der → Argonautenfahrt. Die Gliederung Th.s im Schiffskatalog, Hom. Il. 2,681ff., ergibt aber keine verständliche Einteilung und stimmt mit der späteren in Tetraden nicht überein, die Thessaler und Larisa sind nicht genannt; die Magneten (→ Magnesia [1]) sitzen ohne Städte nur ganz im N. ihres Landes, die → Ainianen am unteren Peneios statt im → Spercheiostal. Zum Schiffskatalog zuletzt A. GIOVANNINI Étude historique sur les origines du catalogue des vaisseaux, Bern 1969. R. HOPE SIMPSON–J. T. LAZENBY The catalogue of ships in Homer's Iliad, Oxford 1970, 126ff. 164. In gesch. Z. ist das Stammesgebiet der Thessaler wohl vor allem für das Aufgebot eingeteilt in die 4 Tetraden unter Tetrarchen, Pelasgiotis in der ö. Ebene, Phthiotis, Thessaliotis und Hestiaiotis (in dieser Reihenfolge von O. nach W.) in der Hauptebene, Harpokr. s. τετραρχία. Aristot. Frg. 497. 498a. Plut. mor. 822e, dazu LARSEN, CPh 58, 1963, 240. Eur. Alc. 1154. IG II^2 175,5ff. (BENGTSON Staatsverträge II Nr. 293). Sylloge^3 274 II. GSCHNITZER, H 82, 1954, 451ff. Die umgebenden Stämme der Magneten und Achaier (→ Phthiotis) an der Küste, der → Perrhaiber n. der Pelasgiotis wurden abhängig und zur Heeresfolge verpflichtet, blieben aber selbständige Mitglieder der → Amphiktyonie, Thuk. 2,101,2. 3,93,2. 4,78,6. 8,3,1. Xen. hell. 6,1,9. 19. Strab. 9,5,19 p. 440. Aristot. pol. 1269b 5ff. Aischin. 2,116. Harpokr. s. ἀμφικτύονες, Inschr., während die → Doloper und die Stämme der Spercheiosebene, die → Malier, → Oitaier und Ainianen in loserer Abhängigkeit standen, Hdt. 7,176,4. 215. Thuk. 2,101,2. [6], 9ff. An der Spitze des Gesamtstammes stand ein lebenslänglich gewählter → Tagos, der aber nicht immer bestellt wurde, Xen. hell. 6,1,8f. 18f. 4,28. IG IX 2,257 = Sylloge^3 55. 274 VI 6. Dazu gab es einen gemeinsamen Landtag, dessen Einfluß aber beschränkt war, Hdt. 5,63,3. Thuk. 4,78,3. Die wirkliche Macht lag in der Hand der durch ihren Reichtum berühmten großen Adelsfamilien der Großgrundbesitzer, vor allem der → Aleuaden von Larisa, der → Skopaden von Krannon bis zu ihrer Katastrophe am E. des 6. Jh.s und der Echekratiden von → Pharsalos, die in der Lit. als βασιλεῖς bezeichnet werden, Pind. P. 10. Hdt. 5,63,3. 7,6,2. Thuk. 1,111,1. Philostr. epist. 73. WESTERM. Paradoxogr. 217,11. Suda s. Θαργηλία Theokr. 16,34ff. m. Sch. Simon. Frg. 4. 6ff. D.; dazu Demosth. 13,23. 23,199. HILLER VON GÄRTRINGEN Aus der Anomia 1ff. Dem entspricht die Rolle der Kavallerie als der Hauptwaffe der Thessaler, die wie ihre Pferde berühmt war. Die Rechtsstellung der abhängigen Landbevölkerung, der → Penestai der klass. Z., ist unklar, D. LOTZE *Μεταξὺ ἐλευθέρων καὶ δούλων*, 1959, 48ff. Die Existenz von Gemeinfreien ist aber sicher.

Eine aktive Rolle in der Geschichte Griechenlands spielte Th. nur in der Frühzeit, in der pylaeisch-delph. Amphiktyonie verfügten die Thessaler mit ihren abhängigen Stämmen über 14 der 24 Stimmen, hatten daher die Führung im 1. Heiligen Krieg, wie sie auch am → lelant. Krieg beteiligt waren. Die im 6. Jh. errungene Herrschaft auch über → Phokis und → Boiotien brach aber am E. des Jh.s oder wenig später zusammen. Unterstützung der → Peisistratiden in Athen, Hdt. 5,63. Unter Anführung der Aleuaden frühzeitiger Anschluß an Persien (seit 492: Westlake, JHS 56, 1936, 12ff. [15]) und Unterstützung des Xerxeszuges. Ein gemeinsamer griech. Zug gegen Th. 477 v. Chr. (469: [15]) blieb erfolglos, Hdt. 6,72. Plut. Them. 20,1; mor. 859 d. Paus. 3,7,9. 462/61 Bündnis mit Athen, Thuk. 1,102,4, bei Tanagra aber Übertritt der thessal. Reiter zu Sparta, Thuk. 1, 107,7, dazu SEG 17,243. Hilfskorps an Athen noch 431 v. Chr., aber nicht mehr seitens des Gesamtbundes und nicht unter einheitlicher Leitung, Thuk. 2,22,2f.; dazu 4,78,2. Uneinheitliche Stellung auch beim Durchzug des → Brasidas 424 v. Chr., Thuk. 4,78–79,1. Das 5. Jh. ist im übrigen gekennzeichnet durch die wachsende Bedeutung und das Selbständigwerden der Städte (darüber Kahrstedt, NGG 1924, 128ff.), was anscheinend auch zur Schwächung der Zentralgewalt und längerer Nichtbestellung eines Tagos führte, dazu auch Aristot. pol. 1275b 26. 1305b 29, und zu einem starken Rückgang der Macht nach außen.

Die Rivalitäten der Städte und der Adelsgruppen untereinander führten seit 404 v. Chr. einerseits zum Aufstieg von → Pherai unter der »Tyrannis« des → Lykophron (2), der sich mit Sparta verbündete, und seiner Nachfolger, Xen. hell. 2,3, 4. Diod. 14,82,5, andererseits zur vorübergehenden Beherrschung von Larisa und Perrhaibien durch → Archelaos (1) von Makedonien, dazu die Rede *Περὶ πολιτείας*, [13], 201ff. [19], 52ff. Lykophrons Nachfolger → Iason (2; seit 380 v. Chr.) errang, auf sein Söldnerheer gestützt, die Vorherrschaft in Th. und die Stellung des Tagos. Nach seiner Ermordung 370 v. Chr. zerfiel die Einheit Th.s wieder, wenn auch die Nachfolger die Tagosstellung zunächst noch behaupten konnten. Die Aleuaden erhielten Hilfe von → Alexandros II. (3) von Makedonien, Diod. 15,61,3ff., dann von Theben mit mehrfachem Eingreifen des → Pelopidas. Alexandros von Pherai wurde im Verlauf der Kämpfe auf Pherai beschränkt, Diod. 15,80,6, und der thessal. Bund nach boiot. Vorbild als Bundesstaat neu organisiert unter Ersetzung des Titels des Tagos durch die Bezeichnung Archon, dazu IG II^2 116 und 175 = Sylloge^3 184. Bengtson Staatsverträge II Nr. 293. Teilnahme am 3. Heiligen Krieg. Diod. 16,29,1. Neue Zwistigkeiten veranlaßten die Aleuaden, → Philippos II. (4) zu Hilfe zu rufen, Diod. 16,14,2. 35. 37,3. 38,1.69,8, der nach anfänglichen Mißerfolgen den entscheidenden Sieg über die Phoker und die Tyrannen von Pherai 352 v. Chr. errang und die Einheit Th.s wiederherstellte. Die Bundesverfassung wurde in straffeter Zentralisierung neu gestaltet mit Tetrarchen und einem Archon an der Spitze, welche Stellung Philipp selber und später Alexander einnahmen, Demosth. 9,26. 33. 6,22. Harpokr. s. *δεκαδαρχία. τετραρχία. Εὔδικος*. Sylloge^3 274 VIII. Iust. 11,3,2. Arr. an. 7,9,4. Im korinth. Bund waren die Thessaler wohl einschließlich ihrer Perioiken mit 10 Stimmen, die Perrhaiber mit 2 vertreten, Sylloge^3 260. Ein starkes Kontingent thessal. Kavallerie nahm am Alexanderzug als wichtiger Truppenkörper teil, Diod. 17,17,4. Arr. an. 1,14,3. 29,4. 2,8,9. 9,1. 11,2f. 3,11,10. 19,5f. u. ö.

Th. war dann am → lam. Krieg beteiligt, Diod. 18,11,1. 12,3. 17,7, wurde aber wieder unterworfen, Diod. 18,17,7, ebenso wurde ein zweiter Aufstand im Bunde mit den → Aitolern niedergeschlagen, Diod. 18,38. Seitdem stand Th. fest unter der Herrschaft der Könige Makedoniens. Mit der Gründung von → Demetrias erhielt Th. zugleich eine bedeutende Hafenstadt. Seit etwa 229 v. Chr. schloß sich der größte Teil an die Aitoler an, nur der O., die Pelasgiotis und Magnesia, blieb makedon., Pol. 4,76,2. Sylloge^3 543. Flacelière Les Aitoliens à Delphes 253ff. Philipp V. konnte von 217 v. Chr. an die verlorenen Gebiete großenteils zurückerobern, und so wurde auch der 2. makedon. Krieg hauptsächlich auf thessal. Boden ausgefochten. Im Frieden hatte Philipp auf Th. zu verzichten, das 196 für frei erklärt wurde, Pol. 18,46,5. Liv. 33,32,5. 34,51,4ff. Thessaler, Magneten und Perrhaiber wurden zu selbständigen Städtebünden mit timokrat. Verfassung und jährlichen, wiederwählbaren Strategen und weiteren Bundesbeamten, Hauptstadt Th.s, in der das Synhedrion, die Versammlung der Vertreter der Bundesstädte tagte, war Larisa. Die Tetraden bestanden weiter, Penesten gab es nicht mehr. Gemeinsamer Kult mit Agonen galt dem Zeus Eleutherios. Die phthiot. Achaier gehörten nun fest zu Th., ebenso seit 189 v. Chr. die → Malier mit → Lamia (5). Das Eingreifen → Antiochos' III. (4) und der Aitoler brachte nur kurz vorübergehende Änderungen, auch 146 v. Chr. wurde der thessal. Bund nicht aufgelöst. Kriegsschauplatz wurde Th. wiederum im 3. makedon. Krieg wie in den Bürgerkriegen zwischen Caesar und Pompeius und Octavian-Antonius und Brutus und Cassius, an denen thessal. Kontingente teilnahmen. Liste der Strategen seit 196: IG IX 2 p. XXIVf., ferner EA 1917, 146ff. und RN VI 8, 1966, 29 (ca. 90–27 v. Chr.).

Seit der neuen Provinzordnung des Augustus, der 27/26 v. Chr. selber das Strategenamt übernahm, IG IX 2,415,73ff. EA 1917, 149, gehörten auch die Doloper und Perrhaiber und die Stämme der Spercheiosebene zu Th., Paus. 10,8,3, das Teil der Provinz Achaia war. Es gab nur noch die beiden Städtebünde der Thessaler und Magneten. Röm. Schriftsteller nennen das Gesamtgebiet Th., das ihnen bes. als Heimat von Zauberern bekannt ist, [20], 278ff. Unter Nero wurde Th. von Achaia abgelöst und zur Provinz Macedonia gezogen, [20], 285ff., zu der es Ptolemaios daher rechnet. In der diokletian. Provinzordnung endlich bildete Th. einschließlich Magnesia neben Achaia und

Macedonia eine eigene Provinz der Dioecese Moesiarum, Zos. 2,33,2. GLM 127,5. 131,5. Hierokl. synekd. 642f. Bischöfe thessal. Städte sind seit dem 4. Jh. bekannt. Goteneinfälle 269, 380–382, 395 und 481 n. Chr., Bulgareneinfall 517 n. Chr. Festungsbauten Iustinians: Prok. aed. 4,3,5 (Echinos, Theben, Demetrias, Pharsalos, → Metropolis [1], → Gomphoi, → Trikka u. a.). Seit dem E. des 6. Jh.s Festsetzung slav. Stämme. In der griech. Geistes- und Kulturgesch. spielt Th. keine eigene Rolle, auch olymp. Sieger sind nicht zahlreich, L. Moretti Olympionikai, Mem. ... Acc. dei Lincei 8,8,2, 1957, 197. [19], 40ff., Lokalschriftsteller FGrH 601a–603. Geogr. Hauptquellen: Skyl. 63–65. Skymn. 605–617. Hdt. 7,128f. Herakleides 2. 3 (p. 86ff. Pfister). Strab. 9,5 p. 429–444. 11,14,12 p. 530. Plin. nat. 4,29–32. Solin. 8,1–7. Ptol. 3,12,39–43. Thuk. 2,22,3. Xen. hell. 6,1,2ff. Theophr. c. plant. 12,2. 4. 7. 9. 5,14,2f. Prok. aed. 4, 3,6ff. Steph. Byz. s. v. IG IV 1^2 94 Ib, 1–6. Inschr.: IG IX 2 (1908). SEG Bd. 1–3. 11–19. 22. 24. SGDI 1 Nr. 324–374. Schwyzer Nr. 551–617g. A. S. McDevitt Inscript. from Thessaly. An analytical handlist and bibliography, Hildesheim 1971. Mz.: Head HN^2 290ff. E. Rogers The copper coinage of Thessaly, 1932. E. M.

1. *A. Philippson* Thessalien und Epirus, 1897. 2. *Philipps.-Kirst.* 1, 1950. 3. *Fr. Stählin* Das hellen. Th., 1924 (Neudruck 1967). 4. *Ders.* und *Hiller von Gärtringen* und *Lippold*, RE VI A 70ff. 5. *O. Kern* Nordgriech. Skizzen, 1912. 6. *G. Kip* Thessal. Studien, Diss. Halle 1910. 7. *A. J. B. Wace – M. S. Thompson* Prehistoric Thessaly, 1912. 8. *Fimmen* Die kret.-myken. Kultur 2ff. 69ff. u. ö. 9. *H. D. Hansen* Early civilisation in Thessaly, 1933 (Neudr. Amsterdam 1965). 10. *F. Schachermeyr*, RE XXII 1359ff. 1432. 1458. 11. *G. E. Mylonas* Ἡ νεολιθικὴ ἐποχὴ ἐν Ἑλλάδι, 1928, 8ff. 12. *R. Hope Simpson* A gazetteer and atlas of Mycenaean sites 143ff. Nr. 480–552. 13. *Ed. Meyer* Theopomps Hellenika 218ff. 14. *M. Sordi* La lega tessala fino ad Alessandro Magno, 1958. 15. *Dies.*, RIL 86, 1953, 297ff. 16. Hauptquellenstellen für die Z. nach Philipp II.: IG IX 2 p. XVIIIff. 17. *J. A. O. Larsen*, CPh 55, 1960, 229ff. 18. *Ders.* Greek federal states 12ff. 281ff. u. ö. 19. *H. D. Westlake* Thessaly in the fourth century B. C., 1935. 20. *G. W. Bowersock*, RhM 108, 1965, 277ff. 21. *Bechtel* Dial. 1, 133ff. 22. *R. van der Velde* Thessal. Dialektgeogr., Diss. Nijmegen 1924. 23. *H. Biesantz* Die thessal. Grabreliefs, 1965. 24. *P. Philippson* Thessal. Myth., 1944. 25. Ztschr. Θεσσαλικά, Volo 1958ff.

Thessalonike (Θεσσαλονίκη, auch Θετταλονίκη, nahe → Therme; h. Saloniki, südslaw. Sólun).

Von Anf. bis h. ist Th., im innersten Winkel des → Thermaeischen Golfes, der wichtigste Hafen Makedoniens. Kein anderer Punkt an diesem Golf ist besser für die Seeverbindung mit dem Hinterland geeignet. In hellenist. Z. sowie während des Prinzipats hatte Th. nur eine offene Reede; erst z. Z. Konstantins d. Gr. wurde ein künstlicher Hafen geschaffen. Die von Th. führenden Wege gingen hauptsächlich nach Pella und Edessa und ins Axiostal. Die Verbindung von Th. mit dem O. war im Alt. wichtiger als h. und war durch die → via Egnatia gesichert.

→ Kassandros (2) hat die Bedeutung der Lage von Th. erkannt, die Stadt gegründet und nach seiner gleichnamigen Gattin benannt. Die Bevölkerung für Th. wurde aus mehr als 2 Dutzend kleinen Orten, unter denen Therme der bedeutendste war, aus der Umgebung und am Thermaeischen Golf zusammengezogen. Als Gründungsjahr wird gewöhnlich 316 bzw. 315 v. Chr. angenommen.

Im letzten Freiheitskampf unter → Perseus (2) wird Th. mehrfach erwähnt. Als Makedonien in 4 »autonome« Gaue *(regiones)* geteilt wurde, wurde Th. Vorort der 2. Region, nach der Niederwerfung des Aufstandes des → Andriskos (1) Hauptstadt der neuen Provinz Macedonia (146). Cicero fand hier während seiner Verbannung 59 Zuflucht. Während des Bürgerkriegs (49–48 v. Chr.) diente Th. den Anhängern des Pompeius als Stützpunkt. Im späteren Bürgerkrieg 42 stand Th. auf seiten des Antonius und Octavianus.

Die autonome Prägung von Th. beginnt erst unter der Regierung Philippos V. Z. Z. des röm. Prinzipates *civitas libera* und bedeutendes Handelszentrum, mit regen Verbindungen zur Adria und zum Pontos Eux. Vermutlich unterhielten manche städtischen Zentren der röm. Provinz Thracia rege Beziehungen zu Th.: vgl. z. B. den Sarkophag und die Grabschrift der angesehenen Bürgerin von Pautalia, Publia Antia Damokratia, in Th. (H. Castritius, AA 1970, 93ff.). Th. war wichtiger Mittelpunkt für die Ausbreitung des Christentums auf der Balkanhalbinsel. Der Apostel Paulus predigte in Th. Sein Schüler Aristarchos wurde der erste dortige Bischof. Dem Sieg des Galerius über die Perser 297 verdankt Th. den Triumphbogen bei der ö. Stadtmauer auf der Via Egnatia. Galerius erhob Th. zu seiner Residenz. Bes. ereignisreich ist die Gesch. der Stadt in der Spätant. und in der byz. Z. In ihr wurde Th. die zweite Hauptstadt des Imperiums. In der byz. Z. erreichte Th. Wohlstand und Pracht, wovon der Umfang des byz. Stadtmauern und die frühen byz. Kirchen Zeugnis ablegen. Kaiser Theodosius I. richtete ein Massaker in Th. an, weil sich seine Einwohner gegen ihn erhoben hatten (390 n. Chr.). Bedeutsame Ruinen bes. aus der Kaiserzeit. Außer zwei Triumphbogen wurden auch die Agora u. a. Überreste der Stadt aufgedeckt.

Hdt. 7,121 u. ö. Thuk. 1,61,2. 2,29,6. Pol. 23,4 u. ö. Cic. Planc. 41. Liv. 44,45. 45,29. Strab. 7,330 frg. 20 u. ö. Mela 2,35. Plin. nat. 4,36. CIL III 1323–2328. Head HN^2 203 u. 245. Chr. D.

Oberhummer, RE VI A 143ff. (noch h. brauchbar). *Ch. Edson*, The Harvard Theolog. Rev. 41, 1948, 153ff. *O. Tafrali* Top. de Th.; *Ders.* Th. au XIV. siècle, beide Paris 1913. *Ch. Diehl* Salonique, Paris 1920.

Neuere Lit.: Sammelbd.: Anc. Macedonia, hg. von *B. Laurdas* u. *Chr. Macaronas*, Thessaloniki 1970, s. bes. die Arbeiten von Ph. *Petsas* 224ff. und *M. Vickers* 239ff. *A. Xyngopoulos* Les mosaiques de l'église de saint Démètre à Th., Thessaloniki 1969. *C. Macaronas* The arch of Galerius at Th., Thessaloniki 1970 (mit Bibliogr. auf S. 54).

Neuere neugr. Lit. über Th. im Rahmen der Gesch. des griech. Makedoniens in MA. und in der Neuzeit bis 1833 s. bei *Ap. Vakalopulos*, *Ἱστορία τῆς Μακεδονίας*, Thessaloniki 1969.

Neueste Sowjetlit.: *G.L.Kurbatov* Die Grundprobleme der inneren Entwicklung der byz. Stadt im IV. bis VII.Jh. (russ.), Leningrad 1971, passim u. bes. S.80ff. u. 200.

Thessalos (*Θεσσαλός*). **1.** Stammvater der Thessaler, Sohn des → Haimon (1), Rhianos FGrH 265 F 30, oder des Aiatos (o. II 1038,48), Steph. Byz. s. *Δώριον* (Charax FGrH 103 F 6), oder des → Iason (1) und Medeias, Diod. 4,54f. Myth. Lex. s.v. RE VI A 163f. **2.** Athener, Sohn des → Peisistratos (3) von athen. Mutter, Thuk. 1,20,2. 6,55, 1 (*γνήσιος*). Theophr. h. plant. 2,3,3; irrig Aristot. Ath. pol. 17,3. Plut. Cat. Mai. 24,8 (→ Hegesistratos [1]). Vollbruder – und Mittyrann, Aristot. a.O. 18,2, vgl. frg. 611,4 R. gegen Diod. 10,17,1 – des → Hippias (1) und → Hipparchos (1), Thuk. a.O.; 511/10 aus Athen vertrieben, a.O. 6,55,1. RE VI A 164f. BERVE Die Tyrannis, 1967. GOMME Hist. Comm. Thuc. 4,333. **3.** Athener aus Lakiadai, Plut. Alk. 22,4. Sohn → Kimons (2) und der Alkmeonidin Isodike, Diod. Per. FGrH 372 F 37. Plut. a.O. (irrig Per. 29,2). Heliod. Per. FGrH 373 F 5. Sch. Aristeid. 3,515 D. Urheber der *εἰσαγγελία* gegen → Alkibiades (2) wegen des Mysterienfrevels 415, Plut. Alk. 19,3. 22,4.

Schachermeyr, RE VI A 165. *Ders.*, SAWW ph.-h. Kl., 247,5, 1965, 17. *MacDowell* And. On the mysteries, 1962. *Connor*, TAPhA 98, 1967, 67ff.

4. Mehrmals siegreicher Tragöde, IG II/III² 2318. 2325 (347). 2320 (340). 337 Gesandter für → Alexandros (4), Plut. Al. 10,2. Auftritte 331 in Tyros, a.O. 29,3f.; mor. 334e, und bei der Massenhochzeit zu Susa 324, Chares FGrH 324 F 4. HAMILTON Plut. Alex., A commentary, 1969, 25. K. K.

5. Aus Kos, um 400 v.Chr., (ältester?) Sohn des → Hippokrates (8). Die in den sog. hippokr. Briefen überlieferten biogr. Nachrichten über polit. Missionen u.ä. des Th. sind Erfindung. Ob einige der Epidemien-B. des Hippokr. von Th. verfaßt oder redigiert sind (wie Galen behauptet) und ob er auch andere hippokr. Schriften verfaßt hat, ist ganz unsicher (über die Vf. bestimmter hippokr. Schriften gab es schon früh verschiedene Theorien, in denen der Name Th. nur einer unter anderen ist). **6.** Von Tralleis, Arzt neron. Z., eigentl. Neubegründer der Schule der → Methodiker. Th. stammte aus sehr niederen soz. Schichten (Gal. 9,657 K.) und ließ – ein Novum – auch (oder sogar vorwiegend?) Leute aus niederen Schichten zum Medizinstudium zu, denen er versprach, sie in 6 Monaten zu Ärzten zu machen (Gal. 10,4f. K.). Er benutzte marktschreierische Reklame (er nannte sich z.B. *ἰατρονίκης*!). Massenproduktion von Ärzten auf der Basis eines höchst vereinfachten med. Systems (→ Methodiker) entsprach speziell den röm. Bedürfnissen jener Z. Th. schrieb sehr viel, u.a. einen Brief an Nero und Schriften über die Grundbegriffe der Methodiker (*π. κοινοτήτων*, *Συγκριτικά*). Der vielzitierte gleichnamige Vf. eines astrol.-med. Briefes, der angeblich in Äg. eine »Erleuchtung« durch Asklepios empfing, ist sicher nicht ident. mit diesem Arzt. F. K.

Thestios (*Θέστιος*). Myth. Herrscher von Pleuron in Aitolien, Sohn von Ares und Demonike (Demodoke), Bruder des → Euenos (1), Gatte von Eurythemis oder → Leukippe (3), Apollod. 1,59, 62 u. oft. Von myth. Bedeutung sind nur seine Kinder. Die Söhne nahmen an der kalydon. Jagd teil und gerieten wegen Verteilung der Beute in Streit mit ihrem Neffen → Meleagros (1), dem Sohn ihrer Schwester → Althaia, der die Oheime erschlug. In dieser Sage spiegeln sich Kämpfe zwischen Aitolern und Kureten bzw. zwischen Kalydon und Pleuron wider. Namen der Thestiadai: → Iphiklos (2) und Aphares (Bakchyl. 5,128), Euippos, Eurypylos, → Plexippos (1; Apollod. a.O.), dazu Toxeus (Ov. met. 8,440f.), → Prothoos, (2) und → Kometes (2; Paus. 8,45,6). Zu den Töchtern des Th. (Thestiades) gehören außer Althaia → Leda und → Hypermestra (1). H. v. G.

Thestor (*Θέστωρ*). Sohn Apollons und → Laothoes (2), Argonaut, als Seher Apoll. Rhod. 1, 139ff. → Idmon genannt. Vater von → Kalchas und Alkmaon (Il. 1,69. 12,394), von → Theoklymenos, Leukippe und Theonoe (Hyg. fab. 128. 190). Letztere Fabel erzählt, wie Th. und seine beiden Töchter durch eigenartige Zufälle zu dem König → Ikaros (2) von Karien kommen und wie die Verwicklungen sich durch Anagnorisis glücklich lösen. H. v. G.

Theten (*ϑῆτες*, etym. ungeklärt), die 4. Klasse in → Solons Militär -und Zensuseinteilung mit den sozial niedrigsten freien Bürgern in Athen, die grundbesitzlos ihre Arbeitskraft für Lohn vermieteten. Ihr Einkommen lag unter 200 Scheffeln. Sie lebten als Landarbeiter oder zunehmend mit der wirtschaftl. Entwicklung Athens als Handwerker. Plut. Per. 12 zählt die Berufsmöglichkeiten des *ϑητικὸς ὄχλος* auf. In hom. Z. waren sie wie die → *πελάται* von den adligen Grundherren abhängig, konnten um ihren Lohn betrogen werden (Il. 21,444ff.); Achill betont die Minderwertigkeit der Th. auf Erden. Od. 11,489ff. Hes. erg. 602 rät, den Th. im Juli zu entlassen. Die wirtschaftl. Lage der Th. besserte und verschlechterte sich mit den polit. Erfolgen und Mißerfolgen Athens. W. SCHWAHN, RE VI A 188f. Gelegentlich stieg ein Th. in die Klasse der → Zeugiten auf, wie Weihinschr. auf der Akropolis bezeugen. Aristot. Ath. pol. 7,4. A. E. Raubitschek Dedications from the Athenian Acropolis, 1949, 400, Nr. 372. Th. wurden als Ansiedler in Kolonien geschickt, so 445 nach Brea an der thrak. Küste. Sylloge³ 67. Die Zahl der Th. und ihr Verhältnis zur Gesamtzahl der Bürger schwankte und ist schwer zu berechnen. 445/44 wurden bei Verteilung einer äg. Getreidespende 14420 Empfänger festgestellt, wohl meist Th. Philochoros FGrH 328 F 119. Schwahn, RhM 82, 1933, 63. Bes. durch die Flottenniederlagen im peloponnes. Kriege muß sich die Zahl der Th. erheblich verringert haben. Im polit. Leben öffnete Solon den Th. den Zutritt zur → Ekklesia und der → Heliaia, Aristot. Ath. pol. 7,3. Plut. Sol. 18, nicht erst → Kleisthenes (2), wie H. Schaefer Staatsform und Politik, 1932, 113 meint. Dagegen versagte er ihnen das passive Wahlrecht zu den Ämtern. Sie erhielten es vor dem peloponnes. Krieg außer für mil. und einige Finanzämter, ob nur tatsächlich oder rechtlich, ist umstritten. Xen. Ath. pol. 1.2. Bei der üblichen Befragung anläßlich der Erlosung von Beamten wollte niemand sich als Th. bekennen. Aristot. 7,4. Um den Th. die polit. Anteilnahme zu erleichtern, wurden seit Perikles Diäten von 2 Obolen für den Besuch der Ekklesia und Heliaia und das → Theorikon eingeführt. Aristot. 27,4. Da die Th. die Hoplitenbewaffnung nicht selbst stellen konnten, wurden sie nur als Leichtbewaffnete und seit dem Flottenbau des → Themistokles als Ruderer und Deckoffiziere verwendet. Ihre innenpolit. Bedeutung stieg dadurch. »Das Volk ist es, das die Schiffe treibt und dadurch der Stadt ihre Macht verleiht«, Xen. Ath. pol. 1,2. H. V.

Thetideion (*Θετίδειον*), Ortschaft und Tempel der → Thetis in der → Phthiotis im s. Thessalien im Gebiet von → Pharsalos, genauere Lage n. von Orman Magula nicht sicher. Strab. 9,5,6 p. 431. Eur. Andr. 19ff. Plut. Pelop. 32,1. Pol. 18,20, 6. 21,1. Liv. 33,6,11. Steph. Byz. s. *Θεστίδειον*. E. M.

F. Stählin, RE VI A 205f. *Ders.* Das hellen. Thessalien 141f.

Thetis (*Θέτις*), Tochter des → Nereus (→ Meeresgottheiten) und der → Doris (2), eine der → Nereiden, Mutter des → Achilleus, eine thessal. Seegottheit, [1], 206. (vgl. [2], 23; auch die Bezeichnung *ἀργυρόπεζα* paßt gut dazu). Kult vor allem in → Thessalien, → Sparta, → Gythion, → Erythrai (vgl. auch das Opfer der Perser an der *ἀκτὴ ἡ Σηπιάς* auf der Halbinsel Magnesia für Th., Hdt. 7,191). – Auf Grund der Weissagung der → Themis (bzw. des → Prometheus, der bei Aischyl. Prom. 908ff. sagt, ein Sohn des Zeus werde den Himmel beherrschen), der Sohn der Th. werde stärker sein als sein Vater, nehmen → Zeus und → Poseidon von der Brautwerbung Abstand und überlassen sie dem → Peleus (Pind. I. 8,27ff. Apoll. Rhod. 4,790ff. Ov. met. 11,217ff.). Dieser lauert ihr in einer Vollmondnacht beim Tanze auf und raubt sie, nachdem sie sich allerdings vorher in verschiedene Gestalten (vgl. u.a. Ov. met. 11,243ff.) verwandelt hat. Die Hochzeit wird dann in Anwesenheit aller olymp. Götter (vgl. Catull. 64) gefeiert, mit Ausnahme der → Eris, was der Anlaß zum Paris-Urteil und zum troian. Krieg wird. Als Th. den Achilleus geboren hat, will sie ihn mit Wasser und Feuer unsterblich machen; Peleus überrascht sie dabei und verhindert es; es kommt zu einem Streit (vgl. Soph. Frg. 155. Sch. Apoll. Rhod. 1,558), und Th. kehrt ins Meer zurück (vgl. Hom. Il. 1,358ff. 18,364ff.; aber Il. 1,396ff. u.a. ist sie bei Peleus; Typus des Melusinenmärchens, Lesky Thalatta 120f. [2], 22f.). Um ihren Sohn dem troian. Krieg fernzuhalten, versteckt sie ihn auf Skyros unter den Töchtern des → Lykomedes (1), warnt ihn davor, als erster Asien zu betreten, verhilft ihm zur Rache an Agamemnon, indem sie Zeus um Förderung der Troianer bittet (Il. 1, 495ff.), verschafft ihm nach dem Verlust seiner Rüstung von Hephaistos neue Waffen (Il. 18, 369ff.). Nach Q. Smyrn. 4,759 veranlaßt sie die Leichenspiele für ihn und bringt den Leichnam nach Leuke zu den Seligen. – Reiches Material bieten die Bildwerke (vgl. [1], 224ff. mit Lit.): Ringkampf mit Peleus, Hochzeit, Unsterblichmachung des Kindes, Th. bei Hephaistos, Überbringung der neuen Waffen, Th. bei der → Psychostasia (→ Kerostasia) u.a. Zum Verhältnis der Th.-Gestalt zur Gilgameschgeschichte T. B. L. Webster Von Mykene bis Homer, 1960, 60ff. W. P.

1. *M. Mayer*, RE VI A 206ff. 2. *Nilsson* GgrR I².

Theudebert s. Theodebert

Theudios (*Θεύδιος*) aus Magnesia, Mathematiker und Philosoph, erscheint im Mathematikerkatalog des → Proklos (in Eucl. el. 1, p. 67, 12–20 F.), der einzigen Quelle über Th., nach → Eudoxos und vor Philippos von Mende, der noch Platonschüler war, gehörte also wohl zur Generation des Aristoteles. Nach Proklos betrieb Th. u.a. mit → Menaichmos (3) und → Deinostratos gemeinsame Forschungen an der Akademie, besorgte eine gute Zusammenstellung der Elemente (→ Eukleides [3]) und führte allgemeinere Fassungen vieler definitionsartiger Bestimmungen (Lesart *ὁρικῶν*) bzw. spezieller Sätze ein (Lesart *μερικῶν*). Aus den Elementen des Th. stammen nach Heiberg die mathemat. Beispiele des Aristoteles, doch kann auch → Leon (8) oder mündliche Tradition aus der Akademie die Quelle sein. D.Na.

J.L. Heiberg Mathematisches zu Aristot., Abh. z. Gesch. d. math. Wiss. 18, 1904. *K.v. Fritz*, RE VI A 244ff.

Theudis, König der Westgoten 531–548; Ostgote, Arianer. Als *armiger* → Theoderich (3) d.Gr. 508 mit Ibba zur Unterstützung der Westgoten entsandt. Th., der sich großen Reichtum erwarb, übte (zumindest zeitweise) in Stellvertretung Theoderichs die Regentschaft für → Amalaricus aus (Prok. 5,12,50ff. Iord. Get. 302). Als König hatte er mit den Franken zu kämpfen; Th. tendierte zur Expansion nach Südspanien. Er unterstützte weder Vandalen noch Ostgoten. 548 wurde Th. ermordet (Prok. 3,24. 9ff. 6,30,15. Greg. Tur. 3,29f. Isid. Hist. Goth. 41f. = Chr. min. 2,283f. MG Leg. Vis. 467). A. L.

Theurgie (*ϑεουργία*). Der Th.-Begriff ([1]) wurde z.Z. Marc Aurels von → Iulianos (15) geprägt, der sich als erster *ϑεουργός* nannte und Vf. von *Θεουργικά* war (Suda s. *'I.*). Die übliche Übers. »Götterzwang« nebst Gleichsetzung mit Magie und → Zauber (Hopfner, RE VI A 258 u.ö.) ist irreführend (vgl. [2]). Die Th. distanziert sich vielmehr scharf von den mag. Praktiken der Goetie, die sie als *ἄϑεος* kennzeichnet (Cremer 25ff. Zintzen, RhM 108, 1965, 74,13. Cumont Lux perpetua 374: »antithèse de la magie«. Peuckert, HWB. d. dt. Abergl. 8,763: »Magia naturalis hat ... mit Th. nichts zu tun.«), und zentriert im Begriff der *ϑεῖα ἔργα*, unter denen sowohl subjektiv die Th.-Akte (Iambl. myst. 3,22: *ϑεουργικὴ ἐνέργεια*) als auch objektiv die göttl. Akte gemeint sind, so z.B. in der Epiphanie bei »Anrufungen« (*κλήσεις*), die »eigenwillig« (*αὐτοϑελής*) geschieht, ferner lassen sich nicht etwa die Götter »herabziehen« (*πόρρω τοῦ καϑέλκεσϑαι*), sondern sie »rufen ihrerseits die Theurgen-Seelen zu sich empor« (Iambl. myst. 1, 12). Man hat daher neuerdings die Th. passender definiert als »göttl. Handlung«, »Wissenschaft vom göttl. Wirken« (Cremer 19. 23) oder als »a practical method of union with the gods« (Lewy 463). Die Th., aus Strömungen ant. Spätz. zu deuten ([3]), ist eine synkretist. Heilslehre oder »mysteriosophy« (Lewy 470), zusammengesetzt aus chald.-hermet.-neuplaton. Theoremen, wobei freilich die chald. Komponente dominiert. Ziel (*τέλος*) der Th., die zum »Asyl der verzweifelnden Intelligenz« wurde (Dodds [2], 155) und als »Eingeweihten« z.B. → Iulianus (5) Apostata hatte (Bidez Julian[4] 89ff.), war der »Aufstieg der Seele zum noetischen Feuer« (Iambl. myst. 3,31). Dieser gipfelt in der Autopsie der *ϑεῖα φῶτα* (Psellos, Migne PG 122,1136 D; z. Lichtsymbolik der Th.: Cremer 145ff.) und in der »drastischen Vereinigung« (*δραστικὴ ἕνωσις*) der Th.-Seele mit dem Göttlichen (Iambl. myst. 2,11), wodurch sie der Unsterblichkeit (*ἀπαϑανατισμός*) teilhaftig wurde (Prokl. rep. 1,152,10 K.). Die mediumistischen Trance-Techniken der Th., bei denen es zu göttl. Inkarnationen und Elevationen gekommen sein soll, wurden jüngst mit Séancen des modernen Spiritismus verglichen (Dodds [2], 163ff.). D. Wa.

1. Zum Th.-Verständis wesentl. → Iamblichos (2), de myst. (ed. *Des Places*, 1956), ein »Grundbuch der spätant. Rel.« (*Nilsson* GgrR 2^2,448), und → Porphyrios, bes. in seiner *Πρὸς 'Ανεβὼ ἐπιστολή* (ed. *Sodano*, 1958), dazu *Krolls* Slg. De oraculis Chaldaicis, ^{2}1962, → Proklos, → Psellos. 2. Grundlegend jetzt: *Dodds* Die Griechen u.d. Irrationale, 1970, 150ff. (= The Greeks and the Irrational, ^{2}1963, 283ff.). *Cremer* Die chald. Orakel u. Jamblichs de myst., 1969. *H.Lewy* Chaldaean Oracles and Theurgy, 1956. 3. *Theiler* Forsch. z. Neuplatonismus, 1966, 104ff. *Dodds* Pagan and Christian in an Age of Anxiety, 1965.

Theveste, Stadt in Africa procons. (h. Tebessa, Algerien). Itin. Anton. Tab. Peut. Iul. Honor. (GLM 48). Cod. Theod. 11,30,5. 6. *Θευέστη* Ptol. 4,3,7. *Τεβέστη* Prok. 2,21. Eine der ältesten Städte von Africa (im 3.Jh. v.Chr. als *'Εκατόντάπυλον* erwähnt bei Pol. 1,73,1. Diod. 24,10,2. Die *legio III Aug.* hatte ihr Lager in Th. z.Z. des Tiberius (CIL VIII 10018. 10023) und blieb dort bis zu Vespasianus. Th. wurde Hauptort eines Finanz- und Domänenbezirks. *Col.* in mehreren Inschr.: CIL VIII 16530 (Commodus). Ruinen: Tempel der Minerva, Amphitheater, Caracallabogen, Mauerring und bes. chr. Basilika (Inschr.: ILAlg. 1, 2993). M. L.

S.Gsell Atl. Arch. Alg. fe 29 (Thala), Nr. 101. *A.Truillot* Rec. Soc. Préh. et Arch. de Tébessa 1936/37, 321 (mit Bibliogr.). *S.Gsell* Le musée de Tébessa, Paris 1902. *M.LeGlay* Saturne afr. Mon. 1, Paris 1961, 332. *E.Sérée de Roch* Tébessa, antique Theveste, Alger 1952. *J.P.Boucher*, Libyca 4, 1956, 23.

Thiasoi s. Vereinswesen

Thibron (*Θίβρων*) **1.** Spartaner, Führer des peloponnes. Heeres im Herbst 400 zu Beginn des spartan. Perserkrieges, ohne mit seinem zu kleinen Heere viel zu erreichen (Xen. hell. 3,1,4f. Diod. 14,36,1ff. Isokr. 4,144). Anf. 399 zog er den Rest der Söldner des Kyros (5000–6000 Mann) an sich (Xen. an. 7,6,1. 8,24; hell. 3,1,6. Diod. 14,37, 4). Nach einigen Erfolgen in der Aiolis marschierte er auf Befehl der Ephoren nach Karien (Xen. hell. 3,1,6f.). Dabei wurde er in Ephesos von seinem Nachfolger → Derkylidas abgelöst und dann in Sparta wegen Bedrückung der Bundesgenossen mit Verbannung bestraft (Xen. a.O. 3,1,8. Diod. 14,38,2). Nach Xen. (a.O. 4,8,22. 3,1,10. 2,1, vgl. 2,6f.) war er liebenswürdig, aber genußsüchtig und besaß mil. weder viel Können noch Zucht; sein Heer plünderte auch im Freundesland. 391 wurde er nach dem Scheitern der Verhandlungen Spartas mit Persien wieder Oberbefehlshaber in Kleinasien (Xen. a.O. 4,8,17. Diod. 14,99,1), gewann u.a. Ephesos und Priene (Xen. a.O.), wurde aber durch seine Unvorsichtigkeit von → Struthas völlig geschlagen und fiel (Xen. a.O. 4,8,18f. Diod. 14,99,2f.). Th. verfaßte viell. eine Schrift über den spartan. Gesetzgeber (Aristot. pol. 1333b 18). **2.** Lakedaimon. Söldnerführer des → Harpalos. Als dieser 324 aus Athen floh, ermordete Th. ihn und ging mit seinen Schätzen und Söldnern 323 nach der Kyrenaika (Arr. *Τὰ μετ' 'Αλέξ.* 1,16. Diod. 17,108,8. 18, 19,2f.; vgl. Strab. 17,837). Nach anf. großen Erfolgen im Kampf gegen Kyrene unterlag er gegen den von → Ptolemaios (A I 1) aus Äg. gesandten → Ophellas und wurde danach getötet (Arr. a.O. 1,17–19. Diod. 18,19–21. Marm. Par. B 10). G. Do.

Thina(i) s. Seres

Thinis (auch This-Θίς), Hauptort des 8. o. äg. Gaues, zu dem die alte Königsmetropole und der spätere Osiriskultort → Abydos (2) gehörten. Die Nekropolen von Th. liegen bei Naga ed-Deir auf dem O.-Ufer bzw. bei Meschech (alt → Lepidotonpolis); die Lage des Ortes Th. selbst ist noch unbekannt (bei Girgeh?). Hauptgott war Onuris, ein Jägergott (Jn-ḥr.t »Der die Ferne holt«) in Menschengestalt, als Partnerin die Löwin Mḥj.t. Ortsname (ṯnj »das erhobene (Land)«) wie Gauname (»ältestes Land« tȝ-wr) weisen Th. als Kern einer frühen Expansion aus, was die ältesten Königsgräber bei Abydos unterstreichen: Hier war der Mittelpunkt der sog. Negade-II-Gruppe, die das gesch. äg. Reich gründete. Daher heißt die 1. Dyn. bei Manetho Θεινίτης. In gesch. Z. tritt Th. zurück; unter Assurbanipal wird in Tajani ein König Išpimatu (Nśj ów pȝ mdw) genannt. W. H.

Thisbe. 1. Θίσβη, Θίσβαι (Ethn. Θισβεῖς), Stadt im s.w. Boiotien, etwa 4 km landeinwärts in einem abflußlosen Talbecken s. des → Helikon (1) beim heutigen Kakosi (amtlich Th.). Siedlungsspuren und Gräber seit myk. Z., gut erhaltener Mauerring von 2,5 km Umfang. Das Gebiet von Th. reichte bis an den korinth. Golf mit einem Hafen am W.-Ende der tiefen Bucht von Domvrena, Vathy, Nonn. 13,61f. Th. ist bereits bei Hom. Il. 2,502 genannt mit dem Beiwort »taubenreich«, das in der Dichtung ständiges Attribut von Th. wird, Nonn. 13,62. Ov. met. 11,300. Stat. Theb. 7,261. Strab. a.O. Im boiot. Bund nach 447 war Th. durch → Thespiai mitvertreten, Hell. Oxyrh. 16 (11), 3. Im Perseuskrieg auf seiten Makedoniens und von Rom erobert, Pol. 27,5,3ff. Liv. 42, 46,7ff. 63,12 (codd. Theben, dazu NIESE St 3,116 mit A. 6). Regelung der Angelegenheiten durch Senatsbeschlüsse, IG VII 2225. Sylloge^3 646. SEG 19,373. 22,405. Die Inschr. reichen bis E. 3. Jh. n. Chr., Weihung für → Carus (3) IG VII 2240, und Th. ist noch bei Hierokl. synekd. 645,3 genannt (Θίσϑαι). Strab. 9,2,28 p. 411. Paus. 9,32, 2f. 10,37,2. Ptol. 3,14,19. Plin. nat. 4,26. Steph. Byz. Inschr.: IG VII 2223–2368. 3563–3574. Papers Amer. school 5, 1886/90, 224ff. Sylloge^3 884. SEG 3,342–353. 14,385. 15,326f. 17,225. 22, 405–410. 23,276. E. M.

Philipps.-Kirst. 1,457ff. *J.G. Frazer* Pausanias 5, 160ff. *Fiehn*, RE VI A 287ff. *F.G. Maier*, MDAI(A) 73, 1958 (1963), 17ff. mit Plan und Photos, Beil. 18–27. *W.A. Heurtley*, ABSA 26, 1923/25, 41. *R. Hope Simpson* A gazetteer and atlas of Mycenaean sites 122f. Nr. 419.

2. s. Pyramos

Thisoa (Θισόα, Ethn. Θισοαῖος), Name zweier Ortschaften im zentralen Arkadien, beide bei der Gründung von → Megalopolis in dieses einverleibt, im achaiischen Bund selbständig. **1.** »Th. bei Orchomenos«, Paus. 8,27,4. 7. 28,3f. BCH 45, 1921, 15, III 5. Steph. Byz. Bei der Mühle Karkalu n. von Dimitsana in 1050 m Meereshöhe. Starke Stadtmauer, Reste einer Wohnstadt mit Heiligtum z.T. ausgegraben. Inschr. IG V 2 Nr. 510. 511. SEG 14,455. Mz. HEAD HN^2 418.

Hiller von Gärtringen, APrAW 1911,25.37ff. mit Plan. *Ders.*, IG V 2 p. 127. *E. Meyer*, RE VI A 292; Suppl. IX 1393.

2. »Th. am Lykaion«, am N.-Abhang des Lykaion in bisher nicht gefundener Lage, Paus. 8,27,4. 38, 3. 47,3. E. M.

E. Meyer, RE VI A 292f.

Thmuis (Θμουΐς), Zwillingsstadt von → Mendes im NO.-Delta, h. Tmai el-Amdid, 2 km s. Tell Roba (Mendes), altäg. nicht sicher zu identifizieren. Th. ersetzt in röm. Z. Mendes als Gaumetropole des 16. u. äg. Gaus, aber schon Herodot nennt (2,166) einen Gau von Th. neben dem von Mendes. Zahlreiche Papyri- und Mosaikfunde, aber bisher keine systemat. Ausgrabungen. W. H.

Thoas (Θόας, -ντος). **1.** Myth. Herrscher auf → Lemnos, Il. 14,230. 23,745. Sohn von Dionysos und Ariadne, Bruder von → Oinopion und → Staphylos (1), Apollod. epit. 1,9. Durch seine Tochter → Hypsipyle ist er in die Argonautensage verflochten. Sie rettet ihn zunächst bei dem Männermord, Apollod. 1,114f., er wird aber entdeckt und getötet, 3,65. Andere Nachrichten lassen ihn nach Oinoie (= Sikinos oder Chios) entkommen. Apoll. Rhod. 1,620ff. mit Sch. Val. Fl. 2,82ff. 242ff. Bei Hyg. fab. 15. 120 wird er nach dem Taurerland verschlagen, also mit Nr. 5 identifiziert. Die Agone auf Lemnos gelten als Leichenspiele für Th., Pind. O. 4,19ff. **2.** Sohn von → Hypsipyle und Iason, hyp. Pind. N., sonst Nebrophonos oder Deipylos genannt (Apollod. 1,115. Hyg. fab. 15). Er und sein Bruder → Euneos (1) finden ihre Mutter in Nemea wieder (Eur.). **3.** Aitol. Held, Troiakämpfer, Sohn des → Andraimon (1). Il. 2,638ff. u.s.; Od. 14,449ff. Seiner Stimme bedient sich Poseidon Il. 13,216ff. Insasse des hölzernen Pferdes, Hyg. fab. 108. Odysseus heiratet später die Tochter dieses Th., Apollod. epit. 7,40. Nach Lykophr. 1011ff. gelangte Th. auf der Heimfahrt nach Illyrien (→ Nireus), nach Strab. 6,255 ließ er sich in → Temese (Tempsa) nieder. W. KULLMANN, H(ES) 14, 102f. 145f. 220,3. **4.** Sohn von → Ikarios (2) und → Periboia (1), Apollod. 3,126, oder → Polykaste (1), Bruder → Penelopes. **5.** Grausamer König der Taurer, Sohn des Borysthenes, Ant. Lib. 27, der alle Fremden durch die Artemispriesterin → Iphigeneia schlachten läßt. Als → Orestes (1) und → Pylades (1) mit ihr und dem Kultbild fliehen, verfolgt er sie bis zur Insel Sminthe, wo er von Orestes und dem jüngeren → Chryses (2) getötet wird. Hyg. fab. 121 (Soph. Pacuv.). Lukian. Tox. 3ff. – Im Mimus Charition ist Th. ein ind. König, o. Bd. III 1313, 16ff. LESKY GGrL ^{3}906. H. v. G.

L. Curtius Die Wandmalerei Pompejis 244ff. 249f. Abb. 142f. 146f. *W. Kraiker* Malerei der Griechen, 1958, 127ff.

164. T. 62f. *A. Modrze*, RE VI A 297ff. *K. Scherling*, RE Suppl. VII 1561ff.

6. Sohn des Mandrodoros aus Magnesia, Offizier Alexanders d. Gr. (Arr. an. 6,23,2; Ind. 18,7), erwähnt in der 2. Feldzugshälfte, Trierarch der Indusflotte. Th. wurde 325 nach erfolgreicher Küstenerkundung während des Rückmarsches durch → Gedrosien mit der Statthalterschaft über dieses Gebiet beauftragt, starb aber kurz danach. G.W.

Berve Alex. II Nr. 376.

7. Sohn des Alexandros aus → Trichoneion, Stratege des aitol. Bundes 203/02, 194/93, 181/80, 173/72, IG IX 1^2 p. Lf., trieb 193 den Bund in → Naupaktos zum Krieg gegen Rom und trotz Mahnung des T. Quinctius → Flamininus zum Beschluß, → Antiochos (4) III. zur Befreiung von Hellas zu rufen. Liv. 35,32f. App. Syr. 12. Nach Einnahme von → Demetrias bewog Th. Antiochos, in Griechenland zu landen, und erreichte in → Lamia dessen Ernennung zum *στρατηγὸς αὐτοκράτωρ* des Bundes. Nach 191 war Th. bei Antiochos in Kleinasien, wurde im Frieden von → Apameia (2) an die Römer ausgeliefert, aber begnadigt, trat 169 für Rom ein, das die Aitoler gegen → Perseus (2) gewinnen wollte. Pol. 21,17,7. 43,11. 28,4,10ff. Diod. 29,10. 31. Liv. 37,45,17. 38,38,18. H. V.

8. Von Ithaka, neben → Neoptolemos (10) und Kleitarchos von Aigina der einzige ant. Autor, für den Interesse an der → phryg. Sprache bezeugt ist (Erotian. p. 73,13 NACHM. = Aristot. frg. 636 R.; früher = Aristoph. Byz. frg. 101 N.). Falls ROSES Zuweisung des Frg. an Aristot. richtig ist, hätte er spätestens im 4. Jh. v. Chr. gelebt. H. Gä.

Thoëris (*Θόηρις*), äg. Göttin »Die Große«, in Gestalt eines stehenden, trächtigen Nilpferds dargestellt, bes. zus. mit Bes Schützerin des Bettes und der Geburt (H. BRUNNER Die Geburt des Gottkönigs, pl. 9). Sie wehren böse Einflüsse ab (VANDIER, Rev. du Louvre 12, 1962, 197ff.) und sind daher an Betten dargestellt (QUIBELL Tomb of Yuaa and Thuiu, pl. 31. SÄVE-SÖDERBERGH Four 18th dyn. tombs, pl. 37). In den späten Geburtshäusern (Mamisi) an Tempeln, wo die Geburt des Gottes dargestellt wurde, spielt Th. eine bedeutende Rolle. Zahlreiche Amulette zeigen die Gestalt der Th. In griech. Z. ist Th. bes. aus den Oxyrhynchos-Pap. bekannt, wo sie Athena gleichgesetzt wird, aber auch im Fajum. Nach Plut. de Is. 19 war Th. Nebenfrau des Seth, die beim Kampf zu Horos überging. W. H.

Thoinon s. Sosistratos (2)

Tholos (*θόλος. tholus*). Abgesehen von der Th. Hom. Od. 22,442–459. 466, von deren Aussehen und Funktion eine klare Anschauung nicht zu gewinnen ist, bedeutet Th. im Alt. zunächst einen runden Sakralbau mit (»Monopteros«) oder ohne Säulenstellung im Kreise, später jeden Rundbau und bes. das runde Dach. Die ant. Lex. (Hesych. Etym. m. Phot. Harpokr. Suda s. *Θ*. Poll. 8,155) gehen meist von der Th. an der Agora in Athen aus, in der die → Prytanen (2) gespeist wurden (THOMPSON The Th. of Athens, Hesp. Suppl. 4, 1940. TRAVLOS Bildlex. z. Topogr. d. ant. Athen, 1971, 553ff.), die, wie ein Bau in Sparta (Paus. 3,12,10), auch Skias genannt wurde. Die Th. in → Epidauros (1; Paus. 2,27,3. → Polykleitos [8]) heißt inschr. → Thymele; ihre Funktion ist noch ungeklärt. Weitere Th. sind u. a. bekannt aus Delphoi (6. und 4. Jh.), Samothrake (das Arsinoeion), Olympia (der Rundtempel für Philippos II. und seine Familie. SCHLEIF-ZSCHIETZSCHMANN, Olymp. Forsch. 1, 1944, 1ff. HERRMANN Olympia 171. → Leochares). Die Bauform Th. war im 4. Jh. bes. beliebt (MALLWITZ Olympia und seine Bauten 128ff.). Rundtempel (Monopteroi) sind auch in Rom bekannt (Tempel am Largo Argentina, am Tiber, Vestatempel. NASH 1,136ff. 411ff. 2,505ff. Tibur). Der Typus Monopteros auf Grabbauten hat mit dem Begriff Th. nichts mehr zu tun, obwohl die Römer wohl alle Monopteroi Th. nennen können, Varro rust. 3,5,12. Vitr. 7,5,5. Martial. 2,59 u. a. m. W. H. G.

F. Robert Thymélè, 1939.

Thomas. 1. Von Justinian 528 n. Chr. in § 1 der Const. *Haec* (über die Abfassung des 1. Cod.) als Mitglied der mit der Abfassung dieses Cod. beauftragten Kommission genannt. Ein J. später wird er erwähnt in § 2 der Const. *Summa.* Bald danach scheint er der Heidenverfolgung ausgesetzt gewesen zu sein, doch wird er in Nov. 35 pr. (a. 535) wieder ehrenvoll genannt. D. M.

2. Der Apostel, wird in den Listen der synopt. Evangelien (Matth. 10,3; Mark. 3,18; Luk. 6,15), im Joh.-Evang. (11,16. 14,5. 20,24ff. 21,2) und in der Apostelgesch. (1,13) genannt. Sein Name wird von dem aram. תְּאוֹמָא = Zwilling herrühren, das im griech. Sprachgebiet mit dem griech. Namen *Θωμᾶς* zusammenfiel. Die Bezeichnung des Apostels Th. als *Δίδυμος* bei Joh. (Übers. des aram. Namens oder Beiname?) führte in den Th.-Akten (Act. Thom. 31,39 – hier und in der syr. Überl. trägt er den Beinamen Judas) und im apokryphen Th.-Evang. dazu, daß Th. für ein Zwillingsbruder Jesu gehalten wurde. In der → Pistis Sophia ist Th. neben anderen Aposteln, im kopt. Th.-Evang. alleiniger Offenbarungsempfänger. Sein Grab in → Edessa wurde zum Mittelpunkt einer eigenen Th.-Verehrung und noch weiterer apokrypher Lit. (Th.-Apokalypse, Th.-Akten, Kindheitsevangelium Th. des Israeliten). Eus. h. e. 3,1,1 schreibt Th. die Mission des Iran zu, der später mit Indien verwechselt wurde. Bei den ältesten Kirchen Indiens und im kath. Raum gilt Th. so als Apostel der Inder. Kl. W.

RE f. prot. Theol. 19,702ff. Lex. f. Theol. u. Kirche 10, 118f. *Hennecke* II, ^{3}1964 (Reg. Th., Th.-Akten, Th.-Apokalypse, Th.-Evang.; Lit.). *Altaner* Reg. (Lit.). *L. W. Brown* The Indian Christians of St. Th., 1956.

Thon (Θών) oder **Thonis** (Θῶνις), nach Strab. 17,800. Diod. 1,19 Name eines Hafens an der kanob. Nilmündung, Lage unsicher, vielleicht Herakleion 4,5 km ö. Abukir (h. überschwemmt, vgl. Daressy, Rev. Égypte anc. 2,45). Dieser Ort wurde früh bei den Griechen personifiziert, weshalb in der Helena-Sage Θῶνις nach Hdt. 2,113f. Wächter der kanob. Mündung ist, bei Homer (Od. 4,228) zusammen mit seiner Frau Polydamna → Helenes (1) Gastgeber. Später wird er als äg. König interpretiert. W. H.

Thoon (Θόων). Myth. Name, mehrfach in den hom. Epen vertreten. **1.** Troer, Sohn des → Phainops (1), zusammen mit seinem Bruder Xanthos von Diomedes getötet (Il. 5,152ff.). **2.** Troer, von Odysseus getötet (Il. 11,422). **3.** Troer, von → Antilochos getötet (Il. 12,140. 13,545). **4.** Phaiake (Od. 8,113). H. Gä.

Thoosa (Θόωσα). **1.** Personifikation der raschen Meeresflut, Tochter des → Phorkys (1), durch Poseidon Mutter des → Polyphemos (2), Hom. Od. 1,71. O. Kern Die Rel. der Griechen 1, 199. **2.** Tochter Poseidons, Mutter des Sängers → Linos (1) von Apollon. Cert. Hom. et Hes. 4. Als Linos' Mutter werden sonst die Nymphe → Psamathe und die Musen → Kalliope und → Terpsichore genannt. H. v. G.

Thootes (Θοώτης). Herold des → Menestheus (1), von diesem ausgeschickt, um die beiden Aias und Teukros zu Hilfe zu holen (Hom. Il. 12,342ff.). H. Gä.

Thorax. 1. ϑώρηξ, ϑώραξ. Der griech. Panzer kam mit dem Rundschild auf, wobei es Stoff- (Hom. Il. 4,133ff.) und Metallpanzer (Hom. Il. 4,448) gab. Dieser bestand aus 2 Schalen (γύαλα) für Brust und Rücken, die bis in Hüfthöhe reichten. Doch gab es auch Verlängerungen der vorderen Schale. War dies nicht der Fall, wurde der Bauch durch den metallbeschlagenen Gürtel (ζωστήρ) und die gefütterte metallbeschlagene Binde (μίτρη) geschützt. Auch vom Panzerhemd herabhängende metallbeschlagene Lederstreifen (πτέρυγες) dienten diesem Zweck. Hängende Bleche verkleideten die Achseln (Xen. hipp. 12,6) und auch der Nacken war geschützt (Xen. hipp. 12,2). Die Schalen wurden über den Schultern mit Schulterstücken verbunden. Ferner dienten Schnallen (Hom. Il. 20,413), Ringe und Scharniere dem Zusammenhalt. Der Metallpanzer wurde im 5. Jh. v. Chr. vom Panzer aus Leder (σκολάς) weitgehend verdrängt. Man schnürte ihn gewöhnlich an der linken Seite zu, während vom Rücken ausgehende Schulterklappen der Befestigung am Panzerbrustteil dienten. Zur Verstärkung wurde Beschlag mit Erz oder mit Metallschuppen vorgenommen. Den Schuppenpanzer lernten die Griechen von den Persern kennen (Hdt. 7,61). Je nach den Schuppen wurde der Panzer als ϑώραξ λεπιδωτός (Cass. Dio 78,37) oder ϑ. φολιδωτός (Strab. 15,734. IG II^2 1485, 60f.) bezeichnet. Auch leichte Panzer aus Linnen (λινοϑώρηξ, ϑώραξ λινοῦς) kamen vor. → Iphikrates (1) rüstete damit die Peltasten (→ Pelte, -astai) aus (Nep. 1). A. N.

F. Lammert, RE VI A 332ff. *A. Snodgrass* Arms and armour of the Greeks, London 1967. *S. Törnkvist* Note on linen corslets, Acta Inst. Rom. Regni Sueciae, Ser. in 4^0 XXX, Opuscula Rom. 7, 1969, 81f.

2. → Aleuade, mit den Brüdern Eurypylos und Thrasydaios seit 498 Tagos in Thessalien, Hdt. 7,6 (βασιλέες), rief 485 → Xerxes nach Griechenland, gab ihm 480 bei der Flucht Geleit, Hdt. 9,1, begleitete 479 → Mardonios (1) nach Griechenland, Hdt. 9,58. Gastfreund des Th. war → Pindaros (P. 10). H. Berve Die Tyrannis . . ., 1967, 184. 622. **3.** Spartiate, Diod. 14,3,5, befehligte 406 vor → Mytilene und als Gehilfe des → Lysandros (1) 405 vor → Lampsakos und bei → Aigospotamoi spartan. Fußtruppen. Diod. 13,76,6. Xen. hell. 2,1,18ff. 28. Plut. Lys. 9,5. 19,7. Er wurde Harmost in → Samos (2). Diod. 14,3,5. Da er sich bereicherte, wurde er nach dem Sturz des Lysandros abberufen und hingerichtet. Plut. Lys. 19,7. **4.** Thessaler aus → Larisa (3), blieb allein bei der Leiche des → Antigonos (1) in der Schlacht bei → Ipsos 301. Plut. Demetr. 29. Die gleiche Treue erwies ein Th. aus → Pharsalos dem → Lysimachos (1) bei → Kurupedion 281. App. Syr. 64 (wohl eine Dublette). H. V.

Thorikos (Θορικός), noch h. Theriko, größere Ortschaft an der O.-Küste Attikas im Bergwerksbezirk von → Laurion, Strab. 9,1,22 p. 398. 10,5,3 p. 485. Skylax 57. Hom. h. 5,126. Hdt. 4,99. Thuk. 8,95,1. Xen. vect. 4,43. Plin. nat. 37,70. Mela 2,46. Th. war Demos der Küstentrittys der Phyle Akamantis, Harpokr. Steph. Byz. und s. ἄστυ, RE V 63ff. Hesp. 30, 1961, 33 Z. 264f. = SEG 19,149, und zugleich Name der Trittys, Hesp. 8, 1939, 50 Nr. 16. Th. gehörte zu den altatt. Zwölfstädten; ausgedehnte Siedlungsreste und Nekropolen seit neolith. Z. in großem Umfang ausgegraben, myken. Kuppelgräber, zwei Häfen, Theater eigenartiger breitovaler Form, im 6. Jh. begonnen, starke ant. Festung, deren Erbauung Xen. hell. 1,2,1 zum J. 412 v. Chr. erwähnt. Die nach Ionien auswandernden phok. Flüchtlinge sollen von Th. abgefahren sein, Nikol. Dam. FGrH 90 F 51. E. M.

J. G. Frazer Pausanias 1,407ff. *Wrede*, RE VI A 338ff. *Philipps.-Kirst.* 1,834f. 845f. *L. Guerrini*, Enc. arte ant. 7,836f. *H. F. Mussche*, *J. Bingen* u.a. Thorikos, bis jetzt Bd. 1–5, 1963–1969. *van Rooy*, Acta Class. 12, 1969, 171ff. *H. F. Mussche*, BCH 85, 1961, 176ff. mit Plan. *O. Miller* u.a., Pap. Amer. school 4, 1885/86, 1ff. *Fimmen* Kret.-myken. Kultur 7f. *S. Solders* Die außerstädt. Kulte und die Einigung Attikas, Diss. Lund 1931, 123 u.ö.

Thorismud. 1. Nach Iord. Get. 250f. Amaler, Sohn des Hunimund, Vater des Beremu(n)d, um 400 König der Ostgoten; die Notizen besitzen kaum hist. Wert (vgl. N. Wagner, Ztschr. f. Dt. Alt. 99, 1970, 5f.). **2.** Th. (Thurismundus), König der Westgoten 451/53, folgte seinem im Kampf gegen → Attila gefallenen Vater → Theoderich (1), griff 452 die Alanen in Orléans an und stieß gegen Arles vor. Wahrscheinl. bewogen Spannungen mit seinen Brüdern Th. zum Abzug. 453 wurde er ermordet (Iord. Get. 191. 201. 211. 215f. 228. Chr. min. 1,302. 483. 2,26f. 222. 279. Greg. Tur. 2,7. Sidon. epist. 7,12). **3.** *Bucellarius* → Belisars, 544/49 eingesetzt im Kampf gegen die Ostgoten in Italien (Prok. 7,11,11ff. 37,20f. 39). A. L.

Thorius. Ital. Gentilname, inschr. auch *Torius* Schulze Eigenn. 98. **1.** Sp. Th., Volkstr. (111 v. Chr.? s. u.), der eine *lex Thoria* durchbrachte, die das Ende der Gracch. Ackerreform brachte, weil Gemeindeland nunmehr nicht mehr verteilt wurde, → lex (2) agraria. Cic. de or. 2,284; Brut. 136. App. civ. 1,121–124. Reste des Gesetzes von 111: CIL I² 585, vgl. Mommsen GSchr. 1,65ff. Die Frage der Datierung ist noch nicht gelöst. Man trat ein für 118 (wobei die *lex agraria* von 111 nicht mit der *l. Thoria* identifiziert wurde, vgl. App. A. H. J. Greenidge – A. M. Clay Sources for Rom. Hist. 133–70 B.C., ²1966, 53f.), für 114 (z. B. E. Kornemann, Klio Beih. 1,52f.) oder für 111 (zuletzt mit Überblick: Broughton 1,541f.; Suppl., 1960, 62). Für die Forschungsprobleme wichtig: Münzer, RE VI A 344f. Viel spricht nach wie vor für eine Gleichsetzung der *lex Thoria* mit dem Gesetz von 111. Vgl. ferner A. E. Douglas, AJPh 77, 1956, 376ff. 78, 1957, 80ff. E. Badian, Historia 11, 1962, 211ff. H. Bengtson RG 160. **2.** T. Torius aus Italica (Spanien) war 48 vorübergehend Legionsführer gegen die Caesarianer, Bell. Alex. 57,3. 58f. **3.** L. Th. Balbus aus → Lanuvium, nach Cic. fin. 2,63ff., vgl. 70, ein Epikureer. Ca. 100–95 war er Münzmeister (u. a. Mz. mit Stier als Anspielung auf seinen Namen?), zur modernen Datierung vgl. Broughton 2,453 (mit genauen Nachweisen). 79 war er unter dem *procos.* → Metellus (I 22) Pius Legat in Spanien und fiel dort während der ersten Kämpfe gegen → Hirtuleius, Flor. 2,10,6f. A. Schulten Fontes Hisp. Antiqu. 4, 1937, 354. H. G. G.

Thornax (*Θόρναξ*). **1.** Berg w. von → Hermion(e) mit Heiligtum des Zeus Kokkygios, Paus. 2,36,1f. Sch. Theokr. 15,64.
E. Meyer, RE VI A 347.
2. Heiligtum des Apollon Pythaeus mit hocharchaischem Kultbild, zu dessen Ausstattung → Kroisos Gold sandte, n. ö. von Sparta auf dem l. Eurotasufer, nicht sicher lokalisierbar. Paus. 3, 10,8. 11,1. Strab. 8,5,3 p. 364 (zur Lesung W. Aly De Strabonis codice rescripto 7 Z. 15). Steph. Byz. (*ὄρος*). Hesych. E. M.
Bölte, RE VI A 347ff.

Thospitis Limne (konjektural hergestellte Schreibung des Namens bei Ptol. 5,12,3; dagegen *Θωπῖτις λίμνη* Strab. 16,746; *Θωῆτις* Strab. 11,529; weitere Namensvarianten bei lat. Autoren, vgl. Plin. nat. 6,128 *Thospites*), mit ca. 3765 km² der größte der armen. Seen, der ostanatol. Van-See im Kurdischen Bergland. Im O. des Sees lag beim h. Van die Hauptstadt des Reiches von → Urartu (1. H. 1. Jt. v. Chr.), Tuschpa. Abgesehen von der irrtümlichen Annahme, daß der Oberlauf des → Tigris diesen See durchziehe, verfügte die griech.-röm. Ant. über manche Kenntnisse vom Van-See, die durch die mod. Geogr. nur bestätigt werden können; es war bekannt, daß das Seewasser stark natronhaltig und daher für den Menschen ungenießbar sei; ebenso, daß in dem See nur eine einzige Fischart leben könne (Ukelei). E. O.
F. H. Weißbach, RE VI A 349f.

Thot, äg. Ḏḥwtj, äg. Gott des Wissens, in Ibisgestalt. Ausgangspunkt seiner Verehrung war wohl → Hermupolis (2) parva, h. Baklije, Hauptort des 15. u. äg. Gaues im Sumpfgebiet (bꜥḥ) des NO.-Deltas. Diese Lage macht ihn schon früh (unter → Cheops: Gardiner-Peet-Černý Sinai pl. 2 Nr. 7) zum »Herrn der Fremdländer«. Der Name Th. ist schwer zu erklären; es könnte eine Verbindung mit *ḏḥꜣ* Pyr. 490a bestehen, was »fertig Ausgebildeter« bedeutet (Goedicke Kgl. Dokumente 67ff.). Mit der .tj-Nisbe sind aber frühe Berufsbezeichnungen gebildet, so daß Ḏḥwtj der »Wissensvermittler« bedeuten könnte, was zu Th.s Wesen paßt. Die Ibisgestalt legt das charakteristische »suchende« und »findende« Stochern im Schlamm nahe. Th. wurde nun irgendwann im A. R. (sicher belegt erst in den Sargtexten) nach Hermupolis übertragen und dort zum Hauptgott, ohne aber in die älteren Mythen von der Achtheit und dem Sonnengott Špsj eindringen zu können. Anscheinend hatte Th. bereits vorher an unbekanntem Ort die Paviangestalt mit übernommen (Pyr. 1724/25). Als Gott des Wissens erhält Th. verschiedene Rollen in Mythen: Er ist der, der → Horos und → Seth durch seine Entscheidung trennt (Ḏḥwtj-wp-rḥ.wj in Baklije); er berechnet aber auch aus den Mondphasen die Zeit und erscheint dadurch zauberhaft als der, der den Mond »füllt«, d. h. sein Wachsen bewirkt. Damit wird er später zum Mondgott und trägt die Mondsichel mit der Dunkelmondscheibe auf dem Kopf. Die Gleichsetzung des Neumondes mit dem geraubten Horosauge (Symbol der Krone) macht Th. zum Retter und Wiederbringer dieses, das auch als »ferne Göttin« (Tefnut) erscheinen kann. Andererseits prädestiniert ihn seine Tätigkeit als Zusammenfüger auch zum Restaurator der Leiche des → Osiris. Er berechnet die Lebensjahre des Königs und schneidet sie in die Jahresrispe (»Kerbstock«) ein; er ist Schutzgott aller Schreiber (im N. R. in Paviangestalt); er erfand die Schrift und die Sprachen. Zugleich ist er Vezir des Re im Götterschiff und auf Grund seiner Schriftkenntnis der große Zauberer, »Herr der Gottesworte«. Als Kenner aller Geheimnisse ist er auch geheimnisvoll entstanden, etwa aus dem Bein des von Horos geschwängerten

Seth (KEES, ÄZ 60,11). In der griech.-röm. Z. wird er zum → Hermes Trismegistos. Im Totenbereich ist er Psychopompos, der den Toten vor das Osirisgericht führt; er sitzt aber auch als Pavian auf der Seelenwaage, um deren rechten Gang zu garantieren. – Am 19. des 1. Monats ꜣḫ.t wurde bereits früh im A. R. ein Thotfest gefeiert, an dem auch die Toten teilnahmen und das dem 1. Monat des Jahres seinen Namen gab. Die Gemahlin des Th. in Hermupolis, Nhm-t-ʿwꜣj (»Die die Beraubten rettet«), setzt Plut. de Is. 3 mit *Δικαιοσύνη* gleich, was äg. Vorstellung entspricht. Als Bild des Th. hat man in der Spätzeit in ganz Äg. Ibisse in unendlicher Menge mumifiziert und beigesetzt, so in Saqqara, wo zwischen Th. und dem Heilgott Imuthes, dem Baumeister des Zoser Jj-m-ḥtp, eine Identität hergestellt war, ebenso aber natürlich auch bei Hermupolis. W. H.

Thraex, bei Cicero (Phil. 6,13. 7,17; prov. 9) zum erstenmal erwähnt, war eine bestimmte Art von → *gladiatores*, für die bes. 2 große, über die Knie reichende Beinschienen, das sichelartig gebogene oder im Winkel gekrümmte Schwert *(→ sica)* und ein kleiner Schild *(→ parma)* charakteristisch waren. Als Kampfgegner galten der *oplomachus* und der → *murmillo*. Th. waren meistens große und starke Sklaven. Dargestellt sind *th.* auf 2 Grabsteinen in Verona (DAR-SAGL. 2, 1587, Abb. 3583 und Abb. Mus. Verona 444,2). A. N.

K. Schneider, RE VI A 389ff.

Thraistos (*Θραῖστος*), Stadt des elischen Berglandes in nicht näher zu bestimmender Lage, Xen. hell. 7,4,14. Diod. 14,17,8. IG IX 1²,138. E. M.

E. Meyer, RE VI A 392. *K. Latte*, Gn 9, 1933, 409ff.

Thrake (*Θράκη*, ion. *Θρῄκη*, Ethnikon *Θρᾷξ*).

I. Land. Der Name Th. weist nach mundartlicher Prägung und Schreibweise eine Mannigfaltigkeit auf wie kaum ein anderer der ant. Geographie. Die älteste Form des Namens war bis vor kurzem nur im hom. Epos in ion. Gewand erhalten. Unlängst glaubt man den Namen auch in den Denkmälern, die die minoische »B«-Schrift enthalten, in der Form *Tre-ke-wi /-ja/* wiedererkannt zu haben. In der Ilias kommt der Name Th.s wiederholt, in der Odyssee nur einmal (8,361) vor.

II. Bevölkerung. Trotz der großen Zahl der Thrakerstämme gegen E. 7. und bes. Anf. 5. Jh. werden bei Homer lediglich zwei erwähnt: die → Sinter auf der Insel Lemnos und die → Kikonen auf dem thrak. Festland. Das hom. Epos scheint nur diese, oder besser, die s.ö. Randgebiete Festlandthrakiens einschl. des Meerengengebietes gekannt zu haben. Von dem thrak. besiedelten Länderkomplex n. des Rhodope- und bes. n. des Haimosgeb. scheinen die hom. Sänger eine sehr unklare Vorstellung gehabt zu haben. Erst gegen E. des 7. Jh.s wurden die Ereignisse der griech. Kolonisation an der pont. Küste Thrakiens greifbarer. Nur wenig früher wurden die Thrakerstämme im Inneren des Landes seßhaft. In den hom. Hymnen und bei Hesiod wird Th. noch seltener erwähnt als bei Homer, was sicherlich mit der geogr. Lage der Heimat dieser Dichter zusammenhängt. Bereits die frühen griech. Lyriker kannten aber Th. besser. Bereits damals, jedenfalls vor E. 7. Jh.s v. Chr., brachten die Griechen in Erfahrung, daß die ganze ö. Hälfte der Haimoshalbinsel (von den Karpaten bis zum Ägäischen Meer) von Thrakern und z. T. von nahe verwandten Stämmen besiedelt war.

Bereits die frühen ion. Ethnographen und Geographen kannten nicht nur die Namen, sondern auch die balkanthrak. Herkunft einer ansehnlichen Anzahl der Volksstämme, die NW.-Kleinasien besiedelten, die Phryger und die Armenier. Ferner die Stämme, die Mittel- und NW.-Anatolien besiedelten, vor allem aber die thrak. Bithyner und ihre Unterstämme. Der n. w. Winkel der thrak. Länder (s. der Donau) war von den Überresten der Moeser (bzw. Myser) besiedelt. In die n. ö. Ecke der thrak. Länder waren frühzeitig dakogetische Volksstämme in ansehnlicher Anzahl, wahrscheinlich im Laufe des 2. Jt.s v. Chr., vorgedrungen, die zweifelsohne mit den Thrakern ethnisch und sprachlich verwandt waren. Dies erleichterte wesentlich ihre Angleichung und Verschmelzung mit den Thrakern auch in sprachlicher Hinsicht.

Die Thrakerstämme. Im Grunde bestand die Bevölkerung Th.s gegen E. 8. Jh.s v. Chr. weit überwiegend aus thrak. Stämmen, die bereits während der 2. Hälfte des 2. Jt.s v. Chr. auch dem Großteil des zwischen dem Strymon und dem Axios liegenden Länderkomplexes ihr ethnisches Gepräge gegeben haben. Auch zahlreiche Inseln des Ägäischen Meeres, wie z. B. Samothrake, Thasos, Naxos, Imbros, Lemnos, ja sogar Kos und Lesbos, waren von Thrakern besiedelt, die auf diesen Inseln die Mehrheit der Bevölkerung bildeten. Nicht von ungefähr hieß z. B. die Insel Samothrake vorher Saonesos (so genannt nach dem thrak. Stamm der Saier, die auch von Archilochos besungen werden). Deswegen hieß auch ein Großteil des Ägäischen Meeres im Alt. lange Zeit *Mare Thracium*. Auch der Bosporus war allg. als »Thrakischer Bosporos« bekannt. Ebenso hieß die h. Gallipoli-Halbinsel »Thrak. Chersonesos«. H. kennt man den ant. Namen der Balkanhalbinsel nicht mit Sicherheit. Gewisse Nachrichten lassen jedoch die Vermutung zu, daß die ganze Balkanhalbinsel in der Frühzeit Th. hieß und daß die Haimoshalbinsel als ein Kontinent für sich betrachtet wurde.

Bevölkerungsdichte Th.s: Das Stromgebiet des Hebros und ein Teil des h. NO.-Bulgariens scheinen am dichtesten besiedelt gewesen zu sein. Hdt. hielt bekanntlich die Thraker (wahrscheinl. zusammen mit den → Geten und Dakern) für das zahlreichste Volk nach den Indern. Weniger als eine Generation später bestritt, wenn auch zurückhaltend, Thukydides diese Behauptung und hielt seinerseits die Skythen für zahlreicher als die Thraker. Wie dem auch sei, die Thraker zerfielen in zahlreiche größere Volksstämme und in eine noch ansehnlichere Anzahl kleinerer Nebenstämme. Bei der folgenden Aufzählung der wichtigsten Volksstämme von Th. s. die Einzelartikel. In der n.w. Ecke der thrak. Länder wohnte eine beträchtliche Anzahl der ö. Unterstämme der → Triballoi. N.ö. von den Triballern, entlang der Donau, saßen die Myser (→ Mysia). S. davon am Oberlauf des Oiskos, und zwar in der Ebene der h. bulg. Hauptstadt Sofia (→ Serdica), saßen die Serden. S. von Skomios, am Ober- und einem Teil des Mittellaufs des → Strymon (h. Struma), wohnten die Dentheleten. S. von ihnen die → Maidoi, ö. von ihnen die mit ihnen eng verwandten Maidobithyner. W. von den Serden und den Dentheleten saßen die → Bessoi. Die → Odryser bewohnten urspr. einen Teil des Mittellaufs und hauptsächlich den Unterlauf des Hebros sowie das Stromgebiet des Ergines. Die größte, mit den Odrysern am nächsten verwandte Stammesgruppe waren die → Astai. Ö. des → Haimos wohnten andere Thrakerstämme, darunter die zahlreichen → Krobyzoi und → Getai. Von den Stämmen in S.-Thrakien sind vor allem noch die → Thynoi zu erwähnen. Die thrak. Chersones wurde von den → Dolonkoi besiedelt. Ö. davon an der ägäischen Küste saßen die → Apsinthioi, die → Kikones u.a., weiter w. die Sapaioi und die → Edones; w. von den Odrysern die → Koilaletai.

III. Soziale, wirtschaftliche und politische Entwicklung in Th. Allem Anschein nach waren die Thrakerstämme, die die ägäische bzw. propont. Zone Thrakiens besiedelten, am frühesten in sozialer, wirtschaftlicher sowie kultureller Hinsicht entwickelt. Dies ist daraus zu erschließen, daß im 8. und bes. im 7. Jh. v. Chr. die Vertreter der führenden Schicht dieser Stämme sich beinahe auf demselben kulturellen Niveau befanden wie zahlreiche hellenische Stammesfürsten. Abgesehen von den Nachrichten der hom. Epen, worin die thrak. Stammesfürsten als den achäischen ebenbürtig in bezug auf Reichtum und Rüstungspracht sowie an Tapferkeit und edler Gesinnung geschildert werden, darf man jetzt, bes. nach der Entzifferung der minoischen B-Schrift, nicht außer acht lassen, daß die frühesten Entlehnungen bei den Griechen aus dem thrak. Pantheon bereits dem 14., spätestens dem 13. vorchr. Jh. angehören.

Um etwa 15 v. Chr. wurde Th. Klientelstaat unter Kotys; damals oder etwas später entstand im h. N.-Bulgarien (zus. mit O.-Serbien) die Provinz → Moesia, erst später unter Domitian in Ober- und Untermoesien geteilt. Ab 45/46 n. Chr. wurde das h. S.-Bulgarien (zus. mit O.-[türkisch] und S.- und SW.-[ägäisch, h. griechisch] Thrakien) kaiserliche Provinz (Thracia) mit der Hauptstadt → Perinthos. Die thrak. Länder wurden wichtige Rekrutierungsgebiete zunächst für die Auxiliartruppen, später auch für das reguläre röm. Heer.

IV. Kulturelle Entwicklung. Religion. Die Quellen für die Kenntnis der thrak. Religion sind äußerst spärlich. H. kann man mit größerer Sicherheit auf frühzeitige Entlehnungen der Griechen aus dem thrak. Pantheon schließen, wohl auch auf frühe anthropomorph. Vorstellungen der Thraker in bezug auf ihre eigenen Gottheiten. Natürlich herrschten in einem Großteil Th.s lange Z. fetischist. und animist. Vorstellungen. Es scheint jedoch, daß der Unsterblichkeitsglaube bei einigen Thrakerstämmen bereits im 6. Jh. v. Chr. oder früher vorhanden war. Nicht ausgeschlossen ist natürlich auch der Einfluß der hellen. Religion. Die Quellen für die thrak. Religion der klass. Z. bes. im 5. u. 4. Jh. v. Chr. sind etwas ausgiebiger. Bes. aufschlußreich sind gewisse Nachrichten Hdt.' im 5., 7. und 9. B. sowie im »Staate« Platons über den Kult der → Bendis (der thrak. »Artemis«) in Athen und in seiner Umgebung. Die Nachrichten bei Hdt. über die Hauptgottheiten des Thraker sind noch aufschlußreicher. Sie spiegeln nicht nur die Vielfalt der relig. Vorstellungen der Thraker, sondern auch die verschiedenen Kulturstufen wider, auf denen sich die Thrakerstämme noch im 5. Jh. v. Chr. befanden. Außerdem berichtet Hdt. auch bestimmte hist. Begebenheiten aus der frühzeitl. Entwicklung in der ö. Balkanhälfte. Bes. wichtig seine Angabe, wonach die thrak. Basileis, d.h. die Stammesfürsten, als ihre eigene Gottheit Hermes hatten. Zweifelsohne ist mit »Hermes« die thrak. Hypostase dieser hellen. Gottheit gemeint. Als Hauptgottheiten genossen bei den thrak. Volksmassen Ares, Dionysos und Artemis (d.h. Bendis) die meiste Verehrung. Bei einzelnen Thrakerstämmen haben sich auch relig. Bräuche der primit. Frühzeit erhalten; so z.B. die Menschenopfer im Kulte des Halbgottes → Zalmoxis in den get. und thrak. besiedelten Gebieten. Anderswo war es üblich, die gefangenen Feinde bzw. eine Anzahl von ihnen ihrem einheim. Gott Pleistoros zu opfern.

Als wesentl. Grundzug der thrak. Religion ist die hervorragende Rolle hervorzuheben, die den chthon. Gottheiten, den weiblichen wie den männlichen, zukam. Mit Ausnahme von Ares, der zweifelsohne Kriegsgott war, weisen nicht nur Bendis (Artemis), Kotyto, Sabazios chthon. Züge auf, sondern auch Dionysos und seine Begleiter und Begleiterinnen, sowie die Kulte des Megas Theos und des thrak. Reiterheros, die bes. in hellenist. und röm. Z. aufblühten. Chthon. Charakter hatte auch der starkverbreitete Nymphenkult in den thrak. besiedelten Ländern; dies gilt für die klass. Frühz. wie auch für die hellenist. und die röm. Kaiserz. Neben den Kulten der chthon. Gottheiten, die die Grundbeschäftigung der Thraker, den Ackerbau und die Viehzucht getreu widerspiegeln, traten auch die anderer Gottheiten allmählich auf, die einerseits von der zunehmenden Vielfalt des Lebensunterhalts und der Bereicherung der Vorstellungswelt der Thraker, andererseits aber auch von der Intensivierung der fremden Einflüsse, speziell der griech., später der hellenist. und röm. Religion, in Thrakien zeugen. Verhältnismäßig frühzeitig drang auch das Christentum in Th. ein. Der Apostel Paulus war einer der ersten Prediger des neuen Glaubens in Thessalonike. Früh war das Christentum auch in Philippopolis, Serdica, im Strymontal und der h. Dobrudža sowie an der Schwarzmeerküste Thrakiens verbreitet, um von Byzantion und anderen Städten an der S.-Küste Th.s zu schweigen. Das ekstatische Element blieb den thrak. Kulten erhalten, auch als sie in die hellenist. und in die röm. Religion Aufnahme fanden.

Nicht weniger bedeutend waren die Schöpfungen der Thraker auf anderen Gebieten. Hier sei nur an ihre Leistungen auf dem Gebiete der Musik und der Tanzkunst erinnert. Nicht bloß Orpheus war ein Thraker. Ebenso in Th. beheimatet waren Thamyris, Musaios, Linos u.a. große Sänger und Musiker, die nicht nur myth. Figuren, sondern wirkliche Menschen waren.

Auch auf anderen Gebieten leisteten die Thraker Hervorragendes. Der Historiker Thukydides war seiner Herkunft nach mindestens ein Halbthraker, ein voller Thraker war → Dionysios (26) Thrax.

Hom. Il. 14, 227 u.s. Hdt. 1,168 u.ö. Thuk. 1, 100. 2,29ff. 95ff. Xen. an. 7 passim Diod. Skyl. 67. Pol. Indices s. *Θρᾷκες*. Strab. 2,129. 7,333. Tac. ann. 4,46; hist. 1,11 u.s. Ptol. 3,11. 8,11 u.s. Plin. nat. 4,46 u.s. Inschr. CIG II p. 49. MIHAILOV, IG Bulg. passim. Chr. D.

*Dess*ILS passim. *Head* HN² 246. *E. Oberhummer–B. Lenk–W. Brandenstein–A. Betz–G. Kazarow*, RE VI A 393ff. *Mušmov* Die ant. Münzen (bulg.), Sofia 1912, passim. *G. I. Kazarow* Beitr. z. Kulturgesch. der Thraker, Sarajevo 1916, passim. *J. Wiesner* Die Thraker, Stuttg. 1963. *Danoff* Altthrakien (bulg.), Sofia 1968, passim; jetzt im Druck auf Deutsch (Bln.). Von der älteren Lit.: *A. Stein* Die Reichsbeamten d. Prov. Thracia, Prag 1920. *Ders.* Die Legaten von Moesien, Budapest 1940; Nachträge dazu von *J. Fitz* Die Laufbahn der Statthalter in d. röm. Provinz Moesia Inferior, Weimar 1966.

V. Sprache. Unter »Thraker« ist hier die Fülle der polit. zersplitterten, sprachl. (trotz feststellbarer Dialektunterschiede) relativ einheitl. Stämme zusammengefaßt, die im O.-Teil der Balkanhalbinsel als n. und n.ö. Nachbarn der Makedonen und Illyrier das Gebiet bis zur Theiß bewohnten, im O. an die iran. Skythen, im W. an die → Pannonier und Dalmaten usw. grenzend. Einbezogen sind also der Großstamm der *Getae* samt deren n.ö. Gruppe, den *Daci* (*Δᾶοι*) n. der Donau, für die Strab. 6,303. 305 engste sprachl. Verwandtschaft mit den Thrakern bezeugt, weiter die *Bessi*, *Triballi* und *Moesi*. (Dagegen trennt GEORGIEV zwei Gruppen: Thraker und Dako-Mysier mit verschiedener Sprache.)

Zu den Thrakern gehören auch die *Bithyni*, *Δόλογκοι*, *Τρῆρες* usw., die im 7 Jh. v. Chr. die Meerengen überschritten und in NW.-Kleinasien Fuß gefaßt haben, sowie mehrere Kleinstämme auf Inseln der Ägäis, z. B. die *Savi* auf → Samothrake (älterer Name *Σαόννησος*), die *Σίντιες* auf → Lemnos, die *'Ηδῶνες* auf → Thasos (früher *'Οδωνίς*), andere auf → Naxos, → Imbros, → Kos.

Auf dem Balkan ist die Zuordnung mancher Stämme umstritten, z. B. der → *Dardani* und → Paiones; die *Δάρσιοι* gelten Hekat. als thrak. (FGrH 1 F 175), den Späteren als »illyrisch« (Plin. nat. 3,143). Da auch die den → Venetern sprachverwandten Istrier als thrakisch bezeichnet werden (Apollod. frg. 119. Skymn. 390), ist offenbar auch der Name »Thraker« (wie der der Illyrier) in unhaltbarer Weise ausgedehnt und fast zum Synonym von »Balkanbewohner« geworden. (Dafür, daß thrak. Stämme früher auch an der Adria gesessen hätten, fehlen Beweise.) Ausgestorben scheint das Thrak. erst spät zu sein: Noch im 6. Jh. nach Chr. wird die *lingua Bessorum* als lebend erwähnt.

Ant. Nachrichten über die thrak. Sprache sind kärglich. (Das verderbte Griech. des Triballers bei Aristoph. Av. 1628 hat kaum sprachwiss. Aussagekraft.) Die Synonymenlisten der Ärzte Dioskurides und Ps.-Apuleius liefern über 30 dak. Pflanzennamen, verschiedene andere Quellen thrak. Glossen unterschiedlichen Wertes (*βρία* »Stadt«, auch häufig in ON; *βρῦτος* »Bier«, *ζαλμός* »Fell«). Zahlreicher sind die thrak. PN im griech. und lat. Kontext (oft zweiteilig, Typ *Αὐλου-μενης*, *Μεστου-ζελμης*, *Κετρι-πορις* oder einstämmig wie *Ζειπας*, *Σευθης*, *Cintis*), Stammesnamen *Σατρο-κένται*, ON *Βρεγε-δάβα*, *Βηρί-πᾶρα*, *Κιστι-διζος*, *Πολτυ-μβρία* usw., die bei [1] und [7] gesammelt sind. Dazu treten ganz wenige thrak. Inschr., vor allem die des Ringes von Ezerovo ([7], 566ff.) und des neugefundenen Steins von Kölmen, etwa aus dem 4. Jh. v. Chr. (vgl. [13]). Sie bleiben fast unverständlich. – Zu den Inschr. auf Samothrake vgl. Samothrake II 1 ed. P. M. FRASER, 1960, 120f.; II 2 ed. K. LEHMANN, 1960, 45ff., ferner [6]. [7]. [8]. – Die Versuche von [11] und [8], aus dem Rumän. eine dak. Substratschicht herauszupräparieren, sind schon in der Methode mit viel Unsicherheit behaftet. Ebenso empfiehlt sich krit. Vorsicht gegenüber dem Versuch, aus dem Alban. get. oder »dakisch-mysische« Substratwörter zu gewinnen.

Die sicherste Grundlage für Aussagen über das Thrak. bilden die in griech. und lat. Texten tradierten Namen, auch wenn ihre Wiedergabe in griech. und lat. Schrift oft stark schwankt und wir ihre Bedeutung nicht kennen. Sie erweisen das Thrak. als eigenen Zweig der idg. Sprachfamilie, bei dem die idg. palatalen Gutturale zu *s* (geschrieben *σ*, auch ζ) geworden sind (»Satemsprache«): *ekṷo- >εσβε- »Pferd«; *rēg- >ϱησο- »König«; *dheiĝhos »Mauer« > diza »Burg«; die Labiovelare haben das labiale Element verloren: *g^{u}hermo- »warm« > germe- im ON Γεϱμίζεϱα. Idg. bh, dh, gh werden zu b, d, g. Die Dentale werden vor hellem Vokal assibiliert: Ῥεδεστός > Resistos, Diur- > Ζουϱ-. m und b wechseln, z.B. im Namen der Göttin Μενδῖς: Βενδῖς usw.

An Suffixen erkennen wir -isk-: ON Scretisca, Berg Βέϱτισκος; -all-: ON Δέϱταλλος, VN Τϱιβαλλοί; -nt-: VN Βϱίανται (zu βϱια); an Präfixen pa-/po: Fluß Πασπίϱιος, ON Pomodiana; o-: VN Ὀδϱυσαί neben Δϱοσαί. Wortschatz und Stammbildung deuten auf nähere Beziehung zum Balt.: thrak. PN Γαιδϱεας: lit. gaidrùs »hell, heiter«; thrak. ON Δίγγιον: altpreuß. Dinge Name e. Waldes; dak. ON Μέδεκα: lit. medė̃kas »Wäldchen«; thrak. ON Στϱάμβαι: altpreuß. strambo »Stoppel, Schilf«; thrak. ON Κύψελα: lit. kupsẽlis »Hügelchen«, vgl. [14]. – Die früher behauptete enge Verwandtschaft von Thrak. und Phryg. (die seit [2] zum Ansatz einer »thrako-phryg.« Sprache geführt hatte), wird von der heutigen Forschung abgelehnt; verschieden ist zumindest das Schicksal der Palatale (Das gilt genauso für Bez. zwischen Thrak. und den westbalkan. idg. Sprachen.). G. N.

1. *W. Tomaschek*, SAWW 128 (1893). 130 (1893). 131 (1894). 2. *P. Kretschmer* Einl. Gesch. griech. Sprache, Gött. 1896, 171ff. 3. *N. Jokl*, RLV 13,277ff. 4. *W. Brandenstein*, RE VI A 407ff. 5. *A. Kerényi* Die PN von Dazien, = Diss. Pannon. Ser. I 9, 1941, 6. *D. Detschew* Charakteristik der thrak. Sprache, Sofia, Acad. Bulg. des Sciences 1952 (bulg. u. dt.). 7. *Ders.* Die thrak. Sprachreste, Öst. Ak. Wiss., phil.-hist. Kl., Ling. Abt., Bd. 14, Wien 1957. Dazu O. *Masson*, Kratylos 5, 1960, 168ff. und *A. Heubeck*, BN 9, 1958, 118ff. 8. *Vl. Georgiev* Trakijskijat ezik, Sofia 1957 (nur bulg.). 9. *I. I. Russu* La limba tracodacilor, Bukar. 1957 (^{2}1967); dt. Die Sprache der Thrako-Daker, 1969. 10. *Vl. Georgiev* Introduzione alla storia delle lingue indeuropee, Roma 1966, 120ff. 11. *G. Reichenkron* Das Dakische, Heidelb. 1966. 12. *Ž. Velkova*, Ling. Balk. 12, 1967, 155ff. (Bibliogr. von 1852–1965). 13. *R. Schmitt-Brandt*, Glotta 45, 1967, 40ff. 14. *J. Duridanov* Thrak.-dak. Stud. 1, Sofia 1969 = Ling. Balk. 18,2. 15. *V. Beševliev* Unt. über die PN b. d. Thrakern, Amsterdam 1970.

Thrasamund. König der Vandalen 496–523, Sohn Gentos, Enkel → Geiserichs. Auf gute Beziehungen zu den Ostgoten bedacht, vermählte sich Th. 500 mit → Theoderichs (3) Schwester Amalafrida, was jedoch gelegentliche Spannungen (z.B. 511) nicht verhinderte (Prok. 3,8,7ff. Cassiod. var. 5,43f. 9,1). Verluste mußten die Vandalen unter Th. durch die Mauren hinnehmen (Prok. 3,8,15ff. 4,13,26). Mit Rom hielt Th. Frieden. Kirchenpolit. steuerte er einen katholikenfeindlichen Kurs, speziell mit Maßnahmen gegen Bischöfe (Chr. min. 2,193. 299. Vita Fulg.); Ausgleichsverhandlungen (z.B. im J. 515) scheiterten (→ Fulgentius [1]). Klugheit und Bildung des kunstsinnigen Th., der Dichter an seinem Hof hatte, wurden gerühmt (Anth. Lat. 210ff. 376. Fulg. ad Thr. 1,2). A. L.

H.-J. Diesner, RE Suppl. X 964f. *Ders.*, SBSächs. AW, ph.-hist. Kl. 113,3 (1967).

Thrasea. Cognomen, in den kaiserzeitl. Fasten (DEGRASSI FImp. 270), vor allem bei → Clodius (II 9) und → Valerius. H. G. G.

Thrasyalkes von Thasos, Periheget (?). Als τῶν ἀϱχαίων φυσικῶν εἷς οὗτος (Strab. 17,790) und Quelle von Aristot. (s.u.) wird er im ausgehenden 6. Jh. v. Chr. (O. GIGON Der Ursprung d. griech. Philos., ^{2}1968, 50) gelebt haben. Er soll zwei Hauptwinde angenommen haben, den kalten, Boreas, und den warmen, Notos, deren alle anderen Nebenwinde κατὰ μικϱὰν ἔγκλισιν seien (Poseid. bei Strab. 1,29. Aristot. meteor. 365a 19; pol. 1290a 14). Ferner erklärte er die Nilschwelle durch gewaltige, von Wolkenmassen, die die Etesien vom N. heranführen, an den Randgebirgen Aithiopiens erzeugte Regenfälle (Poseid. bei Strab. 17,790. Aristot. frg. 248 R. Sen. nat. 4a frg. 4 GERCKE). Frg.e DIELS Vorsokr. 1,377. F. L.

W. Capelle, JbPhPäd 1914, 317. *J. F. Masselink* De grieksromeinse windroos, 1956, 45–47.

Thrasybulos (Θϱασύβουλος). **1.** Milesier, der sich um 600 (vgl. Diog. Laert. 1,27) vom Prytanis (Aristot. pol. 5,1305a 18) zum Tyrannen aufschwang. Mit Erfolg verteidigte er Milet gegen → Alyattes, Hdt. 1,20ff. Polyain. 6,47. → Periandros war nach Hdt. 5,92ζ Gastfreund des als willkürlicher Despot bezeichneten Th. Hdt. a.O. Dion. Hal. ant. 4,56,3. Plut. mor. 147ff. Diog. Laert. 1,31. 95. 100; vgl. Aristot. pol. 3,1284a 27. 5,1311a 20. SCHACHERMEYR, RE VI A 567f. BERVE Die Tyrannis 101. 578f. **2.** Syrakusaner, Sohn des → Deinomenes (1), Bruder und Nachfolger des → Hieron (1). Nach nur elf Monaten beendete ein Aufstand die Tyrannei des Th. (466/65), der in Lokroi Asyl fand. Simonides frg. 106 D. Aristot. pol. 5,1312b 11. 14. 1315b 38. Diod. 11, 66ff. Plut. mor. 403c. SCHACHERMEYR, RE VI A 568. BERVE Die Tyrannis 152f. 607. **3.** Athener aus Steiria, bedeutender demokrat. Politiker und Soldat E. 5. bis Anf. 4. Jh. Als Trierarch 411 veranlaßte Th. den Schwur der Flottensoldaten in Samos auf die Demokratie, Thuk. 8,73,4. 75,2, → Thrasyllos (1), sowie, nach Wahl zum Strategen, a.O. 76,2. Diod. 13,38,3, die Rückkehr des → Alkibiades (2), Thuk. 8,81,1. Nep. Alc. 5,4. Plut. Alk. 26,6. Im selben J. erfocht Th. die Seesiege von Kynossema und Abydos, Thuk. 8,104f. Diod. 39f. 45,7. Bis zur Arginusenschlacht 406, an der er als Trierarch teilnahm, Xen. hell. 1,6,35. 7,5. 17. 31. Diod. 13, 101,2, in der n. Ägäis und im Hellespont, Xen. 1,1, 12ff. 4,9f. 5,11. Diod. 13,49ff. 64,3. 72,1f. Polyain. 1,40,9. Unter den 30 im Exil in Theben, Xen. 2,3, 42f. 4,13f. Isokr. 18,23. Diod. 14,32,1, war Th. 404/03 Führer der Besetzung von → Phyle, des

Peiraieus und des Sturzes der 30, Xen. 2,4,2ff. 13,34. 39. Aristot. Ath. pol. 37f. Nep. Th. 2,1. Plut. mor. 349f, vgl. Philoch. FGrH 328 F 143. – Ein Einbürgerungsgesetz Th.' für die Peiraieuskämpfer vereitelte → Archinos mit einer *γραφὴ παρανόμων*, Aristot. a.O. 40,2. Aischin. 3,195. POxy 15, 1800 frg. 6f.; vgl. RAUBITSCHEK, Hesp. 10, 1941, 284ff. – Maßgeblichen Anteil hatte Th. an der Wiederbelebung des Imperialismus Athens Anf. 4. Jh.: Allianz mit Theben, Korinth. Krieg, Xen. 3,5,16. Hell. Oxyrh. 6 (1), 2. Lys. 16,15. Plut. Lys. 29,1. Paus. 3,5,4. Größte Erfolge erzielte Th. als Stratege 390/89 durch den Gewinn von Thasos, Samothrake, → Chersonesos (1), Byzantion, Kalchedon, Xen. 4,8,25ff. Demosth. 20,59f. Diod. 14,94,2; vgl. BENGTSON GG^4 269. Unglückliches Operieren in Ionien ließ ihn in Ungnade fallen; er starb unrühmlich auf einem Plünderungszug bei → Aspendos, Xen. 4,8,30. Lys. 28,5 17. 29,7. Nep. Th. 4,4. Diod. 14,99,4. KÜHN, WS 80 (N.F. 1), 1967, 45f. SEAGER, JHS 87, 1967, 95ff. PERLMAN, CPh 63, 1968, 257ff. **4.** Athener aus Kollytos, Sohn des Thrason. Klagte Alkibiades nach der Niederlage von Notion an, Plut. Alk. 36,1. Mitkämpfer des → Th. (3) 404/03, Demosth. 24,134. Im Anh. zur Charta des 2. Att. Seebundes (IG II/III^2 43. TOD IGH Nr. 123) Anfang 377 zum Gesandten nach Theben bestellt, wo er sich größtes Ansehen erwarb, Aischin. 3,138. Demosth. rechnet Th. zu den *ῥήτορες ἔνδοξοι καὶ μεγάλοι πρὸ ἐμοῦ* (18, 219). PA 7305. **5.** Athener aus Erchia, Sohn des Thrason, diente unter Chares 353/52, IG II/III^2 1613. Alexander forderte seine Auslieferung, Suda s. *Ἀντίπατρος*, worauf er zum Perser ging; 334 kämpfte er unter → Memnon (3), Diod. 17,25,6; 326/325 in Athen Stratege, IG II/III^2 1628. **6.** Aus Kalydon, Metöke in Athen, erstach im Herbst 411 → Phrynichos (2) und leitete so den Sturz der 400 ein, wurde dafür 409 mit dem Bürgerrecht belohnt. Lys. 13,71f. IG I^2 110. MEIGGS-LEWIS IGH 85. **7.** Ein Elischer Seher, Sohn des Aineas, aus dem Geschlecht des → Iamos, Paus. 6,2,4 (Statue des Th. in Olympia). 8,10,5. Plut. mor. 253b nennt Th. unter den Mördern des ephemeren Tyrannen → Aristotimos 471/70 (BERVE Die Tyrannis 403). Wohl ident. mit dem Stifter einer Pyrrhosstatue in Olympia, Paus. 6,14,9, und dem Vater eines Agathinos, dem die Achaier dort eine Statue setzten, a.O. 13,11. K. K.

Thrasydaios (*Θρασυδαῖος*). **1.** Führer der Demokraten in Elis, das seit 402 mit Sparta im Krieg lag. Trotz manchen Erfolgen mußte er 400 Frieden schließen (Xen. hell. 3,2,21–31. Diod. 14, 17,4ff. 34,1. Paus. 3,8,3ff.). **2.** Viell. Pharsalier (Sylloge^3 240 H 10ff.), thessal. Tetrarch unter Philipp II. (Demosth. 18,295. Theop. FGrH 115 F 209, der ihn als Schmeichler Philipps und Tyrannen bezeichnet). Im Herbst 339 war er mit Daochos als Philipps Gesandter in Theben (Plut. Demosth. 18,2. Marsyas FGrH 135/136 F 20; vgl. Theop. F 328). Th. war thessal. Hieromnemon in Delphi 338 bis 335, H. POMTOW, RE IV 2683. G. Do.

Thrasykles (*Θρασυκλῆς*), Athener, einer der Unterzeichner des Nikiasfriedens und der athen.-spartan. Symmachie 422/21, Thuk. 5,19,2. 24,1. Wohl ident. mit dem Antragsteller des Ehrendekrets IG I^2 82 (421/20) sowie mit dem Th., der 412 mit 12 Schiffen → Strombichides gegen die abgefallenen Chier nachgesandt wurde, Thuk. 8,15,1. 17,3. 19,2. Ein Ostrakon mit Th.' Namen, bei MEIGGS-LEWIS IGH Nr. 21. K. K.

Thrasyllos (*Θράσυλλος*). **1.** Athener, trat 411–406 hervor als Soldat und überzeugter Demokrat, der Kriegspartei um → Kleophon (1) nahe, Gegner des → Alkibiades (2). Im J. 411 Hoplit in der Flotte in Samos, Thuk. 8,73,4, Mitinitiator des Schwures auf die Demokratie, als diese vom Oligarchenputsch der 400 (HIGNETT Hist. Ath. Const. 276ff. 356ff. LANG, AJA 88, 1967, 176ff.) in Athen beseitigt war, Thuk. 8,75,2. 76,2, vgl. Diod. 13,38,3. 45,7. Als Stratege 411/10 trug er zu den Siegen von → Kynossema und Abydos bei, Thuk. 8,100,1. 104,3. 105,2. Diod. 13, 39,4. 45,7; kehrte E. 411 nach Athen zurück, Xen. hell. 1,1,8, wo er, als Stratege 410/09, einen Angriff des → Agis (2) abwies, Xen. hell. 1,1,33. 409 (vgl. Dion. Hal. hypoth. Lys. 32) in Ionien erfolglos; unterstellte sich danach Alkibiades und nahm an der Unternehmung zum Hellespont teil, Xen. hell. 1,2,1ff. 3,6. Plat. Thg. 129d. Diod. 13,64. 66. Plut. Alk. 29,2ff. Anf. 407 in Athen, Xen. hell. 1,4,10, für 407/06 nicht wiedergewählt. Nach Alkibiades' Sturz 406 erneut Stratege, Xen. hell. 1,5,16. Lys. 21,7. Diod. 13,74,1. † 406 als einer der 6 zum Tod verurteilten Strategen des Arginusensieges, Xen. hell. 1,6,30. 7,2. 29; mem. 1,1,18. Philoch. FGrH 328 F 142. Diod. 13,97,6. 101,5. Paus. 6,7,7 (Androt. FGrH 324 F 15). – Zur Chronol. A. ANDREWES, JHS 73, 1953, 2ff. gegenüber BENGTSON GG^2 245. K. K.

2. Astrologe aus Alexandreia, der durch Tiberius schon auf Rhodos das röm. Bürgerrecht erhalten hatte, CIL III 7107, dann Berater und enger Freund des Kaisers, Tac. ann. 6,20,2f. Suet. Tib. 14, 4. Cass. Dio 55,11,1f. KRAPPE, AJPh 48,359ff. CICHORIUS Röm. Stud. 390ff. Nach Sch. Iuv. 6,576 schrieb er über pythag. und platon. Prinzipienlehre, Porph. vit. Plotin. 20, Vf. eines Werkes *περὶ ἑπτὰ πόνων*, Porph. ad Ptolem. Harmon. p. 266. Die Tetralogienordnung der Werke Platons geht jedoch nicht auf Th. zurück, LESKY GGrL ^{3}611. Dagegen stammt von ihm der Katalog der Schriften des → Demokritos (1), in dem dessen Bücher in 13 Tetralogien zusammengefaßt und nach Sachbezügen in 5 Gruppen geteilt sind. LESKY 386. Th. starb kurz vor Tiberius im J. 36, Suet. Tib. 62,3. Dio 58,27,1. R. H.

Thrasylochos (*Θρασύλοχος*). **1.** Athener (Demosth. 28,17. IG II/III^2 1629. 1631). Durch Th.' und seines Bruders → Meidias (2) Machenschaften wurde Demosth. 363 zur Übernahme einer Trierarchie gezwungen und mietete von diesen eine Triere um 20 Minen (Demosth. 21,78ff.). Trierarch 361 ([Demosth.] 50,52), 325/24 und 323/322, IG a.O. **2.** Messenier. Th. und sein Bruder → Neon (2) wurden als promakedon. Politiker (Demosth. 18,295. [Demosth.] 17,4: τύραννοι; verteidigt von Pol. 18,14,3ff. 12) bei Philipps Ermordung 336 verjagt und unter Alexander zurückgeführt. K. K.

Berve Alex. 379. *Ders.* Die Tyrannis... 308. 677.

Thrasymachos (Θρασύμαχος). **1.** Aus Chalkedon, griech. Rhetor und Sophist der 2. Hälfte des 5. Jh.s v. Chr. in Athen (zwischen → Teisias und → Theodoros [II 6]: Aristot. soph. el. 183b 29ff.; sichere Daten: Spott bei Aristoph. Frg. 198 [vom J. 427]; B 2 Diels setzt den Regierungsantritt des → Archelaos [1; im J. 413], B 1 die Wirren von 411 [oder 403?] voraus). Th. hat die Entwicklung der Rhet. entscheidend gefördert. In seiner (*Μεγάλη*) *Τέχνη* beschäftigte er sich u.a. mit Fragen der Erzeugung von Emotionen (*πάθη*), der wirkungsvollen Vortragsweise (*ὑπόκρισις*; vgl. Aristot. rhet. 1404a 13ff.), doch wohl auch mit dem Bereich der sprachl. Gestaltung. Die wörtl. Frg.e seiner Prosa lassen schlichte Ausdrucksweise, unaufdringliche Rhythmisierung und Periodisierung erkennen (positives Urteil des Theophrastos b. Dion. Hal. Demosth. 3: Th.' Stil gehöre dem *μέσον* an). Das Gebiet der Gerichtsrede verließ Th. mit seinen symbuleutischen Flugschriften, in denen er zu aktuellen polit. Fragen Stellung nahm. In *π. πολιτείας* übt er Kritik am Verfall des Staates und empfiehlt Rückkehr zur *πάτριος πολιτεία*; *ὑπὲρ Λαρισαίων* weist die Einmischung Makedoniens in die thessal. Angelegenheiten zurück. Th. (bzw. seiner nächsten Umgebung) auch die unter dem Namen des → Herodes (16) Attikos überlieferte Rede *π. πολιτείας* zuzuweisen (so neuerdings wieder [8]), besteht kein Grund. Ob die Titel *Παίγνια*, *ἀφορμαὶ ῥητορικαί* und *ὑπερβάλλοντες* (Suda s. *Θ.*) selbständige Schriften oder Teile der *Τέχνη* bezeichnen, läßt sich nicht ermitteln. Die Zeugnisse und Frg.e erweisen Th. als einen in erster Linie an Fragen der Beredsamkeit interessierten Mann (vgl. [5] und [6]). Wie stark er sich daneben, wie die zeitgenössischen Sophisten, mit philos. Problemen beschäftigt hat, bleibt unsicher, trotz der wichtigen Rolle, die ihm Platon im 1. B. des »Staates« zugeteilt hat (vgl. die Diskussion in der einschlägigen Platon-Lit.). H. Gä.

Frg.e: *Diels* Vorsokr. 85. *M. Untersteiner* Sofisti 3,2ff. *L. Radermacher* Art. Script. B IX.

Lit.: 1. *Christ-Schmid* 1,3,185ff. 2. *Blass* AttBereds. 1, 244ff. 3. *W. K. C. Guthrie* Hist. of Gr. Philos. 3, Cambridge 1969, 294ff. 4. *H. Gomperz* Sophistik und Rhet. 49ff. 5. *Platonicus*, Riv. di Filos. 31, 1940, 27ff. 6. *G. M. A. Grube*, AJPh 73, 1952, 251ff. 7. *A. Daskalakis*, Ἀθηνᾶ 56, 1952, 45ff. 8. *M. Sordi*, RFIC 83, 1955, 175ff.

2. Aus Korinth, nur von Diog. Laert. 2,113 erwähnt, dessen Notiz sich auf → Herakleides (18) Lembos stützt. Danach war Th. Lehrer des → Stilpon von Megara; vermutlich gehörte er der → megarischen Schule an. H. D.

Thrasymedes (Θρασυμήδης). **1.** Sohn → Nestors (1), der mit seinem Bruder → Antilochos den Vater nach Troia begleitete. Er rettet dem Bruder das Leben, Il. 16,317ff., tritt aber sonst nicht stark hervor; doch erhält er das Beiwort *ἀντίθεος* ebd. 321; Od. 3,414. In der Aithiopis gelingt es ihm nicht, → Memnon (1) die Leiche des Bruders zu entreißen. Er kehrt mit dem Vater heim. Grab im messen. Pylos, bildl. Darstellung am Tempel der → Messene (1) in Messene (Ithome), Paus. 4,36,2. 31,11. Auf Th. führten sich über seinen Enkel → Alkmaion (2) die athen. Alkmeoniden zurück. Paus. 2,18,8. H. v. G.

2. Sohn des Arignotos, Parier, Bildhauer, Architekt der 1. Hälfte 4. Jh. v. Chr. Nach Paus. 2,27,2 schuf Th. (Athenag. leg. 17 falsch: Pheidias) die Kultstatue des Asklepios für → Epidauros (1; Sitzbild mit Schlange und Hund, am Thron Taten des Bellerophon und Perseus. Goldelfenbein. Mehrfach lebensgroß). Mz.-Bilder bei Imhoof-Gardner A Numismat. Comm. on Paus. T. L 3–5. GG 7. L. Lacroix Les reproductions de statues, 1949, 301 T. 26,12–14. Th. schuf außerdem Tür, Decke und Säulengitter der Tempelcella, IG IV² 102. 45. 65, ein Weihgeschenk in Epidauros (IG IV² 198) und ist erwähnt in der Periegese von Hawara (Genethliakon C. Robert 191ff. II 14), dagegen kaum ident. mit dem späteren Th. EpGr 778. Moreno, Enc. arte ant. 7,838f. W. H. G.

Thraustila. **1.** Gote, *bucellarius* und Schwiegersohn des → Aetius (3), ermordete 455 → Herakleios (3). **2.** General, beteiligte sich 480 (so Stein II. 781) an einer Verschwörung gegen Kaiser → Zenon (2; Ioh. Antioch. frg. 95 = exc. de ins. 33). **3.** Th. (Trapstila), Gepidenkönig, besiegt 488 von → Theoderich (3) auf dessen Marsch nach Italien (Iord. Get. 300). Nach Paul. Diac. (Hist. Rom. 15,15; ihm folgt Stein II. 55) fiel Th. damals, doch vermutlich war er es, der einige Z. nach 488 Sirmium nahm (Ioh. Malal. 18,450); † vor 504, da damals sein Sohn Thrasarich König war (Ennod. Paneg. 12,61f.). A. L.

Threnos (*θρῆνος*). **1.** Totenklage, vorliterarisch Hom. Il. 23,1ff. 24,720ff.; Od. 24,58ff. Solon verbot Trauerlieder (*θρηνεῖν πεποιημένα*; Plut. Sol. 21,5). Als Lit.-Form bei Simonides (Anth. lyr. 2 p. 67–71. Page Poetae mel. gr. p. 272 bis 276) und Pindar (Frg. 128a–138 Sn.); doch stammt der Titel *θρῆνοι* von den ant. Herausgebern. Über Th. in der Trag. → Kommoi. im Hellenismus treten hexametr. Th. auf: → Bions Adonis, *Ἐπιτάφιος Βίωνος*, beide mit Refrain. S. auch → Epikedeion. → Krantor schrieb *περὶ πένθους*. **2.** Vorsänger bei der Totenklage, Lesart (auch Pap.) Hom. Il. 24,721. R. K.

E. Reiner Die rituelle Totenklage der Griechen, 1938.

Thria, Thriasion pedion (*Θρία*, Demotikon *Θριάσιος*), att. Demos und Hauptort der danach benannten Küstentrittys der Phyle Oineis, später Hadrianis, in der nach Th. genannten Ebene von → Eleusis, wahrscheinlich beim h. Kalyvia etwa 5 km n. ö. von Eleusis. Siedlungsspuren seit neolith. Z. Im Gebiet von Th. stand der von Paus. 1,37,7 genannte Tempel der Aphrodite → Phila (2), genannt nach der Gemahlin des → Demetrios (2) Poliorketes, am Ausgang der Heiligen Straße in die thrias. Ebene, Athen. 6,255 c. 254 a. IG II^2 4574. Ferner gab es ein Kekropion, IG II^2 2776, 196, während ein Heros Thriasios erst spät bezeugt und wohl nur erfunden ist, IG II^2 5007. Das spätere Dipylontor Athens hieß in klass. Z. »Thriasisches Tor«, Plut. Per. 30,3. Harpokr. s. *Ἀνθεμόκριτος*. Hesych. s. *Θριάσιαι*. Sonst Hdt. 8,65,1. 9,7 β 2. Thuk. 1,114,2. 2,19,2ff. 21,1. Xen. hell. 5,4,21. Plut. Them. 15. Strab. 9,1,6 p. 392. 1,13 p. 395. Anecd. Bekk. 1,265 s. v. Steph. Byz. IG I^2 899. Sylloge^3 919. IG I^2 329 = Sylloge^3 96,1 f. = SEG 13,12,21. SEG 16,121,7f E. M.

Wrede, RE VI A 598. 599ff. *v. Schoeffer*, RE V 63ff. *Philipps.-Kirst.* 1,860.

Thriambos s. Dionysos

Thrinakie (*Θρινακίη*), Insel des → Helios, der dort von Phaethusa und → Lampetie (1) seine Rinderherden weiden läßt. Odysseus muß trotz der Warnungen von → Kirke und → Teiresias dort landen, und während er abseits betend eingeschlummert ist, schlachten seine Leute die heiligen Rinder, aber erst als der Hunger sie zur Verzweiflung bringt (→ Eurylochos 1). Helios und Zeus kennen keine mildernden Umstände. Dem Strafgericht des Schiffbruchs entkommt Odysseus allein. Od. 11,105ff. 12,127ff. 261ff. 353ff. 19, 275ff. Anders 1,7ff. Die Argonauten waren an Th. vorbeigefahren. Apoll. Rhod. 4,965ff. Das hom. Th. (*θρῖναξ* »3zinkige Gabel«) wurde mit Sicilien gleichgesetzt und schon früh (Thuk. 6,2,2) in *Trinakria* (aus dem man die *τρεῖς ἄκραι*, Vorgebirge, der Insel heraushörte), auch *Trinakia*, umgeformt (→ Palike). Das Abenteuer wurde speziell bei → Mylai (2) lokalisiert, Sch. Apoll. Rhod. a. O., neuerdings in der Bucht von Taormina, E. BRADFORD Reisen mit Hom. (dtv. Nr. 431) 181ff. 192ff. WILAM. GldH. 1,112,2 bleibt bei seinem Ansatz in Tainaron, dem G. FINSLER und E. SCHWARTZ folgten. W. KRANZ, H 50, 1915, 101, dachte an die 3zackige Chalkidike, A. HERRMANN an die Propontis, O. MAASS an Lampedusa s. Malta (Lit. s. o. Bd. IV 243,42ff.). H. v. G.

Thrius (*Θριοῦς*, Ethn. *Θριάσιος*), Ortschaft nicht näher bekannter Lage im s. w. → Achaia in der Peloponnes, Plin. nat. 4,22. Steph. Byz. SEG 15,254,2 = L. MORETTI Iscr. stor. ellenist. Nr. 60 (192 v. Chr.). E. M.

E. Meyer, RE Suppl. IX 1393.

Thronion (*Θρόνιον*, Ethnikon inschr. *Θρονιεύς*), älterer Hauptort der epiknemid. → Lokroi, schon bei Hom. Il. 2,533 genannt. Skyl. 61. Strab. 9,4,4 p. 426. Ptol. 3,14,16. Plin. nat. 4,27. Pol. 9,41, 11. Lykophr. 1148 m. Sch. Harpokr. Steph. Byz. 431 von Athen erobert, Thuk. 2,26,2. Diod. 12,44, 1. 426 durch Erdbeben zerstört, Strab. 1,3,20 p. 60. Im 3. Heil. Krieg von → Onomarchos erobert und Einwohner versklavt, Diod. 16,33,3, dazu Aischin. 2,132. Später im aitol. Bund, 208 v. Chr. von → Philipp V. (7) erobert, Liv. 28,7,10ff. (codd. *Toronen*). Später von → Skarpheia verdrängt und nach dem 1. Jh. v. Chr. nicht mehr genannt. Sehr geringe Reste auf dem Palaeokastro von Pikraki. Inschr.: IG IX 1 Nr. 308–313. Mz. HEAD HN^2 337. Jahrb. f. Num. 17, 1967, passim (S. 93). E M.

Oldfather, RE VI A 609ff. *Philipps.-Kirst.* 1,344. *Klaffenbach*, Klio 20, 1926, 84ff.; Gn 14, 1938, 17ff. *G. Daux* Delphes au 2e et 1er siècles 335ff. *Flacelière* Les Aitoliens à Delphes 305. 308.

Thronos (*θρόνος*). Der Stuhl mit Rück- (und oft auch Seiten-) Lehne und Fußbank heißt bei den Griechen Th. (bei den Römern selten, Plin. nat. 2,178. 35,63. Suet. Aug. 70,1. → Solium [1]). Wie die Sitze mit Rücklehne kret.-myken. Z. ([2], Abb. 1. 3. 6. 8–19. 34) genannt wurden, ist unbekannt. Äg. ([2], Abb. 37–39), alter Orient, Perser und Phoiniker kannten den Th. ([3]). Bei Hom. sitzen Götter, Könige, adlige Herren auf Th. ([1], 38ff.). Göttern können auch leere Th. aufgestellt werden (dazu ROHDE Psyche 1,121 [129], 3). Götter, Könige, Verstorbene, einzelne Priester haben in hist. Z. das Recht, auf Th. zu sitzen. Die formale Gestaltung des griech. Th. erfährt im 7. Jh. unter oriental. Einfluß wesentliche Veränderungen ([3]). Der berühmteste Th. der archaischen Z. war der Th. des Apollon zu → Amyklai, in klass. Z. der des Zeusbildes des → Pheidias in Olympia. Zu etr. Th. (bis auf die runden Th. stark unter griech. Einfluß) vgl. [2], Abb. 427–442. Doppelth. für Götter ([2], Abb. 49. 96. → Damophon), heroisierte Tote ([2], Abb. 50. 52), Könige ([2], Abb. 54) begegnen auch in der röm. Hofkunst (Kaiser und Roma. Kaiser und Kaiserinmutter. MDAI 6, 1953, T. 33–34. AA 1970, 494f.) und im galloröm. Bereich (Götter: ESPÉR. Rec. 4,2. 8. 79). Der Th., auch der leere, geht über die frühchr. Kunst ins MA. als Sitz für Könige und Bischöfe (Äbte). W. H. G.

1. *Laser* Hausrat (Archaeologia Homerica Kap. P), 1968. 2. *G. M. A. Richter* The Furniture of the Greeks Etruscans and Romans, 1966. 3. *Kyrieleis* Throne und Klinen (JDAI Erg.-H. 24), 1969.

Thryon (*Θρύον*, *Θρυόεσσα*), nur bei Hom. Il. 2,592. 11,711f.; h. 1,423 und der davon abgeleiteten Lit. genannte, später verschollene Ortschaft am N.-Ufer des unteren → Alpheios (1), Strab. 8, 3,24 p. 349. Steph. Byz. Lage nicht näher bekannt, wohl beim h. Kukura oder Strephi w. von Olympia. E. M.

E. Meyer, RE VI A 618. *Bölte*, RhM 83, 1934, 324f. 327f.

Thuburbo. 1. Th. Maius, Stadt in Africa proconsularis, im fruchtbaren Tal des oued Miliane (h. Henchir El Kasbat). Der Name ist berber. Im J. 146 v. Chr. von den Römern erobert (Ptol. 4,5,35. Plin. nat. 5,29. Tab. Peut.). Von Th. Minus unterschieden (gegen E. RITTERLING, RE XII 1240), bildete sie einen *pagus c. R.*, der von der *col. Karthago* abhing, und eine *civitas*, die *municipium Aelium Hadrianum Th. M.* wurde. Dann wurde aus beiden Gemeinden E. 2. Jh. (H. G. PFLAUM Antiq. afr. 4, 1970, 111) die *col. Iul. Aurel. Commoda.* Hauptort einer Saltusgegend, war Th. M. der Sitz einer Statio der *IIII publica Africae* (ILAfr. 257). Ruinen: Forum, Thermen, Tempel des Baal-Saturnus und Tanit-Caelestis. (Inschr. CIL VIII 840. 12366. 23979. ILAfr. 224. ILTun 692).

Babelon – Cagnat – Reinach Atl. Arch. Tun. fe 37 (Zaghouane) Nr. 67. *G.L. Feuille* Th. M., Tunis, o. J. (mit Bibliogr.). *M. LeGlay* Saturne afr. Monuments 1, 1961, 113. *L. Maurin* Th. M. et la paix vandale, Cah. de Tun. 1967, 225.

2. Th. Minus, Stadt in Afr. procons. (h. Tebourba), 45 km n. von Th. Maius (Plin. nat. 5,4,29). Z. Z. von Octavianus wurde sie *col. Octavanorum*, d. h. Veteranenkolonie der VIII. Legion. Atl. Arch. Tun. fe 21 (Tebourba) Nr. 75. L. TEUTSCH Das röm. Städtewesen in Nordafrika, Bln. 1962, 169. M. L.

Thubursicum. 1. Th. Bure. Stadt in Africa procons. (h. Teboursouk), nahe bei Thugga. Alte berber. Ortschaft in einer fruchtbaren Gegend, z. Z. der Severer *municipium Septimium Aurelium Severianum Antoninianum Frugiferum Concordium Liberum Th. B.* (ILAfr. 506), dann *col.* [...] *Augusta* unter Gallienus (CIL VIII 1437. Inschr. CIL VIII 1424. 15258. 25994. ILAfr. 504. ILT 1329. Atl. Arch. Tun. fe 35: Teboursouk Nr. 27). **2.** Th. Numidarum, Stadt in Africa procons. (h. Khamissa, Algerien). Vielleicht *oppidum Thubuscum* (Tac. ann. 4,24). Alte berber. Ortschaft, Hauptort der → Musulamii, Anf. 1. Jh. *peregr. civitas*, dann z. Z. Traians *munic. Ulpium Traianum Augustum Th.* (ILAlg. 1,1240), vor 270 *col.*: ILAlg. I 1268. Bedeutende Ruinen: 2 Fora, Theater, Thermen, Tempel, chr. Kirche (Inschr. ILAlg. I 1220). M. L.

S. Gsell Atl. Arch. Alg. fe 18 (Souk-Ahras) Nr. 297. *Ders.* Khamissa, Paris 1914. *R. Syme* in: Stud. in Rom. econ. and soc. Hist. in honor A. Ch. Johnson, 1951, 113. *M. LeGlay* Saturne afr. Monuments I, Paris 1961, 365.

Thugga, Stadt in Africa proconsularis, im fruchtbaren Gebiet zwischen oued Siliana und Medjerda (h. Dougga). Sehr alte Stadt unter pun. Einfluß (S. GSELL Hist. Anc. Afr. N. 2. 4. Im numid. Reich von 146 bis 46 v. Chr., dann röm.: zuerst *peregr. civitas* mit einem *pagus c. R.*, der von der röm. *col. Karthago* abhing (AE 1963, 94). Unter Septimius Severus und Caracalla, *conditores municipii* CIL 26539, wurde Th. *mun. Septimium Aurelium liberum Th.* 26547, im J. 261 *col. Licinia Sept. Aur. Alexandriana Th.* 26582. Bedeutende Ruinen (Inschr. CIL VIII 1471. 26459). Chr. Bischöfe seit dem 3. Jh. Nach der Vandalenz. bauten die Byz. eine das Forum und das Capitolium umfassende Festung. M. L.

C. Poinssot Les ruines de Dougga, Tunis 1958 (mit Bibliogr.). *Ders.*, Mél. Carcopino, Paris 1966, 771. *Ders.*, Mél. Piganiol, Paris 1966, 1267. *Ders.*, CRAI 1962, 55. *W. Seston*, Rev. Hist. 1967, 277. *M. Le Glay* Saturne afr. Mon. 1, Paris 1961, 207.

Thukritos (*Θούκριτος*), Athener, Vater des Sprechers von Demosth. 57 (ca. 346), Euxitheos, der die att. Abkunft des im dekel. Krieg auf Jahre nach Leukas verschleppten Th. beweisen mußte (a. O. 18 u. ö.). K. K.

Thukydides (*Θουκυδίδης*). **1.** Sohn des Melesias aus → Alopeke, verwandt mit → Kimon (2), reich, angesehen (Plat. Men. 94d), oligarch. Gegner des Perikles ab 450, Aristot. Ath. pol. 28,2. 5. Plut. Per. 8,5. 11,1. Sch. Aristeid. 46 (3 p. 446 D.), organisierte die Opposition in einer → Hetairia (2), griff das Bauprogramm des Perikles an, aber nicht seine Seebundspolitik, Plut. 6,2. 8,5. 11,1 f. 12,1 f. 14. H. D. MEYER, Hist. 16, 1967, 141 ff. Th. wurde 443 ostrakisiert. Plut. 14,3. 16,3. E. VANDERPOOL, Hesp. Suppl. 8, 1949, 411 f. 21, 1952, 114 (14 Ostraka erhalten). Nach Rückkehr 433 war er wohl Urheber der Prozesse gegen → Anaxagoras und andere Perikles-Freunde. Diog. Laert. 2,12. Schrift des → Stesimbrotos über Th. FGrH 107 F 10a. H. V.

A. E. Raubitschek, Phoenix 14, 1960, 81 ff.

2. Von Athen, der Historiker.

1. Leben. 2. Gattung, Inhalt und Aufbau des Werkes. 3. Die historiogr. Methode. 4. Die Kategorien der thukyd. Geschichtsdarstellung. 5. Die sog. thukyd. Frage. 6. Fortsetzer und Nachwirkung.

1. Als Quellen stehen neben Bemerkungen im Geschichtswerk die Vita des → Marcellinus (18), eine kurze anon. Vita, der Artikel in der Suda sowie verstreute Notizen bei verschiedenen Autoren zur Verfügung. Th., Sohn des → Oloros (2), stammte, wie der Vatersname und seine Besitzungen und Beziehungen in Thrakien bezeugen, aus einer Familie, die thrak. Blut hatte; anderseits stehen verwandtschaftl. Beziehungen zur Familie → Kimons (2) und → Miltiades' (2) fest: er gehörte also zur athen. Aristokratie und zu jenen Kreisen, die der perikleischen Politik eher fernstanden. Wenn er selbst, wie aus seinem Werk ersichtlich ist, sich ganz hinter → Perikles (1) stellt, so bedeutet dies, daß Th. mit der polit. Linie seiner Familie gebrochen hat. Th. amtete im J. 425/24 als Stratege, war damals also mind. 30 J. alt; seine Geburt ist demnach auf spätestens 455 festzusetzen, eher etwas früher, da gewisse Teile seines Werkes den Schluß nahelegen, Th. habe schon vor 431 mit seiner hist. Forschung begonnen. Aufgrund seines mil. Mißerfolges bei → Amphipolis in seinem Strategenjahr wurde er verbannt und lebte bis zum Kriegsende nicht in Athen, was seine Forschung

erleichterte (5,26,5); die Verbannung scheint mit der allg. Amnestie nach der Kapitulation Athens im J. 404 aufgehoben worden zu sein. Daß er tatsächlich nach Athen zurückkehrte, ist wahrscheinlich, aber nicht sicher bezeugt. Über seinen Tod liefen im Alt. verschiedene Varianten um (Ermordung; Schiffbruch), ebenso über den Ort seines Grabes (kimon. Familiengrab; Thrakien): nichts ist sicher, nur, daß er das Kriegsende erlebte und wohl noch einige Z. an seinem Werk weiterarbeitete, das aber das Kriegsende nicht erreichte. Th. dürfte um 400 im Alter von nicht ganz 60 J. gestorben sein.

2. Th.' Werk ist eine hist. Monographie über den peloponnes. Krieg (431–404) in 8 B., bricht aber bei der Behandlung des J.s 411/10 ab. Anderseits enthält es in Form von 2 größeren Exkursen des 1. B.s einen Abschnitt über die älteste Gesch. Griechenlands (1,2–20, die sog. Archäologie) und die Gesch. der 50 J.e von 480–431 (1,89–117, die sog. Pentekontaetie), durch welche Th. den Anschluß seines Werkes an das Herodots herstellt (Gedanke der »Historia perpetua«). Über die Fortsetzer des thukydid. Werkes s. Abschn. 6. Das 1. B. enthält nach der Einl., in der die Größe und Bedeutung des Krieges dargelegt wird, dessen Vorgesch. bis zum Kriegsausbruch mit dem berühmten Redentetralog anläßlich der Bundesversammlung in Sparta (68–87). Die B. 2,1–5,24 erzählen den archidam. Krieg bis zum Friedensschluß und dem Bündnis zw. Athen und Sparta (431–422/21); die berühmtesten Einzelpartien sind Perikles' Leichenrede auf die Gefallenen (2,35–46), die Pest mit anschließender Rede des Perikles (2,47–57. 59–64; seine Würdigung 65), die Verhandlungen über das Schicksal der Mytilenaier (3,35–50) und als Parallele jene über das Schicksal der Plataier (3,52–68), die Erzählung der Sittenverwilderung in Kerkyra als Kriegsfolge (3,82f.), die 2. Front in Pylos (4,2–41). B. 5,25–116 beschreibt die Z. des »faulen Friedens« (421–415) mit der vielbesprochenen Unternehmung der Athener gegen Melos und dem Melierdialog (85–116). Die B. 6 und 7 enthalten die Sizilienexpedition der Athener (415–412); die berühmtesten Partien sind hier die den Kriegsentscheid vorbereitenden Reden des → Nikias (1) und des → Alkibiades (2; 6,9–23), der Hermenfrevel (6,27–29), die Rückberufung des Alkibiades (6,53–61), das Hilfegesuch der Syrakusaner bei Sparta (6,88–92), die letzte Seeschlacht bei → Syrakusai, die Flucht und der Untergang des athen. Heeres (7,51–87) und, als Abschluß der Sizilienexpedition, das Eintreffen der Nachricht über die Katastrophe in Athen (8,1). B. 8 enthält die ersten J.e des dekeleisch-hellespont. Krieges (412–411/10) mit dem Umschwenken des Alkibiades auf die athen. Seite (45–56), dem Sturz der Demokratie in Athen (63–72), gefolgt vom Sturze der Oligarchie ihrerseits (89–98).

3. Nach eigener Aussage (1,1,1) begann Th. gleich bei Kriegsbeginn damit, die Ereignisse aufzuzeichnen. Aufgrund welcher Methode er seine Forschungen betrieb und seine Darstellung verfaßte, sagt er selbst in den berühmten »Methodenkapiteln« (1,20–22): es handelt sich um die *ζήτησις τῆς ἀληθείας*, (20,3), Herausfinden des Gesicherten (*τὸ σαφὲς σκοπεῖν*, 22,4), Verzicht auf Sensation und Übertreibungen – im Gegensatz zu den Dichtern und Erzählern (*ἐπὶ τὸ μεῖζον κοσμοῦντες, ... ἐπὶ τὸ προσαγωγότερον τῇ ἀκροάσει ἢ ἀληθέστερον*, 21,1). Bei der Darstellung der Ereignisse (*τὰ δ' ἔργα τῶν πραχθέντων*, 22,2) galt es, die Forschung mit möglichster Genauigkeit (*ἀκρίβεια*) vorzunehmen, die Gewährsleute nicht nach dem Zufall auszulesen – ihre Erinnerungsfähigkeit und ihre Voreingenommenheit bilden Fehlerquellen (22,3) – und auch der eigenen Meinung Zügel anzulegen (*οὐδ' ὡς ἐμοὶ ἐδόκει*). Die Verbannung ermöglichte es dem Historiker, sich auf Seiten aller kriegführenden Parteien umzusehen, wie er selbst im sog. 2. Prooimion (5,26,5) sagt. Bei der Darstellung des Gesprochenen, den diplomat. Verhandlungen, den Reden der Staatsmänner, Gesandten und Truppenführer, galt es, sich zwar möglichst eng an den Gesamtsinn der wirklichen Reden anzuschließen, sich aber doch die Freiheit vorzubehalten, das zu sagen, was in einer bestimmten Situation gesagt werden mußte (*τὰ δέοντα*, 22,1). Diese letztere Methodenaussage ist von der Forschung viel diskutiert worden und umstritten. Sicher sind alle Reden in ihrer stilist. Form und ihrer inhaltl. Prägnanz thukyd.: Perikles und → Kleon (1), → Brasidas und Alkibiades, die Korinther und die Athener sprachen ja in Wirklichkeit nicht denselben Stil. Man kann auch behaupten, daß »*τὰ δέοντα*« für den Historiker und für die im hist. Moment sprechende Person nicht unbedingt ident. war. So wird Th. sich wohl in erster Linie an das gehalten haben, was für ihn, den Historiker, *τὰ δέοντα*, das in einer gegebenen Situation Relevante, war, und sich nur dann an *τὰ ἀληθῶς λεχθέντα* gehalten haben, wenn es mit den *δέοντα* übereinstimmte. So überrascht es nicht, wenn in den Reden viel Reflexion steckt, viel eigenes Motivierungs- und Causalitätsdenken des Historikers. Schon die Anonymität bzw. Kollektivität vieler Sprechenden (»die Athener«, »die Korinther«) deutet darauf hin, daß der Historiker sie *τὰ δέοντα* sagen läßt, sowie die Zeitdauer der Reden, die – sogar bei den längsten – sehr kurz ist, wenn man sie sich gesprochen denkt (es handelt sich um dasselbe Problem wie bei den Sokratesgesprächen bei Xen. mem.).

Das Ziel der thukyd. Geschichtsdarstellung ist es, dem Leser gesicherte Kenntnisse des Geschehenen zu vermitteln, von denen aus er – da die menschliche Natur es mit sich bringt, daß später sich wieder ähnliche Abläufe ergeben werden –

auch das Zukünftige zu beurteilen im Stande sein wird (1,22,4), d.h., es wird dem Leser möglich sein, aufgrund der aus der Lektüre des Th. zu gewinnenden Einsicht in gesch. Abläufe auch sich abzeichnende, zukünftige polit. Entwicklungen besser diagnostizieren zu können.

4. Th., beeinflußt von der geistigen Bewegung der Sophistik, dem Aufkommen der wissenschaftl. und naturwiss., bes. med. Denkweise, hat anhand einer vorurteilslosen und möglichst objektiven Darstellung des peloponnes. Krieges versucht, die im hist. Geschehen wirksamen menschlichen, geistigen und polit. Kräfte, die ihrerseits wieder der unvorhersehbaren Zufälligkeit und Zwangsläufigkeit unterworfen sind, herauszuarbeiten, die sich durchkreuzenden Motivierungen aufzuzeigen und die Folgen, die für die betroffenen Zeitgenossen fast durchwegs tragisch sind (*παθήματα*), deutlich zu machen. So ist seine Geschichtsdarstellung rationalistisch und religionsfern, wenn auch durchaus nicht amoralisch oder atheistisch. Gerade die neueste Richtung der Th.-Forschung hat aufgezeigt, daß die nüchterne und verhaltene Berichterstattung nur selten die »persönliche Meinung« des Historikers erkennen läßt und schon gar nicht eine »Billigung« der von ihm geschilderten Verhaltensweisen beinhaltet. Auch wenn bestritten werden kann, daß Th. der Begründer der »wissenschaftl. Geschichtsschreibung« – wie sie das 19.Jh. sieht – sei, so bleibt es zweifellos sein geniales Verdienst, unter viell. einseitiger Raffung der Ereignisse auf das Wesentliche, unter radikaler Weglassung sämtlicher kulturgesch. Gesichtspunkte (Sokrates, Euripides, Aristophanes werden nirgends genannt!) eine vertiefte Erkenntnis der geschichtsimmanenten Kräfte gewonnen zu haben, die – *κατὰ τὸ ἀνθρώπινον* (diese pessimist. Auffassung bildet eine Grundvoraussetzung des Werkes) – auch unter veränderten Zeitumständen wieder wirksam sein werden; insofern wird sein Werk ein *κτῆμα εἰς ἀεί* sein. Diese geistige Durchdringung der hist. wirksamen Kräfte durch den Autor zieht sich durchs ganze Werk. Folgende Tatsachen, Probleme, Kräfte lassen sich feststellen:

Kriegsgründe verschiedenen Grades, solche, die unterschwellig vorhanden sind, und solche, von denen man offen spricht (*ἀληθεστάτη πρόφασις – ἐς τὸ φανερὸν λεγόμεναι αἰτίαι*, nach der Interpretation von [5], 623ff.); Furcht, Sicherheit, Prestige, Präventivkrieg; Recht und Nutzen in der Politik (*δίκαιον – ξυμφέρον*); Verschiedenartigkeit der Volkscharaktere (Athener – Spartaner); Freiheit und Herrschaft (*ἐλευθερία – ἀρχή*); Abhängigkeit der Kriegstüchtigkeit eines Staates von den materiellen und wirtschaftl. Ressourcen; Verhältnis der Bundesgenossen zur Vormacht; Probleme der Nichtkriegführung (Neutralität der Melier); psycholog. und moral. Folgen des Krieges (Kerkyra) oder einer Seuche (Athen); verschiedene Arten von Machtpolitik, Wesen der Machtausübung; Zwangsläufigkeit polit. Geschehens (*ἀνάγκη*); Erkenntnis der Einheit des Krieges trotz des Friedens von 421 (d.h., Einsicht in größere gesch. Zusammenhänge).

In der Herauskristallisierung, dem leidenschaftslosen Herauspräparieren dieser Kräfte und Tatsachen zeigt sich Th.' »Realismus«, der sich eben nicht mit einer Rationalisierung der gesch. Abläufe, mit einem Sich-Begnügen, die Fakten bloß darzustellen, zufriedengibt, sondern der auch bestrebt ist, das Emotionelle, irrational in der Gesch. Wirkende der Erkenntnis zugänglich zu machen. Große Sorgfalt wendet Th. auch für die Chronol. auf: der Kriegsverlauf wird annalist. nach Kriegsjahren, welche durchgezählt werden, geordnet, das Kriegsjahr zerfällt in den Sommer und Winter. Nach genauen, allgemeingültigen Kalenderdaten zu rechnen, ist dem Historiker des 5.Jh.s nicht möglich, und ein anerkanntes chronolog. System, z.B. die Olympiadenrechnung, gehört noch der Zukunft an. Wichtig ist für Th. auch die relative Chronol., d.h. das zeitl. Verhältnis der verschiedenen Geschehnisreihen zueinander. Das ganze chronol. System wird verankert durch eine höchst genaue Fixierung des Kriegsausbruches (2,2,1) mittels aller denkbaren Datierungselemente (Nennung der Priesterin in Argos, des Ephors in Sparta, des Archons in Athen, Fixpunkt innerhalb des 30jährigen Friedens zwischen Athen und Sparta); ferner werden die Sonnenfinsternisse erwähnt, die für die Umsetzung der Daten in unser chronol. System sehr wertvoll sind.

5. Die Th.-Forschung der letzten 130 J. seit [25] sucht in erster Linie auf folgende Fragen Antwort zu geben: Wie hat man sich die Entstehung des thukydid. Werkes vorzustellen? – Ist eine »Entwicklung« im Geschichtsdenken des Autors festzustellen, wenn ja, wie verlief sie? – Diese Fragestellung, die die ganze Th.-Forschung beherrscht, hat zwar auf die genannten Fragen keine unbestrittenen Antworten gezeitigt, wie [11], 1219 zusammenfassend betont, aber die jahrzehntelange Bemühung der namhaftesten Gelehrten um den Th.-Text hat, gewissermaßen als Parergon, eine Fülle von Einzelproblemen zum Bewußtsein und zur Lösung gebracht, von Einzelproblemen stilist., künstler., aufbautechn., historiogr. und hist. Art, so daß diese Forschung trotzdem überreiche Früchte getragen hat (eine umfassende Doxographie über die ganze Forschungsgesch. gibt [11], 1112ff. 1183ff.).

Die Fragestellung ergab sich aus folgenden Anstößen: a) Th. sagt selbst (1,1,1), er habe mit der Niederschrift gleich bei Kriegsbeginn angefangen. Aus 5,26,1 und 5 wird anderseits deutlich, daß Th. Kriegsende und Kapitulation Athens erlebt hat. Wie hat man sich Th.' Forschungstätigkeit, die Art der Niederschrift, die Abfassungszeit und die relative Chronol. der einzelnen Teile vorzustellen? b) Schon ant. Nachrichten bezeugen, daß man das 8.B. als unvollendet empfand: man schrieb seine Abfassung der Tochter des Th. oder → Xenophon (5) oder → Theopompos (6) zu. Die Forschung hat für den unvollendeten Zustand des 8. B. und anderer Partien zahlreiche Argumente beigebracht. Die Verarbeitung des Urkundenmaterials ist sehr unterschiedlich und bildet ein Problem für sich. c) Innerhalb des Werkes zeigte sich ein auffälliges Nebeneinander von vollendet ausgeführten und in sich geschlossenen Partien (z.B. die Sizilienexpedition der Athener in B. 6/7) neben scheinbar nur unvollständig und skizzenhaft ausgearbeiteten (z.B. gewisse Teile von B. 5). d) Wenn Th. im Prooimion von der Bedeutung und Größe des Krieges zw. den Peloponnesiern und Athenern spricht, meint er da den archidam. oder schon hier den gesamten peloponnes. Krieg? Zu welchem Zeitpunkt wurde ihm die »Einheit« der beiden, oder der drei Kriegsteile – wenn man die sizil. Expedition einzeln rechnet – bewußt (vgl. 5,24. 26)? e) Ist sein Urteil über den athen. Imperialismus und über Perikles schon beeinflußt von der Kenntnis der Niederlage Athens oder nicht? Ist eine apologet. Tendenz feststellbar? f) Da es offensichtlich ist, daß Th. sein Werk nicht bis zum vorgenommenen Abschluß bringen konnte, postulierte man eine fehlende »Schlußredaktion«, die dem Werk den letzten Schliff gegeben und alle Mängel und Unausgeglichenheiten behoben hätte.

Offen bleiben muß jedoch die Frage, wie weit Th. überhaupt eine künstlerische, inhaltliche und geistige Homogenität, so wie sie die Forschung verstanden hat, erreichen wollte. Die Anstöße, die man genommen hat, sind z.T. durchaus plausibel, aber sie entsprechen oft einer petitio principii. Die Stellen, die eine Frühdatierung gewisser Partien nahelegen, und die Stellen, die auf eine späte, nach 404 liegende Abfassungszeit gewisser anderer Partien hinweisen, alle anzuführen, würde den vorliegenden Rahmen sprengen (sie sind besprochen im Forschungsbericht bei [11]). Die Lösung des Entstehungsproblems, die heute die meisten Forscher vertreten ([15. 16]. [5]. [11]) entspricht einer mittleren Linie zwischen den Unitariern und den Analytikern; es wird festgestellt, daß nach den eigenen Worten (1,1,1) Th. bei Kriegsausbruch nicht nur mit der Materialsammlung begonnen habe, sondern auch mit der Abfassung (*ξυνέγραψε*); daß es auch psycholog. und method. ganz unglaubhaft sei anzunehmen, ein Autor begnüge sich 27 J. lang nur mit Materialsammeln, ohne nicht auch unter dem frischen Eindruck sowohl des Erlebten als auch des Erforschten und hinlänglich Gesicherten zur Feder zu greifen und gewisse Partien abschließend durchzugestalten. Daß weite Teile erst nach 404 geschrieben oder umformuliert worden sind, wird allgemein zugegeben. Jedenfalls ist das method. Ziel, durch das Werk hindurch und über gewisse Anzeichen, die eine Früh- oder Spätabfassung gewisser Partine sicher beweisen, hinweg auf die Person des Historikers vorzustoßen, um eine »Entwicklung« seiner gesch. und polit. Auffassungen zu erkennen, äußerst problematisch.

6. Das abgebrochene Werk des Th. wurde fortgesetzt von Xenophon, Theopompos, → Kratippos (1) und dem Autor der Hell. Oxyrh. (die beiden letzteren viell. ident.), wobei sich der Autor des Papyrus und Xen. (wenigstens in hell. 1 und 2) von der thukyd. Ökonomie leiten lassen.

Die Nachwirkung des thukyd. Werkes auf die Autoren, auf die großen Philosophen und Publizisten des 4. Jh.s ist, trotz oder wegen der erschreckend schonungslosen Durchdringung und Erkenntnis der gesch. wirksamen Kräfte, gering; die Th.-Kenntnis von Isokrates, Platon und Aristoteles ist umstritten, jedenfalls aber unwesentlich: Zeitgeist und philos. Intentionen hatten sich gewandelt. Die Historiographie ging ohnehin andere Wege: die Z., da die Geschichtsschreibung zum Tummelplatz für moral. Belehrung und rhetorisierende Ethopoiie wurde, war nicht mehr fern, und das Interesse an der hegemonialen Auseinandersetzung zw. Athen und Sparta war durch veränderte polit. Zielsetzungen bald überholt. → Philistos von Syrakus scheint, jedenfalls stilistisch, ein Nachahmer des Th. gewesen zu sein. Von den Späteren haben sich → Polybios (3) und wohl auch → Poseidonios (2) mit Th. auseinandergesetzt, bei den Römern → Sallust (II 4), dessen gesch. Erkenntnisse aber doch von jenen des Th. recht verschieden sind. Th.-Kenntnis bedeutet eben nicht Beeinflussung durch Th. oder Th.-Nachahmung. Die ant. Lit.-Kritik, die sich systematisch mit Th. beschäftigt (→ Dionysios [20] von Halikarnass), interessiert sich für den Stilisten und Künstler Th. mehr als für den Historiker. H. R. B.

Ta.: Erkl. v. *Classen-Steup*, [1]1862ff. [5]1914/19, Neudr. 1963. *C. Hude*, Lpz. 1898/1901 (= Ed. maxima). *O. Luschnat* Lpz. 1954/1960. Texte et trad. par *J. de Romilly*, Par. 1953ff. *A. W. Gomme*, A hist. Comm. on Th., Oxf. 1945ff. Sch. in Th. ed. *C. Hude*, Lpz. 1927. Lex. Thuc. conf. *E.-A. Bétant*, Genevae 1843/47 (Neudr. 1961).

Lit. (alphabet.): 1. *Ch. N. Cochrane* Th. and the science of hist., London 1929. 2. *E. Delebècque* Th. et Alcibiade, Aix-en-Provence 1965. 3. *Ders.* Th. livre VIII, ebd. 1967. 4. *J. H. Finley* Th., Cambr./Mass. 1942. [2]1947. 5. *K. v. Fritz* Die griech. Geschichtsschreibung 1, Bln. 1967, 523ff. 6. *G. B. Grundy* Th. and the hist. of his age 1, Oxf. 1911, [2]I u. II, Oxf. 1948. 7. *P. Huart* Le vocab. de l'analyse psychol. dans. l'oeuvre de Th., Par. 1968. 8. *F. Jacoby*, NGG 1929, 1ff. (= Abh. 207ff.). 9. *W. Kolbe* Th. im Lichte d. Urkunden, Stuttg. 1930. 10. *O. Luschnat*, Philol. Suppl. 34,2, 1942. 11. *Ders.*, RE Suppl. XII 1085ff. (Sonderdr. Stuttg. 1971). 12. *C. Meyer*, Zet. 10, 1955. 13. *H. Patzer* Das Problem d. Gesch.schreib. d. Th. u. d. thukyd. Frage, Bln. 1937. 14. *M. Pohlenz*, GGN 1919, 95ff. 1920, 56ff. (= Kl. Schr. 2,210ff.). 15. *J. de Romilly* Th. et l'impérialisme athénien, Par. 1947. [2]1951. 16. *Dies.*

Hist. et raison chez Th., Par. 1956. 17. *W. Schadewaldt* Die Gesch.schreib. d. Th. Ein Versuch, Bln. 1929. 18. *Christ-Schmid* 1,5,3 ff. 19. *Ed. Schwartz* Das Geschichtswerk des Th., Bonn 1919. 20. *S.B. Smith*, HSPh 51, 1940, 267 ff. 21. *H. Strasburger*, Saeculum 5, 1954, 395 ff. (= W. d. Forsch. 98, 1968, 412 ff.). 22. *Ders.*, H 86, 1958, 17 ff. (= W. d. Forsch. 98, 1968, 498 ff.). 23. *F. Taeger* Th., Stuttg. 1925. 24. *M. Treu*, Hist. 1, 1953, 253 ff. 25. *F. W. Ullrich* Beitr. z. Erkl. d. Th. 1/2, Hamb. 1845/46. 26. *H.D. Westlake* Individuals in Th., Cambr. 1968. 27. *U. v. Wilamowitz*, H 12, 1877, 326 ff. 28. *Ders.*, H 43, 1908, 578 ff.

Thule. Alles, was man über diese rätselhafte Insel weiß, stammt von → Pytheas (4), der ihre Lage nach seinen beiden üblichen Merkmalen bestimmte: einerseits 6 Tagesfahrten n. vom n. Britannien und 1 Tagesfahrt vom »geronnenen Meer« (Strab. 1,63 *πεπηγυῖα θάλαττα*, Plin. nat. 4,104 *mare concretum*, auch *Κρόνιος πόντος* bei Dion. Per. 32), andrerseits jenseits des Polarkreises mit 6 Monaten Dunkelheit und 6 Monaten Licht (Plin. nat. 2,186 *continuos dies habere senis mensibus noctesque*). Aber Pytheas spricht darüber auf Grund vom Hörensagen und ist selbst nicht weiter gekommen als zu einem Punkt, wo die kürzeste Nacht 2 oder 3 Stunden dauerte und von dem »die Barbaren den Ort, wo die Sonne zur Ruhe geht, zeigten« (Gemin. 6,9). Wenn man bedenkt, daß er 5 Tagesfahrten von Gadeira bis zum Heiligen Vorgebirge (300 km Küstenfahrt) rechnet und daß der Tag von 21/22 Stunden n. der Shetlandinseln zu beobachten ist, erreicht man nicht den Polarkreis, sondern höchstens die Färöer oder Mittelnorwegen. Auf Grund dieser Feststellungen wurde Th. vom J. 83 n. Chr. ab, in dem röm. Schiffsleute die Orkaden umsegelten, mit den Shetlandinseln identifiziert (Tac. Agr. 10 *dispecta est et Thule*). Prok. bell. Goth. 2,14f. gibt Skandinavien den Namen Th. Die modernen Deutungen der widersprüchlichen Angaben des Pytheas teilen sich zwischen Island, Mittelnorwegen und den Shetlandinseln. F. L.

R. Hennig Terrae incognitae 1, ²1944. *H. J. Mette* Pytheas von Massalia, 1952.

Thumelicus, Sohn des → Arminius und der → Thusnelda, * im J. 15 n. Chr.; im J. 17 im Triumphzug des Germanicus aufgeführt, dann in Ravenna erzogen, Tac. ann. 1,57–59. Strab. 7, 291 ff. Doch wird er jung, wahrscheinlich zw. 37/47, gestorben sein, da im J. 47 → Italicus (1) der einzig Überlebende des Fürstenhauses der Cherusker war, Tac. ann. 11,16,1. R. H.

Thumna, die Hauptstadt der → Kattabaneis in Arabia felix (*Θούμνα* Ptol. 6,7,31. 37. Strab. 16, 768 und Steph. Byz. *Τάμνα*; Plin. nat. 6,153. 12, 64 *Thomna;* inschr. *Tumnaʿ*, vgl. bibl. *Timnāʿ* Gen. 36,10. 1. Chron. 1,51), an der Weihrauchstraße zwischen → Sabbatha und → Mariaba gelegen, die h. Ruine Haǧar Koḥlān am Ausgang des Wadi Baiḥān. T. bestand schon in der Periode der Priesterkönige (→ Sabaioi) und wurde wohl erst um 100 n. Chr. unter dem letzten qatabān. König Nabaṭ Yuhanʿim zerstört. Die amerikan. Ausgrabungen in Th. 1950/51 brachten wichtige Aufschlüsse, u. a. zur alts.-arab. Chronologie. A. D.

R.L. Cleveland An Anc. South Arabian Necropolis, Baltimore 1965.

Thunfisch. Wirtschaftl. bedeutendster Fisch des Mittelmeeres und Schwarzmeeres; gewöhnl. der gemeine Th. (Thynnus thynnus L.), daneben wohl auch der kleinere Germon (Albacora thynnus L.), letzterer viell. der *αὐλωπίας* bei Ail. nat. 13,17.

Bezeichnungen: Meist *ὁ θύννος* (att. auch *ἡ θυννίς*, bes. für das Weibchen: Aristot. hist. an. 543a 9. Athen. 7,303 cf.; daneben *ἡ θύννη*, Opp. hal. 1,756 u. a.); *thynnus* und *thynnis;* ein lat. Wort fehlt. Junge Th. unter 1 Jahr heißen *πηλαμύς* od. *πηλαμίς* (Aristot. a. O. 571a 11. Plin. nat. 9,47), *pelamys, pelamus* (falsche Etym. bei Plin. a. O. nach Verrius/Festus 207 M.). Ganz junge Th. (oder mit ihnen verwechselte kleine Fische, z. B. die Makrele) heißen *(σ)κορδύλαι* (Aristot. a. O. 17. Plin. a. O.) oder *πριμάδες* bzw. *πρημάδες* (Aristot. 599b 18. Nikoch. bei Athen. 7,328e. Xenokr. 34. Plin. 32,149; vgl. Aristot. 543b 5). Sichere Bestimmung der gemeinten Gattung ist oft nicht möglich.

Zoologisches: Eine genaue Beschreibung des Th. fehlt, doch gibt es viele Einzelangaben, die starkes Interesse an ihm bezeugen. Aristot. a. O. 505a 28 nennt ihn ungenau »glatt«, d. h. schuppenlos, und »Zugfisch« *δρομάς* (543a 1), der in Herden lebt (488a 6; vgl. Theophr. ebd. 610b 4. Plin. 9,49). Das Weibchen habe eine zusätzliche Flosse am Bauch (543a 9, vgl. Plin. 9,47 [falsch; THOMPSON vermutet *ταρίχιον* »Rogen« statt *πτερύγιον*]); sein Bericht über ein Riesenexemplar von 15 Talenten Gewicht (607b 32) ist nach neueren Erfahrungen (THOMPSON 81) kaum anzuzweifeln. Der Th. laicht einmal jährlich, und zwar im Sommer (Aristot. 543b 11. 571a 14 [abweichend 543a 11, schwerlich authentisch]). Das Hauptinteresse galt dem auch h. noch nicht ganz geklärten Problem der Wanderung zur Laichzeit. Angebl. zogen die Th. »wie eine Truppenphalanx« (Philostr. im. 314, 7 K.) vom Atlantik ins Schwarzmeer, um dort zu laichen (Aristot. 543b 2. Opp. hal. 3,620. 4,504. Strab. 7,320 u. a.) und danach zurückzukehren; sie sollen nur bei Sonnen- oder Mondlicht wandern (Aristot. 598b 19 ff.; vgl. Hdt. 1,62), die Küste jeweils zur rechten Seite, weil sie nur mit dem rechten Auge klar sehen könnten (Aristot. a. O. Plin. 9,50. Plut. mor. 979d; vgl. auch Aischyl. frg. 308 N.² = 614 METTE). Sie lieben die Wärme (Aristot. 602a 31); im Winter halten sie sich in der Tiefe des Meeres auf (599b 9). So schrieb man ihnen ein besonderes Sensorium für die Jahreszeiten zu (Ail. nat. 9,42 nach Aristot.).

Fang und Verwertung: Die Bedeutung des Th.-Fanges geht schon aus der großen Zahl uns bekannter Fangzentren von Gades über sämtliche Mittelmeerküsten und -Inseln bis zu den s. Schwarzmeerhäfen (u.a. Trapezunt) hervor, die meist mit bedeutenden Einsalzungs- und Pökelbetrieben verbunden waren und z.T. den Th. im Stadtwappen und auf Mz. führten. Bes. begünstigt war Byzanz mit dem Goldenen Horn. In der Fangzeit (E. Mai bis Mitte Oktober: Aristot. 599b 9. Plin. 9,53) besetzte man hohe Th.-Warten über dem Strand (*θυννοσκοπεία* u.ä.), um die ankommenden Schwärme zu signalisieren; dann kreiste man diese, wie noch h., mit Schleppnetzen ein und vollführte ein blutiges Gemetzel (Schilderung bei Opp. hal. 3,637ff. Ail. a.O. 15,5). Neben dieser üblichsten Art der *θυννεία* kannte man auch den Fang mit Wurfnetzen oder (bes. im W.: Ail. 13, 16) mit Angelhaken und Ködern verschiedener Art (Opp. a.O. 132ff.), sowie mit stachelbesetzten Holzklötzen (Opp. 4,531ff.) oder Betäubungsgiften (Aristot. 602b 31. Philostr. im. 1,13. Plin. 25, 98. 120). Die Größe und Massenhaftigkeit des Fisches und die leichte Konservierungsmöglichkeit durch Einsalzen oder Pökeln machte ihn seit ältester Z. (vgl. H. Schliemann Ilios 579. K. F. Vickery Food in Early Greece 75) zu einer der wichtigsten Ernährungsgrundlagen der alten Welt. Man aß ihn gebraten und gekocht (Apic. 9,11. 10, 1. 3); er war Truppennahrung (Aristoph. Ach. 1100f. Iuv. 7,120) und Feinschmeckerkost (Athen. 3,116a. 7,303e u.a.), trotz nicht eben günstiger Beurteilung seiner Bekömmlichkeit (Xenokr. de al. 34). Auf dem Markt wurde er in bestimmten Schnittformen (*κύβια, τρίτομα, ἀπόλεκτα*) mit genauer Unterscheidung der anatom. Lage der Stücke und wohl auch zu unterschiedlichen Preisen der Teile gehandelt (Hauptquelle: Xenokr. de al. 34). Fleisch, Fett und Blut dienten auch vielfältigen med. Zwecken, so gegen Geschwüre, Bisse, Zahnweh, als Purgier- und Enthaarungsmittel u.a. mehr. W. R.

P. Rhode De thynnorum captura, 1890. *O. Keller* Ant. Tierwelt 2, 1913, 382ff. *D'Arcy W. Thompson* A Glossary of Greek Fishes, 1947, 79ff.

Thuria (*Θουρία*, Ethnikon *Θουριεύς*), Stadt in der unteren messen. Ebene, Stadtmauer und weitere Reste auf schmalem Plateau ö. von Veisaga (amtl. Antheia), etwa 9 km landeinwärts. Strab. 8,4,5 p. 360f. Paus. 4,31,1f. Ptol. 3,14,43. Siedlungsreste seit frühhellad. Z., myken. Kuppelgrab und Kammergräber, [4. 5.]. 464 am messen. Aufstand beteiligt, Thuk. 1,101,2, dann wohl spartan. Perioikengemeinde, nach der Befreiung Messeniens von → Messene (2) abhängig, seit 182 selbständiges Mitglied des achaiischen Bundes, Pol. 23,17 (25), 2. Grenzregelung mit Megalopolis, Valmin Inscr. Nr. 1. Inschr. v. Olympia 46. In der Kaiserz. in die Ebene verlegt und an Sparta gegeben. Paus. a.O. Inschr. Mz. Inschr. IG V 1 Nr. 1379 bis 1389. Valmin Inscr. de la Messénie, Bull. Soc. Roy. de Lund 1928/29, 4,108ff. Nr. 1–4. SEG 11, 972–977. 16,275. 24,284. Mz. Head HN² 433. E. M.

1. *N. Valmin* Étud. topograph. sur la Messénie ancienne 51. 56f. u.ö. 2. *Böl e*, RE VI A 633ff. 3. *Philipps.-Kirst.* 3, 405. 4. ABSA 52, 1957, 243ff. mit Plan. 61, 1966, 121ff. mit Plan. 5. AJA 65, 1961, 250ff. Nr. 78. 73, 1969, 158f. 6. *U. Kahrstedt* Das wirtschaftl. Gesicht Griechenlands in der Kaiserzeit 231f.

Thuringi *(Thoringi)*, germ. Volk zw. Thüringer Wald, Harz, mittlerer Elbe, Saale und Werra in Mitteldeutschland, Nachkommen der → Hermunduren. Das im n. Teil verbliebene Volk erscheint seit dem 4. Jh. n. Chr. unter dem Namen Th. und wird verbunden mit dem Namen der kelt. Teurier, die diese Gebiete zuvor bewohnt hatten. Suebischer Abstammung, sind die Th. mit zahlreichen anderen germ. Völkern verschmolzen (Burgunder, Semnonen, Langobarden, Angeln, Warnen). Erstmals bei → Vegetius am E. des 4. Jh. erwähnt, werden sie im 5. Jh. zu den Donauvölkern gezählt, die Attila zum Zuge nach Frankreich zwingt. Das Königreich bildet sich im Beginn des 5. Jh.s heraus. Nach einer vernichtenden Niederlage an der Unstrut im J. 531 wurde es unter Franken und Sachsen aufgeteilt. H. C.

A. Franke, RE VI A 640ff.

Thurioi (*Θούριοι, Thūrĭi* Skymn. 326. Strab. 255. 263. Steph. Byz. s. *Θ*. Varro rust. 1,7. Cic. Att. 9,19. u.a. *Θούριον Thurium* z.B. Ptol. 3,1,12. Cic. Att. 3,5. *Θουρία* Thuk. 6,61. 7,33). Nachfolgerin von → Sybaris, die nach mehrmaliger Zerstörung durch Kroton 443 mit Hilfe Athens (Diod. 12,10) erst unter altem Namen (HN² 85) an derselben Stelle (vgl. Plin. a.O.) oder etwas s. davon mit teilweiser Überschneidung wiedererrichtet und nach Vertreibung der Altsybariten nach der *Θουρία* genannten Quelle (Diod. 12,11. Strab. 6,263. Sch. Aristoph. Nub. 332. Sch. Theokr. 5,1) in Th. umbenannt wurde. Viell. von → Hippodamos (Hesych. s.v. Sch. Aristoph. Equ. 327) als Rechteck mit 8–9 km Umfang erbaut (Diod. 12,10). Demokratische Verfassung (Diod. 12,11). Konnte sich gegen Bruttier, Lukaner und Syrakus nicht behaupten; 390 Niederlage bei Laos (Diod. 14,101. Strab. 6,253. Ail. var. 12,61). Gegnerschaft Tarents (Polyain. 2,10,2. Diod. 16,15). 282 Hilfeersuchen an Rom und röm. Stationierung in Th. (Liv. epit. 11. Dion. Hal. ant. 19,13. Val. Max. 1,8,6. Strab. 6,263). 212 widerstrebend auf Seiten Hannibals (App. Hann. 34); von diesem 204 geplündert (App. Hann. 57). 194 *colonia iuris Latini* (Liv. 34,53. 35,9) unter dem Namen Copia (HN² 84f. *Κώπιαι* Strab. a.O. Steph. Byz. a.O.). 90 Bürgerrecht. 72 von → Spartacus besetzt (Flor. 2,8). 48 von M. → Caelius (I 9) Rufus bedrängt, der hier den Tod fand (Caes. civ. 3,22. Vell. 2,68). 40 von Sex. → Pompeius (AI 3) belagert (App. civ. 5,56. 58. 62). Im 2. Jh. bedeutungslos (Dion. Chrys. 33,25). Im 6. Jh. erwähnt (Prok. 7,28). K. D. F.

Nissen It. Ldk. 2,921ff. *Forbiger* HB. d. alt. Geogr. 3,507f.

Philipp, RE VI A 646ff. *Ders.*, RE IV A 1005ff. *K. Freeman* Greece and Rome 10, 1941, 49ff. *V. Ehrenberg* in: Polis und Imp., 1965, 298ff. *Zanotti Bianco – Zancani Montuoro*, NSA 3, 1960, 9ff. 4, 1961, 7ff. *E. Wikén* Die Kunde der Hellenen von ... der Apenninenhalbinsel bis 300 v. Chr., 1937, 97f. 150ff. *J. Bérard* La colonisation Grecque ..., ²1957, 150.

Thurion (*Θούριον* oder *'Ορθοπάγος*), der Bergzug s. von Chaironeia mit einem Tempel des Apollon Thurios an seinem Fuß und einem Tropaion zum Andenken an die Kämpfe des J. 86 v. Chr. auf dem Gipfel, Plut. Sulla 17,4–6. 18,1. 19,5, dazu Paus. 9,41,6 (Petrachos). E. M.

Fiehn, RE VI A 652. *Mylonas-Kirsten*, RE XVIII 1490 (Orthopagos).

Thurismund s. Thorismud

Thusnelda, Schwester des → Segimundus, Tochter des → Segestes, Gattin des → Arminius, der sie dem Vater entführt hatte, obwohl sie einem anderen verlobt war, Tac. ann. 1,55,3. 58. Im J. 15 n. Chr. auf röm. Gebiet gebracht, war sie mit → Thumelicus schwanger. Mit dem Knäblein wurde sie 17 n. Chr. im Triumphzug des Germanicus aufgeführt, Strab. 7,291f. R. H.

Thutmosis, Name äg. Könige der 18. Dyn.: **1.** Th. I., 1507–1494 v. Chr., Thronname ꜥꜣ-ḫpr-kꜣ-Rꜥ. Vielleicht nichtkönigl. Herkunft, wurde er mit der Erbprinzessin Ahmose, Tochter Amenophis' I., verheiratet. Thronbesteigungstag war der 21. des 3. pr. t.; er warf im 2. J. einen nub. Aufstand nieder und stieß zum ersten Mal am → Euphrat (Urk. IV 697,5) mit Mitanni zusammen (Urk. IV 9, 10; 36,10; Borchardt Zeitmessung Taf. 18). Er legte als erster ein Grab im Königsgräbertal in Theben-West an. **2.** Th. II., 1494–1490 v. Chr., Thronname ꜥꜣ-ḫpr-n-Rꜥ, Sohn Th.' I. von der Nebenfrau Mw.t-nfr.t, verheiratet mit der Erbprinzessin Hatschepsut. Er warf Nubien nach einem Aufstand unter 2 Prätendenten endgültig nieder und sicherte den Weg nach Syrien durch Kämpfe gegen die Beduinen (Šꜣsw). Nach seinem frühen Tod regierte Hatschepsut zunächst als Regentin und dann als Königin. **3.** Th. III., 1490 bis 1436 v. Chr., Thronname Mn-ḫpr-Rꜥ, Sohn Th.' II. und eines Haremsmädchens Isis, verheiratet mit der Erbprinzessin Nfrw-R , die in seinem 11. J. starb. Zunächst Nebenkönig seiner Halbmutter Hatschepsut, stürzte er sie am 10. des 2. pr. t im 22. J. In über 16 Feldzügen kämpfte er mit Mitanni um Syrien, ohne die Euphratgrenze halten zu können. Zugleich entfaltete er eine große Bautätigkeit in Äg. Am 1. des 4. ꜣḫ.t des 52. (?) Jahres nahm er seinen Sohn Amenophis II. zum Mitregenten; er starb am 30. des 3. pr.t des 54. Jahres. Thronbesteigungstag 4. des 1. šmw. **4.** Th. IV. 1412–1403 v. Chr., Thronname Mn-ḫprw-Rꜥ, Sohn Amenophis' II. und der Königin Tj-ꜥꜣ, schließt mit Mitanni Frieden und heiratet die Tochter des Mitanni-Königs Artatama. Ihm folgte sein Sohn Amenophis III. W. H.

Thyamia (*Θυαμία*), Kastell im Gebiet von → Sikyon an der Grenze gegen → Phleius, auf dem 803 m hohen Gipfel Spiria über Stimanga, Xen. hell. 7,2,1. 23. 4,1,11. E. M.

E. Meyer, RE VI A 656. *G. Roux* Pausanias en Corinthie, Paris 1958, 157f.

Thyamis (*Θύαμις*), Fluß und gleichnamiges Vorgebirge im s. Epeiros gegenüber → Kerkyra, h. Kalamas mit dem Mavronoros zwischen den beiden Mündungsarmen, Thuk. 1,46,4. Strab. 7,7,5 p. 324. Ptol. 3,13,3. Paus. 1,11,2. Athen. 3,73 b. Plin. nat. 4,4. Atticus besaß am Th. ein Landgut, Cic. Att. 7,2,3; leg. 2,7. E. M.

Herbst, RE VI A 656f. *Philipps.-Kirst.* 2,93f. 96ff. *Hammond* Epirus passim.

Thyateira (*τὰ Θυάτειρα*, Strab. 12,625), durch ihre Textilindustrie bedeutende ant. Stadt im Tal des Lykos (h. Gördük Çayi) in Lydien an der Straße von → Pergamon nach → Sardeis; ihre Ruinenstätte beim h. Akhisar. Neben Th. sind für diese Stadt noch Pelopia und Euhippia (vgl. Plin. nat. 5,115) und Semiramis (Steph. Byz. s. *Θ.*) als Benennungen (auch inschr., vgl. CR 3, 1889, 136 Nr. 2) überliefert, ohne daß die tatsächliche Bedeutung dieser 3 Namen für die Gesch. der Stadt erkennbar wäre; der Name Th. jedenfalls weist mit der typisch einheimischen Endung auf eine lyd. Siedlung aus vorhellenist. Z. hin. Nach seinem s. w. von Th. bei → Kurupedion erfochtenen Sieg über → Lysimachos (1; 281 v. Chr.) legte → Seleukos (1) I. eine Militärkolonie in die Stadt, die sich mit einer kurzen Unterbrechung unter → Attalos (3) I. und → Eumenes (3) II. in der Hand der Seleukiden befand, um dann mit dem Vertrag von Apameia (188 v. Chr.) endgültig auf die Attaliden überzugehen. Kurze Zeit vermochte sich i. J. 132 → Aristonikos (3), der unebenbürtige Sohn Eumenes' II., in Th. zu halten. Die Stadt geriet jedoch 129 infolge des bekannten Attalidentestamentes in den röm. Herrschaftsbereich; innerhalb der *provincia Asia* gehörte Th. zum *conventus* von Pergamon, bis sie nach einem Besuch des Kaisers → Caracalla i. J. 215 n. Chr. Mittelpunkt eines eigenen Gerichtssprengels wurde. E. O.

J. Keil, RE VI A 657ff. *L. Robert* Villes d'Asie Mineure, Paris ²1962, 269, 4 (vgl. den Index). *D. Magie* Roman Rule in Asia Minor, Princeton 1950, 123. 977f.

Thy(m)bris (*Θύ[μ]βρις*). Gebirge Siziliens in der Nähe von Syrakus, erwähnt nur von Theokr. 1,117f., h. Crimiti. Im Sch. z. St. sowie bei Eust. zu Dion. Per. 350 wird Th. als Fluß Siziliens bezeichnet. Nach Serv. Aen. 3,500 bauten die athen. Kriegsgefangenen eine *fossa* namens Th. zur Sicherung von Syrakus. Hierbei handelt es sich offensichtlich um den in Resten erhaltenen und nach dem Gebirge benannten unterird. Kanal, der die Gewässer von Th. nach Syrakus leitete u. so die Wasserversorgung der Großstadt sicherstellte. Kl. M.

J. Schubring, Philol. 22, 1865, 581ff. *K. Ziegler*, RE VI A 659ff.

Thyestes (*Θυέστης*). Sohn des → Pelops und der → Hippodameia (1), Bruder des → Atreus, mit dem sein Schicksal meist in bitterem Haß verbunden ist. Vgl. auch → Aerope, → Chrysippos (2), → Pelopeia (2), → Aigisthos. Unterpfand der Herrschaft über Argos (Mykenai) war nicht nur das goldwollige Lamm, das Th. dem Atreus abnahm, sondern auch das Zepter, das von Zeus über Hermes und Pelops an Atreus gelangte, der es sterbend Th. vermachte, Il. 2,106; hier ist also noch keine Rede vom Bruderzwist. – Die unerhörte Himmelserscheinung, daß Sonne und Gestirne ihren Lauf umkehren, schließt sich nur in Sen. Th. und Hyg. fab. 88 wirkungsvoll an die »Thyest. Mahlzeit« an, sonst erscheint sie als göttliche Bestätigung für Atreus' Herrschaftsanspruch. M. MAYER, RE VI A 662ff., denkt an eine Verschiebung der Motive im Mythos. Weniger begründet ist seine Annahme, daß urspr. nicht Atreus die Kinder seines Bruders, sondern Th. als »Kultschlächter« (Th. zu *θύειν*) die eigenen geschlachtet habe. Daß Th.' Grabmal eine steinerne Widderfigur trug, Paus. 2,16,6. 18,1, braucht auch nicht für Th. als rechtmäßigen Besitzer des goldenen Lammes zu sprechen. Th. als Hypostase des Dionysos s.o. Bd. II 83,49. H. v. G.

Thyia, Thyiaden (*Θυία, Θυιάδες*). Name att. und delph. Frauen im Kult des → Dionysos (Paus. 10,4,3), oft synonym mit → Mainades und Bakchai (Hesych. s.v.), zugleich Festname von Dionysien in → Elis (Paus. 6,26,1), wo Th. den Gott in Stiergestalt herbeiriefen (Plut. mor. 299a), auch eponyme Nymphe in Delphi (Paus. 10,6,4), die »Urthyiade« (Myth. Lex. 2,2565,41). Bekanntestes Fest der Th. waren die trieterischen Orgien auf dem Parnaß. D. Wa.

Dodds Die Griechen u. das Irrationale, 1970, 141 ff. *Jeanmaire* Dionysos, 1951, 157 ff.

Thyillos (*Θύιλλος*), Epigrammatiker, von dem Cicero vergeblich verherrlicht zu werden wünschte (Att. 1,16,15; 61 v. Chr.). Erhalten Anth. Pal. 6,170. 7,223. 10,5. Muster sind → Leonidas (9) (vgl. 10,1) und → Philodemos (vgl. 7,222). R. K.

Thymaridas von Paros, Mathematiker, von Iambl. v. P. 104 zu den frühen Pythagoreern gezählt. Nach Iambl. in Nic. p. 11,1 ff. definierte Th. die Einheit (*μονάς*), die er offenbar als »erstes« und kleinstes Teil eines Quantums verstand, als begrenzende Quantität (*περαίνουσα ποσότης*) und nannte die Primzahl (a.O. p. 26,25 ff.) *εὐθυγραμμικός*, da sie nur eine eindimensionale Darstellung besitzt. Die Lösung des speziellen inhomogenen Gleichungssystems

$$x + x_1 + x_2 + \ldots + x_{n-1} = s$$
$$x + x_1 = a_1$$
$$x + x_{n-1} = a_{n-1},$$

nämlich $x = \dfrac{(a_1 + \ldots + a_{n-1}) - s}{n-2}$, nennt Iambl. (a.O. p. 62,18 ff.) *Θυμαρίδειον ἐπάνθημα*, wobei die Unbestimmte x wie bei → Diophantos *ἀόριστον* heißt. D. Na.

Heath Hist. of Gr. Math. 1, 1921, 69. 72. 94.

Thymbra (*Θύμβρα*, Strab. 13,598), schon in prähist. Z. besiedelte kleine Ortschaft am r. Ufer des → Thymbrios in der troianischen Ebene nahe beim Heiligtum des Apollon Thymbraios (dem Thymbraion), wo → Achilleus den Priamossohn → Troilos getötet haben soll. Auch den Tod des Achilleus lokalisiert die Sage beim Thymbraion. Die griech. Stadt Th. wurde allem Anschein nach in frühhellenist. Z. ein Opfer des Synoikismos, in dem → Lysimachos (1) die Stadt → Ilion wiedererstehen ließ. E. O.

K. Ziegler, RE VI A 694 ff. *A. H. M. Jones* The Cities of the Eastern Roman Provinces, Oxf. [2]1971, 86. *H. Luschey*, MDAI (Ist.) 17, 1967, 145 ff.

Thymbrion (*Θύμβριον*, Xen. an. 1,2,13; vgl. Plin. nat. 5,95), ant. Stadt an der großen pers. W.-O.-Straße im s. Phrygien, jeweils ca. 55 km von → Kaystru pedion (2) im W. und → Tyraion im O. entfernt (beide Orte sind nicht sicher lokalisierbar), wohl s.ö. vom h. Akşehir (bei Argithani?). Bezeugt ist uns Th. erstmals aus Anlaß des Zugs der 10000 unter → Kyros (3) dem Jüngeren i. J. 401, der durch Th. führte. E. O.

K. Ziegler, RE VI A 698. *D. Magie* Roman Rule in Asia Minor, Princeton 1950, 1313.

Thymbrios (*Θύμβριος* Strab. 13,598; *Θύμβρις* Suda Hesych.; *Θύμβρος* Hesych.), rechter Nebenfluß des → Skamandros (h. Küçükmenderes Çayi) in der → Troas, h. Kemar Su. E. O.

K. Ziegler, RE VI A 698 f.

Thymelaia (*θυμελαία ἢ χαμελαία*), der zur Familie der Thymelaeaceae gehörige südl. oder Gnidium-Seidelbast, der als Halbstrauch in Griechenland und Norditalien wild an trockenen, sonnigen Gebirgshängen wächst. Ähnliche und stark variierende Arten der Gattung Daphne und Th. wurden im Alt. nicht scharf auseinandergehalten. Die roten, scharf schmeckenden Früchte (*κόκκοι Κνίδιοι*) waren im Arzneischatz der ant. Ärzte ein drastisch wirkendes Reinigungs- und Abführmittel, das auch in Form eines aus Früchten und Samen gepreßten Öles oder eines aus den jungen Sprossen, Blättern und Früchten hergestellten Medizinalweines gereicht wurde. Eingehende Beschreibung bei Dioskur. mat. med. 4,171 f. Vgl. Plin. nat. 13,114 u.a., der z.T. Widersprüchliches berichtet. STEIER, RE VI A 699 f. K. Z.

Thymele (*θυμέλη*). Jegliche Opferstätte, urspr. das Opfer selbst (Phryn. s.v.), bezeichnet Th. vor allem den Opferaltar, -herd (auch, IG XI 2,161 A 95: *θ. τοῦ βωμοῦ*, die Deckplatte des Altars, auf der das Opferfeuer brannte), bes. den Dionysosaltar in der Orchestra des Theaters, von da allg. die Orchestra (Sch. Aristeid. p. 536 D. Phryn.), den Chor (Anth. Pal. 7,21), die Bühne (Plut. Alex. 67,2; Demetr. 12,9. Vgl. Cod. Theod.

8,7,21), die Theateraufführung (Alkiphr. 2,3. IG XIV 2342). Die → Tholos in → Epidauros (1) heißt Th. (IG IV 1485 B 162), ihre Baubehörde *θυμελοποῖαι, -ποιοί*. Was auch immer die genaue Funktion der epidaur. Tholos war, in jedem Fall war sie (auch) Opferstätte. W. H. G.

F. Robert Thymélè, 1939.

Thymiaterion (*θυμιατήριον*). **1.** Räuchergerät für Wohlgerüche, aus dem O. nach Griechenland gekommen, wurde vor allem im (Götter-, Toten- und Herrscher-)Kult, aber auch bei feierlichen Umzügen und beim → Symposion verwandt. Th. wurden aus Ton, Bronze und Edelmetallen, selten aus Stein hergestellt. Sie haben meist eine Kapsel mit durchlöchertem Deckel, in der der Weihrauch schwelt, doch kommen auch offene Behälter vor (z.B. Val. Max. 3,3 ext. 1). Urspr. eine Räucherpfanne (A.T. Lev. 16,12ff.), wurde das Th. entweder in der Hand gehalten oder auf einen Untersatz vor dem Kultbild gestellt; der Untersatz konnte niedrig, konisch oder kandelaberartig sein. Zur formalen Entwicklung und Typologie s. [1]. Im chr. Gottesdienst kommt das Th. als Rauchfaß erst E. 4.Jh. auf, seit das erzwungene heidnische Rauchopfer nur noch hist. Erinnerung war. Die h. Form des Weihrauchfasses an Ketten begegnet erst im 6./7.Jh. Bei den Griechen (v. Fritze Die Rauchopfer der Griechen, 1894. Ziehen, RE XVIII/1, 587f.) wurden Th. auch in Prozessionen getragen (Athen. 5,196ff. Darstellung im Parthenonfries). Griech. Beispiel wird auch für die Th. vor den Haustüren, an denen das Kultbild vorbeigetragen wurde (Liv. 29,14,13), vorgelegen haben. Tempelinventare zeigen, daß Th. in großer Zahl vorhanden waren. Zum Th. in Rom → *turibulum*. W. H. G.

1. *Wigand*, BJ 122, 1912, 1ff. 2. *Hug*, RE VI A 706ff. 3. *Kyrieleis*, Marb. Winckelmann-Pr. 1966 (1967) 22ff. 4. *Niemeyer*, MDAI (Madrid) 11, 1970, 96ff.

2. s. Sternbilder

Thymochares (*Θυμοχάρης*). **1.** Athener, Kommandant einer 411/10 von → Agesandridas bei Eretria geschlagenen Flotte, Thuk. 8,95,2ff. Mit der Erwähnung einer Niederlage Th.' durch Agesandridas (Euboia oder Hellespont?) beginnt Xen. hell. **2.** Athener, Sohn des → Phaidros (1), nur inschr. bekannt: 329/28 *ἐπιμελητής* der Amphiaraosspiele von Oropos, IG VII 4254, Flottenkommandant 316/15 (Kypros), 315/14 (Kythnos), 313/12 (Oreos), IG II/III² 682. K. K.

Thymoites (*Θυμοίτης*). **1.** Tro. *δημογέρων*, Il. 3,146. Sohn des → Laomedon (1), Bruder des Priamos, Diod. 3,67,5. Bei Verg. Aen. 2,32ff. rät er, das hölzerne Pferd auf die Burg zu ziehen, nach Euphorion aus Rache dafür, daß Priamos Th.' Sohn, der am selben Tage wie Paris geboren war, hatte töten lassen. **2.** Ein anderer Troer, Aen. 10, 13. 12,364. **3.** s. Apheidas. H. v. G.

Thymondas (*Θυμώνδας*), Sohn des Rhodiers Mentor, Feldherr → Dareios' III. Nach Überführung der Söldnerarmee → Memnons (2) zu Dareios' im Sommer 333 (Arr. an. 2,2,1. Curt. 3,3,1) nahm er als Söldnerführer an der Schlacht bei Issos teil, scheint aber beim Rückzug nach Äg. umgekommen zu sein. Weitere Nachrichten fehlen. G. W.

Berve Alex. II Nr. 380.

Thynias (*Θυνιάς*). **1.** H. Kap Iniada, Küstenstrich und Vorgebirge Thrakiens am Pontos Eux. zwischen Apollonia und Salmydessos. Th. wurde nach dem thrak. Volksstamm der → Thynoi genannt, der urspr. das w. Randgebiet der thrak. Länder (das Strymontal) bewohnte und später offenbar den Bithynern folgend nach SO.-Thrakien bzw. nach W.-Kleinasien übersiedelte.

Skymn. 727ff. Strab. 7,319. 12,541. Ptol. 3,11, 3(4). Plin. nat. 4,45.

Oberhummer, RE VI A 717ff. *Danoff* Altthrakien (bulg.), Sofia 1968, 147. 342 (vgl. auch d. dt. Aufl., Berlin [im Druck]). *Ders.*, RE Suppl. IX 919.

2. Kleine Insel im Schwarzen Meer nahe der bithyn. Küste, 40 km w. der Mündung des → Sangarios (h. Sakaria); h. Kefkén oder Kirpé. Sowohl der Name der Insel als auch der Name des Sangarios deuten auf die dichte bithyn., d.h. thrak., Bevölkerung dieser Gegenden.

Apoll. Rhod. 2,673. 350. Peripl. m. Eux. 7. Plin. nat. 6,32; vgl. auch 5,15. Mela 2,7,98. Chr. D.

K. Ziegler, RE VI A 718ff. *Danoff*, RE Suppl. IX 922.

Thynnos s. Thunfisch

Thynoi (*Θυνοί*), thrak. Volksstamm, der von den Bithynern nicht zu trennen ist. Ein Großteil von ihnen wanderte zusammen (?) mit den Bithynern nach Kleinasien; ein Teil blieb jedoch im SO. der Balkanhalbinsel, an der s.w. Küste des Pontos Eux.; nach ihnen hieß das Kap → Thynias (h. Iniada). Die Th. galten als sehr kriegerisch. → Seuthes II. bediente sich der Söldner Xenophons, um die Th. zu unterwerfen. Bei Xen. an. 7 (passim) sind lebendige Schilderungen der Tracht, der Häuser, der Bräuche u.a. der Th. erhalten. Xen. an. 7,4,4. 14. Diod. 14,37. Hdt. 7,75. Chr. D.

Kazarow Beitr. z. Kulturgesch. d. Thraker 28ff. *Lenk*, RE VI A 734. *Danoff* Altthrakien (bulg.), Sofia 1968, 136. 147 u.ö. (dt. Ausgabe im Druck).

Thyone (*Θυώνη*). **1.** Mutter des → Dionysos, der nach ihr Thyoneus, Thyonides hieß. Urspr. wohl griech. Kultname für den thrak.-phryg. Namen → Semele, vgl. → Thyia und Thyiades. Später als ehrende Umbenennung durch Dionysos aufgefaßt, als er seine Mutter aus dem Hades an die Oberwelt (bei Troizen, Paus. 2,31,2) oder gar in den Olymp hinaufführte, Apollod. 3,38. Diod. 4,25. **2.** Amme des Dionysos, Panyassis frg. 5 Ki. H.v.G.

Prell.-Rob. 1,685. *H.J. Rose* Griech. Myth. 149,1. *Schmidt*, Myth. Lex. 5,927,48. *Nilsson* Griech. Feste 286f. (»*Herois*«). *Ders.* GgrR ²1,600.

Thyra s. Türe

Thyreatis s. Kynuria (1), dazu zur Top. Kalitsas, EA 1965, *Χρον.* 10ff. S. Karusu, MDAI(R) 76, 1969, 253ff. E. M.

Thyrreion (*Θύρρειον, Θύριον, Θούριον* u. ä.), Stadt im n. Akarnanien s. des Golfs von Ambrakia, korinth. Kolonie, Mauerring von fast 10 km Ausdehnung u. a. Reste beim h. Hg. Vasilios. Plan KIRSTEN Die griech. Polis als hist. geogr. Problem 59. Belagerung durch → Iphikrates (1) 372, Xen. hell. 6,2,37. Bei der Teilung → Akarnaniens an → Epeiros, dann wenige J. aitol., daher der Bündnisvertrag Rom–Aitolien hier aufgestellt, IG IX 1, 2^2 Nr. 241. BENGTSON Staatsverträge III Nr. 536. Vor 207 wieder akarnan. und Hauptort des Bundes. 191 vergeblicher Versuch → Antiochos' III. (4), Th. zu gewinnen, Liv. 36,11 f. 94 *foedus* mit Rom, IG IX 1,2^2 Nr. 242. $Sylloge^3$ 732. Mit der Gründung von → Nikopolis (3) stark zurückgehend, Anth. Pal. 9,553, aber weiterbestehend. Inschr.: IG IX 1,2^2 Nr. 241–366. 596–601. SEG 1,222–225. 17,281–283. MDAI(A) 80, 1965, 157 ff. Nr. 11–16. IG IV 1^2 95 Z. 16. BCH 45, 1921, 26 IV 138. P. M. FRASER–T. RÖNNE Boeotian and West Greek tombstones 124 ff. Mz. HEAD HN^2 332 f. 406. E. M.

E. Oberhummer Akarnanien 36. 197. *Fiehn,* RE VI A 744 ff. *Philipps.-Kirst.* 2,386. 638 f. A. 35 u. ö. *Noack,* AA 1916, 219. *Klaffenbach,* SPrAW 1935, 718 f.

Thyrsos (*θύρσος*). **1.** Der lange, oft mit Binden (→ Taenia) oder Weinlaub umwundene Stab (Schaft) trägt an der Spitze einen Knauf aus Efeu- oder Weinlaub, in späterer Z. auch als Pinienzapfen. Der Stengel kann aus → Narthex (1) bestehen (das auch Abzeichen und Stock des Schulmeisters ist, BEAZLEY, AJA 37, 1934, 400 ff.), dicker oder dünner sein, der Knauf mehr oder weniger stilisiert. Einen Rispen-Th. scheint es nur auf unterital. Vasen zu geben. Einen Th. mit Phallos als Knauf tragen Agathyrsen (JDAI 56, 1941, 137 ff. Abb. 12. BEAZLEY $ARVP^2$ 861,14. 1672). Der Th. ist Abzeichen der Teilnehmer des Dionysoskultes, ihn tragen der Gott, Ariadne, die Mainaden, seltener die Satyrn, auch der Priester des Dionysos (Ail. var. 13,2). Gelegentlich trägt Hephaistos den Th. bei seiner Rückführung auf den Olympos durch Dionysos, in späterer Z. auch Kentauren, Eroten im Umkreis des Dionysos, selten und bisher nicht befriedigend erklärt Nike (BEAZLEY a. O. 705,2. NICOLE Supplém. au cat. Nr. 1065); singulär ist Roma mit Doppel-Th. auf einem Diptychon (DELBRUECK Consulardiptychen Nr. 38). Nur Etrusker scheinen Unterweltsgottheiten mit Th. zu kennen. Mainaden läßt Dionysos auf dem Indienfeldzug Waffen als Th. tarnen (Diod. 3,65,3); so benützen die Mainaden bei der Tötung des Pentheus (CURTIUS Wandmalerei Pompejis, 1929 [Nachdr. 1960] 153 Abb. 99) einen Th. mit Lanzenspitze. W. H. G.

F.-G. v. Papen Der Th. in d. griech. u. röm. Lit. und Kunst, Diss. Bonn 1905.

2. Begabter Freigelassener des Caesar Octavianus, der 30 v. Chr. zu Geheimverhandlungen mit Kleopatra geschickt, aber von → Antonius (I 9) gefaßt und zurückgesandt wurde, Plut. Ant. 73,2 ff. GARDTHAUSEN 2,223,22. H. G. G.

Thysdrus (mit zahlreichen Varianten), Stadt der Byzacena (h. El Djem im O. von Mittel-Tunesien). *Oppidum liberum* (Plin. nat. 5,30), gehörte Th. zur *Galeria trib.* (CIL VIII 22844). Kleiner Marktflecken z. Z. Caesars (Bell. Afr. 97,4), wurde Th. im 2. u. 3. Jh. ein Mittelpunkt der Ölbaumkultur. Sehr bedeutende Ruinen: ein großes und ein 2. neu gefundenes, älteres, kleineres Amphitheater, zahlreiche Häuser mit Mosaiken, Thermen. Inschr. CIL VIII 49. 10499. 22844. Eine vandal. Inschr. ILTun 124. C. COURTOIS Les Vandales et l'Afrique, Paris 1955, 219. 386, Nr. 159. M. L.

Babelon–Cagnat–Reinach Atl. Arch. Tun. fe 55 (El Djem) Nr. 33. *L. Teutsch* Das röm. Städtewesen in Nordafrika, Bln. 1962, 84. 142. *L. Foucher* Découvertes arch. à Th. en 1960. 1961, dans: Notes et Documents, Tunis 1964. *Ders.* La maison de la procession dionysiaque à El Djem, Paris 1963. *Ders.* Hadrumetum, Paris 1964. *H. Slim,* Cah. de Tun. 45/46, 1964, 155.

Thyssagetai (*Θυσσαγέται*), ein von der Jagd in den Wäldern lebender Volksstamm jenseits der Skythen, an der Handelsstraße, die vom Tanais (Don) aus die Wolga aufwärts zum mittleren Uralgebirge führte. Einige Forscher sehen in ihnen Vorfahren der h. Ungarn (?). Der zweite Bestandteil ihres Namens weist eher auf die Geten (?). Hdt. 4,22. Mela 1,116. Plin. nat. 6,19, bei Val. Fl. 6,135 ff. *Thyrsagetae.* Chr. D.

Alb. Herrmann, RE VI A 755. B.S.E. (die Große Sowjetenzyklop.) 42, 1956, 468.

Thyssanus (*Θυσσανοῦς*, vgl. EA 1907, 212), ant. Siedlung im s. Karien im Bereich der Rhod. → Peraia (2) beim h. Saranda auf der Halbinsel Reşadiye; die Akropolis von Th. mit einer anstehenden Mauer aus polygonalem Mauerwerk liegt oberhalb des h. Dorfes an der Straße nach Söğütkahvesi. E. O.

W. Ruge, RE VI A 755 f. *F. M. Fraser–G. E. Bean* The Rhodian Peraea and Islands, Oxf. 1954, 59.

Thyssos (*Θυσσός, Θύσσος*), kleine Stadt an der W.-Küste der Chalkid. Halbinsel Akte. Nach Thuk. 4,109 bestand eine starke Mischung mit der (thrak.) Urbevölkerung in Th. und in den Nachbarstädten. Die mit Athen verbündete Stadt wurde 421 von den Chalkidiern eingenommen (Thuk. 5, 35). Inschr. und Mz. sowie die Lage der Stadt sind nicht mit Sicherheit nachzuweisen.

Bei Skyl. 66 heißt Th. *Ἑλληνίς*. Strab. 7,331, frg. 33. Plin. nat. 4,37. Chr. D.

Oberhummer, RE VI A 756 ff.

Thyterion s. Sternbilder

Tiāmat, akkad. »das Meer« (Appell. *tâmtu*), im babylon. Lehrgedicht von der Schöpfung Urmutter der Götter, Verkörperung des Salzwasserozeans; zusammen mit ihrem Gemahl Apsû, dem Süßwasserozean, bildet sie als Urozean Macht und Materie der Schöpfung. T. zieht gegen die jungen Götter, um den Mord an Apsû durch Enki/Ea zu rächen, wird aber mit ihren 11 Ungeheuern durch → Marduk besiegt. Er spaltet den Leichnam, setzt die obere Hälfte als Himmelsgewölbe, die untere als Erde ein (Enuma eliš T. IV). Den Kampf Marduks (Bels) gegen Ὀμόρκα (emend.), chaldäisch Θαμτε (emend., s.W. R. Smith, Ztschr. f. Assyriol. 6, 1891, 339) erzählt auch Berossos (FGrH 680), während Damaskios (de primis princ. 125) nur von dem ersten Paar Ταυθέ und Ἀπασῶν berichtet. W. Rö.

Tiara (ἡ τιάρα, seltener ὁ τιάρας), asiat., hauptsächlich iran. Kopfbedeckung, meist ein Kegelstumpf aus Filz, in griech. Quellen auch κυρβασία und κίδαρις (κίταρις) genannt; κυρβασία viell. mit heth. *kurpiši* »(Teil des) Helm(es)?« ident. Bei den Persern durfte nur der König die aufrechte, zinnenartige, oft mit Sternen geschmückte T. tragen.

Auch andere Könige, z. B. → Antiochos (13) von Kommagene, trugen die T. Andere Formen der T. sind die (auch μίτρα genannte) Mütze mit Mundbedeckung, wie die des Dareios III. auf dem Alexanderschlacht-Mosaik und die berühmte phryg. Mütze. J. D.-G.

Grošelj, Živa Ant. 4, 1954, 172. *Cumont*, Mem. Pontif. Acc. Archeol. 3, 1932, 81 ff. *B. Sirch-W. Hinz*, RE Suppl. XIV 786 ff.

Tiarantos (Τιάραντος), einer der aus Skythien kommenden Nebenflüsse des Istros (Donau). Bei der Identifizierung hat man an den h. Sereth oder auch an den Barlad, den l. Nebenfluß des Sereth gedacht. Nur erwähnt bei Hdt. 4,48. Chr. D.

Alb. Herrmann, RE VI A 762. *D. Detschew* Die thrak. Sprachreste 503.

Tibarenoi (Τιβαρηνοί), volkreicher Stamm an der S.-Küste des Pontos Eux., w. von den Mossynoikoi, ö. und n. von den Chalyboi. Ihr Stammesgebiet entspricht dem späteren Pontus Polemoniacus. Das städtische Zentrum der T. war → Kotyora (h. Ordu). Nach Hdt. 3,94 werden die T. mit ihren ö. Nachbarstämmen zur 19. Satrapie zusammengefaßt.

Die gelegentliche Versicherung, die T. seien skyth. Herkunft (Sch. Apoll. Rhod. 2,378.1010), erlaubt die Vermutung, daß die T. aus Skythien durch Thrakien nach Kleinasien eingewandert sind.

Hekat. FGrH 1 F 204. Hdt. 3,94. Xen. an. 5,5 u.s. Skyl. 86. Skymn. 914. Apoll. Rhod. 2,377. Strab. 11,527. 12,555. Mela 1,13. 106. Plin. nat. 6, 11. Chr. D.

Alb. Herrmann, RE VI A 764. *M. Maximowa* Die ant. Städte an der s.ö. Pontosküste (russ.), Mosk.-Leningr. 1956, 136 ff. *Danoff*, RE Suppl. IX 1025. 1063 mit Lit.

Tiberianus. 1. C. Annius T. ist 325 als *comes Africae*, 332/35 als *comes* bzw. *vicarius Hispaniarum* und 336 als *praefectus praetorio per Gallias* bezeugt (Cod. Theod. 3,5,6. 6,1,6. 12,1,5. Hier. chron. a. 2352. Inscr. Lat. de la Tun. 814); gelegentlich mit Nr. 2 identifiziert. A. L.

2. Lat. Dichter des 4. Jh.s n. Chr., vielleicht ident. mit Nr. 1; überliefert sind 4 metr. verschiedene Gedichte, darunter eine Ekphrasis und ein neuplatonisierender Hymnus. R. He.

Ta.: *Anth. Lat.* Nr. 809. 719b. 810. 490.

Lit.: *F. Lenz*, RE VI A 766 ff. *H. Lewy*, Harv. Theol. Rev. 31, 1946, 243 ff.

Tiberias (Τιβεριάς; arab. eṭ-ṭabarīje, israel. ṭ^{e}berjā) wurde von → Herodes (4) Antipas, Tetrarch von Galiläa (4 v.–39 n. Chr.), zu Ehren Kaiser Tiberius' am W.-Ufer des Sees Genezareth an der Stelle des at. Raqqat (Jos. 19,35) um 26 n. Chr. als galiläische Hauptstadt (statt → Sepphoris) gegründet. Da der über Grabstätten erbaute Ort nach jüd. Gesetz unrein war (Num. 19,16), ließ er Galiläer zwangsweise ansiedeln und vergab Häuser und Grundbesitz auch an Fremde (Ios. ant. Iud. 18,36 ff.). Die Warmquellen in dem nahen Ammathus (von jüd. Lit. mit dem Gehinnom verbunden – [2], 2,470 f.) galten als heilkräftig und veranlaßten Sim'on b. Jochai (p. Seb. $9,38^{d}$ 22 ff. – [2], 2,473. Plin. nat. 5,15) zu einer Reinerklärung des Ortes. Die hellenist. verfaßte (Ios. vita 134; bell. Iud. 2,639 ff.), Fischerei betreibende Stadt ([2], 2,473 f.) beteiligte sich 66 n. Chr. – nachdem Nero sie Agrippa II. geschenkt hatte (Ios. ant. 20, 159; bell. Iud. 2,252) – unter dem israelit. Anführer der revolutionären Partei der Schiffer (zu den jüd. Fischereirechten auf dem See: [2], 1,185 f.) und Besitzlosen Jesus, Sohn des Sapphia, am Aufstand gegen Agrippa und Rom (Ios. vita 32–42. 66), wurde jedoch von Vespasian nach der widerstandslosen Einnahme geschont (bell. Iud. 3,443 ff.). Im 3. und 4. Jh. wurde T. Sitz des rabbin. Patriarchates (Redaktion des palästinens. Talmud; [2], 2, 474 f.). H. G. K.

1. *Schürer* 2,216–221. 2. *P. Billerbeck* Komm. z. NT. 1, 1922. 2, 1924. 3. *Hölscher*, RE VI A 779–781. 4. *A. Alt*, Kl. Schr. 2, 1953, 363–435.

Tiberina insula (Vitr. 3,2,3. Ps.-Acro Hor. s. 2,3,36), *insula Aesculapi* (Suet. Claud. 25,2), einfach *insula* (Ov. met. 15,740), im Tiber bei Rom w. des *forum holitorium*, ca. 270 m lang und 70 m breit; Entstehungslegende: Liv. 2,5,3 f. Dion. Hal. ant. 5,13. Plut. Popl. 8,6). *Pons Cestius* und *pons Fabricius* verbinden sie mit dem Festland, wonach sie auch *Duo pontes* heißt (GLM p. 83. Chr. min. 1,145. Iust. mart. apol. mai. 1,26,56. Eus. hist. eccl. 2,13,3); der ma. Name *Lycaonia* ist ungeklärt. Tempel des Aesculapius (Paul. Fest. 98,6 L. Fast. Praen. CIL I^2 p. 231. Liv. epit. 11. Ov. met. 15,739 ff.), des Faunus (Fast. Esqu. CIL I^2 p. 210. Liv. 33,42,10. Vitr. a. O.), des Veiovis (Fast. Praen. a. O. Liv. 34,53,7); Weihungen an Tiberinus (Fast. Amit. CIL I^2 p. 245), Iuppiter Iurarius (CIL VI 379), Semo Sancus deus Fidius (CIL VI 567; bei Iust. a. O. Eus. a. O. Tert. apol. 13). Die T. i. liegt in der 14. Region (GLM a. O.); sie erhielt künstlich eine Schiffsform (Platner-Ashby 2). G. R.

Besnier L'île Tibérine dans l'Ant. 11 ff. *Holland* Janus and the bridge 180 ff. *Le Gall* Le Tibre ... dans l'ant. 102 ff.

Tiberinus, bei Dichtern (Verg. Aen. 7,30. Prop. 4,2,7 u.a.) der → Tiberis, sonst latin. König, nach dem der Fluß heißt (Alex. Polyh. FGrH 273 F 110. Varro l.l. 5,30. Liv. 1,3,8 u.a.), und der Gott (Varro l.l. 5,71. Aug. civ. 4,23. 6,10; vgl. Fast. Amitern. CIL I^2 p. 245. Fast. Ant. vet. ILLRP Nr. 9 zum 8. Dez.), meist *pater T.* (vgl. CIL VI 773. XI 3057. 4644. XIV 376,17). Den Namen T. im Kult bezeugten Cic. nat. 3,52. Serv. Aen. 8,31. 72. Serv. auct. Aen. 8,330. G. R.

Prell.-Jord. 2,130ff. *Mommsen*, CIL I^2 p. 325. *Wissowa* Rel. ^{2}224f. *Bömer* Die Fasten 2,210f. *Radke* Die Götter Altitaliens 300f. *Le Gall* Recherches sur le culte du Tibre, 1953, 35ff.

Tiberios. Ein griech. Rhetor des 3. oder 4. Jh.s n. Chr. Aus seinem umfangreichen Oeuvre (Suda s. *T.*), das literarkrit. Werke (darunter π. ἰδεῶν, π. ἱστορίας, vergleichende Behandlungen von Demosth. und Xen., Hdt. und Thuk.) sowie spezielle Lehrschriften für den angehenden Redner (u.a. π. παρασκευῆς, π. προλαλιῶν καὶ προοιμίων, π. ἐπιχειρημάτων) umfaßte, hat sich lediglich eine kleine Abh. π. τῶν παρὰ Δημοσθένει σχημάτων erhalten. Sie gliedert sich in σχήμ. διανοίας (1–22) und σχήμ. λέξεως (23–42), die mit zahlreichen Beispielen erläutert werden. In einem Anhang (43–48) trägt T. aus → Caecilius (III 2) nach, was er bei seiner Hauptquelle → Apsines vermißte. H. Gä.

Ta.: *Walz* Rhet. 8,527ff. *Spengel* Rhet. 3,59ff., beide überholt durch *G. Ballaira*, Roma 1968.

Lit.: *T. Schwab* Alex. Numeniu π. σχήμ. in seinem Verhältnis zu Kaikilios, T. und seinen späteren Benutzern, Paderborn 1916.

Tĭbĕris (seit Enn. ann. 142. Verg. georg. 1, 499), *Τίβερις* (Pol. 6,2,9. Diod. 4,21. or. Sib. 5, 170), *Τέβερις* (Dion. Hal. ant. 1,9,3), *Τιβέριος* (Ptol. 3,1,5), *Thybris* (Verg. Aen. 2,782. 3,500. Zos. 2,6,5; vgl. KRETSCHMER, Glotta 1, 1909, 295, 1), *Θύμβρις* (Dion. Per. 352ff. Plut. Rom. 1,1 u.ö. Serv. Aen. 3,500), *Tiberinus* (Verg. Aen. 7,31. Prop. 4,2,7); alter Name → *Albula* (1; Varro l. l. 5,30; Men. 415. Liv. 1,3,5. 8. Paul. Fest. 4,16 L. Verg. Aen. 8,332. Ov. fast. 2,389. 5,646. Plin. nat. 3,53) bzw. *Alba* (Serv. Aen. 8,330. Diod. 7,3. Steph. Byz. s.v.) verdrängt, seit der König von Veii Thebris (Varro a.O.) oder der Aboriginer (Serv. Aen. 8,72) bzw. Tusker Thybris (Verg. Aen. 8,330f. Paul. Fest. 503,4 L. Serv. Aen. 3,500. 8, 330) oder Albaner bzw. Latiner Tiberinus (Varro a.O. Liv. 1,3,8. Paul. Fest. 4,17. 503,3 L. Ov. fast. 2,389 u.s.) oder der Ianussohn Tiberis (Serv. auct. Aen. 8,330) in den Fluß stürzte. (Weil Heliogabal in den T. gestürzt wurde, hieß er Tiberinus nach Cass. Dio 79,1,1. Zon. 12,14. H.A. Heliog. 17,5). Neben dem gewöhnlichen Namen (Serv. Aen. 8,330) T. hieß er auch *Rumon* (Serv. Aen. 8,63. 90), im Kult *Tiberinus* (Serv. Aen. 3,500. Cic. nat. 3,52) oder *Serra* (Serv. Aen. 8,63), in der Dichtung *Thybris* (Serv. Aen. 8,31). Varro l. l .5,29 meint, wie die Quelle sei auch der Name außerlatinisch; deshalb wird er h. allg. nach SCHULZE Eigenn. 247. 582 für etr. gehalten, was ich nicht glaube.

Der T. ist der zweitgrößte Fluß Italiens, entspringt im Apennin nahe Arretium und mündet bei Ostia ins Meer, die Etrusker (deshalb *amnnis Tuscus:* Verg. aen. 8,473. Ov. fast. 1,233) von Umbrern, Sabinern, Latinern abgrenzend (Plin. nat. 3,53ff. Strab. 5,216. 218. u.s.); wichtigste Zuflüsse Tinia, Clanis, Nar, Anio. Häufige Überschwemmungen (Liste bei NISSEN It. Ldk. 1,324) als Prodigien gewertet (Plin. a.O.). Großzügiger Umleitungsplan Caesars (Cic. Att. 13,33,4. Plut. Caes. 58) nicht verwirklicht; spätere Pläne aufgegeben (Tac. ann. 1,76. 79). Für Rom ist der T. *flavus* (Verg. Aen. 7,31. Hor. c. 1,2,13. Ov. met. 14,448), *flumen opportunum* (Liv. 5,54,4), *perennis amnis* (Cic. rep. 2,10), *rerum in toto orbe nascentium mercator* (Plin. a.O. 54): Lebensmitteltransporte aus Etrurien (Liv. 2,34,5. 4,52,5), selbst vom Oberlauf (Plin. epist. 5,6,12); Lastschiffe (Dion. Hal. ant. 3,44. Amm. 17,4,13f.) und das Triumphalschiff des Aemilius (Liv. 45,35,3) auf dem Unterlauf. 2 Mündungsarme (Treidelverkehr auf dem n.) bilden *insula sacra* (GLM p. 83. Prok. Goth. 1,26,5ff.). Reicher Verkehr (Prop. 1,14,1ff.) und Villen (Plin. nat. 3,54. Hor. c. 2,3,18); Fischfang (Hor. s. 2,2,31. Plin. nat. 9,169); Regulierung des Ufers s. Terminatio. G. R.

Forbiger HB. d. alt. Geogr. 3,510. *Nissen* It. Ldk. 1,308ff. *J. Le Gall* Le Tibre ... dans l'ant., 1952. *Ders.* Recherches sur le culte de Tibre, 1953. *Richter* Top.^{2} 26ff.

Tiberius. 1. Ti. (Iulius) Caesar Augustus = Ti. Claudius Nero (vor der Adoption, DESSILS 95. 144–147). * 16. Nov. 42 v. Chr., DESSILS 108. Sohn des Ti. → Claudius (I 23) Nero und der → Livia (2) Drusilla, Suet. Tib. 4,1. 3. Im J. 41 v. Chr. teilte er die Flucht seiner Eltern infolge der polit. Wirren nach Sizilien und Griechenland, Suet. 4,3. 6,1ff.; im Frühjahr 39 kam er nach Rom zurück, Tac. ann. 5,1. Vell. 2,77,3. Durch die Heirat seiner Mutter mit Octavian wurde T. am 17. Jan. 38 dessen Stiefsohn; er hielt im J. 33 seinem leiblichen Vater die Leichenrede, Suet. 6,4. Damals wurde er mit der eineinhalbjährigen Tochter des Agrippa verlobt, Nep. Att. 19,4. Suet. 7,2. Er nahm am 13. bis 15. Aug. 29 am Triumphzug Octavians teil, Suet. 6,4. T. genoß eine hervorragende Bildung an lat. und griech. Kulturgütern, im röm. Staats- und Sakralrecht. Am 24. April 27 legte er die Männer-Toga an, EHRENBERG-JONES Documents p. 48. Schon im J. 26/25 stand er als *tribunus militum* im Cantabrer-Feldzug des Augustus, Suet. 9,1. Cass. Dio 53,26,1. Im J. 23 oblag ihm als Quaestor die Getreideversorgung, Cass. Dio 53,28,3; im J. 22 wurde auf seine Anklage hin → Fannius (II 1) Caepio zum Tod verurteilt, Suet. 8. Im J. 20 wurde T. von Augustus beauftragt, in Armenien → Tigranes (4) als König einzusetzen. Er erhielt die bei → Karrhai verlorenen Feldzeichen zurück, Tac. ann. 2,3,

2. Cass. Dio 54,9,4; dafür erhielt er im J. 19 die *ornamenta praetoria*, Cass. Dio 54,10,4. Im J. 16 bekleidete er die Praetur, Cass. Dio 54,19,5f., wurde aber von Augustus mit der Verwaltung von Gallia Comata betraut, Suet. 9,1. Im J. 15 führte er das Kommando im Kriegszug gegen die Germanen in den Raet. Alpen, Cass. Dio 54,20,4ff., er besiegte die → Vindeliker (Strab. 7,292) und → Raeter (Hor. Od. 4,14,7ff.), s. Christ, Hist. 6,416ff. Im J. 14 wurde ihm → Drusus (II 1) geboren, Ehrenberg-Sumner, Latomus 26,427ff. *Cos. I* im J. 13 mit P. → Quinctilius (II 1) Varus, Cass. Dio 54,25,1ff. Am 12. Febr. 12, nach → Agrippas (1) Tod, fand die erzwungene Trennung der Ehe des T. mit → Vipsania statt und die Verlobung mit → Iulia (II 95), dann wurde T. zur Unterwerfung der aufständischen Pannonier und im J. 11 gegen die Dalmater geschickt und sicherte die Donaugrenze; er erhielt die Triumphalornamente, Cass. Dio 54, 31,2–4. In diesem J. fand seine Hochzeit mit Iulia statt, die er nicht lange ertrug, Suet. 7,3. Erneuter Feldzug gegen die Pannonier und Daker im J. 10/9 (Cass. Dio 54,36,2f. 55,2,4. Mon. Anc. 30), wofür er den Imperatorentitel erhielt, Val. Max. 5,5,3. Er brachte den toten Drusus nach Rom (Plin. nat. 7,84) und hielt die erste Leichenrede, Cass. Dio 55,2,1–3. Im J. 8 unterwarf T. die Germanen zw. Rhein und Elbe, Aufid. Bassus HRF p. 299; er siedelte ca. 40000 → Sugambrer und → Sueben an den Rhein um, Suet. Aug. 21,1. *Cos. II* im J. 7 v. Chr. (Ehrenberg-Jones Documents p. 39) zog er erneut nach Germanien. Im J. 6 erhielt er die *tribunicia potestas* für 5 J., Suet. 9,3. Mon. Anc. 6. Wegen des Nachfolgeproblems in Hinblick auf die Augustus-Neffen Gaius und Lucius Cass. Dio 55, 9,1–4 (s. Sattler bei Schmitthenner Augustus 486ff.) zog er sich vom J. 6 v. Chr. bis 2 n. Chr. nach Rhodos zurück, Suet. 10,2–11,1. Im J. 1 v. Chr. wurde nach Ablauf der *tribunicia potestas* T., damit die Form gewahrt bliebe, zum *leg. Aug.* ernannt, Suet. 12,1. Im J. 2 n. Chr. gestattete Augustus ihm die Rückkehr als Privatmann, Suet. 13,2. 15,1. Durch den Tod des Lucius und Gaius (letzterer 21. Febr. 4 n. Chr.) war Augustus gezwungen, T. zugleich mit Agrippa Postumus am 26. Juni 4 n. Chr. zu adoptieren, Suet. 21,3, wobei T. trotz seines eigenen Sohnes Drusus den Germanicus an Sohnes statt annehmen mußte, Suet. 15,2, s. Instinsky, H 94,324ff. T. erhielt die *tribunicia potestas* für 10 J. und zog nach Germanien (Cass. Dio 55,13,2), wo er die → Cannanefaten, Attuarier und → Bructerer unterwarf und bis zur Weser vordrang. Im J. 5 bezwang er die → Langobarden an der Elbe (Strab. 7,290), wo er mit der röm. Flotte zusammentraf. Im J. 6 rückte C. → Sentius (II 2) Saturninus vom N. und T. vom S. gegen → Marbod in Böhmen vor, Vell. 2,108,2ff., als ein Aufstand in → Pannonien und → Dalmatien ausbrach, Cass. Dio 55,29,1. T. schloß mit Marbod Frieden. Unter ungeheuren Anstrengungen wurde eine Armee von

15 Legionen aufgebracht (Suet. 16,1f.), die in aufreibenden Kleinkriegen im J. 8 die Pannonier (Vell. 2,114,4) und im J. 9 die Dalmater niederrang. Cass. Dio 56,12–16. Infolge der Niederlage des Varus übernahm T. im J. 10 wieder das Kommando am Rhein, den er und Germanicus im J. 11 überschritten, Cass. Dio 56,25,2, ohne daß es zu größeren Gefechten kam, die erst im J. 12 stattfanden, Vell. 2,121,1ff. Suet. 19. Am 23. Okt. 12 feierte T. seinen pannon. Triumph, Ehrenberg-Jones Documents p. 53. Furtwängler Ant. Gemmen T. LVI. T. erhielt im J. 13 erneut die *tribunicia potestas*, Tac. ann. 1,10, und das *imperium procos. maius*, Vell. 2,121,1. Um den 11. Mai 14 führte er mit Augustus den Census durch. Ehrenberg-Jones p. 40. Vell. 2,121,3. Suet. 21,1. T. reiste nach Illyricum ab (Suet. 21,1), doch unmittelbar darauf starb Augustus, und T. mußte am 19. Aug. 14 n. Chr. den Prinzipat übernehmen, Tac. ann. 1,6, 1ff. Zu Beginn seiner Regierung erfolgte die Ermordung des → Agrippa (o. Bd. I 1521) Postumus, kaum auf Befehl des T., R. S. Rogers Criminal Trials 2ff. Die Provinzen leisteten den Huldigungseid auf T., J. Seibert, Hist. 19,224–231, doch brach eine Meuterei der Legionen in Pannonien und Untergermanien aus. Trotzdem verließ T. Rom nicht, Tac. ann. 1,47,1, und widmete sich den Regierungsgeschäften, wobei er wie auch später die Normen der Nobilitätsherrschaft streng beachtete (Vell. 2,126,2) und sich als Diener des Senates und der Gesamtbürgerschaft bezeichnete (Suet. 29), konservativ war und den von Augustus vorgezeichneten Weg einzuhalten sich bemühte; er stützte sich ganz auf den Senat, Suet. 30. 31,1. Cass. Dio 57,7,2ff. Tac. ann. 3,60,1. 4,6,2. Außenpolitisch hielt sich T. an die Rheingrenze. Den z. T. verlustreichen Unternehmungen des → Germanicus (1) im J. 15 und 16 in Germanien gebot T. berechtigt Einhalt, Tac. ann. 2,26. Im J. 17 übertrug er ihm dafür die Ordnung der Verhältnisse im O., wo dann → Kappadokien zur Provinz wurde, Tac. ann. 2,43,1. In diesem J. zerfiel das Reich Marbods; dieser wurde in Ravenna interniert, Tac. ann. 2,63,4. *Cos. III* im J. 18 mit Germanicus, der im J. 19 ohne Erlaubnis des T. Äg. bereiste, Suet. 52,2. Nach dem Tod des Germanicus zeigt T. Haltung, Tac. ann. 3,6,1ff., im Prozeß gegen Piso im J. 20 Unparteilichkeit, Tac. ann. 3,10–18. Cass. Dio 57,18,6–9. Prozesse wegen *maiestas* fanden nur in begründeten Fällen statt, Seager Tib. 151–162. Gute Statthalter behielt er lange in den Provinzen, Tac. ann. 1,80,1. 6,39,3. Um das J. 20 begann der Einfluß des Praetorianerpraefekten → Seianus auf T., Tac. ann. 1,24,2. 3,29, 4. Im J. 21 *cos. IV* mit seinem Sohn Drusus. T. zog sich nach Campanien zurück, Tac. ann. 3,31,2, von wo er die Maßnahmen zur Unterdrückung des Aufstandes des Florus und des → Iulius (II 80) Sacrovir traf, Tac. ann. 3,40–47. Durch eine Erkrankung der Livia kam T. im J. 22 nach Rom,

Tac. ann. 3,64,1. Cass. Dio 57,21,1, wo er im J. 23 seinem von Seianus am 14. Sept. vergifteten Sohn Drusus die Leichenrede hielt, Tac. ann. 4,12,1. Die Zustimmung zur Heirat Seians mit Livilla, der Gattin des Drusus, gab T. im J. 25 nicht, Tac. ann. 4,39–40. → Tacfarinas, der seit 17 in Afrika Unruhen stiftete, wurde im J. 25 vernichtet, Tac. ann. 4,23–25, gleichzeitig wurden nationale Unruhen der Thraker unterdrückt, ebd. 4,46–51. Im J. 26 verließ T. Rom und begab sich über → Spelunca bei → Tarracina, wo ihn Seian vor herabstürzendem Gestein beschützte (Tac. ann. 4,59,2), im J. 27 nach Capri, Tac. ann. 4,67,1, das er auch im J. 28 nicht verließ, als Livia starb, Tac. ann. 5,1–2. Damals erhoben sich die Friesen gegen den Steuerdruck. Seian aber wurde in Rom allmächtig (Vell. 2,127 f.), vor allem als seine erbittertsten Gegner, Agrippina und ihre Söhne Nero und Drusus verbannt oder inhaftiert wurden. Als jedoch → Antonia (II 15) minor dem T. die Pläne Seians, selbst zum Prinzipat zu gelangen, mitteilte (Ios. ant. Iud. 18,181 f.), wurde dieser auf Grund einer Anklageschrift des T. an den Senat am 18. Okt. 31 hingerichtet, Cass. Dio 58,10 ff., seine Familie ausgerottet, Inscr. It. XIII 1, p. 186 f. Tac. ann. 5,9,1 f., viele Bekannte Seians ums Leben gebracht, darunter auch Livilla. Cass. Dio 58,11,6 f. Trotzdem wagte T. es nicht mehr, Rom zu betreten, Tac. ann. 6,1,1. 15,3. Doch half er bei einer Wirtschaftskrise in Rom im J. 33, Tac. 6,17,3, bei einer Feuersbrunst im J. 34, ebd. 6,45,1. Energisch griff er im J. 35 in Thronstreitigkeiten im Partherreich ein, machte → Tiridates III. zum König von Armenien und setzte den L. → Vitellius als Statthalter in Syrien ein, der den Partherkönig → Artabanos zur Anerkennung dieser Maßnahme zwang, Tac. 6,31–37. 41–44. Cass. Dio 58,26,1 ff. Im J. 37 begab sich T. nochmals in die Nähe von Rom und kam auf der Rückreise bis zum Kap Misenum, wo er am 16. März 37 starb, Suet. 73,1. Tac. 6,50,4 Inscr. It. XIII 1 p. 190 f. Seine Asche wurde in Rom am 3. April im Mausoleum des Augustus beigesetzt, Suet. 75,3. – Aristokratische Gesinnung paarte er mit altröm. Sparsamkeit und persönlicher Bedürfnislosigkeit, Cass. Dio 57,10,3. Tac. ann. 3,52–54. An Schauspielen, vor allem an Gladiatorenspielen hatte er kein Vergnügen, Cass. Dio 56,25,7; die Pantomimen verwies er im J. 23 aus Italien, Tac. ann. 4,14. Seinem ausgeprägten Gerechtigkeitssinn entsprechend hielten sich Anklagen und Verurteilungen wegen *maiestas* in mäßigen Grenzen, s. KÖSTERMANN, Hist. 4,72 ff. W. SEIBT Die Majestätsprozesse vor dem Senatsgericht unter T., Diss. Wien 1969. Nichtröm. Religionen gegenüber war er tolerant, solange sie sich in erträglichen Grenzen hielten (Ios. ant. Iud. 18,81–84) und nicht zu öffentlichen Skandalen führten (ebd. 65–80); auf Grund solcher wurden auch Wahrsager und Magier aus Italien vertrieben (Tac. ann. 2,32,3), obwohl T. selbst den Astrologen → Thrasyllos (2) als vertrauten Ratgeber um sich hatte. Ein hervorragender Feldherr, hat er den Prinzipat nicht angestrebt, in vorgerücktem Alter mit den besten Absichten übernommen und die Regierungsgeschäfte energisch geführt, auch als seine Menschenscheu im Greisenalter, gesteigert durch bittere Enttäuschungen über seine Umwelt, stärker hervortrat. Die Anschuldigungen zeitgenössischer Historiker, die von Tacitus weitgehend benutzt wurden, hat er nicht verdient. – Mz.: MATTINGLY RIC 1,80 ff. – Bildnisse: BERNOULLI 2,1,138 ff. L. CURTIUS, MDAI(R) 50,260 ff. FR. POULSEN Röm. Privatportraits (1939) 15 ff.; Claudische Prinzen (1960). R. H.

Lit.: *F. B. Marsch* The Reign of T. (1931). *E. Ciaceri* Tiberio successore di Augusto (1934). *C. E. Smith* T. and the Roman Empire (1942). *D. M. Pippidi* Autour de T. (1944). *M. Grant* Aspects of the Principate of T. (1950). *W. Gollub* T. (1950). *Kornemann* T. (1960). *E. Meisner* Sejan, T. und die Nachfolge im Prinzipat (1968). *R. Seager* T. (1972).

2. T. II. (I.) Constantinus, röm. Kaiser 578–582, seit 562(?) *comes excubitorum* (Befehlshaber der Leibwache), seit Ende 574 Caesar und Mitregent → Iustinus II. (4). Er bewährte sich im Krieg gegen die Perser in Armenien, der auch nach seiner Erhebung zum Augustus (Sept. 578) fortgesetzt wurde (→ Mauricius). Auch mit den Avaren im Donauraum kam es zu weiteren Kämpfen (Men. Protector frg. 33 f. 63 ff.). Im W. versuchte T. den Frankenkönig Childebert II. (570–595) zum Bündnis gegen die Langobarden in Italien zu gewinnen. Bemüht um Stärkung der Armee, zeigte sich T. allzu großzügig mit Geschenken und Steuernachlässen. Wenige Tage, nachdem er → Mauricius zum Nachfolger erkoren, starb er im Aug. 582 (vgl. Ioh. v. Ephesos 3,7. 11. 13. 5,13. 20. Theophyl. 3,11 f. 16) A. L.

Tibia, lat. Entsprechung des griech. → Aulos und wie dieser meist paarweise gebraucht (daher fast immer im Pl. *tibiae*). Die T. ist das gebräuchlichste röm. Blasinstrument und hat geradezu den Charakter eines Nationalinstruments angenommen. Sie gehört zur Gattung der doppelzüngigen Rohrblattinstrumente und ist nach mod. Begriffen am ehesten mit einer Oboe zu vergleichen (also »Pfeife«, nicht »Flöte«). Verwendet wurde sie vor allem im Kult (Opfer, Prozession, Leichenzug) und im Theater (Gesangsbegleitung, Zwischenaktsmusik, Tanz). In einer verwirrenden Vielfalt von Bezeichnungen spiegeln sich verschiedene Kombinationsmöglichkeiten der beiden miteinander gespielten Rohre (Gleichklang, Klangdifferenz, Melodieführung, Begleitung) und verschiedene Entwicklungsstufen (zusätzl. Schalltrichter, Drehringe, Aufsätze) wider. Besonders die gesteigerten Anforderungen in der Kaiserz. bewirkten eine zunehmende Technisierung und Komplizierung der Spielpraxis, die die Ausbildung eines regelrechten Virtuosentums nach sich zog. U. K.

H. Becker Zur Entwicklungsgesch. der ant. und ma. Rohrblattinstrumente, 1966, 129–150. *G. Wille* Musica Romana, 1967, passim, bes. 169–182 (mit weiterer Lit.). Abb. in: Musikgesch. in Bildern 2,5 (Etrur. und Rom ed. *G. Fleischhauer*), 1964, u.a. Abb. 4–11. 23–29. 37–43.

Tibiscum (*Τίβισκον*, *Tibiscenses*), Ort in Dacien beim h. Karausebes am Zusammenfluß des Tibiscus (Temes) und der Bistra, Name dakogetisch. Über die Frühz. ist nichts Sicheres bekannt. In der Inschr. für Cornelia Salonina, die Frau des Kaisers Gallienus, wird T. als *municipium* bezeichnet. Inschr. finden wir u.a. *decuriones*, *duumviri*, einen *flamen* und einen *pontifex*. Das Pantheon von Tibiscum zeigt starke ö. Einflüsse. Auf den Beischriften findet man Liber Pater, Sol Invictus, Mithras, Iuppiter Dolichenus u.a. Zur Römerzeit war T. Militärstation. Auf das rege Wirtschaftsleben deutet ein *collegium fabrum* (CIL III 1553). CIL VIII 9365. III 1343. Mommsen zu CIL III 1551 u. p. 247. DessILS 1730. 12595. Tab. Peut. 7,4. Chr. D.

Patsch, AAWW 1925, 210. Zusammenfassend *M. Fluß*, RE VI A 813f. *D. Detschew* Thrak. Sprachreste 503ff.

Tibullus. Albius T., * ca. 50 v. Chr. aus begütertem Rittergeschlecht, das vermutlich – wie Vergil und Properz – von den Landkonfiskationen 41/40 v. Chr. betroffen wurde (1,1,19; die *paupertas* ist jedoch elegisches Programm), schloß sich M. Valerius → Messalla (II 4) an, begleitete ihn ins Feld und wurde durch seine eleg. Dichtung bald Repräsentant des sog. Messalla-Kreises. Das 1., 10 Eleg. umfassende B., in dessen Zentrum die Gestalt Delias (= Plania: Apul. apol. 10) steht, publizierte er ca. 26/25 (nach Sept. 27, dem in 1,7 gefeierten Triumph Messallas; der Beginn der Dichtung hängt von der Chronol. von M.s aquitan. [1,10] und asiat. [1,1. 3] Feldzug ab [31/30 bzw. 29/28 ?], so Hanslik o. Bd. III 1244 und [6], 249; unwahrscheinl. ist der Frühansatz auf 32, so zuletzt P. Grimal, Mél. Carcopino, 1966, 433ff.). Das 2. B. (6 Eleg.) kreist um die Bindung an Nemesis. Innere Gründe (z.B. Parallelismus 1,1 ∼ 2,1) sprechen für Publik. zu Lebzeiten. Nach einem Epigr. des Domitius Marsus starb T. gleichzeitig mit Vergil (19 v. Chr.); 2,5 (auf das XVvirat des Messalinus) erlaubt, bis 17 herabzugehen. Die Suche nach weiteren Details führt zur Konstruktion eines t.schen »Liebesromans« (vgl. etwa P. Grimal, REA 60, 1958, 131ff.).

Solche Konstruktion sieht jedoch gerade T. zu einseitig: viel stärker als bei → Properz erscheint die subjekt.-erot. Liebeseleg. in andere, in dreigliedrigen Zyklen auftretende Typen (vgl. [6], 234ff.) eingebettet, die Festgedichte (1,7. 2,1. 5), die *μοῦσα παιδική* (1,4. 8. 9) und zeitkrit. Eleg. (1,1. 3. 10). Dieses Spektrum ist nicht im Sinne einer Entwicklung zur »august.« Eleg. deutbar. T. steht dem Aufstieg des Augustus nicht zunächst distanziert (vgl. Prop. 2,13), sondern überhaupt fremd gegenüber (zur gegenwartsabgewandten Aeneisaneigung in 2,5: [7], 312); auch ist nicht erot. Verfallenheit sein Ausgangspunkt, sondern Zeitkritik, deren das Werk beherrschende Konstanten Todesangst, Kriegshaß, Flucht in Vergangenheit und röm. Bauerntum sich in der Beziehung zu Delia, Nemesis oder Glycera (Hor. c. 1,33) – gegenüber einer *domina* bei Catull und Properz – nur aktualisieren; noch erscheint die erot. Bezwingung mit dem Maßstab des röm. Familiengefühls formuliert (vgl. 1,3,5ff. 2,6, 29ff.), usurpiert ihn nicht (wie Prop. 1,1,21ff.); noch drängen die erot. Situationen selten die übrigen Motive in die Dialektik der Umwertung (eine Ausnahme: Umwertung des *rus* 2,3, dazu [3], 37); schließlich ist T.' Liebe oft des Humors, ja der beiläufigen Beschränkung auf das »Private« (2,5,109ff.) fähig. Es liegt nahe, diese objektive, die traditionellen erot. Motive noch nicht durchspielende oder mytholog. spiegelnde Dichtung als eine Frühform der röm. Eleg. im Sinne des Gattungskanons Ov. trist. 4,10,51ff. zu deuten oder sie mit → Gallus (1) einer Tradition Catull – Properz gegenüberzustellen ([6] etwa statuiert eine erste päderast. Dichtungsphase). Ergiebiger ist das Nachzeichnen dieser Haltung in der Gedankenführung (so vor allem seit [2] und [4]): Der meist epigrammatisch, an die hellenist. Herkunft erinnernd, die erot. Situation umreißende Einsatz weicht bald einer »Spontaneität des träumerischen Denkens« (Klingner), die im Treibenlassen und Sich-Zurückrufen eine unverwechselbare Form nicht mehr neoterischer, noch nicht rhetorisierter Eleg. hervorgebracht hat.

Die Erkenntnis dieser Form hat dazu geführt, das in der Überlieferung, dem sog. Corpus Tib., mitgeführte 3. B. (seit dem Humanismus oft ab 3,7 in ein 4. abgeteilt) dem Dichter abzusprechen. 3,13–18 gaben sich als eleg. Briefe der Messallanichte → Sulpicia (B 7) zu erkennen; es folgte seit Voss die Zuweisung von 3,1–6 an → Lygdamus. Auch 3,7 (Panegyr. auf Messalla) schied aus (dagegen noch [5], 64), ferner 3,19. 20 (dagegen noch [5], 41); mit Recht wird auch die Echtheit der Variationen zu Themen der Sulpiciabriefe (3,8–12) bezweifelt (vgl. K. Büchner, H 93, 1965, 65ff.). R. He.

Bibliogr. (bis 1970): *H. Harrauer*, 1971.
Ta.: *F. Lenz–C. Galinsky*, ^{3}1971.
Übers.: *R. Helm*, ^{3}1968.
Lit.: 1. *L. Alfonsi* Alb. T. e gli autori del Corp. Tib., 1946. 2. *F. Klingner*, Eranos 49, 1951, 117ff. 3. *H. Krefeld* Liebe, Landleben u. Krieg bei T., 1954. 4. *U. Knoche*, Navic. Chilon., 1956, 173ff. 5. *B. Riposati* Introd. allo studio di T., ^{3}1967. 6. *W. Wimmel* Der frühe T., 1968. 7. *H. Merklin*, Festschr. Büchner, 1970, 301ff.

Tībŭr (*ī, ŭ:* Hor. c. 1,18,2. Ov. am. 3,6,46; fast. 4,72; vgl. CIL I^2 586 *Teiburtes*), *Τιβούρ* (Ptol. 3,1, 61), *Τίβουρα* (Nikanor FGrH 628 F 3. Strab.

5,238), *Τίβυρα* (Artemidor. b. Steph. Byz. s. *Τίβυρις*), *Τιβυρτός* (App. civ. 1,65), hochgelegene (Hor. c. 3,4,23) Stadt am Anio (Strab. a. O.; vgl. Hor. c. 3,29,6. 4,2,31; 3,10), der Sage nach durch Aboriginer (Dion. Hal. ant. 1,16,5) oder vor Rom (Plin. nat. 16,237) durch Arkader → Catillus, Gefährten → Euanders (Cato frg. 56 P.), oder Amphiaraossohn Tiburnus (Plin. a. O.) bzw. Catillus (Solin. 2,8) oder drei Brüder, die Amphiaraosenkel (Solin. a. O.) Tiburtus, Coras, Catillus (Verg. Aen. 7,670ff.; Serv. z. St. *Tibur vel Tiburnus*), gegründet (Hor. c. 2,6,5); diese vertreiben die Sikaner *ex oppido Siciliae* (vgl. Ortsteil *Σικελικόν* Dion. Hal. a. O.) und benennen den Ort nach dem ältesten unter ihnen (Solin. a. O.). Nach Diod. 7, 5,9. orig. 17,6 ist T. Kolonie von Alba Longa. Der *populus Tiburtis* (Cato frg. 58 P.) beteiligt sich an Weihung des Hains von → Aricia. Ein Sieg über Volsker begründet Waffentanz der Salier in T. (Serv. auct. Aen. 8,285); Verbindung von *Sanates* (Fest. 426,18ff. L.) und T. (vgl. vielmehr Plin. nat. 3,69, der *Śainates* zu *Maenates* verlas) ist unklar. Sabin. Einfluß in T. (Plin. nat. 3,107) bestätigen Wörter wie *cupencus* (Serv. Aen. 12,538f.), *tullii* (Fest. 482,3ff. L. Plin. nat. 17,120). Auseinandersetzung mit Rom von 361–338 (Liv. 7,9,2 bis 19,1. 8,12,7–14,9) mit röm. Triumphen im J. 360, 354,338 (CIL I² p. 44). Zum Gebiet von T. gehören Varia, Empulum, Sassula, Aefula, Querquetulum, Pedum, Aquae Albulae. T. schon früh Verbannungsort (Liv. 3,58,10. 43,2,10. Ov. fast. 6,665; Pont. 1,3,82. Pol. 6,14,8), wohin 311 auch die *tibicines* auswandern (Liv. 9,30,5ff. Val. Max. 2,5,4). Im 2. Jh. anerkennt Rom noch T.s Selbständigkeit (CIL I² 586 *rei poplicae vostrae*). Nachdem schon längst einzelne Familien die *civitas Romana* erhalten hatten (Cic. Balb. 53), wird T. 90 v. Chr. *municipium* durch die *lex Iulia* (Plin. nat. 3,107) in der *tribus Camilia* (App. civ. 1,65; L. Ross Taylor Voting Districts 271) der 4. Region (Plin. a. O.). Tempel des Hercules (Strab. a. O. Prop. 2,32,5. Martial. 4,62,1) Victor (Stiftungslegende Macr. Sat. 3,6,11) mit Bibliothek (Gell. 19,5,4) und Porticus (Suet. Aug. 72,2); Salier als Priester (Macr. Sat. 3,12,7). Ferner Iuppiter Praestes (CIL XIV 3555), Iuno Curitis (Serv. auct. Aen. 1,17), Albunea (Orakel Varro b. Lact. inst. 1,6,12), Tiburnus (Hain Hor. c. 1,7,13. Suet. frg. p. 47 R. Steph. Byz. a. O.), Fortuna Praetoria (CIL XIV 354). Arch. Weihinschr. CIL I² 2658 (= Vetter HB Nr. 512): [...]*hoi med mitat kauios* [*za*]*konios qetios d*[*o*]*nom pr*[*o*] *fileod* (Radke). Zw. Rom und T. 20 mp (*v. Tiburtina* Tab. Peut. 5,5. Itin. Anton. 309,1); von dort *v. Valeria* (Strab. a. O.). Töpfereien (Sen. epist. 119,3); Obstbau (Colum. 10, 138); Steinbrüche (Strab. a. O. Vitr. 2,7,1f. Plin. nat. 36,46 *Tiburtino lapide*; vgl. Feldm. 406,15 *Trivortinus*, woraus travertino); Villen (Cic. Phil. 5,19; Att. 16,3,1. Suet. a. O.), Tore (Frontin. aqu. 6. CIL XIV 3679), Tempel, Brücken erhalten; oft von Dichtern besungen (Hor. epist. 1,7,45. Catull. 44. Prop. 3,16. Stat. silv. 1,3 u. a.); h. Tivoli. G. R.

Forbiger HB. d. alt. Geogr. 3,473. *Nissen* It. Ldk. 2,611ff. *Delbrück* Hellenist. Bauten in Latium 2,11ff. *Radke* Viae publicae Romanae 65f. *Beloch* RG 212.

Tiburtius. Röm. Gentilicium, von *Tiburtes*, Einwohner von → Tibur, abgeleitet (J. Reichmuth Die lat. Gentilicia, Diss. Zürich 1956, 107,4), inschr. häufig, Schulze Eigenn. 533. – M. T., Caesarianer, der 48 bei Dyrrachium bei Verhandlungen mit Pompeianern verwundet wurde, Caes. civ. 3,19,6f. Sein Dienstgrad ist unbekannt, vgl. Broughton 2,279. H. G. G.

Ticida. Seltener Gentilname, vgl. Schulze Eigenn. 373. – L. T., röm. Ritter, der, 47 auf der Fahrt nach Afrika verschlagen, bei → Thapsos von den Pompeianern gefangen und hingerichtet wurde, wie Q. → Cominius (I 6). Bell. Afr. 44,1. 46,3. Wahrscheinlich (von F. Münzer, RE VI A 844ff. gegen andere Hypothesen noch erhärtet) war er ident. mit dem Neoteriker T. (oder Ticidas), der bei Ov. trist. 2,433f. zusammen mit C. → Memmius (I 6), nach Catull und Calvus sowie vor Anser, Cornificius und Cato genannt wird; dieser T. war Erotiker und besang Metella unter dem Namen Perilla. Baehrens FPR 325. Morel FPR 90. Schanz-Hos. 1,308. N. Scivoletto in: Poesia frammentaria lat. 199ff. H. G. G.

Ticinum (Paul. Diac. Lang. 2,15 *Ticinus*. Steph. Byz. s. v.), *municipium* der 11. Region im Gebiet der *Laevi et Marici* (Plin. nat. 3,124; Insubrer Ptol. 3,1,33) zur *tribus Papiria* (L. Ross Taylor Voting Districts 273), am O.-Ufer des → Ticinus 36 mp hinter Placentia (Strab. 5,217) mit Brücke (Prok. Goth. 2,25,8; Reste NSA 1894, 73), verkehrsreicher (Sidon. epist. 1,5,3. Cassiod. var. 4,45) Straßenknotenpunkt (Tac. ann. 3,5,1. Amm. 15,8,18. Itin. Anton. 340,1. 347,1. 356,8. Burd. 557,8. Gadit. 80. Tab. Peut. 4,1) in kriegswichtiger (Tac. hist. 2,17 u. a. Aur. Vict. Caes. 33, 28; epit. 34,2. 35,2. 42,5) Lage (Steph. Byz. sagt *περὶ Ῥαούενναν*, weil T. auf Flußweg von Ravenna erreichbar: Strab. 5,217. Liutpr. hist. Ott. 6). 452 von Hunnen zerstört (Iord. Get. 42), von Goten zu starker Festung (Prok. Goth. 2,12, 31 u. a.) ausgebaut (Exc. Val. 71), ca. 570 von Langobarden erobert (Paul. Diac. Lang. 2,26f.). Augustusbogen (CIL V 6416), Ennodiusgrab (a. O. 6464). Späterer Name *Papia* (Paul. Diac. Lang. 2,15. Geogr. Rav. 4,30. Liutpr. Antap. 6,4); h. Pavia. G. R.

Forbiger HB. d. alt. Geogr. 3,401. *Nissen* It. Ldk. 2,190. *Miller* Itin. Roman. 227.

Ticinus, bedeutender n. Zufluß des Po (Plin. nat. 3,118) aus dem *lacus* → *Verbannus* (Plin. nat. 2,224. 3,131. Strab. 4,209), spielt in der Kriegsgeschichte eine Rolle (Pol. 3,64,1. Liv. 5,34,9. 21,39,10. 45,1. Plin. nat. 7,106). Länge ca. 248 km; h. Ticino. G. R.

Forbiger HB. d. alt. Geogr. 3,366. *Nissen* It. Ldk. 2,193.

Ticonius s. Tyc(h)onius

Tieion s. Tios

Tiergarten, ζωγρεῖον, θηριοτροφεῖον, *vivarium* (spez. *leporarium, glirarium*). T. zum Vergnügen oder für Exklusivjagden zu halten war wohl seit ält. Z. ein Vorrecht asiat. Könige und Vornehmer (China: Schi-king, s. SCHILLING, Chines. Liederbuch [1833] 282; Indien: Curt. 8,9, 28; Persien: Xen. an. 1,2,7. 9; Kyr. 1,3f.; Sogdiana: Curt. 8,1,11f.; Syrien: Lukian. de dea Syr. 41; Babylon: Amm. 24,5,1f. Philostr. vit. Ap. 1,28 u.a.), das z.T. auch von hellenist. Herrschern übernommen wurde (s. bes. die Gründung von → Ptolemais [7] τῶν θηρῶν durch Ptolemaios II.: Strab. 16,770; H. TREIDLER, RE XXIII 1871ff.), in Griechenland selbst aber keine Nachahmung fand. Dagegen begannen reiche Römer im 1. Jh. v. Chr. ihren Gutsbetrieben eingezäunte oder ummauerte (Varro rust. 3,12,3. Colum. 9,1,2f.; vgl. Gell. 2,20) Wildgehege anzugliedern (Varro 3,3. Plin. nat. 8,211. 224; H. DOHR Die ital. Gutshöfe ..., Diss. Köln 1965, 108f.), die z.T. riesige Flächen umfaßten und neben Hochwild vor allem Wildschweine, Hasen und Haselmäuse enthielten. Sie dienten teils dem Jagdsport, teils der Erweiterung der Nahrungsbasis; bes. auf die letztere bezieht sich die ausführl. Behandlung bei Colum. 9,1. Dazu treten vom 1. Jh. n. Chr. an kaiserl. T. (Neros T. bei der *Domus aurea*: Suet. Nero 31,1; Domitians Villa Albana: Iuv. 4,100. Suet. Dom. 4,4; Gordians III. T. an der Porta Praenestina: H. A. Gord. 33,1). Der letztere hatte einen Bestand von 537 Tieren (Prok. b. Got. 1,22,10. 23,14ff.). Daneben muß weiterhin mit zahlreichen privaten T., bes. von hohen Beamten, in allen Teilen des Reiches gerechnet werden ([2], 84). Nicht damit zu verwechseln sind die an mehreren Plätzen Roms (u.a. auf dem Marsfeld am Tiber: Plin. 36, 40) angelegten Zwinger zur Aufnahme wilder Tiere, die für öffentl. Tierhetzen importiert wurden ([3], 174). – Die Bedeutung der T. für die zool. Forschung im Alt. ist nicht zu unterschätzen; dagegen beruhen die Traditionen über Forschungs-Menagerien des Aristoteles auf Veranlassung Alexanders wohl auf späterer Erfindung (I. DÜRING Aristot. in the anc. biogr. trad., 1957, 288. DERS. Aristoteles, 1966, 523). W. R.

1. *G. Loisel* Hist. des ménageries de l'antiquité à nos jours 1, 1912. 2. *Friedländer–Wiss.* 2,81ff. 3. *G. Jennison* Animals for Show and Pleasure in anc. Rome (1937), bes. 133f. 4. *P. Grimal* Les jardins romains (²1969) 290ff. 5. *Dar–Sagl.* 5,957ff.

Tierheilkunde s. Hippiatrika. Mulomedicina

Tierkreis s. Zodiakos

Tīfāta (*ī, ā* Sil. 12,487. 13,219; vgl. Liv. 32,7,3 *sub Tifatis*), ehemals waldreiches (Sil. 13,219) Berggebiet ö. Capua, das Samniten (Liv. 7,29,6), Hannibal (23,36,1. 26,5,4), Sulla (Vell. 2,25,4), aber auch Räubern (Cass. Dio 42,25,1) als Basis diente. T. bedeutet *iliceta* (Paul. Fest. 503,14f. L.; vgl. ebd. 43,13. 117,1f. L.) »Eichenwald«. Am w. Hang der T. (Tab. Peut. 6,3) Tempel der *Diana* → *Tifatina* (CIL X 3933. 4564), am ö. Hang Tempel des *Iuppiter Tifatinus* (Tab. Peut. 6,4). G. R.

Forbiger HB. d. alt. Geogr. 3,375. *Nissen* It. Ldk. 2,709ff. *Beloch* Campanien² 361ff.

Tifatina, Name der auf den → Tifata (CIL X 3796, als Jägerin?) verehrten Diana; Stiftungslegende: Sil. 13,115ff. Dort als Reliquien ein Elefantenschädel (Paus. 5,12,3) und ein Nestorbecher (Athen. 11,466e. 489b). Älteste inschr. Zeugnisse CIL I² 635 (135 v. Chr.). 680 (99/98 v. Chr.). Schenkung Sullas (Vell. a.O.); Erneuerung des Tempels 74 v. Chr. (ILLRP Nr. 721); Bestätigung der Schenkung durch Vespasian (CIL X 3828). *Via Dianae* (CIL X 3792. 3913) verbindet Capua mit dem Heiligtum, dessen Reste bei S. Angelo in Formis. G. R.

Wissowa Rel.² 247. *Altheim* Griech. Götter i. alten Rom 98ff. *Latte* RRel 172. *Heurgon* Capoue préromaine, 1942, 299ff. *A. de Franciscis* Templum Dianae Tifatinae, 1956. *Peterson* The Cults of Campania, 1919, 322ff.

Tifernum (Plin. epist. 4,1,4 *nomen Tiferni Tiberini*), Name zweier umbr. Städte (Plin. nat. 3,114 *Tifernates cognomine Tiberini et alii Metaurenses*), h. Città di Castello am Tiber (CIL XI 5942. 5939 *Tif. Tib.*; vgl. Feldm. 224) und S. Angelo in Vado am Metauro (CIL XI 6014 *Tif. Mat.*; vgl. Ptol. 3,1,53). In *T. Tib.* besaß der jüngere Plinius ein Gut. Beide Orte zur *tribus Clustumina* (L. ROSS TAYLOR The Voting Districts 271). Unbekannt *T. felicissimum* (Geogr. Rav. 4,36. Guido 52). G. R.

Forbiger HB. d. alt. Geogr. 3,441. *Nissen* It. Ldk. 2,381. 394. *Beloch* RG 503. 606.

Tifernus (Mela 2,65 *Trifernus*. Ptol. 3,1,18 Φιτέρνος), mündet in das adriat. Meer und begrenzt *regio Frentana* (Plin. nat. 3,103. 106); h. Biferno. Auch das Gebirge (h. Matese), in dem er entspringt, heißt T. (Liv. 10,30,7). G. R.

Forbiger HB. d. alt. Geogr. 3,374. *Nissen* It. Ldk. 2,778.

Tigava. 1. *T. municipium*, Stadt der Mauretania Caesariensis, am r. Ufer des oued Chéliff (h. El Kherba). Τιγαῦα Ptol. 4,2,6. Amm. 29,5,20. *Civitas* Plin. nat. 5,21; dann *municipium* Itin. Anton. Ruinen: Thermen, Wasserleitung, Nekropole. T. war Bistum; Inschr. CIL VIII 9648. 21497. 22569. AE 1955, 149. **2.** *T. castra*. Nicht Vorstadt des *T. mun.*, sondern *castellum*, am l. Ufer des oued Chéliff, 2 Meilen ö. des *Oppidum novum* (h. El Khadra). Eine Steinbrücke verband die beiden Örtlichkeiten T. Das *castrum* wurde im J. 167 n. Chr. von einer *vexillatio leg(ionis)* unter dem proc. Mauret. Sex. Baius Pudens belegt. Ruinen: Mauerring, Thermen, Kasernierungen. M. L.

S. Gsell Atl. Arch. Alg. fe 13 (Miliana) Nr. 34. 64. *E. Cat* Essai sur la prov. rom. de Maurétanie Césarienne, Paris 1891, 192. *R. Bloch*, MEFR 58, 1941–1946, 9.

Tigellinus. Ofonius T. Niederer Herkunft, Tac. hist. 1,72. Sch. Iuv. 1,155. Infolge seiner

Schönheit pflegten verbotenen Umgang mit ihm Agrippina d.J., Iulia Livilla, die Schwester des Caligula; deshalb wurde T. im J. 39 n.Chr. verbannt und ging nach Griechenland, Cass. Dio 59, 23,9. Durch eine Erbschaft konnte er heimkehren und in S.-Italien eine Rennpferdezucht anlegen. Dadurch und durch seine Zügellosigkeit erlangte er die Gunst Neros, Tac. ann. 14,51,2. Sch. Iuv. 1, 155. Er wurde zum *praef. vigilum* und im J. 62 zum *praef. praetorio* ernannt, Tac. hist. 1,72. Neros Gegner → Rubellius (2) Plautus und Faustus → Cornelius (II 53) Sulla Felix ließ er ermorden, Tac. ann. 14,57,1ff. Er war mitschuldig am Tod der → Octavia (4), Tac. ann. 14,60,3. Cass. Dio 62,13,4. Er verdrängte → Seneca (2) als Ratgeber Neros, leitete die Untersuchung und Verurteilung der Anhänger der Pison. Verschwörung, Tac. ann. 15,58ff., und auch die seines Kollegen → Faenius Rufus. Dafür erhielt er die *ornamenta triumphalia* und Statuen auf dem Forum und im Kaiserpalast, Tac. 15,72. Er begleitete Nero auf seiner griech. Reise, Cass. Dio 63,12,3, verriet Nero aber sofort bei seinem Sturz, Plut. Galba 17,4. Galba schonte ihn, Suet. Galba 15,2. Plut. Galba 17. Infolge des Todesurteils → Othos übte er Selbstmord. Plut. Otho 2. Seine Tochter war mit → Cossutianus Capito verheiratet, Tac. ann. 14,48,1. 16,17,5. R. H.

Durry Les Cohortes prétor. 150.

Tigellius. Seltener lat. Personenname, SCHULZE Eigenn. 444, Inschr. bei F. MÜNZER, RE VI A 946. – M.T. Hermogenes, ein Sarde, Enkel eines Phamea († 49), Anhänger und Günstling Caesars, von Calvus uud Cic. verachtet, von Kleopatra und dem jungen Caesar Octavianus geschätzt, † im J. 40 oder bald darauf. Daß es sich nur um eine und nicht um 2 Personen handelt, hat F. MÜNZER, RE VI A 943ff. entgegen früherer Auffassung erhärtet. Cic. fam. 7,24. 1f. 25,1; Att. 13,49,1f. 50f. u.ö. Hor. s. 1,2,1 (dazu Porph. und Ps.-Acro). 1,3,1–19 (mit Sch.). 129f. 1,4,72. 9,25. 10,17f. T. erscheint als guter, aber launenhafter Gesellschafter und Gönner von Musikern und Sängern, der selber als Dilettant (Oboenvirtuose) aufgetreten ist. M. GELZER Cicero, 1969, 317. H. G. G.

Tiger (Felis tigris L.), ὁ, ἡ τίγρις, *tigris;* Bezeichnung nach iran. thigra »spitz, scharf« (Varro l.l. 5,100. Strab. 9,529c; vgl. Isid. orig. 12,2,7). Bei Ktes. FGrH 688 F 45,15 μαρτιχόρας (d.h. ἀνθρωποφάγος); Gleichsetzung von τίγρις und μαρτιχόρας bei Paus. 9,21,4f. Verbreitung nur in Asien, d.h. für die Alten Indien, Persien und »Hyrkanien« s. des kasp. Meeres, trotz Verg. Aen. 4,367. Sil. 4,331 und vielen anderen röm. Dichterstellen mit willkürl. geogr. Epitheta; falsch auch Ptol. 4,8,4 (Ostafrika). Aristot. nennt die τίγρις nur einmal (hist. an. 8,606a 4, über angebl. Kreuzung mit Hund), die μαρτιχόρα an interpol. Stelle (2,501a 26). Den Griechen wird das Tier erst durch den Alexanderzug bekannt (Curt. 9, 30,1. Ps.-Kallisth. 3,17,22. Arr. Ind. 15,1f.); eine (etwas fabelhafte) Schilderung gibt Ktes. a.O. nach ind. Quellen; spätere Schilderungen bei Plin. 8,62 und Opp. kyn. 3,340ff. (letztere stark ausgeschmückt). Hauptmerkmale sind das gestreifte Fell und die Schnelligkeit des Sprunges. Angaben über große Wurfzahlen (Plin. nat. 8,66. Mela 3,43) sind falsch. Die in Indien sehr verbreitete T.-Jagd galt vor allem den Jungtieren (gute Angaben bei Opp. a.O. 363; Jägerlatein bei Mela a.O. u.a.; eine bes. Version bei Claud. rapt. 3,263f.; vgl. auch Amm. 23,6,50. Timoth. Gaz. 9), die ein beliebtes Geschenk für Könige und Fürsten waren (Ktes. a.O. Ail. nat. 15,14 u.a.). Der erste T. in Griechenland war ein Geschenk des Seleukos I. an Athen (Athen. 13,590af.), der erste in Italien ein Geschenk ind. Gesandter an Augustus i.J. 19 (Cass. Dio 54,9,8); der zweite in Rom wurde zur Eröffnung des Marcellus-Theaters i.J. 11 gezeigt (Plin. 8,65. Suet. Aug. 43); von da an sah man ihn öfter bei Venationen und Spielen, doch nie in großer Zahl (Höchstzahl 51 bei Elagabals Hochzeit: Cass. Dio 79,9,2). Auch Zähmung kam vor (Sen. epist. 85,41. Martial. spect. 18,1. Plut. mor. 974c). – Mythol. erscheint der T. (neben Panther und Luchs) als Attr. des Dionysos, bes. bei dessen Zug von Indien (T.-Fell und T.-Gespann; s. z.B. Verg. ecl. 5,29; Aen. 6,805. Hor. c. 3,3,14); daneben hat er Beziehungen zu Kybele (Ov. her. 2,80), Zephyros (Claud. rapt. 3,266. Opp. a.O. 354), Priapos, Eros (nur archäol. Quellen, deren Deutung oft unsicher ist). W. R.

O. Keller Thiere des class. Alt. (1887) 129ff. 380ff. *Ders.* Ant. Tierwelt 1, 1909, 61f. *G. Jennison* Animals for Show and Pleasure (1937) passim (s. Ind.).

Tigidius. T. Perennius, von → Marcus (2) Aurelius zum praef. praetorio erhoben, H.A. vit. Comm. 4,7. 14,8, mit → Tarrutenius Paternus; die beiden beseitigten den Kämmerer des → Commodus, Saoteros, vit. 4,5. Dann erreichte T. bei Commodus, daß Paternus hingerichtet wurde. Cass. Dio 72,10,1, und er allein Praetorianerkommandant war, ebd. 72,9,1. Er verlockte Commodus zu Vergnügungen und riß alle Macht an sich, vit. Comm. 5,1–3. Herodian. 1,8,1f., und veranlaßte zahlreiche Hinrichtungen und Verurteilungen, so auch der Annia Aurelia Galeria → Lucilla, der Schwester des Commodus, Herodian. 1,8,8. Der spätere Kaiser → Pertinax wurde gezwungen, von 182–185 Ligurien nicht zu verlassen, H.A. vit. Pert. 3, 3–5. Den röm. Märtyrer Apollonius ließ er enthaupten, Eus. hist. eccl. 5,21,2–5. R. KNOPF – G. KRÜGER Ausgew. Mart. Akten 30–35. Nach vit. 6,2 versuchte T. in Britannien Senatoren von den Kommandostellen zugunsten der Ritter auszuschließen, was zu seinem Sturz führte, an dem der Kämmerer M. Aurelius Cleander maßgeblich beteiligt war. Nach Herodian. 1,9,1–6 dagegen wurde ihm unterstellt, er wolle Commodus stürzen und seinen eigenen Sohn auf den Thron erheben. R. H.

Tigisis, befestigte Stadt auf einem die Ebene Bahiret et-Touila beherrschenden Hügel, s. ö. von Cirta (h. Aîn el-Bordj). S. GSELL, Atl. Arch. Alg. fe 17 (Constantine) Nr. 340. T. gehörte zu dem Territorium der *Col. Cirta* (CIL VIII 18768) und wurde eine selbständige Gemeinschaft mit einem *curator* und einem *ordo Aug.* Bischöfe seit J. 303 bis 305. Ruinen: byz. Festung. Inschr. CIL VIII 4817. 10819. 18764. AE 1957, 175. M. LEGLAY Saturne afr. Monuments 2, Paris 1966, 61. M. L.

Tiglatpileser, bibl. Form von assyr. Tukulti-apal-Ešarra »Mein Vertrauen ist der Sohn des Ešarra (= Assur)«, Name dreier assyr. Könige, von denen bedeutend waren: **1.** T. I. (1115–1076 v. Chr.), erster auf mil. Expansion drängender assyr. König. Nachdem er die bis vor Ninive vorgedrungenen Phryger abgewehrt hat, zieht er nach N. gegen die Nairi-Länder w. des Van-Sees, dann mehrmals nach W., wo er als erster über Tadmor bis nach → Byblos und → Sidon vordringt, Tribut von Äg. entgegennimmt. Dadurch wurde Babylonien unter Marduk-nadin-aḫḫe wieder freier, das er aber um 1085 im zweiten Ansturm erobert und verbrennt. Gegen E. seiner Regierung gehen Teile des Gewonnenen wieder verloren. T. legt als erster Fürst in Assur eine Bibliothek an, läßt vor allem die assyr. Rechtsvorschriften sammeln und niederschreiben (E. WEIDNER, Arch. f. Orientforsch. 16, 1952/53, 197ff. 18, 1957/58, 342ff.). **2.** T. III. (745–727 v. Chr.), Nachfolger Aššur-neräris V. durch eine Militärrevolte, evtl. kein Mitglied der königl. Familie. Zieht mehrfach nach Syrien/Palästina, wobei er sich die Uneinigkeit der früheren Koalition im Syr.-ephraimit. Krieg zunutze machen kann. 733 wird Israel unter Pekach gezüchtigt und verkleinert (2. Reg. 15,30), Damaskos wird eingeschlossen und 732 erobert. Damit ist Syrien fest in T.s Hand. Gegen die Meder zieht sein Feldherr bis zum Demavend, er selbst greift in innerbabylon. Wirren ein, erobert 729 Babylon und wird mit dem Thronnamen Pulu dort König. W. Rö.

Tigranes (*Τιγράνης*). Zuerst soll diesen Namen ein armen. König z. Z. des Astyages von Medien geführt haben. **1.** T. I., König von Armenien 95 bis etwa 55, von → Mithradates II. von Parthien auf den Thron gesetzt, griff über die Grenzen seines Staates hinaus, verbündete sich um 93 mit Mithradates VI. (5) von Pontos, heiratete dessen Tochter Kleopatra und fiel über Kappadokien her. Sein Reich dehnte sich bald bis Mesopotamien, Kilikien, Phoinikien aus. Obgleich es nur ein schnell aufgeführter Bau ohne jede Festigkeit und T. selbst im Grunde genommen eine unbedeutende Persönlichkeit war, war er doch um das J. 70 der mächtigste Herrscher Vorder-Asiens. Von → Lucullus (5) besiegt, dann mit Mithradates VI. gegen ihn verbündet, bis das röm. Heer in Meuterei zusammenbrach, mußte er sich endlich dem Pompeius unterwerfen und konnte nur sein urspr. Königreich behalten. Der Streit zwischen T. und dem Partherkönig → Phraates III. wurde von Pompeius im J. 65 v. Chr. durch einen Schiedsspruch beendet. Das oriental. Großreich, das T. begründet hatte, war ebenso schnell zusammengebrochen, wie es erworben war, ein Beweis dafür, wie lose es gefügt war. **2.** Jüngster (?) Sohn von T. I. und der Kleopatra, Tochter des → Mithradates VI. (5) Eupator. Von seinem Vater mit der Tiara gekrönt, übrigens ebenso schwach und energielos wie dieser, fiel T. 66 v. Chr. von ihm ab, mußte aber zu → Phraates III. von Parthien flüchten, der ihm seine Tochter zur Frau gab. Von seinem Vater besiegt, begab er sich zu Pompeius, fiel aber bei ihm in Ungnade. Er wurde in Haft genommen, nach Rom überführt und im Triumph zur Schau gestellt. Der Behauptung Appians (Mithr. 105), er sei getötet worden, widerspricht die Angabe bei Cass. Dio (38. 30,1), er sei durch P. → Clodius (I 8) 58 v. Chr. befreit worden: dabei kam es zu einem Gefecht auf der Via Appia (Cic. Mil. 37). **3.** T. II., Sohn des Königs → Artavasdes (1) und Enkel T.' I., lebte in Rom im Exil, wurde nach der Ermordung seines Bruders Artaxes von den Armeniern als König erbeten und 20 v. Chr. von Tiberius feierlich eingesetzt (Cass. Dio 54,9,4f. Tac. ann. 2,3. Ios. ant. Iud. 15,105. Vell. 2,94). **4.** T. III., wahrscheinlich Sohn T.' II., 12–6 v. Chr. Wurde von der parth. Partei unterstützt, während die Römer → Artavasdes (2) eingesetzt hatten. Aber eine sichere Entscheidung über die verworrenen Zustände in Armenien um Christi Geburt ist nicht möglich. **5.** T. IV., wohl Sohn des Alexandros, Enkel → Herodes (1) d. Gr., wurde von Augustus den Armeniern zum Könige gegeben. 36 n. Chr. wurde er wegen Majestätsverbrechen hingerichtet. **6.** T. V., nach Ios. ant. Iud. 18,140 Sohn eines Alexandros, Urenkel des Herodes d. Gr. Als Armenien in den Händen der Römer war, setzte Nero, wohl 60 n. Chr., den ihm knechtisch ergebenen T. als König ein. Kurze Zeit darauf wurde aber Tiridates (6) als König Armeniens anerkannt. J. D.-G.

Tigranokerta (*Τιγρανόκερτα*, armen. *T(i)granakert*), südlichere jüngere Hauptstadt Armeniens, neben → Artaxata, der n. am → Araxes gelegenen. T. lag in der armen. Landschaft Arzanene und wurde später nicht, wie die Armenier behaupten, *Diyarbekr*, sondern Martyropolis genannt, syr. *Mîyâfâriqîn*, abgekürzt *Farkin*, wie noch h. die Ruinenstätte heißt. Es wurde von → Tigranes I. (1) an der Stelle gegründet, wo er sich die Krone Armeniens aufs Haupt gesetzt hatte. Die Besiedlung erfolgte durch erzwungene Verpflanzung der Einwohner von 12 kappadok. Griechenstädten, die Tigranes überfiel. Die Vorgeschichte von T. reicht mindestens bis in die Z. des alt-babylon. Königs Naram-Sin (um 2650 v. Chr.) zurück; wahrscheinlich ist die erste Siedlung noch erheblich älter. Die neue Gründung unter Tigranes war aber noch nicht vollendet, als → Lucullus (5) im

J. 69 v. Chr. die Stadt eroberte. Darauf kehrten die vornehmen Kappadoker nach Mazaka zurück. Da jedoch T. unter Kaiser Nero (→ Domitius [6] Corbulo) und noch z. Z. Šāhpuhrs II. in den röm.-armen. Kämpfen eine bedeutende Rolle spielte, so muß die Stadt später vollendet worden sein. Šāhpuhr eroberte sie dank der Belagerungskunst griech. Gefangener. Zahlreiche Christen, die sich weigerten, seinen Anordnungen gemäß die Religion Zoroasters anzunehmen, fanden den Märtyrertod, weshalb T. die Bezeichnung Martyropolis erhielt. J. D.-G.

Tigris. Einer der Hauptströme Vorderasiens, der in Süd-Armenien entspringt, nach einem meist s. ö. Lauf von 1850 km sich nach den h., aus jahrhundertlanger Erweiterung des Schwemmbodens resultierenden hydrograph. Verhältnissen mit seinem Zwillingsstrom Euphrat vereint und nach weiteren 100 km in den → Pers. Meerbusen mündet. Sumerisch hieß er *I-digna/u*, babylon.-assyr. *Idiqlat*; davon sind hebr. *Hiddeqel* (als Paradiesfluß), altpers. *Tigrā*, usw. abgeleitet. Letzterer Name wurde nach pehlevi *tiyri* »Pfeil« wegen der Geschwindigkeit des T. in **Tiyri* verändert, das ebenso wie *Tigrā* erst später von den Griechen übernommen wurde: *Τίγρης* bei Hdt. usw., *Τίγρις* bei Pol. usw. und *Tigris* bei den Römern. Der T. kommt bei Baghdad und → Seleukeia (1) dem Euphrat so nahe, daß sie nur 30 km voneinander entfernt fließen; etwa an derselben Stelle beginnt das große Kanalsystem, das ihn mit dem Euphrat verbindet. Die Beschreibung des unteren T.-laufes bei Plinius (6,130. 146) ist sehr entstellt. Von den *στόματα* (*ἐκβολαί*) des T. sind uns wiederum aus dem Alt. die verschiedensten Angaben überliefert. Sicher ist, daß er z. Z. Alexanders in eine Lagune mündete. Der Lauf des T. ist größtenteils so reißend, daß eine Fahrt stromaufwärts im Alt. fast für unmöglich galt. Stromabwärts wurde die Schiffahrt auf Flößen betrieben. J. D.-G.

Tigurini, einer der vier Gaue der Helvetier, von ant. Autoren auch als bes. Stamm bezeichnet mit z. T. eigener Gesch., → Helvetii. Nach einem in den O.-Alpen beim Kimbernzug zurückgebliebenen Teil heißt vielleicht das Dorf Tigring w. von Klagenfurt, R. EGGER, Carinthia 140, 1950, 496f. E. MEYER, Jahrb. d. Schweiz. Ges. f. Urgesch. 54, 1968/69, 75f. Inschr. CIL XIII 5076. How.-MEYER Nr. 195. E. M.

Linckenheld, RE VI A 1026ff. *Fel. Stähelin* Schweiz in röm. Zeit[3] 55ff. 78f. 140ff. *How.-Meyer* 32 mit A. 1. 102f. A. 1.

Tilataioi (*Τιλαταῖοι*). thrak. Volksstamm, (nur bei Thuk. 2,96). Seine Wohnsitze lagen im N. des Skombros (Skomiosa)-gebirges, des h. Witoscha, s. von → Serdica, und erstreckten sich bis zum Flusse Oiskos (h. Isker) im Gefilde der h. bulg. Kreisstadt Wratza. Chr. D.

Jokl, RLV 13, 279. *M. Fluß*, RE VI A 1034. *Danoff* Altthrakien (bulg.), Sofia 1968, 104. 108. 119.

Tilena, Straßenstation mit Siedlung an der via Agrippina von Lugdunum nach Augusta Treverorum, zwischen Dibio (h. Dijon) und Andemantunnum (Langres; h. Thil-Chatel, dépt. Côte-d'Or). Ein Nebenfluß der Saône hat den gleichen Namen T. (h. Tille). Durch seine Lage war T. ein wirtschaftliches und religiöses Zentrum. Spuren eines befestigten Lagers. Vexillationen der VIII. und XXII. Legion waren dort als Besatzung. Von der zivilen Siedlung ist wenig bekannt; nur Grabsteine, bes. der eines Weinhändlers (ESPÉR. Rec. 3608). Kulte: ein altkelt. Quellkult (ESPÉR. 1311), Matres (CIL XIII 5623), Epona (5622); alle Weihungen stammen von Heeresangehörigen. Inschr. CIL XIII 5621. Bildwerke: ESPÉR. Rec. 4,3597. M. L.

A. Grenier MAN 1,241. 256. 2,57. 179. 267. *G. Drioux* Les cultes indigènes des Lingons, 1934, 18. 74. 78. 106. 117. 161. 185.

Tiliaventum, Fluß in Venetien w. Aquileia (Plin. nat. 3,126 *T. maius minusque*); andere Namensformen Ptol. 3,1,1. 26 (*Τιλαουέμπτον*). Tab. Peut. 4,5 *(Tiliabinte)*. Paul. Diac. Lang. 2,13 *(Tiliamentum)*. Geogr. Rav. 4,36 *(Taliamentum)*; h. Tagliamento unter Veränderung der orograph. Verhältnisse. G. R.

Forbiger HB. d. alt. Geogr. 3,372. *Nissen* It. Ldk. 1,195. 2,229.

Tillius. Lat. Gentilname, auch inschr. bezeugt. SCHULZE Eigenn. 425. **1.** T., dessen Begnadigung sein Bruder (Nr. 3) bei Caesar am 15. März 44 erbat, Nik. Dam. v. Caes. 24,88. Plut. Caes. 66,2 u. a. Im J. 43 war er viell. Volkstr., Hor. s. 1,6,24f. 107ff. (vgl. BROUGHTON Suppl., 1960, 63) verspottet seinen Wunsch auf eine künftige Praetur. **2.** Q. T., Legat Caesars im Bürgerkrieg, sollte 48 mit L. Canuleius in Epirus Nachschub aufbringen, Caes. civ. 3,42,3. **3.** L. T. Cimber, der Caesarmörder. (Zum Cognomen SCHULZE Eigenn. 490. I. KAJANTO The Latin Cognomina, Helsinki 1965, 201). Vielleicht war er 62 in Hellas (ein *L. T.*, *L. f.*, war Proxenos in Delphi), später Anhänger Caesars, der ihn sehr begünstigte, Cic. Phil. 2,27. Sen. de ira 3,30,4f. App. civ. 2,474. T. erhielt als *beneficia* die Praetur (für 45? BROUGHTON 2, 307) und das proconsular. Imperium über Bithynia und Pontus für 44. Offenbar aus persönlichen Gründen schloß er sich den Verschwörern an: an den Iden des März 44 bat er Caesar um die Begnadigung seines Bruders (Nr. 1) und gab dadurch, daß er Caesar die Toga herunterriß, das Zeichen zur Ermordung. Suet. Caes. 82,1. Plut. Caes. 66,2. App. civ. 2,490ff. u. a. DRUMANN[2] 3, 629. GELZER Caesar[6] 305. Bald darauf reiste er in die ihm zugewiesene Provinz, löste dort Q. → Marcius (I 16) Crispus ab und rüstete im Einvernehmen mit Brutus und Cassius nach Kräften. 43 beteiligte er sich an den Kämpfen gegen → Dolabella (1) in Asien und schickte dann den → Turullius mit der Flotte in den Raum Cypern, während er selbst mit dem Heer nach Syrien zog, wo er 42 dem Befehl des → Cassius (I 15) unterstand. Bei → Philippoi fand er, nachdem er Truppen auf der Flotte in diesen Raum geführt hatte, 42 den Tod. App. civ. 4,426. 429. 438. R. SYME The Roman Revolution, 1960, 95. 102f. 511. H. G. G.

Tilphossion (*Τιλφώσ[σ]ιον, Τιλφώ[σ]σαιον, Τιλφούσιον*), n. Ausläufer des → Helikon im Gebiet von → Haliartos, in der Kuppe Petra am Kopaissee endend, mit Heiligtum des Apollon Tilphossios und der Schwurgötter → Praxidikai am Fuß, dabei die starke Quelle Thelphusa – → Tilphusa, bei der das Grab des → Teiresias gezeigt wurde, der nach einem Trunk aus der Quelle gestorben sein sollte. Strab. 9,2,27 p. 413. 2,36 p. 413. Paus. 9,33,1–3. Diod. 19,53,7. Harpokr. s. *Τιλφώσσαιον*. Steph. Byz. s. *Τέλφουσα*. Hom. h. 1,244ff. 377ff. Apollod. 3,7,3,3,84. Athen. 2, 41 e. Auf dem höchsten Gipfel ein Kastell, das im 3. Heil. Krieg eine Rolle spielte, Demosth. 19, 141. 148. E. M.

L. Roß Wanderungen in Griechenland 29ff. *Schober*, RE VI A 1044f.

Tilphusa (*Τιλφοῦσα*, mit vielen orthogr. Varianten, z. B. → Thelphusa, wie eine Quelle und Stadt in Arkadien heißt, → Areion, WILAM. GldH. 1,391 ff.), Quellnymphe bei → Haliartos. Sie erhob Einspruch gegen Apollons Versuch, am Tilphusischen Berg seinen Orakeltempel zu bauen, und verwies ihn auf die ruhigere Gegend unter dem Parnaß. Nachdem er sich hier angesiedelt hat, kehrt er zu T. zurück, schüttet ihr, weil sie aus Eigennutz gehandelt habe, die Quelle zu und baut für sich als *Τιλφούσιος* einen Altar. Hom. h. Apoll. 244ff. 375ff. Nachklang einer alten Konkurrenz zwischen T. und Apollon in Boiotien, O. KERN Rel. der Griechen 1,79.89,1. J. FONTENROSE Python 366ff. → Teiresias (Grab und Orakel). H. v. G.

Tilurium. Dalmatin. Militärlager am Fluß Cetina (*Hippius* oder *Tilurius*), h. Gardun. Der Name ist in den Formen *Ponte Tiluri* (Itin. Anton. 337), *Tilurion* (Geogr. Rav. 4,16 S. 210) erhalten geblieben. Wo die Straße Salona–Scodra den Fluß überquert, wurde im J. 33 v. Chr. die *legio VII* von Octavianus stationiert; sie blieb dort bis 45 n. Chr. Das Lager ist nicht freigelegt. Bedeutende *canabae* hat es nicht gegeben, die Veteranen der Legion ließen sich größtenteils in Aequum, 15 km n. w., nieder. Nach Abzug der Legion Garnisonsort der *cohors VIII Voluntariorum c. R.* J. F.

Timachidas (*Τιμαχίδας*), Sohn des Agesitimos, von → Lindos, war gemeinsam mit Tharsagoras der Vf. der sog. lindischen Tempelchronik, die auf einer 1904 bei den dänischen Ausgrabungen in der Stadt Lindos gefundenen, im J. 99 v. Chr. auf Volksbeschluß gesetzten Marmorstele ein Verzeichnis der Weihgeschenke enthält, mit denen das Heiligtum der Athena Lindia wegen der hilfreichen Offenbarung (*ἐπιφάνεια*) der Göttin seit ältesten Zeiten geschmückt worden war, von denen aber die Mehrzahl beim Brande des Tempels um Mitte 4. Jh. zugrunde gegangen war. Die Inschr. gibt zuerst den Wortlaut des Dekretes über die Weihung und setzt den aufzuwendenden Preis auf 200 Drachmen fest. Der Bericht soll Meldungen der Priester, amtlichen Aktenstücken und literar. Quellen entnommen werden. Die Bezeichnung als Tempelchronik ist irreführend, weil nicht die Geschichte des Tempels gegeben wird, sondern nur ein Inventar der nur noch z. T. vorhandenen Tempelschätze. Es enthält 45 Abschnitte über ebenso viele Weihungen, davon 14 aus myth. Z. (Kadmos, Minos, Herakles usw.), die folgenden aus hist. Z. (Phalaris, Amasis, Alexander d. Gr. usw., zuletzt Philipp V. von Mak.). Als literar. Quellen werden 22 uns größtenteils unbekannte Autoren genannt. Die z. T. verstümmelten Berichte über eine *ἐπιφάνεια* der Göttin betreffen meist Traumerscheinungen. Die Sprache des T. hat Br. KEIL, H 51, 1916, 491ff. untersucht und als eine mit Elementen aus der hellenist. Gemeinsprache vielfach durchsetzte dor. Koine charakterisiert. – Schon vor Auffindung der lind. Chronik war uns T. durch zahlreiche Zit. bei Athen. als Autor vorwiegend glossogr. Schriften bekannt. K. Z.

Chr. Blinkenberg, Bull. acad. r. sciences Danemark 1912, Nr. 5. *Ders.* Kl. Texte Nr. 131. Sylloge[3] 725. FGrH 532. → Lokalchronik. *Ziegler*, RE VI A 2052–60.

Timagenes (*Τιμαγένης*). **1.** Feldherr der → Zenobia, Ägypter, der 269/70 ganz Äg. unterwarf, mit einer Streitmacht als Besatzung blieb und den anrückenden röm. Feldherren → Tenagino Probus bei → Memphis schlagen konnte, Zos. 1,44,2 (anders H. A. vit. Claud. 11,1 f.). Nach dem Zusammenbruch des palmyren. Reiches geriet er in Gefangenschaft → Aurelians (4), s. RE X A 3ff. R. H.

2. Von Alexandreia, Rhetor und Historiker der 2. H. 1. Jh. v. Chr. Er kam im J. 55 als Kriegsgefangener nach Rom und wurde von Faustus Sulla losgekauft (T 1 aus Suda s. *T.*). Die Testimonia nennen ihn zus. mit den Rhetoren → Caecilius (III 2) von Kaleakte und → Kraton. Die erworbene Gunst des Augustus verlor er wieder infolge seiner unverschämten Aussprüche (T 3): Er wurde im Hause des → Asinius (I 5) Pollio aufgenommen. Nach T 1 schrieb er »vielerlei«. Überliefert ist nur ein Buchtitel *π. βασιλέων*. Ob es sich dabei um T.' Hauptwerk handelt, ist unklar. Die Frg.e stammen aus Iosephos, Plin. nat., Plut., Curt. Ruf., Strab., Quint. und Amm. Marc. Der letztere hat die Ursprungsgesch. der Kelten aus T. übernommen (F 2), weiteres aus der kelt. Gesch. findet sich bei Strab. (F 11); über die Ausdehnung der Alpen handelt F 7, über Kulturhist. F 10, jüd. Gesch. enthalten F 4–6, Stückchen der Alexandergesch. zeigen F 3 und viell. 12. Daß T. auch die Z. des Augustus behandelt hat – diese Abschnitte verbrannte er aber –, zeigen T 2/3. Wieweit seine

Römerfeindlichkeit (T 8) ging und ob er wirklich mit den *levissimi ex Graecis*, die Liv. 9,18,6 bekämpft, gemeint ist, ist unsicher. Die moderne Forschung sieht ihn als Hauptquelle des Trogus (Iustinus); wieweit App. und Plut. ihn benützt haben, kann nicht sicher bestimmt werden. H. R. B.

Lit.: FGrH 88. *R.Laqueur*, RE VI A 1063 ff. *P. Treves* Il mito di Alessandro e la Roma d'Augusto, 1953, 58 ff.

Timagetos (*Τιμάγετος*). Vf. einer Schrift *Π. λιμένων* in mindestens 2 B., die nur durch Apoll. Rhod., dessen Sch. und Steph. Byz. bekannt ist und etwa in der 1. Hälfte 4. Jh. v. Chr. geschrieben wurde (Frg. 1 über den Ursprung des Istros *ἐκ τῶν Κελτικῶν ὀρῶν* setzt anscheinend Hdt. 2,33 voraus). Die Frg.e 1–3 behandeln in bemerkenswert selbständiger Weise den Lauf des Istros, teilweise in Beziehung mit den vorhomer. Argonautika. Der Istros soll sich erstens in den »Keltensee« ergießen, sich dann spalten und einerseits in den Euxeinos, andrerseits in das Tyrrhenische Meer münden. Frg. 4 (Aresinsel) und 5 (Bau der Argo, von F. JACOBY FGrH 42 F 3 angezweifelt) knüpfen ebenfalls an die Argonautensage an. Frg. 6 (*Ἀκτή*) betrifft Akarnanien. Frg.e: FHG IV 519. F. L.

R. Heuberger, Ztschr. f. Schweizer. Gesch. 30, 1950, 337.

Timagoras (*Τιμαγόρας*). **1.** Athener, 367 nach Susa zu → Artaxerxes (2) gesandt, unterstützte → Pelopidas und wurde deshalb nach der Rückkehr von seinem Mitgesandten → Leon (5) wegen passiver Bestechung durch den Großkönig sowie wegen Verrates verklagt und hingerichtet (Xen. hell. 7,1,33 ff. Demosth. 19,31. 137. 191 mit Sch. Plut. Pel. 30,6; Art. 22,5 f. Athen. 2,48 e. 6, 251 b. Val. Max. 6,3 ext. 2. Suda s. v.). K. K.

Bengtson GG [4]282.

2. Epikureer. Aus Cic. ac. 1,80 ist ein Detail aus T.' Wahrnehmungslehre zurückzugewinnen. Bei Aetios 4,13,6 = DIELSDoxGr 403,22 wird ihm eine Fehldeutung – *παραχαράξας* – der Lehre von den *εἴδωλα* vorgeworfen. Der Schluß scheint erlaubt: Eine Schrift des sonst unbekannten T. zur Wahrnehmungslehre – etwa *περὶ αἰσθήσεως* – hat Polemik, vornehmlich von stoischer Seite, hervorgerufen. H. D.

3. Von Chalkis, Maler und Dichter. Plin. nat. 45,58 sagt, daß T. beim ersten Maleragon der pyth. Spiele in Delphoi (Mitte 5. Jh.) → Panainos besiegte und darüber ein Epigramm *(carmen)* verfaßte. **4.** Töpfer in Athen, signierte im 3. Viertel des 6. Jh.s zwei Hydrien (Paris Louvre F 38. 39), die dem Taleidesmaler zugeschrieben werden. BEAZLEY AV 2. 174,5. 7. **5.** Von Rhodos, Sohn des Mnasitimos, Bildhauer (Erzgießer) des früheren 3. Jh. (Lindos 2, 1941, 43 f. 51 Nr. 14). **6.** Von Kamiros, Sohn des Aristonidas, Bildhauer (Erzgießer), signierte im 3. Jh. Statuen in Kamiros und Rhodos. Zeitliche Relation zu Nr. 5 ist unsicher. RE VI A 1074 Nr. 7. W. H. G.

Timaia (*Τιμαία*), Spartiatin, Frau des Königs → Agis II. (2), von → Alkibiades (2) 415 in

Sparta verführt. Ihr Sohn → Leotychidas (3) wurde daher für unehelich gehalten, von Agis erst sterbend anerkannt, um ihm die Thronfolge zu ermöglichen. Doch wurde statt seiner 399 auf Betreiben des → Lysandros (1) → Agesilaos (2) König. T. soll Alkibiades sehr geliebt und den Sohn zu Hause »Alkibiades« genannt haben, Duris FGrH 76 F 69. Alkibiades soll sich gerühmt haben, sein Bastard werde spartan. König werden, Plut. Alk. 23,8. Die att. Komödie behandelte diese Skandalaffäre des Alkibiades. Athen. 13,574 d. Plut. Ages. 3; Alk. 23,7 f.; Lys. 22,6 f.; mor. 467 f. Xen. hell. 3,3,1 ff. Paus. 3,8,8 ff. Nep. Ages. 1. H. V.

Timaios (*Τίμαιος*). **1.** Stratege des aitol. Bundes 240/39, fiel mit → Charixenos (2) in Lakonien ein, griff vergeblich Sparta an, plünderte das Poseidonheiligtum in → Tainaron und das der Artemis in → Lusoi, führte angeblich 50000 Gefangene fort. Pol. 4,34,9. 9,34,9. Plut. Ag. Kleom. 39,3; ident. wohl mit dem in Verträgen erwähnten T., H. H. SCHMITT Die Staatsverträge des Alt. 3, 1969, 495. 564. Sylloge[3] 444 E (255/54). 480. H. V.

2. Im Dialog »Timaios« legt → Platon (1) einer hoch geachteten Persönlichkeit T., die aus dem ital. → Lokroi stammt und eben zu Besuch in Athen ist, den großen Lehrvortrag über die Welt, die Elemente, das Leben und den Menschen in den Mund. Dieser T. ist eine von Platon fingierte Person. Er behandelt die großen Themen seines Vortrages etwa so, wie ein → Pythagoreer das getan hätte. Platon bedient sich hier nicht (wie sonst oft) eines Mythos, sondern der ihm wohl bekannten pythagor. »Sprachregelung«, um das eigentlich nicht Aussagbare in angemessener Verschlüsselung mitzuteilen; vgl. B. WITTE, Archiv f. Gesch. d. Philos. 46, 1964, 1–16.

II. In teilweiser Verkennung des unter I. Gesagten ist seit dem späten Hellenismus der »T.« Platons als ein Offenbarungsbuch angesehen worden; dann mußte T. als ein Prophet gelten.

III. In dieser Lage ist der Versuch unternommen worden, aus dem Text Platons die echte Prophetie des T. wiederzugewinnen, also den (wie man vermutete) von Platon veränderten Text in urspr. Fassung herzustellen. Jedenfalls beansprucht die Schrift *περὶ ψυχᾶς κόσμω καὶ φύσιος*, dieser authent. Text zu sein und somit den T. aus Lokroi zum Vf. zu haben.

IV. In den beiden Jh.en vor und nach Christus ist ein Konkurrenzkampf der → Pythagoreer gegen den → Platonismus unverkennbar. Mehrmals wurde versucht, Elemente platon. Lehrgutes entweder als pythagor. in Anspruch zu nehmen, oder solches Gut als (neben Pythagoras minderwertige) Kontrafaktur herabzusetzen. Solchen Versuchen reiht sich die Schrift des sog. T. von Lokroi an. Mag ihr Vf. eine Rückgewinnung (wie unter III. bezeichnet) beabsichtigt haben: in der Folge hat die Schrift dem Nachweis gedient, daß

Platon (bestenfalls) ein Glied in der Kette pythagor. Tradition = διαδοχή war.

V. Eine ausführliche Gegenüberstellung des T. von Lokroi mit dem T. Platons gibt, mit Kennzeichnung aller Abweichungen, R. Harder, RE V A 1205–1220.

Ausg.: *W. Marg* bei *H. Thesleff* (Hrsg.) The Pythagorean Texts of the Hellenistic Period, 1965, 203–225. – Komm.: *M. Baltes*, Philos. Ant. 21, 1972.

Lit.: *H. Thesleff* An Introd. to the Pythagorean Writings of the Hellenistic Period, 1961.

3. Vf. eines Lex., das der Erkl. Platons dienen soll; es wird genannt von → Photios, bibl. cod. 154, und ist in einer Hs. zu Paris erhalten. T. wird einzig durch die knappe, preziös-schlichte Vorrede kenntlich, die er dem kleinen Werk voranstellt. Dieses war einem Römer Caietanus als Festgabe zu einem → Saturnalienfest zugedacht. Die Datierung ist ganz unsicher: frühestens 1., spätestens 4. Jh. n. Chr. Schon früh wurde erkannt – so G. A. Koch Observationes, 1833 –, daß T. nicht wenige Ausdrücke recht eigenwillig, ja ab und an im Widerspruch zu Platons Wortlaut erklärt. Aus solchem Befund ist aber nicht zu schließen, daß späte Depravation vorliegt; sondern es dürften noch kaum feste Traditionen der Platon-Erklärung vorgelegen haben. Das spricht für eine frühe Datierung. H. D.

Ta.: *D. Ruhnken*, Lugd. Bat. 1789. *G. A. Koch*, Lpz. 1828, Nachdr. Hildesh. 1971 (mit wichtiger Vorrede); seither in den Platon-Ausg. von *Baiter-Orelli* und *G. Hermann*. – Zur Datierung: *E. Rohde*, Kl. Schr. 2, 387 m. Anm. 2.

4. Von Tauromen ion,Historiker des 4./3. Jh.s.

1. Leben (Quellen: Suda s.v. Diod. 16,7,1. 21, 17,1. Plut. Timol. 10,6. Ps.-Lukian. Makrob. 22. Pol. passim. FGrH 566 T 1–5). T. war der Sohn des Dynasten und »Neugründers« von Tauromenion, Andromachos, der → Timoleon bei dessen Eintreffen in Sizilien im J. 344 aufnahm. T.' Geburts- und Todesjahr sind nicht sicher zu bestimmen: nach Ps.-Lukian. a. O. erreichte T. ein Alter von 96 J., d. h. sein Lebensjh. umfaßte rund die Z. von 350–250, wobei man einige J. nach oben oder nach unten rücken kann. Unter → Agathokles (2) wurde T., der heftige Tyrannenfeind, verbannt – wohl anläßlich der Einnahme Tauromenions vor 316/15 –, und er lebte anschließend mind. 50 J. ununterbrochen in Athen. Ob er nach Agathokles' Tod (289) je wieder in seine Heimat zurückgekehrt ist, steht nicht fest. In Athen hörte er den Isokratesschüler → Philiskos (3). Zweifelhaft ist, ob aus T.' geograph. Interessen und Werkabschnitten auf ausgedehnte eigene Forschungsreisen und entsprechende Autopsie geschlossen werden darf, wie Jacoby mit Recht feststellt. Die Lebensschicksale brachten es mit sich, daß es T. nicht vergönnt war wie seinem Vater, selbständig Politik zu treiben; statt dessen wurde er während seines Aufenthaltes in Athen, wo er seiner βιβλιακὴ ἕξις Genüge tun konnte, zum Historiker.

2. Werke. Die im Schriftenverz. der Suda genannte Συλλογὴ ῥητορικῶν ἀφορμῶν in 68 (!) B. stammt wohl nicht von T., hingegen das chronograph. Werk über die Olympioniken: T. hat der Olympiadenrechnung in der hist. Chronol. zum Durchbruch verholfen, wie er auch epochale Anordnung und – z. T. verfälschte – Synchronismen schätzte. Sein Hauptwerk, das ihn berühmt machte, ist seine großangelegte Gesch. des griech. W. (Titel ungewiß, viell. *Σικελικαὶ ἱστορίαι*) in mind. 38 B. Die Bucheinteilung stammt von T. selber, und es scheint auch eine gewisse Gruppierung zu größeren Einheiten, wie wir sie aus Livius kennen, vorzuliegen; die wenigen mit Buchzahlen versehenen Frg. und die Unsicherheit der überlieferten Buchzahlen lassen jedoch eine gesicherte Rekonstruktion des Werkaufbaues nicht zu. B. 1–5 geben als *Προκατασκευή* eine geograph.-ethnograph. Einl.; die ältere Gesch. bis zur Machtübernahme → Dionysios' I. (406/05) dürfte 10 B. umfaßt haben, die Z. der »2. Tyrannis« (406/05 bis 344/43) 8–10 B., die beiden Jahrzehnte bis zu Agathokles' Machtergreifung 9–12 B., die Regierungszeit des Agathokles selbst 5 B. In hohem Greisenalter hat T. noch einen Anhang über → Pyrrhos' (1) Eingreifen im W. verfaßt, über den wir aber trotz seiner epochemachenden Bedeutung (neue Sicht der Wichtigkeit Roms; von den Römern wurden die Historien des T. – wohl wegen der Pyrrhosbücher – als *Historiae de rebus populi Romani* bezeichnet, vgl. T 90) nichts aussagen können, auch nicht, ob er noch den Beginn des 1. pun. Krieges behandelte.

Mehr als ein Viertel aller T.-Frg. belegen die geograph.-ethnograph. Interessen des Autors; einige sind der *Προκατασκευή* zuzuweisen, so F 1 über die *τρυφή* der Etrusker, F 3 über Korsika, doch stammen andere aus den sonstigen Teilen des Werkes; hervorzuheben sind F 42 über die Etym. des Wortes »Italia«, F 47–50 Exkurs über die Sybariten, F 53–56 ein Abschnitt über die Daunier (Apulier), F 59–61 über Rom (F 60 Synchronismus für die Gründung Roms und Karthagos), F 68–75 über das Keltenland und den N., F 76–80 über den adriat. Raum und F 82 über die Gründung Karthagos. F 83–90 zeigen, wie ausführlich T. die Sagengesch. miteinbezogen hat.

F 7 stammt aus dem Prooimion des 6. B.s, mit dem die eigentl. Geschichtsdarstellung einsetzte, und handelt vom Unterschied zw. epideikt. Rede und Geschichtsschreibung. Hervorzuheben sind F 11/12 mit Resten aus einem Exkurs über die Lokrer, F 93 über das Verhältnis zw. → Theron, → Gelon (1) und Polyzelos, F 23/24 aus der Gesch. der athen. Sizilienexpedition des J.s 415 (dazu F 99–102), F 25–28 aus der Gesch. des Karthagerkrieges des J.s 406/05 mit einer Auseinandersetzung über den Phalarisstier, F 31 b aus einer epitrept. Rede des Timoleon; aus den B.

über Agathokles und dem Anhang über Pyrrhos ist nichts Nennenswertes erhalten.

T.' kulturhist. und geistesgesch. Interessen werden z. B. durch das häufige Eingehen auf → Pythagoras (1) und seine Anhänger belegt (F 12ff. 131/132), das natürlich aus der Behandlung der Gesch. der unterital. Griechen herauswächst, sowie durch die Nennung des → Empedokles (F 14. 134), des → Gorgias (F 137), des → Sokrates (F 15). Lokalpatriotismus gibt ihm ein, → Thukydides (2) und → Lysias (6) in Italien bzw. Sizilien begraben sein zu lassen (F 135/136. 138).

T.' Bedeutung und Ausstrahlung auf die spätere Geschichtsschreibung wird durch die Testim. und Frg.e nicht deutlich genug; Polybios' stete und äußerst gehässige Polemik gegen T. (bes. im 12. B.) zeigt besser als die Frg.e, welch kanonische Geltung T.' Werk für den W. und die Anfänge Roms besaß. T. kritisierte allerdings seine Vorgänger und Zeitgenossen ebenso schonungslos, wie er später von Polybios kritisiert werden sollte; so ist sein Spottname (T 1) *'Επιτίμαιος* (»Ehrabschneider«) verständlich.

Seine breite literar. Bildung – später wird er geradezu als Polyhistor bezeichnet (T 23) –, sein Interesse an Geogr., Chronol., Myth., Philos., an Kulturgeschichtlichem und an Paradoxa und Thaumasia aller Art entsprach dem Geschmack des Frühhellenismus. Über seine Quellen und seine ausgedehnte Wirkung, namentlich auch auf → Kallimachos (3) und → Lykophron (6), s. JACOBY in der ausführlichen Einl. des Komm. H.R.B.

Ausg. u. Lit.: FGrH 566. *R.Laqueur*, RE VI A 1076 bis 1203. *T.S. Brown*, T. of Tauromenium, Univ. Calif. Publ. Hist. 55, 1958. *M. Sordi* Timoleonte, 1961, 91ff.

5. Astrologe, wohl des 1. Jh. v. Chr., bestimmt nach Antiochos (CCAG 8,3,116ff.) die 7 einflußreichen Orte der Dodekatopos, die 4 Eckpunkte, die 2 Trigone des Horoskopos und den aufsteigenden Ort der Himmelsmitte. → Vettius Valens zitiert ihn im Kap. *περὶ γονέων* (2,31); bei Palchos wird er mit Praxidos (Praxidikos?) als Vf. von *περὶ δραπετῶν καὶ κλεπτῶν* genannt. Auch die Suda s. *T.* aufgeführten *Μαθηματικά* könnten das Werk dieses T. sein. Plin. nat. 2,38 führt seine Theorie von der Nilschwelle und 16,82 die vom Gifthauch des Tierkreisbildes Skorpion an. E. Bo.

Kroll, RE VI A 1228. *Gundel* Astrologumena 111.

Timandra (*Τιμάνδρα*). **1.** Tochter des → Tyndareos und der → Leda, die unter dem Fluch Aphrodites ihren Gemahl → Echemos von Tegea verließ und zu → Phyleus ging. Von Echemos war sie Mutter des → Euandros (1), von Phyleus des → Meges. Apollod. 3,126. 129. Serv. Verg. Aen. 8, 130. **2.** Sizilierin aus Hykkara, die durch den Dithyrambendichter → Philoxenos (2) nach Korinth kam, Sch. Aristoph. Plut. 179. Geliebte des Alkibiades, Plut. Alk. 39. Nep. Alc. 11. Mutter der → Lais (2). H. v. G.

Timanthes (*Τιμάνθης*). **1.** T. von Kythnos (Quint. inst. 2,13,13), Maler der 2. Hälfte des 5. Jh.s v. Chr. T. besiegte in einem Agon den → Parrhasios (Plin. nat. 35,72. Aias beim Streit um die Waffen des Achilleus?), den sonst unbekannten Kolotes von Teos mit seinem meist genannten Bild, Opferung der Iphigeneia mit abgestufter Darstellung des Schmerzes bei den Beteiligten (Quint. a. O. Cic. or. 74. Val. Max. 8,11 ext. 6. Plin. nat. 35,73. Verg. Aet. 597f. Eust. Il. 1343, 60). Genannt werden noch in Ephesos ein »Tod des Palamedes« (Phot. bibl. 190 p. 146 b 26. Tzetz. chil. 8,403), ein schlafender Kyklop, sowie ein Heros (Plin. 35,74), der eine Art Kanonfigur gewesen zu sein scheint. Gerühmt werden T.s *ingenium* sowie *formae* und *lineamenta* (Cic. Brut. 70). Von der Iphigeneia unmittelbar vor ihrer Opferung glaubt man röm. Kopien und Auszüge zu haben, doch sind die Einzelheiten umstritten. Ein *iudicium Orestis* wird ihm zugeschrieben.

Lippold, RE VI A 1231f. *Moreno*, Enc. arte ant. 7,855f. *Hafner* 113. Berl. Winckelmann-Pr., 1958.

2. Maler wohl aus Sikyon. Nach Plut. Arat. 32,6 malte er die Eroberung von Pellene »mit starkem Ausdruck«. Mittleres 3. Jh., wenn ident. mit dem Begleiter des Aratos, Plut. a. O. 12,3. W. H. G.

Timarchides. 1. Freigelassener und skrupelloser Helfer des → Verres (2) in Sicilien 73–71. Cic. Verr. häufig, bes. 2,134ff. 3,154–157. A. HOLM Gesch. Siciliens 3,141f. HABERMEHL, RE VIII A 1581. H. G. G.

2. Sohn des → Polykles (3), Athener (Demos Thorikos), Bildhauer. T. und sein Bruder Timokles, wie Polykles »Erneuerer« der Kunst, 2. Hälfte 2. Jh. v. Chr., schufen gemeinsam das Kultbild des bärtigen Asklepios in → Elateia (Paus. 10,34,6), das der Athena Kranaia bei Elateia (Paus. 10,34,8: Schild mit Kopien nach der Athena Parthenos des → Pheidias), eine Siegerstatue in Olympia (Paus. 6,12,9), T. allein Athleten usw. (Plin. nat. 34,91), vor allem das Kultbild des Apollon Kitharodos (später in Rom, Apollotempel auf dem Marsfeld), Plin. 36,35. Kopien sind nicht bekannt (anders MORENO, Enc. arte ant. 7,856f.). **3.** T. »der jüngere«, Sohn des Polykles, Bildhauer, Heimat wie Nr. 2. T. schuf eine Statue in Athen (MARCADÉ Rec. signat. sculpt. grecs 2, 1957, 41. 132) und die des → Ofellius (3) in Delos, um 100 v. Chr. (MICHALOWSKI, Délos 13,21 Abb. 13. MARCADÉ Au Musée de Délos, 1969, 117f.) zusammen mit seinem Oheim Dionysios, ein klassizist. Werk. W. H. G.

Timarchos. 1. Sohn des Arizelos aus dem Demos Sphettos, athen. Politiker des 4. Jh.s v. Chr. (* vor 390). Er bekleidete seit 361/60 eine Reihe öffentl. Ämter (Mitglied des Rates 361/60 und 347/46; der Rechnungsbehörde [*λογιστής*]; Bevollmächtigter für Andros und Eretria; Gesandter) und unterstützte die antimakedon. Politik des Demosth. (Gesetz gegen Export kriegswichtiger

Güter nach Makedonien) sowie dessen Parapresbieklage gegen → Aischines 2 (im J. 346). Dieser kam der ihm drohenden Gefahr mit einer auf die gesetzl. vorgesehene Möglichkeit der *δοκιμασία ῥητόρων* gestützten Klage (or. 3 aus dem J. 345, die wichtigste, zugleich aber suspekte Quelle über T.' Leben) zuvor. Aischin. wirft T. gewerbsmäßige Unzucht (*πορνεία*), Verschwendung und leichtfertige Amtsführung vor. Es deutet alles darauf hin, daß es ihm gelang, der polit. Karriere des T. ein Ende zu bereiten. H. Gä.

PA 13636. *Blass* AttBereds. 3,2,192ff. *A. Schäfer* Demosth. 2,334ff.

2. Bundesgenosse des äg. Prinzen Ptolemaios, der sich im 2. Syr. Krieg gegen seinen Vater → Ptolemaios II. (2) in Kleinasien erhob, wurde 259/258 Tyrann von → Miletos, aber von → Antiochos II. (3) gestürzt. Trog. prol. 26. App. Syr. 65. Ident. wohl mit T., der Charmades, den General des Königs Ptolemaios, besiegte. Polyain. 5,25. Frontin. 3,2,11 (auch Herr von Samos?). A. Rehm Didyma, 1958, 263,3. Zum Zeitansatz L. Robert, Gn 31, 1959, 669. **3.** Milesier, Enkel von Nr. 2?, Sohn des Herakleides, mit seinem Bruder Herakleides als *παιδικά* am Hof des → Antiochos IV. (5), dessen Gesandter in Rom, dann Generalstatthalter im O. des seleukid. Reiches. H. Bengtson Die Strategie 2, 1944, 86ff. Nach dem Tode des Antiochos erkannte T. den Nachfolger → Demetrios (5) nicht an, erreichte vom röm. Senat die Anerkennung als König, verbündete sich mit → Artaxias (1) von Armenien, verlor aber 161/60 in einer Schlacht gegen Demetrios Krone und Leben. Mz. (*βασιλέως μεγάλου T.*) Head HN² 764. Pol. 28, 1. 22. Diod. 31,27a. Trog. prol. 34. App. Syr. 45. 47. H. Volkmann, Klio 19, 1925, 392f. Stiftungen des T. in Milet Th. Wiegand Milet 2,97f. H. V.

4. s. Kephisodotos (5)

Timasion (*Τιμασίων*) aus Dardanos, im Heer des → Kyros (3) zum Anführer für den ermordeten → Klearchos (1) gewählt und beim Rückmarsch der 10000 als Reiterführer bewährt. Xen. an. 2,37. 3,1,47. 5,6,21. 24. 6,1,32. 3,22. 5,28. 7,3,18. 46. 5,4. 10. H. V.

Timasitheos (*Τιμασίθεος*). Oberbeamter (Stratege) von → Lipara im J. 393 v. Chr., veranlaßte die Freigabe eines röm. Schiffes, auf dem sich die röm. Gesandten befanden, die einen goldenen Krater als Weihgeschenk aus der Beute von → Veii nach Delphi bringen sollten. Diod. 14,93,4. Plut. Cam. 8,8. App. It. 8. (W. Hoffmann Rom und die griechische Welt im 4. Jh., 1934, 131). H. G. G.

Timasius. Flavius T., *consul* 389 (DessILS 1275), unter Valens Offizier (Zos. 5,8,3), 388 im Krieg gegen → Maximus (I 8) als *magister ped.* Befehlshaber der Infanterie (Zos. 4,45,2. Philostorg. h.e. 10,8. Ambr. epist. 1,41,27. Cod. Theod. 4,17,5). 391, als er Banden in Thrakien zu bekämpfen hatte, geriet er in Konflikt mit → Rufinus (I 4). 394 war er mit → Stilicho Oberbefehlshaber gegen → Eugenius (2; Zos. 4,49. 51. 57). 396 ließ ihn → Eutropius (4), vermutlich zu Unrecht, als Hochverräter anzeigen und erreichte die Verbannung des als ehrgeizig und geldgierig geltenden T. (Zos. 5,2ff. Eun. frg. 70/72 = FHG 4,44. Soz. 8,7, 2); † vor Anf. 400 (Asterius Hom. 4 = MignePG 40,24c). A. L.

Tīmāvus (Quantitäten Verg. ecl. 8,6; georg. 3,475; Aen. 1,244 u.a.), Fluß zw. → Aquileia und → Tergeste (Serv. auct. Aen. 1,246. Itin. Anton. 270,3. 273,1; vgl. Plin. nat. 2,225. Vib. p. 152 R.) in Istrien (Serv. auct. ecl. 8,6; Aen. a.O.) bzw. → Venetien (Serv. ecl. a.O.; vgl. *T. Antenoreus* Lucan. 7,194. *Euganeus* Martial. 13,89,1) oder Iapydien (→ Iapodes; Serv. georg. a.O. Plin. nat. 3,127) mit 7 oder 9 Mündungen (Pol. bei Strab. 5,214. Serv. Aen. 1,245. Mela 2,61. Claud. 28, 197) und Mündungssee (Liv. 41,1,1. Claud. 7, 120. Tab. Peut. 4,5). T. fließt 130 Stadien (Poseid. FGrH 87 F 89) unterirdisch (Plin. nat. 2,225. Strab. 6,275), so daß man an Zugang zur Donau glaubte (Plin. a.O. 128) und T. mit den Argonauten verband (Martial. 4.25,5f. 8,28,7f. Claud. 7,120). An der Mündung gibt es ein Diomedes-Heiligtum (Strab. 5,214). Die orograph. Bedingungen haben sich h. verändert (s.a. Natiso). G. R.

Forbiger HB. d. alt. Geogr. 3,371. *Nissen* It. Ldk. 2,233.

Timbriada s. Tymbrias

Time (*τιμή*). Im att. Recht hauptsächl. unter zwei Gesichtspunkten verwendet: 1. Bußsumme, 2. Steuereinschätzung.

1. Dem »Privatstrafrecht« der archaischen Z. entsprechend konnte der Täter das Racherecht der Angehörigen nach einem Sühnepakt (→ *αἴδεσις*) durch Zahlung eines Wergeldes (*τ.*) abwenden. Der in Abwehr oder Vergeltung einer Unrechtstat Erschlagene blieb jedoch »bußlos« liegen, seine Verwandten durften keine *τ.* verlangen, → *ἀτιμία* (dazu noch [1], 16). Bei der jüngeren Atimie, der »bürgerlichen Zurücksetzung«, ist der Gedanke der Bußzahlung von der Bedeutung *τ.* = Ehre überlagert ([1], 21).

2. Die Einteilung der athen. Zensusklassen (*τέλη*: → Pentakosiomedimnoi, → Hippeis, → Zeugitai, → Theten) beruhte auf Abschätzung (*τ.*) des jährl. Durchschnittsertrages an Getreide, Öl und Wein von eigenem Grund. Nach Höhe der geschätzten Beträge (*τιμήματα*) richtete sich die Teilnahme an den staatsbürgerlichen Rechten und Pflichten ([2] und [3]). G. Th.

1. *E. Ruschenbusch* Unt. z. Gesch. d. Ath. Strafrechts, 1968. 2. *Busolt* GStk. 821. 3. *C. Hignett* Hist. of the Ath. Const. 99ff. 4. *M. H. Hansen* Atimistraffen i Athen i Klassik Tid, Odense 1973.

Timesitheos (*Τιμησίθεος*). Tragiker unbekannter Z. Suda s. *T.* zählt 12 (11) Titel auf, davon 1–7 in alphabet. Ordnung. F. St.

B. Snell, TGF 1, 1971, Nr. 214.

Timesitheus s. Furius (II 5)

Timetai dikai (*τιμηταὶ δίκαι*), Prozesse, welche nach der Abstimmung über die Schuldfrage noch ein Schätzungsverfahren (dazu → Timetos agon) zu durchlaufen hatten. Bei Privatprozessen, den *δίκαι* im engeren Sinn, ist das die Regel, bei *εἰσαγγελία* und *γραφή* eher die Ausnahme. Als *τ. δ.* wären zu nennen: die *δίκη ἐπιτροπῆς* (→ *Ἐπίτροπος* 1), → *κλοπῆς*, → *αἰκείας*, → *ἐξαιρέσεως*, → *ψευδομαρτυρίων*, → *λιπομαρτυρίου*, → *κακοτεχνιῶν*, → *βιαίων*, → *ἐξούλης*; für → *βλάβη* ist die Entwicklung vom System der festen Bußsummen zur Schätzung anzunehmen, H. Mummenthey Z. Gesch. d. Begr. *βλάβη*, Diss. iur. Freib. 1971, 79f. Unschätzbar sind die *δ. ἀποστασίου*, → *κακηγορίας* und die → *διαδικασία*. Als schätzbare *γραφαί* sind belegt: die *γ. ἀσεβείας*, → *δώρων*, → *δεκασμοῦ*, → *παρανόμων*, → *παραπρεσβείας*, → *ψευδοκλητείας*, → *ὕβρεως*, → *κλοπῆς*, *συκοφαντίας* (→ Sykophantes). G. Th.

A. R. W. Harrison The law of Athens 2, 1969, 81f.

Timetos agon (*τιμητὸς ἀγών*). Jeder von einem Dikasterion durch Abstimmung zu entscheidende Prozeß war im att. Recht entweder »unschätzbar« oder »schätzbar«. Im ersten Fall war bereits durch Gesetz an den Schuldspruch eine bestimmte Sanktion geknüpft, etwa Todesstrafe oder Verbannung, → *ἀτίμητος ἀγών*; im zweiten Fall hatten die Geschworenen nach Bejahung der Schuldfrage nochmals abzustimmen: über die Höhe der Urteilssumme (Prinzip der Geldkondemnation), → Timetai dikai. In ihrer *τίμησις* (Verbum: *τιμᾶν*) konnten sich die Geschworenen nur einem der alternativen Anträge anschließen, entweder dem schon im *ἔγκλημα* zu nennenden (Demosth. 45,46) *τίμημα* des Klägers oder der → *ἀντιτίμησις* des Beklagten (vgl. Aristot. Ath. pol. 68,4). Den Parteien stand zur Begründung ihrer Anträge jeweils nur die Zeit eines halben → Chus (1) Wassers, 1–2 Minuten, zu (ebd. 69,2. [1], 80). Die so ermittelte Urteilssumme hieß ebenfalls *τίμημα*. Nach [1], 166f. ergeht auch das *προστίμημα* (Antrag auf ehrenmindernde Zusatzstrafe) in der *γραφὴ κλοπῆς* nicht aus der Reihe der Richter, sondern vom Ankläger. G. Th.

1. *A. R. W. Harrison* The law of Athens 2, 1969. 2. O. *Schultheß*, RE VI A 1251ff.

Timgad s. Thamugadi

Timocharis. Bedeutender griech. Astronom in der Z. → Ptolemaios' I. (1). E. Bo.

Timokleia (*Τιμόκλεια*), Schwester des → Theagenes (2), des theban. Feldherrn bei Chaironeia 338, stürzte bei Thebens Plünderung den Thraker, der sie geschändet hatte, in einen Brunnen und tötete ihn durch Steinwürfe. Alexander d. Gr. begnadigte sie, schenkte ihr und ihren Kindern die Freiheit. Plut. Alex. 12; mor. 259e. 1093c. Polyain. 8,40. Zon. 4,185b. Berve Alex. 2, Nr. 751. H. V.

Timokles (*Τιμοκλῆς*). Aus Athen, bed. Dichter der Mittl. Komödie, zu unterscheiden von dem gleichzeitigen (unbedeutenden) Tragiker (die Scheidung zweier Komiker T. in der Suda wird durch nichts bestätigt). IG II² 2325,158 verzeichnet T. mit einem Lenäensieg zwei Stellen vor Menander; die Zeitanspielungen in den Frg. reichen von 345 (Frg. 25. 30) bis nach 317 (Frg. 32). Wir kennen 27 Titel, über 40 Frg., die manches Reizvolle enthalten, viel persönlichen Spott, auch gegen Politiker. Bemerkenswert die Tirade über die Wirkung der Tragödie (Frg. 6): über den dargestellten Leiden vergißt man die eigene Misere und wird zugleich gebildet. W. K.

Th. Wagner Symbolae ad comoediae Gr. hist. crit., 1905. *Körte*, RE VI A 1260ff.

Timokrates (*Τιμοκράτης*). **1.** Sohn des Antiphon, * kurz vor 400. Zugunsten → Androtions und seiner Genossen, denen wegen Schulden Schuldhaft drohte, beantragte er ein Gesetz, daß die Haft für Schulden an den Staat durch Stellung von Bürgen abgewendet werden konne. Gegen diesen Antrag wurde wegen Gesetzwidrigkeit Klage erhoben. Für den Hauptankläger Diodoros schrieb Demosth. seine Rede 24 *κατὰ Τιμοκράτους*, wohl um 354/53. **2.** Rhodier. Er suchte 396/95 als Abgesandter des → Pharnabazos (2) durch reichliche Anwendung von Geldmitteln die wichtigen Griechenstaaten, vor allem Theben, Athen, Argos und Korinth, zum Krieg gegen Sparta zu bringen, was zum Ausbruch des Korinth. Krieges im Rücken des in Kleinasien kämpfenden → Agesilaos (2) beitrug (Hell. Oxyrh. 7 [2], 2. 5. Xen. hell. 3,5,1f. Plut. Ages. 15,8; Lys. 27,1; Artox. 20,4f. Paus. 3,9,8. Polyain. 1,48,3). **3.** Spartiate, wurde Sommer 429 mit → Brasidas und Lykophron dem Nauarchen → Knemos als »Berater« (Symbulos) zur Vorbereitung einer neuen Seeschlacht beigegeben (Thuk. 2,85,1). Nach der Niederlage bei Naupaktos beging er Selbstmord (Thuk. 2,91,2f. 92,3). G. Do.

4. Lakedaimonier aus der Perioikenstadt → Pellana, Gehilfe des → Nabis in Argos 197–195, wegen seiner Milde gerühmt, erhielt daher bei der Befreiung von Argos Freiheit und Sicherheit. Liv. 34,29,14. 40,7. Seine Rolle in Argos ist nicht ersichtlich. Pol. 18,17,1 spricht von *ἐπιφανέσταται πράξεις*, für die er von Nabis – vielleicht für dessen soziale Reform – verwendet wurde. H. V.

5. Älterer Bruder des → Metrodoros (6) von Lampsakos; war zunächst wie dieser Schüler → Epikurs, trennte sich aber bald von diesem, wohl schon vor 306, also vor Epikurs Übersiedlung nach Athen. Diese Abkehr hatte sachliche, aber auch persönliche Gründe. Zunächst versuchte Epikur eine gütliche Schlichtung zu erreichen. Dann aber wurde der Streit in die Öffentlichkeit getragen; vgl. Plut. frg. 40,5 Sandbach und Diog. Laert. 10,24. Vor allem wehrte sich T. gegen den für Epikur tragenden Gedanken, die Lust mit dem sittlich Werthaften schlechthin gleichzusetzen, ferner empfahl er rednerische, also polit. Betätigung. Verständlicher Weise hat nachmalige Polemik den Abfall eines der ersten Schüler von Epikur nach Kräften ausgewertet – eine Probe davon bei Diog. Laert. 10, 6. Darum liegen recht viele Bezeugungen zu T. vor: Cic. nat. 1,93. Philod. de liberal. col. 20, p. 60 Olivieri. Plut. mor. 1098cd. 1126c. Dank T. hat die Polemik gegen Epikur recht reiche Nahrung erhalten. **6.** Sohn des Demetrios aus Athen, nur dadurch bekannt, daß → Epikur ihn als einen seiner Erben einsetzte; Diog. Laert. 10,16 und 21 (frg. 217 Usener). Cic. fin. 2,101. **7.** Aus Herakleia am Pontos, um 130 n. Chr. als Philosoph tätig in Smyrna; T. wird nur aus drei Nennungen bei Philostr. vit. soph. 1,25 kenntlich. Danach war T. Schüler des → Euphrates (2) von Tyros, und er war 4 J. lang Lehrer des → Polemon (5). T. war in Smyrna in einen Streit, richtiger wohl in einen Konkurrenzkampf mit → Skopelianos verwickelt; in diesem Streit ergriff Polemon die Partei des T. Eine philos. Leistung des T. wird nicht erkennbar; es steht nicht einmal fest, zu welcher Schule er gehörte. H. D.

Timokratie s. Staatsformen

Timokreon (*Τιμοκρέων*), Lyriker, Rhodier aus Ialysos (Frg. 1). Z.: 1. H. 5. Jh. v. Chr. Als perserfreundlich wurde er aus Ialysos verbannt. Aufenthalt beim Perserkönig bezeugt → Thrasymachos (1; Athen. 416a). Nach der Schlacht bei Mykale (479) bat er seinen früheren Gastfreund → Themistokles, ihm zur Rückkehr zu verhelfen. Als dieser versagte, griff er ihn in Frg. 1, einem wahrscheinlich kurz nach 478/77 verfaßten Gedicht, scharf an. Nach Themistokles' Verurteilung (468 oder 467) verhöhnte er ihn (Frg. 2. 3A D.) und triumphierte, als auch jener zum Perserkönig ging (Frg. 3). Ist Frg. 8 D. echt, ist er von → Simonides (1) oder → Bakchylides angegriffen worden. T. war Fünfkämpfer und ein starker Esser (Thrasym. a. O.). Das ihn deswegen und wegen seiner Schmähsucht verhöhnende Grabepigramm (Athen. 415f) kann zu seinen Lebzeiten verfaßt sein. Eine Anekdote über ihn bei Philod. *π. κακιῶν* col. 14,24. Von seinen (außer 1) nur als Frg. erhaltenen Gedichten wird 5 als → Skolion zit., die meisten übrigen sind dieser Gattung verwandt. *Ἐκ τῶν ἐπιγραμμάτων* wird 6 D. zit. Lyrische Versmaße: Daktylo-Epitriten, Trochäen, Iamben, Ioniker. Der Stil ist unausgeglichen. T.s Verse waren im 5. und 4. Jh. in Athen bekannt (Aristoph. Vesp. 1060 ~ Frg. 7; Plat. Gorg. 493 A ~ Frg. 4 D.). R. K.

Ta.: Anth. lyr. 2,5², 148ff. *D.L.Page* Poet. Mel. Gr. 375ff. Lit.: *C.M.Bowra* Greek Lyr. Poetry ²1961, 349ff. *Fornara*, Hist. 15, 1966, 257ff.

Timolaos (*Τιμόλαος*). **1.** Korinther, Anhänger Spartas, brachte 411/10 im Kaperkrieg → Thasos zum Abfall von Athen. Erzürnt über die Spartaner und vom Perserkönig bestochen, riet er 395/94 im korinth. Krieg zu raschem Vorgehen gegen Sparta. Xen. hell. 3,5,1. 4,2,11f. Paus. 3,9,8. Hell. Oxyrh. FGrH 66 F 1 II 3f. Sein Sohn war wohl Eupeithidas. Sylloge³ 244,75. 237 II B 36a. **2.** Thebaner, verriet → Philipp II. (4) die Stadt, fiel, übler Schlemmer und Wüstling, in Ungnade bei ihm. Demosth. 18,48. 295. Athen. 10,436b. Ail. var. 2,41. Pol. 18,14,4; im Prozeß des → Harpalos 324/23 als Freund des Demosth. bezeichnet. → Deinarch. (1) in Demosth. 74 Bl. Ein Nachkomme des T. in → Orchomenos (1) IG VII 3175,38? H. V.

3. Sohn des → Odaenathus (2) und der → Zenobia (2), H. A. vit. Gallien. 13,2, Bruder des → Vaballathus und des Herennianus. Hervorgetreten ist er nicht. Nach der Vernichtung des palmyren. Reiches 271 wurden T. und Herennianus in Rom von → Aurelianus (4) im Triumphzug aufgeführt, H. A. trig. tyr. 24,4. R. H.

4. Von Kyzikos, von Diog. Laert. 3,46 unter den Schülern Platons genannt. Im Ind. Acad. col. 6,12 ist der Name des T. am Rande nachgetragen mit der Beifügung, er habe (mit anderen) ein *περίδειπνον* zu Ehren Platons verfaßt (berichtigte Lesung durch S. Mekler, Ind. Acad. p. XXII).

Gegen Ende seines Pamphletes gegen Platon erwähnt → Herodikos (1) (38f. Düring = Athen. 11,509a) einen Timaios von Kyzikos, Schüler Platons, der in seiner Vaterstadt Tyrann zu werden versuchte, dabei scheiterte und hernach ein würdeloses Leben führte. Wilam. Antig. v. Kar. 196 schlug, wahrscheinl. mit Recht, vor, den Namen in T. zu bessern; vgl. I. Düring Herodicus ... 83. Wenn diese Gleichsetzung zutrifft, dann hat T., ähnlich Platon und mehreren Schülern Platons, den Versuch unternommen, als Philosoph eine Herrschaft aufzurichten; vgl. Plat. rep. 5,473d. H. D.

5. Aus dem makedon. Larisa, griech. Grammatiker des 3. Jh. s v. Chr., Schüler des → Anaximenes (2; Suda s. *T.*). Er erweiterte die Ilias durch regelmäßige Einfügung von Versen auf den doppelten Umfang und gab sie unter dem Titel *Τρωϊκά* (Eust. 1379,50f.) heraus. Zwei Zit. aus einem Komm. zur Odyssee (Sch. Hom. Od. 3,267. Eust. 1697,57ff.) enthalten eigenwillige, wohl erfundene, myth. Varianten. H. Gä.

Timoleon (*Τιμολέων*), Korinther, Sohn des Timodemos und der Demariste, billigte 365 die Ermordung seines Bruders → Timophanes, des Tyrannen von Korinth. Plut. Timol. 3. 4. Nep. Timol. 1. Diod. 16,65,2ff. (fortan nur B. 16 zit.). Auf das Gesuch der von → Dionysios II. (2) und den Karthagern bedrohten Syrakusaner von Korinth als Stratege gesandt, landete er 345/44 mit 10 Schiffen und 700 Söldnern in → Tauromenion, dessen Tyrann Andromachos ihn unterstützte, schlug bei → Adranon den Tyrannen → Hiketas (1) von → Leontinoi und gewann → Mamerkos von → Katane zum Bundesgenossen.

Dionysios übergab T. Ortygia, die Burg von → Syrakusai. T. schickte ihn ins Exil nach Korinth. Da der neue korinth. Burgkommandant Achradina eroberte, zwang T. Hiketas, der das restliche Syrakus besetzt und die Karthager unter → Mago (3) herbeigerufen hatte, zum Rückzug nach Leontinoi. Syrakus war 343/42 frei, die Burg wurde geschleift, an ihrer Stelle ein Gerichtsgebäude errichtet. Plut. 16ff. Nep. 3,3. Diod. 66ff. T. vereinigte die Griechenstädte, aber auch Tyrannen wie Andromachos und sogar Hiketas zu einer Symmachie gegen die Karthager. Am → Krimisos schlug er 340 mit nur 12000 Mann die stärkeren Karthager vernichtend. Diod. 79,2ff. Plut. 25ff. Nep. 2,4. Wertvolle Beute sandte er nach Korinth. Plut. 29. J.A. Kent, Corinth 8,3, 1966, Nr. 23. Karthago schickte ein neues Heer unter → Geskon (2). Die sizil. Tyrannen, u. a. Hiketas und Mamerkos, durch das Übergewicht des T. bedroht, gingen zu den Karthagern über. Nach einigen Schlappen erreichte T. doch die Auslieferung und Hinrichtung des Hiketas. Dann schlug er Mamerkos, der sich in Messana, wo Hippon bei einem Aufstand umkam, ergab und hingerichtet wurde. Vertrieben wurden die Tyrannen Nikodemos aus → Kentoripa und Apolloniades aus → Agyrion. Darauf schlossen die Karthager 338 Frieden, behielten aber das Land w. des Halykos. Durch ihren Verzicht auf künftige Unterstützung der Tyrannen hatte T. freie Hand im O. Diod. 82, 3. Plut. 34,2. Nep. 2,4. H. Bengtson Die Staatsverträge des Alt. 2, 1962, Nr. 344. Mit der Aufnahme der Sikulerstädte → Alaisa, → Herbessos und → Morgantina stellte er die Symmachie unter Syrakus' Führung. Diod. 82,4. Nep. 1,1. 3,2. Die Staatsvertr. Nr. 338. Head HN² 126. 143. 157 (Mz. Kopf der Sikelia, *Συμμαχικόν*). T. bekämpfte die Entvölkerung, holte die verbannten Syrakusaner und Neusiedler aus Italien und Griechenland herbei (Aufruf bei den großen Festspielen). Plut. 22. Zum Ausbau von Syrakus mit 60000 Neubürgern nach Athanis FGrH 562 F 2 H.P. Drögemüller, G Bh. 6, 1969, 106ff. Akragas, Gela, Kamarina, Kentoripa, Leontinoi, Butera erstanden neu. Plut. 35. Diod. 82,2ff. Nep. 3,1. T. ordnete die syrakus. Verfassung nach den Gesetzen des → Diokles (3), setzte den Amphipolos des olymp. Zeus als höchsten Eponymen ein. Diod. 70,6. Erblindet legte er 337 das Strategenamt nieder, starb verehrt als Befreier und Oikist und erhielt ein Staatsbegräbnis auf der Agora von Syrakus, über dem Grab ein Gymnasion, das Timoleonteion. Diod. 90,1. Plut. 37,10. 39,5 (Grabschrift). H. V.

M. Sordi Timoleonte, 1961, dazu *H. Berve*, Gn 35, 1963, 378. *Ders.* Die Tyrannis..., 1967, 276ff. 663ff.

Timomachos (*Τιμόμαχος*). **1.** Führer der theban. Aigeiden, die durch Orakel nach Sparta kamen, unterwies die Spartaner im Krieg mit → Amyklai in der Kriegskunst. Sein eherner Panzer wurde stets beim → Hyakinthienfest ausgestellt. Amyklai dürfte Ort der T.-Tradition gewesen sein. Aristot. frg. 532 Rose. S. Wide Lakon. Kulte, 1893, 89. **2.** Athen. Stratege aus → Acharnai, ließ 367 unbedacht → Epameinondas durch das → Oneiongebirge (1) in die Peloponnes einfallen, befehligte 361 die Flotte bei → Thasos u. holte seinen Schwager → Kallistratos (1) von → Methone (3) dorthin. 360 wegen Verrats der Chersonnes an → Kotys (I 1) zum Tode verurteilt, floh er. Xen. hell. 7,1,41. Demosth. 19,180. 23,115. 36,53. 50,46ff. Aischin. 1,56. Sch. Hyp. 3,1. H. V.

3. Nach Athen. 14,638a Vf. einer kypr. Lokalgesch. (*Κυπριακά*). Darin sprach er vom Kitharoden Stesandros, der als erster in Delphi die hom. Gesänge vorgetragen habe. Aristot. scheint T. als Quelle für die Notiz, Homer stamme aus Ios, zit. zu haben (Vita Hom. VI p. 251 Allen). Interessant ist, daß T. also Homer nicht, wie → Kallikles (2), aus Salamis stammen ließ. H. R. B.

FHG 4,521f. *R. Laqueur*, RE VI A 1292.

4. Von Byzantion, Maler. Plin. nat. 35,136 nennt T. Zeitgenossen Caesars, als Werke Aias, Medeia (auch 7,126. 35,26. 145. [1], Nr. 2123ff., von Caesar in den Tempel der → Venus Genetrix geweiht), Orestes und Iphigeneia, Lekythion *agilitatis exercitator*, eine vornehme Familie, ein Gespräch zweier *palliati*, eine Gorgo. Oft wird T. gegen Plin. um 280 datiert, nach dem Stil zweier Typen Medeia-Bilder aus Pompeii und Herculaneum (nur eines kann auf T. zurückgehen), doch kann T. gut Klassizist caesar. Z. gewesen sein. W. H. G.

1. *Overbeck* Die ant. Schriftquellen z. Gesch. d. bild. Künste 2119ff. 2. *Pfuhl* 820ff. 3. *Lippold*, ABAW N. F. 33, 1951, 61ff. 4. *Schefold* Pompejan. Malerei, 1952, 118. 198f. zu T. 34. 50a. 5. *Moreno*, Enc. arte ant. 7,860f.

Timon (*Τίμων*). **1.** Aus Elis, Sieger im Pentathlon in allen griech. Spielen außer den isthm., befehligte die aitol. Besatzung in → Naupaktos gegen Thessalien im 2. maked. Krieg. Paus. 5,2,5 (Standbild in Olympia). 6,16,2. L. Moretti Olympionikai, Atti Accad. Lincei Ser. 8,8, 1959, Nr. 601. **2.** Athener, legendärer Misanthrop, Sohn des Echekratidas aus → Kollytos z. Z. des Perikles, zog sich nach üblen Erfahrungen mit Mitbürgern einsam zurück, starb an einer Hüftverrenkung, weil er keinen Arzt zuließ; begraben im Demos → Halai auf einem Küstenvorsprung, den das Meer später losriß. Aristoph. Lys. 805ff.; Av. 1547ff. Alkiphr. 2,32. Plut. Ant. 70 (Grabschrift). Diog. Laert. 3,3. Neanthes FGrH 84 F 35. Viele Geschichten wucherten um T. (Plut. Alk. 16; Ant. 70: Begegnung mit Alkibiades und Witz in der Volksversammlung. Kall. epigr. 3. 4: zuerst *μισάνθρωπος*. Cic. Tusc. 4,25; Lael. 87). Antonius baute sein *Τιμώνειον*. Plut. Ant. 69f. – Verwechselt mit dem Skeptiker (Nr. 3) wurde T. zum Götter- und Philosophenfeind. Zum Weiterleben T.s (Lukian. Timon. Liban. decl. 12 [5, p. 534ff. Foerster]. Auson. 7, p. 88,34 Peiper; Shakespeares

T. of Athens, Schillers »Der Menschenfeind« u. a.) F. BERTRAM Die Timonlegende, Diss. Heidelberg 1906. H. V.

3. Sohn des Timarchos von Phleius, skept. und skoptischer Philosoph, von etwa 320–230 v. Chr. T. war zunächst Schüler des → Stilpon, dann später zu Elis des → Pyrrhon, den er enthusiastisch verehrte. Längere Z. war er als Sophist in Nordgriechenland (Chalkedon, Propontis) tätig; zuletzt lebte er in Athen. T. hinterließ keine Schüler; mit ihm erlosch mithin die Tradition der pyrrhon. Skepsis; de facto setzte die Akademie unter → Arkesilaos (5) die Überlieferung der Skepsis fort; das scheint T. erkannt zu haben; er verfaßte eine ehrende Schrift zum Andenken des Arkesilaos (*Ἀρκεσιλάου περίδειπνον*), den er zuvor scharf angegriffen hatte.

T. hat sehr viel geschrieben – so viel, daß nicht einmal die Titel verzeichnet und überliefert wurden. Unter seinen Prosa-Schriften befanden sich Dialoge – so der »Python«, der die Gesch. seiner Bekehrung zur Skepsis erzählte; unter seinen Dichtungen waren Komödien und Tragödien. T. scheint sich eng an das gehalten zu haben, was ihm von Pyrrhon überkommen war. Ein recht ausführlicher Bericht des Peripatetikers → Aristokles (1), erhalten bei Eus. praep. ev. 14,18,2ff., läßt die Systematik, der T. folgte, erkennen. – Bes. stark hat T. durch die *σίλλοι* gewirkt, die in 3 B. (davon 2 und 3 dialog.) angeordnet waren. Damit griff T. auf die Spott-Verse zurück, durch die einst → Xenophanes (2) allzu gängigen Meinungen widersprochen hatte; wie dieser, so bediente sich auch T. der Homer-Parodie. Ja er führte in seinen *σίλλοι*, mind. in einem B., den Xenophanes als Hauptperson ein, indem er ihn nach seiner Meinung über die Philosophen fragte. Hier scheint sich T., was den Einfall, den Witz und die Schärfe der Kritik anlangt, weithin der kyn. Polemik angenähert zu haben. H. D.

Frg.-Slg.: *C. Wachsmuth*, Corpusculum poeseos epicae Graecae ludibundae, fasc. 2: Sillographi Graeci, Lpz. 1885. *H. Diels*, Poetarum philos. frg.a 182ff. (173ff.). Vgl. bes. *V. Brochard* Les Sceptiques Grecs, [2]1927 (Nachdr. 1959), 77ff.

Timonassa (*Τιμώνασσα*), Argeierin (Aristot. Ath. pol. 17,4. Plut. Cat. Mai. 24,8, vgl. Hdt. 5,94). Tochter des Gorgilos, zweite Frau des → Peisistratos (3), Mutter von → Iophon (1) und → Hegesistratos (1). T. war zuvor mit dem kypselid. Tyrannen von Ambrakia Archinos verheiratet, Aristot. a. O. K. K.

Schachermeyr, RE XIX 151ff. 182. *K. Ziegler*, RE VI A 1303ff. *Berve* Die Tyrannis... 26. 49. 545f.

Timonides. Von Leukas, Freund und Mitkämpfer → Dions (1) von Syrakus. Er schrieb an → Speusippos über die Unternehmungen Dions, wohl in Form eines Briefes; daraus ist zu schließen, daß T. Mitglied der Akademie war. Dieses Schreiben diente den dionfreundlichen Berichterstattern als Quelle (Plut. Dion. 31. 32. 35. Ephoros bei Diod. 16,20,6). H. R. B.

FGrH 561. *W. Capelle*, RE VI A 1305f. *H. Berve*, AAMz 1956, 10,748f.

Timophanes. Vornehmer Korinther, Sohn des Timodemos und der Demarete (oder Demariste), errichtete um 365 in Korinth eine auf Söldner gestützte Tyrannis (Plut. Timol. 3,4–4,4. Aristot. pol. 1306a 23. Nep. Timol. 1,3; anders Diod. 16,65,3). Als sein jüngerer Bruder → Timoleon ihn nicht gütlich zur Niederlegung der Herrschaft bewegen konnte, wurde er auf Veranlassung Timoleons (und viell. unter seiner Mitwirkung oder in seiner Anwesenheit) von dessen Gefährten getötet (Plut. a. O. 4,5–8; mor. 808a. Timaios FGrH 566 F 116. Theop. FGrH 115 F 334. Ephoros FGrH 70 F 221. Nep. a. O. 1,4. – Diod. 16,65,4 nennt Timoleon als Mörder). G. Do.

Timosthenes (*Τιμοσθένης*). **1.** Aus Karystos auf Euboia, Sohn des Demophanes, *σύνεδρος* beim Bundesheer im Lam. Kriege gegen Makedonien, Diod. 18,11,2, wegen seiner Verdienste um Athen 306/05 geehrt, Sylloge[3] 327, erwähnt bei Belobigung seines gleichnamigen Enkels 229/28 in Athen, Sylloge[3] 496,23f. H. V.

2. Von Rhodos, Flottenbefehlshaber Ptolemaios' II. Philadelphos (Strab. 9,421. Plin. nat. 4,183). Verfaßte zwischen 270 und 240 v. Chr. ein geogr. Werk *Περὶ λιμένων* in 10 B., dem er eine Epitome und eine *Σταδιασμῶν ἐπιδρομή* in je 1 B. entnahm. Außerdem erwähnt Strab. a. O. ein *μέλος* über Apollons Kampf mit Python (das von Sch. Apoll. Rhod. 3,847 zitierte *Ἐξηγητικόν* wurde ihm endgültig von F. JACOBY Atthis 253 abgesprochen und unter FGrH 354 einem att. Exegeten zugeschrieben). Die 40 oder 41 von WAGNER gesammelten Frg.e und die zahlreichen bei späteren Geographen indirekt erhaltenen Ableitungen (krit. Untersuchung des ganzen Materials steht noch aus) zeugen für die große Bedeutung seines Werks bes. bei → Eratosthenes. Die Anordnung u. literar. Bearbeitung des Stoffes sind die eines → Periplus, der, von Äg. ostwärts ausgehend, die drei Erdteile Asien, Europa und Libyen einschloß. Eine auf Rhodos konzentrierte 12armige Windrose und vollständige → Stadiasmen bestimmten ohne Koordinaten die Topothesie. Autopsie wird bis zur Troglodytenküste einerseits und zum Tyrrhen. Meer andrerseits bezeugt. Berichte des → Pytheas (4) über den Ozean und der Alexanderhistoriker über Mittelasien und Indien ergänzten zum 1. Mal die üblichen geograph. Kenntnisse. F. L.

E. A. Wagner Die Erdbeschreibung des Timosthenes von Rhodus, 1888. *F. Gisinger*, RE VI A 1310ff. *J. F. Masselink* De grieks-romeinse Windroos, 1956.

Timostratos (*Τιμόστρατος*). **1.** T. hatte 502–507 als *dux* der → Osroëne mit den Persern und plündernden Arabern zu kämpfen (Iosua Styl. 57. 64. 88). 519 geriet er in Gefangenschaft,

526/27 wieder als *dux Osrhoenae* am Kampf gegen die Perser beteiligt (Nonnos. FHG 4,179. Prok. 1,17. 44. Ps.-Zachar. Rhet. h.e. 9,1). A. L.

2. Später Dichter der Neuen Komödie, führte 188 v. Chr. den *Λυτ[ρούμενος]* (5. Preis), 183 den *Φιλοίκειος* (3. Preis) auf (IG II^2 2323, 141. 155). Vermutlich ident. mit T. *Φαληρεύς* (IG II^2 2332, 206, Spenderliste). Der Name auch auf Statuenbasis der Kaiserzeit aus dem Dionysostheater (IG II^2 4267), vgl. Paus. 1,21,1. Außer den genannten sind 4 Titel überliefert, nur 1 Frg. von Bedeutung. W. K.

Körte, RE VI A 1323.

Timotheos (*Τιμόθεος*). **1.** Bedeutender athen. General und Politiker, 2. Viertel 4. Jh. Sohn des → Konon (1), Freund des Isokrates (15,101–139; epist. 8,8). – Als Stratege ab 376/75 bewirkte T. den Beitritt von Korkyra, Akarnania, Kephallenia u. a. zum 2. Att. Seebund (Anf. 375), vgl. Tod IGH 126f., und schlug die spartan. Flotte bei Alyzia, Xen. hell. 5,4,63ff. Isokr. 15,108f. Diod. 15,36, 5. Nep. T. 2,1. Polyain. 3,10. Ab 374 gewann T. weitere Bündner in der Ägäis, Xen. 6,2,11ff. Diod. 15,47,2. [Demosth.] 49,10. 22. 26. Ein neuer Aufbruch nach W. verzögerte sich in → Kalaureia, T. wurde abgesetzt, Xen. 6,2,13. [Demosth.] 49,9ff. 22. Nach Abwesenheit von Athen, [Demosth.], 49, 22ff. 60. Theop. FGrH 115 F 105. Nep. Chabr. 3,4, wieder in Kommandostellen ab 366: u.a. Eroberung von Samos, Erfolge auf der → Chersonesos (1) und in Thrakien, Isokr. a.O. Demosth. 15,9. Aristot. oec. 2,1350b 4. Nep. T. 1,2f. Diod. 15,81, 6. Polyain. a.O. [Plut.] mor. 837c, vgl. Tod IGH 143. 146, vor Amphipolis erfolglos, Isokr. a.O. Demosth. 23,149f. Sch. Aischin. 2,31; 358/57 sicherte T. Euboia gegen Theben, Demosth. 8,74. Aischin. 3,85. Diod. 16,7,2. Im Bundesgenossenkrieg endete T.' Laufbahn mit der Verurteilung nach der Niederlage von Embata, Isokr. 15,129. Deinarch. 1,14; 3,17. Dion. Hal. Dein. 13 (1,321 U.–R.). Diod. 16,21. Nep. T. 3; Iph. 3,3. [Plut.] mor. 836d. † 354 in → Chalkis (1), Isokr. 15,9. 101. Nep. T. 3,5. – Zum Portrait Richter Portr. of the Greeks 2, 1965, 159f., vgl. Tod IGH 128. – Die Chronologie in Details unsicher. – PA 13700 (Quellen). K. K.

Klee, RE VI A 1324ff. *Woodhead,* Phoenix 16, 1962, 258ff. *Cawkwell,* Class. et Med. 23, 1962, 34ff. *Ders.,* Hist. 12, 1963, 84ff.

2. Tyrann in → Herakleia (7) am Pontos, Sohn des → Klearchos (2), regierte seit 352 minderjährig unter seinem Onkel und Vormund Satyros, ab 345 mit seinem Bruder Dionysios erfolgreich, anerkannt von Isokr. epist. 7,1. 12 und den Untertanen als *εὐεργέτης* und *σωτήρ*. † 337; sein Bruder stiftete dem Toten glänzende Agone. Diod. 16,36,3. 88,4. Memnon FGrH 434 F 1,2f. Head HN^2 515.

3. Name eines Führers gegen → Iudas Makkabaios in den Makk.-Büchern, bezeichnet 2 verschiedene Personen, den Ammonitenführer T., 1. Makk. 5,6ff. 9ff. 24ff. 2. Makk. 12,2. 10–25, und den syr. General, der mit → Bakchides 165 v. Chr. geschlagen und 164 von Iudas besiegt in → Gazara endete, Ios. ant. Iud. 12,337ff. 2. Makk. 8,30. 32. 9,3. 10,24ff. F. Kugler Von Moses bis Paulus, 1922, 370ff. F. M. Abel Histoire de Palestina 1, 1952, 143ff. H. V.

4. Dichter und Musiker aus Miletos (T. Pers. 246), Sohn des Thersandros (Alex. Ait. Frg. 2, 3 D.), etwa 450–360 v. Chr. Marm. Par. 76 ist das Todesdatum in einer Lücke verloren, muß aber zwischen 365 und 357 liegen. † 90jährig nach Marm. Par., 97jährig nach Suda s. *T.* Diod. 14, 46,4 setzt seine Blüte 398/97 an. T. war ein Hauptvertreter der »neuen Musik«, sein Lehrer darin → Phrynis (Aristot. metaph. 993b 15), vermutlich in Athen. Über diesen gewann er später einen Sieg (Plut. mor. 539c). Beziehungen zu Euripides setzt Plut. mor. 795d voraus; nach → Satyros (5) Vita Eur. col. 22 schrieb dieser das Prooimion zu T.' Persern. Aufenthalt bei → Archelaos (1) bezeugt Plut. mor. 334 b, Tod in Makedonien Steph. Byz. s. *Μίλητος*. Kat. der Werke bei Steph. a.O. und Suda s. *T.* Nach Steph. schrieb T. 18 B. *Νόμοι*. Titel der Werke: *Αἴας ἐμμανής* (Dithyramb), *Ἄρτεμις* (Hymnos, für Ephesos gedichtet, auch in Athen aufgeführt), *Ἐλπήνωρ* (Dithyramb, 320/19 wieder aufgeführt), *Κύκλωψ*, *Λαέρτης*, *Ναύπλιος* (wohl Dithyramb), *Νιόβη* (wohl Nomos), *Πέρσαι* (Nomos, 207/06 wieder aufgeführt), *Σεμέλης ὠδίς* (Dithyramb), *Σκύλλα* (Dithyramb), *Φινεῖδαι*. Auch Anth. Pal. 7,45, Grabepigramm auf Euripides, wurde ihm (neben Thukydides) zugeschrieben. Ob Frg. 3 AB D. (= Nr. 925 Page) T. gehören, ist unsicher. Nur von den *Πέρσαι* ist ein größeres Stück, etwa 250 Verse, durch den Pap. nr. 1537 Pack (2. H. 4. Jh. v. Chr.) erhalten. Er enthält den Schluß der Schilderung der Schlacht bei Salamis, die durch eingefügte Reden unbenannter Perser zu dramatischer Wirkung gebracht ist, die Sphragis, in der T. sich der Verwendung der 11saitigen Kithara rühmt und spartan. Kritik an seiner Musik zurückweist, und den Epilog mit Segenswünschen für die Stadt (Milet?). Die Rede des Phrygers 152ff. berührt sich mit der Arie des Phrygers Eur. Or. 1369ff. (Bassett, CPh 26, 1931, 153ff.). In der Metrik sticht die Schlichtheit der Sphragis von der bunten Vielfalt der Versmaße in der Erzählung ab. Auch der Stil wechselt; in den erzählenden Partien und ihren Reden nähert er sich der Rätselsprache. Wegen seines Stils wurde T. von → Antiphanes (Athen. 433c) und → Anaxandrides (ebd. 455f) verhöhnt, wegen seiner Musik z.B. von → Pherekrates (?) im *Χίρων* (CAF 1,188) angegriffen. Nach Clem. Al. Str. 1,79,1 führte T. den Chor in den Nomos ein. In Milet wurden im 2. und 3. Jh. n. Chr. Stücke aus T. in Agonen von *Τιμοθεασταί* mit eigener Musik vorgetragen (K. Latte, Kl. Schr. 590ff.). R. K.

Ta.: *U. von Wilamowitz*, 1903 (mit Paraphrase). *I.M. Edmonds* Lyra Graeca 3, 1940, 280ff. (mit Testim.). Anth. lyr. 2,5^2,169ff. *Page* Poet. Mel. Gr. 399ff.
Lit.: *Lesky* GGrL^3 469f.

5. Nach einer Ehreninschr. aus Aixone, IG II/III^2 3091, wohl Anf. des 4.Jh.s (Erstpublikation: A.A. PAPAGIANNOPULOS, Polemon 1, 1929, 161ff.) führte er (in Athen? Aixone? An den Dionysien? Lenäen? Als Dichter? Didaskalos?) die Tragödien *'Αλκμέων* und *'Αλφεσίβο[ια* auf. F.St.
Lit.: *B. Snell*, TGF 1, 1971, Nr. 56. *W. Luppe*, APF 19, 1969, 147ff. (mit Bibliogr.). *A. Pickard-Cambridge* The Dramatic Festivals of Athens, Oxf. ^{2}1968, 54ff.

6. Aus Athen, Dichter der Mittleren Komödie. Wir kennen 4 Titel (Suda), nur 2 Frg.: das eine nennt den Parasiten Chairephon (4.Jh., 2.Hälfte), das andere (bei Stob. 3, 28,12 H.) wird von EDMONDS ausgeschieden, aber die zierlichen Verse über Eros sind gewiß scherzhaft hoher Stil, nicht aus einer Tragödie. W. K.
Körte, RE VI A 1338.

7. Athener aus dem Geschlecht der Eumolpiden, → *'Εξηγητής* von Eleusis, einer der Berater des Königs → Ptolemaios I. bei der Einführung des Sarapiskultes (Plut. mor. 362a. Tac. hist. 4, 83), daneben bekannt als Vf. einer Schrift über den phryg. Mythos der → Mater Magna (Reste bei Arnob. 5,5–7 und Paus. 7,17,10–12). Noch für Arnobius ein Theologe mit großem Namen, ist T. in neuerer Z. gern in der Rolle eines maßgeblichen religiösen Reformers gesehen worden. Tatsächlich scheint er sich in bemerkenswerter Weise bemüht zu haben, seiner praktischen religiösen Tätigkeit eine breite theoret. Grundlage zu geben. Inwieweit er allerdings wirklich auf die hellenist. Rel. allg. und die Mysterienreligionen im bes. reformerisch eingewirkt hat, bleibt höchst zweifelhaft. **8.** Von Gaza, Grammatiker des 5./6. Jh.s n.Chr., Vf. eines Traktats über Syntax, einer nicht näher bekannten Rede über die Gewerbesteuer sowie einer Schrift über Tiere (4 B.), die in Versen abgefaßt gewesen sein soll (Suda). Bes. die 4 B. *περὶ ζῴων* haben bei Zeitgenossen und späteren Lesern viel Anklang gefunden, allerdings in erster Linie wegen ihrer Angaben über exot. Tiere und zoolog. Kuriosa. Wissenschaftlich scheint das Werk von geringem Wert gewesen zu sein; Exc. im Tierbuch des Konstantin Porphyrogennetos und anderswo jedenfalls zeigen, daß T. ausgiebig ältere zoolog. Werke (Aristot. hist. an., Opp. kyn. u.a.) benutzt hat. Th. W.
Ta.: *π. συντάξεως* Anecdota Par. 4,239ff. *π. ζῴων* (Exc.) *M. Haupt*, Opuscula 3 (1876) 274ff.; *Sp. Lambros*, Suppl. Aristot. I 1 (1885).
Komm./engl. Übers.: *F. S. Bodenheimer – A. Rabinowitz*, Coll. des trav. de l'Acad. Int. d'Hist. des Sc. 3 (1949).

9. Im NT. vielgenannter Freund, Begleiter und Mitarbeiter (Röm. 16,20) des Paulus, wohnte nach Apg. 16,1ff. in → Lystra, entstammte einer Ehe eines heidnischen Vaters mit einer judenchr. Mutter (nach 2.Tim. 1,5 hieß sie Eunike) und wurde von Paulus nicht nur für den Glauben an Christus gewonnen, sondern auch beschnitten. Dies ist trotz Gal. 2,3ff., wo Paulus einer Beschneidung des → Titus (4) Widerstand leistet, kaum zu bezweifeln. Als Begleiter des Paulus finden wir T. 2.Kor. 1,19 und Apg. 17,14f. 18,5. Als Sendbote des Apostels begegnen wir ihm in → Thessalonike (1.Thess. 3,2. 6), Korinth (1.Kor. 4,17. 16,10) und Makedonien (Absichtserklärung des Paulus in Phil. 2,19ff.). Auch auf der letzten Reise des Paulus nach Jerusalem scheint T. sein Begleiter gewesen zu sein (Apg. 20,4). Von da ab verlieren wir ihn aus dem Auge. In 6 Paulusbriefen (Phil., 1. 2. Thess., 2. Kor., Philemon und Eph.) ist T. Mitabsender. Die beiden an T. adressierten Briefe des NT. (1. und 2. Tim.) sind unecht und spiegeln kaum etwas vom wirklichen Leben des angebl. Adressaten wider. Wegen 2. Tim. 1,3 machte ihn die kirchl. Überlief. (s. z.B. Eus. h. e. 3,4,5) zum Bischof von Ephesos. Gewichtige Gründe sprechen aber gegen diese Tradition. Die lat. und griech. auf uns gekommenen T.-Akten aus dem 4.Jh. beweisen zwar ein anhaltendes Interesse an T., enthalten aber keine brauchbare Tradition, die über das im NT. Berichtete hinaus etwas über T. aussagt.
E. Fascher, RE VI A 1342ff. *Jülicher*, RE f. prot. Th. 21, 781ff. *Bauer* 1619 (Lit.).

10. T. Ailuros (= »Wiesel«), Patriarch von Alexandreia (457–460 und 475–477), war als Monophysit ein erklärter Gegner der Beschlüsse des Konzils von → Chalkedon. 457 als Gegenbischof des Chalkedonensers Proterios inthronisiert, wird T. 460 von Kaiser Leo zuerst nach Gangra und 464 nach Cherson verbannt. Uns erhaltene Briefe aus Gangra und zwei größere Schriften aus Cherson zeugen von seinem unermüdlichen Kampf gegen die Vormacht Konstantinopels, gegen die dogmat. Beschlüsse von Chalkedon und gegen den Tomus Leonis. Nach Leos Tod von Basiliskos zurückberufen, anerkannte T. das Enkyklion des Basiliskos, hielt in Ephesos eine Synode und kehrte als Triumphator nach Alexandreia zurück. Der Zusammenbruch der Herrschaft des Basiliskos (476) endete auch den letzten Höhenflug der antichalkedonens. Politik. Am 31. Juli 477 starb T. Interessant ist die für ihn charakteristische Verbindung von Popularität bei den Massen und starrer dogmat. Haltung.
Die Schriften zählt *Opitz*, RE VI A 1355ff. auf. – Ältere Lit. s. bei *Bardenhewer* 4,78ff. 5,6. *J. Lebon* Le monophysisme sévérien, 1909, 93ff. *E. Schwartz*, ABAW NF. 10, 1934, 172ff.

11. T. IV., Patriarch von Alexandreia von 517–535, wurde als 5. monophysit. Patriarch in ununterbrochener Folge Nachfolger Dioskoros' II. Die Kaiserin Theodora nannte ihn ihren geistlichen Vater. Nach der Wendung des Kaisers Iustinus vom → Monophysitismus zur orthodoxen röm.

Lehre wurde T. im Gegensatz zu anderen Bischöfen, die abgesetzt und verbannt wurden, kaum behelligt. So konnte er sogar Verbannte in Alexandreia aufnehmen und schützen (Severos v. Antiocheia, Iulianos v. Halikarnassos). Kl. W.

A. Nagl, RE VI A 1357f.

12. Von Epidauros (?), Bildhauer, schuf *τύποι* (Modelle? Entwürfe?) für den Asklepiostempel in → Epidauros (1), um 380; er arbeitete um 350 am → Maussolleion (1) mit. Ihm sonst zugeschriebene Werke (Vitr. 2,8,11. Plin. nat. 36,32 [Nachbildung auf Relief: [5], 66 Abb. 54]. Paus. 2,32,4: Asklepios in Troizen, dort Hippolytos genannt, d.h. unbärtig) sind uns unbekannt. T. ist kaum ident. mit dem Erzgießer T. Plin. nat. 34,91. Alle modernen Zuschreibungen an T. sind fraglich, einige unmöglich (zur Athena Rospigliosi richtig [9], zum Bildnistypus Pastoret [7]. [8]). Soweit erkennbar, gehört T. zu den Marmorkünstlern des »reichen« Stils, den er in einer peloponnes. Sonderform ausbildete. Über Lehrer und Schüler ist nichts Sicheres bekannt. W. H. G.

1. *Picard* Man. d'arch. grecque. La sculpture III/1, 222ff. 2. *Lippold*, HBArch III/1,219ff. 3. *Buschor* Maussollos und Alexander, 1950, 45f. 4. *Crome* Skulpturen d. Asklepiostempels v. Epidauros, 1951. 5. *Schlörb* T. (JDAI Erg.-H. 22, 1965). 6. *Berger*, LAW 3093. 7. *Gauer*, JDAI 83, 1968, 120ff. 8. *Pandermalis* Unt. zu d. klass. Strategenköpfen, Diss. Freiburg 1969, 46ff. 9. *Borbein*, Marb. Winckelmann-Pr. 1970, 29ff.

Timoxena (*Τιμοξένα*). **1.** Die Gattin Plutarchs, der aus Anlaß des Todes ihrer gleichnamigen Tochter (Nr. 2) den Trostbrief mor. 608ff. an sie gerichtet hat. Eine von ihr an eine Aristylla gerichtete Schrift über Putzsucht erwähnt Plut. in seinen »Ratschlägen an junge Eheleute« (praec. coniug., mor. 145a); er war ja ein eifriger Propagator der Frauenbildung. Vor dem jungverstorbenen Töchterchen hatte sie vier Söhne geboren, von denen sie zwei ebenfalls früh verlor. **2.** Tochter Plutarchs, ein bes. liebenswürdiges Kind, das im Alter von 2 J. starb, s. Nr. 1. K. Z.

Timoxenos (*Τιμόξενος*), viermal Stratege der Achaier: 225, da → Aratos (2) die Wiederwahl ausschlug, Plut. Arat. 38,3; 224 bei Rückeroberung von Argos, Pol. 2,53,2. Plut. Kleom. 20; 221/220 übergab T. bei Vertreibung der Aitoler aus Klarion 5 Tage vor Amtsablauf das Staatssiegel dem Aratos, Pol. 4,6,4. 7. 7,6. 10. Plut. Arat. 47,3. Seine Wiederwahl wurde 218/17 durch maked. Einfluß vereitelt, er wurde aber 216/15 wieder zum Strategen gewählt. Pol. 4,82,8. 5,106,1. H.V.

Timuchoi (*τιμοῦχοι*, aus *τιμάοχος* zu *τιμῶχος*, Hom. h. Dem. 268f.; Aphr. 31f., oder *τιμόοχος* zu *τιμοῦχος*), die »Ehre Habenden«, Inhaber der *τιμουχίαι*, der Ämter in aristokrat. Verfassungen, fast nur in Inschr. ion. oder von Ioniern besiedelter Gebiete seit dem 6. Jh. erwähnt. T. können wie in → Massalia das regierende Kollegium einer Stadt sein, aber auch jeweilig einzelne Magistrate können mit dem Sammelbegriff *τιμουχίαι* wie in Olbia, Pergamon und Sinope bei Volksbeschlüssen zusammengefaßt werden. Sylloge^3 266. 1007. 1017. In Massalia gab es 600 auf Lebenszeit bestellte T., die seit 3 Generationen das Bürgerrecht und Kinder besitzen mußten. Die Befugnisse der T. in anderen Staaten sind nur z.T. bekannt. In → Teos sprachen sie alljährlich einen Fluch gegen Gemeindefeinde aus, sorgten für Ehrenbeschlüsse und mit den Strategen für zeremonielle Verpflichtungen und vereidigten Strategen und Bürger. Sylloge^3 37f. 578. Inschr. v. Magnesia 97. L. Robert, Hellenica 11/12, 1960, 213,6. Ders. Études anatol. 9ff. P. Herrmann, Anadolu 9, 1965, 29ff. Ferner sind T. für Abdera, Naukratis, Priene (für Rechtsprechung, Inschr. v. Priene 4. 6. 8, Anm. 10), Lebedos, Thasos und Methymna auf Lesbos bezeugt. G. Gottlieb, SAHW 3, 1967. J. Touloumakos Der Einfluß Roms auf d. Staatsform d. griech. Stadtstaaten, Diss. Gött. 1967, 124. H. V.

Timycha (*Τιμύχα*). Spartanerin, Gattin des Pythagoreers → Myllias von Kroton, Heldin einer Pythagoreerlegende, die die bekannte Damon-Phintias-Geschichte noch überbietet: um auf der Folter nicht weich zu werden und ein pythagoreisches Geheimnis zu verraten, beißt sie sich selbst die Zunge ab und speit sie dem Tyrannen → Dionysios (II.) vor die Füße. Porph. v. Pyth. 61. Iambl. v. P. 189ff. 267. Vgl. Ziegler, RE VII A 1371. K. Z.

Tinca. Gentilname, wohl kelt. Herkunft (Holder 2,1851ff.), auch auf Inschr., vgl. Schulze Eigenn. 374. – T. T. aus Placentia, um 90 v. Chr. ein oberital. Dialekt sprechender Witzbold. Cic. Brut. 172 u.a. H. G. G.

Tineius. Italische *gens* mit altem etr. Namen, die sich vom 2. Jh. n. Chr. an nachweisen läßt.

1. Q. T. Rufus. Im J. 124–126 (?) *legat. Aug. pr. pr.* in Thrakien CIL III 14207,35 und IGRom 770, s. Stein Thrak. 14ff. *Cos. suff.* 127 (Mai–Okt.) mit M. Licinius Nepos, Inscr. It. XIII 1, p. 204f. Im J. 132 überraschte ihn als *legat. Aug. pr. pr. Iudaeae* (Eus. hist. eccl. 4,6,1) der Judenaufstand unter Barkocheba und Eleasar, Synkell. p. 660,15. Jerusalem mußte geräumt, der Statthalter von Syrien zu Hilfe gerufen werden, auch → Iulius (II 83) Severus, der 134/135 ein *imperium maius* in Syria Palaestinae hatte. – Schürer Gesch. jüd. Volk. 1^4 647f. 687–90. 692. **2.** Q. T. Rufus, Sohn von Nr. 4. *Cos. ord.* 182, CIL VI 31826, s. auch IG XIV 1007. **3.** Q. T. Sacerdos, Sohn von Nr. 4. *Cos. suff.* 192, CIL XVI 133. Statthalter von → Bithynien IGRom III 82, Z. 13; zwischen 200/210 *procos. Asiae*, Forsch. Ephes. II 163 Nr. 40. *Cos. II ord.* 219 mit Elagabal CIL VI 865. **4.** Q. T. Sacerdos Clemens. Vater von Nr. 2 und 3. *Pontifex*, IGRom III 808. *Cos. ord.* 158 mit Sex. Sulpicius Tertullus, CIL VI 31153. Voller Name CIL VI 33860; Patron von → Side in Pamphylien, IGRom III 808. R. H.

Tingis, Stadt in Mauret. Tingitana (h. Tanger, Marokko). *Tinge, oppidum pervetus* Mela 1,26. *Tinga* auf Mz. Pun. Hafenbesetzung am Ende d. 5. Jh. v. Chr., später Hauptstadt des mauretan. Reichs, unabhängig bis 38 v. Chr., dann erhielt T. lat. Recht von Octavius (*col. Iulia T.:* MAZARD Corpus nummor. Num. Mauret. Nr. 618), röm. Recht von Claudius (*col. Cl. T.* [CIL VI 31870]. PFLAUM Carr. proc. 430, Anm. 35). Cass. Dio a. O. Plin. nat. 5,2 (irrig). T. wurde Hauptstadt der prov. Mauret. Ting. im J. 40 n. Chr. Wenige Überreste der röm. Stadt. Inschr. ILMar. 1. AE 1935, 63. 1942, 43. 44. 1948, 131. 1955, 45. 265. M. L.

L. Teutsch Das röm. Städtewesen in Nordafrika, Bln. 1962, 191. 205. *M. Ponsich*, Notes et Mém. Serv. géol. Maroc 222 bis, 1971, 165 (mit Bibliogr.). *J. Marion*, Hesp. 35, 1948, 125.

Tingitanum Castellum, Stadt in Mauret. Caesar. (h. El-Asnam), zwischen Tigava und Vagal (Itin. Anton. 16. Amm. 29,5,25). S. GSELL Atl. Arch. Alg. fe 12, Orléansville, Nr. 174. Ruinen: Thermen, 2 chr. Kirchen, bes. Basilica des Bischofs Reparatus, mit Mosaik. S. GSELL Mon. ant. Alg. 2,236. Inschr. CIL VIII 9704. 21518. M. L.

Tinnit, Tinit oder Tennit (so ist pun. *TNT* jetzt statt früherer Lesung »Tanit« wegen pun. Inschr.-Funde in griech. Alphabet zu vokalisieren, BERTHIER-CHARLIER Le sanctuaire punique d'El-Hofra à Constantine, 1955, 167 ff. [1]), die Hauptgöttin → Karthagos neben Baal Hammon, vermutl. libyscher Provenienz, da im Berberischen weibl. Namen mit T-Präfix und -Suffix gebildet werden ([2]) und T. im phoin. Mutterland kaum Belegnachweise hat. Unerklärt wie ihr Name (Eigenname? HALFF, Karthago 12, 1965, 65) sind trotz verschiedenster Hypothesen noch immer ihr Epitheton *PN BʿL(= pene Baal)*, d. i. »T., Angesicht des Baal« ([3]), und ihre beiden häufigsten Hierogramme ab E. 5. Jh. v. Chr., das sog. »T.-Symbol«, ein aus Dreieck mit Querbalken und Diskus zusammengesetztes Zeichen (Typik: Cat. Mus. Alaoui, N. S. 1, T. 2. BISI Le stele puniche, 1967, Abb. 7; auch Amulett: CINTAS Amulettes puniques 90 f. 102 f.), und das sog. »Flaschen-Symbol« (Typik: Cat. Mus. Alaoui, T. 1. BISI a. O. Abb. 34), wenngleich wegen späterer Anthropomorphisierungen man beim »T.-Symbol« z. B. jüngst wieder die »geometr. Stilisierung« einer weibl. Gestalt vermutet (PFIFFIG, Coll. Latomus 103, 1969, 472,5; anders FANTAR, Studi Magrebini 1, 1966, 62 ff.), beim »Flaschen-Symbol« eine »figure symbolique« des *molk*, des Kinderopfers an T. im *tophet* (C. PICARD, Studi Magrebini 2, 1968, 77 ff.). Der komplexen und später stark synkretist. Bedeutung nach war T., die im Zuge pol.-rel. Reformen Anf. 4. Jh. an die Spitze des pun. Pantheons trat (C. PICARD, Karthago 12, 1965, 26 f. GARBINI, SE 34, 1966, 136 ff.), teils uranisch, teils chthonisch ([2], 65), also Himmels-, Mond-, Fruchtbarkeitsgöttin mit den Symbolen Mondsichel, Palme, Taube, Granatapfel usw. (HOURS-MIÉDAN, Cahiers de Byrsa 1, 1951, 15 ff. BISI, SMSR 36, 1965, 99 ff.), assimiliert mit Hera (C. PICARD, Karthago 13, 1967, 106), assoziiert mit Demeter (WHITE, AJA 71, 1967, 346 ff.), auch »Mutter« (CIS 1,380,4), T. NUTRIX (C. PICARD, Coll. Latomus 103, 1969, 474 ff.), aber ebenso Totengöttin mit Hermes Psychopompos als Paredros, daher wohl auch das Caduceus-Symbol (PICARD a. O. 481 ff.). Häufiges T.-Symbol war ferner die Hand als »image de sa puissance« (Cat. Mus. Alaoui 25 f.). Mit pun. Expansion ([4]) auch in Sizilien (BISI, SMSR 39, 1968, 31 ff.), Sardinien (MOSCATI Fenici e Cartaginesi in Sardegna, 1968, 92 ff.), Malta (Miss. Arch. It. a Malta 1963 ff. MOSCATI, RSO 40, 1965, 131 ff.), Nordafrika (BISI, SMSR 37, 1966, 85 ff. DI VITA, in: Arch. Symp. Beirut 1967 [1968], 77 ff.), Spanien (MOSCATI Die Phöniker, 1966, 456 f.) usw. kult. verehrt, wird T. später als → Virgo (dea) Caelestis nicht, wie bisher angenommen (LATTE RRel 346. EISENHUT, RE IX A 198 ff.), durch Sept. Severus, sondern durch → Elagabal (2) in den röm. Staatskult eingeführt (MUNDLE, Hist. 10, 1961, 228 ff.). D. Wa.

1. *Friedrich*, ZDMG 107, 1957, 285 f. *Ringgren*, Hist. Rel. 1, 1969, 209. *Donner-Röllig* Kanaan. u. aram. Inschr. 2^2, 1968, 90. *Pfiffig* Uni-Hera-Astarte, 1965, 10,11 u. a. 2. *Charles-Picard* Les rel. de l' Afrique ant., 1954, 59. 3. *Bisi*, SMSR 39, 1968, 41. *Nötscher*, RACh 1,437 u. a. 4. *Barreca-Tusa* L'Espansione Fenicia nel Mediterraneo, 1971; *ders.* Ricerche Puniche nel Mediterraneo Centrale, 1970. *Amadasi* Le Iscrizioni Fenicie e Puniche delle Colonie in Occidente, 1967.

Tinte (*μέλαν. atramentum*). Die ant. T. ist eine Tusche, die zum Gebrauch mit Wasser verdünnt wird. Sie besteht aus Ruß (besser Kien-, notfalls Ofenruß) und Gummiwasser, dazu z. T. Harz, Leim, Kupfervitriol, Eisen, Weintrester (keine Gerbsäure, also keine Gallus-T.), vgl. Dioskur. mat. med. 1,86. 5,182. Plin. nat. 35,41 f. Die trocken käufliche T. wurde vor Gebrauch angerieben (Demosth. 18,258). Schon Äg. kannte schwarze und rote T., letztere in Rom aus Zinnober oder Mennig hergestellt (z. B. Ov. trist. 1,1,7). T. wurde in einfachen oder doppelten (für die beiden Farben) T.-Fässern, *μελανδοχεῖον, atramentarium*, aufbewahrt. W. H. G.

G. Herzog-Hauser, RE Suppl. VII 1574 ff. *Kobert*, Archiv f. Gesch. d. Naturwiss. u. d. Technik 1, 1909, 103 ff.

Tintenfische. In der Zoologie des Aristot. zählen die Kephalopoden zu den am besten erforschten Seetieren; Aristot. stützt sich dabei mind. teilw. auf ältere Forschung (z. B. hist. an. 541 b 8 f.). Alle Späteren zehren von seiner Kenntnis oder ersetzen sie durch fabulöse Vorstellungen. Über Körperbau, Organfunktionen, Verhaltensweisen konnte auch die mod. Forschung nur wenig über Aristot. hinaus ermitteln. Den Alten waren folgende Arten geläufig:

a) Seepolyp, Krake (Octopus vulgaris), *πολύπους* u. ä., *polypus*. Er war äußerst verbreitet, eine beliebte und billige Nahrung (häufig bei Kom.), auf allen Märkten angeboten und eifrig gefangen (mit Dreizack, Angel oder Netz), was oft viel Geschicklichkeit und Kraft erforderte, weil er sich an Steinen festklammert (Opp. hal. 2,232ff., sprichw. Makar. 4,26. Plaut. Aul. 198) und Angelhaken auszuspucken versteht. Der Umstand, daß der Polyp kurzfristig am Land leben kann ([Aristot.] hist. an. 622a 31; frg. 171,3. Plin. nat. 9,71 u. a., kraß übetrieben ebd. 9,92f. u. a.), konnte den Fang erleichtern. Viel besprochen war seine Fähigkeit, sich zu verfärben, wodurch er das »Chamäleon« des Alt. war; der Grund der Verfärbung war umstritten (Theophr. frg. 172. 188. Plut. mor. 916bff. 978eff.). Die Eigentümlichkeit seiner Begattung durch einen Fangarm, der als abstoßbarer »Penis« (*αἰδοῖον*) diente, war schon Aristot. (524a 5. 544a 12) genau bekannt. Daß er auch sonst Fangarme verlieren konnte, führte zu irrigen Vorstellungen über Selbstverstümmelung aus Hunger oder Gefräßigkeit (Ail. nat. 1,27; vgl. Plin. 9,87; dagegen schon Aristot. 591a 4 und viele nach ihm). Darstellungen in der Kunst sind seit ältester Z. sehr häufig; Tarent, Syrakus, Kroton und Eretria prägten sein Bild auf Mz. Den Polypen meint wohl auch Hes. erg. 524 mit *ἀνόστεος*.

b) Moschuskrake (Moschites moschata), *ἐλεδώνη*, wahrsch. ident. mit *βολίταινα*, *ὄζολις* (Aristot. hist. an. 4,525a 19; vgl. Kall. frg. 406 Pf. Athen. 7,318e) und *ὀσμύλιον* (Athen. a. O. Hesych s. v.), mit auffallendem Moschusgeruch (Plin. nat. 9,89). Im Unterschied zu anderen Kraken hat er an den Tentakeln nur eine Saugnapfreihe (richtig Aristot. 523b 29; part. an. 4, 685b 13). Daß er eßbar sei, behauptet nur die Suda s. *ἐλεδώνη* unter Berufung auf Hes. erg. 524.

c) Papierboot (Argonauta argo), *ναυτίλος* (auch *ποντίλος*), in einer gerippten, nicht mit dem Körper verwachsenen Schale lebend, also kein eigentl. Polyp (Aristot. hist. an. 525a 20; frg. 335 Rose). Man glaubte, er benütze diese Schale als »Boot« und rudere oder segle mit Hilfe von Schwimmhäuten zwischen den Tentakeln über das Meer ([Aristot.] hist. an. 622b 5ff. Plin. 9,88. u. a.). Darauf beruht das hübsche Bild bei Kall. epigr. 5,3ff. Alle Nachrichten beziehen sich auf das Weibchen; das anders gebaute Männchen war bis zum 19. Jh. unbekannt.

d) Gemeiner T. (Sepia officinalis); *σηπία* (von *σήπω*), *sepia*, *sepiola;* bes. bekannt durch die Entleerung eines Farbbeutels bei drohender Gefahr (Aristot. hist. an. 524b 16. Theophr. ibid. 9, 621b 34. Plin. 9,84. u. a.). Die Bezeichnung des Farbsaftes als *atramentum* bei Cic. nat. 2,127 (vgl. Plin. a. O.) ist nur bildl. gemeint; wirkl. Verwendung als Schreibtinte bezeugt zuerst Pers. 3, 12f. Der T. galt als bösartig, sein Biß als giftig (Theophr. a. O. u. a.). Gute Schilderung der Fortpflanzung bei Aristot. 541b 12ff.; Unterscheidung der Geschlechter ebd. 525a 10. Verbreitetes und billiges Nahrungsmittel (oft in der att. Kom.) aber auch zu Medikamenten verarbeitet, daher eifrig gefangen. Als Mz.-Bild Keos, Syrakus und Tarent.

e) Kalmar. Aristot. unterscheidet 2 Arten, die kleinere *τευθίς* (Lolligo vulgaris) und den größeren *τεῦθος* (Todarodes sagittatus). Beide sind schlanker als der Gemeine T. und haben einen schmäleren Rückenschulp (*ξίφος*, *ὄστρακον*); ihre »Tinte« ist mehr rötlich bis gelblich. Sie sind Hochseetiere und als »fliegende« (d. h. springende) Fische bekannt; ihr Fliegen galt als Sturmzeichen. Als Nahrungsmittel waren sie noch beliebter als die Sepia, weil bekömmlicher; ein Kochrezept bei Alexis, Athen. 7,326d. Auf Bilddarstellungen sind sie nicht vom Gemeinen T. zu unterscheiden.

W. R.

H. Aubert Die Kephalopoden des Aristot., 1862. *O. Keller* Ant. Tierwelt 2, 1913, 508. 513. *D'Arcy W. Thompson* Glossary of Greek Fishes, 1947, 61. 172. 204. 231. 260.

Tintin(n)abulum, *κώδων*. Handgeschmiedete Schellen und Glocken aus Metall (zu unterscheiden vom Gong, *discus*), schon im alten Orient bekannt, dienten der Erregung von Lärm, galten als unheilabwehrend. Man benützte sie als Teil des Brust- und Stirnschmucks der Pferde in der Schlacht (Aischyl. Hept. 386. 399. Eur. Rhes. 308), an Schilden (Eur. a. O. 383), vielfach im Kult und als Kinderspielzeug (Dölger Ant. u. Christent. 4, 185), bei Reittieren (Apul. met. 10,18. Lukian. Luc. 48). Ein T. gab das Zeichen für den Beginn des Markts, die Öffnung der Thermen, diente zum Wecken der Sklaven, als Signal für Ausrufe (JDAI 9, 1894, 187) und für Beginn und E. der Spiele. Das T. spielt eine große Rolle in Sprichwörtern.

W. H. G.

Tinurtium, Kastell und Siedlung in Gallia Lugdunensis an der Via Agrippa von → Lugdunum nach → Augustodunum (h. Autun), h. Tournus (Saône-et-Loire). Hier 2 Siedlungen: *T. vetus*, zweifellos der alte kelt. Ort, dann röm. Vicus, auf einer Insel der Saône, h. Muret de la Mousse; *T. novum*, Neugründung auf dem r. Ufer, zwischen → Cabillonum und → Matisco. Bes. Straßenstation mit Proviantmagazinen und dann bürgerliche Siedlung. Dort wurde → Clodius (II 2) Albinus von → Septimius (II 7) Severus im J. 197 n. Chr. besiegt. H. A. Sev. 11. Inschr. CIL XIII 2579. Espér. Rec. 10, 7082.

M. L.

Tios (*Τίος*), auch *Τιεῖον*, griech. Hafenstadt an der SO.-Küste (der bithyn.-paphlagon. Küste) des Schwarzen Meeres zwischen Herakleia Pontike und Amastris. T. wird teils zu Bithynien, teils zu Paphlagonien gerechnet (Strab. 12,565 und Ps.-Skyl. frg. 90 = GGM 1,66 M. Mela 1,19). Von Strab. 12,542 und anderen wird die Gründung von T. auf die thrak. (oder phryg.?) Kaukonen zurückgeführt.

Um 300 v. Chr. vereinigte → Amastris (4) T. mit noch drei Orten zu einer Stadt, der sie den Namen Amastris gab (Strab. 12,544). Auf starke thrak.-bithyn. Einflüsse weisen Zeus Syrgastes bzw. Syrgasteios, Dionysos, Bendis u. a. Bes. bekannt war der reiche Fang von Thunfischen. Aus T. stammte → Philetairos (1). Strab. 12,542 ff. Mela 1,19. 104. Plin. nat. 5,1,1. 4. Chr. D.

A. Herrmann, RE VI A 1411 ff. *Danoff*, RE Suppl. IX 1063 ff.

Tipasa. 1. Stadt in der Mauretania Caesariensis, 30 km ö. von Caesarea (h. Cherchel); h. Tipasa. Pun. Niederlassung, vor dem Kap Chenoua (T. pun. = »Durchgang«). Pun. Nekropole 6.–2. Jh. v. Chr. Zuerst von Karthago abhängig, dann in das mauret. Reich einbezogen. Neopun. Funde. Röm. Stadt seit dem J. 39 n. Chr., von Plin. nat. 5,2,20. Ptol. 4,2,2. Itin. Anton. 7. Geogr. Rav. 155. 346. Iul. Honor. (GLM 47) erwähnt. Im J. 46 erhielt sie von Kaiser Claudius lat. Stadtrecht (Plin. a. O.), von Antoninus Pius wurde sie zur *[illegible]elia Augusta Tipasensium* erhoben (AE 1958, 1[illegible]. Baradez, Libyca 4, 1956, 271). Bischöfe seit dem 4. Jh. bekannt. Ruinen: Mauerring, Forum, Theater, Amphitheater, zivile und chr. Basilika, Tempel, Häuser, Nekropolen. Inschr. CIL VIII 9288. 20856. AE 1951, 265. 1955, 48. 130. 201. 1958, 134. 1966, 600. 1967, 646.

S. Gsell Atl. Arch. Alg. fe 4. Cherchel, Nr. 38. *Ders.*, MEFR 14, 1894, 293. *S. Lancel* Tipasa de Maurétanie, Alger 1966 (mit Bibliogr.).

2. Stadt der prov. Numidia (h. Tifech), Itin. Anton. 18. Tab. Peut. Geogr. Rav. 148. S. Gsell Atl. Arch. Alg. fe 18, Souk-Ahras, Nr. 391. Zuerst *peregr. civitas* mit einer Gruppe der *cives R.*, *cultores Larum et imaginum Aug(usti)* (CIL VIII 17143, 128 n. Chr.); dann wurde sie röm. Gemeinde (CIL VIII 18068), später *municipium* (AE 1955, 149). Bischöfe zur vandal. Z. Ruinen: Zisternen, byz. Festung. Inschr. CIL VIII 4846. 10832. 17141. Bull. Comité 1896, 179. 277. M. L.

Tiphys (Τῖφυς). Steuermann der → Argo, Sohn des Hagnios, aus → Siphai = Tipha (Paus. 9, 32,4), dem Hafenort von → Thespiai. Er gehört zu den urspr., noch → minyischen → Argonauten. Apollod. 1,111. 126. Apoll. Rhod. 1,105 u. ö. Nachdem er den Stapellauf geleitet, lenkt er, einstimmig zum Steuermann gewählt, das Schiff aus dem Hafen von Pagasai. → Telamons (1) Vorwurf, ohne Herakles aus Mysien abgefahren zu sein, weist er zurück, 1,1284 ff. Er bringt die Argo heil durch den Bosporos und mit geringem Schaden durch die → Symplegaden, 2,175 ff. 549 ff. Bei den → Mariandynern stirbt er nach kurzer Krankheit, 2,854 ff. Nachfolger → Ankaios (2), 2,865 ff. 898 ff., bei Val. Fl. 5,65. 8,177 ff. → Erginos aus Milet. – Bes. bei den röm. Dichtern ist T. der Typus eines geschickten, umsichtigen Steuermannes. H. v. G.

Zur Etym.: *L. Radermacher* Sage u. Mythos d. Griechen, ^{2}1942, 313 ff.

Tiribazos (Τιρίβαζος), pers. Satrap in Armenien, rettete → Artaxerxes II. (2) bei Kunaxa, gab den 10000 freien Durchzug. Xen. an. 4,4,4 f. 18. Plut. Artax. 7. 10. Diod. 14,27,7. T., Satrap in → Sardeis, verwies 393/92 athen. und spartan. Gesandte an den Großkönig, half → Antalkidas zum Flottenbau und verhaftete → Konon (1). Xen. hell. 4,8,12 ff. Diod. 14,85,4. Er wurde abberufen, kam 388 nach Sardeis zurück, brachte Antalkidas zum König und verlas 386 in Sardeis den griech. Gesandten den »Königsfrieden«. Xen. hell. 5,1,30 f. Mit → Glos besiegte er → Euagoras (1) bei Kition, verhandelte mit ihm, wurde deshalb von → Orontes (1) angeklagt, rettete 384 den König im Kadusierkrieg und wurde freigesprochen. An einer Verschwörung des → Dareios (5) gegen Artaxerxes beteiligt, wurde T. getötet. Diod. 15,8 ff. Plut. Artax. 24. 27 ff. Mz. Head HN^2 724. 728. 730. H.V.

Tiridates (Τιριδάτης). **1.** Eunuch des Königs → Artaxerxes II. (2), Ail. var. 12,1. **2.** Pers. Kommandant von → Persepolis, übergab Alexander d. Gr. Burg und Schätze und behielt seine Stellung. Diod. 17,69,1. Curt. 5,5,2. 6,11. Ab 330/329 Stratege der → Ariaspen und → Gedrosier. Diod. 17,81,2. Besitzungen eines T. schenkte Alexander 328/27 dem Pagen Eurylochos für Aufdeckung einer Verschwörung. Curt. 8,6,26. Berve Alex. 2,374 f. **3.** T. I. → Arsakes II., König von → Parthia, 248/47–211/10? Genealogie und Chronol. der ersten parth. Herrscher sind umstritten. Nach Synk. p. 532. Arr. FGrH 156 F 30. Zos. 1,18,1 erhoben sich Arsakes I. und T., Söhne eines Arsakes (nach Synk. Nachkommen des → Artaxerxes II. [2]) gegen den maked. Satrapen Pherekles, bzw. Agathokles, nach Eus. chron. (2 p. 120 Sch.) 250 v. Chr. oder (1 p. 207 K.) 248. Arsakes regierte 2, dann T. 37 Jahre. Gegen diese Überlieferung kennen Strab. 11,515 und Iust. 41, 4,6 die 2 Brüder nicht, sondern nur einen Arsakes, der die Herrschaft an seinen Sohn Arsakes weitergibt. J. Wolski, Hist. 11, 1962, 145. F. Altheim und R. Stiehl Gesch. Mittelasiens im Alt., 1970, 445 ff. streichen T. als unhist. H. H. Schmitt, Hist. Einzelschr. 6, 1964, 62 f. **4.** T. II., parth. Thronprätendent gegen den Partherkönig → Phraates IV. (4), hielt sich seit 30/29 mit Erlaubnis Octavians in Syrien auf, Cass. Dio 51,18,3, fiel 26 und 25 in Mesopotamien ein und verjagte Phraates, prägte Mz. mit Φιλορώμαιος. McDowell Coins from Seleucia, 1935, 222. Mit einem Sohn des Phraates floh T. 24 nach Syrien und wandte sich an Augustus in Spanien. 23 forderte Phraates die Herausgabe seines Sohnes und des T. Augustus gab den Sohn zurück, lehnte aber die Auslieferung des T. ab. Cass. Dio 53,33,1 f. Iust. 42,5,6 ff. Hor. c. 1,26, 5. Mon. Anc. 32. A. Oltremare, REL 16, 1938, 121 ff. K.-H. Ziegler Die Beziehungen zwischen Rom und dem Partherreich, 1964, 46. **5.** Arsakide,

Enkel Phraates' IV., von ihm nach 20 v. Chr. dem Legaten von Syrien als Geisel übergeben. Strab. 16,748. Gegen den Partherkönig → Artabanos III. (7) 35 n. Chr. von dem syr. Legaten L. → Vitellius zum Euphrat geführt, in → Ktesiphon nach parth. Sitte gekrönt, beherrschte T. → Osrhoene und Mesopotamien mit den griech. Städten → Nikephorion, Anthemusias und → Seleukeia (1) am Tigris, wo er die Demokratie einführte, u. den parth. Siedlungen Halus und Artemita. Da Artabanos Anhänger, u.a. Skythen, fand, floh T. 36 nach Syrien zurück, Tac. ann. 6,31 ff. 37. 41 ff. Cass. Dio 58,26,2f. Ziegler 60f. **6.** Arsakide, Sohn des → Vonones II., von seinem Bruder → Vologaises I. 52 n. Chr. als König in Armenien eingesetzt, behauptete sich nicht gegen Cn. → Domitius (II 9) Corbulo. Cass. Dio 63,5,2. Ios. ant. Iud. 20,74. Nero setzte 60 → Tigranes V. (6) als König ein. Darauf krönte Vologaises 61 T. wiederum mit dem Diadem, versuchte ihn nach Armenien zurückzuführen, schlug 62 L. → Caesennius (3) und zwang ihn bei Rhandeia zur Kapitulation und Räumung Armeniens. T. legte 63 das Diadem vor Neros Bild, Corbulo und den Legionen bei Rhandeia ab und erklärte, es nur aus Neros Hand zu nehmen. Er reiste auf dem Landweg (Plin. nat. 30,16) mit seinen und den Söhnen des Vologaises, 3000 parth. Reitern, seinem Hofstaat und den Magiern, überall festlich empfangen, durch Syrien, Kleinasien, Illyrien und Italien nach Rom. Daß diese Huldigungsreise den Bericht über die Reise der 3 Magierkönige aus dem Morgenland zur Anbetung in Bethlehem beeinflußt hat, wie A. Dieterich, Kl. Schr., 1911, 272 ff., W. Schur, Klio Bh. 15, 1923, 33, 4 u.a. annehmen, ist umstritten. J. Hasenfuss, Lex. d. Theologie und Kirchengesch.² 3, 1959, 566. Nach einer Proskynese vor Nero wurde T. auf dem röm. Forum in Formen des Mithraskultes mit dem Diadem gekrönt. F. Cumont, RFIC 61, 1933, 145 ff. Zurückgekehrt nannte er das wiedererbaute → Artaxata Neroneia. Später wurde er von eingefallenen → Alanen besiegt. Z. Z. Traians war er tot. Tac. ann. 13,9. 37 ff. 14,13 f. 15,1. 10 ff. 24 ff. Cass. Dio 62,23. 63,5. Suet. Nero 13,2. Ziegler 67 ff. **7.** Arsakide, Sohn des von → Caracalla gefangenen Armenierkönigs, floh zu Vologaises V., der ihn 215 auslieferte, um einen Krieg zu vermeiden. Kaiser M. Opellius → Macrinus (3) gab ihm 218 das Diadem und die von Caracalla gefangene Mutter. Cass. Dio 77,12,1 f. 19,1 f. 21,1. 78,27,4. **8.** s. Trdat (1). H. V.

Tiristis (*Τιριστὶς ἄκρα, Tiristis promuntorium*). Kap an der W.-Küste des Schwarzen Meeres, Name thrak. Infolge seiner schönen Lage erhielt das Kap in spätant. Z. den Namen Kalliakra, den es bis h. behalten hat. Schon den in der Umgebung sitzenden Terizoi diente T. als Feste. Strab. 7,319. Mel. 2,22. Ptol. 3,10,8. Chr. D.

M. Fluß, RE VI A 1446 ff. *Danoff*, RE Suppl. IX 1046, bes. die neuere Lit. *Detschew* Thrak. Sprachreste 508.

Tiro. Lat. Cognomen (»Anfänger«), vgl. I. Kajanto The Lat. Cognomina, Helsinki 1965, 320. Hervorgetreten sind: → Numisius (I 4) T. und der bekannte Freigelassene Ciceros. H. G. G.

1. M. Tullius T., als Sohn eines im Krieg in Sklaverei geratenen Mannes wohl um 103 im Hause der Cicerones in Arpinum * (vgl. Cic. Att. 6,7,2. 7,2,3, wo er noch 50 *adulescens* heißt), war bis 53 Sklave. Ob der Ursprung seines Namens in dem griech. *Τήρων* (Pape Bens. 520) oder in dem lat. *tiro* »Lehrling« zu suchen ist (vgl. Cic. fam. 16, 3,1), ist ungewiß. Mit den Cicerones kam T. nach Rom, wo er neben dem um 3 J. älteren Cic., der sein Lehrer und Freund wurde, wie ein Familienmitglied erzogen wurde und sich durch Begabung und Anhänglichkeit auszeichnete. Am 28. April 53 erfolgte auf dem Formianum seine Freilassung durch Cic. T. nahm den Namen M. Tullius T. an. 51 begleitete er Cic. nach Kilikien, wo seine ohnehin schwächliche Gesundheit so schweren Schaden erlitt, daß er auf der Rückreise zurückbleiben mußte und Cic. erst 47 wieder in Rom traf. Seine Gesundheit gab jedoch Cic. noch jahrelang Anlaß zur Sorge (fam. 16,17,2. 22,1 u.ö.). 46 traf T. im Auftrag Cic.s mit dessen aus Afrika zurückkehrendem Schwiegersohn → Dolabella (1) zusammen (Att. 12,5c) und übernahm wohl die Einrichtung und Katalogisierung der Bibl. des Tusculanums (fam. 16,20). Nach Caesars Ermordung nahm T. Cic.s Interessen in der Stadt wahr, kümmerte sich um seine Finanzen und besorgte den Briefwechsel mit dem Consul Dolabella. Obwohl er die polit. Meinung der Familie teilte, erfaßten ihn die Proscriptionen 43 nicht, so daß er sich nach Cic.s Tod auf sein Landgut bei → Puteoli zurückziehen konnte, wo er 4 v. Chr. starb (Hier. chron. zu Ol. 194,1). Offenbar war er nicht verheiratet. Dank guter Kenntnisse, sicheren Stilgefühls und Einfühlungsgabe war T. Cic. eine wertvolle Hilfe bei der Abfassung seiner Briefe und Schriften. Er entwickelte eine eigene Kurzschrift (*notae*, Isid. orig. 1,21), wobei er Wörter, Endungen und Vorsilben nicht nur durch Einzelbuchstaben, sondern auch durch bes. Zeichen abkürzte. Die »tironischen Noten« wurden noch im 14. Jh. benutzt. Nach Cic.s Tod veröffentlichte er dessen Reden und Redeentwürfe sowie eine Slg. witziger Aussprüche Cic.s. Ab 45 hatte er die Briefe Cic.s gesammelt und geordnet (fam. 16,17,1; Att. 16,5,5), die jedoch erst in neron. Z. veröffentlicht wurden. Von seinen eigenen Werken ist nichts erhalten, doch ist überliefert, daß er eine Biographie Cic.s (Ascon. 43 K.-S. = 41 St.), ein Werk *de usu atque ratione linguae latinae* und *Miscellanea* (*Πανδέκται* Gell. 13,9,1) verfaßte, die neben einer Slg. seiner Briefe im Alt. existierten (Gell. 6,3,10. 10,1,7), und daß er sich mit der Abfassung einer Tragödie beschäftigte (Cic. fam. 16, 18,3). Schanz-Hos. 1,547 f. M. D.-M.

2. T. hieß im röm. Heer der Rekrut und *tiroci-*

nium die Rekrutenzeit. In ihr erlernte der gewöhnlich 17 bis 20 J. alte *t.* der Legion den mil. Schritt, die verschiedenen Wendungen und die Bildung der einzelnen Formationen. Dazu kamen noch Übungen im Laufen, Springen und Schwimmen. Der 2. Abschnitt umfaßte die Waffenübungen, der 3. den Gepäckmarsch und das Schlagen und Befestigen eines Lagers. Offenbar führte Marius das Gladiatorenfechten, das Pfeilschießen, das Schleudern von Steinen und Bleigeschossen und den Kavalleriedienst ein und normierte das Marschgepäck. Augustus fügte als Abschluß der Ausbildung eine Felddienstübung hinzu, die die Anwendung alles bisher Erlernten vorsah. Auf Hadrian dürfte das Schießen mit bleivergossenen Pfeilen zurückgehen. E. 4. Jh. n. Chr. scheint diese Gliederung der Rekrutenausbildung in der Legion nur noch teilweise bestanden zu haben. A. N.

Fr. Lammert, RE VI A 1448f. *A. Neumann*, CPh 43, 1948, 157ff. *Ders.*, RE Suppl. X 149f. 155. 159f. 173. *J. Gage*, Hist. 19, 1970, 232ff.

Tirocinium fori hat zwei Bedeutungen: **1.** die »polit. Lehrzeit« des jungen Römers nach dem Anlegen der *toga virilis*, im allg. nach dem 15. oder 16. Lebensjahr (Marqu.-Mau 124 ff.); er tritt in das Gefolge eines erfahrenen Freundes der Familie (Cic. Lael. 1; Brut. 306; leg. 1,13). Dauer meist ein Jahr (Cic. Cael. 5,11). In der Kaiserz. schwindet mit der Entwicklung des hochschulähnlichen Rechtsunterrichtes die Bedeutung des *t. f.*: vgl. Tac. dial. 34 (Marrou 420ff.). **2.** Der feierliche Akt des *deducere in forum* (Cic. Lael. 1,1; Mur. 69. Suet. Aug. 26 u. passim). Der Jüngling wird nach einer Feier im privaten Kreis (Ablegen der *toga praetexta*) zum ersten Mal in der *toga virilis* auf das Forum geleitet (RE VI A 1450ff.). H. Vr.

A. Gwynn Rom. education from Cic. to Quintil., 1926. *H.I. Marrou* Gesch. der Erziehung im klass. Alt., [3]1955 (dt. Übers. 1957).

Tironische Noten s. Stenographie. Tiro (1)

Tiryns, Stadt in der Argolis (vorgriech. Name) 4 km von Nauplia, 1500 m vom Meer entfernt, auf langgestrecktem Kalksteinfels gelegen, ca. 300 m lang, 40–100 m breit, 26 m über der Ebene. Seit dem Neolithikum besiedelt, nach dem Brand der

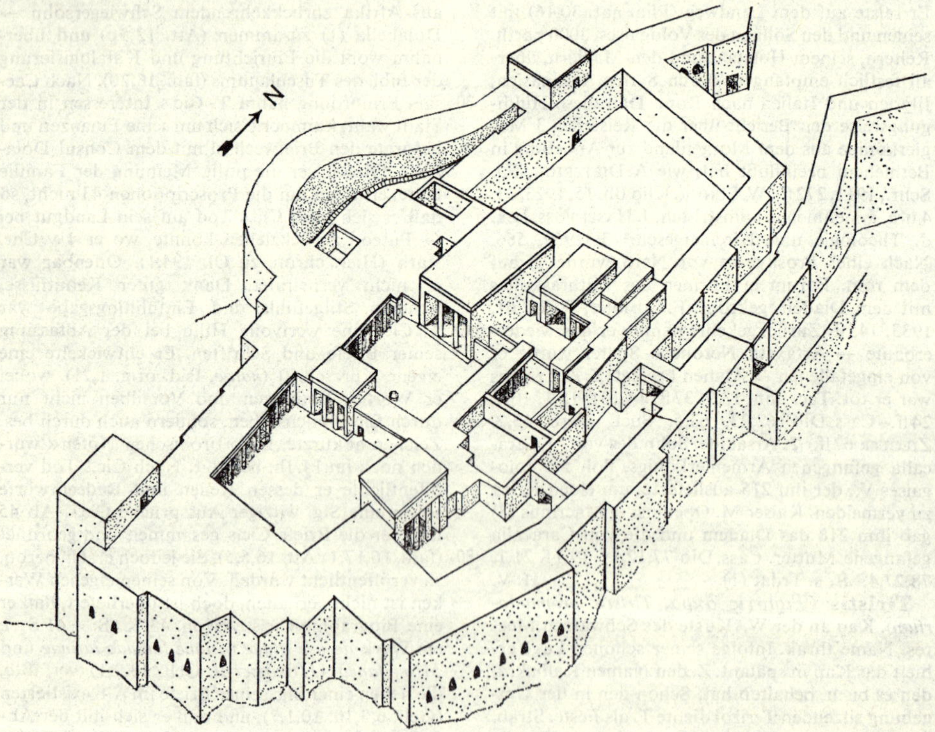

Tiryns: Oberburg und Mittelburg. Rekonstruktion Voigtländer

myk. Burg weiter bewohnt; auf der Höhe stand ein Hera-Tempel (um 700). Um 420 wurde T. durch Argos zerstört, das alte Herabild ins Heraion gebracht (Paus. 2,17,5). Als mythische Könige sind bekannt: → Proitos (→ Anteia-Bellerophon), → Perseus (1), → Sthenelos (3), dann → Eurystheus, bei dem Herakles dient.

Bereits von den Reisenden des 18. und 19. Jh.s identifiziert, wurde T. zuerst von H. Schliemann mit W. Dörpfeld ausgegraben (1878); systemat. Grabungen durch das Deutsche Archäol. Institut Athen: 1905–1914, 1926–1929 und wieder seit 1965 (K. Müller, G. Karo, U. Jantzen). Karos Ausgrabung der Unterstadt im O. der Burg (1929) wird jetzt fortgesetzt. Aus frühhellad. Z. ist das einzigartige Herrenhaus als Rundbau von 28 m Durchmesser bemerkenswert. Man unterscheidet Oberburg, Mittelburg, Unterburg; neue Unt.en ergaben auf letzterer Hausbauten verschiedener Z.en, eine Bewohnung bis um 1150 (AA 1972, 807). Verschiedene Perioden der Burgmauer sind nachgewiesen; was h. sichtbar ist, stammt aus dem 13. Jh. Zerstorung der Burg um 1200.

Der Zugang führt über eine Rampe zum Osttor, durch dieses gelangt man auf einen schmalen N.S.-Korridor, dann durch 2 Tore auf freien Platz zum ersten Propylon, durch dieses zu einem großen Hof mit Pfeilerhallen, n. durch das 2. Propylon in den Megaronhof mit Hallen und einer Opfergrube genau in der Achse der Megaronfront im N. In diesem Megaron Herd und Thron; die Freskenreste (Frauenprozession, Jagdfries [Rodenwaldt T., Bd. 2]) gehören gewiß zu diesem Raum, der Fest- und Kultsaal zugleich war. Neben dem Hauptmegaron liegt ö. ein kleineres. Hinter dem Megarontrakt im N. ein freier Platz, von diesem führt eine Tür zu einem Turm, der den Treppengang neben der ausgebogenen Mauerflucht zu einer Nebenpforte schützt. Am Felsabhang liegen die bekannten »Kasematten«, Substruktionen für den Oberbau und Vorratsräume, mit 5 Fensteröffnungen im S., 7 im O. – Kuppelgrab spätmyk. Z. an der W.-Seite des Profitis Elias (Voigtländer Abb. 7). – Der Gesamtbefund läßt vermuten, daß T. zumindest in spätmyk. Z. eine mit Mykene eng zusammenhängende Residenz gewesen ist. W. Z.

Lit.: *H. Schliemann* T., 1886. T., Die Ergebnisse der Ausgrabungen des Iustituts I u. II 1912; III 1930; IV 1938; ab 1971: Forsch. u. Ber. Bd. V u. VI. – *G. Karo* Führer durch die Ruinen von T., 1934. *Ders.*, RE VI A 1453 ff. Neue Grabungen: AA 1967, 92 ff. 1969, 1 ff. 1972, 807 f. Ath. Ann. Arch. 2, 1969, 344 ff. 4, 1971, 398 ff. 6, 1973, 28 ff. *W. Voigtländer* T., Athen 1972. *J. M. Balcer*, AJA 78, 1974, 141 ff.

Tisaion (*τὸ Τίσαιον*), Berg in der S.-Spitze der Halbinsel Magnesia mit Signalstation → Philipps V. (7), Pol. 10,42,7. Liv. 28,5,17. Apoll. Rhod. 1,568 ff. Orph. Arg. 460. Val. Fl. 2,7. Wohl der 644 m hohe Bardzochia. E. M.

Stählin Das hellen. Thessalien 55 (irrige Höhenzahl). *Ders.*, RE VI A 1467. *Philipps.-Kirst.* 1,161.

Tisamenos s. Teisamenos

Tisch s. Mensa

Tisia. 1. s. Taisiai

2. Die h. Theiß. Wichtigste Formen des Namens: *T.* (Iord. Get. 5,33. 34. 178. Geogr. Rav. 4, 14), *Τισσός* (Theophyl. Sim. 8,3,8. 11. 13. Theophan. chron. S. 435), *Τίτζα* (Constant. Porphyr. de adm. imp. c. 40), *Pathissus* (Plin. nat. 4,80), *Parthiscus* (Amm. 17,13,4), *Πάθισος* (Strab. 7, 313). Der Name ist thrak. Ursprungs. Den unteren Lauf des Flusses verbinden Hdt. 4,100 und Strab. 7,304 mit der Maros-Mures und behaupteten, der Fluß Marisos (→ Maris 2) münde in die Donau. Folgende Nebenflüsse werden erwähnt: Samum (Szamos, CIL III 827), Miliare (Sebes Körös, Iord. Get. 22,113), Gilpitr oder Gilpil (Fekete Körös?, Geogr. Rav. 4,14. Iord. Get. 22,113), Gresia oder Grisia (Fehér Körös, Geogr. Rav. 4,14. Iord. Get. 22,113), Marisia (Maros, Geogr. Rav. 4,14. Iord. Get. 22,113. Hdt. 4,100, Strab. 7,304), Arine (Aranka, Geogr. Rav. 4,14,204,15), *Τίγας* (Bega?, Priskos frg. 8). Der Fluß befand sich jenseits der Grenzen des röm. Imperium. Nach der Eroberung Daciens verschob sich die Grenze der neuen Provinz o.-wärts, den von Dakern bewohnten Winkel T.-Marisia überließ Traian bis zu den transsylvanischen Bergen den → Sarmaten. Über die T. führten mehrere röm. Straßen, die Pannonien über das Barbaricum mit Dacien verbanden. Die wichtigste führte durch das Marisia-Tal und erreichte den Danuvius bei → Lugio. J. F.

Tisidium. 1. Ortschaft in Africa procons. in der Nähe der numid. Grenze; von hier marschierte → Metellus (I 21) nach → Vaga (h. Béja) im J. 107/108 (Sall. Iug. 61. 68). Zweifellos mit *oppidum Thisiduense* (CIL VIII 13188) ident. = Chisiduo, h. Krich el Oued. Atl. Arch. Tun. fe Medjez el Bab, Nr. 28. Tissot Géogr. comp. prov. rom. Afr. 2, 766. S. Gsell Hist. Anc. Af. N. 7,200. Inschr. CIL VIII 1267. 14763 (im 2. Jh. nach Hadrianus sind die Dekurionen c. R. genannt, also war Thisiduum zweifellos *municipium*). **2.** Unter den im Krieg Caesars gegen die Pompeianer zerstörten Städten nennt Strab. 17,831 *Τισιαοῦς*. Nach Schmidt CIL VIII 14763 wäre sie mit T. Nr. 1 ident. (aber sie lag in Numidien). Die Identifizierungsversuche sind ungewiß. M. L.

Tisiphone s. Teisiphone

Tisiphonos s. Teisiphonos

Tissa (*Τίσσα*). Kleine Stadt im Inneren Siziliens (Philist. FGrH 556 F 37. Ptol. 3,4,12), Lage unbekannt. Nach Cic. Verr. 3,86 f. beteiligte sich die von Verres erpreßte *perparva ac tenuis civitas* durch eine eigene Gesandtschaft an der Klage gegen ihn. Sie zählte nach Cic. a. O. zu den *civitates decumanae*, Plin. nat. 3,91 nennt sie unter den *stipendiarii*. Kl. M.

K. Ziegler, RE VI A 1482.

Tissaphernes (*Τισσαφέρνης*), Sohn des Hydarnes, Enkel des → Hydarnes (1), TAM 1, 44c 11. J. V. PRÁŠEK Gesch. der Meder und Perser 2, 1910, 174. Nach Beseitigung des rebellischen Satrapen → Pissuthnes wurde T. 413 Satrap in → Sardeis und Karanos, Militärbefehlshaber Kleinasiens, schloß 412 einen Subsidienvertrag mit Sparta gegen Athen, wofür Sparta die kleinasiat. Griechen den Persern preisgab. Thuk. 1,115,4. 8, 5,4f. (*στρατηγὸς τῶν κάτω*) 17f. 43. 52. 58. Mz.-Portr. des T.: C. M. KRAAY Greek coins, 1966, 621f. Nach Differenzen über die Subsidienhöhe erneuerte T. 411 den Vertrag. Thuk. 8,29. 36f. W. E. THOMPSON, Philol. 109, 1965, 294ff. Von → Alkibiades (2) beeinflußt, der ihm riet, Athen u. Sparta gegeneinander auszuspielen, verhandelte T. mit Athen ohne Erfolg und schloß einen 3. Vertrag mit Sparta ab. Thuk. 8,56,4f. 57,2. 58. Da T. aber seiner Schaukelpolitik zuliebe nicht wie versprochen die phoinik. Flotte den Spartanern zur Verfügung stellte, wurde er 408 durch den eindeutig prospartan. → Kyros (3) ersetzt und auf Karien beschränkt. Thuk. 8,87,4. Xen. hell. 1,4,3. Kyros nahm einen Streit mit T. um → Miletos zum Vorwand für Rüstungen gegen → Artaxerxes II. (2). Xen. an. 1,1,7. T. warnte den Großkönig, entschied den Kampf bei → Kunaxa mit der Reiterei, beraubte die griech. Söldner ihrer Führer und verfolgte die 10000. Xen. an. 1,7,12. 8,9. 10,7. 2,3,17ff. Artaxerxes gab ihm 400 eine seiner Töchter zur Frau und den Posten als Karanos in Kleinasien wieder. Diod. 14,26,4. In der Abwehr der spartan. Offensive zur Befreiung der ion. Städte Kleinasiens kämpfte T. gegen → Thibron (1), → Derkylidas und seit 396 gegen → Agesilaos (2), der 395 T. am → Paktolos schlug. Deswegen und wegen der Intrigen der → Parysatis (1), die T., den Feind ihres Lieblingssohnes Kyros, tödlich haßte, lockte → Tithraustes (1) auf Befehl des Artaxerxes T. nach → Kolossai, ließ ihn hinrichten und sandte seinen Kopf dem Großkönig. Xen. hell. 3,4,24f. Diod. 14,80. Polyain. 7,61,1. W. JUDEICH Kleinasiat. Stud., 1892. A. OLMSTEAD Hist. of the Pers. empire, 1959. H. V.

Titanes (*Τιτᾶνες*). Eine alte Göttergruppe, in Hes. theog. ebenso wie die → Kyklopen und → Hekatoncheiren als Produkte der kosm. Urpotenzen → Gaia und → Uranos aufgefaßt und durch thalass. und sider. Kräfte und sittl. Mächte zu einer Zwölferreihe (133ff.) erweitert. Je 4 Brüder und Schwestern sind zu Paaren verbunden: → Tethys, → Okeanos (833); → Theia (1), → Hyperion (371); Rheia, → Kronos (453); → Phoibe (1), → Koios (404). Kreios (→ Krios 1) und → Iapetos erhalten nicht-titan. Gattinnen, Eurybie (375) und → Klymene (1; 507), während die beiden restlichen Titaninnen → Themis (901) und → Mnemosyne (915) Gattinnen des Zeus werden. Apollod. 1,2 zählt noch → Dione (theog. 17) zu den T. Der Il. sind als T. Kronos, Rhea, Iapetos, der Od. (12,176) Hyperion als Vater des Helios bekannt, sonst = Helios, der in lat. Poesie gern als T. bezeichnet wird. Okeanos und Tethys sind Il. 14,201 die Stammeltern aller Götter. T. heißen auch die Nachkommen der T., wie Helios, Selene, Eos; Leto, Asteria; Prometheus, Atlas. Bei Hom. h. 2,158 stammen alle Götter und Menschen von den T. Orph.' Lehre von den T. bei Apoll. Rhod. 1,495ff.; → Orph. Dichtung (bes. S. 360), → Zagreus. Die Abteilung von *τιταίνεσθαι* (Hes. theog. 209) wurde später ithyphall. aufgefaßt; o. Bd. III 356,45ff. Möglicherweise ist T. thrak. = Gott, WILAM. Kronos u. die T., 1929 (Darmstadt 1961), 23f. O. KERN Die Rel. der Griechen 1,255. E. WÜST, RE VI A 1512ff. → Titanomachie. H. v. G.

Titanomachie. Nach Hes. theog. 624ff. 711ff. dauerte der Kampf der Kroniden (Zeus und Geschwister) mit den → Titanen um die *τιμαί* (882), im Grunde um die Errichtung einer besseren Weltherrschaft, schon 10 (90) J., als Zeus auf Gaias Rat die von → Uranos verstoßenen → Kyklopen und → Hekatoncheiren befreite (→ Kampe) und mit Nektar stärkte. Nun verfügt er über Blitz und Donner und über die ungeheuren Steinsalven der H. Der Schauplatz um → Othrys und → Olympos (I. II 1) weitet sich zum gesamten Raum zwischen Himmel und Erde, der vom Kampf der entfesselten Naturgewalten widerhallt (674ff.). Mit Namen werden weder Kronos noch andere T. genannt (*φάλαγγας* 676). Sie werden in den → Tartaros gestürzt und hier von den Hekatoncheiren bewacht. Hes., dessen Darstellung durch Apollod. 1,1ff. verdeutlicht und ergänzt wird, fußt auf einer älteren, wohl schon Hom. bekannten T. (→ Briareos). Als Vf. alter T.n werden → Thamyris und → Musaios (1) genannt. Die »kykl. T.« (W. ALY Hes. Theog., 1913, 66f.) wird u.a. → Eumelos (5) von Korinth zugeschrieben. Auf ihr fußen wohl Pind. P. 4,291; frg. 35, wonach Zeus die Titanen später erlöst hat, und Aischyl. Eine andere T. Hyg. fab. 150 (→ Prometheus, → Typhon, → Gigantomachie; eine solche ist nach WILAM. Kronos u. die Titanen 16, Vorbild für Hes.' T.). Obwohl die Giganten nicht göttlich, die T. aber unsterblich sind, wurden später Gigantomachie und T. vielfach verwechselt. Zur Deutung: Spekulative theogon. Erfindung mit märchenhaften Zügen; Verdrängung uralter erdhafter Götter (auch Höhengötter, O. KERN Rel. d. Griech. 1,43,189) durch die idg. Zeus-Rel.; Einfluß vorderasiat. Vorstellungen von gewaltsamer Ablösung verschiedener Göttergenerationen, → Kumarbi. H. v. G.

M. Pohlenz, NJb 37, 1916, 549ff. *K. Marót*, SMSR 8, 1932, 48ff. 189ff. *F. G. Jünger* Die T., 1944. *H. Hunger* Lex. der griech. u. röm. Myth., [5]1959, 354ff. *J. Dörig–O. Gigon* Der Kampf der Götter u. T., 1961. *Nilsson* GgrR [2]1,510ff. *H. Schwabl*, RE Suppl. XII 434ff. 448ff.

Titaros, Grenzgebirge zwischen Thessalien und Makedonien, n.w. Fortsetzung des → Olym-

pos (1), der h. Sapkas (Tschapka), bis 1839 m hoch. Strab. 7 p. 329 frg. 14. 15. 9,5,20 p. 441 (*Τιτάϱιον*). Eust. Il. 336,28 ff. Ptol. 3,12,16 (*Κιτάϱιον*). Steph. Byz. (*Τιταϱών*). E. M.
Stählin Das hellen. Thessalien 15f. 17. *Ders.*, RE VI A 1510f. *Philipps.-Kirst.* 1,75.

Tithonos (*Τιθωνός*). Gemahl der → Eos, die ihn (als Schüler mit Diptychon und Leier auf einem Vasenbild), wie viele andere schöne Jünglinge, entführte. Er wohnt mit ihr am → Okeanos, auf → Aiaia oder bei den Aithiopen (Il. Od. Apollod. 3,147). Ein Neapeler Krater zeigt ihn strahlengeschmückt zusammen mit Eos die Zügel ihres Viergespannes haltend. Er ist Sohn des Troers → Laomedon (1), Stammbaum o. Bd. I 1387 (oder Bruder Laomedons, Serv., oder Sohn von Eos und → Kephalos 1, Apollod. 3,181). Aphrodite erzählt Hom. h. 4,218 ff., während dem Troersproß → Ganymedes von Zeus Unsterblichkeit und ewige Jugend verliehen worden sei, habe Eos für T. das Zweite zu erbitten vergessen, und so sei er im Alter zusammengeschrumpft und von ihr in eine verschlossene Kammer gesperrt worden, könne aber nicht sterben. T. wurde der Typ eines hinfälligen Greises, Aristoph. Ach. 688. Plaut. Men. 854 u.s. Verwandlung in eine Zikade (vgl. Il. 3, 151) seit → Hellanikos. – Söhne → Memnon (1) und Emathion (Hes. theog. 285, von Herakles getötet, Apollod. 2,119). – Der Name gehört zu *Τιτώ* (Kall. Lykophr.) = Eos, Hemera, und → *Τιτάν* (urspr. anatol. Lichtgott, vgl. etr. *tinϑ(u)n*, E. Wüst, RE VI A 1512 ff.). Sein Schicksal ist für Prell.-Rob. 1,442 eine Allegorie des frisch beginnenden, müde endenden Tages, reine Dichtung für Wilam. GldH. 1,255,2. Das Motiv der unvollständigen Bitte ist ein Märchenzug. H. v. G.

Tithorea (*Τιθοϱέα, Τιθόϱα, Τιθόϱϱα* u.ä., Ethn. *Τιθοϱ[ϱ]εύς*), urspr. steiler Felsgipfel der Vorhöhen des → Parnaß über der phok. Stadt → Neon (5), Hdt. 8,32f. Paus. (s.u.), seit hellenist. Z. Name des wiedererstandenen Neon, nach Rückgang im 1. Jh. v. Chr. in der Kaiserz. neuer Aufschwung, zu Pausanias' Z. wieder ganz im Verfall und wohl kaiserl. Domäne. Sehr gut erhaltener Mauerring auf steilem Felsklotz beim h. Velitsa (amtl. T.). Pausanias rühmt bes. das Öl von T. Paus. 10,32,8–19. 9,17,4f. Plin. nat. 4,8. Plut. Sulla 15,5. Hierokl. synekd. 644,2. Inschr. IG IX 1 Nr. 187–217. BCH 26, 1902, 337 ff. Nr. 44–48. REG 15, 1902, 133 ff. Nr. 2–16. BCH 93, 1969, 79f. SEG 3,419f. Münze des 3. Jh. v. Chr.: Athens annals of archaeol. 1, 1968, 98f. E. M.
Fiehn, RE VI A 1519 ff. *Fr. Schober* Phokis 41f. *Tillard*, ABSA 17, 1910/11, 56 ff. *Philipps.-Kirst.* 1, 424. 725f. A. 59. 60. *Klaffenbach*, SPrAW 1935, 702f. *U. Kahrstedt* Das wirtschaftl. Gesicht Griechenlands in der Kaiserzeit 11 ff.

Tithraustes (*Τιθϱαύστης*). **1.** Chiliarch des → Artaxerxes II. (2), beseitigte 395 → Tissaphernes, bot → Agesilaos (2) im Namen des Königs die Autonomie der griech. Küstenstädte an, wenn sie bei Abbruch des spartan. Feldzuges die alten Tribute weiterzahlten. Xen. hell. 3,4,25f. Plut. Ages. 10,6 ff. Diod. 14,80,7 ff. T. trat 395 in sein Hofamt zurück, 385–383 befehligte er erfolglos den pers. Angriff gegen das aufständische Äg. Hell. Oxyrh. FGrH 66,14,1 ff. Isokr. 4, 140f. Nep. Dat. 3,5. **2.** Pers. Satrap von Großphrygien unter → Artaxerxes III. (3) wurde 355 von → Artabazos (3) und → Chares (1) bekriegt, bis letzterer einen Frieden zwischen Artabazos und T. vermittelte. Diod. 16,22. C. Wessely, Festschr. O. Hirschfeld, 1903, 100 ff. Beloch GG 3,2,152. H. V.

Tithronion (*Τεθϱώνιον, Τ*[ε]*ιθϱώνιον, Τείθϱων*), Stadt in → Phokis am N.-Rand der oberen Kephisosebene beim h. Xyliki. 480 von den Persern zerstört, Hdt. 8,33. Paus. 10,3,2. 207 von → Philipp V (7). erobert, Liv. 28,7,13. Paus. 10,33,12. Plin. nat. 4,8. Inschr. IG IX 1 Nr. 222–25. BCH 37, 1913, 443. SEG 16,351–53. [3]. E. M.
Fr. Schober Phokis 41. *Ders.*, RE VI A 1524. *Klaffenbach*, SPrAW 1935, 702. *Philipps.-Kirst.* 1,423.

Tithymal(l)os (*τιθύμαλ*[λ]*ος*, *herba lactea;* Etym. ungewiß), Bezeichnung zahlreicher Arten der Gattung Wolfsmilch (Euphorbia), deren Milchsaft und Samen auf vielerlei Weise, bes. als Purgier- und Brechmittel verwendet wurden. Die Beschreibungen, die, bei Theophr. beginnend, bes. bei Dioskurides mat. med. und Plin. nat. gegeben werden (auch hinsichtl. der Standorte usw.), sind fast durchweg so treffend und genau, daß man die gemeinten Arten mit Sicherheit bestimmen und die Gattung Euphorbia zu den im Alt. besterforschten rechnen kann – obwohl zuweilen Verwechslungen von Wolfsmilch und Mohn unterlaufen. Aufzählung und Beschreibung der im Alt. bekannten Arten bei Steier, RE VII A 1524–31. K. Z.

Titianus. 1. Iulius T., röm. Schriftsteller und Prinzenerzieher wohl des späten 2. Jh. n. Chr., Vf. fingierter Briefe berühmter Frauen (Stilmuster: Cicero), bekämpft von den Anhängern → Frontos (*oratorum simia* Sidon. epist. 1,1,2). Auf eine *Chorographia* des T. beziehen sich Serv. Aen. 4,42 und Greg. Tur. Stell. curs. 13. Deklamationen über Themen aus Vergil erwähnt Serv. a.O. 10,18 (vgl. 11,651 = Isid. orig. 9,2,64). Auch eine Prosaparaphrase aesop. Fabeln nach iamb. griech. Vorlage ist bezeugt (Auson. epist. 16,1. 16,2,74 ff.). Später wirkte T. als Rhetoriklehrer in Besançon und Lyon (Auson. grat. act. 31).

»T. d. J.«, angeblich Sohn dieses Schriftstellers und Erzieher des Caesars Maximinus, dürfte Erfindung der H. A. (Maxim. 27,5) sein. H. Gä.
Schanz-Hos. 3,136f. *Teuffel-Kr.-Sk.* § 364. 4. *O. Crusius* De Babrii aetate, Diss. Lpz. 1879 (= Lpz. Stud. 2), 242f. *A. Guaglianone*, Giorn. It. Fil. 2, 1949, 168 ff. *K. Thraede*, H 96, 1968, 608 ff.

2. Flavius Postumius T., vielleicht Enkel des → Maesius (1), Redner, wurde zw. 284 und 301 u.a. *augur*, *pontifex*, *corrector* der Italia Transpadana, *proconsul Africae* (295/96), *consul suff.*;

consul II 301, *praefectus urbi* 305/06 (Pap. Flor. 3,23 = MITT.-WILCKEN Grdz. 1,2,391. Chr. min. 1,66. DESSILS 2941. AE 1919, 52). **3.** Maesius Aquillius Fabius T., 332/33(?) *corrector Flaminiae et Piceni*, 334/35 *consularis Siciliae*, *proconsul Asiae*, 337 *consul*, 339/40 *praefectus urbi* (DESSILS 1227. Chr. min. 1,68. Cod. Theod. 9,17,1). 343/49 *praef. praet. Galliarum*; 350 wurde T. durch → Magnentius nochmals *praef. urbi* (Cod. Theod. 9,42,2. 12,1,36. DESSILS 8944, 8963. Chr. min. 1,69. Zos. 2,49). **4.** Wahrscheinl. 398 *consularis Siciliae* (an ihn Symm. epist. 8,68; viell. erwähnt epist. 5,74). **5.** Sohn des → Akakios (1), Schüler des → Libanios, Redner, erwähnt zw. 357 und 364 (Liban. epist. 127. 316. 715. 735). A. L.

6. s. auch Maesius (2. 5). Salvius (II 3)

Tities. Name der 2. gentiliz. → Tribus der ältesten Tribusordnung (→ Ramnes, T., → Luceres). Naive Etym. (Cic. rep. 2,14. Liv. 1,13,8): nach → Romulus, → Titus (Tatius), → Lucumo. Hinweis auf Latiner, Sabiner, Etrusker hält [1], 40f. für möglich. Der Name ist etr. (SCHULZE Eigenn. 218), das Einteilungsprinzip wahrscheinl. voretr. ([2], 27). Angebliche Dreiteilung des Landes: Varro l.l. 5,55; Gleichberechtigung der 3 *tribus:* Liv. 1,35,6. H. Vr.

1. *U. v. Lübtow* Das röm. Volk, 1955. 2. *E. Meyer* Röm. Staat u. Staatsgedanke, ³1964.

Titii sodales, von Augustus erneuerte röm. Priesterschaft, angebl. von T. Tatius *retinendis Sabinorum sacris* (Tac. ann. 1,54,1) eingerichtet und nach dessen Tode auf seinen Kult (Dion. Hal. ant. 2,52) ausgedehnt (Tac. hist. 2,95); vgl. Comm. Lucan. 1,602. In der Erkl. bei Varro l.l. 5,85 ist durch Ähnlichkeit von *Titii* mit *titis* eine Zeile ausgefallen (fraglich Sch. Pers. 1,20). Augustus selbst war *T. s.* (Mon. Anc. 7); weitere Mitglieder bei HOFFMAN LEWIS 136ff. G. R.

Wissowa Rel. ²564. *Latte* RRel 295. *Poucet* Rech. sur la lég. sabine des origines de Rome, 1967, 391ff. *M. W. Hoffman Lewis* The Official Priests of Rome under the Julio-Claudians, 1955.

Titinius. Von dem Praenomen *Titus* abgeleiteter Name eines pleb. Geschlechts (SCHULZE Eigenn. 242f.), das zwar früh in den Fasten erscheint, später jedoch jede polit. Bedeutung verloren hat. Vorkommen des Namens auf Inschr.: CIL I² mehrfach und BCH 36, 1912, 85. **1.** Röm. Ritter, wurde 82 bei den sullan. Proscriptionen von → Catilina ermordet (Q. Cic. comm. pet. 9). Viell. ident. mit Nr. 4. **2.** Centurio im Heer des C. Cassius, wurde 42 infolge eines Irrtums Ursache für dessen Freitod (App. civ. 4,474f. Plut. Brut. 43 u.a.). **3.** C.T. war 192 Volkstr. (vgl. Nr. 6). **4.** Cn.T. war nach Cic. Cluent. 153 im J. 91 auf seiten der Ritter einer der Führer der Opposition gegen die Gerichtsreform des Livius → Drusus (I 4; App. civ. 1,160f.). Vielleicht ist T. ident. mit Nr. 1. **5.** M.T. war 178 *praetor urbanus.* **6.** M. T. Curvus setzte sich als Volkstr. 192 gemeinsam mit Nr. 3 gegen einen Triumph des cos. L. → Cornelius (I 56) Merula über die Boier ein (Liv. 35, 8,9. J. BLEICKEN Das Volkstribunat der klass. Republik, ²1968, 92). Münzmeister zwischen 150 und 133 (SYDENHAM The Coinage of the Rom. Rep., 1952, LIX und 42 gegen BABELON Descr. 2,493f.: 209; vgl. BROUGHTON 2,454), war T. gemeinsam mit Nr. 5 im J. 178 Praetor und kämpfte bis 175 im diesseitigen Spanien (Triumph oder Ovatio: CIL I² 48. 341). In dem aufgrund span. Beschwerden eingeleiteten ersten Repetundenverfahren in Rom gehörte T. 171 zu den Angeklagten, wurde jedoch freigesprochen (Liv. 43,2,1–6). **7.** C.T. Gadaeus floh 106 vor Vollstreckung eines in Sizilien über ihn verhängten Todesurteils und lebte von Raub und Mord, ließ sich später gegen Zusicherung von Straffreiheit durch den Propraetor P. → Licinius (I 45) Nerva zum Anführer eines Teils der aufständischen Sklaven wählen, um sie dann den Römern auszuliefern (Diod. 36,3,5f.). M. D.-M.

8. Röm. Komödiendichter, Zeitgenosse des Plautus, wie aus ant. Zeugnissen (Varro De Lat. serm. frg. 40. Lyd. mag. 1,40), sprachl. und metr. Analogien und einer Thematik vom Beginn des 2. Jh.s v. Chr. zu schließen ist. Wie Ennius auf die Tragödie und Plautus auf die Komödie im griech. Milieu (Palliata), so hat sich T. auf die röm. Nationalkomödie, die → Togata spezialisiert und sie nach Ansätzen bei → Naevius (III) zur Blüte gebracht. Nach Ausweis der etwa 190 aus 15 Stükken erhaltenen Verse war unter den ital. Elementen das volskische bevorzugt und wies die Sprache volkstümliche Züge von noch ungezähmter vorklass. Fülle auf. P. L. Sch.

Frg.: CRF ²1873, 133ff. ³1898, 157ff.

Lit.: *H. Bardon* Litt. Lat. Inc. 1, 1952, 39ff. *E. Vereecke*, Rech. Philol. Ling. Louvain 2, 1968, 63ff. *Ders.*, AC 40, 1971, 156ff.

Titius. Überwiegend erst im letzten Jh. der Rep. aus dem Praenomen *Titus* abgeleitetes Gentilnomen, so daß die einzelnen Träger des Namens selten in verwandtschaftl. Beziehung stehen.

A. Politische Persönlichkeiten.

I. Republikan. Zeit. **1.** Aus dem sabin. → Reate, einer der Anführer der Banden des → Clodius (I 8). **2.** L.T., Spanier, 48 Kriegstr. unter Q. → Cassius (I 21) Longinus, viell. Vater der beiden Kriegstr., die 46 bei der Überfahrt nach Afrika in die Gewalt der Pompeianer gerieten und hingerichtet wurden, da sie sich weigerten, auf die gegnerische Seite überzugehen (Bell. Afr. 28,2–4. Val. Max. 3,8,7). Caesar hatte T. wohl 47 seiner Verdienste wegen (vermutl. Beispiel dafür bell. Alex. 57,1) in den Senat aufgenommen. Cic. schrieb T. viell. nach dem Tode der Söhne den Trostbrief fam. 5,16. M. D.-M.

3. L.T., Vater des M.T. (Nr. 4), *cos.* 31 v. Chr. T. war verheiratet mit einer Schwester des L. → Munatius (II 4) Plancus, der an ihn ein bei Cic.

fam. 10,21 erwähntes Schreiben richtete. E. 43 wurde er proskribiert und floh zu Sex. Pompeius nach Sizilien, Cass. Dio 48,30,5f. R. H.

4. M. T., *cos. suff.* 31 v. Chr., Neffe des L. → Munatius (4) Plancus (PIR 3,196. S. J. de Laet De Samenstell. van den Rom. Senaat, 1941, 379). Nach der Proscription und Flucht seines Vaters zu Sex. → Pompeius (A I 3) nach Sizilien im J. 43 plünderte T. mit einer eigenmächtig zusammengestellten Flottenabteilung die etr. Küsten, ehe er 40 gefangen, jedoch von Pompeius begnadigt wurde (Cass. Dio 48,30,5. App. civ. 5,142). 39 nach Rom zurückgekehrt, schloß sich T. dem Antonius an, unter dem er 36 als Quaestor gegen die Parther kämpfte (Plut. Ant. 42,2ff.). Nachdem 35 die Verständigung zwischen Pompeius und Antonius gescheitert war, verfolgte T., der 35/34 wahrscheinl. Asia verwaltete (CIL 3,7160. D. Magie Rom. Rule in As. Min., 1950, 2,1580), Pompeius auf seinem Weg nach Armenien und ließ ihn, der es strikt ablehnte, sich T. zu ergeben, nach seiner Gefangennahme in Milet hinrichten, ob auf Befehl des Antonius (Vell. 2, 79,5) oder auf Veranlassung des Plancus, ist unsicher (App. civ. 5,137ff. Cass. Dio 48,18,4), jedenfalls wurde sein Vorgehen scharf verurteilt (Cass. Dio 48,30,5. Vell. 2,79,5). Wie sein Oheim T. Munatius Plancus ging T. 32 zu Octavian über, den beide vom Inhalt des Testaments des Antonius in Kenntnis setzten (Plut. Ant. 58). Als *cos. suff.* nahm T. 31 an der Schlacht bei Actium teil und verwaltete später (13/12?) Syrien. T. war mit Paullina, Tochter des Q. → Fabius (I 32) Maximus, verheiratet (SEG 1,383) und wohl ab 34 (?) *pontifex* (CIL 9,5853. M. W. H. Lewis The Official Priests of Rome under the Julio-Claudians, 1955, 29). **5.** P. T. vertrat als Volkstribun im J. 43 entschieden die caesarianische Partei. Nach Absetzung seines geflohenen Kollegen → Servilius (I 19) Casca brachte er das Gesetz ein, das das Triumvirat begründete. Sein kurz darauf eingetretener Tod galt als weiteres Beispiel dafür, daß kein Volkstr., der einen Kollegen absetzte, das folgende J. erleben würde (Cass. Dio 46,49,1f.). **6.** Sex. T., Volkstr. 99, führte als Freund des L. → Appuleius (I 6) Saturninus dessen Werk mit der Vorlage einer *lex agraria* fort (Cic. leg. 2,31. Obseq. 46), das jedoch nicht angenommen wurde. Auch die *l. Titia* über den Amtsbereich der Quaestoren (Cic. Mur. 18. Mommsen RStR 2,571 A. 1 und 573 mit A. 3) und die *l. Titia*, die Wetten bei sportl. Wettkämpfen erlaubte (Dig. 11,5,3; vgl. Rotondi Leges Publicae Pop. Rom., ^{2}1962, 479), gehen viell. auf diesen T. zurück. 98 wurde T. in einem Majestätsprozeß bes. deshalb verurteilt, weil er ein Bild des Saturninus besaß, und ging ins Exil (Cic. Rab. perd. 24f. Val. Max. 8,1 ext. 3). M. D.-M.

II. Kaiserzeit. **1.** T. Sabinus, Freund des → Germanicus (1) und der → Agrippina (2); → Seianus stellte ihm eine Falle, die zu einem Prozeß wegen *maiestas* führte. Auf ein Schreiben des → Tiberius hin wurde T. hingerichtet. Tac. ann. 4, 68–70. Cass. Dio 58,1,1b. R. H.

2. L. Epidius T. Aquilinus, *cos. ord.* im J. 125, Degrassi FImp. 36. CIG 2562 = IGRom I 1019. Seine Laufbahn ist unbekannt. Er wird u. a. genannt auf der unvollständig erhaltenen Inschr. CIL VI 31420 und Paribeni, NSA 1933, 438ff., in der durch ein kaiserl. Handschreiben die *magistri* eines Priesterkollegiums (?) von der lästigen Verpflichtung entbunden werden, Spiele ausrichten zu müssen. G. Wi.

B. Literar. Persönlichkeiten.

1. C. T. Röm. Ritter der 2. H. des 2. Jh.s v. Chr., Redner (Cic. Brut. 167) und Dichter (Fronto p. 15, 13ff. v. d. H.). Obwohl T. eine theoret. Ausbildung und häufige Redepraxis abgingen, zeichneten sich seine Reden doch durch einen natürlichen Witz aus; aus einer Rede für ein Luxusgesetz sind zwei drastische Pointen in die lat. Fazetienlit. gelangt (Macr. Sat. 3,13,13; 16,14ff.). In seinen Tragödien (Novius frg. 67f. R.) empfand man solche Glanzlichter als unpassend; bezeichnend ist auch, daß → Afranius (1) sich T. zum Vorbild nehmen konnte. P. L. Sch.

H. Bardon Lit. Lat. Inc. 1, 1952, 97f. 132f. *H. Malcovati* Or. Rom. Frg., ^{3}1967, 201ff. *R. Till*, Festschr. K. Oettinger, 1967, 45ff.

2. L. Titius wird in den röm. Rechtsquellen oft als paradigmatischer Name für eine dort vorkommende Person verwendet, z. B. Gai. 4,34, und zwar häufig für einen Dritten (während Aulus Agerius den Kläger und Numerius Negidius den Beklagten bezeichnet). D. M.

Titurius. Lat. Familienname, auch inschr. bezeugt, Schulze Eigenn. 244f. 374. – Q. T. Sabinus, Legat Caesars in Gallien, wohl Sohn des Münzmeisters L. T. Sabinus (um 88, vgl. Broughton 2,454). Er trat hervor 57 in den Kämpfen gegen die Belger (Caes. Gall. 2,5,6. 9,4. 10,1), 56 gegen die → Veneter und bes. die → Veneller und deren Führer Viridovix (3,17–19), 55 an der Nordseeküste gegen → Moriner und → Menapier (4,22,5f. 38,3). 54/3 wurde er mit 15 Kohorten im Gebiet der → Eburonen bei → Aduatuca von → Ambiorix angegriffen und infolge persönl. Versagens vernichtet (5,26–37); sein jüngerer Kollege L. → Aurunculeius (4) Cotta fand mit ihm den Untergang. Broughton 2,226 (mit weiteren Quellen). M. Gelzer Caesar^{6} 114. 130. H. G. G.

Titus. 1. s. T. Tatius

2. T. Flavius Vespasianus = imp. Caesar T. Vespasianus Aug., Sohn des → Vespasianus und der Domitilla, Suet. Vesp. 3,1. * 30. Dez. 39 in Rom, Suet. Tit. 1,1. Mit → Britannicus aufgewachsen und mit diesem von → Sosibius (3) unterrichtet (Tac. ann. 11,1. 4). Im J. 51 wäre er fast mit diesem durch Gift ums Leben gekommen, Suet. 2,1. Er war von hervorragenden Anlagen, *trib. mil.* in Germanien und Britannien, Suet. 4,1, dann Quaestor um 65, Suet. 4,3. Im J. 66 befand er sich bei Vespasian im jüd. Krieg. Er führte die *leg. XV Apollinaris* als *legatus* von Alexandreia nach Iudaea, Ios. bell. Iud. 3,65. Tac. hist. 5,1,2. Er nahm 67 an der Belagerung von → Iotapata teil (Ios. bell. 3,238) und eroberte Iapha, bell. 3, 289–306. Suet. Tit. 4,3. Nachdem er als erster die Mauern von Iotapata erstiegen hatte, setzte er sich für Flavius → Iosephus (2) ein, bell. 7,350ff. Er kämpfte mit um die Stadt → Tiberias (3,409–70), um → Tarichea (3,462–504), → Gamala (4,70–83), Gischala (3,84–120). T. brachte die Versöhnung zwischen Vespasian und Mucianus zustande, bell. 4,32. Er wurde nach Neros Tod zur Huldigung zu → Galba geschickt; bei der Nachricht von dessen Ermordung kehrte er 69 zu Vespasian zurück, Tac. hist. 2,1–6. Ios. bell. 4,491–501. E. 69 befand er sich mit Vespasian in Alexandreia (Suet. 5,3). Er wurde zum Caesar und *princeps iuventutis* ernannt, Cass. Dio 66,1,1. RIC II 17f. 31. 49. 62. E. 69 wurde T. mit dem Generalstabschef Tiberius Alexander zur Beendigung des jüd. Krieges gegen → Jerusalem geschickt, Ios. bell. 4,658–663, wo im April 70 ein Heer von ca. 5 Legionen zusammengezogen wurde, Ios. bell. 5,40–6,120. Erst durch Kämpfe, dann durch die Errichtung einer hohen Mauer rings um die Stadt, schließlich durch Brandlegung, der der Tempel zum Opfer fiel (bell. 6,220–70), wurde Jerusalem anf. Sept. nach einem furchtbaren Blutbad, das aber T. immer wieder zu vermeiden gesucht hatte (anders I. Weiler, Klio 50,139–158), und durch Hungersnot erobert, bell. 6,271–87. 310–408. Cass. Dio 66,4–7. CIL VI 944. Nach Aufenthalten in → Caesarea (2) Philippi, → Berytos, → Zeugma am Euphrates (bell. 7,19–105) zog er im Frühjahr 71 über Jerusalem nach Alexandreia und von dort nach Rom, wo er zusammen mit Vespasian im Juni den Triumph feierte, bell. 7,121–158. Er erhielt den Titel *imperator* und die *tribunicia potestas* und wurde *praefectus praetorio*, Suet. 6,1. *Cos. II* 72, *cos. III–VI* in den J. 74 bis 77, *cos. VII* 79, *cos. VIII* 80. Als Vespasian am 23. Juni 79 starb, wurde T. Augustus. Voller Titel CIL XVI 26 (13. Juni 80). Er ernannte sofort → Domitianus zum *consors imperii* mit dem Recht der Nachfolge, Suet. 9,3. Der Anf. seines Principats war überschattet vom Vesuvausbruch am 24. Aug. 79, dessetwegen er große Hilfsmaßnahmen einleitete, Cass. Dio 66,24, und im J. 80 durch einen Brand Roms und durch die Pest, Suet. 8,3. Trotzdem eröffnete T. das Amphitheater (Kolosseum) und seine Thermen, Suet. 7,3. In diese Zeit fällt das Auftreten eines falschen Nero, Zon. 11, 18. Im Sommer 81 reiste er ins Sabinerland, wo ihn in Aquae Cutiliae (Paterno) im gleichen Landhaus, in dem Vespasian gestorben war, am 13. Sept. 81 eine fiebrige Erkrankung (Malaria? S. J. Bastomsky, Apeiron 1,2 [1967] 23f.) hinwegraffte. Er wurde konsekriert. Seine kurze, überraschend besonnene Handhabung der Regierungsgewalt machte ihn sehr beliebt, so daß er aufrichtig betrauert wurde. – Münzen: RIC II 17ff. Coins Rom. Emp. Brit. Mus. II 223ff. T. LXXff. – Bildnisse: Bernoulli 2, 2,31ff. R. West Röm. Portraitplastik (1933) 13ff. – Lit.: G. Daltrop – U. Hausmann – M. Wegner Die Flavier. Das röm. Herrscherbild 2, 1 (1966). **3.** Name vielleicht Titius Quartinus, s. Herodian. 7,1,9f., *tribunus Maurorum* des Alexander Severus, 235 von → Maximinus (2) entlassen, jedoch gegen seinen Willen vom Anführer der osroenischen Bogenschützen zum Kaiser ausgerufen, von denselben Soldaten aber bald ermordet, H. A. vit. Maximin. 11,1–5; trig. tyr. 32,1–6. – Barbieri Alb. senat. p. 409f. Nr. 28, s. auch p. 226 Nr. 1144. R. H.

4. Heidenchristlicher Freund und Mitarbeiter des Paulus, dessen Herkunft unbekannt ist, begleitet den Apostel schon zum Apostelkonzil nach Jerusalem. Entgegen der Forderung der Judaisten wird er nicht beschnitten (Gal. 2,1. 3). Später gewinnt T. die für Paulus schon fast verlorene Gemeinde von Korinth zurück und fördert das Kollektenwerk für die Gemeinde in Jerusalem (2. Kor. 2,13. 7,6. 13f. 8,6. 16. 23. 12,18). Der Vf. des unechten 2. Briefes des Paulus an → Timotheos (9) redet von einer Reise des T. nach Dalmatien (4,10), und der ebenfalls unechte Paulusbrief an T. (1,4) weiß davon zu berichten, daß Paulus T. zum Zwecke der Organisation der Kirche in Kreta zurückgelassen habe. Überraschend häufig wird T. in apokrypher Lit. genannt, die ihn zum Asketen stempelt. In dieselbe Richtung weist ein apokrypher Brief des T. aus dem 4. Jh.

Jülicher, RE f. prot. Theol. 19, 798ff. *E. Fascher*, RE VI A 1579ff. – Zu den apokryphen Zeugnissen s. *E. Hennecke* 2, [3]1964, 90. 238. 265. 267f.

5. Bischof von → Bostra z. Z. des Iulianus Apostata († 378), genoß als rhet. und philosophisch geschulter Schriftsteller, Polemiker gegen Iulian und Theologe ein hohes Ansehen. Von seinen Werken ist sein vielbenützter Traktat gegen die Manichäer (4 B.) zu nennen, der syr. vollständig, griech. z. T. erhalten ist (I. Die Frage der Theodicee, II. Zur Natur des Bösen, III. Klärung falschverstandener Stellen des A. T., IV. des NT.). Weiter sind Bruchstücke einer Predigt und eines Hirtenbriefes und im Rahmen verschiedener Catenen-Komm. Frg.e eines Lukaskomm. auf uns gekommen. Kl. W.

Ta: *P. de Lagarde* T. Bostreni contra Manichaeos libri IV, [2]1924 (syr.). T. B. quae... servata sunt graece, ed. *P. de Lagarde*, 1859. *Migne* PG 18, 1070. *J. Sickenberger* T. v. B., Stud. zu dessen Lukashomilien (TU 21,1), 1901. RE f. prot. Theol. 19, 800. *R. P. Casey*, RE VI A 1586ff. *Altaner* § 63,2 (Lit.).

Tityos (*Τιτυός*). Einer der ewigen Büßer der Unterwelt. Urspr. weder Frevler noch Riese, sondern euboiisch-boiot. Heros, Sohn von Zeus und Elare, die in einer Höhle auf Euboia lebte (Strab.

9,423), von → Rhadamanthys besucht, Od. 7, 321 ff. Vater der boiot. Europe (Pind. P. 4,46, o. II 447,14 ff.). Sein Grab im phok. → Panopeus war sehr klein, Paus. 10,4,5. Früh erzählte man, Zeus habe ihn mit seiner Mutter vor der eifersüchtigen Hera unter der Erde verborgen, und Gaia habe ihn gleichsam zum 2. Mal geboren (als *Γαιήιος υἱός*, Od. a. O., konnte er übergroß, Od. 11,577, ja ein Gigant werden), und er habe sich an → Leto, als sie mit Apollon und Artemis auf dem Wege nach Delphoi war, vergreifen wollen (auf Veranlassung Heras, Hyg. fab. 55), da hätten ihre Kinder ihn erschossen, Od. 11,576 ff. Pind. P. 4,90. Apoll. Rhod. 1,760 f. Apollod. 9,23 (Blitztod Hyg. a. O.). Zur Strafe wird er im Hades, 900 Fuß lang ausgestreckt, an den Boden gefesselt, indes ein Geierpaar (eine Schlange Hyg. a. O.) ihm die Leber (als Sitz der Begierden) zerhackt, die (mit jedem Monde Hyg. a. O.) nachwächst, Od. a. O. Plat. Gorg. 525 e. Verg. Aen. 5,595 ff. Hor. c. 3,4, 77 u. s.; → Prometheus. – Paus. 3,18,15. 10,11,1. 29,3 beschreibt 3 berühmte bildnerische Darstellungen in Amyklai und Delphoi. Von den erhaltenen seien erwähnt das Metopenrelief an einem Heratempel in Foce Sele (Mündung des → Silaros n. von → Poseidonia/Paestum), die Schale des Penthesileamalers, Pfuhl Abb. 502, und die des Phintias, ebd. Abb. 442 (auch K. Kerényi Myth. der Griechen, Abb. 30). H. v. G.

Tityros, weit nach N. vorspringendes Vorgebirge der NW.-Küste Kretas, im h. Kap Spatha endend, mit Heiligtum der → Diktynna, Strab. 10, 4,12 p. 479. Stadiasm. m. m. 340 f. Phrantzes chron. 1,34 p. 102 Bonn. E. M.

Herbst, RE VI A 1610 f. *M. Guarducci* Inscr. Cret. 2, 129 f.

Tlepolemos (*Τληπόλεμος*). **1.** Sohn des Herakles und der → Astyoche (1) oder → Astydameia (1). Nach dem Tode des Vaters genoß er Schutz gegen → Eurystheus in Attika, bis er mit seinem Großoheim → Likymnios (1) nach Argos oder Tiryns zurückkehren durfte (Diod. 4,58 f.). Er hatte das Unglück, diesen zu töten, und mußte in die Fremde gehen. Ein Orakel wies ihn nach Rhodos, das er »mit viel Volk« besiedelte und in 3 Phylen teilte: Lindos, Ialysos, Kameiros (→ Kerkaphos). Il. 2,653 ff. und Pind. O. 7 verbinden T.' Lob mit dem der Insel Rhodos. Mit 9 Schiffen fuhr er nach Troia, wo er seinem Namen Ehre machte. Er fiel im Kampf gegen → Sarpedon (1), nachdem er diesen schwer verwundet hatte, Il. 5,628 ff. Damit drangen lyk.-rhod. Lokalsagen unter Verletzung der myth. Chronol. in die Il. ein. – Seine Witwe → Polyxo (3) rächte den Tod ihres Mannes an Helene als Urheberin des Krieges. Seine Leute sollen die iber. Inseln (Apollod. epit. 6,15 b) oder die Gegend um → Sybaris (Ps.-Aristot. mir. 107) besiedelt haben. Heroenkult mit Agon auf Rhodos Pind. O. 7, 77 ff. mit Sch. H. v. G.

W. Kullmann, H(ES) 14, 106. 164. *G. Jachmann* Der hom. Schiffskatalog, 1958, 164. 207.

2. Sohn des Pythonax, Offizier Alexanders d. Gr., 330 zum *ἐπίσκοπος* des Satrapen von → Hyrkanien ernannt, erhielt 325 → Karmanien als Satrapie. Dort erwarb er sich solche Beliebtheit, daß selbst → Antigonos (1) nach 316 seine Absetzung nicht wagte (Diod. 19,14; 19,48).

Berve Alex. II Nr. 757. *C. Wehrli* Antigone et Démétrios, Genf 1968, 41 f. *H. Bengtson* Die Strategie in der hellenist. Z. 1,223.

3. Truppenführer → Ptolemaios' IV, bei dessen Tod Kommandant von → Pelusion. T. verursachte nach 203 den Aufstand, der 201 in Alexandreia zur Ermordung des → Agathokles (6) und zu eigener Teilnahme an der Vormundschaftsregierung für Ptolemaios V. zusammen mit dem jüngeren → Sosibios (2) führte. Nach dessen gewaltsamer Ausschaltung führte er die Regierung allein und wurde offensichtlich bald danach durch → Aristomenes (2) ersetzt (Pol. 15,21–25). G. W.

Niese St 573. *Bouché-Leclerq* Histoire des Lagides 3,346. *W. Otto* Zur Gesch. d. 6. Ptolemäers, Münch. 1934, 43.

Tlos (*ἡ Τλῶς*, Artemid. bei Strab. 14,665), allem Anschein nach sehr alte einheimische Siedlung in Lykien beim h. Dorfe Düver im Tal des → Xanthos (h. Koca Çayi) an einer in die Kibyratis führenden Straße. T. war im Lykischen Bund eine der sechs bedeutendsten Städte, die im Rat über drei Stimmen verfügten. E. O.

W. Brandenstein, RE VI A 1621 ff. *D. Magie* Roman Rule in Asia Minor, Princeton 1950, 1375, 15. *A. H. M. Jones* The Cities of the Eastern Roman Provinces, Oxf. ^{2}1971, 97 ff.

Tmolos (*ὁ Τμῶλος*, Strab. 13,625). **1.** Bis auf eine Höhe von ca. 2100 m ansteigendes Gebirge in Lydien, h. Boz Daği. Berühmt waren in ant. Z. seine reichen Metallvorkommen. So führte der auf dem T. entspringende → Paktolos (h. Sart Çayi), an dessen Ufern → Sardeis lag, das → Elektron, eine Gold-Silber-Legierung, mit seinem Wasser herab; aus diesem Metall wurden die frühesten lyd. Mz. geschlagen.

J. Keil, RE VI A 1627 f. *D. Magie* Roman Rule in Asia Minor, Princeton 1950, 35 f.

2. Ant. Stadt in Lydien am Nordhang des gleichnamigen Gebirges w. von → Sardeis, eine der laut Tac. ann. 2,47 im Jahre 17 n. Chr. durch ein Erdbeben total zerstörten kleinasiat. Städte, für deren Wiederaufbau der röm. Senat auf Anraten des Kaisers Tiberius großzügige Hilfsmaßnahmen beschloß. E. O.

J. Keil, RE VI A 1628. *D. Magie* Roman Rule in Asia Minor, Princeton 1950, 1358,23. *L. Robert* Villes d'Asie Mineure, Paris ^{2}1962, 277,4. *Ders.* Monnaies Grecques (Hautes Ét. Numism. 2), Genève 1967, 77 f.

Tocharoi (*Τόχαροι* Strab. 11,511, *Tochari* Iust. 42. 2,2, *Thocari* Plin. nat. 6,55, *Τάχοροι* Ptol. 6. 12,4, *Athagurae* Amm. 23,6,66, *Θαγοῦροι* Ptol. 6. 16,2), ein innerasiat. Stamm, der dem Nomadenvolk der *Yüe-chi* gleichzusetzen ist ([9], 597), die um 130 v. Chr. in O.-Baktrien (chin. *Tahsia*) eingefallen waren, und chin. als *Tu-huo-lo*,

skt. als *Tukhāra* oder *Tuṣāra*, tibet. als *Thod-gar* oder *Tho-kar* und türk. als *Twyry* überliefert ist. Die T. waren wohl ein iran. Volk mit einer iran. Sprache ([9], 710). Ob jene als »Tocharisch« bezeichnete idg. Kentum-Sprache, die man aus in O.-Turkistan gefundenen Hss.-frg.en des 6.–8. Jh.s n. Chr. kennt, von den T. zu scheiden ist ([1], 1640. [3], 37), bleibt umstritten ([8], 486. [9], 711).
F. F. S.

1. *A. Herrmann*, RE VI A 1632ff. 2. *W. Krause* Tocharisch, HB. Or. 4, 3, 1955. 3. *W. Krause–W. Thomas* Tochar. Elementarb. 1, 1960. 4. *A. K. Narain* The Indo-Greeks, ^{2}1962, 128ff. 5. *B. N. Puri* India under the Kushānas, Bombay 1965, 5ff. 10ff. 6. *W. W. Tarn* The Greeks in Bactria and India, ^{2}1966, 110ff. 284ff. 515ff. 7. *A. M. Simonetta*, Encicl. arte ant. 7, 1966, 1240ff. 8. *W. Thomas*, Kindlers Lit. Lex. 1, 1970, 486ff. 9. *F. Altheim–R. Stiehl* Gesch. Mittelasiens im Alt., 1970, 596ff. 631ff. 710ff.

Todesstrafe. Die erlaubte Tötung von Menschen spielte in der Ant. eine erhebliche Rolle. Zunächst und für lange Z. überwiegt aber die private Tötung: sei es in privatem Strafvollzug (wie die Tötung des nächtlichen Diebes nach XII tab. 8,12), sei es in privater Personalvollstreckung (XII tab. 3,5; auch 6). Demgegenüber kann man heute als T. nur die Tötung durch die Staatsgewalt nach Verurteilung verstehen; die lat. Bezeichnung ist *supplicium ultimum.* Dabei ist der Übergang zur Privatstrafe fließend; sie kann auch gemeint sein, wenn die XII tab. eine bestimmte Art der T. anordnen, regelmäßig im Sinne der → Talion, z. B. Feuertod des Brandstifters (XII tab. 8, 10); Aufhängen des nächtl. Getreidediebs für die Erntegöttin Ceres (XII tab. 8,9). Vgl. W. Kunkel Unt. zur Entwickl. des röm. Kriminalverfahrens in vorsullan. Z., 1962, 39. 42f. Die T. mit staatl. Vollzug wird erst später häufig. Sie ergibt sich vor allem aus der Polizeijustiz der → *tresviri capitales* (Kunkel a. O. 71ff.). Gewöhnl. Vollstreckungsform ist seit der Kaiserz. Tötung durch das Schwert, vereinzelt gemildert durch Freigabe zu Gladiatorenkämpfen. Vor allem Römer höheren Standes konnten dem Vollzug der T. oft durch Selbstmord oder den Gang ins Exil ausweichen (Kunkel a. O. 67.78). Eine Verschärfung der T., insbes. für Nichtrömer bestimmt, ist die Kreuzigung.
D. M.

Toga. Die T., aus der etr. Frühz. überkommen ([4]), ist das röm. Gewand schlechthin: *gens togata* Verg. Aen. 1,282. Nicht-Römer durften die T. nicht tragen, Römern ist sie für offizielle Gelegenheiten vorgeschrieben. Hauptquellen: Quint. inst. 11,3,137ff. Tert. de pallio 5, die Denkmäler. Die T. besteht aus Wolle, sie ist segmentförmig geschnitten, d. h. hat einen geraden und einen halbkreisförmigen Saum und (im Gegensatz zum → Pallium) nur zwei Zipfel. Der in voller Länge leicht geraffte gerade Saum war so über die linke Schulter geworfen, daß etwa ein Drittel vorn herabhing und der Zipfel, die *lacinia*, etwas unterhalb des linken Knies hing; die restlichen zwei Drittel waren über den Rücken und unter der rechten Achsel durch quer über die Brust zur linken Schulter geführt, so daß der zweite Zipfel an der linken Rückseite herabhing; der Segmentsaum legte sich also von der *lacinia* aus über den linken Unterarm, um die Füße herum und stieg dann zur linken Schulter hinauf. Vor der Kaiserz. war die knappe T. (*t. exigua* Hor. epist. 1,19,13) straff über die Brust geführt und reichte nur bis zur halben Höhe des linken Unterschenkels. Seit Augustus wird die T. stoffreicher, zugleich länger, der gerade Saum über der Brust *(balteus)* breiter und oft über die rechte Schulter gelegt, so daß der Arm eingehüllt ist, nur die Hand herausschaut. Später hängt die *lacinia* bis zu den Füßen herab, wird der *balteus* gerundet, wird ein durchhängender Faltenzug *(sinus)* etwa vom Knie ab parallel zum geraden Saum geführt, aus dem *balteus* wird ein Teil herausgezogen und hängt über ihn hinab *(umbo)*. Zahlreiche Beispiele dafür bei [3]–[6].

Obwohl schon früh aus Bequemlichkeit statt der T. das *pallium* getragen wird, bleibt die T. bis in die Spätant. das offizielle Staatsgewand. Im 2. Jh. wird der *umbo* verkürzt und zur linken Schulter verschoben, nimmt dann aber an Umfang wieder zu, die Fältelung wird komplizierter, reicht schließlich von der rechten Hüfte über den ganzen Oberkörper wie ein Brett *(contabulatio)*. Im 4. Jh. wird sie zur linken Schulter hin immer stärker auseinandergezogen (z. B. Kraus Das röm. Weltreich, Propyläen Kunstgesch. 2 T. 322. 335). Der erwachsene *civis* trägt die T. weiß, als Ritter mit schmalem, als Senator mit breitem *clavus*, einem Randbesatz aus Purpurstoff. Knaben tragen die *t. praetexta* (mit Purpurstreifen wie die curul. Beamten), Trauernde (und Angeklagte) die *t. pulla* (dunkel bis schwarz). Das Ablegen der *t. praetexta* und Anlegen der *t. virilis*, Symbol der Erlangung der Bürgerrechte als Erwachsener, geschah im Rahmen einer religiösen Feier am 17. März, meist im 15.–18. Lebensj.; der Akt hieß *tirocinium fori.* Unter der T. trug man in alter Z. nur den Schurz (→ *subligaculum. cinctus)*, später die → *tunica*, zum Schutz vor der Witterung darüber öfter die → *lacerna*. Der Triumphator trug beim Triumph die aus dem angeblichen Königsornat hervorgegangene *t. picta* oder *palmata* über der *tunica palmata* (wohl mit Palmenmuster bestickte *tunica*). Diese Triumphalt. war purpurn und mit reichem Goldornament (Palmenmuster, Fest. 209 M. Isid. orig. 19,24,5. Serv. Aen. 11,334; manchmal auch Sterne, App. Lib. 66) bestickt. Erhalten hat sich Derartiges nicht.
W. H. G.

1. *Amelung* Gewandung d. Griechen u. Römer 44ff. 2. *Wilsen* The Roman T., 1924. 3. *Goethert*, RE VI A 1651ff. und MDAI(R) 54, 1939, 178ff. 4. *Richardson*, Mem. Am. Acad. Rome 21, 1953, 77ff. 5. *Niemeyer* Stud. z. statuar. Darst. d. röm. Kaiser, 1968, 40ff. 6. *Hill*, Ant. Kunst 15, 1972, 27ff.

Togata. Typ der röm. → Komödie, der im Unterschied zu den später Palliatae genannten Stücken nicht in Athen, sondern im röm. Milieu angesiedelt war. Der t. t. Togata (= Spiel von röm. Privatpersonen in Ziviltracht) setzt von der Praetexta (= Aktion von Personen in polit.-mil. Amtstracht) ab, vgl. Hor. ars 288; weitgehend wirkungslos (vgl. aber Iuv. 1,3) bleibt seine Erhebung zum Oberbegriff für Stücke im röm. Milieu generell durch Varro (→ Fabula), wobei der neue Begriff Tabernaria die alte Stelle von T. einnimmt.

Während in den Komödien des → Naevius (und → Livius [B 1] Andronicus?, vgl. Don. Ter. 1,23, 12f. W.) röm. und griech. Elemente noch relativ ungetrennt waren, spezialisiert sich in der Generation des Plautus → Titinius (8) auf die T.; ihr bedeutendster Vertreter wird Afranius (1; nach Terenz), Nachzügler ist → Quinctius (III 1) Atta († 77 v. Chr.). Wie jedoch seit dem frühen 1. Jh. v. Chr. die Atellane ihre Stelle einnimmt, scheint die Palliata (→ Fundanius 2, → Iuventius III 1, → Quintipor) noch um eine Generation überlebt zu haben.

Während die Handlungsstruktur der T. der griech. Vorbilder nicht entraten kann, muß ihre Übertragung in die Sphäre des röm. Alltagslebens die andersartigen Sozialstrukturen berücksichtigen (vgl. Don. Ter. Eun. 57); insofern scheint die T. realistischer und seriöser gewirkt zu haben (vgl. Sen. epist. 8,8); präzisere Urteile verbietet der durchweg fragmentar. Erhaltungszustand. P. L. Sch.

C. Brakman, Opstellen 4, 1934, 73ff. *W. Beare*, Hermathena 55, 1940, 35ff. (vgl. The Roman Stage, ^{3}1964, 128ff.). *M. Cacciaglia*, Riv. Cult. Class. Med. 1972, 207ff. *T. Dénes*, Bull. Ass. G. Budé 1973, 187ff.

Togisonus, Mündungsarm des Po, von Plin. nat. 3,121 neben Atesis genannt; h. Bacchiglione. G. R.

Forbiger HB. d. alt. Geogr. 3,372. *Nissen* It. Ldk. 2,218.

Tolbiacum, h. Zülpich (Kr. Euskirchen), Straßenvicus *in finibus Agrippinensium* nach Tac. hist. 4,79, am Schnittpunkt der Reichsstraßen Reims–Köln und Trier–Neuss (Itin. Anton. 373, 4) in Germania inferior. Der Ort bildete sich auf dem Kirch- oder Mühlenberg heraus, hatte eine Thermenanlage und war Kultplatz verschiedener germ. Matronae. Bei T. Schlachtfeld der ripuarischen Franken gegen die Alamannen (Greg. Tur. Hist. Franc. 2,27). H. C.

Rau, RE VI A 1670f.

Tolenus, Fluß, der aus dem Gebiet der Aequer kommend sich bei Reate mit dem Velinus vereinigt und dann in den Tiber mündet (Ov. fast. 6,565); h. Turano. G. R.

Forbiger HB. d. alt. Geogr. 3,370. *Nissen* It. Ldk. 2,460.

Toletum. Name wahrscheinl. kelt. H. Toledo. Bewohner *Toletani.* Hauptstadt der → Carpetani. Auf jäh abfallendem Granitfelsen an der Straße von → Caesaraugusta nach Emerita (Mérida) gelegen auf dem N.-Ufer des Tajo, der die Stadt auf 3 Seiten umfließt. T. tritt hervor in den span. Feldzügen der Römer am Anf. des 2. Jh.s. 193 Kämpfe nahe T. mit → Vaccaeern und anderen Hochlandstämmen (Liv. 35,7,8). 192 wird die Stadt erobert (Liv. 35,22,8). 185 wird T. Zeuge einer röm. Niederlage (Liv. 39,30,2). Später *civitas stipendiaria* des Conventus von Neukarthago (Plin. nat. 3,25). Inschr. CIL II p. 416 (gering). Mz.: Vives Moneda Hispánica 4,45. Röm. Überreste. Schon im Alt. sind die Schwertklingen von T. berühmt. K. A.

Forbiger HB. d. alt. Geogr. 3,68f. *Schulten*, RE VI A 1673. *A. García y Bellido* Encicl. art. ant. 7,895f.

Tolistoagii s. Tolistobogii

Tolistobogii (Pol. 21,37,2. Liv. 38,15. *Τολοστοβόγιοι* Memnon FGrH 434,11. *Τολιστοβώγιοι* IG II^2 3429. *Τολιστοάγιοι* OGIS 257f. 269. *Τυλοστοάγιοι* Sylloge^3 591,49), einer der 3 kelt. Stämme, die 278 in Kleinasien einwanderten. Seine Gesch. ist o. B. II 667–669 unter dem wohl urspr. Namen Tolistoagier bis zur Herrschaft des → Deiotaros und der Errichtung der Provinz Galatia 25 v. Chr. skizziert worden. Die Tochter des → Deiotaros Adobogiona war die Frau des Trokmerfürsten → Brogitarus. IGRom IV 1683. Cic. har. 29. In der Kaiserz. existierte *ἡ βουλὴ καὶ ὁ δῆμος Σεβαστηνῶν Τολιστοβωίων Πεσσινουντίων*, OGIS 537. H. V.

A. Körte, MDAI(A) 22, 1897, 44 Nr. 24. *Ders.*, Woch. f. class. Philol. 1898, 4f.

Tolma (*Τόλμα*, »Kühnheit, Wagemut, Verwegenheit«). Als deifizierte Potenz hatte T. im alten Athen einen heil. Bezirk, Sch. Aischyl. Prom. 12; *τολμηταί* sind ja die Athener gegenüber den spartan. *μελληταί*, Thuk. 1,70,3. Der T. und dem → Phobos opferte der ält. Scipio in Afrika (App. Lib. 21). Bei den Pythagoreern sind Eris und T. göttliche Repräsentanten der Zahl 2, Dike als 3 führt deren Ausgleich herbei (Plut. mor. 381ef). Hier ist T., an sich ambivalent (Anth. Pal. 7,529), negativ gemeint, wie in der häufigen Verbindung mit *ἀναίδεια* oder ähnl. bei Plat. – Entsprechend wird *Audacia* personifiziert, Claud. in Ruf. 1,34. Gegenstücke *Pavor* (Val. Fl. 3,89) und *Metus* (Apul. met. 10,31). – Bildl. Darstellungen: Myth. Lex. 3,2142. H. v. G.

K. Ziegler, RE VI A 1679ff.

Tolmeta (Tolmeita), ma. und heutiger Name des libyschen Hafens von → Barke, der zur Pentapolis gehörte (→ Kyrene). Der urspr. ant. Name ist unbekannt. Ps.-Skylax GGM 1,83: *λιμὴν ὁ κατὰ Βάρκην*. Seit → Ptolemaios III. (3) hieß der Ort Ptolemais. C. H. Kraeling Ptolemais city of the Libyan Pentapolis, 1962, 29. G. Pesce, Encicl. arte ant. 7, 1966, 896ff. H. V.

Tolmides (*Τολμίδης*), Athener, Sohn des Tolmaios, radikal-demokrat. Vertreter der Machtpolitik des Perikles, befehligte das Flottenunternehmen gegen die Peloponnesier 456/55 (Thuk.

1,108,5. Diod. 11,84,6f. Plut. Per. 19,2; mor. 345d. Paus. 1,27,5. Sch. Aischin. 2,75), 455/54 in Boiotien (Diod. 11,85,1), führte 447 Kleruchen nach Euboia und Naxos (Diod. 11,88,3. Paus. a. O., vgl. And. 3,9. Plut. Per. 11,5). Als Kommandeur der vereinigten Truppen zur Niederschlagung des Aufstandes in Boiotien 447 verlor er gegen Perikles' Rat, Verstärkung abzuwarten, bei → Koroneia Schlacht und Leben, Athen aber die Hegemonie in Mittelgriechenland (Thuk. 1,113. Xen. mem. 3,5,4. Diod. 12,6,2. Plut. Per. 18; Agis 19,1. Paus. a.O.). K. K.

Tolophon (*Τολοφών*, einheim. *Τολφών*), Stadt im w. → Lokris, Mauerring beim h. Vidavi, Thuk. 3,101,3. Dion. Call. 66f. (GGM 1,240). BCH 45, 1921, 23 IV 70. IG IX 1,3² Nr. 715. Inschr. oft. E. M.

Oldfather, RE VI A 1683ff. (überholt). *L. Lerat* Les Locriens de l'ouest 1,50f. 138ff. (mit Plan). 2 passim. 3. *Philipps.-Kirst.* 1,372 A. 2.

Tolosa, Stadt in Gallia Narbonensis, am ö. Ufer der → Garumna. *Τολῶσσα* Strab. 4,188. *Τολόσσα* Ptol. 2,10,6. Cass. Dio 27,90. Hauptstadt der → Volcae Tectosages, Mela 2,75. Plin. nat. 3,37. Iust. 32,3,9, T., h. Vieille-Toulouse, befand sich auf einer Höhe am r. Ufer, gegen 6 km s. von Toulouse. Dort endete ein alter kelt. Weg von → Narbo; er beherrschte den Flußlauf und schützte die Straße nach → Burdigala. Damit wurde T. ein Umschlagplatz bes. auch für die rhodischen und italischen Weine und wichtigstes Emporium des s. w. Gallien, im Zentrum einer fruchtbaren und nahe bei Bergwerken gelegenen Gegend. Um 106 v. Chr. wurde T. von Cn. → Servilius (I 14) Caepio geplündert und ungeheure Beute gemacht (Strab. 4,188. Gell. 3,9,7. Cass. Dio 27,90). Das *aurum Tolosanum* war ein Unglück für Caepio, Cic. nat. 3,74. In röm. Z. erlebte T. eine hohe Blüte. Plin. nat. 3,37 nennt T. *oppidum Latinum*, Ptol. 2,10,6 Kolonie. Bei der Neuordnung → Diocletians wurde T. der Narbonensis prima zugeteilt (Not. Gall. Amm. 15,11,14) und erscheint als *civitas* (CIL XII 5674).

Ihr Reichtum wird im 1. Jh. von Mela 2,75 und im 4. Jh. von Amm. 15,11,14. Auson. 16,17,11 gerühmt. Die Anfänge des Christentums sind unbekannt. Der erste Bischof erlitt im 3. Jh. den Märtyrertod (Sidon. epist. 9,16,3). Denkmäler: Stadtmauer (Auson. 19,98.99), spätröm. Castrum, Wasserleitung, Amphitheater, Brunnengräber usw. s. Espér. Rec. 1, 821ff. Inschr. CIL XIII 5379. M. L.

M. Labrousse Toulouse antique, Paris 1968 (mit Bibliographie). *Ders.*, Rev. Narbonnaise 4, 1970, 35. *G. Fouet – G. Savès*, ebd. 47.

Tolumnius. Etr. Gentilname, vgl. Schulze Eigenn. 245 (erfunden natürl. der *T. augur* bei Verg. Aen. 12,258. 460); in → Veii gab es eine *gens Tulumnia*. – Lars T., König von Veii; er veranlaßte die Ermordung röm. Gesandter in Fidenae und fiel wahrscheinlich 428 im Krieg gegen Rom durch die Hand des A. → Cornelius (I 17) Cossus; seine Waffen wurden als *spolia opima* dem Iuppiter Feretrius geweiht. Liv. 4,17–20 u. a. Bengtson RG 56. H. G. G.

Tomaros, auch **Tmaros** (h. Olytsikas), Name eines 1972 m hohen Bergmassivs w. von → Dodona (Strab. 7,328. Hesych. Steph. Byz. s. v. Theop. FGrH 115 F 319. Philipps.-Kirst. 2, 1, 86f. Nicol, Greece and Rome 5, 1958, T. 6), daher *Τμάριος*, *Tomarius*, *Τομαριάς* Epitheta des → Zeus und der hl. Eiche (Hesych. s. v. Claud. 26, 18. Orph. Arg. 266. 1156; T.-Gipfel mit Zeus-Adler: Franke Die ant. Mz. v. Epirus 1, 1961, 318. T. 64), und *τόμουροι* hießen die Orakelpriester in Dodona (Strab. a. O. Parke The Oracles of Zeus, 1967, 15f.), was dann zum Appellativnamen *τόμουρος* = *μάντις* führte (Lykophr. 223. Hesych. s. v.). Der Name ist illyr. (Krahe Die Sprache d. Illyrier 1, 1955, 98. A. Mayer Die Sprache d. alt. Illyrier 1, 1957, 341). D. Wa.

Tomeus, nur bei Thuk. 4,118,4 genannte Höhe in der Umgebung des messen. → Pylos (1), wohl = Tomaion bei Steph. Byz., nicht näher zu bestimmen. E. M.

Bölte, RE VI A 1700f.

Tomi (*Τόμοι*, *Tomi*, h. Constantza, Ethn. *Τομεύς*, *Τομίτης*), miles. Kolonie an der n.w. Küste des Schwarzen Meeres, gleich weit entfernt vom Kap Tiristis und von der Donaumündung. Der Name ist wohl get. oder thrak. Die ant. Stadt war auf einer kleinen kapähnlichen Halbinsel errichtet und nahm hauptsächl. den w. Teil dieser Halbinsel ein. Der ant. Hafen ist von den Eisenbahnlinien zum Hafen von Constantza überbaut.

Das Hinterland von T. war auch im Alt. einer der Getreidespeicher des n. ö. Balkans. Wichtige Straßen verbanden die Stadt mit dem Hinterland. Die bodenständige Bevölkerung, die die miles. Ansiedler bei ihrer Niederlassung antrafen, bestand aus Thrakern und Geten.

Nach Ausweis der Inschr. stand an der Spitze der Polis der *ἱερεύς* des Apollon, an zweiter Stelle das Archontenkollegium (*οἱ ἄρχοντες*). Eine wichtige Rolle spielten ferner der Rat und die Volksversammlung (*ἡ βουλὴ καὶ ὁ δῆμος*). Auch Mitglieder des Rats (*βουλευταί*) erscheinen auf Inschr. Für die miles.-ion. Herkunft der Stadt sprechen die ion. Phylen. T. spielte eine führende Rolle als *μητρόπολις* des linkspont. *κοινόν*, der sog. Pentapolis. Die Bildung und Erziehung der freien Jugend oblag dem Gymnasiarchen. Zu den Spitzen der Gesellschaft in T. gehörten auch die Agonotheten.

Über die ethn. Zusammensetzung der Bevölkerung gibt nur das epigraph. Material Auskunft, vereinzelt auch ant. Autoren und die Münzfunde. In archaisch-klass. Z. war die Bevölkerung griech., überwiegend ion.-miles. Herkunft. Aber auch in der röm. Kaiserz. scheint die Bevölkerung ihren überwiegend griech. Charakter bewahrt zu haben. Erst verhältnismäßig spät scheinen sich Zuwanderer aus Kleinasien und Syrien in größerer Anzahl ständig in T. angesiedelt zu haben. Für die Rolle der Thraker- und Getenstämme zeugen die späten Dichtungen Ovids, dessen Verbannungsort T. im J. 8 n. Chr. wurde, und die Inschr. (vgl. bes. das Ehrendekret für die Nachtwächter, Sylloge³ 731).

Im späten Prinzipat und zu Beginn der Spätant. spielte das Reederwesen und der Schiffsbau eine bedeutende Rolle.

In klass. Z. war das Pantheon von T. so hellenisch wie das seiner Mutterstadt; in hellenist. Z. drangen die ersten einheimischen Kulte ein. Noch stärker wurde der thrak. und oriental. Einfluß in der Kaiserzeit. Frühzeitig ist hier auch das Christentum belegt.

Ov. trist. 1,10,41 u. s.; Pont. 4,14,59. Strab. 7, 319. Mel. 2,22. Plin. nat. 4,114. CIL III 763–772. 7529–7584. HEAD HN² 275. Chr. D.

Danoff, RE Suppl. IX 1397–1428. *Detschew* Thrak. Sprachreste 510ff.

Tomyris (*Τόμυρις*), Königin der → Massageten. Im Bericht Herodots (1,204 ff.) steht, daß ein Drittel der Streitmacht der Massageten durch eine List des → Kroisos überwältigt wurde. Die Königin, die von dem Tode ihres Sohnes Spargapises nichts wußte, schickte an → Kyros (2) eine Botschaft mit der Aufforderung, ihn herauszugeben. In der folgenden großen Schlacht wurde Kyros besiegt und getötet. Der Darstellung Hdt.s folgen Lukian., Val. Max. und die Suda. Die anderen Zeugen bieten mehrere Varianten: ihnen gemeinsam ist, daß die Kriegslist nicht auf seiten der Perser, sondern der T. liegt. Nach Frontinus (strat. 2,5,3) lockt T. den Kyros in einen Hinterhalt, wo sie ihn dann überfällt und vernichtet. Eine Mischung beider Berichte stellt der des Iustinus dar. Ihm folgen Oros., Sidon. Apoll., usw.; zu ihm stellen sich auch Ampel. und Amm. Marc. Noch eine andere Weiterbildung bietet Diod., 2,44,1. 2, der die Geschichte nur als Beleg für die männergleiche Tüchtigkeit der amazonenhaften skyth. Frauen bringt. Unter den variierenden Erzählungen wird man die des Hdt., obschon auch schon novellistisch ausgestaltet, für die früheste, vergleichsweise einfachste und der hist. Wahrheit am nächsten stehende nehmen dürfen. J. D.-G.

Tonitrualia (*Βροντολόγια*), Donnerbücher, geben die Bedeutung des Donners an nach der Stellung von Sonne oder Mond in den einzelnen Monaten oder Tierkreiszeichen; die Vf. sind meist unsicher: so für die Sonne (Lyd. S. 57–62) von Jan.–Dez. (Widder–Fische) mit Angabe der zugehörigen Länder nach Ptol. Apotel. 2,4; ähnlich Lyd. S. 101–107; für Sonne und Mond CCAG 7, 163, weitere ebd. 8,3,168 ff.; 9,2,120 ff.; für Mond allein Lyd. S. 88–92; ein anderes für jeden Tag von Juni–Mai (Lyd. S. 62–88). Die Voraussagen betreffen Wetter, Gedeih oder Verderb von Frucht, Mensch und Tier, Krieg, Herrscher und seine Feinde; das weist auf babylon. Ursprung hin. E. Bo.

Lydus, de ostentis. *Kroll*, RE VI A 1711 ff. *Gundel* Astrologumena 262.

Topazos (*Τόπαζος*), bei Plinius Name einer Insel, vor Arabien im Roten Meer gelegen (nat. 37,24), Herkunftsort des Topas. Sie liege (nat. 37, 108) 300 Stadien vom Festland und habe den Namen von einem Wort der Trogodyten *topazin* »suchen«, weil man sie im Nebel suchen müsse. Gewöhnlich denkt man an Zebirget (St. Johannis-Insel) 85 km s. ö. Berenike. Steph. Byz. bezeichnet *Topazios* als indische Insel, wohl weil Topas über Indien bekanntgeworden war. W. H.

Toranius. Lat. Gentilname, auch inschr. bezeugt, SCHULZE Eigenn. 98. – C. T. wurde als Quaestor des Praetors P. → Varinius 73 von → Spartacus geschlagen (Sall. hist. 3,96 MAUR. Flor. 2,8, 5), war 64 pleb. Aedil (BROUGHTON 2,162; Suppl., 1960, 63), zusammen mit C. → Octavius (I 5), und wurde nach dessen Tod (58) Vormund des jungen Octavius, des späteren → Augustus. Während des Bürgerkrieges war er Anhänger des Pompeius (vgl. Cic. fam. 6,20 f.), dürfte bis ca. 45/44 auf Korkyra gelebt haben und wurde 43 auf die Proskriptionsliste gesetzt, Suet. Aug. 27,1. App. civ. 4,47; möglicherweise wurde er gerettet. H. G. G.

Torcular(ium) (*torculum. ληνός*). **1.** Zum Auspressen von Weintrauben, Oliven (nach Herausnahme des Kerns und der bitteren Flüssigkeit) und Ölsaaten wurden nach einfachen Vorstufen wie Auswringen in gedrehten Tüchern, Austreten Pressen verschiedener Konstruktion benützt (→ Most), um möglichst viel Flüssigkeit zu gewinnen. Diese heißen urspr. *torculum* (*ληνός* nur für Wein), später auch *t.*, oft als pars pro toto *prelum* (Kelterbaum, *ἶπος*) oder *coclea* (Schraubspindel). Zur Ölmühle → Trapetum. **2.** Das Kelterhaus, *torcularium*, *ληνεών*, *ἐλαιουργεῖον* faßt eine oder mehrere Pressen mit allem Beiwerk in einem Raum so zusammen, daß die Arbeit rationell abläuft. In Italien bildet es mit Wohnhaus und Lagerbau (→ Cella) die drei Seiten des Hofes, stößt also an die Küche (Vitr. 6,6,2); natürliche oder künstliche Wärme war wichtig (Cato agr. 65,2. Colum. 1,6,18. Südlage: Vitr. 6,6,3. Feuerung: Plin. nat. 15,10). Kelterhäuser sind in röm. Z. fast ausschließlich mit flachem Boden versehen, sie konnten mehrere Pressen, Klär- und Sammelbehälter fassen. Keltern von Wein und Öl ist eine stoßartig einsetzende, kurzfristige Arbeit, weshalb man sie gern an Unternehmer mit eigenen Arbeitskräften verdingte (Vertragsmuster: Cato agr. 144–148). W. H. G.

1. *A. G. Drachmann* Anc. Oil Mills and Presses, 1932. 2. *Hörle*, RE VI A 1727 ff. 3. *Forbes* Stud. in Anc. Technology 3, 1955, 131 ff.

Toreutik (*τορευτική* scil. *τέχνη*, nur lat. bei Plin. nat. belegt, *toreutice. caelatura*). Unter T. wird urspr. Bohren verstanden, dann Ziselieren in Metall, vor allem aber das Treiben dünner Metallfolien über oder in eine vorgegebene Form (Holz, Formstein, positiv oder negativ) mittels Hammer, auch das Treiben aus freier Hand. Material ist bes. Edelmetall, aber auch Bronze. Wird bei Gefäßen die Außenseite getrieben, paßt man meist eine solide Innenseite als selbständigen Körper hinein; Hohlräume werden mit Pech, Harz, Gips oder Blei gefüllt, der Rand umgebogen. In älterer Z. wird Metall über den Holzkern von Statuen geformt und befestigt (z. B. Götterbilder aus Dreros, BCH 60, 1936, T. 63), doch werden auch nach Erfindung des Hohlgußverfahrens (→ Plastik) noch größere Werke getrieben, bis in die Kaiserz. hinein ([20]).

An Goldelfenbeinbildern schafft T. die Goldplättchen. Plin. nat. 33,127ff., bes. 154ff. nennt berühmte ant. Toreuten (→ Kalamis. → Mentor. → Mys 3), die z. T. in der Kaiserz. imitiert wurden. Bes. Gefäße und Schmuck aus Edelmetall, aber auch Waffen, Geräte, Beschläge kennt schon die minoische und myken. Z. (→ Gold. → Silber), in griech. Z. kommen dazu noch Pferdegeschirrteile, Spiegel, Dreifüße u.a. Einfluß aus dem alten Orient ist auf den kret. Schilden gut faßbar ([3]). Bei den frühen Kesseln ist das Gefäß meist getrieben, die Verzierungen zunächst getrieben, dann gegossen ([16]). Noch an dem riesigen Kratér aus Vix ([17]) ist der Gefäßkörper getrieben, wie an zahlreichen kleineren Behältern des 6. bis 4. Jh.s ([4] - [7]. [21]. [22]).

Während im 5. Jh. kostbare Gefäße und Schmuck oft in die Randgebiete der ant. Welt verhandelt werden und dort eigene T. anregen (z. B. in Persien und Skythien, auch Thrakien), Etrusker und die Magna Graecia größeren Luxus beibehalten, ist im griech. Mutterland ein Rückgang zu beobachten. Erst die Alexanderz. belebt die T. in edlen Metallen neu, vor allem an den Höfen und für den reichen Adel. Hellenist. Tafelgerät und Schmuck ([9]. [10]. [11]. [13]. → Gold. → Silber), ganze Geschirrsätze mit paarweise einander zugeordneten Teilen, haben vor allem auf Rom gewirkt, wo Tafelsilber eine große, für die Repräsentation unerläßliche Rolle spielte (→ Silber. → Silberfund), die wir vornehmlich aus der frühen Kaiserz. kennen. Erst in der Spätant. läßt sich ein ähnlicher Luxus wieder nachweisen ([19]. → Silber). Neben dem Tafelsilber spielt früh die Ziselierung in Bronze und Edelmetall eine bes. Rolle. Außer verzierten Gewandnadeln ([8]) werden vor allem Waffen (H. Hoffmann Early Cretan Armorers, 1972), Geräte aller Art, Handspiegel (→ Spiegel), Möbelbeschläge und Pferdegeschirr so geschmückt. Schon in der frühen Kaiserz. wird viel Tafelsilber usw. in die außerröm. Gebiete verbracht (→ Silberfund. → Silber. Zum Fund von Hoby auch [24] mit sorgfältigen techn. Beobachtungen); in der Spätant. stammen mit Ausnahme etwa des Fundes vom Esquilin (MDAI(R) 45, 1930, 124ff.) die meisten geschlossenen Funde (z. B. Kaiseraugst, Mildenhall, Petrossa, Traprain. [19]. Nachweise: → Silber) aus Gebieten am Rande oder außerhalb des Imperium Romanum. Ob es sich dabei um Geschenke, Handelsware oder Beute handelt, ist meist ungeklärt; der Hacksilberfund von Groß Bodungen (→ Silber) war eindeutig zum Einschmelzen bestimmt. Hellenist. und röm. Arbeiten sind oft schwer zu unterscheiden. Die röm. T. verwendet vielfach hellenist. oder klass. Modelle, wobei die Form vielfältig abgewandelt, der inhaltliche Akzent der Thematik stark verschoben werden kann. Vorbilder wurden z. T. so eng kopiert, daß die Zeitgenossen die Werke nicht unterscheiden konnten, Plin. nat. 34,37. → Zenodoros (3). In der Spätant. kommen neue Themen auf, die einerseits Kaiser und Hof (z. B. Missorien des → Theodosius [Delbrueck Spätant. Kaiserporträts T. 94–98; gegossen, nachziseliert, leicht vergoldet; zwei mitgefundene Tassen h. verschollen] und des → Ardabur, Volbach Frühchr. Kunst T. 109), andererseits das repräsentative Dasein der Oberschicht (Esquilinfund, Volbach T. 116–119) spiegeln und deuten. Eine zusammenfassende Unt. wird von L. Schneider vorbereitet. Unter den erhaltenen Resten der ant. T. befinden sich Meisterwerke hohen Ranges, doch ist das Beste verloren. Die handwerkliche Tradition geht im W. mit der Ant. zunächst verloren. W. H. G.

1. *Forbes* Metallurgy in Antiquity, ²1964. 2. *Küthmann* Unt. zur T. d. 2. u. 1. Jh. v. Chr., Diss. Basel 1959. 3. *E. Kunze* Kret. Bronzereliefs, 1931. 4. *Ders.* Archaische Schildbänder, 1950. 5. *Jacobsthal* Bronzeschnabelkannen, 1929. *Ders.*, JDAI 44, 1929, 198ff. 6. *Filow* Die archaische Nekropole v. Trebenischte, 1927. 7. *Vulić*, JOEAI 27, 1932, 1ff. 8. *Hampe* Frühe griech. Sagenbilder in Boeotien, 1936. *Ders.*, Kat. d. Slg. ant. Kleinkunst Arch. Inst. Heidelberg, Neuerwerbungen 1957–1970 (1971) Nr. 120ff. 9. *Pernice* Hellenist. Silbergefäße, 58. Berl. Winckelmann-Pr. 1898. 10. *Winnefeld* Hellenist. Silberreliefs, 68. Berl. Winckelmann-Pr. 1908. 11. *Ippel* Der Bronzefund v. Galjub, 1922. 12. *Dalton* The Treasure of Oxus, 1926. 13. *Wuilleumier* Le trésor de Tarente, 1930. 14. *Filow* Grabhügelnekropole von Duvanlii, 1934. 15. *Svoboda-Končev* Neue Denkmäler ant. T., 1956. 16. *Jantzen* Griech. Greifenkessel, 1955. 17. *Joffroy* MPiot 48, 1954, 1ff. 18. *Segall* Z. griech. Goldschmiedekunst, 1966. 19. *Curle* The Treasure of Traprain, 1923. 20. *Braemer*, RA 1968, 327ff. 1969, 81ff. 21. *Jucker*, Ant. Kunst 7, 1964, 3ff. 22. *Ders.*, Ant. Kunst Beih. 9, 1973, 42ff. 23. *Jeppesen*, Acta Archaeol. (Kopenhagen) 43, 1972, 1ff.

Tormenta. **1.** s. Geschütze. Lithobolos. Poliorketik

2. Die Folter. Sie wird in Rom nur ausnahmsweise als Strafmittel verwendet; regelmäßig ist sie Mittel zur Wahrheitserforschung, insoweit dann gleichbedeutend mit → *quaestio* (2). Foltergeräte sind *eculeus* (Gerät zum Strecken der Glieder, das einem kleinen Pferd ähnelte), *fidicula* (Seil, wohl zu gleichem Zweck), *ungula* (Kralle). Doch wissen wir über den Hergang wenig, weil sich die Quellen und insbes. die Juristen dazu kaum äußern. Dagegen behandeln sie ausführl. die Zulässigkeit der Anwendung. Dabei wird unterschieden zwischen Sklaven und Freien: Gegen Sklaven werden die *t.* seit alters sehr weit angewendet, und zwar auch dann, wenn der Sklave durch die *t.* an Wert verlor. Daher war regelmäßig das Einverständnis des Eigentümers nötig (etwa Ulp. Dig. 7,1,23,1). Zu Aussagen gegen seinen Eigentümer darf der Sklave zunächst keinesfalls gezwungen werden. Später werden hiervon aber Ausnahmen anerkannt (z.B. bei *crimen maiestatis, adulterii*, dann auch bei Steuerhinterziehung, Cod. Iust. 9,41,1, a. 196). Einen Sonderfall bildet das *SC. Silanianum* vom J. 10 n.Chr.: Alle Sklaven, die z.Z. der Ermordung ihres Herrn bei ihm waren, müssen nachweisen, daß sie ihm unter eigener Lebensgefahr beigestanden haben; sonst werden sie gefoltert und getötet. Vgl. Dig. 29,5. Cod. Iust. 6,35. Gegen Freie sind die *t.* in der Republik kaum und auch im Prinzipat fast nur angewendet worden, wenn der zu Folternde eines Verbrechens verdächtig und schon durch andere Beweismittel erheblich belastet war. Unbedingten Beweiswert hatte das erfolterte Geständnis weder bei Sklaven noch bei Freien. D. M.

Lit.: *A. Ehrhardt*, RE VI A 1775ff. *W. Waldstein*, RE XXIV 786ff.

Torone (*Τορώνη*). Die wichtigste Stadt auf der W.-Küste der Sithonia, der mittleren der 3 chalkid. Halbinseln; ihre Bedeutung verdankte diese Polis der vorzüglichen Hafenbucht an der SW.-Küste der Halbinsel. T. war die bedeutendste Gründung der euboiischen Chalkidier in diesen Gewässern; die Stadt lag auf einem vom Meer aus ansteigenden Hügel (Thuk. 4,110,2); nach den Perserkriegen (Hdt. 7,122. 8,127) wird T. Mitglied des 1. Att. Seebundes. In der Zeitspanne 454–426 v.Chr. des öfteren erwähnt; der Phoros betrug 6, später 12 Talente (IG I² 198–218. SEG 5, Index S. 38).

Reichlichere Quellen über T. im Peloponnes. Krieg: Eroberung durch → Brasidas (423), Rückeroberung durch → Kleon (1) im J. 422 sowie harte Behandlung seiner Bürger. Die Männer, 700 an Zahl, nach Athen gebracht, die Frauen und Kinder in die Sklaverei verkauft. Später unter Olynthos und Philipp II. von Makedonien.

Bei der Aufteilung Makedoniens (167) wird die Bedeutung des *portus ad Toronen* für die Wirtschaft des II. Gaues betont (Liv. 45,30,4).

Thuk. 4,110ff. 5,2ff. Xen. hell. 2,2,3. Diod. 12, 73,2f. 5,3,18. – Aristot. hist. an. 3,521a 7ff. Skyl. 66. Skymn. 640. 642. Liv. 35,41,15. 44,11,2; 12,7. Strab. 7,330. Mela 2,34. Plin. nat. 4,35. 37.9,100. Ptol. 3,12,10. Polyain. 3,10,15. 9,10. 149. Tac. ann. 5,10. Athen. 3,75. Chr. D.

B. Meritt, AJA 27, 1923, 447ff. *E. Oberhummer*, RE VI A 1795ff.; ferner *Meritt* Athen. Tribute Lists 1,426f. *D. Detschew* Die thrak. Sprachreste 514ff. (der Name T. ist sicher thrak. Herkunft). *P. Ducrey* Le traitement des prisonniers de guerre dans la Grèce antique, Paris 1968, 125ff. u.ö.

Torquatus. Röm. Cognomen, nach → *torques*, dem Gallischen Halsring, vgl. o. Bd. III 963, 43ff. In Republikan. Zeit bei → Manlius (I 23–37), in den kaiserzeitl. Fasten (vgl. A. Degrassi FImp. 270) bei Aquillius, Bellicius, Calpurnius, Iunius, Lucceius, Metilius, Nonius, Volusius. H. G. G.

Torques (auch *torquis*. *στρεπτόν*). Der runde Metallschmuck mit den einander fast berührenden, verdickten, manchmal figürlich ausgestalteten E. heißt nach seinem Aussehen, das einem gedrehten Strick gleicht. Der T. ist seit der Bronze-Z. bekannt, zahlreiche Exemplare sind erhalten. Die Griechen kannten den T. von Medern und Persern (Hdt. 3,20. 8,113,3. 9,80,2. Xen. Kyr. 1,3,2–3; an. 1,2,27; 5,8; der Großkönig auf der → Alexanderschlacht); griech. weibliche nackte Gottheiten des 7.–6. Jh.s tragen selten einen T. ([2], 85). Die Etrusker kennen die T. nur bei weiblichen Dämonen und Heroinen ([2]). Den Römern galt die T. als gallisch, → Manlius (I 23ff.), Plin. nat. 33,15. Liv. 33,36,13. 36,40,12. T. gab es aus Gold, Silber, Bronze, sie wurden meist um den Hals getragen und kamen bei den Galliern bei Frauen ([1], 1802, 10) und vor allem Männern (Liv. a.O. Lippold HBArch III/1 T. 122,3) vor. Die Römer übernehmen die T. als mil. Ehrenzeichen (→ Dona militaria), doch tragen seltener auch Frauen und Göttinnen die T. ([2] 82ff. T. 9). Ob der sicher urspr. magische, unheilabwehrende Sinn der T. den Römern noch bewußt war, muß offenbleiben. Die Gesch. der T. ist noch nicht geschrieben. W. H. G.

1. *Schuppe*, RE VI A 1800ff. 2. *Polacco* Il volto di Tiberio, 1955, 82ff.

Torthyneion (*Τορθύνειον*), Ortschaft im zentralen Arkadien, sehr geringe Spuren auf einem namenlosen Hügel bei den h. Kalyvia von Lasta n. von → Methydrion. Plin. nat. 4,22. BCH 39, 1915, 55 Z. 6. 45, 1921, 14 II 122. (Schwyzer Nr. 664). IG IX 1², 17 Z. 37. E. M.

Plassart, BCH 39, 1915, 58ff. *E. Meyer*, RE VI A 1805ff.; Suppl. IX 1428. *Ders.* Peloponnes. Wanderungen 35ff. (mit Planskizze).

Torus (*τυλεῖον. τύλη*). Alles Wulstig-Erhabene kann als *t.* bezeichnet werden, etwa zum Anbinden der Reben an den Baum Colum. 5,6,25, der Knoten an Kränzen Cic. or. 6,21, der Muskel Plin. nat. 18,78, die Schwellung der Adern Cels. 7, 18,39. Beide gewölbte Rundglieder der ionisch-att. Säulenbasis nennt Vitr. 3,5,2–3 *t.* Da die Ant. keine Polstermöbel kennt, kann nach den auf die Sofas und Betten (→ Kline) gelegten Polster und Kissen, *t.*, das ganze Möbel, endlich auch das Ehebett und die Geliebte *t.* heißen. Die mehr oder weniger fest gestopften Polster (Kissen) hatten außen meist lebhaft gemusterte Wolle oder Leinen, später und selten auch Seide. Zu Abb. → Kline. W. H. G.

Totenkult. I. Einleitung. II. Äg. T. III. Vorder- und kleinasiat. T. IV. Kret.-myk. T. V. Griech.-röm. T.

I. Der T., untrennbar mit der → Bestattung verbunden ([1]), zählt zu den ält., allg. und konservativsten Kulten überhaupt ([2–3]), weshalb sich ident. T.-Elemente wie in allen Z. und Rel., so auch in der Ant. finden ([4–5]). Erste rel. Beisetzungen sind schon seit Mittel- und Jungpaläolithikum (ab Moustérien ca. 120000 v.Chr.) nachweisbar. Streck- und Hockerlage der Toten (z.T. mit Fesselung und O.W.-Orientation: MARINGER Vorgesch. Rel. 75ff.), Schädelbestattung und -kult (viell. altpaläolith.: JAMES Rel. d. Vorz. 13ff.), Totenopfer ([13], 1,232), Grabbeigaben und -bedeckung, Ocker- und Rötelbestreuung (TIMM, Ethnogr.-Arch. Ztschr. 5,39ff.), Blumeneinbettung (ca. 50000 v.Chr.: LEROI-GOURHAN, Bull. Soc. Préh. Franç. 65,79ff.) usw. deuten an, daß bereits die für den T. typ. psycholog. Ambivalenz ([6–8]), d.h. teils Fürsorge für den Toten, teils Furcht vor ihm, z.B. als mögl. »Wiedergänger«, und ebenso zumindest schon zwei »Elementargedanken« des T. voraussetzbar sind: das Grab als »Schutz« oder »Behausung« des Toten und der Tote als »lebender Leichnam« (PETZOLDT Der Tote als Gast, 1968, 49ff. [9–20]). Der hist. T. ant. Rel. gliederte sich in folgende typ. T.-Elemente: Trauerriten mit Totenklage, -tanz, -spiel, -fasten, kathart. Riten, Aufbahrung und Leichenzug, Bestattungsriten mit → Opfer und Grabbeigaben, wobei zu differenzieren ist in a) den sog. Totenteil als Privathabe des Toten ([21]), der vom persönl. Schmuck- und Waffenstück (z.B. Fingerringe, Schwerter u.a. in submyk.-geometr. Z.: VERDELIS, MDAI(A) 78,6ff.; Siegelringe in Rom: Prop. 4,7,9. Plin. nat. 33,27), der Haustier-Beigabe des Hundes (Hom. Il. 23,174. [45], 111f. [53], 85ff. [69] V 1,25,63) bis etwa zu den sum. Gefolgschaftsbestattungen (s.u. Abs. III) oder skyth. Pferde-Mitbestattungen von 360 Stück reichte ([22], 146f.; in der Ägäis seit SH II [51], 198ff.), b) Beigaben der Hinterbliebenen versch. Art, jeweils bedingt von völk.-lok., hist., sozial., privat., rel. usw. Eigenart des T. und Jenseitsglaubens (RÄRG 90ff. [45], 90ff. [39], 605ff. Excav. at Olynthos 11, 174ff. [67], 52ff.), später oft in Form von Ersatzbeigaben, wofür bekanntestes griech.-röm. Beispiel die dem Toten in den Mund gelegte Charonmünze ist (Aristoph. Ran. 140. Lukian. luct. 10. Prop. 4,11,7. Iuv. 3,267 m. Sch. LAUM Hlg. Geld 81ff.; ab E. 5.Jh. belegt: Excav. at Olynthos 11, 202ff.), im äg. T. die Uschebti-Figurinen (MORENZ, Festschr. Schefold 162ff.), ferner Totenspeisung und -mahl, Totendienst, d.h. spätere period. oder sporad. Totenversorgung, jährl. Totenfeste.

II. Im mediterr. T. hat kein T. größere Ausmaße angenommen als der äg., ja er ist beispiellos in der Welt (MEYER GdA 1,2^7,185). Im Brauch leibl. Integrierungs- und Konservierungsmethoden wie der schon frühz. Skelettierung (HERMANN, Numen 3,81ff.) und der seit 1.Dyn. einsetzenden Mumifizierung (Hdt. 2,85f. [23], 615ff.), in den symbol. Belebungsriten der »Mundöffnung«, wodurch den Mumien, Grabstatuen und Anthropoidsarkophagen die Organe zum Essen, Trinken, Hören, Sehen usw. restituiert wurden (OTTO Das altäg. Mundöffnungsritual, 1960), und der »Reinigung« (Waschung, Salbung, Einkleidung), wodurch es zur »Wiederherstellung des im Tode geschädigten Körpers« kam ([31], 99. BONNET, *ΑΓΓΕΛΟΣ* 1, 103ff.), in der Form der Mastaba-Gräber mit Scheintür zum Ein- und Ausgehen für den Toten ([32], 2,4ff. RUSCH, ÄZ 58,102ff.), ganzen Zimmerfluchten mit Mobiliar (z.T. m. Abort: QUIBELL Arch. Mastabas T. 31), Opfertischszene usw. ([29], 1,235ff. SCHARFF, SBAW 1944/46) und der → Pyramiden, in der Form des Sarges, der »Herr des Lebens« hieß, ab 3. Dyn. durch Dachform, Scheintür, Palastfassade als »Haus gekennzeichnet« war (RÄRG 657) und im N.R. den Wert eines Wohnhauses hatte ([27] 3,342) u.a., wurden die T.-Vorstellungen vom »lebenden Leichnam« und »Totenhaus« in der Tat bis zur »höchsten Konsequenz getrieben« (MORENZ Äg. Rel. 208). Der Tod war »in die Dauer verlängertes Diesseits« und der äg. Tote ein »im Grab den Haushalt weiterführender Hausherr« in der »Großen Stadt« (Pyr. Texts 2108 FAULKNER) der Unterwelt (MORENZ, Eranos-Jb. 34,403. 426f.), an den sogar Briefe, meist auf T.-Gefäße notiert, adressiert wurden (GARDINER-SETHE Eg. Letters to the Dead, 1928. GRIESHAMMER Das Jenseitsgericht i. d. Sargtexten, 1970, 13ff.; zu Schreiberbüros im Jenseits: SCHOTT, Journ. Eg. Arch. 54,45ff.; ebenso im kelt. T.: Diod. 5,28,6. DE VRIES Kelt. Rel. 250f.). Daher – und das ist Wesensdifferenz zu allen übrigen mediterr. T., auch zum chr. T. ([35]) – »erkennt der altäg. T. den Tod nicht an« (SCHOTT, Beitr. z. äg. Bauforsch. 5,163), ja ist »Triumph über den Tod« ([31], 107). Der Mensch bleibt folglich – anders als im mesopotam. oder griech. T. ([42]. [71], 200) – auch nach dem Tod, »was er gewesen ist« (MORENZ, FF 41,53). Den Tod leitete man dabei schon zu Lebzeiten ein durch den Bau des eigenen »Ewigen Hauses« (*ἀίδιος οἶκος*), wie das äg. Grab in Antithese zur »Herberge« (*κατάλυσις*) des Wohnhauses hieß (FGrH 264 F 25, p. 36,7f.), und durch mit Erbverträgen, Stiftungsgütern u.ä. bestallte Totenpriester, die »Ka-Diener« ([32] 2,167ff. HELCK, MDAI[Kairo] 14, 72ff.), denen dann – neben dem ält. Sohn (DAVIES Tomb of Rekh-mi-rēʿ 1, T. 75) – der Totendienst mit Naturalopfern, genannt »Hervorkommen auf die Stimme«, oblag (GARDINER Tomb of Amenemhēt 38. T. 18. 27f. [33], 829ff.). Zu den »möglichst täglich« geleisteten Naturalopfern von bes. Brot und Bier (SCHOTT, AAMz 1952, 828. [32] 2,20. [29] 1,257f.), bei denen laut T.-Ritualen des A.R. der Tote aufgerufen wurde, sich im Sarg von der l. zur r. »Essensseite umzudrehen« (RUSCH, ÄZ 53,75ff.), traten ferner als weiterer singulärer T.-Akt die ab 1. Dyn. in Sarg-, Kultkammer, Scheintür und ab 6. Dyn. auch an den Sargwänden schriftl. fixierten Opfer der »Opferlisten« hinzu, die allein kraft Bildmagie effektiv werden, so den T. für den Toten definitiv sichern und auch von ihm selbst »gelesen« werden sollten. Als Grabbeigabe und -inventar hießen sie »Schatz des Hauses der Ewigkeit«, als iterativer Speisungsritus »dauernde Opfergabe«, wobei sich in den Inventaropferlisten die Mengen auf »Hunderter- und Tausendergrößen« beliefen (BARTA Die altäg. Opferliste, 1963, 2.8.83. Abb. 1ff. [32] 2,71ff.). T.-Höhepunkt war indessen das auf die Z. vor der 5. Dyn. zurückgehende, vorosirische »große dramatische Ritualspiel« der Bestattung ([28], 113) mit seinen 16 Ritualszenen ([23], 746), das vom Verlassen des Sterbehauses mit Klagezeremonien (LÜDDEKENS Unt. üb. rel. Gehalt, Sprache u. Form d. äg. Totenklagen, 1943, 2ff. [34] T. 12. [80], Abb. 12ff.) und dem von Vorlese-, Einbalsamierungspriester und zwei Klagefrauen (»Weihen«) begleiteten Leichenzug zu Schiff zum »Reinigungszelt« und zur Balsamierungsstätte im »Schönen Westen« (GRDSELOFF Das äg. Reinigungszelt, 1941; Korrekturen b. [28], 9ff.), wo der Tote ca. 70 Tage verblieb (Hdt. 2,86; im A.R. z.T. längere Fristen: [34], 202ff.), über die Stationen des Sargschlittenzuges der Mumie ([28] T. 1ff.), versch. Zwischenriten im »Hlg. Bezirk« ([28] T. 5), wo der Zug vom Totentanz der Muu empfangen wurde (JUNKER, MDAI[Kairo] 9,1ff. BRUNNER-TRAUT Der Tanz i. alt. Äg. 43. 53ff.), der Klage, Reinigung, Mundöffnung vor dem Grab ([23], 757f. [33] Abb. 33), des Opferrituals vor der Scheintür mit Übergabe der in den »Opferlisten« notierten Speisen und des Grabinventars ([34] T. 18), Rindschlachtung und Einführung des Sarges in den Grabschacht nebst apotrop.-kathart. Schlußriten des »Zerschlagens der roten Krüge« ([24], 98f. BORCHARDT, ÄZ 64,12ff.) und des »Verwischens der Fußspur« ([33], 556) usw. führte. Abgesehen von der T.-Lit. der Pyramiden-, Sarg-, Totenbuchtexte (SETHE, SPrAW 1931. HORNUNG Äg. Unterweltsbücher, 1971, 13ff.), vom T. für hlg. Tiere (KÁKOSY, ÄZ 96,109ff.), von der T.-Bedeutung der zu »Lebenssträußen« geflochtenen Blumen ([33], 121) u.a. gab es ferner die period. Totenfeste (BLEEKER Eg. Festivals, 1967, 124ff. [32] 2,60ff.), so bes. das Wag-, Thot-, Neujahrsfest und das theb. »Schöne Fest des Wüstentales«, wo es zu Totenmahl, -tanz, -gesang, -musik, Blumengaben und Reden an die Toten kam (SCHOTT, AAMz 1952, 64ff.). Zu Recht urteilte man, daß der enorme äg. T.-Aufwand,

zumal in den Pyramidenstädten (HELCK, MDAI [Kairo] 15,91ff.), zwar wirtschaftl. ruinös war, aber durch seinen »penetranten Appell an die künstlerische Formkraft« letztlich zu den Bedingungen äg. Hochkultur zählte (MORENZ, SBAW 1969, 4,46).

III. Früheste Belege für den vorder- und kleinasiat. T. sind mesolith. Schädeldepots Anf. 8. Jt. in ʿEynan ([39], 608), neolith. in Jericho im 6. Jt., hier erstmals mit Totenmasken aus Gips (KENYON Arch. in the Holy Land 52ff. T. 13ff.), ferner neolith. Ockerbestattungen nebst sog. Plattform-Ritus (MEULI, Festschr. Schefold 159ff. RLV 13, 369f.) in Çatal Hüyük im 7./6. Jt., d.h. Aussetzung der Leichen zum Geierfraß wie im ostiran.-zentralasiat. T. (Hdt. 1,140; WIDENGREN Die Rel. Irans 35f.), dann Ossilegium und Beisetzung (MELLAART Çatal Hüyük 241ff.). Eßgefäße als Grabbeigaben sind so alt wie die Keramik ([39], 606). Anders als im äg. T. war die Leiblichkeit des Toten bedeutungslos, waren die Formen des Grabes, das namenlos blieb und zur »Heimstatt des schattenhaft gedachten Totengeistes« diente ([44], 208), bescheiden (Hausbestattung, Erd-, Topf-, Fels-, Schacht-, Sarkophaggräber: [39], 581ff. [40], 307 [45], 9ff. v. BISSING, BJ 129,2ff.), weshalb die »Totenhaus«-Idee zunächst ganz fehlt ([45], 116ff.) und die sog. Gefolgschaftsbestattungen, bei denen es in Kiš und → Ur I Mitte 3. Jt. zu kollektiven Menschenopfern kam (WATELIN Excav. at Kish 4,18ff. WOOLEY Ur Excav. 2,34ff.), auffallen und mit äg. Lebendbestattungen Anf. 1. Dyn. und mit skyth. T. (Hdt. 4,71; ROLLE, Praehist. Ztschr. 47,62ff.) verglichen wurden (GADD, Iraq 22,51ff.). Erst die → Achaimeniden-Inschr. zeigen die T.-Idee der »Ewigen Seligkeit«, freilich infolge Fremdrel. ([38], 160). Entscheidend im mesopot. T. war die ordentl. Beisetzung in 7 Tagen ([37], 3. 19), was uralte und bis in nachchr. Z. beachtete orient. Aufbahrungs- oder Trauerfrist ist ([86], 150ff.), nebst kult. Klage durch Klagepriester und -frauen (z.B. 600 b. königl. Beisetzung in 1. Dyn. von Lagasch: [41], 107), Trauergestik (Zerreißen der Kleider, Haare, z.T. Selbstverstümmlung: [38] Abb. 117), Namensaufruf (*šuma zakārū*: [36], 117) und Versorgung des Toten bes. durch Frischwasserlibationen (*mê naqû*: [36], 116f. [48], 427f.), denn dieser mußte in der »düsteren« und nur nachts durch die Sonne erleuchteten Unterwelt (KRAMER The Sumerians 135; nach → Ugarit-Texten war sie »dornig und schlammig«: [40], 304) gesichert und die mögl. Rache des »Totengeistes« *(eṭemmū)* oder dessen »Umherjagen« verhindert werden, daher die zahlr. Beschwörungstexte ([47], 122ff.) und die Adoptionsverträge zur T.-Sicherung durch einen *pāqidu*, d.h. den T. vollziehende T.-Person ([37], 3f.). Indessen scheint der private T. – anders als der königl. T. – nicht über die zweite Generation hinaus ausgeübt worden zu sein ([36], 121), und nur beim königl. T., der enge

Parallelen zum Götterkult aufweist, gab es allmonatl. T.-Riten ([36], 122ff.). Im Zusammenhang mit der ab 16. Jh. v. Chr. in Kleinasien einsetzenden Leichenverbrennung (Bittel Die heth. Grabfunde von Osmankayasi 29ff. [15], 3f.) kam es im T. heth. Könige im 14. Jh. zu spektakulären 14tägigen T.-Zeremonien, genannt *šalliš u̯aštaiš*, die in Details sich mit dem T. hom. Kremation decken ([46], 14ff.): Nach Opfer eines Pflug-Rindes für die »Seele des Toten« (*ZI*; [43], 122ff.), → Trankopfer, Zerbrechen des Spendegefäßes und nächtl. »Schwenken eines Ziegenbocks über der Leiche« ([43], 19, Z. 17) wird diese am 2. Tag auf einem Wagen zur Verbrennungsstätte überführt, wo erneute Opfer, auch an Götter und Ahnen, erfolgen. Nach nächtl. Kremation werden am Morgen des 3. Tages das Feuer wie bei Hom. Il. 23,237. 250. 24,791 mit Wein gelöscht und die Gebeine wie Il. 23,253. 24,795; Od. 24,74 ([53], 30) in einem Gefäß gesammelt, doch zunächst nicht beigesetzt (vgl. Hom. a. O.), sondern auf einem Stuhl aufgebahrt, vor dem es – »in Gegenwart des Verstorbenen« ([43], 13) – zum Totenmahl der am Ossilegium Beteiligten kam. Erst dann werden die Gebeine zum »Steinhaus« (= Mausoleum) überführt und dort auf einem »Bett« niedergelegt, vor das eine Öllampe und Brot, Fleisch, Honig gestellt werden ([43], 71, Z. 11f.; Honig im myk.-hom. T.: Frödin-Persson Asine 350ff. Hom. Il. 23,170; Od. 11,27. 24, 68; Lampen: Persson New Tombs at Dendra 102ff.), doch laufen gleichzeitig mehrtägige Riten um ein zunächst am Kremationsort aus Früchten (Rosinen, Oliven), dann um ein weiteres künstl. erstelltes »Bild« des Toten, vor dem z. B. am 7. Tag 1 Rind und 8 Schafe geopfert werden. Am 8. Tag wird in einem symbolmag. Akt mit Hacke und Schaufel eine Wiese ausgestochen, um so dem König im Jenseits eine »Existenz als Großherdenbesitzer zu sichern« (Otten, OLZ 57,231). Den verstorbenen heth. Königen, die laut *šalliš u̯aštaiš* nach dem Tode »Gott werden« ([43], 19, Z. 2), wurde im Staatskult regelmäßig geopfert, so z. B. der Šuppiluliuma-Dyn. (Otten, MDOG 83, 47ff.).

IV. Fehlen zum heth. *šalliš u̯aštaiš*-Text Abb.-Belege, so umgekehrt zur einzigen kret. T.-Abb., dem ca. zeitgl. SM III Hag. Triada-Sarkophag, Text-Zeugen, weshalb die Deutung weiterhin umstritten ist (Marinatos-Hirmer Kreta, Thera u. d. myk. Hellas, 1973, T. 30ff. [58], 433: »quot capita, tot sententiae«; Lit.: [51], 217f.). Doch scheint jetzt durch den Stierkopf in der SM III Tholos von Archanes erwiesen, daß die Stieropferszene der Vs. sich auf den T. der Beisetzung ([51], 187), nicht auf den des Totendienstes bezieht ([58], 439). Nach neugef. SM III Larnakes schloß sie viell. T.-Stierspiele ab (Ath. Ann. Arch. 6,319 Abb. 3; 4,217 Abb. 4). Fraglos sind ferner äg. Parallelen der Rs.: Die Mumie empfängt vor dem Grab die Opferpompe mit Jungstieropfer und Totenbarke. Letztere steht ebenso im Ideenkontext uralt. mediterr. T.s (äg. Frühz., Ur I, Byblos usw.: Grinsell, Antiquity 15,360ff.) wie die T.-Musik von → Aulos und Leier (Aign Gesch. d. Musikinstr. d. ägäischen Raumes bis um 700 v. Chr., Diss. Frankf. 1963, 306ff.). Die »zyklische« Szenerie von Götter- und T. (Matz, AAMz 1958, 398ff.) erinnert, auch in Details, an den heth. T. ([52], 69f.), doch bleibt die Frage nach der Art kret. Jenseitsglaubens noch ohne sichere Antwort, selbst wenn man mit Furumark, Marinatos u. a. königl. T. und Apotheose postuliert (Op. Ath. 6, 95f. Gn 32,646f.). Die kret. Grabformen (m. z. T. hundertfachen Sukzessivbelegungen) und -beigaben, sieht man von FM Tholoi, den Mochlos-Kammergräbern und dem MM III »Temple Tomb« (→ Tempelgrab) bei Knossos ab ([52] Abb. 36), bestätigen eher das Urteil, daß die »min. Gesellschaft nichts an den Tod verschwendete« (Hawkes Geburt der Götter, 1972, 134), was zugleich die abseitige »Totenpalast«-These von H. G. Wunderlich widerlegt (Wohin d. Stier Europa trug, 1972, 150ff.; Neutsch, AA 1973, 686ff.). Arch. Totendienst-Befund ist – mit Ausnahme des MM III »Temple Tomb« und der MM III–SM III Kamilari-Tholos (Levi, ASAA 39/40, 7ff.) –, wenn überhaupt, nur für FM III–MM I gegeben, was auf T.-Vorstellungswandel in SM–Z. hinweist, viell. im Sinne des »Grabes als Tor zum Jenseits« und der »Seelenfahrt« ([52], 28ff. 72ff.). Überraschend für die myk. T.-Forschung kamen die jüngsten Tonsarkophagfunde, so bes. in der boiot. Tanagra-Nekropole (Spyropoulos, Ath. Ann. Arch. 3,184ff.). Erstmals gab es in SH III Sarkophagbeisetzungsabb. (Ath. Ann. Arch. 3, 195, Abb. 15. BCH 95, Abb. 290), ferner – wie auf kret. SM III Larnakes – von Stierspielen (ebd. 196, Abb. 16), viell. auch in »funerary function« (Tamvaki, Ath. Ann. Arch. 6,312) wie die Wagenrennen auf den SH I Grabstelen von Mykene (Mylonas, AJA 55,134ff.). Die Anf. griech. Totenspiele, für die alte ep. Tradition vorliegt (Hom. Il. 22,162ff. 23,257ff. 677f.; Od. 24,85ff. [53], 34ff. [70], 15ff.), wären durch letztere ins 16. Jh. datierbar ([57], 90ff.). Sicher ist jetzt durch SH III Larnakes und Figurinen, daß auch eine der typ. griech. T.-Klagegesten des *γόος*, das Raufen der Haare (Hom. Il. 22,405f. 24,710f. Lukian. luct. 12. [68], 263ff. [80] Abb. 44ff.), bereits myk. ist (Iakovidis, AJA 70, 43ff. [60], 6), ferner das seit Hom. Od. 1,289ff. belegte → Kenotaphion (Persson Royal Tombs at Dendra 108ff.), das *γέρας θανόντων* (Hom. Il. 16,457. IG I^2 1022) von Grabhügel und -stele ([53], 107ff. 114ff.) und das Steinmal als Totensitz (Persson a. O. T. 29. [69] V 1,7f. 34f. 40. [84], 69ff.), gelegentl. Menschenopfer ähnl. Hom. Il. 23, 175f. und Tieropfer ([53], 82ff. 84ff.), Libation, oft mit Zerbrechen der → Kylix an der Grabtür (Blegen Prosymna 237f. Wace Chamber Tombs

131. [69] V 1,39), Totenspeisung und -mahl ([57], 297f.) u.a. (vgl. [56], 78ff. SNODGRASS The Dark Age of Greece, 1971, 391ff.). Hingegen bleibt problemat. die Deutung einer beflügelten weibl. Figur auf einer SH III Larnax des 13.Jh.s als erste → Eidolon- oder Psycheabb., »fluttering in the neighbourhood of the buried flesh« (VERMEULE, JHS 85,146f. T. 26a), ebenso die der kret.-myk. Schmetterlingssymbolik als »soul of the dead« ([49], 119ff.). Bedeutsam sind die arch. Nachweise von [54], 176ff. [55], 105 – gegen [58], 424ff. 584ff. [59], 189 u.a. –, daß es im myk. T. (abgesehen von Grab IV in Mykene) keinen Totendienst gab. Der T. erlosch mit der Bestattung, die – im Unterschied zur hom. Kremation (Il. 1,52. 23,161ff. u.o.) – bis in die spätmyk. Z. Inhumation war (erste Kremationsbelege ab SH III C: [53], 51ff. [52], 60). Da bei Neubelegungen der typ. Familiengrüfte (DESBOROUGH The Greek Dark Age, 1972, 266ff.) myk. Schacht-, Tholos- und Kammergräber Gebeine und Beigaben z.T. achtlos beseitigt wurden, schloß MYLONAS, daß nach myk. T.-Glauben Verwesungsende und Jenseitseintritt zusammenfallen ([54], 113; danach [50], 9ff.; kritisch [49], 166). Die T.-Vorstellung des »zweiten, endgültigen Todes«, der bedingt war vom Verwesungsprozeß, wäre – nach [16], 173. 337ff. – idg. Erbe, setzt freilich bestimmte Trauerfristen und T.-Termine voraus, die wir für die myk. Z. nicht kennen.

V. Feste T.-Zeiten sind hingegen für den griech.-röm. T. (*νομιζόμενα, iusta*) tradiert: im griech. T. der 3.Tag (*τὰ τρίτα*: Aristoph. Lys. 612f. m. Sch. Is. 2,37. Poll. 8,146), und zwar nicht nach der Bestattung ([72], 179. [75] 1,232 u.v.a.), sondern nach dem Tod ([86], 90ff. [65], 145f. [60], 7. [20], 23), d.h. die *τρίτα* sind die T.-Riten zur Beisetzung, die – wie weithin Brauch ([16], 23) – am 3.Tag erfolgten (seit hom. T.: [53], 9), wobei sie in Attika bestanden aus Totenopfer (*ἐνάγισμα* = boiot. *αἱμακουρία*) und -speisung mit → Panspermia, → Trankopfer (*χοαί*), für deren »düstere Großartigkeit« seit 10.Jh. Spendekratere att. Gräber als »Verewigungen der Totenspende« zeugen ([69] V 1,33ff. BUSCHOR, JOEAI 39,12ff. [79], 54ff. [84] Abb.29), der Opferrinnen-Zeremonie ([76], 71ff. [69] VI 1,87ff.), dem Erdwurf ins Grab, dem Gebet *βλέπων ἐκεῖσε* (sc. ins Jenseits) *δεῦρ' ἀνίει τἀγαθά* (Belege: [86], 101ff.) und dem 1. Totenmahl (*περίδειπνον*), das wegen des für den Toten aufgestellten Sessels auch *καθέδρα* hieß (Hesych. Phot. s.v.; [66], 53ff.) und das anf. um den Toten herum (Hom. Il. 23,28ff.) und am Grab ([69] V 1,24. 27f. [16], 194ff.), später im Haus nächster Verwandter (Hom. Il. 24,664ff. 801ff. Demosth. 18,288. Men. Asp. 233; frg. 309,4. Hegesipp. frg. 1,11 = CAF 3,312. FGrH 228 F 9) oder des Toten stattfand (Artemid. on. 5,82), mit Bekränzung der Teilnehmer (z. Kranz im T., denn auch der Tote trug ihn: BLECH Stud. z. Kranz b. d. Griechen [i. Ersch.]) und Totenlob, weshalb *περίδειπνον* = *ἐγκώμιον* (PFISTER, RE XIX 723), ferner am 9. Tag (*τὰ ἔνατα*: Is. 8,39. Poll. 8,146. [86], 119ff.; zu mögl. *ἔνατα*-Riten: AHLBERG, Op. Ath. 7,177ff.) und am z.T. verdrängten 30. (*τριακάς*: Hyp. frg. 110 J. Poll. 8,146. SOKOLOWSKI Lois sacrées des cités grecques 97 A. 20. [86], 161ff.), der – neben dem osteurop. 40. (Hdt. 4,73 u.a.) – uralter idg. T.-Tag war ([16], 74ff. 353ff.) und mit erneuertem Totenmahl (Anecd. Bekk. 1,268,19ff.) und -opfer (Plut. mor. 296f) das definitive Ende der Trauerzeit (Lys. 1,14) und damit die »Lösung der bisher bestandenen Hausgemeinschaft« anzeigte ([16], 275), im röm. T., für den seit Anf. der Sühnecharakter Merkmal ist ([77], 99. LATTE RRel 101. [86], 139) und dessen etr. Einschlag unverkennbar ist ([67], 11ff. [73], 30ff.), neben dem T. zur und nach der Beisetzung (Belege: [67], 48ff.), wobei bes. das T.-Opfer der *porca praesentanea* (Fest. 296,37f. L. Cic. leg. 2, 57), der kathart. Ritus der *suffitio* (Fest. 3,5 L.) und das Totenmahl (*silicernium*) am Grab gefordert waren (Varro Men. 303 B. Fest. 376,25 L. [78], 53ff.), wie im griech. T. der 9. Tag, an dem mit dem T.-Opfer (*novemdiale sacrum*: Porph. Hor. epod. 17,48), dem Totenmahl (*cena novemdialis*: Tac. ann. 6,5,1. Petron. 65,10) und T.-Spielen (*ludi novemdiales*: Serv. Verg. Aen. 5,64) die 9tägige Trauer- und Tabuzeit der sog. *feriae denicales* beendet wurden (Don. Ter. Phorm. 39. Cic. leg. 2,55. Fest. 61,23 L.), doch gibt es auch im röm. T. Spuren des idg. 30. T.-Tages ([16], 56f.). Zu den *νομιζόμενα* gehörten ferner: das Fasten (schon Hom. Il. 19,305ff. 24,641ff.; noch Lukian. luct. 24. ARBESMANN Fasten 26ff.), die schwarze, z.T. auch weiße Trauerkleidung (schon Hom. Il. 24,93f.; h. 2,42. Plut. mor. 270e. Sylloge^3 2119,10. HERZOG-HAUSER, RE VI A 2225ff.), die rit. Totenklage von *γόος* und *lessus* bei der Aufbahrung (*πρόθεσις*: TOUCHEFEU-MEYNIER, RA 1972, 93ff. BOARDMAN, ABSA 50,51ff. ZSCHIETZSCHMANN, MDAI[A] 53,17ff. [67], 42ff.) im Sterbehaus und am Grab (Hom. Il. 18,315. Cic. leg. 2,59. [80], 195ff. REINER Totenklage 35ff. [68], 216ff. m. Abb. [67] Abb.9), verb. mit Totentanz (TÖLLE Frühgriech. Reigentänze 19f. 84f. [81], 141ff. [68], 179ff. 263ff.) und *ἐπιτάφιοι ἀγῶνες* ([68], 159ff. [81], 134ff. [70], 44ff. MALTEN, MDAI[R] 38/39,300ff.; zu ihrer Realität im 8.Jh.: [53], 125f. FITTSCHEN Unt. z. Beginn d. Sagendarstellungen b. d. Griechen, 1969, 18ff.), kathart. Kulte, da Toter, Sterbehaus und *ἐκφορά*-Teilnehmer »unrein« waren (WÄCHTER Reinheitsvorschr. 43ff.), bes. durch Wasser (Eur. Alc. 98ff. m. Sch. u.o. GINOUVÈS Balaneutikè, 1962, 239ff.), Feuer und T.-Fackel (EITREM Voropfer 142ff. CUMONT Lux perpetua 49ff.), die schon idg. dreifache Grabumwandlung, so auch bei der röm. *decursio* beim *funus militare* und *publicum* (Hom. Il. 23, 13. Apoll. Rhod. 1,1059f. Sch. Pind. O. 1,149d.

Plut. Alex. 15,8. Heliod. Aith. 3,5,2. Verg. Aen. 11, 188f. Tac. ann. 2,7,3. Quint. decl. 329 p. 295, 29f. R. FOCKE Ritte und Reigen 47ff. [16], 297ff. [20], 21. F. ROBERT Thymélè 232ff. 320ff.; ebd. auch zur rel. Rotunde griech. Grabbaues, so schon in Mykene), Salbung und Bekränzung des Grabmals (Plut. Arist. 21,5. Soph. El. 894ff. Lukian. Charon 22. NILSSON GgrR 1,191), die χϑόνια λουτρά des Totenbades und der Lutrophoren-Ritus (Soph. El. 84. 434. Demosth. 44, 18. Hesych. Suda s.v. GINOUVÈS a.O. 244ff. KENNER, JOEAI 29,109ff.), der att. Lekythen-Brauch (Aristoph. Eccl. 996. 1032. Sch. Plat. Hipp. min. 368c. RIEZLER Weißgr. att. Lekythen 2ff., bes. T. 23. BUSCHOR Von griech. Kunst 147ff.), das schon idg. Haaropfer (Hom. Il. 23,135f. 150f.; Od. 4,197f. 24,46. Hdt. 9,24. Eur. Alc. 101 u.o. [16], 104ff. [20], 22. MEULI, Schw. Arch. f. Vkde. 43,103ff.) u.a. T.-Auskünfte erteilten die für die Auslegung ant. Gewohnheitsrechts (τὰ πάτρια) zuständigen ἐξηγηταί (Plat. leg. 12,958d. FGrH 323 F 14. JACOBY Atthis 8ff.). Jährl. griech. Totenfeste (νεκύσια: STENGEL Opferbr. 165) waren die Genesia (Sol. frg. 474 MARTINA. Hdt. 4,26. FGrH 328 F 168. JACOBY, Abh. z. gr. Geschichtsschr. 243ff.), die Nemeseia (Demosth. 41,11 m. Sch.), die Epitaphia im Kerameikos für die Gefallenen, verb. mit ἐπιτάφιοι ἀγῶνες (Aristot. Ath. pol. 58,1. IG II^2 1006,22. 1011,10), in Plataiai (Plut. Arist. 21,2ff.; zum πάτριος νόμος für die att. Gefallenen: JACOBY a.O. 260ff.), die Chytroi am 3. Tag der → Anthesteria mit T.-Opfer an → Hermes Chthonios, Fürbitte für die Toten und T.-Wasserspende der Hydrophorie (FGrH 115 F. 347. DIEHL Hydria 128ff.), ferner – wie im röm. T. (Martial. 8,38,9ff. u.ö.) – die *ob memoriam* gefeierten Geburtstage der Toten (SCHMIDT Geburtstag im Alt. 37ff.), röm. Totenfeste die → Parentalia (Ov. fast. 2,533ff.), die → Lemuria (Ov. fast. 5, 419ff.), die → Rosalia mit Rosenspenden, den mit häufigsten Grabspenden im röm. T. ([67], 63; z. Blumen im T.: Schauenburg, MDAI[R] 54, 202ff.). Vielfach schritt man gesetzlich gegen T.-Luxus ein ([85], 127ff. DOHRN Att. Plastik 85ff. ECKSTEIN, JDAI 73,18ff. NILSSON GgrR 1,714f.), so → Solon (Frg. 465a–476 MARTINA), in Sparta (Plut. Lyk. 27,1ff.), → Themistokles 487 v.Chr. (ZINSERLING, Wiss. Ztschr. Univ. Jena 14,29ff.), im 5. Jh. auf Keos (SOKOLOWSKI Lois sacrées ... 97), in Syrakus (Diod. 11,38,2ff.), in Delphi und auf Thasos (SOKOLOWSKI a.O. 77 u. Suppl. 64), → Demetrios (25) von Phaleron bald nach 317 (FGrH 228 F 9 = Frg. 135 W.; SCHEFOLD, Coll. Latomus 103,511ff.), in Gambreion (SOKOLOWSKI Lois sacrées d'Asie Min. 16), schon im röm. Zwölftafelgesetz (Cic. leg. 2,58ff.), → Sulla (1; Plut. 35,3) u.ö. (vgl. Plat. leg. 12,958d), und auch die philos. Trostlit. drängte auf Metriopathie (JOHANN Trauer und Trost, 1968). Verbote betrafen z.B. die att. figürl. Grabstelen und -statuen von 487 bis in die 20er J.e des 5. Jh.s (vgl. W. FUCHS, Gn 33,241f.: Wiederaufnahme als »Sühne« der Pest), dann ab E. 4. Jh. durch Demetrios (s.o.), doch war es gerade die Sepulkralkunst, z.T. verb. mit den ca. 7. Jh. einsetzenden Grabinschr. (CLAIRMONT Gravestone and Epigram, 1970, m. d. ält. Lit.), die am tiefsten das ant. Todesverständnis widerspiegelt, so im griech. T. bes. Grabrelief und Lekythenmalerei, teils mit den Darstellungsphasen der »Versunkenheit, Entrückung und Verklärung« des Toten (HIMMELMANN-WILDSCHÜTZ Stud. z. Ilissos-Relief 26. KARUSOS, Münchn. Jb. d. bild. Kunst 20,19ff.), teils in der »Verschmelzung von Leben und Tod« in den T.-Szenen der Lekythenbilder (BUSCHOR a.O. 156; Grab eines att. Mädchens^3 47. THIMME, AA 1967, 199ff. FELTEN Thanatos- und Kleophonmaler, 1971, 53ff.), dann die sog. Totenmahl-Reliefs (EFFENBERGER, Staatl. Mus. Bln. Forsch. und Ber. 14, 128ff. THÖNGES-STRINGARIS, MDAI [A] 80, 1ff.), im röm. T. bes. die reiche kaiserzeitl. Sarkophagsymbolik mit »Privatapotheosen« (MATZ, AA 1971, 103f.) und Jenseitshoffnungen (ENGEMANN Unt. z. Sepulkralsymbolik d. späteren röm. Kaiserz., 1973. SCHAUENBURG, AA 1972, 501ff. PASCHINGER Funerärsymbolik auf röm. Soldatengrabsteinen, 1972. NOCK Essays on Rel. and the Anc. World 2, 1972, 606ff., jeweils m. d. ält. Lit.). D.Wa.

I. 1. Unter T. wird, mit *Andronikos* ([53], 129) u.a., der Kult vom Todesmoment an begriffen, nicht aber, wie *Pini* ([52], 28f.) u.a. in künstl. Isolierung, erst nach der Bestattung, wofür hier der Begriff »Totendienst« verwandt wird. 2. *Burkert* Homo necans, 1972, 60ff. m. Ableitungsversuch »wesentl. Elemente« des T. aus paläolith. Jagdopfer-Riten. 3. *Ebert*, Praehist. Ztschr. 13/14,16. 4. *Bendann* Death Customs^2, 1969, 13ff. (grundlegend). 5. *Frazer* The Belief in Immortality and the Worship of the Dead 1–3, 1913/24. 6. *Widengren* Religionsphänomenologie, 1969, 397. 7. *Gundolf* T. u. Jenseitsglaube, 1967, 39ff. 8. *Latte* RRel 101. 9. *König* Am Anf. d. Kultur, 1973, 214ff. 10. *Narr*, Saec. 23,257ff. 11. *Leroi-Gourhan*, La Recherche 26,723ff. 12. *Ucko*, World Arch. 1,262ff. 13. *Müller-Karpe* HB. d. Vorgesch. 1, 1966, 229ff. 2, 1968, 348ff. 14. *Kyll*, Trier. Z. 27,173ff. 15. *Schlenther* Brandbestattung u. Seelenglaube, 1960. 16. *Ranke* Idg. Totenverehrung I, FF Comm. 140, 1951. 17. *Frazer* The Fear of the Dead in Primitive Rel. 1–3, 1933/36. 18. *v. Trauwitz-Hellwig* Urmensch u. Totenglaube, 1929. 19. RLV 13,363ff. 20. *Clemen* Der gemeinidg. T., NJb. 1926, 19ff. 21. *Bruck* Totenteil u. Seelgerät i. griech. Recht, 1926; RE VI A 1813ff., doch wurde früh das Recht des Toten auf sein Individualeigentum zu einem »ihm vom Recht der Lebenden zudiktierten Totenteil« beschränkt ([16], 274); arch. Bestätigung fehlt weithin ([45], 133. [69] V 1,36f. [65], 232 [71], 207), auch ist hom. κτέρεα κτερείζειν (Il. 24,83 u.ö.) = »Mitgabe des Selbsterwerbs« (*Bruck* 77ff.) etym.-sachl. verfehlt ([56], 64. *Frisk* 2,34. *Chantraine* Dict. étym. l. gr. 2,591). 22. *Rolle* Hölz. Grabbauten u. Totenritual d. früh. Eisenz. in Südrußland, Diss. Gött. (Masch.) 1968, 146f.

II. 23. *Altenmüller*, Lex. d. Ägyptol. 1, 1973, 615ff. 745ff.; 24. *Ders.* Die Texte z. Begräbnisritual i.d. Pyramiden d.A.R., 1972. 25. *Goyon* Rituels funéraires de l'Anc. Égypte, 1972. 26. *Schott*, GGA 218,271ff. 27. *Helck* Materialien z. Wirtschaftsgesch. d.N.R. 1–6, AAMz 1960/69. 28. *Settgast* Unt. z. altäg. Bestattungsdarst., 1963. 29. *Kaplony* Die Inschr. d. äg. Frühz. 1–3, 1963. 30. *Spiegel*, MDAI (Kairo) 14,190ff. 31. *Kees* Totenglaube u. Jenseitsvorst. d. alt. Äg., ²1956. 32. *Junker* Gîza 1–12, 1929/53. 33. RÄRG 828ff. 34. *Wilson*, JNES 3,201ff. 35. Nach *Morenz* würde der Christ auf die Frage, was man im T. tun könne, antworten: »Nichts«, der Äg.: »Alles« (Eranos-Jb. 34,415).

III. 36. *Bayliss*, Iraq 35, 115ff. 37. *Wilcke* Urnammu's Tod, Habil.-Schr. Münch. (Masch.) 1973. 38. *Oberhuber* Die Kultur d. Alt. Orients, 1972, 153ff. 39. Reallex. d. Assyriol. 3, 1971, 581ff. 40. *Jirku*, Ugaritica 6,303ff. 41. *Bauer*, ZDMG Suppl. I 1,107ff. 42. *Kramer*, Iraq 22,59ff. 43. *Otten* Heth. Totenrituale, 1958. 44. *Strommenger* Grabformen u. Bestattungssitten im Zweistromland ..., Diss. FU Bln. (Masch.) 1954. 45. *Özgüç* Die Bestattungsbräuche im vorgesch. Anatolien, 1948. 46. *Bittel*, MDOG 78,12ff. 47. *Ebeling* Tod u. Leben nach d. Vorstellungen d. Babylonier 1, 1931. 48. *Meissner* Babylonien u. Assyrien 1, 1920, 423ff.

IV. 48a. *Long* The Ayia Triadha Sarcophagus. A Study of Late Minoan and Myc. Funerary Practices and Beliefs [i. Ersch.]. 49. *Dietrich* The Origins of Greek Rel., 1974, 158ff. 50. *Schnaufer* Frühgriech. Totenglaube, 1970. 51. *Sakellarakis*, Praehist. Ztschr. 45,135ff. 52. *Pini* Beitr. z. min. Gräberkunde, 1968. 53. *Andronikos* Totenkult, Arch. Hom. III W, 1968. 54. *Mylonas* Mycenae and the Myc. Age, 1966. 55. *Ders.*, Stud. pres. to Robinson 1, 1951, 64ff. 56. *Ders.*, AJA 52,56ff. 57. *Vermeule* Greece in the Bronze Age, 1964, 279ff. 58. *Nilsson* The Minoan-Mycenaean Rel., ²1950. 59. *Wiesner* Grab u. Jenseits, 1938.

V. 60. *Alexiou* The Ritual Lament in Greek Tradition, 1974. 60a. *Geroulanos*, MDAI(A) 88,1ff. 61. *Schefold*, ÄZ 100,43ff. 62. *Festugière*, RHR 184,3ff. 63. *Burkert* ([2]). 64. *Schnaufer* ([50]). 65. *Kurtz-Boardman* Greek Burial Customs, 1971. 66. *Klauser* Die Cathedra im T., ²1971. 67. *Toynbee* Death and Burial in the Roman World, 1971. 68. *Ahlberg* Prothesis and Ekphora in Greek Geometric Art, 1971. 69. Kerameikos I–VI 2, 1939/70. 70. *Meuli* Der griech. Agon, 1968. 71. *Thimme*, AA 1967, 199ff. 72. *Nilsson* GgrR 1, ³1967, 174ff. 73. *Panofsky* Grabplastik, 1964. 74. *W.F.Otto* Die Manen, ³1962. 75. *Rohde* Psyche, Nachdr. 1961, 76. *Hampe* Ein frühatt. Grabfund, 1960. 76a. *Agostino*, RSC 8,311ff. 77. *Müller-Karpe* Vom Anf. Roms, 1959. 78. *Cumont* After Life in Roman Paganism, ²1959. 79. *H.-V. Herrmann* Omphalos, 1959, 53ff. 80. *E. de Martino* Morte e pianto rituale nel mondo ant., 1958. 81. *Hinrichs*, Ann. Univ. Sarav. 4, 124ff. 82. *Hahland*, Festschr. Zucker, 1954, 175ff. 83. *Ders.*, Corolla Curtius, 1937, 121ff. 84. *Friis Johansen* The Attic Grave-Reliefs, 1951. 85. *Leipoldt* Der Tod b. Griechen u. Juden, 1942. 86. *Freistedt* Altchr. Totengedächtnistage u. ihre Beziehungen z. Jenseitsglauben u. T. d. Ant., 1928.

Totenopfer s. Trankopfer

Totenorakel s. Mantik III d

Totenteil s. Totenkult

Totes Meer s. Asphaltitis Limne

Totila (auf Mz. [BMCOstrog., London 1911, 83f.] *Baduela*; vgl. Iord. Rom. 50,29 *Totila qui Baduila*), König der Ostgoten E. 541 bis Juli 552, Neffe Hildibads. Mit anf. nur 5000 Mann brachte er überlegenen Byzantinern empfindl. Schlappen bei (542 Faventia, Mucella). Nach der Apenninüberquerung Eroberung Mittel- und Süditaliens. T. zeigte nach der Kapitulation Neapels, 543, den Einwohnern gegenüber Menschlichkeit (Prok. Goth. 3,8). In Montecassino traf T. mit dem hl. Benedikt zusammen, der ihm ob seiner Härte Vorhalte machte (v. S. Bened. 237ff. Dial. 2, 19f.). Dez. 545 begann T. die Belagerung Roms. 546 landete Belisar in Portus. Unbotmäßigkeiten von Unterfeldherren verhinderten Roms Entsatz, das am 17. Dez. 546 von den Goten besetzt wurde. Vergebl. Bemühungen T.s um Frieden. Belisar gelang nach dem Sieg über ein zur Beobachtung zurückgelassenes got. Detachement 547 die Wiedereroberung Roms. Außenpolit. Rückschlag durch die Weigerung des Merowingerkönigs, T. seine Tochter zu vermählen. 549 erneut Belagerung Roms und dessen Einnahme am 16. Jan. 550. T. unternahm die Wiederaufbauarbeit, aktivierte die Wiederbevölkerung der Stadt und organisierte sogar Wagenrennen (Prok. Goth. 3,37). Vergeblicher Friedensappell an den Kaiser. 550 war T. in Sizilien. Narses übernahm 550 das Kommando über das an die 30000 Mann umfassende, mit starken germ. Kontingenten durchsetzte Heer (Prok. Goth. 4,26). 551 Seeschlacht bei Sena Gallica. April 552 brach Narses von Salona auf (Prok. Goth. 4,26) und erreichte am 6. Juni Ravenna (Prok. Goth. 4,28). Unter Umgehung von Petra Pertusa gelangte er auf eine Hochebene im Apennin, Busta Gallorum genannt (Prok. Goth. 4,29), wohl im Raum von Sassoferrato-Fabriano zu lokalisieren. Bei Casa Taino s.w. Gualdo Tadino, 100 Stadien (= 14,3 mp bei Prok.) von Narses entfernt, lagerte der von Rom kommende T. Sein Überrumpelungsversuch mißlang, und T. verlor bei Busta Gallorum, wohin er vorgerückt war, nicht bei → Tadinae (Prok. *Τάγιναι*), Schlacht und Leben. Tödlich verwundet wurde T. von fünf Getreuen nach Caprae gebracht, wo er starb und bestattet wurde (Prok. Goth. 4,32). Nicht der Terror, zu dem T. in dem auf Leben und Tod geführten Kampf zurückzugreifen genötigt war, ließ alle Bemühungen um einen friedlichen Ausgleich scheitern; der Haß der Großgrundbesitzer, der Aristokraten, die die öffentliche Meinung manipulierten, hatte seine Ursache in T.s Agrarpolitik. Seine Maßnahmen während seiner siegreichen Feldzüge entsprachen der Enteignung der Latifundienbesitzer. Die T. angelasteten Grausamkeiten (Prok. Goth. 3,10. 15. 30), bes. auch gegen den röm. Klerus, ergaben sich aus der Agitation und Kollaboration der Kirchenführer mit den Franken und mit Byzanz, ähnlich denen gegen die Wandalen in N.-Afrika und gegen die Westgoten in Spanien geübten. H. N. R.

Lit.: → Theia (2).

Toxandria, Landschaft zw. Schelde, Dyle, Demer und Maas (ma. Grafschaft Teisterbant-Texandria), Randgebiet der → Eburonen, → Menapier und → Nervier, nach deren teilweiser Vernichtung germ. Völker nachrücken (→ Sugambrer, Bataver; Plin. nat. 4,106 *Texuandri pluribus nominibus*). In Abhängigkeit der civ. Tungrorum zu Germania inf. gehörend, wird das Gebiet seit dem 4. Jh. von den salischen Franken besiedelt (Amm. 17,3). H. C.

Stevens, RE VI A 1841 ff. *J. Vannérus*, Feestbundel H. J. van de Wijer 1, Leuwen 1944, 395 ff.

Toxeus s. Oineus (1). Thestios

Toxon (*τόξον. arcus*). Seit vorgesch. Z. bekannt begegnet der Bogen in Äg. ([4].[7]) und der Ägäis in zwei verschiedenen Ausführungen, aus einem Material (Holz), teils aus einem Stück (Ast usw.), teils aus mehreren Stücken zusammengesetzt, oder aus mehreren Materialien (Holz, Horn bzw. Knochen, Sehnenmasse), meist mit verdicktem Mittelteil. Die E. können aufgebogen und/oder mit Ösen versehen sein, das Mittelteil eingewölbt oder gerade. Zahlreiche Darstellungen des T. auf Reliefs, Vasen, Gemmen, Kleinbronzen, Kopien griech. Statuen usw. zeigen die verschiedenen Formen des T., seine Spannung und Verwendung. Zum Spannen jedes kräftigen T. braucht man beide Hände und ein Knie (Ov. met. 5,383. Vgl. DÖHL Der Eros d. Lysipp. Frühhellenist. Eroten, Diss. Göttingen 1968, 49f. 62f.). Zum Schuß faßt die linke Hand das T. unmittelbar unterhalb der Mitte, die Rechte zieht mit der Sehne den aufgelegten Pfeil zurück; gezielt wird über den Pfeil (z. B. PFUHL Abb. 475. 559). Unterwegs wird das T. auf dem Rücken zusammen mit dem Köcher, *φαρέτρα*, oder in einem eigenen Behälter, *γωρυτός, τοξοθήκη*, getragen. W. H. G.

1. *Reichel* Hom. Waffen, ²1901, 112ff. 2. *Miltner*, RE VI A 1847ff. 3. *Lorimer* Homer and the Monuments, 1950, 276ff. 4. *McLeod*, AJA 62, 1958, 397ff. 5. *Wace-Stubbings* A Companion to Homer, 1962, 518ff. 6. *Snodgrass* Early Greek Armour and Weapons, 1964. 7. *Stettgast*, MDAI (Kairo) 25, 1969, 136ff. – S. a. Pfeil. Sagitta.

Toxotai. 1. Bogenschützen gab es wie → Pfeil und Bogen seit der Jungsteinzeit. In der griech. Kriegsgesch. trat ihre Bedeutung zurück, da die Kampfentscheidung bei den Schwerbewaffneten lag. So galt z. B. in homer. Z. der Bogenschütze nicht als vollwertiger Krieger (Hom. Il. 11,385 bis 387). Über den takt. Wert der T. handelt Xen. an. 3,4,15. T. hieß auch der Lehrer der griech. Epheben (→ Ephebia) im Bogenschießen. **2.** Aus T. bestand die nach den Perserkriegen geschaffene Polizei in Athen. Die anf. aus athen. Bürgern bestehenden T. wurden Mitte 5. Jh. v. Chr. durch Skythen ersetzt. Im 4. Jh. v. Chr. kamen an ihre Stelle wieder Bürger, die von den einzelnen → Phylen (2) gestellt wurden, und später Epheben (→ Ephebia). Die Aufgaben der T. als Polizei bestanden im Ordnungsdienst bei den Volksversammlungen, bei Gerichtsverhandlungen und bei Festen und Aufzügen. S. auch → Hippotoxotai. A. N.

F. Lammert – H. Hommel, RE VI A 1853ff. 1855ff. Zu *E. Kalinka* Die griech. Bogenschützen, Klio 22, 1929, 250ff. s. *F. Lammert*, BursJ 274, 1941, 81. Über Bogenschützen bei den Römern → Sagitta, -arius.

Toygenoi (*Τωυγενοί*), nur genannt bei Strab. 4,1,8 p. 183 »im Krieg des Marius gegen Ambronen und T.« und 7,2,2 p. 293f. aus Poseid. (= FGrH 87 F 31, vermutlich nach massaliot. Quelle), nach dem die Kimbern auf ihrem Zug von den Helvetiern die → Tiguriner und T. veranlaßt hätten, sich ihnen anzuschließen. Es kann danach kein wirklicher Zweifel sein, daß sie ident. sind mit den → Teutonen, wohl verschrieben aus *Τουτονοί*. *Toutoni* heißt der Name auf dem Grenzstein von Miltenberg, CIL XIII 6610. *Ou* und *eu* wechselt in der Schreibung kelt. Namen öfters. E. M.

Fel. Stähelin, Ztschr. f. Schweizer. Gesch. 1, 1921, 144ff. *How.-Meyer* 356f. *W. Aly* Strabon von Amaseia Bd. 4, Bonn 1957, 300ff. 455ff.

Trabea. 1. Die purpurne, den Göttern eigene (Serv. Aen. 7,612) oder die mit purpurnen und weißen oder Scharlachstreifen besetzte → Toga war eine röm. Besonderheit (Dion. Hal. ant. 2, 70,2. Isid. orig. 19,24,8), urspr. angebl. Tracht der Könige, dann der Salier (Dion. Hal. a. O.), der Consuln (bei Eröffnung des Ianustempels, Verg. Aen. 7,612), der Auguren (Serv. Aen. 7,188), des Flamen Dialis und Martialis (Serv. Aen. 7,190), der Ritter bei der → *transvectio equitum* am 15. Juli (Val. Max. 2,2,9. Dion. Hal. 6,13,4. LATTE RRel 236,3) und bei feierlichen Leichenbegängnissen (Tac. ann. 3,2). Die T. wurde mit einer Fibel befestigt (Dion. Hal. 2,70,2). Gesicherte Darstellungen, etwa auf Wandbildern, scheinen nicht erhalten. W. H. G.

2. Röm. Komödiendichter in der Gattung der Palliata, wohl aus der 1. H. des 2. Jh.s v. Chr. Schon der Komikerkanon des → Volcacius Sedigitus nennt ihn unter 10 Namen erst an 8. Stelle, und auch die wenigen Frg.e machen deutlich, daß er nur bis in die Generation Ciceros und Varros ein Publikum fand. P. L. Sch.

CRF ³1898, 36f. *H. Bardon* Litt. Lat. Inc. 1, 1952, 37f.

Trabeata s. Melissus

Trachis (*Τραχίς, Τραχίν*), Hauptort der gleichnamigen Teillandschaft der → Malier am S.-Ufer des → Spercheios. Tr. lag w. der Thermopylen gleich w. am Ausgang der Asoposschlucht unter den hohen trachin. Felswänden, Hdt. 7,199. Strab. 9,4,13 p. 428. Spätmyken. Grab: MARINATOS Bericht über den 6. Intern. Kongreß f. Arch. 334. In der Sage Heimat des → Keyx und schon Hom. Il. 2,682 genannt, sonst Skyl. 62. Seit 426 trat → Herakleia (1) Trachis an seine Stelle; erwähnt noch bei Paus. 10,22,1. E. M.

Fr. Stählin Das hellen. Thessalien 208f. *Ders.*, RE VI A 1863f. *Y. Béquignon* La vallée du Spercheios 243ff. 254ff. u.ö.

Trachon, Trachonitis s. Batanaia

Tracht. Die ant. lit. Quellen zur T. sind oft nicht sehr klar, die Darstellungen der ant. Kunst gehorchen eigenen Gesetzen, die Kombination beider ist oft unmöglich. Kreta und Mykene kennen ständisch bedingte Unterschiede in der T. der einfachen Leute und des »Hofes« ([2]). Von der T. der geometr. Z. wissen wir fast nur aus Hom. Urspr. wird Wolle als Stoff benützt, → Lein wird durch die Phoiniker vermittelt, später selbst hergestellt, → Seide ist seit dem 4. Jh. bekannt. Hauptgewand der Griechen ist der Chiton, ein kurzer oder langer (Frauen. Greise. Priester. Wagenlenker. Kitharöden), meist gegürteter Leibrock (mit oder ohne Ärmel) zum Hineinschlüpfen (nicht Umhängen!). Frauen tragen über dem Chiton oft den Peplos, ein ärmelloses, auf den Schultern gestecktes (→ Fibula) langes Gewand mit Überfall, das man umhing, so daß die eine Seite durch Gürtung geschlossen werden mußte. Mantel für beide Geschlechter ist die Chlaina, später → Himation genannt (für Frauen auch der Prunkmantel, Pharos). Reisende und Krieger tragen die oblonge, mit Fibel auf der Schulter befestigte Chlamys, Reisende einen breitkrempigen Hut, den Petasos. Ein feines, weiches Obergewand ist auch die Chlanis, die im 4. Jh. als Luxus gilt (Demosth. 36,45). Im 6. Jh. erreicht ion. T.-Luxus (τρυφή) Athen (Hdt. 5,87f. Thuk. 1,6,3), im frühen 5. Jh. kommt einfachere T. auf (erneut Peplos statt Chiton für Frauen), vgl. auch → Haartracht. E. 5. Jh. setzt sich bei Frauen wieder Chiton (und Mantel) durch ([5]), bei Männern das → Himation. T.-Änderung erfolgt durch Stoffqualität und die fast unbegrenzte Drapierungsmöglichkeit der Gewänder. Vgl. auch → Schuhe. Die Griechen kannten keine bes. Standes- oder → Amtstracht. In Rom wird die einfache T. der Frühz. (→ Cinctus Gabinus. → Subligaculum) durch → Tunica und → Toga mit Standesabzeichen (Senatoren mit Purpurborte am unteren Rand der Toga und breitem Purpurstreifen, *clavus*, auf der Tunica, Ritter mit schmalem *clavus*) ersetzt, dazu kommt eine reich variierte Amtstracht. Dem griech. Himation entsprach außer der Toga das → Pallium, bei Frauen die → Palla. Vornehme Matronen (und Kaiserinnen) trugen als Ehrenkleid die Stola, die an breiten Achselbändern von den Schultern herabhing. Standesunterschiede drückten auch die → Schuhe aus. Dem kürzeren Mantel der Soldaten, → Sagum, entsprach der längere der Offiziere, → Paludamentum (s.o. Bd. IV 1584). Vestalinnen und Bräute trugen die → Recta. Röm. T. wechselte häufig die modische Form und setzte sich (ohne die Toga) in der Kaiserz. im O. des Reiches durch. W. H. G.

1. *Bieber* Entwicklungsgesch. d. griech. T., ²1967. 2. Archaeol. Homerica I Kap. A. B. (1967, *Marinatos*) 3. *Karusu*, Ἀρχ. Δέλτ. 16, 1960, 60ff. 4. *Boardman*, Anatolia 6, 1961, 179ff. 5. *H. Weber* Griech. Frauent.en im 4. Jh., 1938. 6. *L. Wilson* The Roman Toga, 1924; The Clothing of the Romans, 1938. 7. *Bieber*, PAPhS 103, 1959, 374ff. 8. *Bieber*, AA 1973, 425ff. 9. *Eckstein*, LAW 1533ff.

Tractatores, griech. *τρακτευταί*. Diese in der Amtssprache zuerst in einem Gesetz Kaiser Leos I. aus dem J. 468 (Cod. Iust. 10,23,3,3) nachzuweisenden Rechnungsbeamten waren, vor allem in der dem → *praefectus praetorio* unterstehenden Finanzverwaltung, in ihrer Provinz für die Bekanntmachung der öffentlichrechtl. → *delegatio*, in der der jährliche Steuerbetrag und seine Verwendung festgesetzt wurden, verantwortlich (Nov. Iust. 128,1), überwachten und betrieben das Einbringen aller Steuerforderungen für die statthalterlichen Kassen und wirkten bei der Bestellung von Personen zur Eintreibung fiskalischer Gefälle mit (Cod. Iust. 12,60,6). Ihre Auswahl erfolgte durch die Amtsvorstände (Cod. Iust. 12,49,13,2). Stein I 340. E. B.

Traditio ist die Übergabe, insbes. zur Eigentumsverschaffung, also die Übertragung des Eigenbesitzes *(→ possessio)* an einer körperlichen Sache.

I. Tatbestand: Besitzbegründung des Erwerbers, veranlaßt durch den Veräußerer. Nötig sind *animus* (Wille zum Besitzerwerb) und *corpus* (körperl. Bemächtigung). Für das körperl. Element genügen aber oft Surrogate: bei Grundstücken Zeigen der Grenzen und bloße Erklärung der Übergabe *(demonstratio ex torre)*, bei bewegl. Sachen Hinlegen vor den Erwerber auf dessen Geheiß *(longa manu t.)*, Übergabe der Schlüssel zu dem Speicher, in dem die Sache verwahrt wird, u.ä. Hat der Erwerber bereits → *detentio*, so genügt Einigung (unröm. *brevi manu t.*). Umgekehrt reicht auch, daß der Veräußerer die Sache hinfort als *detentor* für den Erwerber besitzen will (z. B. als Mieter, unröm. *constitutum possessorium*). Dagegen hat die bloße Übergabe einer die Sache verkörpernden Urkunde *(t. per cartam)* wohl nie ausgereicht, auch nicht im Vulgarrecht.

II. Wichtigste Wirkung der *t.* ist die Eigentumsverschaffung, wenn der Eigentümer tradiert und eine *iusta causa* vorliegt, also eine wirksame Abrede, die den Eigentumsübergang rechtfertigt (z. B. Kauf, Schenkung, Schuldtilgung). Preiszahlung beim Kauf ist nach klass. Recht zum Eigentumsübergang nicht mehr nötig. Ob in Einzelfällen eine nur vermeintlich wirksame Abrede genügt hat (Putativtitel), ist zweifelhaft. Volles quirit. Eigentum hat die *t.* nach klass. Recht im Verkehr zwischen röm. Bürgern aber nur an *res nec mancipi* verschafft; bei *res mancipi* waren → *mancipatio* oder → *in iure cessio* nötig. Diese Geschäfte gerieten aber schon gegen E. der Klassik außer Übung. Damit wurde die *t.* für alle Sachen die einzige

Form rechtsgeschäftl. Übereignung. Justinian hat deshalb *t.* interpolieren lassen, wo in den alten Texten *mancipatio* oder *in iure cessio* stand. Zwischen der Klassik und Justinian war im Vulgarrecht die begriffl. Trennung zwischen Übereignung und *causa* verwischt. Daher hat man bisweilen Eigentumsübergang schon ohne *t.* bloß durch das Grundgeschäft (Kauf usw.) angenommen, zu dem freilich die Preiszahlung treten mußte. D.M.

Lit.: überaus zahlreich, aufgeführt bei *M.Kaser* Röm. Privatrecht 1^2, 1971, 390. 416. 2, 1959, 197; dort auch jeweils die Quellen.

Tragasai (*Τραγασαί*, Hellanikos FGrH 4 F 34), sehr alte einheimische Siedlung in der Troas, in ant. Z. bekannt für ihre einträglichen Salzquellen. Man lokalisiert T. allg. im S. der Troas beim h. Tuzla (= »Saline«). Der Ansatz von T. beim ant. Larisa an der troischen Westküste (aufgrund von Athen. 2,43a) wird allg. abgelehnt ([3]). E. O.

1. *W. Ruge*, RE VI A 1893. 2. *J.M.Cook* The Troad, Oxf. 1973, 221ff. 3. *L. Robert*, Ét. de Numism. Grecque, Paris 1951, 59ff.

Tragelaphos (*Τραγέλαφος*). Ein der orient. Künstlerphantasie entsprungenes Mischwesen aus Bock und Hirsch (Plat. rep. 6,488a. Aristoph. Ran. 937), das offenbar auch von Griechen als Ornamentmotiv verwendet wurde (z.B. am Leichenwagen Alexanders d.Gr.: Diod. 18,26; vgl. Plut. Ages. 19). An seine Realität glaubte man erst nach Aristot. (Diod. 2,51,2, dort auch andere *δίμορφα ζῷα*). Plin. nat. 8,120 beschreibt es in der Art des aristotel. *ἱππέλαφος* (hist. an. 2,498b 32ff.), jedoch mit abweichender geogr. Zuordnung. Der letztere ist wohl ein wirkliches Tier Asiens (A. Steier, RE VI A 1895); die Gleichsetzung beider geht viell. auf die nacharistotel. *Ζωικά* (W. Kroll, SAWW, Ph.-hist. Kl. 218,2 [1940], bes. 27) zurück. Bei att. Komikern war T. auch Bezeichnung eines Trinkgefäßes unbekannter Form (Athen. 11,500e). W. R.

Tragödie. I. Griechenland. Bei den Ursprungsproblemen der T. ist eine von der Ethnologie erschlossene Grundschicht von der Entstehung der literar. Form in Griechenland zu scheiden. In jenen »Unterbau des Dramas« (so K.Th. Preuss, Vortr. d. Bibl. Warburg 7, 1930, 1) gehören die Maske, rituelle Tänze und Umzüge, sowie das Phänomen der Ergriffenheit des in der Verkleidung Verwandelten. Richtig betont K. Ziegler, RE VI A 1949, die Bedeutung dieses Materials für die Vorgesch. der T., ohne daß von ihm aus deren hist. Entwicklung erschlossen werden könnte. Für jeden Versuch, diese zu klären, ist die Beurteilung der Angaben des Aristoteles in der Poetik entscheidend. Zwei Wurzeln sind dort genannt: poet. 4,1449a 9: *γενομένη δ' οὖν ἀπ' ἀρχῆς αὐτοσχεδιαστικῆς – καὶ αὐτὴ καὶ ἡ κωμῳδία, καὶ ἡ μὲν ἀπὸ τῶν ἐξαρχόντων τὸν διθύραμβον* ...; a19: *ἔτι δὲ τὸ μέγεθος· ἐκ μικρῶν μύθων καὶ λέξεως γελοίας διὰ τὸ ἐκ σατυρικοῦ μεταβαλεῖν ὀψὲ ἀπεσεμνύνθη, τό τε μέτρον ἐκ τετραμέτρου ἰαμβεῖον ἐγένετο. τὸ μὲν γὰρ πρῶτον τετραμέτρῳ ἐχρῶντο διὰ τὸ σατυρικὴν καὶ ὀρχηστικωτέραν εἶναι τὴν ποίησιν*... Für die Glaubwürdigkeit dieser Angaben, aus denen schon Wilamowitz (Herakles) sein Bild von den Anf. der T. entwickelt hatte, sind besonders Kranz (Stasimon, 1933), Pohlenz (Gr. T., ^{2}1954), Ziegler (RE VI A 1905), Lesky (Trag. Dicht., ^{3}1972, 23) eingetreten. Sie stützen sich auf die begründete Annahme einer ausgiebigen Debatte dieser Probleme spätestens seit der Sophistik, auf die relative zeitl. Nähe des Aristot. zu den Anf. der T. und darauf, daß er im Gegensatz zu seinem mangelhaften Wissen über den Ursprung der Komödie (poet. 5,1449a 37) betont, daß die *μεταβάσεις* in der Entwicklung der T. wohl bekannt sind. Daß Aristot. mehr wußte, als die knappen Sätze der Poetik erkennen lassen, geht aus 4,1449a 29 hervor. Entscheidend aber ist, ob sich die beiden divergierenden Angaben des Aristot. – → Dithyrambos und Satyrikon – im Bilde der Entwicklung vereinigen lassen. Die eben genannten Vertreter dieser Möglichkeit (die Gegner s.u.) müssen zunächst mit der Nachricht zu Rande kommen, → Pratinas von Phleius sei der Erfinder des → Satyrspieles gewesen (Suda s. *Πρατίνας*. Ps.-Acro Sch. Hor. ars 216 mit der Konjektur *Pratinae* statt *Cratini*. Weniger bestimmt Anth. Pal. 7,37. 707). Da dessen Wirken in das ausgehende 6. Jh. fällt, scheint sich ein Widerspruch zu den Angaben des Aristot. zu ergeben. Hier hat Pohlenz, NGG 1926/3, 298, Klarheit geschaffen: In den Nachrichten über Pratinas als Erfinder des Satyrspieles spricht sich eine Theorie aus, die mit Zurückdrängung dor. Ansprüche die att. betont ([Plat.] Min. 321a, zum Streit Aristot. poet. 3,1448a 29) und die T. von ländlichem Brauchtum ableitet, wie solches für Ikaria berichtet wurde. Das wird deutlich erkennbar in der Erigone des → Eratosthenes (frg. 22 Powell): *Ἰκαριοῖ, τόθι πρῶτα περὶ τράγον ὠρχήσαντο*. Die Peripatetiker aber, die vom Satyrikon als einer Wurzel der T. ausgingen, verstanden unter diesem nicht das fertige Satyrspiel, sondern eine Vorform in der Art von Satyrtänzen mit einfachen Handlungselementen (problemat. Qu. Cataudella Saggi s. Trag. Gr., 1969, 9). Die Nachricht über Pratinas aber erklärt sich daraus, daß dieser in einer Z., da die wachsende T. die Satyrn mehr und mehr verdrängte, diese durch eine neue Entwicklung der Satyrdramen wieder zu Ehren brachte. E. Buschor, SBAW 1943/45 und F. Brommer Satyrspiele, ^{2}1959, haben gezeigt, wie etwa von 520 an zahlreiche Vasenbilder auftreten, die von Satyrspielen abhängen. T.B.L. Webster, Gn 45, 1973, 612, geht mit dem zeitl. Ansatz in das beginnende 5. Jh. Eine starke Stütze für die genet. Zusammengehörigkeit von Satyrspiel und T. ergibt sich aus dem Genoszwang: während die Abfassung von T.n und

Komödien durch denselben Dichter noch für Plat. symp. 223d nur im Gedankenexperiment möglich ist, haben die Dichter der T. stets auch Satyrspiele geschrieben.

In diesen Problemkomplex gehören 16 Verse aus einem Hyporchem des Pratinas bei Athen. 14,617b. In lebhaft bewegten Versen nimmt ein Satyrchor die allein richtige Weise, Bromios zu feiern, für sich in Anspruch und fährt auf die Flöte los, die den alten Sang erdrücken wolle. Seit Dalecampius (1583) vermuten viele in *παῖε τὸν φρυνεοῦ ποικίλου πνοὰν ἔχοντα* eine Anspielung auf den Namen des ion. Weisen pflegenden → Phrynichos (3).

Nachrichten, die es erlauben, eine Verbindung zwischen Dithyrambos und Satyrikon herzustellen, führen in die Peloponnes. Hdt. 1,23 berichtet von → Arion, er habe als erster einen Dithyrambos gedichtet, benannt und in Korinth aufgeführt. Ausführlicher ist die Suda s. *Ἀρίων: λέγεται καὶ τραγικοῦ τρόπου εὑρετὴς γενέσθαι καὶ πρῶτος χορὸν στῆσαι καὶ διθύραμβον ᾆσαι καὶ ὀνομάσαι τὸ ᾀδόμενον ὑπὸ τοῦ χοροῦ καὶ σατύρους εἰσενεγκεῖν ἔμμετρα λέγοντας.* Eine wesentliche Sicherung dieser Notizen bringt Joh. Diakonos zu Hermog. (H. Rabe, RhM 63,1908, 150), der sich für den Satz *τῆς δὲ τραγῳδίας πρῶτον δρᾶμα Ἀρίων ὁ Μηθυμναῖος εἰσήγαγεν* auf die Elegien → Solons beruft. Dem wird als att. Anspruch → Thespis entgegengestellt. Als Schöpfer des Dithyrambos gilt Arion auch sonst, was bedeutet, daß er im Dionysoskult bereits vorhandene Lieder (Archil. frg. 77) zur Kunstform gesteigert und mit Titeln versehen hat. Der Versuch, die in der Suda genannten Leistungen des Arion von einander und derart seinen Dithyrambos von den Satyrn zu trennen, ist künstlich. Für die Vereinigung dieser Elemente hat der Satyr auf einem att. Krater Beweiskraft (A. Pickard-Cambr. Dith., Trag. and Com., ²1962, 5), über den *ΔΙΘΥΡΑΜΦΟΣ* geschrieben ist.

Wer die Satyrn in der Frühgesch. der T. ansiedelt, wird mit Notwendigkeit auf das Namensproblem der T. geführt. Von verschiedenen Deutungen verdienen nur zwei Beachtung: »Lied der Böcke« und »Lied um den Bockspreis« mit der Variante »Lied beim Bocksopfer«. Der schon in der Ant. vertretenen (u.a. Marm. Par. Hor. ars 220) Erkl. aus dem Sang um den Bockspreis schließen sich mit Varianten jene Forscher an, die Aristot. ablehnen. Pohlenz aber (s.o.) hat es wahrscheinlich gemacht, daß diese Erkl. in jene aus att. Ansprüchen entstandene und im Hellenismus kenntliche Theorie gehört, nach der die T. aus ländlichen Festen hervorgegangen ist. Bleibt die ebenfalls ant., von Welcker aufgenommene und von Wilamowitz dauernd (zuletzt GldH. 1,199) vertretene Deutung der T. als Gesang der Böcke, so scheinen die Pferdeschwänze der Satyrn des 5. Jh.s dem zu widersprechen. Der vielfach begangene Weg, dor. bocksgestaltige Satyrn von ion. pferdegestaltigen Silenen zu scheiden, führt nicht zum Ziel. Beide Bezeichnungen gelten denselben Naturwesen. Der Papposilen als Vater der Satyrchoreuten genügt als Beweis. Aber die Satyrn des 5. Jh.s sind keineswegs Halbgäule. Der Fellschurz, an dem der Pferdeschwanz der Choreuten befestigt ist, stellt sich als Rest einer zottigen Körperbehaarung dar, wie sie der *μαλλωτὸς χιτών* des Papposilen zeigt. Mit einem solchen Fell werden aber nicht Pferde sondern Böcke dargestellt. Auch die großen Bärte erinnern an solche. *Θῆρες* mit verschiedenen Attributen sind diese Gestalten, und so werden sie auch Soph. Ichn. 141. 215. Eur. Cycl. 624 benannt. Für ihre Bezeichnung als *τράγοι* geben 3 oft strapazierte Stellen wenig oder nichts aus: die Satyrn im Cycl. 80 tragen die *τράγου χλαῖνα*, weil sie als Hirten dienen müssen. Ichn. 357f. prunken sie mit ihrem Bart wie (!) Böcke. Am meisten gibt noch frg. 207 N.² = 455 M. aus Aischyl. Prom. Pyrkaeus her: der lüsterne Satyr, der die Flamme umarmen will, wird gewarnt: Bock, du wirst deinen Bart verbrennen. Von hier aus eröffnet sich eine Möglichkeit der Erklärung. Durch das Etym. m. s. *τραγῳδία* wird klar, daß man sich bereits in der Ant. (offenbar im Peripatos) fragte, wieso die Satyrn die Böcke im Namen der T. sein sollten. Neben allerlei Abwegigem wird die dichte Behaarung und der geile Charakter angeführt. Erklärungen, die gelten können, denn das Operieren mit peloponnes. Bocksdämonen (das sind Pane) bleibt durchaus fraglich.

Dithyrambos und Satyrikon weisen auf den dionys. Herkunftsbereich der T. Daß sie ein Teil des → Dionysoskultes war, wurde nie vergessen, die festliche Z. ihrer Aufführungen, das Theater im S. der Akropolis, gehörten dem Gotte, und dionys. Elemente zeigt die Tracht der Schauspieler; der weiche Schuh (*κόθορνος*), der erst im Hellenismus zum plumpen Stelzschuh wurde, gehört hierher. Im Gegensatz zu dem allen stammen die Stoffe der T. mit wenigen Ausnahmen nicht aus dem Bereich des Gottes, sondern aus der Heroensage. Wir glauben, bei den Nachrichten über Arion und bei Hdt. 5,67 einen Blick in deren Rezeption in den dionys. Bereich zu tun. → Kleisthenes (1) von Sikyon, wo man → Adrastos *τραγικοῖσι χοροῖσι* ehrte, hat diese Chöre dem Dionysos gegeben. Das hängt mit dem Vordringen dieses Gottes unter den Tyrannen zusammen. Gesänge, vornehmlich Totenklage, und Tänze aus dem Heroenkult wurden in den Dienst des Dionysos übernommen, ohne daß die Heroensage als Stoff aufgegeben wurde. Das Sprichwort *οὐδὲν πρὸς τὸν Διόνυσον* drückt die durch diese Umstände verursachte Spannung aus. Unsicher bleibt die Deutung von *τραγικός* in den Stellen über Arion und Kleisthenes. »Tragisch« im späteren Sinne oder »böckisch«? Die Fronten sind bei Lesky Tr. D. ³45,115 bezeichnet.

Daß der Sprechvers von außen an das alte Chorspiel angetreten ist, macht schon der Unterschied zwischen seinem ion.-att. Charakter und den Chorliedern wahrscheinlich, über deren Sprachkörper Dorisches wie ein durchsichtiger Schleier gelegt ist (G. Björck Das Alpha impurum, 1950). So verdient Them. or. 26 p. 316d durchaus Glauben, wenn er Thespis zum Erfinder von → Prolog und Rhesis macht. Anspruchsvollere Lieder aus der Heldensage erforderten Vor- und Zwischenreden eines Schauspielers. Dessen Bezeichnung als → *ὑποκριτής* unterliegt dem noch nicht beendeten Streit, ob wir in ihm den »Antworter« oder den »Ausleger« zu erkennen haben. Br. Zucchelli *ΥΠΟΚΡΙΤΗΣ*, 1963. Dazu H. Patzer, Gn 42, 1970, 641.

Aus der Gegenfront gegen Aristot. ragen drei Autoren der letzteren Jahre hervor. H. Patzer Die Anf. der griech. T., 1962, nimmt die Angaben der Poetik als bloße Hypothesen, von denen die über den Dithyrambos richtig, die über das Satyrikon falsch sei. Die Leistungen des Arion trennt er von einander: Dithyrambos-Satyrikon-Urtragödie. G. F. Else The Origin and Early Form of Gr. T., verwirft Aristot. zur Gänze und läßt die T. aus den rhapsod. Homerrezitationen durch einen einmaligen Schöpfungsakt des Thespis hervorgehen. W. Burkert, Gr., Rom. and Byz. Stud. 7, 1966, 87, lehnt ebenfalls das Satyrikon ab und setzt an den Anf. maskierte Männer, die im Frühling das Bocksopfer vollzogen.

Die älteste staatliche T.-Aufführung veranstaltete Thespis in einem der 3 ersten Jahre der Ol. 536/35–533/32. Hauptquelle für die weiteren Spieldaten sind die von Wilhelm Urk., aus den Bruchstücken hergestellten Inschr. IG II^2 2318 bis 2323. 2325; jetzt bei A. Pickard-Cambr. The Dram. Festivals of Athens, ^{2}1968, 101 ff. Die Dramenfrg.e bei Nauck TGF^2 und Br. Snell TrGF, 1971, mit Didaskalien und den tragici minores. Für die einzelnen Dichter s. die Einzelartikel.

Auf den Ausgang der großen T. des 5. Jh.s weisen bei → Agathon (1) die Nachrichten über die Degeneration der Chorlieder zu reinen Einlagen, über das Eindringen der Musik des Neuen Dithyrambos und eine T. mit frei erfundenem (wohl myth.) Stoffe. Dramat. Agone fanden in Athen bis ins 1. Jh. v. Chr. statt, erhalten ist kaum etwas. Namen für das 4. Jh. bei Ziegler, RE VI A 1967. Wahrscheinlich gehört hierher der als eurip. überlieferte »Rhesos«, der in dem Streben nach dem Effekt der Einzelszene ein Nachlassen dramat. Konzentration verrät. Zu dem jüngeren Alkidamas und → Chairemon (1; *ἀναγνωστικός* Aristot. rhet. 3,1413b 13) Br. Snell, NAG 1966/2; Szenen aus griech. Dramen, 1971, 138. 154. Gerne greift man nun zu spannenden Stoffen, Regie und Schauspielerleistung haben besonderes Gewicht (Sch. Eur. Or. 57). Seit 386 werden alte Dramen wiederaufgeführt, was man für → Aischylos gleich nach seinem Tode vorsah (Quint. inst. 10,1,66). Von Satyrspielen ist uns der einzigartige »Agen«, der → Harpalos und seine Dirnen vornahm, durch Snell (Szenen 104) verständlich geworden.

Im Hellenismus geht die Verbreitung der T. über die Oikumene durch Theater und Buch weiter. Zahlreiche Dichternamen, darunter die der alexandrin. → Pleias bei Ziegler, RE VI A 1970. Die »Alexandra« eines (wahrscheinl. dem 2. Jh. angehörenden) → Lykophron (6) besteht aus einer einzigen verrätselten Rede der → Kassandra. Namhafte Teile sind von der »Exagoge«, einem Mosesdrama des → Ezechiel erhalten; J. Wieneke, Münster 1931. Br. Snell, Ant. und Abendl. 13, 1967, 150; Szenen, 1971, 170. Ob der zweimalige Szenenwechsel für die hellenist. T. kennzeichnend ist, ob das wenig bedeutende Stück für eine Aufführung bestimmt war, wissen wir nicht. Die 5 Akte scheinen kenntlich. 16 Verse einer stofflich mit Hdt. übereinstimmenden → Gyges-T. (Lit. bei Lesky Tr. D., ^{3}1972, 536,30) gehören weit eher in den Hellenismus als in die Z. des Phrynichos. Hist. Themen werden auch sonst kenntlich. Zu dramat. Aufführungen auf → Delos und in → Delphoi: G. M. Sifakis Stud. in the Hist. of Hellenist. Drama, 1967. Zur griech. T. in der Kaiserz. K. Latte, Eranos 52, 1954, 125 = Kl. Schr. 590.

Ansätze zu einer Poetik der T. sind bereits in der Sophistik, bes. bei → Gorgias (1) kenntlich, M. Pohlenz, NGG 1920, 142. Manches davon spiegeln die »Frösche« des Aristoph. wider, in denen die Forderung einer erzieher. Wirkung der T. zum erstenmal auftaucht. Eben unter diesem Gesichtspunkt verwirft sie Plat. rep. B. 2 u. 10. Im Gegensatz zu dieser Verurteilung gibt Aristot. in der Poetik eine nüchtern-objektive, auf das Funktionale bedachte Darstellung der T. und ihrer Wirkung. In seiner Sicht steht die Fabel (*μῦθος*) vor der Charakterdarstellung (*ἦθος*). Die Definition der T. umschreibt ihren Effekt als *κάθαρσις τῶν τοιούτων παθημάτων* was man von med. Begriffen aus als die mit Lust verbundene Erleichterung von den durch die T. erregten Affekten versteht; F. Dirlmeier, H 75, 1940, 81. W. Schadewaldt, H 83, 1955, 129. Die lange als moralisch mißdeutete *ἁμαρτία* (1453a 10) bedeutet für Aristot. ein von menschlicher Beschränktheit verursachtes Verfehlen des Richtigen; K. v. Fritz Ant. u. mod. T., 1962, 1. J. M. Bremer Hamartia, 1969. Von Theophrast besitzen wir die auf das Stoffliche abgestellte Definition der T. als *ἡρωικῆς τύχης περίστασις* (Diom. 487,11 K.) Einen ausführlichen Überblick bis in die Spätant. gibt J. Geffcken, Vortr. Bibl. Warburg 1930, 89. Dort auch die Belege für eine Bedeutungsentwicklung von *τραγικός*, die schon im 4. Jh. einsetzt, zum theatralisch Übersteigerten. Zur modernen Problematik des Trag. A. Lesky Die griech. T., ^{4}1968.

Hauptfest der T. waren die Großen oder Städtischen Dionysien, die dem → Dionysos Eleuthereus (o. Bd. II 84) im Elaphebolion (März/April) gefeiert wurden. Vom 11.–13. wurde an jedem Tag eine Tetralogie (3 bei Aischyl. meist inhaltlich verbundene T.n [Trilogie] und ein Satyrspiel) aufgeführt. T. B. L. Webster, Hermathena 50, 1965, 21; WS 79, 1966, 118, vermutet, daß man von etwa 449 an je einen der 3 Dichter an einem Tag eine T. aufführen ließ, aber im späteren 5. Jh. jedem der Drei für ein Stück den siegreichen Schauspieler des Vorjahres gab und zur alten Anordnung zurückkehrte. Der Archon Eponymos (→ ἄρχοντες) bestimmte nach seinem Amtsantritte die → Choregen, die für die Kosten von Chor und Ausstattung aufzukommen hatten. Unter → Demetrios (25) Phalereus wurden diese durch jährl. erwählte und dotierte → Agonotheten ersetzt. Der Dichter, der aufführen wollte, reichte beim Archon um einen Chor ein, der ihn einem Choregen zuwies. Regisseur und Schauspieler war ursprünglich der Dichter. Als Aischylos den 2., Sophokles den 3. Schauspieler einführte, wählten sie berufsmäßige Darsteller, doch trat der junge Sophokles noch selbst auf. Ungefähr von der Mitte des 5. Jh.s wurden die Protagonisten von Staats wegen ausgewählt und den Dichtern durch das Los zugeteilt. Die T.-Aufführungen hatten agonalen Charakter, 10 gewählte Preisrichter reihten die Bewerber. Um die Mitte des 5. Jh.s wurden auch Schauspielerpreise vorgesehen. Vom Beginn des Hellenismus an organisierten sich Wandergruppen (*οἱ περὶ τὸν Διόνυσον τεχνῖται*, → Technitai), die alles notwendige Personal vereinigten und durch Impresarii (*ἐργολάβοι*) mit den Städten verhandelten.

Die dem gemeinion. Dionysos im Gamelion (Jänner/Febr.) gefeierten → Lenaia, vornehmlich ein Fest der Komödie, unter Leitung des Archon → Basileus, waren ungefähr seit 440 mit einem staatl. T.- → Agon (→ Skenikoi agones) ausgestattet, an dem 2 Dichter mit je 2 Stücken teilnahmen. Das ganze außerordentlich differenzierte Material für die dramat. Aufführungen ist mustergültig aufgearbeitet in der Neubearbeitung (J. Gould und D. M. Lewis) von Pickard-Cambr. The Dram. Festivals, ^{2}1968.

Photios s. *ἴκρια* spricht von hölzernen Schaugerüsten auf der athen. Agora vor der Einrichtung des Dionysos- → Theaters im S. der Akropolis. Die Gesch. dieses Theaters reicht von der primitiven Orchestra des 6. Jh.s über die tangential an diese angeschobene Skene als Spielhintergrund (zuerst 458 in der »Orestie« erkennbar) zum steinernen Theaterbau des Redners → Lykurgos (10). Es folgt der hellenist. Bau mit der in ihrer Verwendung problemat. Oberbühne und schließlich das röm. Theater, dessen Orchestra auch für Naumachien und Tierhetzen verwendet wurde. Diese verwickelte, für die Problematik des ant. Theaters paradigmat. Baugesch. hat A. W. Pickard-Cambr. The Theatre of Dionysos in Athens, 1946, dargestellt. Für andere griech. Städte sowie für die techn. Requisiten M. Bieber The Hist. of the Gr. and Rom. Theater, ^{2}1961. A. Le.

Die außerordentlich reiche Lit. zur T. bei *A. Lesky* Die trag. Dichtung d. Hellenen, ^{3}1972. Dazu die Forschungsber. im AAHG. *J. de Romilly* La tragédie Gr., 1970. *H. C. Baldry* The Gr. Tragic Theatre, 1971. *W. Jens* (ed.), Die Bauformen der griech. T., Poetica Beih. 7, 1971. *A. D. Trendall–T. B. L. Webster* Illustrations of Gr. Drama, 1971.

II. Rom. 1. Allg.: Die Einführung der T. in Rom i. J. 240 v. Chr. (s. u. *ludi scenici*) ist ein bedeutsames Ereignis der röm. Kultur-, Rel.- und Lit. Gesch. In der Not der pun. Kriege eignet sich Rom einen weiteren anspruchsvollen Teil griech. Kultur an: Theater, Mythos und T. Zwar war der griech. Götter- und Heroenmythos in Latium längst bekannt ([1]); jetzt aber wurde die »theologia poetarum« in erheblichem Ausmaß in den Staatskult aufgenommen und damit auch die Diskussion moral., sozialer und religiöser Fragen (z. B. Zweifel an der Vorsehung der Götter). Die alte T. bereitete damit bereits den nächsten Schritt der Hellenisierung Roms vor, die Einbürgerung der griech. Philos. Die geistige Leistung, die Rom hier erbrachte, wird dadurch evident, daß nirgends sonst in der hellenisierten Welt eine produktive Rezeption der griech. T. gelang: das Mosedrama des → Ezechiel steht isoliert, etwaige etr. T. bleiben unfaßbar; bei anderen Italikern (→ Osci) oder etwa den Karthagern gibt es keine Spuren.

2. Überlieferung. Außer den im corpus Annaeanum (→ Seneca 2) überlieferten Stücken ist die röm. T. untergegangen. Bekannt sind Titel von ca. 140 myth. und ca. 15 hist. T. (→ fabula, → praetexta); erhalten sind aber nur ca. 2000 Verse, was etwa dem Umfang von zwei T. entspricht. Die Bedeutung der T. für die röm. Lit. jedoch ist umgekehrt proportional zu ihrem Erhaltungszustand. → Plautus setzt bei seinem Publikum die Kenntnis trag. Stoffe, Themen und Sprachmittel voraus. Sein hoher Stil benutzt Elemente der trag. Sprache; der Amphitruo ist eine *tragicomoedia*; mehrfach ist eine Arie aus Ennius' Andromacha benutzt (Plaut. Bacch. 933 u. ö.). Cicero kennt und gebraucht seine Tragiker wie Spätere ihren Vergil ([2]). Varro hat sich als Wissenschaftler und Dichter intensiv mit der T. befaßt. Vergils T.-benutzung ist auch durch einige kärgliche Nachrichten der Scholiasten bezeugt ([3]). Entscheidend für die Tradierung der T. wurde der Umstand, daß sie weder sprachlich noch sittlich eindeutige Vorbilder lieferte, daß sie den Kaisern politisch, den Christen auch religiös verdächtig war. Deshalb gehörte die röm. T. nie zum festen Bestand der Schule. Schon in vor-varron. Z. haben sich die Grammatiker mit der T. beschäftigt; in diesen Kreisen konnte man noch im 4. Jh. n. Chr. Dut-

zende von T. exzerpieren (→ Nonius [III 1] Marcellus).

3. Geschichte. a) Die wirkliche Gesch. der Gattung bleibt uns infolge dieser Überlieferungslage weitgehend unbekannt. Kaum eine Szene, geschweige denn ein Stück läßt sich rekonstruieren; das Verhältnis zu den griech. Vorlagen – Euripides vor allem, aber auch Sophokles, Aischylos und hellenistische T. ([4]) – ist nur selten genau faßbar (z.B. Ennius, Iphigenia; Medea); der geschichtliche Ort der Autoren ist meist unklar, die biograph. Überlieferung durch Anekdoten getrübt, der Zusammenhang der trag. Themen mit den Interessen der Patrone, der Spielgeber (→ Aediles) und des Publikums kaum faßbar (z.B. Pacuvius, Pentheus und die Unterdrückung der dionys. Mysterienvereine 186–181 v.Chr.?); s. [5]. b) Autoren (Auswahl): → Livius (B 1) Andronikos (ca. 284–vor 200), C. → Naevius (ca. 270–nach 200), Q. → Ennius (239–169), M. → Pacuvius (2; ca. 220–ca. 130, Neffe des Ennius), L. → Accius (ca. 170–nach 90); → Atilius (I 1); C. → Titius (B 1); Pompilius (Schüler des Pacuvius); C. Iulius → Caesar (I 2) Strabo (ca. 130–87); → Volnius *(qui tragoedias Tuscas scripsit*, Varro l.l. 5,55); → Santra; → Pupius (1); C. → Asinius (I 5) Pollio; L. → Varius (III) Rufus; P. → Ovidius Naso; Aemilius Scaurus (Tac. ann. 6,29,3); Curiatius Maternus; → Pomponius (B 2) Secundus; L. Annaeus Seneca. Dilettanten: C. Iulius Caesar; Q. Tullius Cicero; Caesar Augustus u.a. Mit einem griech. Stück gewinnt Puplius P. f. Romanus den 2. Preis bei den Sarapeien von Tanagra. c) T.-Aufführungen sind bezeugt für die *ludi Romani* (240), *ludi Apollinares* (169; 54; 44), *ludi Iuventutis* (197?), Megalensien (191) sowie für zahlreiche Triumph- und Leichenspiele. Der »Thyestes« des L. Varius Rufus, geschrieben zu den Siegesspielen des Augustus i.J. 29, ist die letzte T., deren Aufführung – durch eine zufällig erhaltene Didaskalie – gesichert ist. Ein radikaler Wechsel im Programm der *ludi scenici* – nach dem Kalender des Dionysius → Philocalus (4.Jh. n.Chr.; → Chronograph vom J. 354) immerhin an 102 von 176 Spieltagen im Jahr – ist nicht überliefert. Dennoch ist offensichtlich, daß seit spätrepublikan. Z. die Bedeutung der T. zurückgeht. Cicero zit. oft die alten, aber keine zeitgenössischen T.; die augusteische Klassik hat keinen Tragiker. Die T. wird »republikanisch«: Die griech. Königsdramen, bes. Atreus, Thyest, Agamemnon, ließen sich als Tyrannendramen deuten; der Bezug auf altröm. und philos. (stoische) Traditionen wirkte antikaiserlich. Der unabhängige Pollio schrieb T. und soll Accius und Pacuvius imitiert haben. Schon unter Tiberius wurden zwei Tragiker hingerichtet. Das Programm eines Curiatius Maternus – Cato, Domitius, Agamemnon, Thyest – ist eindeutig; die anonyme *praetexta* Octavia ist antineronisch. Wie Senecas T. in diese oppositionelle Lit. einzuordnen sind, bleibt nicht zuletzt deshalb unklar, weil ihre Datierung umstritten ist ([6]). Die Gründe, weshalb schließlich keine neuen T. geschrieben, die republikan. und frühkaiserzeitl. nicht mehr aufgeführt und kaum noch abgeschrieben wurden, sind vielfältig und unsicher; vgl. → Pantomimos; Lesedrama des → Chairemon (1). Durch Seneca, der in der Tradition der röm. die griech. T. imitiert, wirkte die röm. T. tief auf die europäische Theatergesch. und bestimmte lange Z. auch noch das Verständnis der griech. T.

4. Sprache, Form und Gehalt. a) In der Hierarchie der Sprachschichten haben nur Epos und hohe Lyrik einen höheren Rang als die trag. Sprache. Man empfand sie als *acer altus grandis sonorus sublimis*, tadelte die Neigung zu Schwulst *(tumor)* und Verrätselung (Hor. ars 217ff. [7]). So wenig wie die komische ist die trag. Sprache einheitlich ([8]). Trotz einer Überlieferung, die einseitig das Absonderliche, Einmalige, die Archaismen und Neologismen konservierte, läßt sich die lexikal., syntakt. und stilist. Differenzierung von Prologen und *narrationes*, bes. der Botenberichte von niederen Nebenrollen (Hirt, Fischer, Soldat), zu den großen Rezitativen und Gesangspartien (→ Canticum; röm. → Verskunst) noch erkennen (vgl. Hor. ars 95ff.; → Plautus). Der Gegensatz der hyperbolischen, »barocken« (oder »manierierten«) Stilisierung der röm. T. zur relativen Schlichtheit der (klassischen) griech. T. ist ebenso deutlich wie ihre Fortsetzung im corpus Annaeanum. Das Schlagwort von der »Rhetorisierung« der röm. T. ist nur beschränkt brauchbar. b) Aufgrund ant. Zeugnisse, der trag. Frg.e und Imitationen, einiger Analogien zw. röm. Komödie und T. – Livius, Naevius und Ennius pflegten beide dramatische Formen! – sowie, mit Vorbehalt, der Stücke des corpus Annaeanum lassen sich einige Hypothesen über Form und Gehalt der röm. T. aufstellen. Die röm. T. tendierte – hellenist. und ital. Impulsen folgend – zu einem an Rollen und Requisiten reichen Ausstattungsstück. Architekton. und bühnentechn. Neuerungen verstärkten den Realismus der Illusion (→ Theater). Die außerordentliche Bedeutung der → Musik zeigt sich auch daran, daß in der alten T. – ebenso wie bei Plautus – die Sprechpartien eine geringere Bedeutung haben (ca. 40%); erst das corpus Annaeanum zeigt das euripid. Verhältnis (ca. 65% Sprechverse). – Die Römer verstanden die T. vor allem als Trauerspiel, als psychagog. Rührstück (Hor. epist. 2,1,210ff.; ars 95–106); Tränen, Angst, Haft, Folter, Wahnsinn, Hunger, Verbannung – alle Formen menschlicher Erniedrigung breitet das röm. Elendsdrama aus; der Martyrer fordert den Tyrannen, Mörder, die monotone Variation von Verbrechen und Strafen. Die großen sozialen (vgl. Ennius, Alexander), religiösen (vgl. Pacuvius, Chryses) und moral. Themen sind natürlich nicht zu übersehen. Es bleibt – gerade angesichts der

fatalen Überlieferung – zu bedenken, daß kompetente Kritiker die röm. T. höher schätzten als die Errungenschaften der Komiker: *in comoedia maxime claudicamus* ist höchstes Lob der röm. T. (Quint. inst. 10,1,97ff.). H. Ck.

Ausg.: TRF 1852 (^{2}1871. Nachdr. 1962). *E.H. Warmington*, Remains of Old Latin, ^{2}1956/57 (lat.-engl.). Ausg. einzelner Tragiker s. d.

Lit.: *O. Ribbeck* Die röm. T. im Zeitalter d. Republik, 1875 (Nachdr. 1968). *K. Ziegler*, RE VI A 1981–2008. *H.J. Mette*, Lustrum 9, 1964, 10–34 (Bibliogr.).

Erläuterungen: 1. *Ed. Fraenkel* Plautinisches im Plautus, 1922 (1960), c. III: »Mythologisches«. *F. Altheim* Griech. Götter im Alten Rom, RVV 22, 1930. 2. *W. Zillinger* Cic. u. d. altröm. Dichter, Diss. Erlangen 1911. 3. *S. Stabryla* Latin Tragedy in Virgil's Poetry, 1970. 4. *G.M. Sifakis* Studies in the Hist. of Hellenistic Drama, 1967. 5. *B. Bilinski*, Tragica 2, 1954, 9–51. *A. Pastorino* Tropaeum Liberi. Saggio sul Lucurgus di Naevio e sui motivi dionisiaci nella tragedia latina arcaica, 1955. 6. *H. Cancik* Sen. u. d. röm. T., in: HB. d. Lit. Wiss., Bd. 3 (Hg. *M. Fuhrmann*), 1974, 251–259. 7. *W. Krenkel*, Wiss. Ztschr. d. Univ. Rostock 7, 1957/58, 249–282. 8. Grundlegend *H. Haffter* Unt. zur altlat. Dichtersprache 10, 1934 (unrichtig S. 123ff. zur trag. Sprache).

Tragurium, Stadt in Dalmatien, h. Trogir, im 4. oder 3. Jh. v. Chr. von Griechen aus Issa (Strab. 7,315) am Ufer des Manios kolpos gegründet. Mitte 2. Jh. mußte sie den mächtiger gewordenen Delmaten Steuern zahlen. Als Caesar im J. 56 die griech. Kolonien des dalmatin. Küstenlandes befreite und ihre Verhältnisse regelte, gehörte die Nachbarstadt → Salona zum Territorium von T. Teils wegen ihres Verhaltens während des Bürgerkrieges, teils wegen der schnellen Entwicklung von Salona wechselten in der Kaiserz. die beiden Städte ihre Rollen. Unter den Einwohnern gab es viele Italiker; in der späten Kaiserz. war die Stadt fast nur von Familien aus Salona bewohnt. J. F.

Traiani forum, das jüngste und prachtvollste der Kaiserfora, nach den Plänen des Architekten → Apollodoros (9) erbaut, von Kaiser → Traianus (1) 112 n. Chr. eingeweiht. Vom Augustusforum aus betrat man zunächst durch einen Triumphbogen aus d. J. 116 das 116 m lange und 95 m breite T.f. mit seinen die Langseiten flankierenden Säulenhallen und Apsiden; in der Mitte stand eine Reiterstatue des Kaisers aus vergoldeter Bronze. Durch drei Tore mit Quadrigen auf der Attika kam man zur Basilica Ulpia; 96 Porphyrsäulen trugen ihr 25 m breites und 130 m langes Mittelschiff. Hinter der Basilica ließen Senat und Volk 113 die → Traianssäule errichten. Die vielerörterte Stelle der Inschr. der Basis (CIL VI 960) bezieht sich wohl auf die Höhe, bis zu der man die Ausläufer des Quirinals abtrug, um Platz für das neue Forum zu gewinnen. Die Basis enthielt in einer goldenen Urne die Asche des Kaisers, auf dem Reliefband der Säule sind die Feldzüge Traians gegen die Daker dargestellt. Je eine Bibliothek für röm. und für griech. Lit. flankierten die Säule, die h. eine Statue des Apostels Petrus trägt. Den Abschluß der ganzen Anlage (300 m lang, 185 m breit) bildeten nach NW. der Tempel des *divus Traianus* und seiner Gattin Plotina (aus hadrian. Z.), nach NO. im Anschluß an das Traiansforum die *mercati Traiani*, nach LUGLI ein Verwaltungsgebäude des kaiserl. Fiskus, das dem Verkauf von Öl, Wein und Getreide an die unbemittelte Bevölkerung diente. Rud. G.

Curtius-Nawrath-Nash Das Antike Rom. *Nash* 1,450ff. (mit Lit.).

Traiani munimentum, nach Amm. 17,1,11 von Traian im Gebiet der Alamannen errichtetes Bauwerk, das Iulianus 357 n. Chr. nach dem Sieg über die Alamannen in rechtsrhein. Gebiet aufsuchte und wiederherstellte. Der genaue Standort des T. m. konnte bisher nicht identifiziert werden. H. C.

Rau, RE VI A 2081f.

Traianopolis. **1.** (Früher → Doriskos, n.-griech. h. Therma Lutra). T., etwa 10 km w. von → Dyme (2; h. Feredžik), wurde zu Beginn des 2. Jh.s n. Chr. auf Geheiß Kaiser Traians an (der) Stelle des ehemaligen Doriskos gegründet. Die Lage von T. in der Küstenebene an der Hebrosmündung in Thrakien war in verkehrsgeogr. und strateg. Hinsicht vortrefflich. Das vorröm. Doriskos lag an der wichtigen Küstenstraße, der späteren Via Egnatia, die → Byzantion über → Therme (→ Thessalonike) mit der adriat. Küste verband. In röm. Z. wuchs auch die Straße, die von → Kabyle ausgehend, über → Hadrianopolis und T. nach Herakleia (→ Perinthos) führte, an Bedeutung. Nach den von Diokletian und Konstantin d. Gr. durchgeführten großen Verwaltungsreformen im spätröm. Reich gehörte T. der Provinz Rhodope an, deren Hauptstadt → Ainos war. T. wird des öfteren in der hagiograph. Lit. erwähnt. Ptol. 3,11,13; vgl. auch Itin. Anton. Itin. Hier. Geogr. Rav. 4,6. 5,2. HEAD HN^2 288. Chr. D.

E. Oberhummer, RE V 1566f. (s. Doriskos); RE VI A 2082–2085. *Dumont-Homolle* Mélanges 224; in der Hagiographie: *Delehay*, Anal. Boll. 31, 1912, 254. *V. Velkov* Die Stadt im spätant. Thrakien u. Dakien (bulg.) 103. 105.

2. Ant. Stadt in Phrygien (Ptol. 5,2,13), deren Ruinenstätte ca. 10 km ö. vom h. Uşak liegt. T. wurde z. Z. des Kaisers → Traianus (1) gegründet, und zwar in unmittelbarer Nähe und auf dem Territorium von Grimenothyrai. Im Laufe der Z. hat T. die ältere Nachbarstadt überflügelt; es ist jedoch allem Anschein nach nicht zu einem Synoikismos gekommen, wenn die Städte auch zeitweise gemeinsame Münzemissionen veranlaßt haben.

W. Ruge, RE VI A 2085ff. *D. Magie* Roman Rule in Asia Minor, Princeton 1950, 1452, 8. Zu Grimenothyrai vgl. ebd. 999,36.

3. Da der Kaiser Traian am 8. Aug. 117 n. Chr. in → Selinus (5) gestorben war, führte diese Stadt zeitweise den Namen T. **4.** Diesen Namen führte, wie sich numismatisch für das J. 113/114 nachweisen läßt, die kilik. Stadt → Epiphaneia (1). E. O.

D. Magie Roman Rule in Asia Minor, Princeton 1950, 1452, 8.

Traianssäule. Auf dem knappen Raum zwischen Basilica Ulpia, den Bibliotheken und dem Zugang zum Tempel des Divus → Traianus (1) erhob sich die knapp 40 m hohe T., auf ihr die Statue Traians. Über dem wohl von Anfang an ([6]) als Grab für die Urne Traians angelegten Sockel stand der 100 röm. Fuß hohe Schaft, den ein spiralig ansteigendes, 200 m langes Band umgab, auf dem in Flachrelief die Dakerkriege Traians in 155 kontinuierend ineinander übergehenden Szenen dargestellt waren, ein dokumentar. Bericht (Traian leitet die Operationen, kämpft nicht selbst), der zugleich *virtus, pietas, clementia, iustitia* des 60 mal dargestellten Kaisers preist. Das künstlerisch bedeutende Friesband war im Alt. nie gut zu sehen. Vorstufen fehlen, die Thematik (Märsche, *adlocutiones*, Bau- und Schanzarbeiten, Kämpfe, Unterwerfungen usw.) erinnert an Caes. Gall., die Form könnte Erfindung des → Apollodoros (9) sein. Die recht gut erhaltene T. (es fehlt vor allem die Farbe) ist wohl das bedeutendste überlieferte hist. Relief sowie Denkmal kaiserlicher Selbstdarstellung und kaiserlichen Anspruchs in Rom. W. H. G.

1. *K. Lehmann-Hartleben* Die T., 1926. 2. *Becatti* La colonna coclide istoriata, 1960. 3. *Nash* 1,283 ff. 4. *Bianchi Bandinelli* Storicità dell'arte class., ^{2}1950, 213 ff. 5. *F. B. Florescu* Die T., 1969. 6. *Zanker*, AA 1970, 525 ff. 7. *L. Rossi* Trajan's Column and the Dacian Wars, 1971. – Grundlegend weiterhin *C. Cichorius* Die Reliefs d. T., 1896/1900. Vgl. ferner *W. Gauer* Stud. z. T. (demnächst MDAI[R], Erg.-H.) sowie die Art. Traiani forum und Traianus (1).

Traianus. 1. M. Ulpius T., Sohn des gleichnamigen *cos. suff.* 70 und der Marcia, * 18. Sept. 53 in → Italica, App. Ib. 38,153. Cass. Dio 68,4,1. Im J. 73/74 oder 75/76 war er Legionslegat seines Vaters in Syrien im Kampf gegen → Vologaeses, Plin. paneg. 14,1. und dann lange Zeit als *trib. mil.* am Rhein und am Euphrat tätig, ebd. 15,3. Etwa 23jährig wird Tr. Pompeia Plotina aus → Nemausus geheiratet haben. Ca. 78 kam er zur Quaestur, ca. 84 zur Praetur. Im J. 86 übernahm er mit P. → Acilius (II 1) Attianus die Vormundschaft über den 10jähr. Hadrian, den Sohn seines Cousins, H.A. vit. Hadr. 1,4; damals stand T. als praetor. Legat der *leg. VII Gemina* in Hispania Tarraconensis. Um den Aufstand des → Antonius (II 12) Saturninus niederschlagen zu helfen, wurde er anf. 89 von Domitian nach Mainz beordert, Plin. paneg. 14,3. Er war dann an den Kämpfen am Rhein und an der Donau beteiligt, ebd. 16,2. Vom 1. Jan.–30. April 91 war er *cos. ord.* mit M'. Acilius Glabrio, AE 1949, 23 Z. 21. Vielleicht stand er 94/95 als Statthalter in → Moesia inf., SYME Tac. 1,34, dann in Germania sup., vit. Hadr.

2,5. Dort legte er Straßen für den Nachschub an, baute Castelle und errichtete Kolonien, Eutr. 8,2. CIL XIII 9146. 9147. 9120. 9128. Die Spanier und die Vornehmen aus der Narbonensis, die in Rom hohe Posten innehatten, dürften → Nerva dazu bewogen haben, am 27. Okt. 97 wegen eines drohenden Praetorianeraufstandes T. in Abwesenheit zu adoptieren und ihn als Mitregenten mit dem Caesar-Titel anzunehmen, Cass. Dio 68,3,4. Plin. paneg. 6,4 f. 8,6; er erhielt das *imperium maius* über beide Germanien, am 28. Okt. den Imperator-Titel und die *trib. potestas*, HAMMOND, Mem. Amer. Acad. Rome 18, 131 f. 29, 1949, 37 ff. Als Nerva am 27. Jan. 98 starb, war T. Alleinherrscher, Er blieb jedoch an der Rheingrenze, die er gegen Barbareneinfälle absicherte. Er war sich dessen bewußt, daß größere Schwierigkeiten an der Donau zu erwarten waren. Er begab sich nach → Pannonien, im Winter 98/99 nach Moesien, Plin. paneg. 12,3, um das Heer gegen drohende Einfälle des Dakerkönigs → Decebalus schlagkräftig zu machen, Plin. paneg. 18,1, und um Aufmarschstraßen zu bauen, so die durch das Eiserne Tor bei Oršova (CIL III 1699). Erst etwa im Okt. 99 begab sich T. nach Rom, wo er dem Volk Brot und Spiele gab, Plin. paneg. 25,2 ff., und die Delatoren der domitian. Z. bestrafte, ebd. 34,5. Durch die Vorbereitungen zum Dakerkrieg, vor allem durch die Straßenbauten war nur wenig Geld vorhanden; trotzdem weitete T. Nervas Fürsorgewerk für mittellose Knaben und Mädchen aus, Cass. Dio 68,5,4. CIL XI 1147. 1492. 4351. Im J. 100 heiratete Hadrian T.' Großnichte → Vibia Sabina, vit. Hadr. 2,10. Nachdem ein überaus starkes Heer an der Donau zusammengezogen und verläßlichen Generälen unterstellt worden war, brach T. am 25. März 101 mit seiner Gattin Plotina, seiner Nichte Marciana und Hadrian von Rom zum Dakerkrieg auf, CIL VI 2074. Die Donau wurde auf zwei Schiffsbrücken überschritten. Obwohl eine große Schlacht s. der Berge vom Eisernen Tor-Paß geschlagen wurde, Cass. Dio 68,8,2, gelang eine drohende Umklammerung der Hauptstadt des Decebalus, → Sarmizegetusa, erst im J. 102; Decebalus schloß Frieden, Cass. Dio 68, 9,7. Die Mauern der Hauptstadt wurden geschleift. T. dagegen ließ bei Drobeta durch → Apollodoros (9) eine Steinbrücke über die Donau bauen. → Pannonien wurde zwecks besserer Verwaltung geteilt. Im J. 105 brach der 2. Dakerkrieg aus (Abreise T.' aus Rom am 6. Juni, Inscr. It. XIII 1, p. 196 f.). Im J. 106 fiel Sarmizegetusa, Decebalus gab sich auf der Flucht den Tod, M. SPEIDEL, JRS 60,142 ff. Zu den Dakerkriegen und deren Darstellung auf der → Traianssäule s. C. CICHORIUS Die Reliefs der Traianssäule. K. LEHMANN-HARTLEBEN Die Trajanssäule. Dakien wurde röm. Provinz, → Terentius (II 9) Scaurianus ihr erster Statthalter. T. feierte seinen Triumph, Plin. epist. 8,4,2. Gleichzeitig erfolgte die Annexion Arabiens. Der Senat ließ die Traianssäule errichten, der Princeps sein Forum, Thermen u. das Siegesdenkmal von Adamklissi. Thronstreitigkeiten um Armenien gaben nach Cass. Dio 68,17,1 im J. 111 den Vorwand zum Partherkrieg (s. F. A. LEPPER Traian's Parthian War), zu dem T. im Herbst 113 aufbrach, IGR III 173. CIL XVI 60. Als er nach Elegeia am Euphrat (bei Erzerum) gekommen war, ließ er Parthamasiris, den König von Armenien, töten, Cass. Dio 68,20,3. Eutr. 8,3; Armenien wurde im J. 114 röm. Provinz, der Senat verlieh T. den Titel *Optimus Princeps*, TH. FRANKFORT, Latomus 16,333f. Im J. 115 brachte T. Mesopotamien in seine Gewalt und machte es zur röm. Provinz, Eutr. 8,3. Doch begann zugleich der große Judenaufstand in Äg. und der Cyrenaica, Eus. hist. eccl. 4,2. Im J. 116 überquerte T. den Tigris und eroberte → Nisibis, → Seleukeia (1) und → Ktesiphon, vit. Hadr. 13,1. Cass. Dio 68,28,2. Er kam bis Charax am Pers. Golf, Cass. Dio 68,28,3f. In Mesopotamien brach ein Aufstand aus; T.' General Lusius Quietus schlug ihn zwar nieder, Cass. Dio 68,32,3, wie Q. Marcius Turbo die immer mehr sich ausbreitende Judenerhebung. Doch T. war bereits schwer erkrankt. Er gab die Eroberungspläne auf, setzte den Pathamaspates als Partherkönig ein und trat die Heimreise an. Er kam nur bis Selinus am Schwarzen Meer, wo er am 8. Aug. 117 starb. Seine Asche wurde im Sockel der Traianssäule beigesetzt. – Münzen: P. STRACK Unters. zur röm. Reichsprägung des 2. Jh.s, I: Die Reichsprägung zur Zeit Trajans, 1931. – Bildnisse: W. H. GROSS Bildnisse Traians, 1940. HANFMANN–VERMEULE–JUCKER, AJA 61,223ff. R. H.

Lit.: *R. Paribeni* Optimus Princeps, 1927.

2. 367/68 *dux Aegypti* (Athan. hist. aceph. 18. SEECK Reg.), kämpfte 371 als *comes et dux Syriae et Euphratensis* in Armenien, wo er um 374 Oberbefehlshaber wurde und 374 → Papa (1) ermorden ließ (Amm. 29,1,2. 30,1,18ff. Faust. Byz. 5,4. 32). Als *magister peditum* kämpfte er 377/78 gegen die Westgoten; er fiel 378 bei Adrianopel (Amm. 31, 7f. 11–13). T. galt als frommer, orthodoxer Christ (Theodoret h.e. 4,28. 33. Basileios epist. 148f.).

3. Leibwächter (*δορυφόρος*) → Belisars, zeichnete sich 537/38 bei der Belagerung Roms durch die Ostgoten aus (Prok. 5,27,4ff. 6,4,6; 6,4ff.). 541 war er mit Belisar in Mesopotamien (Prok. 2,19,15ff.). A. L.

Tralleis. 1. Laut Steph. Byz. und Liv. (27,32, 4. 31,35,1. 33,4,4) illyr., laut Hesych. thrak. Volksstamm. Auch in der neueren Forschung gehen die Meinungen über ihre Abstammung auseinander. Möglicherweise wurde der Name des okkupierten Gebietes und der früher dort wohnhaften Thraker von den eingewanderten Illyrern übernommen. Sie werden erwähnt in der Armee Alexanders d. Gr. (Diod. 17,65,1), sodann in der Schlacht bei Magnesia (190 v. Chr.), auf der Seite sowohl der Römer als auch des Antiochos III. (Liv. 37,39,10). J. F.

2. *Τράλλεις* (Strab. 14,648), in Anbetracht der sagenhaften Überlieferung offensichtlich uralte einheimische Gründung im kar.-lyd.-ion. Grenzgebiet am Südfuß der → Mesogis (h. Djuma Daği) im Tal des → Maiandros (h. Büjük Menderes Nehri), wo von der wichtigen ö. ins Landesinnere führenden Maiandrostalstraße eine s. am Keramischen Golf auslaufende Seitenstraße abzweigte; die noch zu Ende des letzten Jh.s ansehnliche Ruinenstätte von T. im N. des h. Aydin weist h. an bemerkenswerten Überresten nur noch drei hohe Bögen des in röm. Z. erbauten Gymnasium auf. Die befestigte Lage der Stadt bestimmte mit ihrer strateg. Bedeutung die polit. Geschicke von T. ganz wesentlich. So belagerte 400 v. Chr. im Krieg, den die Spartaner nach dem Abschluß des Pelop. Krieges führten, der spartan. Harmost → Thibron (1) T. vergeblich (Diod. 14,36,3). Auch von den Kämpfen der Diadochen wurde T. in Mitleidenschaft gezogen (Eroberung durch → Antigonos Monophthalmos 313: Diod. 19,75,5). Im J. 27 v. Chr. wurde die Stadt durch ein Erdbeben stark zerstört; den Wiederaufbau ermöglichte Augustus durch namhafte Geldspenden (Strab. 12,579). Aus Dankbarkeit führte T. seither, mindestens ein Jh. lang, den Namen Kaisareia. E. O.

W. Ruge, RE VI A 2093–2128. *D. Magie* Roman Rule in Asia Minor, Princeton 1950, 129f. 991,28. 29. Enc. art. ant. 7, 1966, 966. *L. Robert*, RPh 41, 1967, 41f. *E. Akurgal* Ancient Civilizations and Ruins of Turkey, Istanbul 1970, 236. *G. E. Bean* Turkey beyond the Maeander, London 1971, 208ff. Vgl. auch *Baedeker* Türkei (1965/66) 178.

Trambelos (*Τράμβηλος*). Ein Sohn des → Telamon (1) von Theaneira-Hesione, so Sch. Lykophr. 467. Da → Hesione nach allgemeiner Überlieferung Mutter des → Teukros (2) ist, können die beiden Frauen nicht ident. sein. T. wird in Milet geboren, nachdem die Schwangere aus dem Schiff gesprungen, an Land geschwommen und von dem dortigen König Arion (!) gerettet worden ist, der ihren Sohn aufzieht. Arion wurde später von Achilleus erschlagen und, als dieser erfuhr, daß es sein Vetter war – Telamon und Peleus waren Brüder –, betrauert. – Bei Parthen. 26 (»nach dem Thrax des Euphorion«) lebt T. auf Lesbos, liebt Apriate, die ihm nicht zu Willen ist, und stürzt sie ins Meer. Es folgt eine Variante, nach der sie sich selbst ins Meer stürzt, und diese stimmt zu den Resten von → Euphorions (3) Thrax (Nr. 371 PACK^2. Pap. Soc. It. Nr. 1390. LESKY GGrL^3 848). Der Tod durch Achilleus ist hier eine Strafe, und das Heroon des T. auf Lesbos zeugt von Achilleus' Trauer. – Lesbos scheint der urspr. Schauplatz der Sage zu sein. H. v. G.

Trankopfer, *σπονδή*, *λοιβή*, *χοή*, *libatio* ([1]), das häufigste → Opfer griech.-röm. Rel. ([2]), zumeist als *οἰνόσπονδα* (Weinspenden), dann auch als *νηφάλια* (Wasser, Milch, Honig, bes. im chthon. Kult, aber auch in früher Z.: Porph. abst.

2,20. Plin. nat. 14,88), wobei die T.-Ursprünge teils bis in die idg. Z. reichen (FRISK 2,1092. MEULI Griech. Opferbr. 192,3. [3]), wie etwa das heth. T. nebst etym. verwandtem *šipant-* = σπένδειν lehrt (GÖTZE, Journ. Cun. St. 23, 1970/71, 77ff. KAMMENHUBER, Studi micen. ed egeo-anat. 14, 1971, 143ff. OTTEN Heth. Totenrituale 19. AKURGAL Kunst d. Heth., T. 104f.), teils bis in die voridg. mediterr. Z., so z. B. in Äg. (RÄRG 424ff.), Kreta (NILSSON Minoan-Mycen. Rel. ^{2}144. 147ff. 263ff. GRUMACH, Kadmos 7, 1968, 7ff.), Zypern (KARAGEORGHIS, Report of the Dpt. of Ant. Cyprus 1970, T. 1ff.), im Vorderen Orient (FRANKFORT Cyl. Seals 75. BLOME Die Opfermaterie in Babylonien u. Israel 298ff.) usw., dann in myk. Z. (MYLONAS Mycenae and the Myc. Age 165f. VERMEULE Greece in the Bronze Age 290, Abb. 44. HILLER, Minos 10, 1969, 78ff. Zu scheiden sind selbständige T. und T. als Teil anderer Opfer, so bes. beim Speiseopfer, wobei griech. T.-Gefäße → Phiale und Opferkanne, röm. *patera* und *gutus* waren (SCHAEWEN Röm. Opfergeräte 15ff. RYBERG Rites of the State Rel. in Rom. Art, Abb. 20. 25. NUBER, BRGK 53, 1972 [1973], 90ff.). Selbständige T. waren z. B. die χοή mit ungemischtem Wein im → Totenkult, die σπονδή beim → Eid ([3], 25ff.), daher auch σπονδή = Vertrag (Hom. Il. 2,341. Thuk. 5,32,6), dann im Privatkult, wo in praxi bei fast jedem Gebet libiert wurde (STENGEL Opferbr. 54f.), daher formelhaftes σπείσας καὶ εὐξάμενος (Xen. Kyr. 7,1,1. Aristoph. Pax 435. Hom. Od. 3,45. 394 u. ö.). T.-Akte waren überaus zahlreich ([2], 242ff.), so morgens und abends (Hes. erg. 338f.), bei Reiseantritten (Hom. Od. 2,431f.), Wagenausfahrten (WREDE, MDAI[A] 41, 1916, 260ff.), Symposien (NILSSON Opusc. 1,439ff.) usw. Auch Götter libierten (Plut. mor. 418b), und so wurde nicht nur der Adorant beim T. (HAUSMANN Griech. Weihreliefs Abb. 4), sondern auch der Gott beim T., besonders Apollon (SIMON Opfernde Götter 13ff. ECKSTEIN-WOLF, MDAI[Bln.] 5, 1952, 68ff.), seit E. 6. Jh. oft Motiv ant. Kunst, ja die T.-Schale wurde zum göttl. Attribut (HIMMELMANN-WILDSCHÜTZ Zur Eigenart d. klass. Götterbildes 24ff. Marb. Winkelm. Progr. 1960, 42ff. BOGEN Gesten i. Begrüßungsszenen auf att. Vasen, 1969, 9ff.; anders: FUCHS, MDAI[R] 68, 1961, 176ff.). D. Wa.

1. *Casabona* Rech. sur le vocabulaire des sacrifices en grec, 1966, 231ff. *Huber* Das T. i. Kulte d. Völker, 1929. 2. *Rudhardt* Notions fondamentales de la pensée rel. ..., 1958, 240ff. 3. *Fritze* De libatione vet. Graecorum, Diss. Bln. 1893, 10.

Tranquillitas, röm. Personifikation **1.** der »Meeresstille«, symbolisiert durch ruhig fahrendes Schiff, so auf Altar mit Inschr. *ARA T.*, wohl noch 1. Jh. n. Chr. (HERMANN Röm. Götteraltäre, 1961, 111f. Nr. 43), **2.** der staatl. »Sicherheit«, daher verw. mit *Securitas* und ähnl. polit. Begriffen (BEAUJEU La rel. rom. à l'apogée de l'Empire 1, 1955, 424ff.), auf Mz. ab → Hadrian 128/129, versinnbildlicht durch weibl. Figur mit Szepter usw. (MATTINGLY RIC II 365 Nr. 222ff. STRACK Reichsprägung 2,124f.), auch spätröm. Kaisertitulatur (Eutr. 1,12,2 u. ö.). D. Wa.

Transactio ist im röm. Recht die formlose Abrede, den Streit oder die Ungewißheit der Parteien über ein Rechtsverhältnis durch gegenseitiges Nachgeben zu beseitigen. Die wichtigsten Texte dazu finden sich in Dig. 2,15. Cod. Iust. 2,4. Ein schon begonnener Prozeß kann durch t. beendet werden. Histor. Wurzel der *t.* ist vielleicht der Sühnevergleich zwischen dem Verletzten und dem Deliktstäter über die Höhe der Buße, mit der die → *talio* des Verletzten abgewendet werden soll. Die urspr. Bezeichnung dafür ist *pacisci.* Im klass. Recht ist die *t.* eine Sonderform des Erlaßpactum. Daher steht der Klage aus der durch die *t.* erledigten Forderung regelmäßig die *exceptio pacti* entgegen. Auch kommt die Klage auf eine *poena* in Betracht, wo die *t.* zusätzlich durch ein Strafversprechen gesichert ist. Eine eigene Klage aus der *t.* selbst gibt es dagegen nicht. Deshalb muß eine Gegenleistung für den Erlaß, wenn sie nicht gleich erbracht wird, durch → *stipulatio* versprochen werden. Erst in der nachklass. Z. wird die *t.* als selbständiger Schuldvertrag verstanden. Die ö. Schule reiht sie unter die Innominatkontrakte ein. D. M.

M. Kaser Röm. Privatrecht 1^{2}, 1971, 642 mit weit. Lit.; 2, 1959, 322.

Transaquincum, ein kleines Kastell gegenüber dem Legionslager von → Aquincum, bei der Mündung des Baches Rákos in die Donau, im XIII. Bez. von Budapest. Grundriß rechteckig, etwa 90x67 m groß. Funde: Säulen, Pfeiler, Ziegel mit Stempeln, eine Victoria-Statue. Spätestens unter Sept. Severus erbaut. Not. Dign. occ. 33,65 *praef. leg. Transia cinco.* Dagegen ist *Contraaquincum* eine größere Festung im Zentrum von Budapest. J. Sz.

L. Nagy, RE VI A 2148ff. *J. Szilágyi*, Arch. Ért. 76, 1949, 72ff.

Transfuga bedeutet den Überläufer zum Feind, und zwar nicht unbedingt bloß im Krieg (Paul. Dig. 49,15,19,8). Dem *t.* drohen strenge Strafen: Er verliert sein Bürgerrecht, seine Stellung in der Familie und ggf. auch im Soldatenstand sowie sein Vermögen; er hat kein → *postliminium* (Paul. Dig. 49,15,19,5). Dazu kommt, wenn er wieder in die Gewalt der Römer fällt, die Todesstrafe mit verschiedenen Verschärfungen. Um sie vollziehen zu können, wird in Friedensverträgen häufig die Rückgabe der *transfugae* vereinbart. D. M.

Transitio ad plebem, Übertritt eines Patriziers in die Plebs, um die Wahlfähigkeit zum Volkstribunen zu erlangen. 449,439,401 v. Chr. wurden angeblich Patrizier in das Volkstribunenkollegium kooptiert. Liv. 3,65,1. 4,16,3. 5,10,11.

Hist. sicher sind erst die Übertritte des P. → Sulpicius (A I 22) Rufus 88, des P. → Clodius (I 8) Pulcher und des P. Cornelius → Dolabella (1). Der Übergang wurde durch Volksbeschluß oder → Adrogatio bewirkt. In dem einzigen näher bekannten Fall wollte Clodius 60 vor einer Centurien- oder einer Plebsversammlung (MOMMSEN RF 1,124f.) den Patriziat niederlegen. Cic. Att. 1,18,4. Da der Konsul → Metellus (I 13) das Verfahren als *οὐ κατὰ τὰ πάτρια* (Cass. Dio 37,51) erklärte, adrogierte 59 der Plebeier → Fonteius (I 6) Clodius vor den Curiatcomitien unter Vorsitz des *pontifex maximus* Caesar und emanzipierte ihn. Cic. dom. 37. H. V.

Translatio bedeutet Übertragung. In der Rechtssprache ist *t.* vor allem in drei Verbindungen term. techn.:

1. T. iuris bedeutet die Vorstellung, daß ein Recht unter Erhaltung seiner Identität vom Veräußerer auf den Erwerber übertragen wird. Diese Vorstellung fordert schon erhebliche Abstraktion. Daher findet sie sich bei den Römern erst in Ansätzen: am ehesten bei der Gesamtnachfolge (z. B. in Erbschaften), am wenigsten bei der Einzelnachfolge in Forderungen. Vgl. M. KASER Röm. Privatrecht 1^2, 1971, 1,223. 413.

2. T. legati bedeutet die Umwandlung eines Legats derart, daß das neue Legat an die Stelle des alten (und nicht daneben) tritt. Bezogen auf das alte Legat bewirkt die *t.* eine *ademptio*. Beisp. Gai. Dig. 34,4,5 *quod Titio legavi, id Seio do lego*. Vgl. M. KASER a. O. 755f.

3. T. iudicii bedeutet die Auswechslung einer Person in einem durch → *litis contestatio* begründeten Prozeßrechtsverhältnis. Hauptfall ist die Auswechslung einer Partei, etwa weil die alte gestorben ist oder weil der Vertretene selbst statt des Vertreters den Prozeß fortführen will. Zumindest ähnlich ist auch die Auswechslung des Richters *(mutatio iudicis)*. Für die *t. iudicii* bedarf es eines Zusammenwirkens der Parteien mit dem Magistrat: Dieser muß durch ein neues Dekret das Prozeßprogramm den geänderten Verhältnissen anpassen. Vgl. M. KASER Röm. Zivilprozeßrecht, 1966, 271f. D. M.

Transmarisca. Station an der niedermoesischen Donau-Strecke (Itin. Anton. 223,1), 75 m. p. von → Novae (1; laut Tab. Peut. 8,2: 73) und 37 m. p. (laut Tab. Peut.: 36) von → Durostorum entfernt, h. Tutrakan. Name: Ptol. 3,10,5 und Prok. aed. 4,7: *Τραμαρίσκα*; Geogr. Rav. 4,7: *Stamarisca*. Ihre mil. Rolle begann wahrscheinl. unter Domitian oder Traian, als das Legionslager von Durostorum angelegt und hier ein Auxiliarlager errichtet wurde. Das Lager wird erstmalig im J. 297 erwähnt (CIL III 6151 = DESSILS 641). Im 4. Jh. war T. die Station eines *praefectus ripae* der *legio XI Claudia* (Not. dign. or. 40,34), um die nach Konstantinopel führende Straße zu schützen. J. F.

Transvectio equitum, jährl. am 15. Juli stattfindender Paradezug der röm. Ritter, vom Tempel des Mars zur porta Capena – Dion. Hal. ant. 6,13 – (nach Aur. Vict. 32,3 vom Tempel des Honos zur p. Collina), vorbei am Tempel des Castor und Pollux zum Tempel des Iuppiter Optimus Maximus auf dem Kapitol (Liv. 9,46,15). Der Ursprung: 1. T. e. ist Gedenkfeier für die Hilfe der Dioskuren in der Schlacht am → Regillus (Dion. Hal. ST WEINSTOCK, RE VI A 2179ff., kritisch LATTE RRel 175). 2. Begründet durch Zensor Q. Fabius Maximus 304 v. Chr. (Vir. ill. 32,3).

Die teilnehmenden Ritter waren in *turmae* gegliedert. Verbunden mit der *t.* war eine Musterung, die aber nicht mit dem Zensus der Gesamtritterschaft gleichzusetzen ist (STEIN 64). Die Reiter der *t.* sind wohl ab 2./1. Jh. mit der *iuventus* des Adels gleichzusetzen (Liv. 42,61. Q. Cic. de pet. cons. 8, 33) = *principes iuventutis*. Wiederaufnahme der *t.* unter Aug. (Suet. Aug. 38,3) im Zuge der Reorganisation des Ritterstandes. Die *t.* war aber auf die *iuniores* (bis zum 35. Lebensj.) beschränkt, die *turmae* wurden von *seviri equitum Rom.* angeführt (MOMMSEN RStR 3,523f.). Mit der *t.* war eine *probatio* verbunden (STEIN 64ff.; vgl. Ov. trist. 2, 89f.). Für die *t.* schuf Augustus das Amt der → *tresviri recognoscendi turmas equitum* (Suet. Aug. 37). *Princeps iuventutis* wurde Ehrentitel der kaiserl. Prinzen (die ersten: C. und L. Caesar: Mon. Anc. 14. Tac. ann. 1,3). Ehrenzeichen: Lanze und Schild aus Silber (STEIN 83f.). Die *t.* wurde bis ins 4. Jh. n. Chr. gefeiert (Kal. des → Philocalus, CIL I^2 p. 268). H. Vr.

Mommsen RStR 3,493ff. *A. Stein* Der röm. Ritterstand, 1927. *Latte* RRel 173. 175. 236, 1960.

Trapetum (auch *-tus*, pl. *-tes*). Die Ölmühle (auch *mola olearia*, doch Colum. 12,52,6 davon unterschieden) dient dem Zerquetschen der Oliven, so daß Kern und bittere Flüssigkeit, *murca*, sich vom Fleisch trennen, ohne daß der Kern zerquetscht wird. Später wird das mürbe Fleisch, *sampsa*, im → Torcular ausgepreßt. Cato agr. 20ff. beschreibt die Konstruktion des T., Beispiele sind erhalten (BLÜMNER Techn. ^{2}340. FORBES Studies in anc. Technology 3,103. DRACHMANN Anc. Oil Mills and Presses, 1932). In einem Mörser erhob sich ein Pfeiler, auf dem mittels Zapfen eine Buchse, *cupa*, befestigt war. Durch die *cupa* und die Quetschsteine, *orbes*, wurde eine Achse zum Drehen gesteckt. Die *orbes* mußten so *leviter* befestigt sein, daß Zerstörung des Kerns ausblieb. W. H. G.

Trapeza. 1. s. Mensa

2. Griech. Name für die Bank. Es gibt sie seit dem 6. Jh. v. Chr. Bisher in über 50 griech. Städten belegt, ferner in zahlreichen größeren und kleineren Ortschaften im hellenist. und röm. Äg. Die ältesten sind wohl die Tempelbanken, die zunächst nur Wertgegenstände und Geld aufbewahren;

später verleihen sie Geld, das hauptsächlich aus den Einkünften der Tempelgüter stammt, bei etwa 10% Zins (so in Delos) auf Hypothek. Gut bekannt sind die inschr. Abrechnungen in Delos: z.Z. der athen. Vorherrschaft gehen die Darlehen an Mitglieder des Seebundes, später nur an die Stadt Delos und deren Bürger, offenbar, weil die Eintreibung außerhalb der Insel nicht mehr gesichert war. Die Summen und der Gesamtumsatz sind niedrig, die Rolle der Tempelbanken wird in der Fachlit. oft maßlos überschätzt. Die früheste Funktion der Privatbanken besteht wohl aus Geldwechsel, was bei dem sehr komplizierten griech. Münzsystem (→ Münzwesen) ein großes Können verlangt hat. Ferner kann sie Depositen entgegennehmen, entweder zu einfacher Aufbewahrung oder zu Weiterverwendung des Geldes. Im zweiten Fall wird dem Kunden 10% Zins gewährt, die T. verlangt höhere Zinsen von ihren Schuldnern. Da die Depositen zeitlich nicht begrenzt sind, kann im Falle plötzlichen Rückzugs durch mehrere Kunden Bankrott entstehen (reihenweiser Bankrott in Athen 371/70 v.Chr., wohl als Folge der Schlacht von Leuktra). Da die meisten Privatbankiers (bekannt die Athener → Pasion 2, der reichste Mann in der Stadt zu seiner Z., Phormion u.a. im 4.Jh. v.Chr.) Metöken oder Freigelassene sind, können sie keine Hypothekengeschäfte tätigen, sondern verlangen als Sicherheit Pfand oder Bürgen; somit zählt nur die wohlhabendere Oberschicht zu ihren Kunden. Die öffentl. Banken kommen bes. im Hellenismus auf, die äg. Staatsbank hat überall im Land Filialen, nimmt u.a. Steuergelder in Empfang und bezahlt Beamtenlöhne. Ihre Monopolstellung wird nach der röm. Eroberung abgebaut. In einzelnen Städten finden wir Bankmonopole, z.B. für den Geldwechsel. Bankgesetzgebung und -Prozeßordnung sind in der Ant. nur in bescheidenen Ansätzen vorhanden, die Existenz des Girowesens und des Schecks (primitive Vorläufer nachgewiesen) sind umstritten. Die Rolle der T. ist für den Geldumlauf von einiger Bedeutung, kaum jedoch für Industrie und Handel. Th. P.

→ Bankwesen, → Giroverkehr, → Monopole. *J.Hasebroek*, H 55, 1920, 113ff. *E.Ziebarth*. Ztschr. f. Numismatik 34, 1924, 36ff. *R.Bogaert* Banques et banquiers dans les cités grecques, 1968 (grundlegend, bes. als Materialslg.).

Trapezites. **1.** s. Trapeza (2). Bankwesen. Giroverkehr

2. Bezeichnung der Leiter der Gauhauptkasse in den Gaumetropolen (ptol.: *βασιλικὸς τραπεζίτης*; röm.: *δημόσιος τραπεζίτης*), aber auch bei den Filialen der Orte innerhalb des Gaues. In röm. Z. leitete ein Kollegium von Direktoren dieses Titels eine Gauhauptkasse. W. H.

Trapezopolis (*Τραπεζόπολις*, Ptol. 5,2, 15 M.; vgl. Plin. nat. 5,109), abgesehen von numismat. und epigraph. Belegen nur in späten literar. Quellen bezeugte ant. Stadt in Karien, deren unergiebige Ruinenstätte beim h. Boli zw. Asar und Denizli am Nordhang des Baba Daği festgestellt worden ist. E. O.

W.Ruge, RE VI A 2210ff. *L.* und *J.Robert* La Carie 2, Paris 1954, 154ff. Die Inschr. MAMA 6,22f.

Trapezus (*Τραπεζοῦς*). **1.** Ortschaft der Landschaft → Parrhasia am NW.-Ende der Hochebene von → Megalopolis in Arkadien s. des → Alpheios (1), als bestehend nur bei Hdt. 6,127,3 genannt, später in Megalopolis einverleibt und verlassen, Paus. 8,27,4–6. 29,1. 31,5. Steph. Byz. s. *Τράπεζα* und *Τραπεζοῦς*. In der späteren Geschichtskonstruktion galt T. als Sitz der alten arkad. Könige. Geringe Reste vielleicht beim h. Mavria ausgegraben, [1]. E. M.

1. *Kl. Stephanos*, *Πρακτικά* 1907, 123. 2. *E. Meyer*, RE VI A 2212f.

2. H. Trebsond. Wichtige miles. (genauer sinop.) Kolonie an der s. Schwarzmeerküste (der Küste des späteren Pontus Polemoniacus), ö. des Kaps Hieron. T. zählte zu den frühen griech. Gründungen in diesen Gewässern. Der Hafen von T. galt als gut und wurde von einer befestigten Akropolis beherrscht. Nicht so sehr an den Qualitäten seines Hafens als vielmehr an den ungastlichen Stämmen in seiner Umgebung lag es, daß T. noch im J. 399 eine verhältnismäßig kleine und von → Sinope abhängige Stadt war. Später wurde T. ein Bestandteil vom pont. Reich des → Mithradates VI. Eupator; nachher gehörte es zum Gebiet, das von → Deiotaros I., und noch später zum Gebiet, das von der dynast. Linie des → Polemon (1) abhängig war. Während der frühen Kaiserzeit nahm diese Stadt an Bedeutung zu, da ihr Hafen in der Nähe der Grenze Armeniens lag. Im J. 64 n.Chr., nach der Einverleibung des ö. Pontus, wurde T. eine *civitas libera*. Zu hadrian. Z. erhielt die Stadt neue Hafenanlagen. Die Blüte von T. nahm ein Ende, als es von den Gothen im J. 259 zerstört wurde. In spätröm. Z. behielt T. seine mil. Bedeutung (Garnisonsort der *legio I Pontica*). Seine Befestigungsanlagen wurden unter Iustinian wiederhergestellt.

Eine neue Blüte erlebte T. seit 1204 als Mittelpunkt des gleichnamigen Kaiserreiches der »Großkomnenen« (begründet von Alexios und David, Enkeln des byz. Kaisers Andronikos I.), das erst im J. 1461 von den Türken erobert wurde.

Xen. an. 4,8,22ff. u. s. Skyl. 85. Diod. 14,30. Strab. 7,320. 11,497ff. 12,549. Mela 1,107. Plin. nat. 6,11ff. Arr. per. p. E. 1 u. s. Peripl. m. Eux. 36ff. Ptol. 1,15,9. 5,6,5. 8,17,35. Zos. 1,33; vgl. auch Itin. Anton. Not. dign. or. 38,16. Hierokles. s.v.; Prok. b. Goth. 4,2; aed. 3,7. Eust. ad Dion. Per. 687. HEAD HN^2 499; CIL III p. 46. 1233. Chr. D.

Fr. Cumont Studia Pontica 2, 1906, 362. *A.H.M.Jones* Cities of the Eastern Rom. Provinces, Oxf. ^{2}1971. *D.Magie* Rom. Rule in Asia Minor Ind. s.v. *Ruge*, RE VI A 2114ff. *Danoff*, RE Suppl. IX 1062ff.

Trăsŭmenus lacus (Quantitäten Sil. 5,8) hat h. noch eine Größe von ca. 120 km^2 bei einer Tiefe von 7 m; er liegt w. der Straße Arretium–Cortona–Perusia (Strab. 5,226) und ist berühmt durch die röm. Niederlage am 22. Juni (Ov. fast. 6, 765) 217 v. Chr. (Pol. 3,82,9. Cic. Brut. 57; S. Rosc. 89; nat. 2,8; div. 2,21. Liv. 22,4,1) während eines Erdbebens (Plin. nat. 2,200; vgl. Feuererscheinung ebd. 241). G. R.

Forbiger HB. d. alt. Geogr. 3,378. *Nissen* It. Ldk. 2,319. *Krom.-Veith* 3,1,183ff.

Trauerkleidung. Von der Kleidung des tägl. Lebens unterscheidet sich die T. sowohl bei den Angehörigen und Freunden, Klienten, Abhängigen (bei Herrschern auch den Untertanen) wie bei den professionellen Klagefrauen durch die Farbe. Trauerfarbe war in Griechenland und Rom schwarz, in Rom konnte die T. auch noch künstlich beschmutzt werden. Frauen lassen in Griechenland und Rom die Haare lang herabhängen, Männer sich in Rom einen Trauerbart stehen (bzw. in Z.en, in denen man täglich Bart trägt, diesen scheren). Soweit aus dem Hateriergrab Rückschlüsse erlaubt sind (D. E. Strong Roman Imperial Sculpture, 1961, T. 66; Memorie Ac. Lincei 8/13, 1968, 482f. T. 6 Abb. 12), nehmen die *ex testamento* des Verstorbenen Freigelassenen bereits mit dem → Pilleus an der Klage Teil. W. H. G.

Traulus. Sex. T. Montanus. Röm. Ritter, den → Messalina (2) eine Nacht für sich in Anspruch genommen hatte und der nach ihrem Sturz getötet wurde, Tac. ann. 11,36,3. Sen. apocol. 13,4. R. H.

Traumdeutung (ὀνειροκρισία). Den Traumdeuter (ὀνειροπόλος) kennen schon Hom. Il. 1, 63. 5,49. Hdt. 1,128. ὀνειροκρίτης heißt er Theophr. char. 16,11; ὀνειρομάντις Aischyl. Choeph. 33. ὀνειροπολεῖν bedeutet sowohl »einen Traum haben« als auch »einen Traum deuten«.

Träume gehören zu den ältesten Formen der → Mantik; für den ant. Menschen stellen sie eine direkte Einflußnahme göttl. oder dämon. Wesen dar. Sie bedürfen der Auslegung, da es auf eine Scheidung zwischen wahren und falschen Träumen ankommt. Solche Auslegung kann der Träumende selbst geben oder ein berufsmäßiger Traumdeuter. Die Deutung muß die Person des Träumenden und die Erscheinung selbst berücksichtigen; Träume von Königen und polit. Führern beziehen sich auf das Wohl des Staates; Sklaventräume dagegen sind unzuverlässig und haben keine weitreichende Bedeutung. Die Traumerscheinung selbst kann allegor. wie theoremat., unverschleierte, Bedeutung haben (Artemidor 1,2); allegor. Träume sind auf diese Weise immer wahr, wenn man sie nur recht versteht. Bei Homer findet sich vorwiegend der theoremat. Traum; nur Od. 19,535 ist allegor.: 20 Gänse werden von einem Adler getötet – so wird Odysseus die Freier erlegen. Hdt. verwendet allegor. und theoremat. Träume nebeneinander; insgesamt nimmt der allegor. Traum ab dem 5. Jh. zu. Das att. Drama benutzt den Traum und seine Deutung als dramaturg. Mittel (vgl. R. Staehlin Das Motiv d. Mantik im ant. Drama [RVV 12,1], Giessen 1912). Unabhängig von der Praxis und ihren Regeln versuchten die Philosophen das Phänomen des Traumes zu erklären und die Traumdeutung auf eine theoret. Basis zu stellen. Nach den Pythagoreern sind Dämonen die Vermittler der Träume (Diog. Laert. 8,32). Da die Seele sich im Schlaf vom Körper lösen kann, sind in diesem Zustand auch ihre Eindrücke und Erkenntnisse von höherem Wahrheitsgehalt (vgl. Cic. div. 1,63, dazu Pease z. St. Aristot. frg. 10 R.; aufgenommen von Iambl. de myst. 3,3). Dagegen konnte die Atomistik eine solche Erklärung nicht akzeptieren; auch → Epikuros war ein entschiedener Gegner der Traumdivination (Belege bei Usener Epicurea 224f.; vgl. Pease zu Cic. div. 1,5). Das med. Schrifttum befaßte sich mit der Deutung von Träumen vor allem unter physiolog. Gesichtspunkten (Ps.-Hippokr. Insomn. = Acut. 4,86–93; dazu A. Palm Stud. z. hipp. Schrift περὶ διαίτης, Diss. Tübingen 1933). Die diagnost. Bedeutung von Träumen, welche heute die Psychotherapie heraushebt, war der Ant. schon bekannt: vgl. Plat. rep. 571 c. Cic. div. 1,60f.). Platon, der die pythagor. Ansicht von der Vermittlung der Dämonen übernimmt (symp. 203a), verknüpft rep. 571c–572b damit die Forderung nach Reinigung der Seele (vgl. Pease zu Cic. div. 1,60). Auch Aristot. div. 463b 12ff. kennt die Dämonen als Vermittler von Träumen, führt aber die Träume selbst nicht auf göttl. Einwirkung, sondern auf physiolog. Ursachen zurück: Blutdruck, Verdauungsprozeß etc.; insofern vermögen Träume auch Krankheiten anzuzeigen. Die Stoiker schreiben den Träumen einen hohen Wahrheitsgehalt zu. → Chrysippos (2) verfaßte ein Werk über Traummantik in 2 Büchern (Reste: SVF I 343ff.). → Poseidonios (2) legte eine Slg. in 5 B. an (Cic. div. 1,6. Diog. Laert. 7,149). Ordnungsprinzip war die Auslegungsmethode (Reinhardt Kosmos und Sympathie 233ff.). Theoret. Kernstück seiner Lehre war die Darstellung des Sympathiezusammenhanges. Nach Poseid. (bei Cic. div. 1,64) war Traumdivination unter 3 Bedingungen möglich: a) Teilhabe der menschl. Seele an göttl. Kräften auf Grund der sympathet. Verwandtschaft; b) durch Luftdämonen; c) durch direkte Verbindung der Götter mit dem schlafenden Menschen. Stoisch und wahrscheinl. auf Poseid. zurückzuführen ist auch die Klassifizierung der Träume nach ihrem Wahrheitsgehalt (Artemid. 1,1f. Macr. somn. 1,3,2ff.); sie stufen sich wie folgt ab: ὄνειρος-*somnium*; ὅραμα-*visio*; χρηματισμός-*oraculum*; ἐνύπνιον-*insomnium*; φάντασμα-*visum*. Der späte Platonismus übernimmt diese Deutungen und macht sich die Traumdivination für seine theurgischen Operationen zunutze.

Abgesehen von der theoret. Begründung der Traumdeutung durch die Philos. entwickelte sich zugleich mit dem Berufsstand des Traumdeuters eine umfangreiche Fachlit. Tert. de an. 46 und zusätzlich Artemid. 2,44. 4,24 nennen eine Reihe uns z.T. nicht weiter bekannter Traumdeuter, die umfangreiche Schriften verfaßten. Das umfassendste erhaltene Traumbuch ist das des → Artemidoros (4; ed. R.St.PACK, Lpz. 1963): B. 1–4 behandeln Theorie und Praxis der Traumdeutung; B.5 stellt eine Slg. bemerkenswerter Fälle dar. Artemid. hat mannigfaches Gedankengut eingeschmolzen; neben stoischen Lehren ist im Bereich der Praxis Beeinflussung durch babylon. und äg. Quellen nicht auszuschließen. Aus der Spätant. ist erhalten → Synesios, *π. ἐνυπνίων*, eine Schrift mit stark neuplat. Einschlag (vgl. W. LANG Das Traumbuch d. Synesius v. Cyrene, Heidelb. 1926).

Nach ant. Vorstellung waren Einwohner bestimmter Gegenden bes. zur Traumdivination geeignet (Clem. Al. strom. 1,16,74: die Telmesser; Paus. 5,23,6: Hyblaier auf Sizilien; Fest. 434 L.: die Sabiner; Damasc. v. Isid. § 12f., p. 14 Z.: die alexandrin. Philosophen; vgl. dazu Iambl. de myst. 3,3, p. 106,3. Macr. somn. 1,3,18). Die ant. Traumlehre faßte den Traum nicht nur wie die Psychoanalyse als einen Vorgang psych. Zusammenhänge auf, sondern sah darin auch Zeichen kosmischer Vorgänge, die als beeinflussende Faktoren der ganzen Lebensumstände verstanden wurden. C. Z.

1. *B.Büchsenschütz* Traum u. Traumdeutung i. Alt., 1868. 2. *A.Bouché-Leclerq* Hist. de la Divination dans l' ant., Par. 1879, 1,277ff. 3. *J.Fischer* Ad artis veterum onirocriticae hist. symbola, Diss. Jena 1899. 4. *O. Weinreich* Ant. Heilungswunder (RVV 8,1), 1909. 5. *Hopfner* 2 § 162 bis 211. 6. *A.St.Pease*, Komm. zu M. T. Ciceronis de div., 1920/23 (Nachdr. 1963). 7. *J.Hundt* Der Traumglaube b. Hom., Greifsw. Beitr. 9, 1935. 8. *A.L.Oppenheim*, Transact. Am. Philos. Soc. 46,3, 1956. 9. *P.Frisch* Die Träume b. Hdt., Meisenheim 1968.

Trausi (*Τραυσοί*), thrak. Volksstamm in den s.w. Grenzgebieten im Rhodopegebirge n. von den Krestonen. Ihre sonderbaren Gebräuche, speziell ihre Einstellung zu Leben und Tod, sind bei Hdt. sehr bildhaft dargestellt. Hdt. 5,3–4. Liv. 38,41. Chr. D.

Oberhummer, RE VI 2245ff. *Danoff* Altthrakien, bulg. Sofia 1968, 119ff. Von der älteren Lit. s. *G. Kazarow* Beitr. z. Kulturgesch. d. Thraker 91.

Trdat. 1. = Tiridates III., Armenierkönig, Sohn des → Chosroes (2). Im J. 252 oder 253 trieb ihn ein Perserheer zur Flucht auf röm. Boden. War unter Diocletian ein tapferer Soldat in kaiserl. Diensten. Im Zusammenhang mit dem Sarazeneneinfall vom J. 290 wurde seine Rückkehr geplant und mit moralischer Unterstützung des Kaisers durchgeführt. T. wurde von seinem Volke als der Befreier von der Fremdherrschaft mit Freuden angenommen. Als → Narses (1) in Persien Ordnung geschaffen hatte, wurde T. 296 erneut vertrieben und stellte sich wieder unter kaiserl. Schutz. Nach dem Sieg des → Maximianus (2) Galerius begleitete er den Caesar auf seinem weiteren Vormarsch bis Ktesiphon. Im Frieden, den Diocletian mit Narses schloß, wurden von Armenien einige Satrapien abgetrennt, wofür T. mit Teilen von Adherbeidschan entschädigt wurde. Ausdrücklich wurde damals auch die Oberhoheit Roms über Armenien anerkannt.

In der Religionspolitik schloß sich T. zunächst seinem röm. Oberherrn an. Während der Verfolgung unter Diocletian ging er entsprechend vor. Aber auf Veranlassung seiner Schwester Chosroviducht befreite er Gregor den Erleuchter und ließ sich mit ihr und seiner Gemahlin Arschken bekehren. Gewaltsam wurde die Christianisierung durchgeführt, das Christentum wurde Staatsreligion. Um 317 starb T. und hinterließ seinem Sohne Chosroes die Regierung. Zon. 12,21. A. v. HARNACK Die Mission u. Ausbreitung d. Christentums 2, 1924, 750ff. W. ENSSLIN, SBAW 1947 H. 5, 18f. A. JEDIN, HB. d. KG. 1, 1963, 420. **2.** Tirith, wird zusammen mit Gnel als Brudersohn des Armenierkönigs Arschak (→ Arsakes II.) bezeichnet, war dem Römerkaiser vergeiselt und wurde von Constantius II. in die Heimat entlassen. Moses Khoren. 3,21f. läßt ihn auf röm. Boden, und zwar auf des Kaisers Befehl, getötet werden. J. D.-G.

Treba (Ptol. 3,1,62 *Τρῆβα*), *municipium* der 1. Region (Plin. nat. 3,64) am oberen Anio (ebd. 109 *in monte Trebanorum ortus*), heißt später *T. Augusta* (Frontin. aqu. 93); andere Namensform *Treb(u)lae* (Tab. Peut. 6,1); fraglich *r.p. Trebanorum* (CIL X 5928). T. gehört zur *tribus Aniensis* (L. ROSS TAYLOR Voting Districts 271); h. Trevi. G. R.

Trebatius. Pleb. Gentilname, abgeleitet vielleicht von einem Ortsnamen (Treba, Trebula, vgl. SCHULZE Eigenn. 375); kaiserzeitl. sehr häufig, Inschr. **1.** Praetor der Samniten, wurde 89 im → Bundesgenossenkrieg von dem Römer C. → Cosconius (I 2) am Aufidus geschlagen und entkam nach Canusium. App. civ. 1,228. **2.** C. T. Testa (ca. 84 v. Chr. bis ca. 4 n. Chr.), röm. Jurist. Er stammte wahrscheinlich aus → Velia in Lucanien. Cic. (fam. 7,5) empfahl ihn im J. 54 an Caesar als einen Juristen mit ausgezeichneten Kenntnissen; in Gallien schlug T. eine Kriegstribunenstelle aus, betätigte sich aber als jurist. Beirat und geschätzer Gesellschafter Caesars, bes. im Winter 54/53 (vgl. M. GELZER Caesar[6] 125. 320). Im → Bürgerkrieg stand er auf der Seite Caesars und vermittelte zu Cicero. Dieser widmete ihm 44 sein Werk *Topica* (vgl. fam. 7,19,1; o. Bd. I 1181,35). Auch bei dem jungen Caesar (→ Augustus) stand er in hohem Ansehen. Hor. richtete s. 2,1 im J. 30 an ihn (vgl. Porph. z. St.). Sein Lehrer war Q. Cornelius Maximus, sein hochbedeutender Schüler M. → Antistius (II 12) Labeo. Dem Titel nach bekannt sind *de religionibus* und *de civili iure*, doch gab es nach Pompon. Dig. 1,2,2,45f. noch weitere Schriften. Ohne bestimmte philos. Einstellung liebte er die heitere Lebensart, fühlte sich bes. Cicero und Caesar dankbar verbunden und liebte im Beruf eine kurze und prägnante Ausdrucksweise. H. G. G.

Ältere Lit. z.B. bei *P. Sonnet* C.T.Testa, Diss. Gießen 1932; RE VI A 2251ff. *Schanz-Hos.* 1,596f. *A.Berger*, RE Suppl.VII 1619–22. *L. Wenger* Die Quellen d. röm. Rechts, 1953, 485. *F. Schulz* Gesch. d. röm. Rechtswiss., 1961, 47. 56. 105.

Trebellenus. T. T. Rufus. Aus Concordia (Venetien) stammend, war unter Augustus *quaestor urbanus*, *legatus* (CIL V 1878), *praetor* vor 19 n. Chr.; er wurde zum Vormund für die Söhne des Königs → Kotys von Thrakien und Verwalter von S.-Thrakien bestellt, Tac. ann. 2,67,2, im J. 21 von N.-Thrakien her bekriegt, ebd. 3,38,3f. Im J. 35 Selbstmord nach einem Prozeß wegen *maiestas*, ebd. 6,39,1. R. H.

Trebellius. I. Republikan. Zeit. **1.** L. T. interzedierte als Volkstr. 67 bei der Abstimmung über den Antrag seines Koll. → Gabinius (I 6), Pompeius den Oberbefehl gegen die Seeräuber zu übertragen. Als Gabinius T. daraufhin absetzen lassen wollte, gab T. nach, als die 17. Tribus gegen ihn gestimmt hatte (Cic. Cornel. 1 bei Ascon. 63f. K.-S.). **2.** L.T., der sich selbst das Cognomen *Fides* zulegte, bekämpfte als Volkstr. 47 den Antrag seines Koll. P. Cornelius → Dolabella auf eine allg. Schuldentilgung (Cass. Dio 42,29,1–33,3). Als es zu bewaffneten Auseinandersetzungen kam, sollte M. Antonius aufgrund eines *SC ultimum* die Ordnung wiederherstellen, doch nahmen die Unruhen erst mit Caesars Rückkehr nach Rom im Herbst 47 ein Ende. In der Folge fand T. jedoch weniger bei Caesar als in den Kreisen um Cic. Anerkennung (Cic. Phil. 6,11). Während Dolabella 45 zum *cos.* designiert wurde, erhielt T. die Aedilität, wahrscheinl. für 44. Nach der Ermordung Caesars schloß sich T. Antonius an und führte 43 beim Marsch nach Gallien offenbar die Reiterei (Cic. fam. 11,13,4). **3.** T. Calca gab sich um 32 v. Chr. für den 52 ermordeten P. → Clodius aus und forderte vergebl. vor dem Centumviralgericht die Herausgabe von dessen Vermögen (Val. Max. 9, 15,4).

II. Kaiserzeit. **1.** M. T., Freund des → Columella (Colum. 5,1). Wenn er mit dem 36 n. Chr. in Kilikien eingesetzten Legaten ident. ist (Tac. ann. 6,41), hat viell. Columella als Kriegstr. unter ihm gedient (C. Cichorius Röm. Studien, 1922, 420f.). M. D.-M.

2. M. T. Maximus. Am 24. Jan. 41 n. Chr. machte er sich im Senat durch eine haßerfüllte Handlung gegen das Andenken → Caligulas bemerkbar. Ios. ant. Iud. 19,185. *Cos. suff.* im Herbst 56 mit → Seneca (2), CIL IV 5514. In dieser Zeit kam das *SC Trebonianum* über Erbschaftsangelegenheiten zustande, Gai. 2,253. Im J. 61 hatte er den Census in den *tres Galliae* durchzuführen, Tac. ann. 14,46,2. In den J. 63–69 *leg. Aug. pr. pr. Britanniae*, Tac. Agr. 16,3. Als das Heer meuterte, floh er zu → Vitellius, Tac. hist. 1,60,1–3. Noch im J. 72 ist er als *frater Arvalis* genannt, CIL VI 2053. R. H.

Trebendai (*Τρεβένδαι*, Nikol. Sion. 57. Ptol. 5,3,3), von [1] im Tal des Myros (h. Dembre Çayi) vermutete ant. Stadt Lykiens in der Nähe von → Myra (beim h. Dorfe Dembre); mit dieser Stadt stand T. zeitweise in polit. Verbindung, wenn nicht gar Abhängigkeit ([2]). Nicht ident. mit → Trebenna. E. O.

1. *W. Ruge*, RE VI A 2267f. 2. *D. Magie* Roman Rule in Asia Minor, Princeton 1950, 1375,15.

Trebenna (*Τρέβεννα*, vgl. Mansi 7,576), ant. Stadt im Grenzgebiet von Lykien und Pamphylien, deren Ruinenstätte 20 km w. vom h. Antalya festgestellt worden ist. S.s.ö. davon lag der von T. politisch abhängige Ort Onobara. T. war Mitglied des Lyk. Bundes. E. O.

W. Ruge, RE VI A 2268f.

Trĕbia (*ĕ*: Sil. 1,47. Lucan. 2,46), griech. ὁ *Τρεβίας* (Pol. 3,67,9. 68,4. Strab. 5,217), Fluß aus dem Apennin, mündet bei Placentia in den Padus (Plin. nat. 3,118. Strab. a. O.); bekannt durch röm. Niederlage 218 (Liv. 21,48ff. Plin. nat. 7,106 u.a. Nep. Hann. 4,2. Pol. a. O.). Im Tal der h. Trebbia Kloster Bobbio. G. R.

Forbiger HB. d. alt. Geogr. 3,456. *Nissen* It. Ldk. 2,272. *Holder* 2,1906ff. mit allen Belegstellen.

Trebiae (oder *Trebi*), umbr. Stadt nahe dem Clitumnus (Sch. Iuv. 12,13), *municipium* der 6. Region (Plin. nat. 3,114 *Trebiates;* fraglich Suet. Tib. 31,1 *Trebianis;* vgl. CIL XI 5054 *Trebis*), Station der v. Flaminia (Itin. Burdig. 613,10); h. Trevi. G. R.

Nissen It. Ldk. 2,401. *Beloch* RG 503. 560.

Trebianus. Seltener Familienname. – T. war als röm. Ritter im Bürgerkrieg Gegner Caesars, von dem er 45 begnadigt wurde. Cic. fam. 6,10f. H. G. G.

Trebius. Osk.-ital. Praenomen, abgekürzt Tr., vgl. Schulze Eigenn. 469. DessILS 3, p. 922. Später auch röm. Gentilname, auf Inschr. schon republikan. bezeugt.

I. Republikan. Zeit. **1.** Statius T. lieferte 216 v. Chr. seine Heimatstadt Compsa (Samnium) nach der Schlacht bei Cannae kampflos Hannibal aus. Liv. 23,1,1ff. **2.** M. T. Gallus, Offizier Caesars, der 57/56 (mit anderen) zur Forderung von Getreidelieferungen ausgeschickt und von den Coriosoliten (Bretagne) gefangen genommen wurde, Caes. Gall. 3,7. 8. 9. 10,2. 16,4. Broughton 2,212. H. G. G.

II. Kaiserzeit: M. T. Sergianus. Statth. von Galatia 127/128, AE 1926, 73 = SEG 6, 59. *Cos. ord.* 132 n. Chr. mit C. Iunius Serius Augurinus, AE 1933, 58. CIL VI 10299. 31140. X 6485. R. H.

Trebonianus. T. Gallus. = imp. Caes. C. Vibius T. Gallus Augustus aus Perusia, CIL XI 1927.

Nach Epit. Caes. 31,1 dürfte er um 206 geboren sein. Um 245 *cos. suff.*, Dexipp. FGrH 100 F 22 mit Komm. p. 309. Im J. 250/51 war er *legat. Aug. pr. pr.* beider → Moesien, s. STEIN Legat. 103f. T. leistete den Goten, die unter ihrem König Kniva die Stadt Novae belagerten, Widerstand, Iord. Get. 101 f.; zu ihm zog sich Kaiser → Decius (II 1) nach seiner Niederlage bei Beroia zurück; Decius und T. wollten im Frühjahr 251 den Goten den Heimweg über die Donau abschneiden, doch Decius erlitt bei → Abrittus im Juni eine Niederlage und fiel mit seinem Sohn Herennius, Dexipp. FGrH 100 F 22. Zos. 1,23,3. Zon. 12,20. T. und sein Sohn Veldumnianus wurden zu Imperatoren ausgerufen, Eutr. 9,5. Die Goten räumten das röm. Gebiet, behielten ihre Beute, und T. mußte jährlichen Tribut zahlen, Iord. Get. 106. Nach Rom gekommen, anerkannte T. den 2. Sohn des Decius, → Hostilianus, erst nur als Caesar, im Herbst als Augustus und adoptierte ihn, bald auch den Decius-Sohn → Volusianus, Zos. 1,25,1; doch Hostilianus starb 251. Die Donaugrenze blieb bedroht. Im J. 253 fiel → Sapor I. in Syrien ein. Die Legionen in Moesien riefen gegen T. als Kaiser → Aemilianus (1) aus, der gegen Italien zog. Bei → Interamna trat er T. entgegen, den seine eigenen Soldaten töteten, Iord. Get. 105. – BARBIERI Alb. senat. Nr. 1759. – Bildnisse: BERNOULLI 2,3,158ff. – Münzen: DELBRÜCK Münzbildnisse 90–93. T. 11. R. H.

Trebonius (frühe Form: *Terebonius, Terebunius*). Name eines pleb. Geschlechts, das im 5. Jh. durch ein gleichnam. Plebiszit bezeugt ist, noch einmal im letzten Jh. der Rep. erscheint, bis es im Prinzipat bedeutungslos wird.

I. Republikan. Zeit. **1.** Bei Hor. s. 1,4,114 erwähnter, sonst nicht bekannter Ehebrecher. **2.** C. T. widersetzte sich als Quaestor (60?) dem Übertritt des P. → Clodius (I 8) zur Plebs und brachte als Volkstr. 55 die Gesetze durch, die für → Crassus (2) und → Pompeius (A I 1) Syrien und Spanien als Provinzen und für Caesar die Verlängerung der gall. Statthalterschaft auf weitere 5 J. bestimmten. Mit einer Legatenstelle bei Caesar für seine Dienste belohnt, kämpfte T. 54 bis 49 in Gallien und leitete 49 die berühmte Belagerung → Massilias (Quelle für ihre Darstellung Caes. civ. 2,1,1–16,3 sind wohl die Berichte des T. und seiner Ingenieure). Massilia kapitulierte erst vor dem aus Spanien zurückkehrenden Caesar, der T. 48 zur städt. Praetur verhalf. Hier hatte T. dem Umsturzversuch des M. → Caelius (I 9) Rufus zu begegnen. Anf. 47 übernahm T. die Provinz Hispania ulterior, die, durch die grausame Herrschaft des Q. → Cassius (I 21) Longinus und meuternde Legionen beunruhigt, auch T. nicht befrieden konnte; er mußte fliehen, kehrte aber 46 mit Caesar zum letzten Kampf gegen die Pompeianer zurück. Obwohl *cos. suff.* 45 und zum *procos. Asiae* für 43 ernannt, schloß sich T. als überzeugter Republikaner (langjährige Beziehung zu Cic.) wahrscheinl. schon 46 in Spanien der Opposition gegen den Dictator an. Nicht unmittelbar an Caesars Ermordung beteiligt, sandte T. 43 aus seiner Provinz → Cassius (I 15) und → Brutus (9) Unterstützung, wurde jedoch von P. → Dolabella auf dessen Weg in die Provinz Syrien in → Smyrna überfallen und getötet (App. civ. 3,99ff. Cass. Dio 47,29,3). **3.** L. T. Asper brachte 448 als Volkstr. die gleichnamige *lex* ein, die die Cooptation von Volkstribunen verbot und die Wahl aller 10 Trib. vorschrieb (Liv. 3,65,3f. G. ROTONDI Leg. Publ. Pop. Rom., 1912, 206f.). **4.** P. T. tötete nach Plut. Mar. 14,4–9 und Sch. Bob. Cic. Mil. 114 ST. im Kimbernkrieg 104 Marius' Neffen, der ihm nachstellte, aus Notwehr, wurde jedoch von Marius freigesprochen (Val. Max. 6,1,12: C. → Plautius [I 5]). M. D.-M.

II. Kaiserzeit. T. Garutianus. Finanzprokurator in Afrika, der auf Befehl → Galbas im J. 68 den Usurpator L. → Clodius (II 5) Macer tötete, Tac. hist. 1,7,1. R. H.

Trebula, Name verschiedener mittelital. Orte (*Trēbula:* Martial. 5,71,1. 13,33,1. Strab. 5,228; *Tribule:* Feldm. 258), gleichbedeutend mit Trebia (Serv. Aen. 7,711 u.a.), Trebiae, Treba. **1.** T. Mutuesca (so CIL IX 4880. 4885. 4893; Obseq. 41. 42. 43 *Mutusca*), *vicus* (CIL I² 627), später *municipium* (CIL IX 4894), der 4. Region (Plin. nat. 3,107) mit Kult der Feronia (CIL IX 4873ff.) und der Novensiles (Piso frg. 45 P. *in Sabinis apud Trebiam*), zur *tribus Sergia* (L. ROSS TAYLOR Voting Districts 275; nach MOMMSEN CIL IX p. 463 *Fabia*) gehörig, s. Reate nahe Monteleone. **2.** T. Suffenas (CIL XIV 3492) gleichfalls in der 4. Region (Plin. nat. 3,107) im Himellatal (Dion. Hal. ant. 1,14 Τριβόλα). **3.** *Municipium* (Feldm. 238. CIL X 4559f.) Kampaniens (Ptol. 3,1,68) in der Volturnusschleife (Liv. 10,1,2. 23,39,6. Cic. leg. agr. 2,66) mit Weinbau (Plin. nat. 14,69); h. Treglia. **4.** Ort zwischen Saticula und Suessula (Liv. 23,14,13) mit Gut des Pontius vermutlich an der v. Appia (Cic. Att. 5,2,1. 7,2,2. 7,3,12; fam. 11,27,3. Vgl. ferner Plin. nat. 3,64 und CIL IX 2823). G. R.

Tremelius. Name einer röm. *gens* (meist *Tremellius.* Zum hohen Alter des Namens SCHULZE Eigenn. 374f.), deren Vertreter in republik. Z. selten in den Quellen erscheinen, so daß es unglaubwürdig ist, wenn sich Nr. 4 sechs praetor. Ahnen rühmt (Varro r.r. 2,4,2). **1.** C. T., 173 *Xvir agr. dand. assign.* in Gallien und Ligurien (Liv. 42,4,4), war viell. 175,174 oder 170 Praetor (BROUGHTON 1,420). **2.** Cn. T. war 168 Volkstr. und 159 Praetor. In beiden Amtsjahren geriet er in persönl. Gegensatz zu angesehenen Aristokraten, 168 zu den Censoren Ti. → Gracchus (6) und C. → Claudius (I 31) Pulcher (J. BLEICKEN Das Volkstribunat der klass. Republik, ²1968, 99), 159 zum *pont. max.* und *princ. sen.* M. Aemilius → Lepidus (I 4;

Liv. 43,15,6. 45,15,9. epit. 47). **3.** Cn. T. Flaccus gehörte der Gesandtschaft an, die 205 die → Mater Magna nach Rom führte, und verwaltete 202 in seiner Praetur Sizilien. **4.** Cn. T. Scrofa kämpfte 71 als Quaestor des M. → Crassus (2) gegen → Spartacus, war 70 Richter im Verres-Prozeß und 59 einer der *XX viri*, die den *ager Campanus* assignieren sollten (Varro rust. 1,2,10. 2,4,2); viell. 58 Praetor (BROUGHTON 2,194f. 466) und 52 oder 51 (BROUGHTON 2,243. 251) Statthalter von Kyrene oder Maked. (zu den durch Varros Z.-Angaben entstehenden Schwierigkeiten, T.' Laufbahn zu bestimmen, vgl. RE VI A 2287f.). T. ist Gesprächspartner in den beiden ersten B. von → Varros Werk über die Landwirtschaft, wo seine breiten Fachkenntnisse gerühmt werden (1,2,10. 2,1,2. 11). Im 2. B. behandelt T. die Schweinezucht. Offenbar hat er selbst eine landwirtschaftl. Schrift verfaßt, die Colum. 1,1,12 (vgl. 2,1,2.4) und Plin. nat. 17,199 rühmen. **5.** L. T. Scrofa, Sohn von Nr. 2, schlug 143 oder 142 (BROUGHTON 1,472f.) als Quaestor in Maked. den Aufstand eines angebl. Sohnes des → Perseus (2) nieder (Liv. epit. 53). Offenbar war auch er Praetor (BROUGHTON 1,436: 136?). Wahrscheinl. führte T. als erster das Cognomen *Scrofa* (zur Erklärung vgl. Varro rust. 2,4,1f. mit Macr. Sat. 1,6,30). M. D.-M.

Tremissis s. Triens

Tremulus. Röm. Cognomen, nach körperl. Eigenart (»zitternd«), vgl. I. KAJANTO The Latin Cognomina, Helsinki 1965, 245. → Marcius (I 39). H. G. G.

Treres (*Τρῆρες*), ein n. vom Skomiosgeb. und w. vom Fluß Oiskos (Iskär) wohnender Thrakerstamm; bedeutsame Splitter von ihm trifft man in Illyrien und bes. in W.-Kleinasien. Sie bezeugen die Ereignisse, die die Lageverschiebungen der Thraker und der anderen Balkanstämme im 2. und im Anf. 1. Jh. v. Chr. begleitet haben.

Thuk. 2,96,4. Strab. 1,59. 61. 13,586. 627. 14, 647. Plin. nat. 4,35. Chr. D.

J. Keil, RE VI A 2291. *Danoff* Altthrakien, 1968 (bulg.), 47. 101. 104. 108. 119.

Tresantes (*τρέσαντες*), spartan. Bezeichnung der Spartiaten, die im Kampf »gezittert hatten«, nicht *ἐν τάξει* bis zum Sieg oder Tod geblieben oder rückwärts verwundet waren. Sie verloren ihre *ἀρετή*. Tyrt. frg. 8,14ff. Plut. Lyk. 21,2. Gebrandmarkt mit nur halbgeschorenem Schnurrbart und schmutzigen Kleidern lebten sie, ausgeschlossen von Ämtern und Ehren, Gymnastik, Tanz und Spiel und der Zeltgemeinschaft in einer Art von *ἀτιμία*, die Ehe mit anderen Familien und Kauf und Verkauf verbot. Xen. Lak. pol. 9,4ff. Plut. Ages. 30,3ff. Thuk. 5,34,2. Ältester *τ.* war 480 → Aristodamos (2), der die Schande bei → Plataiai vergeblich zu sühnen suchte. Hdt. 7, 229ff. 9,71,2. Nach → Leuktra ließ → Agesilaos (2) das inzwischen gelockerte Gesetz »einen Tag schlafen«. Plut. a. O. 30,6. H. V.

Tressis, Dreiasstück (→ As), begegnet als Gußmünze (→ Aes grave) in der Roma-Rad-Serie sowie, in postsemilibraler Reduktion, in der Janus-Prora-Serie (Wertmarke III). Geprägt liegt er in Emissionen der Flottenpräfekten des Antonius und aus dem kaiserz. Kleinasien (= 3 → *ἀσσάρια*) vor (Zeichen: *Γ*). Die als T. gedeuteten Münzen von Vienna, Lugdunum und Nemausus sind dagegen Asse. H. Ch.

F. Vittinghoff, RE VI A 2297ff. *R. Thomsen* Early Roman Coinage 1, Kopenhagen 1957. *H. Chantraine* Limesforschungen 8, Bln. 1968, 11f.

Tres Tabernae. 1. Station der v. Appia (Cic. Att. 1,13,1. 2,10. 12,2. 13,1. Apg. 28,15. Aur. Vict. epit. 40,3. Zos. 2,10,2) 33 mp von Rom (Itin. Anton. 107,3. Tab. Peut. 6,1); Stationen gleichen Namens Itin. Burdig. 613,6. 617,2. G. R.

Nissen It. Ldk. 2,637. *Radke* Viae 99. 102.

2. In guter Verkehrslage an der Zaberner Steige und dem Einfallstor nach Gallien im Gebiet der → Mediomatrici, h. Zabern (Elsaß). Die Ansiedlung (Mz. von Augustus bis Arcadius) wurde im 3. Jh. bei den Germaneneinfällen zerstört, wiederaufgebaut und befestigt. In den Kämpfen Julians gegen die Alamannen diente T. T. als Stützpunkt und Versorgungsbasis (Amm. 16,11,11 und 17,1,1). Nach dem Abzug der Römer wie das übrige Elsaß in alamann. Besitz (*Ziaberna* Geogr. Rav. 4,26). H. C.

Forrer Das röm. Zabern, 1918. *Ders.*, BRGK 15, 1923/24, 101.

Tresviri (*Triumviri*), Dreimännerkollegien für verschiedene Aufgaben. **1.** J a h r e s b e a m t e innerhalb des Viginti(sex)virates:

a) *t. aere argento auro flando feriundo (= monetales)*, beauftragt mit Münzprägung, nach Pomponius Dig. 1,2,2,30 Jahresamt nach dem 1. pun. Krieg. Dieser Ansatz ist sicher zu früh. K. PINK The tr. m. and the structure of the coinage of the Rom. rep., 1952, 50ff.: die *t. mensarii* während des 2. pun. Krieges (für Geldbeschaffung: Liv. 23,21 zum J. 216) sind Vorläufer der *t.* Jahresamt mit Übernahme des Denarsystems am E. 3. Jh. MOMMSEN RMW 366f.: Jahresamt erst seit 1. Jh. v. Chr. Urspr. Ernennung durch Quaestor (PINK 59. 63), als Jahresmagistrate Wahl in Komitien. Unter Caesar auf 4 erhöht, Reduzierung auf 3 unter Augustus. Noch im 3. Jh. n. Chr. sind *t.* epigraph. bezeugt (MOMMSEN RStR 2,594).

b) *t. capitales*, von Liv. 39,14,10. 16,12 mit *t. nocturni* gleichgesetzt (MOMMSEN RStR 2,594ff.). Durch Liv. epit. 11 unmittelbar nach 290 v. Chr. bezeugt (W. KUNKEL Unt. z. Entw. des röm. Kriminalverfahrens in vorsull. Z., SBAW 56, 1962, 71). Urspr. Einsetzung durch Praetor, nach 242 Wahl in Comitien (KUNKEL 71): Hilfsorgane des Praetors bei Zivil- u. Kriminaljustiz. Aufsicht über Ordnungsdienst der Stadt (Liv. 25,1,10. Varro l. l. 5,81), über Gefängnisse und den Vollzug der Hinrichtungen (MOMMSEN RStR 2,595), sie vollzogen aber nicht selbst die Hinrichtung (Kunkel 71). Niedere Polizeijustiz, ihr *tribunal* an der *columna Maenia* auf dem Comitium (Cic. Cluent. 38f.); Einleitung eines Strafverfahrens (Cic. a.O. Plaut. Aul. 416); Einziehung des → *sacramentum* (Fest. s.v.). In der Kaiserz. u.a. Verbrennung verbotener Bücher (Tac. Agr. 2). Bis 3. Jh. n. Chr. bezeugt (Mommsen 2,594).

2. Außerordentliche Magistrate.

a) *t. agris dandis assignandisque.* Funktion innerhalb des Siedlungswesens: Feststellung des Eigentums an Grund und Boden; von Mommsen RStR 2,624ff. zus. mit *t. coloniae deducendae* behandelt (so auch vielfach bei ant. Autoren). Vor den Gracchen sind die *t. a. d. a.* immer in Zusammenhang mit Koloniegründungen genannt (Liv. 3,1,5f. 4,11,5f.5,24,4u.a.). Die Wahl erfolgte in den Comitien, im allg. waren die Antragsteller von der Kommission ausgeschlossen (Cic. leg. 2,21), Ausnahmen: Liv. 35,9,7 zum J. 193, zum J. 133 → Gracchen: Liv. epit. 58. Plut. Gracch. 13. Das Recht der Bodenanweisung wurde durch eigenes Gesetz begründet; die gracch. *t.* heißen *t. a. iudicandis assignandisque* (CIL I^2 719): richterl. Funktion im Rahmen der Limitierung des Privatbesitzes am *ager publicus* (Bengtson Grundriß d. röm. Gesch. 153ff.). Die Tätigkeit der gracch. *t.* wurde bis 119 fortgesetzt, sie scheinen unter die regulären Jahresämter gezählt worden zu sein. Grenzsteine erhalten: CIL I^2 639ff.

b) *t. rei publicae constituendae.* E. Nov. 43 schließen Antonius, Lepidus, Octavianus bei Bologna einen Dreibund (App. civ. 4,4. Cass. Dio 46,55) und werden durch die *lex Titia* für 5 J. zu *t.r.p.* bestellt (»zur Wiederherstellung der staatl. Ordnung«: App. civ. 4,27; Fasti Colotiani = DegrI 13,1,274). Die Machtfülle der *t. r. p. c.* gleicht der der alten Diktatur oder der *Xviri leg. scrib.* Nach Ablauf der Frist Verlängerung des Triumvirates um weitere 5 J. durch Vertrag von Tarent (37), anscheinend Bestätigung durch Plebiszit (App. civ. 5,396ff. Cass. Dio 48,54,6). Augustus (Mon. Anc. 7) spricht von einem zehnj. Triumvirat. Der Endpunkt ist umstritten (E. Schönbauer, SAWW 1946, 53ff. T. J. Cadoux, JRS 46, 1956, 168ff.) 36: Ausscheiden des Lepidus; 32: Erklärung des Antonius zum *hostis*.

c) *t. legendi senatus:* von Aug. für die *lectio senatus* bestimmt: Cass. Dio 55,13,3. Suet. Aug. 37.

d) *t. turmis equitum recensendis:* → *transvectio equitum*, mit *censoria potestas*. Wohl nicht ident. mit *Xviri* (= *adiutores* bei Census: Suet. Aug. 39) – so Mommsen RStR 3,494. Vgl. A. Stein Ritterstand 67f.

e) Der fälschlich so benannte Triumvirat von Caesar, Pompeius, Crassus war ein privater Geheimbund, keine staatsrechtl. Institution. H. Vr.

Treveri, kelt.-germ. Mischvolk im Gebiet zw. Maas–Nahe und Obermosel–Rhein. Die T. – auch *Treviri* (Cic. fam. 7,13,2), sing. *Trever* –

rühmten sich germ. Herkunft (Tac. Germ. 28) und waren bekannt wegen ihrer Pferdezucht und schlagkräftigen Reiterei (Caes. Gall. 1,37). Noch im 4. Jh. n. Chr. sprachen sie ein kelt. Idiom (Hier. Comm. in epist. ad Gall. 2 prol. 3). Zw. → Nerviern, → Eburonen (später den → Ubiern) im N., → Mediomatrikern, → Tribokern und → Vangionen im S. und O. ist die *civitas* (der → Segni und → Condrusi attribuiert waren) von Gebirgen (Ardennen, Eifel, Hunsrück) eingenommen. Ausgedehntere Fruchtlandschaften auf den Terrassen des Bidgaues, des Luxemburger Gutlandes, dem Obermoselgau, der Wittlicher Senke und den alluvialen Schwemmböden in den Talungen der Mosel und der Nebenflüsse (Sauer, Saar, Ruwer, Kyll, Dhron und Lieser, den bei Auson. Mosella genannten fischreichen Gründen) sind seit der Latènezeit dicht besiedelt und bieten die Grundlagen für Ackerbau und Weidewirtschaft. Die Gebirgsstöcke sind mit ausgedehntem Waldbestand für Holzwirtschaft und Jagd günstig (Kult der Göttin Artio in Bärengestalt, des → Silvanus und Intarabus). Die vorgesch. Siedlungen in Einzelhoflage werden im Laufe des 1. Jh.s n. Chr. nach südländischem Vorbild in fester Steinbauweise um- und ausgebaut (Typ der Risalitvilla mit Portikus: Gutshof von Mayen, Bollendorf, Stahl; BJ 133, 1928, 51f.). Die zumeist schon vorgesch. Hauptwege werden seit august. Z. ausgebaut, Straßenstationen und Marktorte eingerichtet, die zugleich Hauptorte der versch. Pagi, Kult- und Verwaltungszentren sind *(pagus Carucum, Vilcias, Teucorias* und *Ac.* ..., bezeugt sind ferner *Talliates* und *Aresaces*: Steinhausen Arch. Siedlungskunde d. Trier. Landes, 1936, 303). Die größeren Ansiedlungen Virton, Beda vicus-Bitburg, → Icorigium-Jünkerath, → Orolaunum-Arlon, → Noviomagus (7) Treverorum-Neumagen werden nach den Zerstörungen des Alamanneneinfalls von 275 n. Chr. als Sperren und Kontrollposten an den Zugangswegen nach Trier befestigt, das Verteidigungssystem durch neue Burgi und befestigte Hofanlagen ergänzt (Echternach, Pfalzel, Liesenich), während die Landbevölkerung z.T. die vorgesch. Wallanlagen als Refugien wiederbenutzt (Ringwälle auf dem Hunsrück, an Kyll und Sauer). Bis in die Spätzeit bestehen die Tempelbezirke und Quellheiligtümer (Martberg b. Pommern, Dhronecken, Möhn, Pelm-Gerolstein, Heckenmünster) neben Einzeltempeln bei größeren Villen und Gutshöfen (Mayen, Otrang-Fliessem, Newel), mit Kultbauten vom Typ der gallo-röm. Vierecktempel (zumeist mit Umgang). Die an den Straßen aufgestellten Jupitersäulen (→ Viergöttersteine) zeigen den Gigantenreiter.

Wirtschaftliche Blüte und stärkste Besiedlung ist durch die Bodenfunde für das 2. Jh. n. Chr. gesichert. Neben dem Getreideanbau (durch Bodenmelioration, Drainage, Ackergeräte: Pflug, Mähmaschine-*vallus* [Plin. nat. 18,72] verbessert), ist die Pferdezucht bedeutend, für die der spätant. Langmauerbezirk als große staatl. Domäne (Welschbillig mit Hermenweiher) beispielhaft ist. Das großartigste Denkmal ist die Rebkultur, deren Ausbau im 1. Jh. n. Chr. die schiefrigen Steilhänge an Mosel, Saar und Ruwer einer wirtschaftl. Nutzung erschloß, die sich bis h. bewährt hat. Ausgedehnte Tonvorkommen förderten die Keramikproduktion (Speicher und Trier), verbunden mit der Verarbeitung von Glas, Bronze und Eisen.

Die wirtschaftl. Blüte zeigt sich in der reichen Ausstattung der Siedlungsstellen mit Bädern, Mosaikböden (Otrang-Fließen, Oberweis), Wandmalereien, wie auch den Gräberfeldern und dem Beigabeninventar. Vorherrschend ist das Brandgrab mit Beigaben, sei es als Erdgrab oder als Kistengrab mit Halbwalzen- oder Tonnendach und Hausgiebel als Deckel. Größere Monumente in Pfeilerform, der Monumentalcippus und Grabaltar tragen neben der Inschr. Reliefschmuck myth. Inhalts und Szenen aus dem Alltagsleben der Grabinhaber und Auftraggeber (Pachtzahlung, Wagenausfahrt, Totenmahl, vgl. die Reliefs in den Museen zu Arlon, Virton-Buzenol, Luxemburg und Trier). Vereinzelt ist das Hügelgrab in monumentaler Gestaltung (mit gemauertem Tambour und Pinienzapfenbekrönung), das bis in das 2. Jh. beibehalten wird. Seit der Mitte des 3. Jh.s verdrängt das Körpergrab alle übrigen Grabformen (Sarkophage). Hauptort der T. ist die Colonia Augusta Treverorum, die *urbs opulentissima* des Pomponius Mela (3,20), erstmals 44 n. Chr. auf Meilenstein der Straße nach Reims genannt, h. Trier an der Mosel. Die Gründung der Stadt auf einer von Steilhängen begrenzten, flach geneigten Talweite unterhalb der Saarmündung wird mit der Anwesenheit des Augustus 16–13 v. Chr. in Gallien in Verbindung gebracht. Aus den Bodenfunden wird eine mil. Siedlung an einer in vorgesch. Z. begangenen Furt vermutet *(ala I Hispanorum)*. Vereinzelte vorgesch. Funde und Reste einer Siedlung auf dem Petersberg (ö. der Stadt) können als Hinweise auf eine ältere Siedlung betrachtet werden, auf die auch mehrere Dorfnamen deuten (*vicus Voclannionum* am w. Moselufer, *vicus Avetae* und *vicus Seniae*). Als Etappenhauptort für eine Offensive gegen Germanien und Verwaltungsmittelpunkt für Ostgallien geplant, hat die schnell wachsende Stadt ein rechtwinklig angeordnetes Straßensystem, das 80–120 m breite Insulae bildet, die von großflächigen Villen eingenommen werden. Schon im 1. Jh. werden die Straßen von Pfeilerlauben begleitet, Trinkwasserzuleitungen und Kanalisation angelegt. Keramikfunde lassen den Umfang der Kernsiedlung erschließen, deren Cardo der Straße Metz–Mainz folgt, während der Decumanus als W.-O.-Achse an die Furt und den Brückenübergang anbindet und zu der Straße nach Reims,

Köln und zum Mittelrhein führt. Auf einem Pfahlrost wird um 40 n. Chr. eine Brücke mit Steinpfeilern und hölzernem Oberbau errichtet (Tac. hist. 4,77), die um 120 n. Chr. durch die heutige Steinpfeilerbrücke mit neun Pfeilern (2 im Ufervorland verschüttet) wenig oberhalb ersetzt wird. Um 180 n. Chr. wird das auf Zuwachs berechnete Stadtgebiet (Fläche 285 ha) befestigt und von einer 7,5 km langen Mauer umgrenzt. Die Brücke und das in traian. Z. errichtete Amphitheater werden in den Mauerring einbezogen (Brückentor am w. Moselufer, Amphitheater – Osttor). N. Tor ist die Porta Nigra, als Zwingburg mit Fallgatter, Binnenhof und Flügeltoren ausgestattet, gleichzeitig monument. Abschluß des Cardo. Nur aus Sandsteinquadern mit Eisenkrampen verklammert, war ein ebenso großes Tor im S. der Stadt, das im MA. vollkommen abgetragen worden ist. Am Kreuzungspunkt von Cardo und Decumanus entstand im letzten Drittel des 1. Jh.s ein Forum, das 6 Inseln des Stadtplanes überbaut. Ausgedehnte Kelleranlagen (Kryptoportiken) zur Vorratslagerung zeigen, wie auch die Grundrißdisposition, Übereinstimmung zum Forum von Bavay (Nordfrankreich). W. vorgelagert Großbauten unbekannter Bestimmung und ein Wohnpalast (Mosaikinschr. des *M. Piaonius Victorinus tribunus praetorianorum*). Zur Mosel hin schließen die großen Thermen von St. Barbara an (Fundort von Kopien klass. Bildwerke: Amazone des Pheidias).

Nach den Zerstörungen von 275 wird die Stadt in constantin. Z. als Residenz großzügig ausgebaut und Kaiserthermen, Aula palatina (größter stützenloser Raum der röm. Welt, um 310 vollendet) und kaiserl. Wohnpaläste errichtet. Um 326 n. Chr. wird im n. Bering ein Teil der Palastbauten niedergerissen und eine Doppelbasilika als chr. Kirchenanlage erbaut (Kernbau gratian. Z. im h. Dom erhalten). Eine Doppelspeicheranlage *(horrea)* bei St. Irminen datiert ebenfalls in das 4. Jh. und weist auf einen nahe gelegenen Moselhafen.

Der Tempelbezirk im Altbachtale mit über 70 Kultbauten ist vom 1. bis zum 4. Jh. in Benutzung, weiter ö. liegt ein mächtiger Podientempel beim Herrenbrünnchen (ant. Wasserzuleitung), während Reste von Kultfiguren auf ein Capitol im Stadtkern hinweisen. Am w. Moselufer ist der Tempel des Lenus Mars, in Verbindung mit einer Quelle, einem Sanatorium und großem Kulttheater nachgewiesen worden.

Neben den Töpfereien im S. der Stadt (1. bis 5. Jh.) ist Trier seit dem 3. Jh. Sitz einer Münzprägestätte (bis zum 5. Jh.), einer Hochschule (Besoldungserlaß vom J. 376 Cod. Theod. 13,3,11) und kaiserl. Fabriken *(ballistaria, scutaria, gynaecia sive argentarii)*. Eine chr. Gemeinde, die seit der 2. Hälfte des 3. Jh.s sich heranbildet, hat ihre Grabfelder auf privatem Gelände suburbaner Villen (über 800 frühchr. Grabtituli), auf denen im

3. und 4. Jh. Oratorien und Memorialkirchen entstehen (St. Eucharius-Matthias, St. Maximin, St. Paulin, St. Marien und St. Martin).

Mit dem Abzug der Grenztruppen um 400 n. Chr. werden Residenz und Praefektur nach Arles und Mailand verlegt. Ihrer wirtschaftl. und polit. Bedeutung beraubt, wird die Stadt mehrfach zerstört und gerät um 470 n. Chr. in fränkische Hand. H. C.

Rau, RE VI A 2301–53. *J. Steinhausen* Arch. Siedlungskunde des Trierer Landes, 1936. *Th. Kempf*, Das Münster 21, 1968, 1ff. *D. Krencker–E. Krüger* Die Trierer Kaiserthermen, 1929. *H. Cüppers* Die Trierer Römerbrücken, 1969. *Ders.*, Trierer Ztschr. 28, 1965, 60. *E. Gose* Die Porta Nigra in Trier, 1969. *Ders.* Der Tempelbezirk d. Lenus Mars in Trier, 1955. *E. Gose* Der gallo-röm. Tempelbezirk im Altbachtal b. Trier, 1972. *A. Haffner* Das kelt.-röm. Gräberfeld von Wederath-Belginum, 1971. Zu Einzelfunden vgl. Trierer Ztschr. f. Gesch. u. Kunst d. Trierer Landes u. seiner Nachbargebiete.

Triakosioi (*οἱ τριακόσιοι*), die 300. **1.** Aus den → Eupatriden bestellte Behörde für Verwaltung und Rechtsprechung in Athen unter → Isagoras, behandelte den kylon. Frevel der Alkmaioniden. Hdt. 5,72. Plut. Sol. 12,3. BELOCH GG 1,2,303. **2.** Die 300 reichsten Bürger (darunter 50 Metoikoi) in Athen, die mit der um 372 (THOMSEN 255) eingeführten Proseisphora die gesamte → *εἰσφορά* im voraus zahlen und dann von den Steuerpflichtigen einziehen mußten, zuerst 364/63 bei Is. 6,60 erwähnt. Sie wurden anfangs jeweils bei einer fälligen Eisphora durch die Buleuten der einzelnen Demen benannt, die in ihrem Gau die Besitzverhältnisse kannten. Demosth. 50,8; spätestens seit 340 bildeten sie eine ständige geschlossene Körperschaft, aus der sie nur durch → Antidosis vor den Strategen austreten konnten. Demosth. 42,3. 5. 25. Ihre Zahl hängt nicht mit der Zahl der Symmorien zusammen. THOMSEN 213 (gegen U. KAHRSTEDT Forsch. z. Gesch. des ausgehenden 5. und des 4. Jh., 1910, 212). Wie sie den Vorschuß von den Steuerpflichtigen eintrieben, ist unbekannt. → Apollodoros (1) bekam wegen seiner Abwesenheit als Trierarch nichts zurück. Demosth. 50,9. THOMSEN 216f. Von den T. wies Demosthenes 340 den 20 trierarch. Symmorien je 15 zu. Hyp. frg. 134. 159. Aischin. 3,222. Poll. 8, 100. Deinarch. 1,42. R. THOMSEN Eisphora, 1964, 234f. **3.** Behörde in Megara für Landesverratsprozesse. Perilaos, 343 wegen seines Anschlusses an → Philipp II. (4) von Makedonien angeklagt, wurde bei ihr freigesprochen. Demosth. 19,295. H. V.

Triarii. In der Gliederung der Legion (→ *legio*) in → *hastati principes* und *t.*, die für das röm. Milizheer z. Z. der Manipulartaktik charakteristisch war, bildeten die t. das 3. Treffen (Pol. 6, 21,7ff.). Die Manipularlegion verfügte über 600 *t.*, die in 20 *centuriae* zu je 30 Mann gegliedert waren. Je 2 *centuriae* waren nicht wie bei den beiden ersten Treffen zu einem Manipel, sondern zu einer Pile (Pol. 6,24) zusammengefaßt. Deshalb wurden die *t.* auch *pilani* genannt. Kennzeichnend für sie war aber nicht das → *pilum* – die Bezeichnung *pilani* hängt mit *pila* »Pfeiler« zusammen –, sondern die → *hasta* (Pol. 6,23). Außerdem handelte es sich bei den *t.* anfänglich um die ältesten wehrpflichtigen Jahrgänge (KROM.-VEITH 263f. 308). Nach Pol. 6,33,10ff. waren die *t.* im Lager vom Arbeitsdienst befreit und wurden bloß zum Wachdienst beim → *praetorium* und bei den röm. Reiterturmen herangezogen. Mit der Heeresreform des Marius, die die Homogenisierung der Legion zum Abschluß brachte, verschwanden die *t.* aus ihr. Doch erhielt sich die Bezeichnung in der Rangordnung der Zenturionen und wurde auch sonst noch lange verwendet. A. N.

F. Lammert, RE VI A 2384ff. *Krom.-Veith* 639. *W. Fischer* Das röm. Lager, Lpz. 1914, 168. *A. v. Domaszewski*, Beih. d. BJ 14, 1967, 92f. S. a. → *primipilus*.

Triarius. 1. Deklamator august. Z., aus dessen Controversiae und Suasoriae der ältere → Seneca (1) Sentenzen und *colores* zitiert (z. B. contr. 1,3,9. 6,11), jedoch ein ungünstiges Urteil fällt, contr. 7,4,10. **2.** T. Maternus Lascivius, *legatus iuridicus* von → Asturia und Callaecia, CIL II 2415. Vielleicht *cos. ord.* 185 mit T. → Claudius (II 4) ... Bradua ... Atticus. Ihn wollten die Praetorianer am 3. Jan. 193 zum Kaiser erheben, er floh aber zu → Pertinax und verließ dann Rom, H. A. vit. Pert. 6,4. 5. R. H.

Trias (*τριᾶς*), griech.-sikul. Mischwort, »Drittel«, 4 *ὀγκίαι* (→ unciae) und somit = → Triens. Der T. begegnet als Bronzemz. in sizil. und südital. Griechenstädten, so in Akragas, Himera, Segesta, in Lipara und Rhegion. → Hexas, Tetras. H. Ch.

Triballoi (*Τριβαλλοί*), ein menschenreicher Stammesverband in der Ebene vom h. Niš (*Naissus*), auf dem Gebiet von O.-Serbien, n. entlang des Margos (Morawa) bis zum Istros; ö. erreichten sie die → Trerer und → Tilataioi. Im allg. werden sie für Thraker gehalten, z. T. auch für Illyrier. M. E. war ein Teil, bes. der ö. Teil, der trib. Stämme schon früh mit den Thrakern vermischt. Die T. galten als grausam und primitiv (vgl. auch Aristoph. Av. 1565ff.). Sie waren auf ihre Selbständigkeit bedacht und kämpften erbittert gegen das Bestreben der → Odryserkönige, sie mit dem Odryserreich zu vereinigen. Im Kampf gegen die T. fiel auch → Sitalkes (1). Später erlagen sie Philipp II. und Alexander d. Gr. nach erbitterten Kämpfen. Weite Gebiete, die von den T. bis dahin besiedelt waren, wurden nach den makedon. Operationen *ἔρημα καὶ ἀνώνυμα*. Schließlich wurden die T. von den Illyrern unterworfen; in der Römerz. spielen sie keine Rolle mehr.

Thuk. 2,96,4. 4,101,5. Strab. 7,301 u. ö. Arr. an. 1,2,2 u. ö. Ptol. 3,10,4. 5. Plin. nat. 3,149. CIL V 1838. Chr. D.

Polaschek, RE VI A 2393–2401. *Detschew* Die thrak. Sprachreste 523–26. Neuerdings *F. Papazoglou* Les tribus indigènes de l'intér. Balcanique à l'époque prérom. (serbo-kroat. mit frz. Résumé), Sarajevo 1969, 11–63.

Tribigild. Ostgote, *tribunus*, befehligte die unter → Theodosius I. (2) in Phrygien angesiedelten Ostgoten (→ Greuthungi), erhob sich 399 gegen Rom, nachdem → Eutropius (4) Soldforderungen nicht befriedigt hatte (Zos. 5,13. Soz. 6,6. Sokr. 8,4. Philostorg. 11,8. Claud. c. 20,174ff. 236ff. 274ff.). T. erzielte größere Erfolge und rückte bis gegen Chalkedon vor. Als er vor → Gainas und Leo zurückwich, wurden seine Scharen bei → Selge überfallen. T. selbst entkam, besiegte Leo und verbündete sich schließlich mit Gainas. Im J. 400 kam er ums Leben (Zos. 5,13ff. Eun. frg. 75 = FHG 4,47). A. L.

Triboci (Caes. Gall. 1,51. 4,10. Strab. 4,193), germ. Stamm, der mit → Ariovist nach Gallien gekommen war. Von Caesar im Unter-Elsaß angesiedelt, wohnten sie zw. → Nemestern, → Mediomatrikern, Rhein und Seltzbach. Am Aufstand der → Treverer und → Lingonen beteiligt (Tac. hist. 4,70), wird das unter Domitian zur Civitas erhobene Gebiet der T. wiederholt von den Germaneneinfällen betroffen (162, 171, 233/34, 275, 341 n. Chr.) und in den Alamanneneinfällen seit dem Regierungsantritt des → Magnentius 350 n. Chr. zerstört, durch den Sieg Julians 357 wieder befreit. Seit 401 von Germanen besetzt. Hauptort war Brocomagus-Brumath, das von dem Legionslager und Verwaltungszentrum → Argentorate-Straßburg überragt wird; andere Siedlungen → Tres Tabernae-Zabern, Helellum-Ehl. Neben Viehzucht und Ackerbau (bis zu den Vogesenhöhen ausgeweitet) betreiben die T. Eisenverhüttung, Steinabbau, Keramikproduktion (Sigillatawerkstätten in Heiligenberg und Ittenweiler) für den Export. H. C.

E. Linckenheld, RE VI A 2405ff.

Tribon (τρίβων, τριβώνιον, -βωνάριον). Der Mantel aus grobem, »kratzigem« Wollstoff, urspr. von Spartiaten und Kretern getragen, wird in Athen seit dem 5. Jh. Tracht der Lakonizontes (Demosth. 54,34) und der Armen (Aristoph. Eccl. 850. Isaios 5,11. Lys. 32,16), dann nach dem Vorbild des Sokrates (Plat. symp. 219b) Tracht bes. der kynischen Philosophen bzw. derer, die ihnen nacheiferten. T. hat schließlich den Sinn »alter, abgetragener Mantel«. Man trug den T., der die Größe eines → Himation hatte, ohne Chiton darunter (Plut. mor. 210b. Ail. var. 7,13) und mindestens auf der Schulter gesteckt mit einer Fibel. W. H. G.

Tribonianus war ein enger Vertrauter des Kaisers Justinian und der führende Kopf bei dessen Gesetzgebungsarbeit. Zunächst wird er noch als *magister officiorum* (Kanzleivorsteher) bezeichnet und nur als ein Mitarbeiter unter mehreren für die 1. Fassung des Codex Iust. genannt (Const. *Haec* § 1, a. 528; Const. *Summa* § 2, a. 529). Bald aber erscheint er als *quaestor sacri palatii* (Justizminister) und Haupt der Kodifikationsarbeit. Insbes. darf er die Kommission für die Digesten selbst zusammenstellen (Const. *Deo auctore* § 3, a. 530). Von T. stammt wohl auch der Plan zu den Digesten; zudem hat er an der Arbeit Rechtslehrer aus Berytos und Konstantinopel maßgeblich beteiligt. Auch an den Inst. Iust. und am 2. Cod. Iust. von 534 hat T. führenden Anteil, ebenso an vielen Novellen. Zwischen 541 und 543 ist T. gestorben. Persönlich wird er als ungewöhnlich klug, aber auch geldgierig geschildert. D. M.

Tribula, -um s. Dreschen

Triburi (τρίβολοι). In der ant. Kriegskunst Annäherungshindernisse, dreieckige Fußangeln mit 4 Spitzen. 3 von ihnen dienten zum Einsetzen, die 4. ragte als Stachel nach oben. Schon → Dareios (3) bediente sich ihrer in der Schlacht bei Gaugamela (Polyain. 4,17), ganz bes. aber das byz. Kriegswesen ([2], 304f.). Dieses verwendete auch Wurfgeschosse gleichen Namens, die mit Zündstoff versehen waren (Anon. de re mil. 9, 18ff.). Schleuderer von *t.* setzten die Römer bereits in der Schlacht bei → Asculum 279 ein (Dion. Hal. ant. 20,1). Als *t.* wurden auch die Stachel- und die Wassernuß (Plin. nat. 18,153. 21,91. 98. 22,27) und die Stacheln am Gebiß des Reitpferdes (Poll. 1,148) bezeichnet. A. N.

1. *F. Lammert*, RE VI A 2413ff. 2. *R. Grosse* Röm. Mil.-Gesch., Bln. 1920.

Tribunal, erhöhter Amtssitz unter freiem Himmel (*locus superior:* Cic. Verr. 2,1,14 u.a.), auf dem der Magistrat (kurul. Mag. auf *sella curulis*) bei Amtshandlung Platz nahm. In der Kaiserzeit *t.* auch in der *basilica.* 1. Amtssitz für Amtshandlungen bes. des Praetors (M. Kaser 145). Feste *t.* auf dem Forum: *t. praetorium* im W.-Teil, *t. Aurelium* (von 75–44) im O.-Teil (Johnson 48). 2. *t.* für den Feldherrn im Lager vor dem *praetorium* (Hyg. lib. de mun. castr. 11). 3. In den Munizipien für Munizipalmagistrate (z. B. A. Maiuri Pompeji 23). 4. Amtssitz des Statthalters in den Provinzen (z. B. Magdalensberg/Kärnten: H. Vetters, Carinthia 1956, 24ff.). 5. Außerdem: im Theater Estrade beiderseits der Bühne: Suet. Aug. 44,3; Trauerbühne für die Leiche des Germanicus: Tac. ann. 2,83. Zubau bei Tempeln: Palatium (Dessau ILS 5050a; vgl. Vitr. 4,8. 5,1). H. Vr.

Harriet Dale Johnson The Rom. Tribunal, 1927. *M. Kaser* Der röm. Zivilprozeß, 1966.

Tribunus. **1.** *T. aerarius.* Die *t. a.* hatten urspr. die Aufgabe (Gell. 6,10. Varro l. l. 5,181. Fest. s. v.), den Soldaten ihrer *tribus* das *stipendium* auszuzahlen, vielleicht auch, innerhalb der *tribus* das *tributum* einzuziehen. Welche Funktion sie hatten, als 167 (–43) die Steuererhebung eingestellt worden war, ist umstritten, s. Mommsen RStR 3,189f. v. Lübtow Röm. Volk 57. RE VI

A 2433. Im 1. Jh. v. Chr. bildeten die *t. a.* nach der *lex Aurelia iudiciaria* von 70 v. Chr. die 3. Klasse der Geschworenen (Mommsen RStR 3,532,4). Im Census waren sie den Rittern fast gleichgestellt (Cic. Rab. perd. 27; Cluent. 121.130; Font. 36.) Caesar beseitigte die *t. a.*: Suet. Caes. 41. H. Vr.

2. Die Wahl von *t. militum consulari potestate* an Stelle von Konsuln war weniger durch das Drängen der Plebeier zum obersten Amte bestimmt, als durch das Fehlen der jeweils erforderlichen Zahl von mil. Oberbefehlshabern. Die *t. m.*, die mit konsularischer Gewalt ausgestattet waren, wurden vom Volke in den Zenturiatkomitien gewählt (Liv. 5,13,3), ihre Unterführer, *t. m.* ohne konsularische Gewalt, von ihnen ernannt (Liv. 7,5,9). Die *t. m. pro consule* unterschieden sich von den Konsuln dadurch, daß sie ihre Amtsgewalt mit mehr Kollegen als den Konsuln teilen mußten, kein Triumphalrecht hatten und nicht die Ehrenrechte der Konsuln nach abgelaufener Amtszeit. Überflüssig wurde das Militärtribunat mit konsularischer Gewalt durch die Einführung der Prätur 367 v. Chr. Ein Neueinführungsplan 53 v. Chr. (Cass. Dio 40,45,4) kam nicht zustande. **3.** Die → *legio* hatte nach anfänglichen Schwankungen schon in der Frühzeit des römischen Milizheeres 6 *t. militum* als Stabsoffiziere (Krom.-Veith 275). Ihre Aufgaben waren in erster Linie administrative, d. h. sie wirkten bei der Aushebung der Legionen mit, und je 2 regelten den inneren Dienstbetrieb durch einen Monat, während die anderen 4 zur Disposition des Feldherrn standen (Pol. 6,34). Nur für den Kampf erhielten sie verschiedene taktische Kommandos (Krom.-Veith 316f.). Um *t. m.* zu werden, war außer ritterlicher Herkunft auch eine bestimmte Dienstzeit erforderlich. Von 24 *t. m.* aus 4 Legionen mußten 10 je 10 Jahre gedient haben, die übrigen 14 je 5 (Pol. 6,19,1). Doch wurde davon seit der Z. der Kohortentaktik Abstand genommen (Krom.-Veith 399f.). Die *t. m.* gehörten zum Stabe des Feldherrn, im homogenen Heer der Kaiserz. zu dem des *legatus legionis*. Sein Stellvertreter war der rangälteste *t. m.* aus dem Senatorenstande *(t. laticlavius)*. Seit Claudius gab es auch *t. m.* ohne mil. Stellung (Suet. Claud. 25). Die seit Septimius Severus einsetzende Demokratisierung des Heeres (Grosse 12f.) führte in spätröm. Z. zur Beseitigung aller Standesunterschiede. In dieser Periode ist der *t. m.* als *t. legionis* eines Legionsdetachements einer Neulegion (Grosse 147 Anm. 2) bezeugt, als *t. m.* bloß einmal (Not. dign. occ. 38,9). Über Rangordnung, Auszeichnungen und Sold s. Domaszewski 122ff. **4.** Der *t. cohortis* als Kommandant einer → *cohors* ist unter den röm. Feldtruppen bei den *cohortes voluntariorum civium Romanorum* und den *cohortes ingenuorum* nachgewiesen (Kraft 82,98). In der Hauptstadt findet er sich bei den → *praetoriae cohortes*, → *urbanae cohortes* und → *vigilum cohortes*. In der Not. dign. ist er die ausschließliche Bezeichnung für den Befehlshaber einer *cohors* (Grosse 147). **5.** Über den *t. numeri* → *numerus*. RE VI A 2436ff. 2439ff. 2448ff. R. Grosse Römische Militärgeschichte, Bln. 1920. K. Kraft Zur Rekrutierung von Alen und Kohorten, Bern 1951. A. v. Domaszewski, Bh. der BJ 14, 1967, 321f. A. N.

6. *T. et notarius* (Cod. Theod. 6,35,7. Cassiod. var. 6,16. Not. dign. or. 18; occ. 16. Amm. 14,9. 17,9. 21,7. 28,2. 30,3): → *notarius*. → *primicerius*. A. L.

7. *T. plebis* (*plebei* CIL I[2] 583,81; *plebi* Tac. ann. 16,26,4. → δήμαρχοι [4]. Sylloge[3] 601), Vertreter der → *plebs* für ihre polit. und wirtschaftl. Gleichberechtigung gegen Übergriffe der Patrizier und Willkür der Magistrate. Ob die *t. p.* urspr. Vorsteher der 4 städt. Tribus (Diod. 11,68,7. E. Meyer Kl. Schr. 1910, 354ff.) oder ein Gegenstück zu den *t. militum* (Varro l. l. 5,81) waren, ist ungewiß, ebenso die Zeit ihrer Einsetzung und ihre urspr. Zahl. Sie stieg von 2 bei der ersten *secessio* der Plebs 494 (Liv. 2,33,2. 58,1) über 4 (471. Diod. a. O.) und 5 (457. Liv. 3,30,5; bereits für 494 bei Liv. 2,33,1) bis auf 10 (449. Liv. 3,54, 11ff.) in gesch. Zeit. Ihre Macht entwickelte sich in den Ständekämpfen 494–287. Durch eine *lex sacrata*, den Eidschwur aller Plebeier oder den eidlichen Vertrag mit den Patriziern, waren die *t. p.* seit 449 unverletzlich (sacrosanct). Liv. 3,55,7 *ut qui tribunis plebis ... nocuisset, eius caput Iovi sacrum esset, familia ad aedem Cereris, Liberi Liberaeque venum iret.* F. Altheim Lex sacrata, 1940. *T. p.* wurden für 1 Jahr *inauspicato* in *concilia plebis* (Liv. 6,41,5. Mommsen RF 1,181f.), seit 471 in *comitia tributa* gewählt; wahlfähig waren freie Plebeier, Patrizier nach → *transitio ad plebem*. Sie hatten weder *imperium* noch Amtsinsignien, Liv. 2,56,13. Amtsantritt war der 10. Dez., Amtslokal nach 184 die Basilica Porcia. Plut. Cat. min. 5. Sie beriefen die Plebs zu Beschlüssen *(plebiscita)*, zur Wahl pleb. Beamter und schützten auf Ansuchen *(appellare)* mit dem *ius auxilii* und → *intercessionis* (Vetorecht) Plebeier gegen den Akt eines Magistrates, bes. bei → *dilectus* (Liv. 3,11), bei Ausschreiben des *tributum* (Liv. 4,60,4f.), vor Gericht in Civil- und Criminalprozessen, doch nur in Rom bis zum ersten Meilenstein und nicht gegen Diktatoren und Feldherren. Ein Beschluß *(decretum)* der *t.* erforderte ihre Übereinstimmung (Liv. 2,44 *unum adversus omnes satis esse*). Ihre Wohnung mußte auch nachts offen sein, sie durften bis auf die *feriae Latinae* nur einen Tag fern von Rom sein. Gell. 3,2,11. Dion. Hal. 8,87,6. Widerstand gegen ihr Einschreiten brachen sie mit dem Coercitions- und Judicationsrecht, konnten sogar Magistrate verhaften *(in vincula duci iubere)*, vor der Volksversammlung → Perduellionsprozesse wegen Landes- und Hochverrats führen, Geld (→ *multa*)- und Todesstrafen verhängen. Liv. 26,2, 7ff. Mommsen StR 2,297ff. Gewichtig wurde ihr Einspruch gegen Gesetzesanträge *(rogationes)* und Senatsbeschlüsse (SC.). Zuerst zum Senat nicht zugelassen (Val. Max. 2,2,7 *ante valvas positis subselliis*), nahmen sie später an Senatssitzungen teil, konnten spätestens im 2. pun. Kriege den Senat berufen, in ihm Anträge stellen und gehörten ihm seit 149 nach ihrer Amtszeit an. Trotz ihrer weiten Kompetenzen blieb eine »permanente Revolution« (MOMMSEN StR 2,302) durch den sozialen Strukturwandel der Plebs aus. Seit 287 *(lex Hortensia)* banden *plebiscita* der *t.* die Gesamtgemeinde, da aber die Machtansprüche der pleb. Führer befriedigt waren, arbeiteten die *t.* oft mit dem Senat zusammen. J. BLEICKEN Das Volkstribunat der klass. Republik, 1955. D. KIENAST, Gn 29, 1957, 193ff. Seit der Gracchenzeit lähmten die *t.*, Werkzeuge im Kampf der → Optimaten und → Popularen, öfter die Regierung des Senats durch eigene Gesetzesvorlagen an das Volk, das sie bisweilen beherrschten. Ti. → Gracchus (8) setzte den widersprechenden Kollegen M. → Octavius (I 15) ab, da er gegen die Interessen des Volkes handele, und versuchte, statt der üblichen mehrjährigen Zwischenzeit die Iteration des Tribunenamtes einzuführen. Unruhen im 1. Jh. lösten als *t. p.* 91 M. Livius → Drusus (I 4), 88 P. → Sulpicius (A I 22) Rufus und 59 P. → Clodius (I 8) aus. Um das gefährliche Aktionszentrum der *t. p.* auszuschalten, sperrte → Sulla (1) ihnen die weitere Ämterlaufbahn, unterwarf ihre Gesetzesanträge der Senatsgenehmigung, schränkte ihr *ius intercessionis* bei Gerichten durch die *quaestiones perpetuae* ein und ließ ihnen nur das *ius auxilii.* 75 und 70 erhielten sie durch C. → Aurelius (I 7) Cotta und → Pompeius (A I 1) und → Crassus (2) ihre volle Gewalt wieder. Caesar setzte neben Clodius 50 den von ihm gekauften *t.* C. → Scribonius (I 6) Curio für seine Ziele ein. M. GELZER Caesar, ^{6}1960, 162ff. Caesar und Augustus ließen sich statt des befristeten und kollegialen Tribunenamtes die lebenslängliche und kollegenfreie, eng mit der Freiheitsidee verbundene *tribunicia potestas* stufenweise verleihen, Caesar nur 48 das *ius subsellii* (Platz auf der Tribunenbank) und 44 die *sacrosanctitas*, Cass. Dio 42,20,3. 44,5,3, Octavianus 36 die gleichen Rechte, 30 das *ius auxilii* und 23 schließlich als Augustus die volle *trib. potestas.* Seitdem zählten Augustus und die Kaiser die *trib. pot.* nach Jahren amtlich als neue Aera. Cass. Dio 49, 15,5f. 51,19,6. 53,32,5. L. WICKERT, RE XXII 2283ff. Mit der Verleihung der *trib. pot.* benannten die Kaiser ihre erwünschten Nachfolger (→ Agrippa 18, → Tiberius 6 v. Chr. und 4 n. Chr.). In der Kaiserzeit blieb das Amt der *t. p.*, mit Wegfall der Volksversammlungen polit. entmachtet (Plin. epist. 1,23,1 *inanem umbram et sine honore nomen an potestatem sacrosanctam*), aber mit seinen Ehrenrechten als Zwischenstufe zwischen Quaestur und Praetur bestehen, erwähnt noch Cod. Theod. 1,6,11. 2,1,12. Mindestalter war das 27. Lebensjahr. Vom Kaiser dem Senat zur Wahl empfohlen, behielten die *candidati imp.* das *ius auxilii* und *intercessionis* unter Aufsicht der Kaiser. Tac. ann. 16,26; hist. 4,9. Ihr Recht zu Mültstrafen wurde 56 n. Chr. durch SC. eingeschränkt. Tac. ann. 13,28f. H. V.

Mommsen RStR 2,1,272ff. *G. Niccolini* Il tribunato della plebe, 1932. *Ders.* I Fasti dei tribuni della plebe, 1934. *R. Syme*, JRS 53, 1963, 55ff. (zu den 10 Trib. der lex Visellia 68 v. Chr., *Dess*ILS 5800). *E. Meyer* Röm. Staat u. Staatsgedanke, ^{3}1964, 485,16 (Lit.).

Tribus, Landbezirk des röm. Bürgergebiets und Abteilung der röm. Bürgerschaft. Die Deutung *t.* als »Drittel« ist trotz der ältesten 3 röm. *t.* und der Dreiteilung ital. Stämme nicht sicher. J. N. LAMBERT, Studi in onore di P. de Francisci 1, 1956, 340ff. stellt *t.* etym. zu 3 nicht im Sinne von Drittel, sondern eines dreigeteilten Ganzen. Umbr. *trifu* bedeutet Unterabteilung eines Volkes. J. W. POULTNEY The bronze tablets of Iguvium, 1959, 164,16. Zum kelt. Gebrauch (112 *t.* der Boier: HRR Cato frg. 44) WALDE-HOF.^{3} 704. E. MEYER Röm. Staat u. Staatsgedanke^{3}, 1964, 461,15. Urspr. war das röm. Volk in 3 gentilizische *t.* mit etr. Namen *(Tities, Ramnes, Luceres)*, jede *t.* in 10 Curien gegliedert. Servius → Tullius teilte das röm. Stadtgebiet in 4 regionale *t.* ein, die *Suburana, Palatina, Esquilina* und *Collina.* Liv. 1,43,13. Dion. Hal. 4,14. Zur Reihenfolge Varro l. l. 5,56. Fest. 506 L. H. VOLKMANN, G 69, 1962, 139. Liv. 2,21,7 (R. M. OGILVIE A commentary on Livy, 1965, 292) zählt 495 bereits 21 *t.*, darunter 17 ländliche *(t. rusticae).* Nach A. ALFÖLDIS, H 90, 1962, 187ff., kartograph. Versuch (eine etwas andere Anordnung bei TAYLOR Karte 1) hatten die ältesten um die Stadt gelegenen ländlichen *t. Lemonia, Camilia, Pupinia, Pollia, Voltinia* Namen geograph. Herkunft. Ein weiterer Kreis ländlicher *t., Romilia, Claudia, Fabia, Horatia, Papiria, Menenia, Aemilia, Voturia, Sergia, Cornelia,* wurde nach den im 5. Jh. führenden Geschlechtern benannt. Nicht viel vor 400 folgten wieder mit geograph. Namen *Galeria, Clustumina,* 387 *Stellatina, Tromentina, Sabatina, Arnensis,* Liv. 6,5,8. Fest. 464. 505. 464 L., 385 *Pomptina* und *Publilia,* Liv. 7,15,12. Fest. 263. 264 L., 332 *Maecia* und *Scaptia,* Liv. 8,17,11. Fest. 121. 464 L., 318 *Oufentina* und *Falerna,* Liv. 9,20,6. Fest. 212 L., 299 *Aniensis* und *Teretina,* Liv. 10,9,14. Fest. 498 L. Mit den *t. Velina* und *Quirina* wurde 241 der endgültige Stand von 35, lokal in sich geschlossenen *t.* erreicht. Liv. 1,43,12; ep. 19. Zur Vermehrung der *t. rusticae* durch Bürgerrechtsverleihung, Koloniegründung und Eroberungen I. BITTO T. e propagatio civitatis, Epigraphica 30, 1968, 20ff. Später wurde bei Erweiterungen des Bürgergebiets der neue Landstrich einer der 35 *t.* zugewiesen, nun waren die *t.* örtlich nicht mehr geschlossen, sondern aus in Italien und im Reich weit auseinanderliegenden Teilen zusammengestückelt. TAYLOR Kt. 3. 4 Italia tributim discripta. G. FORNI Kt.

57 distribution in the empire in: Atlas of the classical world, hg. A.A.M. VAN DER HAYDEN u. H.H. SCULLARD, 1959. Eingerichtet wurden die *t.* durch Comitienbeschluß. Jeder Bürger, auch Grundbesitzlose, war Mitglied einer *t.* P. FRACCARO–H. LAST, JRS 35, 1945, 44 ff. Die Zuweisung neuer Bürger zu einer *t.* oblag den Zensoren. Die vererbliche Zugehörigkeit zu einer *t.* diente zur Aushebung, Besteuerung durch die *tribuni aerarii* und zur Organisierung der Wahlen *(comitia tributa)*. Jede *t.* hatte ungeachtet ihres Areals und ihrer Mitgliederzahl nur 1 Stimme, daher gab es Versuche, durch ungleiche Verteilung der Neubürger die Folgen der röm. Bürgerrechtspolitik, die Gefahr der Majorisierung, einzuschränken. Nach Rom übersiedelte Latiner erhielten Stimmrecht nur in einer dazu ausgelosten *t.* Liv. 25,3,16. Die *lex Plautia* beschränkte 89 die mit dem Bürgerrecht beschenkten Bundesgenossen auf 8 *t.*, *ne potentia eorum et multitudo veterum civium dignitatem frangeret plusque possent recepti in beneficium quam auctores beneficii.* Vell. 2,20. App. civ. 1,49.53. P. → Sulpicius (A I 22) Rufus beantragte 88, *ut novi cives libertinique in omnes t. distribuerentur.* Liv. ep. 77. TAYLOR 101 ff. Die Freigelassenen gehörten immer nur zu den 4 *t. urbanae.* Im Namen der röm. Bürger wurde die *t.* zwischen Filiation und Cognomen genannt, abgekürzt mit den ersten 3 Buchstaben *(Cor. = Cornelia* usw.*)*, zuerst 170 v.Chr., Sylloge^3 646, amtlich gefordert 123 v.Chr. CIL I^2 583. In bilinguen etr. Inschr. fehlt sie, in griech. wird sie ausgeschrieben. G. FORNI, Studi in onore di E. Betti 3, 1962, 193 ff. Kenntnis der *t.* und Einfluß in ihnen war für den Politiker bei Wahlen und Gesetzesanträgen nötig, daher die Mahnung an Cicero *totam Italiam fac ut in animo ac memoria tributim discriptam compressamque habeas*, Q. Cic. pet. cons. 30. Senatoren konnten sich durch Gründung neuer Bezirke oder die Auswahl der *t.* für neue Bürger Stimmen der betr. *t.* sichern. 188 wurden → Formiae und → Fundi der *Aemilia*, → Arpinum der *Cornelia* zugewiesen, obwohl *Oufentina* und *Teretina* Nachbarbezirke waren. Liv. 38,36, 7 ff. Mit dieser Maßnahme suchte sich → Scipio (10) Africanus polit. Rückhalt zu verschaffen. TAYLOR 307. Wechsel der *t.*, so daß Angehörige einer *gens* in mehreren *t.* erscheinen, kann wahlpolit. Gründe haben. Zum Zweck der Wahlbestechung gab es *divisores omnium tribuum.* Cic. Verr. 1,8,22; har. 26. 42. Die gemeinsame *t.* verpflichtete die *tribules* zu gegenseitiger Unterstützung. Ter. Ad. 439. Cic. Att. 1,18,6. Varro (der ein *liber tribuum* schrieb) rust. 3,2,1. MOMMSEN StR 3, 196 ff. Im Kriegsrat des Pompeius waren 12 Tribulen der *Velina.* CIL I^2 709. Augustus vermachte jeder *t.* 1 Million Sesterzen. Suet. Aug. 101. Mit der *plebs urbana quinque et triginta tribuum* 23 n.Chr. sind nicht die vollen *t.* gemeint, sondern ihr Sonderteil, die in Rom an Kornspenden teilnehmenden Bürger. DESSILS 168. 176. MOMMSEN 445 ff. Nach dem Vorbild Roms waren auch Bürger anderer Städte in *t.* eingeteilt, so die *colonia Genetiva*, CIL I^2 594, c. 101, und die *colonia Augusta Lilybaeum* (in 12 *t.*, u.a. die *t. Iovis Aug.*), DESSILS 6770. 6770a. b. MOMMSEN StR 3,161 ff. L. ROSS TAYLOR The Voting districts of the Roman republic, 1960 (mit Liste von 332 Senatoren und deren *t.*). G.V. SUMNER, JRS 60, 1970, 76 f. H. V.

Tributum ist die Abgabe, in Rom wohl urspr. das *munus*, des Bürgers, die der Staat zurückzahlen kann, jedoch nicht muß. Laut Livius (4,60. 5,10 u.ö.) wurde sie seit der Einführung des festen Soldes jährlich erhoben. Seit dem 3. maked. Krieg (167 v.Chr.) zahlen röm. Bürger keine Steuern mehr, auch der ital. Boden wird abgabenfrei; 43 v.Chr. werden vorübergehend T. für röm. Bürger eingeführt. Unter Augustus werden sie durch die → *vicesima hereditatum* ersetzt.

Die eroberten Provinzen sind nach röm. Auffassung Eigentum Roms (Gai. 2,7), die Provinzbevölkerung, die nur Besitzrechte hat, muß deshalb Abgaben zahlen; sie werden auch *quasi victoriae praemium ac poena belli* (Cic. Verr. 2,3,6,12) betrachtet; Boden- und Kopfsteuer sind *notae captivitatis* (Tert. apol. 13,6). Die Bevorzugung Italiens wird unter Diocletian aufgehoben.

Die Hauptabgabe der Provinzen besteht aus der Grundsteuer *(t. soli*, auch *stipendium* genannt; ausgenommen sind der *ager privatus ex iure Quiritium* und die *civitates immunes)*; sie kann entweder aus einer festen Quote des Ertrages bestehen (wie in Sizilien) oder in einer festen Abgabe in Geld oder in Naturalien. In der Kaiserz. heißen die *praedia* der Senatsprovinzen nach Gai. 2,21 *stipendiaria*, die der kaiserlichen *tributaria.* Ob dahinter auch steuertechn. Unterschiede zu verstehen sind, wie einige Forscher meinen, ist nicht zu entscheiden. Neben den Grundsteuern zahlen die Provinzialen auch Kopfsteuern *(t. capitis)*, so in Syrien die Männer vom 14.–65., die Frauen vom 12.–65. Lebensjahr (Ulp. Dig. 50,15,3); es ist fraglich, ob in allen Provinzen bereits seit republik. Z. Nach der Höhe der T. werden auch die weiteren Abgaben wie für den *cursus publicus* und für die Straßenunterhaltungskosten berechnet, vgl. TH. PEKÁRY Unt. zu den röm. Reichsstraßen, 1968, 91 ff., bes. 121 ff. Wir besitzen einige Angaben über die Gesamthöhe der Steuern, die die Provinzen jährlich unveränderlich an Rom entrichten mußten: Gallien 40 Mio. Sesterzen (Suet. Caes. 25,1 u.a.), Äg. ebenfalls, wenn die Angabe Vell. 2,39,2 richtig ist. Bei anderen ist man auf unsichere Angaben oder Schätzungen angewiesen. Die Gesamteinnahmen des röm. Staates beziffert Plut. Pomp. 45 auf 340 Mio. Sesterzen. Die Bürgerkriege hinterlassen riesige Steuerschulden in den Provinzen, Augustus muß eingreifen mit Neuordnung und Neuverteilung der Lasten (Cass. Dio 54,7), mit Census (Luk. 2,1; dazu H. BRAUNERT, Hist. 6, 1957, 192 ff.) und Landvermessungen (Cass. Dio

53,22,5 u.a.). Auch die Tätigkeit der Steuergesellschaften (→ *publicani)* wird unter Caesar (Verbot in der Provinz Asia) und Augustus eingeschränkt und unter stärkere Kontrolle gestellt.

Das Steuersystem kennen wir am besten aus Sizilien (durch Cic. Verr. 2,3) und aus Äg. In Sizilien übernehmen die Römer das Steuersystem des → Hieron II. (vgl. J. CARCOPINO La loi de Hiéron, 1914): ein Zehntel des Agrarertrages muß abgegeben werden. Jedes Jahr erfolgt *professio* der Landwirte, mit Angabe der vorgesehenen Saatmenge. Daneben gibt es Grundbücher mit Angaben der Obstbäume, Rebstöcke usw. Die Steuern werden an einer öffentl. Versteigerung jeweils für 1 J. verpachtet. Jeder (sogar Sklaven oder Gemeinden) konnten Pächter werden, die röm. Ritter wurden nur allmählich zugelassen. Die Pächter schließen Einzelverträge mit den Landwirten, und zwar schon z. Z. der Aussaat, darin liegen ihre Gewinnchancen. Der *ager publicus* wurde zu einem festen, von vornherein festgelegten Bodenzins verpachtet. Außer dem Zehntel konnte Rom noch eine weitere Menge Getreide von den Gemeinden als Zwangslieferung gegen einen festen Preis verlangen *(frumentum emptum, imperatum)*. Außerdem erheben noch Städte Steuern von ihren Bürgern. In Äg. übernimmt Augustus das ptolem. System. Das Kornland zahlt in Naturalien, Wein und Gärten in Geld. Es wird ein sehr genauer Kataster geführt, der Bauer ist verpflichtet, jede Änderung sofort zu melden. Die Höhen der Steuern sind auch nach den Besitzverhältnissen unterschiedlich. Wie in Sizilien kann ein weiterer Teil der Ernte zu staatlich festgesetzten Preisen eingefordert werden. Der Staat kontrolliert die Ablieferung seit der Ernte, die Vorsteher sind die *sitologi*. Der Transport in die staatl. Kornspeicher geht auf Kosten der Steuerpflichtigen. Zu den Naturallieferungen kommt eine lange Reihe von Geldsteuern, darunter die Kopfsteuer, die nach sozialem Stand abgestuft ist, röm. Bürger und Bürger von Alexandreia sind davon befreit. Alle 14 J. wird ein sehr gründlicher → *census* durchgeführt; die Hausbesitzer müssen die schriftl. Erkl. selber abgeben (κατ' οἰκίαν ἀπογραφή). Es gab ferner Steuern für Kanäle, Polizei, öffentl. Bäder, Kaiserstatuen, dann Gewerbesteuern, Abgaben beim Verkauf von Land (10% des Wertes) und Sklaven usw. Die Steuerrückstände von Flüchtigen werden auf die Gemeinde umgelegt. In der Provinz Asia gibt es zahlreiche Änderungen im Steuersystem in der Rep. und in der Kaiserz. Bei Getreide ist eine feste Menge *pro iugerum* in natura vorgesehen, wenn die Ergänzung der Inschr. IGRom 4,914 durch D. MAGIE, Stud. in Rom. Econ. and Soc. Hist. in Honor of A. Ch. Johnson, 1951, 152ff. richtig ist. Eine neue Inschr. scheint dagegen im voraus festgesetzte Geldabgaben für Grundstücke vorzusehen, allerdings kann es sich hier um Wein oder Olivenkulturen handeln (P. HERRMANN – KEMAL ZIYA POLATKAN, SAWW Phil.-hist. Kl. 265,1, 1969, Inschr. Nr. 1).

Seit diokletianisch-konstantin. Z. wird das Steuersystem tiefgreifend geändert. Das Steuerobjekt ist das *iugum* und das *caput*, die in verschiedenen Provinzen offenbar verschieden berechnet werden. Die jährliche Gesamtsumme eines größeren Gebietes wird festgestellt (Cod. Theod. 11, 3,4) und durch Division die auf jede Einheit *(iugum)* fallende Quote errechnet. Neben dem fünfjährigen Census gibt es Zwischenkontrollen, von einem großen Beamtenstab (*examinatores, inspectores* etc.) durchgeführt. Für die Steuern haften nicht nur die Steuerzahler und deren Erben, sondern auch Dritte, wie Kurialen, *corporati* u.a. Die Hauptsteuer wird durch mehrere weitere Abgaben ergänzt: → *annona, aurum tironicum, collatio equorum* (Militärpferde), Rekrutenstellung oder deren Ablösung durch Geld (→ *temonarius*) usw. Die Erhebung wird durch die → *defensores civitatum* kontrolliert, die allerdings nicht immer die Interessen der Steuerzahler vertreten, E. STEIN Hist. du Bas-Empire I (1959) 180. 224. Th. P.

Außer für Äg. fehlt eine gute Gesamtdarstellung. *Lécrivain*, Dar-Sagl. s. T. *Schwahn*, RE VII A 1ff. (ausführlich, aber mit vielen Fehlern). *Sh. L. Wallace* Taxation in Egypt from Augustus to Diocletian, 1938. *A. H. M. Jones* The Later Roman Empire, 1964.

Tricasses, Volksstamm im n. ö. Gallien an der oberen Seine und Aube, Nachbarn der → Lingones, zu denen sie bis ins 1. Jh. v. Chr. gehörten. Durch Augustus wurden sie selbständig mit Augustobona Tricassium (h. Troyes) als Hauptstadt. Nach Amm. 15,10,11. 12 gehörten sie zu Gallia Lugdunensis II. Inschr. CIL XIII 3020. M. L.

Tricastini, Stamm in Gallia Narbonensis auf dem w. Ufer der Rhône, in dem Bergland zwischen den Cavari, → Vocontii und Segovellauni. H. Gegend von Saint Paul-Trois-Châteaux (Liv. 5,34, 5. 21,31,9. Sil. 3,466. Amm. 15,10,11). Nach Ptol. 2,10,7 war ihr Hauptort Noiomagos, der wahrscheinlich zu Augusta Tricastinorum wurde. Plin. nat. 3,36 erwähnt sie unter den *oppida Latina* der Narbonensis. Z. Z. der Flavier wurde ein Teil des Gebietes der T. den Eingeborenen zurückgegeben und Aug. T. wurde *colonia Flavia T.* (AE 1962, 143). Inschr. CIL XII 1728. 5854. Bildwerke: ESPÉR. Rec. 1, 241. M. L.

G. Barruol Les peuples préromains du Sud-Est de la Gaule, Paris 1969, 247ff. *Ders.*, Latomus 31, 1972, 971.

Tricciana. Siedlung in Pannonia Inferior, h. Ságvár, bei der Kreuzung der Straßen Sirmium–Arrabona (Itin. Anton. 267,7) und Gorsium–Poetovio. Der Name dürfte kelt. Ursprungs sein und mit Aelius → Decius (II 4) Triccianus in Zusammenhang stehen, der 217/218 Statthalter von Pannonia Inferior war. Im 4. Jh. befestigte Stadt auf einer Fläche von 250x200 m. Laut CIL III 13364 Benefiziar-Station. Cod. Theod. 11,36,26. CIL III 10896. 12014. J. F.

Trichalkon (*τρίχαλκον*), Münze im Wert von 4 → Chalkoi, seit Theophr. belegt. Es ist wohl in phok. Erzmz. des 4. Jh.s mit Sigle *T* zu erkennen und begegnet im kaiserz. Chios, wo es $^{3}/_{8}$ des → Obolos und $^{3}/_{16}$ des → Assarion darstellt. H. Ch.

W. Schwabacher, RE VII A 84.

Trichonion, Trichonis (einheim. *Τριχό-ν[ε]ιον*, Ethn. *Τριχόνιος*, *Τριχον[ι]εύς*, literar. *Τριχώνιον*), bedeutendste Stadt des zentralen Aitolien, s. des nach der Stadt genannten großen Sees Trichonis (See von → Agrinion) über der breiten fruchtbaren Uferebene beim h. Gavalu inschr. gesichert. Überreste sehr spärlich, unterhalb der ant. und h. Ortslage aber ein reiches Kammergrab aus dem E. 3. Jh. v. Chr. ausgegraben. Im aitol. Bund spielte T. eine hervorragende Rolle und ist schon in dem att. Ehrenbeschluß für den aitol. Bund vom J. 367/66 v. Chr. genannt, Hesp. 8, 1939, 7 Z. 12. Die meisten und bedeutendsten Strategen des Bundes stammten aus T., und Bürger von T. sind in den Inschr. oft genannt. Aus der Gesch. ist im einzelnen nur der Durchmarsch → Philipps V. (7) durch das Gebiet von T. im J. 218 v. Chr. bekannt, Pol. 5,7,7f. 11,7 (4),2. Weiterexistenz bis in die Kaiserz. belegen die Grabsteine IG IX 1² Nr. 117 und 124 und Paus. 2,37,3. Strab. 10,2,3 p. 450. Steph. Byz. BCH 45, 1921, 22 IV 47. Inschr.: IG IX 1² Nr. 117–127. KLAFFENBACH, SPrAW 1935, 715f. 1936, 386f. MDAI(A) 80, 1965, 153. SEG 17,268. E. M.

G. Klaffenbach, RE VII A 86ff. *Philipps.-Kirst.* 2,340 u. ö.

Tricipitinus. Röm. Cognomen, echtlat. Bildung (RE XVI 1651), wahrscheinl. nach einem unbekannten Ort **Tricipitium* »Dreihaupt« (I. KAJANTO The Latin Cognomina, Helsinki 1965, 210), bes. bei → Lucretius (A 11–14). H. G. G.

Triclinium (*τρικλιν[ι]ον*). In Rom liegen die Teilnehmer an einem → Convivium (→ Symposion) zu je drei bis vier (selten mehr) auf einer → Kline *(lectus)*; je drei Klinen sind hufeisenförmig (halbkreisförmig: → Sigma) zu einem *t.* um einen zentralen Tisch angeordnet. In engeren Räumen stehen die *t.* mit den Rückseiten an der Wand, in größeren Speiseräumen, die ebenfalls *t.* heißen, hat das *t.* an der Rückseite einen Umgang, *circumitio*, Vitr. 6,3,10. Die Klinen des *t.* haben keine Lehne an der Längsseite, an der Schmalseite nur, soweit sie der offenen Seite des Hufeisens zugekehrt war (→ Pluteus 5). *T.* konnten bewegliche Möbel oder aus Stein gebaut sein, im Freien oder in Räumen aufgestellt, zu mehreren in einem großen Raum oder in mehreren Räumen etwa entlang einem Hof (→ Peristylium) des Hauses (SCHAUENBURG, G 69, 1962, 521ff.). Das Zusammenrücken dreier Klinen zu einem *t.* war in Rom so beliebt, daß man bei großen Gesellschaften (z. B. Cic. Att. 13,52,2) und bei Volksspeisungen viele *t.* nebeneinander benützte, Griechen dagegen stellten mehrere Klinen zusammen (*πεντάκλινον. ἐννεάκλινον.* Athen. 4,142c. 5,205d. 206a. Plut. Kleom. 13,4. Zum Unterschied griech. und röm. *t.* STUDNICZKA, Abh. Sächs. Ak. Wiss. 30/2, 1914, 133ff.). Die griech. Sitte, vor jede Kline einen eigenen Tisch zu stellen, war in Rom selten (Petron. 34,5). Außer in röm. Lagern, wo Hadrian sie entfernte (H. A. Hadr. 10,4), gab es an Gräbern für Leichenmahle und Jahresfeiern das *t. funebre.* W. H. G.

Tricorii, gallisches Alpenvolk zwischen den → Vocontii und dem Kamm der W. Alpen [Strab. 4,185. 203; zwischen Vocontii und Iconii [oder → Ucenni] BARRUOL 325). Sie besiedelten das Tal des Drac. Durch ihr Gebiet führten mehrere Straßen: seit E. 3. Jh. v. Chr. eine von Liv. 21,31,9; 32,6 erwähnte; eine andere von → Munatius (I 9) Plancus im J. 43 benutzte (Cic. fam. 10,18,24). Keine Stadt wurde *civitas.* In spätröm. Z. wurde diese Gegend in 3 Teile zerlegt: ein Teil wurde mit der *civitas Vapiscensium* (h. Gap) mit der Narbonensis II verbunden, ein zweiter mit der *civitas Decensium* (h. Die) kam zur Viennensis, ebenso der dritte mit der *civitas Gratianopolitana* (h. Grenoble). M. L.

G. Barruol Les peuples préromains du Sud-Est de la Gaule, Paris 1969, 325ff.

Tricostus. Röm. Cognomen, echtlat. entstanden (E. FRAENKEL, RE XVI 1651), in den Fasten der republik. Zeit (vgl. A. DEGRASSI FCap. 149) bei → Verginius (I 8–20). H. G. G.

Tridentum. Hauptort der kelt. (Iust. 20,5,8. Ptol. 3,1,31) oder raetischen (Plin. nat. 3,130) *Tridentini* (CIL V 5050. Strab. 4,204), Straßenknotenpunkt (RADKE Viae publ. Rom. 193f. Itin. Anton. 275,7. Tab. Peut. 4,3. Rav. 4,30. Guido 16) im Etschtal, *municipium* der *tribus Papiria* (L. ROSS TAYLOR Voting Districts 273), später *colonia* (CIL V 5036). Festungsmauer seit Theoderich (Cassiod. var. 5,9); vgl. ferner Amm. 16,10,20. 19,2,22. Paul. Diac. hist. Lang. 3,9. 5,36. Phlegon FGrH 257 F 36 XXIV. Nach T. heißen *Alpes* (Plin. nat. 3,121) und *iuga* (Flor. 1,37); h. Trento. G. R.

Forbiger HB. d. alt. Geogr. 3,322. *Nissen* It. Ldk. 2,209f. *Miller* Itin. Rom. 278.

Tridrachmon (*τρίδραχμον*), »Dreidrachmenstück«. Epigraph. erwähnt werden *τ. Μαρωνιτικά* (wohl Tetradrachmen nordgriech. Fußes, die nach att. Standard etwa 3 Drachmen entsprachen, → Kistophoren), numismatisch erscheint es in Delphi und vor allem Korinth, dessen → Stater in 3 → Drachmen zerfiel. H. Ch.

W. Schwabacher, RE VII A 104.

Triens, »Drittel« des → As und damit jedes zwölfteiligen Ganzen, 4 → *unciae* (→ Trias). Im Münzwesen seit dem ältesten → Aes grave belegt und durch 4 Wertkugeln markiert, zeigt er in der röm. Janus-Prora-Serie den Kopf der Minerva. T. münzten auch andere ital. Städte. Die Prägung endete in sullan. Z. Seit Constantin d. Gr. begegnen Goldmz. zu $^{3}/_{8}$ des → Solidus, die *tremisses* und modern auch T. genannt werden. Ihnen folgen seit 383 echte Drittel. Zunehmend häufiger ausgebracht, bilden sie das Vorbild für die germ. Goldprägung der Folgezeit. In der Lit. angeführte goldene T. und Doppelt. aus der Z. von Gordian III. bis Diocletian sind ohne genügende Bezeugung. H. Ch.

F. Vittinghoff, RE VII A 105f. *H. Chantraine*, RE XXIV 890f.

Trierarchie (*τριηραρχία*). Att. t. t. für eine außerordentl. mil. → Leiturgie, die in der Führung und Instandhaltung eines Kriegsschiffes für den Zeitraum eines Jahres bestand, und zwar urspr. einer → Triere (daher der Name), dann später aber auch anderer Schiffstypen. Begründet 483/82 v. Chr. von → Themistokles (Aristot. Ath. pol. 22, 7), trat die T. an die Stelle der → Naukrarien. Da die finanzielle Belastung erheblich war (Ps.-Xen. Ath. pol. 1,13), wurden ab ca. 410 sog. Syntrierarchien möglich, d. h. Zweiteilung der Schiffsführung und -kosten (Lys. 32,24ff.). D. Wa.

Morrison-Williams Greek Oared Ships 900–322 B. C., 1968, 260ff. *Amit* Athens and the Sea, Coll. Latomus 74, 1965, 103ff. *Strasburger*, RE VII A 106ff.

Triere (*τριήρης*, lat. *trieris, triremis*). Nach Thuk. 1,13. 2. Diod. 14,42. 3 sind griech. T. erstmals in Korinth z. Z. der Tyrannis gebaut worden, nach Hdt. 2,159 äg. unter → Necho, nach Clem. Alex. strom. 1,16. 76 war die *τρίκροτος ναῦς* (zum t. t.: Morrison, CQ 41, 1947, 122ff.) Erfindung phoinik. Sidonier. Ursprungsraum der T., des hist. bedeutsamsten und »vollkommensten« ([1]) ant. Kriegsschiffstyps, war also das ö. Mittelmeer, und zwar im 7. Jh. v. Chr. ([2]), nicht erst im späteren 6. Jh. ([3]), auch wenn der erste lit. Wortbeleg Hipponax Frg. 45,2 D. und T.-Einsatz im Flottenverband nicht vor 525 nachweisbar ist (Hdt. 3,44). Denn wenn in der Bildüberlieferung griech. Dieren ab E. 8. Jh. (Williams, JHS 78, 1958, 121ff.), phoinik. ab ca. 700 (Basch [1], T. 6 m. App. II) belegt sind, steht nichts im Wege, in Übereinstimmung mit den zit. ant. Frühdatierungen den Schritt zur T. in näherem zeitl. Anschluß und nicht erst nach einem Hiatus von 150 J. folgen zu lassen. Andererseits ist der schiffbautechnisch komplizierte Übergang zur T. nicht ohne Entwicklungsphasen denkbar, weshalb es ausgeschlossen ist, daß etwa schlagartig zwischen 550 bis 525 die T. als ausgereiftes Boot in den verschiedensten Marinen hätte entstehen können. Demnach ist mit griech. Tradition zu differenzieren zwischen 1. der »Erfindung« der T. in Korinth oder Sidon (phoinik. Priorität: Basch [1], 232; griech.: Lloyd [2], 278f.), 2. den noch lange Z. »wenigen T.« (Thuk. 1,14,1) im Experimentalstadium und 3. den ersten griech. »Massenkiellegungen« (Thuk. ebd.) ab E. 6. Jh. Das sog. »Trierenrätsel«, d. h. die Frage der Riemenanordnung, darf h. als gelöst gelten ([4]), wiewohl die These vom *a zenzile*-System ([5]) noch immer Anhänger findet ([6]). Saßen in der Pentekontere, dem T.-Vorläufer (Casson [4], 58ff.), zunächst 50 Rojer »einrangig« ([7]) zu je 25 Mann hintereinander ([2], T. 14e), dann ab E. 7. Jh. auch »zweirangig« übereinander ([2], T. 14c; vgl. Eur. Iph. T. 407ff.), so in der T. zu 170 Mann »dreirangig« gestaffelt übereinander, indem zu den »Urrojern« (Köster [1], 105), den *ζύγιοι*, noch darüber die *θρανῖται*, deren Riemen auf dem Ausleger (*παρεξειρεσία*) lagen, und darunter die *θαλαμιοί* hinzukamen (Poll. 1,87; T.-Modell: Casson [4], Abb. 101f. Zygit und Thalamit sind erst byz. t. t.: Morrison, CQ 41, 1947, 129). Bei derart verstärktem Riemenapparat, einer Länge von 35 m und mit dem Rammsporn wurde die T. zur gefürchteten Waffe im → Seekrieg. → Salamis (1) war mit ihr Triumph. Für Athen wurde sie lange zum »frêle instrument de la domination« ([8]). Erst ab E. 4. Jh. wurde sie zunehmend durch Polyeren ersetzt (Casson [4], 97ff.), gehörte aber noch in der röm. Marine zum Standard-Linienschiff ([9]). Der letzte T.-Großeinsatz und zugleich ihr »final *coup de grâce*« (Morrison [4], 16) war die Seeschlacht 324 n. Chr. zwischen → Constantinus (1) und → Licinius (II 3). Laut Zos. 5,20,4 war dann ca. 400 n. Chr. die »T.-Konstruktion bereits seit vielen Jahren vergessen«. D. Wa.

1. *Basch*, Mariner's Mirror 55, 1969, 239. *Köster* Das ant. Seewesen, ²1969, 143. 2. *Lloyd*, Journ. Eg. Arch. 58, 1972, 268ff. *Morrison-Williams* Greek Oared Ships 900–322 B.C., 1968, 159. 3. *Davison*, CQ 41, 1947, 23. *Miltner*, RE VII A 117 u. a. 4. *Morrison*, Mariner's Mirror 27, 1941, 14ff. (grundlegend). *Anderson* Oared Fighting Ships, 1962, 6ff. *Casson* Ships and Seamanship in the Ancient World, 1971, 77ff. 5. *Tarn*, JHS 25, 1905, 137ff. 6. *Amit* Athens and the Sea, 1965, 99ff. 7. Der Begriff der »Rangigkeit« ist dem der »Reihigkeit« vorzuziehen; ausführlich demnächst dazu: *Viereck* Die röm. Flotte (i. Erscheinen). 8. *Cartault* La trière athénienne, 1881, XXVI. 9. *Starr* Roman Imperial Navy 31 B.C.–A.D. 324, ²1960, 53f.

Trieteris (*τριετηρίς*, adjekt. fem.) »dritt-jährig«, d. h. nach ant. Zählweise, die das Ausgangsdatum mitrechnete, im 3. J., nach unserer Zählweise im 2. J. eintretend. **1.** *περίοδος* = Schaltzyklus, s. Zeitrechnung. **2.** *ἑορτή*, zweijährl. Fest mit Spielen, wie solche in verschiedenen griech. Kulten gefeiert wurden, so den → Isthmien für Poseidon, den → Nemeen für Zeus, den kleinen → Eleusinien für Dionysos, den Nikephorien für Athena in → Pergamon usw. K. Z.

Rohde Psyche 9. 102,12ff. *Hanell*, RE VII A 122ff.

Trifanum lag zwischen → Minturnae und → Sinuessa (Liv. 8,11,11); dort vernichtete der Konsul → Manlius (I 23) Torquatus 340 die Reste der latin. Truppen. G. R.

Trigemina porta, Tor der sog. Servian. Mauer (aus dem 4. Jh. v. Chr.) zwischen dem W.-Abhang des Aventin und dem Tiber. Die Antwort auf die Frage, ob die Mauer dort auf halber Höhe des Aventin entlanglief oder auf den Tiber zu und der Fluß dann bis zur Insel eine natürliche Schutzwehr bildete, läßt LUGLI offen, neigt aber mehr der 2. Hypothese zu. Rud. G.

Lugli M 2,138.

Trigeminus. Röm. Cognomen, »Drilling« (vgl. I. KAJANTO The Latin Cognomina, Helsinki 1965, 295), bes. bei → Curiatius (4. 5). H. G. G.

Triginta tyranni. In der H. A. hat angeblich Trebellius Pollio an 24. Stelle Biogr. von t. tyr. eingefügt. Er hatte in Anlehnung an die »Dreißig Tyrannen« des J. 404 v. Chr. zu Athen zuerst 30 Tyrannen, d.h. Gegenkaiser gegen → Valerianus und → Gallienus zusammengebracht (s. RE VIII 2058), dann aber deren Biographien um die des Titus (verderbt aus *Κουαρτῖνος*, Herodian. 7,1,9, Usurpator gegen → Maximinus Thrax) und des → Censorinus (1), der Name allerdings frei erfunden, erweitert. Unter diesen 32 Biographien befinden sich zwei weibliche, die der → Zenobia (2) und der Victoria. Doch nicht nur die beiden genannten Männer sind frei erfunden, sondern auch die Biographien über Postumus iunior (4) und Victorinus iunior (7), Piso (21), Saturninus (23), Trebellianus (26) und Celsus (29). Zum anderen sind gall. Gegenkaiser zeitlich falsch eingereiht: nicht in die Zeit des Valerianus und Gallienus gehören Victorinus (6), Marius (8), Valens superior (20), Tetricus maior (24), Tetricus iunior (25) und Victoria (31). Auch die 6 in Palmyra angeblich erstandenen Gegenkaiser haben sich nicht gegen Gallienus empört gehabt, und Zenobia selbst wie auch ihr Sohn → Vaballathus haben sich erst gegen Aurelianus erhoben, s. RE X A 1 ff. Als Gegenkaiser gegen Gallienus bleiben Postumus, Laelianus, Ingenuus, Regalianus, Aureolus, Valens und (L. Mussius) Aemilianus. Doch auch von diesen sind die eingelegten Briefe und sonstigen Urkunden plumpe Fälschungen. R. H.

Triglyphos (*τρίγλυφος*), nach Vitr. 4,3 ff. das Ornament, das am dor. Bau zwischen Architrav und Gebälk vermittelt. Die an der Stirnseite durch zwei senkrechte Schlitze gegliederten Längsquader sind gegenüber den Metopen, mit denen sie im Wechsel auftreten, funktionell entscheidend für die Tektonik des Tempels. Am früharchaischen Tempel C von → Thermos waren die Köpfe der Deckenbalken über dem Architrav mit vertikal gekerbten Tonplatten verkleidet, zwischen denen Tonmetopen eingelassen waren. Durch die Abfolge der Balkenköpfe, die über den Säulen und über der Mitte der Säulenjoche in Erscheinung traten, entstand ein Fries (*τρίγλυφος, -ον*) von schlichter rhythm. Gewalt. Bei höherer Lage der Deckenbalken wurde er als Bauornament beibehalten. A. v. Gl.

Trigon (*trīgōn*, Akk.-*num* Lucil. 1134 M.; *τρίγων* Herodian. Gramm. Gr. 1,23,15). In den Bädern (Martial. 12,82,1) und auf dem Marsfeld (Hor. s. 1,6,126) gespieltes Ballspiel der Kaiserzeit zwischen drei (Isid. orig. 18,69,2) meist nackten (Martial. 7,72,9) Spielern, die in einem gleichseitigen Dreieck aufgestellt sich in freier Reihenfolge einen kleinen Ball zuspielten, der entweder gefangen (*excipere* Martial. 12,82,4) oder so weitergeschlagen (*geminare* Laus Pis. 186) wurde, daß er zum Werfer zurück (*reddere* Laus Pis. 187. Martial. 14,46,2) oder zum Dritten hin gegeben (*expulsare* Martial. 14,46,1) wurde. Drei weitere Leute waren zum Aufheben (*petere* CIL IV 1936) und noch drei zum Zählen (*numerare* CIL IV 1936. Sen. epist. 56,1) nötig. K. D. F.

Radke, RE VII A 139. *Gardiner* Athletics in the anc. world, [4]1967, 231 (mit weiterer Lit.).

Trigonometrie s. Menelaos (6)

Trigonon. Nach seiner dreieckigen Form benanntes harfenartiges Musikinstrument mit vielen, unterschiedl. langen Saiten. Eine Zuweisung an einen bestimmten Instrumententyp ist wie bei den weiteren Bezeichnungen → Magadis, → Pektis, → Sambyke u.a. nicht möglich. Eine zum T. passende Tonart ist das Ionische. Die Bewertung (z. B. bei Plat. und Aristot.) ist abschätzig. U. K.

M. Wegner Das Musikleben der Griechen, 1949, 48. 228. *W. D. Anderson* Ethos and Education in Greek Music, 1966, 54. 64. 66.

Trihemiobolion (*τριημιωβόλιον*), 1½ → Obolos = ¼ → Drachme, Silbermz. in Athen (cf. Aristoph. frg. 48) mit bes. Rs.-Bild, in Korinth, Leukas, Kranioi und Sikyon mit Marke *TRIH*, *TRI* oder *T*, in Heraia und Tegea mit 3 *E* notiert. H. Ch.

W. Schwabacher, RE VII A 142 f.

Trihemitetartemorion, ³/₈ → Obolos oder 1½ → Tetartemorion, Silbermz. in Athen zu 0,28 g und mit Rs. Kalathos, in Kolophon mit Sigle *TRI*. H. Ch.

W. Schwabacher, RE VII A 143 f.

Trikaranon (*Τρικάρανον*), Bergzug über → Phleius in der n.ö. Peloponnes, höchste Erhebung Hg. Elias 730 m, Xen. hell. 7,2,1. 5 f. 11 ff. 7,4,11. Steph. Byz. E. M.

E. Meyer, RE VI A 144 f.

Trikka (*ἡ Τρίκκα*, Ethn. *Τρικκαῖος*), Stadt der Hestiaiotis im w. Thessalien, auf den letzten flachen Ausläufern des Chassiagebirges am Fluß → Lethaios (1) mit sehr spärlichen ant. Resten, h. Trikkala. Strab. 7,7,9 p. 327. 8,4,4 p. 360. 6,15 p. 374. 9,5,17 p. 437. 14,1,39 p. 647. Ptol. 3,12,41. Plin. nat. 4,29. Steph. Byz. T. ist bereits bei Homer als Heimat des Asklepioskults genannt, Il. 2,729 ff. 4,200 ff., spielt in gesch. Z. aber kaum eine Rolle. Befestigung durch → Iustinianus (1), Prok. aed. 4, 3,5. Byz. Bischofssitz Hierokl. synekd. 642,9. Not. ep. passim. LE QUIEN Or. Christ. 2,117 ff. Inschr. IG IX 2 Nr. 301–322. 1340. 1341. SEG 2,358.23, 440. Mz. HEAD HN² 310 f. E. M.

Fr. Stählin Das hellen. Thessalien 119 f. *E. Kirsten*, RE VII A 146 ff. 1273 ff. *Philipps.-Kirst.* 1. 50 ff.

Trikorythos (*Τρικόρυ[ν]θος*, Demot. *Τρικορύσιος*), att. Demos der Phyle → Aiantis, später der Hadrianis, zur → Tetrapolis gehörend, beim h. Kato Suli im N.-Teil der Ebene von Marathon, Strab. 8,6,19 p. 377. 8,7,1 p. 383. 9,1,22 p. 399. Diod. 4,57,4. 58,4. Aristoph. Lys. 1032 m. Sch. Steph. Byz. s.v. und s. Τετράπολις. Suda s. παίσωμεν. E. M.

Radke, RE VI A 153f. *Philipps.-Kirst.* 1,789.

Trilogie s. Tragödie

Trimalchio, der vulgäre Emporkömmling und Veranstalter des Gastmahls, dessen geniale Schilderung das umfangreichste der erhaltenen Stücke des Romans des → Pertonius (10) bildet. K. Z.

Trinak(r)ia s. Thrinakie

Trinkgelage s. Comissatio (o. Bd. I 1260). Convivium. Symposion

Trinundinum s. Nundinae

Trio. Röm. Cognomen (wie Mz. zeigen, in Verbindung gebracht mit *septem triones* [Gr. Bär], W. Gundel De stellarum appellatione, 1907, 61 f. I. Kajanto The Latin Cognomina, Helsinki 1965, 338). Vor allem bei → Lucretius (A 16. 17), in der Kaiserzeit (A. Degrassi FImp. 271) bei → Fulcinius (II 2, wo L. F. Trio zu lesen ist). H. G. G.

Triobolon (τριώβολον), »Dreiobolenstück«, Halbdrachme, gängiges Nominal (auch in Gold) in den meisten griech. Prägungen, in Athen als Ruderlohn, als Betrag des Ekklesiastikon und der Richterdiäten geläufig, in den Söldnerheeren des Hellenismus üblicher Tagessatz. H. Ch.

W. Schwabacher, RE VII A 160f.

Triokala (Τριόκαλα). Kleine Stadt Siziliens in der Nähe von → Akragas, erwähnt zuerst von Philistos FGrH 556 F 66. T. war im 2. siz. Sklavenkrieg einer der Hauptplätze der aufständischen Sklaven. → Salvius (I 2) Tryphon besetzte 104 v. Chr. den von Natur sehr festen Ort (Beschreibung bei Diod. 36,7,3) und baute ihn zu einer starken Königsburg aus. 103 belagerte der röm. Propraetor L. Licinius → Lucullus (4) vergeblich die Festung (Diod. 36,7–9). Später wurde sie den Sklaven entrissen und zerstört. Das Gebiet wurde zum *ager publicus populi Romani*, die *Triocalini* zählten zu den *stipendiarii* (Plin. nat. 3,91). In der Kaiserz. gewann T. größere Bedeutung, E. 6. Jh. war es einer der 11 Bischofssitze der Insel. Kl. M.

K. Ziegler, RE VII A 166ff.

Triopas (Τριόπας, auch Τρίοψ). Eponym des Vorgebirges → Triopion in Karien. In mehrere Genealogien eingebaut und in mehreren Landschaften wirkend, bleibt T. eine undeutliche Gestalt. Er stammt von Poseidon und → Kanake (Apollod. 1,53) oder von Helios und Rhodos (Diod. 5,56. 61; → Heliadai) oder von → Phorbas (1; Diod. 4,58. Paus. 2,16,1) oder von → Lapithes (1; Diod. 4,69. 5,61). Als Kinder werden u.a. genannt: → Iphimedeia, → Erysichthon (dessen Vergehen gegen Demeter T. selbst zugeschrieben wird, Diod. 5,61. Hyg. astr. 2,14), → Pelasgos (2), → Messene (1). Schwerpunkte des T.-Myth. liegen im phthiot. → Dotion und in der SW.-Ecke Kleinasiens (Rhodos, Knidos), deren dor. Besiedlung sich in ihm spiegelt. H. v. G.

Triopion (Τριόπιον, vgl. Hdt. 4,38. 7,153), möglicherweise abgeleitet von Gestalten des Mythos wie Triopios, Triops oder Triopos, wahrscheinlicher noch wörtl. zu verstehen als die Gegend, von der aus man in drei Richtungen schauen kann: w. Teil der Halbinsel von → Knidos mit weit nach W. vorspringendem Kap, h. Deveboynu Burun (Kap Krio). E. O.

W. Ruge, RE VII A 175f. *G.E. Bean* Turkey beyond the Maeander, London 1971, 142ff.

Triparadeisos (Τριπαράδεισος τῆς ἄνω Συρίας, Diod. 18,39,1. 19,12,2), ant. Stadt in Nordsyrien; ihre Identifikation ist bisher nicht eindeutig gelungen. Vermutet wird die Gleichsetzung mit Paradeisos am Oberlauf des → Orontes (6). In T. einigten sich nach dem Tode des → Perdikkas (4) i. J. 321 v. Chr. die Diadochen auf eine Neuverteilung des Alexanderreiches. E. O.

E. Honigmann, RE VII A 177f.

Triphiodoros (Τριφιόδωρος, in den Hss. Τρυ–), Ägypter, Epiker und Grammatiker, schrieb *Μαραθωνιακά, Ἰλίου ἅλωσιν, τὰ κατὰ Ἱπποδάμειαν, Ὀδύσσειαν λειπογράμματον καὶ ἄλλα* (Suda). Wohl ident. mit dem T., der *παράφρασιν τῶν Ὁμήρου παραβολῶν καὶ ἄλλα πλεῖστα* (Suda) schrieb. Die allein erhaltene *Ἰλ. ἅλ.* erzählt mit betonter Kürze – die Laokoonepisode fehlt – die Eroberung Troias. Quellen sind neben einem mythograph. HB. → Quintus (1) von Smyrna (sogar das Gleichnis 534–38 nach Q. 13, 55–57 und 8,41–44) und Verg. Aen. B. 2 (Funaioli, RhM 88, 1939, 1 ff.). Da POxy 2946 mit V. 391–402 dem 3. oder 4. Jh. zugewiesen wird, wird die *Ἰλ. ἅλ.* um 300 verfaßt sein. Metrik und Stil weichen von → Nonnos, der früher als Vorbild T.' galt, ab; Nonnos hat T. nachgeahmt. R. K.

Ta.: *Weinberger*, 1896.

Lit.: *Al. Cameron* Claudian, Oxf. 1970, 478ff. *P. Orsini*, Pallas 21, 1974, 3ff.

Triphylia (Τριφυλία, Τριφύλιοι), die westpeloponnes. Küstenlandschaft zwischen → Alpheios (1) und → Neda, welliges Hügelland aus Sanden, Mergeln und Sandstein, von zahlreichen Flußläufen durchzogen, mit Höhen zwischen 100 und 500 m und reicher Vegetation. Durch das w.ö. streichende Kaiaphagebirge (Lapithos) mit höchster Erhebung im Smerna von 772 m wird T. in einen N.- und S.-Teil geteilt, im S.-Teil erreicht der Gipfel des Alvaena (→ Minthe 1) 1219 m mit wenig niedrigerer Fortsetzung nach O. Die Gebirge bestehen aus Hornstein und Kalk. Charakteristisch für T. ist der breite hafenlose Küstensaum mit der für Griechenland einzigartigen Sanddünenkette im S. und Lagunenbildung im N., seit dem Alt. teilweise verändert, das »sandige Pylos« → Nestors (1).

Für den Namen gibt es keine brauchbare ant.

Erklärung. Die Landschaft hatte ihren kultischen Mittelpunkt im Heiligtum des »samischen« Poseidon am NW.-Fuß des Kaiaphagebirges, wo sich auch ein kleiner Hafen befand. Der S.-Teil war zur Hauptsache Gebiet von → Lepreon, von den sonstigen, bes. bei Strabo, Hdt. 4,148 und Pol. 4,77,9. 80,13 genannten Orten sind der Lage nach sicher oder wahrscheinlich bekannt → Epitalion über dem h. Agulinitsa, → Phrixa am S.-Ufer des Alpheios ö. Olympia, Hypana beim h. Mundriza, → Typaneai über Platiana mit Ausdehnung seines Gebiets nach S., → Skillus bei Makrysia, Epion bei Mazi, nicht sicher anzusetzen Stylangion, vielleicht bei Bitzibardi, → Pyrgos vielleicht bei Bambes, Bolax und Nudion und das schon um 400 v. Chr. verschwundene → Makiston s. des Kaiaphagebirges und schließlich das Dorf → Pylos (2) beim h. Xerochori-Zacharo.

Siedlungsspuren sind in der Landschaft seit frühhellad. Z. häufig [9.10.11], am wichtigsten der myken. Palast mit 3 Kuppelgräbern bei Kakovatos, das Pylos Nestors bei Homer, dessen pyl. Reich, Hom. Il. 2,591 ff., der Landschaft T. entspricht. Ein kleiner Teil des n. T. ist anscheinend um 570 elisch geworden, nach 459 v. Chr. konnte Lepreon sein Gebiet mit Hilfe von Elis und Sparta nach N. erweitern, wobei nach Hdt. 4,148 mehrere Orte zerstört wurden. Lepreon blieb seitdem mit Sparta verbunden. Nach dem spartan.-elischen Krieg von 402/400 mußte Elis die triphyl. Gebiete abtreten, Xen. hell. 3,2,30f., die nun den Staatsverband der Triphylioi bildeten, der sich an Arkadien anschloß, Xen. hell. 7,1,26. Paus. 5,5,3. 10,9,5. Sylloge I^3 160 VIII, daher bei Skyl. 44 zu Arkadien gerechnet. Um 245 eroberten die Eleer T., Pol. 4,77,7 ff., im Winterfeldzug 219/18 → Philipp V. (7), Pol. 4,78 ff., der es dann 199 an den achaischen Bund abtrat, bei dem es bis 146 blieb. Erst jetzt wurde T. dauernd mit Elis verbunden und wird seitdem dazu gerechnet. Strab. 8,3,11–29 p. 342–353. Paus. 5,5,3–6,8. Ptol. 3,14,29. BCH 45, 1921, 12 II 76 ff. E. M.

1. *M. Boutan* Mémoire sur la Triphylie, Arch. des miss. scientif. II 1, 1864, 193 ff. 2. *Philipps.-Kirst.* 3,349 ff. 359 ff. 3. *Bölte*, RE VII A 186 ff. 4. *E. Meyer* Neue peloponnes. Wanderungen 22 ff. 60 ff. 5. *E. Bölte*, RhM 87, 1938, 142 ff. 6. *Ders.*, RhM 83, 1934, 319 ff. 7. *E. Meyer* Pylos 2. 5, RE XXIII 2128 ff. 2135 ff. 8. *Fr. Kiechle*, RhM 103, 1960, 336 ff. 9. *J. Sperling*, AJA 46, 1942, 17 ff. 10. *A. McDonald–R. Hope Simpson*, AJA 65, 1961, 221 ff. 68, 1964, 229 ff. 73, 1969, 123 ff. 11. *R. Hope Simpson* A gazetteer and atlas of Mycenaean sites 76f. Nr. 254–257. 80f. Nr. 270–276. 12. *Gräfinghoff* Karte von T. 1:150000, MDAI(A) 1913 T. IV.

Tripodiskos (Τριποδίσκος), eines der alten 5 Dörfer, aus denen → Megara (2) entstand, wohl die ausgedehnten Reste an den Vorhöhen des Geraneiagebirges 7–8 km n.w. von Megara. Thuk. 4, 70,1. Strab. 9,1,10 p. 394. Paus. 1,43,8. Steph. Byz. Phot. bibl. p. 134 a 5f. Plut. mor. 295 b. Kall. frg. 31. Add. Bd. II 108 Pf. = FGrH III B S. 757 zu 305 F 8 bis. E. M.

E. Meyer, RE VII A 201 f.

Tripolis (Τρίπολις). **1.** Bezeichnung der 3 nördlichsten Ortschaften → Azoros (Nachtr. Bd. V), → Doliche und → Pythion (6) der nordthessal. → Perrhaiboi, Liv. 42,53,6. 67,7, wegen der mil. Wichtigkeit am Ausgang der Wege über Olymp und kambunische Berge zeitweilig zu Makedonien gezogen, nach 196 wieder thessalisch. Τριπολίτης als Ethn. auch inschr. bezeugt.

E. Kirsten, RE VII A 207 ff. Nr. 8.

2. Nur bei Steph. Byz. s. v. genannte, sonst unbekannte Gruppe messen. Ortschaften.

Bölte, RE VII A 210 Nr. 10.

3. Die drei nordarkad. Ortschaften Kallia, Dipoina und → Nonakris, bei der Gründung von → Megalopolis in dieses einverleibt. Genaue Lage im Gebiet s. des oberen → Ladon nicht bekannt, zwei von ihnen wohl mit den ant. Ortslagen mit Mauerring des Kastro Galatas bei Vesitsi und bei Kerpini zu identifizieren. E. M.

E. Meyer, RE VII A 210 Nr. 11; Suppl. IX 1429. *Ders.* Peloponnes. Wanderungen 41 ff. 48 ff.

4. Diesen Namen (Ptol. 5,2,15 M.; vgl. Plin. nat. 5,111) führte die allem Anschein nach pergamen. Gründung Apollonia am → Maiandros im Grenzgebiet zwischen Karien, Lydien und Phrygien erst seit Augustus. Ihre eindrucksvolle Ruinenstätte findet sich bei Yenice am Büyük Menderes Nehri. E. O.

J. Keil, RE VII A 203 Nr. 3 (unvollst.). *L. Robert*, Hellenica 2, 1946, 106,6. 11/12, 1960, 12,1; La Carie, Paris 1954, 239–242. *D. Magie* Roman Rule in Asia Minor, Princeton 1950, 799,20.

5. Stadt an der phoin. Küste ca. 65 km n. von Beirut, h. al-Mīna (λιμένα) bei Ṭarābulus aš-Šām. Der phoin. Name *ṭarpol* »Neuland« wurde volksetym. in »Dreistadt« umgedeutet: angebl. Gründung durch → Tyros, → Sidon, → Arados; Trennung in 3 befestigte Teile (Diod. 16,41,1. Strab. 16,754f. usw.). Nach Skyl. 104 und Diod. war T. Sammelplatz der phoin. Flotte; hier wurde 351 der Aufstand gegen → Artaxerxes (3) Ochos beschlossen. Nach der Schlacht von Issos fliehen 4000 Griechen aus Dareios' Heer über T. nach Zypern und Äg. (Arr. an. 2,13,2. Curt. 4,1,27. Diod. 17,48,2). Danach verliert die Stadt, in der auch ein Tempel der Isis Myrionymos als (Artemis) Orthosia war, ihre Bedeutung, die sie im MA. wieder gewinnt. W. Rö.

Tripontium, Platz an der via Appia (Τραπόντιον Strab. 5,237 der Lage wegen nicht ident.) bei mil. 39 (CIL X 6820); dort (CIL X 6824. 6850; vgl. Cassiod. var. 2,32. 33) begann der → *decennovius*; h. Torre di Treponti. G. R.

Nissen It. Ldk. 2,638. *Radke* Viae publ. Romanae 103. *Gazzola* Ponti Romani, 1963, 23.

Triptolemos (Τριπτόλεμος). Eleusin. Kultheros aus dem Kreise → Demeters, Hom. h. 5,153.

473 ff., zu den Adligen gehörend, die die Göttin in ihre Mysterien einführt und zu »tätigem Dienst« verpflichtet. Erst später tritt er in ein engeres Verhältnis zu Demeter als agrar. Gottheit. Auf dem rarischen Feld bei → Eleusis sät er die von ihr gefundenen Ähren, erntet und drischt in der dortigen »Tenne« (Paus. 1,38,6). Der Name bedeutet wohl »Dreimalschüttler = gründlicher Worfler« (SCHWENN, RE VII A 217). E. d. 6. Jh.s wird T. aus einem Prototyp des Ackerbauers zu einem Verbreiter bäuerlicher Gesittung im Auftrage von Demeter und Kore. Sf. Vasen stellen ihn als bärtigen, reichgekleideten Mann dar, mit Ähren und Zepter, auf rädergetragenem Sessel. Rf. Vasen geben den Rädern Flügel, in die Schlangen verflochten sind; noch später wird der Wagen von Drachen gezogen (wie Demeters eigener Wagen Ov. fast. 4,497). T. selbst ist jetzt ein Jüngling wie auf dem bekannten Marmorrelief aus Eleusis. Gleichzeitig wird er zum Bruder → Demophons (1) und somit zum Sohn von → Keleos (1) und → Metaneira (1), so in Soph. Trag. T., wo sein Drachenwagen Italien, Illyrien, Getenland und Afrika befährt. Das lag im Sinn der att. Kulturpropaganda (Isokr. 4,28): Von nah und fern kamen alljährlich Erstlingsgaben von Feldfrüchten nach Eleusis (IG I 27b. II² 140). Orphiker machten ihn als Sohn von Okeanos und Gaia zu einer kosm. Macht (Pherek. nach Musaios) oder als Sohn von → Dysaules und → Baubo zum Symbol des Übergangs von der Hirten- zur Bauernkultur: Er und Eubuleus konnten Demeter sagen, wo Kore verschwunden war, und bekamen dafür Ähren geschenkt (Orph. frg. 50 ff. Marm. Par. ep. 14. Paus. 1,14,3. WILAM. GldH. 2,46 ff.). Orph. Vorstellungen entsprang wohl auch T.' Rolle als Totenrichter, Plat. apol. 41a und auf südital. Vasen.

Als Hirte, der Demeters Gaben besitzt und mittels seines Drachenwagens über die ganze Erde ausbreitet, bleibt T. auch in der hellenist. und röm. Lit. und Kunst lebendig; in der Funktion des Pflügers verdrängte er den altatt. Heros → Buzyges. Bes. Verehrung fand er in Sizilien, Firm. err. prof. rel. 7,4. Eine Neapeler Sardonyxvase (FURTWÄNGLER Ant. Gemmen T. 55) stellt T. als → Horus mit dem Pflug dar. Mit → Osiris wird T. als Kulturschöpfer verbunden Diod. 1,18. Auf der Silberschale von Aquileia (Wien. Vorlegebl. I 6,1) präsentiert sich die Ausfahrt des → Germanicus (2) in den Orient unter dem Bilde von T.' Aussendung. Viele Städte setzen T. auf ihre Mz., z.B. → Kyzikos, → Alexandreia (1), → Henna. Der Mythos setzt T. mit den Autochthonen von Achaia und Arkadien in Verbindung (Paus. 7,18,2 f. 8,4,1) oder erfindet Attentate auf ihn, z.B. des skyth. Königs Lynkos (Ov. met. 5,658 ff.), des Getenkönigs Charnabon (Hyg. astr. 2,14), des Eleusiniers Keleos nach T.' Rückkehr (Hyg. fab. 147; sein Vater heißt hier *Eleusinus*). H. v. G.

Ch. Picard, AC 20, 1951, 351 ff. *H. J. Rose* Griech. Myth. 91 f. (mit engl. Lit.). *K. Kerényi* Die Myth. d. Griechen 236 ff. Abb. 54. *Ders.* Töchter der Sonne, Abb. 3. *Nilsson* GgrR I²,849. T. 43,1.

Triptychon s. Diptychon

Tripudium. Wahrsagung durch das Füttern von Vögeln (Hühner). Fiel das Futter aus dem Schnabel, so war dies ein bes. günstiges Vorzeichen *(t. solistimum)*. C. Z.

1. *Wissowa* Rel.² 532. 2. *A. St. Pease* zu Cic. div. 1,27. 2,73.

Tripus (*τρίπους*). Der Dreifuß, Untersatz für Geräte, vor allem Kessel, ist seit vorgesch. Z. bekannt. Im Kult dient er als choregisches Weihgeschenk in Athen und beim → Orakel in → Delphoi. T. aus Metall (meist Bronze), allein oder mit dem Kessel hergestellt, begegnen in vielen griech. Heiligtümern von protogeom. Z. bis 6. Jh., bei Etruskern bis 5. Jh. Sie können an T. und Kessel verziert sein. W. H. G.

Schwendemann, JDAI 36, 1921, 98 ff. *Riis*, Acta Arch. 10, 1939, 1 ff. *Benton*, Papers Brit. School Athens 35, 1934/35, 74 ff. *Guillon* Les trépieds du Ptoion, 1943. *Neugebauer*, JDAI 58, 1943, 210 ff. *Willemsen* Dreifußkessel v. Olympia, 1957. *Catling* Cypriote Bronzework, 1964, 190 ff. *H.-V. Herrmann* Die Kessel d. orientalisierenden Z. 1, 1966. *Jantzen*, Lex. d. Alten Welt 775 f.

Trismegistos s. Hermes (o. Bd. II 1075). Thot

Tritagonistes (*τριταγωνιστής*). Die Bildungen *τ.*, → *δευτεραγωνιστής* und *πρωταγωνιστής* mit den Verben *τριταγωνιστεῖν*, *δ.-εῖν*, *π.-εῖν*, offenbar in Analogie zu *ἀγωνιστής* (von *ἀγωνίζομαι*, z.B. Hdt. 2,160,4. 5,22,2 »Teilnehmer an Wettkämpfen«) in Bezug auf die drei im Tragödienwettkampf wirkenden Schauspieler entstanden, kommen nirgends in Urkunden oder Inschr. vor, sind also Schöpfungen der Lit.- bzw. Theaterhistorie (Aristot.? Vgl. eth. Nic. 1166b 35. 1167a 21; probl. 918b 28). Wenn Aristot. poet. 1449a 17 das Substantiv *πρωταγωνιστής* übertragen im Sinne von »das Wichtigste«, pol. 1338b 30 das Verbum *π.-εῖν* in der Bed. »das Wichtigste sein« gebrauchen kann, muß ihm die urspr. Bed. bereits geläufig gewesen sein. Dazu stimmt auch der Gebrauch von T. und *τ.-εῖν* vom 3. Schauspieler im Tragödienagon, immer in Bezug auf Aischines bei Demosth. 18,129. 209. 262. 264 (danach [Plut.] mor. 840a. Apoll. vita Aeschin. POxy 1800, 3,47. Anecd. Bekk. 1,309,31 f.) und die Komödie *T.* des → Antiphanes. Nachhall dieses Gebrauchs: Suda s. *Σοφοκλῆς*, wo dem → Sophokles (2) die Einführung des 3. Schauspielers zugeschrieben wird, und *πρωταγ.* Sch. Eur. Phoen. 93 sowie Poll. 4,124, wo die Verben *π.-εῖν* und *δ.-εῖν* in diesem Sinne stehen (ebenso *δευτεραγ.* Sch. Demosth. 5,6). Nacharistot. wiegt der übertragene Gebrauch vor: Die Suda nennt → Chionides den *πρωταγ. τῆς κωμῳδίας*. Klearch. frg. 19 (p. 19) W. (*πρωταγ.* »der oberste Diener«).

Lyk. Inschr. (2. Jh. v. Chr.?) bei G. E. Bean, JHS 68, 1948, 47,30. Plut. mor. 332d. 1141d (π.-εῖν »Führer im Krieg sein«). Plut. Lys. 23,6; mor. 816f. Plot. 2,17; urspr. und übertragene Bed. bei Lukian. Calumn. 7. δευτεραγ. Demosth. 19,10. Lukian. Peregr. 36 (»Helfer«). F. St.

A. Pickard-Cambridge – J. Gould – D. M. Lewis The Dramatic Festivals of Athens, ^{2}1968, 132ff. *P. Kretschmer*, Glotta 10, 1920, 40. *E. Diehl*, RE VII A 236f.

Tritaia (ἡ Τριταία, Ethn. Τριταιεύς, literar. auch Τρίτεια, Τριτία). Stadt im Inneren des w. → Achaia mit ausgedehnten Resten beim h. Hg. Marina auf der Vunduklahochebene zwischen → Erymanthosgebirge und Skollis. Strab. 8,3,10 p. 341. 7,4 p. 386. 7,5 p. 388; dazu Aly, SHAW 1931/32, 1,10; De Strab. cod. rescr. 22. Paus. 7,22,6–9. Plin. nat. 4,22. Cic. Att. 6,2,3. Steph. Byz. BCH 45, 1921, 14 II 129. T. gehörte zu den alten 12 Städten Achaias und den 4, von denen die Gründung des neuen Bundes ausging, Hdt. 1,145. Pol. 2,41,8. 12, spielte aber sonst keine Rolle. Aitol. Plünderungszüge im Bundesgenossenkrieg Pol. 4,6,9. 59,1ff. 60,4ff. 5,95,6. Truppenkontingent für Rom 192 v. Chr. SEG 15,254 Z. 4., L. Moretti Iscrizioni storiche ellenistiche Nr. 60. In der Kaiserz. zum Gebiet der röm. Kolonie → Patrai geschlagen, Paus. 7,22,6. E. M.

Nerantsis, AJA 37, 1933, 159. *E. Meyer*, RE VII A 237ff.; Suppl. IX 1429.

Tritea (inschr. immer Τριτέα, Ethn. Τρ[ε]ιτεύς), Stadt im ö. Teil des w. → Lokris, wahrscheinlich der Stadtmauerring mit weiteren Resten beim h. Pendeoria. Literar. nur bei Thuk. 3,101,2 und Steph. Byz. erwähnt, in den Inschr. von Delphi oft. Vertrag mit Chaleion aus dem 4. Jh. v. Chr. SEG 2,293. BCH 92, 1968, 29ff. Nach Hesych. s. Τριτῆες hieß eine Hunderasse nach T. Inschr. IG IX $1,3^2$ Nr. 716. E. M.

Oldfather, RE VII A 241ff. *L. Lerat* Les Locriens de l'ouest 1,51f. 145ff. 211. 2 passim.

Tritemorion s. Tritetartemorion

Tritetartemorion oder Tritemorion, »3 → Tetartemoria«, ¾ → Obolos, Silbermz. in Athen, durch 3 Mondsicheln oder Eule frontal markiert, in Argos, Delphi, Elis, Thurioi u. s. mit 3 *T* versehen. H. Ch.

W. Schwabacher, RE VII A 243f.

Triton. 1. Fischleibiger Seedämon, unter verwandten → Meergottheiten eine alte, aber urspr. lokal beschränkte individuelle Gestalt. Sein Name (etr. *Tritun*, s. Enc. arte ant. s. v.) gehört zu → Amphitrite samt den T. u. ä. genannten Gewässern, viell. auch zu Tritogeneia und Tritopatreis, und ist wohl vorgriech. (anders Frisk s. v.). Schon bei Hes. theog. 930ff. ist er Sohn Poseidons und der Amphitrite und δεινὸς θεός, dies bes. in Tanagra (Paus. 9,20,4f. Ail. nat. 13,21). Seine Darstellungen knüpfen an oriental. Fischdämonen an, doch tendieren sie alsbald zu einer organ. Verbindung beider Bestandteile, so daß der Oberkörper schließl. rein menschl. wird. Neben dem einschwänzigen Typ entwickelt sich im 4. Jh. ein zweischwänziger, und es tritt auch eine am Vorderleib kentaurenartig gebildete Spielart auf, die auch T. heißt (Pergamon-Altar Inschr. Nr. 104); Ἰχθυοκένταυρος, Tzetz. Lykophr. 34. In Libyen hat T., wohl auf epichor. Grundlage, auch Kulte gehabt (Hdt. 4,188; vgl. Hannibals Eid Pol. 7,9,2). Hier wurde er in die → Argonautensage einbezogen (Pind. P. 4,19ff. Hdt. 4,179. Apoll. Rhod. 4,1537ff. Lykophr. 886ff. Diod. 4,56,6): Er ermöglichte an der wohl nach ihm benannten Τριτωνὶς λίμνη bei Euhesperides den Ausweg zum Meere. Iason weihte ihm einen Dreifuß, den die Eingeborenen versteckten, da von seinem Besitz die Gründung von 100 griech. Städten rings um den See abhing; später glaubten die Euhesperiten ihn doch zu besitzen, während die Erdscholle, die T. in der Rolle des → Eurypylos (4) als Gastgeschenk überreicht hatte, die Insel Thera entstehen ließ. T. errettet also die bedrängten Ankömmlinge, verwehrt ihnen aber urspr. das Wiederkommen.

Als Einzelfigur kommt der Fischdämon seit dem 7. Jh. vor (Inselsteine s. J. Boardman Island Gems, London 1963, 51f.; JHS 88, 1968, 1ff.), auch in Etrurien (W. Dobrowolski, Mél. K. Michalowski, Warschau 1966, 375ff.). Die Benennung der verschiedenen Bildungen bleibt trotz Buschors Ordnungsversuchen ungewiß; erst in sf. und rf. Vasenmalerei ist der Fischleibige sicher als T. zu diagnostizieren. Dekoratives Bedürfnis führte von vornherein zur Doppelung solcher Figuren, und allmählich kam es in Analogie zu andern Meerwesen, besonders den → Nereiden, zur Vervielfältigung T.s, die sich durch das weitwirkende Werk des → Skopas (2; Plin. nat. 36,26) durchsetzte, lit. aber erst Mosch. 2,123 belegt ist. Nun konnte man junge T. von den alten differenzieren; Tritoninnen treten sogar bereits auf sf. Vasen auf, und vereinzelt finden wir sogar Tritonenfamilien (Ph. Bruneau – Cl. Vatin, BCH 88, 1964, 252ff.). So entwickelte sich im 4. Jh. ein ganzer Seethiasos, in dem Nereiden auf Tritonen sitzen oder auch an ihnen hängen und Eroten gerne auf ihren Schwänzen reiten, im übrigen aber neben echten Seetieren eine fabelhafte Menagerie sich tummelt (z. B. G. Becatti, Scavi di Ostia 4, 1962, T. 124ff. 214ff. K. Schefold, Essays in Mem. of K. Lehmann, New York 1964, 279ff.; mit beigeschriebenen Einzelnamen IG XIV 2519. Antioch on-the-Orontes 2, 1938, 180f. T. 23. D. Levi Antioch Mosaic Pavements 1, 1947, 100ff.). Gewöhnlich ist eine idyllische und gerne erotische Glücksstimmung, öfters freilich durch die Ungeheuer beeinträchtigt, über die Bilder ausgebreitet. Wo diese Szenerie auf Sepulkralmonumenten erscheint, wird sie seit Buonarroti mit Vorliebe auf die Reise des Verstorbenen nach den Inseln der Seligen gedeutet oder wenigstens irgendwie im Jenseits lokalisiert (z. B. K. Meuli, J. J. Bachofens

Ges. Werke 7, Basel-Stuttg. 1958, Nachwort S. 498ff. 505; kompliziert F. CUMONT Rech. sur le symbolisme funér. des Romains, Par. 1942, 147ff. 166f. u.ö., vgl. dazu A.D. NOCK, AJA 50, 1946, 167. J.-M. DENTZER, MEFR 74, 1962, 549ff.). Aber das bleibt rein hypothetisch, worüber auch die Erwägungen von H. SICHTERMANN, JDAI 85, 1970, 224ff., nicht hinwegzuhelfen vermögen; s. [3], 131ff. H. BRANDENBURG, JDAI 82, 1967, 195ff. Natürlich erscheint der Seethiasos auch im Gefolge Poseidons (A. DE FRANCISCIS Le statue della Grotta Azzurra, Neapel 1965) mit oder ohne Amphitrite, bes. der individuelle T., der ihm dienstbar ist und → Theseus zu seinem Palaste bringt. Bei vielen marinen Szenen, z.B. der Meerfahrt Aphrodites, erscheint er als Helfer oder Statist, und überaus oft fungiert er als Dekorations- oder Stützfigur vollplastisch (C.H. KRAELING Gerasa, New Haven 1938, 422) oder in Relief, bes. wo irgend eine Beziehung zum Wasser gegeben ist.

Wenn er auch immer noch wie einst apotropäisch fungieren konnte, verlor er doch im Laufe der Entwicklung meistenteils seine Schrecken. Sein Muschelhorn (R. MACCHIORO-PARRA, Neapolis 2, 1914, 17ff.) wirkt nun weniger aufregend als besänftigend; den Dreizack führt er gegen die Meerungeheuer, sonst hält er Ruder oder Steuerruder, Anker u.a. und weinfroh, wie er von jeher war, auch Becher oder Trinkhorn. T. war so wenig vorbelastet, daß chr. Kunst mit der Fauna des Meeres (z.B. Repertorium d. chr.-ant. Sarkophage 1, Wiesb. 1967, Nr. 123. 612) auch seine Figur übernehmen konnte (z.B. G. WILPERT Sarcofagi crist. ant. 2, T. 244,2. CLE 347), sogar mit Nereiden (WILPERT T. 254,9 S. 341f. Repert. 557) oder in der Aphroditeszene (E. BARBIER, Cahiers arch. 12, 1962, 7ff.). So lebt die Ant. bis in neueste Z. neben andern Komponenten in den Meermännern und Seejungfrauen fort (zuletzt GW. BENWELL – A. WAUGH Töchter des Meeres, Hamb. 1962 [Vorsicht!]. A. KOPISCH, Ges. Werke 5, Bln. 1856, 74ff.). H. H.

Lit.: 1. *F. R. Dressler*, Myth. Lex. 5,1150ff. 2. *H. Herter*, RE VII A 245ff. (m. Lit.). 3. *A. Rumpf* Die Meerwesen auf den ant. Sarkophagreliefs, Bln. 1939 (Ergänzungen *H. Sichtermann*, AA 1970, 214ff.). 4. *K. Shepard* The fish-tailed Monster in Greek and Etruscan Art, New York 1940 (Privatdruck). 5. *E. Buschor*, SBAW 1941, 2,1. 6. *A. Lesky* Thalatta, Wien 1947, bes. 108ff. 103f. 7. *E. Paribeni*, Enc. arte ant. 7, 1966, 989ff. 8. *F. Brommer* Vasenlisten[2] 111ff.; Denkmälerlisten 1,119f.

2. Name mehrerer Seen in N.-Afrika. 1. Binnensee in Südtunesien. 2. Gleichnamiger See in der Cyrenaica Apoll. Rhod. 4,149. Aber Hdt. 4,178. 186. Skyl. 110 (GGM 1,88). Ptol. 4,3,3. 6, die einen oder mehrere Seen und Flüsse *Τριτωνίς* (*Τριτωνῖτις* Ptol.), *Τρίτων* erwähnen, setzen diese offenbar in Südtunesien an; griech. Namen wurden ohne Zweifel in die afrik. Nomenklatur von Griechen bei ihrer Ansiedlung in Kyrene eingeführt. Nach und nach brachten sie den Namen weiter nach Westen. Von Hdt. 4,178ff. wird im Zusammenhang mit der Argonautensage der große T.-See mit der Insel Phla in seiner Mitte erwähnt: er ist vielleicht ident. mit der kleinen Syrte und Phla mit der Insel Djerba (so GSELL Hist. Anc. Af. N. 1,449).

Diod. 3,53 verlegt den T.-See in den W. von Afrika, in die Nähe des Ozeans, wohin man den Garten der Hesperiden und das Reich des Antaios verlegte. Plin. nat. 5,28 setzt ihn jenseits der *Arae Philaenorum* an und *citra minorem Syrtim*. Mela 1,36 ersetzt *citra* durch *super*. In Südtunesien kann man zwischen den Schotts Melghir, Rharsa und Djerid für die Lokalisierung schwanken. Die Tab. Peut. nennt T. den See, in den der Fluß Lethon einmündet, unweit von Berenike (h. Benghazi). Es gab also ohne Zweifel mehrere T.-Seen. Für die am T.-See lebenden libyschen Stämme s. J. DESANGES Catal. des tribus afr. de l'Antiq. class., Dakar 1962. M. L.

Windberg, RE VII A 305–323.

Trittyes (*τριττύες*. Keos *τριπτύς* Sylloge[3] 172,3. Delos *τριχτύς* F. DURRBACH Inscr. de Délos Nr. 363,54. FRISK 2,933), die »Drittel«, Unterabteilungen einer → Phyle (2). Ursprungsgebiet der Institution und des Namens war wohl ion. Boden. Die altatt. gentilizischen 4 Phylen zerfielen im 7. Jh. v. Chr in 12 örtliche T. und jede T. in je 4 → Naukrarien. Die T. dienten der polit. und mil. Gliederung. Aristot. Ath. pol. 8,3. Die Namen dieser alten 12 T. stecken in der von Thuk. 2,15,1 (1,10,2 spricht er von *κῶμαι*) und Philochoros (FGrH 328 F 94) beschriebenen Dodekapolis der vortheseischen Z. Damals hatten die 12 Städte ihre eigenen Rathäuser und Beamte, bis → Theseus durch den → Synoikismos ihre Tätigkeit so gut wie beendete. Philochoros nennt als diese alten T. Kekropia, Tetrapolis, Epakria, Dekeleia, Eleusis, Aphidna, Thorikos, Brauron, Kytheros, Sphettos und Kephisia; seine Angaben erscheinen glaubwürdig, da fast alle Namen in der kleisthenischen Demenordnung begegnen, der Reformer für seine Neuerungen auf dem Volk altgewohnte Namen zurückgriff. V. EHRENBERG Neugründer des Staates, 1925, 88ff. → Kleisthenes (2) teilte Attika in 30 T. ein, 10 Stadt-T. in und um Athen, 10 Küsten-T. und 10 Binnenland-T. und faßte je eine T. dieser geogr. verschiedenen Gruppen durchs Los zu einer lokalen Phyle zusammen. C. W. J. ELLIOT, Phoenix Suppl. 5, 1962, 136ff. bezweifelt die Losmethode, dagegen richtig D. KIENAST, HZ 200, 1965, 274. Die Namen der 30 T. und ihre Verteilung auf die 10 Phylen sind z.T. durch Inschr. bekannt, vgl. die von HOMMEL, RE VII A 367f. und ELLIOT 148 (Karte 138) aufgestellten Tabellen. Danach sind zu den Stadt-T. Skambonidai, Cholarges, Lakiadai, Peiraieus, Alopeke und Kydathenaion, zu den Küsten-T. Myrrhinus, Phrearrhioi, Thorikos, Thria, Eleusis und Tetrapolis und zu den Inland-T. Epakria, Paiania, Sphettos, Pedieis, Pallene und Dekelaia zu zählen. Zu der Phyle Pandionis gehörten die Stadt-T. Kydathenaion, die Küsten-T. Myrrhinus und die Land-T. Paiania. IG II[2] 1748, 14. Sylloge[3] 920. Für die Phyle Hippothontis sind die Stadt-T. Peiraieus und die Küsten-T. Eleusis bezeugt, die Land-T. Dekeleia fraglich. Sylloge[3] 918. Die genaue geogr. Lage der T. ist umstritten, ihre neue Zuteilung zu den einzelnen Phylen sollte das Volk »mischen«. Das Aneinandergrenzen der T. innerhalb einer Phyle ist aber nicht streng vermieden worden. An der Spitze der T. standen die Trittyarchai. Ehrgeizige Bewerber, die es nicht zum Strategenamt brachten, erstrebten die Stelle eines Trittyarchen. Plat. rep. 5,475a. An der Bemannung der Flotte waren die T. beteiligt. Auf dem Werftgebiet im Peiraieus waren durch je 2 gleichlautende Inschriftsteine Plätze nach T. abgesteckt, wo sich die von jeder T. gestellten Flottenmannschaften zu versammeln hatten, nach Demosth. 14,22f. für 10 Schiffe einer T. Sylloge[3] 917ff. In der Verwaltung begegnen die T. selten. Im Rat führten je 50 Mitglieder jeder der 10 Phylen, die → Prytanen, nacheinander die Geschäfte. Während der Amtsperiode der Phyle mußte täglich ein anderer der 50 Prytanen mit den Mitgliedern einer T. im Amtshaus anwesend sein. Inschr. Prytanenlisten der Mitte des 4. Jh.s sind vielfach nach T. geordnet. IG II[2] 1748. 1750. Aristot. Ath. pol. 44,1. W. E. Thompson, Hist. 15, 1966, 1ff. Schließlich hatten die T. noch finanzpolit. Funktionen. Die Trittyarchen weisen für Ehreninschr. 299/98 Geld an. Sylloge[3] 362. Die T. waren auch bei der Verteilung staatl. Gelder beteiligt. Das darauf bezügliche von Aischin. 3,30 erwähnte Gesetz im J. 330 ist leider nicht erhalten. Auf Delos gab es 3 eponyme Trittyarchen, von den 12 T. sind nur Thyestathai und Okynidai bekannt. H. Hommel, RE VII A 330ff. Ders., Klio 33, 1940, 181ff. mit Karte 197. Philipps.-Kirst. 1,3,980. 982. C. W. Elliot, Phoenix 22, 1968, 3ff. H. V.

Triumphbogen, *arcus triumphalis* seit den Severern (CIL VIII 7094ff. 8321) in der Spätant. gebräuchl. (Amm. 21,16,15), verbindl. aber *arcus* für die Kaiserzeit, *fornix* für die Republik, bezeichnet den Ehrenbogen, der zum Gedächtnis an ein polit. Ereignis von bes. Tragweite für eine ranghohe Persönlichkeit errichtet wurde. Nach Liv. 33,27 und 37,3 wurden schon zu Beginn des 2. Jh.s in Zusammenhang mit mil. Aktionen T. durch die beteiligten Feldherren in Rom erbaut. An die Stelle der Götter, die nach republik. Denaren mit dem Bild der Triumphquadriga anfangs durch den T. geehrt wurden, traten mit dem Prinzipat die Kaiser (demgegenüber Cic. Verr. 2,154). Die stadtröm. T. wurden durch den Senat in Auftrag gegeben, um den Machthaber über die alltägl. Welt hinauszuheben (Plin. nat. 34,37): seine meist auf dem Triumphwagen präsentierte Statue stand beherrschend auf der Bogenattika, deren Inschr. den Anlaß der Erbauung bekannt gab: Danach feierte der Septimius-Severus-Bogen auf dem Forum Romanum, zu den Dezennalien des Kaisers errichtet, die Wiederherstellung des Staates und die Expansion der röm. Herrschaft im Orient (CIL VI 1033), der Konstantinsbogen über der Via Triumphalis, nach dem Sieg des Kaisers an der Milvischen Brücke erbaut, die Befreiung des Staates von dem Hochverräter Maxentius (CIL VI 1139). Auf diese Ereignisse nehmen die Reliefdarstellungen Bezug, zu denen das feste Repertoire von Symbolen des Sieges und des Friedens wie Tropaia, Barbaren, Viktorien, Genien und Eroten tritt. Der T., der zu Beginn der Kaiserzeit in die Provinzen Einzug hielt, vergegenwärtigte die röm. Eroberung (Tropaia mit Gefangenen an den august. Bögen von Antiocheia, Carpentras und St. Rémy) und propagierte den durch die Romanisierung garantierten wirtschaftl. Aufschwung (Fruchtgirlanden in St. Rémy, traubentragende Genien in Antiocheia, Füllhörner in Orange). Die Integrität der Herrschaft wurde durch Götterbilder vermittelt (Arles, Tebessa). Bauherren waren Beamte der Provinzialverwaltung oder Priesterschaften, meist in Kolonien oder Munizipien, die dem Kaiser mit dem Bau des T. ihre Reverenz erwiesen. Nicht nur Stadtgründungen (Aosta, Bêdja), auch die Anlage von öffentl. Bauten (Lepcis, Sbeitla), Fernstraßen (Benevent, Rimini), Brücken (Alcantara), Häfen (Ancona) gaben Anlaß zum Bau von T., die röm. Selbst- und Sendungsbewußtsein verkörperten. Der Aufgabe des T., die röm. Herrschaft monumental zum Ausdruck zu bringen, entsprach seine exponierte Lage: er beherrschte Ausfallstraßen und Straßenkreuzungen an der Peripherie der Provinzstädte, deren Grenzen er ebenso wie die ganzer Territorien markieren konnte. Später bestimmte er das Stadtbild: als Einleitung oder Zielpunkt von Straßenzügen, als Dominante von Hauptkreuzungen, als repräsentativer Zugang zu Foren und Sanktuarien. In Rom stand er auf Straßen und Plätzen, die der Triumphzug zwischen Marsfeld und Kapitol passierte. Die Porta Triumphalis, von der er seinen Ausgang nahm (Ios. bell. Iud. 7,5,4), war für die Zeremonien fast so bedeutend wie der kapitol. Iuppitertempel. Ihre Beziehung zum T. ist evident. T. wurden entsprechend ihrer propagandistischen Bedeutung als Repräsentationsbauten behandelt und zunehmend zu Prunkfassaden gesteigert. 364 T. sind durch Bau, Münzen oder Inschr. überliefert, davon 53 in Rom. Gegenüber eintorigen Bauten in den W.-Provinzen überwiegen in den O.-Provinzen dreitorige Anlagen (Verhältnis 6:1 bzw. 3:4). Der im W. vorkommende zweitorige Bau nähert sich am meisten dem Stadttor. Das Schema des T. zeigt zwei kubische, durch eine Halbtonne verbundene Pylonblöcke, die ein schmales Gebälk tragen. Bei den frühesten T. ist die abschließende Attika (nicht obligatorisch) als selbständige Statuenbasis aufgesetzt, im 1.Jh. wird sie dem eigentl. Bogen durch die vorgeblendete Vertikalgliederung verbunden, die Säulenordnung und Gebälkverkröpfung aufeinander abstimmt. Säulenblenden vermitteln die Verklammerung von Haupt- und Nebenfronten und bilden die optischen Stützen für den oft übersteigerten Gebälkaufbau. Durch Gesimse abgeschlossene Pfeiler tragen die Tonne, die an der Bogenstirn als Archivolte ausgeprägt ist. Die Urform des T. zeigt weder Säulen- noch Gebälkgliederung (Alcantara, Cabanes, Aïn Zana). Ecksäulen (Susa) oder in die Mitte der Pylonwände gerückte Halbsäulen (Rimini) bzw. Vollsäulen (Constantine) werden von rahmenden Säulenpaaren überrundet (Aosta, Pola, Titusbogen über der Via Sacra), die seit dem 2.Jh. auf Einzelpostamenten vor die Wand treten und das verkröpfte Gebälk unterfangen (Djemîla, Tebessa). Dieser Typus bietet die reichsten Variationsmöglichkeiten. Der dreitorige T., der wie auch der Quadrifrons dieselben Gliederungssysteme verwendet, bildet eine durch Ädikulen bereicherte Schaufassade aus (Gerasa, Sbeitla, Timgad). Das Verhältnis von Haupt- und Nebenöffnungen ist mitunter unausgewogen. Demgegenüber steht der Nachweis (Orange, Septimius-Severus-Bogen in Rom), daß der aus Quadern aufgeführte Bogenkern und seine Gliederungssysteme geometr. und arithmet. Proportionsgesetzen unterworfen sind. A. v. Gl.

Kähler, RE VII A 373ff. *Mansuelli*, Arch. Esp. Arq. 27, 1954, 1ff. *Pallottino*, Enc. arte ant. 1, 1958, 588ff.

Triumphus. 1. Name: *triumpus* zugehörig zu Festruf *io triumpe* (auch im c. Arv.: Varro l. l. 6,68), durch etr. Vermittlung auf gr. *θρίαμβος* zurückgehend (LATTE RRel 152). [1], 245: äg.-tyrrh. Vermittlung. [2], 49f.: *t.* zu verbinden mit *tripudium* aus Prozession der *fratres arvales:* rhythm.-musikal. Element der Prozession. [4], 38ff.: *triumpe* ein ritueller Ruf bei der Epiphanie des Gottes, aus Kleinasien durch Etrusker in Italien eingeführt.

2. Bedeutung: Sieges- und/oder Reinigungsfeier mit rel. und polit. Aspekt. Mit T. verbunden ist eine *voti solutio* (RE VII A 495), aber T. selbst ist keine *voti solutio* ([4], 182ff.), da vor dem Feldzug abgelegte *vota* auch ohne T. eingelöst werden können: Mon. Anc. 1,22. Liv. 45,39. T. – Ehrung für den siegreichen Feldherrn, beschränkt auf Imperiumträger: Liv. 31,20,3. Plut. Pomp. 14 ([4], 164ff.; vgl. aber die *legati*, die nach 45 v.Chr. T. feierten: MOMMSEN RStR I^3,125ff. → Imperator), gebunden an Besitz des *imperium* (Liv. 28,38,4. Val. Max. 2,8,5); daher Verhandlungen mit Senat über T. außerh. des *pomerium* (Liv. 3,63,7. 37, 58,3. 39,4,2). Voraussetzung: ein *bellum iustum* (Liv. 38,47,5. Gell. 5,6,21), wohl aus später Z. stammt die Regel von 5000 Toten (Val. Max. 2, 8,1); ein Bürgerkrieg berechtigte nicht zum T. Ausnahmen in später Kaiserzeit: Constantin über → Maxentius im J. 312 (Paneg. 4,30,4), Constantius II. über → Magnentius im J. 357 (Amm. 16, 10), Theodosius über → Maximus (I 8) im J. 389 (Claud. 28,53ff.). Entscheidung über T. – nach Akklamation durch das Heer – beim Senat (Pol. 6,15,8. Dion. Hal. ant. 11,50,1), der die Kosten festsetzt, aber auch bei Volkstribunen und Volksversammlung (Liv. 4,20,1. 6,42,8). Bei Verweigerung: → *ovatio*, oder *t. in monte Albano* auf eigene Kosten, aber vollgültiger T., zuerst 231 v.Chr. (RE VII A 499. LATTE RRel 153). In Kaiserzeit Recht zum T. nur dem Kaiser zukommend, letzte Ausnahme davon: Titus im J. 71 (RE a.O. 499). Nach [3], 445ff. war der urspr. Zweck eine *lustratio* (rite de passage, ähnlich dem Durchzug durch das *tigillum sororium:* Plin. nat. 15,135. Fest. s.v.): Rückkehr der gereinigten Armee unter Ägide Jupiters in die Stadt; daher urspr. periodische Feier, nicht exzeptionell. Anders [4], 132ff.: T. dem Wesen nach Einzug des heilbringenden Mana-Trägers durch *porta triumphalis*, T. also Rest eines alten Neujahrsfestes und kein rite de passage. [2], 49ff. unterscheidet 3 Phasen: 1. prä-etr.: Darbringung der *spolia opima*, *lustratio*. 2. etr.: Kult des *Iuppiter Optimus Maximus*, Kleidung und Organisation der *pompa*. 3. röm.-hellenist.: starke persönl. Erhöhung des Triumphators.

3. Kleidung u. Auftreten d. Triumphators: *toga purpurea*, *tunica palmata*, Lorbeerkranz, Adlerszepter (Liv. 10,7,10. Suet. Aug. 94. Iuv. 10,36ff. Serv. ecl. 10,27), Gesicht mit Mennige rot gefärbt (entspr. der Tonstatue des Iupp. Opt. Max.; Plin. 33,111. Serv. ecl. 6,22. 10,27), Elfenbeinstab mit Adlerköpfen (Dion. Hal. ant. 4,74,1. Val. Max. 4,4,5. Iuv. 10,43), T.-Wagen von 4 Pferden gezogen (Liv. 5,23,5); Caesar erhält Schimmel bewilligt, was dann zur Regel wird (Cass. Dio 43, 14,3). Schon die ant. Autoren bezeichnen die äußere Form als etr. Tracht des Triumphators = Gleichsetzung mit Iupp. Opt. Max. (Tert. cor. 27. Plin. 15,134): LATTE RRel 152; anders DEUBNER, H 69, 1934, 316: = alte Königstracht. Vgl. aber [2], 59f.: kein Gegensatz zwischen Königs- und Gottestracht. T.-Gewand wird auch von spielgebenden Magistraten getragen (Liv. 5,41,2), *ludi* aber wahrscheinl. nicht urspr. Bestandteil des T. (LATTE RRel 153. [4], 111); in der Kaiserzeit: offizielle Staatstracht des Kaisers.

4. Route: Marsfeld-Circus Flaminius (Liv. 39,5,17) – Velabrum (Suet. Caes. 37,2) – Via Sacra-Forum; wahrscheinl. auch Circus Maximus, Forum Boarium (Plin. 34,33: [2], 55). Ziel: Tempel des Iuppiter Opt. Max. auf dem Kapitol. Reihenfolge: 1. Darstellung des Sieges und der Beute; 2. Gruppe des T.-ators, vor dem Wagen Liktoren mit lorbeerumwundenen *fasces*, Gefangene; 3. das Heer. Soldaten sangen Lob- u. Spottlieder *(ioci militares)* – wahrscheinl. apotropäische Wirkung,

ähnlich den Worten des hinter dem T.-ator stehenden Sklaven: *respice post te, hominem te esse memento* (Plin. 28,39. Tert. apol. 33,4). H. Vr.

1. *E. Wallisch*, Philol. 98, 1954/55, 254ff. 2. *L.B. Warren*, JRS 60, 1970, 49ff. 3. *M.Lemosse* in: Aufstieg u. Niedergang d. röm. Welt 1,2 (1972) 442ff. 4. *H.S.Versnel* T. An Inquiry into the origin, development and meaning of the Roman Triumph, Leiden 1970. Ält. Lit. bei *W. Ehlers*, RE VII A 493ff.

Triumviri s. Tresviri

Trivia s. Hekate

Trivīcum. *Vicina Trivici villa* (Hor. s. 1,5,79f.), unter Mißachtung der Wegeverhältnisse mit Trevico (1094 m) gleichgesetzt, 24 mp von einem Ort, den *versu dicere non est* (Hor. a.O. 87), entfernt (weder mit Porph. Ps.-Acro. Lambin. Bentley → Aequum Tuticum noch mit den meisten seit Walckenaer → Ausculum, sondern mit Grasso → Herdoniae), liegt im Cerbalus-Tal w. Vibinum. G. R.

Forbiger HB. d. alt. Geogr. 3,459. *Nissen* It. Ldk. 2,819. *Miller* Itin. Rom. 374. *Ch.A. Walckenaer* Hist. de la vie et des poésies d'Horace, 1840. *Grasso*, Studi di storia ant. 1, 1893, 146f. 2, 1896, 1ff. *Radke* Viae publ. Rom. 88ff. = RE Suppl. XIII 1504ff. *Ders.*, G 66, 1959, 336. 71, 1964, 230. *Lugli* Vie della Magna Grecia 28 *(In Honoratianum)*.

Troas (Τρῳάς). Die gebirgige NW.-Ecke von Kleinasien, die eine geograph. Einheit bildete, über der das Idageb. dominiert und die auf drei Seiten vom Meer bespült wird. Der Name T. ist bereits im Alt. entstanden, auf Grund der Annahme, daß dieses Gebiet zu dem Troian. Reiche gehört habe. Seit dem 4. Jt. v. Chr. sind hier Spuren menschlicher Kultur festgestellt worden. Bereits gegen Mitte 2. Jt. v. Chr. und speziell in seiner 2. Hälfte ist die Bedeutung der T. als Brückenkopf ersichtlich. Vgl. die Niederlassungen der Phryger, Achaier, Thraker u.a. Aber bes. klar tritt ihre Bedeutung z.Z. der griech. Kolonisation im 6. Jh. v. Chr. hervor, als Athen sein lebhaftes Interesse an der Beherrschung der Meerengen bekundete. Nach der Niederlage Athens im Peloponnes. Krieg konnte Persien die T. kontrollieren. Als Alexander d. Gr. seinen Zug gegen Persien unternahm, wurde die erste große Schlacht hier am → Granikos ausgefochten. Nach seinem Tode herrschte → Antigonos (1) über die T. Nach seinem Niedergang folgte die Herrschaft des → Lysimachos (1), der Seleukiden, der Attaliden und schließlich der Römer.

Hom. Il. (passim). Hdt. 5,122. Xen. an. 5,6,23 u.s. Strab. B. 13 (passim) u.s. Mela 1,14,90. 2, 101. Plin. nat. 5,121 u.s. CIG II p. 906. CIL III p. 73 u.s. Chr. D.

Head HN[2] 538. *W. Leaf* Strabo on the Troad, 1923. *J.M.Cook* Greek Archeology in Western As. Min. (Arch. Rep. 1959–1960) 29ff.; frühere Lit. s. *W. Ruge*, RE VII A 525–84.

Troesmis. Militärlager und Stadt in Moesia Inferior, h. Igliţa in der Dobrudscha. In den Inschr. lautet der Name *T.* (Tab. Peut. Sep. 8,3; Geogr. Rav. 4,5 irrtümlich: *Roramis*), in griech. Quellen: Τρόσμις Τροισμίς. Vor der Eroberung durch die Römer Siedlung der Geten. In den J. 29–27, während des Feldzuges von M. → Licinius (I 57) Crassus an der unteren Donau, Besitz der Getenfürsten Zyraxes. Später gehörte die Siedlung zum thrak. Klientenstaat, unter der mil. Aufsicht der *ripa Thraciae*. Die erste Besatzungstruppe war die *legio V Macedonica*, die unter Traian vor J. 112 aus Oescus herkommandiert wurde und bis in die Z. des Marcus Aurelius hierblieb, als sie endgültig nach Dacien verlegt wurde. Aus den späteren J.en blieben hier Erinnerungen an die *legio I Italica* und *XI Claudia* (CIL III 6176, 6185. 6239c. 6196). Nach der Reform des Diocletianus gehörte die Stadt zu Scythia; im damals errichteten neuen Lager dürfte die neuerdings aufgestellte *legio II Herculia* stationiert gewesen sein (Not. dign. or. 39,29). Der Limes wurde in den J. 337 bis 340 (CIL III 12483) und 540–550 befestigt (Prok. 4,11). Die Organisation der neben dem frühen Militärlager errichteten Canabae ist in mehreren Inschr. festgehalten (CIL III 6166. 6167. 6162; der *ordo* wird in CIL III 774 = 6182. 775 = 6183. 776 = 6195 erwähnt). Nach Abzug der Legion wurden die Canabae zu einem genau nicht bestimmbaren Zeitpunkt auf den Rang eines Municipium erhoben. Der *ordo Troesmensium*, die *decuriones* und Beamten sowie der Priesterstand werden in mehreren Inschr. genannt. Aufgrund der Inschr., die die *sacerdotes provinciae* erwähnen (CIL III 773 = 6170. 7506), ist anzunehmen, daß der Provinziallandtag seinen Sitz in T. hatte. J. F.

Trogilos. 1. Τρώγιλος, nach Thuk. 6,99,1. 7,2,4 Küstenstück bei → Syrakusai, Richtpunkt des n. Teils der athen. Einschließung, der von der Syke-Kuppe auf dem s. Plateaurand von Epipolai ausging, auf kürzeste Distanz hin zum Meer gegenüber dem Großen Hafen verlief und beim Eintreffen der Entsatzarmee des → Gylippos noch unfertig war (Thuk. 7,5,1; vgl. 7,1). T. muß ident. sein mit dem am ö. Rand von Epipolai gelegenen, 1 km langen, grottenreichen Mazzarona-Kap zw. der Cappuccini-Küste und dem Scoglio Due Fratelli (und nicht gemäß ält. Top. mit den am n. Plateaurand gelegenen Lokalitäten S. Panagia, Stentino oder Stentinello). Der Ansatz am Mazzarona-Kap wird bestätigt durch Sil. 14,259; das geogr. genaue Sch. *perflata Trogilos austris* ist dort allerdings in den sachlich unzuverlässigen Zusammenhang der sog. Bundesgenossen-Kat.e gestellt. Nach Liv. 25,23,10 finden im J. 212 Verhandlungen der gegner. Parteien beim *portus Trogilorum* (wohl als τῶν Τρωγίλων [ἄκρων] ἀπόβασις zu verstehen) statt, was wiederum auf das Mazzarona-Kap weist; anderes im Ber. des Liv. weist auf Quellenkontamination.

H.-P. Drögemüller Syrakus, G Bh.6, 1969, 81ff. 128ff. 140ff. *Ders.*, RE Suppl. XIII 825ff.; ähnl. bereits *A. Piga-*

niol, REG 50, 1937, 8ff. – Dem ält. top. Ansatz folgt *K.J.Dover*, A hist. comm. on Thuc. 4, Oxf. 1970, 466ff. *Ders.*, Phoenix 25, 1971, 282ff.

2. *Τρωγίλος, Τρωγίλιον ἄκρον*, ein etwa 5 km langer, zerklüfteter Küstenvorsprung am Vorgebirge → Mykale, von der h. Bucht Tanapitza bis zum Kap Monowysi oder Dip Burun (Ptol. 5,2,8. Strab. 14,636. Plin. nat. 5,135. Steph. Byz. s. *T.* Act. Ap. 20,15) mit den vorgelagerten Inseln *Trogiliae* (Plin. a.O.): Philion, Argennon, Sandalion (h. Sandaljo). **3.** Nicht identifizierte Örtlichkeit in Makedonien, Steph. Byz. s.*T.* H.-P. D.

Trog(l)odytai. Anscheinend auf Hekataios fußend, beschreibt Hdt. 4,183 die *τρωγοδύται* (v.l. *τρωγλο-*) *Αἰθίοπες* als ein Volk im Süden Libyens, das sich von Reptilien nährte. Nach derselben Quelle bezeichnet Aristot. hist. an. 597a 9 die Pygmäen als *τρωγλοδύται τὸν βίον*, ein Ausdruck, der schon die von Poseidonios (Strab. 1,42) zitierte Volksetymologie *εἰς τρώγλην δύναι* vorauszusetzen scheint und, wenn die Lesart *τρωγλ-* authentisch ist, den Übergang zu der neuen Schreibweise seit dem 4. Jh. bezeugt (aber *Τρωγοδύται* hält sich in den ptolemaiischen Papyri und bis zum 1. Jh. v. Chr. bei Archelaos = Plin. nat. 37,107). Weiterhin ausschließlich auf die in Höhlen wohnenden Völkerschaften bezogen, wird das Beiwort gelegentlich verwendet für Troglodyten in Moesien (Strab. 7,318), im Kaukasus (ebd. 11,500), bei den Nabatäern (Plin. nat. 12,98), im fabelhaften Indien (Ktesias bei Plin. nat. 7,23 *Sciapodes ... non longe a Trogodytis abesse*). Unter aithiop. *Trog(l)odytai* werden vorwiegend die Nubier verstanden, unter *Trog(l)odytai* überhaupt die Bewohner der nach ihnen *Τρωγ(λ)οδυτική* benannten afrikan. Küstengegend des Roten Meeres und deren Hinterland (daher falsch als Araber bei Strab. 1,42 bezeichnet). Die Nachrichten des Artemidoros über ihre Sitten (Strab. 16,775) stammen von → Timosthenes (2): Nomadenleben, Weiber- und Kindergemeinschaft, Begräbnissitten deuten auf neolith. Kulturniveau. F. L.

Trogus s. Pompeius (B 1)

Troia*. 1. Name. Primär ist der Stammesname *Τρῶες* bzw. der des Eponymos *Τρώς, -ός*, davon *Τρωΐα*, mit metr. Kürzung *Τροία*, ion. *Τροίη*, das Land der *Τρῶες*. Die Stadt heißt bei Hom. (mit einer Ausnahme) *ἡ Ἴλιος*, die Stadt des *Ἶλος*, dessen *σῆμα* in der Ebene stand; später allg. *τὸ Ἴλιον*, Ethnikon *Ἰλιεύς, Ἰλιάς, Ἰλιακός*, alles griechische Bildungen; *Ilium, Ilienses*. – Daß T. und Ilion in den hethit. Texten als Truiša und Wiluša genannt seien, wie seit FORRER, Mitt. Dt. Or.-Ges. 63, 1924, 7 oft geschrieben worden ist (neu bes. ausführl., aber vorsichtig D. PAGE Hist. and the Hom. Iliad, Berkeley 1959, 97ff. 106f.), ist unwahrscheinl. Phil. ist das schon durch F. SOMMER, ABAW 1932, 6,362ff. 1934, 9,54ff.; IF 55, 1937, 170f. erledigt und daher auch bei SCHWYZER Gr. Gramm. 1,79 abgelehnt, und dafür, daß die Unternehmungen der Hethiter sich bis an die W.-Küste Kleinasiens ausgedehnt haben könnten, gibt es keinen Anhalt in den Quellen; zur Geogr. s. bes. J. GARSTANG-O. R. GURNEY The geogr. of the Hittite empire, London 1959, 83ff.

2. Das vorhist. und das hom. T. Die richtige Lage von T. scheint im 15. Jh. bekannt gewesen zu sein. Die Ausgrabungen von Hisarlik durch H. SCHLIEMANN und seit 1882 durch W. DÖRPFELD fanden in den J. 1870 bis 1894 statt. Vgl. [1]–[5]. Die allg. angenommene Periodeneinteilung T. I–IX stammt von DÖRPFELD. Amerikan. Nachgrabungen der Univ. Cincinnati unter Leitung von C. BLEGEN erfolgten 1932–1938. Die Amerikaner unterscheiden nun nicht weniger als 46 Bauphasen, die durch Zusatz von arab. Zahlen und Kleinbuchstaben zu den Dörpfeldschen Perioden unterschieden werden. Vgl. [6].

Der urspr. flache Burghügel aus Kalkstein von T. liegt 6 km von der W.-Küste und 4,5 km von den Dardanellen entfernt in der weiten → Skamanderebene am r. Ufer des Flusses zwischen diesem und dem weiter unterhalb von r. einmündenden → Simoeis. Die früheste Besiedlung (T. I) beginnt erst in der späteren Steinkupferz. (1. H. des 3. Jt. v. Chr.). Die Z. von T. I scheint recht gut datiert durch den der gleichen Stilperiode angehörenden, aber noch sehr mysteriösen Fund von Dorak, womit man in die Z. des Pharao Sahure der 5. Dyn. (ca. 2450) geführt würde. Schon dieses kleine T. I mit 90 m Dm. und 10 Bauphasen war ein ummauerter Fürstensitz mit großem → Megaron als Haupthaus.

Das nach einem Brand entstehende T. II bedeutet die erste Glanzzeit des Herrschersitzes mit 8 Bauphasen (ca. 2300–2100), der nun bes. nach S. bedeutend vergrößert wurde, etwa 8000 qm umfaßte mit hoher Burgmauer mit Steinsockel und Lehmziegeloberbau, Toren mit hinaufführenden gepflasterten Rampen und mehreren Megara im Innern. Aus dieser Z. stammen der in einer Lehmziegelmauer versteckt gewesene, aus Tausenden von Einzelstücken bestehende berühmte »Schatz des Priamos« und 16 weitere ebenso kostbare, aber kleinere Schatzfunde. Dieses glanzvolle T. II ging in einer riesigen Brandkatastrophe zugrunde, die wegen der reichlichen Holzverwendung im Oberteil der Mauern eine fast 2 m hohe Brandschicht hinterließ.

Die Reste der Burg benützten die nächsten Perioden T. III–V (etwa 2100–1900) mit zusammen 13 Bauphasen. Es waren sehr bescheidene Orte mit kleinen Häusern und engen Gassen.

Die glanzvollste Z. T.s ist T. VI mit 8 Bauphasen, das »myken. T.« Die Burg ist noch einmal

* Auszug aus dem Art. von Ernst Meyer, RE Suppl. XIV 809ff.

bedeutend vergrößert und umfaßt bei einer Ausdehnung von 150:200 m und 540 m Mauerumfang etwa 20000 qm Fläche. Die zu verschiedenen Z.en gebaute Burgmauer läuft am Fuß des Hügels, von der N.-Mauer ist aus keiner Periode etwas erhalten. Es ist nun eine mächtige, leicht geböschte Quadermauer mit gewaltigen, bis zu 20 m breiten Türmen und Toren, die zur besseren Sicherung abgewinkelt mit offenem äußeren Torgang durch die Mauer führen. Der Oberbau bestand aus Lehmziegeln. Ein größeres Stück mit Turm und Tor an der SO.-Ecke ist h. restauriert. Das Innere hat dadurch stark gelitten, daß die gesamten oberen Schichten bei der Anlegung der Terrassen für den hellenist.-röm. Tempel abgetragen wurden, womit auch die eigentl. Palastbauten fehlen. Erhalten sind daher nur die Ränder mit mehreren großen Vorrats- und anderen großen Gebäuden und mehreren Terrassen. T. VI war eine bedeutende Siedlung der Z. mit lebhaften Handelsbeziehungen vor allem zur myken. Welt und reichem Import von dort: Zeitl. entspricht es in Griechenland der mittelhellad. und myken. Z. (ca. 1900–1240). Daraus, daß mit T. VI neue Keramik, neue Formen des Bronze- und sonstigen Geräts, neue Hausformen und Grabriten und das Pferd auftreten, entnehmen die Ausgräber, daß T. VI einer neuen Bevölkerung zuzuweisen sei, ohne daß aber irgendwelche Spuren einer gewaltsamen Eroberung vorhanden sind und ohne daß die Frage beantwortet werden kann, um was für eine andere Bevölkerung es sich handeln und woher sie gekommen sein könnte. Die Burg wurde durch ein heftiges Erdbeben in Trümmer gelegt, doch haben sich die Bewohner anscheinend zur Hauptsache retten können. Die Siedlung wurde sofort sehr viel bescheidener wieder aufgebaut, aber mit der alten Bedeutung und dem Glanz T.s war es für immer vorbei. Die neue Siedlung, T. VII a, die noch etwas myken. Import der Stufen III A und B aufweist, wurde nach kurzem Bestehen durch Brand zerstört, und an die Stelle trat VII b, das die alten Burgmauern wieder benützte und in 2 verschiedene Phasen zerfällt, VII b 1, eine kurzlebige Periode mit noch etwas spätmyken. Import der Stufe III C, und VII b 2, ebenfalls nur kurze Z. bestehend mit Benutzung der alten Häuser und immer noch etwas spätmyken. Keramik, aber dazu auch mit neuen Häusern in anderer Technik und neuer fremder Keramik, Buckelkeramik vom Balkan.

Danach ist die kulturelle Entwicklung trotz aller Katastrophen von T. I bis VII b 1 bruchlos verlaufen mit offenbar im ganzen gleicher Bevölkerung, während in VII b 2 neue Siedler neben die alten treten, offenbar im Zusammenhang mit dem Eindringen indogerman. Stämme in Kleinasien im Zuge der großen Völkerbewegungen der Z. um 1200. Ein Zerstörungshorizont ist zwischen VII b 1 und VII b 2 nicht vorhanden, die Einsiedlung also

anscheinend friedlich vor sich gegangen. Um 1100 wurde auch dieses letzte prähist. T. verlassen, und die Stätte blieb etwa 3½ Jh.e unbewohnt, bis sich aiol. Griechen im 8. Jh. wieder hier ansiedelten. Zur Chronol. vgl. außer den Grabungsber.en bes. CASKEY, AJA 52, 1948, 119ff. MATZ, Hist. 1, 1950, 185ff. MELLINK, Bibl. Or. 10, 1953, 56ff.

3. Das gesch. Ilion. Die Gleichsetzung desselben mit dem hom. T. ist schon im Alt. bestritten worden bei Lykurg. 62. → Demetrios (23) v. Skepsis b. Strab. 13,593. 597ff. setzte T. ca. 5½ km landeinwärts bei Ἰλιέων κώμη an; dazu [8], 9 und W. LEAF Strabo on the Troad 139ff. u.ö. Über die Frage gibt es eine große mod. Lit., zuletzt L. LEVILLAIN Ét. sur la localisation de l'Ilion, Istanbul 1962. Doch geht die mod. Skepsis z. T. zu weit. Die hom. Angaben über die nähere und weitere Umgebung verraten eine gute Ortskenntnis und führen klar in die untere Skamanderebene, wo es keine andere Siedlung von annähernd gleicher Bedeutung wie Hisarlik gibt. Die nähere Beschreibung von T. stimmt zwar nicht zu den Ruinen von Hisarlik, aber der Ort war z. Z. der Entstehung der Epen seit Jh.en verlassen gewesen, und von den wirkl. Verhältnissen der myken. Z. und damit auch des myken. Hisarlik hatte Hom. keine nähere Kenntnis. Daß er daher T. wie eine griech. Stadt schildert mit Mauern, Toren, Akropolis und Tempeln, ist ganz natürlich und besagt gar nichts. Die einzelnen Punkte der Beschreibung dienen nur der dichterischen Ausgestaltung; sie in den Ruinen wiederfinden zu wollen, ist daher sinnlos.

Für die Frage der Geschichtlichkeit des troischen Krieges geben die Ruinen nichts aus. T. VI ist durch ein Erdbeben zerstört, VII a durch eine Brandkatastrophe; aber ob diese durch Feindeinwirkung verursacht wurde, ist fraglich, da die alten Bewohner jedenfalls geblieben sind und ihre Stadt sofort wieder aufgebaut haben und neue Bevölkerungselemente erst in T. VII b erkennbar sind, aber ohne vorangehende Zerstörung, und dieses VII b ist einfach verlassen worden. Die h. übliche Annahme eines Zuges myken. Griechen gegen T., viell. nur Raubzuges ohne Eroberung, entweder gegen T. VI oder VII a mit dessen Zerstörung, also im 13. Jh. oder um 1200, ist reine Hypothese nur aufgrund der Sage vom Krieg gegen T.; dazu bes. noch HUXLEY und CASKEY, JHS 84, 1964, 1ff. 9ff. Daß die hellenist. Chronographen dafür nach ihrer Generationenrechnung der griech. Sagen ein Datum um 1200 ausgerechnet haben, ist gesch. belanglos. Daß die Frage der Geschichtlichkeit des tr. Krieges ausschließlich ein Problem der phil. Homer- und Sageninterpretation ist und archäol. Befunde dafür nichts zu bedeuten haben, ist eingehend neu begründet bei R. HACHMANN in: Vorderasiat. Arch., Festschr. A. Moortgat, 1964, 95ff. Vgl. FR. HAMPL in: Serta phil. Aenipont. 1961, 37ff.

Andererseits ist es wenig wahrscheinl., daß eine

Sage wie die vom tr. Kriege gänzlich frei erfunden sein sollte. Die Erklärung ergibt sich wohl auf anderem Wege. Vor allem BETHE Die Sage vom tr. Krieg (Hom. Bd. 3, 1927), hat zu begründen versucht, daß diese Sage wie fast alle anderen Sagenstoffe des Epos urspr. in Griechenland beheimatet und die »Stadt der Troer« zunächst nicht bestimmt lokalisiert war; dazu CHRIST-SCHMID 1,1,76f. CAUER Grundfragen 1³ 226ff. 241ff. G. FINSLER Die hom. Dichtg., 1915. M. P. NILSSON Homer and Mycenae 48ff. WILAM. Die Ilias und Hom. 336ff. – Die Namen Troilos, Ilos, Ileus sind in Griechenland mehrfach belegt. Die ant. Grammatiker erklärten T. für einen boiot. Namen (Steph. Byz. und Etym. m. s. v.), der att. Demos → Xypete hieß einst T., ein Ilos ist Hom. Od. 1,259 mit → Ephyra verbunden, und bes. bei den → Lokrern kommt der Name mehrfach vor. Der Vater des Aias ist *Γιλεύς* → *'Οιλεύς* (OLDFATHER, RE XVII 2175ff.), und in → Physkos (2) hatte Athena Ilias einen Kult (s. LERAT Les Locriens de l'ouest 2,156ff. SEG 16,354–361), was bei der späten Entstehung des griech. Ilion schwerlich auf nachträgl. Übertragung von dort beruht, auch wenn der seit dem 7. Jh. bezeugte Ritus der Sendung der lokr. Mädchen nach I. erst späterer Entstehung ist; dazu LERAT a. O. 2, 18ff.

Die Namen der Troer Homers sind zumeist griech., mehrere von ihnen kommen als gewöhnl. Eigennamen in den myken. Tontafeln von → Pylos vor, so Antenor, Hektor und sogar Tros, Troia (Glotta 41, 1963, 173. 197. 251). Dazu BOWRA Homer and his forerunners, 1955, 25ff. HAMPE, G 63, 1956, 38 und allg. BETHE a. O. 83ff. 138ff. In gesch. Z. gibt es keine Troer mehr; der Name für die Landschaft ist spätere Übertragung nach Hom. und daher in seiner Ausdehnung ganz unbestimmt, s. Strab. 13,582f. Der gesch. Ort heißt nur Ilion. Nach Hdt. 2,118–120. 5,26. 94. 122. 7,42f. wohnen dort aiol. Griechen, und im Landesinnern (das er *'Ιλιάς* nennt (5,94. 7,42, auch Sylloge³ 355,14), Teukrer (s. RE V A 2121). Der Krieg richtet sich nur gegen die Troer; *'Ιλιεῖς* kommen bei Hom. nicht vor. Athena ist im Epos die große Feindin der Troer, aber die Stadtgöttin des gesch. Ilion: schwer verständliche Unstimmigkeiten, wenn die Sage vom tr. Kriege von Anfang an mit dem kleinasiat. Ilion verbunden war. Möglicherweise ist sie aber erst sekundär mit dem kleinasiat. Ilion verbunden worden, was die imposanten Ruinen des myken. Hisarlik nahelegen konnten, und womit sich die merkwürdige Erscheinung erklären würde, daß das hom. T. den Doppelnamen trägt, den wirklichen Ilios und den nur aus der Sage stammenden »Stadt der Troer«. Die Suche nach Spuren der Eroberung durch die Griechen wäre dann ohnehin gegenstandslos, und als weitere Folge ergäbe sich, daß wir den Namen des prähist. Hisarlik nicht kennen, da der Name Ilion wohl nur der griech. Stadt zugehört.

Zum Schlachtfeld vor T. s. A. BRÜCKNER, AA 1912, 616ff. (m. Karte). DERS. ebd. 1925, 225ff. O. MEY Das Schl. von T., 1926 (m. Kte. 1:50000).

4. Spätere Geschichte. Um die Mitte des 8. Jh.s besiedelten aiol. Griechen die verlassene Stätte neu mit dem Namen Ilion. Gesch.-Abriß bei Strab. 13,593ff., dazu [5], 2,549ff. [7. 8]. Dieses I. blieb ein bescheidener Ort, war aber im 4. Jh. befestigt. Es lebte großenteils von dem Ruhm, das hom. T. zu sein, und dem seiner Stadtgöttin Athena Ilias. Besucht wurde es von → Xerxes (Hdt. 7, 43), → Mindaros (Xen. hell. 1,1,4), 192 → Antiochos (4) III. (Liv. 35,43,3), 190 C. → Livius (A I 14) Salinator und den Scipionen (Liv. 37,9,7. 37,1f. u. a.). In der Perserz. gehörte I. vorübergehend zum einheimischen Fürstentum des → Zenis. 399 Eroberung durch → Derkylidas (Diod. 14,38,3). 360/59 Überrumpelung durch → Charidemos (2; Demosth. 23,154 u. a.). Alexander ließ I. bes. Förderung zukommen (Arr. an. 1,11,7f. u. a.; Phyle *'Αλεξανδρίς* CIG II 3615). Stadt und Heiligtum waren nun Mittelpunkt des bis in die Kaiserz. bestehenden »ilischen Städtebundes« aus 9–11 Städten (OGIS 2,144. SEG 15,753). Weiterer Ausbau des Heiligtums und Festes mit den Spielen *'Ιλίεια* unter → Antigonos (1) Monophthalmos (Sylloge³ 330,10ff.). Eigene Münzprägung beginnt wohl in der Z. des → Lysimachos (1). In hellenist. Z. gehörte I. als autonome Stadt zu den verschiedenen Diadochenstaaten, zuletzt → Pergamon. Kurze Besetzung durch Gallier, Strab. 13,594, abgewehrter Angriff gall. Söldner 216, Pol. 5,111,3. Fürsprache Roms für seine »Mutterstadt« schon bei → Seleukos (2) Kallinikos, Suet. Claud. 25,3; 204 Bündnis mit Rom, Liv. 39,12,14; Zerstörung und Ausmordung durch C. → Flavius (I 11) Fimbria, Liv. per. 83 u. a., 86/85 Wiederaufbau durch Sulla. Caesar hat die myth. Heimat seiner Ahnen hoch geehrt (Strab. 13,594); daß er aber im Sinn gehabt habe, seine Hauptstadt dorthin zu verlegen (Suet. Caes. 79,3 u. a.), ist ganz unglaubhaft. Unter Augustus wurden heil. Bezirk und Tempel der Athena Ilias großzügig neu gebaut. I. war weiterhin *civitas libera et immunis*. Eigene Münzprägung bis in die Z. → Valerians. Kaiserl. Besucher: Augustus, Hadrian, Caracalla, Iulian; andere: Agrippas Gemahlin Iulia, Germanicus, Apollonios von Tyana. – 267 plünderten die Gothen I. Constantin plante zunächst, seine neue Hauptstadt bei I. zu bauen. Genannt ist I. noch bei Hierokl. synekd. Einen chr. Bischof nennt Iul. epist. 78, und I. steht nun regelmäßig in den Notit. episc. Wann es dauernd verlassen wurde, ist nicht bekannt; in der Türkenz. war es unbewohnt.

Die archäol. Reste des griech. und röm. I. (T. VIII und IX) sind gering. Aus der griech. Z. bes. zu erwähnen ein schon archaisches, später mehrfach umgebautes offenes Heiligtum, wohl der Kybele, am S.-Fuß der Burg (AJA 1937, 588 ff. 1939, 218 ff.). Eine Unterstadt hat in griech. Z. wohl nicht bestanden. Archit.- und Fundament-Reste des hellenist. Heiligtums der Athena wohl aus der Z. des Lysimachos sind ausgegraben, [5], 1,209 f. AJA 1937, 42 ff. B. HOLDEN The metopes of the temple of Athena at I., Northampton (Mass.) 1964. In august. Z. wurde der obere Teil des Burghügels großenteils zur Anlegung des neuen großen, von Hallen umgebenen heil. Bezirks der Athena mit einem dor. Tempel von 16, 40:35,70 m mit 6:12 Säulen planiert [5], 1,211 ff. F. W. GOETHERT – H. SCHLEIF Der Athenatempel von I., 1962. Die Wohnstadt befand sich nur noch in der Ebene s. und ö. des Burghügels, die röm. Stadtmauer von 3,5 km Umfang ist im ganzen zu verfolgen. In der Unterstadt sind ausgegraben Reste der hellenist. Stadtmauern und einzelne Gebäude der Z. sowie Wohnhäuser und andere Gebäude röm. und spätröm. Z. und Teile der Nekropolen, AJA 1932, 143,5. Gut erhalten am S.-Fuß der Burg ein Theater und ein Buleuterion, unweit davon Reste einer frühchr. Kirche, 9 km s.ö. von I. Bogen der röm. Wasserleitung noch aufrecht stehend. K. Z.

Lit.: 1. *H. Schliemann* The city and country of the Trojans, 1880. 2. *Ders.* Ilios, Stadt und Land der Trojaner, 2 Bde. und Atlas, 1881. 3. *Ders.* T., Ergebnisse meiner neuesten Ausgrabungen, 1884. 4. *H. Schmidt* H. Schliemanns Slg. trojan. Altertümer, 1902. 5. *W. Dörpfeld* T. und Ilion, 2 Bd.e, 1902. 6. *C. W. Blegen* u.a., Troy, 4 (8) Bde., 1948–1958, dazu Suppl. monographs Nr. 1. *J. Lawrence Angel* The human remains, 1951; Nr. 2. *A. R. Bellinger* The coins, 1961; Nr. 3. *D. Burr Thompson* The terracotta figurines of the hellenistic period, 1963. 7. *Ed. Meyer* Gesch. von Troas, Lpz. 1877. 8. *P. Haubold* De rebus Iliensium, Diss. Lpz. 1888.

Troiae lusus. Der *lusus puerorum equestris* (Paul. Fest. s. *Troia*, 367 M.) heißt ant. auch einfach *Troia*, *troicus lusus*, *Troiae decursio*. Etym. hängt das mit *truare* (Walde-Hof.³ s. v. *amptruo*) zusammen. Der *T. l.* ist umstrittenen, doch sicher archaisch-ital. Ursprungs. Bezeugt ist er von Sulla bis E. 2. Jh. n. Chr. Beschreibung und Verbindung mit der troischen Urgesch. Roms bei Verg. Aen. 5,545 ff. Söhne angesehener Familien im Alter von 6 J. (→ Britannicus) bis zum Anlegen der → *toga virilis* (höchstens jedoch bis 17 J.? Gell. 10,28,1) führten, in zwei (seit Augustus drei) *turmae* geteilt, Reiterspiele (Kampfspiele) auf, die weder einfach noch ungefährlich waren (Suet. Aug. 43). Führer der von *magistri* eingeübten *turmae* waren immer Knaben. Der *T. l.* hatte urspr. sakrale, unter Augustus sicher auch polit. Bedeutung. W. H. G.

Schneider, RE XIII 2059 ff. *H. v. Petrikovits* in: Festschr. Egger, 1952, 126 ff.

Troiaroman s. Dares (3). Diktys (6). Roman

Troilos (*Τρωΐλος*). **1.** Troer, Sohn von Priamos (oder Apollon) und Hekabe, von Achilleus getötet, Il. 24,257 und Sch. Apollod. 3,151; epit. 3,32. An einem Brunnen, wo T. sein Roß tränken und seine Schwester → Polyxene Wasser holen will, lauert Achilleus ihm auf, holt zu Fuß den Berittenen am Apollontempel in → Thymbra ein und schlachtet ihn grausam am Altar (an dem er selbst später sein Ende finden wird). So die Kyprien und die älteren Vasenbilder. Soph. stellte ihn als *ἀνδρόπαις* dar, vielleicht auch schon als unerwidert von Achilleus Geliebten. Sch. Lykophr. 307. Serv. Verg. Aen. 1,474. Anderwärts ist sein Tod schicksalsmäßig mit Troias Fall verbunden. Plaut. Bacch. 953 ff. T. war ein Lieblingsthema der Vasenmalerei, z. B. FURTWÄNGLER-REICHHOLD Griech. Vasenmalerei 1,55 ff. T. 11 f. (Françoisv.). E. BUSCHOR Griech. Vasen, 1940, Abb. 78 (Salbfläschchen des Timonidas). K. KERÉNYI Die Heroen der Griechen, Abb. 76. – Die Liebe des T. zu Cressida (Chryseis) in Shakespeares Drama geht auf einen ma. Troiaromen zurück. H. v. G.

E. Bethe Der tro. Sagenkreis, Darmstadt 1966, 96 f. *W. Kullmann*, H(ES) 14,292 f.

2. Angesehener griech. (chr.?) Sophist des 4./5. Jh.s aus Side, Berater des *praef. pr.* → Anthemius (1), Freund des → Synesios (epist. 26. 47. 73. 91. 118. 123. 129). → Sokrates (5) scheint aus seiner Schule in Konstantinopel hervorgegangen zu sein (vgl. KG. 6,6,36. 7,1,3; 12,10; 27,1; 37,1). Die Suda (s. *T.*) nennt Reden und 7 B. Briefe; erhalten sind von T. nur *Προλεγόμενα τῆς ῥητορικῆς* (nach Ausweis der Hss. zur Einführung in Schr. des → Hermogenes [9] bestimmt). T. behandelt darin die traditionellen allg. Fragen (Wesen, Zweck und Gesch. der Rhet.). H. Gä.

Ta.: *Walz* Rhet. 6,42 ff. *H. Rabe*, Proleg. Sylloge, Lpz. 1931, 44 ff. (dort XXXIX ff. das gesamte Material).
Lit.: *Christ-Schmid* 2,2,935 f. 1027. 1101. *W. Enßlin* – *W. Kroll*, RE VII A 615 f.

Troizen (einheim. *Τροζάν*, ion. *Τροζήν*, seit dem 2. Jh. v. Chr. und literar. *Τροιζήν*, Ethn. *Τροζάνιος*, *Τροιζήνιος*, Name wohl vorgriech. und urspr. *Trozdēn*). Stadt an der N.-Küste der argol. Halbinsel beim h. Damala (amtl. T.). Ausgedehnte, aber wenig bedeutende Reste vor allem der Stadtmauer wohl des 3. Jh. v. Chr. Etwa 600 m w. der Stadt sind ausgegraben der heilige Bezirk des → Hippolytos (1) mit Tempel von 32:17½ m, wohl vom E. 4. Jh., und das Asklepieion mit einem kleinen Tempel von 6:9 m und mehreren Nebengebäuden, vor allem einem großen Haus von 31:31 m mit Peristylhof zur Unterbringung und Behandlung der Kranken. Zur Kur diente das Mineralwasser einer Quelle, das vor allem Magnesium-Bicarbonate und -Sulfate enthält. Die frühesten Zeugnisse des Kults an der Stelle gehen in geometr. Z. zurück, der Ausbau des Asklepieions erfolgte im 4. Jh. Das Gebiet von T. umfaßte die ganze O.-Spitze der Halbinsel, Nachbarstädte waren → Epidauros (1), → Methana und Hermione. Im 6. Jh. gehörte auch die Insel → Hydrea (Hydra) zu T. und bis zum 4. Jh. und wieder in der

Kaiserz. → Kalaureia. Siedlungsspuren beginnen in der Landschaft in frühhellad. Z., auf Stadtgebiet in geometr. Z., [2], 637,23 ff. [3], 10. 53f. [7]. Kultische Beziehungen verbinden T. mit Boiotien und bes. Attika, T. galt stets als Geburtsort des → Theseus, das gesch. T. war dor., wohl von Argos aus, so auch im Schiffskatalog Hom. Il. 2,561. Als Kolonien von T. galten → Halikarnassos und → Sybaris (4). T. war am Perserkrieg mit der Flotte beteiligt, und zwar schon beim Artemision, und nahm bei der Räumung Athens die Frauen und Kinder auf. Nachher war es unter den Gegnern Athens und zeitweise von Athen besetzt, Thuk. 1, 115,1. 4,21,3. And. 3,3, seitdem bei Sparta (auch noch nach Leuktra), daher im peloponnes. Krieg mehrfach in Mitleidenschaft gezogen. Nach → Chaironeia kurze Tyrannis eines Athenogenes, Hyp. 5 (geg. Athenog.). Beteiligung am lam. Krieg, Paus. 1,25,4. Diod. 18,11,2, später unter Herrschaft des → Demetrios (2) Poliorketes und → Antigonos (2) Gonatas, nach 243 beim achaiischen Bund mit vorübergehendem Anschluß an → Kleomenes III. (6) von Sparta. *Foedus* mit Rom, IG IV 791. In der Kaiserz. nach Pausanias' Schilderung in blühendem Zustand, *λαμπροτάτη*, IG IV 796, Münzprägung bis Philippus Arabs, späteste Kaiser-Ehreninschr. für Maximinus Daia, IG IV 1610. Genannt noch bei Hierokl. synekd. 647,1 und in der vulgären Ortsliste des 7. Jh.s, ZKG 12, 1891, 533 Nr. 780. 813 (*Τρυζέμα. Τρυζίνη*). Bischöfe LE QUIEN Or. Christ. 2,224f. Seit dem Slaveneinfall tritt Damala an T.s Stelle. Themistoklesinschr. von T. SEG 18,155, neuere Lit. zuletzt SEG 25,376. Sonst: Skyl. 52. Strab. 8,6,3 p. 369. 6,14 p. 373f. Paus. 2,30,5–34,6. Steph. Byz. Inschr.: IG IV Nr. 748–838. 1610. IV 1^2 Nr. 76f. [2], 653. SEG 11,386–89. 13,250. 19,319–21. 23,191f. Mz.: HEAD HN^2 443f. [2], 653. [3], 65f. Jahrb. f. Num. 8, 1957, 97. E. M.

1. *Le Grand*, BCH 21, 1897, 543 ff. 29, 1905, 269 ff. 2. *E. Meyer*, RE VII A 618 ff. Nr. 2. 3. *G. Welter* T. und Kalaureia, Bln. 1941 mit Plänen T. 1,2,11–14. 4. *Philipps.-Kirst.* 3,116 ff. 5. *M. Cristofani*, Enc. arte ant. 7,981f. 6. *Kirsten-Kraiker* Griechenlandkunde^5 308 ff. 879 (Lit.). 7. *R. Hope Simpson* A gazetteer and atlas of Mycenaean sites 24f. Nr. 37. 8. *G. Maier* Griech. Mauerbauinschriften 1,139 ff.

Trokmer (*οἱ Τρόκμοι*, vgl. Strab. 4,187), kelt. (galat.) Volksstamm, der unter seinem Führer Lutarios i. J. 278/77 zusammen mit dem Galaterstamm der → Tolistobogier unter Leonnarios von dem Bithynerkönig → Nikomedes I. (2) gegen dessen Bruder → Zipoites (2) unter Vertrag genommen wurde und von Thrakien über den Hellespont nach Kleinasien übersetzte. Nach Erledigung ihrer Vertragsverpflichtungen plünderten die T. die Küstengebiete am Hellespont. Zusammen mit den anderen galat. Stämmen – die → Tektosagen stießen etwas später zu den beiden ersten Galaterstämmen – nahmen sie im Verlauf der folgenden 20 J. feste Wohnsitze, und zwar ganz im O. der später so benannten Landschaft → Galatia am r. Ufer des → Halys um Tavium. Mit den Tektosagen wurden sie i. J. 189 v. Chr. von dem röm. Consul Cn. → Manlius (I 40) Vulso total geschlagen. Intern war auch der Stamm der T. in 4 Tetrarchien unter der Führung eines Tetrarchen organisiert. Diese Verwaltungsgliederung ist jedoch schon früh zugunsten einer Zentralisierung aufgegeben worden. So war etwa → Brogitaros als Tetrarch Herrscher über alle T., bevor dessen Schwiegervater → Deiotaros unter diesem Titel die Herrschaft über die Tolistobogier, die T. und schließlich die Tektosagen an sich riß. E. O.

W. Ruge, RE VII A 655 ff. *D. Magie* Roman Rule in Asia Minor, Princeton 1950, 730,11. 731,13. *P. Moraux*, MDAI(Ist) 7, 1957, 56 ff.

Trompete s. Lituus (1). Salpinx. Tuba

Tropaea Augusti (Tropaeum Alpium), großes Siegesdenkmal des Augustus für die Unterwerfung der gesamten Alpen, im h. La Turbie auf 486 m hohem beherrschendem Vorsprung über Monte Carlo an der röm. Küstenstraße nach Gallien an der Grenze Italiens, Ptol. 3,1,2. Auf einem hohen quadrat. Sockel von $32\frac{1}{2}$ m Seitenlänge erhebt sich ein ringsum von Säulen mit Triglyphenfries umgebener Rundbau, der von einem treppenförmig abgestuften Kegeldach gekrönt wird mit einer Statue des Augustus auf bes. Sockel als Abschluß, im ganzen $49\frac{1}{2}$ m hoch, im MA. zur Festung umgebaut, h. großenteils restauriert. Am Sockel befindet sich die von zwei Tropaea flankierte Weihinschr. des Senats aus dem J. 7/6 v. Chr. mit Aufzählung aller in Kriegen unterworfener Alpenstämme von O. nach W. Text der Inschr. Plin. nat. 3,136 ff. (mit Umstellung zweier Namen), erhalten fast 170 kleine und kleinste Bruchstücke, die am Denkmal größtenteils eingesetzt sind. Dabei h. ein Museum. E. M.

H. Philipp, RE VII A 661f. *E. Meyer*, RE Suppl. XI 1269. *Mommsen*, CIL V 2 S. 904 ff. Nr. 7817. *Th. Casimir* Le Trophée d'Aug. à La Turbie, Marseille 1932. *A. Blanchet* Carte arch. de la Gaule Romaine I, 1931, 4 ff. Nr. 14. *J. Formigé* Le Trophée des Alpes (La Turbie), Gallia Suppl. 2, 1949. Kurzer Führer: *N. Lamboglia* Il trofeo di Aug. alla Turbie (auch: Le Trophée d'Aug. à La Turbie), Bordighera 1938. Zur Inschr. *How.-Meyer* 70f. 80 ff. *Formigé*, Gallia 12, 1954, 533. 13, 1955, 101 ff.

Tropaion (*τρόπαιον*, *tropaeum*) war ein Denkmal der Flucht bzw. des Sieges (Isid. orig. 18,2,3. Serv. Aen. 10,775. 790). Es wurde dort errichtet, wo die *τροπή*, die Fluchtwendung des Gegners eingesetzt hatte (Eust. Hom. Il. 10,465) und der Sieg errungen war. Das T. bestand urspr. aus an Baumstümpfen aufgehängten Waffenstücken der feindlichen Beute. Die mit Inschr. versehenen T. waren den Kriegsgöttern geweiht (Vitr. 2,8,15) und daher unantastbar (Hdt. 8,37). Bei den T. fanden auch Opfer statt (IG II^2 1028,27). Später wurden T. aus Stein und Erz hergestellt (Diod. 13,

24,5. Paus. 5,27,11. 8,10,5. Strab. 4,185) als dauerndes Siegeszeichen. Die T. hatten nur noch selten ihren Platz auf dem Schlachtfeld, sondern wurden in der Hauptstadt oder an einer heiligen Stätte errichtet, in Form von Nikestandbildern oder sonstigen eindrucksvollen Architekturdenkmälern (Isokr. Philipp. 112). So übernahmen die Römer das T. samt dem Namen. Zahlreiche röm. Denkmäler zeigen den Besiegten in betonter Herabwürdigung (z.B. Reliefs am T. von Adamklissi). A. N.

F.Lammert, RE VII A 663 ff.

Trophonios (*Τροφώνιος*, auch *Τρεφώνιος* IG VII 3080ff. u.ö. und Zeus T.). Heros des boiot. Lebadeia mit altem Orakel, Bruder (Paus. 9,37,5) oder Stiefsohn (Sch. Aristoph. Nub. 508 [im Folg. = Sch. A.]) des Agamedes, aufgefaßt als Sohn von 1. Apollon (Philostr. v. Apoll. 8,19. Paus. a.O.) und Epikaste (Sch. A.), was offizielle Priesterversion war und im Verständnis des T. als Orakelgott begründet lag; oder 2. unehelicher Sohn (*παῖς σκότιος* Sch. A.) von Epikaste, wobei das eher mit dem chthon. Charakter des T. zusammenzubringende *σκότιος* vermutl. mißverstanden wurde; oder 3. Sohn von Zeus und → Iokaste (Sch. A.), wobei die genealog. Verbindung mit Zeus, der als *Βασιλεύς* in Lebadeia einen Tempel besaß (Paus. 9,39,4. IG VII 3080f. u.ö.), wohl über den verbindenden Kultnamen Zeus T. (IG VII 3077 u.ö. Strab. 9,2,38. Liv. 45, 27,8. Hesych. s. *Λεβάδεια*; vgl. Plut. Sulla 17,8) entstand und die mit Zeus und Apollon verbundene urspr. Erdgöttin Iokaste für Epikaste eingesetzt wurde; oder 4. Sohn des Valens (→ Ischys) und der → Koronis (Cic. nat. 3,56; hierzu und zur Verbindung mit → Asklepios s. PEASE zu Cic. nat. 1106f. mit Lit.); oder 5. als Sohn des → Erginos (Hom. h. Apoll. 296f. Paus. 9,37,4f. Sch. A.), wobei der Name viell. Reflex der Baumeisterschaft der Söhne ist; oder 6. Sohn des Augas (Sch. Stat. Theb. 7,345), der wohl mit → Augeias verwechselt ist. Von den Kindern des T. sind → Alkandros (1) und Herkyna namentl. bekannt.

T. und Agamedes galten als berühmte Baumeister u.a. des Apollontempels in Delphi (Hom. h. a.O. Strab. 9,3,9. Paus. 9,37,5. 10,5,13), des Tempels des Poseidon Hippios in Mantinea (Paus. 8,10,2), des Thalamos der Alkmene in Theben (Paus. 9,11,1), der Schatzhäuser des Hyrieus (Paus. 9,37,5) und des Augeias in Elis (Sch. A.), mit denen jeweils die Gesch. der Schatzdiebe (vgl. Hdt. 2,121) verbunden ist. Danach tötet T., um der Erkennung vorzubeugen, Agamedes und flieht nach Lebadeia in eine unterirdische Höhle, in der er stirbt (unterschiedl. Traditionen Pind. frg. 5 TURYN. Cic. Tusc. 1,114. Paus. 9,37,7. Sch. A. Sch. Lukian. dial. mort. 10). Dort (am Eingang der Unterwelt, Lukian. Nek. 22) erschien ein Orakel (Entstehungslegende Paus. 9,40,1f.), das von berühmten Männern wie → Kroisos (Hdt. 1,46), → Aristomenes (1) von Messenien (Paus. 4,16,7), → Epameinondas (Paus. 4,32,5f. Polyain. 2,3,8), → Philipp II. (Ail. var. 3,45), → Aemilius (I 22) Paullus (Liv. 45,27,8), → Apollonios (3) von Tyana (Philostr. v. Apoll. 4,24. 8,19) konsultiert wurde und bis in chr. Z. bestand (IG VII 3426). Die Konsultanten durften das Orakel (*θαλάμαι Τροφωνίου* Eur. Ion. 394. *ἱερὸς σηκός* 300. *μαντεῖον* Strab. 9,2,38. Paus. 9,39,5. *ἄδυτον* Paus. 4,16,7. 9,39,11ff. *ἱερὸν Τροφωνίου* Lukian. Nek. 22. Sch. A. *σπήλαιον* Lukian. dial. mort. 3. *καταβάσιον* Sch. A. *Τροφώνιον* Suda s.v. *specus* Liv. a.O. *templum* Obseq. 50; zur Lokalität Paus. 9, 39,2) nur zur Befragung (Philostr. 8,9. vgl. Paus. 9,39,12) aufsuchen und hatten versch. Riten zu beachten (Paus. 9,39,2ff. Sch. A. Max. Tyr. 8,2. Krat. frg. 219. Men. frg. 400 K.) wie Vorbereitungszeit, Reinigung, Fasten, Geißelung, Tanz, Opfer und Eingeweideschau, Waschung und Ölung, Vergessenstrunk, bevor sie in Kulttracht zur *κατάβασις* und *μύησις* zugelassen wurden. Daran schlossen sich Erinnerungstrunk, Bericht auf dem Thron der Mnemosyne und Deutung. In der Lit. haben sich neben den erwähnten Autoren bes. die Komiker (Aristoph. Nub. 507ff. Kratin. frg. 218–227. Kephisodor. frg. 3–6. Alex. frg. 236–238. Men. frg. 397–400 K.) mit T. beschäftigt. Von einer Schrift des → Dikaiarchos sind einige Frg.e erhalten (FHG 2,266 = frg. 13–22 WEHRLI; vgl. Cic. Att. 13,31ff.). T. ist urpsr. chthon. bzw. Fruchtbarkeitsgott. Geht man von griech. Wz. *τροφ-/τρεφ-* aus, ist die Deutung als »Nährer« am wahrscheinlichsten, doch ist vor- oder nichtgriech. (sem.) Ursprung möglich. K.D.F.

Radke, RE VII A 678ff. (mit Lit.). *Gruppe*, Myth. Lex. 5, 1265ff. *Harrison* Themis, 1912, 508ff. *Farnell* Greek Hero Cults, 1921, 21. *Frazer*, Pausanias 5,196ff. *Guthrie* The Greeks and their Gods, 1950, 223ff. *Brelich* Gli eroi greci, 1958, 46ff. *Philippson*, Symb. Osl. Suppl. 9, 1939, 11ff.

Tros (*Τρώς*). Eponymer König der Troer, Sohn von → Erichthonios (2) und → Astyoche (5), Gemahl der → Kallirrhoe (3), Vater von → Ilos (1), → Assarakos, → Ganymedes, → Kleopatra (I 3). Stammbaum Il. 20,215ff. Apollod. 3,138ff. → Dardanidai. H. v. G.

Trotilon (*Τρώτιλον*). Nach Thuk. 6,4,1 hieß so die Siedlung, die der megar. Kolonistenführer → Lamis nach seiner Ankunft in Sizilien um 730 v.Chr. anlegte, aber bald zugunsten anderer Plätze (→ Leontinoi bzw. → Thapsos 1) wieder aufgab. Der Name lautete wohl urspr. *Τρώγιλον* nach den unweit der Mündung des → Pantakyas befindlichen *τρῶγλαι* = Grotten, während *Τρώτιλον* eine frühe Verderbnis zu sein scheint. T. ist wahrscheinlich mit La Bruca identisch, einer kleinen Bucht auf der N.-Seite des Vorgebirges, das den Golf von Katane vom Megar. Meerbusen trennt. Kl. M.

K. Ziegler, RE VII A 699f. *T. J. Dunbabin* The Western Greeks, Oxf. 1948, 18.

Trüffel s. Pilze

Truentum (Plin. nat. 3,110. CIL IX 5276. Feldm. 258. Itin. Anton. 101,3) oder *Truentinum* (Mela 2,65. Rav. 5,1. Guido 70) bzw. *Castrum* (Ptol. 3,1,21) *Truentinum* (Cic. Att. 8,12 B 1. Tab. Peut. 5,3. Feldm. 226. Itin. Anton. 308,1 ff.), Stadt Picenums der 5. Region am gleichnamigen Flusse (Strab. 5,241), Endstation der august. *via Salaria* (RADKE Viae publ. Rom. 242); vgl. Sil. 8,435. CIL IX 5279. X 6440. H. heißt der Fluß Tronto. G. R.

Forbiger HB. d. alt. Geogr. 3,373. 447. *Nissen* It. Ldk. 2, 425.

Truhe (κιβωτός. κιβώτιον. λάρναξ. χηλός. ζύγαστρον. *cista*. → *arca*). Die hölzerne Truhe, mit oder ohne angearbeitete Füße, öfter mit Metallnägeln oder -platten beschlagen und/oder Reliefs verschiedener Art verziert, diente seit minoischer Z. zum Bewahren von Kleidern, Geräten und Vorräten aller Art, auch als Geldkasse, in Griechenland vielfach als das, was h. der Schrank ist. In T. verwahrte man also auch Bücher, Dokumente, Weihgeschenke, bes. die Aussteuer der Braut. In Mythos und Gesch. begegnen T. vor allem für Rettung (→ Deukalion 2. In LXX heißt die Arche κιβωτός. Cass. Dio 47,7,4. Lukian. asin. 45. Plut. mor. 781d; Romul. 28,5ff. Paus. 6,9,7) und Aussetzung (→ Danae. → Telephos 1. Paus. 3,24,3. → Rhoio. → Tennes 1. Thoas). Ant. Bilder solcher T. bei SCHAUENBURG Perseus in d. Kunst d. Alt., 1960. In der Ant. genoß bes. Ruhm die → Kypseloslade. Aus Tonnachbildungen, Vasenbildern und erhaltenen T. läßt sich die technische und künstlerische Gesch. der ant. T. bis in die Spätant. gut verfolgen ([4]). W. H. G.

1. *E. Pernice* Hellenist. Tische, Zisternenmündungen, Beckenuntersätze, Altäre u. T., 1932. 2. *E. G. Budde* Armarium u. kibotos, 1940. 3. *G. M. A. Richter* The Furniture of the Greeks, Etruscans and Romans, 1966, Abb. 380 bis 410. 474–475. 581–582. 4. Grundlegend jetzt *E. Brümmer* Griech. T.n, Diss. Marburg 1972 (Masch.).

Trump(i)lini (Tab. Peut. 4,1 *Trumpli*), Alpenvolk im noch h. Val Trompia (< *Trumplia* CIL III 7452) genannten Mella-Tal n. Brixia, ca. 16 v. Chr. von Rom unterworfen und auf den → *tropaea Augusti* genannt (CIL V 7817. Plin. nat. 3,136). Die T. zählen nicht zu den *iuris Latini Euganeae gentes* (Plin. a. O. 133), sondern sind wie die → Camunni einem benachbarten *municipium* zugeteilt (Plin. a. O. 134), d.h. Brixia (CIL V 4310. 4313), dessen *tribus Fabia* (CIL III 7452. V 4923) sie als *cives Romani* angehören (vgl. CIL V 4910 *cohort. Trumplinorum*). Deshalb ist Plin. a. O. *ex his T. venalis cum agris populus* zweifelhaft. Ihr Name bei Ablaut im Betonungswechsel zu *Tremulus, Tremelius*. G. R.

Forbiger HB. d. alt. Geogr. 3,322. *Nissen* It. Ldk. 2,197. *Mommsen*, CIL V p. 515. *Gardthausen* 1,713f. 719. *Schulze* Eigenn. 364f. 375. 466. *Kubitschek* Imp. Rom. trib. discr. 109. *Altheim–Trautmann* Vom Urspr. d. Runen 21. *Radke*, G 69, 1962, 501. *Albertini* Brixiana, 1973, 51f.

Trutina s. Waage

Trygon (Τρυγών »Turteltaube«). Amme des → Asklepios. Nach Paus. 8,25,11 lag ihr Grab im Heiligtum des A. Παῖς im nordarkad. → Thelp(h)usa. Die Pflege durch eine Taube paßt zu einer Sagenversion, nach der eine Ziege ihn ernährte, ein Hund ihn bewachte. H. v. G.

Trypanon (τρύπανον). Eigentlich der Bohrer (→ *terebra)* ist das T. in der → Poliorketik a) ein monumentaler Bohrer zum Anbohren von Ziegelmauern (in die Löcher wird dann Feuer gelegt), Apollod. Poliork. 148,2ff., und b) ein Balken, der ohne Drehung über Walzen gegen die Mauer gestoßen wird, Ain. takt. 32,5f. Athen. (5) mech. 10, 10ff. Vitr. 10,13,7. SCHNEIDER Griech. Poliorketiker 2.3 (1908. 1912). W. H. G.

Tryphiodoros s. Triphiodoros

Tryphon (Τρύφων). **1.** Angenommener Name des Usurpators Diodotos aus Kasiane bei → Apameia in Syrien, Diod. 33,4a. Strab. 16,752, Stratege des → Demetrios I. (5), ging zu → Alexandros (11) Balas über, verriet → Antiocheia an → Ptolemaios VI. (6), besetzte Apameia und → Chalkis, erhob 145 → Antiochos VI. (7) zum König, schlug → Demetrios II. (6), verbündete sich mit → Ionathan, eroberte viele phoinik. Küstenstädte, beseitigte 142, im Besitz Syriens ohne Iudaea, Antiochos VI., ließ sich vom Heer zum König (Mz. βασιλεὺς αὐτοκράτωρ mit Sonderaera) ausrufen, wurde aber von Rom nicht anerkannt, von → Antiochos VII. (8) besiegt und tötete sich selbst 138 in Apameia. Diod. 32,9c. 33,28. 28a. Liv. epit. 55. Ios. ant. Iud. 13,232f. Gegen die nach den Mz. gegebene Chronol. setzt die liter. Überlief. die Regierung T.s für 139–36 an. H. V.

2. Personenname, häufig bei Sklaven und Freigelassenen, inschr. auch *Trupo* und *Trupho*. **3.** Name des Sklaven → Salvius (I 2) als König und Führer im 2. sicil. Sklavenkrieg 104 v. Chr. Er leitete die Erhebung in Mittel-Sicilien, gewann die Unterstützung des → Athenion (2, dort nähere Einzelheiten) in W.-Sicilien, der sich ihm unterordnete, nahm die feste Stadt → Triokala und schlug ein röm. Heer. Nach seinem (natürl.) Tod im J. 102 übernahm Athenion die weitere Führung des Krieges. Diod. 36,7,1–4. 9,1. T. fehlte es nicht an konstruktiven polit. Vorstellungen. J. VOGT Struktur d. ant. Sklavenkriege, AAMz 1957, 1,24f. H. G. G.

4. Sohn des Ammonios aus Alexandreia, griech. Grammatiker der 2. Hälfte des 1. Jh.s v. Chr. (Suda s. *T.*), Zeitgenosse des → Didymos (1), Lehrer des → Habron (1). Von T.s reicher, fast ausschließlich auf sprachl. Fragen ausgerichteter Schriftstellerei, die von den nächsten Generationen in starkem Umfang benutzt wurde (→ Apollonios 7, → Herodianos 1, Ailios → Dionysios 29), blieben nur spärliche Reste erhalten, darunter Auszüge aus π. πνευμάτων (ed. VALCKENAER, Ammonius 188ff.), π. παθῶν (ed. R. SCHNEIDER,

Progr. Duisburg 1895) und Bruchstücke seiner *Τέχνη γραμματική* (Pap. Lond. 126, ed. F.G. KENYON, Class. Texts ..., London 1891, 109ff.; C. WESSELY, Wien 1892). Zahlreiche Sonderschriften widmete T. der Behandlung sämtlicher Wortarten und ihrer Ableitungen (wobei er das Prinzip der Analogie offenbar selbst auf die unregelmäßigsten Erscheinungen auszudehnen versuchte [Kritik von seiten des Herodianos]), der Aussprache (*π. ἀρχαίας ἀναγνώσεως*), Akzentlehre (*π. Ἀττικῆς προσῳδίας*) und Orthographie sowie einzelner griech. Dialekte. Außerdem verfaßte er ein größeres Onomastikon (Teile davon möglicherweise die Titel *Φυτικά* und *π. ζῴων*). Der kleine Traktat *π. μέτρων* (ed. H. ZUR JACOBSMÜHLEN, Diss. phil. Argentor. 10,4 [1886] 187ff.), ein weiterer über die versch. Bedeutungen von *ὡς* (Frg. 61) und die kümmerliche Abh. *π. τρόπων*, die unter T.s Namen überliefert sind, gehen höchstens im Kern auf seine Lehre zurück. H. Gä.

Frg.e: *A. van Velsen*, Bln. 1853 (Nachdr. Amsterdam 1965) ist veraltet, aber noch nicht ersetzt. *Walz* Rhet. 8, 726ff. *Spengel* Rhet. 3,189ff. *M.L. West*, CQ N.S. 15, 1965, 230ff.

Lit.: *Christ-Schmid* 2,1,434f. *Susemihl* 2,210ff. *R. Reitzenstein* Gesch. d. griech. Etym., passim. *P. Egenolff* Die orthoep. Stücke der byz. Litt., Progr. Mannheim 1887. *G. Pasquali*, H 45, 1910, 465ff.

5. Vater u. Sohn, Ärzte in der 2.H. 1.Jh. v.Chr. Der ältere war Chirurg (M. MICHLER Die alexandrin. Chirurgen 1, Wiesbaden 1968, 116f. u.ö.) und Lehrer des → Scribonius (II 8) Largus; über den jüngeren wissen wir nichts Genaueres. F. K.

Tryphoninus (wahrscheinlich mit dem Geschlechtsnamen *Claudius*) heißt ein röm. Jurist, der um 200 n.Chr. gewirkt hat. Er war mit → Papinianus Konsiliar des Septimius Severus (Paul. Dig. 49,14,50). Wahrscheinlich war er auch als Beamter in Syrien (W. KUNKEL Herkunft und soz. Stellg. der röm. Juristen, ²1967, 231 ff.). Sein literar. Werk besteht aus 21 *libri disputationes* (davon 72 Frg.e in den Dig. überliefert, zusammengestellt bei O. LENEL, Palingen. Iur. Civ. 2, 1889, 351 ff.), sowie Noten zu den Dig. und Responsen des → Mucius (7) Scaevola (Echtheit zweifelhaft). D.M.

Trysa (*Τρῦσα*, AEMÖ 7, 1883, 143 Nr. 4), nur epigr. und numism. nachgewiesene, uralte, später stark gräzisierte Stadt in Lykien an der Küstenstraße von → Patara nach → Olympos (12) im Tal des Dembre Çayi beim h. Gölbaşi. Eindrucksvoll sind die Überreste eines über der Siedlung wohl bereits im späten 5.Jh. v.Chr. errichteten Heroons mit einem Mythenfries. E. O.

W. Ruge, RE VII A 746ff. *F. Eichler*, Enc. art. ant. 7, 1966, 1026ff.

Tuba (*σάλπιγξ*) ist im Orient und Griechenland nachweisbar (BEHN) und wurde so, wie sie die Römer kannten, offenbar von den Etruskern entlehnt (Strab. 5,220). Sie bestand aus einem geraden, rund 1,20 m langen Metallrohr, das sich

allmählich zur Schallöffnung verbreiterte, und einem Mundstück aus Knochen oder Horn (Poll. 4,85). Der Ton war tief und dröhnend. Mit dem geringen Inhalt von 6 Tönen entsprach sie dem Signalhorn. Im röm. Heer fand sie mit den → Feldzeichen Eingang (KROM.-VEITH 277f.) und rief zur *contio*, zum Alarm, Angriff, Rückzug und Dienst, löste aber auch takt. Bewegungen aus (FISCHER 156. Veg. mil. 2,22). Die *t.* fand ferner bei den Centuriatkomitien, bei Festzügen, Leichenfeiern, Opfern und Wettkämpfen Verwendung. Das Vorhandensein der *t.* ist noch in byz. Z. bezeugt (Maurik. 12,10 p. 314). A. N.

W. Fischer Das röm. Lager, Lpz. 1914. *Fr. Behn*, Mainzer Ztschr. 7, 1912, 36f.; *Ders.* Musikleben im Alt. und frühen MA., Stuttg. 1962, VIII. IX. *Fr. Lammert*, RE VII A 749ff. – Musikgesch. in Bildern hg. von *H. Besseler* und *M. Schneider* 2: Musik des Alt., Lief. 5, *G. Fleischhauer* Etrurien und Rom, Lpz. 1964. – Über Funde und Darstellungen von t. *Behn* a.O. 36. 45.

Tubantes (»die in zwei Gauen Wohnenden«), Germanenstamm der Istwäonen, meist mit → Usipetern und → Tenkterern genannt. Erstmals 14 n.Chr. erwähnt (Tac. ann. 1,51), als sie nach der Zerstörung des Heiligtums der → Tamfana im Marserlande mit → Brukterern und Usipetern dem Germanicus den Rückzug zu verlegen suchten. Aus ihren Sitzen n. der Lippe und w. der oberen Ems wanderten sie nach S.; belagern 69 n.Chr. mit → Chatten und → Mattiakern die Festung Mainz. 321 n.Chr. von den Römern besiegt, lassen sich die T. als Hilfstruppen anwerben (um 400: *auxilia palatina Tubantum*, Not. dign. or. 6,10; occ. 5,28. 7,123) und gehen später in den ripuarischen Franken auf. H. C.

K. Scherling, RE VII A 752ff.

Tubero. Röm. Cognomen (nach körperl. Anomalität, »Beule«, »Buckel« u.ä., I. KAJANTO The Latin Cognomina, Helsinki 1965, 119. 246). In den Fasten der republik. Zeit bei → Aelius (I 14–19), in denen der Kaiserzeit (DEGRASSI FImp. 271) z.B. bei → Seius (II 3). H. G. G.

Tubertus. Röm. Cognomen (vgl. → Tubero), in den republik. Fasten bes. bei → Postumius (I 26). H. G. G.

Tubicen, der Tubabläser. Im röm. Heer zählte er in der Legion zu den → *principales*. Nach der Inschr. DESSILS 9096, die für die 3. Legion in Lambaesis Anf. 3.Jh. n.Chr. 39 *tubicines* (KROM.-VEITH 519) angibt, muß angenommen werden, daß → *manipulus* und → *turma* von Anf. an je einen *t.* neben einem → *cornicen* hatten (DOMASZEWSKI 24). Doch setzt dies nicht unbedingt die Existenz der Manipelordnung, die bereits Kaiser Hadrian aufhob (SCHENK), z.Z. der Inschr. wieder voraus (NEUMANN, RE a.O.). *T.* sind ferner in den *praetoriae cohortes*, *equites singulares* und bei den *cohortes auxiliares* nachgewiesen. Allgemein konnte mit *t.* auch jeder Bläser eines Musikinstrumentes bezeichnet werden (BEHN 45) oder es wurde *t.* für *tibicen* und umgekehrt gebraucht (BEHN 45. NEUMANN, RLÖ a.O.). A. N.

Fr. Lammert, RE VII A 754f. *Neumann*, RE VIII A 2449; *Ders.*, RLÖ XXIII 34. *D. Schenk*, Klio Bh. 13, 1930, 18ff. *A. v. Domaszewski*, Bh. der BJ 14, 1967, 318. *M. Speidel* Die equites singulares Augusti, Bonn 1965.

Tūbilustrium (*Tubu-* Varro l. l. 6,14), röm. Fest (NP) am 23. März (Fast. Ant. vet. DEGRILL-RP 9. Verul. NSA 1923, 196. Caer. CIL I² p. 212. Maff. p. 223. Praen. p. 234. Vat. p. 242. Farn. p. 250. min. p. 251. Philocal. p. 260. Ost. CIL XIV 4547. Ov. fast. 3,849f. Varro a.O.) und 23. Mai (Fast. Ant. vet. a.O. Esqu. a.O. p. 211. Caer. p. 213. Venus. p. 221. Maff. p. 224. Ov. fast. 5,725f. Lyd. mens. 4,60) beim For. Sutorium (Fest. 480, 26 L. Fast. Praen. Varro) zur Lustration (Fest. 482,29 L. Ov. a.O. Lyd. a.O.) der *in sacris* gebrauchten (Fast. Praen. Varro) *tubi* (sakral für *tubae*: Fest. 480,27 L. Varro l. l. 5,117): *Tubicines sacrorum* (Varro a.O. Fest. 482,27ff. L. Gell. 1,12, 7) opfern *agna* (Fest. 480,26. Paul. Fest. 481,5 L.). Das Verhältnis der beiden T. zueinander ist umstritten. G. R.

Wissowa Rel. ²144. 231. 557 (»Kriegshörner«). *Deubner*, JbPhPäd 27, 1911, 325,8. *W. F. Otto*, RhM 71, 1916, 37 (»Besichtigung«). *Altheim* Griech. Götter i. alten Rom 188ff. *Latte* RRel 117f. (Grenzen der Kriegszeit). *Dumézil* Rel. rom. arch. 209. *Bömer* Die Fasten 2,202.

Tuburbo s. Thuburbo

Tubusuctu. Stadt der Mauretania Caesariensis, im fruchtbaren Tal am l. Ufer des oued Soummam (h. Tiklat). *Col. Augusta Tubusuptu. Τουβούσουπτος* Ptol. 4,2,7. *Tubusuptus* Itin. Anton. *Super ciuitatem Saldas est ciuitas quae dicitur Tubusubtos* Geogr. Rav. Von Octavius für Veteranen einer *legio VII* gegründete *col. immunis.* CIL VIII 8837. Bull. Arch. Alg. 1, 1962/65, 163. Hauptstadt eines mil. Bezirks in spätröm. Z.: Not. dign. occ. 25,27. Amm. 29,5,11. Bischöfe im J. 411 und 484 (MIGNE PL 11, 1328. Maur. Sitif. 8). In der Gegend wichtige Ölbaumkultur: Inschr. auf Amphoren CIL VIII S. 913. XV 2634f. Ruinen: Mauerring, Thermen, Nekropole, Zisternen, Wasserleitung. S. GSELL Atl. arch. Alg. 7, Bougie, Nr. 27. J. BIREBENT Aquae romanae, Alger 1964, 473. Inschr. CIL VIII 8834. 20648. Bull. Comité 1886, 217. 1897, 568. 1901, 109. 1934/35, 93ff. M. L.

Tucca. Röm. Cognomen, etr. Herkunft (I. KAJANTO The Latin Cognomina, 1965, 106). A. DEGRASSI FCap. 149. → Plotius (4). H. G. G.

Tucci. Nach Plin. nat. 3,12 T. = *col. Aug. Gemella*, eine Stadt des Conventus von → Astigis, nach Ptol. 2,4,9 Stadt der Turduler (wohl ein Irrtum). H. Martos bei Jaën. Spielt im Freiheitskampf des → Viriatus (ca. 147–139) eine Rolle (App. Ib. 290). Inschr. CIL II p. 221ff. K. A.

Forbiger HB. d. alt. Geogr. 3,47 Anm. *Schulten*, RE VII A 765.

Tuccius. Röm. Gentilname, auf Inschr. häufig, SCHULZE Eigenn. 375. 425. **1.** M. T., 192 curul. Aedil, zusammen mit P. Iunius → Brutus (10) – sie griffen streng gegen Wucherer durch –, mit dem er auch 190 die Praetur bekleidete. Ihm wurde Apulien und Bruttium zugewiesen (durch Los) und bis 188 prorogiert. 186 *III vir col. deduc.* (Sipontium und Buxentum). Liv. 35,41,9f. 36,45,9. 37,2,1. 38,36,1. 39,23,4. BROUGHTON 1,350. 356. 367. 372. H. G. G.

2. M. T. klagte im Herbst 51 v. Chr. den C. → Sempronius (I 13) Rufus an, der seinerseits eine erfolglose Gegenklage erhob (Cic. fam. 8,8,1). **3.** T. Cerialis. Falsche Namensform bei Plin. epist. 2,11,9 (Prozeß des → Marius [II 11] Priscus); gemeint ist M. Tullius Cerialis, *cos. suff.* 90 n. Chr. (Fast. Pot.; vgl. A. N. SHERWIN-WHITE z. Plin.-St.). H. Gä.

4. Tuccia, Name einer Vestalin um 230 v. Chr., die nach einer Version (Liv. epit. 20) wegen Incests verurteilt, nach einer anderen gerettet wurde, vgl. F. MÜNZER, RE VII A 769f. BROUGHTON 1,227. H. G. G.

Tŭdĕr (*ŭ, ĕ* Sil. 6,645; Steph. Byz. s. *Τύδερτα.* Plut. Crass. 6,5 *Τουδερτία.* Prok. Got. 2,11,1. 13,2. 4 *Τουδέρα*), hochgelegene (Sil. a.O.), befestigte (Strab. 5,227) alte (Mz. 320–270 v. Chr.: HEAD HN² 22 *tutere*) umbr. (Inschr.: VETTER HB 230ff.) Stadt (Ptol. 3,1,54) der 6. Region (Plin. nat. 3,113) zur *tribus Clustumina* (L. ROSS TAYLOR Voting Districts 271) oberhalb des Tibertales (kelt.-lat. Bilingue CIL I² 2103); seit Marius *civitas Romana* (Sisenna frg. 119 P.), weshalb *prodigia* zum J. 103 v. Chr. (Plin. nat. 2,148. Plut. Mar. 17,1) nach Rom gemeldet werden. Seit 42 *Colonia Iulia* (CIL XI 4646) *Fida T.* (Feldm. 214) an der *v. Amerina* (Tab. Peut. 5,1); Marskult (Sil. 4,222. 8,464); auch später bedeutend (Prok. a.O. Paul. Diac. h. Lang. 4,8); h. Todi mit vielen Funden. G. R.

Forbiger HB. d. alt. Geogr. 3,438. *Nissen* It. Ldk. 2,398. *Kubitschek* Imp. Rom. trib. discr. 77f. *Beloch* RG 605f.

Tuditanus. Röm. Cognomen, abgeleitet von *tudites = mallei*, »Hammer« (vgl. MÜNZER, RE II A 1440. I. KAJANTO The Latin Cognomina, Helsinki 1965, 414 [Index]), bes. beim Gentilicium → Sempronius (I 16–20). H. G. G.

Türe. Die Ant. unterscheidet durch t.t. die T. in Häusern, *θύρα, fores*, von T. in Einfriedigungen und Mauern, *πύλη, porta.* Die Eingangst. des Hauses heißt *αὔλειος θύρα, ianua.* Unter T. wird sowohl der Rahmen als die bewegliche T. wie die ganze Einrichtung verstanden. Der Rahmen besteht aus Schwelle, Pfosten und Sturz. T.-Gewände können reich verziert sein (N.-Halle des Erechtheion, → Athenai). Vitr. 4,6 gibt genaue Vorschriften für Bau und Proportionen der T. in der dor., ion. und korinth. Ordnung. Die Schwelle dient zugleich als Anschlag für die sich nach innen öffnende T., meist eine einfache oder zweiflüglige Bohlent. mit Versteifung durch Querbohlen. Der (die) T.-Flügel dreht (drehen) sich mittels Zapfen in (vielfach bronzenen) Pfannen in Schwelle und Sturz. Aus Boscoreale sind T. bekannt, die sich in Scharnieren drehten (JDAI 19, 1904, 19. Monumenti ant. Lincei 7, 1897, 410), aus Herculaneum Falttüren. Mehrflüglige T. haben Riegellöcher am Rand der Schwelle. Zum Verschluß → Schloß. Die T. kann mit großköpfigen Bronzenägeln (z.B. Pompei), oder Bronzeplatten beschlagen oder verkleidet sein (NASH 2,172. 269ff.). Eine mit reich geschnitzten Holztafeln verzierte frühchr. (422 bis 432) T. ist in S. Sabina in Rom erhalten (DEICHMANN Frühchr. Kirchen in Rom, 1948, T. 33–36). Bes. Wert legte man auf die T. im Grabbau. Zur Bühnen-T. → Theater. W. H. G.

H.Klenk Die ant. T., Diss. Gießen 1924. *Ebert*, RE VI A 737ff.

Tufa. Gote, *magister militum* → Odoacers, ging im Sept. 489 zu → Theoderich (3) über. Als ihn dieser gegen den nach Ravenna geflüchteten Odoacer schickte, fiel er jedoch wieder ab. 493 starb er im Kampf gegen den ebenfalls von Theoderich zu Odoacer abgefallenen Rugier Friedrich (→ Fredericus 2; Anon. Vales. 51f. Chr. min. 1,320f. Cassiod. var. 4,32,2). A. L.

Tuficum (Ptol. 3,1,53), *municipium* (CIL XI 5711. 5718) der 6. Region (Plin. nat. 3,114) zur *tribus Oufentina* (L.ROSS TAYLOR Voting Districts 273) mit gleichem Ackergesetz wie Attidium (Feldm. 259); h. Ficano b. Albacina. G. R.

Forbiger HB. d. alt. Geogr. 3,441. *Nissen* It. Ldk. 2,386. *Kubitschek* Imp. Rom. trib. discr. 78. *Beloch* RG 606.

Tugurium. Die primitive Hütte runden oder eckigen Grundrisses hatte ein Dach aus Rasenstücken, Baumrinde oder Schilf (Varro rust. 3,1,3. Verg. ecl. 1,68. Plin. nat. 16,35. Vitr. 2,1,5). Die *t.* galten als urtümlich, später als ländlich und ärmlich (z.B. Fest. 355 M.) oder als eilig errichtete Notunterkünfte (Tac. ann. 15,6). Die Hütten auf dem → Palatium (NASH 2,164f.) können wohl als *t.* bezeichnet werden, ebenso die Rundhütten der Daker, Sarmaten usw. auf der Marcus- (o. Bd. III 1013,19ff.) und der → Traianssäule. W. H. G.

Tulingi, nur bei Caes. Gall. 1,5,4. 25,6. 28,3. 29,2 und Oros. 6,7,5 genannter Nachbarstamm der → Helvetier, der sich am Auszug beteiligte und zur Rückkehr in die alte Heimat gezwungen wurde. Wohnsitz völlig unbekannt, nicht ident. mit den bei Avien. ora m. 674 genannten *Tylangii* wohl an der Rhône unterhalb des Genfer Sees. E. M.

P. Goessler, RE VII A 788ff. *F. Stähelin* Röm. Schweiz³ 72f. *E. Meyer* HB. der Schweizer Gesch., Zürich 1972, 1, 67.

Tullianum, der untere Raum im Carcer Mamertinus, dem röm. Staatsgefängnis am SO.-Abhang des Kapitols, unterhalb der Arx (h. unter der Kirche San Giuseppe dei Falegnami). Über das urspr. wohl nach myken. Art überkuppelte T. mit seinem kreisförmigen Grundriß baute man später einen trapezförmigen Raum, dessen Boden die alte Kuppel wegschnitt. Der einzige Zugang zum T. war im Alt. ein Loch in der Decke. Im oberen Teil des Carcer hielt man Verhaftete bis zu ihrer Aburteilung fest, im unteren die zum Tode Verurteilten, die hier auch hingerichtet wurden (Sall. Cat. 55,3f. Fest. p. 356. Plut. Mar. 12,4). Über die Entstehungszeit des Carcer sind sich die Archäologen noch nicht einig, ebensowenig über die urspr. Bestimmung des T.; man hat an ein Kuppelgrab oder an ein Quellhaus gedacht. Rud. G.

Welin, RE VII A 794ff. *Nash* 1,206ff. (mit Lit.).

Tullianus. Einflußreicher Mann in Bruttien und Lukanien, suchte 546 beim kaiserl. Feldherrn Iohannes Verbesserung für die Situation des Landvolkes zu erreichen und kämpfte nach Unterstützung seines Anliegens gegen die Goten, jedoch ohne Erfolg (Prok. 7,22; vgl. 7,30 zu T.' Bruder Deopheron). A. L.

Tullius. Von *Tullus* abgeleitetes Gentilnomen, das von dem König Servius T. geführt wurde, nach ihm bis in die Z. → Ciceros aber nur selten in den Quellen erscheint, dann jedoch bei mehreren Familien vorkommt, die in keiner verwandtschaftlichen Beziehung zueinander stehen.

I. Republikan. Zeit.

1. Attius T., in Zusammenhang mit der → Coriolansage erscheinender Führer der → Volsker, von dem jedoch außer Namen und Herkunft, die wohl ältester Tradition entstammen, nichts hist. Glaubwürdiges überliefert ist. Röm. Antiquare machten ihn zum Ahnherrn Ciceros (Plut. Cic. 1,1. Vir. ill. 81,1. Sil. 8,404ff.). Griech. Autoren hielten viell. manchmal *Attius* für das Gentilnomen (Dion. Hal. ant. 8,57,3ff. 67,1. 8. Plut. Cor. 22,1. 39,11). **2.** L. T. war Ciceros Legat in Kilikien, jedoch nicht mit ihm verwandt. **3.** M. T. wurde 71 in einem Prozeß gegen den sullan. Veteranen P. → Fabius (I 10) von Cic. vertreten. Frg.e der Rede sind erhalten. **4.** M. T., Freigelassener Cic.s, der ihm als Schreiber und Vertrauensmann diente und nicht immer zuverlässig gegen → Tiro (1) abzugrenzen ist. **5.** Servius T., der Sage nach der 6. König Roms. Der Name Servius T., den die gesamte Überlieferung hat, steht vielleicht in Beziehung zu dem Namen des 3. Königs Tullus → Hostilius (5), zu dem aus der Königszeit stammenden → Tullianum und zu dem volsk. Geschlecht der Tullii. Der Name Servius weist nach ant. Ansicht auf die niedrige Abstammung T.' hin: seine Mutter sei eine aus Corniculum stammende Sklavin der Königin → Tanaquil (→ Ocrisia); der Vater dagegen ist in einigen Quellen der Fürst Tullius von Corniculum, in anderen ein Gott, vgl. die ähnlichen ital. und etr. Sagen und bes. die von der Geburt des → Romulus bei Promathion (Plut. Rom. 2). Tanaquil soll nicht nur die künftige Bedeutung des S. T. erkannt (Liv. 1,39,1–3), sondern ihm auch nach dem Tode des → Tarquinius (6) Priscus zur Macht verholfen haben. Während seiner Regierung, die nur unbedeutende auswärtige Unternehmungen aufwies, soll er nach

Liv. 1,44,3 ff. → Quirinalis, → Viminalis und den ö. → Esquilinus in die mit einer neuen Ringmauer versehene Stadt einbezogen und damit das → Pomerium vorgeschoben haben. Die Lage des → Aventinus außerhalb des Pomeriums spricht, obschon er von der servian. Mauer eingeschlossen wurde, für dessen Festsetzung in etr. (6. Jh.), jedenfalls vorgall. Z. (Varro 1. 1. 5,143. J. H. Oliver, Mem. Am. Acad. Rome 10, 1932, 145), während arch. Versuche, den servian. Ursprung röm. Mauerreste zu beweisen, umstritten sind. Dion. Hal. ant. 1,14,1 ff. 15,1 ff. schreibt S. T. die Einteilung des Stadtgebietes in 4, die des Landes in 26 *tribus* zu, um die Steuererhebung, Vermögenseinschätzung und Heeresaufstellung gebietsweise statt nach *gentes* durchführen zu können (Quelle Fabius Pictor? abweichend Liv. 1,43,13). Da auch hier der Aventin nicht zu den städt. *tribus* zählt, liegt es nahe, die Verschiebung des Pomeriums und die Einrichtung der 4 städt. *tribus* in dieselbe Z. zu legen. Damit hängt die S. T. zugeschriebene Schaffung der Centurienordnung zusammen, wenn auch die Berichte über die damit verbundene erste Münzprägung unter ihm später erfunden sind. Die neue Ordnung setzte an die Stelle der Curien die Klassen- und Centurienordnung und brachte damit eine Einteilung der Bevölkerung nach Vermögensstand (Liv. 1,43,10. Cic. rep. 2,39. E. St. Staveley, Hist. 5, 1956, 75 ff.). Die Entstehung der Centurienordnung wird um die Wende zum 5. Jh. angesetzt und war mit dem ebenfalls S. T. zugeschriebenen Übergang zur Hoplitentaktik verbunden.

Nach Liv. (1,45,2 ff.) und Dion. Hal. (ant. 4,26, 3 ff.) stiftete S. T. als allen Latinern gemeinsames Heiligtum den → Dianatempel auf dem Aventin, der nicht nur durch seine Bedeutung für die Sklaven eng mit S. T. verknüpft wurde, sondern auch durch die mit dem Dianakult von → Aricia verbundene Gottheit → Virbius, der, in der Sage mit → Hippolytos (1) gleichgesetzt, damit die Todesart mit S. T. gemein hat (RE IX A 178 ff.). Ebenfalls den niederen Schichten bes. verbunden waren das nach der Tradition von S. T. gegründete Heiligtum der Fors → Fortuna auf dem r. Tiberufer, der → Luna-Tempel auf dem Aventin und die Einrichtung des Larenfestes der → Compitalia (Latte RRel 90 ff.) sowie der → Nundinae (G. Wissowa Rel. 114. 440,2. Macr. Sat. 1,16,33). Auch die Heiligtümer der → Mater Matuta (Liv. 5,19,6) und der Fortuna auf dem Forum Boarium soll S. T. gegründet haben (zur bes. engen Beziehung des S. T. zu Fortuna Dion. Hal. ant. 4,27,7. Ov. fast. 6,573 ff. Plut. Rom. fort. 10; Quaest. Rom. 36. 74. Val. Max. 3,4,3. Vgl. RE VII A 815 f. G. Wissowa a. O. 256 f.).

Die Überlieferung ist darin einig (Liv. 1,46–48. Dion. Hal. ant. 4,28–39), daß die Tochter des S. T., Tullia (Nr. 20), gemeinsam mit → Tarquinius (7) Superbus ihren Gemahl und ihre Schwester, die Gemahlin des Tarq. Sup., umbrachte, ihn heiratete und veranlaßte, S. T. zu stürzen und töten zu lassen. In den offenbar schon vor Fabius Pictor existierenden Berichten über den Frevel Tullias, die ihren Wagen über die Leiche ihres Vaters lenkte (als Aitiologie für den *vicus sceleratus* verstanden RE IV A 2381 f.), und die Begräbnisverweigerung (Aitiologie für das fehlende Grabmal, Liv. 1,49,1 u. a.; als von späteren Autoren mißverstandene Ritualhandlung gedeutet von J. Gagé, RBPh 41, 1963, 25 ff.), mischen sich Züge der griech. Tragödie mit Römischem.

Die Gleichsetzung des S. T. mit dem etr. → Mastarna in Claudius' Rede über das *ius honorum* der Gallier (CIL XIII 1668. I 18 ff.) besitzt wohl nur insofern hist. Wert, als sie auf die zeitweilige etr. Herrschaft über Rom hinweist. Im allg. stand jedoch die Überlieferung über Leben und Taten des S. T. offenbar früh fest, so daß sie Fabius Pictor schon im wesentl. vorlag, viell. auch schon Timaios (FGrH 566 T 9b). In der Folge wurde S. T. immer mehr zu einem den niederen Schichten verbundenen Herrscher umgedeutet, dessen Maßnahmen sich gegen die Patrizier zugunsten der → Plebs auswirkten.

Entret. de la Fond. Hardt XIII: Les origines de la rép. rom., 1966. *A. Momigliano* Terzo Contributo alla Storia degli studi class. 2, 1966. Parte Terza, 545–695. *G. Dumézil* Servius et la Fortune, 1943.

6ff. T. Cicerones. Die der führenden Schicht von → Arpinum angehörende Familie der T. Cicerones besaß wohl seit Mitte 2. Jh. den Beinamen Cicero, den die Ant. auf *cicer* = Kichererbse (erbsenförmige Nasenwarze?) zurückführte (Plin. nat. 18,10. Plut. Cic. 1,3 f.; vgl. Cass. Dio 46,18,1). Liv. 3,31,5 erwähnt schon für 454 einen Volkstr. dieses Namens, und Sil. (8,404–07. 12,175) erfindet für Cic. eine direkte verwandtschaftl. Beziehung zu einem Teilnehmer des 2. Pun. Krieges. **6.** L. T. Cicero, griech. gebildeter (Cic. de or. 2,2 f.) Bruder von Cic.s Vater (Nr. 9), erreichte 102 sehr jung, wohl über M. → Gratidius (2), den Zugang zur *cohors praetoria* des M. → Antonius (I 8) auf dessen Zug gegen die Seeräuber. Er starb früh. Seine Tochter heiratete L. → Aelius (I 15) Tubero. **7.** L. T. Cicero, Vetter Cic.s, studierte 79 in Athen zusammen mit den Brüdern Q. und M. T. Cicero und T. → Pomponius (I 4) Atticus (Cic. fin. 5,6. 8. 27. 76). 70 unterstützte er Cic. in Sizilien und wurde Proxenos von Syrakus, starb jedoch schon 68 (Cic. Att. 1,5,1). **8.** M. T. Cicero, Großvater Cic.s, ein Mann von bescheidener Lebensweise. Über seine Frau → Gratidia (4) war T. mit → Marius (I 2) verwandt. Cic. berichtet von T.' Widerstand gegen die Einführung der geheimen Abstimmung in Arpinum (leg. 3,36) und von seiner Ablehnung der griech. Bildung (de or. 2,265). **9.** M. T. Cicero, Vater Cic.s. Alle Angaben über ihn stammen aus den Werken seines Sohnes: Danach war er röm. Ritter (Mur. 17) und lebte seiner Gesundheit wegen zurückgezogen auf seinem Gut in Arpinum. Verheiratet mit einer → Helvia (I 6), hatte T. 2 Söhne, M. und Q. T. Cicero (Nr. 12). Die in Invectiven gegen Cic. auftretende Behauptung, T. sei Walker gewesen (Plut. Cic. 1,1 f. Cass. Dio 46,4,2 und 5,1–3), ist nicht völlig von der Hand zu weisen, doch war T. offenbar ein gebildeter Mann (leg. 2,3), der auch seinen Söhnen eine gute Erziehung zukommen ließ (Plut. Cic. 5,3). Offenbar besaß er auch schon in Rom ein Haus (Plut. Cic. 8,6) für längere Aufenthalte, wahrscheinlich in den → Carinae (ad Q. fr. 2,3,7), doch sind seine engen Beziehungen zu L. Crassus (de or. 2,1 f.) und Caesar Strabo (de or. 2,265) von Cic. wahrscheinlich übertrieben. T. starb wohl im J. 64 (zur Diskussion des Todesdatums RE VII A 826f.). **10.** M. T. Cicero s. Cicero. **11.** M. T. Cicero, Sohn Cic.s und der → Terentia (I 22), * etwa 65. Nach der Rückkehr Cic.s aus dem Exil, das auch seine Familie in Mitleidenschaft gezogen hatte, erhalten T. und sein Vetter Q. zunächst → Tyrannion (1) und Paionios als Lehrer (*Part.* vielleicht 54 zur Unterstützung des Unterrichts von Cic. verfaßt), später den Freigelassenen des Atticus, M. → Pomponius (I 5) Dionysius, unter dessen Aufsicht die Knaben Cic. 51 nach Kilikien begleiteten. Den Bürgerkrieg verbrachte T. zunächst auf den Gütern seines Vaters außerhalb Roms, ehe er mit ihm nach Griechenland zu Pompeius reiste, unter dem er erfolgreich eine Reiterabteilung führte. 46 Aedil in Arpinum, erlebte T. die Scheidung seiner Eltern und die Wiederheirat seines Vaters sowie die Trennung von seinem Vetter Q., der sich zu Caesar nach Spanien begab. Obwohl T. sich ihm gerne angeschlossen hätte, gab er 45 den Wünschen des Vaters nach und unternahm mit finanzieller Unterstützung seiner Mutter und des Atticus eine Studienreise nach Athen, wo er zu dem Kreise des Peripatetikers → Kratippos (2) Zugang fand. T. widmete sich jedoch offenbar weniger seinen Studien als dem Vergnügen, so daß Cic. von Unruhe über das leichtfertige Leben seines Sohnes gequält wurde (Ausdruck dieser Sorgen ist bes. das 2. B. des für den Sohn geschriebenen Werkes *off.*). Ab 44 diente T. als Reiterführer unter → Brutus (9), befand sich 43 in Rom, um sich um das Amt eines *pontifex* zu bewerben, und entging dem ihm von den Proscriptionen drohenden Tod durch eilige Rückkehr zu Brutus. Nach der Schlacht bei Philippi 42 entkam T. nach Sizilien und war 39 wieder in Rom, wo ihn Octavian im Gedenken an seinen Vater förderte: T. wurde *pontifex* und war vom 13. Sept. bis 30. Nov. 30 *cos. suff.*, wohl 27–25 *leg. Aug. pr. pr.* in Syrien und 23 *proconsul* in Asien. Die Überlieferung kennt ihn nur als den unbedeutenden Sohn seines berühmten Vaters.

M. Testard, Bull. Assoc. G. Budé 1962, 198ff. *G. Norcio*, Convivium 36, 1968, 351ff.

12. Q. T. Cicero, jüngerer Bruder Cic.s (* etwa 102), genoß dieselbe Erziehung, ließ sich jedoch nicht zum Redner ausbilden, begleitete aber 79 bis 77 Cic. nach Athen, Kleinasien und Rhodos. Durch Cic.s Vermittlung heiratete er die Schwester des Atticus, die Ehe war jedoch nicht glücklich, und auch das Verhältnis zu seinem Schwager verschlechterte sich ständig, obwohl ihm 66 ein Sohn geboren wurde, bis endlich 44 die Scheidung erfolgte. 65 bekleidete T. die pleb. (Caesar die curul.) Aedilität. Auf die Erfahrungen in diesem Amt stützt sich viell. das an den Bruder gerichtete *commentariolum petitionis* (zur Echtheitsfrage RE VII A 1288f.). Während der catilinar. Verschwörung unterstützte T. die Maßnahmen Cic.s, änderte jedoch nach der Rede Caesars am 5. Dez. 63 seine Meinung, wohl aus Rücksicht auf den ehemaligen und zukünftigen Kollegen Caesar, mit dem er 62 die Praetur bekleidete. 61 erhielt T. als Nachfolger des L. → Valerius Flaccus die Statthalterschaft der Prov. Asia, wo er nach zweimaliger Verlängerung seines Imperiums bis zur Ankunft seines Nachfolgers T. → Ampius (2) Balbus 58 bleiben mußte. Nachdem Atticus eine Legatenstelle bei ihm abgelehnt hatte, begleiteten ihn L. → Aelius (I 15) Tubero, M. → Gratidius (3) und A. → Allienus als Legaten nach Asien. Cic.s Briefe aus dieser Z. (ad Q. fr. 1,1. 2. 3), deren erster Ratschläge für die Verwaltung einer Provinz enthält (zur Echtheitsfrage D. Magie Rom. Rule in Asia Min. 2, 1950, 1244, 13), zeugen davon, daß T. die Provinz mit Gerechtigkeit und mit einer bei den röm. Steuerpächtern Anstoß erregenden Fürsorge für die Provinzialen zu verwalten suchte, wenn er sich auch manchmal von seiner Reizbarkeit hinreißen ließ und nach seiner Rückkehr von einer Anklage bedroht war. Die Provinz, die sich unter seiner Verwaltung wieder etwas erholen konnte (ad Q. fr. 1,1,8. 24. Rostovčev Soc. a. Ec. Hell. W. 2,766. 768f.), ehrte T. durch Denkmäler (Cic. Att. 5,13,1; Planc. 100. Macr. Sat. 2,3,4). Mit der Verbannung des Bruders schwand jede Aussicht für T., den Consulat zu erreichen; doch setzte er sich nun nachdrücklich und oft unter eigener Gefahr für die Rückkehr des Bruders ein. Im Dez. 57 ging T. als Legat des Pompeius, dem die *cura annonae* übertragen worden war, nach Sardinien, von wo aus er im Sinne des Pompeius auf Cic. einwirkte. In den folgenden 2 J. lebte T. zurückgezogen in Rom und auf seinen Landgütern (in dieser Z. widmete ihm Cic. *de or.* und *rep.*), ehe er sich entschloß, in die Dienste Caesars zu treten, unter dem er in Gallien kämpfte. Nach seiner Teilnahme an der 2. Britannienexpedition hatte T. als Kommandant der im Gebiet der → Nervier stationierten Legion bei Ausbruch des → Ambiorixaufstandes 54 schwere Kämpfe zu bestehen (Caes. Gall. 5,38,1–53,1) und verlor 53 als Führer der 14. Legion 2 Cohorten (Caes. Gall. 6,36,1–42, 3). E. 52 kehrte T. nach Rom zurück, um 51 seinen Bruder in die Provinz zu begleiten. Hier war seiner mil. Erfahrung der Sieg am → Amanos zu verdanken. 49 traten die Brüder nach anfänglichem Schwanken auf die Seite des Pompeius und reisten mit ihren Söhnen nach Griechenland. Nach → Pharsalos schob T. Cic. die Schuld an seinem Parteiwechsel zu, die Brüder trennten sich im Streit, versöhnten sich jedoch 46 nach beider Begnadigung durch Caesar wieder und weilten in den folgenden J. oft zusammen auf Cic.s Landgütern. 43 fand T. nach den Proscriptionen mit seinem Sohn durch Verrat seiner Sklaven den Tod. – Mit dem Bruder, dessen Werke die Hauptquelle für T.' Leben bilden, zeitlebens eng verbunden, scheint T. eine nicht unbedeutende Rolle bei dessen polit. Entscheidungen gespielt zu haben. Mit griech. und röm. Lit. vertraut, zeigte er historiograph. Interesse; seine poet. Versuche blieben offenbar rein dilettantisch. W. Wiemer Q. Tullius Cicero, 1930. **13.** Q. T. Cicero, Sohn von Nr. 12 und Pomponia, * 67 oder 66, wurde gemeinsam mit seinem Vetter Nr. 11 unterrichtet und zeigte dabei zwar Begabung und Fleiß, wurde jedoch in seiner Entwicklung durch seelische Belastungen (Trennung von der Mutter, Spannungen zwischen den Eltern) gestört und stellte seine Erzieher vor große Probleme (Cic. ad Q. fr. 3,7,9; Att. 6,2,2. 13,31,4). 51 begleitete T. seinen Oheim nach Kilikien. Nachdem er 49 zunächst Caesar zugeneigt hatte, begleitete er Cic., Vater und Vetter zu Pompeius, versuchte jedoch nach Pharsalos gemeinsam mit seinem Vater sich auf Kosten des Oheims vor Caesar zu rechtfertigen. Nach der Versöhnung der Familie wurde T. 46 durch Cic.s Einfluß Aedil in Arpinum, zugleich → Lupercus in Rom, und kämpfte unter Caesar in Spanien gegen die Pompeianer. Tief verschuldet kehrte er 45 nach Rom zurück und wandte sich nach Caesars Tod vielleicht aus diesem Grunde Antonius zu, trat dann jedoch auf die Seite der Republikaner, nicht ohne zugleich mit Octavian Verbindung aufzunehmen. Im Dez. 43 wurde T. nach den Proscriptionen zusammen mit seinem Vater getötet (Plut. Cic. 47,4. App. civ. 4,83; günstig für T.: Cass. Dio 47,10,6f.). I. M. Garrido Božic, Greece & Rome 20, 1951, 11ff. **14.** M. T. Decula wurde 81 unter der Dictatur Sullas mit dem Consulat für nicht mehr bekannte Dienste belohnt. **15.** T. Laurea. Freigelassener Cic.s, von dem 3 griech. (Anth. Pal. 7,17. 294. 12,24) und ein lat. (Plin. nat. 31,6–8. FPR 316) Epigramm überliefert sind. **16.** M.' T. Longus (Dion. Hal. ant. 5,52,1 gegen Liv. 2,19,1: M. Manlius Tullus), *cos.* 500 (CIL I² 486), einziger Patrizier dieses Namens, vielleicht mit dem weiteren Cognomen *Tolerinus* (Fest. 174; vgl. RE VII A 1315). **17.** L. T. Montanus, Verwandter oder Client Cic.s und 45 Begleiter seines Sohnes in Athen. **18.** T. Rufus kämpfte als Quaestorier in Caesars Heer und wurde in der Schlacht bei → Thapsus von seinen eigenen Leuten, die ihn für einen Verräter hielten, umgebracht (Bell. Afr. 85,7f. Cass. Dio 43,13,1). **19.** M. T. Tiro s. Tiro (1). **20.** Tullia, s. o. S. 997f.

21. Tullia, Tochter Cic.s und der → Terentia (I 22), * bald nach der Eheschließung (79?). Ihre 1. Ehe mit C. → Calpurnius (I 23) Piso, mit dem sie im Alter von 12 J. verlobt wurde (Cic. Att. 1,3,3), dauerte von 63 bis zum Tode ihres Mannes im J. 57. Das Exil Cic.s hatte auch dem jungen Ehepaar erhebliche Schwierigkeiten gebracht (Cic. p. red. in sen. 17; p. red. ad Quir. 7; Sest. 54; Att. 3,19,2). 56 wurde die 2. Ehe Tullias mit dem vornehmen → Furius (I 19) Crassipes geschlossen und etwa 51 während der Quaestur des Crassipes aus unbekannten Gründen geschieden. Während Cic. in Kilikien weilte, verlobte Terentia die T. mit P. Cornelius → Dolabella (1; Att. 6,6,1), der vorher mit einer Fabia verheiratet gewesen war und bei der Heirat mit T. im J. 50 mit 19 J. um 10 J. jünger war als sie. Als sich Dolabella zu Beginn des Bürgerkriegs 49 zu Caesar begab, reiste T. mit ihrer Mutter zunächst auf das Formianum, dann auf das Cumanum, wo sie im Mai 49 einen Sohn gebar (Att. 10,16,5. 18,1), der bald darauf starb. Nach der Abreise Cic.s nach Griechenland 48 blieben T., die im Herbst erkrankte, und Terentia allein in Italien, auf die Hilfe des Atticus angewiesen (Att. 11,2,2. 6,4). Auch die Ehe mit Dolabella brachte T. kein Glück. Er behandelte nicht allein sie unwürdig, sondern kompromittierte als Volkstr. 47 auch seinen Schwiegervater durch revolutionäre Gesetzesanträge. T., die sich zudem in Geldnöten befand (Att. 11,9,3. 23,3), traf Cic. im Sommer 47 in → Brundisium und erregte in ihm heftiges Mitleid und Reue (Att. 11,21,2. 24,1. 25,3), doch wagte er aus Furcht vor Dolabella noch nicht, die Scheidung einzuleiten (fam. 14,13 u. ö.). Nach der Begnadigung Cic.s durch Caesar lebte T. weiter im Hause ihres Vaters. Auch ein letztes Zusammenleben mit Dolabella, der inzwischen am afrikan. Feldzug teilgenommen hatte, konnte die endgültige Trennung, die am 10. Nov. 46 erfolgte, nicht verhindern. Im Febr. 45 starb T. auf dem Tusculanum an den Folgen einer Geburt. Ihr Sohn P. Lentulus folgte ihr wahrscheinlich wenig später in den Tod. Cic., den der Tod der geliebten und ihm wohl sehr ähnlichen Tochter (ad Q. fr. 1,3,3), die in seinen Briefen als eine begabte, liebevolle und standhafte Frau erscheint (ad Q. fr. 1,3,3; Att. 10,8,9; fam. 14,11), zutiefst erschütterte (fam. 4,6; Att. 12,23,1 u. ö.), trug sich mit dem Plan, ihr einen Tempel zu errichten (Att. 12,12,1. 36,1), der aber nicht zur Ausführung kam, und suchte Trost mit der Abfassung seiner *Consolatio*. M. D.-M.

II. Kaiserzeit.

1. T. Crispinus. *Praefectus praetorio* 193 n. Chr. des → Didius Iulianus, H. A. vit. 3,1; es gelang ihm nicht, die Flotte von Ravenna zum Abfall von → Septimius (II 7) Severus zu bringen, 6,4; durch falsche Verdächtigung von Didius Iulianus getötet, 7,4. 6. 8,1. **2.** C. Terentius T. Geminus. *Cos. suff.* von Okt. bis E. 64 n. Chr. mit M. Iunius Silanus,

Inscr. It. XIII 1, p. 264f. CIL VI 36850. Dann *leg. Aug. pr. pr. Moesiae* ca. 47–54 n.Chr. (Dessau, JOEAI 23,345–58 = AE 1919, 10. Stein Moes. 28). Nach Cichorius Röm. Stud. 359f. ist er ident. mit dem Epigrammendichter, von dem Verse im Kranz des Philippos von Thessalonike stehen, s. Anth. Pal. 4,2,9. 9,288. 707. **3.** Q. T. Maximus. Aus der Prov. Africa, *legat. leg. VII Geminae* in Thrakien, wo er in Legio (León) der Diana ein Heiligtum errichtete und seine Jagdtrophaeen aufstellte, dazu 3 Gedichte, CLE II 1526 = Dess. 3259. 3260. Er war zwischen 161/69 *leg. Aug. pr. pr. Thraciae*, Stein Statth. 28f. *Cos. suff. design.* nach einer Münze bei Münsterberg, JOEAI 18,313. Vielleicht ist er ident. mit dem von Aristeid. or. 47 (II p. 415f. Dind.) gepriesenen Redner. **4.** T. (Iulius?) Menophilus. Er war im Frühjahr 288 mit Crispinus vom Senat beauftragt, → Aquileia gegen → Maximinus (2) zu verteidigen, H.A. vit. Maxim. 21,6. 22,1. Herodian. 8,2,5. Unter → Gordianus III. war er Statthalter von Untermoesien 238–40, Stein Legat. 98ff. Nach Petr. Patrik. FHG 4,186,8 hat er die → Carpen und Goten abgeschreckt, Einfälle zu unternehmen, H.A. vit. Max.-Balb. 16,3. **5.** P. T. Varro, aus Tarquinii. Nach CIL XI 3364 Vater von Nr. 6. Seine Ämterlaufbahn gibt CIL XI 3004; *Xvir stlit. iud., tribun. mil. leg. VIII bis Augustae*, die unter Nero in Moesien eingesetzt war, dann *quaestor urban., pro quaestore Cretae et Cyrenarum, aedilis plebis, praetor, leg. Divi Vespasiani leg. XIII Geminae (in Poetovio), procos. Macedoniae.* **6.** P. T. Varro, Sohn von Nr. 5. Nach CIL XI 3364 war er *Xvir stlit. iud., tribunus milit.* der *leg. XVI Flavia, quaestor urbanus, aedilis cerealis, legat. leg. XII Fulminata* (in Kappadokien), und der *leg. VI victrix pia fidelis* (am Niederrhein); ca. 123/124 *procos. prov. Baeticae ulterioris Hispaniae, praefectus aerarii Saturni, cos. suff.* im April 127 (I.I. XIII 1 p. 204f. CIL XI 3364. 3366), *curator alvei Tiberis et rip. et cloac. urbis, legat. Aug. pr. pr. Moesiae sup.* ca. 130–132 (s. W. Eck Senatoren 204. Stein Moes. 42f.), und etwa zu Beginn der Regierung des Antoninus Pius *procos. prov. Africae*, Thomasson Statth. Nordafr. 2,71f. R. H.

Tullum, Hauptstadt der Leuci in Gallia Belgica; h. Toul (Dép. Meurthe et Moselle). *Τούλλιον* Ptol. 2,9,7. Station der Straßen von Andemantunnum (h. Langres) und Noviomagus nach Norden, von Durocortorum (Reims) nach Divodurum (Metz). Tab. Peut. Itin. Anton. 385,10. Grenier MAN 6,117. 696. T. hat eine beherrschende Lage an der Mosel, wurde in röm. Z. befestigt (Blanchet Les enceintes 100. 227; neuer Fund: Gallia 6, 1948, 233). In spätröm. Z. erhielt T. ein *castrum*, Gallia 7, 1949, 88. Röm. Inschr. und Grabdenkmäler, bes. Stelen in Form von Häusern: Espér. Rec. 4707ff. Gallia a.O. CIL XIII 4671. IL Trois Gaules 390. Im 4. Jh. ist ein Bischof der *ecclesia Tullensis* bekannt (MGEpp 3,135). M. L.

Desjardins passim. *Jullian* HG 6,470. *Toussaint* La Lorraine à l'ép. gallorom., 1928, 139.

Tullus. Praenomen etr. Herkunft, z.B. bei T. → Hostilius (5), → Cloelius (4), T. Attius (bzw. A. Tullius, o. Bd. I 726,38ff.), T. Tullius aus Tibur. Schulze Eigenn. 37,519. Als Cognomen häufiger (J. Reichmuth Die lat. Gentilicia, Diss. Zürich 1956, 101), am frühesten vielleicht bei C. u. L. → Volcatius T. (RE IX A 754ff.), in den kaiserzeitl. Fasten bei den Gentilicia Baebius, Calvisius, Curvius, → Domitius (II 16), Publicius (Publilius), Titius, vgl. Degrassi FImp. 271. H. G. G.

Tumultus bedeutet im röm. Recht ähnl. wie *turba* den (oft mit Widerstand gegen die Staatsgewalt verbundenen) Aufruhr, das lärmende Getümmel, den Überfall. Rechtsfolge ist eine Strafklage des Geschädigten auf vierfachen Ersatz (O. Lenel Edictum Perpetuum, ^{3}1927, 395f.). Wer bei einem *t.* oder in anderen Notfällen etwas hinterlegt, erhält die *actio depositi* auf das Doppelte, wenn der Verwahrer zur Rückgabe außerstande ist (Ulp. Dig. 16,3,1,1). Umgekehrt braucht der Rückgabeschuldner, der für → *custodia* einzustehen hat, bei *t.* sein Unvermögen nicht zu vertreten (vgl. Ulp. Dig. 50,17,23). D. M.

Tunes, Stadt in Africa procons. (h. Tunis), *Τύνης* Pol. 1,67,13. 14,10,5. Diod. 14,77,3. 20,17,1. Liv. 30,9,11 *(Tynes)*. Strab. 17,834. In pun. Z. mit Mauern befestigt; ein neu in La Rabta gefundenes Grab: M. Fantar, Latomus 31, 1972, 349. Wenige röm. Ruinen: Kapitelle, Säulen, Sarkophag, Inschr. CIL VIII 1126. 14270. 21987. AE 1955, 55. Thermen CIL VIII 25362. M. L.

Babelon – Cagnat – Reinach Atl. Arch. Tun. 22, Tunis, Nr. 16.

Tungri (*Tongri* Itin. Anton. 358,15; *Τοῦνγροι* Ptol. 2,9,5), anläßlich der Neuordnung Galliens unter Augustus erstmals von Plin. nat. 4,106 erwähnter Stamm in Gallia Belgica. Hauptort ist Atuatuca Tungrorum, h. Tongern (→ Aduatici). Das Stammesgebiet beidseits der Maas umfaßte die Pagi der → Condrusi (Condroz), Catcalis und Vellaus, von der Mündung der Sambre bis zum Einfluß der Roer.

Nach der Ausrottung der → Eburonen wurde das fruchtbare Mittelland den T. zugewiesen und intensiv besiedelt. Am Bataveraufstand beteiligt, hatte die seit Traian zur *Germania II (inferior)* gehörende *civitas* wiederholt unter den Germaneneinfällen zu leiden, so daß seit dem beginnenden 3. Jh. die ländliche Besiedlung abbricht. Atuatuca T. ist wichtiger Handels- und Verkehrsknotenpunkt (achtseitiger Meilenstein CIL XIII 2,2 Nr. 9158), der aus einer Straßensiedlung zu einer Stadt mit rechtwinkligem Straßennetz, Stadtmauern (Ende 1. und Ende 3. Jh.) und Töpfereien aufblühte. Seit Beginn 4. Jh. Sitz eines Bischofs. Andere Siedlungen nach Geogr. Rav. 4,26: Nasaga-Nassogne, Dionantis-Dinant, Oim-Huy, Trega-Maastricht, während Hermalle von der Göttin Herimella, Flemalle von der Lokalgöttin Fladimella abgeleitet wird. Frühzeitig zum Militärdienst herangezogen, stellen die T. Einheiten, die in Britannien *(Coh. I. T. milliaria, Coh. II T. mill. equitata civium latin., Ala I T.)* und Dalmatien und Dakien *(Ala I T. Frontoniana)* stationiert sind. H. C.

K. Scherling, RE VII A 1345ff.

Tunica. Das aus zwei Teilen (nur vorklass. *plagulae*) geschnittene und vernähte Woll-, später auch Leinenhemd war das Untergewand röm. Männer und Frauen. Urspr. ist die *t.* ärmellos; aus der Ärmel-*t.* *(t. manicata)* der Kaiserz. entwickelt sich dann die → Dalmatica. Die *t.* reicht gegürtet beim Mann bis zu den Knieen, die der Frauen war länger (→ Recta). Trug man zwei *t.* übereinander, hieß die untere *subucula* (Varro ap. Non. 542,24; l. l. 5,131), die obere viell. (und nur zeitweise) *supparus (-um)*, Varro a.O. Non. 540,14. Plaut. Epid. 232. Lucan. 2,364. Wie die → *toga* konnte die Männer-*t. clavi* tragen; die *t.* mit *latus clavus* blieb ungegürtet. → Tracht. W. H. G.

Turbo. 1. (*buxum. βέμβηξ. κῶνος. στρόμβος. στρόφιλος*). Der Kreisel, meist aus Holz, kegelförmig und immer mit Querrillen versehen, war im Alt. ein beliebtes Spielzeug. Er wurde nicht wie h. mit der Peitschenschnur, sondern mit den Fingern zum Drehen gebracht, dann mit der Peitsche getrieben. Abb. (Caputo, Historia 7, 1933, 185ff.) und Weihekreisel aus Ton und Bronze geben eine klare Vorstellung vom ant. *t.* Zum *t.* als Zaubermittel (Hor. epod. 17,7. Serv. ecl. 8,21) → Rhombus (3). W. H. G.

2. Röm. Cognomen, urspr. Individual-Kennzeichnung, vgl. I. Kajanto The Latin Cognomina, Helsinki 1965, 91. 339. In den kaiserzeitl. Fasten (Degrassi FImp. 271) bei Flavius und bei → Marcius (II 6). H. G. G.

Turdetani. Iber. Volksstamm am → Baetis. Nach Pol. (bei Strab. 3,139) von den Turduli verschieden, nach Strab. (a.O.) mit ihnen ident. Zwischen T. und Turduli scheidet auch Ptol. 2,4, 4f., betrachtet aber anders als Pol. die Turduli nicht als n., sondern als s. Nachbarn der T. Nach Strab. (a.O.) waren die T. die zivilisiertesten aller iber. Volksstämme. Sie waren schriftkundig und besaßen eine reiche gesch. Prosalit., eine umfangreiche Dichtung, Gesetze in rhythmisch gebundener Form. Für die röm. Kultur erwiesen sie sich als bes. empfänglich und gaben sehr bald ihre angestammte Sprache zugunsten des Lateins auf (Strab. 3,151). K. A.

Forbiger HB. d. alt. Geogr. 3,29. 36. *A. Schulten*, RE VII A 1378ff.

Turia. 1. Auch *Turium*, span. Fluß, h. Turia oder Guadalaviar. Entspringt auf den Montes Universales. Mündet bei Valencia. Früheste Erwähnung in der griech. Vorlage von Avienus or. mar. (482). An seinen Ufern errang → Pompeius (I 1) einen Sieg über → Perperna (5; Frühj. 75). Sall. hist. 2,54 u.a.M. Gelzer Pompeius, 1948, 52. K.A.

Forbiger HB. d. alt. Geogr. 3, 15, 59. *Schulten*, RE VII A 1383. *Ders.* Iber. Landeskunde 1, 1955, 317f.

2. s. Laudatio Turiae

Turibulum. Das aus Metall getriebene Räuchergerät zum Verbrennen von → Weihrauchkörnern beim Opfer hat bei privaten Opfern und im Triumph Größe und Funktion eines Altars und entspricht dem griech. → Thymiaterion. Darstellung z.B. MDAI(R) 48, 1933, 156 Abb. 1. I.S. Ryberg Rites of the State Religion in Roman Art, 1955, Abb. 81c. Daneben ist das *t.* ein monumentaler Ständer für ewiges Feuer. Übermannshohe Marmorexemplare aus der Villa Hadrians bei Tibur s. Amelung Die Sculpturen d. vatican. Museums 2, 1908, T. 60f. Nr. 412/13. Auf Staatsreliefs sind diese *t.* von zwei *camilli* umgeben, MDAI(R) 49, 1934, 112 m. Abb. 8–9. *T.* sind häufig Motiv dekorativerer Darstellungen, z.B. Ryberg a.O. Abb. 84. Borbein, MDAI(R) Erg.-H. 14, 1968, T. 14. 16ff. 42ff. W. H. G.

Turicum, das h. Zürich. Als röm. Militärposten im Zusammenhang des Alpenfeldzugs des → Tiberius (1) und Drusus (→ Claudius II 20) im J. 15 v. Chr. auf dem Lindenhof am l. Limmatufer gegründet, keine ältere kelt. Siedlung, Name wohl keltisch. Nach Abzug des nach Augustus aufgegebenen Militärpostens bürgerl. Siedlung auf dem ganzen Lindenhofhügelzug und Zollstation des gall. Zolls der *Quadragesima Galliarum, statio Turicensis*, CIL XIII 5244. How.-Meyer Nr. 260 (ca. 200 n. Chr.). Bauliche Reste röm. Z. auf dem Lindenhofhügelzug und r. der Limmat im Zuge der Oberdorf-Niederdorfstraße sind sehr gering, Einzelfunde zahlreich. Wahrscheinlich führte eine Brücke an der Stelle der h. Rathausbrücke über die Limmat. Hier überschritt die von Baden auf der l. Talseite der Limmat her kommende Straße den Fluß und führte auf dem r. Zürichseeufer zum Walensee und nach Raetien weiter. T. war dazu ferner Anlegestelle für den Schiffsverkehr auf See und Limmat. Ob T. in den Alemannenstürmen von 259/60 zerstört wurde, ist unsicher, aber wahrscheinlich. Unter → Valentinianus I. wurde die Kuppe des Lindenhofs als Kastell zum Schutz von Straße und Wasserstraße befestigt, von dem Teile der Mauer und Türme erhalten und ausgegraben sind. In der deutschen Namensform *Ziurichi* zuerst beim Geographen von Ravenna 4,26,232,11. Inschr. How.-Meyer Nr. 260–62. E. M.

Fel. Stähelin Schweiz in röm. Zeit[3] 373ff. 622f. u.ö. *How.-Meyer* 276f. *Emil Vogt* Der Lindenhof. Zwölf Jh.e Stadtgesch. auf Grund der Ausgrabungen 1937/38, Zürich 1948. *E. Meyer* in *E. Vogt–E. Meyer–H. C. Peyer* Zürich von der Urzeit zum MA., Zürich 1972, 105ff. (*Scherling*, RE VII A 1385ff. sehr fehlerhaft).

Turius. Ital. Gentilname, inschr. gelegentlich *Turrius*, vgl. Schulze Eigenn. 160. 425. **1.** L. T., Klient des M. → Cato (4) in einem Prozeß. Malcovati Or. Rom. Frg. 198 (D. Kienast Cato, 1954, 165). **2.** L. T., fleißiger, aber wenig begabter Redner, der bei der Bewerbung um das Consulat keinen Erfolg hatte, Cic. Brut. 237. Nach F. Münzer, RE VII A 1388f. ident. mit dem sonst nicht bekannten L. Furius, Praetor im J. 75, vgl. Broughton 2,97 (mit Quellen). Teuffel-Kr.-Sk. 1,350.

3. Turia, Gattin des Q. → Lucretius (20) Vespillo, rettete diesen durch ihre Entschlossenheit bei den Proskriptionen 43 v. Chr. Val. Max. 6,7,2. App. civ. 4,189–192. Daß sie ident. ist mit der in der → Laudatio Turiae (DessILS 8393, datierbar 8–2 v. Chr.) gefeierten treuen Ehefrau, scheint nach den Ausführungen von F. Münzer, RE VII A 1389f. nicht unwahrscheinlich. A. E. Gordon, AJA 54, 1950, 223ff. F. della Corte, Giorn. It. Fil. 3, 1950, 146ff. Unentschieden ist R. Syme The Roman Revolution, 1960, 190. H. G. G.

Turma. Die *t.* (Veg. mil. 2,14) bildete im röm. Heer die kleinste Einheit der Kavallerie *(→ equites militares-singulares)*. Ihre Gliederung in *t.* entwickelte sich aus taktischen Gründen offenbar schon in frühröm. Z. (Varro l.l. 5,91. Krom.-Veith 270). Die *t.* – bei Pol. 6,25 als ἴλη bezeichnet – war anfangs 30 Mann stark, wurde von einem → *decurio* kommandiert und hatte nach Varro und Veg. mil. a. O. als Feldzeichen ein → *vexillum*. Doch wird das bestritten ([1],1392. [2],38ff.). Die Stärke der *t.* änderte sich, seit Hadrian *(→ decurio)* z. B. zählte sie 33 Mann. Im spätröm. Heer gab es *t.* zu 350 (Amm. 18,8,2) und 500 Mann (Lyd. mag. 1,46) mit *tribuni* als Kommandanten. Doch wurde damals offenbar jeder Kavallerietruppenkörper als *t.* bezeichnet (Amm. 16,12,7). A. N.

1. *F. Lammert*, RE VII A 1390ff. 2. *M. Speidel* Die equites singulares Augusti, Bonn 1965. 3. *A. v. Domaszewski*, BJ Beih. 14, ^{2}1967, 329.

Turnacum. Stadt in Gallia Belgica, in spätröm. Z. Hauptstadt der Menapier (h. Tournai), Tab. Peut. Itin. Anton., an der Hauptstraße Bagacum (h. Bavai)-Castellum Menap. (Cassel)-Pontes Scaldis (Escaupont). Wichtiges Straßennetz. T. bedeutet zweifellos eine Herrensiedlung *(fundus)* in Form einer Villa des Turnus (?). An der Scaldis und am Eingang der fruchtbaren flandrischen Ebene hat T. eine vortreffliche Lage. Auch sind *salinatores civitatis Menapiorum = civ. Turnacensium* erwähnt (CIL XI 390). Röm. Stadtmauer; innerhalb ein *gynaecium Tornacense Belg. sec.* Not. Dign. 11,57. Ein *numerus Tornacensium* war im britann. Lemanae zum Schutz der Hafenstation am Saxonicum litus stationiert (Itin. Anton. 473,10). Der erste Bischof ist im 6. Jh. erwähnt (Duchesne Fastes episc. 3,114). M. L.

Vercauteren Étude sur les civitates de la Belgique seconde 233 (mit Bibliogr.).

Turnus. 1. König der Rutuler z. Z. von Aeneas' Ankunft in Italien. Kämpft nach ältester Tradition (Cato frg. 9–11 P.) im Bündnis mit → Latinus (1) und später → Mezentius gegen Aeneas (und fällt mit Aeneas in der Schlacht: frg. 9. 10 P.) oder mit Mezentius gegen Latinus und Aeneas wegen der Heirat der Lavinia mit Aeneas (frg. 11 P.). Weitere Bearbeitungen Dion. Hal. ant. 1,57ff. Liv. 1,1,5ff. Ov. fast. 4,879ff. (dagegen met. 14,451ff. nach Verg.). Cass. Dio b. Zon. 7,1. Bei Verg. ist T. in freier Verknüpfung der verschiedenen Traditionen als *perfidus* (Aen. 10,231) zum Gegner des *pius Aeneas* stilisiert. Von hoher (Aen. 7,56) Abkunft, Sohn des → Daunus (2; 10, 616) und der Venilia (10,76), Bruder der → Iuturna (10,439) wird T. mit dem argiv. Inachos- und Akrisiosmythos geneal. verbunden (7,372). Zur Charakteristik 6,89. 7,55. 409. 462. 784. 9,731. 10, 151. 514. Unsichere Etym. (< * *turs-no* zweifelhaft, etr. *turns* oder *turan* abzulehnen). K. D. F.

Ehlers, RE VII A 1409ff. *Fowler* The death of Turnus, 1919. *Heinze* Virgils ep. Technik, ^{3}1953, 171ff. *Pöschl* Die Dichtkunst Virgils, 1950, 153ff. *Brandenstein*, RE VII A 1409.

2. Bekannter Satiriker aus der Z. Domitians (Martial. 7,97,8), Bruder des Tragikers Scaevus Memor (Martial. 11,10); seine Gedichte profitierten von der spätant. Popularität Iuvenals, sind heute jedoch bis auf ein Frg. verloren. P. L. Sch.

A. Mazzarino, Orpheus 1956, 81f. *H. Bardon* Litt. Lat. Inc. 2, 1956, 225f.

Turoni. Kelt. Volksstamm der Gallia Lugdunensis, am mittleren Liger, Nachbarn der → Carnutes. Sie bildeten eine *civitas* mit Hauptort Caesarodunum (Turonum); h. Tours. Im Freiheitskampf der Gallier gegen Caesar spielten sie eine wichtige Rolle (Caes. Gall. 2,35. 7,4. Lucan. 1,437), ebenso im gall. Aufstand des Iul. Sacrovir im J. 21 n. Chr. (Tac. ann. 3,41. 46. Jullian HG 4, 155). In kelt. Z. war das Land durch seine Verkehrslage als Straßenknotenpunkt und wichtiger Loire-Übergang berühmt. In röm. Z. entwickelten sich Ackerbau, Viehzucht, Schiffahrt; zahlreiche Domänen nennt Greg. Tur. Für die Straßen s. Grenier MAN 6,421. Unter den Städten außer Caesarodunum zu nennen: Tasciaca (h. Tezée), Icciodurum (Yzeures-sur-Creuse), Claudiomagus (Clion). Aus frühchr. Z. sind der Bischof Martinus (372–97) und der Historiker Gregor Tur. (573 bis 594) berühmt. M. L.

Turpilianus s. Petronius (7)

Turpilius. Lat. Gentilname (wohl von * *Turpus* abgeleitet, J. Reichmuth Die lat. Gentilicia, Diss. Zürich 1956, 120), auch inschr. z. T. aus älterer Zeit (*Turpilia* auf dem Bronzeblättchen aus dem Dianahain vom Nemisee, DessILS 3234, mehrere Vertreter in → Spoletium), vgl. Schulze Eigenn. 246. 455. **1.** T. T. Silanus, wirkte 109/08 unter Q. → Metellus (I 21) im Iugurthin. Krieg als Kommandant der Stadt Vaga. Da er bei einem Überfall → Iugurthas verschont wurde, ist er nach Rückeroberung der Stadt wegen Verrates angeklagt und nach kriegsgerichtl. Verurteilung (auf Betreiben des → Marius [I 2]) enthauptet worden. Sall. Iug. 66,2.–69,4. Plut. Mar. 8,1–5. App. Num.

3. W. Schur Marius u. Sulla, 1942, 66. Broughton 1,547. H. G. G.

2. Röm. Komödiendichter in der Gattung der Palliata, jüngerer Zeitgenosse des Terenz, nach Hier. chron. p. 148d H. † 104 v. Chr. Erhalten sind Frg.e aus 13 Stücken mit durchweg griech. Titeln; Hauptquelle war → Menandros (9). Mit Caecilius und Terenz, dem er auch dramaturgisch nahesteht, repräsentiert T. die zunehmend hellenisierende und klassizist. Entwicklung der Palliata, während ihn metr. Vielfalt und sprachliche Farbigkeit im Kontrast zum terenz. *sermo purus* eher mit Plautus verbinden. Der Komikerkanon des → Volcacius nennt ihn erst an 7. Stelle, doch wurden seine Stücke noch zu Ciceros Z. gespielt und konnte noch der spätant. Gramm. → Nonius (III 1), dem wir die Mehrzahl der Frg.e verdanken, eine Ausg. der 13 Stücke exzerpieren. P. L. Sch.

Frg.e: *L. Rychlewska*, 1962 (dazu *W. G. Arnott*, Gn 1968, 31ff.) u. 1971. *A. Traina* Comoedia, ^{3}1969, 155ff.
Lit.: *H. Bardon* Litt. Lat. Inc. 1, 1952, 135ff. *L. Rychlewska*, Meander 1963, 375ff.

Turpio s. Ambivius

Turpitudo bedeutet die Schimpflichkeit, Schändlichkeit, den Verstoß *contra bonos mores*. Solches Verhalten konnte die Ehre dessen mindern, dem es zur Last fiel; in diesem Sinn gehört die *t.* in den kaum genau abgrenzbaren (M. Kaser, ZRG 73, 1956, 220ff.) Bereich der → *infamia*. Die *t.* kann aber auch Wirkungen auf Rechtsgeschäfte haben, insbes. deren Geltung hindern: Formalgeschäfte sind nichtig, wenn die *t.* sich aus dem Wortlaut ergibt (z. B. bei Versprechen eines Verbrechens, Ulp., Pomp. Dig. 45,1,26. 27 pr.), andernfalls durch *exceptio doli* entkräftbar (z. B. Vertragsstrafe zur Sicherung von Eheversprechen, Paul. Dig. 45,1,134 pr.). *Bonae fidei iudicia* und praetorische *pacta* werden durch *t.* ohne weiteres nichtig. Vgl. M. Kaser Röm. Privatrecht 1^2,250f. Bei Zuwendungen führt *t.* bloß des Empfängers zur Rückgabepflicht (*condictio ob turpem causam*, Dig. 12,5. Cod. Iust. 4,7). Sie ist aber ausgeschlossen, wenn auch dem Leistenden *t.* zur Last fällt, weil dann die *causa possidentis* stärker sein soll (z. B. Ulp. Dig. 3,6,5,1). Vgl. Kaser a. a. O. 597f. D. M.

Turranius. Röm. Gentilname, Schulze Eigenn. 429. Gelegentl. Verwechslung mit *Thoranius* und *Toranius*.

I. Republikan. Zeit. **1.** C. T., Praetor 44 (Broughton 2,322), verzichtete auf die ihm zugeteilte Provinz für 45, Cic. Phil. 3,25. Sicherlich ident. mit dem von Val. Max. 9,11,5 (*Toranius*) und App. civ. 4,71f. (*Thuranius*) genannten bejahrten Proscribierten, der von seinem Sohn T. verraten und eines der ersten Opfer wurde. R. Syme Rom. Revolution, 1960, 91. **2.** T. Niger, Viehzüchter (im Raum von → Mutina) und Freund des M. → Varro (1), der ihm rust. B. 2 widmete. Schanz-Hos. 1,573. 604. H. G. G.

II. Kaiserzeit: C. T., *praefectus Aegypti* von 7 (IGRom I 1295 vom 8. März) bis 4 v. Chr. (P. Berl. 16100 vom 4. Juni). Belege bei Stein Aeg. 19f. RE XXII 2368; Suppl. VIII 526f. im J. 14 n. Chr. bekleidete er das niedrigere Amt eines *praefectus annonae*, Tac. ann. 1,7,2, unter → Caligula eine Prokuratur, Sen. dial. 10,20,3, und noch im J. 48 über 90 J. alt die *praefectura rei frumentariae*, Tac. ann. 11,31,1. R. H.

Turrinus. Röm. Cognomen, abgeleitet von *turris*, vgl. I. Kajanto The Latin Cognomina, Helsinki 1965, 113. 184. In den Fasten bei Horatius und → Mamilius (6). H. G. G.

Turullius. Lat. Gentilname, auch inschr. bezeugt, Schulze Eigenn. 160. – T. (Praenomen D. nach Münzlegenden, P. nach Cass. Dio 51,8,2), war 44 Quaestor und gehörte zu den Caesarmördern. Er ging dann mit L. → Tillius (3) Cimber nach Bithynien und beteiligte sich 43 (als Proquaestor?) bei den Flottenrüstungen; nach der Schlacht bei → Philippoi blieb er auf der noch ungeschlagenen Flotte, die sich im Ion. Meer zusammenzog, ging später (40 oder erst 35) zu Antonius über, für den er bei Flottenrüstungen Bäume im Asklepioshain von Kos fällen ließ (Frevel!). 31 ließ er für Antonius Denare schlagen (BMCRom Rep 2,531). Nach der Auslieferung an Caesar Octavianus wurde er 30 als doppelter Verbrecher hingerichtet. Val. Max. 1,1,19. Lact. inst. 2,7. Cass. Dio 51,8,2. Broughton 2,326. 350. 367. R. Syme The Rom. Revolution, 1960, 565 (Index). H. G. G.

Tuscana (Tab. Peut. 5,1), etr. Stadt an der Marta, *municipium* der 7. Region (Plin. nat. 3,52) zur *tribus Stellatina* (L. Ross Taylor Voting Districts 275) an der Straße von Blera nach Vulci (nicht *v. Clodia!*); Bewohner *Tuscanenses* (CIL XI 2956) oder *Tuscanienses* (Plin. a. O.; zu einem ON *Tuscania* vgl. Steph. Byz. s. Τυϱϱηνία neben Τυϱϱήνη). Etr. Inschr.: Pallottino Testim. Linguae Etr. 178ff. (197 Würfelzahlen; vgl. A. J. Pfiffig Die etr. Sprache 123), lat. Inschr. CIL XI 2951–2995. Früher Toscanella, h. Tuscania. G. R.

Forbiger HB. d. alt. Geogr. 3,432. *Nissen* It. Ldk. 2,336. *Beloch* RG 611. *Kubitschek* Imp. Rom. trib. discr. 89. *Miller* Itin. Rom. 296. CIL XI p. 450.

Tuscianus von Lydien (Phrygien?), Sophist des 4. Jh.s n. Chr., Schüler des → Iulianos (13) von Kappadokien, Freund des → Prohairesios, Gewährsmann des → Eunapios in seinen *βίοι σοφιστῶν*. T. war 358 *assessor* des praef. praet. von Illyricum → Anatolios (1); gleichwohl in sehr bescheidenen Verhältnissen lebend, hat er in dieser Z. die Sympathie und Fürsprache des → Libanios (s. epist. 348. 351. 356) gewonnen. T. genoß als Redner offenbar einen gewissen Ruf (Suda s. Ἀκάκιος); sein rhet. Stil wird ähnlich aufwendig gewesen sein wie der des Prohairesios. Eunapios jedenfalls sah in ihm eine Art zweiten Prohairesios (vit. soph. 488), und die Nachricht, T. habe die Vorliebe des Kaisers Iulian für Libanios heftig kritisiert (Suda a. O.), weist in dieselbe Richtung. Th. W.

Tusculum (Steph. Byz. s. Τύσκλον), Latinerstadt (Ptol. 3,1,61) ca. 100 Stadien (Dion. Hal. ant. 10,20,1. Ios. ant. Iud. 18,6,6) von Rom, auf Außenring der Albaner Berge seitl. der *v. Latina* in 1. Region (Plin. nat. 3,64) in fester (Dion. Hal. a. O. Feldm. 238), günstiger (Strab. 5,239), gesunder (Cic. rep. 1,1) Lage, gegründet von Alba Longa (Diod. 7,4. Aur. Vict. orig. 17,6) oder von → Telegonos (Fest. 116,7ff. L. Porph. Ps.-Acro Hor. c. 3,29,8; häufig bei Dichtern), dessen Nachfahr Octavius → Mamilius (3), Schwiegersohn des → Tarquinius (7) Superbus (Liv. 1,49,9. Dion. Hal. 4,45,1. 6,4,1), am See Regillus Führer (Flor. 1,5) der Feinde Roms (T. im Latinerbund gegen Rom: Dion. Hal. 5,61) war (Cic. nat. 2,6. Val. Max. 1,8,1). Wenig später hilft jedoch ein L. → Mamilius (1) aus T. Rom gegen → Herdonius (1; Liv. 3,18,1f. Dion. Hal. 10,16,3; viell. Cato frg. 25 P.), wofür Fest. 476,7 L. Beispiel aus der Königsz. nennt. Trotz gelegentlicher (s. u.) Feindschaft (Diod. 11,40,5) entwickelt sich (röm. Hilfe für T. Cass. Dio frg. 22,1 M. Val. Max. 5,2,2) gutes Verhältnis, Verleihung (Cic. off. 1,35) der *civitas Romana* (Liv. 6,25,6. 26,4. 8. Plut. Cam. 38,4. Cass. Dio frg. 26,1 M. Val. Max. 7,3,9), zuerst als *municipium* (CIL XIV 372. 2793. 2795) *sine suffragio* (Paul. Fest. 155,12 L.), trotz Kampfes 340 (Zweikampf T. → Manlius [I 23] gegen Geminus → Maecius [II 1] Liv. 8,7,2. Val. Max. 2,7,6) *servata civitas* (Liv. 8,14,4) und trotz Vorwurfs der Feindbegünstigung 323 (Liv. 8,37,8ff. Val. Max. 9,10,1) volles Bürgerrecht und Zuweisung (daher Feindschaft mit der *tribus Pollia*) zur *tribus Papiria* (Liv. 8,37,12. Val. Max. a. O. Lucil. frg. 1259 M.). Angesehene röm. Familien aus T. (Cic. Planc. 19. Tac. ann. 11,24,2); L. → Fulvius (I 9) aus T., 323 noch Feind Roms, triumphiert 322 als röm. Feldherr (Plin. nat. 7,136). An der Spitze der *respublica T.* (CIL XIV 4090) früher ein *dictator* (Liv. 3,18,2. 6,26,4), später *aediles* (CIL I² 1411. 1412. 782. XIV 2621. 2625. 2626 u. a.), im 3. Jh. n. Chr. ein *curator rei publicae* (CIL III 1178). Kult bes. des Castor und Pollux (Cic. div. 1,98. CIL XIV 2576. 2620. 2637. 2639. 2918) mit *aeditui* (CIL XIV 2629. 2637. 2639. DEGRILLRP 59) und *struppearia* (Fest. 410,14ff. L.); *rex sacrorum* (CIL XIV 2634); *Salii* vor Rom (Serv. auct. Aen. 8,285); *sacra Tuscolana* (CIL I² 1581. 1582. CIL V 5036); Iuppiter (Liv. 27,4,11. Macr. Sat. 1,12,17. CIL XIV 2579); Diana auf Hügel Corne (Plin. nat. 16,242), in Aricia Weihung durch Tuskulaner als *dictator Latinus* (Cato frg. 58 P.); Festnamen *Triatrus, Sexatrus, Septematrus* (Fest. 306,4f. L.); Quinctilis 36, October 32 Tage (Cens. 22,6); Prodigien Liv. 27,4,11. 37,3,3. 41,16,6. Gebiet gering (BELOCH RG 211. 215: 14 ha); See → Regillus zugehörig (Liv. 2,19,3). Seit 3. Jh. v. Chr. (Val. Max. 1,4,5) Villenort (Strab. a. O.); Villenbesitzer aufgezählt von G. MC CRACKEN, RE VII A 1484ff.; bes. Cicero (ebd. 1488). Name (Fest. 486,26ff. L. von θύειν oder δύσκολος) nach SCHULZE Eigenn. 542 zu dem der *Tusci* (Mart. 7,31,9f.); bei h. Frascati lagen Villen, T. selbst ca. 2 km bergwärts. G. R.

Forbiger HB. d. alt. Geogr. 3,474. *Nissen* It. Ldk. 2,597ff. *Beloch* RG 211. 499. 579. *L. Ross Taylor* Voting Districts 273. *T. Ashby*, Papers Brit. School Rome 1, 1902, 125ff. 3, 1906, 1ff. 4, 1907, 1ff. 5, 1910, 213ff.

Tuscus. Cognomen zur Bezeichnung etr. Herkunft. In den republik. Fasten wohl bei den Gentilicia Aquilius, Siccius, in denen der Kaiserzeit bei Dasumius, Nummius, Tullius. DEGRASSI FCap. 149; FImp. 271. H. G. G.

Tuscus Vicus war eine der belebtesten Geschäftsstraßen Roms. Sie führte vom Forum Romanum zwischen der Basilica Iulia und dem Castortempel, zwischen Velabrum und dem W.-Abhang des Palatium zum Circus Maximus. Der Name geht vielleicht auf die Z. zurück, da man für den Bau des capitolin. Iuppitertempels dort etr. Handwerker ansiedelte. Bedeutende Bauwerke am T. V. waren das sog. *Templum Divi Augusti* und die *Horrea Germaniciana et Agrippiana.* Als Wahrzeichen der Straße galt eine Statue des etr. Gottes → Vertumnus. Verschiedene Stellen bei ant. Autoren weisen auf den Handel mit Tuchen und Spezereien hin; der Ruf der Straße war nicht der beste. Rud. G.

Welin, RE VII A 1493f.

Tutela. 1. T. ist allgem. der Schutz und im röm. Recht speziell die Vormundschaft. Es gab sie für Minderjährige (Altersvormundschaft) und Frauen (Geschlechtsvormundschaft). Verwandt mit der *t.* ist die → *cura* (Pflegschaft). Die Grenzen zwischen beiden Instituten sind mehr und mehr verwischt worden.

I. Allgemeines. Paul. Dig. 26,1,1 pr.: *Tutela est, ut Servius definit, vis ac potestas in capite libero ad tuendum eum, qui propter aetatem sua sponte se defendere nequit, iure civili data ac permissa.* Dieser Text, der urspr. auch die *t. mulierum* erwähnt haben mag, läßt die beiden Seiten der *t.* erkennen: ein eigennütziges Herrschaftsrecht des *tutor* und die fremdnützige Pflicht zum Schutz des unter *t.* stehenden Mündels. Entwicklungsgeschichtl. hat zunächst die Herrschaft im Vordergrund gestanden. Dazu paßt, daß zur *t.* berufen weithin die gesetzl. Erben des Mündels waren: Sie konnten kraft der *t.* darüber wachen, daß das Mündelvermögen (also ihr mögliches Erbgut) erhalten blieb. Später ist bei der Altersvormundschaft die fremdnützige Schutzfunktion in den Vordergrund getreten und endlich allein maßgeblich geworden (wie auch h.). Dadurch hat sich die *t.* zur Last für den *tutor* entwickelt, so daß der Staat dafür sorgen muß, daß sich Vormünder finden. Dazu paßt die Herausbildung einer staatl. Aufsicht über die Amtsführung der *tutores.*

II. Die Altersvormundschaft *(t. impuberis).* 1. Voraussetzungen und Arten: Die *t. impuberis* besteht über alle Personen, die → *impuber* sind, d.h. als Knaben das 14. und als Mädchen das 12. Lebensjahr noch nicht vollendet haben, und zudem *sui iuris* sind, also nicht unter fremder Gewalt stehen. Damit scheiden insbes. Personen unter *patria* → *potestas* und Sklaven für die *t.* aus. Der Vormund kann auf verschiedene Arten berufen werden, und von dieser Berufungsart hängen im klass. Recht die Einzelheiten seiner Stellung ab: a) Älteste Form ist die *t. legitima:* Nach XII T. 5,6 sind als *tutor* die gradnächsten Agnaten berufen, danach die Gentilen; bei Freigelassenen und deren Kindern der → *patronus* und seine Agnaten. Der *tutor* erhält sein Amt ohne weiteres bei Eintritt der gesetzl. Voraussetzungen. Er kann es nicht ausschlagen, aber zunächst übertragen. b) Wohl gleichfalls schon in den XII T. vorgesehen war die *t. testamentaria:* Der *pater familias* kann den Personen, die mit seinem Tod *sui iuris* werden, einen *tutor* oder mehrere *tutores* bestimmen. In einigen weiteren Fällen wird die *t. test.* nach behördl. *confirmatio* zulässig. Die *t. test.* beginnt mit Eintritt der testamentarischen Erbfolge oder der *confirmatio.* Der *tutor* kann sein Amt ablehnen *(abdicare);* später braucht er dafür einen anerkannten Grund *(excusatio). Die t. test.* ist bei den reichen Römern beliebt und häufig; ihr Eintritt verdrängt die *t. legitima.* c) Jüngste Form (seit einer *lex Atilia* von 210 v. Chr.) ist die auf magistratischer Bestellung beruhende *t.* Diese Form soll vor allem Lücken ausfüllen, die neben a) und b) blieben. Die Bestellung erfolgt auf Antrag; zu ihm ist jeder berechtigt, einzelne dem Mündel nahestehende Personen sind sogar dazu verpflichtet. Gegen die Bestellung ist nicht einfach Ablehnung möglich, sondern nur begründete *excusatio.*

2. Der Inhalt der *t.* besteht zunächst aus zwei Komponenten: einer personenrechtl. Gewalt, die aber etwas schwächer ist als die *patria potestas,* und der später fast allein Bedeutung behaltenden Vermögenssorge. Sie umfaßt die Befugnis, für den Mündel bestimmte Rechtsgeschäfte abzuschließen, und die Erteilung der → *auctoritas tutoris* zu den vom Mündel selbst geschlossenen Geschäften. Verpflichten kann der *tutor* nur sich selbst, doch erhält der Gläubiger aus solchen Verpflichtungen eine *actio utilis* gegen den Mündel. Verfügungen des *tutor* über *praedia rustica vel suburbana* des Mündels sind seit einer *oratio Severi* von 195 n. Chr. nichtig.

3. Mehrere Rechtsbehelfe im Zusammenhang mit der *t.* schützen den Mündel vor schlechter Amtsführung: a) Die *accusatio suspecti tutoris* ist ein staatl. Verfahren, das von jedermann beantragt werden kann; Ziel ist die Entfernung *(remotio)* des grob pflichtwidrigen *tutor.* b) Die *actio rationibus distrahendis* ist eine Strafklage des Mündels gegen den *tutor,* der Mündelgut unterschlagen hat, auf den doppelten Wert. c) Anwärter auf die *t.* können eine *satisdatio rem pupilli salvam fore* freiwillig übernehmen oder zu ihr gezwungen werden. Hieraus haften sie nach Beendigung der *t.* d) Seit der jüngeren Republik entsteht als umfassendstes Rechtsmittel die infamierende, auf die *bona fides* abstellende *actio tutelae.* Mit ihr kann der gewesene Mündel nach dem E. der *t.* Schadenersatz wegen aller groben Pflichtwidrigkeiten fordern; mit einer *actio tutelae utilis* auch wegen Untätigkeit.

III. Die Geschlechtsvormundschaft *(t. mulieris).* Ihr unterliegen seit alters alle (volljährigen) Frauen *sui iuris,* also die weder der → *potestas* eines Hausvaters noch der → *manus* eines Ehemanns unterstehen. Die *t. mul.* reicht weniger weit als die *t. impuberis:* Sie bedeutet nur, daß zu bestimmten förmlichen oder wichtigen Geschäften (Aufzählung bei KASER Röm. Privatrecht 1^2, 1971, 277f.) die *auctoritas tutoris* nötig ist. Doch verliert die *t. mul.* schon wegen des Vordringens formfreier Geschäfte an Bedeutung. Auch kann bei der *t. testamentaria* die Wahl des *tutor* der Frau überlassen werden. Zudem kann die Frau seit der späten Republik durch eine *coemptio tutelae evitandae causa* erreichen, daß ein Mann ihrer Wahl *tutor* wird. Durch die Ehegesetze des Augustus werden Frauen mit dem *ius liberorum* von der *t. mul.* ganz befreit, und Claudius beseitigt die gesetzl. Agnatentutel. Endlich bilden sich im Lauf der Z. Voraussetzungen heraus, unter denen der Tutor zur Erteilung seiner *auctoritas* gezwungen werden kann. So bezeichnet Gai. Inst. 1,190 die *t. mul.* mit Recht als überholt. Ganz abgeschafft wird sie aber erst unter Diokletian oder Konstantin. D. M.

Lit.: sehr umfangreich; Angaben hierüber und Quellen bei *M. Kaser* Röm. Privatrecht 1^2, 1971, 85ff. 277f. 352ff. 2, 1959, 158ff.

2. T. wird in der Kaiserz. als selbständige Göttin (zuerst als *T. huius loci*) stets in formaler wie inhaltl. Verbindung mit Genius und Fortuna verehrt; zu den zahlreichen inschr. Zeugnissen vgl. EHLERS, RE VII A 1599f. G. R.

Prell.-Jord. 2,202. *Deubner,* Myth. Lex. 3,2163. *Wissowa,* ebd. 5,1304ff. *Ders.* Rel. ^{2}179. *Latte* RRel 332. *Radke* Götter Altitaliens 303.

Tutela navis. Röm. Begriff für Schutzgottheit der Schiffe (Sch. Pers. 6,30. Sen. epist. 76,13. Lucan. 3,511), auch *numen* (Sil. 14,410) oder *deus pictus* genannt (Ov. trist. 1,4. 8; her. 16,114. Stat. Theb. 8,270), griech. *παλλάδιον, θεός* (Aristoph. Ach. 547 m. Sch. Suda 4,5 Nr. 36. Artemid. on. 2, 23, p. 141,19 PACK). Die älteste T. war das »sprechende Stevenholz« der Argo (Aischyl. Frg. 36b METTE), in hist. Z. Stadt-, Lokal- oder Marinegottheiten (z.B. Athena, Asklepios, Dioskuren). Die T. sicherte amulettartig Schiff und Fahrt und wurde an Bord rituell verehrt (Petron. 105,1ff.

Val. Fl. 8,202ff.). Verkörpert in plast. oder bildlicher Form, war ihr Platz am Bug oder Heck, weshalb sie auch mit dem *παράσημον* und Schiffsnamen ident. sein konnte (Ov. trist. 1,10. 1f. CAVENAILE Corp. pap. lat., 1958, 335 Nr. 223). D. Wa.

Hanfmann, Festschr. U. Jantzen, 1969, 63ff. *Wachsmuth* *ΠΟΜΠΙΜΟΣ Ο ΔΑΙΜΩΝ*, Diss. Bln. 1967, 94ff. 347ff. *Dölger*, Ant. u. Christentum 6, 1950, 276ff.

Tutenchamun, König der ausgehenden 18. äg. Dynastie, 1345–1335 v. Chr., Thronname Nb-ḫprw-Rʿ; er kam als Kind auf den Thron nach dem vorzeitigen Tod des Semenchkare. T. war wahrscheinlich kgl. Abstammung, da als Prinz belegt (ROEDER Amarnareliefs p. 106 Nr. 831/VIII) mit dem Namen Twt-ʿnḫ-Itn, den er auch noch kurz als König führte. Die Umbenennung zeigt den Abschluß der schon durch Semenchkare eingeleiteten Rehabilitierung des Amun als des Hauptgottes von Äg. an. Er war verheiratet mit der Erbprinzessin ʿnḫ.ś-n-Itn, die ebenfalls zu ʿnḫ.ś-n-Imn umbenannt wurde, 3. Tochter Echnatons. Sein Grab im Königsgräbertal ist das einzige fast unversehrt aufgefundene (CARTER Tut-ench-Amun I/III), doch gibt die Leiche keinen sicheren Anhalt über die Todesursache. Ihm folgte sein Erzieher, der General der Streitwagen, Eje, nach. W. H.

Tutilina s. Segetia

Tutor. 1. s. Tutela (1). **2.** s. Iulius (A II 86)

Tutula (oder Philotis), röm. Magd, folgt mit anderen Mägden in Matronenkleidung der Forderung des siegreichen Feindes, die Römerinnen auszuliefern, und gibt nach gelungener Täuschung den Römern Zeichen zum Überfall auf die Trunkenen (Macr. Sat. 1,11,38. Plut. Rom. 29,7; Cam. 33,4; vgl. Polyain. 8,30): Aition für *Nonae* → *Caprotinae* (angebl. Anf. 4. Jh. v. Chr.). G. R.

Prell.-Jord. 1,286. *W. Otto*, Philol. 64, 1905, 185,34. *G. Radke* Die Götter Altitaliens 304f. *P. Grimal* Dict. de la myth. 369.

Tutulus. Nach Fest. 355 M. tragen die *flaminicae* (→ Flamines) eine purpurne, ins Haar verschlungene, *in altitudinem* angeordnete Wollbinde, den T. So heiße auch der wollene → *pilleus* der Priester. Es ist demnach nicht sicher, daß A. RUMPF, APrAW 1941/45 in der herabhängenden Binde etwa der sog. Iuno Ludovisi (HELBIG Führer durch d. öffentl. Slg.en. in Rom 3^4, 1969, Nr. 2341) den *t.* richtig identifiziert hat. W. H. G.

Tyana (*τὰ Τύανα ὑποπεπτωκυῖα τῷ Ταύρῳ τῷ κατὰ τὰς Κιλικίας πύλας*: Strab. 12,537. Vgl. Ptol. 5,6,17 M. Plin. nat. 6,8. Zeitweise auch *Εὐσέβεια ἡ πρὸς Ταύρῳ*: Strab. a. O.), uralte, in hethit. Z. zurückgehende Gründung an der von Mazaka (= → Kaisareia) südwärts durch die → Kilikischen Tore nach → Tarsos führenden Straße im → Tauros-Geb. Der wohl bekannteste Bürger von T. war der Neupythagoreer → Apollonios (3). E. O.

W. Ruge, RE VII A 1630ff. *D. Magie* Roman Rule in Asia Minor, Princeton 1950, 1095, 4.

Tyche (*Τύχη*) **1.** »Treffen, Zufall, Schicksal, Glück, Unglück«, sprachl. zu *τυχεῖν*, was im Worte T. miterlebt wurde (H. STROHM T., 1944, 85ff. G. HERZOG-HAUSER, WS 63, 1948, 157). Als *Τύχη-τύχη* ist sie Person-Bereicheinheit (→ Personifikation), obwohl ganz wenig Mythisches um ihre Gestalt entwickelt wurde; urspr. ambivalent, neigt T. doch zur guten Bedeutung (vgl. Hesych. s. *τ. εὐτυχία*); enge Verbindung mit *ἀγαθός* → *δαίμων* (Athen. 15,692f. 693e), *μοῖρα* (Archiloch. frg. 16 B.), → *καιρός* (Plat. leg. 709b) usw. Zum Verhältnis zu *μοῖρα* und *πότμος* vgl. WILAMOWITZ Pindaros, 1922, 306. Als Person ist T. bei Hes. theog. 360 Tochter des → Okeanos, was über ihr Wesen ebensowenig aussagt, wie wenn (Pind. O. 12,1f.) sie Tochter des → Zeus nennt; Gespielin der Persephone ist sie im h. Dem. 417ff. Homer kennt T. nicht. In der Folgezeit nimmt ihre Bedeutung immer mehr zu. Zu T. in der Lit. [1], 1650ff. [2], 190ff. In der neuen → Komödie spielt sie eine große Rolle (eher im negat. Sinne als gefährlich, ungerecht, sinnlos, vgl. Men. Frg. 417. 482. 594. 618. 671; Dysk. 340), was mit den unsicheren Verhältnissen der Z. und mehr noch mit der Entleerung des alten Götterglaubens Hand in Hand geht; urspr. aber war sie *θεός* (z. B. CIG I 4. Vgl. [1], 1646). Kult seit dem 4. Jh. v. Chr. (z. B. IG II/III^2 333c 19f. 1496a 76f. Material bei [1], 1677ff.); so in Theben, Athen, Megara, Megalopolis. In hellenist. Z. verbreitete sich der Kult. Es wurde auch jedem Menschen eine T. zugeschrieben. In der Z. des Synkretismus Verbindung mit → Artemis, → Isis, → Kybele u. a. (vgl. *'Ισιτύχη* IG XIV 1006, weiters [1], 1650. 1673ff.). Oft wurde die Stadtgöttin als T. gefaßt (*Τ. τῆς πόλεως* IG II^2 3607 oder Bezeichnungen wie *Τ. Παρίων, Τ. Θάσου*. Vgl. auch WILAM. GldH. 2,298ff.). Zu *ἀγαθῇ τύχῃ* vgl. [2], 198. – Die häufigen bildl. Darstellungen zeigen T. mit Steuerruder (Lenkerin), Füllhorn und → Plutos (Reichtum), Mauerkrone (Stadtgöttin), auf einer Kugel stehend (Unsicherheit) usw. – Der T. entspricht einigermaßen die röm. → Fortuna. W. P.

1. *G. Herzog-Hauser*, RE VII A 1643ff. 2. *Nilsson* GgrR 2,190ff.

2. N. Vorort von → Syrakusai, benannt nach einem dort gelegenen Heiligtum der Glücksgöttin (Cic. Verr. 2,4,119). Anzusetzen nach arch. und liter. Zeugnissen am s. ö. Abfall des Plateaus von Epipolai, zw. den Latomien des Cozzo Romito und Giardino Spagna – Ospedale Civile (und nicht, wie in der ält. Top., am N.-Hang bei Scala Greca). Abzulehnen ist die Gleichsetzung mit *Συκῆ* (v. l. *Τυκῆ*) Thuk. 6,98,2. – Die Datierung von T. ist umstritten. Z. T. wird Entstehung im Zuge der ab 484/83 vorgenommenen gelon. Umsiedlungspolitik angenommen und T. mit einem der für 466 bzw. 463 bezeugten *προάστεια* (Diod. 11,68,4; vgl. 68,1. 3; 73,2) gleichgesetzt (vgl. dazu auch die nicht sichere, aber wahrscheinl. Nennung von Τυχίαν bei Ephoros FGrH 70 F 66). Doch ist das wegen des hierbei notwendigen Frühansatzes eines Kultes der Göttin T. nicht unbedenklich. Die kleine Nekropole des 6./5. bzw. 4. Jh.s am sog. muro die Gelone (Contrada Palazzo) kann weder nach Lage noch nach der geringen Zahl der Gräber als arch. Zeugnis für ein frühes T. gelten. – Eher möglich erscheint Entstehung seit der Z. des → Dionysios I., bes. aufgrund der Grabungsergebnisse von Giardino Spagna-Ospedale Civile (regelmäßige Bebauung seit E. des 5. Jh.s; Zugehörigkeit dieses Wohnkomplexes zu T. durch Cippus mit Inschr. Διὶ καὶ Τύχηι gesichert). Liter. ist T. dann für die Z. der röm. Belagerung bezeugt: Liv. 24,21,7. 25,25,4ff. (die Lage an der ant. Hauptstraße vom Hexapylon zur Stadt und neben der Neapolis stimmt zum arch. Befund) und Plut. Marc. 18,6 (zusammen mit Neapolis als ἔξω πόλις genannt, da außerhalb der eigentl. Stadtmauer gelegen); kurze Beschreibung Cic. Verr. 2,4,119. An der N.-Grenze entwickelte sich vom 3. Jh. an die Nekropole am Rande der Latomia Casale. H.-P. D.

H.-P. Drögemüller Syrakus, G Bh. 6, 1969, 62ff. 103ff. *Ders.*, RE Suppl. XIII 835f.

Tychon. Ithyphall. Gott des guten Gelingens (τυχεῖν). In Athen aus unbekannter Heimat (Boiotien? Perses Anth. Pal. 9,334) importiert (Apollophan. frg. 1 Dem. = 7 Edm.), hat er sich auch sonst verbreitet, ist aber doch teils in → Priapos (Strab. 13,587/88. Diod. 4,6,4), teils in Hermes (Inschr. von Magnesia am M. Nr. 203. Clem. Al. protr. 102,1) aufgegangen. Alter Waffenfetischismus zeigt sich darin, daß Alexander von → Pherai seine erfolgreiche Lanze als T. verehrte (Plut. Pelop. 29). H. H.

H. Herter, RE VII A 1698ff.

Tyc(h)onius, donatist. Bischof vom E. 4. Jh., von den Donatisten selbst exkommuniziert, ist kenntlich als Vf. eines siebenteiligen *liber regularum* ([1]), der ältesten faßbaren lat. Hermeneutik, und eines unvollst. erhaltenen Komm. zur Apokalypse ([2]). Die Hermeneutik, am E. von Aug. doct. 3 besprochen, dürfte mit der 2. Regula *de domini corpore bipartito* den Kirchenbegriff Augustins sowie die Zweireichevorstellung in civ. beeinflußt haben. B. R. V.

Ta.: 1. *Migne* PL 18,15–66. *F. C. Burkitt*, 1894. 2. *Migne* PL Suppl. 1,621–652. *F. Lo Bue* The Turin Fragments of Tyconius' Comm. on Revelation, 1963.
Lit.: *Schanz-Hos.* 4,1,386ff. *E. Dinkler*, RE VI A 849ff. *F. Lo Bue* (s. o. [2]).

Tydeus (Τυδεύς). **1.** Sohn des aitol. Königs → Oineus (1) und der → Periboia (6); doch → Hippostratos (1), → Gorge (1). Keine urspr. aitol. Sagenfigur, da er an der kalydon. Jagd nicht teilnimmt. Wegen Totschlags an einem Bruder (oder Verwandten) flüchtig geworden, kommt er nach Argos, wo er nach Streit mit → Polyneikes → Adrastos' Tochter → Deipyle heiratet. Ihr Sohn ist → Diomedes (2), der sich in der Il. mehrfach seines Vaters T. rühmt oder von anderen an ihn erinnert wird. T. ist einer der → Sieben gegen Theben. Während seine urspr. kämpferische Rolle in der Episode bei Nemea (Stat. Theb. 5,661f.) verblaßt ist, kennt die Il. schon sein berserkerhaftes Verhalten auf dem Botengang nach Theben (4, 370ff. 5,800ff.). Von der Tötung → Ismenes (1) weiß Mimnermos und ein korinth. Vasenbild. Er fiel im Kampfe, nachdem er sich äußerst blutrünstig (Aischyl. Hept. 558ff.) und kurz vor dem Tode sogar kannibalisch gezeigt hatte (Soph.; → Melanippos 4). Apollod. 1,75ff. 3,58ff. Grab in Theben (Il. 14,114. Paus. 9,18,2). Vielleicht war T. von Hause aus ein aresähnlicher Gott. H. v. G.

C. Robert Oidipus 1,127. *Wilam.* GldH. 1,282,1. *E. Howald* Der Mythos als Dichtung 79.

2. Athener, einer der Strategen bei der kriegsentscheidenden Seeniederlage von → Aigos potamoi 405, Xen. hell. 2,1,16. 26. Plut. Alk. 36,6. 37,1; Lys. 10. Nach Paus. 10,9,11 wie → Adeimantos (2) von → Lysandros (1) bestochen, entging T. wohl der Hinrichtung durch die Sieger. – Viell. ident. mit T., der 413 mit seiner Truppe nach Katana entkam, [Lys.] 20,26. – Kirchner PA 8981. 13884. 13885 sieht nach IG II/III² 1556 B T. als Sohn des → Lamachos an. K. K.

Tyle (Τύλη, Τύλις), Ort in S.-Thrakien; während der vorübergehenden Herrschaft der Galater ihr Vorort. Die Lokalisierung bereitet Schwierigkeiten. Früher wurde das h. Dorf Tulovo (Kreis St. Zagora, Bez. Kazanlăk) mit T. identifiziert, da es bei Steph. Byz. 640,20 heißt: Τύλη, πόλις Θρᾴκης τοῦ Αἵμου πλησίον. Pol. 4,46,2. Suda s. v. Chr. D.

Danoff Altthrakien (bulg.) 394. 435 u. ö.; frühere Lit. *Oberhummer*, RE VII A 1712. *Detschew* Thrak. Sprachreste 528.

Tylissos (Τυλισσός), Ortschaft im n. Mittelkreta, etwas n. ö. des h. gleichnamigen Dorfs etwa 12 km s. w. von Iraklion. Ausgedehnte minoische Siedlung ab frühminoischer Z., bes. eine Gruppe von drei größeren villenartigen, reich ausgestatteten Häusern von mittel- bis in den Anf. der spätminoischen Zeit. Nach der Zerstörung neu erstanden mit Funden geometr. Z. In gesch. Z. lag an der Stelle ein offenes Heiligtum der Hera. Der gesch. Ort T. mit sehr spärlichen Resten lag daneben. In der ant. Lit. ist T. nirgends sicher genannt, die Gesch. ist nur aus den Inschr. und Funden bekannt. Genannt ist T. häufig schon in den knoss. Linear-B-Tafeln, Mnem 18, 1965, 3ff. 23. 25. Ans E. 5. Jh. gehört ein Bündnisvertrag mit → Knossos und Argos, Schwyzer Nr. 83. 84. Sylloge³ 56. [1], Nr. 1. SEG 11,316. Engere Beziehungen zu Argos auch sonst deutlich; T. galt wohl als Kolonie von Argos. Weiterhin mit Knossos verbündet. Isopolitievertrag mit → Oaxos im späten 3. Jh. Inscr. Cret. 2,66 Nr. 20. Später ist T. vielleicht in Knossos einverleibt. Die Funde und das Weiterleben des

Namens beweisen aber Fortbestehen über die röm. und byz. Z. bis in die Gegenwart. Plin. nat. 4,59 (*gytysos, gylysos* u.ä.). Solin. 11,4 (*Cylison* u.ä.)? Inschr. [1] Nr. 1–4. Mz.: HEAD HN² 478. [1], 307. E. M.

1. *M. Guarducci* Inscr. Cret. 1,306ff. 2. *Kirsten*, RE VII A 1713ff. 3. *N. Platon*, Enc. arte ant. 7,1042f. 4. *J. Hazzidakis* T. à l'époque minoenne, 1921. 5. *Ders.* Les villas minoennes de T., Études crét. 3, 1934. 6. *Sp. Marinatos* Kreta und das myken. Hellas 37. 89f. Abb. 63. 7. *J. W. Graham* The palaces of Crete 59ff. Abb. 19. 20.

Tymbrias (*Τυμβριάς*, s. Strab. 12,570. Andere Schreibungen des Namens – etwa *Timbriada* – begegnen bei Hierokl. 673,9 u.ö.), ant. Stadt im Quellgebiet des → Eurymedon (5; h. Köprü-Su) nahe bei Imrahor s.ö. vom Eğidir Gölü in Pisidien. E. O.

W. Ruge, RE VII A 1246f. *D. Magie* Roman Rule in Asia Minor, Princeton 1950, 1316,23.

Tymnes (*Τύμνης*), Epigrammatiker des → Meleagros (8) – Kranzes (Anth. Pal. 4,1,19). Der Name ist karisch. Z.: 3. oder 2. Jh. v. Chr. Von den 7 in schlichtem Stil gehaltenen Epigr. der Anth. ahmt 16,237 → Leonidas (9) 236 nach; 6, 151 war Vorbild für → Archias (6) 195; 7,433 für → Erykios 230 und → Antipatros (8) 531. R. K.

A. S. F. Gow – D. L. Page Hellenistic Epigr. 1/2, Cambr. 1965.

Tympanum (*τύμπανον*). **1.** Die tamburinartige Handtrommel, ein beidseitig mit Haut überzogener Reifen aus Holz oder Metall, urspr. aus dem O. stammend, im Kult der → Mater Magna bes. häufig, spielt als rhythmusbetonendes Musikinstrument in kult., später auch profanem Gebrauch eine große Rolle. **2.** Viele scheibenförmige Gegenstände heißen danach *t.*, von Dekkeln über Tret- und Scheiben- bis zu Wasserschöpfrädern. **3.** T. ist ein Strafwerkzeug, nach Sch. Aristoph. Plut. 476 ein Stock, nach Lukian. Katapl. 6 wohl ein Block, in den jemand zwecks Züchtigung gespannt oder gebunden wurde. **4.** In der Architektur ist *t.* das dreieckige, vom Geison umschlossene Giebelfeld (nur Vitr. 3,5, 12–13. 4,3,6; 7,5). W. H. G.

Tymphe (*Τύμφη*), Gebirge im ö. → Epeiros, Steph. Byz., danach die Landschaft Tymphaia (Stymphaia) der Tymphaioi, die zu den Epeiroten gerechnet werden, Arr. an. 1,7,5. Strab. 7,7,8 p. 326. p. 329 frg. 6. Plin. nat. 4,6. Steph. Byz. s. *Αἰθικία* und *Χαονία*. Hesych. s. v. und s. *Δειπάτυρος* Sch. Kall. h. 3,178. Sch. Lykophr. 801. In gesch. Z. zu Makedonien gehörend, Diod. 20,28,1. Plut. Pyrrh. 6,2. Liv. 45,30,6. Plin. nat. 4,35, und zeitweise bis ins oberste → Peneiostal um Kalabaka (→ Aiginion) ausgedehnt, Strab. 7,7,9 p. 327. Es ist die Beckenlandschaft um Grevena am oberen Haliakmon mit den Gebirgen w. davon, Smolikas 2633 m, oder nach Strab. 7,7,6 p. 325 vielleicht der Palaeovuni w. davon. Aus T. stammte → Polyperchon (1), Diod. 17,52,2. Lykophr. 800ff. m. Sch. Gips vom T. wurde zum Reinigen von Kleidern gebraucht, Theophr. lap. 64. Plin. nat. 35, 198. 36,183. Rinder aus T. nennt Kall. h. 3,178. E. M.

Philipps.-Kirst. 2,69ff. 217f. *Oberhummer*, RE VII A 1754ff. *Fr. Stählin* Das hellen. Thessalien 122f. *H. Treidler* Epirus im Alt., Diss. Lpz. 1917, 71ff. *N. G. L. Hammond* Epirus 477. 680f. u.ö.

Tyndareos (*Τυνδάρεως*). Myth. König von Sparta, Sohn von Oibalos und Bateia oder (nach Stesich.) von → Perieres (1) und → Gorgophone (3), Apollod. 1,87. 3,117. 123. Von seinem Halbbruder → Hippokoon (1) aus Sparta vertrieben, ging er ins Exil, nach Lakonien oder Messenien (Paus. 3,1,4), oder nach Aitolien zu → Thestios, dem er im Kriege beistand und dessen Tochter → Leda er heiratete. Herakles führte ihn nach Sparta zurück, Alkm. frg. 23. Ibyk. frg. 41. Apollod. 2, 145. 3,124. T. ist der irdische Vater der → Dioskuren, Kastor und Polydeukes, die vielfach Tyndariden genannt werden, und der → Helene (z.B. Hdt. 2,112. Hyg. fab. 78f. 92), wenn diese auch meist als Tochter des Zeus erscheint. Weitere Kinder :→ Timandra (1), → Klytaimestra, → Phylonoe (2). Apollod. 3,126. – Die zahlreichen Freier Helenes band T., aus eigenem Antrieb (Stesich. Eur.) oder auf Odysseus' Rat (Apollod. 3,131f.), durch schwere Eide, dem zu erwählenden Bräutigam gegen jede Anfechtung beizustehen (Paus. 3, 20,9; schon Hes. frg. 94ff.). Achilleus gehörte nicht zu ihnen. Nach Hellan. FGrH 4 F 169a hat T. seinen Enkel → Orestes (1) wegen der Ermordung Klytaimestras angeklagt (→ Hermione). An seinem Grabmal in Sparta wurde er göttlich verehrt, Paus. 3,17,4. Serv. Verg. Aen. 8,275. Von den Toten erweckte ihn Asklepios, nach Panyassis frg. 19 Ki. H. v. G.

A. B. Cook Zeus 1,760ff. *Wilam.* GldH. 1,225ff.

Tyndariden s. Dioskuroi

Tyndarion, Tyrann von → Tauromenion um 280 v. Chr., bat mit Gesandten anderer sizil. Griechen 279 → Pyrrhos (1) zum Eingreifen auf Sizilien und schloß sich ihm bei dessen Landung 278 in Tauromenion an. Diod. 22,2. 7,3. 6. 8,3. Plut. Pyrrh. 22. Paus. 1,12,5. Iust. 18,2,11. H. BERVE Die Tyrannis ..., 1967, 461. 733. H. V.

Tyndaris (*Τυνδαρίς*). Griech. Stadt an der N.-Küste Siziliens, 60 km w. Messina. Das nach den Tyndariden benannte T. wurde 396 v. Chr. von → Dionysios I. (1) als mil. Bollwerk gegründet, und zwar vornehmlich mit vertriebenen Messeniern sowie Flüchtlingen aus → Zakynthos und → Naupaktos, die vorher kurze Zeit im siz. → Messana gelebt hatten und nun in einem Teil des Gebietes von → Abakainon angesiedelt wurden. Der Ort nahm einen schnellen Aufschwung und zählte bald über 5000 Bürger (Diod. 14,79,5–6). Der Sieg des Dionysios über den mit Abakainon verbündeten Karthager Magon 393 sicherte die Unabhängigkeit von T. (Diod. 14,90,2–4). T. unterstützte → Timoleon (Diod. 16,69,3) und öffnete 270 → Hieron II. (2) die Tore (Diod. 22,13,2). Bei Ausbruch des 1. Pun. Krieges war es im Besitz der Karthager. 257 fand vor T. die unentschiedene Seeschlacht zwischen C. Atilius → Regulus (1) und Hamilkar statt (Pol. 1,25,1–5. Zon. 8,12), 254 wechselte es auf die röm. Seite über (Diod. 23, 18,5). In der Folgez. blieb T. in allen Wechselfällen der Pun. Kriege und der Sklavenaufstände stets auf röm. Seite und wurde daher in die Gruppe der »Siebzehn treuesten Gemeinden Siziliens« aufgenommen (Cic. Verr. 5,124. Diod. 4,83,7), hatte aber doch nur den Status einer *civitas decumana*. Die *nobilissima civitas*, die von Verres ausgeplündert worden war, beteiligte sich an der Anklage gegen diesen (Cic. Verr. 3,103. 4,29. 48). 40 v. Chr. nahm Sex. → Pompeius (3) T. kampflos ein (Cass. Dio 48,17,4), doch wurde es 36 von Agrippa erobert (App. civ. 5,433. 450. 481. 483. Cass. Dio 49, 7,4). Augustus entsandte eine röm. Kolonie nach T. (CIL X 7474–7480. Plin. nat. 3,90). Von einem Bergrutsch, der T. in der Kaiserz. traf, berichtet Plin. nat. 2,206. In chr. Z. war T. Bischofssitz und wurde 836 von den Arabern zerstört. Neuere Grabungen (seit 1949) haben einen Teil der Stadt freigelegt. Die wichtigsten Bauten sind die großenteils aus dem 3. Jh. v. Chr. stammende Ringmauer, das E. 4. Jh. entstandene, in der röm. Kaiserz. umgestaltete Theater, die sog. Basilika (ein mächtiges Propylon aus der Kaiserz.), ferner zahlreiche Straßenzüge *(decumani, cardines)* und Wohnhäuser. Kl. M.

Mz.: *F. v. Duhn*, Ztschr. f. Num. 3, 1876, 27 ff. *Holm* Gesch. Sic. III Nr. 525–539.
Inschr.: IG XIV 375–382 und CIL X 2,7472–7487.
Grabungen: *A. Salinas*, NSA 1880, 119. *P. Orsi*, ebd. 1896, 246. *G. V. Gentili*, Fast. Arch. 5, 1950, Nr. 1821. *L. Bernabò Brea*, ebd. 7, 1952, Nr. 2107. *G. V. Gentili*, *ebd.* Nr. 2108. *M. A. Mezquiriz*, Caesaraugusta 5, 1954, 85 ff. *F. Barreca*, Fast. Arch. 10, 1955, Nr. 2658. 11, 1956, Nr. 2878. 12, 1957, Nr. 2972. 13, 1958, Nr. 2429. *B. Neutsch*, AA 1954, S. 613 ff. *L. Bernabò Brea*, RIA 13/14, 1964/65, 99 ff. *L. Bernabò Brea–M. Cavalier*, Boll. Arte 50, 1965, 205 ff.
Lit.: *K. Ziegler*, RE VII A 1776 ff. *G. Parisi* T., Messina 1950. *F. Barreca*, Kokalos 4, 1958, 145 ff. *R. Ross Holloway*, Archaeology 13,4, 1960, 116 ff. *L. Bernabò Brea – A. M. Fallico*, Enc. arte ant. 7, 1966, 865 ff. (Lit.). *M. Guido* Sicily. An Archaeol. Guide, London 1967, 42 ff.

Tynnichos (*Τύννιχος*) aus Chalkis auf Euboia, erster faßbarer, noch vor → Pindaros anzusetzender Dichter eines → Paians auf Apollon. Nach Plat. Ion 534 d handelte es sich dabei um das einzige bedeutende, aber sehr gelobte und viel gesungene Werk des T. Von seiner hohen Einschätzung durch → Aischylos (1), der sich weigerte, als Konkurrent aufzutreten, berichtet Porph. abst. 2,18. U. K.

Test. u. Frg.: Anth. Lyr. $2{,}5^2$, 1940, 145. *D. L. Page* Poet. Mel. Gr. 1962, 366.
Lit.: *A. v. Blumenthal*, RE XVIII 2355 f.

Typaneai (*Τυ[μ]πανέαι*), wichtige Festung in → Triphylien, im Winterfeldzug → Philipps V. (7) 218/17 v. Chr. genannt, Pol. 4,77,9–79,4. Strab. 8,344. Ptol. 3,14,39. Plin. nat. 4,22. Steph. Byz. BCH 45, 1921, 12 II 78. Langgestreckte, sehr schmale Stadtanlage auf dem Kamm des Lapithosgebirges über dem h. Dorf Platiana mit gut erhaltenem Mauerring hellenist. Z., Theater u. a. Resten. E. M.

E. Meyer, RE VII A 1796 f.; Suppl. IX 1430. *Ders.* Neue peloponnes. Wanderungen 22 ff. 61 ff. mit Plan I und Abb. 20–47.

Typhoeus (*Τυφωεύς*), **Typhon** (*Τυφών*, ep. *Τυφάων*, auch *Τυφώς*). Phantast. Mischwesen altgriech., vom Orient beeinflußter Myth., mit 100 Drachenköpfen, alle mit schrecklichen Stimmen und Schlangenbeinen, Sproß von → Tartaros (Kronos, Sch. Il. 2,783) und Gaia, die ihn nach dem Titanensturz als Weltherrscher dem Zeus entgegensetzt (Hes. theog. 820 ff.). In einem ungeheuren Weltbrand, den die Blitze des Zeus entfesseln, verbrennen die Köpfe des Aufrührers; er wird in den Tartaros gestürzt. Im Toben der Stürme (T. ist Vater der schlimmen Winde, ebd. 869 ff.) und in Vulkaneruptionen manifestiert sich der Gott (824) T. Mit → Echidna hat er andere Ungetüme erzeugt (306 ff.): → Orthos, → Kerberos, → Hydra, → Chimaira u. a. – Die Schilderung des hesiod. T.-Kampfes wird von einer »kyklischen« Theog. überboten, die Apollod. 1,39–44 vorliegt: Hier verwandeln sich die Götter aus Angst vor T. in Tiere und fliehen nach Äg., und T. entreißt im Nahkampf am Berge → Kasion (N.-Syrien) Zeus seine Sichel, zerschneidet ihm seine Hand- und Fußsehnen und schleppt ihn in die koryk. Höhle (in Kilikien); vgl. *εἰν Ἀρίμοις* Il. 2,783. Verg. Aen. 9,716. Hermes und Aigipan überlisten seine Wächterin, die Drachin Delphyne, und so erringt Zeus nach blutigem Kampfe und langer Verfolgung den Endsieg und begräbt T. unter dem Ätna. Vgl. Pind. O. 4; P. 1. 8.; frg. 41. Aischyl. Prom. Ov. met. 5,321 ff. Hyg. astr. 2,28. Ant. Lib. 28. – Nach Hom. h. 3,305 gebar Hera dem Zeus zum Trotz, der Athena aus seinem Haupt geboren hatte, den T. ohne Vater, brachte ihn nach Delphoi und ließ ihn durch die dortige Delphyne (s. o.) erziehen. Wegen dieser und anderer Übereinstimmungen wird der delph. → Python (1; s. dort. Lit.) von einigen mit T. identifiziert. – T. als Gigant: Verg. Hor. Hyg. u. a. Vgl. → Enkelados.

Schon Pherekyd. frg. 4 sieht in T. den äg. → Seth. Darüber hinaus hat Seippel (s. u.) seine Verwurzelung im oriental. Bereich durch kanaanit.-phoinik.-syr. (→ Baal), babyl.-assyr. und iran. Analogien nachgewiesen, die neuerdings durch Funde churrit.-hethit. Epik bestätigt wurde: Kampf der Schlange Illujankas und des Riesen Ullikummi gegen den Wettergott, → Kumarbi. H. v. G.

J. Schmidt, Myth. Lex. 5, 1426 ff. *K. Ziegler*, ebd. 1469 ff. *J. Teipel* Typhoei fabula, Diss. Münster 1927. *F. Dornseiff*

Die archaische Mythenerzählung, 1937. *G. Seippel* Der T.mythos, Diss. Greifswald 1939. *G. Zuntz*, MH 8, 1951, 28ff. *F. Worms*, H 81, 1953, 29ff. *A. Heubeck*, G 62, 1955, 511ff. *H. Schwabl*, ebd. 526ff. *Ders.*, RE Suppl. XII 449ff. *H. Erbse*, Philol. 108, 1964, 2ff. *R. D. Barnett*, JHS 65, 1945, 100ff. *J. G. Griffiths* H 88, 1960, 374ff.

Tyraion (*Τυραῖον, πόλις οἰκουμένη*, Xen. an. 1,2,14. Vgl. Strab. 14,663. Plin. nat. 5,95), ant. Stadt im Grenzgebiet zwischen Phrygien, Lykaonien und Pisidien an der großen, von → Sardeis ostwärts führenden pers. Reichsstraße. Durch T. zog infolgedessen auch → Kyros (3) mit seinem Heer auf dem Marsch gegen seinen Bruder → Artaxerxes II. (2) i.J. 401. Ihre urspr. vermutete Lokalisierung beim h. Ilgin (= ant. wohl Lageina!) ist nicht mehr haltbar; man hat es jedoch in unmittelbarer Nähe davon zu suchen. E. O.

W. Ruge, RE VII A 1800ff. *L. Robert* Villes d' Asie Mineure, Paris 1934, 123–126 mit ²1962, 355ff. *D. Magie* Roman Rule in Asia Minor, Princeton 1950, 1313, 17.

Tyrannidos graphe (*τυραννίδος γραφή*), Popularanklage wegen → Tyrannis. Für Athen ist die *τ. γ.* durch Plutarchs Bericht über → Solons Amnestiegesetz schon vor Solon belegt (Plut. Sol. 19): *ἀτίμων ὅσοι ἄτιμοι ἦσαν πρὶν Σόλωνα ἄρξαι, ἐπιτίμους εἶναι, πλὴν ὅσοι ... ἐπὶ τυραννίδι ἔφευγον.* Die Bestimmung dürfte sich auf die geflohenen Anhänger → Kylons (1) bezogen haben, welche nach dem mißlungenen Putsch vermutlich vom Areopag ([1], 1806) verurteilt worden waren. Aus der solon. Gesetzgebung überliefert Aristot. Ath. pol. 16,10 die Sanktion: *ἐάν τινες τυραννεῖν ἐπανιστῶνται ἢ συγκαθιστῇ τὴν τυραννίδα, ἄτιμον εἶναι καὶ αὐτὸν καὶ γένος* (Sol. frg. 37a Ruschenbusch). Vermögensverfall wurde erst nach Vertreibung des → Hippias (1) ausdrücklich verhängt (Thuk. 6,55, 1). Als Anwendungsfälle der *τ. γ.* sind namentlich bekannt: → Damasias, → Peisistratos (3) und → Miltiades (2; Freispruch); s.a. And. 1,97 und IG I² 10,33 (Erythrai-Dekret). Abgelöst wurde die *τ. γ.* durch Einführung des → Ostrakismos und die *γραφὴ δήμου → καταλύσεως.* Außerhalb Athens: Eresos OGIS 8 und Ilion ebd. 218 (jüngere Tyrannis). G. Th.

1. *Th. Lenschau*, RE VII A 1804ff. 2. *H. Berve* Die Tyrannis b. d. Griechen, 1967. 3. *Cl. Mossé* La tyrannie dans la Grèce Ant., 1969.

Tyrannion. 1. T. d. Ä. aus Amisos, eigentl. Theophrastos, Sohn des Epikratides und der Lindia, griech. Grammatiker des 1. Jh.s v. Chr. († wohl 26/25). T. war Schüler des → Dionysios (26) Thrax und wirkte später als angesehener Gelehrter und Besitzer einer großen Bibl. in Rom, wohin er als Gefangener, dann Freigelassener des L. → Licinius (I 37) Murena gekommen war. Zu seinen Freunden zählten Atticus (Widmung seiner »Akzentlehre« [Auszug: KeilGrL 4,529]), Cicero (dessen Neffen er unterrichtete) und Caesar, für den er »Über den Amphibrachys« (Suda s. *σκολιόν*) schrieb. Ob sich T. auch für Geogr. interessierte, bleibt (trotz Strab. 12,548 und Cic. Att. 2,6, 1) fraglich. Sonstige Werke (Schriftenverzeichnis, aber ohne Trennung der Homonyme, Suda s. *T.*) betrafen homer. Prosodie (benutzt von → Herodianos 1) und die Wortarten (3 Arten des nomen: proprium, appellativum, participium). Durch Vermittlung Varros übten seine Schriften auch im Lat. große Wirkung aus. Ein bedeutendes Verdienst erwarb sich T., indem er die Publikation der mit der Beute Sullas und des Lucullus nach Rom gelangten aristotel. Schriften anregte (→ Andronikos, → Apellikon). **2.** T. d. J., eigentl. Diokles, Sohn des Artemidoros aus Phoinikien, griech. Grammatiker august. Z. in Rom (Suda s. *T. ὁ νεώτερος*). Er war, von Ciceros Witwe → Terentia (A I 22) freigelassen, Schüler von Nr. 1 und soll dessen Namen angenommen haben. T. schrieb einen Komm. zu der Grammatik seines Lehrers, ferner über Orthographie, über die röm. Sprache, die er wie → Philoxenos (3) als griech. Dialekt ansah, und über die Abweichungen jüngerer Dichter von homer. Anschauungen. H. Gä.

Lit.: *H. Planer* De T. grammatico, Progr. Bln. 1852 (m. Frg.-Slg.). *Christ-Schmid* 2,1,429. *Susemihl* 2,179ff. *H. Usener* Kl. Schr. 2,265ff. 3,150ff. *A. H. Chroust*, H 93, 1965, 34ff., bes. 44ff. *I. Düring* Aristotle in the ancient biogr. tradition, Göteborg 1954, 412f. *Ders.*, RE Suppl. XI 194ff.

Tyrannis (*τυραννίς*), unbegrenzte Gewaltherrschaft; *τύραννος*, unumschränkter Gewaltherrscher, etym. unerklärtes Fremdwort aus der kleinasiat.-ägäischen Kultursphäre. Frisk 2,946f. Die T. nennt im Blick auf → Gyges (1) zuerst Archil. frg. 22 D., → Pittakos als *τύραννος* Alkm. frg. 87 D. Die ant. Tradition über die griech. T. ist überwiegend feindlich und tendenziös. Nur Antandros, der Bruder, und Kallias, der Günstling des → Agathokles (2) charakterisierten den Tyrannen positiv. FGrH 564. 565. Bes. in der Staatstheorie klingt das Wort *τύραννος*, nie als Titel gebraucht, gehässig. Im Gegensatz zum Königtum, das »freiwillige Untertanen und Achtung der Gesetze voraussetzt, ist die T. eine Herrschaft gegen den Willen der Menschen, nicht nach den Gesetzen und nach Willkür des Herrschers«. Xen. mem. 4,6,12. Aristot. pol. 1295a 22. Plat. rep. 545bc. 544c setzt sie an das Ende der Folge *τιμοκρατία, ὀλιγαρχία, δημοκρατία* als schlechteste aller Staatsformen, als 4. und letzte Krankheit der Polis. Noch im Jenseits sollen Tyrannen furchtbare Qualen erleiden. Plat. polit. 301c. Aber ein junger, begabter, belehrungszugänglicher Tyrann kann mit seiner Macht den idealen Staat begründen. Plat. leg. 710b–711. Aristot. pol. 1310b 1ff. kennt 4 Entstehungsarten der T.: Demagogen werden durch Verleumdung der Vornehmen Herren der Polis, Könige regieren unter Verachtung der Gesetze despotisch, Inhaber höchster Wahlämter mißbrauchen sie, und Oligarchen übertragen einem

Mann die absolute Herrschaft. Für Pol. 2,59,6 »schließt das Wort T. den ruchlosesten Inhalt ein und umfaßt alle menschlichen Schändlichkeiten und Gesetzlosigkeiten«. Im Kreislauf der Verfassungen läßt er (6,4,6ff.) der T., der Entartung der Basileia, Aristokratie, Oligarchie, Demokratie und Ochlokratie folgen. In der Gesch. der T. unterscheidet man die ältere T. vom 7. Jh. bis 461 v. Chr. (→ Anaxilaos), die tyrannenlose Z. der 2. Hälfte des 5. Jh. und die jüngere T., die mit → Dionysios I. (1) beginnt und bes. im 4. und 3. Jh. begegnet. In verschiedener Ausprägung findet sich die T. im griech. Mutterland und in den ö. und w. griech. Siedlungsgebieten, an der kleinas. Küste wie in Sizilien und Unteritalien. Ihr Nährboden sind bes. soziale Krisen, die, durch das Aufkommen der Geldwirtschaft und die Entfaltung von Handel, Gewerbe und Seeverkehr (Thuk. 1,13,1) verschärft, die kleinbäuerliche und besitzlose Masse bedrükken. Im Gegensatz zu seinen Standesgenossen erhebt sich dann ein Aristokrat als Schützer der Volksmenge (→ Peisistratos 3) zum Tyrannen. Mitunter führt äußere Bedrängnis zu einer T., so wurden Thrasybulos in Milet im Kampf gegen die Lyder, Dionysios in Syrakus im Krieg gegen die Karthager Tyrannen. Manche Tyrannen wurden von fremden Oberherren gestützt, die sich griech. Städte abhängig halten wollten. So begünstigten die Perser Tyrannen in Ionien (→ Aristagoras), förderte Philipp II. das Aufkommen von Tyrannen in Euboia und in der Peloponnes. Die T. beginnt oft mit der Besetzung der Stadtburg und Entwaffnung der Bürger. Der Tyrann stützt sich auf Söldner, seinen Reichtum, den er durch Steuern und Konfiskationen seiner Gegner vermehrt, und auf Bündnisse mit anderen, oft verschwägerten oder versippten Tyrannen. So half → Lygdamis (1) von → Naxos zunächst Peisistratos zur Rückgewinnung seiner T., wurde dann mit dessen Hilfe Tyrann auf Naxos und unterstützte seinerseits die T. des → Polykrates (1) auf → Samos. Die Polisverfassung besteht in der Regel weiter, der Tyrann steht neben oder über ihr und schließt Verträge in eigenem Namen. Sylloge^3 163. Er zieht an seinen luxuriösen Hof Dichter (→ Hieron 1) und Künstler, fördert die Baukunst und zugleich die Wirtschaft durch Errichtung von Tempeln, Anlage von Wasserleitungen und Ausbau von Häfen und stattet kultische Feste aus. Freilich ist er immer nur auf die Mehrung seiner Macht bedacht, verfolgt kaum überpersönliche nationale Ziele (mit Ausnahme der Tyrannen von Syrakus, die die griech. Freiheit gegen die Karthager erstreben), bereitet aber letztlich durch das Ausschalten der Aristokraten und die Begünstigung des niederen Volkes die Demokratie vor. Im Gegensatz zu modernen Diktatoren greifen die Tyrannen trotz gelegentlicher Willkürakte grundsätzlich nicht in die private Lebenssphäre ihrer Untertanen ein; nur → Hieron I. (1) schuf eine Geheimpolizei, um die Stimmung der Bürger zu erforschen. Aristot. pol. 1313b 10ff. Berve IXf. Die T., an sich vererblich, war kurzfristig; die → Orthagoriden in → Sikyon regierten zwar 100 J., aber die Peisistratiden mit Unterbrechung nur 50, die älteren Tyrannen von Gela und Syrakus 18, die → Kypseliden in Korinth 72 J. Beseitigt wurden sie fast immer nicht durch eine Volkserhebung, sondern durch Mord (→ Hipparchos 1, → Klearchos 2) oder Eingreifen auswärtiger Mächte. Seit → Cheilon (1) und Anaxandridas war Sparta stets ein Vorkämpfer gegen die T. FGrH 105,1. Nach ihrem Sturz wurden die Tyrannen verfemt, der Versuch einer T. durch Gesetze mit ehrlosem Tod durch Steinigung, Verweigerung des Begräbnisses und Verbannung des ganzen Geschlechts bedroht. Bes. suchten sich die Athener gegen eine T. zu schützen. Aristot. Ath. pol. 16,10. IG I^2 10. And. 1,96ff. Demosth. 20,159 (Volksbeschluß des Demophantos 410/09). 362/61 sicherten sie sich in einem Bündnisvertrag mit peloponnes. Staaten gegen T. H. Bengtson Die Staatsverträge des Alt. 2,290,27. Noch 336 versprach das Tyrannengesetz des Eukrates Straflosigkeit für den, der einen Tyrannen tötet. SEG XII 87. H. V.

M. Ostwald, TAPhA 86, 1955, 103ff. *H. Berve*, HZ 177, 1954, 1ff. *Ders.* Die Tyrannis ..., 1967 (Lit. und Liste aller bekannten Tyrannen).

Tyrannos, griech. Rhetor des 4. (oder 5.?) Jh.s n. Chr. (Suda s. *T.*), schrieb über Statuslehre und 10 B. *π. διαιρέσεως λόγου*, in denen er wahrscheinlich, ähnlich wie → Sopatros (4), die einzelnen Deklamationsthemen durch Vorschrift und Muster erläuterte. Von beiden Werken sind nur insgesamt 12 Frg.e durch Zit. bei Georgios Monos, Christophoros und Neilos erhalten. Ihre Reihenfolge läßt sich anhand der Einteilung des → Hermogenes (9) – für T. im Unterschied zu byz. Rhetoren noch keine uneingeschränkte Autorität –, einigermaßen sicher bestimmen. W. Stegemann, RE VII A 1843ff. (m. Frg.en). H. Gä.

Tyras (*Τύρας*), Miles. Kolonie an der Mündung des gleichnamigen Flusses (h. Dnjestr). Ihrer Lage nach entsprach T. der h. sowjet. Stadt Bjelgorod Dnjestrovski. Name wohl thrak. Herkunft. Behörden, Kalender, relig. Kulte ident. mit denen von Milet. Die Gesch. von T. ist äußerst lückenhaft bekannt. Die Handelsbeziehungen zu Athen im 5./4. Jh. zur Genüge bezeugt. Sehr rege scheinen die Beziehungen zu den einheim. Nachbarstämmen und zu Poleis der w. Pontosküste gewesen zu sein.

Skymn. 7,98. 802ff. Plin. nat. 4,82. CIL III 781 = IPE 1,3. Chr. D.

Diehl, RE VII A 1850–1863; neuere rumän. u. sowjet. Lit. bei *Danoff*, RE Suppl. IX 1091ff. *Detschew* Thrak. Sprachreste 529ff.

Tyriaeion s. Tyraion

Tyro (*Τυρώ*), Tochter des → Salmoneus und der Alkidike, Gattin des → Kretheus, liebte den

Flußgott Enipeus, an dessen Ufer und in dessen Gestalt ihr Poseidon beiwohnte und mit ihr → Pelias und → Neleus (1) zeugte (Kernlegende Hom. Od. 11,235ff.). Nach deren Geburt gebar sie dem Kretheus noch drei Söhne: → Aison (1), Pheres und → Amythaon. Als Ort der Handlung werden der thessal. (Nonn. 42,117) wie der elische (Strab. 8,3,32, vgl. Eust. Od. 1682,5) → Enipeus angegeben (Verbindung Apollod. 1,9,7). Zum Grundmotiv der hom. Kernsage traten verbreitete myth. Elemente ausgestaltend hinzu: Aussetzung der Knaben und deren Rettung durch einen Hirten, Peinigung der T. durch ihre Stiefmutter → Sidero, Erlösung und Rächung durch ihre Söhne (dazu vgl. Men. Epitr. 111. Apollod. 1,9,8. Diod. 4,68,1f. Sch. Hom. Il. 10,334. Eust. Od. 1681, 51ff. Sch. Lykophr. 175 und allg. die Amphion- und Romulus-und-Remus-Legende). Aus dem Stoff bildete Soph. 2 Tragödien (frg. 589–608 N.), doch lassen die Frg.e das Verhältnis beider zueinander nicht erkennen. Weitere trag. Bearbeitungen von Astydamas d.J. (p. 777 N. = Nr. 60 SN.) und Karkinos (frg. 4 N. = 70 F 4 SN.). Völlig anders Hyg. fab. 60. 239,2. 254,3, wo auf dem Hintergrund des Hasses zwischen den Aioliden Salmoneus und → Sisyphos T. ihre von Sisyphos empfangenen Kinder tötet, um ihren Vater zu retten. Ant. Erklärer bringen den Namen (weitere Sch. Hom. Od. 11,235) mit *τυρός* »Käse« (vgl. Lukian. v. h. 2,107. Eust. Od. 1535,22) oder ihrer hellen Hautfarbe (Diod. 6,10. Sch. Hom. Od. a.O. vgl. Prop. 2,28,51) zusammen. Verbindung mit → Tyros (nach Ioh. Antioch. 6,15) abzulehnen. Geht man von einer Wz. * *tyr-* »schwellen« aus, könnte man T. als alte Erdgöttin vertsehen, wozu die Zusammenstellung mit Poseidon gut paßt. K. D. F.

Radke, RE VII A 1869ff. *Preisendanz*, Myth. Lex. 5, 1458ff. *Séchan* Ét. sur la tragédie grecque ..., 1926, 219ff. *Binder* Die Aussetzung des Königskindes, 1964, 148f. *Solmsen*, IF 30, 1912, 34.

Tyros, phoin. Inselstadt 55 km n. des → Karmel; phoin., hebr., ugarit. *ṣr*, assyr. *Ṣurri*, äg. *ḏ*ꜣ*r*, heute Ṣūr, griech. *Τύρος* (zuerst Hdt. 2,44), selten *Ζωρ(ος)* (App. Hann. 1), Appellativum »Fels«. Urspr. Doppelinsel, von Hiram I. vereinigt (Ios. ant. Iud. 8,144ff.), von Alexander bei der Belagerung i.J. 332 durch einen Damm mit dem Festland verbunden, wo bereits die ältere Stadt Ušū (h. tell rešēdīje) lag. Von den beiden Häfen ist h. noch der sidon. im N. in Benutzung, der äg. im S. unter Wasser. – Abgesehen von kaum verwertbaren legendären Berichten (z.B. Erwähnung der Aštart von T. im Keret-Epos, A. HERDNER Corp. des Tabl. cunéif. alphab. 14,198. 201) tritt T. erst in der Amarna-Z. (13. Jh. v. Chr.) in die Gesch. ein: König Abimilku hält dem Pharao die Treue (Vorderasiat. Bibl. 2,146–155), da T. wohl schon vorher unter äg. Vorherrschaft stand. Um 1200 havariert bei T. ein ugarit. Kauffahrer auf dem Wege nach Äg., was der König von T. seinem »Bruder« in ugarit. Sprache mitteilt (Palais royal d'Ugarit 5,59). Nach dem Seevölkersturm entwickelt sich T. rasch zu einer der führenden Städte Phoinikiens, gründet Emporien in Kition, Leptis, Hadrumetum, Karthago, Utica, Gades u.a. (genaue Daten z.T. umstritten). Es verweigert Tributzahlung an → Tiglatpileser I. von Assyrien (1116–1078 v. Chr.). Hiram I. (969–936) liefert bereits David Zedernholz (2. Sam. 5,11), tritt dann auch in Handelsbeziehungen zu Salomo (Hilfe beim Tempelbau 1. Reg. 5,15ff.; gemeinsame Ophirschiffe 1. Reg. 9,26ff.). Weitere Könige (Balbazeros, Abdastartos, Mathusastartos, Astarymos usw.) kennen wir nur aus der Königsliste des Menander bei Ios. c. Ap. 1,106ff.; ant. Iud. 8, 144ff. 13,324. Ittobaal (887–856), wahrscheinl. ein Usurpator, unterwirft das bisher mächtige → Sidon, erkämpft für T. die Vorherrschaft über Phoinikien. Seine Tochter Isebel heiratet Ahab von Israel (1. Reg. 16,31) und führt dort den heimischen Ba'al-Kult ein. In die Regierung des Pygmalion wird die Gründung Karthagos durch Dido-Elisa gelegt (Ios. c. Ap. 1,125, vgl. P. CINTAS, Manuel d'Arch. pun. 1, 1970, 5ff.). Als mit Tiglatpileser III. die Assyrer auch in die phoin. Küstenebene vordrangen, schließt sich König Ittobaal II. (Tubailu) zunächst der Revolte des Resin von Damaskus an, muß aber Tribut bringen. Er regierte bis ca. 738 v. Chr., ihm folgen Hiram II. (738–733) und Metenna (733–727) als Tributäre (M. COGAN, Journ. of Cun. Stud. 25, 1973, 96ff.; vgl. M. WEIPPERT, ZDPV 89, 1973, 46ff.). Elulaios (Luli; 727–692 v. Chr.), nach assyr. Inschr. König von Sidon, das er wohl mit regierte, fiel 726 wieder ab, was eine fünfjährige Belagerung von T. durch → Salmanassar V. (3) zur Folge hatte. → Sargon II. (721–705) ging nicht gegen T. vor, wohl aber gegen Zypern, dessen Städte sich 709 aus der Abhängigkeit von T. lösten. Nach einem Aufstand gegen Sanherib 701 muß Luli fliehen, Gebietsteile von T. gehen an Sidon, die Kolonien werden unabhängig. Der Gebietsverlust wird ausgeglichen nach dem Vertrag Asarhaddons mit Baal von T. (Arch. f. Orientforsch. Beih. 9 § 69), doch endet ein Aufstand 671 mit der Einsetzung eines Statthalters. Auch gegen Assurbanipal empört sich T. zweimal im Vertrauen auf seine Insellage, schließlich unter Ittobaal III. 593 gegen → Nebukadnezar (2; Hes. 26–28). 13 Jahre Belagerung zwingen es nicht nieder (Ios. ant. Iud. 10,228; c. Ap. 1,156). 562–555 wird T. durch Suffeten regiert, danach wieder von Königen, die auch unter achaimenid. Herrschaft (T. ist Teil der 5. Satrapie) bleiben. Die Flotte leistet meist Heerfolge, doch beteiligt sich T. am Aufstand gegen → Artaxerxes III. Ochos 351. Danach kommt es zu einem Herrschaftswechsel durch einen Sklavenaufstand (Iust. 18,3,6ff.). Alexander, dem der Zutritt verweigert wird, erobert 332 T.

grausam. In der Diadochenzeit bleibt T. selbständig, wird 275 Republik mit neuer Ära, behält auch nach 64 v. Chr. die Autonomie. 193 n. Chr. wird es beim Kampf zw. C. → Pescennius (1) Niger und L. → Septimius (II 7) Severus niedergebrannt (Herodian. 3,3,3 ff.), rasch wieder aufgebaut, ist seit 198 Hauptstadt der Provinz *Syria Phoenice*. 638 erobern die Araber T. – T., mit Stadtgott Melqart, verdankt seinen Reichtum dem Handwerk (Metallbearbeitung und Purpurproduktion s. Plin. nat. 5,19,75. 9,36. Strab. 16,2,23) und dem Handel über das Mittelmeer. W. Rö.

Tyrrhener. Den Volksnamen *Τυρσανοί*, *Τυρρηνοί* usw. wendet die Ant. sowohl auf die Etrusker in Italien wie auf ein nicht klar faßbares (Seeräuber-) Volk in der n. Ägäis an (Hom. h. 7,6 ff. Hdt. 1,57. Steph. Byz. s. *Μέταον* und *Αἰθάλη*. Philoch. frg. 5), oft auch als Homonym für → Pelasger. – Verwandt ist vermutlich *Trš. w*, *Twrjš. w*, der Name eines der Seevölker in den äg. Berichten des 13. und 12. Jh. Thuk. 4,109 erwähnt, daß Lemnos von den Tyrsenern besetzt gewesen sei (vgl. ferner das Zitat aus Antikleides bei Strab. 5,221). Im SO. der Insel ist eine Grabstele gefunden worden, die zwei Inschr. (IG XII 8 Nr. 1) in einem dem altphryg. und dem etr. ähnlichen roten Alphabet und das Flachrelief eines Kriegers zeigt. Relief und darüberstehende Inschr. sind nach [7] um 600, die seitliche Inschr. um 550 v. Chr. entstanden; nach neueren Forschungen jeweils 50 J. später. – Vier kurze, meist fragmentar. Graffiti auf Gefäßscherben von Lemnos, die viell. auch tyrrh. sind, hat [5] publiziert. Die Sprache zeigt, soweit überhaupt verständlich, in Morphologie und Wortschatz deutliche Verwandtschaft mit dem Etr., stützt also die ant. These von der Identität der »griech.« mit den »ital.« Tyrrhenern und deutet auf ö. Herkunft mindestens einer ethn. Komponente der Etrusker (Unannehmbar ist Georgievs [10] Deutung dieser Texte als hethit.). Andere tyrrh. Sprachreste gibt es nicht. G. N.

1. *Cousin-Durrbach*, BCH 10, 1886, 1 ff. 2. *S. Bugge* Der Ursprung der Etrusker usw., 1886. 3. *A. Torp* Die vorgriech. Inschr. von Lemnos, 1903, = Christiania Videnskabs-Selskabs Skrifter II, Hist.-fil. Kl. Nr. 4. 4. *W. Brandenstein* Die tyrrhen. Stele von Lemnos, Mitt. Altorient. Ges. 8, H. 3, Lpz. 1934. 5. *A. Della Seta*, Scritti in onore de B. Nogara, 1937, 119 ff. 6. *W. Brandenstein*, RE VII A 1909 ff. 7. *M. Falkner* in: Frühgesch. und Sprachwissenschaft, 1948, 92 ff. 8. *G. A. Wainwright*, Anat. Stud. 9, 1959, 197 ff. 9. *M. Pallottino* Die Etrusker, 1963, 48 ff. 10. *V. Georgiev* Introduzione alla storia delle lingue indeuropee, Roma 1966, 286 ff. 11. *H. Rix*, Gedenkschr. f. W. Brandenstein, Innsbruck 1968, 213 ff.

Tyrrhenos oder **Tyrsenos** (Fest. 484,19 L. *Turrenus*), Eponym der → Tyrrhener, Sohn des Lyders → Atys (1; Hdt. 1,94. Dion. Hal. ant. 1, 27,2. Strab. 5,219. Sch. Lykophr. 1351. Serv. auct. Aen. 1,67) oder des → Telephos (1; Dion. Hal. ant. 1,28,1. Serv. auct. Aen. 8,479) oder des Herakles und der → Omphale (Dion. Hal. a. O. Paus. 2,21,3. Hyg. fab. 274,20), führt lyd. bzw. pelasg. (Antikleid. FGrH 140 F 21) Auswanderer nach Italien (statt T. nennt Xanthos FGrH 765 F 16 Torebos), gründet → Caere (Serv. auct. a. O.) und erfindet die Trompete (Diod. 5,40. Paus. a. O. Hyg. a. O.); Bruder des → Lydos (1; Hdt. a. O.) oder → Tarchon (Lykophr. 1248 m. Sch. Serv. auct. Aen. 10,198) oder Vater des Tarchon (Cato frg. 45 P.) und Hegeleos (Paus. a. O.). T. als Mitkämpfer des Aeneas (Verg. Aen. 11,612. Dion. Hal. 1,64,3), Gott des tyrrhen. Meeres (Val. Fl. 4,715. 7,83). G. R.

Müller-Deecke-Pfiffig Die Etrusker 1,83. *Preisendanz*, Myth. Lex. 5,1467 f. *Grimal* Dict. étym. 467.

Tyrrhenum mare. Der Name *Τυρσηνικὸν πέλαγος* (zuerst Thuk. 4,24), *Τυρρηνική* (*Τυρσηνὶς* Dion. Per. 83) *Θάλασσα* (Pol. Diod. Strab. Plut. u. a.), *Τυρσηνικὸς κόλπος* (Soph. frg. 541 N. Thuk. 6,62) für den durch die W.-Küste Italiens, die sizil. N.-Küste und durch Sardinien und Korsika begrenzten Teil des w. Mittelmeers stammt wahrscheinl. von den Griechen Unteritaliens. Seit dem 5. Jh. üblich. Übertragung der griech. Form ins Lat. begegnet vornehml. bei Dichtern (Hor. c. 1,11,6. 3,2,4. *T. aequor* 4,15,3. Verg. Aen. 1,67. *T. fluctus* Iuv. 2,6,92), doch auch (später allg.) in Prosa, die meist *Tuscum m.* (Varro rust. 3,9,17. Cic. or. 3,19,69. Liv. 5,33,8) schreibt. *Tuscum pelagus* (Mela 2,74), *Tuscum aequor* (Plin. nat. 3,44. Hor. epist. 2,1,202; im Plur. c. 4,4,54), selten *Etruscum m.* (Liv. 4,52,5. Hor. c. 3,29,36). Im Gegensatz zum *m. superum*, der → Adria, hieß es häufig *m. inferum* (Cic. Att. 9,5,1; de or. 3,69). K. D. F.

Scherling, RE VII A 1939 f. *Nissen* It. Ldk. 1,97 ff.

Tyrtaios (*Τυρταῖος*), Elegiker, Sohn des Archembrotos (Suda), nach der Suda Lakone oder Milesier, nach falschen ant. Behauptungen gebürtiger Athener, zum spartan. Bürger geworden (Plat. leg. 629 a), von den Spartanern auf ein Orakel hin als Führer gegen die Messenier erbeten (Lykurg. 105. Philoch. FGrH 328 F 216 u. a.). Ist Strab. 8,4,10 im Recht, so hat T. von sich gesagt, er habe den Krieg als Feldherr für die Spartaner geführt; doch scheint dem der unvollständige V. 1,54 D. = 19,11 W. zu widersprechen und diese Angabe aus der Legende übertragen zu sein. Spartan. Herkunft ist durch das Vorkommen einzelner Dorismen gesichert. Die Z. des T. ist die des 2. messen. Krieges, also Mitte des 7. Jh. (Frg. 4 D. = 5 W.). Die Suda setzt seine Blüte Ol. 35 = 640/37 an. Nach ihr schrieb T. 5 B. Gedichte, nämlich *πολιτείαν Λακεδαιμονίοις, ὑποθήκας δι' ἐλεγείας, μέλη πολεμιστήρια* (die Titel nicht von T.). Von den letzteren ist nichts erhalten; Carm. pop. 18. 19 D. = 856. 857 P. gehören aus sprachlichen Gründen nicht T. Die *πολ. Λακεδ.* ist wohl mit der von Aristot. pol.

5,1306b 36 und Strab. a.O. zit. *Εὐνομία* ident., die, als während des Krieges eine Neuverteilung des Landes gefordert wurde, die spartan. Verfassung als vom delph. Orakel gestiftet feierte (1–3 D. = 1–4 W., wichtig für die Gesch. der → Rhetra). Das Thema der übrigen überlieferten Elegien ist die immer wiederholte und begründete Aufforderung zum Aushalten im Kampf bis zum Tode. Reale Situationen – in 8 D. = 11 W. eine Niederlage – sind kenntlich außer in 9 D. = 12 W. Hier wird dargelegt, daß die wahre *ἀρετή* nicht in sportlichen Leistungen, sondern in eben diesem Aushalten besteht. Gegen die Annahme der Unechtheit (zuletzt H. Fränkel Dichtung und Philos. des frühen Griechentums^{2}, 1962, 384ff.) W. Jaeger, SPrAW 1932, 535ff. u.a. Die Elegie ist offenbar in einer Friedensz. verfaßt. Vorgänger des T. in der kriegerischen Elegie war → Kallinos, dessen Dichtung er kannte. In der Sprache ist er von Homer abhängig, bildet das Hom. aber auch weiter. Kenntnis des T. war in Sparta noch im 4. Jh. lebendig (Plat. a.O.), ebenso in Athen. Überliefert sind die Reste seiner Dichtung außer durch Zit.e durch Pap. Berol. 11675 (3. Jh. v. Chr.; Frg. 1 D. = 18–23 W.) und POxy 2824 (um 100 n. Chr.; Frg. 2 W.). Letzterer zeigt, daß man noch in der frühen Kaiserz. T. nicht nur in Florilegien las. R. K.

Ta.: Anth. lyr. ^{3}I, 1949, 4ff. *C. Prato*, Romae 1968 (ausführl. Einl., Testimonia, Komm.). *M. L. West* Iambi et elegi gr. 2, Oxf. 1972, 149ff.
Lit.: *C. M. Bowra* Early Greek Elegists, Cambr. 1938 (1960), 37ff. *R. Harder*, Kl. Schr., 1960, 180ff. *B. A. van Groningen*, Verhand. Nederl. Ak. Afd. Letterk., N. R. 65,2, 1958 (1960), 79. 125ff. *Verdenius*, Mnem 22, 1969, 337ff. (zu 6–7 D.). *Br. Snell* T. und die Sprache des Epos, 1969. *Lesky* GGrL^{3}, 1971, 144ff.

Tzetzes, Iohannes, bekannter byz. Gelehrter der Periode der Komnenen; * 1110/12, † 1180/85. Sohn eines Grammatiklehrers, erhält eine vielseitige Bildung und ist zunächst kaiserl. Sekretär, dann Privatlehrer für Rhetorik und Dichterexegese. T. gehört jener Schicht von Literaten an, die wie Konstantinos Manasses, Michael Glykas oder Theodoros Prodromos von der Gunst der Mächtigen, weltlichen Beamten wie geistlichen Würdenträgern, lebten; auch Angehörigen der kaiserl. Familie hat T. Werke dediziert. T. entfaltete eine reiche literar. Tätigkeit. Neben seinen an hohe Persönlichkeiten in Konstantinopel gerichteten und deshalb auch zeitgesch. und prosopographisch wichtigen Briefen überwiegt die Erkl. und Paraphrase ant. Dichter, die in Sch. und Komm. ihren Niederschlag findet. Auch die in rhet. Stil verfaßten Briefe, die den Zeitraum von 1135–1170 umspannen, behandeln Themen aus Myth., Lit.-Gesch. und Historie, um die Belesenheit ihres Vf.s zur Schau zu stellen und seine Eitelkeit zu befriedigen, und benötigen nun ihrerseits des Komm., der mit Sch. versehen in den Chiliaden (*Βίβλος ἱστοριῶν*) vorliegt. Urspr. in 660 Cap. eingeteilt, stellen die 12674 Zwölfsilbler (sog. polit. Vers) Miszellen und Exkurse zu den Briefen dar.

In den zwischen 1142 und 1147 entstandenen Allegorien zur Ilias und Odyssee (*Ὑπόθεσις τοῦ Ὁμήρου ἀλληγορηθεῖσα*) nimmt T. in Form zweier Lehrgedichte wiederum in polit. Versen die allegor. Umdeutung der hom. Götterwelt vor. Alle in der Ant. entwickelten Formen der Mythenallegorie finden sich nebeneinander bei T. wieder, der sich u.a. auch auf ältere naturphilos. Spekulationen zu den Epen Homers stützt. – In einem weiteren Komm. zur Ilias, der Niederschrift einer Homervorlesung, polemisiert T. insbesondere gegen seine Vorgänger in der Auslegung Homers, der noch immer beliebtester Autor der Schule war.

Auf → Quintus (1), → Triphiodoros, → Malalas u.a. Quellen beruhen die sog. Carmina Iliaca, die aus drei Teilen bestehen: Antehomerica (*Τὰ πρὸ Ὁμήρου*; troian. Geschichten, die der Erzählung Homers vorausgehen), Homerica (*Τὰ Ὁμήρου*; Stoff der Ilias), Posthomerica (*Τὰ μεθ' Ὅμηρον*; Ereignisse, die sich nicht bei Homer finden: Bau des hölzernen Pferdes, Zerstörung Troias u.a.). T. schreibt in Hexametern; später fügt er seinem Text gleichfalls Scholien hinzu.

Auf der Grundlage von Hesiods Theogonia und Homers Ilias gibt T. in seiner Theogonia die Abstammung der Götter und der griech. und troian. Helden.

Scholien, vor 1138 entstanden, sind zu Hes. erg. überliefert (unsicher ist dagegen die Zuweisung von Erkl. zum Schild des Herakles an T.); hier ist hervorzuheben die Polemik gegen den Platon-Kommentator → Proklos, zugleich Muster, wie ein Komm. anzulegen sei. T. bewahrt uns hier Reste von Plutarchs Komm. zu Hesiods Werken und Tagen. T. schrieb ferner Sch. zu Aristoph. (Plut. Nub. Ran.; erhalten sind auch Argumente zu Equ. und Av.) mit bemerkenswerten Prolegomena, zu → Lykophrons (6) Alexandra (die Erkl. gehen im wesentlichen von Apollodors Bibl. aus, von der T. als Vorarbeit zu seinen Erkl. eine Epit. verfaßt hatte), zu → Oppians (1) hal. sowie zu Nik. Alex. und Ther.

Eine Reihe allg. Traktate zur Rhetorik, Poesie, Metrik und Grammatik umfaßt eine Epit. der Rhet. des → Hermogenes (9), einen Komm. zu → Porphyrios' Einleitung zu den Kategorien des Aristoteles (die Eisagoge des P. diente als Kompendium der Logik und wurde von T. für Schulzwecke erklärt), die sog. Allegorien (ein Gedicht, das die Methode der Mythenallegorie erläutert); Teil einer heute verlorenen *Χρονικὴ βίβλος*, ein auf dem Enchiridion des → Hephaistion basierendes Lehrgedicht über Versfüße und Metra, ein dreiteiliges Gedicht über dramatische Dichtung. Erwähnenswert sind ferner eine

Schrift *Περὶ τῆς γεννήσεως τῶν θεῶν*, Prolegomena zu den bukolischen Dichtern, ein Komm. zu den Zeittafeln (*Πρόχειροι κανόνες*) des Claud. → Ptolemaios (B 1), Glossen zu Pindar, Aischylos, Euripides, Thukydides. Anderes bleibt zweifelhaft.

Der Polyhistor und Vielschreiber T. bewahrt viele wertvolle, freilich nicht immer richtig wiedergegebene Angaben zur ant. Lit. und Kulturgesch. einschließlich der volkstümlichen Lit. Nicht wenige Autoren (→ Hipponax, der Dramatiker → Chairemon 1, → Kallimachos 3, → Diodoros (12), → Apollodoros 5, → Cassius [III 4] Dio u.a.) standen ihm noch in umfangreicheren Ausgaben als uns zur Verfügung; seine Verehrung galt → Plut-

arch. T.' Methode beruht auf der Paraphrase im Sinne lit.-gesch. Erklärung.

Rechthaberei, Überheblichkeit und ständiges Klagen über seine schlechte materielle Lage haben das Urteil über den »Philologen und Streiter für seinen eigenen Ruhm« (H.-G. BECK) wesentlich mitgeprägt. W. O. Sch.

Ta.: Gesamtausg. fehlt, krit. Neuausgaben liegen nur für einzelne Schriften vor; Überblick bei *W. Hörandner*, Byzantion 39, 1969, 108f. Allg. Lit. mit Bibliogr.: *Krumbacher* 526ff. *C. Wendel*, RE VII A 1959ff. *G. Moravcsik*, Byzantinoturcica, 1958^2, 342ff. *F. Dölger* Byz. Dichtung i.d. Reinsprache, 1961, 23f.; Gesch. d. Textüberl. d. ant. u. ma. Lit. 1, 1961. *R. Browning*, Past and Present 28, 1964, 14f.

U

Uaphris s. Apries

Uberi. Keltenstamm im oberen Wallis, nach Plin. nat. 3,135 zu den → Lepontiern gehörend, was durch ihre Nennung mit diesen, aber getrennt von den anderen Stämmen des Wallis im Tropaeum Alpium, Plin. 3,137. HOW.-MEYER 80ff., indirekt durch Caes. Gall. 4,10,3 (Rhein = Rhônequelle im Gebiet der Lepontier) und durch die archäol. Funde bestätigt wird, die sich vom übrigen Wallis unterscheiden, aber mit den tessin. verwandt sind, HB. d. Schweizer Gesch. 1, Zürich 1972, 49f. 62. In der Kaiserz. zu den *civitates IV Vallensium* gehörend. E. M.

F. Stähelin Schweiz in röm. Z.^{3} 86. 87 A. 6. *How.-Meyer* 38ff. A. 4. 196.

Ubertas. Personifikation des Reichtums; U., der kaum mehr rel. Bedeutung zukommt, als daß sie an die Vorstellung der Fruchtbarkeitsgöttin anschließt, bes. häufig auf Mz. ab → Decius (II 1; dort oft *Uberitas*), der sie im J. 249 im Zusammenhang mit einer programmat. Maßnahme eingeführt hat. Neben U. finden sich auf Mz. dieser Z. → Abundantia, → Felicitas, → Liberalitas. W.P.

St. Weinstock, RE VIII A 530f.

Ubii. Germ. Völkerschaft an der ö. Rheinseite, im Gebiet zw. unterer Lahn und Taunus, gegenüber den → Treverern (Caes. Gall. 4,3), den → Sugambrern im N. und den → Vangionen im S. benachbart. Im Anschluß an die Wanderungsbewegungen der Westgermanen (→ Usipeter und → Tencterer) 55 v. Chr., brechen die U. ebenfalls in andere Wohngebiete auf, um 48 v. Chr. (Tac. ann. 12,27), schicken Gesandte zu Caesar und schließen Freundschaft mit den Römern (Gall. 4,16). Von den Sueben bedrängt unterwerfen sich die U. nach dem Aufstand der Treverer im J. 53 v. Chr. in Erwartung von Landzuweisungen im linksrhein. Gebiet der ausgerotteten → Eburonen, mit Wahrung gewisser Autonomie im alten und neuen Wohngebiet. Die Verwaltungsneuordnung Galliens unter → Agrippa (4) bezieht die U. mit ein und erlaubte gleichzeitig den → Chatten, in die aufgelassenen Landschaften nachzurücken (Cass. Dio 54, 36). Nach Überprüfung der Bündnistreue wurde die *civitas Ubiorum* eingerichtet und der Haupt- und Stammesvorort, das *oppidum Ubiorum* konstituiert, h. Köln. Gleichzeitig erfolgte die Vermessung des Landes (Plin. nat. 4,98; vgl. KLINKENBERG, BJ 95,259) und die Übertragung des Grenzschutzes. Röm. Legionen wurden in Bonn und Neuss stationiert, die U. zur Truppengestellung herangezogen (Auxiliarkohorten beim Bataveraufstand, später in Untermoesien und Oberdacien). Mit der Gründung des stadtartigen *oppidum U.*, das wegen der günstigen Lage schnell an Bedeutung gewann, wurde den U. und der niedergerm. Provinz ein administrativer und religiöspolit. Mittelpunkt geschaffen, als die Tac. ann. 1,57 erwähnte *ara U.* errichtet wurde, die mit der Änderung der Germanenpolitik des Tiberius nur dem städt. Kaiserkult diente und in den Stadtnamen aufgenommen wurde. An einer Erhöhung der Niederterrasse des Rheins angelegt, wurde die Siedlung mit Mauer und Graben befestigt und deckte eine Fläche von ca. 1 qkm. Im J. 50 n. Chr. zur Kolonie erhoben, wurden Veteranen angesiedelt, den Bewohnern von Claudius, auf Anregung der Kaiserin Agrippina, das *ius Italicum* verliehen. Die *civitas U.*, den Römern verbündet, verlor in zunehmendem Maße ihre Autonomie.

Am 2. Jan. 69 wurde in Köln *(→ Colonia Claudia Ara Agrippinensium = CCAA)* → Vitellius (2) zum Kaiser proklamiert. Im Gefolge des Bataveraufstandes zunächst neutral, wurde ein *concilium* der am Kriege beteiligten Germanen nach Köln berufen und setzte für die Germanen die steuerl. Belastungen auf den Handelsverkehr aus und erlaubte den freien Grenzverkehr. Nach der Niederlage des → Iulius (A II 28) Civilis bei Trier wechselten die U. zu den Römern über. Die Weiterentwicklung des Handels nach Germanien förderte die kulturelle und wirtschaftl. Blüte dieses Gebietes im 2. und 3. Jh. n. Chr. H. C.

H. Schmitz, RE VIII A 532ff. Römer am Rhein, Ausstellung d. Röm. Germ. Museums Köln, 1967.

Ucenni, nur in der Siegesinschr. des Tropaeum Alpium, Plin. nat. 3,137. How.-MEYER 80ff., zwischen den → Medulli (wohl in der Maurienne) und den → Caturiges genannter Stamm der W.-Alpen, wahrscheinl. in der Landschaft Oisans im Tal der Romanche. E. M.

E. Thévenot, REA 44, 1942, 234ff. *P. Goessler*, RE VIII A 546f.

Ucetia. Stadt im Gebiet der Volcae Arecomici (Gallia Narbon.); h. Uzès. *Oppidum latinum* im Territorium von Nemausus Strab. 4,1,12. Plin. nat. 3,37. In der Not. Gall. 15,9 ist das *castrum Uceciense* letzte der 8 *civitates* der prov. Narbon. I. Wichtiger Straßenknotenpunkt. U. und *episcopus Ucecensis* bei Greg. Tur. 6,7. 8,18. Denkmäler und neue Funde: Gallia 22, 1964, 506. 29, 1971, 401. Inschr.: CIL XII 2925. ESPÉR. Inscr. 393. M. L.

Desjardins 2,213. *Grenier* MAN 6,407. Dict. topogr. du dépt. du Gard 251.

Uchi maius. Ortschaft der Africa Proconsularis, 15 km w. von → Thugga; h. Hr. Douemis. Atl. arch. Tun. 1/50000ᵉ, Souk el-Arba, nr. 62. In dieser vorröm. Siedlung, außerhalb der *provincia*, siedelte Marius gaetul. Veteranen an, S. GSELL Hist. Anc. Afr. N. 7,10. Sie bildeten keine *colonia*, sondern einen *conventus*, CIL VIII 26250. 26252. 26276. *Oppidum c. R.* bei Plin. nat. 5,4,29. Nur *respublica U. M.* z.Z. des Septimius Severus, CIL VIII 26255. Wurde *colonia* im J. 230 und nahm den Beinamen *Alexandriana* an, CIL 15447. 15450. 26270. Ruinen: Forum, Tempel, Triumphbogen, Mauerreste. Inschr.: CIL VIII 15446. 26239. ILTun. 1370. A. MERLIN–L. POINSSOT Inscr. d'U. M., 1908. M. L.

Uchoreus. Bei Diod. 1,50 der 8. Nachfolger des Osymandyas (→ Ramses II.), wohl ident. mit Ochyras im Sothisbuch, nach SETHE (Beitr. z. ält. Gesch. Äg. 121) Übersetzung des Namens des ältesten Königs Menes von *mn* »fest sein«: ὀχυρός. U. wie Menes gelten als Gründer von → Memphis. Der Grund für die fehlerhafte Einfügung von Uchoreus/Ochyras am E. der 20. Dyn. ist unbekannt. W. H.

Udaios s. Spartoi

Ufens. 1. U. (*ū* Verg. Aen. 7,802) oder *Ofens* (Fest. 212,7ff. L.), *Aufentum* (Plin. nat. 3,59), Αὔφιδος (codd. Strab. 5,233), durch Versumpfung gehemmter (Claud. 1,257) Küstenfluß Latiums im *ager Privernas* (Fest.), mündet bei → Tarracina (Fest. Plin. GML p. 152), gab der *tribus Oufentina* (Lucil. frg. 1260 M.) den Namen (Fest.); h. Uffente. G. R.

Forbiger HB. d. alt. Geogr. 3,377. *Nissen* It. Ldk. 2,639.

2. U. befehligt in Vergils Aeneis die → Aequi aus → Nersae (7,744ff.), neben → Turnus (1), → Messapus und → Mezentius Führer der Latiner gegen Aeneas (8,1–8), noch vor deren Niederlage (12,641f.: in Kontrast zu 7,745 formuliert) von → Gyas (1) getötet (12,459f.). Wie anderen (z.B. 7,532. 535. 752. 11,670) gibt Verg. ihm den Namen eines beliebigen Flusses; ähnlich verfährt Sil. 4, 337. 9,585. C. J. C.

Ugarit, h. Rās eš-Šamra n. Lataqīje in Syrien, nordsyr. Stadtstaat. 1928 zufällig entdeckt, wird die 32 ha große Ruine seitdem durch CL. F. A. SCHAEFFER und Mitarbeiter ausgegraben. – U. war schon im Neolithikum besiedelt, im 4./3. Jt. nur noch in der befestigten Oberstadt. Die Blütezeit beginnt um 2000 v. Chr., es bestehen rege Handelsverbindungen zu Äg. und Zypern, wenig später zu Mesopotamien und der Ägäis (Karames-Vasen). Während des äg. Neuen Reiches bezeugen die in den Archiven der bisher aufgedeckten 3 Paläste U.s erhaltenen Dokumente rege polit. und wirtschaftl. Aktivität: Niqmadu II. (um 1370) muß, da Äg. unter → Amenophis IV. in Syrien passiv ist, sich mit Aziru von Amurru vergleichen, sich wenig später Suppiluliuma von Hatti unterwerfen, der auch die Grenzen des Staates (etwa entspr. dem h. Lataqīje) bestätigt. U. hält Verbindung mit Äg., auch wenn es zeitweilig eine heth. Garnison aufnimmt, bei der Qadeš-Schlacht (1296) Muwatalli ein Hilfskontingent stellt und heth. Aktionen gegen Zypern unterstützt. War der polit. Einfluß der Hethiter auch stark, so war U. doch nie direkt abhängig und blieb auch kulturell selbständig, was den weitreichenden Handelsverbindungen nützte. Im 13. Jh. hatte U. sogar einen ägäisch-myken. Bevölkerungsanteil. Nach einem verheerenden Erdbeben (um 1360) wird die Stadt großartig wieder aufgebaut (Quadermauerwerk, geräumige Häuser der Würdenträger mit Grüften mit Kragsteingewölben unter dem Fußboden, starke Befestigungen). Um 1210 v. Chr. geht der Seevölkersturm, Ḫammurapi von U. bereits durch den König von Alašia (Zypern) brieflich angekündigt, über U. hinweg; die Ruine wird nicht wieder besiedelt. – Von bes. Bedeutung sind die umfangreichen Archive von U., teilweise in akkad. Keilschrift und Sprache, teilweise in der (kanaanäischen) ugarit. Sprache und einer alphabet. Keilschrift abgefaßt. Letztere enthalten neuartige myth. und kult. Dichtungen der Kanaanäer mit zahlreichen Beziehungen zum A.T. Beherrschend ist meist Baal, der in U. auch einen Tempel besaß, daneben erscheinen El, Aštart, Anat, Ašera u. a. m., selten nur Dagan, dessen Tempel wahrscheinl. ausgegraben wurde. – Im 6.–4. Jh. v. Chr. errichteten Griechen auf dem höchsten Punkt der Ruine eine Handelsniederlassung, die durch einige att. Statere des 5./4. Jh.s und rotfigurige Keramik datiert ist. Es war der *λευκὸς λιμήν* (peripl. m. m. 139), noch h. mīnet el-bēḍa. W. Rö.

Cl.F.A.Schaeffer u.a. Mission de Ras Shamra. Publications definitives Vol. 1–17, 1936–1969. *M.Dietrich–O.Loretz* (Hg.), U.-Forschungen, 4 Bde., 1969ff.; U.-Bibliogr. 1–4 = Alter Orient und Altes Testament 20, 1973. *M.Liverani* Storia di U., Rom 1962. *C.H.Gordon* Ugaritic Textbook, 3 Bde., Rom 1965.

Ugium. Ortsname in der Gallia Narbon., im Namen der Lagune de La Valduc *(vallis de Ugio)* erhalten. Die ältesten Erwähnungen in 2 merowing. Texten, die die Salzwerke von Ugiu nennen. Dort bezeichnet U. eine Gegend, keine Stadt. Der Name ist den griech. Geographen unbekannt. Wahrscheinlich ist U. der einheimische Name des massaliot. *oppidum Μαστραμέλη* (Steph. Byz.), *Mastrabala* (Avien. Ora mar. 700). Damals könnte U. das *oppidum* von Saint-Blaise/Castelveyre und den Teich von Lavalduc mit den Salzwerken bezeichnen; die Salzwerke bei Strab. 4,1,7.

Die 1935 begonnenen arch. Ausgrabungen zeigen in S. Blaise 3 Perioden: 1. Rhod.-ion. Periode (7.–5. Jh. v. Chr.). Häuser archaischer Technik, zuerst in polygonalem Mauerwerk, dann aus kleinen, mit Tonerde verbundenen Steinen. Rhod. und protokorinth. Keramik (7. Jh.), dann ion., phokäische, etr., att. und massaliot. Keramik (6. bis 5. Jh.). 2. Massaliot. Periode (4.–1. Jh. v. Chr.): Festungswall griech. Technik, mit Anlagen Siciliens und Süditaliens vergleichbar. Att., vorcampan., campan. und iber. Keramik. Spuren des Kampfes Caesars gegen Massilia im J. 49 v. Chr. Sehr wenige Reste der röm. Z. 3. Chr. Periode (5.–9. Jh.). Z. Z. der großen Invasionen besiedelte die Bevölkerung der Umgegend die verlassene Höhe erneut. Ein neuer Wall wurde gebaut. Chr. Keramik. Zwei Kirchen: eine unter einer Kirche des 12. Jh., die andere am Wall des 5. Jh., desselben Datums. M. L.

H.Rolland, REA 42, 1940, 653. *Ders.* Fouilles de Saint-Blaise, Paris 1951; Paris 1957; Martigues 1963. Gallia 16, 1958, 430ff. 22, 1964, 569ff. CRAI 1963, 81ff. Auch Gallia 25, 1967, 410ff. 27, 1969, 433ff. *F.Benoît* Rech. sur l'hellénisation du Midi de la Gaule, Aix 1965.

Uhren. In der Ant. rechnet das Volk den Tag von Sonnenaufgang bis Sonnenaufgang (Plin. nat. 2,188), doch beginnt der Kalendertag in Babylon und Rom (schon dem Alt. rätselhaft: Plut. mor. 284cff.) um Mitternacht, bei anderen mit Sonnenuntergang oder -aufgang oder mittags (Varro b. Gell. 3,2). Der volle Tag wurde teils in 12, teils in 24 Stunden eingeteilt (*hora. ὥρα* »Stunde« erstmals Aristot. Ath. pol. 30,6; vorher »(Jahres-) Z.«), mil. in Wachen (*φυλακαί, vigiliae*, je Tag und Nacht in Babylon, im A.T. und bei Hom. je drei, in Äg. und der späteren Ant. je vier, zuerst belegt Eur. Rhes. 5). Diese Stunden sind je nach geogr. Breite und Jahresz. wechselnd lange Temporalstunden (*ὧραι καιρικαί*), zwischen 0,75 und 1,25 der festen Stunde (*ὥρα ἰσημερινή*). Die gleichmäßig langen, festen Stunden sind seit dem 2. Jt. bekannt (→ Kalender I), doch nur für wissenschaftl. Zwecke in Gebrauch. Das Messen der je verschieden langen Stunden mittels Sonnen-U. (abgelesen werden Schattenrichtung und -Länge eines eingesteckten Pflocks, *γνώμων*, auf einer halbkreisförmigen oder elliptischen, mit entsprechenden Linien versehenen Fläche. Das Instrument, aus der äg. Sonnen-U. entwickelt, nach Hdt. 2,109,3 aus Babylon übernommen, heißt *ὡρολόγιον, horologium, horarium, solarium*, → Parapegma, das Liniensystem für Länge und Richtung der Schatten nach seinem spinnwebartigen Aussehen Arachne, im Fall einer kon. Auffangfläche Konarachne, bei ebener Auffangfläche nach den beiderseits der Mittagslinie gleichmäßig verlängerten symmetrischen schrägen Schattenlinien »Beilchen«, Pelekinon) oder → Wasser-U. erforderte kompliziert berechnete Instrumente. Nachts konnte man nur die Wasser-U. benützen, ebenso an Regentagen. Solche U. scheinen in Griechenland seit etwa Alexander d. Gr., in Rom seit 293 v. Chr. (Plin. nat. 7,213) öffentlich aufgestellt gewesen zu sein. Da jede U. nur für eine geogr. Breite berechnet worden sein konnte, war sie andernorts nicht verwendbar. Transportable Reise-U. haben sich nur aus der Kaiserz. erhalten, vgl. zu den Exemplaren aus Österreich und Samos (mit Erwähnung der anderen beiden bislang bekannten Reise-U.) [10]. Sie bestehen aus drei Hauptteilen, zwei Bronzescheiben mit Eintragungen darauf, einem »Gnomonteil« ([4], 64 Ef.) und dem freistehenden Gnomon selbst (→ Gnomon 1). Durch Verstellen der Scheiben gegeneinander nach den aufgeschriebenen Ortsnamen (die U. waren nur für eine begrenzte Zahl Orte verwendbar) und Ablesen des Schattens auf dem jeweils richtigen Sektor mit seinen radialen Monatsteilungen und dem Mittagspunkt bzw. den kreisbogenförmigen Stundenlinien (jeweils für Doppelstunden) war eine recht genaue Benützung möglich. Eine für alle Breiten, *πρὸς πᾶν κλῖμα*, brauchbare U. soll → Theodosios (2) erfunden haben. Schon die Ant. kannte auch U., bei denen zu voller Stunde Figuren heraustraten, tanzten oder kämpften, vgl. die Beschreibung der Kunst-U. von Gaza durch → Prokopios 2 (ed. Diels, APrAW 1917/7). Ausführlichste erhaltene ant. Quelle für Konstruktion von U. ist Vitr. 9,8. Ortsfeste ant. Sonnen-U. sind zahlreich erhalten, vgl. zuletzt zu dem Gerät aus dem Wrack von Antikythera [6], zu den samischen Exemplaren [9]. Die ungleichmäßigen ant. Temporalstunden und die mit ihnen verbundenen U. überdauern die Ant. bis zur Konstruktion der Räder- (Feder-) U. zu Beginn der Neuz. W. H. G.

1. *Rehm*, RE VIII 2416ff. 2. *Diels* Ant. Technik, ^{3}1924, 155ff. 3. *Borchardt* Altäg. Z.messung, 1920. 4. *Drecker* Die Theorie d. Sonnen-U., 1925. 5. *Ders.* Z.messung u. Ster-

nendeutung in gesch. Darst., 1925. 6. *de Solla Price*, Scientific American 200/6, 1959, 60ff. 7. *Krafft*, Lex. d. Alt. Welt 3158ff. 8. Moretti, ArchClass 8, 1956, 71ff. (Inschr.). 9. *Tölle* Opus Nobile (Festschr. U. Jantzen, 1969) 164ff. 10. *Dies.*, AA 1969, 309ff. 11. *Ionescu-Carligel*, Pontice 2, 1969, 199ff.; Dacia n.s. 14, 1970, 119ff.

Ukalegon (*Οὐκαλέγων*), »Ohnesorge«. Weiser troian. *γέρων*, Hom. Il. 3,148 neben → Antenor (1). Verg. Aen. 2,311f. (was zum geflügelten Worte wurde: vgl. G. BÜCHMANN Geflügelte Worte, Bln. 1912,374). Iuv. 3,198f. nimmt auf Verg. Bezug. W.P.

Ulcisia Castra, mil. Lager in Pannonien, an der Stelle der h. Stadt Szentendre. Itin. Anton. 266,10. Not. dign. occ. 33,13,34 *(Castra Constantia)*. Das Lager wurde auf einem kleinen Hügel in der 1. Hälfte des 2. Jh.s errichtet. Größe: 205x 134 m, Dicke der Mauern: 1,30 m. Die Ecken sind abgerundet, mit inneren trapezförmigen Türmen. Endgültige Form unter Constantin. Die Canabae befanden sich am w., das Gräberfeld (4. Jh.) mit einer *cella memoriae* am s. Rand des Lagers. Das frühere Gräberfeld erstreckte sich ö. von der Eisenbahnstation. Zw. 106–214 gehörte die Lagergarnison zur Streitkraft von Pannonia Superior. An Hand mil. Diplome ist mit Wahrscheinlichkeit anzunehmen, daß die Garnison bis zu den Markomannenkriegen die *cohors IV Voluntariorum c. R.* war. Seit 214 gehörte das Lager zu Pannonia Inferior. In der 1. Hälfte des 3. Jh.s stationierte hier die *cohors I milliaria nova Severiana Surorum sagittariorum*. Im 4. Jh., als das Lager den Namen Castra Constantia annahm, bestand ihre Garnison aus den Equites Dalmatae. J.F.
B. Saria, RE IX A 508ff. m. älterer Lit.

Uldin. Um 400 n. Chr. Anführer (kaum König) der seit etwa 375 n. der unteren Donau umherstreifenden → Hunnen. 400 besiegte er → Gainas und forderte dafür hohe Belohnung. 406 unterstützte er → Stilicho gegen → Radagais. 408 fiel er in Moesien und Thrakien ein, wurde jedoch 409 wieder verjagt (Oros. 7,37. Zos. 5,22. Soz. 9,5. Iord. Rom. 321). Erst zw. 409 (nach 409 ist nichts mehr von U. bekannt) und 433 bildete sich ein hunn. »Reich«. – Teils abweichend F. ALTHEIM Gesch. d. Hunnen 1, 1959. L. VARADY Das letzte Jh. Pannoniens, 1969. A. L.

Ulfila (Wulfila). Bischof der Goten und Bibelübersetzer. Wichtigste, trotz paneg. Färbung weithin zuverlässige Quelle ist ein in die sog. Diss. Maximini (im Cod. Lat. Paris. 8907; ed. F. KAUFMANN Aus d. Schule d. Wulfila, 1899. HAMANN, MIGNEPL Suppl. 1,693ff.) eingearbeiteter Brief seines Schülers Auxentius. Ergänzungen bieten z. B. Philostorg. 2,5. Sokr. 2,41. 4,333f. Soz. 4,24. 6,37. Iord. Get. 51. 267. U., * ca. 310 im Gotenland n. der unt. Donau, zunächst Lektor, 341 zum Bischof geweiht durch → Eusebios (8). Anläßlich einer Christenverfolgung flüchtete er 348/49 mit seinen Anhängern. Diese stets friedlich bleibenden sog. *Goti minores* wurden bei → Nikopolis (2) angesiedelt. U. war ihr geistl. und wahrsch. zugleich weltl. Oberhaupt (Primas). Die teils unbrauchbare Überlieferung läßt nur Vermutungen über die Beziehungen zu den bis 376 n. der Donau verbliebenen Goten zu, doch geht es zu weit, U. jegliche Beteiligung an der Missionierung abzusprechen (so etwa [6], 88). Aus den letzten Jahren des U. (Spekulationen dazu bei KLEIN, Ztschr. f. dt. Alt. 83, 1951/52, 239ff. 84, 1952/53, 99ff.) scheint lediglich gesichert, daß er (frühestens 381) von → Theodosius (2) nach Constantinopel geladen wurde (wahrsch. zu einem Konzil), daß er dort starb (für 383 sprechen Diss. Max. 61. 118. Sokr. 5,10. 7,12) und bestattet wurde. Bis zum Tode blieb U. seinem Bekenntnis (die Formel bei Diss. Max. 63 bzw. 42ff.) treu, das dem Symbol der seit etwa 357 bes. im unt. Donauraum verbreiteten »arianischen« Homoier nahestand. Versuche, aus dem Bekenntnis oder der Bibelübers. Schlüsse auf einen spezifisch »germ.« Arianismus zu ziehen, dürften gescheitert sein. Die Übers. der Bibel aus dem Griech. ins Got., unsere Grundlage für die Kenntnis der got. Sprache, ist als bedeutendste Leistung anzusehen. Da im Wesentlichen Frg.e aus den Evangelien und den paulin. Briefen erhalten sind, hat man bezweifelt, ob U. auch das A. T. übersetzt hat, doch spricht dagegen (neben Frg. aus Nehemia 5–7) bes. Philostorg. a. O. Der textgesch. Befund verweist auf Abweichungen unserer Frg.e vom Originaltext, und es ist daher Vorsicht bei Schlüssen auf die Theologie des U. geboten (zum Text, zur Überl. und den Vorlagen sei auf [5] und [3] verwiesen). Von den zahlreichen weiteren Schriften, die U. nach Diss. Max. 54 in got., lat. und griech. Sprache hinterlassen haben soll, ist nichts bekannt. Vor allem kraft des klar formulierten Bekenntnisses und der Bibelübers. ist U. ein bedeutsamer Einfluß auf die weitreichende Arianisierung der Germanen zuzuschreiben. Sein Lebensweg verweist aber darauf, daß der sich als Angehöriger der Kirchen des Reiches fühlende U. keine Sonderentwicklung der Germanen anstrebte (etwa »Eigenkirche«), für ihn der große Gegensatz seiner Z. nicht zw. Römern und Barbaren, sondern zwischen Christen und Feinden des wahren Glaubens bestand. Wie schon in den Quellen erschweren auch in der mod. Forschung religiöse und nationale Emotionen (so z. B. bei H. E. GIESECKE Die Ostgermanen u. d. Arianismus, 1939. G. HAENDLER Wulfila u. Ambrosius, 1961) eine objektive Beurteilung des U. A. L.
1. *A. Lippold*, RE IX A 512ff. (dort Lit.). 2. *K. Klein*, Festschr. F. Müller, 1967, 84ff. 3. *P. Scardigli* Die Goten – Sprache u. Kultur, 1973. 4. *K. D. Schmidt* Die Bekehrung d. Ostgermanen z. Christentum, 1939. 5. *W. Streitberg* Die got. Bibel, ²1919/28. 6. *E. A. Thompson* The Visigoths, 1966.

Uliarus. Insel des Ozeans, der prov. Aquitania benachbart, n. der Mündung der Garumna. Plin. nat. 4,109. Sidon. epist. 8,6,12. Geogr. Rav. Inschr.: CIL XIII S. 147. M. L.

Ulixes s. Odysseus

Ulme. Die Gattung U. (Familie: Ulmaceae) war und ist bis h. im Mittelmeergebiet in mehreren Arten verbreitet. Am wichtigsten die vor allem in feuchten Gegenden heimische Feldulme (U. campestris L.), griech. (ebenso wie die Berg-U. [U. montana Sm.], die aber in Griechenland nur Buschhöhe erreicht) πτελέα (z. B. Hom. Il. 6,419f. 21,242ff. 350ff. Theophr. h. plant. 3,14,1 [dort ὀρειπτελέα, was Plin. 16,72 durch *u. montana* wiedergibt), lat. wohl *Atinia* (Colum. rust. 5,6,2; de arbor. 16,1. Plin. a. O.); sodann eine bei Theophr. a. O. beschriebene niedrige Art, wahrscheinl. U. nemoralis L.; schließlich die Weiß-U. (U. effusa Wilid.), *u. nostras, genus vernaculum* Colum. rust. 5,6,2. Von den bei Plin. a. O. beschriebenen 4 Arten lassen sich *Gallica* und *genus silvestre* nicht exakt bestimmen.

Aus dem zähen und dauerhaften, wenngleich schweren Holz der U. fertigte man in der Ant. u. a. Pflugdeichseln, Werkzeuggriffe aller Art, Türangeln und -flügel, Radachsen und Schiffsteile (vgl. Theophr. a. O. u. ö. Plin. nat. 16,210. 218f. 228f.). U. wurden, wie noch h., schon in der Ant. in Baumschulen *(seminaria)* massenhaft gezüchtet, weil sie sich besser noch als Schwarzpappel, Esche und Ahorn als Stützbäume für Weinreben eigneten (genaue Anleitungen für Aufzucht, Pflege und das mit dem t. t. *maritare* [auch poet. verwendet: vgl. Catull. 61,106ff. 62,54] bezeichnete Verbinden von U. und Rebe bei Colum. rust. 5,6,6ff.; vgl. 4,1,6; de arbor. 16,1. Plin. nat. 16,72. Geop. 4,1,2). Ihre infolge häufigen Zurückschneidens kräftig nachwachsenden jungen Schößlinge ergaben ein gutes Viehfutter, dienten aber auch zur Züchtigung von Sklaven (Plaut. Amph. 1029; Rud. 636 u. ö.). Die verbreitete ant. Ansicht, manche U.-Arten seien unfruchtbar, mag die Verbindung des Baumes mit Tod und Unterwelt gefördert haben (vgl. Hom. Il. 6,419f. Verg. Aen. 6,282ff.). H. Gä.

M. Schuster, RE IX A 544ff.

Ulmerugi. Germ. Volk an der Ostsee. Die U. wurden von den Goten, die aus Skandinavien über die Ostsee an die preuß. Küste vorgestoßen waren, verdrängt (Iord. Get. 26) aus ihren Wohnsitzen an der Odermündung und auf Rügen. U., got. *Hulmarugeis*, als Inselrugier bezeichnet im Gegensatz zu den in Pommern wohnenden → Rugiern. H. C.

W. Jungandreas, RE IX A 555f.

Ulmetum (Οὐλμιτῶν), *vicus* und Kastell in Moesia inf., beim h. Pantelimon de sus, Reg. Constanța (Dobrudscha). Wahrscheinlich Gründung Traians an der Kreuzung wichtiger Straßen, verwaltungsmäßig zu → Capidava gehörig. Nach allmählichem Verfall von Iustinian stark befestigt, Prok. aed. 4,7,17. G. Wi.

V. Pârvan, Analele Acad. Rom. ser. II 34, 1911–12, 497ff. 36, 1913–14, 245ff. 329ff. 37, 1914–15, 265ff.; AA 30, 1915, 236ff. *E. Doruțiu*, Enc. arte ant. 7,1051 (dort weitere Lit.).

Ulna, »Ellenbogen, Armbeuge, der ganze Arm«, gelegentl. auch → Längenmaß. Es lassen sich 6 verschiedene Bestimmungen belegen, die von 1½ Fuß (= → *cubitus*) bis zu 6 Fuß reichen. Dieser Umstand sowie die Tatsache, daß die u. nur in 2 späten metrol. Tafeln erscheint, sprechen gegen eine amtliche Maßbezeichnung. Vielmehr diente das Wort als – gelegentl. falsch interpretierte – Übersetzung für → ὀργυιά, den im röm. System fehlenden Klafter (6 Fuß und somit 1,78 m). → Passus, → Pes. H. Ch.

H. Chantraine, RE IX A 559ff.

Ulpia s. Nikopolis (1. 2). Sarmizegetusa. Serdica

Ulpiana s. Ulpianum

Ulpianum (Οὐλπιανόν), röm. Munizipium in Moesia sup., ca. 10 km von dem h. Lipljan auf der Flur Bedem Grad beim h. Kloster Gračanica. Wahrscheinlich Gründung Traians an der Stelle einer älteren Siedlung. In der Spätant. Garnison von *pseudocomitatenses Ulpianenses* (Not. dign. or. 9,44) und Bischofssitz. Im 5. Jh. von den Goten erobert (Iord. Get. 285f.), aber von Iustinian unter dem Namen *Iustiniana secunda* gänzlich neu erbaut, Prok. aed. 4,1,28ff. G. Wi.

L. Popović–E. Čerškov, Godišnjak Muzeja Kosovo i Metohije 1, 1956, 319ff. 2, 1957, 321ff. *G. Novak*, Fasti Arch. 10, 1957, 528. *A. Mócsy* Ges. u. Romanisation in d. röm. Provinz Moesia Superior, 1970, 75ff.

Ulpianus. 1. Domitius U., spätklass. röm. Jurist, aus Tyros in Phoinikien (Dig. 50,15,1 pr.); ob syr., griech. oder ital. Abkunft, ist ungewiß (3,247ff.). Zusammen mit Paulus (→ Iulius B 14) war U. (203[205?]–211) *assessor* des *praef. praet.* → Papinianus (H. A. Pesc. N. 7,4; Alex. Sev. 26,6), viell. auch (schon unter Caracalla?) *magister a libellis*, dann, nach Verbannung durch Elagabal (H. A. Heliog. 16,4), unter Alexander Severus *magister scrinii* (H. A. Al. Sev. 15,6. 26,4. Eutr. 8,23), *praefectus annonae* (222, Cod. Iust. 8,37,4) und im selben J. bereits *praefectus praetorio* (Cod. Iust. 4,65,4). In diesem Amt und als *consiliarius* des Kaisers (H. A. Al. Sev. 26,6. 68,1) war U. der einflußreichste Mann im Reich (dazu [1],1437f.); doch wurde er wohl schon 223 (POxy XXXI 2565; nicht wie bisher angenommen, erst 228) von den Prätorianern ermordet (Cass. Dio 80,2). – Die sehr reiche schriftstell. Tätigkeit des U. beginnt wohl schon E. des 2. Jh.s, die meisten Werke dürften aber unter Caracalla abgefaßt sein; mit dessen Tod scheint die Produktion zu erlöschen, viell. als Folge der Verbannung durch Elagabal. Zu einem Neubeginn unter Alexander Severus blieb keine Zeit mehr. Erhalten ist von U. mehr als von einem anderen röm. Juristen; die Digesten bestehen zu etwa einem Drittel aus Frg.en seiner Werke. Weiteres ist überliefert in den → Fragm. Vaticana, der → Collatio legum Mos. et Rom., den Scholia Sinaitica, in kleineren Pergament- und Pap.resten und in Zit. bei versch. Schriftstellern;

doch besitzen wir kein Werk ganz; die erhaltenen (z.T. minimalen) Bruchstücke sind überarbeitet, oft entstellt, verkürzt oder itp. a) Kommentare. Hauptwerke sind je ein Großkomm. zum prätor. Edikt (83 B.) und zu den *III libri iuris civilis* des Massurius → Sabinus II 5 (51 B.), letzterer unvollständig, viell. unvollendet und posthum erschienen. Weitere Komm. behandeln Augusteische Gesetze, so die *l. Iulia et Papia* (20 B.), *l. Iulia de adulteriis* (5 B.) und *l. Aelia Sentia* (4 B.). b) Sog. Problemliteratur. Je 10 B. *disputationes* und *pandectae*, letztere fast ganz verloren (2 Frg.e in den Dig.). Die 2 B. *responsorum* sind wohl ein Extrakt aus einem urspr. größeren Responsenwerk. c) Elementarschriften. 2 B. *institutiones*, mit berühmten und umstrittenen Stellen über *ius*, insbes. *ius naturale*, und *iustitia*; 7 B. *regulae* (echt); neben ihnen existierte ein apokrypher *liber singularis regularum*, vorwiegend aus den Institutionen des → Gaius (1) fabriziert; ein großes Stück einer Epit. (verfaßt Anf. 4.Jh.) aus diesem *l. sing.* ist im Cod. Vat. Reg. 1128 (10.Jh.) unter der Überschrift *tituli ex corpore Ulpiani* erhalten (h. meist *Ulpiani Epitome* genannt). Ebenfalls apokryph sind die 6 B. *opiniones*, viell. Rest einer urspr. größeren pseudo-ulpian. Schrift aus dem 4./5.Jh. d) Monographien. *De fideicommissis* (6 B.), *de sponsalibus* (1 B.), *de appellationibus* (4 B.), *de censibus* (6 B.). Eine bes. Gruppe bilden Schriften über die Amtspflichten *(de officiis)* best. Beamter; darunter ragten hervor 10 B. *de off. proconsulis*, ein bedeutendes und sehr verbreitetes Werk, das nach dem Ediktskomm. am öftesten belegt ist. Apokryph sind der *l. sing. de excusationibus*, ein unechter Auszug aus dem *l. sing. de off. praetoris tutelaris*, und die 10 B. *de omnibus tribunalibus*, eine nachklass. Slg. von Exc. aus echten Schriften U.' mit Anleitungen für Beamte; wie alle Offizialwerke großteils auf kaiserl. Konstitutionen beruhend. Die versch. *libri singulares* sind möglicherweise nur verselbständigte Teile aus den großen Komm. e) Noten. Die Dig. des → Ulpius (3) Marcellus und die Responsen Papinians hat U. mit *notae* versehen; die Kombination mit den *notae* des Paulus zu Papinian geht sicher nicht auf U. zurück. – Die Beurteilung U.' hat geschwankt. Sicherlich war er kein großer schöpferischer Kopf, doch auch kein bloßer unselbständiger Sammler und Vielschreiber. Das klass. Recht beherrscht er noch mit der Sicherheit der Hochklassiker, die er, wie überhaupt andere Juristen, reichlich zitiert, oft aus zweiter Hand (vgl. [1],1465ff.). Argumentation und Darstellung sind von ungleichmäßigem Niveau, der Stil ist manchmal flüchtig und skizzenhaft. F. H.

1. *P. Jörs*, RE V 1435ff., erg. dazu *Th. Mayer-Maly*, RE IX A 567ff. 2. *W. Kunkel* Herkunft u. soz. Stellung d. röm. Juristen, ^{2}1967, 245ff. 3. *F. Schulz* Gesch. d. röm. Rechtswissenschaft, 1961, passim. 4. *R. Orestano*, Noviss. Digesto italiano 19, 1973, 1106ff. m. reicher Lit.

2. Griech. Sophist des 3./4.Jh. († gegen 330) n.Chr. aus Askalon, Lehrer des → Prohairesios und des → Libanios. Er lehrte anfangs in Emesa, danach als Vorgänger des → Zenobios in Antiocheia (Liban. or. 1,8. 4,9. 36,10. Eun. vit. soph. 10, 3,3). Die in der Suda s. *Οὐλπιανὸς Ἀντιοχεύς* genannten Werke (Reden, Deklamationen u.a.) sind verloren. Ob er ident. ist mit dem Vf. der erhaltenen Prolegomena zu Demosth.' Olynth. und Philipp. Reden (Demosth. rec. G. Dindorf 8, 1ff.), ist höchst unsicher, vgl. Gudeman, RE II A 699ff. H. Gä.

Ulpius. 1. U. Cornelius Laelianus = Imp. Caes. U. Cornelius Laelianus. Seine Herkunft und Laufbahn sind unbekannt. Viell. Statthalter der Germania superior unter → Postumus (2), Ritterling Fasti 43f., gegen den er im J. 268 als Usurpator auftrat. Das Zentrum seiner Macht lag in → Mogontiacum, wo er von Postumus oder dessen Nachfolger → Victorinus (2) überwältigt wurde. Aur. Vict. 33,8. Epit. de Caes. 32,4. Eutr. 9,9,1. Oros. 7,22,11. Ioann. Ant. frg. 152 = FHG 4,598. Hohl, Klio 27, 1934, 157ff. Mz.: Mattingly RIC 5/2, 372f. 1ff. G. Elmer, BJ 146, 1941, 57f. **2.** U. Crinitus. Die Erwähnung H.A. Aur. 10,2ff. läßt seine Existenz wegen der dort mitgeteilten falschen Tatsachen nicht genügend sicher erscheinen. Er wäre demnach ein Nachkomme des Kaisers → Traianus (vgl. Eutr. 8,2) und viell. Vater der Ulpia Severina (Nr.8), der Gattin des Kaisers → Aurelianus (4), den er angeblich adoptiert hatte (H.A. a.O. 10,3–14,4. 38. 2f.). Sicher falsch ist die Bekleidung von drei Konsulaten (Degrassi FImp. 70), möglich wäre das Generalkommando in Illyricum (H.A. a.O. 13,1: *dux Illyriciani et Thracici limitis*. Fitz, Act. Ant. 11, 1963, 301). G. Wi.

3. Röm. Jurist des 2.Jh.s n.Chr. Mitglied des kaiserlichen → *consilium* unter Antoninus Pius und Marc Aurel. Nicht geklärt scheint die Beziehung zu Nr. 4, von dem einerseits vermutet wird, er sei mit U. ident., andererseits, er sei ein Sohn des Juristen gewesen. Von U.' Werk sind in erster Linie *digesta* (31 B.) zu erwähnen, ferner ein Komm. *ad legem Iuliam et Papiam* (viell. nur ein Auszug aus den *digesta*), *notae* zu den *digesta* des Salvius → Iulianus (11) und den *regulae* des → Pomponius (B 4), schließlich eine Monographie *de officio consulis* (mind. 5 B.) und *responsa*. Bei den ihm zugeschriebenen Werken *de officio praesidis* (Dig. 4,4,43) und *de iudiciis publicis* (Dig. 3,2, 22) liegt Verwechslung mit → Aemilius (II 7) Macer bzw. Marcianus vor. C. E.

W. Kunkel Herkunft u. soz. Stellung d. röm. Juristen, ^{2}1967, 213f. *A. M. Honoré*, Tijdschr. voor Rechtsgesch. 32, 1964, 24ff. *Th. Mayer-Maly*, RE IX A 570f.

4. U. Marcellus. Unter Mark Aurel Statthalter von Pannonia inf. (CIL III 3307 = 10285. Fitz, Acta Ant. 11, 1963, 273f.), *cos. suff.* zw. 179 und 184 (Degrassi FImp. 50) und unter Commodus konsularer Statthalter von Britannia (Cass. Dio 72, 8,2–6. BIRLEY, Epigr. Stud. 4, 1967, 76). Er kämpfte erfolgreich gegen die Britannen, machte sich aber wegen seiner Strenge bei den Soldaten verhaßt. Ob sich CIL VII 504. 592. EE 9,1171 = Rom. Inscr. of Britain 1329. 1464. 1463 auf ihn oder einen gleichnamigen Statthalter am Beginn des 3. Jh.s beziehen, muß unentschieden bleiben. A. BIRLEY ebd. 81f. FITZ, Alb. Regia 10, 1969, 179f. G. Wi.

5. M. U. Traianus, Vater der Ulpia Marciana (Nr. 7) und des Kaisers → Traianus (1), Ritter, aus → Italica gebürtig, wohl unter Nero nach Rom gekommen, wo er die Ämterlaufbahn bis zur Praetur durchlaufen zu haben scheint (vgl. die cursus-Inschr. vom Nymphaeum in Milet, J. HÜLSEN Milet 1,5 [1919] 53f. DESSILS 8970). 67/68 unter Vespasianus als *legatus* der *legio X Fretensis* im jüd. Krieg, danach Statthalter einer unbekannten Provinz. Im Sommer 70 *cos. suff.* (DEGRI XIII 1, p. 190) als erster seiner *gens*, von Vespasian in den Patriziat erhoben. Etwa 72/73 war U. Statthalter der Baetica, danach *leg. Aug. pr. pr.* von Syria, wo er einen drohenden Parthereinfall verhinderte (dazu F. GROSSO, RIL 91, 1957, 318ff.); mit den *ornamenta triumphalia* belohnt. 79/80 schließl. war U. Prokonsul von Asia (lebhafte Bautätigkeit, vgl. DESSILS 8797); außerdem *XVvir sacris faciundis* und *sodalis Flavialis.* † bereits vor dem J. 100 (Plin. paneg. 89); erst gegen 113 (anders [2]) wurde er divinisiert *(divus Traianus pater)*. Zahlreiche Inschr. und Mz. (BMCRomEmp 3,100f. T. 17, 18ff. 18,1f. STRACK Unt. z. röm. Reichsprägung d. 2. Jh. 1, Stuttg. 1931, 199ff.). Porträts: J. BABELON, REA 64, 1962, 48ff. S. STUCCHI, Studi Calderini – Paribeni 3, Milano 1957, 527ff.

1. *R. Hanslik*, RE Suppl. X 1032ff. 2. *M. L. Paladini*, Festschr. A. Grenier, Bruxelles 1962, 1194ff. 3. *M. Durry*, in: Les empereurs romains d'Espagne, Paris 1965, 45ff. 4. *A. Carandini*, Enc. arte ant. 7,965f.

6. M. U. Traianus s. Traianus (1)

7. Ulpia Marciana (vor 48–112 n. Chr.), Tochter von Nr. 5 und der Marcia, ältere Schwester des → Traianus (1; vgl. Plin. paneg. 84), verheiratet mit C. Salonius Matidius Patruinus († 78). Aus dieser Ehe stammte → Matidia (1). Hochgeehrt von ihrem Bruder lebte U. in enger Verbindung mit der kaiserl. Familie. → Thamugadi und → Marcianopolis wurden nach ihr benannt. Seit ca. 105 Augusta (DESSILS 288. 4039) mit Ehrenmünzrecht. Nach ihrem Tode wurde sie konsekriert (DESSILS 298. 327); Hadrian errichtete beim Templum Matidiae ihr zu Ehren die Basilica Marcianae (PLATNER–ASHBY 81. NASH 2,36f. Mz.: BMCRomEmp 3,108. 125f. 230f. T. 18,17. 21, 2ff. 44,6ff. STRACK, Unt. z. röm. Reichsprägung ... 1, Stuttg. 1931, 41. 201. Kat. T. III 206. 212. 214. Porträts: M. WEGNER Das röm. Herrscherbild 2,3 (1956) 77ff. T. 35f. H. Gä.

B. M. Felletti Maj, Enc. arte ant. 4,824f.

8. Ulpia Severina, viell. Tochter von Nr. 2, Gattin des → Aurelianus (4; H. A. Aur. 50,2 [ohne Namensnennung]), von diesem zur Augusta erhoben, CIL III 472. V 29. 3330. VIII 23114. IX 2327. ILAfr. 617. AE 1900, 145. 1927, 81. 1930, 150. 1934, 44. Mz.: MATTINGLY RIC 5,313f. und VOGT Alexandr. Mz. 213. G. Wi.

Ultor »Rächer«, Beiname des → Mars; ihm hatte der spätere Augustus während der *pro paterna ultione* (Suet. Aug. 29,2. Ov. fast. 5,569) unternommenen Schlacht bei Philippi gelobt: *templa feres et me victore vocaberis Ultor* (Ov. a. O. 577). Nach der Aussage des Suffixes *-tor* (RADKE, G 77, 1970, 40ff.) ist ein Mars U. weder ein *Mars ultus* (Ov. a. O. 595) noch ein *Mars ulciscens*, sondern eine Gottheit, die in der Erscheinungsform des Mars qualifiziert ist, bei gegebener Veranlassung als Rächer zu wirken; das wird deutlich bei Hor. c. 1,2,29ff. Augustus weiht i. J. 20 v. Chr. nach Rückkehr der i. J. 53 verlorenen Feldzeichen (Mon. Anc. 29) dem Mars U. auf dem Kapitol einen Tempel (Cass. Dio 54,8,3 *Ἄρεος Τιμωροῦ*), i. J. 2 v. Chr. nach des → Phraates (4) Tode (Macr. Sat. 2,4,9 Verzögerung des Forumbaus) den großen Tempel auf seinem Forum (Ov. a. O. 551ff. Suet. Aug. 29,1) auf eigenem Boden (Mon. Anc. 21), nach Ov. a. O. 545ff. (vgl. LIEBENAM Fasti cons. imp. Roman. 8) am 12. Mai, nach Cass. Dio 60,5,3 (vgl. MOMMSEN, CIL I² p. 318) am 1. Aug., mit prächtigen Spielen (Mon. Anc. 22. Vell. 2,100,2. Suet. Claud. 4,1. Cass. Dio a. O.; nach Fast. Maff. Fer. Cuman. Philocal. CIL I² pp. 224. 229. 264 am 12. Mai). Der Tempel erhielt bes. Vorrechte (Cass. Dio 55,10,2ff. Suet. Aug. 29,2), Goldbild (Cass. Dio 56,46,4. Tac. ann. 3, 18,2), Weihgeschenke (Mon. Anc. 21. Plin. nat. 34,141), Tresor (Sch. Iuv. 14,261); Verbindung mit Venus (Ov. trist. 2,295f.); Raum für Kultmahl der → Salier (Suet. Claud. 31,1). Dem Mars U. opfern die → Arvalen (Act. Arv. 72. 84. 86. 121 HENZEN), Germanicus (Tac. ann. 2,22,1), Traianus (CIL III 12467 in Adamklissi). Auf Mz. und Inschr. späterer Z. auch Iuppiter U. und Vulcanus U. G. R.

Keune, Myth. Lex. 6,28ff. *Wissowa* Rel. ²78. 146f. *Latte* RRel 302f. *Bömer* Die Fasten 2, 323ff. *Radke*, Festschr. H. E. Stier, 1972, 267ff. *F. Panvini-Rosati*, Numismatica 12, 1946, 97ff.

Ulŭbrae (*ŭ, ŭ* Hor. epist. 1,11,30), Gemeinde der 1. Region (Plin. nat. 3,64) in der *tribus Pomptina* (CIL X 6491) mitten im Sumpfgebiet (Cic. fam. 7,12,2. 18,3), Kolonie der Triumvirn (Feldm. 239), Beziehung zu Augustus (Porph. Hor. a. O.), von Drusus aufgehoben (Feldm. a. O.), dann verlassen (Sch. Iuv. 10,102 *desertum Italiae oppidum*). G. R.

Nissen It. Ldk. 2,637. *L. Ross Taylor* Voting Districts 274. *Kubitschek* Imp. Rom. trib. discr. 35f.

Umbella s. Schirm

Umber. Die italische, urspr. wohl umbrische Hunderasse war als Jagdhund, bes. als Spürhund sehr geschätzt (Grattius cyneg. 171ff. Sen. Thy.

497 ff. Verg. Aen. 12,753 ff. Sil. 3,295 ff.). Es besteht kein Anlaß, aus Varro rust. 2,9,6 zu schließen, der U. sei auch als Hirtenhund verwandt worden. Da wir keine Beschreibung des U. haben, sind ant. Darstellungen bisher nicht nachgewiesen. W.H.G.

Umbilicus (*κοτυληδών, κυμβάλιον, σκυτάλιον, γῆς ὀμφαλός. U. Veneris, cotyledon*), das Nabelkraut aus der Familie der Dickblattgewächse (Crassulaceae). 2 Arten (wohl die noch h. im Mittelmeerraum auf Felsen und Mauern heimischen U. erectus und U. horizontalis) unterscheiden Dioskur. 4,91 f. und Plin. nat. 25,159. – Die fleischigen, rosettenförmig angeordneten Blätter, aber auch ihr ausgepreßter Saft und die Wurzeln, fanden in der Ant. vielfältige med. Anwendung: gegen Ausschlag, Geschwüre, Frostbeulen, Entzündungen (bes. der Augen), gegen Wassersucht, Steinleiden und als Diureticum, schließlich auch als Aphrodisiacum und gegen Unfruchtbarkeit der Frau (vgl. Hippokr. de steril. 230 [8,444 L.]. Nik. Ther. 681. Gal. 12,41 K. Plin. nat. 26,32. 80. 106. 119. Ps.-Apul. de herb. 43). H. Gä.

H. Gams, RE IX A 590 f.

Umbrenus. Ital. Gentilname, abgeleitet aus dem Ethnikon, auch inschr., SCHULZE Eigenn. 257. 523. **1.** Veteran, der 41 v. Chr. im Zuge der Ackeranweisungen das Gut des Ofellus erhielt. Hor. s. 2,2,133. **2.** P. U., Freigelassener, der als Geschäftsmann früher in Gallien tätig war und 63 v. Chr. die Verbindung zwischen → Catilina und den Gesandten der → Allobroger vermittelte. In der Senatssitzung vom 5. Dez. 63 wurde er schwer belastet, konnte aber entkommen. Cic. Cat. 3,14. Sall. Cat. 40. 50,4. Weiteres Schicksal unbekannt. H. G. G.

Umbri, Umbria. Name: Bei Plaut. Most. 770 *Umbra* in einem Wortspiel; Hor. s. 2,4,40 nennt Eber, Verg. Aen. 12,753 Jagdhund *Umber; Umbria* seit Cic. S. Rosc. 48 u.a. Varro frg. 267 FUN. Von röm. (Steph. Byz. s. *'Ομβρικοί*) Autoren (*"Ομβροι* bei Lykophr. 1360 und mit hsl. Varianten Pol. 2,16,3. 24,7. 3,86,9) nennt zuerst Liv. das Volk U. In griech. Lit. (*ομριϙος* schon auf Vase des 6. Jh.s aus Caere: JOH. SCHMIDT, RE XVIII 1,349 f.) heißen die U. *'Ομβρικοί* (5. bis 2. Jh.: Hdt. 1,94. 4,49. Ktesias FGrH 688 F 59. Eudox. bei Steph. Byz. s. *Φελεσσαῖοι*. Philist. FGrH 556 F 46. Theop. FGrH 115 F 132. Skyl. 16. Aristot. mir. 80. Zenod. FGrH 821 F 3. Skymn. 221. 366 f.); Ptol. 3,1,53 f. (Sitze der *'Ολομβρῶν ἢ Οὐλουρῶν* weiter s. als die der *Οὐιλουμβρῶν*) unverständlich. Ant. Namenserklärung der U. *ab imbribus* (Plin. nat. 3,112. Solin. 2,11. Serv. auct. Aen. 12,753. Isid. orig. 9,2,87. Paul. diac. h. Lang. 2,16), h. entweder von ligur. (Plut. Mar. 19,4) oder germ. *"Αμβρωνες* (KRETSCHMER, Glotta 21, 1933, 112 f.) oder von Trägern der Villanovakultur (DEVOTO Gli ant. Ital. ²113).

Landnahme: Früher wohnten U. als Nachbarn der Ligurer (Dion. Hal. ant. 1,10) s. zweier nach N. strömender Alpenflüsse (Hdt. 4,49); Mantua von umbr. Sarsinaten aus Perusia gegründet (Serv. auct. Aen. 10,201); gall. Herkunft (Solin. a.O. Isid. a.O. Serv. auct. Aen. 12,753. Sch. Lykophr. 1360) durch Mißverständnis von Plin. nat. 3,112. U. an der Adria (Theop. a.O. Steph. Byz. s. *'Ομβρικοί*; vgl. Eudox. a.O. Skymn. 366) vertrieben Sikuler und Liburner (Plin. a.O.), saßen in Spina (Iust. 20,1,11), Ravenna (Strab. 5,214 u.a.; vgl. Plin. nat. 3,115), Butrium (Strab. a.O. Plin. a.O.), Ariminum (Strab. 5,217 u.a.), Ancona (Skyl. a.O.), verloren dort Land an die Gallier (Liv. 5,35,2. Plin. nat. 3,112), → Paeligni, → Picentes, wichen dem Druck nach W. aus (→ Nuceria Camellaria, *fratres Attiedii* in → Iguvium). U. waren großes, altes Volk, dessen Land und 300 Städte Tyrrhener (Hdt. 1,94. Skymn. 221. Dion. Hal. 1,27. Plin. nat. 3,112) oder Pelasger (Dion. Hal. 1,19 f. Plin. nat. 3,50) fortnahmen; daran erinnern *tractus Umbriae* (Plin. nat. 3,51 mit → Rusellae-*'Ρέσαλα* Steph. Byz. s.v.) und der → Umbro. Im Innern Italiens soll Ameria 1143 v. Chr. (Cato frg. 49 P.), Interamna 672 v. Chr. (CIL XI 4170) gegründet sein. U. (= *Sacrani* Serv. auct. Aen. 11,317) vertrieben Ligurer aus Reate (Philist. a.O.), von wo sie selbst den Aboriginern bzw. Pelasgern weichend sich fortan Sabiner nennen (Zenod. a.O.). U., die unter kelt. Druck von der Adria 524 vor Kyme erschienen (Dion. Hal. 7,3,1; vgl. Plin. nat. 3,60), dürften spätere → Volsci sein (vgl. Ktesias a.O. zum volsk. Namen *Cosuties*). Die august. 6. Region U. (Plin. nat. 3,112) liegt zw. Sabina (Plin. nat. 3,109) und Etrurien mit Grenzflüssen Tiber (Plin. nat. 3,53) und Clitumnus (Serv. auct. georg. 2,146) im Gebirge (Strab. 5,219 u.a.; vgl. Pol. 2, 16,3. 24,7. Sil. 8,449. Martial. 7,97,2. 9,58,3), trotzdem fruchtbar (Prop. 1,22,9 f. Strab. 5,228 u.a.) mit Bauernbevölkerung (Sil. a.O.), Obstbau (Colum. 5,10. Plin. nat. 15,55; besonderer Weinanbau Plin. nat. 17,171), Rinderzucht (Colum. 3,8. 6,1; vgl. Verg. georg. 2,146 u.a.), Schafzucht (Varro rust. 2,9,6. Plin. nat. 11,241) bei jährlich dreimaliger Geburt (Aristot. a.O.). Vorwurf der Verweichlichung unverständlich (Theop. a.O. Skymn. 367). Seen bei → Prolaqueum, → Plestia, *lacus Umber* (Prop. 4,1,124), *lacus Clitorius* (Paul. diac. h. Lang. 2,16; vgl. Cassiod. var. 2,21,2). Längsausdehnung 1350 Stadien (Strab. 5,227) nach *v. Flaminia* berechnet. Zur späteren Provinzialverwaltung vgl. Guido 68. Paul. diac. a.O. Not. dign. occ. 1,57 u.a.

Gesch. und Verwaltung: Es wird mit U. in den o. beschriebenen Grenzen kaum ein einziges Volk benannt; sprachl. Ähnlichkeiten jedoch von der Val Camonica bis Etrurien (Lehnwörter) und s. des Aternus (altsabell. Inschr.): Vermutlich sprachl. homogene Gruppe (Villanova!) mit Namen U. oder Sabiner (*Sabus* in Val Camoni *Sabini* im Nachbartal, *Sabini* in Ravenna, Namenstausch in Reate), so daß Sabiner des T. → Tatius U. gewesen sein könnten, zumal röm. Feste nach der für U. bezeugten Tagesordnung von Mittag zu Mittag (Plin. nat. 2,188. Gell. 3,2,6 u.a.) eingerichtet sind (RADKE, RhM 106, 1963, 318ff.; Romanitas 14, 1972, 198), während hist. Sabiner (Cato frg. 50 P.) die U. aus Reate und als → Picentes aus Picenum vertrieben. Erste hist. einordenbare Begegnung mit Rom z.Z. der gall. Belagerung von Clusium (= → Camerinum) ca. 390 (Liv. 5,35,3ff.) und 310 mit Gesandtschaft (Liv. 9,36,7ff.); jeweils Fabier maßgebend. Unbedeutende Kämpfe w. des Appennin (Liv. 9,36ff. 10, 21), 299 Triumph *de Nequinatibus* (CIL I^2 45), 295 Sentinum nach Kämpfen bei Camars (Pol. 2,19,5), 283 Kolonie Sena Gallica (Pol. a.O. 12), 266 Triumph *de Sassinatibus* (CIL I^2 p. 46); seither friedliche Romanisierung; → Plautus und → Propertius (viell. auch → Tacitus) sind U. Mil. Durchzugsgebiet im 2. pun. Krieg (217 und 207). Mit *tribus* (Liv. 31,2,6. 33,37,1; vgl. Tab. Iguv.) wird das Territorium, mit *tota* die Gemeinde, mit *populus* deren Bevölkerung, mit *plaga* (Liv. 9,41, 15) eine bestimmte Gruppe, mit *nomen* der Grundbesitz bezeichnet; in Iguvium gibt es 10 *curiae*.

Kulte: Die Tafeln von → Iguvium bieten Vorschriften für Opfer, Lustration u.a. Eine besondere Rolle spielen Mars (CIL XI 5805 *Marti Cyprio*) und *Cupra mater* (VETTER HB Nr. 233); Diskussion um zusammengesetzte Namen wie *prestate çerfie çerfe marties* (Tab. Ig. Ib 27); Weihinschr. aus Pisaurum (CIL I^2 368ff.) röm. beeinflußt.

Sprache: Sprache der U. gekennzeichnet (vgl. o.Bd. II 1571f.) durch Labialisierung der Labiovelare, Synkopierung unter Anfangsbetonung, Spiranten für mediae aspiratae, Palatalisierung vor *e*, *i*, weitgehende Assimilierung, Monophthongisierung, Rhotazismus (auch am Wortende, was »silbische« Aussprache des *s* voraussetzt). Der Dialekt der U. bekannt aus den Tab. Ig. (VETTER HB Nr. 239); kleinere Inschr. ebd. 229ff. VETTER, Glotta 30, 1943, 81; letzte Funde: CIOTTI, Atti del I. conv. di studi umbri, 1963, 99ff., noch ohne Endrhotazismus); ältere Stufe in den sog. altsabell. oder piken. Inschr.; Besonderheit der umbr. Namensform: Patronymikon zw. Vornamen und Gentilnamen. G. R.

F. Altheim Gesch. d. lat. Sprache, 1951, 138ff. *A. v. Blumenthal* Die iguvin. Tafeln, 1931. *Buck-Prokosch* Elementarbuch der osk.-umbr. Dialekte, 1905. *G. Devoto* Gli antichi Italici, ^{2}1951, 155ff. 185ff. *Ders.* Tabulae Iguvinae, ^{3}1962. *Ders.*, Hist. Mundi 3, 1954, 394. *Ders.*, Encicl. Italiana s.v. *Forbiger* HB. d. alt. Geogr. 3,387. 435. *Nissen* It. Ldk. 1, 502ff. 2,374ff. 389ff. *A. J. Pfiffig* Religio Iguvina, 1964. *C. Pietrangeli* Mevania (Bevagna). Regio VI – Umbria, Roma 1953. *V. Pisani* Le lingue dell'Italia oltre il Latino, ^{2}1964. *v. Planta – J. W. Poultney* The Bronze Tables of Iguvium, 1959. *A. Rosenberg* Der Staat der alten Italiker, 1913. 15ff. *G. de Sanctis* Storia dei Romani 1, ^{2}1956, 100f. *E. Täubler* Die umbr.-sabell. und die röm. Tribus, SHAW 1930. *U. Tarchi*, Bull. del mus. dell' Imp. Rom. 92, 1941, 35ff. *N. Zanichelli* L'Umbria nella storia, nella letteratura, nell' arte, 1954.

Umbricius. **1.** Nach Iuv. 3,1ff. Freund des Dichters, der Rom den Rücken kehrte und in die Kleinstadt Cumae übersiedelte. Die Gründe hiefür läßt Iuv. den U. selbst vortragen: Als armer, ehrlicher Mann findet er in der Hauptstadt keine Erwerbsmöglichkeit mehr und wird wegen seiner Armut nur zum Gespötte der Menge. Während das Leben in der Großstadt verschiedenste Gefahren birgt, ist das Leben in der Kleinstadt frei von ihnen und erschwinglich. Es liegt kein Grund vor, U. für eine fingierte Person anzusehen. **2.** U. Melior. Hofharuspex (*haruspex Caesarum:* WUILLEUMIER, Bull. soc. ant. de France 1929, 172), der Galba am Morgen des 15. Jan. 69 Böses vorhersagte, Tac. hist. 1,27,1. Plut. Galba 24. Vf. einer Schrift über etr. Disziplin, Plin. nat. 1 ind. 11 (p. 39 MAYH.) und 10,19. R. H.

Umbro, schiffbarer (Plin. nat. 3,51) Fluß, der ö. Siena entspringt (Tab. Peut. 4,3) und s.w. Grosseto mit Hafen (Rutil. 1,337f. Itin. mar. 500, 4f.) ins tyrrhen. Meer mündet (Tab. Peut.); der U. quert die Straßen an der Küste (Tab. Peut. 4,3. Geogr. Rav. 4,32. 5,2), Chiusi-Siena (Tab. Peut. 4,4. Rav. 4,36), Arrezzo–Florenz (Tab. Peut. 4,4); andere Namensform Ombros (Steph. Byz. s. 'Ὀμβρικοί); h. Ombrone. G. R.

Forbiger HB. d. alt. Geogr. 3,377. *Nissen* It. Ldk. 2,308.

Ummidius. **1.** C. U. Durmius Quadratus. Seine Laufbahn CIL X 5180. 5181. 5182 = DESSILS 972 aus seiner Heimat Casinum: *Xvir stlit(ibus) iud(icandis), q(uaestor) divi Aug(usti) et Ti. Caesaris Aug(usti)* im J. 14, *aed(ilis) cur(ulis)* im J. 16, *pr(aetor) aer(arii)* im J. 18 (CIL VI 1496. DEGRI XIII 1, p. 306), danach *curat(or) tabular(um) publicar(um)* und *praef(ectus) frum(enti) dandi ex s.c.* Unter Tiberius *procos. provinc(iae) Cypri* (CIG 2637) und dann bis 37 Statthalter der Lusitania (CIL II 172 = DESSILS 190 G. ALFÖLDY Fasti Hisp. 136f.), *cos. suff.* etwa 40 (DEGRASSI FImp. 11), unter Claudius etwa 46–50 Statthalter einer illyr. Provinz, wahrscheinl. von Dalmatia (JAGENTEUFEL Statth. v. Dalm. 24ff.) und 51–60 Statthalter von Syria (AE 1907, 54. MIONNET 5, 159,101–103. 167,76), wo er in die Wirren um → Pharasmanes (o.Bd. IV 1587) und → Radamistus eingriff (Tac. ann. 12,44ff. MAGIE Roman Rule in Asia min. 552ff. 1409f.) und einen Konflikt der Juden mit den Samaritanern beilegte (Tac. 12,54. Ios. ant. Iud. 20,137ff.; bell. Iud. 2, 247). Er geriet mit Cn. → Domitius (II 9) Corbulo wegen der Geiseln, die der Partherkönig → Vologaeses stellen sollte, in Streit (Tac. 13,9,1–3). Da er vom designierten Statthalter P. → Anteius (4) Rufus nicht abgelöst wurde (Tac. 13,22,1), starb er im J. 60 in seiner Provinz (Tac. 14,26,2). **2.** C. U. Quadratus, Freund und Schüler des jüngeren → Plinius (2; Plin. epist. 6,11. 29. 7.24. 9,13). * etwa 83, lebte im Hause seiner Großmutter U. Quadratilla (Nr. 7), die er beerbte. Er betätigte sich als Rechtsanwalt, seine genaue Laufbahn ist unbekannt. *Cos. suff.* 118 (CIL VI 2078 = 32374. DEGRASSI FImp. 35) und viell. 133/134 *proconsul* von Africa (CIL VIII 4042–44. 22693 = ILTun. 19. 22743. SYME, Hist. 17, 1968, 91ff.). Bei Kaiser Hadrianus fiel er später in Ungnade (H. A. Hadr. 15,7). **3.** U. Quadratus, Sohn von Nr. 2. * um 110, heiratete 136/137 Annia Cornificia Faustina, die jüngere Schwester des Kaisers → Marcus (2) Aurelius (CIL XV 731. H. A. Marcus 4,7). *Cos. suff.* um 144 (DEGRASSI FImp. 44) und 149–151/152 Statthalter von Moesia inferior (AA 1911, 236 A. STEIN Moesien 70. FITZ Laufbahn d. Statth. in d. röm. Prov. Moes. inf. 15f.). **4.** M. U. Quadratus, Sohn von Nr. 3 aus der Ehe mit Annia Cornificia Faustina, * 138/139, *cos. ord.* 167 (DEGRASSI FImp. 67), weitere Ämter der Laufbahn unbekannt. **5.** U. Quadratus, Sohn des Cn. → Claudius (II 50) Severus aus der Ehe mit Annia Galeria Aurelia → Faustina (1), von Nr. 4 adoptiert (SEG 13,505. GROAG, WS 24, 1902, 261ff.). Als Verwandter des Kaiserhauses war er an der von Annia → Lucilla, der Witwe des L. → Verus und Gattin des Ti. → Claudius (II 43) Pompeianus gegen → Commodus angezettelten Verschwörung beteiligt und wurde hingerichtet (Herodian. 1,8,4. Cass. Dio 72,4,5f. H. A. Comm. 4,1–4. AYMARD, REA 57, 1955, 85ff.). **6.** Ummidia Cornificia Faustina, Tochter von Nr. 3, Schwester von Nr. 4. Sie besaß im Gebiet der Ormelier im phryg.-pisid. Grenzgebiet eine Domäne, IGRom. IV 887. **7.** Ummidia Quadratilla, Großmutter von Nr. 2. Sie starb 80jährig im J. 107. Ihre Lebensgewohnheiten und Liebhabereien schildert Plin. epist. 7,24. G. Wi.

P. Lambrechts, AC 71, 1938, 85ff. *R. Syme*, Hist. 17, 1968, 72ff.

Uncia, zu *unus*, »(kleine) Einheit«, griech.-sikul. *ὀγκία*, $^1/_{12}$ der großen Einheit, des → As, schon für die Zwölftafelgesetzgebung bezeugt, in allen Bereichen der As-Rechnung anzutreffen: als Gewicht = $^1/_{12}$ der → *libra* = 27,29 g, als Längenmaß = $^1/_{12}$ des → *pes* = 24,67 mm, als Flächenmaß = $^1/_{12}$ des → *iugerum* = 2400 Quadratfuß oder 210,3 m², als Hohlmaß = $^1/_{12}$ Rauminhalt der → *hemina* = 22,74 cm³, aber auch des → Sextars und somit = 1 → *cyathus* oder 45,5 cm³, als Zeitintervall = $^1/_{12}$ der *hora*, aber auch des Tages oder des Tagewerkes *(opera)* und des Jahres, als Zinssatz $^1/_{12}$ der → *centesima*, des üblichen Höchstsatzes von 1% monatl., also ein Jahreszinssatz von 1%. Gemäß der allg. Verbreitung der As-Rechnung finden sich Angaben in *u.* bei Teilen von Erbmassen, Besitz, Schuldsummen und Preisen. So ist *unciarius heres* jemand, dem $^1/_{12}$ des Erbes zufällt.

Die Mehrfachen der *u.* sind o. unter As verzeichnet, als Teilbeträge figurieren: → *semuncia* (½), → *sicilicus* (¼), → *sextula* ($^1/_6$), → *scripulum* ($^1/_{24}$), → *siliqua* ($^1/_{144}$), sowie aus der griech. Terminologie übernommen und von den Ärzten für ihre Rezepte verwendet: *drachma* ($^1/_8$ = 3,41 g, die sog. neuatt. → Drachme, d.h. das Gewicht des neron. → Denars zu $^1/_{96}$ libra) und → *obolus* ($^1/_{48}$). Mit der Ausbreitung der röm. Herrschaft drang die Maßbezeichnung auch in den griech. Bereich ein, ist aber als *οὐνκία, οὐγκία, ὀγγία* u.ä. lediglich als Gewichts-, Längen- und Raumgröße nachweisbar.

Im → Münzwesen findet sich die U.-Teilung schon bei den südital. und sizil. Griechen des 5. Jh.s, so in Rhegion, Akragas, Gela, Kamarina, Naxos, Segesta, Syrakus (s. auch Hexas, Tetras, Trias und Quincunx), und entsprechend der urspr. Gewichtsgleichheit hat das As-U.-System die Nomenklatur für die Einheit und die Teilstücke der röm. Währung und von ihr abhängiger mittelital. Geldsorten geliefert. Im älteren → Aes grave fehlen *u.* nur selten (anfängl. gegossen, später geprägt), und sie sind in der Janus-Prora-Serie mit Vs. Bellonakopf und einer Wertkugel bis zum Beginn der Semunzialprägung beibehalten worden. In der Kaiserz. wurde die *u.* als Nominal nicht erneuert, doch wog in der august. Kupfergeldreform der → Sestertius 1 *u.* In den süd- und mittelital. Assystemen dezimaler Stückelung wird die kleine Einheit modern gleichfalls *u.* genannt, → *quadrunx*, → *terruncius*.

Aus der Verwendung im Münzwesen ergab sich die Übernahme der *u.* in die Einrichtung der Rechenbretter (→ Abacus) und in das Verfahren der → Kleingeldrechnung. Wohl von der Größe der Buchstaben ausgehend hießen im Buchwesen eine besonders große und teure Buchschrift (→ Schrift, o.S. 33) *litterae unciales* (cf. Hier. praef. in Iob MIGNE PL 28,1083f.). Neben Abkürzungen des Wortes begegnen als Sigel eine Wertkugel oder -punkt, ~ oder ein liegendes S, *Θ* und im griech. Bereich ᵹ, $\mathring{\gamma}$, *Γο* oder *Γ* (wohl aus *οΓ* entstanden) u.a.m. H. Ch.

H. Chantraine, RE IX A 604ff.

Unelli s. Venelli

Unguentum s. Salben

Unterwasser-Archäologie, junger Zweig der Arch. mit speziell entwickelter Kartierungs-, Tauch-, Grabungs-, Bergungstechnik zum Zweck der Hebung ant. Wracks nebst Kargo (Schätzzahl 30000, 5000 Kriegsschiffe), Erforschung ant. Häfen, Seerouten usw. Berühmte U.-Funde jüngster Z. waren z.B. die Wracks von Kap Gelidonya/Türkei (1200 v. Chr.), Kyreneia/Zypern (4. Jh. v. Chr.), Yassi Ada/Türkei (7. Jh. n. Chr.). Die Bedeutung der U. für die Kenntnis des ant. → Seewesens, die bisher von Lit.- und Abb.-Belegen abhing, ist kaum überschätzbar. D. Wa.

Marine Archaeology, ed. *Blackman*, 1973. Underwater Arch. (Unesco Paris), 1972. A Hist. of Seafaring based on

U.A., ed. *Bass*, 1972. Atti del III. Congr. Int. di Arch. Sottomarina, 1971.

Ztschr.: The Int. Journ. of Nautical Arch. Cahiers d' Arch. Subaquatique (beide seit 1972).

Unterwelt. U.-Vorstellungen, z.T. eng verbunden mit → Totenkult und → Bestattung, gehören zum ältesten Glaubensgut der Ägäis ([1–2]). Ihre lit. faßbaren Anf. datieren in Äg. und Mesopotamien ins 3. Jt. v. Chr., wobei überall primär geogr. Bedingungen einwirkten. So war **1.** in Äg. der Nil Wasserscheide der Lebenden und Toten ([3], 9) und die U. zunächst die »Summe der Friedhöfe«, die w. des Nils am Wüstenrand lagen (MORENZ Äg. Rel. 218), daher äg. U.-Namen wie »Großer Sand« oder »Westen«, was zugleich auch auf den W. als Sonnenuntergangsland verweist. »Westliche« hießen die Toten, »Erster der Westlichen« der schakalgestaltige Totengott der Abydos-Nekropole, und Amentet, personifizierte Göttin des W., empfing den in die U. eingehenden Toten (RÄRG 22. 144. 867. [4], 21 ff. 59 ff.). Weitere Charakteristika der äg. U., die *Dat* (etwa »Nachthimmel«), *Schetit* (»Geheimnisvolle«) oder *Rosetau* hieß, was Verallgemeinerung des urspr. auf die Gîza-Nekropole beschränkten Begriffs mit der Bdtg. »Ort des Ziehens der Totenbarke« ist ([5], 2,90), waren ferner: Urgewässer *(Nun)* und Urfinsternis *(kkw-smꜣw)*, die sie »allgegenwärtig durchziehen«, weshalb die U. an die »chaot. Peripherie der Welt« rückt (HORNUNG, ÄZ 81,30), der analog zum Nil vorgestellte, Teil des *Nun* seiende U.-Strom, auf dem, allnächtl. Licht bringend, Re mit der Sonnenbarke fährt und an dessen Ufern sich die »Große Stadt« der U. erstreckt (Pyr. Texts 2108 FAULKNER), die U.-Tore, die sowohl die ganze U. am »Horizont«, wo Himmel, Erde und U. sich berühren ([5], 2,4), wie die einzelnen U.-Bezirke verschließen (vgl. bes. Pforten- und Zweiwegebuch [3], 195 ff. [6], 194 ff.), die in den U.-Büchern ([3]) bis ins Detail kartograph. ausgemalte U.-Top. ([4], Abb. 7. [36], 28 ff.), z.T. mit Maßangaben (so war der *Wernes*-Bezirk 390 × 120 Meilen groß [5], 2,18), die seit Mitte 2. Jt. nachweisbare »Höllen«-Vorstellung, die dann auf orph.-jüd.-chr. Gedankengut einwirken sollte (MORENZ Die Begegnung Europas mit Äg., 1969, 111 f.), mit der »Vernichtungsstelle« *(hetemit)* für die Verdammten mit »Schlachtbank«, »Prügelhaus«, »Marterpfahl«, »Feuersee«, Feueröfen und dem Aspekt der »verkehrten Welt« ([7]) und – dazu antithetisch – das »Binsengefilde« der Seligen, wohin der Tote mit dem U.-Fährmann »Hinter-Sich-Schauer« übersetzte ([4], 73 ff.), das schon seit dem E. der 5. Dyn. belegte »Totengericht« ([8]) und bes. der im Re-Osirismythos zentrale *Descensus ad inferos*-Gedanke, verbunden mit der Vorstellung der »Regeneration« durch den Tod, des »Sterbens, um zu leben« (Pyr. 1975 b. HORNUNG Der Eine u. d. Vielen, 1971, 153 ff.).

2. Auch das sum.-babylon. U.-Bild (vgl. bes. [9–14]) geht von der geogr. Umwelt aus: Zur Sphäre der »Todesmacht« gehörten Steppe, Wüste, Gebirge ([12], 234 f.), daher sum. U.-Namen wie *kur* (»Berg-, Feindesland«), *edin* (»Wüste, Steppe«) oder »Herr der Steppe« als Epitheton chthon. Götter ([15]). Entsprechend der Dreiteilung der Welt (vgl. ebenso Hom. Il. 15,189 ff.) heißt sie auch »untere Erde«, ferner oft »Land ohne Rückkehr« *(kur-nu-gi)*, auch, wie griech. Ἄιδος δόμος, »Haus, Stadt« eines U.-Gottes oder, wie griech. Τάρταρος, »Gefängnis« von in der U. gefangengehaltenen Gottheiten (griech. *T.* = urspr. Bdtg. »Gefängnis«: WORMS, H 81, 39 f.). Wie in Äg. lag sie im W., jenseits der syr. Wüste ([15], 21 f.), nachts von der Sonne beleuchtet ([9], 63. [29], 288. FRANKFORT Cyl. Seals 109 f.). Überquert werden mußte der U.-Strom *i-lú-ru-gú*, akk. *ḫubur*, mit dem U. Fährmann Uršanabi oder Ḫummuṭ-tabal (sprech. Name »Holt eilig fort«; die »Gewässer des Todes« in Gilg. X erinnern an Odysseus' Okeanosfahrt in Od. 11: [1], 224), doch kennen die U.-Descensus von Enkidu und Inanna weitere U.-Zugänge, z.B. in Erech ([9], 63 f.), auch wohl von jedem Grab aus ([13], 171), und das von Nergal gegrabene »Erdloch«, aus dem der Totengeist Enkidus »wie ein Wind« entweicht (Gilg. XII 78 ff.), setzt, wie der analoge βόθρος hom. Nekromantie (Od. 11,25), knappe U.-Erde-Distanzen voraus. Ebenfalls findet sich schon: das U.-Tormotiv (7 Tore beim Inanna-Ishtar-Descensus ([10], 55 Z. 116 ff.; 108 Z. 60; oft in griech. U.: Hom. Il. 8,15. 23,74. Hes. theog. 732. 741. 773. WEINREICH Religionsgesch. Stud. 274 ff.), U.-Torwächterdialoge (ebd.; oft in äg. U. [6], 195 ff.), der U.-Götterpalast ([14], 144 f.; vgl. Hom. h. Dem. 342 ff. 379. RICHARDSON The Hom. Hymn to Demeter, 1974, 265 f. Hes. theog. 767 ff.), hier der »Lapis Lazuli-Berg« ([10], 54 Z. 72), bewohnt von Ereškigal und Nergal, auf den das Motiv der apokalypt. Reiter zurückgeht ([12], 214). Eng sind Parallelen zum frühgriech. Hades und Totendasein: wie die *εἴδωλα-umbrae* (vgl. bes. [16–17]) sind die sum. Totenseelen in der U. »schattenhaft« ([9], 68 Anm. 25. [29], 287), »beflügelt wie Vögel« (Gilg. T. VII 4,38. [11], 107 Z. 10; griech. arch. Belege seit Anf. 6. Jh., doch ist der »Flügeldämon Psyche eine ganz alte Vorstellung« [17], 35 f.), die U. ist ein »Haus des Staubes« und der »Finsternis« (Gilg. T. VII 4,40. [10], 53 Z. 44; vgl. griech. ἔρεβος, ζόφος: Hom. Il. 8,368; Od. 12,81. Hes. theog. 669; topisch [18], 63 f.), der »Stille« ([13], 193; vgl. Verg. Aen. 6,265: *loca tacentia*), »schlammig« und »dornig« nach Ugarit-Texten ([19], 304; vgl. *εὐρώεις -sentus* als U.-Epitheta: Hom. Od. 10,512. Hes. theog. 731. Verg. Aen. 6,462; ἐν βορβόρῳ κεῖσθαι: Plat. Phaid. 69 c). Textneufunde scheinen erstmals ein »Totengericht« eruiert zu haben ([9], 62 f.), das ja bei Homer fehlt ([16], 107 ff.) und das sum. U.-Vorstellung an sich zuwiderläuft (v. SODEN, OLZ

37,415; vgl. [11],131). Auch gab es in der U. eine Art »Hierarchie« der Toten, bedingt teils von soz. Funktion (z.B. Bevorzugung der Könige; vermutl. ähnl. Hom. Od. 11,485f. 489–91), teils von der Zahl der Söhne, d.h. mögl. Kultpersonen ([9], 65. [13], 191f.). Denn der Tote war abhängig von Totenspenden, bes. von Frischwasser (BAYLISS, Iraq 35,116), und nirgends spielte der »Totendurst« (DEONNA, RHR 1939, 53ff.) eine größere Rolle als in der sum. U. ([20], 5ff.).

3. Widersprüche in der Konzeption der hom.-frühgriech. U., die in der Westlage (Lokalisierungsversuch jetzt »diesseits« des Okeanos [21], 95ff.), den vier U.-Strömen → Acheron, → Kokytos, → Phlegethon, → Styx (dann vielfache lok. Erweiterungen: [22], 125ff. [18], 68ff.), dem U.-Tor (s.o.), den U.-Wächtern wie → Kerberos usf., dem seit dem Minyasepos belegten U.-Fährmann → Charon, dem schon für die hom. Nekyia (Od. 11) »längst vorhandenen« (LESKY, RE Suppl. XI 812) → Katabasis-Motiv, praktiziert z.B. im 5.Jh. v.Chr. als pythag. Initiandenritus (KOLLER, Symbolon 7,33ff.), mit Spiegelung in der att. Komödie (DUCHEMIN, Les Ét. Cl. 25,273ff.), und dem z.B. bes. in Verg. Aen. 6 reich ausstaffierten U.-Interieur (NORDEN i. Komm. ⁴210ff. WILLIAMS, Proc. Virgil Soc. 10,1ff. TREU, H 82,24ff.) durchaus in den Kontext mediterr. U. gehört, sind oft notiert worden ([23–28]). Teils wurden sie mit versch. »Schichten des Totenglaubens« erklärt (vgl. bes. [16], 125ff.), teils mit versch. Einflüssen ([29], 314f.). So wurde die neben Grotten und Höhlen (YANNOULIDOU, Platon 22,279ff.), heißen Quellen ([30], 75ff.) usf. zum bes. auffälligen geogr. Charakterstikum der überaus zahlr. griech. U.-Eingänge, den sog. Ἅιδου πύλαι oder Πλουτώνια (Kat.: GANSCHINIETZ, RE X 2383; dazu jetzt [28], 237ff. [22], 113ff.), zählende Wiese (λειμών), so zuerst bei Hom. Od. 11,539. 24,13 in Verbindung mit dem ἀσφόδελος -Gewächs (VERPOORTEN, AC 31,111ff.), als Element vorgriech. chthon.-zykl. Rel. gedeutet, für die der λειμών-Eingang zur U. als »un microcosme divin situé au confluent de la γένεσις et de la φθορά »gegolten habe ([28], 249). Andererseits spielt die »Wiese« im heth. Totenkult ([31]) und U.-Glauben ([32]; zu jetzt erstmals belegbaren heth. U.-Strömen: HAAS, Studia Pohl 4, 1970, 102ff.) eine bes. Rolle. Der heth. König, der nach dem Tode »Gott« wird ([31], 19 Z. 2), »geht (dann) zur Wiese« ([31], 47 Z. 13). Auch wird für ihn im Totenritual, wohl als Analogiezauber, »ein Stück Wiese ausgestochen« ([31], 59 Z. 23f.). Da nun in altind. Rel. die U. = »Rinderweide« *(gávyūti)* heißt und – analog zum bisher unerklärten hom. Hades-Epitheton κλυτόπωλος (Il. 5,654. 11,445. 16,625; im Sinne MALTENS [JDAI 39,186ff.] jetzt wieder [35], 401f.) – der »urar. U.-Herrs her« Yima = »der schöne Herden besitzt«, schloß man nicht nur auf gemeinidg. Erbe, sondern verknüpfte etym. überdies heth. *wellu-* mit dem erstmals Od. 4,563 belegten Ἠλύσιον-Begriff = »meadowy field« ([33]; anders, näml. sem. Ableitung: Cocco, Biblos 31,401ff.; zu ἐνηλύσιος, »vom Blitz getroffen«: BURKERT, Glotta 39,208ff.) und stellte griech. Ἅιδης (aus * ἀϝίδ-) zu altind. *sam-vid-* und idg. **sm̥u̯id* = »Jenseits« (nicht Totengott!) im Sinne von »Sichzusammenfinden mit den Vätern« ([34]; wichtig zu Hades jetzt SCHMIDT Sprachl. Unt. z. Herondas, 1968, 1ff.; verfehlte sem. Ableitung: WÄCHTER, Ztschr. f. Rel. u. Geistesgesch. 16,193ff.). Im hom. ἀσφοδελὸς λειμών-Begriff überkreuzten sich also idg. und mediterr. U.-Element. Das Ineins von Fremdeinfluß und Eigenem zeigen nicht anders z.B. die sog. »Totenpässe« der orph. Goldblättchen (ab 4.Jh.), die den Toten ähnl. wie die äg. U.-Bücher in die U. geleiteten (beste Slg. jetzt [35], 275ff.). Die griech. U.-Lit. περὶ τῶν ἐν Ἅιδου mag im Titel Übersetzung des äg. U.-Buchs und Gattungsbegriffs *Amduat* (= »das, was in der Dat [= U.] ist«) gewesen sein ([36]). Auch die röm. → Orcus-Vorstellung geht über etr. Vermittlung auf mediterr. Substrat zurück ([37] m. d. ält. Lit.). D. Wa.

1. *Kirk* Myth, 1970, 260f. 2. *Wiesner* Grab u. Jenseits, 1938, 167ff. 3. *Hornung* Äg. Unterweltsbücher, 1972. 4. *Kees* Totenglauben u. Jenseitsvorstellungen d. alt. Äg., ²1956. 5. *Hornung* Das Amduat 1–3, 1963/67. 6. *Kroll* Gott u. Hölle, ²1963. 7. *Hornung* Äg. Höllenvorstellungen, Abh. Lpz. 59, 1968. 8. *Grieshammer* Das Jenseitsgericht in d. Sargtexten, 1970. 9. *Kramer*, Iraq 22, 1960, 56ff. 10. *Pritchard* Anc. Near Eastern Texts, ³1969. 11. *Edzard*, WB. d. Myth. 1, 1965, 130ff. 12. *De Liagre Böhl*, Op. Minora, 1953. 13. *Heidel* The Gilgamesh Epic, ²1949. 14. *Meissner* Babylonien u. Assyrien 2, 1925, 142ff. 15. *Tallquist* Sum.-akkad. Namen d. Totenwelt, 1934. 16. *Schnaufer* Frühgriech. Totenglaube, 1970, 58ff. 17. *Stähler* Grab u. Psyche d. Patroklos, Diss. Münster 1967, 19ff. 18. *Gruppe-Pfister*, Myth. Lex. 6,35ff. 19. *Jirku*, Ugaritica 6, 1969, 303ff. 20. *Parrot* Le »Refrigerium« dans l'au delà, 1937. 21. *Karl* Chaos u. Tartaros in Hes. Theog., Diss. Erl. 1967, 95ff. 22. *Wagenvoort*, Mnem 24, 1971, 125ff. 23. *Rohde* Psyche 1², 49ff. 24. *Radermacher* Das Jenseits i. Mythos d. Hellenen, 1903, 10ff. 25. *Dieterich* Nekyia, ³1969, 63ff. 26. *Wüst*, RE IX A 672ff. 27. *Da Rocha Pereira*, Alt 6, 1960, 204ff. 28. *Motte* Prairies et Jardins de la Grèce ant., 1973. 29. *Astour* Hellenosemitica, ²1967. 30. *Croon* The Herdsman of the Dead, Diss. Utrecht 1952. 31. *Otten* Heth. Totenrituale, 1958. 32. *Vieyra*, Rev. d'Assyriol. 59, 1965, 127ff. 33. *Puhvel*, KZ 83, 1969, 64ff. 34. *Thieme* in: Idg. Dichtersprache, hg. v. R. Schmitt, 1968, 133ff. 35. *Zuntz* Persephone, 1971. 36. *Luria*, Eos 51, 1961, 21ff. 37. *Fauth*, Numen 21, 1974, 105ff.

Upis s. Opis (II 1–4)

Ur, h. Tell Muqajjar im Südiraq, im A.T. *'ur kasdīm* (Gen. 11,28. 31. 15,7 u.ö.), sumer. Stadt. Erste Ausgrabungen durch J.E. TAYLOR (1854) und R.H. HALL (1919), dann durch Sir L. WOOLLEY 1922–1934 Aufdeckung des Tempelbezirks mit der Ziqqurat des Mondgottes Nanna und der frühdynast. Königsgräber. – Besiedelt wurde Ur nach der Mitte des 5. Jt.s v. Chr. (Obēd-Zeit); eine sterile Schicht, von WOOLLEY als »flood-deposit« gedeutet, bezeugt wohl nur eine lokale Überschwemmung. Um 3000 erste Blüte der Hochkultur, erste Tempelterrasse (für den Mondgott?). Am Ende der frühdynast. Periode (ca. 2500–2350), sog. Ur-I-Zeit, regieren nach der sumer. Königsliste Mesannepada, A'annepada, Meskiagnuna, denen aber die aus den Königsgräbern bekannten Namen Meskalamdug und Akalamdug zuzugesellen sind. Durch seine Lage am bis zur Stadt für Hochseeschiffe schiffbaren Euphrat war Ur damals durch weitverzweigten Handel besonders reich, die erstaunlichsten Luxusgegenstände fanden sich in den 16 Schachtgräbern der Könige und Priester(-innen), die inmitten einer ausgedehnten Nekropole lagen, feste Grabkammern (teilw. echte Gewölbe) und jeweils einen Dromos mit Wagengräbern und Gefolgschaftsbestattung besaßen. Politisch reichte die Macht der 1. Dyn. von Ur bis Mari am mittleren Euphrat (Schatzfund, s. A. PARROT Mission archéologique de Mari IV: Le »trésor« d'Ur, Paris 1968). – Z. Z. der Akkade-Herrscher wurde eine Tochter Sargons namens Enḫeduanna Oberpriesterin des Mondgottes (W. W. HALLO – J. VAN DIJK The Exaltation of Inanna, New Haven 1968). – Während der 3. Dynastie von Ur (ca. 2047–1939 v. Chr.) war Ur polit. und kultureller Mittelpunkt des neusumer. Einheitsstaates unter → Urnammu, Šulgi, Amar-Sîn, Šū-Sîn und Ibbī-Sîn, die zentralistisch mit straffer Organisation und entwickelter Bürokratie den staatl. Grundbesitz verwalteten und den Fernhandel kontrollierten. Sie versuchten auch die Martu-Nomaden (Westsemiten) abzuwehren, die zusammen mit Elam die Dynastie schließlich beseitigten. Die mächtige Ausgestaltung des Tempelbezirks und die Anlage der Königsmausoleen geschieht in dieser Z. Danach wird Ur politisch bedeutungslos, bleibt aber Handelsmetropole und zentrale Kultstätte des Mondgottes Nanna/Sîn. Kurigalzu II. (1340–1318) erneuert den Tempel, später wieder Sîn-balāṭsu-iqbi, Statthalter Assurbanipals. Nebukadnezar II. (604–562) errichtet eine gewaltige Temenos-Mauer, Nabonid (555–539) weiht noch einmal eine Tochter dem Mondgott. Dann verlegt der Euphrat seinen Lauf, Ur ist vom Wasser abgeschnitten und verfällt. Die letzte Urkunde datiert vom J. 316 v. Chr. W. Rö.

L. Woolley Ur Excavations, Vol. 1–5. 8–10, 1927–1965. *C. J. Gadd–L. Legrain* u. a. Ur Excavations Texts, Vol. 1–6. 8, 1928–1966. Ur in Retrospect, in Memory of C. L. Woolley, Iraq 22, 1960 (Lit.).

Uraias. Gotenführer, Neffe des → Vitigis, eroberte 539 das 538 verlorene Mailand zurück und zerstörte es (Prok. 6,12,36ff.; 21, mit Übertreibungen). Als U. den Römern bei Pavia gegenüberstand, wurden beide Parteien durch die Invasion → Theodeberts überrascht. Am Entsatz des inzwischen belagerten Ravenna wurde U. durch den Abfall des Sisigis behindert. Nach Ravennas Fall (540) lehnte er die ihm angebotene Krone zu Gunsten Ildibalds ab, der ihn umbringen ließ, als es bald danach zum Streit kam (Prok. 6,22ff.). Der bei Prokop (7,1,37ff.) geschilderte Streit der Frauen des U. und des Ildibald ähnelt dem Streit der Königinnen im 14. B. des Nibelungenliedes. A. L.

Urania (*Οὐρανία*). **1.** Name einer der → Musai (vgl. Hes. theog. 78). Eine echte Spezifizierung setzt mit Plat. Phaid. 259d ein und wird in der Z. des → Aratos (4) in Richtung auf Astr. (Globus, Zeigestab) und Nat.-Wiss. wesentlich gefördert. Daß U. Söhne hat (→ Linos [1], → Hymenaios; vgl. die Stellen bei E. WÜST, RE IX A 933) ist ein sekundäres Element. – In der bildenden Kunst gelegentlich identifizierbar (viell. schon auf der François-Vase; dazu E. WÜST 933ff.). **2.** Sehr alter Beiname der → Aphrodite, bes. der von → Paphos. Schwierig die Tatsache, daß die Aphrodite-Gestalt verschiedene Elemente enthält, deren eines durch U. bezeichnet sein dürfte. U. stammt aus dem Nahen O. (vgl. Hdt. 1,105. 131. Paus. 1,14,7). Der Mythos von der Entmannung des → Uranos, der im Hethit. seine Entsprechung hat (H. OTTEN Mythen vom Gotte Kumarbi, ADAW, Inst. f. Orientf. 3, 1950. G. GÜTERBOCK The Song of Ullikummi, The Am. Schools of Or. Research, 1952), wirft auf U. Licht (vgl. aber auch H. HERTER Die Ursprünge des Aphrodite-Kultes, Éléments orient. dans la rel. Grecque anc., Bibl. des Centres d'ét. sup. spéc., 1960, 68ff. F. DORNSEIFF, H 64, 1929, 271f. zu *οὐρεῖν* »Gutwettermacherin«). So steht sie auch Aphrodite Pandemos (vgl. Plat. symp. 189d. Xen. symp. 8,9) gegenüber. Kulte auf Inseln und in Küstengebieten, bes. auf der Peloponnes (vgl. E. WÜST 935ff.). **3.** Beiname der → Hera, → Artemis, → Hekate, → Nemesis, → Hebe. Hier bezeichnet die Epiklese nichts anderes als die Zugehörigkeit zu den Olympiern (*Ὀλύμπιοι = Οὐρανίωνες*). W. P.

Uraniones (*Οὐρανίωνες*, auch *Οὐρανίδαι*). **1.** Nachkommen des → Uranos (Namenkatalog: WÜST, RE IX A 973ff.), bes. die → Titanen (Hom. Il. 5,898. Suda s. v. Orph. frg. 57). **2.** Kollekt. Plural für die »Himmlischen« (sc. Götter; WILAM. GldH. 1^2, 327. NILSSON GgrR 1^3, 354), teils ohne *θεοί* (Hom. Il. 5,373. 21,275. 509. 24,547. Hes. theog. 461. Theokr. 12,22), teils mit *θεοί* (Hom. Il. 1,570; Od. 7,242. Orph. frg. 168,15). D. Wa.

Uranios (*Οὐράνιος*). **1.** Vf. von rein geograph. *Ἀραβικά* in mind. 5 B.; vermutlich 1. Jh. v. Chr. Frg.: FGrH 675. Dazu H. v. WISSMANN, RE Suppl. XI 1278ff. **2.** U. bemühte sich 484 als Legat Zenons bei → Hunerich vergeblich um Milde gegenüber den Katholiken (Euagr. h. e. 3, 20. Vict. Vit. 3,32. Chr. COURTOIS Les Vandales et l'Afrique, 1955, 296). **3.** Aus Apameia, Sophist z.Z. Iustinians, gewann nach Agathias (2,29 ff.; tendenziös) in Constantinopel großen Anhang bei den Ungebildeten, beeindruckte anläßlich einer Gesandtschaft den Perserkönig → Chosroes (3). **4.** Um 450 Bischof von → Emesa, Freund des → Theodoretos (1) von Kyrrhos, 449 (in Ephesos) unter anderem bezichtigt, Anhänger des → Nestorios zu sein (vgl. syr. Akten bei FLEMING, AGG 15,1, 1917, 123 ff.). U. war noch 452 Bischof (Chr. min. 2,85). **5.** Bischof von Himeria (Osrhoene), wurde 448 Haupt der Opposition gegen Ibas, den Metropoliten von Edessa, dem man Häresie, Tyrannis und Unterschlagung von Kirchengeldern vorwarf (dazu Actio 10 u. 11 des Konzils von Chalkedon 451, ACO 2,1,3,13 ff.; ferner FLEMING a.O. 5 ff.). R. DEVREESSE Le Patriarchat d'Antioche, 1945. A. L.

Uraniskos (*οὐρανίσκος. aulaea. vela*). Der feste oder zusammenklappbare, gewölbte oder flache, runde oder viereckige → Schirm, als Würdezeichen aus dem O. übernommen, wird in Griechenland als U., in Rom als *aulaea* bzw. *vela* (beides pl.) bezeichnet. Er entspricht der nach dem im MA. meist dafür verwandten Stoff aus baldac/Bagdad Baldachin genannten Vorrichtung; aus ihr entwickelt sich bei gleicher Funktion in frühchr. Z. das ortsfeste, aus dauerhaftem Material bestehende Ciborium. Herrscher Kleinasiens übernahmen den U. von den Persern (EICHLER Die Reliefs d. Heroon v. Gjölbaschi-Trysa, 1950, 62 T. 19 oben). Seit auch Alexander d. Gr. den U. benützte (Plut. Alex. 37,7; Phoc. 33,8), wird der Thronhimmel allg. Auszeichnung von Herrschern und Götterbildern (Kultobjekten). Als solcher kann der U. wie ein Schirm an einem Stock gehalten werden oder auf vier Pfosten ruhen (Athen. 12, 514c. 539d/e. 5,196b). In Rom wird der U. bei Bestattung (TOYNBEE Death and Burial in the Roman World, 1971, Abb. 11. Cass. Dio 74,4,2), im Kult, für den Thron des Kaisers (Cor. laud. Iustin. 3,194 ff.) verwandt, viell. schon unter Domitianus: BMCRomEmp II T. 80,12, obwohl in der Bildkunst der U. vom Monopteros (→ Tholos) oft schwer zu unterscheiden ist. W. H. G.

Alföldi, NClio 1, 1949/50, 537 ff.; MDAI(R) 50, 1935, 127 ff. *Treitinger*, RACh 1,1150 ff. *Klauser*, RACh 3,68 ff. *Cüppers*, RE IX A 952 ff.

Uranius. L. Iulius Aurelius Sulpicius Severus U. Antoninus, jugendlicher Hoherpriester des → Baal von → Emesa, als solcher Sampsigeramos genannt (Malal. Chron. 12,295 ff.). Er übernahm im J. 253/54 anläßlich eines Einfalles → Sapors I. (1; or. Sib. 13,103–170. Res gestae divi Saporis 10–19) mit einer eilig aufgestellten Milizarmee, für deren Besoldung er eigene Mz. prägen ließ, die Verteidigung seiner Heimatstadt. Er fügte den Persern eine Niederlage zu und galt, ohne den Imperatorentitel offiziell zu führen, als Kaiser des O., trat aber nach Ankunft des → Valerianus (1) in seine alte Stellung zurück. G. Wi.

H. Seyrig, RN 6, 1958, 51 ff. *H. R. Baldus* U. Antoninus. Münzprägung u. Gesch., Antiquitas 3/11, 1971 (dazu *H. Castritius*, Gn 46, 1974, 589 ff.).

Uranopolis (*Οὐρανόπολις*). **1.** Griech. Stadt unbekannter Lage auf der → Athos-Halbinsel (Strab. 7, frg. 35. Athen. 3,98e–f. Clem. Al. Protr. 4,54,3 = FGrH 143 F 4), von Alexarchos, einem Sohn des → Antipatros (1) und jüngerem Bruder des → Kassandros (2) gegen 316 v. Chr. gegründet. Alexarchos, der urspr. *γραμματικός* gewesen sein soll (Clem. Al. a.O.; einen Brief mit Äußerungen zu rel.-wiss. Fragen zit. Plut. mor. 365e), nannte sich, viell. beeinflußt von → Menekrates (6), Helios, seine »Untertanen« *ἡλιοκρατεῖς* (in dem b. Athen. a.O. erhaltenen Brieffrg., emendiert von W. SCHMID b. [1], 108 ff.; vgl. WILAM. Hellenist. Dichtung 1,10 f.) und versuchte offenbar, in seiner »Himmelsstadt« eine Sondersprache einzuführen (Beisp. b. Athen. a.O.; über die patholog. Hintergründe des sich hier dokumentierenden Gottmenschentums s. [1]). U., dessen Umfang Strab. mit 30 Stadien angibt, scheint nicht lange bestanden zu haben. Kenntlich sind etliche Silber- und Kupfer-Mz. mit der von Strahlen umgebenen Sonne auf der Vs., der auf der Weltkugel thronenden Aphrodite Urania auf der Rs. und der Legende *ΟΥΡΑΝΙΔΩΝ* bzw. *ΟΥΡΑΝΙΔΩΝ ΠΟΛΕΩΣ* (HEAD HN² 206; BMC-Maced. 133 f. H. GAEBLER Die ant. Mz. v. Maked. u. Paionia, Bln. 1906 (²1935), 132 f. T. XXV 2–5. H. Gä.

1. O. *Weinreich* Menekrates Zeus u. Salmoneus, Tüb. Beitr. 18, Stuttg. 1933. 2. *E. Wüst*, RE IX A 965 f.

2. Laut Ptol. 5,5,5 M. eine Stadt in der Landschaft → Kabalia, im Grenzgebiet zwischen Phrygien, Lykien, Pisidien und Pamphylien. Ihre Identifikation ist noch nicht gelungen, möglicherweise irrige Angabe bei Ptol. a.O. (statt Verbianopolis? Dazu RAMSAY, MDAI[A] 10, 1885, 342 mit HEAD HN² 712). E. O.

E. Wüst, RE IX A 966 Nr. 2.

Uranos (*οὐρανός*). **1.** Himmel, -sdach, seit Hom. als physik. Begriff, urspr. Bdtg. »Regenmacher, Befruchter«, falls Nom. ag. zu **Ϝερσ-* = altind. *várṣati*, »regnen« (FRISK 2,446 f.); die häufige Identifizierung mit altind. *Váruṇa* (vgl. bes. [1], 37 ff.) ist etym.-sachl. falsch (FRISK a.O. GONDA, Mnem. 13, 1960, 4 f. FORBES, Glotta 36, 1958, 239. [8], 72 ff.). **2.** Personifikation und myth. Figur a) in genealog., b) kosmogon. Funktion. Der Mythos: Nach Hes. theog. 126–128 wird U. von → Gaia in Parthenogenese (vaterlos) geboren ([2], 2 f.), »damit er sie überall umhülle (z. Bild [3], 619 ff.) und den Göttern ein fester Sitz sei«. Sohn der Gaia (Nonn. Dion. 2,336) – nach Alkm. frg. 61 PAGE auch ihr Enkel als Sohn des → Akmon, daher auch *Ἀκμονίδης* heißend (Kall. frg. 498 PF.), was viell. auf die uridg. Vorstellung des »Steinhimmels« verweist (REICHELT, IF 32, 23 ff. WILAMOWITZ Kl. Schr. 5,2,173 f.), nach

Orph. frg. 109 u.ö. wegen → Phanes und orph. Weltei-Kosmogonie auch ihr Bruder (vgl. bes. [4], 1467ff. [8], 81ff.) –, wird er ihr Gemahl (so meistens in späterer Myth.: Apollod. 1,1 u.ö.; im poet. Bild: Aischyl. frg. 125,20ff. METTE) und zeugt mit ihr die → Uraniones, d.h. zuerst als πρότεροι θεοί (Hes. theog. 424. 486) die → Titanen, darunter → Kronos, den Zeus-Vater, weshalb U. genealog. zum Ahnherrn der Götter wird (Hes. 44f. 105f.), dann die → Kyklopen und die → Hekatoncheiren (Hes. 132–156). Da U. und die Titanen sich »von Anf. an hassen«, U. wegen ihrer δεινότης (Hes. 138. 155f.), die Titanen, weil U. sie »nicht ans Licht ließ und in der Erdhöhlung verbarg« (zugrunde liegt: »the Titans were kept in Gaia's womb by U.' unremitting embrace« [5], 214. [10], 218; die Tartaros-Version ist sekundär), erfindet Gaia eine »scharfzahnige Sichel« und überredet Kronos »zur Rache«. Als U. nun erneut mit der Erde kopulieren will, »mäht Kronos U.' Genitalien mit der Sichel ab und wirft sie hinter sich« ins Meer. Aus den auf die Erde fallenden Blutstropfen entstanden als weitere U.-Nachkommen die → Erinyen, → Giganten und mel. → Nymphen, vom im Meer treibenden Genitale und dessen Sperma-Schaum (vgl. bes. [6]) → Aphrodite (Hes. 173–206; vgl. das korinth. Relief des frühen 7.Jh.s: PAYNE Perachora 1,231f. T. 102 Nr. 183a. SALE, TAPhA 92, 1961, 515ff.). Deutung: Der in der myth. Denkform der Genealogie (vgl. bes. [7]) formulierten ersten griech. → Weltschöpfungskonzeption liegt der weltweit verbreitete Himmel-Erde-Trennungsmythos zugrunde ([8], 61ff.). Die U.-Kastration bezweckt ebendiese definitive Trennung beider Urelemente ([8], 65ff. [5], 211ff. W.F.OTTO, Eranos-Jb. 24, 1955, 331). Ferner ist bes. durch den Textfund des heth. Kumarbi-Epos (GÜTERBOCK Kumarbi, 1946. OTTEN Mythen vom Gotte Kumarbi, 1950) Einfluß orient. Kosmogonien jetzt zweifelsfrei ([9–11] m.d.ält. Lit.). Dem griech. Sukzessionsmythos U.-Kronos-Zeus entspricht heth. Alalu-Anu (= sum. An = U.)-Kumarbi (= Kronos)-Wettergott (= Zeus) und phoinik. Eliun-Epigeios-El-Demarus (FGrH 790 F 1ff.), der U.-Kastration die des Anu durch Kumarbi (vgl. SOMMER, Arch. Orientálni 17, 1949, 375f.). Wie der heth. Himmelsgott Anu blieb indessen auch U. im Kult fast bedeutungslos ([12], 972. HERINGTON, Phoenix 17, 1963, 186f.), sieht man von seiner gelegentl. Rolle als Schwurgott (Hom. Il. 15,36; Od. 5,184. Aristoph. Plut. 129. Apoll. Rhod. 3,714f. m. Sch.), in der Orphik (Orph. h. 4) und von Epiklesen des hellenist. »Allgottes« ab (KOENEN-KRAMER, Ztschr. f. Pap. u. Epigr. 4, 1969, 19). D. Wa.

1. *Dumézil* Ouranós-Váruna, 1934. 2. *Schwenn* Die Theogonie d. Hesiodos, 1934. 3. *Eisler* Weltenmantel u. Himmelszelt, 1910. 4. *Schwabl*, RE Suppl. IX 1433ff. 5. *West* Hesiod Theogony, ²1971. 6. *Friedländer*, GGA 193, 1931, 256ff. 7. *Philippson*, Symb. Osl. Suppl. 7, 1936. 8. *Staudacher* Die Trennung von Himmel u. Erde, ²1968. 9. *Dietrich* The Origins of Greek Rel., 1974, 49ff. 10. *Kirk* Myth, 1970, 213ff. 11. *Walcot* Hesiod and the Near East, 1966. 12. *Wüst*, RE IX A 966ff.

Urartu, altoriental. Reich am Ararat (im A.T. Gen. 8,4 u.ö. falsche Vokalisierung) um den Van-See. Mitte des 9.Jh.s v.Chr. von Arame als einheitl. Staat geschaffen, von Sardur I. (ca. 833–825), Ispuini und Menua bis zum Urmia-See ausgeweitet, unter Argisti I. (790–766) zur Sicherung der Handelswege sogar bis Nordsyrien reichend. Von den Assyrern wurde U. immer als Bedrohung angesehen und oft bekämpft (→ Salmanassar III.; → Tiglatpileser III. erobert Hauptstadt Tušpa; 714 Beutezug → Sargons II.), obwohl damit der Pufferstaat gegen Meder und Skythen geschwächt wurde. Die rauhen Gebirgstäler und uneinnehmbaren Bergfestungen U.s wurden nie völlig unterworfen, erst um 600 erliegt U. den Skythen. – Ausgrabungen in Toprakkale bei Van, Karmir-Blur (Tešebaini) in Sowjet-Armenien und Altıntepe nahe Erzincan haben die eigenständige Architektur U.s (Rustika-Quadertechnik, Giebel, Säulen) und bes. die Toreutik bekanntgemacht, die durch Export den oriental. Stil in Griechenland beeinflußte. – Im Pantheon standen Ḫaldi (ein Kriegsgott), Tešeba (Wettergott) und Siwini (Sonnengott) im Vordergrund. – Inschr. (in assyr. Keilschrift) sind wegen der Schwierigkeit der mit dem Hurritischen verwandten ur. Sprache nur teilw. deutbar. W. Rö.

B.B.Pjotrowski U., 1969. *Th.Beran* in: *H.Schmökel* u.a., Kulturgesch. d. Alten Orient, 1961, 605ff. *J.Friedrich* Urartäisch, HB. d. Orientalistik 2,1. 2, 1969, 31ff.

Urbanae cohortes. Die *u.c.* wurden von Augustus für die öffentliche Sicherheit in Rom aufgestellt und unter Tiberius mit den → *praetoriae cohortes* auch dort stationiert. Es gab anf. 3 Kohorten (X–XII), die bis 68 n.Chr. auf 9 (X–XVIII) stiegen. Davon waren je 1 in Ostia, Puteoli und Lyon stationiert. Nach den Kämpfen des Dreikaiserjahres, in denen die *u.c.* größtenteils vernichtet wurden, ließ Vespasianus 4 neue (X–XII, XIV) aufstellen. Eine *cohors XIII* kam nach Karthago, eine *cohors I Flavia urbana* nach Lyon (von Septimius Severus aufgelöst). Unter Aurelian erhielten die *u.c.* eine eigene Kaserne am Forum Suarium. Mit der diokletian.-konstantin. Reform trat an die Stelle der *u.c.* das zivile *officium* des Stadtpräfekten. Die *u.c.*, ein mil. organisiertes Elitekorps mit 20jähriger Dienstzeit, setzten sich noch im 3.Jh. aus Italikern zusammen. In Rom waren sie dem Stadtpräfekten unterstellt. H.FREIS, Bh. d. BJ 21 (1967). A. N.

Urbanus. M. Damatius U., Vf. eines Komm. zu den vergil. Gedichten (Anf. 3.Jh. n.Chr.), der sich mit älteren Erkl.en (→ Cornutus [o. Bd. I 1555], → Velius [6] Longus) auseinandersetzte und – neben Carminius und → Donatus (2 bis) – den

Grundstock von → Servius' (2) Komm. ausmacht; sein Einfluß auf Servius dürfte über den Umkreis der 11 Zit., die allein erhalten sind, hinausgehen. P. L. Sch.

Urbicius. *Praepositus sacri cubiculi* und damit einflußreicher Hofbeamter unter sieben Kaisern zw. 449 (vgl. Konzilsakten von 449 bei J. Flemming, AGG 15, 1917) und ca. 505 (Theodosius in CSEL 39,144), schon zw. 434 und 446 als *cubicularius* genannt. Unter anderem bekam U. 478 den Auftrag, → Illos ermorden zu lassen, wurde → Anastasios (1) auf seinen Vorschlag hin Kaiser (Zon. 14,3). A. L.

Urbicus s. Lollius (II 2)

Urbs vetus (nicht *Veturbo* Guido 51, h. Viterbo) heißt bei Paul. Diac. Lang. 4,32 die etr. Stadt, die Geogr. Rav. 4,36 *Orbevetus*, Guido 51 *Urbevetus*, Prok. Goth. 2,11,1. 18,19. 19,1 *Οὐρβιβεντός* (Prok. a.O. 20,5ff. Beschreibung der natürlich festen Lage) nennen; volksetym. Abwandlung älteren Namens mit Suffix-*u̯entŏ;* h. Orvieto. G. R.

Nissen It. Ldk. 2,337.

Urgulania. Gattin des M. Plautius, Freundin der → Livia (2), die ihr bei einem Geldprozeß, zu dem persönlich zu erscheinen sie sich weigerte, die geforderte Summe zahlte, Tac. ann. 2,34,2. 4,21,1. Ihr Sohn war M. → Plautius (II 4) Silvanus, der Erbauer des Plautiergrabes, CIL XIV 3606. Ihre Enkelin → Plautia (II 12) Urgulanilla war Gattin des späteren Kaisers Claudius. R. H.

Urgulanilla s. Plautius (II 12)

Uria, griech. *Οὐρία*, *Ὑρίη* (Hdt. 7,170), *Ὕριον* (*ŭ* Dion. Per. 379f.), *Οὔρητον* (Ptol. 3,1, 77), messap. *orra*(< **ŭri̯ā*; Mz. des 3. Jh.s Head HN² 52), *orranas* (Whatmough Prae-Italic Dialects 436) aus *ŭr* < *u̯r̥-* neben *Văria* (Plin. 3, 100; *ă* Hor. epist. 1,14,3 inmitten illyr. Namen), *Βαρίς*, *vareti* (5. Jh. Whatmough a.O. 567), *Βαρήτιον* (Theop. FGrH 115 F 234) aus *u̯ăr-* < *u̯ŏr-* < *u̯r̥-* bzw. *Οὐερητόν*, *Veretum* (vgl. Haas, Messap. Stud. 168), Name verschiedener Städte (→ *Bārium* nicht zugehörig): **1.** Kret. Gründung (Varro b. Prob. ecl. 6,31; vgl. Hdt. a.O. Steph. Byz. s. *Ὑρία*. Liv. 42,48,3 *Urites*. Catull. 36,12 *Urios*?), sallentin. (Ptol. 3,1,76) Städtchen (Strab. 6,281 *πολίχνη*) s. von Hydrus (Geogr. Rav. 1,17), auch *Βαρήτιον* (Theop. a. O.), *Βαρίς* (Strab. a.O. *καλοῦσιν δὲ Βαρὶν οἱ νῦν Οὐερητόν*), *Veretum* (Tab. Peut. 7,2; vgl. Plin. nat. 3,105. Feldm. 262 u.a.), *Leuca* (Guido 29. 71). **2.** *Οὐρία* (Strab. 6,282f.), *Varia cui cognomen. Messapia* (Plin. nat. 3,100), Stadt (Strab. a.O. App. civ. 5,58 *πόλις*) zw. Tarentum und Brundisium (Ptol. 3,1, 77. App. a.O.); auf Mz. *orra* (s.o.; vgl. Feldm. a.O. *ager Orianus*); h. in der Nähe von Oria. **3.** Daun. Städtchen (Strab. 6,284 *πολισμάτιον Οὔριον*. Plin. nat. 3,103) an Garganus-N.-Küste (Dion. Per. a.O. Ptol. 3,1,17 *Ὕριον*; vgl. Mela 2,66. Feldm. a.O.); Mz. des 3. Jh.s (Head HN ²47 *ΥΡΙΑΤΙΝΩΝ*). **4.** Kampan. Stadt, nur aus Mz. des 4. Jh.s (Head HN²37 *ΥΡΙΑΝΟΣ*, *HVRIETE𐌔*, *urina* u.ä.) bekannt; Prägung übereinstimmend mit Fenseris und Nola; viell. Nola (»Neustadt«) von U. gegründet (Solin. 2,16 *Nola a⟨b⟩Yri⟨n⟩is*). **5.** Zugehörig auch *Văria* (Hor. a.O. Tab. Peut. 6,1 u.a.), latin. Stadt. (Strab. 5,238) an der Mündung der Digentia in den Anio nahe dem Sabinum des Horaz; h. Vicovaro. G. R.

Forbiger HB. d. alt. Geogr. 3,363. 499. 504. *Nissen* It. Ldk. 2, 615. 757. 838. 875. 884f.

Uriel. Erzengel (von der Kirche nicht kanonisiert); in jüd., frühchr., kopt. Schriften oft genannt. PGM 4, 1815 steht er in einer Heptade glückbringender Engel. Als Apotropaion in Stein geschnitten, vgl. C. Bonner Stud. in magical amulets, 1950, 310. C. Z.

Urkunden. A. Griechisch.

I. Allgemeines. II. altgriech. III. hellenist. (bes. Äg.): a) U.-Typen. b) Register und Archive. c) Rechtswirkungen.

I. Schon früh haben die Griechen sich zur Gestaltung öffentl. und privater Rechtsverhältnisse der Schrift bedient (Beispiele [11], 428f. [14], 47). Im Privatrecht tritt die Schriftlichkeit im 4. Jh. für Verkehrsgeschäfte (Seehandel) verstärkt auf. Aus der Perspektive des Rechtshistorikers gibt [21], §§ 25ff. eine wertvolle Übersicht über die Beschreibstoffe der Ant. und die äußere Erscheinungsform der U.; allg. dazu [6], 123ff. [20]. [32]. [43], 175ff. Dank günstiger klimat. Bedingungen liegt der Schwerpunkt der überlieferten griech. U. des Rechtsalltages in Äg.; s. aber auch → Dura (2) Europos, → Nessana und Iudaea (dazu [36], 542f.); vgl. auch [18].

II. Die Überlieferung setzt mit öffentl. U. ein, Psephismata, Staatsverträgen (gesammelt [25]). Über das Verhältnis der in Stein (→ Stele) aufgezeichneten Version zu den im → Archiv der *πόλεις* (zumeist Buleuterion, in Athen → Metroon) niedergelegten U. (Papyrus, Holztäfelchen) s. [24], dazu noch [17], 63ff.; vgl. auch [3], 227ff. und [5], 1731ff. Zum Problem der literar. Überlieferung hist. U. s. [22]; zur Parallelüberlieferung Tod Select. Inscr. 204. Lykurg. 80f. Diod. 11,29,2f. [40]. Privat-U. sind teils in den att. Gerichtsreden (zur Echtheit dieser U. [1]; vgl. auch [39]), teils inschr. erhalten. Das letzte betrifft vor allem Freilassung (→ Freigelassene 1), beurkundet an der Tempelmauer in → Delphoi (o. Bd. I 1453, 19), die att. Hypothekensteine (→ Horoi 2), Pachtverträge (→ Misthosis; dazu [33]. [34]. [37]) und Bankgeschäfte, [42]. Ansätze zum Registerwesen [29], 2522. Formuliert war die Privat-U. als *συγγραφή* ([15]): ein objektiv erzählender Bericht über Abschluß und Inhalt des Vertrages mit folgender Zeugenbenennung. Verfälschungen beugte man durch Hinterlegung der versiegelten ([12], 2393ff.) U. bei einem Dritten vor (Isokr. 17,20. Demosth. 33,36), vermutlich ([30], 3168) auch schon durch (etwa) gleichlautende sichtbare »Außenschrift« und verschlossene »Innenschrift« (Doppelurkunde; dazu [7], 77f.; zu ihrer Herkunft aus dem altoriental. Bereich [12], 2408; vgl. auch → Diptychon).

III. Eine umfassende U.-lehre der griech. Pap. wird in absehbarer Z. aus der Feder H.J. Wolffs im HB. d. klass. Alt.-wiss. (Abt. 10,4,1) erscheinen. Das Folgende stützt sich im wesentl. auf dessen vorläufige Äußerungen ([30]. [45]).

a) 1. Auch in hellenist. Z. ist die eben beschriebene private συγγραφή weit verbreitet (s. etwa den Heiratsvertrag P. Eleph. 1 [311 v.Chr.], das älteste Beispiel auf Pap.). Üblich waren in Äg. 6 Zeugen, die Innenschrift der gewöhnl. vom Syngraphophylax ([14], 28) verwahrten Doppel-U. verkümmert oft bis zur bloßen Inhaltsangabe, [12], 2412f. 2. Neben diese private Form tritt die öffentliche. Als Grund für die Einrichtung von U.-Behörden in den hellenist. Monarchien sind fiskal. Interessen und obrigkeitsstaatl. Regelung des Privatverkehrs anzusehen, das letzte durchaus zur Förderung der Rechtssicherheit. Das Notariat lag im ptol. Äg. in den Händen der Agoranomen (vgl. die → A. Athens). Sie führten amtl. Register, in welche private U. (demot. in griech. Übers.) aufgenommen wurden (ἀναγραφή). Wirkung dieser Maßnahme war vermutl. auch erhöhte Beweiskraft. Verdrängt wurde die anagraphierte Sechszeugen-Doppel-U. allmählich durch die einfachere direkte Protokollierung vor dem Agoranomen erklärter Geschäfte. Die (ebenfalls objektiv stilisierte) Urschrift wurde in die Akten einverleibt, die Parteien erhielten amtl. Abschriften. Später steigen noch die διαγραφή, von einer Bank aufgenommene und ausgefertigte Erklärungen ([35]), und die dem gerichtl. Vergleich nachgebildete συγχώρησις in den Rang der öffentl. U. auf. 3. Einen eigenen U-Typ bildet das χειρόγραφον (Handschein). Es findet als subjektive, in Briefform stilisierte Erklärung an den Vertragspartner bes. für Quittungen ([38], 4,28. 41), aber auch für Verpflichtungs- und Verfügungsgeschäfte Anwendung. Diese unkomplizierte Form konnte in röm. Z. durch δημοσίωσις (Einverleibung in ein amtl. Archiv) beweisrechtlich die Gleichstellung mit der Notariats-U. erlangen; in byz. Z. geht dieser Typ in der → Tabellionen-U. auf. → Testamente nehmen eine eigenständige Entwicklung ([8], 315ff.). b) Die Agoranomen sind im ptol. Äg. seit dem 3.Jh. greifbar und leben unter der röm. Herrschaft bis in das 3.Jh. n.Chr. fort. Vergleichbare Aufgaben des Notariats erfüllte in Dura Europos das Chreophylakion. Neben der ἀναγραφή beliebiger Privat-U. gab es in Äg. ein besonderes Verzeichnis der Grundstücksgeschäfte (καταγραφή). Zweck dieser Einrichtung war die Sicherung der Umsatzsteuer (ἐγκύκλιον) und die Überwachung des Bodenverkehrs. Die röm. Verwaltung baute das ptol. System aus und legte in Alexandreia für alle öffentl. U. ein zentrales Archiv an, in den einzelnen Gauen (νομοί) ein »Besitzarchiv« (βιβλιοθήκη ἐγκτήσεων). Zu Unrecht sah die ältere Lit. hierin eine Art »Grundbuch«. Die Überwachungsfunktion des Archivs lag darin, daß die Agoranomen gehalten waren, keine Verträge über Grundstücke ohne Unbedenklichkeitsbescheinigung (ἐπίσταλμα) der βιβλιοθήκη aufzunehmen; dadurch wurden Verfügungen Unberechtigter verhindert. Es handelte sich also um ein »Archiv der Besitzdokumente« (so [45], 88 und [13]). Das Archiv verschwindet mit dem Verfall der Agoranomen. Zum außeräg. hellenist. Registerwesen, insbes. zur καταγραφή s. [41], 160ff. mit Lit.; vgl. auch [27], 58. Zu den umfangreichen halbamtl. und privaten Archiven Äg.s (z.B. → Zenon I 1) s. [43], 248ff. c) Schriftlichkeit als solche hatte weder im altgriech. (vgl. neuerdings [33], 59. [34], 110) noch im hellenist. Recht ([28], 189. [31], 60f.) für den Vertragsschluß konstitutive Bedeutung; die U. ist nur Beweismittel. Die Beweiskraft der notariellen U. oder des Handscheins konnte durch Kyria-Klausel (κυρία ἔστω – die U. soll »maßgeblich« sein) absolut gestaltet werden, d.h. die in der U. festgehaltenen Tatsachen waren im Prozeß unbestreitbar ([23]; vgl. aber [33], 87ff.). Diese Wirkung konnte die U. bei erweiterter Fassung der Klausel (κυρία παντὶ τῷ ἐπιφερομένῳ) auch in der Hand eines dritten Überbringers haben. Durch Zugestehen einer fiktiven haftungsbegründenden Tatsache – oder einfach abstrakt »zu schulden« (ὀφείλειν) – in Form der → Homologie und durch die beweisrechtl. Wirkung der Kyria-Klausel hat die griech. U. dispositive Kraft erlangt ([14], 25ff. [33], 62f. [44], 124. [45], 77f. 88). G.Th.

1. *E.Drerup*, Jb. class. Philol. Suppl. 24, 1898, 223ff. 2. *L.Mitteis* Röm. Privatr. 1, 1908, § 16. 3. *A. Wilhelm* Beitr. z. griech. Inschriftenkunde, 1909. 4. *F.Preisigke* Girowesen im griech. Äg., 1910. 5. *O.Schultheß*, RE VII 1710ff. 6. *V.Gardthausen* Griech. Paläogr. 1^2, 1911. 7. *Mitt.-Wilcken* Grdz. 2/1. 8. *H.Kreller* Erbr. Unt., 1919. 9. *A.B.Schwarz* Die öffentl. u. private U. im röm. Äg., 1920. 10. *J.Partsch*, Festschr. Lenel, 1921, 77ff. 11. *E. Weiß* Griech. Privatr. 1, 1923. 12. *L. Wenger*, RE II A 2361ff. 13. *F.v.Woeß* Unt. über d. U.-wesen u. d. Publizitätsschutz im röm. Äg., 1924. 14. *H.Steinacker* Die ant. Grundl. d. frühma. Privat-U., 1927. 15. *W.Kunkel*, RE IV A 1376ff. 16. *B.Kübler*, ZRG 53, 1933, 64ff. 17. *F.Frh.v.Schwind* Zur Frage d. Publikation im röm. Recht, 1940 (^{2}1973). 18. *R.Taubenschlag*, Journ. of Jur. Pap. 3, 1948, 49ff. (= Op. Min. 2,29ff.). 19. *H.J. Wolff*, Aegyptus 28, 1948, 17ff. 20. *L.Santifaller* Beitr. z. Gesch. d. Beschreibstoffe im MA., 1953. 21. *L. Wenger* Die Quellen d. röm. Rechts, 1953. 22. *C.Meyer* Die U. im Gesch.-werk d. Thuk., 1955. 23. *M.Häßler* Die Bed. d. Kyria-Klausel in d. Pyp.-U., 1960. 24. *G.Klaffenbach* Bemerkungen z. griech. U.-wesen, SDAW Kl. f. Spr., 1960/6. 25. *H.Bengtson* Die Staatsverträge d. Alt. 2, 1962. 26. *E.Seidl* Ptol. Rechtsgesch., ^{2}1962. 27. *W.Selb*, Stud. Doc. Hist. Iur. 28, 1962, 27ff. 28. *H.Kühnert* Zum Kreditgeschäft in d. hellenist.

Pap. Äg.s bis Diokl., Diss. iur. Freib. 1965. 29. *H.J. Wolff*, Lex. d. Alten W. 2516ff. 30. *Ders.*, ebd. 3167ff. 31. *H.A. Rupprecht* Unt. z. Darlehen in d. graeco-äg. Pap. d. Ptolemäerz., 1967. 32. *R. Seider* Paläogr. d. griech. Pap. 1, 1967. 33. *P. Kußmaul* Synthekai, Diss. phil. Basel 1969. 34. *D. Behrend* Att. Pacht-U., 1970. 35. *P. Drewes* Die Bankdiagraphe in d. graeco-äg. Pap., Diss. iur. Freib. 1970. 36. *R. Yaron*, Proc. 12. Congr. Pap., 1970, 537ff. 37. *A. Biscardi*, Stud. Doc. Hist. Jur. 37, 1971, 350ff. 38. *H.A. Rupprecht* Stud. z. Quittung im Recht d. graeco-äg. Pap., 1971. 39. *M. Talamanca*, Scritti Raselli 2, 1971, 1509ff. 40. *P. Siewert* Der Eid v. Plataiai, 1972. 41. *D. Behrend*, Vestigia 17, 1973, 145ff. 42. *R. Bogaert*, ebd. 556ff. 43. O. *Montevecci* La Papirologia, 1973. 44. *H. Frh. v. Soden* Unt. z. Homologie in d. griech. Pap. Äg.s bis Diokl., 1973. 45. *H.J. Wolff*, ZRG 90, 1973, 63ff.

B. Römisch. 1. Öffentlich-rechtliche U. bezeugen Staatsakte im weiteren Sinn, z.B. Staatsverträge, Wahlen, Gesetzesbeschlüsse, Senatsbeschlüsse, Gerichts- oder Verwaltungsentscheidungen staatl., munizipaler, in chr. Zeit auch kirchl. Organe; hieher gehören auch Protokolle, Amtstagebücher usw. solcher Behörden. Die Terminologie ist, wie im röm. U.wesen überhaupt, schwankend. Neben dem allgemeinsten Ausdruck für U., *instrumentum*, finden sich: → *acta*, → *gesta*, → *commentarii*, auch *chartae*, → *tabulae*, *monumenta*, meist mit dem Zusatz *publica(e)*. Die öffentl.-rechtl. U. werden in → Archiven gesammelt (s. auch *tabularium*), z.T. auch vom Magistrat als Privateigentum behalten (6,15). Der Inhalt wird oft öffentlich kundgemacht. Für Staats-U. von internat. Bedeutung ist öffentl. Aufstellung zu bleibendem Gedächtnis rechtlich erforderlich (MOMMSEN RStR 1, ^{3}1887, 255f.). An Schreibmaterial findet sich alles, was auch für privatrechtl. U. benützt wird. 2. Privatrechtliche U. bewirken (Dispositiv-, Konstitutiv-U.) oder bezeugen (Beweis-U.) privatrechtl. Akte, insbes. Rechtsgeschäfte aller Art. Sie können errichtet werden durch Private oder U.-Schreiber (mit oder ohne Mitwirkung einer Behörde) oder durch eine Behörde selbst. Auch die U. mit privatrechtl. Inhalt kann somit öffentl. U. sein *(→ tabulae publicae)*. a) Der äußeren Form nach sind am häufigsten Holztäfelchen *(tabula*, *tabulae privatae*, dazu [12]*)* geweißt oder mit Wachs überzogen ([1], 74ff.). Häufig werden 2, 3 oder mehrere solcher Täfelchen zusammengebunden (→ Diptychon, Triptychon, Polyptychon), wobei der Text zweimal geschrieben wird: auf den Außenseiten jederzeit einsehbar, innen nur nach Lösung der Verschnürung. Versiegelung *(→ signum)* der Schnüre durch Aussteller und/oder Zeugen (meist 7) sichert vor Verfälschung. Von ähnlicher Gestalt sind die → Militärdiplome (s. auch *diploma*), doch sind sie auf Metalltafeln geschrieben. Mit dem Vordringen des → Papyrus *(charta)* und des Pergaments *(→ membrana)* werden auch diese Materialien für solche U. verwendet; der Name *tabula* umfaßt auch diese Beschreibstoffe (Ulp. Dig. 37, 11,1 pr.). b) Der inneren Form nach sind zu unterscheiden die gewichtigere ältere *testatio*, die Zeugenurkunde (dazu [11]), und das jüngere *chirographum*, beide hellenistisch beeinflußt (Parallelerscheinungen im babylon., hebr. und griech. Recht). Die *testatio* ist gekennzeichnet durch Abfassung in der Form eines objektiven Berichts, somit in der 3. Person (nur Testamente und Zeugenaussagen in der 1. Person); die Unterschrift des Ausstellers *(subscriptio)*, wenn vorhanden, ist immer ein selbständiger Satz. – Das (meist zeugenlose und eigenhändige) → *chirographum* dagegen ist subjektiv in der 1. Person (des sich Verpflichtenden) abgefaßt. Bezüglich innerer und äußerer Form finden sich viele Mischtypen. Subjektiv und in Briefform stilisiert ist die → *epistula*; → *cautio* ist Schuldschein, bes. über eine Stipulationsverpflichtung, oder Quittung und kann in jeder Form auftreten. Zum Litteralkontrakt s.u. c) Errichtung. Die U. (seit der Mitte des 4. Jh.s n. Chr. sind nur noch *chirographa* üblich) werden zunehmend mit Hilfe eines professionellen Urkundenverfassers *(→ tabellio)* errichtet, der sich feststehender Formulare bedient. Obwohl er nicht Beamter ist, sind die Tabellionenurkunden *instrumenta publice confecta*. Durchgreifende staatl. Reglementierung des Tabellionenwesens (Konzessionierung, Formerfordernisse, Wirkung) hat erst Iustinianus vorgenommen (Cod. Iust. 4,21,17; Nov. 47. 73) und die von mind. 3 Zeugen unterschriebene U. (untechn. *instrumentum quasi publice confectum*) der Tabellionen-U. hinsichtlich des Beweiswertes gleichgestellt. – Bestimmte staatl., munizipale oder kirchl. Organe haben in spätröm. Z. das *ius actorum conficiendorum* (dazu [6], 30ff.). Die *confectio actorum* erstreckt sich neben verwaltungsrechtl. (z.B. *professio liberorum natorum*) und prozessualen Beurkundungen auch auf die Entgegennahme und Protokollierung privatrechtl. Anzeigen und Erklärungen. Wichtigster Anwendungsfall ist das sog. *testamentum apud acta conditum* (→ *testamentum* III 1), seit dem 5. Jh. n. Chr.; Ursprung umstritten. Seit Iustinianus können auch statusrechtl. Akte wie Freilassung, Emanzipation, Adoption vor der Behörde vorgenommen und dort beurkundet werden. Vorgeschrieben ist die Einreichung einer U. *ad acta (insinuatio)* bei sonstiger Nichtigkeit für die Schenkung (seit Constantinus, Frg. Vat. 249, 5–8); die Möglichkeit der *insinuatio* weiterer privatrechtl. Vertrags-U. ist zweifelhaft. 3. Rechtswirkung. Nicht immer ist h. noch klar zu entscheiden, inwieweit U. konstitutiv wirken oder bloß der Beweissicherung dienen. Urspr. war Schriftform in Rom bei keinem Rechtsgeschäft vorgeschrieben; allmählich bürgert sie sich für alle ein. Die beweissichernde Beurkundung wird so selbstverständlich, daß sie (z.B. bei der → *stipulatio*) im vulgarrechtl. Denken die alte Wortform ersetzt oder doch als zusätzliches Formerfordernis angesehen wird (so die U. über die → *formula* im Zivilprozeß, der *libellus repudii* beim → *divortium*, die → *tabulae nuptiales*). Sicher konstitutiv wirkt die Eintragung ins Hausbuch beim Litteralkontrakt (→ *litterarum obligatio*), die Testamentserrichtung mittels U. seit Antoninus Pius (Gai. 2,120) und die Beurkundung des Grundstückskaufs und der Schenkung seit Constantinus; Iustinianus schreibt noch bei anderen Rechtsgeschäften Zeugen-U. vor (vgl. [2], 2,49). – Bezüglich der Beweis-U. gilt im klass. Recht das Prinzip der freien Beweiswürdigung. In spätröm. Z. erhält die U. erhöhten Beweiswert gegenüber Zeugen und anderen Beweisen; sie kann nur durch Nachweis der Fälschung im Kriminal- oder Zivilprozeß entkräftet werden. Zum vollen Beweis (wie ihn öffentl. U. und Tabellionen-U. machen) verlangt man noch Handschriftenvergleich und Bestätigung der an der Errichtung beteiligten Zeugen ([3], 491 ff.).

4. Überlieferung. Hauptfundstätte für U. der klass. Z. sind Pompeii und Herculaneum für das 1. Jh., Siebenbürgen (Dakien) für das 2. Jh. n. Chr. sowie Äg. Spätröm. U. stammen aus Ravenna (Mitte 5. bis Anf. 7. Jh.) sowie aus dem Vandalenreich (Tablettes Albertini, E. 5. Jh.). Näheres bei [1], 734 ff. F. H.

1. *L. Wenger* Die Quellen d. röm. Rechts, 1953, 54 ff. 734 ff. 2. *M. Kaser* Das röm. Privatrecht 1, ^{2}1971, 230 ff. 2, 1959, 49 ff. 3. *Ders.* Das röm. Zivilprozeßrecht, 1966, passim. 4. *H. Brunner* Zur Rechtsgesch. d. röm. u. germ. U., 1880. 5. *L. Mitteis* Röm. Privatrecht 1, 1908, 290 ff. 6. *A. Steinwenter* Beitr. z. öff. U.wesen d. Römer, 1915. 7. *A. Heuss*, Klio 27, 1934, 14 ff., 218 ff. (Nachdr.: Abschluß u. Beurkundung d. griech. u. röm. Staatsvertrages, 1967). 8. *H. Steinacker* Die ant. Grundlagen d. frühma. Privatu., 1927. 9. *L. de Sarlo* Il documento oggetto di rapporti giuridici privati, 1935. 10. *H. Hunger* Ant. u. ma. Buch- u. Schriftwesen, 1961. 11. *L. Wenger*, RE II A 2378 ff. 12. *E. Sachers*, RE IV A 1881 ff. 1957. 13. *E. Kornemann*, RE IV A 1957 ff. 14. *M. Kaser*, RE V A 1027 ff. 15. *A. Steinwenter*, RE IX 1588.

Urna. 1. Urspr. das meist runde, mehr oder weniger bauchige Wassergefäß, vor allem zum Schöpfen aus Brunnen und Zisternen (Varro l.l. 5, 125 mit irriger Etym. Hor. c. 3,11,22; s. 1,1,54. 1,5, 91), daher Attribut von Quell- und Flußgottheiten (Verg. Aen. 7,792. Oft in bildender Kunst, dort die U. allein auch für Quelle überhaupt, z. B. »Tellus«-Relief der → Ara → Pacis Augustae, KRAUS Das röm. Weltreich, 1967 T. 184) und des Sternbildes Wassermann (Ov. fast. 2,457. Sen. Thy. 865. BOLL–BEZOLD–GUNDEL Sternglaube und Sterndeutung, ^{5}1966, 52), kann U. später jede Art meist runder Gefäße bezeichnen. Dazu rechnen a) die Los- bzw. Abstimmungs-U., wozu jetzt zu vgl. STAVELEY Greek and Roman Voting and Elections, 1972, vgl. auch FUCHS MDAI(R) 64, 1957, 183 ff., T. 32, ferner die U., aus der die Schicksalslose kommen, Hor. c. 2,3,26. 3,1,16. Verg. Aen. 6,432. Stat. s. 2,1, 219. b) Die Aschen-U. nahm Asche und Knochenreste des Toten auf, Isid. orig. 16,24,14. Ov. her. 11,124. Suet. Cal. 15. Brandbestattung, seit vorgesch. Z. bekannt, breitete sich in spät- und submyken. Z. von O. her nach Griechenland aus, für Homer ist sie das Normale, später bleibt sie in weiten Gebieten, z. T. neben der Körperbestattung, herrschende Sitte (→ Bestattung). Form und Dekoration der U., meist ein Tongefäß, wechseln mit Epoche und Stil, vgl. KURTZ-BOARDMAN Greek Burial Customs, 1971, Index s. Ash urns. ANDRONIKOS Totenkult (Archaeologia Homerica Kap. W), 1969. Bei den Etruskern bestehen beide Bestattungsarten nebeneinander. Jedes große Gefäß konnte die Asche aufnehmen. U. aus Ton oder Bronze in rudimentär menschl. Form, mit Helmen bedeckt oder auf Sesselnachbildungen gestellt (SCULLARD The Etruscan Cities and Rome, 1967, T. 73), in Gestalt runder oder rechteckiger Häuser (a. O. T. 2) stehen neben lebensgroßen Steinfiguren der 2. Hälfte 5. Jh. als Aschenbehälter (HERBIG Götter u. Dämonen d. Etrusker, 1965, T. 26–27). Später, ab 4. Jh., dienen Kisten aus Alabaster oder Ton als U., verziert mit Reliefs und oft mit einer Figur auf dem Deckel (BRUNN-KÖRTE I rilievi delle urne etrusche, 1870. 1890–1896. 1916. THIMME, SE 23, 1954, 25 ff. 25, 1957, 87 ff.), formal verkleinerten Sarkophagen vergleichbar. In Rom herrscht in der Republik und der frühen Kaiserz. Brandbestattung vor, doch gab es immer daneben auch die Körperbestattung (in Familien wie den Cornelii Scipiones). Asche und ausgeglühte Gebeine werden in U. gesammelt und im Grab oder → Columbarium beigesetzt. Die U. kann aus Ton, Metall, in der hohen Kaiserz. auch aus Glas sein; außerdem dienen marmorne oder andere steinerne kisten- oder altarförmige Male als U. (TOYNBEE Death and Burial in the Roman World, 1971, Abb. 14. 22. 23. 28. 44. 45), nicht zu verwechseln mit den Grabaltären (TOYNBEE Abb. 82) und den Grabcippen (TOYNBEE Abb. 83), welch letztere Platz für die Aufnahme einer U. im Inneren enthielten. c) Als U. bezeichnet Hor. s. 2,6,10 das Gefäß, in dem ein Schatz geborgen ist. Mz. können in U. aus Ton oder Metall, in Ledersäcken oder Holz vergraben sein. Entsprechende Schatzfunde, schon im Alt. durchaus real (z. B. Aristot. pol. 1303 b 35), bilden in der Numismatik Grundlage teils für die Feinchronol. der Prägungen, teils für die Rückschlüsse aus dem numismat. Material (vgl. z. B. NOE A Bibliogr. of Greek Coin Hoards, 1925. MOSSER A Bibliogr. of Byzantine Coin Hoards, 1935. CRAWFORD Roman Republican Coin Hoards, 1969. Die Fundmz. der röm. Z. in Deutschland, 1960 ff.). W. H. G.

2. Röm. Hohlmaß für Flüssigkeiten, seit Cato belegt, die Hälfte der → Amphora (2) und somit = 13,1 l. Als griech. Aequivalent erscheint → κάδος. H. Ch.

F. Hultsch Metrol.^{2} 116 ff.

Urnammu. Erster König der 3. Dyn. von → Ur (ca. 2047–2029), urspr. wohl nur Statthalter in Ur, dann von Utuḫengal unabhängig. Von seinen kriegerischen Unternehmungen wissen wir nichts. Er tritt bes. als großer Baumeister der zentralen Kultstätten Eridu, Nippur, Uruk und Ur (Ziqqurrat) hervor, auch als Erneuerer des von den Gutäern zerstörten Kanalsystems und als Gesetzgeber (Kodex U. bisher älteste Rechtssammlung Mesopotamiens, s. J. J. FINKELSTEIN, Journ. of Cuneiform Stud. 22, 1969, 66 ff.). U., erster »König von Sumer und Akkad«, fällt im Kampfe, wird später zur Unterweltsgottheit; seine Person wird in mehreren sumer. Kompositionen besungen (W. W. HALLO, JCS 20, 1966, 133 ff. S. N. KRAMER, ebd. 21, 1967, 104 ff.). W. Rö.

Ursa s. Sternbilder

Urseius. U. Ferox, röm. Jurist um die Wende des 2. Jh.s n. Chr., möglicherweise aus der munizipalen Oberschicht Italiens stammend. Über U.' Werk sind wir nur durch die *IV libri ad U. Ferocem* des Salvius → Iulianus (11) unterrichtet. Selbst der Titel des Werkes ist unbekannt. Daß es mind. 10 B. umfaßte, geht aus Collatio 12,7,9 hervor. Es muß nach → Sabinus' (II 5) Tod verfaßt worden sein (Dig. 24,3,59). Iulians Bearbeitung war nicht eine Ausgabe mit *notae*, sondern ein lemmat. Komm., dessen urspr. Anlage nur mehr in 3 Stellen erkennbar ist ([2]). Es handelte sich wohl um eine kasuistische Slg., die in ihrer Anordnung → Iavolenus' (2) *libri ex Cassio* (also dem Zivilrechtssystem) ähnelte. C. E.

1. *W. Kunkel* Herkunft u. soz. Stellung d. röm. Juristen, ^{2}1967, 145 f. 2. *F. Schulz* Gesch. d. röm. Rechtswiss., 1961, 271 f. 288. 3. *Th. Mayer-Maly*, RE IX A 1056 f.

Ursicinus. 1. Röm. General z. Z. → Constantius II. → Ammianus, der sich zw. 353 und 360 in seinem Stab befand, berichtet ausführlich (teils zu positiv) über U. (14,9. 15,5. 16,2. 18,4 ff. 19,3. 20, 1 f.). 350 oder 351 erhielt U. als *magister equitum per Or.* (oder zuerst nur *comes rei militaris*) den Oberbefehl im Perserkrieg. 354 beauftragte ihn → Constantius (5) Gallus mit der Führung von Hochverratsprozessen in Antiocheia. Noch 354 wurde er nach Mailand gerufen und 355 mit der Beseitigung des → Silvanus (2) beauftragt. U. blieb danach, vermutlich auch zur Beratung des → Iulianus (5), einige Z. in Gallien. 357 wurde er wieder an die Perserfront beordert, wo er auch noch als *mag. ped. praesentalis* (358/59) tätig blieb. Nach dem Verlust Amidas (360) wurde U. abberufen. Weitere Schicksale sind nicht bekannt. A. LIPPOLD, RE IX A 1058 ff. A. DEMANDT, RE Suppl. XII 569 ff. **2.** *Dux Norici et Pannoniae I* um 370. Aus zahlreichen Ziegelstempeln (dazu RUZICKA Röm. Limes in Österr. 13,97 ff. EGGER, AAWW 1954, 101 ff.) ist zu schließen, daß U. den von Valentinian I. befohlenen Ausbau der Grenzbefestigungen energisch betrieb (vgl. → Equitius 2; Cod. Theod. 15,1,13). A. L.

Ursinus, Gegenbischof → Damasus' I. von Rom. U. wurde nach dem Tod des → Liberius (2) im Herbst 366 als erster gewählt und geweiht, doch setzte sich Damasus mit Hilfe der staatl. Gewalt durch. Der anläßlich der Doppelwahl einsetzende blutige Streit hielt auch an, nachdem U. am 26. Okt. verbannt worden war. Im Herbst 367 konnte er für kurze Z. zurückkehren. Seine Anhänger blieben weiter aktiv. Noch die Synode von Aquileia (381) mahnte den Kaiser, dem Wirken des U. ein Ende zu machen, und 384 (bei Wahl des Siricius) wurde U. verflucht. Hauptquelle (zu Gunsten des U.) ist das 1., um 380 von einem Unbekannten verfaßte Stück der sog. Collectio Avellana (CSEL 35; vgl. Rufinus h.e. 11,10. Sokr. 4, 29. Amm. 27,3). A. L.

Urso (Plin. nat. 3,12; vgl. Strab. 3,141. Im Bell. Hisp. 26 u. ö. dagegen *Ursao*), ant. Stadt der Hispania Baetica im Tal des ant. → Baetis (h. Guadalquivir) an der Stätte des h. Osuna ö. von Sevilla. Die wohl schon im 3. Jh. v. Chr. bedeutende Siedlung war i. J. 45 v. Chr. eines der Widerstandszentren im Kampf gegen Caesar, der als Strafmaßnahme deshalb eine röm. Kolonie nach U. zu führen gedachte, eine Absicht, die erst nach seinem Tode i. J. 44 realisiert wurde. Teile des Stadtrechts dieser *Colonia Genetiva Iulia sive Ursonensis* sind bei Grabungen gefunden worden. E. O.

R. Grosse, RE IX A 1064 ff. Lit. zur Lex Coloniae: Diz. Epigr. 4, 1957, 727 f.

Ursulus. 1. *Comes sacrarum larg.* 357–361, von Amm. (16,8. 20,11. 22,3) hoch geschätzt; 359/60 im Gefolge → Constantius II. im O., übte er Kritik an der Armee. Dies führte dazu, daß er Ende 361 beim Prozeß gegen Funktionäre des Constantius in Chalkedon zum Tod verurteilt wurde, obwohl er nach 357 die finanzielle Versorgung des damaligen Caesar → Iulianus (5) durchgesetzt hatte (vgl. auch Liban. or. 18,152). A. L.

2. Lat. Grammatiklehrer in Trier, Freund des → Ausonius (2), der zw. 375 und 377 n. Chr. epist. 13 P. (18 S.) an ihn gerichtet hat. P. L. Sch.

Ursus. 1. s. Sternbilder. **2.** s. Bär. **3.** Flavius U. s. Flavius (II 20).

4. [L. Iulius?] U. *Cos. I suff.* vom 1. Mai oder 1. Juli bis 1. Sept. 84 n. Chr., Cass. Dio 57,4,2. DEGRI XIII 1, p. 221. VIDMAN Fast. Ostiens. 44 f. Mit dem gleichnamigen Praefekten von Äg. war er wohl nicht ident. (anders SYME, JRS 44, 1954. 117 f.). Viell. war er dagegen *cos. II suff.* 98 und *cos. III suff.* 100. R. H.

5. Ser. L. Iulius U. Servianus s. Iulius (A II 93)

Urtīca (< *uro*; griech. ἀκαλήφη, κνίδη). **1.** Die Brennessel, deren wichtigste, U. dioica und U. urens (große und kleine Brennessel; Familie: Urticaceae), weit verbreitet und hinter den von Plin. nat. 21,92 als *silvestris* und *canina* unterschiedenen Arten zu erkennen sind. Namentlich U. dioica war in der Ant., wie noch h., eine wichtige Heilpflanze. Wurzel, Blätter und Samen fanden Anwendung gegen Frauenleiden (Hippokr. morb. mul. 1,31. 51. 74. 2,175), Lungenentzündung (Hippokr. morb. 47) und sonstige Erkältungskrankheiten (Catull. 44,15), als Mittel gegen allerlei pflanzl. und tier. Gifte (Nik. Alex. 201), gegen Lethargos, Gelenkerkrankungen, als Adstringens u.a.m. Vgl. etwa Dioskur. 4,93. Plin. 22,31 ff. Außerdem diente U. als Nahrung (vgl. Theophr. h. plant. 7,7,2), bes. armer Leute (Hor. epist. 1,12,8. Pers. 6,69 f.). Dem rätselhaften Gewächs, das *sine ullis spinarum aculeis* (Plin. 21,93) bei Berührung Juckreiz und »Brandblasen« (die man mit Öl bekämpfte) hervorrief, wurden im Volksglauben allg. unheilabwehrende Kräfte zugeschrieben: z.B. schützt sie, im Frühjahr gegessen, den Menschen das ganze J. hindurch gegen Krankheit. **2.** U. (marina), die Seeanemone. Vgl. die Beschreibungen der Aktinien Aristot. hist. an. 531 a 31 ff. 548 a 22 ff. Plin. nat. 9,146 f. Sie wurden gegessen (z.B. Aristoph. Equ. 422. Plaut. Rud. 298. Apic. 4,2,36; 3,1 MILH.), aber auch med. angewendet: Hippokr. diaet. 2,48 (Abführmittel). Plin. 32,102 (gegen Steinleiden). 135 (Enthaarungsmittel). Dazu GOSSEN–STEIER, RE II A 1032 ff. H. Gä.

Uruk, h. Warka, sumer. *unug*[ki], im A.T. *Erek* (Gen. 10,10), griech. Ὀρχόη, Stadt in Südbabylonien, 32 km ö. Samawa. Entdeckt von K. LOFTUS, seit 1912 mit Unterbrechungen von dt. Archäologen (J. JORDAN, A. NÖLDEKE, E. HEINRICH, H. LENZEN, J. SCHMIDT) ausgegraben. – Früheste Besiedlung in der späten Obēd-Z. (Mitte 5. Jt. v. Chr.), erste bedeutsame Blüte um 3000 v. Chr. Damals wird der große Tempelkomplex der Göttin Inanna errichtet (mehrere Bauphasen von teilw. mit Steinstiftmosaik verzierten Kultbauten auf ebener Erde oder hakenförmigen Terrassen), ferner der des Himmelsgottes An. Kostbare Kultobjekte, eine Kultvase aus Alabaster, Steingefäße, sog. Jagdstele, Marmorkopf einer Göttin, ferner die ersten piktograph. Schrifttafeln (Schicht archaisch IIIa, um 2900) belegen den kulturellen Aufschwung dieser Z. In der folgenden frühdynast. Z. behält U. nach Ausweis der myth.-ep. Lit. seinen Vorrang: Halbgötter und Helden wie Enmerkar und Lugalbanda, Dumuzi und → Gilgameš haben hier regiert. Gilgameš wird die Errichtung der Stadtmauer (Gesamtlänge 9 km) zugeschrieben, deren Existenz in frühdynast. Z. arch. nachgewiesen ist. In der Folgezeit ist U. politisch wenig bedeutsam. Immerhin kommt Utuḫengal (ca. 2056 bis 2047), der Überwinder der Gutäer, aus U., und z.Z. der altbabylon. Kleinstaaterei existiert auch hier eine eigene Dynastie, die mit dem Königshaus von Babylon verwandt ist (A. FALKENSTEIN, MDAI [Bagdad] 2, 1963, 4 ff.) und deren König Sînkāšid einen ausgedehnten Palast anlegt. Von zentraler Bedeutung blieb U. als Kultstadt, vor allem der Göttin Inanna / Ištar als Liebes-, Kampf-

und Gestirngottheit. Hier wurde in der Kassitenzeit ein auffälliger, in Grundriß und Fassadenschmuck wohl typisch kassit. Tempel durch König Karaindaš (um 1430) errichtet, auch bauen später viele assyr. und babylon. Herrscher in U. (Marduk-apaliddina II., → Sargon II., Asarhaddon, → Nebukadnezar II. bis → Dareios II.). In der Seleukidenzeit wird das Rēš, ein gewaltiger Doppeltempel für An und Antum, neu gegründet (Anu-uballiṭ / Nikarchos 243 v. Chr.; Anu-uballiṭ / Kephalon 201), dazu der Südbau und ein Neujahrsfesthaus. Parthisch ist ein Gareus-Tempel (Inschr. vom J. 111 v. Chr.; CH. MEIER, MDAI [Bagdad] 1, 1960, 104 ff.), aus griech. Z. noch ein Amphitheater gefunden worden. – Im 1. Jt. v. Chr. war U. auch ein Zentrum der Astronomie (neben Babylon und Sippar Plin. nat. 6,123 genannt); viell. wurde hier die Planetenrechnung erfunden (anders B. VAN DER WAERDEN Anfänge d. Astr. 203). W. Rö.

J. Jordan – A. Nöldeke – E. Heinrich u.a. U.-Vorberichte, bisher 27 Bd.e; *H. Lenzen – A. Falkenstein* u.a. Ausgrabungen der DFG in U.-Warka, bisher 8 Bd.e (1936–1968; bes. Bd. 3: U. zur Seleukidenzeit). *R. North* Status of the Warka Excavation, Orientalia NS. 26, 1957, 185 ff.

Uscana (*Ὕσκανα*), Ort n. von → Lychnidos im Gebiet der illyr. → Penestae (2) in der Nähe des h. Kičevo. Als Grenzort gegen Makedonien spielte es im Krieg gegen → Perseus (2) eine wichtige Rolle: 170 Schauplatz einer vernichtenden Niederlage der Römer unter App. → Claudius (I 6) Centho, Liv. 43,18; 169 Belagerung durch Perseus, der die röm. Besatzung unter Zusicherung freien Geleits dennoch gefangennahm, Liv. 43,20; der Versuch der Rückeroberung durch den röm. Legaten L. → Coelius (I 2) mißlang, Liv. 43,21. G. Wi.

Usercheres. Nach Manetho 1. König der 5. äg. Dyn., äg. Wśr-kȝ.f, ca. 2463–2455 v. Chr., Mutter Ḫntj-kȝw.ś, nach einer Sage (Pap. Westcar) Frau eines Repriesters von Sḫbw im 2. u.ä. Gau. Unter U. wurde der Kult des Sonnengottes Re als Staatskult eingeführt; U. erbaute das erste Sonnenheiligtum mit Obelisken in freiem Hof bei Abusir namens Nḫn-Rʿ (Ausgrabung H. RICKE Sonnenheiligtum d. Kgs. U. I/II, Wiesbaden 1965/69). Seine Pyramide Wʿb-jśw.t lag unweit davon bei Saqqara. Ihm folgte sein Bruder Sahurē (2455–2443). W. H.

Usia (οὐσία), vom Partizipial-Stamm ὀντ- abgeleitetes Substantiv (dor. ἐσσία – ὠσία, synonym ἁ ἐστώ), bezeichnet die Gesamtheit der seienden Dinge. Da griech. Philos. von Anf. an nach dem fragte, was im eigentl. Sinne ist, ist U. eines der zentralen Schlüsselworte der Ontologie geworden; Ende des 5. Jh.s ist es an die Stelle dessen getreten, was zuvor τὸ ὄν oder ἡ φύσις genannt wurde. Vom außer-philos. Gebrauch wird hier abgesehen (danach ist U. das, was einem gehört = »Besitz«, »Vermögen«).

Als das Wort U. in Aufnahme kam, war die

radikale Sonderung (→ Parmenides) von Sein und Werden vollzogen; darum ist U. stets als Gegensatz zum Veränderlichen, dem Werden Unterworfenen, verstanden worden; U. bezeichnet das Bleibende und eigentlich Reale, darum auch oft den (unveränderlichen) Grund für vordergründig-wandelbare Existenz.

Der jeweilige Inhalt des Begriffes U. spiegelt die Ontologie der verschiedenen Schulen wider. Für Platon und die Platoniker gilt die von Parmenides aufgestellte Gleichung Denken = Sein unverbrüchlich; so wie die ὄντα als νοητά, also als Ideen verstanden werden, so U. (als Gesamtheit der νοητά) als Nûs. Aristoteles hat sich in diesem zentralen Punkte von Platon abgekehrt: Alles das, worüber eine Aussage (κατηγορία) gemacht werden kann, darf als U. bezeichnet werden; die aristotel. Aussagen-Logik (Kategorien-Lehre) wird zum Fundament der Ontologie. Folgerichtig bezeichnet Aristoteles Einzel-Wesen und Einzel-Dinge als »erste U.«, die species und genera als »zweite U.« Dagegen wandte die Stoa ein, daß nur Materiellem zukomme, als seiend bezeichnet zu werden; die Stoa widersetzte sich also der eben genannten Sonderung zweier Arten der U. und forderte, daß U. synonym sein müsse mit ὕλη, der Materie. Trotzdem geht die nachmals viel erörterte Unterscheidung von ὕπαρξις = »bloßes Existieren« (Rauch, Spiegelbild, Regenbogen) und ὑπόστασις – *substantia* = »wohl begründete Realität« auf stoische Terminologie zurück.

Vom 1.Jh. n.Chr. an wird es, von → Philon (10) an erkennbar, zur zentralen theolog. Aufgabe, die U. Gottes richtig darzustellen. Der höchste Gott muß entweder im höchsten Maße U. sein, oder er muß jenseits (ἐπέκεινα) aller U. stehen. Der Satz Platons (rep. 6,509b 9), der eben dies bezeichnet, hat damit ungemeine ontolog. Bedeutung erlangt. → Plotinos, viell. schon vor ihm → Ammonios (8), stellten fest, daß U., als Nûs verstanden, erste Vielheit enthalte: Dann muß ein überseiendes Eines als höchster Seinsgrund jenseits der U. angenommen werden.

Dem Christentum widerstrebte dieser Ansatz einer unpersönlichen, rein theoretischen, völlig passiven Spitze eines gestuften Systems; vielmehr kommt Gott die ganze Fülle der U. zu; diese U. realisiert sich in drei Manifestationen (ὑποστάσεις = *personae*). Seit dem Konzil von Nikaia (325) ist es undenkbar, daß sich nicht die volle U. Gottes im Sohne ebenso offenbare wie im Vater; die christolog. Streitigkeiten waren in Wahrheit ein Streit um die U. Gottes und um die Frage, ob diese U. ihrem Werte nach gestuft oder gemindert gedacht werden könne. Das ὁμοούσιον von Nikaia hat diese Frage radikal verneint: Die U. Gottes läßt keine Ableitungen oder Emanationen zu. Seit Platon, viell. bereits seit den Pythagoreern des 5.Jh., ist U. mehr als ein log. Begriff; U. bezeichnet eine in hohem Maße positive Wertung: U. steht zum (nur) Werdenden und Vergehenden im Gegensatz. U. ist der einzige überhaupt denkbare Wert. Diese alle anderen (etwaigen) Werte ausschließende Hoch-Bewertung der U. ist folgerichtig und kompromißlos in den theolog. bestimmten Begriff der U. Gottes eingegangen. H. D.

Usipetes *(Usipi)*, Name kelt. Ursprungs aus *us-* »gut« und *-ipet-*, gall. *epos-* »Pferd« = »die guten Reiter«, »die Wohlberittenen« gebildet (Much in: Hoops, Reallex. d. germ. Alt.-K. 4, 385). Die Quellen bestätigen eine bes. Pflege der Pferdezucht und des Reitertums. → Tencterern und → Tubanten verbündet, werden die U. als Teilnehmer am Rachefeldzug gegen die Zerstörer des → Tamfanaheiligtums mit Tubanten und → Bructerern erwähnt. 56/55 v.Chr. verlassen die U. ihre Siedlungsgebiete zw. → Ubiern und → Chatten an der Lippe und in der Wetterau, stoßen über den Rhein vor, werden von Caesar zurückgeschlagen und finden bei den → Sugambrern Aufnahme (Caes. Gall. 4, 1–16. 6, 35). 16 v.Chr. schlagen sie mit Tencterern und Sugambrern den röm. Feldherr → Lollius (I 7) zurück, werden aber später von → Claudius (II 20) Drusus hart bedrängt. Im Vorfeld des röm. Rheinlimes beteiligen sie sich an der Belagerung von Mainz im J. 70 n.Chr. Nach ihrer Abwanderung ins Bergische Land, wohin sie nach der Verpflanzung der Sugambrer gelangt waren, erreichen sie unter → Gallienus ihre Unabhängigkeit und gehen später im fränk. Völkerbund auf. H. C.

S. Gutenbrunner, RE IX A 1087ff. *Müllenh.* DA 4,419.

Uspe (Tac. ann. 12,16,3: ... *circumveniunt urbem U., editam loco et moenibus ac fossis munitam, nisi quod moenia non saxo sed cratibus et vimentis ac media humo adversum inrumpentes invalida erant*), nur bei Tac. a.O. erwähnte ant. Stadt im Gebiet der sarmat. Siraker am Südfuß des Kaukasus, deren Lokalisierung noch nicht gelungen ist. E. O.

H. Treidler, RE IX A 1092f. *V.F. Gajdukevič* Das Bosporan. Reich, Bln. 1971, 342. 400.

Ustica. Kleine ehemals vulkan. Insel vor der NW.-Küste Siziliens 67 km von Palermo entfernt (Plin. nat. 3,92. Ptol. 3,4,17 Οὐστίκα), h. ebenfalls U. Sie dürfte, ungeachtet anderslautender ant. Angaben, mit der w. der lipar. Inseln (→ Αἰόλου νῆσοι) lokalisierten 'Οστεώδης νῆσος (Diod. 5,11,1 mit fabulösem Namens-Aition. Mela 2,7, 120) ident. sein. Spätere Erwähnungen u.a. Geogr. Rav. 5,23 *(Ostodes)*. Tab. Peut. *(Ostodis)*. – U. ist knapp 9 qkm groß und bis zu 239 m hoch. Der gleichnamige Ort liegt im O. der Insel, die früher als Verbannungsort diente. Die arch. Erforschung steht noch am Anf. (G. Mannino, Sicilia archeologica 3 [1970] Nr. 11,37ff.). H. Gä.

K. Ziegler, RE XVIII 1646f. *G. Radke*, RE IX A 1094. *Nissen* It. Ldk. 1,273. *Baedeker* Unteritalien ^{15}327. *Baedekers* Autoreiseführer Mittel- u. Unteritalien, ^{4}1966/67, 274.

Usucapio. Bezeichnet im klass. Recht die Ersitzung nach *ius civile*, im iustin. Recht die Ersitzung an beweglichen Sachen.

1. Altröm. Recht. Die XII Taf. (6,3. Cic. top. 4,23) enthalten die Regel: *usus auctoritas fundi biennium, ceterarum rerum annus esto.* KASER (Röm. Privatrecht 1, ^{2}1971, 135) übersetzt diesen vieldiskutierten Satz (dazu MAYER-MALY, ZRG 78,221 ff.): »Die auf Besitz und Veräußerergewähr gestützte Rechtslage dauert bei Grundstücken zwei Jahre, bei allen anderen Gegenständen ein Jahr.« *Auctoritas* bedeutet die an die *mancipatio* geknüpfte Gewährschaft des Veräußerers, die dem Erwerber zugute kommt. Nach Ablauf der Frist von 1 bzw. 2 Jahren ist der Erwerber von der Gewährschaftshilfe unabhängig. Er kann sich gegen einen Vindikanten jetzt selbständig verteidigen; dazu genügt nun der Nachweis, daß sein Besitz *(usus)* die gesetzlichen Fristen hindurch bestanden hat. Demnach scheint die Vermutung (KASER, MAYER-MALY) zutreffend, daß die *usus auctoritas*-Regel von den *res mancipi* ausgegangen ist. Schon früh muß sie auf andere Erwerbsarten ausgedehnt worden sein. Der Rechtserwerb durch *u.* ist eine privatrechtl. Folge der prozessualen Regel, die den Besitzer nach Fristablauf vom Erwerbsnachweis befreit. Decemviral sind mehrere Ausnahmen von der *usus auctoritas*-Regel: a) *Adversus hostem aeterna auctoritas (esto)*, vgl. Cic. off. 1,12,37. Dies bedeutet wohl, daß ein Ausländer nicht ersitzen kann und stets auf die Gewährschaftshilfe des Veräußerers angewiesen ist. b) Ausgenommen sind von der Regel gestohlene Sachen (XII T. 8,17). Eine *lex Atinia* (E. 3. oder Anf. 2. Jh.) hat diesen Satz erweitert: *quod subruptum erit, eius rei aeterna auctoritas esto.* c) Unersitzbar sind nach XII T. 5,2 *res mancipi*, die eine Frau ohne *auctoritas tutoris* veräußert hat.

2. Klass. Recht. Das klass. Recht der *u.* beruht noch auf der *usus auctoritas*-Regel der XII T. und den Ausnahmesätzen. Die *u.* führt zum Erwerb des zivilen Eigentums. Die beiden Hauptanwendungsfälle sind gegeben beim Erwerb einer Sache vom Nichteigentümer und bei *traditio* einer *res mancipi*. Nach klass. Recht bestehen 5 Ersitzungsvoraussetzungen: *res habilis, titulus, fides, possessio, tempus.* Die Erfordernisse des Titels *(iusta causa)* und der Redlichkeit *(bona fides)* sind erst in der jüngeren Republik aufgekommen. a) Der *u.* zugänglich sind nur Sachen *(res habiles)*, die im quirit. Eigentum stehen können. Die alten Ausnahmesätze über *aeterna auctoritas* werden in einen Ausschluß von der Ersitzung umgedeutet. Gestohlene Sachen sind nach den XII T. und der *lex Atinia* unersitzbar; der objektive Makel der Furtivität geht erst verloren, wenn die gestohlene Sache an den Eigentümer zurückgelangt ist. Geraubte Sachen wurden den gestohlenen gleichgestellt. b) Seit der jüngeren Republik muß ein Rechtsgrund des Erwerbs, eine *iusta causa* vorliegen. In Betracht kommen die Tatbestände, die bei der *traditio* dem Eigentumserwerb zugrunde liegen, also Kauf, Schenkung, Dosbestellung, Legat usw., ferner die Titel *pro derelicto, pro herede* und *pro suo*. Ob ein Putativtitel genüge, war unter den klass. Juristen strittig. Seit Diocletian wird ein *titulus verus* verlangt. c) Gefordert wird ferner *bona fides* des Erwerbers im Zeitpunkt des Erwerbsvorgangs; *mala fides superveniens non nocet.* Die Redlichkeit fehlt, wenn der Erwerber gewußt hat, daß der Veräußerer nicht Eigentümer oder nicht geschäftsfähig war. d) Das vorklass. und klass. Recht verlangt eine → *possessio civilis.* e) Die Ersitzungsfristen betragen weiterhin bei Grundstücken 2 J.e, bei allen anderen Sachen 1 J. Durch Besitzverlust *(usurpatio)* vor Fristablauf wird die *u.* unterbrochen.

In den Provinzen entwickelt sich die *longi temporis praescriptio*, zunächst eine bloße Verschweigungseinrede, in nachklass. Z. zu einer Ersitzung an Provinzialgrundstücken, aber auch an beweglichen Sachen. Voraussetzung ist neben ungestörtem Besitz ein *iustum initium possessionis*, d.h. wohl *iusta causa* und *bona fides*. Die Frist betrug 10 J.e *inter praesentes*, 20 J.e *inter absentes* (KASER Röm. Privatrecht 1^2, 424 f. D. NÖRR Die Entwicklung der longi temporis praescriptio, 1969).

3. Iustin. Recht. Iustinian greift in seinem Reformgesetz (Cod. Iust. 7,31,1 [a. 531]) auf das klass. Recht zurück, wobei er die beiden überlieferten Arten der Ersitzung zu einer einzigen verschmilzt, die bei beweglichen Sachen *u.* heißt und 3 J.e dauert, bei Grundstücken (auch ital.) *longi temporis praescriptio* genannt wird und eine Frist von 10 *(inter praesentes)* bzw. 20 J.en *(inter absentes)* verlangt. Die alten Ersitzungsvoraussetzungen werden gefordert. Daneben findet sich im iustin. Recht eine außerordentl. Ersitzung nach 30 bzw. 40 J.en, die sog. *longissimi temporis praescriptio*, die wohl *bona fides*, aber keine *iusta causa* erfordert und auch an gestohlenen Sachen möglich ist (Cod. Iust. 7,39,8,1 [a. 528]). G. We.

Th. Mayer-Maly, RE IX A 1094 ff.; ZRG 77, 1960, 16 ff. 78, 1961, 221 ff. 79, 1962, 86 ff.; Studi Betti 3, 1962, 451 ff. *M. Kaser* Röm. Privatrecht 1, ^{2}1971, 134 ff. 418 ff. 2, 1959, 204 ff.; Eigentum u. Besitz im älteren röm. Recht, ^{2}1956, 293 ff. *P. Voci* Modi di acquisto della proprietà, 1952, 159 ff. *Th. Mayer-Maly* Das Putativtitelproblem bei der u., 1962. *H. Hausmaninger* Die bona fides des Ersitzungsbesitzers im klass. röm. Recht, 1964. *G. Franciosi* Usucapio pro herede, 1965. *A. Watson* The law of property in the later Roman Republic, 1968, 21 ff. *H. van den Brink* Ius fasque, 1968, 211 ff. *J. Thomas*, Studi Scherillo 1, 1972, 395 ff.

Usura s. Zins

Usus. 1. Herkommen, Gewohnheit, → *mores*, → *ius* 15. Vgl. STEINWENTER, RE XVI 290 ff. LEONHARD, RE X 1300 f. **2.** Besitz, → *possessio*, → *usucapio*. Vgl. LEIFER, RE XXII 839 ff. MAYER-MALY, RE IX A 1098 ff. **3.** Erwerbsart der →

manus. **4.** Gebrauchsrecht. Der *u.* (§ 504 ABGB Servitut des Gebrauches; vgl. § 1090 BGB) ist sicherlich jünger als der → *usus fructus* und wohl eine Abspaltung von letzterem; er wird in den Quellen nur anhangsweise zum *usus fructus* behandelt und folgt weitgehend den Regeln, die für diesen gelten. Der *u.* berechtigt nur zum Gebrauch der Sache, nicht auch zur Fruchtziehung (Dig. 7, 8,1,1 u. 2 pr.). Das *ius utendi* ist ein dingliches Recht, ein *ius in re aliena*, und wird im iustin. Recht als beschränkte Personalservitut aufgefaßt. Quellen: Dig. 7,4 u. 8; 33,2. Inst. Iust. 2,5.

Der *u.* wird wie der *usus fructus* am häufigsten durch Vermächtnis bestellt, bes. an Häusern und Grundstücken. Die klass. Juristen neigen dazu, dem Usuar neben dem bloßen Gebrauch auch gewisse Nutzungen für den Eigenbedarf zu gewähren. Im iustin. Recht finden sich wesentliche Erweiterungen der Nutzungsbefugnisse des Usuars. Der *u.* erscheint im Ergebnis als ein quantitativ beschränkter Nießbrauch (Siber Röm. Recht 2, 117).

Der *u.* als ein höchstpersönliches Recht ist ebenso wie der *usus fructus* unübertragbar; es kann aber auch die Ausübung des *u.* weder entgeltlich noch unentgeltlich einem anderen überlassen werden, da der *u.* nur die persönliche Benützung der Sache durch den Berechtigten gewährt (Dig. 7,8,11). Steht der *u.* einer Sache mehreren Personen zu, so sind diese nicht *pro parte*, sondern *in solidum* berechtigt. *Usus fructus* und *u.* sind nebeneinander an derselben Sache möglich; es konkurriert in diesem Falle der Nießbraucher mit dem Usuar hinsichtlich des *u.* (Paul. sent. 3,6,25).

In klass. Z. stellen → *habitatio* und *operae servorum* bzw. *animalium* noch keine Rechte eigener Art dar. Als *habitatio* wird der *u.* an einem Haus bezeichnet, als *operae servorum* bzw. *animalium* der *u.* an Sklaven bzw. Tieren. Strittig war allenfalls, ob das Legat einer *habitatio* oder von *operae* nicht als das eines *usus fructus* anzusehen sei.

G. We.

G. Wesener, RE IX A 1133 ff. *M. Kaser* Röm. Privatrecht 1, [2]1971, 454. 2, 1959, 222. *G. Grosso* Usufrutto, [2]1958, 430 ff. *N. Scapini*, Studi Grosso 5, 1972, 23 ff.

Usus fructus. Der *u.f.*, der dem Nießbrauch (§ 1030 BGB) bzw. der Fruchtnießung (§ 509 ABGB) des modernen Rechts entspricht, ist das Recht, eine Sache mit Schonung der Substanz zu gebrauchen und die Früchte zu ziehen (Dig. 7,1,1: *U.f. est ius alienis rebus utendi fruendi salva rerum substantia*). *U.f.* ist ein zweigliedriges Asyndeton, abgeleitet von den Verba *uti frui*. Der *u.f.* ist in klass. Z. ein beschränktes dingliches Recht eigener Art, das erst in nachklass. Z. unter den Begriff der → *servitus* gebracht wird. Zusammen mit → *usus*, → *habitatio* und *operae servorum* zählt der *u.f.* im iustin. Recht zu den Personalservituten. Er ist ein höchstpersönliches Recht, das mit der Person des Berechtigten auf das engste verknüpft ist; er ist seinem Versorgungszweck entsprechend unabtretbar und unvererblich und erlischt spätestens mit dem Tode des Nießbrauchers. Der *u.f.* bedeutet einen tiefen Eingriff in die Rechtsstellung des Eigentümers, der während des Bestehens des *u.f.* eine *nuda proprietas* (Gai. Inst. 2,30) hat.

Der *u.f.* ist zweifellos jünger als die Felddienstbarkeiten; er dürfte im Laufe des 3. Jh.s v. Chr. aufgekommen sein. Er verdankt seine Entstehung der Notwendigkeit, gewisse nahe Angehörige, wie etwa die Witwe oder unverheiratete Töchter, zu versorgen, ohne das Vermögen den männlichen Nachkommen auf Dauer zu entziehen (Karlowa 2, 533 ff. Kaser Eigentum u. Besitz, [2]1956, 305 f.). Der *u.f.* ist eine originale Schöpfung der röm. Jurisprudenz; hellenist. Einflüsse auf die Entstehung sind abzulehnen. Die Entwicklung und die juristische Konstruktion des *u.f.* sind für das altröm. und klass. Recht höchst umstritten (Übersicht über die zahlreichen Theorien bei Wesener, RE IX A 1139 ff.; Studi Grosso 1,203 ff. Kaser Röm. Privatrecht 1[2], 448 f.).

Dem Usufruktuar gebühren sämtliche Nutzungen des Nießbrauchobjekts. Nach klass. Recht erwirbt der Nießbraucher das Eigentum an den Früchten durch Perzeption. Den Nießbraucher treffen gewisse positive Verpflichtungen (Grosso Usufrutto[2], 159 ff.). Vor Übergabe der Sache muß der Nießbraucher dem Eigentümer zur Wahrung von dessen Rechten mittels einer *cautio usufructuaria* Sicherheit leisten (Dig. 7,1,13 pr.). In dieser *cautio* verspricht der Nießbraucher 1. Nutzung und Fruchtziehung in angemessener Weise *(boni viri arbitratu)* auszuüben, 2. das Objekt nach Beendigung des *u.f.* zu restituieren, und 3. jeglichen *dolus* zu unterlassen. Die Restitutionsklausel brachte wohl eine Haftung des Nießbrauchers für → *custodia* (Dig. 7,9,2) mit sich (Wesener, Synteleia Arangio-Ruiz 1, 1964, 191 ff.).

Ausgangsfall eines *u.f.* war wohl der an Grundstücken. In klass. Z. war der *u.f.* zunächst beschränkt auf unverbrauchbare *res corporales*, die sich *in patrimonio* befinden und einem *uti frui* zugänglich sind (vgl. Ulp. epit. 24,26). Durch ein *SC* aus der frühen Kaiserzeit wurde die letztwillige Bestellung eines *u.f.* am gesamten Vermögen zulässig (Dig. 7,5,1).

Während im Legisactionenprozeß der *u.f.* mit einer *legis actio sacramento in rem* geltend gemacht wurde, war er im Formularverfahren durch eine *vindicatio usus fructus* geschützt, die weitgehend der *vindicatio servitutis* entspricht. Die Bezeichnung *actio confessoria* für die Klage ist nachklass. Der Nießbraucher ist bloßer Detentor; der Praetor schützt aber die fehlerfreie *(nec vi nec clam nec precario)* Ausübung des *uti frui* durch besondere Interdikte, die den regulären Besitzinterdikten, und zwar den Grundstücksinterdikten, nachgebildet sind *(interdicta utilia;* → *interdic-*

tum). Ausgehend von diesem Interdiktenschutz wurde dem Usufruktuar eine *quasi possessio* zugeschrieben (Gai. Inst. 4,139. KASER, ZRG 70, 1953, 167f. WESENER, Studi Donatuti, 1973).

Die ursprüngliche und häufigste Bestellungsart des *u.f.* ist die durch Legat und zwar → *legatum per vindicationem.* Nach *ius civile* kann der *u.f.* ferner bestellt werden durch *in iure cessio*, durch Vorbehalt zugunsten des Veräußerers bei Übereignung der Sache *(deductio usus fructus)* und durch → *adiudicatio* im Teilungsverfahren. In klass. Z. war der *u.f.* als *res incorporalis* (Gai. Inst. 2,14) nicht ersitzungsfähig (WESENER, Studi Grosso 1,214ff.). An Provinzialgrundstücken wird der *u.f.* ebenso wie die Servituten *pactionibus et stipulationibus* bestellt (Gai. Inst. 2,31). Wenn der *u.f.* erlischt (Dig. 7,4), so erstarkt die *nuda proprietas* zur *plena potestas* (Inst. Iust. 2,4,4).

Durch das *SC*, welches ein Nießbrauchslegat am gesamten Vermögen anerkannte, wurde auch der *u.f.* an Geld und anderen verbrauchbaren Sachen zugelassen. Der *u.f.* an verbrauchbaren Sachen ist ein sog. uneigentlicher Nießbrauch *(quasi u.f.)*. Er stellt in Wirklichkeit kein sachenrechtliches, sondern ein Kreditverhältnis dar (KASER Röm. Privatrecht 1^2,454). G. We.

G. Wesener, RE IX A 1137ff.; ZRG 81, 1964, 83ff.; Studi Grosso 1, 1968, 201ff. *M. Kaser* Röm. Privatrecht 1, ^{2}1971, 447ff.; 2, 1959, 219ff.; Studi Scherillo 1, 1972, 405ff. *G. Grosso* Usufrutto, ^{2}1958. *C. Sanfilippo* Servitutes personarum 1, ^{2}1960; Studi Volterra 4, 1971, 379ff. *A. Watson* The law of property in the later Roman Republic, 1968, 203ff. *G. Crifò*, Studi Scherillo 1, 1972, 427ff.

Utens (Plin. nat. 3,115 *U[i]te⟨n⟩s*), n. Grenzfluß der → Senones (Liv. 5,35,3 *ab Utente ... ad Aesim*), der nach Ptol. 3,1,22f. zw. Ariminum und Rubico liegt, also nicht mit h. Montone ident. ist; die Straßenbaugesch. (RADKE, RE Suppl. XIII 1577f.) bestätigt KIEPERTS (FOA 22,1) Gleichsetzung mit h. Uso. G. R.

Forbiger HB. d. alt. Geogr. 3,368. *Nissen* It. Ldk. 2,250. 257. *Philipp*, RE I A 1164f.

Uthina. Stadt der Africa Proconsularis, etwa 30 km s. von Karthago; h. Oudna. Atl. arch. Tun., fe 30, Oudna, Nr. 48. Von Augustus gegründete Veteranenkolonie der *legio XIII (col. Iulia Tertiadecimanorum U.)*, in Verbindung mit der Siedlung eines röm. Dorfes in Sutunurca (Aïn el-Asker). CIL VI 36917 = DESSILS 6784. Im fruchtbaren Tal des Oued Miliane wurde U. eine wichtige Stadt, wo reiche Grundbesitzer, z.B. die Laberii, wohnten. Ruinen: Theater, Amphitheater, Zisternen, Thermen, Basiliken. Inschr.: CIL VIII 10521. 24011. ILTun. 758. M. L.

Tissot Géogr. comp. 2, 1888, 565. *P. Quoniam*, RE IX A 1177. *L. Teutsch* Das röm. Städtewesen in Nordafrika, 1962, 167. *P. Gauckler*, MPiot 3, 1896, 177–229.

Utica. Stadt der Africa proconsularis, an der Mündung des → Bagradas (h. oued Medjerda); h. Hr. bou Chateur. H. 11 km vom Meer entfernt, war U. im Alt. ein Hafen am *sinus Uticensis.* Phoinik. Gründung: Mela 1,34. Aristot. mir. 134. Plin. nat. 16,216, die als Gründungsdatum das J. 1101 festsetzen. Tyr. Ursprung: Vell. 1,2,4. Plin. nat. 5,76. Iust. 18,4,2. 5. 12. Steph. Byz. s. Ἰτύκη. Sidon. Ursprung: Sil. 3,241. Utica könnte »die Alte Stadt« und Karthago »die Neue Stadt« bedeuten: P. CINTAS Man. arch. pun. 1, 1970.

Doch sind die in pun. Nekropolen gefundenen Dokumente nicht älter als das 8. Jh. Die Ausgrabungen zeigen 3 Perioden: 1. Bis zum 4. Jh. v. Chr. Mehrere Gräber des 8. Jh.s; sie sind die tiefsten (P. CINTAS Karthago 2,70). Die Uticaeer bringen den tyr. Gründern von Karthago Geschenke (Iust. 18,5,12). 2. 4. Jh.–146 v. Chr. Entwicklung der Stadt nach dem orthogonal. Plan der hellenist. Städte. Über der archaischen verlassenen Nekropole werden Häuser gebaut. Eine neue Nekropole erscheint im W. (CINTAS a.O. 2,29). Um 350 scheint U. von Karthago abhängig: Skyl. 111. S. GSELL Hist. Anc. Afr. N. 1,459; wird die 2. Stadt Libyens nach Karthago (App. Lib. 75; Sic. 2,3). Z.Z. des Agathoklesfeldzugs wurde U. eingenommen (Pol. 1,82,8. Diod. 20,54. 55. GSELL a.O. 3,47). Während des Söldnerkriegs empörte es sich gegen Karthago (Pol. 1,70ff. App. a.O. GSELL a.O. 3,106). Im 2. pun. Krieg war die Stadt Karthago treu; sie wurde von Scipio vergebens belagert (Liv. 29,35. Pol. 14,2. App. Lib. 16. GSELL a.O. 3,213). Aber im J. 149, vor dem 3. pun. Krieg, ging sie zu Rom über (Pol. 36,3,1. App. Lib. 75. Liv. epit. 49. GSELL a.O. 3,342). Scipio machte dort Station, bevor er die Hauptstadt angriff. 3. Röm. Zeit. Mit 6 anderen Städten erhielt U. von Rom die *libertas* (Cic. Scaur. 19,44. CIL I 200). Es wurde Hauptstadt der prov. Africa bis zur Gründung des neuen Karthago (*col. Iulia* im J. 43 v. Chr.); der *procos. Africae* wohnte dort bis um 10 v. Chr. (CIL VIII 1180–14310). Der freien Stadt wurden von Caesar *quaedam beneficia* zuteil (Caes. civ. 2,36); Octavius machte sie zum *municipium Iulium Uticense* (Cass. Dio 38,7) und Hadrian zur *col. Iulia Aelia Hadriana Augusta U.* (CIL VIII 1181. L. TEUTSCH Das röm. Städtewesen in Nordafrika, 1962, 43. 56. 148). In das 2. Jh. n. Chr. fällt ihre wichtigste Entwicklung: Zeugnisse sind schöne Häuser mit Mosaiken, eine Straße mit Porticus durch das Promuntorium, ein Theater, ein Amphitheater, eine Wasserleitung, Thermen. Hauptort eines *conventus*: Tert. ad Scap. 3. Cypr. epist. 81. Im 3. Jh. wird eine *statio ripae Uticensis* genannt (CIL VIII 25438 G. Ch. PICARD La civilisation de l'Afr. rom., Paris 1959, 385). Dann bewirkte die Versetzung der Bagradasmündung nach N. die Versandung des Hafens und den Niedergang der Stadt.

Erste Erwähnung des Christentums mit dem Bischof Aurelius im J. 256 (Concilium von Karthago) MIGNEPL 3,1066. Im J. 258 Verfolgung der chr. Gemeinschaft (Märtyrer der Massa Candida

ILAlg. 1,427. Cypr. epist. 81. DACI s. Massa Candida. Mehrere Bischöfe sind bekannt, P. Mesnage L'Afr. chrét. 44. Wenige chr. Ruinen: eine kleine byz. Kirche, 2 Gräberfelder, einige Inschr. (CIL VIII 1202. 14326. 24411. ILTun. 1174). M. L.

G. Ville, RE Suppl. IX 1869ff. *A. Lézine* Carthage, Utique. Ét. d'architecture et d'urbanisme, Paris 1968 (mit Plan S. 82). *Ders.*, Ant. Afric. 5, 1971, 87.

Utioi (*Οὔτιοι*, Hdt. 3,93. 7,68. *Yautiyā* in der Dareios-Inschr. von Bīsutūn § 40, ed. F. H. Weissbach), pers. Volksstamm der 14. Satrapie, dessen Aufgebot für den Feldzug des → Xerxes (1) gegen die Griechen unter der Führung des → Dareios (1)-sohnes Arsamenes kämpfte. Das Siedlungsgebiet der U. läßt sich annähernd im Kerngebiet des Perserreiches (Persis / Karmanien) vermuten. E. O.

H. Treidler, RE IX A 1185ff.

Utopie (*οὐτοπία* »Nirgendland«, von Thomas Morus 1516 gebildetes griech. Kunstwort), im urspr. Sprachgebrauch ein in Formen des Mythos und Zügen des Schlaraffenlandes sozialkrit. Entwurf eines z. Z. des Vf. oder überhaupt nicht realisierbaren Staates. Ansätze dieser Lit.-Gattung stecken in der Schilderung des Phaiakenlandes, der Insel der Seligen Elysion, des goldenen Zeitalters, des Landes der Aithioper und Hyperboreer, des Lebens ohne Arbeit, die automatische Diener und Geräte besorgen, und des Wolkenkuckucksheims der Komödie. Hom. Od. 4,201. 501ff. 6,262ff. 7,108ff.; Il. 18,375ff. 417ff. Hes. erg. 111ff. 230ff. Aristoph. Av.; Eccl. 590ff.; Plut. 487ff. J. Pečirka, Wiss. Ztschr. d. Humboldt-Univ. zu Bln. 11, 1963, 215ff. Die Sophistenzeit bringt ausführlichere U., die ethnogr. Material ferner Länder im Stil des Reiseromans verarbeiten. → Theopompos (6) berichtet von → Meropis. FGrH 115 F 75,7ff. → Phaleas von Chalkedon fordert Besitzgleichheit. Aristot. pol. 2,1260a 45ff. → Hekataios (4) findet bei den Ägyptern und Hyperboreern Vorbilder, → Euhemeros betont die gesteuerte Planwirtschaft, → Iambulos preist den Kommunismus der Sonneninsel. Die sozialgerechte Staatsordnung der U. kann durch Veränderung der äußeren Umstände und Institutionen oder der Menschen durch Erziehung erreicht werden. Braunert 17 unterscheidet materialist. und idealist. U. Während die meisten U. eine neue Struktur der Ges. und Wirtschaft erhoffen, denkt Hesiod an die Wandlung des Menschen in der bestehenden Ges., verlangt Phaleas die Gleichheit in der Erziehung, ohne ihre Art anzudeuten. Aristoteles, der dies kritisiert, kümmert sich kaum um die Verwirklichung eines Idealstaates, pol. 7, 1331b 20. Im Gegensatz zu allen anderen U. bringt Platon ausdrücklich eine Diskussion über die Realisierbarkeit seines Staates, sie scheint schwierig, aber nicht ganz unmöglich, rep. 472bff. 502c. Voraussetzung dafür ist die Erziehung des Menschen. Nach seinen Enttäuschungen greift er zu dem Mythos der Insel Atlantis. Tim. 19bff.; Kritias 108eff. In der Regel bleiben die U. bei der hierarchischen Teilung des Volkes in 3 Klassen. Nur auf der Sonneninsel des Iambulos sind alle zur Arbeit und regelmäßigem Wechsel des Arbeitsplatzes verpflichtet. Diese U. macht die Sklaverei überflüssig, an der die anderen festhalten. Mit der Herrschaft Roms erlosch das utop. Denken der Griechen, sein letztes Zeugnis ist das Epigr. Anth. Pal. 9,418,1ff. H. V.

H. Braunert, Gesch. in Wiss. und Unterricht 14, 1963, 145ff. *Ders.* Utopia, Antworten griech. Denkens auf die Herausforderung durch soziale Verhältnisse, Veröffentl. d. Schl.-Holstein. Univ.-Ges. N. F. 51, 1969. *J. Vogt*, Riv. stor. dell' Ant. 1, 1971, 19ff. *W. Fauth*, WS 86, 1973, 39ff. *H. Flashar* Formen utop. Denkens b. d. Griechen, Innsbr. Beitr. z. Kulturwiss. 3, 1974. *B. Kytzler*, in: Der utop. Roman hg. von *R. Villgradter–F. Krey*, Darmstadt 1973, 45ff.

Uxellodunum. 1. Oppidum der → Cadurci in Gallia celtica, dann Aquitania. Letzter gall. Widerstandsort, wurde von Caesar im Sommer 51 v. Chr. genommen (Caes. Gall. 8,32. 39). Die Lage bleibt ungewiß. Man hat an Puy d'Issolu bei Veyrac (dépt. du Lot) gedacht (C. Jullian HG 3, 556. Grenier MAN 1,201), auch an Impernal de Luzech (M. Labrousse, Bull. Soc. Et. Lot 1951, 54) und an Capdenac: A. Sors, Archéologia 6, 1965, 68. M. L.

M. Labrousse, Mél. J. Carcopino, Paris 1966, 563ff.

2. (CIL VII 1291); noch nicht lokalisiertes Auxiliartruppen-Kastell in Cumberland / Nordengland; man hat es höchstwahrscheinlich am Hadrianswall zu suchen. E. O.

C. E. Stevens, RE IX A 1309f.

Uxii (Diod. 17,67. Curt. 5,3,1–15. Arr. an. 3, 17. Vgl. auch Strab. 16,744. Plin. nat. 6,133), iran. Volksstamm, von dessen Existenz in ant. Z. uns die Quellen hauptsächlich aus Anlaß des Alexanderzuges unterrichten. Das Gebiet, das die U. bewohnten, ist im wesentlichen durch den Pasitigris (h. Karaoun) gekennzeichnet und entspricht im großen und ganzen dem h. Khouzestan (Iran). E. O.

H. Treidler, RE IX A 1313ff.

Uxor s. Coemptio. Confarreatio. Divortium. Dos. Matrimonium. Nuptiae. Tabulae nuptiales.

V

Vaballathus. L. Iulius Aurelius Septimius V. Athenodorus (DESSILS 8924) folgte 266/67 n. Chr. seinem Vater → Odaenathus (2) in der Herrschaft über Palmyra, doch regierte für den noch sehr jungen V. seine Mutter → Zenobia (2). Aus alexandrin. Mz. mit → Aurelianus (4) und V. schloß man, daß V. wie schon durch → Gallienus und Claudius (→ Aurelius II 31) auch durch Aurelian anerkannt wurde (so J. VOGT Die alex. Mz. 1, 1924, 214f.), doch sind die Prägungen eher als Bemühung um Anerkennung anzusehen (zu Mz. vgl. noch PICOZZI, Numismatica 2, 1961, 123f.). 270/72 brach Zenobia mit Aurelian und erhob V. zum Augustus (vollst. Titel bei CHABOT Choix d'Inscr. de Palmyre, 1922, 58). 272 wurde V. viell. mit Zenobia gefangen und nach Rom gebracht. A. L.

Vacalus, linker, s. Mündungsarm des Rheins, h. Waal (Caes. Gall. 4,10), später *Va(c)halis*, seit Tacitus. Flußname (nach ZEUSS 15) kelt. Ursprungs, abgeleitet von **ua(n)k-* »gebogenkrumm«, lat. *vacillare*. Im Zusammenhang mit dem Untergang der → Usipeter und → Tencterer im J. 55 v. Chr. erwähnt, ist V. der s. Rheinarm, der sich in die Maas ergießt, oberhalb der *insula Batavorum*, jedoch wird *confluens* eher die Stelle der größten Annäherung beider Flüsse bezeichnen, ohne daß für den Lauf von Rhein, Waal und Maas in caes. Z. genauere Feststellungen vorliegen. In Verbindung mit dem letzten Zug des → Germanicus im J. 16 n. Chr. erwähnt Tac. ann. 2,6 den V. als Sammelstelle der röm. Flotte bei der *insula Batavorum*. Mit 2 Flußarmen mündet der Rhein *(Rhenus bicornis)* in das Meer und umschließt die *insula Batavorum*, deren n. Seite Germanien zugewandt ist, deren Südseite mit dem V. das gallisch-röm. Ufer bildet. Bei Plin. nat. 4,101 werden 3 Rheinmündungen angeführt, *lacus Flevus*, *Rhenus* und *ostium Helinium*, wohl die gemeinsame Maas-Waal-Mündung *(os Rheni et Mosae)*. Durch Abdämmung des V. und die Anlage der *fossa Drusiana* (h. Yssel) wurde ein neuer Mündungsarm des Rheins geschaffen, der beim Bataveraufstand 70 n. Chr. (Tac. hist. 5,19) zerstört worden ist. In gleichem Zusammenhang bildet der 47 n. Chr. errichtete Kanal des Cn. → Domitius (II 9) Corbulo zw. Rhein und Maas eine Abkürzung des Schiffahrtsweges nach Britannien. H. C.

P. Goessler, RE VII A 2018ff. Zu den Stromverlagerungen des Rheines: BJ 129, 1924, 166.

Vacantes. *V.* und *honorarii* waren in der Spätant. Leute, die einen Amtstitel führten, ohne das betreffende Amt je bekleidet zu haben (Titularbeamte). Die mit ihrem Titel meist bei Ausscheiden aus dem aktiven Dienst geehrten *v.* durften die Schärpe *(cingulum)* anlegen, die *honorarii* nicht. Im Rang standen auch die *v.* den tatsächlichen Amtsträgern nach (Cod. Theod. 6,18,1. 22,7f. Nov. Theod. 15,2. Cod. Iust. 12, 8,2. Cassiod. var. 6,10). A. L.

Vacantia bona. Der erblose Nachlaß (→ *bona*): Bot zunächst die Möglichkeit einer → *usucapio pro herede*. Augustus führte in der → *l. Iulia de maritandis ordinibus* ein Heimfallsrecht des Staates ein. Voraussetzung war, daß es sich um den erblosen Nachlaß eines röm. Bürgers handelte und die Aktiva überwogen (sonst kam es zum Gläubigerkonkurs). Die *v. b.* fielen an das → *aerarium*, später (wohl seit Caracalla) an den → *fiscus*, doch wurden vor allem in nachklass. Z. Sonderregelungen geschaffen (z. B. erwarb die Legion *v. b.* ihrer Soldaten, die Kirche *v. b.* des Klerus; Näheres s. [3]). Die rechtl. Stellung des Staates war der eines Erben sehr ähnlich. Erbschaftsschulden, Vermächtnisse und Freilassungen blieben aufrecht. Der Staat mußte jedoch die *v. b.* innerhalb einer Frist von 4 (oder 5?) J. durch → *nuntiatio* für sich beanspruchen. Von etwaigen Besitzern konnte er sie durch eine *vindicatio bonorum vacantium* im Kognitionsverfahren herausverlangen. A. V.

1. *M. Kaser* Das röm. Privatrecht 1, ^{2}1971, 702f. 2. *S. v. Bolla*, ZRG 59, 1939, 546ff. 3. *P. Voci* Diritto ereditario romano 2, ^{2}1963, 59f. 4. *R. Astolfi* La Lex Iulia et Papia, 1970, 321ff. 5. *J. Modrzejewski*, St. in on. di Ed. Volterra 6, 1971, 91–127.

Vacatio. Ganz allg. das Freisein von etwas, insbes. **1.** von den Verpflichtungen, die unter dem Begriff → *munus* zusammengefaßt werden. *V.* wird in diesem Sinn oft synonym mit → *immunitas* und → *excusatio* gebraucht, dürfte jedoch auch eine engere techn. Bedeutung gehabt haben, und zwar als die bloß relativ wirkende, vom Vorliegen oft vorübergehender Gründe abhängige und durch Einspruch (*excusatio* im engeren Sinn) geltendzumachende Befreiung im Gegensatz zur *immunitas* im engeren Sinn, die absolut wirkt, nicht durch Einspruch geltend gemacht werden muß und den sie mißachtenden Beamten sogar straffällig macht. Hiezu, sowie überhaupt zur *v. munerum civilium* (hier im Gegensatz zu *mun. militiae*) s. *munus* und *immunitas*. – Bes. Bedeutung kam aber auch der *v.* (im weiteren Sinn) *militiae*, der Befreiung von der Wehrpflicht *(munera militiae)* zu. Gesetzlich festgelegte Gründe waren Alter, eine bestimmte Zahl von Dienstjahren im Heer *(stipendia)*, sowie gewisse staatsnotwendige Tätigkeiten (etwa der Priester, Beamten, Bürger bestimmter Hafenkolonien). Bei Vorliegen sonstiger wichtiger Gründe (vor allem körperlicher Untauglichkeit) lag die *v.* im Ermessen des aushebenden Magistrats (→ *dilectus*). Weiters konnte *v.* durch persönl. Privileg, aber auch durch einen Bündnisvertrag (*v. ex foedere*; → *foedus*) begründet werden. Auch die dauernde oder zeitlich begrenzte Befreiung von bestimmten Pflichten innerhalb des Militärdienstes wurde als *v.* bezeichnet (→ *immunes*). Zu gewissen Zeiten konnte *v.* auch erkauft werden, ja auch das Kaufgeld selbst wurde *v.* genannt (Tac. hist. 1,46). **2.** Im Eherecht die Befreiung der Witwe und der geschiedenen Frau vom Ehegebot der *l. Iulia et Papia*. Sie war zeitlich begrenzt: Nach der *l. Iulia* bis zu einem J. nach dem Tod des Mannes und einem halben J. nach der Scheidung; durch die *l. Papia* wurden beide Fristen um je 1 J. verlängert (Ulp. Epit. 14). A. V.

Zu 1: *Mommsen* RStR 3,1, 1887, 241 ff. 675. *Kübler*, RE XVI 648 ff. *Lammert*, RE VII A 2028 ff. *P. A. Brunt* Italian Manpower, 1971 (s. Index).

Zu 2: *R. Astolfi* La Lex Iulia et Papia, 1970, 183 ff.

Vacca. 1. s. Vaga

2. Vf. eines ant. (vgl. aber P. WESSNER, BursJb 188, 1921, 221 ff.) Komm. zu Lukans Pharsalia, der in ma. Überformung den »Adnotationes super Lucanum« zugrunde liegt. Seine Datierung hängt davon ab, ob die den »Adnotationes« vorangehende, sicher ant. Vita ebenfalls V. gehört (anders [2], 209 ff.) und vor Sueton – so ROSTAGNI und A. MAZZARINO Analecta, 1950, 19 ff., dagegen E. PARATORE Una nuova ricostruzione, ^{2}1950, 11 ff. 335 ff. – oder danach anzusetzen ist. Die communis opinio datiert V. in die Spätant., doch verbietet die noch unvollständige Kenntnis der Lukan-Sch. ein abschließendes Urteil. P. L. Sch.

Ta.: Adnotationes super Lucanum, ed. *I. Endt*, 1909; Ergänzungen: [2], 212 f.

Vita: *Endt* 1 ff. *A. Rostagni*, ed. Suet. poet., 1944, 176 ff.

Lit.: 1. *Schanz-Hos.* 2, ^{4}1935, 493. 504 f. 2. *B. M. Marti*, Speculum 1950, 198 ff.

Vaccaei. Bedeutender kelt. Stamm im mittleren Flußtal des Duero (Ptol. 2,5,7. 6,29. 49. Strab. 3,4,12. Pol. 3,14,1); Hauptstadt: Pallantia; weitere Städte: Segesama, Intercatia, → Cauca, Acontia (Ptol. 2,6,49. Plin. nat. 3,19). Die V. gehörten viell. zu den Stämmen, die im 6. Jh. v. Chr. nach Spanien eindrangen. Vom 3. Jh. v. Chr. an gerieten sie unter iber. Einfluß (Strab. 3,4,18 f. unterscheidet sie nicht von den → Celtiberi). Die V. und ihre Städte Helmantica (Salamanca) und → Arbucala (Toro) werden erstmals im J. 221 bis 220 beim Kampf gegen Hannibal (Pol. 3,13,5. Liv. 21,52) erwähnt. Sie spielten eine wichtige Rolle in den keltiber. und lusitan. Kriegen gegen Rom: 193 kämpften sie gegen C. → Flaminius (2; Liv. 35,7,6), 179 gegen Ti. → Gracchus (7; Liv. 50. Frontin. 4,7,33). 153 waren sie die besten Verbündeten von → Numantia, das sie mit Weizen versorgten (App. Ib. 80 ff.). Sie boten → Lucullus (3) und → Scipio (12) im J. 151 die Stirn (Pol. 35,2. App. Ib. 53 f.) und schlossen sich den Erhebungen des → Viriatus (App. Ib. 76. 80. 88) und des → Sertorius (App. civ. 1,112) an. Nach weiteren Kriegen in den J. 56 und 29 v. Chr. (Cass. Dio 39,54. 51,20, 5; vgl. Cic. Planc. 84) brachte Augustus das Gebiet zur Ruhe, das danach dem *conventus Cluniensis* unterstand (Plin. nat. 3,26). Die V. besaßen reiches Getreideland; ihr Wirtschaftssystem (»Agrar-Kollektivismus«: Diod. 5,34,3) war berühmt. Unter den ausgegrabenen *oppida* ist Soto de Medinilla (Valladolid) das bekannteste: F. WATTENBERG La región vaccea, Madrid 1959. M. E. A.

Vaccho (*Οὐάκης*). König der Langobarden, stürzte bald nach dem Sieg über die Heruler (505 n. Chr.) seinen Vorgänger Tato. V. dehnte das Reich vom Alföld her in Nordungarn, Niederösterreich, Böhmen und Mähren aus. Wisigarda, seine Tochter aus 2. Ehe (seit ca. 510 mit einer Gepidin), verheiratete er 537 mit → Theodebert. Mit Rom verbündet lehnte V. es 539 ab, → Vitigis zu unterstützen. Bald danach starb er (Origo gentis Lang. 4. Paul. Diac. hist. Lang. 1,21. Prok. 6,22, 11 f. 7,35,13 ff.). A. L.

Vacuna, sabin. Göttin (Hor. epist. 1,10,49 m. Sch.) mit vermutl. Kultzentrum bei den schwefelhaltigen *Aquae Cutiliae* (EVANS The Cults of the Sabine Territory, 1939, 92), weshalb man jetzt den Namen etym. von **vacu-* (= *lacus* mit Wechsel von *l* > *v* wie umbr. *vaper*: lat. *lapis*) abgeleitet und sie als »dea del lago« bestimmt hat. D. Wa.

Prosdocimi in: Studi linguist. in on. di V. Pisani 2, 1969, 795 ff. (m. d. ält. Lit.). Anders zuletzt *Dumézil*, Numen Suppl. 21, 1972, 307 ff.

Vada. Nach Tac. hist. 5,20 Ort eines röm. Auxiliarkastells am linken Ufer des → Vacalus (h. Waal), im Randgebiet der Bataver, genaue Lage noch unbekannt. Beim Aufstand der Bataver unter → Iulius (A II 28) Civilis wurde V. bedrängt, konnte aber durch das Eingreifen des Q. → Petillius (II 1) Cerialis gerettet werden. H. C.

P. Goessler, RE VII A 2043 ff.

Vada Sabatia (Plin. nat. 3,132. Strab. 4,201), auch nur *Sabata* (Strab. 4,202. 5,216 f.; irrig nach Ptol. 3,1,45 im Binnenland), nicht ident. mit *Savo* (Liv. 28,46,10) oder *Saona* (Paul. Diac. h. Lang. 2,16), kelt. (?) Dorf (Steph. Byz. s. v.) an der ligur. Küste zw. Genua und Albenga am Alpenbeginn (Strab. a. O. Cic. fam. 11,13,2. Mela 2,72) mit Hafen (Plin. nat. 3,48), Station (Tab. Peut. 3,4) der *via Aemilia Scauri* (Strab. 5,217), über deren schlechten Zustand bei V. S. i. J. 43 v. Chr. Brutus klagt (Cic. fam. 11,10,3; 13,2), später zur *via Iulia Augusta* (Meilensteine CIL V 8095. 8102) oder *via Aurelia* (Itin. Anton. 295,3) gerechnet. Zu Kaiser Pertinax in V. S. vgl. H. A. Pert. 9,4. 13,4. H. Vado Ligure mit Resten bei S. Maria di Vado. G. R.

Forbiger HB. d. alt. Geogr. 3, 395. *Nissen* It. Ldk. 2,143. *Radke*, RE Suppl. XIII 1617/18 (Lageskizze). *Lamboglia* Liguria romana 1,84. *Ders.* Vado Romana 18 ff. *Beloch* RG 614.

Vada Volaterrana (Cic. Quinct. 24), Station (Tab. Peut. 4,2) der *via Aemilia Scauri* (nach Meilenstein CIL XI 6664) 37 mp s. Pisa, später zur *via Aurelia* gerechnet (Itin. Anton. 292,6). Zur Lage in seichter Flußmündung vgl. Rutil. 1,453 ff. Dem Straßenverlauf nach lag V.V. bei h. Palazzi am N.-Ufer (Plin. nat. 3,50) des Caecina; der Name V.V. später auf *Velinae* (Tab. Peut. a.O.) an der Küste, h. Vada, übertragen. Beziehung zu → Volaterrae unbekannt. G. R.

Forbiger HB. d. alt. Geogr. 3,427. *Nissen* It. Ldk. 2,300. *Radke*, RE Suppl. XIII 1617/18 (Lageskizze). *M. Sordi*, Ath 49, 1971, 302 ff.

Vadimonis lacus, kleiner, kreisrunder, h. ausgetrockneter See S.-Etruriens zw. Bomarzo und Orte, Schauplatz eines oder zweier Siege der Römer über die Etrusker (Liv. 9,39,5 zum J. 310. Pol. 2,20,2. Flor. 1,8 zum J. 283), wird wegen seiner »schwimmenden« Inseln von Plin. nat. 2,209. Plin. epist. 8,20,3. Sen. nat. 3,25,8. Sotion 38 W. genannt. G. R.

Forbiger HB. d. alt. Geogr. 3,378. *Nissen* It. Ldk. 2,342. *Beloch* RG 452 f.

Vadimonium, in Form einer → *stipulatio* abgeschlossenes Haftungsgeschäft im röm. Prozeß. **1.** Auferlegtes *v.* (Dilations*v.*) zur Sicherung des Wiedererscheinens des Bekl. bei Nichterledigung des Verfahrens *in iure*. Zunächst durch bes. Bürgen *(vades)*, später durch Selbstbindung des Beklagten in der *cautio v. sisti*, meist mit Bürgensicherung. Die Höhe der *v.*-Summe war im Edikt festgesetzt. Im Libellprozeß tritt an die Stelle des *v.* die *cautio (satisdatio) iudicio sisti.* **2.** Freiwilliges *v.* (Zitations*v.*) zur Sicherung des ersten Erscheinens des Beklagten *in iure*, anstelle der → *vocatio in ius.* C. E.

Tomulescu, Rev. int. des Droits de l'Ant. 3e sér. 17, 1970, 319 ff. *M. Kaser* Das röm. Zivilprozeßrecht, 1966, 51 f. 167 ff. *Steinwenter*, RE VIII A 2054 ff.

Vadomarius (Ballomarius). **1.** Markomannenkönig, führte 166/167 n. Chr. nach einer Niederlage barbarischer Völkerschaften (bes. Langobarden) Friedensverhandlungen mit → Iallius Bassus (CIL XII 2718 f.), dem Statthalter von Oberpannonien (Petrus Patr. frg. 6 = Exc. de leg. 2,391 DE BOOR). **2.** Alamannenkönig am Oberrhein, schloß 354 n. Chr. gemeinsam mit seinem Bruder Gundomadus ein *foedus* mit Rom, beteiligte sich 357 nicht am Krieg anderer Alamannen gegen Rom, suchte 359 Frieden zu vermitteln (Amm. 14,10,14. 16,12,17. 18,2,16. Eun. frg. 13) Als V. 360 mit → Constantius II. zusammenzuarbeiten schien, ließ ihn → Iulianus (5) gefangennehmen (Amm. 21,3 f. Ps.-Aur. Vict. Epit. 42,18. Liban. or. 12,49). Unter → Valens (1) wurde er (erst 373?) *dux Phoenices*; 365/66 kämpfte er gegen Truppen des → Prokopios (2) bei Nicaea und 373 gegen die Perser in Mesopotamien (Amm. 26,8,2. 29,1). M. WAAS Germanen im röm. Dienst, ^{2}1971, 108 f. A. L.

Vaga. Stadt der Africa proconsularis 25 km n.ö. von Thibaris; h. Béja. Atl. arch. Tun. fe 20, Béja, Nr. 128. Eine der Städte, die Hannibal z.Z. des 2. pun. Krieges halfen (Sil. 3,259). Im J. 146 gehörte V. zum Reich → Massinissas: *oppidum Numidarum* Sall. Iug. 47. 61. Im iugurth. Krieg wurde es von → Metellus (I 21) zerstört. Septimius Severus machte es zu einer Kolonie: *col. Septimia V.* Es gab in Africa ein *oppidum Vagense aliud* (Plin. nat. 5,4,30), das eine Besatzung von Caesar anforderte (Bell. Afr. 74,1). H. Baja in Byzacium: H. H. ABDULWAHAB, Cah. de Tun. 31, 1960, 19. M. L.

Vahalis s. Vacalus

Valamer (Valamir). Amaler, Sohn des Vandalar, wurde um 445 gemeinsam mit seinen ihm an Autorität nachstehenden Brüdern Theodemer und Vidimer König der Ostgoten. 449 nahm er wahrscheinl. an → Attilas Krieg gegen Ostrom teil, 450/51 folgte er Attila in den W. Nach dem Zerfall des Hunnenreiches ließ er sich (453?) von → Marcianus (6) Wohnsitze in Pannonien zuweisen. Bereits 459 kam es zum Konflikt mit Rom. V. erreichte 461 ein neues *foedus*, wobei er seinen Neffen Theoderich als Geisel stellte. 466(?) fiel V. im Kampf gegen die Skiren (Iord. Get. 250 ff.). A. L.

Valens. 1. 261 Gegenkaiser in Makedonien (Ps.-Aur. Vict. epit. 32,4. Amm. 21,16,10). Weitere Einzelheiten (z. B. Ausdehnung des Machtbereiches nach Thessalien) sind nur durch die H. A. (tyr. trig. 19. 21; Gall. 2) bekannt. **2.** Flavius V., röm. Kaiser 364–378, * 321 in Cibalae (Liban. or. 20,25), von mäßiger Bildung, *protector domesticus* unter → Iovianus (Sokr. 4,1. Zos. 4,1). Sein Bruder → Valentinianus (1) erhob ihn am 28. März 364 zum Augustus und wies ihm die ö. Präfektur, einschließlich Äg. und Thrakien, als Herrschaftsbezirk zu (Amm. 26,4 f. Zos. 4,3). Großen Einfluß auf V. hatte zunächst Petronius, der Vater seiner Frau Albia Domnica. Petronius' Unpopularität führte mit zur Erhebung des → Prokopios (1) in Constantinopel (28. Sept. 365). Vor allem dank der Treue älterer Offiziere konnte sich V. halten und Prokopios im Mai 366 besiegen (Amm. 26,6 ff. Themist. or. 7. Liban. or. 1). 367 begann V. einen 369 ohne Erfolg beendeten Krieg gegen die Westgoten, die Thrakien belästigt und Prokopios unterstützt hatten (Amm. 26,6,11; 10,3. 27,4. Zos. 4,10 f.; panegyrisch: Themist. or. 10. DESSAU ILS 670). Zw. 369 und 377 kam es immer wieder zum Konflikt mit den Persern wegen Armenien, doch lediglich 373 zu direkter Konfrontation (Amm. 27,12. 29,1. 30,1 f.? vgl. → Sapor II. → Papa 1). Als sich V., wie öfters, im Winter 371/72 in Antiocheia aufhielt, wurde im Zusammenhang mit verschiedenen Prozessen eine angeblich in Hofkreisen entstandene Verschwörung (es ging dabei um Prophezeiungen über einen zukünftigen Herrscher) aufgedeckt. Die von V., angeregt bes. durch → Modestus (2), veranlaßte Untersuchung (Hauptbeschuldigter der *notarius* → Theodoros I 10) und weitere Prozesse führten zu zahlreichen Hinrichtungen, bes. auch heidn. Philosophen. Eine entscheidende Rolle spielte dabei die Furcht des Kaisers vor Magie (die Grausamkeit des V. brandmarkend: Amm. 29,1f. Eun. frg. 38. Zos. 4,13f. Sokr. 4,19). Ende 376 ergab sich aus der Unzufriedenheit der im Frühjahr 376 durch V. aufgenommenen und durch weitere Barbaren verstärkte Westgoten unter → Fritigern Gefahr an der unteren Donau. Nur zögernd entschloß sich V. im Frühjahr 378, persönlich einzugreifen (vgl. Vorwürfe bei Sokr. 4,38. Soz. 6,49. Theodoret. 4,33). Gegen den Rat, die Ankunft seines Mitkaisers → Gratianus (2) abzuwarten, ließ sich V. zum Kampf verleiten und verlor am 9. Aug. 378 bei Adrianopel Schlacht und Leben (Amm. 31,11ff.; zu den Auswirkungen dieser Katastrophe: J. Straub, Philol. 95, 1943, 255ff.).

In der Gesetzgebung folgte V. weitgehend seinem Bruder Valentinianus. Hervorheben könnte man, daß V. um Steuersenkungen bemüht war, dann aber ein Anwachsen der Steuerlasten doch nicht verhindern konnte (Themist. or. 7,123. Basil. epist. 74. 84f. Cod. Theod. 11,16,11). Das Los der Kolonen und der *curiales* (→ *decurio*) suchte er zu erleichtern (Cod. Theod. 11,1,14; 24,1f. 12,1,57ff.). Die zum Schutz des Volkes gedachte Institution des → *defensor civitatis* wurde ausgebaut. Rege war unter V. die Bautätigkeit. Auf dem Gebiet der Religion hat V. wie Valentinianus zuerst allgemeine Freiheit verkündet, geriet aber durch seine Frau unter den Einfluß des → Eudoxios (1), der ihn zur Begünstigung von »Arianern« (nicht aller Richtungen) und Verfolgung von Nizänern veranlaßte. Widerstand von Persönlichkeiten, wie → Athanasios und → Basileios (4), aber auch allgemeine Volksstimmung, Zerrissenheit der Arianer und die Gotengefahr verhinderten einen durchschlagenden Erfolg dieser Politik (dazu z.B. Theodoret. 4,12ff. Rufin. 2,2ff. Sokr. 4. Soz. 6,6ff. Greg. Naz. or. 43; epist. 11. Ioh. Antioch. frg. 184f.). Gegenüber den Heiden blieb V. duldsam (z.B. Theodoret. 5,21), und auch das Vorgehen gegen Zauberei (Cod. Theod. 9,16,8) zielte kaum nur auf Heiden ab. Von der Religionspolitik her ist das negative Urteil chr. Autoren über V. verständlich, doch auch in der Charakteristik Ammians (31,14) überwiegt bei Anerkennung guter Eigenschaften (z.B. Bemühen um gerechte Verwaltung; Treue zu Freunden) die Kritik (z.B. mangelnde Kenntnisse, Führungsschwäche; Habgier, Willkür). Panegyr. Lob in Reden des → Themistios. A. L.

Lit.: s. Valentinianus.

3. Bischof von Mursa, mit Ursacius von Singidunum Haupt des → Arianismus in der w. Reichshälfte, trat zuerst auf der Synode von Tyros 335 gegen → Athanasios auf. Am Hof des arianerfreundlichen → Constantius (2) gewann er maßgeblichen Einfluß auf die Kirchenpolitik. Auf der Synode von → Serdica 343 hielt er zu den Orientalen, die von der Gruppe der w. Bischöfe abgesetzt wurden und ihrerseits jene exkommunizierten. Während der Schlacht bei Mursa 351 sagte V. dem Constantius nach gemeinsamem Gebet den Sieg voraus. Begünstigt vom Kaiser beherrschte er die Synode von Arelate 353, die Athanasios erneut verurteilte. In der sog. 2. Formel von Sirmium 357 wurden die Stichwörter ὁμοούσιος und ὁμοιούσιος abqualifiziert, um ein die Gegensätze zwischen Nikäenern und Arianern überdeckendes Glaubensbekenntnis zu finden, das der in Seleukeia im O. und in Ariminum im W. 359 parallel tagenden Synode vorgelegt wurde. V. blieb in Ariminum in der Minderheit, setzte sich aber mit Hilfe kaiserlichen Drucks durch. Der Tod des Constantius und der von → Hilarius (1) geführte Kampf verhinderte den Sieg des Arianismus. V. starb nach 368.

W. Enßlin, RE VII A 2141–2146.

4. Iulianus V., Bischof von Poetovio, von seiner rechtgläubigen Gemeinde verjagter Arianer, kam nach Mailand, wo ihn → Ambrosius (Ber. über die Synode von Aquileia 381 in epist. 10. 11) bekämpfte. O. H.

Valentia. 1. Röm. Stadt, h. Valencia am Turia, 138 v.Chr. von D. Iunius → Brutus (14) Callaicus für die (röm. oder einheimischen?) Veteranen des Krieges gegen → Viriatus gegründet (App. Ib. 6,75. Diod. 33,1,3; vgl. Liv. epit. 55). Sie wurde im 1. Jh. *colonia*, viell. als Folge des → Sertoriuskrieges (Plin. nat. 3,20). Eine vorröm., iber. Stadt Tyris (Avien. 481f.) hat es nicht gegeben; sowohl der archäol. Befund (D. Fletcher La Tyris ibérica y la V. romana, Castellón 1953) als auch Liv. 21,6,1 sprechen dagegen. V. lag im Gebiet der → Edetani nahe am Meer (Plin. a.O.) und war, neben → Saguntum, die bedeutendste Küstenstadt (Mela 2,92). Das Küstengebiet von V. war ein wichtiger Landeplatz für röm. Heere, die ins Innere des Landes vorstoßen wollten: von V. aus vordringend vernichtete Pompeius im J. 75 → Perperna (5) und C. → Herennius (I 6; Sall. hist. 2,54. 98,2. Plut. Pomp. 18. Flor. 2,10,9). Vom 3. Jh. n.Chr. an ersetzte V. Saguntum als bedeutendste Stadt zwischen Ebro und Júcar. Das Gebiet der Römerstadt liegt in der Umgebung der h. Kathedrale; das *forum* befindet sich in der Basílica de los Desamparados, der *decumanus* in der Calle Caballeros. Aus V. stammen bedeutende Funde, z.B. die Nekropole von Boatella. M. E. A.

M. Tarradell La ciudad rom. de V., Univ. Valencia 1962.

2. In Gallia Narbonensis, Hauptort der → Segallauni oder Segovellauni; h. Valence (dépt. Drôme); am Rhône, wichtiger Straßenknotenpunkt. Zuerst Militärposten, dann neue Stadt, viell. von Caesar vor 61 v.Chr. gegründete röm. Kolonie. *Οὐεντία / Οὐαλεντία* Cass. Dio 37,47,2. Ptol. 2,10,7. V. scheint in der Liste des Plin. nat.

3,36 *in agro Cavarum* (die S. gehörten zum Verband der C.). Ruinen: äußere Mauer des Theaters, Teil des *cardo maximus*, ein Turm der Mauer. Tempel unter dem Dom. Kulte: Cybele, Mithra. Das Christentum fand seit dem E. des 2. Jh.s Eingang mit Felix, Fortunatus, Achilleus, Märtyrern im J. 212. Ein Baptisterium wurde nahe dem Dom entdeckt. M. L.

A. Blanc Valence romaine, Cah. Valentinois, Valence 1953 (mit Bibliogr.). *Ders.*, Gallia 15, 1957, 87.

3. s. Vibo V.

Valentinianus. 1. Flavius V. I., röm. Kaiser 364–375, * 321 in → Cibalae, Sohn des *tribunus Illyrici* → Gratianus (1). 357 war V. als *tribunus* bei der Reiterei in Gallien (Amm. 16,11). Zweifelhaft ist, ob er sich 359 an der mesopotam. Grenze befand und dann mit → Iulianus (5), der ihn in die Leibwache aufgenommen hatte, wegen Ablehnung heidn. Riten in Konflikt geriet (Ambr. epist. 31,3. Rufin. 11,22. Oros. 7,32. Soz. 6,6. Philostorg. 8,7). Unter → Iovianus wurde V. *tribunus scutariorum*. Nach Iovians Tod einigten sich die Würdenträger des Reiches nach harter Auseinandersetzung auf V. als Kaiser (25. Febr. 364). V. folgte dem Wunsch nach einem zweiten Augustus, präsentierte aber seinen Bruder → Valens (2; Amm. 26,1f. 4. Sokr. 4,1). V. betonte zwar die Reichseinheit (vgl. Inschr., Gesetzgebung), förderte aber den Prozeß der Entfremdung, indem er nicht nur das Territorium, sondern auch Hofstaat und Heer aufteilte (Amm. 26,5. Hoffmann 122ff.). V., der sich die *potior auctoritas* vorbehielt, übernahm die mittlere und die w. Präfektur.

In Mailand trat V. 365 das erste Consulat an. Obwohl er diese Würde auch 368, 370 und 373 (jeweils mit Valens) bekleidete, er in Gesetzen oft auf die Vorgänger verwies oder etwa die Stadt Rom keineswegs vernachlässigte, stieß der wenig gebildete (Rednergabe rühmt immerhin Ps.-Aur. Vict. epit. 45), puritan. V. bei den sich als Hütern der Tradition empfindenden, nach Amm. 14,6. 28,4 freilich zugleich weithin dekadenten Senatoren auf Ablehnung. Entscheidend trugen dazu die Bevorzugung von Provinzialen, bes. Pannoniern (z. B. → Equitius 2, → Maximinus 3, → Remigius) und Generalen germ. Herkunft (z. B. → Dagalaifus, → Merobaudes 1) als Berater, eine die Oberschicht belastende Wirtschaftspolitik und zahlreiche Hochverratsprozesse bei (Amm. 28,1. A. Alföldi A Conflict of Ideas, 1952). V., allg. auf korrekte Verwaltung bedacht (nach Amm. 30,59 übersah er oft Vergehen ihm befreundeter, hoher Beamter), bemühte sich, soweit es die schlechte Finanzlage erlaubte, die sozial Schwachen zu entlasten, und baute zu ihrem Schutz die Institution des → *defensor civitatis* aus. Religionspolit. hat V. bei Wahrung der Rechte der Kirche mit geringen Ausnahmen (Einschreiten gegen Donatisten, Manichäer) Toleranz geübt und sich in religiösen Streitigkeiten nicht eingemischt (Cod. Theod. 5,

13,3. 9,16,9; 40,8. 10,1,8. 12,1,60. 16,1,1; 5,3; 6,1. Amm. 30,9,5. Soz. 6,6).

Diese Haltung resultierte teils auch daraus, daß V. sich von 364 an auf Abwehr äußerer Gefahren und mithin auf die Organisation der Reichsverteidigung konzentrierte. Seit 365 kam es zu Kämpfen mit den über Herabsetzung der Soldzahlungen verärgerten Alamannen in Gallien (→ Dagalaifus, → Iovinus 1) und am Oberrhein (Amm. 26,5. 27,1f. Zos. 4,9). V. begab sich im Herbst 365 nach Gallien, die Abwehr von Anhängern des → Prokopios (1) überließ er → Equitius (2). Im Krieg mit den Alamannen drang V., der sich zw. 367 und 374 häufig in Trier aufhielt (vgl. Seeck Reg.), auf rechtsrhein. Gebiet 368 bis an die Donauquellen vor (Amm. 27,10). Mit Teilen der Alamannen schloß V. auch Bündnisse, ebenso wie mit den Burgundern (Amm. 28,5. Oros. 7,32). Er konnte zwar – soweit dies überhaupt beabsichtigt – die Grenze nicht mehr etwa an den mittleren Neckar zurückverlegen, jedoch die Rheingrenze sichern. Dieser Sicherung diente der systemat. Ausbau der Befestigung von der Rheinmündung an. Aber auch die Donauprovinzen (Raetien, Noricum und Pannonien) und Britannien, wo es 368/69 → Theodosius (1) gelungen war, die röm. Herrschaft wieder zu festigen, wurden in diese Bemühungen einbezogen. Bemerkungen dazu z. B. bei Ammianus (28,2), Symmachus (or. 2) oder Zosimos (4,12) werden immer wieder durch Grabungen bestätigt (zusammenfassend v. Petrikovits, JRS 61, 1971, 178ff.). Dazu erfolgte eine umfassende Reorganisation des Grenzschutzes (Hoffmann 371ff.). Schwierigkeiten gab es unter V. auch in Afrika zu bewältigen. So belästigten seit 364 nach Amm. 28,6 von → Romanus (2) unzureichend bekämpfte Wüstenstämme Tripolitanien, erhob sich 372 (nach Demandt, H 100, 1972, 99f. schon 370) in Mauretanien → Firmus (3).

Im Juni 375 begab sich V., der 374 in Raetien Alamannen bekämpft hatte (Amm. 30,3), nach Pannonien, wo Gefahr durch Sarmaten und Quaden entstanden war. Der bei Verhandlungen mit den Quaden am 17. Nov. 375 in Brigetio verstorbene V. wurde in Constantinopel beigesetzt (Amm. 29,6. 30,5. 10. Sokr. 4,3. 26). Bereits 367 hatte V. – nach einer Krankheit – seinen Sohn → Gratianus (2) zum Augustus erhoben und die Nachfolge mithin in dynast. Sinne geregelt. Ammianus (vgl. bes. 30,8f.), unsere wichtigste, vermutlich durch Adelskreise zuungunsten des V. beeinflußte Quelle, wirft ihm z. B. übermäßige Härte, Jähzorn, Habgier, Aberglaube und Neid vor, erkennt unter anderem jedoch die mil. Fähigkeiten (dazu gehört auch die rechte Auswahl der Generale), Bemühen um das Wohl der Provinzialen und hohe Moralität an. Das übrige Quellenmaterial bestätigt, daß der durch seine Umgebung stark gelenkte (dies überbetont bei Stein I. 177) V. zumindest auf dem Gebiet der Reichsverteidigung große Energie gezeigt und auch selbständig gehandelt hat. **2.** Flavius V. Galates, Sohn des Kaisers → Valens (2), * 366, Consul 369 (dazu Themist. or. 9), † vor 374 (wahrscheinl. 370). Der Tod des V., den → Themistios erziehen sollte, wurde als Strafe Gottes für den Versuch des Valens angesehen, → Basileios (4) zum Arianismus zu bewegen (Rufin. 11,9. Sokr. 4, 26. Chr. min. 1,241). **3.** Flavius V. II., röm. Kaiser 375–392. V., * Herbst 371 (Trier?), wurde am 22. Nov. 375 auf Betreiben von Ratgebern (→ Equitius 2, → Merobaudes 1) seines Vaters → Valentinianus (1) in Aquincum zum Kaiser erhoben (Amm. 30,10. Sokr. 4,31. Philostorg. 9, 16). → Gratianus (2), der sich dann des V. annahm, und Valens fügten sich dieser Entscheidung. V. bekam die Präfektur Italien mit Illyricum und Africa; Residenz wurde Mailand. Der starke Einfluß seiner arian. Mutter → Iustina steigerte sich noch nach dem Tode Gratians (383). Dies führte zu Spannungen mit → Ambrosius von Mailand, dessen Rat andererseits ebenso benötigt wurde (vgl. Ambr. epist. 24 zu seinen Verhandlungen mit → Maximus [I 8] im J. 384) wie der des heidn. Franken → Bauto. Die Konstellation am Hof erschien den Heiden (→ Symmachus 4) günstig, die Wiedererrichtung des Victoria-Altares in der röm. Kurie und die Erneuerung staatl. Förderung ihrer Kulte und Priesterschaften zu erbitten (Symm. rel. 3. Ambr. epist. 17f. 57. R. Klein Der Streit um d. Victoriaaltar, 1972). Mit auf Druck des Ambrosius lehnte V. die Bitten ab. Der schwerste Konflikt mit dem schließlich siegreichen Ambrosius ergab sich aus einem Toleranzedikt zu Gunsten der Arianer vom 23. Jan. 386 (Cod. Theod. 16,1,4; 4,1. Ambr. c. Auxentium; epist. 20f. Rufin. 11, 15f. Soz. 7,13). Spannungen resultierten aus der arianerfreundlichen Politik auch mit → Theodosius (2), über dessen Einfluß auf V. vor 387 nur Vermutungen möglich sind. Im Herbst (?) 387 mußte V. vor → Maximus (I 8) nach Thessalonike flüchten. Dort söhnte er sich mit Theodosius aus, der ihm nach dem Sieg über Maximus offiziell wieder den W. überließ, ihn jedoch während seines Aufenthaltes in Italien (bis Anf. 391) de facto auf die gall. Präfektur beschränkte. Fast völlig beherrscht wurde V. nun durch → Arbogast, der ihn zur Verzweiflung trieb und mithin zumindest indirekt schuld am Tode des V. am 15. Mai 392 in Vienna (Gallien) war (Oros. 7,35. Philostorg. 11,1. Zos. 4,47. 53. Greg. Tur. 2,9). Anläßlich der Bestattung in Mailand hielt Ambrosius eine idealisierende Leichenrede *(de obitu Val.)* auf den nie zu rechter Selbständigkeit gelangten V. **4.** Flavius Placidus V. III., röm. Kaiser 424–455, * 2. Juli 419 zu Ravenna als Sohn des → Constantius (6) und der Galla → Placidia (1). V. wurde 424 in Thessalonike zum Caesar und am 23. Okt. 425 in Rom zum Augustus erhoben. Die Regierung lag zunächst völlig in den Händen der Placidia und ihrer Berater (→ Felix 3, → Bonifatius 1, → Aetius 3). Erst nach seiner Heirat mit → Eudoxia (2) im J. 437 erreichte V. eine gewisse Selbständigkeit, auch wenn der Einfluß etwa der Placidia und des Aetius sehr stark blieb. Mit → Theodosius II. (3) vereinbarte V. die wechselseitige Gültigkeit des 438 publizierten → Codex Theodosianus und künftiger Gesetze (vgl. Nov. Val. 26). 442 mußten Africa Proconsularis und Byzacene dem → Geisericus als souveräner Besitz überlassen werden. Ebenfalls 442 mußte man Britannien aufgeben, nachdem man bereits 433/34 Pannonien an die Hunnen verloren hatte. In Spanien und bes. Gallien kam es unter V. zu zahlreichen Kämpfen, doch gelang es Aetius, im Wesentlichen die röm. Position zu halten. Sicherung des Friedens mit Geisericus diente die Verlobung von V.' Tochter → Eudokia (2) mit → Hunericus. Seit 448 ergaben sich Spannungen mit → Attila, die 451 zum Krieg führten (Priscus frg. 8,15f. Ioh. Antioch. frg. 199; → Honorius 4). Mit Papst → Leo (1) bemühte sich V. 449/50 vergeblich um Einberufung eines allgemeinen Konzils nach Italien. Nur zögernd entschloß sich V. zur Anerkennung von Theodosius' Nachfolger → Marcianus (6). Nachdem Aetius dank der Entspannung durch Attilas Tod (453) seine Position erneut stärken konnte, erwirkten seine Widersacher bei V. seine Beseitigung. Nur 6 Monate später (am 16. März 455) wurde V. selbst in Rom ermordet (Ioh. Antioch. frg. 202. Chr. min. 1,303. 483. 492. 2,27. 86). Ohne die Abhängigkeit des V. von anderen Persönlichkeiten zu bestreiten, darf man mit Ensslin (RE VII A 2258) vor allem aus der Gesetzgebung herauslesen, daß V. auch selbst Schäden der Z. erkannte und den Willen zeigte, seinen Untertanen (z. B. gegen die Übermacht der Großen) zu helfen (zur Wirkungslosigkeit mancher Maßnahmen vgl. Twyman, Hist. 20, 1971, 480ff.). Wie seine Mutter war der seit 439 häufig in Rom residierende V. sehr fromm und großzügig gegenüber der Kirche, ohne jedoch dem Klerus willfährig zu sein (Lib. Pontif. 46. 69. 98f. Nov. Val. 3). Auch das Edikt gegen die Manichäer und Anerkennung der Gerichtsbarkeit des röm. Bischofs in geistl. Dingen (Nov. Val. 19f.) bedeutete keine Preisgabe staatl. Autorität. A. L.

Cohen emp. 8. *R. Delbrueck* Spätant. Kaiserporträts, 1933. *A. Fliche–V. Martin* Histoire de l'église 3, 1950. *D. Hoffmann* Das spätröm. Bewegungsheer, 1969. *A. H. M. Jones* The later Roman Empire, 1964. *Mattingly* RIC 9. *K. L. Noethlichs* Die gesetzgeb. Maßnahmen d. chr. Kaiser d. 4. Jh.s gegen Häretiker, Heiden u. Juden, 1971. *St. I. Oost* Galla Placidia, 1968. *Stein* I.

Valentinus. 1. Hoher Beamter *(dux? praeses?)* um 260, den Cornelia Salonina, Gattin des Kaisers → Gallienus, gebeten haben soll, auf den ihr verdächtigen → Ingenuus (1) zu achten (Cass. Dio III pr. 743,162 Boiss). **2.** 359 zu Unrecht in einen Hochverratsprozeß verwickelt, dann *dux* in Illyricum (Amm. 28,3,5). **3.** Pannonier, wegen Verbrechen nach Britannien verbannt, bereitete dort einen Aufstand vor. → Theodosius (1) ließ ihn gefangen nehmen und hinrichten (Amm. 28,3, 4ff. 30,7,10). **4.** Zeichnete sich anläßlich der Belagerung Roms durch → Vitigis (537/38) als Reiterführer → Belisars aus. 544 hatte er mit einer Flotteneinheit Hydruntum zu entsetzen. 549 fiel er im Kampf gegen → Totila vor der Hafenstadt Protus (Prok. 5,3. 28,16. 7,10,15). A. L.

5. Nach Epiphan. adv. haer. 31,7 aus Alexandreia stammender Gnostiker, weilte zw. 135/140 und 160 n. Chr. in Rom, wo er wie → Iustinus (6) als freier chr. Lehrer wirkte. Nach 160 finden wir ihn in Zypern. Von seinem wahrscheinlich umfangreicheren Werk sind nur einige Frg.e von Briefen, Homilien und von einem Traktat »Über die Natur« erhalten. Möglich ist es, daß auch der Brief an Rheginos aus dem Cod. Jung und das *Evangelium Veritatis* von V. stammen (so z. B. VAN UNNIK, GROBEL u. a.: anders H. M. SCHENKE). Die Lehre V.' enthält neben gemeinchr. vor allem gnost. und schulphilos. Gedanken und Vorstellungen, die aber alle zu einem durchaus originellen und neuen Entwurf einer Weltsicht verbunden sind: Am Anf. steht der einzige und ungezeugte Gott, der sukzessive Aeonenpaare (Syzygien) entstehen läßt, die das *πλήρωμα* bilden. Durch den Fall des letzten Aeons (*σοφία*) entsteht der Gott des A.T., der Demiurg der sichtbaren Welt, die eine irdische Nachahmung des *πλήρωμα* darstellt. Der in die irdische Materie eingeschlossene göttliche Same wird nach V. durch Erkenntnis befreit, die als Soter aus dem *πλήρωμα* kommt. Als Erlösergestalt gilt Jesus, auf den bei der Jordantaufe der Aeon Christus herabsteigt. Er ist es, der es den Menschen ermöglicht, zum *πλήρωμα* zurückzukehren. Dieses streng von o. nach u. entwickelte System wird von den Schülern V.', den sog. Valentinianern, mannigfach variiert und bearbeitet. Das bedeutet auf der einen Seite oft eine Vulgarisierung, zuweilen aber auch eine Milderung des gnost. Dualismus. Bei den Schülern V.' unterscheidet man gewöhnlich eine w.-ital. und eine ö.-anatol. Gruppe, die sich vor allem in der Christologie unterscheiden (Hipp. ref. 6,35,5ff. Iren. adv. haer. 1,12,3). Zur w. Gruppe gehören u. a. Ptolemaios, Herakleon, Phlorinos u. Blastos. Gegen die beiden letztgenannten argumentiert nach Eus. h. e. 5,20,1ff. Irenaeus. Zur ö. Gruppe zählen vor allem → Theodotos (12; Hipp. ref. 7,36) und der wieder ganz in vulgärgnost. Bahnen denkende Marcus. Nach Iren. adv. haer. 1,13,7 dringen Valentinianer bis nach Gallien. Erst im 4. Jh. verlieren sich die Spuren der so erfolgreichen Bewegung langsam. Neben dem schon genannten *Evangelium Veritatis* gehört wohl auch das Evangelium des Philippus aus Nag Hammadi zur valentin. Lit. Kl. W.

Quellen: *W. Völker* Quellen zur Gesch. der chr. Gnosis, 1932, 57ff. *H. Ch. Puech* in: *Hennecke*[3] 1,158ff. *J. Leipoldt–H. M. Schenke* Kopt.-gnost. Schriften aus den Pap.-Cod. von Nag Hammadi, 1960. *F. Sagnard* Clément d'Alexandrie, Extraits de Théodote, 1948. *Y. Jenssens*, Muséon 72, 1959, 101ff. 277ff. *W. Till*, ZNW 50, 1959, 165ff. (dt. Übers. d. Ev. Verit.). *H. Ch. Puech – G. Quispel – W. C. van Unnik* The Jung Codex, 1955.

Lit.: *Quasten* 1,260f. *Altaner*[6] 113. Dict. Théol. Cath. 15, 2497ff. Wichtig: *W. Foerster* Von V. zu Herakleon, ZNW Bh. 7, 1928. *F. Sagnard* La gnose v. et le témoignage de St. Irénée, 1947. *G. Quispel*, Vig. Chr. 1, 1947, 43ff. *A. J. Visser*, Vig. Chr. 12, 1958, 27ff. *H. M. Schenke* Die Herkunft des sog. Evang. Veritatis, 1959. *Ders.*, ThLZ 84, 1959, 1ff. 90, 1965, 322ff.

Valerianus. 1. V. = imp. Caes. P. Licinius V. Aug. * um 190, von vornehmer Abkunft (H. A. Val. 5,7. Aur. Vict. 32,2. Epit. Caes. 32,1). Seine Laufbahn ist unbekannt, *cos. suff.* vor 238, DEGRASSI FImp. 66. Im Frühjahr 253 bekleidete er in Raetien ein mil. Kommando und wurde von den Truppen zum Kaiser ausgerufen (Aur. Vict. 32,1. Eutr. 9,7. Zon. 12,22. Oros. 7,22,1. G. BERSANETTI, RFIC 76, 1948, 271 ff.). Die Chronol. der Ereignisse während seiner Regierung ist äußerst unsicher und nur auf Grund der Mz. einigermaßen zu erstellen (A. ALFÖLDI, Berytus 4, 1937, 41ff. 5, 1938, 47ff.; JRS 30, 1940, 1ff.; wenig überzeugend E. MANNI, Epigr. 11, 1949, 3ff.). Im Herbst 253 zog V. nach Rom, wo er seinen Sohn → Gallienus zum Mitregenten und mil. Oberkommandanten des W. ernannte, während er selbst die Kriegsführung im O. übernahm, Zos. 1,30,2; *cos. II* 254, *III* 255, *IV* 257, stets gemeinsam mit Gallienus (DEGRASSI FImp. 70). Im J. 256 Aufenthalt in → Antiocheia (1), Eutr. 9,7. Zos. 1,32,2, das kurz vorher vom Perserkönig → Sapor I. (1) belagert worden war, Zug nach Kappadokien (Zos. 1,36,1), blutige Christenverfolgung, der u. a. der Bischof von Karthago → Cyprianus zum Opfer fiel (A. ALFÖLDI, Klio 31, 1938, 338ff.), im J. 259 Versuch des Entsatzes des von den Persern belagerten → Edessa (2), Zon. 12,23, Gefangennahme durch die Perser und baldiges unwürdiges Ende (H. A. Val. 4,2. Aur. Vict. 32,5. Epit. Caes. 32,6. Eutr. 9,7. Oros. 7,22,4. Zos. 1,36,2. Lact. de mort. persec. 5. Ruf. Fest. 23. G. LOPUSZANSKI La date de la capture de V., 1951). Sapor I. schilderte seine Erfolge auf der Inschr. (Res gestae divi Saporis) auf der sog. Ka'ba-i Zardušt in Naqš-i Rustam bei Persepolis in drei Sprachen (pers., parth., griech. Dazu M. ROSTOVČEV, Berytus 8, 1943, 17ff. M. SPRENGLING Third century Iran, Chicago 1953. E. HONIGMANN – A. MARICQ, MAB 47,4, 1953. J. GUEY, REA 57, 1955, 113ff. A. MARICQ, Syria 35, 1958, 295ff. u. a.) und hält die Demütigung des röm. Kaisers, der als Bittflehender zu seinen Füßen liegt, viermal auf den Felsenreliefs fest (W. HINZ Altiran. Funde und Forschungen, Berlin 1969, 173ff.). Mz.: RIC V/1, 38–60 (allein), 61–69 (mit Gallienus). Bildnisse: FELLETTI MAJ Iconogr. 215ff. Abb. 125–128. DELBRÜCK Münzbildnisse T. 12–15. G. Wi.

G.Pugliese Carratelli L'età di V. e di Gallieno, 1951. *R.A.Hornsby* Stud. in the Reign of V. and G., Diss. Princeton 1952. *G.Walser–Th.Pekáry* Die Krise d. röm. Reiches, 1962, 28ff.

2. V. Priscus, gebildeter Gallier, Verwandter des Kaisers → Avitus (1), um 455/56 *praefectus praetorio Galliarum* (Sidon. c. 8; epist. 5,10). Viell. ident. mit dem in der epist. Eucherii (MIGNEPL 50, 711ff.) genannten, dem Heidentum zuneigenden V. **3.** Bischof von Aquileia 369–388, präsidierte bei der Synode von 381 (MANSI 3,599. 610f.), nahm 382 an der Synode in Rom teil (Theodoret. 5,9). An V.: Basil. epist. 91. A. L.

4. Q. Cornelius V., röm. Ritter aus dem 1. Jh. n. Chr., Vf. eines antiquar. Sammelwerkes, das der ältere Plinius als Quelle zu B. 3 (?). 8. 10. 14. 15 nennt und 3,108 (?). 10,5 und 14,11 zit. P. L. Sch. PIR 2,368, Nr. 1471.

Valerius, urspr. *Valesius, Valesies* CIL I^2 p. 202 Nr. XLII. IX p. 298 g; *Valesios* Varro rer. div. 5,3f. (SEMI 2,145); auct. de praen. 1 *Valensium; Valerius* seit 312 v. Chr. Pompon. Dig. 1,2,2, 36, Name einer alten (Cic. Flacc. 1. 25), unter Nr. 16 nach Rom eingewanderten patriz. Gens, gebildet von einem alten Individualnamen *Valesus* oder *Valerus*. J. REICHMUTH Die lat. Gentilicia und ihre Beziehungen zu den röm. Individualnamen, Diss. Zürich 1956, 25ff. 97. M. LEUMANN Lat. Laut- und Formenlehre, 1963, 47f. 140. Etym. zu *valere, validus*, osk. *valaemon = optimum*, da *boni ominis nomen*, oft *in dilectu censuve* zuerst aufgerufen. Cic. Scaur. 30. Sch. Ambros. 274 STANGL. WALDE-HOF.^{3} 727. Die V. waren seit der Gründung der Republik polit. führend und im Gegensatz zu den Claudiern nach der bes. von Nr. 40 ausgeschmückten Überlieferung volksfreundlich. Ein V. (Nr. 55) war der erste Suffectconsul, der erste Triumphator, richtete die Quaestur ein, hielt den ersten Census und die erste *laudatio funebris* der republ. Z., brachte das Provokationsgesetz (→ *lex* 33) ein und wurde als erster durch ein Staatsbegräbnis geehrt. M.' V., Sohn von Nr. 13, war angeblich 501 der erste Dictator, doch selbst Liv. 2,18,6f. lehnt diese Dictatur eines V. ab und schreibt sie dem T. → Larcius (I 1) zu. Ein M. V. war der erste Fetialis unter dem König Tullus Hostilius. Liv. 1,24,6. Die erste *supplicatio* wurde zu Ehren des L. V. Poplicola, des Enkels von Nr. 13, 449 beschlossen. Liv. 3,63,5. L. HALKIN La supplication d'action de graces chez les Romains, 1953, 16. Der Consulat eines V. (Nr. 42) wurde zum Ausgangspunkt der *ludi saeculares* gewählt. Schließlich beginnt die Liste der bekannten *principes senatus* mit einem V. (Nr. 40). Die Consularfasten nennen bis 44 v. Chr. 66 V. H. H. SCULLARD Roman politics, 1951, 9ff. Nationalhelden waren Nr. 18. 40. 55. Noch 340 n. Chr. galt der Consul Aradius V. als Nachkomme der V., deren Palast auf dem → *Caelius mons* stand. Symm. epist. 1,2,4. JORD.-HUELS. Top. 1,3, 240f. The prosopography of the later Roman empire, 1971, 747f. Die V. hatten eine *sella curulis* im Circus, ein Haus und eine später unbenutzte Grabstätte an der → *Velia*, die ein Monument mit *elogia* schmückte. JORD. Top. 1,1,190. DEGRI XIII 3,77. Ihre urspr. Tribus ist unbekannt, in der Kaiserz. gehörten V. der Claudia, Quirina oder Voltinia an. CIL VI 1529. 1531. 1533. Die V. zerfielen in die *Poplicolae* und *Maximi*. Im 3. Jh. v. Chr. wurden die Beinamen *Poplicola* durch *Flaccus* und *Laevinus, Maximus* durch *Messala* abgelöst. Plebeisch waren die V. Tappones und Triarii. Stammbaum bei VOLKMANN, RE VII A 2315ff. Zur Verbindung der V. mit dem Kult der Iuno und Fortuna Muliebris s. Nr. 18. 69. F. MÜNZER De gente Valeria, Diss. Berlin 1892. DERS. Adelsp. (passim). BROUGHTON 2,628ff.

A. Politische Persönlichkeiten.

I. Republikan. Zeit: **1.** V. aus Tusculum, zeugte unwissend mit der Tochter Valeria den mit Silvanus und Pan gleichgesetzten Aigipan. Aristid. Mil. FGrH 286 F 5. Myth. Lex. 3,1380,18. H. V.

2. V. wird Cic. Verr. 2,3,54 für das J. 72 als *praeco* und Helfershelfer des Verres in Sizilien erwähnt. **3.** V. wird Cic. Att. 1,12,2 (61 v. Chr.) und 16,11,7 (44 v. Chr.) als Dolmetscher erwähnt. **4.** V. wurde E. 60 von → Hortensius (7) in einem Prozeß verteidigt (Cic. Att. 2,3,1). Viell. ist er ident. mit Nr. 48 oder Nr. 50. **5.** V. benachrichtigte als Überlebender der Schlacht bei Munda Sex. → Pompeius (A I 3) von der Niederlage (Bell. Hisp. 32,4). M. D.-M.

6. C. V., Aedil 329 v. Chr., erfolgloser Ankläger des M. → Flavius (I 6) wegen *stuprum*. Val. Max. 8,1, absol. 7. Liv. 8,22,2ff. **7.** C. V., 52 v. Chr. Ankläger des M. → Saufeius (I 4) wegen der Ermordung des P. → Clodius (I 8). Ascon. Mil. 55,3 CLARK. H. V.

8. D. und Q. V. aus Sora, mit Cic. befreundete (Brut. 169) hochgebildete Brüder. Q. ist vielleicht ident. mit Nr. B 11 (T. P. WISEMAN New Men in the Roman Senate 139 B.C.–A.D. 14, 1971, 36. 269). **9.** L. V. (Flaccus?) kam als *IIvir navalis* 282 im 1. röm. Zusammenstoß mit Tarent ums Leben (Zon. 8,2. App. Samn. 7,1: *Cornelius*. BROUGHTON 1,190). **10.** L. V. (Flaccus?) leitete als *praetor urbanus* eine Senatssitzung, deren Ergebnis das bei Ios. ant. Iud. 14,8,5. 145 erwähnte *SC* war. Dies und der Zeitpunkt der Sitzung sind in der Forschung umstritten: F. MÜNZER, RE VIII A 60: 47 v. Chr.; durch Gleichsetzung des bei Ios. erwähnten Senatsbeschlusses, in dem nach Annahme eines goldenen Schildes die Freundschaft mit dem jüd. Volk erneuert wird, mit 1. Makk. 15, 15–24 datieren SCHÜRER 252, B. REICKE Nt. Zeitgesch., 1964, 50, und J. C. DANCY, A Comm. on I Maccabees, 1954, 189f. auf 139, BROUGHTON 1, 491f. auf 135/34. Hiernach wäre V. ident. mit dem Consul von 131 (= Nr. 30). **11.** L. V. erscheint dreimal in der Korrespondenz Cic.s in den J. 54/53, spöttisch als Rechtskenner apostrophiert (fam. 1,10. 3,1,3. 7,11,1). W. KUNKEL Herkunft und soz. Stellung der röm. Juristen, 1952, 28, Nr. 45. **12.** M'. V. M. f. Volesi n., Sohn von Nr. 13, wird von Fest. (216 L.) gegen alle übrigen Quellen als 1. röm. Dictator genannt (509 v. Chr. vgl. Liv. 2,18,3 ff. BROUGHTON 1,9. 10 A. 3). M. D.-M.

13. M. V. Volusi f., Bruder von Nr. 55, störte 509 M. → Horatius (7) bei der Weihung des Iuppitertempels, kämpfte gegen → Porsenna, triumphierte als cos. 505 über die Sabiner, † 496 in der Schlacht am See → Regillus. Sein Sohn war Nr. 68, sein Urenkel Nr. 60. Plut. Popl. 14,6 ff. 20. Dion. Hal. 5,22. 37 ff. 6,12. Liv. 2,16. 18. 20,1 ff. DEGRASSI FCap. H. V.

14. P. V. wurde 73 nach App. civ. 1,541 von → Spartacus besiegt, doch liegt hier wahrscheinl. eine Namensverwechslung vor (BROUGHTON 2, 115 A. 1). **15.** P. V., Freund Ciceros, nahm diesen im Sommer 44 in seiner Villa bei Rhegion auf (Cic. Att. 16,7,1. Phil. 1,8; fam. 12,25,3). M. D.-M.

16. Volusus (*Οὐόλοσσος Οὐαλέριος* Dion. Hal. ant. 2,46,3; *Οὐέλεσος* Plut. Num. 5,2; auct. de praen. 1 *Volesum Valensium*) V., Ahnherr der patriz. V. Zum Vornamen, späteren Beinamen *Volusus* SCHULZE Eigenn. 106 f. H. RIX in: Aufstieg und Niedergang der röm. Welt 1,2, 1972, 718. 742. Der Namenskern *Vol* ist wohl ident. mit dem etr. Namensstamm *Vel*. Im Praenomen liegt eine lautliche Reihe *Vel* → *Vol* → *Val* vor. J. REICHMUTH Die lat. Gentilicia ... 25 ff. V. kam mit Titus → Tatius nach Rom, stiftete zwischen ihm und → Romulus Frieden und brachte nach dessen Tode, von den → Sabinern zum König vorgeschlagen, mit → Iulius (I 6) Proculus dem → Numa die Krone. Plut. Popl. 1 (nur *Οὐαλέριος*). J. POUCET Recherches sur la légende sabine des origines de Rome, 1967, 294 ff. J. GAGÉ, AC 41, 1972, 77. **17.** L. V. Antias brachte 215 die von den Römern gefangenen Gesandten Hannibals an → Philipp (7) nach Cumae. Liv. 23,34,9. 38. F. W. WALBANK Philip V of Macedon, 1967, 70. **18.** M. V. Corvus (*Corvinus* Dion. Hal. 15,1,2. Val. Max. 8,13,1), Nationalheld, durch Augustus mit Statue und Elogium geehrt. Gell. 9,11. Die Deutung des Beinamens aus seinem Zweikampfsieg 349 mit Hilfe eines Raben, des heiligen Vogels der Iuno, über einen Kelten ist wohl von Val. Ant. dem Sieg des → Manlius (I 23) nachgebildet; schon → Aquillius (I 8) hieß *Corvus*. Liv. 7,26. V., viermal Consul (23jährig 348, danach 346, 343, 335), triumphierte 346 über die Volsker, 343 die Samniten, 335 über → Cales, beruhigte als Dictator 343/342 die meuternde röm. Besatzung von → Capua durch die *lex Valeria martialis* und leitete als *interrex* 332 und 320 die Consulwahlen. Liv. 7,32. 34. 39 ff. 8,17,5. 9,7,15. J. JAHN Interregnum und Wahldiktatur, 1970, 86. 94. Soweit seine glaubhafte Laufbahn. In Verwechslung mit seinem Sohn (Nr. 41) ehrte die Tradition V. wegen seines Alters von 100 J. mit einer 2. Dictatur 301 und Consulaten 300 und 299. † auf seinem Landgut. Cic. Cato 60. Val. Max. a. O. (*civis et patris familiae optabile exemplum*). H. V.

19. M. V. Falto, 205 Mitglied der Gesandtschaft, die die → Mater Magna aus Pessinus nach Rom brachte, kämpfte 201 als Praetor gegen die Bruttier und verwaltete 200 Sardinien. **20.** Q. V. Falto hatte 242 im sizil. Krieg gemeinsam mit dem Consul C. → Lutatius (2) Catulus das Commando (Zon. 8,17. Val. Max. 2,8,2) und erreichte nach dem Sieg bei den Aegatischen Inseln 241 den Triumph (Act. Tr.). 239 war V. Consul.

21 ff. V. Flacci. Neben den V. Messallae in den letzten 2 Jh.en der Republik vornehmster Zweig der *gens*, dessen Mitglieder in dieser Z. achtmal das Consulat bekleideten. **21.** L. (?) V. Flaccus, viell. Sohn von Nr. 35, nahm 212 als Militärtribun an der Schlacht bei Beneventum teil, war 199 Praetor und 195 Consul (BROUGHTON 1,269. 272 A. 6). **22.** (V.?) Flaccus kämpfte 136 als Legat in Hispania cit. (App. Ib. 81) und ist viell. mit dem Consul von 134, C. → Fulvius (I 12) Flaccus, oder mit dem von 125, M. → Fulvius (I 16) Flaccus, ident. (BROUGHTON 1,488 A. 6). **23.** C. V. Flaccus, Bruder von Nr. 28, Sohn von Nr. 35, wurde 209 vom *pont. max.* P. → Licinius (I 24) Crassus Dives gegen seinen Willen zum *flamen Dialis* ernannt (Liv. 27,8,4 ff.), gelangte jedoch den Hindernissen, die dieses Amt für die polit. Laufbahn bedeutete, zum Trotz bis zur Praetur (Liv. 31,50,6 ff. 39,39, 1 ff.; 45,4) im J. 183. † vor 174. **24.** C. V. Flaccus, Bruder von Nr. 32, erhielt nach Praetur (96) und Consulat (93) 92 Spanien als Provinz, das er bis zu der auf Grund seines drohenden Übertritts zu Sulla angeordneten Ablösung durch → Sertorius im J. 81 behielt. Nach Erfolgen in Spanien gegen die Celtiberer (App. Ib. 100) errang er während seiner langen Statthalterschaft auch in der Gallia Transalpina, deren Verwaltung ihm um die J. 85–83 zusätzlich übertragen wurde, Siege, so daß er 81 oder 80 in Rom unter der Herrschaft Sullas, zu dem er übergetreten war, den Triumph über Celtiberer und Gallien feiern konnte (E. BADIAN Stud. in Gr. and Rom. Hist., 1964, 88 ff.). In Gallien von ihm geprägte Mz. BMCROMREP. 2,388 bis 390. **25.** C. V. Flaccus erschien 59 als Kind im Prozeß seines Vaters, Nr. 33 (Cic. Flacc. 106). Wahrscheinl. zw. 53 und 51 Mitglied der *cohors* des Appius → Claudius (I 28) Pulcher in Cilicia; V. fiel auf der Seite des Pompeius noch sehr jung 48 bei Dyrrhachium. Mit ihm starb die Familie aus. **26.** L. V. Flaccus, 321 *magister equitum* des Wahldictators M. → Aemilius (I 20) Papus (Liv. 9,7,14), trat mit diesem nach der Schlacht bei Caudium an die Stelle des fehlerhaft ernannten Dictators Q. Fabius Ambustus und dessen *mag. equit.* P. → Aelius (I 9) Paetus (BROUGHTON 1,151. J. JAHN Interregnum und Wahldiktatur, 1970, 93).

27. L. V. Flaccus kämpfte in seinem Consulat 261 mit seinem Collegen T. → Otacilius (6) Crassus auf Sizilien gegen die Carthager (Pol. 1,20,4). **28.** L. V. Flaccus, Sohn von Nr. 35, verwaltete als Praetor 199 Sizilien. 195 war er gemeinsam mit dem älteren → Cato (4), dessen polit. Anfänge er gefördert hatte, Consul. Nach einem Streit zwischen beiden über die von dem Volkstribun L. V. beantragte Abschaffung der *l. Oppia* kämpfte Cato in Spanien und gelangte zum Triumph, während die Kämpfe des V. gegen die Boier offenbar weniger bedeutend waren (vgl. aber Liv. 34,22,1 ff.; 42,2). Gemeinsam mit Cato kämpfte V. 191 unter dem Consul M'. → Acilius (I 10) Glabrio als Militärtribun in Griechenland, verhandelte nach dem auf die aitol. Niederlage hin gewährten Waffenstillstand über die Kapitulation der Aitoler, wobei er, der Tradition der V. folgend (s. Nr. 37), sich bei Glabrio und später im Senat als ihr Patron für sie einsetzte (J. DEININGER Der polit. Widerstand gegen Rom in Griechenland 217–86 v. Chr., 1971, 100f.). 190 *IIIvir col. deduc.* für die latin. Colonie in Bononia (Liv. 37,57,7 f.; vgl. 47,2), erlangte V. 184 nach einem gescheiterten Versuch wiederum gemeinsam mit Cato die Censur, in der er jedoch völlig hinter seinem Collegen zurücktrat. Nachfolger des Scipio Africanus als *princeps senatus* (Liv. 39,52,1 f.); † schon 180 an der Pest. **29.** L. V. Flaccus, Sohn von Nr. 28, war nach der verlorenen Inschr. CIL I^2 800 wahrscheinl. gemeinsam mit L. → Cornelius (I 46) Lentulus Lupus, *cos.* 156, 163 curul. Aedil und 160 oder 159 Praetor. Erst 152 erreichte V. zusammen mit dem ihm wohl polit. verbundenen M. Claudius Marcellus das Consulat, in dessen Verlauf er starb, was viell. zum Rücktritt der curul. Magistrate führte, da sein Tod mit einem Spruch der Auguren in Verbindung gebracht wurde (Obseq. 18 gegen Fast. Cap. J. JAHN Interregnum und Wahldiktatur, 1970, 156 ff.). Viell. ist V. mit Nr. 10 ident. **30.** L. V. Flaccus erreichte als *flamen Martialis* 131 das Consulat, gemeinsam mit dem *pont. max.* P. → Licinius (I 26) Crassus Mucianus, der ihm unter Hinweis auf V.' Priesteramt und auf die Präzedenzfälle von 242 und 208 (s. Nr. 23) untersagte, das Kommando gegen → Aristonikos (3) zu übernehmen, das Crassus seinerseits anstrebte. Nach A. E. ASTIN Scipio Aemilianus, 1967, 192 A. 3. 237 gehörte V. möglicherweise zum Kreise um die Gracchen. **31.** L. V. Flaccus, Sohn von Nr. 30, wie sein Vater *flamen Martialis* und offenbar hervorragender Kenner der röm. Religion, war etwa 103 Praetor und anschließend Statthalter einer nicht mehr bekannten Provinz. Danach versuchte sein Quaestor M. Aemilius Scaurus vergeblich, ihn wegen Erpressung anzuklagen (Cic. div. in Caec. 63. E. BADIAN Stud. in Gr. and Rom. Hist., 1964, 86f. 101 A. 93–98 gegen F. MÜNZER, RE VIII A 26, der die Stelle auf Nr. 32 bezieht). In das J. 103 setzt SYDENHAM The Coinage of the Rom. Rep., 1952, 76, Nr. 565, eine von V. geprägte Mz. (gegen BMCROMREP. 2,300 f.). In seinem Consulat 100 trat V. völlig hinter seinem Collegen Marius zurück (Rutilius Rufus bei Plut. Mar. 28, 5). Seiner polit. Farblosigkeit hatte V. es jedoch wohl zu verdanken, daß er die folgenden 2 Jahrzehnte heftiger innerer Auseinandersetzungen in Rom überlebte, obwohl er 97 Censor (Masseneinschreibungen von Italikern in die Bürgerlisten nach E. BADIAN a. O. 47 f. und A. 130 gegen E. GABBA, Ath 31, 1953, 262 f.) und 96 *princeps senatus* wurde; nachdem er sich 85 für eine Vermittlung zwischen beiden Parteien eingesetzt hatte, brachte er 82 als erster Interrex ein Gesetz ein (J. JAHN Interregnum und Wahldiktatur, 1970, 161 ff.) und schuf damit die legale Basis für Sullas Diktatur, den er, auch dies ungewöhnlich für einen Interrex, anschließend zum Diktator ernannte (J. JAHN a. O. 164 gegen BROUGHTON 2,66). Als Sullas *mag. equit.* brachte V. viell. die *l. de proscriptione* ein (T. E. KINSEY, Mnem 21, 1968, 292). V. starb um 65. **32.** L. V. Flaccus, Vater von Nr. 33, war etwa 92 Praetor und wahrscheinlich danach Statthalter von Asia (Cic. Flacc. 55. D. MAGIE Rom. Rule in Asia Minor 2,1242,1. BROUGHTON 2,18 f.). Während seiner Statthalterschaft hatten die asiat. Städte für die Veranstaltung von Feiern zu seinen Ehren Geld gespendet, das infolge des mithridat. Krieges in Verwahrung der Stadt Tralles blieb, die unter dem Patronat der V. stand. 62 zog es V.' Sohn (Nr. 33) während seiner Statthalterschaft in Asia ein (Cic. Flacc. 55 ff.). Möglicherweise beziehen sich die Inschr. dreier Statuenbasen aus Magnesia auf Familienmitglieder des V. oder seines Sohnes (Die Inschr. von Magnesia am Maeander, ed. O. KERN, 1900, Nr. 144–146). 87 trat V. auf die Seite des Marius und wurde nach dessen Tod *cos. suff.* (86). Nach Einbringung einer *l. de aere alieno*, die drei Viertel aller Schulden erließ (G. ROTONDI LPPR 347 f.), ging V. mit dem Auftrag, Sulla im Krieg gegen Mithradates abzulösen, nach dem O. Nach Verlusten der Flotte bei der Überfahrt und Übertritt eines Teils des Heers zu Sulla kam es zum Konflikt mit seinem Legaten C. → Flavius (I 11) Fimbria und, wohl auch auf Grund der mil. Unfähigkeit des V., zum Aufstand der von Fimbria aufgewiegelten Soldaten, die V. 85 auf der Flucht ermordeten (App. Mithr. 51 f. Memnon FGrH 434 F 24). **33.** L. V. Flaccus, Sohn von Nr. 32 und als Begleiter seines Vaters ein guter Kenner Asiens (D. MAGIE Rom. Rule in Asia Minor 2,1242,1), blieb nach der Ermordung seines Vaters beim Heer, bis es 85 Sulla übernahm, und kämpfte danach unter seinem Oheim C. V. (Nr. 24) Flaccus etwa 83–81 im transalpin. Gallien (BROUGHTON Add. and Corr. 65) und unter P. → Servilius (I 35) Vatia Isauricus 78–76 in Cilicien. Viell. gehörte V. als *XVvir sacr. fac.* zu der Kommission, die 76 in Erythrai als Ersatz für die beim Brand des Kapitols vernichteten sibyllin.

Bücher Orakelsprüche sammelte (Fenestella HRR 2,84, Frg. 18). Die Hauptquelle für V.' Leben, Ciceros Rede für ihn, erwähnt jedoch nichts von seiner Zugehörigkeit zu dem von Sulla auf *XV* erweiterten Collegium der *Xviri sacr. fac.* Proquaestor 71 oder 70 unter M. → Pupius (5) Piso Frugi in einem der beiden Spanien, kämpfte V. 68–66 als Legat in Creta unter → Metellus (I 14) Creticus und 66–65 im mithridat. Krieg unter Pompeius, ehe er 63 zur Praetur gelangte, in der er an der Durchführung des Rabiriusprozesses und an der Aufdeckung und Unterdrückung der catilinar. Verschwörung beteiligt war. Im Anschluß an seine Statthalterschaft in Asia (62) wurde V. von D. → Laelius (I 5) wegen Erpressung angeklagt. Der möglicherweise polit. motivierte Prozeß fand nach Einbringung der *l. Iulia de repetundis* 59 statt (St. I. Oost, AJPh 77, 1956, 19ff.) und ging, obwohl die V. zur Last gelegte Ausbeutung der Provinz wahrscheinlich zutraf (zu den einzelnen Punkten der Anklage D. Magie Rom. Rule in Asia Minor 2,1242,3ff. und 1,379), auf Grund der Verteidigungsrede Ciceros mit dem Freispruch des V. aus, dessen polit. Laufbahn er jedoch beendete; nach einer weiteren Legatentätigkeit 58–56 unter L. → Calpurnius (I 22) Piso Caesoninus in Makedonien starb V. wohl kurz nach 54. **34.** L. V. Flaccus, verwandt mit Nr. 33, erhielt auf dessen Veranlassung die Hinterlassenschaft der Valeria Nr. 72, die ohne Testament in Asia gestorben war. Die näheren verwandtschaftl. Beziehungen zwischen V. und Nr. 33 sind nicht mehr zu klären (F. Münzer, RE VIII A 36f.). **35.** P. V. Flaccus, Sohn von Nr. 27, Consul 227, ging mit Q. → Baebius (I 18) Tamphilus 219 als Gesandter nach Spanien zu Hannibal und anschließend nach Carthago, in beiden Fällen, ohne die röm. Forderung auf Hannibals Rückzug von Sagunt durchzusetzen. Seine in den Quellen erwähnte Teilnahme an den weiteren Kriegshandlungen ist wegen seines Alters wenig wahrscheinlich und bezieht sich viell. auf einen früh gestorbenen Sohn mit dem gleichen Praenomen, doch hatte seine Stimme im Senat offenbar viel Gewicht (Liv. 26,8,6ff.).

36ff. V. Laevini. Der Ursprung des Cognomens dieses Zweiges der Valerii ist unbekannt. **36.** C. V. Laevinus, Sohn von Nr. 37, kämpfte unter seinem Halbbruder M. → Fulvius (I 25) Nobilior 189 gegen die Aitoler, als deren Patron er in den anschließenden Friedensverhandlungen energisch wirkte (Liv. 38,9,8). 179 Praetor in Sizilien kämpfte V. 176 als *cos. suff.* gegen die Ligurer und erreichte den Triumph (NSA 1925, 117. 1926, 63f.). 174 und 173 führte V. Gesandtschaften, deren 1. in den inneraitol. Konflikten vermitteln (Liv. 42,2,1f.), während die 2. die sich zuspitzende Situation im O. vor Beginn des Krieges gegen → Perseus (2) beobachten sollte (Liv. 42,6,4f.). **37.** M. V. Laevinus, wahrscheinl. als Praetor 227 erster Statthalter Sardiniens (Broughton 1,229), wurde 220 *cos. suff.* (Broughton 1,235) und kämpfte als *praetor peregrinus* (Mommsen RStR 2,210,2) 215 in Lucanien und Apulien (Liv. 23,32,2. 16), ehe er, nachdem er Tarent für Rom gesichert hatte, nach Griechenland übersetzte und erfolgreich gegen → Philipp V. vorging. Nach Prorogation seines Kommandos in den folgenden 3 J. schloß V. 212 ein Bündnis mit den Aitolern (Liv. 26,24,8) und setzte zusammen mit ihnen den Krieg in Griechenland fort (Einnahme von Oiniadai: Liv. 26,24,15. Broughton 1,275. 277 A. 7. 278. F. W. Walbank Philip V of Macedon, 1967, 82ff. 301ff.). 210 in Abwesenheit zum Consul gewählt, konnte V. die röm. Bürger nach seiner Rückkehr zu einer freiwilligen Flottenanleihe bewegen (Liv. 26,36). Infolge der Anklagen der Sikuler gegen seinen Collegen M. → Claudius (I 15) Marcellus übernahm V. nach Behandlung der Angelegenheit im Senat die urspr. Marcellus zugefallene Provinz Sizilien, wo er in den folgenden J. bis 206 wieder friedliche Verhältnisse herstellte, die Versorgung Roms mit sizil. Getreide sicherte (Liv. 27,8,19) und zur See und in Africa gegen die Carthager kämpfte (Liv. 27,29,7f. 28,4,5ff.). 205 leitete V. die Gesandtschaft, die die → Mater Magna aus Pessinus nach Rom brachte (Liv. 29,10,4–11,8). Die Übertragung eines propraetor. Imperiums an V. 201 mit der Aufgabe, an der Spitze einer Flotte die makedon. Aktionen zu beobachten, ist wohl nicht hist. (Liv. 31,3,3. Broughton 1,322 A. 3. F. W. Walbank a.O. 127 n. 7). **38.** P. V. Laevinus, bei Hor. s. 1,6,12 erwähnter Senator, der es auf Grund der Abneigung des Volkes gegen ihn trotz vornehmer Herkunft und wiederholter Bewerbung nur bis zur Quaestur brachte. **39.** P. V. Laevinus erlitt als Consul 280 eine bedeutende Niederlage gegen → Pyrrhos (1; Dion. Hal. ant. 19,9ff. Plut. Pyrrh. 16ff.), schützte jedoch in der Folgez. erfolgreich Capua und Neapel, die zu Rom hielten, vor dem König (P. Lévêque Pyrrhus, 1957, 317ff. 345ff.). Die Überlieferung ist überwiegend zugunsten des V. gefärbt (F. Münzer, RE VIII A 50f. P. Lévêque a.O. 322ff. 329f.). **40.** M'. V. Volusi f. Maximus (*M'.*: Elogium. Act. Tr. Dion. Hal. ant. 6,39. *M.*: Liv. 2,30,4. Cic. Brut. 14. 54). Obwohl die Unterscheidung mehrerer V. in dieser Z. möglicherweise auf die röm. Annalistik zurückgeht, ist V. wohl als hist. Persönlichkeit aufzufassen. 494 Dictator, ohne vorher Consul gewesen zu sein (Elog.; vgl. Liv. 2,18,5ff. Mommsen RStR 2,145f.), erreichte V. auf Grund seiner Popularität, daß die *plebs* ihren Widerstand gegen den Kriegsdienst aufgab und unter ihm gegen die Sabiner zog, über die V. triumphierte (Liv. 2,31,3). Da seine Reformvorschläge zugunsten der *plebs* im Senat scheiterten, dankte V. ab, was den Auszug der *plebs* zur Folge hatte. Während bei Plut. Pomp. 13,7. Cic. rep. 2,58; Brut. 54 und Val. Max. 8,9,1 V. erst jetzt zum Dictator ernannt worden zu sein scheint, verbindet Dion. Hal. ant. 6,23ff. 67 beide Traditionen, doch ist die Mitwirkung des V. an der Rückführung der *plebs* vom Mons Sacer zweifelhaft, ebenso wie im Elogium erwähnte Ehrungen, u.a. das Augurat und die Wahl zum *princeps senatus* (Volkmann, RE VIII A 119. Broughton 1,14 u. A. 1. 35 u. A. 3). **41.** M.V. Maximus (manchmal Corvus od. Corvinus), Sohn von Nr. 18. Während seine von den Quellen erwähnte Legatentätigkeit unter L. → Papirius (26) Cursor 325 und 310 (Broughton 1,163) wohl nicht hist. ist, liegt eine Verwechslung mit seinem Vater vor, wenn V. 313 als *IIIvir col. deduc.* für Saticula genannt wird (Broughton 1,159), möglicherweise auch bei den ihm in den Fast. Cap. zugeschriebenen Consulaten von 300 und 299 und der Dictatur von 302 (Liv. 10,3,1) bzw. 301 (Fast. Cap. Broughton 1,170f. A. 2 gegen H. Volkmann, RE VIII A 122), während er bei dem ihm zugeschriebenen Consulat von 286 viell. mit P.V. Potitus verwechselt wurde (Broughton 1,186 A. 1 gegen Volkmann a.O.). Dagegen ist sein Triumph über Samniten und Soraner (Act. Tr.; vgl. Liv. 9, 29,3: nur Samniten) in seinem 1. Consulat 312 sicher, ebenso wie die Organisation der Gründung von → Interamna (2) Lirenas (Liv. 9,28,8) mit seinem Collegen P. → Decius (I 6) Mus. In seine durch Strenge ausgezeichnete Censur 307 fällt viell. der Bau der Via Valeria (R. Chevallier Les voies romaines, 1972, 152. 158. G. Radke, RE Suppl. XIII 1657ff.). 289 war V. zum 2. Mal *cos.* M. D.-M.

42. M.V. Maximus Lactuca (»Lattich«, Plin. nat. 19,59), Sohn von Nr. 40, angeblich Quaestor 458. Liv. 3,25,3. W. Kunkel, ABAW 56, 1962, 35f. Sein Streit als Consul 456 mit → Icilius (1) ist unglaubhaft. Liv. 3,31f. Von diesem Consulat eines Valeriers wurden die *ludi saeculares* (→ *saeculum*) gerechnet. H. V.

43. M'. V. Maximus Messalla, Sohn von Nr. 41: → Messalla (I 1). **44.** V. Messalla. Da die etwa gleichalten Nr. 48 und 50 in den Quellen nicht durch die Filiation, sondern durch die Beinamen *Niger* bzw. *Rufus* unterschieden werden, nimmt F. Münzer, RE VIII A 125 an, daß ihre Väter dasselbe Praenomen und daher ihrerseits verschiedene Väter hatten, so daß Nr. 48 und 50 nicht Nr. 47 zum Großvater, sondern zum Urgroßvater hatten. Für die beiden zwischen Nr. 48 und 50 einerseits und Nr. 47 andererseits liegenden Generationen versagt die Überlieferung bis auf einzelne, nicht zuweisbare Erwähnungen. M. D.-M.

45. M.V. Messalla, Sohn von Nr. 43: → Messalla (I 2). **46.** M.V. Messalla, Sohn von Nr. 45: → Messalla (I 3). **47.** M.V. Messalla, Sohn von Nr. 46: → Messalla (I 4). **48.** M.V. Messalla Niger → Messalla (I 8). **49.** M. (?) V. Messalla Potitus → Messalla (I 9. II 9). **50.** M.V. Messalla Rufus → Messalla (I 10). **51.** Q.V. Orca, Sohn von Nr. B 11 (I 8?), trat in seiner Praetur 57 für die Rückberufung Ciceros aus dem Exil ein (Cic. p. red. in sen. 23) und verwaltete 56 Africa. Im Bürgerkrieg eroberte V. als Legat Caesars 49 Sardinien und kämpfte später wohl im O. 45 war er *legatus pro praetore agr. assign.* (Cic. fam. 13,4,5). **52.** L.V. Poplicola, 394,389,387,383 und 380 Consulartribun, war viell. 390 *mag. equ.* des Camillus, obwohl es sich hier wohl eher um Nr. 58 handelt (Broughton 1,95). **53.** M.V. Poplicola, Sohn von Nr. 52, war 358 *mag. equ.* des Dictators C. → Sulpicius (A I 21) Peticus, mit dem er 355 und 353 gemeinsam das Consulat bekleidete. Zu der den licin.-sext. Reformen widersprechenden Wahl von 2 patriz. Consuln vgl. J. Jahn Interregnum u. Wahldiktatur, 1970, 66ff. M. D.-M.

54. P.V. Poplicola, Sohn von Nr. 55, schützte in der Regillusschlacht 496 Nr. 13, triumphierte, *cos.* 475, über → Veienter und Sabiner, vermittelte 471 beim Gesetz des → Publilius (I 4), *interrex* 462, erstürmte als Consul 460 und Volksfreund (Liv. 3,18,6 *memor cognominis populi colendi ... velut hereditaria cura a maioribus tradita*) mit dem Volk das von → Herdonius (1) besetzte Capitol, fiel und erhielt mit Hilfe der Plebs ein feierliches Begräbnis. CIL I^2 p. 169. Liv. 2,53. 3,8,2. Dion. Hal. ant. 6,12. 10,16. Flor. 3,19. J. Poucet Recherches sur la légende sabine des origines de Rome, 1967, 107f. 110. J. Jahn Interregnum u. Wahldiktatur 1970, 57. **55.** P.V. Volusi (*Volesi* Liv. 1,58,6) f. Poplicola (*Valesius* CIL I^2 p. 202 Nr. XLII. Huelsen, RM 16, 1901, 128,1. *Publicola* Liv. 2,8,1), Sohn von Nr. 16. A. Pfiffig Einführung in die Etruskologie, 1972, 52 hält ihn wegen des latinisiert etr. Namens seines Vaters für einen Halbetrusker. Zum Beinamen »Volksfreund« s. Walde-Hof.[3] 2,339. V. ist durch aitiologische und staatsrechtliche Legenden und durch Tradition der Gens V. mit Roms Frühgeschichte verbunden. Er stürzte das Königtum, vereitelte als Suffectconsul für den abgedankten → Tarquinius (8) Collatinus 509 die Verschwörung zugunsten der Tarquinier, triumphierte über sie und die Veienter, hielt die erste *laudatio funebris* (für → Brutus [2]), mied durch Abriß seines Hauses auf der → Velia den Verdacht der Alleinherrschaft (Liv. 2,7,5ff.), brachte zwei, nach Plut. Popl. 11f. vier weitere Gesetze als Grundlage der Republik durch: *de provocatione, de sacrando cum bonis capite eius, qui regni occupandi consilia inisset* (Liv. 2,8,2), *de candidatis consularibus, de multae maximae dictione, de quaestoribus aerarii* (Plut. Popl. 12), *de vectigalibus*, erhob als Ersatz für die ihm versagte Weihung des Iuppitertempels (s. Nr. 13) die Opfer an der *ara Ditis et Proserpinae* zur Saecularfeier. Zu der bei Zos. 2,3,3 erfundenen Inschr. A. Stein Röm. Inschr. in der ant. Lit., 1931, 5. Im 2. und 3. Consulat 508/07 kämpfte V. gegen → Porsenna, hielt 508 einen Census ab (Dion. Hal. 5,20), triumphierte 505 über Sabiner und Veienter, ebenso als Consul 504 und holte die Gens Claudia nach Rom. Plut. Popl. 21. † 503. Er erhielt, *omnium consensu princeps belli pacisque artibus* (Liv. 2,16,7), ein Staatsbegräbnis mit Grabplatz an der Velia, der Gemeinschaftsgrab der Gens Valeria wurde (z.Z. des Plut. nicht mehr benutzt). H. V.

56. L.V. Poplicola Potitus, Sohn von Nr. 54, triumphierte in seinem Consulat 449 auf Volksbeschluß über die Aequer (Act. Tr. Liv. 3,63,8. Dion. Hal. ant. 11,50). Gemeinsam mit seinem Collegen M. → Horatius (I 4) Barbatus soll V. die *leg. Valeriae-Horatiae de provocatione, de tribunicia potestate* und *de plebiscitis* (Liv. 3,55) durchgebracht haben, die jedoch von der Forschung überwiegend für unecht gehalten werden (ROTONDI LPPR 203ff. J. BLEICKEN Das Volkstribunat der klass. Rep., ^{2}1968, 13ff. 113. Unechtheit der *l. de prov.:* E. ST. STAVELEY, Hist. 3, 1955, 412ff. J. MARTIN, H 98, 1970, 74. 95. Echtheit der *l. de plebisc.:* E. ST. STAVELEY, Ath 33, 1955, 17ff. 31). M. D.-M.

57. C.V.L. f. Potitus. DEGRASSI FCap. 44f. Als *cos.* 331 verurteilte V. auf Senatsbeschluß bei einer Seuche 170 Frauen wegen Giftmord, legte den Consulat ab und wurde *mag. equitum* des Dictators Cn. Quinctius *clavi figendi causa.* Liv. 8,18. L. F. JANSSEN Abdicatio, 1960, 35f. Vielleicht ident. mit Nr. 6. **58.** L.V. Potitus war 414, 406, 403, 401, 398 *trib. mil. cos. pot.* Liv. 4,49,1. 58,6. 5,1,2. 10,1. 14,5, griff 406 → Antium an, Liv. 4,59,3, belagerte 401 → Anxur, Liv. 5,12,6, verwüstete 398 das Gebiet von → Falerii und ging angeblich als Gesandter zum delph. Orakel. Plut. Cam. 4,6. 397 war V. *interrex.* Als Gesandter auf der Fahrt nach Delphi von Piraten nach Lipara geschleppt, wurde V. von → Timasitheos befreit und nach Delphi geleitet. Liv. 5,28,2. F. ALTHEIM, WG 2, 1936, 76ff. 393 trat V. von seinem Consulat zurück. DEGRASSI FCap. 38. Liv. 5,29,2. Diod. 14,99,1. 15,8,1. Als *cos.* 392 hielt er die *ludi Magni,* triumphierte über die → Aequer, legte krank das Amt nieder und wurde *interrex.* Liv. 5,31,2ff. Seine Ämter als *mag. equitum* 390 und *interrex* 387 sind hist. bezweifelbar. Liv. 5,48,5. 6,5,6. J. JAHN a.O. 61f. **59.** P.V. Potitus Poplicola, Sohn von Nr. 68, war 386, 384, 380, 377, 370 und 367 *trib. mil. cos. pot.* Fast. Cap. Liv. 6,6. 18. 27,2. 32,3. 36,3. 42. Diod. 15,50. 61, besiegte 386 Antium und die Etrusker, 377 die Volsker und Aequer bei → Satricum. **60.** C.V. Potitus Volusus, Urenkel von Nr. 13, BELOCH RG 58, 415 *trib. mil. cos. pot.,* Fast. Cap. Liv. 4,49,1. Als *cos.* 410 hob V. mit den übrigen Volkstribunen gegen den Einspruch des → Menenius (4) Truppen aus, eroberte die *arx Carventana* und feierte eine *ovatio* über die Aequer. Liv. 4,53 (der Bericht ist wegen des gleichen Zwistes der Nr. 68 mit → Maenius [4] hist. verdächtig). 407 und 404 *trib. mil. cos. pot.* Fast. Cap. Liv. 4,57,12. 61,4.

61. L.V. Praeconinus (Beiname wie bei → Aelius [II 14] *quod pater eius praeconium fecerat.* Suet. gramm. 3. Plin. nat. 33,29), verlor in → Aquitanien als Legat wohl vor 78 v. Chr. Schlacht und Leben. Caes. Gall. 3,20,1. JULLIAN HG 3,107,9. **62.** C.V. C. f. Triarius (F. DURRBACH Choix d'inscriptions de Délos 1, 1921, Nr. 59f. Ascon. Scaur. 16 K.-S.), rettete als Propraetor 77 im Kampf gegen → Lepidus (5) die Provinz → Sardinien für die Senatspartei. Ascon. a.O. Sall. hist. p. 62 M. E. PAIS Storia della Sardegna durante il dominio Romano 1, 1923, 102. Als Legat des → Lucullus (5) nahm er 73 → Apameia (1) und → Prusias (3) in Bithynien, App. Mithr. 77. Memnon FGrH 434,28,6. 29. 34,6ff. 35,7. 36, sperrte den Hellespont, schlug die Mithradatesflotte bei Tenedos, half → Aurelius (I 17) Cotta bei der Eroberung Herakleias, besetzte → Tios und → Amastris (5). App. 82. Delos schützte er 69 vor dem Seeräuber Athenodoros und befestigte es. Phlegon FGrH 257,12,13. DURRBACH p. 250. J. DELORME, BCH 74, 1950, 364ff., pl. XLIII (zu den Mauerresten). Dann entsetzte er den in → Kabeira belagerten → Fabius (I 27), verfolgte Mithradates, wurde aber 67 bei Gaziura, unweit von → Zela, vernichtend geschlagen. Bell. Alex. 72,2. Liv. epit. 98. Plut. Luc. 35. App. Mithr. 88f. 112. 120. Cass. Dio 36,12f. 42,48,2. Plin. nat. 6,10. Seine Frau Flaminia war die Freundin der Catoschwester → Servilia (I 37), seine Söhne waren Nr. 64 und 66. Ascon. 17,19f. K.-S. **63.** C.V.C. f. Triarius, Aedil in Fundi, CIL I^2 1560. H. RUDOLPH Stadt und Staat im röm. Italien, 1935, 47f. (zu der in Fundi durch eine *lex Valeria* 188 eingeführten Dreiaedilenverfassung). **64.** C.V. Triarius, Sohn von Nr. 62, Gesprächsteilnehmer 50 in Cic. fin. 1,13. 2,119, Flottenführer des Pompeius, riet ihm bei Pharsalos, Caesars Angriff abzuwarten, und fiel dort. Caes. civ. 3,5,3. 92,2. Cic. Brut. 265f. (Nachruf). Cicero wurde Vormund seiner Kinder. Att. 12,28,3. **65.** L.V. Triarius, Bruder von Nr. 61?, *quaestor urbanus* 81. Cic. Verr. 2,1,37. **66.** P.V. Triarius, Sohn von Nr. 62, guter Redner, verklagte 54 unter dem Vorsitz des V. befreundeten Praetors Cato vergeblich für die Sardinier, Klienten der Valerier, den → Aemilius (I 29) Scaurus *de repetundis.* Deshalb wegen *calumnia* beschuldigt, klagte V. Aemilius 52 mit Erfolg wegen *ambitus* an. Cic. Scaur. 1,4. 2,45; Att. 4,16,6. 17,5. Ascon. Scaur. 16,20 K.-S. **67.** C.V. Troucillus (kelt. Name, HOLDER 2, 1970), *princeps Galliae provinciae,* Freund Caesars und sein Dolmetscher in Verhandlungen mit → Diviciacus. Caes. Gall. 1,19,3. Er ist gegen JULLIAN HG 3,192,8 und MÜNZER, RE VIII A 234f. von C.V. Procillus, dem Gesandten Caesars, zu unterscheiden, der von Arivoist festgenommen, von Caesar befreit wurde. Caes. Gall. 1,47,4. 53,5. DITTENBERGER in H. MEUSELS Caesarausgabe 1, ^{20}1964, 353. J. SZIDAT, Hist. ES 14, 1970, 25. 50. **68.** L.V.M. f. Volusus Potitus, Fast. Cap. Fast. Hydat. Chronogr. Chron. Pasch. *Ποπλικόλας* Dion. Hal. 8,77,2, Sohn von Nr. 13, soll als Quaestor 485 mit seinem Kollegen den Spurius → Cassius (I 26) nach dessen Consulat wegen *perduellio* vor dem Volksgericht zur Verurteilung gebracht haben. Beide Quaestoren stürzten Cassius vom tarpeischen Felsen. Liv. 2,41,11. Dion. Hal. 8,77,1. 78,5. Dieses quaestorische Komitialverfahren halten W. Kunkel, ABAW 56, 1962, 35 und Chr. Brecht Perduellio, 1938, 266ff. für eine Erfindung der Annalisten. Gegen den Willen des Volkes 483 *cos.*, hob V. infolge des Widerstandes des → Maenius (4) Truppen außerhalb der Stadt, des Amtsbereiches der Tribunen, aus. Dion. Hal. 8,87,2–90,6. Sein Verhalten stimmt in typischen Einzelheiten mit dem von Nr. 60 überein und macht den Bericht zweifelhaft. *Cos.* wiederum 470 unterstützte V. die Volkstribunen in der Forderung einer Landaufteilung erfolglos gegen den Einspruch des Appius → Claudius (I 10). Im Krieg gegen die Aequer verheerte er nur deren Gebiet. Liv. 2,62. Dion. Hal. 9,51,2. 52. 54,1. 55.

69ff. Valeria. **69.** Schwester von Nr. 54, rettete 488 Rom vor Marcius → Coriolanus, wurde erste Priesterin der → Fortuna Muliebris am 4. Meilenstein der Via Latina. Plut. Cor. 33. App. It. 5. Dion. Hal. 8,39. 40. 43. 55. Latte RRel 181. **70.** Tochter von Nr. 55, als Geisel → Porsenna übergeben, floh, wurde vom Vater zurückgesandt, rettete sich 508 aus einem Hinterhalt der → Tarquinier. Eine Reiterstatue an der Sacra Via wurde auf V. oder auf → Cloelia bezogen. Dion. Hal. 5,32,3. Plut. Popl. 18,3. 19,1ff.; mor. 250. Plin. nat. 34,29. **71.** Tochter eines V. Messala und der Hortensia, Schwester des → Hortensius (7), geschieden, 5. Frau 79 des fast 60jährigen → Sulla (1), nach dessen Tod Mutter einer (Cornelia) Postuma. Plut. Sull. 35,5ff. 37,7. **72.** V., Tochter eines Freigelassenen eines V. Flaccus, Frau des Sextilius Andro in der Provinz Asia, † ohne Testament. Ihre Erbschaft eignete sich L. V. (Nr. 33) Flaccus 62 als Statthalter in Asia an und wurde wegen dieser Eigenmacht 59 angeklagt. Cic. Flacc. 84ff. Sch. Bob. 106 St. D. Magie Roman rule in Asia minor 1, 1950, 379. **73.** V. Luperca. Ein Orakel forderte wegen einer Pest in → Falerii ein jährliches Jungfrauenopfer an Iuno. Der dazu erlosten V. entriß ein Adler das Schwert, warf es auf eine Weidekuh und einen Hammer auf den Altar. V. opferte die Kuh und schlug mit dem Hammer und dem Ruf *ἔρρωσο (vale)* die Kranken gesund. So wurde noch später verfahren. Aristeid. Mil. FGrH 286, 10. Lyd. mens. 4,147. T. Köves, H 90, 1962, 214ff. Ders. Reden und Schweigen, 1972, 227 (Kultlegende oder Erinnerung an kriegerische Jungfrauengruppen). H. V.

II. Kaiserzeit: **1.** D. V. Asiaticus. Der Vorname D. kommt ihm durch Nr. 3 zu. Er stammte aus Vienna (Narbonensis), Tac. ann. 11,1,2. * um 5 v. Chr.; V. hat sich als homo novus emporgearbeitet. Als erster Bürger von Vienna war er *cos. suff.* 35, Degri XIII 1 p. 188. Befreundet war 1964, 417, desgleichen mit → Caligula, der ihn

aber beim Gelage beleidigte, Sen. const. sap. 18,2; V. soll deshalb den Hauptanstoß zu seiner Ermordung gegeben haben, Tac. ann. 11,1,2. Hernach verhinderte nur → Annius (II 18) Vinicianus, daß V. die Herrschaft an sich riß, Ios. ant. Iud. 19, 159. 252. Cass. Dio 59,30,2, s. D. Timpe Unt. z. Kontinuität d. frühen Prinzipats, 1962, 86. Claudius war V. gegenüber erst vorsichtig. V. befand sich im J. 43 in seinem Stab beim britann. Feldzug, Tac. ann. 11,3,1. Im J. 46 war V. *cos. ord.*, Degri a. O. p. 264. Cass. Dio 60,27,1 (bis Mitte März, CIL V 5050). Seine starke Persönlichkeit und seine Beziehung zu gall. Notablen machten ihn verdächtig, sein großer Reichtum, vor allem die Gärten des Lucullus auf dem Pincio, erregten die Habgier der → Messalina (2), die ihn der Aufwiegelung der Soldaten und des Ehebruchs mit → Poppaea (4) Sabina beschuldigen ließ; der Haß des Claudius auf V. geht aus seiner or. Lugd. II 15f. (CIL XIII 1668) hervor. Vom Kaisergericht verurteilt öffnete V. sich im J. 47 die Adern. Er hinterließ seine Frau Lollia Saturnina und einen Sohn, nämlich **2.** D. V. Asiaticus. Er war 69 n. Chr. *legatus prov. Belgicae*, Tac. hist. 1,59,2, schloß sich dem → Vitellius an, der ihm dann seine Tochter zur Frau gab und ihn zum Konsul designierte. Als *cos. design.* stellte er, nachdem er sich wohl → Vespasianus zugewendet hatte, nach dessen Sieg Anträge im Senat, so über die Wiederherstellung des Kapitols, hist. 2,4,3. Doch scheint V. vor Antritt des Konsulats gestorben zu sein. **3.** M. Lollius Paullinus D. V. Asiaticus Saturninus. Sohn von Nr. 2. *Cos. suff.* 94, CIL XVI 38. Degri XIII 1 p. 194. *Procos. Asiae* ca. 108/109, IGRom IV 960. CIL III 14195,3 (Eck Senatoren von Vespasian bis Hadrian 170). *Cos. II ord.* 125, CIL VI 32516 (Degrassi FImp. 36). **4.** V. Capito. Praetor, durch Agrippina verbannt, von Nero 59 wieder zurückberufen, Tac. ann. 14, 12,3. **5.** V. Catullinus. Vertrauter des Kaisers → Didius (II 5) Iulianus; als Septimius Severus 192 in Carnuntum zum Kaiser ausgerufen wurde und Didius Iulianus den V. nach Pannonia sup. schickte, um dort die Truppen zum Abfall zu bewegen und den Oberbefehl zu übernehmen, ließ ihn Severus töten, H. A. Did. 5,7; Pesc. Nig. 2,5; Sev. 13,7. Barbieri Alb. senat. 117 Nr. 507. **6.** L. V. Catullus Messalinus. Wohl mit → Catullus verwandt; *cos. ord.* 73 mit Domitian, CIL V 7239. Frontin. aq. 102; *cos. II ord.* 85 Degri XIII 1 p. 192f. Unter Domitian betätigte er sich als gefürchteter Delator, Tac. Agr. 45,1. Plin. epist. 4,22, 5. Iuv. 4,113ff. Er gehörte zum Consilium Domitians und war mit Nerva befreundet, s. Eck Senatoren v. Vespasian bis Hadrian 62 Anm. 38. Erblindet dürfte er vor 96 gestorben sein. **7.** C. V. Comazon. Ehemals Komödiant und Tänzer (Cass. Dio 29,3,5–4,1. Herodian. 5,7,6) wurde er unter Commodus gemeiner Soldat in Thracia unter → Claudius (II 6) Attalus, den er später töten ließ, Cass. Dio 79,3,5. Als Anhänger des Septimius Severus avancierte er unter diesem rasch und stand 218 als Legionspraefekt der *leg. II Parthica* in Syrien, Cass. Dio 79,4,1, wo er mit → Gannys den Aufstand gegen Kaiser → Macrinus (3) organisierte, diesen vernichtete (Cass. Dio 78,31,4. 32. 39) und → Elagabal (2) auf den Thron hob; dafür wurde V. 219 in den Ritterstand und zum *praef. praet.* erhoben, Cass. Dio 79,6,2. 78,39,4, und erhielt die *ornamenta consularia.* Schon 220 *cos. (II) ord.*, CIL VI 866. AE 1968, 85b. Zum zweitenmal *praef. praet.* 221; nach dem Tod Elagabals (11.3. 222) zum drittenmal *praef. praet.*, Cass. Dio 79, 21,2. STEIN Röm. Ritterstand 122f. G. H. PFLAUM Carrièr. procur. éq. 2 Nr. 290 p. 752–756. **8.** L. V. Licinianus. Aus Bilbilis stammend (Stat. silv. 4, 55,1ff. Martial. 1,49,3. 3,61,11f.); *vir praetorius*, berühmter Gerichtsredner aus der Z. Domitians; im J. 91 wegen Inzests mit der Vestalin → Cornelia (II 58) verbannt, Plin. epist. 4,11,1ff. 12f. Suet. Dom. 8,4. Cass. Dio 67,3,3. Nerva begnadigte ihn zum Aufenthalt in Sizilien, wo er als Redelehrer tätig war, Plin. epist. 4,11,1f. **9.** P. V. Marinus. *Cos. design.* 69 durch Galba, CIL VI 2051,53. 57. 62. 67. 71. 75. Er zog mit → Otho gegen → Vitellius, der V. nach Othos Tod nicht zum Konsulat ließ, Tac. hist. 2,71, worauf er nach Plin. nat. 19,3 sich nach Alexandreia zu Vespasian begab. **10.** M. V. Maximianus. Nach AE 1956, 124 (s. PFLAUM, Libyca 1955, 135ff.) aus dem Ritterstand hervorgegangen kam er durch *adlectio inter praetorios* unter Mark Aurel und Commodus in den Senat. Er befehligte Legionen in Pannonia sup. und inf., in Dacia Porolissensis und Apulensis, sowie in Moesia inf. (s. THOMASSON Statth. Nordafr. 2,190–192) und um 183/185 in Numidien (zahlreiche Inschr., s. RE VIII A 88) die *leg. III Augusta;* in dieser Legation war er *cos. suff. in absentia*, CIL VIII 2621. AE 1955, 79. 1959, 183. J. DOBIAS, Libyca 5, 1959, 107/109. R. H.

11. L. V. Maximus, Consul 233 n. Chr. CIL XVI 145. AE 1930, 25. **12.** L. V. Maximus, Consul 253 und 256 n. Chr. Chr. min. 1 p. 289,360. 363. CIL XI 6335. Cod. Iust. 3,29,2. 6,32,2. 42,15. 9,9,16. H. V.

13. Valerii Messallae → Messalla (II 1ff.). **14.** P. V. Patruinus. *Cos. suff.* 82, CIL IX 5420, im J. 88 *leg. Aug. pr. pr.* von Syrien, CAGNAT, Syria 9, 1928, 25ff. Seit 91 *sodalis Augustalis*, CIL VI 1988. R. H.

15. V. Paullinus aus Forum Iulii (Fréjus), trib. coh. praet., Freund Vespasians, 69 n. Chr. Procurator der Gallia Narbonensis, fing den Vitellianer → Fabius (II 13) Valens bei den Stoechaden und wurde von Vespasian in den Senatorenstand erhoben. Tac. hist. 3,43. H. G. PFLAUM Les carrières procuratoriennes 1, 1960, 94 Nr. 40. **16.** C. V. Paullinus, Sohn von Nr. 15, Verteidiger 103 des C. → Iulius (II 21), *consul suff.* 107, Freund des Plin., literar. Dilettant. † 112. Für 3 Freigelassene des V. erbat Plin. von Traian das *ius Quiritium.*

CIL XVI 56. CALZA, Epigr. 2, 1940, 208. Plin. epist. 2,2. 4,9,20. 16.5,19. 9,3. 37. 10,104f. A. N. SHERWIN-WHITE The letters of Pliny, 1966, 146. 279. H. U. INSTINSKY Formalien im Briefwechsel des Plinius mit Kaiser Traian, 1970, 7. H. V.

17. L. V. Proculus. Ritter aus Spanien, der in hadrian. Z. Praefekt der *coh. IV Thracum* in Syrien war, dann Militärtribun der *leg. VII Claudia* in Moesien (CIL XIV 2957), Praefekt der Flotte von Alexandreia, die Prokuratorenlaufbahn einschlug und sich in den Alpes maritimae, Hispania, Baetica, Cappadocia Galatia, Asia betätigte und es zum *praefectus annonae* brachte; schließlich war er 144 (MITT.-WILCKEN Grdz. 240) bis 147 (ebd. 60) *praef. Aegypti*, CIL II 1970, s. H. G. PFLAUM Proc. équ. 2 Nr. 113 p. 274/279. **18.** C. V. Pudens. Praetorischer *leg. Aug.* von Germania inf. ca. 194/195 (CIL XIII 8821), *cos. suff.* um 196, Konsularischer *leg. Aug. pr. pr.* von Pannonia inf. (CIL XIII 10396), *procos. Africae* 210/211, CIL VIII 11999. 12006. Tert. adv. Scap. 4, s. THOMASSON Statth. Nordafr. 2,110. R. H.

19. Flavius V. Severus, Illyrer niedriger Abkunft (Aur. Vict. Caes. 40,1), Zechkumpan des → Maximianus (2) Galerius, auf dessen Vorschlag V. am 1. Mai 305 von → Maximianus (1) Herculius zum Caesar ernannt wurde (Lact. de mort. pers. 18,12. 26,10. Anon. Val. 4,9. Eutr. 9,27,2. Zos. 2,8,1). Nach dem Tode des → Constantius (1) 306 zum Augustus erhoben (CIL III 6633 = DESSILS 657. Lact. 25,5), führte V. den Krieg gegen → Maxentius. Er zog mit einem starken Heer von Mailand gegen Rom, wo jedoch der größte Teil der Soldaten zum Gegner überlief (Lact. 26,5ff. Eutr. 10,2,4. Aur. Vict. Caes. 40,6f. Zos. 2,10,1), so daß V. nach Ravenna fliehen mußte, wo ihn → Maximianus (1) zum Verzicht auf die Kaiserwürde bewog (Anon. Val. 4,10. Zos. 2,10,2). V. wurde an der via Appia interniert, jedoch E. 307 ermordet (Lact. 26,11. Eutr. 10,2,4. Aur. Vict. Caes. 40,7. Epit. Caes. 40,3). G. Wi.

W. Seston Dioclétien et la Tétrarchie, 1949.

20. Valeria, Tochter des Kaisers → Diocletianus, 293 vermählt mit → Maximianus (2) Galerius, 305 Augusta. Ihr zu Ehren wurde (296) der O. von Pannonien als Prov. Valeria eingerichtet. Nach Galerius' Tod (311) ging V. in den Reichsteil des → Maximinus (1) Daia. Als sie Maximinus die Ehe verweigerte, wurde die als Christin geltende V. nach Syrien verbannt. Nach Besiegung des Maximinus (313) mußte sie vor → Licinius (II 3) flüchten, wurde jedoch nach 15 Monaten gefangen und hingerichtet (Lact. de mort. pers. 15. 35. 39f. 50f.). A. L.

21. Valeria Messalina s. Messalina (2)

B. Literarische Persönlichkeiten.

1. V. Aedituus. Vf. von zwei bei Gell. 19,9, 10ff. – wohl aus einer Lyrikanth. (B. LUISELLI, Ann. Fac. Lett. Cagliari 1960, 127ff.) – zit. erot. Epigrammen, die das Eindringen dieser hellenist.

Gattung in das Rom des ausgehenden 2. Jh. v. Chr. – vgl. → Lucilius (I 10) – belegen. Eine Identifikation von V. A. mit → V. (B 11) Soranus kommt nicht in Frage, vgl. Luiselli a. O. 46ff.

P. L. Sch.

Morel FPL 42f. *H. Bardon* Litt. Lat. Inc. 1, 1952, 131f. *J. Granarolo* D'Ennius à Catulle, 1971, 40ff. 50ff.

2. V. Antias, einer der »jüngeren Annalisten«, viel zit., von Liv. 35 mal, Zeitgenosse des → Claudius (I 34) Quadrigarius, Vell. 2,9,6, schrieb mindestens 75 Bücher *Annales* (auch als *Historiae* zit.). Zu den sicher bezeugten 66 Frg. kommt noch nach C. Cichorius, WS 24, 1902, 591 und Schanz-Hos. 318 das dem → Sempronius (I 18) Tuditanus zugewiesene Frg. 6, dagegen K. Ziegler Plutarchausg. IV 2 S. XVIII. Das Werk, veröffentlicht vor → Tiros Pandekten, wie nach → Flavius (III 2) Caper das Wort *novissime* bei V. Frg. 14. 58 ergibt, reichte von Roms Gründung wohl bis zu → Sullas (1) Tod 78. Im 2. B. war Numa, im 22. die Kapitulation des → Hostilius (11) Mancinus 136 behandelt, die ältere Zeit kürzer, die seit den → Gracchen breiter. Die Sprache des V. nennt Front. epist. ad Ver. 1,1 p. 114 N. *invenuste*, in 8 wörtl. Zit. (Frg. 14. 57–62. 65) begegnen ältere Formen wie *prior* als Neutrum usw. Vgl. W. D. Lebek Verba prisca, 1970, 261f. Eine Übersicht der von Klotz quellenkritisch aus Liv. gewonnenen Teile der Annalen gibt RE 2328ff. V. brachte jährlich Senatsbeschlüsse über Provinzen- und Truppenverteilungen, Vorzeichen, Koloniengründungen, dramatische Schlachten, Spiele und Tempelweihen, liebte wie die hellenist. Geschichtsschreiber effektvolle Darstellungen mit Wunder- und Klatschgeschichten, Namensetymologien *(Iuppiter Elicius)* und Sagen und verherrlichte bes. die Gens Valeria. Seine maßlosen Gefangenen-, Gefallenen- und Beutezahlen tadelte Liv. (30,19,11 *impudenter ficta*; vgl. 38,32,8). Nach U. Bredehorn Senatsakten in der republikan. Annalistik, Diss. Marburg 1968, 247, der V. für zuverlässiger hält, hätte V. diese Zahlen nur aus den Berichten einzelner gentes übernommen; W. Kunkel, ABAW 56, 1962, 58,217 findet etwas Wahrheitsgehalt in der Verfälschung der Scipionenprozesse (Frg. 45). P. Fraccaro Opuscula 1 (1956) 263f. 393ff. H. H. Scullard Roman politics, 1951, 290ff. Zur Benutzung des V. bei Dion. Hal., Val. Max., Plin. nat., App. Hann., Plut., Sil. und Cass. Dio s. RE VII A 2333ff.; K. Sallmann Die Geographie des älteren Plin., 1971, 23ff. HRR^2 238ff. 394. A. Klotz Liv. und seine Vorgänger, 1940/41. H. Volkmann, RE VII A 2313ff. Schanz-Hos. 1, ^{4}1927, 318f. P. G. Walsh Livy, 1961, 110f. H.V.

3. P. V. Cato, röm. Dichter und Grammatiker, von dessen Vita wir durch Suet. gramm. 11 wissen. * um 95 v. Chr. in Norditalien, verlor er im sullan. Bürgerkrieg sein Vermögen und scheint es auch später trotz ausgedehnter Lehrtätigkeit nicht zu Reichtümern gebracht zu haben. Als Lehrer und älterer Freund eines lockeren Kreises jüngerer Dichter, der sog. Neoteriker – direkt auf ihn bezogen sind die Namen von → Furius (III 1) Bibaculus, Helvius → Cinna (6) und → Ticida, vgl. noch Suet. gramm. 4,3 –, hat V. in Musterinterpretationen und exemplar. Werken entscheidenden Anteil an der Übertragung von Poesie und Poetik des Kallimachos nach Rom (ziellos skeptisch N. B. Crowther, CPh 1971, 108f.). Seine gramm. Arbeiten (FunGrRF 141ff.; G. Brugnoli, Riv. Cult. Class. e Medioev. 1962, 154ff.) und die autobiogr. *Indignatio*, in der V. auf seiner freien Geburt insistierte, sind ebensowenig erhalten wie seine Gedichte, das gelehrte Epyllion *Diana (Dictynna)* und die Slg. erot. (Ov. trist. 2,436) Kleingedichte *(nugae) Lydia* – nicht ident. mit dem homonymen Poem der App. Verg. –, die die beiden Haupttypen neoter. Produktion präformieren.

P. L. Sch.

H. Bardon Litt. Lat. Inc. 1, 1952, 337ff. *A. Traglia*, ed. Poetae Novi, 1962, 9ff. *E. Castorina* Questioni neoteriche, 1968, 53ff. 69ff. J. Granarolo, ANRW 1,3, 1973, 294ff. 335ff.

4. C. V. Catullus s. Catullus

5. C. V. Flaccus Setinus Balbus (nach subscr. des Vat.), röm. Epiker, der Dichter der *Argonautica*, wird nur von Quint. inst. 10,1,90 (um 95 n. Chr.) als kürzlich verstorben erwähnt. Das Werk läßt senator. *cursus* vermuten (vgl. 1,5: *quindecimvir sacris faciundis*). Die Entstehungszeit des Epos ist kontrovers (bezieht sich 1,15ff. auf den noch lebenden Vespasian oder ein vatic. ex eventu?): die ält. Forschung und [4], [8] und [9] setzen überzeugend den Beginn der Abfassung und das Proömium ca. 75 an, dagegen Getty, CPh 1936, 51ff. und [3] (Proöm. unter Titus), sowie Syme, CQ 1929, 129ff. (Pr. unter Domitian, ca. 93/94). Das Werk ist unvollendet (B. 8 bricht vor der Heimkehr ab) und hat V. bis zum Tode beschäftigt (für überlieferungsgesch. Verlust der Schlußpartie des mit B. 8 vollendeten Werks [6]).

V. wählte mit der Argonautenfahrt ein myth. Sujet, dessen Bearbeitungen durch → Apollonios (1) Rhod. und → Ovid (Medea) als Meisterwerke galten; er repräsentiert mit → Statius (II 3), mit dem er auch das aus der eleg. und didakt. Dichtung rezipierte Proömium der panegyr. recusatio teilt, das myth. Epos des 1. Jh.s. Diese Wahl kann als Antwort auf den mit → Lucan vollzogenen Bruch mit dem tradit. röm. Nationalepos begriffen werden; durch das panegyr. Portal trägt der Epiker die Widersprüche des Prinzipats ins Exemplarische (zum Gegenstück, der positiv-rückwärtsger. hist. Epik → Silius Italicus). Diese Wertung bestätigt das Werk: die seit [1] bemerkte intensive »Oberflächen«bearbeitung des myth. Stoffs, seine psycholog. und eth. Durchdringung bedient sich der myth. Folie zum Figurenkontrast jenseits narrativer Treue, vgl. [2]; das ist an umfangreichen Veränderungen (vgl. zum Hercules-Iason-Kontrast J. Adamietz, Ant. u. Abendl. 1970, 29ff.) und der Medea-Gestalt abzulesen. Diese Hintergründigkeit teilt V. F. mit der nachlukan. Epik; er hebt sich ab durch die nicht stereotype Breite der psycholog. Darstellungsmittel. – Die Ausg. haben neben cod. V mehr als bisher die auf selbständige Überlieferung deutenden Zusatzverse von L zu berücksichtigen. R. He.

Ta.: *G. Thilo*, 1863. *E. Courtney*, 1970.

Lit.: 1. *W. Summers* V.F., 1894. 2. *F. Mehmel* V.F., 1934. 3. *V. Ussani* Studi su V.F., 1955. 4. *E. Wistrand* Die Chronol. d. Pun. d. Sil. It., 1956. 5. *S. Wetzel* Die Gestalt d. Medea bei V.F., Diss. Kiel 1957. 6. *W. Schetter*, Philol. 103, 1959, 297ff. 7. *W. Ehlers* Unt. z. hsl. Überl. d. V.F., 1970. 8. *E. Lefèvre* Das Proöm. d. Arg. d. V.F., 1971. 9. *J. Strand* Notes on V.F.' Arg., 1972. 10. *J. B. Perkins*, Phoenix 28, 1974, 290 ff.

6. V. Harpokration s. Harpokration (2)

7. M. V. Martialis s. Martialis (1)

8. V. Maximus, Vf. eines HB. hist. Exempla für rhet. – polit. oder moral. – Argumentation; die *Facta et dicta memorabilia* (urspr. 10 B., vgl. Gell. 12,7,8), gewidmet dem Kaiser Tiberius, sind nach 27 n. Chr., als V. M. seinen Gönner Sex. → Pompeius (A II 3; vgl. 4,7 ext. 2) nach Griechenland und Kleinasien begleitet (2,6,8) hatte, begonnen und bald nach dem Fall des → Seianus (E. 31, vgl. 9,11 ext. 4) fertiggestellt. Die Beispiele sind nach Büchern und Abschnitten gegliedert, die je auswärtige auf röm. Belege folgen lassen. Da die einzelne Exempla-Kette die Funktion trägt, kann die Gesamtstruktur vernachlässigt werden: Von dem Bereich der Religion (B. 1) über polit. Institutionen (B. 2) und *virtutes* (B. 3–6) bis zu den Diverses ergänzenden B. 7–9 wird nur grob und auch im Detail nicht immer konsequent gegliedert, werden die Rubriken meist nur locker verbunden. Quellen waren ähnliche Slg.en der august. Z. (Pomponius Rufus, vgl. 4,4; → Hyginus 1), die V. aus eigener Lektüre (Cicero, Livius, Varro) erweitert. Bei der Exzerpierung und Koordinierung geht es natürlich nicht ohne hist. Irrtümer ab; eine historiograph. Wertung des Werkes würde indes seine Intention verkennen (vgl. etwa T. F. Carney, RhM 1962, 289ff.; ein Vergleich mit dem Zeitgenossen → Velleius (2) Paterculus etwa bei M. L. Paladini, Latomus 1957, 232ff. J.-M. André, REL 1965, 294ff.). Sein Stil ist in den eigenständigen Partien stark rhet. überformt.

Als Gebrauchslit. wurden die Exempla mehrfach bearbeitet, zuerst durch verdeutlichende Kapitelüberschriften, dann durch Umarbeitung der letzten B., die die Gesamtzahl auf 9 stellt, und schließlich durch Voranstellung einer Inhaltstafel, die bereits die Lücke in 1,1–4 voraussetzt. In der Ant. nur vereinzelt benutzt, gewinnt das Werk in der Spätant. an Beliebtheit, wie die beiden Epitomatoren Iulius Paris und Ianuarius Nepotianus bezeugen. Für die enorme Rezeption in MA. und Humanismus sprechen die etwa 350 vollständigen Hss. (D. M. Schullian, Studies Ullman, 1960, 81ff.) und seit dem 14. Jh. die Komm. (etwa von Dionigi da Borgo San Sepolcro, vgl. G. di Stefano, Att. Acc. Tor. 1961/62, 777ff.) und Übers.en in das Ital. (Boccaccio, vgl. M. T. Casella, It. Medioev. e Umanist. 1963, 49ff.), Französ. (Simon de Hesdin/Nicolas de Gonesse) und Katalan. (Antoni Canals). V. M.' Exempla haben ihre Bedeutung als hist. Quelle, die noch Spuren der vorlivian. Annalistik bewahrt hat, als Symptom des rhet. Betriebs der frühen Kaiserzeit und schließlich als Vermittler eines anekdotisch strukturierten Antikebildes im MA. und der frühen Renaissance. P. L. Sch.

Ta.: *C. Kempf*, 1854. [2]1888. *R. Faranda*, 1971.

Lit.: *C. Bosch* Die Quellen des V. M., 1929. *A. Klotz* Studien zu V. M., SBAW Ph.-h. Abt. 1942, 5. *G. Comes* V. M., 1950.

9. V. Pollio, griech. Philosoph und Grammatiker hadrian. Z. in Alexandreia, Vater des Grammatikers V. Diodoros (Suda s. *Διόδωρος* und *Πωλίων Ἀλεξανδρεύς*), Vf. einer (verlorenen) *Ἀττικὴ λέξις*. H. Gä.

10. M. V. Probus s. Probus (3)

11. Q. V., nach seiner latinischen Heimatstadt oft Soranus genannt, Redner (Cic. Brut. 169) und berühmter (de or. 3,43) Antiquar, Freund Varros (Frg. 3 u. 7 Morel) und Ciceros. * um 130, seit etwa 90 röm. Vollbürger, wurde er 82 als Volkstribun auf der Flucht vor Sulla in Sizilien von Pompeius ermordet (vgl. C. Cichorius, H 41, 1906, 59ff.). Eine Identifikation mit → V. (B 1) Aedituus kommt chronol. nicht in Frage (vgl. B. Luiselli, Ann. Fac. Lett. Cagliari 1960, 46ff.); hingegen dürfte Q. → V. (A I 51) Orca sein Sohn sein.

V.' Lehrgedichte, deren eines P. Scipio Nasica, Praetor von 93 und Schwiegersohn des Crassus, gewidmet war (Frg. 1), galten Problemen der Sprache (Frg. 2) und religiösen Altertümern; in einem Werk über weibliche Schutzgottheiten (*Ἐποπτίδες*, vgl. T. Köves-Zulauf, RhM 1970, 323ff.), das durch ein Inhaltsverzeichnis eingeleitet war (Plin. nat. praef. 33) und aus dem der Anf. eines Zeushymnus erhalten ist (J. Préaux, Homm. Delcourt, 1970, 182ff.), hatte V. den Geheimnamen Roms ausgeplaudert (vgl. L. Alfonsi, Epigraphica 1948, 81ff.). Die spärlichen Frg.e sind über Varro und Plin. nat. vermittelt. P. L. Sch.

*Fun*GrRF 77ff. *Morel*FPL 40f. *Schanz-Hos.* 1, [4]1927, 163f. *H. Bardon* Litt. Lat. Inc. 1, 1952, 181ff.

Valesiana Excerpta. Zwei spätant. historiograph. Texte, die zuerst von H. Valesius 1636 aus einer Pariser Hs. (h. Berol. Phill. 1885, 9. Jh.) ediert worden sind. Das erste Exc. (5. Jh.) skizziert die Vita des Kaisers → Constantinus (1) und geht auf eine Slg. von Kaiserbiogr. aus der Mitte des 4. Jh. zurück; das zweite (6. Jh.) behandelt die Epoche von 474–526, insbes. die Herrschaft des → Theoderich (3). P. L. Sch.

Ta.: *J. Moreau–V. Velkov*, 1968.

Valet(i)um. Name dreier Orte Kalabriens, deren Namensformen schwanken: **1.** *Valetum vel Valentium* n. Brindisi mit Carbinium-Carovigno ident. (Guido 27. 71). **2.** V. (Mela 2,66) 11 mp s. Brindisi (Itin. Burdig. 609,8 *Valentia*), wenig über dem Meere (Strab. 6,282 *'Αλητία*), heißt auch *Balesium* (Plin. nat. 3,101), *Balentium* (Tab. Peut. 7,1), → *Baletium* (Geogr. Rav. 4,31. 5,1); h. Valesio bei Torre di Gennaro. **3.** *Baletium* (Guido 29. 72) nahe dem sallentin. (Plin. nat. 3,105 *Aletini.* Ptol. 3,1,76 *'Αλήτιον*) Callipolis; h. Alezio mit S. Maria dell'Alizza. Mz. mit *baleϑas, valeϑas* nach HEAD HN² 51 zu V. 3, nach [4] Nr. 483. C. DE SIMONE Die messap. Inschr. Nr. 54. 60. 293. KRAHE Die Sprache d. Illyr. 1,35 zu V. 2, wo sie gefunden wurden (vgl. [4] Nr. 393 *baletϑihi.* Nr. 567 *baletias*). G. R.

1. *Forbiger* HB. d. alt. Geogr. 3,503. 2. *Nissen* It. Ldk. 2, 880. 885. 3. *Miller* Itin. Roman. 220. 222. 362. 4. *Whatmough* Prae-Italic Dialects of Italy 2, London 1933, 362. 389.

Valetudinarium (*νοσοκομεῖον*). Vorläufer der Krankenhäuser bzw. Militärlazarette sind die Kuranstalten der griech. Asklepiosheiligtümer (→ Epidauros. → Knidos. → Kos. → Pergamon), in denen, oft nach → Tempelschlaf, Traumeingebungen des Gottes von den Arzt-Priestern interpretiert und in ärztliche Behandlung umgesetzt wurden. Die Griechen kannten weder öffentl. V. noch stationäre Behandlung (kurzfristige Ausnahmen die privaten Iatreia der Ärzte); die V. in Kos und Knidos, keine staatl. Anstalten, dienten den Ärzteschulen dort als Schulkliniken. Rom scheint vor Augustus keine V. gekannt zu haben. Sie entwickelten sich seitdem a) für die Sklaven der großen *gentes* und Gutsbetriebe und b) für das Militär. Die Dienerschaft des Kaiserhofes scheint zwei (nach Geschlechtern getrennte?) V. mit Personal gehabt zu haben (CIL VI 9084/85. 8639 = X 6637. 703), was von reichen Familien nachgeahmt wurde (CIL VI 33917. Sen. dial. 3, 16,4; benef. 1,11,6; nat. 1 praef. 6; epist. 27,1). Über Guts-V. Colum. 11,1,18. 12,3,7–8. Die Anlage von Militär-V. bei → Hyginus (4) munit. castr. 4,35 entspricht recht gut den in röm. *castra* gefundenen V. (z. B. → Novaesium, BJ 111/112, 180f. T. 13. → Vetera castra, BJ 122,331). Vgl. auch CIL XIII 8009. III 10403. Die Vorstände, *optiones valetudinarii*, sind wie die Militärärzte *immunes*, Dig. 50,6,7, vgl. auch DOMASZEWSKI-DOBSON Rangordnung d. röm. Heeres, 1967, IX. 12f. 19. 24. 27. 52. Erst die chr. Bischöfe errichteten und begünstigten V. (Basil. epist. 94. Cod. Iust. 1,12,15. 1,45,3. 9). W. H. G.

Valetudo. Im Gegensatz zum weiteren (und mehr öffentliche Belange deckenden) Begriff der → Salus, der »Wohlfahrt«, ist V., urspr. die körperliche Stärke (vgl. *valere, validus*), vor allem der Gesundheitszustand der einzelnen Person, der durch Zusatz von *bona, mala, aegra* näher zu definieren ist (*salus, sanitas* sind immer eindeutig). In Gruß und Gebet wünscht man sich und anderen *vale* bzw. *bona v.*, Petron. 61. 88,8. Sen. epist. 10,4. Varro schrieb *de valetudine tuenda* (Hier. epist. 33,2); viele Weihgeschenke wurden aus Anlaß von Krankheit gelobt und nach Genesung gestiftet. Für Pompeius wurden *de valetudine decreta municipiorum* beschlossen (Cic. Att. 9,5,4). Vorläufer der monarchischen *supplicationes pro valetudine* des Augustus seitens der *privatim et municipatim universi cives* (Mon. Anc. 9) sowie der Opfer *pro valetudine Caesaris (Augusti)*, vgl. den → Aureus MATTINGLY RIC I 74 Nr. 151. Gelübde gleicher Art scheint es nur noch bei den Kaisern der iulisch-claud. Dynastie gegeben zu haben (Tac. ann. 3,71. Suet. Cal. 14,2. Act. Arv. 58,122. 82f.), später nicht mehr bzw. Ersatz durch die allg. *vota pro salute.* Als Göttin ist V. früh bei den Marsern bezeugt (CIL I² 390f.), später auch in Umbrien (CIL XI 5040. 5044. 5053. 5056ff. 6112. 7926f.), doch bleibt hier wie CIL III 7279. V 6414f. VIII 9610. 20747 teils unklar, teils wahrscheinlich, daß V. eine Übertragung der griech. → Hygieia ist. Im Rom der spätesten Republik ist die erste Darstellung der V. auf der Rs. eines Denars des M'. Acilius zu finden (SYDENHAM Coinage of the Roman Republic Nr. 922 T. 25, Vs. Kopf der Salus, woraus LATTE RRel 227,3 zu Unrecht schloß, daß man hier V. und Salus als ident. empfand). Zu den astrolog. Ansätzen der V. vgl. Mart. Cap. 1,55. Manil. 3,138. W. H. G.

Valgius. Röm. Familienname, abgeleitet vom Cognomen *Valgus* (»säbelbeinig«, »krummbeinig«), J. REICHMUTH Die lat. Gentilicia, Diss. Zürich 1956, 106. **1.** Schwiegervater des P. → Servilius (I 33) Rullus (*tr. pl.* 63 v. Chr.), hatte unter Sulla Ländereien im Gebiet der Hirpiner erworben *(Sullanus possessor)*. Cic. leg. agr. 3,3 (u. ö.). Viell. ident. mit C. Quinctius Valgus, *patronus* in Aeclanum (CIL I 1230), so GELZER, RE VII A 868; Bedenken RE VIII A 271. **2.** A. V., Sohn eines Senators (BROUGHTON 2,497), lief 45 aus dem Heere Caesars in das des jüngeren → Pompeius (A I 2) über, wo sich sein Bruder V. befand. Bell. Hisp. 13,2. H. G. G.

3. C. V. Rufus. Berühmter Dichter und Schriftsteller der august. Z. * um 65 v. Chr., lernte er bei dem griech. Rhetor → Apollodoros (6); für Beziehungen zum Kreis um → Messalla (II 4) Corvinus, den V. als Codrus besingt (?, vgl. L. ALFONSI, Aegyptus 1960, 315ff.), spricht die Andeutung von Plänen eines paneg. Epos für Messalla Paneg. Mess. 179f. Hor. (s. 1,10, 81ff.) zeigt V. im Kreis des Maecenas und versucht ihn (c. 2,9) zu einem Epos über des Augustus jüngste Triumphe zu animieren. 12 v. Chr. war V. Suffektkonsul.

V. hatte sich also bes. als Dichter einen Namen gemacht; die erhaltenen Frg.e (Distichen, Hexameter, ein Epigramm) verweisen auf die neoter. Tradition (Frg. 2 wendet sich an → Cinna 6).

1. Mit dem Sammeltitel *Elegiae* ist zumal die Trauer um den unter dem Pseudonym Mystes besungenen Freund (Hor. c. 2,9,9ff.) gemeint. 2. Ein Augustus gewidmetes Werk über Heilkräuter ist von Plin. nat. 20–27 (vgl. bes. 25,4) benutzt worden. 3. Die lat. Bearbeitung der *Τέχνη* Apollodors lobt Quint. inst. 3,1,18, und 4. auch das mehrbändige Werk *De rebus per epistulam quaesitis* (Gell. 12,3,1) hat seine Spuren in der Tradition der Grammatik hinterlassen. P. L. Sch.

*Morel*FPL 105f. *Fun*GrRF 482ff. *Schanz-Hos.* 2, ^{4}1935, 172ff. *H.Bardon* Litt. Lat. Inc. 2, 1956, 19ff. *R.Avallone* Mecenate, 1962, 190ff.

Vallatum. Nach Itin. Anton. 250,5 Station an der Reichsstraße von Regino–Regensburg nach Aug. Vindelicum–Augsburg. In spätröm. Z. Garnison eines *praefectus legionis tertiae Italicae partis superioris Castra Regina, nunc Vallato* und eines *praefectus alae secundae Valeriae singularis Vallato* (Not. dign. occ. 35,17 und 26). Der Ortsname weist auf eine vorröm. grabenlose Wallanlage, die in der großen Ringwallanlage von Manching erkannt wurde. In der Technik des *murus Gallicus* ist der Wall 7,5 km lang und bis 4 m breit mit an der Innenseite vorgelegter Erdböschung. Nach der röm. Eroberung 15 v.Chr. wurde um 50 n.Chr. w. bei Oberstimm ein Reiterkastell angelegt, das um 80 n.Chr. von dem Donaukastell Kösching abgelöst wurde. H. C.

E.Polaschek, RE VIII A 278f. *W.Krämer–F.Schubert* Die Ausgrabungen in Manching 1955–1961 (1970).

Vallenses, »Talleute«, in röm. Z. Bezeichnung der 4 Keltenstämme (→ Nantuates, → Veragri, → Seduni, → Uberi) des Wallis, *civitates quattuor vallis Poeninae*, CIL XII 147. How.-Meyer Nr. 41. 42. Zw. etwa 15 und 10 v.Chr. röm., in der frühen Kaiserz. zu dem großen Verwaltungsbezirk der *Raeti Vindelici vallis Poeninae* gezogen, CIL V 3936. IX 3044. How.-Meyer Nr. 34–36, unter Claudius im Gefolge des Ausbaus der Straße über den Gr. St. Bernhard von Raetien getrennt und mit der Maurienne zur neuen Provinz der *Alpes Graiae et Poeninae* vereinigt unter Erhebung des Hauptorts der Veragri, → Octodurus, des h. Martigny, zum Forum, *Forum Augusti* (oder *Claudii*) *Vallensium*, *Foroclaudienses Vallenses* oder ähnlich, How.-Meyer Nr. 43. 289. 372. 377. Zugleich Verleihung des latin. Rechts an das ganze Tal, Plin. nat. 3,135, das nun eine einzige *civitas Vallensium* (*Vallensis*) mit der üblichen Municipalverfassung bildet, CIL XIII 5006. 6361. How.-Meyer Nr. 147. 479. Not. Gall. 10,3. E. M.

F.Stähelin Schweiz in röm. Z.^{3} 109ff. 126ff. 158ff. 246. 250f. *How.-Meyer* 195ff. *E.Meyer*, Basler Ztschr. 42, 1943, 59ff. *H.van Effenterre*, RE VIII A 280ff.

Vallia. König der Westgoten 415–418, Nachfolger des → Segericus, romfeindlich, sah sich nach Scheitern eines Übersetzversuches nach Afrika genötigt, mit → Constantius (6) zu verhandeln. Gegen Getreidelieferung verpflichtete sich V., in Spanien für Rom zu kämpfen und → Placidia zu entlassen. 416/17 kämpfte V. erfolgreich gegen Vandalen und Alanen. Dann mußte er auf Weisung des Constantius nach Gallien abziehen, wo seinem Volk Wohnsitze in der Aquitania II zugewiesen wurden (Oros. 7,43. Olympiod. frg. 31. 35. Chr. min. 2,19). Sein Nachfolger war → Theoderich (1). A. L.

Vallis. Stadt der Africa proconsularis, etwa 55 km s.w. von Karthago. Atl. arch. Tun. fe 29, Medjez el-Bab, Nr. 117. H. Sidi-Medien. Einheimische *civitas*, mit einem röm. *pagus*, wurde V. *municipium*, dann im 3. Jh. *colonia* (CIL VIII 25827. 1280. 14784. 22004). Ruinen: Tempel, byz. Festung. Inschr. ILTun. 1279. M. L.

Vallum. Bei den Römern der aus mehreren Schanzpfählen (*valli*) zusammengesetzte Palisadenzaun (Liv. 10,25). Doch bedeutete *v.* auch den Erdwall allein und bald Palisade und Erdwall zusammen (Liv. 36,18). Allmählich verschwand die urspr. Bedeutung völlig und *v.* hieß schließlich jedes Belagerungswerk, das hauptsächlich aus Erde, Rasenziegel oder aus Stein (Frontin. strat. 3,17,9) bestand. *V.* bedeutete auch die Lagergrenze (Liv. 9,14) und nach Varro l.l. 5,138 die Getreideschwinge. W. Schleiermacher, RE VIII A 288ff. A. N.

Vallus. 1. (masc.). Außer Stock, Pfahl (etwa zum Aufbinden der Reben, Verg. georg. 1,264) ist *v.* vor allem der Schanzpfahl (mit 2–4 Seitenästen) des Legionärs, Liv. 33,5,4ff. nach Pol. 18,18 (später *sudes*, Veg. mil. 1,24). Die *v.* wurden ineinander verflochten, so daß sie nur schwer ausgerissen werden konnten. *V.* bedeutet auch die ganze Verschanzung mit Erdwall (*agger*) und Rasenmauer aus *caespites*, Caes. civ. 3,63, sogar eine Steinmauer, Bell. Alex. 2,4. **2.** (fem.). Die korbartige, einseitig randlose Getreideschwinge aus Weidenruten, Varro rust. 1,23,5. 52,2, gab ihren Namen einer Erntemaschine in Gallien, Plin. nat. 18,296; Beschreibung Pallad. 7,2. *V.* hießen auch Ziegeltraufkästen mit Wasserspeiern, Serv. georg. 1,264. Cato agr. 14,4. W. H. G.

Valvae. Die mehr als zweiflügligen → Türen gehören zu den *fores*, unterscheiden sich aber von ihnen dadurch, daß die Mittelteile einzeln aufklappbar waren (falsch Isid. orig. 15,7,4). Sie waren bes. beliebt bei Tempeln (z.B. Vitr. 3,2,8. 4,4,1. 6,6. 8,2. Caes. civ. 3,105,2. Sonst oft), für die Mitteltür der Bühnengebäude (Non. 19,22. 505,15 M. Fest. 282,34 M.), für die Häuser der *nobiles* (Götter: Ov. met. 1,171. Menschen: Cic. dom. 60. Prop. 4,8,51. Iuv. 4,63) und des Mittelstandes (gemalt: Pompeii, Bau der Eumachia: Overbeck-Mau Pompeji ^{4}134 Abb. 77. Behausung der Stadtmaus: Hor. s. 2,6,112. Vgl. noch Overbeck-Mau 252f. 302. 349 und im Inneren des Hauses 310). V. sind also ein im Laufe der Z. allmählich absinkendes Würdezeichen.

W. H. G.

Vandalen *(Vandali, Wandali, Οὐάνδαλοι, Βανδίλοι)*, germ. Stammesgruppe. Ungeachtet intensiver Bemühungen der Forschung sind fast alle Aussagen zur Frühgesch. der V. hypothetisch (allzu sicher [6]; etwas vorsichtiger [1], [2] u. [3]). Noch reicht das Material nicht aus, prähist. und sprachwiss. Erkenntnisse auf einen Nenner zu bringen bzw. prähist. Kulturprovinzen mit Sprachgemeinschaften gleichzusetzen (zur Forschung vgl. [4]). Nicht gesichert ist so etwa die häufig vertretene Ansicht, daß die V. aus Skandinavien, sei es nun Nordjütland (Vendsyssel) oder Schweden (man verwies auf Vendel n. Upsala), kamen, mithin auch die Vermutung, daß ihre Wanderung von Skandinavien her in Zusammenhang mit der von Kimbern und Teutonen stand. Nur mit Vorsicht verwertbar sind z.B. auch späte Notizen (Iord. Get. 26f. Paul. Diac. Hist. Lang. 1,7ff.) über Kämpfe der Goten bzw. Langobarden mit den V. Nach Plin. nat. 4,99 (ält. lit. Zeugnis) bezeichnet V. *(Vindili)* eine Stammesgruppe wohl gleichzusetzen den *Vandilii* bei Tac. Germ. 2,4. Obwohl sie Tac. Germ. 43 nicht nennt, könnten sie mit dem dort erwähnten Verband (Kultgemeinschaft?) der → Lugii zwar nicht ident. (auf Identifikation, bes. mit den zu den Lugiern gerechneten Naharvalen, beruhen Hypothesen zu Religion und Königtum der V.), aber in Verbindung gewesen sein. Einiges spricht dafür, die V. den Trägern der im 1. Jh. v. Chr. vom s. Polen bis zu den Mündungsgebieten von Oder und Weichsel verbreiteten sog. Przeworsker (n. von Przemysl) Kultur zuzurechnen (vgl. [4], 241ff. 464f.). Sie könnten im Posener Gebiet und in Ostpreußen gesiedelt haben. Spätestens seit der frühen Kaiserzeit dürfte vom arch. Befund her Schlesien (bes. der Raum Zobtenberg), das seinen Namen vom vandal. Teilstamm der → Silingi (nur Ptol. 2,10,11, dann Chr. min. 2,18f. genannt) hat, den Kern des vandal. Siedlungsgebietes gebildet haben. Ausstrahlungen der V. bzw. ihrer Kultur vermutet man in weite Gebiete Norddeutschlands und Dänemarks (z.B. sah man auch Jütland von Schlesien her besiedelt).

Nach W. drängende V. waren es viell., die Kaiser Probus (→ Aurelius II 28) zu bekämpfen hatte (Zos. 1,68). V. gehörten zu den Gegnern Roms in den Markomannenkriegen Marc Aurels (H.A. Marc. 17. Eutr. 8,13. Oros. 7,15,8). Aus Schlesien abgewanderten V. unter den Königen Raus und Raptus (Institution des Doppelkönigtums auch sonst bei Germanen bekannt), wahrscheinl. aus der Familie der (H)asdingen (von daher meist ein Teil der V. als Hasdingen bezeichnet), wurde bald nach 170 an der dakischen Nordgrenze die Aufnahme ins Reichsgebiet verweigert (Cass. Dio 71, 12). Ein neuer Konflikt dieser dann ö. der oberen und mittleren Theiss siedelnden V. mit Rom entstand in der Zeit Aurelians (Dexipp. frg. 7). Ob diese Gruppe, bei der es um 270 neben zwei Königen mächtige Herren (*ἄρχοντες*) gab (später über sie nichts bekannt), unter Constantin in Pannonien angesiedelt wurden, ist nicht geklärt (Stütze ist allein Iord. Get. 161). Um 400 verließ das Gros der V., welchen sich neben Alanen noch weitere Volksgruppen anschlossen, die (pannon.?) Wohnsitze (auf zurückbleibende V. verweist Prok. 3,22) und wanderte, wohl teils die Donau entlang, nach W. Ende 406 überschritten sie, verstärkt durch die ebenfalls um 400 aus Schlesien abgewanderten Silingen, im Raum Mainz (?) den Rhein. 409 drangen sie (jetzt unter éinem König) in Spanien ein (vgl. → Godigiselus, → Gundericus). Hier könnte die Bekehrung zum (arian.) Christentum erfolgt sein (beachte Salvian. de gub. Dei 7,66). Die siling. V. wurden 418 in der Baetica durch → Vallia vernichtet (Chr. min. 2,18f.). 429 führte → Geisericus die V. nach Africa und begründete dort ein bis 534 bestehendes Reich (vgl. noch Hunericus, Gunthamundus, Thrasamund, Hildericus, Gelimer). Um 550, nachdem sich V. noch an Aufständen gegen Rom beteiligt hatten und dann deportiert wurden (Prok. 4,14ff.; → Solomon), gab es kaum noch V. in Afrika. Tiefere Spuren hat die vandal. Herrschaft dort nicht hinterlassen.

Auch nach → Geisericus behielt der König der V. im mil., zivilen und kirchlichen Bereich eine umfassende Macht. Die Herrschaft galt als Erbgut der Hasdingen (es folgte der jeweils älteste Verwandte), die zugleich im Adel (eine Scheidung zwischen Geburts- und Dienstadel ist nicht möglich) dominierten. Wie unter Geiserich blieben die V. eine dünne, wirtschaftlich gutgestellte, vornehmlich in der Proconsularis siedelnde Oberschicht. Die Verwaltung überließ man weitgehend den Romanen. Stets mußten die fast nur zu Pferd kämpfenden V. auf (maur.-berber.) Hilfstruppen zurückgreifen. Die zeitweilig starke Flotte bestand aus kleinen und schnellen Schiffen. Religiös hielten die V. am Arianismus fest. Zur Verfolgung der Katholiken kam es nach Geiserich bes. unter Hunerich und Thrasamund. Selbst aus der Theologie sind uns Reste einer eigenen vandal. Lit. nicht bekannt. Obwohl sich im Kunsthandwerk germ. Einflüsse festellen lassen, scheinen die V. in anderen Bereichen der Kultur keine Eigenständigkeit bewahrt oder entwickelt zu haben. Insgesamt scheint die auch von [3], 104 unterstrichene Ansicht berechtigt, daß die V. nach den ersten Erfolgen im Wohlleben erschlafften und den Ausstrahlungen des fremden Milieus erlagen. Ausgehend von Äußerungen ant. Autoren über Grausamkeit der V. (z.B. Oros. 7,38. Vict. Tonn.-Chr. min. 2, 189. Vict. Vit. 2,12ff.) wurden die V. seit dem 18. Jh. (z.B. bei VOLTAIRE) sicher zu Unrecht zum Prototyp wilder Barbaren, kam die bis ins 20. Jh. synonym für Barbarei gebrauchte Bezeichnung Vandalismus auf ([1], 58f. [3], 12f.). A. L.

Lit.: 1. *Chr. Courtois* Les Vandales et l'Afrique, 1955. 2. *H. J. Diesner*, RE Suppl. X 957ff. 3. *Ders.* Das Vandalenreich, 1966. 4. *R. Hachmann* Die Goten u. Skandinavien,

1970. 5. *F. Miltner*, RE VII A 298ff. 6. *L. Schmidt* Gesch. der Wandalen, [2]1942. 6. *E. Schwarz* Germ. Stammeskunde, 1955.

Vangio, Suebenfürst, Schwestersohn des Königs → Vannius, der mit seinem Bruder Sido seinen Oheim im J. 50/51 n. Chr. vertreibt und die Herrschaft über die Sueben übernimmt. H. C.

R. Hanslik, RE VIII A 337.

Vangiones (germ. *wanga-* = Feld), Völkerschaft der westgerm. Sueben im Heer des Tribocerfürsten → Ariovist zusammen mit Eudosen, Heruden, Markomannen, Nemetern und Tribocern aufgeführt, 71 v. Chr. (Caes. Gall. 4,1,4. Plin. nat. 4,106). Aus dem Gebiet der Wetterau und Hessens gelangten sie an das linke Rheinufer bei Worms, wo sie nach der Besiegung der Haeduer Land zugewiesen bekamen (→ Tribocer im Oberelsaß b. Brumath, → Nemeter bei Speyer). Nach Hilfeersuchen der → Treverer und Haeduer wurde Ariovist 58 v. Chr. von Caesar besiegt, Gallien bis zum Rhein besetzt. Die V. durften in ihren Wohnsitzen zwischen Nemetern, Mediomatrikern und dem Territorium von Mainz verbleiben. Vorort der *civitas V.* wurde Borbetomagus, h. Worms (Caes. Gall. 4,10. 6,25). Auxiliarkohorten der V. wurden beim Feldzug gegen die Chatten eingesetzt (Tac. ann. 12,27). Am Bataveraufstand nur kurzfristig beteiligt (Tac. hist. 4,70), sind die V. in der Folgezeit treue Bündner der Römer. H. C.

L. Schmidt Gesch. d. Dt. Stämme 1,129.

Vannius. Nach der Vertreibung der Markomannenfürsten → Maroboduus und → Catualda siedelte → Drusus (II 1) im J. 19 sein Gefolge zwischen den Flüssen Marus (March) und Cusus (Waag? Eipel?), jedenfalls ö. der March in der Slovakei an und gab ihnen den römerfreundlichen Quaden V. zum König. Doch suchte dieser seinen Klientelstaat bald weiter auszudehnen, zog Hilfstruppen von sarmat. Iazygen an sich und errichtete Fliehburgen, hob an der reichen Bernsteinstraße Zölle ein und unternahm ausgedehnte Raubzüge. Dadurch kam er nicht nur in Konflikt mit den Nachbarstämmen der Hermunduren, Lugier und anderer Stämme, sondern auch seine Schwestersöhne Vangio und Sido erhoben sich gegen V. im J. 50/51. Er wandte sich an Claudius um Hilfe, doch der Statthalter von Pannonien Sex. Palpellius Hister griff in die Entscheidungsschlacht, die V. verlor, nicht ein, sondern gewährte ihm und seinem Gefolge nur Zuflucht auf der Donauflotte und siedelte sie dann in Pannonien an, Tac. ann. 12,29. 30. R. H.

Vanϑ. Der weibliche, meist geflügelt dargestellte Unterweltsdämon der Etrusker tritt, seit dem späten 4. Jh. nachweisbar, auf den Denkmälern auf, wo letzter Abschied genommen oder gewaltsamer Tod (Kampf, Menschenopfer) erlitten wird. Seltener und nur früh ist V. zur Bezeichnung des Übertritts in eine andere Welt anwesend, später auch hetzend, antreibend, als plötzlicher Schrecken aus der Erde auftauchend, doch greift sie nie selbst gewaltsam oder tötend ein. Die Bildvorstellung wandelt sich von einer sanften, schönen Flügelfrau in langem Gewand zum hochgeschürzten, sehr beweglichen Dämon. Sie kann mit Charun (→ Charon 1) oder dem Unterweltsherrscher aita zusammen erscheinen, bewegt sich jedoch meist auf der Oberwelt oder taucht halben Leibes aus der Unterwelt auf. Ihr Bereich sind die typisch etr. Abschiedsszenen zwischen Sterbenden, zwischen Toten und Hinterbliebenen, und die Todesbilder des griech. Mythos in Etrurien. Ihre Attribute sind Buchrolle (Totenpaß? Abgeschlossenes Lebensbuch?), dann vor allem Schwert, Hammer und Fackel oder der Schlüssel zur Hadesfestung; von der griech. → Erinys hat sie die züngelnden Schlangen. Urspr. untätig-stille Todeszeugin verwildert die V. am E. zum furienartigen Schwarm niedrigerer Ordnung und bedrohlichen Wesens. W. H. G.

R. Enking, MDAI(R) 58, 1943, 48ff. *Herbig* Götter u. Dämonen d. Etrusker, 1948. *Ders.* Die jüngeretr. Steinsarkophage, 1952. *Ders.*, RE VIII A 349ff.

Vapincum. Stadt der Gallia Narbonensis, im Gebiet der → Vocontii; h. Gap (dépt. Htes Alpes); Namensform *Vappincum* auf dem Becher von Vicarello, wo der Ort als *mansio* erscheint. Vorröm. *oppidum* auf dem Hügel von Saint-Mens, s. der jetzigen Stadt, die die röm. Stelle bedeckt (J. ROMAN Répert. arch. des Htes Alpes, 103). Straßenstation: in Richtung O. nach Italien, S. nach Arelate, W. nach Valentia, N. in das Dractal. Itin. Anton. Itin. Hieros. 555,6: *mansio Vappinco.* Hauptort der Avantici (G. BARRUOL Les peuples préromains du Sud-Est de la Gaule, 1969, 75. 290). V. wurde wahrscheinl. in früher Z. röm. *civitas*, viell. im J. 69, als Galba die *civitas* der Gallia Narbon. eingliederte (Plin. nat. 3,37). Um 400 zählt die Not. Gall. 16,6 die *civ. Vapincensium* zur prov. Narbon. II. Im 4. Jh. wurde V. Bischofssitz. Ruinen: ein unter der Kathedrale gefundener Tempel. Inschr.: CIL XII 1549. Denkmäler: ESPÉR. Rec. 1,17–21. M. L.

Varciani. Südpannonisches Volk, das w. von → Siscia, zwischen den → Latobici und den Oseriates im Sautal lebte. Plin. nat. 3,148. Ptol. 2, 14,2: Οὐαρκιανοί. Der Name dürfte die Vermutung zulassen, daß es sich um Kelten handelte. Wahrscheinl. wurden seit dem pannon.-dalmatin. Aufstand aus ihren Reihen Hilfstruppen aufgestellt. Die *cohors II Varcianorum equitata* war in Germania Inferior stationiert (CIL III 7707. 7804. 8188), doch erschienen ihre Soldaten auch unter den *equites singulares* (CIL VI 3257), in Dalmatien (AE 1950, 110) und in Pannonien (CIL XVI 4, Diplom aus d. J. 60). Ihr Territorium wurde unter den Flaviern zum *Municipium Andautonia* organisiert. J. F.

Vardanes. 1. Fluß im n. Kaukasus. Sein Name iran. Herkunft. Nach Ptol. 5,8,2 soll V. der südlichste von den jenseits des → Tanais (1) von O. in das Asovsche Meer (→ Maiotis) einfallenden 7 Flüssen sein. Danach müßte der V. mit dem h. Kubán ident. sein, der aber für gewöhnlich mit dem »asiat.« → Hypanis (2) gleichgesetzt wird (vgl. auch Ptol. 5,8,14 ff.). Bei Amm. 22,8,29 ist die Flußfolge wiederholt, aber mit nur 4 Flußnamen. Wegen des ihm von Ptol. zuerkannten naut. Charakters wird V. wohl Bezeichnung jenes Mündungsarmes des Kubán gewesen sein, der für die ant. Handelsschiffahrt von bes. Bedeutung war (→ Pantikapaion). Chr. D.

E. Polaschek, RE VIII A 367f. *A. Hermann*, RE VI A 1839. *E. Diehl*, RE XVIII 2,780ff. *Kiessling*, RE IX 210ff. S. ferner Große Sovijetenzyklop. (BSE) 23, 1953, 588 (Kubanj). 42, 1956, 92 (Teberdà). Vgl. auch *G. Pullè*, Encicl. Ital. 20, 1933, 296. *M. Vasmer* Russ. Gewässernamen; Russ. Geograph. Namenlex. jeweils s. Kubanj und Tiberdà.

2. König der Parther als Nachfolger seines Vaters → Artabanos III. (7), floh 38 n. Chr. vor → Gotarzes, drang, von den parth. Fürsten zurückgerufen, mit Reiterscharen bis Babylon vor, verjagte Gotarzes nach → Hyrkanien, gewann die benachbarten Satrapien, gab aber bei einem Einfall des Gotarzes in das Partherreich die Belagerung von → Seleukeia (1) auf. 41 versöhnte er sich mit Gotarzes, der ihn als König anerkannte und als Vasall Hyrkanien erhielt. Seleukeia ergab sich ihm 43. Den Versuch, im Verein mit → Itazes (2) von → Adiabene Armenien zurückzugewinnen, brach V. wegen der drohenden Haltung des Statthalters von Syrien → Vibius Marsus und der Absage des Itazes ab. Bei einem neuen Angriff des Gotarzes schlug V. ihn 44 am Fluß Erindas (Amm. 23,6,40 *Charindas*, h. Barferush) an der med.-hyrk. Grenze und verfolgte ihn bis zum Sindesfluß (Atrek, E. Herzfeld The Persian empire, 1968, 231), an dem er ein Siegesdenkmal errichtete. Die weitere Verfolgung verhinderte der Überdruß seines Heeres. Etwa 30 J. alt wurde V. 47/48 auf der Jagd bei einer Verschwörung ermordet. Tac. ann. 11,8. 9,3. 10,2f. Ios. ant. Iud. 20,69 ff. Philostr. vit. Apoll. 1,21. 40. Mz. R. H. MacDowell Coins from Seleucia on Tigris, 1935, 189. 225 ff. U. Kahrstedt Artabanos III., 1950, 18 ff. K. H. Ziegler Die Beziehungen zwischen Rom und dem Partherreich, 1964, 64f. H. V.

Vardo, h. Gard mit den beiden Quellflüssen Gardon, rechter Nebenfluß der Rhône etwas n. von Tarascon mündend, Sidon. epist. 2,9,9. Berühmt ist der den Fluß überquerende, dreistöckige, 275 m lange und 48,77 m hohe Pont du Gard, Teil der wohl augusteischen Wasserleitung nach → Nemausus-Nîmes. E. M.

Desjardins 1,163. *P. Goessler*, RE VIII A 372f. Carte archéol. de la Gaule Romaine VIII 1938: Gard 180ff. Pl. III.

Vareia. Wichtigste Stadt der → Berones, bei einer Brücke über den Ebro gelegen (Strab. 3,4,12. Ptol. 2,6,54). Nach Plin. nat. 3,21 war der Ebro bis V. schiffbar. V. lag an der röm. Straße Tarraco–Asturias (Itin. Anton. 393). Auch Liv. (Frg. B. 91) erwähnt den Ort im Zusammenhang mit dem Marsch des → Sertorius von Calagurris im J. 76. H. Varea, w. von Logroño. M. E. A.

Varenus. Röm. Gentilname, seit 1. Jh. v. Chr. nachweisbar, Schulze Eigenn. 248. **1.** L. V., angeklagt wegen Mordes an C. V. (um 80) und Salarius und wegen Mordversuches an Cn. V., von Cicero wohl im J. 79 (RE VIII A 374) verteidigt, allerdings ohne Erfolg. Cic. or. frg. 2,4 M. Quint. inst. 7,1,9. 2,36. 56. H. G. G.

2. V. Rufus. Statthalter von Bithynien wahrscheinl. 105/106 (Sherwin-White Letters of Pliny 60f.), Dion Chrys. 48,1. Er erhielt einen Repetundenprozeß, in dem ihn mit anderen Plinius verteidigt hat, epist. 5,20. Wegen eines Senatsbeschlusses, auch V. das Recht auf Zeugen einzuräumen, kam es zu einer längeren Verschleppung des Prozesses, 6,5. 13. 7,6. Als Traian im Herbst 107 vom 2. Dakerfeldzug zurückkam, zog er die Sache in seine Kompetenz, epist. 7,10,2. Der Prozeß wurde wohl niedergeschlagen. R. H.

Vargunteius. Röm. Gentilname, abgeleitet wohl von *Varginius*, seit ausgeh. 2. Jh. bezeugt, auch inschr., Schulze Eigenn. 160. 377. **1.** Legat des → Crassus (2), wurde 53 mit 4 Kohorten von den Parthern vernichtet, Plut. Crass. 28. **2.** L. V., Senator (Broughton 2,497), seit 66 Anhänger des → Catilina; in Ausführung der Beschlüsse im Hause des → Porcius (I 12) Laeca im Nov. 63 sollten C. → Cornelius (I 4) und V. den Cicero ermorden. Sall. Cat. 17,3. 47,3. Cic. Sull. 6. 67. Im Jan. 62 dürfte er verurteilt worden sein. **3.** M. V., Münzmeister, bekannt aus Denaren (Roma – Quadriga) u. Bronzeprägungen, nach neuer Datierung (vgl. Broughton 2,455) ca. 119 bis 110 v. Chr. G. G. Belloni Monete Romane, Milano 1960, Nr. 595–597. H. G. G.

Varia s. Barium. Uria

Varinius. Röm. Gentilname, abgeleitet von *Varinus*, auch inschr. bezeugt, Schulze Eigenn. 248. – P. V., ca. 82 Quaestor, 73 Praetor im Krieg gegen → Spartacus, von dem er im Raum um den Vesuv geschlagen wurde, stand 72 wohl in Asia (als Promagistrat, vgl. Broughton 2,119), bekleidete 66 möglicherweise nochmals die Praetur und 65 eine Promagistratur in Asia (Broughton 2, 160). H. G. G.

Varius. Wahrscheinl. von Varus abgeleitetes Gentilnomen, das vereinzelt im letzten Jh. der Rep. vorkommt, häufiger unter dem Principat, dann auch als Cognomen (Schulze Eigenn. 249).

I. Republikan. Zeit. **1.** V. wird von Cic. fin. 2,62 als *iudex* erwähnt, ist sonst jedoch unbekannt. **2.** L. V. Cotyla, treuer Anhänger des Antonius, erhielt 43 als dessen Legat das Kommando über 6 Legionen in der Gallia Transalpina (Plut. Ant. 18,4). **3.** Q. V. Hybrida stammte aus dem span. Sucro und hatte auf undurchsichtige Weise das röm. Bürgerrecht erlangt (Val. Max. 8,6,4). In seinem Volkstribunat 90 brachte V., polit. Gegner des M. Livius → Drusus (I 4) und teilweise für seinen Mörder gehalten (Cic. nat. 3,81), die *l. Varia de maiestate* ein, nach der er selbst 89 angeklagt und verurteilt wurde. Er starb in der Verbannung. Sein die *l. Appuleia* von 103 weiterführendes Gesetz richtete sich gegen die Verantwortlichen am Ausbruch des Bundesgenossenkriegs und diente als Mittel, gegen die Anhänger des Livius Drusus vorzugehen (E. S. Gruen, JRS 55, 1965, 60. 73). Nachdem das Gesetz trotz Intercession seitens anderer Volkstribunen Rechtskraft erlangt hatte, endeten die darauf basierenden Prozesse gegen M. → Aemilius (I 28) Scaurus, M. → Antonius (I 7) und Q. → Pompeius (A I 4) Rufus mit Freispruch, gegen L. Memmius, C. Aurelius Cotta und L. → Calpurnius (I 5) Bestia mit Verurteilung, gegen Mummius Achaicus (E. S. Gruen a.O. 66f.: Verwechslung mit Memmius; gegen E. Badian, Hist. 18, 1969, 474) und zuletzt Cn. → Pompeius (A I 7) Strabo (E. Badian a.O. 470ff.: Cn. Pomponius) mit nicht mehr bekanntem Urteil. Nachdem die *l. Plautia* 89 die ausschließliche Besetzung des Gerichtes mit Rittern aufgehoben hatte, setzte ein Senatsbeschluß, der der Unterstützung des Volkes sicher sein konnte, weiteren Verfolgungen nach der *l. Varia* ein Ende. M. D.-M.

II. Kaiserzeit.

1. Reicher Senator, von Caligula nach → Antiocheia (1) geschickt, um die durch ein Erdbeben zerstörte Stadt wieder aufbauen zu lassen, Malal. Chron. 10 p. 244. **2.** V. Avitus s. Elagabal (2). **3.** T. V. Clemens, röm. Ritter aus Celeia. Seine Laufbahn CIL III 5211. 5212. 5215 = DessILS 1362a–b sowie die Frg.e III 5213. 5214. 5216 = 11690. 15205[1] = Hoffiller-Saria Ant. Inschr. aus Jugosl. 44. Nach den *tres militiae equestres* befehligte er ein Detachement span. Auxiliareinheiten zur Niederwerfung von Unruhen in der Mauretania Tingitana, R. Saxer Vexillationen 29f., war dann *praefectus* der *ala Britannica* in Unterpannonien und stieg zu den ritterl. Verwaltungsämtern auf: Finanzprokurator in Kilikien und Lusitanien, G. Heuten, Latomus 2, 1938, 264f., Präsidialprokurator der Mauretania Caesariensis 153/54, CIL VIII 2728 = 18122 = DessILS 5759, B. E. Thomasson Afr. 2,255ff., und von Raetien 155/57, CIL XVI 117. 183. G. Winkler, Bayer. Vorgesch.-bl. 36, 1971, 62ff., sowie Finanzprokurator *Belgicae et utriusque Germaniae*, W. Meyers Belgique 76f. Unter Mark Aurel und L. Verus war er *procurator ab epistulis* in Rom. G. Wi.

W. Hüttl Antoninus Pius 2,152,3. *H.-G. Pflaum* Carrières équestres 308ff. Nr. 156.

4. V. Crispinus. *Trib. coh. XVII praetor. urb.*, der nach Tac. hist. 1,80. Plut. Oth. 3,3. Suet. Otho 8,2 nach Othos Machtübernahme den Auftrag hatte, seine Leute von Ostia nach Rom zu führen, im Arsenal zu bewaffnen, um einen möglichen Gegenschlag des Senates zu vereiteln, so H. Heubner, RhM 101, 1958, 339ff.; Komm. Tac. Hist. 1, 168ff. (s. auch C. A. Powell, Latomus 31, 1972, 853ff.) gegen E. Hohl, Klio 32, 1939, 307ff. und H. Drexler, Klio 37, 1959, 153ff. Durch Mißverständnis des Unternehmens kam es zu einem Praetorianertumult, bei dem zwei Centurionen getötet wurden. **5.** V. Ligur. Im J. 25 wurde eine Aquilia wegen Ehebruchs mit V. verurteilt, Tac. ann. 4,42,3; im J. 34 wurde ihm der Vorwurf gemacht, er habe Ankläger bestochen, eine gegen ihn erhobene Klage fallen zu lassen, ebd. 6,30,1. Er könnte der Sohn des gleichnamigen *praef. praet.* unter Augustus sein, Cass. Dio 60,23. V. dürfte dem Enkel des Tiberius, Tiberius Caesar, in Alba Pompeia eine Statue gesetzt haben, CIL V 7598. **6.** Sex. V. Marcellus. Aus Apameia in Syrien, Vater → Elagabals (?) durch seine Heirat mit → Iulia (A II 108) Soaemias Bassiana, Cass. Dio 78,30,2. Ritterlichen Standes war er nach 198 *procurator aquar., proc. prov. Britanniae, proc. rationis privatae* am Kaiserhof (CIL XV 7326), Vice-Praefekt der Praetorianergarde und damit stellvertretender *praef. urbi* etwa 208; er erhielt den Clarissimat, wurde nach dem Tod des Septimius Severus *praef. aerarii militaris* und schließlich *legat. leg. III Augustae* und verwaltete die Provinz Numidia ca. 212–214, CIL X 6569 (Velitrae), vor 218 †. H.-G. Pflaum Carrièr. procur. éq. 2 Nr. 237 p. 638–642. Thomasson Statth. Nordafr. 2,205f. **7.** Varia. In den Vit. Macrin. 9,1. 3; Heliog. 10,1. 12,3. 31,4; Alex. Sev. 1,2 der H. A. führt die Großmutter des → Elagabal (2) diesen Namen, der ihr fälschlich nach dem Vater Elagabals (Nr. 6) gegeben wurde. R. H.

III. Literar. Persönlichkeit.

L. V. Rufus, ein berühmter Dichter (Hor. ars 53ff.) der august. Z., ca. 70–15 v. Chr. Gemeinsam mit seinem Freund Vergil (Verg. Cat. 7,1. Quint. inst. 10,3,8), dessen Aeneis er auf Wunsch des Augustus edierte (Don. Vita § 37ff., vgl. zuletzt R. Scarcia, Riv. Cult. Class. e Medioev. 1963, 303ff.), stand er im Zentrum des Kreises um → Maecenas (Laus Pis. 238f. Martial. 12,3,1f.), in den beide Horaz einführten (s. 1,6,54f.; vgl. 5, 39ff. 93. 9,22f. 10,81f.); auf mehr Distanz hingegen läßt Prop. 2,34 schließen, wenn sich hinter dem Pseudonym Lynceus V. verbirgt (J.-P. Boucher, REA 1958, 307ff., skeptischer L. Alfonsi, Maia 1963, 270ff.).

1. Mit dem Lehrgedicht *De morte*, das in der Tradition der Epikureer (vgl. Quint. inst. 6,3,78) Lukrez und Philodem (*Περὶ θανάτου*, vgl. A. Rostagni Virg. Min., 1961, 391ff. F. d. Corte, Aegyptus 1969, 85ff.) die Todesfurcht bekämpfte, war V. in den späten 40er J. als Epiker (Hor. s. 1,10,43f.) zu Ansehen (Verg. ecl. 9,35f.; zu Einflüssen auf Aen. georg. ecl. vgl. Macr. Sat. 6,1, 39f. 2,19f.) gelangt. Als potentiellen Panegyriker Agrippas nennt ihn nach 29 Hor. c. 1,6,1ff., und

aus einem späteren Panegyricus auf Augustus (vgl. epist. 2,1,245ff.) stammen nach den Sch. epist. 1,16,25ff.

2. An den Spielen nach Actium (29) wurde der *Thyestes* aufgeführt und mit einer Million Sesterzen belohnt, der als den griech. Trag. ebenbürtige Meisterleistung galt (Quint. inst. 10,1,98. Tac. dial. 12,6. Martial. 8,18,7f.). Mit der philos. motivierten Beschränkung auf Gattungen des hohen Stils hat V. die august. Klassik entscheidend geprägt; nur die Sorgfalt der poet. Produktion verbindet ihn mit den neoter. Tendenzen der vorigen Generation. Während seine Werke bis zu Quint. und Tac. rezipiert wurden – vgl. die Imitatio von De morte frg. 4 bei Sil. 10,77ff. –, stammen spätere Testimonien und Frg.e in erster Linie aus der biogr. Tradition zu Vergil und den Sch. zu Vergil und Horaz; nur der »Thyest« war in der Spätant. noch erhalten. P. L. Sch.

*Fun*GrRF 571ff. *Morel*FPL 100f. TRF 1953, 309f. *Schanz-Hos.* 2, ^{4}1935, 162ff. *H.Bardon* Litt. Lat. Inc. 2, 1956, 28ff. *R.Avallone* Mecenate, 1962, 181ff.

Varro. Cognomen (»krummbeinig« oder auch »Tölpel«, vgl. J. Reichmuth Die lat. Gentilicia, Diss. Zürich 1956, 8f.), vor allem bei den → Terentii (A I 12–21) und den → Visellii (A. Degrassi FCap. 149), aber auch sonst (Nachweise bei I. Kajanto Latin Cognomina, Helsinki 1965, 264f.), in kaiserzeitl. Fasten bei den Cingonii, Terentii, Tullii, Visellii, Degrassi FImp. 271. H. G. G.

1. M. Terentius V., röm. Staatsbeamter und polyhist. Gelehrter, später oft als *Reatinus* (in → Reate hatte V. Besitzungen, rust. 2 pr. 6) unterschieden von P. Terentius → Varro (2) *Atacinus* (W. Speyer, AAMz 1959/11, 26ff.).

A. Leben:

* 116 v.Chr. (Hier. chron. p. 147 H.) in Rom (Aug. civ. 4,1). Familie unbekannt, wahrscheinl. zum *ordo equestris* gehörig und zur Linie des ersten Cognomenträgers C. → Terentius (A I 17) Varro vom J. 229 v.Chr. (Serv. auct. Aen. 11,743). Strenge, altröm. Erziehung u.a. bei dem stoischen Grammatiker und Antiquar L. → Aelius (II 14) Stilo, den V. oft zitiert (z.B. l. l. 7,2). Studium u.a. bei dem Platoniker → Antiochos (16) von Askalon in Athen, wohl um 84/82. Zu dieser altakadem. und stoischen Gedankenwelt treten kyn. (Menippeen) und pythagor. Einflüsse, doch keine Festlegung auf eine dogmat. Schule (V. d'Agostino, RSC 3, 1955, 24ff.). – Erstes Amt: *triumvir capitalis*, vor 90 (Gell. 13,12,6). 77 ist er (als Legat?) mit C. → Cosconius (I 2) in Illyricum (rust. 2,10,8). Früh fand er die Freundschaft des um 10 J. jüngeren Cn. Pompeius, an dessen Krieg gegen → Sertorius in Spanien (77–72) er teilnimmt (rust. 3,12,7); als Propemptikon schreibt er die über Meeres- und Wetterkunde belehrende *Ephemeris navalis ad Pompeium.* 71 wieder in Rom, wird er 70 Volkstribun (Gell. 13,12,6) unter dem ersten Konsulat des Pompeius, an den er einen belehrenden *commentarius* richtet, den *Εἰσαγωγικὸς ad Pompeium* (Gell. 14,7,2). V.s Praetur fällt wahrscheinl. in die nächsten J. 67 ist V. Pompeius' Legat im Piratenkrieg (rust. 2 pr. 6); seine mil. Leistungen müssen beachtlich gewesen sein: Pompeius ehrte ihn mit der *corona rostrata/navalis.* Wahrscheinl. übernahm V. eine 3. Legation im 3. mithridat. Krieg. Unsicher die Proquästur in Asia (l. l. 7,109 *P. Septumio qui mihi fuit quaestor*). Über diese drei Legationen hat er später in den *Legationum l. III* ([22], 245ff.) berichtet. – Den Dreibund Pompeius-Caesar-Crassus attackierte er 60 mit dem Pamphlet *Trikaranos* (»Dreikopf«), R. Astbury, CQ 61, 1967, 403ff., läßt sich aber schon 59 zu Ciceros Ärger mit Pompeius als *Vigintivir ad agros dividendos Campanos* (rust. 1,2,10. Plin. nat. 7, 176) von Caesar für die *lex Iulia agraria* gewinnen. Fast ein Jahrzehnt scheint er sich dann, als Militär reich geworden, zu schriftstellerischem Otium auf seine zahlreichen Landhäuser zurückzuziehen, deren schönstes in → Casinum war, mit Bibliotnek und Aviarium (rust. 3,5,8–17), ein anderes in Reate (rust. 3,2,3. 2 pr. 6). Erst 49 übernimmt V. wieder eine Sonderlegation des Pompeius in Hispania ulterior. Als er sich nach dem Untergang der regulären Legaten Afranius und Petreius mit 2 Legionen der dreifachen Übermacht Caesars gegenübersieht, eine Legion desertiert und nacheinander die Stützpunkte → Corduba, → Gades und → Italica abfallen, gibt er einsichtsvoll den Widerstand auf (A. Haury Ce brave Varron, Mél. Carcopino, 1966, 507ff. [11], 97f.). V. selbst geht als freier Mann nach → Dyrrhachium, wo er mit Cicero und Cato die Entscheidung von → Pharsalos abwartet, um dann erst mit Caesar vernünftigen Frieden zu machen. 47 widmet er ihm, dem Pontifex Maximus, das antiquar. Hauptwerk, die *Ant. rer. divin.*, bringt aber zugleich eine (biograph.?) Würdigung des Pompeius heraus *(De Pompeio l. III).* 47/46 beauftragt ihn Caesar mit der Slg. der griech. und röm. Lit. als Vorbereitung einer öffentl. Bibliothek (Suet. Iul. 44,2). Wie Cicero läßt auch V. nach 46 eine reiche lit. Produktion erscheinen, vor allem zur Sprach- und Lit.-forschung (l. l. um 45/44, Cicero gewidmet als Gegengabe für die Widmung der *Academici libri*). Wie Cicero gerät auch der reiche V. auf die Proskriptionsliste des Antonius, seine Villen werden geplündert, noch unpubl. Werke vernichtet (Gell. 3,10,17), er selbst, der sich von der Politik fernhielt, wird durch Intervention des Q. → Fufius (I 5) Calenus gerettet (App. civ. 4,203). Der 73jährige Greis erlebte weitere 16 arbeitsreiche J. als geachteter Gelehrter, wurde 38 in der ersten röm. öffentl. Bibliothek (des C. → Asinius [I 4] Pollio, im Libertastempel) mit einem Bildnis geehrt (Plin. nat. 7,115 *unius viventis posita imago est*), dürfte als Freund des T. → Pomponius (A I 4) Atticus auch Octavians Gunst genossen haben, verfaßte 37 im 80. Lebensjahr die rust., später eine Auto-

biographie (*De vita sua l. III ad Libonem;* H. DAHLMANN, Philol. 97, 1948, 365ff.). V. starb 27 in hohem Alter mitten bei der Arbeit und ließ sich nach pythagor. Zeremoniell beisetzen.

B. Werke:

Vollständig erhalten sind nur die *rerum rusticarum l. III*, dazu 6 B. (V–X) aus *De lingua Latina*, zahlreiche Frg. aus weiteren Werken, darunter 591 Frg. der Menippeen. Der Katalog des Hieronymus, der V.s gigantisches Werk mit dem des Origenes vergleicht, bricht nach 38 Titeln (= 490 B.) ab: das sei kaum die Hälfte; weitere 24 Titel sind anderweitig belegt, ein unbekannter Rest bleibt. Es sind außer den schon genannten Werken:

a) Antiquar. Schriften

1. *Antiquitates rerum humanarum et divinarum*, in 41 B., dazu eine epit. in 9 B., V.s wichtigstes, im Alt. geschätztestes und von Vergil bis Macrob. benutztes Werk. Der 1. Teil (B. 2–25) war ein umfassendes HB. zu Urgesch. und Werdegang des röm. Volkes, seines Lebensraumes, seiner Zeitrechnung, seiner Staats- (und Privat-?) Altertümer; dem Einleitungsb. 1 der *ant. hum.* entsprach 26 als Einleitung in die *ant. div.* (27–41). Sie gaben eine religionsgesch. Begründung des Staatskultes, behandelten dessen Amtsträger, die Kultstätten, den Festkalender, die Riten, dann zusätzlich die Gottheiten.

2. *De vita populi Romani*, in 4 B., um 43, Atticus gewidmet, verfolgte die röm. Kulturgeschichte, bes. Staats- und Privataltertümer, von der Königszeit an, gedeutet als dekadente Entwicklung von der *utilitas* zur *luxuria* (Sinnentleerung).

3. *Aetia* (Serv. ecl. 8,29), wohl in der Nachfolge des Kallimachos.

4. *De gente populi Romani*, in 4 B., ebenfalls um 43, ist das ethnograph. Pendant zur ethnol. Schrift *de vita p. R.* Epochemachend wurde V.s Berechnung der Gründung Roms auf Ol. 6,3 = 754/53 v. Chr. (sog. varron. Ära). Eine Ergänzung bilden:

5. *De familiis Troainis*, 6. *Annales*, 7. *Tribuum liber* und 8. die *Res urbanae* in 3 B.

b) Sprachforschung.

9. *De lingua Latina*, in 25 B., von denen der cod. Laurent. F (11. Jh.) B. 5–10 (letzteres verstümmelt) erhalten hat, um 45/44, Cicero gewidmet; dazu epit. in 9 B. V.s linguist. Hauptwerk bietet keine eigentliche Systematik des Lateinischen, sondern genet.-antiquar. Sprachbetrachtungen – im Mittelpunkt steht die *prisca Latinitas* – in den Kategorien und z.T. der Terminol. der hellenist.-alexandrin. Grammatik. B. 2–7 enthielt die Etym. *(impositio verborum)*, und zwar zunächst die Theorie mit Für und Wider (B. 2–4), dann die Anwendung auf die einzelnen Wortklassen (B. 5–7). B. 8–13 behandelt die Klisis *(declinatio verborum)*, wieder zunächst grundsätzlich im Spiegel der Alternative Anomalie und Analogie (B. 8–10), dann in der Anwendung auf einzelne Wörter (B. 11–13). Die beiden letzten Hexaden waren der Satzlehre *(coniunctio verborum)* gewidmet. – Zu B. 5–10: Die symmetr. Schematik des Gesamtaufbaus sowie die subtilen *divisiones* der einzelnen B. kontrastieren mit einem recht lockeren, assoziativreihenden Stil in der Durchführung und mit einer von Rhetorik unberührten, kunstlosen, durch Verknappung schwierigen, doch auch wieder lapidaren Sprache (E. VETTER, RhM 101, 1958, 257ff.), deren Tadler (schon → Remmius [2] Palaemon bei Suet. gramm. 23,4; vgl. Quint. inst. 10,1,95) sie zu Unrecht an ciceron. *elegantia* messen: l. l. ist ein esoter. HB. ohne lit. Anspruch. Stoische Denkfiguren, bes. das *quadrifariam dispertire*, schlagen immer wieder durch, zumal in der Etym., dem Spezialgebiet der stoischen Sprachlehre (B. 5: *loca/animalia*. B. 6: *tempora/actiones*); das akadem. *disputari in utramque partem* der jeweils ersten Triaden ist wohl um Ciceros willen verwendet. In der Lehre selbst folgt V. aber nicht der semant. Spekulation des Stoikers → Krates (4) von Pergamon (so [16]), sondern zielt auf die Sprachrichtigkeit ab ([6]). Von den 4 Stufen der Etym. (l. l. 5,7f.: einfache Komposita – poet. Wörter und Neologismen – philos.-spekulative Begriffe – *quartus ubi est adytum et initia regis*, Deutung unsicher, R. SCHRÖTER [7], 81ff.) bespricht V. am ausführlichsten die zweite (in B. 7; [15]). Die Gegenüberstellung der These des Anomalisten (empir. Sprachgebrauch als Kriterium der Klisis: *consuetudo, natura*) und des Analogisten (Systematik, als alleiniges Kriterium: *ratio*), ist nur durch V. bekannt (l. l. 8,68; hieraus Gell. 2,25,4f.); die geringe Entsprechung der kontroversen B. 8 und 9 sowie die einschränkende Bemerkung l. l. 9,1 (J. FINK, H 80, 1952, 377ff.) deuten darauf hin, daß V. eine Spezialdiskussion zwischen Krates und Aristarch über die Geltung der Etym. als Sprachnorm auf die gesamte Klisis übertragen hat (so [17], anders [9]). In B. 10 versucht V. angebl. als erster eine lat. Formenlehre unter den Kategorien *similitudo – ratio/analogia – consuetudo* und bekennt sich (wie vor ihm Caes. *de analogia*) zu einem modifizierten Analogismus. Varro beweist dabei eine staunenswerte, souveräne Vertrautheit mit der lat. Sprachgesch. und der altröm. Lit. (einschl. Urkunden, Kultlieder usw.), übrigens auch genaue Kenntnis des Griechischen.

10. *De sermone Latino*, 5 B., bemühte sich nach dem Typus der Schriften περὶ ἑλληνισμοῦ auf Grund der von den alexandrin. Grammatikern aufgestellten Kanones *natura, ratio, consuetudo, auctoritas* um die reine Latinität, enthielt aber auch Metrisches.

11. *De similitudine verborum*, 3 B.

12. *De utilitate sermonis*, mindestens 4 B.

13. *De origine linguae Latinae*, 3 B., Deutung der ital. Dialekte im Verhältnis zum Griech. und zu alten Immigrationen.

c) Literaturforschung.

14. *De poetis*, 3 B.?, Slg. der Biogr. röm. Dichter von Livius Andronicus bis Accius in peripatet.-alexandrin. Tradition, Hauptquelle für Sueton *de poetis* (H. Dahlmann, AAMz 1962/10).

15. *De poematis*, 3 B., nach l. l. verfaßter Lehrdialog, bildet mit Werk 14 zusammen nach dem hellenist. Schema *artifex* + *ars* eine nationalröm. Poetik in griech. Systematik. V. begann mit Begriffsbestimmungen, zuerst der Person, dann der Sache *(tria genera poematum: poema poesis poetice)*. Der Hauptteil analysierte die Genera der röm. Dichtung nach der aristotel. Dichotomie Form (metron/lexis) und Stoff (mythos/historia), woraus sich Überschneidungen mit Werk 10 und 16–18 ergeben.

16. *Περὶ χαρακτήρων*, mindestens 3 B., befaßte sich mit den *genera dicendi*.

17. *De proprietate scriptorum*, 3 B., beschrieb in der Tradition der Schriften *περὶ ἰδιότητος* den Individualstil bestimmter Autoren.

18. *De descriptionibus*, 3 B., hatte die poet. Kunst der Ekphrasis zum Thema.

19. *De scaenicis originibus*, 3 B., die 9 Frg. bei C. Cichorius, Comment. Ribbeck, 1888, 419. Eine röm. Theatergesch. und Entwicklung des Bühnenwesens, Verknüpfung der ital.-röm. Trad. mit der griech., z. B. des → Lucilius (I 10) mit der att. Alten → Komödie (vgl. Hor. s. 1,4,1ff.; A. Marzullo, Atti Acc. Modena 15, 1957, 280ff.).

20. *De actionibus scaenicis*, 3 B., ein Katalog röm. Didaskalien? ([3], 455). Ident. mit 21. *De actis scaenicis* (3 B.)? 22. *De personis*, 3 B., Kulturgesch. der Theatermasken? Mit → Plautus befaßten sich: 23. *Quaestiones Plautinae*, 5 B., eine gramm. Erklärung schwieriger Wörter, und 24. *De comoediis Plautinis* (Gell. 3,3,2–9): V. ordnete die zahllosen »plautin.« Komödien in drei Gruppen, (a) sicher unechte, (b) angezweifelte, aber doch wahrscheinlich echte, (c) 21 mit Sicherheit echte: letztere *(comoediae Varronianae)* sind ident. mit den erhaltenen (F. Leo Plaut. Forsch. ²18ff.).

25. *De compositione saturarum* (Non. p. 93,16), ein Buch über Lucilius?, und 26. *De lectionibus*, 3 B., Gesch. des Rezitationswesens?, sind nicht sicher zu deuten. Zur Literaturforschung gehört im weiteren Sinne 27. *De antiquitate litterarum*, mindestens 3 B., L. → Accius († 84 v. Chr.) gewidmet (eine Frühschrift V.s?), eine Schriftgeschichte.

28. *De bibliothecis*, 3 B.

d) Fachschriftstellerei:

29. *Res rusticae*, 3 B., verfaßt 37 (rust. 1,1,1), landwirtschaftl. Lehrbuch in Dialogform. Im Gegensatz zu Cato agr. ein echtes Schreibtischbuch (V. war nicht Landwirt) mit lit. Ansprüchen, [18]. Die (etwas praxisfremden) Propositiones werden im Prinzip eingehalten, der Stil ist gefälliger und lebendiger als in l. l. (J. Heurgon, RPh 76, 1950, 1ff.). Den 3 B. entsprechend herrschen trichotom. Schemata vor. B. 1 *(de agricultura)* behandelt zuerst Boden und Gehöft, dann menschl., tier. und apparative Arbeitsmittel, schließlich den kalendar. und vegetationsbedingten Zeitplan des Feldbaus. B. 2 *(de re pecuaria)* teilt die Großviehzucht ein nach *origo pastionis*, *dignitas*, *scientia*, um dann in drei durch die Rahmenhandlung getrennten Schritten Schafe, Ziegen, Schweine, dann Rind, Esel, Pferd, schließlich Maulesel, Hunde, Hirten (mit Anh. über Milch-, Käse- und Wollewirtschaft) vorzuführen. B. 3 *(de pastione villatica)* gliedert nach den Wohnplätzen der Tiere: in Volieren *(aviaria)* leben Drossel und Amsel, Pfau, Taube und Turteltaube (berühmt die Beschreibung von V.s Vogelhaus in Casinum 3,5,9–17; G. Fuchs, MDAI[R] 69, 1962, 96ff.), ferner Huhn, Gans, Ente, Krickente; in Gehegen *(leporaria)* leben Hase, Kaninchen, Wildschwein *(in villa)*, Schnekke, Siebenschläfer *(extra villam)*, mit – nicht ganz passendem – Anh. über Bienenstaat, -zucht, -produkt; in Aquarien *(piscinae)* leben die Speisefische. Als Quelle nennt V. (1,1,10) das Lehrbuch des Karthagers → Mago (12); daneben sind für B. 1–2 Cato agr. und die Lehrschriften der → Sasernae sowie des Cn. → Tremelius (4) Scrofa (der in B. 1 und 2 referiert) verwertet; den Stoff von B. 3 stellt V. erstmals in lat. Sprache vor (3,1,8). Jedes B. hat eigene Rahmenhandlung und Personnage (nur V. ist bei allen Gesprächen dabei): B. 1 spielt vor der Italienkarte an der Wand eines → Tellustempels; B. 2 versammelt im J. 67 die Sprecher, darunter T. Pomponius Atticus, an einem Festtag in Rom vor einer Opferfeier; B. 3 läßt einige Bekannte in der *villa publica* auf dem Marsfeld den Ausgang einer Ädilenwahl abwarten (C. Nicolet, REA 72, 1970, 113ff.). Alle B. haben die dramat. Form der szenenreichen, Einlagen und Rahmenhandlung eng verknüpfenden Dialoge des → Herakleides (15) Pont.: kurze, abwechselnde Lehrvorträge in kultivierter Auflockerung, ohne Polemik, mit humorist. Tropik und auffallender Vorliebe für Namenwitze: B. 1 widmete V. seiner Gattin → Fundania (7) *propter fundum* (sie hatte eben ein Sabinum gekauft); *de agro* sprechen Agrius und Agrasius, über Vieh Vaccius und Scrofa; B. 3 spricht Merula zu Pavo und Passer über Vögel, gewidmet ist das Buch einem Pinnius; Appius über *apes*. V.s Buch wurde von Vergil, Celsus, Columella, Plinius ausgewertet.

Kaum noch kenntlich sind folgende fachwiss. Schriften: 30. *De ora maritima*, 31. *De aestuariis l.* 32. *De litoralibus*, 33. *De mensuris* (vgl. 45), 34. *De valetudine tuenda*, 35. *De iure civili*, 36. *De gradibus*, 37. *Rhetorica* sowie 38. seine 22 Reden und 39. *suasiones* in 3 B.

Wichtig ist 40. *De philosophia liber*, worüber Aug. civ. 19,1–3 handelt (G. Langenberg M. Ter. V. de phil. l., Diss. Köln 1959): in der Art des Antiochos von Askalon errechnete V. 288 mögliche eth. Systeme *(fines)* und Philosophien *(dogmata)*, von denen 12 praktikabel und 3 schulebildend waren.

41. *De forma philosophiae*, 3 B., ist undeutbar.

42. *De principiis numerorum*, 9 B., gab (so [3], 442) eine Entwicklung der pythagor. Zahlentheorie, deren Reflexe man bei → Favonius (2) Eulogius *(disput. in Somnium Scipionis)* wiederfinden will (A. GIANOLA, Pitagorica 1, 1911, 3ff.). Daneben schrieb V. auch exoter. philos. Schriften, so

43. *Logistorici*, 76 B., eine Reihe erst von V. so bezeichneter philos. Monographien in Dialogform (R. HEISTERHAGEN, AAMz 1957/4, 5ff.): Lehrvortrag einer hist. (eben verstorbenen?), themat. geeigneten Persönlichkeit (aristotel. Dialogform). Name und Thema bildeten den Titel (vgl. Cic. *Laelius de amicitia*), eine Ehrung des Sprechers. Erhaltene Titel: *Catus de liberis educandis* (ed. ROB. MÜLLER, 1938), *Curio de cultu deorum* (ed. B. CARDAUNS, 1958), *Marius de fortuna* (H. DAHLMANN, AAMz 1959/11, 5ff.), *Messala de valetudine, Tubero de origine humana* (H. DAHLMANN, AAMz 1957/4, 20ff.), *Atticus de numeris, Gallus Fundanius de admirandis* (V.s Schwiegervater!), *Orestes de insania, Pius de pace, Sisenna de historia;* zu diesen 10 Titeln kommen 9 weitere Halbtitel (darunter ein *Calenus* für den Retter vor der Proskription). Die weitgespannte philos. Thematik hat ihren Schwerpunkt bei der Ethik.

44. *Epistulicae quaestiones*, mindestens 7 B. (Gell. pr. 9), eine Reihe belehrender Monographien in Briefform (vgl. Senecas *epist. morales*). (H. DAHLMANN, MH 7, 1950, 200ff. D. WOLFF M. Ter. V. epist. quaest., Diss. Marburg 1957).

e) Enzyklopädisches.

45. *Disciplinae*, 9 B., 34/33 im 83. Lebensj. verfaßt, V.s für die Bildungsgeschichte wichtigstes und faktisch wohl wirkungsreichstes Werk, das die für die Erziehung des Freien nötigen Fächer *(artes liberales)* darstellte: *grammatica – rhetorica – dialectica* (Trivium), *musica – arithmetica – geometrica – astrologia* (Quadrivium), *medicina – architectura* (später weggefallen; K. KÜHNERT, ADAW 1961/30, 58ff.; anders [1], 1256). V.s bahnbrechende Leistung ist die Verbindung der von den Griechen (Platon, Isokrates, Poseidonios) erschlossenen Lernbereiche mit der von den Römern (Cato: *praecepta ad M. filium*) zu prakt. Zwecken geschaffenen Lehrbuchform der *disciplina*. Die 7 ersten disc. sind kanon. geworden (M. SIMON Das Verhältnis spätlat. Enzykl. ... zu V., Diss. Jena 1964, mit Frg.-Slg.).

46. *Hebdomades vel de imaginibus*, 15 B., dazu epit. in 4 ([3]: 7) B., geschrieben 39. Hauptmerkmal waren die 700 Porträts großer Persönlichkeiten Griechenlands und Roms, mit Epigramm und Kurzbiographie, von Regenten, Feldherren, Philosophen, Dichtern, Künstlern, Erfindern usw. (A. v. SALIS, Festschr. E. HOWALD, 1947, 11ff.). Die hebdomad. Anordnung, 7 · 100, d.h. je B. (1 + 7 · 7) · 2 Porträts, sollte die Bedeutung der Siebenzahl in Makro- und Mikrokosmos (auch in V.s Leben) widerspiegeln – ein typ. Beispiel für V.s lit. Erfindungsgabe.

f) Poetisches.

Hieron. nennt (47.) *Poemata*, 10 B. (Einzelgedichte?), (48.) *Saturae*, 4 B. (von Werk 51 zu trennen), (49.) *Singulares libri X* (falls poet.). Ein Lehrgedicht (50.) *De rerum natura* erwähnt Lact. inst. 2,12,4 (vgl. Quint. inst. 1,4,4), dessen lange bezweifelte Existenz (W. SPEYER, AAMz 1959/11, 26ff.) jetzt durch ein Frg. bei Hugo von St. Victor bestätigt wurde (J. PREAUX, RBPh 41, 1963, 622f.). Am bedeutendsten sind

51. *Saturae Menippeae*, nach Cic. ac. 2,1,8 *(illa vetera)* etwa zw. 80 und 60 entstanden. Von den 150 Satiren hat (fast ausschließl.) Nonius 86 zit. Erst V. hat diese Form (einziges ganz erhaltenes Beispiel: Senecas *Apocolocyntosis*) nach Rom geholt; von → Menippos (4) von Gadara übernahm er die groteske Phantastik der satir. Distanzierung (*Marcipor*: Himmelsreise; *Endymion* und *Sexagesis*: Zeitsprung durch jahrzehntelangen Schlaf usw.), die Freiheit der Wortbildung (vgl. die Titel *Sesculixes, Bimarcus, Flaxtabula*), die anspielungsreiche Ironie, die Gesellschaftskritik vom konservativen, naturnahen Standpunkt des Kynikers aus. V. hat selbst weitergeformt: zum Prosimetron fügte er die Sprachmischung (lat.-griech. auch die Titel), übertrug die satir. Objekte (nicht immer die Szenerie) nach Italien, verlagerte den Akzent vom Kritischen auf das Belehrende: Tafelluxus, Neumodischkeit, Unmäßigkeit, Korruption, Gottlosigkeit, Import neuer Götter, Philosophengezänk, Mißbrauch der Philosophie u.a. sind nachweisbare Themen, doch ist keine Satire rekonstruierbar. *Nescis quid vesper serus vehat* referiert Gell. 13,11; die frg.-reichste Satire *Eumenides* versucht O. WEINREICH (Röm. Satiren, 1949, 43ff.) nachzuzeichnen; weitere Lit.: [1], 1275, dazu: *Tithonus περὶ γήρως* ed. H. DAHLMANN (Stud. z. Textgesch. u. Textkrit., 1959, 37ff.), *Papia Papae* ed. H. J. ZUMSANDE (Diss. Köln 1970), *Parmeno* ed. H. GELLER (Diss. Köln 1966). *Γεροντοδιδάσκαλος* ed. P. LENKEIT (Diss. Köln 1966). Die Sprache (E. WOYTEK Sprachl. Stud. z. sat. Men. V.s, Diss. Wien 1970) und Metrik (F. DELLA CORTE [7], 141ff.) der Men. sind bisher wenig erforscht.

52. *Epistulae* nennt Nonius 14 mal, darunter eine *epist. Latina* in 2 B.; man vermutet eine Teilung in *epist. Graecae* und *Latinae*.

C. Würdigung.

Der erfolgreiche Offizier und finanztüchtige Verwaltungsbeamte vermied klug hohe Ämter und jene polit. Exponierung, die Cicero schließlich das Leben kostete. Für Cicero ist die diplomat. Elastizität des wegen seiner Gelehrsamkeit bewunderten, aber nicht geliebten *δεινὸς ἀνήρ* (Cic. Att. 13,36,3) stets unheimlich gewesen, [12]. Die *studia* des »röm. Gelehrten« (im Sinne von [8], 1 ff.) waren von staunenswerter Universalität: *doctissimus Romanorum* ist er für Seneca (Helv. 8,1; desgl. Dion. Hal. ant. 2,21,3) und Augustinus (civ. 6,2 mit Bezug auf Cic. ac. 3), *eruditissimus* für Quintilian (inst. 10,1,95). Sein »Programm« hat Cicero (ac. 2 1,8–12) am treffendsten umschrieben. Die griech. Wissenschaft lieferte Methodik und Darstellungsform, doch bleibt V. in seinem Denken fast mehr Römer als Cicero (A. MICHEL, RPh 39, 1965, 69 ff.). Die august. renovatio »ist ohne ihn nicht denkbar, weit weniger als ohne Cicero« (DAHLMANN [7], 4). Dieser Kulturidee des *Romanae eruditionis pater* (Symm. epist. 1,2,2) ordnen sich die anderen Wissenszweige unter; sie wirkte nachhaltig auf die Geistesgesch., vor allem auf Augustinus; noch Petrarca (Triumphus Fame 3,38) nennt V. neben Cicero und Vergil »terzo gran lume Romano«. Seine Werke dienten Generationen als Fundgrube des Wissens; leider hat die Schwierigkeit der Herauslösung des (oft nicht als solcher deklarierten) varron. Anteils bis h. eine umfassende Frg.-Slg., wie sie erstmals A. POPMA 1601 (in Varr. ed. Bipontina, 1788) wagte, verhindert. K. S.

Ta.: l.l.: *G. Götz–F. Schoell*, Lpz. 1910 (Nachdr. Amsterd. 1964). *R. G. Kent*, London ^{2}1951 (m. engl. Übers.). Komm.: l.l. 5: *J. Collart*, Paris 1954. l.l. 8: *H. Dahlmann*, Bln. 1940 (Nachdr. 1966). l.l. 10: *A. Traglia*, Bari 1956. rust: *G. Götz*, Lpz. ^{2}1929. Komm.: *H. Keil*, Lpz. 1891. Frg.: sat. Menipp.: *F. Bücheler*, Lpz. 1922 (Nachdr. 1958) (in: Petron. ed. *Bücheler-Heraeus*). *F. Della Corte*, Genova 1953. De gente p. R.: *P. Fraccaro*, Padova 1907 (Nachdr. Roma 1966). De vita p. R.: *B. Riposati*, Milano 1939. Ant. rer. hum.: *P. Mirsch*, Lpz. St. 5, 1882. Ant. rer. div.: *R. Merkel* (Anh. zu Ov. fast. ed. R. M., 1841, CVIff.). Logistorici: *E. Bolisani*, Padova 1937. Hist. Frg.: HRR ^{2}1. Gramm. Frg.: ed. *Götz-Schoell* in l.l. *Fun*GrRF. Redaktionelle, leider unkrit. Zusammenstellung der Schr. u. Frg. V.s: *F. Semi*, Script. Rom. quae extant omnia 39–46, Venedig 1965.

Bibliogr.: Lit. 1950–1962: [7], 683 ff. (*B. Cardauns*). Lustrum 9, 1964, 213 ff. (*J. Collart*, nur gramm.). BursJb 192, 1922, 64 ff. 142, 1910, 63 ff. (*K. Mras*). Philol. 27, 1868, 286 ff. (*A. Riese*); 13, 1858, 683 ff. (*L. Mercklin*).

Lit.: 1. *H. Dahlmann*, RE Suppl. VI 1172 ff. 2. *G. Boissier* La vie et les ouvrages de M. Ter. V., Paris 1861. 3. *F. Ritschl*, Opuscula 3, Lpz. 1877. 4. *C. Cichorius* Röm. Studien, Lpz. 1922 (Nachdr. Darmst. 1961), 189 ff. 5. *F. Della Corte* Varrone il terzo gran lume Romano, Firenze ^{2}1970. 6. *J. Collart* Varron grammairien Latin, Paris 1954. 7. V., Entr. Fond. Hardt 9, Vandoeuvres 1963. 8. *H. Dahlmann*, Kl. Schr., Hildesheim 1970. 9. *Ders.* V. und die hellenist. Sprachtheorie, Bln. 1932. 10. *Ders.*, AAMz 1953/3. 11. *E. Skydsgaard* V. the scholar, Kopenhagen 1968. 12. *K. Kumaniecki*, Ath 40, 1962, 221 ff. 13. *G. Pfligersdorffer*, Salzburger Univ. Reden 13, 1965. 14. *H. Hagendahl* Augustine and the Classics, with a contr. to V. by *B. Cardauns*, Göteborg 1967. 15. *R. Schröter*, AAMz 1959/2. 16. *K. Barwick*, AAWLpz. 1957, 49/3. 17. *D. Fehling*, Glotta 35, 1956, 214 ff. 36, 1957, 48 ff. 18. *M. Fuhrmann* Das system. Lehrbuch, Gött. 1960, 69 ff. 163 f. 19. *R. Heisterhagen* Die lit. Form d. r. rust. l. V.s, Diss. Marburg 1952. 20. *H. Dohr* Die ital. Gutshöfe in d. Schr. Catos u. V.s, Diss. Köln 1965. 21. *F. Münzer* Beitr. z. Quellenkrit. d. ält. Plin., Bln. 1897, 189 ff. 22. *K. Sallmann* Die Geogr. d. ält. Plin. in ihrem Verh. z. V., Bln. 1971, 6 ff. 23. *E. Laughton*, CQ 54, 1960, 1 ff.

2. P. Terentius V., nach seiner Heimat, einem Teil des südfranz. Narbonne ([4], 659 ff.), Atacinus genannt. Zu den Resten der Sueton-Vita vgl. A. ROSTAGNI, ed. Suet. poet., 1944, 63 f., auch E. CASTORINA Quest. neot., 1968, 60 ff.; danach ist V. 82 v. Chr. geb. Seine poet. Produktion umfaßte 1. eine Übertragung der Argonautika des Apoll. Rhod. (4 B. wie das Original), 2. Satiren (Hor. s. 1,10,46), in denen er u. a. – vgl. Lucilius' Collyra – eine Geliebte unter dem Pseudonym Leucadia besang (Prop. 2,34,85 f. Ov. trist. 2,439 f.), 3. ein paneg. Epos (mind. 2 B.) *Bellum Sequanicum* über Cäsars Kampf mit Ariovist vom J. 58, 4. um 48/47 (vgl. Suet. a. O.) ein geogr. Lehrgedicht *Chorographia* in drei Teilen (Europa–Afrika–Asien) nach dem Orig. des → Alexandros (18) v. Ephesos und 5. den *Epimenides* (vgl. aber [3], 36 ff.), wohl ein landwirtsch. Lehrgedicht, aus dem nur die Regenzeichen nach Arat. 938 ff. erhalten sind.

Mit → Ennius (E. HOFMANN, WS 1928, 159 ff.) und → Lucilius (I 10) als lit. Vorbildern, mit der Präferenz für Epos und Lehrgedicht steht V. außerhalb des kallim. Einflusses auf die Neoteriker, und den Dichtern der älteren Generation, bes. → Laevius (2) und Cicero, nahe. Während seine Werke von den Augusteern (Vergil, Paneg. Messalae, Ovid, vgl. auch Vell. 2,36,2) verarbeitet werden, die Chorographie von Plin. nat. 3–6 benutzt wird und Lehrgedichte wie *Argonautae* noch bei Quint. 1,4,4. (vgl. aber [3]) 10,1,87 Anerkennung finden, stammen aus der späteren Tradition nur die spärlichen Grammatikerzitate. P. L. Sch.

Frg.e: *Morel*FPL 93 ff. *A. Traglia*, Poetae novi, 1962, 20 ff. 84 ff. 145 ff. 179 ff. *E. Bolisani*, Atti Ist. Ven. 1964/65, 339 ff. *J. Granarolo*, Aufstieg u. Niedergang d. röm. Welt 1,3, 1973, 307 ff. 351 ff.

Lit.: 1. *Schanz-Hos.* 1, ^{4}1927, 312 ff. 2. *H. Bardon* Litt. Lat. Inc. 1, 1952, 368 ff. 3. *W. Speyer*, AAMz 1959, 11,26 ff. 4. *M. Gayraud*, Bull. Ass. Budé 1971, 647 ff.

3. Legat von Syrien ca 25–23 v. Chr., Ios. bell. Iud. 1, 10,4; ant. Iud. 15,10,1. Er hatte Kämpfe mit Räuberbanden zu führen, die unter dem Ituräerfürsten → Zenodoros (1) vor allem Damascus bedrohten. Die Trachonitis, das Gebiet des Zenodoros, erhielt im Winter 24/23 → Herodes (1) d. Gr., Ios. bell. Iud. 1,20,4. R. H.

Varronianus. 1. Vater des Kaisers → Iovianus, vor 363 als *comes domesticorum* aus dem Dienst geschieden, für 364 zum Consul designiert, † noch 363 (Amm. 25,5. Zos. 3,30. Themist. or. 5,65. Ps.-Aur. Vict. Epit. 44). **2.** Sohn des Kaisers → Iovianus, * 362, *nobilissimus*, Consul 364 (Eutr.

10,18. Amm. 25,10. Themist. or. 5,64f. Philostorg. 8,7). A. L.

Vārus. 1. Im Sommer schmaler, im Winter bis 7 Stadien breiter (Strab. 4,178; nach Tab. Peut. 3,3. Itin. Anton. 297,1 Station *Varum* 10mp ö. → Antipolis) Fluß der Seealpen (Plin. nat. 3,35), bes. als Grenze bekannt (Mela 2,72). V. schied schon längst beide Gallien, doch geben die ält. Zeugnisse (Caes. civ. 1,86,3. 87,1. 5. App. civ. 2,43) den Zustand nach Ausdehnung Italiens (Lucan. 1,404 *promoto limine.* Strab. 4,184 *νῦν*) durch die *lex Roscia* (Bruns-Grad. 1,101), so daß V. als Grenze Italiens (Plin. nat. 3,44. 132) gilt (Strab. 4, 178. 184. 5,209. Plin. nat. 3,31. Ptol. 2,10,1. 3,1,1. Adnot. Lucan. a. O. GLM p. 16. 152); bei Plin. nat. 3,49. Flor. 1,19 Grenzfluß der 9. Region; h. Var. G. R.

Forbiger HB. d. alt. Geogr. 3,95. *Nissen* It. Ldk. 1,302. *Radke* Viae publicae Romanae 261f.

2. Röm. Cognomen, das zunächst eine körperliche Eigenheit des Trägers bezeichnet, nämlich nach außen gebogene Beine (Plin. nat. 11,254), jedoch manchmal, wie bei den → Licinii (I 55f.) im 3. Jh. v. Chr., von einem individuellen zu einem erblichen Familienbeinamen wird (Schulze Eigenn. 249). M. D.-M.

3. s. Alfenus. Arrius (II 13). Aternius. Attius (I 8). Quinctilius (II 1).

4. Von Perge, genannt »der Storch«, Rhetor, 2. H. 2. Jh. n. Chr., Schüler des Consulars L. → Statius (II 2) Quadratus. V. hat vermutlich die Vorliebe seines Lehrers für extemporierte popularphilos. Vorträge geteilt. Kennzeichnend für seinen Stil scheint ein starkes Bemühen um klangliche Effekte gewesen zu sein. Seine Vortragskunst wird als bemerkenswert gerühmt. Quelle: Philostr. v. soph. 2,6. Th. W.

Vas s. Vadimonium

Vasaces. Parth. Reiterführer, der im Frühjahr 62 nahe der Festung Arsamosata Unterhandlungen mit dem vom Partherkönig → Vologaeses (1) bedrängten Feldherrn L. → Caesennius (3) Paetus zu führen hatte, auf Grund deren Paetus und seine Leute zu Cn. → Domitius (II 9) Corbulo an den Euphrat abziehen durften, die Römer aber Armenien räumen mußten, Tac. ann. 15,14,2f. R. H.

Vasarium. 1. Pauschalbetrag, den der designierte röm. Beamte zur Bestreitung der Kosten für seine und seines Gefolges Ausrüstung (*vasa* = »Gepäck«) aus öffentl. Geldern erhielt. Über das *v.* brauchte der Empfänger nach Ablauf seiner Amtszeit keine Rechenschaft abzulegen. Cic. Pis. 86. Mommsen RStR 1³, 296. **2.** In späterer, vor allem spätant. Z. bedeutet *v.* »Depot«, »Magazin« (Plin. 7,162. Cassiod. var. 7,45,2). In Glossaren erscheint *σκευοθήκη* als griech. Äquivalent (CGlL 2,433,17. 3,322,27; 366,57). H. Gä.

Vasates (*Vasatae* Amm. 15,11,14. *Οὐασάριοι*, Korr. *Οὐασάτιοι* Ptol. 1,7,11), Volksstamm in Aquitania. Sie saßen zu beiden Seiten der unteren Garumna (h. Garonne), mit Hauptstadt Cossio, später *civitas Vasatum (Basatium)*, h. Bazas (dépt. Gironde); Jullian HG 2,180. Der Name hat die ligur. Endung *-ates*. Sie gehörten zu den 4 Völkerschaften des s. Aquitaniens, die bei Gründung der *Ara Romae et Augusti* von Lugdunum noch selbständig waren, daher auf dem Concilium Galliarum noch nicht vertreten waren. Sie hatten als Nachbarn im N. die → Bituriges (2) Vivisci, im O. und S. die → Nitiobriges, im SW. die → Tarbelli, im W. die Boiates. → Vocates (= Vasates?) werden im Bericht über den aquitan. Feldzug des Crassus genannt (Caes. Gall. 3,23. 27. Desjardins 2,363). Andere erkennen die Boiates in den Vocates. Plin. nat. 4,108 werden die Basaboiates (Var. *Basabocates*) und Vassei erwähnt. Daher die Meinung, daß die Vasates-Boiates und die Vassei ident. seien.

Nach Diocletians Reform gehören die V. zu der prov. Novempopulana: *civitas Vasatica* Not. Gall. 14. Amm. 15,11,14. In der Spätzeit viele Erwähnungen, bes. bei Auson., dessen Vater Iulius Ausonius ein in Cossio geb. Vasate war (Auson. parent. 27,7; lect. sal. 5; epic. in patrem 2,3; grat. actio inscr. p. 19; epist. 7,2,18), außerdem bei Paul. Nol. carm. 10,427 und Sidon. 7,6,7. 12,1. Im Itin. Hieros. 550,2 ist die *civitas Vasatas* als 3. Poststation nach dem Ausgangspunkt Burdigala an der Pilgerstraße nach Tolosa genannt. Wenige Funde der Ausgrabungen. Aus Bazas nur 2 Inschr.: CIL XIII 564f. M. L.

Vascones. Völkergruppen, die das h. Baskenland, Navarra und Alto Aragón bis zum Ebro bewohnten (Strab. 3,7. 4,10. Plin. nat. 3,22. 4,110f. Mela 3,3ff. Ptol. 2,7), erstmals von Liv. (Frg. B. 91) im Zusammenhang mit den Feldzügen des → Sertorius im J. 76 v. Chr. erwähnt. Bedeutende Orte der V. waren Cascantum, Graccurris und → Calagurris (Ptol. 2,6,66), ihre Hauptstadt → Pompaelo (Strab. 3,4,10). Nichts ist über die Herkunft der V. bekannt. In vorröm. Z. trug ihre Kultur kelt. Charakter (J. Maluquer Cortes de Navarra, Pamplona 1954/58), und auch der Name sollte, nach Tovar, kelt. sein *(barscunes, bascunes)*. M. E. A.

Problemas de la Prehistoria y Etnología vascas (Univ. Barcelona), Pamplona 1966.

Vasen. Vasenmalerei. Unter V(asen) werden hier alle aus gebranntem Ton hergestellten Gefäße des Alt. verstanden, mit Ausschluß der figürlich geformten V. (→ Rhyton. → Keras 2), unter V.malerei (Vm.) jede gemalte bzw. gezeichnete Verzierung von V. unabhängig davon, ob es sich um ornamentale und/oder figürliche Dekoration handelt. V. gibt es im Mittelmeergebiet seit dem Neolithikum. Die besten Exemplare bilden einen integrierenden Bestandteil der griech. Kunstgesch., alle sind je nach Fundort, Form, Verzierung für die verschiedensten Bereiche des ant. Lebens und der religiösen Vorstellungen wichtig. Die meisten ant. V. sind als Grabbeigaben oder Weihgeschenke, z.T. als Export in weit entlegene Gebiete, gefunden; das Verhältnis zur meist unverzierten Gebrauchskeramik bedarf weithin noch der Klärung.

Der Verwendung nach ([9]. [10]) lassen sich Kult-, Vorrats-, Misch-, Trink-, Schöpf- und Gießsowie Salbgefäße (und Verwandtes) unterscheiden. Zahlreiche Sonderformen sind uns mit ant. Namen bekannt, meist ohne daß es gelungen wäre, ant. Namen und erhaltene Gefäßform richtig zu kombinieren (→ Acetabulum. Alabastron. Amphora. Ampulla. Aryballos. Catinus. Depas. Dinos. Dolium. Epinetron. Guttus. Kantharos 3. Karchesion 2. Kelebe. Kernos. Kissybion. Kothon. Kotyle. Krater. Kyathos. Kylix. Lakaina. Lagynos. Lanx. Lasanum. Lebes. Lekane. Lekythos. Lutrophoros. Olla. Phiale. Pithos. Psykter. Simpuvium. Skyphos). Eine Sonderform der Amphora bezeichnet man h. als Pelike, die im Alt. wohl eine Schüssel oder ein Krug war ([9] Abb. 13), während Hydria für das Wassergefäß mit zwei wagerechten Schulterhenkeln und einem senkrechten Henkel an der Rs. ([9] Abb. 26–27) ant. bezeugt ist und Mastos für das Trinkgefäß in Form einer weiblichen Brust ([10] Abb. 257,5) kaum angezweifelt werden kann. Ob die runde Dose mit oder ohne gesonderte Füße ([10] Abb. 248,5) schon ant. Pyxis hieß, bleibt fraglich, während die h. Stamnos genannte V.form ([10] Abb. 243,4. [9] Abb. 29–31) im Alt. sicher ganz anders hieß. Die Namen der verschiedenen Untersätze, Stützen usw. (Sparkes-Talcott Pots and Pans of Class. Athens, 1958), die in der Küche verwandt wurden, bleiben rätselhaft. Umriß und Formung der Einzelteile, allg. dem Zweck der V. gut angepaßt ([9]), wechseln mit dem Stil der Entstehungsepochen, den sie zugleich ebenso mit konstituieren wie neu erfundene oder wieder aufgegriffene ältere Typen von V. ([10], 3190).

V. werden in Handarbeit in kleineren oder größeren Töpfereien hergestellt, aus sorgfältig geschlämmtem Ton auf der Drehscheibe geformt, soweit nötig in einzelnen, noch im feuchten Zustand aneinandergesetzten Teilen, und dann bei Temperaturen von 800–900° im Brennofen gebrannt ([15]). Ritzornamente werden meist vor dem Brennen aufgebracht, bei farbiger Bemalung ist z.T. mehrfaches Brennen notwendig. In der Blütez. der att. Vm. im 6.–4. Jh. wird in drei Stufen teils oxydierend, teils reduzierend gebrannt, um aus dem Tonschlicker so die gewünschten leuchtend orangeroten und schwarzen Töne zu gewinnen. Innenzeichnung wurde durch Ritzung (sf. Technik) oder mittels Schweinsborste(?) ausgeführt, Details z.T. mit weißer und roter Farbe zugesetzt, so daß der Gesamteindruck der einer vierfarbigen Zeichnung war ([13]. [14]). Im Export führen im 8.–7. Jh. korinth., euboiische und ion. Werkstätten, seit 6.–4. Jh. att. Ware; seit dem späten 5. Jh. entsteht in Unteritalien und Sizilien eine bedeutende Vm.

Hatte die minoische Vm. vor allem Pflanzen- und Seetierbilder geliebt, so tritt in der myken. Vm. schnell eine gewisse Verhärtung, in submyken. Z. (ab 12. Jh.) eine deutliche Verarmung auf. Die geometr. Vm. (10.–8. Jh.) kennt zunächst horizontale, später auch vertikale Ornamentstreifen aus mittels Zirkel und Lineal herstellbaren Motiven, seit dem 9. Jh. kommen vereinzelte dem System unter- oder eingebundene Tier- und Menschenfiguren, seit dem 8. Jh. ganze Friese und erzählende Bilder vor ([24]. [25]. [35]). Die Erforschung der Bedeutung dieser Ornamentik steht noch ganz in den Anfängen ([23]), ebenso die Scheidung der verschiedenen örtl. Werkstätten. Mit dem Eindringen vegetabiler, organ. Formen, dem Anverwandeln aus dem O. eingedrungener figürlicher und ornamentaler Motive (vor 700) differenzieren sich die Landschaftsstile deutlicher, bis E. 7. Jh. eine breite Palette erreicht ist, die im Laufe des 6. Jh.s schrittweise von der technisch und künstlerisch überlegenen att. Vm. verdrängt wird. Um 530 entsteht in Athen die rf. Zeichenweise, bei der die Figuren (später auch die Ornamente) aus dem Grund ausgespart werden, nur der Grund mit schwarzem Glanzton gedeckt wird. Lange stand im Zentrum der Forschung vor allem die Frage nach Vasenmalern und -Werkstätten ([26]. [27]. [28]. [31]), erst spät auch nach den Töpfern ([34]). Diesen Problemen steht man h. kritischer gegenüber ([29]): Funktion und Bedeutung von Form und Inhalt interessieren stark. Die Beschäftigung mit den Ornamenten steht immer noch in den Anfängen ([21]. [22]). Das Verhältnis von Töpfer, Maler und Werkstatt ist von Beazley weit gefördert ([16]. Vgl. [17]. [18]), das der Beziehung von Besteller und Hersteller trotz [19] (falsche Auswertung der → Lieblingsinschriften) noch weitgehend ungeklärt.

In Unteritalien und Sizilien spielen in der Vm. Jenseitsvorstellungen eine große Rolle. Stilistisch führt der Weg von der sauberen Präcision der att. Zeichnung und der farbigen Zurückhaltung der att. Vm. zu Lockerung, starker Farbigkeit und wuchernder Ornamentik. Die Etrusker kennen neben einheimischen Techniken, vor allem Relief- und Ritzverzierung (»Bucchero«-Keramik), aus Griechenland übernommene Zeichnungstechnik (Beazley Etruscan Vase Painting).

Im Hellenismus tritt zunächst die Farbigkeit in den Hintergrund, Reliefkeramik (»Megarische Becher« u.a. [33]) und einfach verzierte Gebrauchskeramik nüchterner Formgebung bestimmt das Bild ([32]). Im Späthellenismus blüht in der Magna Graecia nochmals die – nun ganz malerische – Farbigkeit, vgl. die V. aus Canosa (→ Canusium) und Centuripe (→ Kentoripa). Die röm. V. sind meist einfaches Gebrauchsgeschirr (→ Terra sigillata). Nach Qualität und Bedeutung sind die att. V. des 6.–4.Jh.s im Alt. nie übertroffen worden. W. H. G.

1. *Furtwängler-Reichhold* Griech. Vm., 1900ff. *Buschor* Griech. Vm., 1913 (³1925). 2. *Ders.* Griech. V., 1940. 3. *Pfuhl.* 4. *Arias-Hirmer(-Shefton)* Tausend J. griech. V.kunst, 1960 (1962). 5. *R.M.Cook* Greek Painted Pottery, 1960. *Lane* Greek Pottery, 1948. 6. *Sichtermann* Die griech. V., 1963. 7. *Ders.* Griech. V. in Unteritalien, 1966. 8. *Schiering* Werkstätten orientalisierender Keramik auf Rhodos, 1957. 9. *Ders.* Griech. Tongefäße, 1967. 10. *Scheibler*, Lex. d. Alt. Welt 3186ff. 11. *Rumpf* HBArch IV/1, 1953. 12. *G.M.A. Richter–M.S. Milne* Shapes and Names of Athenian Vases, 1935. 13. *Schumann*, Ber. d. Deutsch. Keram. Gesellsch. 1942. 14. *Noble* The Technique of Painted Attic Pottery, 1966. 15. *Hampe-Winter* Bei Töpfern u. Töpferinnen in Kreta, Messenien u. Zypern, 1962; Bei Töpfern u. Zieglern in Süditalien, Sizilien u. Griechenland, 1965. 16. *Beazley* Potter and Painter in Anc. Athens – Proc. Brit. Acad. 30, 1946 (³1949). 17. *H. Philipp* Tektonon Daidala, 1968. 18. *Himmelmann*, Gn 42, 1970, 295f. 19. *T.B.L. Webster* Potter and Patron in Class. Athens, 1972. 20. *Langlotz* Z.Z.-bestimmung d. streng rf. Vm., 1920. 21. *Jacobsthal* Ornamente griech. V., 1927. 22. *Homann-Wedeking* Archaische V.ornamentik, 1938. 23. *Himmelmann*, Marb. Winckelmann-Pr. 1962, 10ff. 24. *Desborough* Protogeometric Pottery, 1952. 25. *Schweitzer* Die geometr. Kunst Griechenlands, 1969. *J.M.Davison* Attic Geometric Workshops, YCIS 16, 1961. 26. *Beazley* Development of Attic Black-Figure, 1951; AV 2, 1956. 27. *Ders.* Attic Red Figure Vase Painters, ²1963. 28. *Ders.* Paralipomena, 1971. 29. *M. Wegner* Duris, 1968; Brygosmaler, 1973. 30. *Trendall* Frühitaliotische V., 1938; Paestan Pottery, 1936; Papers Brit. School Rome 21, 1935, 34ff.; The Red-Figured Vases of Lucania, Campania and Sicily, 1967. 31. *Thompson*, Hesp. 3, 1934, 311ff. 32. *J. Schäfer* Hellenist. Keramik aus Pergamon, 1968. 33. *Hausmann* Hellenist. Reliefbecher, 1959. 34. *Bloesch* Formen att. Schalen, 1940. 35. *Fittschen* Unt.en z. Beginn d. Sagendarstellungen bei d. Griechen, 1969. 36. *Amyx*, Hesp. 27, 1958, 163ff.

Vasio. Stadt der Gallia Narbonensis, Hauptort der → Vocontii, h. Vaison. Der Name ist ligurisch; ihn tragen auch eine Quelle und ein Fluß: *(dea) Vasio* CIL XII 1301. 1336. ESPÉR. Inscr. 201. Strab. 4,1,11 erwähnt *πόλιν Οὐασίωνα* zw. Druentia und Isara. Mela 2,5,75 nennt V. *opulentissima.* Plin. 3,37. 7,178 bezeichnet als *Vocontiorum civitatis foederatae duo capita* V. et Lucus Augusti. *Οὐασίων* Ptol. 2,10,8. In den Inschr.: *c(ivitas) V(asio) V(ocontiorum)* CIL XII 5669; ethn. *Vasiensis* und *Vasiensis Vocontius*, Doppelethnikon in der ligur. Art CIL XII 1357. 1360ff.

Keine röm. Kolonie, sondern einheimische Stadt. Hatte ihre eigene Verwaltung mit *aediles* und einem *praefectus.* CIL XII 1357 nennt sie *respublica Iuliensium,* 1381 *civitas.* Augustus und bes. Agrippa begünstigten sie. Um 20/19 v. Chr. wurde die Siedlung von ihrem Felsen am linken Ufer der Ouvèze an einen günstigeren Ort auf dem rechten Ufer verlegt. Die Stadt entwickelte sich rasch im 1. Jh. zw. dem Fluß und dem Hügel Puymin. Besondere Bedeutung kam dem Ackerbau (Wein, Öl, Getreide) zu. Aber V. blieb eine kleine Stadt.

Das Forum ist noch nicht entdeckt. Die vor dem J. 1914 begonnenen, seit dem J. 1920 weiter entwickelten Ausgrabungen haben zwei Quartiere zu Tage gefördert. 1. Das Quartier Puymin: bes. die Privathäuser der Messii, mehrere mit Mosaiken; andere namenlose in 2 Häuserblocks beiderseits einer Straße; die porticus Pompeia, ein rechteckiger Platz mit Säulengängen und von Bildwerken, bes. dem Diadumenos (jetzt im Brit. Mus.), geschmückten Exedren; ein Nymphaeum und im N. ein an den Hügel gebautes Theater mit einem Durchmesser von 96 m (Orange: 103 m). Es wurde früh, wahrscheinl. z.Z. des Kaisers Tiberius, erbaut, im 3. Jh. erneuert, im 5. Jh. verlassen. Seine Anlage ist klassisch. In den Nischen der Bühnenwand mehrere Bildwerke: Statuen der Kaiser Tiberius (im Zentrum), Hadrian, der Sabina, von Munizipalbeamten; Köpfe: Venus, Apollo, Bacchus; Masken. 2. Das Quartier la Villasse: eine Basilica und reiche Privathäuser (Maison du Buste en argent, à atrium, au dauphin) mit Wandgemälden und Mosaiken; Thermen. Andere Funde: die Fundamente der Kathedrale, die aus dem 6./7. Jh. stammt; Friedhöfe.

Kein kelt. Fund der La Tène-Z. Doch sind viele Beinamen und Personennamen der Einwohner keltisch. Unter den Inschr. befinden sich nur zwei kelt. in griech. Buchstaben: eine Weihung für die Göttin Belisama CIL XII S. 162; eine Weihung für den Gott Graselos CIL a. O. S. 824. Einheim. Gottheiten: der Hammergott (→ Sucellus), drei → Matres, Dreiheit Mercurius-Iuppiter-Mars, Nymphae, usw.

Aus V. stammten Sex. → Afranius (3) Burrus, der Lehrer Neros (CIL XII 5842 = DESSILS 1321) und wahrscheinl. L. → Duvius Avitus.

Wenige Dokumente des 3. Jh.: die silberne Büste eines Bürgers um 200, eine Statue des Kaisers Gallienus, deren Inschr. erhalten ist (CIL XII 1352). In der Spätzeit gehört die *civitas Uasiensium* zu der prov. Viennensis (Not. Gall. 11,10). Das älteste chr. Zeugnis: die Teilnahme von *Daphnus episc.* und *Victor exorcista de civ. Vasiensi* am Konzil von Arelate im J. 314. Chr. Inschr.: LE BLANT Nouveau rec. des inscr. chrét. de la Gaule 487. CIL XII 1497. M. L.

J. Sautel Vaison dans l'antiquité, 3 vol., Avignon 1942. *Ders.* Vaison-la-Romaine, Sites, Histoire et monuments, Lyon 1955. *Ders.* FOR, Carte arch. Gaule rom. Vaucluse, VII, Paris 1939, 50. *Grenier* MAN 3, Paris 1958, 194. 766. *Espér.* Rec. 1ff. 11. 12. Letzte Funde: Gallia.

Vates (zu gall. *οὐάτεις* [Nom. Pl.], altir. *fāith*, got. *wōds* u.a.), kaum kelt. Lehnwort (SCHMIDT, Glotta 44, 1966/67, 168. 172), sondern idg. (PORZIG Gliederung d. idg. Sprachgebiets 127; vgl. [1]), doch sind Angleichungen der röm. V.

an die kelt. Priesterkaste der V. (Strab. 4,197; LE ROUX, Ogam 19, 1967, 303ff. DE VRIES Kelt. Rel. 215ff.), so bes. durch [2], der sie zu »urlatin.« Stammespriestern, Medizinmännern, Vorsängern der → Arvales fratres, Schamanen usw. macht, Spekulation. Personen wie → Marcius (I 2) *vates* vom 3. Jh. v. Chr. bleiben ein Schemen (Isid. orig. 6,8,12), und durch die Wortgesch. ([3]) ist teils nur sicher, daß seit den ersten V.-Belegen (Enn. ann. 214; scaen. 319. Plaut. Mil. 911) V. = μάντις = »Wahrsager« ist, teils vermutbar, daß er Vf. saturnischer *carmina* divinator. Inhalts war (ALTHEIM Gesch. d. lat. Spr. 452ff.). Doch besaß er nie öffentl.-kult. Rang wie die → Augures (DUMÉZIL La rel. rom. arch. 134), und sein rel. Ansehen war von Ennius bis Cicero, der ihn z. B. im Mantikerkatalog (nat. 1,55) zu vorletzt einstuft, gering. Bedeutungsaufwertung erfolgte dann überraschend durch die august. Dichter, die V. = »göttl. inspirierter Dichter« setzten und vom *poeta*-Begriff abgrenzten ([4]), und zwar zuerst durch Verg. ecl. 7,28. 9,34 und Hor. epod. 16,66. Quelle war hierbei Varro l. l. 7,36 und bes. *de poematis* ([5]), der infolge irriger Etym. und Mißverständnis von Enn. ann. 214 die Gleichung V. = *antiqui poetae* eingeführt hatte. D. Wa.

1. *Thieme* Die Wurzel *vat*, in: Idg. Dichtersprache, hg. v. R. Schmitt, 1968, 187ff. 2. *Bickel*, RhM 94, 1951, 257ff. 3. *Runes*, Festschr. Kretschmer, 1926, 202ff. 4. *Newman* The Concept of V. in Augustan Poetry, Coll. Latomus 89, 1967. 5. *Dahlmann*, Philol. 97, 1948, 337ff.

Vāticānus ager. Gebiet längs des w. Tiberufers etwa vom pons → Mulvius bis zum → Ianiculum. Von Höhen (*montes V.* Cic. Att. 33,13,4) durchzogen bildet es zum Fluß hin eine Ebene (*V. vallis* Tac. ann. 14,14; *Vaticanum* Plin. nat. 18, 20). Der Boden war karg (Cic. leg. agr. 2,96), der dort gezogene Wein schlecht (Martial. 6,92,3). Seit sullan. Z. entstand dort ein Viertel der unteren Bevölkerungsschichten. Die Ebene galt als unzuträglich (Tac. hist. 2,93). An den Hängen erstreckten sich Gärten bis an den Fluß. Zu den berühmten Anlagen im V. a. gehören der Zirkus Caligulas (*circus V.* Plin. nat. 16,201), Ort des Christenmartyriums (Tac. ann. 15,44), bei dem die Legende das Grab Petri lokalisiert (Prud. c. Symm. 1,584), h. Basilica S. Pietro; die Naumachie des Augustus (Mon. Anc. 4,43. Tac. ann. 12,56), die Moles Hadriani (H. A. Hadr. 19) und die Aqua Traiani (CIL VI 1260). Die ant. Erklärer leiten den Namen von *vates* (Paul. Fest. 519 L. Gell. 16,17,1; anders Varro b. Gell. a. O. 2) her, während man ihn seit NIEBUHR auf eine alte Siedlung * *Vaticum* bezieht. K. D. F.

Radke, RE VIII A 490ff. *Nissen* It. Ldk. 2,490. 533. *Richter* Top. 268ff. *Elter*, RhM 46, 1891, 112ff.

Vatinius. I. Republikan. Zeit. **1.** P. V., Vorfahr des Caesaranhängers, stammte aus Reate. In der Nacht nach der Schlacht bei Pydna verkündeten ihm die Dioskuren im Traum den röm. Sieg über Perseus (Cic. nat. 3,5,13. 2,2,6. Val. Max. 1,8,1). **2.** P. V., * etwa 95, stammte aus einer reatin. Familie (Cic. Vat. 17: *emersus e coeno*) und ist einer der wenigen Munizipalen, die es bis zum Consulat brachten. Schon die Wahl zum Quaestor 63 gelang ihm jedoch nur knapp und nicht *suo anno*, so daß er seinen politischen Aufstieg wohl allein seiner Bindung an Caesar zu verdanken hatte (T. P. WISEMAN New Men in the Roman Senate 139 B. C.-A. D. 14, 1971, 167). Damit gehört er in die Reihe der popularen Politiker (CHR. MEIER, RE Suppl. X 574), und die Erklärung, die er 59 als Volkstribun abgab, er werde sich in seinen Amtshandlungen nicht durch Entscheidungen der Auguren hindern lassen – zweifellos ein Rechtsbruch (Cic. Vat. 14) –, empörte seine optimat. Gegner ebenso wie der wohl von ihm organisierte Angriff auf Bibulus vor der Abstimmung über Caesars 1. *lex agraria*. V. selbst brachte 59 eine *l. iudiciaria* (ROTONDI LPPR 391) ein, wirkte in Zusammenhang mit der Bestätigung der Maßnahmen des Pompeius im O. am Abschluß endgültiger Verträge mit den dortigen Staaten und an der Reduktion der Pachtsumme für die Publikanengesellschaften in Asia mit (E. BADIAN Publicans and Sinners, 1972, 102. 104) und brachte in der 1. Jahreshälfte (zum Termin vgl. CH. MEIER, Hist. 10, 1961, 80ff. 87. L. ROSS TAYLOR, Hist. 17, 1968, 187. GUNDEL, RE VIII A 501f.) die *l. de imperio Caesaris* ein, die Caesar auf 5 J. die Provinzen Gallia Cisalpina und Illyria, 3 Legionen und das Recht auf Legatenernennung übertrug. Auch die Gründung der latin. Colonie Novum Comum geht auf ein Gesetz des V. von 59 zurück (ROTONDI LPPR 392). Ungeklärt bleibt die Rolle des V. in der Vettiusaffaire, an der er viell., im Auftrag Caesars, führend beteiligt war. Nachdem V. den Versuch der optimat. Gegenseite, ihn nach Ablauf seines Volkstribunats durch eine Anklage wegen verschiedener Vergehen zu Fall zu bringen, mit Hilfe des Volkstribunen von 58, P. → Clodius (I 8), niedergeschlagen hatte, trat er das Amt eines Legaten bei Caesar in Gallien an, befand sich aber schon 57 wieder in Rom, wo er sich vergeblich, wohl auf Grund der veränderten polit. Konstellation, um die Aedilität bewarb. In den Prozessen gegen Milo und Sestius 56 trat V. als Zeuge der Anklage auf, wofür die Rede Ciceros für Sestius und die Befragung des V. als Zeugen, in denen Cicero vernichtende Kritik an V. übte, als Quellen erhalten sind; doch verlief eine weitere Anklage durch C. Licinius → Macer (2) Calvus im Sande, da sich nach der Konferenz von Luca das polit. Kräfteverhältnis wieder zugunsten Caesars verschoben hatte, so daß sich V. bei der Wahl der Praetoren für 55 gegen seinen Mitbewerber → Cato (10) durchsetzte (BROUGHTON 2,216). In diesem J. scheint auch die Versöhnung mit Cicero stattgefunden zu haben, ja als V. 54 wiederum von Calvus vor Gericht gezogen wurde, sah sich Cicero von Caesar gedrängt, V. zu verteidigen (fam. 1,9,4; ad Q. fr. 3,9,5). In den folgenden J.en wird V. 51 als Legat Caesars in Gallien (Gall. 8,46,4) und während des Bürgerkriegs Anf. 48 erwähnt, als er am Apsus versuchte, das Heer des Pompeius zur Einstellung des Kampfes zu überreden (Caes. civ. 3,19,2ff.). Von Caesar mit der wichtigen Aufgabe der Verteidigung Brundisiums betraut, nahm V. Cicero dort bis zum Aug. 47 auf (Cic. Att. 11, 5,4). Mit einer provisorisch zusammengestellten Flotte gelang es V. 47, schnell und energisch gegen M. → Octavius (I 17) vorzugehen, den er bei → Tauris vernichtend schlug, womit das Gebiet der Adria wieder unter der Kontrolle Caesars stand (Bell. Alex. 43–47). Caesar belohnte V. mit dem Consulat, das er mit Q. → Fufius (I 5) Calenus für den Rest des J.s 47 bekleidete. In diesem J. zog V. anstelle von Appius → Claudius (I 28) Pulcher ins Augurencollegium ein. Nachdem er für seine Erfolge gegen die aufständischen Einwohner Illyriens, das er 46/45 als Proconsul verwaltete, eine *supplicatio* erhalten hatte, wurde ihm 44 wohl noch von Caesar für weitere Siege der Triumph bewilligt, den er jedoch erst 42 in Rom feierte, nachdem er Ende 44 oder Anf. 43 zwar dem aus Makedonien heranrückenden Brutus sein Heer übergeben, bald darauf aber sich den Triumvirn angeschlossen hatte. Viell. ist er kurze Z. nach seinem Triumph gestorben. Das Urteil der ant. Quellen über V., der ein Anhänger des Pythagoras gewesen sein soll (Cic. Vat. 14), ist geprägt von Vorbehalten gegen den *homo novus* und Caesaranhänger (Cic. Vat. passim. Catull c. 14,3. 52,3. 53,2), der, wie vor allem sein Volkstribunat zeigt, in der Politik wenig Skrupel kannte. Hinzukommt, daß V. aufgrund körperlicher Gebrechen (Gicht, Geschwüre), vielleicht auch aufgrund mangelnder Urbanität (L. G. Pocock A Comm. on Cic. in Vatin., 1926, 44f.) den Spott seiner Umwelt herausforderte (Cic. Att. 2,6,2; 9,2; Sest. 134f.), den er jedoch humorvoll trug. Sein Witz (Cic. fam. 5,9. 10a. b), seine mil. und polit. Fähigkeiten waren offenbar nicht unbedeutend. M. D.-M.

II. Kaiserzeit. Körperlich entstellter Hofnarr bei Nero (Martial. 14,96), der schlechten Einfluß auf diesen hatte, doch es zu Ansehen und Reichtum brachte, Tac. ann. 15,34,1f. In einem Drama des Curiatius Maternus angegriffen, verlor er seine Stellung, Tac. dial. 11. R. H.

Vātrēnus (Martial. 3,67,2, hsl. auch *Vaternus*), durch die lagunenartige Mündung im *portus Vatreni* sehr träger (Martial. a.O.) s. Nebenfluß des Po aus dem Gebiet von Imola (Plin. nat. 3, 119f.). Tab. Peut. 4,5 an falscher Stelle *Saternum*; h. Santerno. G. R.

Forbiger HB. d. alt. Geogr. 3,368. *Nissen* It. Ldk. 2,251.

Veamini(i). Volksstamm der Alpes Maritimae. Durch Augustus unterworfen, auf dem Bogen von Susa (CIL V 7231, 9/8 v. Chr.) und auf den → Tropaea Augusti (Plin. nat. 3,136. CIL V

7817, aus dem J. 7/6) genannt. Ihre Wohnsitze sind nicht genau bekannt. Da sie z.Z. des Augustus zum regnum Cottii (→ Iulius A II 33) geschlagen wurden, sollten sie auf dem w. Abhang der Alpen gelegen haben. Man hat an die Hochtäler des Verdon (Barcelonette), Var und der Tinée gedacht (N. Lamboglia, Rev. Ét. Lig. 9, 1943, 138). Alle Personennamen *Veaminius* stammen von der ital. Seite der Seealpen. CIL V 7504. 7639. 7856. 7813. M. L.

Vecellinus s. Vicellinus. Cassius (I 26)

Vectigal. V. bedeutet in früherer Z. Naturallieferungen, zunächst bes. vom *ager publicus* und vom Boden in den Provinzen; dann vom sämtlichen Staatsland (auch Weide, Wald usw.); alle versteigerten und durch Steuergesellschaften eingezogenen Steuern (Dig. 50,16,17,1); schließlich ist V. ein allg. Ausdruck für sämtliche Steuern, Abgaben, Kriegstribute (Festus 563 [371 M.]. Liv. 33,47,1). Die V. sind in republikan. Z. die Haupteinnahmen des Staates, in der Kaiserzeit das → *tributum*; später bezeichnet man im jurist. techn. Sinn hauptsächlich die indirekten Steuern, die röm. Bürger und Nichtbürger gleichermaßen trafen, als V., wie: Zölle *(→ portorium)*, Steuern bei Freilassung, Erbschaft *(vicesima hereditatium)*, Verkauf (»Mehrwert«, → *centesima rerum venalium*), Sklavenverkauf, Prozeß; dann die Berufssteuern, Salzsteuer, Bergwerksteuer *(metalla)*, Instandhaltung von Wasserleitungen und Straßen. V. heißen auch die Einkünfte der Städte und Gemeinden; das Wort kann aber auch Privateinkünfte jeglicher Art bedeuten. Th. P.

R. Cagnat Ét. hist. sur les impôts indirects chez les Romains, 1882. *Ders.*, Dar-Sagl. 5,665f. *W. Schwahn*, RE VII A 1ff. → portorium, → publicani, → tributum. Neuere Gesamtdarstellung fehlt.

Vediovis s. Veiovis

Vedius. Ital. Gentilname, vielleicht etr. Ursprungs (Schulze Eigenn. 251). **1.** P. V., Lebemann und Freund des Pompeius, von dem Cic. Att. 6,1,25 (März 50) Amüsantes zu berichten wußte. H. G. G.

2f. Vedii Antonini. Angehörige eines aus Kaufleuten hervorgegangenen und in Ephesos ansässig und reich gewordenen Geschlechtes. Seit traian. Z. sind sie in der ephes. Bule nachweisbar; allerdings dürften sie bereits in hadrian. Z. in der männlichen Linie ausgestorben sein und erst durch Arrogation oder testamentar. Verfügung aus der Gens Claudia wieder Nachwuchs erhalten haben; so kamen Angehörige dieser *gens* zu den höchsten Ehrenstellen und Reichtum. Auf dem Markt von Ephesos wurden Standbilder aller V. vor Mitte des 3. Jh.s aufgestellt, Keil Forsch. Eph. 3 Nr. 75ff.: 166ff. Groag, JOEAI 10, 1907, 290ff. Stammbaum s. Keil, RE VIII A 565. **2.** M. Claudius P. V. Antoninus Phaedrus Sabinianus. *Tribunus leg. IV Scythicae* und Quaestor von Cyprus, Forsch. Eph. 4,1, Nr. 10. Nach JOEAI 25, 1929, Beibl. 25f.

erbaute er mit seiner Gattin Fl. Papiana (JOEAI 44, 1960, Beibl. 94 Nr. 22) das Gymnasium in Ephesos, ferner um 151 das Odeum (Inscr. Brit. Mus. III 489. 491. 492) mit Standbildern der Kaiserfamilie, a. O. III 505. Vater von Nr. 3. **3.** P. V. Papianus Antoninus, Forsch. Eph. 3 Nr. 79. Er starb jung kinderlos und setzte die Artemis als Erbin ein, Inscr. Brit. Mus. III 155. D. Magie Rom. Rule in As. Min. 2,632. 1439. **4.** P. V. Pollio. Reicher Freund des Augustus, Cass. Dio 54,23,1, viell. aus Beneventum, CIL IX 1556. VIII 22637,107 (AE 1971, 487). In den Ritterstand erhoben, Tac. ann. 12,60,4. Syme, JRS 51, 1961, 23ff. identifiziert ihn mit dem Cic. Att. 6,1,25 (vom J. 50 v. Chr.) genannten Freund des Pompeius. In hoher Stellung ohne ausdrückliche Bestellung zum *procos. prov.* war er in Asien tätig, IGRom IV 215. AE 1903, 212. BMCGr Lydia 338 Nr. 74. 76; er erließ eine *constitutio Vedi Pollionis* (Doerner Der Erlaß des Statth. v. Asia, Paullus Fabius Persicus, Diss. Greifswald 1935; s. Atkinson, Rev. Intern. Droits Ant. 9, 1962, 261–289); dort bereicherte er sich maßlos: sein Luxus (Tac. ann. 1,10,5) war sprichwörtlich. Er soll seine Muränen mit Sklavenfleisch gefüttert haben, Plin. nat. 9,77. Cass. Dio 54,23,2 u. a. Sein Gut am → Pausilypum vermachte er bei seinem Tod 15 v. Chr. dem Augustus (Plin. nat. 9,167), auf seinem Stadthaus ließ dieser die *porticus Liviae* anlegen (Cass. Dio a. O. Ov. fast. 6,643f.). R. H.

Vegetius. P. V. Renatus lebte Ende des 4. Jh.s n. Chr., hatte das Amt eines *comes sacrarum largitionum* inne und befaßte sich mit Pferdezucht. V., Vf. einer *epitoma rei militaris* und einer *mulomedicina*, war weder Fachmann der Veterinärwissenschaft noch des röm. Heerwesens. Die *epitoma* ist offenbar an Theodosius I. gerichtet und besteht aus 4 B. B. 1 befaßt sich mit der Aushebung und Ausbildung der Rekruten, B. 2 ist der Legion und ihren Einrichtungen gewidmet, B. 3 behandelt die Kriegskunst und das 4. B. den Festungs- und Seekrieg. Hinsichtlich der Quellenfrage steht fest, daß V. im 1. B. die Enzyklopädie von A. Cornelius → Celsus (8), im 2. das Werk *De re militari* von → Tarruntenus Paternus und im 3. und 4. die Taktik von Sex. Iulius → Frontinus benutzte. Ob es die einzigen Quellen gewesen sind (so D. Schenk, Klio Bh. 22, 1930), ist nicht geklärt. V'. *epitoma* diente bis ins 19. Jh. als mil. Hand- und Lehrbuch und wurde häufig übersetzt. Die seit dem 18. Jh. einsetzende krit. Einstellung führte zur Frage nach den Quellen und zur Ta. von C. Lang (Lpz. 1869, ^{2}1885). Sie beruht auf rund 140 Hss. Die älteste liegt in den Exc. des Palimps. Vatic. Reg. 2077 vor, dessen 2. Schrift aus dem 7. Jh. stammt. Im J. 1938 kam der Palat. Vatic. 1572 aus dem 9. Jh. neu hinzu. – Auch die *mulomedicina* umfaßt 4 B., von denen die ersten 3 eine allg. Tierheilkunde, das 4. eine Rinderheilkunde beinhalten. Als Quellen führt V. namentlich Apsyrtus, Chiron, → Columella und Pelagonius an, von denen bisher letzterer und Chiron für die B. 1–3 und Colum. für das 4. Buch nachgewiesen sind. Die bedeutendste Hs. ist das Kölner Apogr. Leidense (Voss. lat. fol. 71) vom Jahre 1537, das eine Abschrift des verlorenen cod. Corbeiensis darstellt, der den echten Text enthielt. A. N.

Maßgebende krit. Ausg.: *E. Lommatsch* P. V. Renati digestorum artis mulomedicinae libri, 1903. Ed. princ.: *J. Faber*, Basel 1528.

A. R. Neumann, RE Suppl. X 992ff. *Ch. E. Finch*, TAPhA 93, 1963, 20ff.

Vegoia (Feldm. 1 p. 350f.) oder *Begoe* (Serv. Aen. 6,72; vgl. weibl. Personennamen *Vegoe* CIL XIV 1738), etr. Prophetin; ihr schrieb man B. über Blitzlehre zu (Serv. a. O. Amm. 17,10,2 *Vegonicis*), die später im palatin. Apollotempel lagen (Serv. a. O.). Unter dem Namen der V. geht in Form eines Briefes an Arruns Veltymnus eine Kosmogonie (Feldm. a. O.), die nach soziolog. Voraussetzungen und Anspielungen auf Ereignisse der Z. vor dem Ende des 8. *saeculum* ca. 91/90 v. Chr. verfaßt ist. Der Name V. entspricht etr. *vecui* (CIE 1499f.), Feminin. zu etr. Familiennamen *vecu* (CIE 1494ff.) aus Clusium. G. R.

Müller-Deecke-Pfiffig Die Etrusker 2,30f. *Mommsen* Röm. Chronol. ^{2}189 Anm. 372. *Wissowa*, Myth. Lex. 6, 172f. *Schulze* Eigenn. 250. 324. *Thulin* Die etr. Disziplin 1,3ff. *Pfiffig*, G 68, 1961, 55ff.

Vehicularius cursus s. Agentes in rebus. Angarium. Cursus publicus

Veia. Personenname, wohl etr. Herkunft (Schulze Eigenn. 251), auch inschr. – Giftmischerin, von Hor. epod. 5,29 zusammen mit → Canidia (3) genannt. H. G. G.

Veianius. Als Gladiator vor 24 v. Chr. tätig, Hor. epist. 1,1,4, cf. CIL XV 6247. R. H.

Veiento. Cognomen etr. Herkunft (I. Kajanto Lat. Cognomina, 1965, 119, → Veii), auch inschr., vgl. ebd. 189f., möglicherweise auch – seltener – Eigenname. Bei dem von Cic. Att. 7,3,5 genannten V. (wahrscheinlich Legat in Syrien 50 v. Chr., Broughton 2,253) handelt es sich wohl um → Fabricius (I 6) V. H. G. G.

Vēii (*ē* Prop. 4,10,27. Lucan. 5,28. 7,392; *Οὐεντία* App. It. 8; vgl. *Veientes, Veientani*), weniger als 20 mp (Liv. 5,4,12; nach Tab. Peut. 5,4. Dion. Hal. ant. 2,54 ca. 12 mp., nach Eutr. 1,4. 9 irrig 18 mp) n. Roms zw. tiefen Bachtälern auf Hochplateau günstig (vgl. die Absicht der Römer, nach dem Gallierbrand nach V. umzuziehen) gelegene reiche (Plut. Rom. 25,2. Dion. Hal. 2,54. 12,15) Etruskerstadt, urspr. von Königen regiert (Liv. 5,1,3. Prop. a. O.): Morrius (Serv. auct. Aen. 8,285) und Propertius (Cato frg. 48 P.) tragen ital. Namen, während der des Lars → Tolumnius (*rex* bei Cic. Phil. 9,4. Liv. 4,17,8. Serv. auct. Aen. 6, 841) in V. inschr. als *tulumnes* bezeugt ist (Pallottino Testim. ling. etr. Nr. 36. 38). Der Überlieferung nach liegt V. seit Romulus (Triumph Dion.

Hal. 2,55; der des Ancus Marcius ebd. 3,41) mit Rom im Krieg und verliert die *septem pagi* (Liv. 1,15,5. 2,13,4. Dion. Hal. 2,55,5. Plut. Rom. 25,5), die Salzfelder an der Tibermündung und schließlich den »Brückenkopf« → Fidenae (Plut. Rom. 25,2 u.a.). Nach Triumph des → Valerius (A I 54) Poplicola (CIL I^2 p. 43. Vir. ill. 15) im 5. Jh. v. Chr. Niederlage der Fabier an der Cremera (Liv. 2,48, 8ff. Dion. Hal. 9,14f. Diod. 11,53) und röm. Sieg über Tolumnius (Liv. 4,20,5ff. *spolia opima* des → Cornelius [I 17] Cossus). Röm. Belagerung im Bericht über 10jährige Dauer an Troia angeglichen (Flor. 1,6). Einnahme mit Entwässerung des *lacus Albanus* durch etr. und delph. Weissagung (anderes Vorzeichen die Fahrt der siegreichen *quadriga* aufs Kapitol: Plin. nat. 8,161. Plut. Popl. 13) verknüpft (Cic. div. 1,100. Liv. 5,15,2. 19,1. Plut. Cam. 3); sie erfolgt am gleichen Tage wie die von Melpum durch die Gallier (Nep. frg. 7 P.) durch Stollen unter dem Tempel (auf der *arx*, h. piazza d'armi) der Iuno (Liv. 5,21,10. Diod. 14,93); die Göttin war vorher evoziert worden (Liv. 5,21,3. 22,5 u.a. Plut. Cam. 6. Dion. Hal. 13,3). Devotion V.s und anderer Städte (Macr. Sat. 3,13) zweifelhaft. Der Sieger weiht goldene Schalen aufs Kapitol vor der *cella* der Iuno (Liv. 6,4,3), goldenen Krater nach Delphi ins massaliot. Schatzhaus (Diod. 14,93. App. a.O.). Auf dem *ager Veiens* werden 4 neue *tribus* eingerichtet (Liv. 6,5,8. Diod. 14,16). Neubesiedlung (Strab. 5,226) als *municipium* (Plin. nat. 3,52); später *municipium Augustum Veiens* (CIL XI 3797. 3805. 3808; *municipes intramurani*). Der *ager V.* (Feldm. p. 220ff.) wird vom *ager Crustuminus* durch den Tiber geschieden (Plin. nat. 3,53), reicht bis an die *ripa Veientana* (CIL VI 31547ff.). Bedeutendste Z. V.s ist das 6. und 5. Jh. v. Chr. Damals wirkte der Bildhauer → Vulca (Plin. nat. 35,157; vgl. Rumpf, RE IX A 1223ff.) dort; Minervatempel (vgl. Inschr. mit dem Namen der Göttin NSA 1930, 308. 313. 320) auf Portonaccio wegen der dort gefundenen Apollostatue früher irrig Apollo zugeschrieben; Kult der Artemis und Turan inschr. (Pallottino a.O. Nr. 45). Verschiedene Bestattungsarten begegnen nebeneinander; bes. reich die Tomba Campana. Geringfügige Reste der röm. Stadt sind bei h. Isola Farnese erhalten. G. R.

Forbiger HB. d. alt. Geogr. 3,432. *Nissen* It. Ldk. 2,356ff. *Alföldi* Early Rome and the Latins 231ff. *Beloch* RG 298ff. *Banti* Welt d. Etrusker 39ff. *Dennis* The cities and cemeteries of Etruria 1,31ff. *Müller–Deecke–Pfiffig* Die Etrusker 1,106ff. *Hubaux* Rome et Veies. *J. W. Ward Perkins*, Pap. Brit. Sch. Rome 29, 1961. *M. Santangelo*, Latomus 8, 1949, 43. *Holland*, TAPhA 80, 1949, 289ff. *E. Stefani*, Pap. Brit. Sch. Rome 27, 1959, 38ff. *Schachermeyr* Etr. Frühgesch. 169. *G. A. Colini*, NSA 1913, 164ff. 1914, 353ff. 1919, 3ff. 1922, 379ff. 1929, 325ff. *R. Werner* Der Beginn d. röm. Republik 392. *S. Ferri*, SE 24, 1955/56, 107ff.

Veilchen (ἴον, ἰωνία. *viola*). Die ant. Bezeichnungen wurden sowohl auf eine Gruppe von Kreuzblütlern wie Levkoje, Goldlack und Nachtviole (die hier nicht berücksichtigt werden) als auch, im engeren Sinne, auf versch. Arten der Violaceae angewendet, was die genaue Bestimmung der jeweils gemeinten Pflanze häufig sehr erschwert. An der ältesten Stelle, Hom. Od. 5,72, bedeutet ἴον viell. nur allg. »dunkelblühende Blume« ([2], 261).

Am meisten beachtet wurde in der Ant. verständlicherweise Viola odorata (ἴον μέλαν, *viola* [*nigra*]), das wohlriechende V. Eine ausführl. Beschreibung gibt Theophr. h. plant. 6,6,7 (vgl. auch Dioskur. 4,120. Plin. nat. 21,27, wieder zusammen mit Goldlack und Levkoje); der unterscheidende Hinweis, nur dieses V. durfte (c. plant. 6,20,1), verrät, daß andere Arten (Stiefmütterchen [viola tricolor = *v. agrestis* des Marcell. de medic. 22, 25?], Hunds- und Waldveilchen?) bekannt waren; genauere Angaben fehlen jedoch. Das in Griechenland bes. in höheren Lagen wildwachsende wohlriechende V. wurde in der Ant. auch systemat. in Gärten (Athen. 9,372b) angepflanzt, bei den Römern erst verhältnismäßig spät nach griech. Vorbild. Man schätzte diese Frühlingsblume aufgrund ihrer Farbe (auf die zahlreiche poet. Epitheta Bezug nehmen) und ihres Duftes (vgl. Plin. nat. 21, 35) und verwendete sie in Kränzen (Plat. symp. 212 d–e. Theokr. 10,28f.) und bei Symposien, plazierte sie als Nektarpflanze in die Nähe des Bienenstandes (Verg. georg. 4,32. Colum. 9,4,4; 5,6), bediente sich ihrer in der Med. (u.a. zur Kühlung, in Umschlägen gegen Entzündungen und Geschwüre, sogar gegen Epilepsie) und als Färberpflanze (Plin. nat. 33,163). Als Grabblume spielte das V. in Rom an dem gleichnamigen Gedenkfest *(dies violaris)* schwankenden Datums (inschr. Belege bei Wissowa Rel. ^{2}434,3) eine Rolle: man schmückte an diesem Tage das Grab mit V. *(violatio)*. Beziehungen zum Jenseits bestehen bereits im griech. Mythos: Auf der Wiese, von der Persephone geraubt wird, wachsen neben Rosen, Hyazinthen und Krokus auch V. (Hom. h. Dem. 6. Diod. 5,3. Athen. 15,684c); vgl. auch die Sage von → Attis und → Agdistis (Paus. 7,17,9ff. Arnob. 5,5). H. Gä.

1. *M. Schuster*, RE VIII A 591ff. 2. *V. Hehn* Kulturpflanzen u. Haustiere, Bln. ^{8}1911, 260f.

Vēiovis (Ov. fast. 3,430. 448. Myth. Vat. 3,6,1 im nom. sg., der urspr. * *vēdi̯ŏu̯-s*, *Vedius* lautete: Mart. Cap. 2,166. Myth. Vat.; ältere Form *Vēdi̯ŏu̯-* nur in obliquen Kasus: Inschr., Varro, Paul. Fest., Gell.), von T. Tatius (Varro l.l. 5,74) bzw. Romulus (Ov. fast. 3,431f.) zuerst verehrter röm. Gott. Tempel *in insula* seit 1. Jan. 194 (Fast. Ant. vet. ILLRP 9. Fast. Praen. CIL I^2 p. 231; bei Liv. 34, 53,7. Vitr. 3,2,3 *aedes Iovis*; vgl. Ov. fast. 1,293) am gleichen Tag (Fast.), im gleichen Tempel (Ov.) mit Aesculapius oder Faunus (Vitr.). Zweiter Tempel *in Capitolio* seit 7. März 192 (Fast. Ant. vet. a. O.; bei Liv. 35,41,8 *aedes Iovis*), *inter duos lucos* (Fast. Praen. a. O. 233. Vitr. 4,8,4; vgl. Ov. fast. 3,430), *inter arcem et Capitolium* (Gell. 5,12,2); Cypressenholzbild (Plin. nat. 16,216) mit Pfeilen in der Hand (Gell. 5,12,11) und Ziege (Gell. a. O. Ov. fast. 3,443) ohne Blitze (ebd. 438; vgl. jedoch Amm. 17,10,2). Deutung (Zweifel: Cic. nat. 3,62) als jugendlicher Apollo (Gell. 5,12,12), als Dispater (Myth. Vat. a. O. Mart. Cap. 2,142. 166) wegen der Vorsilbe *vē-* (Ov. fast. 3,445f. Gell. 5,12,8. Myth. Vat. a. O.), als »kleiner Iupiter« (Ov. fast. 3,437. 448. Paul. Fest. 519,22 L.); dem widerspricht V. als *pater* im ältesten Zeugnis (CIL I^2 1439) im Gentilkult der Iulier in Bovillae. Ziegenopfer *ritu humano* (Gell. 5,12,12), d. h. *humi* (Radke, RE Suppl. IX 1777) wie im Totenkult (Paul. Fest. 91,24 L.); Agonium am 21. Mai für V. (Fast. Venus. CIL I^2 p. 221). Anrufung bei Devotion Karthagos (Macr. Sat. 3,9,10). Nach h. Auffassung wird V. erst nach Umgestaltung des Iuppiterdienstes von Iuppiter bei vollem Anspruch auf dessen Namen differenziert. G. R.

Prell.-Jord. 1,262ff. *Wissowa* Rel. ^{2}236ff. *Ders.*, Myth. Lex. 6,174ff. *Latte* RRel 81f. *C. Koch* Der röm. Iuppiter 61ff. *Radke* Die Götter Altitaliens 306ff.

Velabrum hieß urspr. die ungesunde, sumpfige, oft von Überschwemmungen heimgesuchte Gegend zwischen Capitol, Palatium und Tiber. Nach dem Brand Roms unter Nero wurde dort das Niveau erhöht, und die Überschwemmungen hörten auf; der Name V. beschränkte sich seither auf die Gegend zwischen dem vicus Iugarius im N. und dem Forum holitorium, dem Forum boarium und dem vicus Tuscus im S. Dank seiner Lage zwischen Tiber und Forum Romanum entwickelte sich das V. schon früh zu einem lebhaften Viertel, das dem Durchgangsverkehr (Macr. Sat. 1,10,15: *locus celeberrimus urbis*) und dem Handel mit Lebensmitteln diente (Plaut. Capt. 489; Curc. 483. Hor. s. 2,3,229. Martial. 11,52,10): die Frg.e der Forma urbis Romae zeigen breite Straßen mit Läden. Der Name V. ist nach der modernen Forschung wohl auf die etr. Wurzel *vel* (Sumpf) zurückzuführen; an Heiligtümern ist uns nur das der Acca Larentia überliefert. Rud. G.

Lugli Centro 591ff.

Velauni. Volksstamm der Alpes Maritimae. Sie werden auf den → Tropaea Augusti (Plin. nat. 3,137. CIL V 7817; 7/6 v. Chr.) und auf einer Bronzehand (*ΟΥΕΛΑΥΝΙΟΙ*, IG XIV 2432, 2./1. Jh. v. Chr.) genannt. Ihre Wohnsitze sind nicht genau lokalisiert: im Tal des oberen Var oder des Estéron. N. Lamboglia, Rev. Ét. Lig. 10, 1944, 26. G. Barruol Les peuples préromains du Sud-Est de la Gaule, Paris 1969, 372. M. L.

Velchans. *Vel(χans)* in der 11. Region der Bronzeleber von Piacenza (Pallottino Test. ling. etrusc. [= TLE] 719 *velχ*) wird zu *Mulciber* bzw. *Vulcanus* bei Mart. Cap. 1,48f. gestellt und mit

kret. Zeus *Ϝελχάνος* (Hesych. s. *Γελχάνος*), auf Mz. aus Phaistos (Head HN^2 473) junger Mann auf Baumstamm sitzend mit Hahn in der Hand, sowie einem ungeklärtem Worte *velχanu* auf raet. Caslir-Situla (PID 215) verglichen; vgl. ferner *Ϝαλχανιο* (SGDI 86), *Ϝελεχα* auf kampan. Mz. (Vetter HB 200 A 10), etr. Gentilnamen *velχaṇas* (TLE 57), *velχainaśi* (ebd. 866) aus Caere, *velχaś* (ebd. 91. 92. 124) aus Tarquinii, etr. Monatsnamen *velcitanus* (TLE 856). Willkürlich ergänzte Namensform V. und Gleichsetzung mit → Volcanus umstritten. G. R.

Fiesel, Myth. Lex. 6,176. *Pauli*, ebd. 176f. *Wissowa*, ebd. 357. *Ders.* Rel. ^{2}229,6. *Thulin* Die Götter d. Mart. Cap. ... 53f. *Altheim* Griech. Götter im alt. Rom 172ff. *Ders.* Gesch. d. lat. Sprache 245,2. *Kretschmer*, Glotta 20, 1932, 301f. *Krahe* Satura, 1952, 63. *Pfiffig*, IF 66, 1961, 259ff. *Radke* Götter Altitaliens 346. *Latte* RRel 130,3.

Veldidena (Itin. Anton. 256ff. 275. 280f. *Vetonina* Tab. Peut.), wichtige Poststation in Raetien an der röm. Brennerstraße, h. Wilten b. Innsbruck. Name vom raet.-etr. Eigennamen **velϑite*. In der Spätant. kleines Kastell mit ausgedehnten Marktanlagen, im J. 875 *UUiltina*. G. Wi.

R. Heuberger Raetien im Alt. u. Früh.-MA. Schlern-Schr. 20, 1932, 241ff. *A. Wotschitzky*, JOEAI 41, 1954, Beibl. 1–42. 44, 1959, Beibl. 5–70.

Veldumnianus s. Vibius (II 21)

Veleda. Germ. Seherin zur Zeit Vespasians. Der Name nach Holder von kelt. *veles, veleta* »Seherin«. V. gehörte dem Stamme der → Bructerer an. Der Legat der XV. Legion, → Munius Lupercus, wurde im Bataveraufstand 69/70 nach der Einnahme des Lagers → Vetera bei Xanten der V. zugesandt. In den Verhandlungen zu Köln wird V. mit → Iulius (A II 28) Civilis von den Germanen als Schiedsrichter angerufen. → Petillius (II 1) Cerialis versucht durch Kontaktaufnahme zu V. und Civilis den mörderischen Krieg zu beenden. Ihre Gefangennahme und Überführung nach Rom, die eher einer Asylgewährung entspricht (Tac. Germ. 8. Stat. silv. 1,4,89), läßt sie später für die Interessen Roms eintreten und Spannungen zw. germ. Völkern vermittelnd schlichten. V. ist eine der Sibyllen des kelt.-germ. Kulturkreises. Aus einem Spottepigramm auf V., das in Form eines Orakels abgefaßt, 1926 im latin. → Ardea gefunden worden ist, glaubte man das Städtchen als zeitweisen Aufenthaltsort der Seherin bestimmen zu können (M. Guarducci, RPAA 21, 1945/46, 163. 25/26, 1949/51, 75f.). H. C.

G. Walser, RE VIII A 617ff.

Veleia (CIL XI 1183 *respublica Velleiat.*), in der Lit. nur wegen der Beispiele hohen Lebensalters erwähnt (Phlegon FGrH 257 F 37,1f. Plin. nat. 7,163), lag *citra Placentiam in collibus* (Plin. a. O.), d. h. 30 km s. Piacenza im oberen Chero-Tal. Durch Fund einer Alimentartafel des Kaisers Traianus (CIL XI 1147), der größten beschriebenen Erztafel des Alt., wurden Grabungen angeregt, die zur Freilegung V.s in 3 Terrassen führten; auf der untersten Terrasse das Forum mit Kolonnaden und öffentl. Gebäuden. Die *Veleiates cognomine veteri Regiates* (Plin. nat. 3,116) gehören in der *tribus Galeria* (L. Ross Taylor Voting Districts 272) zur 8. Region; der Name kehrt bei Ligurern der 9. Region wieder (Plin. nat. 3,47). G. R.

Nissen It. Ldk. 2,275 ff. *Kubitschek*, RE I 1485 f. *G. Monaco* V., 1952.

Veles *(velites)*. Die *v.* waren wie die → *rorarii*, an deren Stelle sie am E. der Frühzeit des röm. Milizheeres traten, Leichtbewaffnete, die vorwiegend zur Eröffnung des Angriffs und zu Plänklerdiensten Verwendung fanden. Nach Pol. 6,21,9 gehörten zur röm. Manipellegion *(→ legio)* auch 1200 *v.* Mit dem Aufkommen der → *auxilia* verloren die *v.* allmählich ihre Bedeutung. Als existent erwähnt sie zuletzt Sall. Iug. 46,7. 105,2, bloß namentlich noch Veg. mil. 3,16. 24. E. Meyer, APrAW 1923, phil.-hist. Kl. Nr. 3,34 ff. Kromayer-Veith 263. 269. 309. 385. Fr. Lammert, RE VIII A 624 ff. A. N.

Vĕlia. 1. Urspr. oinotr. (Hdt. 1,67; vgl. die vorgelagerten Oinotriden, Strab. 6,252. Plin. nat. 3,85) Stadt Lukaniens (Feldm. p. 209) an der tyrrhen. Küste (Mela 2,69. Ptol. 3,1,8 Οὐέλιαι Steph. Byz. s. ᾿Ελέα) Italiens n. Cap Palinuro in der 3. Region (Plin. nat. 3,71), im 6. Jh. v. Chr. von Phokäern nach Alalia 540 besetzt und als ῾Υέλη (Head HN² 89) neugegründet (Hdt. a. O. Antioch. FGrH 555 F 8. Timagen. FGrH 88 F 2. Hyg. frg. 7 FunGrRF. Strab. a. O. Skyl. 12. Skymn. 250 ff.), was → Xenophanes (2) episch besang (Diog. Laert. 9,20). Namensform wechselt zu Elea (zuerst Plat. soph. 216 a). Der Eleat (zur eleat. Schule o. Bd. II 234) → Parmenides gab seiner Heimat Gesetze (Diog. Laert. 9,23); auch → Zenon (II 1) war Eleat (Cic. nat. 3,82. Diog. Laert. 9,25. 28). Schwierigkeiten während der Kämpfe mit → Dionysios (1; Polyain. 6,11) und den Lukanern, Wiederaufbau durch → Timoleon, Beteiligung an Neubesiedlung von → Agrigent (Plut. Tim. 35, 2). In den pun. Kriegen stellte V. als *civitas foederata* Schiffe für Rom (Pol. 1,20,14. Liv. 26, 39,5). Ceres-Priesterinnen kamen aus V. nach Rom (Cic. Balb. 55. Val. Max. 1, 1, 1). 89 wurde V. *municipium* (Cic. Balb. a. O.) der *tribus Romilia* (Inschr. bei Mingazzini, Atti e memor. della Soc. Magna Grecia 1954, 35). Der Hafen (Verg. Aen. 6,366) war durch die steilen Ufer (App. civ. 5,98. Vell. 2,79,3) ungünstig (Hyg. a. O.). Die Dürftigkeit des Landes zwang jedoch zu Fischerei und Schiffahrt (Strab. a. O.), so daß V. doch oft angelaufen wurde (Cic. Verr. 2,99. 5,44; Phil. 1,9. 10,8; fam. 9,7,2). Mildes Klima (Plut. Aem. Paul. 39. Hor. epist. 1,15,1 mit Sch.), Landhäuser (Cic. fam. 7,20,1; Att. 16,6,1). Kulte bezeugt für Demeter (s. o. Ceres-Priesterinnen), Kyrnos (Hdt. a. O.), Palinurus (Serv. Aen. 6,378), Leukothea (Aristot. rhet. 2, p. 1400 b 5). Ant. Namensdeutungen nach Quelle (Strab. a. O.), Fluß (Steph. Byz. a. O. Cic. fam. 7,20,1; Att. 16, 7,5), Sumpf (Hyg. a. O. Serv. Aen. 6,359); nicht von V. in Rom und Samnium (Liv. 10,44,9; 45,9) zu trennen. ῾Υέλη steht für * *ṷĕllā* >* *ṷĕlịā*, in ᾿Ελέα Verlust des anlautenden Digamma; V. nimmt den alten ital. Namen wieder auf. H. Castellamare di Veglia.

Forbiger HB. d. alt. Geogr. 3,508. *Nissen* It. Ldk. 2,895 f. *A. Maiuri* V., Campagna della Soc. Magna Grecia 1926/1927, 15 ff. Fast. Arch. 4, 1949 Nr. 1861. *Bérard* La colonisation Grecque ... ²268 ff. *Beloch* RG 431. 545. 593.

2. (Varro l. l. 5,54. Fest. 142,21 L. Hyg. frg. 2 P. *Veliae*) mit → Palatium verbundene (Varro a. O.) niedere Anhöhe an dessen NO.-Ecke, gehört zum → Septimontium (Paul. Fest. 459,2 L.), erhält Opfer (Antist. Labeo frg. 22 FunGrRF). Auf der V. Penatentempel (Varro bei Non. p. 531 M.; l. l. 5,54. Mon. Anc. 19. Liv. 45,16,5. Solin. 1,22), *sacellum* des → Mutunus Titinus (Fest. a. O.), Argeerkapelle (Varro a. O.), unbekannter Kult (Fast. Amitern. zum 25. Mai CIL I² p. 243. 319), Haus des Tullus → Hostilius (5; Cic. rep. 2,53. Varro bei Non. a. O. Solin. a. O.) und der Valerier (Liv. 2,7,6. 11 f. Cic. har. 16. Vir. ill. 15,2), die am Fuß der V. ihr Grab hatten (Plut. Popl. 23. Dion. Hal. ant. 5,48). Pallottino, ArchClass 12, 1960, 27 identifiziert die Bewohner mit den *Velienses* bei Plin. nat. 3,69. Varros (a. O.) Namensdeutung *(vellera)* abwegig; zugehörig zu V. in Lukanien und Samnium (vgl. auch *Velinus*). G. R.

Richter Top. 160 f.

Vēlīnus (ē, ī: Verg. Aen. 7,517) **lacus.** Der hohe Kalkgehalt (Plin. nat. 2,226) führte häufig zu Verstopfung des Abflusses (Cic. Scaur. 27 *de Velini fluminibus et cuniculis*) von Avens, Himella, Tolenus in den Nar und zu Überschwemmung des Raumes n. Reate und bildete so den V. (GLM p. 153. Plin. nat. 3,108 *Velinos ... lacus*. Varro rust. 3,2,3 *ad lacum Velini*). M.' → Curius (I 7) durchstach 272 (?) die Barriere und trocknete den V. aus (Cic. Att. 4,15,5. Varro bei Serv. georg. 2,201; Aen. 7,712) zu den → *Rosea rura*; tägliche Regenbogen (Plin. nat. 2,153). Abflußstörungen führen zu Streit zwischen Interamna und Reate (Cic. a. O. Varro a. O. Tac. ann. 1,79,3). Nach V. die *tribus Velina* (L. Ross Taylor Voting Districts 275 f.) und die Göttin *Velinia* (Varro l. l. 5,71). H. heißt der Avens Velino; Rest des V. h. Lago die Piediluco. G. R.

Forbiger HB. d. alt. Geogr. 3,379. *Nissen* It. Ldk. 2,472 f.

Veliocasses, kelt. Stamm auf der N.-Seite des Unterlaufs der Seine mit Hauptort → Ratomagus, Rotomagus, h. Rouen, in der röm. Provinzeinteilung zur Lugdunensis gehörend. Caes. Gall. 2,4,9. 7,75,3. 8,7,4. Oros. 6,7,14; 11, 12. Plin. nat. 4,107. Ptol. 2,8,7. Liv. epit. 67(?). CIL XIII 1717. 1998. E. M.

CIL XIII 1 p. 512f. XIII 4 p. 39. *Holder* 3, 146ff. *Desjardins* 2,461f. u.ö.

Velites s. Veles

Vĕlītrae (Sil. 8,379. 13,229 *Vĕlīternum.* Phlegon FGrH 257 F 11 *Βέλιτρα*) liegt am S.-Rand der Albanerberge (Strab. 5,237) auf hervorragender Kuppe, wurde im 6. Jh. v. Chr. (Dion. Hal. ant. 3,41 schon z.Z. des Ancus → Marcius [I 3]; etr. Herrschaft unsicher aus dem Namen vermutet) von Volskern erobert, gehörte im 5. Jh. zum latin. Bunde (Dion. Hal. 5,61), ohne wohl das volsk. Volkstum verloren zu haben, da die *Tabula Veliterna* (Inschr. des 4./3. Jh.s; VETTER HB Nr. 222) in volsk. Sprache (dem Umbr. verwandt) abgefaßt ist und V. noch im 1. Jh. als volsk. gilt (Cass. Dio 45,1,1). Ob die Römer zu Beginn des 5. Jh.s (Liv. 2,31,4. 34,6. Dion. Hal. 7,12f. Plut. Coriol. 12) oder zu dessen Ende (Diod. 14,34) eine Kolonie nach V. schickten, ist ungewiß; jedenfalls gehen die Kämpfe mit Rom durch das ganze Jh. Erst 338 wird V. endgültig unterworfen und schwer gestraft (Liv. 8,14,5f. *Veliternos veteres cives Romanos*; zweifelhaft); die Bewohner jedoch vor 2. pun. Krieg im Besitz der *civitas Romana* (Suet. Aug. 1, 2). Neubesiedlung durch eine *lex Sempronia* (Feldm. p. 238); *municipium* (Plin. nat. 3,64) in der *tribus Scaptia* (L. ROSS TAYLOR Voting Districts 275), Kolonie unter Claudius (Feldm. a.O.), Prodigienmeldungen: Liv. 30,38,8. 31,1,30. 9,3. Kulte: Apollo und Sancus (Liv. 32,1,10), Fortuna (CIL X 6554), Diva Declona (*Tabula Veliterna*; s.o.). Geburtsort des Augustus (Suet. Aug. 94,2); viell. deshalb von Phlegon a.O. in der 179. Olympiade (*ϱοϑ'* statt *ϱοδ'* in den Hss.) erwähnt. H. Velletri. G. R.

Forbiger HB. d. alt. Geogr. 3,478. *Nissen* It. Ldk. 2,632. *Devoto* Gli ant. Italici ²264 u.a. *Beloch* RG 380f. *Alföldi* Early Rome and the Latins 374ff. *R. Werner* Der Beginn d. röm. Republik 394 (mit weiterer Lit.). *G. Cressidi* V., Rom 1953.

Velius. 1. V. Cerialis, Freund des jüngeren Plinius, der an ihn epist. 4,21 richtete, doch mit Sicherheit sonst nicht identifizierbar. **2.** D.V. Fidus. *Cos. suff.* ca. 144. Im J. 149/150 *leg. Aug. pr. pr. prov. Syriae Palaestinae*, Pap. Soc. It. 9, 1026. CIL III 14387e. *Pontifex maximus*, CIL VI 2120. **3.** V. Longus. Nach Plin. epist. 10,58,3. 60 propraetor. Statthalter von Pontus-Bithynien ca. 80 n. Chr.; er verurteilte den Philosophen → Flavius (II 4) Archippus wegen Betruges *ad metalla.* **4.** C.V. Rufus. Nach AE 1903, 368 = DESSILS 9200 war er im Jüd. Krieg des Vespasianus – Titus Centurio; dabei führte er im J. 72 die zu den Parthern geflüchteten Söhne des Königs → Antiochos (15) von Kommagene zurück (vgl. auch Ios. bell. Iud. 7,238); er führte dann Kommandos über verschiedene Legionsvexillationen aus Obergermanien und Britannien und wurde zum *trib. coh. XIII urb.* in Karthago befördert. Er war unter Domitian *dux exercitus*

Africi et Mauretanici, im J. 87 kommandierte er in Dakien, wurde *proc. prov. Pannoniae et Dalmatiae*, nahm 93/94 am Sarmaterkrieg teil und gelobte für Domitian eine goldene Gans, Martial. 9,31. Ca. 95/96 *proc. prov. Raetiae* mit dem *ius gladii.* Sein Sohn V. Rufus kam in den Senatorenstand, Front. ad. am. 1,11 (p. 170,27 V. D. HOUT); sein Enkel Nr. 5. PFLAUM Carrières proc. éq. 114–117 Nr. 50. **5.** D.V. Rufus Iulianus. *Cos. ord.* 178, CIL XVI 128. AE 1929, 67. 1939, 125. Im J. 183 hingerichtet, H.A. Comm. 4,10. R. H.

6. V. Longus, lat. Grammatiker aus der Z. Hadrians. Von seinen Werken sind verloren 1. *De usu antiquae lectionis* (Gell. 18,9,4), 2. über die von Eigennamen abgeleiteten Adjektive (Charis. 1,199,12ff. B.) und 3. ein Vergilkomm., von dem in der Sch.-Tradition noch zahlreiche Spuren faßbar sind. Erhalten ist 4. *De orthographia*, wo die betreffenden Regeln nach der Lehre des → Verrius (2) Flaccus dargelegt sind. Die Überlieferung geht auf einen 1493 gefundenen Bobiensis zurück. P. L. Sch.

*Keil*GrL 7,39ff. *Schanz-Hos.* 3, ³1922, 158f. *L. Strzelecki*, Eos 1938, 11ff.

Vellaunodunum. Stadt in Gallia celtica, später Lugdunensis. Oppidum der Senones, das Iulius Caesar, oder besser → Trebonius (2), im J. 52 v. Chr. nahm (Caes. Gall. 7,11,3. 14). Ihre Wohnsitze lagen ungefähr zw. → Agedincum (h. Sens) und Genabum (h. Orléans): entweder bei Montargis (JULLIAN HG 3,435,4) oder in der Terres Blanches du Grand Villon (SOYER, Bull. Arch. Comité 1921, 39). M. L.

Vellavii. Gall. Völkerschaft der Gallia Celtica, später Aquitania, in den oberen Tälern des → Liger und des → Elauer; h. der Velay genannte Landstrich. Anfangs Klienten der → Arverner, wurden sie von ihnen nach der röm. Eroberung (Caes. Gall. 7,75) abgetrennt (Strab. 4,190: *Οὐελλάιοι*) und der prov. Aquitania einverleibt. Sie bildeten eine *civitas libera* in der Mitte des 3. Jh.s (CIL XIII 1591. 1614). Die Hauptorte waren Ruessium (h. Saint-Paulien) und Anicium (h. Le Puy). Der erste hat Baumaterial geliefert und erscheint als Vorort bei Ptol. 2,7,20 (*Οὐέλλαυνοι*), Anicium bei Greg. Tur. 10,25. Wenige Zeugnisse zum Wirtschaftsleben: nur *fabri tignuarii* CIL XIII 1606. Weihungen an Iuppiter CIL 1607, Salus generis humani 1589, Tiberius 1590, Claudius 1610. 1615, Sabinia Tranquillina 1614, Etruscilla 1591. Ein Bischof von Anicium, Scrutarius, ist erwähnt CIL 1575. 1587. M. L.

U. Rouchon Le Velay gallo-romain, Le Puy 1922. Bildwerke: *Espér.* Rec. 2, 1649. 1683.

Velleius. Röm. Gentilname, wohl von *vela (vella)* abgeleitet, SCHULZE Eigenn. 377, häufig, seit 1. Jh. v. Chr. bezeugt. **1.** C.V., wohl aus Lanuvium, lebte bis ca. 70, war Senator (vielleicht *tr. pl.* vor 90. BROUGHTON 2,474). Freund des Redners → Crassus (1), wird von Cic. (nat. 1,15. 58f.)

als Vertreter der Theologie Epikurs vorgeführt. SCHANZ-HOS. 1,509. H. G. G.

2. C. (?) V. Paterculus, röm. Geschichtsschreiber (* ca. 20 v. Chr.; Todesj. unbekannt), aus ritterl. Familie, Offizier wie sein Großvater und Vater. Er begleitete C. → Iulius (A II 23) Caesar in den Orient (1–4 n. Chr.) und war Zeuge von dessen Begegnung mit dem Partherkönig → Phraates V. (2,101); er nahm als *praefectus equitum*, dann als *legatus legionis* an den germ.-pannon. Feldzügen des → Tiberius (1) teil (4–12 n. Chr. 2,104,3 u. ö.). 7 n. Chr. Quästor (2,111,3f.); 15 n. Chr. Prätor (2,124,4). V. P. hat sein Werk (der übliche Titel *Historia Romana* kaum authentisch), ein Kompendium der gesamten röm. Gesch., M. → Vinicius, dem Sohn des ersten mil. Vorgesetzten und Konsul von 30 n. Chr., gewidmet; die Ereignisse sind öfters nach ihrer zeitl. Distanz von diesem Konsulat datiert (1,8,1 und 4. 12,6 u. o. Hierzu [9], 284 ff.). Die Kürze ist angestrebt (bes. 2,29,2. 55,1); V. P. erklärt, das Werk in großer Eile verfaßt zu haben (1,16,1 u. ö.), und verweist auf den Plan, die Z. vom cäsar. Bürgerkriege an in einer ausführl. Darstellung zu behandeln *(iusta volumina.* 2,48,5 u. ö.*)*. Die Gliederung in zwei Teile geht auf den Autor zurück (1,14,1: Ankündigung der beiden parallelen Exkurse über die röm. Kolonien, 1,14f., und über die Provinzen, 2,38f.). B. 1 reicht bis zum sallust. Epochenj. 146 v. Chr. (s. 2,1,1); hiervon fehlen der Anf. und (nach cap. 8) ein großes Stück mit der Z. von Romulus bis zur Schlacht bei Pydna, d. h. insgesamt etwa fünf Sechstel des ganzen B. B. 2 (von 149 v. Chr. bis 30 n. Chr.) ist durch eine Reihe kleinerer Lücken entstellt. Die Darstellung, skizzenhaft und oft ungenau bis zum J. 49 v. Chr. (2,49), nimmt an Breite zu, je mehr sie sich der eigenen Z. des Autors nähert; sie zeigt ein deutl. Interesse am Biographischen. Als Quelle für die republikan. Z. kommt vor allem die Chronik des Cornelius → Nepos (2) in Betracht, s. [2]); V. P. kennt Sallust und Livius. Die – in den Fakten recht zuverlässige – Z.gesch. gründet sich auf die eigene Kenntnis des Autors, ferner wohl auf die *commentarii* des Augustus und gelegentlich auf Archivmaterial. Das letzte Viertel von B. 2 enthält den einzigen z. genöss. Bericht über Tiberius, der erhalten blieb; das uneingeschränkte Lob, das V. P. dem zweiten Prinzeps zollt, wird h. (mit Recht) im allg. nicht mehr als Kriecherei oder Propaganda, sondern als Ausdruck aufrichtiger, großenteils nicht unberechtigter Bewunderung aufgefaßt (anders [4]). V. P. gehörte der Funktionärsschicht an, die vom frühen Prinzipat in bes. Maße gebraucht und gefördert wurde; seine loyale Einstellung gegenüber den Herrschern ließ ihn keinerlei Bruch in der Entwicklung des röm. Staates empfinden (s. 2,89 über die *Pax Augusta*; vgl. Hor. c. 4,15). Eine Besonderheit des in vieler Hinsicht durchschnittl. Werkes ist das wiederholte Eingehen auf die griech. und röm. Lit. (bes. 1,16–18: über die jeweils kurze Blüte einer jeden Gattung). Der angestrengte Stil ist der z.genöss. Rhetorik verpflichtet; er steht auf halbem Wege zwischen der ciceron. Periode und den kurzen, pointierten Sätzen eines Seneca. V. P. wird einige Male von spätant. Grammatikern zit. Die Historiker erwähnen ihn nicht; ob sie ihn je benutzt haben, ist unsicher. Dem MA. war er unbekannt. Der von Rhenanus 1515 in Murbach entdeckte Codex unicus ging bald nach dem Erscheinen der Ed. pr. wieder verloren. M. F.

Ed. pr.: Basel 1520 *(Rhenanus)*.

Ta.: *Bolaffi*, 1930. *Stegmann von Pritzwald*, ^{2}1933 (Nachdr. 1968, m. Addenda v. *H.-D. Blume*). *Portalupi*, 1967 (m. Komm.).

Lit.: 1. *H. Sauppe*, Ausgew. Schr., (1837) 1896, 39ff. 2. *F. Burmeister* De fontibus V.P., Diss. Halle 1893. 3. *J. Gustin* Les péricopes littéraires dans l'ouvrage de V.P., Thèse Louvain 1943/44. 4. *I. Lana* V.P. o della propaganda, 1952. 5. *H.J.W. Verhaak* V.P. en de rhetoriek van zijn tijd, Diss. Nijmegen 1954. 6. *J. Hellegouarc'h*, Latomus 23, 1964, 669ff. 7. *J. M. André*, REL 43, 1965, 294ff. 8. *A. J. Woodman*, Hommages Renard 1 (Coll. Latomus 101), 1969, 785ff. 9. *G. V. Sumner*, HSPh 74, 1970, 257ff. 10. *M. Cavallaro*, Riv. di cult. class. e med. 14, 1972, 269ff.

Vellocatus. Nach Verstoßung des → Venutius zweiter Gemahl der Brigantenkönigin → Cartimandua, Tac. hist. 3,45,1f. G. Wi.

Vĕnāfrum (ĕ, ā Hor. c. 3,5,55 u. a.), angeblich von → Diomedes (2) gegründete (Serv. auct. Aen. 11,246) Stadt Samniums (Ps.-Acro Hor. c. 2,6,16), später Kampaniens (ebd. Hor. s. 2,8,45. Ptol. 3,1, 68. Feldm. p. 239) bzw. der 1. Region (Plin. nat. 3, 63) auf Anhöhe oberhalb des → Volturnus (Strab. 5,238), Mz. des 3. Jh.s mit osk. Legende (VETTER HB Nr. 200 B 1b), bald aber röm. *praefectura* (Fest. 262,14 L.; vgl. BELOCH RG 472), von Egnatius erobert (App. civ. 41), seit Augustus *colonia* (Plin. a. O.) der *tribus Teretina* (L. ROSS TAYLOR Voting Districts 275), lag an der alten Linie der *via Latina* (Cic. Att. 7,13b, 3. Itin. Anton. 303,6) 2 mp vor dem Meilenstein des Cina (CIL I^2 654 *[CX]III*; vgl. RADKE, RE Suppl. XIII 1489), nach Änderung der Straße abseits von ihr (Strab. a. O.). Berühmt durch Ölbau (Varro rust. 1,2,6. Hor. c. 2,6,15; s. 2,4,69. 8,45 mit Ps.-Acro. Plin. nat. 15,7. Strab. 5,238. 243) in fruchtbarer Gegend (Cic. leg. agr. 2,66; Planc. 22; vgl. Cato agr. 135,1. 3. 136,1). Name * *ṷĕnâdhrŏ-* mit osk. *-fr-* für *-dhr-* zugehörig zu sikul. *Οἰνωτροί* (o. Bd. IV 246); h. Venafro. G. R.

Forbiger HB. d. alt. Geogr. 3,460. *Nissen* It. Ldk. 2,796f.

Venantius. V. Honorius Clementianus Fortunatus, * ca. 530 n. Chr. in Oberitalien, in Ravenna rhet. ausgebildet. Eine Pilgerfahrt nach Tours führte ihn 565, kurz vor dem Langobardeneinfall, nach Gallien. V. machte dort durch sein poet. Talent Fortune; der austrasische und neustrische Hof, Adlige und Bischöfe erscheinen als Adressaten seiner Gedichtslg.en (576: B. 1–8, → Gregor v. Tours gewidmet; 585: B.9; postum B. 10 u. 11), bes. förderte ihn Königinwitwe Radegunde in Poitiers. Nach 591 gibt es keine datierbare Dichtung mehr, doch ist V. vor seinem Tod (ca. 600) Bischof in Poitiers gewesen (Paul. Diac. 2, 13).

V.' œuvre ist die letzte der *nugae*, Panegyrik, Lyrik und Epigrammatik zusammenstellenden Dichtereditionen der lat. Spätant. (→ Ausonius 2, → Sidonius, → Ennodius). Neben der Masse der Gelegenheitsgedichte setzen die spätant. Gattungstradition erkennbar fort: Ekphrasen (B. 1 u. 2; 10,6: Dittochaeon – Tradition), Epitaphien (B. 4), Epithalamium (6,1), Hymnen (2,2. 6, beide ins Brevier rezipiert; vgl. [4]), Figurengedichte (2,4. 5; 5,6), Panegyrik (darunter an Kaiser Iustinus II.), *consolatio* (9,2). Außerhalb der Slg. ist u.a. die hexametr. Paraphrase der Martinsschriften des → Sulpicius (B 5) Severus (*de vita M.*, 4 B.) und prosaische Hagiographie überliefert. – Die liter. Existenz V.' weist auf Züge der Kontinuität zu Sidonius (Publikumsforderung nach »ausgefallenen« Metra; Aufhören der Poesie bei der Bischofsordinierung) und Ennodius (rhet. Schulung; Prosastil). Andererseits zeigt das Werk die Verwandlung spätant. zu mal. Formen: der Epik zur Paraphrase oder zur neuen Form des *planctus* (*de excid. Thoring.*, 6,6 – vgl. B. DAVIS, Agon 1967, 118 ff.), des Epitaphium zur elegischen Großform; zw. → Avitus (2) und Aldhelm wird die eleg.-erot. Form *de virginitate* ausgebildet (8,3 u.a.; vgl. W. SCHMID in: DAHLMANN/MERKELBACH, Stud. z. Textkr., 1959, 253 ff.); das späte ([3]), zugleich Neologismen und Gräzismen liebende Latein (vgl. E. CLERICI, RIL 1970, 219 ff.) gehört einer bis zum 9. Jh. währenden Stilepoche an. In dieser Verwandlung, weniger in dem seit [1] hervorgehobenen Naturgefühl der Gelegenheitsgedichte, ist das »Mittelalterliche« an V. zu erkennen. R. He.

Ta.: *F. Leo – B. Krusch* (MGAA 4,1 u. 2), 1881/85.

Lit.: 1. *W. Meyer* Der Gelegenheitsdichter V.F., 1901 (grundlegend). 2. *D. Tardi* F., 1927. 3. *S. Blomgren* Studia Fort. 1 u. 2, 1933/34. 4. *J. Szövérffy* Die Annalen d. lat. Hymnendichtung 1, 1964.

Venatio 1. s. Jagd

2. Bei den Tierhetzen, in Rom seit dem 2. Jh. v. Chr. bekannt, konnten Tiere gegen Tiere (der gleichen oder einer anderen Art) oder Tiere gegen Menschen kämpfen. Der Luxus der weit hergeholten Tiere, Zahl der Kämpfe, Raffinesse der Ausstattung (Aufbau ganzer künstlicher Landschaftsteile) nahm vor allem im Lauf der Kaiserz. stetig zu. Elefanten, Löwen, Panther, Leoparden, Strauße, Bären, Nilpferde, Krokodile usw. wurden meist über Ostia nach Rom gebracht und dort bis zum Tag der V. in Käfigen aufbewahrt. Die Ausrüstung der → Bestiarii war derart, daß auch die Tiere eine Chance hatten. Bei Eröffnung des → Amphitheatrum Flavium fanden 5000 wilde und 4000 zahme Tiere den Tod, z.T. durch weibliche *bestiariae*, anläßlich des Dakertriumphs des → Traianus (1) starben 11 000 Tiere. W. H. G.

Friedländer-Wiss. 2,62 ff. 4,268 ff.

Venditio s. Emptio. Missio (2)

Venedae (*Venethi*), nach Ptol. Geogr. 3,5,7 (*Οὐενέδαι*) bedeutender Volksstamm im w., von der Weichsel nach O. hin sich erstreckenden → Sarmatengebiet (Sarmatia), das durch den Unterlauf des Flusses von Großgermanien getrennt ist. Nach Plin. nat. 4,97 siedeln die V. an der Ostsee bis nach Aeningia (Finnland; bei Tac. Germ. 46 noch weiter ö. angesetzt). Für Iord. Get. 34 ist *Venethi* Sammelbegriff für alle slav. Völker ö. der Weichsel (ahd. *Winida*, ags. *Winedas* = h. Wenden). Zu Ende des 2. Jt.s v. Chr. trafen die Germanen auf die V., deren Reste nach Wanderungen durch das illyr. Gebiet Ost- und Mitteldeutschlands, in Norditalien, auf dem n. Balkan, in Paphlagonien, am Bodensee (*lacus Venetus*) und in der Bretagne gesiedelt hatten. Die für Westeuropa erschlossene illyr. Überlagerung war eine venet. (KRETSCHMER, Glotta 30, 1942, 137). H. C.

E. Polaschek, RE VIII A 698 f.

Venelli (*Unelli*), *Οὐένελοι* Ptol. 2,8,2. 5. Volk der Gallia Celtica (Aremorici), später Lugdunensis, in der Halbinsel Cotentin. Im J. 57 v. Chr. wurden die V. von P. Licinius → Crassus (4) unterworfen (Caes. Gall. 2,34). Sie empörten sich im J. 56 mit Viridorix und wurden von Q. → Titurius Sabinus besiegt (a. O. 3,7,4. 11,4. 17,1). Sie halfen → Vercingetorix in Alesia (a. O. 7,75,4. Plin. nat. 4,107). Ihr *oppidum* war *Κρουκιάτοννον* = Crouciatonnum; *Κροκιατονόν* (Ptol. 2,8,2) = Ukerto bei DESJARDINS 1,337, Carentan oder Valognes bei anderen. Im Itin. Anton. 386 erscheint Cosediam als *statio*; sie wurde in der Spätant. *civitas Constantia* (h. Coutances) in der Lugdun. II. S. auch Not. dign. occ. 37,20. 42,34. Inschr.: CIL XIII 3155–3160. M. L.

Venenum s. Gifte

Veneris portus s. Portus Veneris

Veneti (*Ἐνετοί*). **1.** Volk im ö. Oberitalien, dem eine inschr. bezeugte Sprache, eine Personennamengebung, eine ausgeprägte materielle Gebrauchskunst (Este-Kultur) und eine eigene archäologisch und epigraphisch greifbare Religiosität (fast ausschließlich weibl. Gottheiten, keine bildl. Darstellungen) zugewiesen werden kann. Die ant. Geographen (Plin. nat. 1,130. Ptol. 3,1,30) kennen sie als Bewohner einiger Städte zw. Unterlauf des Po, Etsch und Alpenrand (am bedeutendsten → Ateste, → Patavium). Ihr Wohlstand beruhte auf Viehzucht (Pferde), Ackerbau im Voralpenland und Handel über die Karnischen Pässe und den Birnbaumer Wald.

I. Geschichte. Liv. 1,1,1–4 und Verg. Aen. 1, 242–249 sind Hauptzeugen einer Gründungslegende: zusammen mit Troianern seien paphlagon.

'*Ενετοί* nach der Zerstörung Troias in die Adria gelangt, hätten die → Euganei verdrängt, sich als V. niedergelassen und Patavium gegründet. Zu Beginn der hist. Z. (6. Jh.) sind sie Nachbarn der Etrusker (Liv. 5,33,10). Der Galliereinfall läßt die V. unberührt, im 2. Pun. Krieg stehen sie auf seiten der Römer (Pol. 2,18,3; 23,2). Deren Kolonie → Aquileia, 181 v. Chr. gegen neue Gallierinvasionen gegründet (Liv. 39,55,4. 40,34,2), leitet die Romanisierung ein, die sich in einer zunehmenden Einflußnahme der Römer auf die venet. Städte äußert (Grenzregulierungen CIL I² 633. 634. 636. Schlichtung innerer Kämpfe Liv. 41,27,3) und mit der Eingliederung in Italien unter Augustus ihren Abschluß findet.

Die ethn. Herkunft der V. ist unbekannt, ihre Sprache steht dem Lat. nahe, die Este-Kultur kristallisiert sich aus älteren oberital. Schichten heraus. Eine polit. Zentralisierung scheint es nie gegeben zu haben, eher einen Städtebund, unterstützt viell. durch gemeinsame Kulte. J. U.

Lit.: Vor- und Frühgesch.: *R. Pittioni*, RE Suppl. IX 303–314. 336–338. *R. Battaglia*, in: Storia di Venezia 1, Venedig 1957, 81–177. – Romanisierung: *G.E.F. Chilver* Cisalpine Gaul, Oxf. 1941. *R. Cessi*, in: Storia di Venezia a.O. 181–401. – Rel.-Gesch.: *R. Battaglia* a.O. 138–148. *G.B. Pascal* Cults of Cisalpine Gaul, Brüssel 1965.

II. **Sprache.** Texte in venet. Sprache sind nur durch (relativ kurze) Inschr. erhalten (über 170 Denkmäler mit rund 450 verschiedenen Wörtern, einschließlich der Namen). Sie finden sich im n. ö. Italien im Gebiet zwischen dem Podelta im S., den Euganeischen Bergen und dem Piavetal im W., den Karnischen Alpen im N. und dem Isonzo im O. Hauptfundstätten liegen bei Este (früher: Ateste), Padua, Vicenza, in den Tälern von Etsch, Brenta und Piave (hier das Heiligtum von Làgole), ferner – außerhalb Italiens – im Kärntner Gailtal (in Würmlach und auf der Gurina). Sie stammen aus der Z. vom 4.–1. Jh. v. Chr. Inschr.-Träger sind u. a. steinerne Grabstelen, Aschenurnen, ferner aus Bronze Syllabartäfelchen, Nachbildungen von Schreibgriffeln sowie Plaketten, die sämtlich als Weihgeschenke dienten. – Auch die (meist in lat. Kontext erhaltenen) Orts-, Fluß-, Stammes- und Personennamen dieser Gebiete bieten oft venet. Sprachgut (ON *Opitergium*, Fluß *Tiliaventus* »reich an Linden«, VN *Quarqueni* usw.).

Fast alle älteren venet. Inschr. sind in einem eigenen Alphabet (mit lokalen Varianten) abgefaßt, das aus einem etr. entwickelt ist. Im 1. Jh. v. Chr. wird es vom lat. verdrängt. Da wegen der Art der Texte (Grab- und Weihinschr.) vor allem Personen- und lokale Götternamen: *Reitia-* fem. (in Este), *Šainati-* fem., *Vebeli-* fem., *Pora-* fem; *Tribusiati-*, *Trumusiati-* mask. (beide in Làgole) auftreten, erkennen wir nur Grundzüge der Grammatik und einen kleinen Teil des Wortschatzes.

Das Venet. ist ein selbständiger Zweig des w. Indogerman. Gemeinsame Neuerungen mit dem

Latino-Faliskischen: a) Die sonantischen Liquiden *l̥* und *r̥* sind in beiden Sprachen zu *ol* und *or* geworden: altlat. *molta* ∼ venet. *volti-* aus **u̯l̥ti-*. b) Die Verwendung von *o*-stämmigen Subst. als Grundlage für denominale Verben der *ā*-Konjugation: lat. u. venet. *donā-* »(be)schenken«: *dōno-* »Geschenk«, c) Bedeutungserweiterung von »die freien« zu »die Kinder«, vgl. venet. (Dat. Plur.) *louderobos* mit lat. *līberīs*, neben dem Göttinnennamen venet. *Loudera* ∼ lat. *Libera*. – Aber: d) Ein Gen. Sing. der *o*-Dekl. auf *-ī* (lat. *Paulī*, aber auch im Kelt. u. Messap.) ist fürs Venet. noch nicht gesichert. – Eine junge Annäherung an die ital. Sprachen beweist die Teilnahme an den Lautwandeln von *eu* zu *ou*, von anlautendem *dh* (und wohl auch *bh*) zu *f* (idg. **dhə-k-*: lat. *facio*, venet. *fagsto* 3. Sing. Prät.) und die Übernahme des etr.-ital. Stammes *ais-* »Gott«.

Auch zum Germ. bestehen Beziehungen, z. B. venet. *sselboisselboi* »für sich selbst«: ahd. *der selbselbo*, oder beim Pers.-pron. 1. Sing. die Angleichung des Akk. an den Nom.: venet. *ego: mego*, ahd. *ih: mih*. – Zu den balt. Sprachen führen einige Namengleichungen: Fluß *Plavis*, heute *Piave* ∼ *Plavys*, See in Litauen; ON *Cremōna* ∼ *Kremon*, ON in Ostpreußen. – Dagegen bestehen zum Messap. und zum Balkan-Illyr. keine engeren Beziehungen.

Das einheimische Namengut der venet. und lat. Inschr. Venetiens hängt eng zusammen mit dem Istriens, des Raums von Laibach und der Inseln an der liburn. und dalmat. Küste bis Salona. Aber gegenüber dem liburn. Namengebiet besteht eine klare Grenze.

Vor allem der venet. Namenschatz enthält Entlehnungen: aus dem Gall.: *ver-kondar-*, aus dem Lat.: *afro-* (lat. *Afer*), *kvito-* (lat. *Quintus*), ferner stammt das venet. Appellativ *libertos* aus dem Lat.

Der Volksname **Weneto-* ist an weitverstreuten Stellen bezeugt: in Paphlagonien (*'Ενετοί*), in Latium *(Venetulani)*, in Gallien, in der s. Aremorica, an der Weichsel (*Οὐενέδαι*), die Karpathen heißen *Οὐενεδικὰ ὄρη*, der Bodensee *Venetus Lacus*, an der Ostsee gibt es den *Οὐενεδικὸς κόλπος*, ferner vgl. die Bergnamen *Groß-Venediger*, *Venetberg*. Offen bleibt, ob damit Spuren der Wanderung einer idg. Gruppe greifbar werden oder ob den VN, der ja eine positive Benennung enthält (etwa »die Beliebten«, zu idg. **wenos* ntr.) *mehrere* idg. sprechende Gruppen geführt haben. G. N.

Lit.: 1. *H. Krahe* Das Venetische, 1950. 2. *M. Lejeune*, Latomus 12, 1953, 385ff. 13, 1954, 9ff. 117ff. 25, 1966, 7ff. 381ff. 677ff. 31, 1972, 3ff. 3. *Ders.*, REL 31, 1953, 117ff. 32, 1954, 120ff. 38, 1960, 132ff. 43. 1965, 152ff. 4. *Ders.*, BSL 61, 1966, 191ff. 5. *E. Polomé*, ΜΝΗΜΗΣ ΧΑΡΙΝ 2, 1957, 86ff. 6. *Ders.* in: *H. Birnbaum – J. Puhvel* (Hg.) Ancient Indo-European Dialects, 1966, 71ff. 7. *J. Untermann*, IF 65, 1960, 140ff. 66, 1961, 105ff. 8. *Ders.*, Kratylos 6, 1961, 1ff. (Forschungs-Ber.). 9. *Ders.* Die venet. Personennamen, 1961. 10. *G.B.Pellegrini–A.L.Prosdocimi* La lingua venetica I. Le iscrizioni, II. Studi, 1967 (grundlegend, m. Bibliogr.). 11. *A. L. Prosdocimi*, Atti dell'Ist. Ven. di Sc., Lett. ed Arti 127, 1968/69, 123ff. 12. *Ders.*, SE 37, 1969, 517ff.

2. Kelt. Volksstamm in Britannien, später *civitas* der Prov. Gallia Lugdunensis, im S. der Armorika, Nachbarn der → Os(s)ismi(i), → Coriosolites und → Namnetes. Diskussion über ihre Grenzen: [1], 712, der als Grenzen des gallo-röm. Territoriums der V. den Lauf der Flüsse Ellé, Doré, Oust und Vilaine annimmt. So würde das armorikan. Venetien dem h. Dépt. du Morbihan entsprechen.

Aus der vorröm., der gall. Epoche sind folgende Spuren bekannt: die megalith. Kultur in der Gegend von Locmariaquer und Carnac, die Brennöfen im Umkreis des Golfes von Morbihan und an der Küste von Erdeven, der kelt. Name Darioritum (h. Vannes), die kelt. Reste in der Gegend von Pontivy (Hütten bei Mané-Guégan en Séglien; vorgesch. Dorf bei Kervanen Guern und bei Lan Gouh en Melrand); bes. zahlreich sind umschanzte Niederlassungen: Liste bei MARSILLE, Bull. Soc. Préhist. Morbihan 1923, 28. P. M. DUVAL, Gallia 17, 1959, 37, auf der Grundlage der Unt. R. E. M. WHEELERS. [1], 723: Befestigungen, Grabstätten, unterirdische Kammern (mehr als 30 im Morbihan. P. R. GIOT, Ann. de Bretagne 67, 1960, 45). Die V. waren bes. vortreffliche Handwerker (Metallbearbeitung, Keramik, auch Schifffahrt): sie beherrschten die *ora maritima* und hatten das Monopol der Seeverkehrsmittel (Strab. 4, 194. Caes. Gall. 3,8,1. 12,3). Diese Seeherrschaft war die Hauptursache des Kampfes Caesars gegen die V.

Die Feldzüge von 57 und 56 v. Chr. haben zahlreiche Diskussionen bewirkt: Bibliogr. bei [1], 741; Not. d'arch. armor. 1954. 1956. Im J. 57 wurde der Feldzug von P. → Crassus (4) geführt (Caes. Gall. 1,34. Cass. Dio 39,40). Im J. 56 folgte eine Erhebung der V., als Caesar Britannien erobern wollte. Also mußte er zuerst die Seeherrschaft der V. brechen. Daraus ergeben sich die mil. Maßnahmen Caesars im J. 56 (Gall. 3,7,3. 4). Viele Schwierigkeiten für die Römer infolge der Stärke der ven. Schiffe und der Defensivtaktik der V. Der Seesieg des D. → Brutus (11), aufgrund der Unzulänglichkeit der Wurfwaffen der V. und der Windstille, hatte die Unterwerfung der V. zur Folge (Caes. Gall. a. O. Cass. Dio a. O. Liv. epit. 104. Flor. 1,45,5. Oros. 6,8,6. JULLIAN HG 3,298. R. HOLMES Caesar's Conquest of Gaul 236). Nach der Niederlage wurde der Kriegsschatz in Jersey deponiert (COLBERT DE BEAULIEU, Not. de num. celt. 1954, 282). –

In röm. Z. bilden die V. eine *civitas* in der Prov. Lugdunensis (Strab. 4,18. 19. Plin. nat. 4,107. Ptol. 2,8,6, der die Küste von der Seine bis zur Loiremündung beschreibt). Hauptstadt: Darioritum (h. Vannes). Zwei andere Städte: Duretie und Sulis. Die *civitas* hatte dasselbe Leben wie die anderen gallo-röm. *civitates:* ein Veneter, L. Tauricius Florens, war Vertreter bei der *ara Romae et Augusti* in Lugdunum, als *allectus ark(ae) Gall(iarum)* (CIL XIII 1709). Wie andere hatte auch sie einen *curator r(ei) p(ublicae) civit. Venet.* (CIL 2950, z. Z. des Septimius Severus und Caracalla). Die *civitas* gehörte später zum gall. Reich: in den Funden viele Mz. auf den Namen der Kaiser → Postumus (2; o. Bd. IV 1588) und → Esuvius (1) Tetricus, ein Meilenstein mit dem Namen des → Victorinus (2; CIL 9006). Nach der Niederlage des Tetricus gehörte sie wieder zum röm. Reich: ein Meilenstein mit dem Namen des → Aurelianus (4; CIL 8997). Seit der Reorganisierung Galliens durch Diocletian und Constantin bildeten die V. eine *civitas* der Lugdunensis 3 (Not. Gall. 3,7); dort stationiert ein *praefectus Maurorum Benetorum* (Not. dign. occ. 37,5. 16). Das Territorium war von Invasionen bedroht: Das beweisen die Entdeckungen von Mz. und die Eingliederung der *civitas* in den *tractus Armoricanus et Nervianus*.

Die Besiedlung des Landes war bedeutender als man gedacht hat. Außer → Darioritum war Locmariaquer ein wichtiger Ort des Vannetais (arch. Funde). Die beiden Städte Duretie und Sulis bleiben noch zu untersuchen (Tab. Peut. seg. 1,2). Die arch. Entdeckungen und die Luftphotographie haben zahlreiche Villen in der Küstenzone und im Inneren des Landes geliefert. Am wichtigsten die Villa von Kerhan mit 3 Gebäuden und Höfen oder Gärten (Kryptoportikus, Wohnhaus, Thermen) und die Villa von Le Lodo, ebenfalls mit 3 Gebäuden (GRENIER MAN 6,872, fig. 325); sodann die Villa von Bossenno en Carnac, *villa urbana* mit einem Wirtschaftsbetrieb.

Zahlreiche Straßen, die meisten von Darioritum ausgehend oder die Stadt als Station benützend: die Straßen Nantes–Quimper, Angers–Carhaix, Vannes–Rennes, Corseul. Im Territorium der V. gab es viele Verbindungen in der Gegend um Duretie und Sulis ([1], 778 mit Karte). Manche Straßen sind von Meilensteinen bekannt; die Inschr. stammen aus der 2. Hälfte des 3. Jh.s, CIL XIII 8997. 9006. 9008. Andere: CIL a. O. 8998ff.

Wir haben wenig Kenntnis von der Tätigkeit der V. Die Villen des Landesinnern beweisen Landwirtschaft. Die Richtung der Straßen von Darioritum, Locmariaquer und Gavre zeigt die Existenz von Handelshäfen; es gibt aber keinen arch. Beweis. Doch bestand Importhandel: Marmor, Basalt und Lava (für Mühlsteine), Keramik aus Allier, La Graufesenque, Lezoux, Argonne. Wie in kelt. Z. waren die V. Töpfer (Öfen entdeckt) und Schmiede. Die Grabungen liefern auch eine Keramik lokaler Herkunft.

Über den Glauben der V. sind wir sehr wenig unterrichtet. Viele Figurinen von → Matres wurden fast überall im Gebiet der V. gefunden; sie kommen aus *fana*, Wohnungen, Friedhöfen, Villen. Das Christentum ist wahrscheinl. spät eingedrungen. Nach dem Biographen des Hl. Melaine, der im 6. Jh. schrieb, *erant tunc temporis Venetenses paene omnes gentiles* (Bolland. Jan. 1,331). Der Bischofssitz von Vannes wurde erst im J. 465 gegründet, anläßlich der Weihe des Hl. Paternus. Bis zur Ankunft der Bretonen scheint die Christianisierung Venetiens nicht sehr wirksam gewesen zu sein. Im Gegenteil war der Paganismus sehr lebendig: mehrere *fana* (mit Matres-Statuetten: Weiterleben des kelt. Glaubens) aus der Spätzeit beweisen es. M. L.

Inschr. CIL XIII 3140. Neue arch. Funde: Ann. de Bretagne. Gallia. – Lit.: 1. *P. Merlat*, RE VIII A 705 ff. 2. *Ders.*, Not. d'arch. armor. 1, 1954.

Venetulani, eine der verschollenen, beim Latinerfest immer noch aufgerufenen Gemeinden (Plin. nat. 3,69); analog zu *Tusci-Tusculum-Tusculani* ist eine von Veneti gegründete Stadt * *Venetulum* anzusetzen. Auch Olliculani (zu *Ollius*), Frutis (zu venet. *frota, frutana*), Lavinium, Lausus (zu venet. *laviskos*), Sanates (zu venet. *Sainatis*), Troia bezeugen Veneter in Latium. G. R.

Nissen It. Ldk. 2,556. *Krahe*, WJ 1, 1946, 221. *Altheim* RG 1, 1951, 32. *Radke*, Klass. Sprachen u. Lit. 6, 1971, 82 ff.

Venetus lacus s. Brigantinus lacus

Vennones, wohl raet. Stamm in den Südalpen bei Strab. 4,204, wohl ident. mit den *Vennonetes* des Tropaeum Alpium, Plin. nat. 3,137, und den *Vennioi* bei Cass. Dio 54,20 und danach wahrscheinl. im Veltlin und Puschlav. Zu trennen von den V., die Strab. 4,206 n. der Alpen als Teil der → Vindeliker (wohl irrig) nennt, die ident. sein müssen mit den *Οὐέννοντες* (var. *Οὐίννωνες* u. ä.) im alpinen Rheintal bei Ptol. 2,12,2 und den *Vennonenses* bei Plin. nat. 3,135. E. M.

How.-Meyer 359. 362. *F. Miltner*, RE VIII A 788 ff.

Vennonius. Röm. Gentilname, möglicherweise abgeleitet von etr. *venu* (SCHULZE Eigenn. 69). **1.** Röm. Annalist, 2. H. 2. Jh. v. Chr., Zeitgenosse des C. → Fannius (I 10). Titel seines Werkes, das noch Cic. Att. 12,3,1 (46 v. Chr.) schätzte, ist unbekannt. HRR 1, CCVIIII. 141. SCHANZ-HOS. 1,198. K. BÜCHNER Röm. Lit.-Gesch. 155. **2.** C. V., Freund Ciceros, im J. 50 Geschäftsmann in Asia, starb wohl 46. Cic. Att. 6,1,25; fam. 13, 72,2. **3.** V. Vindicius, Gutsbesitzer bei Tusculum um 60, dessen Besitz später an L. → Cornelius (I 8) Balbus überging, Cic. Balb. 56. H. G. G.

Venostes, wohl raetischer Stamm im h. Vintschgau, der nach ihnen heißt, seit 15 v. Chr. unter röm. Herrschaft, Plin. nat. 3,137. E. M.

How.-Meyer 70. 81. 359. *F. Miltner*, RE VIII A 792 f.

Venta Silurum (Itin. Anton. 485,9. Geogr. Rav. 426,18). H. Caerwent (Monmouthshire). Lag ca. 14 km ö. von Isca Silurum (Caerleon), wo die *legio II Augusta* stationiert war. In V. S. war die Verwaltung des von 74–78 n. Chr. unterworfenen Volksstamms der → Silures konzentriert. Die Grundfläche der Stadt betrug ca. 18,5 ha. Sie wurde durch Wall und Graben eingeschlossen und gliederte sich in 20 zum großen Teil freigelegte Wohnblocks *(insulae)*. Unter Commodus wurde eine steinerne Verteidigungsmauer errichtet, die um 340 n. Chr. an der Seeseite mit 6 Türmen bewehrt wurde. Ein hölzernes Röhrensystem stellte die Wasserversorgung sicher. (Unvollendetes) Amphitheater. K. A.

Richmond, RE VIII A 2413 f.

Ventidius. Wahrscheinl. von einem Praenomen abgeleitetes Gentilnomen einer seit dem 1. Jh. v. Chr. bekannten Familie aus dem Picenum.

I. Republikan. Zeit. **1.** V. ist viell. der Name der Brüder aus Auximum, die sich gegen die Truppenaushebungen des Pompeius 83 zur Wehr setzten und deshalb später von ihm aus ihrer Heimat ausgewiesen wurden (Plut. Pomp. 6,5). **2.** V. stand auf den Proscriptionslisten von 43, entkam jedoch nach Sizilien (App. civ. 4,198). **3.** V. fiel 42 als Legat des senator. Statthalters von Africa vetus, Q. → Cornificius (5), im Kampf gegen den caesarischen Statthalter von Numidien, T. → Sextius (I 3; App. civ. 4,228. 236). **4.** P. Ventidius, Vater von Nr. 5, stammte aus Asculum. Während er früher mit einem der ital. Führer im Bundesgenossenkrieg gleichgesetzt wurde, die nach der Schlacht bei Asculum hingerichtet wurden (Oros. 5,18,26), nimmt man als den Namen dieses Führers heute allgemein Vettius Scato an, so daß über V. nichts Näheres bekannt ist (E. BADIAN, Hist. 12, 1963, 141 f.). **5.** P. V. Bassus. Während die Quellen manchmal L. als Praenomen haben, erscheint das Cognomen Bassus erst spät (Gell. 15,4,4). Die Familie des V. stammte aus Asculum (T. P. WISEMAN New Men in the Roman Senate 139 B. C.-A. D. 14, 1971, 271 f.) und gehörte wohl bis zum Bundesgenossenkrieg zu der dortigen romfeindlichen Führungsschicht (vgl. E. BADIAN, Hist. 12, 1963, 141 f.). Sein in den Fasten nicht erwähnter Großvater war offenbar noch nicht röm. Bürger. Um 98 geboren, wurde V. als Kind 89 im Triumphzug des → Pompeius (A I 7) Strabo mitgeführt (Gell. 15,4,3. Val. Max. 6,9,9. Vell. 2,65,3. Plin. nat. 7,135; vgl. aber E. BADIAN a. O.). Nach schwerer Jugend arbeitete sich V. zum Heereslieferanten für Maultiere und Wagen hoch (Gell. 15,4,3) und wurde, wie viele Italiker dieser Z., ein Anhänger Caesars (R. SYME, Oxf. Class. Dict., ^{2}1970, s. Ventidius), in dessen Diensten er viell. seit 58 (als *praefectus fabrum?* R. SYME Rom. Rev., 1939, 71 A. 3) in Gallien stand. Mit Caesars Unterstützung gelangte V. etwa 47 in den Senat, wurde 46 oder 45 Volkstribun (BROUGHTON 2,308) und für 43 zum Praetor gewählt (Cic. Phil. 14,21). Nach der Ermordung Caesars schloß sich V. Antonius an, für den er 3 Legionen aushob. Der Versuch, damit den Vormarsch des Consuls → Vibius (A I 6) Pansa aufzuhalten, mißlang, und ebenso wenig konnte V. Antonius rechtzeitig zu Hilfe kommen, um die Niederlage bei Mutina zu verhindern. Die Vereinigung der Truppen des V., der als Anhänger des Antonius zum Staatsfeind erklärt wurde, mit dem Heer des Antonius bewog dann jedoch Lepidus, zu Antonius überzugehen. Im Herbst 43 war V. wohl an den Verhandlungen vor Abschluß des Triumvirats beteiligt, wurde in das Pontificalcollegium aufgenommen (Gell. 15,4,3) und im J. seiner Praetur *consul suffectus*, eine hohe Ehre, die jedoch das röm. Volk zu Spottgedichten auf seine niedere Herkunft reizte (Gell. 15,4,3: Text eines Spottgedichts). Nachdem V. möglicherweise als Legat des Antonius 42 zusammen mit → Fufius (I 5) Calenus Gallia Transalpina als Provinz übernommen hatte (Cass. Dio 48,10,1. Broughton 2,363. 375), wurde er mit seinen Truppen 41 in den perusin. Krieg verwickelt, in dem er sich aber ebenso wie die anderen Unterführer des Antonius, → Asinius (I 5) Pollio und → Munatius (H 4) Plancus, abwartend verhielt, L. Antonius nur zögernd zu Hilfe kam und schließlich auf jegliche Unterstützung verzichtete (App. civ. 5,115ff.). Nach dem Fall Perusias ist sein Verbleib unsicher (R. Syme Rom. Rev., 1939, 212), nach dem Frieden von Brundisium wurde er jedoch 40 oder 39 von Antonius als Legat nach dem O. gegen die Parther und den mit ihnen verbündeten Q. → Labienus (I 3) entsandt, wobei er viell. schon 39, sicher aber 38 das proconsular. Imperium mit dem Kommando über 11 Legionen besaß. Nachdem V., dem Q. → Poppaedius Silo als Legat oder Quaestor unterstellt war (R. Syme a.O. 223), zunächst Labienus aus Kleinasien vertrieben hatte, schlug er in einem überraschenden Sturmangriff die Parther im Taurus. Der Sieg führte zur Auflösung des Heeres des Labienus, der nach Kilikien floh und dort umkam (Cass. Dio 48,39,1–40,6). Kilikien fiel in die Hand des V., dessen mil. Begabung sich erneut in der überraschenden Erzwingung des Übergangs nach Syrien zeigte, der die Parther zum Rückzug hinter den Euphrat bewog und Syrien und Palaestina wieder unter röm. Einfluß stellte (Cass. Dio 48, 41,1 ff.). Möglicherweise wurde V. schon auf Grund dieser Erfolge der Triumph gewährt (T. V. Buttrey, The Am. Numism. Soc. Museum Notes 9, 1960, 106f.). Anfang 38 gelang es V. durch eine List, die Parther in ein für ihn taktisch günstiges Gebiet zu bewegen, wo er sie bei Gindaros vernichtend schlug (Cass. Dio 49,19,1 ff.). Der Sohn des Partherkönigs Orodes' I., → Pakoros (1), fiel, und der Senat beschloß nach dem nicht unbestrittenen Bericht des Cass. Dio (49,21,2ff.; vgl. T. V. Buttrey a.O. 107f.) für V. und den in Athen weilenden Antonius den Triumph. Wohl 39 oder 38 prägte V. die Mz. BMCRomRep. 2,403 Nr. 73 (hier und E. A. Sydenham Rom. Rep. Coinage, 1952, 190 Nr. 1175 und Anm. auf 41 datiert gegen T. V. Buttrey a.O. 101 ff. und M. Crawford Rom. Republ. Coin Hoards, 1969 Tabl. XVII: 39; vgl. Gundel, RE VIII A 811f.: 38). In der Folgez. versuchte V., auch den letzten Widerstand in Syrien und Palaestina zu brechen, und belagerte – allerdings erfolglos – → Antiochos (13) von Kommagene in Samosata (Plut. Ant. 34,4ff.). Auch Antonius, der, beunruhigt durch die großen Erfolge seines Legaten, jetzt in Asien erschien, konnte nur einen Vertrag mit Antiochos schließen, löste aber trotzdem V. durch den Legaten C. → Sosius (I 2) in Syrien ab. Nach seiner Rückkehr nach Rom feierte V. als 1. Römer einen Triumph über die Parther, bei dem er eine von Sallust verfaßte Rede vortrug (Front. p. 123 N.). Er starb vor der Schlacht bei Actium und erhielt ein Staatsbegräbnis (Gell. 15,4,4). In den Quellen erscheint dieser vor allem mil. begabte Mann (Frontin. 1,1, 6. 2,2,5; 5,36f.), der die Parther endgültig in den O. abdrängte, als Urbild eines Emporkömmlings aus niederstem Stande (zu seinem Spottnamen *mulio* vgl. R. Syme, Latomus 17, 1958, 73ff.). M. D.-M.

II. Kaiserzeit. V. Cumanus. Prokurator von Iudaea 48–52, Ios. ant. Iud. 20,103ff.; unter ihm kam es wahrscheinl. im J. 49 zu schweren Zusammenstößen zw. dem röm. Militär und den Juden in Jerusalem und n. w. davon bei Bothoron; als im J. 52 Galilaeer und Samaritaner bei Ginae aneinander gerieten und V. die Samaritaner nicht bestrafte, erregten die Galilaeer mit den Juden von Jerusalem einen Aufstand, den V. niederschlug, und wandten sich gegen V. an den Statthalter von Syrien, der V. nach Rom schickte; er wurde des Postens enthoben und in die Verbannung geschickt, Ios. ant. Iud. 20,118–136; bell. Iud. 2, 223–247 gegen Tac. ann. 12,54; Köstermann, Komm. Bd. 3, 200. R. H.

Ventilabrum. Die Wurf- oder Worfschaufel dient zur Trennung der Getreidekörner von der Spreu, Colum. 2,10,14. Die Schaufel oder Forke wirft die Mischung über eine längere Strecke; dabei fällt die leichtere Spreu heraus, die schwereren Körner fliegen weiter. Vulg. Matth. 3,12, von daher viel in chr. Schriften. Prud. Apoth. praef. 2,53. Ambr. in Ps. 118 serm. 3,15. W. H. G.

Venuleius. Röm. Familienname, Nebenform von *Venilius*, Schulze Eigenn. 378. 458.

I. Republikan. Zeit.

1. Wohl *IIIvir capitalis* 82 (Broughton 2,73), kam bei den Proskriptionen Sullas ums Leben. Flor. 2,9,26. **2.** Ein von → Verres (2) aufgestellter Zehntenpächter in Sizilien, Cic. Verr. 2,3,99. **3.** 45/43 Legat in Africa, unter Q. → Cornificius (5). Cic. fam. 12,30,7. **4.** Venuleia, Gattin wahrscheinlich des P. → Licinius (I 20) Crassus. Münzer Adelsp. 393. H. G. G.

II. Kaiserzeit. **1.** V., dem Martial das 3. und 4. B. seiner Epigramme gewidmet hat, ist wohl ident. mit Nr. 4. **2.** L. V. Apronianus Octavius Priscus, Sohn von Nr. 4. Nach CIL XI 1525 (Groag, WS 49, 1931, 157ff.) hoher Munizipalbeamter in seiner Vaterstadt Pisa, war *VIvir equit.*

Rom., Quaestor als Kandidat Traians, Praetor, *cos. ord.* 123., *procos. Asiae* 138/139, Forsch. Ephes. 2,107f. Nr. 19. MAGIE Rom. Rule in As. Min. 2,1584. **3.** L. Venuleius (Montanus?) Apronianus Octavius (Priscus?), Sohn von Nr. 2, nach CIL XI 1423. 1433 wurde er nach den niederen Ämtern *praetor* und *leg. leg. I Ital.* in Moesia inf., *cos. suff.* in unbekanntem J., *cos. II ord.* 168, CIL XIV 2793. 4500. VIII 6979, dann *leg. Aug. pr. pr. prov. Hispaniae cit.* **4.** L. V. Montanus Apronianus. Trotz provinzialer Herkunft schon 80 n. Chr. *magister Arvalium*, CIL VI 2095, 1. 8. 14. 28, bis 91 als Mitglied des Kollegiums nachweisbar. *Cos. suff.* (13. Jan.–1. Mai) 92 für Domitian, CIL VI 2068. 3737. DEGRI XIII 1 p. 193. Vater von Nr. 2. R. H.

5. Röm. Jurist, etwa um die Z. des Antoninus Pius und der *divi fratres*. Viel diskutiert ist die Gleichsetzung mit Claudius Saturninus, dem Autor einer Monographie *de poenis paganorum* (einziges Frg. in Dig. 48,9,16 – vom Ind. Florentinus dem V. zugeschrieben) einerseits, sowie mit Q. Saturninus, dem Vf. eines Ediktskomm. (Dig. 34,2,19,7) andererseits. Da Saturnini überaus häufig vorkommen, scheint das Problem nicht eindeutig lösbar; vermutlich waren V. und Claudius zwei verschiedene Personen; einer von ihnen könnte auch mit Q. ident. gewesen sein. Über Leben und Person des V. sind nur Vermutungen möglich; allerdings spricht das relativ seltene Gentile für etr. Abstammung. V. ist der Vf. von *X libri actionum*, die – mind. z. T. – nicht Prozeßformeln, sondern in Anlehnung an den Sprachgebrauch des → Manilius (I 3) die Abfassung von Geschäfts- und Testamentsklauseln zum Gegenstand hatten. Ferner wissen wir von einer Schrift *de interdictis* (6 B.), die nach LENEL nicht alle Interdikte umfaßt haben kann; *de officio proconsulis* (4 B.); *de iudiciis publicis* (3 B., verfaßt nach dem Tod Hadrians, Dig. 48,2,12); schließlich *de stipulationibus* (19 B.). Die Frage der Autorschaft von *libri ad edictum* und der Monographie *de poenis paganorum* ist vom Problem der Identifikation des Juristen nicht zu trennen. C. E.

W. Kunkel Herkunft u. soz. Stellung der röm. Juristen, ²1967, 181ff. *A. M. Honoré*, Tijdschr. voor Rechtsgesch. 32, 1964, 36ff. *G. Wesenberg*, RE VIII A 824ff.

Venulus. Seltener Eigenname, vielleicht kelt. oder illyr. Herkunft (Nachweise bei E. BUCHNER, RE VIII A 827f.). **1.** Mythische Gestalt, nach Verg. Aen. 8,9 u. ö. aus Tibur, nach Serv. Aen. 8,9 Herrscher in Lavinium. **2.** Römer, nach Sil. 4,181 am Ticinus 218 durch die Hand des Boiers Crixus gefallen. H. G. G.

Venus. 1. Ital.-röm. Göttin komplexer Gestalt und Kultgesch. und noch ungeklärten Ursprungs, identifiziert spätestens im 4. Jh. v. Chr. mit → Aphrodite, eingeführt in den röm. Staatskult erst 295, oriental. Einfluß durch Kultübernahme der sizil. *V. Erycina* im 3./2. Jh., Absorbierung versch. Lokalkulte (*V. Libitina*, *Cloacina* u. a.), von eminenter, auch polit. Bedeutung dann bes. ab 1. Jh. v. Chr. als *V. Victrix* und bes. als *Aeneadum Genetrix* und so Stammutter der Gens Iulia und des röm. Volkes (Beinamenkat.: Serv. Dan. Verg. Aen. 1,720; 300 V.-Namen kannte laut Lyd. mens. 1, p. 11,15 W. → Cornelius (II 21) Labeo; zusammenfassend: [1–5]).

I. Name, Ursprung ([6–18]): Zwar gilt es jetzt als sicher, daß sich der V.-Name aus altlat. Ntr. **venos* entwickelte (*s*-Ntr. wie *genus;* WACKERNAGEL Vorl. üb. Syntax 2,19. [1], 30ff. [3], 39ff. u. ö.; abwegig zu anatol.-etr. *Veina:* FERRI, Stud. class. e or. 11, 1962, 580), doch sind umstritten 1. die Bedeutung dieses nur erschlossenen Appellativs idg. Herkunft ([6]), 2. Zeit und Ort dieses »fait unique« ([7], 337) der Feminisierung eines Neutrums ohne generische Flexionskennzeichnung (wie z. B. Aurora < idg. **ausos* usf.; vgl. KRAHE, Satura Weinreich 59ff. [8], 12ff.). Da indessen 1. **venos* etym. nicht isolierbar ist von *venerari* (< **venes-a-*) und *venenum* (< **venes-no-*) und vermutl. *venia* ([10]), 2. die osk.-umbr. Göttin *Herentas* als »quasi-synonyme du primitif **uenos* en latin« eine auffällige ähnl. Entwicklung vom Abstraktum zur V.-Identifizierung durchlief ([12], 395ff.), scheiden Deutungen der »vis quaedam mysteriosa« ([14], 56) wie »Laubgrün, Futterlaub«, weshalb V. = »Gottheit des Grüns« ([15], 141ff.), »junges Kraut« (MULLER Altital. WB. 532), »l'acte ou l'appetite sexuel« ([16]), »Liebreiz« ([2], 829. [8], 311) usf. aus. Vielmehr ist – bes. mit [1. 4–5. 9–12. 16–17] – auszugehen von rel. Begriffen wie »propitiation« ([1], 30ff.), »Gnade« ([4], 183), »faveur supranaturelle« ([12], 387) u. ä., wozu die ältesten V.-Epitheta *obsequens* (s. u.), *alma* (= εὐμενής [3], 76, *propitia* [19], 65; seit Plaut. Rud. 694. Laev. frg. 26 MOREL) und die enge Verbindung zu → Fortuna (BRELICH Die geheime Schutzgottheit v. Rom, 1947, 17) passen, ferner die *venia venerari*-Korrelation (z. B. Verg. georg. 4,534ff.), insofern hier göttl. *venia* auf menschl. *veneratio* antwortet ([11], 242), abwegig freilich Deutungen wie *V. Iovia* (CIL X 1207) = *venus*-Eigenschaft des Iuppiter ([4], 184. [14], 55f.) oder *venerari* = *augere venus dei* ([14], 50). Damit erledigt sich die lange Z. kanonische, daher in den myth. HB. noch jetzt vertretene These WISSOWAS von der genuinital. V. als »Schützerin der Gärten und des Gemüsebaues« (Rel. ²289; so z. B. HUNGER⁶, ROSE³, TRIPP s. V.). Die wenigen V. = *tutela hortorum vel holitorum*-Belege (Naev. Fab. Pall. 36,14 MARM². Varro l. l. 6,20; rust. 1,1,6. Plin. nat. 19,50. CIL IV 2776) reflektieren den sich ab 3. Jh. v. Chr. über Campanien ausbreitenden Aspekt der griech. Ἀφροδίτη ἐν κήποις (s. o. Bd. I 430. [1], 16ff. [3], 48ff.), weshalb sich die Hilfskonstruktion einer volksetym. Mißdeutung *V. Erucina* < *eruca* (»Senfkohl«) erübrigt ([20]). Vermuteter Ort der »métamorphose mystérieuse« von *v.* zu V., und zwar »spätestens im 5. Jh.«, ist → Lavinium ([1], 83 ff.), Zentrum eines föderalen latin. V.-Kultes (Strab. 5,232. Plin. nat. 3,58), dessen Tempel *Frutinal* hieß (Paul. Fest. 80,18 L.) und wo schon Aeneas der *V. Mater*, hier *Frutis* genannt, ein *V. Erycina*-Bild geweiht haben soll (Cass. Hem. frg. 7 P.). Doch bleiben Annahmen wie diese, daß *Frutis* = etr. Kürzel von Ἀφροδίτη der etr. »neue Beiname« der *V. Erycina* in Verbindung mit dem sich »um Lavinium« kristallisierenden troian. V.-Mythos gewesen sei ([1], 80. 85), schon wegen der etym. Problematik von *Frutis* fraglich (anders z. B. [8. 14. 15]; vgl. jetzt bes. [21], 115 ff. Lavinium 1, 1972, 106 f.; abwegig Ferri a. O. 595 ff. = Phrygia). Auch ließen sich die seit 1956 gefundenen 13 Tuff-Altäre bei Lavinium (ab 6. Jh.; Lavinium Bd. 2, i. Druck) bisher nicht bündig mit dem latin. Ἀφροδίσιον identifizieren (Sommella, G 81, 1974, 281. 293,68. Lavinium 1,110 f.). Nach [3], 72 hätte sich hingegen die ital. V., von Anf. an Import der Aphrodite, in »zwei Hauptwellen« entfaltet: 1. einer etr. ab E. der Königszeit unter etr. Namen Turan, 2. vom samnit.-campan. Raum aus, wo auch der Wechsel von *v.* zu *V.*, »ungewiß um wieviel früher«, sich ereignet habe, nach Latium E. 4. Jh. In der Tat hatte die außerröm. V. z. B. als *V. Pompeiana* (CIL IV 26) und Stadtgöttin Pompeiis eigenen Rang ([5], 1124 ff.) und dürfte als *V. Fisica Pompeiana* (CIL IV 1520. [1], 383 ff.; etym. ungeklärt) viell. auf vorröm., jedenfalls auf vorsullan. Lokalkulte zurückgehen ([3], 45 f.). Denn als *Fisica* muß sie in Verbindung zur osk. → *Mefitis*, einer Göttin der Schwefeldämpfe, gestanden haben, die auch *Fisica* hieß (DessILS 4028) und in der osk. Inschr. Ϝενζηι · μεϜ[ιτι] = *Veneri Mefiti* oder *-alibus* mit V. assoziiert ist (Vetter HB 182; Inschr.-Slg. jetzt [13]), und gerade in der *Mefitis* hat man z. B. kürzl. das Wesenselement der V., näml. *aestus*, erkennen wollen, das so versch. Veneres wie *Cloacina*, *Libitina*, *Calva* mit der klass. V. verbunden hätte ([14], 63 ff.). Doch bleiben insgesamt die ital. V.-Anf. noch im Vagen. Zeitl. sicher wenigstens ins 4. Jh. datierbar sind durch den ältesten inschr. V.-Beleg des praenestin. Spiegels von Orbetello ([1], T. 7) nur die V.-Identifizierung mit Aphrodite und das o. zit. latin. V.-Bundesheiligtum bei Lavinium. Vermutbar ist, daß die Aphrodite-Identifizierung schon vor dem 5. Jh. erfolgte und daß der Lavinium-Kult, der jedenfalls klar die hohe außerröm. Bedeutung der V. demonstriert, Aphrodite, sei es über etr. Turan oder eher direkt (wie im Fall der Dioskuren E. 6. Jh. [21], 151 f.), aus Süditalien übernahm und mit *V. Frutis* verschmolz, wofür 1. der griech., nicht röm. (!) *Aphrodisium*-Titel selbst bei röm. Autoren (Plin. nat. 3,58. Mela 2,71), 2. die V.-Isoliertheit vom genuin lavin. Indiges-Penates-Vesta-Kult spräche.

II. Röm. V.-Kulte: Nach Cingius und Varro war V. in der Königszeit weder mit röm. noch griech. Namen bekannt. Sie fehlte auch im alten Festkalender, ebenso in den *carmina Saliorum* und hatte keinen → *flamen* (b. Macr. Sat. 1,12, 12 f.). Daher dürfte die *V. Calva*-Legende von der »kahlköpfigen« V. (Serv. Dan. Verg. Aen. 1,720; etym. ungeklärt), z. B. von [17], 422 jetzt wieder als ältester röm. Kultbeleg gewertet, Projizierung in die Frühzeit sein, viell. durch → Verrius Flaccus (vgl. bes. [22]). Erstes hist. Kultzeugnis ist vielmehr die Tempelstiftung durch Q. → Fabius (I 36) Gurges für *V. Obsequens*, von den *Itali* auch *Postvorta* genannt, beim Circus Max. 295 v. Chr. (Liv. 10, 31,9. Serv. Dan. Aen. 1,720). Der *Obsequens*-Beiname – so auch Plaut. Rud. 260. CIL XIV 3569 u. ö. – trifft ein V.-Wesensmerkmal: ihre »vertu propitiatoire« ([1], 28 f.). *Postvorta* hat, wie oft bei göttl. Doppelnamen, prädikative Bedeutung: »die nachher (d. h. nach dem Votum) ihre Funktion erfüllte« ([8], 26. 260. 314. Radke, G 77, 1970, 31). Ob hier schon die mit Aphrodite gleichgesetzte Liebesgöttin V. gemeint ist ([3], 55 ff. [4], 185), ist wegen der Kultnamen und der Verbindung zum Krisenjahr des *bellum Samniticum* fraglich ([8], 313 f.). Stiftungstag war der 19. Aug., zugleich Festtag der *holitores*, deren Tutel V. war (Varro l. l. 6,20), und Tag des Weinfestes der → *Vinalia rustica*, an dem V. ebenso wie an den *Vinalia priora* des 23. April so eng mit Iuppiter, dem Wettergott, assoziiert war, daß die Feste später sogar *Veneralia* hießen (Plut. mor. 275 e. [1], 91 ff. Bömer, RhM 90,38 f.). Ebenfalls am 19. Aug. war der *Natalis* des Tempels der *V. Libitina* im *lucus Libitinensis*, wohl auf dem Esquilin (Fest. 322, 19 L.). Daß V. hier, offenbar früh, mit der urspr. Toten- und Bestattungsgöttin → Libitina identifiziert wurde (Plut. Num. 12,2), ist nicht etwa topograph. Zufall ([8], 184) oder nur volksetym. *libido* ∼ *libitina*-Verwechslung (Varro l. l. 6,47; s. o. Bd. III 625), sondern hat nächste Parallelen in der Ἀφροδίτη ἐπιτυμβιδία (Plut. mor. 269 b. Cl. Bérard Anodoi, 1974, 153 ff.), der etr. → Vanth (v. Vacano, Coll. Lat. 58, 1962, 1531 ff.), der nackten Nekropolen-Göttin des 6. Jh.s von Orvieto (Andrén, SE 35, 1967, 84 f. T. 17 ff.), der sizil. *V. Proserpina* (Zuntz Persephone, 1971, 173 ff.), dem Todesaspekt der Ursprungs- und Terra Mater-Gottheiten (Brelich a. O. 39 f. Altheim Terra Mater 111 ff.) usf. und geht viell. auf mediterr. Substrat (Pestalozza L'éternel féminin dans la rel. méditerranéenne, 1965, 22 ff.), jedenfalls auch auf den »uralten, myth. Zusammenhang von Liebe und Tod« zurück (Leibbrand Formen d. Eros 1, 1972, 265). Später wurde V. von Bedeutung in der Funerärsymbolik ([23]). Ebensowenig fügt sich ins bes. von der Poesie seit Anf. propagierte, zu einseitig erot. V.-Bild die *V. Cloacina*, was zeigt, daß scharf zwischen der lit. und den kult. Veneres zu scheiden ist (z. B. Zweifel am Geschlecht der V.: Macr. Sat. 3,8,3). Auch hier absorbierte V. früh einen Kult der Königszeit auf dem Forum bei der → Cloaca Max. (Min. Fel. 25, 8). Die aitiolog. Mythen deuten auf Lustrationskult (Plin. nat. 15,119f. Liv. 3,48,5 m. Komm. OGILVIE 487; spekulativ mit Menstruationsriten verbunden [24]), ebenso der Myrtenzweig, hl. V.-Gewächs (MAXWELL-STUART, WS 85, 1972, 151f. BÖMER z. Ov. fast. 4,15), der ihn mit *V. Murcia* ([1], 215ff.) und den am 1. April für *V. Verticordia* gefeierten *Veneralia* verbindet, wo es zur *lavatio* des V.-Bildes nebst Bad von mit Myrten bekränzten Frauen kam (Ov. fast. 4,133ff. RADKE, RE VIII A 1650ff.). Eher polit. Gründe hatte hingegen die Kultübertragung der *V. Erycina* nach Rom: 217 v. Chr., nach der Niederlage am Trasimen. See, gelobte Q. → Fabius (I 40) Maximus der Berggöttin auf dem sizil. → Eryx einen Tempel auf dem Capitol, der dann Anf. 215 eingeweiht wurde (Liv. 22,9,10. 23,30,13). Hierbei wurde teils außenpolitisch der »troian.« Abstammungsmythos zur antikarthag.-progriech. Propaganda genutzt ([21], 169ff. [25]), teils gab es für den Cunctator innenpolit. Motive (KÖVES, Hist. 12, 1963, 342f.). Doch waren weder die *V. Erycina* noch die im selben J. (217) ins → Zwölfgötter-Lectisternium mit → Mars eingereihte V. (Liv. 22,9,10) schon, wie oft gemeint, die röm. *Genetrix*. Die ersten röm. *V. Erycina*-Mz. zeigen sie klar als *Victrix* ([21], 186. Abb. 129), und der *V. Aineias*-Kult des Eryx (Dion. Hal. ant. 1,53,1. Verg. Aen. 5,759f.) ist späte Projizierung ([21], 65ff.). Ein weiterer *V. Erycina*-Tempel wurde 184 von L. → Porcius (A I 15) Licinus gelobt und 181 geweiht (Liv. 40,34,4). *Extra pomerium* an der Porta Collina gelegen, bewahrte dieser V.-Kult ungleich mehr als der des Capitols das oriental. Erbe (z.B. *dies meretricum* am 25. April in der Hierodulennachfolge) und wurde Zentrum röm. V.-Verehrung (Ov. fast. 4,863ff.). Der plautin. *Poenulus* reflektiert die beiden konkurrierenden V.-Vorstellungen noch vor dem Votum ([26]). Nachdem belegbar ab 2. Jh. v. Chr. für die *familiae troianae* Roms V. Tutel und *Genetrix* war ([1], 271f. [21], 221), so bes. für die → Iulii und → Memmii, denen dann in der Person des C. → Memmius (I 6) Lukrez sein Werk mit dem V.-Prooemium an die *Aeneadum Genetrix* dedizierte (1,1–49. [27]), war es als Politiker von Rang zuerst → Sulla (1), der V. zur persönl. Schutzgottheit machte und die auffällig starke V.-Verehrung im 1. Jh. v. Chr. einleitete. Er erhielt ca. 86 ein griech. Orakel (vermutl. Delphi; Datierung nach [28], 27f.), das auf die V.-Stammutter-Funktion für die *Αἰνείου γενεά* hinwies (App. civ. 1,453), sah V. im Traum »mit den Waffen des Mars«, was einen *V. Victrix*-Aspekt betont (ebd. 1,455), nannte sich nach 86 griech. *Ἐπαφρόδιτος*, was etwa das *Felix*-Cognomen übersetzt (vgl. jetzt bes. [28]), freilich nicht, wie oft gefolgert ([1], 283ff. WISSOWA Rel.^{2} 291), eine sullan. *V. Felix* erweist (BALSDON, JRS 41,1ff.), sondern myth. Waffe gegen den »neuen Dionysos« → Mithradates (5) war, wie auch die Weihungen an die kleinasiat. Aphrodite von → Aphrodisias (1) polit. Kalkül bedeuten. Nach 80 hieß Pompeii nach ihm und V. *Colonia Veneria Cornelia* (CIL X 787). Den hohen Grad der rel.-polit. Bedeutung von V. gerade im 1. Jh. v. Chr. bezeugen dann ferner → Pompeius (A I 1) und bes. → Caesar (12) und hier – wie in einem Brennpunkt – die Schlacht von → Pharsalos im J. 48: Während Pompeius, der 55 den Kult der *V. Victrix in theatro marmoreo* auf dem Marsfeld inauguriert hatte (Plin. nat. 8,20. COARELLI, RPAA 44, 1971/72, 99ff. GELZER Pompeius 171f.), in der Nacht vor der Schlacht von *V. Victrix* scheinbar glückbedeutend träumte (Plut. Pomp. 68,2. App. civ. 2,284), opferte Caesar an *V. Genetrix*, gelobte ihr als *Victrix* einen Tempel und gab die Losung *V. Victrix* aus (App. civ. 2,281. 319; keine → Evocatio, wie BASANOFF Evocatio, 1947, 190ff. meinte). Eingeweiht wurde dann der vermutl. schon vor 48 geplante ([29], 81) große *V. Genetrix*-Tempel auf dem Forum Iulium mit dem V.-Kultbild des → Arkesilaos (7; [29], 85f.), der ersten → Apsis röm. Tempel (GROS, MEFR 79, 1967, 506ff.) und gleichzeitig gefeierten *ludi Veneris Genetricis* (ab 45 *ludi Victoriae Caesaris* gen.; z. Namentausch [29], 91ff.) am 26. Sept. 46 (Cass. Dio 43,22,2. DEGRI XIII 2, p. 514), wobei mit dem Kulttitel *Genetrix* erstmals in hist. Z. »ein Mythos sichtbar ratifiziert« wurde ([2], 865). Caesar, der sich schon 68 öffentl. als *Venere prognatus* erklärte (Suet. Caes. 6,1. Cic. fam. 8,15,2), das V.-Bild im Siegelring führte (Cass. Dio 43,43,3), V. den → *lituus* attribuierte ([1], 303f. T. 29,6) und der am 20. März 44 in einem vergoldeten Modell des *V. Genetrix*-Tempels aufgebahrt wurde (Suet. Caes. 84,1. [29], 360ff.), bedeutet den Höhepunkt der V.-Rel. ([1], 323f.), was noch z.B. Vergils *Aeneis* reflektiert, wo V. als mächtige »Mittlerin zwischen Göttern und Menschen« und als Helferin bei der Aeneas- und Augustus-Apotheose wirkt (Aen. 1,259f. 289f. [30], 139ff.), und Ovid (met. 15,843ff. CUMONT Lux perpetua 183), wie ja V. auch Tibull ins Elysium geleitet (1,3,58. [31 u. 32]). → Augustus übernahm zwar den dynast. *V. Genetrix*-Aspekt, verband auch V. mit dem iulisch. Gentilgott Mars, so auf Mz. nach 31 (LIEGLE, JDAI 46, 1941, 91ff.), 25 im Pantheon (Cass. Dio 53,27,2), im Mars Ultor-Tempel 2 v. Chr. (Ov. trist. 2,296), und jüngst hat man das sog. Tellus-Relief der am 30. Jan. 9 geweihten → Ara → Pacis Aug. auf eine synkretist. V. bezogen ([21], 191ff. BOOTH, Latomus 25, 1966, 873ff. SIMON Die Geburt d. Aphrodite 102), doch war sein Schutzgott seit Anf. Apollo. → Tiberius (1) ließ – *libens ut consanguineus* – den sizil. *V. Erycina*-Tempel restaurieren (Tac. ann. 4,43,4). Zur V.-Renaissance kam es dann ab Anf. 2. Jh. n. Chr. im Zuge der klassizist. rel. Restaurationen: Nachdem am 12. Mai 113 → Traianus den Neubau des *V. Genetrix*-Tempels eingeweiht hatte, erfolgte unter → Hadrianus ab 21. April 128, dem *Natalis Romae*, in versch. Bauetappen bis ca. 140 unter → Antoninus (1) Pius der größte röm. Tempelbau überhaupt, der Doppeltempel der *V. Felix* und *Roma Aeterna* (zuletzt [33]; z. strittigen Datierung [34]). *V. Felix*, erstmals wirkl. *Genetrix pop. Romani* ([3], 91), ist dabei Ursprungsgöttin, *Roma Aeterna* Gewähr dauernden Bestandes (STRACK Reichsprägung 2, 177ff.). In der Z. der Antoninen identifizieren sich die Kaiserinnen mit V., bes. die beiden → Faustinae (2. 3. [o. Bd. II 1583f.]. [35]; vgl. Ant. Plastik 8, 1968, 85ff.), was freilich schon vorbereitet war vom Paar Hadrian-Sabina = Mars-V. ([36], 138) und in der august. Z. durch → Livia (2) als *Genetrix orbis* (CIL II 2038) u.a. Im → Totenkult gewinnt V., z. T. als *Victrix*, ab E. 2. Jh. eschatolog. Züge und dient zur »Privatapotheose«, indem V.-Statuen auf Gräbern, V. auf Sarkophagen, in Malereien usf. das Porträt der Toten tragen ([23]; vgl. ENGEMANN Unt. z. Sepulkralsymbolik d. späteren röm. Kaiserzeit, 1973, 65f. ANDREAE Röm. Kunst, 1973, 291 Abb. 118). D. Wa.

1. *Schilling* La religion romaine de V., 1954 (grundlegend). 2. *Koch*, RE VIII A 828ff. 3. *Ders.* Religio, 1960, 39ff. 4. *Latte* RRel 183ff. 5. *Charbonneaux*, Encicl. arte ant. 7, 1966, 1121ff. 6. *Devoto*, Studi in on. di A. Schiaffini, 1965, 444ff. 7. *Meillet*, CRAI 1929, 333ff. 8. *Radke* Die Götter Altitaliens, 1965, 311ff. 9. *Schilling*, Latomus 17, 1958, 3ff. 10 . *Ders.*, ebd. 21, 1962, 3ff. 11. *Ders.*, H 93, 1965, 233ff. 12. *Lejeune*, Coll. Latomus 70, 1964, 383ff. 13. *Ders.*, REL 45, 1967, 202ff. 14. *Wagenvoort*, Mnem 17, 1964, 47ff. 15. *Trier* V., 1963. 16. *Ernout*, RPh 30, 1956, 7ff. 17. *Dumézil* Archaic Rom. Rel. 2, 1970, 421ff. 18. *Boyancé* Ét. sur la rel. rom., 1972, 49ff. 19. *Waltz*, REA 59, 1957, 51ff. 20. *Eden*, H 91, 1963, 448ff. 21. *Galinsky* Aeneas, Sicily, and Rome, 1969. 22. *Börtzler*, RhM 77, 1928, 188ff. 23. *G.-Chr. Picard*, MEFR 56, 1939, 121ff. 24. *Van Essen*, Mnem 9, 1956, 137ff. 25. *Kienast*, H 93, 1965, 478ff. 26. *Galinsky*, Coll. Lat. 101, 1969, 358ff. 27. *Kleve*, Symb. Osl. 40, 1965, 86ff. 28. *Wosnik* Unt. z. Gesch. Sullas, Diss. Würzburg 1963. 29. *Weinstock* Divus Julius, 1971. 30. *Wlosok* Die Göttin V. in Vergils Aeneis, 1967. 31. *Grimal*, Homm. à Deonna, 1957, 258ff. 32. *Heilmann* Die Bdtg. der V. b. Tibull, Diss. Frkft. 1959. 33. *Barattolo*, MDAI(R) 80, 1973, 243ff. 34. *Turcan*, Latomus 23, 1964, 42ff. 35. *Aymard*, MEFR 51, 1934, 178ff. 36. *Beaujeu* La rel. rom. à l'apogée de l'Empire 1, 1955.

2. Der Name für den Planeten V. findet sich als *stella Veneris* bei den Römern im 1. Jh. v. Chr. (Cic. nat. 2,53: *Stella Veneris, quae Φωσφόρος Graece, Latine dicitur Lucifer, cum antegreditur Solem, cum subsequitur autem Ἕσπερος* [lat. *Vesper* Catull. 62,1]). Erst bei Plin. (nat. 2,36) heißt er auch *sidus Veneris*. Als Morgenstern heißt V. *Eous* bei Verg. georg. 1,288, dem Griech. Ἑωσφόρος entsprechend. *Stella diurna* wird er bei Plaut. Men. 175 genannt, weil er als einziger Stern auch bei Tage sichtbar ist. Gegensatz ist *nocturna stella* bei Firm. math. 2,20,3; *Noctifer* bei Catull. 62,7; erst bei Fulg. myth. 2,13 findet sich *antifer*. Die älteren Namen für V. als Abend- und Morgenstern gibt Varro l.l. 6,7: *inter Vesperuginem* – so Plaut. Amph. 275, – *et Iubar* – so Enn. ann. 557. – Noch vor Plautus setzt ST. WEINSTOCK mit ausführlicher Interpretation die Inschrift aus Quint. inst. 1,7,12 an: *in pulvinari Solis, qui colitur iuxta aedem Quirini, Vesperug, quod vesperuginem accipimus* (RE VIII A 1713ff.). Seit der frühen Kaiserz. setzt sich die Bezeichnung V. durch, wie es auch im Griech. geschieht, da man im Stern die Göttin selbst sah. Damit legte man dem Stern auch die Eigenschaften und myth. Beziehungen der V. bei, wie in den dichterischen Benennungen *Cithereia, Dione, Idalium astrum, Paphiae lampadas*. In Rom hat V. Bedeutung als Mutter des Aeneas, der das Palladium von Troia nach Italien bringt; Lucifer ist, als Diener der V. (Serv. Aen. 2,801), Führer des Aeneas von Ilium bis Laurentum. *Hesperos* wird als Stern des vergotteten Caesar bei Verg. ecl. 9,47 und Prop. 4,6,59 angesehen. Ein Weltalter der V. nennt Firm. math. 3,1,13. V. als 5. Wochentag der Hebdomas behandelt BOLL, RE VII, 2558. 2565, und der Name *dies Veneris* ist bis h. erhalten geblieben als *Venerdi, Vendredi* in den rom., als *Freitag, Friday* in den germ. Ländern, in denen Freya der V. angeglichen ist. Vergebens hat man im MA. versucht, die heidn. Planetennamen durch kirchliche oder volkstümliche zu ersetzen, wie für V. *Iohannis astrum* oder der *mine-stern;* sie konnten sich nicht halten. Bei den Astronomen ist der Name des Planeten V. immer in Geltung geblieben. Nicht mit dem Planeten verbunden ist V. in der Sphaera Barbarica, griech. bei → Antiochos (17; BOLL Sphaera 58), lat. im Lib. Herm.: *ab undecimo usque ad duodecimum gradum* (sc. *Librae*) *oritur Adonis et Venus* (W. GUNDEL, ABAW, NF. 12,62,26). E. Bo.

Lit.: *W. Gundel* De stellarum appellatione et religione Romana (RVV III 2, 1907). *A. Scherer* Gestirnnamen bei den indogerman. Völkern, 1953.

Vĕnŭsia (*ĕ, ŭ*: Hor. c. 1,28,26; s. 2,1,35), angeblich von → Diomedes (2) gegründete (Serv. auct. Aen. 11,246) samnit. (Strab. 6,254. 283) volkreiche (Dion. Hal. ant. 17/8,5) Siedlung im lukan.-apul. Grenzgebiet (Sch. Hor. c. 1,28,26), später zu Apulien gezählt (Ptol. 3,1,73. Feldm. p. 210. 261). Seit 291 v. Chr. latin. Kolonie (Dion. Hal. a. O. Vell. 1,14,6; 200 v. Chr. erneuert Liv. 31, 49,6), spielt eine Rolle im 2. pun. Krieg (Liv. 27,2, 11 u.a.) und im mars. Krieg (Diod. 37,2. App. civ. 4,3 u.a.), zur *tribus Horatia* gehörig (L. ROSS TAYLOR Voting Districts 272) in der 2. Region (Plin. nat. 3,105; ebd. 104 august. Kolonie), liegt an der *via Appia* (Strab. 6,283. Itin. Anton. 113,1. 121,2. Tab. Peut. 6,4). Berühmt als Geburtsort des Horaz (Suetonvita); h. Venosa. G. R.

Forbiger HB. d. alt. Geogr. 3,500. *Nissen* It. Ldk. 2,828. *Beloch* RG 449f.

Venutius. Gemahl der → Cartimandua, Königin der → Brigantes. Nach der Auslieferung des

→ Caratacus (Tac. ann. 12,36,1) stieg er zum Haupt der römerfeindlichen Partei in Britannien auf, wurde aber durch die Truppen des A. → Didius (II 1) Gallus besiegt, Tac. 12,40,1. Nachdem ihn seine Gattin 69 verstoßen und seinen Waffenträger → Vellocatus auf den Thron erhoben hatte, riß er die Macht an sich und verteidigte sie erfolgreich gegen die Römer, Tac. hist. 3,45,2. Erst Q. → Petilius (II 1) Cerialis konnte 71–74 die Brigantes endgültig unterwerfen, Tac. Agr. 8,2. 17,1 f. G. Wi.

Collingwood Roman Britain 90ff.

Ver. Personifikation, fast nur in der bild. Kunst. Bei Ov. met. 2,25 ff. umgeben Phoebus in seiner Sonnenresidenz Personifikationen der Zeitabschnitte, darunter V. Während gewöhnlich die → Horai für die Jahreszeiten stehen, sind die *Horae* bei Ov. die Stunden (s. Eisenhut, RE VIII A 905 f.). Bildl. Darstellungen z.B. einige Sarkophage (C. Robert Die ant. Sarkophag-Reliefs 3,3,405 ff. G. M. A. Hanfmann The Season Sarcophagus in Dumbarton Oaks, Cambr. Mass. 1951). Die Jahreszeiten sind Jünglinge oder junge Frauen. Ov. dagegen richtet sich nach dem gramm. Geschlecht. Wie alle Jahreszeiten ist auch V. ohne relig. Bedeutung (keine Weihinschr.; auch griech. nur eine aus dem 2.–3. Jh. n. Chr.: L. Robert, Hellenica 9, 1950, 56 ff.). Höhere Bedeutung scheint V. bei Mart. Cap. 1,52 zu haben: In der 8. Region des Himmels befindet sich *Veris fructus;* aber der Sinn ist dunkel (St. Weinstock, JRS 1946, 113 f. W. F. Otto, DLZ 30, 1909, 1035 ff. C. Thulin, RVV 3,1, 1906, 52. 65 f.). Thulin a. O. möchte nach Deecke Etr. Forsch. 4, 1880, 59 *Veris fructus* mit *Selva* der Bronzeleber von Piacenza (ebenfalls 8. Reg.) zusammenbringen, da er *Selva* mit *Silvanus* identifiziert; beide würden »dem Wesen nach gut für dieselbe Region« passen.

Nicht in den myth. personif. Bereich gehört sowohl der die Natur und somit auch die Jahreszeiten beseelende stoische Pantheismus → Zenons (II 2; bei Cic. nat. 1,36) als auch die Zuordnung der Jahreszeiten zu den Farben, durch die sich in der Spätant. die Zirkusparteien bei Wagenrennen unterschieden (vgl. Eisenhut a. O. 909 ff.). W. E.

Ver sacrum. Offensichtlich nur den Italikern eigen (vgl. Paul. Fest. 379 M.). Was Roscher [4], 84 aus dem griech. Bereich damit vergleicht, erweist sich als wesensverschieden. Daß die griech. Kolonisten ihre Götter weiterverehrten, ist selbstverständlich. Die griech. Gründungen, im Gegens. zu den ital. bes. unter dem Schutz Apollons (bekanntlich wesentl. Ratschläge des Orakelgottes für die Kolonien; vgl. Ruge, RE XVIII 843 f.) vollzogen, erfolgten lediglich wegen des durch Übervölkerung hervorgerufenen Nahrungsmangels. Das entscheidende relig. Element, der Sühnegedanke fehlt (s. [1], 911 f.), und so auch das Wichtigste, die Hingabe der Erstlinge.

Mit einiger hist. Zuverlässigkeit ist nur ein *v.s.* überliefert; alles andere ist sagenhaft oder gar erschlossen. Das Gelübde Liv. 22,9,7 ff. und 22,10, die Ausführung Liv. 33,44,1–2 und 34,44,1–3, und zwar nach der Schlacht am Trasimen. See im J. 217. Das Unglück wird auf göttlichen Zorn, hervorgerufen durch *neglegentia caeremoniarum* (Liv. 22,9,7) zurückgeführt; daher die außerordentl. Sühnemittel (neben dem *v.s.* stehen noch andere). Die Sibyll. Bücher werden, wie inzwischen in solchen Fällen üblich (»Der Einbruch der griech. Rel. in die ital.-röm. Kulte ist zu dieser Z. als gegebene Tatsache hinzunehmen«, [9], 51) befragt. Ein *v.s.* kann von ihnen nicht direkt angeordnet worden sein. Die sinngebende Deutung oblag den Xviri, die Genehmigung dem Senat (Wissowa Rel.^{2} 538 f. [8], 161).

Die Einlösung erfolgte 195, aber im nächsten J. wird festgestellt, das *v.s. non esse recte factum* (Liv. 34,44,2, ohne Gründe), es wird wiederholt. Alles, was im März und April dieses J. 194 geboren wird, soll geweiht werden (Liv. 34,44,3). Die zeitl. Differenz von 22 bzw. 21 J. zwischen Gelübde und Erfüllung (Liv. 33,44,2) läßt sich nur so erklären: In alter Z. mußten die Menschen, die im *v.s.* geboren waren, die Gemeinde verlassen, sobald sie das entspr. Alter erreicht hatten; für Vieh kann das nicht gelten. Selbstverständlich wurde gelobt, alles, was im nächsten Frühling geboren wird, soll geweiht sein; die Tiere wurden geopfert, die Menschen nach 21 J. vertrieben: Das ist auch die Meinung des Verrius Flaccus (Paul. Fest. 379 M. mit der ausdrücklichen Begründung *cum crudele videretur pueros ac puellas innocentes interficere;* vgl. Fest. 158 und 321 M.).

Noch etwas ist bei diesem *v.s.* neu: Iuppiter erscheint als Empfänger, wohl deshalb, weil er nun der Gott des Staates schlechthin ist, während die Bedeutung des Marskultes eingeengt war ([8], 124. [9], 52). Sonst ist stets dem Mars, der »neben Iuppiter der eigentliche Haupt- und Stammgott der ital. Bevölkerung« war (so richtig schon Prell.-Jord. 295; abzulehnen Radke Götter Altital., 1965, 202; vgl. [9], 49. Zum ital. Stiergott F. Altheim Röm. Rel.-Gesch., 1951, 1, 17 ff.), das *v.s.* geweiht. Mars ist auch Gott des *ver* (Roscher [3], 2399 ff. Th. Birt, ALex 11, 1900, 161), mit seinem Monat beginnt das *ver*.

Weitere Nachrichten: Es sind Gründungssagen ital. Städte und Stämme (Lit. zum Folg. [1], 919 ff.). Den Namen des Mars oder eines ihm hl. Tieres haben im Namen: → Mamertini (Fest. 158 M. unter Berufung auf einen *Alfius libro primo belli Carthaginiensis.* [9], 51 zweifelt zwar die Historizität an, ist aber viell. zu optimistisch, was den religionsgesch. Inhalt betrifft. Angeblich stammt die Weisung zu einem *v.s.* von Apollo, der sich im Traum Sthennius → Mettius offenbarte), → Bovianum (Strab. 5,250), Picentes (Plin. nat. 3,110 mit Strab. 5,240. Vgl. Paul. Fest. 215 M.), → Hirpini (Strab. 5,250; vgl. Paul. Fest. 106 M.

Serv. Aen. 11,785). Über → Marsi und → Marrucini ist kein Bericht erhalten, man schließt aus ihrem Namen auf ein *v.s.* Viell. gehört auch Lucania, Lucani hierher (wenn von λύκος »Wolf«: Wolf auf den Mz. MOMMSEN Unterit. Dialekte 143 und 274 nahm Ableitung von Iuppiter Lucetius an [möglich: [7], 100]; wenig wahrsch.; von einem *v.s.* ist aber nichts berichtet). *Sacrani* heißen Auswanderer aus Reate (Paul. Fest. 320f. M.) oder Ardea (Serv. Aen. 7,796), die ihre Herkunft von einem *v.s.* herleiteten; der Gott ist nicht genannt. Nicht hierher gehören: Lavinium (Dion. Hal. 1,56,1 f., s. [2], 320ff. WISSOWA Rel.[2] 411. [1], 918f.; anders [7], 99), noch weniger Gallier bei Iust. 24,4,1 (nur Vergleich). Die Bedeutung des *v.s.* für die Besiedlung Italiens wird hoch eingeschätzt (J. WHATMOUGH The Foundations of Roman Italy 195. 286. 382. Nach Dion. Hal. haben die → Aboriginer häufig *v.s.* ausgesendet), vor allem, wenn es um Sabiner geht (s. Sisenna bei Non. 522 M.). So werden genannt ([2], 241,1. PHILIPP, RE I A 1582. NISSEN It. Ldk. 1, 510): Paeligner, Herniker, Vestiner, die Samniten in Samnium, im n. Apulien, in Bruttium, Campanien und Lucanien. F. SCHWENN, RVV 15,3, S. 169, 3 bezieht auch Rom ein (hat Mutterstadt [Alba Longa]; Wölfin).

Ob zum *v.s.* urspr. Menschenopfer gehörten, d.h. ob die Austreibung nur Ersatz ist (mit anderen SCHWENN a.O. 169ff.; RE XV 955) oder nicht (WISSOWA Rel.[2] 420,5, der erklärt, die bei Paul. Fest. 158 M. und viell. Dion. Hal. 1,16,1–4 behaupteten Menschenopfer seien »bloße Konstruktion, die Ausstoßung oder Preisgabe ist vielmehr die gegebene Ausführungsform der *consecratio* lebender Wesen«), ist umstritten. Zugeben wird man, daß Menschenopfer den Italikern nicht ganz fremd gewesen sind. W. E.

1. *W. Eisenhut*, RE VIII A 911ff. 2. *A. Schwegler* Röm. Gesch. 1, 240ff. 3. *W. H. Roscher*, Myth. Lex. 2,2411f. 2426ff. 4. *Ders.* Apollon und Mars, Lpz. 1873, 84ff. 5. *J. Heurgon*, Latomus 15, 1956, 137ff. 6. *Ders.* Trois études sur v. s., Coll. Latomus 26, 1957. 7. *G. Hermansen* Stud. über den ital. u. d. röm. Mars, København 1940. 8. *Latte* RRel 124f. 9. *U. W. Scholz* Stud. z. altital. u. altröm. Marskult u. Marsmythos, Heidelb. 1970.

Veragri *(Varagri)*, einer der Keltenstämme des Wallis (→ Vallenses) mit dem Hauptort → Octodurus, h. Martigny, seit Claudius Hauptort des Wallis. Caesars Versuch, im J. 57 v. Chr. das Gebiet zu unterwerfen, um damit den Zugang zum Gr. St. Bernhard zu öffnen, wurde von den V. und den mit ihnen verbündeten → Seduni vereitelt, Caes. Gall. 3,1–6. Cass. Dio 39,5,2. Genannt sind sie ferner bei Strab. 4,204. Liv. 21,38,9; Inschr. des Tropaeum Alpium, Plin. nat. 3,137. HOW.-MEYER 80ff. und Not. Gall. 10,3 (HOW.-MEYER 130,17). E. M.

F. Stähelin Schweiz in röm. Z.[3] 86ff. *H. van Effenterre*, RE VIII A 927ff.

Veranius. 1. Q. V. Er begleitete → Germanicus (2) nach Asien und war von ihm im J. 18 beauftragt, als Legat die Provinz Kappadokien zu ordnen, Tac. ann. 2,56,4. Er vertrat nachdrücklich die Anklage gegen → Calpurnius (II 15) Piso wegen Vergiftung des Germanicus, Tac. ann. 2, 74,2. 3,10,1; 13,2; 17,2. 4,21,2, dafür erhielt er ein Priesteramt, 3,19,1. **2.** Q. V., wohl Sohn von Nr. 1. Ca. 12 n. Chr. *. Nach IGRom III 703 *IIIvir monetalis, trib. mil. leg. IV Scythicae*, im J. 37 *quaest. Caess.*, 41 *trib. plebis*, s. Jos. ant. Iud. 19,229ff. Über die Praetur war er im J. 43/44 bis 47/48 der erste Statthalter von Lycia-Pamphylia, IGRom III 577. 703. 902. AE 1953, 251 (= die von E. A. GORDON im Nationalmus. in Rom gefundene Grabinschr. des V.); er hatte verschiedene kriegerische Unternehmungen durchzuführen. *Cos. ord.* 49, AE 1928, 98. Frontin. aq. 102. Tac. ann. 12,5,1. Augur, CIL VI 31723, in den Patriziat erhoben, AE 1953, 251. CIL III 6074. Nach AE 1953, 251 war er [*curator*] *aedium sacrarum et operum locorumque* [*publicorum*] und führte im J. 57 bei Spielen Neros den Vorsitz; im J. 58 *leg. Aug. pr. pr. prov. Britanniae*, bekriegte er die → Silures, starb aber in der Provinz 58 oder 59 offenbar nach längerer Krankheit; in seinem Testament huldigte er Nero. Seine Tochter war Verania Gemina, Gattin des L. → Calpurnius (II 23) Piso Frugi Licinianus, der von → Galba (2) zu seinem Nachfolger bestimmt war. Dem V. muß der Στρατηγικός des → Onasandros gewidmet gewesen sein. – A. E. GORDON Q. Veranius, 1952. R. H.

Veratrum s. Helleborus

Verax. Schwestersohn des Bataverfürsten → Iulius (A II 28) Civilis, mit dem er 70 n. Chr. das am linken Waalufer gelegene Auxiliarkastell → Vada angriff; von → Petillius (II 1) Cerialis geschlagen retteten sich beide ans rechte Ufer, Tac. hist. 5,20. 21,1 f. R. H.

Verban(n)us lacus, der h. Langensee (Lago Maggiore), aus dem der Tessin ausfließt, Pol. 34, 10,21 bei Strab. 4,208. Plin. nat. 2,224. 3,131. 9,69. E. M.

Nissen It. Ldk. 1,181. 187. 2,184f. Enciclop. It. 21, 1934, 889ff. *E. Meyer*, RE VIII A 970.

Verbascum (griech. φλόμος, φλομίς u.ä.; nach der Verwendung der wolligen Blätter mancher Arten als Lampendochte auch λυχνῖτις oder θρυαλλίς [sonst allg. = Wegerich]) bezeichnete versch. der ca. 250 in Europa und im Orient verbreiteten Arten der Königskerze (Familie: Scrophulariaceae). Die meisten sind staudenartige, 2jährige Pflanzen, aus deren rosettenförmig angeordneten Grundblättern ein hoher rispen- oder ährenartiger Blütenstand mit meist gelben (seltener dunkelvioletten) Blüten emporwächst. – Dioskur. 4,102 (vgl. Plin. nat. 25,120f.) unterscheidet mehrere Arten (schwarz, weiß [männl. und weibl.], wild, niedrig, Lychnitis). Mit einiger Zuversicht lassen sich die schwarze (V. nigrum mit der Variante albiflorum), die kleinblütige (V. Thapsus), die großblumige Königskerze (V. thapsiforme) und wohl auch das bepuderte Wollkraut (V. Lychnitis) identifizieren. Dem V. schrieb man bemerkenswerte Kräfte zu (z.B. gegen Fäulnis, zur Beseitigung von Schaben). In der Med. dienten die versch. Teile, vor allem der »schwarzen« Art, in vielfältiger Zubereitung als adstringierendes Mittel u.a. gegen Durchfall, Brüche, Quetschungen, Schwellungen und Entzündungen, auch als Mundwasser gegen Zahnschmerz. Vgl. außer Dioskur. und Plin. auch Marcell. de medic. 24, 11. 27,129. 28,56. 36,6. H. Gä.

M. Schuster, RE VIII A 970ff.

Verbena (meistens Plur. *verbenae*; <**u̯erbesna*, vgl. *verbera* [Walde-Hof.[3]; anders Dict. étym.]), röm. Sammelbezeichnung allg. für frische Zweige und Kräuter von rel., vor allem kathart. (vgl. Plin. nat. 15,119) und apotropäischer Bedeutung *(omnes frondes sacrae; virgulta religioni apta)*. Man bedeckte mit ihnen z.B. den Rasenaltar vor dem Opfer (Hor. c. 1,19,14. Ov. met. 7,242ff.; als Opfergabe dagegen fast. 1,381f.), flocht aus ihnen Kränze und Girlanden für Opfertiere und Götterbilder (vgl. Suet. Cal. 27,2), aber auch für Menschen (die jungvermählte Frau: Fest. 56 L.; ein Priester: Cic. Verr. 2,4,110). Zu *v.* werden, namentlich in späteren Quellen (vgl. Serv. ecl. 8,65; Aen. 12,120. Don. Ter. Andr. 726), immergrüne Gewächse wie Myrte, Lorbeer, Ölbaum und Rosmarin gerechnet. Auch die → *sagmina* der → Fetialen heißen *v.*, wenngleich gelegentlich eine botan. genauere Bezeichnung *(→ verbenaca)* verwendet wird. Der Sprachgebrauch war hier ebensowenig konsequent wie in der Med., wo *v.* manchmal *verbenaca*, manchmal aber eine Gruppe von Bäumen und Sträuchern meint, deren Blätter adstringierend wirken; außer den o. genannten Zypresse, Mastix, Tamariske, Efeu u.a. (Cels. 2, 33,3f. 6,18,8 A u.s.). H. Gä.

Dar-Sagl. 5,736. *M. Schuster*, RE VIII A 973ff. m. d. ält. Lit.

Verbēnāca (auch, bes. spätant., → *verbena*; griech. ἱερὰ βοτάνη), das in Europa und Asien weitverbreitete Eisenkraut (Verbena officinalis L.) aus der Familie der Verbenaceae.

Die staudenartige V. wächst vorzugsweise an Wegen und Mauern und kann eine Höhe von ½ m erreichen. Ihre kleinen violetten Blüten sind in verzweigten Rispen angeordnet. V. besaß in der Ant. große Bedeutung (vgl. Plin. nat. 25,106ff.): Bei den Römern diente sie u.a. den → Fetiales als → *sagmen*, im Iuppiterkult zur Reinigung des Opfertisches und fand auch bei Lustrationen Verwendung. In Gallien spielte sie beim Losen und Weissagen eine Rolle. Der Volksglaube schrieb ihr vielfältige mag. Kräfte zu (Plin. 106). Offizinell war die leicht adstringierend wirkende V. bereits im alten Äg. in Gebrauch. Über ihren med. Anwendungsbereich (u.a. gegen Fieber, Schweißausbrüche, Kopfschmerz, Blutungen, Milzleiden) vgl. Dioskur. 4,60. Cels. 2,33. Plin. a.O. Marcell. de medic. 1,46. 10,51. 23,43 u.ö. Ps.-Apul. de herb. 3. H. Gä.

M. Schuster, RE VIII A 976ff.

Verbera. Prügel mit Stock *(ferula)*, Ruten *(virgae)*, Knüttel *(fustis. vitis* des Centurio*)* oder Peitsche *(→ flagellum)* waren im ganzen Alt. verbreitet, oft nach Alter und sozialer Stellung des Delinquenten abgestuft. V. des Lehrers waren allg. Übung. In Rom sind *v.* nur gegen Männer (Ausnahme: Züchtigungsrecht des → Pontifex maximus gegenüber Vestalinnen) üblich, im Bereich *domi* oft vor anderen Strafen (Hinrichtung aller Art), erst in der Kaiserz. auch als selbständige Strafe. Röm. Bürger sind früh, in der Spätant. die *honestiores* von *v.* als selbständiger Strafe ausgenommen; Mißbrauch des Rechts des Hausvaters zu *v.* gegenüber der ganzen *familia* wird eingeschränkt. Jurist. Hauptquelle Dig. 48,19. FUHRMANN, RE Suppl. IX 1589ff. W. H. G.

Verbigenus pagus, nur bei Caes. Gall. 1,27, 4f. genannter Gau der → Helvetier, sonst unbekannt. Die mehrfach versuchte Verbindung mit Urba (Orbe) ist aus sprachl. Gründen nicht möglich. E. M.

F. Stähelin Schweiz in röm. Z.[3] 142f. mit Nachtrag S. 636. *How.-Meyer* 34 mit A. 1. *E. Meyer*, RE VIII A 978.

Vercassivellaunus. Kelt. Eigenname (»überragend gut«, HOLDER 1,833). Fürst der → Arverner, Vetter des → Vercingetorix. Als Befehlshaber eines Teiles des Keltenheeres, das den von → Caesar (12) in → Alesia 52 eingeschlossenen Vercingetorix entsetzen sollte (Caes. Gall. 7,76,3), gelang ihm sogar ein Einbruch in ein röm. Teillager (7, 83f. 85. 87). Nach dem Eingreifen des T. → Labienus (I 4) und dem Einsatz röm. Reiter in seinem Rücken mußte er weichen und wurde gefangen (7,88,3f.). JULLIAN HG 3,524ff. M. GELZER Caesar [6]147; RE VIII A 1002ff. (mit Skizze, Mont Réa). G. WALTER Caesar, 1955, 315ff. H. G. G.

Vercellae (Plin. nat. 3,124. Ptol. 3,1,36; bei Strab. 5,218 Οὐερκέλλοι), Dorf (Strab. a.O.) der Libiker (Plin. a.O.; von Sallyern gegründet), später *municipium* (Tac. hist. 1,70) der 11. Region (Plin. a.O.) in der *tribus Aniensis* (L. ROSS TAYLOR Voting Districts 271) am Sesiaufer und der Straße zw. → Ticinum und → Eporedia (Itin. Anton. 282, 8 u.a. Tab. Peut. 3,5). Z.Z. des Hier. epist. 1,3 verödet *(olim potens, nunc semiruta)*. Nach Plut. Mar. 25,4 besiegte Marius die Cimbern περὶ Βερκέλλας, was h. nicht mehr auf V. bezogen, sondern appellativisch (»Metallfundstätte«) verstanden wird, zumal der Name auch bei Placentia, Aquileia, Ravenna und in Samnium begegnet; h. Vercelli. G. R.

Forbiger HB. d. alt. Geogr. 3,401. *Nissen* It. Ldk. 2,176. *Beloch* RG 616. 624. *J. Zennari*, Annali della bibl. governat. e libr. civ. di Cremona 4, 1951. 11, 1958 (Schlachtfeld zw. Ferrara und Atri).

Vercingetorix. Führer des großen Gallieraufstandes gegen Caesar im J. 52 v. Chr., aus dem Stamm der kelt. → Arverner. Als Sohn des Fürsten Celtillus etwa um 82 geb. ([2]), entfachte V. zunächst in seiner Heimatstadt → Gergovia einen leidenschaftlichen Haß gegen die Römer, wurde aber auf Betreiben seines Onkels Gobannitio und anderer Adeliger verbannt. Gleichwohl verstand er es, bei den meisten gall. Stämmen eine begeisterte Anhängerschaft zu gewinnen, vertrieb seine polit. Gegner, wurde Oberbefehlshaber der verbündeten Kontingente (Plut. Caes. 25) und nahm den Königstitel an (Caes. Gall. 7,4). Durch eiserne Disziplin schuf er ein schlagkräftiges Heer, beschränkte sich aber vorerst darauf, die Römer durch die Strategie der verbrannten Erde und ständige kleine Überfälle aufzureiben. So ließ er im Biturigenland 20 Ortschaften einäschern und konzentrierte den Widerstand auf → Avaricum, das nach erbitterter Verteidigung der überlegenen röm. Belagerungstaktik erlag (Caes. Gall. 7,15 bis 28. Ch. Picard, Mél. Piganiol 2,108f.). V. zog sich nun in die Bergfestung Gergovia zurück, brachte den anstürmenden Römern eine schwere Niederlage bei (Caes. Gall. 7,36ff. Polyain. 8,23, 9f. Cass. Dio 40,35ff. Suet. Caes. 25) und zwang Caesar, von dem selbst die verbündeten → Haeduer und → Atrebaten abfielen (Caes. Gall. 7,59. 63. 76. Plut. Caes. 26. Liv. per. 107. E. Thévenot, Latomus 19, 1960, 22ff. 437ff.), zum Rückzug. Auf der Bundesversammlung zu → Bibracte wurde V. erneut als Oberbefehlshaber bestätigt. Sein Versuch freilich, die röm. Legionen unweit Dijon einzukesseln, mißlang (Caes. Gall. 7,66f.). Zum Entscheidungskampf zog er seine Streitkräfte bei → Alesia (CIL XIII 11239–11261) zusammen. An den gewaltigen Verschanzungen und Belagerungswerken, die Caesar sogleich rund um Alesia anlegen ließ, scheiterten alle verzweifelten Entsatzangriffe und Ausbruchsversuche der Gallier, so daß diese schließlich, vom Hunger genötigt, kapitulieren mußten (Caes. Gall. 7,68ff.). Mit dem Fall Alesias war der Hauptwiderstand gebrochen und das Schicksal des kelt. Freiheitshelden besiegelt. V. ergab sich Caesar, wurde 6 J. in Haft gehalten, wohl im Aug. oder Sept. 46 ([2]) im Triumph mitgeführt und alsbald im → Tullianum hingerichtet. – V. war einer der gefährlichsten Gegner Roms und »zeitweise nahe daran, das ganze Werk Caesars zu vernichten« (A. Heuss RG [2]271). Als Mensch, Politiker und Stratege zweifellos eine überragende Persönlichkeit, ein kelt. Arminius, dessen Scheitern nicht der Tragik entbehrt. Mit seinen Vorstellungen von einem geeinten Keltenreich war er seiner Zeit weit vorausgeeilt (H. Bengtson RG [2]217). R. E.

1. *C. Jullian* V., Paris 1901 (Neudr. 1963). 2. *M. Gelzer*, RE VIII A 981ff. – Zu neuen Mz. des V.: 3. *J.B. Colbert de Beaulieu*, Gallia 21, 1963, 11–75. 24, 1966, 21–28. 28, 1970, 1–9. 4. *S. Scheers*, Rev. Belge Num. 113, 1967, 116f.

Verecundus. Bischof von Iunca im nordafrik. → Byzacium. Er verteidigte die Beschlüsse des Konzils von Chalkedon im Dreikapitelstreit gegen Kaiser → Iustinianus (1), der ihn 551 nach Konstantinopel zitierte. V. floh von dort nach Chalkedon. † 552. Von seinen Schriften sind erhalten ein Gedicht *De satisfactione paenitentiae* in 212 Hexametern, 9 Erläuterungen zu den at. Cantica, Exc. aus den Akten von Chalkedon. O. H.

Ta.: *Migne*PL Suppl. 4,39–234. *E. Kullendorff* Textkrit. Beiträge zu V., Lund 1943.

Vereinswesen. Neben staatlichen Vereinen wie die → Epheben und reinen → Berufsvereinen gibt es in der griech.-röm. Ant. Vereine auf privater Basis, meist mit Statuten und mehr oder weniger bescheidenem eigenen Vermögen (Tempel, Vereinslokal, Grundstücke), die urspr. in erster Linie religiösen Zwecken dienten und z. Z. der allmählichen Auflösung älterer Gemeinschaften (→ Phyle u. a.) entstanden sind. Die Anf. liegen im 5. Jh. (oder noch früher? Dig. 47,22,4) in Athen, zu ihnen kann man mit einigem Vorbehalt die → Hetairien zählen; die Blütezeit des V. ist der Hellenismus und die röm. Kaiserzeit. Unsere Kenntnisse stammen weitgehend aus reichem Inschriften- und Papyrusmaterial; die lit. Quellen nehmen vom V. kaum Kenntnis. Zu den ältesten Vereinen, in denen urspr. nur Vollbürger Mitglieder sein konnten, zählen die ὀργεῶνες (E. Ziebarth, RE XVIII 1024. W. S. Ferguson, Harvard Theol. Rev. 37, 1944, 61ff.); große Bedeutung hatten später (seit dem frühen 3. Jh. v. Chr.?) die dionysischen → Technitai (vgl. bes. F. Poland, RE V A 2473ff.). Die Thiasoten und Eranisten nehmen immer mehr Fremde, dann sogar Frauen und Sklaven in ihre Reihen auf, dienen oft nicht ortsansässigen Gottheiten und werden allmählich zu Interessenvereinen, wirtschaftl. Interessengruppen oder Begräbnisvereinigungen, vielfach zu gesellschaftl. Klubs, auch wenn sie formal fast immer Kultgemeinschaften bleiben. Es gibt auch Genossenschaften etwa der Jäger, κυνηγοί. In der röm. Kaiserzeit sind agonist. Verbände häufig. Viele benennen sich nach Kaisern oder Mitgliedern des Kaiserhauses; schon in hellenist. Z. kommen Könige als Namensgeber vor. Die Zahl der Vereine ist groß (allein auf Rhodos sind über 80 belegt), doch ihre Mitgliederzahlen – und damit ihre polit. und wirtschaftl. Bedeutung – sind beschränkt: sie steigen selten über 100, der Durchschnitt, bekannt aus zahlreichen in Stein gehauenen Namenlisten, liegt sogar bedeutend niedriger. Außer in Athen (und überhaupt in Handelszentren) und Mittelgriechenland sind Vereine häufig auf den Inseln zu finden, bes. in Delos und Rhodos, dann in Kleinasien (dort einige der ältesten und bis in die späteste Z. weiterwirkend), im Schwarzmeergebiet und in Äg. Im w. Griechenland sind sie weitgehend unbelegt. Die Mitglieder der Vereine nehmen meist an einem oder an mehreren Festtagen im Jahr an einer Versammlung teil, die zunächst dem Kult einer Gottheit (häufig: Athena, Aphrodite, Hermes, Herakles, bes. oft Dionysos) oder eines Heros dient, später vielfach auch dem Herrscherkult. An diesen Tagen wählen sie den Vorstand, beschließen Ehrungen und nehmen an einem Festessen teil. Die röm. religiösen Vereinigungen (dazu Dig. 47,22,1 ff.) unterliegen, im Gegensatz zu den → *collegia* (o. Bd. I 1553f.), keinen staatl. Einschränkungen und treffen sich bis zu einmal im Monat. Das Protokoll einer Sitzung und ihrer Beschlüsse aus dem 2. Jh. n. Chr. aus Athen: Sylloge³ 1109. Die meist bescheidenen Einkünfte stammen aus Eintrittsgeldern, freiwilligen Beiträgen, aus der Verpachtung der vereinseigenen Gebäuden und Grundstücke, selten aus Schenkungen etwa von Herrschern. Die Ausgaben betreffen die gemeinsamen Mahlzeiten, Begräbnisse, Geschenke an Herrscher und Ehrungen von verdienten Mitgliedern durch Inschr. und Statuen, die im eigenen Heiligtum aufgestellt werden. Das Ende des freien und freiwilligen V. führt der immer absolutistischer und bürokratischer werdende röm. Staat der späteren Kaiserzeit durch den Eingriff in die Autonomie der Vereine und die allg. wirtschaftl. Rezession herbei. Th. P.

E. Ziebarth Das griech. Vereinswesen, 1896. *F. Poland* Gesch. d. griech. Vereinswesens, 1909 (grundlegend, jedoch schwer zu benutzen und mehr antiquarisch als hist.). *M. Rostovčev* Soc. a. Ec. Hell. W., Index S. 1553 s. v. Vereinigungen. Kurze Zusammenfassungen: Oxf. Class. Dict. s. Clubs. *Nilsson* GgrR 2, ²1961, 117f.

Veretum s. Uria

Vergiliae. Lat. Bezeichnung der → Pleiaden, seit Plaut. Amph. 275 bis Isid. orig. bezeugt. Ableitung unbestimmt (W. Gundel De stellarum appellatione, RVV 3,2, 1907, 148f. A. Scherer Gestirnnamen bei den idg. Völkern, 1953, 141), ansprechend die Deutung als »Büschelsterne«. H. Gundel, RE XXI 2485 ff. H. G. G.

Vergilius. Röm. Gentilnomen, das seit dem 1. Jh. v. Chr. öfter vorkommt, auf Inschr. zunächst als *Vergilius*, *Βεργίλιος* und *Οὐεργίλιος*, erst im 5. Jh. n. Chr. als *Virgilius*. Etr. Ursprung des Namens vermutet Schulze Eigenn. 100f. 379 (etr. *vercna*), kelt. W. Stokes Urkelt. Sprachschatz, 1894, 223. **1.** C. V. (seltener *Verginius*), 57 Legat unter L. → Calpurnius (I 22) Piso Caesoninus in Makedonien, wird von Cic. prov. 7 wegen seines integren Verhaltens gegenüber den Provinzialen lobend erwähnt. **2.** C. V. (seltener *Verginius*), 62 mit Q. Tullius Cicero Praetor, verwaltete 61–58 als Propraetor Sizilien und lehnte 58 ab, Cicero dort Exil zu gewähren (Cic. Planc. 96). Im Bürgerkrieg auf der Seite des Pompeius verteidigte V. 46 Thapsus und kapitulierte erst, als Caesar das übrige Africa fest in der Hand hatte (Bell. Afr. 28, 1 ff. 79. 86. 93,3). **3.** M. V. (Plut. Sulla 10,8: *Οὐεργίνιος*) klagte 87 in seinem Volkstribunat auf Betreiben Cinnas Sulla vor dessen Aufbruch

nach Asien wegen Hochverrats an. **4.** M. V. Eurysaces, bekannt aus den noch existierenden Inschr. seines 1838 freigelegten Grabmals in Rom vor der Porta Maggiore (CIL I² 1203–1205. VI 1958. Platner-Ashby 479), hatte es als Bäcker und möglicherweise staatlicher Brotlieferant zu Ansehen und Reichtum gebracht. Arch. Unt.en setzen die Entstehung der Inschr. in ciceron. Z. Das in Rom singuläre Cognomen läßt vermuten, daß V. Freigelassener war oder einer Freigelassenenfamilie entstammte. M. D.-M.

5. P. V. Maro, der Dichter. 1. Name, Quellen, Biogr., 2. Jugendgedichte, 3. Bucolica, 4. Georgica, 5. Aeneis, 6. Nachwirkung, 7. Porträt.

1. Der Name ist in seinen beiden Bestandteilen etr. (Schulze Eigenn. 101. 189). Die Namensform *Virgilius* erscheint erst seit dem 5. Jh. n. Chr. wahrscheinl. volksetym. abgeleitet von *virga*. Auf etr. Abstammung (noch weniger begründet kelt. oder latin.) ist bei dem Völkergemisch um Mantua und der Verbreitung etr. Namen unter den Latinern kein sicherer Schluß zu ziehen. Über sein Leben sind wir besser unterrichtet als über das der meisten andern Dichter Roms. Quellen sind die V.-Vitae und die Werke V.s mit ihren Komm. Immer ist dabei zu bedenken, daß die hist. helle Z. des Augustus nicht mit der Z. der Alexandriner zu vergleichen ist, für die man häufig gezwungen ist, Biographisches aus den Werken zu erschließen (vgl. RE VIII A 1022 ff. Art. V. Nr. 7; er wird hier meist vorausgesetzt und nicht zitiert). Am wichtigsten ist die Vita des cod. Bern. lat. 172 und zweier anderer codd. Sie gehen auf Aelius → Donatus (2 bis) zurück, der seinerseits die V.-viten Suetons leicht überarbeitet hat (über den Umfang hauptsächl. seiner, aber auch der Änderungen Späterer denkt man noch verschieden. K. Bayer hat Nichtsuetonisches in der Sprache aufgezeigt: Der sueton. Kern und die späteren Zusätze der V.-vita, Diss. München 1952 [ungedruckt]; jetzt Ders. in: Vergil, Landleben ed. J. u. M. Götte, München 1970, 662). Daneben sind Originalviten noch der unter → Servius' (2) Namen gehende Auszug ebenso wie die letztlich auf → Probus (3) zurückgehende, arg beschnittene Probusvita (vor dem Ps.-Probus-Komm.) und die sog. libellus-Vita. Während die Fülle der anderen Vitae letztlich auf Sueton beruhen (Überblick bei Bayer a. O. 654 ff.), ist es wahrscheinl., daß Servius und Probus Sueton gegenüber selbständig sind und dessen Quellen noch selber benutzen konnten (die Beweise im RE-Art. weitergeführt bei Bayer a. O. 688 ff.). Sueton hat vorzügliche Quellen gehabt (Augustus' Briefe, Properz, → Melissus, Eros, den Freigelassenen Vergils, → Nisus, den älteren → Seneca (1), → Asconius Pedianus, *obtrectatores*, Dokumente), und auch der kategorisch behauptende oder auf vergil. Gedichte sich stützende Grundtext ebenso wie die mit *fertur* u. ä. eingeführten Angaben beruhen auf guter Kenntnis.

Danach seien hier folgende Haupttatsachen festgehalten. V. * am 15. Okt. 70 als Sohn des V. Maro und der Magia Polla in → Andes bei → Mantua (Lage noch umstritten). Der Vater, von Vergil liebevoll erwähnt (Cat. 8), scheint in bescheid. Verhältnissen gelebt zu haben, wollte aber dem Sohne die beste Bildung angedeihen lassen. V. hat in → Cremona, dann in → Mediolanum wohl beim *grammaticus* die griech. und lat. Autoren, vor allem die Dichter, gelesen und ist dann nach Anlegung der *toga virilis* am 15. Okt. 55 (am Todestage des Lukrez) zum Studium der Rhet. nach Rom gegangen. Wahrscheinl. ist, daß V. röm. Bürger, dann (so die libellus-Vita) röm. Ritter war. Mit Sicherheit läßt sich das weder aus dem Anlegen der *toga virilis* noch dem Rhetorikstudium schließen, das möglicherweise zur politischen Laufbahn führen sollte, aber abgebrochen wurde, weil Vergil sich nicht dafür eignete: er hat nur einen Prozeß geführt, und sein Auftreten war ein Mißerfolg. War er doch ungewandt im Reden und auch im Gespräch. Zwischen Mediolanum und Rom wird kein großer Zeitraum liegen. Auch in Rom hielt es ihn nicht lange: er ging zum Studium der Philos. nach → Neapolis (2) in den Kreis des Epikureers Siro. Wenn die Einzelheiten auch durch die allegor. Erklärungsmethode, die an den Eklogen geübt wurde, verdunkelt wurden, läßt sich doch mit größter Wahrscheinlichkeit behaupten, daß die Familie bei den Landanweisungen des J. 41 v. Chr. ihr Gut verlor und daß der Dichter dafür, in welcher Form auch immer, entschädigt wurde. → Alfenus Varus, → Asinius (I 5) Pollio und vor allem → Cornelius (II 20) Gallus waren die Freunde, die sich für den Dichter einsetzten. Asinius Pollio könnte ihn bei Augustus und damit zugleich bei → Maecenas eingeführt haben. Jedenfalls konnten V. und → Varius (III) Horaz im Frühjahr 38 Maecenas empfehlen (Hor. s. 1,6). Im Frühjahr 37 war er mit von der Partie, als in → Brundisium zwischen Octavian und Antonius Verhandlungen geführt wurden (Hor. s. 1,5: *Iter Brundisinum*). Damals hatte er seinen Ruf mit den *Bucolica*, an denen er 42–39 arbeitete, begründet. Seit 37/36 arbeitete er an den *Georgica* 7 J. bis 30/29. Er konnte das vollendete Werk Octavian nach dessen Rückkehr im Sommer 29 in → Atella vorlesen. 11 J. wendete V. dann nach Angaben der Vita auf die *Aeneis* (29–19). Augustus, auf Feldzug in Spanien, verfolgte mit Spannung den Fortschritt der Arbeit und erbat sich Teilstücke (aufschlußreiche Antwort V'. bei Macr. Sat. 1,24,11). Properz (2,34,65 f.) hatte schon im J. 26 das begonnene Werk gepriesen als etwas, was größer als die Ilias sein werde. Im J. 23 hat er im Kaiserhause die B. 2,4 und 6 vorgelesen. Sie waren damals also vollendet. Im J. 19 nahm er sich vor, in Griechenland 3 J. für die Ausfeilung zu verwenden, wurde aber von dem von seinem Orientzug zurückkehrenden Augustus schon krank mit zurückgenommen und starb am 21. Sept. 19 v. Chr. in Brindisi. Im Testament, das Sueton vorlag, hatte er seinen Nachlaß den Freunden Varius und → Plotius (4) Tucca vermacht mit der Bestimmung, sie sollten nichts veröffentlichen, was er nicht selber veröffentlicht hätte. In den Todeskämpfen wollte er das unvollendete Werk selber verbrennen. Augustus hat sich über die testamentarische Bestimmung hinweggesetzt und Varius beauftragt, die *Aeneis* herauszugeben. Er wird nicht viel geändert haben. Wir haben kein sicheres Porträt V.' Dafür schildert Sueton-Donat sein Aussehen als das eines großgewachsenen, dunkelfarbigen, bäurisch wirkenden Mannes von prekärer Gesundheit (Bluthusten). Hinweise auf seine Art zu arbeiten runden das Bild ab. Er pflegte seine Verse »nach Art der Bärin zu gebären und sie durch Lecken zu formen«. Von der *Aeneis* machte er sich erst ein Prosaschema und führte aus, was ihm gerade die Eingebung gebot. Sein Vortrag war so bezaubernd, daß es von der Nachahmung seiner Verse zunächst abschreckte. Seine Schüchternheit, auf *verecundia* beruhend, trug ihm den Namen *Parthenias* ein. Seine Gebeine wurden nach Neapel überführt.

2. Jugendgedichte. In Cat. 5 gibt V. vor der Reise zum Philosophen der Poesie einen allerdings graziös eingeschränkten Abschied. Das Gedicht ist sicher echt. Es besteht kein Zweifel, daß V. in der Jugend schon gedichtet hat. Die Suetonvita (17 ff.) berichtet, nachdem sie ein Epigramm auf einen Räuber Ballista erwähnt hat, er habe geschrieben *deinde Catalepton (et Priapea et Epigrammata) et Diras, item Cirim et Culicem, cum esset annorum XVI ... Scripsit etiam, de qua ambigitur Aetnam.* Sicher hat V. diese Sachen, wenn sie von ihm stammen, nicht veröffentlicht. Der Streit um die Echtheit ist darum heftig entbrannt, weil man hier in die »Entwicklung« des größten röm. Dichters Einblick gewönne. Doch haben der philol. Kritik nur die beiden Gedichte Cat. 5 und 8 standgehalten. Komm. zum Cat.: R. E. H. Westendorp Boerma, Assen 1949. ²1963. Zum Problem des *Culex* jetzt D. Güntzschel Beiträge zur Datierung des C., Münster 1972 (mit reicher Bibliogr.).

3. Bucolica. Der erste große Erfolg und die ersten von ihm selbst veröffentlichten Gedichte mit dem griech. Titel *Bucolica* (Hirtenlieder, abgel. von *βουκόλος* »Rinderhirt«, dem vornehmsten in der Hirtenhierarchie) erringen die Hirtendichtung des Theokrit für die röm. Welt. Es sind 10 an der Zahl, nach der Zahl der theokrit. Slg., aber zum ersten Male ein Gedichtbuch im Sinne der Einheit einer poet. Welt. Alle haben einen dramat. Zug, insofern nicht bloß eine Stimmung bewirkt, sondern ein Geschehen zwischen den bei V. übrigens ins Bäuerliche transponierten Hirten, und sei es ein Wettgesang, gestaltet wird. Der Hauptunterschied zu Theokrit besteht darin,

daß V. nicht mit dem Abstand des Städters das sizil. Hirtenleben mimetisch schildert, sondern in Integration der Tradition eine musische Welt, einen Raum der Seele erbaut, in der er im Symbol von einer reinen Welt des Friedens, der Liebe und des Gesanges träumen kann, Tragisches in Musisches verwandelnd. Das Musische spürt man in Sprache, Vers und Stil. Diese Welt hat V. in den letzten Gedichten Arkadien genannt nach dem Gott Pan, der dort sein Wesen treibt, dem Inbegriff der *silvestris musa*. Es ist eine Landschaft der Seele (vgl. nach G. Jachmann, Maia 5, 1952, 161 ff. und B. Snell Arkadien. Die Entdeckung einer geistigen Landschaft, in: Entdeckung des Geistes, Hamburg [3]1955, 371 ff. C. Pietzcker Die Landschaft in V.s Bukolika, Diss. Freiburg 1965). 2,3 und 5 sind die frühesten Eklogen. Bei aller Theokritnähe ist schon die völlige Verwandlung ins Vergilische geglückt (F. Klingner Virgil. Bucolica, Georgica, Aeneis, Zürich und Stuttgart 1967). Schimmerte die röm. Wirklichkeit in diesem Symbolspiel schon in ecl. 3 durch (Pollio wird als Person mitten im Hirtengesang genannt), so hat das Erlebnis der Landanweisungen die Bukolik verwandelt und dem großen politischen Schicksal Eingang gewährt: ecl. 9 ist eine Klage über die Ohnmacht des Gesanges unter den Waffen, ecl. 1 stellt Dank und Preis des Geretteten der Klage des Vertriebenen gegenüber. Die berühmteste aber, die 4. Ekloge, deutet die Weltstunde. Sie ist im Herbst 40 gedichtet. Die Suche nach dem Namen des Kindes scheint darum gegenstandslos, weil es ein merkwürdiges Geburtsgedicht wäre, wenn der Adressat schon in der Ant. unbekannt blieb, und weil V. den Rang seines Dichtertums kaum an ein wirkliches Kind gebunden hätte. Die röm. Phantasie – Cicero hat den Staat des Romulus in *rep.* mit einem Kind in der Wiege verglichen und in *leg.* das entstandene Tribunat ebenfalls mit einem *puer* – symbolisiert gern geistige Entwicklungen im Biologischen. Der *puer* ist der Friede von Brundisium, der als Anbruch der goldenen Z., des Endes des Unrechts der Bürgerkriege gedeutet wird. Mit dieser Hoffnung gibt V. tröstend und ihn zitierend Antwort auf Hor. epod. 16 (anders C. Becker, H 83, 1955, 314 ff.). Mit einem ziemlichen Abstand folgt die Gruppe der ecl. 8,7,10 vom Herbst 39. Das 6. Gedicht ist wohl vor dem 4. entstanden, wenn man das Prinzip anerkennt, daß die Eklogen das jeweils vorhergehende Gedicht zitieren (darüber RE a.O. 1253). Mit der späten Gruppe hat es das gemeinsam, daß V. in ihnen über das Wesen der Dichtung und seiner Eklogen bewußt reflektiert (dazu jetzt E. A. Schmidt Poetische Reflexion, V.s Bukolik, München 1972). Das geht soweit, daß V. liebevoll den Elegiker Gallus in seine bukol. Welt aufnimmt, dabei aber das Unvereinbare spüren läßt (ecl. 10). Das B. selbst läßt eine Gliederung insofern erkennen, als mit ecl. 6 eine 2. Hälfte beginnt, und die beiden Hälften von Beruhigterem zu Bewegterem emporsteigen; ein einziges Prinzip der Anordnung (etwa in konzentr. Kreisen, wie P. Maury, Lettres d'Humanité 3, 1944, 71 ff. wollte), ist nicht zu entdecken. V. hat mit den *Bucolica* in vollendeten poetischen realitätsüberhobenen Gebilden in Form und Gehalt, die Alexandriner und Catull hinter sich lassend, mit der Vollendung die Schönheit gezeigt. Kein Wunder, daß sie ihn sofort berühmt machten, daß die gefeierte Cytheris (die Lycoris der Elegien des Gallus) sie auf dem Theater tanzte, daß sie Gattung und Begriff des Bukolischen und Arkadischen erschufen (zu den Ausgaben kommt Virgile, Les Bucoliques, éd., introd. et comm. de J. Perret, Paris 1961).

4. Georgica. Hatte sich V. in den *Buc.* an die hellenist. Dichtung gehalten, wenn er sie auch augusteisch verwandelt hatte, so vollzieht er in den *Georg.* die für die augusteische Dichtung konstitutive Wendung zur frühgriech. Dichtung. Wie Horaz sogleich an Archilochos angeknüpft hatte, so er an Hesiod. Hesiod ist nicht so sehr inhaltlich gegenwärtig – die Stellen finden sich hauptsächlich im 1. B. – als vielmehr in der Würdigung des Landbaus als einer *res antiquae laudis et artis*. Darum nennt V. sein Gedicht ein *Ascraeum carmen* (georg. 2,176). Der Titel stammt von dem hellenist. Dichter → Nikandros (4; über das hellenist. Lehrgedicht vgl. K. Büchner in: Vergiliana, hg. von H. Bardon und R. Verdière, Leiden 1971. 70 ff.). In der Tat haben → Aratos (4), vor allem aber Nikandros, gerade die sprödesten und prosaischsten Stoffe ausgewählt, um daran ihre Kunst zu erproben. V. hat eine ganz eigene Ordnung mit dem baumeisterlichen Sinn des Römers – im 3. Proömium vergleicht er nach Pindar als erster Römer seine Dichtung mit einem Bauwerk (L. P. Wilkinson) – verwirklicht. Das hängt damit zusammen, daß er weit davon entfernt ist, dem Bauern ein System der Landwirtschaft zu vermitteln (diese Ansicht noch sehr in dem nützlichen Komm. von W. Richter, München 1957). Vielmehr gibt er anhand der *agricultura* eine Sinndeutung des Lebens. Wie ecl. 4. auf Hor. epod. 16 antwortet, so die *Georgica* auf das große Gedicht des → Lucretius, dem sich V. dankbar verpflichtet fühlt. Wie Lucr. faßt V. seinen Stoff in B.-Paare zusammen, er gestaltet die Außenproömien, wie dieser bis zu einem gewissen Grade, reicher aus und erhöht regelmäßig den Schluß der B., da das auch Lucr., wenn auch nicht immer, getan hatte. Während aber bei Lucr. der pessimistische Klang – am Ende des 2. B. das Altern der Welt, des 6. die Schilderung der Pest – die Oberhand behält, endet das 2. B. bei V. mit dem Lobpreis des Landlebens, das 4. mit dem Aristaeusmythos, der Erzeugung neuen Lebens. Auf das 1. B., das die harte Arbeit des Landmanns und seine Abhängigkeit von der Natur zum eigentl. Gegenstand hat, antwortet das 2. mit der uner-

schöpflichen Erneuerungskraft der Vegetation, die dem Menschen auch ohne sein Zutun wunderbar entgegenkommt. Das Triebhafte und Todverfallene, das im 3. B. an der Tierwelt erspürt wird, hat seinen Widerpart in den mannigfachen Formen des Geistigen, das im 4. B. zunächst vom Bienenstaat repräsentiert wird und zum Myth. aufsteigt. Diese tiefsinnige Deutung des Lebens erwächst dem Dichter aus der Versenkung auch in das Geringste der Welt des Landmanns, wird aber, wie ein Vergleich mit → Varros *rerum rusticarum libri* lehren kann, durchaus zu eigener poet. Ordnung gefügt. Hatte W. Kroll (1924) an die *variatio* als Stilprinzip gedacht, so ging E. Burck (H 64, 1929, 279 ff.) den Sinnbezügen nach. Auf ihm ruht auch der RE-Artikel, und jetzt bietet Klingner die adäquate Deutung der Dichtung, die in ihrer polyphonen Motivverflechtung mit ihren Leitmotiven, dem Hervorwachsen der *praecepta* aus dem Wesen der Sache, dem Symbolcharakter und der Erhebung zur Schau nach Einsicht in die Realität adäquat nachgeschaffen wird. Was früher als Exkurs galt, darin wird jetzt der Gipfelpunkt des Gedankens erkannt, so z. B. im 1. B. die erste myth. und zugleich rationale Formulierung eines Arbeitsethos (1,121 ff.), im 2. das Lob Italiens als Landes der Mitte (2,136 ff.) und das Lob des Landlebens (2,458 ff.), im 3. die norische Viehseuche (3,478 ff.). Wie schon in den *Buc.*, so steht auch in den *Georg.* Caesar Octavianus in der Mitte (georg. 3,16 *in medio mihi Caesar erit*), dessen rechte Hand Maecenas V. das Thema des Epos nahegelegt hatte (georg. 3,41 *tua Maecenas haud mollia iussa*). Wie er dort Octavian Dank sagt (ecl. 1) und auf ihn mit Apollo, der schon herrscht, hinweist, so ruft er ihn nicht nur im 1. Proöm. als künftigen Gott schon jetzt an, sondern betet vor allem am Schluß des 1. B. zu den Göttern, sie möchten diesen Jüngling dem zerstörten Jh. zu Hilfe kommen lassen (1,500). Vor allem aber kündigt er im 3. Proöm. ein Epos – noch im ennian. Stil – auf Octavians Taten an (46–48). Ein schweres Problem stellt dabei die Deutung des vorhergehenden Tempelsymbols dar. Die Ansicht, daß es sich um seine Dichtung überhaupt und hier zunächst um die *Georgica* handelt (3,22 *iam nunc sollemnis ducere pompas ad delubra iuvat* (RE), scheint noch nicht widerlegt (Klingner Virgils Georgica [jetzt in: Virgil], 1963, 136 ff.). Ebenso schwierig ist das Problem des Schlusses. Servius' Komm. (um 400 n. Chr.) zu ecl. 6,1 und georg. 4,1 berichtet nicht ganz einheitlich (einmal soll die ganze 2. Hälfte, das andere Mal nur die Orpheussage ersetzt worden sein), daß V. urspr. das Werk mit *laudes Galli* abgeschlossen habe. Als Gallus bei Augustus in Ungnade fiel und sich tötete, habe V. den Schluß geändert. Norden (1934) hat gezeigt, daß Aristaeus' und Orpheus' Geschichte so eng verzahnt sind, daß sich nichts weglassen läßt. So schwer vorstellbar es ist, daß *laudes Galli* die ganze 2. Hälfte beherrscht haben sollten, so schwer andrerseits, daß Servius seine Nachrichten aus der Luft gegriffen haben sollte. Daß das Ganze mit jenem Ineinander von Tod und Leben ein vorzüglicher Abschluß des B. ist, kann nicht entscheidend sein. Die Problematik könnte auch mit Gallus verknüpft gewesen sein. Daß georg. 4,352 Aen. 1,127, georg. 4,374 Aen. 1,166, georg. 4,376 Aen. 1,701 f., georg. 4,378 Aen. 1,706, georg. 4,420 f. Aen. 1,420, georg. 4,421 Aen. 1,168 entsprechen und überall im 4. B. der Georg. spielerisch abgewandelt, also sekundär sind, scheint die Nachricht des Servius zu bestätigen (so in RE; anders Klingner, der sich aber nur mit einer Stelle befaßt. Vgl. L. P. Wilkinson The Georgics of Virgil, Cambridge 1969, 325. Anh. IV. Dort 270 ff. Vorzügliches über die Nachwirkung der Georg.). Die *Georg.* sind kein Lehrgedicht, sondern ein Weltgedicht. Sie hatten mit einer widersetzlicheren Materie zu kämpfen als die Träume der *Buc.* Sie haben sie in die Freiheit einer schwerelosen Ordnung erhoben, damit in das Reich der Schönheit. Sie sind die größere Leistung gegenüber den *Buc.*, als solche zugleich V.s kongenialste, reifste und römischste.

5. **Aeneis.** Läßt sich schon nicht nur an den *Buc.*, sondern mehr noch an den *Georg.* beobachten, daß das Heil und Unheil der moralischen Welt V.' eigentliche Sorge sind – anders als der Erkenntniswille des Lukrez, der auf Befreiung von myth. Ängsten ausging –, so tut er mit der *Aen.* den Schritt in die moralische Welt der Gesch. direkt. Mit ihr schenkt er Rom das nationale und übernationale Epos, das röm. Eigenart und röm. Wollen so ausdrückt, daß die Römer in ihm ihr Bestes sofort und immer erkannten. Während man seit Niebuhr bedauerte, daß V. in Nachahmung Homers diese mögliche Aufgabe versäumt habe, wird gerade durch immer minutiöser durchgeführte Vergleiche (das Material jetzt bei G. N. Knauer Die Aeneis und Homer, Stud. zur poet. Technik V.s, mit Listen der Homerzit. in der Aen., Gött. 1964) die originale Leistung V.' überwältigend deutlich. Mit der *Aen.* ist eine neue Form des Epos entstanden, das dramat., hist., symbol. Epos des großen Handelns in einer neuen, das Altheroische überwindenden Art des Opfer bringenden Heldentums. Als solches Epos hat er von Homer angefangen die Epik, ja überhaupt die Dichtung der Vorgänger in ein neues Ganzes integriert (vor allem Homer, Apollonios von Rhodos, Naevius, Ennius). Den röm. Drang, das welthist. Geschehen im Wort aufgehoben zu sehen, hatte → Naevius befriedigt, indem er in den ersten 3 B. das myth. Geschehen von der Zerstörung Troias bis zur Landung des Aeneas in Italien, in den 4 anschließenden das Geschehen des 1. pun. Krieges, das auf den myth. Grundzügen – Schritt auf das Meer, Zwist mit Karthago – aufbaute, dargestellt hat und zwar in 2 Stilarten. → Ennius hatte diesen

Stilwechsel vermieden, indem er im hom. Stile das Ganze der röm. Gesch. von Aeneas an mehr oder weniger ausführlich vortrug, röm. Wesen zuerst nicht nur in der Darstellung, sondern direkt ansprechend *(at Romanus homo ... corde suo trepidat)*. In den Spuren des Ennius wandeln die folgenden hist. röm. Epen. V. scheint im Proömium des 3. B. der *Georg.* noch an ein hist. Epos über die Zeitgesch. im Stile des Ennius zu denken. Der erlösende neue Gedanke war der, die Zeitgesch. vom Mythos her anschauen zu lassen. Hier war der hom.-ep. Stil angemessen. Das geschieht in den 3 Durchblicken, der Iuppiter-Venusszene (1,254ff.), der Anchisesrede (6,756ff.: Heldenschau) und der Schildbeschreibung (8,626ff.). Vorverweise finden sich aber nicht nur in diesen Weissagungen und Vorblicken, sondern etwa auch im B. der Spiele, der Beschreibung des Urroms Euanders (B. 8), dem Völkerkatalog (B. 7). Wir wissen jetzt weiter, daß es sich bei der Aeneassage nicht nur um Mythos handelt, sondern um die Kultlegende des Stammvaters der Römer, des Indiges (A. ALFÖLDI Early Rome and the Latins, Ann Arbor o. J. [1964]). Sie benützt V. als Symbol für großes gesch. Handeln. Das oberste Symbol sind dabei die Fata. Iuppiter verwaltet sie, und sie sind zugleich sein Wille. Sie wollen Frieden und Bändigung des Furor. Weil Rom unter Augustus diesen Willen des Fatum erfüllt, war ihm die Weltherrschaft bestimmt (V. BUCHHEIT V. über die Sendung Roms, Heidelberg 1963), da seine Erwählung an ein »weil« geknüpft ist, ist die translatio impliziert. Neben ihm wirken mit dem menschlichen Willen eine gestufte Ordnung göttlicher Kräfte zusammen, ohne daß der Monotheismus letztlich in Frage gestellt würde (P. BOYANCÉ La religion de V., Paris 1963. W. KÜHN Götterszenen bei V., Heidelberg 1971). Aeneas ist der Mensch, der den Willen des Fatum ganz erfüllt. Weder stoischer Weiser noch Heiliger, durchläuft er zwar keine »Charakter«-Entwicklung, erkennt aber die vom Fatum gestellte Aufgabe immer deutlicher und wird sicherer in seinem Handeln: er handelt anders, als er in der Nacht der Eroberung Troias im Kampf den Tod suchen will, anders, als er seiner gewiß in den Entscheidungskampf mit Turnus zieht. Sein Weg ist eine Reihe von Proben und Verzichten – 3. B.: Versuchung, sich gegen das Fatum mit Restauration zu begnügen, 4. B.: Verzicht auf persönliches Glück in der Liebe, 5. B.: Fragwürdigkeit des Beifalls der gesamten Gefolgschaft, 6. B.: Letzte Erkenntnis beim Vater im Jenseits, im Transzendenten –, bis er in der politischen Welt seine Aufgabe mit Gerechtigkeit erfüllen kann. Weil das Fatum Gesittung will und darum Rom die Weltherrschaft bestimmt hat, verkörpert Aeneas eine neue Form des Heldentums, das achillische Ideal hat in Turnus seine Entsprechung (B. OTIS V. A Study in Civilised Poetry, Oxf. 1963/64). Dem Gehalt entspricht die adäquate Form des Bauwerks. Sieht man auf den Helden, so reicht der Faden seiner inneren Gesch. bis zum 6. B., vom 7. B. beginnt sein Werk. Die ersten 6 B. sind die röm. Odyssee, die 2. die röm. Ilias. Darunter spürt man ähnlich wie in Cic. *De re publica* eine Dreiteilung: 1–4 Ereignisse in Carthago, 5–8 Abfahrt von Carthago und Vorbereitungen in Italien, 9–12 der Kampf (nach E. KRAGGERUD Aeneisstudien, Oslo 1968, 48 zuletzt W. WIMMEL »Hirtenkrieg« und arkadisches Rom, München 1973). Für die Problematik der Entstehungszeit der einzelnen B. und die Unfertigkeit bestimmter Partien (etwa Helenaepisode) sei auf die RE verwiesen. Das Kunstwerk als bewegtes zielstrebiges Ganzes, die bewußte Umgestaltung der überkommenen Motive, die verwirklichte Freiheit in der Ordnung, hat nach HEINZE vor allem F. KLINGNER verstehen gelehrt (V., 1967; vgl. K. QUINN V.'s Aeneid. A Critical Description, London 1968). Alle 3 Werke schließen sich, wie es F. KLINGNER genannt hat, zur Einheit eines Lebenswerkes zusammen, in dem schon in den *Buc.* angelegte Motive sich im gesch. Raum der Aen. erfüllen (RE a. O. 1459f.). In der Mitte steht dabei Augustus, dessen Neugründung in V. seine auf die kosmische Ordnung gerichtete Sinngebung erfährt.

6. Die Wirkung und Nachwirkung vor allem der *Aen.* waren ungeheuer. Die *Aen.* verdrängte Ennius. Die Kritiker, die an dem unerhört Neuen, vor allem der Integration alles Poetischen, Anstoß nahmen, wurden bald zum Verstummen gebracht. → Asconius Pedianus schrieb sein B. *contra obtrectatores Vergili* schon nach errungenem Sieg. Entscheidend war, daß V. Schulautor wurde und blieb. Die Einführung in den Lesekanon wird dem Freigelassenen des Atticus, Q. → Caecilius (III 3) Epirota verdankt. Neben den Imitationen der anderen Werke – → Calpurnius (III 3) und die → Einsiedler-Gedichte fußen in neron. Z. auf V., → Columella schreibt sein B. über die Gartenkunst in Versen, weil V. den Stoff in den *Georg.* übergangen habe (über die Nachwirkung der *Georg.* WILKINSON a. O. 270ff.) – ist seine Wirkung vor allem in der Epik zu spüren: → Lucanus als Gegenvergil ist dadurch von ihm nicht zu trennen, → Statius (II 3), → Valerius (B 5) Flaccus, → Silius Italicus wetteifern mit ihm mehr oder weniger eng. Weder der manierierte Stil der Seneca-Z. noch der Archaismus haben seiner Wirkung etwas anhaben können. Quintilian läßt die Lektüre mit Homer und V. beginnen, in den vergil. Kapiteln des Tacitus (dial. 12 u. 13) spürt man die V.-Nähe dieses großen Denkers. Der Text, den Seneca verwildert las (ergänzte Halbverse), wird gereinigt (→ Probus [3], dessen Bedeutung freilich nicht übertrieben werden darf). Die kommentierende Tätigkeit spielt vor allem im 2. Jh. eine große Rolle, schon von der Frage des → Florus (1) geleitet, ob V. Dichter oder

Rhetor sei. Das Ausmaß der Wirkung kann nicht überschätzt werden, und einmal notwendige Zusammenfassungen werden immer schwieriger. Auf dem Konzil zu Nicaea (325 n.Chr.) hat der Kaiser Konstantin ecl. 4 als Prophezeiung des Heilandes interpretiert. Hervorzuheben ist vor allem die Z. des → Symmachuskreises (um 400) und Aelius → Donatus (2 bis), dem wir die Vermittlung der sueton. V.-Vita verdanken. → Servius (2) schreibt den uns erhaltenen Komm., Claudius → Donatus (3) wird V. wenig später mit den Kategorien der Redekunst erklären. Vor allem aber spielt V. die entscheidende Rolle in den Saturnalien des → Macrobius. In ihnen soll gegenüber dem Christentum V. als die heilige Schrift der Gebildeten proklamiert werden. Auch die Übers. ins Griech., etwas Rares, ist ihm zuteil geworden (V. REICHMANN, Philol. Suppl. 34, 1943, 28ff.). Die allegor. Interpretation beginnt in neron. Z., wo man aus den Eklogen das Biographische zu fassen sucht. Aber man versuchte mit dieser Methode auch den tieferen Sinn zu erfassen; Anfänge bei Aelius Donatus, Gipfel bei → Fulgentius. Der Prophet und Zauberer erscheint nicht erst im 12. Jh., sondern schon im 5. in Alexandreia (so G. PASQUALI im Nachwort zu dem Standardwerk von G. COMPARETTI, V. nel medio evo, Firenze 1943). Centonen, Dichtungen anderen Vorwurfs aus V.-versen. und die *Sortes Vergilianae*, Losorakel, ergänzen das Bild einer gesättigten Präsenz auf röm. und chr. Seite. Text und Komm. wurden ungefährdet durch die Klöster ins MA. übernommen, wo V. der Dichter schlechthin war. Eine Fülle von Hss. breiten sich aus, keine Klosterbibl. ohne V. L. TRAUBE kann (Vorles. u. Abh. 2,113) das 8. und 9. Jh. geradezu als die aetas Vergiliana bezeichnen. Die Buchepik ist eine Wirkung der *Aen.* (E.R. CURTIUS). V. gilt weniger als Persönlichkeit als vielmehr als Inbegriff der Weisheit, und die Legende rankte sich um ihn (die Erkenntnis dieses Prozesses, gefördert durch die Slg.en der Viten durch E. BAYER a.O.). An der Grenzscheide zwischen MA. und Renaissance ist ein Höhepunkt des V.-verständnisses und seiner Entdeckung als Mensch und Dichter Dante, dessen Werk ohne das 6. B. der *Aeneis* nicht zu denken ist (Neues dazu bei H. KNITTEL Vergil bei Dante, Konstanz 1971). Für die Nachwirkung in der Renaissance, die auch poet. produktiv wird, ist auf V. ZABUGHIN (V. nel Rinascimento Italiano da Dante a Torquato Tasso) zu verweisen. In ihr herrscht weithin das Urteil JUL. CAES. SCALIGERS (Poetica, 1561), daß V. als klass. Muster über Homer zu stellen sei. Den Prozeß der Aneignung kann man in den Übers.en verfolgen (z.B. E. GÖTZ Frz. V.-Übersetzungen des 16. Jh.s, Freiburg 1957). Die nationalen Verästelungen der V.-rezeption entziehen sich noch der Zusammenfassung. Für den deutschen Bereich wird interessieren, daß Leibniz und Kant V. als Dichter hoch gerühmt haben. Wie weit das Verstehen gediehen war, zeigt eine der größten deutschen Leistungen zu V., der Komm. von CHR. G. HEYNE (1767–1775, fortgesetzt von WAGNER; eine Liste der Komm. von 1539–1953 bei G.N. KNAUER, s.o.). Die deutsche Klassik ließ in differenzierter Brechung V. jedenfalls weit hinter Homer zurücktreten, und dann begann, durch die Romantik genährt, mit Niebuhr eine V.-Ferne, in der V. als abgeleiteter Dichter in Verachtung geriet, in Deutschland mehr als in Frankreich und England. Auf dem Wege des immer genaueren Aufspürens von Quellen hat dann in der Wissenschaft eine Neuentdeckung begonnen, die nach PLÜSS von dem B. von R. HEINZE, V.s ep. Technik, ebenso wie von NORDENS Komm. zum 6. B. bestimmt, V.s Rang wieder in den Gesichtskreis brachte. Die neue Bemühung, die auf den ganzen V. zielt und Form als sinnfälliges Wesen begreift, also nicht nur Technik durch Vergleich aufspürt, ist mit dem Namen F. KLINGNERS verbunden, dessen 1927 beginnende Forschung in seinem V.-B. gipfelt. Unendlich viel ist hinzugekommen, um den Klassiker zu begreifen (wichtig darum die Bibliogr. und Lit.-Ber., von denen die von dem um V. verdienten V. PÖSCHL herausgehoben seien, die Ergänzung und Weiterführung der in der RE genannten Lit. geben: AAHG 3, 1950, 69ff. 6, 1953, 1ff. 12, 1959, 193ff. 21, 1968, 193ff. 22, 1969, 1ff.). K. B.

7. Porträt. Bildnisse V.' hat es im Alt. in Bibliotheken (Suet. Cal. 34,2), Schulen und in Ausg. seiner Werke gegeben (Martial. 14,186), in später Z. auch als → Emblema in Mosaikfußböden. Außer von letzteren hat sich nichts erhalten. Ein in zahlreichen Wiederholungen überliefertes plastisches Dichterbildnis, öfter für V. gehalten, ist jetzt endgültig als Porträt Menanders erwiesen (AJA 77, 1973, T. 11–12). Ein weiterer Bildnistypus, in 4 Expl. bekannt und für V. erklärt (V. POULSEN V., 1959. DERS. Les portraits romains I, Kat. Kopenhagen 1962, Nr. 5–6. BIELEFELD, AA 1964, 122ff.), dagegen von G. HAFNER (Das Bildnis des Q. Ennius, 1968) für Ennius in Anspruch genommen (dagegen mit Recht WINKES, Gn 43, 1971, 222ff.), läßt sich derzeit nicht sicher benennen (SCHEFOLD Griech. Dichterbildnisse, 1965, 29f.). So bleiben zur Veranschaulichung der ant. Nachricht, V. sei von großer Gestalt, dunkler Hautfarbe und bäurischer Physiognomie gewesen (Don. vit. Verg. 8,19), nur die Mosaiken des 3. Jh.s. Unter ihnen ist das durch den Namen des V. gesicherte Bild im Mosaik des Monnus in Trier (Ant. Denkmäler I T. 47 bis 49. SCHEFOLD Bildnisse ant. Dichter, Redner u. Denker 169,4) ohne jeden ikonograph. Wert. Das künstlerisch bedeutendere Mosaikbild aus → Hadrumetum zeigt den Dichter sitzend zwischen den stehenden Musen Kalliope und Melpomene (GRIMAL Röm. Kulturgesch. Abb. 74. FOUCHER Hadrumetum, 1964, T. 21. SCHEFOLD Griech. Dichterbildnisse Abb. 24b), als V. durch das Zit.

Aen. 1,8 auf der Schriftrolle gesichert. Das eindrucksvolle Bildnis, stark im Sinne der Entstehungsz. des Mosaiks stilisiert, zeigt weniger V. selbst als was das 3. Jh. in ihm sah. W. H. G.

6. V. Romanus. Dichtete Komödien nach dem Muster der mittleren und neueren Komödie, vor allem → Menanders (9), viell. auch der alten, sowie Mimiamben, wohl nach → Herodas, Plin. epist. 6,21. R. H.

Verginius. Name einer im 5. Jh. v. Chr. polit. führenden patriz. *gens*, die vielleicht etr. Ursprungs ist (Schulze Eigenn. 100) und deren bedeutendster Zweig die *V. Tricosti* waren. Für das 5. Jh. werden pleb. V. erwähnt, deren Geschichtlichkeit umstritten ist (Gundel, RE VIII A 1509: vorwiegend annalist. Erfindung; vgl. aber R. M. Ogilvie A Comm. on Livy Books 1–5, 1965, 277. 419, der die pleb. V. für gute Tradition hält). Während das Geschlecht in der Z. vor den licin.-sext. Reformen einen Großteil der curul. Magistrate stellte, sank es nach 366 zu polit. Bedeutungslosigkeit herab.

I. Republikan. Zeit. **1.** V. wird Cic. Att. 12,5a erwähnt, viell. als Schuldner des → Faberius (2), dessen Ansprüche Cic. übernahm (D. R. Shackleton-Bailey [ed.] Cic.'s Letters to Atticus 5, 1966, 354). **2.** V. gelang es 43, trotz seiner Aufnahme in die Proskriptionslisten mit seiner Familie nach Sizilien zu entkommen (App. civ. 4,204ff.). **3.** A. V., Volkstribun 461,460,459,458, 457 (zur Geschichtlichkeit des pleb. Zweigs der V. s. o. Vorb.), klagte 461 K. → Quinctius (I 2) an und trieb ihn ins Exil (Liv. 3,11,9–14,6; 19,6. Dion. Hal. ant. 10,6,1–8,5). V. setzte sich energisch für die Berufung einer Kommission zur schriftl. Niederlegung der Gesetze ein (Dion. Hal. ant. 10,2,1ff.). **4.** A. V. wurde nach zweimaligem Volkstribunat (395 und 394) mit seinem Collegen Q. → Pomponius (A I 3) 393 vor Gericht gezogen, weil beide in Absprache mit dem Senat durch ihren Einspruch die Übersiedlung eines Teils der röm. Bürger nach Veii verhindert hatten (Liv. 5, 29,6f.). Die Geschichtlichkeit dieser Anklage gegen die Volkstribunen ist umstritten (Gundel, RE VIII A 1511: annalist. Erfindung; vgl. aber R. M. Ogilvie A Comm. on Livy B. 1–5, 1965, 691f.). **5.** L. (Cic. rep. 2,63: *D.*) V., Vater von Verginia Nr. 21, die durch ihre Schönheit den Xvirn Appius → Claudius (I 10) Inregillensis Sabinus zu dem Versuch veranlaßte, sie für sich zu gewinnen. Er bewog seinen Clienten M. → Claudius (I 2), sie als seine Sklavin zu beanspruchen, da sie nicht die legitime Tochter des V. sei. Der Fall wurde unter Vorsitz des Appius vor Gericht entschieden, nachdem der beim Heer stehende V. zurückgerufen worden war. Obwohl er seine Vaterschaft nachwies, sprach Appius Verginia seinem Clienten zu, woraufhin sie der Vater erstach, um ihre Ehre zu retten. Seine Rückkehr zum Heer erregte dort einen Aufstand gegen die

Herrschaft der Xvirn, die zurücktraten, nachdem das Heer auf den Mons Sacer und von da auf den Aventin gezogen war. Bei der anschließenden Wahl von 10 Volkstribunen wurde V. als erster gewählt. Appius, den V. jetzt anklagte, brachte sich um. In den Ber. über diese Ereignisse sind noch einzelne Schichten faßbar, deren älteste, Diod. 12,24f., die Hauptakteure anonym läßt, den Vater jedoch als Patrizier bezeichnet (Anf. 2. Jh.: Gundel, RE VIII A 1513). Erst später heißt der Vater V. (Z. der Gracchen?: Gundel a. O.) und wird als Plebejer (Liv. 3,44ff. Dion. Hal. ant. 11, 28–46) und *centurio* (Vir. ill. 21,2) beschrieben (R. M. Ogilvie A Comm. on Livy B. 1–5, 1965, 477ff.). **6.** L. V. war 207 Militärtribun unter Q. Claudius in Tarent (Liv. 27,43,3ff. Broughton 1,297). **7.** P. V. soll, als die Plebs 494 den Kriegsdienst verweigerte, in der dadurch ausgelösten Diskussion des Senats eine Mittelstellung zwischen T. → Larcius (I 1) und Appius Claudius eingenommen haben (Dion. Hal. ant. 6,37,1ff.). Das formlose Vorgehen bei der Meinungsbefragung im Senat und die sonst unbekannte Persönlichkeit des V. lassen an der Historizität des Ber. zweifeln (Gundel [Münzer], RE VIII A 1516f. R. M. Ogilvie A Comm. on Livy B. 1–5, 1965, 270 und 305 identifiziert V. mit Nr. 14). **8ff.** Verginii Tricosti. Bedeutendster Zweig der *gens Verginia* im 5. Jh., der zw. 502 und 389 11 Consuln und 2 Consulartribunen stellte. Nach den licin.-sext. Reformen hört die ohnehin spärliche Überlieferung über die Familie ganz auf. Die V. Tricosti fallen durch die Vornamen *Opiter* und *Proculus* auf (Fest. 201 L. Plut. Coriol. 11,5). Als Beinamen treten im 5. Jh. *Caelimontanus* und *Esquilinus* auf – möglicherweise urspr. auf den jeweiligen Wohnsitz zurückzuführen –, daneben *Rutilus.* **8.** L. (*Πρόκλος*; Diod. 12,49,1) V. Tricostus, in direkter Linie von Nr. 17 oder Nr. 19 abstammend (Münzer, RE VIII A 1520. Gundel, RE VIII A 1523. R. M. Ogilvie A Comm. on Livy B. 1–5, 1965, 568), wenn ersteres zutrifft, viell. auch mit dem Beinamen *Esquilinus,* war Vater von Nr. 16 und ernannte 435 in seinem Consulat Q. Servilius Priscus Fidenas auf Grund der Einfälle der Fidenaten und Veienter zum Diktator (Liv. 4,21,10). **9.** L. V. Tricostus, viell. ident. mit Nr. 16 (Broughton 1,83), wurde 389 mit seinen Collegen unter einem Interrex als Wahlleiter (M. Furius → Camillus) zum Consulartribunen gewählt (Liv. 6,1,8. J. Jahn Interregnum und Wahldiktatur, 1970, 62f.). **10.** Opiter V. Tricostus, der erste Consul seiner *gens* (502), belagerte in seinem Amtsj. mit seinem Collegen Pometia (Liv. 2,17,1ff.), nach anderer Tradition eroberte er Cameria in Latium (Dion. Hal. ant. 5,49,3ff.). 487 oder 486 als Militärtribun im Kampf gegen die Volsker gefallen soll V. mit 8 anderen Militärtribunen vor dem Circus verbrannt worden sein (Fest. 174 M. Broughton 1,21,1. R. M. Ogilvie A Comm. on

Livy B. 1–5, 1965, 277). **11.** A. V. Tricostus Caelimontanus war 494 mit T. → Veturius (I 8) Geminus Cicurinus Consul und kämpfte nach der auf Grund der Streitigkeiten zwischen *patres* und *plebs* erfolgten Ernennung eines Diktators gegen die → Volsker, deren Stadt → Velitrae er einnahm (Liv. 2,30,4ff. Dion. Hal. ant. 6,42,1f.). Nach dem Auszug der Plebs auf den Mons Sacer gehörte V. zu der Kommission von 10 Senatoren, die mit den Ausgezogenen verhandeln sollte. Die Geschichtlichkeit der 1. Sezession ist umstritten (GUNDEL, RE VIII A 1521. P. TREVES Oxf. Class. Dict. ^{2}1970 s. secessio 969. R. M. OGILVIE A Comm. on Livy B. 1–5, 1965, 309ff.). **12.** A. V. [Tricostus] Caelimontanus, Consul 469 und wohl verwandt mit Nr. 11 und Nr. 13 (MÜNZER, RE VIII A 1520), die den gleichen Beinamen tragen, kämpfte in seinem Amt gegen die Aequer (unterschiedlich beurteilt bei Liv. 2,63,5ff. und Dion. Hal. ant. 9,56,1ff.). Seine Tätigkeit als *IIIvir agro dando* im Gebiet von Antium 467 ist wohl nicht hist. (Liv. 3,1,6. Dion. Hal. 9,59,1f.). 455 kämpfte V. als Legat unter den Consuln T. → Romilius (2) Rocus Vaticanus und C. → Veturius (I 5) Cicurinus gegen die Aequer (Dion. Hal. 10,49,2). **13.** Sp. V. Tricostus Caelimontanus, Sohn von Nr. 11 (MÜNZER, RE VIII A 1518; anders GUNDEL, RE VIII A 1528), war mit M. → Valerius (I 42) Maximus Lactuca Consul, als der Volkstribun L. → Icilius (1) 456 das Gesetz über die Besiedlung des Aventin durchbrachte (ROTONDI LPPR 199. E. S. STAVELEY, Ath 33, 1955, 12ff.). **14.** T. V. Tricostus Caelimontanus kämpfte 499 (496?) als Führer eines Teils des Heeres in der Schlacht am Regillus auf dem rechten Flügel gegen S. → Tarquinius (10; Dion. Hal. ant. 6,4,3). Nach seinem Consulat 496 soll er 487 oder 486 im Kampf gegen die Volsker gefallen und mit 8 anderen Militärtribunen vor dem Circus verbrannt worden sein (Fest. 174 M.; vgl. Nr. 10). R. M. OGILVIE A Comm. on Livy B. 1–5, 1965, 305 identifiziert V. mit Nr. 7. **15.** T. V. Tricostus Caelimontanus, Sohn von Nr. 12 (R. M. OGILVIE A Comm. on Livy B. 1–5, 1965, 515f.) oder Nr. 13 (GUNDEL, RE VIII A 1530), war 448 mit Lars → Herminius (1) Consul. **16.** L. V. Tricostus Esquilinus, Sohn von Nr. 8, mußte 402 als Consulartribun wegen unterlassener Hilfeleistung für seinen vor Veii kämpfenden Collegen M'. → Sergius (I 8) Fidenas mit dem gesamten Collegium abdanken (R. M. OGILVIE A Comm. on Livy B. 1–5, 1965, 645: Abdankung nur möglich auf Grund eines Wahlfehlers) und wurde 401, wahrscheinl. wegen *perduellio*, angeklagt und verurteilt (Liv. 5,8f.; 11,4–12,7). **17.** Opiter V. (Tricostus) Esquilinus, möglicherweise Sohn oder Enkel von Nr. 10, viell. Vater von Nr. 8 und Bruder von Nr. 18 und Nr. 20 (MÜNZER, RE VIII A 1520. GUNDEL, RE VIII A 1526f.), war 478 *consul suffectus* (Fast. Cap. BROUGHTON 1,26,2), nach Liv. 2, 54,3 *cos. ord.* 473. Da V. in beiden J. College des L. → Aemilius (I 16) Mamercus gewesen wäre, der nach den meisten Quellen 473 Vopiscus → Iulius (A I 14) Iullus zum Collegen hatte, liegt bei Livius wohl eine Übertragung des Suffectconsulats auf 473 und anschließende Ersetzung des Vopiscus durch V. vor (R. M. OGILVIE A Comm. on Livy B. 1–5, 1965, 371f.). **18.** A. V. Tricostus Rutilus kämpfte in seinem Consulat 476 am Ianiculum gegen die Veienter (Liv. 2,51,4ff. Dion. Hal. ant. 9,26,1ff.) und setzte sich im folgenden J. energisch für seinen unter Anklage stehenden Collegen von 476, Sp. Servilius Structus Ahala, ein (Liv. 2,52,8. Dion. Hal. 9,33,1ff.). **19.** Proculus V. Tricostus Rutilus, in nicht mehr eindeutig zu klärender Verwandtschaft zu Nr. 18 und Nr. 20 stehend, weihte in seinem Consulat 486 den Tempel der Fortuna Muliebris (Dion. Hal. ant. 8,55,5) und fiel in das Gebiet der Aequer ein (Dion. Hal. 8,68,1). Als Gegner der Agrargesetzgebung seines Collegen Sp. Cassius trat er für Landverteilung an röm. Bürger, nicht aber an Latiner und Hernicer, ein (Dion. Hal. 8,71,1–72,5; 75,1. Liv. 2,41,4ff.). Zur Retrojektion dieser Ereignisse aus der Gracchenzeit s. E. GABBA, Ath 42, 1964, 38ff. **20.** T. V. Tricostus Rutilus, Sohn und Enkel eines Opiter (Nr. 10? CIL I^2 p. 16), erlitt 479 in seinem Consulat, das er mit K. → Fabius (I 50) Vibulanus, dem letzten Consul dieser *gens* vor ihrem Untergang an der Cremera, bekleidete, eine Niederlage gegen die Veienter (Liv. 2,48,5). V. gehörte dem Augurencollegium an und starb wohl 463 an der Pest (Liv. 3,7,6). **21.** Verginia, Tochter von Nr. 5 und einer Numitoria, angeblich aus pleb. Adel, erregte durch ihre große Schönheit und Jugend in dem Xvirn Appius → Claudius (I 10) den Wunsch, sie für sich zu gewinnen. Da ihm dies auf rechtmäßige Weise nicht gelang, veranlaßte er seinen Clienten M. → Claudius (I 2), sie als seine Sklavin, die Nr. 5 als Kind unterschoben worden sei, in Abwesenheit des Vaters, der sich beim Heer befand, zu beanspruchen. Auf den Protest des Volkes hin wurde der Streitfall unter Vorsitz des Appius vor Gericht ausgetragen, wobei Appius V. seinem Clienten zusprach. Der zur Verhandlung herbeigeeilte Vater erstach daraufhin seine Tochter, um sie vor Schande zu bewahren. Dieser Ber. ist wohl im 3. Jh. nach dem Vorbild der → Lucretia (2)-Episode entstanden und in seiner Gesamtheit als unhist. anzusehen, doch lassen sich in der Folgez. noch die einzelnen Stufen seiner Ausformung verfolgen: Die älteste Version (Fabius Pictor?) bietet Diod. 12,24f., wo V. anonym und als Patrizierin erscheint (R. M. OGILVIE A Comm. on Livy B. 1–5, 1965, 477, der die Lucretia-Erzählung ebenso wie die der V. auf wohl urspr. in Zusammenhang mit einem Altar entstandene Legenden zurückführt; vgl. J. C. VAN OVEN, Rev. d'Hist. du Droit, 18, 1950, 187ff.). Cicero repräsentiert (rep. 2,63; fin. 2,66. 5,64) die nächste und viell. in der Tendenz mit Polybios sich berührende 2. Überlieferungsschicht, in der der Vater benannt ist. Auf ihn folgen Pompon. Dig. 1,2,2,24 und Zon. 7,18 mit einer aus der Gracchenz. stammenden Version, wo sich in der Betonung der pleb. Herkunft der V. der polit. Konflikt dieser Z. spiegelt. Die letzte romanhafte und zugleich antiquar. Ausgestaltung, die der Ber. durch Spätannalisten wie Licinius Macer und Valerius Antias erfuhr, ist bei Liv. 3,44ff. und Dion. Hal. ant. 11,28–32 faßbar. Hier wird auch der Name der V. eingeführt (Gundel, RE VIII A 1530ff.). Neben den eindeutig polit. Aspekten des Ber., die wohl auch als Gründe für seine Entstehung zu gelten haben, sind in den jüngeren Fassungen die zivil- und staatsrechtl. Fakten, die er beispielsweise für die Bereiche der Ingenuität und der *patria potestas*, daneben für das Problem der institutionell gesicherten Kontrolle der höchsten Staatsgewalt liefert, von großer Bedeutung für die Forschung. J.C. van Oven a.O. 159ff. M. D.-M.

II. Kaiserzeit. **1.** L.V. Rufus. *Leg. Aug. pr. pr.* in Obergermanien, bewundert ob seiner Standhaftigkeit und Bescheidenheit bes. im Vierkaiserjahr 68/69. Geb. etwa 14 n.Chr. bei → Comum, gehörte dem *ordo equester* an, wurde 63 *cos. ord.* (CIL VI 397. Tac. ann. 15,23,1) und zog 68 als *leg. Germ. Sup.* gegen den abtrünnigen Statthalter der Gallia Lugdunensis, C. → Iulius (II 92) Vindex, den er Mitte Juni vor → Vesontio besiegte (Zu der nach Cass. Dio 63,24 umstrittenen Haltung des V. gegenüber Vindex s. R. Hanslik, RE VIII A 1536ff., anders J.B. Hainsworth, Hist. 11, 1962, 86f.). Wiederholt drängten die Soldaten den beliebten V., z.T. unter Drohungen, zur Annahme der Kaiserwürde (Cass. Dio 63,25. Plut. Galba 10), doch lehnte er ab, vielleicht im Hinblick auf seine Abkunft (Tac. hist. 1,52,4. A. Heuss RG ²337), sicher aber auch aus ehrlicher Sorge vor einem Bürgerkrieg angesichts der gleichzeitigen Proklamation → Galbas (R. Hanslik a.O.). Trotz seiner loylen Einstellung wurde er auf Betreiben des berüchtigten T. → Vinius (II 1) durch den unfähigen → Hordeonius (1) Flaccus abgelöst und kehret nach Rom zurück (Plut. Galba 10. 18. 22). Anf. 69 von → Otho zum *cos. suff.* bestellt (Plut. Otho 1. Tac. hist. 1,77,2) und ab 1. März 69 *cos. ord.* (s.d. Arvalakten = DessILS 241,63), unterstützte er diesen gegen → Vitellius. Nach Othos Tode (16. April 69) wurde V. erneut zur Annahme des Purpurs gedrängt, doch entzog er sich den Bittstellern, ging auf sein Landgut in Etrurien und betrieb literar. Studien (Plin. epist. 2,1,2. 5,3,5). Zum dritten Male verwaltete er, 83 J. alt, mit Kaiser Nerva den Consulat im J. 97 (Cass. Dio 68,2,4), glitt aber während der Präparation seiner Dankrede auf Nerva so unglücklich aus, daß er sich das Hüftgelenk brach und wohl E. 97 verstarb (Plin. epist. 2,1,4–5). Dem hochgeachteten Toten hielt Tacitus die *laudatio funebris* (Plin. epist. 2,1,6). V. war Vormund des Plinius, um dessen Erziehung und Fortkommen er sich rührend bemühte. Das bezeugt die Anhänglichkeit des Pflegesohnes (epist. 2,1,8ff.), der das noch von V. verfaßte Epitaphium überliefert (epist. 6,10,4. 9,19,1 = Cass. Dio 68,2,4). R. E.

P.A. Brunt, Latomus 18, 1959, 531ff. *G.B. Townend*, Latomus 20, 1961, 337ff. *D.C.A. Shotter*, CQ 1967, 370ff. *S.J. van Ooteghem*, Les Ét. Class. 36, 1968, 18ff.

2. V. Flavus, röm. Rhetor des 1. Jh.s n.Chr., Lehrer des → Persius (4; vgl. vit. Pers. 4), Vf. eines von Quintilian (inst. 3,1,21. 6,45. 7,4,40. 11,3,126 u.ö.) hochgeschätzten Lehrbuches der Rhet. Nach Aufdeckung der pison. Verschwörung im J. 65 wurde V. von Nero verbannt (Tac. ann. 15,71,4). Seine Biogr. aus der Feder Suetons (vgl. de rhet., Ind.) ist nicht erhalten. H. Gä.

Vergobretus. Kelt. Amtsbezeichnung (Holder 3,213f.), bes. für den höchsten Magistrat der → Haeduer im 1. Jh. v.Chr., Caes. Gall. 1,16,5 u.ö., bezeugt auch für die → Santonen und → Lexovier. Beim V. lag die oberste Rechtsprechung des Stammes, er wurde für ein J. jeweils im Frühjahr gewählt und durfte nur mit Erlaubnis seinen Amtssitz verlassen. Vgl. F.M. Heichelheim, RE VIII A 1544f. Gelzer Caesar ⁶95 (deutet als »Landammann«). H. G. G.

Verina. V. Augusta, Gemahlin Kaiser → Leo I. (2), förderte ihren Bruder → Basiliskos und → Nepos (3), den Gemahl ihrer Nichte. Stark beteiligt war die als fromm geltende V. (vita S. Danielis Stylitae 38. 46. 68f.) E. 474/Anf. 475 an den Intrigen gegen → Zenon (I 2), den Gemahl ihrer Tochter Ariadne. Nach Zenons Rückkehr auf den Thron (Sommer 476) geriet sie in Konflikt mit → Illos. Dieser erreichte schließlich von Zenon Auslieferung der V., die er verbannte und zwang, Nonne zu werden (Ioh. Antioch. 95. Candidus frg. 1). Als sich Illos 484 gegen Zenon erhob, ließ er V. bei Tarsus den → Leontius (Nachtr. Bd. V) zum Kaiser erheben (Ioh. Mal. frg. 35. Exc. de ins. 165f.). Als Zenon nahte, zog sich V. mit Leontius zurück und starb noch 484 in der Feste Papyrion (Isaurien; Ioh. Antioch. frg. 214,5. Theophanes a. 5975). 488/89 ließ sie Z. in Constantinopel beisetzen. A. L.

Verminus dürfte als Urheber der *verminatio* genannten Rinderseuche (Plin. nat. 28,180. 30,144) gegolten haben und erhielt deshalb wohl 175 v.Chr. (Münzer, RE XX 1947f. XXII 927) während einer solchen Seuche (Obseq. 10. Liv. 41,21,5) einen Altar (CIL I² 804) durch A. → Postumius (I 19) Albinus; sonst unbekannt. G. R.

Prell.-Jord. 2,227. *Buchner*, RE VIII A 1552f. *Keune*, Myth. Lex. 6,214f. *Wissowa* Rel. ²55,4. *Latte* RRel 52. *Radke* Die Götter Altitaliens 315.

Verna s. Sklaverei

Verolamium s. Verulamium

Vērōna (*ē*, *ō*: Catull. 35,3. 67,34. 68,2; aber Prok. Goth. 2,29,41 Βερώνη), große (Strab. 5,213. Martial. 14,195,1), reiche (Tac. hist. 3,8), durch ihre Lage in einer Etschschleife (Sil. 8,597. Serv. auct. Aen. 9,676) feste (Paneg. 12,8,1) Stadt (Itin.

Anton. 128,1. Burdig. 558,11 *civitas*) im Gebiet der Rhaeter bzw. → Euganeer (Plin. nat. 3,130), später → Cenomanen (3; Liv. 5,35,1. Ptol. 3,1,31), angebl. kelt. Gründung (Iust. 20,5,8; nach Catull. 67, 34 von Brixia her), Kolonie latin. Rechts durch Pompeius (Paneg. a.O.), seit 49 *municipium* der 10. Region *Venetia* (Plin. a.O. Brev. expos. Verg. georg. 2,160. Prok. Goth. 3,3,3) zur *tribus Publilia* gehörig (L. Ross Taylor Voting Districts 273), Kreuzung verschiedener Straßen (Tab. Peut. 4, 3f. Itin. Anton. 274,9. 275,9. 282,3). V. erhielt 69 n. Chr. einen Wall (Tac. hist. 3,10), 265 eine Mauer (CIL V 3329), die durch Theoderich erweitert wurde (Exc. Vales. 71); zu dessen umfangreicher Bautätigkeit gehört auch Erneuerung der Wasserleitung (ebd.). Die vorröm. Burg (h. Castel S. Pietro) wird durch teilw. erhaltene röm. Brücke mit V. verbunden (Liutpr. antapod. 2,40 MGSS). Etschhochwasser 589 (Paul. diac. h. Lang. 3,23). Im *ager Veroniensis* Apfel- (Plin. nat. 15,48) und Weinbau (Cato bei Serv. georg. 2,95. Plin. nat. 14, 16. 67. Colum. 3,2. Strab. 4,206. Cassiod. var. 12, 4,3). V. ist Heimat Catulls (Catull. a.O. Plin. nat. 36,48. Ov. am. 3,15,7. Martial. 1,7,2 u.a.). Tore, Mauerreste, Theater, Amphitheater, Brückenpfeiler, zahlreiche Inschr. erhalten. G. R.

Forbiger HB. d. alt. Geogr. 3,403. *Nissen* It. Ldk. 2,204ff. *P. Marconi* V. romana, Bergamo 1937. *A. Zarpellon* V. e l'agro veronese in età romana, Verona 1954. *L. Franzoni* V., Verona 1965. *F. Sartori* V. romana, in: Verona e il suo territorio 1, 1960. *P. Gazzola* Ponti Romani I. Ponte Pietra a V., 1963.

Verres. 1. C. V., Vater von Nr. 2, möglicherweise durch Sulla in den Senat gelangt, war in seiner Tribus (Romilia?) als *divisor* tätig und versuchte vergeblich, während der sizil. Statthalterschaft seines Sohnes mäßigend auf diesen einzuwirken. **2.** C. V., * etwa 115 als Sohn eines aus Etrurien (?) stammenden Senators (Schulze Eigenn. 287), verließ 83 als Proquaestor in Gallia Cisalpina seinen Vorgesetzten Cn. Papirius Carbo, um mit den ihm anvertrauten Geldern zu Sulla überzugehen. Als Legat und ab 79 Proquaestor des Statthalters von Cilicia, Cn. → Cornelius (I 23) Dolabella, hatte V. Gelegenheit, in Griechenland und Kleinasien große Mengen von Kunstschätzen an sich zu bringen, vor allem durch die Beraubung von Heiligtümern. Als Dolabella 78 in einen Repetundenprozeß verwickelt wurde, trat V. unter erneuter Verletzung der *pietas* als Belastungszeuge auf. Nach seiner Praetur 74, die laut Cicero u.a. durch korrupte Rechtsprechung und unerlaubte Bereicherung bei der Vergabe öffentl. Bauaufträge gekennzeichnet war (Verr. 2,1,105. 110. 116. 119; 2,119 und 2,1,130ff.), fiel V. 73 die bedeutende Provinz Sizilien zu. Da aus dem auf seine Statthalterschaft als Propraetor folgenden Repetundenprozeß die Anklagereden Ciceros erhalten sind, sind wir über die polit. Laufbahn des V., vor allem aber über seine Tätigkeit in Sizilien, gut, wenn auch parteiisch, unterrichtet. Ciceros Darstellung ist höchst aufschlußreich für die nahezu unbeschränkt mögliche Ausbeutung einer Provinz durch den jeweiligen Statthalter: So mißbrauchte V. offenbar seine Funktion als oberster Gerichtsherr der Provinz, um alle ihm gewinnträchtig erscheinenden Prozesse an sich zu ziehen, und griff dabei z.B. teilweise Jahrzehnte zurückliegende Erbschaftsangelegenheiten (Cic. Verr. 2,1, 27f. 2,2,19ff. 25ff. 35ff. 53ff.), dazu aber auch Kapitalprozesse (Cic. Verr. 2,2,68ff.) wieder auf (Habermehl, RE VIII A 1583ff.). Während er sich dabei gelegentlich die zwischen den Provinzialen bestehenden Spannungen zunutze machen konnte, scheute er andererseits auch nicht davor zurück, sich an röm. Bürgern zu vergreifen, wobei der Fall des → Sthenius aus Thermai, eines wichtigen Clienten des Pompeius, in Rom vor dem Senat zu Protesten führte und sogar in einer Volksversammlung aufgegriffen wurde (Cic. Verr. 2,2, 83ff.). V. setzte sich nicht nur auf dem Gebiet der Iurisdiktion über geltendes Recht hinweg, sondern auch auf dem der Verwaltung der einzelnen Gemeinden, in denen er – angeblich gegen Geld – eigenmächtig Priester- und Beamtenstellen verteilte (Cic. Verr. 2,2,127ff. 131ff. 138). Wie viele röm. Adlige dieser Z. sammelte V. leidenschaftlich griech. Kunstwerke und nutzte auch – trotz Ciceros gegenteiligen Zeugnisses offenbar ein Kunstkenner – seine sizil. Statthalterschaft, um die Provinz systematisch ihrer Kunstschätze zu berauben, gleichgültig, ob es sich bei den Beraubten um Provinziale wie den Messaner → Heius (1; Cic. Verr. 2,4,3ff.), röm. Bürger (Cic. Verr. 2,4,37ff.) oder sogar ausländ. Fürsten wie Antiochos III. Asiaticus von Syrien (Cic. Verr. 2,4,61ff.), um Privatleute, Gemeinden oder Heiligtümer wie das in Sizilien bes. verehrte Demeterheiligtum von → Henna (Cic. Verr. 2,4,99ff.) handelte. Da in diesen J.en die Kornversorgung Roms ganz von Sizilien abhing, mußte V. neben dem üblichen Zehnten und einer *decuma altera* nach der *l. Terentia* von 73 weiteres Getreide aufkaufen. Die vom Senat dafür angesetzte Summe investierte V. sofort auf eigene Rechnung und verpachtete die *decuma* so hoch, daß die sizil. Landwirtschaft an den Rand des Ruins geriet, da V. zudem den an sich möglichen Rechtsweg praktisch ausgeschlossen hatte (Cic. Verr. 2,3,20. 25f. 27. 28f. E. Badian Publicans and Sinners, 1972, 79f.). Der von V. nach anfänglichen Differenzen mit den in Sizilien tätigen Publikanen geschlossene Bund trug weiter zur Verarmung der Provinz bei (E. Badian a.O. 77f. 142 A. 57. 67. 68. 143 A. 69). Zwar konnte der röm. Kornbedarf wahrscheinl. gedeckt werden, und unter den Maßnahmen des V. befinden sich durchaus angemessene wie die *professio iugerum* der *aratores* (Cic. Verr. 2,3,38f. 53. 55), doch ist seine Verwaltung insgesamt in einem das Übliche weit überschreitenden Maße von Terror und

Rechtsunsicherheit gekennzeichnet. Auch die Tatsache, daß Sizilien in den 3 J.en seiner Statthalterschaft, viell. infolge einiger der von Cicero angeprangerten Terrormaßnahmen, die abschreckend wirkten (Verr. 2,5,145 ff.), unbehelligt blieb von Piraten und Sertoriusanhängern aus dem nahen Spanien (Sall. hist. frg. 4,32 M.; vgl. Cic. Verr. 2,5,82 ff. 145 ff.), kann nicht darüber hinwegtäuschen, daß die Härte des Systems der röm.-republikan. Provinzialverwaltung hier auf die Spitze getrieben wurde. Die anschließende Repetundenklage gegen V. zeigt, daß es nur auf Grund einer günstigen polit. Konstellation, wie sie das bevorstehende Consulat des Pompeius und Crassus darstellte, und der Energie eines polit. so ambitionierten Anklägers wie Cicero gelingen konnte, einen Statthalter erfolgreich zur Rechenschaft zu ziehen (zu der Cooperation zwischen Cicero und Pompeius im Verres-Prozeß vgl. A. M. WARD, Latomus 29, 1970, 60 ff.) Anf. 70 gelang es Cicero allen polit. Pressionen zum Trotz, zum Ankläger bestellt zu werden wie auch den Verhandlungstermin nicht auf das J. 69, das Consulat und Praetur für zwei mit V. verbündete Meteller brachte, verschleppen zu lassen, und nachdem er in nur 50 Tagen ein erdrückendes Beweismaterial gesammelt hatte, das ihm allein von dem mit V. verbündeten Messana (Verr. 2,4. 23. 84) verweigert wurde, gelang es ihm in der 1. Verhandlung gegen die Verteidiger Q. → Hortensius (7), P. Scipio und L. Cornelius → Sisenna, V. in einem so ungünstigen Lichte erscheinen zu lassen, daß dieser es vorzog, nach Massilia ins Exil zu gehen, ehe er in der 2. Verhandlung verurteilt wurde. Inmitten seiner Kunstschätze lebte V. in Massilia, bis er 43 bei den Proscriptionen umkam, angeblich, weil er Antonius einige korinth. Gefäße verweigert hatte. **3.** Q. V., aus Cic. Verr. 1,23 als *divisor* und Verwandter von Nr. 2 bekannt. M. D.-M.

Verritus. König der Friesen, die in neron. Z. unter seiner und des → Malorix Führung aus Landmangel röm. Militärterritorium am rechten Niederrhein zw. Vecht und Yssel besetzt hatten. L. → Duvius Avitus, *legatus pro praetore* in Germ. inf., nötigte sie 57 n. Chr. die Entscheidung Neros anzurufen; dieser befahl ihnen den Rückzug, der durch röm. Auxiliarkavallerie erzwungen werden mußte (Tac. ann. 11,19. 13,54). H. C.

H. Chochole, RE VIII A 1635 f.

Verrius. Röm. Gentilname, etr. oder messap. Herkunft (SCHULZE Eigenn. 287. E. FRAENKEL, RE XVI 1654). **1.** V., ein Lebemann kultivierter Art, der 46 auch mit Cic. (fam. 9,20,2) in Verbindung stand. H. G. G.

2. V. Flaccus, M., berühmter lat. Grammatiker der frühen Kaiserzeit, der auch die Enkel des Augustus unterrichtete und in hohem Alter unter Tiberius starb; zu seiner Vita vgl. Suet. gramm. 17. Frg.e sind aus einer Reihe von antiquar. und grammat. Schriften erhalten: 1. Eine sakralrechtl. Kommentierung des röm. Kalenders, die auf Ov. fast. und über → Cornelius (II 21) Labeo auf die spätere Tradition (Arnob. Macr. Sat. Lyd. mens.) gewirkt hat. Exc.e daraus sind in den Praenestiner Fasten (vgl. Suet. gramm. 17,4 und die Edition bei DEGRI 13,2, 1963, 107 ff.) von 6–9 n. Chr. überliefert. 2. *Saturnus* (Macr. Sat. 1,4,7). 3. *Etruscarum rerum libri.* 4. *Rerum memoria dignarum libri* (Gell. 4,5,6). 5. *Epistulae* zu diversen gramm. Fragen. 6. *De orthographia libri* (Suet. gramm. 19) mit maßvoll analogist. Tendenz, die über Plin. dub. serm. auch → Velius (6) Longus beeinflußt haben. 7. *De obscuris Catonis libri* (Gell. 17,6,2). 8. Am einflußreichsten war *De verborum significatu*, ein Lex. seltener Begriffe mit grammat. und antiquar. Erklärung, das die Ergebnisse der spätrepublikan. Forschung (Varro!) an die spätere Tradition weitergegeben hat; da V. hier auf den eigenen Detailstudien aufbaut, sind Zit. ohne Werktitel nicht eindeutig zuzuordnen. Überwiegend wird das Werk jedoch anonym rezipiert, und auch der Auszug des → Festus (6) umfaßt nur einen Bruchteil des Originals. P. L. Sch.

Frg.e: *Fun*GrRF 509 ff.

Lit.: *R. Reitzenstein* Verrian. Forschungen, 1887. *L. Strzelecki* Quaest. Verrianae, 1932. *F. Bona* Contrib. allo stud. della compos. del »De verb. sign.« di V. F., 1964.

Verrucius. Personenname (inschr. *Ver(r)utius*, *Verocius*, SCHULZE Eigenn. 405), hist. greifbar nur mit C. V. C. f., Deckname für C. → Verres (2), also nach Ciceros Witz *C. Verris paene gentilis* (Verr. 2,2. 190). Auf das Konto dieses Namens hatte Verres Bestechungsgelder und Wucherzinsen umgebucht, was Cic. Verr. 2,2,170 f. 186–191 als Schwindel aufdecken konnte. H. G. G.

Verrucos(s)us. Cognomen (»Warzenträger«) des Q. → Fabius (I 40) Maximus (Cunctator), aber auch weiterer Personen, I. KAJANTO Lat. Cognomina, 1965, 246. H. G. G.

Verrugo (Diod. 14,11 Ἔρρουκαν. 98 Οὐερρουγῖνος), befestigter Platz unbekannter Lage, der in den Volskerkriegen mehrfach den Besitzer wechselte (Liv. 4,1,4. 55,8. 56,5. 58,3. 5,28,6. Diod. a. O.); wegen eines unglücklichen Gefechts bei V. kam C. → Sempronius (I 6) Atratinus i. J. 422 v. Chr. vor Gericht (Val. Max. 3,2,8. 6,5,2). G. R.

Nissen It. Ldk. 2,649. *R. M. Ogilvie* im Komm. zu Liv. 1,4,1.

Verskunst. I. Allgemeines. II. Grundbegriffe. a) metr. und rhythm. Einheiten; b) Versarten: Sprech- und Singverse; Asynarteten; c) Strophik und Strophenbau; d) Vortragsarten: Metrik und Musik. III. Griech. V. IV. Lat. V. V. Gesch. der metr. Theorien. a) die Alten; b) moderne Forschung. VI. Zeichen und Abkürzungen.

I. Für das Verständnis der ant. V. ist man auf observatio (Beobachtung der Praxis) und auf ant. Theorie angewiesen; mod. Theorie ist insofern gültig, als sie die beiden ersten Faktoren berücksichtigt. Von der V. wird die sprachl. Erscheinung gestaltet. Der Sprachforschung verdankt man die – wenn auch lückenhafte – Kenntnis von Prosodie und Akzent. Da die griech. Dichtung meist vertont und z. T. auch getanzt war, tritt auch die uns leider zu wenig bekannte → Musik hinzu. Das wichtigste gestaltende Element war die Quantität (kurz/lang). Zum musikal. Akzent der Griechen bei der stroph. Responsion der Vertonung s. z. B. [9], 204 ff. Ein metr. Iktus ist im Griech. wohl auszuschließen; ob im Lat. ein Widerspruch Iktus/Akz. bestand, steht noch zur Debatte (s. Lit.-Berichte).

Bei der metr. Analyse muß man zw. bestimmter Erscheinung (Schema éines Verses, Folge von Silben: Hom. Il. 1,1 ... $\overset{6}{-}$ — ||, 2 ... $\overset{6}{-}$ ⏑ ||) und metr. Typus (Schema eines Verstypus, Folge von metr. Elementa: 6da ... $\overset{6}{-}$ ⌢ ; [6]. [2]), d. h. zw. »verse instance« und »verse design« (Jakobson) unterscheiden. Eine Silbe (Bestandteil éines Verses) ist immer entweder kurz oder lang; ein Elementum (Bestandteil eines abstrakten Schemas) kann kurz, lang, frei und indifferens sein (s. IIa. VIa).

II. a) Metr. (d. h. zur Messung bestimmte) Einheiten sind: Fuß (nur für die archaische lat. V. gültig, s. IV), Metron (vollständige Dipodie nur bei tr ia an). Rhythm. (d. h. wirkl. und lebendige: »Der Vers ist älter als seine Messung«, [5], 25) Einheiten sind: Kolon (Bestandteil einer höheren Einheit: Soph. Oid. K. 1217 f. = 1231 f. gl gl|| $\overset{\frown}{\text{H}}$), Vers (kleinste selbständige Einheit, s. u.: a. O. 1215 = 1229 ||ᴴgl ||ᴴ), System (dem Vers ähnlich, aber längere Folge von Metra – Aristoph. Ach. 673 ff. = 699 ff. 9 cr|||. Ran. 384 ff. = 389 ff. 10 ia$_\wedge$|||. Soph. Oid. K. 229 ff. 26 da – oder von Kola – typ. Fall Folge von 2 an$_{(\wedge)}$| bei Chorbewegungen im Drama; oder Folge von 4 da|, Soph. Oid. K. 250 ff. 4 da | 4 da | 4 da |; sonst z. B. Aristoph. Ach. 358 ff. = 385 ff. 7 δ||. Equ. 973 ff. 6 Syst. 3 gl pher|||), Periode (vom Rhythm. bedingte Vers- oder Systemgruppe kleiner als die Strophe: Eur. Hec. 905 ff. = 914 ff. gl||e – D –||e – D –||pher $\underline{||}$ gl gl| gl cr arist|||, zwei deutliche Perioden; die Periode war durch Musik und Tanz anschaulich gemacht), Strophe (Vers-, System- oder Periodengruppe), strophisch respondierendes Gebilde (Strophik, Folge von resp. Strophen: AAA ..., AABAAB ..., AABCCD ..., AABBCC ... usw.). Grundeinheit ist der Vers, dessen Begrenzung éiner an sich genügenden Bedingung bedarf: 1. Wortende (|) (so schon Heph. 14,22 C.), wozu zwei andere zur Bestätigung hinzutreten können: 2. Hiat (H), sonst im Versinnern gemieden, und 3. Elementum indifferens (ἀδιάφορον; »anceps« wird von den Alten nicht gebraucht, [2]), d. h. (selbstverständlich einsilbiger) am Ende durch Responsion und/oder metr. Schema feststellbarer Wechsel kurz/lang (not. ⌢, [6], Nachtr. zu § 34. [2]). Da einfaches 1. ohne 2. und/oder 3. keine sichere Entscheidung erlaubt, darf man 4. cognitio metrorum (Stil, Kontext) zu Hilfe ziehen, um eine Folge als Vers zu bestimmen (d. h. um ein einfaches | zu || zu promovieren: z. B. Pind. O. 3 Str. 1 D‿e‿D| (so [17]) ist gewiß ein selbständiger Vers – vgl. Ep. 4 und auch Str. 3, außer O. 6 Ep. 1; O. 7 Str. 5; P. 4 Ep. 2 –, also | > ||, wie bei [6], § 55). Das alles ist, mit Änderungen in den t. t. ([2]. [3], 188), die glänzende Wiederentdeckung von A. Boeckh (Pindari Opera 1, 1811, 82. 308 ff.): dadurch konnte bes. die Lyrik nach der Beschädigung der Überlieferungsstufen (s. Abschn. V) wiederhergestellt werden. Natürlich darf ein Kolon nicht nur als solches, sondern auch als Vers erscheinen, wenn es an seinem Ende die Versendbedingungen zeigt (s. o. bei Soph. gl als Vers und als Kolon; vgl. VIc. e).

b) Ein inneres Kriterium ermöglicht die Unterscheidung zw. zwei Versarten: Sprech- und Singversen. Bei den ersten merkt man ein regelmäßiges Wiederkehren von Wortenden, was zur Bestimmung der Einschnitt- (d. h. Zäsur-)stellen führt (dazu »elisio non officit caesurae«, G. Hermann). Die Singverse dagegen zeigen kein regelmäßiges Wiederkehren des Wortendes; die lyr. Kola werden meist durch Synaphie (Wortübergreifen) aneinandergereiht (ihre Gliederung dürfte also nicht durch das Wort, sondern durch die Musik hervorgekommen sein). Ein lehrreiches Beispiel: Pind. N. 9 Str. 1 (11 mal wiederholt), scheinbar 6 da, aber tatsächlich da-ep der Form D ‿ D⌢, nur V. 36. 46 könnten 6 da mit regelrechten Einschnitten (s. VId) sein, die übrigen 9 (!) nicht. Um Wortgrenze zu bestimmen, bedient man sich des Begriffes »Wortbild« ([6], § 135. [15], 142 ff.): an das Wort lehnen sich die Appositiva an, und zwar Praepositiva (Artikel, Präposition, Konjunktion usw.) und Postpositiva (Enklitika, Partikeln usw.), die keinen Einschnitt nach bzw. vor sich dulden. Eine Versart für sich bilden die sog. Asynarteten (asyn) (ἀσυνάρτητα Heph. 47,1 ff. C.; [8], 32 f. [10], 123 ff.): zwei lyr. Kola normalerweise vom einfachen Wortende getrennt (hem| hem||, der daktyl. Pentameter; 4 da | ith ||, Archil. 191,1 W.; usw.), was ein Gebilde in der Mitte zw. Sprech- und Singversen darstellt ([3], 200 f.). Die Sprechverse sind alle κατὰ μέτρον (d. h. durch Wiederholung von gleichen Metra, s. VId) gebaut; die Singverse können κ. μ. (s. VIe1) oder nicht κ. μ. (d. h. nicht nach Metra analysierbar) gebaut sein (s. VIe2). Auch bei den Kola kann man dieselbe Unterscheidung machen (s. VIc1. 2), doch darf man dabei nicht immer ganz sauber klassifizieren wollen: z. B. können gl und verwandte Kola entweder äolisch als nicht κ. μ. gebaut (Soph. El. 473 ff. = 489 ff. ascl$_\wedge$ gl|| ...) oder choriambisch als κ. μ. gebaut (Eur. El. 170. 173. 184 ∼ 193. 196. 207 sogar gl ∼ 2 cho) je nach Kontext aufgefaßt werden; dazu können sich arist in nicht choriamb. (Aischyl. Hik. 782 = 791. Soph. El. 859 = 870) und adon in weder daktyl. noch choriamb. (als Klauselkolon der sapph. Strophe) Kontext befinden, so daß ein einheitlicher und nicht, wie sonst, ein Bau *κ. μ.* zu empfinden ist (s. VIc3).

c) Über Strophik s. IIa; über Strophenbau einiges später (III). Hier nehmen wir die epod. Formen vorweg: z. B. 6da || hem | hem ||| (eleg. Distichon; → Elegie), 4da | ith || 3ia ||| (Archil. 191 W.); es sind die kleinsten Strophen, mit asyn (s. b) gebaut, die später auch in der röm. Z. mehrfach variiert werden ([10], 127f.).

d) Chorlyrik und monod. Lyrik wurden in archaischer und klass. Z. gesungen. 6da in arch. Z., asyn, eleg. Distichon und sonstige Epoden (s. c), Marschanapäste, Langverse des Dramas (4tr$_\wedge$, 4ia$_\wedge$, 4an$_\wedge$), 2tr$_{(\wedge)}$, 2ia$_{(\wedge)}$, 2an$_{(\wedge)}$ im *πνῖγος* ([4]. → Komödie) wurden in einer Art Rezitativ (*παρακαταλογή*) vorgetragen (viell. nicht immer: Pickard-Cambridge Dram. Fest., [2]156ff.), das von → Kithara oder → Aulos begleitet wurde. Die Vortragsweise der eigentl. Sprechverse (6da seit klass. Z., 3ia) war die einfache Rede. Das Zeugnis der Vortragsarten wird also zum äußeren Kriterium (vgl. b) zur Unterscheidung der Versarten. Über Rom s. IV.

III. Die erste Form, die man findet, ist 6da, der daktyl. Hexameter, der die ganze griech. Lit. bis zu ihrem Ausklang durchläuft (Epos, Lehrgedicht, Elegie, Epigramm usw.). Zu Bau und Einschn. s. VId. Zwei Gesetze werden so gut wie nie verletzt: Zweiteilungsverbot (... $\overset{3}{–}$ ⏑ ⏑ ...) und Hermanns (Orph., 1805, 692ff.) Brücke (... $\overset{4}{–}$ ⏑⏑ ..., nur im Griech.); in hellenist. und röm. Z. unterliegt er immer strengeren Gesetzen ([6], § 90ff. [15], 126ff.). Über den kitharod. und aulod. → Nomos wissen wir wenig. → Archilochos führt 3ia, 4tr$_\wedge$, asyn und epod. Dichtung ein ([20]). 3ia und 4tr$_\wedge$ (zum Bau s. VId) respektieren Porsons (Eur. Hec., 1802) Gesetz (... – – ⏑ –), das Havet auf den Anf. des 4tr$_\wedge$ ausgedehnt hat (|| – ⏑ – – ...): beide gelten später nur für Trag. (nicht für Satyrspiel und Kom.). Andere Gesetze nur für die arch. Iambographen ([10], 51f. [16]). → Hipponax hat den Hinkiambus (... ⏑ – – –) und den sog. *ἰσχιορρωγικός* (... – – – –). Die große Chorlyrik fängt für uns mit → Alkman an: einfacher Strophenbau, schon sog. stesichor. Triade (AABAAB ...). Ungefähr gleichzeitig blüht in Lesbos die monod. Lyrik (→ Alkaios 4, → Sappho): die äol. zweisilb. freie »Basis« (× ×) und die Ablehnung der (»ionischen«) Gleichung – = ⏑ ⏑ haben dazu geführt, diese V. als »silbenzählend« zu bezeichnen. Die Verse sind *κ. μ.* und nicht *κ. μ.* gebaut ([21]); der Strophenbau ist einfach (z. B. sapph. Str.: endS || endS || endS adon |||), ebenso das respondierende Gebilde (AAA ...). → Anakreon vertritt die ion. monod. Lyrik: kleine Strophen aus gl (und 2cho) mit pher-Klausel, aus 2tr, anacl, 2ion; ion, cho größeren Umfanges; asyn usw. ([19]). Der Strophenbau ist einfach und entspricht den Ansprüchen des ion.-att. → Symposions: Ähnliches findet man in den carm. conviv. (884ff. P.: kleine Strophen aus ia, cho, phal), während die versch. Arten des Volksgesangs (carm. pop., 847ff. P.) formenreicher sind (bei → Arbeitsliedern; s. dazu z. B. Aristoph. Pax 459ff. Eur. Cycl. 656ff.). Volkstüml. Einfachheit hat bestimmt monod. Lyrik sowie später Satyrspiel und Kom. beeinflußt. Seit altersher gab es die Marschanapäste (2,4an$_{(\wedge)}$, → Embateria: 856f. P.), die später im Drama die Chorbewegungen begleiteten ([9], 47ff. [10], 87ff.). → Korinna hat den »polyschematistos« Dim. (Heph. 56,5 C.; durch Pap. bestätigt), d.h. 2cho, dessen 1. (selten 2.) Metron sehr frei ist; dieselbe Erscheinung auch bei Eur. (z. B. Hel. 1301ff.; [5], 210ff., woraus die Bez. »wil«). Wenn Kor. alt ist (6. Jh.), kann ihr Zeugnis von großer Tragweite für die Altertümlichkeit einiger (wohl nicht aller) Responsionsfreiheiten sein ([32], 51ff.). Zw. 7. und 5. Jh. entfaltet die große Chorlyrik (→ Chor) einen reichen Vers- und Strophenbau: → Stesichoros, → Ibykos, → Simonides (1), bes. → Pindaros (3) und → Bakchylides erlauben, uns davon ein klares Bild zu machen. Die Verse sind da-ep (s. VIc2. [17]. [18]), freie Nachbildungen aus der äol. Lyrik (s. VIe2) und ein noch nicht geklärtes »metr. ex ia ortum« ([18], XXXIVff.: Pind. O. 2. Bakchyl. 17 usw.). Die Strophe (meist AABAAB ...) ist lang und ausgearbeitet und wird von Gedicht zu Gedicht variiert, was auch später üblich sein wird. Das att. Drama des 5. Jh.s benützt 3ia für den Dialog und zieht für die lyr. Gesänge alle vorigen Formen heran, wodurch ein »eklektischer« Stil entsteht (s. bes. [9]. [8], 46ff. [10], 162ff.). *δ* scheint Erfindung des Dramas zu sein. Über individuelle Eigentümlichkeiten der einzelnen Autoren s. [11]. [12]. [13]. [14]. Der Strophenbau ist am Anf. einfacher als in der Chorlyrik, um allmählich komplexer zu werden, bis er in den euripid. monod. Astropha gipfelt (vgl. die Entwicklung der Musik: → Timotheos (4) und der neue → Dithyrambos). → Aristophanes (3) lehnt sich z. T. an volkstüml. und sakrale Dichtung an (Ed. Fraenkel Beob. zu Aristoph., 1962, 189ff.) und polemisiert gegen die euripid. Neuerungen, die er z. T. auch akzeptiert. Die Lebendigkeit der lyr. Formen ist durch den Verfall der großen Lyrik im 5. und des Dramas im 4. Jh. bedingt. Einige lyr. Verse werden stichisch gebraucht ([26], 61ff. [6], § 15). Wenig wird in hellenist. Z. noch vertont, und der alte rhythm. Reichtum wird selten: s. z. B. astrophische Gesänge (Frg. Grenfell., S. 177 Pow.: → Simodoi) und Kultgesänge (Delph. Paiane usw.). Sonst herrschen nunmehr hauptsächl. 6da (immer strenger bis → Nonnos gebaut, s. o.) für das immer noch gepflegte → Epos, für → Hymnos, → Lehrgedicht,

→ Bukolik (→ Theokritos 1); 3ia für → Mimus, → Fabel usw.; eleg. Dist. (auch für größere Gebilde, → Kallimachos 3) und die sonst. epod. Formen (→ Epigramm). Die Veränderungen, die durch die Wandlung der Aussprache (Akzent) eintraten, sowie die ganze Entwicklung der Kunstprosa, müssen hier beiseite bleiben.

IV. Im Lat. befindet man sich auf gänzlich versch. sprachl. Boden. Vor allem war der Akzent verschieden: das expirator. Element, das in der Vorgesch. eine entscheidende Rolle gespielt haben soll (lat. Vokalismus), hat bestimmt auch später Einfluß geübt (die Anfangsbetonung hat die eigentümlich lat. Neigung zur Alliteration bewirkt). Über Iktus s. I. Prosod. Änderungen zw. archaischer und klass. Z. (s. [22], 4ff. [23], 1ff. [29]) haben gewiß sehr früh (Cic., Hor.) das Verständnis der griech. und archaischen lat. V. erschwert. Der einzige eigentlich lat. Vers ist der Saturnier, den einige als idg. ([25]), andere als griech. Ursprungs ([28]) betrachten. Caes. Bass. 6,266,16 K. führt als Grundform ⏑ – ⏑ – ⏑ – – | – ⏑ – ⏑ – – || (S. 28 Morel) an, was an asyn denken läßt (2ia$_\wedge$ | ith ||). Er ist allerdings sehr formenreich, auch bei der spärlichen Bezeugung (Inschr. und Frg. des Appius → Claudius [I 4] Caecus, → Livius [B 1] Andron., → Naevius III). Der Sat. ist sehr wahrscheinl. quantitierend, doch wurden andere gestaltende Elemente (Akzent, Wort, Silbe) vorgeschlagen (s. M. Barchiesi Nevio ep., 1962, 294ff. Th. Cole, YClS 21, 1969, 3ff.). → Ennius (ann. 213 V.^{2}) lehnte ihn als groben Archaismus ab und führte für sein Epos 6da ein. Zw. dem 3. und 2. Jh. v. Chr. findet so eine breite Übernahme griech. Formen statt; denn schon Liv. und Naev. hatten im Drama griech. Verse eingeführt, nur mit neuer Technik: 3ia und 4ia werden Senar und Oktonar, 4tr$_\wedge$ und 4ia$_\wedge$ Septenare, und dasselbe gilt für an. Die Namen machen klar, daß Grundmaß nicht mehr das Metron, sondern der Fuß ist (»tr« $\underline{\smile\smile}\;\frac{\smile\smile}{\smile}$, $\underline{\smile\smile}\;\frac{\smile\smile}{\smile}$, »ia« $\frac{\smile\smile}{\smile}\;\underline{\smile\smile}$, $\frac{\smile\smile}{\smile}\;\underline{\smile\smile}$; frei sind also alle Elementa, außer am Ende des Verses und des Halbverses, sofern es mittleren Einschnitt gibt). → Plautus und → Terentius (B 1) sind unsere Hauptzeugen: ihre V. ist mehreren Gesetzen unterworfen ([23]). Ein Problem für sich bilden die (vertonten) Cantica bes. des Plaut. (Prosodie, Kolometrie, Responsion: Ed. Fraenkel Elem. plaut. in Pl., 1960, 217ff. 307ff. und Nachtr. [22], 124ff. C. Questa Metr. lat. arc. [Intr. allo st. d. Cult. Class.], 1973, 547ff.). Vom 1. Jh. v. Chr. an findet eine genauere Nachbildung der griech. V. statt: 3ia wird als solcher behandelt, und → Catullus, → Horatius (8), → Martialis (1) usw. bieten ein reiches Muster griech. lyr. Verse, wenn auch z. T. mit bes. Eigentümlichkeiten (gesungen wurden sie nicht mehr; Hor. normalisiert Quantitäten und Einschnitte: endS || – ⏑ – – – | . . ., endA || × – ⏑ – – | . . .; usw. [27]). Der Strophenbau ist einfach, außer wenigen Ausnahmen ([22], 122ff.). Mind. vom 4. Jh. n. Chr. an

wird der expirator. Wortakzent immer mehr zum Hauptelement der Gestaltung.

V. a) Was man bei Aristoph. Nub. 638ff. und Plat. rep. B. 3 liest, ist bestimmt auf die rhythm. (ethisch-musikal.) Lehre → Damons (2) zurückzuführen, ebenso auch z. T., was Aristot. (rhet. und poet.) lehrt. → Aristoxenos der Musiker behandelte auch die Rhythmik, natürlich als Teil der musikal. Theorie. Eine Theorie der Metrik folgt erst später. Als in hellenist. Z. die Bauprinzipien der Lyrik weniger verständlich wurden, bedurfte man einer genaueren Gestaltung der poet. Texte (der Pap. des → Timotheos [4] von Milet [4. Jh. v. Chr.] hat keine metr. Gliederung). So wurden die Texte von den alexandrin. Philologen ediert und → Aristophanes (4) von Byzantion galt als Restaurator der Kolometrie (R. Pfeiffer Hist. of Class. Schol., 1968, bes. 185ff.). Es entstanden dann auch theoret. Systeme, die aber keine wahre Kenntnis der alten Lyrik zeigen und die bes. für die Schule bestimmt waren. Es gab zwei Lehren ([31]): 1. die alexandrin. der *μέτρα πρωτότυπα*, die alle Versgebilde aus den Füßen entstehen ließ (→ Philoxenos 3, → Heliodoros 3, → Hephaistion 2: 1. Jh. v. Chr. – 2. n. Chr.); 2. die pergamen. der *derivatio*, die aus 6da und 3ia als Grundeinheiten alles durch *adiectio*, *detractio*, *concinnatio*, *permutatio* (→ Caesius [II 8. 9] Bass. 6,271,5 K. → Varro 1, → Terentianus Maur.) ableitete. Hephaistions HB. herrscht durch das MA. bis in die mod. Z. Durch Mangel an theoret. Grundlage und die Schicksale der Überlieferung wurde bes. die Lyrik betroffen, obwohl sich Vieles durch Pap., Sch. und ma. Hss. bewahrte ([4], 383ff. [33]. J. Irigoin Hist. du Texte de Pind., 1952; REG 72, 1962, 61ff.). Jedoch ist Ausmaß und Tragweite des Einklangs zw. Kolometrie der Pap. und der ma. Hss. noch ein offenes Problem, ebenso der allerdings beschränkte Wert des metr. Wissens einiger Byzantiner, wie Demetrios Triklinios (s. die Arbeiten von Turyn, Dawe, Zuntz usw. über die Überlieferung der Tragiker).

b) A. Boeckh (1811, s. IIa) verdankt man die Erkenntnis der Gesetze der ganzen ant. V. Vor ihm hatten R. Bentley und R. Porson Wesentliches für die lat. und griech. Sprechverse beigetragen. G. Hermanns Metrik (Elementa doctr. metr., 1816) ist rationalistisch wie seine Gramm., er übte aber mit Erfolg die observatio. Zw. dem 19. und 20. Jh. behaupteten sich versch. Richtungen: Glaube (Boeckh, R. Westphal) und Mißtrauen (Maas) der ant. Theorie gegenüber; Versuch sich in die ant. Dichtung durch die mod. Musik einzufühlen (Westphal, J. H. H. Schmidt, Christ u. a.; s. [34], bes. 11ff.) und vorsichtiger Verzicht auf »quod videmus perisse« (H. Weil gegen Westphal; usw.); historisierende Richtung mit Versuch der rhythm. Interpretation (Bergk, Usener, Blass, Schroeder, Leo, Wilamowitz, Pasquali, Gentili) und nüchtern deskriptive Haltung (MAAS, RUPPRECHT). Viele versuchen h. die beiden letzten Richtungen zu versöhnen, indem sie anerkennen, daß beiden wesentl. Fortschritte zu verdanken sind. Bei der Herstellung einer höchst erwünschten Liste von Kola und Versen (Typologie und Vorkommen) könnten die Computer behilflich sein: eine solche Liste würde eine vollständigere Einsicht in die Morphologie der ant. V. und ein besseres Verständnis ihrer hist. Entwicklung gewähren.

VI. a) Silbe: ⏑ kurz, – lang. Elementum: ⏑ kurz, – lang, × frei (⏑⏑ über × auflösbar), ⏒ frei (ἄλογος bei tr, ia), ⌒ indifferens (Versendpause). ⊢ Hiat. | Wortende (Einschnitt). || Versende. ||̲ Periodenende ([3], 197). ||| Strophenende. ‸ Katalexe, Akephalie. = (bei Stellenang.) Responsion. ∼ »freie« Responsion. ⌢̲ Brücke (Wortende gemieden).

b) Metra (in ihrer einfachsten Form). – ⏑ – ⏒ tr (Trochäus). ⏒ – ⏑ – ia (Iambus). – ⏔ da (Daktylus). ⏔ ⏕ ⏔ ⏕ an (Anapäst). – – sp (Spondeus). – ⏑ – cr (Kretikus; – ⏑ ⏑ ⏑ pae I, Paion I usw.). ⏑ – – ba (Bakcheus). ⏑ ⏑ – – ion (Ionikus a min.). – ⏑ ⏑ – cho (Choriambus).

c 1) Die wichtigsten κατὰ μέτρον gebauten Kola:

– ⏔ – ⏔ – ⏔ – ⏔	alcm (Alkmanium) = 4da
⏔ – ⏔ – | ⏕ – ⏔ –	2an (anap. Dimeter)
⏔ – ⏔ – ⏕ – –	paroem (Paroimiakos) = 2an‸
– ⏑ – ⏒ – ⏑ – (⏒)	2tr(‸) (troch. Dimeter)
⏒ – ⏑ – ⏒ – ⏑ – [. . . ⏑ – ×]	2ia(‸) (iamb. Dimeter)
⏑ ⏑ – – ⏑ ⏑ – –	2ion (ion. Dimeter)
⏑ ⏑ – ⏑ – ⏑ – –	anacl (anacl. ion. Dim.)
× × × × – ⏑ ⏑ –	2cho (häufigster chor. Dim.)

c 2) Die wichtigsten nicht κ. μ. gebauten Kola:

⏑⏑/× – ⏑⏑/× – ⏑⏑/× – ×	enh (Enhoplios)
⏑⏑/× – ⏑⏑/× – ⏑⏑/× –	pros (Prosodiakus)
⏑⏑/× – ⏑⏑/× – ×	reiz (Reizianus)
– ⏑ ⏑ – ⏑ ⏑ – (×)	hem (Hemiepes)
– ⏑ – ⏑ – –	ith (Ithyphallikus)
– ⏑ – ⏑ – ⏑ –	lec (Lekythion)
× – – ⏒ –	δ (häufigster Dochmius)
– ⏑ ⏑ – ⏑ ⏑ – = D	da–ep (Daktyloepitriten, [6]); die Gruppen bilden Kolon mit dem Elem. lib. interpos. (×)
– ⏑ – = e	
– ⏑ – × – ⏑ – = E	
– ⏑ ⏑ – = d¹, ⏑ ⏑ – = d²	

c 3) Ambivalente Kola ([nicht] κ. μ.: s. II b):

× × – ⏑ ⏑ – ⏑ –	gl (Glykoneus) (∼ 2cho)
× × – ⏑ ⏑ – ×	pher (Pherekrat.) = gl‸
× – ⏑ ⏑ – ⏑ –	teles (Telesill.) = ‸gl
× × – ⏑ ⏑ – ⏑ – ×	hipp (Hipponakt.) = gl×
– ⏑ ⏑ – ⏑ – ×	arist (Aristophan.) = 2cho‸
– ⏑ ⏑ – –	adon (Adoneus) = 2da

d) Die wichtigsten Sprechverse (alle κ. μ. gebaut):

– ⏔ | – ⏔ | – ⏑ ⏑ | – ⏔ | – ⏑ ⏑ | – ⌒ (Metren 1–6)

6da (voralexandrin. daktyl. Hexam., [15])

⏒ – ⏑ – ⏒ – | ⏑ – ⏒ – ⏑ ⌒ (Metren 1–6)

3ia (iamb. Trim. d. Trag.)

– ⏑ – ⏒ – ⏑ – ⏒ | – ⏑ – ⏒ – ⏑ ⌒ (Metren 1–7)

4tr‸ (kat. troch. Tetram.)

e 1) Einige κ. μ. gebaute Singverse: oft Kola (s. c 1. 3) als Verse gebraucht (s. II a). Sonst längere Zeilen durch mehrfache Wiederholung der Metra gebaut: z. B. 6da; 4an(‸); 3,4ia(‸); 2,3,4,5,6cr; 3,4cho(‸); 3,4ion(‸); usw.

e 2) Einige nicht κ. μ. gebaute Singverse: außer Kola (s. c2.3) kann man hier z. B. äol. Zeilen anführen, wie – ⏑ – × – ⏑ ⏑ – ⏑ – × (sapph. Elfsilbler; auch K., im 3. V. der sapph. Str.); × – ⏑ – × – ⏑ ⏑ – ⏑ ⌒ endA (alk. Elfsilbler); – ⏑ ⏑ – ⏑ ⏑ – ⏑ – ⌒ decA (alk. Zehnsilbler); × × – ⏑ ⏑ – ⏑ – ⌒ phal (Phalaikeion); die sog. äol. Daktyl., wie × × – ⏑ ⏑ (– ⏑ ⏑) (– ⏑ ⏑) – ⏑ ⏑ – ⏑ ⌒ (Tetr., Pent., Hex.); × × – ⏑ ⏑ – (– ⏑ ⏑ –) – ⏑ ⏑ – ⏑ ⌒ ascl, Ascl (Asklepiadeus min., mai.); usw. L. E. R.

Lit.-Ber.: *E. Kalinka*, BursJb 250, 1935. 256/57, 1937. *A. M. Dale*, Lustrum 2, 1957. *L. P. E. Parker*, ebd. 15, 1970. *P. W. Harsh*, ebd. 3, 1958. *R. J. Getty*, ebd. 8, 1963.

Lit.: I. 1. *W. S. Allen* Accent and Rhythm, 1973 (m. Bibliogr.). – II. 2. *L. E. Rossi*, RFIC 91, 1963, 52ff. 3. *Ders.*, ebd. 94, 1966, 185ff. – III. 4. *J. W. White* The Verse of Gr. Com., 1912. 5. *Wilam.* Griech. Versk., 1921. 6. *P. Maas* Griech. Metr., ²1929 (übers. m. Zusätzen *H. Lloyd-Jones* Gr. Metre, 1962). 7. *W. J. W. Koster* Traité de métr. gr. . . ., ⁴1966. 8. *B. Snell* Griech. Metr., ³1963. 9. *A. M. Dale* The Lyr. Metr. of Gr. Drama, ²1968. 10. *D. Korzeniewski* Griech. Metr., 1968. 11. *O. Schroeder* Aesch. Soph. Eur. Aristoph. Cantica, ²1916, ²1923, ²1928. ²1930. 12. *A. M. Dale* Metr. Anal. of Trag. Chor. 1, Da.-ep., 1971. 13. *H. A. Pohlsander* Metr. Stud. in the Lyr. of Soph., 1964. 14. *C. Prato* I canti di Aristof., 1962. 15. *H. Fränkel* Der hom. u. d. kallim. Hexam., Wege u. Formen, ³1968, 100ff. 16. *J. Irigoin*, REG 72, 1959, 67ff. – Metr. Analysen, gelegentl. m. Testim. de metris, in den Ausg. v.: 17. *B. Snell* Pind., ⁴⁻⁵1964. 18. *B. Snell–H. Maehler* Bakchyl., ⁹1968. 19. *B. Gentili* Anacr., 1958. 20. *G. Tarditi* Archil., 1968. 21. *E.-M. Voigt* Sappho et Alc., 1971. – IV. 22. *F. Crusius* Röm. Metr., ³1955. 23. *C. Questa* Introd. alla metr. di Plauto, 1967. 24. *H. Drexler* Einf. in d. röm. Metr., 1967. 25. *F. Leo* Der Sat. Vers, 1905. 26. *Ders.* Die plaut. Cant. u. d. hellenist. Lyrik, 1897. 27. *R. Heinze* Die lyr. V. d. Horaz, 1918 (= Vom Geist d. Römert., ³1960, 227ff.). 28. *G. Pasquali* Preist. d. poesia rom., 1936. 29. *S. Timpanaro*, Riv. Cult. Cl. Med. 7, 1965, 1075ff. – V. 30. *H. Gleditsch* Metr., 1901, 66ff. 31. *F. Leo*, H 24, 1889, 280ff. 32. *B. Gentili* Metr. gr. arc., 1950. 33. *J. Irigoin* Les schol. métr. de Pind., 1958. 34. *L. E. Rossi* Metr.e crit. stil., 1963. – Zu ant. Autoren s. Va; dazu bes. → Dionys. (20) Hal. (comp.), → Aristeid. (7) Quint. *Keil*GrL; usw.

Verticordia (CGIL 5,582 *dea paganorum*), Beiname der Venus (Serv. auct. Aen. 1,720), die im Myrtenhain der *vallis Murcia* ein *fanum* besaß (ebd. 8,636). Jeweils auf Sibyllinenspruch wurde der V. im hannibal. Kriege (i.J. 216?) von der in schwerer Prüfung als *pudicissima* ermittelten Sulpicia (Plin. nat. 7,120. Solin. 1,126) ein *simulacrum* aufgestellt, *quo facilius virginum mulierumque mens a libidine ad pudicitiam converteretur* (Val. Max. 8,15,12), und i.J. 114 wegen eines Blitzprodigiums (Plut. mor. 284ab. Oros. 5,15,20) eine *aedes* gebaut (Obseq. 37). Ov. fast. 4,133ff. verbindet Sibyllinum und Tempelbau mit Feier am 1. April (Fast. Praen. CIL I^2 p. 235. Macr. Sat. 1,12,15. Plut. Num. 19. Lyd. mens. 4,65), die der V. (Ov. a.O. 161 *verso ... corde*) und der *Fortuna virilis* galt (Plut. mor. 323a nennt V. Aphrodite Ἐπιταλάριος) und von *matronae* (Macr. a.O. Ov. a.O. 133. Lyd. a.O. σεμναί) sowie *humiliores* (Fast. Praen.) unter Myrtenbekränzung in den Bädern mit dem Zweck von *forma*, *mores*, *bona fama* (Ov. a.O. 156) bzw. Eintracht und Anstand (Lyd. a.O.; vgl. auch Sch. Stat. Theb. 5,56) betrieben wurde. Der Name V. ist volksetym. (Ov. a.O. 161 u.a.) mit *vertere* verbunden (kaum mit KOCH, RE VIII A 854 zu Aphrodite Apostrophia). G. R.

Prell.-Jord. 1,446ff. *Wissowa* Rel. ^{2}290f. *Ders.*, Myth. Lex. 6,216ff. *Latte* RRel 185. *Radke* Die Götter Altitaliens 315ff.

Vertragus. Der wegen seiner Schnelligkeit geschätzte, bes. zur Hasenhatz verwandte Windhund war wie sein Name gall. Ursprungs, woher zahlreiche orthograph. Varianten in der ant. Lit. rühren. Arr. kyn. 4–6 gibt eine ebenso liebevolle wie ausführliche Beschreibung, nach der RODENWALDT, JDAI 48, 1933, 204ff. ant. Darstellungen des V. erweisen konnte. Der typische Windhund, schnell, ausdauernd, folgsam und treu, hat keine bes. fein entwickelte Nase. Nie als Spürhund eingesetzt, verfolgt er nur den Hasen, den er sieht. Die in Koppeln gehaltenen V. werden von Dienern geführt, bis sie beim Anblick der Beute losgelassen werden können. Der Jäger selbst reitet, soweit möglich, die Hatz mit. Mosaiken und Reliefs zeigen, daß im Regelfall zwei V. auf einen Hasen angesetzt wurden. Der V. soll den Hasen möglichst lebend, jedenfalls nicht gewürgt oder zu stark angeschnitten abgeben und dann gelobt werden. Der V. ist kräftig und zugleich schlank gebaut, hat spitze Schnauze und lange Ohren (Löffel). Auf den Bildern trägt er meist ein breites Halsband, an dem die Leine befestigt sein kann. Der V. scheint vor allem in seiner Heimat Gallien, dann in Italien und Spanien gezogen und eingesetzt worden zu sein; in anderen röm. Provinzen fehlen Darstellungen des V. Vgl. außer RODENWALDT noch J. AYMARD Essai sur les chasses romaines (1951) und RE VIII A 1662ff. W. H. G.

Vertumnus (*Vortumnus*, entspr. lat. Lautgesetz > *Vert-*). Etr. trotz scheinbar lat. Form (SCHULZE Eigenn. 252 setzte Gentilizium * *vertimna* an. Zweifel an »Geschlechtsgott« [5], 191,4). Zum Namen s. [4], zum Ganzen s.u. Voltumna.

Varro l.l. 5,46: *V. deus Etruriae princeps.* Ausführlich Prop. 4,2 bei Deutung seiner Statue im Vicus → Tuscus. (Dieser hat seinen Namen nach den Etr., die Romulus gegen Titus → Tatius zu Hilfe kamen: Varro a.O.) Etr. Herkunft (aus Volsinii Prop. 4,2,3f. und 49) ist in Alt. und Neuz. unbestritten. Die Z. der Übernahme ist unsicher (vgl. [4] a.O.: zw. 8. und 4. Jh.). Varro l.l. 5,74 rechnet V. unter die auf Veranlassung des Titus Tatius nach Rom gebrachten Gottheiten. V. hatte einen Tempel auf dem Aventin und die gen. Statue, die ein Wahrzeichen der Gegend war (Hor. epist. 1,20,1f.; Porph. Hor. a.O. *sacellum*, da ein Platz, an dem Weihgeschenke niedergelegt wurden [s.u.], als kleine Kultstätte aufgefaßt werden kann). Inschr. auf einer Marmorbasis, viell. bei Erneuerung: CIL VI 804 = DESSILS 3588 *Vortumnus temporibus Diocletiani et Maximiani* (*Maximiniani* PIGH.). Prop. a.O. 49–54 und 59ff. setzt die Einführung in die älteste Z.; vor Numa habe es nur ein Holzbild gegeben, das durch ein von → Mamur(r)ius Veturius geschaffenes Erzbild ersetzt wurde. Die Vermutung von V. BASANOFF Evocatio, Paris 1947, 57, ein Altar sei früher, die Statue nach Einnahme von Volsinii (Raub der Kunstschätze Plin. nat. 34,34) nach Rom gekommen, ist unerweislich und widerspricht Prop.; eher gehört die Statue zu den bei Plin. a.O. *signa Tuscanica per terras dispersa* genannten.

Am Aventin hatte V. einen Tempel; Fest. 13. Aug. (CIL I^2 S. 325. DEGRI 13,2, S. 494). Ein Gemälde im Tempel stellte (nach Fest. 209 M.) M. → Fulvius (I 14) Flaccus (wo die Angabe über V. zu berichtigen ist) als Triumphator dar (JORD.-HÜLSEN Top. 1,3,162. PLATNER-ASHBY 584. LUGLI Roma antica 88). Für das Wesen des V. gibt Prop. 3 Deutungen (V. 7–48): 1. Weil er Tiberüberschwemmungen (die manchmal bis zu seiner Statue reichten) zum »Umwenden« bringt (vgl. Serv. Aen. 8,90). 2. *a vertendo anno*, d.h. Gott der wechselnden Jahreszeiten. 3. Weil er sich in alle Gestalten verwandeln kann. Dies hält Prop. für richtig; vgl. Hor. s. 2,7,14. Nach Ov. fast. 6,409f. (bei dem die 2. Deutung fehlt) hatte V., dessen Name zu seinen Verwandlungen passe, einst »noch nicht« den Namen von der Abwendung des Flusses. In met. 14,623ff., der Erzählung von V. und Pomona, spricht er nur von der Verwandlungsfähigkeit. Eine 4. Deutung findet sich bei Porph. Hor. epist. 1,20,1 und Ps.-Ascon. Cic. Verr. 2,1,154: Gott des »Warenumsatzes«, also des Handels. – Über das Wesen des V. in seiner etr. Heimat gibt es nur Vermutungen (Lit.: [1], 1685).

Der Statue werden von kleinen Leuten Abzeichen und Geräte ihres Berufes geweiht, auch Früchte und Blumen. Über den Tempel ist nichts weiter bekannt.

Die Inschr. sind rar, verstreut und unergiebig. Darstellungen lassen sich nicht bestimmen. Nach den lit. Zeugnissen (Ov.) ist V. ein schöner Jüngling, aber seine Attribute sind wegen seiner Wandlungsfähigkeit so vielfältig, daß nur eine Aufschrift helfen würde. W. E.

1. *W.Eisenhut*, RE VIII A 1669ff. 2. *G.Wissowa*, Myth. Lex. 6,219ff. 3. *Ders.* Rel.^{2} 287f. 4. *G.Devoto*, SE 14, 1940, 275ff. 5. *Latte* RRel 191f.

Verulae, Gemeinde der Herniker n.ö. Frusino, die i.J. 306 v.Chr. Rom treu bleibt (Liv. 9,42,11) und deshalb ihre eigenen Gesetze bestätigt erhält (ebd. 43,23); später *municipium* der 1. Region (Plin. nat. 3,64), *oppidum muro ductum* (Feldm. p. 239), jedoch unbedeutend (Flor. 1,5). Im h. Veroli wurden 1922 die *fasti Verulani* (NSA 1923, 194ff.) gefunden mit bisher unbekannten Angaben über den Geburtstag des Antonius (14.Jan.), den Tag der Hochzeit des Augustus mit Livia (17.Jan.), den Todestag des C.Caesar (22.Febr.; anders CIL I^2 p. 68. XI 1421), die Aufnahme Caesars in Alexandreia (27.März). G. R.

Forbiger HB. d. alt. Geogr. 3,483. *Nissen* It. Ldk. 2,654.

Verulamium (Tac. ann. 14,33,4. Vgl. Ptol. 2,3,11 M.), h. St. Albans, Hertfordshire, im Tal des Ver gelegener ant. Hauptort der gallischen → Catuvellauni, z.Z. des → Boudicca-Aufstandes (61 n.Chr.) unbefestigtes *municipium* (Tac. a.O.), das besonders in Flavischer Z. zu großem Wohlstand gelangte. Aus diesen Jahren stammt etwa das repräsentative Forum mit einer Basilica und anderen bedeutenden öffentl. Gebäuden. Von einer verheerenden Brandkatastrophe i.J. 155 n.Chr. konnte sich die Stadt wieder erholen; damals wurde beim Forum das große Theater errichtet, das bis ins 4.Jh. noch in Benutzung war. E. O.

I.A.Richmond, RE VIII A 2425f. *R.E.M.* und *T.V. Wheeler* V., a Belgic and two Roman Cities, Oxf. 1939. *J.M.C.Toynbee*, Enc. arte ant. 7, 1966, 1145f. *I.D.Margary* Roman Roads in Britain, London ^{2}1967, 173ff. *R.G.Collingwood–I.A.Richmond* The Archaeology of Roman Britain, London ^{2}1969, passim.

Verus = L.Ceionius Commodus = L.Aelius Aurelius Commodus = imp. Caesar L.Aurelius Verus Augustus. Sohn des L. → Ceionius (4) Commodus = L.Aelius Caesar, des Adoptivsohnes und praesumptiven Nachfolgers Hadrians (CIL XV 732), der aber am 1.Jan. 138 starb. * 15.Dez. 130, H.A. vit. 1,8–2, 10. Der Vater stammte aus Etrurien, die Mutter Avidia Plautia aus Faventia, vit. 1,9. Nach dem Tod des Vaters adoptierte am 25.Febr. 138 Hadrian den T. Aurelius Fulvus Boionius Arrius → Antoninus (1) unter der Bedingung, daß dieser V. adoptiere, vit. 2,2. Cass. Dio 69,21,1. Vit. Pii 4,6; er hieß nun L. Aelius Aurelius Commodus, CIL II 47. In der *domus Tiberiana* erzogen hatte er unter seinen Lehrern → Herodes (16) Atticus und → Fronto (1), Front. ad. Ver. 9 (p. 130,12 v.d.Hout). Vit. 2,5. Wohl

153 Quaestor vor der Zeit (H.A. Pius 6,10) gab er Spiele, vit. 3,2. *Cos.I ord.* 154 (Degrassi XIII 1, p. 208). Den Caesar-Titel erhielt er nicht, CIL III 3843; *Cos.II ord.* mit Marcus 161, Degrassi FImp. 45. V. erhielt den Augurat, CIL X 5051. Er war *frater Arvalis* (CIL VI 1021) und war in die Eleusinischen Mysterien eingeweiht, E.Kapetanopoulos, REG 83, 1970, 63–69 (als solcher Büste im Louvre: Bernoulli Ikon. 2,2,209 Nr. 32). Als Antoninus Pius am 7.März 161 starb und Marc Aurel die Herrschaft übernahm, berief dieser V. sofort zum Mitregenten und Teilhaber an der *tribunicia potestas* (beginnend mit 10. Dez.), vit. 4,1 (nicht am Oberpontifikat), und verlobte ihm seine Tochter Annia → Lucilla, H.A. Marc. 7,7. Als der Perserkönig → Vologaeses III. seinen Feldherrn → Osroes (2) zum König von Armenien machte und dieser den Legaten von Kappadokien M. → Sedatius Severianus vernichtend schlug und in Syrien einfiel, übernahm V. im J. 162 die Leitung des unvermeidlichen Krieges; doch V. selbst gab sich Vergnügungen hin (vit. 6,9. 7,3), geführt wurde der Krieg von seinen Feldherren: → Statius (II 1) Pricus eroberte Artaxata (V. erhielt den Beinamen *Armeniacus*, Cohen emp. 3, Nr. 219–221), so daß in Großarmenien → Sohaemus (4) als röm. Vasall eingesetzt werden konnte. V. heiratete in Ephesos im J. 164 die Lucilla, vit. 7,7. CIL VI 360. Auf dem syr. Kriegsschauplatz eroberte → Avidius (1) Cassius (Goebl, RhM 104, 1961, 70–80) Edessa, trieb Vologaeses durch ganz Mesopotamien, äscherte Seleukeia und → Ktesiphon ein und hatte auch in Medien Erfolg, so daß sich V. wie Marc Aurel als *Parthicus Maximus* und *Medicus* bezeichnen konnte (Cohen emp. 3, Nr. 190–196. 205. CIL VI 1022). Trotzdem nahm V. Anteil an den Vorbereitungen zum Markomannenkrieg, G.Barta, Acta III Congr. espan. Estud. clas., 1968, 11–15; Acta Class. Debrec. 7, 1971, 67–71. Ende 166 nahm Vologaeses die Friedensangebote des V. an: Armenien und die Osroene blieben röm. Klientelstaaten, Mesopotamien wurde röm. Provinz, vit. 7,8. Cohen emp. 3, Nr. 126–130. Vor dem 23. Aug. 166 (CIL VI 360) feierte V. mit Marcus den Triumph, erhielt den Beinamen *pater patriae* und die *corona civica*, vit. 7,9. 8,5. CIL III 778. Unmittelbar hernach begann der Markomannenkrieg, in den Marcus mit V. (vit. 9,7) zog. Sie waren im Winter 166/167 in Aquileia. *Cos. III* 167, CIL II 2553. Tätigkeit des V. in Dakien, s. G. u. S. Ferenczi, Sargetia 7, 1970, 59–78. Durchgreifende Erfolge verhinderte 167 und 168 die Pest. Im Jänner/Febr. 169 erlitt V. 42jährig bei einer Reise von Aquileia nach Rom einen Schlaganfall, dem er nach 3 Tagen in Altinum erlag, vit. 9,11. Aur. Vict. Caes. 16, 5–7. Er wurde im Mausoleum Hadrians beigesetzt, vit. 11,1. CIL VI 991 (Grabinschr.). Die Frg. des Briefwechsels V. – Fronto bei van den Hout p. 111–130. R. H.

Bildnisse: *Bernoulli* Röm. Ikon. 2,2,205–221. *P. Lambrechts*, AC 3, 1934, 173–201.

Lit.: *M. Wegner* Das röm. Herrscherbild 2,4, 1939, 56 ff. T. 17. 39–46. *L. Fabbrini*, Enc. arte ant. 4, 1961, 721 ff.

Vescia, auson. (Steph. Byz. s. Βεσκία) Stadt, gab dem *saltus Vescinus* (Liv. 10,21,7) und *ager Vescinus* (Liv. 10,31,2. Cic. leg. agr. 2,66) s. der Lirismündung den Namen. V. nahm 340 die geschlagenen Latiner auf (Liv. 8,11,5) und wurde 314 durch Verrat zerstört (Liv. 9,25,4). G. R.

Nissen It. Ldk. 2,664.

Vescularius. V. Flaccus (nicht *Atticus*), Ritter, Freund des Tiberius, dem er nach Rhodos und Capri folgte; er war im J. 16 gegen M. → Scribonius (II 2) Libo Drusus tätig, Tac. ann. 2,28,1; trotzdem wurde er im J. 32 vom Kaiser wegen Verbindung mit → Seianus exekutiert, Tac. ann. 6,10,2. R. H.

Vesontio. Stadt der → Sequani in der Gallia Celtica, h. Besançon. Erste Erwähnung bei Caes. Gall. 1,38. 39; Βεσοντίωνα und Οὐεσοντίωνι Cass. Dio 38,34. 63,2; *Vesontine* Tab. Peut. Οὐισόντιον Ptol. 2,9,10; *civitas Vesontiensium* Not. Gall. 9,1; *Bisontios* und *Besontionem* Amm. 15, 11,11. 20,11,13. Im J. 58 v. Chr., als Caesar in Gallien eingriff, war V. *oppidum maximum Sequanorum* (Gall. 1,38,1). Beschreibung seiner Lage am *flumen* → *Dubius* Gall. 1,38,4. Iul. epist. 26. Caesar besetzte es. Nach der röm. Eroberung gibt es nur wenige Texte bis auf den Aufstand des → Iulius (A II 92) Vindex im J. 68 n. Chr.; die Schlacht von V. und der Tod des Legaten: Cass. Dio 63,24. In flav. und antonin. Z. wird das gall. oppidum eine röm. Stadt, die die ganze Halbinsel des Doubs bedeckt und auf das rechte Ufer übergreift. Viell. wird sie *colonia Sequanorum* (CIL V 6887?). Die Blüte dauert bis zum E. des 2. Jh.s, als die Unruhen z. Z. des Marcus Aurelius ausbrechen (H. A. Marc. 22,10: wahrscheinl. Datum des Triumphbogens Porte Noire). Aus der Spätzeit. mehrere Texte. Nach seiner Proklamation zum Augustus in Lutetia (im J. 360) besuchte Kaiser → Iulianus (5) die Stadt (Iul. epist. 26: nur noch ein Flecken). Ein *oppidum* bei Amm. 15,11,11, doch mit Raurica (h. Augst) wichtiger als die anderen *apud Sequanos*. In dieser Z. gehört V. zur prov. Maxima Sequanorum (Not. Dign. 9,1) als *metropolis*, und wahrscheinl. Residenz des *dux prov. Sequanici*.

Das ant. V. ist noch wenig durch Ausgrabungen bekannt. Das gall. oppidum hatte Mauer (murus gallicus): Caes. Gall. 1,38,6. Ebenso im J. 68, als → Verginius (II 1) Rufus es belagerte. Noch Iul. epist. 26 spricht von der Befestigung. Aber nichts ist erhalten, die Reste eines Tores und einen Mauerstumpf ausgenommen. Die berühmte Porte Noire gehörte nicht zur Befestigungsmauer; sie ist ein Triumphbogen: Espér. Rec. 7,3–28. Grenier MAN 5,559. Lerat Vesontio 60. Mehrere Straßen und das Forum sind lokalisiert, dies im Zentrum der Stadt. Andere öffentl. Bauten: ein sog. Theater oder besser Nymphaeum, ein großes rundes, über einer alten (1. Jh.) Nekropole errichtetes Bauwerk (viell. ein Markt), ein am rechten Ufer des Doubs errichtetes Amphitheater, eine Wasserleitung. Die Tempel sind bes. durch Inschr. bezeugt: Mercurius Cissonius CIL XIII 5373; Apollo und Mercurius 5366,5367,5374; viell. Genius Martis Vesontii 5368. Andere Gottheiten sind durch Bildwerke bekannt: die Hauptgottheiten des röm. Pantheon, die → Matres (Espér. 7,5271. CIL XIII 5371), → Sucellus (S. Reinach Cat. mus. Ant. Nat. Bronzes 155. 171. 172. Espér. 7,5277), eine Göttin, deren Haupt mit einem Hirschgeweih geschmückt ist (Reinach 192), ein Gott mit einem Tierohr, in den Händen eine Weintraube und eine Schlange haltend (L. Lerat, Gallia 8,95 ff.), Isis (Reinach 10) und → Horus-Harpocrates.

Mehrere Wohnhäuser mit Mosaiken und Privatthermen wurden bes. in der unteren Stadt gefunden (L. Lerat Vesontio 101), auch mehrere Friedhöfe, der älteste aus der iul.-claud. Epoche (a. O. 118); Sarkophage a. O. 138.

Die Anfänge des Christentums in V. sind nur durch Legenden bekannt. Das erste hist. Dokument ist die Bischofsliste von 346, in der Bischof Pancharius erwähnt ist. E. Griffe La Gaule chrét. à l'époque rom. 1, 1947, 87. 124. M. L.

L. Lerat V., Besançon dans l'Antiquité, in: Histoire de Besançon, Paris 1964.

Vespa, spätlat. Dichter unbekannter Z., Autor eines hexametr. Wettgesangs zwischen *cocus* und *pistor*; er inauguriert die Gattung des mal. Streitgedichts. R. He.

Ta.: *Riese*, Anth. lat. $1,1^2$, 1894, Nr. 199. *F. Pini*, Roma 1958 (mit Übers. u. Komm.).

Lit.: *V. Tandoi*, AeR N. S. 4, 1959, 198 ff.

Vespasianus. T. Flavius V. = imp. Caesar V. Augustus. * 17. Nov. 9 n. Chr., Suet. 2,1. Von der Mutter → Vespasia (2) Polla gedrängt, wurde er Militärtribun in Thrakien, erloste als Quaestor Kreta und Kyrene. Aedil ca. 38 (Cass. Dio 59,12,3), in der Praetur (39) setzte er sich für → Caligula ein (Suet. 2,3); er heiratete Flavia Domitilla (H. Ritter, Hist. 21, 1972, 759–61), die ihm am 30. Dez. 39 → Titus (2) gebar (Suet. Tit. 1). *Legatus leg. II Augustae* im J. 41/42 (Tac. hist. 3,44) in Germania sup; 43, viell. bis 47 (D. E. Eichholz, Britannia 3, 1972, 149–163), ging er nach Britannien (Suet. Vesp. 4,1. Ios. bell. Iud. 3,4) und erhielt die *ornamenta triumphalia*, Suet. 4,2. Am 24. Okt. 51 wurde ihm → Domitianus geboren, Suet. Dom. 1,1. *Cos. suff.* Nov./Dez. 51, Suet. 4,2. Als *procos. Africae* (Tac. hist. 2,97) vor 62 (Thomasson Statth. 2,42) bereicherte er sich nicht, Suet. Vesp. 4,3. Er reiste im J. 66 mit Nero nach Achaia, zog sich aber dessen Zorn zu, Suet. 4,4. Cass. Dio 66,11,2. Trotzdem übertrug Nero V. Ende 66 den Oberbefehl über den beginnenden Krieg gegen die Juden (Suet. 4, 5 f. Ios. bell. Iud. 3,7), wohl als *legat. pr. pr.* In Syrien zog er 60000 Mann zusammen, bell. Iud. 3,

64–69. Im J. 67 eroberte er → Gabara (bell. Iud. 3, 132 ff.) und → Iotapata, das von → Iosephos (2) verteidigt wurde (bell. Iud. 3,141–339). In der 2. Jahreshälfte unterwarf er ganz Galilaea (bell. Iud. 3,445–4, 120). Im folgenden J. umzingelte er Jerusalem, Tac. hist. 5,10,1, doch die Ermordung Neros und die folgenden Ereignisse verzögerten den Sturm, V. wartete in Caesarea ab. Die Erhebung des → Vitellius (II 2) mißbilligte V., bell. Iud. 4,588 ff.; seinen Soldaten, die V. zum Princeps erheben wollten, nachzugeben, drängte → Licinius (II 9a, Nachtr. Bd. V) Mucianus (Suet. 6,4. Tac. hist. 2,76); ausschlaggebend war, daß der Praefekt von Äg., Ti. Iulius Alexander, am 1. Juli 69 V. als *imperator* proklamierte, Tac. hist. 2,79–81 (dieser Tag galt ihm als *dies imperii*), am 3. Juli seine eigenen Truppen, dann die Mucians in Syrien, Tac. hist. 2,80,2. V. begab sich nach Alexandreia (bell. Iud. 4,656. Tac. hist. 2,82,3; A. HENRICHS, Ztschr. f. Pap. u. Epigr. 3, 1968, 51–80), um die Getreidezufuhr zu sperren; rasch vollzog sich der Abfall der Legionen im W., vor allem seit dem Übertritt des → Antonius (II 11) Primus, der gegen Vitellius in Italien eindrang (Tac. hist. 3,6. 7), den Feldherrn des Vitellius, → Caecina (II 1), bei Cremona schlug und auf Rom vorrückte, wo der Stadtpraefekt → Flavius (II 13) Sabinus gegen die Vitellianer vergeblich das Kapitol zu halten versuchte, Tac. hist. 3,74,2. Doch bei der Erstürmung der Stadt durch Antonius Primus fiel Vitellius, ebd. 3, 85; nach dem Einzug Mucians herrschte freilich dieser in Rom, ebd. 4,11,1. V. wurde am 22. Dez. 69 vom Senat der Augustustitel und die *tribun. potestas* bestätigt, der Titel *pater patriae* und Sonderrechte durch die *lex de imp. Vesp.* (CIL VI 930) erteilt. *Cos. ord. II* 70 *in absentia.* Den Erhebungsversuch des → Iulius (A II 28) Civilis (L. BESSONE, Mem. Acc. Sc. Torino 24, 1972) zur Schaffung eines germ. Reiches vereitelten Feldherrn des V., Tac. hist. 4,28–5,26. Um die Jahresmitte zog V. von Alexandreia über Rhodos und Griechenland nach Rom (Ios. bell. Iud. 7,63–74. SIMON, JDAI 75, 1960, 134–156). Titus eroberte Jerusalem, V. sorgte für den Wiederaufbau Roms, vor allem des Kapitols, Suet. 8,5. *Cos. III* 71, CIL VI 1984. Er feierte mit Titus den Triumph über Judaea (Ios. 7,121–157. COHEN emp. 142), obwohl dort noch gekämpft und die Festung → Machairus (bell. Iud. 7,164 ff.) erobert wurde, im J. 73 → Masada fiel und die Sikarierbewegung in Alexandreia und Kyrene V. zu schaffen machte (Ios. bell. Iud. 7, 252–440), und begann den Bau des Templum Pacis, bell. Iud. 7,158 ff. Suet. 9,1. Soldatenentlassungen, Ansiedlungen von Veteranen und Reorganisation des Heeres führte V. großzügig durch, CIL XVI 10 ff. IX 4682. Cass. Dio 55,24. Galatien, Pontus und Kappadokien wurden zu einer Großprovinz mit zwei Legionen vereinigt. In Britannien kämpfte → Petillius (II 1) Cerialis gegen die → Briganten, Tac. Agr. 17. *Cos. IV* 72. Kommagene kam nach einem Feldzug gegen König → Antiochos IV. (15; Ios. bell. Iud. 7,219 ff.) zur Provinz Syrien. Im J. 73 übernahm V. die Zensur (TORRENT, Emerita 36, 1968, 213–229. CIL VI 31546 a. b. V 43,12), in der er Rom neu vermessen ließ (Plin. nat. 3,66–67); er vergrößerte die Lager von → Vindobona und → Carnuntum, CIL III 4557. 11194–11196. *Cos. V* im J. 74, E. EQUINI, Epigraphica 29, 1967, 11–17. Die Tiberregulierung wurde abgeschlossen (CIL VI 31546–31548), der Bau des Flav. Amphitheaters begonnen, trotz sonstiger Sparsamkeit und scharfer Steuerpolitik, eine *recensio* von Senat und Ritterschaft vorgenommen, mit Ausschluß Unwürdiger und Ergänzung durch Italiker und Provinzialen des W., Suet. 9,2. Die Stoiker wurden verbannt (Cass. Dio 66,12 f.), → Helvidius (2) Priscus hingerichtet, Suet. 15. In Germanien stieß Cn. Pinarius Cornelius Clemens durch das Kinzigtal, → Arae (2) Flaviae (Rottweil; D. PLANCK, BJ 172, 1972, 195–211) wurde angelegt. Achaia wurde wieder (senatorische) Provinz, Suet. 8,4. Span. Städte erhielten röm. Bürgerrecht. *Cos. VI* im J. 75, CIL VI 2054, DEGRASSI FImp. p. 22, *Cos. VII* im J. 76, CIL VIII 10116. Sex. Iulius → Frontinus siegte in Britannien über die → Siluren, Tac. Agr. 17. *Cos. VIII* im J. 77, CIL VI 2055. Bei einem Krieg gegen die → Bructerer nahm → Rutilius (II 1) Gallicus die → Veleda gefangen. *Cos. IX* im J. 79. Eine Verschwörung des A. → Caecina (II 1) Alienus und T. Clodius → Eprius Marcellus wurde niedergeschlagen, doch starb V. am 24. Juni 79. Er wurde konsekriert, G. W. CLARKE, Hist. 15, 1966, 318–327. – Er schrieb selbst Hypomnemata über den Jüd. Krieg (Ios. vit. 342). Zwei *Epistulae* sind CIL II 1423. X 8038 erhalten, Frg. einer Rede CIL XIV 3608. R. H.

Bildnisse: *Bernoulli* Röm. Ik. 2,2,21 ff. *Daltorp-Hausmann-Wegner* Die Flavier. Das röm. Herrscherbild 2,1, 1966.

Mz.: *Mattingly* RIC 2, 1926, 1 ff. *T. V. Buttrey*, NC 12, 1972, 89–109. *E. Bianco*, Riv. It. di Numism. 70, 1968, 145–230. *G. Foerschner* Das Porträt V.'s auf röm. Mz., Numism. Ztschr. 1959–60. Diss. Münster 1958.

Lit.: *L. Homo* V., 1949. *H. Graf* Kaiser V., 1937. *M. Mc Crum–A. G. Woodhead* Select documents of the princip. of the Flavian Emperors, 1961.

Vespasius. **1.** V. Pollio. Aus Nursia stammend, Vater der → Vespasia (2) Polla, der Mutter Vespasians. Er war dreimal Militärtribun und Lagerpraefekt, Suet. Vesp. 1,3. **2.** Vespasia Polla. Tochter von Nr. 1 aus Nursia, seit ca. 5/6 n. Chr. Gattin des Geldverleihers T. → Flavius (II 12) Sabinus. Ehrgeizig drängte sie ihre Söhne T. → Flavius (II 13) Sabinus (Stadtpraefekt 69) und → Vespasianus zur senator. Laufbahn, Suet. Vesp. 2,2. R. H.

Bernoulli Röm. Ik. 2,2,30. *A. Longo*, Enc. arte ant. 7, 1966, 1146 f.

Vesper, Vesperugo s. Venus (2)

Vespronius. L. V. Candidus Sallustius Sabinianus, homo novus aus Mantua (CIL VIII 2752 = 18127). Unter Mark Aurel Statthalter von Numidia (AE 1955, 136. 1967, 575. Thomasson Afr. 2, 186 f.), *cos. suff.* um 176 (Degrassi FImp. 49) und unter Commodus etwa 183/184 Statthalter von Dacia (CIL III 1092 A. Stein Dazien 51 f.). Als *proconsul* von Africa zeichnete er sich im J. 191/192 durch besondere Milde gegen die Christen aus (Tert. ad Scap. 4. Thomasson Afr. 2,90 f.) und nahm im J. 193 als *vetus consularis* an der Gesandtschaft teil, die die Truppen des → Septimius (II 7) Severus veranlassen sollte, zu → Didius (II 5) Iulianus überzugehen. Bei den Soldaten *invisus ob durum et sordidum imperium* (H. A. Did. Iul. 5,6; vgl. Sev. 5,5), wäre er beinahe getötet worden (Cass. Dio 73,17,1). G. Wi.

Vesta, lat. Name einer auch von Sabinern verehrten, aber anders (wie?) benannten (Varro l. l. 5,74; von Dion. Hal. ant. 2,50,3 irrig dem T. → Tatius zugeschrieben) Göttin, die weder namentlich (trotz Cic. nat. 2,67; leg. 2,29) noch sachlich (Wilam. GldH. 1,158) etwas mit ʽΕστία zu tun hat (*casta* u. ä. bei Dichtern: Prop. 2,29,27). Neben Beziehung (Cic. a. O. Aug. civ. 4,10) zu Altar und Herd (= *vestae*: Non. p. 53 M.; erst seit Verg. georg. 4,384. Sil. 6,76) Gleichsetzung mit *terra* (Varro frg. 140 Fun. u. a.); vgl. Kultnamen *V. mater* (Enn. var. 65. Cic. Font. 47; dom. 144; har. 12. Verg. georg. 1,498. Fer. Duran. Act. Arv.) Eine V. des Einzelhauses gab es nicht (Koch, RE VIII A 1762), jedoch *V. ⟨p.⟩ p. R. Quiritium* (ebd. 1766). Zum Gebet an V. vgl. Cato agr. 132 (zu Cic. nat. 2,67 vgl. Süss, RE VIII 1271). V. verbunden mit *Diana* (Serv. auct. Aen. 9,406. CIL XIV 2213), *Ianus* (Serv. Aen. 1,292. CIL I² p. 251), *Penates* (Cic. har. 12. Tac. ann. 15,41,1. CIL I² p. 229), *Vulcanus* (Verg. Mor. 52; im *lectisternium* Liv. 22, 10,9). Fest (Varro l. l. 6,17) *Vestalia* am 9. Juni (CIL I² p. 216. 224. 251) *dies nefastus*; *religiosi* sind die Tage *circa Vestalia*: Öffnung des *penus Vestae* (Fest. 296,13 f. L. Serv. auct. Aen. 3,12. CIL I² p. 266). Am 15. Juni (*QStDF;* vgl. Varro l. l. 6,32. Paul. Fest. 311,4 L.) wird *stercus* aus V.-Tempel zum *angiportus* am *clivus Capitolinus* gebracht (Fest. 466,32 ff. L.) und in den Tiber geworfen (Ov. fast. 6,713 f.); das war nicht Brandasche, sondern Rest des verderblichen *penus* (= »Vorrat«; s. o. Bd. IV 611). V.-Kult in → Lavinium (Serv. auct. Aen. 2,296 = Macr. Sat. 2,4,11) und → Lanuvium (CIL I² 452. Feldm. p. 235); Dezember heiliger Monat (CIL I² 281), *parra* heiliger Vogel der V. (Hyg. frg. 17 P.). Die von Numa erbaute (Liv. 1,20,3) *aedes* war rund (Serv. auct. Aen. 9,406. Fest. 320,12 ff. L. Ov. a. O. 265 ff. Plut. Num. 11,1), nicht inauguriert (Serv. Aen. 7,153. 9,4. Gell. 14,7,7), allein den Vestalen zugänglich (Ov. a. O. 154. 450. Lucan. 1,597. Lact. inst. 3,20,4); Ausnahme: *pontifex maximus* rettete das Palladium aus brennendem Tempel (Val. Max. 1,4,5. Ov. a. O. 437 f. Liv. per. 19). Die *aedes* liegt außerhalb des palatin. Pomeriums (Dion. Hal. 2,65), aber innerhalb der Vierregionenstadt (Cic. div. 1,101) nahe Brandnekropole (Duhn 1,115); vgl. Grab, Feuer, Staatsherd in → Mantinea (Paus. 8,8,4. 9,2. 5). Unter ält. Bauschicht (6. Jh. v. Chr.) trapezförmige Grube. Den Tempelinnenraum (Durchmesser nur ca. 5 m) schirmen Matten ab (Fest. 296,13 L.). Darin gab es *pignora fatalia* (Ov. a. O. 445. Aug. civ. 3,18), *Palladium* (Liv. 26,27,14. Plut. Cam. 20,5. Herodian. 1,14,4) und als *penus* (= »Vorrat«): *muries* (Fest. 152,5 ff. L.), Roßblut, Kalbsasche, Bohnenstroh (Ov. a. O. 733 f.), *mola salsa* (Serv. auct. ecl. 8,82). Wo das »ewige« (Cic. leg. 2,20. Liv. 5,52,7. Ov. a. O. 297), jedoch jeden 1. März erneuerte (Ov. fast. 3,143 ff. Macr. Sat. 1, 12,6) Feuer brannte, ist unbekannt, vermutlich außerhalb (Lucan. 2,127. Plut. Cam. a. O.), da sichtbar (Dion. Hal. 2,66,2); Altar *humilis* wie bei *Terra mater* (Vitr. 4,9). Brände außer Gallierbrand (Kult jedoch nicht unterbrochen: Cass. Hem. frg. 19 P.): 241 v. Chr. (Liv. per. 19. Plin. nat. 7,141), 64 n. Chr. (Tac. a. O.), 191 n. Chr. (Herodian. a. O.). Im Tempel kein Bild der V. (Ov. fast. 6,255), obwohl Zeitgenossen (Cic. nat. 3,80; de or. 3,10) das glaubten. Am 28. April 12 v. Chr. weihte Augustus *aedicula* und *ara* der V. in seinem Hause auf Palatium (CIL I² p. 213. 236. Ov. fast. 4,949).

Den V.-Kult versahen die Vestalen (amtlich *sacerdos Vestalis* Fest. 468,3 f. L. Gell. 1,12,14. 10,15,31; sonst *virgo Vestalis* Cic. Font. 46 ff.; rep. 3,17 u. a.); als Kinder *optima lege* vom *pontifex maximus* »gegriffen« und *Amata* genannt, erfüllen sie bestimmte Voraussetzungen (Gell. 1, 12,1 ff.), wohnen im *atrium Vestae*, bewahren 30 J. ihre Jungfräulichkeit (Liv. 1,20,3. Plut. Num. 10,1); Verstoß (durch *prodigium* angezeigt) nach altem Gesetz (Cato or. frg. 68 Malc.) durch Lebendigbegraben (Dion. Hal. 2,67,4. Plut. Num. 10; mor. 286 f) oder Sturz von *rupes* → *Tarpeia* (Quint. inst. 7,8,3. Sen. contr. 1,3,1 ff.) bestraft; *pontifex maximus* (Priester der V.: Ov. fast. 3,697. 5,571; met. 15,777) geleitet sie ehrenvoll (Dion. Hal. a. O. Bömer, RE XXI 1984) zum *campus sceleratus* (Plut. a. O.) oder Kapitol (Hor. c. 3,30,8 f.). Sechszahl (Fest. a. O.: zwei für jede Urtribus; nach Dion. Hal. Plut. Num. a. O. erst 4, dann 6) durch Macr. Sat. 3,13,11 bestätigt. Zu ihren allg. (Feuerhüten, Wasserholen u. a.) und bes. Aufgaben an bestimmten Festen, für bestimmte Götter, mit bestimmten Priestern vgl. G. Rohde, RVV 25,107 ff. Sie wirkten *pro salute civitatis* (GLM p. 120), *pro populo Romano Quiritibus* (Gell. 1,12,14. Cic. har. 37), nahmen bes. Stellung (Liv. 1,20,3. Dion. Hal. a. O.) außerhalb der Gesetze (Serv. auct. Aen. 11, 206) ein, schieden *sine emancipatione et sine capitis minutione* aus der *patria potestas* (Gell. 1,12,9. Paul. Fest. 61,25 ff. L. Gai. inst. 1,130); vor ihnen wurden die *fasces* gesenkt (Sen. contr. 6,8). Sie entsprachen weder der Königin noch den Königs- oder Haustöchtern, sondern wurden wie die lokr. Mädchen in Ilion (Tim. FGrH 566 F 146. Kallim. frg. 35 Pf. Pol. 12,5,7. Plut. mor. 557) einst für jeweils nötige (Opfer der Metella an V.: Pythokl. FGrH 833 F 1) Mädchenopfer bereitgehalten, wofür Bruch sexuellen Tabus als Motiv galt; vgl. die »Vestale« → Ilia, ihr Verhältnis zu Mars und ihren Sturz in den Tiber (Enn. ann. 54 V.), Verehrung des *fascinus* im V.-Kult (Plin. nat. 28,39) und Esels-Aition (Lact. inst. 1,21,25f.). Vestalen in → Alba (Liv. 1,20,3. Ascon. p. 40 Cl.) und → Tibur (CIL XIV 3677. 3679). Ant. Namensdeutung von *vi stare* (Ov. fast. 6,299. Serv. auct. Aen. 2,296 u.a.) oder *vestire* (Hyg. frg. 16 P. Serv. Aen. 1,292 u.a.). G. R.

F. Bömer Die Fasten 2,353ff. *A.Brelich* V., 1949. *Dragendorff*, RhM 51, 1896, 281. *G.Dumézil* Rel. Rom. Arch. 307ff. *E.C.Evans* The Cults of the Sabine Territory 168ff. *L.Euing* Die Sage von Tanaquil. *E.Fehrle*, RVV 6,210ff. *G.Gianelli* Il sacerdozio delle Vestali romane. *H.Hommel* in: Aufstieg und Niedergang d. röm. Welt 1,1,397ff. *O.Huth* V., ARW Beiheft 2. *H.Jordan* Der Tempel der V. usw. *C.Koch* Religio 1ff. *Latte* RRel 108ff. *Prell.-Jord.* 2,163ff. *G. Radke* Die Götter Altitaliens 320ff. *Ders.* in: Aufstieg und Niedergang d. röm. Welt 1,1,421ff. *H.J. Rose*, Mnem 54, 1926, 440. 56, 1928, 79. *K.Schwarz* Der Vestakult u. seine Herkunft, Phil. Diss. Heidelberg 1941. *G.Wissowa* Rel. ^{2}156ff. *Ders.*, Myth. Lex. 6,241ff. *Ders.*, ARW 22, 1924, 201ff.

Vestales s. Vesta

Vestibulum. Urspr. ein offener Platz vor dem Haus wird das V. zu einem Kennzeichen des altröm. ebenerdigen Wohnhauses. Der gegen die Straße offene, seitlich von den bis zur Straße reichenden Hausteilen flankierte, gegen das Hausinnere durch die Tür verschlossene Raum gehörte rechtlich zum Haus. Seine Größe konnte sehr variieren (ausführlich Overbeck-Mau Pompeji, ^{4}1884, 250f.). Vgl. zu Bauform und Zweck Gell. 16,5. Vitr. 1,2,6. 6,5. Im V. warteten ungeladene Besucher, bis bzw. ob sie vorgelassen wurden (Sen. epist. 84,12), in großen Adelshäusern warteten dort die Liktoren (Liv. 39,12,2) oder war Platz zur zeremoniellen Ausstellung des Leichnams (Suet. Aug. 100,2). In Kaiserpalästen konnte sich das V. zu einem saalartigen, mit Säulenhallen versehenen, reich geschmückten Raum ausweiten. Den Namen V. sucht Ov. fast. 6,302f. so zu erklären, daß dort urspr. der Herd gestanden habe; man sollte daraus jedoch nicht schließen, V. und → Atrium seien identisch geworden (so Fiechter, RE I A 983,62f.). In der Lit. kann V. dann jeden Eingang, jeden Beginn bezeichnen, z.B. Quint. inst. 1,5,7: *v. artis.* W. H. G.

Vestini. Bergvolk (Strab. 5,241 *Οὐηστίνων*) im oberen → Aternustal (Plin. nat. 3,107: in 4. Region), s. → Picenums, n. der *Marrucini* (Strab. a.O. gemeinsamer Hafen), ö. der Sabiner (Strab. 5,219. 228), kämpfen i.J. 326 v.Chr. mit Samniten gegen Rom (Liv. 8,29,1), sind 302 im Bündnis mit Rom (ebd. 10,3,1); erhaltene Mz. aus dem 3.Jh. v.Chr. (Head HN^2 24). V. stellen seither Truppen für Rom (Pol. 2,24,12 *Οὐεστίνων*. Enn. ann. 276 *Vestina virum vis.* Liv. 44,40,6 *cohors*), stehen im Marserkrieg (außer → Pinna: Rhet. Her. 2,45. Diod. 37,19f.) wieder gegen Rom (Liv. epit. 72. 76. App. civ. 1,39 *Οὐηστῖνοι*). Danach gehören sie zur *tribus Quirina* (L.Ross Taylor Voting Districts 274); es sind Bauern (Iuv. 14,181; vgl. Plin. nat. 11,241: Käseherstellung) und Jäger (Sil. 8,517f.). Es gibt in der *Οὐηστίνη* (Strab. 5,241) nur wenige Städte: Angulum, Aveia, → Pinna, → Peltuinum (Plin. nat. 3,107. Ptol. 3,1,59), Cutina, Cingilia (Liv. 8,29,13), → Furfo (CIL I^2 756 Kult des *Iuppiter Liber* bzw. *Iovis Genius*; vgl. Dialektinschr. CIL I^2 394 *Herclo Iouio*). Seit Beginn der Kaiserzeit wird das Gebiet durch *via Claudia Valeria* und *via Claudia nova* erschlossen (Radke, RE Suppl. XIII 1661f.); Pinna ist von der Küstenstraße erreichbar (Tab. Peut. 6,1). Zu den V. gehört h. Capestrano, Fundort einer archaischen Kriegerstatue (Moretti Il guerriero italico di Capestrano, 1936) mit altsabell. (Übereinstimmung der Schrift mit den Inschr. von Grecchio und Castel d'Ieri) Inschr. (Radke, RE VIII A 1785f.; Suppl. IX 1779 *makaprihkoramopsútrminisrakinevihipomp [...] II*; andere Lesung Vetter HB Nr.517). Zugehörigkeit des Namens der V. zu dem der Göttin →Vesta umstritten. G.R.

Forbiger HB. d. alt. Geogr. 3,449. *Nissen* It. Ldk. 2,437. *Beloch* RG 598. *Devoto* Gli ant. Italici ^{2}104ff. *Kretschmer*, Glotta 10, 1920, 154f. *Altheim* Röm. Rel.-Gesch. 1, 1931, 73.

Vestinus. 1. V., vornehmer Römer; bevor er im J. 88 jung starb (Stat. silv. IV 6,93ff.), verteilte er nach Martial. 4,73 seinen Besitz unter seine Freunde. Viell. Sohn von Nr.2. **2.** M. (Iulius) V. Atticus. Wohl Sohn des *praef. Aeg.* L. → Iulius (A II 91) V. Vertrauter Freund Neros. Vor 65 heiratete er Statilia Messalina, Tac. ann. 15,68,5. *Cos. ord.* 65, Degrassi XIII 1,664. BCH 86, 1962, 278. Den jähzornigen, schwierigen Mann ließ Nero im Amt töten, Tac. ann. 15,68,3. 69,3. R. H.

3. L. Iulius V., Grammatiker hadrian. Z., *ἀρχιερεύς* von Alexandreia und Äg., Vorstand des → Museion (3), in Rom *a bibliothecis, a studiis, ab epistulis* (IG XIV 1085 = OGIS 679). V. verfertigte eine Epit. der *Γλῶσσαι* des → Pamphilos (3) sowie Lex. zu Thuk., Thrasymachos und den att. Rednern (Suda s. *Οὐηστῖνος Ἰούλιος*). H.Gä.

Vestorius. Röm. Gentilname ungeklärter Herkunft (RE VIII A 1789). – C.V., angesehener und geistig höherstehender Bankier aus Puteoli, der 56–44 mit Cicero (Att. 4,19,1. 14,14,1 u.ö.) und Atticus in Verbindung stand. H. G. G.

Vestricius. T.V.Spurinna. * ca. 25 n.Chr., Plin. epist. 3,1,10. Im J. 69 war er Legat des → Annius (II 5) Gallus (Tac. hist. 2,11,2); er hatte Placentia zu besetzen, um den von den Alpenpässen kommenden Aulus → Caecina (II 1) aufzuhalten (Tac. hist. 2,18. Plut. Otho 5); trotz Schwierigkeiten mit der Truppe konnte er die Stadt halten, dann schloß er sich der Hauptmacht an, Tac. hist. 2,36,2. Unter Vespasian muß er zum Suffektkonsulat aufgestiegen sein; viell. war V. um 83 Statthalter von Germania inf. und hat als solcher einen den Römern ergebenen König der → Bructerer, den diese vertrieben hatten, kampflos zurückgeführt, Plin. epist. 2,7,2. Doch wurde er in den letzten Jahren Domitians nicht weiterbefördert und erhielt auch erst unter Nerva die *ornamenta triumphalia* und eine *statua triumphalis*, Plin. epist. 2,7,1 f. Im Dez. 96 war er in Rom, Plin. 1,5,8. Im J. 97 war er als Mitglied in eine fünfköpfige Kommission zur Reduzierung des Staatshaushaltes berufen (Plin. paneg. 62,2), entschuldigte sich aber aus Gesundheitsrücksichten, Plin. epist. 2,1,9. Er war aber viell. Mitglied der Senatorengesandtschaft, die im Spätherbst 97 Traian die Urkunde seiner Adoption überbrachte; während seiner Abwesenheit starb sein Sohn, Plin. epist. 2,7,3. *Cos. II suff.* am 1. April 98, DEGRI XIII 1,194 f. *Cos. III suff.* im J. 100, ebd. Seine Lebensgewohnheiten schildert Plin. epist. 3,1; V. hat sich auch in lyr. Gedichten versucht, ebd. 1,7. R. H.

Vestrius. Ital. Gentilname, nach SCHULZE Eigenn. 254. 339. 380 etr. Herkunft. – P. V., röm. Ritter, wurde (47?) von L. → Nasidius (1) gefangen und ging zu den Pompeianern über. Bell. Afr. 64,1 f. H. G. G.

Vesulus *(mons)*, Berg der W.-Alpen, h. Monte Viso (Monviso, 3841 m) mit dem Nebengipfel Visolotto (3348 m), an dem der Po entspringt, Plin. nat. 3,117. Solin. 2,25. Mela 2,4,62. Mart. Cap. 6,640. Verg. Aen. 10,708 mit Serv. z. St. CGlL 5,559,12. Da er von der oberital. Tiefebene als steile Pyramide sichtbar ist und seine ganze Umgebung hoch überragt, galt er als der höchste Berg der Alpen. E. MEYER, RE VIII A 1798. E. M.

Vesuna, italische Göttin, für die Weihungen in → Antinum (VETTER HB Nr. 223) und Ortona (ebd. Nr. 228 b) sowie ein Opfer in → Iguvium (Tab. Ig. IV 3 f. 6. 10 f. 12 f. 25 f.) bezeugt sind; sie wirkt in Antinum im Bereich des *Erinis pater*, in Iguvium in dem des *Pomonus Publicus*. Auf etr. Spiegel (GERH. ESp. 5,35) sitzt V. neben *fufluns*. Verbindung zum Fest *Vesulliae* in Capua (VETTER HB Nr. 79. 80. 81) und zum FN *Vesullius* (VETTER HB Nr. 150 *vesulliaís*); vgl. *uezuenez* in der Val Camonica (RADKE, G 69, 1962, 506). G. R.

Prell.-Jord. 1,454. *Keune*, Myth. Lex. 6,273. *Fiesel*, ebd. 273 f. *Wissowa* Rel. ^{2}199. *Latte* RRel 58,1. *Radke* Die Götter Altitaliens 335. *Pfiffig* Religio Iguvina 56f. *Schulze* Eigenn. 123.

Vĕsŭvius (poet. *Vĕsēvus* Verg. georg. 2,224 u.a. oder *Vesvius* Val. Fl. 3,209 u.a., davon *Vesvinus* Sil. 12,152; in Prosa ausschl. V., aber davon poet. *Vesuvinus* Stat. silv. 2,6,62 u.ö.; griech. *Βέσβιον* sc. *ὄρος* Strab. 1,26 u.a., *Οὐέσουιον* Strab. 5,247, *Οὐεσούουιος* Diod. 4,21). Berühmter Vulkan (1303 m) Kampaniens (ant. Beschreibungen: Strab., Diod. a.O. Cass. Dio 66,21 ff.). Der umliegende Boden war fruchtbar (Verg. a.O. Colum. 10,133), der an den Hängen gezogene Wein gut (Flor. 1,16. Plin. nat. 14,22). Wilder Wein wuchs dort ebenfalls (Plut. Crass. 9). Mit dem V. verbundene hist. Ereignisse sind im J. 340 die Schlacht im Latinerkrieg (Liv. 8,8,19), 73 v. Chr. die Sammlung der → Spartacusanhänger und das Ende der Gotenkriege 553 (Prok. Goth. 4,35 ff.). Nachdem am 5. Febr. 63 v. Chr. ein Erdbeben schwere Zerstörungen in → Herculaneum und → Pompeii verursacht hatte, ereignete sich am 24./25. August 79 der gewaltige Ausbruch. Man hatte den V. bereits als erloschen angesehen (Strab. a.O. Aetna 426). Diesen Ausbruch beschreibt Plin. d. J. in seinen beiden berühmten Briefen an Tacitus (epist. 6,16 und 20; vgl. Suet. Tit. 8. Cass. Dio a.O. Martial. 4,44,1). Herculaneum wurde von Sand, Stein und Schlamm, Pompeii von Bimsstein und Asche und → Stabiae von Asche verschüttet. Etwa 12000–15000 Menschen fanden den Tod. Weitere Ausbrüche des V. im Alt. ereigneten sich im J. 202 (Cass. Dio 76,2), 472 (Marcellin. com. MIGNE PL 51,931) und 512 (Cassiod. var. 4,50. Prok. a.O.). K. D. F.

Radke, RE VIII A 2434ff. *Nissen* It. Ldk. 1,251. 268f. 281f. *Beloch* Campanien, ^{2}1890, 215ff. *Herrlich*, Klio 4, 1904, 209ff. *Pirro* Il V. e le sue eruzioni, 1906, 11ff. *v. Duhn* Pompeji. Eine hellenist. Stadt in Italien, ^{2}1910, 2ff. *Preusse*, Klio 27, 1934, 295ff. *Baratta*, Ath. N. S. 13, 1935, 205ff.

Vetera. Nach Tac. ann. 1,45 60 Meilen rheinabwärts von Köln gelegen, wurde seit der Humanistenzeit am Rande von Xanten, dem Orte eines Benediktinerklosters des 12. Jh., vermutet. Seit 1905 wurde die Örtlichkeit durch Grabungen des Landesmuseums Bonn von H. LEHNER, P. STEINER, F. OELMANN und H. v. PETRIKOVITS untersucht. Gegenüber und unterhalb der Lippemündung wurden die verschiedenen Lager zw. Birten und Xanten am Rande des von der Stauchmoräne am weitesten nach O. vorspringenden Fürstenberges angelegt, der durch Verlagerungen des Rheinlaufes und durch Erosion einen Prallhang bildet. Der ON ist viell. germ. Ursprungs (Tac. ann 1,45; hist. 4,18. 21. 26. 5,14. Ptol. Geogr. 2, 9,8: *Οὐέτερρα*). Während des von Augustus befohlenen Feldzuges gegen das rechtsrhein. Germanien wurden unter → Claudius (II 20) Drusus um 12 v. Chr. bei Birten, auf dem Südhang des Fürstenberges, nacheinander mind. 3 Lager gebaut. Die beobachteten Reste werden als kurzfristig belegte Winterlager gedeutet. Hier werden auch die 2 Legionen stationiert gewesen sein, die mit → Quinctilius (II 1) Varus 9 n. Chr. im Teutoburger Wald vernichtet wurden. Hier oder in einem nachfolgenden Lager brach die Revolte der Legio V Alaudae und der Legio XXI Rapax (Tac. ann. 1,45) nach dem Tode des Augustus aus. Sie werden später auf dem Fürstenberg bis etwa 46 n. Chr. stationiert. Die august.-tiberian. Lager werden erst unter Claudius I. durch festere Innenbauten verbessert. Unsicher ist, ob das erste Lager auf dem Fürstenberg für die Nachfolgelegion der XXI Rapax, die Leg. XV Primigenia (46 n. Chr.), schon über feste Steinbauten verfügt. Das Lager auf dem Fürstenberg beherbergte in der rechten H. die Leg. V Alaudae, in der linken H. die Leg. XV Primigenia und ist in dem Bericht des Tac. zum Bataveraufstand ausführlich beschrieben.

Zum Kampf der Vitellianer gegen Galba waren Teile der V. und der XV. Legion aus V. abgezogen worden. Nur knapp 5000 Mann waren als Bedekkung unter dem Oberbefehl des → Munius Lupercus zurückgeblieben. Als die Bataver unter → Iulius (A II 28) Civilis 69 n. Chr. die Auxiliarlager der Bataverinsel gestürmt hatten, gab der Befehlshaber von Ober- und Niedergermanien, → Hordeonius Flaccus, dem Munius Lupercus in V. Befehl, die Aufständischen anzugreifen. Durch Verrat einer Ala wurde die Strafexpedition zur Niederlage und zwang zu fluchtartigem Rückzug nach V. Umfangreiche Zurüstungen des Civilis führten alsbald zur Belagerung von V. Ein Entsatzheer des Hordeonius Flaccus, unter dem Befehl des C. → Dillius (2) Vocula, Legat der Legio XXII Primigenia, gelangte aus Pannonien herangeführt auf der Rheintalstraße nach V. und bezog ein eigenes Lager s. des Fürstenberges. Die Belagerung konnte aufgehoben, Civilis besiegt werden. Umfang, Reparatur- und Verstärkungsmaßnahmen und die Heranführung von Lebensmitteln aus Neuß reduzierten die Belegungsstärke des Lagers V. Nach einer erneuten Umzingelung durch die Aufständischen unter Civilis zieht sich Vocula mit dem Entsatzheer nach Neuß zurück. Darauf wird das Lager V. (Tac. hist. 4,60) von den Batavern und den verbündeten Germanen gestürmt, geplündert und zerstört. Q. → Petillius (II 1) Cerialis kommt nach seinem Sieg über die Bataver im J. 70 n. Chr. bei Trier nach V. und vermag hier Civilis und die verbündeten Germanen zu schlagen. Ab 71 n. Chr. war die Legio XXII Primigenia in V. stationiert und wurde etwa 96 n. Chr. nach Mainz verlegt. Ihr folgt die Legio VI Victrix, der sich ab 121/22 n. Chr. die Legio XXX Ulpia Victrix bis um 276 n. Chr. als Garnison anschließt. Von dieser Legion leitet sich der Ortsname *Tricensima* für V. ab, der bis ins 4. Jh. lebendig war.

Funde der vorröm. Eisenzeit sichern eine frühe Besiedlung des Gebiets von V.-Xanten. Von 16 v. Chr. bis etwa 70 n. Chr. ist Vetera I, das Doppellegionslager, mit Holzinnenbauten versehen, die später durch Steinbauten ersetzt werden. Lager und Canabae werden im Bataveraufstand 69/70 n. Chr. zerstört. Auf dem *territorium legionis* sind landwirtschaftl. Betriebe angesiedelt, die zur Versorgung der Truppen beitragen. – Vetera II, weiter in der Talaue gelegen, ist von 70/71 n. Chr. bis 276 n. Chr. von einer Legion belegt. Die zweite Legion wird nach → Noviomagus Batav. – Nymegen verlegt. Die XXII. Legion, später in Mainz, wird um 100 n. Chr. von der Legio VI Victrix aus Neuß ersetzt, nachdem wahrscheinl. kurzfristig die Cohors II Brittonum hier einquartiert war. Die Reste dieses Lagers sind durch Verlagerung des Flußlaufes stark in Mitleidenschaft gezogen worden. Die Gräberfelder der frühen Lager sind am n. Hang des Fürstenberges (von hier stammt wahrscheinl. die Stele des M. Caelius, Centurio der XVIII. Legion, der in der Varusschlacht den Tod gefunden hatte, h. im Landesmuseum Bonn) und bei der Kirche zu Birten, während die Canabae s. des Lagers vermutet werden. Die Gräberfelder der späten Lager reichen von der N.-Seite des Fürstenberges bis kurz vor das Südtor der Colonia Traiana-Xanten (Tricensima). Nach der Streuung der Militärziegel ist das Legionsterritorium auf ca. 11 km Länge und bis 3,2 km Breite erkennbar und zeigt in Streulage ländl. Wirtschaftsbetriebe. Eine mil. Anlage wird nach der für 276 n. Chr. vermuteten Zerstörung in iulian. Z. neu angelegt worden sein, doch ist der Standort bislang nicht gesichert. H. C.

H. v. Petrikovits, RE VIII A 1801 ff. *Ders.* Das röm. Rheinland. Arch. Forschungen seit 1945. Arbeitsgem. f. Forschung d. Landes Nordrhein-Westfalen. H. 86, 1960.

Veterani. Alle Soldaten, die im röm. Heer ihre Dienstzeit *(→ voluntarii)* vollendet hatten und ehrenvoll entlassen worden waren *(→ missio)*, galten als *v.* Synon. Ausdrücke waren oder wurden *→ emeriti, → evocati, exauctorati (→ exauctorare)*. In der Kaiserz. betrug die Dienstzeit nach anfängl. Schwankungen 16 J.e für die Prätorianer, 20 für die Legionäre, 25 für die Hilfstruppen und 26 für die Flottensoldaten. Nach Ablauf dieser Z. erfolgte normalerweise die Entlassung, doch zwangen Ersatzschwierigkeiten dazu, die Dienstzeit zu verlängern. Dies geschah zunächst so, daß die formell entlassenen Soldaten zu *cohortes v.* zusammengefaßt wurden und anfangs 4, später 5 J.e für den Kriegsfall zur Verfügung stehen mußten. Der Tag der Verabschiedung wurde feierlich begangen, die *epistula missoria* verlesen, das Diplom (→ *diploma*, → Militärdiplome) überreicht, die *praemia militiae* angewiesen und die bei der Truppe verwahrten Gelder ausbezahlt. So dürfte es unter → Septimius (II 7) Severus oder → Caracalla gewesen sein. Die *epistula missoria* enthielt u. a. die den *v.* zugestandenen Vergünstigungen *(→ immunitas)*, die *praemia militiae* bestanden entweder in Geld oder in Zuteilung von Land. Die mit Geld abgefundenen *v.* konnten ihren Aufenthaltsort frei wählen. In der Regel kehrten sie in ihre Heimat zurück oder blieben in einer Siedlung nahe dem letzten Dienstort. Die *v.* schlossen sich zu Vereinen zusammen, deren Zweck hauptsächlich in der Sorge für ehrenvolle Bestattung und in der Pflege der Geselligkeit bestand. A. N.

A.R.Neumann, RE Suppl. IX 1597ff. *H.Chocholle* Die Veteranenversorgung im röm. Heer von den Anf. bis auf Augustus, Diss. Wien 1952. *E.Fijala* Die Veteranenversorgung vom Tod des Augustus bis zum Ausgang der Severerdynastie, Diss. Wien 1955. *J.K.Kollossovskaja*, Vestn. Drevnej Ist. 1963, 96ff. *G. Alföldy*, Hist. 13, 1964, 167ff.

Vetranio. Röm. Kaiser 1. März–25. Dez. 350, von niedriger Herkunft aus Oberpannonien, unter → Constantinus (1) und → Constans (1) bis zum *magister peditum* emporgedient (Aur. Vict. Caes. 41. Eutr. 10,10). V. befand sich bei Erhebung des → Magnentius in Illyricum. Um den Anschluß seines Heeres an Magnentius zu verhindern, bewog ihn → Constantia (2), sich zum Kaiser erheben zu lassen. Trotz Unterstützung durch → Constantius (2) zu schwach, schloß V. zunächst ein Bündnis mit Magnentius, entschied sich aber dann für Constantius, führte ihm seine Truppen zu, dankte ab und erhielt einen Ruhesitz in → Prusa, wo er bis 356 lebte (Iul. or. 1,26. 30f. 2,76. Themist. or. 2,34ff. Zos. 2,44. Zon. 13,7). A. L.

Vettienus. Röm. Personenname, eine Weiterbildung von → Vettius (Schulze Eigenn. 101,4), seit 1. Jh. v. Chr. bezeugt. – V., Geschäftsmann und Makler, wickelte mit Cic. Geldgeschäfte ab und erscheint in dessen Korrespondenz 49–44 mit einer im allg. guten Beurteilung, wobei er auch mit → Faberius (2) auf eine Stufe gestellt wird. H. G. G.

Vettius. Ital. Gentilname, weit verbreitet (etr. Herkunft nach Schulze Eigenn. 101. 425), seit der 2. H. des 2. Jh.s v. Chr., auch inschr. bezeugt.

A. Politische Persönlichkeiten.

I. Republikan. Zeit. **1.** V. aus Praeneste, Zeitgenosse des → Lucilius (I 10), der (frg. 1322) ihn wegen seiner Provinzialismen tadelte. Schanz-Hos. 1,159. **2.** L. V., röm. Ritter (wohl aus Picenum, *tribus Velina*), berüchtigter Denunziant. Wohl ident. mit dem L. V., der als junger Offizier im → Bundesgenossenkrieg im Heer des Cn. → Pompeius (A I 7) Strabo vor Asculum stand, CIL I[2] 709,8 u. p. 714. Cichorius Röm. Stud. 161f. Im J. 64 war er Anhänger des → Catilina, Q. Cic. petit. cons. 10, ging aber 63 zu dessen Gegnern über und wurde als Werkzeug Ciceros zu einem Hauptbelastungszeugen der Verschwörer (*index*, Cic. Att. 2,24,2; vgl. W. C. McDermott, TAPhA 80, 1949, 351ff.), Cass. Dio 37,41,2f. Er denunzierte im J. 62 auch → Caesar als Teilnehmer an der Verschwörung, blieb jedoch erfolglos und wurde in einem Prozeß vor → Novius (I 2) Niger schuldig gesprochen, Suet. Caes. 17,1. Im J. 59 zeigte er ein erdichtetes Attentat gegen → Pompeius (A I 1) an und denunzierte dabei zahlreiche, als Gegner der Triumvirn bekannte Optimaten, darunter den cos. M. → Calpurnius (I 9) Bibulus und den jungen → Curio (2); bei der »Aufdeckung« vor dem Senat und nochmals vor der Volksversammlung (sog. »V.-Affäre«) log er jedoch zu unverschämt und verwickelte sich in Widersprüche; bald darauf kam er im Kerker um, nach der offiziellen Version durch Selbstmord, nach allg. Auffassung jedoch durch Ermordung im Auftrage Caesars. Cic. Att. 2,24,2–4; Vatin. 24–26 (wo Vatinius als Mörder beschuldigt wurde). Oros. 6,6,7 u. a., vgl. Drumann[2] 671. 696. Die Datierung ist problematisch (Juli: L. Ross Taylor, Hist. 1, 1950, 45ff. 17, 1968, 191f., August: Chr. Meier, Hist. 10, 1961, 88ff., bis in den Oktober 59 möglich: RE VIII A 1846). Das Ganze ist ein Beispiel für die Gehässigkeit und Skrupellosigkeit des damaligen innenpolitischen Kampfes, einer der »schmutzigsten Flecken im Bilde Caesars«, Ed. Meyer Caes. Mon.[2] 87,2. Vgl. u. a. M. Cary CAH 9,520f. M. Gelzer Caesar[6] 81f. H. Bengtson RG 211. **3.** S. V., vielleicht aus Campanien, Freund des Atticus und im J. 45 Miterbe Ciceros in der Brinnianischen Erbschaft, Cic. Att. 13,12,4. Klebs, RE III 854. **4.** T. V., röm. Ritter, erregte im J. 104 im Zusammenhang mit seiner Liebe zu einer Sklavin einen Sklavenaufstand in Campanien und Lucanien, der dem 2. Sicil. Sklavenkrieg vorausging. V. wurde von L. Licinius → Lucullus (4) gefangen genommen. Diod. 36,2,5f. Das Ganze war »ein Symptom für die Zersetzung der Oberschicht«, J. Vogt, AAMz 1957, Nr. 1,16. E. M. Štaerman Die Blütezeit der Sklavenwirtschaft in d. röm. Republik, 1969, 258f. **5.** L. V. Chilo, röm. Ritter, trat 70 als Sekretär einer Steuerpächtergesellschaft als Zeuge auf (Cic. Verr. 2,3,166f.). Sein Schwager → Verres (2) war mit seiner Schwester Vettia verheiratet, sein Bruder P. V. (Chilo?) war 73 unter Verres Quaestor in Sicilien, Broughton 2,110. **6.** V. Chrysippus, Freigelassener des Architekten Cyrus, überbrachte 53 dem Cicero (fam. 7, 14,1) Grüße von → Trebatius (2) aus Gallien, wohl ident. mit dem Baumeister, mit dem Cic. (Att. 13, 29,1. 14,9,1) im J. 45/44 in Verbindung stand. **7.** T. V. Sabinus, Münzmeister ca. 60 (Sydenham LXIV, andere Datierungen bei Broughton 2,455 nachgewiesen), prägte Denare mit dem Kopf des Sabinerkönigs → Tatius) und war wohl ident. mit dem Praetor T. V. im J. 59 (Cic. Flacc. 85), der als Promagistrat 58/57 (?) in Afrika stand. Broughton 2,198. **8.** P. V. Scato aus Corfinium, Praetor der Paeligner im → Bundesgenossenkrieg 91–89. 91 stand er in Picenum, 90 im Gebiet der Marser, wo er am Fluß Tolenus den cos. P. → Rutilius (I 6) Lupus besiegte, dann aber vor dem Legaten C. → Marius (I 2) weichen mußte. Er marschierte nach SO. und schlug bei Aesernia in Samnium ein röm. Heer. Verhandlungen mit dem cos. Cn. → Pompeius (A I 7) Strabo vor Asculum führten zu keinem Ergebnis, App. civ. 1,43,191. 193. Oros. 5,18,13 u. a. Dann wird V. nicht mehr erwähnt, bis er von seinen Truppen ausgeliefert wurde, sich aber durch einen Sklaven töten ließ. Sen. benef. 3, 23,5. Macr. Sat. 1,11,24; vgl. A. von Domaszewski, SAWW 201,1 (1924) 14. 24. W. Schur Das Zeitalter d. Marius u. Sulla, 1942, 114 u. ö., vgl. auch H. D. Meyer, Hist. 7, 1958, 74ff. H.G.G.

II. Kaiserzeit. **1.** M. V. Bolanus. Im J. 62 als Legionslegat des → Domitius (II 9) Corbulo in Armenien dem → Tigranes zu Hilfe geschickt, Tac. ann. 15,3,1. *Cos. suff.* 66. *Leg. Aug. pr. pr.* (von → Vitellius [II 2] gesendet) in Britannien von April / Mai 69 bis 71 (Tac. hist. 2,65,2. 97,1; Agr. 8,1), operierte gegen die → Briganten. Von Vespasian wurde er in den Patriziat aufgenommen, Stat. silv. 5,2,25 ff. *Procos. Asiae* 76, D. Magie Rom. Rule in As. Min. 1582. **2.** V. Crispinus, Sohn von Nr. 1 mit seinem Zwillingsbruder M. V. Bolanus (*cos. ord.* 111), Salier, Gönner des Statius (silv. 5,2). **3.** M. V. Latro. Nach Merlin Inscr. lat. Tun. Nr. 720 = AE 1939, 81. 1951, 52. (cf. Poinssot, CRAI 1939, 138) in → Thuburbo um 66 *, *flamen divi Augusti*, im J. 93 *sacerdos Cererum* in Karthago; in den Ritterstand erhoben nahm er als *praef. coh. I Alpinorum equitatae* am 1. Dakerfeldzug Traians teil und wurde *trib. leg. II Adiutr. Piae Fidelis*; als *praef. alae Silian. Civ. Rom.* war er am 2. Dakerfeldzug beteiligt. Seine procurator. Laufbahn tätigte er als *proc. annonae Ostiae et in Portu*, als Fiskalbeamter in Sizilien, als *Proc. Alpium Cottiarum*, und 128 als *proc. prov. Mauretaniae Caesariensis*, G. Pflaum Carrièr. proc. 1240 ff. Nr. 104. **4.** C. V. Sabinianus Iulius Hospes. Nach seiner Ehreninschr. aus → Thuburbo bei Merlin, CRAI 1919, 355 ff. begann er gegen Ende der Regierung des Antoninus Pius die ritterl. Karriere auf dem Balkan, wurde Quaestor, Trib. pleb., Praetor, Legat des procos. Asiae um 154 (Hüttl Ant. Pius 2,61), hatte als *corrector* Mißstände auf den Kykladen zu beseitigen, war *iuridicus* in Etruria Aemilia und Liguria unter Marc Aurel, *leg. leg. III Italicae* (Ritterling, RE XII 1300), *leg. Aug. rationibus putandis* in den tres Galliae, *leg. leg. XIV Gem.* und oberster Gerichtsherr in Pannonia sup., um 172 *praef. aerarii Saturni*, *leg. Aug. pr. pr. Pannoniae inf.* 174 / 175 (Reidinger Statth. Pann. 89 ff.), er kommandierte eine Abteilung zum Schutz Roms gegen einen möglichen Angriff des → Avidius (1) Cassius (H. A. Marc. 25,2). *Cos. suff.* wohl 176, war *curator* über die Finanzen von Puteoli, *curator aedium sacrarum*, *leg. Aug. pr. pr. Dalmatiae* 178 / 179 (Jagenteufel Statth. 77 f.) und *leg. Aug.* der III Daciae 180 / 181, nach CIL III 4426 *leg. Aug. pr. pr. Pannoniae sup.* von 183 an; nach CIL VIII 823 = 12346 *procos. Africae* ca. 190 / 191. Thomasson 2,93 ff. A. Betz, RE VIII A 1861–67. **5.** V. Sabinus. *Cos. suff.* vor 238; er schlug am 21. Mai 238 im Senat die Wahl von → Clodius (II 7) Pupienus Maximus und → Caelius (II 2) Balbinus zu Augg. vor (H. A. Max. et Balb. 2,1 ff.) und wurde von ihnen zum *praef. urbi* ernannt, Herodian. 7,7,4 (die Identität abgelehnt von Whittaker, Herodian, Loeb Class. Libr. 1970, 201 Anm.). *Cos. II. ord.* 240, AE 1948, 121. H. A. Gord. 23,4. R. H.

V. Agorius Praetextatus s. Praetextatus (2)

B. Literarische Persönlichkeiten. **1.** V. Philocomus, röm. Grammatiker der 2. H. d. 2. Jh.s v. Chr. unbekannter Herkunft, befreundet mit → Lucilius (I 10), der ihn anscheinend in einer Satire wegen seiner »praenestin.« Mundart verspottete (Quint. inst. 1,5,56 = Lucil. frg. 1322 M.). Ob sich die Eingangsverse von Hor. s. 1,10 auf V. beziehen, ist umstritten. V. setzte sich für die Werke des Lucilius ein und kommentierte sie auch (Suet. de gramm. 2). Sein Schüler war → Valerius (B 3) Cato. H. Gä.

*Fun*GrRF XIII. 51. *F. Marx* Lucilius 1, LIf. 2,424 f.

2. V. Valens Antiochenus, Astrologe, verfaßte die 9 B. *Anthologiae* zwischen 152–162 n. Chr., wie aus den Horoskopen im Text hervorgeht, die O. Neugebauer berechnet (Harv. Theol. Rev. 47, 1945, 65 ff.) und mit van Hoesen genauer ausgeführt hat (Greek Horoscopes, 1959, 78 ff.) V. behandelt die astrol. Grundbegriffe: Planeten, Tierkreiszeichen, Grenzen, Aspekte, die 12 Orte. Systemat. geht er nicht vor; gleiche Themen bringt er in verschiedenen B., dazu spätere Zusätze wohl aufgrund von Überarbeitungen und Interpolationen. Von Vorgängern nennt V. → Nechepso – Petosiris, → Kritodemos, → Hipparchos (6), → Hypsikles, → Thrasyllos u. a. V. wird benutzt von → Hephaistion (3), → Rhetorios, → Theophilos (3). Fälschlich werden V. zugeschrieben: *Χρῆσμα τεχνωθὲν παρὰ τοῦ Οὐάλεντος* (Cat. Cod. Astrol. Gr. 4,146); *Ἡ βίβλος τοῦ Οὐάλ. περὶ τῶν παρανατελλόντων ἑκάστης μοίρας* (ebd. 1, 84,18); *Κρίσις Οὐάλ. διὰ τὸν Μαχοῦμετ* (ebd. 5,3,110 ff.); das Horoskop der Stadt Konstantinopel (ebd. 2,83); die Werke, die Albertus Magnus anführt: *Imagines Balenis* und *liber B. de horarum opere* (ebd. 5,1,98. 100). V.' Sprache ist die *Κοινή* seiner Z. Die Hss. gehen auf einen am Anf. und E. unvollständigen Archetypos zurück; 2 Fassungen liegen vor: Die beste Hs. der 1. ist Vat. Gr. 191, der 2. Marc. Gr. 314 (beide 14. Jh.). E. Bo.

Ta.: *W. Kroll*, 1908. Einzelkap. im Cat. Cod. Astrol. Gr. 1–12, Brüssel 1898–1953.

Lit.: *W. u. H. Gundel* Astrologumena, 1966, 216 ff. *W. Warning* De V. Val. sermone, Diss. Münster 1909.

3. V. Valens. Arzt z. Z. des Kaisers Claudius, Vertreter jener für die Kaiserzeit typischen rhet. ambitionierten Med. (Plin. nat. 29,8). V. war auch, wie manche seiner Kollegen, in Hof-Intimitäten verwickelt (Messalina) und wurde deswegen hingerichtet (Tac. ann. 11,30. 35). Über eine Schulzugehörigkeit läßt sich nichts sagen. F. K.

Vettona. Umbr. Stadt an der Straße von → Ameria nach → Perusia (Geogr. Rav. 4,33. Guido 38), *municipium* (CIL XI p. 747) der 6. Region (Plin. nat. 3,114) in der *tribus Clustumina* (L. Ross Taylor Voting Districts 271); h. Bettona. G. R.

Nissen It. Ldk. 2,396. *Miller* Itin. Romana 292.

Vettones. Kelt. Stamm zwischen Tajo und Duero (Strab. 3,1,6. 2. Plin. nat. 3,19. 4,112. 116). Ptol. 2,5,7 nennt als ihre wichtigsten Städte → Salmantica, Kapara und → Ocelum (2). Erste

Erwähnung der V. bei Livius (35,7,6) zum J. 193 v. Chr. (Niederlage zusammen mit den → Vaccaei und den → Carpetani bei Toledo). Seit den Feldzügen des Ti. → Gracchus (7) im J. 179 mußten sie alte vaccaeische Städte besiedeln. Sie waren Hirten und Viehzüchter, berühmte Reiter (Sil. 3, 378) und Krieger (Strab. 3,4,16 f.). Man führt die Tierplastik der »Eber« auf sie zurück. Ihre *oppida* Berrueco und Cogotas sind bekannt. J. MALUQUER DE MOTES Pueblos celtas, in: R. MENÉNDEZ PIDAL, Historia de España 1, 3 (1954) 25. M. E. A.

Vettulenus. 1. Sex. V. Cerialis diente im jüd. Krieg als Legat und vernichtete im J. 67 insgesamt 11 600 Samaritaner, die sich auf dem Berg → Garizim geflüchtet hatten (Ios. bell. Iud. 3,307 ff.). Er zerstörte im J. 68 die Stadt → Hebron (a. O. 4, 552 ff.) und war auch im J. 70 an der Belagerung von → Hierosolyma beteiligt (a. O. 6,131 ff. 237). Er war der erste Legat der neuen Provinz Iudaea (a. O. 7,163. ECK Senatoren 115 ff.), *cos. suff.* 72 oder 73 (DEGRASSI FImp. 22) und 73–78 Statthalter von Moesia (IGRom I 863. CIL XVI 22. VUČKOVIĆ-TODOROVIĆ, Starinar 18, 1967, 21 ff. MIRKOVIĆ, Epigr. Stud. 5, 1968, 177 ff.). Nach CIL VIII 12536 = DESSILS 988 könnte er um 85 *proconsul* von Africa gewesen sein (SYME, Ath. 35, 1957, 313,1); kaum auf ihn zu beziehen ist AE 1955, 123 (E. BIRLEY, JRS 52, 1962, 221 f.). **2.** M. V. Civica Barbarus, Sohn von Nr. 3. Durch seine Mutter Plautia, die in früheren Ehen mit L. → Ceionius (3) Commodus und C. → Avidius (3) Nigrinus verheiratet war, Halbbruder des L. → Ceionius (4) Commodus = L. Aelius Caesar und Onkel des L. → Verus (H. A. Marc. 9,4. Gal. 14, 613). Seine Laufbahn AE 1958, 15: *triumvir monetalis, quaestor, praetor, cos. ord.* 157. DEGRASSI FImp. 44. Im J. 164 begleitete er Annia → Lucilla zur Hochzeit mit L. → Verus in den Orient, wo er als *comes* längere Z. verblieb, ohne sich allerdings am Partherkrieg aktiv zu beteiligen. Er war mit → Herodes (16) Atticus befreundet (Philostr. v. soph. 25,7. AE 1959, 143). **3.** Sex. V. Civica Cerialis, Vater von Nr. 2. *Cos. ord.* 106 (DEGRASSI FImp. 32. VIDMAN Fasti Ost. 18) zusammen mit L. → Ceionius (3) Commodus, dem früheren Gatten seiner Frau Plautia. G. Wi.

Vĕtŭlōnia (Sil. 8,485. *Vetulonii* Plin. nat. 2, 227. *Οὐετουλώνιον* Ptol. 3,1,49). *Vetulonienses* Plin. nat. 3,52. *Vetulonenses* CIL XI 1847. 3609. *Οὐετυλωνιᾶται* Dion. Hal. ant. 3,51. *vatl* auf Mz. des 3. Jh.s, PALLOTTINO Test. ling. Etr. Nr. 367) wurde erst 1881 zw. → Populonia und → Rusellae auf beherrschender Höhe wiedergefunden; bis an den O.-Hang reichte eine Meeresbucht, deren spätere Verlandung – erstes Stadium Bildung des → *Prelius lacus* in röm. Z. – V. seiner Bedeutung als Seestadt (Mz. mit Anker HEAD HN² 15 *vetluna*) beraubte. Grabfunde bezeugen starke Besiedlung schon vor der Etruskerherrschaft, die ca. 800 v. Chr. beginnt (älteste Inschr. auf Grabstele des *[a]veleś feluskeś:* PALLOTTINO a. O. Nr. 363 [7. Jh.]). Nach Sil. a. O. ist V. Herkunftsort der *fasces, sella curulis, toga praetexta,* Trompete in Rom. V. verbündete sich 606 mit Feinden Roms (Dion. Hal. a. O.). V. viell. bei Frontin. strat. 1,2,7 *vel coloniam* codd.) genannt. Später unbedeutendes *municipium* der 7. Region (Plin. a. O.) in der *tribus Scaptia* (L. ROSS TAYLOR Voting Districts 275). G. R.

Forbiger HB. d. alt. Geogr. 3,428. *Nissen* It. Ldk. 2,306 f. *Müller-Deecke-Pfiffig* Die Etrusker 1,322. *Schulze* Eigenn. 572 f. *J. Falchi* Ricerche di V., 1881. *Ders.*, NSA 1882–1900. *F. Schachermeyr* Etr. Frühgesch. 137 ff.

Veturius (auch *Vetusius*). Name einer alten patriz. *gens* vielleicht sabin. Ursprungs (R. M. OGILVIE A Comm. on Livy B. 1–5, 1965, 284 gegen SCHULZE Eigenn. 379 f.), nach der die *tribus Voturia* benannt ist (L. R. TAYLOR The Voting Districts of the Rom. Rep., 1960, 42. 265). Im 5. und 4. Jh. treten die später in den Quellen nicht mehr erscheinenden *V. Cicurini* polit. hervor, im 4. Jh. die *V. Calvini*, deren Patriziat nicht gesichert ist, vom 3. bis ins 1. Jh. die patriz. *V. Philones*. Auf Inschr. des Prinzipats begegnet der Name erneut, jedoch ohne direkte Beziehung zu den republik. V.

I. Republikan. Zeit. **1.** C. V. war nach Plut. C. Gracch. 3,5 vor einem Volkstribun nicht zur Seite getreten und aus diesem Grunde zum Tode verurteilt worden (Mommsen RStR 2,298,6). **2.** L. V., viell. Sohn von Nr. 11, verlor 184 wegen rel. Verstöße und unangemessener Korpulenz auf Entscheid des damaligen Censors → Cato (4) sein Ritterpferd (Or. Rom. Frg. ³34 ff. MALC. H. H. SCULLARD Rom. Politics 220–150 B. C., ²1970, 160. 261 f.). **3.** T. V. Calvinus (Cognomen erstmals bei Liv. 9,1,1) war 334 und 321 mit Sp. Postumius Albinus Consul und möglicherweise durch *transitio ad plebem* Plebejer geworden (MÜNZER Adelsp. 123). In seinem 2. Consulat legte V. nach der Niederlage bei → Caudium gemeinsam mit seinem Collegen vorzeitig sein Amt nieder und wurde, da Senat und Volk den von den Consuln mit den Samniten geschlossenen Vertrag nicht anerkannten, im folgenden J. an die Samniten ausgeliefert (Liv. 9,8 ff. Cic. off. 3,109). Obwohl diese die Auslieferung nicht annahmen und V. wohl zurückkehrte, war die polit. Zukunft seiner Familie damit ruiniert. **4.** T. V. (Calvinus?), Sohn von Nr. 3, soll nach Val. Max. 6,1,9 in Schuldknechtschaft geraten sein, durch den Protest gegen die harte Behandlung durch seinen Herrn jedoch eine Neuregelung des *nexum* herbeigeführt haben (M. KASER Das röm. Privatrecht, ²1971, 154. 166 f.). Liv. 8,28,2 ff. nennt statt seiner C. Publilius. **5.** C. V. Cicurinus wurde, nachdem er in seinem Consulat 455 mit seinem Collegen T. → Romilius (2) Rocus Vaticanus gegen die Aequer gekämpft hatte, 454 von dem pleb. Aedil L. Alienus angeklagt und ebenso wie Romilius wegen eines bei Liv. (3,31,5 f.) und Dion. Hal.

(ant. 10,48,3ff.) unterschiedlich tradierten Vergehens verurteilt. 453 wurde V. Augur (Liv. 3,32, 3). **6.** Sp. (Fast. Cap. Diod. 12,23,1. *L.:* Liv. 3,33, 3. *T.:* Dion. Hal. ant. 10,56,3) V. Crassus Cicurinus, *Xvir leg. scrib.* 451, wird nach Dion. Hal. a. O., der alle Xvirn dieses J. als Consulare bezeichnet, in der Forschung zuweilen mit Nr. 5 oder Nr. 9 gleichgesetzt (vgl. DEGRI XIII 1, p. 94. BROUGHTON 1,46,3). **7.** P. V. (Plut. Popl. 12,3. *C. Vetusius:* Liv. 2,19,1) Geminus Cicurinus, Bruder von Nr. 8, war 509 einer der beiden ersten Quaestoren der Republik und kämpfte 499 in seinem Consulat, das er gemeinsam mit T. → Aebutius (7) Helva bekleidete, gegen die Fidenaten (Liv. 2,19,2. Dion. Hal. ant. 5,58,1). **8.** T. V. Geminus Cicurinus, Bruder von Nr. 7 und Vater von Nr. 9, ernannte in seinem Consulat 494 gemeinsam mit seinem Collegen A. → Verginius (I 11) Tricostus Caelimontanus auf Grund der Kriegsdienstverweigerung der *plebs* M'. → Valerius (I 40) Maximus zum Dictator und kämpfte anschließend gegen die Aequer (Liv. 2,30,9. Dion. Hal. ant. 6,42,1. 3). **9.** T. V. Geminus Cicurinus (DEGRI XIII 1 p. 91; vgl. p. 361) wurde 462 nach einem wegen der Pest eingetretenen Interregnum (R. M. OGILVIE A Comm. on Livy B. 1–5, 1965, 409) Consul und kämpfte so erfolgreich gegen Aequer und Volsker, daß ihm eine *ovatio* gewährt wurde (Liv. 3,8,4ff.; 10,2ff.). **10.** L. V. Philo gelangte als erster seines Geschlechts nach der Niederlage bei Caudium (s. o. Nr. 3) 220 wieder zum Consulat (MÜNZER Adelsp. 124) und kämpfte in Oberitalien (Zon. 8, 20). 217 zum Wahldictator ernannt, mußte V. sein Amt niederlegen, ohne Wahlen durchgeführt zu haben (Liv. 22,33,11f. J. JAHN Interregnum und Wahldiktatur, 1970, 119ff.). Er starb während seiner Censur 210 (Liv. 27,6,17f.; 34,5f.). **11.** L. V. Philo, Sohn von Nr. 10, war 209 *praetor peregrinus* mit gleichzeitigem *imperium* in Gallien, das er auch 208 behielt. Nachdem er sich unter M. → Livius (I 18) Salinator 207 in der Schlacht am → Metaurus ausgezeichnet hatte (Liv. 27,51,3ff.), wurde er für 206 unter der Wahldictatur des M. Livius Salinator zum Consul gewählt und gewann die Lucaner für Rom (Liv. 28,9,18ff.). 205 *mag. equ.* des Wahldictators Q. → Caecilius (I 9) Metellus kämpfte V. ab 204 unter Scipio in Africa und wurde zum Überbringer der Siegesnachricht von Zama und Führer der carthag. Delegation nach Rom ausersehen (Liv. 30,38,4; 40,1ff.). **12.** Veturia ist bei Liv. 2,40,2 und Dion. Hal. ant. 8,40,2. 3 (Plut. Cor. 4,7. 33,3. 36,1: *Volumnia*) die Mutter des Cn. Marcius → Coriolanus, die 491 ihren mit dem volsk. Heer gegen Rom ziehenden Sohn von seinem Vorhaben, die Vaterstadt zu erobern, abbringen konnte (Liv. 2,40,1ff. Dion. Hal. 8, 39–46. 48. 53. Val. Max. 5,4,1. Plut. Cor. 36. Zu den Vorbildern dieses Berichts in der griech. Trag. R. M. OGILVIE A Comm. on Livy B. 1–5, 1965, 334). M. D.-M.

II. Kaiserzeit. D. V. Macrinus. Nach AE 1953, 79 war er Ende 180 *proc. Aug.* in Mauretania Tingitana; nach IGRom I 1102 *praef. Aegypti* 181–183. Im J. 193 dritter *praef. praetorio*, H. A. Did. Iul. 7,5. – PFLAUM Carrièr. équ. 454ff. Nr. 32. R. H.

Vetus Salina. Röm. Militärlager in Pannonia Inferior an der Donau bei Adony, 36–38 Meilen von → Aquincum entfernt. Varianten des Namens: *Σάλινον* (Ptol. 2,15,3), *Vetusalina* (Not. dign. occ. 33,37), *Belsalino* (Geogr. Rav.), *Vetus Salinae* (CIL III 10305). Die Ausgrabungen vermochten die allein erhaltene SW.-Ecke des Lagers freizulegen. 4 Erdlager und 2 Perioden des Steinlagers konnten bestimmt werden. Das 1. Lager wurde unter Domitian errichtet und am E. der Regierungsz. Hadrians in Stein umgebaut. Seit 117/118 war hier als ständige Garnison die *cohors III Batavorum equitata* stationiert. Dieser Verband errichtete nach den Markomannenkriegen das 2. Steinlager. Das 2. Lager wurde noch während der Römerz. abgerissen, das 3. Lager wurde etwas weiter von der Donau entfernt, an einem bislang unbekannten Ort, aufgebaut. Laut Not. dign. occ. a. O. bestand die Garnison im 4. Jh. aus den *Equites Dalmatae Vetusalinae*. S. vom Lager lag eine *canabae*, 2 km n. der *vicus*. Neben der Inschr. mit dem Ortsnamen (CIL III 10305) ist der Altar der *Dea Vagdaevercustis* das bedeutendste Steindenkmal. J. F.

Vexillum, -illatio, -arius. Das *vexillum*, eine Zeugfahne, war eines der ältesten → Feldzeichen des röm. Heeres. Die Kavallerie hatte offenbar seit jeher *v.*, die Infanterie nur anfangs (Serv. Aen. 8,1). Ob und wieweit die in hellenist. Z. vorkommenden *v.* (→ *signa*) das Aufkommen solcher im röm. Heer bestimmten, ist nicht geklärt. Alle *v.* bestanden aus einer langen, geraden Stange aus Holz mit einem ebenso geraden und kurzen Querholz zuoberst, an dem ein viereckiges, buntes Tuch befestigt war. Die Unterschiede der einzelnen *v.* lagen in den Details, in verschiedenen Verzierungen und wahrscheinlich auch in der Farbe des Fahnentuches (Serv. Aen. 8,1). Auf ihm waren die Bezeichnung der Truppe, Tier- und Kaiserbilder und Orden angebracht. V. sind nachgewiesen bei den *socii* (Liv. 8,8), *legiones* (→ *legio*, → *signa*), → *praetoriae cohortes* ([1], 2450f.), → *speculatores*, → *equites militares-singulares* ([4], 38f.), *cohortes auxiliares* (→ *auxilia*, → *cohors*), → *alae*, → *cohortes vigilum*, *cohortes* → *veteranorum* und → *numeri*. Auch Rekrutenabteilungen führten *v.* und schließlich die Detachements, die *vexillationes*. Diese wurden aus einem oder verschiedenen Truppenteilen zur Durchführung einer bestimmten Aufgabe zusammengestellt und nach deren Erledigung wieder aufgelöst. Doch kam es vor, daß sie länger bestehen blieben und den Charakter ständiger Einheiten annahmen. In der Zeit des differenzierten Heeres der späten Kaiserzeit bildeten *vexillationes*

Truppenteile, in denen die Kavallerie der Garde und des Feldheeres zusammengefaßt waren. Auch sie hatten zunächst ein *v.* als Fahne, das im 6. Jh. n. Chr. durch das *βάνδον* ersetzt wurde. Sonderkommandos wurden nun verschieden bezeichnet, z. B. als *partes, deputati, numeri* ([8], 104f.). Ein *v.* bildete das Zeichen der Einberufung der Zenturiatkomitien (Liv. 39,15,11), ein *v.* auf dem Feldherrnzelt das Signal, zu den Waffen zu eilen (Plut. Fab. 15), und ein *v.* auf dem Admiralsschiff (Bell. Alex. 45,3) das Zeichen zur Schlacht.

In kleiner Ausführung dienten *v.* im mil. Bereich auch als Orden (→ *dona militaria*, [1], 2452f.) Außer mil. hatten auch zivile Vereine und die Jugendbünde v. (→ *iuvenes*, [1], 2454).

Der Träger des *v.* war der *vexillarius*. So wurde aber auch der Angehörige einer durch ein *v.* gekennzeichneten Einheit genannt, wie der, welcher das *v.* als Fahne verfertigte (GRUTER Inscr. 735,4). Schließlich diente *vexillarius* auch als Bezeichnung für einen Bandenführer (Apul. met. 4,10). A. N.

1. *A. R. Neumann*, RE VIII A 2439ff. 2442ff. 2446ff. 2. *R. Egger*, AAWW, phil. hist. Kl. 1954, 5,104f. 3. *R. Saxer* Epigraph. Stud. I = BJ Bh. 18 (1967). 4. *M. Speidel* Die equites singulares Augusti, Bonn 1963, 38ff.

Viae publicae (Definitionen: Fest. 508,20f. L. Ulpian. Dig. 43,8,2,21. 23. Sicul. Flacc. grom. p. 110. 146 THULIN. Isid. orig. 15,16,5) dienen *publice* dem Fahr- und Gehverkehr *(omnibus licet)*, werden *publice*, d. h. im Interesse (Cic. Font. 18) und auf Kosten (CIL I^2 808 *populo constat*) des röm. Volkes, als *munera publica* gebaut und verlaufen auf seinem Grund und Boden *(in solo publico)*, der *ad directum* (?) in begrenzter Breite von dem (sc. Beamten) überlassen wird, der das *ius publicandi* besitzt, d. h. privates zu öffentlichem, servitutenfreiem *(ita ut optimus maximus est)* Eigentum machen kann. Dieses Recht haben die Träger *(v. consularis, v. praetoria)* des *imperium (v. militaris* im Bereich *militiae)*, wozu paßt, daß auf den aus dem 3.–1. Jh. v. Chr. erhaltenen Meilensteinen lediglich Konsuln (CIL I^2 617. 618. 619. 620. 624. 637. 638. 646–651. 654. 657. 661. 822. X 6897. 6899. 6901. ILLRP Nr. 1277. 1288; vgl. ferner literar. Zeugnisse für → Flaminius (1) cos. 223 v. Chr., → Flaminius (2) cos. 187, *Ἄππιος ὁ Ῥωμαίων ὕπατος* 307 bei Paul. Fest. 79,16 L. Liv. 39,2,6. Prok. Goth. 1,14,6), ein Konsul als *imperator* (ILLRP Nr. 460a), prokonsular. Prätoren (CIL I^2 823. 824. 840), ein Prätor (ILLRP Nr. 454a) und zu Wiederherstellungsarbeiten Quästoren (CIL I^2 651. 808; viell. auch die Ädilen CIL I^2 21. 22. 829. 833) genannt werden, nie jedoch Censoren, obwohl literarisch dem Ap. → Claudius (I 4) Caecus (Elog. CIL I^2 p. 192. Liv. 9,29,6. Frontin. aq. 5; bis Capua Pompon. Dig. 1,2,2,36. Diod. 20,36,2; irrig bis Brundisium Vir. ill. 34,6), C. Flaminius (Liv. epit. 20), M. → Aemilius (I 28) Scaurus (Vir. ill. 72,8) in ihrer jeweiligen Censur der Bau nach ihnen benannter *v. p.* zugeschrieben wird; da Censoren Baurecht auf *ager publicus* hatten (Liv. 9,43,25 *publica impensa*), wäre das – jedoch allein – für die v. → Appia möglich, die bis Formiae über *ager publicus* führt, während Appius die Fortsetzung bis Capua als cos. 307 gebaut haben könnte (Prok. a. O.). Die *v. p.* heißen entweder nach ihrem Zielort (ältestes Zeugnis dafür vv. Gabina, Ficulensis, Nomentana bei Liv. 2,11,7. 3,52,3), nach ihrer Funktion (z. B. v. → Salaria; zuerst bezeugt Cic. nat. 3,11) oder nach ihren Erbauern (meist mit deren Gentilnamen; Ausnahme v. Appia). Zeugnisse sind jedoch relativ jung und in voraugust. Z. nur für 11 *v. p.* jeweils längere Z. nach ihrem Bau belegt (v. Postumia zuerst 117 v. Chr., v. → Caecilia ca. 80, v. Domitia 69, v. → Appia 66, v. → Flaminia 65, v. → Aurelia 63, v. → Minucia 49, v. Quinctia und → Curia ca. 47, v. Aemilia und → Cassia 43). Ähnlich bei Namen der Fora an *v. p.*: Obwohl schon Cato frg. 40 P. ein *Forum Licini* kennt, gibt → Popillius (I 9) i. J. 132 v. Chr. zwar den Bau eines Forum an (CIL I^2 638), erwähnt aber nicht dessen Namen (erst Tab. Peut. 6,5). Die *v. p.* sind nach *milia passuum* (= mp) vermessen (zur Umrechnung in Stadien s. o. Bd. III 1299f.); ältestes urkundl. Zeugnis 132 v. Chr. (CIL I^2 638 *in ea via ponteis omneis miliarios tabelariosque poseivei*). Alter der frühesten Steine schwer bestimmbar: CIL I^2 21. 620. ILLRP Nr. 1277. 1288 wurden bisher dem 3. Jh. v. Chr., jetzt den J. 189, 187, 144 zugewiesen. Vermessung der *v. p.* nach mp (in Gallien später auch nach *leugae*) gestattete, größere Entfernungen genau zu bestimmen, wie sie Plin. nat. 2,244. 3,43 für die Längs- und 3,44. 132 für die Breitenausdehnung Italiens gibt oder wie sie für die Länge Umbriens (Strab. 5,227), für Rom-Clusium (ebd. 226), für Rom-Telamon (Diod. 4,56) genannt werden. Vgl. auch Meilensteine mit Angaben über lange Strecken: Rom-Placentia wird z. B. durch Doppelangaben in CIL V 8095. 8102 auf 389 mp, Rom-Benevent durch DESSAU ILS 5875. CIL IX 6075. NSA 1929, 221 auf 164 mp bestimmt. Die Steine CIL I^2 617. 619 stehen beide in Castel S. Pietro trotz unterschiedlicher Meilenangaben (268:236), rechnen also über verschiedene Routen; CIL XII 5668. 5671 nennen ausdrücklich zwei Routen: Rom–Narbo über Mt. Genèvre 882 mp, über Forum Iulii 901 mp. Zählung beginnt in Rom oder an der Grenze des *ager Romanus* (CIL I^2 617–619 zählen von Tiberbrücke s. Ocriculum, 661 von sabin. Grenze vor Eretum, IX 5969 und Ov. trist. 4,10,4 von tiburtin. Grenze) oder nach Teilstrecken (mitunter mehrere Zahlen auf einem Stein). »Etwa in der Mitte der ganzen Strecke« (BELOCH Ital. Bund usw. 108f.; vgl. KUBITSCHEK, RE XIV 1251. XVIII 1904) einer *v. p.* wurden mit Namen (meist Gentilnamen; Ausnahmen *Forum Appi, Forum Lepidi*; vgl. auch *Forum novum*) der Erbauer *fora* angelegt (s. o. Bd. II 601ff.); diese Beobachtung gestattet Kontrolle der Längenangaben und Kennnis der Geschichte: Die *v. p.* mit Fora des Appius und Claudius (h. S. Maria di Foro Claudi bei Ventaroli) sowie die des Livius (h. Forli), Lepidus (h. Reggio) und Fulvius (h. Villa di Foro) liegen hintereinander. Bekannt sind Reisegeschwindigkeiten auf den *v. p.*: gerichtliche Anrechnung (Gai. Dig. 2,11,1 u. a.) und Marschtraining röm. Soldaten (Veget. 1,9,22) pro Tag 20 mp; Reisende schaffen täglich 24 mp (Hor. s. 1,5), 19 mp und 32 mp (Cic. Att. 5,4,1. 5,1. 6,1); Spitzenleistungen von über 80 mp: Cato i. J. 191 v. Chr. (Plut. Cato mai. 14. Liv. 36,21,6), Caesar i. J. 58 (Plut. Caes. 17). Es ist umstritten, wann die h. an vielen Stellen erhaltene Pflasterung (zum Bau der *v. p.* vgl. Stat. silv. 4,3,40 ff.) ausgeführt wurde (auch wechselnde Breite der *v. p.*), da gegen Ende des 1. Jh.s n. Chr. von Ersatz des Kiesbelags durch Steine auf der v. Appia gesprochen wird (CIL X 6824. 6826). Brükkenbau wird urspr. meist vermieden, dann baut man hölzerne Brücken (noch 259 n. Chr. verbrennt eine solche an der v. Aemilia: CIL XI 826), früh aber auch schon aus Stein. Überquerung von Flüssen auch auf Fähren (Strab. 4,185. 187). Inschr. viele Zeugnisse für Ausbesserungsarbeiten und Tunnelbauten. Für diese sorgen → *curatores viarum*. Längs der *v. p.* sind *mutationes* zum Pferdewechsel (Amm. 21,9,4) und *mansiones* zur Übernachtung (Plin. nat. 6,102. 12,52). Der Verlauf der *v. p.* auf gemalten (Tab. → Peutingeriana) und hsl. → Itinerarien mit mp-Angaben (in Gallien: Leugen) beschrieben. Die v. → Latina und v. → Appia mit ihren Fortsetzungen waren für das röm. Vordringen gegen die Samniter, die v. → Flaminia für die Besetzung der picen. Küste von Bedeutung. Die *v. p.* in Etrurien (v. Claudia, v. Cassia u. a.) sind relativ jung; die v. Aemilia, Ergebnis verschiedener Straßenbauten des Livius, Aemilius, Cornelius und wieder Aemilius, gehört in die Z. der Ligurerkämpfe des 2. Jh.s v. Chr. Für Reisen nach Gallien und Spanien wurde lange der Weg über v. Flaminia und v. Aemilia der Küstenstrecke (v. → Aurelia, v. Aemilia Scauri) vorgezogen, da letztere zu viele Höhenunterschiede überwinden mußte. Seit august. Z. wurden alle Teile des röm. Reiches mit *v. p.* erschlossen, von Britannien bis Syrien, von Spanien bis Germanien und Illyricum. An einem Corpus miliariorum wird gearbeitet. Die *v. p.* haben nicht nur dem Nachschubbedürfnis der röm. Besatzungstruppen, sondern bes. der wirtschaftl. Verbindung und dem Nachrichtenwesen gedient. Zahlreiche moderne Orte sind alte Straßenstationen. G. R.

W. Bogsch, Altsprachl. Unterr. 4, 1961, 82ff. *R. J. Forbes* Ancient Roads, ^{2}1964. *P. Gazzola* Ponti romani, 1963. *O. Hirschfeld*, Kl. Schr. 703ff. *F. T. Hinrichs*, Hist. 16, 1967, 162ff. *K. Miller* Itineraria Romana, 1916. *Th. Pekáry* Unt.en z. d. röm. Reichsstraßen, 1968. *G. Radke*, G 71, 1964, 204; Klio 42, 1964, 299ff.; MH 24, 1967, 221ff.; Latomus 24, 1965, 815ff. *T. P. Wiseman*, Publ. Brit. Sch. Rome 38, 1970, 122ff. *S. Mazzarino*, Helikon 8, 1968, 174 ff. *M. Sordi*, Stud. Period. di lett. e storia dell'ant. (Pavia) 49, 1971, 302ff.

Viator. Der Bote, als Gehilfe röm. Magistrate und Priester, gehört zu den → Apparitores. Alle Oberbeamten bis zum Quaestor, die Volkstribunen und Inhaber der *tribunicia potestas*, die → *quattuorviri viarum curandarum*, die *tresviri capitales* und die → *decemviri* (2) *litibus iudicandis*, einige Priester (u. a. die → *quindecimviri sacris faciundis*, die → *sodales Augustales* und die → *Septemviri Epulonum*) und Priesterkollegien, die städt. *tribus* und die Promagistrate in der Provinz hatten ihre V.es. Die Aufgaben des V. deckten sich teilweise mit denen des → Lictor, vor allem bei Beamten, die keinen Lictor haben. Die V.es dienen als Boten (zur Ladung von Senatoren, Richtern usw. Umstritten blieb das Recht der Volkstribunen, durch V.es vorladen zu lassen, Gell. 13,12), Kuriere, Kassendiener (CIL VI 1932. Cic. Verr. 2,3,183. Mommsen RStR 1,362,6); im Auftrage der Magistrate führten sie Verhaftungen durch (Mommsen a. O. 1,145. 362,2. 2,879,3. Heuss, ZRG 64, 1944, 112). Die V.es, einem Collegium, nicht dem einzelnen Magistrat dienend, sind in *decuriae* corporiert; die Zahl der *decuriae* bei den einzelnen Magistraten variiert. Die V.es sind seit der späteren Republik auf mehrere Jahre, oft lebenslänglich angestellt (Jones, JRS 39, 1949, 38 ff.) und beziehen Gehalt *(aes apparitorium. merces)*. Im Rang steht der V. hinter dem → *scriba* (3), den → *accensi*, dem *lictor*, vor dem → *praeco* und dem *tibicen*. Die V.es waren röm. Bürger, meist Freigelassene. Habicht, RE VIII A 1928 ff. W. H. G.

Vibellius. Ital. Gentilname (vgl. → *Vibullius*), Schulze Eigenn. 445. **1.** Decius V., Kampaner, der 280 v. Chr. als *trib. mil.* in der kampan. Legion stand, die zu den → Mamertinern überging, aber 270 unterworfen wurde, wobei V. Selbstmord verübte (App. Samn. 9). **2.** Cerrinus V. Taurea aus Capua, 2. H. 3. Jh., wird zwischen 216 und 211 mehfrach von Liv. genannt, nicht nur als Freund → Hannibals, zusammen mit Pacuvius → Calavius (4), sondern auch als tapferer Kämpfer (Zweikämpfe ausgeschmückt, z. B. 23,46,12 ff., vgl. 26, 15,12). H. G. G.

Vibenna. Etr. Familienname (vgl. CIE 5378 *vipena*. Pallottino Test. ling. etr. 179 ff. *vipinanas*). Aule und Caele V. waren nach Fest. 468,16 f. L. Brüder aus Vulci *([Volci]entes fratres)*, die zusammen mit *Max[tarna]* dem Tarquinius halfen. Kaiser Claudius nennt CIL XIII 1668 = DessILS 212 nur *Caele Vivenna* (so!) und seinen *sodalis fidelissimus* → *Mastarna*, den späteren Servius → Tullius (I 5) und röm. König. Varro l. l. 5,46 (Varro frg. 406 Fun. ohne V.) versetzt die Hilfe in die Z. des Romulus (vgl. Paul. Fest. 38,26 ff. L. Dion. Hal. ant. 2,36,2), Paul. Fest. 487,2 f. L. in die des → Porsenna. Auch Tac. ann. 4,65 kennt mehrere Versionen *(scriptores ... dissentiunt)*: *Tarquinius Priscus seu alius regum* habe V. auf dem Caelius mons angesiedelt. Alle diese Berichte knüpfen an dessen Namen bzw. den des Vicus Tuscus. Die Identifikation ([8], 216) mit Olus Vulcentanus, dessen Haupt man auf dem Kapitol fand (Fab. Pict. frg. 12 P.; vgl. Serv. auct. Aen. 8,345. Plin. nat. 28, 15), ist fragwürdig (St. Weinstock, RE XVII 2445 ff.). Wandgemälde der Tomba François in Vulci zeigen *caile vipinas* (CIE 5266), den *macstrna* (5267) von Fesseln befreit, und *avle vipinas* (5273), der einen Gegner tötet. Neben dieser hist. oder myth. Parallele erscheinen die Brüder auf einem Spiegel aus Bolsena bei Gefangennahme des → Cacus; auf Weihungen archaischer Z. begegnet *avile vipiiennas* bzw. *avles vipinas* (Pallottino, SE 13, 1939, 456. 15, 1941, 399). G. R.

1. *Messerschmidt* Nekropolen von Vulci, 1930, 137 ff. Taf. XIV–XXVII. 2. *Müller-Deecke-Pfiffig* Die Etrusker 1,110 ff. 3. *Gerhard-Körte* Etr. Spiegel 5, 166 ff. T. 127. 4. *F. Münzer*, RhM 53, 1898, 607 ff. 6. *G. De Sanctis*, Klio 2, 1902, 96 ff. 7. *A. Hus* Vulci, 1971, 103. 125. 8. *A. Alföldi* Early Rome and the Latins 215 ff.

Vibennius. Ital. Gentilname, vielleicht etr. Herkunft (Schulze Eigenn. 101 f.), auch inschr. – V., Vater und Sohn, als unsaubere Zeitgenossen, der eine als rückfälliger Bäderdieb, der andere als *cinaedus* von Catull. 33 geschildert. H. G. G.

Vibidius. Ital. Gentilname, Weiterbildung vom osk. Praenom. *Vibius* (J. Reichmuth Die lat. Gentilicia, Diss. Zürich 1955, 24 f. 99) bzw. dem gleichlautenden lat. Namen. Inschr.: Schulze Eigenn. 428,4. **1.** Gewerbsmäßiger Spaßmacher *(scurra)*, Hor. s. 2,8,22; epist. 1,55,28, bei → Maecenas, mit diesem bei → Nasidienus eingeladen. **2.** Sex. V. Virro, wurde als *homo novus* Senator, 17 n. Chr. aber (wegen seines Lebenswandels) von → Tiberius (1) zum Verzicht veranlaßt, Tac. ann. 2,48,3. **3.** Vibidia, Vestalin, erhielt mit ihrem Vater (Nr. 2) in Athen eine Statue (IG III 875) und war 48 n. Chr. Vorsteherin der Vestalinnen, Tac. ann. 11,32,2. 34,3 (übermittelt eine Bitte der → Messalina 2). H. G. G.

Vibienus. Ital. Gentilname, Weiterbildung vom Stamm *Vib-*, selten. – C. V., Senator (Broughton 2,498), kam – wohl 58 v. Chr. – bei Unruhen in Rom gegen → Clodius (I 8) ums Leben, Cic. Mil. 14,37. H. G. G.

Vibi(i) forum, *oppidum* der 11. Region (Plin. nat. 3,123) in der *tribus Stellatina* (Kubitschek Imp. Rom. tributim discriptum, 1889, 119) am Oberlauf des Po (Plin. nat. 3,117. Solin. 2,25). Unbekannt, nach wem benannt. G. R.

Nissen It. Ldk. 2,164.

Vibius. Name eines urspr. sabell. oder osk. Geschlechts, das vom 3. Jh. an in den röm. Quellen erscheint. V. kommt auch als Praenomen vor.

A. Polit. Persönlichkeiten.

I. Republikan. Zeit. **1.** V. Name eines der Brüder, die 209 mit Q. → Fulvius (I 17) Flaccus über die Kapitulation Bruttiums verhandelten (Liv. 27,15,3). **2.** Sex. V. aus Larinum kam in den Wirren nach Sullas Sieg um (Cic. Cluent. 8,25). **3.** T. V., Freund des D. Brutus (Cic. fam. 11,12,1). **4.** V. Accaus zeichnete sich 212 als *praef.* einer paelign. Cohorte bei der Erstürmung des Lagers Hannos aus (Liv. 25,14,4 ff. Val. Max. 3,2,20). **5.** V. Curius war 49 *praef.* in Caesars Reiterei (Caes. civ. 1,24,3. Cic. Att. 9,6,1). **6.** C. V. Pansa Caetronianus, viell. Sohn des Münzmeisters von 89/88, C. V. Pansa aus Perusia (?), der als Mariusanhänger proscribiert worden war (Cass. Dio 45, 17,1). Obwohl V. damit die polit. Laufbahn verschlossen gewesen wäre, wurde er, nachdem er 54–53 unter Caesar in Gallien gedient hatte, 51 Volkstribun, viell. mit Hilfe der *l. Plotia de reditu Lepidanorum*, und setzte sich hier energisch für Caesar ein, auf dessen Seite er auch im Bürgerkrieg stand. Möglicherweise 48 Praetor, verwaltete er 47/46 in Cäesars Auftrag Bithynien und Pontus (damals geprägte Mz. BMCGr Pont. 110, Nr. 14) und 45 Gallia Cisalpina. Von dort kehrte er jedoch nach dem Tode Caesars, der ihn und → Hirtius (1) zu Consuln des J.s 43 designiert hatte, sofort nach Rom zurück und trat 43 gemeinsam mit Hirtius das Consulat an. Trotz dringender Aufforderung Ciceros zögerten Senat und Consuln zunächst, Antonius rechtswidrig den Krieg zu erklären, und blieben verhandlungsbereit, obwohl Hirtius mit dem Heer zur Unterstützung des D. Brutus nach N. gesandt wurde, während V. in Rom die Senatssitzungen leitete und Truppen aushob. Nach dem *s. c. u.* Anf. Febr. rückte auch V. Ende März mit seinen Legionen nach N. Mitte April schlug ihn Antonius bei Forum Gallorum, ehe Hirtius eingriff und den Kampf zu seinen Gunsten entschied. V. wurde schwer verwundet, doch trat sein Tod – einen Tag, nachdem Hirtius bei Mutina gefallen war – recht unerwartet ein, so daß Octavianus des Mordes verdächtigt wurde (Cass. Dio 46,39,1). Das Urteil über V., einen Caesar treu ergebenen Neuling in der röm. Politik, schwankt in den Quellen je nach polit. Einstellung. Der Lehre Epikurs zugeneigt, zeichneten ihn offenbar Friedensliebe und Rechtschaffenheit aus (R. Syme Rom. Rev., 1939, 133 f.). **7.** (V.) Pansa, 43 Gesandter des Senats an Brutus und Cassius (App. civ. 3,350).

II. Kaiserzeit. **1.** M'. V. Balbinus aus Trea (T. P. Wiseman New Men in the Rom. Senate 139 B.C.–A.D. 14, 1971, 273, Nr. 487) gelangte unter Augustus in den Senat und war unter Tiberius *procos.* der Gallia Narbonensis. **2.** Q. V. Crispus aus Vercellae, ident. mit L. Iunius V. Crispus (A. B. Bosworth, Ath 51, 1973, 72 ff.), gelangte dank ungewöhnlicher rhet. Begabung (Tac. dial. 8) über die Anwaltstätigkeit in die senator. Laufbahn und erwarb – auch als *delator* – große Reichtümer. 61 *cos. suff.* war V. wohl 68–71 *curator aquar.* (Frontin. aqu. 102,13: *Albius V.*), ehe er 72/73 als *procos.* Africa verwaltete. Der Freundschaft mit Vespasianus hatte V. wohl auch sein 2. Suffectconsulat 74 zu verdanken, ebenso die Aufgabe, als *leg. pro pr.* in Hispania citerior den Census durchzuführen (zum Datum [70/71 oder 74] vgl. A.B. Bosworth a.O. 71ff.). Viell. war V. 82 zum 3. Mal *cos. suff.* **3.** V. Fronto nahm als *praef. equ.* im J. 19 den entflohenen Sohn des Partherkönigs, → Vonones (1), wieder gefangen (Tac. ann. 2,68,2). **4.** Sex. V. Gallus war 115 bis zum *praef. castr.* der *legio XII Gemina* aufgestiegen (CIL III 454). **5.** C.V. Marsus, viell. Sohn von Nr. 9, begleitete nach seinem Suffectconsulat 17 → Germanicus (2) als *leg. pro pr.* in den Orient und brachte nach dessen Tod → Agrippina (2) nach Rom (Tac. ann. 2,74f.) 26/27–29/30 *procos.* in Africa, verwaltete V. 42 bis etwa 45 Syrien und vertrat dort nachdrücklich die röm. Interessen gegenüber den Vasallenkönigen (Ios. ant. Iud. 19,338ff.). Nach Tac. ann. 6,47,2 war V. hochgebildet. **6.** C.V. Maximus aus Verona stieg unter Traianus bis zum Praefect von Äg. auf (103–107. AE 1966, Nr. 500. 1968, Nr. 513). Viell. infolge der Verurteilung seines Sohnes Nr. 7 wurde auch der Name des V. auf allen offiziellen Inschr. eradiert (R. Syme, Hist. 6, 1957, 480ff.: infolge seiner eigenen Verurteilung). Offenbar hochgebildet und befreundet mit Statius, Martial und Plin. d. J. hatte V. selbst liter. Neigungen und plante die Abfassung einer Weltgesch. (Stat. silv. 4,7,49ff. 52ff.). **7.** C.V. Maximus, Sohn von Nr. 6, wurde wegen Verfehlungen während seiner äg. Statthalterschaft (124–126) verurteilt und fiel unter die *damnatio memoriae* (POxy 471. J. Schwartz, Chron. d'Ég. 27, 1952, 254ff.). **8.** V. Passienus schloß sich nach H.A. trig. tyr. 29,1 als *procos.* von Africa 265 dem Aufstand des → Celsus (5) an, ist jedoch nicht hist. (J. Schwartz, AC 33, 1964, 419ff. 423f.). **9.** C.V. Postumus, aus einer Ritterfamilie in Larinum (AE 1966, Nr. 74), *cos. suff.* 5 n. Chr., kämpfte 6–9 unter Tiberius in Pannonien und Dalmatien (R. Sealey, Phoenix 15, 1961, 107), dessen 1. Statthalter er wurde (9/10–12). 13–16 (?) verwaltete V. Asien. **10.** C.V. Rufus (oder *Rufinus*. DegrI XIII p. 215), *cos. suff.* 16 n. Chr., stand 17–24 an der Spitze des Collegiums der Curatoren für die Tiberufer (CIL VI 1237) und war viell. 27/28 *procos.* in Asien. Möglicherweise mit Ciceros 2. Frau verheiratet (Cass. Dio 57,15,6), war V. mit Ovid befreundet (Pont. 1,3,1ff.). Seine rhet. Manier erregte die Kritik Seneca d. Ä. (contr. 9,2,25). **11.** C.V. Rufinus, Sohn von Nr. 10, *cos. suff.* 39 oder 40 n. Chr., 42–45 *leg. pro pr.* in Germania superior, ist viell. ident. mit dem Plin. nat. 14. 15. 19. 21. 22 als Quelle genannten Autor. **12.** C.V. Salutaris gelangte in der ritterl. Verwaltungslaufbahn bis zum Procurator der Provinzen Mauretania, Tingitania und Belgica. Aus seinen Reichtümern flossen seinem späteren Wohnsitz Ephesos 104–108/09 große Stiftungen zu (CIL III 14195, 4–10. AE 1969/70, Nr. 595a). **13.** L.V. Secundus, Bruder von Nr. 2, verdankte dessen Einfluß seine

Rehabilitierung nach seiner Verurteilung in einem Repetundenprozeß (Tac. ann. 14,28,2; hist. 2,10). **14.** Q.V. Secundus, *cos. suff.* 86, Statthalter in Asien wahrscheinl. 100/101. **15.** V. Serenus, 23 wegen Vergehen als *procos.* in Hispania ult. (21/22) verbannt (Tac. ann. 4,13,2), wurde 24 von seinem Sohn der Verschwörung gegen Tiberius angeklagt, der sich jedoch für V. einsetzte (Tac. ann. 4,28,1f. 3. 29,1ff. 30,1). **16.** V. Serenus, Sohn von Nr. 15, erregte 24 durch die Anklage gegen seinen Vater den Haß des Volkes (Tac. ann. 4,29, 2). **17.** V. Severus, aus einer Ritterfamilie in Ticinum, war mit Plin. d. J. befreundet (Plin. epist. 3, 18. 4,28. AE 1960, Nr. 348). M. D.-M.

18. C.V. Trebonianus Gallus s. Trebonianus

19. [T.] V. Varus. *Cos. suff.* 93, CIL XIII 11796a, s. Birley, JRS 28, 1938, 225. DegrI XIII 1,208 (Syme, JRS 43, 1953, 160). Eck Senatoren 56 Anm. 6. **20.** T.V. Varus. Ca. 132/133 *leg. Aug. pr. pr. Ciliciae*, Dig. 22,5,3,1. *Cos. ord.* 134, CIL III 43. XVI 78. **21.** Imp. Caes. C.V. Afinius Gallus Veldumnianus Volusianus Aug., Sohn des → Trebonianus Gallus. * um 230, viell. in Perusia, woher seine Eltern stammten. Er kämpfte schon mit seinem Vater 250/251 in Moesien bei → Abrit(t)us; nach dem Tod des → Decius (II 1) riefen die Legionen an der unteren Donau Trebonianus Gallus und V. zu Imperatoren aus, Eutr. 9,5. V. wurde von seinem Vater zum Caesar erhoben, Zon. 12,21; nach dem Einzug in Rom vom Senat bestätigt, Aur. Vict. Caes. 30. Mattingly RIC IV 3,173ff. Nr. 129. 130. 134. 140. Cohen emp. 262–287. Er war *princeps iuventutis*. Noch vor Oct. 151 zum Aug. erhoben, Vulić, JOEAI 3, 1900, Beibl. 96ff. *Pontifex max.*, *cos. ord.* 252, DessILS 524. Pap. Lond. III p. XLVIII 952. Viell. trat V. außerhalb Roms in Erscheinung, worauf zahlreiche Ehreninschr. schließen lassen, CIL III 4741 (Teurnia). 12729 (Gradina in Dalmat.). *Cos. II ord.* 253. Als Mitte 253 die Legionen in Moesien M. Aemilius → Aemilianus (1) zum Kaiser ausriefen und dieser in Italien einfiel, zogen ihm Trebonian und V. entgegen, wurden aber im Aug. 253 bei Interamna von ihren eigenen Soldaten getötet, Aur. Vict. Caes. 31,2. Eutr. 9,5. – Bernoulli Röm. Ikon. II 3,160ff. Delbrück Münzbildnisse 93. **22.** Vibia. Gattin des L. Arruntius Camillus Scribonianus, *cos.* 32 n. Chr., der sich im J. 42 gegen Claudius empörte. V. floh mit ihm auf die Insel Issa (Lissa), Cass. Dio 60,15,3; dort wurde ihr Mann getötet (Tac. hist. 2,75), sie selbst verurteilt (Plin. epist. 3, 16,9) und in die Verbannung geschickt, war aber im J. 52 wieder in Rom, als ihr Sohn wegen *maiestas* angeklagt wurde, Tac. ann. 12,52,1. **23.** V. Matidia (d. J.). Tochter der Salonia → Matidia (1) und des L. Vibius Sabinus, Schwester von Nr. 24 (CIL X 3833. III 5807), Enkelin der → Ulpia (7) Marciana, der Schwester Traians (CIL V 3111), Tante des → Antoninus Pius, CIL X 4746; ihre Verwandtschaft in AE 1950, 32. Die Töchter Marc

Aurels weilten gelegentlich bei ihr in Rom, Front. ad Anton. imp. 4,1,1 (p. 109,7 v. D. Hout). Sie hatte Besitzungen in Afrika, CIL VIII 8812. Sie überlebte ihre Schwester (CIL III Suppl. 7213), erhielt ein Staatsbegräbnis, Front. ebd. 2,1,2 (p. 98, 17 v. D. Hout). Um ihr Testament gab es Schwierigkeiten, Front. ad am. 1,14,1 (p. 173,9); ad Anton. imp. 2,1,2 (p. 98,15), Sie und ihre Mutter müssen der Stadt → Vicetia ein Legat hinterlassen haben, aus dessen Zinsen die Vicetiner im J. 242 → Gordian III. eine Statue errichteten, CIL V 3112.

24. Vibia Sabina. Tochter des L. Vibius Sabinus *cos. suff.* 97 und der Salonia → Matidia (1), Nichte Traians von seiner Schwester → Ulpia (7) Marciana (Cass. Dio 69,1. BMCRomEmp III p. 352ff. Nr. 893–963. V 535ff. Nr. 1861–1906; Tav. 18,17. 21,12. CIL III 5807. * ca. 83/86; im J. 100 heiratete sie → Hadrian, Cass. Dio 69,1, *favente Plotina, Traiano leviter ... volente*, H. A. Hadr. 2,10. Sie nahm an den Leichenfeierlichkeiten für Matidia Ende 119 teil, Degri IV 1,77. Im J. 122 wurde der *praef. urbi* C. → Septicius Clarus wegen ungeziemenden Verhaltens der V. gegenüber entlassen; Hadrian soll geklagt haben, V. sei *morosa et aspera*, H. A. a. O. 11,3–4. Im J. 128 wurde ihr der Augusta-Titel verliehen, Oros. 7,13,3 (zum J. 125). Chron. Pasch. a. 126. Synk. p. 659. (Hier. chron. z. J. 128); sie erhielt das Münzrecht, BMCRomEmp p. CLXXXIV. Sie nahm an der 2. Reise Hadrians nach Griechenland 128/129 teil (Graindor Athènes sous Hadr. 10,2. 59,2. 131; Inschr. aus dieser Z. IG XII Suppl. 322), war in Eleusis (IG VII 73. 74), bei → Trophonios von → Lebadeia und Olympia, Carandini 77. Im März–Juni 129 bereiste sie mit Hadrian Kleinasien (SEG IV Nr. 253. IGRom IV 848. 88), 129/130 Äg.; mit der Dichterin → Iulia (A II 99) Balbilla besuchte sie am 20. Nov. 130 den Memnonskoloß, Bernard Inscr. gr. et lat. du colosse de Memnon, 1960, Nr. 29. 32; s. auch Erman Röm. Obelisken 10ff. (Inschr. auf dem Obelisken des → Antinous auf dem Pincio); bald nachher kehrte V. nach Rom zurück. Viell. starb sie nach Unstimmigkeiten mit Hadrian in der 2. Hälfte des J.s 136 (Pflaum, Hist. Aug. – Colloquium 1964, 95ff.), H. A. Hadr. 23,9. Aur. Vict. epit. 14,8. Sie wurde konsekriert, CIL VI 984. Im J. 139 mit Hadrian in dessen Mausoleum beigesetzt. – Mz. und Bildnisse bei A. Carandini V. Sabina, Acc. Toscana, St. XIII, 1969. Strack Unt. z. röm. Reichsprägung 2, 1933. R.H.

B. Literarische Persönlichkeit.

V. Sequester. Verfasser eines unter dem Titel *De fluminibus fontibus lacubus nemoribus paludibus montibus gentibus per litteras* durch den Vat. lat. 4929 (um 850) überlieferten Lex. geogr. Namen. Das *cognomen* hat – inzwischen überwundene – Zweifel erweckt: es ist nur durch CIL X 6484 *SEQVES* [...] bezeugt und hätte eine Erfindung nach Cic. Cluent. 25 *Sex. Vibium, quo sequestre* ... sein können. Der Charakter des Büchleins und seine spätesten Quellen (Sch.-Slg. Lukans aus dem 4. Jh.) weisen auf eine Lebensz. im 4./5. Jh.

Das Lex. gilt der Exegese der Dichter, nicht der Geogr., wie aus myth. Namen wie *Cocytos, Lethe* usw. hervorgeht. Jedes Cap. bietet die seinem Titel entsprechenden Namen (nicht ohne Verwechslungen: *Arimaspa, Taygeta* als Flußnamen betrachtet, u. a. m.) nach ihrem Anfangsbuchstaben geordnet, und zwar in der Folge der glossierten Dichter: Vergil, Lukan, Silius (nur B. 4), Ovid (met. 3 und 15, fast. 4). Dazwischen begegnen auch zahlreiche Namen, die den Sch. zu diesen Dichtern entnommen sind. Daraus geht hervor, daß V. als einzige Grundlage eine kommentierte Anth. dieser Dichter benutzt hat. Der Wert des Lex. besteht deshalb nur darin, daß es älteres Sch.-material und dadurch ältere Gelehrsamkeit vermittelt. F. L.

Ta.: *P. G. Parroni*, Milano 1965 (mit Lit.). *R. Gelsomino*, Lpz. 1967.

Lit.: *A. Püschel* De Vibii Sequ. libelli geogr. fontibus et compositione, Diss. Halle 1907.

Vibo Valentia (bei griech. Autoren volksetym. verändert, aber lautgleich ῾Ιππώνιον; Mela 2,69 *⟨Hipp⟩onium.* Plin. nat. 3,73 *Hippo⟨nium⟩*; nach der röm. Rückbenennung Οὐιβῶν Οὐαλεντία), am Platz einer sikul. Siedlung (Nekropole bis 6. Jh. v. Chr.: Orsi, NSA 1921, 273ff.) am *Vibonensis sinus* (Cic. Att. 16,6,1. Plin. nat. 3,72) bzw. κόλπος ῾Ιππωνιάτης (Strab. 6,255. 261), Ναπητῖνος (Antioch. FGrH 555 F 5) oder Λαμητικός (Aristot. pol. 7,1329b 13), h. Golf von Sant'Eufemia, im 6. Jh. (dor. Tempel: NSA 1923) gegründete lokr. (Skymn. 308. Strab. 6,256. Bocch. frg. 3 P.) Kolonie der Ϝειπων[ ]εῖς (zu *ueipōn-* vgl. *Vibona* Tab. Peut. 7,2. Itin. Anton. 111,2), die mit Lokroi und Medma über Kroton siegten (E. Kunze–H. Schleif, III. Bericht Olympia 1938/39, 77f. Taf. 24f.; vgl. o. Bd. III 364). Kontakte mit → Gelon erwähnt Duris FGrH 76 F 19. 422 kämpft V. gegen Lokroi (Thuk. 5,3,3 ᾿Ιπωνιέας Konjektur für ᾿Ιτωνέας; vgl. jedoch ᾿Ιτώνη bei Steph. Byz. s. ῎Ιτων). Zum Schutz gegen Lukaner E. 5. Jh. teilw. erhaltene Ziegelmauer. 388 zerstört Dionysios V. und verschleppt die Bewohner (Diod. 14,107,2. Dion. Hal. ant. 20,7); 379 von Karthagern wieder aufgebaut (Diod. 15,24,2). Mz. dieser Z.: Ϝειπ (Head HN^2 100f.). Nach Skyl. 12 ist V. (῾Ιππώνιον ält. Zeugnis vor Lykophr. 1069) noch in lukan., seit 356 in brutt. Hand (Diod. 16,15. Liv. 35,40,6. Strab. Ptol. 3,1,74. Steph. Byz. s. v.). 330 auf Mz. Εἰπωνιέων (Head a. O.), bei Archestrat. (Athen. 7,302a) Εἰπώνιον. 294 ist V. kurz im Besitz des → Agathokles Diod. 21,15. Strab. Duris), der den durch *Ithacesiae insulae* (Plin. nat. 3,85) gebildeten Hafen ausbaut; Thunfischfang (Ail. nat. 15,3. Athen. a. O.). 218 unterstützt Rom V. gegen Punier (Liv. 21,51,4) und schickt 192 die Kolonie (Liv. 35,40,

5f. *Vibonem*) *Valentia* (Vell. 1,14,8. CIL I^2 638. Mz. seit 89. Cic. Verr. 5,158); Doppelname bei Plin. Bocch. Mela. Strab. Steph. Byz. Ptol. Plut. Cic. 32,2. Seit 132 an der → *via publica* des Popilius (Itin.) und als Hafen erwähnt (Cic. Att. 3,3,4; Planc. 96); Rolle im Bürgerkrieg (Caes. civ. 3,101, 1f. App. civ. 4,3. 5,91 u.a.). *Tribus Aemilia* (L. Ross Taylor Voting Districts 271) in 3. Region (Plin. 3,73. Feldm. 209). Im 5. Jh. n. Chr. Bischofssitz (MGAA 12,410). G. R.

Forbiger HB. d. alt. Geogr. 3,512. *Nissen* It. Ldk. 2,956. *Weiß*, RE VIII 1910ff. *Oldfather*, RE Suppl. III 1155. *Radke*, RE VIII A 2000ff. *J. Bérard* La colonisation grecque etc., ^{2}1957, 212f. *Th. J. Dunbabin* The Western Greeks, 1948/1968, 164f. *U. Kahrstedt* Die wirtschaftl. Lage Großgriechenlands i. d. Kaiserzeit, Hist. ES 4, 1960, 32ff. *A. v. Stauffenberg* Trinakria, 1963, 73. 214. *E. Wikén* Die Kunde d. Hellenen v. d. Ländern u. d. Völkern d. Apenninenhalbinsel bis 300 v. Chr., 1937, 151f.

Vibonensis sinus s. Vibo Valentia

Vibulanus. Cognomen (wohl von einem unbekannten Ort, I. Kajanto Lat. Cognomina, 1965, 209), bes. bei den → Fabii (I 49–54). H. G. G.

Vibulenus. 1. Gemeiner Soldat, der mit Percennius im J. 14 die pannon. Legionen aufwiegelte, Tac. ann. 1,22,1f. 28,4, wofür beide von → Drusus (II 1) hingerichtet wurden, 1,29,4. R. H.

2. V. Agrippa s. Vibullius (II 2)

Vibullius. Röm. Gentilname, selten (Nebenform → *Vibellius*), möglicherweise etr. Herkunft (Schulze Eigenn. 405).

I. Republ. Zeit. L. V. Rufus, treuer Anhänger des → Pompeius (A I 1). Von diesem wurde er 56 nach der Konferenz in Lucca zu Cicero geschickt, fam. 1,9,10, vgl. Ed. Meyer Caes. Mon.^{2} 144., im J. 54 zu Caesar nach Gallien beordert (vgl. Gelzer, RE VII A 956) und 49 (wohl als *praefectus fabrum*, Broughton 2,271) in Picenum eingesetzt, Caes. civ. 1,15,4. Seine 14 Cohorten mußte er dem L. → Domitius (I 12) Ahenobarbus unterstellen, mit dem er in Corfinium im Febr. 49 von Caesar gefangen wurde. Nach baldiger Entlassung begab er sich wieder zu Pompeius, in dessen Auftrag er nach Spanien zu L. → Afranius (2) ging, wo er erneut gefangen und begnadigt wurde. Caes. civ. 3,10,1. Anf. 48 übermittelte er die Friedensvorschläge Caesars an Pompeius (3,10,2ff.), natürlich ohne Ergebnis. Gelzer Pompeius ^{2}212. 214. H. G. G.

II. Kaiserzeit. **1.** Praetor im J. 56, ließ rauflustige Anhänger von Schauspielern trotz Einspruches des Volkstribunen → Antistius (II 4) Sosianus einsperren, Tac. ann. 13,28,1. **2.** V. Agrippa ist die richtige Namensform (s. Syme, JRS 39, 1949, 17) des bei Tac. ann. 6,40,1 erwähnten Ritters, der wegen *maiestas* im J. 36 (nach Cass. Dio 58,21,4 im J. 33) angeklagt wurde, noch in der Kurie sich durch Gift tötete und trotzdem noch im Kerker stranguliert wurde. **3.** L. V. Hipparchus. Aus der Exedra des → Herodes (16) Atticus in Olympia dürfte sein Standbild erhalten sein, Olympia Textbd. III 1,268f. T. 66,2; die Basisinschr. Olympia, Ergebnisse V 637ff. Nr. 627. Seine Tochter Athenais (ebd. Nr. 628) hatte er wahrscheinl. von Appia Annia Claudia Atilia Regilla Elpinice Agrippina Atria Polla, der älteren Tochter des Herodes Atticus (anders Stein PIR^2 II 181 Nr. 802); er gehört in die 2. Hälfte des 2. Jh.s. R. H.

Vica Pota besaß am Fuß der Velia am alten Platz des Hauses des Valerius Poplicola eine *aedes* (Liv. 2,7,12. Plut. Popl. 10,6; *Victoria* bei Ascon. p. 13 Cl.) mit Stiftungstag am 5. Jan. (Fast. Ant. vet. ILLRP Nr. 9); sie heißt bei Arnob. 3,25 *Victa et Potua.* Nach Cic. leg. 2,28 ist V. die Göttin *vincendi potiundi*, nach Varro frg. 105. 172 Fun. heißt sie so *a potione*, nach Arnob. a. O. *victui potuique procurant.* Sen. apocol. 9,4 nennt V. Mutter des *Di[e]spiter*. Kaum mit *Veica Noriceia* (CIL I^2 2217) ident. G. R.

Prell.-Jord. 2,245. *Peter*, Myth. Lex. 2,230f. *Wissowa* Rel. ^{2}140. 244. *Latte* RRel 137; Myth. Lex. 6,295. *Radke* Die Götter Altitaliens 336.

Vicarius. 1. Stellvertreter (allg.: Cic. Verr. 4,81. Liv. 29,1,8f. Quint. decl. 9,9. CIL I 202), speziell von Beamten und Offizieren. Nicht immer wird deutlich, ob es sich um Vertretung des Stelleninhabers handelt oder um Ersatz. Stellvertretung der Statthalter durch dafür eingesetzte ritterliche *procuratores* kommt seit dem 3. Jh. häufiger vor: *vice praesidis* bzw. *agens vices praesidis, vice procons.* (DessILS 545. 593. 1186. 1370f.). Auch Vertreter von Offizieren begegnen im wesentl. seit dem 3. Jh. (DessILS 1356. 2219. Amm. 14,11,5. Veg. 3,4,6. Cod. Iust. 12,37,19). Im 4./6. Jh. finden sich mil. *v.* mit Angabe der Garnison häufiger in Äg. (z. B. Pap. Cair. Masp. 67057. Pap. Münch. 14,17). Als *τοποτηρηταί* wurden im 6. Jh. von Stelleninhabern selbst ernannte Vertreter bezeichnet (gegen solche Ernennungen Iustinian in Nov. 8,4 und 134 pr.). Die bedeutsamsten *v.* wurden die *v.* als Stellvertreter der Prätorianerpräfekten. *Vice praefectorum* handelnde Beamte gab es bereits im 3. Jh. (Ulp. Dig. 32,1,7,4). Vom 4.–6. Jh. waren sie dann vom Kaiser ernannte Gehilfen der Prätorianerpräfekten in den von Diocletian eingerichteten Diözesen (→ Dioikesis 2; Not. dign. or. 1, 30ff.; occ. 1,24ff.). Den *v.*, zunächst *viri* → *perfectissimi*, dann bald → *viri clarissimi* und seit ca. 385 → *spectabiles*, stand ein von einem *princeps* geleitetes *officium* (200–300 *officiales*) zur Verfügung (Cod. Theod. 1,15,12ff.; 28,1. Not. dign.). Die *v.*, Vorgesetzte der Statthalter (mit Ausnahme der Proconsuln), hatten Appellationsgerichtsbarkeit (Cod. Theod. 11,30,9. 28ff.). Als *ordinarii iudices* waren sie in Kriminal- und Zivilgerichtsbarkeit tätig. Als Verwaltungsbeamte hatten sie Aufsichtspflicht über die Statthalter und die Staatspost, aber auch etwa die Verpflichtung, bestehende Privilegien und Zwangsbindungen zu überwachen, an der Steuererhebung mitzuwirken, Berichte an den Kaiser weiterzuleiten (neben Cod. Theod. und Iust. pass. beachte man die Zusammenstellung bei Cassiod. var. 6,15). Schon z.Z. Caracallas ist ein *v. praef. urbi* bezeugt (DESSILS 478), doch als ständige Institution erst seit Diocletian (Zos. 2,9,3. Cod. Theod. 9,21,1). Nachdem dieses Amt bereits 357 wieder aufgehoben wurde, bezeichnet *v. u. Romae* einen *v.* des *praef. praet. Italiae*. Der Amtsbereich dieses auch in Rom eingreifenden *v.* umfaßte Mittel- und Süditalien, einschl. der Inseln (A. CHASTAGNOL La préfecture urbaine a Rome, 1960, 29ff.). **2.** *V.* war häufig auch Bezeichnung für Sklaven, die zum → *peculium* von Sklaven, der *servi ordinarii*, gehörten (z.B. CIL 6,63,84ff. DESSILS 1503ff. 7421. 7468. Dig. 15,1,11. 19. 33,8, 6. 22). Auch der *v.* (manchmal auch *peculiaris, conservus, verna*) konnte wieder *v.* besitzen. Rein rechtlich (aber nicht de facto) war auch der *v.* Eigentum des Herrn. Nur dieser konnte ihn freilassen. Den *v.* entsprechende »Untersklaven« gab es auch sonst in der Alten Welt. A. L.

Vicellinus. Cognomen (I. KAJANTO Lat. Cognomina, 1965, 163), bei Sp. → Cassius (I 26). H. G. G.

Vicesima. 1. Die *v. hereditatium*, eine 5% Erbschaftssteuer, wurde im J. 6 n. Chr. unter Augustus durch die *lex Iulia de v.h.* (Cass. Dio 55,25) eingeführt. Ihr Ertrag floß in das → *aerarium militare*. Caracalla erhöhte den Steuerfuß auf 10%. Unter Iustinian hat diese Steuer nicht mehr bestanden. Sie gehörte in die Gruppe der *vectigalia*.

G. Wesener, RE VIII A 2471ff. *Marqu.* RStV 2,266ff. *Hirschfeld* VB 96ff. *B. Biondi* Acta divi Augusti 1, 1945, 219ff. *De Laet*, AC 16, 1947, 29ff. *Gian. Longo*, Noviss. Digesto Ital. 9, 1963, 812.

2. Die *v. manumissionum* oder *v. libertatis* (→ *manumissio*), eine 5% Steuer vom Werte des freizulassenden Sklaven, wurde im J. 357 v. Chr. vom Consul Cn. → Manlius (I 21) Capitolinus durchgesetzt und vom Senate bestätigt (Liv. 7,16,7). Sie wurde schon in früher Z. in Gold gezahlt und diente zur Anlegung eines Reservefonds (→ *aerarium sanctius*). Von Caracalla wurde sie auf 10% erhöht, von Macrinus wieder auf 5% reduziert. Sie gehörte wie die *v.h.* zu den *vectigalia* und wurde wohl gleichzeitig mit dieser aufgehoben. G. We.

G. Wesener, RE VIII A 2477ff. *Marqu.* RStV 2,161. 281. *Hirschfeld* VB 106ff. *E. Ferenczy*, Acta ant. Acad. Hung. 14, 1966, 113ff.

Vīcētia (*ī, ē:* Ven. Fort. 8,3,165; vgl. Ail. nat. 14,8 Βιγητίαν bzw. Βικεντίαν; CIL I² 636 *Veicetinos*), angeblich kelt. Gründung (Iust. 20,5,8) in Venetien (Ptol. 3,1,30), *municipium* (Tac. hist. 3,8; πολισμάτιον Strab. 5,214) der 10. Region (Plin. nat. 3,130) in *tribus Menenia* (L. ROSS TAYLOR Voting Districts 273) an *via Postumia* (Itin. Anton. 128,2. Burd. 559,1. Tab. Peut. 4,4); zuerst erwähnt bei Cic. fam. 11,19,2. Heimat des → Remmius (2) Palaemon (Suet. gramm. 23); h. Vicenza. G. R.

Forbiger HB. d. alt. Geogr. 3,415. *Nissen* It. Ldk. 2,218. *Gazzola* Ponti romani 100ff.

Vici magister (στενώπαρχος Cass. Dio 55, 87), Vorsteher der Straßenbezirke Roms. Sie pflegten den Kult der → *Lares compitales* und die *ludi compitalicii*, CIL VI 1324. Ihre *collegia* wurden als polit. Unruheherde 64 v. Chr. verboten, 58 von Clodius wieder hergestellt und durch Caesar beschränkt, Ascon. Pis. 7 CL. Suet. Caes. 42. Seit der Einteilung der Stadt in 14 Regionen durch Augustus 7 v. Chr. hatte jeder der 265 *vici* 4 *v.m.*, DESSILS 6073. Die *v.m.*, Freigeborene, in der Mehrzahl Freigelassene (von 275 *v.m.* im CIL VI 975 waren nur 36 *ingenui*), auf 1 J. (Wiederholung statthaft, CIL VI 282) aus den Bewohnern der *v.* gewählt, traten ihr Amt am 1. Aug. an, Suet. Aug. 30. Die gleiche Zahl *servi publici* halfen ihnen als *ministri*, CIL VI 35. 445f. Fasti der *v.m.* DegrI III 1,279ff. Die Jahreszählung begann mit 7 v. Chr. Die für einige *v.* angenommene Rechnung vom J. 12 oder 9 v. Chr. wird von NIEBLING 328 widerlegt. Die *v.m.*, den Vorstehern der Regionen unterstellt, betreuten den Kult der *Lares compitales* und des *Genius Augusti*, legten bei den *ludi compitalicii* am 1. Jan. (später vom 3.–5. Jan.) die *toga praetexta* an und erhielten 2 Liktoren, sorgten für die *sacella* und die Opfer und bis zur Aufstellung der → *cohortes vigilum* 6 n. Chr. für das Feuerlöschwesen und den Kult der → *Stata mater*, Ov. fast. 5,145f. Suet. Aug. 30. Cass. Dio a. O. CIL VI 445. 448. 747. 761. 763ff. 802. Opferdarstellungen bei NIEBLING 312. Sie wirkten bei der Getreideverteilung und einigen Spielen mit. Tiberius bedachte sie mit Legaten, Suet. Aug. 40,3. 43,1; Tib. 76. In konstantin. Z. hatte jede Region bei schwankender Zahl der *vici* unter 2 *curatores* 48 *v.m.*, insgesamt gab es dann 672 *v.m.*, JORD. Top. 2,539ff. *v.m.* mit Stadteinteilung in *vici* waren in Verona (CIL V 3257), Neapel (X 1582), Pompeii (G. K. BOYCE, AJA 44, 1940, 113), Etrurien (L. R. TAYLOR Local cults in Etruria) und Ostia (XIV 4298). G. NIEBLING, Hist. 5, 1956, 303ff. H. V.

Victimarius (älter *victumarius*), Opferdiener, *qui victima(s) sacris caedere saepe solent* CIL XII 533; *victimator* Lact. Plac. Stat. Theb. 4,463; μοσχοθύτης, μοσχοτόμος Philox. Gloss. Lat. 2,287. Die *v.*, Sklaven oder Freigelassene, die das Tier mit einem Hammer betäubten, hießen *popae*, die es töteten, *cultrarii*, Serv. Aen. 12,120. Suet. Cal. 32,3. CIL X 3984. Ihre Tracht, schon auf frühen etr. Denkmälern dargestellt, war der *limus*, ein rot umränderter Lendenschurz mit Fransen, H. A. Comm. 5,5 (*habitus victimarii*). I. S. RYBERG Rites of the State religion in Roman art, Mem. Amer. Acad. 22, 1955, 6ff. T. 2ff. Sie trugen oft glückverheißende Namen, Cic. div. 1,102. Plin. nat. 28,12. CIL X 3501. Ein böses Zeichen war es, traf ein Blitz den *v.*, H. A. Hadr. 14,3. Die Konstellation für den Beruf des *v.* gibt Firm. math. 3,5,27. F. CUMONT L'Égypte des astrologues 1937, 130,3. 181 v. Chr. ließ der Praetor die Bücher des → Numa durch die *v.* verbrennen, Liv. 40,29,14. Val. Max. 1,1,12. Der *suarius negotiator Serapion* war um 138 v. Chr. *v.*, Val. Max. 9,14,3. Weitere *v.* zeigen Mz. um 89, Malereien in Delos, Altäre und Tempelfriese, GRUEBER Coins 2,31 ff. M. BULARD Explor. archéol. de Délos 9. 142. T. V 1. XI 1. XIII 1. XVII f.; DERS. La religion domestique de Délos 60,2. RYBERG T. 6 ff. D. FACENNA, Arch Class 6, 1954, 23 ff. (Denkmälerverzeichnis). In der Kaiserz. wohnte das *collegium* der *v.* in Rom in den *castra victimariorum* (Lage unbekannt), CIL VI 971. MOMMSEN RStR 1^3,367. → Curiosum urbis Romae 106,8 N. Es gab einen *praepositus v.* und einen *v. principalis,* CIL VI 9087. X 3501. *v.* waren auch in den Municipien (AE 1964, 134), in der Begleitung der Kaiser (RYBERG T. 44. 46. 50. 54 f.), in den stadtröm. Vigiles (DESSILS 2157), den Legionen, den *cohortes urbanae* und *praetoriae,* den *equites singulares* und beim *officium praesidis* beschäftigt. A. S. HOEY, YClS 7, 1940, 192. A. v. DOMASZEWSKI Die Rangordnung des röm. Heeres, ²1967 (Index). A. DEGRASSI, Scritti vari, 1967, 68,63. H. V.

Victor. **1.** Röm. Cognomen, erst ab Mitte 1. Jh. v. Chr. nachweisbar (Cic. Att. 14,14,2. GUNDEL, RE VIII A 2057 f.), doch später mit 1699 Belegen ([1], 30) eines der häufigsten Cognomina. Nomen agentis von *vincere*, gehörte V., wie *Felix*, *Faustus* u.a., zur verbreiteten Kategorie der »Wunschnamen« ([1], 71 ff. 96). **2.** Röm. Götterepitheton seit Anf. 3. Jh. v. Chr., belegbar zuerst a) für → Iuppiter V. als Kriegsgott (s. o. Bd. III 3 f. DUMÉZIL La rel. rom. arch., 1966, 59), dem 295 Q. → Fabius (I 38) Maximus in der Schlacht von → Sentinum einen Tempel und die → *spolia hostium* gelobte (Liv. 10,29,14) und 293 L. → Papirius (27) in der Schlacht von → Aquilonia ein *pocillum mulsi* (Liv. 10,42,7). Auf dem Palatin und viell. auf dem Quirinal besaß er Tempel (Ov. fast. 4,621. BÖMER 261 z. St. PLATNER-ASHBY 307. [2], 2494). Wohl in die gleiche Z. fällt der Kultanf. für b) → Mars V. ([2], 2487; vgl. SCHOLZ Stud. z. altit. u. altröm. Marskult u. Marsmythos, 1970, 34 ff.). Das vor der Sentinum-Schlacht sich ereignende Wolfsomen wird begrüßt: *hinc v. Martius lupus* (Liv. 10,27,9. BAYET, Coll. Lat. 58, 1962, 244 ff.). Mars V. galt das Fest am 1. März (Feriale Duranum I, Z. 19 f.: FINK, YClS 7, 1940, 82). Er wird z. B. neben Iovis (sic!) V. und → Victoria am 25. März 101 n. Chr. in den *vota pro salute et reditu et victoria* der → Arvales Fratres für Traianus genannt (Act. Fratr. Arv. ed. PASOLI, p. 145), dann ab Mitte 3. Jh. n. Chr. im Zusammenhang mit der »neuen Marsrel.« im röm. Heereskult (v. DOMASZEWSKI Rel. d. röm. Heeres 34. [2], 2494. [7], 69 f.), wie er auch neben Iuppiter V. seit Galba und Vitellius häufig auf kaiserzeitl. Mz. erscheint ([4], 284 f.). Auch die Kultanf. von c) → Hercules V. dürften ins 3. Jh. v. Chr. führen ([2], 2487). Er war Stadt- und Kriegsgott von → Tibur, einem der Zentren it. Hercules-Verehrung, wo sein Tempel zu den Sehenswürdigkeiten zählte (GIULIANI Tibur 1, 1970, 25 ff. 164 ff. m. Abb. 194 ff. WEINSTOCK, RE VI A 827 ff.). In Rom hatte er einen Tempel an der Porta → Trigemina (Macr. Sat. 3,6,10), für uns der »frühest erhaltene, aus Marmor errichtete Tempel« Roms, vom E. 2. Jh. (RAKOB-HEILMEYER Der Rundtempel am Tiber in Rom, 1973, 38), wo sein Fest am 13. Aug. gefeiert wurde (PIGANIOL, Homm. à Grenier 3, 1962, 1261 ff.), einen zweiten am Forum Boarium (Macr. ebd.; LYNGBY Beitr. z. Top. d. Forum-Gebietes in Rom, 1954, 24 ff.), einen dritten wegen CIL I^2 626 vermutl. auf dem Caelius, von L. → Mummius (I 4) 145 v. Chr. gelobt, 142 gebaut ([2], 2495). Hierherzustellen ist ferner d) das entspr. Epitheton *Victrix* für weibl. Gottheiten, so bes. für → Venus, deren Kult als V. in Rom Pompeius (1) mit einer Tempelstiftung 55 inaugurierte (Plin. nat. 8,20. SCHILLING La rel. rom. de Vénus, 1954, 296 ff.), was 48 → Caesar (12) aufgriff, der ihr vor der Schlacht von Pharsalos, wo er die Parole *Venus V.* ausgab (App. civ. 2,76,319), ebenfalls einen Tempel gelobte (App. civ. 2,68,281). **3.** Röm. Kaisertitel ab Anf. 4. Jh. n. Chr., wobei → Constantinus I. »chief propagator of the new epithet« war ([3], 243) und V. z. T. sogar als Praenomen für *Imperator* einsetzte ([2], 2492 f.). Schon ant. Komm., so Eus. Vit. Const. 2,19,2, sahen dafür die chr. Kreuzesvision *hoc signo v. eris* von 312 als Ursache (s. o. Bd. I 1286), doch blieb Constantin hier wie auch sonst beim übl. »Litaneistil« ([5]) kaiserl. Titulatur (TAEGER Charisma 2, 1960, 463. [3], 242 ff.; anders ALFÖLDI The Conversion of Constantine, 1948, 59). Vergleichbarste Epiklesen *Invictus* und *Felix*, wie er sich auch nannte, waren seit → Commodus offizielle kaiserl. Cognomina ([6], 16. 21) und hatten Vorläufer im *Felix*-Cognomen des → Sulla (1), im *Invictus*-Titel von Caesar (Cass. Dio 43,45,3) und Tiberius (Suet. Tib. 17,2) und letztlich in → Seleukos (1) Νικάτωϱ und → Alexandros (4) Ἀνίκητος (Hyp. 1 Frg. 7, col. 32, 3 ff.). *Victoriosus semper* erscheint seit M. → Aurelius (28) Probus, Constantinisches *ubique V.* (CIL VIII 2386) z. B. ebenso bei → Constantius (1) Chlorus, → Maximinus (2), → Licinius (II 3), → Crispus (3) und → Constantinus II., → Gratianus und → Valens (1) heißen *toto orbe V.*, → Iulianus (5) *V. ac Triumphator semper*, und schon 306/07 wird → Maximianus (1) als V. apostrophiert (CIL III 6633; Belege [6], 24 f.; vgl. KNEISSL Die Siegestitulatur d. röm. Kaiser, 1969, 174 ff. FREI-STOLBA, MH 26, 1969, 18 ff.). **4.** Auffällig häufiger chr. Märtyrername, weshalb man V. im Sinne chr. *militia dei*-Symbolik als »Ehrenbeinamen« *(agnomen ex virtute)* gedeutet hat ([7], 27 ff. BICKEL, RhM 98, 1955, 253 ff. u. a.), doch haben neue Unt.

der chr.-afrikan. Inschr. des 2./3. Jh.s ihn zumind. für den nordafrikan. Raum, von dem er freilich mit ausgegangen zu sein scheint, nur als gewöhnl. *cognomen ex voto* erwiesen ([8]). D. Wa.

1. *Kajanto* The Latin Cognomina, 1965. 2. *Weinstock*, RE VIII A 2485ff. 3. *Ders.*, Harv. Theol. Rev. 50, 1957, 211ff. 4. *Keune*, Myth. Lex. 6,282ff. 5. *Alföldi*, MDAI(R) 50, 1935, 86ff. 6. *Berlinger* Beitr. z. inoffiziellen Titulatur d. röm. Kaiser, Diss. Breslau 1935. 7. *Rütten* Die Victorverehrung im chr. Alt., 1936. 8. *Saxer*, RAC 44, 1968, 209ff.

5. Flavius V., Sarmate, strenger Katholik (Basil. epist. 152f. Theodoret. 4,33), diente sich unter → Constantius II. empor, wurde viell. schon 362 *mag. ped.* (Zos. 3,13,3; vgl. aber Amm. 24,6,4. 26,5,2), zeichnete sich im Perserkrieg Iulians aus. V., maßgeblich beteiligt bei der Wahl → Iovians, seit 364 *mag. mil.* unter Valens, wurde 366 und anläßlich der Friedensverhandlungen als Gesandter zu den Goten geschickt (Amm. 25,5. 27,5. Cod. Theod. 7,4,12). 369 Consul (Them. or. 9), 377/78 eingesetzt in den Kriegen gegen Perser und Goten, suchte V. bei Adrianopel vergeblich → Valens zu retten (Amm. 30,2. 31,7. 12. Zos. 4,24). Danach lebte V. (im Amt bis 379?), verheiratet mit einer Tochter der → Mavia, noch einige J. im O., meist in Antiocheia (Liban. or. 2. 9. 57,50. Sokr. 4,36. Greg. Naz. epist. 133f. von 382/83). A. L.

M. Waas Germanen im röm. Dienst, [2]1971, 110f. *A. Demandt*, RE Suppl. XII 582f. 764f.

6. Im 6. Jh. kath. Bischof von Vita in der Provinz Byzacena, hat eine Darstellung der Verfolgung der kath. Kirche Nordafrikas durch die arian. Vandalen verfaßt. Das auf Erlebnissen des Vf. beruhende Werk, in dem als darstellerische Vorbilder → Rufinus (II 2) und → Hieronymus genannt sind, dürfte kurz nach Ende der Verfolgung um 585 entstanden sein. Die V. zugeschriebene Passio der 7 mönch. Märtyrer in Carthago stammt wahrscheinl. nicht von ihm. B. R. V.

Ta.: *C. Halm*, MGAA 3,1, 1879. *M. Petschenig*, CSEL 7, 1881.

Lit.: *M. Schuster*, RE VIII A 2069/71. *Ch. Courtois* V. de Vita et son oeuvre, 1954. *H.-J. Diesner*, Philol. 106, 1962, 101–120. *Altaner*[7] 488/89.

7. S. Aurelius V., spätröm. Geschichtsschreiber (2. H. 4. Jh. n. Chr.), Afrikaner aus einfachen Verhältnissen (Caes. 20,5). Von Julian zum Statthalter der Pannonia secunda ernannt (361. Amm. 21,10, 6); unter Theodosius *praef. urbi* (um 389) und *iudex sacrarum cognitionum* (DESSILS 2945). Mit dem Namen des A.V. sind seit der Ed. princ. 4 kleinere hist. Schriften verknüpft: 1. die sog. *Origo gentis Romanae*; 2. *De viris illustribus urbis Romae*; 3. *Historiae abbreviatae (= Caesares)*; 4. *Libellus de vita et moribus imperatorum breviatus ex libris S. Aurelii V.is (= Epitome de Caesaribus)*.

Die sog. *Origo* behandelt Roms myth. Ursprünge von → Ianus und → Saturnus bis Romulus; die *Viri illustres* enthalten 86 Biogr. der röm. Könige und hist. Persönlichkeiten aus republikan. Z. (darunter auch von Frauen und Nichtrömern); die *Caesares* haben die Kaiserz. von Augustus bis zum J. 360 zum Gegenstand. Diese 3 Schriften sind als ein – wohl bald nach 360 zusammengestelltes – »Corpus« überliefert. Der in den beiden Hss. begegnende Titel *Origo gentis Romanae*, der jetzt allein für die erste Schrift verwendet wird, bezieht sich in Wahrheit auf das ganze Corpus; er bedeutet »Geschichte des röm. Volkes« ([5], 58ff.). Er macht für die sog. *Origo* eine Anzahl republikan. Quellen und für die *Viri illustres* Livius namhaft; er weist – mit Recht – lediglich die *Caesares* dem A.V. zu. Die 3 Schriften stammen von je verschiedenen Vf.; sie ignorieren sämtlich das Christentum. Der anon. Kompilator hat sie offensichtl. ausgewählt, um einen mit den chr. Chroniken konkurrierenden Gesamtüberblick über die röm. Gesch. herzustellen; das Corpus gehört somit in den Kontext jener heidnisch-röm. Reaktion, die einige Z. später in → Symmachus (4) ihren Mittelpunkt fand. Die sog. *Origo* und die *Caesares* sind nur als Teile des Corpus bewahrt geblieben, während für die *Viri illustres* eine reiche Sonderüberlieferung zu Gebote steht (dort figuriert meist der jüngere Plinius als ihr Vf.). Wie ein Vergleich der beiden Traditionsstränge lehrt, hat der Kompilator des Corpus den Anfang der *Viri illustres* getilgt, um eine Überschneidung mit der sog. *Origo* zu beseitigen. Die Corpus-Fassung der *Viri illustres* enthält Itp. aus → Eutropius (1) und → Orosius; diese sind über die *Historia miscella* des Landulfus Sagax, also nach 1020, in den Text geraten ([5], 59f.).

Die anon. sog. *Origo*, eine wichtige Quelle für den Aeneasmythos u.a. italisch-röm. Sagen, ist gespickt mit Zit. aus den Annalisten und sonstigen republikan. Autoren; sie bekundet den Urzeit-Enthusiasmus des untergehenden röm. Heidentums, der sich vor allem in den Saturnalien des → Macrobius ein Denkmal gesetzt hat. NIEBUHR hielt die ganze Schrift für ein Machwerk der Humanistenz.; MOMMSEN erklärte die Zit. für gefälscht; beide Thesen haben sich als unrichtig erwiesen. Die sog. *Origo* scheint im wesentl. auf ein antiquar. Werk der beginnenden Kaiserz. zurückzugehen, kaum (so jedoch [4]) auf L. Iulius → Caesar (I 4), Consul 64.

Die *Viri illustres*, wohl eine Epit. aus einem unbekannten Werk, enthalten offenbar vorlivian. Überlieferung. Die – nicht immer in chronolog. Folge geordneten – kurzen Biogr. bieten in simplem Stil dürre Daten und Fakten sowie manches Anekdotische; sie enthalten zahlreiche Irrtümer. Die Schrift ist von geringem Wert; sie enthält keinerlei Ansätze zu Charakterbildern; sie verzichtet sowohl auf alles Zuständliche (Verfassung, soziale Verhältnisse usw.) als auch auf jeden Versuch, die einzelnen Persönlichkeiten in übergreifende hist. Zusammenhänge einzuordnen.

Die *Caesares*, das einzige erhaltene Werk, das wirklich von A.V. verfaßt ist, gehören in die Tradition der moralist. röm. Geschichtsschreibung (s. bes. 33,26); sie stehen insbes. in der Nachfolge Sallusts ([1]). Der Autor, der in einem für Kompendien ungewöhnl. Maße seine eigenen Auffassungen zu erkennen gibt, sucht die Handlungen und den Charakter der Kaiser in engem Wechselbezug zu schildern; er mißt außer den *mores* dem Bildungsstand eines jeden Herrschers große Bedeutung bei (s. bes. 8,7f. 19,3f. 24,10. 40,12–14. Hierzu [12], 77ff.). Er hat sich bemüht, die einzelnen Biogr. in ein Gesamtbild von der röm. Kaiserz. zu integrieren. Er bringt zum ersten Male die noch heute übl. Periodisierung: 1. jul.-claud. und flav. Dynastie; 2. Adoptivkaiser; 3. Soldatenkaiser; 4. Dominat; hierbei werden die ersten 3 Jh.e als Kontinuum von Aufstieg, Wende und Verfall gedeutet (s. bes. 24,8ff.; vgl. Sall. Cat. 10). Als leitende Gesichtspunkte dienen vor allem der sich steigernde Absolutismus und – in Spannung hierzu – die zunehmende Macht des Militärs. A.V. erstrebt und erreicht in hohem Maße ein unabhängiges, objektives Urteil: wenn er zumal das Heer mit scharfer Kritik bedenkt (18,2. 34,1. 37,5), so identifiziert er sich andererseits ebensowenig wie → Ammianus Marcellinus mit der Aristokratie (33,13. 37,6f.); er hat überhaupt einen wachen Blick für die wirkl. Schäden und deren wahre Urheber. Sein gekünstelter, in Inkonzinnitäten schwelgender Stil gehört zum Schwierigsten der gesamten Latinität. Die lange vernachlässigten *Caesares* beginnen neuerdings die Aufmerksamkeit zu finden, die ihnen gebührt; s. bes. [3]. [10]. [11].

Die gesondert tradierte *Epitome de Caesaribus* ist wie die *Caesares* eine mit Augustus beginnende Folge kurzer Kaiserbiogr.; sie reicht bis zum Tode von Theodosius I. Die Inscriptio der Hss. bezeichnet sie fälschl. als Auszug aus den *Caesares*; der Irrtum wurde wohl dadurch verursacht, daß die *Epitome* in den ersten 11 Cap. zahlreiche Passagen nahezu wörtl. aus den *Caesares* übernommen hat. Die anspruchslose Schrift ist mit wenig Geschick aus verschiedenen, teils bestimmbaren (A.V., Eutrop), teils unbestimmbaren Quellen zusammengestoppelt. Die Biogr. stehen isoliert, d.h. ohne daß weiterreichende Perspektiven erkennbar würden, nebeneinander.

Die *Caesares* haben der *Epitome* sowie der → *Historia Augusta* (s. [8]. [9]) als Quelle gedient. Die *Viri illustres* wurden, wie die große Zahl der Hss. aus dem 14. und 15. Jh. vermuten läßt, im späten MA. als Schulbuch benutzt. Die *Epitome* hat Spuren bei Paulus Diaconus, Frechulf von Lisieux u.a. Historiographen des MA. hinterlassen. M. F.

Ed. pr.: Antwerpen 1579 *(Schottus)*.

Ta. (alle 4 Schriften): *Pichlmayr*, 1911 (Nachdr. 1961 m. Addenda v. *Gründel*).

Lit.: 1. *Th. Opitz*, JbPhPäd 127, 1883, 217ff. 2. *E. Hohl*, Hist. 4, 1955, 220ff. 3. *Ch. G. Starr*, Am. Hist. Rev. 61, 1955/56, 574ff. 4. *E. Bickel*, RhM 100, 1957, 201ff. 5. *A. Momigliano*, JRS 48, 1958, 56ff. 6. *G. Puccioni*, Stud. Urb. di stor., filos. e lett. 33, 1959, 27ff. 7. *S. d'Elia* Studi sulla tradizione manoscritta di A.V. I, 1965. 8. *A. Chastagnol*, RPh Ser. 3,41, 1967, 85ff. 9. *Ders.*, Bonner H.-A.-Colloquium 1966/67 (Beitr. z. H.-A.-Forschung 4), 1968, 53ff. 10. *W. den Boer*, Mnem Ser. 4,21, 1968, 254ff. 11. *Ders.* Some Minor Roman Historians, 1972. 12. *D. Holtkamp* Die Bildung d. Herrscher im Urteil kaiserzeitl. Historiker, Diss. Konstanz 1969. 13. *J. Schlumberger* Die Epit. de Caes., München 1974.

S.a. Egnatius (II 7. 8. 9). Iulius (B 20). Marius (III 2)

Victoria, mit → Nike eng verwandte röm. Siegesgöttin. NAME: zu *vincere*, doch eher Verbalabstraktum ([1], 2501 WACKERNAGEL Kl. Schr. 2,1286) als Fem. eines Adj. * *victorius*, abgeleitet von *victor* mit Bdtg. »Kraft des Siegers« (LATTE RRel 234f.), da V. keine »Eigenschaftsgottheit« war, die zum Sieg verhalf, sondern Personifikation des »errungenen Sieges« ([2], 173ff.). Kultgesch.: V. gehörte mit → Fides, → Honos, → Salus u.a. zur Gruppe der Kulte von Wertbegriffen, die zwischen E. 4. und E. 3. Jh. v. Chr. in Rom entstanden (LATTE a.O. 233ff.). Wie so oft in der röm. Rel. dieser Z., steht auch am Anf. des V.-Kultes die Tempelstiftung ([3]): 294 errichtete der Konsul L. → Postumius (I 25) Megellus im Samniterkrieg einen V.-Tempel auf dem Palatin am sog. *clivus Victoriae* (Liv. 10,33,9. Fest. 318,29 L.; z. Lage: CASTAGNOLI, ArchClass 16, 1964, 185f.). Das Votum dürfte ca. 306 oder nach 304 erfolgt sein ([4], 66). Die erste V.-Statue auf dem Forum ist für 296 bezeugt (Zon. 8,1,2). Auf dem Capitol erhielt Anf. 216 die von → Hieron II. geschenkte *V. aurea* Sitz und Kult (Liv. 22,37,12). Die im 3. Jh. rasch gewachsene Popularität bezeugen bes. die V.-Mz. ([5]), so ab ca. 235 die → Quadrigati mit V. als Wagenlenker des → Iuppiter, ab ca. 213 die → Victoriati mit der ein → Tropaion bekränzenden V., die → Bigati ab ca. 200 mit V. im eigenen Wagen. Formal abhängig von griech. Nike-Vorbildern, reflektieren sie selbst in den Krisen des 2. Pun. Krieges (THOMSEN [5], 367) die röm. »Siegesmacht«, und zwar des ganzen *populus Romanus*, nicht einzelner Feldherren ([2], 77f.). Hingegen scheint die erste genuin röm. V.-Kultstatue die *V. Virgo* der von → Cato (4) 195 in Spanien vovierten und 193 neben dem palat. V.-Tempel errichteten → Aedicula (Liv. 35,9,6). Mz. der *gens Porcia* bilden sie ab: V. sitzt auf einem Thron mit → Patera und Palmzweig in den Händen. Das »hieratische Thronen charakterisiert sie als große Kultgottheit«, was ohne Parallele in der griech. Nike-Verehrung ist ([2], 138. T. 16,1). V. als persönl. V. usurpierten zuerst → Marius (2) und → Sulla (1): Marius führte V. vermutl. anläßlich der Heeresreform als dritte der *dei militares* in den Kult des röm. Heeres ein (v. DOMASZEWSKI Rel. d. röm. Heeres 118f. [1], 2530). In Mutina gab es eine *V. Mariana* (Obseq. 70), auf dem Capitol eine Marius-Statue zw. 2 tropäumtragenden V., eine Denkmalsform, die auch für Sulla bezeugt ist (Plut. Caes. 6,1; Sulla 6,1f.; z. Priorität: [6], 70,1. [2], 141,886). Sulla ließ sich 81 als erster auf Mz. im Triumphwagen mit kranzreichender V. abbilden ([2], T. 8,7) und stiftete 82 erstmals → Spiele für V., die ab 81 jährl. vom 26. Okt.–1. Nov. zu feiernden *ludi Victoriae Sullanae* (Vell. 2,27,6). Rivale des Marius, nutzte er die rel. V.-Symbolik für innenpolit.-propagandist. Zwecke, darin Vorläufer der kaiserzeitl. V.-Ideologie ([7]). An die V. des Sulla knüpfte → Caesar (12) an ([2], 154), der sie z.T. mit → Venus Victrix identifizierte und den der Senat 45 nach der Schlacht von → Munda zum *deus invictus* erhob (Cass. Dio 43,45,2. DOBESCH Caesars Apotheose ..., 1966, 11 ff.). Auch er stiftete V.-Spiele, die erstmals am 20.–30. Juli 45 gefeierten *ludi Victoriae Caesaris*. Bei der → Pompa wurde seine Statue nahe der V. mitgeführt (Cic. Att. 13,44,1). Nicht zufällig wurde gerade die V. Mahnzeichen auf Mz. der Caesarmörder, freilich nun mit zerbrochenem Diadem (SYDENHAM [5], 203 Nr. 1298. GRUEBER Coins of the Rom. Rep. 2,478 Nr. 63ff.). Als Erbe Caesars richtete Octavian 44 die *ludi Victoriae Caesaris* aus (Suet. Aug. 10,1). Damit unterstellte er sich der »Schutzgöttin Caesars« ([2], 157). Nach → Aktion weihte er in der neuen Curia Iulia, vermutl. am 28. Aug. 29, einen V.-Altar und eine aus Tarent stammende V.-Statue (Cass. Dio 51,22,1f. [8], 589f.). Es ist die berühmte, oft auf Mz. dargestellte V. auf dem Globus, zugleich Siegesgöttin von Aktion und Sinnbild der »Herrschaft über den geeinten Erdkreis« ([2], 6ff. 144. 180ff. T. 1,1ff.). Dieser *V. Romana* (H.A. 18,14,2) wurde seit 12 v. Chr. vor Senatssitzungen Weihrauch und Wein geopfert (Cass. Dio 54,30,1. Herodian. 5,5,7). Nach dem Tod des Augustus 14 n. Chr. sollte sie den Leichenzug anführen (Suet. Aug. 100,2), wie überhaupt V. seit august. Z. an die Spitze von *pompae* tritt (Ov. am. 3,2,45. [1], 2528) und ab 2. Jh. dann kaiserl. *Comes* wird ([2], 66. 173f. [9]). Folgenreichste V.-Schöpfung des Augustus war indessen bald nach 27 die *V. Augusti* oder *-ta* (beide Titelformen seit august. Z.: [2], 161). Denn sie wurde nichts weniger als zum »rel. und rechtl. Symbol des röm. Reiches« bis ans E. der Kaiserzeit ([1], 2520) und verkörperte, was man »la théologie de la victoire impériale« genannt hat ([7], 1ff.). Belegbar seit → Nero (2) als *V. Britannica*, gehörten ferner dann zur kaiserzeitl. V.-Ideologie die *Victoriae de gentibus*, d.h. die göttl. Personifikationen von Siegen über Feindländer, wobei jeweils zu V. der betr. Name trat, also *V. Parthica, Germanica* usw. (Kat.: [10], 95ff.). Sie erhielten jährl. Kulttage und eigene → *sacerdotes* ([10], 89. 92). Am E. der Ant. wurde die V. der Kurie im sog. Streit um den V.-Altar ([8], 593ff. [11]) zum »Symbol des Heidentums« ([12], 301): → Constantius II. (2) ließ erstmals 357 n. Chr. den Altar entfernen, weil »sein Anblick ihn beflecke« (Ambr. epist. 18,32), dann – nach Wiedereinsetzung durch → Iulianus (5) – 382 erneut → Gratianus (2). Kontrahenten im Altar-Streit waren bes. → Ambrosius und → Symmachus (4), der 384 → Valentianus II. beschwor: *quis ita familiaris est barbaris, ut aram V.-iae non requirat* (Symm. rel. 3,3). Doch kehrte der Altar erst 392 wieder zurück, wurde indessen dann 394 durch → Theodosius I. (2) entweder allein oder mit der V.-Statue aufs neue entfernt ([8], 596f. KLEIN Symmachus, 1971, 101). D. Wa.

1. *Weinstock*, RE VIII A 2501ff. 2. *T. Hölscher* V. Romana, 1967 (grundlegend). 3. *G. Rohde* Stud. u. Interpretationen, 1963, 189ff. 4. *v. Vacano*, MDAI(R) 78, 1971, 59ff. 5. *Bellinger-Berlincourt* V. as a Coin Type, 1962, 44ff. *Hirmer* Die röm. Mz., 1973, T. 6,11. 9,22. *Thomsen* Early Rom. Coinage 2, 1961, 320ff. *Sydenham* Coinage of the Rom. Rep., 1952, 11ff. Nr. 111ff. *Gross*, RE VIII A 2542ff. 6. *Richard*, MEFR 77, 1965, 69ff. 7. *Gagé*, Rev. hist. 171, 1933, 35ff. 8. *Pohlsander*, Hist. 18, 1969, 588ff. 9. *Nock*, Essays on Rel. and the Anc. World 2, 1972, 671f. 10. *Fink*, YCIS 8, 1942, 81ff. 11. *Wytzes* Der Streit um den Altar der V., 1936. 12. *Latte*, Myth. Lex. 6,294ff.

Victoriatus (sc. *nummus*), »mit einer Victoria versehen«, röm. Silbermz. mit Vs. Jupiterkopf r. und Rs. Victoria, ein Tropaion bekränzend, daher der griech. Name *τροπαϊκόν*. Vereinzelt steht ein Doppelv., häufiger sind Halbv., die durch ein S als Halbstücke markiert sind. Der V. wurde zwischen 213 und 211, viell. gleichzeitig mit dem → Denar, eingeführt und ersetzte zusammen mit diesem den → *quadrigatus*, dessen Hälfte er metrol. darstellt, wohl derart, daß der Denar für den innerstaatlichen Verkehr gedacht war, der V. für fremde Territorien. Die Gleichzeitigkeit mit dem Denar ergibt sich vor allem aus der Gemeinsamkeit in Münzbuchstaben und Monogrammen (= Prägestätten, so Luceria, Croton, Corcyra) sowie Symbolen (teilweise auch = Münzstätten, so Ähre = Sizilien, Speerspitze = Tarent?), Zeichen, die auch auf den mit dem Denar verknüpften Sextantalbronzen begegnen. In gleiche Richtung weist die Metrol.: der V. wiegt ¾ des Denars, d.h. urspr. 3 → *scripula* = 3,41 g, um gleich dem Denar reduziert zu werden. Getrennte Zirkulation ist daraus zu folgern, daß der V. keine Wertmarke trägt, also in keiner festen Relation zum Denarsystem steht, daß er in Horten höchst selten mit Denaren vergesellschaftet ist, und wird durch Plin. nat. 33,46 bestätigt: *ex Illyrico advectus mercis loco habebatur*. Sein Kurswert war nicht amtlich fixiert, es galt nur der Materialwert. Die angebliche illyr. Herkunft ist dahin zu korrigieren, daß seine Entstehung im Zusammenhang mit dem 1. Makedon. Krieg und den Kämpfen im illyr. Raum, wo Drachmen des 3-Skrupel-Fußes zirkulierten, wahrscheinl. ist. Die Prägung des V. wurde um 155 v. Chr. eingestellt, sein Typ wie auch sein lat. und griech. Name gingen auf den um 100 v. Chr. erneuerten → Quinar über. H. Ch.

R. Thomsen Early Roman Coinage, Kopenh. 1957/61, bes. 1,102ff. 2,320ff. *M.H.Crawford* Roman Republican Coin Hoards, London 1969. *W.H.Gross,* RE VIII A 2542ff.

Victorinus. **1.** *Cos. ord.* 282 (Chr. min. p. 411), wohl ident. mit dem Statthalter von Britannien Pomponius V., Zos. 1,66,2. Zon. 12,29: BARBIERI L'albo senat. 317 Nr. 1760. **2.** M. Piavonius V. Gallischer Gegenkaiser 268–270. Sohn der Victoria (RE VIII A 2071) aus reichem gall. Adel. Der Usurpator → Postumus (2; o. Bd. IV 1588) machte ihn vor 266 in Gallien zum *tribunus praetorianorum*, CIL XIII 3679. *Cos.* im gall. Reich 267; damals kämpfte er gegen die Generäle des → Gallienus, → Aureolus und Claudius, H. A. Gall. 7,1; trig. tyr. 6,1f. Unter dem Druck der Revolte des → Ulpius (1) Cornelius Laelianus scheint Postumus den V. im Frühjahr 268 zum Mitregenten genommen zu haben, ALFÖLDI, Ztschr. f. Numism. 37, 1927, 197ff. Als nach dem Tod des Laelianus der gall. Schmied M. → Aurelius (II 23) Marius die Revolte fortsetzte, bekämpfte ihn V. und brachte Köln, das dieser besetzt hatte, wieder in seine Hand (ELMER, BJ 146, 1941, 58–60), desgleichen Trier, als dort im Herbst 268 Marius ermordet wurde, ebd. 69f. Nun war V. im gall. Reich anerkannter Augustus, CIL XIII 9040. Noch Ende 268 brach er zu einem krieger. Unternehmen gegen die abgefallene Stadt → Augustodunum (Autun) auf; *cos. II* im Heerlager, CIL XIII 11976; DESSAU, Germania 1, 1917, 173f. Das 7 Monate lang belagerte Augustodunum rief vergeblich den röm. Kaiser → Aurelius (II 31) Claudius Gothicus zu Hilfe; in der 2. Hälfte des J.s 269 wurde sie von V. zerstört, ELMER Nr. 657. 660. MATTINGLY, Transact. Num. Congress London 1936, 214–218; er beherrschte Gallien, Britannien und Spanien. Mitte 269 zog er in die Hauptstadt Köln, ELMER Nr. 655. Anfangs 270 wurde V. ermordet, Eutr. 9,9,3. Oros. 7,22,11. Aur. Vict. Caes. 33,14. – BERNOULLI Röm. Ik. II 3,177f. DELBRÜCK Münzbildnisse 137f. FELETTI-MAJ Ikonogr. 255f. Tav. XLVIII 164. R. H.

3. Bischof von Poetovio an der Drau, † als Märtyrer in der diocletian. Verfolgung (304). Hier. vir. ill. 74 nennt ihn als Vf. von Bibel-Komm. zu Büchern des A. T. und zur Apokalypse, der ersten exeget. Schriften in lat. Sprache; doch tadelt er, daß seine Griechischkenntnisse besser seien als sein Latein. Die Quellen sind griech.: → Papias, → Eirenaios (2), → Hippolytos und bes. → Origenes. Erhalten sind ein kurzer Traktat über die Welt-Schöpfung und der Apokalypse-Komm. in der Urfassung und einer erweiterten Bearb. des Hieronymus, der vor allem die Lehren des V. über das 1000jährige Reich ausgemerzt und die sprachl. Form verbessert hat. O. H.

Ta.: *Joh. Haußleiter,* 1916 (CSEL 49).
Lit.: *G. Bardy,* Dict. de Théol. Cath. 15,2882–2887. *M. Schuster,* RE VIII A 2081–2085. *Altaner* ^{7}182f.

4. C. Marius V. s. Marius (III 3)

Victorius. Röm. Gentilname, selten, ungeklärter Herkunft (SCHULZE Eigenn. 333f.), aber auch Cognomen, bes. inschr., J. KAJANTO Lat. Cognomina, 1965, 278. **1.** Q. V., *primipili centurio* der 2. Legion, hat 194 v. Chr. nach Liv. 34,46,12 zusammen mit C. → Atinius (1) die Boier zurückgeworfen (Einzelheiten konstruiert). H. G. G.

2. Gallorömer, Freund des → Sidonius Apoll. (epist. 7,17,1), wahrscheinl. seit 471 im Dienste des → Euricus. V. wurde *dux Aquitaniae I,* dann *comes civitatis Arvernorum.* Als er Euricus durch Selbstherrlichkeit verdächtig wurde, begab er sich nach Rom, wo er ermordet wurde (Greg. Tur. 2,1). A. L.

Victrix. **1.** s. Victor (2)

2. V. (auf Inschr.: *v*), Beiname mehrerer röm. Legionen, vor → Perusia (40 v. Chr.) von der *l. XII* geführt ([1], 1367, 60ff.), von der *VI* wohl nicht unter Caesar (anders ST. WEINSTOCK, RE VIII A 2489, 66ff.), sondern ihr unter Augustus für Erfolge in Spanien als Ehrentitel verliehen ([1], 1599, 50ff.; erst seit Nero belegt: [3], 125–126. 177–201), für den Sieg über → Boudicca (61 n. Chr.) der *XIV* (als *Martia Victrix:* [4], 656ff.) und der *XX* (viell. schon 6 n. Chr.: [1], 1780, 55ff.), für Erfolge in Dakien von Trajan der *XXX* ([1], 1822, 18ff. 1829, 15ff. [5], 40–42). C. J. C.

1. *E. Ritterling,* RE XII 1211–1829. 2. *H. M. D. Parker* The Roman Legions, 1928 (Neudr. 1958). 3. *A. Sauveur,* Musée Belge 12, 1908, 117–204. 4. *M. Meyer,* Philol. 47, 1889, 653–677. 5. *O. Schilling* De legionibus Romanorum ..., Diss. Lpz. 1893 = Leipz. Stud. 15, 1–128.

Victumulae. Ortschaft in *Vercellensi agro* mit Goldgruben (Plin. nat. 33,78. Strab. 5,218 *'Ικτούμουλαι*) im Raum von → Eporedia (Geogr. Rav. 4,30. Guido 14), hatte durch Hannibals Truppen zu leiden (Liv. 21,45,3 *Vicotumulis.* 57,9 *Victumvias.* Diod. 25,22 *Οὐικτόμελα*). Abzulehnen die umständliche Erklärung J. ZENNARIS (Ann. bibl. govern. Cremona 1951, 44f. *vici-tumuli* = Dörfer in der Nähe von Abraumhügeln der Goldgruben); Lage unbekannt. G. R.

Nissen It. Ldk. 2,175.

Vicus *(vecus, veicus* CIL I^{2} 391. 756. *veqo* I^{2} 416. WALDE-HOF.^{3} 2,782f.): **1.** Eine Häusergruppe, ein Dorf, wenn innerhalb eines → *pagus,* meist der Marktflecken. Der *pagus* hat oft einen *v.* (CIL IX 3521) oder mehrere (3 *v.* des *p. Albensis* von Veleia, CIL XI 1147, 1,67. 75. 6,50). Der *v.* sorgt für die gemeinsame Götterverehrung und Verwaltung des Göttergutes, im *v. Furfensis* durch dessen Aedil, CIL I^{2} 756. Fest. 502 L. nennt für die ländlichen *v. magistri vici,* die aber bisher nicht nachweisbar sind. Allmählich nähert sich der *v.* dem Stadtbegriff, in der *lex Rubria* wird er unter den Orten mit Jurisdiktion aufgeführt, während der *pagus* fehlt. CIL I^{2} 592, II 3. 26. 53. Fest. a. O.

2. Ein Stadtbezirk. Rom wurde durch Augustus 7 v. Chr. in 14 Regionen mit 265 *v.* eingeteilt, jeder *v.* unterstand 4 → *vici magistri*, Plin. nat. 3,66. Liste der stadtröm. *v.* bei DESSILS 3,645. In konstantin. Z. hatte Rom 307 *v.* mit insgesamt 672 *v.m.* Die Gliederung nach *v.* war auch in anderen Städten üblich, DESSILS 3,673. Die Juristen gebrauchten *v.* für ein Dorf oder eine Straße, Dig. 9, 3,6. 3,2,5. **3.** Abteilung eines städt. Wohnhauses, nur von Lexikographen erwähnt. Fest. 508 L. *cum id genus aedificiorum definitur, quae in oppido privi in suo quisque loco proprio ita aedificant, ut in eo aedificio pervium sit, quo itinere habitatores ad suam quisque habitationem habeant accessum.* Isid. orig. 15,2,12 *v. autem dictus ab ipsis tantum habitationibus.* H. V.

Vidacilius. Seltener ital. Gentilname. – C. V., aus Asculum, einer der Führer der aufständischen Italiker im → Bundesgenossenkrieg, zusammen mit T. → Lafrenius, Q. → Poppaedius Silo u. a., App. civ. 1,40,181. Er wirkte 90 in Picenum und dann in Bruttium; 90/89 suchte er Asculum gegen Cn. → Pompeius (A I 7) Strabo zu entsetzen und wählte in aussichtsloser Lage den Freitod, App. 1, 208 f. Oros. 5,18,21. A. v. DOMASZEWSKI, SAWW 201,1 (1924) 14. 24. 28. H. G. G.

Vidua, die des Gatten beraubte Frau, Witwe, aber auch überhaupt jede unverheiratete Frau (umfassende Definition Labeos [→ Antistius II 12] in Dig. 50,16,242,3). Von Bedeutung ist die Witweneigenschaft zunächst bei der Verpflichtung zur Einhaltung der Trauerzeit (*tempus lugendi,* → *luctus*), die auf die Königszeit zurückgeht (Plut. Numa 12). Ein Verstoß erforderte ein Sühneopfer, machte die 2. Ehe aber nicht ungültig. Später bewirkt vorzeitige Wiederheirat → Infamie (divergierende Texte in Dig. 3,2,1 und Frg. Vat. 320). Urspr. Motiv des Trauergebotes war wohl die *reverentia* gegenüber dem verstorbenen Gatten, als weiteres Motiv tritt später die Gefahr der *turbatio sanguinis* hinzu. Die Frist beträgt 10 Monate entsprechend dem altröm. J. Die august. Ehegebote kennen für Witwen keine Ausnahme, sie räumen lediglich eine Frist bis zur Wiederheirat ein. Die spätere Kaisergesetzgebung bringt unter chr. Einfluß tiefgreifende Änderungen (Tabelle bei [1], 459 ff.): Aufhebung der august. Beschränkungen (Cod. Iust. 8,57,1), verschärfte Sanktionen für vorzeitige Wiederheirat (Cod. Iust. 5,9,1), Fristerhöhung auf ein volles J. (ebd. 2), Einführung von Fristen auch bei Scheidung, schließlich vermögensrechtl. Sanktionen für die Wiederheirat überhaupt, die Iust. in Nov. 22 zusammenfaßt.

Erbrecht der Witwe: Bei *manus*-Ehe ist die Witwe den Kindern gleichgestellt, bei *manus*-freier Ehe gibt es nach *ius civile* kein Intestaterbrecht, nach *ius honorarium* erst nach allen übrigen Verwandten. Zwar besteht mit der *actio rei uxoriae* ein Herausgabeanspruch für die → *dos*, doch kann dieser neben einer anderweitigen letztwilligen Zuwendung nur wahlweise geltend gemacht werden (*edictum de alterutro*). Erst Iust. ändert diese Rechtslage in Nov. 53 (537), wonach die Witwe, die weder Eheschenkung noch *dos* hat, neben Kindern einen Anspruch auf ein Viertel der Erbschaft hat, der durch Nov. 117, 5 in einigen Fällen wieder eingeschränkt wird. C. E.

1. *M. Humbert* Le remariage à Rome, 1972. 2. *R. Bonini*, Studi Sassaresi 3, 1973, 793 ff. 3. *Th. Mayer-Maly*, Festschr. Arnold, 1963. 4. *Ders.*, RE VIII A 2098 ff.

Vienna. Stadt der Gallia Narbonensis, auf den beiden Ufern des Rhône an der Mündung der Gère; h. Vienne (dépt. Isère) auf dem l. Ufer, und Saint-Romain-en-Gal (dépt. Rhône) auf dem r. Ufer. Am Ende der kelt. Z. waren in diesem Mittelpunkt der → Allobroger 2 Siedlungen: ein *oppidum* auf dem Sainte-Blandine-Hügel, wo wichtige Entdeckungen der La Tène-Z. gemacht wurden, und eine Siedlung in der Ebene, Handelsplatz an der Mündung der Gère, mit neuen Entdeckungen.

Nach den Siegen der Cn. → Domitius (I 7) Ahenobarbus und Q. → Fabius (I 34) Maximus im J. 121 v. Chr. wird das allobrog. Gebiet der röm. Herrschaft unterworfen. Man weiß wenig bis auf die Unruhen und die Erhebung des Catugnatus in den J. 77–61 (Cass. Dio 45,50,4). Caes. (Gall. 7,9,3) kam im J. 58 und 52 durch V.; er machte sie zur *colonia* mit latin. Recht. Im J. 43 vertrieb eine allobrog. Erhebung die ital. Kolonie, die → Lugdunum gründete. Z. Z. des Augustus gilt V. als die Hauptstadt der Allobroger (Strab. 4,1,11); sie wird unter Caligula *col. Iulia Augusta Florentia V.* und blüht rasch auf: *ornatissima ecce col. uatentissima Viennensium* in der Rede des Claudius vom J. 48 (DESSILS 212). *Pulchra Vienna* Martial. 7,87. Sie stellte im J. 35 einen Consul, Valerius Asiaticus. Das Gebiet der *col. V.* dehnte sich hin bis zum Genfer See und Rhône und bis zur Grenze der Alpenprovinzen; es umfaßte zahlreiche *vici*: Albinnenses (Albens), Aquenses (Aix les Bains), Augustum (Aoste), Boutae (Les Fins d'Annecy), Cularo (Grenoble), Genava (Genf), und mehrere *pagi*. Nach dem Tode Neros erlebte V. Unruhen und Feindschaft mit Lugdunum (Tac. hist. 1,65. Suet. Vit. 9). Die Stadt hatte eine glückliche Entwicklung unter den Antoninen und Severern; mehrere Bürger wurden Consuln oder Procuratoren. In der zweiten Hälfte des 3. Jh.s begannen mit den Einfällen der Alemannen die Schwierigkeiten. Nach der Neuorganisierung Diokletians wurde V. Hauptstadt der Diözese der Viennensis und seit Constantinus Metropole der Provinz (Not. Gall. 11,3). Sie ist also nach Trier bis zum E. des 4. Jh.s die 2. Stadt der gall. Provinzen. Von den Burgundern ca. 468 eingenommen, wurde V. einer der Hauptorte der burgund. Könige (Amm. 20,10. 21,1).

V. hatte nacheinander 3 Mauern: eine des 1. Jh.s umfaßt die 5 Hügel (mit 7250 m ist sie die größte Galliens); die zweite wurde nach dem Einfall des J. 275 gebaut; die dritte datiert aus dem MA. Wichtige Baudenkmäler: im Zentrum, dem Bereich des ehemaligen Forums, der Tempel des Augustus und der Livia (zuerst für *Roma et Augustus*, dann für *divus Augustus* und *diva Augusta*, später eine dritte Veränderung). Nicht weit ein Theater für 13500 Zuschauer (Durchmesser 130,4 m), ein Odeon und ein Gebäude der Kybelemysterien mit Tempel und viell. einem 3. Theater. Ein Zirkus war s. der Stadt (455,2 × 118,4 m); erhalten die Aiguille oder Pyramide, die die *spina* schmückte. Mehrere Reste der Straßen, Kloaken und Wasserleitungen, Häuser mit Fresken und Mosaiken. Die neuen Entdeckungen in Saint-Romain-en-Gal zeigen ein Wohnquartier mit Häusern, Gewerbe- und Handelssiedlungen.

Zahlreiche Kulte sind bezeugt: kelt. Gottheiten (bes. → Matres), gall.-röm. Gottheiten (CIL XII 2332ff.). Das Christentum fand in V. seit dem 2. Jh. Eingang (Brief der Christen von V. und Lugdunum: Eus. hist. eccl. 5,1). M. L.

A. Pelletier V. gallo-romaine de la conquête aux invasions alamanniques (im Druck). *Ders.* V. galloromaine de 275 à 468 apr. J.C., Bull. des Amis de Vienne 1973. *E. Will* La sculpture romaine au Musée lapidaire de V., Vienne 1952. *M. Le Glay – S. Tourrenc* Saint-Romain-en-Gal, quartier urbain de V. gallo-romaine, Lyon 1970. *Dies.*, CRAI 1971, 764.

Viergöttersteine. Name für eine Gattung provinzialröm. Steindenkmäler in Gallien und Germanien (Verbreitungskarte: RA 20, 1912, II S. 213 Abb. 2). Die Benennung, vorgenommen nach dem geläufigsten Typus mit je einer Gottheit auf den 4 Seiten, erstreckt sich im weiteren Sinn auf sämtliche mit figürl. Relief versehene Sockel der sog. → Gigantensäulen.

Der früheste inschr. datierte V. stammt aus neron. Z., der späteste aus dem J. 246. Trotz einer möglichen Zeitspanne von also 2 Jh.en ist jedoch die Mehrzahl der V. ohne Zweifel im ausgehenden 2. Jh. und in der 1. H. des 3. Jh.s n. Chr. anzusetzen. Diese wie auch die folgenden Feststellungen beruhen auf typolog. Auswertung des inschr. datierten Materials, das freilich nahezu vollständig aus dem Rhein-Main-Gebiet stammt, weswegen bei V. anderer Regionen zwar die Phasenfolge dieselbe sein wird, deren absolute Zeitstellung jedoch abweichen kann.

Bei den Reliefdarstellungen überwiegt ein Götterverein mit der Folge: Iuno (welche durch eine Inschr. ersetzt sein kann) – Mercurius – Hercules – Minerva (von der Vs. ausgehend rechtsläufig gesehen). Hinzu tritt eine Variante mit den beiden Göttinnen auf den Schmalseiten sowie Hercules auf der hinteren und der Inschr. auf der vorderen Breitseite. Diese abweichende Gruppe ohne Mercur gehört in das 2. Viertel des 3. Jh.s, während die Hauptreihe in das ausgehende 2. Jh. und das 1. Viertel des 3. Jh.s zu datieren ist. Alle anderen Gottheiten und Götterkombinationen (z. B. Iuppiter: anscheinend nur früh, d. h. nicht nach 200 n. Chr.; Fortuna, Mars, Victoria: bes. 2. H. 2. Jh. n. Chr.; Diana und Apollo zusammen: bes. E. 2.–Anf. 3. Jh. n. Chr.; Vulcanus: bes. 1. Viertel 3. Jh. n. Chr.) sind nicht nur viel seltener und nie in einer derart »kanonischen« Fügung anzutreffen, sondern auch nicht annähernd so sicher zeitlich festzulegen. H. B. W.

F. Haug, Westdt. Ztschr. f. Gesch. u. Kunst 10, 1891, 11ff. 125ff. *F. Hertlein* Juppitergigantensäulen, 1910, 118ff. *F. Heichelheim*, RE Suppl. VII 220f. *Espér.* Rec. und *Ders.* Recueil ... de la Germanie Romaine passim. *H. B. Wiggers*, RE Suppl. XIV 854ff.

Viermännerkommentar. Moderne Bezeichnung für einen byz. Komm. zur Ilias, der (im 9. Jh.: [2]) von einem unbekannten Grammatiker auf der Grundlage folgender exeget. Schriften angefertigt wurde: 1. → Didymos' (1) Schrift über die Hom.-Kritik des → Aristarchos (6); 2. der Erläuterungschriften des → Aristonikos (4) zu Aristarchs krit. Zeichen; 3. → Herodianos' (1) Werk *Περὶ Ἰλιακῆς προσῳδίας* und 4. → Nikanors (12) Werk über hom. Interpunktion. Wie sich aus der ständig (Ausnahmen: B. 17 und 24) wiederkehrenden Subscriptio im Cod. Marc. 454 (= Venetus A) ergibt, gehen die sog. A-Scholien weitgehend auf den V. zurück. Daneben enthalten, infolge direkter Benutzung, auch der Komm. des → Eustathios (4) sowie das Etym. gen. viel Material aus dem V. H. Gä.

1. *Gudeman*, RE II A 631ff. 2. *H. Erbse* Beitr. z. Überlieferung d. Il.-Sch., München 1960 (Zet. 24), bes. 78ff. 3. *M. van der Valk* Researches on the text and scholia of the Iliad 1, Leiden 1963, bes. 29ff. 107ff. 4. *H. Erbse* Sch. Graeca in Hom. Il. 1, Bln. 1969, XLVff.

Vigilantia. Schwester des Kaisers → Iustinianus I., vermählt mit Ducidius, Mutter der Praeiecta, des → Marcellus (8) und des → Iustinus (4; Prok. 4,34,3. Chr. Min. 2,206. Coripp. Iust. praef. 21f.). Ihr Palast lag beim Taurus (Patria Const. 3,117). A. L.

Vigiles. Rom hatte zwar *triumviri nocturni* (Sch. Iuv. 13,157. Lyd. mag. 1,50. Dig. 1,15,1. Cass. Dio 55,8. Vell. 2,91), doch erst nach dem Brand von 23 v. Chr. gründete Augustus eine Feuerwehr von 600 Sklaven; im J. 6 v. Chr. wurden die *v.* umorganisiert (Suet. Aug. 25. Cass. Dio 55,26. 31. App. civ. 5,132. Strab. 5,235): unter einem *praefectus vigilum* (Cass. Dio 52,24. 33) wurden 7000 Freigelassene in 7 Kohorten zu je 7 Centurien eingeteilt. Jede Kohorte war für 2 Regionen zuständig. Sie waren in *stationes* und *excubitoria* untergebracht (Cass. Dio 57,19,6. Suet. Tib. 37; Claud. 18,1). Bei politischen Unruhen übernahmen die *v.* Polizeifunktionen (Cass. Dio 58,9. Tac. hist. 3,64. 69) unter dem *praefectus urbi*. Seit Traian hatte ihr Befehlshaber den Vorsitz bei Brandstiftungsprozessen (Dig. 1,15,3. 47, 2,58,1. 12,6,5). Zur Brandbekämpfung wurden benutzt (Petron. 79. Tac. ann. 15,43) Spritzen (*siphones:* Plin. epist. 10,42. Colum. 3,10. Sen. nat. 2,16. Isid. orig. 20,6), Eimer (*hamae:* Colum. 10, 387. Iuv. 14,305), Äxte (*dolabra:* Dig. 1,15,3,3), Leitern (*scalae:* Dig. 33,7,12,18), Patschen (*centones:* Dig. 33,9,3,3), Haken (*perticae:* Dig. 33,7, 12). W. Kre.

A.v.Premerstein, Festschr. O.Hirschfeld, 1903, 234ff. *P.K.Baillie Reynolds* The v. of imperial Rome, Oxf. 1926.

Vigiliae hießen bei den Römern die 4 Zeitabschnitte, in die die Nacht eingeteilt war. In mil. Beziehung standen V. gewöhnlich im Gegensatz zu *excubiae*, den Tagwachen. Doch bedeuteten *excubiae* manchmal auch die Nachtwachen (Sall. Iug. 100). Nach Pol. 6,33 und Veg. mil. 3,8 bestand ein Wachtposten für die Nacht aus 4 Mann, von denen jeder eine *vigilia* zu absolvieren hatte. Doch dürften zeitweise auch mehr als 4 einen solchen Posten gebildet haben. Die Hauptquelle für den Dienst der Nachtwachen ist Pol. 6,35–37, der offenbar Bestimmungen des röm. Heeresreglements wiedergibt, die im 2. Jh. v. Chr. bis zur marianischen Reform in Geltung waren. Später kam es zu verschiedenen Änderungen dieser Dienstordnung. Im 4. Jh. n. Chr. wurden im röm. Heer mit *v.* Wachen jeglicher Art bezeichnet. A. Neumann, RE Suppl. IX 1693ff. A. N.

Vigilius. Papst vom 29. (?) März 537 bis 7. Juni 555, aus adliger Familie, um 530 Diakon, 535/36 päpstl. Apokrisiar in Constantinopel, wo er die Gunst → Theodoras gewann. 537 erzwang → Belisarios die Wahl des V. zum Papst (tendenziös Liberatus, brev. 22 = ACO 2,5,136f. und Lib. Pontif. v. Silverii). V., mit Erfolg um Erhaltung päpstl. Autorität in Gallien bemüht (MGEpp. 3,39ff.; G. Langgärtner Die Gallienpolitik d. Päpste, 1964, 147ff.), mußte für die Anlehnung an den Kaiser immer wieder Tribut leisten (vgl. z. B. Coll. Avell. 92 = CSEL 35). Nach Erlaß des Ediktes gegen die 3 Kapitel (544 oder 545; Frg. bei [2], 73ff.) ließ Iustinianus den V. nach Constantinopel kommen. Dort stimmte er 548 dem Edikt durch das, bes. im W., auf starke Opposition stoßende »*iudicatum*« zu (ACO 4,1,1,187ff.); dennoch geriet er in Konflikt mit dem ihn als eine Art Gefangenen behandelnden Kaiser (dazu [2] pass.). Bei dem 553 zur Schlichtung des Streites einberufenen Konzil von Constantinopel (5. ökum. Konzil) verweigerte V. die Teilnahme. Sein Versuch, durch ein dem Kaiser vorgelegtes *constitutum* (Coll. Avell. 83) die Verurteilung der 3 Kapitel abzuschwächen, scheiterte, und er mußte schließlich der vollen Verurteilung durch die Konzilsväter zustimmen (ACO 4,1,245f. 4,2,138ff. = Constitutum vom 23. Febr. 554), bevor er Constantinopel verlassen konnte. Auf der Reise nach Rom starb der fast stets in Bedrängnis befindliche, keine wirklich bedeutende Leistung hinterlassende V. in Syrakus. A. L.

1. *A.Grillmeier–R.Haacke*, in: *Grillmeier-Bacht*, Chalkedon II, 1953. 2. *Ed.Schwartz*, SBAW 1940, 2. 3. *Stein* II. 4. *A.Lippold*, RE Suppl. XIV 864ff.

Vigintiviri, in der Kaiserzeit Sammelname für mehrere *magistratus minores* nach deren Stellenzahl, entstanden aus den in den Tributcomitien gewählten *vigintisexviri* der Republik. Cic. leg. 3,6. Cass. Dio 54,26,6f. Von diesen beseitigte Augustus 13 v. Chr. die → *quattuorviri* (II) *praefecti Capuam Cumas* und die → *duoviri* (I 1) *viis extra urbem purgandis*, übrig blieben als *v.* die *triumviri* (→ *tresviri* 1) *monetales, triumviri capitales*, → *decemviri* (2) *stlitibus iudicandis* und die → *quattuorviri* (I 1) *viarum curandarum*. Bekleidung eines dieser Ämter war Vorbedingung für die höhere Ämterlaufbahn, Tac. ann. 3,29. Die *triumviri monetales* und die *decemviri stl. i.* galten mehr als die anderen, ihre Mitgliedschaft sicherte bes. Patriziern eine bedeutendere Laufbahn zu. Die meisten *quaestores Augusti* gehörten zuvor zu den *decemviri* oder den *triumviri monetales*. Ob *commendatio* des Kaisers auch die Wahl der v. beeinflußte, ist fraglich, R. Freia-Stolba Unt. zu den Wahlen der röm. Kaiserzeit, Diss. Zürich 1967, 215. 233. 252f. Außer den ständigen *v.* gab es ab und an für bes. Aufgaben *v.*, so 59 v. Chr. auf Antrag Caesars 20 Senatoren zur Durchführung seiner *leges agrariae*, 238 n. Chr. 20 Senatoren zum Schutz Italiens gegen Maximinus, darunter L. → Caesonius (II 1) *XXvir ex senatus consulto r. p. curandae*, Cass. Dio 38,1. 6. M. Gelzer Caesar, ²1960, 73. H. A. Gord. 10,1. DessILS 1186. Ungeklärt ist die verkürzte Amtsbestimmung des P. Cornelius *XXvir h. a. h. s. (p)*, DessILS 6134. R. Meiggs Roman Ostia, 1960, 184,3. H. V.

Vilicus (seltener *villicus* CIL VI 615. Colum. immer. H. A. Alex. Sev. 15,3. u. a.). **1.** Zur *villa (familia) rustica* gehöriger Sklave, dem die Bewirtschaftung des Landes seines Herrn oblag. In der Frühzeit, als der Grundherr *(possessor)* sein Land noch selbst bewirtschaftete, war der *v.* nur Aufseher ohne selbständige Wirtschaftsführung und Geschäftsbefugnis, wie an dem unverändert gebliebenen Aufgabenbereich der *vilica* als Hauswirtschafterin und ihrer Stellung in der *familia* noch erkennbar ist (Cato agr. 143. Colum. 12,1). Die zunehmende Interessenverlagerung des Grundherrn zur Stadt hin und die damit verbundene Aufgabe der Selbstbewirtschaftung ließen den *v.* mehr und mehr in die Stellung eines Gutsverwalters und Geschäftsführers mit oft weitreichenden Vollmachten für die Betriebsleitung und den Verkauf (vgl. Cic. Verr. 3,119) gelangen (Cato agr. 5. 142. Varro rust. 1,2,14. Colum. 1,7. 11,1. Dig. 14,3,5,2). Später wurde die Position des *v.* aufgespalten und ein Teil seiner Funktionen ging auf den *procurator* über, so daß der *v.* für die eigentl. Bewirtschaftung (auf großen Anwesen gab es noch einen *magister pecoris*, Varro rust. a. O.) und der *procurator* für die Verwaltung und Geschäftsführung zuständig waren (Cic. de or. 1,249. Dig. 14, 3,16); beide konnten jedoch rechtlich als Geschäftsvertreter fungieren (*actores* Colum. 1,7,7; 8,5. 12,3,6. Plin. epist. 3,19,2. Dig. 33,7,20,2). Ein *v.* soll im Landbau sachkundig und erfahren (Colum. 1,18. 11,1,7. Plin. nat. 18,36) und in der Führung seiner Untergebenen umsichtig und gerecht (Colum. 1,8,6. 10) sein. Zu seinen Aufgaben gehören Arbeitseinteilung und -leitung (Colum. 1,8,11), Aufsicht über die Geräte (Colum. 11,1,19. Varro rust. 1,22,6), Sorge für die Kleidung der Sklaven (Colum. 5,8,9. 11,1,21) und Verantwortung für die eingesperrten Sklaven (Colum. a.O. 22). In allem hat er die Interessen seines Herrn zu vertreten; er muß auf die Lage der Grenzsteine und Wege achten (Colum. 1,8,7), darf mit den Mitteln seines Herrn keine Geschäfte auf eigene Rechnung machen (Colum. 11,1,24) und soll die Stadt und den Markt nur geschäftlich aufsuchen (Colum. 1,8,6). Meist war er mit der *vilica* verheiratet (Cato agr. 143. Colum. 1,8,5). Eine besondere Ausbildung zum *v.* gab es nicht, doch werden einige *v.* Schüler (*candidati* CIL X 8217) gehabt haben. **2.** Außer in dieser Stellung bezeichnet *v.* auch einen Sklaven in übergeordneten Verwaltungsfunktionen in anderen Bereichen (so im Dienst des Kaisers z.B. *v. prediorum*, *v. aquarum*, *v. supra hortos* oder bei Privatleuten z.B. *v. calendarius* bzw. *summarum*). K. D. F.

Schneider, RE VIII A 2136ff. *K.D.White* Roman Farming, Lond. 1970, 350ff.

Villa. Urspr. ist V. im Gegensatz zum Stadt- → Haus *(aedes, domus)* und zur Hütte *(casa, → tugurium)* der Acker mit dem landwirtschaftlich genützten Bauernhaus (Cato agr. 1,4. 2,3. 3,2. 5,5. 14,1. Varro rust. 1,11–13. Vitr. 6,6,1. Sen. epist. 86,4ff. Dig. 50,16,211. Isid. orig. 15,12). Noch während der späteren Republik löst sich das Herrenhaus eines größeren Gutes stärker von den landwirtschaftl. Bauten, wird ein eigener Komplex von größerem Ausmaß und städtischerem Aussehen. Schon Colum. 1,6 unterscheidet *v. urbana*, *rustica* und *fructuaria*, wobei zur *v. rustica* auch die Küche gehört, die das Herrenhaus verpflegt. Sall. Cat. 12,3 rügt *villas in urbium modum exaedificatas* (vgl. 20,11), die es also zu seiner Z. schon gab. Die V. im spezifischen Sinn, wie die röm. *nobiles* sie verstanden, ist ein kostspieliger, mit Landbesitz verbundener, in parkartiger Natur gelegener, oft aus zahlreichen Bauten bestehender Wohnsitz, der mit Räumen für Sommer- und Winterbenützung (getrennt), Bibliotheken, Bädern, Speisesälen usw. ausgestattet ist. Seit dem 1.Jh. v.Chr. ist die V. Ort des *otium*, der *vita contemplativa*, »das Landhaus wurde zum refugium« ([28], 63). Den Einfluß ländlicher Umgebung auf geistige Arbeit schildert Gell. 1,2,1f.; er preist den kühlenden Schatten, die Quellen, Spaziergänge, Bäder, die *venustas* der ganzen V., das Rauschen der Wasserfälle, den Gesang der Vögel. Cicero,

Plinius minor, Herodes Atticus, Symmachus besitzen, wie alle *nobiles*, zahlreiche V. Ausführlich schildert Plin. epist. 2,17. 5,6. 9,7 seine V. im Gebiet von → Lavinium, von → Comum und in Etrurien (dazu [2]. [5]. [9]. [15]). Ciceros V., obwohl ebenso wenig erhalten wie diejenigen des Plinius, haben von früh an lebhaftes Interesse gefunden ([26]).

Der raffinierte Luxus der V.-Ausstattung ([9]) unterliegt neben dem sich wandelnden Geschmack konstanten Ideen: so spielen die Gartenanlagen ([4]), die Ausmalung ([7]. [28]) und die Aufstellung von Plastiken ([12]. [25]. [27]) eine nach den Geldmitteln, der Bildung und der philos. Richtung des Besitzers variierende Rolle: nicht ohne Grund sind philos. Dispute wie Cic. ac. oder Tusc. in einer V. angesiedelt. Die V. der *nobiles* sind allg. so angelegt, daß von der V. und ihren Haupträumen bzw. Hallen oder Terrassen aus eine die Landschaft beherrschende Aussicht ermöglicht ist ([9]. [18]). Dazu werden öfter Terrassen oder Vorbauten ins Meer errichtet ([24]). Großer Wert wird auf achsiale Bezüge gelegt ([9]). In der späten Republik und der frühen Kaiserz. ist Campanien bes. beliebt für V. ([10]. [13]. [20]). Innerhalb der Stadt gibt es keine V., selbst Neros V.-artiger Palast heißt immer *domus aurea* (Nash 1,339ff. [16], 187f. T. 91). Auch Kaiser haben überall ihre V. erbaut, z.B. Tiberius auf Capri ([16], 188 T. 92), Hadrianus bei Tibur ([6.] [12]), Maximianus (?) bei Piazza Armerina (Sizilien) ([8]. [16], 201).

In den Provinzen sind die V. meist stärker mit der Landwirtschaft verbunden als in Italien. Die Hauptbauten haben seitlich Risalite oder vorspringende Flügel, seltener einen geschlossenen Innenhof ([1]. [14]. [17]. [22]), sie können am Meer liegen und mit ihm durch befestigte Kaibauten verbunden sein. Oft, vor allem in der späteren Kaiserz., sind die V. mit Ecktürmen versehen und zur Verteidigung eingerichtet; hier drängt sich stärker der Begriff *v. rustica* auf ([11]. [21]. [23]) Zu den V. rechnen nicht die zahlreichen Häuser mit einfachem oder doppeltem → Peristylium (Liste für Afrika: [19]), dagegen gehört etwa die V. dei Misteri bei Pompeii wohl zu den V. ([3]. [16], 185f. T. 87), vgl. auch → Oplontis (Nachtr. Bd. V). V. sind bis in die Spätant. hinein kennzeichnender Besitz der senator. Aristokratie: → Cassiodorus gründet auf dem Gelände seiner Villen bei Scylaceum die beiden Klöster → Vivarium (Cassiod. var. 12,14–15. 8,32). W. H. G.

1. *K. M. Swoboda* Röm. u. roman. Paläste, ²1924. 2. *H. Tanzer* The V.s of Pliny the Younger, 1924. 3. *A. Maiuri* La V. dei misteri, ²1941. 4. *P. Grimal* Les jardins romains, 1943. 5. *F. Papsdorf* Röm. Hochkultur, 1949. 6. *H. Kähler* Hadrian u. seine V. bei Tivoli, 1950. 7. *Ph. Williams Lehmann* Roman Wall Paintings from Boscoreale, 1953. 8. *C. V. Gentili* Piazza Armerina, 1954. 9. *H. Drerup* Zum Ausstattungsluxus in d. röm. Architektur, 1957; Marb. Winckelmann-Pr. 1959, 1ff.; MDAI(R) 66, 1959, 147ff. 10. *G. A. Mansuelli* Le ville del mondo romano, 1958.

11. *J.E. Skydsgaard* Den romerske v. rustica, 1961. 12. *S. Aurigemma* V. Adriana, 1962. 13. *O. Elia*, Napoli Nobilissima 2, 1962/63, 43f. 14. *E. Thomas* Röm. Villen in Pannonien, 1964. 15. *Beck*, Analecta Romana Instituti Danici 7, 1964, 109ff. 16. *Rakob*, bei: *Th. Kraus* Das röm. Weltreich, 1967, 185ff. 17. *A.L.F. Rivet* The Roman V. in Britain, 1969, 18. *Fehr*, Marb. Winckelmann-Pr. 1969, 31ff. 19. *Rebuffat*, MEFR 81, 1969, 659ff. 86, 1974, 445ff. 20. *J.H. D'Arms* Romans on the Bay of Naples, 1970. 21. *Hinz*, G Beih. 7, 1970, 15ff. 22. *Schindler*, ebd. 90ff. 23. *Modrijan*, ebd. 120ff. 24. *Ricotti*, RPAA 43, 1970/71, 135ff. 25. *D. Pandermalis*, MDAI(A) 86, 1971, 173ff. 26. *O.E. Schmidt* Ciceros Villen, Neudr. 1972 (m. Lit.-Nachtr.). 27. *Sgobbo*, Rendic. Acc. Arch. Napoli 1972, 241ff. 28. *Borbein*, in: Neue Forschungen in Pompeji, hg. v. *Andreae – Kyrieleis*, 1975, 61ff.

Villius. Name einer pleb. *gens*, deren Herkunft nicht bekannt ist, deren Mitglieder jedoch schon im 5. Jh. das Volkstribunat bekleideten. Im 3. und 2. Jh. erlangten die *V. Tappuli*, im 2. und 1. Jh. die *V. Annales* polit. Bedeutung. **1.** Ap. V. gehörte 449 dem nach dem Sturz der Xvirn gewählten zehnköpfigen Collegium der Volkstribunen an (Liv. 3,54,13). **2.** L. V. Annalis erhielt als Volkstribun 180 auf Grund der von ihm eingebrachten *l. Villia Annalis* das Cognomen *Annalis*, das seine Familie behielt. 171 war V. *praetor peregrinus.* Das Gesetz des V. von 180 setzte wahrscheinl. das Mindestalter für die Bekleidung der curul. Ämter, gewiß aber den Mindestabstand von 2. J. in ihrer Aufeinanderfolge fest. Dagegen ist unsicher, ob das Gesetz auch schon den zehnjährigen Militärdienst vor Bekleidung der Quaestur bestimmte, ebenso wenig kann die Reihenfolge der curul. Ämter mit dieser *lex* in Verbindung gebracht werden (A. E. Astin, Latomus 16, 1957, 588ff. 17, 1958, 49ff.). **3.** L. V. Annalis wird Cic. fam. 8,8,5. 6 unter den Zeugen des Senatsbeschlusses vom 29. Sept. 51 genannt, wahrscheinl. als Praetorier, dessen Amtsz. wohl in das J. 58 fiele (Broughton 2,194. 246. Add. and Corr. 70). 43 wurde V. proscribiert und infolge des Verrates durch seinen Sohn entdeckt und ermordet (App. civ. 4,69. Val. Max. 9,11,6). **4.** Sex. V. Annalis war nach Cic. fam. 2,6,1 Freund des T. → Annius (I 16) Milo und einer der Liebhaber von dessen Gemahlin Fausta, der Tochter Sullas (Hor. s. 1,2,64). **5.** P. V. Tappulus ging 203 als Praetor nach Sizilien, wo er 202 den Schutz der Küsten übernahm. 201 *Xvir agr. assign.* in Samnium und Apulien, wurde V. 199 Consul und löste im Herbst 199 P. → Sulpicius (A I 15) Galba in Makedonien ab. Noch vor einem Zusammenstoß mit → Philipp V. wurde er jedoch Anf. 198 von → Flamininus abgelöst (Liv. 32,6,8). 197 kam V. als Legat erneut nach Griechenland und gehörte 196 der Kommission an, die die Friedensbedingungen mit Philipp aushandelte (Liv. 33,24,7). In diesem J. Mitglied der ergebnislos verlaufenden Gesandtschaft an → Antiochos III. in Lysimacheia (Pol. 18,48,3. 50,3. E. Badian Studies in Gr. and Rom. Hist., 1964, 118ff.) ging V., da mit der Ankunft Hannibals in Syrien die Spannung zwischen Rom und Antiochos zunahm, 193 erneut als Gesandter an den König ab. Zwar brachte auch diese Gesandtschaft keine eindeutige Klärung der Lage (Liv. 35,13–17), doch trug V. durch sein Verhalten dem von Rom abgefallenen Demetrias gegenüber zum endlichen Ausbruch des syr. Krieges bei (Liv. 35,39,4ff. E. Badian a. O. 132f.). M. D.-M.

Viminacium. Legionslager und Stadt in Moesia Superior, bei Kostolac an der Mlava-Mündung unweit der Donau. Varianten des Namens: *Viminacio* (Itin. Anton. 133,2. Not. dign. or. 16, 31,38), *Viminatio* (Itin. Hieros. 564,8. Eutr. 9,20. Tab. Peut, 7,2), *Οὐιμινάκιον* (Ptol. 3,9,3), *Βιμινάκιον* (Prok. 4,5). Das Legionslager erstreckte sich 2 km von der Donau entfernt am O.-Ufer der Mlava über eine Gesamtfläche von 442x385 m. Die Canabae schlossen sich über eine Länge von etwa 800 m der linken Principalis-Seite an. Die Bürgerstadt dürfte am W.-Ufer der Mlava zu suchen sein. Vermutlich wurden zu den Befestigungen der iustinian. Z. die Ruinen der letzteren verwendet. S. und ö. des Lagers sind 2 Gräberfelder bekannt. Hier zweigte die Limes-Straße Ratiara-Oescus von der Reichsstraße ab, die nach Byzantion führte. Die Römer stießen zum erstenmal nach der Niederwerfung der → Scordisci bis V. vor. Spätestens Mitte des 1. Jh.s wurde V. der ständige Garnisonsort der aus Dalmatien herkommandierten *legio VII Claudia.* Eine Weile war hier auch die *legio IV Flavia* stationiert. Nach der Teilung Mösiens wurde V. die Residenzstadt des Statthalters von Moesia Superior. Während des ersten dac. Krieges Standort des Hauptquartiers. Hadrianus erhob die Bürgerstadt in den Rang eines *municipium* (CIL III 1655). Hier wurde Caracalla im J. 196 in den Rang eines Caesar erhoben (H.A. v. Sev. 10,3). Im J. 239, als die Prägung der lokalen Mz. mit der Legende *P(rouincia) M(oesia) S(uperior) C(olonia) Vim(inacium)* begann, war die Stadt bereits eine *colonia.* Möglicherweise erfolgte die Rangerhöhung unter → Gordianus. Um die Geldversorgung der Donau-Armee zu sichern, wurden seit → Philippus (2) auch Reichsmz. in V. geprägt, ungefähr 246/247 bis zum J. 258, in dem → Gallienus die Münzstätte abstellte. In der Spätant. werden in Not. dign. or. 41 der *cuneus equitum promotorum* (16), der *praefectus classis Histricae* (38) und der *praefectus legionis septimae Claudiae* (31) in V. erwähnt. Amantius, Bischof von V., wird im J. 343 im Zusammenhang mit dem Konzil von Serdica genannt. 441 Eroberung durch Attila (Priskos frg. 2). → Iustinianus (1) ließ V. wiederaufbauen und stiftete hier ein Erzbistum; die Stadt wurde wieder *μητρόπολις* in Moesia Prima. Im J. 582 wurde V. von den → Avaren erobert und völlig zerstört. J. F.

B. Saria, RE VIII A 2172–81.

Viminalis, einer der 7 Hügel Roms, zwischen Quirinal und Esquilin; Grenzen gegen N. die Alta Semita, gegen S. der vicus Patricius; ihm entlang entwickelte sich in der Kaiserz. ein den Vornehmen vorbehaltenes Viertel (Martial. 7,73,2. Fest. 277 L.). Der V. hatte in der Gesch. Roms immer eine zweitrangige Bedeutung; von Heiligtümern nennt die Überlieferung nur einen heiligen Hain mit einem Altar, geweiht dem Schutzgott der *collini*, dem Iuppiter Viminius (Varro l.l. 5,51) und ein *sacellum deae Naeniae* (Paul. ex Fest. 160 L.). Das bedeutendste Bauwerk der Kaiserz. auf dem V. waren die Thermen Diokletians, die größten ihrer Art in der ant. Welt. Rud. G.

*Lugli*M 3,346ff.

Vinalia. Kalender und Lit. (BÖMER, RhM 90, 1941, 30ff.) verzeichnen zum 23. April die *v. priora*, zum 19. Aug. die *v. rustica*. Beide Feste gehören dem Iuppiter und sekundär der Venus; zu den damit zusammenhängenden Fragen vgl. BÖMER. LATTE RRel 75f. EISENHUT, RE Suppl. X 1172ff. Am 23. April wird der neue Wein (von der vorjährigen Ernte) erstmals in die Stadt gebracht und gekostet (Plin. nat. 18,287. Ov. fast. 4,863ff., bes. 877ff., obwohl 780 schon am 21. April Most, *sapa*, getrunken wird. Fest. 265 M., mit Irrtümern Paul. Fest. 264 M.), vgl. Varro l.l. 6,16. Die *v. rustica*, vor der Ernte, gelten dem Schutz vor Wetterunbilden, sind daher Fest des Iuppiter. Zu ihnen gehört die Ov. fast. a.O. erzählte → Mezentiusgeschichte als aitiolog. Legende. W. H. G.

Vinarius (*οἰνοπώλης*). Der Kaufmann, der berufsmäßig Weine kauft und verkauft (Dig. 18, 6,2), Groß- wie Detailhändler, hieß *v. Οἰνοπώλης* ist auch der Schankwirt, der über den Tresen verkauft, lat. *caupo*. Weinhandel aus Griechenland ist (neben Hdt. 3,6) vornehmlich durch Weinamphoren bekannt. Die meist schlanken, zweihenkligen Gefäße, nach der Form zeitlich und lokal einzuordnen, tragen oft Stempel mit Herkunfts- (und Datums-)Angaben. Aus ö. Vorbildern entwickelt begegnen sie in Griechenland seit 7. Jh. v. Chr. Die Amphoren dienen dem Ferntransport, lokaler Transport erfolgte in Schläuchen. Bes. geschätzt war etwa Wein aus Chios oder Thasos; rhod. oder knid. Wein war billiger und diente der Versorgung des Militärs. Schon vor Caesar wird gelegentlich Wein von Italien nach Griechenland exportiert, doch war die umgekehrte Richtung häufiger. Importgegenden waren vor allem solche, die selbst keinen Wein produzierten, z.B. Alexandreia, Carthago, zeitweise n. Gallien und die germ. Provinzen. In der Kaiserz. exportiert Italien nach dem N., erst spät (3. Jh.) die Provinzen in das Gebiet *extra fines imperii*. Die *v.*, in der Kaiserz. zu Corporationen zusammengeschlossen, hatten in allen Hafenstädten ihre Lokale. Weinverfälschung ist der häufigste Vorwurf, der den *v.* gemacht wird. W.H.G.

V. R. Grace Amphoras and the Ancient Wine Trade, 1961, *S. Loeschcke* Denkmäler vom Weinbau, 1933. → Wein.

Vincentius. Presbyter und Mönch von Lerinum, einer um 410 von Honoratus auf einer der Inseln vor Cannes gegründeten Klostergemeinschaft, von der entscheidende Impulse chr. Denkens in der 1. H. des 5. Jh.s für Gallien ausgingen. Unter dem Pseudonym Peregrinus verfaßte V. im J. 434 ein *Commonitorium* gegen die Häretiker in 2 B. Nach dem Muster des von ihm geschätzten → Tertullianus in *De praescriptione haereticorum* behandelt V. in seiner Z. wirkende Irrlehren. Das 1. B. wendet sich nach Verurteilung des → Pelagius (4) auch gegen die Überspitzung, welche → Augustinus im Kampf gegen Pelagius seiner Gnaden- und Praedestinationslehre gegeben hatte; das 2. B. richtet sich gegen → Nestorios. Schon Gennadius, der vir. ill. 65 über V. berichtet, las vom 2. B. nur die summar. Zusammenfassung des Schlusses und erklärte das Fehlen wenig glaubhaft damit, daß dem V. die Materialien entwendet worden seien. Als »Semipelagianer« wurde V. von dem Augustin-Anhänger → Prosper Tiro angegriffen in einer Schrift *Pro Augustino responsiones ad capitula obiectionum Vincentianarum* (MIGNEPL 51,177–186). Die verlorenen *Obiectiones* des V. sind nur durch Prospers Zit. bekannt. 1940 wiederentdeckt sind die Exc. aus Augustinus (Sätze, die gegen Nestorios verwendbar sind). Die nachtridentin. Theologie berief sich auf den im MA. fast vergessenen V. für das von ihm (comm. 2) formulierte Kriterium: *quod ubique, quod semper, quod ab omnibus creditum est: hoc est ... vere proprieque catholicum;* d.h. die Ansicht eines, wenn gleich hervorragenden Theologen ist unkatholisch, falls sie allein steht. O. H.

Ta.: Comm.: *Ad. Jülicher*, [2]1925. Exc.: *Migne*PL Suppl. 3,23–45.

Lit.: *F. Brunetière–P. de Labriolle* S.V. de Lérins, 1906. *G. Bardy*, Dict. de Théol. Cath. 15,3045–3055. *M. Schuster*, RE VIII A 2192–2197. *Altaner* [7]454f.

Vincula. Fesseln, Fesselung, die Haft überhaupt (→ *carcer*). V. begegnen in mehreren Formen. **1.** *v. privata:* Schuldhaft bei der Personalvollstreckung; Fesselung des Schuldners ist dem Gläubiger gestattet (Lex XII tab. 3,3), doch nach der *l. Poetelia* (326 v. Chr.) für nichtdeliktisch Verantwortliche untersagt. Die Personalvollstrekkung bleibt regelmäßige Exekutionsform, in nachklass. Z. wird die Haft allerdings im öffentl. Kerker vollzogen und der private Schuldkerker verboten (Cod. Theod. 9,11,1: *crimen maiestatis.* Cod. Iust. 9,5,1). Wegen der spärlichen Quellenzeugnisse viel diskutiert ist das Vorkommen von *v. privata* als Strafhaft an Freien; die Frage kann bei Annahme eines frühen privaten Kapitalverfahrens bejaht werden. Meist bedeuten *v. privata* jedoch die Bestrafung von Sklaven, die im → *ergastulum* vollzogen wurde – auch an Sklaven, die im Kognitionsverfahren wegen öffentl. nichtkapitaler Straftaten nach Züchtigung ihrem *dominus sub poena vinculorum* zurückgegeben worden waren.

2. *v. publica* sind zunächst Maßnahmen magistrat. → *coercitio* zur Sicherung des Strafverfahrens in Form der Untersuchungshaft (röm. Bürger sind nach der *l. Iulia de vi* davon befreit; später wieder üblich, kann sie durch Bürgenstellung vermieden werden; Dig. 48,3,3) und der Verwahrung zw. Urteil und Vollstreckung. Als ordentl. Strafe sind *v.* lange Z. unbekannt (Dig. 48,19,8,9), praktisch kam es durch Vollstreckungsaufschub häufig dazu. Die Kaiserzeit kennt die Haft als Strafe (Dig. 48, 19,7. Pauli Sent. 5,17,2), doch war die Verurteilung von Freien zu *v. perpetua* unzulässig. In der Praxis ist sie dennoch offenbar häufig vorgekommen, wie aus wiederholten kaiserl. Verboten hervorgeht (Dig. 48,19,35. Cod. Iust. 9,47,6). Als Sklavenstrafe sind *v. publica* die Ausnahme, *v. perpetua* sicherlich zulässig, doch anscheinend moralisch mißbilligt (Cod. Iust. 9,47,6 cit.). C. E.

1. *W. Macheiner*, RACh 9,318ff. m. Lit. 2. *Th. Mayer-Maly*, RE VIII A 2198ff.

Vindalium. Stadt der Gallia Narbonensis. Oppidum der Cavares, n.ö. von Avennio (h. Avignon), wo Cn. → Domitius (I 7) Ahenobarbus im J. 121 v.Chr. die → Allobroges besiegt hat (Liv. epit. 61. Plin. nat. 7,166. Oros. 5,13,2. Suet. Nero 2. Strab. 4,1,11 Οὔνδαλον). Am Ufer der Sorgue (*Vindelicus amnis* Flor. 1,37,4. Isid. 9,2,96) nahe der Mündung in die Rhône, wahrscheinl. bei Mourre-de-Sève, zw. Sorgues und Vedène. M. L.

G. Barruol Les peuples préromains du sud-est de la Gaule, Paris 1969, 168. 242.

Vindana Portus. Οὐινδανὰ λιμήν, Hafen der Gallia Lugdunensis (Ptol. 2,8,1), jenseits der Loiremündung an der Südküste der Bretagne. Ungewisse Etym. Grenier MAN 6,2,514, auch ungewisse Lokalisierung (am Golfe du Morbihan?, Bai von Douarnenez? Locmariaquer? Plovan? Port-Louis? Locmalo?). In mehreren Ortschaften wurden Mz. entdeckt. Gelehrte suchen V.p. an der Mündung des Blavet: wichtige Diskussion bei P. Merlat, RE VIII A 2206ff. M. L.

Vindelici, in den ältesten Zeugnissen auch *Vindolici, Vindalici*, kelt. Volk auf der oberbayr.-oberschwäb. Hochebene, nach der Inschr. der → Tropaea Augusti, Plin. nat. 3,137, mit den 4 Stämmen der Cosuanetes, Rucinates, → Licates, Cattenates. Strab. 4,206 nennt die Likattioi (= Licates), Klautenatioi (wohl = Cattenates), und wohl irrig die eher raet. → Vennones, dazu die Estiones und die Brigantioi und als ihre Städte → Brigantion (Bregenz) und Kambodunon (Kempten), also der Estionen, und als Akropolis der Likattier ein Damasia, ferner offenbar irrig als Raeter die Rukantioi (Rucinates) und Kotuantioi (Cosuanetes). Die Likattier heißen nach dem Lech. Bei Ptol. 2,12,3 sind genannt Runikatai, Leunoi, Konsuantai und Likatioi. Als röm. Auxiliarsoldaten kommen vor ein Cattenas, Germania 19, 1935, 227, und ein Runicas, Mainzer Ztschr. 33, 1938, 31 Nr. 3. 27. BRGK 86 Nr. 114a. Röm. wurde das Gebiet durch den Alpenfeldzug des Tiberius und Drusus im J. 15 v.Chr., Hor. c. 4,4,17f. 14,8. Vell. 2,39,3. 95,2. 104,5. 122,2. Flor. 2,22 (4,12). Strab. 7,292. Suet. Aug. 21. Zunächst als mil. Verwaltungsbezirk, CIL IX 3044. How.-Meyer Nr. 34, unter Claudius zu einer prokurator. Provinz *Raetia et Vindelicia* gemacht, CIL V 3936. How.-Meyer Nr. 36, seit der Verlegung der *legio III Italica* nach Regensburg im J. 179 n.Chr. unter einem senator. Legaten, in den späten Zeugnissen meist nur Raetia genannt. Hauptstadt der Provinz war → Augusta (7) Vindelicum (Augsburg). Die geogr. Teilung der Provinz bei Ptol. 2,12 in Raetia w. und Vindelicia ö. des Iller ist künstlich und unberechtigt. Neben den häufigen raet. Kohorten gab es im 1. Jh. n.Chr. auch eine *cohors Raetorum et Vindelicorum*, RE IV 328,51ff. Mainzer Ztschr. 33, 1938, 31 Nr. 3. 4, schon bei Tac. ann. 2,17, ebenso sind mehrere *cohortes Vindelicorum* belegt, RE IV 350f. S.a. Raeti, Raetia. E. M.

How.-Meyer 361f. *R. Heuberger*, RE IX A 1ff.

Vindemia (τρύγη, τρύγητος). Die Weinlese fand je nach Ortslage und Witterung zu verschiedener Z. statt, in Africa schon Mitte August, in Griechenland ab Mitte September, in Italien meist zw. Herbstaequinoctium und Untergang der Pleiaden (Varro rust. 1,34,2. Colum. 11,2,27. Plin. nat. 18, 319), bes. im October, in Gallien u.U. nach den ersten Frostnächten (Plin. nat. 14,26. Colum. 3,2, 16). Woran völlige Reife der Trauben erkannt wird, erörtern ausführl. Geop. 5,45. Pallad. 10,11. Einzelne altröm. Ratschläge zur *v.* bei Plin. nat. 18,315f. In Griechenland und wo sonst der → Wein an niedrigen Reben reifte, war die *v.* einfach; in Italien wurde der Wein oft an hohen Bäumen gezogen (Verg. georg. 1,2. Hor. epod. 2,9f.), zur *v.* benötigte man hohe Leitern (Plin. nat. 14,10). Geschnitten werden die Trauben mit einer Sichel, *falx*, κλαστήριον. Je nach Weiterverwendung als Tafelobst oder zur → Mostherstellung wurden die Trauben als ganze erhalten oder in die Kelter gebracht, → *torcular* (1). Als Abschluß der Weinlese fand ein Fest, ebenfalls *v.*, statt, das naturgemäß dem Dionysos (Bacchus) galt und mit Tanz, Gesang und Opfer sowie derben Scherzen verbunden war (für Rom → Meditrina), wozu zu vgl. Tac. ann. 11,31. Plin. epist. 9,20,2. Gelegentlich kann *v.* auch das Ernten anderer Früchte bedeuten, Plin. nat. 11,35 (Honig). 12,58 (Weihrauch). 15,5 (Oliven). W. H. G.

R. Billiard La vigne dans l'Antiquité, 1913.

Vindemitor, Name des Lieblingsknaben des Dionysos, → Ampelos, nach seiner Verstirnung. Es ist der Stern ε im Tierkreiszeichen der Virgo. E. Bo.

Vindex. 1. Bürge, der im röm. Prozeß als Ladungs*v.* bei der → *vocatio in ius*, als Vollstreckungs*v.* bei der → *manus iniectio* auftritt.

1. Ladungs*v.*: Für den Legisaktionenprozeß ist nicht mit Sicherheit zu entscheiden, ob der *v.*

lediglich Gestellungsbürge war, oder ob ihn eine Defensionspflicht traf, sein Eintreten also den Geladenen befreite. Im Formularprozeß haftet der *v.* nach überwiegender Meinung für Gestellung des Geladenen *in iure* an einem durch prätor. Dekret bestimmten Termin *(dies exhibitionis)*. Bei Nichterscheinen haftet der *v.* aus einer *actio in factum* (Strafklage), doch wird dadurch der Geladene nicht befreit, gegen ihn kann vielmehr zusätzlich → *missio in possessionem* erwirkt werden. Der *v.* muß ebenso zahlungsfähig sein wie der Geladene (Dig. 2,6,1), von nahestehenden Personen (Dig. 2,8,2,2) muß der Ladende jeden *v.* annehmen, sonst steht gegen ihn eine Strafklage (Dig. 2,6,2) zu. In den iust. Quellen ist der Ladungs*v.* durch einen *fideiussor iudicio sistendi causa datus* ersetzt.

2. Vollstreckungs*v.*: Ein durch *manus iniectio* Ergriffener kann diesen Zugriff urspr. nicht mehr selbst abschütteln. Lediglich ein *v.* kann durch *manum depellere* noch das Zugriffsrecht des Verfolgers bestreiten. Der *v.* befreit den Ergriffenen vermutlich endgültig; er selbst haftet dem Verfolger auf das Doppelte der Lösungssumme (Litiskreszenz). Nach der *l. Vallia* (Gai. inst. 4,25 – Datierung fraglich) bedarf es nur mehr bei der Judikatsschuld und beim *depensum* eines *v.*, sonst *(manus iniectio pura)* kann der Ergriffene selbst *manum sibi depellere*, die Litiskreszenz betrifft dann ihn. Mit der Abschaffung der *manus iniectio* verschwindet auch der Vollstreckungs*v.* C. E.

M. Kaser Das röm. Zivilprozeßrecht, 1966, 49ff. 98ff. 165ff. mit Lit. *G. Wesener*, RE Suppl. XIV 885ff.

2. *V.* war von Anastasius I. bis Iustinianus I. Titel der mit Verwaltung des Steuereinzugs, bes. der Grundsteuer *(annona)* betrauten Personen (Edict. Iust. 13,14/16. Nov. 134). Sie unterstanden dem *praefectus praetorio* (gegen diese Reform des Anastasius: Lyd. mag. 3,49. Euagr. h. e. 3,43). Vermutlich waren den *v.* die *exactores* und *susceptores* unterstellt. Da *v.* wurde, wer die beste Garantie für Eingang der Steuersumme bot, hat man ein Indiz für teilweise Rückkehr zur Steuerpacht (vgl. Iust. Nov. 38). A. L.

3. S. a. Caesellius. Iulius (A II 92)

Vindicatio. → *actio in rem* (s. auch *rei vindicatio*); urspr. Bezeichnung für das Ritual des alten *ius civile* zur Geltendmachung von Herrschaftsrechten durch Berühren der beanspruchten Person oder Sache mit einem Stab *(festuca, vindicta)* und Hersagen einer Spruchformel, worauf die gleichlautende *contrav.* des Gegners erfolgt. Die *v.* der *uxor in manu* und der Hauskinder zur Geltendmachung der Hausgewalt wird später durch ein Feststellungsverfahren (→ *praeiudicium* [Nachtr. Bd. V]. Dig. 6,1,1,2) und exhibitorische → *interdicta* (III 4) ersetzt. Besonderheiten weist die *v. in libertatem* bzw. *in servitutem* (Statusprozeß) auf: mangelnde Symmetrie von *v.* und *contrav.*; Einschaltung eines → *adsertor in libertatem*; Erteilung der → *vindiciae* immer *secundum libertatem*. Zur Begründung der mit *v.* geltendgemachten Rechte dient die ihr nachgeformte → *in iure cessio*. C. E.

1. *M. Kaser* Das röm. Privatrecht 1, ^{2}1971, 114f. 123ff. 423ff. u. ö. m. Lit. 2. *Ders.* Das röm. Zivilprozeßrecht, 1966, passim, bes. 66ff. m. Lit. 3. *G. Franciosi* Il processo di libertà in dir. rom., 1961.

Vindicianus. Avianus V. lebte im 4. Jh. n. Chr. in Afrika, war dort Prokonsul (Z. unbekannt). Von Beruf war V. Arzt und trat wie sein Vater (Vf. einer Kosmographie; s. V.' Brief an Pentadius) schriftstellerisch hervor. Wir besitzen eine *Epistula V.i comitis archiatrorum ad Valentinianum* (II.; = Vorwort zu V.' verlorener Medikamenten-Slg.), einen Brief an seinen Enkel Pentadius (Abriß über den Aufbau des menschl. Körpers, von dem V. sagt: *ex libris medicinalibus Hippocratis intima latinavi*), 2 anscheinend zusammengehörende, in mehreren Fassungen vorliegende (gelegentlich ist eine als *Gynecia* zit.) Abrisse über Physiologie und Anatomie, die in einigen Hss. dem V. zugeschrieben werden, und schließlich ein in einer Brüsseler Hs. erhaltenes doxographisch-med. Stück, das dort einem Octavius Horatianus zugeschrieben, aber wegen wörtl. Übereinstimmungen mit den physiol.-anat. Abrissen von WELLMANN wohl mit Recht dem V. zugewiesen wird. In einigen dieser Texte fällt stoischer Einfluß auf, ohne daß deswegen V. den Pneumatikern (oder sonst einer Ärzteschule) zugerechnet werden könnte. Vielmehr paßt dies allg. zu einem Arzt chr. Z. (Chr. ist auch sonst bei V. faßbar); dazu würde ferner V.' Widerwille gegen unnötig drastische Kuren (bes. chirurg. Eingriffe, die er aber nicht grundsätzlich ablehnt) passen. Originalität ist hier nicht zu erwarten. V.' Bedeutung, wie die ähnlicher Mediziner, liegt vielmehr in der Übermittlung griech. Tradition – auch als »Latinisator« (s. o.) – sowie im Stilist. (gelegentlich fällt novellistisch-dramatisierende Darstellung auf) und Sprachl. Der Arzt → Theodorus (3) Priscianus war V.' Schüler, mit → Augustinus (der ihn mehrfach erwähnt) war V. gut bekannt. Eine Nachwirkung im arab. Kulturkreis scheint nicht nachweisbar. F. K.

Ausg. u. Lit.: CML V, Bln. ^{2}1968 (Brief an Valentinian). Theodorus Priscianus ed. *V. Rose*, Lpz. 1894 (die physiol.-anat. Stücke; vgl. dazu auch *J. Schipper* Ein neuer Text d. Gynaecia d. V. aus einer Münchener Hs. d. 12. Jh.s, Diss. med. Lpz. 1921). *M. Wellmann* Die Frg.e d. sikel. Ärzte usw., Bln. 1901 (das doxogr.-med. Stück; vgl. dazu auch *W. Jaeger* Diokles v. Karystos, Bln. 1938, 187ff.). *W. Enßlin–K. Deichgräber*, RE IX A 29ff. *J. Kollesch*, NTM (Schriftenreihe f. Gesch. d. Nat.-wiss., Technik u. Med., Lpz.) 3, 1966, 27–31.

Vindicius. Angeblich ein Sklave, der 509 von einer Verschwörung zur Rückführung der → Tarquinier erfuhr und sie den Consuln L. Iunius → Brutus (2) und P. → Valerius (A I 55) Poplicola meldete. Zur Belohnung wurde V. freigelassen und ihm als erstem Freigelassenen gleichzeitig das röm. Bürgerrecht gewährt. Dem vorliegenden jurist. Tatbestand der *manumissio vindicta* verdankten der Bericht und der Name der Hauptperson offenbar ihre Entstehung (Liv. 2,4,5ff. 9f. Dion. Hal. ant. 5,7,3; 13,1. Plut. Popl. 4ff. Zon. 7,12; vgl. Pomp. Dig. 1,2,2,24). Ein Zusatz ähnlichen Charakters findet sich Sch. Iuv. 8,268, wonach V. anschließend an seine Freilassung als *delator* seines Herrn gekreuzigt wird. Die Entstehungsz. beider Konstruktionen liegt wohl nicht vor dem 1. Jh. v. Chr. (D. Daube, JRS 36, 1946, 57ff. 74f. J. Lemosse, Rev. Int. des Droits de l'Ant. Ser. 3, 1956, 56ff.). M. D.-M.

Vindicta. Zu den Formen der Freilassung von Sklaven gehört neben anderen die Berührung des *servus* mit einem Stab (einer Rute), *v.*, Cic. top. 2, 10. Dig. 4,1,6. 40,2,5. Inst. 1,5. Danach gilt er als freigelassen (→ Libertini), Dig. 6,40. Seit Augustus wird *v.* auch übertragen benützt: Mittel zu Verteidigung, Schutz usw., Liv. 24,37,10. 26,15, 14, schließlich: Strafe, Rache, Plin. nat. 29,18. Tac. ann. 6,32. W. H. G.

Vindinum (oder *Suindinum*, *Subdinnum* Tab. Peut. 151. *Οὐίνδινον* Ptol. 2,8,9). Hauptort der → Aulerci → Cenomanni in Gallia Celtica, später Lugdunensis, h. Le Mans (dépt. Sarthe). Wichtiger Straßenknotenpunkt nach Condate (Rennes), Vicus (Vieux), Caesarodunum (Tours). Frühe Ansiedlung: in später Mauer entdeckte kelt. Skulpturen (Gallia 15, 1957, 202); gall. Goldstater (Gallia 12, 1954, 172); Leichenbrunnen mit Objekten des 1. Jh.s. (Gallia 29, 1971, 249). Aus der röm. Stadt sind bekannt eine Wasserleitung, ein den Nymphen gewidmeter Altar, Gräber (Gallia 9, 1951, 97), ein Amphitheater oder besser Theater Grenier MAN 3,2, 1958, 847. Gottheiten: *Nymphae, deus patrius* CIL XIII 3191.

In der Spätant. wurden wichtige Mauern gebaut; die Stadt wurde ein *castrum* (500 × 200 m) von 10 ha: Grenier MAN 5, 1931, 422 (Plan fig. 127). Mehrere Türme und Nebentore sind erhalten: Grenier a. O. 510. 528. 533. 581. Gallia 15, 1957, 202. Die Mauer ist eine der besterhaltenen Galliens (R. Triger, Cinquant. Soc. hist. et arch. du Maine, 1926). In dem zur *civitas Cenomannorum* gewordenen V. (Not. Gall. 3,2) lag eine Besatzung des *praefectus laetorum gentilium Suevorum ... et Cenomannos* (sic) *Lugdunensis tertiae* (Not. dign. occ. 42,35); auch *Cinomannis* (Ven. Fort. vit. s. Paterni 10,33); *Cinomannica urbs* (vit. B. Mauritii 21,113). Inschr. CIL XIII 3190. M. L.

Vindobona. (*Οὐι[νδ]όβονα*) wird in der ant. Lit. erstmals von Ptol. im Schlüsselkomm. zur *Γεωγραφικὴ Ὑφήγησις*, 2,14,3 erwähnt und seine Lage mit 37° 45′ ö. Länge und 46° 50′ n. Breite angegeben. Mit der Anlage eines Legionslagers in → Carnuntum um 15 n. Chr. scheint bald die damit notwendig gewordene Sicherung des Wiener Raumes erfolgt zu sein. Dies zeigen der Grabstein des C. Atius (CIL III 4570, Inschr. 17/18, Nr. 37) und 6 Ziegel (Ziegel 5f. Nr. 1653a. 1657. 1658. 2305. 2306. 2364) der 15. Legion aus Carnuntum. Nr. 2305 ist zweizeilig und nach E. Ritterling, RE XII 1747ff. mit *APOLI | [NARIS] | LEG XV | [VEXIL]* aufzulösen. Eine → *vexillatio* der 15. Legion müßte demnach die älteste nachweisbare Besatzung von V. gewesen sein. Die 6 Ziegel wurden nicht im späteren Legionslager, sondern im anschließenden Territorium gefunden. In ihm dürfte ein Lager der *ala I milliaria Britannica* gelegen haben, worauf bes. 3 beim Bau der Stallburg und in der Habsburgergasse gefundene Grabsteine dieser Truppe (CIL III 4575. 4576. 15197, Inschr. 17/18, Nr. 33–35. Skulpturen Nr. 30–32) hinweisen. Sie kam während der Donaukriege Domitians nach Pannonien, und ihr 1. Lager im Wiener Raum scheint im Gebiet der Klimsch- und Hohlweggasse gewesen zu sein. Durch eine Umgruppierung gelangte sie offenbar bald zur Stallburg. Um die gleiche Z. dürfte Ala Nova (Wien-Schwechat), ein Quingenaria-Lager, als Ersatz für ein älteres Hilfstruppenlager gleicher Art entstanden sein. Dies zeigt möglicherweise ein Bronzetafelfrg. aus der Z. Galbas (Inschr. 17/18, Nr. 69), dessen *ala Sulpicia*, eine *quingenaria*, eine der ältesten Besatzungen des Hilfstruppenlagers bei der Stallburg gewesen sein kann (Vindobona 14f. 20f. 74ff.). Im Zuge der Grenzverstärkung Traians an der Donau erstand um 100 das Legionslager auf dem Plateau um den Hohen Markt (Vindobona 15ff. 61ff. 68f. 75f. 82ff. 119ff.). Die 13. Legion (100 bis spätestens 107) und die 14. (spätestens 107–114) führten den Bau durch, was Inschr. (Inschr. 17/18, Nr. 1–5, 19/20, Nr. 5b. Zu 2 monumentalen Inschr. Bechert 47ff.) und zahlreiche Ziegel (Ziegel 6ff. 8ff.) beweisen. Verbunden damit waren Einrichtung oder Ausbau der Legionsziegeleien in Hernals (Forschungen II 14. 70ff. 76ff.) und des Legionssteinbruches in Sievering (Forschungen II 14f. Vindobona 19). Auch das Straßennetz wurde ausgebaut, d. h. das Lager mußte an die bereits bestehende Limesstraße angeschlossen werden, was dazu führte, daß der offenbar urspr. zu ihr gehörende Strang Schottengasse–Herrengasse–Augustinerstraße–Rennweg zur Munizipalstraße wurde (Vindobona 20f. 90). Die → *canabae* erstanden in der Schottengasse und deren Umgebung und wahrscheinlich auch der größte Teil jener Einrichtungen, die zur Bewirtschaftung des Lagerterritoriums notwendig waren. Seine Grenzen deckten sich ungefähr mit jenen des Legionsfriedhofes, der vom Lager bis zum Ring und teilweise darüber hinaus reichte (Forschungen I 65ff. 71ff.). Mit der Anlage des Legionslagers erhielt die Zivilstadt beim Aspangbahnhof einen neuen Auftrieb. Die bis in urgesch. Anf. zurückreichende Siedlung scheint die Bevölkerung der kelt. Stadtburg auf dem Leopoldsberg aufgenommen zu haben, deren Umsiedlung von den Römern offenbar noch im 1. Jh. n. Chr. veranlaßt wurde (Vindobona 19). Diese Stadtburg dürfte das Zentrum der kelt. Besiedlung des Wiener Raumes gewesen sein, und an ihr haftete offenbar jener Name, der später als der von Lager und Zivilstadt verwendet wurde.

V. gehörte anf. zu → Noricum, kam aber offenbar mit der Existenz eines Hilfstruppenlagers zu Pannonien, und zwar seit 103/104 zur → *Pannonia superior*. Der sekundären Rolle V. als Flankenschutz von Carnuntum entsprach seine wirtschaftl. Nebenrolle durch die Lage bloß nahe dem Schnittpunkt der Bernsteinstraße mit der Donau. V.s ungefähr 15000–20000 Einwohner zählende Bevölkerung von Einheimischen kelt.-illyr. Herkunft, von Germanen, Orientalen und Römern (Vindobona 25ff.) erreichte bis zu den Markomannenkriegen einen gewissen Wohlstand, der in Grabdenkmälern, Neubauten und in der Ausgestaltung des Forums (Vindobona 22ff.) zum Ausdruck kam. Um 170 gingen beim Markomanneneinfall Lager und Zivilstadt in Flammen auf. Auch 2 Münzfunde von 298 *aurei* und 1446 *denarii* aus der Zivilstadt zeugen von der Markomannengefahr (Vindobona 40ff.). Die 10. Legion, die seit 115 die Besatzung von V. bis zum Untergang der Römerherrschaft bildete, führte nach der Eroberung des verlorengegangenen Gebietes den Wiederaufbau durch. Marc Aurel, der die Gegenoffensive am mittleren Donauabschnitt der röm. Grenzverteidigung einleitete, weilte wahrscheinlich öfters in V., doch ob er hier auch starb (17. März 180), ist nicht gesichert (Vindobona 42). Spätestens 212 erhielt V. den Rang eines → *municipium* (Vindobona 47). Darauf weist CIL III 4557 (Inschr. 17/18, Nr. 22), die außerdem die Ämter der *duoviri iure dicundo*, des *aedilis*, *quaestor* und *praefectus fabrum* bezeugt. Damals bekam V. offenbar einen eigenen, von der W.-Grenze Pannoniens und der Donau zwischen Klosterneuburg und Schwechat bis zur Ödenburger Pforte reichenden Landbezirk (Vindobona 48f. 78). Innerhalb desselben sind bisher 28 Siedlungen – inklusive einer 1972 bei Brunn a. Gebirge angeschnittenen – und Teile der Wasserleitung (Forschungen II 13ff. 17f. 100. 103. Vindobona 40) nachgewiesen. 233 wurde nach dem Altar CIL III 14359,27 (Inschr. 17/18, Nr. 25. Skulpturen 18) eine Wienflußregulierung durchgeführt und möglicherweise eine Naumachie bei der Einmündung des Flusses in die Donau wiederhergestellt. Die zunehmende Ausbreitung äg. und oriental. Kulte im 3. Jh. ist durch die Verehrung von Mithras (CIL III 14359, 28. Inschr. 17/20, Nr. 30) und Sarapis (CIL III 4560, 4561. Inschr. 17/18, Nr. 12. 13) bezeugt. Für das Frühchristentum legt ein Grabstein (Forschungen I 49f.) Zeugnis ab, und möglicherweise geht die Peterskirche auf eine frühchr. Basilika zurück (ÖTTINGER 7ff.). E. d. 4. Jh. wurde der Stützpunkt der *classis Histrica* von Carnuntum nach V. verlegt (Not. dign. occ. 34,28. Vindobona 55. 82. 107) und bald darauf V. neuerlich zerstört (Vindobona 57). Für die Datierung dieses Ereignisses im Lager kommt 519 in der Rotgasse gefundenen kleinen Kupfermünzen besondere Bedeutung zu (ÖTTINGER 18 Anm. 2). Goten und Alanen setzten das Lager notdürftig wieder instand und räumten es 405 (Vindobona 57f.). 433 erfolgte die Abtretung der Provinz Pannonia I, zu der V. zuletzt gehörte, an die Hunnen. Die augenfällige Nachbarschaft von römer-, langobarden- und awarenzeitl. Gräberfeldern in Wien spricht für den Bestand einer roman. Restbevölkerung bis ins 8. Jh. A. N.

A. Neumann V., Wien 1972. *Ders.* Forschungen in V. I, in: Der röm. Limes in Österreich 22, 1967. II ebd. 23, 1968. *Ders.* Lampen und andere Beleuchtungsgeräte aus V., ebd. 22, 1967. *Ders.* Die Skulpturen des Stadtgebietes von V., in: Corpus d. Skulpturen d. röm. Welt I 1, Wien 1967. *Ders.* Ziegel aus V. in: Der röm. Limes in Ö. 27, 1973. *Ders.* Inschr. aus V., Jb. d. Vereines f. Gesch. d. Stadt Wien 17/18, 1961/62, 7ff. 19/20, 1963/64, 7ff. *Ders.* Pro Austria Romana 21, 1971, 25f. *Ders.*, Festschr. K. Majewski, Warschau 1973. *Ders.*, JOEAI 49, 1968/71, 299ff. *T. Bechert*, Epigraph. Stud. 8, 1969, 47ff. *K. Öttinger* Das Werden Wiens, Wien 1951.

Vindonissa. Dorf der Helvetier auf einem Geländevorsprung an der Einmündung der Reuß in die Aare an der Stelle des h. Dorfs Windisch ö. von Brugg (Aargau). Vorhanden nur der den Geländevorsprung nach W. abriegelnde 20 m breite und 4 m tiefe »Keltengraben«. Auf der Fläche unmittelbar w. des Keltengrabens wurde 16/17 n. Chr. ein Legionslager angelegt und von der *legio XIII Gemina* bezogen, zuerst Zelte, dann 2 Holzbauphasen. Noch unter der 13. Legion wurde das Lager in seine seitdem bleibende Lage etwas verschoben, und zwar nach N. über den alten Spitzgraben hinaus bis an den Steilabfall zur Aare und nach O. über den Keltengraben hinaus, der zugeschüttet wurde. Es bildete nun ein 7-Eck von etwa 600 m größter O.-W.-Ausdehnung und 430 m von N. nach S. und 22,17 ha Fläche mit doppeltem Spitzgraben. Auxilien neben der 13. Legion sind nicht bekannt. 45/46 n. Chr. wurde die 13. Legion abgelöst durch die *legio XXI rapax*, die das Lager in Stein umbaute. An Auxilien standen jetzt im Lager zuerst anscheinend die *coh. VII Raetorum* und *coh. XXVI voluntariorum civium Romanorum*, nachher die *VI Raetorum* und die *III Hispanorum*. Nach Verlegung der 21. Legion an den Niederrhein bezog die *legio XI Claudia pia fidelis* im J. 70 das Lager, die 101 an die Donau verlegt wurde. Sie hatte das Lager ohne Auxilien für sich allein und nahm mehrere Umbauten und Neubauten vor. Nach dem Abzug der 11. Legion stand zunächst noch ein Kommandoposten der *legio VIII* in Straßburg im Lager. Erst um die Mitte des 2. Jh.s wurde das Lager vom Militär ganz geräumt, und die Zivilbevölkerung ergriff davon Besitz. Während der Alemannenkämpfe in der 2. Hälfte des 3. Jh.s wurde das Lager mehrfach wieder von Truppen besetzt und anscheinend teilweise neubefestigt, CIL XIII 5203. HOW.-MEYER Nr. 294. Dazu gehören anscheinend neue Türme und eine steinerne Zweischalenmauer mit einem Graben, deren zeitl. Stellung aber nicht sicher ist.

Das Lager war nach S. orientiert, das S.-Tor die *porta praetoria* und die breite durchgehende W.-O.-Straße die *via principalis*. Ein großer Teil des Inneren ist ausgegraben mit Kasernen, Tribunenhäusern, Principia, Thermen, Valetudinarium, Horrea und anderen Nebenbauten, noch nicht sicher gefunden der Legatenpalast. Sichtbar h. die Fundamente des N.- und W.-Tores und an der NO.-Ecke der wohl spätant. »Bühlturm«. Eine einmalige Besonderheit von V. ist der Schutthügel am Aareabhang w. außerhalb des N.-Tores, in dem auch Holz und Leder gut konserviert ist. Im O., S. und W. umgab das Lager ein ziviler *vicus*, von dem vor allem mehrere gallo-röm. Quadrattempel, ein Nymphenheiligtum am Reußabhang und im SW. ein großes Marktgebäude und das immer sichtbar gebliebene und großenteils konservierte Amphitheater (98:112 m) bekannt sind. Die Gräber lagen vor allem im W. an der Straße nach Augst.

Im 4. Jh. n. Chr. wurde an der Stelle des ehemaligen Keltendorfes ö. des Lagers ein kleines Kastell *(castrum Vindonissense)* mit dreifachem Graben ö. des Keltengrabens gebaut, das im 9. Jh. Sitz eines Bischofs war. Funde aus V. im Vindonissa-Museum in Brugg. Liter. Erwähnungen: Itin. Anton. 238,2. Tab. Peut. 3,5. Tac. ann. 4,70. Paneg. Lat. 6 (7), 4,2; 6,3. Not. Gall. 9,5. *Vicani Vindonissenses* CIL XIII 5194. HOW.-MEYER Nr. 265f. Inschr.: HOW.-MEYER Nr. 265–333. 398–403. 427. 429. 430. 432. 436–440. 450f. 458–460. E. M.

Lit.: Ges. Pro Vindonissa. JBer. (seit 1897). *R. Laur-Belart* V., Lager und Vicus, Bln.-Lpz. 1935. *F. Stähelin* Schweiz in röm. Z.[3], bes. 623ff. u. ö. *E. Ettlinger*, RE IX A 82ff. *R. Laur-Belart* Kl. Führer durch das röm. Legionslager V. und seine Umgebung, Brugg [4]1969. *A. Lambert-E. Meyer* Führer durch die röm. Schweiz, Zürich [2]1973, 68ff. *How.-Meyer* 279ff. *S. Loeschcke* Lampen aus V., Zürich 1919. *A. Gansser-Burckhardt* Das Leder und seine Verarbeitung im röm. Legionslager V., Veröff. d. Ges. Pro V. I, Basel 1942. *M. Grünwald* Die röm. Bronze- und Kupfermz. mit Schlagmarken im Legionslager V., ebd. II, 1946 (in den Ergebnissen verfehlt). *E. Ettlinger-Chr. Simonett* Röm. Keramik aus dem Schutthügel von V., ebd. III, 1952. *L. Berger* Röm. Gläser aus V., ebd. IV, 1960. *C. Kraay* Die Münzfunde von V. (bis Trajan), ebd. V, 1962. *Th. Pekáry* Die Fundmz. von V., ebd. VI, Brugg 1971. *Th. Tomašević* Die Keramik der XIII. Legion aus V., ebd. VII, Brugg 1970.

Vinea (*ἄμπελος, ἀμπελοχελώνη*) war ein an den Seiten mit Häuten verkleidetes Holzgerüst aus geraden, vertikal gestellten und mit Querhölzern verbundenen Stangen (Apollod. v. Damaskos 139,19ff. Veg. mil. 4,15). Das doppelte Dach bestand entweder aus einer zweifachen Lage von Häuten mit einem Zwischenraum zwischen ihnen (Apollod. a. O.) oder aus Brettern und Flechtwerk (Veg. mil. 2,15). Die aufrechten Stangen hatten unten Eisenspitzen zum Einsetzen und Herausheben der *v.* aus dem Boden. Nach Veg. mil. 2,15, der sie *causia* nennt, war sie 4,74 m lang, 2,37 m breit und 2,07 m hoch, sie diente bei Belagerungen als Annäherungsdeckung. Sie wurde entweder getragen oder lief auf Rädern (z. B. Caes. Gall. 2,12,3). Aus mehreren *v.* wurden Laufhallen (Pol. 9,41. Caes. civ. 2,2,3) zusammengestellt. Im Hinblick auf die primitive Konstruktion ist die *v.* wohl als sehr frühe Erfindung anzusehen; noch im MA. wird sie erwähnt. A. N.

A. R. Neumann, RE IX A 106ff.

Vinicianus s. Annius (II 17. 18)

Vinicius. Ital. Gentilname, Nebenform zu *Vinucius*, auch inschr. SCHULZE Eigenn. 110. 380.

I. Republik. Zeit.

L. V., M. f., wohl ident. mit dem Münzmeister um 54 (BROUGHTON 2,455) und dem tr. pl. 51 (Cic. fam. 8,8,6), Consul suff. 33, zusammen mit Q. → Laronius (1), BROUGHTON 2,414. R. SYME Rom. Rev., 1957, 209. H. G. G.

II. Kaiserzeit. **1.** L. V. Im J. 16/15 *IIIvir monetalis*, BMCRomEmp I 14f. Nr. 77–84, pl. 3, 4–7. Wahrscheinl. ist er der *clarus decorusque iuvenis* bei Suet. Aug. 64,2; seinen scharfen Geist als Redner rühmt Sen. contr. 2,5,20. *Cos. suff.* 5 v. Chr., DEGRI XIII 1,259. **2.** M. V. Aus Cales in Kampanien, Tac. ann. 6,15,1. Unter der Annahme, daß die akephale Inschr. (nur *ciu* erhalten!) DEGRI XIII 3,75ff. Nr. 91 ihm zuzuweisen ist (PREMERSTEIN, JOEAI 28, 1933, 140–163. 29, 1935, 60–81; unglaubwürdig bezieht D. STRÄUSSLER Die sog. Viniciusinschr. v. Tusculum, Diss. Wien 1939, die Inschr. auf L. Domitius Ahenobarbus oder M. Valerius Messalla Messalinus), war er nach Quaestur und Praetur im J. 25 *leg. Aug. pr. pr.* der Gallia comata, Cass. Dio 53,26,4 und zog über den Rhein nach Germanien. Er war viell. Statth. von Achaia, AE 1919, 2 (anders GROAG Röm. Reichsbeamte 2,5), im J. 19 v. Chr. *cos. suff.*, Mon. Anc. 11. CIL XV 4590. Vell. 2, 96,2. Im J. 14/13 war er mit einem Sonderkommando gegen aufständische Pannonier im Savegebiet betraut, Flor. 2,24 (statt *Vinnium: Vinicium*). Vell. 2,96,2. F. MILTNER, Klio 30, 1937, 208ff., bis ihm erst Agrippa, 12 v. Chr. Tiberius übergeordnet wurden. Doch 11–8 v. Chr. war V. erster *leg. Aug. pr. pr.* von Illyricum, nach Cass. Dio 54,34,4. PATSCH, SAWW 214 (1932) 1,107. Er besiegte gemeinsam mit dem Statthalter von Moesien die Daker, Mon. Anc. 30. Von 1 n. Chr. bis 3/4 n. Chr. war er *leg. Aug. pr. pr.* in Germanien, Vell. 2,104,2; er erhielt die *ornamenta* *triumphalia*. Er gehörte den *XVviri sacr. fac.* an; nach Suet. Aug. 71,2 war V. mit Augustus eng befreundet. **3.** M.V. Sohn von Nr.4, Enkel von Nr.2. *Cos. ord.* 30 n.Chr., DEGRI XIII 1,187. Aus diesem Anlaß hat ihm → Velleius (2) Paterculus seinen Geschichtsabriß überreicht, Vell. 1,8,1. 13,5. Von → Seianus distanzierte er sich rechtzeitig, STEWART, AJPh 74, 1953, 70ff. SYME Tac. 1,384. Im J. 33 vermählte ihm Tiberius die jüngste Germanicus-Tochter → Iulia (A II 105) Livilla, Tac. ann. 6,15,1. Cass. Dio 58,21,1. Als einer der 4 *progeneri Caesaris* gehörte er im J. 36 einer Brandschäden-Kommission an, Tac. ann. 6,45,2. *Procos. Asiae* 38/39, KEIL Forsch. Eph. III 113f. Nr.24; Istanbul. Forsch. 17, 1950, 54–68 Nr.12. Im J. 39 wurde seine Gattin verbannt; V. war an der Ermordung Caligulas beteiligt und wurde von den Konsuln mit Mühe zurückgehalten, sich der Herrschaft zu bemächtigen, Ios. ant. Iud. 19,102. 251. Claudius berief die Gattin des V. zurück, Cass. Dio 60,4,1, Messalina ließ sie ermorden. V. nahm im J. 43 am Britannienzug des Claudius teil (Cass. Dio 60,23,2), *cos. II ord.* 45, AE 1929, 166. Cass. Dio 60,25,1; doch 46 von Messalina ermordet, Cass. Dio 60,27,4, durch ein Staatsbegräbnis ausgezeichnet. **4.** P.V. Praetor. *procos.* von Makedonien, ca. 1 v.Chr. *Cos. ord.* 2 n.Chr., DEGRI XIII 1,60f. 526f. *Procos. Asiae* ca. 8/9, IG XII 5,756. Er galt als glänzender Gerichtsredner, Sen. contr. 1,2,3. 7,5,11. 6,11. 10,4,25. Sen. epist. 40,9. Im J. 20 schlug er das Verlangen ab, → Calpurnius (II 15) Piso zu verteidigen, Tac. ann. 3,11,2, beklagte 25 den → Votienus Montanus wegen *maiestas*, Tac. ann. 4,42,1ff. R. H.

Vinius (auch *Vinnius*; griech.: *Οὐίνιος*), röm. Name, dessen Träger seit dem 1.Jh. v.Chr. in den Quellen erscheinen (inschr. CIL VI 33346. DESSILS 3701).

I. Republikan. Zeit. **1.** V. wird Cic. Att. 2, 2,3 erwähnt (?), jedoch nur in einem Teil der Hss.; die restlichen bieten die bessere Variante *vino* (D.R. SHACKLETON BAILEY [ed.], Cicero's Letters to Atticus 1, 1965, 202f. 354). **2.** T.V. (Rufus?), viell. Senator aus Amiternum (T.P. WISEMAN New Men in the Roman Senate 139 B.C.–A.D. 14, 1971, 275 Nr.496), wurde 43 proscribiert, jedoch von seiner Frau → Tanusia (3) und seinem Freigelassenen V. (Nr.3) gerettet und noch im J. 43 rehabilitiert (App. civ. 4,187. Cass. Dio 47,7,4f. Suet. Aug. 27,2). Viell. ident. mit dem DESSILS 3701 genannten *VIIIvir* in Amiternum aus august. Z., T.V. Rufus, muß V., wenn er der bei Tac. hist. 1,48,2 erwähnte Großvater des T.V. (Nr.II 1) Rufinus war, auch die Praetur bekleidet haben (BROUGHTON 2, Add. and Corr. 70). **3.** T.V. Philopoemen, Freigelassener von Nr.2, nahm diesen bei den Proscriptionen von 43 in sein Haus auf und verbarg ihn in einer Kiste. Auf die dringende Fürsprache der Frau des T.V. (Nr.2) hin verzieh Octavian beiden Männern und verlieh V. später den Ritterrang (Cass. Dio 47,7,5. Suet. Aug. 27,2). M. D.-M.

II. Kaiserzeit. **1.** T.V. Rufinus. * 21/22 n.Chr. Tac. hist. 1,48,2. Als *trib. milit.* soll er ca. 39 in Pannonien Ehebruch mit der Gattin des Statthalters begangen haben (Plut. Galba 12. Cass. Dio 59,18,5), kam trotzdem zur Quaestur, Praetur und zu einem Legionskommando, Tac. 1,48,3; er stand in der Gunst des Claudius, Plut. 12,5. Unter Nero *procos. Galliae Narbonensis* (Tac. 1,48,4), als Legionskommandant in Spanien tätig und riet → Galba, sich zum Kaiser ausrufen zu lassen, Plut. 4,6. Er zog mit ihm im J. 68 nach Rom, wo er auf diesen großen Einfluß ausübte, Plut. 12,3. 13,1. Durch Intervention des V. wurde → Tigellinus nicht getötet, Tac. 1,72,2. Plut. 17,3. Er trat (vergeblich) für die Adoption → Othos durch Galba, Tac. 1,13,2, und für die Ernennung des → Vitellius (II 2) zum Statthalter von Germanien ein, Tac. 1, 51,1. *Cos. ord.* 69 mit Galba, Plut. 21,3, DEGRI XIII 1,266f. (fälschl. *IVNIVS*). 312. 332. Tac, 1, 1,1. Die unerwartete Adoption des → Calpurnius (II 23) Frugi Piso Licinianus (Tac. 1,14,1) schuf die Entfremdung zw. V. und Galba, Tac. 1,34,1. 39,2, Plut. 27,4. Als Otho am 15. Jan. 69 losschlug, riet V., auf dem Palatin zu bleiben, Tac. 1,32,2. Plut. 26,1; Galba begab sich jedoch auf das Forum; dort wurde er und auch V. niedergemacht, Tac. 1,42. 47,2. Plut. 27,7. **2.** V. Crispina, Tochter von Nr.1. Durch → Tigellinus vor der Anklage wegen Teilnahme an der pison. Verschwörung bewahrt, während ihr Mann getötet wurde, Tac. hist. 1,72,2. Plut. Galba 17,6. Ihr Vater hätte sie gerne dem → Otho vermählt, Plut. 21,1. Tac. 1,13,2. Nach dem 15. Jan. 69 hat sie den Leichnam des Vaters bestattet, Tac. 1,47,2. Plut. 28,2. R. H.

Vinnius. Latin. Gentilname, Variante zu *Vinius*, SCHULZE Eigenn. 425. – V. Asina, Freund des Horaz; seine Lebensstellung ist für uns unklärbar (Bauer oder Angehöriger des Hofes). Hor. epist. 1,13 (2. 8 mit Namen genannt) läßt ihn als Boten einige Rollen mit Dichtungen dem Augustus überbringen (wahrscheinlich die Oden). PIR 3,438 Nr.452. SCHANZ-HOS. 2,130. H. G. G.

Vinovia (*Οὐιννοουίον* Ptol. 2,3,16 M. Itin. Anton. 465,1), h. Binchester, Durham, im Tal des Wear, im Hinterland des Hadrianswalls an der Straße von Corbridge nach York; ein von Cn. Iulius → Agricola angelegtes Kastell, das unter → Septimius (II 7) Severus 205/08 erneut mit einer Besatzung belegt und befestigt wurde; durch Ausgrabungen wurde s.w. des Forts eine ant. Zivilsiedlung nachgewiesen. E. O.

I.A. Richmond, RE IX A 153. *P. Salway* The Frontier People of Roman Britain, Cambr. 1965, 148f. *I.D. Margary* Roman Roads in Britain, London ²1967, 431. 439. *R.G. Collingwood–I.A. Richmond* The Archaeology of Roman Britain, London ²1969, 125f.

Vintium. Stadt Südgalliens, zw. Nicaea (Nice) und → Antipolis (Antibes), Hauptort der Nerusii, in der Prov. der Alpes maritimae; h. Vence. Οὐίντιον Ptol. 3,1,14. Plin. nat. 3,20,137. *Civitas Vintiensium* CIL XII 9. 10. 11, mit *duoviri* (17. 18. 59), *flamen* (17. 59). Weihungen an Idaea Mater (1), Mars Vintius (2. 3), Mercurius (4). Inschr. CIL XII 1. 5702. Ein *episc. Vintiensis* bei Greg. Tur. 9,24. M. L.

N. Lamboglia, Rev. Et. Lig. 9, 1943, 60. *G. Barruol* Les peuples préromains du Sud-est de la Gaule, Paris 1969, 368.

Vinum s. Wein

Viocurus. Seltene Amtsbezeichnung (CIL VI 29697. IX 3384. X 5714: aus Sora aus der Z. nach der Verleihung des Bürgerrechts im ital. Krieg, anders [8]; griech. Belege aus Kleinasien: [6]), deren Bedeutung durchsichtig (Varro l. l. 5,7. Gloss.), deren Verwendung unklar ist. Varro wählt *v.* (l. l. 5,158) für Pullius und → Cosconius (I 1), die die nach ihnen benannten *clivi* gebaut haben. Für den Bau von Straßen sind Beamte mit *imperium* verantwortlich ([7], 1431 ff.); die *cura viarum* liegt bei den Aedilen ([1], 454, 7 ff.), untergeordneten Beamten ([3], 1803, 9 ff.) oder Anderen ([2], 1767, 2 ff.), seit 20 v. Chr. bei den → *curatores viarum* ([2], 1781, 32 ff.). *V.* ist wohl alter Titel, der auch später nur für Träger sehr begrenzter Aufgaben in einzelnen Munizipien und in den Provinzen fortlebt. C. J. C.

1. *J. W. Kubitschek*, RE I 448–464. 2. *E. Kornemann*, RE IV 1761–1770. 1774–1813, bes. 1801. 3. *W. Liebenam*, RE V 1798–1842. 4. *Hirschfeld* VB 208. 5. *R. Fohalle*, Musée Belge 28, 1924, 53–56. 6. *A. Cameron*, AJPh 52, 1931, 262. 7. *G. Radke*, RE Suppl. XIII 1417–1686. 8. *K. Ziegler*, RE IX A 156.

Viola s. Veilchen

Violentia. Unter Constantin entsteht der abstrakte Begriff des Gewaltverbrechens, das nun nicht länger als *crimen* → *vis*, sondern als *crimen violentiae* bezeichnet wird. Der Tatbestand des *crimen violentiae* ist außerordentlich umfassend und geht über den durch die *lex Iulia de vi* ergriffenen Bereich weit hinaus. Constantin setzt generell für dieses *crimen* die Todesstrafe fest (Cod. Theod. 9,10,1 = Cod. Iust. 9,12,6 [a. 317]). Hauptfälle des *crimen violentiae* sind gewaltsame Besitzvertreibung, gewaltsame Freiheitsberaubung und eigenmächtige Besitzergreifung des Gläubigers an ihm verpfändeten Gegenständen (Paul. sent. 2, 14,5). G. We.

G. Wesener, RE IX A 157 ff. *Th. Mayer-Maly*, ebd. 332 ff. *J. Coroï* La violence en droit criminel Romain, 1915, 303 ff. *H. Niedermeyer*, Studi Bonfante 2, 1930, 400 ff.; Studi Riccobono 1, 1936, 203 ff. *Cl. Dupont* Le droit criminel dans les constitutions de Constantin, 1953, 72 ff.

Vipitenum. Urspr. illyr. Siedlung mit etr. Ortsnamen am Kronbühel beim h. Sterzing (ital. Vipiteno) als n. Ausgangspunkt des Urweges über den Jaufen. Wichtige Station der röm. Brennerstraße, Itin. Anton. 275. 280 *Vipiteno*. Tab. Peut. *Vepiteno*, bisher jedoch nicht näher lokalisiert. Inschr. CIL V 5084 = Vollmer Inscr. Bav. Rom. 62. Siedlungskontinuum bis ins frühe MA. (827/828 *Wipitena* Fontes rer. Austr. II/31 Nr. 11. 12, 895/990 *Wipitina*, 1050/65 *Wibitin* Acta Tirolensia I Nr. 9/97), im 10. Jh. Übertragung des Ortsnamens auf das ganze obere Eisacktal und das Silltal jenseits des Brenner (Wipptal). Erst im 13. Jh. Aufkommen des bayr. Ortsnamens Sterzing, vom Eigennamen Starzo. G. Wi.

R. Heuberger, RE IX A 162–168. *A. Sparber* [Hg.] Sterzinger Heimatbuch. Schlern-Schriften 232 (1965).

Vipsanius s. Agrippa

Vipstanus. 1. C. V. Apronianus. *Frater Arvalis, magister* im J. 57, CIL VI 2039. *Cos. ord.* 59, CIL X 1504. Plin. nat. 7,84. *Procos. Africae* 68/69, Tac. hist. 1,76,3; Thomasson Statth. 44. Anfangs 86 †, CIL VI 2064, Z. 25. 48 f. **2.** M. V. Gallus. *Cos. suff.* 18 n. Chr., Degri XIII 1,185. DessILS 5161[h] (tess. num.). Vater von Nr. 3. **3.** M. V. Gallus. *Cos. suff.* ca. 47 n. Chr., von 53 an *leg. Aug. pr. pr.* von Pannonien, CIL III 4591. Reidinger Die Statth. d. ungeteilten Pannonien 40 f. **4.** V. Messalla. Nach CIL VI 8639 im J. 46 als praetor. Kommissar in Teanum tätig. *Cos. suff.* wohl 48, *procos. Asiae* im J. 59, Keil, JOEAI 23, 1926, Beibl. 298 f. **5.** V. Messalla. *Claris maioribus*, Tac. hist. 3,9,2 f., mit → Messalla (II 4) Corvinus verwandt, Sohn von Nr. 4. * ca. 46/47, diente als *trib. mil.* 69 in Moesien, Tac. ebd.; er führte die auf Vespasians Seite stehende *legio VII Claudia* nach Verona, nahm unter → Antonius (II 11) Primus an der 2. Schlacht von → Betriacum, der Belagerung Cremonas und Erstürmung Roms teil, Tac. hist. 3,11,3; dann wurde er abgelöst. Im J. 70 leistete er seinem Halbbruder → Aquilius (II 5) Regulus Rechtsbeistand, Tac. hist. 4,42,1. Ins J. 74/75 setzt Tac. das fingierte Gespräch des *Dialogus*, an dem V. als einziger Stadtrömer Gesprächspartner gewesen sein soll (cap. 14); er tritt für den *mos antiquus* ein (dial. 28,2), für persönl. Kontakt mit großen Rednern an Stelle der Rhetorenschulen, und zeigt betont republik. Gesinnung, 32. Er muß ein hist. Werk über den Bürgerkrieg der Flavianer und Vitellianer geschrieben haben, das Tac. hist. 3 ausgiebig benutzt hat, M. Treu, WJ 3, 1948, 241. – Paratore Tacito 573 ff. A. Briessmann Tac. u. d. flav. Geschichtsbild, 1955, 46–68. Syme Tac. 1,172. 177. **6.** L. V. Messalla, *Cos. ord.* im J. 115, CIL VI 4317. 543 u. a. *Procos. Asiae* 128/129. DessILS 8860. Syme, Hist. 14, 1950, 350. Vater von Nr. 7. **7.** L. V. [C]l. Publ[icola] Messalla. Gehörte den Salii Colini an, CIL XIV 4245 = Degri IV 1, Nr. 133. Im J. 140 *IIIIvir quinquennalis* (CIL XIV 2795), in Athen durch eine Statue geehrt, IG III 621. **8.** M. V. Poplicola. Im J. 46 praetor. Kommissar in Teanum wie Nr. 4. Im J. 48 *cos. ord.*, CIL VI 8639, Tac. ann. 11,23,1. *Procos. Asiae* 58/59, Keil, JOEAI 23, 1926, Beibl. 299. D. Magie Rom. Rule in As. Min. 2,1403 Nr. 14. 1421 Nr. 72. R. H.

Vir clarissimus *(v.c.)* bzw. *clarissimus vir (c.v.)*, griech. λαμπρότατος (seit ca. 160 nachweisbar; bis zum 3.Jh. auch κράτιστος), Rangtitel für Angehörige des Senatorenstandes in der röm. Kaiserzeit, als Ehrenprädikat (im allg. nur für Senatoren) schon in der Z. der späten Republik verwendet (Cic. de or. 1,225; fam. 13,68). Im Laufe des 1. und frühen 2.Jh.s wurde *clarissimus vir* (diese Bezeichnung überwiegt bis ins frühe 4.Jh.) allmählich zur üblichen Benennung feststehender Titel (so z.B. CIL VIII 2532 von 128) der Senatoren, freilich auf Inschr. auch im 2.Jh. noch selten. *C.* sind seit dem 2.Jh. auch die Angehörigen *(c.femina, iuvenis, puer, puella)*. Geborene *v.c.* wurden nicht automatisch Senatoren, sondern sie mußten in der Regel zumindest die Quaestur bekleidet haben, seit spätem 4.Jh. die Praetur. *V.c.* konnte man auch durch → *adlectio* oder Verleihung von → *ornamenta* werden. Seit ca. 365 wurden aus den mit Privilegien ausgestatteten *v.c.* die → *spectabiles* und die → *illustres* hervorgehoben. Wie sich vor allem aus den Inschr. ergibt (vgl. aber z.B. auch Symm. rel. 28,2f. 30,3), wurden auch die Angehörigen dieser hohen Rangklassen häufig weiter als *v.c.* bzw. *v.c. et ill.* bezeichnet. Wenn gegen Mitte des 5.Jh.s den *v.c.* und *spectabiles* der Wohnort freigestellt wurde (Cod. Iust. 12,1,15; 2,1), so steht dies wohl im Zusammenhang damit, daß sie um die gleiche Z. (teils viell. schon vorher) von der Teilnahme an Senatssitzungen ausgeschlossen wurden. A. L.

J. Gagé Les classes sociales dans l'Empire Romain, 1964. *O. Hirschfeld* Die Rangtitel d. röm. Kaiserzeit, SPrAW 1901.

Virbius gilt in lat. Dichtung als neuer Name des auf Dianas Bitten von Aesculapius wiederbelebten (irrige ant. Namensdeutung bei Serv. Aen. 7,761. Sch. Pers. 6,56) → Hippolytos (Verg. Aen. 7,777. Ov. met. 15,544; fast. 6,756. Hyg. fab. 251. Serv. Aen. 7,761. Paus. 2,27,4; nach Verg. Aen. 7, 762 auch Name seines Sohnes). V. wird in → Aricia als *Dianae minister* (Serv. Aen. 5,95. 7,84) verehrt (nach Serv. auct. Aen. 7,776 als *Sol*, weil sein Bild nicht berührt werden durfte); Verbot von Pferden (Verg. Aen. 7,779. Ov. fast. 3,266); in Neapel *flamen Virbialis* (CIL X 1493). Bei Aricia *Virbii clivus* (Pers. 6,56 mit Sch.); der Vergleich mit *clivus Urbius* (Liv. 1,48,6. Solin. 1,25) bzw. *Orbius* (Fest. 196,1 L. Dion. Hal. ant. 4,39,5) in Rom und Herleitung aus **u̯rdh-* gestattet Verbindung mit (illyr.?) Orthia (V. lakon. Fluß: GLM p. 152). G. R.

Prell.-Jord. 1,314. *Wissowa*, Myth. Lex. 6,228ff.; Rel. ²249. *Latte* RRel 170. *Radke* Die Götter Altitaliens 338ff.; RE IX A 178ff. (mit Zustimmung von *W. Fauth* Hippolytos u. Phaidra 23ff.). *Altheim* Griech. Gött. im alten Rom 122ff. *Bömer* Die Fasten 2,163.

Virdo, der ant. kelt. Name der Wertach, die bei Augsburg von SW. in den Lech mündet, Ven. Fort. 641. Paul. Diac. Hist. Langob. 2,13. E. M.

R. Heuberger–S. Gutenbrunner, RE IX A 183f.

Virgilius. V. Maro. Lat. Grammatiker der Spätant., wohl jüngerer Zeitgenosse → Isidors (8), etwa vom Anf. des 7.Jh.s ([5], 121 und Tardi 15f., anders [4]). Die ma. Bezeichnungen *Tolosanus* bzw. *Hispanus* machen Herkunft aus Südgallien (vgl. p. 8,13 u. 137,27ff. H.) und mind. temporäres Wirken im westgot. Spanien wahrscheinlich; nach [4] und [8], 182. 288 später in Irland. Nach [8], 182 vom Judentum konvertiert (vgl. Tardi 21ff.) und dann Presbyter, womit die dezidiert chr. (105,1ff. 135,29ff., vgl. [3], 123f. Tardi 24ff. S. Krauss, Rev. Ét. Juiv. 1914, 231ff.) bzw. antipaganen (107, 6ff. 129, 11ff.; ein verlorener *Commentarius de mundi creatione adversus paganos* wird 175,10ff. zit.) Züge seines Werkes harmonieren.

Von seinen gramm. Schriften sind erhalten 1) 12 seiner 15 (121,7ff.) *Epitomae* und 2) die späteren 8 Lehrbriefe an den Diakon Iulius Germanus, verloren weitere Lehrbriefe an die Schüler Donatus (12 Stück, vgl. 25,1ff. 82,21ff.) und Fabianus (15, vgl. 107,4ff.). Das Erhaltene stimmt in der Behandlung der Wortklassen (epist. 1–8 = epit. 5–9, zur Abgrenzung vgl. Stangl 6ff.) überein, zu denen in epit. 2–4 noch Buchstaben, Silben und Metra, in 10–11 *scinderatio fonorum*, eine Art Geheimsprache, und Etym. kommen; Definitionsfragen *(De sapientia)* und eine (Ps.-)Gesch. der Grammatik bilden den Rahmen. Die verlorenen epit. 13–15 scheinen Sachthemen wie Maße und Gewichte (daraus ein Frg. bei Abbo v. Fleury) bzw. Gesetze (vgl. 92,22ff.) traktiert zu haben. Die parodist. Grundtendenz (so richtig etwa P. Lehmann Die Parodie im MA., ²1963, 9f. u. [8]; für die comm. opinio etwa [6], 547: »lächerliche Schwindelei ... Irrgarten der Torheit«. Vgl. etwa epit. 12 und den 14täg. Streit um den Vokativ von *ego*, 123,16ff.) machen V.M. zu einem wichtigen Zeugen für den philol. Betrieb seiner Epoche. Auch die Quellenzit., die von wohl echten (Galbungus und Glengus) über verfremdete (Aeneas, vgl. 127,30ff.; Cato, Varro und Donat; Cicero; Terenz, Horaz und Virgil; zum Versteckspiel mit dem echten vgl. 92,15ff. 165,9ff.) bis zu sicher fingierten Namen reichen, sind spielerisch verwendet. Nach Sprachpraxis ([1], 546ff. [2], 32ff. [3], 115ff.; vgl. auch W. Meyer, Ges. Abh. z. mittellat. Rhythmik 1, 1905, 200ff.) wie Theorie (neben *scinderatio fonorum* vgl. noch die Lehre von den 12 *Latinitates*, 5,17ff. 88,21ff.) steht V.M. in der Tradition einer bewußt dunklen, mit ausgefallenen, künstlichen und fremdsprachl. Wörtern arbeitenden Latinität (*leporia*, vgl. G. Götz, Verh. Sächs. Ges. Wiss. ph.-h. Kl. 1896, 62ff. Tardi 30ff. E. de Bruyne Ét. d'Esthét. méd. 1, 1946, 115ff.), wie sie gleichzeitig bes. im anglo-irischen Raum vertreten ist.

Die Rezeption seit dem 7.Jh. (Aldhelm) ist weitgehend auf den Bereich irischen Kultureinflusses (Beda, Malsachanus, vgl. [7], 54f., Cruindmelus, Alkuin, Clemens [ed. J. Tolkiehn, 1928,

XXVIIff.], Petrus v. Pisa, die – irische, vgl. [7], 20. 61f. – Ars Bernensis, »Donatus ortigraphus« – vgl. [7], 21f. 166f.) beschränkt. Die hsl. Überlieferung (*epist.* in Neap. IV. A. 34, der Anfang auch in Karlsr. frg. Aug. 120. *Epit.* in zwei weiteren Hss., dazu Frg.e und Exc., vgl. Clav. Patr. Lat., ²1961, 344f.) läßt den Text in karol. Z. über N.-frankreich bis Deutschland gelangen. P. L. Sch.

Ta.: *J. Huemer*, 1886 (erneuerungsbedürftig, vgl. *Th. Stangl* Virgiliana, 1891). *D. Tardi*, 1928 (*Epitomae*). Lit.: 1. *J. Huemer*, SAWW 99, 1882, 509ff. 2. *E. Ernault* De V. gramm., 1886. 3. *M. Roger* L'enseignem. des lettres class., 1905, 110ff. 4. *H. Zimmer*, SPrAW 1910, 1031ff. 5. *Manitius* 1, 119ff. 6. *Teuffel-Kr.-Sk.* 3,546ff. 7. *B. Löfstedt* Der hibernolat. Grammatiker Malsachanus, 1965. 8. *B. Bischoff*, Ma. Stud. 1, 1966. 9. C. O. Meredith The Partes Orat. as discussed by V. M., 1912. 10. *M.-L. Desazars*, Rev. Pyr. 1902, 1ff. 144ff.

Virgo Caelestis s. Astraia. Caelestis. Tinnit

Virgo Vestalis s. Vesta

Viriatus. Iber.-kelt. Personenname (etwa = »*Torquatus*«, HOLDER 3,378), auch *Viriathus* und inschr. – V., Lusitaner, ca. 180–139, Führer im Kampf gegen die Römer 147–139. Aufgewachsen als Hirte, erprobt als Bandenführer entkam er 150 dem Blutbad, das durch perfiden Vertragsbruch des Ser. → Sulpicius (AI 11) Galba ausgelöst wurde. Seit 147 war er oberster Führer der Lusitaner (die Charakterisierung »Guerillachef« [MOMMSEN RG 2,9] ist nur z.T. richtig, weil die Römer die Ereignisse als *bellum Viriati* einstuften). Sein wichtigstes Ziel war es, die Unabhängigkeit seiner Heimat zu behaupten; um es zu erreichen, entwickelte er eine wendige, mit Strategemen arbeitende, sehr bewegliche und weiträumige Kampfführung. 147 eroberte er das → Baetis-Tal und schlug den Praetor Vetilius im Raum Trebula (ö. von Ronda?). 146 hatte er nach einem Sieg über → Plautius (I 4) die → Hispania ulterior und Teile der Nordprovinz in seiner Hand. Rom konnte nach seinen Siegen über Karthago und auf der Balkanhalbinsel (146) seit 145 zum Gegenschlag rüsten, indem es den Consul Q. → Fabius (I 33) Maximus Aemilianus mit einem Zweilegionenheer nach Spanien schickte. Dieser blieb – ebenso wie der Praetor C. Nigidius in der Nordprovinz – zunächst defensiv, gewann aber 144 die Südprovinz von V. zurück. 143 eroberte V. wieder einige Stützpunkte und war wohl polit. nicht unbeteiligt am Wiederausbruch des keltiber. Krieges (143–133) im Raum von → Numantia. Nach einigen Rückschlägen 141 erreichte er 140 den Höhepunkt seiner Laufbahn: der *procos.* Q. → Fabius (I 39) Maximus Servilianus mußte kapitulieren und schloß einen Feldherrnvertrag, in dem V. die in Südspanien eroberten Gebiete behauptete und *amicus p. R.* wurde. Dieser vom Volk in Rom bestätigte Friede wurde jedoch 139 vom Senat, in dem inzwischen der Gedanke einer Eroberungspolitik wieder bestimmend geworden war, nicht anerkannt. Es kam zu neuen Kämpfen, die V. z.T. vom Mons Veneris (Sierra de San Vicente, Raum des mittl. Tajo) aus führte, zu Verlusten des V. und schließlich zu Friedensverhandlungen, zunächst ergebnislos wohl mit M. → Popillius (I 6) Laenas (Citerior) und dann mit Q. → Servilius (I 13) Caepio; dieser ließ den V. durch dessen eigene Landsleute ermorden. Spätere röm. Beurteilung des V.: *vir duxque magnus* (Liv. per. 54). Die Reste seiner Anhänger wurden von D. Iunius → Brutus (14) Callaicus angesiedelt. H. G. G.

Qu.: App. Ib. 60–75. Diod. 33,1. 7. 19. 21a. Liv. epit. 52 bis 54 (u. Flor. Oros.). Cass. Dio frg. 73. 77f. *A. Schulten*, Fontes Hisp. ant. 4, 1937, 107–134.

Karten: *Krom.-Veith* Schlachtenatl. Röm. Abt. 55f. Bl. 11,6. *H. Gundel*, RE IX A 209f.

Lit.: *A. Schulten*, NJA 39, 1917, 209–237. Weiteres bei *Gundel*, RE IX A 205f., dazu nun: *H. Simon* Roms Kriege in Spanien 154–133, 1962. *Bengtson* RG 150. *H. Gundel*, Caesaraugusta 31/32, 1968, 175ff. *Ders.* Probleme d. röm. Kampfführung gegen V., Legio VII Gemina (Coloquio 1968), León 1970, 111ff.

Virilis s. Fortuna

Viriplaca wurde in einem *sacellum* auf dem Palatium verehrt, in dem sich zerstrittene Eheleute angeblich aussöhnten (Val. Max. 2,1,6); Namensdeutung volksetym. G. R.

Prell.-Jord. 2,219. *Peter*, Myth. Lex. 2,232. *Wissowa* Rel. ²243. *Radke* Die Götter Altitaliens 340.

Virius. 1. L. V. Agricola. *Cos. ord.* 230, CIL XVI 144. **2.** V. Gallus, *cos. ord.* 298, CIL XVI 156. **3.** V. Lupus. *Cos. suff.* vor 195. Erlitt als *Legat. Aug. pr. pr.* von Germania inf. 195 eine Niederlage durch den Usurpator → Clodius (II 2) Albinus, Cass. Dio 76,6,2. H. A. Clod. Alb. 9,1. *Legat. Aug. pr. pr.* von Britannien von 197/198 an, das unter ihm geteilt wurde, Herodian. 3,8,2; er errichtete Grenzbefestigungen in Yorkshire (CIL VII 210. 273) und bekämpfte die Britannen n. des Hadrianswalles, Cass. Dio 75,5,4. **4.** V. Lupus. *Clarissimus vir* und um 260 *praeses* von Arabia, CIL VI 31. 775. PFLAUM, Syria 29, 1952, 326ff. *Cos. suff.* um 262, *praeses* von Syria Coele um 270, *iudex sacrarum cognitionum [per Aegyptum?] et per Orientem. Cos. II ord.* 278 und bis 280 *praef. urbi*, Chron. a. 354. Dem V. hat → Kallinikos (1) die Schrift περὶ κακοζηλίας ῥητορικῆς gewidmet. **5.** L. V. Lupus Iulianus. Sohn von Nr. 4. Nach CIL VI 31774. 37078 stieg er zum *leg. prov. Lyciae et Pamphyliae* auf. Nach Quaestur und Praetur *cos. ord.* 232, CIL XIV 4573. AE 1934, 79. 1956, 47. *Praeses* von Syria Coele unter Gordian, DESSILS 9416. MERLIN, Rev. ép. 1, 1913, 30 Anm. 3. R. H.

Virodunum (*Verodunum*). Stadt der Gallia Belgica, an der Mosa (Moselle); h. Verdun. Im Gebiet der → Mediomatrici, an den Grenzen des Gebiets der → Remi. Die *civitas Verodunensium* ist nur am Ende des 4. Jh.s unter den *civitates* der prov. Belgica prima erwähnt (Not. Gall. 5,4. Not. dign. occ. 47,68). Doch Itin. Anton. 364,4 erscheint eine *statio Fines a Veroduno ad VIIII leugam* nach W., zw. V. und → Durocortorum (Metz); V. hatte also sein eigenes Statut. Inschr. CIL XIII 4626 (Weihung an Mercurius). M. L.

Viromandui. Kelt. Volk der Gallia Belgica, im Tal der Isara, Nachbarn der → Nervii, Atrebates, Ambiani, Bellovaci, Suessiones, Remi; h. Vermandois. Caesar unterwarf sie im J. 57 v. Chr. (Gall. 2,4. 16. 23. Vgl. Liv. epit. 104. Plin. nat. 4, 106. Ptol. 2,9,11. Oros. 6,7). Die *civitas V.* gehörte zur Prov. Belgica, mit Augusta Viromanduorum als Hauptort (Itin. Anton. 362,3. 379,4. Tab. Peut. 93). Das kelt. *oppidum* lag im h. Vermand, das eine w.-ö. Straßenachse beherrschte. Als die s.-n. verlaufende Straße nach Gesoriacum und Britannien die andere übertraf, wurde eine neue Stadt (h. Saint-Quentin) am Übergang über die → Samara gegründet. *Cives V.* sind in Köln (Westdt. Korr. Bl. 1891, 109) und Lyon (CIL XIII 1688: *eq. R. natione V., arcae Galliarum allectus, patronus nautarum Araricorum et Rhodanicorum*) nachgewiesen. In der Spätant. erwähnt in der Not. Gall. Not. dign. occ. 42,41. Inschr. CIL XIII 3527. M. L.

E. Lemaire, Mém. Soc. acad. Saint-Quentin 4,1, 1878, 349. *C. Jullian* HG 4,84. 6,455. *E. Will*, Gallia 20, 1962, 94.

Virtus. »Mannhaftigkeit« (*ἀνδρεία*), häufig allg. »Tüchtigkeit«, bzw. im sittl. Sinne »Vorzüglichkeit«, »Tugend« (*ἀρετή*); Spezialbedeutung liegt bei den 4 (bzw. 5) *virtutes dicendi* (*ἀρεταὶ λέξεως*) vor; über diese → Theophrastos, Cic. or. 75 ff.; vgl. J. Stroux De Theophr. virtutibus dicendi, Lpz. 1912). – V. als Personifikation eng mit → Honos verbunden; vorerst kein gemeinsamer Tempel (Liv. 27,25,7. Plut. Marc. 28). M. → Claudius (I 15) Marcellus errichtet dann nach der Eroberung von Syrakus neben dem Tempel für Honos einen für V. Gemeinsamer Tempel für H. und V. erst von C. Marius (CIL I² p. 195 Elog. XVIII) erbaut. Begreiflicherweise hatte Augustus Interesse am V.-Kult (Cass. Dio 54,18). V. auf Mz. (vgl. Sydenham Coins Rom. Rep. 797) mit Helm; mil. Weihung (CIL III 7591). Die → *transvectio equitum* ging vom Tempel des H. und der V. aus. Im 4. Jh. *ludi* für H. und V. belegt (vgl. Latte RRel 235 f. 363). W. P.

Virunum. Hauptstadt der röm. Provinz → Noricum, auf dem Zollfeld zwischen St. Veit / Glan und Klagenfurt, Kärnten (Itin. Anton. 276,5. Tab. Peut. *Varuno*. Ptol. 2,13 *Οὐίρουνον*). Der Name kommt vom kelt. * *vir*-»Mann« und ist gleichbedeutend mit dem illyr. * *ner-/nor-* (vgl. griech. *ἀνήρ* »Mann«) in → Noreia und Noricum (E. Kranzmayer, Arch. f. vaterl. Gesch. u. Top. 50, 1956, 22 ff.). In vorröm. Z. lag die Siedlung auf dem benachbarten 1058 m hohen Magdalens-(Helenen-)berg, auf dessen Gipfel sich ein durch Palisaden gesichertes *oppidum* (H. Vetters, Ogam 8, 1956, 199 ff.) mit einem Heiligtum (H. Kenner, Carinthia 144, 1954, 11 ff.) befand. Die Frage der Identität dieser Siedlung mit → Noreia ist noch

immer ungelöst. Seit der Mitte des 1. Jh.s sind italische Kaufleute vorwiegend aus → Aquileia in der Bergstadt nachweisbar, die mit den Erzeugnissen des *ferrum Noricum* (H. Vetters, AAWW 103, 1966, 5 ff.) einen regen und ausgedehnten Handel betrieben (R. Egger, Denkschr. AWW 79, 1961). Bemerkenswert ist die zum Kultbild des kelt. → Mars (II) Latobius umgewandelte importierte Bronzestatue eines griech. Jünglings (»Jüngling vom Helenenberg«) mit Widmungsinschriften (CIL III 4815. R. v. Schneider, Jb. d. kunsthist. Slg. 15, 1893, 23 ff. R. Noll, Carinthia 147, 1957, 112 ff. R. Egger, AAWW 93, 1956, 53 ff. R. Wünsche, Festschr. L. Dussler, München 1972, 45 ff.). Nach der Landnahme durch die Römer wurde die Handelsstadt auf dem Magdalensberg Sitz der Verwaltung; vgl. die Widmungsinschr. nor. Stämme für Mitglieder des Kaiserhauses (J. Šašel, Hist. 16, 1967, 70 ff.) und die Grabsteine von Soldaten der *legio VIII Augusta* (CIL III 4858 = Dessau ILS 2466) und der *cohors Montanorum prima* (F. Jantsch, Carinthia 123, 1933, 7 ff.). Das alte Forum wurde baulich umgestaltet: Die Mitte der N-Seite nahm der große, von Tiberius begonnene und von Claudius vollendete Tempel des Divus Augustus und der Dea Roma ein; nach W. anschließend folgte das *praetorium* (R. Egger, SAWW 250,4, 1966, 44 ff.) und das sog. »Repräsentationshaus« mit einem heizbaren Versammlungssaal mit einem Kultwasserbecken in einer Apside und einem Wandmosaik mit Pferderune (R. Egger, Carinthia 143, 1953, 929 ff.); im O. lagen terrassenförmig angelegte Tabernen, Werkstätten für Eisenbearbeitung und Bronzeguß und Wohnräume, im SW. eine private Badeanlage (F. Kretschmer, Carinthia 151, 1961, 213 ff.) und verschiedene Wohngebäude mit Fresken (H. Kenner, G 74, 1967, 437 ff.; Ant. Welt 1, 1970, 42 ff.).

Nach der Provinzwerdung unter Claudius wurde der Sitz der Verwaltung in die planmäßig angelegte Stadt V. auf dem Zollfeld verlegt, die munizipales Stadtrecht erhielt (Plin. nat. 3,146); zu den städt. Beamten vgl. G. Piccottini, Festgabe G. Moro, Klagenfurt 1972, 59 ff. und P. S. Leber Aus Kärntens röm. Vergangenh. 4, Klagenfurt 1973, zu der in einem *collegium* organisierten *iuventus* R. Egger, JOEAI 18, 1915, Beibl. 253 ff. J. Keil, Carinthia 143, 1953, 715 ff. Das nach dem Zuge der von Aquileia nach → Lauriacum führenden Reichsstraße (H. Deringer, Carinthia 139, 1949, 193 ff. 140, 1950, 171 ff.) orientierte verbaute Gebiet umfaßte etwa einen km². Systematisch ausgegraben wurden das Forum mit dem Capitol, eine große Tempelanlage, ein Bühnentheater (Inschr. eines *homerista* N. Heger, Pro Austria Romana 21, 1971, 13 f.) und der sog. »Bäderbezirk« (C. Praschniker – H. Kenner Der Bäderbezirk von V., Wien 1947) mit einem Bacchus-Mosaik (R. Noll Kunst d. Römerzeit in Österr., Salzburg

1949, Abb. 51–54) und einigen Götterstatuen (C. Praschniker, Carinthia 140, 1950, 3 ff. H. Kenner, JOEAI 43, 1956–58, 99 ff.). Als Sitz des prokurator. Statthalters (G. Winkler Reichsbeamte v. Noricum, Wien 1969, 29 ff.) verfügte die Stadt wohl auch über entsprechende Amts- und Verwaltungsgebäude; zum Personal der Verwaltung s. Winkler a. O. 120 ff. Als nach der Stationierung der *legio II Italica* in → Lauriacum ein Legat als Statthalter von Noricum fungierte und ein Teil der Ämter nach → Ovilavis verlegt wurde, verblieben das dem sexagenaren Finanzprokurator unterstehende *tabularium* (Winkler a. O. 137 ff.) und die Verwaltung der nor. Post (Winkler a. O. 157 ff.) in V. Nach der diokletian. Reform war V. als Hauptstadt von Noricum mediterraneum Sitz eines *praeses* (CIL III 4796 = DessILS 4197. Winkler a. O. 111 ff.).

Das Stadtterritorium umfaßte ganz Mittel- und Unterkärnten. An Kulten sind der Kult der kelt., der Isis gleichgesetzten Landesgöttin Noreia mit ihrem Kultgenossen Casuontanus auf dem benachbarten Ulrichsberg (CIL III 4810 = DessILS 4864. F. Jantsch, Carinthia 117, 1927, 5 f.; JOEAI 29, 1935, Beibl. 261 f. H. v. Petrikovits, Germ. 20, 1936, 26 f. R. Egger, Carinthia 128, 1938, 23 ff. 140, 1950, 21 ff.) und des kelt. Kriegsgottes → Mars (II) Latobius in St. Margarethen im Lavantal (E. Swoboda, Carinthia 131, 1941, 303 ff. C. Praschniker, JOEAI 36, 1946, Beibl. 15 ff.) gesichert. Neben den röm. Staatsgottheiten wurden auch Mithras (R. M. Swoboda, Carinthia 160, 1970, 625 ff.) und Juppiter Dolichenus (R. Egger, JOEAI 17, 1914, Beibl. 45 ff. H. Dolenz, Carinthia 144, 1954, 139 ff.) verehrt; zur Inschr. der Christin Herodiana (CIL III 4921) und den frühchr. Kirchen auf dem Ulrichsberg und dem Grazerkogel (R. Egger Frühchr. Kirchen im s. Noricum, Wien 1916, 106 ff.) s. R. Noll Frühes Christentum in Österr., Wien 1954, 44. 104 ff.

G. Wi.

Lit.: Magdalensberg: *R. Egger–H. Dolenz–G. Piccottini–H. Vetters* Führer durch d. Ausgrabungen u. d. Museum auf d. M., Klagenfurt [17]1974. *A. Obermeyr* Kelten u. Römer am M., Wien 1971. Grabungsber. (von *C. Praschniker, R. Egger, G. Piccottini, H. Vetters* u. a.) Carinthia 139, 1949, 145 ff. 140, 1950, 433 ff. 142, 1952, 81 ff. 143, 1953, 855 ff. 144, 1954, 3 ff. 146, 1956, 1 ff. 148, 1958, 3 ff. 149, 1959, 3 ff. 151, 1961, 3 ff. 153, 1963, 3 ff. 156, 1966, 293 ff. 159, 1969, 283 ff.; Klagenfurt 1973.

Virunum: *H. Vetters*, RE IX A 244–309. Grabungsber. (von *R. Egger*) JOEAI 13, 1910, Beibl. 129 ff. 15, 1912, Beibl. 24 ff. 16, 1913, Beibl. 97 ff. 17, 1914, Beibl. 33 ff. Carinthia 128, 1938, 3 ff.; (von *F. Jantsch*) Carinthia 121, 1931, 25 ff. 125, 1935, 271 ff.

Vis. 1. *V.* ist zunächst nicht notwendig ein dem *ius* widersprechendes Verhalten und bezeichnet sowohl verbotene Gewaltanwendung wie erlaubte Eigenmacht (Dig. 43,16,1,27), auch Rechtsmacht schlechthin (*v. ac potestas*; Dig. 26,1,1 pr.). Noch die klass. Z. kennt erlaubte offensive Selbsthilfe, etwa beim Pfandgläubiger (Dig. 47,2,56); eingeschränkt wird sie durch die prätor. Maßnahmen gegen *v.*, dann durch ein *decretum divi Marci* (Dig. 4,2,13. 48,7,7), doch gehört das generelle Selbsthilfeverbot offenbar erst der Spätzeit an (Cod. Theod. 4,22,3). Zulässigkeit von *v.* als Notwehr war wohl nie bestritten: *vim vi repellere licet.* Die Regel findet sich im Zusammenhang mit der → *l. Aquilia*, dem *metus*-Edikt und im Besitzschutz; auch Dritte sind dazu berechtigt, bisweilen sogar verpflichtet (Sklaven nach dem *SC Silanianum*; Dig. 29,5,1,18). Auch bei Notstand ist erlaubte *v.* überliefert, meist in Zusammenhang mit der *l. Aquilia.* In jur. negativer Bed. erscheint *v.* im Gewaltverbot der prohibitor. Interdikte *(vim fieri veto*; → *interdictum)* und enthält hier jedes den ruhigen Besitz hindernde Verhalten (Dig. 43, 16,11). Auch beim *int. quod vi aut clam* ist *v.* relativ umfassend (Handeln gegen ausdrückliches Verbot; Dig. 43,24,1,5); enger beim *int. unde vi* und in der *exceptio vitiosae possessionis* (tatsächl. Gewaltanwendung; Dig. 43,16,1,28). Weitere prätor. Maßnahmen gegen *v.* sind die Rechtsmittel aus dem *metus*-Edikt (Dig. 4,2), hervorgegangen aus der *formula Octaviana* (vor 71 v. Chr.; Cic. Verr. 2,3, 152), hinsichtlich unter Zwang vorgenommener Geschäfte: die *actio quod metus causa* als Strafklage auf das *quadruplum*, die *exceptio metus* und eine → *restitutio in integrum.* Prätor. Strafklagen sind ferner wegen Raub *(actio vi bonorum raptorum)* und Bandendelikt (Edikt *de hominibus armatis coactisve*) proponiert. Diese beiden Tatbestände – in den Dig. (47,8) in einem Titel zusammengefaßt – sind stark umstritten, insbes. die Frage, ob beide aus dem Edikt des → Lucullus (6; 76 v. Chr.; Cic. Tull. 8) hervorgingen, oder ob und wann sie aus zwei getrennten Edikten zusammengefaßt wurden. – Auch die selbständige Ahndung der *v.* als → *crimen* geht auf das 1. Jh. v. Chr. zurück. Erste Grundlage war die *l. Plautia de vi* (zw. 78 und 63) mit vorwiegend polit. Funktion (Cic. Cael. 29,70); neben der Einsetzung einer → *quaestio* bestimmte sie auch den Ausschluß der → *usucapio* für *res vi possessae.* Maßgebend für die spätere Verfolgung ist jedoch die *l. Iulia de vi publica et privata.* Sie wird heute (gegen Mommsen) eher als einheitl. *lex* angesehen und Augustus zugeschrieben (um 17 v. Chr.), die Gleichsetzung mit den *ls. iudiciorum* verneint. Bedeutendste Neuerung ist die Bestrafung von *v. privata*, doch ist die urspr. Zuordnung der Tatbestände zur *v. publica* bzw. *privata* (bei Iust. Inst. 4,18,8 *v. armata* und *v. sine armis*) schwer faßbar, da die Folgezeit einerseits überhaupt neue Tatbestände einbezog (etwa → *stuprum*), andererseits solche der *v. privata* als *v. publica* qualifizierte. Als Strafe für *v. publica* findet sich die → *aqua et igni interdictio* (Todesstrafe?), für *v. privata* die Konfiskation eines Vermögensdrittels (Dig. 48,7,1 pr.), dazu später →

relegatio für *honestiores*; *humiliores* trifft die *damnatio ad metallum* (Pauli Sent. 5,26,3). **2.** *V. maior* ist die zusammenfassende Bezeichnung bestimmter Tatbestände, die selbst bei bes. strenger Haftung haftungsbefreiend wirken, so bei Haftung für → *custodia*. C. E.

1. *L. Vacca* Ricerche in tema di actio vi bonorum raptorum, 1972. 2. *L. Labruna* Vim fieri veto, 1971. 3. *A. S. Hartkamp* Der Zwang im röm. Privatrecht, 1971. 4. *M. Balzarini* Ricerche in tema di danno violento e rapina nel dir. rom., 1969. 5. *U. Ebert* Die Gesch. d. Edikts de hominibus armatis coactisve, 1968. 6. *A. W. Lintott* Violence in Republican Rome, 1968. 7. *Th. Mayer-Maly*, RE IX A 311ff.

Visceratio. Öffentliche Fleischverteilung, wohl der *viscera* von Opfertieren. Bei Liv. 8,22,2 und 4. 39,46,2. 41,28,11 mit Leichenfeiern verbunden (Vir. ill. 32,4: Das Geld sei vom Volk aufgebracht worden; das widerspricht dem Charakter der *v.*). Suet. Caes. 38,2 bezeugt zusätzliche Geschenke an Veteranen und Volk. Nur Serv. Aen. 1,211. 7,716 nennt *v.* auch die Verteilung des Opferfleisches bei den *feriae Latinae* an die Gemeinden. Ohne Zusammenhang mit bes. Ereignissen sind die übrigen lit. Zeugnisse: Cic. off. 2, 55. Sen. epist. 73,8 u.a. sowie die Inschr.: CIL VIII 24003. IX 23. X 451. XI 5965. XIV 2121: sämtlich urkundlich festgehaltene Stiftungen. W.E

Visellius. Röm. Gentilname, auch *Viselius*, SCHULZE Eigenn. 256. Ob der pl. Aedil von 491, C. V. Ruga (BROUGHTON 1,17) hist. und mit dem *tr. pl.* 493 Viscellius identisch bzw. sogar als → Icilius (4) einzuordnen ist, kann nicht geklärt werden. **1.** C. V. Aculeo, röm. Ritter, Verwandter Ciceros und Freund des Redners → Crassus (1), verh. mit der Schwester von Ciceros Mutter → Helvia (6). Cic. de or. 1,191 u.ö. **2.** C. V. Varro, Sohn von Nr. 1, ca. 104–58, Zeitgenosse und Vetter Ciceros. Redner (Cic. Brut. 264). Als *trib. militum* diente er mit → Caesar (12) 80/79 in Asia (BROUGHTON 2,81. 84), war Quaestor vor 73 (*SC de Orop.*, Sylloge[3] 747), *tr. pl.* ca. 69 (möglicherweise Urheber der *lex Visellia de cura viarum*, vgl. CIL I[2] 2,744), cur. Aedil ca. 59, starb als *iudex quaestionis* 58, nachdem er für die Rückberufung Ciceros eingetreten war (Cic. Att. 3,23,4). Val. Max. 8,2,2. H. G. G.

Visolus. Cognomen (vgl. *fundus Visolitanus* CIL X 407, SCHULZE Eigenn. 238) bei → Poetelius (5. 6). H. G. G.

Vistilius. 1. Sex. V., Senator aus einer Familie aus Iguvium (CIL XI 5825). Von Drusus und Tiberius sehr geschätzt, aber wegen eines angeblich von ihm verfaßten Pamphlets gegen → Caligula von Tiberius verstoßen und zum Selbstmord gezwungen (Tac. ann. 6,9,2). **2.** Vistilia, wohl Schwester von Nr. 1. Nach Plin. nat. 7,39 hatte sie aus 6 Ehen, deren Chronol. nicht sicher geklärt ist, 7 Kinder: den Vater des im J. 65 verbannten P. → Glitius (2) Gallus (kaum ihr Gatte), Q. → Pomponius (II 8) Secundus, *cos. suff.* 41, und dessen Bruder P. Pomponius Secundus, *cos. suff.* 44., den Vater des P. → Cornelius (II 46) Salvidienus Orfitus, *cos. ord.* 51, P. → Suillius (3) Rufus, *cos. suff.* zwischen 41 und 45 (nicht ihr Gatte!), Cn. → Domitius (II 9) Corbulo, *cos. suff.* etwa 45, und Milonia Caesonia, die Gattin des Kaisers → Caligula. Zum Ganzen vgl. SYME, JRS 60, 1970, 27ff. **3.** Vistilia, wohl Tochter von Nr. 1, Gattin des Ritters Titidius Labeo, wegen ihres Lebenswandels trotz eingestandener Prostitution auf die Insel Seriphos verbannt (Tac. ann. 2,85,2ff.). G. Wi.

Vistula, h. die Weichsel. Plin. nat. 4.81. 97. 100 *Vistla*. Idg. Wz. * *vis-* »fließen«, Suffix *-tlo*, germ. * *Wistlo*, slav. *Visla*. Nach got. Stammesüberlieferung bildet die Mündung der V. eine natürl. Einfallspforte für Einwanderer aus Skandinavien. In august. Z. ist die V. als Ostgrenze der Germanen den ant. Geographen bekannt. Die Quelle der V. setzt Ptolemaios richtig am Ostende des Askiburgion-Gebirges (h. Sudeten) an. Der Flußlauf ist wichtiger Streckenabschnitt des Verbindungsweges für den Bernsteinhandel über Oder, March nach Carnuntum–Aquileia nach Rom (Plin. nat. 37,45). H. C.

S. Gutenbrunner, RE IX A 364f. *Müllenh.* DA 2,3. 207.

Visurgis, h. die Weser, nach Ptol. 2,11,1 am *Μηλίβοκον ὄρος* entspringend. Der Flußname abgeleitet von der idg. Wz. *visr-* »flüssig«, »naß«, germ. *Wisuris*. An dem Flußlauf wohnten Chauken, Angrivarier und Cherusker. Nach Tac. ann. 2,16 Schauplatz der Schlacht von → Idistaviso. Im J. 12 v. Chr. war Drusus auf dem Seeweg bis an die Wesermündung vorgestoßen, um die Chauken zu unterwerfen (Cass. Dio 54,32,2). Im J. 11 v. Chr. war er auf dem Landwege durch das Gebiet der Chatten vorgerückt, um abermals die Chauken und die Cherusker zu bezwingen, bleibt jedoch w. des Flusses. 9 v. Chr. dringt er über die V. bis zur Elbe vor und legt mehrere Kastelle an (Flor. 2, 30,26). Eine solche Befestigung, die im Gebiet der Chauken errichtet war, wurde in der Altenwalder Burg bei Cuxhaven vermutet (vgl. Tac. ann. 1,38). Nach Vorstößen des Tiberius 8/7 v. Chr. wird ein Übergang über die V. anläßlich seines zweiten Kommandos in Germanien 4/5 n. Chr. von Vell. 2,106 überliefert. Nach Expeditionen des → Quinctilius (II 1) Varus 7/8 n. Chr., die örtlich nicht genauer bestimmt werden können, erreichten die Römer 9 n. Chr. die V. und errichteten hier ein Sommerlager (vermutet in der Gegend von Minden). Nach der Niederlage des Varus hat Germanicus 16 n. Chr. die V. erneut überschritten, viell. mit einem Vorstoß der Flotte kombiniert (Tac. ann. 2,8). Unsicher ist, ob das Tac. ann. 2,9f. erwähnte Streitgespräch zw. Arminius und Flavus wirklich stattgefunden hat. Unbekannt sind ferner die Lage von Idistaviso, des → Angrivarierwalles und des Ortes → Amisia (2). H. C.

S. Gutenbrunner–W. John, RE IX A 366ff.

Vitalianus. Gote (?), scharfer Gegner der → Monophysiten, Teilnehmer am Perserfeldzug 503, revoltierte 513 als *comes foederatorum* (meist Bulgaren und Hunnen) gegen → Hypathios. Kaiser → Anastasius mußte V. 514 schließlich zum *mag. mil. per Thracias* ernennen und sich zur Einberufung eines Konzils zur Wiederherstellung der kirchl. Einheit verpflichten (Ioh. Antioch. frg. 214. Coll. Avell. 109. 116 = CSEL 35). V., der sich 515 nochmals erhob (Ioh. Mal. 16,403ff. Euagr. h.e. 3,43), wurde durch → Iustinus I. *mag. mil. praesentalis*, 520 Consul. Im Sommer 520 wurde V., zu dessen Rivalen → Iustinianus (1) zählte, ermordet (Ioh. Mal. 17,411f. Chr. min. 2,101. Euagr. 4,3. Ps.-Zach. Rhet. 8,2). A. L.

Vitalis, *mag. mil. per Illyricum*, 539 unter → Belisar an der Einschließung Ravennas beteiligt, 540 von den Goten geschlagen, 544 in Thrakien, 545 wieder im Kampf gegen die Goten bei → Bononia (1; Prok. 6,22. 28. 7,1,34. 10f.). A. L.

Vitellia, bald verschollene Ortschaft an der latin.-aequ. Grenze (Liv. 2,39,4. 5,29,3), deren Einwohner (*Vitellenses;* die meisten codd. jedoch *Vicellenses*) beim Latineropfer noch aufgerufen wurden (Plin. nat. 3,69). Suet. Vit. 1,2f. verbindet damit die Namen der Göttin V., der *gens V.* und der *via V.*, die vom Ianiculus zum Meer geführt haben soll. G. R.

Nissen It. Ldk. 2,602. *Wissowa* Rel. ^{2}33,3. *Altheim* RG 1, 1951, 44. *R. Werner* Der Beginn der röm. Republik 436.

Vitellius. Röm. Gentilname. Deminutivbildung aus dem Umkreis von *vitulus*, WALDE-HOF. 2,807. Inschr. auch *Vitullius*.

I. Republik. Zeit. **1.** Frei erfunden sind wohl die patriz. *Vitellii fratres*, die zusammen mit den → *Aquilii* (I 1) *fratres* 509 die junge Republik stürzen wollten und hingerichtet wurden, Liv. 2,4,1ff. Plut. Popl. 3,4. **2.** Hist. wertlos sind auch die Nachrichten über ihre Schwester Vitellia, die mit → Brutus (2) verheiratet war. Konstruiert ist die Verbindung zu den kaiserzeitl. Vitellii bei Suet. Vit. 1,2. Erst in spätrepubl. Z. ist der Name inschr. in Ostia bezeugt. H. G. G.

II. Kaiserzeit: **1.** A. V., Sohn von Nr. 5, Bruder von Nr. 3, 6 und 7. Nach der Prätur unter Tiberius *legatus pro pr(aetore)* einer ungenannten Provinz (CIL VI 879), *cos. suff.* im J. 32 (DEGRASSI FImp. 10). Zur Charakteristik vgl. Suet. Vit. 2,2: *famosus cenarum magnificentia.* **2.** A. V., röm. Kaiser Imp. A. V., Sohn von Nr. 3, Bruder von Nr. 4. * 7. Sept. 12 n. Chr. (Suet. Vit. 3,2). Seine Kindheit verbrachte er auf Capri, wo sein Vater wahrscheinl. eine Villa besaß (Suet. 3,2. Cass. Dio 64,4,2), und kam schon früh mit dem Kaiserhof in Berührung. Mit Caligula verband ihn die Vorliebe für Pferderennen (Suet. 4. 17,2. Cass. Dio 65, 5,1), mit Claudius die Freude am Würfelspiel (Suet. 4). In 1. Ehe war er vermählt mit Petronia (Suet. 6,7), in 2. mit → Galeria (5) Fundana (Tac. hist. 2,64,2), die auf dem Aventin ein Haus besaß (Tac. hist. 3,70,1). *Quaestor, praetor, cos. ord.* 48 (CIL X 6637. Tac. ann. 11,23,1. Suet. 3,1 DEGRASSI FImp. 14), sowie hohe Priesterämter (Tac. hist. 3, 86,1. Suet. 5,1); in den J. 60/61 *proconsul* von Africa (Tac. 1,70,1. 2,97,2. Suet. 5,1), anschließend 61/62 Legat seines Bruders L. (Nr. 4); s. THOMASSON Statth. Afr. 2,39f. Nach der Rückkehr in Rom Teilnahme an dem von → Cossutius Capito gegen den Praetor → Antistius (II 4) Sosianus angestrengten Prozeß (Tac. ann. 14,48f.), im J. 63 (oder 64) *curator operum locorumque publicorum* (Suet. 5,1) und 65 Vorsitzender der → Neronalia (Suet. 4,1). Im Dez. 68 von → Galba anstelle des ermordeten → Fonteius (II 3) Capito zum Statthalter der Germania inferior ernannt (Tac. hist. 1,52,1. Suet. 7,1. Cass. Dio 64,4,2. RITTERLING Fasti d. röm. Deutschl. 55), machte er sich bei den meuternden Truppen beliebt (Tac. 1,52,1. Suet. 8,1) und wurde schon am 1. Jan. 69 auf Betreiben des → Fabius (II 13) Valens von den obergerm. Legionen zum Kaiser ausgerufen (Tac. 1,56,2. Plut. Galba 22,9). V. nahm die Wahl an (Tac. 1,56,3) und legte sich den Titel Germanicus ohne den Caesartitel zu (Suet. 8,4. Plut. Galba 22,11). Neben den 7 germ. Legionen schlossen sich auch die der gall. und span. Provinzen sowie Britanniens V. an (Tac. 1,58ff.). In Rom war inzwischen → Otho zum Kaiser ausgerufen worden. V. strebte die bewaffnete Auseinandersetzung an und sandte starke Verbände der germ. Truppen unter Fabius Valens und A. → Caecina (II 1) Alienus nach Italien (Tac. 1, 61ff.). Während Fabius Valens von den Truppen Othos nur geringfügig belästigt wurde (Tac. 1,87, 1. 2,12ff. SYME Tacitus 2,676ff.), erlitt Caecina, der → Placentia zu erobern versuchte, eine Reihe von Niederlagen durch App. → Annius (II 5) Gallus und → Suetonius (1) Paullinus (Tac. 2,20,2–22,3. 24,3). Dennoch konnten sich beide Abteilungen am Ufer des Po vereinigen (Tac. 2,30,1). Otho, der sein Hauptquartier in → Brixellum aufgeschlagen hatte, suchte am 14. April bei → Betriacum die Entscheidung herbeizuführen (Tac. 2,40–45. Plut. Otho 11ff. Suet. Otho 9. Oros. 7,8 MOMMSEN, Kl. Schr. 4,354ff. HANSLIK, WS 74, 1961, 113ff.). Nach schweren Kämpfen siegten die Vitellianer, Otho beging am 16. April Selbstmord (Tac. 2,47. Plut. Otho 18). V. erfuhr auf dem Marsch nach S. von der Niederlage und vom Tod Othos und versammelte in → Lugdunum die *victricium victarumque partium duces* (Tac. 2,59,3). Am 24. Mai besichtigte er das Schlachtfeld (Tac. 2,70,1. Suet. 10,3) und erreichte Mitte Juli Rom (Tac. 2,87,1ff.), wo er festlich empfangen wurde (Suet. 13,10). Unter Ablehnung des Augustustitels nahm V. den Titel *consul perpetuus* an (CIL VI 929 = DESSILS 242. X 8016 DEGRASSI FImp. 20) und verteilte die Konsulate für 10 J. (Suet. Vit. 8,2). Die *praetoriae cohortes* wurden aufgelöst und eine neue 16 Kohorten starke Garde aus Angehörigen verschiedener Truppen zusammengestellt (Tac. 2,94,1). Obwohl im August 69 die Nachricht von der Erhebung des → Vespasianus zum Kaiser (Tac. 2,95ff.) allmählich durchsickerte, verhielt sich V., durch eine schwere Erkrankung behindert, abwartend und passiv (Tac. 3,38,1). Erst nach dem Einfall des → Antonius (II 11) Primus in Oberitalien (Tac. 3, 2,1) ernannte er Sex. → Lucilius (II 2) Bassus zum Kommandanten der Flotten von Ravenna und Misenum und schickte Caecina und Valens mit den durch das Leben in Rom verweichlichten Truppen den Flavianern entgegen (Tac. 2,99,1. Cass. Dio 64,10,1). Caecina besetzte → Cremona und errichtete ein festes Lager bei → Hostilia (Tac. 2, 100), verhandelte aber bereits mit den Flavianern wegen seines Übertritts (Tac. 3,9,1f.). Als der Flottenpräfekt Lucilius Bassus abfiel, versuchte auch Caecina in Hostilia, die Soldaten für Vespasianus zu gewinnen (Tac. 3,13,1. Cass. Dio 65,10,2. Ios. bell. Iud. 4,634ff.), wurde aber vom neuen Flottenpräfekten M. → Fabius (II 8) Fabullus in Fesseln gelegt (Tac. 3,31,2). Die Truppen zogen sich nach Cremona zurück, wo es am 24. Okt. zur entscheidenden Schlacht kam (Tac. 3,19–33), die Antonius Primus für sich entscheiden konnte (NISCHER, Klio 20, 1925, 187ff.). Cremona wurde dabei vollkommen zerstört. Fabius Valens, der zuerst tatenlos in Ravenna gewartet hatte (Tac. 3,41,1), segelte von Pisa aus in die Gallia Narbonensis, wo er aber vom Prokurator → Valerius (A II 15) Paullinus gefangen (Tac. 3,43,1f.) und bald darauf in Urbinum hingerichtet wurde (Tac. 3,62,1). Obwohl die Flavianer im November bis zum Apennin vordrangen (Tac. 3,50,3), blieb V. vorerst untätig in Aricia und Rom, ehe er die Prätorianerpräfekten → Alfenus (3) Varus und → Iulius (II 74) Priscus mit der Sicherung der Pässe beauftragte (Tac. 3,55,1). Sie kapitulierten aber am 15. Dez. in → Narnia (Tac. 3,63,1). V. einigte sich hierauf mit T. → Flavius (II 13) Sabinus, dem Bruder des Vespasianus, gegen freies Geleit und eine Abfindung von 100 Mill. Sesterzen auf die Herrschaft zu verzichten (Tac. 3,65,1f. Suet. Vit. 15,2. Cass. Dio 65,17,1f.). Als V. von germ. Hilfstruppen und dem Pöbel gehindert wurde, sein Versprechen einzuhalten, mußte sich Sabinus in blutigen Straßenkämpfen auf das Kapitol zurückziehen, wo er von den Vitellianern belagert, gefangengenommen und am 19. oder 20. Dez. getötet wurde (Tac. 3,69ff. Ios. bell. Iud. 4,645. Cass. Dio 65,17,2ff.). Die Vorhut der Flavianer unter Q. → Petillius (II 1) Cerialis erlitt knapp vor Rom durch die Reste der Vitellianer eine Niederlage (Tac. 3,79,1. Cass. Dio 65,18,3), ehe es am 20. Dez. 69 zur Eroberung der Stadt kam (Tac. 3,82,3. 84,2). V. wurde vom Tribunen → Iulius (II 72) Placidus gefangengenommen (Tac. 3,84,4f. Cass. Dio 65,21,1) und starb an den ihm vom Pöbel zugefügten Verletzungen (Tac. 3,84, 4–86,1). – Mz.: MATTINGLY RIC I 247–275. BMCRomEmp 60,15–64,11. Bildnisse: BERNOULLI 2,2,12–20.

A. Momigliano, SIFC 9, 1931/32, 117ff. *P. Zancan* La crisi del principato nell'anno 69, 1939. *G. Corradi* Galba Otho V., 1941. *Z. Yavetz*, Hist. 18, 1969, 557ff. *R. F. Newbold*, Hist. 21, 1972, 308ff.

3. L. V., Sohn von Nr. 5, Bruder von Nr. 1,6 und 7, Vater des Kaisers Nr. 2. Als Verehrer der → Antonia (II 15; Tac. ann. 11,3,3) schon früh mit dem Kaiserhaus verbunden und von Tiberius gefördert. Vermählt mit → Sextilia (II 2), *cos. ord.* im J. 34 (CIL X 901 = DESSILS 6396. Tac. ann. 6,28,1. Cass. Dio 58,24,1. DEGRASSI FImp. 10). Im J. 35 Statthalter von Syrien, wo er aktiv in die Thronstreitigkeiten in Armenien (→ Mithradates 21) und im Partherreich (→ Artabanos 7) eingriff (Tac. 6, 41ff. Ios. ant. Iud. 18,88. MAGIE Roman Rule in Asia min. 507ff. 1364). Im Winter 36/37 setzte er wegen der Ausschreitungen am Berge → Garizim den Prokurator von Iudaea → Pontius (II 1) Pilatus ab (Ios. ant. Iud. 18,4,1f.) und führte einen Feldzug gegen → Aretas, den er aber nach dem Tode des Tiberius ergebnislos abbrach (Ios. a. O. 18,5,1. 3). Seit 39 wieder in Rom, stand er unter Caligula und Claudius in hoher Gunst. In den J. 43 *cos. ord. II* (Suet. Claud. 14,1) und 47 *cos. ord. III* (Suet. Vit. 2,5,7. Tac. ann. 14,56,1. DEGRASSI FImp. 12f.), sowie zusammen mit → Claudius (II 39) *censor* (Suet. 2,4. Plin. nat. 15,83. MATTINGLY BMCRomEmp I 371,23–26. 376, 49–51). Beim Sturz der → Messalina (2) verhielt er sich neutral (Tac. ann. 11,34,1. 35,1), trieb aber den L. → Iunius (II 19) Silvanus, den er der Blutschande mit seiner Schwester → Iunia (II 25) Calvina, der Gattin seines Sohnes L. (Nr. 4) bezichtigte, zum Selbstmord (Tac. 12,4,1). Im J. 49 beseitigte er die rechtl. Bedenken gegen eine Ehe des → Claudius (II 39) mit dessen Nichte → Agrippina (3; Tac. ann. 12,5,2ff.), auf deren Betreiben im J. 51 eine Anklage des Iunius Lupus gegen V. fallen gelassen wurde (Tac. ann. 12,42,3). Nach seinem plötzlichen Tode erhielt er eine Statue mit der Aufschrift *pietatis immobilis erga principem* Suet. 3,1. **4.** L. V. Sohn von Nr. 3, Bruder des Kaisers Nr. 2. * 24. Sept. 15 n. Chr., vermählt mit → Iunia (II 25) Calvina, von der er sich jedoch bald scheiden ließ (Tac. ann. 12,4,1), um Triaria, die *ultra feminam ferox* war, zu heiraten (Tac. hist. 2,63,2. 64,2. 3,77,3). *Cos. suff.* im J. 48 anstelle seines Bruders A., des späteren Kaisers (Suet. Vit. 3. DEGRASSI FImp. 14). Auch als *proconsul* von Africa löste er den Bruder in den J. 61/62 ab (Suet. 5. THOMASSON Statth. Afr. 2,40). Im J. 69 war er in Rom und mußte sich zusammen mit anderen Senatoren mit → Otho nach → Mutina begeben (Tac. hist. 1,88,1. 2,52,1. Plut. Otho 5,1). Nach der Schlacht bei → Betriacum weilte er in Bononia (Tac. 2,54,1), von wo er nach → Lugdunum zum Bruder eilte (Tac. 2,63,1). Anläßlich des Einzuges der Vitellianer in Rom gab er ein prunkvolles Gelage (Suet. 13,10). Im Senat trat er als Gegner des abgefallenen A. → Caecina (II 1) Alienus auf (Tac.

3,37,1) und setzte die Beseitigung des Iunius Blaesus, eines Enkels des gleichnamigen Oheims (→ Iunius II 3) des → Seianus, durch (Tac. 3,38,1 ff.). Nach der Abreise des Bruders blieb er vorerst mit einem Spezialkommando in Rom zurück (Tac. 3, 55,2), wurde aber dann mit 6 Kohorten und 500 Reitern nach Kampanien geschickt (Tac. 3, 58,1. Cass. Dio 65,16,2), wo er → Tarracina belagerte und zerstörte (Tac. 3,76 ff.). Bei der Rückkehr nach Rom wurde er in → Bovillae gefangengenommen und sofort hingerichtet (Tac. 4,2,2f.), obwohl man ihm das Leben zugesichert hatte (Cass. Dio 65,22,1). Zur Charakteristik s. Tac. hist. 4,2,3. **5.** P. V., röm. Ritter aus Luceria (Suet. 2,2), Vater von Nr. 1, 3, 6 und 7, Großvater von Nr. 2 und 4. **6.** P. V., Sohn von Nr. 5, Bruder von Nr. 1, 3 und 7, Gatte der → Acutia (4). Er nahm am Krieg gegen die Thraker teil (Ov. Pont. 4,7,27) und war Legionslegat des → Germanicus (2) in Germanien (Tac. ann. 1,70 f. RITTERLING Fasti d. röm. Deutschl. 122 f.), von wo er zur Erstellung eines *census* nach Gallien entsandt wurde (Tac. 2,6,1). Als *proconsul* von Bithynien (BOSCH Kleinasiat. Mz. 79) weilte er mit → Germanicus (2) im Orient und wurde Zeuge seines Todes (Tac. 2,74, 2). Im Prozeß gegen Cn. → Calpurnius (II 15) Piso trat er als Ankläger auf und hielt eine vielbeachtete Rede (Tac. 3,13,2. Plin. nat. 11,187. SCHANZ-Hos. 2^2, 674). Als *praefectus aerarii militaris* wurde er in den Sturz des → Seianus verwickelt und seinem Bruder A. (Nr. 1) in Hausarrest übergeben, wo er bald nach einem mißglückten Selbstmordversuch starb (Tac. 5,8,1 ff. Suet. 2,3). **7.** Q. V., Sohn von Nr. 5, Bruder von Nr. 1, 3 und 6. Als *candidatus Augusti quaestor* (Suet. 1,1), aber von Tiberius im J. 17 aus dem Senat gestoßen (Suet. 2,2. Tac. ann. 2,48,3). **8.** V. Germanicus, im J. 62 geborener Sohn des Kaisers (Nr. 2) mit → Galeria (5) Fundana. Er hatte einen schweren Sprachfehler (Suet. Vit. 6,2. Cass. Dio 65,1,2a). Nach der Erhebung des Vaters reiste er mit Mutter und Schwester (Nr. 10) nach Lugdunum, wo er vom Heer durch eine Parade geehrt wurde (Tac. hist. 2, 59,3). Nach dem Sturz des Vaters wurde er von → Licinius (Nachtr. Bd. V) Mucianus ermordet (Suet. 18. Cass. Dio 65,22,2). **9.** V. Petronianus, Sohn des Kaisers (Nr. 2) mit Petronia. Er hatte nur ein Auge (Suet. Vit. 6,1). **10.** Vitellia, Tochter des Kaisers (Nr. 2) mit → Galeria (5) Fundana, ältere Schwester von Nr. 8. Mit dem Statthalter der Belgica D. → Valerius (A II 2) Asiaticus verlobt (Tac. hist. 1,59,2); von Vespasianus geschont und mit reicher Mitgift ausgestattet (Suet. Vesp. 14,1). G. Wi.

Vitigis. Ostgotenkönig von Dez. 536 bis Mai 540, aus nicht hervorragender Familie, Schwertträger *(spatharius)* des → Athalaricus, dann (530) erfolgreicher Feldherr im Krieg gegen die Gepiden, 536 bei Reate (s. von Rom) vom Heer zum Nachfolger des → Theodahad gewählt (Cassiod.

or. rel. p. 476; var. 10,31 [Regierungserklärung des V.]. Prok. 5,11). Über Rom, wo er eine Besatzung zurückließ, zog V. nach Ravenna. Dort heiratete er gegen ihren Willen → Matasuntha. V. führte vergeblich Friedensverhandlungen mit → Iustinianus (1); mit den Franken, welchen er die Restgebiete in Südfrankreich überließ, schloß er ein Bündnis (Cassiod. var. 10,32 f. Prok. 5,13. Agath. 1,6). 537 zog V. nach S. und eröffnete die Offensive gegen → Belisarios, der Rom erobert hatte. Die im März 537 begonnene Belagerung Roms mußte V. im März 538 wieder aufgeben, als die Römer unter Iohannes größere Erfolge in Picenum erzielt hatten (Prok. 5,16 ff. 6,6 ff. Lib. Pontif. 60,4). Während nun V. nach Ariminum zog und es vergeblich belagerte, ging Mailand verloren (Prok. 6,11 f. 17). Als Belisar im Frühjahr 539 Ravenna zu belagern begann, suchten V. bzw. seine Ratgeber die Langobarden und → Chosroes (3) zum Angriff auf Rom zu bewegen. Nachdem dann weitere Bündnisverhandlungen mit den Franken scheiterten, verhandelte man mit den Gesandten des Kaisers, bot dann schließlich Belisar die Krone an, der zum Schein darauf einging und im Mai 540 in Ravenna einzog. V., in ehrenvoller Gefangenschaft gehalten, wurde mit seiner Frau nach Constantinopel gebracht. Zum *patricius* ernannt, starb V. als reicher Gutsherr im O. des Reiches (Prok. 6,22. 24. 26. 28 f. Chr. min. 2, 106. Iord. Get. 313). A. L.

Vitiris (Varianten: *Hvitris, Hvetiris, Vheteris, Votris* u. a.). Eine Gottheit, die am Hadrianswall in Britannien auf fast 50 Weihinschriften angerufen wurde. Sie wird bald männl., bald weibl. vorgestellt, erscheint teils in singularischer, teils in pluralischer Form. Begleittiere sind Wildeber, Schlange, Drache, Kröte oder Vogel, Kaninchen oder Hase. Man huldigt der Gottheit als Heilsbringer oder Lebensretter. Sie erhält gelegentlich das Epitheton *ornans sanctus* entsprechend dem in vorchr. Z. seltenen, in nachchr. Z. sich zunehmend ausbreitenden Brauch. Im Dienst des V. sind blutige und unblutige Opfer üblich. HEICHELHEIM vermutet in V. ein survival des sog. Hochgottglaubens des Jungpaläolithikums, dem Geschlechtsdifferenzierung fremd war. Auf Grund der Anfangskonsonanten *hv* bzw. *vh* scheidet eine kelt. Deutung aus. Der Lautbestand führt auf germ. Ursprung. Möglicherweise liegt eines der zahlreichen germ. Zwitterwesen zugrunde. Nahe liegt es, an germ. *hvitr* (weiß, glänzend) zu denken, das als Beiname für Heimdall, Baldur und einige Göttinnen geläufig ist, denen freilich die Bisexualität abgeht. Am ansprechendsten ist die Beziehung auf Loki, der in der germ. Mythologie zweigeschlechtig vorgestellt wird. Loki wird oft *hvethrung* »Sohn einer Riesin« genannt. Germ. Heereseinheiten sind auch tatsächlich am Hadrianswall nachgewiesen. K. A.

Keune, Myth. Lex. 6,350 ff. *Heichelheim*, RE IX A 408 ff.

Vitrasius. 1. L.V. Flamininus. *Cos. suff.* 122, CIL XVI 69, ca. 125 Statthalter von Moesia sup., CIL III 14499. STEIN Legat. 41. **2.** L.V. Flamininus. Sohn von Nr. 1. Nach CIL X 3870 *cos. suff.* viell. um 165, *curator alvei Tiberis ripar. cloac. urbis, leg. pr. pr. Italiae Transpadanae et prov. Moesiae sup. et exercitus prov. Dalmatiae*, wobei er sich nach ZWICKER Stud. z. Markussäule, 1941, 163ff. um ein außerordentl. Kommando des V. als Statthalter von Moesia sup. im J. 171 zur Abwehr der Markomannen und Quaden handelt; vgl. JAGENTEUFEL Statth. Dalmat. 63ff.; schließlich war V. *procos. Africae* um 180, THOMASSON Statth. 2,86. **3.** V. Pollio. Nach CIL X 3871 *praef. eq., procurator Aug. Galliarum, Aquitaniae et Lugdunensis, praef. Aegypti* 31/32 im Amt, Cass. Dio 58,19,6. STEIN Praef. Aeg. 25f. PFLAUM Carrières proc. éq. p. 18ff. Nr. 5. **4.** V. Pollio, wohl Bruder von Nr. 3. *Praef. Aegypti* 38/39–41, CIL III 14147,1. MITT.-WILCKEN Grdz. 2,57. Pap. Lond. V 1912. Ein Schreiben des Claudius an V. bei Ios. ant. Iud. 19,280–285; er ließ Porphyrstatuen nach Rom bringen, Plin. nat. 36,57. **5.** T. Pomponius Proculus V. Pollio s. Pomponius (II 7). **6.** Vitrasia Faustina, Tochter von Nr. 5. Weihte in Cales der → Mater Magna einen Tempel, CIL X 4635. Ca. 183 von Commodus ermordet, H.A. Comm. 4,10. Cass. Dio 72,5,1. R. H.

Vitrum s. Waid

Vitruvius. 1. M.V. Vaccus, aus Fundi im Aurunkergebiet. 330/329 v. Chr. Führer der Städte → Privernum und → Fundi im Kampf gegen die Römer, die ihn (u. a. unter L. → Papirius [22] Crassus und C. → Plautius [I 7] Decianus) bekämpften, besiegten und hinrichteten, Liv. 8,19f. H. RIEMANN, RE VII A 2039f. H. G. G.

2. Röm. Fachschriftsteller in frühaugust. Z., Vf. eines Lehrbuchs *de architectura* in 10 B., das als einzige ant. *institutio* dieses Faches erhalten ist. – Die Epit. des M. Cetius Faventinus (*de diversis fabricis architectonicae*, Anf. 4. Jh. n. Chr., [4]) nennt das Cognomen *Pollio* (sofern kein anderer Autor gemeint ist: *Vitruvius Polio aliique*); die entsprechend erg. vespasian. Grabschrift aus Misenum CIL X 3393 *VITRUVIO [Poll]IONI ARCH[itecto]* ... bezieht sich aus chronol. Gründen auf einen anderen V. Die Praenomina der Frühdrucke *(M., L., C.)* sind Humanistenspekulation.

Leben: Fast nur das von ihm selbst Mitgeteilte ist bekannt. Seine Eltern ließen ihn im Rahmen einer Allgemeinbildung »Architektur« (einschl. Ingenieurwesen) studieren. V. bekennt, aus Mangel an Ruhmsucht unbekannt geblieben zu sein; als einzigen eigenen Entwurf nennt er (5,1, 6–10) eine Basilika in Colonia Iulia Fanestris (Fano). In Caesars Heer, wo Masinissas Sohn C. Iulius Quartiergenosse und Gesprächspartner war (8,3,25), war er mit drei Kollegen (1 pr. 2) als → Poliorketiker tätig; später diente er unter Octavian. Wahrscheinl. ist seine Mitwirkung beim Bau des stadtröm. Wassernetzes unter Agrippa (30er J.e); V. selbst hat neue Rohrnormen und -systeme eingeführt (8,6,2). Seine Bezüge wurden durch Vermittlung der Octavia von Augustus als Pension *(commoda)* fortgezahlt. Als alter Emeritus (Selbstporträt: 2 pr. 4) gibt er sein Werk heraus, um so endlich zu wahrem Ruhm zu gelangen (6 pr. 4). – Die Möglichkeit einer Identität V.s mit Caesars *praefectus fabrum* M. → Mamurra (1), Catulls Mentula, hat [2] aufgezeigt, doch stehen dem positiven Beweis große Hindernisse im Wege [RUFFEL-SOUBIRAN, Pallas 11, 1962, 123ff.]; für Plin. d. Ä. sind Mamurra (36,48) und V. (1,35. 36) verschiedene Personen.

Werk: Die Abfassung von *de archit.* wird durch die erwähnten Baudenkmäler in die J. vor 31 (Actium) datiert; jüngste zit. Quelle: → Varros (1) *discipl.* (33 v. Chr.). Laut eigener Angabe (1 pr. 1) wurde das Werk erst später, wohl Mitte der 20er J.e, ediert, als die (inhaltl. selbständigen) Praefationen und sonstige Einzelheiten nachgetragen wurden (5,1,7 weist die *aedes Augusti* – nur hier erscheint dieser Ehrentitel – auf die Z. n. 27). Gewidmet ist das Werk dem oft angeredeten *imperator Caesar* (Octavianus).

Nach 1,3,1 umfaßt die *architectura* ([3]) die Fächer *aedificatio* (Hochbau), *gnomonice* (Uhrenbau) und *machinatio* ([Kriegs-] Maschinen-, Apparate- und Instrumentenbau, z. B. hydropneumat. Orgel). Das Hauptfach (*aedificatio*, Architektur im engeren Sinne) füllt B. 1–6, Gnomonik und Maschinenbau B. 9/10; dazwischen schiebt sich ergänzend die Hydrologie (Wasserleitungsbau), B. 8, während der Schiffsbau fehlt und der Tiefbau sich noch nicht als Fach etabliert hatte. Nach strengem dihairet. Schema in der Art hellenist. Fachbücher ([9]) gliedert sich die *aedificatio* der Nutzung gemäß in öffentl. (*publica*, B. 1–5) und private Baukunst (*privata*, Häuserbau B. 6); erstere teilt sich wieder nach den Bauzwecken in *defensio* (B. 1 Städte- und Festungsbau; B. 2 holt hierzu die allg. Baustoffkunde nach), *religio* (B. 3–4 Tempelbau mit Beschreibung des dor., korinth., ion. und tuskan. Stils) und *opportunitas* (B. 5 Profanbauten wie Forum, Theater, Badeanstalt, Palästra, Hafen). Hauptkategorien der Qualität sind *firmitas* (Haltbarkeit), *utilitas* (Brauchbarkeit) und *venustas* (Ästhetik). Die vor allem im Sakralbau wichtige Ästhetik (1,2,1) operiert mit den Kategorien *ordinatio* (τάξις, Proportionierung), *dispositio* (διάθεσις, Gesamtkonzeption), *venustas* (εὐρυθμία, Gesamtharmonie), *decor* (πρέπον, Stilwahl der Ausstattung), *commensus* (V.' Sonderübers. von συμμετρία) und *distributio* (οἰκονομία, Material- und Dimensionswahl).

Ausgeprägt ist V.' Sinn für die theoret. Grundlegung und ordnungsgemäße Schulung: der Architekt muß in Theorie *(ratiocinatio)* und Praxis *(fabrica)* gleichermaßen begabt und ausgebildet sein. Entspr. enzyklopäd. sind seine Wissensgebiete: Stilistik, Graphik, Mathematik, Gesch. und Myth., Philos., Physik, Musik, Med. (Hygiene, Klimatologie), Rechtskunde und Astr. sind ihm wenigstens in Grundzügen *(mediocres scientiae)* vertraut. Dagegen polemisiert V. gegen die ungelernten und unberufenen, gleichwohl aber oft erfolgreichen Konkurrenten (pr. 10), während er selbst belehrende wissenschaftl. Exkurse (z.B. Astr. als Einl. in die Gnomonik, Harmonielehre aus Voraussetzung der Theaterakustik), stilist. auflockernde Anekdoten (z.B. 4,1,9 Entstehung des korinth. Kapitells), dazu die teils erbaulich-persönl., teils lehrhaft-protrept. Praefationen einfügte (Fraser, Eranos 68, 1970, 115ff.), die den hohen Rang und zentralen Bildungswert der Architektur feiern: sie ist *summum templum* aller Disziplinen.

Als *architectus doctus* kennt und zit. V. die einschlägige griech. Fachlit. (→ Hermogenes 13, → Ktesibios, Diades, → Pytheos, → Satyros 7, Agesistratos u.a.), ohne daß eine bestimmte Hauptvorlage erkennbar würde; vielmehr weist die ästhet. und stilist. Orientierung auf die (unbekannten) direkten Lehrer V.' im 2. Viertel des 1.Jh.s hin. Für Einzelnes kann man Quellen dieser Z. identifizieren: → Poseidonios (2; Hydrologie), → Arat-Komm. (Astr.), → Lukrez (epikur. Kulturlehre), Varros *Antiquitates* (Baugesch.). V. selbst betont (7 pr. 10), als erster ein Fachbuch der Architektur mit Systematik und Vollständigkeit *cum summa auctoritate* (1,1,18) verfaßt zu haben, da die Griechen nur über Spezialfragen, die Römer (→ Mucius 17, → Cossutius II 1, Varro) nur Kurzwerke ohne Ausführlichkeit geschrieben hätten.

Bedeutung: a) fachlich-arch.: V.' Hauptleistung liegt im Versuch, die griech. und ital-etr. Baukunst als Stilvarianten einer kulturellen Einheit darzustellen. Doch vermißt man tieferes Eindringen z.B. in den Gesamtentwurf des griech. Sakralbaus: V. verliert sich in der Beschreibung der Einzelelemente (Säule, Tür, Cella usw.). Kunsttheoret. ist sein Ideal Hermogenes aus Alabanda, dem er auch die für die Renaissance normativ gewordene Proportionslehre (auf der Basis eines *modulus*, 3,1,3) verdankt und die sich arch. in Resten von Hermogenesbauten (Artemistempel in Magnesia, [7]) annähernd wiederfindet. In der Baupraxis preist V. die Werke der ausgehenden Republik und kritisiert skeptisch zeitgenöss. Neuerungen (Gewölbe-. Stockwerk-, Backstein-, Marmorbau), mehr aus ökonom.-techn. als aus moral. Gründen ([6]); das gilt auch für die Ausuferungstendenzen der damaligen Wandmalerei (Spätphase des 2. pompeian. Stils [Schefold Pomp. Wandm. 79f.]). Wichtig die Beschreibungen röm. Bauwerke (auch Aquädukte) für die Baugesch., der Maschinen und Apparate für die Gesch. der Technik. b) Bildungsgesch.: Hinter V.' überraschendem, zwar prakt.-utilitarist. begründetem, aber weit über die Fachpraxis hinausgehendem Anspruch auf Universalbildung (1,1,1–4) steht die Idee der Kohärenz aller Einzelfächer (1,1,11ff.), die als *encyclios disciplina* Teil der *philosophia* sind. Das Postulat, der Architekt müsse stets auch Philosoph sein, ist verflachte Weiterführung des ciceron. Bildungsideals ([10]) und der vergebliche Versuch, die von Varro intendierte Stellung der Architektur im Kanon der Artes liberales theoret. zu verankern und damit die Reputation des Architekten entscheidend aufzuwerten. Die Reduktion der Nachbarfächer auf elementare theoret. Grundkenntnisse erklärt sich als Polemik gegen die These des Pytheos, der Architekt sei allen Künstlern und Fachleuten überlegen (1,1,12ff.). c) Sprachgesch.: Ein rätselhaftes Phänomen ist die Sprache V.', die, weit über die gewollte Kunstlosigkeit des Lehrbuchstils (vgl. Varro l.l.) hinausgehend, neben eigentüml. Archaismen syntakt. und z.T. semant. Elemente enthält, die ins Spätlatein weisen und immer wieder Zweifel an der august. Datierung aufkommen ließen. Die fast unlat. Abundanz in Begrifflichkeit und Gesamtstruktur klingt maniriert und macht die Lektüre unerfreulich. Stilist. läßt sich V.' Sprache, die sich weder als Handwerkersprache noch als Vulgärlatein noch ohne Stilanspruch darstellt, nicht einordnen [Hagendahl, Gn 17, 1941, 261ff.]. d) Absicht: Hinter der Anleitung zum Architektenberuf steht ein pädagog.-ästhet. Anliegen: dem Kaiser *(etiam omnibus sapientibus,* 1,1,18) sollte zur Beurteilung der nach Actium einsetzenden Bautätigkeit und zur aktiven Betreuung eigener Bauvorhaben ein zuverlässiger Maßstab *(praescriptiones terminatae)* an die Hand gegeben werden. Daraus kommt z.T. V.' pragmat. Konservativismus, der mehr restriktiv als inspirierend wirken mußte (immerhin wird im 2.Jh. n.Chr. in Dougga V.' Windrose realisiert und das dortige Capitolium nach V.' Proportionslehre entworfen). Als theoretisierender Ingenieur und Schreibtischarchitekt fand V. wenig zeitgenöss. Beachtung. e) Wirkungsgesch.: Für Einzelheiten wird V.' Fachbuch herangezogen von → Plinius (1), → Frontinus, → Servius (2), Apollinaris → Sidonius; im 6.Jh. wird 1,6 [Windlehre] versifiziert (wie später von Petrus Diaconus, 12.Jh.); als Fachautorität für Privatbauten belebt ihn Faventinus (aus diesem schöpft → Palladius 1; [4]). Die Byzantiner entdecken in V. ein wichtiges Modell für den Bau chr. Basiliken (5,1,6ff.). Zit. wird V. von → Cassiodorus, → Benedictus, Alcuin, Einhard, → Tzetzes u.a., [14]. Die Renaissance sieht in V. das Stilideal der Baukunst schlechthin (Fra Giocondo, L. Ghiberti, L.B. Alberti, L. da Vinci, Michelangelo). Erst durch J.J. Winckelmann wird V. zugunsten der ant. Originale zurückgedrängt, bis er E. 19.Jh. durch Mor. Cantor und J. Walter in seiner Einmaligkeit neu anerkannt wurde. f) Überlieferung:

Schon im Alt. gingen V.' Zeichnungen, Risse und Skizzen verloren. Die älteste der ca. 55 Hss. ist der Harleianus 2767 (9. Jh.), den POGGIO 1415 in St. Gallen fand. Nach der ed. princ. 1486 (SULPICIUS) bemühte sich seit 1542 die »Accademia della virtù« in Rom um Text und Rekonstr. der Figuren; es erschienen über 24 Ausg. und zahllose Übers.en: [15] (Slg. im Zentralinstitut für Kunstgesch. München). K. S.

Ta.: *C. Fensterbusch*, Darmst. 1964 (m. dt. Übers. u. Einf.). *F. Granger*, Lond. 1931 (1955) (m. engl. Übers. u. Einl.). *J. Soubiran u. a.*, Par. 1969ff. (m. frz. Übers., wichtige Einl.). *F. Krohn*, Lpz. 1912 (einschl. Faventinus). – Archaeologica: *S. Ferri*, Rom 1960. – Index: *H. Nohl*, Lpz. 1876 (Ndr. Stuttg. 1965).

Lit.: 1. *Schanz-Hos.* ⁴2,386ff. 2. *P. Thielscher*, RE IX A 427ff. 3. *Puchstein*, RE II 543ff. 4. *H. Plommer* V. and later Roman Building Manuals, Cambr. 1973. 5. *E. Wistrand* De V. sermone, Apophor. Gothoburg. 1936, 16ff. 6. *A. Boethius*, Festschr. Nilsson 1939, 114ff. 7. *W. Hoepfner*, MDAI(R) 83, 1968, 213ff. 8. *F. Frézouls*, Antiquitas Graecorom. 1968, 439ff. 9. *M. Fuhrmann* Das system. Lehrbuch, Gött. 1960, 78ff. 169ff. 10. *H. K. Schulte* Orator, Frankf. 1935, 80ff. 11. *W. Sackur* V. u. d. Poliorketiker, Bln. 1925. 12. *L. Sontheimer* V. u. seine Z., Tüb. 1908. 13. *A. Choisy* V., Paris 1909. 14. *H. Koch* Vom Nachleben d. V., Baden-Baden 1951. 15. *Bodo Ebhardt* Die 10 B. d. Architektur d. V. und ihre Hrsg., Bln. 1918 (Nachdr. New York 1962).

Vitta. Die wollene Kopf- bzw. Haarbinde (Plaut. Mil. 792. Tib. 1,6,47. Ov. met. 1,477. 2,413. 4,6. 7,403) wird so um den Kopf getragen, daß die Enden seitlich herabhängen oder um die herabhängenden Enden der → *infula* gewunden sind. Sie ist vor allem kult. Schmuck (→ Taenia 1), der nähere Beziehung zur Gottheit herstellt, Hor. c. 3, 8. Vor allem Priester tragen die *v.* (meist weiß), Ov. met. 5,110. 13,643. 15,676. Verg. Aen. 10,538, aber auch Pythia (Lucan. 5,143) oder die Gruppe der Dichter, Seher, Erfinder in der Unterwelt, Verg. Aen. 6,665. Opfer tragen die *v.* am Kopfe (Verg. Aen. 2,231. Iuv. 12,118), Schutzflehende in Händen oder an Zweigen (Verg. Aen. 7,237. 8,128. Ov. ars 2,401). Man umwindet mit einer *v.* Kultbilder, Altäre (Verg. ecl. 8,64; Aen. 3,64), auch Bäume (Ov. met. 8,744). Die *v.* ist ein *insigne pudoris*, Ov. ars 1,31; trist. 2,247, vgl. rem. 386). Weiße *v.* tragen daher die Vestales (Serv. Aen. 10,538). Auf den Darstellungen der Vestales sind die *infulae* von den *v.* nicht klar zu trennen, vgl. F. MAGI I rilievi Flavi del Palazzo della cancelleria, 1945, 90ff. T. 19,2, ebenso bei Opfertieren. Bilder von *v.* (bzw. *infulae*) an Opfertieren, Altären, Bäumen usw. sind häufig, vgl. z. B. I. S. RYBERG Rites of the State Religion in Roman Art, Mem. Am. Ac. Rome 22, 1955, T. 1,1. 8,2. 21,1. 23. 29,2. 41,1. 50,2. 53,2. K. SCHEFOLD Vergessenes Pompei, 1962, T. 31. 49. LATTE RRel Abb. 29. R. HERBIG Nugae Pompeianorum, 1962, T. 28. 29. 33. 34. 56. W. H. G.

Vitudurum, h. Oberwinterthur, Station der röm. Hauptstraße von Augst nach Arbon–Bregenz, Itin. Anton. 251,5. Zuerst im Alpenfeldzug 15 v. Chr. mil. besetzt, dann Civilsiedlung, der Kirchhügel unter Diokletian 294 n. Chr. zum Kastell ausgebaut. Die erhaltene Bauinschr. CIL XIII 5249. How.-MEYER Nr. 264, früher in Konstanz, jetzt im Rathaus in Winterthur. Teile der Kastellmauer und anderes auf dem Kirchhügel von Oberwinterthur ausgegraben und z. T. konserviert. E. M.

F. Stähelin Schweiz in röm. Z.³ 272 Abb. 55 (älterer Plan). 274f. A. 3. 633f. u. ö. *E. Meyer*, RE IX A 489ff. *P. Bouffard* Winterthur in röm. Z., 27. Neujahrsbl. d. Stadtbibl. Winterthur 1943. *H. Bloesch–H. Isler* Ber. über die Ausgrabungen in Oberwinterthur (Vitudurum) 1949–1951, 83. Neujahrsbl. der Hülfsges. Winterthur 1952. *A. Lambert–E. Meyer* Führer durch die röm. Schweiz, Zürich ²1973, 50f. 72f.

Vitula. Angeblich eine röm. Göttin; Macr. Sat. 3,2,11ff. führt mehrere spekulative Erkl. ihres Namens an. Es handelt sich aber wohl um eine aus dem (nicht sicher gedeuteten, aber jedenfalls mit altlat. *vitulari* »jauchzen« zusammenhängendem) Brauch der *vitulatio* (am 8. Juli, dem Tage nach den Nonae → Caprotinae) abgeleitete »Gottheit«. H. Gä.

Wissowa Rel.² 438,4. 445,2. *Latte* RRel 128,3. *W. Eisenhut*, RE IX A 491ff.

Vitulus. Cognomen (»Jungstier«, I. KAJANTO Lat. Cognomina, 1965, 329. → Italia II 1), bes. bei → Mamilius (7. 8). H. G. G.

Vivarium. Gehege, in dem wildlebende Tiere jeder Art (Plin. nat. 8,211. Colum. 9,1; → Tiergarten), bes. Austern (Plin. a. O. 168), Fische (ebd. 170f.), Schnecken (ebd. 173) gehalten wurden; Plin. a. O. nennt die Erfinder solcher V. Cassiod. var. 12,15,4 beschreibt 533/37 n. Chr. die Einrichtung eines V. bei Scyllaceum, *ubi agmen piscium sub libera captivitate* den Beschauer erfreut. Dort gründete er auch das Kloster, in dem er die letzten Jahrzehnte seines Lebens zubrachte: *invitat vos locus Vivariensis monasterii ... et captus piscis cum libuerit vivariis possit includi* (Cassiod. inst. div. litt. 29 aus der Z. nach 546). Reste des Klosters (Coscia di Staletti) befinden sich am Golf von Squillace. G. R.

Nissen It. Ldk. 2,998.

Viventius aus Siscia, 364 *quaestor sacri palatii*, hatte 366 als *praefectus urbi* in die Auseinandersetzungen zwischen → Damasus und → Ursinus einzugreifen. Als *praef. praet. per Gallias* (368/71) bemühte er sich besonders um Ordnung in seinem *officium* (Amm. 26,4. 27,3. 30,5. Cod. Theod. 8,7,10. 9,40,11. 12,1,75. 14,3,7 u. ö. Symm. rel. 30,3). A. L.

Viviscus, h. Vevey am Genfer See, Ptol. 2,12,3 (Οὔικος, Οὔισκος). Itin. Anton. 352,1. Tab. Peut. 3,3. Geogr. Rav. 4,26,237,10. In der röm. Z. zum Wallis (→ Vallenses) gehörend. Vorröm.

Gräberfeld der Früh- und Mittellatènez, aus röm. Z. nur Einzelfunde. E. M.

F. Stähelin Schweiz in röm. Z.^{3} passim. *E. Meyer*, RE IX A 503f.

Vocates s. Vasates

Vocatio in ius, die Prozeßeinleitung durch private Ladung, d.h. die Aufforderung an den Gegner, *in iure* (an der Gerichtsstätte) zu erscheinen. Der *in ius v.* geht die *editio actionis* voraus. Der Geladene muß sogleich Folge leisten oder einen → *vindex* stellen. Widerstand des Geladenen berechtigte den Ladenden nach der Lex XII tab. (1,1–3) zur förmlichen → *manus iniectio* und eigenmächtigen Führung vor den Gerichtsherrn, während das prätor. Edikt eine Strafklage gegen den Geladenen (Gai. inst. 4,46) und darüberhinaus die → *missio in possessionem rei servandae causa* (Dig. 42,4,2 pr.) vorsieht. Strafklagen sind auch gegen den die Ladung vereitelnden Dritten, gegen den *vindex* bei Nichterscheinen des Geladenen, gegen den Ladenden bei Vornahme einer unzulässigen Ladung und bei Nichtannahme eines *vindex* in bestimmten Fällen proponiert. Die *in ius v.* ist an jedem Ort und bei jeder Gelegenheit zulässig – ausgenommen im Hause des Geladenen (Dig. 2, 14,18). Die urspr. Beschränkung der *in ius v.* auf *actiones in personam* bestand in klass. Z. nicht mehr. Bestimmte Personen dürfen überhaupt nicht geladen werden (z.B. Magistrate *cum imperio*; weitere in Dig. 2,4,2–4 pr.); die Ladung von Personen, denen der Kläger *reverentia* schuldet (Vorfahren, der Patron und dessen Familie; Dig. 2,4,4f.) ist an prätor. Genehmigung gebunden. An die Stelle der *in ius v.* kann ein außergerichtl. → *vadimonium* treten, wodurch die strengen Folgen für den Geladenen vermieden werden. Im Kognitionsprozeß erfolgt die Ladung unter amtl. Mitwirkung, im iust. Recht gibt es nur mehr eine rein amtl. Ladung. C. E.

M. Kaser Das röm. Zivilprozeßrecht, 1966, 47ff. 162ff. *J. M. Kelly* Roman Litigation, 1966, 6ff. *G. Wesener*, RE IX A 685ff.

Voconius. Name eines pleb. Geschlechts aus Aricia, das seit dem 2. Jh. in der röm. Politik eine Rolle spielt.

I. Republikan. Zeit. **1.** Q. V. Naso war 66 einer der Richter im Prozeß gegen Cluentius (Cic. Cluent. 147f.) und bekleidete vor 60 (61? BROUGHTON 2,179) die Praetur. **2.** Q. V. Saxa brachte in seinem Volkstribunat 169 die von Cato befürwortete (Or. Rom. Frg. ^{3}60f. MALC.) *l. Voconia* ein. Sie schränkte für die höchste Censusklasse das Erbrecht der Frauen drastisch ein und bestimmte, daß kein Legat den Anteil der Erben überschreiten dürfe (Cic. Verr. 2,1,106–108. Gai. inst. 2,226. 274. ROTONDI LPPR 283f. M. KASER Das röm. Privatrecht, ^{2}1971, 670. 684. 756f.). Durch die *l. Papia* 9 n. Chr. wurde erstere Bestimmung teilweise wieder aufgehoben (Cass. Dio 56,10,2). M. D.-M.

II. Kaiserzeit. **1.** C. Licinius Marinus V. Romanus, CIL II 3865a. Um 65 in Hispania Tarraconensis *. Sohn des C. V. Placidus, nach dessen Tod von Licinius Marinus adoptiert, Plin. epist. 2,13,4. Nach Rom gekommen nahm ihn Plinius in sein Haus, beide studierten bei → Quintilianus, und Plinius hat die meisten Briefe an V. geschrieben; er verschaffte V. den Posten eines Iuppiterpriesters für Hispania cit. unter Domitian, das Dreikinderrecht unter Nerva, sowie den Militärtribunat in Pannonien unter Neratius Priscus, den *latus clavus* (nach Aufstockung seines Vermögens auf den Senatorencensus durch die Mutter des V.) unter Traian, Plin. epist. 10,4,1–4. V. schlug aber den *cursus honorum* nicht ein, sondern lebte viel in Spanien, Plin. 9,7,1. Er gehörte zum Kreis der Anhänger der → Plotina (Nachtr. Bd. V), Plin. 9, 28,1. V. betätigte sich liter. als Epistolograph, Plin. 2,13,7. 9,28. Zur krit. Durchsicht hat ihm Plinius den Paneg. übersandt, epist. 3,13,1, ebenso die Rede für Attia Viriola, epist. 6,33. **2.** Q. V. Saxa Fidus. Nach DESSILS 8828 stieg er nach 127 zum *quaestor pr. pr.* in Makedonien auf, war *trib. pleb.*, *praetor*, *curator viae Valeriae Tiburtinae*, um 141 *leg. Aug. leg. IV Scythicae*, 142/143 *procos.* von Pontus-Bithynien, 143–146 *leg. Aug. pr. pr.* von Lykien-Pamphylien (IGRom III 705. 739. CIL III Suppl. 6885). *Cos. suff.* 146 (DEGRI XIII 1,204f.), *procos. Afr.* 161/162, CIL VIII 11029. AE 1949, 27. Dig. 48,18,1,27, THOMASSON Statth. II 78f. R. H.

Vocontii. (Οὐοκόντιοι Strab. 4,203). Wichtigstes Volk des s.ö. Gallien, neben den → Allobrogi. Zw. Rhodanus und Alpes Cottii sind sie Nachbarn der Allobrogi im N. (Caes. Gall. 1,10,5. Strab. 4,179. 187. 203), der → Salluvii und Albici im S., der Cavares im W., der → Tricorii und Iconii im O. (Strab. a.O.). Ihr bes. bergiges Gebiet erstreckte sich von der Druentia (h. Durance) bis zur Isara (h. Isère). Sie bildeten einen Bund mit den Sogiontii, Avantici und Vertamocorii (G. BARRUOL Les peuples préromains 278). Ihre Macht verdankten sie ihrer Lage in den Tälern der zwei großen Verkehrsachsen (Rhodanus, Druentia). Zuerst dort ansässig, dehnten sie ihre Macht auf die benachbarten Stämme aus; ihre größte Ausdehnung datiert vom E. des 1. Jh.s v. Chr.

Hannibal zog durch das Gebiet, *per extremam oram V.* (Liv. 21,31). Die V. wurden von M. → Fulvius (I 16) Flaccus und C. → Sextius (I 4) Calvinus im J. 125/124 v. Chr. unterworfen, woher der Triumph des J.s 122 *de Ligurib. Vocontieis Salluveisque* CIL I^2, S. 49. Z. Z. des → Sertoriuskriegs zeigten sich die V. Pompeius feindlich (Cic. Font. 20). Später wurden sie *foederati*. Das *foedus* wurde entweder von Pompeius (zahlreiche Licinii und Pompeii, z.B. Trogus Pompeius Iust. 43,5,11) oder von Caesar (Plin. nat. 3,37. 7,78: *e Vocontiorum gente foederata*) geschlossen (Strab. 4,203). Die V. hatten zwei Hauptorte, → Vasio (h. Vaison) administratives Zentrum (Plin. nat. 3,37. Ptol. 2

10,8. Mela 2,75), und Lucus Augusti (h. Luc-en-Diois), *municipium V.* (Tac. hist. 1,66. Itin. Anton. 357. FOR Drôme, 69,39–43), dann → Dea Augusta Vocontiorum (h. Die), religiöses Zentrum. Außerdem 19 *oppida ignobilia* (Plin. nat. 3,37), unter ihnen Segustero (h. Sisteron), mons Seleucus, Vappincum?, Alaunium, Le Serre de la Croix, usw. Mehrere *pagi: pagus Deobensis* CIL XII 1376, *pagus Baginensis* CIL XII 1377. In diesen *pagi* waren *praefecti* CIL XII 1307. 1371. 1529. 1542. Bekannt sind ein *ordo Vocontior(um)* CIL XII 1585, *decuriones V.* CIL XII 1589. 1719, *aediles V.* CIL XII 1375. 1514. 1579, ein *sacerd(os) civitatis Voc.* CIL XII 1567 (Taurobolien-Inschr. 245 n.Chr.), *fl(aminica) Voc.* CIL XII 1366. Die *civitas V.* umfaßte mehrere *vici*, unter ihnen die Noiomagenses (h. Nyons), die Boxani (h. le Buis), die Cadienses (CIL XII 1341). Als *civ. foederata* lieferten die V. *auxiliares* für das röm. Heer: *ala Aug. V.* in Britannia (CIL VII 1080. Auch dienten Soldaten in den Legionen, *in coh. pretoriis* (CIL VI 2623. Holder 3,432), *in coh. I Ligurum* (CIL V 7822).

Die Erzeugnisse waren verschiedenartig: in den Bergen Viehzucht, Holz, Mineralwasser, Steine; in Tälern Weinbau. Das gemessen am allobrog. Gebiet günstigere Klima vergönnte ein *vinum dulce* (Plin. 14,83), das in der prov. Narbon. bekannt war, und ein *vinum frigidum* an den Bergen.

Zahlreiche Gottheiten: Inschr. CIL XII 1276ff.; bes. *dea Augusta Andarta*, die ihren Namen der Stadt Dea Aug. V. gab.

In der Spätant. zielte das Gebiet der V. auf Trennung infolge der Schwierigkeiten der Verbindungen: Eine selbständige *civitas* bildete sich um Die (Drômetal und Vertamocorii des Vercors), eine andere um Vasio (Täler der Eygues und Ouvèze). Diese zwei *civitates* bildeten 2 Diözesen mit Bischöfen seit dem Anfang des 4. Jh.s. M. L.

Desjardins 2,228. *Jullian* HG 2,517. *G. Barruol* Les peuples préromains du Sud-est de la Gaule, Paris 1969, 278.

Vocula s. Dillius (2)

Vŏlăterrae (*ŏ, ă*: Rutil. Nam. 1,453; etr. *velaϑri* auf Mz.: Head HN² 15), etr. (Ptol. 3,1,48) Stadt auf einem allseits abschüssigen Bergstock zw. den Tälern des Era und Cecina mit steilem Zugang (Strab. 5,223). Das Areal V.s folgt dem Hügel in Form eines nach N. offenen linksläufigen F, dessen längere Haupthasta die durch Erdrutsche entstandenen Steilabfälle der sog. Balze umgeben; wesentliche Teile der älteren Nekropolen wurden verschüttet. Die Mauer des 6. Jh.s hat eine Länge von 7281 m. Das Gebiet von V. reicht nach W. bis zum Meer (Strab. a.O.); nach Serv. auct. Aen. 10,172 Übergriffe bis → Populonia. Dion. Hal. ant. 3,51,5 berichtet vom Bündnis mit Latinern gegen Rom im 6. Jh. 298 erste Kämpfe mit Rom (Liv. 10,12,4); 205 stellt V. den Römern Schiffsbaumaterial und Getreide zur Verfügung (Liv. 28,45,15). Die feste Lage gestattet es, daß sich Marianer in V. von 82 bis 80 gegen Sullas Belagerung halten und unter Vertrag abziehen können; V. verliert das erst 89 (*IIIIviri* als Magistrate) erworbene röm. Bürgerrecht und erhält das latinische (Liv. epit. 89. Gran. Licin. 36 p. 32 Fl. Strab. a.O. Cic. S. Rosc. 20. 105; Caec. 18. 97. 102; dom. 79; Att. 1,19,4). 63 stellt Cic. (Att. a.O.), der ein enges Verhältnis zu V. hat (fam. 13,4,1), den Besitz wieder her (Bestätigung 59 durch Caesar: Cic. fam. 13,4,2). V. ist *municipium* der 7. Region (Cic. fam. 13,4,1. Plin. nat. 3,52) in *tribus Sabatina* (L. Ross Taylor Voting Districts 274); Geburtsort des Dichters → Persius (Vita). Nach den Grabungsfunden bestand am Platze V.s schon eine ältere Villanovasiedlung; etr. Besetzung erst im 7./6. Jh. Mehrere Nekropolen boten wertvolle Funde mit zahlreichen Urnen sowie archaische Kriegerstelen mit inschr. Namensnennung; Inschr. bei M. Pallottino Test. ling. Etruscae 381 bis 407. 918. Erhalten sind 2 Tore, ein etr. Podiumtempel auf der Akropolis (h. Pian di castello), röm. Tempel mit Statue einer Frau mit Kind (etr. Inschr.) am Forum, röm. Theater, röm. Thermen, röm. *piscina*. Erhaltung V.s auch im MA.; h. Volterra. G. R.

Forbiger HB. d. alt. Geogr. 3,425. *Müller-Deecke-Pfiffig* Die Etrusker 1,233ff. *G. Dennis* Cities and Cemeteries of Etruria ²2,136ff. *Nissen* It. Ldk. 2,301ff. *F. Schachermeyr* Etr. Frühgesch. 170. *Beloch* RG 609f. *R. Enking*, RE IX A 721ff. *W. V. Harris* Rome in Etruria and Umbria 264ff. *E. Fiumi*, NSA 1955, 114ff.; SE 25, 1957, 367ff. 27, 1959, 251ff. 29, 1961, 253ff. *L. Ross Taylor* Local Cults in Etruria 204. Einen bes. Hinweis verdient die Darstellung durch *Marinella Pasquinucci*, in: *Torelli-Andreae* Die Städte d. Etrusker, 1974, 71ff.

Volcae. Wichtiges kelt. Volk der Gallia Narbonensis, zw. Rhodanus, Cebenna mons, Garumna und Pyrenaei montes; h. Languedoc. Sie galten als aus dem s.ö. Germanien (Tal des Marus und montes Sarmatici) stammend. Sie hatten Anteil an den kelt. Wanderungen nach Griechenland, Kleinasien, Galatien genommen; ihr Einfall nach Gallien datiert ca. 250–230, erst 215–200 am Ufer der Garumna (s. M. Labrousse Toulouse ant., Paris 1968, 88). Sie umfassen 1. die V. Arecomici (Ἀρηκόμισκοι Strab. 4,186. Ἀρηκόμιοι Ptol. 2,9,10), die im NO. bis an die Rhône reichen (*Rhodanus inter Volcas et Cavaras emittitur; ultra sunt stagna Volcarum* Mela 2,79), aber viell. mit vereinzelten Enclaven am l. Ufer, z.B. Tarusco (h. Tarascon). Hauptort: col. Nemausus, Städte: Vindomagus (h. Le Vigan?) und zahlreiche *oppida* (Ptol. 2,10,6): 24 *oppida ignobilia Nemausensibus adtributa* Plin. nat. 3,37). Inschr. CIL XII 2723. 5880; 2. die V. → Tectosages im SW. zw. Narbo und Tolosa (h. Toulouse), ihrem Hauptort (Strab. 4,187). Unter den *oppida* *Καρκασσώ* (Ptol. 2,10,6. *Carcasum* Plin. nat. 3,36. *Carcassione* Tab. Peut. *Carcassone* Itin. Burdig. 551,9 *Carcassona* Anon. Rav. 4,28; h. Carcassonne). Inschr. CIL XII 5368.

Ihre Ansiedlung in Gallien ist kenntlich an der Zerstörung der iber. *oppida* Ensérune, Le Cayla de Meilhac, an den Mz. (kelt. Name des Bituit), an der Wandlung des Totenrituals (noch Einäscherung, aber mit kelt. Waffen, Pferdeskeletten, Tierbrandopfern und Gebrauch von Urnen der La Tène-Kultur). Im J. 219/218 zog Hannibal durch ihr Gebiet (Liv. 21,26). Die V. wurden von den Römern im J. 121/118 v. Chr. unterworfen; im J. 77 widersetzten sie sich Pompeius (Caes. civ. 1, 35; Gall. 6,24. Cic. Font. 8. Strab. 4,186. Iust. 32,3. Auson. Clar. urb. 13,9). M. L.

Holder 3,436. *H. Gallet de Santerre*, in: *Ph. Wolff* Hist. du Languedoc, Toulouse 1967, 60. *M. Clavel* Béziers et son territoire dans l'ant., Paris 1970, 128. *M. Labrousse* Toulouse ant., Paris 1968, 88.

Volcanalia s. Volcanus

Volcanus (CIL I^2 364 *Volganus*. 1218 *Volchanus*. IX 6349 *Volkano*; ältester Beleg CIL I^2 453), in Rom angeblich seit Romulus (Plin. nat. 16,236. Plut. Rom. 24,5) bzw. T. → Tatius (Varro l.l. 5,74. Aug. civ. 4,23. Dion. Hal. ant. 2,50,3) *in Volcanali* (Plin. a. O.), *quod est supra Comitium* (Fest. 370,33 L.), auf der *area Volcani* (Fest. 276, 1 ff. L. Gell. 4,5,4), d. h. der alten Nekropole, verehrter Gott; erhielt dort Fischopfer (Fest. a. O.). Später Tempel auf dem Marsfeld (Liv. 24,10,9). Häufige Blitzprodigien (Liv. 24,10,9. 32,29,1. 34, 45,6. 39,46,5. 40,19,2. Obseq. 4), daher V. auch blitzführend (Serv. Aen. 1,42. Plin. nat. 2,138). Am 23. Aug. *Volcanalia* (Varro l.l. 6,20. Atei. Cap. frg. 2 FUN. Sall. hist. frg. 3,50 M. Plin. nat. 17,260. Colum. 11,3,18. Fast. Arv. CIL I^2 p. 215; Maff. p. 225; Vall. p. 240; Guidizz. p. 253. Menolog. p. 281. Fast. Antiat. vet.; *Vulcanici* Philocal. CIL I^2 p. 270); *feriae* auch am 23. Mai (Fast. Ven. CIL I^2 p. 221; Amit. p. 243. Ov. fast. 5,725); 217 → *lectisternium* V. mit Vesta (Liv. 22,10,9), sonst Partner der → Maia (2; Macr. Sat. 1,12,18. Gell. 13, 23,2) bzw. Maiesta (Piso frg. 42 P.). Priester des V. ein *flamen* (Varro l.l. 5,84. Macr. a. O. CIL VI 1628). Beziehungen zum Feuer (Hephaistos?) bei Waffenverbrennungen (Liv. 8,10,13. Serv. Aen. 8, 562. App. Pun. 133); deshalb Tempel außerhalb der Städte (Vitr. 1,7,1. Plut. mor. 276b). V. metonymisch für Feuer: Plaut. Amph. 341. Aul. 358. Verg. Aen. 7,77. Ov. met. 7,104. Quint. inst. 8,6, 24 u. a. (Erdfeuer bei Mutina: Plin. nat. 2,240). 64 n. Chr. *supplicatio* auf sibyllin. Weisung (Tac. ann. 15,44). Myth. Vater des Serv. → Tullius (Ov. fast. 6,627. Dion. Hal. ant. 4,2,1 f. Plut. mor 323c), → Cacus (Serv. Aen. 8,190), → Caeculus (Cato frg. 59 P. Verg. Aen. 7,679. 10,543. Serv. Aen. 7, 678), von Iuno *de femore* geboren (Serv. Aen. 8, 454). Zur Gleichsetzung mit → Mulciber vgl. CIL V 4295. Ant. Namensdeutungen aus *vis* (Varro l.l. 5,70. Aug. civ. 7,16. 30) oder *quasi Volicanus* aus *volare* (Serv. Aen. 8,414. Isid. orig. 8,11,39) sind falsch, moderne Verbindung mit etr. *gens Volca* oder → *velχ(ans)* auf Leber von Piacenza ungesichert. Kult in Ostia (LATTE RRel 130,5) und Perusia (App. civ. 5,49. Cass. Dio 48,14,5). G. R.

Prell.-Jord. 2,147 ff. *Wissowa*, Myth. Lex. 6,356 ff.; Rel.^{2} 229 ff. *Latte* RRel 129 f. *Altheim* Griech. Götter 172 ff. *Rose*, JRS 23, 1933, 46 ff. *Evans* The Cults of the Sabine Territory 201 ff. *Radke* Die Götter Altitaliens 343 ff. *Dumézil* Rel. rom. arch. 315 ff. *Grimal* Dict. 476. *W. Eisenhut*, RE Suppl. XIV 948 ff.

Volcatius. Röm. Gentilname, inschr. auch *Volcacius* (u. ä.), SCHULZE Eigenn. 378, wohl etr. Herkunft. **1.** Ritter, Vertrauter des → Verres (2; Cic. Verr. 2,58). **2.** 2. C. V. Tullus. Offizier unter → Caesar (12) in Gallien und im Bürgerkrieg. 53 Brückenwache am Rhein, Caes. Gall. 7, 29,3, seit 51 Legat (BROUGHTON 2,253. 270), erfolgreich vor Dyrrhachium 49 (Caes. civ. 3,52,2. DRUMANN^2 3,444). **3.** L. V. Tullus, wohl Sohn von Nr. 2. Als Consul 66, zusammen mit M'. Aemilius → Lepidus (I 1), wies er die Bewerbung → Catilinas zurück (Sall. Cat. 18,3). 56 trat er dafür ein, die Rückführung des → Ptolemaios (A I 15) dem → Pompeius (A I 1) zu übertragen, ED. MEYER Caes. Mon. 190. 49 war er zurückhaltend. Sein Sohn: **4.** L. V. Tullus, Praetor 46, Statthalter im O. 45–44, wobei er C. → Antistius (I 16) Vetus unterstützte, Consul 33 (BROUGHTON 2,414). H. G. G.

5. Volcacius Sedigitus. Vf. eines literaturgesch. Lehrgedichts in Senaren, wohl vom Ende des 2. Jh.s v. Chr., *inlustris in poetica* (Plin. nat. 11, 244). Erhalten sind – letztlich wohl über Varro, De poetis – 4 Frg.e mit insgesamt 20 Versen, die ausschließlich der Palliata (→ Komödie II) gelten. Ob das Werk noch andere – komische oder nichtkom. – poet. Gattungen einbezog, ist nicht auszumachen. Das Erhaltene befaßt sich a) mit der Biographie der Dichter (vgl. frg. 2 M./3 F. zu Terenz' Lebensende), b) mit Echtheitsfragen (frg. 3/4 zur vermuteten Beteiligung des jüngeren Scipio an Terenz' Produktion; Gell. 3,3,1 zu einer Liste möglicherweise unechter Plautuskomödien) und c) mit Literaturkritik. Entscheidende Bewertungskategorie ist die Bühnenwirksamkeit; deshalb wird von Terenz die *Hecyra* als letzte eingestuft (frg. 4/2), werden in dem Kanon der z. Z. des V. S. noch gespielten Palliatendichter (9, dazu Ennius, der *causa antiquitatis* hinzukommt) die ersten drei Preise → Caecilius (III 1) Statius, → Plautus und → Naevius zuerkannt, erscheint Terenz nach → Licinius (III 1) Imbrex und → Atilius (I 1) erst an 6. und die ihrem künstlerischen Ideal nach verwandten → Turpilius (2) und (nach → Trabea 2) → Luscius Lanuvinus erst an 7. bzw. 9. Stelle (frg. 1, vgl. noch Donats Terenz-Vita § 7). Impulse zur Selektion als solcher mochten ähnliche Kanones der hellenist. Philologie vermittelt haben; das Werk insgesamt ist in der Tradition von → Accius' *Didascalica* und im Zusammenhang mit dem etwa gleichzeitigen, aber wohl ebenfalls umfassenderen und historischeren Lehrgedicht des → Porcius (B 2) Licinus zu sehen.

Frg.: *Morel* FPL 46f. *Fun* GrRF 82ff.
Lit.: *R.Büttner* Porcius Licinus, 1893, 34ff. *F.Leo* Gesch. d. röm. Lit., 1913, 433ff. *Schanz-Hos.* 1,165f. *H.Bardon* Litt. Lat. Inc. 1, 1952, 128ff. *M.Coccia*, Stud. Rom. 1959, 61ff.

6. Volcacius. Vf. eines Komm. zu Ciceros Reden (wohl 2./3. Jh. n. Chr.), den Hier. c. Rufin. 1,16 in einer Serie von Klassikererklärungen (Vergil, Sallust ... Terenz) erwähnt, vgl. noch epist. 70,2,1. P. L. Sch.

Volcei. 649 m hoch gelegene lukan. (Ptol. 3,1, 70. Plin. nat. 3,98) Ortschaft nahe dem Zufluß des Platano in den Tanagro, ergab sich 209 den Römern (Liv. 27,15,2), *municipium* der 3. Region, mit Numistro verbunden (Plin. a. O.), zur *tribus Pomptina* gehörig (L. Ross Taylor Voting Districts 274), später *praefectura Vulcentana in provincia Lucania* (Feldm. 209); von den 4 *pagi* gehören zum *Naranus* Nares Lucanae, zum *Forensis* Forum Anni. Mit Inschriftenfunden (CIL X 403ff.), h. Buccino. G. R.

Nissen It. Ldk. 2,902. *Beloch* RG 592.

Volero. Seltenes, aber altes Praenomen (wohl von *valere*, Mommsen RF 1,43), → Publilius (A I 4. 6). H. G. G.

Volnius. Nach Varro l.l. 5,55 (= FunGrRF 126) Vf. etr. Tragödien. Varro, der ihn möglicherweise persönlich kannte *(V. ... dicebat)*, zit. ihn als Gewährsmann für die Ansicht, die Namen der röm. → Tribus seien etr. Ursprungs. H. Gä.

Vologaeses. 1. I., Partherkönig 51–80, setzte 54 seinen Bruder → Tiridates (2) als König in Armenien ein. Tac. ann. 12,50f. Den deshalb von Rom gegen V. unter → Domitius (II 9) Corbulo und → Caesennius (3) Paetus geführten Krieg beendete 66 die Krönung des Tiridates durch Nero in Rom. 69 bot V. Vespasian im jüd. Krieg 40000 parth. Reiter an, die der Kaiser aber nicht annahm. 71 ehrte V. Titus durch Übersendung eines Goldkranzes, Suet. Vesp. 6,4. Ios. bell. Iud. 7,105f. Das Verhältnis zu Rom trübte sich, da Vespasian 75 Hilfe gegen den Einfall der Alanen trotz Fürsprache Domitians ablehnte, Suet. Dom. 2,2. Cass. Dio 65,15,3. K. H. Ziegler Die Beziehungen zwischen Rom und den Parthern, 1964, 66ff. Trotz seiner griech. Mutter (Tac. ann. 12,44,2) zeigte V. eine antigriech. Haltung, gründete Vologesias (vgl. → Vologesokerta) als Konkurrenz zu → Seleukeia (1), besorgte die Sammlung des Awesta und setzte auf Mz. Pehlevizeichen und den Feueraltar. Plin. nat. 6,122. A. Nyberg The Pahlavi-Documents, Le monde orient. 17, 1923, 182ff. A. Maricq Vologésias, Syria 36, 1959, 264ff. **2.** II., Partherkönig 128–147, seit 105 in Medien Gegenkönig seines Onkels → Osroes (1), nach dessen Tod Großkönig, erkaufte 136 den Rückzug der Alanen aus Medien und Armenien und übergab Armenien dem Parther Aurelius Pacorus als König. Cass. Dio 69,15,1. IGRom I 222. R. H. McDowell Coins from Seleucia on the Tigris, 1935, 230ff. **3.** V. setzte den von seinem Vater Sanatrukes 116 begonnenen Kampf in den röm. Provinzen Mesopotamien und Assyrien gegen → Catilius (2) und Traianus fort und wurde mit einem Teil Armeniens abgefunden. Cass. Dio 75,9,6 (III p. 218f. Boiss.). H. A. Hadr. 21,11. D. Magie Roman rule in Asia minor 1,609f. **4.** III., Partherkönig 148–193, Sohn von Nr. 2, fiel 161 in das röm. Armenien ein, setzte dort den Parther Pakoros und in Osroëne Wa'il als Könige ein und stieß nach Kappadokien und Syrien vor. In dem Partherkrieg 164–166 unter dem Oberbefehl des Kaisers L. → Verus wurde V. durch → Avidius (1) Cassius bei → Dura-Europos geschlagen, → Seleukeia (1) und → Ktesiphon mit der Königsburg wurden 165 zerstört. Da eine Pest das röm. Heer zum Abzug zwang, behielt V. im Frieden das Partherreich, in Armenien wurde der röm. Senator → Sohaemus (4), in → Osroëne Manu VIII. röm. Klientelkönig. Mesopotamien fiel an Rom. 176 bestätigte Marcus Aurelius den Status. Cass. Dio 71f. H. A. Marc. 26,1; Ver. 8,1. K. II. Ziegler 113f. **5.** IV., Partherkönig 191–207/08, Mitregent seines Vaters (Nr. 4), seit 193 Alleinherrscher, unterstützte → Pescennius (1) und belagerte → Nisibis. Septimius Severus besetzte 195 parth. Fürstentümer in Mesopotamien, V. wich in das Stammland zurück. Nach Abzug des Severus fiel V. in Mesopotamien ein und belagerte 196 Nisibis. 198 zurückgekehrt, eroberte Severus Babylon, Seleukeia und Ktesiphon. V. zog sich zurück. Da Severus wegen Nachschubschwierigkeiten und Landesunkenntnis abzog, gewann V. sein Reich wieder. Cass. Dio 75,1. 9. Herodian. 3,1,2f. 9,1f. **6.** V., Partherkönig, Sohn von Nr. 5, 207/08–222/23, seit 213 nur in Babylonien durch Aufstand des Bruders → Artabanos (10), vermied 215 geschickt einen Krieg mit → Caracalla. Als der → Sassanide Ardašir I. in Babylonien einbrach, fiel V. bei der Eroberung von Ktesiphon. Cass. Dio 78,19,1. 21,1. H. V.

Vologesokerta (Plin. nat. 6,122), von dem Partherkönig → Vologaeses I. an einem der den → Euphrates (1) mit dem → Tigris in ant. Z. verbindenden Wasserläufe (→ Naarmalcha) in Konkurrenz zu → Ktesiphon (2) gegründete Siedlung, deren Entwicklung durch die unmittelbare Nähe der wirtschaftspolitisch bedeutenden Stadt Borsippa (h. Nimrud) beeinträchtigt worden sein dürfte. Denkbar ist ihre Identität mit der bei Ptol. 5,19 M. erwähnten Stadt *Οὐολγαισία*, die bei Steph. Byz. als *Βολογεσσίας* und bei Amm. 23, 6,23 als *Vologessia* erscheint. Ihre Lokalisierung ist noch nicht eindeutig gelungen (bei Al Kifl? Al Kafa?). E. O.

H. Treidler, RE IX A 767ff.

Volones. Als *v.* wurden offenbar bloß jene 8000 Sklaven bezeichnet, die nach der Schlacht von Cannae freiwillig den Wehrdienst auf sich nahmen (Fest. 565 M.). Sie traten als Sklaven in das Heer ein, ohne freigelassen zu werden (Serv.

Aen. 9,546). Dies scheint auch bei den Sklaven der Fall gewesen zu sein, die z. Z. von Marcus Aurelius nach dem Markomanneneinfall um 170 rekrutiert wurden (H. A. M. Ant. 21,6). A. R. NEUMANN, RE IX A 771f. A. N.

Volsci. Mittelital. Volk, nach ält. Zeugnis Ps.-Skyl. 9 *'Ολσοί* (< **u̯l̥(u)s-ŏ-*; vgl. Ptol. 3,1, 53 *Οὐλουϱοί* <**ŭlŭs-ŏ-* wie *Ulubræ* <**ŭlŭs-rā*; lat. V. und griech. *Οὐολοῦσκοι* mit Völkernamensuffix *-qŏ-* wie *Osci* <**ŏp(ĕ)s-qŏ-)* zw. Latium und Kampanien in den Tälern des Liris, Melpis, Tolerus, Ufens (Alex. Polyh. bei Isid. orig. 9,2,88 leitet V. von den dort wohnenden → Laistrygonen her). Die Sprache der V. wurde noch unter röm. Herrschaft gesprochen (vgl. Titin. frg. 104 R.) und erweist durch 2 Inschr. (lat. Schrift) aus Velitrae (VETTER HB Nr. 222; Titinius schrieb eine Komödie *Veliterna*) und Antinum (ebd. Nr. 223) mit Labialisation der Labiovelare, Monophthongisierung der Diphthonge, Assibilation vor i, Rhotazismus (*ferom* mit TH. MOMMSEN Umbr. Dialekte 325 »*iustum*« zu *fesiae*, *couehriu* <**cŏu̯ēsio-* <**cŏu̯ĕghĕs-i̯ŏ-*; vgl. *Οὐλουϱοί*; in *asif*, *esaristrom*, *cosuties*, *uesuna*, *Casinum* Einfachschreibung für *-ss-*), umbr. (Tab. Ig. IV 3. 6. 10. 12. 25. CIL I^2 392 Weihung eines Umbrers) Göttin → Vesuna, umbr. (VETTER HB Nr. 231 a. 233. 236) Stellung des Vatersnamens zw. Vor- und Gentilnamen (*ca. cumnios* in Nr. 223 nennt ohne Vornamen zwei Söhne des *ca. cumnies*) und umbr. (Ktesias FGrH 688 F 59) Namen *cosuties* die V. als Verwandte der Umbrer (verworrene Herkunftsangabe bei Serv. auct. Aen. 11,842); dazu umbr. Ortsnamen bei den V., umbr. Ethnika auf *-ates* (E. SEYFRIED Ethnika d. alten Italiens, 1951, 103ff.), Kult des → Sancus. Name *tafanies* viell. etr. (SCHULZE Eigenn. 277; vgl. *θahvna* PALLOTTINO Test. ling. etr. Nr. 64), jedoch gehören trotz etr. Kontakte (Cato frg. 62 P.; vgl. ferner gemeinsamer Zug gegen Kyme) in Nr. 222 weder *uelestrom* (nicht = *Veliternorum*) noch *esaristrom* (»Speiseopfer«?) zu etr. *śvelśtre* (M. DURANTE, SE 31, 1963, 249ff. »*ἰδιωτῶν*«, was nach PALLOTTINO, PFIFFIG u. a. »Viehherde« heißt) noch zu etr. *aisar* (v. PLANTA 2,20f.). Osk. Einfluß lehrt das Amt des → Meddix (VETTER HB Nr. 222f.). Für V. sind die »Umbrer« zu halten, die mit Etruskern, Dauniern und anderen Barbaren »*ὑπὸ τῶν Κελτῶν*« (?) von der Adriaküste (Fab. Pict. frg. 2 P. leitet sie viell. von den dortigen Siculi her; vgl. Plin. nat. 3,111f.) vertrieben 524 Kyme belagerten (Dion. Hal. ant. 7,3,1; vgl. Plin. nat. 3,60). Von Kampanien (Vesunafest in Capua: VETTER HB Nr. 78. 80. 81) aus bedrängten sie die → Auruncer, wodurch Rom 502 Pometia und Cora verlor (Liv. 2,16f.), und endlich Rom. Im Karthagervertrag von 508 sind → Antium, → Circei, → Tarracina noch röm.; 508 noch röm. Getreidekäufer im volks. Gebiet (Liv. 2,16,8), was 502 nicht mehr möglich ist (Liv. 2,39,4. Dion. Hal. 7,2,2); 499 gehört Tarracina nicht mehr zum Latinerbund (Dion. Hal. 5,61). Kämpfe zwischen Rom und V. in der Königszeit unhist. *Bellum Volscorum gravissimum*, mit dem Namen des → Coriolanus verbunden, zu Anfang des 5. Jh.s (Cic. Brut. 41 *tempore quo Persarum bellum*); wegen der Rolle des Tullus Attius vermutlich nicht Antium, sondern die V. des Liristales (Attius Tullus König von Arpinum: Plut. Cic. 1,2). Schnelles Vordringen der V. durch Eroberung von → Privernum (Cato frg. 62 P.), Besetzung der von → Aboriginern bewohnten Ebene (ebd. frg. 2 P.), Besetzung von Tarracina, Umbenennung in Anxur (Plin. nat. 3, 59. Paul. Fest. 20,22 L.), 488 Besetzung von → Satricum (Diod. 7,39). Die Kämpfe mit Antium beginnen nach den Acta triumph. (CIL I^2 p. 43f.) erst Mitte 5. Jh.s (468. 459); Triumph des → Camillus (Plut. Cam. 36,1) im Elogium (CIL I^2 p. 191). Zurückdrängen der V. durch Rom: Rückeroberung Tarracinas 406 (Enn. ann. 162. Liv. 4,59,3ff. Diod. 14,16,5), Kolonien in → Velitrae 404 (Diod. 14,34) und Circei 393 (Diod. 14,102,4), Assignierung des *ager Pomptinus* 383 (Liv. 6,21,4), Einrichtung der *tribus Pomptina* und *Publilia* 358 (Liv. 7,15,12); seitens der Samniter im 4. Jh.: Verlust von → Fregellae (Steph. Byz. s. v. Liv. 8,23,6), → Sora (Liv. 10,1,2), → Casinum (Varro l. l. 7,29). Entscheidende Wende Latinerfrieden von 338 (*rostra* der antiat. Schiffe an der röm. Rednerbühne: Liv. 8,14,12), Velitrae *civitas sine suffragio* (BELOCH RG 380), 329 Triumph über Privernum (CIL I^2 p. 45), *tribus Oufentina* 318 (Liv. 9,20,6). G. R.

Forbiger HB. d. alt. Geogr. 3,387. *Nissen* It. Ldk. 2,626ff. 667ff. *Devoto* Gli ant. Italici^2 128ff. *M. Hofmann*, RE Suppl. VIII 1151ff. *Beloch* RG 295ff. 356ff. *A. Alföldi* Early Rome and the Latins 371. *R. Werner* Beginn d. röm. Republik 468ff. *Altheim-Stiehl* Philologia sacra, 1958, 92ff. *J. Untermann*, IF 62, 1956, 123ff. *V. Pisani* Le lingue dell'Italia ant. oltre il lat., ^{2}1964, 122ff. *v. Planta* 2,651f.

Volscius, seltener röm. Familienname (von *Volsci* [J. REICHMUTH Lat. Gentilicia, Diss. Zürich 1956, 107] oder etr. *velscu* [SCHULZE Eigenn. 523]). **1.** L. V., Bruder von Nr. 2, soll 463 v. Chr. nach Erkrankung an Pest ums Leben gekommen sein, wohl erfunden. Liv. 3,13,2. **2.** M. V. Fictor, Volkstribun 461–457 (BROUGHTON 1,37ff.), zusammen mit A. → Verginius (I 3). Nach der Tradition war er 461 Belastungszeuge gegen Kaeso → Quinctius (I 2). Das Verfahren, das 459 L. Quinctius → Cincinnatus (1) wegen falscher Aussage gegen ihn einleitete, wurde von den Volkstribunen verhindert, führte aber später zu seiner Verbannung. Alles wohl späte Konstruktion. Liv. 3,13. 24. Dion. Hal. ant. 10,7f. H. G. G.

Volsinii (etr. *velsu* auf Mz.: HEAD HN^2 12; Einwohner *velznaχ* CIE 5269, demnach V. = ** velsuna*, ** velzna*), eine der mächtigsten und reichsten etr. (Liv. 10,37,4. Plin. nat. 2,139. Val. Max. 9,1 ext. 2. Flor. 1,16. vir. ill. 36,1) Städte (Ptol. 3,1, 50 *Οὐολσίνιον*. Strab. 5,226. Plin. nat. 2,52 zur 7. Region in *tribus Pomptina*; s. L. ROSS TAYLOR

Voting Districts 274), *nemorosa inter iuga* (Iuv. 3, 191) n. des *lacus Volsiniensis* (Plin. nat. 36,168 Steinbrüche! Strab. a. O. ἡ περὶ Οὐολσινίους. Prok. Goth. 1,4,14 λίμνη ... Βουλσίνη) gelegen, durch feste Mauer geschützt (Zon. 8,7; deshalb schon vor Ergebnis der Grabungen seit 1946 nicht mit dem mauerlosem Orvieto zu verwechseln; s. ENKING, RE IX A 830. RADKE ebd. 998). Rings um den See sowie unter dem Wasserspiegel mehrere Villanovasiedlungen; das etr. V. lag auf den Hügeln Mozetta und Pian Muraccio ca. 2 km n. des Ufers; umfangreiche Mauerreste. Von 3 Tempeln einer bisher zu Unrecht der Nortia (Kult in V.: Iuv. 10,74 mit Sch. Tert. apol. 24, nat. 2,8. Mart. Cap. 1,88. CIL VI 537) zugewiesen, da 1961 Weihung an *selvans* gefunden (SE 32, 1964, 161); Dreizellentempel nicht darunter (ENKING a. O. 837). Zum Kult des → Vertumnus (nach PFIFFIG Einf. in d. Etruskol. 65; Rel. Etr. 69 ff. 234 ff. = *Voltumna*; nach ENKING a. O. 844 gehört das *fanum Voltumnae* kaum nach V.) in V. vgl. Prop. 4,2,4; der Gott hat in Rom ein *signum* im *vicus Tuscus* (Varro l.l. 5,46. Cic. Verr. 1,154. Liv. 44,16,10) und einen Tempel *in Aventino* (Fast. Allif. CIL I^2 p. 217; Amit. p. 244) *in laureto maiore* (Vall. p. 240); in ihm Bild des Fulvius als *triumphator* (Fest. 228, 21 L.). Kämpfe zw. V. und Rom: 392/91 (Liv. 5, 31 f.), 308 (9,41,6), 294 (10,37,4) mit Triumph *de Volsonibus* (CIL I^2 p. 45), 285 (Liv. epit. 11), 280 (CIL I^2 p. 46). Da die Bürger von V. ihren οἰκέται (vermutlich den einst unterworfenen Italikern; s. RADKE, Klio 56, 1974, 50 f.) zu viel Rechte eingeräumt hatten, wurden sie von diesen entmachtet und riefen Rom zu Hilfe; es kam 265 zur Belagerung und 264 zur Einnahme V.s (Liv. epit. 16. Zon. a. O. Val. Max. Flor. vir. ill. a. O. Oros. 4,5,3) und Triumph (CIL I^2 p. 46. Fest. a. O.); 2000 Statuen wurden verschleppt (Plin. nat. 34, 34). Umsiedlung auf einen niedrigeren Platz näher am Ufer. Dort wurden innerhalb rechtwinkligen Straßennetzes Forum, Amphitheater, Theater, Thermen, Privathäuser ausgegraben. V. lag am 68. *mil.* der *via Cassia* (Itin. Anton. 286,1. Tab. Peut. 5,1); von V. aus baute Traian *via nova Traiana* (RADKE, RE IX A 845; Suppl. XIII 1640 ff.). Prodigien: Liv. 27,23,3. Plin. nat. 2,139. Obseq. 43. 51. 52. Tert. pall. 2; apol. 40; nat. 1,9). V. ist Geburtsort des → Seianus (Tac. ann. 4,1,2. 6,8,3. Iuv. 10,76), → Musonius (Suda s. Μουσώνιος), → Avienus (CIL VI 537). Der h. Name Bolsena seit Prok. Goth. 1,4,14 (s. o.). G. R.

Forbiger HB. d. alt. Geogr. 3,426. *Müller-Deecke-Pfiffig* Die Etrusker 1,110. 206. *Nissen* It. Ldk. 2,338 ff. *F. Schachermeyr* Etr. Frühgesch. 209. *L. Ross Taylor* Local Cults in Etruria 147 ff. *R. Enking*, RE IX A 829 ff. *R. Bloch* Volsinies étr. et rom., 1950. Rech. archéol. en territoire volsinien de la protohistoire à la civilisation étr., 1973. *F. T. Buchicchio*, MDAI(R) 77, 1970, 19 ff. Bes. sei auf die Schilderung *Marinella Pasquinuccis*, in: *Torelli-Andreae* Die Städte d. Etrusker, 1974, 267 ff. hingewiesen.

Volteius. Röm. Gentilname, wohl etr. Herkunft (SCHULZE Eigenn. 259), auch inschr. **1.** L. V., um 70 v. Chr., einflußreich bei L. Caecilius → Metellus (I 5). **2.** M. V., Münzmeister um 76, BROUGHTON 2,455. **3.** V. Mena, um 100 v. Chr., viell. Freigelassener, Makler in Rom. Nur bekannt aus der »Philippus-Mena-Parabel« bei Hor. epist. 1,7,46–95 (Versuch, ihn in einen Bauern zu verwandeln). KIESSLING-HEINZE z. St. Wohl erfunden: O. HILTBRUNNER, G 67, 1960, 295 ff. H. G. G.

Voltinia tribus gehört vermutlich zu den ält. röm. Tribus nahe Roms; als Wahlkörper erwähnt bei Cic. Planc. 38. 43. Zur V. gehören Orte der 4. und 7. Region sowie der Gallia Narbonensis und Mazedoniens (z. B. Philippi). G. R.

Kubitschek Imp. Rom. trib. discriptum 472. *L. Ross Taylor* The Voting Districts 44 f. 276. *Alföldi* Early Rome and the Latins 309. 317.

Voltumna. Etr. Gottheit nach Liv. 4,23,5. 25,7. 61,2. 5,17,6. Daraus geht auch hervor, daß im *fanum Voltumnae* die Bundesversammlung des etr. Städtebundes stattfand (Über das sakrale Fortbestehen des Bundes bis Constantin s. MOMMSEN RStR 3,666,1). Das *fanum* stand im Gebiet von Volsinii (ROSENBERG Der Staat d. alt. Ital. 51 ff. WISSOWA, Myth. Lex. 6,370. MOMMSEN a. O. Zweifel von L. ROSS TAYLOR sind unberechtigt, und die Lokalisierung CAMPOREALES, La parola del passato 13, 1958, 5 ff., bei Vei ist abwegig; vgl. EISENHUT, RE IX A 850 f.).

Das Wesen der Gottheit ist ungeklärt (über Spekulationen s. EISENHUT a. O. 851 ff.). Nicht von der Hand zu weisen ist die Identifizierung mit → Vertumnus (G. HERBIG, Mitt. schles. Ges. Volksk. 23, 1922, 13 ff.): 1. Trotz der Form auf *-a* muß V. nicht weiblich sein, vgl. SCHULZE Eigenn. 417 ff. Viele etr. männl. Eigenn. sind ins Lat. als Mask. übernommen, andere aber »umgedeutet und feminin empfunden« worden. Bes. leicht ist solche Unsicherheit bei Gentilgottheiten zu verstehen, die ja beide Geschlechter haben können. 2. Zwischen Vortumnus und V. besteht eine sprachl. Verbindung (schon WISSOWA Rel. ^{2}287,1), denn der etr.-kleinasiat. Wechsel von *r* und *l* führt auf den gleichen Gentilnamen. 3. Bei Varro l.l. 5,46 ist *Vortumnus deus Etruriae princeps;* die Bundesversammlung aber fand im *fanum Voltumnae* statt, das sich bei → Volsinii befand; *Vortumnus* selbst stammt aus Volsinii (Prop. 4,2,4). – HERBIG a. O. (zustimmend CLEMEN Die Rel. der Etr., Bonn 1936, 22) hat jedoch unrecht, wenn er meint, bei Prop. 4,2,23 f. scheine die alte »Doppelheit *Vortumnus – V.*« noch durch: Verwandlungsfähigkeit auch in weibl. Gestalt gehört zum Gott für die, die seinen Namen mit *vertere* in Verbindung bringen wollten. Über angebl. Darstellung auf einem Spiegel s. EISENHUT a. O. 854. W. E.

Voltur (so die meisten Hor.-Hss. und Ps.-Acro; *Vultur* codd. Bern. und Ratisbon., Porph. Hor. c. und alle Lucan.-Hss.). Lange erloschener vulkan. Berg (1327 m) des samnit. Appennins s. der großen → Aufidusbiegung und w. von → Venusia, h. Monte Volture. Hor. c. 3,4,9 und Lucan. 9,185 rechnen ihn zu den Bergen Apuliens (*Volture in Apulo* Hor.), da er von der apul. Ebene weithin sichtbar ist. Der Name V. ist wahrscheinl. mit dem Namen des kampan. Flusses → Volturnus, dem des gleichlautenden Windes, der tyrrhen. Insel Vulturia sowie der gens → Volturcia zusammen zu sehen. Die Etym. ist unklar. Osk. »Berg« ([2]) oder wegen des vulkan. Ursprungs zu *volvere* ([1]) oder *voltur* »Geier« sind wenig wahrscheinl.; etr. Herkunft möglich. K. D. F.

1. *Radke*, RE IX A 856f. 2. *Nissen* It. Ldk. 1,271. 2,827.

Volturcius. Seltener röm. Gentilname, wohl etr. Herkunft, SCHULZE Eigenn. 260. – T. V. (hsl. auch *Vulturcius*) aus Kroton, Anhänger des → Catilina 63. Begleitete die Gesandten der Allobroger (wobei er einen Brief an Catilina überbringen sollte), wurde am 3. Dez. gefangen und verhört. Da er Cicero entscheidendes Beweismaterial geliefert hatte, erhielt er Straffreiheit. Cic. Cat. 3,4. 4,5. Sall. Cat. 44. 47. M. GELZER Cicero, 1969, 92f. H. G. G.

Volturnum. Ort an der Mündung des → Volturnus (1; Varro l. l. 5,29. Plin. nat. 3,61. Mela 2,70. Strab. 5,238. 243), zuerst befestigtes Lager (Liv. 25,20,2. 22,5), seit 194 Kolonie röm. Bürger (Liv. 32,29,3. 34,45,1) und *praefectura* (Fest. 262,20 L.). 38 im Bürgerkrieg zerstört (Cass. Dio 48,46,1), dann ummauerte *colonia Caesaris* (Feldm. 239) und Station (Tab. Peut. 6,3) der *via Domitiana* (Name nur Stat. silv. 4,3 Titel). V. auch vorsamnit. Name → Capuas (Liv. 4,37,1. Serv. auct. Aen. 10. 145), jedoch lehnt SCHULZE Eigenn. 571,6 mit Recht Herleitung aus dem Etr. ab; h. Castel di Voltorno. G. R.

Forbiger HB. d. alt. Geogr. 3,492. *Nissen* It. Ldk. 2,697. 712. *Beloch* Camp.^{2} 375f.

Volturnus. 1. Drittgrößter Apenninfluß, entspringt im Raum von Aesernia, fließt an → Venafrum und → Casilinum vorbei (Strab. 5,238. 243), wo er *ager Falernus* und *Campanus* scheidet (Liv. 8,11,13. 22,15,4), und mündet n. → Liternum ins tyrrhen. Meer (ungenau Serv. Aen. 7,728). Der V. gilt als *vadosus* (Verg. Aen. 7,728f.), *trahens* ... *arenam* (Ov. met. 15,714f.), *celer* (Lucan. 2,423), *fluctu sonorus* (Sil. 8,529f.), *flavus* (Stat. silv. 4,3, 67ff.). V. spielt eine Rolle im Samniterkrieg (Liv. 10,20,6. 31,2) und 2. pun. Krieg (Liv. 22,14,1. 23, 14,13 u.a. Dion. Hal. ant. 15,4); an seiner Mündung liegt → Volturnum. Der Name nach Varro l. l. 5,29 wegen samnit. Ursprungs nicht lat., jedoch auch nicht etr. (SCHULZE Eigenn. 571,6); andere Namensformen (Pol. 3,51,1. Plut. Fab. Max. 6,2) in Korruptel. **2.** Nach Fast. Vall. CIL I^2 p. 240 wurde ein Fluß V. göttlich (MOMMSEN CIL I^2 p. 327) verehrt (Fest *Volturnalia* am 27. Aug.: Varro l. l. 7,45. Paul. Fest. 519,19 L. Fast. Arv. CIL I^2 p. 215; Allif. p. 217; Pinc. p. 219; Maff. p. 225; Vall. p. 240; Pigh. p. 246); der Gott V. (Arnob. 3,29: Schwiegersohn des → Ianus) hatte einen *flamen* (Varro a. O.) bzw. *sacerdos* (Paul. Fest. 519, 20 L.) *Volturnalis*. **3.** V. ist auch der Name eines Windes (zuerst Lucr. 5,745 *altitonans*), der in der Schlacht bei Cannae 216 eine für die Römer verhängnisvolle Rolle spielte, da er ihnen den Staub ins Gesicht blies; die röm. Front war nach S. gerichtet (Liv. 22,43,10f. 46,8f.); der V. wehte demnach aus einer s. Richtung. Er wird allg. mit dem → Euros, einem SO.-Wind, identifiziert (Varro bei Sen. nat. 5,15. Colum. 5,5,15. Vitr. 1,6,10. Plin. nat. 2,149. Gell. 2,22,10. Isid. orig. 13,11,5. App. Hann. 20), so daß sein Name nicht mit dem Berge → Voltur zu verbinden ist. G. R.

Forbiger HB. d. alt. Geogr. 3,368. *Nissen* It. Ldk. 2,711. *Beloch* Camp. ^{2}293. *Wissowa* Rel. ^{2}224f.; Myth. Lex. 6, 370. *Radke* Götter Altitaliens 347f. *Latte* RRel 37,5. *Böker*, RE VIII A 2323. *Heurgon*, REL 14, 1936, 109ff.; Hist. de Capoue préromaine 153,1. *Tovar* Sprachen u. Inschr., 1973, 79.

Volubilis. Stadt der Mauretania Tingitana. An den Zerhounberg angelehnt, nahe bei Moulay Idriss (Οὐολουβίλις Ptol. 4,1,14. 8,13,6. *Volubile [oppidum]* Plin. nat. 5,5. Mela 3,107). Wichtige vorröm. Ansiedlung seit mind. 3. Jh. v. Chr.: stratigraph. Grabungen bes. im Zentrum der Stadt, bemalte und kampan. Keramik, Tumulus, Altar. Schon vor → Iuba II. (2) war V. ein großes Bezirkszentrum, viell. ein königl. Hauptort des S. Nach dem Tode des Königs → Ptolemaios (A II 34) schloß sich V., trotz der Empörung des Aidemon, an Rom an (Inscr. Lat. du Maroc 116, Inschr. des M. Valerius Severus) und wurde röm. (nicht latin.) *municipium* unter Claudius (Ch. SAUMAGNE, Cah. de Tun. 1962, 533. J. GASCOU, Latomus 30, 1971, 133; *col. V.* Itin. Anton.). Die Stadt entwickelte sich im 1. und 2. Jh., von einem *limes* geschützt (M. EUZENNAT Le limes de V., in: Stud. zu den Militärgrenzen Roms, Köln 1967, 194). V., das schon eine vorröm., hellenist. Mauer in den s. und s.w. Stadtvierteln hatte (A. JODIN, Bull. Comité 1965–66, 199), erhielt im J. 168/69 eine wichtige Mauer (E. Frézouls, MEFR 1966, 421). Wiederaufbau der Stadt z. Z. der Severer: Forum, Basilika, z. T. am E. des 2. Jh.s zerstört; Capitolium, Triumphbogen, Tempel, zahlreiche Häuser mit Mosaiken. Wahrscheinl. Residenz des proc. prov. Bevölkerung: ca. 10000, kosmopolit. (J. MARION, Bull. Arch. Maroc. 4, 1960, 133. M. EUZENNAT, Ant. Afr. 5, 1971, 161). Einige wichtige Familien, unter ihnen bes. die Ocratii. Gottheiten: berber. Gott (im Tempel B), Iuppiter, Iuno, Minerva und die meisten röm. Götter, Baal-Saturnus, Bacchus, Mithras, Isis und Anubis, Kaiserkult. Christentum seit dem E. des 3. Jh.s. V. wurde am E. des 3. Jh.s von maur. Stämmen genommen und von den Römern verlassen. Inschr. Inscr. Lat. du Maroc 45; nach 1942 in AE. M. L.

R. Thouvenot V., Paris 1949. *J. Carcopino* Le Maroc ant.,

Paris 1943. *M. Euzennat*, RE IX A 864ff. *R. Rebuffat*, Bull. Comité 1965–66, 231. Zahlreiche Art. in Bull. Arch. Maroc. 1, 1956ff.

Volumnius. Name eines urspr. etr. pleb. Geschlechts (etr. Form: *velimna*. SCHULZE Eigenn. 258f.), in der Frühz. der Republik bedeutend. Die V. des 1. Jh.s stammen nicht davon ab. Das Grab der V. in Perusia mit bilinguen Inschr. (CIL XI 1963 = CIE 3763) diente vom 2. Jh. an als Grabstätte der dortigen V. **1.** P. V., viell. ident. mit Nr. 4, kämpfte als Freund des M. Iunius → Brutus (9) bei Philippi und schilderte die Schlacht und Brutus' Tod in einem nicht mehr erhaltenen Geschichtswerk (Plut. Brut. 48. 51. HRR 2,52f.). **2.** P. V. Amintinus Gallus, Consul 461, übernahm 460 das Heer seines gefallenen Nachfolgers im Consulat im Kampf gegen Ap. → Herdonius (1; Liv. 3,18,9) und gehörte 458 einer Gesandtschaft an die Aequer an (Liv. 3,25,6ff.). **3.** P. V. Eutrapelus, röm. Ritter und Briefpartner Ciceros, zeichnete sich durch geistreichen Witz aus (Cic. fam. 7,32,1. 3. 33,2). Nach Caesars Tod trat er auf die Seite des Antonius und ist wahrscheinl. ident. mit dem Nep. Att. 9,4. 10,2 erwähnten *praef. fabr.* des Antonius (BROUGHTON 2, Add. and Corr. 71. L. HERRMANN, Rev. de l'Univ. Bruxelles 5, 1952/1953, 283ff.). **4.** V. Flaccus, viell. Sohn des Cic. fam. 7,32,1 genannten Senators L. V. (E. BADIAN, Hist. 12, 1963, 142), erschien 43 als Gesandter des D. → Brutus (11) vor dem Senat (Cic. fam. 11,18, 1). **5.** L. V. Flamma Violens (zur Entstehung des unhist. Cognomens *Violens* J. HEURGON, Arch Class 10, 1958, 152), 307 und 296 mit Ap. → Claudius (I 4) Caecus Consul, kämpfte 307 gegen die Sallentiner (Liv. 9,42,1ff.), 296/95 gegen Samniten und Etrusker (?) (Liv. 10,17,12ff.; 25,1ff.; 30,6f. A. J. PFIFFIG, Hist. 17, 1968, 317ff.) und 293 als Legat in der Schlacht bei Aquilonia (Liv. 10,40, 7f.; 41,5ff.). Die patriz. Gemahlin des V., Verginia, soll den Altar der → Pudicitia Plebeia gestiftet haben (Liv. 10,23,3ff. J. GAGÉ, RPh 35, 1961, 44ff.). **6.** Volumnia, Gemahlin des Cn. Marcius → Coriolanus (Liv. 2,40,1. Dion. Hal. ant. 8,40,1. 3. Val. Max. 5,2,1; bei Plut. Cor. 4,7 u. ö. Name seiner Mutter), hielt gemeinsam mit seiner Mutter → Veturia (I 12) den mit dem volsk. Heer vor Rom stehenden Coriolan vom Krieg gegen seine Vaterstadt ab (J. GAGÉ, RPh 35, 1961, 31ff.). **7.** Volumnia, Freigelassene und Geliebte von Nr. 3, nahm als Schauspielerin den Künstlernamen Cytheris an und zählte auch M. → Antonius (I 9) und M. Iunius → Brutus (9) zu ihren Liebhabern, ebenso Cn. Cornelius → Gallus (1), der sie unter dem Namen Lycoris besang (Serv. Verg. ecl. 10,1. Vir. ill. 82,2. SCHANZ-HOS. 2, 169ff.). M. D.-M.

Voluntarii. Im Milizheer der Frühzeit des röm. Heeres waren *v.* alle jene, die sich freiwillig vor dem gesetzlichen Termin oder wieder in einem Alter über sechzig J. dem Wehrdienst unterzogen. In der Zeit der Manipulartaktik hatte der Infanterist nach 16 Jahresfeldzügen, der Kavallerist nach 10 ausgedient. Als *v.* wurden nun auch die bezeichnet, die darüber hinaus freiwillig Wehrdienst leisteten. Denn bloß ausnahmsweise berief der Senat alle Wehrfähigen ohne Unterschied der Dienstzeit ein. In der weiteren Entwicklung wurde dem ständig zunehmenden besitz- und berufslosen und vom Wehrdienst ausgeschlossenen Proletariat der Zugang von Marius als *v.* ermöglicht. Unter ihm entstand das Berufsheer, dessen Dienstzeit anfangs 16, später 20 J. betrug. *V.* waren jetzt in der Regel Soldaten, die nach absolvierter Dienstzeit aus eigenem Entschluß bei der Truppe blieben oder dorthin zurückkehrten. Das stehende homogene Heer der Kaiserzeit kennt eigene *cohortes voluntariorum c. R.* Sie wurden anfangs aus röm. Bürgern zusammengestellt, unterschieden sich aber später nicht wesentlich von den Auxiliarkohorten *(→ auxilia)*. Daneben gab es auch Voluntarierkohorten aus Sklaven *(→ volones)* oder aus Freigelassenen (Macr. Sat. 1,11,32). Da das alte Wehrgesetz ungeachtet dieser Entwicklung von der Frühzeit an in Geltung blieb, waren *v.* stets auch jene, die vor dem gesetzl. Termin Wehrdienst leisteten. Als *v.* wurden auch alle Ausländer betrachtet, die entweder zu den *voluntaria auxilia* zählten, oder die als Einzelpersonen freiwillig auf Seiten Roms kämpften. A. N.

A. R. Neumann, RE IX A 886ff.

Voluscius. Nur vereinzelt überlieferter Name eines röm. Geschlechts volsk. Ursprungs (vgl. aber SCHULZE Eigenn. 523,2). – L. V. (*Volscius:* E. BADIAN, Gn 33, 1961, 498) gehörte als Aedilicier (?) (BROUGHTON 2,115) 73 der im *s. c.* über die Oroper aufgeführten Senatskommission an (Sylloge[3] 747). M. D.-M.

Volusenus. Aus dem Etr. stammender (SCHULZE Eigenn. 104) Name eines erstmals im 1. Jh. v. Chr. in den Quellen erscheinenden Geschlechts. **1.** C. V. diente 56 als Militärtribun erfolgreich unter Caesar in Gallien (Caes. Gall. 3, 5,2). Nachdem er 55 in Caesars Auftrag die Landungsmöglichkeiten in Britannien erkundet hatte (Caes. 4,21,1f. 9), wird er für das J. 53 wieder erwähnt, als er mit der Reiterei zu Q. → Tullius (I 12) Cicero nach Atuatuca entsandt wurde (Caes. 6, 41,2). Da er wohl mit C. V. Quadratus (Nr. 2) gleichzusetzen ist (BROUGHTON 2, Add. and Corr. 71), vgl. zu seinem weiteren Leben **2.** C. V. Quadratus, wahrscheinl. ident. mit Nr. 1 (BROUGHTON 2, Add. and Corr. 71), wird 51 als *praef. equ.* unter Caesar in Gallien erwähnt, als er im Kampf mit dem Atrebaten → Commius, den er im J. zuvor ermorden sollte (Caes. Gall. 8,23,4ff.), schwer verwundet wurde (a. O. 8,48,1ff.). 48 befand sich V. im gleichen Rang vor Dyrrhachium, wo er dem Mordanschlag zweier allobrog. Brüder, die zu Pompeius überliefen, entgehen konnte (Caes. civ. 3,60,4). Über sein weiteres Leben ist nichts bekannt, doch erlangte V. viell. analog zu ähnlichen Fällen nach jahrzehntelanger mil. Karriere einen Sitz im Senat (T.P. Wiseman New Men in the Roman Senate 139 B.C.–A.D. 14, 1971, 147). **3.** L.V. Catulus (PIR 3,648) gehörte 15–20 n.Chr. dem Collegium der *curatores loc. publ. iud.* (CIL VI 31573f.) und anschließend an führender Stelle dem Collegium der Curatoren für die Tiberufer an (CIL VI 31543). Nach Quint. inst. 10,1,23 wurde V. in einem späteren Prozeß von → Domitius (III 26) Afer, → Passienus (1) Crispus und D. → Laelius (II 1) Balbus verteidigt. M. D.-M.

Volusianus. 1. Vornehmer Heide, wurde durch seine Nichte → Melania Christ, warb 436 als Gesandter für Valentinianus III. um → Eudoxia (2), starb am 6. Jan. 437 (Vita Mel. ed. Rampolla 72). **2.** Aus der Familie der → Ceionii, *vir clarissimus*, dann *patricius*, 503 Consul, fungierte 510/11 in Rom mit anderen Senatoren als Richter in einem Magieprozeß (Cassiod. var. 4,22. 42. CIL VI 32214. XI 4334). A. L.

3. S. Ceionius (8–10. 17). Petronius (6)

Volusius. Aus dem Etr. stammendes röm. Gentilnomen, dessen Träger erstmals in ciceron. Z. in den Quellen erscheinen (inschr. CIL VI 7281–7393 am Monumentum Volusiorum [augusteisch] an der Via Appia; R. Syme, Hist. 13, 1964, 157).

I. Republikan. Zeit. **1.** V. gehörte als *haruspex* zur *cohors* des → Verres (2) auf Sizilien (73–71) und fungierte in dem Prozeß gegen den Domänenpächter Nympho als *recuperator* (Cic. Verr. 2,3,28. 54). M. D.-M.

2. V., lat. Dichter, nur bekannt aus Catull (bes. 36,1ff. 20), wo seine *annales* (Gedicht hist. Inhalts) als *cacata charta* charakterisiert und er als *pessimus poeta* eingestuft werden, möglicherweise aus Oberitalien (Catull. 95, Padua). HRR 2, LXV (HRF 239). W. Kroll Catull 66f. Schanz-Hos. 1,314. 328. K. Büchner Röm. Lit.-Gesch., 1959, 226. H. G. G.

3. Cn.V. begleitete Cicero 51 in dessen Provinz Cilicien (Cic. Att. 5,11,4). Identität mit Nr. 5 (Broughton 2,246) ist nicht nachzuweisen (D.R. Shackleton Bailey Cicero's Letters to Atticus 3, 1968, 207). Auch die Funktion, die V. während Ciceros Statthalterschaft innehatte, ist nicht bekannt. **4.** M.V. wurde in seinem Amtsj. als pleb. Aedil 43 proscribiert, entkam jedoch, als Isispriester verkleidet, zu M. Brutus (Val. Max. 7,3,8. App. civ. 4,200). **5.** Q.V. diente Cicero während dessen cilicischer Statthalterschaft als Praefect (Broughton 2,246. 254) und übernahm für Cicero 50 die Iurisdiction auf Cypern (Cic. Att. 5,21,6). Zur Identität mit Nr. 3 s. dort. Offenbar nahm V. später bei Cicero Unterricht in Rhet. und wirkte als Verteidiger (Cic. fam. 5,10a,2). Möglicherweise war V. mit der Schwester des Ti. → Claudius (I 23) Nero verheiratet (Cic. Att. 5,21,6. T.P. Wiseman New Men in the Roman Senate 139 B.C.–A.D. 14, 1971, 57; vgl. H. Gundel, RE IX A 903f. u. D.R. Shackleton Bailey Cicero's Letters to Atticus 3, 1968, 235). M. D.-M.

II. Kaiserzeit. **1.** V. Maecianus. Röm. Jurist, * vermutlich nicht nach 110 n.Chr. Die örtliche Herkunft ist unsicher – ritterl. Abstammung aus seiner Ämterlaufbahn wahrscheinl. Diese umfaßte u.a. (CIL XIV 5347. 5348): *a libellis* des Antoninus Pius unter Hadrian, *praefectus vehiculorum*, *a libellis et censibus* des Antoninus Pius, *praefectus annonae*, schließlich *praefectus Aegypti* um 160 n.Chr. Die Bezeichnung des Salvius → Iulianus (11) als *Iulianus noster* (Dig. 35,1,86 pr. u.ö.) könnte ein Lehrer-Schüler-Verhältnis bedeuten, dagegen vermutet [2], 39 jur. Ausbildung bei den Prokulianern und bezieht diese Äußerung auf die gleichzeitige Mitgliedschaft im *consilium*. V. war der jur. Lehrer Marc Aurels (H.A. Marc. 3,6), für den er eine Schrift über die *assis distributio* verfaßte; Mitglied des *consilium* unter Antoninus Pius und den *divi fratres*, die seine *iuris civilis ... vetus et bene fundata peritia* rühmen (Dig. 37,14, 17 pr.). V. wird als erster Jurist inschr. *iurisconsultus* genannt, eine Bezeichnung, die möglicherweise nur Trägern des → *ius respondendi* zukam. Gemessen an V.' glänzender Laufbahn erscheint sein Werk wenig umfangreich. Er verfaßte *quaestiones de fideicommissis* (16 B.); von der 14 B. umfassenden Schrift *de iudiciis publicis* sind nur 4 Frg.e überliefert. Ob V. auch der Autor der ihm zugeschriebenen Monographie *de lege Rhodia* (das einzige überlieferte Frg. in griech. Sprache in Dig. 14,2,9 fehlt im Ind.) ist, erscheint eher zweifelhaft. C. E.

1. *W. Kunkel* Herkunft und soz. Stellung der röm. Juristen, ^{2}1967, 174ff. 303. 2. *A.M. Honoré*, Tijdschr. voor Rechtsgesch. 32, 1964, 38ff. 3. *Th. Mayer-Maly*, RE IX A 904ff.

2. L.V. Saturninus, * um 60 v.Chr. aus alter praet. Familie (Tac. ann. 3,30,1), deren Villa in Lucus Feroniae beim Autobahnbau entdeckt wurde (Eck, H 100, 1972, 461ff.), *cos. suff.* 12 v.Chr. (Degrassi FImp. 4), von Augustus als *triumvir turmis equitum recognoscendis* mit der Musterung des Ritterstandes betraut (Tac. 3,30,1. Suet. Aug. 37,3). Im J. 7/6 v.Chr. *proconsul Africae* (Thomasson Statth. Afr. 2,15) und im J. 4/5 n.Chr. Statthalter von Syrien (Schürer 1,326f.). † Ende 20 n.Chr. **3.** L.V. Saturninus, Sohn von Nr. 2, * 38/37 v.Chr., Laufbahn unbekannt, *cos. suff.* 3 n.Chr. (CIL III 2974. X 824. XV 4571 = DessILS 923a. Degrassi FImp. 6). Im J. 8/9 oder 9/10 n.Chr. *proconsul Asiae* (IGRom IV 429. Magie Rom. Rule in Asia min. 2,1581), 14/15 n.Chr. Legat in einer unbekannten Provinz (CIL III 2974. 2975 = DessILS 923. 2976) und 34–40 hochbetagt Statthalter von Dalmatien, wo er sich bes. um die Grenzregelung einzelner Gemeinden bemühte (CIL III 2882. 8472 = DessILS 5948. 9832 = DessILS 5949. 9833. 12794 = DessILS

5952. 14322. BETZ Unt. z. Militärgesch. d. röm. Prov. Dalm. 30. JAGENTEUFEL Statth. d. röm. Prov. Dalm. 17ff.). Als *praefectus urbi* (CIL III 2976) Nachfolger des Q. → Sanquinius (2) Maximus. † 93jährig im J. 56 (Tac. ann. 13,30,2. Plin. nat. 7,156). Zu den Ehrungen anläßl. seines Begräbnisses ECK, H 100, 1972, 461ff. **4.** Q. V. Saturninus, Sohn von Nr. 3, der bei seiner Geburt im J. 25 schon 63 J. zählte (Plin. nat. 7,62), *cos. ord.* 56 (DEGRASSI FImp. 15) und Urheber des *consultum Volusianum de aedificiis non diruendis* (CIL X 1401 = DESSILS 6443). Zusammen mit T. → Sextius (II 1) Africanus und M. → Trebellius (II 2) Maximus von Nero mit der Durchführung eines Census in Gallien betraut (Tac. ann. 14,46,2. E. STEIN Beamte und Truppenkörper 61f.).
G. Wi.

Volusus. Alter ital. Gentilname, auch *Volcsus* (SCHULZE Eigenn. 106f.), aber auch Praenomen (E. FRAENKEL, RE XVI 1661. J. REICHMUTH Lat. Gentilicia, Diss. Zürich 1956, 97) und Cognomen, bei den → Valerii, DEGRASSI FCap. 149. KAJANTO Lat. Cogn. 178. Nicht hist. ist der Rutuler V. bei Verg. Aen. 11,463.
H. G. G.

Volux. Sohn des → Bocchus I. von Mauretanien. Bei → Cirta führte er 106 v. Chr. Truppen heran, Sall. Iug. 101,5. Im folgenden Winter geleitete er Sulla durch die Truppen des → Iugurtha hindurch zu Bocchus, a. O. 105,3. 106,1. MOMMSEN RG 2,154.
H. G. G.

Vonones. 1. V. I., Großkönig der Parther 7/8–12 n. Chr. Seit 10/9 v. Chr. in Rom lebend (Tac. ann. 2,1,2) sollte er nach dem Willen des Augustus schon 3/2 v. Chr. den Partherthron erhalten, Cass. Dio 55,10,20, doch gelang das erst 7/8, Mon. Anc. 33. Tac. ann. 2,1–2. Ios. ant. Iud. 18,46. Er vereitelte zwar im J. 9 ein Eindringen des → Artabanos III. (7; MCDOWELL Coins from Seleucia 187), doch besiegte ihn dieser 12 n. Chr., Ios. 18,48–50. V. floh nach Armenien (Tac. 2,3,1), wo er sich auf den Thron erheben ließ (MCDOWELL 233. Tac. 2,4,2), ohne von Tiberius anerkannt zu werden, Ios. 18,50f. Im J. 15/16 internierte ihn der Statthalter von Syrien in Antiocheia (Tac. 2,4,3. Ios. 18,50–52), Germanicus im J. 18 in Pompeiopolis in Kilikien, Tac. 2,58,2. Bei einem Fluchtversuch wurde er gefangen und getötet, Tac. 2,68,1f. Suet. Tib. 49,2. **2.** V. II., Bruder des Partherkönigs Artabanos III. Vom J. 19 an herrschte er 30 J. lang über Media Atropatene (KAHRSTEDT Artabanus III. 6. 18. 22f.); im J. 51 auf den Partherthron berufen, dürfte er nach einigen Monaten gestorben sein, Tac. ann. 12,14,4.
R. H.

Vopiscus s. Historia Augusta. Manilius (II 4). Pompeius (A II 18)

Vorenus. Seltener röm. Gentilname, auch inschr. SCHULZE Eigenn. 261. – L. V., Centurio im Heere Caesars, unterstand 54/53 dem Q. → Tullius (I 12) Cicero und zeichnete sich während des Aufstandes des → Ambiorix im Gebiet der Nervier zusammen mit T. Pullo durch besondere Tapferkeit aus, Caes. Gall. 5,44. DRUMANN [2]3, 278f.
H. G. G.

Vorganium. Stadt der Gallia Celtica, im Gebiet der → Aremorici, später der Gallia Lugdunensis, Hauptort der → Os(s)ismi(i). *Οὐοργάνιον* Ptol. 2,8,5, aber *Vorgium* (h. Carhaix, dépt. Finistère) Tab. Peut. 197 und CIL XIII 9013 (Meilenstein von Maël-Carhaix). Daher gelehrte Diskussion: Vorgium oder Vorganium? Wichtiger Straßenknotenpunkt (GRENIER MAN 6,2, 1934, 518, fig. 166), Vorgium – Carhaix scheint allein zum Hauptort zu stimmen. Ptol. irrte sich ohne Zweifel durch Verwechslung der zwei Städte. CIL XII 9016 (Meilenstein von Kerscao mit Inschr. *Vorgan(io) m(ilia) p(assuum) V[II ...]*) fordert auf, V. mehr n. zu suchen. V. sollte Kerilien en Plounéventer (dépt. Finistère) sein, wo sich ein archäol. Fundort befindet: 50 ha Ruinen; neue Entdeckungen: kelt. Stele, gall. goldene Münze (Anf. des 1. Jh.s v. Chr.) von den Osismii oder Coriosolites; also wahrscheinl. vorröm. Siedlung. Andere Funde: Villa mit Wohnung und Werkstätten, Häuser, Mz. von Augustus bis auf Postumus, Keramik (aus La Graufesenque, Lezoux, grobe Ware), Bronze-Phalera (2. Jh. n. Chr.).

Die beiden Städte Vorgium – Carhaix und V. – Kerilien haben ihre Entwicklung z. Z. des Claudius (Eroberung des Britanniens) begonnen, als die Wirtschaft der armor. Halbinsel wieder belebt wurde.
M. L.

P. Merlat, Ann. de Bretagne 62, 1955, 181. Neue Funde: Gallia 21, 1963, 429. 23, 1965, 340. 25, 1967, 227. 27, 1969, 256.

Vorgriechische Sprachen. Seit die Sprachwiss. imstande war, den ererbten Wortschatz des Altgriech. durch Vergleichung mit den anderen idg. Einzelsprachen zu bestimmen, stellte sich die Frage nach der Herkunft der großen Restmengen von Wörtern. Man hat sie oft als Kulturlehnwörter aus einheimisch-mediterranen Idiomen erklärt, doch haben sich Texte, die zu diesen dann vorauszusetzenden »vorgriech.« Sprachen gehören könnten, nur wenige gefunden:

a) auf dem Festland – in Pharsalos in Thessalien –, vgl. N. GIANNOPOULOS, EA 1919, 50, b) auf Kreta aus hellenist. Z. die fragmentar. Inschr. von → Praisos (Inscr. Cret. III p. 137ff. Nr. 1ff.) und aus dem 2. Jahrt. die in der Schrift Linear A und den sog. kret. Hieroglyphen abgefaßten Texte (einschließlich des Diskos von → Phaistos 3). – In den Linear B-Texten von → Knossos sind vermutlich mehrere Personen- und Ortsnamen in ihrem Stamm vorgriech., wie z. B. PN *ja-sa-no*, *ka-na-to-po*, *mo-qo-so* oder die ON *di-ka-ta* *Δίκτη*, *ra-su-to* = *Λάσυνθος*?, *tu-ri-so* *Τυλισός*, *u-ta-no* *Ἴτανος*. (Auch manche Appellativa dürften vorgriech. sein, z. B. *tu-na-no*.) c) auf → Lemnos eine Stele in »tyrrhenischer« Sprache

(→ Tyrrhener), welche mit dem Etr. verwandt ist, d) auf Kypros (vor allem in Amathus) im 1. Jahrt. v. Chr. mehrere Silben-Inschr. in sogen. »eteokyprischer«, nicht-griech. Sprache. – Aus dem 2. Jahrt. haben sich Inschr. in »kypro-minoischer« Schrift erhalten. Sie scheinen mehrere verschiedene Sprachen zu enthalten. (An ihrer Entzifferung arbeiten E. Masson und P. Meriggi.)

Nur in diesen Fällen ist die Existenz einer nicht-griech. Sprache gesichert, ihr Vorkommen lokalisiert. – Daneben hat man seit Jahrzehnten versucht, aus dem griech. Wortschatz Spuren einer oder mehrerer Substratsprachen zu gewinnen. Die nicht-griech. Vokabeln des griech. Wortschatzes wurden gesammelt von [5], [6] u. a., zuletzt von [37]. Dabei zeigte sich, daß ein Großteil bestimmten Sinnfeldern zugehört: südl. Pflanzen und Tiere, Gefäße. Durch Einbeziehung der Glossen und der Ortsnamen ergab sich ein riesiges Material (5000–6000 Wörter), das aber viele grundsätzliche Schwächen hat: a) es ist gewiß nicht homogen. In den meisten Fällen können wir das Eintreten der Einzelwörter in den griech. Wortschatz weder zeitlich noch örtlich genau festlegen. b) für die Einzelglossen besitzen wir nur griech. lexikalische Übersetzungen, oft mehrere, die nicht zusammenstimmen. Kontrolle durch einen Kontext ist also nicht möglich. Bis h. hat sich keine einheitliche Beurteilung erzielen lassen.

Die folgenden fünf Theorien halten die (oder eine) Substratsprache für idg.:

1. Die protidg. Theorie P. Kretschmers ([2], [11]). Er postuliert eine sich in Uridg. und »Räto-Tyrrhenisch« aufspaltende Sprachstufe »Prot-Indogermanisch«. Das Griech. komme im wesentl. vom Ur-Idg. her, aber in ihm seien auch Spuren des Räto-Tyrrhen. vorhanden. Diese Theorie hat h. kaum noch Anhänger.

2. Die Pelasger-Theorie. Ihre hervorragendsten Vertreter sind [9] und van Windekens ([10], [17]). Daneben stehen [14], [16], [24]. Sie alle nehmen ein oder mehrere rein idg. Substrate unter dem Griech. an. Dieser Substratsprache, oft »Pelasgisch« genannt, schreiben ihre Verfechter eine komplette Lautverschiebung und Satemcharakter (*σάρπη* »ein Fisch«: dt. »Karpfen«) zu. [9] erkennt im griech. Raum überhaupt keine nichtidg. Sprachen an. Auch die Orts- und Flußnamen in Hellas werden von ihm durchweg idg. etymologisiert. Er hat sogar versucht, eine Bildung des Verbalsystems, den Passivaorist auf *-θη-*, als vorgriech. zu deuten. – [24] modifiziert diese Theorie insoweit, als er die nicht-griech. Lehnwörter im Griech. nicht Sub-, sondern Superstraten zuschreibt, d. h. der Sprache von Herrenvölkern. Er erschließt außer Georgievs »Vorgriechisch«, das van Windekens »Pelasgisch«, Merlingen aber »Akhäisch« nennt, außerdem noch das sogen. »Psi-Griechische« (so genannt wegen des behaupteten Lautwandels idg. *p* zu *ps*, z. B. in *ψίτ-τακος*, *ψώθιον*) und eine sog. »*-nd*-Sprache« (wegen des Suffixes *-nd-*, z. B. in *Εὐρυβάλινδος*, *κίνδυνος*, *κύμινδις*, *κυλίνδω*). Zu diesen Thesen vgl. die wichtige Kritik von [15], [28], [33].

3. [21] postuliert zw. einem vorgriech. nicht-idg. Substrat und dem idg. Griechisch eine »Zwischenschicht«, die ebenfalls idg. Herkunft und ein w. Ausläufer des Hethitisch-Luwischen sei. Er nennt diese Sprache des Festlandes »Minyisch«, verknüpft sie mit dem kret. »Minoischen«, d. h. der Sprache von Linear A, und im O. bes. mit dem → Lydischen. Sie unterscheide sich vom »Pelasg.« insofern, als sie weder eine Lautverschiebung noch Satemcharakter aufweist. Mehrere ihr zugewiesene Appellativa gehören zum Sinnfeld »Bau von Städten und Befestigungen«, so *ἄστυ*, *πύργος*, *τύρσις*.

4. [19] versucht, die Reste des »Pelasg.« ans »Illyrische« (im älteren, weiteren Sinn einer den w. Balkan umfassenden idg. Sprache) anzuschließen.

5. Daß in Hellas vor der griech. Einwanderung Völker gesessen hätten, die die gleiche Sprache besaßen wie die Einwohner Kleinasiens, hatten schon [1] und dann vor allem [2] aus gleichartigen ON und vor allem aus stark ähnlichen Suffixen von ON geschlossen. *-νθ*-Suffix in *Ἀμάρυνθος*, *Πύρανθος*, *Κήρινθος*, aber auch in Appellativen wie *ἀσάμινθος*, *τερέβινθος*, *ὄλυνθος* entspreche kleinasiat. *-nd*-Suffix in *Καρύανδα*, *Puranda*. Das Suffix *-σ(σ)-/ττ-* in *Κηφισός*, *Γαργηττός*, *Παρνασσός*, ferner *νάρκισσος*, *κυπάρισσος* entspreche dem kleinasiat. *-s(s)*-Suffix in *Ἁλικαρνασσός*, *Μύλασα* usw. – Als sich dann etwa seit 1930 herausstellte, daß von etwa 1800 v. Chr. bis zur Hellenisierung in weiten Teilen Kleinasiens hethit.-luw., also idg., Sprachen geherrscht hatten, postulierte man nun auch für Hellas eine hethit. oder luw. Periode. – [22] und [20] wollten in den Linear A-Texten Kretas die luw. Sprache wiederfinden, Georgiev teilt die Linear A-Texte in hethit. und griech. abgefaßte. – Dagegen rechnen andere Forscher mit nicht-idg. Substraten in Griechenland.

6. C. H. Gordon ([30]) und sein Schüler Stieglitz (Kadmos 10, 1971, 110ff.) halten die Sprache von Linear A für westsemitisch; ob aber eine westsemit. Besiedlung Kretas und eventuell sogar des griech. Festlands anzunehmen ist, lassen sie offen.

7. [12] postulierte ein mediterranes Substrat, das sowohl Spuren in Hellas wie auf der Apenninhalbinsel hinterlassen habe.

8. Eine Reihe von Forschern hält demgegenüber die Sprache von Linear A für vorläufig nicht mit bekannten Sprachgruppen verknüpfbar. Schachermeyr ([13], [25]) und [37] vermuten, daß dies »Minoische« auch auf dem griech. Festland vorm Einrücken der Griechen existiert hat. Schachermeyr, der idg. Elemente erst im Verlauf der

Frühbronzezeit und bes. am Beginn des Mittelhelladikums in die Ägäis gelangen läßt, nennt die von ihm für nicht-idg. gehaltene und als einheitlich angesehene Substratsprache »Ägäisch«. Er ordnet ihr vor allem die Suffixe *-nth-* und *-ss-* zu *(Korinthos, Parnassos)*. Sie sei von neolith. Einwanderern aus Kleinasien herübergebracht worden.

[37] hat nicht nur bestimmte Lautwechsel, sondern auch semant. Gruppen (Wörter für Gebrechen und Krankheiten, aus dem sexuellen Bereich) der e i n e n Substratsprache, mit der er rechnet, zuweisen wollen.

Eine Entscheidung zw. diesen sich widersprechenden und in der Qualität ihrer Fundierung sehr unterschiedlichen Hypothesen ist h. noch nicht möglich. Folgende Gesichtspunkte sind zu beachten: man wird für Hellas und die Inseln nicht mit einem einzigen Substrat, sondern vorsichtiger mit mehreren Sub- und Adstraten rechnen müssen, im N. etwa mit idg. Balkansprachen, die dem Makedonischen, dem Illyrischen (im engeren Sinn), dem (vom Balkan stammenden) Messapischen oder dem Thrakischen verwandt waren. Aus ihnen können Einzelwörter, viell. aber auch ganze Wortgruppen ins Frühgriech. gedrungen sein. – Für den S., vor allem für Kreta und Kypros, ist durchaus mit nicht-idg. Straten zu rechnen (»Minoisch«/Eteokretisch bzw. »Eteokyprisch«).

Die Ausschöpfung der Glossenslg., z.B. des → Hesychios (1), für die Erschließung von Substratschichten ist nicht ohne Gefahren, weil dies Lex. sehr jung und ganz inhomogen ist. In ihm können darum z.B. auch Lehnwörter stecken, die erst in hellenist. Z. aus einer Nachbarsprache ins Griech. übernommen worden sind. Soweit die Substratforschung keine Texte der von ihr postulierten Sprachen zur Verfügung hat, ist sie immer mit dem Nachteil belastet, ihre Sprachen örtlich gar nicht und zeitlich nur mit einem terminus ante quem festlegen zu können. – Der nächste notwendige Schritt ist jetzt die Deutung der Linear A-Tafeln; aber über ihre Sprache und deren Verwandtschaft ist deshalb schwer zu urteilen, weil bisher überwiegend Ideogramme und Zahlen und allenfalls Personennamen vorkommen und viel zu wenig Appellativa. Und selbst diese sind dann oft Kulturwörter wie Gefäßnamen oder Bezeichnungen von Nahrungsmitteln, die unschwer entlehnt werden.

Über die Verhältnisse in Kleinasien ist jetzt größere Klarheit erzielt worden: hier sind die hethitisch-luw. Sprachen (→ Hethitisch, Luwisch samt Hierogl.-Luwisch, Palaisch, im 1. Jahrt. → Lydisch und → Lykisch, sowie viell. auch → Sidetisch und → Karisch) von idg. Herkunft. Die Ortsnamen sind wenigstens zu einem wesentlichen Teil aus heth.-luw. Sprachmaterial gebildet, auch die Suffixe *-assa/i-*, *-anda* und *-wanda* gehören zum idg. Anteil. Da wir bisher keine Indizien für heth.-luw. Einwanderung oder Siedlung in Hellas haben, wird es vermutlich nötig sein, die dort lokalisierten Namen auf -σσ- und -νθ- von den heth.-luw. zu trennen, also KRETSCHMERS alte These wieder aufzugeben. G. N.

Lit. (in Auswahl): 1. *C. Pauli* Altital. Forschungen 2, 1886, 44ff. 2. *P. Kretschmer* Einl. in d. Gesch. d. griech. Sprache, 1896. 3. *A. Fick* Vorgriech. Ortsnamen, 1905. 4. *A. Cuny*, REA 12, 1910, 156–164. 5. *J. Huber* De lingua antiquissimorum Graeciae incolarum, Comment. Aenipont. 9, 1921. 6. *A. Debrunner*, RLV IV 2, 1926, 518–528. 7. *Haley* and *Blegen*, AJA 32, 1928, 141–154. 8. *V. Bertoldi*, Ztschr. f. Rom. Philol. 57, 1937, 137–169. 9. *V. Georgiev* Vorgriech. Sprachwissenschaft, Sofia 1941/45. 10. *A. J. v. Windekens* Le Pélasgique, 1952. 11. *P. Kretschmer*, Glotta 32, 1953, 161–204. 12. *G. Alessio* Le lingue indoeuropee nell' ambiente mediterraneo, 1954. 13. *F. Schachermeyr*, RE XXII 1350–1548. 14. *A. Carnoy*, AC 24, 1955, 5–28. 15. *D. A. Hester*, Rev. Hitt. et Asian. 15, 1957, 107–119. 16. *O. Haas*, Ling. Balk. 1, 1959, 29–56. 17. *A. J. v. Windekens* Études pélasgiques, 1960. 18. *J. Hubschmid* Mediterrane Substrate, 1960. 19. *F. Lochner-Hüttenbach* Die Pelasger, 1960. 20. *G. Huxley* Crete and the Luwians, 1961. 21. *A. Heubeck* Praegraeca, 1961. 22. *L. R. Palmer*, Kadmos 1, 1962, 27–39. 23. *J. Chadwick* The Prehistory of the Greek Language, in: CAH II Ch. 39, 1963. 24. *W. Merlingen* Eine ältere Lehnwörterschicht im Griech. 1/2, 1963/67. 25. *F. Schachermeyr* Die min. Kultur d. alten Kreta, 1964, 228–267. 26. *G. Capovilla* Praehomerica et Praeitalica, Rom 1964. 27. *M. Astour* Hellenosemitica, 1965. 28. *D. A. Hester*, Lingua 13, 1965, 335–384. 29. *Ders.*, ebd. 16, 1966, 274–278. 18, 1967, 168–178. 30. *C. H. Gordon* Evidence for the Minoan Language, 1966. 31. *R. A. Crossland* Immigrants from the North, CAH I² Ch. 27, 1967. 32. *L. A. Gindin* Jazyk drevnejšego naselenija jugobalkanskogo poluostrova, 1967. 33. *D. A. Hester*, Minos 9, 1968, 219–235. 34. *L. Gil*, Estud. Clás. 12, 1968, 249–285. 35. *W. F. Wyatt*, Glotta 46, 1968, 6–14. 36. *J. Chadwick*, Transact. of the Philol. Soc. 1969, 80–98. 37. *E. J. Furnée* Die wichtigsten konsonant. Erscheinungen d. Vorgriech., 1972.

Vorsokratiker. Moderne zusammenfassende Bezeichnung für alle, die vor → Sokrates (2; 470 bis 399) Beiträge zu dem nachmals »Philosophie« benannten Wissen gegeben haben. H. DIELS wählte für seine Ausg. den Titel »Die Fragmente der V.« (¹1903); er hat damit entscheidend dazu beigetragen, daß der Terminus V. in Aufnahme kam. Dieser Terminus hat mehrere Vorzüge:

1. Er hebt, ant. Auffassung entsprechend, hervor, daß alles frühere Philosophieren in Sokrates einmündete (und sich nach Sokrates wieder verzweigte).

2. Er setzt einen chronolog. eindeutigen Terminus ante quem – nämlich das J. 400.

3. Er ruft in Erinnerung, daß vor Sokrates (genauer: vor → Platon und vor → Xenophon [5]) kein philos. Text im Zusammenhang erhalten ist, sondern daß alle Kenntnis über Philos. vor Sokrates aus sog. Fragmenten, d.h. aus Zit.en Späterer gewonnen werden muß.

Diesen Vorzügen steht folgender Nachteil entgegen: Durch die zusammenfassende Bezeichnung V. wird der Umstand verdeckt, daß die Ansätze zum Philosophieren vor Sokrates alles andere als eine Einheit darstellen. Hier hat ant. Darstellung mit vollem Recht zwei in der Tat durchaus gegensätzliche »Schulen« unterschieden (nur die Bezeichnung der zweiten dieser Schulen als die »italische«, Diog. Laert. 1,8, ist unzweckmäßig und irreführend); was in der Ant. als »Schule« bezeichnet wurde, wird treffender als »Haltung der Philosophie gegenüber« wiedergegeben.

A. Die noch immer als »ionisch« bezeichnete Richtung ist darum bemüht, allein durch das, was dem Menschen zur Verfügung steht (seine Beobachtungen, seine Erfahrungen, seine Fähigkeit zu denken und Schlüsse zu ziehen), zur Erkenntnis dessen was ist zu gelangen. Nicht überprüfbare, von der Konvention gebotene Überlieferungen (Mythos, Bräuche) werden mit oft radikaler Kritik in Frage gestellt. Für den beobachtenden und denkenden Menschen wird die uneingeschränkte Objektivität in Anspruch genommen.

B. Dem steht eine von → Pythagoras (1) und von → Empedokles repräsentierte, sicher in manchem von der → Orphik geprägte Haltung gegenüber: Danach ist dem Menschen nicht nur die Aufgabe des Erkennens, sondern vor allem die der Lebensführung »in Reinheit« gestellt. Nur wenn diese Aufgabe völlig erfüllt wurde, darf mit einer Wiedergeburt (*παλιγγενεσία*) in einem reinen Leben gerechnet werden. Hier dominiert die Sorge um die *σωτηρία* der stets gefährdeten Seele; das hier konstitutive Dogma von der Seelenwanderung hat es nie zugelassen, daß die für die Richtung »A« kennzeichnende Unvoreingenommenheit je Platz griff; die grundsätzliche Haltung der Richtung »B« muß als Seelsorge = »Fürsorge für die Seele« verstanden werden.

Der durch den Terminus V. bezeichnete scheinbar einheitliche »Block« frühgriech. Denker ist in Wahrheit in die beiden gekennzeichneten Gruppen gesondert, zwischen denen in der Tat vor Sokrates kaum eine Gemeinsamkeit bestand. Erst Platon ist, wie schon Aristot. metaph. A 6, 987a 30ff. festgestellt hat, zu einer Synthese dessen gelangt, was die V. hinterlassen hatten. H. D.

Vortumnus s. Vertumnus

Vorzeichen s. Mantik. Omen

Vosegus (später *Vosagus*). Gebirge im n.ö. Gallien, zw. den Tälern des Arar (h. Saône) und der Mosella einerseits, des Rhenus andererseits, h. Vosges (Vogesen). Die Niederlage des → Ariovistus wird manchmal nahe von Epinal angesetzt (JULLIAN HG 3,221, n. 1. 231, n. 4). In der Kaiserz. trennte der V. die Prov. Belgica und Germania superior. Caes. Gall. 1. 4,10. Lucan. 1,397. Plin. nat. 16,197. Wald (Tab. Peut.), auch zahlreiche Ackerbaudörfchen (GRENIER MAN 6,2, 1934, 742). M. L.

T. Welter, Jahrb. f. Lothring. Gesch. u. Altertumsk. 15, 1903, 483. 18, 1906, 371. *E. Linckenheld* Les stèles funéraires en forme de maison chez les Médiomatriques et en Gaule, Strasbourg 1927.

Votienus. V. Montanus. Bekannter (Tac. ann. 4,42,1 *celebris ingenii viro*) Redner der frühen Kaiserzeit, aus dem h. Narbonne. Von seiner Heimatstadt durch P. → Vinicius (II 4) angeklagt, mußte er sich vor Tiberius verantworten (Sen. contr. 7,5,12); 25 n. Chr. wurde er wegen Beleidigung des Kaisers verurteilt (Tac. a. O.) und auf die Balearen verbannt, wo er 27 (Hier. chron. p. 173b H.) oder später (R. HELM, Philol. Suppl. 21, 2, 1929, 74f.) starb.

Auf republikan. Gesinnung läßt auch die theoret. Polemik gegen die Mode der Deklamationen schließen, die den Redner für das Forum korrumpierten (Sen. contr. 9, pr. 9,6,10); in der Praxis allerdings konnte sich V. dem Schulbetrieb nicht entziehen, so daß der ältere Seneca aus einer ganzen Reihe seiner Konzertreden zit. kann (vgl. 9, 1–6. 10,2–3). Sein Stil galt als etwas ungepflegt; insbes. trug ihm die Neigung zu wiederholender Variation den Ruf eines »Ovids unter den Rednern« ein (9,5,15ff.). Innerhalb der Zunft stand er in Freundschaft mit Marcius Marcellus (9,4,15), in Distanz insbes. zu P. Vinicius (7,5,11f.) und → Fulvius (III) Sparsus (10,4,23). Von seinen Schriften (9,6,18) ist uns nur der Titel seiner ersten Rede (für eine des Giftmords angeklagte Galla Numisia, 9,5,15f.) kenntlich. P. L. Sch.

Frg.: *H. Meyer* Or. Rom. frg. a, ²1842, 556ff.

Lit.: *Schanz-Hos.* 2,356. *H. Bornecque* Les déclamations ..., 1902, 200f.

Votum, Votive s. Weihungen

Vulca. Nach Plin. nat. 35,157 ließ → Tarquinius (6) Priscus den V. aus → Veii (beide Namen gut begründete Konjektur) nach Rom kommen, wo er das Kultbild des Iuppiter Optimus Maximus (zerstört beim Brand 83 v. Chr.) sowie den Hercules fictilis (= Martial. 14,178?), kaum auch die Firstfiguren des kapitolin. Tempels aus gebranntem Ton schuf. Vom Aussehen des Hercules wissen wir nichts. W. H. G.

Vulcanus s. Volcanus

Vulgarrecht. 1. Begriff. Unter V. (Name nach H. BRUNNER) versteht man gewöhnlich das röm. Recht seit dem Ende der sog. Klassik (Mitte 3. Jh. n. Chr.), bes. nach Diocletian, soweit es sich durch best. »vulgare« Stilmerkmale vom klass. Recht unterscheidet. V. ist somit ein kulturhist., nicht ein spez. jurist. Begriff und hat an sich nichts mit dem Inhalt jurist. Normen zu tun. Vulgaren Stil (im Gegensatz zur Klassik, aber auch zum »Klassizismus« der oström. Rechtsschulen und der Kodifikation Justinians) sieht man vor allem in mangelnder Präzision jurist. Begriffe, in rhet. und/oder moralisierender Argumentation (bes. mit Billigkeit), im Streben nach Anschaulichkeit unter Preisgabe der hohen Abstraktion des klass.

Rechts, insgesamt in einer (versch. weit gehenden) Simplifizierung, ja Depravierung der Rechtskultur. Neben diesen negativen fehlen dem V. nicht die positiven Züge: es ist lebensnäher als das klass. Kunstrecht, dem jurist. Laien leichter zugänglich, durch Preisgabe überholter Formalismen (→ *mancipatio*, → *in iure cessio*, → *stipulatio)* oft fortschrittlich. Die Bewertung des V. in der Forschung geht oft von vorgefaßten schwer objektivierbaren Kriterien des »Klassischen« aus.

2. Entstehung. Mit dem Verfall des Kunstrechts seit etwa 250 n. Chr. gewinnen vulgare Anschauungen an Boden, werden zwar zunächst noch (vor allem durch die Reskriptenpraxis Diocletians) zurückgedrängt, setzen sich aber schließlich in Lit., Rechtsprechung und Gesetzgebung durch. Manche Erscheinungen des V. sind wohl zunächst als bloße Verfehlungen des weitergeltenden klass. Rechts durch eine subalterne Praxis (Rechtsberater, Urkundenschreiber) anzusehen; doch wird allmählich wohl die Überzeugung nicht ausgeblieben sein, daß es sich bei diesen Neuerungen um Recht handle; insofern wäre V. als Gewohnheitsrecht anzusehen. In die Gesetzgebung der Kaiser haben vulgare Stilelemente seit Constantin in weitem Ausmaß Eingang gefunden; wenn man V. als Stilphänomen versteht, wird man auch diesem positiven Recht vulgarrechtl. Charakter nicht absprechen dürfen. Doch darf nicht verkannt werden, daß das nachkonstantin. Kaiserrecht auch von vielen anderen Faktoren wesentlich mitbestimmt wird, die nicht vulgarer Natur sind (Christentum, bewußter Verfassungswandel zum Absolutismus, Zwangswirtschaft, Bürokratismus usw.). Auch Rechtsanschauungen außerröm., volksrechtl. Herkunft sind von solchen vulgarer Art zu scheiden.

3. Verbreitung. V. findet sich im W. wie im O. des spätröm. Reiches, wenn auch im W. für uns leichter faßbar. Hier wirkt es bis zur Erneuerung des röm. Rechts in Bologna um 1100 fort; im O. stößt es seit dem Ende des 4. Jh.s auf eine starke »klassizistische« Gegenströmung wissenschaftl. Rechtspflege in den Rechtsschulen bes. von → Berytos und Constantinopel; Justinian setzt diesen Klassizismus in seiner Kodifikation durch, doch behauptet sich auch in seiner Gesetzgebung viel an V.

4. Quellen. Neben den Kaisererlässen (bes. Constantins) sind wichtig Werke der jurist. Lit., so die späteren Schichten der Paulussentenzen, die *Interpretatio* dazu sowie zu den Codd. Gregorianus, Hermogenianus, Theodosianus (→ *codex)* und zu den posttheodos. Novellen (soweit in der → *Lex Romana Visigothorum* erhalten); weiters die *Epitome Gai* (→ Gaius 1) sowie die Germanenrechte, vor allem der Westgoten; daneben Urkunden, bes. aus Ravenna und dem Vandalenreich, und Formel-Slg.en. F. H.

E. Levy West Roman Vulgar Law: The Law of Property, 1951; Weström. Vulgarrecht: Das Obligationenrecht, 1956 (beide grundlegend). *F. Wieacker* Vulgarismus u. Klassizismus im Recht d. Spätantike, SHAW 1955. *M. Kaser*, RE IX A 1283 ff.; Das röm. Privatrecht ²2 § 193, m. reicher Lit. (im Ersch.).

Vulgata *(editio)* wird die von → Hieronymus (420) z. T. selbst aus den Ursprachen übersetzte, z. T. revidierte und z. T. unverändert aus ält. lat. Übers.en übernommene lat. Bibelübers. genannt (zur Gesch. der Übers. → Bibelübersetzungen), die anläßlich des Konzils von Trient kanonisiert worden ist. Hier wurde in der Sessio quarta vom 8. April 1546 bestimmt, *ut haec ipsa vetus et vulgata editio, quae longo tot saeculorum usu in ipsa ecclesia probata est, in publicis lectionibus, disputationibus, praedicationibus et expositionibus pro authentica habeatur, et ut nemo illam reicere quovis praetextu audeat vel praesumat.* Die vom Konzil beschlossene authent. Ausg. war zuerst die sehr fehlerhafte Sixtina (1590), dann die Clementina (1592) und seit 1598 die verb. 3. Aufl. dieser Clementina, die bis heute die Grundlage des offiziellen Bibeltextes der kath. Kirche ist. Kl. W.

Ta.: *J. Wordsworth–H. J. White–H. F. D. Sparks*, NT. sec. ed. S. Hieronymi, 3 Teile, 1889–1954. Biblia Sacra iuxta Lat. V. versionem, besorgt von der Abtei S. Girolamo in Rom (bisher 11 Bde.). *E. Nestle* NT. Latine ⁸1954. *R. Weber* (Hrsg.), Biblia Sacra iuxta V. Versionem, 2 Bde, 1969 f. Lit.: *P. M. Baumgarten* Die V. Sixtina und ihre Einführungsbulle, 1911. *F. Stummer* Einf. in die lat. Bibel, 1928. Dict. Théol. Cath. 15,3474 ff. *H. J. Vogels* HB. der Textkritik des NT., ²1955. *P. Feine–J. Behm–W. G. Kümmel* Einl. in das NT., ¹³1964, 392 ff. *B. Fischer*, ZNW 46, 1955, 178 ff.

Vulso s. Manlius (I 38–46)

Vultur s. Geier

W

Waage. Das Alt. kannte nur Hebelw., von denen die ältesten die gleicharmigen waren (σταθμός: Hdt. 2,65. Eur. Bacch. 810; *libra:* Cic. fin. 5,91. Mart. Cap. 2,180. Cic. Tusc. 5,51), welche 2 Schalen, *lances*, hatten; in der einen lag die Ware, in der anderen die genormten → Gewichte: beide mußten (bei waagrechtem Balken) in Gleichstand (CIL IV 1595, 3 [ergänzt]. Isid. orig. 16,25,4) gebracht werden. Wahrscheinl. in hellenist. Z. kamen die ungleicharmigen Schnellw. (röm. W.) auf (*trutina:* Varro l. l. 5,183. Vitr. 10,3,4. Pers. 1,7. Iuv. 6,437; *statera:* Petron. 35,4. Cic. de or. 2,159. Varro Men. 419 B.). An dem kürzeren Hebelarm hing die Schale mit dem zu wägenden Gegenstand, an dem längeren, welcher 1–3 Skalen trug, das verschiebbare, aber (auf einer Skala) gleichbleibende Gewicht (Läufer). Die unterschiedlichen Skalen galten teils für jeweils bestimmte Laufgewichte oder für einen 2. Aufhängepunkt (Haken), durch den sich das Verhältnis der Hebelarme änderte. Bisweilen war das Gewicht fest, und die Schale mit der Ware mußte bewegt werden. Reichverzierte Expl.e wurden in Pompeii gefunden. W. Kre.

E. Michon in: *Dar-Sagl.* s. Libra. *M. della Corte*, Mon. Ant. 21, 1912, 1ff.

Waccho s. Vaccho

Wacholder. Unter der vieldeutigen Bezeichnung κέδρος (→ *cedrus*) wurden in der Ant. für gewöhnlich auch verschiedene Arten des W. mitverstanden, darunter zweifellos der Stech-W. (Iuniperus Oxycedrus L.) und – im S. vor allem in höheren Gebirgen vorkommend – der Gemeine W. (Iun. communis L.). Der spezielle Name war ἄρκευθος (wichtigste Stellen: Theophr. h. plant. 3,3,8. 12,3f.), lat. *iuniperus* (z.B. Varro rust. 1,8,4. Verg. ecl. 7,53. Plin. nat. 16,73ff.). Zuverlässige Unterscheidung von W., Zeder, Lebensbaum sowie Bestimmung weiterer W.-Arten (etwa des Sadebaums, Iun. Sabina L.) sind kaum möglich. Ungewiß ist auch, wie groß der Anteil des W. an den oft genannten Cedrus-Erzeugnissen (Bauholz; kosmet. Mittel; Räucherwerk [vgl. Hom. Il. 15,191; Od. 5,60]) war. Sichere Angaben: Plin. nat. 17,174 (Pfähle aus W.-Holz). 14,112 (Wein). 24,54f. (med. Anwendung der Früchte bei Magen- und Brustschmerzen, gegen Husten; vgl. Dioskur. 1,75). H. Gä.

M.C.P. Schmidt, RE III 1821ff. *H.O.Lenz* Botanik d. alten Griechen u. Römer, Gotha 1859 (Nachdr. Wiesb. 1966), 355ff. (wohl allzu zuversichtlich). *J. Murr* Die Pflanzenwelt i.d. griech. Myth., Innsbruck 1890 (Nachdr. Groningen 1969), 126ff.

Wachs. Das Nebenprodukt der → Bienenzucht war billig (Colum. 9,16,1). Die Waben wurden eingeschmolzen (Plin. nat. 21,83) und durch Kochen in Seewasser mit Natronzusatz und Lufttrocknen gebleicht (ebd. 84). Neben der Medizin (ebd. 30,70) bediente sich die Plastik des W. (κηροπλαστική: Poll. 7,165) für Kinderspielzeug (Aristoph. Nub. 878), Spielfiguren (Plin. nat. 8,215), Hausgötter (Iuv. 12,87), Götter (Plin. epist. 7,9,11), Früchte (Priap. 42,2), Tiere (Petron. 69,9), Büsten (Hor. epist. 2,1,264. Ov. met. 10, 284. Pers. 5,40. Iuv. 7,237. Anth. Pal. 7,602), lebensgroße Figuren (Cass. Dio 56,34), → *imagines maiorum.* In der Metallguß-Technik wurde über einem Kern aus Gips das Modell aus W. geformt (in der Stärke der beabsichtigten Metallwandung), dieser mit geschlämmten Ton überzogen: Das W. wurde ausgeschmolzen und durch Metall ersetzt (verlorene Form). Die Enkaustik (Plin. nat. 35,61. 112. 123. 147. 149) arbeitete mit W.-Farben (Varro rust. 3,17,4. Sen. epist. 121,5. Vitr. 7,9,3). Schreibtafeln *(cerae)* waren mit (gefärbtem) W. überzogen (Ov. am. 1,12,11. 3,7,29. Martial. 14,5,2. Quint. inst. 1,1,27). Erst die Römer kannten W.-Kerzen (*cerei, candelae:* Apul. met. 4,19,2. Martial. 14,43. Varro l.l. 5,119. Plin. nat. 16, 178. 19,17. Iuv. 3,287) neben solchen aus Talg (Colum. 2,21,3. Amm. 18,16,15). W. Kre.

Blümner Techn. 2,151ff. *S. Adam* Technique of Greek sculpture in the archaic and classical periods, London 1966. *R.Büll–E.Moser*, RE Suppl. XIII 1347–1416.

Wachtel, ὁ, ἡ ὄρτυξ (Demin. ὀρτύγιον), *coturnix* (Coturnix coturnix). Unter den Hühnervögeln der einzige Zugvogel, der in den n. Mittelmeerländern im Frühjahr und Herbst auf dem Zug von und nach N.-Afrika scharenweise einfällt (Aristot. hist. an. 8,597a 23ff. Varro rust. 3,5,7 [mit Rastortsangaben; vgl. auch Plin. nat. 10,66]. Plin. 10,33) und hier, wie auch in Äg., mit Hilfe von Netzen (Diod. 1,60), Vogelscheuchen (Dionys. de av. 3,9) und Spiegeln (Klearch. und Solon bei Athen. 9,393a) gefangen wurde. Von Ausnahmen abgesehen (Äg.: Hdt. 2,77; Israel: Num. 11,31; vgl. auch Gal. 17 B 306f. K.) wurden W. nicht gegessen, sondern gezähmt und als Haustiere gehalten (Aristoph. Pax 789. Plut. Alk. 10; über Fütterung Geop. 14,24) oder für Volksbelustigungen verwendet (W.-Kämpfe: Plat. Lys. 211e. Aristoph. Av. 1299f. m. Sch. Luk. Anach. 37; W.-Klopfen, ὀρτυγοκοπία: Poll. 9,107; vgl. KELLER 163); sie diente auch als Liebesgabe (Plat. a.O. Aristoph. Av. 707. Anth. Pal. 12,44). Trotzdem war ihr Wert gering (Plin. 10,33. Iuv. 2,77). – Zool. Angaben über die W. sind spärlich (Galle: Aristot. a.O. 2, 506b 21; Kropf: ebd. 509a 13; Schrei des Männchens beim Kampf: ebd. 4,536a 26; nicht auf Bäumen: [Aristot.] ebd. 9,614a 34; großes Herz mit 3 Kammern: Alex. Mynd. b. Athen. 9,392c; Nest: [Aristot.] hist. an. 9,613b 7; Verhalten bei Paarung: ebd. 614a 26). Verfeindet ist sie mit dem Habicht (Plin. 10,66. Ail. nat. 7,9; vgl. [Aristot.] a.O. 615a 5) und dem Pelikan (Ail. 6,45). Viele Orte tragen ihren Namen (→ Ortygia, zuerst Hom. Od. 5,123. 15,404), den vor allem Delos als Geburtsort der Artemis beanspruchte. Sagen über Verwandlung der → Artemis, → Leto und → Asteria in W. bei Apollod. 1,4,1. Schol. Apoll. Rhod. 1,308. Hyg. fab. 53. Opfertier für Herakles: Eudox. b. Athen. 9,392d = frg. 284a LASSERRE.

W. R.

Stark Die W., Sterneninsel ü. d. Ölbaum, Abh. Sächs. Ges. 1856, 32ff. *Keller* Ant. Tierwelt 2,161ff. *Thompson* Glossary of Gr. Birds ^{2}215ff. *Jennison* Animals for Show and Pleasure in anc. Rome, 1937, 16ff. 101. 115ff.

Waffen s. Bewaffnung sowie die Einzelartikel

Wagen. Das schon vorgesch. Scheibenrad (→ *tympanum:* Varro rust. 3,5,15) steckte auf einer Achse und war durch einen Splint gesichert. Das Speichenrad hatte 4, 6 (in Griechenland oft Kreuzspeichen) oder 8 Speichen, wobei 6 Segmente des Felgenkranzes (der Radius eines Kreises läßt sich sechsmal auf seinem Umfang abtragen) durch je eine Speiche mit der Radnabe verbunden waren. Bei Bronzerädern war die Felge tief ausgekehlt, um den hölzernen Felgenkranz (mit Nieten) aufzunehmen. Der W.-Kasten (Plat. Tht. 207a) ruhte bei dem Streitw. auf der viereckigen Achse, die mit der Deichsel verbunden war. Auf den runden Endzapfen der Achse lief die drehbare Nabe (beim Dejbjerg-W. des 1. Jh.s v. Chr. mit Gleitrollenlager). Zwar hatten die Griechen den 2- und 4rädrigen W. (*ἅμαξα, ζεῦγος*: Poll. 10,57), der auch von Frauen benutzt wurde (Aristoph. Plut. 1013. Athen. 13,586b), doch entfaltete sich der W.-Bau erst bei den Römern (unter kelt. Einfluß). Sie hatten das *plaustrum*, einen schweren Lastwagen mit urspr. 2 (Isid. orig. 20, 12,3) Scheibenrädern (Verg. georg. 2,444. Prob. Verg. georg. 1,163), die mit der Achse fest verbunden waren und daher quietschten (Ov. trist. 3,10, 59; 12,31. Verg. Aen. 11,138). Gezogen wurde er von Rindern (Verg. georg. 2,205f. Colum. 6,2), Maultieren und Eseln (Cato agr. 62) oder Pferden (Verg. georg. 3,140). Er diente als Erntew. (Verg. georg. 1,163), zum Transport von Mist (Cato agr. 2,7. CIL I 593,56ff.), in der Stadt (Plaut. Aul. 505. Hor. s. 1,6,42f.) auch von Baumaterial (Varro l.l. 5,140. Hor. epist. 2,2,74. Sen. epist. 90,9. Plin. paneg. 51,1. Iuv. 3,116), Statuen (Cic. Verr. 1,1. 2, 20,53); Unfälle konnten gerichtliche Nachspiele haben (Dig. 1,9,2,52,2). Das *sarrācum* mit niedrigen Scheibenrädern (CGlL 5,654,22) diente dem Transport von Langholz (Iuv. 3,255) und vielen Menschen (Quint. inst. 8,3,21). Der *carrus* (Caes. Gall. 1,3. 6. 24) war der mil. Gepäck- und Troß-W. (Non. 287,24 L.), *arcera* der kastenartige W. für Landwirtschaft und Krankentransport (Gell. 20, 1,25. 29). Zu den Reise-W. gehörte die 4rädrige *raeda* (Cic. Att. 5,17,1), in der man mit Gepäck und Begleitung reiste (Iuv. 3,10f. Hor. s. 2,6,42), von 4 Pferden gezogen (Gell. 19,13,5. Suet. Iul. 57). Das Zuladegewicht der W. reichte von 145 bis 1089 Pfund (Cod. Theod. 8,5,8). Schnell war das 2rädrige *cisium* (Verg. Cat. 8,3) und das → *essedum*, urspr. ein kelt. Streitw. (Caes. Gall. 4,33. Verg. georg. 3,204); mit ihm reisten Behörden (Suet. Aug. 76; Cal. 51; Claud. 33 mit Cic. Phil. 2, 24), Privatleute (Cic. Att. 6,1,25), Frauen (Ov. am. 2,16,49). Das *pilentum* war ein Luxus-W. für Priester (Isid. orig. 20,12,4. Verg. Aen. 8,666f. Liv. 1, 21,4. 5,25) und überdacht wie das *carpentum*, mit dem privilegierte Frauen (Fest. 282,25 L. Liv. 34, 8,3) auch in Städten fuhren (Suet. Claud. 17), was sonst verboten war (ebd. 25). Die *carruca* war für lange Reisen eingerichtet (Suet. Nero 30. Dig. 34, 2,13) und reich verziert (Plin. nat. 33,140. Martial. 3,62,5. Ov. Pont. 3,4,35). Die Spurweite scheint meist 1,43 m gewesen zu sein (Eisenbahn!).

W. Krc.

Blümner PrAlt. 457–467.

Wagenrennen s. Spiele (2)

Wahram. 1. W. *(Varhrān, Bahrām)* I., Sassanide. Sohn → Sapor I. (1), Perserkönig 273–276, zuvor Statthalter von Chorassan. W. änderte auf Druck der mazdakist. Priesterschaft die Toleranz gegenüber → Mani und verurteilte ihn zum Tode. **2.** W. II., Sohn von Nr. 1, Perserkönig 276–293, führte Krieg mit den Römern unter Carus (→ Aurelius II 8), bemühte sich um Frieden mit → Diocletianus. Im O. kam es 290 zum Aufstand seines Bruders Hormizd, dem Statthalter von Chorassan, ferner waren Sarazenen zu bekämpfen. **3.** W. III., Sohn von Nr. 2. Perserkönig 293, abgesetzt durch seinen Großonkel → Narses (1; Agathias 2,24). **4.** W. IV., Sohn → Sapor II., Bruder → Sapor III., Perserkönig 388–399, blieb nach dem Frieden mit Rom (387) bei einer Rom und den Christen freundlichen Politik. 395/96 wurde sein Reich durch einen Hunneneinfall betroffen. **5.** W. V. Gor, Sohn → Iezdegerd I., Perserkönig 420–438, hatte sich (seit 418) gegen verschiedene Thronprätendenten durchgesetzt. Der in der pers. Überlieferung gepriesene W. war schwach gegenüber den Großen und den Magiern. Man zwang ihm Christenverfolgung und als Folge davon Krieg (421) mit Rom auf. Doch schon 422/23 kam es wieder zum Frieden (z.B. Theodoret. 5,39. Sokr. 7,18. 20f. Chr. min. 2,74f.). Im O. führte W. selbst bald nach 420 Krieg mit den »Türken« (Hephthaliten?). In Armenien setzte er nach einem Aufstand 428/29 eine unmittelbare pers. Verwaltung ein. **6.** W. VI. Tschoben, diente unter → Chosroes I. (3) und wurde Leiter der Hofverwaltung. 588/89 bewährte er sich als General gegen die »Türken«. 590 ließ er sich zum Perserkönig krönen, wurde aber mit Hilfe der Römer durch → Chosroes II. (4) verjagt (Theophyl. 3,6ff. 4,1ff.

5,10ff. Euagr. h.e. 6,15. 19). Romanhafte Ausgestaltung der Vita ist in der oriental. Überlieferung (Nöldeke Tabari 474ff.) faßbar. A. L.

A. Christensen L'Iran sous les Sassanides, ^{2}1944. *R. Göbl* Dokumente z. Gesch. d. iran. Hunnen, 1967. *K. H. Ziegler* Die Beziehungen zw. Rom u. d. Partherreich, 1964.

Waid (*vitrum, glastum,* ἰσάτις, viell. etym. verwandt), die Farbstoffpflanze Färberwaid, Isatis tinctoria L., in verschiedenen Gegenden Europas heimische Cruciferengattung mit vielen Spezies, perennierend, bis 1 m hoch wachsend mit gelben Blüten. Die dürren Blätter, zermahlen und mit Wasserzusatz in einen Brei verwandelt, ergeben nach Gärung und Oxydation mit Luftsauerstoff ein vorzügliches Blaufärbemittel, das außer den Färbern auch die Maler benützten und durch Mischung mit anderen Farbstoffen viele neue Töne erzeugten. Den Römern, denen das Färben von Stoffen mit W. geläufig war, fiel auf, daß die Britannier sich auch die Körper mit W. färbten, *quod caeruleum efficit colorem, atque hoc horribiliores sunt in pugna adspectu:* Caes. Gall. 5,14,2; *incertum ob decorem an quid aliud vitro corpora infecti* sagt Mela 3,6,51. Daß man nicht nur menschliche Feinde, sondern auch böse Geister mit diesem Mittel abwehren wollte, lehrt die Notiz bei Plin. nat. 22,2 *Britannorum coniuges nurusque toto corpore oblitae (glasto) quibusdam in sacris nudae incedunt Aethiopum corem imitantes.* Auch med. wurden Umschläge von W.-Blättern gegen Anschwellungen und Geschwüre und ein Absud von Wurzeln und Blättern auch innerlich verwendet. K. Z.

M. Schuster, RE Suppl. VIII 911ff. (mit Lit.).

Walagasch *(Balas, Balsch).* Bruder des → Peroz, pers. König 484/88. W. schloß Frieden mit den aufständischen Armeniern, suchte gute Beziehungen zu Rom, fiel dann der Unzufriedenheit von Adel und Priestern zum Opfer (Ios. Styl. 18f. Agathias 4,27; Nöldeke Tabari 133f.). A. L.

Walamer s. Valamer

Wallfahrten. Der W.-Begriff hat in der griech.-röm. Rel. keine terminolog. Entsprechung ([1]. [2]), und auch der »zuschauende Besuch« ([3]) der → Theoria, den z.B. Nilsson Op. 1,167f. verglich, ist nicht deckungsgleich. Doch ist er wie auf fast alle Rel. ([4] m. Überblick), so auch auf die ant. Rel. dann übertragbar, wenn man W. ganz allg. als Reise zu hl. Stätten aus rel. Motiven definiert (so z.B. RGG^{3} 6, 1537). Hier ging schon die äg. Rel. voraus, die etwa W. nach → Abydos (2) kannte (RÄRG 861ff.), wie überhaupt gerade hl. Orte äg. Rel. seit hellenist. Z. W.-Ziele wurden ([5]). In der ägäisch-kret. Rel. setzen die zahlreichen ländl. »Kultschreine« ([6]), Bergheiligtümer ([7]) und hl. Grotten ([8]. [9]) W.-ähnliche Akte voraus; letztere sind noch im neugriech. Volksglauben bes. W.-Orte ([10]). In der griech. Rel. wären z.B. → Delos, → Delphoi, die → Asklepios-Heiligtümer wie → Epidauros u.a., → Ephesos mit dem → Artemis-Tempel usf. als W.-Plätze im o. zit. Sinne ansprechbar (anderes: Bömer, RE XXI 1888f.), ferner mit Heroengräbern und Reliquienkult verb. W. (Pfister Reliquienkult 279ff. 401ff.). Wichtigster frühchr. W.-Text ist die lat. → *Peregrinatio ad loca sancta* E. 4. Jh. n. Chr. D. Wa.

1. *Kötting* Peregrinatio religiosa, 1950, 7ff. 2. *Fohrer* Der hl. Weg, Diss. Bonn 1939, 50. 3. *Kerényi* Ant. Rel., 1971, 110. 4. *Roussel* Les pèlerinages à travers les siècles, 1954. 5. *Nock* Essays on Rel. and the Anc. World 1, 1972, 358ff. 6. *Vermeule* Götterkult, Arch. Hom. III, V, 1974, 10ff. 7. *Dietrich* The Origins of Greek Rel., 1974, 290ff. 8. *Rutkowski* Cult Places in the Aegean World, 1972, 121ff. 9. *Faure,* BCH 96, 1972, 389ff. (m. d. ält. Lit.). 10. *R. Kriss u. H. Kriss-Heinrich* Peregrinatio neohellenika, 1955, 138ff. 11. *Dünninger,* Ztschr. f. Vkde. 59, 1963, 221ff.

Wallia s. Vallia

Walnuß s. Iuglans

Wanze, ὁ, ἡ κόρις, *cimex.* Halbflügler (Schnabelkerfe), gew. die Haus-W., bes. Bett-W. (Cimex lectularius), selten die Baum-W. In der Lit. erscheint sie nicht vor Aristoph., bei dem die Bett-W. eine große Rolle spielt (Nub. 207ff.; Ran. 115; Plut. 541) Sie gehört zum Nachtlager der Armen; »nicht einmal eine W. besitzen« bezeichnet äußerste Dürftigkeit (Catull. 23,2. Martial. 11,32,1 u.a.). Als ekelhafte Quälgeister werden sie zur Schimpfmetapher für Kuppler, widerliche Kritiker u.a. (Plaut. Curc. 500. Antiphan. Anth. Pal. 11,322,6. Hor. s. 1,10,78). Um sie zu bekämpfen, werden zahlreiche Mittel empfohlen: Pech, Meerzwiebel, Zederharz, Tiergalle, Öl, Essig, der Absud von vielerlei Blättern u.a. (Hauptquellen: Geop. 13, 14. Plin. nat. [s. Ind.]; vgl. Varro rust. 1,2,25). Andererseits galt die W. als med. hilfreich, bes. gegen Schlangengift und Krämpfe (Hauptquelle Plin. 28,61–64). In der Veterinärmed. wurde sie selbst oder ihr Brandqualm angewendet, um von Tieren verschluckte Blutegel aus der Speiseröhre zu lösen (Colum. 6,18,2. Plin. 28,62. Geop. 13, 14,7. Gal. 12,363 K. u.a.). In der Zool. wird sie nur von Aristot. beiläufig behandelt (hist. an. 5,556b 23ff. über die Fortpflanzung). Bei chr. Autoren ist sie ein klass. Beispiel für das Problem der Weisheit und Güte des Schöpfers (Arnob. 2,47. Hier. tract. in psalm. I p. 122,7; in Is. 19,1 p. 285. Aug. solil. 1,2,7 und oft sonst). W. R.

O. Keller Ant. Tierwelt 2,399f. *W. Richter,* RE Suppl. XIV 822ff.

Waraz. 1. Armenier, 548 von Iustinian zum Kampf gegen → Totila nach Italien entsandt (Prok. 7,27), 551 im Lazenland (dort noch 556) gegen die Perser eingesetzt (Prok. 8,13. Agathias 4,13). **2.** W.-Schapur, Perser, Marzban der Atropatene, veranlaßte (wahrscheinl. 334) die Absetzung des Armenierkönigs Tiran II., fiel aber bald beim Perserkönig in Ungnade (Faust. Byz. 3,20f.). A. L.

Warazdat. König von Armenien 374–378, Arsakide; von den Römern nach Beseitigung des → Papa (1) als König eingesetzt, konnte sich nicht halten (Faust. Byz. 5,34ff.). A. L.

Wasak. 1. *(Wasaka)*, Mamikonier, Bruder des Wardan und des Wahan, Sparapet (Reichsfeldherr) in Armenien unter Tiran II. und → Arsakes III. (2), suchte Freundschaft mit Rom zu erhalten. Beim Kampf gegen die Perser geriet W. zusammen mit seinem König 368/69 in Gefangenschaft Sapor II. (Faust. Byz. 3,16. 4,2. 11. 16. 20. 23ff.; bei Prok. 1,5 *Βασσίκιος*). **2.** W. von Siunik, chr. Armenier, auf Seiten der Perser, wurde 442 durch → Iezdegerd (2) Marzban von Armenien. W., zeitweilig Mazdaist, fiel 451 in Ungnade (Moses Chor. 3,54). A. L.

Wasserleitungen. Die Versorgung mit hygienisch einwandfreiem Trink- und Brauchwasser bildete eine Lebensfrage der ant. Stadt. Siedlungen konnten sich auf die Dauer nur an Standorten mit gesicherter Wasserentnahme aus Quellen, Flüssen oder Grundwasser behaupten. Häufig wurde Wasser allerdings durch Rohrleitungen zugeführt. Bereits Homer (Od. 7,129ff.) nennt in der Beschreibung des Alkinoos-Palastes eine bis an den Hof geleitete Quelle, wo die Bürger Wasser holen (vgl. → Mykene mit Zuleitung zu der unterird. Brunnenkammer der Perseia). Ansätze zu einer athen. Wassergesetzgebung finden sich unter Solon (Plut. Sol. 23,5). Das 6. Jh. bringt den Ausbau der Wasserversorgung in Athen, Korinth, Megara und Samos. Hier wurde unter → Polykrates (1) durch den Architekten Eupalinos von Megara eine W. angelegt (Hdt. 3,60), bei der zwei dem Gelände angepaßte unterird. Kanäle durch einen 1 km langen Tunnel verbunden wurden, in dem die Rohrleitung unterhalb des mit Einstiegsschächten versehenen Stollens verlief. Der Durchmesser der Tonrohre liegt bei 29 cm, die Rohrschüsse waren durch Muffen miteinander verbunden und mit Kalkmörtel abgedichtet (AA 1973, 72ff. 401ff.). Bisweilen wurde Wasser direkt aus Felsstollen entnommen (Pol. 10,28). Die W. waren in der Regel drucklose Gefälleleitungen (in Samos Gefälle von 0,4%), seit hellenist. Z. gab es auch Druckleitungen, bei denen auf subtile Nivellierung verzichtet werden konnte (G. Garbrecht – G. Holtorff Wasserwirtschaftl. Anlagen d. ant. Pergamon, Mitt. d. Inst. f. Wasserbau d. TU Braunschweig 37, 1973). Die Ausnutzung vom Gleichstand des Wasserspiegels in kommunizierenden Röhren in Form von Druckw. wird von Vitruv (8,7,5) für die großen Aquädukte empfohlen. Die seit dem 2. Jh. v. Chr. zunächst im Gebiet von Rom, mit der röm. Kolonisation im gesamten Mittelmeerraum entstehenden Aquädukte (Tarragona, Segovia, Nîmes, Ephesos, Antiocheia, Karthago: Liste bei G. Carettoni, Enc. arte ant. 1, 1958, 44f.) führen das Wasser meist jedoch mit einem gleichmäßigen Gefälle von weniger als 1% über Land (Empfehlung Vitr. 8,6,1: 0,25–0,5%), wobei Tiefgelände auf Bogenkonstruktionen überquert wird. So nimmt die augusteische W. von Nîmes das Gardontal auf einem 49 m hohen Brückenbau, der im 273 m langen dritten Arkadengeschoß die 1,85 m hohe und 1,20 m weite Leitung trägt. Die drittälteste der stadtröm. W., die zw. 144 und 140 v. Chr. erbaute Aqua Marcia (Frontin. aqu. 7), die ihr Wasser dem Einzugsgebiet des in den Sabinerbergen entspringenden → Anio entnahm (→ Marcius I 32), verlief erstmals die letzten km bis zum Verteiler auf dem → Viminalis oberird. als Aquädukt. Die urspr. in opus quadratum hochgezogenen Bögen trugen einen Kanal von rechteckigem Querschnitt, der mit wasserdichtem Zement ausgekleidet und in regelmäßigen Abständen mit Luftschächten versehen war. Einige Bögen der Aqua Marcia sind auf Mz. d. J. 56 v. Chr. dargestellt, die diese bes. Leistung der Gens Marcia hervorheben. Bau und Verwaltung der W. lag bei den Censoren, bzw. beim Kaiser oder bei den zuständigen Munizipalbeamten (selten bei Privatleuten), deren Verdienst *ad salubritatem et securitatem urbis* (Frontin.) durch Bauinschr. oder auch durch Mz. vermittelt wird. Die 9 stadtröm. Aquädukte, die → Frontinus als *curator aquarum* unter Nerva zu verwalten hatte, lieferten täglich mehr als 700000 cbm Wasser. Versorgt wurden 1. die öffentl. Trinkwasserbrunnen an Straßen, 2. die öffentl. Anlagen wie → Thermen und → Nymphäen, 3. mit Agrippa (seit 33 v. Chr. *curator aquarum*) in Rom auch Privathaushalte (zur Verteilung Vitr. 8,6,2ff. Frontin. 98f.). Das in Verteilertürmen gereinigte Wasser strömte dementsprechend durch verschieden hoch angebrachte Druckröhren zu den Verbrauchsstellen, wobei der zuoberst liegende Anschluß für die Privatabnehmer bei Wassermangel zuerst ausfiel, während der unten liegende für die Trinkwasserbrunnen ständig versorgt blieb. A. v. Gl.

A. W van Buren, RE VIII A 453ff.

Wassernuß (*ὁ τρίβολος* [*ἔνυδρος*], *βουκέφαλος*, *ταυροκέρας*. *tribulus* [*aquaticus*]), Trapa natans L. aus der Fam. der Hydrocaryaceae. Die einjährige, in kalkarmen Gewässern, vor allem in sumpfigen Flußstellen Europas und Asiens verbreitete Pflanze, die sich mit Ausnahme der lederartigen grobgezähnten Blätter völlig unter Wasser befindet (gute Beschreibung bei Theophr. h. plant. 4,9,1f.), liefert harte schwarze Früchte, die reich an Stärke sind und daher seit vorgesch. Z. zur menschl. Nahrung dienten. In der Ant. aß man sie roh oder verwendete sie gemahlen bei der Brotbereitung; auch offizinell besaß die W. Bedeutung, u.a. gegen Entzündungen, Geschwüre, Blasensteine (Dioskur. 4,15. Plin. nat. 21,98. 22,27; dort auch einiges über die W. im Aberglauben). H. Gä.

M. Schuster, RE VIII A 485ff.

Wasserspiele, seit hellenist. Z. bekannt (Ach. Tat. 1,15), gehören zur Ausstattung des röm. Gar-

tens. *Aqua saliens* ist das einzige, was Plinius (epist. 2,17,25) in seiner Laurentiner Villa vermißt. Die Springbrunnen und Wassertreppen pompeian. Gärten (Casa di Apollo, di Marco Lucrezio, di Loreio Tiburtino, di Meleagro, della Fontana piccola / grande) setzen sich in Malerei und Mosaik fort (Casa dei Vettii, di Romolo e Remo, dell'Orso, della Fontana d'amore). Das Peristyl der Casa del Centenario schmückt die Brunnenfigur eines Satyrn mit einem Schlauch, aus dem das Wasser floß. Berühmt wegen seiner Kaskaden war → Daphne (4), der Villenvorort von → Antiocheia (1) am Orontes. In den röm. Kaiserpalästen sind aufwendige W. in die weitläufige Architektur der Gartenperistyle und -säle einbezogen (Domus Aurea, Domus Transitoria, Domus Flavia, Villa Hadriana). Der Domitianspalast hatte mind. 14 Teiche und Springbrunnen, darunter eine als Labyrinth gestaltete Fontäne riesigen Ausmaßes. Seit Pompeius, der in seiner Porticus auf dem Marsfeld einen wasserspeienden Triton aufstellte (Prop. 2,32,11f.), gehören W. auch in öffentl. Anlagen. Der bekannteste öffentl. Springbrunnen Roms war die *meta sudans* (→ Meta 2) am Kolosseum (Nash 2,748ff., vgl. den Schmuckbrunnen am Hauptplatz von Djemila).
A. v. Gl.

Wasseruhren. Aus einem Reservoir mit gleichbleibendem Wasserstand läuft durch eine Düse (*cavum:* die W. des → Ktesibios von Vitr. 9, 8,4ff. ausführlich beschrieben) Wasser in einen Rezipienten, in dem es einen Schwimmer hebt. Eine mit dem Schwimmer verbundene Zahnstange setzt über ein Getriebe Figuren in Bewegung (→ Heron, Automatentheater). Eine mit dem Schwimmer aufsteigende Figur zeigt auf einer Säule mit dem Zeigestock die Zeit an. Die in der Ant. je nach geogr. Breite, Jahres- und Tagesz. unterschiedl. Länge der Stunden läßt sich berücksichtigen: 1. durch ein Regelventil an der Düse; 2. durch analemmat. Teilung der Skala auf der Anzeigesäule; 3. durch in den Rezipienten eintauchende Verdrängungskörper. Vitr. erwähnt alle diese Konstruktionselemente, ohne daß klar wird, welche in den von ihm beschriebenen Modellen verwendet werden. Beim astr. Horologium läßt der durch konstanten Wasserzufluß gehobene Schwimmer eine runde Scheibe rotieren (360° / d). Auf ihr repräsentiert der Mittelpunkt den Himmelsnordpol, die Radien alle Meridiane über – 24° (Wendekr. des Steinbocks) bis 90° (Nordpol). Aufgezeichnet sind die Fixsternbilder und die Ekliptik, längs welcher für jeden Tag ein Loch für den jeweiligen Sonnenstand gebohrt ist. Vor der rotierenden Scheibe steht ein festes Drahtnetz, das den Horizont des Aufstellungsortes verkörpert zusammen mit Äquator und 6 Parallelkreisen zum Äquator (Monatskreise), den Ortsmeridian und 10 Bögen gleichen Meridianabstands. Der Durchgang des eingesteckten Sonnensymbols zeigt die Stunde an, das Passieren des Horizonts die Stunde null (Aufgang) bzw. 12 (Untergang), und das Passieren des Ortsmeridians den Mittag (Stunde 6). Die Konstruktion wird h. noch bei den drehbaren Himmelsorientierungskarten verwendet; sie ist Vorbild für die ma. astr. Uhren (z.B. Prag, Straßburg). Zur Theorie: Ptol. Planisphaerium. Frg.e: [1], 213.

Der Antikythera-Mechanismus ([4]) ist ein Vorläufer späterer komplizierter astr. Uhren ([5]). Die Frg.e (1. Jh. v. Chr.) beweisen, daß die Feinmechanik in der Ant. weit höher entwickelt war, als man aufgrund der lit. Quellen bisher annahm. Es handelt sich um ein bewegliches Modell für das von → Ptolemaios (B 1) theoretisch dargestellte Ekzenter-Epizykel-System der Himmelsmechanik.

Uhren, die zu einem vorgegebenen Zeitpunkt einen mechan. Vorgang auslösten (h.: Schaltuhren), arbeiteten so: In einen Rezipienten rann mit konstanter Geschwindigkeit Wasser ein. In einer bestimmten Höhe war ein Kapselheber (vgl. die Kastenspülvorrichtungen moderner WCs) angebracht, der das gesamte Wasser, sobald es diese Höhe erreicht hatte, mit großer Geschwindigkeit ausströmen und ein hydraul., pneumat. (z.B. Pfeife) oder mechan. Element betätigen ließ.
J. M.

Lit.: 1. *H. Diels* Ant. Technik, Bln. 1920 (Nachdr. Osnabrück 1965), 155ff. 2. *P. Bilfinger* Die Zeitmesser d. ant. Völker, Stuttg. 1886. *W. Kubitschek* Grundriß d. ant. Zeitrechnung, München 1928, 205ff. 4. *D. J. de Solla Price* An ancient Greek Computer, Scientific American 200, 1959, Juni, S. 60. 5. *E. v. Bassermann-Jordan* Uhren, Bibl. f. Kunst- u. Antiquitätenfreunde 7, Braunschweig 1961. – S. auch Analemma. Parapegma.

Wau (*lutum*, griech. Name nicht bekannt), ein Gelbfärbekraut aus der Familie der Resedaceae, mit etwa 30 Arten im Mittelmeergebiet heimisch. Der bes. aus der Wurzel gewonnene Farbstoff wurde schon in den Schweizer Pfahlbauten verwendet. In Italien wurde W. kultiviert und diente zum Färben von Kleidungsstücken, bes. des Brautschleiers, der wegen seiner rotgelben Farbe *flammeum* hieß. Die *flammearii* erwähnt schon Plaut. Aul. 510. Als Malfarbe diente das *lutum* nach Vitr. 7,14,2. In der Volksmedizin half eine bei Ariminum wachsende *reseda* gegen Geschwülste und Entzündungen. Plin. nat. 27,131, der das berichtet, gibt auch die Zauberformel, die man bei der Verwendung dreimal sprechen und dazu ausspucken muß. Vgl. M. Schuster, RE VIII A 523ff.
K. Z.

Weben. Hervorgegangen aus dem Flechten (Lucr. 5,1348), ist das W. (Vitr. 10,1,5) am vertikalen Webstuhl (ἱστός, *tela*: Hom. Od. 5,62. Ov. met. 4,276) im Stehen (Serv. Aen. 7,14; Aufwärtsw.: Isid. orig. 19,22,18: *tunica recta*) oder im Sitzen (Hdt. 2,35) eine uralte Kunst. Der ältere Webstuhl der Griechen und Römer (Sen. epist.

90,20) bestand aus 2 vertikalen Balken (*ἱστόποδες, pedes telae:* Anth. Pal. 7,424,6. CGlL 2,144, 23), die durch einen Querbalken (*iugum:* Ov. met. 6,55) oder/und Garnbaum verbunden waren, an welchem die Fäden des Aufzugs (Kette, *στήμων, stamen, licium:* Varro l.l. 5,113. Tib. 1,6,79) befestigt waren, die man mit runden, durchbohrten Steinen (Zettelstrecker, *λεῖαι, pondera:* Sen. epist. 90,20) straffhielt. In die Kettenfäden wurden die Einschlagfäden eingeschossen (Schuß, *διαβάλλειν, subtemen inserere:* Poll. 7,35). Dazu wurde ein Teil der Kettenfäden, z.B. alle 1. 3. 5. 7. usw., durch Laufringe (*licium:* Serv. ecl. 8,73. Isid. orig. 19,29,7) an einem Rohrstab (*κανών, harundo:* Hom. Il. 23,760–63. Ov. met. 6,55; *scapus:* Lucr. 5,1351) befestigt, die restlichen an einem zweiten. Indem bald der eine, bald der andere Stab angezogen wurde, entstanden wechselnde »Fächer«, durch welche das Schiffchen (Schütze, *κερκίς, radius:* Hom. Il. 22,448. Anth. Pal. 6,160,1f.) mit einer Spule (*πηνίον, panus:* Anth. Pal. 6,285,3. Non. 217,17 L.) den Einschlagfaden (Schuß) führte (Isid. orig. 19,29,7), der mit einem Holzspatel (*σπάθη, spatha:* Aischyl. Choeph. 231. Sen. epist. 90,20) nach o. an den vorhergehenden, je nach gewünschter Gewebedichte, angeschlagen wurde. Spätere Webstühle (Sen. epist. 90,20 mit Ov. met. 6,55–58), bei denen im Sitzen gewebt wurde, hatten die Zettelstrecker unten durch einen 2. Querbalken (Tuchbaum) ersetzt, und den Einschlagfaden drückte man mit einem Kamm (*pecten:* Varro l.l. 5,13. Verg. georg. 1,294. Iuv. 9,30) nach unten fest. Waren Ketten und Schuß verschiedenfarbig, entstand ein changierendes Gewebe (*vestes versicolores:* Quint. inst. 10,1,33. Ov. met. 6,61–66).

Die Buntwirkerei (*polymitum:* Plin. nat. 8,196) war hervorragend; dabei wurden wohl die jeweils erforderlichen Ketten durch die Laufringe mit der Hand einzeln bewegt, um für den verschiedenfarbigen Schuß Fächer zu bilden, oder auf dem horizontalen Webstuhl durch 3 und mehr Geschirre (Apul. flor. 9 p. 12,9 H.), die ebenfalls *licium* hießen. So wurden sehr starke Gewebe hergestellt (Martial. 14,143), da man 3 und mehr Schußfäden nahm; die besten kamen aus Alexandreia. Bei der Goldwirkerei (*Attalica peripetasmata:* Cic. Verr. 4,12,27; *aulea:* Sil. 14,659) wurde ein (in seiner Herstellung unbekannter) goldener Schußfaden (bisweilen aber auch für Kette und Schuß) verwendet; Gewebe dieser Art gab es schon lange im Orient (2. Mos. 28,5–8. Curt. 3,3,18. Athen. 12, 538d. Iust. 20,4,11. Tib. 2,3,53. Ov. ars 2,299. CIL IV 9083). – Webmuster können 1. durch verschiedene Verbindungen von Kette und Schuß und 2. durch farbige Fäden erzeugt werden. W. Kre.

Blümner Techn. 1,135ff. *R.J.Forbes* Studies in anc. technol. 4, [2]1964, 175ff. *M.Hoffmann* The warp-weighted loom, Oslo 1964. *K.Holeschofsky*, WS 3, 1969, 166ff. *J.P. Wild*, CQ 17, 1967, 133ff. *R.Johannesen*, Class. Journ. 49, 1953, 157ff. *E. Wipszycka* L'industrie textile dans l'Egypte romaine, Archiwum Filolog. (Wroclaw) 9, 1965. *W.O.Moeller*, Technology and Culture (Detroit Soc. for the Hist. of Technol.) 10, 1969, 561ff.

Wegerich s. Plantago

Weide (*ἰτέα* m. Nebenformen, *ἡ οἰσύα* [auch *τὸ οἶσυον*], *ἑλίκη. salix*), eine in ca. 200 Arten, zudem in unzähligen Kreuzungen, vertretene Gattung von Bäumen und Sträuchern aus der Fam. Salicaceae. Die ant. Erwähnungen und Beschreibungen (bes. Theophr. h. plant. 3,13,7. Plin. nat. 16,175) gestatten keine genaue Bestimmung der jeweils gemeinten Art, jedoch gelten folgende als auch im Alt. vertreten und bekannt: neben der vor allem am Wasser gedeihenden (vgl. Hor. c. 2,5,7f. Ov. met. 10,96) Silberw. (Salix alba L.) und Bruchw. (S. fragilis L.), der Korbw. (S. viminalis L.), der Salw. (S. caprea L.) auch die Arten S. triandra (Mandelw.), purpurea und die auf Bergen heimische glauca (Seegrüne W.); nicht bekannt offenbar die Trauerw. (S. babylonica L.).

Früheste Erwähnung: Hom. Il. 21,350 am Ufer des Skamandros; Od. 10,510 in der Unterwelt. Das hom. Beiwort *ὠλεσίκαρπος* kennzeichnet die W. als unfruchtbar (vgl. Plin. nat. 16,110. Poll. 1,234); der Irrtum dürfte entstanden sein, weil man die bald nach der Blüte abfallenden männl. »Kätzchen« für Früchte hielt. Ausführl. Beschreibungen: Theophr. h. plant. a.O., Erwähnungen ferner 1,4,2. 3,1,1 (Vermehrung durch Ableger) u.ö. Plin. nat. 16,174–177).

Die W. wurde wegen ihres vielfältigen Nutzens auch – namentlich in Italien – in Kulturen gezogen (Cato agr. 20,1. Plin. 16,176. Colum. rust. 4,30). Die biegsamen Ruten fanden als Flechtwerk Verwendung, u.a. zu Schilden (z.B. Thuk. 4,9,1; vgl. Verg. Aen. 7,632f.), Körben (auch Bienenkörben) und anderen Behältern (Theophr. 5,7,7), Sitzmöbel u.ä.; das Holz ergab Latten oder Keile (für die Ölpresse), der Bast Bänder zum Anbinden der Weinranken. Die Schößlinge, die immer wieder reichlich aus den gestutzten Bäumen nachwuchsen (Theophr. 4,16,2. Plin. 16,175), lieferten Viehfutter, die Blüten den Bienen Honig und Pollen. Blätter, Rinde und Saft (auch Asche) der W., die den Wirkstoff Salizin enthält, hatten einen festen Platz in der ant. Med. (Plin. nat. 24,56–58. Dioskur. 1, 104) gegen Ohrenleiden, Kopfschmerzen, Darmerkrankungen, Vorfälle u.a.; äußerlich angewendet auch gegen Hautkrankheiten (zahlreiche Belege, vor allem in Rezeptslg.en, etwa bei → Marcellus 14 und Quintus → Serenus 1). H. Gä.

M.Schuster, RE VIII A 582ff. m. d. ält. Lit.

Weihrauch, *λίβανος, λιβανωτός* (semit. Lehnwort), *tus*, wegen seines Wohlgeruchs von vielen Völkern meist in bes. Geräten verbranntes Harz, durch Einritzen aus den Boswellia-Sträuchern gewonnen, die auch in Indien und an der Somaliküste wachsend, den Griechen nur aus Arabien bekannt sind (Theophr. h. plant. 9,4,2–4).

W. wird ursprünglich im O., bes. in kathartisch-apotropäischer Absicht, verwandt, in Äg. im Kult und bei Bestattungen, ebenso von den Babyloniern, Assyrern, Persern und auf Kreta, früh auch in Palästina als selbständiges Opfer (2. Mos. 30) und als Beigabe (Ehrengeschenk: Matth. 2,11), in Arabien meist zu profanen Zwecken. Bei den Griechen wird W. als Wohlgeruchsopfer verbrannt, nicht bei Homer, aber seit dem 7. Jh. ([1], 23ff.) in vielen Kulten und in den Mysterien, von → Pythagoras (1) empfohlen, von Platon abgelehnt, ferner bei Orakeln und mag. (theurgischen) Praktiken (Rezepte), selten als Reinigungsopfer (Sch. Aischin. 1,23), auch in Rom bei öffentl. und privaten Opfern (seit Cato agr. 134), bes. im → Totenkult und Kaiserkult, schließlich auch in der Kirche (zuerst abgelehnt; wie andere Opfer verboten: Cod. Theod. 16,10,12), bei Bestattungen, Prozessionen und der Eröffnung der Messe. Bei Hochzeitszeremonien (Sappho 44,30 L.-P.) und Symposien (Xenophan. 1,7) treffen sich kult. und profane Absichten, daneben steht überall rein profane Verwendung; häufig auf Vasen dargestellt. Bedeutsam ist der W. handel. C. J. C.

1. *H.v.Fritze* Die Rauchopfer b. d. Griechen, 1894. 2. *C.v.Orelli*, RE (Herzog Hauck) 16, ³1905, 404–409. 3. *R.Zehnpfund*, RE (Herzog Hauck) 21, ³1908, 54f. 4. *E.G.C.F.Atchley* A Hist. of the Use of Incense in Divine Worship, 1909. 5. *R.Pfister*, RE I A 267–286. 6. *S.Eitrem* Opferritus u. Voropfer d. Griechen u. Römer, 1915. 7. *Th.Hopfner*, RE XIV 301–393, bes. 325. 8. *A. Hug*, RE VI A 706–714. 9. *G.M.Querci* I profumi nell' ant. Roma, 1938. 10. *R.J.Forbes* Stud. in Anc. Technol. 3, ²1965, 22ff. 11. *E.Pax*, Lex. Theol. Kirche 10, ²1965, 990–992 (Lit.). 12. *S.Lilja* The Treatment of Odours in the Poetry of Ant., 1972. – Vgl. demnächst *W.W.Müller*, RE Suppl. XV.

Weihungen. Die überaus komplexe Opferklasse der W. fehlt keiner Rel. und zählt zu den ält. Sakralakten ([1–17]). Schon jungpaläolith. Höhlenmalerei und Tonfiguren werden jetzt als »Votivbilder« und »-statuetten« gedeutet ([18]), magdalénienzeitl. Jäger kannten ca. 14000 bis 10000 v. Chr. die typ. W. des »Erstlings« (*ἀπαρχή*), des »Zehnten« (→ *δεκάτη*), Votivdepots ([19]). Auch in den Anf. mediterr. Rel. liegen W. bereits überall vor (RGG³ 6, 1564. RLV 14,263ff.), so auch in kret.-myk. ([20–23]), etr. Rel. [24]). Zwar sind nur in wenigen griech. *ἱερά* Votivfunde früher als 8. Jh. ([25]), doch brach selbst in den »Dark Ages« ab 1125 W.-Kontinuität nicht ab, so beim typ. bronzezeitl. figürl. Stier-Votiv ([21], 225; DESBOROUGH The Greek Dark Ages, 1972, 278ff.). Ab 7. und bes. 6./5. Jh. v. Chr. werden griech. Tempel und deren »Schatzhäuser« (→ Thesauros) von W. dann geradezu »überflutet« ([10], 16), z. B. Spolienw. von je 2000 Schilden in Abai und Delphi durch die Phokäer (Hdt. 8,27) oder W. sog. »Statuenwälder« ([26], 71) ab 1. H. 5. Jh. wie die ca. 20figurige W. des Mikythos in Olympia (Paus. 5,26,2ff. [27], 33ff.), weshalb die Anathemenzahl größerer *ἱερά* rasch »unübersehbar« wurde ([11], 84) und im Schnitt »einige Tausend« betrug ([27], 9); mit Weihinschr. betitelte W. sind vermutl. so alt wie das griech. Alphabet, erste Hexameterinschr. auf W. beginnen zw. 750/650 (FRIEDLÄNDER Epigrammata 7. 17f. Nr. 10; z. d. Formen [28]), Abb. mit W.-Werkstätten als Thema der Vasenmalerei setzen 2. H. 6. Jh. ein, auf korinth. Pinakes schon vorher ([29]), die W.-Lit. *περὶ ἀναθημάτων* mit → Theopompos (6) im 4. Jh. (FGrH 115 F 247ff.; JACOBY, FGrH IIIB Komm. [Text], p. 445); zentralital. W.-Befund ab 2. H. 7. Jh., gliedert sich dann bis E. 4. Jh. in vier versch. Stilphasen ([13], 60ff.). Spezialunt. jüngster Z. belehrten ausführl. über W.-Brauch, -Arten und enormen themat. Spielraum in bestimmten Berufsklassen (Marine, Seewesen [30]), Zeiten (Perserkriege [31], 4. Jh. [26], 48ff.), Tempeln (Olympia [27]). So gab es W. ganzer Schiffe, schon der → Argo des Theseus-, Agamemnon-, Aineias-Schiffes, bes. die im ganzen Mittelmeer seit E. 3. Jt. übl. Exvotos von Schiffsmodellen, W. der Schiffsteile wie → Aphlaston, → Stylis, Mast, Segel, Remen, Anker usf. (Belege [30], 133ff.), ferner das »beispiellose System von Beutew.« ([31], 34) mit den W.-Modi des a) → Tropaion, b) der Spolien-W., d. h. der nach dem Sieg aufgelesenen und im Tempel geweihten Beutestücke, c) des Beuteanathems, d. h. des nach Beuteverkauf errichteten Monuments, z. B. 13figuriges Anathem des → Pheidias in Delphi als »Zehnten der Marathon-Schlacht« (Paus. 10,10,1; [31], 21ff.) usf., wobei ant. Standard-W. durch die Jh.e blieben: der Dreifuß, »das Weihgeschenk *κατ' ἐξοχήν* für alle Götter« (SCHWENDEMANN, JDAI 36,175; vgl. zuletzt AMANDRY–DUCAT, BCH Suppl. 1, 1973, 17ff.), der Kranz, bei Poll. 1,28 im W.-Kat. zuerst, bei Macr. Sat. 3,11,6 an zweiter Stelle genannt ([32]), und – wie noch h. in chr. W. – die viell. schon im 9. Jh. beginnenden bemalten *πίνακες* oder *tabulae votivae* aus Holz oder Ton ([33; BOARDMAN, ABSA 49,183ff.]) und die steinernen Weihreliefs ([14]).

W.-Deutung: Zugrunde liegen kann zwar den W. gerade im griech.-röm. *actus vovendi* seit hist.-lit. Z. die klass. *do ut des-* oder *do ut accipiam*-Opferidee (VAN DER LEEUW, ARW 20,241ff. COLPE, in: AAG 74, 1970, 36), so schon Hom. Il. 6,90ff. 305ff. 10,291ff.; Od. 3,55ff. 380ff. u. ö., z. B. in W.-Inschr. einer der ält. griech. Statuen-W., dem sog. Mantiklos-Apoll Anf. 7. Jh.: *Μάντικλὸς μ' ἀνέθεικε Ϝεκαβόλοι ἀργυροτόχσοι τᾶς δεκάτας. τὺ δέ, Φοῖβε, δίδοι χαρίϜετταν ἀμοὶ [Ϝάν]* (PFEIFF Apollon 23f. T. 2), in Akropolis-Inschr. ca. 500 v. Chr.: *Φαρθένε ἐν ἀκροπόλει Τελεσῖνὸς ἄγαλμ' ἀνέθεκεν Κέτιος hōι χαίροσα διδοίες ἄλο ἀναθε͂ναι* ([34]), oder in Epidauros-Inschr. E. 4. Jh. mit der Asklepios-Frage: »Was wirst du mir geben, wenn ich dich gesund mache?«, wobei W. entsprechend μισθός, ἴατρα = Honorar hießen ([35]), ebenso in röm. *vota*, z.B. Liv. 10,19,17: *Bellona, si hodie nobis victoriam duis, ast ego tibi templum voveo*, doch erschöpfte sich ihr rel. Sinn schon angesichts der immensen Variabilität von W.-Impulsen und -Akten nicht im bloß merkantilen Kalkül des »Tauschhandels« zw. Votant und göttl. Empfänger (kraß bes. [36]), im quasi jurist. »Vertragsverhältnis« ([37] u.v.a.), »Götterzwängen« ([38]; z. Ausnahmen: Deubner, JDAI 58,89ff.) usf., wie überhaupt beim W.-Brauchtum monokausale Deutungen versagen dürften (gut [2], 195). Vielmehr ist bei W., die oft, viell. urspr. aus Elementarkrisen wie Gefahr, Krankheit, Krieg usf. resultierten (gut [3], 75), zu differenzieren in: 1. »kommunikative Opfer« ([11], 46. 138) mit den beiden bei W. typ. Momenten der a) im Gelübdeakt (εὐχή, *votum*) gestifteten Bindung und persönl. »Anheimstellung« ([1], 297) des Votanten an ein Numen, z.B. extraordinär im spez. röm. W.-Ritus der → Devotio und symbolreich im griech. *pars pro toto*-Opfer der Haarweihe (Lit. [30], 302f.), b) der Votumseinlösung (εὐχὴν ἐκτελεῖν, διδόναι, *votum solvere, reddere*) nach göttl. Hilfe in Form sakraler Begehung, d.h. Dedikations- und Konsekrationsakt im Heiligtum, sei es durch feierliches »Aufstellen« des vovierten Objekts und in göttl. Besitz Übereignen (ἀνάθεσις, *dedicatio, consecratio*), wodurch das Anathem ἱερόν, »heilig« wurde (oft inschr.-lit. [6], 280. 325 [12], 215), in röm. staatl. W. eine *res sacra*, in privaten W. eine *res religiosa* ([8], 385f.), sei es im Opfervollzug (z. Details: [7], 90ff. [8], 381ff.); bes. im röm. *votum*, das im Staatskult mit den *vota pro rei publicae salute* zum Jahresanf. ([39]), den *vota* bei Amtsantritten, Kriegsauszügen, den *vota quinquennalia, decennalia, vicennalia* usf. (zuletzt [17]) eines der »Hauptmittel des röm. Staates war, mit seinen Göttern in Beziehung zu treten« ([40], 197) und das in kostspieligen Tempel-W. kulminierte ([40], 189ff. Bardon, REL 33, 166ff.), ist die teils sakralrechtl. »Bindung«, teils »mystical position« ([41], 556) des Votanten evident: nach dem Gelübdeakt des *votum nuncupare* war der Votant zunächst *voti reus*, nach göttl. Leistung *voti damnatus*, bis er im Dedikationsakt des *votum solvere merito* die rel. Verpflichtung eingelöst hatte ([8], 382. [41], 555f.), ferner 2. bes. in griech. Rel., wo sich dingl. W. »zum Kunstwerk im höchsten Sinne« steigern ([4], 89), auch Huldigungsopfer, und zwar »die reinsten materieller Art« ([42], 310), W. *in maiorem dei gloriam* ([5], 8), daher im 6. Jh. ἄγαλμα als t.t. von W., d.h. W. = »Gegenstand zu Freude, Stolz, Zier, Bewunderung des Gottes« ([10], 14ff. Korr. jetzt [16], 103ff.), inschr. z.T. noch akzentuiert durch adj. περικαλλές »ringsum schön« ([43]), wobei der ἄγαλμα-Begriff sämtl. W.-Arten umfaßte: von der Monumentalplastik der ab 6. Jh. oft überlebensgroßen Götterstatuen, Kuroi und Korai bis zum Vasengefäß, 3. μνήμης χάριν, d.h. W. in Erinnerungsfunktion des »Denkmals« (μνῆμα, oft inschr.), insofern ja der »einfachste Sinn des Anathems die höhere, dauernde Gestalt des Opfers« ist ([4], 101), daher das häufige Motiv der im Abb. »verewigten« Opferhandlung als »Zeuge« eingelöster εὐχή (Kall. epigr. 54,4; z. Adorationsreliefs [14], 57ff.) oder des figürl. Opfertieres als Abbreviatur der Kultszene, z.T. hier auch in der Rolle des »Ersatzopfers« aus Kostengründen, z.B. weihten die Orneaten an Stelle der an sich vovierten, zu teuer werdenden tägl. Umzüge und Opfertiere in Delphi θυσίαν τε καὶ πομπὴν χαλκᾶ ποιήματα, d.h. das sinnbildl. Bronzedenkmal als Äquivalent realer Sakralleistung (Paus. 10,18,5), 4. die Sonderklasse der an Heilgötter geweihten Abb. kranker Körperteile, viell. schon kret. Brauch ([11], 138), in hist. Z. häufig in griech. Rel. ([6], 212ff.), bes. aber in etr.-röm., hier ab 5. Jh. mit der Besonderheit der sog. »anatomischen« W. [(13], 61ff.; z. reichen Lit.: ebd. 90f. Anm. 16ff.; zuletzt [44]), versch. gedeutet, z.B. als »Identifikationsopfer« (Lit. [2], 186, 4. 193), 5. ab E. 5./Anf. 4. Jh. in griech. Rel. W. als »große Schaustellung« ([2], 200), d.h. W. werden in rel. Abschwächung der vordem typisierten Anatheme zu isolierten »Schaubildern« weniger der Eusebie als des Votanten und dessen »kaum verhüllter Selbstdarstellung« ([26], 78. 84f.), Tendenz- und Stilwandel der W.-Praxis, der mit dem von → Lysandros (1) nach dem Sieg von Aigospotamoi 405 v. Chr. in Delphi gestifteten 37figurigen Nauarchenanathem beginnt (Paus. 10, 9,7ff. Bommelaer, BCH 95,43ff.), ähnl. pompös dann choreg. W. in Thasos, Athen usf. ([26], 48ff.), 6. oft aber auch W. = Geschenk- und Dankopfer (χαριστήρια, δῶρα, *dona, donaria*), so z.B. die Mehrzahl der Weihepigramme der Anth. Pal. 6 (gut [15], 57), auch die typ. W. der Handwerksgeräte als σύμβολα τέχνης bei Berufsaufgabe im Alter und als »letzte W.« (ὕστατα δῶρα: Anth. Pal. 6,38,7). D. Wa.

Zur W.-Theorie jetzt grundlegend seitens der Volkskunde: 1. *Lenz Kriss-Rettenbeck* Ex Voto, 1972, 271ff. 2. *Brückner*, Schweiz. Arch. f. Vkde. 59, 1963, 186ff. (W.-Theorienüberblick und -kritik). 3. *Lenz Rettenbeck*, Bayr. Jb. f. Vkde. 1952, 75ff. (W.-Phänomenologie); allg. z. griech.-röm. W.: 4. *J. Burckhardt* Gesamtausg. 13, 1934, 89ff. 5. *Reisch* Griech. Weihgeschenke, 1890. 6. *Rouse* Greek Votive Offerings, 1902. 7. *Hock* Griech. Weihegebräuche, 1905. 8. *Wissowa* Rel.^{2} 381ff. 9. *Stengel* 88ff. 10. *Bloesch* Agalma, 1943. 11. *Nilsson* GgrR I^2, 84ff. 134. 12. *Rudhard* Notions fond. de la pensée rel. et actes const. du culte dans la Grèce class., 1958, 214ff. 13. *Maule-Smith* Votive Rel. at Caere: Prolegomena, 1959. 14. *Hausmann* Griech. Weihreliefs, 1960, 3ff. 15. *Marwitz*, Ant. u. Abendl. 11, 1962, 55ff. 16. *Philipp* Tektonon Daidala, 1968, 103ff. 17. *Eisenhut*, RE Suppl. XIV 964ff. s. Votum. 18. *Müller-Karpe* Gesch. d. Steinzeit, 1974, 267. 321. 334. 19. *Rust* Urrel. Verhalten u. Opferbrauchtum d. eiszeitl.

Homo sapiens, 1974. 20. *Vermeule* Götterkult, Arch. Hom. III, 1974, 7ff. 21. *Dietrich* The Origins of Greek Rel., 1974, 299ff. 22. *Rutkowski* Cult Places in the Aegean World, 1972, 136ff. 23. *Nilsson* Min.-Myk. Rel.[2] 466ff. 24. *Pfiffig* Religio Etrusca, 1975, 98ff. 25. *Coldstream* Knossos, 1973, 181. 26. *Borbein*, JDAI 88, 1973. 27. *Eckstein* *ΑΝΑΘΗΜΑΤΑ*, 1969, 28. *G. Naumann* Griech. Weihinschriften, Diss. Halle 1933. 29. *Ziomecki* Les représentations d'artisans sur les vases att., 1975, 64f. Abb. 23f. 82 Abb. 33. 152 Nr. 23; *Greifenhagen*, Corp. Vas. Ant. Deutschld., Bln. Antiquar. Mus. 2, 1962, 25f. T. 72; 16, 109ff. 114 (Pinakes). 30. *Wachsmuth* *ΠΟΜΠΙΜΟΣ Ο ΔΑΙΜΩΝ*, Diss. FU Bln. 1967. 31. *Gauer* Weihgeschenke aus d. Perserkriegen, Istanb. Mitt. Beih. 2, 1968. 32. *Blech* Stud. z. Kranz b. d. Griechen (i. Ersch.). 33. *Lenz Kriss-Rettenbeck* Das Votivbild, 1958. 34. *Raubitschek* Dedications from the Athen. Akropolis, 1949, 43 Nr. 40. 35. *Herzog* Die Wunderheilungen v. Epidauros, 1931, 12, 70f. 130. 36. *Laum* Hl. Geld, 1924, 31ff. 37. *Beer* Ἀπαρχή u. verw. Ausdrücke i. griech. Weihinschr., Diss. Münch. 1914, 89. 38. *Corlu* Rech. sur les mots rel. à l'idée de prière d'Homère aux tragiques, 1966, 63. 39. *Alföldi*, JbAC 8/9, 1965/66, 53ff. 40. *G. Rohde* Stud. u. Interpretationen, 1963. 41. *Dumézil* Archaic Roman Rel. 2, 1970. 42. *Kirchgässner* Die mächtigen Zeichen, 1959. 43. *Karusos*, in: *ΕΠΙΤΥΜΒΙΟΝ ΤΣΟΥΝΤΑ*, 1941, 535ff. 44. *Decouflé* La notion d'ex-voto anatomique chez les Etrusco-Romains, 1964.

Wein. Im Folgenden wird unter W. nur der aus Reben gewonnene W. verstanden, nicht sonstiger Fruchtw., den es in ganz Europa schon früh gab. Die Kultivierung der wilden Rebe (Vitis silvestris Gmel.), die seit vorgesch. Z. in Europa und Kleinasien bekannt ist, zur Vitis vinifera L. (bzw. zu ihren Frühformen), aus der W. gekeltert wird, scheint spätestens im frühen 3. Jt. in Kaukasien oder im ö. Kleinasien gelungen zu sein. Die Rebkultur hat sich von dort nach S. und Westen ausgebreitet, in Griechenland war sie jedenfalls in myken. Z. bekannt. Die Griechen und/oder Etrusker brachten die W.rebe nach Italien, Spanien (und N.-Afrika?) sowie nach Massalia, die Römer nach Gallien, Britannien und Germanien sowie in das w. N.-Afrika. Den Griechen galt der W. als Erfindung des → Dionysos (→ Ikarios. → Oineus 1. → Oinopion. → Staphylos), doch widersetzten sich einige Völker wie die Skythen (Hdt. 4,79), auch Griechen wie → Pentheus dem W., sofern es zulässig ist, aus dem Widerstand gegen den orgiast. Kult des Dionysos auf Ablehnung des W.genusses zu schließen. Jedenfalls war den Griechen bewußt, daß der W. eingeführt worden ist; bezeichnenderweise ist er nicht Getränk der olymp. Götter und spielt im Kult außerhalb der Dionysosopfer keine bes. Rolle, wie auch in Rom Milch, nicht W. Spende der alten Kulte ist. Vgl. im übrigen Athen. 1,34. Daß der W. nicht Erfindung eines Einzelnen sei, sondern von allein überall auf Erden wachse, steht bei Diod. 3,62,3f.

Die W.stöcke wurden auf gut durchgeackertem Feld oder in Furchen (Gräben) gesetzt, wo sie je nach Art, Boden und Klima nach 3–7 J. erstmals tragen. In einigen Gegenden ließ man den W. der Erde entlang wachsen (u. U. wurde während der Reifez. die Rebe durch einen untergestellten Zweig so gehoben, daß die Trauben frei reifen konnten), anderswo wurde er an Stecken oder Spalieren hochgezogen oder um Bäume gerankt (schon assyrisch belegt: [6], 71 Abb. 15), → Vindemia. In diesem Fall konnten zwischen den Reben andere Feldfrüchte, Korn vor allem, auch Gemüse, angebaut werden. Ein Rebacker macht das ganze J. Arbeit: Jäten, Hacken, Beschneiden, Auslichten (*βλαστολογία. pampinatio*), damit die Sonne die Trauben erreicht, in der letzten Z. vor der Ernte erneutes Durchhacken des Feldes so, daß Staub auf die Trauben fiel (*ὑποκόνισις. pulveratio*), um diese gegen zu starke direkte Sonneneinwirkung zu schützen. Die an Bäumen hochgerankten Reben (*ἀναδενδρὰς ἄμπελος. arbustum. maritatio*) konnten an Schnüren von Baum zu Baum geführt werden, so daß die Trauben herabhingen. Die Lese war in diesem Fall bes. gefährlich (→ Vindemia). Nach der W.lese fielen das Keltern (→ Most. → *torcular*. → Cella) bzw. der Verkauf (→ *vinarius*), das Beschneiden der W.stöcke, die Ausdünnung der Wurzeln und, im Rahmen des Bedarfs, die Vermehrung des Bestandes durch Ableger und/oder die Verbesserung der Qualität durch Aufpfropfen an. Die Zahl der W.sorten war beträchtlich, die Namen nach Herkunft und Lagen fast unübersehbar. Unter den griech. W.en sind die aus Thasos, Chios und Lesbos in der Kaiserz. bes. bekannt. In Italien hatte der Falerner einen großen (nicht nur guten, wenn man Plin. nat. 23,34f. glauben darf) Ruf, dem pompeian. W. wurde nachgesagt, er verursache Kopfschmerzen (Plin. 14,70). Aller ant. W. aus dem Mittelmeerraum war stark, wenn auch nur vom Falerner gesagt wird, daß er brenne (Plin. 14,62). Demgemäß wird W. in der Ant. immer verdünnt getrunken, oft als Gewürzw. mit einem bes. Geschmackzusatz (→ Murr(h)ina Vasa). Den Griechen galt Trinken unverdünnten W.s als barbarisch, dennoch endete ein → Symposion oft in völliger Trunkenheit, Plat. symp. 223b–c.

Wieweit W.anbau in der frühen Kaiserz. rentabel war, ist Varro rust. 1,8,1 nicht ganz sicher, während Colum. 3,3,1ff. ihn als ertragreich preist. Eine Zusammenstellung guter Bodenerträge gibt Plin. nat. 14,48ff. Mit dem Aufblühen der W.kultur in den Provinzen seit etwa flav. Z. gingen die Erträge in Italien zurück: Domitian suchte den W.anbau in den Provinzen zu Gunsten Italiens zurückzudrängen, wenn auch ohne Konsequenz, wie Suet. Dom. 7,2 betont. Plin. epist. 9,37 klagt bereits über die Rentabilität seiner Güter. In Gallien und Germanien sind das 2. und 3. Jh. n. Chr. eine Epoche bes. Blüte der örtl. W.kultur ([4]. [5]).

W. H. G.

Quellen: Theophr. c. plant. 3,11ff. Cato agr. passim. Varro rust. 1,8. 25ff. 31. 54. 58. 65. 68. Colum. 3–5.

Lit.: 1. *V.Hehn* Kulturpflanzen u. Haustiere, [8]1911, 65ff. 2. *R.Billiard* La vigne dans l'Antiquité, 1913. 3. *F.v. Bassermann-Jordan* Gesch. d.W.baus, [2]1923. 4. *Ders.* Der W.bau d. Pfalz im Alt., 1947. 5. *S. Loeschcke* Denkmäler vom W.bau aus d. Z. d. Römerherrsch. an Mosel, Saar u. Ruwer, 1933. 6. *R.J.Forbes* Studies in Anc. Technology 3, 1955, 70ff. 106ff. 7. *C. Seltman* Wine in the Anc.World, 1957. 8. *Wiesner–Skydsgaard–Krenkel*, Lex. d. Alt. Welt 3263ff.

Weissagung s. Mantik

Weißdorn (κράταιγος, -γών. *spina alba* [dies offenbar aber Bezeichnung für ganz versch. Arten stacheliger Gewächse; vgl. Plin. nat. 24,108. Colum. 3,11,5. 7,7,2; 9,6; nach P. FOURNIER, RPh 23, 1949, 58 ist bei Plin. 21,68 mit *spina alba* Eberwurz (Carlina) gemeint]; eng verwandt – und deshalb hier mitbehandelt – ὄα [auch ὄη, οἴη, οὖα]. *sorbus*). Mehrere Arten Crataegus und Sorbus (Fam. Rosaceae) werden in ant. Texten erwähnt, doch scheint eine zweifelsfreie Identifizierung unmöglich. Theophr. h. plant 3,15,6 beschreibt wahrscheinl. den Azarol-W. (Crat. azarolus); Plin. nat. 27,63 übersetzt, wohl irrtümlich, κράταιγος mit *aquifolium*; 15,85 beschreibt er (nach Theophr. 3, 12,6) 4 Arten. Mit einiger Zuversicht hat man darunter folgende erkannt (anders ANDRE, Pline l'Ancien t. XV z. St.): 1. Stumpfgelappter W. (Crat. oxyacantha L., wohl auch Dioskur. 1,123 gemeint); 2. Speerbirnbaum, Sperbe (Sorbus domestica L.); 3. *torminale*: Elsbeerbaum (Crat. torminalis Crantz). Die letztgenannte Art galt als Heilpflanze (Cels. 4,26,6), vor allem als Adstringens. Der Wurzel von Oxyacantha wurde die mag. Kraft zugeschrieben, Frühgeburten herbeizuführen. W.-Ruten *(spina alba)* sollten, am 1. Juni über Tür und Fenster angebracht, schädliche Einflüsse fernhalten (Ov. fast. 6,129ff.). Die Früchte von Sorbus domestica, *sorba*, wurden gegessen (eingelegt in *sapa*: Cato agr. 7,4. 143. 3. Pallad. 3,25,10; getrocknet: Varro rust. 1,59,3), offizinell verwendet (Cels. a.O.), bei skyth. Völkern angeblich zu einem alkohol. Getränk vergoren: Verg. georg. 3, 380. H. Gä.

M. Schuster, RE VIII A 610ff.

Weizen. Der W. (triticum cereale L.), die weitaus bedeutendste und mannigfaltigste aller Getreidearten, wird h. nach der Chromosomenzahl in 3 Gruppen (diploid, tetraploid, hexaploid) geteilt, innerhalb derer aber die herkömmliche Unterscheidung zw. Spelz- und Nackt-W. (→ Dreschen) ihrer prakt. Wichtigkeit halber aufrechterhalten wird. Im Laufe der Ant. verloren die Spelz-W. *(→ far)* durch ihre schlechte Eignung für gesäuertes Brot allmählich ihre Rolle in der menschl. Nahrung und wurden, wie auch die → Gerste, von den Nackt-W. verdrängt, unter denen sich wiederum eine allmähliche Verdrängung der tetraploiden Arten (bes. t. durum Desfontaines und t. turgidum L.) durch den hexaploiden Brot-W. (t. vulgare Host) feststellen läßt, welcher selbst eine ungemein große Anzahl sehr verschiedener Spielarten umfaßt. Im Mittelmeerraum aber kann noch h. das zur Herstellung von Teigwaren besonders geeignete t. durum seinen Platz im Anbau behaupten.

Im klass. Alt. waren πυρός und *triticum* die gener. Namen für Nackt-W. (aber nicht Spelz-W., *→ far*), woneben aber auch die Namen σῖτος und *frumentum* im Sinne von »Korn« = Hauptgetreide = W. (vgl. franz. froment) die überschattende Rolle der Nackt-W. widerspiegeln. Im Griech. läßt sich unter πυρός eine Unterscheidung zw. πυρὸς σεμιδαλίτης (< σεμίδαλις = Gries) und πυρὸς σητάνιος (? < σῆτες = diesjährig) oder σιτάνιος, σιτανίας (? < σῖτος) oder ἀλευρίτης (< ἄλευρον = Mehl) feststellen, welche zwar anf. nur auf dem Unterschied zwischen Herbst- und Frühjahrsaussaat zu beruhen scheint, später aber hauptsächlich die tetraploiden »Gries-« von den hexaploiden »Mehl-« oder Brot-W. trennt. Im Lat. bedeutet *triticum* im engeren Sinne den somit durchaus als Haupt-W. bezeichneten Gries- oder Hart-W., während der bes. in der Kaiserzeit weitaus bevorzugte hexaploide Brot-W. *siligo* heißt. Diese lat. Unterscheidung stimmte also mit der griech. urspr. nicht überein, obgleich Columellas *trimestre* als Unterart von *siligo* wahrscheinl. den Schluß zuläßt, daß auch in Italien zur Frühjahrsaussaat der hexaploide W. Benutzung fand. Die allmähliche Ausdehnung des Brot-W. auch auf die Herbstaussaat bestätigt aber, daß der ursprünglich weniger winterfeste und ertragreiche aber von jeher bevorzugte hexaploide W. im Laufe der Z. durch Fortschritte in der Züchtung immer konkurrenzfähiger wurde, bis er sich in der Neuzeit den überaus größten Teil der Welt-W.-Ernte erobern konnte. L. A. M.

N. Jasny Wheats of Class. Antiquity, 1944. *L.A.Moritz*, CQ N.S. 5, 1955, 129–141.

Wels, σίλουρος (zum Namen Athen. 7,287b), *silurus*, meist der Silurus glanis, einer der größten Süßwasserfische Europas, u.a. in Main, Donau und Dnjepr heimisch (Plin. nat. 9,44f.), weniger sicher in der Mosel nachzuweisen (Auson. Mos. 135ff. und HOSIUS z. St.), nicht in griech. und kleinasiat. Flüssen. Den Griechen war er bis zum 4. Jh. unbekannt (zuerst Sopatros bei Athen. 6,230e; in Rom seit Lucil. 54 M.); Verwechslung mit dem Stör oder Sterlett *(→ acipenser)* ist nicht immer auszuschließen. Der W. ist ein Raubfisch und Allesfresser, der auch Aas nicht verschmäht, nach Plin. 9,45 sogar lebende Pferde unter Wasser ziehen soll. Wo er vorkam, wurde er gefangen und gegessen bzw. zum Versand eingepökelt; sein Fleisch war billig und nicht sehr geschätzt (Athen. 6,230e. Iuv. 14,132 und FRIEDLAENDER z.St.; vgl. Dioskur. 2,29). Wegen der Größe des Tieres (bis 3 m lang, bis 250 kg schwer) war der Fang oft schwierig (Einsatz von Gespannen zur Bergung: Plin. 9,45. Ail. nat. 14,25). Über med. Verwendung Plin. 32,90. 104. – Zwei andere W.-Arten, der Aal-W. (Silurus anguillaris) und der Zitter-W. (Sil. electricus) waren im Nilgebiet verbreitet (Plin. 5,51. 9,44); eine Relief-Darstellung des ersteren bei KELLER 331 Fig. 118. W. R.

H.O.Lenz Zool. d. alten Griechen u. Römer, 1856, 485f. *O.Keller* Ant. Tierwelt 2, 1913, 372f. *D'Arcy W. Thompson* Glossary of Greek Fishes, 1947, 233ff. *Schrader-Nehring*, Reallex. d. idg. Alt. 2², 1923, 651f.

Weltalter. Die Vorstellung einer Abfolge wesensverschiedener Menscheng(eschlechter) findet sich zuerst bei Hesiod Erga 106–201. Die dortige Benennung dieser G. als golden (unter → Kronos), silbern, ehern, Heroen, eisern verbindet eine (wertende) Metallreihe mit dem Gegensatz Heroen – Jetztzeit. Ziel des Mythos ist die Voraussage des Untergangs des eisernen G., der dann eintreten wird, wenn Sitte und natürliche Bindungen nicht mehr gelten, so daß die Göttinnen → Aidos und → Nemesis von der Erde fliehen werden.

Der bei Hesiod deutliche eschatolog. Aspekt fehlt den (spielerischen) Gestaltungen des Mythos bei Arat. Phain. 96ff. (Verstirnung der Parthenos = Dike aufgrund des frevelhaften ehernen G.) und Ov. met. 1,89ff. (wo Kulturentwicklung und Sittenverfall verbunden sind und – nach Arat – auch das Motiv der die Erde verlassenden Virgo Astraea [→ Astraia] vorkommt); er ist jedoch in Ps.-Sen. Octavia 391ff. offenbar gegeben, wo sich die Vorstellung der alternden und nach ihrem Untergang wieder erneuerten Welt mit dem Mythos der degenerierenden G. verbunden zeigt. In den Orac. Sibyllina 1,65ff. entsprachen den 5 G. bis zur → Sintflut ursprünglich die 5 G. bis zur Vernichtung durch das Feuer. Zu verweisen ist auch auf die vom Buche Daniel ausgehende eschatolog. Verwendung der Reihe der Weltreiche. H. Sch.

Seeliger, Myth. Lex. 6,375ff. *B.Gatz* W., gold. Zt. u. sinnverwandte Vorstellungen, Hildesh. 1967 (Spudasmata 16). *H.Schwabl*, RE Suppl. XV.

Weltentstehungslehren, Weltschöpfung. 1. Ägypten. 2. Mesopotamien. 3. Kanaan. 4. Kleinasien. 5. Griechenland.

Alle bekannten ant. W. wurzeln offenbar in oriental. Vorstellungen, die in sich aber nicht einheitlich sind:

1. Äg. kannte 3 unterschiedliche Konzeptionen: a) In → Hermupolis (1) wurde W. verstanden als Vereinigung der »Achtheit«, der göttl. Wesen vor der Schöpfung. Dann tauchte aus der Urflut → Nun ein Urhügel auf, auf dem → Thot als Ibis das Ur-Ei legte, aus dem als erster Gott der Sonnengott → Re kam. Auch von der Geburt auf dem Lotos ist die Rede. b) In → Heliopolis (1) dachte man sich W. als Akt der Masturbation des nicht geschaffenen Urgottes Atum, der die Urelemente Schu »Luftraum« und Tefnut »Feuchte« zeugt. Als deren Kinder gelten Geb »Erde« und Nut »Himmel«, die durch Schu »Luft« getrennt werden. c) In → Memphis gilt der Gott Ptah (→ Phthas) als Schöpfer, indem er sich mit den Urgöttern Nun und Naunet (Urflut) der Achtheit verbindet. Er erschafft Atum und alle Kreatur, auch die Rechtsordnung des Landes usw., d.h. Schöpfung wird, wie überall im Orient, nicht als bloße Erschaffung der Materie verstanden, sondern umschließt die Weltordnung.

2. Auch in Mesop. sind eigentl. Schöpfungsmythen unbekannt (Ausnahme s. b), Berichte darüber nur in den myth. Einl. einzelner Dichtungen erhalten. a) In Sumer ist die Vorstellung uneinheitlich, man dachte an ein Urchaos als Mischung von Süß- u. Salzwasser, bei dem Himmel und Erde noch nicht voneinander getrennt sind. Diese Trennung vollzieht sich dann durch Herabsteigen der Erde vom Himmel oder durch die Befehlsübernahme eines der Götter über seinen Bereich, Himmel oder Erde. Das Hauptinteresse gehört der Erde, auf der zur Schöpfung auch die Einsetzung von Recht und Ordnung, von Kultur und Städten gehört. b) Die babylon. Vorstellung von der W. ist im großen Lehrgedicht *Enuma eliš* »Als droben« niedergelegt. Auch hier stehen am Anfang Apsû »Süßwasserozean« und → Tiāmat »Salzmeer«, aus deren Vereinigung die ersten Göttergenerationen entstehen. Apsû will diese, durch ihren Lärm gestört, vernichten, wird aber selbst von Ea umgebracht. Tiāmat will ihren Gatten rächen, wird aber schließlich samt ihren Monstern durch → Marduk besiegt, der aus ihrem Körper Himmelsgewölbe und Erdscheibe schafft, den Göttern ihren Platz zuweist, die Sterne an ihren Ort stellt und schließlich Ea zur Erschaffung des Menschen ermutigt. Auf das *Enuma eliš* sind die Berichte des → Damaskios (περὶ τῶν πρώτων ἀρχῶν 125 RUELLE) und → Berossos (FGrH 680) zurückzuführen.

3. Während in → Ugarit kein Text zur W. gefunden wurde, dort allerdings → El als »Vater des Weltberges« (Atlas) galt (s. H. GESE Religionen Altsyriens, 1970, 103), sind phoinik. Kosmogonien bekannt: a) Damaskios berichtet von der Lehre des Mochos (FGrH 784), nach der Himmel und Erde aus dem zerbrechenden Weltei entstanden sind, und b) von der sidon. Kosmogonie des Eudemos, die von einer Vermischung von Pothos »Verlangen« und Omichle »Dunkelheit« ausgeht, die in Aer und Aura die geistigen Prinzipien der Schöpfung hervorbringen. c) → Herennios Philon von Byblos (Eus. Praep. ev. 1,10,1ff.) überliefert die Lehre des → Sanchuniathon: Am Anf. stand wässriges Chaos, das durch Selbstbegattung (Pothos) ein Urei, eine gallertartige Substanz schafft, aus dem auch Sonne, Mond und Gestirne entstehen. Die folgende Z. der Auseinandersetzung der Elemente durch Hitze, Winde und Gewitter erweckt auch die zunächst ohne Bewußtsein ge-

schaffenen »Himmelsbeschauer« zum Leben, zu bewußten Wesen. d) Die W. des A.T. (Gen. 1–2) steht in gleicher Tradition, nur daß hier die Schöpfung Werk eines Gottes ist, der durch sein Wort das Chaos scheidet und in 6 Tagen die Weltordnung und den Menschen schafft. Anspielungen auf die Überwindung eines Chaosdrachen Leviathan (Jes. 27,1. Ps. 74,13ff.; 89,10. Hab. 3,8) nehmen ein schlecht bekanntes kanaan. Mythologem auf.

4. Hethit. Mythengut scheint direkt auf die griech. Vorstellungen eingewirkt zu haben. a) Der → Kumarbi-Mythos kennt 3 Göttergenerationen, die sich in der Herrschaft ablösen (Uranos-Kronos-Motiv), in der dritten K. selbst, der schließlich vom Wettergott bedroht ist. b) Ullikummi-Lied: U. ist ein Steinriese, der von Kumarbi gegen den Wettergott eingesetzt werden soll, deshalb auf die Schulter des Erde und Himmel haltenden Upelluri (Atlas-Motiv) gepflanzt wird. Der Wettergott entfernt ihn dort durch das Schneidewerkzeug, mit dem man früher Himmel und Erde trennte.

5. Kosmogonien werden auch im ant. Griechenland stets im Zusammenhang mit Theogonien berichtet. a) Homer (Il. 14,153ff.) kennt bereits das vorherrschende Schema des Sukzessionsmythos. → Okeanos ist der Ursprung, die Generationen → Uranos – → Kronos – → Zeus folgen einander. Auch der Trennungsmythos von Erde und Himmel mit der Gestalt des beide auseinanderhaltenden Atlas ist bekannt (Od. 1,51). b) Hesiod hat in der *ϑεογονία* den Sukzessionsmythos ausgebaut: Die Urwesen → Chaos – → Gaia – → Eros stehen am Beginn der Schöpfung, ihnen folgen – jeweils als polare Glieder – → Erebos und → Nyx, → Aither und Hemere, ferner als die Uraniden Gaia und Uranos, die die → Titanen zeugen, unter ihnen Kronos, der seinen Vater entmannt, selbst aber schließlich von Zeus entmachtet wird. c) Ein Fragment des → Musaios (1; DIELS Vorsokr 2) läßt → Tartaros und → Nyx (vgl. Nun und Naunet in 1c) am Anf. stehen, während → Epimenides (nach Damaskios 124) Aer und Nyx als erste Prinzipien erklärt, aus denen der Tartaros entspringt. Ähnliche Vorstellungen finden sich bei → Pherekydes (2) und → Akusilaos. d) Die orphische Theogonie (Orph. frg. 60. 61. 70. 86; → Orph. Dichtung B) kennt als Urprinzip die Nacht, die nach Vermählung mit dem Winde ein silbernes Ei legt, aus dem Eros schlüpft, der nach anderer Tradition auch → Phanes genannt wird. Daneben ist auch (schon Eur. frg. 484) ein echter Trennungsmythos bekannt, der den Ursprung der Welt entweder über die Zwischenstufe einer aus Wasser und Erde gebildeten Schlange (→ Hellanikos nach Damaskios) oder als Ausscheidung von Himmel, Erde und Meer aus einer urspr. *μορφή* (Apoll. Rhod. 1,494ff.) erklärt. e) Das Denken der → Vorsokratiker kreist – teilweise bewußt im Gegensatz zur myth. Überlieferung (vgl. schon die [hellenisierten?] phoinik. Berichte 3 b. c.) – um die W. So steht nach → Anaximandros am Anf. »das Grenzenlose« (*τὸ ἄπειρον*), das ohne Alter ist, aus dem grenzenlos viele Welten wurden; → Demokritos (1) kennt ein »Ungeschieden-Vermischtes« (*μίαν ἔχειν ἰδέαν*), das durch Auseinandertreten der bisher vereinten Stoffe den Kosmos bildet; → Thales sieht den Ursprung (*ἡ ἀρχή*) im Feuchten, das sich in lebendiger Wandlung befindet, → Herakleitos (1) im Feuer und seinem ständigen Werden und Vergehen; → Anaximenes (1) lehrt als Urelement die Luft. → Parmenides schließlich erklärt den Gedanken der W. als Fiktion (Akosmismus), da das »Sein« (*εἶναι*) Ewigkeit und durchgängige Homogenität habe, somit als unveränderliche und gleichartige Weltkugel zu verstehen sei. Hier ist mit dem scheinbar dem Weltei entsprechenden Bilde das Gegenteil, die Unteilbarkeit, zum Ausdruck gebracht. W. Rö.

Lit.: *H. Gunkel* Schöpfung u. Chaos in Urzeit u. Endzeit, 1898. *W. Staudacher* Die Trennung v. Himmel u. Erde, 1942. *U. Hölscher*, H 81, 1953, 257ff. 385ff. *G.S. Kirk–J.E. Raven* The Presocratic Philosophers, 1957. *O. Eissfeldt, H. Schwabl u.a.*, in: Eléments orientaux dans la religion greque ancienne, 1960. *H. Schwabl*, RE Suppl. IX 1433ff. *A. Heubeck, A. Lesky u.a.*, in: Hesiod. Wege d. Forschg. 44, 1966. Quellen des Alten Orients. 1: Die Schöpfungsmythen, 1964.

Weltwunder. Die sieben W., großartige menschl. Leistungen, die sich durch techn. Können und auch durch künstler. Schönheit auszeichnen, seit dem 3. Jh. v. Chr. in zahlreichen voneinander abweichenden Listen in wechselnder Reihenfolge zusammengestellt (Ursprung umstritten). Meist werden die äg. → Pyramide(n), die Mauern → Babylons, die hängenden Gärten der → Semiramis, → Pheidias' Goldelfenbeinstatue des Zeus in Olympia, das → Maussolleion (1) in Halikarnaß, der Artemistempel in → Ephesos und → Chares' (4) kolossale Bronzestatue des Helios auf Rhodos aufgeführt, seltener das äg. → Theben (3), der Palast des Kyros (in Ekbatana?), der Leuchtturm auf → Pharos oder der Hörneraltar von Delos. Aus Sonderinteresse wird anderes genannt: z.B. das Kapitol (Ps.-Beda), bei den Christen die Arche Noah und der Tempel Salomos (Greg. Tur. MGSS r. Merov. 1[2], 857ff.), auch als achtes W. hinzugefügt: Rom (Cassiod. var. 7,15), die Hagia Sophia (cod. Ambros. C 222f. 180c) oder im Vergleich neben oder über die bekannten W. gestellt (Martial. epigr. 1: *amphitheatrum Flavianum*).
C. J. C.

1. Philon (15) v. Byzantion, *περὶ τῶν ἑπτὰ ϑεαμάτων* (ed. *J.C. Orelli*, 1816, mit d. Paralleltexten; *R. Hercher*, 1858 [mit Ail. nat.]). 2. *H. Schott* De septem orbis spectaculis quaest., Diss. München 1891. 3. *F. Krischen* W. d. Baukunst, Tübingen 1956. 4. *J. Łanowski*, RE Suppl. X 1020–1030. 5. *M. Dawid* W. d. Ant., 1968.

Wendehals, *ἴυγξ*, *κίναιδος* (Gal. 12,740. 800), *κιναίδιον* (Hesych.), *iunx* (Laev. frg. 27,3) *iynx* (Plin.), *frutilla* (Gloss. Labb.), aus der Familie der Spechte, auffallend u.a. durch die Stellung seiner Zehen und die außergewöhnliche Wendigkeit des Halses (Aristot. hist. an. 504 a 12ff.; part. an. 695 a 23. Plin. nat. 11,256. Ail. nat. 6,19). In Italien wohl seltener als h., in Griechenland häufiger vertreten, hatte der Vogel fast nur im Liebeszauber Bedeutung, und zwar seit früher Zeit. Schon Pind. (N. 4,35), Aischyl. (Pers. 987) u.a. verwenden ἴυγξ abstrakt als »Sehnsucht« oder »Anziehungskraft«. Man rief den Vogel um Hilfe in Liebesdingen an (Theokr. 2. Anth. Pal. 5,204) oder band ihn (oder ein Substrat, z.B. aus Wolle) auf ein Rad (ῥόμβος), das man drehte (Sch. Pind. P. 4,214. Prop. 2,28,35. 3,6,26. Ov. am. 1,8,7 u.a.). Nach Pind. P. a.O. hatte Aphrodite selbst ihn als Liebeshelfer für Iason vom Olymp geholt ἐν ἀλύτῳ ζεύξαισα κύκλῳ (Iason und der W. auch auf einer bei KELLER 54 abgebildeten Berliner Gemme); der mag. Brauch war also alt. Jüngere Erfindung scheint die von Kallimachos erzählte Sage (frg. 685 Pf.) zu sein, nach der die Eos-Tochter Iynx von Hera in den Vogel verwandelt wurde, weil sie Zeus durch Liebeszauber hatte verführen wollen. W. R.

O. *Keller* Ant. Tierwelt 2,52ff.

Wep-wawet, äg. *Wp-wȝw.t* »Wegöffner«, griech. in Eigennamen – οφωις, äg. Gott, entweder mit Menschenkörper und Hundekopf oder als stehender Hund dargestellt. Urspr. eine Standarte, die dem König vorangetragen wurde (und die vielleicht auf ein echtes Tier – Jagdhund – im Gefolge des vorgeschichtl. Häuptlings zurückgeht), verehrte man W. später bes. in Assiut in Mitteläg., welche Stadt die Griechen daher → Lykonpolis (Stadt der Wölfe) nannten. Er ist abzusetzen vom liegenden Hund → Anubis, dem Nekropolenwächter. W. führt auch später das Geleit der Schutzstandarten des Königs an, wobei häufig eine Verdoppelung in oberäg. und unteräg. W. erfolgt. W. spielte eine wichtige Rolle im Jubiläumsfest (Sed-Fest) des Königs, indem das Aufpflanzen der Standarte des W. den erneuten Herrschaftsbeginn bezeichnete. Daher gilt W. auch als myth. Bild des Thronfolgers; es entwickelt sich in Abydos im Zusammenhang mit dem Begräbnis des → Osiris (: toten Vorgängers) aus der Hauptszene des Jubiläumsfestes ein »Fest des W.«. Diod. 1,18 bezeichnet W. als Makedonen, was seine krieger. Eigenschaften hervorhebt. Man stellt ihn dann mit griech. Panzer dar. Dabei heißt er Sohn des Osiris und Bruder des Anubis. Die Verehrung des W. in Assiut führte dort zur Anlage großer Nekropolen für Hunde, Wölfe und Schakale, die als Verkörperungen des W. galten. W. H.

Werkzeuge. Sie (τὰ σκεύη: Poll. 10,112. 146; τὸ ἐργαλεῖον: Lukian. Iup. conf. 11. Hdt. 3,131: Arzt; τὸ ὄργανον: Lukian. par. 17; *instrumentum:* Phaedr. 4,4,24; *ferramentum:* Cato agr. 10,3) werden in der Folge für Metall-, Stein-, Holzbearbeitung behandelt. Der Hammer hatte viele Formen; σφῦρα, → *malleus*, war sowohl der Doppelhammer des Grobschmiedes am Amboß (Hdt. 1,68. Fronto p. 59,7 v.d.H.) als auch der des Goldschmiedes (Hom. Od. 3,434. Isid. orig. 19,7, 2), Ziseleurs (Petron. 51,4), Bauern beim Zerkleinern der Schollen (Anth. Pal. 6,104,2). Der große Schmiedehammer hieß ῥαιστήρ (Hom. Il. 18, 477); die κροταφίς hatte ein spitzes und ein breites Kopfende (Poll. 10,183). Der eiserne Kopf war gehärtet (Plin. nat. 34,144), der Stiel aus Holz (Plin. nat. 16,230). – Der Amboß, ἄκμων, *incus* (Hdt. 1,68. Verg. georg. 2,540), hatte an den Enden je einen kegelförmigen und einen scharfkantigen Absatz und stand auf einem hölzernen Untersatz (Hom. Il. 18,410. 476). – Der Blasebalg, φῦσα, → *follis* (Hom. Il. 18,470. Cic. nat. 1,54), bestand aus Holzrahmen (Auson. p. 131,267–269 P.) und ledernem Balg (Hor. s. 1,4,19). Das Windloch, welches die Luft in den Balg einströmen ließ, wenn die beiden Rahmen auseinandergezogen wurden, verschloß beim Zusammendrücken eine Klappe, *parma*, aus Tuch oder Schaffell. Der Ausströmkanal hieß ἀκροφύσιον (Eust. Hom. Il. 18, 470). – Die Zange, πυράγρα, → *forceps* (Hom. Il. 18,477. Verg. Aen. 12,404), wurde in verschiedenen Formen vom Schmied (Ov. met. 12,277), Goldschmied (Anth. Pal. 6,92,3), Zahnarzt (Lucil. 405 K. Cels. 7,12,1 B) benutzt. – Die Schere, → *forfex* (Cels. 7,21,1), diente zum Haarschneiden (Martial. 7,95,12), zur Schafschur (Varro rust. 2,116ff.) usw. – Vornehmlich beim Holzfällen (Verg. Aen. 6,180) und -bearbeiten fanden Axt bzw. Beil, πέλεκυς, *securis* (Plin. nat. 16,188), Verwendung. Mit einseitiger Schärfe hieß sie πέλεκυς ἑτερόστομος (Poll. 1,137); hatte sie auf der anderen Seite statt eines breiten Kopfes eine Spitze, nannte man sie wohl *dolabrata* (Pallad. 1,43,3). Mit der Doppelaxt, ἀξίνη, → *bipennis, ferrum anceps* (Isid. orig. 19,19,11), wurde Holz gespalten (Xen. an. 1,5,12). Das Hohlbeil, σκέπαρνον (Hom. Od. 5,237), diente zur feineren Arbeit und war mit einer Art der → *ascia* (Plin. nat. 7,198) ident.; wie → Lykurgos (4) das σκέπαρνον für das Glätten der Deckenkassetten verbot (Plut. mor. 997c), so das Zwölftafelgesetz die *ascia* für das Glätten des Scheiterhaufenholzes (Cic. leg. 2,59). Die → *dolabra* war der *ascia* ähnlich, hatte aber einen längeren Stiel (vgl. Iuv. 8,248). Der Kopf trug auf der einen Seite eine Schneide, auf der anderen eine leicht gewinkelte Spitze; leicht abgewandelt, benutzten sie auch Bergleute und Steinarbeiter (Isid. orig. 19,19,11). – Messer zum Schnitzen, σμίλη (Aristoph. Thesm. 771), und Rasieren (Plin. nat. 7,211) hießen bei den Römern → *scalprum* (Tac. ann. 5, 8). – Sie Säge, πρίων, → *serra* (Poll. 7,113. Lucr. 2, 410), hatte ein Blatt, ταρσός, *lamina* (Verg. georg. 1,143), mit Zähnen, ὀδόντες, *dentes* (Theophr. h. plant. 5,6,3. Ov. met. 8,246), die geschränkt wurden. Für Holz gab es die Klobensäge mit einem Holzgestell und 2 Griffen, in welche das Blatt eingespannt wurde (Aristoph. Vesp. 694), die Bügelsäge mit dem Blatt zwischen den Enden eines gekrümmten Holzes (Anth. Pal. 6,204,2) und die Stichsäge, → *lupus* (2; Pallad. 1,43,2), die nur einseitig einen Griff trug. Steinsägen arbeiteten mit Zähnen oder Sand (Vitr. 2,7,1. Plin. nat. 36,51. 159). – Handbohrer hießen *τρύπανον, τέρετρον* (Hom. Od. 9,384. 5,246), → *terebra* (Colum. 4,29, 15f.). Den Drillbohrer kannten schon die Ägypter; er wurde durch die Schnur eines Bogens bewegt (Hom. Od. 9,384ff. Eur. Cycl. 460ff.), hieß *ἀρίς* und wurde auch vom Arzt zum Trepanieren benutzt (Cels. 8,3,1: *χοινικίς*); für das Gemmenschneiden (Plin. nat. 37,200) und die Metallbearbeitung war er wichtig. – Der Hobel, *ῥυκάνη, runcina* (Anth. Pal. 6,204,3. Varro l. l. 6,96), mit dem Eisen, *ξίφη* (Hesych. s. v.), lat. viell. *plana* (Arnob. 6,14), glich dem modernen. – Die Feile, *ῥίνη*, → *lima* (Anth. Pal. 6,205,2. Isid. orig. 19,7,4) bzw. *scobina* (für Holz: Varro l. l. 7,68), begegnet in der Holz- (Poll. 10,146. Plin. nat. 13,40), Metallbearbeitung (Xen. Kyr. 6,2,33. Vitr. 7,11,1), beim Gemmenschneiden (Plin. nat. 37,109). Hölzerne Werkstücke konnten durch Nägel, *ἧλοι, clavi* (Anth. Pal. 6,96,5. Plin. nat. 35,182), verbunden werden, die aus Eisen (Caes. Gall. 3,13,4), Bronze (Plin. nat. 16,51), Kupfer (Pallad. 15,18), Silber (Plut. Alex. 40) geschmiedet wurden. – Klammern, *βλῆτρον* (Eust. Hom. Il. 15,678) bzw. *ἁρμονία* (Hom. Od. 5,248), *ansa* (Vitr. 2,8,4) bzw. *catena* (Vitr. 7,3,1: Klammerholz; die Verbindung *catenatio:* Vitr. 2,9,11) waren aus Holz oder Metall; Klammerbänder im horizontalen Steinverband bestanden aus Eisen (Thuk. 1,93) oder Bronze und waren in Blei gebettet. – Vom Meißel, *σμίλη, scalprum* (Anth. Pal. 7,429.3. Liv. 27,49,1), sind zwar Namen (Lukian. somn. 13), kaum aber die jeweiligen Formen bekannt. – Ähnlich waren die Zahneisen, *ξοΐδες χαρακταί*, der Bildhauer und Steinmetzen; sie hatten meist 5 breite Zähne, mit denen Ungleichheiten des Werkstückes weggenommen wurden. Man trieb sie mit Schlägeln, *κολαπτῆρες*. Zum Schleifen von Metall (Verg. Aen. 7,627) und Stein (Plin. nat. 36,53f.) benutzte man den Schleifstein, *cos* (Hor. c. 2,8,16). – Die Wirkung des Hebels (Vitr. 10,3,2ff.) steigerte man über Flaschenzüge (Vitr. 10,2,1–14) und Schrauben (Plin. nat. 18,317), auf deren Prinzip auch die äg. Schraube beruhte (Vitr. 10,6,1ff.). – Das Sieb bestand aus Leinwand (Poll. 6,74) oder Roßhaar (Plin. nat. 18,108). – Der Pinsel, *γραφίς, penicillus* (Anth. Pal. 16,32. 36. Cic. or. 74), wurde aus Borsten, *saeta* (Plin. nat. 33,122), gefertigt. W.Kre.

Blümner Techn. 4,529 (Register). *Fr. M. Feldhaus* Die Technik der Vorzeit, der gesch. Z. und der Naturvölker, München ²1965. *A. Neuburger* Die Technik des Alt., Lpz.³ o.J.

Wermut (*ἀψίνθιον*, auch *ἡ ἄψινθος* und *ἀψινθία. absinthum* [seit Plaut. Trin. 935]). Mehrere der ca. 200 weit verbreiteten Arten → Artemisia (3; Fam. Compositae) sind seit ant. Z. geschätzte Heil- und Gewürzpflanzen. Artemisia absinthum L., an seiner Stelle auf dem griech. Festland A. arborescens L., ist ein gelbblühendes, krautiges, bis zu 1,20 m hohes Gewächs mit lanzettförmigen, weißgrau behaarten Blättern. Der beste W. kam aus Kappadokien und dem Pontos. Reich an Aroma- und Bitterstoffen wurde W., allein oder in Verbindung mit anderen Zutaten, eines der wichtigsten adstringierenden und purgierenden Medikamente des Alt. (*herba ... inter paucas utilissima* Plin. nat. 27,45), angewendet vor allem innerlich bei zahlreichen Erkrankungen der Verdauungsorgane, äußerlich als Absud in Umschlägen gegen Entzündungen, Geschwüre und Verletzungen aller Art. Wichtigste Belege: Dioskur. 3,23. Plin. 27,45–52; unzählige Einzelerwähnungen seit Hippokr. Morb. 3,11; Int. 52; Mul. 1,74. 78 u.ö. – Mit W. wurde auch ein Würzwein, *ἀψινθίτης* (sc. *οἶνος*) bereitet (Dioskur. a.O. Plin. a.O. und 14,109. Colum. 12,35), der bes. im n.w. Kleinasien und in Thrakien beliebt war, aber auch andernorts (als Arznei) verwendet wurde (Dioskur. 5,49f.). H. Gä.

M. Schuster, RE VIII A 1553ff.

Wespe (*ὁ σφήξ, vespa*); mehrere Familien der Hautflügler, vor allem die gesellig lebende (Aristot. hist. an. 1,488a 10 u.a.) Papier-W., auf die die meisten ant. Erwähnungen passen. Ihre Lebensweise ist in der → Zoologie sorgfältig beobachtet und beschrieben worden (Hauptstellen: Aristot. a.O. 5,554b 22ff.; gen. an. 3,758b 18ff. [Aristot.] hist. an. 9,628a 1ff. Plin. nat. 11,70ff.). [Aristot.] a.O. 628b 21ff. unterscheidet »zahme« und »wilde« W.; die letzteren sind viell. Feld-W. oder Verwandte; sie werden als seltener, größer, meist in Felsen lebend geschildert. Aristot. zählt die W. zu den blutleeren, geflügelten Nichtatmern. Enge Verwandtschaft mit den → Bienen wird oft betont, beide vielfach gemeinsam genannt, seltener mit den zu den W. gehörenden Hornissen (*ἀνθρήνη, ἀνθρηδών, crabro*). Wie bei den Bienen unterschied man bei den W. Arbeiterinnen (*ἐργάται*), Weisel (*ἡγεμόνες, μῆτραι*) und Drohnen (*κηφῆνες*) und kannte sehr genau ihre Arbeitsorganisation (sie zählten zu den *ἐργατικώτατα ζῷα*, [Aristot.] a.O. 622b 21). Neben pflanzl. Nahrung kennen sie auch tierische (bes. Insekten: [Aristot.] 623b 23ff. 628b 9. Plin. 11,72), angebl. auch Schlangenfleisch, wodurch ihr Stich gefährlicher wird (Plin. 11,281. Ail. nat. 5,15. 9,15); dasselbe tritt ein, wenn sie Schlangen stechen (Ail. 5,16). Nicht alle W. sollen einen Stachel haben; ob die Weisel bewehrt sind, galt den Peripatetikern als zweifelhaft; Spätere bestreiten es und schließen daraus, daß die Weisel keine »Tyrannen« sind ([Aristot.] 628a 28ff. Plin. 11,74. Ail. 5,15). Als Feinde der Bienen waren sie gefürchtet (Verg. georg. 4,245. Colum. 9,14,10. Plin. 11,61 u.a.). Allg. galten sie als angriffslustig und reizbar (Hom. Il. 12,167ff. [hübsche Schilderung]. 16,259. Aristoph. Vesp. 404f. Kall. frg. 191,27 Pf.), weshalb sie zum Symbol für die att. Volksrichter (Aristoph. Vesp.) und für aggressive Dichter (Anth. Pal. 7,71. 405. 408) wurden. Zu ihrer Abwehr und zur Heilung ihrer Stiche dienten viele pflanzl. Mittel (s. Plin. Ind. s. *vespa*. Geop. Ind. s. *σφῆκες*. Gal. 12, 300. 14,91). – Die W. in der Fabel: Aisop. 215. 504. 556. 598 Perry. – Verbreiteter Wunderglaube ließ W. aus Pferdeleichen entstehen wie Bienen aus Rinderleichen (Plin. 11,70. Ail. 1,28). W. R.

O. Keller Ant. Tierwelt 2, 1913, 431 ff. – Vgl. demnächst *W. Richter*, RE Suppl. XV.

Westgoten (*Vesegothae*, *Visig.*; *Visi*– H. A. Claud. 6. Iord. Get. 82. 98; → Tervingi), seit etwa 260 n. Chr. von den → Ostgoten getrennt auftretende, aber stets in Beziehungen bleibende Stämme der → Goti. Die W. siedelten n. der unteren Donau (w. bis Olt, n. bis Dnestr). 332 *foedus* der W. mit → Constantinus (1); 348 Flucht chr. W. unter → Ulfila in das röm. Reich. Um 370 kam es zu weiterer Christenverfolgung und zum Konflikt zw. Athanarich (erster bekannter gemeinsamer Anführer der W. – *iudex*?) und → Fritigern. 376 trat das Gros, nun unter Fritigern, auf röm. Boden über. Nach Zeiten der Wanderung (dabei ethn. Veränderung) auf dem Balkan, in Italien und Gallien (→ Alaricus, → Athaulf, → Sigericus, → Vallia) kam es 418 zur Landnahme der W. in der Aquitania II, dann zur Gründung eines seit 439 souveränen, seine größte Ausdehnung (in Gallien und Spanien) um 475 erreichenden Staates (vgl. → Theoderich 1. 2, → Thorismud 2, → Euricus, → Alaricus 2, → Amalaricus, → Theudis). Nach dem Verlust der Residenz → Tolosa (507) blieb den W. in Gallien bald nur die Septimania (≈ Narbonensis I), wanderte ihr Gros nach Spanien. Dort siedelten die stets nur eine dünne Schicht bildenden und auch daher die eigene Sprache (zuletzt für ca. 450 gesichert) mit der Z. aufgebenden W. (zuverlässige Zahlen existieren nicht) überwiegend in Kastilien. Dies läßt sich mit Vorsicht aus den noch ungenügend erforschten westgotenzeitl. Reihengräbern (nur bis ca. 550 mit Beigaben), einigen Kirchen (7. Jh.) und Ortsnamen erschließen. Residenz der Könige des bis zur Niederlage gegen die Araber (711/12) bestehenden Reiches war zunächst meist Merida, seit 580 Toledo (weitere Zentren z. B. Sevilla, Zaragoza). Einen Aufschwung erlebten die W. unter den Königen Leovigild (erste Goldmz. mit Königsbild) und Reccared (568–601); 625 eroberten sie die letzten (seit 552 bestehenden) oström. Besitzungen.

Bedrängt wurden die Könige häufig aus den Reihen des auch durch Großgrundbesitz mächtigen »Adels« (nie Stand im Rechtssinne!), dessen Rechte im Einzelnen nicht festgelegt waren (Hofämter teils erst im 7. Jh. belegt). Soziale Abstufungen bei den W. sind seit ca. 450 faßbar. Auf das 5. Jh. geht viell. auch die im 7. Jh. fixierte Heeresordnung zurück. Neben den Gesetzen für die W. (→ Euricus; ferner Leges Visigoth. – MGLeges I 1) gab es zeitweise eigene Gesetze für die Romanen (→ Alaricus 2), mit welchen die W. ungeachtet der religiösen Gegensätze meist gut auskamen. Die Verschmelzung mit den Romanen (man beachte → Isidoros 8) wurde wesentlich gefördert, als die seit 376 überwiegend christianisierten, jedoch arian. W. (vgl. → Ulfila; von arian. Kirche fast nichts bekannt) gegen 590 katholisch wurden. Es ergaben sich nun enge Verflechtungen zw. Staat und Kirche. In das 7. Jh. gehört die Blüte der ausschließlich lat. Lit. im W.-Reich. Von den geringen Resten der Kunst des 5.–7. Jh.s finden sich lediglich in der Kleinkunst germ. Elemente. A. L.

D. Claude Gesch. d. W., 1970. *Ders.* Adel, Kirche u. Königtum im W.-reich, 1971. *R. Hachmann* Die Goten u. Skandinavien, 1970 (dazu *N. Wagner*, Anz. f. d. dt. Alt. u. Lit. 84, 1973). *P. D. King* Law and Society in the Visigothic Kingdom, 1972. *P. Scardigli* Die Goten, 1972. *K. Schäferdieck* Die Kirche i. d. Reichen d. W. u. Suewen, 1967. *K. F. Stroheker* Germanentum u. Spätant., 1965, 134 ff.; → Goti.

Wetterzeichen. Die ält. Wetterprognosen überhaupt finden sich vereinzelt in den Omina-Slg.en der Bibl. Assurbanipals (668–626 v. Chr.), aber das systemat. Studium der Erscheinungen, die geeignet sind, meteorolog. Geschehnisse (Witterung, Regen, Temperatur-, Wind- und Seeverhältnisse, Trockenheit, Ernteergiebigkeit usw.) anzukündigen, begegnet erst in der griech. Lit. Schon Hesiod (erg., passim) nennt verschiedene Tiere, die zu festen Terminen den Wechsel der Jahreszeiten anzeigen: V. 448 Kranich, 486 Kukkuck, 568 Schwalbe usw. → Meton (2) und → Euktemon haben das Verdienst, eine solche Praesagialehre mit einem Kalender in Verbindung gebracht zu haben, der für einen Zyklus von 19 Jahren die heliak. Sternphasen und die dazu gehörigen, mit bloßem *ἐπισημαίνει* bezeichneten Wetteränderungsvermerke angibt. Bei → Demokritos (Diels Vorsokr 68 B 14; Zusatz bei St. Weinstock, JRS 1948, 37) wird bereits die Form des → Parapegmas dazu verwendet. Ähnliche Steckkalender mit zahlreichen Episemasien wurden für verschiedene Städte, jedoch ohne ernste Berücksichtigung der lokalen Wetterverhältnisse, von → Philippos (Nachtrag Bd. V) von Opus (Ptol. phas. passim), → Eudoxos (1; F 129–[269] Lasserre) und → Kallippos (5; Ptol. a. O.) verfertigt. Philippos berief sich wahrscheinl. als erster auf »chaldäische« Weisheit (aus [Plat.] epin. 986e–987a und Ind. acad. III 40 rückerschlossen; vgl. Eudox. F 343 über *Chaldaeorum monstra*), Eudoxos auf äg. (B. van der Waerden Die »Ägypter« u. d. »Chaldäer«, SHAW 1972, 5). Durch diese Kalender setzte sich die Vorstellung durch, der Fixstern in Verbindung mit Sonne und Mond »mache« das Wetter (Aristot. probl. 26).

Seit dem Ende des 4. Jh.s werden sie durch Sammelkalender nach dem Muster der ps.-eudox. Octaeteris ersetzt (LASSERRE zu Eudox. F 129 bis 137), deren letzter wichtiger griech. Ausläufer Ptol. Phaseis sind (s. [1]). Erst in Alexandreia entwickelte sich diese Art Wetterprognose durch äg. Einfluß zum monotonen Schema der nach Monaten oder Zeichen abgehandelten Menologien und Selenodromien, das sich bis zum MA. in griech. sowie lat. (E. SVENBERG Lunaria et zodiologia lat., 1963) Fassungen behauptet: Seismologien, Kerauno- und Brontologien, Toxologien (Regenbogenomina) usw. Andererseits kennt man, unabhängig von Kalendern, durch Ps.-Theophr. de sign., Arat. 733–1154 und anon. Semeiologien (CCAG 8,1,134. 11,2,180) eine wissenschaftl. Theorie aristotel. Ursprungs über W., die durch Tiere geliefert werden (Positionen, Flug, Geschrei, usw.) sowie durch das Aussehen des Himmels (Bewölkung, Nebel usw.), der Sonne und des Mondes (Farbe, Halo usw.). Auf Empirie gegründet, vermittelt sie eine Vorstellung von der hohen Qualität der Beobachtungs- und Klassifizierungsmethode, wie sie im Kreise des Peripatos entwickelt wurde. F. L.

Lit.: 1. *F. Boll* Griech. Kalender 1–5, 1910/20. 2. *E. Pfeiffer* Gestirne u. Wetter im griech. Volksglauben und b. d. Vorsokr., 1915. 3. *Ders.* Stud. z. ant. Sternglauben, 1916. 4. *E. S. McCartney*, CW 20, 1926/27, 43 ff. 51 ff. 22, 1928/1929, 25 ff. 33 ff. 23, 1929/30, 2 ff. 11 ff. 25, 1931/32, 183 ff. 200 ff. 212 ff. 5. *J. Röhr*, Philol. 83, 1928, 259–305. 6. *A. Rehm* Parapegmastudien 1941. 7. *R. Böker*, RE Suppl. IX 1609–1692.

Widmung (Dedikation) von Literaturwerken, seit dem 5./4. Jh. v. Chr. in Poesie und Prosa gebräuchl., im Epos und in der Geschichtsschreibung jedoch stets vermieden (eine Ausnahme z. B. Vell.). Nicht jeder Adressat einer Schrift oder eines Gedichts kann als Empfänger einer W. gelten: in Werken belehrenden, mahnenden oder tröstenden Inhalts – von Hes. erg. bis zu den *Consolationes* von Sen. – gehört die Anrede gewissermaßen zur Sache; dasselbe gilt für den literar. Brief (Hor., Plin. min.). Auch der Preis, das Enkomion (Pind., Kall.: »Die Locke der Berenike« usw.) ist keine W., und ebensowenig die Invokation eines Kaisers als eines Gottes (Verg. georg., Val. Max., Lucan., Val. Fl.). So bleibt als wirkl. W. die »Zueignung« eines Werks an einen Freund oder Gönner; ferner die Anrede, die nicht durch den Inhalt des Werkes bedingt ist (wie die Maecenas-Anrede Hor. c. 1,1). Älteste Beispiele: Dionysios Chalkus (Athen. 15,669 d–e; um 450 v. Chr.); Isokr. (Ad Nicoclen); Ps.-Isokr. (Ad Demonicum). Seit dem 3. Jh. v. Chr. wurde zumal in Fachschriften der vorausgeschickte W.sbrief übl. (Archim., Apoll. Perg.). Griech. W.sgedichte in der Anth. Pal. (4,1: Meleagros von Gadara, 4,2: Philippos). Die röm. Lit. birgt – wohl wegen des röm. Bedürfnisses, soz. Beziehungen zu pflegen – weit reicheres Material. Ein stereotypes Repertoire von Motiven bildete sich aus, z. B. der Topos, der Autor sei vom Empfänger aufgefordert worden, das Werk zu verfassen (seit Auct. ad Her., Cic. de or. 1,4 f.). Komplimente in den W.en spätrep. Aristokraten (Cic., Caes., Varro); Devotion in den W.en an Kaiser (Vitr., Plin. mai.). Ältestes röm. W.sgedicht: Catull. 1 (an Corn. Nepos). Stat. *(Silvae)* und Martial. schickten einzelnen Gedichtb. W.sbriefe in Prosa voraus (Stat. Silv. 4 pr.: *dedicare;* vgl. Phaedr. 3 pr. 30). Die Spätant. übernahm die kaiserzeitl. Formen, wobei sich die Intensität des Tones erhebl. steigerte (Beteuerung der »Unfähigkeit«; Entschuldigung für »schlechten« Stil; Berufung auf den »Zwang«, der vom Empfänger ausgegangen sei usw.). M. F.

J. Ruppert Quaestiones ad historiam dedicationis librorum pertinentes, Diss. Lpz. 1911. *T. Janson* Latin Prose Prefaces, 1964.

Wiedehopf, *ἔποψ, upupa* (zum Namen Aristoph. Av. 57 ff. Varro l.l. 5,75), zur Fam. der Hopfe (Upupidae) gehörig, in allen Mittelmeerländern verbreiteter Zugvogel (Plin. nat. 10,73). Beschreibungen bei Paus. 10,4,8 und Plin. 10,86; eher sagenhafte Aussagen bei Ail. nat. 3,26. Er nährt sich von Käfern, Larven, Würmern u. ä., bes. aus dem Tiermist, den er auch zum Nestbau verwendet (Ps.-Aristot. 9,616 a 35). So galt er als unappetitlicher und stinkender Vogel (Plin. 10, 44), daher auch als Feind der Bienen (OLCK, RE III 445). Sein Ruf bei Aristoph. Av. 227. 260 u. ö. Seine Besonderheiten regten die Volksphantasie stark an. Man sah in ihm einen verwandelten König oder Herren (Aristoph. a. O.; s. bes. die → Tereus-Sage) oder einen Wechselvogel (Aischyl. frg. 304 N.[2] [= 609 METTE] u. a.). Man glaubte ihn im Besitz einer Verschlüsse öffnenden Wunderpflanze *ἀδίαντον* (Ail. a. O.; vgl. Aristoph. Av. 92) und gab ihm Einfluß auf das Wachstum der Reben (Horapoll. 2,92). Sagenhaftes über die Pflege seiner Eltern bei Ail. a. O., seiner Jungen ebd. 3,26; vgl. noch Physiol. p. 246 L. W. R.

H. O. Lenz Zool. d. alten Griechen u. Römer, 1856, 311 ff. *E. Oder*, RhM 14, 1888, 541 ff. *O. Keller* Ant. Tierwelt 2, 1913, 60 ff. *D'Arcy W. Thompson* Glossary of Greek Birds, ²1936 (Nachdr. 1966), 95 ff. *M. Schuster*, RE VIII A 2108 ff.

Wiege (*λίκνον, cunae, cunabula*). Wiegen in heutiger Form mit halbrunden Kufen sind aus der Ant. nicht bekannt. Da man Bewegung zum Einschlafen der Kinder für günstig hielt, wurden bewegbare Möbel oder Gegenstände als Wiegenersatz verwendet. So werden Herakles und Iphikles von ihrer Mutter in einem aufgehängten Bronzeschild in den Schlaf gewiegt (Theokr. 24,4. 10). Auch die korbartige Getreideschwinge (*λίκνον*) bietet sich als bewegbares Kinderbett an, da der Boden gewölbt ist (Hom. h. Merc. 21. 150. G. M. A. RICHTER The Furniture of the Greeks, Etruscans and Romans, 1966, Abb. 338). Die Darstellung des Hermes im λίκνον auf einer Schale des Brygos-Malers (E. SIMON Die Götter der Griechen, 1969, Abb. 285) scheint schon eine Weiterentwicklung in Richtung auf ein tragbares Kinderbett zu sein. Auf einer Caeretaner Hydria (E. SIMON a. O. Abb. 284) liegt Hermes auf einem Kinderbett mit Rädern. S. O.

Wiesel, γαλῆ (γαλέα), *mustela* (meist Mustela vulgaris, daneben auch andere Marderverwandte). Zuw. wird γαλῆ mit ἴκτις, Steinmarder (Mustela foina) gleichgesetzt (Sch. Nik. Ther. 196. Plin. nat. 29,60), während Aristot. hist. an. 2,500b 24. Ps.-Aristot. ebd. 9,612b 10 beide unterscheiden. Als wildlebendes Tier *(m. rustica, silvestris)*, das nicht nur Schlangen, Mäuse, Echsen und dgl. frißt, sondern auch kleineres Geflügel reißt, wurde es mit Fallen (γαλεάγρα) gefangen oder mit Sympathiemitteln abgewehrt (Plin. 30,144. Geop. 13,3). Dagegen war es als Haustier (γαλῆ κατοικίδιος) zur Bekämpfung der Mäuse und als Spieltier sehr beliebt und wurde erst im späten Alt. von der → Katze verdrängt. Seinen unterschiedlichen Eigenschaften entsprechend konnte »W.« Kosenamen für Mädchen, Schimpfwort für faule Mägde und Bezeichnung raubgieriger Menschen sein; es galt auch als sprichwörtl. Stinker (Aristoph. Ach. 243; Plut. 693 m. Sch.). Als Opfertier konnte es das Ferkel vertreten (Aristoph. Eccl. 128). In der Mantik hatte es schlechte Bedeutung (Aristoph. ebd. 792. Theophr. char. 16; vgl. Diogen. 3,84; anders Plaut. Stich. 499ff.). Mit ihm verbindet sich eine Fülle absurder Vorstellungen (Empfängnis durch das Ohr, Geburt aus dem Maul des Muttertiers; W.-Schwanz schützt vor bellenden Hunden; Galle heilt Schlangenbisse; nach Kämpfen mit Schlangen stärkt sich das W. durch die Raute [πήγανον], usw.; s. STEIER, RE XVI 906f.). Verwandlung der → Galinthias in ein W.: o. Bd. II 678; das umgekehrte Motiv bei Fab. Aisop. 50 PERRY. Babr. 32; das W. überhaupt ein von Hekate verwandelter böser Mensch bei Ail. nat. 15,11; zur volkskundl. Deutung s. M. SCHUSTER, RE VIII A 2128f. W. R.

O. Keller Ant. Tierwelt 1, 1909, 164ff. *V. Hehn–O. Schrader* Kulturpflanzen und Haustiere, [8]1963, 465ff. 620.

Winde. Windrosen. 1. Archaische Vorstellungen, Windkulte. Bereits bei Homer ist eine Klassifikation der Winde in Verbindung mit der Seefahrt in der Ägäis bezeugt; jeder Name bezeichnet gleichzeitig eine Richtung und eine Windstärke. → Boreas ist ein mächtiger Wind (Od. 19, 200), der von Thrakien nach S. weht (Il. 9,5). Von S., ihm genau entgegengerichtet, bläst der → Notos (Od. 13,110f.), oftmals heftig. Der → Euros, gern mit dem Notos verbunden (Il. 2,145 u. ö.), ist als O.-Wind dem W.-Wind entgegengerichtet (Od. 5,332), aber die genaue Richtung dieser beiden Winde bleibt unbestimmt: Der Euros weht im allg. von SO. oder SSO., der → Zephyros von W. oder NW. Diese Ungenauigkeit, die beim W.-Wind, dessen Richtung genauer festliegt, weniger ausgeprägt ist, spiegelt die meteorolog. Gegebenheiten der Ägäis und der Schiffahrtswege nach Äg. und Großgriechenland wider (s. im Allg. A. STANGE Versuch einer Darstellung d. griech. Windverhältnisse u. ihrer Wirkungskreise, 1911, u. [1]). Während die Etym. für Boreas und Euros unsicher ist (FRISK 1,252f. 592), werden Notos mit dem Regen (ebd. 324f. und schon Favorinus bei Gell. 2,22,14) und Zephyros mit ζόφος in Verbindung gebracht, dem Land der Finsternis im Gegensatz zur Morgenröte (Hom. Od. 10,190, vgl. E. RISCH, MH 25, 1968, 205ff.). Abgesehen von dem ziemlich sicher idg. Notos (J. POKORNY Idg. etym. WB. 977), gehören die 3 anderen Namen wahrscheinl. zum vorgriech. Substrat (*ze-pu₂-ro*, bzw. *-ra* bereits in der myk. Onomastik belegt: PY Ea 56, Aa 61, Ad 664).

Die hom. Darstellung des → Aiolos, der alle Winde auf einer schwimmenden Insel gefangen hält (Od. 10,1ff.), bezeugt andererseits eine Myth., die mit einem Erdbild verbunden ist. Die Erscheinung ist aber sekundär. Die Personifikation oder Divinisation der Winde ist ihr notwendig vorausgegangen; das beweist die Tatsache, daß diese in der Odyssee als Söhne und Töchter des Aiolos dargestellt werden, ein Hinweis auf eine rudimentäre Myth. (vgl. auch R. STRÖMBERG The Aeolus episode and Greek wind magic, Göteb. Högsk. Årsskr. 56,3, 1950). Bei Hesiod entfaltet sich ihre Genealogie und wird um so bedeutsamer, je stärker er die volkstümlichen Vorstellungen von der Natur der Winde zu interpretieren sucht (darüber [4], 78ff.). So werden die verderblichen Winde als Söhne des → Typhoeus betrachtet (theog. 869ff.), während die Unwetter und Wirbelwinde durch die → Harpyien, die Töchter der Meergottheit → Elektra (1; theog. 265ff.) verkörpert werden. Diese Gestalten nehmen in den archaischen Darstellungen verschiedene Formen entsprechend ihrem Wesen an: Raubvögel, bes. Geier (Harpyien), Rosse (Il. 16,150: Achilleus' Pferde als Nachkommen des Zephyros und der Harpyie → Podarge), Schlange (geflügelter Typhon mit Schlangenschwanz, z. B. bei SCHEFOLD Frühgriech. Sagenbilder, 1964, T. 66; danach Boreas schlangenfüßig auf der → Kypseloslade, Paus. 5, 19,1; vgl. [7], 24ff. und G. S. KIRK Myth, 1970, 175). Die Flügel, die ihnen die orientalisierende Kunst seit dem 7. Jh. gibt, bestehen fort auf den humanisierenden Darstellungen der klass. Kunst. Auf dem »Turm der Winde« in Athen drückt jede Figur durch ihre Attribute den bes. Charakter des jeweiligen Windes aus: Regen, Hagel, Früchte usw. (Abb. u. Lit. bei J. TRAVLOS Bildlex. z. Top. d. ant. Athens, 1971, 281ff.).

Einige Kulte, die hier und da bezeugt sind, dienten gleichzeitig dem Gedenken an nationale Begebenheiten und zu Sühne- und apotropäischen Zwecken. Vor allem der Kult des Boreas erinnerte in Athen an die Vernichtung der pers. Schiffe bei Chalkis (Hdt. 7,189), in Megalopolis an eine Rettung vor drohender Eroberung (Paus. 8,36,6), in Thurioi an die Bewahrung vor Dionysios' Kriegsflotte (Ail. var. 12,61). Es sind dies aber Zusätze zu älteren Windkulten ([5], 445); auch in Athen z.B. gestattete das Fest des Boreas Sühneriten, die sog. *Βορεασμοί* (Hesych. s. *Βορεασταί*). Ebenso ruft Achilleus in der Ilias (23,195) Boreas und Zephyros zu Hilfe, um den Scheiterhaufen des Patroklos zu entfachen, wobei er ihnen ein Opfer verspricht. Xen. an. 4,5,4 besänftigt ein Opfer den rauhen Wind. In Tarent, Sparta, dem arkad. Trapezus, Titane opfert man allen Winden insgesamt (Belege bei Nilsson GgrR 1,117; vgl. [6], 126f. über den chthon. Charakter der geopferten Tiere). Die Zauberriten, die manche dieser Opfer begleiten, und die Anwesenheit von *ἀνεμοκοῖται* in Korinth und von *εὐδάνεμοι* in Athen (Hesych. s.v.) unterstreicht den magischen Vorgang der *impetratio boni* und erinnert an seinen Ursprung aus Sühneriten. Zeus und Poseidon bleiben nichtsdestoweniger die großen Gebieter des Wettergeschehens, und ihnen sind die wichtigsten Kulte gewidmet. Das gleiche gilt für Iuppiter und Neptunus in Rom neben den Venti, denen gelegentlich Altäre geweiht werden (Liste bei H. Sichtermann, Enc. arte ant. 7, 1966, 1132; vgl. G. Wissowa Rel. ^{2}252. Latte RRel 76ff.).

2. Windtheorien. Das erste »wissenschaftliche« Studium der Winde geht zurück auf die Vorsokratiker. → Anaximandros und → Anaximenes (1) beschreiben sie als eine Strömung bestehend aus Luft und Feuchtigkeit, ohne daß man die Ursache ihrer Bewegung gekannt hätte (Diels Vorsokr 12 A 24. 13 A 19). → Thrasyalkes von Thasos übernahm von ihnen den Gedanken, daß diese Strömung durch eine sonnenbedingte Verdunstung hervorgerufen werde, und entwickelte im 5. Jh. eine Theorie, derzufolge Boreas kalt ist, weil er aus gefrorenen Gegenden kommt, und Notos warm, weil er sich in Libyen erwärmt, nachdem er die vereisten Gebiete des Pols verlassen hat (Hippokr. vict. 2,38; über das Verhältnis der Stelle zu Thrasyalkes vgl. [3], 22ff.). In Verbindung mit der Nilschwelle ist diese Theorie schon durch Aischyl. Frg. 193 Mette (O. Gigon Der Ursprung d. griech. Philos., ^{2}1968, 48) bezeugt; sie basiert auf dem Weltbild des → Anaxagoras, der als erster einen kalten antarktischen Pol postulierte (Vorsokr 59 A 42,5; vgl. R. Joly Rech. sur le traité ps.-hippocr. Du Régime, 1960, 95f. D. Lanza Anassagora, 1966, 150f. zu A 91). Das Erlebnis der → Etesien – ein entscheidender Gesichtspunkt in allen Windtheorien – spielt dabei ebenfalls eine wichtige Rolle, speziell zur Rechtfertigung des Übergewichtes von N.- und S.-Winden. Die anderen Winde wären demnach nur Abweichungen von diesen, hervorgerufen durch die jährl. Sonnenbewegung auf dem Horizont, und zwar Euros und

Zephyros Abweichungen von Boreas gegen den sommerlichen Sonnenauf- bzw. -untergang, → Ap(h)eliotes und → Argestes Abweichungen von Notos gegen den winterlichen Sonnenauf- bzw. -untergang (Strab. 1,2,21. Theophr. vent. 2 u. 10; G. Aujac Strabon et la science de son temps, 1966, 260 u. fig. VIII). Der Name *Ἀπηλιώτης*, Homer noch unbekannt, verrät seinen ion. Ursprung durch die Psilose; seine Etym. macht ihn zu einem O.-Wind. Zu der Verteilung der Winde, die Thrasyalkes vorgenommen hatte, fügt der Vf. von [Hippokr.] aer. 6 u. 7 namenlose Winde hinzu, die von O. und von W. zw. den Sonnenwendepunkten wehen. Unabhängig von diesem ersten Ordnungsversuch, neben dem die ungenaue Terminologie Homers und die pauschale Vorstellung von 4 Winden, die annähernd aus den 4 Himmelsrichtungen wehen (z.B. bei den Tragikern und Herodotos; [3], 25ff.), bestehen bleiben, werden verschiedene neue Theorien über den Ursprung des Windes entwickelt. Für → Demokritos (1; Vorsokr 68 A 93a) wird er durch das Übermaß von Atomen im Inneren eines zu engen Raumes erzeugt. Nach Aristoteles (meteor. 349a 25ff.), der noch von Thrasyalkes beeinflußt ist, entsteht er aus der Vereinigung vielfältiger Ausdünstungen an beiden Polkalotten der Erde (welche aber windfrei bleiben), so wie ein Fluß aus der Vereinigung kleiner Zuflüsse entsteht. Gelenkt durch die Gebirge, bes. die nordeuropäischen, bewegen sich die Winde in mächtigen Massen, den Etesien, werden aber schwächer, je weiter sie auf offenes Gebiet vorstoßen, so wie der Fluß sich in Sümpfe verliert, sobald er die Ebene erreicht (so noch Straton frg. 88 W., worüber H. B. Gottschalk, Proc. of the Leeds Philos. and Lit. Soc., Lit. and Hist. Section 11, 6, 1965, 148f.). Im gleichen Sinn schreibt Theophr. vent. 15, Thrasyalkes korrigierend, der Wind werde nicht durch die Sonne erzeugt, sondern sei eine Ausdünstung, der die Sonne durch Erwärmung ihre Bewegung gebe. Er unterscheidet auch die *αὖραι*, die jeweiligen örtlichen Ausdünstungen von den *ἄνεμοι*, die durch die Sonnenwärme in Bewegung gesetzt werden (24–26). Die Stoiker dagegen lokalisieren die Kraft des Windes im Inneren der Luftmasse (Sen. nat. 5,5,1 *habere aera naturalem vim movendi se*): sie kann sich verdichten oder im Gegenteil sich von innen heraus selber zerstreuen, aber es kommt auch vor, daß sie das unter dem Einfluß der Sonne tut (Chrysipp. SVF 2,699). Von einigen Varianten abgesehen, hat das Alt. keine anderen Theorien gekannt.

3. Windrosen. Das System des Thrasyalkes läßt sich nicht einer Windrose gleichsetzen, denn die Zweiwindtheorie ist ihrem Ursprung und ihrer Anwendung nach physikalisch, nicht geographisch. Die ion. Geogr. kennt seit der Z. Herodots eine Bezeichnung für die 4 Himmelsrichtungen N. W. S. O. in Übereinstimmung mit der hom.

Tradition und gültig für die Ägäis (Belege zusammengestellt von [16], 2337f.): »gegen« Boreas, Zephyros, Notos, Euros. Sie findet sich wieder auf der Weltkarte des Ephoros (FGrH 70 F 30), aber dort steht anstelle des Euros der Apeliotes. Sie sollte sich in der gesamten ant. Lit. durchsetzen (lat. Aquilo, Favonius, Auster, Eurus; der Name Vulturnus, den Varro bei Sen. nat. 5,16,4 und Gell. 2,22,10 anstelle von Eurus vorschlug, setzte sich nicht durch). Dieses Orientierungssystem ist jedoch nicht einer Windrose vergleichbar, weil es keinen Zentralpunkt verträgt, auf den hin die Winde aus den 4 Richtungen zusammenlaufen würden. Entsprechendes gilt für das System von 7 Winden der hippokrat. Schrift von der Siebenzahl, 3: von O. ausgehend Apeliotes *ἀπὸ τοῦ θερμοῦ*, Boreas, Arktias, Zephyros, → Libs, Notos, Euros. Durch Einfügung des Argestes nach dem Arktias gewinnt man mühelos das System von 8 Winden zurück, von dem sich der Hebdomadiker anregen ließ (W. H. ROSCHER, ASächsGW, ph.-hist. Kl. 28,5 (1911) 83, zustimmend F. BOLL, NJb 1913, 140, u.a., zuletzt [16], 2342).

Andererseits schaffen die Überlegungen des Aristot. (meteor. 2,362a 32ff.) über die Kugelgestalt der Erde und die Verteilung der Klimazonen die notwendige geogr. Grundlage für die Konzeption einer Windrose, bezogen auf jeden beliebigen ird. Rundhorizont, je nach dem Beobachtungsort (a.O. 363a 28 *τὸ ἔκτμημα τὸ ὑφ' ἡμῶν οἰκούμενον*). In diesem System werden die Winde vom Zentrum her gesehen, wo sich der Betrachter befindet und wo je zwei diametrale Winde aufeinandertreffen. Von da an kann man von Windrose sprechen, obgleich dieser Begriff in der ant. Terminologie niemals verwendet wird (363a 5 *περὶ θέσεως ἀνέμων* und Vitr. 1,6,7 *divisiones ventorum* beziehen sich auf einen Rundhorizont mit Kreisbogeneinteilung). Die Windrose des Aristot. (a.O. 363a 21ff.) enthält 12 Winde: von O. ausgehend Apeliotes (O.), → Kaikias, Meses, → Aparktias (N.), Thraskias, Argestes, Zephyros (W.), Libs, namenloser Wind, Notos (S.), namenloser Wind, Euros. Der Kaikias entspricht dem Sonnenaufgang zur Sommersonnenwende, während der Meses (der Name ist erfunden) den Rest des rechten Winkels in 2 gleichgroße Winkel teilt; die Unterteilungen der anderen Viertelkreise sind symmetrisch.

Ein Orientierungssystem auf der Karte, wie aus den Angaben von Agathem. GGM 2,473,1–17 hervorgeht, und nicht ein nautisch brauchbares Instrument (so [16], 2352) ist die Windrose des → Timosthenes (2). Sie enthält ebenfalls 12 Winde, nämlich die des Aristoteles, aber mit 5 neuen Namen: Boreas ersetzt Meses, → Iapyx (GGM 2, 504,2) ist eine Dublette von Argestes, Libonotos und Euronotos (auch Phoinix genannt) ersetzen die beiden namenlosen Winde. Die Liste der Länder, die die Richtungen entlang den Grenzen der Oikumene nach dem Modell des Ephoros, aber anhand der Karte des → Dikaiarchos festlegt, setzt als Mittelpunkt wahrscheinl. Rhodos, die Heimat des Timosthenes, voraus. 2 zwölfeckige Windpfeiler im Vatikan. Museum (IG XIV 1308) und in Gaëta (ebd. 906, h. verschollen) und 2 monumentale Windrosen in Dugga (CIL VIII Suppl. IV 26652) und in Rom als Umrandung einer Horizontalsonnenuhr (Atti dell'Acc. rom. d'arch. I 2, 1823, 25ff. u. T. II) scheinen zu belegen, daß er den Horizont in 12 gleiche Bögen einteilte, während diese in 2 mathemat. Projektionen ungleich waren: in der des → Eratosthenes (?), zit. von Gal. b. Oreib. CMG 6,1,2 p. 9, und derjenigen des Anemoscopio Boscovich im Museum Oliverano in Pesaro (Studia Oliverana 2, 1954, 69ff.).

Schließlich schreibt der Ps.-Gal. Komm. zu Hippokr. hum. (16,403 K.) Eratosthenes eine regelmäßig-achteckige Windrose zu, die von O. ausgehend Apeliotes, Boreas, Aparktias, Kauros, Zephyros, Libs, Notos, Euros umfaßt. Sie wurde sehr populär und findet sich auch mit anderen Windnamen auf dem »Turm der Winde« des Andronikos Kyrrhestes in Athen (s.o. Abschn. 1 u. d. Beschreibung b. Vitr. 1,6,4) und auf der Sonnenuhr von Aquileia (Bull. del Inst. 1879, 28) sowie im »äg.« Kalender des → Ptolemaios (B 1), phas. S. 211ff. WACHSMUTH (vgl. [14], 35f.), der aus dem Ende des 3. Jh.s v. Chr. stammt, und im lat. »Bauernkalender« Varros b. Plin. nat. 18, 223ff. ([14], 43ff. 108f.). F. L.

Zu 1: 1. *G. Schmidt*, RE VIII A 2211ff. 2. *R. Böker*, ebd. 2288ff. 3. *H. Steinmetz* De ventorum descriptionibus apud Graecos Romanosve, 1907. 4. *W. Mannhardt* Wald- u. Feldkulte 2, ²1904. 5. *M. P. Nilsson* Griech. Feste von rel. Bed., 1906. 6. *Stengel*. 7. *F. Vian* Le mythe de Typhée (Éléments orientaux dans la rel. grecque anc., 1960, 17ff.).
Zu 2: 8. *O. Gilbert* Die meteorolog. Theorien d. griech. Alt., 1907. 9. *M. Tallquist* Himmelsgegenden u. Winde, Studia Orientalia 1928, 105ff. 10. *W. Capelle*, RE Suppl. VI 315ff. 11. *K. Nielsen*, Class. et Mediaev. 7, 1945, 1ff.
Zu 3: 12. *G. Kaibel*, H 20, 1885, 579ff. 13. *A. Rehm*, SBAW phil.-hist. Kl. 1916, 3. 14. *Ders.*, ABAW phil.-hist. Abt. 1941, 19. 15. *J. F. Masselink* De grieks-romeinse windroos, 1956. 16. *R. Böker*, RE VIII A 2325ff.

Winddämonen, -kult. Nach Hdt. 7,178. 189 wurden 480 v. Chr. den W. als *῾Ελλάδι σύμμαχοι* in Delphi und Athen Kulte errichtet. Doch sind griech. Winddämonisierung und -kult ([1]) 1. weit früher bezeugt, 2. dürften sie, als Teil des Wetter- und viell. → Totenkults, zu den Anf. griech. Rel. gehört haben. Schon die myk. Z. kannte nach Linear B eine »Priesterin der Winde« ([2]), viell. in Abb. auf kret. Gemme ([3], T. 6ff.). Anf. und E. des troian. Krieges rahmen als *πανσάνεμοι θυσίαι* spektakuläre Windopfer ein (Aischyl. Ag. 214. Hdt. 2,119. Sappho Frg. 17. Alk. Frg. 129 L.–P.). Ein »Stück ält. Volksglaubens« ([4]) ist in den → Tritopatores (Nachtr.

Bd. V) greifbar, die man für W. hielt (FGrH 327 F 2. Orph. Frg. 318). Belegbar im → Kerameikos ab 6. Jh. (Kübler, AA 1973, 189f.), wäre bei Lesung von τρισήρως in Linear B ihr Kult viell. ebenfalls in die myk. Z. datierbar ([5], 179ff. [6], 146ff.). Im hom. Epos, wo die Winde, wenn helfend oder strafend, meist ἐκ θεῶν wehen (Il. 12, 252ff.; Od. 2,420ff. u.o.; vgl. bes. [7], 49ff.), sind in Il. 23,194ff. → Boreas und → Zephyros deutl. W. In der → Aiolos-Episode schlägt echte Windmagie durch (Od. 10,17ff. [8]). »Windzauberer« waren z.B. noch → Empedokles, → Sophokles (2), → Pythagoras (1) u.a. (FGrH 566 F 30. Philostr. vit. Ap. 8,7,8), in Athen die *Εὐδάνεμοι*, deren Altar jüngst mit einem Bothros-Fund identifiziert wurde ([3], 18ff.; anders Thompson-Wycherley, The Athen. Agora 14, 1972, 119). Wie schon Homer ἄνεμοι und θύελλαι schied und diese mit den → Harpyien verschmolz (Od. 20,63. 77), so Hesiod, für den Boreas, Zephyros, → Notos ἐκ θεόφιν γενεή, hingegen die schädl. W. ἐκ Τυφωέος stammten (theog. 869ff.). Die »Doppelnatur« der W. hat anf. die Kunst durch a) Schlangenfüße, b) Flügel ausgedrückt, so bei Boreas auf der → Kypseloslade (Paus. 5,19,1) oder bei → Typhon. Später wird die anthropomorphe W.-Gestalt mit dem typ. Flügel-Attribut kanonisch, so z.B. am athen. »Turm der Winde« (Travlos Bildlex. z. Top. d. ant. Athens 281ff.). Wie tief der W.-Glaube stets in griech. Rel. verwurzelt war, zeigen zahlr. Windkulte (vgl. bes. Paus. 2,12,1) oder Alltagsszenen wie Eur. Phaethon (Suppl. Eur. 70f. v. Arnim) oder noch → Synesios, epist. 55. In röm. Rel. waren weniger die *Venti* als die *Tempestates*, die »Mächte des Unwetters«, kult. bedeutsam (vgl. bes. [9], 53ff.). L. → Cornelius (I 62) Scipio stiftete ihnen 259 v. Chr. einen Tempel (CIL I² 9. Ov. fast. 6,193f.). In der Funerärsymbolik der röm. Kaiserzeit sind die W. als ψυχοπομποί hilfreich ([10]) und verschmelzen dann mit der rel. Gestalt der Engel ([11]). D. Wa.

1. *Wachsmuth*, RE Suppl. XV s. W. (m. d. ält. Lit.). 2. *Vermeule* Götterkult, Arch. Hom. III, V, 1974, 60f. 3. *Hampe*, SHAW 1967. 4. *Rohde* Psyche 1,248. 5. *Hemberg*, Eranos 52, 1954, 172ff. 6. *Sacconi*, SMSR 35, 1964, 137ff. 7. *Mugler* Les origines de la science grecque chez Homère, 1963. 8. *Strömberg*, Act. Un. Gotoburg. 56,3, 1950, 71ff. 9. *Diephuis* Naturkräfte u. ihre Verehrung i. d. altröm. Rel., Diss. Utrecht 1941. 10. *Cumont*, RA 1939, 26ff. 11. *Ders.*, Pisciculi F.J. Dölger, 1939, 70ff.

Windel (σπάργανον, δεσμά, *incunabula*) ist ein länglich geschnittenes Tuch, in das Kinder von den Füßen bis zur Hüfte (Chr. W. Clairmont Gravestone and Epigram, 1970, T. 24) oder vollständig bis zur Schulter (B. Schmaltz Unt.en zu d. att. Marmorlekythen, 1970, Abb. A 59. A 69) eingehüllt werden konnten. So auch Hermes, der nach dem Rinderdiebstahl in seine Wiege zurückschleicht und sich die Windel bis um die Schulter (ἀμφ' ὤμοις) wickelt (Hom. h. Merc. 151. 306). S.O.

Winkel- und Kreisteilung (Wt.). Die Teilung eines beliebigen Winkels in eine ungerade Anzahl gleicher Teile erfolgte in einem Wt.-Bilanzverfahren, welches einige dem → Thales zugeschriebene geometr. Sätze zur Anwendung brachte: die Gleichheit der Scheitel- und der Gegenwinkel zw. 2 Parallelen und einer diese schneidenden Transversalen, die Gleichheit der Basiswinkel im gleichschenkeligen Dreieck und die Gleichheit der Winkelsumme im Dreieck mit 2 Rechten (R). In geschickter Kombination dieser Sätze kam in der pythagor. Schule eine Aufrechnungsmethode an Dreieckswinkeln zur Entwicklung, wie sie Fig. 1 für einen Beweis durch → Neusis zeigt: $P\Sigma$ = Neusislineal, $\beta = 2R - 4\alpha$.

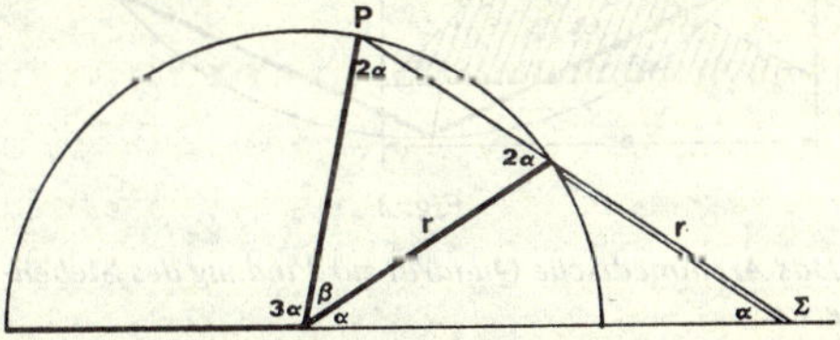

Fig. 1
Winkelteilung

Die Seite eines regelmäßigen Sechseckes in einem Kreis ist dessen Radius gleich. Das regelmäßige Fünfeck leiteten die Pythagoreer »klassisch« aus der Konstruktion des »(goldenen) Schnittes« b:a = a:(a + b) her (Fig. 2, Eukl. 2, 10/11). Mittels dieser Konstruktion war der Punkt Σ zu finden. Die Dreiteilung des Fünfeck-Innenwinkels (modern = 72°) hat in der sphär. Astr. und den → Windrosenkonstruktionen der Griechen (s. RE VIII A 2347ff.) eine bedeutende

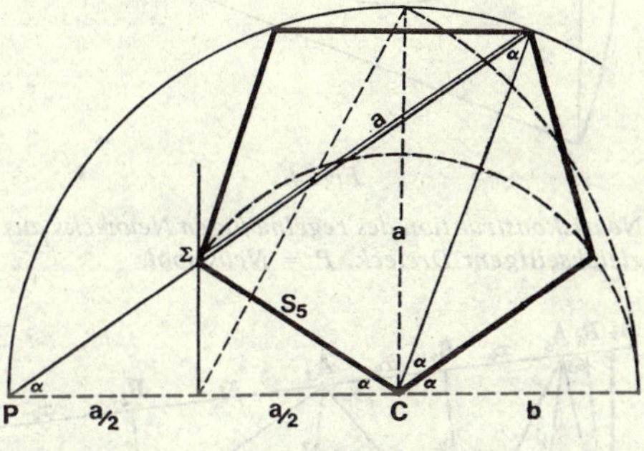

Fig. 2

Gegeben Kreis mit a um C (und Mittelsenkrechte auf PC), gefunden S_5. 1. Klass. Konstruktion: gestrichelte Linien. 2. Neusiskonstruktion: Pol bei P, Einschiebung von a zw. Mittelsenkrechte und Kreis.

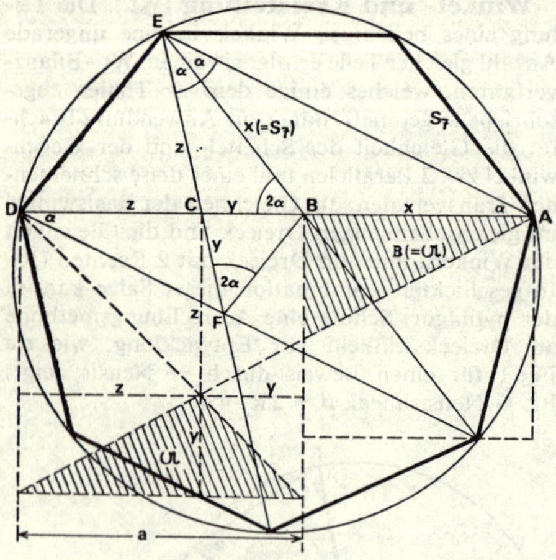

Fig. 3

Das Archimedische Quadrat zur Findung des Siebenecks.

Rolle gespielt, und zwar als Wendekreise-Abstand vom Äquator (= 24° = 4 Hexekontaden [Sechzigstel] des Umkreises, ein dem → Strabon [2, 113f.] geläufiger Teilungsbegriff).

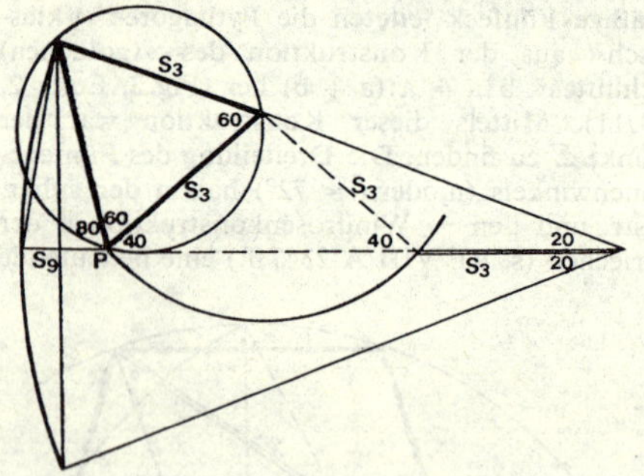

Fig. 4

Neusiskonstruktion des regelmäßigen Neunecks aus gleichseitigem Dreieck. P = Neusispol.

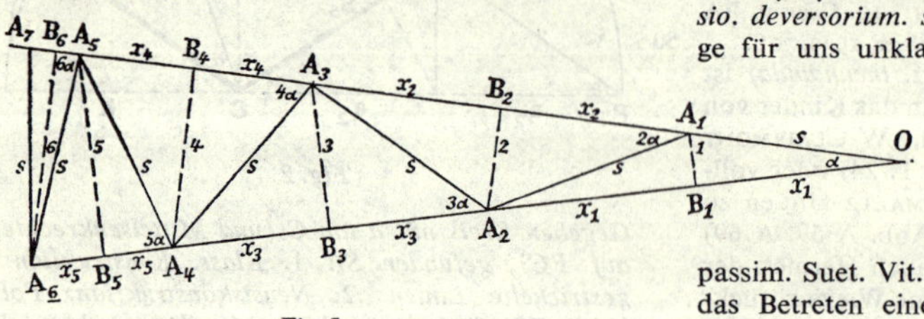

Fig.5

Allgemeine Form der Kreisteilungskonstruktionen.

Eine Staunen erregende Lösung zur Findung des regelmäßigen Siebeneckes wird von Tabit ben Qurra dem → Archimedes zugeschrieben. Wie die einzelnen Stufen der Beweisführung verliefen, ist nicht überliefert, J. Tropfke, Osiris 1,636ff., hat sich um eine Aufklärung bemüht. Aus Fig. 3 (gestrichelter T.) kann man ablesen, daß $z:y = (x+y):z$ und bei Flächengleichheit von A und B auch $(y+z) \cdot z = x^2$ (bzw. $(y+z):x = x:z$). Daß diese Beziehungen im Siebeneck gelten, zeigen die ähnlichen Dreiecke AEC, EBC und EFB, die je einen Winkel α und 2α enthalten. Sind nun bei gegebenem a derartige x, y, z gefunden ([4], 379f. [3], 91), kann man eine Strecke im Verhältnis x:y:z aufteilen und das Siebeneck im Kreis um ADE konstruieren.

Aus der trivialen Dreiteilung des Kreises heraus konnte man mittels einer Neusistrisektion, einer Drittel-Aufspaltung des 60°-Winkels, zur Achtzehn- bzw. Neunteilung des Kreisumfanges gelangen (Fig. 4). Diese Figur leitet über auf die allg. Problemstellung regelmäßiger ungerader Wt. Auf Fig. 5 ist abzulesen, daß die jeweiligen Konstruktionsendpunkte A_n und A_{n+1} so zu manipulieren sind, daß sie auf die Kreislinie um O zu liegen kommen. Sie bilden damit Grenzen der Seite eines $\frac{360}{\alpha}$-Eckes.

J. Hofmann, Centaurus 4, 1956, 177ff., demonstriert, in Anlehnung an eine Unt. von Franciscus Vieta, eine Konstruktion und Rechnung, die die Punkte A_3 und A_4 auf den Kreis um O dirigieren – als Seitenlänge eines 14-Eckes –, kommt aber ohne Lösung einer kubischen Gleichung nicht aus. R. B.

1. *R.Böker*, RE IX A 127ff. 2. *Ders.*, RE Suppl. IX 415ff. 3. *O.Becker* Das math. Denken d. Ant., 1957. 4. *B.L. van der Waerden* Erwach. Wiss. 1, 1956.

Wirtshäuser. In der ant. Terminologie ist wie h. der Übergang vom W. (wo man essen kann) einerseits zur Schänke (bei der alkoholische Getränke, u. U. stehend an der »Bar« eingenommen, eine entscheidende Rolle spielen), *καπηλεῖον*. → *caupona. popina* (»Garküche«). → *taberna* 5. *ganea / ganeum*. → *canabae. θερμοπώλιον. thermopolium*, andererseits zum Gasthaus (Hotel, wo man auch Unterkunft findet), sei es mit Ausspann (*καταγώγιον. κατάλυσις. πανδοκεῖον*. → *mansio. deversorium. stabulum*), sei es daß diese Frage für uns unklar bleibt (*πανδοκεῖον. ξενοδοχεῖον. ξενών*. → *hospitium* 2. *taberna* 5), fließend und bestenfalls im Einzelfall noch feststellbar. Auf Reisen war Benützung eines W. meist unvermeidlich (Apul. met. passim. Suet. Vit. 7,3), in der eigenen Stadt galt das Betreten eines Wirtshauses den *honestiores* in Griechenland wie in Rom als deklassierend (z. B. Isokr. 7,49. Plut. mor. 82c–d. Cic. Pis. 8,18.

Iuv. 8,158ff. Amm. 28,44). Es gab seit dem Hellenismus W. aller Qualitätsstufen, auch sehr gute, doch meist war der Ruf der W. und ihrer Wirte schlecht, die Herberge oft mit Hurerei verbunden, der Vorwurf etwa der Weinpantscherei so verbreitet, daß er bis in die chr. Schriftstellerei ein Topos blieb (Kleberg, Eranos 38, 1940, 47ff.). Die *popina* galt als *locus inhonestus*, Dig. 4,8,21,11. In die Kneipen ging vor allem *vilissimus quisque* (Sen. dial. 1,5,4). Versuche der röm. Kaiser, den W.-betrieb einzuschränken (Suet. Tib. 34; Nero 16,2. [2], 101ff.), oft und sichtbar erfolglos unternommen, galten wohl mehr den sich dort versammelnden Vereinigungen (»Klubs«) als dem Luxus. Das Personal der W. (vielfach Sklaven; die Besitzer waren, bis ins 2. Jh., meist Freigelassene) galt als infam ([2], 81ff.). Die angebotenen Speisen waren oft recht gut, oft schlecht, auf dem Lande und in der Provinz meist einfach. Die Einrichtung der besseren W. verfügte über → Klinen (selbst noch Iuv. 8,173ff.), einfachere hatten nur Stühle (*sellariolae popinae* Martial. 5,70). Die Zimmer der Herbergen hatten verschließbare Türen, als Einrichtung meist nur ein einfaches Bett (Plin. nat. 16, 158), ein *candelabrum* und eine *matella*; die Folgen, wenn letztere fehlte, schildert drastisch das pompeian. Epigramm CEpigr 932. Ungeziefer und Dreck waren häufig (H.A. Hadr. 16,4. Plin. nat. 9, 185: *cauponarum aestiva animalia pernici molesta saltu*). W. sind vor allem in Pompeii, Herculaneum und Ostia erhalten ([2]. [3]. [4]). Das beste und größte erhaltene griech. W., ein Hotel, ist das Leonidaion in Olympia (H.-V. Herrmann Olympia, 1972, 169f. A. Mallwitz Olympia u. seine Bauten, 1972, 246ff.). Die Herbergen in den Asklepiosheiligtümern (→ Epidauros) sind mehr Kurhotels als W. W. H. G.

1. *Firebaugh* The Inns of Greece and Rome, 1928 (unzuverlässig). 2. Grundlegend für Rom *Kleberg* Hotels restaurants et cabarets dans l'antiquité romaine, 1957. 3. *Gross*, GGA 212, 1958, 198ff. 4. *Kleberg* In den W. u. Weinstuben d. ant. Rom, 1963 (populär und in den Nachweisen auf [2] angewiesen).

Wisent (*βίσων, βόνασος, biso, viso, bonasus*). Eine in n. Ländern verbreitete Wildrindart, die Aristot. (hist. an. 2,498b 31; part. an. 3,663a 13) zuerst erwähnt, Theophr. ([Aristot.] hist. an. 9, 630a 18) als Besonderheit Paioniens ausführlich schildert; danach Plin. nat. 8,38. 40 (*Germaniae visontes* und *in Paeonia bonasus* irrtümlich unterschieden); nach ihm Solin. 20 (*silva Hercynia* und andere Nordgebiete). Das W. steht meist in Nachbarschaft mit dem Auerochsen *(urus)* und ist von ihm deutlich unterschieden (Sen. Hippol. 64. Plin. Solin.). Merkmale: eine pferdeartige Mähne, einwärts gekrümmte Hörner, die zur Verteidigung untauglich sind, Schnelligkeit und Unzähmbarkeit, Abwehr von Feinden durch Ausstoßen »ätzenden« Kots (sagenhaft ausgestaltet bei Theophr. und Plin.). Angebl. Fangmethode durch Überlistung bei Paus. 10,13,1ff., nach einem verbreiteten Jagdtypus (W. Richter, Philol. 103, 1959, 283). Paus. erwähnt einen ehernen W.-Kopf als Stiftung des Paionierfürsten Dropion für Delphi. Im kaiserz. Rom wurden W. im Zirkus vorgeführt (Martial. spect. 23,4; 1,104,8). – Angebl. ind. W. (Strab. 15,1,69) sind wohl eine Verwechslung mit wilden oder verwilderten Büffeln. W. R.

O. Keller Ant. Tierwelt 1, 1909, 341f.

Witigis s. Vitigis

Wochengöttersteine heißen die Zwischensockel der → Gigantensäulen mit Reliefs der Wochentagsgötter, d.h. der 7 Planeten (Eriksson Wochentagsgötter, Mond u. Tierkreis, 1956. E. Maass Die Tagesgötter in Rom u. d. Provinzen, 1902, 169ff.). Ursprungsraum ist Gallien. D. Wa.

H.B. Wiggers, RE Suppl. XIV 944ff.

Wolf (Canis lupus L.), *ὁ λύκος, ἡ λύκαινα* (Aristot. und Sp.), Demin. *λυκιδεύς* (seit Solon), selten *σκύλαξ*; *lupus*, fem. *lupa* und *lupus femina* (Enn. ann. 1,68 u.a.); eine (stoische?) Etym. *(leo + pes)* bei Isid. orig. 12,3,23. Der W. ist das wichtigste größere Landraubtier der alten Welt, als einziges allen ihren Völkern aus eigener Anschauung bekannt. Die klass. Lit. unterscheidet im allg. keine Arten. Ausnahmen sind Opp. kyn. (5 Arten) und Plin. nat., wo ein in Gallien heimischer *lupus cervarius* (8,84. 11,202) von einem äthiop. W. (8,113) unterschieden wird (in Wahrheit der Schakal, vgl. Aristot. hist. an. 580a 27ff.). Die *lycaones* (Mela 3,88. Plin. 8,123) sind Hyänenhunde.

Biologisches: Hauptstellen über Aussehen und phys. Beschaffenheit des W. sind Aristot. hist. an. 6,35; part. an. 4,10; gen. an. 2,6. 4,6. Plin. nat. 8,80ff. 11,66ff. Ail. nat. 10,26; rein poetisch zu werten Ov. met. 11,366ff. Das Haarkleid nennt Hom. Il. 10,334 u.ö. »grau« (*πολιός*), andere »feurig« (*αἴθων*) oder »gelblich« (*κνηκός*). Seine scharfen Augen sind nachtsichtig und haben eigene Leuchtkraft (Ail. 10,26. Plin. 11,151). Der doppelten Zahnreihe entspricht ein Magen (Aristot. hist. an. 507b 17); in der Kraft der Kaumuskeln gleicht der W. dem Löwen (Gal. 3,844 K.); der Nacken ist unbeweglich (Aristot. part. an. 686a 6 u.ö.); der buschige Schwanz enthält ein *amatorium virus* (Aristot. hist. an. 580a 15. Plin. 8,83). Die Nahrung des W. ist rohes Fleisch (Aristot. 594a 26; vgl. Ov. met. 15,87), auch Leichen (Hor. epod. 5,99. Tib. 1,5,53. Ov. met. 7,550 u.a.), was Aristot. als Ausnahme bezeichnet; in äußerster Not soll er auch Erde fressen (Plin. 8,83. 10. 199), bei Erkrankung Gras, um zu erbrechen (Aristot. 594a 28). Sein typisches Heulen (*ὠρύεσθαι, ululare*) wird oft erwähnt, bes. von Dichtern (Kall. frg. 725 Pf. Lucan. 6,688 u.a.). In Paarung und Vermehrung (Aristot. 580a 11ff.) gleicht der W. in allem Wesentlichen dem → Hund. Der W. ist *πολυτόκος* (Aristot. gen. an. 771a 22), die Wurfzeit ist der frühe Sommer.

Kreuzung von W. und Hund kam vor (Aristot. 607a 3. Diod. 1,88,6. Gal. 3,170 K.); Plin. 8,148 spricht sogar von Zuchtkreuzungen in Gallien.

Charakter: Aristot. hist. an. 488a 28 schildert den W. als *γενναῖος*, *ἄγριος* und *ἐπίβουλος* (vgl. Sol. 24,26f. Pind. P. 2,84), Aischyl. (Choeph. 421; Hept. 1036) als roh und gefräßig. Im Vordergrund steht das Bild des Räubers, seltener das des Diebes (bes. Tib. 1,1,33). Gegen seinen Raubtrieb ist jeder Zähmungsversuch vergebens (Aisop. 209. 267. 366 Perry; optimistischer Anth. Pal. 9,47). Als Räuber ist er zugleich Mörder (Aischyl. frg. 39 N.^{2} Eur. Hec. 90. Paus. 6,14,8 u.ö.) von füchsischer Gerissenheit (Pind. a.O.; vgl. Plat. soph. 231a; rep. 614a), die ihn auch stärkeren Tieren überlegen macht (Ail. 5,19); s. auch die Wortbildung *λυκοφιλία* »falsche Freundschaft«. Dementsprechend deuten nach den Physiognomikern (z.B. Nemes. de nat. hom. 50. Anon. de physiogn. 126. [Aristot.] physiogn. 59) wolfähnl. Züge am Menschen auf wölf. Natur. Der W. ist der Feind fast aller Landtiere; seine panische Wirkung wird oft geschildert (z.B. Ov. ars 1,118. Lukian. asin. 15). Als Feinde des W.s galten Esel, Stier, Fuchs ([Aristot.] hist. an. 609b 1), Löwin (Verg. ecl. 2,63) und Schlangen (Paus. 10,33,9). Sein einziger Freund ist der Papagei (Opp. kyn. 2,408. Tim. Gaz. p. 9,1). Konkrete Besonderheiten im Verhalten des W. liest man selten (vgl. Xen. hipp. 4,18ff. Verg. georg. 3,537. Anth. Pal. 9,252. Gal. 12,295f. Ail. 3,6).

Wirtschaftliches: Für Landwirte und Hirten ist der W. der gefährlichste Schadenstifter (Plat. rep. 3,415e. Verg. ecl. 3,80 u. oft). Vor allem → Schafe und → Ziegen sind seine Opfer (Hom. Il. 19,325; oft in Fabeln und Epigrammen), seltener Kälber (Lykophr. 102. Stat. Theb. 9,116) und größere Haustiere (Varro rust. 2,9,2; vgl. auch Strab. 4,4,197). Seinetwegen sind die Hirten auf starke, schnelle und mutige Hunde angewiesen (Xen. mem. 2,7,14; hipp. 4,18. Varro 2,9 u.a.; vgl. Frontin. strat. 1,10,4). Daneben bekämpfte man ihn durch Fallen und Fanggruben (Plaut. Poen. 648. Hor. epist. 1,16,50 u.a.); in Athen wurden Fangprämien von 1–5 Drachmen je Tier gezahlt (Plut. Sol. 23,3). Über mag. Abwehrmittel berichten Plin. 28,266 und Geop. 18,14. – Wirtschaftl. Nutzung des erlegten W. beschränkte sich auf extreme Ausnahmen (Paus. 4,11,3. Verg. Aen. 7, 688. Opp. 3,202).

Medizin, Magie: Fast alles uns Bekannte bietet Plin. (s. Ind. s. *lupus*), wird aber durch andere med. Lit. teilweise bestätigt. Am vielseitigsten wurde die Leber verwendet, daneben Galle und Fett, das gegerbte Fell, endlich der Kot. – Noch verbreiteter war die Abwehr von Unheil verschiedener Art durch Teile des W.: Fett am Türpfosten, die Schnauze am Hoftor, der Schwanz an der Futterkrippe, das durchlöcherte Fell u.v.a. (Hauptquelle: äg. Pap.; s. PGM Ind. s. *λύκος*).

Religion und Mythologie: Der Glaube an die behexende Kraft seines Blickes (z.B. Theokr. 14,22. Verg. ecl. 9,54; vgl. Plat. rep. 336d), an die tödliche Wirkung seines Trittes (Isid. orig. 12,2, 24. Geop. 15,1,6), die Zauberkraft seines Felles (Hor. sat. 1,8,42 u.a.) weist auf älteste Schichten zurück. Den Römern galt sein Auftreten immer als Unheilsprodigium (Liv. 3,29,9. 21,46,2 u. oft. Cass. Dio 39,20,2. 40,17,1 u.a. H.A. Maxim. 31,3); nicht anders den Juden (Lev. 11,16 u.a.). Aber nur in Äg. scheint er als Gott verehrt worden zu sein (Hdt. 1,88,6f. Diod. 1,83,1; → Wep-Wawet. → Lykonpolis 1). – Vorgriech. W.-Götter, an die man lange geglaubt hat (vgl. O. Kern Rel. der Gr. 1,187), werden h. allg. in Zweifel gezogen (für → Zeus Lykaios s. M.P. Nilsson GgrR 1^2 398; für → Lykaon 1: J. Schmidt, RE XIII 2248ff.; die Lykaon-Sage kennt nur dessen Verwandlung in einen W.: Nik. Dam. FGrH 90 F 38 u.a.; hier spiegelt sich die alte Vorstellung von Werwölfen wider, die meist durch Genuß von Menschenfleisch verwandelt werden, vgl. Paus. 6,8,2. Varro bei Aug. civ. 18,17 u.a.; aus dem skyth. Völkerkreis: Hdt. 4,17. 105. Mela 2,1,13; bei den Römern als dichterisches Motiv: Verg. ecl. 8,97ff. Petron. 62, 6. Diese *λυκανθρωπία* war auch Gegenstand der Med. [W. Kroll, RhM 52, 1897, 341; WS 55, 1937, 168. Nilsson a.O.]). – Die Myth. kennt vielerlei Verbindungen zwischen → Apollon und dem W. (W. Fauth o. Bd. I 442; das Material bei O. Gruppe Gr. Myth. 1236), die zumeist aus dem hom. Beiwort *λυκηγενής* (Il. 1,39) herausgesponnen sind (u.a. Aristot. 580a 17). Dagegen ist das W.-Opfer im Apollonkult für Argos durch liter. und arch. Material (Aischyl. Hik. 760. Paus. 2,19, 4. A. Overbeck Kunstm. 2,3,29) gesichert. In Delphi weihte man einem W. ein Standbild (Paus. a.O. Ail. 12,40). Apollon selbst begegnet freilich seit klass. Z. (zuerst Aischyl. Hept. 145) als *λυκοκτόνος* (ähnl. Herakles: Anth. Pal. 9,72), was zu seiner Funktion als Hirtengott (*νόμιος*, *ποίμνιος*) stimmt. – Ob → Artemis *Λύκαινα* (vgl. PMG 3,41) mehr bedeutet als »Tiertöterin« (Fauth o. Bd. I 623), ist ungewiß; unklar auch die Verbindung zwischen W. und → Ares (Gruppe 1380).

In Rom ist die W.in fest mit der Gründungssage verbunden; die Gesch. von der tier. Nährmutter der Zwillinge (vgl. o. Bd. IV 1455) kehrte seit → Fabius (III 1) Pictor in allen poet. und pros. Stadtgesch. wieder; in dem 296 v.Chr. am Ficus Ruminalis (→ Rumina) aufgestellten Bildnis (Liv. 10,23,12) und seiner kapitol. Nachbildung hatten die Römer sie stets vor Augen; sie lebt fort in Mz., Grabdenkmälern und Stadtwappen. Sowohl die Umstände der Sage selbst wie die formelhafte Bezeichnung *lupa Martia* (z.B. Hor. carm. 1,17,9. Verg. Aen. 9,566. Prop. 4,1,55) deuten auf die Heiligkeit des W. und seine Zugehörigkeit zu Mars ([2], 80ff. C.J. Classen, Hist. 12, 1963, 447ff.). Der Ort des Geschehens hieß *Mavortium antrum* (Verg. Aen. 8,630) oder → *Lupercal*, von wo die Lupercalia ihren Ausgang nahmen; zur Vielfalt der Namensdeutungen s. W. RICHTER, RE Suppl. XV. Die W.in gehört zu → Faunus, dem »Sohn des Mars«, dessen Name ebenfalls als »W.« gedeutet wird (WALDE-HOF.[3] I 835; dazu K. ALTHEIM Röm. Rel.-Gesch. 1,131 ff.). Zu Faunus gehört Fauna (Varro l. l. 7,36 u.a. G. RADKE Götter Altitaliens 119f.), die eine Parallele in (Valeria) Luperca hat (von Arnob. 4,3 nach Varro als *lupa* bezeichnet). Die → Luperci waren viell. urspr. selbst »Wölfe«: vgl. die *hirpi (= lupi) Sorani* am → Soracte (Plin. 7,19. Serv. Aen. 9, 785); die Bewohner dieser Gegend (Hirpini) waren von einem W. in ihren Wohnsitz geführt (Strab. 5,250. Paul. Fest. 93,25 L.). Dies u.a.m. läßt die W.in als »degradierte« W.-Gottheit erscheinen.

Redensartlich-Volkskundliches: Der W. dient seit alter Z., bes. bei den Römern, zur Kennzeichnung menschl. Situationen und Verhaltensweisen: als Schimpfwort, Metapher, Sprichwort, Gleichnis, Fabel usw. (vgl. etwa Plaut. Capt. 912; Stich. 577; Pseud. 140; Poen. 776. 647). Oft wird ein Mensch selbst als W. bezeichnet (vgl. Plat. rep. 8,566a, ferner Aischyl. Ag. 1257. Lucil. 826 M. Claud. carm. 26,503), desgleichen ganze Völker (Vell. 2,27. Hor. carm. 4,4,50. Liv. 3,66,4 u.a.). Groß ist die Zahl der einschlägigen Sprichwörter (A. OTTO Sprichw. 198ff. RICHTER, RE a.O.). An alten Volksglauben erinnert das bekannte *lupus in fabula* (später auf den Teufel übertragen). Das Goldene Zeitalter und andere traumhafte Glückszustände werden gern durch Abwesenheit oder Harmlosigkeit des W. gekennzeichnet (Verg. ecl. 3,60. 8,52. Hor. c. 1,33,7. Tib. 2,1,20. Sen. Phaedra 572 u. oft; im A.T.: Jes. 11,6. 65,25). Beliebt ist der W. in der Fabel als Räuber, Betrüger, Gewalttäter, Tyrann usw.; doch wird er oft von anderen Tieren durchschaut und überlistet (Aisop. 134. 157., 160. 187. 258. 261. 345 PERRY; Phaedr. 1,10). Dem Hund zeigt er sich teils als Feind, teils als Kamerad (Babr. 85. 159). Eine wichtige Rolle spielt er ferner in ep. Gleichnissen (am bedeutendsten Hom. Il. 16,156. 325. Verg. Aen. 2,355. 9,59. 563. Sil. 7,127. 717. Stat. Theb. 3,45. 10,43. 11,26. 12,739). – Die chr. Lit. wendet die W.-Metapher auch auf Irrlehrer und falsche Propheten an (allg.: Mt. 7,15. Apg. 20,29. Prud. Perist. 11,241 u.a.; speziell von Photinus und Arius: Prud. Psych. 795; von Marcion: Eus. KG. 5,13,4). W.R.

1. *J.J.Bachofen*, Ann. Ist. 1868, 451 ff. 2. *G.Binder* Die Aussetzung d. Königskindes. Kyros und Romulus, 1964. 3. *G.Bornkamm*, ThWB 4,309ff. 4. *F.Cumont*, Orient. Christ. Period. 13, 1947, 81ff. 5. *R.P.Eckels* Greek W. Lore, 1937. 6. *J. Grimm*, Ztschr. f. dt. Alt. 12, 1865, 205ff. 7. *W.Hertz* Der Werwolf, 1862. 8. *O.Keller* Thiere des class. Alt., 1887, 158ff. 9. *H.J.Krämer*, Synusia (Festschr. Schadewaldt, 1965) 355ff. 10. *W.-E.Peuckert*, HandWB d. dt. Abergl. 9,716ff. 11. *O. zur Strassen*, Brehms Tierl. 12, 1915, 212ff. 12. *J. Wiesner*, Lex. d. A. W. 3283f.

Wolfsmilch s. Tithymal(l)os

Wolle. Als beste W. galt die von → Schafen mit Schutzfellen, *oves pellitae* (Strab. 4,196. Hor. c. 2,6,10). Früher gezupft, später geschoren (Plin. nat. 8,191), wurde sie mit Seifenkraut gewaschen (Aristoph. Lys. 574ff. Plin. nat. 24,168), getrocknet, locker gezupft, ausgezogen (Ov. met. 6,20. Varro Men. 325 B.), gefärbt (→ Färberei 2) oder auf dem → Epinetron ein ungedrehtes Vorgarn, *κάταγμα*, (Aristoph. Lys. 582) hergestellt. Dieses wurde auf den Spinnrocken (*ἠλακάτη*: Hom. Od. 4,135; *colus:* Tib. 1,3,86; *colus compta:* Plin. nat. 7,196) gewickelt und an dem Haken der Spindel, *fusus*, befestigt. Die Rechte zupfte das Vorgarn vom *colus*, drehte es (nach dem Anfeuchten) mit Daumen und Zeigefinger (Sen. Herc. Oet. 376) und der Schwungkraft des Wirtels, *turbo*, zu einem gedrellten Faden, *stamen*, der von Z. zu Z. um die Stange der Spindel gewickelt (Lucil. 306 K.) und durch den Haken gezogen wurde, worauf man das → Spinnen fortsetzte (Catull. 64,311 ff.). Älter war die Verarbeitung zu Filz (Plin. nat. 8,192). In der Medizin (Plin. nat. 29,30ff. Cels. 7,7,14 F) hatte die W. ihre Bedeutung wie in der Ökonomie von Attika (Athen. 2,43 c), Megaris (Aristoph. Vesp. 444), Milet (Martial. 8,28,10), Gades (Colum. 7,2), Corduba (Martial. 9,61,3), Luceria (Hor. c. 3,13, 44), Canusium (Martial. 14,129), Tarent (Colum. 7,4), Parma (Martial. 4,37,5), Mutina (Martial. 3, 59,2) und Pollentia (Martial. 14,158). W. Kre.

Blümner Techn. 1[2],98ff. *Orth*, RE XII 594ff.; II A 373ff.

Würfelverdoppelung. Dieses berühmte sog. »Delische« Problem (E. P. WOLFER Eratosthenes ..., Gron. 1954, 5) erwähnt schon Euripides in einer nicht erhaltenen Tragödie. Mit Zirkel und Lineal war die Ermittelung der Seitenlänge eines Würfels vom Rauminhalt 2A bei gegebenem A nicht zu bewerkstelligen. Man ging anfangs ganz raumanschaulich vor (Fig. 1) und stockte den gegebenen Würfel stufenweise auf seinen doppelten Wert über zwei *παραμηκεπίπεδοι* auf, in Fig. 1 die »Balkenzahl« (*δοκίς*) OBCDEFGH und die »Scheibenzahl« (*πλινθύς*) EKLHCDIM, beide als *ἀριθμοὶ στερεοί* gedeutet (viell. babylon. Provenienz, VAN DER WAERDEN Erwach. Wiss. 1,71), welche in Raumgrößen die Beziehung $A:B = B:\Gamma = \Gamma:\Delta$ (= 2A) haben sollen. → Hippokrates (7) von Chios hatte die geniale Idee, Raumgrößen als Strecken darzustellen und mit solchen nach geometr. Regeln zu operieren, gleich als ob man zahlenmäßig gegebene Räume mit zahlenmäßig definiten Strecken symbolisiere (BJÖRNBO, RE VIII 1785, 53ff.); aber hierdurch wurde das Problem nur verlagert. Erst → Archytas war es vorbehalten, bewegungsgeometr. eine Lösung zu finden: Um in Fig. 2 den Schnittpunkt Σ der Geraden c und d auf der Y-Achse zu bestimmen, variierte er den Durchmesser des inneren, die X-Achse berührenden (Halb-) Kreises und zeichnete die Konstruktionsfigur

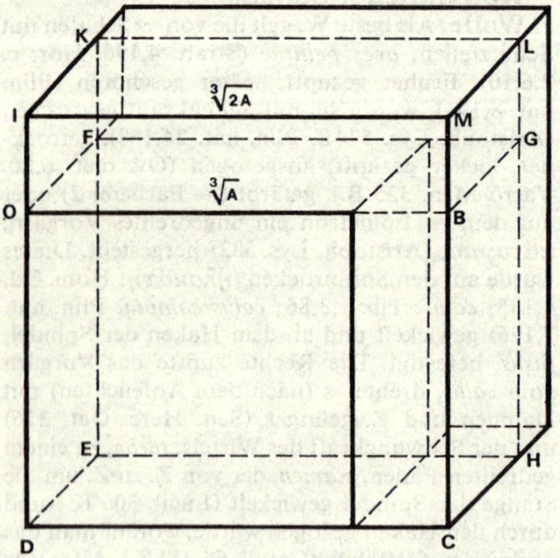

Fig. 1

A = Kubikinhalt des gegebenen, 2A des geforderten Würfels.

immer wieder durch. Dabei verliefen die Schnittpunkte von c' und d' auf einer *συνδρομάς* genannten Kurve, die mit der Y-Achse den Schnittpunkt *Σ* (*σύνδρομος*) bildete, der die Lösung des Problems gab ([1], 1203,23). Solche *σ*.-Kurven zu konstruieren, war seit der Z. des → Hippias (6) von Elis mit seiner Quadratrix nicht neu, aber hinsichtlich math.-philos. Strenge umstritten (Stetigkeitsprinzip). Das Originelle an der Konstruktion des Archytas war, daß er die größenvariierten Klein-Kreise als Schnitte einer Kugel mit Ebe-

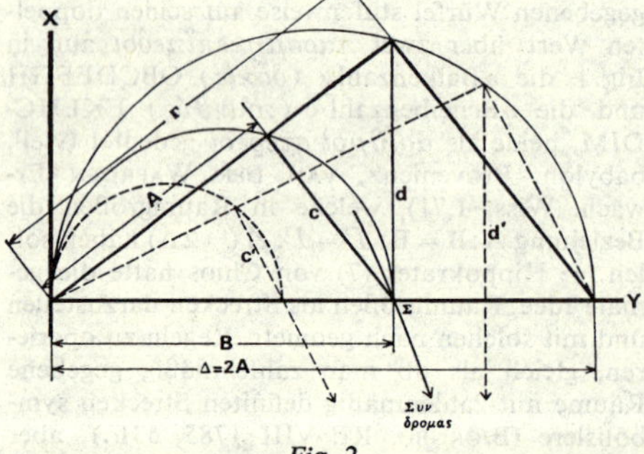

Fig. 2

Die Fig. spricht »theaitetisch«, d.h. sie deutet einen arithmet. (stereograph.) Zusammenhang geometrisch. Sie stellt die Verhältnisse von vier Raumgrößen dar: A (= $\sqrt[3]{A} \cdot \sqrt[3]{A} \cdot \sqrt[3]{A}$) zu B (= $\sqrt[3]{A} \cdot \sqrt[3]{A} \cdot \sqrt[3]{2A}$) zu *Γ* (= $\sqrt[3]{A} \cdot \sqrt[3]{2A} \cdot \sqrt[3]{2A}$) zu *Δ* = 2A (= $\sqrt[3]{2A} \cdot \sqrt[3]{2A} \cdot \sqrt[3]{2A}$) = const.

nen auffaßte, die sich um die X-Achse drehten, während sich der konstante Großkreis als Schnittlinie eines Röhrentorus ergab, an dessen Innenfläche ringsum die Kugel anlag, [1], Fig. 2. Die Überlieferung der Konstruktion durch → Eudemos (1), erhalten bei → Eutokios (in Archim. sphaer. et cycl. 2, p. 84 ff. Heib.; s. Diels Vorsokr 1, 425 ff.), ist schon stark stereographisch verkompliziert.

Ein nur bruchstückweise überliefertes Verfahren des → Nikomedes (7; RE XVII 500 ff.; IX A 1216 f. [2], 431) können wir, nach → Heron und → Pappos, brauchbar rekonstruieren (Fig. 3): Gegeben sei ein Rechteck mit den Seitenlinien A und 2A. Die stark ausgezogene Fig. ist allein aus dieser Strecke zeichenbar. Zeichnet man aus dem Pol P mit A an die Gerade QR mittels → Neusis eine Konchoide, dann findet sich ein *Συνδρομάς*-Punkt bei *Σ*, von dem aus die gesuchte Raumstrecke B gefunden wird. Man kann aus der Figur ablesen A:B = *Γ* : *Δ* (= 2A). Die fehlende mittlere Proportion ergibt sich aus dem »Pythagoras« ($Γ + A/_2)^2 + H^2 = (B + A)^2$, sie lautet B:*Γ* = (*Γ* + A):(B + 2A); B und *Γ* symbolisieren, genau wie A, *ἀριθμοὶ στερεοί*. Eine Alternativ-Lösung, die Größen B (= y) und *Γ* (= x) zu finden mittels der Schnittpunkte des Umkreises am Nikomedischen Rechteck mit einer Hyperbel durch einen Eckpunkt, bietet → Apollonios (2), [1], Fig. 9.

Wie die Konstruktion am »platon. Kreuz« verlief (Eutok. in Archim. sphaer. et cyl. 2, p. 56 ff. Heib.), zeigt Fig. 4: Gegeben sind die beiden Strecken A und *Δ* = 2A auf einem Achsenkreuz. Die Schenkellinien eines drehbaren Doppelrechtwinkels sollen stets durch die Endpunkte der Strecken laufen. Dann zeichnet die eine Recht-

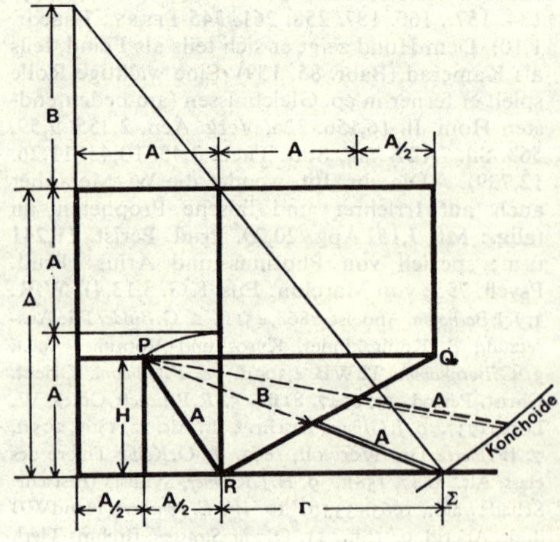

Fig. 3

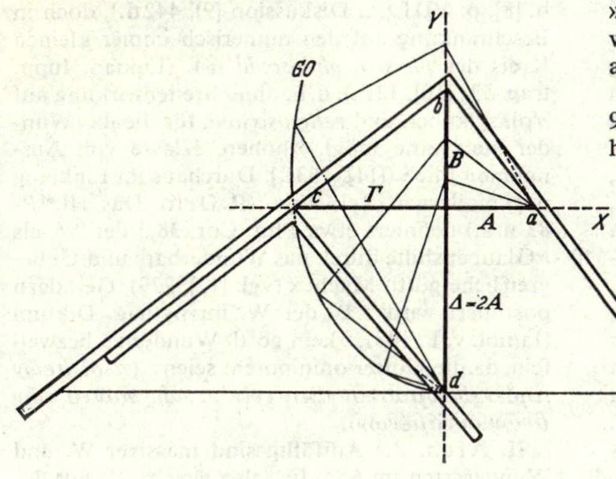

Fig. 4

Die mechanische Ermittlung des »platonischen Kreuzes«.

winkelecke die *Συνδρομάς*-Linie GO, während die andere auf der Abszissenachse gleiten soll. Gefunden werden bei *σύνδρομος*-Stellung die Raumzahlen B und *Γ*.

Die punktweise Aufzeichnung einer Syndromas mittels iterierter Adjustierung zweier Verschiebungs-Rechtwinkel war zweifellos mechanikerhaft gegenüber der Schnittpunktsuche von Parabel und Hyperbel bei → Eudoxos (1), [1], Fig. 5/6, und gegenüber der Kissoidenverwendung bei → Diokles (8), [1], Fig. 10, von der mühsamen Praktizierung am → Mesolabion des → Eratosthenes (2), [1], Fig. 7, ganz zu schweigen. R. B.

1. *R. Böker*, RE IX A 1193ff. 2. *Ders.*, RE Suppl. IX 415ff. 3. *A. Sturm* Das Del. Problem, Linz 1895. 4. *O. Becker* Das math. Denken d. Ant., 1957, 75ff. Über Raumgrößen symbolisierende Zahlen und über die beiden mittleren Proportionalen zw. 2 Kubikzahlen vgl. Plat. Tht. 148b; epin. 991a; Tim. 35a. *Björnbo*, RE VIII 1780ff. *O. Becker* Math. Denken d. Ant., 1957, 76f. *B.L. van der Waerden* Erwach. Wiss. 1,249ff.

Würmer. Die komplizierten Systeme von Wirbellosen, die die mod. Zool. in den Stämmen der Parenchymien und Nematoden zusammenfaßt (vgl. B. GRZIMEK Tierleben 1,274–396), waren dem Alt. unbekannt; zudem war die Nomenklatur unsicher, z. T. willkürlich. So werden *σκώληξ*, *τερηδών*, *εὐλή*, *ἴψ*, die eigentl. Insektenlarven bezeichnet, vereinzelt auch für W. angewendet, umgekehrt *ἡ ἕλμι(ν)ς*, *vermis* (W.) gelegentl. für Larven oder Maden. Genaue Trennung ist meist nur aus dem Zusammenhang möglich, Unterscheidung einzelner W.-Arten (vgl. E. ODER, RE XX 2550f.) oft hypothetisch. Hier können nur die geläufigsten und volkstümlichsten W.-Klassen (-Familien) berücksichtigt werden. Vorweg sei bemerkt, daß mit *τὸ ἑρπετόν* niemals »W.« oder

»Kriechtiere« bezeichnet werden, sondern entweder »Landtiere« (Ggs.: Vögel, Fische) oder allg. »Tiere« (Ggs.: Mensch).

1. Regen-W., *ἔντερα γῆς* (= *σκώληξ*: Arat. 959; = *ἴουλος*: Numen. b. Athen. 7,305a; Verhältnis zu *ἕλμινς* unklar bei Nik. Ther. 388), *lumbricus, vermis terrenus* (das letztere bes. in der med. Lit.). Sie entstehen angebl. von selbst aus Schlamm und Erde, bes. nach Regen (Aristot. hist. an. 570a 16. Lucr. 2,871. 928; vgl. Nik. a. O.), haben weder Augen noch Gliedmaßen (Aristot. mot. an. 705b 28. Plin. nat. 11, 140) und die Natur von Larven (Aristot. gen. an. 762b 26). Aristot. erwähnt an beiden Stellen, daß in ihnen → Aale entstehen sollen. Das Austreten der W. aus der Erde galt als Schlechtwetterzeichen (Theophr. sign. 3,5. Arat. 229. Plin. 18,364). Dem Geflügel und den Schweinen dienen sie als Nahrung (Plaut. Bacch. 792. Colum. 7,9). In der Volksmed. werden sie gegen unzählige Leiden angewendet (s. Plin. Ind., Marcell. Med. Ind., jeweils s. *vermis*, u. a.).

2. Band-W. (Cestoiden), *ἕλμινθες πλατεῖαι*, *taeniae* (dafür oft *tineae*). Von anderen Darmparasiten unterschieden bei Aristot. hist. an. 551a 9f. Colum. 6,30,9. Gal. 14,755 K. Nach [Hippokr.] morb. 4,54 (früheste Darstellung) entsteht dieser bei Mensch und Tier auftretende Parasit bereits im Embryo, wächst im Kind und erreicht um die Pubertätszeit die Länge des Darms (9 m: Plin. 11, 113). Der Vf. polemisiert gegen die Vorstellung, der Band-W. erzeuge eigenen Nachwuchs; vielmehr stoße er mit dem Kot nur etwas »Gurkensamenartiges« ab, was sein Vorhandensein bezeugt. Neben diesem Symptom werden andere genannt, wie Fieber, Herzschmerzen, Erbrechen (Hippokr. epid. 1,3 [5,73 L.]). Angebl. kommt er in Thrakien und Phrygien nicht vor (Plin. 27,145). Die med. Lit. nennt viele Mittel zur Abtreibung von W. im Leib, doch ist meist unklar, ob alle oder nur bestimmte gemeint sind.

3. Spul-W. (Ascariden), *ἕλμινθες στρογγύλαι* – die 2. der bei Aristot. und Gal. unterschiedenen Helminthidengruppen; im Lat. wegen ihrer regenwurmartigen Gestalt meist *lumbrici*, vom Band-W. deutlich unterschieden (Plin. 27,145. Marcell. Med. 488,14 u. a.); *κοιλίης θηρία* bei Hippokr. epid. passim bezieht sich gewöhnlich auf sie, ebenso *τὰ ἐν σώματι ζῷα* bei [Aristot.] probl. 20,12. Von ihnen – wie von allen Darmparasiten (Aristot. hist. an. 551a 8; unklar Lucr. 2,871) – nahm man an, sie entstünden aus dem Kot ([Aristot.] a. O. Gal. 17 B, 635 K.), erzeugten jedoch auch selbst Junge ([Hippokr.] morb. a. O.). Auch sie treten bei Menschen und Tieren auf (für letztere z. B. Cato agr. 126. Colum. 6,30,9f.), nach Gal. a. O. bes. häufig bei Kindern. Beschreibung bei Cels. 4,24. Gal. 14,755. Zur Bekämpfung wer-

den viele (bes. mag.) Mittel empfohlen, z.T. dies. wie gegen den Band-W. Bei Kranken galt der Abgang von Spul-W. als Anzeichen der Genesung (Hippokr. epid. 4,55 [5,195 L.]. Cels. 2,3). Nach Hippokr. a.O. 7,117 können sie auch durch den aufgeschnittenen Nabel eines Kindes austreten.

4. Faden-W. (?) (Nematoden), ἀσκαρίδες, die 3. Helminthengruppe des Aristot.; bei dems., frg. 241, wahrscheinl. mit τερηδόνες gemeint. Als Darmparasiten werden sie oft erwähnt (Hippokr. Aph. 3,26; epid. 1,3. 6,11. Aristot. hist. an. 551a 10. Cael. Aur. chron. 4,8,17. 4,9,134 u.a.; bei Isid. orig. 12,5,14 Text leider gestört), aber nicht näher beschrieben, so daß bei der großen Anzahl von Faden-W.-Arten sichere Bestimmung nirgends möglich ist. Die von Aristot. a.O. 27ff. behandelte ἀσκαρίς (Stechmücken-Made) ist davon zu trennen.

5. Blutegel, βδέλλα, *hirudo*, mehrere bis zu 20 cm lange Ringelwurm-Arten, im SO. Europas und in Äg. heimisch; ein blutsaugender Parasit (Plin. 11,116), der im Wasser lebende oder Wasser trinkende Tiere als »Wirte« befällt (Hdt. 2,68. Apul. apol. 8 [B. im Maul des Krokodils]. Plin. 8,29 [Elefanten]. Theokr. 2,56. Nik. Alex. 495ff. Colum. 6,18 u.a. [Blockade der Speiseröhre]). Bei Haustieren bekämpften ihn die Veterinäre mit warmem Öl oder Essig u.a. Mitteln (Nik. a.O. Plin. 23,55. Scrib. Larg. 199. Veg. mul. 4,24,1. Gal. 12,363 u.a.). In der Heilkunst wurde er, wie noch h., gern zum »Aderlaß« angesetzt (Plin. 32,122. Ser. Samm. 407 u.a.; ausführl. Gal. 11,317f.). – Metaph. auf Menschen angewendet: Plaut. Epid. 187. Cic. Att. 1,16,11. Hor. ars 476. LXX und Vulg. Pr. 30,15. W. R.

O. Keller Ant. Tierwelt 2, 1913, 501ff. *H. Gossen*, RE XX 2548ff. (Art. »Platt-W.«).

Wulfila s. Ulfila

Wunderglaube, -täter. I. Einleitung: Der W. ist ein »legitimes und wesentl. Moment einer jeden echten Religiosität« ([1], 126), daher Eigenart aller hist. Rel., so auch der griech.-röm. Prinzipielle W.-Bestreitungen der Art, daß es etwa wegen der Kosmos-Idee in klass. griech. Z. »keine Wunder gibt« ([2], 22) oder daß wegen der Immanenz griech. Götter griech. Glaube »keine Wunder brauchte« (NESTLE Vom Mythos z. Logos ^{2}11 u.a.), sind folglich ganz abwegig, und zwar auch für den vielf. verkannten hom. W. (grundlegend [3]; exempl. [4], 45ff.). Hist. richtig ist vielmehr: 1. versch. Intensitätsphasen des W., so bes. in arch. und hellenist. Z., und »zyklischer« Wechsel von W. und W.-Skepsis (hist. Skizze [5], 41ff.), 2. Fehlen der *credo quia absurdum*-Tendenz (SNELL Entdeckung d. Geistes ^{3}49), 3. das sog. Wunderproblem, d.h. die Antithese von Kausalität und Wunder = Kausalitätsaufhebung, war zwar in allen Konsequenzen erkannt (kraß z.B. Cic. div. 2,60f.; vermutl. seit Leukipp. frg. 2 D.; vgl. [6], 227ff.; richtig [7], 17f. gegen die bekannte W.-Def.

b. [8], p. VIIf.; z. Diskussion [9], 442ff.), doch in Beschränkung auf den numerisch immer kleinen Kreis der *physici, philosophi* usf. (Lukian. Iupp. trag. 53; [10], 32ff.), d.h. ohne Breitenwirkung auf Volksglauben und *religiosissimi*, für die das Wunder stets eine mögl. »höhere Klasse von Ausnahme« blieb ([11], 163f.). Durchaus im Einklang mit moderner Rel.-Wiss. (R. OTTO Das Hl.^{29}/^{30} 83 u.a.) definiert etwa Plut. Cor. 38,5 den W. als »Glaubenshilfe durch das Wunderbare und Unbegreifliche göttl. Macht« (vgl. [12], 229). Geradezu postuliert wird z.B. der W. im pythag. Diktum (Iambl. v. P. 148), »kein göttl. Wunder zu bezweifeln, da die Götter omnipotent seien« (περὶ θεῶν μηδὲν θαυμαστὸν ἀπιστεῖν ... ὡς πάντα τῶν θεῶν δυναμένων).

II. Arch. Z.: Auffällig sind massiver W. und Wunderarten im 6./5. Jh., also gleichz. (!) mit der ion. Naturphilos., vermutl. n.ö. Einfluß; zur Reihe der ersten großen W.-täter gehörten: → Melampus, → Abaris, → Aristeas (1), → Epimenides, → Hermotimos, → Zalmoxis, → Pherekydes (2), Phormion, → Pythagoras, → Empedokles (vgl. bes. [13], 31ff. [14], 123ff. [15], 1^{3}, 615ff.); tradiert sind: 1. Heilungswunder, wozu auch die mittels Exorzismus (?) erzielten »Totenerweckungen« gehören (Herakl. Pont. frg. 77ff. WEHRLI m. Komm. 86f. Emp. frg. 111,9 D.), 2. Naturwunder wie z.B. »sprechender Fluß« (Aristot. frg. 191 R.), »Fischwunder« (Iambl. v. P. 36), Sturmstillung (ebd. 135) usf., 3. mag. Wunder, die wenigstens z.T. a) parapsychologisch, so Präkognition (Diog. Laert. 1,114f. 116f.), präkognitive Träume (μαντικοὶ ὕπνοι: Iambl. v. P. 65), Anamnese (ebd. 64. 134), Telepathie (Apollon. hist. mir. 6,2a GIANNINI; vgl. bes. [16]), b) schamanistisch klassifizierbar sind, so Levitation, »Flug«, Entrückung oder »Seelenreisen« (Hdt. 4,14f. Herakl. Pont. frg. 51c. Apollon. hist. mir. 3,1. Iambl. v. P. 136. Plin. nat. 7,174f.; wichtig COLPE, Festschr. f. J. Klein, 1967, 85ff. ELIADE, Antaios 1,1ff.), → Katabasis (Diog. Laert. 8,21. 41; s. → Orpheus u. bes. [14], 129ff.), 3tägige oder gar 57jähr. Trance (Iambl. v. P. 16. FGrH 115 F 67), Tiermetamorphosen (Plin. nat. 7,174) usf., 4. rel. Wunder wie »Himmelsstimmen« (FGrH 115 F 69) u.a.

III. Klass. Z.: Im 5./4. Jh. sind Ambivalenz z. W. oder W.-Skepsis typisch, doch schließen sich W. und W.-Kritik z.T. dabei nicht aus; exemplarisch sind hierfür → Euripides mit den Bakchen als »Drama der Wunder« ([4], 120f.) und bes. → Herodot, der – gerade von der Typologie des ant. Wunders her – typisch griech. W. propagiert (wertvoll [18–19]), so 1. den vom »W. unzertrennlichen« ([15], 2,498) Orakelglauben, 2. den »immer zum Wunder gehörenden« ([20], 9,4) Traumglauben, 3. den → Epiphanie (Nachtr. Bd. V)-Glauben (loc. class.: Hdt. 6,105; vgl. 6,61. 69. 117. 8,38. 65. 84f.), ab 3. Jh. bezeichnenderweise Oberbegriff aller Wunderarten ([21], 49), ferner 4. oft Naturwunder wie Regen- (1,87. 3,10), Speise- (8,137), Feuer- (4,79), Fluß- (8,138), Tier- (1,78. 2,55. 3, 153. 7,57), Baumwunder (8,55) usf., auch 5. skurriler Küchenspuk wie schon Hom. Od. 12,394ff. (1, 59. 9,120) oder 6. Wunderhäufungen wie beim pers. Angriff auf Delphi 480 v. Chr. mit »automatischer« Ortsveränderung der hl. Tempelwaffen (zu *αὐτόματος* im W. [4], 60ff.), Blitzen, Parnaß-Gipfelstürzen, Heroen-Epiphanie (8,37f.), hingegen W.-Kritik: 2,57. 4,36. 96. 105. 5,86. 8,129 u. a.

IV. Hellenist.-röm. Z.: Ab ca. 2. H. 4. Jh. entsteht überall neuer, z. T. krasser W., ja steigert sich zur »Wundersucht« ([15], 2,21ff. ALY, RE Suppl. VI 15. HOMMEL, MDAI (Ist.) 7,53. NOCK Conversion 306f. s. Miracles). Erstmals wird das *ἀπιστεῖν* des Wunder-Zweifels als rel. Schuld gesehen, was zu Strafwundern führt (LATTE, Kl. Schr. 734. [8], 147ff.). Der W. des Volksglaubens wird dabei durch nichts besser beurkundet als durch die Inschr.-Stelen der Wunderheilungen von → Epidauros E. 4. Jh. mit für uns z. T. abstrusem W. (Text u. Komm. [21]; PEEK, ASAW 56,3, 1963; letzte Ed. [22], 63ff.). Der »große W.-täter« (*μέγας θαυματοποιός*: Aristeid. or. 39,14) war hier wie in → Pergamon usf. → Asklepios, spez. W. waren → Tempelschlaf und Traumepiphanie ([8]; KERÉNYI Der göttl. Arzt ^{2}24ff. HAUSMANN Kunst u. Heiltum 46ff. m. Abb.; mod. Deutungsversuche: MICHENAUD-DIERKENS Les rêves dans les »Discours Sacrés« d' Ael. Aristide, 1972, 21ff. m. ält. Lit.). Andere Wunderarten waren: polit.-mil. Epiphanie-Wunder ab 279/78 v. Chr. u. ö. (Paus. 10,23; [15], 2,211ff.; vgl. o. Hdt. 8,37f.), Demonstrationswunder, z. B. an Hand von Götterbildern (Kall. frg. 197 m. Dieg.; J. KROLL, Festschr. F. von d. Leyens, 1963, 251ff.), Offenbarungswunder, z. B. vom Typus der sog. Himmelsbriefe (Paus. 10, 38,13. Aristeid. or. 47,78 K.; SPEYER Bücherfunde i. d. Glaubenswerbung d. Ant., 1965, 23ff.), Rettungs-(Aristeid. or. 45,33 u. o.), Befreiungswunder (gut [4], 119ff.) usf. Neue Wunder-Begriffe wurden jetzt *ἀρετή* (zuerst Sylloge^3 1151, Mitte 4. Jh.), *ἐπιφάνεια* ([21], 49) und *δύναμις*, so auch im N. T. (ThWB 2,302ff.), wobei der *ἀρετή*-Begriff zum rel. Genos der Aretalogie führte (Ed. [22]), zunächst mit den epidaur. *Ἰάματα* ([22], 27), dann bes. im → Isis- ([23]) und → Sarapis-Kult ([22], 103ff. [24]), wo → Aretalogoi als »Wundererzähler« amtierten (Strab. 17,801; [24], 44f.). Auch die Mirabilien-Lit. beginnt in hellenist. Z. (Ed. GIANNINI, 1967), ebenso dann die zweite große Welle charismat. W.-täter vom Typus *θεῖος ἀνήρ* ([25–26]. [15], 2,505ff. [9], 458ff.), freilich ohne röm. Beteiligung ([27], 40f.), sieht man von den Wunderheilungen → Vespasians ab (Tac. hist. 4,81. Suet. Vesp. 7,2; HENRICHS, Ztschr. f. Pap. u. Epigr. 3, 1968, 65ff.). Alle überragte im 1. Jh. n. Chr. → Apollonios (3) von Tyana, *θειότερος ἢ ὁ Πυθαγόρας* (Philostr. v. Ap. 1,2; [28]).

D. Wa.

1. *Monden* Theologie d. Wunders, 1961; z. überaus reichen W.-Lit. zuletzt: *A. Schmitt*, Bibl. Ztschr. 19, 1975, 1,1; Lit. bis 1962: RGG ^{3}6,1831ff. *Fries*, HB. theolog. Grundbegriffe 2,896; Textauswahl: *Delling* Ant. Wundertexte, 1960. 2. *Mensching* Das Wunder i. Glauben u. Abergl. d. Völker, 1957. 3. *Ehnmark* Anthropomorphism and Miracle, Uppsala Un. Årsskr. 1939; vgl. bes. auch *W. den Boer*, Hermeneus 16, 1944, 81ff. 4. *Weinreich* Rel.-gesch. Stud., 1968. 5. *Grant* Miracle and Natural Law, 1952. 6. *Sambursky* Das physikal. Weltbild d. Ant., 1965. 7. *E. Pfeiffer* Stud. z. ant. Sternglauben, 1916. 8. *Weinreich* Ant. Heilungswunder, 1909. 9. *Prümm* Rel.-gesch. HB., 1954. 10. *Trede* W. i. Heidentum u. i. d. alt. Kirche, 1901. 11. *A. Brunner*, Stimmen d. Z. 142, 1948. 12. *Delling* Z. Beurteilung d. Wunders durch d. Ant., Wiss. Ztschr. Univ. Greifswald 5, 1955/56, 221ff. 13. *Eliade* De Zalmoxis à Gengis-Khan, 1970. 14. *Burkert* Weisheit u. Wissenschaft, 1962. 15. *Nilsson* GgrR 1–2. 16. *Dodds* Telepathie u. Hellsehen i. d. kl. Ant., in: *Bender*, Parapsychologie, 1966, 6ff. (m. [17] bes. method. grundlegend). 17. *Ders.* Supernormal Phenomena in class. Ant., Proc. Soc. Psychical Research 55, 1971, 189ff. 18. *Aly* Volksmärchen, Sage u. Novelle b. Hdt., ^{2}1969. 19. *Huber* Rel. u. polit. Beweggründe d. Handelns i. d. Geschichtsschreibung d. Hdt., Diss. Tüb. 1965, 5ff. 20. *Reitzenstein* Hellenist. Wundererzählungen, ^{2}1963. 21. *Herzog* Die Wunderheilungen v. Epidauros, Philol. Suppl. 32,3, 1931. 22. *Longo* Aretalogie nel mondo greco 1, 1969. 23. *D. Müller* Äg. u. d. griech. Isis-Aretalogien, ASAW 53,1, 1961. 24. *Engelmann* Die del. Sarapisaretalogie, 1964. 25. *Bieler* *ΘΕΙΟΣ ΑΝΗΡ*, ^{2}1967. 26. *D. L. Tiede* The Charismatic Figure as Miracle Worker, Diss. Harvard 1970; vgl. Harvard Theol. Rev. 64, 1971, 575f. 27. *Lembert* Das Wunder b. d. röm. Historikern, Jb. üb. d. kgl. Realgymn. Augsburg, 1904/05. 28. *Petzke* Die Traditionen üb. Apoll. v. Tyana u. d. NT., 1970, 172ff. m. ält. Lit.

X

Xandrames (*Ξανδράμης* [Diod. 17,93,2], *Aggrammes* [Curt. 9,2. 3]), ind. König, dessen Namensform entweder ([2], 1331) auf skt. *candramas*, »der Mond(gott)«, oder *agrima*, »führend«, oder viel wahrscheinlicher ([3], 267. [4], 79–108) auf *Augrasainya*, d.h. Sohn des Ugrasena (»Mächtigheer«) zurückgeht. Er herrschte über die im ö. Gangestal wohnenden Gangariden und → Prasier und wird mit Dhana-Nanda ([2], 1332) oder wohl besser mit Mahāpadma ([4], 87) aus der Dynastie der → Nandas ([1], 24–26) gleichgesetzt. Als *Nandrus rex* ([5], 241) taucht er in der → Sandrakottos-Legende auf. F. F. S.

1. *F.E. Pargiter* The Purāṇa Text of the Dynasties of the Kali Age, Varanasi [2]1962. 2. *D. Kienast*, RE IX A 1331 bis 1333. 3. *F.F. Schwarz*, in: *F. Altheim–R. Stiehl* Gesch. Mittelas. im Alt., 1970, 267–316. 4. *G.M. Bongard-Levin* Stud. in Anc. India and Centr. Asia, Calcutta 1971. 5. *Th. R. Trautmann*, Ann. Bhandarkar Orient. Res. Inst. 51, 1971, 240–242.

Xanten s. Vetera castra

Xantheia (*Ξάνθεια*), uralte thrak. Siedlung »städtischen« Typs auf dem Stammesgebiet der thrak. Kikonen oder urspr. auf dem Gebiet des kleineren Thrakerstammes der → Xanthioi. Die einzige Belegstelle Strab. 7,331. Chr. D.

Danov, in: Recueil d'ét. hist. à l'occasion du XIe Congrès internat. des sciences hist., Stockholm 1960 (Sofia 1960), 3–28, bes. 14. *Ders.*, RE IX A 1333. *Detschew* Thrak. Sprachreste 333.

Xanthias (*Ξανθίας*). **1.** Gebräuchlicher Sklavenname, in Athen aufgekommen für die blondhaarigen thrak. Sklaven, bei Aristoph. Ach. Av. Nub. Ran. u.a. Komikern; vgl. auch Aischin. 2, 157. K. Ziegler, RE IX A 1333. **2.** Fingierter Name für den Freund, dem Hor. das scherzhafte Gedicht c. 2,4 widmet. Der Name scheint gewählt, weil auch die Freundin Phyllis *flava* ist. K. Ziegler, RE IX A 1334. K. Z.

Xanthikles (*Ξανθικλῆς*). Achaier im Söldnerheer des jüng. → Kyros (3), wird nach der verräterischen Gefangennahme und Hinrichtung seines Landsmannes Sokrates zum Strategen seiner Abteilung gewählt, Xen. an. 3,1,47. 5,8,1. 7,2,1. K. Ziegler, RE IX A 1334. K. Z.

Xanthikos (*Ξανθικός*, *Ξανδικός*). Der 6. Monat (= März) des makedon. Kalenders, später weithin verbreitet zum kimmer. Bosporos, über Kleinasien, Phoinikien, Syrien bis Arabien und Mesopotamien. Nach Hesych. s.v. waren die *Ξανθικά* ein makedon. mil. Sühne- und Reinigungsfest. Vgl. hierzu W. Sontheimer, RE IX A 1334. K. Z.

Xanthioi (*Ξάνθιοι*), kleiner Thrakerstamm, auf dessen Gebiet das Stammeszentrum → Xantheia entstanden ist. Die X. werden nur bei Strab. 13,590 erwähnt. Hekataios (FGrH 1 F 180) kennt nur die Namensform *Xanthoi*. Chr. D.

Danoff, RE IX A 1334f.

Xanthios hieß der Vater des → Leukippos (1), Gründers von Magnesia; X. wurde unabsichtlich von diesem getötet, als er ihn in blutschänderischer Verbindung mit der Schwester überraschte (Hermesian. frg. 6 bei Parthen. 5). Hellan. FGrH 4 F 125 nennt den sonst unter dem Namen → Xanthos bekannten Boioterkönig X. G. R.

Pfister, Myth. Lex. 6,518. *Grimal* Dict. myth. 261.

Xanthippe (*Ξανθίππη*). **1.** Tochter des → Doros und Gemahlin des Pleuron (Apollod. 1,7, 7,1); den gleichen Namen gibt Hyg. fab. 254 einer Frau, die ihren eingekerkerten Vater Mykon mit ihrer Milch ernährt haben soll (bei Val. Max. 5,4 ext. 1 heißt sie Pero). G. R.

Pfister, Myth. Lex. 6,519. *Grimal* Dict. myth. 379.

2. Frau des → Sokrates (2), für die Nachwelt seit einer entsprechenden Erwähnung bei Xenophon (symp. 2,10) der Inbegriff weibl. Unverträglichkeit, in zahlreichen Anekdoten in dieser Rolle einem stets ebenso gleichmütigen wie schlagfertigen Sokrates gegenübergestellt (Ail. var. 11,12. Plut. mor. 461d. Diog. Laert. 2,36f.). X. war entgegen einer auf Aristoteles zurückgehenden Überlieferung (→ Myrto) wahrscheinl. die einzige Frau des Sokrates und Mutter der drei Söhne Lamprokles, Sophroniskos und → Menexenos (1). Sie muß wesentlich jünger gewesen sein als ihr Mann, da Sophroniskos und Menexenos im J. 399 noch *παιδία* waren (Plat. apol. 34d). Th. W.

Xanthippos (*Ξάνθιππος*). **1.** Vater des → Perikles (1), * um 520 v.Chr., Sohn des Ariphron aus dem Demos Cholargos n.w. von Athen. Er war verheiratet mit → Agariste (2), einer Nichte des → Kleisthenes (2; Hdt. 6,131. Plut. Per. 3), und trat in der Ekklesia wohl als Gegner der »Tyrannenfreunde« hervor. Als Hauptankläger plädierte er 489 für → Miltiades' (2) Verurteilung (Hdt. 6, 136). Im J. 484/83 (A. E. Raubitschek, Hist. 8, 1959, 128; AA 1969, 107) wurde X. ostrakisiert (IG I[2] 909. Tod IGH 15); der eigentl. Grund ist freilich nicht klar zu ersehen (R. Merkelbach, Ztschr. f. Papyrol. u. Epigr. 4, 1969, 201). Vor der Schlacht bei Salamis amnestiert (Aristot. Ath. Pol. 22,8), kehrte er nach Athen zurück (Plut. Them. 10,10), wurde 479 nebst → Aristeides (1) zum Strategen gewählt und reiste mit → Kimon (2) und → Myronides (1) nach Sparta, um die Entsendung des pelop. Heerbanns nach Boiotien zu erwirken (H. Schaefer, Probl. d. Alt. Gesch., 1963, 146). In der vom Spartanerkönig → Leotychidas (2) geführten Bundesflotte (Hdt. 8,131) hatte X. im Sept. 479 entscheidenden Anteil am Sieg bei Mykale (Hdt. 9,96ff. Diod. 11,34,2. Paus. 8,52,3). Während Leotychidas sodann mit dem größten Teil der Flotte zurücksegelte, begab sich X. mit seinem athen. Geschwader von Abydos nach der Chersonesos, eroberte im Winter 479/78 Sestos (Hdt. 9,114ff. Diod. 11,37,5) und ließ den berüchtigten Satrapen Artayktes ans Kreuz schlagen. Nach der Heimfahrt dieses Expeditionskorps' (Hdt. 9,121. Thuk. 1,89,2) ist von X. nichts mehr zu vernehmen. **2.** Ältester Sohn aus → Perikles' (1) erster Ehe. Seine Mutter, mit Perikles verwandt, war von dem reichen → Hipponikos (1) geschieden (And. 1,130. Plut. Per. 24). Nach → Stesimbrotos bei Plut. a.O. neigte X. trotz sorgfältiger Erziehung (Plat. Men. 94b) zur Verschwendung, hierin viell. noch bestärkt durch seine anspruchsvolle junge Frau, eine Tochter des → Teisandros. Sein Verhältnis zum Vater war, wohl im Gegensatz zum jüngeren Bruder → Paralos (1), nicht ungetrübt (Plut. Per. 36). Noch vor Bruder und Vater starb X. Ende 430 an der Pest. **3.** Genialer Söldnerführer im 1. pun. Kriege, Spartiat (Diod. 23,14,1f.), den nebst anderen Söldnern ein Werbeoffizier im J. 256 nach Karthago brachte (Pol. 1,32,1. Liv. epit. 18). Die verzweifelten Karthager ermutigte X., indem er erklärte, nicht durch die Römer, sondern durch Unerfahrenheit sei Karthago besiegt worden (Pol. 1,32,2. Diod. 23, 15,5). Daraufhin zum Instrukteur der karthag. Streitkräfte unter Hamilkar (?) bestellt (Pol. 1, 32,5), verstand es der wohl schon in den Diadochenkriegen bewährte X., rasch ein schlagkräftiges, vor allem für den Elefantenkrieg geübtes Heer von 12000 Fußsoldaten, 4000 Reitern und etwa 100 Elefanten aufzubauen und bereits im J. 255 das röm. Expeditionskorps bei Tunes vernichtend zu schlagen (Pol. 1,33f.) und den Consul M. Atilius → Regulus (5) mit 500 Mann gefangenzunehmen (Cic. off. 3,26). – X. fand indes nicht die verdiente Anerkennung, denn alsbald verließ er Karthago, um Neid und Mißgunst zu entgehen (Pol. 1,36,2f.). Die weiteren Angaben sind zweifelhaft. Nach App. Lib. 4 und Val. Max. 9,6,1 fiel er auf der Heimreise nach Sparta einem von den Karthagern angezettelten Mordanschlag zum Opfer. Auch für die Annahme, X. habe späterhin dem → Ptolemaios III. Euergetes als Stratege gedient (F.W. Walbank Hist. Comm. on Pol. 1,94. H. Bengtson Strategie in hellenist. Z. 3,172ff.), gibt es keinen sicheren Anhaltspunkt. **4.** Stratege aus → Elateia in Phokis, Sohn des *ἄρχων* (?) Ampharetos (IG IX 1,102), der seine Vaterstadt 301 v. Chr. von → Kassandros (2) und um 285 Phokis von → Antigonos (2) Gonatas befreite (Sylloge^3 361 BC). Den nicht weniger als zehnmal zum Strategen gewählten X. rühmten 2 Statuen in Delphoi: *δὶς μὲν γὰρ-τυράννων δ[εσμ]ια λῦσαί φατι* (H. Pomtow, PhW 32, 1912, 506ff. F. Schober, RE Suppl. V 110). R. E.

Xanthos (*Ξάνθος*). **1.** Hauptstrom in der Landschaft → Lykien, der s. vom Söğüt Gölü am Kizilca Daği entspringt und in s.w. Richtung an den Stätten des ant. → X. (Nr. 2) und des ant. → Patara ins Mittelmeer mündet, h. Koca Çayi. **2.** Ant. Stadt im Tal des gleichnamigen Flusses (h. Koca Çayi) in Westlykien, etwas oberhalb von → Patara. Die an Ort und Stelle gefundene Keramik weist dort schon für das 7. Jh. v. Chr. griech. Siedler aus. 545 geriet die Stadt unter pers. Herrschaft, gegen die sich ihre Bewohner in einer sehr ungleichen Schlacht zu wehren versucht hatten. Erst Alexander der Große hat X. im Winter 334/33 wieder aus dem pers. Reichsverband gelöst. Dann wechselte ptolem. und seleukid. Einfluß in X. ab, bis mit dem Frieden von Apameia 188 v. Chr. die Stadt an die Rhodier fiel. Die Zugehörigkeit zur rhod. → Peraia (2) endete für X. 168 mit dem Machtspruch Roms, der eine lange Periode innerer wie äußerer Unabhängigkeit herbeiführte. X. war damals eine der sechs bedeutendsten Städte des Lykischen Bundes. In dem nach Caesars Ermordung ausbrechenden Bürgerkrieg hatte die Stadt schwer zu leiden: Nachdem das Bundesheer 42 im Kampf gegen Brutus total geschlagen worden war, leistete X. entschlossen Widerstand; die Stadt wurde endlich doch erobert und vollkommen zerstört. Im Jahr darauf wies der Triumvir M. Antonius die Lykier an, X. wiederaufzubauen. Innere, z.T. gegen den überwiegenden Einfluß Roms gerichtete Unruhen führten schließlich dazu, daß der Kaiser Nero X. der Provinzialverwaltung unterstellte. Die eindrucksvolle Ruinenstätte mit Resten der Stadt auf der Akropolis (dazu gehören Überreste eines Theaters sowie ein Stadttor) und lyk. Grabmonumenten beim Dorfe Kinik. E. O.

P. Demargue–H. Metzger, RE IX A 1375ff. *D. Magie* Roman Rule in Asia Minor, Princeton 1950, 1375, 15.

3. Den Namen X. tragen zahlreiche Gestalten der griech. Myth., z.B. ein Troer, der von der Hand des → Diomedes (2) fiel (Hom. Il. 5,152), ein troizen. König (Sch. Kall. h. 4,41), ein Sohn des Aigyptos (Hyg. fab. 170), ein Sohn der → Niobe (Pherekyd. FGrH 3 F 126), ein Sohn des Tremiles (Panyassis frg. 18 EGF), ein Sohn des Erymanthos, Vater der Psophis (Paus. 8,24,1), ein König von Kreta, der die → Europe (1) geraubt haben soll (Aug. civ. 18,12), ein Sohn des → Triopas (Sch. Eur. Or. 932. Hyg. fab. 145), Oikist von Lesbos (Diod. 5,81), ein Milesier, der seine von Kelten geraubte Frau Herippe von deren Fürsten (Parthen. 8 praef. heißt dieser Kauaras) zurückkaufen konnte (Parthen. 8), ein Pferd des Achill (Hom. Il. 16,149. 19,400f. Apollod. 3,13,5,4. Diod. 6,3. Ail. nat. 12,3), des Hektor (Hom. Il. 8,185), des Diomedes (Hyg. fab. 30), des Kastor (Stesich. frg. 1) und schließlich u.a. ein boiot. König, der im Zweikampf mit → Melanthos (1) fiel, was als Aition für das → Apaturienfest gilt (Ephor. FGrH

70 F 22. Konon FGrH 26 F 1,39. Strab. 9,393. Sch. Aristoph. Ach. 146; Pax 890). G. R.

Pfister, Myth. Lex. 6,519f. *Deubner* Att. Feste 232. *Usener*, ARW 7, 1904, 302ff.

4. Lyr. Dichter (*μελοποιός*), älter als → Stesichoros (1), der nach eigenem Zeugnis auf ihm fußte. Er behandelte die Taten des → Herakles noch nach hom. Art. So → Megakleides bei Athen. 12,513a. Sonst nichts bekannt. K. Z.

5. Der Lyder, angebl. aus Sardeis, Sohn des Kandaules (Suda s. *Ξ.*), Vf. einer lyd. Gesch., von Späteren gewöhnl. als *Λυδιακά* in 4 B. zit. Ephoros (FGrH 70 F 180) zufolge lebte X. im 5. Jh. als etwas älterer Zeitgenosse Herodots; dazu stimmen die Erwähnung Artaxerxes I. (F 12) sowie rationalist. und naturwiss. Beobachtungen und Folgerungen in der Art älterer ion. Historiker (vgl. F 13). Das Werk reichte viell. bis zum J. 547 (Einnahme von Sardeis durch Kyros). Aus ihm schöpften wahrscheinl. → Xenophilos (4) und mit Sicherheit → Nikolaos (3) von Damaskos, doch sind Art und Umfang der Benutzung, somit die Rekonstruktion der *Λυδιακά*, äußerst kontrovers (vgl. [3] und [5]). In manchen Einzelheiten der lyd. Frühgesch. und Herrschergenealogie stimmen Nik. (F 15. 17. 22) und X. (F 16–18) durchaus überein, anderes (Nik. F 71 ‡ X. F 15) ist unvereinbar. Zudem tragen die Erzählungen von Ardys, Gyges und Kroisos bei Nik. (bes. F 44. 47. 68) kräftig romanhafte Züge, so daß man sie, selbst bei Annahme stärkster Quellenkontamination, schwerlich dem X. von F 12/13 zutrauen mag (so einleuchtend [5]) und die Existenz einer ohne Rücksicht auf chronol. Zusammenhänge vorgenommenen hellenist. Bearbeitung (→ Dionysios [19] Skytobrachion?) wahrscheinl. wird. – Als weitere Titel werden für X. genannt: *Περὶ Ἐμπεδοκλέους* (Diog. Laert. 8,63 = F 33) und *Μαγικά* (Clem. Al. strom. 3,11,1; selbständiges Werk? Teil der *Λυδιακά*?), beide an sich denkbar, jedoch schwach bezeugt; problemat. überdies die Angaben über Zoroaster in F 32. H. Gä.

Frg.e und Lit.: 1. FGrH 765; 90 F 44ff. m. Komm. 2. *Christ-Schmid* 1,1,704ff. 3. *H. Herter*, RE IX A 1354ff. m. ält. Lit. 4. *P. Tozzi*, RIL 99, 1965, 175ff. 5. *K. v. Fritz* Die griech. Geschichtsschreibung 1 Anm., Bln. 1967, 348ff.

Xeine (*Ξείνη*) Aphrodite, die »fremde Aphrodite«, nach Hdt. 2,112 in einer Kapelle des Tempels des »Proteus« (d. h. Baʿal Saphon) verehrt, der s. des Ptah-Tempels von → Memphis im Stadtteil »Syrerlager« stand. Während Hdt. sie als Helena erklärt, lassen altäg. Denkmäler erkennen, daß sie die syr. Göttin der Seefahrt Astarte war. Belege finden sich von der Z. Amenophis' II. (2. H. 15. Jh. v. Chr.) bis ins 6. Jh. v. Chr. W. H.

W. Helck Beziehungen Äg.s zu Vorderasien, ²1971, 456.

Xenagoras (*Ξεναγόρας*). **1.** Griech. Historiker und Geograph vermutlich des 3. Jh.s v. Chr. (vgl. Dion. Hal. ant. 1,72, wo er nach → Kallias 10 eingeordnet ist; dazu C. J. Classen, Hist. 12, 1963, 451), ungewiß, ob ident. mit Nr. 2. Aus dem 1. B. seines mind. 4 B. umfassenden Gesch.-Werkes (Titel wohl *Χρόνοι*) sind zahlreiche Angaben über Weihungen der älteren Z. in die sog. Tempelchronik von → Lindos (→ Timachidas), die wichtigste Quelle über X., übernommen worden. Das Werk, das (in Exkursen?) vielfältige aitiolog. Themen (u. a. Gründung Roms, F 29) umfaßte, begann mit der Urzeit, reichte aber, wie es scheint, nicht bis in hellenist. Z. hinab. Man erklärt dies gemeinhin mit X.' Abhängigkeit von verhältnismäßig alten Quellen. – Reste einer Schrift *Περὶ νήσων* (1 B.) beziehen sich auf → Kypros und → Pithekusa (Aenaria).

FGrH 240 m. Komm. *F. Gisinger*, RE IX A 1409ff.

2. Von Herakleia/Pontos, Vater des → Nymphis (Suda s. *Νύμφις*), † wohl vor dessen Heimkehr im J. 281 v. Chr. Ob ident. mit Nr. 1, ist unbekannt. H. Gä.

3. Sohn des Eumelos, Geograph und Mathematiker, maß nach wissenschaftl. Methode die Höhe des → Olympos (1)-Gipfels über dem → Pythion (6) mit dem der Wahrheit sehr nahe kommenden Ergebnis 10 Stadien 96 Fuß und berichtete darüber in der metr. Inschr. am Pythion, welche dann → Scipio (14) Nasica im Juni 168 v. Chr. abschrieb und in einem *ἐπιστόλιον* veröffentlichte (daraus Plut. Aem. 16,9). Um wieviel vor 168 die Messung erfolgt ist, bleibt offen. K. Z.

K. Ziegler, RhM 110, 1967, 57ff.

Xenagoru nesoi (*Ξεναγόρου νῆσοι*; vgl. Stad. m. m. GGM 1,493), erst in nachchr. Z. bezeugte (Plin. nat. 5,131) Inselgruppe an der lyk. Westküste s. ö. der Mündung des → Xanthos (1) vor der Bucht Kalamaki-Liman, h. Catal Ad mit den Inseln Volo und Orchendra. Nach welchem Xenagoras die Inselgruppe benannt war, ist nicht zu klären. E. O.

H. Treidler, RE IX A 1417.

Xenagos (*ξεναγός*; dor.-spartan. Wort), spartan. Offizier, überwachte die Heereskontingente des peloponnes. Bundes, befehligte sie im Krieg, sorgte für die Schlachtordnung des gesamten spartan.-peloponnes. Heeres, Xen. hell. 3,5,7. 4,2,19; zuerst bei Plataiai 429 bei Anlage der Belagerungsmaschinen erwähnt, Thuk. 2,75,3. Nach dem Dioikismos von → Mantinea setzte Sparta über jedes Dorf einen X. ein, Xen. 5,2,7. Im 4. Jh. befehligten X. Söldner in spartan. Dienst, Xen. 4, 3,15. Demosth. 23,139, so → Herippidas, Xen. Ag. 2,10. L. Wickert Der peloponnes. Bund, Diss. Erlangen 1961, 85f. Zu nichtspartan. X. in hellenist. Z. s. M. Launey Recherches sur les armées hellénistiques, 1950, 33f. 1277. H. V.

Xenarchos (*Ξέναρχος*). **1.** Aus Aigeira, vertrat eine unabhängige achaiische Politik, Gesandter des Bundes 183 in Rom, um das *foedus aequum* zu erneuern, unterzeichnete auf Druck Roms hin dessen Abkommen mit Sparta. Als Bundesstratege setzte sich X. 174 vergeblich für → Perseus (2) ein, der in einem Brief gemeinsame Politik vorschlug. Pol. 23,4,10ff. Liv. 41,33. E. BADIAN Foreign Clientelae, 1958, 86. H. V.

2. Dichter der Mittleren Komödie, datiert durch ein zwischen ihm und → Timokles strittiges Stück, bekannt nur aus Athenaios, der unter 8 Titeln 14 Frg. überliefert. Stil und Inhalt zeigen den typischen Charakter der μέση.

Körte, RE IX A 1421.

3. Mimendichter, den Aristot. poet. 1447b 10 neben → Sophron zitiert. Nach Zenob. 5,83. Apost. 15,24 war er Sophrons Sohn; dort das einzige – nicht wörtliche – Zitat, Spott über die Bürger von Rhegion. Ebendort und bei Phot. Suda s. Ῥηγίνους wird er als Zeitgenosse des Dionysos I. bezeichnet. W. K.

K. Ziegler, RE IX A 1422.

4. Griech. Philosoph, wird trotz seiner Kritik an → Aristoteles → Peripatetiker genannt. Nach → Strabon (14, 670), der ihn als einen seiner Lehrer bezeichnet, ging X., * im kilik. → Seleukeia (5), früh nach Alexandreia, Athen und Rom, war mit → Areios Didymos und → Augustus bis ins hohe Alter befreundet und erblindete kurz vor dem Tod. Seine Lebenszeit läßt sich demnach auf die J. von etwa 75 v. Chr. (da der 64/63 geb. Strab. sein Schüler war) und spätestens 18 n. Chr. ([1], 1423, 4ff. unter Hinweis auf die letzte Redaktion der Geogr. Strabons) eingrenzen.

Werk.: Hauptquellen → Simplikios (zu Aristot. cael. A 2 u. 3; Stellen im einzelnen [1], 1423ff.) und Iul. or. 5,162b. In seinem einzigen uns bekannten Werk πρὸς τὴν πέμπτην οὐσίαν wandte sich X. gegen die Aristotel. Annahme eines 5. Elements, indem er die Argumente des Aristot. der Reihe nach zu widerlegen suchte. Die Lehre des X. ist eher Konsequenz dieser Kritik als selbständiges System. Seine Grundtendenz ist die Bevorzugung mechanist. Erkl. vor der Annahme transzendenter Ursachen. In vieler Hinsicht steht er der → Stoa nahe. – a) Physik. X. nimmt nur 4 Elemente an (Ablehnung der πέμπτη οὐσία). Erde, Wasser, Luft haben ihr wahres Sein im Ruhezustand am naturgemäßen Ort (Ablehnung der geradlinigen Bewegung von Erde, Wasser, Luft, Feuer als einer naturgemäßen Bewegung). Das Feuer mag am naturgemäßen Ort die Kreisbewegung als natürliche Bewegung haben (Ablehnung der Ätherhypothese und der Lehre vom ersten unbewegten Beweger). Es gibt (im Gegensatz zur Lehre des Aristot.) ein Leeres außerhalb des Kosmos (entsprechend der stoischen Auffassung). – b) Metaphysik. Nach X. genügt der mechanistisch-physikal. Einfluß des Himmels zur Erkl. der sublunaren Phänomene (Ablehnung einer intelligiblen Ursache. Das Intelligible existiert nicht an sich, sondern nur im Denken, vgl. Stoa). – c) Eine eigene Seelenlehre des X. wird nicht deutlich. – d) Ethik. In seiner Definition des πρῶτον οἰκεῖον als des eigenen Ich ist X. wohl von der Stoa beeinflußt. Weitere Einzelheiten sind nicht faßbar. Als direkten Schüler des X. kennen wir nur Strabon. Die Philosophen der späteren Jh.e suchen die Kritik des X. an Aristot. teils zu widerlegen (→ Alexandros 21, Simpl., der wohl als letzter die Originalschriften des X. benutzt), teils weiterzuentwickeln (→ Ptolemaios [B 1], → Plotinos, → Proklos, → Iohannes [14] Philoponos). F. Re.

1. *P. Moraux*, RE IX A 1422–1435 (grundlegend; Stellenslg., Lit.). 2. *Ders.* Der Aristotelismus b. d. Griechen 1, 1973, 197–214.

Xenares (Ξενάρης). **1.** Sohn des Knidis (Thuk. 5,51,30), Ephor 421/20, arbeitete mit → Kleobulos (2) gegen den im Nikiasfrieden erzielten Ausgleich mit Athen, erreichte durch ein Sonderbündnis mit Boiotien die Freigabe von → Panakton und → Pylos (1), Thuk. 5,39. Als Kommandant der spartan. Kolonie → Herakleia (1) Trachinia fiel er 420/19 im Kampf gegen angrenzende Staaten, Thuk. 5,51. P. PORALLA Prosop. der Lakedaimonier, Diss. Breslau 1930, 108. **2.** Spartiate, beeinflußte zunächst die Reformpläne des Königs → Kleomenes III. (6), überwarf sich aber dann mit ihm. Plut. Kleom. 31. H. V.

Xenelasia (ξενηλασία), spartan. Brauch, Fremde einzeln oder in großer Zahl auszuweisen, von Athen als Widerspruch zu seiner Staatsform abgelehnt, Xen. Lak. pol. 14,4. Thuk. 1,144,2. 2, 39,1. Plat. leg. 950. Plut. Lyk. 27 führt ihn auf die Reform des → Lykurgos (4) zurück. In Wirklichkeit entsprang die X. wohl der Angst vor fremden Importen an Silber und Gold zur Bestechung während des 2. messen. Krieges und des 7. Jh. → Kleomenes (3) ließ den Samier → Maiandrios (1) ausweisen, Hdt. 3,148. Zu Beginn des peloponnes. Krieges wurden mit einer X. Athener und Bürger der att. Symmachie entfernt, Thuk. 1,144. In diesen Krieg fällt wohl die X., die die Sophisten, darunter → Hippias (6) von Elis traf, Plat. Prot. 342. Nach dem peloponnes. Krieg fand eine X. aus Furcht vor dem fortschrittlichen → Lysandros (1) statt, Plut. Lyk. 17. Als Folge einer Hungersnot nach dem Frieden des → Philokrates (2) erwähnen Theop. FGrH 115 F 178 und Aristoph. (Sch. Av. 1013) eine X. Sie waren auch auf Kreta und in → Apollonia (1) üblich, Aristot. pol. 1272b 17. Ail. var. 13,16. Vergleichbar scheinen die häufigen Ausweisungen der Latiner aus Rom, Liv. 39,3. U. KAHRSTEDT Griech. Staatsrecht 1, 1922, 102ff. 282ff. A. N. SHERWIN-WHITE The Rom. Citizenship, 1939, 100f. H. V.

Xenetos (Ξένετος), angesehener Bürger aus → Lokroi. → Dionysios I. (1) v. Syrakus heiratet dessen Tochter Doris und gleichzeitig → Aristomache aus Syrakus, ohne eine der beiden Frauen zu benachteiligen; später läßt er X.' Frau töten, da er sie für Aristomaches Unfruchtbarkeit verantwortlich macht (Diod. 14,44f. Plut. Dion 3, 3–6). C. J. C.

K. F. Stroheker Dionysios I., 1958, 68f. u. ö.

Xeniades (*Ξενιάδης*). **1.** Aus Korinth, Philosoph des 5. Jh.s v. Chr., bekannt nur aus Sextus Empiricus, der ihn als radikalen Skeptiker in erkenntnistheoret. Fragen wiederholt etwas grob mit → Xenophanes (2), → Protagoras, → Gorgias u. a. in eine Reihe stellt (Pyrrh. hyp. 2,18,76; adv. math. 7,48. 388. 399. 8,5). Nach der einzigen ausführlicheren Notiz des Sextus soll X. alle Vorstellungen und Meinungen für falsch erklärt und im übrigen gelehrt haben, daß alles Werdende aus dem Nichts entstehe und wieder ins Nichts vergehe (adv. math. 7,53 = DIELS Vorsokr. 81). **2.** Ein wohlhabender Korinther, bei dem der Kyniker → Diogenes einer beliebten Legende zufolge in den späteren Jahren seines Lebens als Sklave und Hauslehrer gedient haben soll, als Sklave stets ebenso respektlos wie als Erzieher von strengen Grundsätzen geleitet. Hauptquelle: Diog. Laert. 6,29 ff., nach → Menippos (4) *Διογένους πρᾶσις* u. a. Th. W.

Xenias (*Ξενίας*). **1.** Arkader aus Parrhasia. Ab 405/04 Söldnerführer im Dienste Kyros' d. J. (Xen. an. 1,1,2; 2,1. 10), bis er mit → Pasion (1) ihn aus gekränktem Ehrgeiz verließ (so vermuten seine Soldaten, Xen. 1,4,7). Kyros sandte ihm seine Familie nach, Xen. 1,4,8. K. K.

2. Aus Elis, Proxenos der Lakedaimonier, Freund des → Agis II. (2), versuchte durch ihn 401 in Elis mit anderen Oligarchen an die Macht zu kommen, wurde von → Thrasydaios (1) vertrieben. Er blieb mit spartan. Truppen in → Epitalion. Sein Los nach dem Frieden von 399 ist unbekannt, viell. ident. mit dem wegen seiner Beziehungen zu den Arkadern um 364 zum Tode verurteilten X. Archedamos, Sohn eines X. aus Elis, Sieger im Knabenringkampf 369 in Olympia, kann sein Sohn gewesen sein. Xen. hell. 3,2,27. Paus. 3,8,4. 6,1,3. 7,10,3. Polyain. 6,36. L. MORETTI, Atti dell' Acc. naz. dei Lincei, Mem. 8, 1959, 114. H. V.

Xenias graphe (*ξενίας γραφή*). Popularanklage wegen Anmaßung des athenischen Bürgerrechts. – Die altgriech. *πόλις* war als gentilizisch-kult. Personenverband konstituiert. Ein → *ξένος* (zum Begriff ausführlich [2], 1442 ff.; vgl. auch [1], 24 ff.) hatte trotz personenrechtl. Freiheit am Rechtsschutz der Gemeinschaft nicht teil. Die Rechte eines Bürgers (*ἀστός*; s. dazu [4]) konnte in Athen nur ausüben, wer mit Volljährigkeit als eheliches Kind eines Bürgers in die Listen seines → Demos eingetragen worden war oder das Bürgerrecht durch Volksbeschluß verliehen bekommen hatte. Lagen die gesetzlichen Voraussetzungen für die Eintragung nicht vor, haftete (nur) der Eingetragene mit x. g., ob er von dem Mangel gewußt hatte oder nicht. Jeder epitime (→ *Ἀτιμία*) Bürger konnte die Anklage gegen folgende eingetragene Personen erheben: (1) gegen Fremdbürtige (Demosth. 44,35 ff. Lys. 13,72; vgl. IG I² 110); (2) gegen Personen, deren einer Elternteil Fremder war seit einem unter Perikles erlassenen Gesetz aus dem J. 451 (403/2 nach kriegsbedingter Lockerung erneuert: Aristot. Ath. pol. 26,4); (3) gegen → Nothoi (?); (4) gegen Sklavenkinder. Gerichtsbehörde waren zunächst die → Nautodiken, in der Mitte des 5. Jh.s eigene → Xenodiken, dann wieder die ersten und schließlich die → Thesmotheten. Der Ankläger konnte beim → Polemarchen Arrest oder Bürgschaft beantragen. Die Anklage war am letzten Tag des Monats einzubringen und mußte innerhalb des folgenden Monats vor das Geschworenengericht gebracht werden. Sanktion war Todesstrafe (bzw. Flucht ins Ausland) und Konfiskation des Vermögens. G. Th.

1. *H. Braunert* Die Binnenwanderung, 1964. 2. *E. Berneker*, RE IX A 1442 ff. 3. *A. R. W. Harrison* The Law of Athens 1–2, 1968–71 (Register s. v.). 4. *A. Biscardi*, Novissimo Dig. Ital. 18, 1971, 301 ff. 5. *A. Maffi*, Studi Scherillo 1, 1972, 177 ff. 6. *Ph. Gauthier* Symbola. Les étrangers et la justice dans les cités grecques, Ann. de l'Est, Mémoire n. 42, Nancy 1972.

Xenion (*Ξενίων*). Vf. eines Werkes *Κρητικά* oder *περὶ Κρήτης*. Zu den Frg.en in FGrH 460 ist hinzuzufügen Pol. 6,45,1, wo für Xenophon als Gewährsmann über die kret. Verfassung wohl X. einzusetzen ist, s. K. ZIEGLER, H 82, 1954, 498 f. Das ergäbe für X. die Datierung »vor Polybios«. K. Z.

Xenios s. Zeus

Xenippa (Curt. 8,2,14 – einzige namentliche Erwähnung in der ant. Überlieferung), »eine Gegend, die an Skythien grenzt, in der sich mehrere volkreiche Siedlungen befinden, weil die Fruchtbarkeit des Bodens nicht nur die Einheimischen hält, sondern auch Fremde anzieht« (Curt. a. O.). Nach dem Kontext, in dem X. bei Curt. im Zusammenhang mit dem Alexanderzug erscheint, war X. ein Gebiet in der → Sogdiana; ihre eindeutige Lokalisierung aber ist nicht möglich. – Die Ereignisse, derentwegen X. genannt wird, fallen in das Winterhalbjahr 329/28 v. Chr.: Nach X. waren aufständische Baktrianer vor Alexander geflohen; als die Einwohner von X. aber erfuhren, daß der Makedonenkönig heranrücke, vertrieben sie diese aus ihrem Lande. E. O.

H. Treidler, RE IX A 1480 ff.

Xenippos (*Ξένιππος*). Athener. Bekannt aus [Demosth.] 40,44 (→ Mantitheos 3 gegen Boiotos; vgl. J. K. DAVIES Athenian Propertied Families Nr. 9667, S. 366) als Schiedsrichter (*διαιτητής*; vgl. A. R. W. HARRISON The Law of Athens 2, 64 ff.). K. K.

Xenodamos (*Ξενόδαμος*) von Kythera, in Sparta tätiger Musiker der 1. H. des 7. Jh.s v. Chr., der nach Ps.-Plut. De mus. 9 mit → Thaletas, → Xenokritos (2) u. a. zur zweiten musikal. Schule in Sparta gehörte und 665 an der Einrichtung der Gymnopädien beteiligt war. Seine nicht erhaltenen Dichtungen werden teils als → Hyporchemata, teils als → Paiane bezeichnet. U. K.

K. Wickert, RE IX A 1485. *Schmid–Stählin* 1, 1, 334.

Xenodikai (*ξενοδίκαι*). **1.** In Athen ein Beamtenkollegium, das die durch das perikleische Bürgerrechtsgesetz (451/50 v. Chr.) forcierten *γραφαὶ ξενίας* (→ Xenias graphe. → Xenoi) abwickelte (IG I² 342. 343), die vorher und um 427 wieder (CAF 225) den → Nautodikai oblagen. A. Körte, H 68, 1933, 238–242. Ph. Gauthier Symbola. Les étrangers et la justice dans les cités grecques, 1972, 151 f. **2.** In Troizen und Stymphalos auf der Peloponnes (Gauthier a. O. 167) sowie in Oiantheia/Lokris (IG IX 1,333) und Stiris/Phokis (IG IX 1,32) Beamte für Fremdenprozesse. Gauthier a. O. 192. **3.** Übersetzung für den röm. → *praetor peregrinus* (Lyd. mag. 1,38: *ξενοδίκης*). Körte a. O. 239,3. H. B.

Xenodike (*Ξενοδίκη*). Name **1.** einer Minostochter (Apollod. 3,1,2,5), **2.** der Tochter des → Syleus (Apollod. 2,6,3,2), **3.** einer Troerin auf dem Gemälde des → Polygnotos (1) in der Lesche der Knidier in Delphi (Paus. 10,26,1). G. R.

Weinreich, Myth. Lex. 6,525 f. *Prell.-Rob.* 2 370. 522. 3, 1275.

Xenodikos (*Ξενόδικος*). **1.** Sohn des Emmeniden Telemachos. X.' Söhne Hippokrates und Kapys wurden nach einer Empörung gegen den Tyrannen → Theron von Akragas, ihren Großneffen, von diesem besiegt und vertrieben. Sie ließen sich in Kamikos nieder: Sch. Pind. P. 6, 5a bzw. O. 2,173 fg. **2.** X. bzw. Xenodokos aus Akragas (beide Namensformen finden sich bei Diod. 20,31,4. 32,2 bzw. 56,1–2. 62,4–5). X. wurde während → Agathokles' (2) Afrikafeldzug von den Akragantinern zum Strategen gewählt, um Sizilien von der Herrschaft des Agathokles bzw. derjenigen der Karthager zu befreien. Er brachte Gela, Enna, Herbessos, Echetla auf seine Seite (Diod. 20,31, 1–32,2) und eroberte zahlreiche feste Plätze und Städte Siziliens von den Karthagern, unterlag aber 307 → Leptines (4) und Demophilos, den Feldherren des Agathokles, im Kampf, wodurch sich die Hoffnungen der Akragantiner auf Befreiung der Insel zerschlugen (Diod. 20,56,1–3). Nach einer neuerlichen Niederlage gegen Leptines kam X. der drohenden Verurteilung seitens der Akragantiner durch freiwilliges Exil nach Gela zuvor (Diod. 20,62,2–5). Kl. M.

D. Kienast, RE IX A 1486 f.

Xenodocheion (*ξενοδοχεῖον*). Hospiz und Hospital. Als die chr. Kirche nach 313 frei hervortrat, wurden Häuser errichtet, die reisenden Brüdern die Einkehr in die übelbeleumdeten Wirtsherbergen (*πανδοχεῖα*) ersparen sollten. Sie verbanden die allg. Zugänglichkeit des *πανδοχεῖον* mit der Unentgeltlichkeit der Gastfreundschaft (*ξενία*), daher die Bezeichnung *ξ*. Aufgenommen wurden Hilfsbedürftige aller Art. Das X. wurde Pilgerherberge, Krankenhaus, Alters-, Witwen- und Waisenheim, Armenanstalt. Erste bekannte Gründung war das X. des Senators Zotikos in Konstantinopel. Kaiser → Iulianus (5) sah schon 362 im X. eine für die Christen werbende Institution und befahl, heidn. X. als Konkurrenz einzurichten, die er großzügig ausstatten wollte (epist. 84a). Sein Tod verhinderte den Plan. Berühmt wurde der Komplex von Anstalten, den → Basileios (4) vor seiner Bischofsstadt → Kaisareia um 375 errichtete. Seine Regel schreibt ein X. für alle Klöster vor. Neben Klöster, Bischöfe und private Stifter trat bes. das byz. Kaiserhaus. Im W. gründete um 380 der Senator Pammachius ein X. bei Ostia (Hier. epist. 66,11). Fabiola stiftete das erste Krankenhaus in Rom (Hier. epist. 77,6). Während im W. kleine Anstalten mit 12 Betten am häufigsten waren, blühten im O. große und spezialisierte Anstalten. Vertriebene Nestorianer brachten um 480 das byz. Krankenhaus nach Persien (Gondishapur); von dort übernahmen es die Araber als Bimaristan. Das moderne Krankenhaus ist gesch. aus dem chr. X. hervorgegangen. O. H.

O. Hiltbrunner, RE IX A 1487–1503.

Xenoi (*ξένοι*) im Sinne des griech. → Fremdenrechts heißen die auf Grund einer bes. Genehmigung (*σύμβολον*, [8], 75 f.) vorübergehend in einer Polis sich aufhaltenden (*παρεπιδημοῦντες*) Bürger anderer Staaten ([2]). Wollen sie in Athen dauernd ihren Wohnsitz nehmen, müssen sie die Aufnahme unter die → Metoikoi beantragen. Erschleichen sie sich die Eintragung in die Bürgerliste, so droht ihnen Entdeckung durch eine den Einzelfall betreffende Klage (→ *ξενίας γραφή*, [7], 1473–77) oder durch eine generelle Überprüfung (→ Diapsephisis). Die Zahlung einer Marktsteuer (*ξενικόν*, [1], 297) kennzeichnet ihre soziale Stellung ebenso wie die ihnen mangelnde Fähigkeit, Haus- und Grundbesitz zu erwerben (→ *ἔγκτησις γῆς καὶ οἰκίας*, [6], 38–40). Die Rechtsstellung der X. ergibt sich teils aus den sie betreffenden gesetzl. Sonderbestimmungen, die in Milet zu einem *ξενικὸς νόμος* zusammengefaßt sind (A. Rehm, Milet I 3, 1914, Nr. 37a), teils aus den evtl. bestehenden vertragl. Abmachungen über Rechtshilfe zw. Heimat- und Gastland (*σύμβολα* bzw. *συμβολαί*, [8], 157 ff.). Bevorrechtigt sind die *πρόξενοι* (→ Proxenia, [9], 710 ff.). Das Sakralrecht berücksichtigt die X., die in *Ζεὺς ξένιος* einen eigenen Schutzgott haben (Stob. 4,2,24) in beschränktem Rahmen ([4]). – Die X. der hellenist. Z. lassen sich bes. im ptolem. Äg. studieren. Sie unterscheiden sich von denen der klass. Z. vor allem durch ihre Zugehörigkeit zur herrschenden Schicht ([3]). Daher erklärt sich der hohe Stand der Fremdengerichtsbarkeit in Alexandreia (*ξενικὰ δικαστήρια*, [5], 91). H. B.

1. *A. Andreades* Gesch. d. griech. Staatswirtschaft, 1931, 295–299. 2. *A. Aymard* Les étrangers dans les cités grecques aux temps classiques, L'Étranger I (Recueils de la Société Jean Bodin IX), 1958, 119 ff. 3. *Cl. Préaux* Les étrangers à l'époque hellénistique, ebd. 141 ff. 4. *F. Sokolowski* Lois sacrées des cités grecques, 1962 (vgl. *dens.* Lois sacrées de l'Asie Mineure, 1955), Reg. s. *ξένος*. 5. *H. J*

Wolff Das Justizwesen d. Ptolemäer, 1962. 6. *A. Kränzlein* Eigentum u. Besitz im griech. Recht d. 5. u. 4. Jh.s v. Chr., 1963. 7. *E. Berneker*, RE IX A 1441 ff. 8. *Ph. Gauthier* Symbola. Les étrangers et la justice dans les cités grecques, 1972. 9. *F. Gschnitzer*, RE Suppl. XIII 629 ff.

Xenoitas (*Ξενοίτας*). Achaier, bevollmächtigter Stratege des → Antiochos III. (4), zog 221 v. Chr., unterstützt von den Gouverneuren der Susiana und Mesene, gegen → Molon (1) nach Seleukeia am Tigris. Nach scheinbarem Rückzug überfiel Molon die durch die nächtliche Siegesfeier betrunkenen Truppen des X., der im Kampf fiel. Pol. 5,45,6; 46,9–48,9. H. H. Schmitt, Hist. ES 6, 1964, Ind. H. V.

Xenokleia (*Ξενόκλεια*), *πρόμαντις* des delph. Orakels, die sich weigert, Herakles nach dem Morde an → Iphitos Antwort zu geben (Paus. 10,13,8); bei Apollod. 2,6,2,4. Sch. Pind. O. 9,43 ohne Namensnennung. G. R.
Weinreich, Myth. Lex. 6,626. *Prell.-Rob.* 2,587.

Xenokleides (*Ξενοκλείδης*). **1.** *Ὁ ποιητής* (Demosth. 19,331), Athener des 4. Jh.s v. Chr., Liebhaber der → Neaira (6). Sein Auftreten gegen die spartafreundl. Politik des → Kallistratos (1) trug ihm im J. 369 von → Stephanos (3) eine Anklage (Vorwand: angebliche *ἀστρατεία*) ein. Obwohl er (als Pächter der Getreidezölle) freigestellt war, wurde er verurteilt (→ *ἀτιμία*). Sein Exil in Makedonien endete durch Ausweisung; 343 kehrte X. nach Athen zurück. Die Atimie bestand noch z. Z. des Neaira-Prozesses (Ps.-Demosth. 59,26 f.). H. Gä.

2. Korinthier, Sohn des Euthykles. Einer von 5 Befehlshabern der korinth. Flotte bei den → Sybota-Inseln (vgl. G. E. M. de Ste. Croix The Origins of the Pelop. War, ch. 3. App. 12. N. G. L. Hammond, JHS 65, 1945, 26 ff. = Stud. in Greek Hist., Oxf. 1973, 447 ff. A. W. Gomme Hist. Comm. Thuc. zu 1,46,2). Nach der Niederlage der Peloponnesier bei → Olpai (vgl. Hammond, ABSA 37, 1940, 128 ff. = Stud. 471 ff.; Epirus, Oxf. 1967, 245 ff.) führte X. ca. 300 Hopliten zum Schutz nach Ambrakia (Thuk. 3,114,4). K. K.

3. Romfreund, ergriff 192 v. Chr., unterstützt von → Flamininus, in Chalkis die Macht, behauptete sich gegen den Aitolerfreund Euthymides mit Hilfe der Eretrier und Karystier und besetzte Salganeus jenseits des Euripos. Gegen → Antiochos III. (4) führte er Truppen der Achaier und des → Eumenes (3), doch schloß sich Chalkis Antiochos an. X. verließ die Stadt. Liv. 35,38; 50,8; 51, 6 f. H. V.

Xenokles (*Ξενοκλῆς*). **1.** Athener aus Sphettos, Sohn des Xeinis, IG II² 1628, 414. Vermögender Freund des → Lykurgos (10), [Plut.] mor. 841 c; Sieger in panathen. Agonen, IG II² 3019 (346/45). 3026; Trierarch 335/34, IG II² 1623, 298; Mysteriensuperintendant, IG II² 2840. 2841; Erbauer einer Brücke in Eleusis, IG II² 1191 (ca. 320); Agonothet an den Lenaia 307/06, IG II²

3073. 3077; 306/05 bringt er die Subvention des → Antigonos (1) nach Athen, IG II² 1492, 100. J. K. Davies Athenian Propertied Families Nr. 11234, S. 414 f. **2.** Athener aus Cholargeis, Sohn des Xenokles, IG II² 2409, 60. 2411, 7. **3.** Athener aus Kopros, bekannt aus Erbstreit in Isai. 3 pass., einer wichtigen Quelle zum att. Familienrecht, A. R. W. Harrison The Law of Athens 1, passim. R. F. Wevers Isaeus. Chronology, Prosopography, and Social History, Den Haag 1969. K. K.

4. Spartiate, begleitete → Agesilaos (2) in Kleinasien, bekämpfte, von ihm zum Kommandanten der Reiterei ernannt, den pers. Satrapen → Tissaphernes, wurde beim Rückzug aus Kleinasien über N.-Griechenland 394 *περὶ φιλίας* geschickt, in Larisa festgenommen und wieder freigelassen. Xen. hell. 3,4,20. FGrH 66. Diod. 14, 80. Plut. Ages. 16. H. V.

5. Patrokles FGrH 712 F 1 (Strab. 2,69) behauptete, der *γαζοφύλαξ* X. habe ihm von Alexander selbst verifizierte → Bematistenberichte ausgehändigt. Berve Alex. 1,54. **6.** Sikyonier um → Aratos (2), dessen Machtergreifung er mit Rat und Tat förderte. Plut. Arat. 5. C. H. Skalet Ancient Sicyon, Baltimore 1928, Prosopographia Sicyonia Nr. 238. K. K.

7. Tragiker, Sohn des Tragikers → Karkinos (3), Vater des Tragikers → Karkinos (4). Sieg 415 mit Tetralogie *Οἰδίπους, Λυκάων, Βάκχαι, Ἀθάμας Σάτ.* (Ail. var. 2,8). Ein weiterer Titel bekannt: *Λικύμνιος* (Sch. Aristoph. Nub. 1264 mit Zit. aus → Euphronios 1). Drama *Μύες* (?) zw. X. und seinem Vater strittig (Sch. Aristoph. Pax 794 f.). Einführung von *μηχαναί* und *τερατεῖαι* (ebd. 792). Komödienspott über X. und seine Brüder als Tänzer und kleinwüchsig: Len. 422: Aristoph. Vesp. 1501 ff. (m. Sch. 1510), Dion. 421: Pax 781 (m. Sch.). Pherekrates frg. 14 K. (Sch. Vesp. 1509); über X. als Dichter: Dion. 423: Nub. 1264. 1272 (m. Sch.), Dion. 411: Thesm. 169. 440 (m. Sch.), Len. 405: Ran. 86 (m. Sch.) 1 wörtl. Frg. (Nr. 2 Sn.): Aristoph. Nub. 1264. 1272 (Parodie) m. Sch.
B. Snell, RE IX A 1509 f.; TrGF 1, 1971, Nr. 33, S. 151 ff.

8. Tragiker. Einzige Erwähnung Sch. Aristoph. Ran. 86. F. St.

9. Wohlhabender athen. Politiker wohl des ausgehenden 4. Jh.s, dessen Lebensstil → Matron in seiner Parodie *Ἀττικὸν δεῖπνον* schildert (Athen. 134 d–137 c): *δεῖπνά μοι ἔννεπε, Μοῦσα, πολύτροφα καὶ μάλα πολλά, / ἃ Ξενοκλῆς ῥήτωρ ἐν Ἀθήναις δείπνισεν ἡμᾶς.* C. J. C.

10. Aus Adramyttion, asian. Rhetor des 2./1. Jh.s v. Chr., in den 80er J.en (?) Sprecher einer Gesandtschaft an den Senat, die den Vorwurf des *Μιθριδατισμός* der kleinasiat. Städte entkräften sollte (Strab. 13,1,66). Cic. hielt sich während seiner Reise in den O. (78/77) des öfteren bei X. auf, beurteilt seine Fähigkeiten aber zurückhaltend (Cic. Brut. 316. Strab. 14,2,25. Plut. Cic. 4,5). H. Gä.

11. Der att. Töpfer X. aus der Mitte des 6. Jh. v. Chr. schuf »Kleinmeisterschalen«; soweit sie figürl. bemalt wurden, heißt der Maler X.-Maler. BEAZLEY AV 2,184ff. AMYX, AJA 66, 1962, 229ff. **12.** Davon zu unterscheiden X., der zusammen mit Kleisophos im letzten Viertel 6. Jh. eine sf. Kanne mit derber Gelageszene schuf. PFUHL 1, 279f. 3 Abb. 254. **13.** Von Cholargos, Architekt, brachte nach Plut. Perikl. 13,7 auf dem Dach des Telesterion von → Eleusis das Opaion (die Lichtöffnung) an. CHR. SPULER Opaion u. Laterne, Diss. Hamburg 1973, 13ff. Zum Telesterion vgl. noch O. RUBENSOHN, JDAI 70, 1955, 1ff. G. GRUBEN Die Tempel d. Griechen, 1966, 210ff. W. H. G.

Xenokrates (*Ξενοκράτης*). **1.** Bruder des Tyrannen → Theron von Akragas. Auf X.' Sieg im Wagenrennen bei den Pyth. Spielen 490 v. Chr. bezieht sich Pind. P. 6, auf seinen Wagensieg bei den Isthm. Spielen ca. 470 dagegen I. 2, das nach dem Tode des X. verfaßt wurde. Kl. M.

K. Wickert, RE IX A 1511.

2. Unterstützte als Boiotarch 371 → Epameinondas' Entschluß eines unverzüglichen Angriffes auf die Lakedaimonier, Paus. 9,13,6; vgl. Diod. 15,53,3. Plut. Pel. 20. S. auch Paus. 4,32,6. K. K.

3. Sohn des Agathenor, aus Chalkedon, war → Platons (1) Schüler und wurde nach dem Tode des → Speusippos Schulhaupt der → Akademie (339–312). Falls er, wie Diog. Laert. 4,14 berichtet, mit 82 J. starb, ist er 396/95 geboren. Da er *ἐκ νέου* Platons Schüler wurde, kann er der Akademie seit etwa 378, spätestens seit 373 angehört haben. Dazu paßt die Notiz bei Diog Laert. 4,11, X. habe Platon – was gewiß ein Vertrauensbeweis war – auf einer der Reisen nach Syrakus begleitet.

Leider ist das anekdot. Material, das Diog. Laert. bietet (bes. 4,6–11), arm an Fakten, dazu nicht immer zuverlässig. Wohl aber sind dem Acad. philos. ind. Herc. (ed. S. MEKLER, [1]1902, [2]1958) folgende Tatsachen zur Biogr. des X. zu entnehmen: 1. Nach Platons Tod wurden → Aristoteles (7) und X. nach Assos in der Troas eingeladen, wo er bis zum Sturz des → Hermias (1) blieb. – 2. Als Speusippos 339 starb, war X. nicht in Athen; Speusippos ließ ihn holen und designierte ihn zu seinem Nachfolger. – 3. Dennoch fand eine regelrechte Wahl statt, bei der X. mit wenigen Stimmen Vorsprung siegte. Die Gegenkandidaten → Herakleides (15) Pontikos und → Menedemos (7) von Pyrrha verließen nun die Akademie. Aristoteles kandidierte nicht. Die jungen Mitglieder der Akademie – *νεανίσκοι* –, die da zur Mitbestimmung drängten, gaben X. den Vorzug *ἀγασθέντες αὐτοῦ τὴν σωφροσύνην*, denn daran hatte es Speusippos fehlen lassen. – 4. Im J. 322 wurde X. einer Gesandtschaft beigeordnet, die mit → Antipatros (1) verhandeln sollte, aber zur Unterwerfung genötigt wurde. Hierbei erkannte Antipatros den Status des X. als Gesandten nicht an; X. war nicht Bürger von Athen. Nachmals lehnte X. es ab, das Bürgerrecht zu erwerben' weil er die allzu enge Bindung Athens an Makedonien mißbilligte – vgl. Plut. Phok. 29. X. hat also nicht, wie Speusippos, der makedonenfreundlichen Partei in Athen angehört. – 5. Nach X.' Tod im J. 314 ging die Leitung der Schule an → Polemon (3) über.

Die Anekdoten, die von X. erzählt werden, kreisen durchweg um die *σωφροσύνη*, die ihn auszeichnete. Diesem Charakterzug rechnete man auch zu, daß er die Akademie nur einmal im Jahre zu verlassen pflegte –, auch dies im Unterschied zu Speusippos, der nicht in der Akademie wohnte. Neben mancherlei Spott klingt aus dem Anekdoten-Material die Bewunderung wider, die seine Fähigkeit zur Konzentration und sein beispielhafter Fleiß erregten – bes. Diog. Laert. 4,11 und Plut. mor. 47e. Aber X., der Platons Werk zu konservieren suchte, hatte Platons *χάρις* nicht. Dieser selbst soll ihn oft aufgefordert haben *ὦ Ξενόκρατες, θῦε ταῖς Χάρισιν* – so Plut. mor. 141f. 769c. Diog. Laert. 4,6. Dieser Mahnung kommt eine große innere Wahrheit zu.

Das Schriftenverzeichnis, erhalten von Diog. Laert. 4,11/12, ist von beeindruckender Fülle (fast 70 Titel) und Vielfältigkeit; X. hat sich zu jedem Gebiet der Philos. geäußert. Erhalten ist nichts. Offenbar ist keines dieser B. im Sinne einer *ἔκδοσις* veröffentlicht worden, sondern diese Fülle gelehrten Materials ist in der Akademie verwahrt worden; dort dürfte es im März 86 v. Chr. vernichtet worden sein, als die Soldaten → Sullas (1) Athen stürmten. Die späteren Zit., die X. erwähnen, sind Überlieferung aus 3. und 4. Hand.

X. verzichtete darauf, die ihm überkommene Philosophie eigenständig weiterzuentwickeln; sein Grundzug war der des Konservierens. Durch diese Entscheidung ist tief beeinflußt worden, wie man *διαδοχή* im philos. Sinne verstand: Ein *διαδέχεσθαι* überkommener Lehre ist nicht – wie zuvor – Ausgangspunkt, von dem aus ein Denker eigene Schritte tut, sondern von nun an ist mit legitimer *διαδοχή* die Forderung verbunden, daß das Material der Lehre unverkürzt erhalten und weitergegeben wird. Kurz, von nun an bezieht sich *διαδοχή* nicht wie zuvor auf Methode, sondern auf Inhalte. X.' Lebenswerk besteht darin, daß er Platons Philos. derart fixiert (und dabei notwendig umgesetzt) hat, daß sie lehrbar wurde. Kein Schüler Platons hat die wiederholten Warnungen des Meisters beherzigt, Teile der *πρώτη φιλοσοφία* linearer Mitteilung anzuvertrauen. Eben das hat X. sein Leben lang getan; und es hat sich dabei sogleich herausgestellt, daß andere, insbes. Aristoteles, den Meister in zentralen Fragen durchaus anders verstanden. Hieraus erwuchs die in der Tat saekulare, bis heute nicht endgültig gelöste Frage, ob und inwieweit durch Rekurs auf Platons geschriebenes Wort die Entscheidung in derlei Streitfragen eingeholt werden darf. X. selbst war ohne

Zweifel geneigt, seine Erinnerung an das, was Platon eigentlich gemeint hatte, über jeden etwa möglichen Schriftbeweis zu stellen.

Die aus X. erhaltenen Zit. – sie entstammen abgesehen von den Einwänden, die Aristoteles und → Theophrastos erhoben, alle der Kaiserzeit – lassen erkennen, daß X. zu einem in sich geschlossenen System gelangte. Sicher hat er Platon nichts untergeschoben, was dieser tatsächlich nicht vertrat. Aber er hat aus vielen an sich möglichen Aspekten einen Aspekt der Darstellung – eben den, der ihm zugänglich geworden war –, ausgewählt und zur offiziellen Lehre erhoben.

Wahrscheinl. mußte X. so handeln. Denn wenn Platons Lehre erhalten werden sollte, dann mußte ein »Schwebezustand«, der sich nicht in Worte fassen ließ, sondern der ἐκ πολλῆς συνουσίας erfahren werden sollte, zugunsten einer klaren Systematik verlassen werden. Diese Systematik hat X. geliefert – dafür aber Platons Dialektik recht eigentlich geopfert. Alle Didaktik ist Verkürzung der Substanz. Um Platons Philos. lehren zu können, hat X. sie in eine Ebene projiziert. Vor allem die dualist. Elemente, die X. bei Platon und im Erbe der → Pythagoreer vorfand, sind behutsam in das so entstehende System eingefügt worden. Zugleich folgte X. dem von Platon gewiesenen Wege, ursprünglich diametrale Gegensätze – so den zw. Eins und Zwei – als (notwendige) Stufen des Seins zu verstehen. Einem eigentl. Dualismus, der zwei voneinander unabhängige Prinzipien oder Seins-Gründe anzunehmen hätte, stand der Lehrsatz entgegen, daß das Gute kein Gegenteil haben kann – es wäre undenkbar, wenn die Wirksamkeit des Guten durch etwas anderes, gleich Gewichtiges aufgewogen würde. Darum war X., sowenig Platon es war, kein Dualist, sondern er steht in der langen Reihe derer, die auf die Überwindung eines in der Überlieferung angelegten Dualismus hinwirkten. Insbes. ist X.' umfassender Entwurf, der eine Stufung aller Werte der Ontologie, der Physik, der Ethik und der Erkenntnistheorie vorsah, für Mittel- und → Neuplatonismus von hoher Bedeutung geworden. Von dem überreichen Detail, von dem X. in seinen zahlreichen Traktaten gehandelt haben muß, ist nahezu nichts mehr erhalten; einige Definitionen – so der Idee und der Seele – sind, weil oft zit., noch kenntlich. Die eigentl. Hinterlassenschaft des X. besteht in der skizzierten Konzeption von der werthaften Stufung der seienden Dinge, einer Stufung, die in einem höchsten Punkt, dem Einen, kulminiert. H. D.

R. Heinze X., Lpz. 1892 (m. Slg. d. Frg.). *Zeller* PhdGr 3,2, 1923. *K. Praechter* Die Philos. d. Alt., ^{13}1955, bes. 344. *Wilam.* Platon 1, ^{2}1948, 579–581 (im Neudruck) = ^{1}1, 707–709. *Ders.* GldH. 2, ^{2}1955, 276–78 (= ^{1}2,280). *J. Stenzel* Zahl u. Gestalt, ^{2}1933, bes. 128f. *Ph. Merlan*, Philol. 89, 1934, 35–53. 197–214. *H. F. Cherniss* The Riddle of the Early Academy, ^{1}1945 (dt. 1967). *C. J. de Vogel*, Mnem 2, 1949, 197–216. 299–318 (= Problems Concerning Plato's Later Doctrine, Philosophia 1,256 bis 292). *E. Hoffmann* Platon, 1950, bes. 188. *Ph. Merlan* From Platonism to Neoplatonism, ^{1}1954, ^{2}1967. *H. von Arnim* Plut. über Dämonen u. Mantik, Verhandl. d. Kon. Akad. van Wetenschapen te Amsterdam 1921. *P. Boyancé*, REA 36, 1948, 218–231. *H. Dörrie*, RE IX A 1512–1528. *H. J. Krämer* Platonismus u. hellenist. Philos., 1971, bes. 33–37. 303–320. 333–351. *H. Happ* Hyle, 1971, bes. 241–256.

4. *Zenonius* oder *Ephesius*, vor allem von Plinius d. Ä. und einigen Kirchenvätern zit. Autor (nach einigen zwei Autoren, deren einer mit X. von Aphrodisias identisch sei [3], noch kühner [1], 91ff.) eines Buches neron. Z. über Steine, auf das man mehrere spätere Werke zurückgeführt hat ([4]. [5]. [6]); auch Frg.e einer arab. Übersetzung sind erhalten ([7]. [8]). X. beschreibt jeweils die Natur eines Steines mit Unterarten, Herkunftsländern, Farbe, Form, Gewicht, Konsistenz, Verwendungsmöglichkeiten, physikal. Eigenschaften und med. Wirkungen. C. J. C.

1. *G. Oehmichen* Plinian. Stud., 1880, 87–106. 2. *F. Bücheler*, RhM 40, 1885, 304–307 = Kl. Schr. 3, 63–66. 3. *M. Wellmann*, H 42, 1907, 629. 4. *F. Atenstädt*, H 57, 1922, 233–246. *M. Wellmann*, Quell. Stud. Gesch. Naturwiss. 4, 1935, 86–149 = 426–489. 6. *K. W. Wirbelauer* Ant. Lapidarien, Diss. Bln. 1937. 7. *M. Ullmann*, Medizinhist. Journ. 7, 1972, 49–64. 8. *Ders.*, RE Suppl. XIV 974ff.

5. Aus Aphrodisias, Arzt. Nach C. FABRICIUS (Galens Exzerpte aus älteren Pharmakologen, Bln. 1972, 226) muß X. in august. Z. gelebt haben. Seine med., wohl vorwiegend kompilator. Schriftstellerei scheint sich auf pharmakolog. und diätet. Werke beschränkt zu haben (Gal. 12,250,8 K. CMG VI 1,1, S. 47ff. VI 1,2, S. 296f.; außerdem mehrfach benutzt in Galens pharmakolog. Schriften und Plin. nat. B. 20–30). In seiner Schrift »Über den Nutzen der Lebewesen« hat X. neben tierischen Organen und Stoffen auch solche des menschlichen Körpers als Heilmittel empfohlen. Er ist deswegen von Galen scharf angegriffen und der Scharlatanerie bezichtigt worden (12,248ff. K.). J. K.

6. Von Athen, Bildhauer. Der Schüler des → Teisikrates oder → Euthykrates (2), fruchtbarer Bildhauer (Diog. Laert. 4,15. Plin. nat. 34,83) des 3. Jh., der argiv. Tradition verpflichtet, schrieb *de sua arte*, d.h. *de toreutice* (Plin. nat. 1 zu 34), angeblich auch *de pictura* (Plin. 35,68). Unklar, ob ident. mit dem (den) Bildhauer(n) der Signaturen aus Oropos, Elateia und Pergamon (LÖWY Inschr. griech. Bildhauer Nr. 135a/b. 154k. 135c = Sohn d. Ergophilos). Nach der scharfsinnigen Analyse von B. SCHWEITZER (X. v. Athen, SCK 9,1, 1932 = Ausgew. Schr. 1,105ff.) Begründer einer griech. Kunstgesch., eher einer Gesch. der künstler. Probleme, vgl. PERNICE HBArch I, ^{2}1969, 494ff. und, kritisch, RUMPF, RE IX A 1531f. W. H. G.

Xenokritos (*Ξενόκριτος*). **1.** Athener. Mitglied der Zehnmännerkommission zur Gründung von →Thurioi, Diod.12,10,4. Phot. Lex. s. *Θουριομάντεις*. Verworrenes im anon. Bios Thuk. 7 (Kläger gegen Thukydides, Sohn des Melesias?). PA 11252. K. K.

2. Aus Lokroi, in Sparta tätiger Musiker der 1. H. des 7. Jh.s v. Chr., der nach Ps.-Plut. De mus. 9/10 mit →Thaletas, →Xenodamos u. a. zur zweiten musikal. Schule in Sparta gehörte und 665 an der Einrichtung der Gymnopädien beteiligt war. Seine nicht erhaltenen Dichtungen werden teils als →Paiane, teils als →Dithyramben bezeichnet. U. K.

K. Wickert, RE IX A 1533. *Schmid-Stählin* 1,1,334f.

3. Griech. Grammatiker wohl des 3. Jh.s v. Chr. aus Kos, der laut →Herakleides (23) b. Erotian. (p. 4,24 NACHM.) das erste Hippokratesglossar verfaßte. Erhalten ist nur das Lemma *ἀλλοφάσσειν* mit Erkl. seiner ion. Bedeutung, Erotian. p. 12,7. H. Gä.

Xenombrotos (*Ξενόμβροτος*) aus Kos. Paus. 6,14,12 sah in Olympia eine Gruppe: reitender Knabe und bei dem Pferde stehender Mann; es seien nach dem Epigramm X., Sieger im Agon zu Pferde, und Xenodikos, Knabensieger im Faustkampf. Letzterer sei von Pantias, ersterer von Philotimos aus Aigina geschaffen. Eine Verwechslung muß vorliegen, da der Faustkämpfer nicht zu Pferde, der Knabe nicht als Mann dargestellt gewesen sein kann. Auch die Beziehungen zu Inschr. v. Olympia Nr. 155. 170 sind unklar. Meist nimmt man jetzt zwei X. an, einen des 5. Jh.s (mit einem Sohn[?] Xenodikos), einen zweiten des 4. Jh.s, beide Koer und Sieger zu Pferde. MORETTI, Mem. Acc. Lincei 8, 1957 (1959), 108. KIENAST, RE IX A 1533f. W. H. G.

Xenomedes (*Ξενομήδης*) von Keos, Logograph des 5. Jh.s v. Chr. (Dion. Hal. de Thuc. 5), Vf. einer Gesch. seiner Heimatinsel. Aus diesem Werk mit unbekanntem Titel entnahm Kallimachos (Aitia 3, frg. 75 PF.) die berühmte Erzählung von Akontios und →Kydippe (2). Eine Aufzählung weiterer von X. behandelter myth. Themen gibt Kall. frg. 75,54ff. (dazu ausführlich [4]). Viell. wurde X. auch in Aristot. *Κείων πολιτεία* (frg. 511; vgl. 611,26–29 ROSE) benutzt. H. Gä.

1. FGrH 442 m. Komm. 2. *Körte-Händel* Die hellenist. Dichtung 74f. 3. *H. Gärtner*, RE IX A 1534ff. 4. *G. Huxley*, Gr. Rom. Byz. St. 6, 1965, 235ff.

Xenon (*Ξένων*). **1.** Athener. Zeuge im Phormionprozeß, Demosth. 36,13. 37. Vgl. A. R. W. HARRISON The Law of Athens 2,116f. **2.** Tyrann von Hermione. Trat gleich →Kleonymos (4) von →Phleius und →Aristomachos (4) von Argos 229 ab, worauf die Stadt dem achai. Bund beitrat. Pol. 2,44,6. BERVE Die Tyrannis ... 400. K. K.

3. Stratege des →Antiochos III. (4), zog sich 222 v. Chr. gegen →Molon (1) in feste Städte am Tigris zurück, wohl ident. mit dem Kommandanten des Antiochos in Sardeis, der 190 Verhandlungen der Einwohner und Truppen mit den Römern nicht verhindern konnte. Pol. 5,42,5; 43,7. Liv. 37, 44,7. H. BENGTSON Die Strategie 2, 1944, 114. 150. **4.** Kommandant des von →Philippos V. (7) besetzten Theion in Athamanien, ergab sich 191 v. Chr. dem König →Amynandros. Liv. 38,1,10f. F. W. WALBANK Philipp V., Neudruck 1967, 213. **5.** Aus Patrai, Stratege des Achaierbundes 174 oder 173, Romfreund im Gegensatz zu →Lykortas, wurde 167 mit 1000 Achaiern nach Rom gebracht. Ob X. die Entlassung 150 erlebte, ist unbekannt. Pol. 28,6. 30,13,8ff. Liv. 45,31,9ff. **6.** Aus Aigion, bat als Gesandter des achaiischen Bundes erfolglos den röm. Senat um Freilassung der internierten Achaier, darunter des →Polybios. Pol. 32,3,4ff. H. V.

7. Aus Apollonis (Lydien), ein Bekannter des T. →Pomponius (A I 4) Atticus, Cic. Att. 5,13,3. **8.** Aus Athen, ein Epikureer, Freund und Geschäftsträger des T. →Pomponius (A I 4) Atticus, auch mit Cicero persönlich bekannt. 51 setzte er sich für die Erhaltung der Reste des Hauses des Epikuros ein, Cic. Att. 5,11,6; 45 und 44 betreute er finanziell den jungen Cicero während dessen Studienaufenthaltes in Athen, Cic. Att. 13,37,1 TYRRELL-PURSER z. St. DRUMANN² 5,58. 6,633. **9.** Aus Menai (Sizilien), ein angesehener Mann, der von →Verres (2) im J. 72 verurteilt wurde, Cic. Verr. 3,55. RE VIII A 1602. 1605. H. G. G.

10. Griech. Grammatiker, zusammen mit →Hellanikos (2) öfters genannter Vertreter der →Chorizontes, wohl Begründer dieser Richtung. Sein Zeitgenosse →Aristarchos (6) bekämpfte ihn u. a. in der Schrift *Πρὸς τὸ Ξένωνος παράδοξον* (Sch. A Il. 12,435). H. Gä.

Gudeman, RE VIII 153ff. *W. Diehl* Die wörtl. Beziehungen zw. Il. u. Od., Diss. Greifswald 1938, 1ff. – S. a. Chorizontes.

Xenopeithes (*Ξενοπείθης*). **1.** Sohn des Nausimachos aus dem Demos Paiania, gegen E. 5. Jh. v. Chr. als Sieger an den →Thargelien mit einem Knabenchor bezeugt (IG II/III² 1138, 20ff. = Sylloge³ 1091,20ff.), wohl Onkel von Nr. 2. **2.** Sohn des Nausikrates, wohl Neffe von Nr. 1, nur bekannt aus Demosth. 38. X. und sein Bruder Nausimachos klagten um das J. 350 v. Chr., 14 J. nach einem mit ihrem Vormund Aristaichmos schon herbeigeführten Vergleich, erneut gegen dessen 4 Söhne auf Herausgabe einer Schuldsumme. H. Gä.

Blass AttBereds. 3,1,482ff. *G. Kleindienst* De causa or. in Nausimachum et X. Demosth., Diss. Lpz. 1913.

Xenophanes (*Ξενοφάνης*). **1.** Sohn des Kleomachos, Athener, schloß 215 v. Chr. als Gesandter des →Philippos V. (7) das Bündnis zwischen ihm und Hannibal. Bei der Hinreise zu Hannibal nach Capua von den Römern aufgegriffen, täuschte er den Praetor M. →Valerius (A I 37) Laevinus und entkam. Auf der Rückreise wieder von Römern gefangen, wurde X. nach Rom gebracht und ins Gefängnis geworfen. Der Senat erfuhr durch ihn den Vertragstext, Pol. 7,9,1. Liv. 23,33,9f. Nach App. Mac. 1,2. Eutr. 3,12,3f. Iust. 29,4,2f. und Zon. 9,4,2ff. wurde X. nur auf der Rückreise gefangen genommen und entlassen. H. H. Schmitt Die Staatsverträge des Alt. 3, 1969, Nr. 528. H. V.

2. Aus Kolophon, polem. Dichter, Theolog und Philosoph.

A. Leben. Die ant. Nachrichten zur Chronol. des X. sind widerspruchsvoll, insbes. ist die Tradition der Berechnung → Apollodors (5) gestört. Auf Grund der Datierung der von X. angegriffenen Personen, der Reaktionen auf X., einer krit. Durchmusterung der versch. ant. Chronolog. und ihrer Tendenz sowie der Anspielungen des X. auf zeitgenöss. Ereignisse läßt sich weder der traditionelle auf der Kombination von B 8 mit B 22 beruhende Ansatz der Geburt auf 565 oder 570 v. Chr. (z. B. [3]. [7]. [10]. [12]. [16]) noch der Spätansatz ins 5. Jh. [13] halten. Es ergibt sich vielmehr folgendes Bild: X. ist um 580 v. Chr. in → Kolophon als Angehöriger der Oberschicht geboren. Sein Vater ist Dexios oder Dexinus oder Orthomenes (Spitzname?). Um 555 wurde er, als infolge des Eingriffs des → Kroisos von Lydien in Kolophon die Aristokratie der 1000 Vollbürger durch eine Tyrannis abgelöst wurde, verbannt, arbeitete in der Folge in Ionien auf eine Rückkehr hin (aus dieser Z. B 2?), schloß sich 540, als nach dem Ende des Kroisos und dem Unternehmen des Meders → Harpagos (1) die Rückgewinnung der Autonomie der asiat. Städte ausssichtslos erscheint, dem Zug der → Phokäer nach Elea in Unteritalien an und führte, vermutlich von dort aus, bis ins hohe Alter ein Wanderleben durch die Städte der Magna Graecia und wohl auch des Mutterlandes (B 8). Dabei trug er als Rhapsode auch seine eigenen Dichtungen vor. X. hat noch bis in die Regierungszeit des → Xerxes (485), ja des → Hieron (1) von Syrakus (478) gelebt. Vgl. [14] und [4].

B. Werke. X. »hat durch Dichtungen philosophiert«, und zwar (nach A 1) in den Gattungen und Metren *ἔπη*, *ἐλεγεῖαι* und *ἴαμβοι*. Von Elegien sind 8 Frg. mit insges. 68 Versen erhalten. Hauptwerk sind die *σίλλοι*, polem. Gedichte in Hexametern, in die gelegentlich Iamben eingestreut sind (B 14), in mind. 5 B. (B 21 a), von denen insges. 52 Verse erhalten sind. Auch das später *περὶ φύσεως* betitelte Gedicht (B 30 u. 39) ist ein Sillos mit Polemik gegen myth. Erkl. meteorolog. Phänomene. Mit *παρῳδίαι* (B 22) ist wohl nicht ein eigenständiges Werk, sondern ein bestimmter Aspekt der Sillen gemeint. Es werden noch die Titel zweier hist. Epen genannt: *Κολοφῶνος κτίσις* und *ὁ εἰς Ἐλέαν τῆς Ἰταλίας ἀποικισμός*, deren Echtheit ohne hinreichenden Grund angezweifelt wird. – Zu den Frg. treten ant. Berichte über die Lehren des X. (A 28–52, am wichtigsten [Aristot.] de Mel. X. Gorg. 3–4).

Krit. Analyse der Ber. ist sowohl für die Interpretation der Frg. als auch zur Erschließung weiterer Quellen geboten. Hier ist noch vieles umstritten (vgl. zuletzt [3]. [14]. [16]. [17]).

C. Lehre. X. hat kein systemat. Lehrgebäude errichtet, sondern seine Gedanken zu versch. Zeiten in versch. Gedichten auch mit Selbstwiederholungen ausgesprochen. Gemeinsames Merkmal der versch. Aussagen ist die Kritik an und die Polemik gegen die tradierten Vorstellungen und Werte seiner Z., verbunden mit einem Willen zur Aufklärung und reformator. Eifer. Nur als Teil der Polemik fügt er zuweilen der Kritik eine positive Aussage hinzu. Die positiven Aussagen lassen sich nicht in ein widerspruchfreies System pressen. Zum Beweis beruft sich X. gern auf Angemessenheit, verwendet archaische Formen der Darstellung und der Argumentation (z. B. Priamel, Spirale), findet aber auch Ansätze eines dialekt. Verfahrens. So drängt X. auf eine Reform der sympot. Gebräuche (B 1), kritisiert die hohe Einschätzung der Olympiasieger und fordert Anerkennung für geistige Leistung (B 2), wendet sich gegen Luxus (B 3 u. 4). Er lehnt jegliche Divination ab (dabei Polemik gegen → Epimenides, → Orphisches, → Pythagoras (1), → Thales, A 1. 52. B 20. 17. 7. 19). Gegen myth. Naturerklärung führt er meteorolog. und astr. Erscheinungen auf den Verdunstungsprozeß des Wassers zurück (B 30. 32. A 38–46). Er übt Kritik an naturphilos. Spekulation (z. B. an → Anaximandros, B 27–29. 33. A 47). Er stellt die Relativität der Sinneswahrnehmung fest (B 38) und kommt zu einer Leugnung sicheren menschl. Wissens; sicheres Wissen habe nur Gott (B 34ff. A 24. Aug. civ. 7,17). Scharf spottet er über die von Homer und Hesiod geprägte Vorstellung anthropomorpher Götter; Geburt und Tod, menschl. Gestalt und Stimme, Ortsveränderung, menschl. Fehlhaltungen wie Ehebruch, Diebstahl und Betrug sind Gott nicht angemessen; Beweis sind die von Volk zu Volk versch. Götterbilder; hätten Rinder, Pferde, Löwen bildner. Fähigkeiten, ihre Götter sähen wie diese Tiere aus (B 10–16). Gegen die anthropomorphen Götter stellt er auf dem Weg der Negation den einen Gott, der nicht den Menschen gleicht, keine Glieder hat, als ganzer sieht, denkt, hört, der ohne von Ort zu Ort zu gehen, alles mit seiner Denkkraft erschüttert (B 23ff.).

D. Wirkung. X. ist der erste theoret. Monotheist, dessen Äußerungen später auch pantheistisch und als Ineinssetzung von Gott und All gedeutet worden sind. Seine Theologie und Argumentation geben Anstöße zur → eleatischen Ontologie und Dialektik. Seine Kritik an der Erkenntnis lassen ihn später als Vorläufer der → Skepsis erscheinen. Literarhist. gehören die Sillen in die Vorgesch. der Satire, das Epos über den Apoikismos nach Elea ist das erste Epos mit zeitgesch. Gegenstand. P. St.

Ta. und Komm.: 1. *Diels* Vorsokr 21. 2. *E. Diehl* Anth. Lyr. 1,63ff. 3. *M. Untersteiner* Senofane, test. e framm., Firenze 1956. – Lit. Ber.: 4. *J. Wiesner*, AAHG 25, 1972, 1ff. (1957–1970; ältere Lit. in [3]). – Lit.: 5. *K. Reinhardt* Parmenides u. d. Gesch. d. griech. Philos., Frkft. ^{2}1959. 6. *H. Fränkel* Wege u. Formen frühgriech. Denkens, München ^{2}1960. 7. *ders.* Dichtung u. Philos. d. frühen Griechentums, München ^{2}1962. 8. *G. Calogero* Stud. über d. Eleatismus, Darmstadt ^{2}1970. 9. *K. Deichgräber*, RhM 87, 1938, 1ff. 10. *O. Gigon* Der Ursprung d. griech. Philos. v. Hesiod bis Parmenides, Basel 1945. 11. *W. Jaeger* Die Theologie d. frühen griech. Denker, Darmstadt ^{2}1964. 12. *A. Lumpe* Die Philos. d. X. v. Kolophon, Diss. München 1952. 13. *H. Thesleff* On dating X. Soc. Scient. Fennica, Helsingfors 1957. 14. *P. Steinmetz*, RhM 109, 1966, 13ff. 15. *E. Heitsch*, RhM 109, 1966, 193ff. 16. *K. v. Fritz*, RE IX A 1541ff. 17. *J. Wiesner* Ps. Arist. MXG, der hist. Wert d. X.-Referats, Amsterdam 1974.

Xenophantos (*Ξενόφαντος*). Athener, Töpfer, signierte zwei in → Pantikapaion gefundene Lekythen. Figuren (jagende Perser) teils in Relief aufgesetzt, teils rf. Signatur mit Ethnikon legt nahe, daß X. sie nicht in Athen arbeitete. X. gehört in das frühe 4. Jh. v. Chr. BEAZLEY ARVP^2 1407. W. H. G.

Xenophilos (*Ξενόφιλος*). **1.** Burgkommandant von Susa, wohl noch von Alexander d. Gr. ernannt (BERVE Alex. 2,578), bekannt z. Z. der frühen Diadochenkriege durch seine Loyalität zum maked. Königshaus. Als *θησαυροφύλαξ* handelte er ganz nach den Weisungen des → Eumenes (1; Diod. 19,17,3) und widersetzte sich den Zahlungsforderungen der Renegaten. Monatelang trotzte er 317/16 der von → Antigonos (1) befohlenen Belagerung durch → Seleukos (1; Diod. 19, 18,1. E. R. BEVAN The house of Seleucus 1,46f.). Schließlich mußte X. nach Eumenes' Vernichtung kapitulieren und begab sich auf Seleukos' Geheiß, um die Übergabe der Burg einzuleiten, zu Antigonos am Pasitigris, der ihn mit bes. Liebenswürdigkeit empfing (Diod. 19,48,6). X.' weiteres Schicksal ist unbekannt. R. E.

2. Dichter der Alten Komödie, Zeitgenosse des → Telekleides, nur durch die Inschr. IG II^2 2325, 118 und XIV 1098a (in Addendis) bekannt. 1 Sieg an den Lenäen. W. K.

Körte, RE IX A 1566.

3. Pythagoreer und Musiktheoretiker, der das Alter von 105 J. erreichte (Plin. nat. 7,168). Neben Spintharos und → Lampros (2) von Erythrai wirkte er etwa um 350 v. Chr. als Musiklehrer des → Aristoxenos von Tarent (Val. Max. 8,13,3. Iambl. v. P. 251. Suda s. *Ἀριστόξενος*). R. E.

4. Griech. Historiker hellenist. (?) Z., Vf. von *Λυδικαὶ ἱστορίαι*. Das einzige gesicherte Frg. (FGrH 767) handelt von Lyde, der Schwester und Gattin des → Sadyattes II. (2), die ihren Sohn → Alyattes zu einem gerechten Herrscher erzieht. Die Nachricht ergänzt die Angaben des → Nikolaos (3) von Damaskos (FGrH 90 F 63f.), geht also möglicherweise wie diese auf → Xanthos (5) zurück. H. Gä.

H. Herter, RE IX A 1566f.

5. Sohn des Straton, Argiver, Bildhauer, tätig um 140–90 v. Chr. Er signierte allein oder mit seinem Sohn Straton Basen verlorener Porträtstatuen in Epidauros, Delphoi, Merbaka bei Argos, Kleonai, Korinth und Sikyon. Paus. 2,23,4 sah im Asklepiostempel in Argos die Statuen des Gottes, der Hygieia und der beiden Bildhauer dieser Kultbilder. MARCADÉ Recueil des signatures I 109ff. W. H. G.

Xenophon (*Ξενοφῶν*). **1.** Sohn des Euripides aus dem Demos Melite, att. Stratege. In der Mitte des 5. Jh.s v. Chr. mit → Lakedaimonios und Pronapes als *ἵππαρχος* genannt (IG I^2 400); nahm 441/40 gemeinsam mit Perikles u. a. am Feldzug gegen Samos teil (FGrH 324 F 38), war 430/29 mit → Hestiodoros und → Phanomachos als Stratege in Thrakien. Nach der Kapitulation von → Poteidaia (Thuk. 2,70,1) angefeindet, aber weiterhin im Dienst; er fiel im Sommer 429 bei Spartolos (Thuk. 2,79,1. 7 u. s.). Eine Tochter des X. war die Mutter des Sprechers von Lys. or. 19. H. Gä.

2. Aus Aigion, 198 v. Chr. achaiischer Gesandter bei den Konferenzen zwischen → Philippos V. (7) und → Flamininus und dessen griech. Verbündeten in Nikaia und Thronion, vertrat 197 als erster achaiischer Gesandter den Bund vor dem röm. Senat. Pol. 18,1,4. Liv. 32,32,11; 36,8. A. AYMARD Les premiers rapports de Rome et de la confédération achaienne, 1938, 114ff. 125,40. 128. **3.** Sohn des → Mithradates VI. (5) Eupator, 63 v. Chr. mit seinen Geschwistern auf Betreiben des *praefectus* Kastor von den Bürgern auf der Akropolis in → Phanagoreia belagert, ergab sich, wurde an Rom ausgeliefert und 61 im Triumphzug des Pompeius mitgeführt. Nach App. Mithr. 512f. 572 stand er damals im Knabenalter. Oros. 6,5,2. Th. REINACH Mithridates Eupator, 1895, 203. 404. H. V.

4. Dichter der Alten Komödie, der einmal, etwa zw. 410 und 401, an den Lenäen siegte (IG II^2 2325,136), von Diog. Laert. 2,59 wegen seines Namens erwähnt. W. K.

Körte, RE IX A 2051.

5. Von Athen, Historiker und Sokratiker. 1. Leben. 2. Die hist. Schriften. 3. Die pädagogischeth. und die technolog. Schriften. 4. Die sokrat. Schriften. 5. Unechte Schriften. 6. Nachwirkung.

1. Als Quelle für X.s Leben kommt neben seinen eigenen Werken die Vita bei Diog. Laert. 2, 48–59 in Betracht (daraus der Auszug bei Hesych.-Suda). Deren gute Nachrichten entstammen → Demetrios (24) Magnes, anderes beruht auf ant. literaturgesch. Kombinierfreude. X., aus dem att. Demos Erchia stammend, wie → Isokrates (2), scheint dem Ritterstande angehört zu haben und wurde zw. 430 und 425 v. Chr. geb. Seine Schilderung des Bürgerkrieges nach dem Sturze der

Dreißig verrät Autopsie auf Seite der oligarch. Reiterei. In die Jahre nach 410 ist X.s Bekanntschaft mit → Sokrates (2) zu setzen. Im J. 401 schließt er sich dem Zuge des jüngeren Kyros gegen den Großkönig an, und beim Rückzug durch Kleinasien befehligt er die Nachhut der griech. Söldnertruppe. Pläne, am Schwarzen Meer eine Kolonie zu gründen, scheitern. Im J. 399 übergibt er die Reste der Zehntausend dem spartan. Feldherrn → Thibron (1). Darauf schließt er sich dem Spartanerkönig → Agesilaos (2) an und erlebt die spartan. Feldzüge gegen die Perser in Westkleinasien aus der Nähe. Beim Rückzug aus Kleinasien und der Schlacht bei Koroneia im J. 394 ist er auf spartan. Seite dabei. Deswegen – und nicht, wie noch immer behauptet wird, wegen seiner Beteiligung am Feldzuge des Kyros – wird er verbannt. Die Spartaner honorieren ihn mit Landbesitz bei → Skillus in Triphylien, wo er als interessierter, oft beteiligter Beobachter der spartan. Hegemoniepolitik in Griechenland das Leben eines Gutsherrn und Schriftstellers lebt. Nach dem Zusammenbruch der spartan. Vorherrschaft nach Leuktra mußte X. Skillus aufgeben; er zog sich nach Korinth zurück. Schließlich wurde infolge Veränderung der polit. Lage X.s Exil aufgehoben (368/67?), so daß seine Söhne → Gryllos (2) und → Diodoros (2) in der athen. Reiterei dienen konnten. Gryllos kam in einem Reitergefecht vor der Schlacht bei Mantineia ums Leben. Ob X. tatsächlich nach Athen zurückkehrte, ist ungewiß. Die Z. seines Todes ist durch aus X.s Schriften zu gewinnende termini post quem zu bestimmen: hell. 6,4,37 ist nach dem J. 358/57, vect. 5,9 nach dem J. 355 geschrieben. X. ist also im Alter von etwas mehr als 70 Jahren gestorben. Nach dem ant. Schriftenverzeichnis ist sein gesamtes literar. Werk erhalten; die Datierung der einzelnen Werke ist sehr unsicher und stark umstritten.

2. a) Anabasis, hist. Monographie in 8 B. über den Zug des jüngeren → Kyros (3) gegen seinen Bruder, den Großkönig → Artaxerxes II. (2) und den Rückzug der griech. Söldnertruppe, der »Zehntausend«, durch das Karduchenland, das winterliche Armenien nach → Trapezus (2), dem sich Marsch und Fahrt längs der kleinasiat. Schwarzmeerküste anschließen. Der ganze Rückzug steht, nach X.s eigenem Zeugnis, unter seiner geistigen Führung; seine Rolle geht weit über die des Kommandanten der Nachhut hinaus. Eine gewisse apologet. Tendenz ist, namentlich im 2. Teil des Werks, unverkennbar. Das Werk, stilistisch weitgehend von der Peripluslit. beeinflußt, gibt in unübertroffener Anschaulichkeit ein Bild der mil. Operationen und des Lebens der sich unter harten Kämpfen und Entbehrungen durch Kleinasien durchschlagenden Söldnertruppe und ist voll von vorzüglichen Beobachtungen über Land und Leute, Sitten und Gebräuche. Die zahlreichen Reden enthalten, der jeweiligen Situation angepaßt, viele xenophont. Topoi. Daß X. die Anab. unter dem Pseudonym → Themistogenes von Syrakus herausgegeben hat – daraus erwächst auch die Tatsache, daß X. von sich stets in der 3. Pers. spricht –, ergibt sich aus hell. 3,1,5, richtig verstanden von Plut. mor. 345e. Aus inneren Gründen ist es unrichtig, die Abfassungszeit zu weit hinunterzurücken; auf jeden Fall sind die in B. 2 eingeschobenen »literar. Porträts« von Isokr. Euag. 41 ff. unabhängig. Das Werk verdrängte das ältere von → Sophainetos; der bei Diodor (Ephoros) 14, 19–31. 37 vorliegende Bericht, der teilweise von X. unabhängig ist, mag auf diesen zurückgehen.

b) Hellenika. Gesch. Griechenlands von 411/10 – der Anschluß an Thuk. ist fast fugenlos, der abrupte Beginn der hell. mit »μετὰ δὲ ταῦτα...« ist nicht durch Wegfall des Prooemiums zu erklären, sondern durch Wille zur »historia perpetua« – bis 361, der Schlacht bei Mantineia, in 7 B. Die B. 1–2,3,9 erzählen in engem Anschluß an seinen Vorgänger das Ende des peloponnes. Krieges, 2,3,11–4,43 fügen die berühmte Darstellung der Gesch. der Dreißig in Athen an. B. 3,1–5,1,36 enthalten die Perserkriege Spartas und den korinth. Krieg bis zum Königsfrieden, B. 5,2–7,5,27 die spartan. Vorherrschaft bis zur Peripetie (5,4,1) und den Niedergang Spartas bei gleichzeitigem Machtzuwachs Thebens. X. ist nicht ein Historiker vom Range eines Thuk.; namentlich ist er nicht systematisch, was eine lückenlose Darstellung der Geschehnisse, die chronolog. Sicherung der Fakten, die Beiziehung verschiedener Gewährsleute betrifft; der seit jeher erhobene Vorwurf des Philolakonismus jedoch ist insofern nicht zutreffend, als er nicht bewußt Gesch. zugunsten Spartas fälscht – die Schuld Spartas an seinem eigenen Niedergang wird bei der Darstellung der hist. Peripetie sehr deutlich –, sondern X.s Schwäche beruht auf einer Vorliebe für König Agesilaos, dessen Feldzügen er häufig beiwohnt (Autopsie), und für spartan. Politik und Lebensart ganz allg. (vgl. die Schrift vom Staate der Spartaner). Daß X. aber durchaus hist. Verständnis besessen hat, geht aus zahlreichen klar dargestellten Abläufen und Geschehnissen hervor, und verschiedene Reden erhellen seine Fähigkeit, hist. Kausalität und das Wesen der Machtpolitik zu erfassen. Seine Gesch.-darstellung ist noch weit von den Lastern der hellenist. Historiographie (Rhetorik und Pathetik) entfernt. Die Einzelpersönlichkeit nimmt einen breiteren Raum ein als bei seinem Vorgänger (Agesilaos, Agesipolis, Iphikrates, Chabrias, Iason v. Pherai, Epameinondas), und an allem Mil., an gutgeführten Operationen, listigen Einfällen (μηχανήματα) usw. hat X. große Freude. X. arbeitete an seinem Werk zweifellos periodisch; die letzten B. sind in einem Zuge nach 358/7 (hell. 6,4,37) geschrieben; die B. 1 und 2 sind auf keinen Fall vor den Kyrosfeldzug zu setzen: das Werk des Thuk. war damals noch kaum erschienen, und Bezugnahme auf literar. Darstellungen des letzten Teils des peloponnes. Krieges schimmern durch.

c) Enkomion auf Agesilaos, geschrieben kurz nach dem Tode des Königs im J. 360. Das kleine Werk zerfällt in ein Prooemium (1,1–5), die Erzählung der Taten des Königs (1,6–2,31) in engstem Anschluß an die entsprechenden Partien der hell. mit charakterist. Stilunterschieden, die Hervorhebung der Tugenden (3,1–10,4) und einen zusammenfassenden Schlußabschnitt (11).

3. a) Kyrupädie, eine Art Fürstenspiegel in 8 B. Die der Gestalt des großen Perserkönigs und Reichsgründers zugrundeliegenden Quellen (Herodot, Ktesias; andere Quellen bleiben unsicher; iran. Tradition wohl nur auf Grund der griech. Quellen; Anregung durch → Antisthenes' Kyros?; die Autopsie des Perserreiches spielt ebenfalls eine Rolle) benutzt X. in freier Abwandlung, und er bereichert die Gesch. mit zum Fortlauf des Romans notwendiger Pseudohistorie und novellist. Elementen (Pantheiageschichte: → Abradatas). Es wird die Entwicklung des Knaben Kyros zum jungen Mann, schließlich zum erfolgreichen Feldherrn und zum Reichsfürsten gezeigt. Viele mil.-takt. Belehrungen basieren auf einem Militär-HB. Sokrat. und sophist. Topoi werden auf Kyros und die Romansituation zurechtgebogen. Die Kenntnis realer pers. Verhältnisse wird evident, bes. im 8. B. Das wohlkomponierte Werk fand im Alt. und in der Neuzeit bis ins 18. Jh. große Anerkennung.

b) Hieron, ein Dialog zwischen dem Tyrannen → Hieron I. (1) von Syrakus und dem Dichter → Simonides (1) über die ungerechte Tyrannis und deren Umwandlung in eine gerechte Herrschaft.

c) Der Staat der Spartaner (*Λακεδαιμονίων Πολιτεία*). X., der konservative Reformer, greift hier in die idealstaatl. Diskussion ein und exemplifiziert den Idealstaat an den von → Lykurgos (4) im Gegensatz zum übrigen Griechenland geschaffenen Institutionen (*ἐπιτηδεύματα*). Im Schlußkapitel muß X. allerdings den degenerierten Jetztzustand der spartan. Verfassung zugeben. Die Schrift gehört in den Rahmen der bedeutenden (vor- und nachxenophont.) Spartalit.

d) Poroi (»Staatseinkünfte der Athener«). Diese späteste X.-Schrift verdient bes. Interesse, da es sich um den in der Ant. ganz seltenen Fall einer Schrift über ein volkswirtschaftl. Thema handelt, auch wenn X.s Vorschläge, wie die athen. Wirtschaft und Finanzkraft durch neue Methoden der Ausbeutung der Silberbergwerke in Laureion durch risikoausgleichende Finanzgesellschaften zu steigern seien, großenteils illusorisch sind. X.s Vorschläge haben vermutlich die athen. Wirtschaftspolitik der 50er Jahre des 4. Jh. beeinflußt.

e/f) Die hippischen Schriften über die Reitkunst (*Π. ἱππικῆς*) und über die Aufgaben des Reiterobersten (*Ἱππαρχικός*). Die durchwegs verwendeten Stilmittel der wissenschaftl. (technolog.) Lit. (vgl. etwa den Stil der alten hippokrat. Schriften) zeigen, daß die beiden Schriften zusammengehören und wohlüberlegte und genau stilisierte Werke sind, nicht etwa nur zufällig hingeschriebene Belehrungen an X.s Söhne. Die Tatsache, daß hipp. auf athen. Verhältnisse zugemünzt ist, gibt einen Hinweis auf die Abfassungszeit, nämlich term. post quem 369/8, Aufhebung des Exils. Wie häufig, mischt sich in den hippischen Schriften der persönl. Erfahrungsbereich des Autors mit literar. Studien, hier z. B. → Simon (1) *π. ἱππικῆς*.

4. Auch wenn X. das für die Sokratiker der 1. Generation entscheidende Erlebnis, Sokrates' Hinrichtung, nicht selbst in Athen miterlebt hat, war doch seine Bekanntschaft mit Sokrates intensiv genug gewesen, daß er sich berufen fühlte, in die rasch aufblühende Sokrateslit. einzugreifen; auch die Nachbarschaft von Skillus zu Elis (→ Phaidon, der jedoch von X. nicht genannt wird) mochte dazu beitragen. Zu glauben, aus X.s Äußerungen über Sokrates den »echteren«, »historischen« Sokrates fassen zu können, als es der platon. zu sein schien, war ein Irrweg der Forschung vor und nach der Jahrhundertwende, der durch die Arbeiten von Joel und Gigon überwunden wurde. X.s Sokratesgestalt ist so echt oder so konstruiert wie jene Platons und der übrigen Sokratiker. In den sokrat. Schriften mischen sich Erinnerungen X.s an den Meister mit eigenen eth. Auffassungen, mit Anregungen aus der Lit. – nicht nur der sokrat. –, mit offensichtl. Polemik oder stillschweigender Berichtigung anderer Auffassungen. Die Gespräche der mem. und des oik. sind so fiktiv wie jene der platon. Dialoge (*λόγοι Σωκρατικοί*), und auch die Anwesenheitsbezeugungen des Autors (*ἤκουσα δὲ αὐτοῦ...*) sind Bestandteile dieses pseudohist. literar. Genos; die szenischen Angaben und die hist. Bezugnahmen in den Gesprächen sind übrigens äußerst gering.

a) Memorabilien (*Ἀπομνημονεύματα Σωκράτους*). Sie zerfallen in zwei ungleiche Teile, nämlich in eine Unt. (1,1–2), ob die Argumente der Anklage gegen Sokrates zutreffend gewesen seien, und in einen größeren 2. Teil (7/8 des Gesamtumfangs), der anhand größerer und kleinerer, gelegentlich bis zur Apophthegmen- und Chrienform sich verkleinernder Dialoge den Nutzen und die Unwiderlegbarkeit der sokrat. Lehre aufzeigt. Der 1. Teil befaßt sich mit den beiden Anklagepunkten, der Asebie und der Jugendverführung, die im einzelnen widerlegt werden. Daß wesentliche Vorwürfe, gegen die X. sich richtet, nicht in der offiziellen Anklageschrift enthalten waren, sondern in der im J. 393/92 erschienenen *κατηγορία Σωκράτους* des Rhetors → Polykrates (6), hat schon Cobet gesehen. Der Hauptteil von 1,3 an ist nicht eine Masse ungeordneten

Stoffes, wenn auch die Disposition nicht leicht zu durchschauen und mehrfach rein assoziativ ist. Cap. 1,3 mit X. als Gesprächspartner des Sokrates verklammert die beiden Teile; in 1,4–2,1 wird gezeigt, daß Sokrates nicht nur fähig war, seine Gesprächspartner zur Tugend zu ermuntern, sondern sie auch zu ihr hinzuführen. 2,2–10 handeln vom Komplex *π. φιλίας*, 3, 1–7 von den mil.-polit. Pflichten des Bürgers, 3,8–14 enthalten in loser Disposition Gedanken über die Relativität gewisser Begriffe und die *καλὴ χρῆσις*, das 4. B. zeigt in den Kap. 2,3,5 und 6, wie → Euthydemos (5) der Philos. gewonnen wird. 4,1.4 und 7 handeln von Einzelaspekten der sokrat. Gesprächsführung und Methode, und das Schlußkap. (8) spannt den Bogen zum Ausgangspunkt in B. 1 und endet mit einem Enkomion auf Sokrates.

b) Oikonomikos. Das anmutige Werk zerfällt in einen ersten Dialog zw. Sokrates und Kritobulos (1–6) und in ein von Sokrates referiertes Gespräch, das er einst mit dem Gutsbesitzer Ischomachos geführt hat, der den vollkommenen Typus des *ἀνὴρ καλὸς κἀγαθός* verkörpert (7–21). Zur Oekonomie (*αὔξησις τοῦ οἴκου*) gehört nicht nur Fachwissen über bäuerliche Fragen, wie Feld- und Gartenbestellung (Benützung einer Schrift *π. γεωργίας* ist deutlich), über Methoden des Landkaufs und -verkaufs, über ein wohlgeordnetes Hauswesen, in welchem der Gutsherr von einer tüchtigen Ehefrau und einem fähigen Aufseherpaar (*ἐπίτροπος* und *ταμία*) unterstützt wird, lauter Dingen, in denen Sokrates sich von Ischomachos belehren läßt oder die er, dank der maieut. Methode, selber weiß, sondern der Gutsbesitzer und erfolgreiche Oekonom muß auch über viele psycholog. und eth. Qualitäten verfügen. – Die Schrift ist ein Musterbeispiel, wie X. die Sokratesgestalt zum Träger seines eigenen Erfahrungsbereiches verwendet. Der erste Teil, das Sokrates-Kritobulosgespräch, war vielleicht ursprünglich als Dialog für die mem. gedacht, wurde aber durch den angefügten Sokrates-Ischomachosdialog überdimensioniert und zum eigenständigen Werk.

c) Symposion, trotz der völligen Andersartigkeit gegenüber dem älteren platon. ein hübsches, in sich geschlossenes und eigenständiges Kunstwerk innerhalb der griech. → Symposion-Lit. Anlaß zum festl. Zusammenkommen im Hause des reichen → Kallias (3) bildet ein Pankrationsieg des jungen Autolykos im J. 422. Während des Symposions entwickelt sich ein Gesprächszyklus (*περίοδος λόγων*), in welchem von den Anwesenden die Gerechtigkeit, die rhapsodische Kunst, die Schönheit, der Reichtum, die Armut, die Kuppelei (im Munde des Sokrates ironisch-ethisch umgedreht), die Spaßmacherei und der Komplex *π. θεῶν* behandelt werden. Während der Vorbereitungen der Pantomime Dionysos-Ariadne hält Sokrates seinen *ἐρωτικὸς λόγος*, – ein Thema, das eng mit dem Symposion verknüpft ist. Das ganze ist eine bewußte Verbindung von *σπουδή* und *παιδιά*.

d) Apologie. Der Titel ist mißverständlich und setzt die Schrift, die etwas ganz anderes bezweckt, in Konkurrenz zur gleichnamigen Platons. Aus dem Einleitungssatz kann die Inhaltsangabe des Werkchens besser entnommen werden: »Über die Verteidigungsrede des Sokrates und über seinen Tod.« Der Autor möchte Sokrates' *μεγαληγορία* (seine Großsprecherei, besser: seine selbstbewußte Haltung und Sprache vor Gericht) erklären, nämlich dadurch, daß Sokrates selber zum Tode entschloßen gewesen sei. Die kleine Schrift steht in enger Beziehung zu mem. 4,8, wo ebenfalls → Hermogenes (8) als Berichterstatter über die Prozeß und Tod betreffenden Ereignisse auftritt.

5. a) Kynegetikos, Schrift über die Jagd, speziell mit Hunden. Die Echtheit bzw. Unechtheit der Schrift ist heftig umstritten. Auch wenn überlieferungsgesch. nichts auf die Unechtheit des Werkes weist und die neuere Forschung von dieser These wieder abgerückt ist, sprechen doch zahlreiche Gründe dafür, in X. nicht den Verf. zu sehen.

b) Briefe. Beide Briefgruppen, die innerhalb der Slg. »Briefe des Sokrates und der Sokratiker« (→ Sokratiker-Briefe) und die bei Stob. überlieferten Frg.e, sind Früchte der kaiserzeitl. Beschäftigung mit dem beliebten Autor.

c) Frg. über Theognis bei Stob. 4, 29,53 ist aus stilist. Gründen sicher nicht X. zuzuweisen.

d) *Ἀθηναίων Πολιτεία*, eine durch Zufall schon in der Ant. in das Corpus Xenophont. geratene Schrift (viell. aus X.s Nachlaß?). Es handelt sich um eine polit. Parteischrift oligarch. Charakters aus dem späteren 5. Jh.; den Vf. kann man nicht benennen. Die Schrift ist als sehr frühes Zeugnis att. Prosa und athen. polit. Auseinandersetzung sehr wichtig und viel besprochen und kommentiert.

6. X. erfreute sich die ganze Ant. hindurch größter Beliebtheit: von Caesar wie von Cicero wird Hochschätzung X.s bezeugt, und die Stilisten und Grammatiker sahen in ihm einen Hauptvertreter des schlichten Stils (*ἀφέλεια*), auch wenn nachweislich X.s Beschäftigung mit anderer Lit., seine lange Abwesenheit von Athen und sein häufiger Kontakt mit Griechen anderer Dialekte Spuren in seiner Sprache hinterlassen haben. Als Attiker erlebte X. im Attizismus eine eigentliche Renaissance (vgl. → Arrianos' »Anabasis«), so daß die Manuskripte seiner Werke die dunklen Jh.e überlebten. Erst im 19. Jh. wurde die Wertschätzung X.s durch eine übertriebene Welle von Kritik, Vorwürfen, ja gehässiger Verachtung abgelöst, aus der die heutige Forschung den liebenswürdigen und – auch wenn er kein Genie war – klugen Autor wieder herauszuholen sucht; das Moralisieren teilt X. mit manchem ant. Autor. H. R. B.

Ta.: Op. omnia ed. *E.C. Marchant*, 3 vol., Oxon. 1900ff. Les Helléniques ed. *J. Hatzfeld*, Par. 1936/39. Anabase ed. *P. Masqueray*, Par. 1952. Économique ed. *P. Chantraine*, Par. 1949. L'art de la Chasse ed. *E. Delebècque*, Par. 1970. De l'Art équestre ed. *E. Delebècque*, Ann. Univ. Lyon, 3e. sér. fasc. 18, 1950. Opuscula rec. *G. Pierleoni*, Romae 1933. De re equestri ed. *K. Widdra*, Lpz. 1964.

Komm.: Ath. pol.: *H. Frisch*, Class. et Mediaev. Dissertat. 2, 1942. *E. Kalinka*, Lpz. 1913. Mem. B. 1 u. 2: *O. Gigon*, Schw. Beitr. z. Alt.wiss. 5, 1953. 7, 1956. Hier.: *J. Luccioni*, 1948. Lak. pol.: *F. Ollier*, Thèse Lyon 1934. Vect.: *J. Thiel*, Diss. Amst. 1922. Symp.: *G. J. Woldinga*, Hilversum 1938.

Lit.: *A. Banderet* Unt. z. X.s Hell., Diss. Bln. 1919. *H. R. Breitenbach*, RE IX A 1569–2052 mit *M. Treu*, ebda. 1928–1982. *G. Colin* X. historien d'après le livre II des Hell., Ann. de l'Est 1933. *A. Delatte* Le 3e livre des souvenirs Socratiques de X., Bibl. Fac. Philos. et lettr. Univ. de Liége, 58, 1933. *E. Ekman* Zu X.s Hipparch., Diss. Uppsala 1933. *H. Erbse*, H 89, 1961, 257–287. *L. Gautier* La langue de X., Thèse Genève 1911. *E. Gebhardt* Polykrates' Anklage gegen Sokrates u. X.s Erwiderung, Diss. Frkft. 1957. *K. Joel* Der echte u. d. xenoph. Sokrates, 1893. 1901. *D. Krömer* X.s Agesilaos, Diss. Bln. (Augsburg) 1971. *J. Luccioni* X. et le Socratisme, Publ. Fac. Lettr. d'Alger 25, 1953. *K. Münscher* X. i. d. griech.-röm. Lit., Philol. Suppl. 13, 2, 1920. *S. T. Novo* Econ. ed Etica nell'Econ. di Senof., Univ. Torino, Fac. di lettere e filol., sez. filol. class. e glottolog. 3, 1968. *A. Opitz* Quaest. Xenoph.: De Hell. et Ages. necess., Bresl. Philol. Abh. 44, 1913. *G. Prinz* De X.tis Cyri instit., Diss. Gött. 1911. *E. Schwartz*, RhM 44, 1889, 104–126. 161–193. *M. Sordi*, Ath 28, 1950, 1–58. 29, 1951, 273–348. *F. G. Sturz* Lex. Xenoph., Lpz. 1801/04 (Nachdr. Hildesh. 1964).

6. Von Lampsakos. Vf. eines → Periplus (Val. Max. 8,13 ext. 7 aus Alex. Polyh. FGrH 273 F 17), dessen Datum zwischen 146 (Karthagos Eroberung, bei Plin. nat. 6,200) und etwa 50 v. Chr. fällt, da X. vom Polyhistor (s. o.) zit. wurde. Bei Plin. nat. 4,95 erwähnt er die von → Pytheas (4) entdeckte Insel *Balcia* (Solin. 19,6 *Abalcia*; vgl. H. J. Mette Pytheas v. Massalia 44f.), *insula immensae magnitudinis*; ebd. 6,199f. die Inseln der Gorgonen, *Gorgades insulae*, und der Hesperiden; ebd. 7,155 (aus Val. Max. a. O.) die *Lutmiorum* (Val. *Latmiorum*) *insula*, deren König 800 J. alt sei. Nicht zufällig beschreiben diese allein sicheren Zit.e nur Wunderinseln (was ihm bei Plin. nat. B. 3 und 5 gehört, läßt sich auf Grund der Autorenlisten 1, 3 und 5 nicht erweisen): Es gehört zum damals gekünstelten Genus des Periplus. Daß aber das Werk nur die ozean. Küsten und Inseln behandelte, darf daraus nicht gefolgert werden, zumal da die Beschreibung des Wunders der → Asphaltitis in Palästina von Tzetz. Sch. Lykophr. 704 auch einem X. (schwerlich an. 2,4,12 oder Kyr. 7,5,22) zugewiesen wird.

Eher einem syr. X. als dem Lampsakener (anders Gisinger) möchte man die 2 Zit.e eines X. *ἐν ταῖς Ἀναμετρήσεσι τῶν ὀρῶν* (*ὅρων* W. Capelle Berges- u. Wolkenhöhen b. griech. Physikern, 1916, 23) über Syrien und des anon. *ὁ τῆς Συρίας σχοινομέτρησιν γράψας* bei Alex. Polyh. F 72 und F 19^a 36 zuschreiben. F. L.

Frg.e: FHG 3,209.

Lit.: *F. Gisinger*, RE IX A 2051ff.

7. Von Ephesos, nach Suda s. *Ξ.* Vf. u. a. einer (verlorenen) Schrift über Ephesos und des Romans *Ἐφεσιακά* (10 B.), erhalten in einer 5 B. umfassenden Epit. (K. Bürger, H 27, 1892, 36ff. [5], 2072f.; dagegen [8]). Der Roman (entstanden wohl im 2. Jh. n. Chr.) schildert das abenteuerliche Schicksal des jungen Ehepaares Habrokomes und Antheia aus Ephesos, das nach einem Piratenüberfall getrennt und einer Serie von Gefahren ausgesetzt wird, die schließlich auf Rhodos durch Wiedervereinigung ihr Ende finden. X. ist in zahllosen sprachl. und motiv. Einzelheiten → Chariton verpflichtet ([10]. [5], 2080ff. [4].; dagegen [2]), ohne jedoch die wohlüberlegte und disziplinierte Erzählkunst seines Vorbildes auch nur annähernd zu erreichen: hektischer Wechsel des Schauplatzes, Übersteigerung, somit Zerstörung urspr. sinnvoller Motive (vgl. [6]) und Häufung göttl. Mächte (u. a. Artemis, Helios, Isis) kennzeichnen das Werk, dessen bis zur Monotonie schlichte Sprache (E. Mann Über d. Sprachgebrauch d. X. Eph., Progr. Kaiserslautern 1895/96) die des X. Nr. 5 zum Muster hat (»X.« = Pseudonym wie bei → Arrianos?). H. Gä.

Ta.: Ed. princ. *A. Cocchi*, Lond. 1726. – *R. Hercher*, Erot. Scr. Gr. 1,327ff. *G. Dalmeyda*, Par. 1926 (m. frz. Übers.). *C. Miralles*, Barcelona 1967. *A. D. Papanikolaou*, Lpz. 1973 (S. XIIIff. Bibliogr.).

Dt. Übers.: *G. A. Bürger*, Lpz. 1775. *B. Kytzler*, Frkft./M.–Bln. 1968.

Lit.-Ber.: *O. Mazal*, Jb. Österr. Byz. Ges. 13, 1964, 44ff.

Lit.: 1. *E. Rohde* Der griech. Roman ^{3}409ff. 2. *R. Merkelbach* Roman u. Mysterium in d. Ant., München–Bln. 1962, 91ff. 3. *B. E. Perry* The Ancient Romances, Berkeley–Los Angeles 1967, 344ff. 4. *B. P. Reardon* Courants litt. des IIe et IIIe siècles après J.-C., Par. 1971, 353ff. 5. *H. Gärtner*, RE IX A 2055ff. 6. *F. Zimmermann*, WJ 4, 1949/50, 252ff. 7. *T. Hägg* Narrative Technique in Anc. Gr. Romances, Stockholm 1971. 8. *Ders.*, Class. et Med. 27, 1966, 118ff. 9. *Ders.*, Eranos 69, 1971, 25ff. 10. *A. D. Papanikolaou*, Charis K. I. Vourveri, Athen 1964, 305ff.

8. Arzt um 300 v. Chr., Schüler des → Praxagoras, war möglicherweise in Alexandreia tätig. Die unter dem Namen X. überlieferten Zeugnisse, die mit Ausnahme der Erwähnung eines X. aus Kos bei Diog. Laert. (2,6,16) auf den Praxagorasschüler zu beziehen sein dürften, zeigen ihn als einen Arzt mit weitreichenden Interessen. Er hat ebenso auf dem Gebiet der allg. Chirurgie (Frg. 2. 6) wie auf dem der Gynäkologie (Frg. 5) gearbeitet. Wie andere Schüler des Praxagoras befaßte X. sich außerdem mit der Anatomie, speziell mit der med. Nomenklatur der äußeren Körperteile (14,699, 18f. K.). Auffällig bleibt bei einem in dieser Weise den Fortschritten in der Medizin gegenüber aufgeschlossenen Arzt die schon in der Ant. bekämpfte Tatsache, daß er die Krisentage als göttlich bezeichnet hat (Frg. 3), nachdem die Annahme göttlicher Einflüsse bei krankhaften Vorgängen bereits seit langem von der hippokrat. Heilkunde als unwissenschaftlich widerlegt worden war. J. K.

Frg.-Slg.: *F. Steckerl* The fragments of Praxagoras and his school, Philosophia Antiqua 8, Leiden 1958, 127 bis 129.

9. Athener, Bildhauer. Nach Paus. 8,30,10 schuf X. zusammen mit → Kephisodotos (welchem? 4 oder 5?) für das Zeusheiligtum in Megalopolis die marmornen Kultbilder des Zeus, der Artemis Soteira und der Megalopolis, nach 9,16,2 vom akrolithen Kultbild der Tyche mit Plutosknaben in Theben die Marmorteile (das übrige der Thebaner Kallistonikos). Z. (4.–3. Jh.) und Stil des X. sind uns unbekannt. W. H. G.

Xenophron (*Ξενόφρων*; bei Aischin. 2,157 *Ξενόδοκος*). Sohn des (den 30 angehörenden) Phaidrias (Xen. hell. 2,3,2) oder Phaidimos (Demosth. 19,196 = Poll. 6,8), Athener des 4. Jh.s v. Chr., lebte in Makedonien. Im J. 346 veranstaltete er für die athen. Gesandten in Pella ein Symposion, bei dem nach der Darstellung des Demosth. (a. O.) eine Frau aus → Olynthos mißhandelt wurde; Aischin. (a. O.) bestreitet das Vorkommnis. H. Gä.

Xerogypsos (*Ξηρόγυψος*). Kleiner Fluß in SO.-Thrakien, der nicht weit von → Perinthos in die Propontis fließt. Dieser Fluß wird jenseits vom h. Erkené (ant. Ergines) unweit der h. Stadt Čorlú, dem ant. *Τζουρουλός* bzw. *Τρουρουλόν*, gesucht. Somit entspräche der h. Corluderè bzw. Čorlú-sú dem ant. X. Der Name ist, ebenso wie der von Tzurulon, sicher thrak. Herkunft, obwohl er äußerlich griech. Klang hat. Theophyl. Sim. 6,3. Anna Komn. Alex. 7,2,1. Chr. D.

W. Beševliev, in: Fontes Hist. Bulg. 3, Sofia 1958; Fontes Graeci hist. Bulg. 2, 1958, 316. *Jireček* Die Heerstraße v. Belgrad n. Constantinopel 101. *Oberhummer*, RE VII A 2012. *Chr. Danoff*, RE IX A 2094.

Xerxene (*Ξερξήνη*, Strab. 11,528. Steph. Byz. s. v.; vgl. *Derzene* bei Plin. nat. 5,83), Landschaft Großarmeniens w. vom Oberlauf des → Euphrates (1; h. Firat Nehri), wohl im Gebiet um Tercan (!) zu lokalisieren. Nach Strab. a. O. dürfte man als die in ant. Z. in der X. siedelnde Völkerschaft die Mossynoikoi vermuten. E. O.

Baumgartner, RE V 248f. *H. Treidler*, RE IX A 2094ff. *F. Schachermeyr*, RE XVI 377ff.

Xerxes (*Ξέρξης*, altpers. Ḫšayāršā »Männer beherrschend«, hebr. 'Aḥašwērōš). **1.** X. I., pers. Großkönig (486–465) aus dem Hause der → Achaimeniden. Als → Dareios I. im Nov. 486 starb, trat X. ohne Schwierigkeiten die Nachfolge an. Seine Erwählung, an der seine bei Hofe einflußreiche Mutter → Atossa (1) wesentlichen Anteil gehabt haben dürfte, schrieb er dem Ratschluß Ahuramazdas zu.

Mit der Niederwerfung eines Aufstandes der Ägypter wurde er durch einen persönlichen Feldzug nach Äg. im 1. J. seiner Herrschaft fertig. Am Krieg gegen Hellas hinderte ihn 482 ein Aufstand der Babylonier. Doch auch dieser wurde rasch und rücksichtslos niedergeschlagen. Am 10. April 481 brach er mit einer Riesenarmee von → Susa auf. Den folgenden Winter verbrachte er in → Sardeis. Im Frühjahr 480 setzte sich die Armee in Marsch. Die Etappen waren: die Schlacht um die → Thermopylen, der Fall von Athen mit Plünderung der Akropolis, die Niederlage der pers. Flotte bei → Salamis (1), die Rückkehr des Großkönigs nach Sardeis und die endgültige Niederlage der pers. Armee bei → Plataiai. Die Niederlage kann ihm nicht soviel bedeutet haben wie der Sieg den Griechen: das eigentliche Vermächtnis des Vaters war ja erfüllt, Athen war gezüchtigt worden. Jedoch überschattete die Niederlage die restlichen 14 Regierungsjahre des X., der mehr und mehr in Ausschweifungen und Haremsintrigen versank. Im Aug. 465 wurde er, etwa 55jährig, das Opfer einer Palastrevolution.

Eine fast 15jährige Verwaltungstätigkeit als »Sohn des Königs« in Babylon hatte ihn auf sein Herrscheramt vorbereitet. Der Schatten des großen Vaters hat ihn zeitlebens begleitet: die Hingabe an das väterliche Vorbild und der Wunsch, den Vorfahren zu gleichen und sie noch zu übertreffen, bestimmten sein ganzes Benehmen. Die unvergleichliche Königspfalz im Herzen der Persis ist ebenso sehr das Werk des X. wie das ihres Stifters Dareios. Eine letztlich gefundene Inschr. ist, von der Einsetzung des Namens X. und ein paar Archaismen abgesehen, mit einer anderen ident., die Dareios mehrfach in seine Länder hinausgehen ließ. Am greifbarsten begegnet uns X.' religiöse Haltung in der sog. Daiwa-Inschr., der einzigen, in der er sich ganz persönlich kundgibt, nicht in dem von seinem Vater geprägten Stil. Die Anerkennung der alten Lebensformen, die religiöse Toleranz gegenüber Äg. und Babylon waren bei → Kyros (2) und Dareios wohl nicht nur polit. Klugheit gewesen, sie entsprachen auch der respektvollen Offenheit eines jungen Volkes im Angesicht uralter Kulturen. In X. hingegen manifestiert sich ein neues Selbstgefühl der Perser, die nun schon in der 4. Generation über ein Weltreich geboten. Die Priesterkaste der Magier hat es verstanden, aus dem Schatten, in den sie von Dareios gedrängt worden war, wieder herauszutreten in die Sonne königlicher Gunst.

Inschr.: Altpers. *R. G. Kent* Old Persian, New Haven ^{2}1953, 147ff. Altpers., elam. u. babylon. *F. H. Weissbach* Die Keilinschr. d. Achämeniden, Lpz. 1911, 106ff. u. *E. Herzfeld* Altpers. Inschr., Bln. 1938, 23ff. Elam.: *G. G. Cameron* Persepolis Treasury Tablets, Chicago 1948. Babylon.: *F. H. Weissbach*, ZDMG 62, 1908, 642ff. u. *G. G. Cameron*,

Am. Journ. Sem. Lang. 58, 1941, 320f. – Griech. Quellen: Hdt. B. 7–9. Aischyl. Pers.; vgl. Thuk. 1,94ff. Diod. 11, 1ff. Ktes. FGrH 688 F 13,24ff.

Lit.: *A.R.Burn* Persia and the Greeks, Lond. 1962. *C.Hignett* X.' Invasion of Greece, Oxf. 1963. *W.Hinz*, RE IX A 2096ff. *M.Mayrhofer*, Almanach Öst. AW 119, 1969, 158ff.

2. X. II., Sohn → Artaxerxes' I., wurde bei dem Tod seiner Eltern Ende 424 in Susa als pers. Großkönig anerkannt, jedoch schon nach 45 Tagen im Rausch ermordet von seinem Halbbruder Sekyndianos/Sogdianos. J. D.-G.

W.Hinz, RE IX A 2101.

3. König von W.-Armenien. Da sein Vater Tribut nicht zahlte, belagerte 212 v.Chr. → Antiochos III. (4) die Königsburg → Arsamosata. X. floh, bat aber um Verhandlungen. Freunde rieten Antiochos, X. zu fangen und Armenien dem → Mithradates (2) zu übertragen. Aber Antiochos nahm X. gütig auf, erließ den Tributrückstand, forderte nur 300 Talente und je 1000 Pferde und Maulesel und vermählte ihm seine Schwester Antiochis. Später wurde X. auf Veranlassung der Antiochis beseitigt. Mz. BABELON Rois de Syrie ..., 1890, CXCV 212. Pol. 8,23. Ioh. Antioch. FHG 4,557 Nr.53. H.H.SCHMITT, Hist. ES 6, 1964, 28f. 38. 88. 93. J.SEIBERT, Hist. ES 10, 1967, 62f. H. V.

Xestes (ξέστης), von lat. → *sextarius* und im 1.Jh. v.Chr. ins Griech. übergegangen, Hohlmaß für Trockenes und bes. Flüssigkeiten. Vielfach stellt er die röm. Maßgröße dar, oft aber auch ein epichor. Maß annähernd gleicher Kapazität, → Hin, → Log. Bei den Ärzten der Kaiserz. vertritt der X. bald die röm. Norm von 0,546 l, bald meint er aber eine geringere, die auf der sog. neuatt. → Drachme von 3,41 g aufbaut, deren 120 auf den X. gingen. Dieser Mediziner-X. hatte 0,409 l. Andere spezielle X. wie der hellen., der alexandrin., der der Georgiker und der Pontiker sind nach Name und Norm nicht befriedigend geklärt. Strittig ist auch, ob die Größe des kastrensischen X. das Anderthalbfache oder das Doppelte des röm. betrug. Schließlich wurde X. auch im allg. Sinne als »Gefäß« gebraucht. H. Ch.

H.Chantraine, RE IX A 2102ff.

Xilia (Ξιλία, vgl. Steph. Byz. s.v.), von → Alexandros (19) Polyhistor (1.Jh. v.Chr.) in seinem Werk *Λιβυκά* erwähnte, bisher nicht lokalisierte Stadt in Nordafrika. E. O.

H. Treidler, RE IX A 2129.

Ximene (Ξιμήνη, vgl. Strab. 12,561), Teil der Landschaft um die Stadt → Amaseia (h. Amasya) im kleinasiat. Pontos, »der bis an den Halys reicht. ... In X. sind Salzgruben, von denen der Halys, wie man vermutet, seinen Namen hat« (Strab. a.O.). Diese Gegend muß also am Unterlauf des → Halys (h. Kizil Irmak) zw. dem Fluß und Amaseia liegen, wo sich h. die Städte Gümüshaciköy und Osmancyk befinden. E. O.

H. Treidler, RE IX A 2129ff.

Xion s. Lix (2. 3)

Xiphares (Ξιφάρης). Sohn des → Mithradates VI. (5) Eupator und der → Stratonike (6), Tochter eines Zitherspielers. Seine Mutter, 66 v.Chr. in Sinoria zurückgelassen, verriet dieses Kastell mit den dort aufbewahrten Schätzen dem Pompeius gegen das Versprechen, ihren Sohn zu schonen, falls er in röm. Gefangenschaft gerate, ahnungslos, daß X. in der Gewalt des Vaters war. Daraufhin ließ Mithradates X. 66 oder 64 während der Überfahrt von → Phanagoreia nach → Pantikapaion töten. App. Mithr. 502ff. Cass. Dio 37,7,5. Oros. 6,5,3. Plut. Pomp. 36,6. TH. REINACH Mithridates Eupator, 1895, 398f. M.GELZER Pompeius, [2]1959, 250,105. H. V.

Xiphilinos (Ἰωάννης ὁ Ξιφιλῖνος), Mönch, Neffe des gleichnam. Patriarchen von Konstantinopel (1064–1075), verfaßte im Auftrag des Kaisers Michael Dukas (1071–1078) einen Auszug aus den die Z. von 68 v.–229 n.Chr. umfassenden B. 36–80 des Gesch.-Werkes des → Cassius (III 4) Dio, betitelt *ἐπιτομὴ τῆς Δίωνος τοῦ Νικαέως Ῥωμαϊκῆς ἱστορίας... περιέχουσα μοναρχίας Καισάρων εἴκοσι πέντε ἀπὸ Πομπηίου Μάγνου μέχρις Ἀλεξάνδρου τοῦ Μαμαίας*. Der Anfangspunkt der Epit. mit der Fiktion, daß Pompeius der erste Kaiser war (wodurch X. freilich die runde Zahl von 25 Kaisern gewann), zeigt, daß er nicht absichtlich gewählt ist, sondern daß das große Werk erst vom 36. B. ab zur Verfügung stand wie dem Schreiber des Archetypus der uns erhaltenen Hss. der B. 36–60 (vom Anf. besitzen wir nur die Exc.e des → Zonaras, der sich ½ Jh. nach X. noch eine Hs. der B. 1–21 beschaffen konnte). Die dem X. vorliegende Hs. war schon lückenhaft, bes. in B. 70, so daß die ganze Regierung des Antoninus Pius und die ersten 10 J. des Marc Aurel bei X. fehlen. Der Hauptwert der Epit. beruht auf den Auszügen aus den sonst größtenteils verlorenen, die Z. von 54 bis 229 umfassenden B. 61–80 des Cass. Dio. – X. hat manches ihm minder wichtig Scheinende übersprungen und sich einige Einfügungen erlaubt, bes. die chr. Legende von dem Regenwunder im Quadenkriege des J. 171 in B. 71,9. – Zur theol. Schriftstellerei des X. vgl. H.-G.BECK Kirche u. theol. Lit. im byz. Reich, 1959, 629f. Ta.: In BOISSEVAINS Ausg. des Cass. Dio Bd.3, 479ff. (fortlaufend) und in Bd.2 (aufgeteilt). K. Z.

K. Ziegler, RE IX A 2132ff. *Krumbacher* 369ff. *Christ-Schmid* 2, 2, 797.

Xiphonia (Ξιφωνία) nennt Steph. Byz. s.v. eine *πόλις Σικελίας*, Skylax GGM 1,21 einen *λιμήν*, Strab. 6,267 ein *ἀκρωτήριον*. Es war offenbar der Ankerplatz bei der Südspitze der von der N.-Seite des megar. Meerbusens (n. von Syrakus) weit vorspringenden Halbinsel, die jetzt das von Kaiser Friedrich II. gegründete Städtchen Augusta trägt. K. Z.

K.Ziegler, RE IX A 2134f.

Xisuthros, griech. *Ξίσουθρος*, *Σίσουθρος* u.ä., nach Berossos (FGrH 680 F 3–5) Name des babylon. Sintfluthelden. Der Name geht sicher zurück auf sum. *Zi-u₄-sud-ra* o.ä. (Bdtg. wohl »Leben ferner Tage«), den sum. Sintfluthelden (zuletzt M. Civil bei W. Lambert–A. Millard Atra-ḫasīs, 1969, 138ff.), der König von Šuruppak (h. Fāra) war. Die sum. Königsliste kennt in einigen Expl.en Z. als Sohn (oder Enkel) des Ubartutu (Th. Jacobsen The Sumerian king list, 1939, 74ff. u. Dpl.). Er regierte danach 36000 J.; bei Berossos beträgt die Zahl 64800. – Der babylon. Sintflutbericht stellt alt Atram-ḫasīs, den »Erzgescheiten«, jünger (11. Tafel des → Gilgameš-Epos) Utnapištim in den Mittelpunkt des → Sintflutgeschehens. W. Rö.

Xoana (*Ξόανα*, Ptol. 7,1,61 N.), ant. Stadt in Vorderindien am linken unteren Flußlauf des → Indos (1), etwas n.ö. von → Patala (wohl h. Hyderabad). E. O.

H. Treidler, RE IX A 2138ff.

Xoanon (*ξόανον*). Neben einer einmaligen dichterischen Verwendung des Wortes X. für ein Musikinstrument (Soph. frg. 238 P.) ist X. in der ant. Lit. regelhaft ein meist ikon. Schnitzwerk, seltener ein Bild aus Marmor, Gold oder Gold-Elfenbein. Nicht menschengestaltig, aber Schnitzwerk ist das Hölzerne Pferd Eur. Tro. 525, menschengestaltig aber aus Gold sind die X. Eur. Tro. 1074 (vergoldetes Holz?). Die Lexikographen haben abgeleitet, X. sei ein menschengestaltiges Bildwerk aus Holz (aber auch Stein, Hesych. s. *ξόανα*) oder Elfenbein (Etym. m. s. *ξόανον*). Nach Hesych. a.O. kann auch *ξέσμα* das Gleiche bedeuten wie X., so verwandt bei Damostratos Anth. Pal. 9,328. X. beinhaltet weder eine Größenvorstellung (kleine, leichte Holzbilder sind ebenso X. wie der Zeus des Pheidias in Olympia, Strab. 8,353/54) noch ein Qualitätsurteil (kunstlose Schnitzbilder sind X. wie der Zeus des Pheidias) oder eine Altersangabe (der Apollon des Telekles und → Theodoros 10, das Kultbild des → Ptolemaios V., Anc. Greek Inscr. in the Brit. Mus. IV Nr. 1065, Werke des → Damophon von Messene, Paus. 7,23,6. 8,31,6). Unter X. konnte zu verschiedenen Z.en und an verschiedenen Orten Verschiedenes verstanden werden, aber meist handelt es sich um eine rundplastische, menschengestaltige Figur, vornehmlich aus Holz, doch auch aus anderem Material. Nicht intendiert ist jeder Nebengeschmack des Altertümlichen, Primitiven, der auch bei Pausanias nicht vorwiegt und den erst modernes Mißverständnis in ihn hineingelegt hat. W. H. G.

Bennett, AJA 21, 1917, 8ff. (zu Pausanias). *Rumpf* Archäologie 2, 1956, 52. *Gross*, RE IX A 2140ff. (bisher vollständigste Belegsammlung).

Xodrake (*Ξοδράκη*, Ptol. 7,1,60 N.), eine von mehreren Siedlungen am linken unteren Flußlauf des → Indos (1) in Vorderindien, jedoch nicht unmittelbar am Flußufer (vgl. → Xoana), sondern in einiger Entfernung weiter ö. gelegen. E. O.

H. Treidler, RE IX A 2149ff.

Xois (*Ξοΐς*), altäg. *Pr-ḫ3św* »Tempel des Wüstenstieres«, h. Sacha, im NW.-Delta, einer der ältesten Orte dieses Gebiets, da bereits seit E. der 3. Dyn. (Mtn, Urk. I 4,6) als Metropole eines Gaues belegt. Der Ort wird im Gegensatz zu dem benachbarten (und zum xoit. Gau gehörigen) → Buto kaum erwähnt. In der 2. Zwischenz. soll die ephemere 14. Dyn. aus X. stammen (nach Manetho). Der Gau wird in der Spätz. an den benachbarten Saites (Pianchi) oder Sebennytes angeschlossen und erst in ptolem. Z. neu eingerichtet. Ausgrabungen in X. fehlen; wenige Zufallsfunde aus griech.-röm. Z.; außerdem Erwähnungen in Pap. mit Hinweis auf Textilindustrie. Hauptgott war in späterer Z. Re-Amun (so auch auf Gau-Mz.). W. H.

W. Helck, RE IX A 2152ff.

Xuchis (*Ξοῦχις*, Steph. Byz. s.v.), uns nur aus dem geograph. Werk des → Artemidoros (1) v. Ephesos über die Kurzfassung des → Marcianus (9) v. Herakleia bei Steph. Byz. bezeugte Stadt in Libyen. Die Identifikation von X. mit *Ζοῦχις* bei Strab. 17,835 und Steph. Byz. 297 sowie mit *Χουξίς* bei Ptol. 4,3,11 führt auf einen Ort an der nordafrikan. Mittelmeerküste zw. den beiden Syrten, und zwar etwas landeinwärts an einem gleichnamigen, mit dem Meer durch einen Wasserarm verbundenen See, aller Wahrscheinlichkeit nach dem h. lac des Biban, gelegen. E. O.

H. Treidler, RE IX A 2155f. *M. Leglay*, RE X A 856f.

Xuthia (*Ξουθία*), alter Name des Gebietes um → Leontinoi, von dem myth. Herrscher Xuthos abgeleitet (Diod. 5,8,2, viell. nach Timaios: FGrH 566 F 164), von Steph. Byz. s.v. irrtümlich als Stadt bezeichnet (wohl nicht von dessen Gewährsmann Philistos: FGrH 556 F 18 mit Komm.). C. J. C.

Xuthos (*Ξοῦθος*; vgl. Suda s. *ξουθόν· λεπτόν, ξανθόν, καλόν* u.a.). **1.** Sohn des → Hellen (Hes. frg. 7,2 Rz.) und der Othreis (Hellan. FGrH 4 F 125 = 323a F 12; bei Anton. Lib. 13 Name einer Geliebten des Zeus) oder Orseis (Apollod. 1,7,3,1. Vitr. 4,1,3), Bruder des → Doros und Achaios (Strab. 8,383), Vater des → Ion (1; Hdt. 7,94. 8,44. Apollod. 1,7,3,2. Paus. 1,31,3. 2,14,2. 26,1. 7,4,2. 25,8), des → Achaios (1; Konon FGrH 26 F 1,17. Apollod. 1,7,3,2. Paus. 7,1,2. Strab. a.O.) und der → Diomede (Apollod. 1,9,4); seine Mutter ist die Erechtheustochter (X. hilft Athen gegen → Eumolpos; vgl. Etym. m.s. *βοηδρομεῖν*) → Kreusa (2; Apollod. 3,15,1,3. Kleidem. FGrH 323 F 19. Paus. 7,1,2. Konon a.O.). Eur. Ion. 70ff. macht Apollon zum wirklichen Vater des Ion (Verbindung des Gottes mit Kreusa: Paus. 1,28,4) und den Aiolossohn (so! Danach Sch. Hom. Il. 1,2) X. zum unwissenden Stiefvater; Doros und Achaios werden Stiefbrüder des Ion

(Sch. Hom. Il. 1,2). X. stirbt in Aigialos, wohin er von den Erechtheussöhnen vertrieben wird (Paus. 7,1,3); mit Helike zeugt er eine Tochter Bura (Steph. Byz. s.v.). X. wird als Vater Ions in die Rolle des Apollon Patroos gedrängt (Plat. Euthyd. 302d), als dessen »Doppelgänger« ihn manche auffassen (vgl. v. WILAMOWITZ Aristot. u. Athen 2,136f.). **2.** Ein Aiolossohn X. galt auch als Herr über die Landschaft Xuthia bei → Leontinoi (Diod. 5,8). **3.** Schließlich hielt man die Söhne eines anderen X. für Oikisten auf Euboia (Plut. mor. 296d). G. R.

Prell.-Rob. 2,145. 149. *Rose* Griech. Myth. 271.

Xychos (Name sonst nirgends bezeugt), Zeuge einer Brieffälschung des → Flamininus an → Philipp V. (7). Das Schreiben, das → Apelles (2) und → Philokles (3) aus Rom brachten, sollte → Demetrios (4) von einem Verratsverdacht befreien, gab aber seine romfreundliche Haltung indirekt zu und entschied 181 v.Chr. seine Vergiftung. Antigonos, Sohn des Echekrates, deckte 180/79 die Intrige auf. X. gestand das Komplott gegen Demetrios, ob aus Furcht vor Folter oder bestochen von Antigonos, ist wie sein weiteres Schicksal unbekannt. Apelles und Philokles wurden verhaftet. Liv. 40,23,7f.; 55,2ff. F.W. WALBANK Philipp V. of Macedon, Neudruck 1967, 252f. H. V.

Xylikkeis (*Ξυλικκεῖς*, Ptol. 4,6,6 M.), kleinerer Volksstamm, der für ant. Z. mit aller gebotenen Vorsicht im N. des Ahaggar-Massivs in der Sahara anzusetzen ist. Nicht zu klären ist die Frage, ob die X. ein Hamiten- bzw. Semiten- oder ein Negerstamm waren. E. O.

H. Treidler, RE IX A 2161ff.

Xyline. 1. (*Ξυλίνη*, Ptol. 5,6,6 M.), ant. Ortschaft in Kolchis am Schwarzen Meer zw. den Mündungen der Flüsse *Ἄρχαβις* (h. Arhavi) und *Κίσσα* (h. Kisse) etwa 40 km s. von Batum.

H. Treidler, RE IX A 2163f.

2. Siedlung (*κώμη*) in → Pisidien zw. → Termessos im S. und Kormasa im N.; die eindeutige Lokalisierung von X. ist noch nicht gelungen. – Dort lagerte i.J. 189 v.Chr. der röm. Feldherr Cn. → Manlius (I 40) Vulso auf seinem Feldzug gegen die Galater (Liv. 38,15,7). E. O.

H. Treidler, RE IX A 2164. *D. Magie* Roman Rule in Asia Minor, Princeton 1950, 1158, 4.

Xylinepolis (Plin. nat. 6,96ff.), bereits in der Quelle des Plinius (Iuba/Onesikritos?) nicht mehr klar lokalisierte Siedlung, die Alexander der Große anlegen ließ. H. TREIDLER glaubt, X. mit *Ἀλεξάνδρου λιμήν* bei Arr. Ind. 21,10 (vgl. Arr. an. 6, 20,5) identifizieren und an dem Küstenstreifen zw. der Mündung des w.sten Indusarms und der Halbinsel Karatschi ansetzen zu können. – Hier stach die Indus-Flotte unter → Nearchos (1) im Herbst 325 v.Chr. in See, um parallel zum Landmarsch des Heeres unter Alexander den Seeweg vom Indusdelta in den Persischen Golf zu erkunden. H. TREIDLER, RE IX A 2164ff. E. O.

Xylon. 1. *ξύλον, lignum,* Holz. Als Grundstoff (*ὕλη, materia*) für architekton. und künstler. Bereiche ist. H. schon in kret.-myk. Z. nachweisbar, auch wenn sich infolge der Vergänglichkeit des Materials nur wenige H.-reste erhalten haben.

Beim Haus- und Palastbau wurde H. u.a. für Säulen, Fachwerk- und Dachkonstruktionen ([9], Abb. 35 S. 106) verwendet, auch Mobiliar ([4], 3, 338ff.), Angriffswaffen, abgesehen von den bewehrten Enden ([5], II Kap. L, 1 S. 41) und Kunstwerke, wie Reste einer großen H.-figur mit Bronzelocken ([4], 3,522) zeigen, konnten aus H. hergestellt werden. Selbstverständlich war die Verwendung von H. beim Bau von Schiffen, über deren Aussehen und Ausrüstung das Schiffsfresko von Thera ([5], I Kap. G 141ff. H.G. BUCHHOLZ, Festschr. W. Zschietzschmann, 1975, 5ff.) und für die spätere Z. eine große Zahl von Abbildungen (J.S. MORRISON – R.T. WILLIAMS Greek Oared Ships, 1968), Schiffsfunden und Beschreibungen (Athen. 5,203 d–e. 207c) Auskunft geben. Die Zunahme von Funden aus H. und die einsetzende schriftl. Überlieferung läßt für die folgende Z. die Verwendung (I) und Verarbeitung (II) von H. deutlicher werden.

I. In der Architektur ist H. für Gerüst-, Fachwerk- und Dachkonstruktionen (→ Haus), für Schwellen, Tür- und Fensterrahmen sowie Wandverkleidungen wichtiges Baumaterial. Die seit der archaischen Z. gültige Form des griech. Tempels ist aus einer Holzkonstruktion hervorgegangen, deren Elemente teilweise im Steinbau übernommen wurden, ohne dort eine architekton. Funktion zu erfüllen. Die Umsetzung des dor. Tempels in Stein, der in geometr. Z. noch im Wesentlichen aus H. bestand ([5], II Kap. O, 14ff.), war im 7. Jh. abgeschlossen. Eine Ausnahme ist die langsame »Versteinerung« des Hera-Tempels in Olympia, in dessen Opisthodom Pausanias (5,16,1) noch die letzte H.-säule sah. Die zunehmende Verwendung von Stein hat H. als Baumaterial nicht verdrängt. So wurde in Rom erst im J. 55 v.Chr. das erste Steintheater gebaut. Alle Vorgängerbauten, z.T. von monumentaler Größe (→ Theater), bestanden in der Hauptsache aus H. Auch beim Bau von Brücken (→ *pons*) und beim Verschalen des bes. in röm. Z. verwendeten Zementgusses wurde vor allem H. benutzt. In den Vesuvstädten hat sich vielfach H. an den Bauwerken erhalten (z.B. Fachwerk, [8], Abb. 8, oder Türen [M. BRION Pompeji u. Herculaneum, 1960, Abb. 43]). Viele H.-teile sind durch Verkohlung nur noch in der Hohlform erhalten. Die Möbel bestanden wie auch h. vor allem aus H. Ant. Wiedergaben in Malerei und Plastik ([4] passim) sowie Originalfunde vermitteln ein gutes Bild. So wurden in dem phryg. Königsgrab von Gordion vom Ende des 8. Jh.s (AJA 62, 1958, 139ff.) noch in situ hölzerne Tische, Wandschirme mit Einlegearbeiten, ein Bett und eine ganz erhaltene Wand- und Deckentäfelung gefunden. Etwa aus gleicher Z. stammen Reste von hölzernen Klinen, Schemeln, Tischen, Gefäßen und Werkzeugen aus Samos ([10], 89–126). Weitere Belege ([5], Kap. P passim und A. RIETH Ant. Holzgefäße, AA 1955, 1–26). Aus → Herculaneum kennen wir reich geschnitzte Schränke und Truhen, Betten, Stühle und Hocker, sowie Werkzeuge, darunter einen Stickrahmen und die Presse eines Stoffhändlers ([8], Abb. 28. 30. 31. 34. 36).

Im künstler. Bereich ist H. neben anderen Materialien durchgehend verwendet worden. Aus H. geschnitzte Götter- oder Heroenbilder tragen die eigene Bezeichnung *ξόανον* ([6]) von *ξέω* »glätten, polieren« abgeleitet. Sie bezieht sich eindeutig auf das Material und sagt nichts über Altertümlichkeit oder Primitivität aus (→ Xoanon). Statuetten sind seit dem Ende des 8. Jh.s vor allem aus Samos ([10], 77–89) bekannt. Auch für die Herstellung der monumentalen Gold-Elfenbein-Bilder wurde H. verwendet, und Kultbilder wie das des → Sarapis in Alexandreia bestanden zumindest im Kern aus H. Bei seiner Zerstörung durch die Christen (Theodoret. h. e. 5,22; vgl. W. HORNBOSTEL Sarapis, 1973, 398) seien Scharen von Mäusen, die in dem Holzkern nisteten, herausgelaufen. Daneben diente H. als Untergrund für Gemälde. Die ältesten Belege sind die in Pitsa bei Korinth gefundenen Holz-Pinakes, die noch Bemalung trugen ([12]).

II. Die Verarbeitung von Naturholz zu Balken (*δοκός, trabs*) und Brettern (*σανίς, πίναξ, tabula, axis*) geschah mit Sägen, Äxten und Keilen. Hierfür durfte das H. nicht zu trocken sein. Erst fertige Werkstücke, für deren Bearbeitung feinere Geräte wie Bohrer, Stemmeisen, Messer, Hobel, Drechselbänke u. a. ([14], Abb. 609–614) zur Verfügung standen, sollten möglichst trocken sein, um zu vermeiden, daß H. sich verzieht oder wirft (*στρέφεσθαι* Theophr. h. plant. 3,9,2. *se torquere* Plin. nat. 16,210). Zum Trocknen eignete sich bes. gut Kuhmist (Theophr. h. plant. 5,5,6). Holzteile konnten durch Leim, Dübel, Nägel, Klammern und Bänder oder durch Verzapfen und Verzahnen miteinander verbunden werden. Der Anwendungsbereich richtete sich nach der Qualität der H.-sorten (Theophr. 5 passim). So wurden neben den üblichen Sorten wie Akazien, Buchen, Zypressen, Eichen, Kiefern, Tannen und Ulmen auch seltenere Hölzer wie Zedern-, Teak- und Ebenholz verarbeitet, die durch einen umfangreichen H.-handel aus dem Vorderen Orient, Indien oder Afrika importiert wurden. S. O.

1. *G. Bermont Montanari–L. Vlad Borelli–G. Grana*, Enc. arte ant. s. legno. 2. *C. Blümel* Griech. Bildhauer an ihrer Arbeit, 1940. 3. *Blümner* Techn. 2, 238 ff. 4. *A. Evans* The Palace of Minos, 1935. 5. Archaeologia Homerica, hg. von *F. Matz* und *H. G. Buchholz* Bd. I Kap. G: Seewesen *(D. Gray)*, 1974. Bd. II Kap. L, 1: Handwerk *(F. Eckstein)*, 1974. Bd. II Kap. O: Baukunst *(H. Drerup)*, 1969. Bd. II Kap. P: Hausrat *(S. Laser)*, 1968. 6. *W. H. Gross*, RE IX A 2140 (Xoanon). 7. *A. Tr. Hodge* The Woodwork of the Greek Roofs, 1960. 8. *E. Kusch* Herculaneum, 1960. 9. *Sp. Marinatos* Kreta u. d. myk. Hellas, 1959. 10. *D. Ohly*, MDAI(A) 68, 1935, 77 ff. 11. *A. Orlandos* Les matériaux de construction, 1966. 12. *Ders.*, AJA 39, 1935, 5 ff. 13. *H. Richard* Vom Ursprung d. dor. Tempels, 1970. 14. *G. Richter* The Furniture of the Greeks, Etruscans and Romans, 1966.

2. s. Baumwolle

Xylophoria, das jüdische (»Fest des) Holztragen(s«). An ihm wurde, viell. schon seit E. des 5. Jh.s v. Chr. (Neh. 10,35. 13,31) und wohl bis Anf. des 2. Jh.s n. Chr. (Taʿan. 4,4: Šimʿon ben ʿAzzai, um 110 n. Chr.), einmal im Jahr Mitte Aug./Anf. Sept. die Darbringung des Holzes hervorgehoben, das zur dauernden Erhaltung des für das morgend- und abendliche Brandopfer brennenden Feuers nötig war bzw. – nach Zerstörung des Tempels – gewesen war (Ios. bell. Iud. 2,17,6). C. C.

Xylopolis (*Ξυλόπολις*). Siedlung städt. Typs in der makedon. Landschaft Mygdonien (Ptol. 3, 13,36); ihre Einwohner *(Xylopolitae)* werden auch bei Plin. nat. 4,35 erwähnt. Nach der Hypothese von Th. DESDEVISES-DU-DÉZERT (Geogr. Anc. de la Macédoine, thèse Paris 1862, 350) ist X. dem h. Lahana in griech. Mazedonien gleichzusetzen. Einer zweiten Hypothese zufolge (hauptsächl. von KIEPERT vertreten) lag X. am Südabhang des Bertiskosgeb. (h. Bešikdagh). Anders ST. CASSON Macedonia, Thrace and Illyria, Oxf. 1926, 52. Zum Namen vgl. die einheim. befestigte Siedlung Poltymbria, die an Stelle der späteren lesb. Kolonie → Ainos (1) an der Hebrosmündung lag und auf thrakisch soviel wie »die Holzburg« bedeutete. Der Name X. deutet also wohl eher auf die Entwicklungsstufe (»Holzbautensiedlung«, »Holzhüttensiedlung«) dieser »Stadt« als auf den Grunderwerb ihrer Einwohner hin. Chr. D.

Danoff, RE IX A 2173 ff.

Xyniai (*Ξυνίαι*, Ethnikon *Ξυνιαῖος*). Kleine Stadt im W. von → Achaia Phthiotis am danach benannten → Xyniassee an der Hauptstraße über das → Othrysgebirge. Feste Lage auf niedrigem Hügel am SO.-Ende des Sees, von See und Sümpfen umgeben, 4 km s. w. vom h. Daukli (amtl. X.). Gut erhaltener Mauerring von 940 m Umfang, Liv. 33,3,8. Steph. Byz. Im 3. Jh. v. Chr. zum aitol. Bund gehörend, Liv. 39,26,2, aus dieser Z. Grenzregelung mit → Melitaia, IG IX 2 S. XI Nr. III. Sylloge² 546 A., dann makedonisch und 198 v. Chr. von den Aitolern geplündert, Liv. 32,13,13 f., dann mit der Landschaft zu Thessalien. E. M.

Fr. Stählin Das hellen. Thessalien 160 f. (Plan). *Daux- de la Coste Messelière*, BCH 48, 1924, 348 ff. (mit Plan). *Philipps.-Kirst.* 1,105. 305 Nr. 71. *E. Meyer*, RE IX A 2174 ff.

Xynias (*Ξυνιάς*). Nach → Xyniai genannter flacher See im → Othrysgebirge, h. größtenteils trockengelegt. Steph. Byz. Hesych. Apoll. Rhod. 1,68 m. Sch. Hyg. fab. 14,5. E. M.

Fr. Stählin Das hellen. Thessalien 159. *Philipps.-Kirst.* 1, 194f. *E. Meyer*, RE IX A 2177.

Xynos (*ξῦνός* »gemeinsam«), Epitheton, das für Zeus (Anth. Pal. 6,244,2), Ares (Archiloch. frg. 62 B. = 38 D.), Enyalios (Hom. Il. 18,309), Apollon (Anth. Pal. 9,525,15) und Dionysos (Anth. Pal. 9,524,15) bezeugt ist. G. R.

Xypete (*Ξυπέτη*, Demot. *Ξυπεταιών*. Steph. Byz. Harpokr. Hesych. Phot. Suda; inschr. oft). Mittelgroßer Demos der Stadttrittys der Phyle → Kekropis, von 307/06–201 v. Chr. der Demetrias. X. bildete zusammen mit → Phaleron, → Peiraieus und Thymaïtadai den Kultverband der Tetrakomoi mit gemeinsamem Herakleion, gehörte danach zu den alten Orten Attikas und muß in der Ebene zw. Stadt und Phaleron gelegen haben in der Gegend der h. Vorstadtgemeinden Kallithea, Moschato und Hg. Joannis Rendis. Das Herakleion lag in der h. Stadt Peiraieus im Quartier Vary-Kaminia. Der aus X. stammende → Phanodemos schrieb X. den Ruhm zu, Mutterstadt von Troia zu sein, von dem aus X. ausgewanderten → Teukros (1) gegründet, Dion. Hal. ant. 1,61. Phanodem. FGrH 325 F 13. Das knüpft an den Heroenkult des → Teukros (2) und seines Bruders → Aias (1) in der Gegend an, doch gab es auch einen Ort Troia bei X., Strab. 13,1,48 p. 604. Steph. Byz. s. *Τροία*, wohl nach Demetrios von Skepsis. E. M.

E. Meyer, RE IX A 2178ff. (mit der älteren Lit.).

Xystis (*Ξυστίς*, Steph. Byz. s.v.), Stadt in → Karien, deren Bewohner schon Plin. nat. 5,109 kennt. Unter Bezug auf die bei Plin. im Kontext erwähnte Stadt Harpasa am → Harpasos (1) ist man geneigt, X. im Gebiet zw. den Flüssen → Harpasos (1; h. Ak Çayi) und → Marsyas (4a; h. Çine Çayi) zu vermuten. E. O.

H. Treidler, RE IX A 2182.

Xystos. 1. X. (*ξυστός*; auch *ξυστόν*: Inscr. Délos 409 A 13) bezeichnet das ganze Gymnasium (Paus. 6,23,1), meist aber nur die überdeckte Laufbahn (Aristias frg. 5 N.), die im griech. Gymnasium seit dem 5. Jh. v. Chr. neben dem freien Dromos oder den Paradromides liegt. Die ungedeckten Paradromides werden von den Römern *xysta* genannt (Vitr. 5,11,4). Als Allee ist der *xystus* wesentl. Bestandteil röm. Gartenanlagen: er erstreckt sich vor der Fassadenportikus der Villa (Plin. epist. 5,6,16) und erschließt von dort aus die freie Landschaft (a. O. 7ff.), er säumt Portiken und Kryptoportiken (epist. 2,17,17), trennt sie vom Flußufer (Sen. de ira 3,18,4 in Bezug auf die Horti Agrippinae) und findet sich in Verbindung mit Säulenhallen und -höfen in öffentl. Anlagen wie → Thermen, Park, → Hippodrom, → Stadion und → Gymnasium. A. v. Gl.

2ff. *Ξύστος*; modern meist die Form *Sixtus*. **2.** X. I., führender Christ in Rom, erscheint später als 6. Bischof nach Petrus; Amtszeit auf 117–125 angesetzt (Iren. adv. haeres. 3,3. Eus. h. e. 5,6. MGAA 9,74). **3.** X. II., Bischof von Rom 257/58, scheint beim Streit um die Häretikertaufe mit → Cyprianus (1) eingelenkt zu haben (vgl. → Stephanus 12). Bei Verfolgungsmaßnahmen Kaiser Valerians erlitt er am 6. Aug. 258 das Martyrium (Cypr. epist. 80. ActaSS Aug. 2,124ff. Eus. h. e. 7,9); beigesetzt in der Kallistuskatakombe (ILCV 959. 1985f.). **4.** X. III., Papst vom 31. Juli 432 bis 19. Aug. 440, aus Rom, bereits um 418 einflußreicher Presbyter (Aug. epist. 191. 194), 432 einmütig zum Nachfolger Caelestins gewählt (ACO 1,1,7,158. Lib. Pont. 232). X. suchte zur Versöhnung zw. → Kyrillos (1) von Alexandreia und → Iohannes (8) von Antiocheia beizutragen (ACO 1, 1,4. 1,2,107ff.). Nach 434 wurde das Verhältnis des X., der sich um die Wahrung von Roms Einfluß in Illyricum bemühte, zum O. getrübt (MIGNE PL 50,610ff.). Wie weit es X. gelang, den Primatsanspruch im W. zur Geltung zu bringen, ist nicht zu klären. Vergeblich hofften die Anhänger des → Pelagius (4) auf Sympathie des X. In Rom initiierte X. eine reiche Bau- und Restaurierungstätigkeit (S. Maria Maggiore, S. Pietro in Vincoli, S. Sabina: ILCV 975f. Lib. Pont.). X. wurde später heilig gesprochen (Beleg: Acta SS Mart. 3,714). A. L.

Z

Zaa (*Ζαά*), Volk in Äthiopien, genannt durch einen König von Axum (→ Axomis) in einer in → Adulis gefundenen Inschr. (CIG III 5127 B 10), zusammen mit den Lasinai und Gabala (h. Galla) bei heißen Quellen in schneereichem Gebirge, also wohl im Bereich des h. Addis Abeba. W. H.

H. Treidler, RE IX A 2193f.

Zaabram (*Ζααβράμ*, Var. *Ζααραμ*, *Ζαβραμ*, *Ζαβαμ*, *Ζαδραμ* u.a.) war nach Ptol. 6,7,5 die Hauptstadt (*βασίλειον*) der *Κιναιδοκολπῖται* an der W.-Küste Arabiens. Der Ort ist sicher nicht, wie meist geschehen, in der Gegend des h. Ǧidda, sondern weiter s. im Delta des Wādī al-Līṯ zu suchen und scheint dem von den Portugiesen zu Massabraim verstümmelten Marsā Ibrāhīm (»Abrahamshafen«) zu entsprechen, welches seinerseits volksetym. nach Z. gebildet sein könnte. Wahrscheinl. ist der Name aber aus einem äthiop. *za-Abr^{e}hām* »der (Hafen) des Abraham« abzuleiten, womit ein weiteres Zeugnis für die damalige Zugehörigkeit des kinaidokolpit. Gebietes zum aksumit. Reich gewonnen wäre. H. ist der Hafen nur noch als versandete Bucht zu erkennen. Die an dieser Stelle bis in Küstennähe heranreichenden, mit Juniperus bewachsenen Waldgebirge, die das Holz für den Schiffbau lieferten, sowie die Goldminen und Goldwäschen im Hinterland verliehen dem Hafen seine Bedeutung. A. D.

H. v. Wissmann, RE Suppl. XI 1291ff.

Zaba (*Ζάβα*), eine Insel, die Ptol. 7,4,13 im Zuge der Aufzählung von Inseln, die → Taprobane vorgelagert sind (7,4,11), lediglich dem Namen nach erwähnt. Zufolge der geogr. Breite und Länge des *Βόρειον ἄκρον* Taprobanes (7,4, 2) muß Z. im O. Ceylons lokalisiert werden, so daß die Nikobaren dafür am ehesten in Betracht kommen. F. F. S.

H. Treidler, RE IX A 2195–97.

Zabai (*Ζάβαι*), eine *πόλις* in Südostasien (Ptol. 1,14,1. 7,2,6. 8,27,4. [1], 80), die man in Kambodscha ([6], 133. [5], 112) n. von Kap Kamau (Camão) ansetzt ([4], 2198). Bei Ptol. 1,14,1 erscheint Z. als wichtiger Platz ([2], 314ff. [3], 535f.) innerhalb der Seeverbindung der Halbinsel Malakka nach → Kattigara (h. Hanoi). Bei Ptol. 8, 27,4 ist auch zu erkennen, daß diese in den SO. weit vorgeschobene Stadt sowohl geogr. als auch handelstechnisch von einiger Bedeutung war. F. F. S.

1. *L. Renou* La géogr. de Ptolémée. L'Inde, 1925. 2. *J. O. Thomson* Hist. of Anc. Geogr., 1948. 3. *E. H. Bunbury* A Hist. of Anc. Geogr. 2, ^{2}1959. 4. *H. Treidler*, RE IX A 2197–2200. 5. *B. Srivastava* Trade and Commerce in Anc. India, Varanasi 1968. 6. *H. G. Rawlinson* Intercourse Between India and the West. World, ^{2}1971.

Zabdicene, nach Amm. 25,7,9 eine Landschaft im n. Mesopotamien, bewohnt von den *Zabdiceni* (a.O. 20,7,1), die in einem Teil der *regiones Transtigritanae*, also auf dem l. Tigrisufer, siedelten. Ihr Zentrum war Bezabde (*Ζαβδαῖον* bei Soz. 2,13,7), das allerdings auf dem r. Flußufer lag. Die Landschaft war um die Mitte des 4. Jh.s von den Sāsāniden und Römern (→ Iulianus [5] Apostata) umkämpft: Šāhpūr II. (→ Sapor 2) gewann durch den Frieden von 363 einen großen Teil Mesopotamiens zurück, darunter die Stadt → Nisibis, die Ammian im Zusammenhang mit der Z. nennt. Die Römer verloren damit endgültig ihre am weitesten nach O. vorgeschobenen Positionen. A. D.

H. Treidler, RE IX A 2201ff.

Zabe. In Nordafrika, *χώρα* Mauretaniens bei Prokop. b. Vand. 4,20,30. Jenseits des *Αὐράσιον ὄρος* (Dj. Aurès) gelegen, wurde sie »das erste Mauretanien« genannt. Es handelt sich wahrscheinl. um die Gegend des Chott el-Hodna. Bei Prokop. ist *Σίτιφις* die *μητρόπολις* der Z. X. Bei den röm. Itinerarien erscheint die Stadt → Zabi, etwa 20 km n. vom Chott el-Hodna, in Verbindung mit der Z. X. Chr. Courtois Les Vandales et l' Afrique, 1955, passim. M. L.

Zabergan. 1. Sassanid. Diplomat und Feldherr, ca. 535 in Constantinopel, 540 beteiligt an der Eroberung Antiocheias, 544 bei Belagerung von Edessa (Prok. 2,8,30f. 26,12ff.; Anecd. 2,32ff.). **2.** Um 558 Häuptling (Khan) der turan. Kotriguren (europ. Hunnen?; Bulgaren?), mit welchen er 558/59 die untere Donau überschritt und über den Balkan bis in die Nähe von Constantionpel vorstieß (Malal. 490. Theophan. a. 6051; abweichend Agathias 5,11 mit Überschätzung des Z.). Auch nach einer Niederlage gegen → Belisar blieb Z. noch einige Monate in Thrakien (Agathias 5,16ff.). A. L.

Zabi. Stadt in Mauretania Sitifensis zw. → Sitifis (h. Sétif) und → Auzia (h. Aumale); h. Hr. Bechilga. Itin. Anton. 30,3. Iul. Honor. (GLM 48) *Z. oppidum*. Teil des mauret. Limes im 3. Jh. n. Chr. Not. dign. occ. 25,26. Ruinen: S. Gsell Atl. arch. Alg. fe 25, Msila, Nr. 85. Von den Mauren gegen E. der Vandalenzeit zerstört, wurde Z. von Iustinian wieder aufgebaut. Inschr.: CIL VIII 8805. 20565. Chr. Courtois Les Vandales et l'Afrique, 1955, passim. M. L.

Zabida (*Ζάβιδα*) ist nach → Uranios bei Steph. Byz. s. v. (= FGrH 675 F 16) ein Ort im Innern des Glücklichen Arabien. Trotz Ungenauigkeit der Angaben darf als sicher gelten, daß in der bekannten, am W.-Rand des Hochgebirges gelegenen, 613 n. Chr. islamisierten und 819/20 ausgebauten und ummauerten Stadt Zabīd die alte Siedlung fortlebt. Sie lag im gleichnamigen Wādī in der kieseligen Oase Ṣauḫ, also – dem Namen nach zu urteilen – viell. dem Wohngebiet der Σακχηνοί (Steph. Byz. s. v.), und hatte wohl an der Mündung des Wādī ins Rote Meer, beim h. Marsā al-Fayiš, einen eigenen Hafen. Z. war Ausgangspunkt der wichtigen, ins Landesinnere nach Ẓafār (→ Saphar) führenden Route. A. D.

H. v. Wissmann, RE Suppl. XI 1312ff.

Zabioi (Ζάβιοι), ein vorderind. Volksstamm, den Nonn. Dion. 26,65, der auf die Bassarika des → Dionysios (13; Steph. Byz. s. Δάρδαι) zurückgeht, innerhalb der Aufzählung von ind. Stämmen (Δάρδαι, Πράσιοι, Σαλάγγοι) im Gefolge des Dionysos nennt und der auch bei Steph. Byz. s. v. erwähnt ist, wenngleich sie da im Gefolge des Dionysosgegners Deriades aufscheinen. Da die Dardai (vgl. die *Dardae* bei Plin. nat. 6,67) wohl mit den Daradā ([2], 224. 227. 300. 355. [4], 49. 70. 126. 132. [7], 53) n. von Kaschmir gleichzusetzen sind ([9], 168f. [6], 2209), zeigt das Mahābhārata nahezu denselben Sachverhalt, weil hier die Daradā ebenfalls im Gefolge des Duryodhana auftreten ([3], 234f. [8], 29f.), den man mit Deriades gleichsetzen möchte ([5], 438). So lokalisiert man auch die Z. im iranisch-ind. Gebiet des n. w. Indien ([1], 29. 41. 43. [5], 445). F. F. S.

1. *R. Shafer* Ethnogr. of Anc. India, 1954. 2. *B. Prakash* Stud. in Ind. Hist. and Civiliz., Agra 1962. 3. *S. Sörensen* An Index to the Names in the Mahābhārata, Varanasi ²1963. 4. *D. C. Sircar* Stud. in the Soc. and Administr. of Anc. and Mediev. India 1, Calcutta 1967. 5. *R. Dostálová*, Acta Ant. Hung. 15, 1967, 437–50. 6. *H. Treidler*, RE IX A 2208f. 7. *N. Lal Dey* The Geogr. Dict. of Anc. and Mediev. India, New Delhi ²1971. 8. *A. Borooah* Anc. Geogr. of India, Assam 1971. 9. *M. R. Singh* Geogr. Data in the Early Purāṇas, Calcutta 1972.

Zacharia(s), aus hebr. *Zᵉkarjāh(ū)* »Jahwe war eingedenk« gräzisierter Name. **1.** Prophet, der unter Joas von Juda (840/39–801/00) gegen den Götzendienst predigte und deshalb im Vorhof des Tempels gesteinigt wurde (2. Chron. 24,17 bis 25). Von Luk. 11,51 bis Hier. Comm. in Mt. 23,35 (MIGNE PL 26,173) ist dies Typ eines Mordes, der die Herbeiführung endzeitlicher Gerechtigkeit provoziert. **2.** Prophet, der unter → Dareios (1) d. Gr., wohl Febr. 519 v. Chr., den Bau eines neuen Tempels für die aus dem Exil heimgekehrten Juden mitpropagierte (Sach. 1–6) und weiterhin als Priester in Jerusalem wirkte (Sach. 7f.). C. C.

3. Z. Scholastikos, chr. Schriftsteller, * gegen 470 in Majuma bei Gaza. Nach Studien in Alexandreia (485–487) und an der Rechtsschule von Berytos (487–492) wirkte er als Anwalt und als Jurist im Staatsdienst in Konstantinopel. Stets ein engagierter Christ, wurde er vor 536 Bischof von Mytilene. Seinen Studienfreund, den monophysit. Patriarchen Severus von Antiocheia, verteidigte er in einer mit dessen Erhebung zum Patriarchen (512) endenden Biographie. Er selbst schloß sich der zw. Monophysiten und Orthodoxen vermittelnden Glaubensformel (Henotikon) des Kaisers → Zenon (I 2) an. † vor 553. Werke: Biographien des Severus [1], des Asketen Isaias von Skete [2], des Bischofs Petrus des Iberers (nur kurzes Frg. des Schlusses [2]), alle in syr. Übers. Die sog. KG., eine Chronik der J. 450–491, von einem Syrer als B. 3–6 eingearbeitet in eine Weltchronik [3]. Eine Schrift (Διάλεξις) gegen die These, daß die Welt ewig sei wie Gott [4]. Frg. einer Schrift (Ἀντίρρησις) gegen die Manichäer [5]. O. H.

Ta.: 1. *M. A. Kugener*, Patrologia Orient. 2, 1903, 1–115, m. franz. Übers. 2. *E. W. Brooks*, Corp. Script. chr. orient. 7–8, 1907, m. lat. Übers. 3. *Ders.*, ebd. 83–84 (Syr. 38–39), 1919–21, m. lat. Übers. ebd. 87–88 (Syr. 41–42), 1924. 4. *Migne*, PG 85, 1011–1144. 5. *J. B. Pitra*, Analecta Sacra 5, 1888, 67–71.

Lit.: *H. G. Beck* Kirche u. theol. Lit. im byz. Reich, 1959, 385f. *Kl. Wegenast*, RE IX A 2212–16.

Zacoria (Geogr. Rav. 5,10. Guid. Geogr. 101; bei Arr. per. p. E. 21 = GGM 1,388 dagegen Ζάγωρα), Station an der pont. Küstenstraße von Sinope nach → Trapezus (2) zw. Gurzubathon (h. Gözifet) und → Zaliches (beim h. Alaçam). E. O.

H. Treidler, RE IX A 2217.

Zadrakarta (τὰ Ζαδράκαρτα, Arr. an. 3,23, 6. 25,1), größte Stadt in → Hyrkanien im SO. des Kaspischen Meeres, deren genaue Lokalisierung nicht gelungen ist. Selbst wenn Z. mit der von Strab. 11,508 erwähnten Stadt Karta zu identifizieren wäre, ist ihr geogr. Ansatz nicht zu sichern. – Durch Z. zog Alexander der Große, als er sich nach dem Tode des → Dareios (3) zur Verfolgung des → Bessos aufmachte (331 v. Chr.). E. O.

H. Treidler, RE IX A 2217ff.

Zagazaena. Ort an der nordafrikan. Küste bei der großen → Syrte: Ptol. 4,3,4 (Σακάζαμα κώμη). Anon. Stad. m. m. 85 (GGM 1,457–458). Geogr. Rav. 3,5. 5,6 (*Zacasama* oder *Zaccasama*). Am Kap Ras Bergavad, n.-n. w. von Ad Turrem (Ἵππου ἄκρα Ptol.), ist ein Ruinenfeld, wo man Z. lokalisieren kann. M. L.

Zageira (Ζάγειρα, Ptol. 5,4,4 M.), ant. Stadt in der Landschaft → Paphlagonia (o. Bd. IV 1585f.) im N. Kleinasiens. Ihre von H. TREIDLER vermutete Identität mit → Zacoria ist nicht zu erweisen. E. O.

H. Treidler, RE IX A 2220f.

Zagreus (Ζαγρεύς; etym. ungeklärt: FRISK 1, 607), vermutl. vorgriech. Gott, zuerst in der → Alkmaionis neben → Gaia als θεῶν πανυπέρτατος πάντων genannt (EGF 77 frg. 3), mit bes. Beziehung a) zur Jagd (daher ant. Etym. wie ὁ πάνυ ἀγρεύων: Etym. m. s. v.; vgl. B. SCHWEITZER, Charites Langlotz 180f. [1], 2222ff.), b) zur Unterwelt (→ Hades-Sohn nach Aischyl. frg. 377 METTE; vgl. WILAM. GldH. 1²,245: »der Tod, der alle erjagt«), c) zu Kreta und → Zeus Κρηταγενής und *Ἰδαῖος* (Eur. Kret. frg. 3 Cantarella; vgl. Cook Zeus 1,644 ff. Willetts Cretan Cults and Festivals 239 ff.), d) vor allem zu → Dionysos, mit dem er als *πρότερος Δ.* (Nonn. Dion. 6,206), *χθόνιος Δ.* (Etym. m. s. v.) und Dionysos Z. völlig verschmolz (Orph. frg. 210), und zur Mysterienrel. der Orphik, deren »Gott« er war und wo er spekulativ ausgedeutet wurde (Guthrie Orpheus und Greek Rel.^{2} 16. 111 ff. [1], 2270 ff.; zu Geburtslegende und -bild: Nonn. Dion. 5,562 ff. Simon, Ant. Kunst 9, 1966, 78 ff. T. 18 f.), später z. B. auch in der → Gnosis und bei → Philon (Ménard, Rev. Sciences Rel. 42, 1968, 339 ff.). Fragwürdig blieben bisher Versuche, den Z.-Namen in Linear B oder etwa in ugarit. *Sǵr* zu finden (Gérard-Rousseau Les mentions rel. dans les tablettes myc., 1968, 52. 205. [2], 202 f.). Der Z.-Mythos der Omophagie (Eur. a. O. V. 12) und der Zerstückelung, des Kochens und Essens (Nonn. Dion. 6,169 ff.; vgl. bes. Kerényi, Eranos-Jb. 19,18 ff.) dürfte auf uralte Jäger-Opfer-Rituale zurückweisen, wie sie jetzt W. Burkert Homo necans, 1972, 8 ff. 142, geklärt hat. D. Wa.

1. *Fauth*, RE IX A 2221 ff. (m. d. ält. Lit.). 2. *Astour* Hellenosemitica, ^{2}1967, 171 ff. 195 ff. (m. orient. Parallelen). 3. *Simon*, Homm. à A. Grenier 3, 1962, 1418 ff. (Z.-Motive auf Campanareliefs). 4. *Graf* Eleusis u. d. orph. Dichtung Athens in vorhellenist. Zeit, 1974, 66 ff. (z. Frage d. Dionysos Z. in Agrai).

Zagros. Faltengebirge in Vorderasien, das noch h. diesen Namen führt. Allg. (vgl. etwa Plin. nat. 6,131) verstand man unter diesem Begriff die Faltengebirgsketten, die sich von → Armenia s. o.-wärts zw. → Media im N. und der → Adiabene – also → Assyria (1) – bis hin zur → Paraitakene und zur → Persis erstrecken. E. O.

H. Treidler, RE IX A 2283 ff.

Zagru pylai (*Ζάγρου πύλαι*, Ptol. 6,2,7), Paß im → Zagros-Gebirge, der eine Verbindung zw. dem Tiefland von → Mesopotamia und → Media herstellte. Allg. identifiziert man die Z. p. mit dem tief eingeschnittenen Tal des Dialas. Nicht sicher ist die Gleichsetzung der Z. p. mit der bei Strab. 11,525 erwähnten Medischen Pforte. E. O.

H. Treidler, RE IX A 2285 ff.

Zahlenmystik. In der Z. verbinden sich Naturbeobachtung und Zahlentheorie mit Aberglauben und theolog. wie philos. Spekulation. Die Entdeckung des → Pythagoras (1), daß sich die Konsonanzen Oktave, Quinte und Quarte durch die Zahlenverhältnisse 1:2, 2:3 und 3:4 erklären lassen, führte in seiner Schule zur Annahme einer myst. Kraft der Zahl, die Makro- und Mikrokosmos harmonisch ordne, zum anscheinend auch atomistisch verstandenen Prinzip, daß alles Zahl sei (Aristot. metaph. 1,986a 15), sowie zu einem intensiven Studium der Zahlen. Strukturellen Eigenschaften der Zahlen wurden Analoga aus dem menschl. Bereich zugeordnet; so erscheinen in der (vorparmenideischen) Tafel der 10 Gegensätze (Aristot. metaph. 986a 22) z. B. *περιττόν*, *ἄρρεν* (beide *δυσδιαίρετον*), *ἀγαθόν* und *ἕν* gegenüber *ἄρτιον*, *θῆλυ* (beide *εὔλυτον*), *κακόν* und *πλῆθος* unter den Prinzipien *πέρας* bzw. *ἄπειρον*. 4 war als *ἀριθμὸς ἰσάκις ἴσον* die Zahl der Gerechtigkeit (Aristot. m. mor. 1,1182a 11). Bes. verehrt, auch im Schwur der Pythagoreer (Theon von Smyrna p. 94 H.), wurde die *τετρακτύς* der Zahlen 1, 2, 3 und 4, die die Grundlage der Harmonie bilden und in ihrer Summe gerade die Dreieckszahl 10 ergeben (∴, → Nikomachos 7); die *δεκάς* galt als letzte eigentliche Zahl und wurde in den verlorenen Werken *περὶ φύσιος* von → Philolaos und *περὶ τῆς δεκάδος* von → Archytas behandelt (Theon von Smyrna p. 99. p. 106 H.; Diels Vorsokr 44 B 11). Um die Vollständigkeit der Dekade zu wahren, nahm man neben den 9 bekannten Himmelskörpern sogar eine unsichtbare Gegenerde an (Aristot. metaph. 1,986a 6).

Unter pythagor. Einfluß steht auch Plat., wenn er rep. 8,546 den Erfolg einer Geburt auf die »platonische Zahl« zurückführt, im Tim. die Schöpfung von Weltseele und Weltkörper mathematisch zu erklären versucht und leg. 5,737e als Einwohnerzahl einer Polis 5040 = 1·2·3·4·5·6·7 vorschlägt; wohl ebenso in seiner Vorlesung über das Gute, das er schließlich als *ἕν* bestimmt (Aristox. harm. B 30). Die Deutung einiger dieser Stellen ist unsicher.

Anscheinend war auch der Tim.-Komm. des Poseid. Quelle für die Z. bei späteren Autoren. → Theon (4) von Smyrna (*τὰ κατὰ τὸ μαθηματικὸν χρήσιμα εἰς τὴν Πλάτωνος ἀνάγνωσιν* p. 93 ff. H.) führt neben der bekannten *τετρακτύς* 10 weitere an, so die endlichen geom. Folgen 1, 2, 4, 8 und 1, 3, 9, 27, die Plat. im Tim. benutzt, aber auch die 4 Elemente, die 4 Jahreszeiten u. a. m.; p. 99 ff. beschreibt er die Zahlen 1 bis 10, der *μονάς* werden z. B. alles Ungewordene, Gott, die Ideen u. ä. zugeordnet, all dies werde nämlich *ὡς ἓν καὶ καθ' ἑαυτό* gedacht, der *δυάς* dagegen *ὕλη*, *γένεσις*, *τὸ πρός τι* u. ä., die 3 sei Bild der Ebene, die 4 Bild des Körpers, die 7 allein sei innerhalb der Dekade weder Teiler noch Vielfaches, 7 sei auch die Anzahl der Planeten, der Tage eines Monatsviertels usw. Solcherlei findet sich auch bei anderen neuplaton. und neupythagor. Autoren (s. u.), doch wissen wir durch Phot. bibl. 187, daß Nikomachos von Gerasa in seinen 2 B. *ἀριθμητικὰ θεολογούμενα* viel weiter ging und – nicht ohne die Tatsachen oder die Zahlen zurechtzustutzen – die Zahlen zu Göttern machte (Phot.: *θεοπλαστία*); so sei z. B. die 2 nicht nur *ὕλη*, *τόλμα*, *ἴση*, *ἄνισος* u. ä., sondern auch *Ἐρατώ*, *Δίκη*, *Ἶσις*, *Ῥέα*, *Δημήτηρ*, *Ἄρτεμις*, *Ἵμερος*, *Ἀφροδίτη* u. a. m. Eine spätere Slg. *θεολογούμενα τῆς ἀριθμητικῆς*, unter dem Namen des → Iamblichos (2) überliefert, enthält Abschnitte aus Nikom. und den *ἀριθμητι-*

καὶ εἰσαγωγαί (aus gleicher Quelle wie Theon) des Anatolios, der in Alexandreia Philos. lehrte und 280 n. Chr. Bischof von Laodikeia wurde. Pythagor. Z. findet sich auch bei → Philon (de opif. mundi), Iambl. (*περὶ τῆς Νικομάχου ἀριθμητικῆς εἰσαγωγῆς*), → Proklos (1; Komm. zu Eukl. elem. 1; Komm. zu Plat. rep. 2, p. 36ff. K.), → Censorinus (7ff.), → Gellius (1,20. 3,10), → Macrobius (somn. 1,5/6. 2,1/2), → Favonius (2) und → Calcidius. → Aristeides (7) Quintilianus (de mus. 3,23) und einige der oben genannten Autoren ([3]) erklären die 7- bzw. 9monatige Schwangerschaft: Die Zahlen 6, 8, 9, 12 enthalten die Harmonie, ihre Summe ist 35; Multiplikation mit 6, dem *ἀριθμὸς* »*τέλειος*«, als 2 · 3, der Verbindung der 1. weiblichen mit der 1. männlichen Zahl, auch *γάμος* genannt, führt zur Reife: 35 · 6 = 210 Tage sind 7 Monate; 9 Monate ergeben sich, wenn zu 35 noch die *τετρακτύς* addiert wird; 35 und 45 wurden auch anders abgeleitet.

Im Aberglauben galten ungerade Zahlen als *ad omnia vehementiores* (Plin. nat. 28,23), sie hätten *φυσικήν τινα δύναμιν*, um Schafherden gesund zu halten (Geop. 18,2,8), Gänsen sollte man 9 oder 11 Eier unterlegen (Plin. nat. 10,163) u. a. m.

In der Onomatomantik (ma. Gematrie) wurden Buchstaben als Zahlen aufsummiert und zunächst über *ἰσόψηφα* wie *Νέρων* = 1005 = *ἰδίαν μητέρα ἀπέκτεινε* (Suet. Ner. 39) gedeutet, oft auch in der Traumdeutung (Pack, Artemidoros Ind. s. *ἰσόψηφα*). Beim *Πυθαγόρειος ψῆφος* (→ Hippolytos 5, *κατὰ πασῶν αἱρέσεων ἔλεγχος* 4,14; »Brief des Pythagoras« = Frg. 1 bei [5]) wurden die Namen von Streitenden u. ä. einzeln aufsummiert – mit *α* = *ι* = *ρ* = 1 usw., durch 9 oder 7 geteilt, und in einer Tabelle (z. B. [5], 38, später *πλινθὶς Πυθαγόρα περὶ ζωῆς καὶ θανάτου, νίκης καὶ ἥττης, ..., καλῆς ὁδοῦ καὶ κακῆς* genannt) nachgesehen, welcher Rest (*πυθμήν*) siegen würde. Ähnliche Methoden wurden auch mit astrolog. Ansätzen kombiniert (»Brief des → Petosiris«, ed. [1], 383ff.; Frg. 3 bei [5]; »*Δημοκρίτου σφαῖρα*«, Diels Vorsokr 2, 221). D. Na.

1. *E. Rieß* (ed.), Nechepsonidis et Petosiridis frg.a magica, Philol. Suppl. 6, 1891/93, 325ff. 2. *Ders.*, RE I 29ff. 3. *F. Cumont* L'opuscule de Jean Pediasimos *περὶ ἑπταμήνων καὶ ἐννεαμήνων*, RBPh 2, 1923, 5ff. 4. *F. Dornseiff* Das Alphabet in Mystik und Magie, ²1925, 91ff. 5. *P. Tannéry* Notices sur des fragments d'onomatomancie arithmétique (1886), Mémoires scientifiques 9, 1929, 17ff. 6. *P. Friesenhahn* Hellenist. Wortzahlenmystik im NT., 1935. 7. *W. Kroll*, RE XVIII 517ff.

Zahlensysteme, Zahlwörter. Zur → Linearschrift B gehörte ein Dezimalsystem mit den Zeichen |, –, ○, ⌖ und ⌖ für 1, 10, 100, 1000 und 10000, die bis auf das letzte auch für Linear A belegt sind (Ventris-Chadwick Documents in Mycenaean Greek, 1959, 53). Das Dezimalsystem der Griechen und Römer ist idg., vgl. *dekm̥* Zehn, *km̥tom* Gezehnt (der Zehner) = Hundert und die Zählung der »Gezehnte« auf *-ginta* und *-κοντα*. Darüber hinaus zeigt die adjektiv. Deklination der ersten Zahlwörter im Idg. 4 als alte Zählgrenze (vgl. die Einschnitte *quater | quinquies* und *quadrimus | quinquennis*), und der Dual (lat. z. B. *ambo, octo, viginti*), der die Zahl noch gar nicht vom Gezählten löst, bezeugt die primitive Unterscheidung »1, 2, viele«. Höchstes Zahlwort wurde lat. *mille*, griech. zunächst *χίλιοι* (Hom. Il. 5,860 *δεκάχιλοι*) und seit Hes. (erg. 252) *μύριοι*.

Die Griechen kannten 2 Zahlschriftsysteme. 1. Die sog. Herodian. Zeichen (auf att. Inschr. 454–95 v. Chr., nach »Herodian.« auch in Solons Gesetzen) sind – außer | für 1 – Initialen von Zahlwörtern: *Π*(*έντε*), *Δ*(*έκα*), *Η*(*εκατόν*), *Χ*(*ίλιοι*), *Μ*(*ύριοι*) und als Zwischenstufen die 5fachen der 10er-Potenzen 𐅄 = 5 · 10 bis 𐅇 = 5 · 10⁴; sie wurden additiv aufgereiht, → Rechenkunst. 2. Im bekannten alphabet. System (→ Rechenkunst) stehen das phoinik. wāw (Ͱ, Ϝ: *δίγαμμα*; byz. Ϛ, ς: *στίγμα*) und qoph (Ϙ: *κόππα*) am alten Platz vor zajin (*ζῆτα*) bzw. resch (*ῥῶ*), nach *Τ* sind schon *Υ, Φ, Χ, Ψ, Ω* ergänzt und schließlich – 27 Zeichen waren nötig für die Zahlen bis 999 – Ͳ angehängt (ͲͲ, ↑, ↑, 15. Jh. ϡ, 17. Jh. »Sampi«), welches inschr. auch für *σσ* steht, wohl das alte ssade, das im phoinik. Alphabet noch auf *Π* folgte und hier ausgefallen war. Diese Umstände lassen vermuten, daß die Bezeichnung von Zahlen durch das Alphabet vor E. des 8. Jh.s v. Chr. in Milet erfunden wurde (Larfeld Epigr.³ 293). Zur Bezeichnung der Tausender wiederholte man das Alphabet mit vorgesetztem diakrit. Strich (͵A = ʹA = ʽA = ƛ = 1000), aber nur bis zur sprachlich gegebenen Grenze von *μύριοι*; dann wurden die Myriaden als neue Einheiten wie Einer gezählt (bis zu *μύριοι μυριάδες*) und durch M gekennzeichnet (z. B. BM = $\overset{\beta}{M}$ = $2 \cdot 10^4$), und analog die höheren Myriadenpotenzen, die verschieden bezeichnet wurden: bei → Diophantos (4) *δευτέρα μυριάς* = M$\overset{\gamma}{M}$ = $(10^4)^2$, bei → Apollonios (2) von Perge *μυριάδες διπλαῖ* usw. wie unsere Potenzen, z. B. μ^{γ} ͵*γχ* = 3600 $(10^4)^3$. Um beliebig hohe Zahlen benennen zu können, entwarf → Archimedes im *ψαμμίτης* folgendes Oktadensystem: Zahlen 1. Ordnung (*πρῶτοι ἀριθμοί*) sind die von 1 bis 10^8 (*μυριάκις μύριοι*), n-ter Ordnung die von $(10^8)^{(n-1)}$ bis $(10^8)^n$; die 10^8-te Ordnung schließt die 1. Periode (*περίοδος*) und bildet mit $(10^8)^{10^8}$ die Einheit der 1. Ordnung der 2. Periode; die 10^8-te Periode endet mit $((10^8)^{10^8})^{10^8}$. Wurden ganze Zahlen zwischen Punkte oder unter einen waagerechten Strich gesetzt (hsl. auch ʹ), so bezeichnete der Akzent (hsl. auch ʺ) Stammbrüche, z. B. *γʹ* =

⅓, wohl für *τρίτον* (*μέρος*); Sonderzeichen waren ∠′ = C′ = ½ und ῤ = ⅔. Zur Darstellung allg. Brüche wurden nach äg. Weise Stammbrüche additiv aufgereiht, oder es wurden wie folgt Zähler und Nenner angegeben: 1. Zähler ausgeschrieben, z. B. *δύο με′* = $^{2}/_{45}$ (→ Aristarchos 5), 2. Nenner abgekürzt im Genitiv, z. B. $\delta^{\omega\nu}\,\varsigma$ = $^{6}/_{4}$ (Diophantos), 3. Nenner als Hochzahl, z. B. $\varrho^{\varrho\kappa\eta} = \frac{\varrho\kappa\eta}{\varrho} = \frac{100}{128}$ (Diophantos, → Heron; seit dem 1. Jh. v. Chr. belegt durch Pap. 265,40 bei F. G. KENYON, Greek Papyri in the Brit. Mus. 2, 1898), 4. Zähler vor *ἐν μορίῳ* oder *μορίου* und folgendem Nenner (Diophantos), 5. Nenner hsl. doppelt angegeben und Zähler durch *λεπτά* von *μονάδες* unterschieden, z. B. *μονάδες ιβ καὶ λεπτὰ ιγ′ ιγ′ $\overline{\iota\beta}$* = $12\,^{12}/_{13}$ (Heron). In der Astr. wurden wie in Babylon Sexagesimalbrüche verwendet (→ Ptolemaios B 1); dabei wurde $^{1}/_{360}$ des Kreisumfangs bzw. $^{1}/_{120}$ des Durchmessers als Einheit (*μοῖρα* bzw. *τμῆμα*) in 60 Minuten (*πρῶτα ἑξηκοστά, λεπτά*) unterteilt, deren jede wieder 60 Sekunden (*δεύτερα ἑξηκοστά*) enthielt usw. Die 1. Sechzigstel der angegebenen Einheit erhielten einen Akzent, die 2. zwei usw. In der Funktion unserer Null stand dabei *o* für *οὐδέν*, z. B. *μοιρῶν o α′ β″ o‴* = $O^{0}\,1'\,2''\,O'''$.

In der röm. Zahlenschrift (→ Rechenkunst) sind *I* und *X* wohl urspr. etr., *X* wurde zu *V* halbiert (etr. *Λ*), und für 50, 100 und 1000 wurden anscheinend die überflüssigen westgriech. Aspiratae ⩛ (kh), ⊖ (th, in dieser Form selten für 100) und ⦶ (ph, auch in der Form ∞) verwendet, ähnlich dann auch etr. ⩛, ⊗, ȣ (TH. MOMMSEN Die unterital. Dialekte, 1850, 19 f. 33 f.). ⦶ wurde weiter verzehnfacht zu ↂ = 10000 und ↈ = 100000, das lange obere Grenze blieb, so daß größere Zahlen als Vielfache von 100000 ausgedrückt wurden, z. B. 1000000 = *decies centena milia*, in Zeichen später ⊠|, wobei ⊓ wohl von ↈ abgeleitet wurde. Die Fünferstufen entstanden wieder durch Halbierung, D = 500 bis ↇ = 50000; ⩛, ⊖ und ⦶ wurden später über ⊥, Ͼ und ↀ zu L, C und M verschriftet. Im MA. bezeichnete ein Querstrich das Tausendfache, z. B. $\overline{\text{II}}$ = 2000. Charakteristisch (auch etr.) ist die subtraktive Schreibweise in der sonst additiven Reihung, z. B. IX = 9 und seltener IIX = 8, und die analoge Bildung von Zahlwörtern, z. B. *duodeviginti*, *dextans* (= *de sextans* = $1 - {}^{1}/_{6} = {}^{10}/_{12}$) und *dodrans* (= *de quadrans* = $1 - {}^{1}/_{4} = {}^{9}/_{12}$). Brüche wurden in Unzen, d. h. in Zwölfteln des als Eins verstandenen → As angegeben (lib. de asse, Metrol. scr. rel. 2,72 H.), mit den Zeichen – für *uncia* und S für *semis*, z. B. S=— = $^{9}/_{12}$, → Rechenkunst. Weitere Unterteilungen mit bes. Zeichen waren → *sicilicus* = $^{1}/_{48}$, → *sextula* = $^{1}/_{72}$ und → *scripulum* = $^{1}/_{288}$. Die → *centesima* war ein monatl. Zins von 1%. D. Na.

G. Friedlein Die Zahlenzeichen u. d. elementare Rechnen d. Griechen u. Römer, 1869. *F. Hultsch*, RE II 1066 ff. *Th. Heath* Hist. of Gr. Math. 1, 1921. *K. Menninger* Zahlwort u. Ziffer 1/2, 1957/58.

Zahlentheorie s. Arithmetik

Zakantha s. Saguntum

Zakynthos (*ἡ Ζάκυνθος*). Name medoterran-vorgriech., daher in Griechenland mehrfach (Steph. Byz. s. *Δῆλος* und *Πάρος*), in Italien (Theokr. 4,32), Afrika und Spanien (→ Saguntum), Steph. Byz. s. v. Die südlichste der Ion. Inseln, ital. Zante, Skyl. 43. [Skymnos] 467 f. Strab. 10,2,18 p. 457 f. u. ö. Hesych. BCH 45, 1926, 15 II 144. Heliod. Aith. 5,17 ff. Die Insel ist etwa 37 km lang von N. nach S. und 19 km breit mit einem Flächeninhalt von 401 qkm (394 qkm PARTSCH). Der weitaus größte w. Teil der Insel, etwa zwei Drittel, ist ein breites, fast siedlungsleeres Kalkgebirge mit hafenloser Steilküste und höchster Erhebung von 758 m. Der O.-Teil ist eine große zusammenhängende Ebene, die von der O.-Küste noch einmal durch niedriges Hügelland bis wenig über 200 m getrennt wird, das sich in einem breiten Ausläufer mit dem 483 m hohen Skopos nach SO. fortsetzt. Damit bildet der S. der Insel eine breite, offene, aber hafenlose Bucht. Die gleichnamige ant. Stadt lag auf der Höhe über der h. an der O.-Küste. Die h. Bevölkerung, fast allein an der O.-Küste und in der dicht besiedelten Ebene, beträgt nach der Zählung von 1971 (*Πληθυσμὸς τῆς Ἑλλάδος*, Athen 1972, 60 f.) 30 187. Dem Peloponnes (Elis) nähert sich die Insel bis auf 16 km. Bei Hom. Od. 1,246. 16,123. 19,131 hat die h. waldlose Insel den festen Beinamen *ὑλήεις*, »waldig«, danach Strab. a. O. Verg. Aen. 3,270. Strab. nennt sie zudem *εὔκαρπος*, Plin. nat. 4,54 *cum oppido magnifica et fertilitate praecipua*. Agatharchides bei Athen. 12,528 a tadelt die Üppigkeit und Verweichlichung der Bewohner. Die Pechquellen von Keri an der S.-Küste ([3], 532 f. [4], 381 A. 1) sah schon Hdt. 4,195.

Archäologisch ist die Insel sehr wenig bekannt und fast fundleer. Prähist. Siedlungsspuren beginnen in neolith. Zeit, S. BENTON, ABSA 32, 1931/32, 213 ff. mit Fundkarte. N. VALMIN Das adriat. Gebiet, Acta Univers. Lund. I 35, 1939, 61 f. Die griech. Siedler stammten aus Achaia, Thuk. 2,66. Die Herleitung aus → Psophis in Arkadien ist aus dem Namen der Burg abgeleitet, Paus. 8,24,3; eine andere Gründungslegende (→ Aineias 1) knüpft an den Aphroditekult an, Dion. Hal. ant. 1,50. Im Schiffskatalog gehört Z. zum Reich des Odysseus, Hom. Il. 2,634. Von Siedlern in → Kydonia auf Kreta, die von Samiern vertrieben wurden, spricht Hdt. 3,59. 456 v. Chr. nötigte → Tolmides Z. zum Anschluß an Athen, Diod. 11,84,7, mit dem es im peloponn. Krieg verbündet blieb, Thuk. 1,47,2. 2,7,3. 9,4. 66,1 f. 80,1. 3,94,1. 95,2. 4,8,2. 13,2. Hilfstruppen für das sizil. Unternehmen, Thuk. 7,31,2. 57,7. Aristoph. Lys. 394.

Nach dem Krieg Oligarchie. Die Rückführung demokrat. Verbannter durch → Timotheos (1) 375 v. Chr. führte zur vorübergehenden Spaltung des Staats in die Oligarchen »in der Stadt«, die von Sparta unterstützt wurden, und den *δῆμος ὁ ἐν Νήλλῳ* (unbekannt), der Mitglied des 2. att. Seebunds wurde und von Athen Hilfe erhielt, Xen. hell. 6,2,2ff. Diod. 15,45f. IG II^2 43 ($Sylloge^3$ 147) Z. 130. → Dion (1) fuhr von Z. nach Syrakus, Plut. Dion 22,5. 23,3; Nik. 23,4. Zakynthier waren seine Mörder, Plut. Dion 57. Diod. 16,31,7. Nep. Dio 9,3, Z. war dann Mitglied des korinth. Bundes Philipps II., IG II^2 236. $Sylloge^3$ 260b. 217 v. Chr. brachte Philipp V. Z. in seine Gewalt, Pol. 5,102, 10, der es an → Amynandros von Athamanien weitergab, dessen zweiter Gouverneur die Insel an den achai. Bund verkaufen wollte, die aber Rom als Kriegsbeute für sich beanspruchte, Liv. 36,31,10ff. Röm. Angriffe auf die Insel während des Krieges mit Philipp V., Liv. 26,24,15. 36,42,5. Den Anspruch des achai. Bundes wies → Flamininus mit einem Bonmot ab, Liv. 36,32,5ff. Plut. Tit. 17,2; mor. 197b. Kurzer Angriff durch die Flotte des → Mithridates (5) unter → Archelaos (3) 86 v. Chr., App. Mithr. 45. In den J.en 39–32 v. Chr. verwaltete C. → Sosius (I 2) die Insel für Antonius, Mz. Head HN^2 430. RE III A 1177, 29ff. Plin. nat. 4,54 nennt Z. *civitas libera*. In der Kaiserzeit anscheinend milder Verbannungsort, Apul. met. 7,6. Schwerste Verluste erlitt Z. durch einen Angriff der Vandalen im J. 467 n. Chr., Prok. 3,22,15ff. Erwähnung in spätröm.-byz. Orts- und Bischofslisten, Itin. marit. 524,2. Geogr. Rav. 5,22. Hierokl. synekd. 648,7. Not. episc. 3,415. 13,378. Nova tactica 1579 (ed. Gelzer Georg. Cyprius). H. Gelzer, ABAW 21, 3, 1901, 556 Nr. 477. Le Quien Or. Christ. 2,232ff. Mz. Head HN^2 429ff. Inschr.: IG IX 1,600–609. CIL III Falsae 22. ABSA 32,218. Klaffenbach, SPrAW 1935, 713f. (IG IX 1,601 ist modern). E. M.

1. *J. Partsch*, Peterm. Mitt. 37, 1891, 161ff. mit Karte 1:100000 (Taf. 12). 2. *Bernh. Schmidt* Die Insel Z., Freiburg/Br. 1899. 3. *Philipps.-Kirst.* 3,528ff. (Lit. 557f. 644ff. passim). 4. *Bursian* Geogr. Griechenlands 2,378ff.

Zaldapa (*Ζάλδαπα*). Kleine Stadt in Moesia Inf. zw. → Marcianopolis und → Durostorum. Der typisch thrak. Name hat versch. Schreibungen. Die Etym. deutet auf »Wasser« hin (*-apa* heißt auf thrakisch soviel wie »Wasser«). Daher die mod. Deutungsversuche »Gelbwasser«, »Kaltwasser« usw. Z. entsprach dem h. Sujudžuk (türk. = Wässerchen), bulg. Wodno (= »Wasserreich«) in der Dobrudža.

In der Spätant. wird Z. als Geburtsort des Rebellen → Vitalianus genannt. 586 wird Z. von den Avaren erstürmt. Ioann. Antioch. FGH 4,52. Prok. aed. 4,2. Theophyl. Simoc. 2,10,10. Hierokl. 637,7. Const. Porphyrog. 3,47,14. Chr. D.

Pârvan, Acad. Roum. Sect. Hist. Ser. III, tom. I, mem. 1, S. 4. 28 (hält d. Namen irrtümlich für iran.); richtig *Detschew* Thrak. Sprachreste 173. *Georgiev* Fragen d. bulg. Etym. (bulg.), Sofia 1958, 112. *Danoff*, RE IX A 2296; vgl. auch *P. Koledarov–N. Mičev* Changes in the names and the status of inhabited localities in Bulgaria 1877 bis 1972, Sofia 1973 (bulg. m. engl., frz. u. russ. Rés.), 56.241.

Zaleukos (*Ζάλευκος*). Gesetzgeber der epizephyr. → Lokrer (Aristot. Pol. 2,1274a), wohl um 663/62 v. Chr. (Eus. Chron. 2,86f.). Seinen zerstrittenen Landsleuten soll er nach Ephoros (FGrH 70 F 139) schriftl. fixierte Gesetze gegeben haben, die als die ältesten gerühmt wurden. Nur vereinzelte indirekte Hinweise lassen noch in etwa deren aristokratisch-konservativen Grundzug erkennen: Schutz des Eigentums und Wahrung strenger sittlicher Prinzipien im polit. wie im privaten Bereich (Pol. 12,16. Diod. 12,20,3; 21. Athen. 10,429a. Ail. var. 13,24), z. T. analog dem archaischen *ius talionis*. Herkunft und Person des Z. sind dunkel. Während Timaios des Z.' Existenz leugnet (FGrH 566 F 130; vgl. Cic. Att. 6,1,18), hält Ephoros (a. O.) dessen Geschichtlichkeit für erwiesen. Nach Aristot. Frg. 548 R. soll er ein einfacher Hirt gewesen sein, andere (Diod. 12,20,1. Sen. epist. 90,6. Iambl. v. P. 23,104) stempeln ihn zu einem Schüler des → Pythagoras (1). Häufig wird Z. auch mit dem sizil. Aisymneten → Charondas von Katane verwechselt (Diod. 12,11–19). Das angebliche Prooemium des Z. bei Diod. 12,20,2 und Stob. 2,19 ist eine weit spätere Erfindung. R. E.

M. Mühl, Klio 22, 1929, 105ff. 432ff. *K. v. Fritz*, RE IX A 2298ff.

Zaliches (*Ζαλίχης*, Ptol. 5,4,2), auch als Leontopolis bekannte Stadt in der Landschaft → Pontos zw. → Sinope und der Mündung des → Halys (h. Kizil Irmak) beim h. Alaçam. E. O.

H. Treidler, RE IX A 2301.

Zalissa (*Ζάλισσα*), nur bei Ptol. 5,10,2 erwähnte Ortschaft in → Iberia im Kaukasus, im O. von Tiflis in der Sowjetrepublik Georgien, vermutlich am Alasan, einem l. Nebenfluß des → Kyros (1; h. Kura). E. O.

H. Treidler, RE IX A 2301.

Zalmoxis (*Ζάλμοξις*, auch *Σάλμοξις* oder *Ζάμολξις*; zur Etym. I. I. Russu, RE IX A 2303f. Porph. v. Pyth. 14. 15). Herodot bietet 2 divergente Erläuterungen: Nach 4,94 ist Z. der Gott der thrak. Geten. Auf ihn gründen sie ihren Unsterblichkeitsglauben, und ihm bringen sie nach altem Brauche alle 5 J. ein Menschenopfer dar. Anders hingegen in Cap. 95 die rationale Erklärung der Griechen am Pontos: Z. sei ein thrak. Sklave des → Pythagoras (1) gewesen. Von den esoter. Vorstellungen seines Herrn inspiriert, habe er nach der Freilassung seine Landsleute die Unsterblichkeit gelehrt und sie dadurch »überzeugt«, daß er plötzlich für 3 J. in einem unterird. Gemach verborgen geblieben (Strab. 7,3,5. E. Rohde, Kl. Schr. 2,202,1) und im 4. J. wieder unter ihnen erschienen sei. Daraufhin hätten ihn die Geten als

Daimon verehrt. – Eine Beziehung zum Pythagoreismus ist hier unverkennbar (ROHDE Psyche 2, 30f.), doch erweist sich die Anekdote als eine durchsichtige, allein schon aus chronol. Gründen absurde Konstruktion, da der angebl. Pythagoras-Sklave ja frühestens nach 550 anzusetzen wäre, der von Hdt. beschriebene Z.-Kult aber erheblich älter sein dürfte (vgl. 4,96: *δοκέω δὲ πολλοῖσι ἔτεσι πρότερον τὸν Σάλμοξιν τοῦτον γενέσθαι Πυθαγόρεω*). So ist Z. wohl primär als chthon. Gottheit der Geten zu verstehen, als Herr der lebenspendenden Erde, zu dem die Toten heimkehren in ewige Glückseligkeit (zur »Verwechslung« mit Gebeleïzis, Hdt. 4,94,1, s. RUSSU a.O.; anders K. v. FRITZ, RE IX A 2301 f.). Gleichwohl fehlt es auch in der späteren Tradition nicht an euhemerisierenden Spekulationen, die den sagenumwobenen Z. teils einen König und Gott nennen (Plat. Charm. 156d–e. 158b), teils ihn für einen Propheten oder Gesetzgeber halten (Diod. 1,94,2), teils ihn auch als einen der ersten Philosophen unter den Barbaren rühmen (Diog. Laert. prooem. 1,1). R. E.

A.D.Nock, CR 40, 1926, 184f. *C.Daicoviciu* Istoria Romîniei 1, București 1960, 329ff. *M.Eliade* De Z. à Gengis-Khan, Paris 1970.

Zama. 1. Z. Regia, Stadt der Africa Procons. Im numid. Königreich spielte sie eine große Rolle im 2. pun. Krieg: Im J. 202 v.Chr. Ort der Schlacht zw. P. Cornelius → Scipio (10) und → Hannibal (Liv. 29. 30. App. Lib. 7,26–210. Pol. 14,1 ff. 15,1 ff. Zon. 9,11 ff. Diod. 27,6 ff. Eutr. 3,20 ff. S. GSELL Hist. Anc. de l'Afr. du N. 3,198. CH. SAUMAGNE, RAL 6,1, 1925, 679). Im röm. Krieg gegen → Iugurtha wurde Z., eine der Hauptstädte des numid. Reiches, von → Metellus (I 21) angegriffen (Sall. Iug. 56,1). Residenz des Königs → Iuba I.: Bell. Afr. 91. Strab. 17,829. 831. In der röm. Z. wurde Z. *oppidum liberum* (Plin. nat. 5,30), dann *col. Z.* (CIL VIII 12018) und unter Hadrian *col. Aelia Hadriana Aug.* (CIL VI 1686). Die Lokalisierung bleibt ungewiß: an der Straße → Hadrumetum – → Sicca zw. Uzappa und Assuras, nicht weit von Ksar Toual Zammeul, AE 1948, 108. Inschr.: CIL VIII 12017. M. L.

L. Teutsch Das röm. Städtewesen in Nordafrika, 1962, 86. 187.

2. Ortschaft in der Landschaft → Kappadokia, bei Ptol. 5,6,11 zur Präfektur Chamanene gerechnet, im h. Kaman vermutet.

H. Treidler, RE IX A 2306f. Nr. 2 (bis).

3. Nur von Ptol. 5,17,7 erwähnte Ortschaft in Mesopotamia rechtsseits vom Oberlauf des → Tigris s.w. von Singara (h. Sinjār); die genaue Lokalisierung ist noch nicht gelungen. E. O.

H. Treidler, RE IX A 2307 Nr. 3.

Zamareni sind die Bewohner eines s.-arab. Hochlandgaues. Sie erscheinen etwa in der Mitte einer langen, viell. einem Ber. des → Isidoros (5) von Charax entnommenen Liste von Stämmen, Gauen und Ortschaften bei Plin. nat. 6,157–159. Es ist das Verdienst H. v. WISSMANNS, die Z. wie auch die meisten anderen dieser Namen, die Stationen einer Reiseroute bezeichnen und in die Zeit zw. 50 und 24 v.Chr. zu gehören scheinen, identifiziert zu haben. Zentrum der Z. (arab. *Ḏū ʿAmurān* CIS IV 95) ist die in der fruchtbaren Talsenke Qāʿ al-Baun n.w. Ṣanʿā' gelegene sehr alte Handelsstadt ʿAmurān, in deren noch von dem Geographen al-Hamdānī (10. Jh.) bewunderten Ruinen zahlreiche Inschr. gefunden wurden. Die Ḏū ʿAmurān bildeten eine Untergruppe (*rubʿ* »Viertel«) der Bakīl (inschr. *BKL*^{m}). 2 Städte werden ihnen von Plin. zugeordnet: Sagi(a)tta (Sagitha) und Canthace (Canthate), viell. die Ruine Madīnat aṣ-Ṣallīṭ bzw. die frühsabäische, unter ihrem alten Namen nicht bekannte Ruine Madīnat al-Kuffār. A. D.

H.v.Wissmann, RE Suppl. XI 1322ff.

Zamasphes (iran. *Zamashua*), Sohn des → Peroz, Perserkönig 495 (496?) bis 499 (498?), vom Adel erhoben, nach Agathias (4,28) mild, gerecht. Z., vermutlich den Christen freundlich, dankte freiwillig ab (MANSI 8,239f. Theophan. 5984/86. TH. NOELDEKE Tabari, 1879, 133 ff.) – N. PIGULEVSKAJA Les villes de l'état Iranien, 1963, 212 ff.). A. L.

Zamazioi. Volksstamm im inneren Libyen, zw. dem Mandron und dem Sagapola, von Ptol. 4,6,6 *Ζαμάζιοι* nach den Arokkai, Ketianoi und Nigritai einerseits, nach den Salathoi und Daphnitai anderseits genannt. J. DESANGES (Cat. trib. afr. Antiq. class., 1962, 241) schlägt vor, sie in den Tälern des Moyen-Atlas und viell. an der oberen Moulouya zu lokalisieren; aber das ist ungewiß. M. L.

Zames (*Ζάμης*, Var. *Ζάμητος*) ist nach Ptol. 6,7,20 der Name eines ausgedehnten Gebirges in Innerarabien. Man vermutete darin die von Nağrān nach Zentral- und O.-Arabien sich hinziehende Jura-Schichtstufe, die in ihrem s. Teil al-ʿĀriḍ, im weiteren Verlauf Ǧabal Ṭuwaiq heißt. Es scheint aber dem die Große Nefūd im S. abgrenzenden, aus 2 Ketten bestehenden Šammar-Gebirge zu entsprechen, würde dann also viel weiter im N. liegen. A. D.

H.v. Wissmann, SAWW, ph.-h. Kl. 246, 1964, 192.

Zamirai (*Ζαμῖραι*), ein Volksstamm, den Ptol. 7,2,16 in der India extra Gangem, also n. des Ganges ansetzt, dessen Name jedoch nicht einheitlich gelesen wird (*Γαμῆραι* [2], 53). Sie werden als primitives Volk (*ἀνθρωποφάγοι*) n. von der *Κιρραδία*, in der es das schönste → Malabathron gibt, bis hin zu einem Berg namens Maiandros (7,2,8. 10. 11. 15. 18) angesetzt. Im peripl. m. r. 62 (GGM 1,302) werden unter barbar. Stämmen die wilden *Κιρρᾶδαι* ([1], 164. [3], 377ff.), bei Plin. nat. 7,25 die nomad. Sciritae und schließlich bei Ail. nat. 16,22 die »stumpfnasigen« (mongoloiden?) *πέραν Ἰνδῶν* wohnenden *Σκιρᾶται* genannt. Zusammen mit der bei Ptol. 7,2,17 erwähnten *ʼΑργυρᾶ χώρα* verweist all das auf Hinterindien bzw. auf Birma ([4], 2311). F. F. S.

1. *B.Fabricius* Der Peripl. des Erythr. Meeres, 1883. 2. *L. Renou* La géogr. de Ptolémée. L'Inde, 1925. 3. *A.Berthelot* L'Asie Anc. centr. et sud-orient. d'après Ptolémée, 1930. 4. *H. Treidler*, RE IX A 2310–12.

Zamnes, nach Plin. nat. 6,180 Ort am mittleren Nil auf dem Westufer zw. Pagoartes im N. und → Meroe im S., viell. h. Zuma s.w. → Napata im Südbogen des Nillaufes. Dort soll nach Plin. das Verbreitungsgebiet der Elefanten beginnen. W. H.

H. Treidler, RE IX A 2312f.

Zangenae (Plin. nat. 6,176), *ʼΑζανία* (Ptol. 1,7,6. 17,6. 4,7,28. 35. 7,3,6. Peripl. m. r. 15f. 18. 31. 61) und *Ζίγγιον* (Kosmas Indikopl.) bezeichnen das tropische O.-Afrika s. des Kap Guardafui. Alle drei Namen entsprechen dem Worte *Zanǧ* (»Neger«) der Araber und leben bis h. fort in Zanzibar (Zanǧ-bār), also auch in Tansania. Das Gebiet reichte vom Emporium *ʼΟπώνη* (peripl. m. r.) oder *Ζίγγις ἄκρα* (Ptol.) im N. bis etwa zum Kap → Prason im S., wo für Ptol. die bewohnte Erde aufhörte (aus Plin. nat. 6,152. 176 ergibt sich jedoch, daß man vor Ptol. schon Kenntnisse der weiter s. gelegenen Küstengebiete sowie Nachrichten über N.-Madagaskar besaß). Der Fund einer Tetradrachme Ptolemaios' X. (115–80 v. Chr.) bei Dar as-Salām, der Stelle des alten *ʽΡαπτά* (→ Rhapton), ist wohl ein Hinweis auf das Alter dieses von S.-Arabien aus gegründeten Handelsplatzes, der vom Statthalter der → Mapharitis im Reich der → Homeritae verwaltet worden sein soll (peripl. m. r. 15f.). Der Handel erstreckte sich wohl zur Hauptsache auf Elfenbein. A. D.

H.v. Wissmann, RE Suppl. XI 1337ff.

Zankle s. Messana

Zaradros (*Ζάραδρος* oder besser *Ζάδαδρος* [1], 12), ein bei Ptol. 7,1,27 erwähnter Fluß in der India intra Gangem, also im Gebiet s. bzw. w. des oberen Ganges. Dazu vgl. den *Sydrus* bei Plin. nat. 6,63 und Nonn. Dion. 32,288 (*Συδριάδεσσιν* [2], 443). Es handelt sich dabei um die den Alexanderhistorikern noch unbekannte Śatadru (h. Sutlej), den östlichsten Fluß im Punjāb ([3], 83. 103. 106. 125. [5], 182). F. F. S.

1. *L. Renou* La géogr. de Ptolémée. L'Inde, 1925. 2. *R. Dostálová*, Acta Ant. Hung. 15, 1967, 437–50. 3. *D.C. Sircar* Cosmogr. and Geogr. in Early Ind. Lit., Calcutta 1967. 4. *H. Treidler*, RE IX A 2314f. 5. *N.Lal Dey* The Geogr. Dict. of Anc. and Mediev. India, New Delhi ²1971.

Zarai. Grenzstadt Numidiens, nahe Mauretanien; h. Zraia, Itin. Anton. 35,7. Tab. Peut. Ein *ordo Zaraitanorum* CIL VIII 4511. Garnison einer Kohorte CIL 2432 = 18042. Das wichtigste Dokument ist ein Zolltarif (202 n. Chr.), CIL VIII 4508 = 18643. J.P Darmon, Cah. de Tun. 12, 1964, 7–23. Relig. Leben: M Leglay Saturne afr. Mon. 2,66. Ruinen: byz. Festung, Nekropole mit

Basiliken; S. Gsell Atl. arch. Alg. fe 26, Bou Taleb, Nr. 69. Inschr.: CIL VIII 4508. 10765. 18042. M. L.

Zarama (*Ζαράμα*) Nur von Ptol. 6,2,16 erwähnte Ortschaft in der inneren → Media, vermutlich s.w. von Europos (beim h. Teheran); die genaue Lokalisierung ist nicht möglich. E. O.

H. Treidler, RE IX A 2316f.

Zaranis (*Ζαρανίς*), nur von Ptol. 6,2,13 erwähnte Ortschaft in der inneren → Media, vermutlich s.w. vom h. Ilinzaš; die genaue Lokalisierung ist nicht möglich. E. O.

H. Treidler, RE IX A 2317.

Zaraspadum, nur von Plin. nat. 6,94 erwähnte Ortschaft, nach dem Kontext bei Plin. a. O. vermutlich im Tal des Hilmend im s.w. Afghanistan. E. O.

H. Treidler, RE IX A 2317.

Zarathustra s. Zoroastres

Zarax. 1. *Ζάραξ, Ζάρηξ*, Ethnikon *Ζαράχιος* IG V 1,931,11. *Ζαρήκιος* Steph. Byz. Hafenstadt an der O.-Küste Lakoniens, Paus. 3,21,7. 24,1f. 1,38,4. Plin. nat. 4,17. Ptol. 3,14,32. Steph. Byz. Inschr. Hesp. 22, 1953, 168ff. Nr. 17. Gut erhaltene Mauerreste am N.-Ufer der schmalen Einfahrt in eine ziemlich weit ins Innere eingreifende Bucht beim h. Dorf Ierax. Z. hat zwar den besten Naturhafen der ganzen O.-Küste, ist aber vom Inneren durch hohes Bergland abgeriegelt. Die Zugehörigkeit von Stadt und Gebiet wechselte. Im Anf. des 3. Jh.s v. Chr. gehörte sie zu Sparta und wurde während → Pyrrhos' (1) Einfall in Lakonien 272 v. Chr. zerstört, Paus. 3,21,4, dann zu Argos, 219 v. Chr. Angriff des → Lykurgos (5), Pol. 4,36,4f., als Dorf (Demotikon) von Argos inschr. mehrfach genannt (BCH 82, 1958, 7ff.). Grenzstreit mit dem benachbarten → Epidauros (2) Limera, IG V 1, 931 (SEG 13,259). In der Kaiserzeit eleutherolakonisch, Paus. a. O.

A.J.B. Wace–F. W.Hasluck, ABSA 15, 1908/09, 167ff. (mit Karten, Plänen und Photos). *H.Schaal* Die Insel des Pelops, Bremen 1943, 111ff. (mit Plänen, T. 16b. 17bc). *F.Bölte–E.Meyer*, RE IX A 2319ff.

2. Dorf im s. Euboia, Demos von → Eretria, Name im h. Dorf Zarka weiterlebend, Lykophr. 373 m. Sch. IG XII 9, Nr. 72–77. E. M.

W. Wallace, Hesp. 16, 1947, 115ff. 117. 138. (mit Karte). *Philipps.-Kirst.* 3,486f.

Zarbienos (*Ζαρβιηνός*). Einziger namentlich bekannter König der Gordyene (→ Gordyaia), stand mit → Lucullus (5) in Verhandlungen, wurde aber auf Befehl des → Tigranes (1) ermordet und im J. 69 durch Lucullus beigesetzt. Plut. Luc. 29, 7–10. Drumann 4,165. H. G. G.

Zariadres, nach dem Alexanderhistoriker → Chares (2) von Mytilene (FGrH 125 F 5) Bruder des Hystaspes. Nach einer rührenden Liebesgeschichte soll er Odatis gegen den Willen ihres Vaters, des Sarmatenkönigs Omartis, geheiratet haben. Dahinter verbirgt sich Zairiwairi, ein Bruder des Vištāspa, wie dieser Anhänger → Zoroasters. Er wird auch in der iran. Legende als Zarēr verherrlicht. W. Rö.

Zariadris (*Ζαρίαδρις*), zusammen mit → Artaxias (1) Statthalter des → Antiochos III. (4) in Armenien. Beide fielen nach dem Sieg der Römer bei Magnesia 189 ab und nahmen den Königstitel an, Z. im w. Teil von Armenien (Sophene, Akilisene, Odomantis u.a.), wohl mit der Hauptstadt Karkathiokerta. Nachkommen dürften viell. bis ca. 93 v.Chr. geherrscht haben (→ Tigranes). Strab. 11,14,2. 5. 15. Vgl. DROYSEN Hellenism. 3, 1953, 55. MOMMSEN RG 1[9], 744. W.W. TARN, CAH 9[2], 602. H. G. G.

Zariaspa (*Ζαρίασπα*, vgl. Pol. 10,49,15), ältere Bez. der nachmals auch Baktra (→ Baktrien IV) gen. Stadt in Baktrien, am r. Ufer des Flusses Zariaspis bzw. Baktros (h. Balch), der von S. in den Mittellauf des → Oxos (h. Amu-darja) einmündet, an der Stelle des h. Balkh in Afghanistan. Die große handelspolit. Bedeutung von Z. beruhte zum einen auf der Straßenverbindung über den Khaiber-Paß nach Vorderindien, zum anderen auf ihrer Lage an der Seidenstraße, dem Verbindungsweg zw. der Mittelmeerwelt und China. Als Hauptstadt eines in hellenist. Zeit gegründeten gräko-iran. Reiches (→ Euthydemos 2), das in gewandelter Form 7 Jh.e hindurch polit. Selbständigkeit bewahren konnte, spielte die Stadt eine bedeutsame Rolle in dem Verschmelzungsprozeß griech. und orient. Kulturelemente. E. O.

H. Treidler, RE IX A 2326ff.

Zarina (*Ζαρίνα, Ζαριναία*), Herrscherin der → Saken, führt Krieg gegen die Meder unter Astibaras (um 600 v.Chr.); auf der Flucht von Stryangaios geschont, weist sie ihn trotz gegenseitiger Liebe ab und stürzt ihn ins Unglück (alles nach Ktesias: FGrH 688 F 7. 8a/b. Nikol. Dam. FGrH 90 F 5); sie unterwirft mehrere Nachbarvölker, gründet Städte und wird nach dem Tod besonders verehrt (FGrH 688 F 5 = Diod. 2, 34). C. J. C.

Zarkaion oros (*ὄρος τὸ Ζαρκαῖον καλούμενον*, Diod. 3,13,5). Bezeichnung und Beschreibung bei Diod. a.O. legen die Vermutung nahe, daß es sich hier um das → Zagros-Gebirge handelt. E. O.

H. Treidler, RE IX A 2329.

Zarotis. Nur von Plin. nat. 6,99 erwähnter Fluß, der in den Persischen Golf mündete. Vermutet wird seine Identität mit dem von Arr. per. p. E. 39,9 = GGM 1,364 beschriebenen Arosis, dem Grenzfluß zw. der → Persis und der → Susiana, dem h. âb-i-Hindiân. E. O.

H. Treidler, RE IX A 2329f.

Zarzas (*Ζάρζας*). Libyer, Anführer seiner Landsleute im Söldnerkrieg gegen Karthago (241 bis 238 v.Chr.), ging 238 (?) als Unterhändler u.a. mit → Autaritos und → Spendios zu → Hamilkar (3) Barkas. Dieser nahm sie fest, ließ ihre Soldaten in dem Bergpaß Prion niedermachen und sie selbst dann ans Kreuz schlagen. Vergeltung dafür übte der Söldnerführer → Mathos. Pol. 1,84,3. 85,2. 86,6f. ST. GSELL Hist. anc. de l'Afrique du Nord 3, [2]1921, 118f. B.H. WARMINGTON Karthago, 1963, 202. H. G. G.

Zattara. Stadt der Africa procons. zw. → Calama (h. Guelma) und → Thubursicum Numidarum (h. Khamissa); h. Kef Bezioun. Seit Hadrian hatte Z. einen *ordo decurionum*, ILAlg. I 533. Eine Inschr. des 4. Jh.s nennt ein *municipium Zat* (ILAlg. I 534), ein Dokument vom J. 553 ein *mun. Zattarense* (MANSI Concil. coll. IX 393). Ruinen: Mauerring, Nekropole. Inschr.: ILAlg. I 533–559, die ein Forum, eine Portikus, eine Rednerbühne nennen. M. L.

S. Gsell Atl. arch. Alg. fe 18, Souk-Ahras, Nr. 233.

Zauberei (*μαγεία*), **Zauberer** (*μάγος*). I. Name, Eingrenzung. II. Grundlagen: 1. Z. u. Religion; 2. Kraftglaube; 3. Sympathie. III. Praxis: 1. Der Zauberer; 2. Zauberarten; 3. Formen d. Machteinwirkung: a) Wille b) Blick c) Laut/Gebet d) Zauberstoffe. IV. Hist. Wertung: 1. Griechenland; 2. Rom; 3. Spätant.

I. Der Name geht auf die Mager im Westiran zurück. Aus dem Stammesnamen wurde die Bezeichnung einer Kaste (zur Geschichte von *μάγος* [15], 32f.; über ihre Bücher [20] I 143f.). Der Magier als Priester verstanden bei Xen. Kyr. 8,1,23. Cic. div. 1,13. 41 (dazu PEASE). Apul. apol. 25. M. als Theologen bei Porph. abst. 4,16 (Apul. apol. 27 nennt ihn *φιλόσοφος*). Hdt. 1,132 kennt den M. als Priester, der beim Opfer eine Theogonie vorträgt; Hdt. 7,37 ist er Traumdeuter. Kritik zeigt schon Soph. Oid. T. 387 (Teiresias als ränkevoller *μάγος*); vgl. auch Eur. Or. 1498. Diog. Laert. prooem. 8 führt mit Bezug auf Aristot. gute und üble Magie auf die versch. Dämonen Oromasdes und Ariman zurück. Diese Unterscheidung wird später geläufig ([27], 92, 75). Pythagoras, Demokrit sollen die Magier aufgesucht haben; Platon wird durch Krieg daran gehindert (Diog. Laert. 3,7). Iran. Lehren, bes. die Dämonologie, gelangen nach Griechenland und finden gerade in späterer Zeit (Porph. abst. 2,37f.) Aufnahme ([20] I 178f. II 275f.). Alle apotropäischen Handlungen sind urspr. magisch; dann dient die M. auch dazu, Vorteile und erstrebte positive Wirkungen zu erreichen. Sie umfaßt alle Bereiche des Menschen und seiner Umgebung (Tiere, Pflanzen) und trägt der gesamten phys. wie psych. Existenz Rechnung. Die hauptsächl. Anwendungsgebiete sind: Liebeszauber, Wetterzauber, Geisterbeschwörung (Goetie) und philos. angehauchte Theurgie.

II. 1. Religion und Magie, anfänglich auch die Astrologie, erwachsen als Verhaltens- und Handlungsweisen des Menschen ein und derselben Grundsituation: Der Mensch sieht sich einer als überlegen empfundenen Macht gegenüber, deren Wohlwollen oder Hilfe er gewinnen und deren schädliche Wirkung er abwehren will. Die Beziehung zu solch überlegenen Mächten gestaltet sich in Rel. und M. in verwandten kult. Formen; daher lassen sich in den primitivsten Ansätzen zur Rel., wie in den Hochreligionen mag. Elemente nachweisen ([7], 169,80), wie umgekehrt gelegentl. die Z. kult. Formen aus den Hochreligionen übernommen hat. Gegen die Theorien des Animismus (TYLOR) und Praeanimismus (MARETT) – modifiziert von PREUSS, übernommen von [1] – der die Rel. aus der M. ableitet, nehmen Stellung [6], W. F. OTTO Die Götter Griechenlands (1929) und [29], 86,1. Der Prozeß gegenseitiger Beeinflussung von Rel. und M. ist durch die gemeinsame Ausrichtung auf das Numinose gefördert; schließlich unterscheidet sich das durch göttl. Kraft bewirkte Wunder für den Z.-Gläubigen nicht von dem des Thaumaturgen. Als Unterschied zw. Rel. und Z. schält sich heraus: Rel. ist meist ein gemeinsamer Besitz einer bestimmten Gruppe (Klan, Stamm, Volk, Religionsgemeinschaft); der Zauberglaube besitzt dagegen eine wesentlich geringere soziale Komponente; erst in später Zeit begreift auch der Magier sich als Mitglied einer geheimen Kultgemeinschaft, nennt sich Myste und wird zum Mystagogen ([15], 36f.). Ursprüngl. ist der M. nicht wie der Priester oder König Repräsentant einer Gruppe, sondern Fachmann (*τεχνίτης*), der die Kunst ererbt oder gelernt hat. Wenn gelegentlich der König zum Träger mag. Kraft wird, so ist hier die Fähigkeit des Techniten auf den Repräsentanten der Gemeinschaft übertragen, rel. und weltl. Macht gekoppelt ([1], 1,332f.). Die Z. stellt im Unterschied zur Rel. nie zweckfreien Dienst am persönlich vorgestellten *numen* dar, sondern ist eine mit festgelegten Riten auf bestimmte Ziele hin orientierte Praxis, für die der Götterzwang charakteristisch ist. Die Z. entwickelt in ihrer frühen Form im Unterschied zur Rel. kein Dogma; es fehlt ihr die philos.-theolog. Untermauerung; erst die aus dem Orient stammende Astrologie (vgl. [28]) und die späte Philos. (vgl. [23]. [27]) verkoppeln ihre Theoreme mit mag. Praxis. Z. ist Wissenschaft nur in einem techn. Sinn, indem sie Regeln für die Praxis und Erklärungen ihrer Wirkungen meist auf experimenteller Basis entwickelt, nicht aber indem sie eine Welterklärung versucht. Zu solchen parawissenschaftl. Regeln gehört die Vorstellung vom Zauber als Kraft, das Verständnis des Sympathiezusammenhanges der Welt und bestimmte Vorstellungen der Möglichkeit von Kraftübertragung.

II. 2. Der Kraftglaube ist typisch für alle Z. Der einfache Mensch sieht sich in früher Zeit Naturerscheinungen gegenübergestellt, die er weder erklären noch beeinflussen kann. Naturkatastrophen und Schaden weisen auf eine hinter allen Phänomenen wirkende Kraft. Sie ist wirksam in den weiträumigen kosm. Vorgängen wie in Ereignissen der Umwelt des Menschen, und sogar im taugl. Werkzeug enthalten. Um solchen Kräften zu wehren oder sie zu nutzen, bedarf es einer Energie, die ihrerseits diese Kraft beeinflußt. Die Magie entfaltet solche Gegenkräfte und Energien; der Magier beansprucht für sich, sie beherrschen und lenken zu können. Der Sprachgebrauch zeigt, wie eng diese Kraftvorstellung mit der Z. zusammenhängt: Eine Göttin *δύναμις*, der Hekate als Zaubergöttin wohl gleichgestellt, wurde in Milet verehrt (Sylloge² 1 Nr. 57, 29); der Magier besitzt die *δύναμις τῆς θείας μαγείας* (PGM IV 2449f.; dagegen jedoch Plot. II 9 [33] 14,17). Der Gott der Hermetica (→ Corpus Hermeticum; Nachtr. Bd. V) wird als Kraft apostrophiert (Corp. Herm. 13,2); Macr. Sat. 1,17,2 sind alle nichttranszendenten Gottheiten Kräfte der Sonne; Heliod. Aeth. 4,7 ist Liebe Kraftübertragung; für Clem. Al. Protr. 112 ist *δύναμις* geradezu Z. Zauberkraft im Artefakt bei Marin. v. Procli 28 (*μαντικὴ ἐνέργεια* des Dreifußes). Zu den mag. Kräften der Amulette etc. [18], 13–26. Der Zauberer, der selbst über solche *δυνάμεις* verfügt oder sie erlernen kann (Procl. in remp. 2,167) vermag die schädl. Einwirkungen zu unterlaufen (apotropäische Z.) oder die nützl. Kräfte zu zitieren. Voraussetzung für die Wirkungsmöglichkeit solcher Kräfte ist ein Weltbild, das in der Natur und dem ganzen Kosmos einen Zusammenhang (*συμπάθεια*) sieht, der Kommunikation und Übertragung von Kräften nach eigenen Gesetzen möglich macht.

II. 3. Die Sympathie des Kosmos stellt ein Netz von Kommunikationsmöglichkeiten dar. Wie die Beeinträchtigung eines Körperteils den ganzen Körper in Mitleidenschaft (*συμπάθεια*) zieht (Hippokr. de nutrim. 23 [9,106 L.]), so stehen alle Teile der den Menschen umgebenden Natur in Zusammenhang. → Plotinos, der die mag. Praktiken bekämpft, aber selbst nach der Sympathietheorie des → Poseidonios (2), welche die Welt als *ἓν ζῷον* auffaßte, seine Emanationslehre entwickelte, skizziert diese ursprüngliche Vorstellung IV 4 [28] 40: Z. hält er für eine depravierte Nachahmung der Natur. Die wahre Magie beruht auf Freundschaft und Feindschaft in der Natur (vgl. Emp. B 17,19–20). Alle Vorgänge im Kosmos geschehen entweder als Mitleiden (*συμπάσχειν*) oder Entgegenwirken (*ἀντιποιεῖν, ἀντιπάσχειν*); vgl. auch Plin. nat. 20,1: ... *odia ... et amicitiae ... naturae, quibus cuncta constant*. Für den Magier kommt es darauf an, die Zauberingredienzien zu finden, mit denen er solche sympath. oder antipath. Wirkungen erzeugen kann. Auf seine Opfertheorie hat Iambl. de myst. 4,9. 5,9 diesen Ansatz übertragen; Sympathie und Antipathie sind ihm Weltprinzip (vgl. de myst. 5, 23). Die *σειρά*-Lehre des → Proklos verkettet den Kosmos mit sympath. Kräften (Cat. man. alch. gr. VI 149,2 BIDEZ); die göttl. Kraft reicht hinab bis zur Hefe der Materie. Für die Zauberpraxis sammelt die sog. Physika-Lit. in hellenist. Zeit Sympathiemittel, die als organ. oder anorgan. Stoffe (→ Lithika) in Verbindung zu übernatürl. Wesen stehen. In Analogie zu solchen aus der Natur stammenden Stoffen wird auch der Zaubername als ὄνομα φυσικόν (PGM XIII 154) bezeichnet. Das med. Sympathiemittel heißt *physicum* (s. WELLMANN, APrAW 1908, 772f.) Steine und Amulette sind *physica remedia* ([20] I 128). Als Erfinder der Lehre von Sympathie und Antipathie gelten → Thot-Hermes (Corp. Herm. frg. 23,68 = IV 22 NOCK-FESTUGIÈRE), → Zoroaster und Ostanes ([20] I 145. 172. II 17f. 304,3), wie denn Äg. und Babylon urspr. die Zentren der Zauberkunst sind (Apul. apol. 38, dazu [15], 152).

III. 1. Der Zauberer nimmt in allen frühen Kulturen auf Grund seiner Verbindung zum Göttlichen eine zentrale Stellung ein; bei den Primitiven kann er zugleich Stammeshäuptling sein ([1], 1, 332f. 420f.). In fortgeschrittenen Kulturbereichen kommt es zu Überschneidungen zw. Magier und Priester (für Äg. vgl. ROEDER Zauberei u. Jenseitsglauben im alten Aeg., Zürich 1961, 186), jedoch hat es einen eigenen Stand von Magiern bei den Griechen nicht gegeben, wie durch Apollon, der Gott der → Mantik, die nach ant. Verständnis mit der Z. eng verbunden ist, nie Züge eines Magiers trägt; gelegentlich sind aber mag. Elemente in offizielle Riten eingedrungen (Regenzauber in den eleusin. Mysterien vgl. Athen. 11,496a, dazu DEUBNER Att. Feste 91). Erst der Synkretismus der Neuplatoniker macht aus dem Demiurgen einen wahren τελεστής (Procl. in Tim. 3,6,12). Mag. Fähigkeiten hat der Zauberer durch Veranlagung (PGM IV 154. 243, vgl. Procl. in Tim. 3, 159,30f.), Geschenk und Weihe von seiten der Götter (PGM XII 71: der Magier als δοῦλος des Weltschöpfers; entsprechend ist er PGM IV 851 gehalten, die Geheimnisse nicht preiszugeben), oder Zauberkraft vererbt sich, meist vom Vater auf die Tochter (PGM IV 478. Procl. in Tim. 3, 317,7): Marin. v. Procli 28 besitzt Asklepigeneia, die Tochter des athen. → Plutarchos (3), die θεουργικὴ ἀγωγὴ διὰ τοῦ πατρὸς αὐτῇ παραδοθεῖσα. Wenn nach griech. Tradition die Erzzauberinnen Kirke, Pasiphae, Medeia sich alle von Helios ableiten, so zeigt sich auch hier Vererbung in einer Familie. Meist trägt der Zauberer bestimmte Kleidung: Leinen ist in Äg. vorgeschrieben (Philostr. v. Apoll. 8,1), Wolle und Leder, da von Tieropfern stammend, sind verpönt. Der Typhonzauber verlangt weiße Kleider (PGM IV 214); pers. Magier tragen weiße Gewänder, um so apotropäisch den Kräften der Dunkelheit zu wehren (Plut. quaest. Rom. 26; dazu [3] I § 855; zum weißen Gewand des Isismysten auf kult. Ebene vgl. MERKELBACH Roman u. Mysterium, München 1962, 125. 154f.). Die Zauberin muß unbekleideten Fußes (Verbindung zu chthon. Kräften) ihre Praxis vollführen und darf weder am Gewand noch im Haar einen Knoten tragen, der allen Zauber bindet (Verg. Aen. 4,518f. Ov. met. 7,183f. → Nodus).

III. 2. Die bezeichnendste Verfahrensweise mag. Technik ist auf der Basis des Sympathieglaubens der sog. Analogiezauber. Eine erwartete Wirklichkeit wird durch eine ähnlich verlaufende verwandte Handlung des Menschen provoziert. Die Praxis des Magiers ist dabei vielfältig, läßt sich aber auf drei hauptsächl. Riten reduzieren: das gesprochene Wort; die bildl. Darstellung; die mimet. Handlung (vgl. dazu [1], 1,52f. Fr. PFISTER Analogiezauber in: HWB d. dt. Aberglaubens 1, 385–395). In unzähligen Formen hat sich der Analogiezauber entwickelt (s.u. III. 3); hier nur wenige Beispiele: Am Fest der → Robigalia wurde in Rom eine rotbraune Hündin getötet; wie die Hündin von der Farbe des Getreiderostes ihr Leben verlor, so sollte als Folge dieses Ritus der schädliche Befall der Frucht vernichtet werden. Zu ähnlichen Zwecken wurden im ganzen Mittelmeerraum Zauberpuppen verwendet. Die Zauberpap. geben Anweisung, wie solche Puppen zu verfertigen sind (vgl. PREISENDANZ, APF 9,163ff.). Die Schilderung Hor. s. 1,8,30f. stimmt recht genau überein mit PGM IV 297f.: zwei Puppen, von denen die eine die andere überwältigt; solche mimet. Darstellung in Wort und Bild ist verwendbar im Liebes- wie im Schadenszauber. Dabei wird gelegentlich auch der Totendämon angerufen: er soll als ψυχοπομπός die Geliebte zum Liebhaber führen. Liebeszauber unter Einbeziehung des Totendämons muß in Rom zeitweise Mode gewesen sein (Ov. am. 3,7,25f.; her. 6,89f.). Beseelung von Götterbildern, die dann zu mant. Zwecken nutzbar wurden, erwähnen Procl. in Tim. 3,6,12. 3,155,19f. Damasc. v. Isid. frg. 174 ZINTZEN (m. Komm.). Eine bes. verbreitete mimet. Zauberhandlung ist das Binden; daher bedeutet δεσμεύω, καταδεσμεύω *(ligare)* geradezu zaubern (HOPFNER, Arch. Orient. 10, 1938, 128f.). Man bindet, um Kräfte zueinander zu zwingen oder zu isolieren; ähnlich das Nageln: Liv. 7,3,3 *dicitur pestilentiam quondam clavo ab dictatore fixo sedatam.* Die rechte Zeit für solchen Bindezauber ist, wenn der Mond (Hekate) zw. den Zwillingsgestirnen steht (PGM III 277); die aneinandergebundenen Zwillinge üben so Analogiezauber aus. Das Lösen der Bindung des Knotens setzt Kräfte frei (Verwendung im Kult gebräuchlich vgl. [11], 1,104); bes. bei den Römern beachtet, Serv. Aen. 2,134: *piaculum est in sacrificio aliquid esse religatum.* Die homoiopath. Med. verfährt schon in der Ant. nach dem Grundsatz *similia similibus*; Beispiele bei Plin. nat. 22,81. 28,220. Die gleiche Vorstellung liegt zugrunde im Prinzip ὁ τρώσας καὶ ἰάσεται. Achilleus heilt den von ihm verwundeten → Telephos (1) durch den Rost einer Lanze (Ps.-Apollod. epit. 3,19; vgl. Lukian. Nigr. 38); andererseits lautet eine alte Regel:

Böses nicht durch Böses zu heilen (Hdt. 3,53,4). Es zeigt sich bei der Vielfalt der Zauberpraktiken, daß die der jeweiligen Handlung inhärente Logik situationsbedingt zu verstehen ist. Auch der apotropäische Zauber fußt auf der Grundlage von Sympathie und Antipathie, die er in mimet. Handlungen oder im Amulett (→ Phylakterium) benutzt.

III. 3. Im Sympathiegeflecht des Kosmos kommt es für den Magier darauf an, Einfluß auszuüben und Kräfte zu übertragen. Dies kann geschehen durch bloße mentale Aktionen oder Riten, vor allem aber durch Inanspruchnahme von materiellen Substanzen, die in Sympathie oder Antipathie zu dem zu Beeinflussenden stehen. Nach der Gesetzmäßigkeit dieses Weltbildes ist eine Wirkung »naturwissenschaftlich« notwendig, wenn die richtige Kommunikationsform gefunden ist.

a) Gedanke, Wille: In primitiver Denkart verschmelzen Wunsch und Realität sehr leicht; so genügt in vielen Fällen allein der intensive Gedanke und Wille des Magiers, um eine erwünschte Realität zu schaffen. Hom. Od. 8,556f. gehen die Wunderschiffe der Phaiaken von selbst und gehorchen den Gedanken der Männer. Corp. Herm. 4,1; 5,7 ruft der Demiurg alleine durch seinen Willen die Welt ins Leben; Wollen ist realisieren, vgl. Asclep. 8: *voluntatem etenim dei ipsa est summa perfectio* (vergleichbar wohl zuerst bei → Antiochos (16) v. Askalon die platon. Idee als Gedanke Gottes; dazu Theiler Die Vorbereitung d. Neuplatonismus, Bln. 1934, 40f.). Gegenzauber ist Varro rust. 1,2,27: bei der Nennung der Zauberformel muß man sich an die Person erinnern, an die man bei der Erkrankung dachte.

b) Der Blick besitzt im hohen Maße Zauberkraft, wie das Auge Gottes den Gott selbst vertritt (Pind. P. 5,18); im Auge wohnt die Seele (Plin. nat. 11,145), es hat *divinus vigor* (Suet. Aug. 79,2. Liv. 21,4,2. Als Osiris das Auge, welches ihm Seth entrissen hat, von Horus zurückerhält, wird er beseelt, mächtig, unbesiegbar (Ermann Rel. d. Ägypt., 1934, 71); besondere Kraft des Auges betont bei Hom. Il. 1,200 (Athene), Il. 3,397 (Aphrodite). Besonders im Schadenszauber kommt dem »bösen« Blick große Bedeutung zu, da er als geheimer Machtträger nicht erkennbar ist. Die *βασκανία (fascinum)* ist Ursache vieler negativer Wirkungen, u.a. Krankheit, Tod. Man begegnet dem bösen Blick am besten durch scharfes Entgegenblicken; entsprechend das Auge als Apotropaion und Amulett auf Schild und Schiffsbug. Bes. Schlangen (*δρά-κοντες*) haben einen schädigenden Blick, da sie ihr Opfer hypnotisieren. Bestimmten Völkern (Plin. nat. 7,16: Illyrer) schrieb man den bösen Blick zu. Die myth. Zauberer und Wettermacher, die → Telchinen hat Zeus unter dem Meer verborgen, weil sie den bösen Blick hatten (Ov. met. 7,366).

c) Machteinwirkung durch Laute, Stimmen, Gebet oder Fluch ist eine geläufige Zauberpraxis. Der Lärm gehört zum chaot. Urzustand der Welt (Corp. Herm. 1,4); im geordneten Kosmos ist der unartikulierte Lärm Zeichen der Urwelt wie der Unterwelt (Hes. theog. 767. Verg. Aen. 6,327. 550f.). Um diesen Lärm und die Bedrohung zu überwinden, ahmt man selbst apotropäisch solche Laute nach; daher Glocken und Gongs im Kult s. [1], 9,246f. und Index s. bells). Auf Kreta schützten die Kureten den gerade geborenen Zeus dadurch, daß sie mit ihren Schwertern auf die Schilde schlugen und so Lärm erzeugten (Latte De salt. Graec. [RVV 13,3], 47). Sen. Phaedr. 790 erwähnt Schellengeklingel gegen vermuteten thessal. Mondzauber. Umgekehrt ist Stille und myst. Schweigen Zeichen der Gottesnähe; vgl. PGM IV 557: der schweigengebietende Zeigefinger vor dem Mund ist Zeichen des lebendigen unsterblichen Gottes. (O. Casel De Philosophorum Graecorum silentio mystico [RVV 16,2] ,105f.). Rituelle Laute mannigfaltigster Art spielen im Zauber eine große Rolle. Schnalzen und Zischen sind apotropäische wie beschwörende Gesten (Aristoph. Vesp. 626. Plin. nat. 28,25 *fulgetras poppysmis adorare*). Damasc. v. Isid. frg. 200 p. 173,16f. (vgl. [3] I § 758) zeigt, daß auch die neuplaton. Philosophen solche »chaldäischen« Riten noch vollzogen. Der Magier versteht die Tierstimmen und kann sie nachahmen (Philostr. v. Apoll. 1,20. 3,9. Plin. nat. 10,137; dazu [17], 1,24). Bekannt ist das Aufheulen bei Zauberszenen: *magico stridore* hält die Zauberin bei Tib. 1,2,49 die Unterirdischen zurück; Medea heult dreimal auf, wenn sie die thessal. Zauberkräuter im Schein des Vollmondes sammelt (Ov. met. 7,190; vgl. auch Lukan. 6,685f. Laute in der Nekromantie; zum Ololygmos Eitrem Beitr. z. griech. Rel.-Gesch. 3, Kristiania 1919, 44–55. L. Deubner APrAW 1941, 1). Zauberwort und Zauberformel sind oft *ἄσημα ὀνόματα* gewesen: den Mysten in Eleusis rief man zu *κόγξ ὀμπάξ* (s. [12], 1,775f.). Die Unverständlichkeit erhöhte die Wirkung. Zu den *Ἐφέσια γράμματα* und allg. s. [3] I § 759f. Zum Zauber gehört das Gebet (Fr. Heiler Das Gebet, München [5]1923. H. P. Esser Unt. z. Gebet u. Gottesverehrung d. Neuplatoniker, Diss. Köln 1967). Urspr. viell. als Notruf eine einfache Imperativformel (PGM II 79: *παράστα μοι, Ἄπολλον Παιάν*) hat es sich vielfältig entwickelt. Wichtig für den Erfolg des Zaubers ist die Zitierung festgelegter Worte in richtiger Reihenfolge und Betonung (vgl. Marin. v. Procli 28); nur dann kann ein solcher Spruch apotropäisch wirken. Metrisch geformt hat das Gebet höhere Energie (→ Paian). Besondere Wirksamkeit besitzt die Epode (*ἐπῳδή. carmen, cantus*), ein rhythm. Zauberspruch, angewandt bes. bei Krankheit (Plat. rep. 426b), Gliederverrenkungen (Cato agr. 160), Wetterzauber (Hdt. 7,191), Schadenszauber (Plin. nat. 28,17f.),

Liebeszauber (Verg. ecl. 8,94f. Eur. Hipp. 478). Die Epode wird zit. auch bei der Weihung von Gegenständen (Sichel, die reiche Ernte bringt Ov. her. 6,84) und Amuletten (s. EITREM, Symb. Osl. 20, 1940, 57–69). Zu solchen Epoden wurden häufig hom. Verse benutzt (PGM XXII a); Parodie dieses Verfahrens bei Lukian. Charon 7. Bei Zauberwort, Spruch und Gebet ist es wichtig, den Namen des apostrophierten Gottes genau zu kennen. Bei gefährl. Göttern wird der Name verdeckt genannt ([4], 335f.); wer den Namen kennt, hat Macht über den Gott, kann Zauberzwang ausüben ([15], 44f. Material aus den Zauberpap. bei [3] I 767f.) auch gegen den Willen des Gottes (Porph. de phil. ex or. haur. p. 155,5 WOLFF). Mehrmaliges Zitieren (3×; 3×3; 3×7) verstärkt die Wahrscheinlichkeit erhoffter Wirkung (PGM IV 3090. 3151). Götterzwang ist oft gekoppelt mit Drohung und Beschimpfung; nach Hdt. 4,184 schimpfen die Ataranten in Libyen auf die Sonne. Drohungen von der Art, man werde die Geheimnisse des Gottes ausplaudern, waren so charakteristisch, daß Porph. ad Aneb. § 31 (nach Eus. Praep. ev. 5,3) die Frage stellte, wieso Menschen Göttern drohen könnten. Rechtfertigung bei Iambl. de myst. 6,1. Eine bes. Form von Wortzauber ist der Fluch, der die Kehrseite des Eides darstellt (*ὅρκος* bei Hes. erg. 804 Sohn der *ἔρις*, vgl. auch erg. 219); der Schwörende wie der Fluchende haben die Macht, einen Apostrophierten zu schädigen. Dies geschah oft auch durch Schrifttäfelchen, auf denen Name des Verfluchten und Zweck des Fluches fixiert wurden. Reiches Material zusammengefaßt bei R. WÜNSCH, Defixionum tabellae Atticae, 1897. A. AUDOLLENT, Defixionum tabellae, 1904; dazu K. PREISENDANZ, APF 9, 1928, 119f. Der ält. auf Pap. geschriebene Fluch mit Strafandrohung aus dem 4. Jh. v. Chr. ist PGM XL der Fluch der Artemisia: der Totengott Oserapis wird gebeten, an einem Vater, der die eigene Tochter des Begräbnisses und der Grabbeigaben beraubte, Rache zu nehmen. Wie die Epode wird auch die *ἀρά (devotio)* oft begleitet von einem Ritual; der röm. Feldherr stellt sich bei der *devotio* auf den Speer (Liv. 8,9). Der Fluch oft auch mit Strafe gekoppelt: CIL VI 7191: »jeder, der von dieser Stelle die Nägel entfernt, soll sie sich selbst in die Augen stoßen«. Der Fluch findet Anwendung in allen privaten, aber auch in staatl. Bereichen; z. B. Liv. 31,44,4. Er wird zum verlängerten Arm der Gerechtigkeit; typisch ist Sen. Phaedr. 941: *tela quo mitti haud queunt, huc vota mittam.*

d) Als Zauberstoffe (*οὐσίαι*) kommen alle organ. und anorgan. Stoffe in Frage; Steine, Pflanzen, Metalle, Tiere können als *σύμβολα* oder *συνθήματα* verwendet werden. Auf Grund der geheimen Sympathie des Kosmos (Plot. IV 4 [28], 26) schaffen sie die Verbindung zu den göttl. Mächten (Procl. in Tim. 1,210,20), denen die ihnen verwandten Stoffe angenehm sind (Procl. in remp. 1,48; vgl. auch Orac. Chald. frg. 108. 109 DES PLACES). Diese Mittel vermögen auch Offenbarungen der Götter den Menschen zu übermitteln (→ Mantik), wie den Aufstieg der Seele zu fördern (Iambl. de myst. 2,1). Wahl und Gebrauch der rechten *οὐσία* wird zur Geheimwissenschaft (vgl. [3] I § 393f.), deren Erfindung den Ägyptern oder Chaldäern zugeschrieben wird (Damasc. v. Isid. p. 4–7 ZINTZEN und Nikeph. Greg. MignePG 149,538/39). Im Zauberglauben des Volkes haben bes. Blut, Milch, Honig, Wein und Öl mag. Wirkung. Blut frischer Opfertiere getrunken verleiht mag. und mant. Fähigkeiten (Paus. 2,24,1); im Totenritual spielt es eine große Rolle ([29], 62. 68). Das Menstrualblut hat apotropäische Wirkung: so erklärt sich die seltsame Geste der → Hypatia, die ihrem Liebhaber eine mit Menstrualblut befleckte Binde entgegenhält (Damasc. v. Isid. p. 77,13f. ZINTZEN). Übersicht über die Zauberstoffe bei [8], 98. 108f. Auch die Med. ist nicht frei vom Glauben an solche Wirkungen; z. B. sollte Speichel Skorpione und andere giftige Tiere töten (Gal. nat. fac. 3,7). Zu Zauberpflanzen s. [3] I 381f. Zaubersteinen ebd. 384f. 552f. *οὐσίαι*, die von Menschenopfern herrührten, fanden bes. in der Mantik Verwendung ([3] I 633f. [2], 31. 354).

IV. 1. Sicher haben schon die Indoeuropäer mag. Praktik und Schamanentum gekannt (grundlegend K. MEULI, H 70, 1935, 121–176). Im kretisch-myken. Bereich weist die Doppelaxt ebenso wie die gefundenen Tieramulette auf Abwehrzauber (s. EITREM, Symb. Osl. 8, 1928, 71f.). Die hom. Gedichte drängen die Z. zurück; Ilias und Odyssee unterscheiden sich, wie schon Plin. nat. 30,5 bemerkte. Hom. erwähnt weder Götterzwang noch Amulette; die heilige Macht des Königs ist keine tabuierte Macht (Od. 7,167. 13,20), wirkt sich auch nicht im Ritus aus. In der Od. lassen sich Spuren alten mag. Glaubens noch erkennen: Der Gesang der Sirenen ist eine Epode; mit solcher Besprechung heilen die Söhne des Autolykos des Odysseus Wunde (Od. 19,457); Hermes trägt den goldenen Zauberstab (Il. 24,343; Od. 5,47. 24,3), der apotropäische Wirkung hat, aber auch Reichtum verschaffen kann (Hom. h. 4,529f.). Verwandlungszauber üben Athene (Od. 5,172) und Kirke (Od. 10,210f.) aus. Das Ausstoßen des Kyklopenauges hat EITREM, RE XI 2344 auf einen apotropäischen Zauber gegen den bösen Blick zurückgeführt. Diese Residuen volkstüml. Zauberglaubens dringen aber nicht weiter an die Oberfläche, so wird auch Zeus im Unterschied zu Osiris nie mit Magie in Verbindung gebracht. Zeugnis weiter Verbreitung des Zauberglaubens ist jedoch Hes. theog. 411–452 der Hymnus auf Hekate, die nach Paus. 2,30,2 in Aigina ein bedeutendes Kultzentrum gehabt haben muß. Das att. Drama kennt den Zauber als literar. Motiv, ohne ihn durchweg zu bejahen. Aischyl. Prom. 476f. erwähnt Iatrik und Mantik, nicht aber Magie; andererseits kennt Aischyl. in Choeph. und Pers. die Totenbeschwörung (dazu Eitrem, Symbr. Osl. 6, 1928, 1f.). Sophokl. zeigte in den *ῥιζοτόμοι* eine Zauberszene der Medeia (vgl. frg. 491f.), med. Zauber stellte er dar Ai. 582; Oid. K. 1194; Trach. 1000f. Eur. kennt die großen Zauberinnen Medeia (396. 717) und Phaidra (Hipp. 509), vgl. auch Peliaden frg. 601–616. Die Erwähnung der Z. in der Tragödie geschieht um des Motivs willen, nicht aus Propaganda; deutliche Abwertung bei Soph. Oid. T. 387 und Eur. Ion 374f. Seitenhiebe auf den Z. teilt auch die att. Komödie aus, wenn sie auch bes. den Liebeszauber als Motiv benutzt: Eupolis frg. 72. Aristoph. Lys. 1110; Ach. 1048f. Men. frg. 571; der Titel Men. »Die Thessalierin« spricht für sich (vgl. Plin. nat. 30,6). Thessal. Zauberinnen, die den Mond auf die Erde ziehen können, sind Topos: Plat. Gorg. 513a. Hor. epod. 5,46. 17,77. Verg. ecl. 8,69. Ov. met. 7,207f. (zum Ganzen vgl. [3] II § 21f. 22). Scharf hat Platon die Z. verurteilt, die den Menschen auf die Stufe des Tieres stelle (leg. 909bf. 933c/d; rep. 364c; s. [15], 42). Theophr. char. 16 zeigt noch in der Karikatur die Verbreitung der Magie. Offiziell war Z. im 4. Jh. in Athen verboten und wurde mit dem Tode bestraft (Demosth. 25,80); über eine vom Areopag zum Tode verurteilte Giftmischerin (*φαρμακίς*) berichtet Ail. var. 5,18, dazu [12], 1,664f. Viell. hängt auch der seit Lykurg immer wieder beschnittene Grabkult mit dem Bestreben, die Nekromantie einzudämmen, zusammen. Die hellenist. Lit. macht den Zauber zu einem publikumswirksamen Motiv: Apoll. Rhod. ist eine Fundgrube mag. Praktiken (s. [22], 79f.). In alltägl. Milieu führt Theokr. 2 (Einzelheiten im Komm. von [25]). In diese Zeit gehört auch die aufblühende Physika-Lit.; dies sind Kompendien von jeweils sympath. Mineralien (→ Lithika), Pflanzen, Tieren. Große Slg.en veranstaltete → Bolos aus Mendes (s. [16]. [17]); das Material, z.T. als demokritisch ausgegeben oder auf pers. Quellen zurückgeführt ([20] Index s. Bolos), hat Plin. nat. ausgebeutet und so ins MA. tradiert.

IV. 2. Röm. Religiosität mit der genauen Beachtung der Riten hat auch primitives Substrat noch bis in die hist. Zeit hinein erhalten. Fetische sind die Donnerkeile des Iuppiter → Feretrius, der Regenstein vor der Porta Capena, die Lanze des Mars (s. [2], 117f. 121. 144; dazu Tavenner, Wash. Univ. Stud. 12, 1925, 1–30). Beim → Lupercalienfest liefen die *luperci* (Wolfsabwehrer) nur mit Ziegenfell bekleidet um den Palatin; entgegenkommende Frauen wurden mit aus Bocksfell geschnittenen Riemen geschlagen. Die Zeremonie verrät zwei alte Riten: der Umlauf ist apotropäisch; das Schlagen der Frauen ein Übertragungszauber, bei dem die phall. Kraft des Bockes Fruchtbarkeit erzeugen soll (Plut. quaest. Rom. 68; Rom. 21. Deubner, APF 13, 1910, 487f. Frazer, Ov. fast. Bd. 2, 327–356). Agrar. Schadenszauber, noch in später Zeit verbreitet (vgl. Verg. ecl. 8,98. Tib. 1. 8,19), verbot das Zwölftafelgesetz bei Todesstrafe. Die röm. Lit. der klass. und nachklass. Zeit greift das Zaubermotiv ausführlich auf; Anknüpfung an hellenist. literar. Vorbilder und Praxis der röm. Demi-Monde ergänzen sich. Verg. ecl. 8,64 geht auf Theokr. 2 zurück, Verg. Aen. 4,504f. ist von Apoll. Rhod. beeinflußt (s. Komm. von Pease). Mag. Praxis bei Hor. epod. 5 (s. Eitrem, Symb. Osl. 12, 1933, 10. Latte, Philol. 88, 1933, 259f.), 17 und s. 1,8. Die Acanthis bei Prop. 4,5 versteht sich auf Liebes- wie Schadenzauber. Kritik zeigt Prop. 1,1,19; singulär ist der Heilungszauber Prop. 2,28B,35f. Tibull (1,3,23f. 5,9f.) räumt der Magie einen breiteren Raum ein. Ovid hat ein ausgesprochenes Interesse an der Z.-Darstellung z.B. met. 7,180 bis 293; am. 1,8 (zusammenfassend dazu [26]). Im Epos und der nachklass. Tragödie gehören Magie und Nekromantie zum Repertoire: Lucan. 6, 430–830 (mit direkten Übereinstimmungen zu den Zauberpap., s. [3] II § 350), Val. Fl. 1,730f. 794f., Stat. Theb. 4,406–645 (nach Helm De Statii Thebaide, Diss. Bln. 1892, 33f. in Abhängigkeit von Sen. Oed. 530f.); Verurteilung der Magie bei Sil. 8,98f. Die Tragödien Senecas zeigen in den Zauberszenen (Med. 680–848; Herc. Oet. 452f.; Oed. 530f.; Phaedr. 406f.) eine Welt, die dem stoischen Logos entgegengesetzt ist; doch sie entspricht auch dem Geschmack der Zeit. Vom philos. Standort (Lukrez, Cic. div. 2,148; nat. 1,117) wie vom konservativ-polit. Standpunkt aus wird die Magie verurteilt. Im J. 97 v. Chr. werden die Chaldäer aus Rom vertrieben und Menschenopfer zu Zauberzwecken offiziell verboten (Val. Max. 1,3,2; Übersicht über die Gesetzgebung gegen Mantik und Magie bei [21], 136–261). → Agrippa verwies die Astrologen und Goeten im J. 33 aus Rom (Cass. Dio 49,43,5). Bezeichnend für die Haltung der polit. Oberschicht ist der Ratschlag des → Maecenas (Cass. Dio 52,36,3) an Augustus, keine Neuerungen des Glaubens und des Kultes einzuführen. Nach Tiberius, der wie Augustus äg. und jüd. Religiosität ablehnte (Tac. ann. 2,85), schwindet die Orthodoxie; Nero treibt apotropäischen Zauber (Suet. Nero 34: *facto per magos sacro*), und Vespasianus stilisiert sich als Wundermann, wenn er in Äg. Blinde und Lahme heilt (Tac. hist. 4,81). Der Einfluß äg. und pers. Magie verstärkt sich in dieser Zeit ([7], 68f. 124f.; E. Köberlein Caligula u. d. äg. Kulte (Beitr. z. Klass. Phil. 3), Meisenheim 1962); auf seine Art wissenschaftlich übernimmt Plin. d. Ä. die hellenist. Physika-Lit., und etwas später knüpft Apuleius (met. und apol.) an die griech. Zaubertradition an.

IV. 3. In der Kaiserzeit drang die Astrologie, eine Zwillingsschwester der Magie, die seit dem 5. Jh. v. Chr. aus dem Orient übernommen wurde und teilweise im Untergrund wucherte, an die Oberfläche und erfaßte alle Schichten (grundlegend [7], 148f.; vgl. auch [8], 191f.; zur Astrologie der Zauberpap. [3] II § 201f. [28]). Die Philos. der ausgehenden Ant. integriert auch den Zauberglauben und stützt ihn durch ein theoret. Gerüst. Zwar lehnt Plot. IV 4 [28] und II 9 [33] Z. als Aufstiegsweg der Seele ausdrücklich ab (einzelne Züge in der Vita Plot. des Porph. sind wahrscheinl. Projektion eigener Ansichten), aber schon sein Schüler → Porphyrios räumte der Magie einen wenn auch bescheidenen Platz ein (vgl. die Schrift »de regr. animae«, Frg.e b. BIDEZ, Vie de Porphyre, Gent 1913, im Anhang). Iambl. de myst. (ed. DES PLACES, Par. 1966) gibt sich als *λύσεις* der die Möglichkeit einer Verbindung von Magie und Philos. betreffenden *ἀπορίαι* des Porph. in seinem »Brief ad Anebonem«; die Schrift ist auf der Grundlage der Theologie der chald. Orakel das Grundbuch philos. Magie. Proklos schließlich ist der Theoretiker der Theurgie (grundlegend [9], 283f.). Der Versuch, Theurgie und Goetie voneinander zu scheiden (Iambl. de myst. 4,2. Prokl. in Plat. Theolog. 2,9) ist nur ein schwacher Rechtfertigungsversuch, den die von vielen späten Philosophen geübte Praxis (vgl. Marin. v. Procli 28) vergessen läßt. (Lit.: J. GEFFCKEN Der Ausgang d. griech.-röm. Heidentums, Heidelberg 1929. [23]. [24]. [27]). Am Ende der Ant. zeigt sich die Magie in sublimierter Form auf dem Boden stehend, aus dem sie erwuchs; sie ist Ausdruck des Denkens und religiösen Gefühls, hat daher in Philos. und Kult feste Wurzeln geschlagen. Die »Bastardschwester« der Rel. wird nun sogar echtbürtig erklärt, um mit ihrer Hilfe dem Christentum die heidn. Psychagogie wirkungsvoller entgegenzusetzen. C. Z.

Lit.: Allg.: 1. *Frazer* GB. 2. *G. Wissowa* Rel. u. Kultus d. Römer, Mnch. ^{2}1912. 3. *Hopfner* 4. *Ders.*, RE XIV 301–393. 5. *L. Thorndike*, A history of Magic and experimental Science, 6 Bde., Lond. 1923/58. 6. *K.Beth* Rel. u. Magie b. d. Naturvölkern, Lpz. 1924. 7. *Cumont.* 8. *E. Stemplinger* Ant. Volksglaube, Stuttg. 1948. 9. *E. R. Dodds* The Greeks and the Irrational, Los Angeles 1956. 10. *Latte* RRel. 11. *Nilsson* GgrR^2. – Einzelne Lit.: 12. *A.Lobeck* Aglaophamus, Königsberg 1829 (1961). 13. *A.Dieterich* Abraxas, Lpz. 1891 (1973). 14. *Th. Weidlich* Die Sympathie i. d. ant. Lit., Progr. Stuttg. 1894. 15. *A. Abt* Die Apol. d. Apul. v. Madaura (RVV 14,2), Giessen 1908. 16. *M. Wellmann* Die Georgika d. Demokritos. APrAW 1921. 17. *Ders.* Die Physika d. Bolos-Demokritos, APrAW 1928. 18. *J. Röhr* Der okkulte Kraftbegriff im Alt. Philol. Suppl. 17,1 (1923). 19. PGM I/II (1928; hsg. u. erg. von *A.Henrichs*, Stuttg. 1973). 20. *J.Bidez – F.Cumont* Les mages hellénisés I/II, Par. 1938. (Dazu 20a: *A.D.Nock*, JRS 30, 1940, 191–198 = Essays on Religion and the ancient World. 2, Oxf. 1972, 516–526). 21. *E. Massonneau* La Magie dans l'ant. Romaine, Par. 1934. 22. *S. Eitrem*, Symb. Osl. 21, 1941, 39–83. 23. *Ders.*, Symb. Osl. 22, 1942, 49–79. 24. *Ders.* Orakel u. Mysterien am Ausgang d. Ant., Zürich 1947. 25. *A.S.F.Gow*, Theocritus Bd.II: Comm., Cambr. 1952. 26. *G.Luck* Hexen u. Zauberei i. d. röm. Lit., Zürich 1962. 27. *C.Zintzen*, RhM 108, 1965, 71–100. 28. *H.G.Gundel* Weltbild und Astrologie i. d. griech. Zauberpap., Mnch. 1968. 29. *W.Burkert* Homo necans, Bln. 1972.

Zea (*Ζέα*). Bezirk an der O.-Seite der → Peiraieushalbinsel mit dem fast kreisrunden, gut geschützten Hauptkriegshafen Athens mit einem Durchmesser von 450 m, h. Pascha-limani und nur noch als Bootshafen und für kleinere Schiffe benutzt, seit der themistokl. Zeit in den Mauerring einbezogen. Anecd. Bekk. 1,261. 311,17ff. Hesych. Timaios lex. Plat. 260. Phot. s. *Μουνυχία*. IG II^2 835,10 (SEG 19,80). 1035,43.

Das ganze Gebiet war Staatsland (*δημόσιον*), IG I^2 888. 889. 891. 892. SEG 10 Nr. 376–384. Um das gesamte Hafenbecken befanden sich, z.T. anscheinend in zwei Reihen, als geschlossenes Bauwerk 196 Schiffshäuser, die z.T. noch erhalten sind. Dahinter lag am N.-Ende die große → Skeuothek → Philons (14) und viele weitere Bauten für den gleichen Zweck. Hinter den Schiffshäusern lief eine breite Straße mit den Sammelplätzen der Schiffsmannschaften, durch Grenzsteine bezeichnet, IG I^2 897–901. SEG 10 Nr. 385–388. Im Gebiet von Z. lag die Gerichtsstätte Phreattys und mehrere Heiligtümer, landeinwärts der SW.-Ecke der Bucht ein Theater, bei dem sich nun das Museum befindet. E. M.

W. Judeich Top. von Athen ^{2}407ff. *E. Meyer*, RE IX A 2332ff.

Zebeke (Ios. ant. Iud. 5,2,2), ein Ort im n.ö. → Samaria an der Stelle der h. ḫirbet ibzīq. Der Ort ist – mit noch unvertauschten Konsonanten als Bezeq – in Jud. 1,4–7 in einem falsch eingeordneten Traditionsstück überliefert und wurde danach oft auch geographisch falsch, nämlich 40 km weiter s., lokalisiert. C. C.

P. Welten, ZDPV 81, 1965, 138–165.

Zebra (Equus Zebra), äußerst selten gesehenes afr. Steppentier, wegen seiner Schnelligkeit schwer zu erjagen. Erste Erwähnungen bei Cass. Dio 75, 14,3 (*ἵππος τιγροειδής*). 77,6,2 (*ἱππότιγρις*; ders. Name später bei Timoth. Gaz. [M. HAUPT, Opusc. 3,283]); einzige sichere Beschreibung bei Philostorg. hist. eccl. 3,11 (Fellzeichnung), aber ohne Namen. Nach Timoth. Gaz. wurde das Z. als apartes Zugtier im Zirkus gezeigt und vor den Festzugswagen einer kaiserl. Prinzessin gespannt (Zeit unbek., schwerlich vor 180 n.Chr.). Zur Problematik der Zeugnisse s. RE Suppl. XV s.v. W. R.

O. Keller Ant. Tierwelt 1, 1909, 274.

Zecken (Ixodiden), *ὁ κροτών* (*κρότων*), in ält. Z. auch *κυνορραιστής* (Hom. Aristot.); *ricinus*. Parasitäre Milben, deren Familien und Arten das Alt. nicht unterschied. Sie befallen fast alle größeren Haustiere, bes. Hunde, auch Menschen (Hom. Od. 17,300. Colum. 7,13,1. Plin. nat.

11,116 u.a.), Schafe, Ziegen (Plin. a.O. Cato agr. 96,2. Geop. 18,16), Rinder (Aristot. hist. an. 5, 557a 16. Colum. 6,2,6. Geop. 19,3,3) und Schweine (Nigid. frg. 128 Sw. = Plin. 30,84); nicht den Esel (Aristot. a.O.). Bekämpfungsmittel bei Geop. 18, 16 (Absud von Ahorn-, Alraun- oder Cypressenwurzeln) und Cato a.O. (Meer- oder Salzwasser). Zool. Angaben sind spärlich: Hauptstelle: Plin. 11,116, ergänzt durch 30,82 (Ernährung durch Wirtsblut, Fehlen eines Afters; Tod nur durch Verhungern oder Platzen). Aristot. a.O. behauptet Entstehung aus der Quecke (ἄγρωστις). Ihre Bedeutung in der Volksmedizin ist bescheiden (gegen *sacer ignis*: Nigid. a.O.; gegen Schmerzen: Plin. 30,82), in der Magie offenbar bedeutender (Plin. 28,256. 30,82ff.). Redensarten: ὑγιέστερος κρότωνος: Men. frg. 263 K.); *in alio peduclum vides, in te ricinum non vides*: Petron. 57. Sehr selten in Fabeln (z.B. Aristot. rhet. 2,1393b 26 = Aisop. 427 PERRY). W. R.

O. Keller Ant. Tierwelt 2,398f. *W. Richter*, RE Suppl. XIV 981ff.

Zeder s. Cedrus

Zeeritai (Ζηρῖται, Ζεεριται, Ζειριται, Ειριται, Εισιται), ein Volksstamm im inneren S.-Arabien, der bei Ptol. 6,7,24 in einer langen Stämmeliste zw. den Δαχαρηνοί (mit Namensvarianten) und Βλουλιαῖοι erscheint. Sie saßen n. des Wādī Ḥaḍramaut und n. von Šabwat (→ Sabbatha) auf der Hochfläche eines Tafellandes etwa an der Stelle, wo die von N. nach S. führende Route des Ptol. am S.-Rand der Großen Sandwüste in ö. Richtung umbiegt. Sie sind ident. mit den von al-Hamdānī (10.Jh.) erwähnten Ṣaiʿar, die zum Stamme der Ṣadaf (in den sabäischen Inschr. *ṢDFN*, um 350 n.Chr.) gehören. A. D.

H. v. Wissmann, RE Suppl. XI 1349ff.

Zeïlas s. Ziaelas

Zeitrechnung. I. Orient. 1. Ägypten: Der äg. Kalender beruht auf dem Wandeljahr von 365 Tagen ohne Schaltung, unterteilt in die drei Jahreszeiten Überschwemmung *(ꜣḫ.t)*, Aussaat *(pr.t)* und Ernte *(šmw)*. Da der Monat zu 30 Tagen gerechnet wurde, traten an das E. (während des Alten Reiches: an den Anf.) die 5 Epagomenen, die als Geburtstage der großen Götter Osiris, Horus, Seth, Isis und Nephthys gefeiert wurden (vgl. aber die Sage bei Plut. mor. 355dff.). Vernachlässigt wurde jährlich ¼ Tag gegenüber dem Sonnenjahr, so daß im Laufe der Zeit der Jahresanfang, der mit dem heliakischen Frühaufgang des Hundssterns (Sothis/Sirius) und dem Beginn der Überschwemmung gekoppelt war, durch das ganze Kalenderjahr lief. Eine solche »Sothisperiode« umfaßte ca. 1460 Jahre. Nach Ablauf dieser Zeit fiel der Frühaufgang des Sothis wieder genau auf den 1. Thot, den 1. Tag des 1. Kalendermonats, was mit einem großen Fest gefeiert wurde. Eine solche Apokatastasis fand nach Cens. 18 im 2. Konsulat des Antoninus Pius und Bruttius Praesens, d.i. 139 n.Chr. statt, was durch das Priesterdekret von Kanopus seine Bestätigung findet. Es wurde 239/38 v.Chr. abgefaßt, als Sothis am 1. Tag des 10. Monats erschien. Eine Rückrechnung der Sothisperioden wird erschwert dadurch, daß der Ort der Beobachtung des Sirius-Aufgangs und der mögliche arcus visionis (Winkel zw. dem Gestirn, dessen Frühaufgang beobachtet werden soll, und der Sonne kurz vor dem Sichtbarwerden des Sternes) nicht mit Sicherheit ermittelt werden können. Dennoch läßt sich die Einführung dieses Kalenders auf ca. 2800–2775 v.Chr., d.h. die Zeit der 2. Dynastie, wahrscheinlich machen. – Die Verwaltung arbeitete übrigens mit einem Jahr von 360 Tagen. – Für die 12 Monate sind jeweils ältere (jahreszeitlich geprägte) und jüngere (von Festen abgeleitete) Namen bekannt. – Die Tage wurden stets in 12 Tag- und 12 Nachtstunden eingeteilt, deren Länge durch best. Sterne (Dekane) bestimmt wurde, die jeweils alle 10 Tage um 1 Stunde früher aufgehen. Zur Zeitmessung dienten Sonnen- oder Wasseruhren.

2. Babylonien: Im Zweistromland kommt eine einheitliche Z. erst im 2.Jt. v.Chr. auf. Über das 3.Jt. sind wir noch schlecht unterrichtet. Einzelne sumerische Stadtstaaten hatten jeweils lokale Kalender, deren astr. Begründung unbekannt ist. Erst um 2350 v.Chr. dürfte das Frühjahrsäquinoktium einheitlich als Jahresbeginn festgelegt worden sein. Die bekannten Unterschiede zw. (kalendarischem) Mondjahr und (astr.) Sonnenjahr wurden auf versch. Weise ausgeglichen: Der Monat begann jeweils mit dem Neulicht des Mondes und wurde bald zu 29, bald zu 30 Tagen gerechnet. Zum Ausgleich der Epagomenen wurde in unregelmäßigen Abständen auf Dekret des Königs (in altbab. Zeit in einzelnen Fürstentümern in unterschiedl. Jahren) geschaltet, gewöhnlich durch Einfügung eines 2. Adar (letzter Monat), seltener eines 2. Elul (6. Monat) oder gar Nisan (1. Monat). Auch hier galt ein Wirtschaftsjahr von 360 Tagen. – In Assyrien wurde vor Einführung des bab. Kalenders unter → Tiglatpileser I. (1115–1076 v.Chr.) wahrscheinl. ein Kalender mit 12 Monaten ohne Schaltung verwendet. Hier scheint aber der Jahresbeginn jeweils auf den Monat gelegt worden zu sein, der dem Frühjahrsäquinoktium direkt folgte. Alle rd. 33 Jahre war ein solcher Zyklus durchschritten. Für Datierungszwecke wurden in Assyrien *limu*-Beamte bestimmt, deren Eponymatsjahr jeweils zum (astr.) Jahresanfang begann. Listen von Eponymen lassen eine chronolog. Zuordnung von Ereignissen zu. In Babylonien wurden anfangs wohl Jahreszahlen verwendet, seit ca. 2300 aber Datenformeln, die ein wichtiges Ereignis des laufenden (später: des vergangenen) Jahres vermerken. Auch hier ist eine relative Datierung nur unter Zugrundelegung von Datenlisten möglich. Seit der Kassitenzeit wird in Babylonien – wie schon stets in Äg. – nach Regierungs-

jahren der Herrscher datiert, wobei erst das erste volle Jahr als eigentl. Regierungsjahr zählte. – Der Tag wurde in 12 Doppelstunden oder – häufiger – in 3 Nachtwachen und 3 Wachen des Tages eingeteilt. Tagesbeginn war meist der Sonnenuntergang. W. Rö.

K. Sethe Die Z. d. alten Aegypter, NGG, phil.-hist. Kl. 1919, 287–320. 1920, 28–55. 97–141. *L. Borchardt* Quellen u. Forschungen z. Zeitbestimmung d. äg. Gesch. 1, 1917. 2, 1935. *R. A. Parker* The Calendars of Ancient Egypt, St. in Anc. Or. Civ. 26, Chicago 1950. *S. Langdon* Babylonian menologies and the Semitic calendars, Lond. 1935. *B. L. van der Waerden* Anfänge d. Astr., Groningen o. J.

II. Bei den Griechen. 1. a) Generationenrechnung. b) Relative Chronol. 2. Eponymenlisten: a) Att. Archonten. b) Spartan. Ephoren. c) Andere Eponymen. 3. Königslisten und -jahre: a) Spartan. Königsliste. b) Hellenist. Könige. 4. Hellenist. Ären: a) Seleukiden. b) Arsakiden. c) Bithyn.-pont. d) Freiheitsären. 5. Olympiadenära.

II. 1. a) Die Rechnung nach Generationen (γενεαί) gehört zu den elementaren Formen der Z. Entstanden vermutl. aus den Familientraditionen der griech. Adelsgesellschaft, diente sie der approximativen zeitl. Festlegung von Personen und Ereignissen, vor allem für die Frühzeit vor Einsetzen kontinuierl. und verläßlicher historischer Überl., bes. zur Festlegung der Anfangsereignisse der griech. Gesch., Troian. Krieg, »Rückkehr der → Herakleidai«, Ion. Wanderung (vgl. Intervallschema Eratosth. FGrH 241 F 1), sodann von Stammbäumen, fremden Herrscherfolgen u. a. Die chronol. Verwertung solcher ant. Angaben bleibt problematisch, weil Aussagen über die verwendeten Generationenlängen meist fehlen und keine Konvention über die Dauer einer γενεά bestand. Das positive Zeugnis Hdt. 2, 142: 3 Generationen auf 100 J. (zur unstimmigen Multiplikation ebd. M. Miller, Klio 46, 1965, 113; doch vgl. R. Böker, RE IX A 2347.2426) wird dadurch abgeschwächt, daß Hdt. offensichtl. versch. Generationslängen benutzt: 33⅓ J. ([8], 23.35f. 47), 40 J., was dem übl. Ansatz der ἀκμή, etwa in Apollodors Chronik (FGrH 244), entspricht (D. W. Prakken, TAPhA 71, 1940, 460ff.), oder 39 J. (Miller a. O. 109ff., für die Regierungslängen der lyd. → Mermnadenkönige ebd. 122 [doch vgl. H. Kaletsch, Hist. 7, 1958, 1ff.], der Spartanerkönige ebd. 115f., dazu [2], 242,7) und 23 J. (für die Regierungszeit der lyd. Heraklidenkönige nach Hdt. 1,7. [2], 242). Auch für Thuk.' runde Intervalle 300 J. (1,13), 260 J. (1,13), 400 J. (1,18) wird Generationenrechnung zu 40 J. ([8], 58f. 65ff. 71f.) und für seine Chronol. der sizil. Koloniegründungen eine solche zu 35 J. (R. van Compernolle Ét. de chronol. et d'hist. siciliotes, 1960) angenommen, oder gar in den Gründungsdaten ein gemeinsamer Faktor 9, der auf eine Generation zu 36 J. führte ([2], 243, 2), entdeckt. Schließl. wird auch ein Gebrauch von Generationen zu 23 und 27 J. in Eusebs Vorlage für die Zeit vor Ol. 1,1 vermutet (Miller, Klio 41, 1963, 64ff. [2], 243). Die Interpretation von in runden Zahlen überl. Abstandsangaben und Summen von Herrscherj. als Generationenvielfache bleibt jedoch, da sie ohne bestimmte rechner. Manipulationen nicht auskommt, meist spekulativ (zum Versuch, 27 oder 23 J. als Generation demographisch zu untermauern, [2], 244,2). – b) Die vorwiss. Zeitdenken eigene Koordinierung nach Früher und Später, nach Gleichzeitigkeit (»Gleichzeitigkeitsfabel« der Siege bei Salamis und Himera 480 v. Chr. am selben Tage, Hdt. 7,166, Bengtson GG ⁴185,2) ist in die Gesch.schreibung eingegangen, da für das 5. Jh. v. Chr. zahlreiche Ereignisse der Vergangenheit nicht mehr genauer datierbar waren und eine verbindl., für historiograph. Chronol. brauchbare J.zählung (z. B. eine Ära) noch fehlte. Relative Chronol. läßt sich, ist eines der Glieder absolut datierbar, in eine absolute, jedoch mit fragl. Zuverlässigkeit für alle ihre oft heterogenen Elemente, verwandeln. So bleiben die approximativen zeitl. Koordinationen Hdt.' für das 6. und 7. Jh. v. Chr. innerhalb seiner auf den lyd. und med.-pers. Regierungslängen basierenden Chronol. problematisch (z. B. Solon-Kroisos, S. S. Markianos, Hist. 23, 1974, 1ff.). Die festen Abstandsangaben Thuk. 1,87. 2,2,1 (Kriegsbeschluß im 14. J. des 30jähr. Friedens [von 446/5] = 432, Beginn des Krieges im 15. J. [= 431], abgesichert durch Nennung der J.eponymen [s. u.], A. W. Gomme, Hist. Comm. Thuc. 1,392. 2,1f.) und wiederum der mit Intervallangaben abgesicherte Synchronismus Pol. 1,6,1 (→ Antialkidasfriede – Belagerung Rhegions durch Dionysios I. – Einnahme Roms durch die Gallier [387/6] im 19. J. nach der Schlacht bei Aigospotamoi [405], 16. J. vor der Schlacht bei Leuktra [371], F. W. Walbank, Comm. Pol. 1,46ff.) lassen sich dagegen mittels Eratosth. FGrH 241 F 1 sicher reduzieren, weil dessen Intervallangaben über den ptolem. Kanon und die Ären bei den chr. Chronographen, die ihrerseits Anschluß an die chr. Z. haben, auf J. v. Chr. absolut datierbar sind und durch zahlreiche verstreute Abstands- und astr. kontrollierbare Angaben (z. B. Sonnenfinsternis Thuk. 1,28 = 3. 8. 431 v. Chr.) bestätigt werden.

2. Im vorhellenist. Griechenland und in Rom wurde das J. offiziell wie privat regelmäßig mit den Namen der eponymen Oberbeamten bezeichnet, das Amtsj. kam so als eine nach Beginn und Dauer (theoretisch) feststehende Zeiteinheit in Geltung. Verständlich, d. h. auf die h. Z. reduzierbar, sind solche ant. J.daten nur über die betr. Eponymenlisten, die jedoch großenteils nur fragmentar. erhalten und literar. überl. sind. – a) Laufende Führung der att. Archontenliste (AL.) von Beginn an (T. J. Cadoux, JHS 68, 1948, 70ff.) oder Existenz einer Liste in 1. H. 7. Jh. ([9], 173) ist angesichts des bisher ält. erhaltenen Frg. aus den

20er J. des 5. Jh. (B. D. MERITT, Hesp. 8, 1939, 59ff.) mit Namensteilen von 6 Archonten (für 4. Viertel 6. Jh.) unwahrscheinl. Noch Hdt. 8, 51,1 nennt nur den Archon 480/79 Kalliades (H. STRASBURGER, in: Herodot, hg. W. MARG, 1962, 677ff. als chronol. Angelpunkt, dagegen W. DEN BOER, Mnem 20, 1967, 32f. 50f.; vgl. M. MILLER, Klio 46, 1965, 109ff.), Thuk. 2,2,1 sichert das Datum des Kriegsausbruchs Frühj. 431 durch Nennung des spartan. Ephors Ainesias, des 48. J. der (eponymen) argiv. Herapriesterin Chrysis zusätzl. zum att. Archonten Pythodoros ab. Wahrscheinl. wurde erstmals im späten 5. Jh. eine AL. publiziert, somit in der Zeit von → Hellanikos' (1) »Herapriesterinnen«, seiner Karneonikenchronik und Atthis (o. Bd. II 1005) und von → Hippias' (6) Olympionikenliste, wobei die älteren Teile (6. Jh. aufwärts) mittels Kompilation aus literar. Quellen, von den Perserkriegen abwärts auch aus urkundl. Material rekonstruiert sein mögen und sich unvermeidbar unsichere bzw. Doppeldatierungen einschlichen ([2], 196f.). Nach Publikation der Liste bleiben Namen und Sequenz der Archonten bei den Atthidographen (→ Atthis) in sich konsistent ([9], 171). Eine ἀρχόντων ἀναγραφή publizierte → Demetrios von Phaleron (Diog. Laert. 1,22 = FGrH 228 F 1), auf die Plut. Arist. 1,2.5,9 Bezug nimmt. Die Existenz der AL. als chronograph. Hilfsmittel um M. 4. Jh. bezeugt durchwegs Aristot. Ath. pol., 264 v. Chr. ist sie im → Marmor Parium Supplementärdatierung zur Olympiadenrechnung (s. u. 5). Rekonstruierbar ist die AL. von der Einführung des J.archontats (683/2) an mit großen Lücken für das 7. Jh. aus der literar., mit geringeren für das 6. Jh. zusätzl. auch aus der inschr. Überl.; für 480/79–302/1 liegt sie komplett in Diod. 11–20, zu ergänzen aus Marmor Parium (FGrH 239) und der anon. Olympiadenchronik POxy 12 (FGrH 255), sodann bis 292/1 bei Dion. Hal. Din. 9 vor (Liste: [2], 198ff. m. Bel. u. Komm.); für die hellenist. Zeit können zu den wenigen durch Synchronismen aus zerstreuten literar. Zeugnissen 'abolut datierbaren Archonten (im 3. Jh. von 290 an noch nicht 10) zahlreiche inschr. überl. Archonten vermittels ihrer Ratsschreiber und deren Phylennamen (mit unterschiedl. Sicherheit) fixiert werden, da seit 356/5 die γραμματεῖς entsprechend dem offiziellen Turnus der Phylen (zum Prytanienkalender [2], 61f.; o. Bd. III 62), denen sie entnommen wurden (Erechtheis, Aigeis usw.), aufeinanderfolgten (»Fergusonsches Gesetz«); jedoch ist für ein Viertel der Archonten des 3. und 2. Jh. der Schreiber nicht bekannt, ferner der Rotationszyklus mehrfach (321/0–308/7 u. s.) unterbrochen worden (W. K. PRITCHETT Anc. Ath. Calendars on Stone, 1963, 385. [2], 210), so daß, trotz nur ca. 45 fehlender Archonten bis 31 v. Chr., die für die zeitl. Fixierung vorgeschlagenen Rekonstruktionen, bes. im 3. Jh. (Lit. [2], 210,2), weit auseinandergehen (Liste – nach [10], 231ff., weiteres [2], 211,1 – [2], 212ff.; abweichend für 292/1–141/0 E. MANNI, Hist. 24, 1975, 17ff., der an die weitgehende Verläßlichkeit des Phylenzyklus und Verwendung des meton. [W. KUBITSCHEK, RE XV 1460ff.] 19-Jahres-Schaltzyklus glaubt, Fasti ellenistici e romani, 1961; dagegen jedoch die [2], 52ff. zit. Lit.). – Für röm. Zeit (ab 88 v. Chr. S. DOW, Hesp. 8, 1949, 117. W. B. DINSMOOR The Archons of Athens in the Hellenistic Age, 1931, 280ff., für die Kaiserzeit J. H. OLIVER, Hesp. 11, 1942, 81–89) beruht die zunehmend lückenhafte Liste fast ausschließl., bes. vom 2. Jh. an, auf epigraph. Material, das jedoch die Ratsschreiber seltener nennt, so daß mit Hilfe des Rotationszyklus (Anwendbarkeit überhaupt ausgeschlossen von P. GRAINDOR Chronol. des archontes athén., 1920, 13.14,1) nur für wenige J.serien Festlegungen möglich sind (J. NOTOPOULOS, AJPh 64, 1943, 44f.; Hesp. 18, 1949, 1ff.). Neueste Liste [2], 244–237. Zu historiograph. Datierungszwecken ist die Liste damals wohl nicht mehr benutzt worden. – b) Von der spartan. Ephorenliste (EL.) sind für die ersten 3 Jh. nur 2 Eponymen bekannt und datierbar, Elatos, der erste (754/3 bzw. 753/2), und → Chilon (1; 556/5 bzw. 555/4), ein weiterer, Asteropos, bleibt schattenhaft. Die kontradiktor. Angaben Plut. Lyk. 7 und Diog. Laert. 1,65 über Namen und Zeit des ersten Ephoren, die mit dem problemat. Lykurgansatz verzahnt sind, sind wohl so zu erklären ([4], 108ff. 122ff. 138ff.), daß jener in Ol. 6 = 754/3 (ebd. 183ff. [11], 220ff.), Chilon in Ol. 56 = 556/5 (oder 555/4) gehören. Die überlieferungsleere Zwischenzeit läßt Zweifel am frühen Bestand einer Liste aufkommen und hat zur Vermutung einer Datierung nach Ephoren, statt nach Königen, erst von Chilon an geführt ([9], 305,24), was hist. immerhin begründbar wäre mit dem Aufstieg des Ephorats ab M. 6. Jh. (vgl. [11], 242ff.). Jedoch wird der Beginn der Liste 754/3 wohl nicht mit späterer fiktiver Aufwärtsergänzung der Liste vom Chilonephorat aus ([9], 282,55), sondern eher durch die Annahme erklärt, daß in der 2. H. 4. Jh. ein Autor auf Grund neuerschlossenen Quellenmaterials (s. u. 3. a) den Beginn des Ephorats in der Zeit der Könige Alkamenes und → Theopompos (2) feststellen und hierfür sodann Alkamenes' 18. J. errechnen konnte ([11], 226ff. 234). Für die Z. gewinnt die EL. im späten 5. Jh. Bed. (inschr. bezeugte Ephorennamen P. PORALLA Prosopogr. d. Lakedaimonier, 1913, 168f. [Liste]), Thuk. zit. gelegentl. Ephoren (2,2,1. 5,19. 5,24 u. a.); eine chronol. brauchbare Liste der Ephoren des Peloponnes. Krieges enthält Xen. hell. 2,3,10, die, selbst wenn itp., dennoch, da durch Thuk. mehrfach bestätigt, die Existenz der EL. spätestens im 5. Jh. erweist ([2], 240 m. Liste u. Belegen). Über → Timaios (4) s. u. 3. a und 5. – c) Andere Eponymenlisten, die auf inschr. Material beruhen, haben Bed. weniger für die historiograph. Z., als für die jeweilige Lokalgesch., so die Miles. Stephanephorenliste. Sie zeigt, daß solche Listen meist relativ spät erstmals zur Fortsetzung aufgezeichnet wurden (mit fragl. Authentizität für die älteren Teile), hier anläßl. der Bekleidung des Stephanephorats durch Alexander d. Gr. im J. 334/3; der ältere Teil reicht bis 525/4 zurück, ein jüngerer ist bis 31/2 n. Chr. geführt (A. REHM Milet I 3, 122. 123 ff. mit Eponymen aus 313/2 v. – 2/3 n. Chr.; Didyma 2, 1958, 380 ff. [Chronol. Tab.]. [9], 357). – Die Archonten von Delos sind für die Zeit der Unabhängigkeit der Insel 314–168 aus den Schatzinventaren bekannt (o. Bd. I 1448), die delph. Archonten aus den Beschlüssen des → Hieromnemonenrates (Nachtr. Bd. V) zusammenzustellen (G. DAUX Chronol. delph., 1943). Listen selbst sind nicht erhalten, ihre Rekonstruktion nur z. T. möglich. Die delph. Chronol. hängt zudem wegen eines Synchronismus von dem unsicher datierten att. Archonten → Polyeuktos (4) ab ([1], 68). Zu sonstigen griech. Listen vgl. [9], 357, 26. – Im hellenist. Äg. bestand, neben der Datierung nach Königsj. (s. u. 3. b), in Alexandreia und Ptolemais ein eponymes Priestertum für den Herrscherkult Alexanders und der Ptolemäer mit Datierungen wie ἐφ' ἱερέως N. τοῦ N. Ἀλεξάνδρου καὶ θεῶν Ἀδελφῶν [= Ptolem. II. und Arsinoe II.] καὶ θεῶν Εὐεργετῶν [= Ptolem. III. und Gemahlin] (W. PEREMANS – E. VAN 'T DACK Prosopogr. Ptolem. 3, 1956, Nr. 4984–5348. J. IJSEWIJN De sacerdotibus ... Alexandri ... et Lagidarum eponymis, 1961), auf deren Liste das verlorene Gesch.werk des → Charon (4) von Naukratis (FGrH 612) aufgebaut war.

3. Die Listen der vorhellenist. Könige bei den Chronographen (Eus.-Hier. Canones) beruhen auf der literar. Überl. entnommenen Angaben, die zu Fasten zusammengestellt wurden. – a) Die spartan. Königsliste (KL.), deren Stammbäume bis Herakles hinaufreichten (Hdt. 7, 204. 8, 131. Paus. 3, 2–10. W. DEN BOER Laconian Stud., 1954, 13 ff. 65 ff.), wurde von → Timaios (4) mit der EL. seinem Z.system inkorporiert. Wohl auf Grund der genealogisch zuverlässigeren → Agiadenliste war die Datierung des Beginns des Ephorats (s. o 2. b) mittels derselben Generationenrechnung erzielt worden, wie sie → Ephoros benutzte, für den die KL. chronol. Gerüst bildete ([11], 227); auf dasselbe J. für den Beginn des Ephorats gelangte auf Grund der → Eurypontidenliste ([11], 230 f.) → Sosibios (4) der Lakone. Viell. war die Agiadenliste (in Form annalist. Adnotate?) mit der EL. kontaminiert. Zu den Namensreihen sind die Regierungsj., bes. für die älteren Könige, wohl erst von den alexandrin. Chronographen hinzugesetzt worden. Eratosth. benutzte die KL. als Rückgrat seiner Chronol. für die Zeit vor Ol. 1,1, Sosibios stellte sein Z.system auf spartan. Königsj. und suchte es mit Timaios' Olympiadensystem zu harmonisieren ([11], 232). – b) Die griech. Könige zählten ihre J. von der Thronbesteigung bzw. dem Beginn der Mitregentschaft an, z. B. Ptolem. I. 284/3 als sein 40. J. (ab 323), Ptolem. II. 280/79 als sein 6. J., die Mitregentschaft ab 285 eingerechnet ([2], 146, 1.2). Das Herrscherj. koinzidierte entweder mit dem Kalenderj., so bei den Ptolemäern, solange sie am makedon. Kalender festhielten ([1], 66. 38 ff. [2], 146 ff.), oder lief neben ihm her. Die makedon. Königsj. werden vom Termin des Thronwechsels an gerechnet, z. B. nach Ermordung Philipp → Arrhidaios' (4) vom Herbst 317 an für → Alexandros IV. (7). Nach dem Beispiel → Antigonos (1) Monophthalmos' u. a. Satrapen (MEYER Forsch. 2, 458) zählte → Seleukos I. seine Satrapenj. als »König von Babylon« (seit 309/8) von dem der Inbesitznahme (Aug. 312) nächstfolgenden 7. Königsj. Alexandros' IV. an (zur Gleichung S. SMITH, RAss 22, 1925, 189 f. A. T. OLMSTEAD, CPh 32, 1937, 4), das für den babylon. Kalender im Frühj. 311 (1. Nisan = 2./3. Apr.) begann; nach Annahme des Basileustitels 305 wurde für Makedonen und Griechen diese Zählung den makedon. Königsj. entsprechend auf Herbst 312 zurückverlegt, J. 1 daher Ol. 117,1 (= 312/11, Eus.-Hier. Chron. 2, 117 SCH.) geglichen und J. 2 nach makedon. Zählung ab Herbst 311, nach babylon. Zählung ab Frühj. 310 gerechnet (E. BICKERMAN, Berytus 8, 1944, 73 ff. [1], 71. [2], 245). Zur Seleukidenära s. u. 4. a. – Die Herrscherj. werden, um als Einheit der Z. verwendbar zu sein, von den Chronographen auf ein festes J. reduziert und nur ganzjähr. gerechnet, d. h. das J. des Thronwechsels entweder dem Nachfolger (Antedatierung) oder dem Vorgänger (Postdatierung) voll zugezählt; so ist im ptolem. Kanon Philipp Arrhidaios' Antritt antedatiert auf den 1. Thot des äg. J. 324/3 (= 12.11.324), in dem Alexander d. Gr. starb († 10.6.323), außerdem werden hier nur Alexanders äg. Herrscherj. (14.11. 332 – 11.11.324) gezählt; einige Listen (SMITH a. O. 186) rechnen Alexander 323 voll an, eine babylon. KL. gibt ihm nur 7 J., da sie ihn an das letzte J. des Dareios III. 330 anschließt (die babylon. Akten zählen natürl. von der Thronbesteigung in Makedonien 336 an, [1], 67). Oft entspricht die Zählung der Königsj. nicht der hist. Realität, z. B. ist eine Keilschrifturkunde vom J. 305 mit »J. 19 des Königs Philipp« (Arrhidaios) datiert (I. LÉVY, Journ. As. 1952, 269. [1], 90); andererseits erscheint im ptolem. Kanon Alexandros IV. mit 12 J. von 10.11.317 – 8.11.305. – Generell sind ant. KL. sicher auf die chr. Ära (s. u. III. 5) reduzierbar nur auf Grund entsprechender ant. chronograph. Vorarbeiten, wie Herrscherlisten im Kanon des Klaudios → Ptolemaios (B 1; [6] 1, 138 ff. [1], 107 ff.), in Eus.' Chronik, oder z. B. für die Pergamenerkönige (Regierungsj. und Synchronismen) bei Strab. 13, 623 f. KL. mit Herrscherfolgen der oriental. Spätzeit, für griech. und röm. Zeit

einschließl. der hellenist.-oriental. Randstaaten: [1], 156–167.

4. Eine Ära (zur Wortbed. »Ziffer« Dict. étym., 1967, s. *aera*, erstmals belegt in der span. *Era*, s.u. III 4.c), fortlaufende J.zählung von einem Fixpunkt (»Epoche«) aus, setzt ein reguliertes → Jahr voraus, das in Babylonien infolge dortiger Verwendung eines 19-J.-Schaltzyklus bestand ([1], 24f.). – a) Deshalb entstand dort als erste der dynast. Ären die Seleukidenära, die dadurch zustande kam, daß Seleukos I. die Zählung seiner Satrapenj. von 312/11 an nach Annahme des Königstitels (305) fortsetzte und Antiochos I. als Mitregent von 293 an, sodann als Alleinherrscher, und schließl. alle Nachfolger diese Zählung übernahmen. Die Epoche ist für Makedonen und Griechen den makedon. Königsj. entsprechend (s.o. 3.b) Herbst 312 (zw. 1. Loos und 1. Dios, vgl. o. Bd. III 1406) des makedon. Kalenders, für die Babylonier und anderen Reichsuntertanen 2./3. Apr. (= 1. Nisan) 311, jedoch mit Varianten nach lokalen Kalendern (Belege [1], 71. [2], 245,8. 140ff.). Die Seleukidenära war im Vorderen Orient (Nachweise [6] 3, 40ff. [2], 246, 1) weit verbreitet (in der Gesch.schreibung z.B. Ios. ant. Iud. 12, 246. 13, 213) und blieb bei Syrern (»Jahre der Griechenherrschaft«, 1. Makk. 11, 1) und Arabern ([fälschlich] »Alexander-« bzw. »Ära des Zweigehörnten«) mit dem (julian.) Neuj. Antiocheias zum 1. Okt. ([6] 1,263), im byz. Reich mit dem byz. Neuj. zum 1. Sept., sowie bei den Juden (»Zählung der Kontrakte«) bis ins MA. gebräuchlich ([6] 2,59), in der Syr. Kirche bis h. – Als ihre Nachahmung stellen sich dar die b) Arsakiden- oder Parth. Ära mit Epoche 247 v. Chr., 1. Nisan (Thronbesteigung → Arsakes' I.), für die Griechenstädte im Partherreich entsprechend Herbst 248, neben der auch die Ära »alten Stils« (*ὡς δὲ πρότερον*), die seleukid., weitergezählt wird (Ch. MEIER, MDAI (Baghd.) 1, 1960, 104ff. G. LE RIDER, Mém. miss. archéol. en Iran 38, 1965, 35. [1], 71f., 57); – c) ferner die Bithyn. und Pont. Ära, die, von den Königen von Bithynien und von Pontos im 2. Jh. v. Chr. eingeführt, in Pontos eine ältere Ära des → Pharnakes I. (IPE I² 402, Epoche 337/6 v. Chr.) ersetzte und auch im Bosporan. Reich benutzt wurde (vgl. W. H. BENNETT, Hist. 10, 1961, 460f.), gemeinsame Epoche (Herbst) 297 v. Chr. (Thronbesteigung des bithyn. Fürsten → Zipoites, [1], 72,58. G. PERL, Vestn. Drevnej Ist. 109, 1969, 3,39ff.). – d) Analog zu den dynast. entstehen die Freiheitsären (Typus: Beamtenliste von Amyzon *οἱ γεγονότες ἀφ' οὗ Κᾶρες ἠλευθερώθησαν*, d.h. 167 v. Chr., L. ROBERT Carie 2,309) in den vom Seleukidenreich abgefallenen Städten anstelle der Reichsära, ihre Epoche ist meist das Befreiungsj. Früheste Beispiele sind die Ären von → Tyros von 275/4 (E. der tyr. Dynastie) und → Arados (1) von 259 v. Chr. an (Unabhängigkeit vom Seleukidenreich). Im 2. und 1. Jh. v. Chr. bilden sich zahlreiche solcher Stadtären: Tyros von 126/5 (julian. 18./19. Okt.), → Seleukeia (2)/Pierien von 109 v. Chr. an, → Tripolis (5)/Phoinik. zw. 105 und 95, → Laodikeia (1) von 82 oder 81 v. Chr. an usw. (Nachweise [1], 72. [2], 246,5). – Ären solcher Art sind vielfach nicht lange in Gebrauch geblieben, häufig nur numismat. bezeugt (irrig konstatierte Ären, z.B. in → Alexandreia (2)/Troas, [1], 74f. [2], 248,1).

5. Die olymp. Spiele als bedeutendste panhellen. penteter. Festperiode boten sich als Grundlage einer gemeingriech. Z. an (Nennung von Olympionikennamen Thuk. 3,8,1. 5,49,1. GOMME, Hist. Comm. Thuc. 2,218). Die Z. nach → Olympiaden beruht auf der Namensliste der Olympioniken (Stadioniken), die um 410 v. Chr. von → Hippias (6) von Elis, *Ὀλυμπιονικῶν ἀναγραφή* (Plut. Numa 1,4), publiziert und danach oft ergänzt und (auch in Form von Chroniken) ediert wurde (Frg. späterer Listen FGrH 414–416). → Timaios (4) hat sie mit den Listen der spartan. Ephoren, Spartanerkönige, argiv. Herapriesterinnen synchronistisch koordiniert (Pol. 12,11,1) und damit ein chronol. Rahmenwerk geschaffen. Trotz fragwürdiger Historizität des älteren Teils der Liste (TH. LENSCHAU, Philol. 91, 1936, 396ff. [9], 58) ist doch die Epoche der Ära durch zahlreiche Zeugnisse für Hochsommer 776 v. Chr. (Ol. 1,1) abgesichert, z.B. die Diod. 20,5,5 für Ol. 117,3 erwähnte Sonnenfinsternis 310 v. Chr. ([6] 2,357), durch die POxy 12 (FGrH 255) und Diod. 17,113ff. vorgenommene Plazierung von Alexanders Tod in Ol. 114,1 und Eus. praep. ev. 10,9 die von Tiberius' 15. J., d.h. 28 n. Chr., in Ol. 201,4. Die Numerierung der Olympiaden und die Zählung ihrer 4 J. (POxy 12 = FGrH 255), die wohl auf Eratosth. zurückgeht (FGrH 241 Komm. II 707f.), machte die Liste für die Z. tauglich; fortan beruhte für hellenist. und röm. Zeit alle professionelle Chronogr. auf der Olympiadenzählung (Olympiadenrechnung will A. E. RAUBITSCHEK, Akt. Internat. Kongr. f. griech. u. röm. Epigraphik, 1973, 315ff. schon bei Xen. erkennen); sie wurde von byz. Chronographen auch nach 393 n. Chr. fiktiv beibehalten. Die Olympiadenliste liegt in dem von → Julius (B 3) Africanus gegebenen Umfang Ol. 1–249 (= 776/5–221 n. Chr.) vor bei Eus. chron. 89ff. K. L. MORETTI Olympionikai, 1957, 59ff. – Die Reduzierung der lokalen Eponymenlisten auf die olymp., deren Gebrauch Synchronismen (z.B. mit pyth. und att. J. Sylloge³ 557 vom J. 207/6) bezeugen, verursachte keine Schwierigkeit, sofern das Amtsj. mit dem olymp. J. (eigentl. keine feste Größe der Z., da sein Beginn zw. den Monaten Apollonios und Parthenios wechselte, o. Bd. IV 288. M. P. NILSSON Die Entstehung u. Bed. d. griech. Kalenders, ²1962, 47. R. SEALEY, CR 10, 1960, 185f. [1], 76. [2], 191ff.) nahezu zusammenfiel, von Hochsommer zu Hochsommer lief, wie das

att. Archontenj.; Kontamination mit Archontenj., Bezeichnung der 4 J. einer Olympiade mit den att. J.eponymen läßt das → Marmor Parium (FGrH 239 Komm. II 671) erkennen. Sonst wurde das olymp. J. vielfach mit dem makedon. (1. Dios [im Okt.], o. Bd. III 1406), mit dem att. und makedon. J. je nach Quellenvorlage von → Porphyrios (FGrH 260 Komm. II 855f.), mit dem achäischen Strategenj. fraglicherweise ([5], 108ff. RE XXI 1565. WALBANK, Comm. Pol. 1, 233f. [12], 46ff.) von Pol. geglichen. Bei Koordination mit dem röm. Konsulnj., das Teile zweier Olympiadenj. deckt, wurde das olymp. meist mit dem in ihm beginnenden, alternativ auch mit dem in ihm endenden Konsulnj. gleichgesetzt, z.B. Ol. 180,1 (= 60/59 v. Chr.) = Konsulat 59 v. Chr. bei Diod., = 60 v. Chr. bei Dion. Hal. ([1], 76; vgl. [12], 135f. 140,1); gleiche Diskrepanz ergab sich bei Gleichstellung att. Archonten und röm. Konsuln. Die aus der Koordination nicht kongruenter Amtsj. mit Olympiadenj. resultierenden unterschiedl. Ansätze der Epoche der Olympiadenära sind vor allem rechner. Natur (775 oder 776 v. Chr. nach Diod.', Pol.' und Dion.' Ansatz, 777 bei Benutzung des makedon. J., [1] a. O.). – Für literar., bes. historiograph. Bedürfnisse geschaffen, hat sich die Olympiaden-Z. im öffentl. Urkundenwesen nicht durchgesetzt (inschr. Zeugnisse selten und spät, z.B. DITTENBERGER-PURGOLD, Inschr. v. Olympia 530. REHM Didyma 2,214).

III. Bei den Römern 1. Röm. J.zählung und Konsularfasten: a) Republik. b) Kaiserzeit. 2. Röm. Stadtära a. u. c. und die Dauer der Königszeit. 3. a) Tribunats- und b) Thronj. der röm. Kaiser. 4. Ären im röm. Reich: a) Pompeian. Ären. b) Caesar. und Aktische Ären. c) Provinzären. d) Erinnerungsären. 5. Diokletians- und chr. Ära. 6. Weltären in ant. Tradition.

III. 1. a) Die röm. Z. beruht nach röm. Tradition auf dem konsular. Amtsj. Da dieses jedoch vor 222 v. Chr. keine festen Antrittstermine kannte (danach 15.3., ab 153 v. Chr. 1.1.), fiel es weder nach Beginn noch Dauer mit dem röm. → Kalenderj. (o. Bd. III 62f., zu dessen Beginn vor Caesar [2], 164f.) zusammen, war also als konstante Größe der Z. noch weniger geeignet als jenes; eine Zahl von Eponymenkollegien deckte sich so mit einer gleich großen von Kalenderj. nicht durchwegs (vgl. MOMMSEN RStR 1, 597ff.). Chronograph. wirkte sich dies erst aus, als Amts- auf Kalenderj. reduziert wurden bzw. die röm. Gesch.schreibung (Annalisten der Gracchenzeit) zur J.zählung rein nach Konsulnpaaren überging. Die → *fasti consulares* (vgl. auch o. Bd. III 63) der Republik liegen in 3 Redaktionen august. Zeit vor, den Fast. Cap. mit Triumphatoren bis 19 v., Konsuln bis 13 n. Chr., zu ergänzen aus späteren verderbten Abschriften (DEGRI XIII 1; dazu G. MANGANARO, Cronache di arch.e di storia dell' arte 3, 1964, 38ff.); bei Liv. bzw. für die verlorenen Teile bei → Cassiodorus (s. u. b) und (mit Abweichungen) Dion. Hal. (bis 443 v. Chr.); schließl. bei Diod. 11–20 (für 486–302 v. Chr.). Großenteils übereinstimmend, haben sie eine vermutl. Anf. 3. Jh. v. Chr. im Pontifikalkollegium entstandene Vorlage gemeinsam, die, in Form der Pontifikalchronik fortgeführt und mehrfach ediert (E. KORNEMANN Der Priestercodex in d. Regia, 1912), die Konsulnliste vom Pyrrhoskrieg (281/0) an verläßl., jedoch für das 4. und 5. Jh. nur nachträgl. Rekonstruktion bieten konnte (z.B. im 5. Jh. Einschwärzung pleb. Konsulate aus im 3. Jh. zur Nobilität gehörenden Familien). – Das Fixdatum der röm. Chronol. im 4. Jh., den auf zeitgenöss. Überl. zurückgehenden und von → Fabius (III 1) Pictor vermutl. in die röm. Chronol. eingeführten Synchronismus (Pol. 1,6,1 [s. o. II 1. b]) Antialkidasfriede – Gallierbrand – Konsulartribunat der drei Fabier im J. 387/6 (für 384 als Fabius' Datum J. PINSENT Military Tribunes and Plebeian Consuls [Hist. ES 24], 1975, 11f.) haben Diod., Liv., Dion. unter dem richtigen Datum, die 106 J. zw. 281/0 und 386 wurden aber nur dadurch erreicht, daß in die J.reihe eponymer Kollegien eine 5jähr. Anarchie ohne kurul. Magistrate (*solitudo magistratuum* Liv. 6, 35, 10) eingesetzt (Liv. und Dion.) oder anderweitig Eponymenkollegien eingeschoben oder doppelt aufgeführt wurden (Diod.; G. PERL Krit. Unt. z. Diodors röm. J.zählung, 1957). Die Fast. Cap. haben (nach → Pomponius [A I 4] Atticus und → Varro 1) zusätzl. im 4. Jh. 4 jähr. Diktaturen (staatsrechtl. unmögl.), womit sich der Gallierbrand von seinem wahren Datum auf 391/0 entfernt. Diese Itp. war durch Manipulation im oberen Teil der Liste vom Republikbeginn bis zum Gallierbrand bedingt. – Als weiterer Fixpunkt in der frühen röm. Gesch. läßt sich das J. 507 v. Chr. mittels der Weihinschr. des Cn. → Flavius (I 3) vom J. 303 v. Chr. (Plin. nat. 33, 19) erschließen, nach der dieser 204 J. *post aedem Capitolinam dedicatam* einen Concordiatempel weihte, und ferner, daß, nicht lange vor der Fastenredaktion Anf. 3. Jh. v. Chr., nicht nach Eponymenkollegien, sondern nach Kalenderj. gerechnet wurde, die an den alljährl. an den *Id. Sept.* durch den Inhaber des höchsten Imperiums in die Wand (apotropäischer Ritus) des kapitolin. Tempels eingeschlagenen Nägeln (Liv. 7,3,5ff.) abzählbar waren; jede von diesem Datum aus errechnete J.summe stimmt mit der entsprechenden Zahl von Olympiadenj., nicht dagegen mit der Zahl der diesen Zeitraum füllenden Eponymenkollegien überein ([12], 26ff.). An den Fixpunkt 507 v. Chr. wurde offenbar im 3. Jh. das → Regifugium, das unter *VI Kal. Mart.* im röm. Kalender stand und der bald darauf (*Kal.* oder *Id. Mart.*) gedachte Antritt der ersten Konsuln angeschlossen, der Dedikator des kapitolin. Tempels M. → Horatius (7) Pulvillus zu L. Iunius → Brutus (2) gestellt (Pol. 3, 22, 1. [12], 131ff.): das J. 507 (bzw. 508/7

= Ol. 68,1) liegt einheitl. zugrunde bei Fab. Pictor, Cato, Pol., Dion. und Liv. (507 oder 506 nach Abstandsangaben, 502 jedoch nach Eponymenkollegien), sowie bei Diod. ([12], 42ff. 113ff. 134ff. 147ff. 166ff.). Mittels versch., auf die Annalisten der Gracchenzeit zurückgehender, Einschübe zwecks Auffüllung des Zeitraums 507–386 wurde der Zusammenhang Tempelweihe–Republikbeginn jedoch gelöst, erstere blieb im 3. J. der Republik stehen (z.B. Dion. Hal. 5,35,3), der Republikbeginn rückte auf 509 und M. Horatius Pulvillus erhielt in jenem J. ein »2.«, in diesem ein 1. (Suffekt-)Konsulat. Da schließl. Atticus und Varro für die Zeit Republikbeginn–Gallierbrand nicht 122, sondern nur 120 eponyme Kollegien rechneten (Zählung von nur 2 statt 3 Dezemviratsj., Weglassung einer Konsulnitp. bei varron. 310 = 444 v.Chr.), löste sich bei ihnen auch der Gallierbrand von 387/6 und fiel, von 509 an gerechnet, auf 391/0 zurück; deshalb wurde die nun im 4. Jh. klaffende Lücke durch 4 Diktatorenj. (333, 324, 309, 301 v.Chr.) geschlossen; dieses Bild zeigen die Fast. Cap. ([12], 159ff. 192ff. 205ff. 210ff. PINSENT a.O. 4f.). Alle Daten vor 333 v.Chr. sind daher entsprechend abzumindern, z.B. die Licin.-Sextischen Gesetze nicht 366, sondern 362 v.Chr. usw. Immerhin war nach diesen Operationen die Fastenliste seit 1. Jh. v.Chr. zu einem brauchbaren Mittel der Z. der röm. Republik geworden (sämtl. Material: BROUGHTON. Namensliste [2], 256ff.). Schwierigkeiten bleiben: die divergierende Zählung von 2 (Diod., Atticus-Varro-Fast. Cap.) oder 3 (Fab. Pictor, Pol., die Annalisten, Liv. und Dion.) Dezemviratsj., die offenbar zum alten Überl.bestand gehörende 5jähr. Anarchie (hist. Gründe [5], 322), die 4 J.diktaturen (Gründe [12], 200f; PINSENT a.O. 6ff.). – b) Auch in der Kaiserzeit werden die J.daten mit den Konsulnnamen gegeben und zwar nach den am 1.1. antretenden *consules ordinarii* (nach *consules suffecti* nur in stadtröm. Inschr. des 1. und 2. Jh., z.B. CIL XVI 14). Nach 395 n.Chr. wurde, im Falle daß die gegenseitige Konsulnmeldung im anderen Reichsteil nicht rechtzeitig eingetroffen war, datiert *consules, quos iusserint domini nostri* oder *et qui de occidente/oriente fuerit nuntiatus*, bei Nichtanerkennung einer gemeldeten Konsulernennung auch postkonsularisch. Letztere Datierungsweise wird die Regel beim Ende der Konsulnernennung 534 (Paulinus) im W., 541 (Basilius iun.) im O. (z.B. *post consulatum Basili a. XXIII* = 564 n.Chr.), auch von Kaiserkonsulaten aus (z.B. *μετὰ τὴν δευτέραν ὑπατείαν* [des Kaisers → Iustinus II. (4)] *ἔτους δεκάτου* = 578 n.Chr.). Die Konsularfasten der Kaiserzeit lassen sich zusammenstellen aus den Fast. Cap. (bis 13 n.Chr.), versch. inschr. erhaltenen Fasten (o. Bd. II 519), literar. und urkundl. Erwähnungen von Konsulnnamen, sowie aus den die Chronographen Iul. Africanus, Eus.-Hier. fortsetzenden Chroniken

(MGAA 9.11.13), vor allem dem → Chronograph vom J. 354, den Fast. Hydatiani (→ Hydatius 2), → Prosper Tiro, → Cassiodorus, dem Chronicon Paschale vom J. 629 u.a. Zusammenstellung DEGRASSI FImp.; Namensliste bis 398 n.Chr.: [2], 267ff., neuere Lit. ebd. 255,1.

2. Die Gründung Roms (J. 1 des → Romulus) wurde (nach Dion. Hal. 1,74) von den ält. röm. Gesch.schreibern → Fabius (III 1) Pictor auf Ol. 8,1 (748/7), → Cincius (2) Alimentus Ol. 12,4 (729/8) gesetzt ([5], 81f. 98ff.); Catos Intervall vom Troiadatum des Eratosth. 1184/3 an berührt sich mit Pol.' Datum Ol. 7,2 = 751/0 ([12], 114ff.), das ergibt 243 J. vom Republikbeginn 508/7 aus, ebenso bei Diod. Die Annalisten und ihnen folgend Liv., Atticus und Varro setzten 244 J. (da bei ihnen → Tarquinius [7] Superbus volle 25 statt 24 J. zugerechnet werden) an und gelangten so von ihrem Republikbeginn, Liv. von 507 oder 506 (nach Abstandangaben) bzw. 502 (nach Eponymenkollegien) auf 751 oder 750 bzw. 746, die anderen von 509 auf 753 ([12], 147ff. 201ff.), Dion. von 508/7 auf Ol. 7,1 = 752/1 (vgl. auch [2], 252), die Fast. Cap. mit nur 243 J. jedoch von 509 auf 752 v.Chr. Als röm. Stadtära durchgesetzt hat sich in der Kaiserzeit die Zählung des Varro mit Epoche a.u.c. 1 = 753 v.Chr. als »Natalis urbis« (21. 4., → Parilia); sie hatte jedoch für die prakt. Z. keine Bed., da die J.datierung nach Konsuln erfolgte; auch galt das Gründungsj. der Stadt als umstritten (Cic. Brut. 72). Datierungen nach der Stadtära (literar. und inschr.) sind regelmäßig Intervallangaben (Liv. 4,7 Einsetzung der Konsulartribunen varron. 310 = 444 v.Chr.; DESSILS 274 Wiederherstellung der Freiheit durch → Nerva 848 a.u.c. = 96 n.Chr., [verspätete] Feier des Millenniums unter → Philippus [2] Arabs 248 n.Chr.). Daten der röm. Republik nach »J. der Stadt« zu geben ist neuzeitl. (von den Humanisten übernommener) Gebrauch.

3. a) Die Zählung nach Tribunatsj. der Kaiser tritt in den Urkunden neben die J.bezeichnung nach Konsuln als wichtige Zusatzdatierung, da die *tribunicia potestas* (o. 949, 46ff.), im Unterschied zum Konsulat vom Kaiser (erstmals Augustus ab 23 v.Chr.) J. um J. bekleidet und mit Iterationsziffer versehen, prakt. Regierungsj. angibt (Cass. Dio 53, 17, 10). Die tribuniz. J. werden unter Augustus vom 1.7. (23) an gerechnet, ebenso für Tiberius, spätere Kaiser des 1. Jh. zählen vom Tag der Übernahme des *imperium proconsulare* (»*dies imperii*«) an (z.B. Vespasian ab 1.7.69, Verleihung der *trib. pot.* durch den Senat erst 22.12.69). Der mit *imperium procos.* und *trib. pot.* ausgestattete Nachfolger rechnet seine Tribunatsj. parallellaufend vom gleichen »Neujahrstag« an wie der regierende Kaiser (z.B. Tiberius bei Augustus' Tod am 19.8.14 *trib. pot. XVI* [seit 1.7. d.J.], bei seinem Tode am 16.3.37 *trib. pot. XXXVIII*) und setzt diese Zählung nach Thron-

besteigung fort. Das tribuniz. Kaiserj. mit wechselnden Anf.terminen wird unter Traianus auf das alte pleb. Amtsj. mit Neuj. am 10. Dez. gestellt. Als 1. J. zählt die Frist von der fakt. Übernahme bis zum nächstfolgenden 9. 12. Seit den Severern wurde bes. in den Provinzen z. Z. der Reichskrise diese Norm mißachtet. → Diocletianus iteriert seine Tribunate gleichlaufend mit dem Konsulnj. zum 1. Jan., → Constantinus I. zu wechselnden Terminen, → Constantius II. wieder ab 10. 12. [324] (MOMMSEN RStR 2, 796ff. [1], 65, 50). – b) Zählung wirkl. Herrscher- oder Thronj. der Kaiser (im W. Ausnahme Tac. ann. 4,1. CIL XII 406, auf röm. Kalenderj. gestellt) war nach oriental. und hellenist. Tradition in den ö. Provinzen (vgl. Luk. 3,1) übl., das 1. J. hier die Frist zw. der Thronbesteigung und dem nächstfolgenden Neuj. der lokalen Kalender, 2. J. also in Syrien ab 1. Okt. (julian.), Äg. 29. Aug. ([1], 66. 48). Nach Ausweis der Mz. tritt in Syrien unter Traianus an die Stelle der Zählung der Herrscherj. (ἔτους νέου ἱεροῦ) die nach der *trib. pot.* (... δημαρχικῆς ἐξουσίας), in Äg. (Mz. von Alexandreia) blieb es bei derjenigen nach Herrscherj., die, auf das äg. Kalenderj. gestellt, wertvolles Hilfsmittel zur zeitl. Festlegung der zahlreichen Thronwechsel im 3. Jh. darstellen (J. VOGT Die alexandrin. Mz., 2 Bde., 1924). → Iustinianus verordnete 537 Datierung amtl. Dokumente mit Zusatz des Thronj. und der →*indictio* (Nov. 37); die byz. Kaiser zählen ihre Herrscherj. von der Thronbesteigung an (F. DÖLGER, SBAW 1949, 1).

4. a) Die sog. Pompeian. Ären mit lokal unterschiedl. Epochen entstehen in Städten Syriens und Phoinikiens nach ihrer Befreiung von seleukid. bzw. makk. Herrschaft durch → Pompeius (A I 1): Apameia und Arados von 66 an, Gadara, Arethusa, Skythopolis, Tripolis 64, Gerasa, Philadelpheia, Demetrias 63, Gaza 61, danach wiederum Apameia von 41 v. Chr. an (Nachweise [2], 247,1). – b) Siegerären sind die Caesar. Ära, die, an den Sieg bei Pharsalos Juni 48 v. Chr. anknüpfend, ihre Epoche im J. 48 (Laodikeia) oder (aus kalendar. Gründen) im Herbst 49 v. Chr. (Antiocheia) hat (weitere Beispiele [2], 247,2); andere Städte hielten an der Seleukiden- (Apameia) oder eigenen Ären fest; – ferner die Aktische Ära, ausgehend von der Schlacht bei Actium 2. 9. 31 v. Chr. (Cass. Dio 51, 1,2), die je nach den lokalen Kalendern 31 oder 32 v. Chr. als Epoche hat, ihr Gebrauch war in Makedonien (neben der Provinzära), Asia, Syrien, Cyrene verbreitet ([2], 247, 3–5); caesar. und akt. Ära erscheinen auch in Doppeldatierung verbunden (lyd. Inschr.: P. HERRMANN, Denkschr. AWW 77, 1, 1959, 8f.). – c) Zu den dynast. oder Herrschaftsären gehören schließl. die röm. Provinzären, da sie J. der röm. Herrschaft im jeweiligen Lande zählen (Typus: ἔτους ... ʿΡώμης, H. SEYRIG, Syria 36, 1959, 71), Epoche ist regelmäßig das J. der Einrichtung der Provinz: Makedon. Ära (ὡς δὲ Μακεδόνες ἄγουσιν Sylloge^3 704) vom Herbst 148 (M. N. TOD, Stud. Robinson 2, 1953, 382ff.), die neben der später verbreiteten Akt. Ära fortbestand (F. PAPAZOGLOU, BCH 87, 1963, 517ff.); Achäische Ära vom J. 146 v. Chr. an (A. WILHELM, JOEAI 10, 20ff.); Kistophorenära der Provinz Asia von 134/3 an, auf den → Kistophoroi, der Hauptmz. des pergamen. Königsreichs seit Eumenes II. und danach der röm. Provinz, bis 68/7 v. Chr. (D. KIENAST, Jb. f. Num. u. Geldgesch. 11, 1961, 158ff.); Sullan. Ära von 85/4 im Innern von Asia (z. B. auf Mz. von Tralleis), die nach Sullas Sieg über Mithradates VI. dessen Pont. Ära verdrängen sollte ([6] 3, 37f. [7], 76); die Provinzära Äg. vom 1. 8. 30 (Eroberung Alexandreias, Cass. Dio 51,19,6) an, gebräuchl. bis in die ersten J. des Tiberius, zählt bezeichnenderweise Herrschaftsj. des Augustus in Äg. (ἔτους ... τῆς Καίσαρος κρατήσεως Θεοῦ υἱοῦ, J. BINGEN, Chron. d'Égypte 39, 1964, 174ff.); Mauretan. Ära vom 1. 1. 40 n. Chr., Angliederung Mauretaniens an das Imperium (»*anno provinciae* ...«, [6] 3,178. [7], 78); Arab. oder Ära von Bostra, von (22. 3.) 106 oder 105 n. Chr. an nach Umwandlung des → Nabataierlandes in eine röm. Provinz (ἔτους ... τῆς ἐπαρχίας bzw. ... τῆς Βοστρηνῶν, [6] 3,49f. [7], 80f.). Zu den Provinzären sind ferner zu rechnen die Dak. Ära von 247 n. Chr. (nach einem Steuernachlaß des Philippus Arabs) und eine Obermoes. Ära (→ Viminacium) von 239 n. Chr., die beide auf Kupfermz. erscheinen und nur wenige Jahrzehnte in Gebrauch waren ([7], 81f.). – Die Span. Ära dagegen (eigtl. *Era*, sprachl. Zugehörigkeit und Wortbed. ebenso ungeklärt wie der hist. Anlaß, W. KUBITSCHEK, RE I 611f.), Epoche 1. 1. 38 v. Chr. (viell. aus der span. Osterfestberechnung), scheint erst in nachröm. Zeit (*Era DIIII* = 466 n. Chr.) in Gebrauch genommen und kommt als Nebendatierung erst im Spät-MA. ab ([3], 207f. [6] 3, 175ff. [7], 77). – d) Als meist kurzfristig verwendete Erinnerungsären, die an ein markantes, meist lokales, Ereignis anknüpfen, sind bezeugt eine in Gangra/Paphlagonien vom 12. Konsulat des Augustus (5 v. Chr.), Epoche 6/5 (J. des Anschlusses der Stadt an das Imperium, D. MAGIE Rom. Rule in Asia Minor 2, 1283. 1328), in Athen eine Zählung vom Besuch des Kaisers Hadrianus (124/5 n. Chr.) mit Epoche 124 n. Chr. ([1], 74,61. BENGTSON GG^4 539,2); in Samos ist eine Ära von Augustus' Konsekration an (14 n. Chr.) bezeugt ([2], 246,4).

5. Die Diokletiansära wurde vermutl. von alexandrin. Astronomen, deren Berechnungen auf das schaltungsfreie äg. Wandelj. gestellt waren, nach Einführung des Konsulnj. (mit Neuj. 1. Jan.) in Äg. unter → Diocletianus geschaffen, Epoche (29. 8., julian.) 284 n. Chr.; dieser J.zählung bediente sich die alexandrin. Osterfestberechnung ([6] 1,229ff.). Da nun die Ostertafel des → Kyrillos

(1) mit J. 247 diokl. (= 531 n. Chr.) auslief und → Dionysius (9) Exiguus eine neue erstellte, setzte er an die Stelle der J.zählung nach dem Christenverfolger die chr. Ära, indem er das J. 248 diokl. dem J. 532 n. Chr. (*ab incarnatione Domini nostri Iesu Christi*, MIGNE PL 67, 487 A) glich ([3], 198 ff. B. KRUSCH, APrAW 1937, 8, 59 ff.). Diese chr. Z. (dionys. Ära) setzte sich mittels der Ostertafeln im W. rasch durch (bei Cassiod. und den Komputisten), seit dem 8. Jh. (Beda Venerabilis) auch in Urkunden und Gesch.werken ([1], 81, 63). Nach der Diokletiansära (*ἔτους ... Διοκλητιανοῦ*), im 5. Jh. in Äg. Datierungsmittel in Privaturkunden, ist von den Kopten und gelegentl. im W. (7. Jh. »Märtyrerära«) weiter gerechnet worden.

6. Gelehrten Ursprungs sind schließlich die sakralen Weltären (WÄ.) in ant. Tradition, die allesamt spekulative Auswertung des A.T. mit Rechenoperationen verbinden, um für alle zur Osterfestberechnung benötigten Zeitkreise (Mond-, Sonnenzirkel, Indiktionenzyklus) ein gemeinsames Epochenj. (»J. 1 Adams«) zu gewinnen (vgl. die Zählung »*ab Abraham*« 2016 v. Chr. bei Iul. Africanus, Eus., Hier.): die jüd. WÄ. von 6./7.10. 3761 (F. RÜHL, Dt. Ztschr. f. Gesch.Wiss. NF. 2, 1897/98), 185 ff. [6] 2, 79 f. J. FINEGAN Handbook of Bibl. Chronol., 1964, 126); alexandrin. WÄ. (*κατὰ ᾿Αλεξανδρεῖς*) von 25.3.5492 oder 29.8. 5493, später 5508 ([3], 191 f. [6] 3, 288 ff. [1], 73); byz. WÄ. (*κατὰ ῾Ρωμαίους*) von 1. 9. 5509, urspr. 21.3.5508 ([3], 194 ff. [6] 3, 292 ff. [1] a. O.), welche sämtl. erst in nachant. Zeit Mittel der prakt. Z. geworden sind, die WÄ. von Konstantinopel in Ländern der orthodoxen Christenheit (z. T. bis ins 19. Jh.), die alexandrin. WÄ in der äthiop. Kirche bis h., die jüd. WÄ. in alleinigem synagogalen Gebrauch statt der Seleukidenära erst seit dem 16. Jh. H. K.

1. *E. J. Bickerman* Chronol. of the Anc. World, 1968. 2. *A.E. Samuel* Greek and Roman Chronol., 1972. 3. *F. Rühl* Chronol. d. MA. u. d. Neuzeit, 1897. 4. *F. Jacoby* Apollodors Chronik, 1902. 5. *O. Leuze* Röm. J.zählung, 1909. 6. *Ginzel* HB. 1–3, 1906–1914. 7. *W. Kubitschek* Grundriß d. ant. Z., 1928. 8. *D. W. Prakken* Stud. in Greek Genealogical Chronol., 1943. 9. *F. Jacoby* Atthis, 1949. 10. *B. D. Meritt* The Athenian Year, 1961. 11. *F. Kiechle* Lakonien u. Sparta, 1963. 12. *R. Werner* Der Beginn d. röm. Republik, 1963.

Zela (*Ζῆλα*, vgl. Strab. 11,512; auch andere Schreibweisen sind überliefert), Stadt im kleinasiat. → Pontos an einem l. Nebenfluß (h. Zile su) des Iris (h. Yeşil Irmak), urspr. eine assyr. Gründung um eine Kultstätte der Göttin Anahita. Bei Z. hat → Caesar (12) i. J. 47 v. Chr. seinen Sieg über → Pharnakes II. (2) erfochten, den er mit den Worten »*veni, vidi, vici*« nach Rom meldete. E. O.

K. Abel, RE Suppl. XIV 984 ff.

Zeleia. Ort in der kleinasiat. Landschaft → Mysia linksseits im Flußtal des → Aisepos (h. Gönen Çayi) beim h. Sariköy. Z. rechnete fast

durchwegs zum Territorium von → Kyzikos (beim h. Belkis). E. O.

Zelos (*Ζῆλος*), Sohn von → Pallas (1) und Styx. Gegen die Titanen wird Zeus von Styx und ihren Kindern (Z., Nike, Kratos, Bia) unterstützt (Hes. theog. 383–403. Apollod. 1,9), die ihn künftig stets begleiten; sie haben als Kräfte zu gelten, die im Dienst der Macht stehen und auf denen jene ruht: Z. = Eifer, Machtwille und dadurch erlangter Ruhm, zu trennen von Z. = Eifersucht (Hes. erg. 195, WILAM. zu 23), die Aphrodite nach der Geburt hilft (Orph. frg. 127). C. J. C.

1. *H. Fränkel* Wege u. Formen frühgriech. Denkens, [3]1968, 324–329. 2. *J. Schmidt*, Myth. Lex. 6,562. 3. *F. Solmsen* Hesiod and Aeschylus, 1949 (repr. 1967), 33–34. 4. *M. L. West*, Hesiod. Theogony, 1966, 272.

Zeloten (*Ζηλωταί* für hebr. *qannāʾīm*, aram. *qanʾānajjā* »Eiferer«) nennt man die jüd. Aufständischen gegen Rom 66–70 n. Chr. (→ Judentum 2), deren Ideal es gewesen sei, die Theokratie auf Erden mit Gewalt herbeizuführen. Nach dem Sprachgebrauch namentlich bei → Iosephos (2) handelt es sich jedoch urspr. nur um eine Gruppe von Jerusalemer Priestern, die für die Reinigung des Tempels und seines Kultus kämpfte; daneben gab es die Sikarier, die aus der galiläischen Landbevölkerung hervorgegangen waren und neue Besitz- und Erbverhältnisse für das Land erzwingen wollten ([2], 736). Die Z. erweiterten sich aus Kreisen, in denen sadokidische Traditionen gepflegt wurden (→ Essener, → Pharisäer), die Sikarier gehen auf Judas den Galiläer zurück. Beide Gruppen bilden sich während des Census 6 n. Chr., wenn auch wohl die Z. in erster Linie nicht durch diesen motiviert waren (Ps.-Clem. rec. 53,5–54,2. Sadducaei: Anhänger Sadoks, Symbolname eines geistigen Führers der Z.). Erst der Fanatismus des Sikariers → Simon (7) bar Giora scheint zu einem Zusammenschluß einer Sikarierfraktion unter Johannes von Gischala mit den Z. geführt zu haben, wodurch sich hier sozialrevolutionäre und priesterlich-messianische Tendenzen verbanden. Die Sikarier gingen 72 n. Chr. nach erbitterter Verteidigung von → Masada, die mit einem Teil von ihnen verbundenen Z. in → Machairus zugrunde (Ios. bell. Iud. 2–7 und par. in Ios. ant. passim). C. C.

1. *M. Hengel* Die Z., 1961. 2. *G. Baumbach* Z. u. Sikarier, ThLZ 90, 1965, 727–39.

Zemarchos. Kilikier, *mag. mil. per Orientem*, 568 (569?) Gesandter zum Türkenkagan Sizabul (bes. für Kenntnis der Türken wichtiger Reisebericht bei Menand. frg. 20/22 = exc. de leg. 451 f. DE BOOR. STEIN II 773). A. L.

Zenas (*Ζηνᾶς*). **1.** Sohn des Alexandros, Bildhauer, signierte um 120–130 die Büste eines unbekannten Römers (JUCKER, MDAI[R] 68, 1961, 111 ff. Taf. 32,2. HELBIG Führer[4] Nr. 1408). Z. arbeitete in Rom, gehört aber seinem Stil nach zur Bildhauerschule von → Aphrodisias 1. **2.** Ein

Ζηνᾶς β (= δίς, der zweite), wohl Sohn von Nr. 1, signierte gleichzeitig eine zweite Büste (Jucker Taf. 32,1. Helbig Nr. 1405). W. H. G.

Zeniketes (Ζηνικέτης). Führer der kleinasiat. Seeräuber ca. 84–77 v. Chr., möglicherweise König. Mittelpunkt seines Machtbereichs, zu dem u. a. → Korykos (2) und → Phaselis gehörten, war die Bergfestung → Olympos (12) in Lykien, wo er auch im Abwehrkampf gegen P. → Servilius (I 35) Vatia Isauricus in seinem Haus den Tod fand. Strab. 14,5,7. H. A. Ormerod Piracy in the Anc. World, 1924, 212ff. E. Ziebarth Beitr. z. Gesch. d. Seeraubs, 1929, 111. H. G. G.

Zenis (Ζῆνις). **1.** Dardaner, unter → Pharnabazos (2) Satrap der → Aiolis (1), die nach seinem Tod durch seine Witwe, die Dardanerin → Mania (3), verwaltet wurde (Xen. hell. 3,1,10. Polyain. 8,54). **2.** Aus Chios, Vf. einer nur durch ein Frg. (Athen. 601f) bezeugten Schrift über seine Heimat, viell. aus dem 4. Jh. v. Chr. (F. Jacoby zu FGrH 393). C. J. C.

Zenobia (Ζηνοβία). **1.** Tochter des Armenierkönigs → Mithradates (21), etwa 50 n. Chr. Sie war vermählt mit ihrem Vetter → Radamistus, dem herrschsüchtigen Sohn des Ibererkönigs → Pharasmanes (o. Bd. IV 1587), Tac. ann. 12,44,1f. Cass. Dio 58,26,3f. Als Radamistus sich zum 2. Male der Herrschaft über Armenien bemächtigte, alsbald aber wieder verjagt wurde, folgte Z., ungeachtet ihrer Schwangerschaft, dem Gatten auf seiner Flucht. Angesichts der Strapazen bat sie schließlich Radamistus, sie zu töten. Die vermeintlich Todwunde wurde den Wogen des → Araxes (1) übergeben, aber von Hirten noch lebend geborgen und gepflegt. Man brachte Z. nach → Artaxata, wo sie auf Weisung des neuen Herrschers → Tiridates (6) eine königliche Behandlung erfuhr (Tac. ann. 12,50f. J. G. C. Anderson, CAH 10,756f.). Ihr weiteres Schicksal ist unbekannt. **2.** Iulia Aurelia Z., später (vgl. OGIS 2,647f.) Septimia Z., syr. Bath-Zabbai (Th. Nöldeke, ZDMG 24, 1870, 85ff.), die überragende Herrscherin von → Palmyra (Tadmōr) in Syrien, 267–271/72. Ihr Vater dürfte mit dem unter Severus Alexander (→ Aurelius II 30) am Perserfeldzug 232 beteiligten Befehlshaber Iul. Aurelius Zenobius identisch sein (OGIS 2,640). Sie war die 2. Gemahlin des Septimius → Odaenathus (2), des Exarchen von Palmyra, der im Frühjahr 267 in Emesa einem Attentat erlag (H. A. v. Gall. 13,1. Eutr. 9,13,2). Wohl mit Duldung des Kaisers → Gallienus übernahm Z. nun die Regentschaft für ihren ältesten Sohn → Vaballathus Athenodorus (H. A. v. Aurel. 38,1). Sie verstand es geschickt, die Krisen des röm. Reiches unter den Kaisern Claudius II. Gothicus (→ Aurelius II 31) und Quintillus (→ Aurelius II 9) zu einem einzigartigen Machtaufschwung Palmyras zu nutzen, das sich schon in wenigen J. um einen Teil Mesopotamiens, um Syrien, Arabien und Äg. vergrößerte und im N. bis Ankyra ausdehnte (Zos. 1,50,1); es gelang Z. sogar, die neue Machtstellung vertraglich mit Rom zu fixieren. Die alte Karawanenstadt Palmyra, geschmückt durch prächtige Tempel und Säulenstraßen, wurde unter Z. zur kulturellen und wirtschaftl. Metropole des Orients. Am Hof der hellenisierten Monarchin (H. A. trig. tyr. 30,14ff. 20ff.) wirkte der Neuplatoniker Cass. → Longinos (1; H. A. Aurel. 30,3), auch → Paulus (6) von Samosata zählte in der Stellung eines *ducenarius* zu ihren Günstlingen (Athanas. Hist. Arian. 71). Schließlich zog Z. die letzte Konsequenz: sie proklamierte die Selbständigkeit des palmyren. Reiches, indem sie, wie die Münzprägungen d. J.s 271 zeigen, sich Augusta und Vaballathus Augustus nannte (OGIS 2,647). Kaiser → Aurelianus (4) hatte sie gewähren lassen, solange er noch in die schweren Alamannenkämpfe verwickelt war. Doch danach erklärte er Z. (noch 271) den Krieg. Bei Antiocheia und Emesa wurden die Palmyrener vernichtend geschlagen und die Hauptstadt im Frühj. 272 zur Kapitulation gezwungen (H. A. a. O. 25,3f. Zos. 1,51f. Zon. 12 27). Auf der Flucht zu den Persern geriet die Königin am Euphrat in röm. Gefangenschaft (H. A. a. O. 28,1ff. Zos. 1,55,2f.); auch Vaballathus, Longinos und Z.s Heerführer Zabdas fielen den Römern in die Hände. Während Longinos als Urheber (?) eines polemischen Briefes an Aurelianus hingerichtet wurde, fand Z. selbst Gnade, sollte aber mit anderen Vornehmen nach Rom gebracht werden. Von hier an divergieren die Zeugnisse. Der Angabe Zos. 1,59,4 (so z. T. auch Zon. 12,27), Z. sei vorher verstorben, steht der übereinstimmende Bericht der H. A. und anderer über Aurelians Triumphzug entgegen: Danach wurde Z. 274 samt ihren beiden jüngeren Söhnen → Herennianus und → Timolaos (3) und dem Usurpator → Eusuvius (1) Tetricus vor dem Triumphwagen des Kaisers in goldenen Ketten durch Rom geführt (H. A. trig. tyr. 24,4; Aurel. 32,4ff. Eutr. 9,13,2. Fest. 24,1). Späterhin soll sie, was indessen fraglich erscheint, auf einem Landgut bei Tibur (H. A. trig. tyr. 30,27) und sodann im Kreise ihrer Angehörigen noch lange J. in Rom gelebt haben (Eutr. a. O.).

Mit dem Namen der Z. verbindet sich »die erste große Expansion in der Gesch. des Arabertums« (H. Bengtson RG 1^2 387). Unbestritten ist der polit. Instinkt dieser Herrscherin für die Gunst des Augenblicks, zum anderen aber ist auch ein Zug der Maßlosigkeit unverkennbar. R. E.

J. G. Février Essai sur l'histoire pol. et économ. de Palmyre, Paris 1931, 103ff. *A. Alföldi*, Berytus 5, 1938, 47ff. *Ders.* u. *H. Mattingly*, CAH 12, 1939, 177f. 301f. *E. Kornemann*, Große Frauen des Alt., 1947, 299ff. *J. Gagé* La montée des Sassanides et l'heure de Palmyre, Paris 1964, 349ff. *H. Seyrig*, Mél. K. Michalowski, Warszawa 1966, 659f. *V. Picozzi*, Numismatica N. S. 2, 1961, 123ff.

3. An der Stelle einer bereits 877 v. Chr. gegründeten Siedlung legte nach der Ermordung des

→ Odaenathus (2) dessen Gemahlin, die Usurpatorin → Zenobia (1) von Palmyra (266–271 n. Chr.), am Mittellauf des → Euphrates auf halbem Wege zw. → Sura (3) im NW. und Kirkesion im SO. beim h. Halebiye eine befestigte Stadt an, der sie ihren Namen gab (vgl. Prok. aed. 2,8; b. Pers. 2, 5). Kaiser → Iustinianus (1) hat zur Abwehr der → Sassaniden die Festung vergrößert, verstärkt und mit einer Garnison gesichert. Dennoch wurde Z. bereits 610 von → Chosroes II. (4) erobert und zerstört. E. O.

K. Abel, RE X A 8 ff. Nr. 3.

Zenobios (*Ζηνόβιος*). **1.** Z., Feldherr des Königs → Mithradates VI. (5) Eupator von Pontos im J. 86 v. Chr. Er brachte Stadt und Insel → Chios in seine Gewalt und ließ Bewohner der Stadt an die Küsten des → Pontos Euxeinos deportieren. Bald darauf fand er in Ephesos den Tod. App. Mithr. 46–48. H. A. Ormerod, CAH 9², 254,2. H. Bengtson GG, ⁴1969, 508 (weitere Lit.). H. G. G.

2. Griech. Sophist und Philologe, zur Zeit Hadrians in Rom (Suda s. *Z.*); unter seinen Werken befand sich eine Geburtstagsrede an den Kaiser, was für persönl. Bekanntschaft sprechen könnte. Viell. war auch Z.' Übers. der Werke Sallusts (hist., Cat., Iug.) ins Griech. von Hadrian inspiriert. Deutl. Spuren blieben nur von Z.' Epit. der Sprichwörter-Slg. des → Lukillos von Tarrha, somit letztlich des Sammelwerkes des → Didymos (1), erhalten (*Ἐπιτομὴ τῶν παροιμιῶν Διδύμου καὶ Ταρραίου*). Die Originalfassung der Epit. (3 B.) ist verloren; überliefert ist eine verdünnte, spätant., noch nicht alphabet. geordnete Bearbeitung, enthalten in der Kompilation, die E. Miller in einem cod. Athous (jetzt Paris. Suppl. Gr. 1164; über weitere Textzeugen zuletzt [6]) entdeckte und publizierte (Mél. de litt. gr., Par. 1868 [Nachdr. Amsterd. 1965], 341 ff.). Auf den dreiteiligen Z.-Extrakt folgen dort noch die unter Plutarchs Namen gehende Slg. sowie ein anon. Sprichwort-Lex. Die nach dem Alphabet geordneten Rezensionen, die als »Z.« im Corpus der Paroemiographi Gr. von Leutsch und Schneidewin abgedruckt sind (»Z. Parisinus«, »Z. Bodleianus«, »Z. Diogenianus«), gehen auf die byz. Vulgata des 9./10. Jh. zurück und speisen sich aus disparaten Quellen. S. a. Paroimiographoi.

1. *Christ-Schmid* 2,2,694. 879f. 2. *K. Rupprecht*, RE XVIII 2. H. 1747ff. 1768ff. 3. *H. Gärtner*, RE X A 11f. 4. *G. Dobesch* Die Sprichwörter d. griech. Sagengesch., Diss. (maschschr.) Wien 1962. 5. *Ders.*, WS 78, 1965, 58ff. 6. *W. Bühler*, in: Serta Turyniana, Univ. of Ill. Press 1974, 410ff.

3. Griech. Rhetor des 4. Jh.s n. Chr. in Antiocheia, Lehrer und Vorgänger des → Libanios in der städt. Professur. Er stammte aus angesehener Familie im palaestin. Elusa; mehrere seiner Verwandten werden in den Briefen des Liban. (einzige Quelle) erwähnt. Z. zog Liban. mit dem Versprechen, ihn als seinen Nachfolger vorzuschlagen, nach Antiocheia, besann sich dann aber im J. 354 eines anderen. Die hieraus resultierende Verstimmung zw. Schüler und Lehrer beendete der im Winter 354/55 erfolgte Tod des Z. Liban. verfaßte die Trauerrede und einen Panegyricus. Wichtigste Belege: Liban. or. 1,8. 96f. 100. 104f.; epist. 101,4. 405. 420,1. H. Gä.

J. J. Reiske De Z. sophista Antiocheno, Lpz. 1759. *O. Seeck* Briefe d. Liban. ..., Bln. 1906, 315f. *F. Schemmel*, NJb. f. d. klass. Alt. 20,2 (1907), 52ff. *H. Gärtner*, RE X A 12ff.

Zenodoros (*Ζηνόδωρος*). **1.** Duodezfürst im Antilibanon 37/36–20 v. Chr. Seine Expansionsgelüste wurden von → Augustus und → Herodes (1) d. Gr. inhibiert. Bis auf die Auranitis (→ Batanaia), die Z. an die Nabatäer (→ Nabataioi) verkauft hatte, ging sein Fürstentum nach seinem Tode an Herodes über (Ios. ant. Iud. 15,10,1–3; bell. Iud. 1,20,4). C. C.

A. Schalit König Herodes, 1969, 327f. 423f.

2. Mathematiker, wohl nur wenig jünger als → Archimedes. Aus seiner Schrift *περὶ ἰσοπεριμέτρων σχημάτων* überliefert der Komm. des → Theon (5) von Alexandreia zu B. 1,3 der Syntaxis von → Ptolemaios (B 1) den Beweis, daß der Kreis einen größeren Flächeninhalt hat als alle Polygone gleichen Umfangs, sowie ähnliche Sätze über die Kugel. D. Na.

Heath Hist. of Gr. Math. 2, 1921, 206ff. *W. Müller*, Sudhoffs Arch. f. Gesch. d. Med. u. d. Naturwiss. 37, 1953, 39ff. *v. d. Waerden* Erwachende Wissenschaft, ²1966, 444f.

3. Bildhauer und Toreut. Nur aus Plin. nat. 34, 45–47 bekannt, kopierte Z. 54 n. Chr. in Gallien zwei von → Kalamis ziselierte Becher so gut *ut vix ulla differentia esset artis*. Damals arbeitete er auch 10 J. an einer Bronze-Kolossalstatue des Mercurius für die → Arverni (Heiligtum auf dem Puy de Dôme?). Dann von Nero nach Rom geholt schuf Z. dort den etwa 40 m hohen Nerokoloß aus einer Gold-Erzmischung (*→ Corinthium aes*), der aus Neros Domus Aurea durch Hadrian neben das Colosseum versetzt wurde. Zum Aussehen Nash I 268f. Zu den ant. Schicksalen der Statue (Umwandlung in einen Sol) Cagé, MEFR 44, 1928, 106ff. Der (klassizistische?) Stil des Z. bleibt uns undeutlich. W. H. G.

Zenodotion (*Ζηνοδότιον*, Arr. FGrH 156 F 33, b. Steph. Byz. s. v.), Stadt in der Landschaft → Osroene nahe bei → Nikephorion und infolgedessen in der Nähe des h. Raqqa. – Als der röm. Proconsul M. Licinius → Crassus (2) i. J. 53 v. Chr. auf seinem Zug gegen die Parther in die Osroene einrückte, sah er sich gezwungen, Z. mit Gewalt zu nehmen (Plut. Crass. 17. Cass. Dio 40,13). E. O.

H. Treidler, RE X A 19.

Zenodotos (*Ζηνόδοτος*). **1.** Von Ephesos, der berühmte alexandrin. Philologe. Ausgehend von der Suda (s. *Z. Ἐφέσιος*) ergeben sich etwa folgende Lebensdaten: * kurz vor 330 v. Chr. in Ephesos, war Z. Schüler des → Philetas, der ihn viell. bei → Ptolemaios I. einführte; jedenfalls war Z. Prinzenerzieher (wohl des Ptolemaios Philadelphos und der Arsinoe), später (vermutlich 1.) Vorstand der großen Bibl. in Alexandreia (viell. auch schon der kleineren im Serapeion) und »Sachbearbeiter« der griech. Dichtung (ohne die Dramen). → Aristophanes (6) von Byzantion soll sein Schüler gewesen sein; das ist nur möglich, wenn Z.' Tod nach 260 und Aristoph.' Geburt vor 270 fielen.

Die eindrucksvollste, da erstmals unter Anwendung einer textkrit. Methode betriebene phil. Arbeit (die gleichwohl von seinen Nachfolgern nicht immer in ihrer Bedeutung respektiert wurde) hat Z. mit seiner Homeredition erbracht. Diese Leistung ist, über seine Nachfolger wie z.B. → Aristarchos (6) und letztlich durch die Vermittlung des → Didymos (1) und → Aristonikos (4) (→ Viermänner-Komm.) wenigstens in Umrissen noch in den Hom.-Sch. (A und bT) sowie im Komm. des → Eustathios (4) kenntlich. Z. verwendete in seiner Ausg. (einen Komm. hat er nicht verfaßt) als krit. Zeichen nur den → Obelos, mit dem er Athetesen (die er aber im Text beließ) bezeichnete. Die Frage, welchen Text er seiner *διόρθωσις* zugrundelegte und nach welchen Prinzipien er dabei verfuhr, ist nicht mit letzter Sicherheit zu beantworten. Möglicherweise (vgl. [3], 31 ff.) war es eine der Vulgata nahestehende Fassung, und wahrscheinl. verband Z. das Auswählen der jeweils als bes. vertrauenswürdig erscheinenden Variante mit Konjekturalkritik. Begründungen für manche seiner Entscheidungen waren, offenbar durch mündl. Tradition, auch Späteren noch bekannt. Im Zusammenhang mit der Arbeit am Homertext dürften die *Γλῶσσαι* entstanden sein; ob die »Tagberechnung der Ilias« (vgl. IG XIV 1290) gesondert publiziert oder ebenfalls mündl. vermittelt war, ist unklar. – Weitere Werke: Gesichert sind Editionen Hesiods und Pindars, wohl auch Anakreons. Mit guten Gründen weist [3], 40 ff. Z. auch die (sonst für Nr. 3 in Anspruch genommenen) *Ἐθνικαὶ λέξεις* zu. Von dichter. Tätigkeit (*ἐποποιός* Suda) sind keinerlei Spuren zu erkennen. – Als Schüler des Z. gelten → Agathokles (10), → Hellanikos (2) und der Aristarchgegner → Ptolemaios (B 2) Epithetes. Stärker als diese *διαδοχή* haben aber die krit. Auseinandersetzungen seiner Nachfolger (vor Aristarchos und Aristophanes schon → Apollonios [1] Rhodios) dafür gesorgt, daß Z.' Name und Leistung bekannt blieben.

1. *Susemihl* 1,330ff. 891ff. 2. *Christ-Schmid* 2,1,259f. 3. *K.Nickau*, RE X A 23–45 (grundlegend; S.23f. weitere Lit.). 4. *H.Düntzer* De Z. i studiis Homericis, Gött. 1848. 5. *A.Römer*, ABAW 17, 1886. 6. *H.Pusch* Quaest. Zenodoteae, Halle 1890, 122ff. 188ff. 7. *M. Van der Valk* Researches on the Text and Scholia of the Iliad 2, Leiden 1964, 1ff. 8. *R.Pfeiffer* Hist. of Class. Scholarship, Oxf. 1968, bes. 105ff.

2. Von Alexandreia, griech. Grammatiker hellenist. Z. (2./1. Jh. v. Chr.?), zur Unterscheidung von Nr. 1 *ὁ ἐν ἄστει* genannt (Suda in dem nicht ganz zuverlässigen Art. *Z. Ἀλεξ.*). Z. schrieb *Λύσεις Ὁμηρικῶν ἀπορημάτων* (sichere Reste: Sch. bT Hom. Il. 1,1. Porph. zu Il. 2,12); *πρὸς Πλάτωνα περὶ θεῶν*, eine möglicherweise auf Platons (vor allem rep. B. 2/3 geübte) Kritik an den hom. Göttern bezügliche, somit phil. motivierte Auseinandersetzung; einen Komm. zu Hes. theog.; unsicher Zuweisung und wechselseitiges Verhältnis zweier (?) myth. bzw. hist. Werke, *Ἐπιτομαί* (mind. 2 B.) und *Ἱστορικὰ Ὑπομνήματα* (FGrH 19; laut F 3, das wohl in diesen Zusammenhang gehört, war Z. von Kallimachos [vgl. frg. 622 PF.] abhängig.).

Susemihl 2,193. 711. *H.Pusch* Quaest. Zenodoteae 126ff. 142ff. (Frg.: 161ff.). *K.Nickau*, RE X A 20–23.

3. Von Mallos, griech. Philologe unbestimmter, wohl hellenist. Zeit (2./1. Jh. v. Chr.?), viell. in der Tradition des → Krates (4; vgl. Sch. T Hom. Il. 15,262 [= frg. 2 PUSCH] ~ Krates frg. 55 a.b.f METTE [Parateresis 71 ff.]) und dann ident. mit Z. *ὁ Κρατήτειος* (Sch. A Il. 23,79 [= frg. 5]). Ihm ist wahrscheinl. die Schrift *Πρὸς τὰ ὑπ' Ἀριστάρχου ἀθετούμενα τοῦ ποιητοῦ*, im Suda-Art. *Z. Ἀλεξ.* unter den Werken von Nr. 2 angeführt, zuzuweisen (daraus frg. 4). Ganz unsicher ist ein Komm. zu → Aratos' (4) Phainomena (vermutet aufgrund von Sch. Arat. 33 = frg. 1), kontrovers, da an entscheidender Stelle durch Korruptel entstellt, eine Notiz Sch. Veron. Verg. Aen. 10,738. Die *Ἐθνικαὶ λέξεις*, die K. LATTE (Philol. 80, 1925, 167 ff. = Kl. Schr. 658 ff.) Z. zuweisen wollte, gehören eher Nr. 1.

Susemihl 2,14. *H.Pusch* Quaest. Zenodoteae 127ff. (Frg.: 149ff.) *K.Nickau*, RE X A 45–47.

4. Z. Aetolus, nur in den Sch. zum Aratus Lat. und Germanicus' Aratea (E. MAASS, Comm. in Aratum rel., Bln. 1898, 179,4) angeführter, sonst völlig unbekannter Autor; zit. wird seine Interpretation der Zeuskonzeption des → Aratos (4). K. NICKAU, RE X A 20. **5.** Unter der Überschrift *Ζηνοδότου Φιλεταίρου* (einmal auch *Φιλέταιρος*) ist in einer wohl eng zusammengehörigen Gruppe von nur 5 aus über 50 Hss. ein möglicherweise kaiserzeitl. griech. Glossar von Lauten und Geräuschen, der sog. Tractatus de vocibus animalium, überliefert. Auf den Namen des Lebewesens bzw. Gegenstandes, von dem der Laut ausgeht, folgt jeweils das signifikante Verbum. Wahrscheinl. ist *Φιλέταιρος* als Werktitel zu verstehen (vgl. → Herodianos 1, o. Bd. I 1097, 14 ff.) und auf den »Vf.-Namen« Z. nichts zu geben.

W.Studemund, Anecd. var. Gr., Bln. 1886, 101ff. 284ff. *Susemihl* 1,892. *H.Pusch* Quaest. Zenodoteae 180ff. *F.Bancalari*, SIFC 1, 1893, 75ff. 512. *K.Nickau*, RE X A 47–49.

6. *Ὁ Στωϊκός*, Schüler des → Diogenes (15) von Babylon, Vf. eines Epigramms auf → Zenon

(II 2) von Kition (Diog. Laert. 7,30 = Anth. Pal. 7,117). Ob auch Anth. Pal. 7,315 und 16,14 ihm zuzuschreiben sind (Beckby weist sie Nr. 1 zu; vgl. auch Gow–Page Hellenistic Epigr. 2,557ff.), ist ungewiß, ebenso die Identifikation mit Nr. 3. K. Nickau, RE X A 49. **7.** Griech. Historiker hellenist. Zeit aus Troizen, Vf. eines Werkes über röm. Gesch. Geringfügige Spuren bei Plut. Rom. 14,8. Dion. Hal. ant. 2,49,1 (beide zum Raub der Sabinerinnen). Solin. 2,9. FGrH 821. K. Abel, RE X A 49–51. H. Gä.

8. Neuplatoniker, Lieblingsschüler des → Proklos (Phot. bibl. 127 a 3, nach → Damaskios), viell. Schuloberhaupt der Akademie nach → Marinos und Lehrer des Damaskios (Phot. bibl. 346a 23). Th. W.

9. Sohn des Menippos, Bildhauer, signierte mit Menippos in Knidos eine Porträtstatue, beide als Chier, später in Knidos allein zwei Porträtstatuen als Knidier. Löwy Inschr. griech. Bildhauer Nr. 160–162. Moreno, Enc. arte ant. 7, 1966, 1250 nimmt wegen der Ethnika zwei Z. an, doch ist das unnötig, Z. kann das Bürgerrecht von Knidos erhalten haben. Ausgehendes 3. Jh. v. Chr. W.H.G.

Zenon (*Ζήνων*). I. Politische Persönlichkeiten. **1.** Von Kaunos, Sohn des Agreophon, war 260/59 für Apollonios, den Dioiketes (→ Dioikesis 1) des → Ptolemaios II. (A I 2) geschäftlich in Syrien, Palästina und Kleinasien, 258 sein Sekretär in Alexandreia, seit 256 Verwalter des Lehensgutes des Apollonios (10000 Aruren = 2756 ha) im arsinoit. Gau mit Zentrum in Philadelphia. Z. nutzte seine Stellung mit gewissen Verwaltungsbefugnissen als erfolgreicher Gutsbesitzer und Großhändler zu lukrativen Privatgeschäften aus. Um 246 entlassen, lebte er als Privatmann in Philadelphia zumind. bis 243. Das dort gefundene »Zenonarchiv« ist mit der an ihn gerichteten sehr umfangreichen amtl. und privaten Korrespondenz für die Kenntnis des frühptolem. Äg. sehr wertvoll. H. V.

C. Préaux Les Grecs en Ég. d'après les archives de Z., 1947 (Liste der Pap.).

Pap.: Pap. Soc. It. 4, 1917, 321ff. 5, 1917, 482ff. 6, 1920, 551ff. *C. C. Edgar* Z. Pap. 1–4, 1925/31 (Cat. Gén. des Ant. ég. du Musée du Caire); *O. Guéraud–P. Jouguet* 5, 1940 (Public. de la soc. Fouad I. de papyrologie 5) = P. Caire Zen. *C. C. Edgar* Z. Pap. in the Univ. of Michigan, 1931 (P. Mich. Zenon). *W. L. Westermann – E. S. Hasenoehr*, Z. Pap. 1, 1934, 624. *W. L. Westermann – C. L. Keyes–H. Liebesny* 2, 1940 (Columbia Pap. Greek Series 1934 = P. Columbia Zenon). *Rostovčev* Soc. a. Ec. Hell. W. 1588 (Liste der Pap.). *M. Launey* Recherches sur les armées hellénist., 1950, Index. *C. Préaux* L'économie royale des Lagides, 1939. *Dies.*, Chron. d'Ég. 41, 1966, 354ff. *T. Reekmans*, ebd. 43, 1968, 159ff. (neue Lesungen der Z. Pap.). *Ders.*, Papyrol. Bruxell. 3, 1966 (zur Sitometria im Z.-Archiv). *H. Cadell*, Aegyptus 49, 1969, 105ff. (Z. über Weinanbau). *M. Piatrowska*, Meander 31, 1966, 277ff. *F. Uebel*, APF 21, 1971, 214.

2. Röm. Kaiser 474/75 und 476–491, * ca. 440 in Isaurien, hieß urspr. Tarasikodissa(?), kam gegen 465 nach Constantinopel, wurde nach Heirat mit Ariadne (Tochter Kaiser → Leo I. [2]) befördert zum *mag. mil.* (zuerst Thrakien, dann Orient), 469 Consul, Febr. 474 Augustus Im Jan. 475 gestürzt durch → Basiliskos (2; vgl. → Verina), gelang es Z., der mit diplomat. Geschick zw. etlichen um die Macht im Staat ringenden Kräfte (vgl. bei → Illos) stets Eigengewicht wahrte, im Sommer 476 auf den Thron zurückzukehren. Neben Hofintrigen, einer angespannten Finanzlage (z. B. Malchus frg. 5. 6 = FHG 4,115f.) und Kämpfen mit den Goten auf dem Balkan (→ Theoderich 3. 5) belasteten Z. kirchenpolit. Streitigkeiten. Sie resultierten daraus, daß Z., der ein frommer Christ sein wollte, um die kirchl. Vormachtstellung Constantinopels im O. (Cod. Iust. 1,2,16. 12,3,3) und um Ausgleich mit den → Monophysiten bemüht war. In diesem Sinn ist auch das 482 erlassene »Henotikon« (Text bei Ed. Schwartz, ABAW 1927, 6) zu verstehen, durch das nach Anfangserfolgen (um 490) der innerkirchl. Zwist noch verschärft wurde. Ungeachtet seiner Herkunft suchte Z. im Inneren die Kooperation mit der Oberschicht (z. B. Cod. Iust. 3,24,3). Z., unter dem es zu keinen wesentl. Veränderungen in der Verwaltung (einschl. der Provinzgrenzen) kam, war in traditioneller Weise um Abbau von Mißständen in der Provinzialverwaltung, Wahrung des Besitzstandes der Städte und Ausbau der Hauptstadt bemüht (wichtig etwa Cod. Iust. 1,3,35; 49,1. 8,10,12f. 11, 43,8ff.). Z. fehlte es an Macht, die Situation zu nutzen, als er 476 nach Absetzung des → Romulus (4) Augustulus einziger Augustus war, doch gab er den Gedanken der Reichseinheit und den Anspruch zumindest auf Italien nicht auf (→ Nepos 3, → Odoacer). Außenpolitisch kam Z., der trotz aller Erschütterungen keine Gebietsverluste hinnehmen mußte, die Schwäche der Perser zustatten. In den literar. Quellen überwiegt scharfe Kritik (bes. Malchus FHG 4,111ff. = Exc. de leg. 1, 155. 2,568 de Boor. Euagr. h. e. 3) gelegentl. Lob (so vita Dan. Styl = Anal. Boll. 32,121ff.) des auch in der mod. Lit. umstrittenen Z. (Quellen bes. noch Malalas, Theophanes). A. L.

Adelson-Kustas, Num. Notes and Mon. 148, 1962. *W. Barth* Kaiser Z., Diss. Basel 1894. *A. Grillmeier–G. Bacht* Das Konzil von Chalcedon 2, 1951. *Stein* I. II. *A. Lippold*, RE X A 149ff.

3. Bischof von Verona, viell. aus Afrika stammend, † vor 380 (Ambr. epist. 5,1. Migne PL 16, 891c). Unter dem Titel *Tractatus* ist von ihm eine Slg. von Predigten überliefert, etwa 30 vollständig, die übrigen als Kurzansprachen oder Frg. O. H.

Ta.: *B. Löfstedt*, 1971 (Corp. chr. 22), mit die ältere Lit. überholender Einl.

II. Literar. Persönlichkeiten. **1.** Von Elea, Sohn des Teleutagoras, ca. 495 bis mind. 445 v. Chr. (Todesdatum ungewiß), soll nach einer in widersprechenden Versionen umlaufenden Tradition von einem Tyrannen zu Tode gefoltert worden sein. Schüler und angeblich Eromenos des → Parmenides.

Berühmt durch seine Argumente gegen die Möglichkeit der Bewegung und gegen die Vielheit, durch welche er entgegen den Kritikern der Lehre des Parmenides, daß es nur Eines gebe, zu beweisen suchte, daß man in nicht geringere Schwierigkeiten gerate, wenn man eine Vielheit von Dingen annehme.

Am bekanntesten sind seine Argumente gegen die Möglichkeit der Bewegung, vor allem 1. der Beweis, daß der fliegende Pfeil ruht: denn er kann sich nur an dem Ort bewegen, an dem er ist oder an einem Ort, an dem er nicht ist. An dem Ort, an dem er ist, kann er sich nicht bewegen, da er da ja *ist*, an einem Ort, an dem er nicht ist, kann er sich erst recht nicht bewegen. Also bewegt er sich nicht; 2. das Argument von Achilleus und der Schildkröte: bis zu dem Augenblick, zu dem Achilleus die Schildkröte einholt, d.h. den Ort erreicht, von dem sie gestartet ist, hat sich die Schildkröte, wenn auch um einen noch so geringen Teil der Anfangsstrecke, weiter fortbewegt, und bis Achilleus das Ende dieser Zusatzstrecke erreicht hat, wieder ein Stück und so in infinitum, so daß Achilleus sie niemals erreichen kann. Man kann auch argumentieren, daß Achilleus gar nicht anfangen kann zu laufen, da er, bevor er irgend eine Strecke durchläuft, deren Hälfte durchlaufen haben muß und vorher deren Hälfte und so fort in infinitum. Komplizierter ist das Argument von der ganzen und der halben Zeit, das mit sich aneinander vorbeibewegenden Körpern argumentiert.

Noch schwieriger ist das Argument gegen die Vielheit. Es geht davon aus, daß was existiert Ausdehnung haben muß. Wenn es Ausdehnung hat, muß es teilbar sein, also seine Teile wieder teilbar. Dann aber werden sie so klein, daß sie keine Größe mehr zu haben scheinen. Haben sie aber keine Größe, dann sind (existieren) sie nach Definition nicht. Haben sie jedoch umgekehrt eine Größe, so müssen sie zu andern Größen ein definitives Verhältnis haben. Zählt man aber eine unendliche Menge (wie sie bei unendlicher Teilung ja entstehen muß) von solchen Größen zusammen, so muß ihre Größe (Ausdehnung) über alle Grenzen hinaus anwachsen. Auch so ergibt sich also eine Unmöglichkeit.

Es ist offensichtlich, daß alle Argumentationen des Z. auf das Problem des Continuums zurückgehen. Dies Problem hat Philosophen und Mathematiker die Jahrhunderte hindurch immer von neuem beschäftigt und durch die Mengenlehre Georg Cantors einerseits, die Quantenphysik andererseits in neuerer Zeit eine besonders aktuelle Bedeutung erlangt. Es gibt daher sowohl über die sachliche wie über die hist. Bedeutung der Argumente des Z. eine unendliche Lit. K. v. F.

Bibliogr. bis 1926: *Ueberw.-Praecht.* 87–89 und 48*. Ergänzung d. Bibliogr. bis 1964: *W. Totok* HB. d. Gesch. d. Philos. 1: Altertum, Frkft. a.M. 1964, 123/24. *K. von Fritz*, RE X A 53ff. Zum neuesten Stand des Problems: *F. Solmsen*, Phronesis 16, 1971, 116ff. *K. von Fritz*, in: Serta Turyniana, Univ. of Illinois Press 1974, 329–341. *W. Stegmüller* Hauptströmungen d. Gegenwartsphilos. 2, Stuttg. 1975, 196–199. 208–220. 343–348.

2. Aus → Kition, griech. Philosoph, Begründer der → Stoa.

1. Leben. 2. Schriften. 3. Lehre a) Logik b) Physik c) Ethik. 4. Philosophiegesch. Stellung. 5. Schüler.

1. Z., Sohn des Mnaseas, * wahrscheinl. 333/32 v. Chr. (wohl phoinik. Abstammung), kam 312/11 nach Athen, wo er sich bes. dem Kyniker → Krates (3) anschloß, doch auch den Akademiker → Polemon (3) und die Megariker (→ Megarische Schule) → Stilpon, → Diodoros (9) Kronos und → Philon (7) hörte. Seine eigene Lehrtätigkeit begann kurz vor 300. Er unterrichtete in der Stoa Poikile, einer öffentl. Halle an der Agora, die der neuen Philosophenschule den Namen gab. Bald genoß er hohes Ansehen. Zu seinen Bewunderern und Freunden gehörte → Antigonos (2) Gonatas. Z. starb 262 nach einem unbedeutenden Unfall durch Freitod. (Zur umstrittenen Chronol. s. [1], 83,20ff.)

2. Von Z.s umfangreichem Werk (unvollständiges Verzeichnis SVF 1,41) sind nur geringe Reste erhalten. Nach der Wiederbelebung der Stoa durch → Chrysippos (2) geriet Z. ganz in dessen Schatten, so daß sich seine Lehre oft nicht oder nur unvollkommen rekonstruieren läßt.

3. Z. gliederte die Philosophie in Logik (= Erkenntnistheorie, Grammatik, Rhet., Logik), Physik (= Ontologie, Kosmologie, Psychologie, Theologie), Ethik.

a) Logik. Z.s Erkenntnistheorie ist weitgehend sensualistisch. Der Wahrnehmungsgegenstand (*τὸ ὑπάρχον*) wirkt aktiv auf die Sinnesorgane. Diese geben die Einwirkung an das Zentralorgan (*ἡγεμονικόν*) der Seele weiter, in dem als Abdruck (*τύπωσις*) nach Art eines Siegelabdrucks eine Vorstellung (*φαντασία*) von dem Gegenstand entsteht. Diese wird von der Vernunft (*λόγος*) daraufhin geprüft, ob sie »von einem wirklich Vorhandenen stammt und in einer diesem entsprechenden Form in der Seele abgedrückt und eingesiegelt ist, in einer Weise, wie sie durch ein Nicht-Vorhandenes nicht entstehen könnte« (SVF 1,59). Erfüllt sie diese Bedingung, so wird ihr von der Vernunft die »Zustimmung« (*συγκατάθεσις*) erteilt, und sie wird anerkannt als »(den Wahrnehmungsgegenstand: doch vgl. F.H. Sandbach, in: [5], 9–21. S. auch [2], 45ff.) erfassende Vorstellung« (*φαντασία καταληπτική*): die Wahrnehmung (*αἴσθησις*) wird zum »Erfassen« (*κατάληψις*). Dieses ist Kriterium der Wahrheit ([3], 1,60ff. Dagegen F.H. Sandbach a.O.

15ff. Vgl. [10], 133ff. [2], 60ff.). Ist sie – was sie nur beim Weisen sein kann (vgl. A. A. Long, in: [5], 99ff.) – absolut unumstößlich, so ist sie Wissen (ἐπιστήμη). (Zu Schwierigkeiten im Verhältnis von φ. κ., κατάληψις, ἐπιστήμη s. [1], 96,1ff.). Alle erfassenden Vorstellungen werden im Gedächtnis als Erfahrung (ἐμπειρία) gesammelt. Aus ihr gewinnt der Logos die Begriffe (ἔννοιαι/ἐννοήματα; zu seinem Vorgehen dabei vgl. SVF 2, 87, zur Problematik [8], 35f. [1], 96,63ff.). Beim Kind, dessen Logos erst mit 14 J. voll entwickelt ist, werden »Vorwegnahmen« (προλήψεις) der Begriffe gebildet (zum Verhältnis von ἔννοια und πρόληψις s. F. H. Sandbach a. O. 22–37). Die Begriffe sind also weder a priori vorhanden noch haben sie Entsprechung in der Realität; sie sind (unkörperliche) »Vorstellungen von etwas (so) nicht Vorhandenem« (φαντάσματα: Ablehnung der Ideenlehre, vgl. [2], 69–78. J. M. Rist, in: [5], 49f.). Große Bedeutung haben die allen Menschen gemeinsamen Vorstellungen (κοιναὶ ἔννοιαι), da sie, auf allgemeinmenschl. Erfahrung beruhend, bes. Beweiskraft haben. Die »Fertigkeit« (τέχνη) ist ein zweckorientiertes System von καταλήψεις. Als natürl. Ergänzung seiner Erkenntnistheorie (vgl. A. A. Long a. O. 82ff.) entwickelte Z. zumindest die Anf. der stoischen Sprachtheorie und Logik. Schon er ([1], 97,60ff.) dürfte die Auffassung vertreten haben (SVF 2,166), das einen Gegenstand bezeichnende Wort (σημαῖνον) als Lautgebilde sei körperlich, ebenso der durch es bezeichnete Gegenstand, unkörperlich dagegen sei die beim Hören des Wortes im Hörer hervorgerufene Vorstellung von dem bezeichneten Gegenstand (die Wortbedeutung, σημαινόμενον. Vgl. J. M. Rist a. O. 38–57. A. A. Long a. O. 75–113). Ob die stoische Kasuslehre auf Z. zurückgeht ([4], 1,63), bleibt unsicher. Die Rhet. stellte Z. als Kunst der Überredung in Gegensatz zur Dialektik, die er vor allem als Instrument zur Lösung von Sophismen verstand ([11], 14). Die stoische Satzlogik dürfte erst Chrysippos geschaffen haben.

b) Physik. Prinzipien (ἀρχαί) des Alls sind Erleidendes (πάσχον) und Bewirkendes (ποιοῦν), d. h. eigenschaftslose Substanz (ἄποιος, auch πρώτη ὕλη = οὐσία) und (eigenschaftgebender) Logos (= Gott im weiteren Sinn). Beide sind körperlich (SVF 1,98. 2,299: σώματα codd., ἀσωμάτους Lipsius; vgl. [2], 103ff.), denn nichts, was bewirkt oder erleidet, kann unkörperlich sein (SVF 1,90. 2,140. Vgl. [1], 101,18ff. [2], 89ff.). Körper (Defin.: das Dreidimensionale und Widerstandsfähige, vgl. [2], 90ff.) können einander restlos durchdringen (κρᾶσις δι' ὅλων, vgl. [1], 103, 25ff. [6], 14ff.). Die Prinzipien sind nur gedanklich trennbar (SVF 1,88; vgl. 87), denn im Weltkreislauf ist die Hyle nie eigenschaftslos, sondern dem Logos ständig in Form des »schöpferischen Feuers« (πῦρ τεχνικόν = Gott im engeren Sinn),

des Urelements (SVF 1,98; vgl. 2,413), verbunden. (Daß die Prinzipien nur logisch distinkt seien, ist nach [2], 107ff. erst Auffassung des → Poseidonios. Doch Z. mußte diese Lehre schon deshalb vertreten, weil sie Voraussetzung seiner Ekpyrosistheorie ist: Ausgangs- und Endpunkt der Weltzyklen ist das Feuer [s. u.]. Dann können die Prinzipien nie faktisch existent sein, wären also ἐννοήματα bzw. λεκτά und damit unkörperlich, vgl. [7], 11ff., der aber ihre Unkörperlichkeit mit Hinweis auf SVF 2,299 als bezeugt voraussetzt. Eine Lösung des Problems sehe ich nicht. Ausführl. Diskussion [2], 94ff.) Aus dem Urelement entstehen die übrigen Elemente Luft, Wasser, Erde (= ὕλη im engeren Sinn [ausdrücklich als passive Elemente werden nur Wasser und Erde bezeichnet]), aus diesen durch Einwirkung des alles gestaltenden (διοικεῖν) Logosfeuers der eine, kugelförmige, unbeweglich im Raum verharrende Kosmos. (Zu der merkwürdigen Verdoppelung des Bewirkenden und Leidenden s. [1], 103,10ff., vgl. [7], 33. Bei [2], 102 u. 109ff. übersehen?) Im Kosmos gibt es keine, außerhalb unendliche Leere. Die Gestirne (= Hegemonikon des Kosmos) sind reinstes Logosfeuer, das sich aus der Verdunstungsfeuchtigkeit (ἀναθυμίασις) der ird. Gewässer nährt. In großen Weltperioden (Defin. der Zeit: Ausdehnung der Bewegung) gewinnt es als stärkstes Element die Oberhand über die anderen Elemente, und der Kosmos löst sich in reinigendem Weltbrand (ἐκπύρωσις) unter Ausdehnung in die umgebende Leere in das Urelement auf. Danach entsteht er aus diesem erneut (παλιγγενεσία), dem vorigen völlig gleich. Auch der Ablauf der Ereignisse muß derselbe sein, da er durch das vernunftbegabte Feuer bestimmt wird, vernünftiges Vorgehen aber immer nur ein und dasselbe sein kann (Gedanke der Vorsehung, πρόνοια). Gleichwohl wendet sich Z. gegen jede Prädestinationslehre: es liege in der Hand des Menschen (ἐφ' ἡμῖν), gut oder schlecht zu handeln. Andererseits führt er mit der alles bestimmenden »Ursachenkette« (εἱμαρμένη, vgl. [6], 52ff.) den Schicksalsgedanken in anderer Form erneut ein (Grundlage der Mantik), ohne das daraus entstehende Problem der Willensfreiheit lösen zu können (vgl. A. A. Long a. O. 173–199. [10], 112ff.). In vieler Hinsicht ein Abbild des (als Vernunftwesen bezeichneten) Kosmos ist der Mensch. Seine Seele ist »Hauch« (πνεῦμα, s. [6], 1ff.), d. h. weniger reines (kühleres) Logosfeuer im Übergangsstadium zu Luft. Das Pneuma belebt den Körper und gibt ihm als Spannung (τόνος) Einheit, indem es ihn vom Zentralorgan (im Herzen) zur Oberfläche und von dort zurück durchströmt (vgl. [6], 22ff.). (Der τόνος wirkt entsprechend in jedem Einzelgegenstand und im Gesamtkosmos, vgl. [6], 5ff.) Die Seele nährt sich von der ἀναθυμίασις des Blutes, nach dem Tod, den sie (jedenfalls einige Zeit) in überird. Regionen überdauert, von der der Erde. Sie ist göttlich, da sie Logosnatur hat. Denn obwohl der Weltlogos letztlich die einzige Gottheit ist, können doch alle Formen, in denen er sich manifestiert, als göttlich (Gott) bezeichnet werden, so zu Recht auch die Götter des Volksglaubens. Auf diese Weise gelingt es Z., philos. Monotheismus mit populärem Polytheismus zu verbinden.

c) Ethik. Bes. bei der Wahrnehmung des Angenehmen und Unangenehmen beschränkt sich die Seele nicht auf die Erkenntnis des Wahrnehmungsgegenstands, sondern nimmt im Pathos, das er in ihr auslöst, auch sich selbst wahr (*συναίσθησις*): sie setzt die Wahrnehmung wertend in Beziehung zum eigenen Ich, dem ihr »Zugeeigneten« (*οἰκεῖον*, vgl. S. G. Pembroke, in: [5], 114–149; s. [2], 128 ff. 176 ff.). Da dieses beim Menschen Doppelnatur hat, entstehen in ihm zwei Wertskalen: Im Verhältnis zu seiner Vernunftnatur kann Wert (*ἀγαθόν*) nur das sittl. Gute (*καλόν*), Unwert (*κακόν*) nur das sittl. Schlechte (*αἰσχρόν*) sein, alles andere ist indifferent (*ἀδιάφορον* im weiteren Sinn); im Verhältnis aber zu seiner animal. Natur (auf diesen Bereich beschränkt ist der Begriff der »naturgemäßen Dinge«, *τὰ κατὰ φύσιν*) ist z. B. Gesundheit ein »Vorzug« (*προηγμένον*), Krankheit ein »Nachteil« (*ἀποπροηγμένον*), schließlich gibt es auch hier Indifferentes (*ἀδιάφορον* im engeren Sinn). Z. kombiniert beide Wertskalen. Er betont die Logosnatur des Menschen: Höchstes Ziel ist die Eudaimonia, die er als »leben in Einklang mit sich selbst (und dem Logos)« (*ὁμολογουμένως ζῆν*) definiert, einzige Voraussetzung dafür ist die Arete (Autarkie der Arete). Doch wenn es ohne Schaden für dieses absolute Gut möglich ist, sollte der Mensch auch seiner animal. Natur gerecht werden und zw. den für die Logosnatur indifferenten relativen Werten auswählen ([3], 1, 113 ff. [10], 97 ff. I. G. Kidd, in: [5], 150–172. Andere Begründung dieser Lehre: [1], 115,11 ff.). Entsprechend werden die »zukommenden« Handlungen (*καθήκοντα* im weiteren Sinn) in solche gegenüber der animal. Natur (*καθήκοντα* im engeren Sinn) und solche gegenüber der Logosnatur (*κατορθώματα*) unterschieden. Die Arete definierte Z. als »Einsicht« (*φρόνησις*) und behauptete, wer eine der Einzeltugenden besitze, werde alle besitzen (*ἀντακολουθία τῶν ἀρετῶν*, vgl. [2], 138 ff.). Die Triebe (*ὁρμαί*) entstehen, wenn der Logos einer Wertvorstellung die Zustimmung erteilt und so den Wert als erstrebenswert anerkennt, die Affekte (*πάθη*), wenn eine übermächtige (unvorhergesehene) Wert-(Unwert-)vorstellung den Logos zu einem Fehlurteil hinreißt. Daher werden die Affekte sowohl als übermächtige Triebe wie als (Folge falscher) Urteile definiert (vgl. [1], 118,33 ff. [2], 131 ff. 145 ff. [10], 22 ff.). Als solche müssen sie ausgemerzt werden (Ideal der Seelenruhe, *ἀταραξία*). Alle denkbaren

positiven Eigenschaften werden dem unerreichbaren Idealbild des Weisen zugesprochen (vgl. [9], 1 ff.), alle negativen der übrigen Menschheit (theoretische Gleichheit aller Fehlhandlungen, vgl. [10], 81 ff., die aber durch die Lehre vom *προκόπτων* eingeschränkt wird). Die Weisen werden als Bürger des einen kosm. Staates über alle polit. Grenzen hinweg miteinander befreundet sein (Kosmopolitismus).

4. Z.s Lehre ist Reaktion auf Skepsis (Erkenntnistheorie) und Epikureismus (Theologie, Ethik) und verrät das Bestreben, dem im Zusammenbruch der Polisgemeinschaft und den polit. Wirren der Diadochenzeit verunsicherten Individuum ein von äußeren Umständen unabhängiges Glück zu sichern (Autarkie der Arete, Kosmopolitismus). Dabei greift Z. in vielen Bereichen auf fremde Gedanken zurück ([stark vergröbernde Angaben:] Einteilung der Philos. und Sprachtheorie: Alte Akademie; Logik: Megariker; Physik: Aristot. [Hyle], Herakleitos [Logos, Feuer, Weltperioden]; Ethik: Sokratik, bes. in ihrer kyn. Variante), doch gelingt es ihm, diese Elemente relativ bruchlos in einem eindrucksvollen eigenständigen System aufgehen zu lassen, das bes. im röm. Weltreich große Wirkung entfalten sollte.

5. → Ariston (6) von Chios, → Herillos, → Dionysios (15), → Persaios (2), → Kleanthes (1), → Sphairos, → Zenon (II 3) von Sidon.

Frg.: SVF 1,1–332. *A.C.Pearson* The Fragments of Z. and Cleanthes (m. Komm.), 1891. *N.Festa,* I Frammenti degli Stoici ant., 1. Zenone (it. Übers. m. Komm.), 1932. *F.Altheim–R.Stiehl*, FF 36, 1962, 12–14.

Lit.: 1. *K.v.Fritz*, RE X A 83–121. 2. *A.Graeser* Z. v. Kition, 1975. 3. *M.Pohlenz* Die Stoa, 1. [4]1970, 2. [4]1972 (bibliogr. Nachträge u. Stellenregister v. *H.-Th.Johann*). 4. *Ders.*, Kl. Schr., 1965. 5. *A.A.Long* (Hrg.), Problems in Stoicism, 1971. 6. *S.Sambursky* Physics of the Stoics, 1959 (überarbeitete dt. Fassg. in: *Ders.*, Das physikal. Weltbild d. Ant., 1965, 182–317). 7. *J.Christensen* An Essay on the Unity of Stoic Philosophy, 1962. 8. *G. Watson* The Stoic Theory of Knowledge, 1966. 9. *L.Edelstein* The Meaning of Stoicism, 1966. 10. *J.M.Rist* Stoic Philosophy, 1969. 11. *M.Frede* Die stoische Logik, 1974. 12. *A.A.Long* Hellenistic Philosophy, 1974. 13. *G.Striker*, NAG 1974, 2, 51–110. 14. *F.H.Sandbach* The Stoics, 1975.

3. Aus → Sidon, Sohn des Musaios, angeblich Schüler von Nr. 2 aus Kition (SVF 1,38 u. 39), mit dem zusammen er den Megariker → Diodoros (9) Kronos gehört haben soll (Diog. Laert. 7,16). Die in der → Suda überlieferten Werktitel lassen es fraglich erscheinen, ob Z. ohne Einschränkung als Stoiker angesehen werden darf. K. v. Fritz, RE X A 121 f. **4.** Aus → Tarsos, Sohn des Dioskorides, stoischer Philosoph, Schüler und Nachfolger des → Chrysippos (2), von dessen Lehre er kaum abgewichen zu sein scheint. Allerdings soll er Zweifel an der Ekpyrosistheorie geäußert haben (SVF 3, S. 209, 30 f.). SVF 3, S. 209. – K. v. Fritz, RE X A 122. **5.** Aus → Sidon, epikur. Philosoph,

Schüler und wohl auch Nachfolger des Apollodoros Kepotyrannos (Diog. Laert. 10,25), Hörer und Bewunderer des 129 v. Chr. gestorbenen Akademikers → Karneades (1), demnach * um 150 v. Chr., war Lehrer → Ciceros in Athen im J. 79/78 v. Chr. (Cic. ac. 2,1,46; fin. 1,16; Tusc. 3,38). Z., dessen Vortrag durch Klarheit beeindruckte (Diog. Laert. 7,35. Cic. Tusc. 3,38), war offenbar vor allem getreuer Interpret der Lehre des → Epikuros. Sein großes Werk umfaßte Erkenntnistheorie, Logik, Physik, Ethik und die Einzelwissenschaften Grammatik, Gesch., Biographie, Rhet., Geometrie u. a. Genauer kenntlich sind seine Kritik an der Begründung der Geometrie Euklids (aus Proklos, in Eucl. elem. prop. 1,1, S. 199 FRIEDLEIN u. S. 214 ff., vgl. 278.322), auf die → Poseidonios (vgl. F 46 EDELSTEIN-KIDD) mit einem ganzen Buch antwortete; ferner aus dem Referat seines wohl auch sonst stark von ihm abhängigen Schülers → Philodemos (in: περὶ σημείων καὶ σημειώσεων = Pap. Hercul. Nr. 1065, ed. Ph. H. u. E. A. DE LACY, 1941) sein Bemühen, den epikur. Induktionsschluß gegen stoische Kritik zu verteidigen. Auch Ciceros Darstellungen der epikur. Philos. dürften zu einem wesentlichen Teil auf Z. zurückgehen. F. Re.

K. v. Fritz, RE X A 122–138.

6. Aus Rhodos, Politiker und Lokalhistoriker des 3./2. Jh.s v. Chr., älterer Zeitgenosse des → Polybios (3). Titel des Werkes, der sog. Tempelchronik von → Lindos (→ Timachidas) zufolge (FGrH 523 F 2), viell. Χρονικὴ σύνταξις, Umfang 15 (?) B., Frg.e bei Diod. und Pol. 16. Die Frühgesch. war wohl ziemlich kurz behandelt, in B. 2 war bereits von → Pyrrhos (1) die Rede. Der Endpunkt ist unbekannt (164/63? so ULLRICH). Wie die Reste erkennen lassen, berücksichtigte Z. neben rhod. Ereignissen auch solche auf auswärtigen Schauplätzen sowie allerlei Kulturgesch. Die Darstellung erhob höhere liter. Ansprüche. Topogr. Ungenauigkeit sowie lokalpatriot. Verfälschungen kritisiert Pol. a. O., der auch deswegen mit Z. korrespondierte.

FGrH 523 m. Komm. *Christ-Schmid* 2,1,217. *Susemihl* 1, 641 f. *H. Ullrich* De Polybii fontibus Rhodiis, Diss. Lpz. 1898. *K. Abel*, RE X A 138 ff.

7. Griech. Historiker unbestimmter Zeit (2. Drittel des 3. Jh.s v. Chr.? JACOBY), laut Diog. Laert. 7, 35 Vf. eines Werkes über → Pyrrhos' (1) Feldzüge in Italien und Sizilien und einer epit. der Pun. Kriege. Nachwirkung (etwa bei Pol.) ist nicht auszumachen. FGrH 158 m. Komm. K. ABEL, RE X A 140. **8.** Aus Laodikeia/Lykos, einflußreicher Redner und Politiker des 1. Jh.s v. Chr., Vater → Polemon I. (1). Er erreichte im J. 40, daß Laodikeia dem → Pakoros (1) und Q. → Labienus (I 3) Widerstand leistete (Strab. 12,8,16. 14,2,24). – S. a. Hybreas.

Blass Griech. Bereds. ..., Bln. 1865, 71 f. *Susemihl* 2,499.

9. Viell. aus Kition gebürtiger Rhetor des 2. Jh.s n. Chr. in Athen, Lehrer des → Antipatros (13; o. Bd. I 1540) von Hierapolis (Philostr. v. soph. 2,24. Suda s. *Z.* Κιτιεύς), älterer Zeitgenosse des → Hermogenes (9). Seine rhet. Schriften zur Figuren- und Beweislehre sowie Komm. zu Xen. und Lys. sind verloren. Gut kenntlich ist, in lat. Bearbeitung durch → Sulpicius (B 6) Victor, sein Werk Περὶ στάσεων: Auf die allg. Einl. in die Rhet. folgte die ausführl. Darstellung von 13 Status. Von Z.s Demosth.-Komm. (anders GUDEMAN, RE II A 699) sind 4 Zit. in den Sch. überliefert, die vorwiegend formale Fragen betreffen. Möglicherweise enthalten die Sch. weiteres Material aus Z. anonym. W. SCHMID (RhM 72, 1917/18, 243 f.) vermutete in Z. den Vf. der unter → Aristeides' (3) Namen erhaltenen rhet. Traktate.

O. Schissel, RE IV A 873 ff. *H. Gärtner*, ebd. X A 140 ff. *K. Abel*, ebd. 142 f.

10. Griech. Grammatiker aus Myndos (Steph. Byz. s. Μύνδος. Diog. Laert. 7,35), viell. (wie → Seleukos 10, der einen Προτατικὸς πρὸς Ζήνωνα verfaßte: Sch. Aristoph. Thesm. 1175) zeitweise am Hofe des Tiberius lebend (Suet. Tib. 56, wo *Xenonem* einleuchtend von [1], 36 in *Z.em* geändert) und vom Kaiser auf das öde Kinaros verbannt. Möglicherweise ist Z. ein Sammelwerk Εὔθυναι (mind. 4 B.) zuzuschreiben. Über die geringfügigen phil. Reste s. [2]. H. Gä.

1. *E. Maass*, PhU 3, 1880, 33 ff. 2. *H. Gärtner*, RE X A 143 f.

11. Arzt aus der 1. H. des 2. Jh.s v. Chr. Er zählte zu den bedeutendsten Herophileern (Gal. 8, 736,7 K. CMG V 10,2,1, S. 75,25 f.). Seine Schultreue ging so weit, daß er keine andere med. Richtung anerkannte (Gal. 11,432,7 K.). Nach dem Vorbild des → Herophilos (1) und seiner Schüler hat Z. Komm. zu hippokrat. Schriften verfaßt und sich mit Worterklärungen abgegeben. Berühmt wurde sein B. über die Abkürzungszeichen in den Krankengesch. des 3. Epidemienbuchs, das einen nachhaltigen lit. Streit unter den Ärzten über die Echtheit dieser Zeichen auslöste (CMG V 10,2,1, S. 86,20 ff.). Mit gleichem Erfolg scheint Z. sich auch an der Diskussion zu Fragen der Pulslehre, die von Herophilos begründet und vor allem von den Herophileern weiterentwickelt worden war, beteiligt zu haben (Gal. 8,736 ff. K.). **12.** Von Laodikeia, Pharmakologe, vermutlich aus der 2. H. des 1. Jh.s v. Chr. Die durch F. KUDLIEN (RE X A 146) versuchte Zuweisung dieses Arztes an die herophileische Schule erscheint fraglich, da Z. in den Quellen nicht als Herophileer bezeichnet wird. Aus seiner pharmakolog. Schriftstellerei sind bei späteren Autoren einige Rezepte überliefert, z. B. die Zusammenstellung eines Theriaks (Gal. 14,163 K.), ein Heilmittel gegen Tollwut (a. O. 171) und Pflaster gegen den Biß giftiger Tiere (CMG X 1,1, S. 14,25 ff.). **13.** Arzt aus dem 1. Jh. n. Chr. Er gehört zu den Gesprächsteilnehmern in den Quaest. conv. des Plutarch und hat dort (4,3,669 c) die Fischkost als bes. leichte

Krankendiät empfohlen. Viell. ist er mit dem in der pseudogalen. Schrift De medicinis expertis (10,568 E/F CHARTIER) genannten Pharmakologen Z. aus Athen ident. **14.** Von Kypros, Arzt in Alexandreia im 4. Jh. n. Chr. Nach den Äußerungen des Kaisers Iulianus (epist. 45) war Z. ein tüchtiger Arzt und ist bes. durch seine Lehrtätigkeit hervorgetreten. Zu seinen Schülern gehörten der Iatrosophist → Magnus (9) und → Oreibasios, der Leibarzt des Kaisers → Iulianus (5). J. K.

15. Von Amisos, Bildhauer, signierte in Rhodos Porträtstatue. Wohl 2. Jh. v. Chr. Clara Rhodos 2, 1932, 194 f. Nr. 22. **16.** Von Soloi, Bildhauer, signierte mit Sosipatros Porträtstatuen in Lindos und Rhodos. IG XII 1,862. Clara Rhodos a. O. 196 Nr. 24. Vater der Bildhauer Asklepiodoros und Pythokritos von Rhodos (ASAA 27/29, 1949/51, 220 f. Nr. 84)? 2. Jh. v. Chr. **17.** Sohn des Theodoros, Architekt, schuf in → Aspendos das Theater und andere Bauten. Um 140–170. DE BERNARDI FERRERO Teatri classici in Asia Minore 3, 1970, 161 ff. **18.** Von Aphrodisias, Bildhauer, arbeitete etwa 1. H. 2. Jh. n. Chr., zuletzt in Rom. Strittig zwischen ihm und Nr. 19 die Frauenstatue LÖWY Inschr. griech. Bildhauer Nr. 367. AMELUNG Vatikan-Kat. 1,158 ff. Nr. 103. **19.** Sohn des Attinas, von Aphrodisias, Bildhauer, signierte eine männliche Sitzstatue (Rom Mus. Naz. HELBIG Führer[4] Nr. 2362), Umbildung einer griech. Figur. 1. H. 2. Jh. n. Chr. Der Stil ist weniger Aphrodisias-Schule (M. SQUARCIAPINO La scuola di Afrodisia, 1943) als röm. (INAN-ROSENBAUM Roman and Early Byzantine Portrait Sculpture in Asia Minor, 1966, 30,2). Vgl. auch Nr. 18. **20.** Sohn des Alexandros, von Aphrodisias, Bildhauer, signierte eine ohne Oberkörper erhaltene Sitzfigur (Zeus? Ein Kaiser?) aus → Lyktos. Um 100 n. Chr. SQUARCIAPINO a. O. 13. 21. 27. MORENO, Enc. arte ant. 7, 1251. Unklar bleibt, ob das Werk importiert oder auf Kreta gearbeitet wurde. **21.** Flavius Z., aus Aphrodisias, Bildhauer, etwa 130–160, signierte Skulpturen (Hercules, Satyr mit Dionysosknaben u. a.), die in Rom gefunden wurden. Künstlerisch unbedeutend. SQUARCIAPINO a. O. 14 Nr. 16–20. Der röm. Bürger nennt sich selbst *ἀρχιερεὺς καὶ διάσημος Ἀφροδισιεύς*, was immer das heißen mag. *διάσημος* = *illustris* ist jedenfalls nicht die röm. Rangbezeichnung, aber auch »berühmter Bürger von Aphrodisias« befriedigt nicht. War Z. Oberpriester eines *collegium* (einer *sodalitas*) von Privatleuten oder Berufsgenossen aus Aphrodisias? Die Deutung ist offen. W. H. G.

Zenonis (*Ζηνωνίς*). Aelia Z. (Mz.), Augusta 475/76, soll auf ihren Gemahl → Basiliskos im Sinne einer monophysitenfreundlichen Kirchenpolitik eingewirkt und ihrem Geliebten Armatus zu hohem Einfluß verholfen haben. Mit Gemahl und Kindern wurde sie 476 verbannt (Malchus frg. 8. Candidus frg. 1. Theophan. 5967). A. L.

Zenonupolis (*Ζηνωνούπολις*), urspr. Esti, Mesten u. ä. mit Grab des phryg. Soldaten-Märtyrers → Menas (4), dessen Gebeine angeblich seine Kameraden aus Kleinasien mitgebracht und bei diesem Ort beigesetzt haben. Kaiser → Zenon (I 2) baute den Wallfahrtsort als Stadt namens Martyrupolis aus, doch wurde der Ort auch nach dem Kaiser Z. genannt (h. Abu Mena 50 km w. Alexandreias, 12 km vom Meer entfernt). Erste Kapelle 363 n. Chr. durch Kirche ersetzt, die → Arcadius erweiterte. 451 n. Chr. von Melkiten übernommen, 641 den Jakobiten zurückgegeben, 836 n. Chr. vom Kalifen Muʿtasim seines Marmors beraubt. Unter Druck der Nomaden verfiel die Stadt, von der bisher außer der Kirche 2 Bäder, Pilgerunterkünfte und mehrere Kapellen ausgegraben sind, im 13. Jh.; im 14. Jh. wurden die Gebeine des Menas nach Kairo verbracht. Ausgrabungen seit 1905. W. H.

C. M. Kaufmann Die Menesstadt, 1910. Vorber.: MDAI (Kairo) 19, 1963, 114 ff. 20, 1965, 122 ff.; 126 ff. 21, 1966, 171 ff. 22, 1967, 206 ff. 26, 1970, 55 ff. AA 1967, 457 ff. Ostraka: *D. Wortmann*, Ztschr. f. Papyrol. u. Epigr. 8, 1971, 41 ff.

Zenoposeidon (*Ζηνοποσειδῶν*). Griech. Name des kar. Zeus. Wurde in → Mylasa unter dem Beinamen *Osogo(a)* verehrt. In der Lit. ist der Name Z. erstmals für die 2. H. des 4. Jh.s nachweisbar, auf Inschr. um 200 v. Chr. Für das griech. Verständnis waren im Wesen des Gottes Züge des Zeus und des Poseidon verschmolzen. Vgl. die Mz.-Darstellungen (Beigaben: Dreizack und Doppelaxt, Seekrebs und Adler). Reste des Tempels vor der Stadt erhalten. Zweifelhaft ist die kult. Verehrung an anderen Orten. Die Einzelheiten des Götterdienstes sind unbekannt. Mz. HEAD HN[2] 622. F. ATARCA Les monnaies grecques de Mylasa, 1959. K. A.

A. Laumonier Les cultes indigènes en Carie, 1958. *K. Abel*, RE X A 220 f. *H. Schwabl*, RE X A 345.

Zenothemis (*Ζηνόθεμις*). **1.** Aus Massalia, bekannt nur durch die gegen ihn gerichtete Rede 32 des Corpus Demosth., aus der Zeit Alexanders d. Gr. (zur Problematik vgl. L. GERNET Démosth., Plaidoyers civils 1, Paris 1953, 110 ff.). Dem Sprecher → Demon (2) zufolge hätte Z. zusammen mit dem Reeder Hegestratos, in dessen Diensten er stand, versucht, die als Sicherheit für ein aufgenommenes Darlehen gebotene Getreidefracht durch Versenkung des Frachtschiffes zu vernichten, um der Rückzahlung des Geldes zu entgehen. Hegestratos ertrank bei dem mißlungenen Betrugsmanöver, Z. erhob seinerseits in einer → *ἐμπορικὴ δίκη* Anspruch auf die Ladung gegen Demon, der einem gewissen Protos Geld zum Aufkauf der Ladung in Syrakus geliehen haben sollte. Demon bestritt die Zulässigkeit der Verfahrensform. Der Ausgang ist unbekannt. H. Gä.

Schäfer Demosth. Beil. 292 ff. *Blass* AttBereds. 3,1,30 f. 492 ff. *K. Abel*, RE X A 223 f. *A. C. Cosman* Demosth.' rede tegen Z. (oratie XXXII), Diss. Leiden 1939.

2. Tzetz. chil. 7,675–77 (vgl. Sch. Aristoph. Plut. 586) zit. unter *Z. ἐν τῷ Περίπλῳ* ein eleg. Distichon über → Issedones als Nachbarn der → Arimaspoi. Diesem Gedicht gehören auch die Zit.e Sch. Apoll. Rhod. 2,965 aus Dion. Skytobrachion FGrH 32 F 4 (danach Lebenszeit 4./3. Jh. v. Chr.) über die Wanderung der Amazonen von Aithiopia *εἰς τὸ ἀντιπέραν* (Kaukasos?) und Ail. nat. 17, 30 über lebendige Fische des Paionis- (Butkowo-?) Sees als Viehfutter: lauter Wundergeschichten im lockeren Rahmen eines eleg. Periplus nach dem Muster der Lyde des → Antimachos (2). Sonst wird ein Z. in Plinius' Steinbuch zit.: 37,34 über *lyngurium* am Eridanos, 86f. über ind. übergroße Sardonyx, 90 über ind. Onyxsorten, 134 über weiße *ceraunia* in Karmanien. Geogr. und paradox. Färbung passen gut zum Periplus, sind aber in jedem Steinbuch üblich, so daß sich die Identität beider Schriftsteller, obwohl wahrscheinlich, nicht beweisen läßt. Susemihl 1,863. F. L.

Zensur, die staatl. Überwachung und Unterdrückung literar. Erzeugnisse. Die Ant. hat die Z. in diesem neuzeitl. Sinne nur theoret. gekannt: Platon forderte – als Konsequenz seiner Dichterkritik – die Einrichtung eines ständigen Kontrollorgans, dessen Tätigkeit sich nicht gegen die Autoren, sondern gegen deren Produkte richten sollte (leg. 801c–d. 817b–d). Es fehlte indes nicht an mehr oder minder punktuellen z.ähnl. Maßnahmen, die – aus religiösen oder polit. Gründen – gegen literar. Tätige eingeleitet wurden und außer der Person des Autors auch deren Erzeugnisse ergriffen; die übl. Sanktionen waren die Hinrichtung oder Verbannung des Autors und die Verbrennung seiner Werke. Von den Versuchen, die Ehre einzelner – Lebender wie Toter – zu schützen, muß hierbei abgesehen werden (hierüber → Kakegoria, → Iniuria, → Occentatio. In Athen war – trotz wiederholter Maßregeln der Eindämmung – die Alte → Komödie vom Verbot der Verbalinjurie praktisch dispensiert; in Rom nahm sich die Satire des → Lucilius [I 10] ähnl. Freiheiten heraus). So betrachtet, waren die Asebie-Prozesse um die Zeit des peloponnes. Krieges erste Paradigmen einer Art von Z.; im Falle des → Protagoras (1) vermerkt die Überlieferung ausdrückl. die öffentl. Verbrennung der Schriften (s. J. H. Lipsius Das att. Recht u. Rechtsverfahren, 1905 bis 1915, 363ff.). In hellenist. Zeit wurden Angriffe gegen Herrscher mit dem Tode geahndet (→ Sotades 2. → Daphitas); der Philosophen und anderer unbequemer Kritiker entledigte man sich nicht selten durch Landesverweisung (S. Emp. adv. math. 2,25. Athen. 12,547a–b. 13,610e. 4,184c. So auch in Rom um die Mitte des 2. Jh.s v. Chr. und unter Domitian; s. Latte RRel 275,4. Schanz-Hos. 2,431ff.). → Antiochos IV. (5) suchte die jüd. Religion u.a. durch eine großangelegte Verbrennung der heil. Schriften zu bekämpfen (Ios. ant. Iud. 12,256. 1 Makk. 1,59f.). In Rom zählte – vom 2. pun. Kriege bis Tiberius – die Einziehung prophetisch-ritueller Schriften zu den typ. Maßnahmen gegen unerwünschte *superstitio* (s. Latte a.O. 160f. 268ff.). Auf literar. Gebiet ist die unpolit. Haltung der röm. → Komödie bemerkenswert; offensichtl. hat hier die Aristokratie zumindest indirekt eine Art Z. ausgeübt (→ Naevius III). In jul.-claud. und flav. Zeit konnte jede mündl. oder schriftl. Äußerung gegen den Kaiser oder ein Mitglied seines Hauses als *laesa* → *maiestas* geahndet werden; die unter Tiberius und Domitian geübte Praxis kam einer Z. im neuzeitl. Sinne näher als jede andere einschlägige Erscheinung der Ant. (T. → Labienus [II]. → Cassius [III 3] Severus. A. → Cremutius Cordus. Mam. → Aemilius [II 10] Scaurus. → Antistius [II 4] Sosianus. → Arulenus [2] Rusticus. → Herennius [II 7] Senecio). Im 2. Jh. n. Chr. hingegen erfreuten sich die Philosophen und Literaten größter Meinungsfreiheit. Zu den Maßnahmen gegen die Magie und Astrologie, welche die ganze Kaiserzeit durchzogen (s. Mommsen RStrR 639ff. 861ff.), gehörte das Verbot des Besitzes von mag. Schriften (Paul. sent. 5,23,18). Diokletians Manichäer- und Christenverfolgungen schlossen die Verbrennung der Bücher ein (Coll. 15,3,6. Lact. mort. persecut. 12,2). M. F.

L. Gil Censura en el mundo antiguo, 1961.

Zentralbau. Der Z. ist wie sein architekton. Gegenpol, die → Basilica, eine der überzeugendsten und folgenreichsten Lösungen der röm. Baukunst. Der Typus gewölbter Z. ist mit der röm. → Thermenarchitektur entstanden und im Kuppelsaal des sog. Merkurtempels in → Baiae in einem frühen, augusteischen Beispiel erhalten. Der außen quadrat. begrenzte Baukörper umschließt einen durch Diagonalnischen gegliederten 22 m weiten kreisrunden Saal. Die Kuppel hat eine Scheitelöffnung und schachtartige Fenster in der Wölbezone. Die Entwicklung des Grundrisses geht aus vom massiven Kubus oder Oktogon als Widerlager. Hier setzt die Kuppel häufig als achtteiliges Klostergewölbe an, um erst auf halber Höhe in eine einheitl. Kalotte überzugehen (Domus Aurea). Mit dem oktogonalen Kuppelsaal der neron. Domus Aurea ist der Z. in der Palastarchitektur gegenwärtig. Suetons Beschreibung der *cenatio rotunda* (Nero 31), die sich wahrscheinl. auf diesen bisher als Gartensaal angesprochenen Raum bezieht, gibt eine Vorstellung von der Faszination des Z. Mit dem Himmelsgewölbe wird von Cassius Dio (53,27) der hadrian. Kuppelbau des → Pantheon verglichen, der als offizielle Staatsarchitektur programmatisch wirkt. Die Kuppe ruht hier auf einem kreisrunden Unterbau, der in sich ein komplexes System von Verstrebungen und Entlastungsbögen über den 8 Hauptnischen birgt. Durch die Übereinstimmung von Durchmesser und Höhe (43,30 m) wird das ausgewogene Raumvolumen des größten Z. der Ant. erreicht. Eine um die Hälfte verkleinerte, noch immer monumentale Nachbildung des Pantheon ist neben einem weiteren, durch ein Kegeldach abgeschlossenen Rundbau im Asklepieion von → Pergamon überliefert. Seit Nero wird der Z. in die kaiserl. Palastarchitektur einbezogen, in der Villa Hadriana erstmals mit von Grat zu Grat bogenförmig ansetzender Schirmkuppel. Zu kaiserl. Palästen gehören der ellipt. bzw. zehneckige Kuppelsaal der Horti Sallustiani und Horti Liciniani (Minerva Medica). Bescheidener und nicht unbeeinflußt von der röm. Palastarchitektur sind Wohnhäuser mit überkuppelten Sälen, z.B. in Ephesos. Seit dem 2.Jh. erhalten Z. über kub., zylindr. oder polygonalem Unterbau eine durch Wandpfeiler verstärkte hohe Fensterzone (sog. Venustempel in Baiae, sog. Apollontempel am Avernersee, Caldarien der Kaiserthermen). Über kreisrundem Grundriß zeigen diesen Aufriß mit unterer Nischenzone und oberem Fenstergaden auch die spätant. Grabbauten (Mausoleum des Galerius in Thessaloniki, der Helena in Rom; dagegen geschlossenes Oktogon im Diokletianspalast von Spalato). Bei dem Mausoleum der Constantina in Rom trägt eine Kreiskolonnade das erhöhte Kuppelzentrum, dem der tonnengewölbte Umgang untergeordnet ist. Die nachkonstantin. Zeit verwendet den Typus des Z. für kleinere chr. Kirchen, bei Baptisterien (Lateran) und vor allem bei den über heiligen Grabstätten und an Orten göttl. Epiphanien errichteten Martyrien (S. Stefano Rotondo in Rom, S. Lorenzo in Mailand, S. Gereon in Köln, S. Vitale in Ravenna, Hagios Sergios und Bakchos in Istanbul). Seine großartigste Verwirklichung findet der Z. in der Palastkirche Iustinians I., der Hagia Sophia (Architekten: → Anthemios [3] von Tralleis und → Isidoros [9] von Milet). Der 81 m lange und 70 m breite Bau wird (nach Einsturz der urspr. weiter gespannten Kuppel) durch eine Pendentifkuppel von 33 m Durchmesser und 55,60 m Scheitelhöhe beherrscht, die die Vorstellung des Himmelsgewölbes vermittelt (Paulus Silentiarius). A.v.Gl.

L.Crema L'Architettura Romana, 1959, 375ff. 413. 473ff. 624ff.

Zephyrinus. Papst 198/99–217, ging im Bestreben, die Einheit der Kirche zu wahren, nur zögernd gegen Irrlehren vor. Er verurteilte den → Montanismus (→ Tertullianus 2); der Modalismus (→ Praxeas) wurde geduldet, so daß sich die von seinem Nachfolger Kallistos verurteilte Häresie des → Sabellius entwickeln konnte. O. H.

Kl. Wegenast, RE X A 225–227.

Zephyrion. 1. *Ζεφύριον*, *Ζεφυρία*, nur bei Ptol. 3,15,4 genanntes Kap an der N.-Küste Ostkretas, wahrscheinl. das h. Kap Hg. Joannis am NW.-Ende der Bucht von Mirabello. **2.** Kap an der SW.-Küste der Insel Cypern bei → Paphos, Strab. 14,6,3 p. 683. Ptol. 5, 13,1, h. Kap Zephyros. E. M.

E. Meyer, RE X A 228f.

3. Ein an der O.-Küste des alten »Italia« n. (Dion. Per. 364 u. Eust. z. St.) des h. Capo Spartivento (Strab. 6,259) gelegenes Vorgebirge (Ptol. 3,1,10. Skymn. 278. Steph. Byz. s. v.), das trotz seiner geringen Höhe von ca. 150 m (zum Eindruck vgl. Pind. frg. 140b Sn. = 200 B.) einen vor den gefährlichen W.-Winden sicheren Hafen bietet (Strab. a.O.) Z. bietet den s. Abschluß des *sinus Scyllaeus*; es gab der Stadt → Lokroi Epizephyrioi den Namen. G. R.

Forbiger HB. d. alt. Geogr. 3,360. 513. *Nissen* It. Ldk. 2, 952.

4ff. Vornehmlich im ö. Mittelmeergebiet verbreiteter Name von Kaps oder auch Örtlichkeiten bei diesen Kaps, die eine w. Lage hatten oder auch w. Winden ausgesetzt waren. **4.** Nur von Strab. 14,2,20 p. 658 neben einem anderen Kap *Ἀστυπάλαια* (h. Kap Petra) erwähnte *ἄκρα* nahe der Stadt → Myndos, das h. Kap Angeli. Ursprüngl. eine kleine Insel, war Z. später mit dem Festland verbunden (Plin. nat. 3,204). Z. war zugleich ein anderer Name für das nahe gelegene → Halikarnassos. **5.** Mehrfach erwähntes Kap und *πόλις* der Cilicia propria (Skyl. 102 [GGM 1,77]. Strab. 14,5,9, p. 671. Diod. 18,62,1. Steph. Byz. s. *Ἀγχιάλη* u. *Z.*). Das Kap lag w. von → Anchiale (3) und ö. von → Soloi. F.W. Putzger Hist. Schulatlas, 1913, 5b. **6.** Von Ptol. 5,4,2 p. 846 bei 44° 15′ n. Br. und 61° 45′ ö. L. erwähnter fester Platz, zunächst der Landschaft Paphlagonien, später der Galatia, der auch von Arr. per. p.E. 20 und peripl. m. Eux. 19 (GGM 1,406) genannt ist. Z. lag w. von → Sinope und ist mit dem h. Kariani ident. H. Treidler, RE X A 228. **7.** Ein dem *Πόντος Καππαδοκικός* zugehöriger Ort Z. ist von Ptol. 5,6,10 p. 875 unter 43° n. Br. und 68° 20′ ö. L. genannt. Dieser Ort befand sich w. von → Trapezus (2). Vgl. ferner Skyl. 86 (GGM 1,64). Arr. per. p.E. 24. peripl. m. Eux. 36 (GGM 1,470); h. Zefre bzw. Zefireh.

Miller Itin. Rom. 647. 645. *Forbiger* HB. d. alt. Geogr. 2,405. 415. *H. Treidler*, RE X A 228.

8. Eine hellen. Siedlung von städt. Typ im Bosporan. Reiche, nur bei Plin. nat. 4,86 erwähnt. Chr. D.

V. Gajdukewič Das Bosporan. Reich (russ.), Moskau–Leningrad 1949, 180. 509,52 u.s.; vgl. auch d. dt. Ausg. (Indices) s.v. *Danoff*, RE X A 228.

Zephyritis (*Ζεφυρῖτις*). Beiname der → Arsinoe II. (3). Noch zu ihren Lebz.n ist Arsinoe am Kap Zephyrion ö. von Alexandreia von dem Admiral Kallikrates aus Samos ein Tempel errichtet worden, wo sie als Aphrodite Z. verehrt wurde. Nach ansprechender Vermutung hat sie Kallikrates sein Flottenkommando verschafft und für die Verstärkung der äg. Flotte gesorgt. Demgemäß darf man die Tempelgründung als Ausdruck persönl. Dankbarkeit, treuer Ergebenheit und huldigender Anerkennung der weitblickenden Flottenpolitik der Regentin ansehen. Ob Kallikrates den

Kult von Halikarnassos und Troizen an die äg. Küste verpflanzt hat oder einen thrak. Aphroditekult mit einem einheim. Fischerkult verschmolzen hat, ist nicht auszumachen. Nicht zu halten ist ferner die Vermutung, die Verehrung der Z. sei nach → Keos übertragen worden. Z. galt namentlich als Schutzpatronin der Frauen und der Schiffer. In Kallimachos' »Locke der Berenike« erscheint Zephyros nach einem heiter-anmutigen Einfall des Dichters als Diener der Z. (frg. 110,51 ff. Pf. = Catull. 66,51 ff.). Auf Geheiß seiner apotheosierten Herrin trägt er die von Berenike im Pantheon zu Alexandreia geweihte Locke weg und hinterlegt sie im Heiligtum am Kap Zephyrion. Von hier aus erfolgt die eigentl. Verstirnung. Der Pap.-Fund von 1929 bestätigte die Deutung von ACHILLES STATIUS und widerlegte VINCENZO MONTI und seine Anhänger HAUPT und WILAMOWITZ. K. A.

K. Abel, RE X A 230ff.

Zephyros (*Ζέφυρος*, lat. *Favonius*), seit Homer geläufig für den Wind aus dem W., allgemeiner aus der Sonnenuntergangsrichtung, beschrieben von Theophrast (vent. 38–48, s. auch Ps.-Aristot. probl. 26,22. 24. 31. 33. 35. 52. 54. 55 u.ö.), gilt als zeugungsfähig ([3], 2324, 26ff., vgl. Ov. fast. 5,195 ff.), kultisch verehrt nur in Athen (Paus. 1,37,2), Gestalt verschiedener Mythen (Hes. theog. 378 ff.: Eltern; Hom. Il. 16,149 ff. Alk. frg. 327 L.–P.: Kinder; Ps.-Palaeph. 46. Lukian. dial. deor. 14: Hyakinthos; Tod); bisweilen auf Vasen dargestellt. C. J. C.

1. *O. Gilbert* Die meteorolog. Theorien d. griech. Alt., 1907, 539ff. 2. *K. Nielsen*, Class. et Med. 7, 1945, 1–113. 3. *R. Böker*, RE VIII A 2323–2325, auch 2325–2383. Beinamen: *C. F. H. Bruchmann* Epitheta deorum ..., Myth. Lex. Suppl., 1893 (Neudr. 1965), 143f.

Zerbis. Nur bei Plin. nat. 6,118 erwähnter linker Nebenfluß des → Tigris im n. w. Assyrien, der sich durch das Siedlungsgebiet der Azoni ergoß. Die eindeutige Identifikation mit einem der h. Sab benannten Flüsse, dem oberen oder dem unteren, ist nicht möglich. E. O.

H. Treidler, RE X A 235.

Zernes s. Dierna

Zerynthos (*Ζήρυνθος*). Ort im ö. Thrakien w. von → Traianopolis in der Peraia von → Samothrake, mit einer der Hekate geweihten Höhle. Die angebliche »Höhle der Hekate«, auch als Aphrodite bezeichnet, im Mysterienheiligtum von Samothrake scheint nur eine späte Erfindung zu sein. Lykophr. 77. (mit Sch.). 449. 985. 1178. Nik. Ther. 460ff. mit Sch. Nonn. Dion. 13,400. Sch. Aristoph. Pax 277. Steph. Byz. Suda s. *Ζηρυνθία* und *Σαμοθράκη*. Etym. m. Liv. 38,41,4 und Sch. Nik. Ther. 460 erwähnen einen Apollontempel in Z. *Zerynthia litora* Ov. trist. 1,10,18. E. M.

B. D. Meritt The Athenian tribute lists 1,517f. *Karl Lehmann*, Hesp. 20, 1951, 7f. Anm. 22. 21, 1952, 33 pl. 7b. 22, 1953, 24. *Ders.* (Hg.) Samothrake 1 (1958): *N. Lewis* The anc. lit. sources Nr. 53. 69. 151–156. 202. 226a. 3,2 (1969); *Ph. W. Lehmann* The Hieron 38 m. Anm. 171. *Ders.* Guide 55f. (^{3}56f.).

Zesutera. Mutatio an der Straße von → Herakleia (7) – → Perinthos durch Macedonia nach Aulona. Erwähnt wird Z. im Itin. Burdig. 602,1: *mutatio Z., finis Europae et Rhodopae*. Es lag w. vom h. Hermanlik zw. Syrascellae (h. Malgara) und Apri (Inedžik) im s.ö. (türk.) Thrakien. Chr. D.

Fontes Lat. hist. Bulg. 1,42. *Detschew* Die thrak. Sprachreste 183. *Danoff*, RE X A 238 m. Lit.

Zeta. Stadt in der Byzacena (→ Byzacium). Zur Zeit des Kriegs Caesars gegen die Pompeianer zuerst von den Truppen Scipios besetzt, wurde sie von Caesar genommen (Bell. Afr. 68,1). Dann blieb eine röm. Garnison, S. GSELL Hist. anc. de l'Afr. du N. 8,112, der Z. mit Sidi Nejah identifiziert. BABELON–CAGNAT–REINACH Atl. arch. Tun. fe 51, Djemmal, Nr. 9–11 denken an Hr. Zeiat oder Zaiet. TISSOT Géogr. comp. Afr. 2,746. M. L.

Zetes s. Kalaïs

Zetetai (*ζητηταί*), Mitglieder einer in Athen im 5./4. Jh. v. Chr. gelegentlich eingesetzten Untersuchungskommission. Ihre Rechtsstellung wird von den Lexikographen (Harpokr., Phot., Anecd. Bekk., Poll., Suda s. v.) als *ἀρχή* aufgefaßt, doch trifft dies nicht zu (U. KAHRSTEDT Unt. z. Magistratur in Athen, 1936, 223); sie sind bevollmächtigte Private (E. BERNEKER, RE X A 241 f.). In der Überlieferung treten Z. bes. in zwei Fällen hervor: 1. Bei der Untersuchung des Hermen- und Mysterienfrevels 415 v. Chr. Auf Volksbeschluß (And. 1,40) fungierten als Z. anscheinend nur Buleuten (→ Charikles 1, → Peisandros 6; And. 1,36 mit dem Komm. von MACDOWELL [1962] p. 87), die ihre Recherchen der mit besonderer Vollmacht ausgestatteten Bule übermittelten (P. J. RHODES The Athenian Boule, 1972, 186f.). 2. Bei der gegen → Androtion und seine Mitgesandten (zu → Maussolos 2) 354 v. Chr. erhobenen Beschuldigung der widerrechtl. Aneignung von Staatsgut. Die Formulierung des die Z. installierenden Volksbeschlusses (Demosth. 24,11) läßt erkennen, daß dieser Sachverhalt häufiger vorgelegen haben muß (vgl. Lys. 21,16. Harpokr. 91,15, Anecd. Bekk. 1, 261). Die durch → Menysis aufgedeckte Verfehlung erfuhr weitere Behandlung durch Bule (*προβούλευμα*) und Ekklesia (Demosth. 24,11; RHODES a. O. 158). H. B.

Zethos (*Ζῆθος*. Pind. paian. 9,44 *Ζεάθου*). **1.** Zwillingsbruder des → Amphion; beide – *λευκοπώλω* »Schimmelreiter« (Eur. Herc. 29f. Pherek. FGrH 3 F 124) – sind Söhne des Zeus und der → Antiope (Hom. Od. 11,260ff. Eur. Herc. 30. Pherek. a. O. Kephalion FGrH 93 F 5. Apollod. 3,10, 1,3. Hyg. fab. 7. 8. 76. 155); nach Asios frg. 1 KI. galt neben Zeus auch → Epopeus als Vater. Die Knaben wurden ausgesetzt; von Hirten gerettet fanden sie Antiope wieder (Apollod. 3,5,5,7f.

Hyg. fab. 8. Sch. Apoll. Rhod. 4,1090). Beim Mauerbau Thebens (Hom. Od. 11,264. Pherek. FGrH 3 F 41d. Apollod. 3,5,5,10. Hyg. fab. 9) setzt Z. seine Kräfte ein (Apoll. Rhod. 1,738f.); seine Neigung gilt dem Rinderweiden (Apollod. 3,5,5,7). So wird der rauhere Z. schon seit Plat. Gorg. 489e von dem musischen Amphion differenziert (vgl. Cic. de or. 2,155; rep. 1,30. Hor. epist. 1,18,42); beide sind Argonauten (Apoll. Rhod. 1, 735). Z. heiratet Thebe (Apollod. 3,5,6,1) oder → Aëdon, mit der er Itylos und Neïs zeugt (Pherek. FGrH 3 F 124f. Paus. 9,5,9. 8,4); wegen Aëdons Bluttat stirbt Z. aus Kummer (Paus. 9,5,9). Grab zusammen mit Amphion in Theben (Paus. 9,17. 4. 10,32,11) oder allein (Eur. Phoen. 145. Ps.-Aristot. pepl. 41). Falsche Namensdeutung von ζητεῖν (Eur. frg. 181 N.² Hyg. fab. 7). G. R.

Prell.-Rob. 2,114ff. *H.J. Rose* Griech. Myth. 183f.

2. Nur aus Athen. (8,351b) bekannter Kitharaspieler. Als Zeitgenosse des → Stratonikos, der seinen Namen zu einer witzigen Gegenüberstellung mit dem myth. → Z. (1) verwendete, gehört er dem 4. Jh. v. Chr. an. U. K.

K. Abel, RE X A 247.

Zeugitai (*ζευγῖται*), urspr. Wehr-, seit → Solon (1) auch Zensusklasse mit dem Jahresertrag von 200–300 Scheffeln Korn oder Maß an Öl oder Wein. Bald folgte für wohlhabende Bürger ohne Grundbesitz die Umrechnung der Naturalien in 200, bzw. 300 Drachmen. Das Solon zugeschriebene Gesetz, der Z., der eine Erbtochter aus dem → Thetenstand nicht heiraten wolle, solle 150 Dr. als Mitgift zahlen, besagt nichts über eine urspr. Mindesthöhe des Z.-Zensus von 150 Maßeinheiten, Demosth. 43,54. U. KAHRSTEDT Staatsgebiet und -angehörigkeit in Athen, 1934, 250f. Ob sie Z. nach ihrem Besitz eines Gespannes (*ζευγοτροφοῦντες*) oder nach ihrer geschlossenen Kampfesweise (als *ζυγόν*) hießen, ist umstritten, Aristot. Ath. pol. 7,3. Poll. 8,182. Plut. Pelop. 23,4. BENGTSON GG 108,2. Die Kosten ihrer Waffen, die ein Volksbeschluß um 510 auf 30 Dr., den Preis einer mittleren Schafherde, bezifferte, hatten sie selbst zu tragen, dazu den Unterhalt eines Proviant- und Waffenträgers im Felde, IG I² 1. SEG 3,1. Sie hatten Stimmrecht in der Ekklesia und → Heliaia (2) und Zugang zu allen Ämtern außer denen der → Archontes und → Tamiai, wurden 458/57 zum Archontenamt zugelassen. Der erste Z. als Archont war 457/56 Mnesitheides, Aristot. 26,2. Diod. 11,81,1. Aus der umstrittenen Höhe der von 428/27 erwähnten direkten Vermögenssteuer (→ *Εἰσφορά*), dem anbaufähigen Teil Attikas und dem für den einzelnen Z. erforderlichen Landbesitz schätzen W. SCHWAHN, RhM 82, 1933, 259 die Zahl der Z. um 431 auf 20000, davon 6000 mit Landbesitz, den Rest als Handels- und Gewerbetreibende, R. THOMSEN Eisphora, 1964, 166 zwischen 12000 und 17000. Bedenken gegen einen Einheitswert des Z.-Gutes bei A. FRENCH, Hist. 10, 1961, 510ff. Infolge der Landknappheit wurden Z. 445 als Ansiedler nach Brea gesandt, Sylloge³ 67. Nach dem 4. Jh. trat anstelle der Z. der Begriff der *ὅπλα παρεχόμενοι*. H.V.

Zeugitana regio, von einem einheimischen Namen *(pagus Zeugius:* DESSILS 9482) abgeleitete seltene Bezeichnung für den Nordteil der Provinz Africa *(propria; vetus; proconsularis)* zw. dem Tusca und der Ostküste, südlich begrenzt von → Byzacium, mit drei Vorgebirgen *(promonturium Candidum* [mit → Hippo 5], *Apollinis* und *Mercurii)*, dazwischen → Utica und → Karthago; seit Diokletian eigene Provinz. C. J. C.

1. *A. Forbiger* HB. d. alten Geogr. 2, ²1877, 839–853, bes. 847ff. 2. *Ch. Tissot* Géographie comparée de la province rom. d'Afrique 1/2, 1884/88. 3. Atlas archéol. de la Tunisie, 1893. 4. *Ch. A. Julien* Hist. de l'Afrique du Nord, ²1951. 5. *L. Teutsch* Das röm. Städtewesen in Nordafrika, 1962. 6. *P. Romanelli* Storia delle prov. Rom. dell' Africa, 1959. 7. *J. Gascu* La politique municipale de l'empire romain en Afrique proc., 1972 (Lit.).

Zeugma (*Ζεῦγμα*, vgl. Cass. Dio 40,17,3). Stadt am r. Ufer des → Euphrates, 12 km n. von Birecik beim Dorfe Belkis. Dieser bereits von [2] und unabhängig von diesem von [3], 127ff. vermutete Ansatz der Stadt konnte jetzt von [4] aufgrund einer Neuinterpretation der ant. liter. Quellen und der Auswertung arch. Neufunde bestätigt werden, ebenso wie die Annahme, daß Z. mit → Seleukeia (4) bei Plin. nat. 5,86 und Strab. 16,2,3 ident. ist. Die Stadt war eine Gründung → Seleukos I. (1) und wegen ihrer Brückenkopffunktion gegenüber Mesopotamien von großer wirtschaftspolit. und mil. Bedeutung (in der Kaiserz. Standort der *legio IV Scythica*, vgl. [4]). E. O.

1. *B. Spuler*, RE X A 251f. 2. *J. R. Metheny*, Journ. Am. Or. Soc. 28, 1907, 155ff. 3. *F. Cumont* Études Syriennes, Paris 1917. 4. *J. Wagner* Seleukeia am Euphrat/Zeugma. Stud. z. hist. Top. u. Gesch. Beih. zum Tüb. Atl. d. Vord. Or., Reihe B (Geisteswiss.) 10 (im Druck).

Zeus (ion.-att. *Ζεύς*, lak., boiot., rhod., korinth. *Δεύς*, lesb. *Σδεῦς*, in Olympia ([25], 289f.) *Ζάς* u.a.), der mächtigste und höchste griech. Gott seit Anf. griech. Lit. und Gesch. ([1–24]).

I. Name, Herkunft, Ursprungsmerkmale: Wie bei keinem olymp. Gott sonst sind bei Z. die idg. Etym. und Bedeutung und damit bereits vormediterrane, aus idg. Rel. stammende Ursprungs- und Wesensmerkmale zweifelsfrei: *Z.*, diphthong. Wurzelnomen (z. Paradigma [26], 576f.), geht etym. zurück auf das idg. Nomen agentis * *di̯ḗu̯-s* mit der Grundbedeutung »hell Aufleuchtender«, »Glänzender«, »Wetterleuchtender« (Diskussion zuletzt [27] u. [28]; dazu: FRISK 1,610f. 3,98f. CHANTRAINE Dict. Etym. 2,399. POKORNY Idg. etym. WB. 1,184ff.). Zugrunde liegt die aus altind. *dideti*, hom. *δέατο*, *δέελος* usf. erschließbare Verbalwurzel * *dei̯-* »leuchten«, »strahlen« ([29], 109f. MAYRHOFER Etym. WB. d. Altind. 2, 41. 70f.). Hierher gehören überdies mit suffixalen

Erweiterungen idg. * din-»Tag« (vgl. lat. nundinae, altind. su-dinam »Tageshelle«, lit. dienà usf.) und bes. idg. * dei̯u̯o-s »Gott«, d.h. »Himmlischer«, mit idg. sakral. u-Element (HAVERS, AAWW 1947 Nr. 15, 139ff. SPECHT Die Sprache 1,43ff.; vgl. altind. deváh, osk. deivai, lat. deivos, divus, deus, lit. diẽvas, kelt. dago-dēvos »der gute Gott« usf.; ausführl. zuletzt [30]). Als »Aufleuchtender« war idg. * di̯ḗu̯s der Gott des himml. Lichtes, des Tageslichts und heiteren Himmels, daher noch griech. εὐδία, ἔνδιος (= sub Iove, sub divo), hom. Διὸς αὐγαί (Il. 13,837), pind. αἴγλα διόσδοτος (P. 8, 96), die Z. und →Iuppiter-Prädikationen Φαναῖος, Lucetius, Serenus, Diespiter = diei et lucis pater (Gell. 5,12,6), Iuppiter = sublime candens (Cic. nat. 2,65), der wie Z. direkt zu di̯ḗu̯s etym. zu stellende heth. Gott šiuš als »Sonnengott« ([31], 116ff.), die Morgenröte als »Tochter« des altind. dyaus ([32], 86), das Licht als »Offenbarungsform« griech. rel. Erfahrung ([33], 5) usw., ferner aber auch Gott des nächtl. Sternenhimmels (gut [29], 112), ebenso auch des Blitzes (ebd.), dann überhaupt und bes. Himmelsgott ([34], 715ff. L. v. SCHROEDER Ar. Rel. 1,299ff. GÜNTERT Der ar. Weltkönig 206f. CORNELIUS Idg. Religionsgesch. 63f.), hierbei vermutl. – wie das altind. Götterpaar Dyaus-Pr̥thivī́ (GONDA Die Rel. Indiens 1, 94) – als * dhĝhmmés * póti mit der Erde (* dhghṓm * mâtēr) als »Frau des Himmels« verbunden ([35], 97f.; grundlegend das Kap. »Il cielo e la religione« [36], 215ff.; konziser Überblick zuletzt [37], 28ff.). Folglich ist 1. das seit Hom., Hes. (s. u. III) reich bezeugte Z.-Wesensmerkmal des Himmelsgottes (Z. Οὐράνιος, Αἰθέριος usw.; bes. [16] I 1ff.) fraglos primär und genuin, weil idg. Erbe, nicht etwa, wie oft gemeint, erst sekundär und vom Berg- und Blitzgott Z. abgeleitet (bes. WILAM. [21], 2ff.), vom chthon. Z. (PHILIPPSON Thessal. Myth. 37ff.) usw. Ebenfalls bereits »auf jeden Fall« ([38], 152) idg. di̯ḗu̯s- Eigenschaft reflektiert 2. die seit Hom. häufigste Z.-Epiklese »Vater« (s. u. III). Die Parallelität von griech. Z. πατήρ, altind. dyaus pitar, lat. Diespiter = Iuppiter, illyr. Δειπάτυρος, umbr. Iupater (Vok.; vgl. skyth. Z. Παπαῖος (Hdt. 4,59), bithyn.-thrak. Z. Πάπας (Eust. Hom. Il. 5,408), luw. ta-a-ti-iš ᵈti-wa-az) setzt zwingend idg. Formelgut * di̯ḗu̯s * pətēr »Vater Himmel« voraus (ausführl. jetzt [38], 149ff.). Es muß nach Ausweis der Vokative aus »uraltüberkommener Kultsprache« stammen ([25], 327), d.h. idg. Gebetsapostrophen, doch sind auch Prädikationen zu vergleichen wie R̥gvedasamhitā 1,164,33a: dyaur me pitá janitá nábhir átra »Der Himmel ist mein Vater, der Erzeuger, dort ist mein Nabel« ([38], 152) u.a. Zugleich weist die Πατήρ-Formel zurück auf die patriarch. idg. Hirtenkriegerkultur und erklärt nicht nur die ab Hom. für Z. so geläufige patria potestas und pater familias-Rolle (zuletzt [39], 259), sondern auch das auffällige Fehlen des ungriech. βασιλεύς (= König)-Titels für Z. bei Hom. (erst ab Kykliker, Hom. h., Hes.; s. u. III). Die hom. Z.-Titel sind bes. »Vater«, dann »Schutzherr« (ἄναξ; etym. strittig; < idg. * u̯n̥n-n̥k̑-? PUHVEL, KZ 73,212; zuletzt m. ält. Lit. [40], 7ff. [6], 78ff.), und Z. agiert in der olymp. Götterfamilie wie ein οἴκοιο ἄναξ (Od. 1,397; bes. [41], 1ff.; danach [18]), was exakt der idg. Gleichung: König (* rēĝ-) = Hausvater (* demspotis), Schutzherr, sakral. Mittler entspricht [37], 32. GONDA, KZ 73,151ff.). Sowohl der Himmelsgott- wie der »Vater«-Wesenszug sind typ. Hochgott-Charakteristika (bes. [42], 46ff. [43], 61ff. [44], passim. KRISTENSEN Meaning of Rel. 40ff.). Daraus resultiert 3. Z. als »höchster Gott« (s. u. III), auch wenn er sich in myk. Zeit erst nach Kampf hat behaupten und durchsetzen können (s. u. II); daher ist 4. vermutl. nach [38], 155 in der Tat das Z.-Epitheton »der große« (μέγας; s. u. III) idg. Erbgut = * még'-eə, ferner 5. auch die hom. Epiklese εὐρυόπα »weitblickender« (ab Il. 5,265; [38], 157ff. m. überzeugender Etym. gegen FRISK 1,592), gleichfalls typ. Himmels- und Hochgott-Attribut ([43], 85), später Z. Πανόπτης u.ä. (bes. [44], 145ff. DEONNA Symbolisme de l'oeil 102), wie auch die ὄσσε φαεινώ, die »leuchtenden Z.-Augen« (Hom. Il. 13,3. 7.), und der Blitz als »Z.-Auge« durchaus schon * di̯ḗu̯s-Merkmale gewesen sein können (TREU Von Hom. z. Lyrik 70. SCHWARTZ Idg. Volksglaube 172f.), dann 6. viell. auch der hom. Zeit-Gott Z. (s. u. III; z. idg. Hintergrund [36], 217ff.). Da ferner wegen der Gebetsapostrophe »Vater« irgendeine Form personaler Beziehung zu postulieren ist (HEILER Gebet[5] 121), muß der Übergang von bloßer Naturrel. zu mind. Anf. einer di̯ḗu̯s-Personifizierung und -Ethisierung in idg. Zeit fallen (bes. [34], 714ff.). Daher sind diskutierbar: 7. Z. ἑρκεῖος, der hom. Haus- und Hof-Gott, der bes. eindeutig idg. Verhältnisse reflektiert (Od. 22,334f.; Il. 11,773f.; bes. [45], 6ff.). Er ist nichts anderes als der »Hausvater« Z. Πατήρ ([12], 403). Dann 8. der ion. Z. ἐφέστιος, der Z. des Hausherdes und οἰκῶναξ ([45], 115f.). Er wurde bei Mahlzeiten bewirtet, ein typ. idg. Opferbrauchtum (THIEME, ZDMG 107,82ff. SCHLERATH, Paideuma 7,129ff.). Beiden eng assoziiert ist 9. Z. ξείνιος, d.h. Z. als Gott des Gastrechts und der Gastfreundschaft (ab Hom. Il. 13,624f.). Die »große Rolle« gerade des Gastrechts in idg. Rel. ist bekannt ([37], 30ff.). Nach [12], 421 u.a. ist »kein Zweifel«, daß Z. »dies schon vor der Einwanderung der Griechen gewesen ist.« Ält. griech. Eid-Gott ist 10. Z. ὅρκιος, was aus seiner Himmelsgottfunktion resultiert (s. u. III). Himmelsgötter, weil »Allsehende«, sind typ. Schwurgottheiten ([44], 19f.). Der Eid ist schon idg. ([37], 34). Auch fügt sich die idg. Grundbedeutung von * omə = »fest anfassen zur Eidesleistung« (HOFFMANN, KZ 83,193ff. m. ält. Lit.) zum »Anfassen« des von Z. stammenden kgl. Zepters beim Eid (s. u. II.

III), zum *Iovem lapidem iurare* usf., doch ist strittig, wann persönl. Götter zum Eid treten (positiv [34], 721 ff. m. Hinweis auf osk. *deiuvatud* u.a.). Ähnl. problematisch bleiben: 11. Z. als Orakelgott von Dodona (als idg. zuletzt wieder [46]; dazu jetzt bes. [47], 367 ff. PÖTSCHER, Mnem 1966, 113 ff. DAKARIS, in: *ΧΑΡΙΣΤΗΡΙΟΝ ΕΙΣ ΟΡΛΑΝΔΟΝ* 4, 1967/68, 389 ff. WATHELET, Ét. Class. 43, 114 ff.), 12. Z. als Schutzgott der Könige (s. u. II), 13. Z. als Kriegsgott im Sinne des hom. »Burgenzerstörers« (Il. 2,117), *ταμίης πολέμοιο* (Il. 4,84) oder spart. *Z. Ἀγήτωρ* (Xen. Lak. pol. 13,2), vergleichbar dem heth. *šiuš* Anf. 2. Jt. ([31], 131), 14. Z.-Kultisches wie Aschenaltar, Kesselwagen (als idg. zuletzt [2] § 1 a–d) u.a. Summarisch: Fraglos idg. sind die Z.-Merkmale des Himmels- und Vater-Gottes, damit vermutl. auch die typ. Z.-Tendenz des Universalen. Er muß als Hochgott, als *μέγας θεός*, und fast sicher als Wetter-, Schutz- und »Hausvater«-Gott mit viell. einer Reihe weiterer Konkretisierungen die Wanderungen im 3. Jt. begleitet haben, war daher kein *deus otiosus* (dazu [43], 71 ff.). Z. ist folglich in Merkmalen, die ihn bereits entscheidend strukturieren, originär und vormediterran. Daraus resultiert indessen nicht, daß Z. »nichts anderes ist als eine griech. Form des ar. Himmelsgottes« ([42], 65). Ebensowenig erschöpft sich seine urspr. Gestalt in »Lichterfahrung« ([7], 16), im idg. Wettergott ([12], 391), Blitzgott ([21]) usw. Zur idg. Komponente tritt die mediterrane. Erst im Mittelmeerraum wird er im 2. Jt. zum »Kroniden«.

II. Z. in myk. Zeit: Z. wurde zw. 2300–1900 v. Chr. von den einwandernden Griechen (Achäer, Ionier) in die Ägäis importiert (z. Datierung zuletzt: SCHACHERMEYR 14. GEORGIEV 33, beide in [46]. WINN, Journ. Ind.-Eur. St. 2,117 ff.). Doch kann er früher bereits proto-idg. oder -griech. Gruppen zum griech. NW. begleitet haben (als * *Teus*? KRETSCHMER, Glotta 14,304 u.a.). Zeitl. feste Hinweise geben die Linear B-Texte von Knossos (ca. 1400 v. Chr.) und Pylos (ca. 1200): Neben dem Z.-Namen (Gen. *diwo*, Dat. *diwe*) sind belegt: Z.-Monat *(diwijo meno)*, Z.-Heiligtum *(diwijo)* und -Priester *(diwijeu)*, dazu adj. *diwijo*, *diwija* = »der (die) zu Z. Gehörige«, *diwo(n)* = »Mann des Zeus«, *dikatajo diwe* = *Z. Δικταῖος* u.a. (bes. [48–50]); zuletzt DEROY, Kadmos 13,14. 25). Außer in Pylos ([7], 24 f.), wo Z. mit → Hera kult. assoziiert war ([88], 81 ff.), muß es auch in Mykene bereits zu Anf. der olymp. Götterfamilie gekommen sein: Arch. Neufund der Akropolis (1968/69) sind 10 weibl., 7 männl. Tonidole vom 14. Jh. ([51]), Zeugnis für das Eindringen männl. Gottheiten in die matriarch. ägäische Rel., auch dafür, daß schärfer zw. myk. und min. Rel. zu differenzieren ist (MYLONAS, in [46], 80). Als Z. wird jetzt die mit 69 cm größte männl. Statuette mit einer Hammeraxt gedeutet ([2] § 2 g). Vermutete weibl. Numina sind Hera, Athena und die »goddess of trees and cultivation« (MYLONAS The Cult Center of Mycenae, 1972, 40). Gleichfalls in myk. Z. muß die rel. Beziehung hom. Könige zu Z. fallen (bes. [52]; mit Korr. [53]; abwegiger äg. Einfluß [54]). Sie erinnert auffällig an die der heth. Könige zu *šiuš*, was jetzt als »enge Verbindung heth. Königtums mit altidg. Rel.« kommentiert wird ([31], 131; Vergleichsbelege aus altind., iran., germ. Rel. [55], 179 f. 244 ff. 693 f. SCHLERATH Das Königtum im Rig- u. Atharvaveda, AKM 33,3, 1960, 75 ff.). Nicht nur das hist.-morpholog. zur Kriegslanze zu stellende ([56]) königl. Zepter stammt von Z. (Hom. Il. 2,101 ff. 205 f. u. ö.), sondern die Könige selber mit ihrer *τιμή* sind *ἐκ Διός* (Hes. theog. 96. Hom. Il. 2,197. 9,37 f. 98 f. u.o.), daher die Epitheta *διοτρεφής* (Hom. Il. 1,176), *διογενής* (Il. 9,106), *διίφιλος* (Od. 24,24 f.), das königl. Stieropfer an Z. (Il. 2,402 ff. 7,315. 11,773 f.), die spart. Könige als Z.-Priester (Hdt. 6,57) u.a. Vor allem aber fallen zwei entscheidende Etappen der Z.-Gesch. in myk. Zeit: 1. der für die weitere Z.-Gesch. dann typ. »conflict of two religious concepts« ([57], 239) durch Assimilierung des idg.-griech. Z., d.h. patriarch. *Z. Πατήρ* (s.o.I) und *Z. ἀθάνατος* (Hom. Il. 2,741 u.o. [58]), an den ganz heterogenen, weil matriarch. Kontext zugehörenden »kretischen« Z. Velchanos, Diktaios, Kretagenes und *μέγιστος κοῦρος*, d.h. den mediterr. Typus des »göttl. Kindes« (gut [59], 156 ff.), alljährl. sterbenden Vegetationsgottes und Paredros weibl. Naturgottheit (noch ohne zureichende Erkl.; zuletzt bes. [60], 214 ff. [61–62]; dazu: WILLETTS Cretan Cults 213 ff. NILSSON Min.-Myc. Rel. ²533 ff.), 2. die genealog. Angleichung im Z.-Mythos durch Z.-Eingliederung in theogon. ostmediterr.-vorderasiat. Sukzessions- und »Königtum im Himmel«-Mythologeme des 2. Jt.s v. Chr., wodurch Z. zum »Sohn« des ungriech. Götterpaares → Kronos-Rhea und so erst zum »Kroniden« wurde (*Κρόνου πάις*: ab Hom. Il. 2,205; bes. Il. 15,187 ff. Hes. theog. 457 ff.; vgl. bes. [63–66]). Der Kronos-Z.-Konflikt, die Z.-Kämpfe gegen die → Titanes (Hes. theog. 617 ff.), → Typhoeus (ebd. 820 ff.) u.a. sind »Krisen« ([65], 27) auf dem Z.-Weg zum olymp. *μέγιστος θεός*, Reflex rel. Auseinandersetzung mit mediterr. Hochgott-, Himmels-, Wetter- und Berggottheiten. So ist selbst der Z.-Name »Olympios« ungriech. (FRISK 2,383), ebenso das Mythologem des Domizils von Götterfamilien auf Berggipfeln ([57], 45). Die berühmte hom. Z.-Epiklese *νεφεληγερέτα* »Wolkenversammler« (s. u. III) ist = ugarit. *rkbʿrpt* und Baal-Epitheton ([67]). Wie Z. (s. o. I) ist der westsem. Hochgott → El »Vater der Jahre« ([42], 80). Mit Wettergöttern wie dem anatol. »Wettergott des Himmels« teilt Z. den Adler als Symboltier ([68], 71), den Blitz als Waffe ([69], 120). Die rel. Ablösungen sind z.T. geograph. exakt fixierbar, so beim nordsyr. Zaphon-Kasion-

Berg, Schauplatz des Typhoeus-Mythos im 2. Jt. u.a. (Eissfeldt Baal Zaphon, Z. Kasios 23ff. Güterbock Kumarbi 103ff.).

III. Z. bei Homer, in klass. Zeit, in hellenist. Zeit: Seit Homer, d.h. seit Anf. griech. Lit. 2. H. 8. Jh. v. Chr., ist die Z.-Gestalt in den wesentl. Zügen vollausgebildet, fraglos »Ergebnis einer langen Entwicklung« (s.o. Bd. II 1204). Zeitl. fast parallel beginnen die ersten Z.-Darstellungen griech. Kunst (ab ca. 700; [2] § 3 b–e). Z. ist seitdem der an der Spitze des olymp. Pantheons stehende mächtigste Gott (Hom. Il. 8,17ff. 12, 242. 15,104ff.) mit formelhaften, in der Superlativhäufung auffällig prononciert gesetzten Hochgott-Epitheta wie: »größter« (*μέγιστος*: Hom. Il. 2,412. Hes. theog. 548), »ruhmvollster« (*κύδιστος*: Il. 3,298), beides in Gebetsapostrophen gern gereiht zu *Ζεῦ κύδιστε μέγιστε* (Il. 2,412. Hes. theog. 548 u.o., auch inschr. [70], 308), »bester« (*ἄριστος, φέρτατος*: Il. 1,581. 14,213. Hes. theog. 49), »höchster« (z.B. *ὕπατος κρειόντων*: Il. 8,31, Od. 1,45), oft gesteigert zu *θεῶν ὕπατος καὶ ἄριστος* (Il. 19,258; Od. 19,303), »stärkster« (*κάρτιστος*: Il. 8,17) usw., ferner bes. »Vater« (*πατήρ*), häufigste hom. Z.-Epiklese überhaupt (Il. 1,503; bes. Calhoun Z. the Father in Hom. [41]), oft in erweiterter Formel »Vater der Menschen und Götter« (*πατὴρ ἀνδρῶν τε θεῶν τε*: Il. 1,544. Hes. theog. 47), auch »Herr« (*ἄναξ*: Il. 1,502; Od. 17,354; s.o. I; grundlegend [71]), dann ab Hes. theog. 886; erg. 668. Hom. h. 2,358. Cypr. 6,3 (EGF 24) auch »König« (*βασιλεύς*). Die Fülle seiner rel. Machtbereiche ist Ausdruck der für Z. typ. Tendenz des Universalen, der Omnipotenz. Kein anderer olymp. Gott ist ihm darin annähernd gleich, daher mögl. Abbreviaturen wie Z. = »Gott« (*θεός*: Il. 2,436. [7], 2f. 14ff.), »Olympier« (Il. 1,353; nur Z. im Sing.), aber auch die Z.-Polyonymie mit mehreren hundert Z.-Epiklesen (Überblick jetzt von *Z. ᾽Αβοζηνός – ᾽Ωρομάσδης* [3]). Er ist vor allem: 1. der (ererbte) Himmelsgott, der bei der Weltdreiteilung den »breiten Himmel in Äther und Wolken« erhielt (Il. 15,192), daher »im Äther wohnend« (*αἰθέρι ναίων*: Il. 2,412. Hes. erg. 18), ab Hes. theog. 71 »Himmelskönig«, 2. der (viell. gleichfalls ererbte; s.o. I) Zeit- und kalendar. Gott, d.h. Z. als Ursache (*ἐκ Διός*) der Jahre, Jahreszeiten, Nächte und Tage (Il. 2,134; Od. 12,399. 14,93. 24, 344; h. 2,445ff. Hes. erg. 564f. 765), 3. der (sicher genuine) Wettergott Z. und damit zugleich 4. auch – weil Berge »Wetterpropheten« sind ([12], 393) – der Berggott Z., *Z. ὑψίζυγος* (Il. 4,166) mit Sitz und von → Hephaistos erbautem Palast auf dem → Olympos (Il. 1,606ff.), doch auch auf zahlr. anderen Berggipfeln ([16], I 117ff.). Als Wettergott in die Vielzahl atmosphär. Phänomene aufgespalten, war Z. a) vor allem Gewittergott, den Blitz in der Hand (Il. 11,184), gefürchtete Z.-Präsenz (Il. 8,75ff. 132ff. 14,417; Usener, Kl. Schr. 4,471ff.), b) als »Wolkenversammler« (*νεφεληγερέτα*: Il. 1,511), »Schwarzwolkiger« (*κελαινεφής*: Il. 1,397) usw. Regengott, der bes. den Herbstregen brachte (Il. 16,384ff. Hes. erg. 415ff.), daher Regen = »Z.-Wasser«, *Διὸς ὄμβρος* (Il. 5,91. Hes. erg. 626), *τὰ ἐκ Διὸς ὕδατα* (Plat. leg. 6,761a), oder = »Z. regnet« (Il. 12,25), ebenso Ursache von c) Schnee (Il. 12,278ff.), d) Hagel (Il. 10,6), e) Meteoren (Il. 4,75ff.), f) Regenbogen (Il. 17,547ff.), dann g) bes. Wind- und Sturmgott, gefürchtet auf See (Od. 3,288ff. 9,67ff. Hes. erg. 668), der Windgott → Aiolos handelt in seinem Auftrag (Od. 10,21), doch – in scharfer Antithese dazu – ebenso h) Gott der Windstille (Il. 5,522f.), i) des günstigen *οὖρος*-Fahrtwindes (Od. 15,475), j) des aufklarenden heiteren Himmels (Il. 16,297ff.), daher noch im Sinne der urspr. Namensbed. Z. = »Aufleuchtender«, »strahlender Himmel« (Il. 13,837). Die Ambivalenz ist tiefwurzelnder Z.-Wesenszug, auch in der Z.-Mensch-Relation: Z. ist Ursache von Glück und Unglück (Il. 16,250; Od. 15,488f.), Ruhm und Elend (Il. 15,491f.), nimmt Opfer an, aber schadet dennoch (Il. 2,419f.), verteilt aus zwei Krügen, »mischend«, Gutes und Schlechtes (Il. 24,527ff.). Zwar ist er 5., wie später so oft ([12], 414ff. [3], 362f.), hom. »Helfergott«, *ἀμύντωρ = σωτήρ* (Il. 15,610; Od. 14,310), 6. Schutzgott des Hauses, *Z. ἑρκεῖος*, dessen Altar im Hof des Odysseus stand (Od. 22,334f.), 7. Gott der Schutzflehenden, *Z. ἱκετήσιος* (Od. 13,213), 8. des Gastrechts, *Z. ξείνιος* (Il. 13,624f.), 9. der Herolde (Il. 1,334), 10. Schwurgott, *Z. ὅρκιος* (Il. 3,107), 11. Sühnegott, dessen Töchter die → Litai sind (Il. 9,502), daher 12. Gott der Gerechtigkeit (Il. 16,384ff. Hes. erg. 36. 238ff.), dessen Tochter ab Hes. theog. 902; erg. 256 → Dike ist (z. Problem jetzt bes. [9]), aber zugleich ist »kein Gott grausamer (*ὀλοώτερος*) als Z.« (Il. 3,365; Od. 20,201). Er ist »bösartig« (*σχέτλιος*: Il. 2, 112. 9,19; Od. 3,161), ein »Lügenfreund« (*φιλοψευδής*: Il. 12,164), »verschlagen« (*δολομήτης*: Il. 1,540). Häufige Z.-Apostrophe seitens der Götter ist: *αἰνότατε* »Schrecklichster« (Il. 1,552. 4,25. 8,462. 14,330. 16,440. 18,361). → Ate, die in Schuld verstrickende Verblendung, ist Z.-Tochter (Il. 19,91). Noch vor der → Moira und den → Erinyes ist Z. verantwortlich für die konsequenzenreiche Ate des → Agamemnon (Il. 19,87. 270), der → Helena (Il. 6,357; vgl. bes. [72], 1ff.). Es sind diese, von hom. Urteilsebene aus, letztlich irrationalen Widersprüchlichkeiten der *Διὸς βουλαί*, die weitere hom. Z.-Konkretisierungen kennzeichnen: 13. Z., den Schicksalsgott, der mit der goldenen Waage die → Kerostasia tätigt (Il. 8,69ff. 22,209ff.; z. Problem Z.-Moira bes. [73]; zuletzt: Heubeck Hom. Frage 185ff.), 14. Z., den Orakelgott (Il. 16,233ff.; s.o. I), 15. Z., den Gott der »täuschenden« Träume (Il. 1,63. 2,6). Im 4. Jh. v. Chr. hieß es: *ἄτοπον γὰρ ἂν εἴη εἴ τις φαίη φιλεῖν τὸν Δία*, »Absurd wäre es, wollte jemand sagen, er liebe Z.« (Aristot. m. mor. 2,11,1208b 30f.). Die weitere Z.-Gesch. steht in der Nachfolge der hom. Z.-Gestalt. Selbst spätere Z.-Vergeistigungen, seine Ausweitung zum kosmischen Allgott, Monotheismus-Tendenzen sind letztlich von Hom. ableitbar, sind hist. bedingte Entwicklungen, so: Herakl. B 32 D. (»Eins, das einzige Weise, läßt sich nicht und läßt sich doch mit dem Z.-Namen benennen«), dann bes. im 5. Jh. die »Z.-Rel.« ([12], 753) des Aischylos mit Ag. 160ff. (»Z., wer immer er ist ...«), Hik. 93ff. (»Undurchschaubar sind die schattigen Wege des Z.-Denkens«), Frg. 105 Mette (*Ζεύς ἐστιν αἰθήρ, Ζεὺς δὲ γῆ, Ζεὺς δ' οὐρανός*) oder der in den Hik. und Prom. noch ungleich tiefer und schärfer als Hom. empfundenen Z.-Ambivalenz ([74], 24: »Aeschylus' Z. is the world and reflects in his character all its forces, both creative and destructive«; spez. Z. in Aeschyl.-Disk. [75] bis [76] m. weiterer Lit.), ferner im 3. Jh. der Z.-Hymnos des → Kleanthes (1), in dem Z. zum stoischen Allgott wird (SVF I 537: »Höchster allmächtiger Gott, den viele Namen benennen, Z., du Herr der Natur ...«; Übers. nach Pohlenz Stoa 1,109; Lit. b. Dörrie, RE Suppl. XII 1705ff.; zuletzt [77]; z. Z.-Gebet, SVF I 527: [78]), oder noch die platon.-stoisch gefärbte Z.-Rede des → Aristeides (3) von ca. 142/43 n. Chr. mit der rhet. Epiklesenreihung ab § 29 (or. 43 K.: *Ζεὺς πάντων πατὴρ καὶ οὐρανοῦ καὶ γῆς καὶ θεῶν καὶ ἀνθρώπων*... [79]). Auch die 12m große Kolossalfigur des thronenden Z. des → Pheidias in Olympia, Kulmination ant. Z.-Plastik überhaupt, war nach ant. Zeugnis »plast. Nachbildung des hom. Z.« (Pol. 30,10. Plut. Aem. P. 28), freilich im Sinne der Z.-Weiterentwicklung in Tragödie und Philos. des 5. Jh.s (Liegle Z. d. Phidias 245ff. [10], 97ff. [11], 32ff. m. Abb. Fink Der Thron d. Z. in Olympia 73ff.). Die wichtigsten hist. Z.-Kulte sind im polit. Bereich: a) Z. Polieus mit bedeutsamen Z.-Festen z.B. in Athen ([80]), Kos ([81]), beides Fruchtbarkeitsfeste, aber Z. ist belegbar seit Hes. erg. 465 *χθόνιος*, was er wegen der Identifizierung mit dem kret. Z. schon früher gewesen sein muß (s.o. II), b) Z. Agoraios ([82]), im privaten Bereich: Z. Ktesios, Meilichios, Soter ([12], 403ff. 411ff.), c) als Orakelgott: neben Dodona (s.o. I) auch in Olympia und in Äg., hier als Z. → Ammon ([13], 164ff. 194ff.). Wie zahlr. die Z.-Kulte selbst in Athen waren, zeigten kürzl. Unt. ([83]). In hellenist. Zeit wurde Z. zum »universal god *par excellence*« und zum »symbol of the idea of deity in every conceivable form« ([84], 97). Er verschmolz mit äg. und oriental. Gottheiten, so mit → Sarapis, → Ammon, → Sabazios, als Panamaros ([85]–[87]) usf. Hellenist.-röm. Herrscher trugen Z.-Titel, so → Seleukos I. (= Z. Nikator), → Augustus (= Z. Eleutherios, Z. Soter). Als → Pausanias (7) im 2. Jh. n. Chr. einen offensichtlich zeitl. späten rituellen Vers der Z.-Priesterinnen von Dodona notierte, war eine mehr als 2000 jähr. Z.-Gesch. vergangen. Doch noch immer hieß es: *Ζεὺς ἦν, Ζεὺς ἐστίν, Ζεὺς ἔσσεται· ὦ μεγάλε Ζεῦ*, »Zeus war, Zeus ist, Zeus wird sein, o großer Zeus« (Paus. 10,12,10; z. Dat. [13], 158ff.).

D. Wa.

Z.-Lit.: Aus der überaus reichen Z.-Lit. vgl. zuletzt: 1. *Schwabl*, RE Suppl. XV (vor Ersch.). 2. *Simon*, ebd. (arch. Dok., vor Ersch., doch lagen mir die Druckfahnen vor, hier nach §§ zit.); Z.-Epiklesen: 3. *Schwabl*, RE X A, 253ff. mit 4. *Fehrle*, Myth. Lex. 6,592ff. 5. *Bruchmann*, ebd. 7 Suppl. 1,122ff.; *Cook* [16] 1,852f. 2,1335ff. 3, 1253f.; ferner: 6. *Vermeule* Götterkult, Arch. Hom. 3, 1974, 80ff. 108f. 7. *Kerényi* Z. u. Hera, Numen Suppl. 20, 1972. 8. *Aebli* Klass. Z., Diss. Münch. 1971 (ikonolog.). 9. *Lloyd-Jones* The Justice of Z., 1971. 10. *H. Walter* Griech. Götter, 1971, 27ff. (doch vgl. *Fittschen*, Gn 46, 1974, 787ff.). 11. *Simon* Die Götter d. Griech., 1969, 14ff. 12. *Nilsson* GgrR I^3,389ff. 13. *Parke* The Oracles of Z., 1967. 14. *Séchan-Lévêque* Les grandes divinités de la Grèce, 1966, 77ff. 15. *James* The Worship of the Sky-God, 1963, 114ff.; unentbehrlich bleiben 16. *Cook* Z. 1–3, 2, 1914–1940, auch 17. *Farnell* The Cults of the Greek States 1, 1896, 35ff., ferner als Etappen der Z.-Forsch. die so unterschiedl. Z.-Deutungen von 18. *Nilsson*, ARW 35, 1938, 156ff. (= Op. 2,710ff.), 19. *Fehrle-Ziegler*, Myth. Lex. 6,564ff. 685ff., 20. *Ch. Picard*, RHR 93, 1926, 65ff., 21. *Wilam.*, Vortr. Bibl. Warburg 1923/24, 1926, 1ff., 22. *Diels*, ARW 22, 1924, 1ff., 23. *Gruppe*, NJb. 41, 1918, 289ff., auch 24. *Welcker* Griech. Götterlehre 1, 1857, 129ff. 2, 1860, 178ff.

Sonst. Z.-Lit.: 25. *Leumann* Hom. Wörter, 1950. 26. *Schwyzer* Griech. Gramm. 1, 1939. 27. *Georgiev*, Die Sprache 19, 1973, 140ff. 28. *Schindler*, ebd. 148ff. 29. *Kretschmer*, Glotta 13, 1924, 101ff. 30. *Watkins*, in: Antiquitates Indogermanicae. Gedenkschr. f. H. Güntert, 1974, 101ff. 31. *Neu* Der Anitta-Text, Stud. z. d. Boğazköy-Texten 18, 1974. 32. *Zimmermann*, Glotta 13, 1924, 79ff. 33. *Bremer*, Ztschr. f. Rel. u. Geistesgesch. 27, 1975, 1ff. 34. *Havers*, in: Christus u. d. Rel. d. Erde 2, 1951, 715ff. 35. *Hertzenberg*, wie [30]. 36. *Devoto* Origini indoeuropee, 1962. 37. *Schlerath* Die Indogermanen, Innsbr. Beitr. z. Sprachw., Vorträge 8, 1973. 38. *R. Schmitt* Dichtung u. Dichtersprache in idg. Zeit, 1967. 39. *Pudić*, in: Bronze Age Migrations in the Aegean (ed. *Crossland-Birchall*), 1973. 40. *Maddoli*, St. Mic. ed Eg.-Anat. 12, 1970. 41. *Calhoun*, TAPhA 66, 1935, 1ff. 42. *Widengren* Rel.phänomenologie, 1969. 43. *Eliade* Die Rel. u. d. Hl., 1954. 44. *Pettazzoni* The All-Knowing God, 1956. 45. *Sjövall* Z. i. altgriech. Hauskult, 1931. 46. *Simon* Der frühe Z., in: Acta of the 2 nd. Int. Coll. on Aegean Prehist., 1972 157ff. 47. *Hammond* Epirus, 1967. 48. *Heubeck*, wie [40], 11, 1970, 63ff. 49. *Gérard-Rousseau* Les mentions rel. dans les tabl. myc., 1968, 67ff. 50. *Ruijgh* Ét. sur la gramm. et le vocab. du grec. myc., 1967, 130ff. 51. *Lord Taylor*, in [46], 76ff.; *ders.*, Antiquity 44, 1970, 270ff. 52. *Puhvel*, in: Minoica. Festschr. Sundwall, 1958, 327ff. 53. *Thomas*, Hist. 15, 1966, 387ff. 54. *Walcot*, wie [40] 2, 1967, 53ff. 55. The Sacral Kingship, Numen Suppl. 4, 1959. 56. *Bé-*

rard, MH 29, 1972, 224ff. 57. *Dietrich* The Origins of Greek Rel., 1974. 58. Die Götterepiklese »unsterblich« = **nmŕto-* ist mit »unumstößl. Gewißheit« idg. [38], 193f. 59. *Laager* Geburt u. Kindheit i. d. griech. Myth., Diss. Zürich 1957. 60. *J.D. Marry* Hist., Society, and Rel. in the Min.-Myc. Era, Diss. Stanford Univ. 1973. 61. *Willetts* Myc. Z. in Central Crete, in: Atti e Mem. del 1. Congr. int. di Micenologia 2, 1968, 1033ff. 62. *West*, JHS 85, 1965, 148ff. 63. *Scott Littleton*, in: Myth and Law among the Indo-Europeans (ed. *Puhvel*), 1970, 83ff. 64. *U. Hölscher* Anfängl. Fragen, 1968, 49ff. 65. *Walcot* Hes. and the Near East, 1966. 66. *Schwabl*, RE Suppl. IX 1433ff. 67. *Brock*, Vetus Test. 18, 1968, 395ff. 68. *Haas* Der Kult v. Nerik, 1970. 69. *Fittschen* Unt. z. Beginn d. Sagendarst. b. d. Griechen, 1969. 70. *Br. Mueller* *ΜΕΓΑΣ ΘΕΟΣ*, Diss. Halle 1913. 71. *Hemberg* *ΑΝΑΞ, ΑΝΑΣΣΑ* u. *ΑΝΑΚΕΣ*, Uppsala Univ. Årsskr. 1955, 10. 72. *Dodds* Die Griechen u. d. Irrationale, 1970. 73. *Pötscher*, WS 73, 1960, 14ff. 74. *Golden*, CPh 57, 1962, 21ff. 75. *Lloyd-Jones*, JHS 76, 1956, 35ff. 76. *Grube*, AJPh 91, 1970, 43ff. (harmonisierend). 77. *Dragona-Monachou*, Philosophia 1, 1971, 339ff. (orph.-pyth. Einfluß). 78. *Dalfen*, H 99, 1971, 174ff. 79. *Amann* Die Z.-Rede d. Ail. Arist., Tüb. Beitr. 12, 1931. 80. *W. Burkert* Homo necans, 1972, 153ff. 81. *D. R. Smith*, Class. Journ. 68, 1973, 21ff. 82. *Martin* Rech. sur l'agora grecque, 1951, 174ff. 83. *Wycherley*, Gr.-Rom.-Byz. St. 5, 1964, 175ff. 84. *Beare* Z. in the Hellenistic Age, in: The Seed of Wisdom. Essays in Honor of T.J. Meek, 1964, 92ff. 85. *J. P. Kane*, in: Mithraic Studies 2, 1975, 330ff. (ed. *Hinnells*). 86. *Hatzfeld-Roussel*, BCH 51, 1927, 57ff. 87. *Oppermann* Z. Panamaros, RVV 19,3, 1924. 88. Zu Z.-Hera auch in Knossos jetzt: *Woodard* Proleg. to the Rel. of Knossos, Diss. Univ. Pennsylvania 1973, 81ff.

Zeuxiades (*Ζευξιάδης*). Der Bronzebildhauer war nach Plin. nat. 34,51 Schüler des → Silanion, also wohl um 300 v. Chr. tätig. Eine verschollene Signatur (röm. Kopie?) aus Rom gehörte zu einer Darstellung des → Hypereides (IG XIV 1149,3). Vom Stil des Z. können wir nur eine Vorstellung gewinnen, wenn das meist Hypereides getaufte Bildnis (G. M. A. RICHTER The Portraits of the Greeks 2, 1965, 210) gegen BUSCHOR Das hellenist. Bildnis, 1949, 17. 20. 26 um 300, nicht um 260 datiert und weiter auf Hypereides bezogen wird. Beides ist hypothetisch. W. H. G.

Zeuxidamos (*Ζευξίδαμος*). **1.** Sohn des Archidamos, → Eurypontide, um 718 v. Chr. nach dem Großvater → Theopompos (2) spartan. König, Paus. 3,7,6. 4,15,3 im Gegensatz zu Hdt. 8, 131,2, dessen bessere Königsliste Z. nicht nennt. P. PORALLA Prosop. der Lakedaimonier, Diss. Breslau 1913, 61. 153ff. **2.** → Eurypontide, Sohn des spartan. Königs → Leotychidas II. (3), vor dessen Verbannung 476 †, Hdt. 6,71,1. Paus. 3,7, 10. Als Großvater der → Kyniska hatte Z. den Beinamen Kyniskos, wurde als Vater des → Archidamos II. (1) oft genannt, Thuk. 2,47,2. Demosth. 59,98. Isokr. 6 arg. Plut. Kim. 16,4; Ages. 1,1; mor. 218c. Der Bezug der Apophthegmata Plut. mor. 227 auf Z. ist fraglich. W. DEN BOER Laconian studies, 1954, 242. Irrig als Ephor erwähnt in der Liste Sylloge³ 1265,12. PORALLA 61. H. V.

Zeuxippe (*Ζευξίππη*). **1.** Tochter des Eridanos (Hyg. fab. 14,9), Gemahlin ihres Schwestersohnes → Pandion (1), dem sie → Butes (1), → Erechtheus, → Philomele und → Prokne gebiert (Apollod. 3,14,8,1). **2.** Z. heißt auch die Gemahlin des sikyon. Königs Lamedon (Paus. 2,6,5), ferner **3.** die Mutter des troischen → Priamos (Alkman frg. 113 B.) und **4.** eine Tochter des → Hippokoon (1; Diod. 4,68,5). G. R.

Pfister, Myth. Lex. 6,759. *Grimal* Dict. 480.

Zeuxippos (*Ζεύξιππος*). **1.** Die Thermen in → Byzantion, angeblich von Septimius Severus (oder doch Caracalla?) erbaut, von Constantinus I. erneuert und mit ant. Statuen aus Griechenland, Italien, Kleinasien reich geschmückt, 532 durch Brand zerstört, lagen zw. dem Hippodrom und der (späteren) Sophienkirche. Aufzählung und Deutung von 80 Statuen durch → Christodoros, Anth. Pal. 2 (416 Hexameter) und Kedrenos p. 648. Der Name Z. schon ant. verschieden erklärt (Anth. lyr. ed. BECKBY 1,166ff.). Unter den Bildnisstatuen 4 Römer in erstaunlicher Auswahl: Pompeius (Isaurierbesieger, angebl. Vorfahr des → Anastasios 1), Caesar (mit Aigis und Blitz), Vergilius (zweiter Homer) und Apuleius (Mystiker und Zauberer). Erhalten ist nichts. W. H. G.

2. Z. heißt ein Vorfahr des att. Heros → Myrmex (1; Phot. s. *Μύρμηκος ἀτραπός*; RE X A 379,36 irrig Zeus statt Z.); ein anderer Z. (ebenfalls nicht Zeus) begegnet in der sikyon. Königsliste (Paus. 2,6,7). **3.** Epiklese des Hades auf einem Totenmahlrelief aus Triest (Nilsson GgrR ²1,453,5). G. R.

4. Boioter, Romfreund ließ 197/196 den Boiotarchen → Brachylles, Anhänger → Philipps V. (7) mit Wissen des → Flamininus ermorden, floh nach Tanagra, weiter nach Anthedon, um notfalls Euboia zu erreichen. Empört über Z. erschlugen die Boioter röm. Soldaten, angeblich 500. Z. wurde angeklagt, das Verfahren aber nicht beendet. Gegen → Antiochos III. (4) half Z. dem Flamininus. Daher forderte der röm. Senat 188 die Rückberufung des Z. Philipp zuliebe verurteilten die Boioter Z. abwesend wegen Tempelraubes und Ermordung des Brachylles zum Tode. Auf Bitte des Z. wies der Senat Aitoler und Achaier an, für ihn einzuschreiten. Wegen des durch die Weigerung der Boioter drohenden Krieges ließ der Senat schließlich Z. fallen. Sein weiteres Schicksal ist unbekannt. Pol. 22,4,4ff. 18,43,5ff. Liv. 33,27, 5ff. F. W. WALBANK Philipp V., Neudruck 1967, 166f. H. V.

Zeuxis (*Ζεῦξις*, vgl. Pol. 5,45,4). **1.** Mil. und polit. Funktionär im Dienste → Antiochos' III. (4). Sein Wirken ist uns für die Zeit von 222 bis 189 v. Chr. quellenmäßig bezeugt. Z. war es, der im Kampf Antiochos' III. gegen den Usurpator →

Molon (1) seinem König den entscheidenden Rat für die Annahme der schließlich erfolgreichen Schlacht in der Apolloniatis gegeben hat (Pol. 5, 51–54); Z. war damals einer der höchsten Offiziere im Seleukidenheer. Auch i. J 219 war er an der Rückeroberung von → Seleukeia (2) in Pierien – der Hafenstadt von → Antiocheia (1), die sich seit 241 in der Hand der Ptolemaier befand – maßgeblich beteiligt. Danach begegnet uns Z. erst wieder als seleukid. Gouverneur in Kleinasien und darüber hinaus als ὁ ἐπὶ τῶν πραγμάτων und somit oberster Minister des Königs. Im Winter 190/89 nahm Z. am Feldzug gegen die Römer in leitender Position teil; so führte er zusammen mit Minnion in der Schlacht bei → Magnesia (3) am Sipylos das vorderste Treffen des Seleukidenheeres und diente einige Tage nach der Niederlage seinem König zusammen mit → Antipatros (6) als Gesandter zum röm. Feldherrn, dem Consul L. Cornelius → Scipio (7). Zur Ratifikation der bei diesen Verhandlungen erarbeiteten Präliminarien begab sich Z. mit Antipatros kurz darauf nach Rom (Pol. 21, 16f. 24. Liv. 37,45. 55f.); zum endgültigen Vertragsabschluß kam es dann 188 in → Apameia (2), ohne daß wir von der Mitwirkung des Z. an diesen Abschlußverhandlungen erfahren. E. O.

E. Olshausen, RE X A 381ff. Nr. 3; Prosopographie d. hellenist. Königsgesandten (Studia Hellenistica 19), 1974, Nr. 144.

2. Arzt, der nach dem Zeugnis Galens (CMG V 10,2,2, S. 131,20f. 451,36f.) der älteren → empir. Ärzteschule angehörte und demzufolge entgegen der Annahme von K. Deichgräber (263), der ihn ohne nähere Begründung in die 1. H. des 1. Jh.s n. Chr. datiert, im 2. Jh. v. Chr. gelebt haben dürfte. Z. soll alle von ihm für echt gehaltenen Hippokratesschriften kommentiert haben (Frg. 319) und hat in seinen Komm. nicht nur die von seinen Vorgängern verfaßten Erklärungsschriften zu Hippokrates benutzt, sondern sich auch mit den darin vertretenen Meinungen kritisch auseinandergesetzt (CMG V 10,2,2, S. 20,26–21,1. 114, 1–16) und eine Darstellung der Gesch. der Abkürzungszeichen in den Krankengesch. des 3. Epidemienbuchs gegeben (CMG V 10,2,1, S. 78,27ff.). Die Bedeutung der Komm. des Z. läßt sich daran ermessen, daß sie vereinzelt bis ins 2. Jh. n. Chr. in Umlauf waren und noch von Galen selbst eingesehen werden konnten (CMG V 10,2,1, S. 79,3. V 10,2,2, S. 451,40f.). J. K.

Frg.-Slg.: *K. Deichgräber* Die griech. Empirikerschule, Bln./Zürich ^{2}1965, 209.

3. Maler, aus Herakleia (welchem?), Plin. nat. 35,61. Ail. var. 14,17. Laterc. Alexandrini (Diels, APrAW 1904, 6 Z. 18f. Nur von Tzetz. chil. 8,388 als Ephesier bezeichnet). Z. war etwa 435–390 tätig, Plin. nat. 35,61. 64. Plat. Gorg. 453c–d. Xen. mem. 1,4,3; oik. 10,1. Ail. var. 2,2. 14,17. Eus. chron. 2 p. 102 Sch. Nach der Kombination mit → Pheidias und → Parrhasios bei Isokr. 15,2 (geschrieben 355/54) war Z. damals bereits tot. Der reichen, z. T. anekdot. Überlieferung über Werke und Selbstbewußtsein des Z. steht keine Anschauung seines persönlichen Stils gegenüber. Plin. nat. 35,61 nennt als Lehrer die unbekannten Demophilos von Himera oder Neseus von Thasos. Z. setzte die malerische Tradition des → Apollodoros (10) fort (Plin. a. O.), was Quint. inst. 12,10,4 so spezifiziert, Z. habe die *ratio* von Lichtern und Schatten »erfunden«. Dazu vgl. Rumpf HBArch IV/1, 126ff. Schattentechnik setzen auch die → *monochromata ex albo* (Plin. nat. 35,64 Vgl. dazu Quint. inst. 11,3,46) voraus. Aristot. poet. 1450a 27ff. spricht Z. im Gegensatz zu → Polygnotos (1) jedes Ethos ab, vgl. dazu Brunn Gesch. d. griech. Künstler 2^{2},51ff., bes. 56ff. Plin. nat. 35,63 betont, daß Z. in seiner Penelope *mores pinxisse videtur*. Malerische Technik war ein Hauptinteresse des Z., vgl. die Wanderanekdoten Plin. 35,65f. Sen. contr. 10, 34,27. Z. scheint Figuren, wenig Landschaft gemalt zu haben. An Werken werden noch erwähnt a) thronender Zeus mit stehenden Göttern (Plin. 35,63), b) rosenbekränzter Eros in Athen (Sch. Aristoph. Ach. 991f. Suda s. Ἀνθέμων), c) gefesselter Marsyas, später im Concordiatempel in Rom (Plin. 35,66), d) Pan, von Z. verschenkt an → Archelaos (1; Plin. 35,62), dem er e) den Palast ausgemalt haben soll (Ail. var. 14,17). Ausführl. beschreibt Lukian. Z. 3–7) eine Kentaurenfamilie, Kopie eines verlorenen Originals (»hoffentlich stimmt das.« Rumpf 126). Unsicher sind g) Boreas und h) Triton (Lukian. Tim. 54), unklar, ob es sich um ein oder zwei Bilder handelt, i) schlangenwürgender Hercules mit Alkmene und Amphitryon (Plin 35,63), und j) Alkmene, den Akragantinern von Z. geschenkt (Plin. 35,62). k) Menelaos, weinend am Grab Agamemnons opfernd (Tzetz. chil. 390f. 401). l) Alte Frau, anekdot. Erwähnung bei Fest. 209,10ff. M. Auf m) einen Athleten soll Z. bes. stolz gewesen sein (Plin. 35,63). n) Sehr oft erwähnt ist Helena, für Kroton gemalt, später in Rom (Plin. 35,64. 66. Cic. inv. 2,1,1ff. Dion. Hal. de imit. 6,1. Val. Max. 3,7 ext. 3. Ail. var. 4,12. 14, 47. Plut. frg. 134 Sandb. [= Stob. 4,20,34]. Eust. Il. p. 868,37). Z. soll auch o) *figlina opera* für Ambrakia geschaffen haben (Plin. 35,66). Vgl. noch T. Dohrn, in: Thieme-Becker Allg. Lex. d. bild. Künstler 36, 1947, 472f. **4.** Bildhauer, signierte ein Sitzbild (Dichter? Philosoph?), das, in Rom gefunden, jetzt in New York Metropol. Mus. ist. Wohl 1. Jh. v. Chr. Z. lehnte sich eng an ältere Vorbilder an. G. M. A. Richter Cat. Greek Sculpture, 1954, Nr. 190. Bieber Sculpture of the Hellenistic Age, 1955 (^{2}1961), 163 Abb. 694f. W. H. G.

Ziaëlas (Ζιαήλας). König von Bithynien 255/54–230/29 (thrak. Name auf Mz. und Inschr., Head HN^{2} 519. D. Detschew Die thrak. Sprachreste, 1957, 186. Andere Formen Ζηίλας, Memnon FGrH 434,14,1. Ζιήλας Arr. FGrH 156 F 29.89 b.), Sohn des → Nikomedes I. (2) und dessen erster Frau. Kurz vor seinem Tode setzte Nikomedes die Söhne seiner 2. Frau unter Vormundschaft → Ptolemaios' II. (A I 2), → Antigonos' (2) Gonates und der Städte Byzantion, Herakleia am Pontos und Kios zu Erben ein. Z. floh zu dem armen. König. Im Erbfolgekrieg fiel er mit den galat. → Tolistobogiern in Bithynien ein und gewann nach langem Kampf um 250 den Hauptteil des Landes, den 30 J. später sein Halbbruder → Zipoites (3) beanspruchte. Z. gab sich philhellenisch. Zw. 246 und 242 erkannte er in einem Schreiben die Asylie des Asklepiostempel in Kos an und garantierte Seefahrern aus Kos Sicherheit und Unverletzlichkeit Schiffbrüchiger, Sylloge^3 456. C. B. Welles Royal correspondence in the hellenistic period, 1934, 118ff., nr. 25. Bei dieser Gelegenheit betonte er seine Freundschaft mit → Ptolemaios III. (A I 3), Porph. FGrH 260 F 32, 8. Er gründete die Stadt Ziela (Zeïla). Steph. Byz. s. Ζῆλα. Obwohl er eine Tochter mit Antiochos Hierax vermählte, hielt er sich aus den Verwicklungen in Kleinasien, bes. dem Bruderkrieg zw. → Seleukos II. (2) und Antiochos Hierax heraus sowie den Galaterkriegen des → Attalos I. (4). Nach ihrer Niederlage 230 fielen die Galater in Bithynien ein und erschlugen Z. bei einem Gastmahl. Sein Sohn war → Prusias I. (1). Phylarch. FGrH 81 F 50. Trog. prol. 27. Hauptquelle: Memnon FGrH 434,14. J. Seibert, Hist. ES 10, 1967, 59. 116. G. Vitucci Il regno di Bitinia, 1930, 29ff.

H. V.

Ziege, ὁ, ἡ αἴξ, ὁ, ἡ χίμαρος (poet., meist die junge Z.), das weibl. Tier auch ἡ χίμα(ι)ρα (selten χιμαρίς), das männl. ὁ τράγος (hellenist. auch τραγίσκος, κνηκός, μαλός), ion. ἀττηγός, boiot. ἠγύς, das Jungtier ὁ ἔριφος; lat. *capra* (*capella*, meist poet.); der Bock: *caper*, *hircus*; der Jungbock *haedus* (Demin. *haedilus*) »Kitz«. Wilde Z. (im Griech. oft durch Attr. wie ἄγριος, ἴξαλος, ἰονθάς, ὀρεσκῷος u.a. gekennzeichnet, im Lat. ohne eigene Bezeichnung) waren in allen Bergländern Mittel- und W.-Asiens, S.-Europas und N.-Afrikas verbreitet. Gelegentl. werden Sonderformen beschrieben (z. B. Hdt. 3,112. Xen. an. 6,6,17. Ail. nat. 17,34. Varro rust. 2,1,5 [*rotae*]). Bes. reich an Z. war Kreta ([Aristot.] hist. an. 9,612a 3. Kall. epigr. 62 u.a.), in Italien das Soracte-Gebiet (Cato orig. frg. 52. Varro rust. 2,3,3). Eine n.-afr. Species beschreibt Ail. 14,16.

Die Domestizierung der Z. geht spätestens auf das Neolithikum zurück; minoische Schriftzeugnisse kennen Z.-Herden und Z.-Hirten im Besitz von Grundeignern. Bei Hom. ist die Z. nächst dem → Schaf das wichtigste Wirtschaftstier (Richter 54. 60), im ganzen Alt. ein wesentl. Teil der Ernährungsgrundlage, vor allem der ärmeren Bevölkerungen (Vickery 70); in größeren Betrieben waren ihre Hirten (αἰπόλοι, zuerst Hom. Od. 17,247) spezialisierte Sklaven; doch

wurden vielfach Z. gemeinsam mit Schafen geweidet (daher der kombinierte Begriff μῆλα, vgl. Orth, RE II A 382. Richter 53). Die Ausbildung von Zuchtregeln scheint nur langsam gelungen zu sein; wir finden sie erst bei röm. Fachautoren (Varro 2,3,1ff. Colum. 7,6,2ff. Plin. nat. 8,202 u.a.), ungewiß nach welchen Quellen, ebenso wie Vorschriften über ihre Haltung. Da das Hüten von Z. im Gelände schwierig ist, wurde die Herdengröße begrenzt (Varro 2,3,9f. Colum. 7,6,5f. Dohr 97) und ihre Zahl fleißig kontrolliert (Verg. ecl. 3,34). Im übrigen gilt für Weidegang, Fütterung usw. das Meiste, was zum → Schaf (o. S. 3) gesagt ist; doch da sich Z. in weit höherem Maß vom Laub der Bäume nähren, stellten sie für Weinpflanzungen, Baumschulen u.ä. eine Gefahr dar. Als schwierig galt ihre sanitäre Betreuung wegen ihrer notorischen Anfälligkeit gegen Krankheiten (Hor. epist. 1,7,86. Varro 2,3. Colum. 7,7. Plin. 8,202). Oft sind sie auch von Hundsläusen befallen (Aristot. a. O. 5,557a 16. Plin. 11,116). Ihre Hauptfeinde im Gelände sind Wölfe und Schlangen.

Wirtschaftliches: Der Wert einer Z. war weniger groß als der eines Zuchtschafes, aber sehr variabel (1 Obolos für 1 Kitz im 2. Jh. v. Chr.: Pol. 34,8,8; 13 Minen für eine Herde samt Hirten: Isaios 6,3; 16 Den. für 1 Kitz: Ed. Diocl. 4,48). Meist kaufte man wohl ganze Herden; ihre Rendite schwankte je nach Standort stark. Wichtigstes Produkt war die Milch (Verg. georg. 3,394. Gal. 6,765 K.), der man höchsten Nährwert zuschrieb (Plin. 28,123. Soran. gyn. 2,26,4; vgl. Hes. erg. 590. Krinag. Anth. Pal. 9,224. [Verg.] Cat. 2,10; G. Herzog-Hauser, RE XV 1570f.); sie gehört zu den Gaben des Goldenen Zeitalters (Verg. ecl. 4,2. Hor. epod. 16,49). Ihre Verarbeitung zu Käse schildert schon Hom. (Od. 9,246); ausführliche Verfahrensangaben bei Colum. 7,8; vgl. W. Kroll, RE X 1490ff. P. Herdi Herstellung und Bereitung von Käse im Alt., 1918); auch Z.-Butter wurde hergestellt (Plin. 28,133). – Daneben nutzte man die Haare zur Fabrikation von Filz, groben Tuchen, Decken u.ä. (Varro 2, 11,11f. Verg. georg. 3,313. Colum. 7,6,2 u.a.; vgl. Blümner Techn. 1^2, 204. 223), sowie für Taue (Varro a. O. Ail. 16,30). – Der Dung der Z. war in der Landwirtschaft nicht ungeschätzt, hatte aber in den Ranglisten (Theophr. h. plant. 2,7,4. Varro 1,38,2f. Colum. 2,14,4f. Plin. 17,50ff. u.a.) nur einen mittleren Platz. – Das Fleisch der Z. wurde zu allen Zeiten geschätzt (Hom. Il. 9,207; Od. 2,56 u.ö. Gal. 6,663; Rezepte bei Apic. 8, 357–366; vgl. G. Bruns, Archaeol. Hom., H. Q [Küchenwesen, 1970] 59); Kitzfleisch war selbst den Pythagoreern gestattet (Gell. 4,1,6). Im Ed. Diocl. (4,3) hat Z.-Fleisch denselben Höchstwert wie Hammelfleisch. – Das Fell war seit alters ein Kleidungsstück einfacher Leute (Hom. Od. 14, 530. Hes. erg. 516 u.o.), Soldaten (Hdt. 7,92),

Hirten (Theokr. 7,15), auch der jüd. Propheten (Orig. in ev. Ioh. 13,372); daneben diente es als Sitz- und Schlafunterlage (Hom. Od. 14,518. Theokr. 5,56f. u. oft) sowie als → »Schlauch« (ἀσκός) für Flüssigkeiten, bes. Wein (Hom. Il. 3, 247. Hor. s. 1,4,19 u.a.). – Dem Körper der Z. (vor allem der wilden) und allen seinen Teilen schrieb man vielseitige Heilkraft zu (Plin. 28, 153. Gal. 6,555), verordnete daher die Anwendung von Fleisch, Fett, Talg, Leber, Galle, Blase, Hörnern, Hufen, Blut, Milch, Käse, Mist und Urin gegen zahllose Schäden von Verstauchungen über Organleiden bis zur Epilepsie (Hauptquellen: Plin. nat. [s. Ind.]. Gal. [s. Ind.]; Einzelheiten bei Richter, RE X A 417ff.).

Zoolog.: Die Z. gehört nicht zu den klass. Exempeln der aristotel. Zoologie, doch werden ihr von den Alten neben der bekannten Robustheit, Schnelligkeit und Trittsicherheit allerlei Besonderheiten zugeschrieben: Atmung durch die Ohren (Alkmaion, Diels Vorsokr. 24 A 7); mehr Zähne beim Bock als bei der Geiß (Aristot. hist. an. 2, 2,501b 21; vgl. auch Plin. 11,161); Nachtsichtigkeit (ebd. 8,606a 16. Varro a.O. 2,11,12 u.a.); ständige Übertemperatur (Archelaos bei Varro 2, 3,5); hypnot. Veranlagung ([Aristot.] a.O. 9,610b 29. Antig. Kar. 107 u.a.); häufiges Träumen im Schlaf (Aristot. a.O. 4,536b 30). Daneben werden viele mirabilia berichtet, u.a. Stillung des Durstes aus dem Wind (Val. Max. 1,8 ext. 18); Selbstheilung durch → Origanon (Dictam) bei Verletzungen ([Aristot.] 612a 3. Cic. nat. 2,126), Stechen des eigenen Stars (Plin. 8,201. Gal. 14,675 u.a.). Oft erwähnt werden ihre frühe Geschlechtsreife, ihr intensiver Paarungsdrang und die lebenslang (ca. 8 Jahre) anhaltende Fortpflanzungsfähigkeit. Gal. 17 B 244 (vgl. 16,226) berichtet von eigener Vivisektion einer trächtigen Z.

Religionsgeschichtl.: Hier tritt fast nur der Bock hervor; im Vordergrund steht dabei die Heiligkeit der Zeugungskraft (vgl. Diod. 1,88,1ff. H. Herter, RE XIX 1698. O. Kern Griech. Rel. 1, 140) und deren Bedeutung für den Tierzüchter. Der Bock erscheint daher als Tiergott oder -dämon, oder er leiht ländlichen Gottheiten sein Wesen (Wilam. GldH. 1,144ff. W. F. Otto Götter 132. Eitrem, RE VI A 963ff. Wünsch, Myth. Lex. 5,936ff.). Der Prototyp des Bocksgottes ist → Pan, meist als Mischwesen mit Bocksfüßen und Hörnern dargestellt und mit Bocksopfern verehrt. Analog wird gelegentl. auch der röm. → Faunus als Bocksgott gezeichnet (z.B. Ov. fast. 2,268), obgleich er urspr. ein Wolfsgott ist, und von den → *luperci* im Z.-Fell mit Z.-Opfern verehrt (Hor. c. 1,4,12. Prop. 2,19,14 u.a.). Unter den »olympischen« Göttern erhielt vor allem → Dionysos-Bakchos das Bocksopfer; zuweilen wird er auch selbst als »Bock« verstanden (Porph. de abst. 3, 17). Auf seine Beziehung zum Bock deuten Epitheta wie Ἐρίφιος, Αἰγοβόλος u.a. Sein Gefolge ist oft bocksartig dargestellt. Bes. Beziehungen zum Bock haben ferner → Zeus Αἰγοφάγος (vgl. auch → Aigis, → Amaltheia); weniger eindeutig → Hera Αἰγοφάγος / Iuno *Caprotina* (Paus. 3,15,9. Varro l.l. 6,18; Eitrem a.O. 879. G. Radke Götter Altitaliens 154), da in Rom Bocks- und Z.-Opfer für sie ausdrücklich verboten waren (Latte RRel 168); stark ausgeprägt bei → Apollon (bes. in der → Veiovis-Ausprägung), bei dem als Herdengott der Bock nicht nur Opfertier (Xen. hell. 6,4, 29. Paus. 10,11,5. Liv. 25,12,13 u.a.), sondern auch Attribut ist (K. Wernicke, RE II 111; G. Busolt Griech. Gesch. 1^{2} 207 A. 8). Weit seltener scheinen Böcke der → Artemis und Z.n der → Venus geopfert worden zu sein. – Bei den Juden war der Bock vornehmlich Opfertier des Jahve (Num. 28, 15. Is. 1,11. Lev. 11,10 u.o.). Die bekannte Aussetzung des »Sündenbockes« (Lev. 16,10,21; dazu Feinberg, Biblia Sacra 115, 1958, 320ff. Kutsch, RGG 6,506f.) wird in der chr. Lit. vielfach als Symbol für die Austreibung des Bösen (Hier. epist. 36,16,3. Aug. civ. 16,24 u.a.), von anderen als das Opfer Christi für die Menschheit gedeutet (Rufin. Orig. in Lev. 10,2. Aug. c. Faust. 18,6).

Volkskundl.: Die Physiognomiker erklären Z.-Augen und eine meckernde Stimme als Zeichen der Geilheit (z.B. [Aristot.] phgn. 68. 71). Ferner schrieb man der Ziege wetterprognost. Fähigkeiten zu (Theophr. sign. 25. Arat. 1795. Ail. 7,8 u.a.); das Sternbild Z. galt als Regengestirn (Ov. met. 3,594. Colum. 11,2,37), das Z.-Fell als Wolkensymbol, das angebl. zum Regenzauber dienlich sei (Hom. Il. 19,593. Verg. Aen. 8,354 u.a.; W. Fiedler Ant. Wetterzauber, 1931, 49f.). Auch sonst verband sich mit der Z. vielerlei prodigiöser und mag. Aberglaube (W. Richter, RE Suppl. X 430). Sprichwörtl. Rang hatte der Gestank des Bockes (τραγίζειν, τράγον ὄζειν u.ä. = »stinken«, *hircus*, *caper* = »(Schweiß)gestank«, *hircus* = »Bauer« [I. Opelt Schimpfwörter, 1965, 81f.]). Sprichw. und Redensarten bes. Bedeutung bei Otto Sprichw. 164. In der Fabel spielt die Z. eine bescheidene Rolle (Aisop. 9. 27. 97. 157. 280 Perry). Eine Komödie des Eupolis hatte den Titel Αἶγες (Christ-Schmid 1,4,117f.); ein tarentin. Volksspiel stellte eine Bocksaustreibung dar (Hesych. s. τραγίσκος; Page PMG Nr. 861); eine Atellana des → Pomponius (B 1) hieß *Capella*, eine Satire des Varro *Caprinum proelium* (frg. 71–73 Bue.); ein Gedicht *De capris* in der Anth. Lat. 366–368 Bae. W. R.

O. Keller Ant. Tierwelt 1, 1909, 296ff. *E. Hahn* Die Haustiere u. ihre Beziehung z. Wirtsch. d. Menschen, 1896. *O. Antonius* Grundz. d. Stammesgesch. d. Haustiere, 1922. *F. Stegmann v. Pritzwald* Rassengesch. d. Wirtschaftstiere, 1924. *E. Orth*, RE XII 624ff. *R. Billard* L'agriculture dans l'ant. d'après les Géorg. de Virgile, 1928. *O. Körner* Die hom. Tierwelt, ^{2}1930. *F. Flor* Haustier- und Hirtenkulturen (Wiener Beitr. z. Kulturgesch. u. Linguistik I, 1930). *K. F. Vickery* Food in Early Greece (Illinois Stud. in Social

Sc. 20. 3, 1936). *A.Janzén* Bock u. Z., Wortgesch. Unt., 1938. *W.Schmidt*, Ztschr. f. Ethnol. 76, 1951, 1ff. *F.Heichelheim* An Anc. Economic Hist. I/III, ²1958–1970. *H.Dohr* Die ital. Gutshöfe nach d. Schriften Catos u. Varros, Diss. Köln 1965. *W.Richter* Die Landwirtsch. im hom. Zeitalter (Archaeol. Hom., H. H, 1968). *K.D.White* Roman Farming, 1970.

Ziegel, Ziegelstempel. 1. Dachziegel. *κεραμίς, κέραμος* ist der allg. verwendete Dach-Z. aus gebranntem Ton, aber Paus. 5,10,3 nennt die Marmor-Z. des Zeustempels von Olympia ebenfalls so. → Byzes von Naxos soll den Marmor-Z. zu schneiden erfunden haben. An Z.-Sorten unterscheidet man vor allem den Lakonischen Z. (Hauptbeispiel: Heraion von Olympia, s. Olympia. Die Ergebnisse II Taf. 98) und den Korinthischen Z. (Musterbeispiel: Schatzhaus von Megara in Olympia, s. Olympia. Die Ergebnisse II Tafel 99. G. Gruben Die Tempel der Griechen 37). In beiden Sorten gibt es a) die Flach-Z. = laufende Z. der Dachfläche, b) die Deck-Z. (*καλυπτῆρες*), die die Fugen zw. den aufgebogenen Rändern der Flach-Z. überdecken und an der Traufe in c) Stirn-Z. enden. Am First entlang liegen Kalyptere mit emporstehenden First-Z.; diese enden meist in einem großen Scheibenakroter (Heraion von Olympia, Die Ergebnisse II Taf. 115). Tönerne Dach-Z. gibt es seit archaischer Zeit, Blütezeit im 6. Jh. v. Chr. ([4]). Die sichtbaren Teile an den Traufseiten sowie die First- und Stirn-Z. sind mit Ornamenten in schwarz- und rotfiguriger Technik bemalt, die Einzel-Z. teilweise plastisch ausgebildet; durch Vergleiche mit der → Vasenmalerei sind sie gut datierbar. Zusammen mit den Simaformen und Terrakottaverkleidungen geben diese Z. den archaischen Gebäuden ein leuchtend buntes Gepräge.

2. Mauerziegel. An die Stelle der sog. Luft-Z. = an der Luft getrocknete und gehärtete Lehm-Z. als Mauerquadern seit ält. Zeit (z. B. in → Tiryns Rundbau um 2000 v. Chr., Oberbau des Heraions von Olympia) verwendet, treten in späterer Zeit gebrannte Ton-Z. in einheitl. Format, bereits hellenistisch in → Pergamon nachweisbar (E. Boehringer Das Heroon); bes. charakteristisch für Bauten röm. Zeit in allen Teilen des Imperiums. Unter Verputz nicht sichtbar, nur in spätröm. und byz. Zeit im Außenbau stellenweise ornamental angeordnete Z.-Muster als Schmuck und Belebung der Wand, viele Beispiele hierfür in → Thessalonike. Als Verband diente Mörtel, meist aus gemahlenen Ton-Z. oder Z.-Splitt bestehend. Die ant. Mauer-Z. sind meist größer und vor allem flacher als die heutigen; sie konnten vielfach auch als Fußbodenplatten verwendet werden.

Ziegelstempel finden sich sehr häufig auf Z. röm. Zeit. Sie geben meist den Hersteller, die Ziegelei und damit auch den Herstellungsort an, oft auch mit datierenden Angaben (H. Dragendorff, Gn 10, 1934, 353ff. U. Hausmann HB. d. Arch., 1969, 386,1); bes. zahlreich Z.-Stempel mil. Einheiten (J. Szilágyi, RE X A 433ff. und demnächst M. Steinby, RE Suppl. XV). – Z.-Stempel auch als Versatzmarken auf den Spezial-Z. des Unteren Rundbaues im Asklepieion von Pergamon; hier geben sie die einzelnen Z.-Reihen von der Traufe bis zur Spitze an (unveröffentlicht).
W. Z.

1. *Fr.Ebert*, RE V A 120ff. 2. *Ders.*, RE XII 894ff. 3. *H. Koch* Dachterrakotten aus Campanien, Bln. 1912. 4. *E.Buschor* Die Tondächer d. Akropolis, Bln. 1929/33.

Zigua. Stadt in Africa procons. am Fuße des Djebel Zaghouan (Babelon–Cagnat–Reinach Atl. arch. Tun. fe 37, Zaghouan, Nr. 104). Neupun. Gräber und Stele des 1. Jh. v. Chr. Wenige Ruinen: monumentales Tor, Brunnenanlage, die den großen Aquädukt von Karthago versorgte, Nymphaeum; Tissot Géogr. comp. Afr. 2,548. Man verehrte dort Mars (CIL VIII 12425) und Saturnus (M. Leglay Saturne africain, Monuments 1, 1961, 106). Inschr.: CIL VIII S. 113. 1279. M. L.

Zikade, *ὁ τέττιξ* (*-ιγος* und *-ικος*), *cicada* (Cicada plebeia), Baumgrille, eines der volkstümlichsten Tiere der alten Welt. Ihr »Gesang« (richtiger »Lärmen«, *ἠχεῖν*: Hes. erg. 583. Sappho frg. 89 D. Anth. Pal. 7,196. 201; vgl. Aristot. hist. an. 4, 535b 7) erfüllt den Sommermittag, während alle anderen Wesen ruhen (Hes. a. O.; Scut. 396. Aristoph. Av. 1095. Theokr. 5,110. 7,137. Novius Atell. 26. Verg. ecl. 2,13; georg. 3,328 u. oft), und wird teils als angenehm, teils in seiner Beharrlichkeit als lästig empfunden (daher *inhumanae* Martial. 10,58,3). So gilt sie teils als geschwätzig (Aristophon Com. 10,6f.; vgl. Hom. Il. 3,151. Plat. Phaidr. 258e), teils als Attribut der Musen (Plat. a. O. 262d. Anth. Pal. 10,16). Kallimachos wählte ihr helles Zirpen als Symbol der »feinen« Dichtkunst (Aitia frg. 1,30 Pf.; Ggs.: Esel); so wird sie selbst zur Metonymie für »Dichter« (Anth. Pal. 12,98), wunderbare Helferin des Dichters (Tim. FGrH 566 F 43) oder sein Gegenstand (Anakreont. 32 B.). Auch in der Zoologie fand sie lebhaftes Interesse (Hauptstellen: Aristot. hist. an. 4,532b. 5,556ab; part. an. 4,682a; gen. an. 1,721a. Plin. nat. 11,92ff.). Richtig wird sie jenen Insekten zugeordnet, die nur an warmen und trockenen Orten auf Bäumen (bes. Ölbäumen) leben und sich durch Paarung vermehren (gute Darstellung des Vorgangs bei Aristot.). Sie sind schwarz oder dunkel (Theokr. 7,138 und Gow z. St.) und haben Flugmembranen. Der Erklärung der Lauterzeugung durch eine vibrierende Membran am Thorax kommt Aristot. 535b 7ff. mind. nahe (*ὑμένα φανερόν*). Anderes blieb ungeklärt: Man glaubte, die Z. habe keine oder nur schwache Augen, keinen Mund, keinen After, nur ein großes zungenartiges Organ (*γλωττοειδές*); sie nähre sich nur von Tau ([Hes.] Scut. 393. Anth. Pal. 9,92. Verg. ecl. 5,77. Weiteres bei Gow zu Theokr. 4,60); deshalb enthalte der Leib keinen Kot. Aristot. unterscheidet 2 Arten, von denen nur das Männchen der größeren (ἀχέται) »singe« oder »schwätze« (danach ein Witz bei Xenarch. Com. 14), jedoch nach der Paarung das Weibchen besser als das Männchen. Ihr massenhaftes Auftreten galt als Anzeichen für ein Seuchenjahr (Theophr. sign. 54). – Bildl. Darstellungen scheinen häufig gewesen zu sein; so auf einer Lanze der Athene (Anth. Pal. 6,120), oft auf Mz. und Gemmen; ein Z.-Denkmal → Myrons (5) nennt Plin. 34,57 (s. auch Tettix [1]). – Verwandlung des → Tithonos in eine Z. nach Hellanikos (FGrH 4 F 140) in der Sch.-Lit. oft erwähnt (nicht bei Ov.); s. FIEHN, RE VI A 1518. W. R.

O. Keller Ant. Tierwelt 2, 1913, 401 ff.

Zimt (κιννάμωμον, κασσία. *cinnamomum, -a, cinnamum, casia, cassia*). Der Z., namentl. die in der Ant. wie h. in röhrenförmigen kleinen Rollen auf den Markt gebrachte aromat. Rinde der versch. Arten Cinnamomum (vor allem C. zeylanicum Br., cassia Bl., Burmanni Bl.), wurde den Griechen (und danach den Römern) durch phoinik. Vermittlung (Hdt. 3,111) bekannt. Die wirkliche Herkunft aus S.- und SO.-Asien blieb lange Zeit verborgen, da wohl die Zwischenhändler absichtlich, ähnlich wie beim → Weihrauch, die Ursprungsländer des kostbaren Erzeugnisses geheimhielten. So konnte sich die Vorstellung bilden, Z. wachse vor allem im SW. der arab. Halbinsel sowie in den gegenüberliegenden Regionen O.-Afrikas (→ κινναμωμοφόρος χώρα). Autopsie des Z.strauches fehlte zunächst völlig (vgl. die spekulativen Angaben bei Hdt. 3,110. Plin. nat. 12,89 u.ö. Arr. an. 7,20; in Manchem unrichtig auch Theophr. h. plant. 9,5,1 f.). Verwirrung stiftete auch die z.T. unspezif. Verwendung der Bezeichnung → Cas(s)ia für ganz versch. Gewächse. Erst in der Kaiserzeit lernte man Zweige und ganze Sträucher kennen (vgl. Gal. 14,64 f. K.). – Eine ausführl. Beschreibung von 8 Sorten der κασσία-Rinde gibt Dioskur. 1,12. Z. diente – wie im Orient – als Aromastoff bei (Brand- und) Rauchopfern (Ov. fast. 3,731), als Parfüm- und Salbenzusatz, bes. aber als Arzneimittel von adstringierender und Ausscheidungen befördernder Wirkung. Daher begegnen Z.rinde, aber auch -blätter und -früchte, als Bestandteile zahlreicher zusammengesetzter Heilmittel (etwa Antidota: Cels. 5, 23,1) für Mensch und Tier (Belege: OLCK 1649 f.). Als Gewürz fand Z. keine Verwendung (Ausnahme: als aromat. Zusatz zu manchen Weinsorten, Theophr. de od. 32. Plin. nat. 14,107). H. Gä.

Olck, RE III 1638–1650.

Zinnober (κιννάβαρι, *minium*), Quecksilbersulfid (HgS), war in der Ant. wegen seiner Leuchtkraft ein geschätzter Farbstoff zum Bemalen von Wänden, Götterstatuen (Plin. nat. 33,111) und Terrakotten. Auch als Schminke z.B. für Triumphatoren (Plin. nat. 33,112) und als Schreibstoff (V. GARDTHAUSEN Griech. Paläogr. 1, ²1911, 209) fand Zinnober Verwendung. Hergestellt wurde es vor allem in Spanien und Kolchis (Theophr. lap. 58). S. O.

Blümner Techn. 4,488 ff.

Zins (im Sinne von Preis für Leihkapital) kennt schon der Alte Orient, wo seit Hammurabi bis in die pers. Zeit 20% bei Geldleihe, 30% bei Naturalien (Saatleihe, urspr. wohl Verzugsz.) typisch waren. Z. für jede Art der Leihe auch AT. Deut. 23,20 f.

Für Athen und Megara ist Geldz. im 6. Jh. bezeugt (Sol. Frg. 68 RUSCHENB. Plut. Quaest. Gr. 18), in Rom für die 12-Tafeln (8,18), die Entstehung des Fruchtz. erklärt viell. Hes. erg. 349 ff. Der griech. t. t. für Z. τόκος (seit Pind. O. 10,9) gehört zu τίκτω, »gebären«, wie der lat. *fenus* (schon in den 12-Tafeln?) zu *felix*, »fruchtbar«. Das Syn. *usurae*, »Nutzen«, bezeichnet die Sache von seiten des Schuldners. Für Fruchtz. begegnet τὰ σιταῖα.

Die Z.-Höhe schwankte nach wirtschaftl. Lage, polit. Regelung, Laufzeit, Eigenkapital des Kreditgebers und seinen Konditionen, die von Z.-Freiheit bis zu Wucherz. reichten, Güte der Sicherheit (ἐνέχυρον, ὑποθήκη, *fiducia, hypotheca, pignus:* Grund und Boden, Vermögen, bes. Schmuck) bzw. der Bürgen (ἔγγυος, ἐγγυήτης, *praes*) oder ihrem Fehlen (Personal- oder Blankokredit, oft bei Kaufleuten), Risiko (κίνδυνος, *periculum*) und Höhe des Kapitals (ἀρχαῖον, κεφάλαιον, *caput, sors*). Normsätze sind durch den Aufbau des Geldsystems und den Berechnungsmodus (jährl., später meist monatl.) bedingt: 1 Sheqel (1/60 → Siglos) pro Mine monatl. ergab 20%, 1 → Drachme (1/100) pro → Mna bzw. 1 → *centesima* auf das Kapital monatl. brachte 12%, 1 → Unze (1/12) pro → As jährl. 8⅓ % usw. Das relativ spärliche Material bietet folgendes Bild (Belege in Ausw.): Der att. Z.-Satz im 6. und frühen 5. Jh. ist unbekannt (18%? s. Ps.-Demosth. 59,52), E. 5./4. Jh. finden wir 12% als normal, 18, aber auch 36% bei Blankokredit (Lys. Frg. 38), erworbenes Land brachte 6–8%. Der del. Tempel nahm vom 5.–2. Jh. 10% (= → Dekate? MEIGGS-LEWIS IGH 62). Er war (zunächst) billiger, da er gleich vielen Stiftungen mit Eigenkapital bei guten Hypotheken arbeitete. Banken gaben bei Festgeld 10% und nahmen 18% und mehr. Im 3. Jh. waren 8–10% gängig (Sylloge³ 364. 544), im hellenist. O. dagegen 24%, bei Wucher 60% u. mehr. Im 2. Jh. sank der Z. überall auf 6–10% (Sylloge³ 672), Verzugsz. kosteten 12% und mehr. Die durch Kriege, Piraterie u.a. verursachte Finanzmisere der griech. Gemeinden trieb im 1. Jh. den Satz bis zu 48% (Sylloge³ 748. IG XII 5,860. Cic. Att. 5,21,11 f. 6,1,5), teils wohl Verzugsz. (vgl. Cic. Att. 6,1,16). In der Kaiserz. brachten bei 8–9% (Plin. epist. 10, 54) normal Verzugsz. 12% und mehr. Außer Z.-Maxima (s.u.) ist im rep. Rom vor Sulla über die Höhe des Z. nichts bekannt. Zur Zeit Ciceros, wo monatl. Berechnung nach → *centesimae* üblich wurde, schwankte der Satz zwischen 4 und 8%, auch 12% wurden verlangt (Cic. fam. 5,6,2; Att. 1,12,1. 4,15,7), Verres verschaffte sich 24% (Cic. Verr. 2,3,165). In den Bürgerkriegen zahlte man 12%, nach Actium 4% (Cass. Dio 51,21,3). In der Kaiserz. waren bei regionalen Schwankungen und Sätzen von 3–15% 4–6% normal, kurzfristiger Kredit kostete 12%, Verzugsz. (*usurae ex mora:* Dig. 17,1,12,9. 22,1,32,2. Cod. Theod. 4,19) noch mehr, Wucherz. 36–60% (Iuv. 9,6ff. Lukian. Symp. 32. Hor. s. 1,2,14). Die staatl. und privaten → Alimentarstiftungen erbrachten meist 5–6%.

Z.-Rückstände waren häufig (TOD IGH 125 u.a.m.), sie führten zu Überschuldung und Aufständen (Lys. Frg. 38. Liv. 6,14. Tac. ann. 6,16. Dion Chrys. 31,69). Die Staatswesen honorierten Darlehen ohne Z. mit Dekreten (Sylloge[3] 193. 285. 495. 569), gaben aber auch selbst solche (Tac. ann. 6,17), wie allg. Schuldentilgungen in diesen Kontext gehören. Aussetzung und Reduzierung der Z. (OGIS 444. Sylloge[3] 748. IG XII 5,860) war ebenso gefragt wie Niedrigz. (Sylloge[3] 544. OGIS 4. IGRom 4,292). Der att. Staat lieh bei seinen Göttern zunächst um 6%, 426/422 um 1,2%, also um ½ bzw. 1/10 des Normalsatzes (MEIGGS-LEWIS 72), ähnlich Ilion u.a. im 1. Jh. (OGIS 444). Höchstsätze erscheinen schon im Alten Orient, fehlen in Athen (s. Sol. Frg. 68 RUSCHENB. = Lys. 10,18), begegnen aber in Delos (10%), Delphi (9%?), Ephesos (8⅓ bzw. 7 1/7%: Sylloge[3] 364), im ptolem. Äg. (?). In Rom ist eine Höhe von 8⅓% für die 12-Tafeln bezeugt (8,18) und 357 wohl bekräftigt worden (Liv. 7,16,1), 347 wurden 4 1/6% bestimmt (Liv. 7,27,3), eine *unciara lex* von 88 (Fest. 375 M.) erneuerte wohl den Satz von 8⅓%. Lucullus verordnete für Kleinasien 12% (Plut. Luc. 20,3), ihm folgten Cicero (Att. 5,21,11) und ein SC von 51 (Cic. Att. 5,21,13), 12%, ab 4. Jh. 12½%, galten auch in der Kaiserz. (Papin. resp. 3 in Frg. Vat. 11. Cod. Theod. 2,33,1f.). Senatoren durften ab 405 nur 6% nehmen (Cod. Theod. 2,33,4), Justinian setzte 6% normal und konzedierte Senatoren 4%, Geschäftsleuten 8% (Cod. Iust. 4,32,26,2).

Z.-Verbot kennt schon das AT. gegenüber Juden (Ex. 22,24. Lev. 25,36f. u.a.). Plat. (leg. 11, 921cf.), Aristot. (pol. 1,10) und Sen. (benef. 7,10, 3) erklärten sich gegen Z. In der at. Tradition steht die Absage der Kirchenväter (Clem. Al. strom. 2,18. Tert. adv. Marc. 4,17 u.v.a.) und der Synoden von Elvira (305), Arles (314) und Nicaea (325). Nach Liv. (7,42,1) erfolgte 342 v. Chr. ein Z.-Verbot in Rom. Es wurde anscheinend öfter erneuert und gleich den Z.-Maxima immer wieder umgangen (Cato agr. 1. Gai. 4,23. Liv. 35,7,2ff.; vgl. AT. Ez. 18,8ff.). Ein Z.-Verbot für Senatoren von 397 (Cod. Theod. 2,33,3) wurde 405 wieder aufgehoben (s.o.).

Z. für Fruchtdarlehen waren allg. üblich. Eine Normierung wie im Alten Orient begegnet erst bei Constantin, der die schon früher belegte Höhe von 50% fixierte (Cod. Theod. 2,33,1), Justinian senkte sie auf 12% (Cod. Just. 4,32,26). Diesen Satz bestimmte er auch für die Z. bei Seedarlehen (→ *ναυτικὸς τόκος, fenus nauticum*). Wegen des erhöhten Risikos brachte es in Athen 10–33⅓%: je nach Fahrtlänge bzw. -dauer, einfacher Fahrt, Hin- und Rückfahrt (Xen. vect. 3,9). Für die spätere Zeit sind keine Z.-Daten bekannt.

Zinsesz. (*τόκος τόκων, τ. ἐπίτοκος,* → Anatocismus, *usurae usurarum*), schon im Alten Orient üblich, ist im griech.-röm. Alt. seit Aristoph. (Nub. 1155f.) belegt (Gegensatz: *εὐθυτοκία, fenus perpetuum*). Ihn zu verlangen war unfein (Theophr. char. 10,10); für Tempel und Banken ist er nicht bezeugt, doch war er gängig. Verboten wurde er von Lucullus für Kleinasien (Plut. Luc. 20,3), generell durch das genannte SC von 51 (Cic. Att. 5,21,13), nach begrenzter Zulässigkeit in der Kaiserz. von Justinian (Cod. Just. 4,32,28).

Ansätze einer Z.-Theorie bieten Aristot. (pol. 1,10) und die Dig. (6,1,62. 22,1,34. 50,1,121).

H. Ch.

G. Billeter Gesch. d. Zinsfußes im griech.-röm. Alt. bis auf Justinian, Lpz. 1898. *Klingmüller,* RE VI 2187ff. *G. Mickwitz* Geld u. Wirtschaft im röm. Reich d. 4. Jh.s n. Chr., Helsingfors 1932. *Rostovčev* Soc. a. Ec. Hell. W. Index s. Zinsfuß. *F. Heichelheim* Wirtschaftl. Schwankungen d. Z. von Alexander bis Augustus, Jena 1930. *Ders.* An Ancient Economic Hist., Leiden [2]1965/70, 1, 220. 481f. 2,27ff. 167f. 3,16ff. 215f. 294ff. *Ders.* in: Oxf. Class. Dict.[2] s. Bottomry Loans, Interest, Usury. *Frank* ESAR passim. *A. H. M. Jones* The Later Roman Empire, Oxf. 1964. *R. Bogaert* Banques et banquiers dans les cités grecques, Leiden 1968. *R. Duncan-Jones* The Economy of the Roman Empire, Cambr. 1974.

Ziphene, die Wüste von Siph (1. Sam. 23, 14–25) w. der Mitte des Toten Meeres (Ios. ant. Iud. 6,13,2. Eus. onom. 92,19–22. Steph. Byz. 481,5f.). C. C.

G. Beyer, ZDPV 54, 1931, 113–170. *M. Noth,* Palästinajb. 30, 1934, 31–47.

Zipoites (*Ζιποίτης*), thrak. Name, fast nur in der bithyn. Dynastie, Memnon FGrH 434,6,3. 9,3. 5. 12,8. Arr. FGrH 156 F 29. Andere Formen: *Ζιποίϑης* Memnon 9,5. *Ζυποίης* Plut. mor. 302e. Paus. 5,12,7. *Ζειπύτης* Suda s.v. *Ζιβοίτης, Ζιβύτης* Diod. 19,60,8. *Ziboetas* Liv. 38,16,8. *Τιβοίτης* Pol. 4,50,8; 51,7. D. DETSCHEW Die thrak. Sprachreste, 1957, 190f. **1.** * 356, Sohn des bithyn. Fürsten Bas, 328–280 v. Chr. König von Bithynien (76 Lebens- und 48 Regierungsjahre, Memnon FGrH 434,12,5.), kämpfte um Unabhängigkeit und Erweiterung seines Landes, suchte 315 vergeblich Chalkedon und Astakos einzunehmen, mußte eine Symmachie mit → Antigonos (1) schließen und Geiseln stellen, Diod. 19,60,3. Später vernichtete er Bithynien plündernde Truppen

Chalkedons, schloß aber mit der Stadt Frieden, Plut. mor. 302e. Nach 301 besiegte Z. Strategen des → Lysimachos (1) und diesen selbst im Gefolge des → Seleukos (1) 281 bei → Kurupedion. Er riß die Landschaft Thynis, Tieion und Kieros an sich und schlug 280 den von → Antiochos I. (2) gesandten → Hermogenes (1) von Aspendos; bald nach dem Sieg starb er. Sein Nachfolger war sein ältester Sohn → Nikomedes I. (2). Z. begann mit der Annahme des Königstitels 297 die bithyn. Ära. W. H. Bennett, Hist. 10, 1961, 469ff. G. Vitucci Il regno di Bitinia, 1958, 11ff. **2.** Bruder des → Nikomedes I. (2), verweigerte die Herausgabe von Thynis und wurde im Kriege 279–277 trotz eines Sieges von Nikomedes mit Hilfe der Galater besiegt und hingerichtet. Memnon FGrH 434,11,5. 9,5. Liv. 38,16. Trog. prol. 25.

E. Will Histoire politique du monde hellenistique 1, 1960, 123f.

3. (Pol. *Τιβοίτης*), Sohn des → Nikomedes I. (2) aus dessen 2. Ehe, Halbbruder des → Ziaelas, lebte im Exil in Makedonien. Sein Thronanspruch gegen seinen Neffen → Prusias (1) war berechtigt. Als Byzantion im Krieg gegen Rhodos und Prusias sich an Z. wandte, suchte er 220 die Krone Bithyniens zu gewinnen, aber sein überraschender Tod verhinderte das Unternehmen. Pol. 4,50,1. 8f. 51,7. 52,8. G. Vitucci a. O. 37ff. H. V.

Zisterne. Die Wasserversorgung einer nicht über Quellen und Brunnen verfügenden Stadt erfolgte zunächst aus Z. (Athen: Akropolis; Rom: Palatium). Die zum Sammeln des Regenwassers (auch zum Aufbewahren von Wein und Öl: Xen. an. 4,2,22) in den Fels geschnittenen oder unter der Erde gemauerten Kammern (*λάκκος* im Gegensatz zu *lacus*, dem oberird. Bassin) wurden durch mehrfachen Verputz abgedichtet. Größere Systeme mit mehreren Reservoiren und verbindenden Gängen sind seit dem 5. Jh. v. Chr. bekannt (Athen). Neben den bescheidenen Privatz., die unter dem Impluvium oder in der Kryptoportikus röm. Villen liegen (über Mängel des Z.wassers Plin. nat. 31,31ff.), erscheinen in der röm. Kaiserzeit dem allg. Interesse dienende Anlagen von monumentalen Ausmaßen. Die nach Vorschrift Vitruvs (8,7,4) mit wasserdichtem *opus signinum* ausgestrichenen Großz., die ein Fassungsvermögen von bis zu 80000 cbm haben, bezogen ihr Wasser von Aquädukten (Rom: Traiansthermen, Caracallathermen; Misenum: Flottenzisterne). Die aufwendigen Anlagen mit kommunizierenden Kammern oder mehreren Schiffen werden von mächtigen Tonnengewölben überdeckt. Eine außergewöhnliche Lösung bieten mit ihren durch 224 bzw. 336 Säulen getragenen Gewölben die spätant. Z. von Konstantinopel Bin-bir-direk und Yerebatan. A. v. Gl.

Zita. Stadt Afrikas an der kleinen → Syrte, auf der Halbinsel Zarzis, nahe der Insel Djerba; h. Ziane (Atl. arch. Tun. 1/200000, fe 22, Gabès, 1946. Tissot Géogr. comp. Afr. 2,205. 207. S. Gsell Hist. anc. de l'Afr. du N. 1,238. 2,124). *Ζεῖθα ἄκρα* Ptol. 4,3,3. *Ponte Zita* zw. der afr. Küste und der Insel Djerba Itin. Anton. 60,2. Der Name der Stadt und der Brücke wird von dem phoinik. Wort für Ölbaum abgeleitet; um 350 v. Chr. produzierten die Leute von Djerba schon Öl (Ps.-Skyl. 110). Inschr.: CIL VIII 11002. 11016. M. L.

Zitiergesetz nennt man eine Anordnung von Theodosius II. und Valentinianus III. vom J. 426 n. Chr. (Cod. Theod. 1,4,3): Nur noch aus den Schriften von fünf klass. röm. Juristen sollte zit. werden dürfen, nämlich aus denen von → Gaius (1), → Papinianus, → Ulpianus (1), → Iulius (B 14) Paulus und → Modestinus. Wo eine Frage unter diesen Juristen streitig war, sollte die Mehrzahl der Stimmen entscheiden; bei Gleichstand sollte die Stimme des bes. geachteten Papinianus den Ausschlag geben. Andere Juristen sollten nur zit. werden dürfen, soweit ein »Zitierjurist« auf sie Bezug genommen hatte und ihre Meinung aus mehreren Hss. zu belegen war. Das Z. zeigt eindrucksvoll den Tiefstand der damaligen Rechtswissenschaft wie auch des Bibliothekswesens. Mit der Kodifikation Justinians ist das Z. aufgehoben worden. D. M.

Zitrone s. Citrus

Zitterrochen (*νάρκη*, *torpedo*; Torpedo marmorata Risso), die wichtigste im Mittelmeer verbreitete Art der Rochen (Rajae, zur Unterklasse der Knorpelflosser gehörender Plattfisch) und als solche schon von Aristot. richtig klassifiziert und beschrieben (hist. an. 505 a 4ff. 506 b 9ff.; part. an. 695 b 9ff. 696 a 27ff.; vgl. Plin. nat. 9,78); eine Süßwasserart (Malapterurus electricus) war im Nil bekannt (Pap. Mag. Osl. I 284. Athen. 7,312 b). Als Tafelfisch ist der Z. zuerst bei den Komikern des 4. Jh. erwähnt (Antiph. 132,2. Anaxandr. 41. 52). Aristot. hist. an. 566 b 1 nennt ihn unter denjenigen Fischen, die sowohl Eier wie lebende Junge gebären, schweigt aber von dem »narkotisierenden« elektrischen Schlag, mit dem der Z. seine Opfer lähmt, sich gegen Verfolger verteidigt und die Fischer sogar über Harpune, Netz u. dgl. empfindlich trifft (Ps.-Aristot. hist. an. 9,620 b 19ff. Theophr. frg. 178 Wi. Plin. 32,7. Varro l. l. 5,77. Cic. nat. 2,127) und mit dessen Wirkung schon Platon (Men. 80a) die Gewalt der sokrat. Dialektik vergleicht. Die Peripatetiker stellten mit ihm physikal. Versuche an (Plut. mor. 978 b–c), und → Straton (3) von Lampsakos sah in ihm einen Beleg für seine Theorie vom diskontinuierlichen Vacuum (Heron Pneum. praef. p. 66,22 Schm. Gal. 8,451 Kühn. Diels, SPrAW 1893, 113f. Capelle, RE IV A 298). In der Volksmedizin spielt er eine beträchtliche Rolle (Plin. nat. 32, s. Ind. s. torpedo). – Eine seltenere Abart (Torpedo ocellata) ist auf dem großen pompeian. Fischmosaik dargestellt (s. Keller Abb. 124). W. R.

O. Keller Ant. Tierwelt 2, 1913, 377f. *Brehms* Tierleben 3, ⁴1914, 108f. *D'Arcy W. Thompson* A Glossary of Greek Fishes, 1947.

Ζοάρα (Var. Ζώαρα, Ζαρα, *Zora*) ist nach Ptol. 5,17,5. Ios. ant. Iud. 13,15,4 eine – viell. am S.-Ende des Toten Meeres zu suchende – Stadt der Moabiter in Arabia Petraea, die später zur Palaestina salutaris bzw. Pal. tertia gehörte. Als Bischöfe dieses Gebietes werden aus Z. genannt: Musonius (449 n. Chr.), Isidorus (518), Ioannes (Isidorus, 536). A. D.

R. E. Brünnow–A. v. Domaszewski Die Provincia Arabia III, Straßburg 1909, 250. 262. 345. 351. 353.

Zodiakos (ζῳδιακός, ζῳδιακὸς κύκλος, *signifer* u.ä.) bezeichnet eine von Menschen erdachte Zone am Himmel und deren Sterngruppierungen, nach ant. Auffassung 12° (bzw. 14°) breit beiderseits der → Ekliptik und mit einer Neigung von rund 24° zum Himmelsäquator (→ Kykloi). Z. ist hergeleitet von ζῴδια, »Lebewesen« (dt. »Tierkreis« ist irreführend), die als → Sternbilder von den Griechen in diesem Gürtel gesehen wurden, dem entspricht nur die Waage nicht, bei der jedoch in ant. Ikonographie meist ein Träger hinzugefügt ist.

Die → Sternbilder des Z. sind: Widder *(Κριός, Aries)*, Stier *(Ταῦρος, Taurus)*, Zwillinge *(Δίδυμοι, Gemini)*, Krebs *(Καρκίνος, Cancer)*, Löwe *(Λέων, Leo)*, Jungfrau *(Παρθένος, Virgo)*, Waage *(Ζυγός, Libra)*, Skorpion *(Σκορπίος, Scorpio)*, Schütze *(Τοξότης, Sagittarius)*, Steinbock *(Αἰγόκερως, Capricornus)*, Wassermann *(Ὑδροχόος, Aquarius)*, Fische *(Ἰχθύες*, Pisces). – Die h. üblichen Symbole: ♈, ♉ ♊ usw. sind wahrscheinl. erst im MA. ausgebildet worden. Auf ant. Vorbilder (vgl. bereits Arat. 545–49) gehen die ma. Merkverse zurück: *Sunt Aries, Taurus, Gemini, Cancer, Leo, Virgo,/ Libraque, Scorpius, Arcitenens, Caper, Amphora, Pisces.*

Der Z. als Ganzes wurde erst verhältnismäßig spät ausgebildet – mögen auch einzelne seiner Teile, z. B. das »natürliche« Sternbild Skorpion, in unbestimmbar alte Zeit zurückgehen. Für die Ant. lassen sich 2 Entwicklungsstufen nachweisen: 1. der Z. mit 11 Bildern, der im ausgehenden 6. Jh. v. Chr. abgeschlossen vorlag und möglicherweise mit → Anaximander, wahrscheinl. mit Kleostratos (RE Suppl. IV 912), in weiterer Ausgestaltung mit → Oinopides in Verbindung zu bringen ist. 2. der Z. mit 12 Bildern, der durch Einfügung der Waage (im Raum der früher übergroßen Skorpionscheren, χηλαί) wahrscheinl. noch im 3. Jh. v. Chr. geschaffen wurde und hinfort allein galt.

Die Frage nach der Herkunft des Z. war heftig umstritten und ist auch h. noch problemreich. Abzulehnen sind Annahmen eines hohen Alters, die sich im 19. Jh. auf Neufunde in Äg., zu Beginn des 20. Jh. auf panbabylonist. Quelleninterpretation stützten. Im einzelnen bleibt es ungewiß, welche Z.-Bilder die Hellenen ortsgebundenen (allg.) bzw. eigenen Vorstellungen verdankten und welche sie dem Alten Orient entlehnten. Als mögliche Vorläufer für Einzelbilder könnten Bildauffassungen der äg. Dekanastrothesie genannt werden (Widder, Zwillinge, Bock, Krüge, Fische) und Darstellungen auf mesopotam. Grenzsteinen der Kassitenzeit, 2. H. 2. Jt. (deutlich: Skorpion, Schütze, Steinbock – als Ziegenfisch –, Hund – statt Löwe –; problematisch z. B. Zwillinge, Ähre – Surrogat für Jungfrau –). Nicht im Bild, wohl aber in den sog. Astrolab-Verzeichnissen, die auf assyr. Vorgänger (1300–1000) zurückgehen dürften, lassen sich sodann ab ca. 700 mehrere Sternnamen in Mesopotamien fassen; das Tablet ^{mul}APIN (um 700) nennt für die Bahn von Sonne und Mond im »Anu-Weg« etwa 15 Bilder, wobei ein Teil des (späteren?) Widders als »Tagelöhner«, »Mietling« beispielhaft die partielle Andersartigkeit gegenüber den ant. Bildauffassungen zeigt. Der Text VAT 4956 (568/67 v. Chr.) nennt erstmals die Entfernung einiger Planeten von solchen Merksternen. Wahrscheinl. haben die Griechen – unbeschadet eigener früherer Auffassungen – die Reihung der Bilder und die Zwölfteilung der → Zone (vgl. u.) aus dem Alten Orient übernommen. Entscheidend für die Folgezeit bis heute aber wurde, daß die Hellenen das Wort Z. schufen und die Teile durch ihre Namengebung, Astrothesie und Ikonographie bestimmten.

Mit dem Wort Z. bezeichnete man nicht nur die Folge der in ihrer Ausdehung unterschiedlich großen Sternbilder Widder, Stier usw., sondern auch die nach diesen genannten Zeichen (*τμήματα, signa* etc.). Sie entstanden durch math.-astr. Aufteilung des Z. (360°) in 12 gleiche Abschnitte von je 30°, die sog. *δωδεκατημόρια (duodecim partes)*. Dieses System überlagerte gewissermaßen das der Bilder, führte aber infolge der Präzession des Frühlingspunktes auf der Ekliptik (rund 36″ jährl. bzw. 1° in 100 J.), seit → Hipparchos (6), d. h. seit dem 2. Jh. v. Chr. erkannt, zu einer im Laufe der Zeit größer werdenden Differenz zw. Bild und Zeichen. Die Zeichen waren → Eudoxos (1) und → Kallippos (5) im 4. Jh. bekannt; sie dürften als Zwölfteilung aus Mesopotamien übernommen sein, wo sie zwar noch nicht in VAT 4924 (419 v. Chr.) und im ältesten Horoskop (410), wohl aber bald nach 400 da sind, freilich erst in Texten seit dem 3. Jh. deutlicher hervortreten. Sie kennzeichnen im Gegensatz zum »festen« Z. den »gleitenden« Z. und waren für die weitere Entwicklung der Astrologie, bes. der Horoskopie, von grundlegender Bedeutung.

Astronomie. Der Z. wurde als Kreis bzw. Zone *(κύκλος, circulus)* durch die Kolurkreise in 4 Quadranten *(τεταρτημόρια, quadrantes)* geteilt und wies überdies Schnittpunkte (bzw. -linien) mit Äquator und Horizont auf. Er diente als Hilfsmittel für die Bahnbestimmung von Sonne, → Mond und → Planeten; im Verhältnis zu den anderen Himmelskreisen lag er »schief« *(λοξὸς κύκλος)*. Die Sonne wanderte entlang der »Finsternislinie« (Ekliptik), d. h. der gedachten Mittellinie des Z.; Mond und Planeten nahmen für ihre Bewegungen die ganze Breite des Z. (z.T. etwas mehr) in Anspruch. Nach dem entwickelten Weltbild der Ant. bewegten sich die 7 Planeten (man zählte dabei Sonne und Mond mit) nicht in der Fixsternsphäre, sondern zw. dieser und der Erde auf eigenen Sphären. Trotzdem hielt sich in Sternglauben und Astrologie die naive Auffassung, ein »Planet« »stehe« im Z. – Die Schiefe des Z. hat → Eratosthenes (2) mit 23° 51′ 19″ mit nur kleinem Fehler gegenüber dem wirklichen damaligen Wert (23° 45′ 19″) bestimmt. Die Sterne des Z. gehören zu den → Fixsternen und haben wie diese eine (scheinbare) kreisförmige Bewegung. Die Sternkat.e erreichten mit Ptol. synt. 7,5–8,1 ihren Höhepunkt, wo im Z. insgesamt 346 Sterne aufgeführt sind, darunter 5 mit erster Größe (9:2., 64:3., 133:4. Größe usw.). Verschiedene Einzelsterne oder Sterngruppen waren weithin bekannt, zumeist wegen der mit ihnen verbundenen Witterungsanzeigen (Episemasien, vgl. A. Rehm, RE Suppl. VII 175ff. → Wetterzeichen); so nennt Gemin. isag. 3,2–7 im Stier die → Pleiaden und → Hyaden, bei den Zwillingen den Propus, im Krebs die Krippe und die Esel, im Löwen den Basiliskos (*Regulus*, 1. Gr.), in der Jungfrau die Stachys (*Spica*, Ähre) und den Protrygeter *(→ Vindemitor)*, im Wassermann den Krug, in den Fischen das Band und den Knoten.

Kugelgestalt des Kosmos und Horizont machen es verständlich, daß die 12 Bilder (bzw. Teile) des Z. niemals gleichzeitig sichtbar sind (z. B. Gemin. 14); während einer Nacht erscheinen jedoch 11 Teile nacheinander. Mit der Aufgliederung des Z., seiner Breite und der Himmelsbewegung war das Problem der Auf- und Untergänge der einzelnen Partien des Z. in ihrem jeweiligen Bezug zu Beobachtungsort und Zeit aufgeworfen. In den verschiedenen Formen des Aufgangs (wahrer und sichtbarer Frühaufgang sowie entsprechender Spätaufgang) und des Untergangs (vgl. o. Bd. IV 885) entsprach der Z. grundsätzlich den Fixsternbildern; das Besondere für die Zwölftel des Z. ist oft (z. B. Gemin. 7,4ff.) behandelt worden. Wichtig wurden entsprechende Berechnungen und Kat.e auch für die → Paranatellonta, die »Begleitgestirne« des Z. bzw. seiner Einzelteile.

Für → Zeitrechnung und → Kalender kam dem Z. große praktische Bedeutung zu, weil gewisse Perioden und bestimmte Positionen von Sonne und Mond mit Hilfe des Z. eindeutig bestimmbar waren. Oft diskutiert wurde dabei z. B. das Problem (Gemin. 1,39): »Die Sonne bewegt sich also beständig mit gleichförmiger Geschwindigkeit, durchwandert aber infolge der Exzentrizität der Sonnensphäre die Quadranten des Z. in ungleichen Zeiten«. So wurde der Z. zum Indikator für die Länge der Monate und Jahreszeiten; daraus ergaben sich die Jahrpunkte (Gleichen und Wenden: Widder, Krebs, Waage, Steinbock) und ihre Festlegung, je nach Lehre und Entwicklungsstufe auf den 1., 8., 10., 12. oder 15. Grad – bzw. Tag – eines Zeichens.

Außer dem Z. gab es im Alt. noch andere, ähnliche Aufgliederungen dieses Himmelgürtels. Ins 3. Jt. zurück ging der altäg. Kreis der Dekane (vgl. o. Bd. I 661), die vor allem der Nachtstundenberechnung dienten und mit 36 Bezirken eine dekad. Einteilung, später bis zur Drittelung eines Z.-Abschnittes, boten. Im Hellenismus kam die Dodekaoros auf; in ihr entsprachen 12 Tiere den Teilen des Z. (ab Widder): Kater, Hund, Schlange, Käfer, Esel, Löwe, Bock, Stier, Sperber, Affe, Ibis, Krokodil – weithin übrigens ident. mit dem ostasiat. Tierzyklus (China, seit 1. Jh. n. Chr. bezeugt). Die verschiedenen Systeme von 27. bzw. 28 Mondstationen waren seit dem Hellenismus z. T. bekannt, wurden aber im ant. Schrifttum kaum beachtet und wanderten erst in byz. Zeit in den W.; zu ihnen gehören die ind. *Nakṣatra* mit unterschiedlicher Ausdehnung der Einzelstationen und die chines. Mondstationen; umstritten ist, wie weit die arab. *Menāzil* (28 Mondstationen) in vorislam. Zeit zurückreichen. Von der mesopotam. Aufteilung in 12 Sternbezirke, deren Nomenklatur als ekliptikaler Merksterne im *Anu-Weg* in der 1. H. des 1. Jt.s v. Chr. abgeschlossen war – ohne daß man offenbar eine dem Z. entsprechende zusammenfassende Bezeichnung kannte (die Z.-Zeichen nannte man später *lumāšu*) – sind, zweifellos starke Anregungen im Bereich des Perserreiches und nach W. (s. o.) ausgegangen.

Astrologie. Z. und Planeten waren die wichtigsten Faktoren für die theoret. und prakt. → Astrologie, die im Hellenismus ihre entscheidende Ausprägung erfuhr. Der Z. ermöglichte die jeweilige Ortsbestimmung der → Planeten. Darüber hinaus verband man mit ihm allmählich vielseitiger werdende Vorstellungen von eigenständigen Kräften, die bes. in → Gnosis und Neuplatonismus betont wurden; sie beherrschten angeblich den Makrokosmos ebenso wie den Mikrokosmos und konnten nach dem Grundsatz der Gestirnvertretung noch verstärkt wirken.

Für populäre Sonnenstandsprognosen und auch für die Deutung von Horoskopen (zu ihrer Technik s. o. Bd. IV 887) bot sich ein gewisses Raster in Klassifizierungen, die man äußeren Merkmalen der Bilder abgewann (»Namensfetischismus«); so unterschied man menschengestaltige, tiergestaltige; einfache, halbe, doppelte; redende, halbsprechende, stumme; vernünftige, unvernünftige; männliche, weibliche; u. a. Wesen; andere Kriterien entnahm man z. B. der Lage im Z. (aufrecht stehende, laufende, sitzende, liegende, Manil. 2,255ff.) oder dem Verhältnis zu Sonnenlauf und Jahreszeiten (Frühlings- usw. Zeichen). Neben der

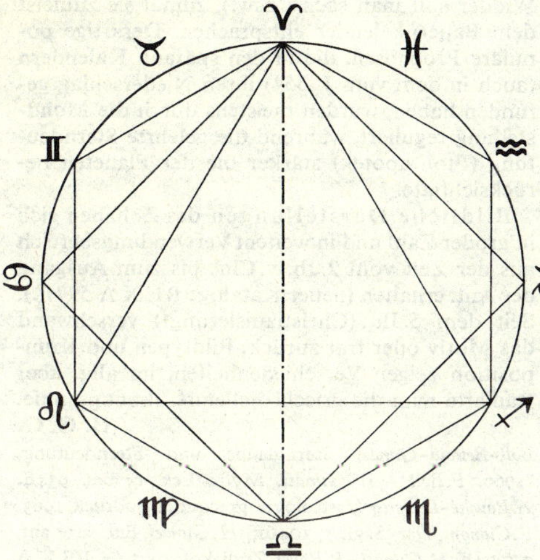

Aspekte im Zodiakos

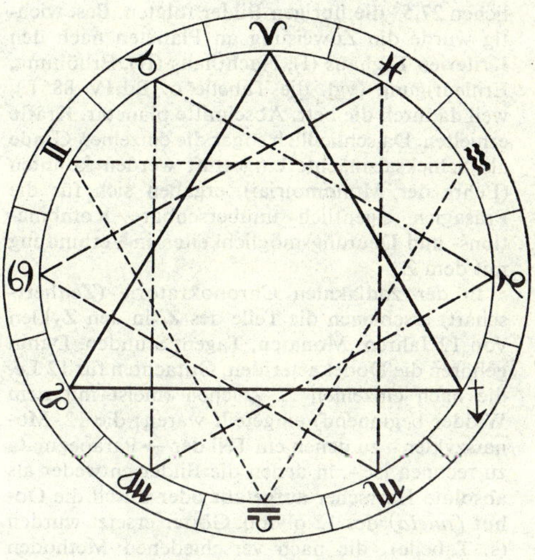

Trigona im Zodiakos

Einteilung nach Qualitäten kannte man die nach den Elementen; so galten im System der Aspekte (s.u.) Widder/Löwe/Schütze als feuriges Trigon; Stier/Jungfrau/Steinbock waren mit der Erde (zugleich kalt und südlich), Zwillinge usw. mit der Luft (warm, westlich), Krebs usw. mit dem Wasser verbunden.

Die sphärengeometr. Aufgliederung des Z. erfolgte z.B. durch Parallellinien zu den Äquinoktialpunkten, woraus sich gewisse Paare n. und s. der Achse ergaben wie Stier–Jungfrau, Zwillinge–Löwe nach dem älteren, Widder–Jungfrau usw. nach dem jüngeren System; daraus gewann man Zeichen, die einander »sehen« oder »hören«, »befehlen« oder »gehorchen« usw. Bedeutsamer wurden die Polygonalverbindungen im Kreis, aus denen sich die Aspekte mit ihren vermeintlichen »Strahlungen« ergaben, vgl. o. Bd. IV 887; außer der Opposition (180°) kannte man den Trigonal-Aspekt (120°, z.B. Widder/Löwe/Schütze/Widder), den Tetragonalaspekt (Quadratur, 90°, z.B. Widder/Krebs/Waage/Steinbock/Widder) und den Hexagonalaspekt (60°); vgl. Fig. 1 (Symbole nicht antik!).

Ferner kannte man Untergliederungen der einzelnen Z.-Bilder (Zeichen). Dahin gehört die Drittelung eines Abschnittes (30°) in je 10° nach der Dekanlehre, die Fünftelung nach Witterungskriterien (Astralmeteorologie), die Zuweisung verschieden großer Bezirke (ὅροι) an einzelne Götter oder die Gliederung nach den Körperteilen des jeweiligen Bildes. Bei der Aufteilung eines Bildes an die 12 Teile des Z. rangierte im 1. Zwölftel das Bild (z.B. im Krebs der Krebs), dem in den rest-

Körper	Monat ca. 1. Jh. n. Chr.	Monat 4. Jh.	Planet (Haus)	Z.	12 Götter (tutela)
Kopf	April	/März	Mars I	Widder	Minerva
Hals	Mai	/April	Venus I	Stier	Venus
Arme	Juni	/Mai	Mercur I	Zwillinge	Apollon
Brust	Juli	/Juni	Mond	Krebs	Mercur
Seiten	August	/Juli	Sonne	Löwe	Iuppiter
Leib	September	/August	Mercur II	Jungfrau	Ceres
Hintern	Oktober	/September	Venus II	Waage	Vulcan
Genitalien	November	/Oktober	Mars II	Skorpion	Mars
O.schenkel	Dezember	/November	Jupiter I	Schütze	Diana
Kniee	Januar	/Dezember	Saturn I	Steinbock	Vesta
U.schenkel	Februar	/Januar	Saturn II	Wassermann	Iuno
Füße	März	/Februar	Jupiter II	Fische	Neptun

lichen 27,5° die übrigen Bilder folgten. Bes. wichtig wurde die Zuweisung an Planeten nach den Kriterien Taghaus (I), Nachthaus (II), Erhöhung, Erniedrigung (vgl. die Tabelle o. Bd. IV 885f.), weil dadurch die betr. Abschnitte planetar. Kräfte erhielten. Da schließlich sogar die einzelnen Grade als Schicksalsmächte eingestuft werden konnten (Lehre der Monomoiriai), ergaben sich für die Präsagien eigentlich unübersehbare Kombinations- und Deutungsmöglichkeiten in Verbindung mit dem Z.

In der zodiakalen Chronokratorie (Zeitherrschaft) erschienen die Teile des Z. in den Zyklen von 12 Jahren, Monaten, Tagen, Stunden. Dahin gehören die Dodekaeteriden, Gutachten für 12 J.e, die nach einzelnen Z.-Zeichen (meist mit dem Widder beginnend) eingeteilt waren; die 12-Monatszyklen – zu denen ein Teil der → Parapegmata zu rechnen ist –, in denen die Bilder entweder als absolute Herrscher aufgefaßt oder durch die Obhut *(tutela)* der 12 olymp. Götter ersetzt wurden (s. Tabelle); die nach verschiedenen Methoden festgelegte zodiakale Tages- und Stundenherrschaft, wozu der Cat. codd. astrol. Gr. reiches Material bietet.

Die Wirkung des Z. bzw. seiner Teile auf die Natur stellte man sich umfassend vor. In den Zodiologia (Z.-Texten) stehen jeweils Hinweise auf die Witterung voran. Nach der astrolog. Geogr. (vgl. o. Bd. I 661) waren bestimmte Länder den Bildern zugeteilt, z.B. Persien dem Widder, Babylonien dem Stier; weitere Untergliederungen liegen in den 36 Dekanländern vor. Mit dem Z. verbunden dachte man bestimmte Steine (z.B. Jaspis/Stier, Kristall/Wassermann, Smaragd/Fische), Pflanzen (Schafgarbe/Widder, Alraune/Krebs), Tiere (Löwe/Jungfrau, Falke/Schütze) und Buchstaben (AN/Widder, MΩ/Fische).

Für die angenommenen Einflüsse und Wirkungen des Z. auf den Menschen und sein Schicksal gab es detaillierte Lehren (vgl. z.B. Manil., Ptol. apotel., Firm. math., Vett. Valens). In der sog. Melothesie, die wohl auf → Nechepso-Petosiris zurückging, wurden die Glieder und inneren Organe des Körpers dem Z. zugeteilt, was sowohl für die astrolog. Med. (→ Iatromathematike) wie für die Geburtsastrologie (Genethlialogie) bedeutungsvoll war und durch den jeweiligen Stand des Mondes bzw. der Planeten »in« den einzelnen Zeichen modifiziert wurde (vgl. auch den ma. Aderlaßmann). Viele populäre Texte ließen Charakter, Typ und Beruf erkennen, so daß man von Widder-, Stier- usw. »Kindern« sprach. Zodiakale Augenblicksentscheidungen der sog. Initiativ- oder Katarchenhoroskopie, d.h. der Bestimmung des richtigen Zeitpunktes für den Beginn einer Handlung, konnten sich auf entsprechende in den Zodiologia zusammengetragene Feststellungen stützen. Angesehen waren die Gutachten über landwirtschaftliche Tätigkeiten (Muster: »im Widder soll man säen« usw.), zumal sie zumeist dem Bauernkalender entsprachen. Derartige populäre Prognosen, die in den spätant. Kalendern (auch in dem vom J. 354) ihren Niederschlag gefunden haben, wurden meistens durch die Mondstellung reguliert, während die gelehrte Sterndeutung (Ptol. apotel.) stärker die der Planeten berücksichtigte.

Bildliche Darstellungen des Z. haben sich in großer Zahl und in weitem Verwendungsbereich aus der Zeit vom 2. Jh. v. Chr. bis zum Ausgang der Ant. erhalten (neuer Katalog: RE X A 597ff.). Seit dem 5. Jh. (Christianisierung!) verschwand das Motiv oder trat zurück. Bildtypen und Komposition zeigen Verschiedenheiten, im allg. aber tradierte man die griech.-hellenist. Ikonographie. H. G. G.

Boll-Bezold-Gundel Sternglaube und Sterndeutung, ^{5}1966. *F. Boll – W. Gundel*, Myth. Lex. 6, bes. 934ff. *A. Bouché-Leclercq* L'astrologie grecque, Neudruck 1963. *F. Cumont*, Dar-Sagl. 5, 1046ff. *H. Gundel*, Enc. arte ant. 7,1274ff. *H. Gundel – R. Böker* Zodiakos, 1972 (= RE X A 462ff.). *O. Neugebauer* The Exact Sciences in Ant., ^{2}1957. *O. Neugebauer – R. A. Parker* Egyptian Astr. Texts 3, 1969. *A. Scherer* Gestirnnamen bei d. idg. Völkern, 1953. *B. L. van der Waerden* Die Anf. d. Astr., 1965.

Zoelae. Einer der 22 Stämme der Astures, am Duero, genannt nur bei Plin. (nat. 3,28. 19,10). Bei der Erwähnung des *linum Zoelicum* lokalisiert Plin. die Z. in Gallaecia, während sie in Wirklichkeit an der Grenze von Asturia und Gallaecia beheimatet waren. Angaben über die Z. enthält die Bronzetafel von Astorga (Asturica; CIL II 2633), die einen Vertrag zw. verschiedenen *gentilitates* der Z. aus den J.en 27 und 152 n. Chr. wiedergibt. Im älteren Teil erscheint die Stadt Curunda und ein *magistratus* der *gens Z.*, während später von *duoviri* und dem *ordo Zoelarum* (CIL II 2606) gesprochen wird. Das spricht dafür, daß der Stamm sich im J. 152 bereits zu einem röm. *municipium* gewandelt hatte. Die Hauptstadt der Z., die den *deus Aernus* (CIL II 2606f.) verehrten, dürfte das h. Castro de Avellaes (Prov. Tras os Montes) gewesen sein. M. E. A.

Zoilos (*Ζωΐλος*). **1.** Mz.-Direktor und -Graveur unter → Philipp V. (7) und → Perseus (2); sein Name steht unter dem idealisierten, dem Mz.-Bildnis Philipps angeglichenen Porträtkopf des Perseus auf Tetradrachmen des J.s 179/178 aus der Mz.-Stätte Amphipolis. Z. signiert als Mz.-Beamter mit dem Monogramm. H. Gaebler Die ant. Mz. Nordgriechenlands 3,2, 1935, 195 zu Nr. 1. P. R. Franke, Jb. f. Num. 7, 1956, 110. 8, 1957, 40f. H. V.

2. Tyrann von → Caesarea (3) und → Dora. Als → Alexander (14) Iannaios v. Judaea → Ptolemais (8) belagert, unterstützt Z. die Stadt, die Ptolemaios IX. Lathyros zu Hilfe ruft; doch dieser läßt Z. auf Betreiben Alexanders beseitigen (Ios. ant. Iud. 13,324–335). **3.** Zur Zeit Plutarchs Dionysospriester, dem es an den → Agrionien in Orchomenos gelingt, eine der fliehenden Minyaden zu töten; darauf stirbt er nach langer Krankheit, und sein Geschlecht verliert das Priesteramt (Plut. mor. 299e ff.). C. J. C.

4. Aus Amphipolis, vielseitiger griech. Sophist (ῥήτωρ ... καὶ φιλόσοφος Suda s. *Z.*; als einen – auch äußerlich – perfekten Kyniker zeichnet ihn, aber in Z. feindl. Tradition, Ail. var. 11,10: κύων ῥητορικός), der Ὁμηρομάστιξ. Seine ungefähre Lebenszeit (4. Jh. v. Chr. bis ca. 330) ergibt sich daraus, daß → Polykrates (6) sein Lehrer, → Anaximenes (2), aber auch → Demosthenes (2; [Plut.] mor. 844c. Suda s. Ἀναξιμένης und Δημοσθένης), sein Schüler gewesen sein soll und daß sein Gesch.werk bis 336 herabreichte (zu den romanhaften Angaben Vitr. 7 pr. 4 ff. [vgl. auch Suda s. *Z.*], die chronol. unmöglich und z.T. typische Wanderanekdoten sind [vgl. → Daphitas und → Xenophanes (2) A 11] überzeugend [1] und bes. [9]).

Die meisten Werke des Z. sind verloren, so ein Gesch.abriß vom Beginn der Welt bis zu Philipps II. Tod (3 B.) sowie ein (hist.? perieget.?) Werk über Amphipolis. Den Sophisten verraten paradoxe Themen wie das Enkomion auf Polyphemos (frg. 25 Friedl. = F 2) und wohl auch das Τενεδίων ἐγκώμιον (frg. 2 = F 1; die Tenedier waren als unerbittlich, abweisend und furchteinflößend verschrieen). Falls [6] Isokr. 10,8 ff. zurecht auf Z. bezieht, hätte dieser mind. eine weitere Lobrede (auf Armut und Verbannung) geschrieben. Sehr allg. Bemerkungen über Z.' Sprache macht Dion. Hal. de Is. 20; de Demosth. 8. Eine rhet. Definition (Rest einer Τέχνη?) überl. Phoibammon, Spengel Rhet. 3,43 f. = frg. 16. – Z. blieb der Nachwelt hauptsächl. durch seine respektlose Kritik an Zeitgenossen (Platon: Dion. Hal. epist. ad Pomp. 4. 16. Ail. var. 11,10; Isokrates: Suda s. *Z.*), vor allem aber an Homer in Erinnerung (9 B. κατὰ τῆς Ὁμήρου ποιήσεως [Suda]; jedenfalls war Ὁμηρομάστιξ nicht Titel des Werks, sondern Beiname des Vf.). Die Reste lassen erkennen, daß es Z. darum ging, durch Bloßlegung von Ungereimtheiten, Widersprüchen und Fehlern in den Epen auf Kosten des Dichters kom. Wirkung zu erzielen. Obwohl vielfache Berührungspunkte mit der im 4. Jh. sich entfaltenden προβλήματα-Lit. vorhanden sind, trennt doch die gleichsam unseriöse (und verspielte) Haltung den Z. von der wiss. Homerphilologie und weist ihn der Gruppe der sophist. inspirierten voralexandrin. ἐνστατικοί zu. Z. kritisierte sprachl. wie inhaltl. »Fehler« Homers, darunter bes. Fälle von vermeintl. unfreiwilliger Komik; dabei nahm er freilich des öfteren die Dichtung in unerlaubter Weise beim Worte (z.B. die Keren frg. 35 = F 15) oder bemühte sich bewußt sie mißzuverstehen. Seine oftmals witzigen, gelegentlich deftig-einprägsamen (»kynischen«) Formulierungen (vgl. die »weinenden Ferkelchen«, frg. 7 = F 3) haben, als Ausdruck destruktiver Feindseligkeit gegenüber Homer mißverstanden, Spätere gegen ihn aufgebracht. Neben den legendären Versionen seines qualvollen Todes (vgl. Vitr. a. O.) sprechen dafür Ausfälle wie in frg. 6 = F 5 (Θρᾳκικὸν ἀνδράποδον). Aristot. (poet. 1461a 9 ff. 14 ff.) begnügte sich damit, für einige von Z. (frg. 6. 12 = F 5. 4) beanstandete Stellen kurz die λύσις anzugeben. Athenodoros, der Bruder des → Aratos (4), nahm das Phänomen offenbar ernster und schrieb eine Widerlegung des Z., dessen Name lange Zeit negativen Klang behielt.

Test. u. Frg.: [5], 6 ff. FGrH 71 m. Komm. *L. Radermacher*, Art. Script. 189–191. OA 2,249 f.

Lit.: 1. *Blass* AttBereds. 2,373 ff. 2. *K. Lehrs* De Aristarchi studiis Homericis, Lpz. ³1882 (Nachdr. Hildesh. 1964), 200 ff. 3. *G. Wulfert* Zur Würdigung d. Z. m. d. Beinamen Homeromastix, Progr. Creuznach 1882. 4. *G. Spindler* De Z. Homeromastige qui vocatur, Progr. Ritter-Akad. Brandenburg 1888. 5. *U. Friedlaender* De Z. aliisque Homeri obtrectatoribus, Diss. Königsberg 1895 (grundlegend). 6. *F. Susemihl*, RhM 55, 1900, bes. 581 ff. 7. *P. Cesareo*, Riv. di Stor. Ant. e di Sc. affine 7, 1903, 321 ff. 8. *H. V. Apfel*, TAPhA 69, 1938, bes. 250 ff. (unzuverlässig). 9. *P. M. Fraser*, Eranos 68, 1970, 115 ff.

5. Griech. Grammatiker, wahrscheinl. aus dem tyr.-galil. Kedasa (Etym. gen. s. Ἀῷος = FGrH 758 F 7 [einziges Frg.]; das überlieferte Ethnikon Κεδρασεύς von Meineke überzeugend emendiert), unbekannter Lebenszeit. Viell. ident. mit dem bei Athen. 1,1c. d. 7,277c ff. 9,366c ff. auftretenden Z.? H. Gä.

6. Augenarzt, spätestens 1. Jh. n. Chr. Von Z. sind die Rezepturen mehrerer Augensalben überliefert, von denen das Collyrium Nardinum sich großer Beliebtheit erfreute (z. B. Gal. 12,771 f. K. CMG VIII 2, S. 392,17 ff.). Weiterhin sind von ihm ein Mittel gegen Skorpionstiche (Gal. 14, 178 f. K.) und ein anderes gegen Ohrenkrankheiten (a. O. 12,632 f.) bekannt. J. K.

7. Sohn des Zoilos, Bronzebildhauer, schuf zw. 175/74 und 145 v. Chr. auf Delos die Porträtstatue des Dionysios von Mylasa, Würdenträger bei → Ptolemaios VI. IG XI 4,1131. Marcadé Recueil des signatures de sculpteurs grecs 2, 1957, 137 T. 48,3. **8.** Sohn des Demostratos, Athener, schuf 98 v. Chr. eine Statue für Delos. Stifter und Thema sind unbekannt. Marcadé a. O. 135 T. 48,1. W. H. G.

Zoippos (*Ζώιππος*). Aus Syrakus, verheiratet mit Herakleia, Tochter des → Hieron II. (2), auf dessen Veranlassung er zusammen mit → Adranodoros und anderen als Vormund des jungen Königs → Hieronymos (4) eingesetzt wurde, Liv. 24, 4,5. Er veranlaßte den Bruch der seitherigen syrakus. Politik, d.h. die Abwendung von Rom und die Hinwendung zu Karthago, Pol. 7,2,1. A. Holm Gesch. Sic. 3, 1898, 46. 50. Zu diplomat. Verhandlungen ging er nach Alexandreia (zu → Ptolemaios

IV. Philopator), wo er 214 die Nachricht vom Tode des Hieronymos erhielt und nicht mehr nach Syrakus zurückkehrte. Liv. 24,26,1. Vgl. A. Schenk Graf von Stauffenberg Trinakria, 1963, 299. H. Bengtson RG 101. H. G. G.

Zoiteion (*Ζοίτειον*, Paus. 8,27,3. 35,6f. Steph. Byz.). In der Kaiserzeit verlassenes Dorf im Gebiet von → Megalopolis am NO.-Rand der Hochebene von Megalopolis etwa beim h. Dorf Palamari. E. M.

E. Meyer, RE X A 716f.

Zollwesen. Die Griechen lehnten zumeist Steuern als Zeichen der Unfreiheit ab, Plat. leg. 847b. 850b, sogar alle Zölle, Kaufs- und Verkaufssteuern. Aber mit Zunahme des Handels wurden die Zölle, bes. die Seezölle, auf Ein- und Ausfuhr die Haupteinnahmen der Städte. Sie wurden oft als → Pentekoste erhoben. Einen Z. von 5% forderte Athen 413 von seinen Bündnern statt der bisherigen → Phoroi, Thuk. 7,28,4. Seit 410 nahm es am Bosporos einen Sundzoll von 10%, Pol. 4, 44,3f. Diod. 13,64,2. Xen. hell. 1,1,22. F. Miltner, Klio 28, 1935, 10ff. Als 170 Delos zum Freihafen erklärt wurde, klagte Rhodos über den Rückgang der Z. (*ἐλλιμένιον*) von 1 Million rhod. Drachmen auf 150000. Pol. 30,31,10ff. Im ptol. Äg. gab es Schutzzölle gegen den Import von Olivenöl u.a. bis zu 50% (Pap. Cairo Zenon 590012), aber auch im Binnenland mehrfach Transitzölle von Gau zu Gau. Die bedeutenden Landzölle im Seleukidenreich erwähnt Ps.-Aristot. oec. 2, 1345b 30.

Zum röm. Z. mit wichtigen Einnahmen für den kaiserl. Fiskus durch die Reorganisation unter Trajan → Portorium. Im 5. Jh. n. Chr. trat im oström. Reich anstelle der verschiedenen *portoria* ein Einheitszoll von 12½%, verwaltet von *comites commerciorum*, für die *largitiones sacrae (= Fiscus Caesaris)* bis ins 6. Jh., seit 534 für die *arca praefectoria*. H. V.

Rostovčev Soc. a. Ec. Hell. W. Ind. *L. Fiesel* Geleitzölle im griech. röm. Äg., NGG 1925, 56ff. *Wallace* Taxation in Egypt, 1938. *C. Préaux* L'économie royale des Lagides, 1939, Ind. *Z. Borkowski*, Journ. of Jur. Pap. 16/17, 1971, 131ff. (zur *ἑκατοστή*).

Zonai(n)os (*Ζωναῖ[ν]ος*). Griech. Sophist viell. des 5./6. Jh.s n. Chr. (vgl. Ain. Gaz. epist. 4. Prok. Gaz. epist. 78 G.-L.?). Nach Suda s. *Z.* schrieb er über das Ballspiel sowie *ἐρωτικαὶ* (möglicherweise auch *ἀγροικικαὶ*) *ἐπιστολαί* (keine Frg.e erhalten). Die kleine anon. überlieferte Abh. *Περὶ σχημάτων* (Walz Rhet. 8,673ff. = Spengel Rhet. 3,161ff.) wurde ihm erst in der Neuzeit von Palaiokappas untergeschoben. H. Gä.

H. Gärtner, RE X A 717f. m. ält. Lit.

Zonaras (*Ἰωάννης ὁ Ζωναρᾶς*) lebte vom letzten Viertel des 11. Jh.s n. Chr. bis zur Mitte des 12., hoher Hofbeamter in Konstantinopel (*πρωτοασηκρῆτις*), wurde (wohl nicht freiwillig, viell. 1118 beim Regierungsantritt Johannes II. Komnenos: [8], 718ff.) Mönch und verfaßte auf einer Insel am Ende der Welt neben theol. Schriften (MignePG 137) eine ausführliche Weltchronik (*Ἐπιτομὴ ἱστοριῶν*) von der Schöpfung bis 1118 n. Chr. unter ausdrücklichem Verzicht auf die Zeitgesch., in der er seinem Programm entsprechend unter Weglassung von Einzelheiten und Strittigem in übersichtlicher Zusammenfassung die Schöpfung, die Gesch. der Juden und Alexander d. Gr., die Kämpfe von dessen Nachfolgern mit den → Hasmonäern, die Eroberung Jerusalems und die Ereignisse bis zu dessen Zerstörung, dann mit deutlichem Neuansatz die röm. Gesch. bis zur Zerstörung von Karthago und Korinth, unter Weglassung der späteren Republik nach kurzen Bemerkungen über Pompeius und Caesar die Gesch. der Kaiser bis zur Gründung Konstantinopels und dann vor allem der ö. Reichshälfte darstellt. Z.' Stil ist durch eigene Unbeholfenheit und engen Anschluß an die Quellen charakterisiert, die er oft bearbeitend und zusammenfassend korrekt wiedergibt; zuerst benutzt er den Oktateuch, Iosephos, Eusebios und Theodoretos, dann Herodot, Xenophon (Kyr.), Arrian und Plutarch, für die röm. Gesch. Cassius Dio (dessen verlorene B. 1–21 durch Z.' Exc. ersetzt werden, der jedoch ab B. 12 nur → Xiphilinos' Auszug benutzt, [3]), Plutarch u.a. ([2]), dann chr. und byz. Historiker ([7]). C. J. C.

Ta.: Ed. princ.: *H. Wolf*, Basel 1557. *M. Pinder – Th. Büttner-Wobst* 3 Bd.e, 1841–1897. *L. Dindorf* 6 Bd.e, 1868 bis 1875. B. 7–9 in: Cass. Dio ed. *Ph. U. Boissevain* 1, 1895. Lit.: 1. *W. A. Schmidt*, Ztschr. f. Alt. 6, 1839, 238–285 (abgedr. in d. Ausg. v. *Dindorf* 6, III–LX). 2. *Th. Büttner-Wobst*, Comment. Fleckeis., 1890, 121–170. 3. *Ph. U. Boissevain*, H 51, 1892, 440–452. 4. *Krumbacher* 370–376. 5. *G. Moravcsik* Byzantinoturcica 1, ^{2}1958, 344–348. 6. *F. Millar* A Study of Cass. Dio, 1964, 195–203. 7. *I. E. Karagiannopoulos* *ΠΗΓΑΙ ΤΗΣ ΒΥΖΑΝΤΙΝΗΣ ΙΣΤΟΡΙΑΣ*, 1970, 8. *K. Ziegler*, RE X A 718–732.

Zonarae Lexicon. Dieses weit verbreitete, fälschlich (in einigen Hss., danach von Tittmann) dem Iohannes → Zonaras zugeschriebene byz. Lex. ist wohl im 13. Jh. entstanden. Der bestbezeugte Titel lautet *Συναγωγὴ λέξεων συλλεγεῖσα ἐκ διαφόρων βιβλίων παλαιᾶς τέ φημι γραφῆς καὶ τῆς νέας καὶ αὐτῆς δήπου τῆς θυράθεν*. Die meisten Hss. (über 50 unterschiedl. Reichhaltigkeit sind bisher bekannt) überliefern das Werk anonym, einige nennen als Vf. Mönche namens Iohannes, Antonios oder Maximos (Nikephoros Blemmydes als Vf. erwägt mit aller Vorsicht [1], 738). – Das Lex. ist durchwegs alphabetisch (nach dem 1. und 2. Buchstaben), dazu nach grammatikal. Kategorien (Geschlecht, Wortart) geordnet. Der Umfang der Glossen schwankt sehr stark. Unter den zahlreichen Quellen, die den Vf. als einen belesenen Mann erweisen, befinden sich neben versch. attizist. Vorlagen u.a. die → Suda, das Etym. gen., → Kyrillos (4), grammat. Schriften u.a. des Michael → Psellos und → Stephanos (6) Byz., eine Reihe von Spezialglossaren, Sch.-Slg.en und Komm. zu chr. (→ Gregorios 3, → Paulus 5) und heidn. Werken (z.B. → Ailianos 2). Das Lex. hat seinerseits auf eine Reihe jüngerer Lex. und Sch.-Slg.en eingewirkt, teils als Gesamtvorlage, teils als Quelle für einzelne Itp.en. H. Gä.

Ta.: *I.A.H. Tittmann*, Lpz. 1808 (Nachdr. Amsterd. 1967).

Lit.: 1. *K. Alpers*, RE X A 732–763 (m. Bibliogr. S. 732). 2. *R. Reitzenstein* Gesch. d. griech. Etymologica, Lpz. 1897 (Nachdr. Amsterd. 1964), 279ff. 3. *Krumbacher* 374. 375f.

Zone. **1.** ζώνη, ζωστήρ. Der Gürtel ist seit kret.-myk. Zeit als ein für fast alle Gewandarten notwendiges Kleidungsstück belegt. Durch einfache oder auch doppelte Gürtung wurden an den Seiten offene Gewänder zusammengehalten, und durch Heraufziehen eines Gewandbausches, der kunstvoll über den Gürtel drapiert wurde, ließ sich die Länge der Kleidungsstücke variieren. Nach bildlichen und literar. Quellen bestanden die Gürtel in der Regel aus Stoff, Kordel oder Leder und konnten durch Webereien, Stickereien, aufgenähte (Metall-)Plättchen oder Stofftroddeln (Hom. Il. 14,181) verziert werden. Metallgürtel aus Bronze, oft mit Reliefs verziert (S. Karusu, 'Αρχ. Δελτ. 16, 1960, 60ff.), waren wertvoller Bestandteil von Rüstungen, während Gürtel aus Gold wohl kaum von Menschen getragen wurden, sondern Weihegaben waren oder zur Ausschmückung von Götterbildern gehörten. Übertragen weist das Lösen des Gürtels auf sexuellen Kontakt allg. oder den Verlust der Jungfräulichkeit insbesondere (Hom. Od. 11,245). → Cingulum. S. O.

2. Kunstausdruck der Astr. und mathem. Geogr. Erstmals nachweisbar für → Autolykos (3) von Pitane (um 300 v. Chr.) in einer gegenüber der gewöhnl. leicht verschobenen Bedeutung. Die Lateiner behalten vielfach den griech. t. t. bei. Von seinen zahlreichen Übers.en (*cingulus*, *plaga*, *fascia* u.a.) erlangte keine allg. Anerkennung. In gängigem Sinn meint Z. die durch die Z.nteiler (Parallelkreise zum Äquator) auf der Himmelskugel abgeteilten Gürtelstreifen bzw. Polkalotten und die ihnen bei Zentralprojektion zugeordneten Teilstücke der Erdoberfläche. Als abgrenzende Parallelkreise dienen die Wende- und arktischen Kreise (im ant. Sinn: = Zirkumpolarkreise, bezogen auf die Breite Griechenlands, 36°/37° n. Br.). Himmelsz.n wurden bereits in der babylon. Kosmol. unterschieden *(Ea, Anu, Enlil)*. Verbindungen zur griech. Z.nlehre sind unsicher. Die 3 wichtigsten Voraussetzungen des Z.nbegriffs (Himmelskugel, Erdkugel, Ekliptik) werden im 6. und 5. Jh. geschaffen (→ Anaximandros, → Parmenides, → Oinopides). Nach wohl zu Unrecht angezweifelter Überlieferung ist der Begründer des Erdkugeltheorems, Parmenides, auch Urheber der Z.nlehre. Nur wenige Einzelheiten sind bekannt. Die verbrannte (wegen übermäßiger Hitze unbewohnbare) Z. reichte über die Wendekreise hinaus. Bei Plat., dem ersten sicheren Vertreter der Kugelgeographie (Phaid., Tim.), finden sich keine Spuren der Z.nvorstellung. Voll ausgebildet erscheint sie bei Aristot. (meteor.), der sie sehr wahrscheinl. → Eudoxos (1) von Knidos verdankt. 5 Z.n werden unterschieden, die verbrannte, durch die beiden Wendekreise begrenzte, vom Äquator halbierte, die 2 gemäßigten, äquatorwärts von den beiden Wendekreisen, polwärts von den arkt. Kreisen (= ca. 54°) begrenzten und die 2 kalten, äquatorwärts von den arkt. Kreisen begrenzten Z.n. Bewohnbar sind nur die gemäßigten Z.n, während die verbrannte und die kalten Z.n wegen extrem hoher bzw. niedriger Temperatur Leben und bes. menschl. Leben nicht zulassen. Dank den Dichtungen eines → Aratos (4) und → Eratosthenes (2; »Hermes«), sowie der stoischen Kosmol. erlangte diese Z.nvorstellung in hellenist. und in der Kaiserz. weiteste Verbreitung. Im selben Sinn wirkte die Steigerung der Lehrautorität des Aristot. am E. der Republ. und in der Kaiserzeit. Die eigentl. Geogr. sah sich wegen der Erweiterung der Länderkunde (Züge Alexander d. Gr., → Pytheas' [4] Nordlandfahrt, Erschließung Aithiopiens usw.) schon bald zu einer Berichtigung dieser Vorstellung genötigt. Die Besiedlungsgrenze wird im N. zum Polarkreis verlegt (Eratosth., wahrscheinl. Hipparch., Poseid.), im S. bis zum Zimtland (Eratosth., Hipparch., Strab.). Um die Bewohntheit der Äquatorregion setzt ein lebhafter Meinungsstreit ein (Befürworter: Erastoth., Pol., Panaitios, Poseid. u.a.), der auf Grund von Expeditionsergebnissen bei → Marinos (2) von Tyros und Ptol. positiv entschieden ist (Agisymba, Kap Prason). Den Abstand der Wendekreise (διακεκαυμένη) bestimmt Eratosth. auf 11/83 des Erdperimeters, den er auf 252000 Stad. berechnet. Nach Honigmann führt er den κλίμα-Begriff ein, der wegen seiner größeren Exaktheit dem Z.nbegriff Abbruch tut. Poseid. versucht eine Wiederbelebung durch Scheidung eines mathem., an der Gnomonik orientierten Erdz.nbegriffs (ἀμφίσκιοι, ἑτερόσκιοι, περίσκιοι) und eines bioklimatischen (7 Z.n, davon 2 schmale Wüstenz.n unter den Wendekreisen, eine breite εὔκρατος beiderseits des Gleichers) mit begrenztem Erfolg. In der wissenschaftl. Geogr. des 2. Jh.s n. Chr. ist die Bedeutung des Z.nbegriffs gering. In der Neuzeit wird von Alex. v. Humboldt, dem Begründer der modernen Klimatologie, das Problem, das sich hinter dem Z.nbegriff verbirgt (Biosphäre und Verteilung der Wärme auf der Erdoberfläche) mit verfeinertem Denkinstrumentarium wiederaufgenommen. K. A.

K. Abel, RE Suppl. XIV 989–1188.

Zoologie. Aristoteles bezeichnet sich selbst als den Begründer der Z. (part. an. 1,645a 6); das ist insofern zutreffend, als er der Z. einen gleichwertigen Platz neben den traditionellen Gegenständen der Philos. anwies. Das »wissenschaftliche« Interesse an der Natur des Tieres – der die animal. Seite des Menschen von früh an zugeordnet wurde – ist aber viel älter und erwuchs aus zwei Quellen: der Suche nach einer Welterklärung und dem praktischen Bedürfnis der Ärzte. So statuierte → Anaximandros DIELS (Vorsokr 12 A 30) die Einheit der Tierwelt durch die Annahme, alle Tiere seien zuerst fischartig gewesen, dann erst teilweise an Land gegangen. Ferner suchten → Empedokles und → Demokritos (1) Tiere und Pflanzen als analog organisiertes Reich des Organischen zu verstehen (Vorsokr 31 B 82. 68 A 116; B 5, p. 136, 41 ff. SENN 25. 40). Aber schon Empedokles stellte auch speziellere Fragen, z.B. nach dem Zusammenhang zw. Atmung und Blutbewegung (B 100), und der Problemkatalog Demokrits umfaßte Gegenstände wie Amphibien, blutlose Tiere, Hörnerbildung, Mißgeburten, Sehfähigkeit des Löwenjungen, Nachtsichtigkeit der Eule, das Krähen des Hahnes u.v.a., durchaus im Sinne aitiolog. Erkl. der Phänomene (vgl. Buchtitel *αἰτίαι π. ζῴων α′β′γ′*, Vorsokr II p. 91,15), aber stets deduktiv-spekulativ, nie auf Beobachtung gestützt. Der Wirklichkeit näher standen die frühen Ärzte, von denen → Alkmaion (4) von Kroton (um 500) das Gehirn als Zentralorgan (24 A 11) und das Ei als Nahrungsgefäß des Vogeljungen erkannt (A 15), wahrscheinl. auch Tiersektionen durchgeführt hat (vgl. Aët. 5,17,3 = Vorsokr A 13. SENN 17 f.). Sowohl ihm wie später → Diogenes (12) von Apollonia dienten Beobachtungen an Tieren zu Schlußfolgerungen auf die Physiologie des Menschen (vgl. Theophr. de sens. 39 ff.). Bes. Interesse fand neben Atmung und Blutkreislauf die Fortpflanzung und Embryologie (s. Vorsokr III 157 s.v. *ἔμβρυον*).

Das Desinteresse der → Sokratiker an der Naturbeobachtung bedeutete in dieser Entwicklung nur eine kurze Unterbrechung. Bereits Platons Neffe → Speusippos (s. P. LANG De Sp. Academici scriptis, 1911. J. STENZEL, RE III A 1639. SENN 70 f.) scheint gewisse Vorarbeiten für eine Tierklassifizierung geleistet zu haben (z.B. Muscheln: frg. 7 L.). Der Ertrag war jedoch bescheiden gegenüber den bahnbrechenden Arbeiten des → Aristoteles (7), des einzigen Zoologen des Alt. im strengeren Sinn.

Wir besitzen von Aristot. folgende zool. Werke: 1. *π. πορείας ζῴων*, wahrscheinl. die früheste unter ihnen. 2. *π. ζῴων ἱστορία* (HA) in der Redaktion des → Andronikos, davon B. 1–6 und 8 von Aristot. selbst, 7, 9 und 10 von fremder Hand, z.T. nach Theophr. (REGENBOGEN, RE Suppl. VII 1432 ff.), das inhaltsreichste und lange Zeit am meisten benützte Werk. 3. *π. ζῴων μορίων* (PA) B. 2–4, worin die Funktionalität der Körperteile und Organe untersucht wird; vorangesetzt ist eine skizzenhaft gehaltene Einzelschrift (PA 1) zur Begründung der Z. als selbständiger

Wissenschaft. 4. *π. ζῴων γενέσεως* (GA) in 5 B., wahrscheinl. das späteste dieser Werke (DÜRING Aristot. 511 f.). – Unecht ist die kleine Schrift *π. ζῴων κινήσεως*. – Verloren sind die 7 B. *ἀνατομαί*, bedauerlich u.a. deshalb, weil sie ein reiches Material an anatom. Zeichnungen enthalten haben müssen (HA 6,566 a 15; vgl. auch den Hinweis auf ein Diagramm des Genitalapparats ebd. 3,510 a 30 ff.; SINGER 26 f.). Verloren ist ferner ein Werk *Ζῳϊκά*, das nicht von Aristot. stammte, sondern im älteren Peripatos aus seinen zool. Schriften zusammengestellt und später aus anderen Quellen ergänzt wurde (DÜRING 513. KROLL 4 f. REGENBOGEN 1430 f.); es wurde die zentrale Quelle für die spätere »zool.« Lit. (Aristoph. Byz., Alex. Mynd., Plin., Plut., Ail., Athen., Opp.); doch ist seine Rekonstruktion aus den Benützern wegen des kompilator. Charakters beider Seiten nicht mehr möglich.

Man hat Aristot. mit Recht als »Vater der induktiven Forschung« bezeichnet (SENN 87), doch bedeutet dies nicht, daß die Z. für ihn zu einem autonomen Interessengebiet geworden wäre; vielmehr eignete sich die Fauna am ehesten dazu, seine Theorien von der in der Gesamtnatur waltenden Teleologie (Entelechie) und ihrem durchgängigen Verursachungsprinzip (funktionale Analogie) zu belegen. Dazu dient ihm das method. Verfahren der Beobachtung am Einzelphänomen (AP 654 a. SENN 81), vornehmlich im Werdeprozeß (*ἔργον*), der Schlüsse auf *αἰτία* und *τέλος* erlaubt (pol. 1,1252 a 24; vgl. PA 645 b 15 ff.), sowie die heurist. Prinzipien von Vergleich und Analogie (DÜRING 518), wobei – in Umkehrung des Verfahrens der Ärzte – der Mensch als Modell des zool. Erkennens dient. Das Ziel des Aristot. ist die Erforschung der allg. Struktur des tier. Lebens, jedoch nach einer vorgegebenen theoret. Konzeption. Aus diesem Umstand erklären sich viele Beobachtungsirrtümer und beobachtungswidrige Übernahmen älterer Erklärungen als systembedingte Fehldeutungen (z.T. petitio principii). Daneben stieß sein Beobachten selbst auf viele Grenzen; am auffallendsten ist der Verzicht auf Messen und Wägen.

Gleichwohl mußte das Arbeitsverfahren des Aristot. zunächst eine bis dahin unbekannte Thesaurierung von Tatsachen erbringen. Sie beruht nicht, wie man früher annahm, auf der Arbeit eines umfangreichen Mitarbeiterstabes (DÜRING 524), sondern teils auf persönl. Autopsie, großenteils gemeinsam mit Theophr., teils auf Befragen von Bauern, Züchtern, Jägern, Fischern u.a., nicht zuletzt auf Lit. (u.a. Skylax, Hekataios, Hdt., Ktesias, ferner Ärzte, bes. Diog. v. Apollonia – auch des Aristot. Vater war Arzt –, sowie Landwirtschaftsschriftsteller); außerdem muß mit einer schon vorliegenden Sammlung *Ζῳϊκά* gerechnet werden (HA 491 a 12; DÜRING 507 A. 10). Aristot. kennt 581 Tierarten, darunter 550 identifizierte;

einen Sonderplatz haben die Meeresfauna (u.a. Bestimmung der Wale als Säugetiere) und die Vogelwelt (ca. 140 Vogelarten). Aristot. registriert nicht nur anatom. und physiolog. Einzelheiten, vor allem alles, was mit Zeugung und Entwicklung des Erzeugten zusammenhängt; er fragt auch nach Standorten, Fortbewegung, Futtergewinnung, Färbung im Zusammenhang mit der Umwelt, Erbeigenschaften, Entartungserscheinungen, Reaktionen auf Fremdeinwirkung, Sympathien und Antipathien unter den Tieren u.v.a., und dies alles unter dem Gesichtspunkt des Warum und Wozu – eine Leistung, die erst von den Zoologen des 18. Jh.s übertroffen wurde.

Zur Wissenschaft wurde diese Forschung durch eine Reihe grundsätzlicher Erkenntnisse; so die Prinzipien der organ. Ökonomie (»Die Natur schafft nichts ohne Zweck«), der biolog. Kontinuität durch Fortpflanzung, der Hierarchie der Lebewesen durch wachsende Differenzierung, der begrenzten biolog. Kausalität (τὸ συμβεβηκός als kausal nicht erfaßbares Phänomen); auch gelingt es ihm, eine Reihe fortgeltender Naturgesetze zu formulieren (Aufzählung bei Düring 535f., vgl. RE Suppl. XI 266f.). Einer der fruchtbarsten Gedanken war die Theorie der Entelechie, nach der in jedem Wesen von seiner Zeugung an die Endausprägung der Gestalt und Fähigkeiten angelegt sei. Ein schwieriges und letztlich ungelöstes Problem war die Gewinnung eines zool. Systems. Zwar erkennt Aristot. die fundamentale Unterscheidung von Tieren mit und ohne Blut (PA 665a 28ff.), unterscheidet Stämme wie Vögel und Fische (nicht konsequent), lebendgebärende und eierlegende Tiere u.a., verwendet daneben aber auch ganz andere gruppenbildende Kriterien, wie sie dem jeweiligen Erörterungsziel dienlich sind. Das Problem der Klassifizierung hat ihn mehrfach und mit wechselndem Ergebnis beschäftigt (top. 1,143a 34ff.; an. pr. 1,146a 33ff.; an. post. 2,96b 26ff.; metaph. 6,1038a 9. 9,1058a 19ff.; grundlegend PA 1,2–4, bes. 643a 7ff.). Lloyd unterscheidet 3 Ansätze: 1. dichotom. Klassenbildung (Typus: ἔναιμος – ἄναιμος), noch in HA vorherrschend; 2. Unterscheidung nach vielerlei differentiae (PA), da das dichotom. System nicht ausreicht; 3. Gruppenbildung nach dem Grad der Vollkommenheit bzw. Wärme (GA). Zu einem durchgängig verwendbaren Klassifizierungssystem ist Aristot. nie gelangt; dazu hätte schon das terminolog. Material nicht ausgereicht. Obwohl er von γένος und εἶδος spricht, hat er deren subsumierende Funktion im Sinne der modernen Z. nie festgelegt; beide Wörter können sogar ihre Rolle vertauschen (Balme 87ff. Lloyd 70f. vgl. auch Aristot. phys. 227b 11ff.). Daß er eine taxonom. Verwendung dieser Begriffe, wie sie in den log. Schriften voll fixiert ist, in der Z. je beabsichtigt hätte (so Balme 98f.), ist m. E. nicht erweisbar. Sein wichtigster Erfolg war wohl der Vorstoß zum Evolutionsgedanken (scala naturae; vgl. Singer 39ff.). Daneben war die Schaffung einer zool. Nomenklatur eine seiner bleibenden Leistungen; er hatte darin weder einen Vorgänger noch einen irgendwie nennenswerten Nachfolger.

Worin →Theophrastos, des Aristot. engster Mitarbeiter in der Z., über die Positionen seines Meisters hinausgekommen ist, läßt sich schwer beurteilen. Das Verzeichnis seiner Schriften bei Diog. Laert. 5,42–50 weist rund 20 B. zool. Inhalts nach, darunter 7 B. π. ζῴων, im übrigen durchwegs Behandlungen von Einzelproblemen, die zumeist schon bei Aristot. behandelt oder berührt waren. Nichts davon hat sich erhalten außer dem, was direkt oder indirekt von Späteren übernommen worden ist (Einzelheiten darüber bei Regenbogen 1370ff.). Bes. Interesse haben seine tierpsycholog. Studien (π. τῶν ζῴων ὅσα λέγεται φθονεῖν, π. ζῴων φρονήσεως καὶ ἤθους [letzteres von Regenbogen angezweifelt]) gefunden. Für uns noch interessanter ist die in der teilw. überlieferten Schrift π. τῶν ἐν ξηρῷ διαμενόντων, Cap. 11, ausgesprochene Aufforderung zum Versuch mit Tieren. Seine wichtigste Entdeckung war wohl der »prinzipielle Unterschied des geschlossenen Systems des Tierkörpers gegenüber dem offenen System der Pflanze« (Senn 120). Hinderlich für die Rekonstruktion seines zool. Werkes ist der Umstand, daß es nach ihm mit demjenigen des Aristot. (und wohl auch anderem Gut) zu den o. g. Ζωϊκά (ca. 70 B.) vereinigt wurde und unter dem Namen des Aristot. lief (vgl. Antig. Kar. mir. 60); Nachwirkungen dieses Umstands sind noch bei Plin. zu fassen. Dagegen hatten → Kallimachos (3) und sein Schüler → Hermippos (2) den Theophr. in Händen und unterschieden ihn von Aristot. Eine Ausg. der zool. Werke beider veranstaltete → Andronikos von Rhodos.

Eine Nachwirkung dieser peripatet. Forschungen zur Z. mag man darin erkennen, daß in den Ärzteschulen des 3. Jh.s Tierexperimente und Tiersektionen eine große Rolle spielten, wenn auch unter med. Fragestellung. Alle übrige Z. nach Theophr. verdient diesen Namen kaum mehr; sie beschränkt sich auf Epitomierung des peripatet. Materials (→ Aristophanes 4) und Slg.en von Exc.en und Referaten aus ihm, bei denen Paradoxa und Wundergesch. den absoluten Vorrang hatten. Dies gilt bereits von den ὑπομνήματα des Kallimachos und von → Antigonos (s. Nachtr. Bd. V) von Karystos (1. H. des 3. Jh.s; s. Wilam. 16ff.); beide eröffnen den Reigen einer umfangreichen tierparadoxograph. Lit., in der die Tiere vornehmlich als Träger von Intelligenz, sittlichen Qualitäten und ungeahnten Fähigkeiten erscheinen. Hierunter zählen → Pamphilos (3; Λειμών, ca. 50 n. Chr.), Plut. (de soll. anim.), → Oppianos (1; Ἁλιευτικά), Claudius Aelianus (→ Ailianos 2; π. ζῴων ἰδιότητος) und die massenhaften Exc.e bei → Athenaios (3; Δειπνοσοφισταί).

Daneben regte sich das Bedürfnis nach bequemeren zool. Kompendien, als es die 70 B. der »aristotel.« waren. Der erste Vf. eines solchen war wohl der Arzt Sostratos (SUSEMIHL 2,444f.); bedeutender war das Kompendium des Alexandros von Myndos (π. ζῴων, 1. Jh. v. Chr.), das lange Zeit gelesen wurde, und das weit nüchternere Werk π. ζῴων des → Pompeius (B 1) Trogus (mind. 10 B., vgl. Charis. 1,102,10. 137,9 K.), das sich vorwiegend auf Aristot. HA stützt und ein wichtiges Quellenwerk des Plin. wurde; endlich die B. 8–11 der *Naturalis historia* des → Plinius (1), in die Materialien des echten Aristot., des Theophr., der peripatet. Zoika und der hellenist. Kompilatoren auf teils direktem, teils indirektem Wege eingegangen sind. W. R.

Lit.: 1. Allg. *J.V.Carus* Gesch. der Z., 1872. *G.Senn* Die Entwicklung d. biol. Forschungsmethode in d. Ant. ..., 1933. *H.Balss* Die Zeugungslehre u. Embryologie in d. Ant., Quellen und Stud. z. Gesch. d. Naturwiss. u. Med. 5, 1936, 1ff. *B.Peyer*, Gesnerus 3, 1946, 58ff. *G.Koller* Daten zur Gesch. der Z., 1949. *Ch.Singer* A Hist. of Biol., 1950/51. *E.Stresemann* Die Entwicklung d. Ornithologie v. Aristot. bis z. Gegenw., 1951. – 2. Aristot.: *J.B.Meyer* A.' Thierkunde, 1855. *C.J.Sundevall* Die Thierarten des A. ..., 1863. *H.Aubert–F.Wimmer* A. Thierkunde (Übers. und Komm.), 1868. *W.Jaeger* A., 1923. *W.Kroll*, SAWW phil.-hist. Kl. 218,2 (1940). *L.Bourgey* Observation et expérience chez A., 1955. *G.E.R.Lloyd*, Phronesis 6, 1961, 59ff. *D.M.Balme*, CQ 56, 1962, 81ff. *K.Oehler* »Ein Mensch erzeugt einen Menschen«, 1963. *I.Düring* A., 1966. *Ders.*, RE Suppl. XI 159ff. *Z.Kádár*, Acta Class. Univ. Debr. 6, 1970, 27ff. – 3. Theophr.: *H.Joachim* De Th.i libris π. ζῴων, 1892. *G.Senn* (s. Allg.). *O.Regenbogen* Eine Forschungsmethode ant. Naturwiss., Quellen u. Stud. z. Gesch. d. Math. ... B 1 (1931) 131 (= Kl. Schr. 1,141ff.). *Ders.*, RE Suppl. VII 1423ff. – 4. Spätere Zeit: *Wilam.* Antig. v. Karystos, 1882. *M.Wellmann*, H 26, 1891, 481ff. (Alex. v. Myndos). 51, 1916, 1ff. (Pamphilos, Ail.). *A.Dyroff* Die Tierpsychologie des Plut., Progr. Würzburg 1897. *A.Steier* Der Tierbestand in der Naturgesch. des Plin., Zool. Annalen IV 5 (1913). *H.Barth* Die Insektenarten in der Naturgesch. des Plin., Progr. Reichenberg 1913. *R.Keydell*, H 72, 1937, 411 (Ail.). *A.Klotz*, RE XXI 2301.

Zopyrion (Ζωπυρίων). **1.** Makedone, nach → Memnon (4) Statthalter von Thrakien, drang 325 v. Chr. eher im Auftrag Alexanders d. Gr. als auf eigene Faust über die Donau in das Skythenland bis zum Dnjepr vor, belagerte vergeblich Gibis, wurde geschlagen und getötet, Curt. 2,1,44. Iust. 12,1. 16. 37,3,2. Macr. Sat. 1,11. Da Memnon bis 327/26 den thrak. Posten bekleidete, muß die Katastrophe 325 erfolgt sein. BERVE Alex. 2, Nr. 340. H. V.

2. Griech. Grammatiker des 1./2. Jh.s n. Chr., der nach Ausweis der Suda (s. *Διογενειανός* und *Πάμφιλος*) für das glossogr. Riesenwerk des → Pamphilos (3) die Buchstaben *Α–Δ* bearbeitete. Möglicherweise ident. mit dem *γραμματιστής* Z. bei Plut. Quaest. conv. 9,3,3; 4,1. CHRIST–SCHMID 2,1,436. C. WENDEL, RE XVIII 2. H., 338ff. **3.** Völlig unbekannter Historiker, nur erwähnt von Ios. c. Ap. 1,126 (vgl. FGrH 737 F 1) unter denjenigen Autoren, die vor ihm über jüd. Gesch. schrieben. H. Gä.

Zopyros (Ζώπυρος). **1.** Vornehmer Perser, Sohn des → Megabyzos (1), im Gefolge Dareios' I. Ihm schreibt Hdt. in einem weitgehend legendären Bericht (3,153ff.) die Eroberung Babylons zu. Als der König (um 522/21) die Stadt lange vergebens belagerte (s. die Inschr. von Behistun), habe Z. sein Gesicht gräßlich verstümmelt und als angebl. Opfer des Dareios sich das Vertrauen der Babylonier erschlichen, um alsbald Verrat zu üben und den Persern das kissische NO.-Tor sowie das belische W.-Tor zu öffnen. Für seine erfolgreiche Kriegslist (Polyain. strat. 7,13; irrig Frontin. 3,4) habe er vom König die Satrapie von Babylon auf Lebenszeit und abgabenfrei erhalten, sei aber bei einem späteren Aufstand von den Babyloniern erschlagen worden. Letzteres bestätigt auch Ktesias (FGrH 688 F 13,25), bezieht aber Heldentat und Lohn auf Z.' Sohn → Megabyzos (2). Diod. 10,19,2. Iust. 1,10,15ff. **2.** Enkel von Nr. 1, Sohn des Feldherrn → Megabyzos (2; Thuk. 1,109) und der Xerxestochter → Amytis (3; FGrH 688 F 14, 45), der die Revolte seines Vaters gegen → Artaxerxes (1) Makrocheir im J. 448 eifrig unterstützte. Um 442/41 trat er in athen. Dienste (Hdt. 3,160. FGrH a.O.) und beteiligte sich an einem Feldzug gegen Karien, wo er jedoch schon ein J. später in der Hafenstadt Kaunos den Tod fand. **3.** Wahrscheinl. ident. mit einem z.Z. des → Sokrates (2) in Athen auftretenden syr. Magier (Diog. Laert. 2,45), der verächtlich über Sokrates' Physiognomie urteilte und dessen gewaltsames Ende voraussagte. Auch Cicero (fat. 10f.) erwähnt die abfällige Bemerkung eines Physiognomikers Z., die Sokrates indessen mit Güte und Verständnis aufgenommen habe (Tusc. 4,80; s. auch R. FOERSTER, Script. physiogn. 1, VIIff.). Nach Diog. Laert. 2,105 verfaßte Sokrates' Schüler → Phaidon einen Dialog *Ζώπυρος*. R. E.

K.Ziegler, RE X A 765ff. *K.v.Fritz*, RE XIX 1539f.

4. Aus → Herakleia (10; wenn mit dem von Iambl. v. P. 267 genannten Tarentiner ident.; doch s. den Geschützbauer Z. von Tarent bei Biton Mechan. p. 61,4f. 65,2 WESCHER). Dichter wohl des 4. Jh.s v. Chr., dem mit anderen Orphikern Beteiligung an der Homerdiorthose unter → Peisistratos (3; Orph. test. 189) und verschiedene orph. Gedichte zugeschrieben wurden: *Δίκτυον*, *Πέπλος* und sogar der *Κρατήρ*, als deren Vf. auch → Bro(n)tinos (Nachtr. Bd. V) galt (Orph. test. 179. 222. 223. 173). C. J. C.

5. Ὁ *Μάγνης*(?), griech. Historiker (und Grammatiker?) des 4./3. Jh.s v. Chr. (?), Vf. einer *Μιλήτου κτίσις* in mind. 4 B. (1 Frg. in den Hom.-Sch.). Viell. war er der Z., der den Vortrag der hom. Epen in aiol. Dialekt forderte. FGrH 494; s. a. 336 m. Komm. über die zahlreichen Schwierigkeiten der Homonymentrennung. **6.** Griech. Geograph hellenist. (?) Zeit, Vf. eines mehrbändigen Werkes *Περὶ ποταμῶν* (Harpokr. s. *Ἕρμος*). Wenn Steph. Byz. s. *Ἀφροδισιάς* auf ihn zu beziehen ist, wäre er auch Historiker gewesen, wobei völlig unklar ist, ob er ident. ist mit dem Vf. einer *Θησηΐς* (FGrH 336) oder einem der bei Diog. Laert. 6,100, FGrH 132 F 32 und Markell. (v. Thuc. 32f. in zwei einander ausschließenden Angaben) angeführten Autoren.

FHG 4,531ff. FGrH Komm. zu 336. *Susemihl* 2,467ff. *F. Gisinger*, RE X A 769f. *K. Ziegler*, ebd. 770f.

7. Aus Klazomenai, griech. Rhetor des 3. Jh.s v. Chr., Freund des → Timon (3) von Phleius (Quint. inst. 3,6,3. Diog. Laert. 9,114). Er soll den Begriff *στάσις* (→ Stasislehre) in die Rhet. eingeführt haben. Quint. a.O. Syrian. Sch. in Hermog. de stat. (p. 47 App. RABE). Vgl. aber → Hermagoras (1). → Naukrates (2). H. Gä.

8. Aus Alexandreia, empir. Arzt um 100 v. Chr., berühmter Pharmakologe. Vermutlich aus einer Schrift über einfache Heilmittel finden sich bei Oreibasios (CMG VI 1,2, S. 217ff.) mehrere Exc. mit zahlreichen Mitteln, nach ihren med. Wirkungen geordnet. Von den Gegengiften, die er zusammenstellte, war die Ambrosia für einen König Ptolemaios (Auletes?) bestimmt (CML I, S. 210, 11ff. Gal. 14,205 K.), während er ein anderes dem König → Mithridates VI. (5) mit der Bitte übersandte, dessen Wirksamkeit an Verbrechern zu erproben (Frg. 267a). Z. war auch als Chirurg tätig (Frg. 266). J. K.

Frg.-Slg.: *K. Deichgräber* Die griech. Empirikerschule, Bln./Zürich ²1965, 205f.

9. Toreut, schuf nach Plin. nat. 33,156 zwei Becher mit Darstellungen des Urteils über Orestes und der Areopagiten, die sehr hoch geschätzt waren. Die Verbindung mit dem Becher Corsini (HAFNER Iudicium Orestis, 113. Berl. Winckelmann-Pr. 1958) ist nicht ganz sicher. Z. war Klassizist, der ältere Vorbilder nachschuf oder neu kombinierte. Wohl 1. Jh. v. Chr. W. H. G.

Zoroastres, awest. Zaraθuštra, griech. *Ζωροάστρης* (Platon, Plutarch u. ä.), *Ζαθραύστης* (Diod. 1,94,2), *Ζάρατος* (Porph. vit. Pyth. 12) u. ä. (Quellen bei C. CLEMEN, Fontes historiae rel. persicae, 1920), h. Zardušt, dt. Zarathustra, Stifter der Religion der Parsen. – Leben: Unsichere Bezeugungen in der Tradition der Parsen und den Anspielungen der Gathas des Awesta (bes. Nr. 28–34. 43–51, die auf Z. zurückgehen). Das Geburtsdatum ist umstritten. Griech. Äonenspekulation läßt ihn 6000 J. vor Plato geboren werden (Plin. nat. 30,3), iran. Gelehrte um 1768 v. Chr. (Z. BEHRŪZ Taqwīm o tāriḫ dar Irān, 1952), h. neigt man (E. HERZFELD, F. ALTHEIM) zu 599/98 bzw. (W. HINZ) 630 v. Chr. Z. kam als 3. von 5 Brüdern in Baktrien zur Welt, war zum Priester bestimmt und hatte mit 30 J. nach Fasten und Beten in der Einöde (Plin. nat. 11,242) sein Berufungserlebnis, das ihn zum fanat. Gegner der Mithras-Priesterschaft, ihres Stieropfers und Haoma-Rauschtrankes machte. Z. muß fliehen, findet eine neue Heimat bei Vištāspa (→ Hystaspes 1) von Chorasmien. Nach Predigt und Disputation mit Mithras-Priestern über 33 Fragen gewinnt Z. hier Anhänger beim Adel, bis in seinem 42. J. Vištāspa samt seinem Hof den neuen Glauben annimmt, der sich in den folgenden 35 J. der Wirksamkeit Z.' festigt und verbreitet. Z. stirbt mit 77 J. bei einem Einfall der Turaner oder (nach ant. Tradition, Clem. Recogn. 4,27ff. Ps.-Clem. Hom. 9,4ff.) durch vom Himmel fallendes Feuer. – Lehre: Ahurā Mazdā »der Herr Weisheit« des Awesta ist allwissender Schöpfergott, der über dem Dualismus von Wahrheit und Lüge, Gutem und Bösem Sinn, Heiligem und Argem Geist (Ahriman) steht. Der Mensch kann sich entscheiden, sein sittliches Trachten soll die »Ordnung« verwirklichen, die mit dem »Guten Sinn« und der »Andacht« zu den 3 Grundtugenden gehört, die in getreuer Verrichtung der tägl. Arbeit erworben werden. Anfechtung schafft der »Lügengeist«, der selbst Engel durch Abfall zu Dämonen *(daēvā)* werden ließ; wer die »Ordnung« befolgt, wird aber über die »Brücke des Auswählers« schließlich in Ahurāmazdās »Reich« eingehen. Schöpfer und Richter ist durch seinen Willen Spenta Manyu, der in die Funktion eines Heilands eintreten kann. – Kult: Anbetung, innere Versenkung vor einem Feueraltar im Freien (ohne blutige Opfer) kennzeichnet den Kult. Das heilige Feuer wurde in z. T. heute noch erhaltenen Steintürmen aufbewahrt, zur Anbetung auf einer Tragbare herausgebracht (Xen. Kyr. 8,3). – Im W. wurde Z.' Lehre nicht verstanden, bald als Magie, Astrologie und Alchimie mißdeutet (J. DUCHESNE-GUILLEMIN The Western Response to Z., 1958). W. Rö.

W. B. Henning Z.-Politician or Witch-Doctor?, Oxf. 1951. *E. Herzfeld* Z. and his World, 2 Bde., Princeton 1947. *W. Hinz* Zarathustra, 1961.

Zosimos (*Ζώσιμος*). **1.** Erzieher (*τροφεύς*) und enger Vertrauter des Ailios → Aristeides (3), der sich des Redners während der 1. Krankheitsphase (seit 143 n. Chr.) annahm, † wohl noch vor 152, von Arist. tief betrauert; vgl. die *ἱεροὶ λόγοι* 1. 3. 4 (= or. 47. 49. 50 K.). H. Gä.

F. Zucker, RE X A 787ff.

2. Historiker, nach Photios (bibl. cod. 98) *comes* und *exadvocatus fisci*, schrieb sehr wahrscheinl. (wichtige Stütze ist Zos. 2,38) um 500 n. Chr. seine Historien (wahrscheinl. *ἱστορία νέα*). Der allg. Einl. (nach Vorbild des Polybios – vgl. 1,1,1) mit Hinweisen auf den Aufstieg Roms, Grundzüge der griech. Gesch. und die Problematik monarchischer Regierung folgt (1,6f.) eine kurze Charakteristik der Kaiser von Augustus bis Commodus. 1,7–73 bietet Z. eine epitomeartige, manchmal auch ausführlichere Darstellung (etwa zu → Zenobia 2, → Aurelius [II 28] Probus) der von ihm relativ günstig beurteilten Zeit bis 282. Nach einer Lücke (es fehlt die Zeit von 282–305) folgt eine bis zum J. 410 (kurz vor der Einnahme Roms durch die → Westgoten) führende breitere Darstellung. Ende und Zustand von B. 6 erlauben den Schluß, daß das Werk nicht vollendet wurde. Nur vermuten läßt sich, wie weit Z. seine Darstellung führen wollte (bis Kaiser → Zenon I 2?).

Da sich Z. insgesamt als nicht gerade gründlicher und scharfsinniger Historiker erweist, ist hinsichtlich seiner Quellen grundsätzlich anzunehmen, daß er nur ausnahmsweise mehrere Autoren nebeneinander heranzog. Ohne sicheren Anhalt vermutete man für 1,1–46 wenigstens abschnittsweise → Dexippos (2; am ehesten könnten die Skythika benutzt sein) oder flüchtete man zur sog. Zosimosquelle. Für 1,47–5,25 wird jetzt allg. mit Recht → Eunapios als Hauptquelle angenommen und für den Rest → Olympiodoros (4). Da wir bes. von Eunapios nur kümmerliche Reste besitzen, ergab sich Spielraum für Hypothesen über weitere Quellen: so z.B. → Phlegon von Tralleis beim Exkurs in 2,1ff., ein Panegyricus bei 2,45ff., → Magnus (7) von Karrhai und → Oreibasios in B. 3. Speziell beim Blick auf die Unt.en zum Verhältnis zw. Z. und → Ammianus Marcellinus oder der Diskussion um Z. 3,4,2 (Beginn der Taten Julians) wird deutlich, wie man über Vermutungen kaum hinausgelangt. Wie seine beiden Hauptautoren Eunapios und Olympiodoros ist Z., von neuplaton. Ideen seiner Zeit (→ Proklos) freilich wenig tangierter, Heide. Mit aller Deutlichkeit zeigt sich dies bei der Gesch. der Kaiser Constantinus I. und Theodosius I., für Z. die Hauptschuldigen am Niedergang Roms (bes. 3,34. 4,59), vor allem im W., den Exkursen über die Säkularspiele (2,1ff.) und die *pontifices* (4,36; man beachte ferner z.B. 1,57. 2,36f. 3,9. 11. 32. 5,5f. 23. 38). Insges. ergibt sich, daß für Z., der göttliche Vorsehung (*θεία πρόνοια*) als entscheidenden Antrieb der Gesch. ansieht, letztlich alle Übel aus der Vernachlässigung der herkömmlichen Kulte resultieren, man sein Werk somit als eine Art Pendant zu Werken chr. Geschichtsapologetik (→ Augustinus, → Orosius) ansehen könnte. Sieht man davon ab, daß Z. als einer der letzten Kronzeugen des Heidentums von Bedeutung ist, so bleibt fraglich, welchen Wert sein Werk für die Rekonstruktion geschichtl. Geschehens besitzt. Neben tendenziöser Einseitigkeit sind mangelnde Vertrautheit mit Fragen der Chronologie, der Topographie und des Militärwesens, aber auch der Staatsverwaltung nur allzu evident. Schon die wenigen Vergleichsmöglichkeiten lassen ferner erkennen, daß Z. seine Quellen unzulänglich benutzt hat. Da aber Eunapios und Olympiodoros offenbar Informationen erster Hand besaßen, bietet Z. dennoch eine wesentliche Stütze für unser Wissen

über die Zeit von 378 bis 420. Angesichts der allg. Quellensituation sind auch andere Teile des Werkes kaum entbehrlich (bes. etwa 1,27ff. zur Zeit von 253–282ff. oder 2,45ff.).

Die Sprache des Z. ist einfach, fast ohne rhet. Schmuck (Fehlen von Reden u.a.). Dennoch ist der Ausdruck nicht immer klar. Verwirrung entsteht auch durch willkürliche Auswahl der Äquivalente für lat. Bezeichnungen (etwa für Beamte: R. RIDLEY, Byzantion 40, 1970, 91ff.). Der Wortschatz verrät Kenntnis früherer Autoren (wie Herodot, Thukydides, Polybios).

Die antichr. Tendenz des Z. dürfte mit bewirkt haben, daß er nur wenig benutzt wurde (Polemik gegen Z. im späten 6. Jh. bei Euagr. h.e. 3,40ff.) und wir nur eine Hs. besitzen (Vat. Graec. 120 [10/12. Jh.] aus Constantinopel). A. L.

Erstausg.: *H. Estienne* (Genf 1581; lat. Übers.: *J. Löwenklau*, Basel 1576). Maßgebend jetzt: *L. Mendelssohn*, Lpz. 1887 (Nachdr. Hildesheim 1963). Korrekturen b. *F. Paschoud* (m. frz. Übers. u. Komm. 1, Paris 1971). – *W.E. Kaegi* Byzantium and the decline of Rome, 1968, 99ff. *F. Paschoud*, RE X A 795ff.

3. Von Askalon, griech. Grammatiker des 5./6. (?) Jh.s n. Chr., viell. Mitschüler des → Damaskios bei dem alexandrin. Rhetor Theon (vgl. H. RABE, Proleg. Syll. p. LIX). Verwirrung in den biogr. Notizen, bes. Suda s. *Z. Γαζαῖος ἢ Ἀσκαλωνίτης*, machen es unmöglich, seine Lebensumstände zu bestimmen und ihn von einem (oder mehreren) ungefähr zeitgenöss. Homonymen sicher zu trennen. Z. verfaßte Lex. und Komm. zu att. Rednern (und wohl auch zu → Aristeides 3); daraus erhalten sehr anekdotische Viten des Demosth. (ed. A. WESTERMANN, Biogr. Gr. min. 297ff. W. DINDORF, Demosth. vol. VIII p. 18ff.) und des Isokrates (Ta.: OA 2,3ff. WESTERMANN a.O. 253ff.; zuletzt G. MATHIEU–E. BRÉMOND, Isocrate. Discours I p. XXXIIIff.) sowie Hypotheseis zu einzelnen (möglicherweise aber auch zu allen) Reden des Isokr. In den Redner-Sch. wird Z. mehrmals namentlich zit.; mancherlei Material aus seinen Komm. mag in den anonymen Sch. stecken. Als Redaktor dieser Corpora ist Z. jedoch nicht zu erweisen, ebensowenig kann seine Mitwirkung an der Thuk.-Vita (und einem Komm.?) des → Marcellinus (18) gesichert werden. H. Gä.

E. Drerup Demosth. im Urteil d. Alt., Würzburg 1923, 215ff. *G. Oomen* De Z. Ascalonita, Diss. Münster 1926. *H. Gärtner*, RE X A 790–795 (m. d. ält. Lit.).

4. Bischof von Rom (Papst) 18. März 417 bis 26 Dez. 418, kämpfte wie sein Vorgänger → Innocentius I. (Nachtr. Bd. V) energisch um Festigung des Primates. Deshalb bemühte er sich auch, für Afrika die Appellation nach Rom durchzusetzen (MIGNE PL 20,639ff.), griff er in Gallien ein (→ Patroclus). Eine schwankende Haltung nahm er im Streit um → Pelagius (4) ein. A. L.

5. M. Canuleius Z., Toreut, Spezialist in *caelatura Clodiana*. Die Grabschrift DESSILS 7695 rühmt: *hic arte in caelatura Clodiana evicit omnes.* Was diese *caelatura* von anderen auszeichnete, ist unbekannt (vgl. dazu Plin. nat. 33,139). Brunn Gesch. d. griech. Künstler 2^2, 274 erwog, ob die Inschr. erst aus dem Text des Plin. gewonnen ist, doch scheint sie ant. zu sein. W. H. G.

Zoskales (Ζωσκάλης), nach peripl. m. r. 5 in Axum (→ Axomis) regierender König, der von den Moschophagen bis an die Somali-Küste herrschte, als gräzisiert bezeichnet. Da vom Vf. dieser Schrift als gleichzeitig angegeben, dürfte er in der 2. H. des 1. Jh.s n. Chr. gelebt haben. W. H.

Zoster (Ζωστήρ). Die schmale, nur 40 m hohe und etwa 1½ km in den saronischen Golf vorspringende S.-Spitze des → Hymettos, nur durch einen schmalen, sehr niedrigen »Hals« mit dem Festland verbunden, h. Kap Lombardo, mit Kult des Apollon Zoster und der Athena Zosteria. Der 1926 ausgegrabene Tempel für Apollon, Leto und Artemis auf dem erwähnten flachen »Hals« stammt aus dem 6. Jh. v. Chr. mit mehrfachen Erneuerungen und Umbauten bis in die Kaiserzeit. Etwa 150 m n. ö. ein Priesterhaus. Es gab ein Fest der Zosteria mit Opfern und wahrscheinl. Fackellauf. Hdt. 8,107,2 Strab. 9,1,21 p. 398. Paus. 1,31,1. Xen. hell. 5,1,9. Steph. Byz. Sch. Aristoph. Lys. 808. Der Kult wird mit der aus den Kultnamen Zoster und Zosteria entwickelten Kultlegende in der ant. Lit. häufiger erwähnt. Ausgrabungen: Kuruniotes, Ἀρχ. Δελτ. 11, 1927/28, 9 ff. EA 1938/41, 1 ff. Inschr.: Ἀρχ. Δελτ. a. O. 37 ff. IG I^2 324 (SEG 10,227. 22,47) Z. 70. 97. II^2 4551. 5081. SEG 10 Nr. 327. 328. Peek, MDAI(A) 67, 1942, 8 ff. Nr. 6–8. 50 Nr. 74. E. M.

E. Meyer, RE X A 848 ff.

Zotheca bezeichnet nach Plin. epist. 2,17,21 einen einem *cubiculum* zugeordneten Alkoven, der im exponierten Wohnteil der Villa liegt und einen ausgewählten Ausblick auf die Landschaft bietet: einerseits auf Wald und Meer, andererseits auf die Gartenanlagen der Villa. Die Z. ist mit einem Bett ausgestattet und dient als Ruheraum, der im bewußten Kontakt mit der Natur völlige Entspannung zusichert (epist. 5,6,38 f.). Als Z. ist der exedraförmige Raum mit nach drei Seiten gehenden Fenstern der suburbanen Villa des Diomedes (A. Maiuri Pompei, fig. 15) anzusprechen, der die Aussicht über die Campagna und das Meer in die Architektur einbezieht. Z. ist außerdem als Bestandteil von Heiligtümern überliefert (CIL VIII 7079. XIV 2793. 3543. SEG 2,849); die Identifizierung mit einem Baukörper ist bisher nicht gelungen. A. v. Gl.

W. H. Gross, RE X A 853 ff.

Zucchabar. Stadt in Mauretania Caesariensis, im Tal des O. Chélif; h. Miliana (S. Gsell Atl. arch. Alg. fe 13, Miliana, Nr. 70). Pun. Namen in den röm. Inschr. CIL VIII 9618. 21484. Augustus gründete dort die *col. Iulia Aug. Z.* (AE 1940, 20. L. Teutsch Das Städtewesen in Nordafrika 203). Sie schützte den Klientelkönig → Iuba II. und den Verkehrsweg zw. → Caesarea (1), der Hauptstadt, und dem inneren Mauretanien (Plin. nat. 5,21. Ptol. 4,2,6 Ζουχάββαρι). Der Stamm der Mazices oder Madices wohnte nahe bei Z. (Ptol. 4,2, 35). Ruinen: Sarkophage, Skulpturen, byz. Kapitell. Inschr.: CIL VIII 9607. 21481. Kath. Bischöfe sind aus dem 5. Jh. bekannt, *Maximianus episcopus plebis Sugabbaritanae* Conf. von 411 (Migne PL 11, 1312). M. L.

Zugritae. Volksstamm in Libyen. Ptol. 4,5,12 lokalisiert die Ζυγρῖται nahe dem Meer zw. der Marmarika und den Χατταναί. Sie bewohnten die Gegend von Zugris (Ζυγρίς Ptol. 4,5,3), wahrscheinl. = Gegend von Sidi Barrani. J. Desanges Cat. trib. afr. Antiq. class., 1962, 174. M. L.

Zulil. Stadt in Mauretania Tingitana an der Küste s. von → Tingis; h. Arzila oder Asilah (Plin. nat. 5,2. Ptol. 4,1,7. Strab. 3,1,8. 17,3,6. Itin. Anton. 8. Geogr. Rav. 3,1). Von Karthago gegründete Handelsfaktorei, stand Z. bes. in Verbindung mit der iber. Halbinsel (S. Gsell Hist. anc. de l'Afr. du N. 2,170. 5,22). Augustus vertrieb die Bewohner, um Platz für seine Veteranen zu schaffen (Strab. 3,1,8. 17,3,6). Sie wurden nach Spanien gebracht (Mela 2,6,96. F. Vittinghoff Röm. Kolon. u. Bürgerrechtspol. unter Caesar u. Augustus, 1952. P. Romanelli Storia delle prov. rom. dell'Africa 201. L. Teutsch Das röm. Städtewesen in Nordafrika 209). *Col. Augusti Iulia Constantia Z.* war nach Plin. 5,2 dem *procos. Baeticae* unterstellt. Die Ruinen sind bisher in Arzila nicht entdeckt worden. M. Euzennat, Bull. Arch. Maroc. 4, 1960, 536. M. L.

Zunftwesen s. Berufsvereine

Zurvan (oder *Zervan*, zu avest. *Zrvan* »die Zeit«), urspr. androgyner iran. Zeit-, Himmels-, Schicksals-, auch Totengott, Vater von Ohrmazd und Ahriman (z. Mythos bes. [5], 284 ff. [7], 130 ff. [8], 160 ff. 110; Geburtsakt in Luristan-Bronzen des 8. Jh.s v. Chr.: Ghirshman, Artibus Asiae 21, 37 ff.), der dann im Mittelpunkt des rel. Systems des Zervanismus in achaimenid. und parth. Z. stand ([5], 149 ff. 214 ff.), ferner in der → Aion-Theologie der → Mithras-Rel. (Colpe [1], 242 ff. [3]), wo er löwenhäuptig dargestellt wurde ([2], Abb. S. 61. [5], 230 ff. [9], T. 6 ff.; anders z. B. v. Gall [1], 246 f.), und in der → Gnosis des Manichäismus. D. Wa.

Texte: [8], 275 ff. 447 ff. (iran.-griech.). [6], 77 ff. (Übers.). Lit.: 1. *Colpe–Elsas*, in: WB. d. Myth. 3, Lfg. 13, 1975 s. Z. (i. Druck). 2. *Brandon* Rel. in Anc. History, 1973, 56 ff. 3. *Nock* Essays on Rel. and the Anc. World 1, 1972, 377 ff. 4. *Colpe*, GGA 222, 1970, 1 ff. 5. *Widengren* Die Rel. Irans, 1965. 6. *Ders.* Iran. Geisteswelt, 1961. 7. *Bianchi* Zaman i Ohrmazd, 1958. 8. *Zaehner* Z., a Zoroastrian Dilemma, 1955 (grundlegend). 9. *Pettazzoni* Essays on the History of Rel., 1954, 182 ff.

Zwerg *(nanus < νᾶνος, pumilio)*, nach Gell. 19,13 *brevi atque humili corpore homines, paulum* *supra terram exstantes*, also normal proportionierte Menschen von extrem kleinem Wuchs. Daneben gab es mißgestaltete und unproportionierte Z.e (*moriones* H. A. Alex. Sev. 34). Z.e waren in der Ant., bes. in röm. Zeit, geschätzte Objekte für delikate und skurrile Unterhaltung in privatem und öffentl. Bereich. So ließ man sich u.a. gern bei Gelagen durch dummes Geschwätz (*stultum a morione profertur* Plin. epist. 9,17) von Z.en unterhalten, oder man arrangierte Z.enkämpfe (Stat. 1,6,57), bei denen sie sich in grotesken Kampfformationen aufstellten, sich gegenseitig den Tod androhten und sich sogar verwundeten. Namentlich bekannt sind die beiden Z.e der Iulia Augusta (→ Livia 2), Conopas und Andromeda (Plin. nat. 7,16), von denen auch die Größe *(duos pedes et palmum)* vermerkt ist. Der Bedarf an diesen grotesken Wesen war so groß, daß man der Natur nachhalf und durch Abbinden von Gliedmaßen Verkrüppelungen und Verkleinerungen künstlich herbeiführte, oder sogar den Wuchs der Kinder unterband, indem man sie in kleinen Käfigen und Kisten (*γλωττόκομον* Ps.-Longin. de subl. 44,5) aufwachsen ließ. S. a. Kerkopes. Pygmäen (Nachtr. Bd. V). S. O.

Zwiebel s. Lauch

Zwölfgötter (*οἱ δώδεκα θεοί*), nach Sakral- oder Rundzahl 12 benannte Göttergruppe ([1–5]).

1. Bei Fehlen äg.-sum. Nachweise zuerst in heth. Rel. im 13. Jh. v. Chr., hier a) auf Yazilikaya-Reliefs ohne Namenhieroglyphen ([6], 125ff.), textlich b) als chthon., c) wie in griech. Rel. (Aristoph. Equ. 235 u. ö.) als Schwurgötterkollektiv ([7]), ferner auch noch auf lyk. Votivreliefs des 3./4. Jh.s n. Chr. mit Inschr. *δώδεκα θεοῖς* ([8]).

2. Bei fehlenden Z.-Belegen bei Hom., Hes. in griech. Rel. nicht vor dem 6. Jh. bezeugt (lit. zuerst Hom. h. 4,128; vgl. zuletzt [9], 174. 526; dann Pind. O. 10,49), obwohl myth. später mit Agamemnon (Strab. 13,605), den Argonauten (Apoll. Rhod. 2,531 f. Pol. 4,39,6), Deukalion (FGrH 4 F 6), Herakles (FGrH 31 F 34 ab) u. a. verbunden. Vermutbarer kult. Ausgangspunkt war Ionien mit analogen polit.-staatl. Dodekaden ([1], 439ff. 638ff. Wilam. GldH. 1², 323), wie z. B. noch für Plat. leg. 5,745 b–e gerade die 12 überragende staatl.-sakrale Bedeutung hat und »Weltzahl« war ([1], 443 f.) oder auch die mehrfache Agora-Lokalisierung der Z.-Altäre auf polit. Aspekt der Z. verweist ([10], 172ff.), der indessen doch nur e i n Aspekt neben anderen war (gut [5], 238 gegen Verabsolutierung bei [1], z. B. 442, wo die Z. = »theokrat. Spiegelbild staatsrechtlicher irdischer Verhältnisse«). Im griech. Mutterland ist neben den 6 Z.-Altären mit paarweisem Z.-Kult in → Olympia (FGrH 31 F 34 ab; noch ohne arch. Nachweis) der Z.-Altar der Agora Athens frühester Beleg; 522/21 v. Chr. von → Peisistratos (4) geweiht (Thuk. 6,54,6 f.), wurde er 480/79 von den Persern zerstört, dann ca. 425 neu errichtet (gute Testimonien-Slg. jetzt [11], 119ff.; z. arch. Befund zuletzt [12], 129ff. Travlos Bildlex. z. Top. d. ant. Athens 458ff. m. Abb.). Als → Asylon ist er später entweder ident. mit dem »Altar des Mitleids« (Paus. 1,17,1. Stat. Theb. 12,481ff.), oder → Eleos trat als »13. Gott« zu den Z. hinzu (Philostr. epist. 39 K.; grundlegend [13]). Ob die athen. Z. von Anf. die olymp. Z. waren (so bes. [1], 569) oder, wie wahrscheinlicher, urspr. »local deities or heroes« ([12], 131), ist umstritten (z. Diskussion [2]), ebenso ob oder wie sie auf dem Ostfries des Parthenon dargestellt sind (vgl. bes. [1], 570ff.; negativ zuletzt [14], 70ff. [15]; olymp. Z. neben athen. Z.: [2], 130). Der klass. ion.-att. Z.-Kanon lautete nach Paaren: Zeus–Hera, Poseidon–Demeter, Apollon–Artemis, Ares–Aphrodite, Hermes–Athena, Hephaistos–Hestia (vgl. Namenlisten [1], 582), doch variierte er überall nach Lokalkulten, so in Olympia (Dionysos, Kronos, Rhea, Chariten, Alpheios: FGrH 31 F 34a), auf Kos (Aphrodite, Hekate [16]), auf Delos, wo wie auf Kos das Z.-Heiligtum *τὸ Δωδεκάθεον* hieß (arch. Ed. [17]), z. B. in Triaden ([18], 440) usf. (vgl. auch Z.-Liste bei Sch. Apoll. Rhod. 2,531/32 mit Hades). Typ. griech. Z.-Kultmerkmal blieb stets die Anlage eines oder mehrerer Altäre (z. T. mit Peribolos wie in Athen), indessen nur selten eines Tempels (Delos), weshalb auch die → Tholos-These ([1], 566 u. a.) irrig war ([5], 240), ferner bes. ab hellenist. Z. die Assoziierung mit anderen Kulten, so z. B. in → Magnesia (2) 197/96 v. Chr. (Sokolowski Lois sacrées de l'Asie Min. 90; vgl. Nilsson Griech. Feste 23ff.).

3. Früheste Belege der olymp. Z. in röm. Lit. sind Enn. ann. 1,62 V. (Namenkatalog) und Plaut. Epid. 610, doch gingen vermutl. genuine ital. Z. agrar. Art voraus (vgl. [1], 614ff.), so viell. die → Semones (Norden Aus altröm. Priesterbüchern 207) und die bei Varro rust. 1,1,4 als *maxime agricolarum duces* zit. *XII → consentes dei* (vgl. Radke Die Götter Altitaliens 95; anders Wissowa Rel.² 61), die indessen dann mit den im → Lectisternium von 217 v. Chr. übernommenen att.-olymp. Z. identifiziert wurden (Liv. 22,10,9: Iuppiter–Iuno, Neptunus–Minerva, Mars–Venus, Apoll–Diana, Vulcanus–Vesta, Mercurius–Ceres; z. in Ostia gef. Z.-Altar mit den olymp. Z.: Becatti, ASAA 1–2, 1939, 40. 85ff.). Ihre *imagines auratae* standen auf dem Forum (Varro ebd.; s. o. Bd. I 1279). Parodiert wurden die Z.-Lectisternien in der berüchtigten *cena δωδεκάθεος* 40 v. Chr., an der Octavian *pro Apolline ornatus* teilnahm (Suet. Aug. 70; vgl. [1], 606 f.). D. Wa.

1. *Weinreich*, Ausgew. Schr. 2, 1973, 555ff. (= Myth. Lex. 6,764ff.; noch immer grundlegend); ebd. 435ff.; mit z. T. wichtigen Erg. oder Korr.: 2. *Raubitschek*, in: Opus Nobile. Festschr. U. Jantzen, 1969, 129f. 3. *Des Places* La rel. grecque, 1969, 69. 4. *Séchan-Lévêque* Les grandes divinités de la Grèce, 1966, 25ff. 5. *Will*, BCH 75, 1951, 233ff. 6. *Bittel* Das heth. Felsheiligtum Yazilikaya, 1975.

7. *Haas-Wäfler*, Oriens Ant. 13, 1974, 223f. 8. *Weinreich* Lyk. Z.-Reliefs, SHAW 1913. 9. *Càssola* Inni Omerici, 1975. 10. *Martin* Rech. sur l'agora grecque, 1951. 11. *Wycherley* The Athenian Agora 3, 1957. 12. *Thompson-Wycherley*, ebd. 14, 1972. 13. *Thompson*, Hesp. 21, 1952, 47ff. 14. *Knell* Die Darstellung der Götterversammlung i. d. att. Kunst d. VI. u. V. Jh.s v. Chr., Diss. Freiburg 1965. 15. *Jeppesen*, Act. Arch. 34, 1964, 23ff. 16. *Chambers*, Harv. Theol. Rev. 48, 1955, 153f. 17. *Will* Le Dôdékathéon, 1955 (Explor. arch. de Délos 22). 18. *Bruneau* Rech. sur les cultes de Délos, 1970, 438ff.

Zwölftafelgesetz s. Tabulae duodecim

Zygaktes (*Ζυγάκτης*). Kleiner Fluß in der Nähe von → Philippoi, bis h. nicht sicher identifiziert. Erwähnt nur bei App. civ. 4,105,439 in Verbindung mit der Schlacht bei Philippoi. Chr. D.

P. Collart Philippes, ville de Macédoine, Paris 1937, 217. *Joh. Schmidt*, RE XIX 2224; weitere Lit. b. *Danoff*, RE X A 859.

Zygantis. Stadt in Africa: *Ζυγαντίς· πόλις Λιβύης* Hekat. FGrH 1 F 337; Steph. Byz., der erwähnt, daß bei den Zygantes die Bienen viel Honig erzeugen. Hdt. 4,194 erwähnt dasselbe bei den Gyzantes. Beide Völker sind Bergleute: viell. sind sie ident. Hdt. nennt sie nach den Zauekes und Maxyes (→ Mazyes). Nach Steph. Byz. liegt ein Irrtum vor (statt Byzantes, Bewohner des künftigen Byzacium). DESANGES (Trib. afr. Ant. class., 1962, 97) lokalisiert die Maxyes, Zauekes und Z. im ö. Küstengebiet Tunesiens. M. L.

Zygioi, Zygoi. Bedeutender Volksstamm an der kaukas. Küste des Pontos Euxeinos, der sich u.a. im Seeraub hervortat. Die Namensform *Zygioi* findet sich bei Dion. Per. 687 und Eust. z. St. Prisc. 679. Avien. Descr. orb. 871; hingegen gebrauchen Strab. 2,2,31 p. 129. 11,2,1 p. 492. 2,12 p. 495. 2,14 p. 497 u. Steph. Byz. s.v. ständig die Form *Zygoi.* Chr. D.

E. Ziebarth Beiträge z. Gesch. d. Seeraubs u. d. Seehandels i. alten Griechenland 22. *Danov*, Bull. Arch. Bulg. 12, 1938, 212; RE X A 860f.

Zypresse s. Cypresse

Zythos s. Bier

ENDE DES FÜNFTEN UND LETZTEN BANDES

NACHTRÄGE

Aburnius. **2.** A. Valens war ein klass. röm. Jurist aus dem Beginn des 2. Jh.s n. Chr. Er wird bei Pomp. Dig. 1,2,2,53 genannt als Nachfolger des → Iavolenus (2) Priscus in der Vorstandschaft der sabinian. Rechtsschule. Geschrieben hat er ein Werk über *fideicommissa*. A. ist früher allg. gleichgesetzt worden mit L. Fulvius C. f. Popin(ia) Aburnius Valens. Doch ist das jetzt nicht mehr so sicher. Vgl. W. KUNKEL Herkunft u. soz. Stellung der röm. Juristen, ²1967, 151 ff. D. M.

Acratus. Cognomen mehrerer röm. Freigelassener (s. CIL VI 7 Index p. 94), berüchtigt derjenige, der *cuicumque flagitio promptus* 64 n. Chr. und früher in Griechenland und Kleinasien (außer Rhodos) in Neros Auftrag Kunstschätze, sogar Götterbilder für die *domus aurea* raubte, wobei er in Pergamon auf Widerstand stieß (Tac. ann. 15,45. 16 23. Dion Chrys. 31,148 f.). C. J. C.

Aelius. **II.** **13 a.** Ae. Serenus, Grammatiker aus Athen (wohl 1. H. 2. Jh. n. Chr.), verfaßte (Suda s. v.) Epitomai zu → Herennios Philons Kulturgesch. (FGrH 790 T 4. F 17. 18) und → Philoxenos' (3) Werk über hom. Glossen. Die Ἀπομνημονεύματα, aus denen Stobaios vor allem Philosophenaussprüche zit., sind ihm wohl auch zuzuschreiben; dagegen ist unsicher, ob er mit dem S. ident. ist, der ἐν διαφόροις μέτροις δράματα διάφορα gedichtet hat (Phot. cod. 279 p. 536 a). C. J. C.

Aetna. Lat. Lehrgedicht zur Erklärung des Vulkanismus, wohl aus neron. Z. (vgl. BICKEL, RhM 1950, 289 ff. WEISSENGRUBER, WS 1965, 128 ff.), viell. von Senecas Briefpartner → Lucilius (II 4; WASZINK, Mn 1949, 224 ff., vgl. Sen. epist. 79). Der Vf. distanziert sich einmal vom (myth.) Epos, vgl. v. 9 ff., zum anderen in der eigenen Gattung – mit Polemik gegen → Manilius (II 3; vgl. LÜHR, H 1971, 141 ff.) – von kosmolog. und astrolog. Spekulation, vgl. v. 228 ff. Unter seinen Informanten hebt sich – vermittelt z. T. durch Sen. nat. 6? – Poseidonios heraus. Im 2. Jh. Vergil zweifelnd zugeschrieben – vgl. die Donat (Sueton) – Vita 18 und selbst ROSTAGNI, Virg. Min., ²1961, 283 ff. DUCKWORTH Verg. and Class. Hex. Poetry, 1969, 90 ff. – galt das Werk seit der Spätant. als vergilisch und ist deshalb einmal in der App. Verg. (vgl. COURTNEY, Bull. Inst. Class. Stud. 1968, 133 ff.), zum anderen (v. 138–286) mit Claudian überliefert. P. L. Sch.

Forschungsber.: *R. Henry*, AC 1937, 388 ff. *Westendorp*, in: Vergiliana, 1971, 403 ff. *C. Conti*, Boll. Stud. Lat. 1974, 240 ff.
Ta.: *R. Giomini*, App. Verg. ²1962. *W. Richter*, 1963 (vgl. auch Philol. 1963, 97 ff.). *Goodyear*, 1965 u. (App. Verg. 39 ff.) 1966, zu d. beiden letzten *Waszink*, Gn 1969, 353 ff.
Lit.: Neben den Einl. b. *Richter* u. *Goodyear*: *K. Büchner* P. Vergilius Maro, 1955, 116 ff. (= RE VIII A 1136 ff.).

Alekto (Ἀληκτώ). Eine der drei → Erinyen aus dem Blut der αἰδοῖα des → Uranos (Apollod. 1,1,3,5. Sch. Lykophr. 406. Sch. Aischyl. Prom. 515 f. Sch. Eur. Or. 37. 321. Orph. Arg. 968; h. 69,2. Phot. Harpokr. s. Εὐμενίδες. Hyg. fab. praef. 3,5) hat ihren Namen von pausenloser Rache (Cornut. 10. Fulg. myth. 1,7 *inpausabilis*); besondere Rolle bei Verg. Aen. 7,324 ff. 10,41 (dort sowie Ov. her. 2,119. Adnot. Lucan. 6,732 *Allecto*). G. R.

Roscher, Myth. Lex. 1,226. *Wüst*, RE Suppl. VIII 123. *Heinze* Vergils ep. Technik ³182 ff. *Norden* Ennius u. Vergil 21 ff.

Alexandros. **22 a.** Von → Lykonpolis (1) widerlegt in einer um die Wende 3./4. Jh. verf. Streitschrift πρὸς τὰς Μανιχαίου δόξας das kosmologische System des → Manichäismus. Die Lehre des Mani kennt er von dessen direkten Jüngern. Er bekämpft deren Irrationalismus mit den Waffen der neuplaton. Philos., die sich dazu besser eignen als das Christentum, in welchem A. eine »primitive Philos.« sieht. Phot. c. Manich. 1,11 (MIGNE PG 102,33ᵃ) gibt A. als Bischof aus. O. H.

Ta.: *A. Brinkmann*, 1895. *Migne* PG 18, 412–448.
Lit.: *M. Dibelius*, RACh 1,270 f. (mit Bibliogr. bis 1930). *L. Troje*, MH 5, 1948, 96–115. *C. Riggi*, Salesianum 31, 1969, 561–628.

Anatolios. **4.** Aus Alexandreia, Mathematiker und Philosoph, seit ca. 280 n. Chr. Bischof von Laodikeia; in Alexandreia wurde er als hervorragender Vertreter fast aller artes liberales mit der Gründung einer aristotel. Schule betraut (Eus. KG. 7,32,6).

Eus. (a. O. 20) erwähnt ἀριθμητικαὶ εἰσαγωγαί in 10 Teilen – wohl ident. mit der Schrift περὶ δεκάδος καὶ τῶν ἐντὸς αὐτῆς ἀριθμῶν ([1]), die viel → Zahlenmystik enthält und z. T. in die θεολογούμενα τῆς ἀριθμητικῆς (→ Iamblichos 2) aufgenommen ist – und gibt (a. O. 14–19) Auszüge ἐκ τῶν περὶ τοῦ πάσχα κανόνων, einer Schrift zur zeitl. Festlegung des Osterfests, die in lat. Bearbeitung ganz erhalten ist (*Canon paschalis*, MIGNE PG 10,209–222). Erhalten sind auch

Frg.e über den Begriff der Mathematik (Ta.: Heron Bd.4,160–169 HEIBERG). Nach einem Brief des → Psellos (Ta.: Diophantos Bd.2, 37–42 TANNERY) widmete A. dem Dioph. einen Abriß der äg. Methode der Potenzrechnung. D. Na.

1. ed. *I.L.Heiberg* in: Annales intern. d'hist., congrès de Paris 1900, 5e section, Par. 1901, 27ff. 2. *G.Borghorst* De Anatolii fontibus, Diss. Bln. 1905.

Andromachos (*Ἀνδρόμαχος*). **1.** A. der Ältere, Leibarzt Neros (Gal. 14,2,14 K.). Seine Berühmtheit verdankt A. dem von ihm zusammengestellten Theriak (*Γαλήνη*), dessen Zubereitung er Nero in einem bei Galen erhaltenen eleg. Gedicht (14,32–42 K.) widmete. Dieses Mittel hat bis weit in die Neuzeit hinein Anwendung gefunden.

Ta.: *E. Heitsch*, Griech. Dichterfragm. d. röm. Kaiserzeit 2, 1964, Nr.62.

Lit.: *E.Heitsch*, NAG Phil.-hist. Kl. 1963, 2,26–39.

2. A. der Jüngere, Sohn von Nr.1 (Gal. 14,42, 11 K.), Pharmakologe in Rom (Gal. 12,932,5f. K.). Aus seinen drei Monographien über innere und äußere Mittel sowie über Mittel gegen Augenkrankheiten (z.B. Gal. 13,463,4–6 K.) sind zahlreiche Exc. in Galens pharmakolog. Schriften erhalten. A. wurde von Galen trotz gelegentl. Kritik zu den bedeutendsten Pharmakologen gezählt. J. K.

C.Fabricius Galens Exc. aus ält. Pharmakologen, Bln. 1972, 185–189.

Anonymus. 1. Anonymi Bellermann, 3 griech. musiktheor. Traktate, Anon. 2 und 3 wohl später als → Nikomachos (7). Anon. 1 behandelt Artikulationsarten und Pausen, Anon. 2 ist ein kurzer Abriß der Harmonik, Anon. 3 eine Kompilation heterogener Quellen (z.B. §§ 33–60 aus → Aristoxenos, §§ 83–93 aus Anon. 1) mit Notenbeispielen und Angaben zur Solmisation (§§ 77–104). D. Na.

Ta., Übers. u. Komm.: *D.Najock* Drei anon. griech. Traktate über d. Musik, Gött. Musikwiss. Arbeiten 2, 1972.

2. Anonymi De viribus herbarum carmen, Bezeichnung für das Bruchstück (216 Verse) eines im 3.Jh. n. Chr. im ion. Dialekt verfaßten Lehrgedichts über die Wirkung der Heilpflanzen. Das darin vermittelte med. Wissen ist, der aus der Krisensituation der Zeit resultierenden Hinwendung zum Okkulten entsprechend, stark mit Magie und Mythos durchsetzt. J. K.

Ta.: *E. Heitsch*, Griech. Dichterfragm. d. röm. Kaiserzeit 2, 1964, Nr.64.

Lit.: *E.Heitsch*, NAG Phil.-hist. Kl. 1963, 2,44–49.

3. Anonymus Iamblichi. Der Neuplatoniker → Iamblichos (2) hat in seinen Protreptikos umfängliche Stücke aus einer Schrift aufgenommen (bei nur leichter Umsetzung), die einem Sophisten vom E. des 5.Jh.s v.Chr. gehören muß. Diese Entdeckung ist FR. BLASS (1899) zu danken; sein Versuch, den A.I. mit dem Sophisten → Antiphon (6; o. Bd. I 1540) zu identifizieren, wurde mit Recht zurückgewiesen. Wahrscheinl. war der A.I. mit dem Philosophieren des → Protagoras und des → Demokritos vertraut.

Der A.I. sieht die Spannung zwischen *φύσις* und *νόμος* nicht als einen unaufhebbaren Gegensatz an, sondern er fordert, daß Erziehung zum Einhalten der Gesetzlichkeit hinführen müsse. Denn Gesetzlichkeit ist den Menschen *φύσει* – von Natur – vorgegeben; Gesetzlichkeit – *οἱ νόμοι καὶ τὸ δίκαιον* – führt die Städte und die Menschen (also die Gesellschaft) zusammen und erhält sie, so Vorsokr. II 401,30. H. D.

Ta.: *Diels* Vorsokr Nr.89 (II 400–404).

Lit.: *Fr.Blass*, Univ. Progr. Kiel 27.Jan. 1899. *Wilam.* Aristot. u. Athen 1,173. *R. Roller* Unt. z. A. I., Diss. Tübingen 1931.

Antigonos. 7. Von Karystos, Schriftsteller und Künstler, 3.Jh. v.Chr. A. verfaßte Biogr. von Philosophen seiner Z., die er selbst in Athen kennengelernt hatte. Er gibt keine chronol. Lebensläufe und keine Systeme, sondern Charakterbilder, sehr lebendig durch Anekdoten, Aussprüche usw. Die Grundanschauung ist, daß Philos. sich in der praktischen Lebensführung bewährt (DIHLE). Diese Biogr. sind bei Athen. und Diog. Laert. verarbeitet. – WILAM. hat diesen A. mit dem Erzgießer und Kunstschriftsteller Nr.6 identifiziert, der in Pergamon arbeitete. – Viell. gehört auch eine erhaltene Schrift *Ἱστοριῶν παραδόξων συναγωγή* o.ä. demselben A.; weiterhin hat er viell. auch eine Schrift *Περὶ λέξεως* verfaßt, die Athen. zit. WILAM. hat ein Bild dieser universalen Persönlichkeit gezeichnet, das zwar nur auf Vermutung beruht, aber doch weithin akzeptiert ist. E. F.

Wilam. A. v. Karystos (PhU 4), Bln. 1881, ^{2}1965 (darin die Frg. d. Biogr.). *O.Keller*, Rer. nat. scr. Gr. min. 1,1ff. (Paradoxa). *A.Giannini*, Paradoxogr. Graec. Rel., Milano 1965, 31ff. *Christ-Schmid* 2,1,236f. *Susemihl* 1,468ff. 519ff. *C.Robert*, RE I 2421f. *B.Schweitzer*, AA 1939, 410f. *A.Dihle* St. z. griech. Biographie, AAG 37, 1956 (^{2}1970). *S.Ferri*, Enc. arte ant. 1,416. *E.Hansen* Attalids, Ithaca ^{2}1971 (Cornell St. in Class. Philol. 36), 397–403.

Antiochos. 15a. Von Syrakus, Sohn des Xenophanes (nach [6] Sohn des → X. Nr. 2), ältester sizil. Historiker, schrieb in den letzten Dekaden des 5.Jh.s mit bes. Interesse am Faktischen ([5]) eine Gesch. der Griechen Siziliens von → Kokalos bis 424 v.Chr. (wohl von Thukydides benutzt, später von Timaios verdrängt) und der griech. Besiedlung Unteritaliens, um Herodots Werk für den W. zu ergänzen, doch ohne dessen stilist. Reife zu erreichen. C. J. C.

Frg.: FGrH 555.

Lit.: 1. *E. Wölfflin* A. v. Syrakus u. Coelius Antipater, 1872. 2. *G.M.Columba*, Arch. Stor. Sicil. n. s. 14, 1889, 84–107. 3. *K.J.Dover*, Maia 6, 1953, 1–20. 4. *R.v.Compernolle* Étude de chronologie et d'historiographie siciliotes, 1960, 12–29. 459–506. 5. *K.v.Fritz* Die Griech. Geschichtsschreibung 1, 1967, 507–518. 6. *G.Huxley*,

Gr. Rom. Byz. St. 9, 1968, 309–312. 7. *F. W. Walbank*, Kokalos 14–15, 1968–69, 478–481 (Lit.). 8. *A. W. Gomme–A. Andrewes–K. J. Dover* A Hist. Comm. on Thuc. V 25–VII, 1970, 201–205.

Apollonius rex Tyri ist die Titelfigur eines in lat. Fassung (6. Jh. n. Chr.) erhaltenen ant. Reise- und Liebesromans (»Historia Apollonii«). Die Handlung (nach Flucht des A. vor dem ruchlosen König Antiochus von Antiochia, Schiffbruch, Heirat der Königstochter von Cyrene, Seereise des Paares, Geburt einer Tochter, Scheintod der Mutter und Aussetzung der »Toten« auf dem Meer [mit anschließender Rettung und weiterem Leben als Priesterin der Diana von Ephesus]; A. geht als Kaufmann nach Äg.; die Tochter Tarsia, in Tarsus bei vermeintl. Freunden zurückgelassen, soll von der Pflegemutter getötet werden, wird jedoch von Piraten entführt und an einen Kuppler verkauft, bleibt aber dank ihrer Klugheit unberührt; schließl. Begegnung von Vater und Tochter, danach Auffindung der Mutter; Herrschaft in Tyrus bzw. Antiochia und Cyrene) erstreckt sich auf 2 Generationen, hierin wahrscheinl. (s. [3]) von den Ps.-Clementinen (→ Clemens 7) abhängig, während eine Reihe anderer Motive aus der Traditionsreihe → Chariton – → Xenophon (7) von Ephesos sowie aus → Iamblichos (3) und → Achilleus Tatios (1) geflossen sind. Tiefgreifende Umgestaltung zu einem (nicht ganz konsequent) christianisierten Volksbuch (vgl. z. B. die Einfügung von Rätseln in die Rahmengeschichte, und bes. aus → Symphosius [cap. 41 ff.]) hat oftmals die Motivierung der Handlung bis zum Widersinn zerstört und vielerorts die urspr. Anlage völlig unkenntlich gemacht. Die Rekonstruktion der Originalfassung (3. Jh.?) ist dementsprechend erschwert, wenn nicht ausgeschlossen (für griech. Original: [5]. [7]. [8]; lat.: [3]. [4]). Der Roman war sehr beliebt (über 60 Hss. mit z. T. stark divergierenden Textrezensionen) und fand Bearbeitungen in beinahe allen europ. Nationalliteraturen (darüber [4], 325 ff.). H. Gä.

Ta.: *A. Riese*, Lpz. ^{2}1893 (Rez. A u. B). *J. Raith*, München 1956 (engl. Hss.-Gruppe). – *P. Goolden*, Lond. 1958 (altengl. Fassung). *A. A. Janssen*, Diss. Nijmegen, Antwerpen 1954 (byz. Fassung).

Übers.: dt.: *R. Peters*, Bln. ^{2}1904; engl.: *R. L. Grismer – E. Atkins*, Minneapolis 1936; ital.: *G. Balboni*, in: Il rom. class., Roma/Firenze 1958, 1309 ff.

Lit.-Ber.: *O. Mazal*, Jb. Österr. Byz. Ges. 13, 1964, 48 ff.

Lit.: 1. *Schanz-Hos.* 4,2,87 ff. 2. *E. Rohde* Der griech. Roman ^{3}436 ff. 3. *B. E. Perry* The Anc. Romances, Berkeley/Los Angeles 1967, 294 ff. 4. *E. Klebs* Die Erzählung von A. aus Tyrus, Bln. 1899. 5. *F. Garin*, Mnem N. S. 42, 1914, 198 ff. 6. *E. H. Haight*, More essays on Gr. romances, New York 1945, 142 ff. 7. *P. J. Enk*, Mnem 1, 1948, 222 ff. 8. *K. Svoboda*, in: Charisteria F. Novotný, Praha 1962, 213 ff. 9. *W. Casanova* El libro de Apolonio, Diss. Yale Univ. 1970.

Apthonius (*Asmonius*?, vgl. Prisc. Keil GrL 3,420,1 ff. mit GrL 6,80,30 ff. und [5],68, anders die communis opinio). Aelius Festus A., lat. Gramm. des 4. Jh.s n. Chr., Vf. einer verlorenen, → Constantius (2) gewidmeten Grammatik (*Asmonius*, vgl. Prisc. GrL 2,516,15 ff.) und der neben dem Lehrgedicht des → Terentianus umfangreichsten lat. Metrik in 4 B., die bereits in der Spätant. zu Beginn verstümmelt und mit dem Anf. der Grammatik des → Marius (III 3) Victorinus vereinigt worden ist, vgl. aber GrL 6,173,32; auch die Ergänzungen zur Horazmetrik (174,1 ff.) dürften A. gehören. Seine Lehre kombiniert die u. a. über Terentianus (und Thacomestus?) vermittelte Derivationstheorie des → Caesius (II 9) Bassus mit den alexandrin. Prototypen (Iuba). Die Überlieferung beruht auf 3 karoling. Hss., denen ein spätant. Archetyp vorausliegt. P. L. Sch.

Ta.: *Keil* GrL 6,31,17 ff.

Lit.: 1. *G. Goetz*, RE I 2800 f. II 1702 f. 2. *Schanz-Hos.* 4,1,142. 150 ff. 3. *P. Wessner* b. *Teuffel-Kr.-Sk.* 3,195 f. 388; RE XIV 1843 f. 4. *I. Mariotti*, ed. Mar. Vict., Ars gramm., 1967, 47 ff. 5. *P. Hadot* Mar. Vict., 1971, 62 ff. 6. *G. Morelli* Ricerche sulla trad. gramm. lat., 1970.

Archedemos. 2. Stoischer Philosoph des 2. Jh. v. Chr. († ca. 140) aus → Tarsos, war in Athen Schüler des → Zenon (II 4) v. Tarsos und des → Diogenes (15), wurde nicht Scholarch, sondern lehrte in Babylon (Plut. de exil. 605 b). In seinen Auffassungen stand er Diogenes und → Antipatros (9) nahe; am besten kenntlich die τέλος-Formeln, die das Lebensziel mit dem Natur- und dem Pflichtbegriff in Verbindung bringen (angezweifelt wird eine der beiden überliefert. Fassungen von M. Giusta I dossografi di etica 1, 1964, 300 ff.). Ob der aus Demetrios περὶ ἑρμηνείας 34 und Quint. inst. 3,6,31 bekannte Rhetoriklehrer A. mit dem Stoiker ident. ist, bleibt umstritten; vielleicht lebte er schon im 2. oder spät. 3. Jh. v. Chr. Frg.: SVF 3,262–264. G. Schm.

E. G. Schmidt, RE Suppl. XII 1356–1392.

Archiereus (ἀρχιερεύς), zuerst Hekat. FGrH 1 F 300. Hdt. 2,37. 142 f. 151 vom äg. Oberpriester (vgl. RÄRG 605), auch im Idealstaat Platons (leg. 12,947 a), doch als hist. griech. Priestertitel erst ab hellenist. Herrscherkult belegt ([1–3] m. Überblicken) und vermutl. aus den oriental. Rel. übernommen (Otto Priester u. Tempel i. hellenist. Äg. 1,135), so im dynast. Reichskult der Seleukiden, wo → Antiochos III. (4) in den Satrapien für sich, die Königin und die πρόγονοι (Ahnen) A. einsetzte (OGIS 224; vgl. bes. [4]; P. Herrmann, Anatolia 9, 1965, 151 f. m. d. ält. Lit.), und bei den Ptolemäern (OGIS 93. 230; Taeger Charisma 1,252), oft dann inschr. im röm. Kaiserkult seit Augustus, wo die A. kaiserl. Provinzialoberpriester, z. B. ἀ. τῆς Ἀσίας (AE 1968, 154 Nr. 487; vgl. bes. [5], 2,448 ff. 1601 ff.), und Priester kaiserl. Tempel, z. B. in Pergamon, waren ([3], 473 ff.

NILSSON GgrR 2,368); auch übersetzt A. den röm. → *pontifex max.*-Titel (seit Pol. 22,3,2). D. Wa.

1. *Sabourin* Priesthood, 1973, 39f. 2. ThWB 3,265ff. 3. *Brandis*, RE II 471ff. 4. *Robert*, Hellenica 7, 1949, 5ff. 5. *Magie* Roman Rule in Asia Minor 1–2, 1950.

Arestor. In einigen der konstruierten Stammbäume der Argiver (= Ἀρεστορίδαι: Kall. h. 5,34) gilt A. als Urenkel des → Argos (1) und Sohn des → Phorbas (1) und, vermählt mit → Mykene, als Vater des → Argos (2) Πανόπτης (Hes. frg. 246 M.-W. EGF Teleg. frg. 1 = Nost. frg. 12 ALLEN; Pherekyd. FGrH 3 F 66. 67), den Spätere oft Ἀρεστορίδης nennen. Bei → Charax erscheint A. als Enkel des Argos (1) und Sohn des Ekbasos und als Vater des → Pelasgos (2) und der → Io (FGrH 103 F 13. 15). C. J. C.

1. *Meyer* Forsch. 1,92–94. 2. *A. Severyns* Le cycle épique dans l'école d'Aristarque, 1928, 395–398. 3. *J. Schwartz* Pseudo-Hesiodea, 1960, 131. 469f.

Argiletum. Stadtteil Roms zw. → Forum Romanum und → Subura. Den Namen leiteten die Alten ab von der Tötung des Heros → Argos (6) durch → Euandros (1; *letum Argi*) oder von *argilla* (Töpfererde, Mergel). Die w. Hälfte bezog Domitian in das von Nerva vollendete *forum transitorium* ein. Im A. wohnten vor allem Buchhändler und Handwerker. Rud. G.

Hülsen, RE II 718.

Aristobulos. 8. Um die Mitte des 2. Jh.s v. Chr. in Alexandrien lebender jüd.-hell. Religionsphilosoph, dessen Absicht es war, den hell. Gebildeten seiner Zeit davon zu überzeugen, daß die gesamte griech. Philos. bereits im Gesetz Mose enthalten gewesen sei (Clem. Al. Strom. 5,14,97). Von seinen Erläuterungen des Gesetzes Mose sind nur wenige Frg.e bei den Kirchenvätern Clemens Al., Origenes und Eusebios erhalten, aus denen hervorgeht, daß sich A. zur Untermauerung seiner Behauptungen der allegor. Auslegungsmethode ebenso bediente wie gefälschter Zit. aus griech. Schriftstellern (Homer, Hesiod). Kl. W.

Schürer 3,512ff. *Gercke*, RE II 918ff. RE f. Prof. Theol. u. Kirche 2,48f. *P. Riessler* Altjüd. Schrifttum außerhalb d. Bibel, 1928. Encyklop. Judaica 3,321ff. *R. Marcus* Hell. Jewish Lit.: The Jews 2, 1949, 771ff. *P. Dalbert* Die Theol. d. jüd.-hell. Missionslit., 1954, 102–106. *K. Schubert* Die Rel. d. nachbibl. Judentums, 1955.

Aristos. 2. Bruder des → Antiochos (16) von Askalon, vertrat wie dieser die neue »dogmatische« Richtung in der → Akademie. Plutarch (Brut. 2) urteilt, A. habe es gefehlt τῇ ἐν τοῖς λόγοις ἕξει τῶν φιλοσόφων, aber er lobt seine εὐταξία und πραότης. Cicero erwähnt A. mehrfach: fin. 5,8; ac. 1,13; Luc. 12 als Partner und Parteigänger seines Bruders; Brut. 332 nennt Cicero den A. *heres Academiae*; Att. 5,10,5 (1. Juni 51) erwähnt er einen Besuch bei A.; entweder hierauf oder auf einen Besuch im J. 50 ist Tusc. 5,22 zu beziehen. Da vom Ende des Antiochos und von der weiteren Gesch. der Akademie – bis hin zu Plutarch – nichts bekannt ist, kommt diesen Zeugnissen Bedeutung zu: A. überlebte seinen Bruder um mehrere Jahre und war bis zu seinem (zeitlich nicht bestimmbaren) Tode Schulhaupt der Akademie. Die alte *dissensio* gegenüber Antiochos bestand bei dem letzten Gespräche Ciceros mit A. (Tusc. 5,22 *nuper*) unvermindert fort. H. D.

Arusianus Messius. Hoher Beamter, Adressat des Carmen de figuris Anth. Lat. 485, Vf. einer den Konsuln von 395 gewidmeten, alphabet. angelegten Phraseologie (exempla elocutionum aus dem Schulkanon, Verg., Sall., Ter., Cic.), die auf eine ältere Slg. zurückgeht. Die Überlieferung basiert auf einer Kopie G. GALBIATIS (Neap. IV A 11) eines 1493 entdeckten Bobiensis (M. FERRARI, It. Med. Um. 1970, 139ff.); das (verlorene) Expl. der karoling. Hofbibl. (B. BISCHOFF, in: Karl d. Gr. 2, 1965, 60) enthielt auch die Vorrede an Olybrius und Probinus. P. L. Sch.

Ta.: *Keil*GrL 7,437ff. *E. V. Marmorale*, 1939. Lit.: *Schanz-Hos.* 4,1,181f.

Astyra (τὰ Ἄστυρα, Strab. 13,591), um die Zeitenwende bereits verödete Ruinenstätte nahe bei → Abydos (1) in der Troas im Tal des → Rhodios (h. Koca Çayi). Die Stadt dürfte früher aufgrund der nahen Goldvorkommen einen gewissen Wohlstand aufgewiesen haben. E. O.

Bürchner, RE II 1877 Nr. 2. *J. M. Cook* The Troad, Oxf. 1973, 267. 290.

Athanis (Ἄθανις Athen. 3,98d. Plut. Tim. 23,6. Ἀθάνας ὁ Συρακόσιος Diod. 15,94,4. Ἄθηνις Theop. FGrH 115 F 194) von Syrakus, nahm an → Dions (1) Zug nach Sizilien teil, 356 v. Chr. mit → Herakleides (5) zum Prostates gewählt, schrieb 13 B. »Taten Dions« (Diod.), bzw. »Gesch. Siziliens« (Athen.), ergänzte → Philistos mit den letzten Jahren des → Dionysios (2), schätzte den Zuzug für Sizilien 343 aus Griechenland auf 60000 Siedler (40000 Diod. 16,82,5). FGrH 562. H. V.

Athenai, Geschichte. Die Gesch. Athens ist die Gesch. der klass. Demokratie. Ihr Entstehen und ihr Untergang werden von der Sozial- und Wirtschaftsgesch. stärker als je behandelt. War diese Demokratie als solche nicht gewollt, vielmehr evolutionäres Ergebnis gesellschaftl. Formen, die sekundär mit ihrer Dynamik zur Demokratie führten, und scheiterte sie an moral. Zersetzung oder äußeren Angriffen? Die Lösung dieser Fragen hängt von dem Demokratiebegriff des einzelnen Forschers ab. Hier kann nur der Ablauf der Fakten und ihre Wirkung aufgezählt werden. H. STIER Die klass. Demokratie, 1954; Der Untergang d. klass. Demokratie, 1971.

Palastreste neben dem Erechtheion der Akropolis, die sagenhafte Königsliste (→ Kekrops, → Erechtheus, → Pandion 1, → Aigeus, → Kodros. FGrH 4 F 49), der → Synoikismos durch Theseus (Thuk. 2. 15,2) bezeugen für die myk. Z. ein Königtum. Die erbliche Königsgewalt wurde allmählich zugunsten der Adelsgeschlechter (→ Alkmaioniden, → Medontiden, Eteobutaden, → Lykomiden) in ein 10jähriges, dann in ein einjähriges → Archontenamt (Eponymendatierung ab 683/82 v. Chr.) umgewandelt. Der Übergang verhinderte in Athen eine so starke Abneigung gegen das Königtum wie in Rom. Behutsam wurde die Adelswillkür gegen die für die Hoplitenphalanx unentbehrlichen freien Bauern, die → Hektemoroi und → Theten, gemildert. J. VOLKMANN Die Waffentechnik in ihrem Einfluß auf d. soz. Leben d. Ant., in: Die Entwicklung der Kriegswaffe ... hg. von L. WIESE, 1953, 62ff. Der Umsturzversuch → Kylons (1) scheiterte 632 an dem Widerstand der übrigen Adelsgeschlechter und der auf ihren Rechtsschutz angewiesenen Bauern. Diesen Zwang beseitigte → Drakon (2) 624 durch Aufzeichnung des geltenden Rechts. → Solon hob 594 die Schuldknechtschaft auf, gab in seiner Staatsordnung nicht nach der Herkunft, sondern nach dem Besitz polit. Rechte und räumte den Theten Stimmrecht in der Ekklesia und Heliaia ein. Seine Maß-, Gewichts- und Münzreform ermöglichte Athens Wirtschaftsaufschwung. S. MARKIANOS, Hist. 23, 1974, 1ff. (Chronol.) Trotzdem blieb der innere Frieden labil. 582–580 war → Damasias gesetzwidrig über 2 J. Archon, wurde mit Gewalt abgesetzt und die Archontenwahl zeitweilig ausgesetzt. Ob dann eine 10 Männerkommission (5 Eupatriden, 3 Agroikoi, 2 Damiurgen) die Verwaltung führte, bezweifelt J. MARTIN, Chiron 4, 1974, 24. → Peisistratos (3) entmachtete als Tyrann 561 bis 528 weitgehend den Adel und förderte Bauern und Gewerbe. Seine Söhne → Hippias (1) und → Hipparchos (1) folgten ihm. 514 wurde Hipparchos von → Harmodios (1) und → Aristogeiton (1) aus Privatrache ermordet. Erst 510 wurde Hippias durch die Alkmaioniden und den spartan. König → Kleomenes I. (3) vertrieben. Die Tyrannis und die Reform des → Kleisthenes (2) 508 rissen mit der lokalen Phylenmischung die alten Sippenverbände auseinander und schufen trotz Widerstandes des → Isagoras eine Vorform der Demokratie, deren Isonomia und Isegoria nur Vollbürger genossen, Hdt. 5,78. Der → Ostrakismos sollte sie sichern, K. MEISTER, Chiron 1, 1971, 85ff. Ein Diapsephismos überprüfte den Bürgerrechtsbesitz, K. W. WELWEI, G 74, 1967, 423ff. Wenn weiterhin bis Perikles einschließlich nur Adlige den Staat leiteten, so kraft ihrer Persönlichkeit, nicht kraft einer Hausmacht. Ob sie die Volksversammlung für ihre Pläne gewannen, hing oft von Zufällen ab, die drastische Änderungen nicht ausschlossen. Der Vorabend der Perserkriege und diese selbst geben dafür ein Beispiel. Beeindruckt durch den Sieg der pers. Flotte im ion. Aufstand forderte → Themistokles, Archon 493, den Bau einer Flotte und die Befestigung des Peiraieus als deren Stützpunkt. Im Gegensatz zu ihm riet → Miltiades (2), als Teilnehmer am ion. Aufstand Kenner des Perserheeres, den Athenern zum Ausmarsch und zur offenen Feldschlacht. Der Sieg bei Marathon stärkte das Bewußtsein der Athener als Vorkämpfer der Hellenen, J. PAPASTAVROU, G 70, 1963, 11ff. K. W. WELWEI, Forschg. z. ant. Sklaverei 5, 1974, 29ff. (Aufgebot der Sklaven für Marathon). Sie entwickelten die Demokratie 487 mit einer Verfassungsreform weiter. Die Archonten wurden aus einer Vorwahl durchs Los bestellt. Das Amt verlor polit. Bedeutung. Die Initiative in der Volksversammlung übernahmen amtslose Volksführer (Demagogen) und die 10 Strategen, auf die Wahl und Wiederwahl beschränkt wurde. Die Verbindung des höchsten mil. Kommandos und polit. Staatsleitung, in moderner Demokratie abgelehnt, gewann besonderes Gewicht, ob durch Themistokles, ist unklar. Jedenfalls wurden viele Gegner ostrakisiert: 487 Hipparchos, 486 → Megakles (4), 484 → Xanthippos (1), 483 → Aristeides (1). Nun setzte Themistokles 483 den Bau von 180 Trieren (neuer Kriegsschifftyp) durch. Auf seinen Antrag regelte ein Volksbeschluß die Evakuierung der Nichtkämpfer nach Salamis und Troizen, H. BERVE, SBAW 1961, 5. Mit dem Sieg bei Salamis zeigte sich Athens Flotte fähig, an Stelle Spartas die Schutzherrschaft über Griechenland zu übernehmen. H. BENGTSON, Chiron 1, 1971, 89 (zur pers. Seetaktik).

In der → Pentekontaetie (Thuk. 1,118,2), dem Höhepunkt ihrer Gesch. 480–431, stritten Athens Politiker um drei sich ergänzende Ziele: die Beilegung des spartan.-athen. Dualismus, Gründung und Ausbau des delisch-att. Seebundes und die vollendete Demokratie. Themistokles und → Kimon (2) waren für den Kampf gegen die Perser, uneinig gegenüber Sparta. Gegen dessen Einspruch baute Themistokles die Befestigung Athens wieder auf. Als die Spartaner in ihrem Kampf gegen die Heloten 462 Kimons Hilfsheer brüsk zurückschickten, drängte die antispartan. Stimmung in Athen zum Ausbruch. Kimon wurde ostrakisiert. Im Streit um die Vorherrschaft in Mittelgriechenland verloren die Athener 457 eine offene Schlacht gegen Sparta. Kimon vermittelte 451 einen 5jährigen Waffenstillstand mit Sparta, dessen Schiffswerften in → Gytheion Athen vernichtet hatte. Nach dessen Ablauf fiel → Pleistoanax in Attika ein. → Perikles (1) vereinbarte 446 einen Frieden mit Sparta auf 30 J. Athen gab seine Festlandsherrschaft und Eingriffe im Peloponnes auf, Sparta anerkannte Athens Seebund. Den »nicht eingeschriebenen Städten« wurde Entscheidungsfreiheit über den Beitritt zu einem der beiden Machtblöcke zugesichert. Es folgte eine lange Friedensperiode, da 449 im → Kallias(2)frieden die Perser sich verpflichteten, der Ägäis und der kleinasiat. Küste fern zu bleiben und die Autonomie der griech. Städte dort zu achten. Diesen Erfolg verdankte Athen seiner Flotte und dem 478 gegründeten Seebund, der die von den Persern zerstörten griech. Heiligtümer rächen sollte, H. Bellen, Chiron 4, 1974, 43 ff. Bes. nach Verlegung der Bundeskasse 454 von Delos nach Athen wurde bei dem Übergewicht der athen. Flotte aus dem Bund ein Herrschaftsgebiet Athens, dessen Mitglieder – mehr als 400 im J. 425 – urspr. 460 Talente Beitrag zahlten. Da in diesem »Reich« bald nur att. Geld, Gewicht, Maße und Recht galten, die Anlage von Kleruchien, die Förderung der Demokratie und die Handelskontrolle die Autonomie der Bündner einengten, fehlten Abfallversuche nicht, H. Popp, Hist. 17, 1968, 425 ff. R. Meiggs The Athenian Empire, 1972. J. M. Balcer, Hist. 23, 1974, 21 ff. W. Schüller Die Herrschaft d. Athener im Ersten Att. Seebund, 1974. In Athen brachte die Teilnahme der Bürger am Staatsleben, zumal der Ruderdienst der Theten in der Flotte, die volle Demokratie. Sie ist für Athen charakteristisch. Eine Flotte mußte an sich nicht demokratisieren, wie die Oligarchien der Seemächte Korinth und Aigina zeigen. Viell. trug die außergewöhnlich hohe Zahl der Schiffsbesatzungen zum demokrat. Ausbau bei. 461 gingen die Befugnisse des adligen → Areiopag an die Volksversammlung durch → Ephialtes (5). Seit 458 wurde das Archontenamt, ohne Vorwahl durch reine Auslosung besetzt, den → Zeugiten geöffnet. Die auf Antrag des Perikles gezahlten Tagegelder für Geschworene, Ratsmitglieder und Losbeamte ermöglichten Ärmeren polit. Tätigkeit und Besuch des Theaters. Auf Staatskosten lebten zeitweise mehr als 20000 Athener, darunter 6000 Richter, 500 Ratsherren, 550 Wächter, 700 niedrige Beamte, 700 Bundesbeamte, eine große Zahl im Flotten- und Heeresdienst und beim Aufbau der zerstörten Tempel, Aristot. Ath. pol. 24,3. J. K. Davies Athenian propertied families 600–300 B.C., 1971. Plut. Per. 12. Dank seiner Expansion (Gründung von → Thurioi 444) wurde Athen die Schule von Hellas (Thuk. 2, 41,1). Der von Perikles einberufene panhellen. Kongreß scheiterte an Spartas Ablehnung, aber in Athen lehrten Sophisten (Protagoras, Prodikos, Hippias, Gorgias) griech. Staatstheorie, schrieben Herodot und Thukydides, dichteten Tragiker (Sophokles, Euripides) und Komiker (Kratinos, Eupolis, Aristophanes), arbeiteten Bildhauer (Myron, Pheidias). Im Festkalender hielt Athen den griech. Rekord, Xen. Ath. pol. 3,2. Der von Perikles ausgelöste → peloponnes. Krieg, in dem die Demokratie in Oligarchie (411, 404) oder Ochlokratie (das Volk dürfe tun, was es wolle [406], Xen. hell. 1,7,12) umschlug, beendete die Blüte Athens und der griech. Kultur, K. W. Welwei, G 79, 1972, 289 ff. (zum Präventivkrieg).

Trotzdem lebensfähig für große Politik, gewann die att. Demokratie im Korinth. Krieg und im Königsfrieden 387 Lesbos, Imbros, Skyros, den Weg für ihre Kornzufuhr aus dem Hellespont. → Konon (1) vernichtete 394 die spartan. Flotte

bei Knidos. 377 schloß Athen den 2. att. Seebund (366 über 200 Trieren), Tod IGH 42, Nr. 123. → Epameinondas suchte vergebens »die Propyläen auf die Kadmeia zu verlegen«, Aischin. 2, 105. Aber im Bundesgenossenkrieg 357–355 schmälerte Abfall wichtiger Bündner Athens Macht. Seine durch → Eubulos (1) geordneten Finanzen, seine zentrale Rolle im griech. Bank- und Kreditwesen verführten zur Anwerbung von Söldnern, verminderten die Opferbereitschaft der Demokratie. Gegenüber der Expansion → Philipps (3) stritt die promaked. Gruppe um → Isokrates (2) und → Aischines (2) mit der antimaked. des → Demosthenes (2). Der → Philokrates(1)frieden 346 täuschte die Athener, 338 wurden sie bei Chaironeia geschlagen, aber von dem durch ihre kulturelle Leistung beeindruckten Philipp milde behandelt, verloren die Reste des Seebundes und traten 337 dem Korinth. Bund zum Krieg gegen Persien bei. Nach Alexanders Tod sollte der Lamische Krieg Athen die Freiheit wiedergeben, brachte aber 322 nur endgültig den Verlust der Flotte, maked. Besatzung im Piräus und Timokratie (Zensus 2000 Dr., 9000 Vollbürger). Die so aufgelöste Demokratie (→ Demetrios 25. Tyrannis des → Lachares 1) kehrte wieder, die »Befreier« (→ Demetrios 2) erhielten kult. Ehren, C. Habicht, Zet. 14, 1956, 44 ff. Nach dem Chremonideskrieg bekam Athen eine beschränkte Autonomie. 166 gab ihm → Aemilius (I 22) den Freihafen Delos. Wegen ihres Anschlusses an → Mithradates (5) erstürmte → Sulla (1) 86 die Stadt und plünderte sie. Die Römer achteten sonst die *civitas foederata et libera* als Sitz der 4 Philosophenschulen (→ Akademie, → Peripatos, Kepos, → Stoa 2), bis Justinian sie 529 schloß. Für Augustus bauten die Athener auf der Akropolis einen Kaiser- und Romatempel, Hadrian errichtete seit 128 neben der Theseusstadt die »Hadrianstadt«. Zu weiteren Bauten o. Bd. I 697 ff. 267 befreite → Dexippos (2) das von Herulern zerstörte Athen. Es verödete allmählich, obwohl → Constantinus (1) es ehrte und im 5. Jh. der Parthenon eine chr. Kirche wurde, Synes. epist. 135. H. V.

J. Papastavrou, RE Suppl. X 48 ff. *G. W. Bowersock* Aug. and the Greek World, 1965, 95. *J. H. Oliver* The Athens of Hadrian, in: Les empereurs romains de l'Espagne, 1965, 123 ff. *P. Graindor* Athènes sous Auguste, 1927; de Tibère à Trajan, 1931; sous Hadrien, 1934. *J. Day* An economic history of Athens under Roman domination, 1942. *C. Hignett* A history of the Athenian constitution, 1952. *N. Brockmeyer* Sozialgesch. d. Ant., 1972. *P. Mackendrick* The Athenian Aristocracy 339–31 B.C., 1969. *C. Mossé* La fin de la démocratie athénienne, 1962. *M. Woloch* Roman citizenship and the Athenian elite A. D. 96–161, 1973.

Attikos (*Ἀττικός*). Griech. Platoniker der 2. H. des 2. Jh.s n. Chr., bekämpfte die Lehre des → Aristoteles (7) als unvereinbar mit der → Platons (1), verteidigte also wie → Tauros (5) und

→ Nikostratos (6) die Platon. Orthodoxie gegen Harmonisierungstendenzen, wie sie sich etwa bei seinen ungefähren Zeitgenossen → Albinos und → Apuleius (8) zeigen. Wertvollen Einblick in seine Argumentation gibt vor allem → Eusebios (7) (Praep. ev. 11,1–2. 15,4–9. 12. 13), der folgende Vorwürfe des A. gegen Aristot. im Wortlaut anführt: Aristot. beseitige die Autarkie der Tugend (F 2), leugne das Wirken der Vorsehung im sublunaren Bereich des Kosmos und zerstöre damit die Einheit der Welt (F 3 und 8), behaupte zu Unrecht, alles Gewordene sei vergänglich, alles Ungewordene unvergänglich (denn die Welt sei zwar geworden, aber unvergänglich [F 4]; Abweichung des A. von Tauros), seine Ätherhypothese könne er ebensowenig begründen wie seine Auffassung, die Gestirnbewegung habe allein mech.-physikal. Ursachen (F 5 und 6), er halte fälschlich nicht die Gesamtseele des Menschen, sondern nur dessen *νοῦς* für unsterblich (F 7) und bestreite zu Unrecht die Existenz der alles durchdringenden Weltseele und der Ideen (F 8 und 9). Auch → Proklos (1) ist eine wichtige Quelle für die Rekonstruktion der Philos. des A. (in Tim., Index s. v.; vgl. dazu A. J. FESTUGIÈRE, Proclus, Comm. sur le Timée, 1966ff.). So berichtet er (in Tim. 1,391, 6ff. D.), daß A. unter Berufung auf Platon annahm, eine böse Seele habe vor der Schöpfung die Materie in ständiger ungeordneter Bewegung gehalten. In manchen Einzelheiten der Argumentation des A. verrät sich stoischer Einfluß (verschieden beurteilt: für stark hält ihn BAUDRY, Introd. S. 8ff., für leicht [3], 294). Zur Einwirkung des A. auf → Plotinos vgl. [1], 75ff. F. Re.

Frg.: *J. Baudry*, 1931 (dazu Gn 10, 1934, 263–273).
Lit.: 1. *Ph. Merlan*, in: *A. H. Armstrong* (Hrg.), The Cambr. Hist. of Later Gr. and Early Medieval Philos., ²1970, 73–78. 2. *O. Gigon*, Aristot., Einführungsschriften, 1961, 293–321 (kurze Einl. u. Übers. d. Frg.e aus Eus.).

Augustobona. Stadt der → Tricasses in Gallia Lugdunensis; h. Troyes, dépt. Aube. *Αὐγουστόβονα* Ptol. 2,8,10. *Civitas Tricassium* Not. Gall. 4,6. *Tricas(s)ae* Amm. 16,2,7. *Tricas(s)is* Itin. Anton. 361. Knotenpunkt mehrerer Straßen: Itin. Anton. Tab. Peut. Vorröm. Siedlung (Keramik der La Tène III: Gallia 22, 1964, 295); dann august. Stadt (Keramik von La Graufesenque des 1. Jh.s). Neue Funde: Brunnen, Wasserleitung, Mz., Keramik und bes. Mauerring und Gräber der spätröm. Z.: Gallia 12, 1955, 149. 20, 1962, 434. 22, 1964, 295. 25, 1967, 280. M. L.

Azoros (*Ἄζωρος* u.ä.), Stadt der Tripolis der → Perrhaiber im nördlichsten Teil Thessaliens, hoch erhaltener Stadtmauerring mit Ruinen bis in byz. Z. s. des h. Vuvala am linken Ufer des Titaresios (h. Sarandaporos), Strab. 7,7,9 p. 327. Ptol. 3,12,39. Pol. 28,13 (11), 1. Diod. 19,52,6. Liv. 42,53,6. 44,2,8. Grat. cyn. 183 (BÄHRENS Poet. Lat. min. 1,39). Steph. Byz. s. v. Herodian. 1, 200,18ff. IG IX 2,1240. XII 8,178. ABSA 17, 1910/11, 195 Z. 21. Grenzstreit mit → Mondaia IG IX 1,689 (Sylloge³ 638). Inschr. IG IX 2, 1292–1317. EA 1913, 169. 176ff. E. M.

Oberhummer, RE II 2645. *Wace-Thompson*, ABSA 17, 1910/11, 200ff. (mit Kartenskizze). *Arvanitopullos* *Πρακτ.* 1914, 189ff. *Fr. Stählin* Das hellen. Thessalien 20f. 113 A. 5.

Bakcheios. 2. *B. Γέρων*, Vf. einer *εἰσαγωγὴ τέχνης μουσικῆς* in Fragen und Antworten (Mus. Scr. Gr. 283–316 v. JAN), viell. erst 10. Jh. n. Chr. Die §§ 1–58 behandeln die Harmonik des → Aristoxenos, §§ 89ff. Rhythmik und Metrik. D. Na.

K. v. Jan, RE IV 2790ff. *E. Pöhlmann* s. v. in: Die Musik in Gesch. u. Gegenwart 15, 1973, 422ff.

Barlaam und Ioasaph (Iosaphat). Byz., zum Volksbuch gewordener und in vielen Bearbeitungen verbreiteter erbaulicher Roman, der – als urspr. ind. Legende – Grundelemente der Lebensgesch. und Lehre Buddhas in chr. (mönchischer) Umformung darstellt. Der Königssohn I., von seinem christenfeindl. Vater Abenner für ein Leben in Heiterkeit und Schönheit bestimmt und deshalb von der Welt ferngehalten, kommt durch den zufälligen Anblick von Krankheit, Alter und Tod zur Besinnung, verzichtet, von dem chr. Asketen B. unterwiesen, auf die Freuden der Welt und der Herrschaft und bekehrt schließlich alle, die ihn umstimmen wollen, endlich sogar seinen Vater. Das Werk, im Titel als *ἱστορία ψυχωφελής* charakterisiert, steht sprachl. wie inhaltl. (bes. in theolog. Hinsicht) auf hohem Niveau (reiche Zit. aus Bibel und Kirchenvätern; Apologie des → Aristeides 4; Parabeln; Dispute u. a.). Als Vf. nennen die ält. der über 140 bisher bekannten Hss. (früheste datierte Hs.: in Odessa, vom Mai 1021; vgl. [10]) den Mönch Iohannes aus dem Sabaskloster in Jerusalem, andere Iohannes von Damaskos oder (als Übersetzer aus einer angebl. ursprünglicheren georg. Fassung) Euthymios († 1026) vom Iberon-Kloster auf dem Athos. Die Annahme einer so späten Entstehung (vertreten z. B. von [6] und [8], dagegen [3], 38) tritt in der neuesten Lit. zurecht zugunsten der Befürwortung der Abfassung im 7. Jh. zurück, wobei die Mehrzahl der Forscher Iohannes von Damaskos als Vf. zu betrachten geneigt ist (am entschiedensten [7], ihm folgend [2] u. [3] u. a.). Die Frage ist aber noch kontrovers, ebenso die nach dem Verhältnis der versch. oriental. (georg., nichtchr.-arab., armen., hebr.) Fassungen zur griech. bzw. nach deren Herkunft (Ausgangspunkt ind. Erzählung > Fixierung in Pehlewi, Vermittlung durch eine verlorene syr. Bearbeitung? Vgl. [5] und [6]; für ein arab. Zwischenglied und direkte Übers. durch Ioh. v. Damaskos neuerdings [9], unter neuen chronol. Schwierigkeiten). Über 3 lat. Übers. des 11. Jh.s wurde der Roman im W. bekannt und ging in zahlreiche National-Literaturen ein (dazu zuletzt [11] und [12]); in Deutschland trugen Otto von Freising (12. Jh.) und Rudolf von Ems (13. Jh., mhd. Bearbeitung) zur Verbreitung des Stoffes bei. H. Gä.

Ta.: *J.F.Boissonade*, Anecd. Gr. 4,1ff., danach *Migne*PG 96,857ff. *G.R.Woodward–H.Mattingly*, London-Cambr./Mass. 1914 (1967), m. engl. Übers. – Georg. Fassungen u. ihre engl. Übers.: s. [3], 40. – Lat. u. frz. Fassungen: *J.Sonet*, Louvain-Paris-Namur 1949/52 (3 Bde.); vgl. *H.Peri*, St. mediolat. e volgari 6/7, 1959, 169ff.

Lit.-Ber.: *O.Mazal*, Jb. Österr. Byz. Ges. 14, 1965, 84ff.

Lit.: 1. *Krumbacher* 886ff. 2. *H.-G.Beck* Kirche u. theolog. Lit. im byz. Reich 482. 3. *Ders.* Gesch. d. byz. Volkslit. 35ff. (m. weiterer Lit.). 4. *Jülicher*, RE III 21ff. 5. *E. Kuhn*, ABAW 20, 1894, 1ff. 6. *H.Bacht*, RACh 1,1193ff. 7. *F.Dölger* Der griech. B.-Roman, ein Werk d. hl. Joh. v. Damaskos, Ettal 1953. 8. *M.Tarchnišvili*, Oriens Chr. 38, 1954, 113ff. 9. *B.Hemmerdinger*, ByzZ 64, 1971, 35f. 10. *B.L.Fonkič*, Anal. Boll. 91, 1973, 13ff. 11. *H.Peri (Pflaum)* Der Religionsdisput d. B.-Legende ..., Salamanca 1959. 12. *E.Frenzel* Stoffe d. Weltlit. 63f.

Batāvi (got. *bats* = »die Tüchtigen«, »Glücklichen«), von den → Chatten stammendes germ. Volk. Nach der caes. Eroberung siedelten die B. im vormals menap. Gebiet der Rheinmündung auf der »Insula B.« und einem Streifen des linken Rheinufers bis in gall. Gebiet hinein (Plin. nat. 4, 101. 106. Tac. Germ. 29; hist. 4,12. 15), = h. Landschaft Betuwe. Wohl unter Drusus eingewandert, waren die B. als gute Reiter und Schwimmer, durch Mut und Tüchtigkeit ausgezeichnet (Tac. ann. 2,8; hist. 4,12), bevorzugt zum Heeresdienst herangezogen worden (Auxiliarkontingente für die 14. Legion in Obergermanien, Beteiligung an Feldzug des Claudius in Britannien), dafür aber von Steuerzahlungen befreit. An den Kämpfen d. J. 69 n. Chr. beteiligt, versuchen sie – unter C. → Iulius (A II 28) Civilis, im Verein mit den → Treverern und germ. Verbündeten, einen Aufstand gegen die Römer, der mit der Niederlage und Herstellung der früheren Ordnung endet (Truppengestellung bis in die Spätzeit: *Germani* oder *Batavi* als kaiserl. Leibgarde, Suet. Cal. 43; *ala B. milliaria* mehrfach erwähnt, 158 n. Chr. in Dacien stationiert; *auxilia Palatina* Not. dign. occ. 5,163. 186. 6,47. 51; or. 5,8. 6,30).

Erst nach dem Aufstand von 69 n. Chr. erfolgte die Einrichtung einer *civitas B.*, deren Vorort in Nachfolge des *oppidum Batavodurum* (?) im ö. Hügelgelände seit Traian Ulpia → Noviomagus (6) (Batavorum) = h. Nymwegen zahlreiche Siedlungsfunde geliefert hat. Ein *summus magistratus civitatis B.* auf Inschr. aus Ruimel b. Hertogenbosch (CIL XIII 8771). – Von kräftigem Körperbau waren die B. blond-rothaarig (Martial. 14,176), und suchten durch ein Mittel, die *spuma Batava* (Martial. 8,33,20), die Haarfarbe zu verstärken. H. C.

Ihm, RE III 118. *Ch.B.Rüger* Germania Inferior (Beih. BJ 30, 1968) 32. *J.E.Bogaers* Nijmegen-Noviomagus (Der Niedergerm. Limes. Führer Landesmuseum Bonn 50, 1974) 76.

Brilessos (Βριλησός, Βριλησσός), der ant. Name des → Pentelikon (so nur Paus. 1,32,1 und Vitr. 2,8,49 *Pentelensis*) bei Athen. E. M.

Bro(n)tinos, Pythagoreer, vermutlich legendär; nach Diog. Laert. 8,42 war strittig, ob → Theano (5) seine Tochter war oder seine Frau. Für Alex. in Aristot. metaph. = CAG 1,821 und für Syrian. in Aristot. metaph. = CAG 6,1, 166. 183 ist B. zus. mit → Platon Zeuge für die Lehre vom überseienden Einen. Ferner zit. Iambl. comm. math. sc. 34,18ff. aus einer in dorisierendem Dialekt verfaßten Schrift des B. περὶ νοῦ καὶ διανοίας. Vermutlich wurde die Gestalt des B. erfunden, um die Nûs- und die Eins-Lehre der Platoniker für die Pythagoreer beanspruchen zu können. H. D.

Frg.-Slg.en: *Diels* Vorsokr 17. *H.Thesleff* The Pythagorean Texts of the Hellenistic Period, Abo 1965, 54ff.

Caecilius. III. 4. C. Balbus, von Johannes v. Salisbury, Policr. 3,14 erfundener Partner des Augustus, sein Name von E. Wölfflin (1855) irrig auf eine spätant., ein griech. Original voraussetzende Sentenzenslg. übertragen, die seit der karoling. Epoche der gnom. Lit. des MA. zufließt. P. L. Sch.

Schanz-Hos. 1,262f. *R.Quadri* I Collectanea di Eirico di Auxerre, 1966, 62ff. 134ff. *G.G.Meersseman*, It. Med. Um. 1973, 58ff.

Calumnia heißt allg. die Schikane und insbes. die unberechtigte Prozeßführung: sei es die wissentl. falsche Anklage im Strafprozeß, sei es das rechtsmißbräuchl. Klagen oder Bestreiten im Zivilprozeß. Zur Verhinderung der *c.* kann der Beklagte vom Kläger fordern, daß er schwört *non calumniae causa agere.* Umgekehrt muß der Beklagte schwören *non calumniae causa infitias ire.* Gegen den *calumniator* richtet sich ein *iudicium calumniae decimae partis* (Gai. 4,174–179). Hat der *calumniator* für die unberechtigte Prozeßführung sogar Geld genommen, richtet sich gegen ihn eine praetor. Strafklage auf das Vierfache des Streitwerts. Vgl. Dig. 3,46. Cod. Iust. 9,46. D. M.

M.Kaser Röm. Zivilprozeßrecht, 1966, 214. 519.

Catius. II. 1. Ti. C. Caesius Fronto, Senator und Redner z. Z. Nervas und Traians, *cos. suff.* 96 (CIL III p. 861), erwähnt als *frater Arvalis* 101 und 105 (CIL VI, 2074 und 2075). C. wird öfters in den Briefen des Plinius genannt, im Zusammenhang mit seinen Reden (*vir movendarum lacrimarum peritissimus* Plin. 2,11,3); einmal auch bei Cass. Dio (68,1,3). Viell. ident. mit den von Iuv. 1,12 und Martial. 1,55 genannten Dichtermäzenen Fronto. E. F.

PIR² C 194. *E.Groag*, RE III 1792f. *A.Garzetti* Nerva, Rom 1950, unter C 37. *A.N.Sherwin-White* The Letters of Pliny 170.

Cetium. Stadt in Noricum, h. St. Pölten. Der Name (Itin. Anton. 234,2. 248,4 *Cetio*, passio St. Floriani 2 *Cethio*) geht auf kelt. * *keto-* »Holz, Wald« zurück und ist nicht zu trennen von →

Cetius mons (τὸ κέτιον ὄρος), der ant. Bezeichnung des Alpenostrandes. Munizipales Stadtrecht durch Kaiser Hadrian CIL III 5630 = DESSILS 7112. 5652. 5658 = 11799 = DESSILS 7113; vgl. G. ALFÖLDY, Epigr. Stud. 8, 1969, 30ff. Da das ant. Stadtgebiet vollkommen überbaut ist, sind Ausgrabungen nur schwer möglich und Bodenfunde selten, SARIA Unsere Heimat 22, 1951, 108ff. und JOEAI 41, 1954, 89ff. In der Spätant. war der Siedlungsbereich stark verkleinert; der Hl. Florianus hatte sich hierher zurückgezogen, ehe er am 4. Mai 304 in → Lauriacum das Martyrium erlitt. G. Wi.

G. Winkler, RE Suppl. XIV 90–95.

Chlodovechus (Chlodwig), fränk. König 482 bis 511, Merovinger. Ch., * 466/67, 482 Gaukönig der → Salii um Tournai, besiegte 486 → Syagrius (2), dehnte sein Gebiet bis zur Loire aus. 493 heiratete seine Schwester → Theoderich (3), 494(?) er selbst die kath. Burgunderin Chrotchildis. Folge (so → Gregorius v. Tours, Hauptquelle zu Ch., 2,30f.) eines Sieges über die Alamannen (496/97) war, daß sich der schon bisher die Christen tolerierende Ch. durch Remigius in Reims taufen ließ (Weihnachten 497 oder 498) und Katholik wurde (Tragweite dieses Geschehens erkannte bereits → Avitus v. Vienne, epist. 46). 500 griff Ch. in den Krieg zw. den Burgundern → Godegisel und → Gundobad ein. Nachdem er 506 nochmals die Alamannen besiegt hatte (darauf Cassiod. var. 2,41. Ennod. paneg. 15 zu beziehen), ließ er sich auch durch Theoderich nicht abhalten (vgl. Cassiod. var. 3,1ff.), 507 im Bund mit Gundobad die → Westgoten unter → Alarich II. anzugreifen und sich nach dem Sieg (bei Poitiers 507) weite Teile ihres Reiches anzueignen. Ch., der 508 den Ehrenkonsulat durch Kaiser → Anastasios (1) erhielt, 509(?) seine Residenz nach Paris verlegte, unterwarf sich noch (Chronol. umstritten) die anderen fränk. Teilreiche (u.a. der Ripuarier am Rhein) und weitere Gebiete. In die letzten Jahre des Ch. gehört die erste Fassung der fränk. Rechtskodifikation (*pactus legis Salicae*: MGLeg. 1,4,1). Bei seinem Tode war Ch., der vermutlich keine Regelung der Erbfolge traf (zur Teilung des Reiches vgl. → Theoderich 4), nicht nur Befehlshaber und »Gefolgschaftsherr«, sondern auch oberster Gerichtsherr, Herr der Kirche (Reichskonzil v. Orléans 511), Inhaber des röm. Fiskus und des ehemals kaiserlichen Domaniallandes. A. L.

Lit. bei *A. Lippold*, RE Suppl. XIII 139ff. *E. Zöllner* Gesch. d. Franken, 1970.

Ciris. Lat. Epyllion von Scylla, die ihre Heimat Megara an Minos verrät und in einen Vogel verwandelt wird. Vergil kommt als Autor nicht in Frage – vgl. aber schon die Donat (Sueton) – Vita 17 und h. noch ROSTAGNI, Virg. Min., ^{2}1961, 185ff. u. SALVATORE, Studi de Falco, 1971, 355ff.; Vich. 1972, 1,68ff.; ein gezieltes Pseudepigraphon?, vgl. MARIOTTI, Human. 1950/1, 371ff. Das Produkt neoter. Tradition, das eine hellenist. Vorlage voraussetzt (EHLERS, MH 1954, 65ff.), dürfte weder vor Ovid (BICKEL, RhM 1950, 289ff. DUCKWORTH Verg. and Class. Hex. Poetry, 1969, 83ff.) noch im 2. Jh. n. Chr. (LYNE, CQ 1971, 233ff. CLARKE, CPh 1973, 119ff.), sondern wohl im Kontakt mit Ovids Metamorphosen (HELM, H 1937, 78ff. MUNARI Studi sulla C., 1944) entstanden sein. Die Überlieferung im Rahmen der App. Verg. basiert auf 2 ma. Hss. (G, vgl. LYNE, WS 1972, 79ff., und B) und einer humanist. Familie (Z, vgl. LYNE, Proc. Cambr. Phil. Soc. 1972, 43ff.), vgl. SALVATORE Studi sulla trad. ms. della C. 1, 1955. CLAUSEN, CPh 1964, 90ff. COURTNEY, Bull. Inst. Class. Stud. 1968, 133ff. P. L. Sch.

Forschungsber.: *R. Henry*, AC 1937, 372ff. *Westendorp*, in: Vergiliana, 1971, 410ff. *C. Conti*, Boll. Stud. Lat. 1974, 248ff.

Ta.: *A. Haury*, 1957. *A. Salvatore*, 1955 (Studi a.O. 2), 1957 u. 1964 (App. Verg. 1), vgl. noch Crit. d. testo 1967. *R. Giomini* (App. Verg.), ^{2}1962. *F. R. D. Goodyear*, App. Verg. 1966, 97ff. *D. Knecht*, 1970.

Lit.: *K. Büchner* P. Vergilius Maro, 1955, 89ff. (= RE VIII A 1109ff.)

Constitutio Antoniniana, Frg. der griech. Übers. des → Caracallaedikts, das allen freien Bewohnern des röm. Reiches außer den → *dediticii* das röm. Bürgerrecht gab, um den röm. Göttern neue Verehrer zu bringen und mehr Steuern zu erheben. Die Neubürger behalten Rechte ihrer früheren Gemeinden, Pap. Giss. 40. H. G. GUNDEL, Libri, Intern. library review 6, 1955, 54 (Abb.). Dig. 1,5,17. H. A. Sev. 1,2. Text, Deutung, Datum des Edikts sind umstritten. Der nun häufige Namen Aurelius hilft zur Datierung. C. SASSE Die c. A., 1958, 129f. (212 n. Chr.). F. MILLAR, Journ. of égypt. Arch. 48, 1962, 124ff. (214). J. F. GILLIAM, Hist. 14, 1965, 90ff. (213). W. SESTON, Mél. Carcopino, 1966, 877ff. (213). P. HERRMANN, Chiron 2, 1972, 519ff. (213). G. DE SENSI, Helikon 9/10, 1969/70, 243ff. H. V.

Corpus Hermeticum. Innerhalb der ausgedehnten Lit., die unter den Namen des → Hermes als Gottes des glücklichen Fundes einschließlich technischer und erlösender Weisheit gestellt wurde, grenzt man seit dem 15. Jh. drei Gruppen ab und faßt sie zu einem Corpus zusammen: a) 17 Traktate, b) einen λόγος τέλειος unter dem Namen → Asklepios, c) 29 Frg.e aus dem Anthologion des → Stobaios und weitere Frg.e.

a) Die Traktate sind in etwa 20 Hss. des 14. bis 16. Jh. vereinigt, die alle auf denselben Archetyp zurückgehen. Der Laurentianus 71,33 (A) aus dem 14. Jh., der nur die ersten 14 Traktate enthält, diente 1463 der lat. Übers. des MARSILIO FICINO zur Grundlage. 1554 erschien Mercurii Trismegisti Poemander ... ap. ADR. TURNEBUM (Verleger Turnebus; erste Ausgabe des griech. Textes, alle 17 Traktate, dazu 3 stob. Exc. als Anhang zu 1–14), und 1574 Mercurii Trismegisti Pimandras ...

D. Francisci Flussatis industria (Flussas = François Foix de Candalle). Dies ist eine Reproduktion der Ausg. bei Turnebus, jedoch mit Zählung der 3 stob. Exc. als 15. und des 15.–17. als 16.–18. Traktat. So zit. man noch h., obwohl man Tr. 15 als solchen in den Ausgaben wegläßt. Es scheint Slg.en gegeben zu haben, die noch andere Traktate enthielten. Heute muß die titellose Schrift 6 aus Nag-Hammadi-Codex VI (Facs.-Ed. Leiden 1972, 52,1–63,32; M. Krause, ADAI (Kairo) Kopt. Reihe 2, 1971, 170–184) auf jeden Fall, und weitere Nag-Hammadi-Schriften müssen wahrscheinl. zum Corpus gerechnet werden. Der erste Traktat des griech. C. H., nach welchem von Turnebus und Flussas bis zur Ausgabe von G. Parthey (1854) fälschlich das Ganze benannt wurde, ist der → Poimandres.

b) Vom *λόγος τέλειος*, der früher irrtümlich dem → Apuleius (II 8) zugeschrieben wurde, gibt es vollständig nur eine lat. und eine kopt. Übers. (Nag-Hammadi-Codex VI 8, Facs.-Ed. Leiden 1972, 65,8–78,43; Krause a.O. 187–206). Beide sind gegenüber der griech. Vorlage streckenweise sehr selbständig, oder es liegen schon verschiedene griech. Versionen zugrunde. Eingeschlossen ist kopt. 70,3–74,17/lat. Cap. 24–26 eine Apokalypse.

c) Die Frg.e erweisen sich als zu den Traktaten und dem *λόγος τέλειος* gehörig auf Grund ihres Inhalts und seiner Zuschreibung an dieselben Offenbarungsträger und Adressaten. Das wichtigste Stück ist Exc. 23 *Κόρη Κόσμου* »Die Pupille (oder: Tochter) der Welt.«

Das C. H. ist nach und nach zw. dem 1. Jh. v. und dem 4. Jh. n. Chr. in Äg. entstanden. Es will nicht Angehörigen oder Teilnehmern eines organisierten und ritualisierten Kultes, sondern denkfähigen und inspirationsoffenen Lesern erlösende Weisheit vermitteln, welche sich nach Meinung der Vf. aus den übereinstimmenden (vgl. Tr. 16,2) griech. und äg., nach Meinung moderner Gelehrter noch aus einigen anderen Überlieferungen speist. Seine theolog. Grundlage ist die Gleichung zw. dem griech. Hermes und dem äg. → Thot ([4]; griech. *Τατ*, *Θουϑ*, *Θαϑ*, *Θοτ* u. ä.). Die Summierung der Qualitäten beider führt zur Bezeichnung Hermes Trismegistos. Obwohl dergestalt einer geworden, treten sie auch als zwei verschiedene Dialogpartner auf, zusammen mit anderen griech. und äg. Göttern und Begriffen. Es sprechen der Nous (in Tr. 1 = Poimandres) zu einem ungenannten Propheten oder (nach Tr. 13,15) Hermes in Tr. 1; zu Hermes in Tr. 11; Hermes zu Tat in Tr. 2,4,5,8,10,12,13 und Exc. 2,4,8,9,10,11,13,15, 26,28, zu Asklepios in Tr. 6,9,14 und im *λόγος τέλειος*, zu einem Sohn in NHC VI 6; Asklepios zu → Ammon in Tr. 16; Hermes zu Ammon in Exc. 3,6,7,12,14,19; Tat zu einem König in Tr. 17; → Isis zu → Horus in Exc. 22–25 und 29(?); Hermes spricht ohne bestimmten Adressaten in Tr. 3 und 7(?) und Exc. 1,5,16,18,20,21,27 (Tr. 18 ist ein Elogium auf die Kaiser, Exc. 17 gibt sich als Auszug aus einer »Aphrodite«; Exc.-Zählung nach der Reihenfolge bei Stob.). Adressaten sind zwischendurch aber auch immer »die Menschen«. Dahinter steht nicht nur das Phänomen von »Götterspaltung und Göttervereinigung« (Schrift von A. Bertholet, 1933) und das Schwanken in der Unterscheidung zw. Gott und Mensch (vgl. schon Plat. Phil. 18b), sondern auch die – eigentlich nur stilistisch aufgelöste – Darbietung der erlösenden Weisheit als Selbstgespräch. Je weiter dabei dennoch der Offenbarer in die Transzendenz und sein Partner in die Angewiesenheit auf Fremderlösung zu rücken scheinen, also die monistische Grundhaltung zu einer dualistischen wird, desto klarer würde die Lehre des C. H. in → Gnosis übergehen, so etwa in Tr. 1,4,7,13. Eine solche Klarheit ist freilich, dem Verzicht auf scharfe Trennung der Gedanken über alle anderen im C. H. angesprochenen Weltbereiche entsprechend, nur selten zu konstatieren.

In den Zwie-Selbst-Gesprächen, an denen sich zwischendurch noch eine Reihe anderer Götter und viele »Kräfte« und Elemente beteiligen, treten in Verbindung die Götter- und Menschenwelt, der Makro- und Mikrokosmos, der Welt- und Menschengeist, die sehr spirituell verdünnten und die fast materiell verdichteten Dinge. Auf der »oberen« Seite können die ganze Kosmologie (Tr. 2), viel Astrologie (Tr. 1,11. 14. 2,6f. 3,2. 5,3f. 8,4. 10,7. 13,7. 16,10–26. Ascl. 13. Kore K. 3. 20. 28f. Exc. 10; Parallelmaterial in [7] und [9]), allerlei Botanik und Zoologie (Tr. 3,3), Kräfte- und Götterlehre abgehandelt und einbezogen werden, auf der »unteren« Anthropologie, Ethik, Seelen- und Elementen (Kore K. 53–62)-Lehre. Alles kann auch dargeboten werden, als handele es sich um eine ritualisierte, z. B. an eine Taufe (Tr. 4,3–6; dazu [10]) gebundene Einweihung; Tr. 10 gibt sich als »Schlüssel« zum Mysterium (vgl. [11]). Es soll verinnerlicht und prophetisch verbreitet werden (Tr. 1,27–29; stillschweigende Konkurrenz zum Christentum?), es wird belehrend-offenbarend vorgetragen oder in Gebeten verherrlicht (Tr. 1,31f.; NHC VI 55,24–57,25). Die Bewertung der Welt schwankt zwischen Abglanz des Göttlichen (Tr. 5 kosmolog. Gottesbeweis) und Fülle des Bösen (Tr. 6,4), die der transzendenten Sprecher entsprechend zw. perorierendem Kenntnisvermittler und offenbarendem Erlöser, die des Erlösers zw. fremdem (niemals herabsteigendem!) Gott und homunculus in homine bzw. Geist in der Seele und im Leib (Tr. 13: Wiedergeburt), die der Stellung des Menschen zw. Unterdrückung unter das Schicksal (Tr. 3,4. 12,5. Exc. 6,2. 7,2. Ascl. 39f.) nebst Zerstörbarkeit der Seele infolge Unwissenheit (Tr. 7,1) und Aufstieg der Seele bei Auflösung des Körpers (Tr. 1, 24–26). Die menschl. Laster hängen mit den Metallen der Planeten zusammen, und erst recht positiv ist alles mit allem in Sympatheia verbunden (Tr. 16). Tod ist meist »Veränderung« (Tr. 8), Frömmigkeit ist die Erkenntnis Gottes (Tr. 9,4).

Die moderne Forschung hat im verständlichen Wunsch nach mehr Klarheit viel am Text konjiziert (Ta. v. W. Scott, Hermetica 1–4, Oxf. 1924 bis 1936) und Widersprüche durch Zuweisung an verschiedene Redaktionsschichten erklären wollen ([2]). Religionsgesch. gesehen, gaben Grund zur Herleitung aus Äg. die zw. Freiheit und Buchgebundenheit liegende Inspirationsart ([4]) und die Neigung, Götterattribute zu harmonisieren oder ältere und jüngere Träger desselben Götternamens zu scheiden ([1], 117); aus Iran die Vergleichbarkeit der Anthropogonie im Poimandres mit dem Gayomart-Mythus ([5], 3–37); aus dem Judentum die Anklänge an die LXX-Sprache und die Rückübersetzbarkeit der Kosmogonie ([8], 99–248); aus der Stoa die Sympathielehre und aus dem Platonismus die Trichotomie und die Korrespondenz zw. kosmolog. und anthropolog. Geistbegriffen ([3]). Hunderte von Einzelheiten fordern zu vielen ähnlichen Ableitungen heraus ([12]). Zumeist dürfte es sich nicht um Alternativen handeln. Die Feststellung, daß → Synkretismus vorliegt, ist keine Scheinaufhebung der Ursprungsprobleme, sondern trifft das Wesen.

Die hermet. Tradition war mit ihren verschiedenen Komponenten produktiv für ihre ständige Regeneration bis zum E. des 18. Jh.s hin, innerhalb dieser Zeit auch für chr. Theologie ([13], 115–42. 205–31; dazu Ps.-Dionysius Areopagita), → Alchemie ([6], 6–47), Kabbala und Renaissance ([15]) als verschieden universalen Modalitäten von Weltdeutung. Erst mit empir. Naturwissenschaft und analyt. Philos., die sie aber noch selbst mit provoziert hatte, und dem ihnen entsprechenden neuen Typ von Lit. verlor die Hermetik diese Bedeutung. C. C.

Ta. (maßgebend): *A. D. Nock–A.-J. Festugière*, Hermès Trismégiste/C. H., 4 Bde, Paris 1945–54.

Lit.: 1. *R. Reitzenstein* Poimandres, 1904. 2. *Th. Zielinski* Hermes u. d. Hermetik, ARW 8, 1905, 321–372. 9, 1906, 25–60. 3. *J. Kroll* Die Lehren d. Hermes Trismegistos, 1913. 4. *P. Boylan* Thot the Hermes of Egypt, Oxf. 1922. 5. *R. Reitzenstein–H. H. Schaeder*, Stud. z. ant. Synkretismus aus Iran u. Griechenland, 1926. 6. *J. Ruska* Tabula Smaragdina, 1926. 7. *F. Cumont*, Catal. Cod. Astrol. Graec. 8,1, Brüssel 1929. 8. *C. H. Dodd* The Bible and the Greeks, London 1935 (1954). 9. *W. Gundel* Neue astrolog. Texte d. Hermes Trismegistos, ABAW 12, 1936. 10. *A.-J. Festugière* Hermetica, Harv. Theol. Rev. 31, 1938, 1–20. 11. *G. van Moorsel* The Mysteries of Hermes Trismegistus, Utrecht 1955. 12. *A.-J. Festugière* La révélation d' Hermès Trismégiste, 1 Par. ^{3}1950. 2–4 Par. 1949/54. 13. *A. Wlosok* Laktanz u. d. philos. Gnosis, 1960. 14. *Ph. Derchain* L'authenticité de l' inspiration égyptienne dans le C. H., RHR 1962, 175–198. 15. *F. A. Yates* Giordano Bruno and the Hermetic Tradition, Chicago 1964. 16. *H. D. Betz* Schöpfung u. Erlösung im hermet. Frg. »Kore Kosmou«, Ztschr. f. Theol. u. Kirche 63, 1966, 160–87. 17. *G. Sfameni Gasparro*, Riv. di Stor. e Lett. Rel. 6, 1970, 1–37.

Crispus. 3. Flavius Iulius (gelegentlich Claudius bzw. Valerius) C., Caesar 317–326, Sohn → Constantins I. (1) und der Minervina (Zos. 2,20), * ca. 305. C., Consul 318, 321, 324, schlug 320 die Franken (Nazar. Paneg. 17. 36), 322/23 die Alamannen und befehligte im Krieg gegen → Licinius (II 3) 324 die Flotte (Anon. Vales. 23. 26 f.). 321/22 Heirat mit (sonst unbekannter) Helena (Cod. Theod. 9,38). Auf dem Weg nach Gallien wurde er in Pola auf Befehl des Vaters umgebracht, angeblich weil er seiner Stiefmutter → Fausta nachstellte bzw. sie ihn entsprechend verleumdete. Mz.: Mattingly RIC 7. A. L.

Culex. Lat. Epyllion der frühen Kaiserz. (nach Ovid, vgl. [3], 57 ff.) von der Mücke, die einen Hirten rettet, ihm im Traum von der Unterwelt berichtet und endlich ein formelles Begräbnis erhält. Bukol. Milieu und Epenparodie sind prägende Elemente. Seit Lucan ([3], 157 ff.) galt der C. als Jugendwerk Vergils: Das gezielte Pseudepigraphon (für Echtheit heute nur die Minderheit, vgl. Rostagni Virg. Min., ^{2}1961, 71 ff. Barrett, Lat. 1970, 348 ff.; CPh 1972, 280 ff., vgl. aber Fraenkel, Kl. Beitr. 2, 1964, 181 ff. u. [3]) stellt Vergil als Neoteriker und im Kontakt mit dem jungen Octavian (v. 1–41) vor. Die Überlieferung basiert auf zwei Strängen der App. Verg., δ und Z ε, vgl. Salvatore, Var. Litt. Lat. Scripta, 1964, 57 ff. Clausen, CPh 1964, 119 ff. Courtney, Bull. Inst. Cl. Stud. 1968, 133 ff. P. L. Sch.

Lit.-Ber.: *R. Henry*, AC 1937, 379 ff. *Westendorp*, in: Vergiliana, 1971, 398 ff. [3], 209 ff. *C. Conti*, Boll. Stud. Lat. 1973, 381 ff.

Ta.: In den Ausg. der App. Verg. (*A. Salvatore*, 1957 u. 1964, vgl. auch Crit. del testo, 1967, 97 ff. 131 ff. *R. Giomini*, ^{2}1962. *W. V. Clausen*, Oxf. 1966, 15 ff.), außerdem *M. Schmidt*, 1959.

Lit.: 1. *R. Helm*, H 1953, 49 ff. 2. *K. Büchner*, P. Vergilius Maro, 1955, 68 ff. (= RE VIII A 1088 ff.) 3. *D. Güntzschel* Beitr. z. Dat. des C., 1972.

Curiatius. II. Kaiserzeit: C. Maternus. Redner und Dichter der Z. Vespasians, verfaßte Tragödien myth. *(Thyestes, Medea, Agamemnon)* wie hist. (*Cato, Domitius, Nero;* zu Tac. dial. 11,2 vgl. aber Stroux, Philol. 1931, 338 ff.) Inhalts mit republikan. Tendenz (Tac. a. O. 3, vgl. noch 9,2). Wenn mit dem Redner ident., der bei Cass. Dio 67, 12 wegen antityrann. Äußerungen 91 stirbt (Matthiessen, AC 1970, 168 ff.), liegt dort ein chronol. Irrtum vor: Der Dialogus mit C. M. in der Hauptrolle, wo er den Positionen des Tacitus am nächsten kommt, spielt 76 (Koenen, Ztschr. Pap. Epigr. 13, 1974, 228 ff.) kurz vor C. M.' Tod (Cameron, CQ 1967, 258 ff.). P. L. Sch.

Schanz-Hos. 2,524 f. *H. Bardon* Litt. Lat. Inc. 2, 1956, 214 ff. *R. Syme* Tacitus, 1958, 104 ff. 798 f. *R. Hanslik*, Lustrum 1971/72, 263 ff.

Damnameneus (*Δαμναμενεύς*). Einer der → Daktyloi Idaioi, die das Eisenschmieden erfanden (Phoron. frg. 2,3. Kl. Skamon FGrH 476 F 6. Strab. 10,473). G. R.

Crusius, Myth. Lex. 1,946. *Prell.-Rob.* 1,658.

Delphinion. Heiligtümer des → Apollon Delphinios gab es wie in anderen griech. Städten, z. B. → Miletos (2), auch in Athen, wo der Tempel zudem der Artemis Delphinia geweiht war. Das athen. D. lag unmittelbar s. des Olympieion (Paus. 1,19,1), dabei sub divo eine Sühne- und Gerichtsstätte für gerechte Tötung, Aristot. Ath. pol. 57,3. Erhaltene Reste: Travlos Bildlex. z. Top. d. ant. Athen. 83 ff. W. H. G.

Dendrophori, in röm. Kaiserzeit Kultdiener der → Kybele und des → Attis bei der Dendrophoria, d. h. dem Fällen und Tragen einer hl. Pinie mit Attis-Symbolen am Kybele-Frühlingsfest *Arbor intrat* am 22. März (Lyd. mens. 4,59. Arnob. 5,16f. CIL I² p. 260. 313; vgl. bes. [1–3]), zugleich korporiert in *collegia d.*, die auch Kaufmanns- und Zimmermannszünfte waren (Waltzing Corporations 1,240 ff. Graillot Le culte de Cybèle 264 ff.), so z. B. in Ostia ([4]), Campanien ([5]), Gallien ([6]) und zahlr. röm. Provinzstädten (vgl. Kat. [1], 216f.). Nach Lyd. mens. 4,59 wurde die D.-Pompe zum Palatin von Kaiser → Claudius (II 39) in den röm. Staatskult eingeführt, doch ist die Datierung umstritten (vgl. bes. [7–8]). D. Wa.

1. *Cumont*, RE V 216ff. 2. *Hepding* Attis, ²1967, 149ff. 3. *Schepelern* Der Montanismus u. d. phryg. Kulte, 1929, 105ff. 4. *Meiggs* Roman Ostia, ²1973, 360ff. 5. *Tran Tam Tinh* Le culte des divinités orient. en Campanie, 1972, 85ff. 6. *Turcan* Les rel. de l'Asie dans la vallée du Rhône, 1972, 66. 81ff. 7. *Carcopino* Aspects myst. de la Rome paienne, 1941, 49ff. 8. *Lambrechts*, Bull. Inst. Belge de Rome 27, 1952, 141ff.

Dilmun, Tilmun, in Keilschrifttexten erwähnte Insel im Pers. Golf. Urnanše (um 2520 v. Chr.) und Gudea von Lagaš beziehen Holz aus D., → Sargon (1) von Akkade soll es in sein Reich einbezogen haben. Importe, bes. von Datteln und Kupfer (evtl. als Zwischenhandel) werden in Babylonien bis in die Z. Nabonids aus D. getätigt. → Sargon II. (3) bekämpft »König« Uperi von D., → Sanherib erhält aus D. Tribut. Die sumer. Myth. sah in D. das Paradies, in das auch der Sintflutheld Ziusudra (→ Xisuthros) versetzt wird. Dänische Ausgrabungen auf Bahrain (bei Qatar) bewiesen kulturelle Wechselbeziehungen mit Babylonien (seit ca. 2600 v. Chr.) und machten eine Identifikation mit D. wahrscheinlich. W. Rö.

P. V. Globb Al-Bahrain, Copenhagen 1969.

Zu **Diocletianus.** Ein im J. 1939 in → Nikomedeia gefundener Kaiserkopf wurde von F. K. Dörner als Portrait des Diocletianus identifiziert und AA 1939, 166 ff. mit Abb. 36–39 publiziert (vgl. A 17, 1941, 139 ff.; Ist. Forsch. 14, 1941, 46 Nr. 3 T. 10. Nach neuer photogr. Aufnahme von Hirmer veröffentlicht von W. F. Volbach Frühchr. Kunst, München 1958, Nr. 1), jetzt im Antikenmuseum von Istanbul ausgestellt. F. K. D.

Dionysia (*Διονύσια*), Name griech. Feste des → Dionysos ([1]), in Attika 1. ländl. D. (*Δ. τὰ κατ' ἀγρούς*) im Monat Poseideon (Dez./Jan.) mit Kanephorie, → Phallos-Pompe und »phallischem Lied« (Aristoph. Ach. 241 ff.; vgl. bes. [2], 42 ff. [3], 134 ff.), urspr. vordionys. Fruchtbarkeitsfest (s. o. Bd. IV 703), 2. städt. D. Athens (*Δ. τὰ ἐν ἄστει*, auch »Große D.« gen.) im Monat Elaphebolion (März/April), vermutl. im 6. Jh. v. Chr. von → Peisistratos (3) eingeführt, mit folgenden Festmomenten (Demosth. 21,10; vgl. bes. [2], 57 ff. [3], 138 ff.): 1. Vorangehende *εἰσαγωγή* mit Überführung des Kultbildes des Dionysos Eleuthereus und Stieropfer am Abend des 8. oder 9. Elaphebolion ([4]), viell. in Abb. auf rf. Krater ([5]; z. Diskussion [6], 23 ff.), 2. Festbeginn am Morgen des 10. mit großer Pompe ([7], 74 ff.), ebenfalls von Phallophorie begleitet, und anschließenden Chören von *παῖδες* und *ἄνδρες*, 3. abendl. → Komos; die Tage vom 11.–13., bzw. 14. (vgl. [2], 66), gehörten den Aufführungen von → Tragödie, → Satyrspiel, → Komödie, wodurch den D. Athens, »glänzendstes Fest nächst den → Panathenaia« ([8], 241), die bekannte überragende Bedeutung zukam. D. Wa.

1. *Nilsson* Griech. Feste, ²1957 (Überblick z. außeratt. D.). 2. *Pickard–Cambridge* The Dramatic Festivals of Athens, ²1968. 3. *Deubner* Att. Feste, ²1966. 4. *Stengel*, JDAI 31, 1916, 340ff. 5. *M. Schmidt*, Ant. Kunst 19, 1967, 70ff. 6. *Froning* Dithyrambos u. Vasenmalerei in Athen, 1971. 7. *Pfuhl* De Atheniensium pompis sacris, 1900. 8. *Stengel* Die griech. Kultusaltertümer, ³1920. 9. *Allen* On the Program of the City D. during the Peloponnesian War, 1938.

Dioskoros (*Διόσκορος*) aus Aphrodito in Oberäg., Anwalt und Gelegenheitsdichter, ca. 520 bis 585 n. Chr. Ein Pap.fund brachte das Privatarchiv des D. ans Licht, daher sind sein Leben und seine Verhältnisse gut bekannt. D., von Abstammung Kopte, war griech. gebildet und gehörte der grundbesitzenden Oberschicht an. Literar. interessiert, versuchte er sich selbst in Gedichten, meist zum Preis von Beamten oder zu Hochzeiten; Konzepte davon, mit Korrekturen und Varianten, sind auf den Pap. erhalten. D. zeigt sich darin als Dilettant im Strom der → Nonnos-Nachfolger, voll großer epischer Phrasen, aber im Kampf mit der Sprache. E. F.

Ta.: *E. Heitsch*, Die griech. Dichterfrg. d. röm. Kaiserzeit (AAG 49, 1961), Nr. 42.

Lit.: *Pack*² 348–356. *Christ-Schmid* 2,2,961f. *R. Keydell*, RE Suppl. VI 27ff. *G. Malz*, Studi in on. di A. Calderini e R. Paribeni 2, Milano 1957, 345–356. *T. Viljamaa* Stud. in Greek Encomiastic Poetry of the early Byz. Period, Helsinki 1968 (Soc. Sc. Fennica, Comm. Hum. Litt. 42,4).

Dirae. Frühkaiserzeitl. bukol. Gedicht, in dem der Dichter sein enteignetes Land mit einem Fluch belegt. Der Anschluß an Verg. ecl. 1 und 9 führt schon vor der Donat (Sueton)-Vita 17 zur Zuschreibung an Vergil (akzeptiert noch von GRAAF und ROSTAGNI Virg. Min., ^{2}1961, 353ff., dagegen V. D. ABEELE, RhM 1969, 145ff.). Mit v. 104 beginnt – in sachlichem Anschluß (vgl. v. 41. 89. 95 u. 107, gegen FRAENKEL: GOODYEAR) – ein neues, ohne ant. Autorität »Lydia« gen. Gedicht, viell. von demselben Vf. (vgl. DUCKWORTH Verg. and Class. Hex. Poetry, 1969, 85ff.), eine eleg. Klage eines von seiner Lydia getrennten Liebhabers. Beide Stücke sind ungeschieden in 2 Familien der App. Verg., M und Zε (vgl. COURTNEY, Bull. Inst. Cl. Stud. 1968, 133f.), überliefert. P. L. Sch.

Forschungsber.: *R. Henry*, AC 1937, 386ff. *Westendorp*, in: Vergiliana, 1971, 396ff. *C. Conti*, Boll. Stud. Lat. 1974, 229ff.

Ta.: In den Ausg. der App. Verg. (*A. Salvatore*, 1960 u. 1964. *R. Giomini*, ^{2}1962. *E. J. Kenney*, Oxf. 1966, 1ff.), dazu *C. v. d. Graaf*, 1945 und (nur Dirae) *E. Fraenkel*, JRS 1966, 142ff. *F. R. D. Goodyear*, Proc. Cambr. Phil. Soc. 1971, 30ff.

Lit.: *K. Büchner* P. Verg. Maro, 1955, 109ff. (= RE VIII A 1129ff.) *B. Luiselli* St. sulla poes. buc., 1967, 117ff.

Dissoi logoi. *Δισσοὶ λόγοι* = kontroverse Lehrsätze, – so die Anfangsworte einer anon. Schrift in dor. Dialekt, die kurz nach 404 v. Chr. verfaßt ist; sie ist in den Hss. des → Sextos (2) Emp. als eine Art Anhang erhalten. Die Themen, zu denen über obwaltende Kontroversen vorgetragen wird, sind: 1) gut und böse; 2) schön und häßlich; 3) gerecht und ungerecht; 4) wahr und falsch; [Lücke: 5) Vernunft und Unsinn]; 6) sind Kenntnis und Tüchtigkeit lehrbar oder nicht? Der Verf. dieser Schrift neigt zum Relativismus; was zu den genannten Themen vorgetragen wird, ist unvereinbar. Das gilt nicht nur von der philos. Diskussion; es gilt von den *νόμοι*, die bei versch. Völkern ganz unterschiedlich praktiziert werden. Das Erhaltene gibt eine eindrucksvolle Probe von der spätsophist. Eristik; in ihr ist die nachmalige hellenist. → Skepsis (→ Pyrrhon, → Arkesilaos 5, → Menedemos 8) bereits deutlich angelegt. H. D.

Ta.: *Diels* Vorsokr. Nr. 90 (II 405–416).

Elias (*Ἠλίας*). Chr. (s. [3], Introd. S. XX u. XXII) Neuplatoniker, viell. ident. mit dem Präfekten von Illyrien, an den Iustinian. Nov. 153 (12. Dez. 541) gerichtet ist ([2], 127f.). Die biograph. Nachrichten über ihn sind äußerst spärlich, die Werkzuweisungen beruhen mit einer Ausnahme (Komm. zu An. pr., vgl. [2], a. O.) auf Konjektur, so auch die jüngste der anon. Prolegomena in Plat. philos. ([3], Introd. S. L: »either Elias or an entirely unknown Alexandrian«). Gewöhnlich wird E. auf Grund inhaltl. und formaler Kriterien zusammen mit → David und Stephanos zur Schule des → Olympiodoros (5) gerechnet. Da für David, mit dessen Werken die des E. bes. enge Berührung zeigen, wahrscheinl. gemacht werden kann, daß er in Alexandreia lehrte, dürfte dies auch für E. gelten (eingeschränkt [3], Introd. S. XX, wo auch

Konstantinopel nicht ausgeschlossen wird). Auch die häufige Verwechslung von David und E. in der Überlieferung könnte nach [2], 131 schon auf die alexandrin. Schule selbst zurückgehen, in der viell. Vorlesungsnachschriften, die ohne ausdrückliche Namensnennung umliefen, Verwirrung stifteten. Die Reihenfolge der alexandrin. Scholarchen ließe sich dann mit [2], 129ff. folgendermaßen rekonstruieren: → Ammonios (9, † um 520 n. Chr.), → Eutokios, Olympiodoros († nach 565), E., David, Stephanos. E. müßte also ziemlich jung Präfekt geworden sein und sich als alter Mann noch einmal der Philos. gewidmet haben. Hier wird allerdings vieles hypothetisch bleiben müssen. F. Re.

1. In Porphyrii Isagogen et Aristot. Categorias, ed. *A. Busse*, CAG 18,1, 1900 (s. auch 4,5, S. XXVI–XXVIII: Sch. zu De Interpretatione). 2. In Aristot. An. pr. ed. *L. G. Westerink*, Mnem 14, 1961, 126–139. 3. Anonymous Proleg. to Platonic Philos., ed. *L. G. Westerink*, 1962. 4. *O. Gigon*, Aristot., Einführungsschriften, 1961, 322ff. (kurze Einführung, Übers. einiger Abschnitte des Kategorienkomm.). 5. *I. P. Sheldon-Williams*, in: *A. H. Armstrong* (Hrg.), The Cambr. Hist. of Later Gr. and Early Medieval Philos., ^{2}1970, 482f.

Elysion (*Ἠλύσιον*, sc. *πεδίον*), griech. Jenseitsvorstellung, zuerst Hom. Od. 4,561ff., ident. ([6], 93) mit den seit Hes. erg. 167ff. zit. »Inseln der Seligen« (*μακάρων νῆσοι*), ab ca. 7./6. Jh. v. Chr. bedeutungsgleich mit dem *τόπος εὐσεβῶν* (»Ort der Frommen«) in der → Unterwelt, rel.-gesch. einzuordnen in die weltweit verbreiteten ([5], 23ff. [16]. [21]) eschatolog. Utopien eines oft insular ([17]), meist amoen-parkähnlich gedachten ([18]) und lit. zuerst im 3. Jt. v. Chr. in Äg. (RÄRG 161f.) und Vord. Orient ([19], 16ff. [20]) belegten paradiesischen Jenseitsgefildes.

I. Topographie, Topik: Das E. liegt am → Okeanos und an den w. »Weltgrenzen« (*πείρατα γαίης*). Lokalisierungsversuche, so illusorisch sie sind (WILAM. GldH. 1^{2}, 133,3), haben seit der Ant. bis h. nie aufgehört (zuletzt [3]; Überblicke [15], 2474ff. [17]). Die Paradies-Topik ist seit Anf. stereotyp: der Milde des Klimas (schnee-, winter-, regenlos, dreifache Jahresfrucht: Hom., Hes. a. O.) und der Gartenkulisse (Blumenfülle, Wohlgeruch usf.: Pind. Frg. 129; O. 2,71ff. Lukian. vera hist. 2,5ff. [8] T. 36f.; vgl. noch Dantes »Paradiso Terrestre«, Purg. 28; [12], 2,156ff.) entsprechen ein »ganz leichtes Leben« (Hom.) und »Sorglosigkeit« (Hes.) mit Musik, Spiel, Kult (Pind. Frg. 129), Tanz und Gesang (Aristoph. Ran. 156f.), Symposien (Lukian. a. O. 14) usf. Das E. als »Wunschraum« und »Komplementärbereich« des Diesseits ist evident (gut zuletzt [1]), ebenso ist es *Aurea Aetas*-Dublette ([11], 17. 23. [16]. [7]).

II. Bewohner: 3 Phasen des E.-Glaubens lassen sich scheiden: 1. E.-Entrückung von *ἥρωες* noch zu Lebzeiten (Hom., Hes.), was das E. zunächst scharf vom Hades, den typ. »Toteninseln«

(vgl. bes. Prok. Goth. 4,20,47 ff.) und dem oft verglichenen äg. *Earu*-Gefilde (zuletzt [3], 11) trennt, doch parallelisiert mit sum. *Tilmun* (→ Dilmun [Nachtr. Bd. V]; PRITCHARD Anc. Near East. Texts ²44); Bedingung ist Götterverwandtschaft; E. ist = Unsterblichkeit (Hellan. FGrH 4 F 19b), doch nicht Apotheose, sondern »Gottähnlichkeit« ([6], 99); 2. E.-Aufnahme von ἥρωες nach dem Tod, so Achills (Pind. O. 2,79f.); 3. E.-Aufnahme von Menschen nach dem Tod infolge eth. Reinheit und bes. vorh. → Telete in die Mysterienrel., bes. die → Eleusinia (Belege [2]), was später dem Paradies-Zugang kraft chr. Taufe entspricht ([16], 309), erstmals angedeutet Hom. h. Dem. 480 ff., d.h. 7. Jh. (vgl. RICHARDSON, Komm. 310 ff.), dann Pind. O. 2,68 ff.; Frg. 129. Soph. Frg. 837 P. Plat. Gorg. 523 u.o.; seitdem ist das E. zunächst bedeutungsgleich, dann auch topograph. oft ident. mit dem τόπος εὐσεβῶν im Hades ([14], 48), so meist im röm. E.-Glauben ([7], 181), z.B. Verg. Aen. 6,637 ff. (NORDEN, Komm. ⁴295 ff.), in der röm. Grabkunst ([8], 64) usf.

III. Name, Herkunft: Neben kaum wahrscheinl. 1. sem. (E. = »Feld des El« [10]) und 2. heth. und damit idg. Etym. (*wellu-* = »meadowy field« [22]) stehen z.Z. bes. zur Diskussion 3. die kret. Herkunftsthese (nach [14] bes. NILSSON Minoan-Mycen. Religion ²621 ff.; GgrR 1³ 324 ff.; zuletzt [3], 11 f.), die freilich abhängig bleibt von der Deutung des Hag. Triada-Sarkophags (kritisch jetzt z.B. LONG The Ayia Triadha Sarcophagus, 1974, 48 f.), und 4. die bedenkenswerte griech. Abltg. ([9]): E. zu ἐνηλύσιος »vom Blitz getroffen« und damit ἱερός, der scheinbare Eigenname wäre durch ep. Mißverständnis entstanden: ἐνηλυσίῳ πεδίῳ > ἐν Ἠλυσίῳ πεδίῳ (ebenso [4]; kritisch [22], 67). D. Wa.

E.-Lit.: 1. *Gladigow*, Ztschr. f. Rel. u. Geistesgesch. 26, 1974, 289 ff. 2. *Graf* Eleusis u. d. orph. Dichtung Athens i. vorhellenist. Z., 1974, 79 ff. 3. *Marinatos*, Acts Int. Arch. Symp. Nikosia, 1973, 3 ff. 4. *Heubeck*, Kadmos 11, 1972, 87 ff. 5. *Jackson Knight* E., 1970. 6. *Roloff* Gottähnlichkeit, Vergöttlichung u. Erhöhung z. seligem Leben, 1970, 93 ff. 7. *Gatz* Weltalter, goldene Z. u. sinnverw. Vorst., 1967, 174 ff. 8. *Andreae* Stud. z. röm. Grabkunst, 1963, 62 ff. 131 ff. 9. *Burkert*, Glotta 49, 1961, 208 ff. 10. *Cocco*, Biblos 31, 1955, 401 ff. 11. *J. Kroll* E., 1953. 12. *Rüegg* Die Jenseitsvorstellungen vor Dante 1–2, 1945. 13. *Capelle*, ARW 25, 1927, 245 ff. 26, 1928, 17 ff. 14. *Malten*, JDAI 28, 1913, 35 ff. 15. *Waser*, RE V 2470 ff.
Sonst. Lit.: 16. *Eliade*, Diogenes 1, 1953/54, 301 ff. 17. *Schulten*, Geogr. Ztschr. 32, 1926, 229 ff. 18. *Schönbeck* Der locus amoenus von Hom. bis Hor., Diss. Heidelbg. 1962, 132 ff. 19. *Thapar*, Journ. Ec. Soc. Hist. Or. 18, 1975, 1 ff. 20. *Kramer*, Antiquity 37, 1963, 111 ff. 21. *Bertholet* Die Gefilde d. Seligen, 1903. 22. *Puhvel*, KZ 83, 1969, 64 ff.

Empusa (Ἔμπουσα; etym. unklar: FRISK 1, 508), weibl. Spukgestalt, die zur Gruppe böser Dämonen im griech. Volksglauben gehörte (vgl. dazu bes. [1–2]). Ihre Erscheinung ist gespenstisch (φάσμα), blitzschnell verwandlungsfähig (πολύμορφος) vom Monstrum über versch. Tierformen (Rind, Maulesel, Hund) zum Mädchen, so z.B. bei Aristoph. Ran. 288 ff. (gut RADERMACHER im Komm. ²175 ff.); bei Philostr. vit. Ap. 2,4 erscheint sie als nächtl. Wegespuk, ebd. 4,25 als Vampir wie → Lamia; nach Sch. Apoll. Rhod. 3,861 zählte sie zu den sog. Ἑκαταῖα, den Hekate-Gespenstern, und wegen ihres Eselsfußes hieß sie auch Ὀνοσκελίς u.ä. (Sch. Aristoph. Eccl. 1056; anderes: [3]). D. Wa.

1. *Herter*, Rhein. Jb. f. Vkde. 1, 1950, 112 ff. 2. *Lanata* Medicina magica e religione popolare in Grecia ..., 1967, 34 ff. 3. *Waser*, RE V 2540 ff.

Epione, »die die Schmerzen Lindernde« (zu ἤπιος Cornut. theol. 33), im Kult als Gemahlin des → Asklepios, dessen Name auch mit ἤπιος verknüpft wird, verehrt (dem lit. Quellen auch Xanthe [Hes. frg. 53 M.-W.], Lampetie [Hermipp. frg. 73 KOCK] oder Hygieia [Orph. h. 67,7] zur Frau geben). E. gilt als Tochter des Herakles (Ps.-Hippokr. epist. 10) und Mutter der myth. Ärzte → Machaon und → Podaleirios (Aristeid. FGrH 444 F 1) sowie der heilenden Gottheiten Iaso, → Akeso, Panakeia, auch der → Aigle (4) und der → Hygieia (Anon. Coll. Alex. p. 136. 137 POWELL; Maced. ebd. 138 f. Aristeid. or. 7 p. 318 K.), als deren Schwester Herodas 4,6 Epio nennt E. bleibt ohne Mythos, doch werden ihr Hilfe bei der Geburt und Kenntnis lindernder φάρμακα zugeschrieben (Krinagoras Anth. Pal. 6,244. 16,273. Maximus astrol. 205 ff.). E. wird vor allem in Epidauros, in Athen (wo E. auch als Schiffsname begegnet, IG II² 1611, 159. 1622, 721) und auf Kos, aber auch an anderen Orten angerufen und verehrt durch Hymnen (s.o.), Priestertümer (PATON-HICKS Inscr. of Cos 30. Sylloge³ 804. IG IV² 384), Opfer (IG IV² 126), Altäre und Statuen (Paus. 2, 27,5. 29,1; Relief Athen. Nationalmus. 1377) und vor allem durch Weihreliefs (Athen, Nationalmus. 1352 [= IG II² 4388]. 1426. 2418); vielfach ist unsicher, ob die Reliefs neben Asklepios E. darstellen, oder etwa Hygieia (vgl. die Deutungen von [7] mit denen von [3] zu Athen. Nationalmus. 1331. 1334. 1338. 1362. 1368 u.ö.); ähnlich unsicher ist die Erklärung vieler Münzdarstellungen (vgl. [4]), unwahrscheinlich die Deutung der Nike vom Asklepiostempel in Epidauros als E. (vgl. [8], 20–22). C. J. C.

1. *H. Usener* Götternamen, ³1948, 163–166. 2. *Ch. Blinkenberg* Asklepios og hans Fraender, 1893, 59–74. 3. *J.N. Svoronos (-W. Barth)* Das Athener Nationalmuseum, 1903–1912. 4. *E. Thraemer*, RE VI 186–190. 5. *F. Kutsch* Att. Heilgötter u. Heilheroen, RGVV 12,3, 1913, 30–33. 6. *E. und L. Edelstein* Asclepius I/II, 1945. 7. *U. Hausmann* Kunst u. Heiltum, 1948, 77–79. 8. *J.F. Crome* Die Skulpturen d. Asklepiostempels v. Epidauros, 1951, 20–22.

Epiphanie (ἐπιφάνεια), griech. rel. t. t. ab Anf. 3. Jh. v. Chr. für 1. persönl. »Erscheinung«

eines Gottes = direkte E., 2. göttl. »Machtoffenbarung« = indirekte E. ([1–3]; gute Def.: NOCK, Gn 29,229. NILSSON GgrR 2,214), h. rel.-gesch. Zentralbegriff, bes. auch in der bibl. Theologie (z.B. eschatol. E. u.a.), und verwandt, z.T. ident. mit den t. t. der Theo- und Hierophanie ([4–6]; z. Wortgesch., bes. i.d. Spätant.: neben [2] bes. [7–8]).

I. Geschichtl. Überblick: Der E.-Glaube war Eigenart versch. mediterr. Rel., so a) der äg. mit dem E.-Aspekt göttl. Inkarnation und Sohnschaft des Königs (= → Horus, Sohn des Re) und spez. E.-Formel kgl. »Erscheinens« *(Ḫʿw)* beim Krönungsakt, rel. Festen usf. als Manifestation des »Trägers der kosmischen Ordnung« ([9]), b) der kret., hier mit durch ekstat. Kulttanz und Gebet »bewirkter E.« und typ. E.-Gestus der erhobenen Arme (vgl. bes. [10], 27. [11], 26ff. [12], 14ff. NILSSON MMR^2 341ff.), c) der heth. mit »Hinzutreten« der Götter, Handreichung, E. in Schlachten und Traum-E. ([13]), d) der myk. ([14], 171. 236f. NILSSON MMR^2 179 Abb.83), e) der hom., wenngleich mit Beschränkung des E.-offenen Personenkreises, da *οὐ γάρ πως πάντεσσι θεοὶ φαίνονται ἐναργεῖς* (Od. 16,161; vgl. bes. [15], 83ff. [16], 46ff. [17], 15ff.), und war, »soweit die griech. Lit. reicht, immer griech. Glaube« ([3], 306). Daher nannte man die Griechen geradezu »das Volk der E.« ([1], 838) und sah zu Recht im E.-Glauben ein Wesensmerkmal der zur visio drängenden griech. Rel. ([2], 26. 83; gut: WILAM. GldH. 1^2, 22ff. [18], 45ff. [19], 68). Hierbei war bes. das Licht E.-Medium (gut [30]). Hingegen war für die röm. Rel. die E.-Scheu mit formelhaftem *fas sit vidisse* (sc. *deos*) typisch (Sen. epist. 115,4; WAGENVOORT Studies 184ff.).

II. Wort-, Kultgesch.: Mit [1–3] läßt sich gliedern in: 1. myth.-epische E., 2. hist.-kultische E., wobei zu 1. bereits die ganze Fülle bekannter griech. E.-Szenen zählt wie → Dionysos-E. (Hom. h. 7,2ff. Eur. Bakch. als das »Drama der E.« ([18], 120); ähnl. Nonn. Dion.), → Apollon-E. (Hom. Il. 1,44ff.; h. 3,399ff. 440ff. Apoll. Rhod. 2,674ff. 4,1706ff.), → Aphrodite-E. (Hom. h. 5, 68ff.), → Demeter-E. (Hom. h. 2,93ff. 188ff.) u.v.a., zu 2. die zahlr. E. bei Kulteinführungen und -übertragungen (Hdt. 6,105. Paus. 1,13,8. 6, 20,4. Ov. met. 15,669ff. u.o. [20], 88ff.), bei → Theoxenia und *ἐπιδημίαι*, d.h. period. Götteradventen (Alk. frg. 307,1c L.-P. Kall. h. 2,1ff. m. vorzügl. E.-Komm. b. [18], 67ff. KERÉNYI, Eranos-Jb. 13,11ff.; vgl. [21], 20ff.), ferner E. in versch. Kulten, so bes. im → Dioskuroi-Kult in Form der Rettungs-E. im Krieg (Paus. 4,16,5 = E. im Birnbaum! Cic. nat. 2,6 m. PEASE Komm. 553f. u.o.) oder als *ἄνωθεν ἐπιφαινόμενοι* in Seenot (Plut. mor. 426c; oft seit Hom. h. 33,12f.), einer überhaupt bes. typ. ant. E.-Situation ([22], 150ff. 436ff.), dann häufig im → Heroenkult (Hdt. 8, 38. FGrH 26 F 1,18. Paus. 1,32,5. 36,1. 6,6,7f. Philostr. her. p. 141,21ff. K.; vgl. NILSSON GgrR 1^2, 183f. 716f.), in den → Eleusinia (BURKERT Homo necans, 1972, 315f.), den Isis-Mysterien mit E. der *dei inferi et superi* (Apul. met. 11,23,8; DIBELIUS, SHAW 1917, 4,25ff.), im → Asklepios-Kult mit den Inkubations-E. des Volksglaubens, hier oft mit dem typ. E.-Gestus der »segnenden Hand« (reiche Belege: [23], 9ff. [24], 1ff.), in einer Reihe kleinasiat. Kulte mit Götterepitheton *ἐπιφανής*, so → Hekate *ἐπιφανεστάτη* mit hist. E. u.a. (KRAUS Hekate 43f.; Kat. b. STEINLEITNER Die Beicht, Diss. Münch. 1913, 15ff.), auch im → Herrscherkult mit *θεὸς ἐπιφανής*-Titel (vgl. bes. [25], 152ff. BUNGE, Hist. 23, 1974, 68ff.), oder die vielen privaten E., angef. von der Musen-E. bei Hes. theog. 22ff. (LATTE Kl. Schr. 60ff.; vgl. WEST Komm. 158ff. m. Lit. z. Frage d. »literary convention«) bis zu den »herbeigerufenen E.« in der späthellenist. → Theurgia (Iambl. myst. 2,3ff.; gut [2], 65ff.). Hierher gehören 3. die mimetisch dargestellten E. ([26]), was viell. schon kret. Ritus war, noch in Hdt. 1,60 vorliegt und als etr. Erbe ([26] z. Liv. 7,17,2ff.) im röm. → Triumphus greifbar ist, wo der röm. Feldherr im Iuppiter-Ornat »stellvertretende E. des Gottes« ist ([27], 181), 4. die im Kult künstl. produzierten E. oder E.-Vortäuschungen, z.T. auch zu Kriegslisten benutzt (Paus. 4,27,2. Polyain. 2,3,8; anderes [3], 294), z.B. *τεχνάσματα* beim als E. geltenden dionys. Weinwunder im korinth. Tempel (BONNER, AJA 33, 368ff.; erg. b. ELDERKIN, Hesp. 10,125ff.), Mechanismen beim beliebten E.-Türwunder, sprechende oder sich bewegende Götterbilder usf. ([18], 245ff.), auch die E.-Architektur von Tempeln wie z.B. die E.-Türen des Apollon-Tempels in Didyma, am Artemision in Magnesia u.a. ([28]). Hist. E.-Slg.en mit E.-Titel sind ab ca. Mitte 3.Jh. v.Chr. bezeugt (FGrH 81 T 1; 334 F 50ff.; 807 F 1), damit zeitnah mit dem frühesten techn. E.-Beleg 278 v.Chr. (Sylloge^3 398,17; vgl. [23], 49) und sicher in Vbdg. mit den seit der rasch berühmten E. beim Gallierangriff auf Delphi 279/78 (Paus. 10,23 u.o.) sich auffällig häufenden hist. E. und dem so gerade ab 3.Jh. überall neu erstarkten E.-Glauben (HAHLAND, JOEAI 38,89ff. WILAM. GldH 2^2, 350), doch dürften lokale Tempelarchive nach Art der 99 v.Chr. entstandenen Lindos-Chronik (FGrH 532 D) zeitl. vorangegangen sein. D. Wa.

1. *Pax*, RACh 5, 1962, 832ff. 2. *Ders.* *ΕΠΙΦΑΝΕΙΑ*, 1955 (als bisher einzige E.-Monographie grundlegend). 3. *Pfister*, RE Suppl. IV 277ff. 4. *Rieser* Messianism and E., 1973. 5. *Pax*, in: *Fries* HB. theolog. Grundbegriffe 1, 1962, 288ff. 6. *Eliade* Die Rel. u. das Hl., 1954, 19ff. 7. *Vermeulen* Le développement sémasiol. d'E., in: Graecitas et Latinitas Christianorum Primaeva, Suppl. I, 1964, 8ff. 8. *Mohrmann*, Ét. sur le latin des chrétiens 1^2, 1961, 245ff. 9. *Goedicke* Die Stellung d. Königs i. AR., 1960, 10; vgl. bes. *Frankfort* Kingship and the Gods 5. 36ff. RÄRG 380ff. *Morenz* Äg. Rel. 35ff. *Kl. Müller*, Paideuma 19/20, 1973/74, 100ff. 10. *Matz* Göttererscheinung

u. Kultbild i. min. Kreta, AAMz 1958. 11. *E. Brandt* Gruß u. Gebet, 1965. 12. *Vermeule* Götterkult, Arch. Hom. 3, 1974. 13. 13. *Steiner*, in: Reallex. d. Assyriol. 3, 1957/71, 570. 572f. 14. *Dietrich* The Origins of Greek Rel., 1974. 15. *Kullmann* Das Wirken d. Götter i. d. Ilias, 1956. 16. *Ehnmark* Anthropomorphism and Miracle, Uppsala Univ. Årsskr. 1939. 17. *Beckel* Götterbeistand i. d. Bildüberlieferung griech. Heldensagen, 1961. 18. *Weinreich* Religionsgesch. Studien, 1968. 19. *Dodds* Die Griechen u. d. Irrationale, 1970. 20. *E. Schmidt* Kultübertragungen, 1909, 21. *Weniger*, ARW 22, 1923/24, 20ff. 22. *Wachsmuth* *Πόμπιμος ὁ δαίμων*, Diss. FU Bln. 1967. 23. *Herzog* Die Wunderheilungen v. Epidauros, Philol. Suppl. 22, 3, 1931. 24. *Weinreich* Ant. Heilungswunder, [2]1969. 25. *Nock* Essays on Rel. and the Anc. World 1, 1972. 26. *Kiechle*, Hist. 19, 1970, 259ff. 27. *Pfiffig* Religio Etrusca, 1975. 28. *P. Hommel*, MDAI (Ist.) 7, 1957, 29ff. 29. *Rostowzew*, Klio 16, 1920, 203ff. 30. *Bremer*, Ztschr. f. Rel. u. Geistesgesch. 27, 1975, 1ff.

Erythrai. 2. Eine der 12 um das → Panionion zusammengeschlossenen ion. Städte an der kleinasiat. Westküste gegenüber → Chios n. vom h. Cesme an der Bucht von Ildir. Nach der Gründungslegende verdankt die Stadt Kretern ihren Ursprung. Doch sprachen nach Ausweis der frühesten Inschr. die Einwohner von E. ion. Dialekt. Hier löste sich lyd. und pers. Herrschaft ab. Am Ionischen Aufstand beteiligte sich die Stadt mit 8 Schiffen und trat daher 479 der hellenischen Symmachie und in der Folge dem att.-del. Seebund bei; der enorm hohe Beitrag, den die Stadt hier zahlte, zeugt von ihrem Wohlstand in diesen Jahren. Auch im 4. Jh. hat E. sich diesen Wohlstand erhalten können. In hellenist. Z. wechselten ptolem., seleukid. und attalid. Einfluß in E. mehrfach ab, und als 129 die röm. Provinz Asia konstituiert wurde, konnte E. möglicherweise noch den Status einer freien Stadt eine Zeit lang wahren. – Gut ist noch die günstige Siedlungslage von E. zu erkennen – der 85 m hohe Hügel der Akropolis, der durch vorgelagerte Inseln geschützte große Hafen –, aber von den Baulichkeiten der Stadt ist im wesentlichen nur noch der über 4 km lange Mauerring aus hellenist. Z. zu sehen, ebenso Reste des Theaters; was sonst zu sehen war, ist im 19. Jh. für Bauten in der Umgebung abgetragen worden. E. O.

Bürchner, RE VI 575ff. *D. Magie* Roman Rule in Asia Minor, Princeton 1950, 897, 106f. *G. E. Bean* Kleinasien 1, Stuttg. 1969, 153ff.

Euagrios. 4. E. Scholastikos aus Epiphaneia (2), um 536– um 600, setzte mit einer 6 B. umfassenden KG. erklärtermaßen die von → Eusebios (7) begründete Kirchengeschichtsschreibung im Anschluß an → Sokrates (5), → Sozomenos, → Theodoretos (1) für die Z. von 431 (Konzil von Ephesos) bis 593 fort. Rechtgläubigkeit, daneben aber Weitschweifigkeit hebt bereits → Photios (1) hervor. Die Profangesch. ist in ungewöhnlich großem Ausmaß berücksichtigt. Dem entsprechen

ein Überblick über ihre Autoren seit Ephoros, Nennung Prokops und deutliche Anklänge an die klass. Historiographie, bes. Thukydides. Mit der Einlage von wörtlich wiedergegebenen Dokumenten ist dagegen der spezifisch kirchengesch. Charakter auch in der Form des als Quelle wichtigen Werkes gewahrt. B. R. V.

Ta.: *J. Bidez* und *L. Parmentier*, 1898. *Migne* PG 86,2. Lit.: *Krumbacher* 245f. *Altaner* [7]229.

Euterpe (*Εὐτέρπη*). Eine der → Musen (Hes. theog. 77. Apollod. 1,3,1,2), die neben *μαθήματα* (Sch. Apoll. Rhod. 3,1 b) und *παιδεία* (Diod. 4,7. Cornut. 14) besonders für das Flötenspiel zuständig war (Hor. c. 1,1,33. Sch. Eur. Rhes. 346. Sch. Hes. theog. 76. Myth. Vat. 1,114. 2,24). Nach Apollod. FGrH 244 F 146. Herakleid. frg. 159 Wehrli ist E. von Strymon Mutter des → Rhesos (vgl. Apollod. 1,3,4. Sch. Hom. Il. 10,435. Serv. auct. Aen. 1,469). Seit 4. Jh. v. Chr. als *euturpa* auf etr. Spiegeln im Musenwettstreit mit → Thamyris (C. de Simone Die griech. Entlehnungen im Etr. 1,64); E. nimmt auf dem Pergamonfries am Gigantenkampf teil. G. R.

Grimal Dict. 304. 408.

Farne. Mehrere Arten dieser Sporenpflanzen werden in der ant. Lit. hinsichtl. ihres Aussehens und ihrer Eigenschaften beschrieben; als wichtigste sind zu nennen: 1. Dryopteris (Nephrodium) Filix-mas L. (*πτερίς, πτέριον. filix*), der echte Wurmfarn (Theophr. h. plant. 1,10,5). Als Ackerunkraut gefürchtet (Verg. georg. 2,189. Hor. s. 1,3,37. Colum. 11,2,62. Plin. nat. 18,45), als Stallstreu verwendet (Verg. a. O. 3,297), durch lagernde Schafe wie durch deren Dung vernichtet (Theophr. 8,7,7). Med. Anwendung (bes. der im Herbst gesammelten Wurzel) in Honig gegen Bandwürmer, in Wein gegen Spulwürmer; bewirkt aber bei Frauen Abortus bzw. Unfruchtbarkeit (Theophr. 9,20,5. Dioskur. 4,184. Gal. simpl. med. 8,39. Alex. Trall. 2,597 P. Paul. Aeg. 7,3. Plin. 27,78ff.). Auch äußerl. Anwendung bei eiternden Geschwüren (Plin. a. O.) und um Holz- (bzw. Rohr-) Splitter aus der Haut zu treiben (Cels. 5,26,35. Plin. 24, 85). Die Blätter (auch deren Asche) vertreiben Wanzen und Schlangen. – 2. Pteridium aquilinum L. (*θηλύπτερις, νυμφαία πτερίς*), Adlerfarn. Offizinelle Anwendung wie bei Nr. 1 (Theophr. 9, 18,8. Dioskur. 4,185. Plin. a. O.). – 3. Asplenium trichomanes L. (*τριχομανὲς τὸ λευκόν*), Frauenhaar. Ebenso wie der folgende öfter als wasserabstoßend beschrieben (Theophr. 7,14,1. Plin. 22,62ff. 25,132 u. a.). In Öl verrieben als Mittel gegen Haarausfall, doch auch gegen Harnzwang in Gebrauch. – 4. Adiantum capillus Veneris L. (*τριχομανὲς τὸ μέλαν, ἀδίαντον, πολύτριχον, καλλίθριξ. adiantum, capillus Veneris, saxifraga* [?]), Venushaar. Med. Anwendungsbereich: gegen Nieren- und Blasensteine, als Diureticum, gegen Giftbisse. – Belege und weiteres Material bei Olck, RE VII 87–91. H. Gä.

Frankolin-Huhn (Tetrao orientalis, Francolinus), ἀτταγᾶς, ἀτταγήν, *attagen*, *attagena*; ein lat. Wort fehlt. Rebhuhnartiger, doch etwas kleinerer Laufvogel mit kurzen Flügeln und gezeichnetem Rücken ([Aristot.] hist. an. 9,633b 1. Alex. Mynd. b. Athen. 9,387f), h. bes. in Asien und Afrika, im Alt. teilw. in Griechenland (Aristoph. Av. 875), später auch in Spanien, Gallien und den Alpenländern verbreitet (Plin. nat. 10,133, falls dort dies. Art gemeint ist), doch meist als kleinasiat. Vogel bezeichnet (Hor. epod. 2,54. Ov. fast. 6,175. Martial. 13,61,2 u.a.). Sein staubaufwirbelnder Gang war sprichwörtlich (Aristoph. Vesp. 257), Ber. über Versagen oder Veränderung seiner Stimme bei geänderten Lebensbedingungen, bes. in Gefangenschaft, verbreitet (Sokrates [s. GUDEMAN, RE III A 809] b. Athen. a.O. Plin. a.O.). Im übrigen erscheint er fast ausschließl. als exquisiter Leckerbissen (Hipponax frg. 36,1 B. Aristoph. Ach. 875. Phoinikid. com. 2,5 KOCK. Varro Men. 403 BUE. Hor. a.O. Martial. 2,37,3 u.a.). Auffallend geringer Höchstpreis im Ed. Diocl. 4,30. Schönes Mosaik aus Thysdrus bei [1], 159. W. R.

1. *O.Keller* Ant. Tierwelt 2, 1913, 158ff. 2. *D'Arcy W. Thompson* Glossary of Greek Birds, ²1936, 60f.

Ganymeda (*Γανυμήδα*). Alter Kultname der → Hebe in Phlius, in deren Heiligtum Gefangenen- und Sklavenfreilassungen stattfanden (Paus. 2,13,3f.); ihr Fest hieß *Κισσοτόμοι*. G. R.

Prell.-Rob. 1,499. *Nilsson* Griech. Feste 39.

Graien (oder → Phorkiden), Töchter des → Phorkys (1) und der → Keto, von Geburt grau, Schwestern der → Gorgonen (Hes. theog. 270ff. Sch. Lykophr. 846), Pemphredo und Enyo (Hes. a.O. Sch. Lykophr. 838. Ov. met. 4,774f.). Aischyl. Prom. 794f. nennt drei G., die nur einen Zahn und ein Auge haben; der Name der dritten ist Deino (Pherek. FGrH 3 F 11. Apollod. 2,4,2,3) oder Perso (Heracl. incred. 13. Hyg. fab. praef. 9). Die G. gehören zum Mythos des → Perseus (1). Bei Pherek. nimmt dieser ihnen das einzige Auge und erhält nach Rückgabe Hinweise auf Hadeskappe und Flügelschuhe; in den *Φορκίδες* (TGF p. 83) des Aischyl. sind sie die Wächterinnen der Gorgonen, die Perseus nach Raub des Auges überfällt (Ps.-Eratosth. cat. 22. Hyg. astr. 2,12). Euhemerist. Deutung bei Palaiph. 32. G. R.

Prell.-Rob. 2,225. *Kern* Rel. d. Griech. 1,244. *Rose* Griech. Myth. 26f. *Herzog-Hauser*, WS 51, 1933, 66ff. *Grimal* Dict. 169. *Rapp*, Myth. Lex. 1,1729ff.

Graikos (*Γραικός*). Sohn des Zeus und der → Pandora (Hes. frg. 4,3 Rz.; nach Lyd. mens. 1,13 Bruder des → Latinus 1) oder Sohn des → Thessalos (1; Steph. Byz. s. v.; vgl. Serv. Aen. 2,4 *Thessali a Graeco rege*), gab angeblich den *Γραικοί* ihren Namen (Kall. frg. 11,6. 514 PF.). G. R.

Gruppe Griech. Myth. 715,6. *Stoll*, Myth. Lex. 1,1738.

Haliakmon (*Ἁλιάκμων*). Der größte Fluß des s. Makedonien, h. Vistritza (amtl. H.), entspringt s. des Prespasees, durchfließt die Landschaften Orestis (→ Orestai) und → Elimea und mündet an der W.-Küste des Golfs von Saloniki. Die Küstenlinie ist durch starke Anschwemmungen h. ganz verändert und verlief im Alt. bedeutend mehr landeinwärts. Skyl. 66. Hdt. 7,127,1. Strab. 7 p. 329 frg. 5. 12. 14. p. 330 frg. 20. 22. Ptol. 3,12,12. Plin. nat. 4,34. Caes. civ. 3,36,3. Durch das untere H.-tal verlief eine wichtige Straße über die → kambunischen Berge nach Thessalien, Hdt. 7,173,4. Liv. 42,53,5. E. M.

E. Meyer, RE Suppl. XI 674f.

Helenopolis (vgl. Amm. 26,8,1), die zu Ehren der hier geborenen Mutter Konstantins des Großen, → Helena (1), umbenannte Ortschaft Drepanon am Astakenischen Meerbusen in Bithynien, beim h. Hersek am Marmara-Meer. Auch Kaiser Iustinian hat die Stadt baulich ausgestaltet (Prok. aedif. 5,2), ohne daß H. diesen Wohlstand lange Z. bewahren konnte. E. O.

W. Ruge, RE V 1697.

Hephthalitai, hunn. Volk (nicht Muttervolk, aus dem sich dann andere Hunnen lösten). Die H., kaum ident. mit den Chioniten bei Amm. 16,9. 19,1f., kamen viell. erst ca. 450 aus Zentralasien (Altaigebirge) und begründeten dann (vgl. → Peroz) ein bis ca. 560 bestehendes »Reich« in → Baktrien und der → Sogdiana (Ausdehnung im Detail umstritten). Nach Prokop. 1,3 (vgl. 6f. Menand. frg. 18) gab es neben dem König noch eine Art Adel, worauf auch Reste von Burgen hinweisen. Mz. der H. bzw. Kontermarken auf sassanid. Mz. sind von ca. 480 an faßbar. A. L.

F. Altheim Gesch. d. Hunnen, 1958/62. *R. Göbl* Dokumente z. Gesch. d. iran. Hunnen, 1966. *F. Humbach* Baktr. Sprachdenkmäler, 1966/67. *A. Lippold*, RE Suppl. XIV 127ff.

Herakleios. 5. Röm. Kaiser 610–641; H. erhob sich als Exarch von Karthago gegen Phokas und setzte sich rasch durch. Dem darniederliegenden Reich gingen von 611–621 die vorderasiat. Gebiete, Äg. und Teile Kleinasiens verloren; erheblich schritt zugleich die Slavisierung (Serben, Kroaten) des Balkans, einschließlich Griechenlands (bes. Peloponnes), fort. Eine lockere Oberhoheit des H. wurde zwar durch die Slaven anerkannt, doch neben Konstantinopel u. Thessalonike blieben im Balkan nur wenige Stützpunkte (bes. in Dalmatien) in seiner Hand. Von 623 an errang H. Siege über die Perser und wehrte den Ansturm der Avaren ab (dazu Georgios Pisides ed. A. PERTUSI, Ettal 1960). Zwischen 634 und 641 gingen dem nun kränklichen H. die vorderasiat. Länder und Äg. verloren, diesmal an den Kalifen Omar, der nach Mohammeds Tod (632) das arab. Großreich begründete. Auch der spanische Besitz mußte aufgegeben werden. Gegen die z.B. von OSTROGORSKY (Gesch. des byz. Staates, ³1963, 80ff.) vertretene These, daß H. ein großer Reformer gewesen sei und ihm wesentlicher Anteil an der byz. Themenordnung, d.h. der Einteilung des Reiches in Militärbezirke, zukomme, wurden gewichtige Einwände erhoben (bes. J. KARAYANNOPULOS Die Entstehung der byz. Themenordnung, 1959; Jb. Österr. Byz. Ges. 10, 1961, 53ff.). Vor allem Notizen bei Constantinus Porph. (de themat., dazu ENSSLIN, ByzZ 46,362f.) verweisen darauf, daß man H. wenigstens Förderung der Verwaltungsreform zubilligen sollte. H. war um die Kircheneinheit bemüht. Unter ihm wurde Griechisch zur alleinigen Amtssprache. Er führte (wohl seit 629) offiziell den Titel Basileus. Verheiratet war er mit Fabia Eudokia und nach ihrem Tod (612) mit seiner Nichte Martina. Mit einigem Vorbehalt darf seine Regierungszeit noch als Übergang von der spätröm. zur eigentlich byz. Epoche Ostroms angesehen werden. A. L.

A. N. Stratos Byzantium in the VIIth century 1, 1968.

Hieroduloi (ἱερόδουλοι = ἱεροὶ δοῦλοι), hl. Sklaven, Tempelsklaven, von [1] wegen der rechtl.-wirtschaftsgesch.-sozialen Vieldeutigkeit des Begriffs mit »Gotthörige« umschrieben, da keineswegs stets der jurist. Status der »Unfreiheit« damit verbunden war, auch bezeichnet der t. t. an sich nicht, wie oft irreführend gemeint, die sakrale Prostitution (kritisch z. B. [2]); das Wort ist erst seit Mitte 3. Jh. v. Chr. in äg. Pap. nachweisbar ([1], 9) und dürfte von Äg. sich ausgebreitet haben ([3], 162), im griech. Mutterland erstmals 146/45 v. Chr. in Delos-Inschr. erwähnt ([4], 505), dann bes. oft bei Strabo mit Belegen aus dem kleinas. Raum, z. B. je 6000 männl. und weibl. H. als »Leibeigene« ([3], 168) der ἱερὰ χώρα in beiden → Komana (Strab. 12,535. 557ff.; zur vorderas. »H.-Göttin« Ištar-Astarte-Aphrodite [5], 31ff.; vgl. zuletzt [6], 25ff.; weitere griech. Belege [3], 153ff. [7]). D. Wa.

1. *W. Otto*, ABAW 29, 1950 (grundlegend). 2. *Conzelmann*, NAG 1967 Nr. 8, 247ff. 3. *Bömer*, AAMz 1960 Nr. 1, 149ff. 4. *Bruneau* Rech. sur les cultes de Délos, 1970. 5. *Fauth*, AAMz 1966 Nr. 4. 6. *Haas-Thiel* Die Beschwörungsrituale der Allaiturah(h)i u. verw. Texte (i. Ersch.) 25ff. 7. *Hepding*, RE VIII 1459ff.

Hieromnemones (ἱερομνήμονες), Verwaltungsbeamte im Sakralbereich (ant. Def.: Phot. Suda s. v. Anecd. Bekk. 1,266), z. B. bei Aristot. pol. 6,1321 b 39 nur im Namen unterschieden vom profanen Amtstitel μνήμονες (vgl. RE XV 2262); mit versch. Funktionen ([1]): am bekanntesten als t. t. der Abgeordneten bei der delph. → Amphiktyonia (Aristoph. Nub. 623f. Demosth. 18,148f. m. Sch. [2] Nr. 78, 39ff.; H.-Verz. ab 4. Jh.: RE IV 2679ff. [5]), oft Vermögensverwalter von ἱερά und in der Charge des staatl. obersten Kassenwarts, z. B. auf Thasos ([3], 404. [4] m. Inschr.-Belegen), in Tauromenion (IG XIV 423ff. Sylloge^3 954) usf.; nur vereinzelt = Priester (Plut. mor. 730d). D. Wa.

1. *Hepding*, RE VIII 1490ff. 2. *Sokolowski* Lois sacrées des cités grecques, 1969. 3. *Pouilloux* Rech. sur l'hist. et les cultes de Thasos 1, 1954. 4. *Martin*, BCH 64/65, 1940/41, 191ff. 5. *P. de La Coste-Messelière*, Mél. hell. off. G. Daux, 1974, 299ff.

Hischylos (hισχυλος in altatt. Buchstaben). Der etwa 535–515 nachweisbare att. Töpfer steht auf der auch für die Gefäßformen wichtigen Grenze zw. sf. und rf. Maltechnik (→ Vasen). Er schuf drei sf. Schalen (BEAZLEY AV 2,166. 172. 688), rf. Augenschalen sowie andere z. T. nur fragmentiert erhaltene früh-rf. Schalen, die von einer ganzen Reihe von Vasenmalern verziert wurden: Sakonides, → Epiktetos (2), Pheidippos, den H.-Maler und den Maler der Cambridger H.-Schale. Er scheint demnach eine gut gehende Töpferwerkstatt betrieben zu haben. BLOESCH Formen att. Schalen 31ff. 161. BEAZLEY ARVP^2 161f. 1629f. W. H. G.

Hispania, Geschichte. Nach der o. Bd. II 1187ff. skizzierten Vorgesch. und Küstenbesiedlung durch griech. Kolonien wurde H. Streitobjekt zwischen Karthago und Rom. Der 1. röm.-karthag. Vertrag kennt keine röm. Expansion in H., der 2. sperrt sie vor Mastia, Pol. 3,23f. R. WERNER, in: H. BENGTSON Die Staatsverträge d. Alt. 2, 1962, Nr. 121. 326. → Hamilkar (3) eroberte seit 237 den S. und SO. von H., → Hasdrubal (2) gründete Neukarthago, erweiterte den karthag. Machtbereich, als dessen Grenze er 226 den Ebro anerkannte. Im 2. pun. Kriege wurde H. durch → Hannibal (5) Nebenkriegsschauplatz. 218 gewannen Cn. → Cornelius (I 76) Scipio und sein Bruder P. → Cornelius (I 67) in → Emporiae und → Tarraco Stützpunkte für einen Kleinkrieg, wurden aber 211 im Landesinnern mit ihren Truppen vernichtet. 209 eroberte der gleichnamige Sohn des gefallenen P. Cornelius Scipio Neukarthago, siegte 208 bei Baecula und 206 bei → Ilipa. Im Frieden von 201 fiel H. an Rom.

Die Römer teilten 197 H. in zwei Provinzen unter je einem Praetor: H. citerior (Tarraconensis, O. und S.-küste) und ulterior (SO.-küste und Baetica), getrennt durch den → Anas und Saltus Castulonensis (Sierra Morena). Mit den Gebirgsstämmen führten sie zahllose Kämpfe, hier sind nur die wichtigsten zu nennen. M. Porcius → Cato (4) schlug 195 die keltib. Lusoner, 190 erlitt L. → Aemilius (I 22) Paulus eine Niederlage. T. Sempronius → Gracchus (7) sorgte 181–179 durch Verträge, Bürgerrechtsverleihungen und Gründung von Graccuris für 25jährige Ruhe, 154 brach das »Kriegsfeuer« (Pol. 35,1,6) in Lusitanien aus. Es zwang Rom, den Amtsantritt des Konsuls Q. → Fulvius (I 28) Nobilior vom 1. März 153 auf den 1. Jan. zu verlegen. Dienstverweigerungen, Unentschlossenheit, ob radikales Vorgehen oder Verhandlungen angebracht, verlängerten den Krieg. → Viriatus hielt sich 145–140. Nach der Demütigung (137) des C. → Hostilius (11) Mancinus brachte die Zerstörung → Numantias 133 Frieden, H. SIMON Roms Kriege in Spanien, 1962. In den Bürgerkriegen des 1. Jh.s schuf sich → Sertorius 80–72 einen romähnlichen Staat in H., Pompeius seine Hausmacht, gewann Caesar 45 seinen letzten Sieg.

Im kantabr. Feldzug 26–19 befriedete Augustus H. völlig, W. SCHMITTHENNER, Hist. 11, 1962, 29ff.

In der Kaiserzeit zerfiel H. in 3 Provinzen: citerior-Tarraconensis unter einem *legatus Augusti pro praetore* mit 7 → *conventus* (1) *iuridici*, Lusitania unter einem kaiserl. Legaten mit 4 *conventus*, Baetica als Senatsprovinz unter einem *proconsul* mit 4 *conventus*. G. ALFÖLDY Fasti Hispanienses, 1969. Mit der Anlage von Kolonien und Municipien förderten Caesar und Augustus die Romanisierung in H. Sie zeigt sich in der Herkunft der Kaiser Galba, Traian, Hadrian, Theodosius und Maximus und Literaten Seneca, Lucan, Martial u.a. F. VITTINGHOFF, AAMz 14, 1951, 72ff. 104ff. H. GALSTERER, Madrid. Forschg. 8, 1971. R. WIEGELS, BJ 173, 1973, 560ff. Vespasian schenkte 73 den peregrinen Gemeinden das latin. Recht. J. DEININGER, Vestigia 6, 1965, 121f. (z. Kaiserkult). Zum regen Wirtschaftsleben (→ gladius, Bergbaugesetze) J. J. VAN NOSTRAND, in: An economic survey of Ancient Rome 3, 1937, 121ff. H, war früh chr., Tert. adv. Iud. Nach verschiedenen germ. Einfällen entstand in H. 470 das → Westgotenreich. A. SCHULTEN, RE VIII 2033ff. J. M. ROLDAN HERVAS H. y el Ejercito Romano, 1974. G. ALFÖLDY Flamines provinciae Hispaniae citerioris, 1973. H. V.

Jenseitsvorstellungen s. Elysion (Nachtr. Bd. V). Unterwelt

Innocentius. Bischof v. Rom (Papst), 21. Dez. 402–12. März 417, Nachfolger des → Anastasius (2), trat italischen Bischöfen gegenüber autoritär auf. Er bemühte sich aber auch sonst, wie aus seinen Dekretalen (den ersten, die kanonistisches Interesse gesammelt) ersichtlich, energisch um Ausbau des Primates, sei es nun in Gallien, in Afrika (dort erst 417 anläßlich des Streites um → Pelagius) oder Ostillyricum (Bischof von Thessalonike als eine Art *vicarius* des Papstes). So verlangte er für kirchliche Ordnung den röm. Brauch als Norm anzusehen und alle wichtigen Fälle *(causae maiores)* in Rom vorzulegen. 404/05 nahm I. ohne Wirkung Partei für → Iohannes (15; Nachtr. Bd. V) Chrysostomos (Pallad. vita Chrys.). Bei der Einnahme Roms durch die Goten im J. 410 weilte I. in Ravenna (Oros. 7,39; vgl. Zos. 5, 41. Soz. 9,7). – Briefe: MIGNE PL 20,463/638. A. L.

Iobaritai (*'Ιωβαρῖται*), ein nur von Ptol. 6,7,24 erwähntes Volk in S.-Arabien, das im Hinterland des → Sachalites zu suchen ist. Möglicherweise ist es ident. mit dem Stamm Yuhba'r, aus dem der ḥaḍramit. König Yada''īl Bayyin hervorging. A. D.

H. v. Wissmann und *M. Höfner* Beitr. zur hist. Geogr. des vorislam. S.-Arabien, AAMz, Geistes- und Sozialw. Kl. 1952, 4,116.

Iohannes. 15. I. Chrysostomos, Kirchenlehrer, * wahrsch. 349 in Antiocheia aus einer Familie des Beamtenadels. 18jährig trennte er sich von dem berühmten Lehrer → Libanios, empfing die Taufe und wurde Schüler des Theologen → Diodoros (17). 4 J. lebte er bei einem Eremiten in den syr. Bergen, 2 weitere als Einsiedler. Nach der Rückkehr des verbannten Bischofs → Meletios (Nachtr. Bd. V) empfing I. 381 von diesem in Antiocheia die Diakonatsweihe, → Flavianus (4) weihte ihn 386 zum Presbyter. Der Ruf seiner Predigten drang bis nach Konstantinopel. Auf Befehl des Kaisers → Arcadius wurde er dorthin auf den Patriarchenstuhl geholt und → Theophilos (5) von Alexandreia gezwungen, ihn zu ordinieren (26. Febr. 398). Seine offene Kritik trug I. bald die Ungnade der Kaiserin → Eudoxia (1) ein. Als Theophilos 402 nach Konstantinopel kam, um sich wegen der Anklagen der von ihm verfolgten, von I. aufgenommenen äg. Mönche zu verantworten, versammelte er 36 der Kaiserin willfährige Bischöfe zur sog. Eichensynode und ließ I. absetzen. Der Kaiser mußte sein Verbannungsurteil schon am nächsten Tag widerrufen. Doch nach 2 Monaten brach der Zorn der Kaiserin erneut los, worauf I. seine Predigt über I. den Täufer begann: »Wieder rast Herodias, wieder hadert sie, wieder tanzt sie und begehrt auf einer Schüssel das Haupt des I.« (Sokr. 6,18,5; vgl. MIGNE PG 59,485). 404 ging I. in die Verbannung nach Kukusos. Die Verbindung mit seinen Anhängern, bes. → Olympias (3), hielt er mit Briefen aufrecht. Auf dem Transport in ein verschärftes Exil starb I. in Komana (14. Sept. 407). Das lit. Werk entstand in 3 Perioden: 1. Traktate vor 386: *Ad* → *Theodorum* (III 1) *lapsum*, 3 B. *Ad Stagirium*, 6 B. *De sacerdotio*, u.a. 2. Predigten in Antiocheia: *De Lazaro*, 21 Predigten *De statuis*, während die Antiochener Strafe für das Umstürzen von Kaiserstatuen erwarteten, u.a. 3. Predigten als Patriarch, Briefe. Genesis, Psalmen, Evang. Matth. und Ioh., Apg., Paulin. Briefe u.a. erklärte er in großen Predigtzyklen. Biogr.: → Palladios (6). O. H.

Ta.: *Migne*, PG 47–64. Ausw. in R. Sources chrét., 1961–72. Vorarb. für krit. Ausg.: *Aubineau-Carter* Codd. Chrysostomici graeci 1–3, 1968–70; vgl. *Carter* The Future of Ch. Studies, TU 107, 1970, 14–21.

Lit.: *Ch. Baur* Der hl. J. Ch. u. seine Z., 1929f. *S. Verosta* J. Ch., Staatsphilosoph u. Geschichtstheologe, 1960. *C. Fabricius* Zu den Jugendschr. d. J. Ch., Lund 1962. *R. E. Carter*, Traditio 18, 1962, 357–364 (Chronol.). *E. Nowak* Le chrétien devant la souffrance, 1972 (mit Bibliogr.).

16. I. der Kappadoker, *praefectus praetorio Orientis* 531–541. Niedriger Herkunft aus → Kaisareia, aufgestiegen in der Verwaltung, schon vor 531 *illustris*, gewann I. als *praef. praet.* höchsten Einfluß bei → Iustinianus, betrieb energisch Reformen der Verwaltung, suchte die Staatsfinanzen zu sanieren. Nach Sturz durch Intrige der ihn hassenden Kaiserin → Theodora (2) wurde er Priester, dann bis 548 verbannt nach Antinoe in Äg. (Prok. 1,25,31ff. 2,30,49ff.). Seine hohe Befähigung mußten auch die ihm ansonsten mißgünstigen Zeitgenossen → Prokopios (z.B. 1,24, 12f. 25,3f.) und Ioh. Lydos (mag. 2,16ff. 3,57ff.) anerkennen. – STEIN II (sehr positiv). **17.** Neffe des → Vitalianus, bedeutender Heerführer Iustinians (Charakteristik bei Prok. 6,10; vgl. z.B. 6,12.16.7,12.18.26. 8, 21.23), seit 537 eingesetzt gegen die Ostgoten in Italien, zuerst unter → Belisarios (Spannungen zu B.: Prok. 6,18,3), später unter → Narses (4). *Patricius,* verheiratet seit 545/46 mit einer Tochter des → Germanus (1), um 550 *mag. mil. per Illyricum,* blieb wahrscheinl. bis 561 in Italien, meist Venetien (P.JAFFE-KALTENBRUNNER, Reg. Pont. Rom. 983.1009.1011f. 1038). A.L.

Iulius. A. II. 23a. L. (Iulius) Caesar, * 17 v.Chr., zweiter Sohn des → Agrippa und der → Iulia (A II 95), Bruder des C. → Iulius (A II 23), sofort von Augustus adoptiert, der mit Verrius Flaccus seine Erziehung zum Nachfolger leitete, Suet. Aug. 64; gramm. 17,2. Cass. Dio 54,8,1. In der Jugend mit Mz., Statuen, Inschr. geehrt, Augur, verlobt mit Aemilia Lepida, wurde L. bei Anlage der *toga virilis* 2 v.Chr. *princeps iuventutis, consul designatus* für 4 n.Chr., von der Ritterschaft mit Silberschild und -Lanze beschenkt, nahm an Senatssitzungen und der Einweihung des Mars-Ultor Tempels teil, Cass.Dio 55,9,10. Mon. Anc. 14. PIR 4,3,222. Augustus, zum 12.Male Konsul, spendete 200000 Getreideempfängern je 60 Denare. L. erbat für den Bruder ein Konsulat und las dessen Briefe aus dem Orient im Senat vor. Von Augustus nach Spanien geschickt, erkrankte L. unterwegs. † in Massilia am 20.Aug. 2 n.Chr. angeblich mit Nachhilfe → Livias (2). Die Leiche, von Kriegstribunen nach Rom getragen, wurde verbrannt und im Mausoleum Augusti beigesetzt, Cass.Dio 55,10a, 9. 12,1. Tac. ann. 1,3. CIL VI 31195 (Elogium). Zu seinem Andenken wurden die Gaben der Ritter in der Kurie aufgehängt, sein Name in das Salierlied eingefügt, eine Porticus und Basilika gebaut, ein Hain *nemus Caesarum* benannt, durch die *lex Valeria Cornelia* (5 n.Chr.) *de consulibus ... destinandis* 10 *centuriae Caesarum* eingerichtet. Tiberius schrieb ein → Epikedeion auf L., Suet. Aug. 43,1; Tib. 70,2. Mon. Anc. 20. 23. Cass.Dio 66,25. 78. 24. JORD. Top. 1,3,653. → Nemausus (2) ehrte L. mit einem Tempel, Pisa mit vergoldeter Reiterstatue, Altar und jährl. Opfern. H.V.

A. II. 57a. Sex.I. Maior Antoninus Pythodorus aus → Nysa (3), wohl Sohn von Nr.57, stiftete um 163 im Asklepieion von → Epidauros (1) das Bad n. des Asklepiostempels, die Tempel der »äg. Götter« n. des Gymnasions und der »Epidotai«, ließ die Halle des Kotys ö. des Stadions reparieren und außerhalb des Heiligtums einen Bau, in dem Frauen gebären und Menschen sterben durften (was im Heiligtum wegen Befleckung verboten war), sowie beim Heiligtum des Apollon Maleatas die Zisterne und andere Bauten errichten (Paus. 2,27,6f.) sowie eine Wasserleitung (IG IV 1311). Epidauros errichtete ihm eine Statue (IG IV 1416). Zu den Bauten → Epidauros (1), zu I.: HILLER V. GAERTRINGEN, H 64, 1929, 63ff. IG IV 1² XXXIII 74ff. XXXV 62ff. W.H.G.

B. 12a. I. Paris, spätantiker Epitomator der 9 B. *Exempla* des → Valerius (B 8) Maximus und des – fälschlich als Valerius, B. 10 verstandenen – Buches *De praenominibus ... De verbis* des C. Titius Probus. Die Exempla werden auf die bloße Information verkürzt, um so noch besser als das Originalwerk als Fundus rhet. Argumentation dienen zu können. Die Überlieferung beruht auf 2 karoling. Kopien einer spätant. Vorlage, vgl. BILLANOVICH, Ann. Univ. S. Cuore 1955/57, 73ff.

Ta.: Val. Max., ed. *C.Kempf*, 1888, 473ff.; ed. *R.Faranda*, 1971, 755ff.

Lit.: *M.Galdi* L'epitome, 1922, 128ff. *Schanz-Hos.* 2,593.

B. 18a. I. Severianus, gall. Dichter (Sidon. c. 9,315ff.; epist. 9,13,4. 9,15,1,37ff.) und Rhetor des 5.Jh. n. Chr., Vf. von (einem Desiderius gewidmeten) *praecepta artis rhetoricae,* einem in der Folge der Redeteile angelegten Auszug aus älteren, klass. Quellen; Cicero, Celsus und Quintilian sind direkt oder indirekt beteiligt. Auch die prakt. Beispiele stammen ganz überwiegend aus Cicero. Die ma. Tradition zerfällt in 2 Familien, während die reiche hum. Rezeption an das Expl. Petrarcas anknüpft, vgl. G.BILLANOVICH, It. Med. Um. 1962, 114ff. 148ff. P.L.Sch.

Ta.: *Halm* Rhet. Lat. Min., 1863, 355ff. (zumal nach *Billanovich* dringend erneuerungsbedürftig).

Lit.: *Schanz-Hos.* 4,2,265f. *W.Kroll*, Philol. 1934, 334ff.

Kallistratos. 4a. Griech. Rhetor, verfaßte in der Tradition der beiden → Philostratos (5. 7) *ἐκφράσεις* von Statuen. Die Satzklauseln weisen auf das 4.Jh. n.Chr. als Entstehungszeit. Die insges. 14 Stücke (der Bestand schwankt in den versch. Hss.) beziehen sich – was früher (seit WINCKELMANN) mehrfach bestritten wurde – wohl auf wirklich existierende Werke (darunter solche von Lysippos, Praxiteles und Skopas), doch kam es K. nicht auf präzise Beschreibung der Plastiken an, sondern, wie in derartigen Slg.en üblich, vor allem auf die Entfaltung seiner rhet. Fähigkeiten im Wetteifer mit der bildenden Kunst. Der Quellenwert für die Kunstgesch. ist dementsprechend gering. H.Gä.

Ta.: Seit der Aldina (Venet. 1503) gewöhnl. zus. mit Philostr., also *C.L.Kayser*, Zürich ²1853; Lpz. 1871 (Nachdr. Hildesh. 1964). *K. u. H. Schenkl-E. Reisch*, Lpz. 1902. Dt. Übers.: *A.F.Lindau*, Stuttg. 1832. Ausg. m. engl. Übers.: *A.Fairbanks*, Lond. 1931 u.ö.

Lit.: *Christ-Schmid* 2,2,784. *E.Bernert*, RE Suppl. VII 317ff. *O.Schönberger*, Philostr. Die Bilder, München 1968, 20ff. 61ff. 479ff. (Lit.)

Karneia (*Κάρνεια*), bedeutsamstes, wohl z.T. schon in die Z. vor der → dor. Wanderung zurückgehendes ([1], 11. [2]) gemeindor. Fest des Apollon

→ Karneios im dor. Monat Karneios (= Aug./Sept.). I. Festkulte: Die neuntägigen K. (Athen. 4,141 f.), deren rel. Gewicht so groß war, daß die Kriegführung 490, 480 und 419 v. Chr. dadurch beeinflußt wurde (Hdt. 6,106. 7,206. Thuk. 5,53 f.; vgl. bes. [3]), gliederten sich in folgende, freilich nur fragmentarisch tradierte Riten: 1. Lauf der Staphylodromoi, die a) bei der Weinlese, wohl im Lauf durch die Weinberge ([4], 26), die Winzer »antrieben« (Hesych. s. v.), b) in einem Wettlauf einen mit hl. Binden geschmückten und für die Stadt Segen erflehenden Mann einholen sollten, was glückbedeutend war (Anecd. Bekk. 1,305,25), 2. Laubhüttenfest, bei dem in 9 zeltartigen Lauben (σκιάδες) je 9 Mann (= 3 φρατρίαι) speisten, was alles »auf Kommando eines Herolds« geschah, weshalb es das »Bild eines Militärlagers« machte (Athen. a. O.), 3. Pompe der Nachbildung (δίκηλον) eines Floßes, gen. στεμματιαῖον, das an die Floßüberfahrt der → Herakleidai über das → Rhion erinnerte und sprachl. zu στεμματίας, Epiklese des Apollon Karneios, gehört (Anecd. Bekk. 1,305,21. Hesych. s. στεμματιαῖον. Paus. 3,20,9; vgl. [5]), 4. mus. Agon ab Ol. 26 = 676/73 v. Chr., wo zuerst → Terpandros gewann und z. B. → Alkestis besungen wurde (Hellan. FGrH 4 F 85a. Sosib. FGrH 595 F 3. Eur. Alk. 445 ff.). II. Deutung: Die K. wurden seit [6] meist mißverstanden, indem der im Wettlauf Verfolgte im Sinne von Mannhardts »Korndämon« als »Dämon des Erntesegens«, δίκηλον als Tiermaskerade und das Wesen der K. als Vegetationsritus und »Erntedankfest« gedeutet wurden (nach [6] z. B. [7], 121 f. [8]. [9], 1513. [1], 12 u. a.). Doch handelt es sich 1. um kein Ernte-, sondern Weinlesefest, gilt 2. der Segen der πόλις, nicht der Ernte (s. o. 1 b), weisen 3. das Herakliden-Floß, die Apollon-Epiklese πομπεύς = »Geleiter« (Hesych. s. στεμματιαῖον), die Festnamenvariante Ἀγητόρια und der K.-Priestertitel ἀγητής, viell. Titel des Vorläufers (s. o. 1 b; Hesych. s. ἀγητής; [4], 28), und wohl auch das μίμημα des »Militärischen« (s. o. 2), das jedenfalls die »alte Phylenorganisation« und die »Zeltgemeinschaften der Wanderzeit« widerspiegelt ([10], 148. [11], 56), auf Apollon als »Führer« der dor. Wanderung und die K. als deren ritueller Reflex, kontaminiert mit einem Weinlesefest. Da Κάρνειος zu κάρνος = »Widder« gehört (Frisk 1,790; [4], 29 u. a.), wurde hierbei der Gott in Widdergestalt vorgestellt, was auf das bekannte theriomorphe Mythologem des wegweisenden mant. Tieres verweist ([11], 76 m. ält. Lit.). D. Wa.

1. *Sarkady*, Act. Class. Un. Scient. Debrecen. 5, 1969, 7 ff. 2. *Wilam.* GldH. 1[2], 87 ff. 3. *Popp* Die Einwirkung v. Vorzeichen, Opfern u. Festen auf d. Kriegführung d. Griech. i. 5. u. 4. Jh. v. Chr., Diss. Erl. 1959, 75 ff. 4. *W. F. Otto*, Paideuma 7, 1959/61, 25 ff. 5. *Bölte*, RhM 78, 1929, 141 ff. 6. *Wide* Lakon. Kulte, 1893, 73 ff. 7. *Nilsson* Griech. Feste [2]118 ff. 8. *Prehn*, RE X 1986 ff. 9. *Ziehen*, RE III A 1513 f. 10. *Kiechle* Lakonien u. Sparta, 1963. 11. *Alföldi* Die Struktur d. voretr. Römerstaates, 1974.

Kastabala (vgl. Strab. 12,535. 537), wohl ursprünglicher und nur lit. überlieferter Name der inschr. und auf Mz. durchwegs als Hieropolis bezeugten Stadt am Oberlauf des → Pyramos (h. Ceyhan Nehri) in SO.-Kilikien beim h. Bodrum-Kalesi. Hier wurde die kleinasiat., in der interpretatio Graeca als Artemis verstandene Göttin → Perasia verehrt. E. O.

W. Ruge, RE X 2335 f. *D. Magie* Roman Rule in Asia Minor, Princeton 1950, 1151, 35.

Kelten (*Κελτοί*, *Γαλάται*, *Galli*), Völkergruppe in Mittel- und Westeuropa.

I. Name und Definition. II. Geschichte. III. Gesellschaft, Wirtschaft, Handel. IV. Religion. V. Sprache.

I. Ausgangspunkt ist Caes. Gall. 1,1,1 ... *tertiam qui ipsorum lingua Celtae nostra Galli appellantur*: in dieser *tertia pars Galliae* (zw. Seine, Marne, Oberrhein, Schweizer Alpen, Cevennen, Garonne und Atlantikküste) gibt es zu Caesars Z. Inschr. in vorröm. Sprache, eine eigenständige ON.-, VN. und PN.-Gebung und ausgeprägte Siedlungs- und Gebrauchskunstformen (La Tène-Kultur, s. u.). Hiervon ausgehend weist man den K. Gebiete mit ähnl. oder gleichen Merkmalen zu, sofern ant. Autoren dort *Galli* oder *Celtae* bezeugen (vgl. Karte).

Die Bez. *Κελτοί* (seit Hdt.), *Κέλται* (seit Strab.), *Γαλάται* (Aristot., oft bei Plut.), *Celtae* und *Galli* sind in der ant. Lit. grundsätzl. gleichwertig (Paus. 1,4,1. Strab. 4,1,14). Ant. Tendenzen zur Differenzierung folgend nennt man in der Regel h. Galater die ant. Bewohner → Galatiens, Gallier die kelt. Bevölkerung → Galliens und der → Gallia Cisalpina; K. dient als Oberbegriff und schließt auch zugehörige Völker außerhalb der gen. Gebiete ein; in der Neuzeit meint keltisch zudem die einheim. Sprachen und Kulturen der Bretonen, Waliser, Schotten und Iren. *Galli* ist sicher kein lat. Wort (wie Caesars *nostra lingua* vorgibt), sondern bei den Römern die am frühesten eingeführte Bezeichnung, wahrscheinl. Selbstbenennung wie *Celtae* und *Galatae*. Etym. Versuche über diese Namen ([7], 332 f.) überzeugen nicht.

Alle Angaben über anthropolog. Merkmale, blonde Haare, großer Wuchs usw. (Verg. Aen. 8, 658 ff. [3], 33), sind durch vorgegebene Muster der ant. Geographen belastet ([8], 105 ff.) und zur Definition unbrauchbar.

II. Die Entstehung des Kulturkomplexes, der Caesars *Galli* zugeschrieben werden kann, ist an Bodenfunden aus dem 6.–5. Jh. v. Chr. zu verfolgen. Aus der Hallstatt-Kultur hervorwachsend hebt sich eine Kulturblüte (Hallstatt-D) in SW.-deutschland, in Burgund und im Marnegebiet ab: Fürstengräber (Vix bei Chalons-sur-Seine, Klein-Aspergle bei Stuttgart) und Höhenfestungen (Mont-Lassois in Burgund, Heuneburg an der oberen Donau). Gleichzeitig oder wenig später beginnt in der Nordschweiz und dem Franche-Comté ein neuer eisenzeitl. Stil, nach einem Fundort am Neuenburger See → La-Tène-Kultur genannt. Im gesamten soeben beschr. Raum folgt ein einheitl. jüngerer Formenhorizont, La-Tène B–C, der sich in fast alle Gebiete verbreitet, in denen auch andere Quellen von K. sprechen. Diese Koinzidenz gilt auch für die jüngsten Leitformen der La-Tène-Tradition, die Flachgräberfelder und die → *oppida*, wie sie u.a. in → Alesia oder → Gergovia sowohl durch Caesar als auch durch neuzeitl. Ausgrabungen berühmt geworden sind. (K. Bittel Die K. in Württemberg, 1937. W. Kimmig, Homm. Grenier, 1962, 884 ff. [1–6]).

Die hist. Überl. beginnt mit Hdt.: er lokalisiert (2,33,3. 4,49,3) die Donauquellen und zugleich den äußersten SW. Europas im K.-land: viell. die Kontamination von Informationen über die N.-grenze Makedoniens und von Seefahrerberichten aus Massalia ([9]). Aktuell werden die K. durch ihre Expansion seit dem 5. Jh. v. Chr., die »K.wanderung«. In der Po-Ebene ist sie arch. nachgewiesen (La-Tène-Funde neben den Spätstufen der Villanova- und Este-Kultur: → Italia I), hist. bezeugt bei Liv. 5,34 und Pol. 2,17,3 ff. und datierbar durch die röm. Niederlage an der → Allia, 390 v. Chr. Später dringen kelt. Stämme nach Griechenland (→ Delphoi, 279 v. Chr.) und Kleinasien vor, wo → Attalos I. von Pergamon drei, die → Tectosages, → Tolistobogii (oder Tolistoagii) und Trocmi (Liv. 38,16,11) in Zentralanatolien, seitdem → Galatia, ansiedelt. Zu Beginn des 2. Jh.s führt erneutes Eindringen von K. über die Alpen zur Gründung der röm. Kolonie → Aquileia (181 v. Chr.). Innergall. Völkerverschiebungen in den letzten drei Jh.en v. Chr. enden mit der Besitznahme Südbritanniens durch die → Belgae (Caes. Gall. 5,12,2), der Mittelmeerküste durch die → Volcae Tectosages und Volcae Arecomici, arch. zu verfolgen im Umkreis von Narbo ([10]) und im Rhônedelta ([11]). Die letzte Bewegung, die Auswanderung der → Helvetii, zieht Caesars Aktionen und damit die Eingliederung Galliens in das Imperium Romanum nach sich.

Überall sonst im kelt. Europa greifen wir nur abgeschlossene Landnahmen: für die → Gallia im weiteren Sinne (Frankreich, Belgien, Nordschweiz) bezeugt Strab. 4,1,1 eine einheitl. Sprache, kelt. PNN. sind in den Randzonen eher noch dichter anzutreffen als im Zentrum ([12]); in der → Gallia Cisalpina behaupten sich als nicht-kelt. Bereiche nur Ligurien, die Alpentäler ö. vom Gardasee (→ Raeti) und → Venetien ([13]); → Britannien ([14]) war wahrscheinl. schon vor dem Belgereinfall kelt.; Rel. (Caes. 6,13,11 f.) und Sprache (Tac. Agr. 11) waren denen Galliens ähnl.; in Böhmen bestätigen *oppida* (Hradište bei Prag) und andere Bodenfunde die Gegenwart kelt. → Boii (Tac. Germ. 28. [6], 70 ff. 127 ff.). Ö. Grenzmarken der kelt. Expansion in Europa sind kelt. VNN. und PNN. in → Pannonien ([15]) und ant. Nachdichten über kelt. Stämme → Iapodes und → Scorrisci in Illyricum (Strab. 4,6,10. Pol. 1,6,4. [16]). Auf der Pyrenäenhalbinsel ([17]) fehlen La-Tène-Funde und ant. Traditionen über Einwanderungen. Onomastik und Inschr. des N. und W. zeigen kelt. Merkmale, weichen aber deutl. von Gallien ab. Die VNN. Celtici und → Celtiberi sind wohl von lat. oder griech. Beobachtern gegeben worden, die Ähnlichkeiten zu den Celtae n. der Pyrenäen feststellten. Man rechnet mit einem bes. frühen Eindringen der K. in Spanien und Portugal. Über viele Randzonen herrscht noch Unklarheit, bes. auch über die NO.-Grenze Galliens, wo ein germ. Anteil und Bevölkerungsgruppen, die weder germ. noch kelt. sind, in Belgien und am Mittel- und Niederrhein ([18]) vermutet werden. Ob in allen diesen Randzonen mit kelt. »Eroberungen« zu rechnen ist oder ob ein bloßer Kulturaustausch über Sprachgrenzen hinweg anzunehmen ist, kann in der Regel mit den verfügbaren Quellen nicht entschieden werden.

Der Rückgang des Keltentums, verstanden in erster Linie als Verlust von kelt. Sprachgebiet, hat im O. begonnen. Die Ausbreitung der germ. Völker ist seit dem 2. Jh. v. Chr. spürbar (→ Cimbri, um 110 v. Chr.), zu Caesars Z. voll im Gang: → Suebi unter → Ariovistus; Umsiedlung der → Ubii auf das linke Rheinufer durch Agrippa 38 n. Chr.; Untergang der Macht der → Boii in Pannonien und Böhmen (Tac. Germ. 42. Plin. nat. 3, 146). Im übrigen K.-Gebiet des Kontinents fallen kelt. Sprache und Autonomie der polit. und sprachl. Romanisierung zum Opfer. Dauer und Verlauf dieses Prozesses ist umstritten ([19]. [4], 43 ff.), ebenso, wieweit abgelegene Gebiete (Bretagne, kantabr. Küstengebirge) davon verschont geblieben sind. Nur auf den Brit. Inseln überdauern kelt. Sprachen und Gesellschaftsformen; ihr Areal wird durch die im 5. Jh. n. Chr. beginnende angelsächs. Landnahme verringert, hat sich aber bis zum Beginn der Neuzeit in Cornwall, Wales, Schottland und Irland, bis h. in Wales und in schott. und ir. Rückzugsgebieten gehalten ([14], 194 ff. [20]). In der Bretagne wird im frühen MA. das kelt. Volkstum durch Zuwanderer aus Südengland neu eingeführt (oder neu aufgefrischt? [21]).

III. In Gallien scheint sich die staatl. und soziale Organisation vom 5. Jh. bis z. Z. Caesars ungebrochen zu entwickeln: am Anf. Herren von kleinen Territorien im Umkreis ihrer Burgen, mit abhängigem Land und Landbewohnern; dann Clans adeliger Familien *(nobiles, equites)* mit streng patriarchalischer Ordnung (Caes. Gall. 6,19,3), die gemeinsam polit. Entscheidungen treffen (Caes. Gall. 6,20,3), und, wohl jeder für sich, über eine Klientel halbfreier Bauern verfügt haben. Diesen Gruppierungen kommen die bezeugten Stammesnamen *(populi, gentes)* zu ([22]), die sich als sehr stabil erweisen, im Gegensatz zu den stammübergreifenden, von überregionaler Politik gelenkten wechselnden Zusammenschlüssen und Hegemonien (Caes. Gall. 6,12,1,6–9). Die VNN. bleiben sowohl bei weiten Wanderungen (→ Boii, → Senones, → Tectosages) als auch bei der Eingliederung in das röm. Reich eindeutiges Kennzeichen und werden zu Namen von Verwaltungszentren (*ad Remos* = Reims, *ad Senones* = Sens, *ad Bituriges* = Bourges. [23]).

In vielen Fällen, in denen ant. Autoren von »Stämmen« sprechen, dürfte wohl die Oberschicht allein aufgetreten sein; die heroisierenden Berichte über gall. Kriegsmoral während der Eroberungszüge (Liv. 7,17,3. Diod. 5,29,1–5. [4], 63ff. [24]) passen eher zum aristokrat. Rittertum der griech. oder germ. Heldensage als zu einem Volksheer; erst in Caesars Kriegsberichten finden wir sichere Zeugnisse geordneter Heere. Das erklärt auch, daß trotz der in ONN., PNN. und La-Tène-Formen zutagetretenden Keltisierung oft die alte Bevölkerungsstruktur unverändert bleibt, wie es z.B. in der Cispadana ([25]) und der w. Narbonensis ([26]) sichtbar wird (Keltisierungsproblem: Sangmeister [17], 75f.).

Wirtschaftl. Basis ist in allen Gebieten ein intensiver, wohldurchdachter Ackerbau, der zu einem großen Getreideaufkommen imstande war (Strab. 4,1,2: [22], 644ff.). Daneben hatte das Handwerk einen wichtigen Platz. In Gebrauchskeramik waren die Gallier von jeher autark; bedeutende Manufakturen der röm. Kaiserzeit liegen auf kelt. Gebiet (La Graufesenque, Rheinzabern, Lorch an der Enns). Bergbau, Waffen- und Schmuckindustrie fanden früh die Beachtung der Mittelmeerstaaten ([27]). Bes. Aufsehen muß, wie Lehnwörter (s.u. Abschn. V.) zeigen, die Wagenbautechnik der Gallier erregt haben, deren früheste Zeugnisse Prunkwagen in den Hallstatt-D-Fürstengräbern sind ([28]). All das setzt eine Schicht von Bauern und Handwerkern mit einer starken, durch lange Seßhaftigkeit und ein gewisses Selbstbewußtsein geprägten Tradition voraus.

Seit Beginn der kelt. Individualität spielt der Handel ([4], 88ff.) eine große Rolle, von Oberitalien über die Alpen nach Süddeutschland, von → Massalia und → Narbo aus (Strab. 4,1,12. 14) nach Zentralgallien. Spätestens vom 3. Jh. an ist der kelt. Raum von einem Netz vielfältiger Kontakte überzogen, die auch, durch regelmäßigen Schiffsverkehr (Caes. Gall. 4,20,3–4. Strab. 4,5,3), die brit. Inseln einbeziehen.

Zeugnis geben, neben den zahlreichen Erwähnungen von *mercatores* bei Caesar, vor allem die Mz. Von O. (Makedonien), S. (Massalia) und SW. (Rhode) haben sich Vorbilder des autonomen kelt. Münzwesens ausgebreitet ([29]); Funde dieser Mz., h. eine wichtige Quelle für Stammes- und Fürstennamen, bedecken das gesamte kelt. Mitteleuropa (Karte b. Forrer [29] T.I); die Namen, die auf den jüngsten von ihnen erscheinen, kehren in Caesars Berichten wieder ([30]). Eine eigene, auf die Pyrenäenhalbinsel beschränkte Prägetätigkeit haben die Keltiberer ausgeübt ([31]). Korrelat des lebhaften Handels sind die gut funktionierenden Nachrichtenwege, die bei kriegerischen Anlässen rasche und weitreichende Informationen möglich machten (Caes. Gall. 7,3,2–3).

Als Siedlungsform der frühen Z. sind Höhenburgen als Fürstensitze nachweisbar, an deren Stelle später – wohl als oligarchische Weiterentwicklung – → *oppida* treten: große befestigte Plätze als polit. Zentren und Fluchtburgen, in Hispanien *-briga*, sonst meist *-dunum* genannt ([32]). Bäuerliche Anwesen, Einzelhöfe der reichen freien Eigentümer, in röm. Z. als *praedia* fortgesetzt, äußern sich in den unzähligen ONN. im ganzen ehemals kelt. Römerreich, die auf »Praedialnamen« zurückgehen: von PNN. abgeleitet mit den Suffixen *-acum* (seltener *-anum*) wie *Brisiacum* – Breisach, *Sentiniacum* – Sinzenich ([33]). Hohe Blüte des Handwerks und Handels läßt die Entfaltung städt. Lebens innerhalb, aber auch außerhalb der *oppida* ([4], 77ff.) erwarten; dieses ist schwer archäol. faßbar, weil sich hier, anders als bei den Burgen, die röm. Urbanisierung lückenlos anschloß; die 20 *urbes* der Biturigen, die zu Beginn der Erhebung von 52 v.Chr. von den Bewohnern niedergebrannt werden (Caes. Gall. 7, 15,1), müssen vorwiegend »bürgerliche«, für die Verteidigung unbrauchbare Ortschaften gewesen sein.

IV. Das bekannteste Merkmal des rel. Lebens der K. ist ihr Priesterstand, die → Druidae ([35]), die mit dem Kriegeradel zur Oberschicht gehören (Caes. Gall. 6,13,3). In ihren Händen lag die Überl. von Mythen, Weltbildvorstellungen und rel. Praktiken (*φιλόσοφοι καὶ θεολόγοι*: Poseid. b. Strab. 5,3,2), bei deren Ausführung ihnen Oberpriester, → Vates (Strab. 4,4,4, »*haruspices*« Sch. Bern. in Lucan. 1,585), zur Seite stehen. Die Druiden haben Anteil an der Rechtssprechung (Strab. a.O.) und besitzen eine koordinierende Kraft unter den gall. Stämmen, die den weltl. Herren fehlt: im Gebiet der Carnutes, *regio totius Galliae media*, wird ein oberster Druide eingesetzt (Caes. Gall. 6,13, 8–10), der den Titel *gutuater* ([7], 96. 341f.) führt, und deren einer 51 v.Chr. von Caesar als Verantwortlicher für die Erhebung aller Gallier hingerichtet wird ([Caes.] Gall. 8,38). Über den Inhalt druid. Lehre, von Caes. als Arkanwissen beschrieben (Gall. 6,14,3–4), finden sich nur Spuren: hist.-genealog. Traditionen (Caes. Gall. 6,18, 1. Amm. 15,9,4), theolog. Fragen über Götter und Leben nach dem Tod (Caes. Gall. 6,14,5. Strab. 4,4,4. Sch. Bern. in Lucan. 1,451. [36]). Das Heldenlied, dessen Tradition in der ir. Heldensage des MA. weiterlebt ([37]), wurde von Sängern, →

Bardi, vorgetragen (Poseid. b. Athen. 6,49. Diod. 5,31,2–5. Amm. 15,9,8).

Zur rel. Lebensordnung gehören Auspizien (Cic. div. 1,90. 2,76) und ein detaillierter Kalender (Plin. nat. 16,249 ff.), von dem ein umfangreiches Stück auf einer in Coligny (Ain) gefundenen Inschr. erhalten ist ([38]).

Die kelt. Götter, nur bruchstückhaft aus ant. Autoren (vor allem Caes. Gall. 6,17. Sch. Bern. in Lucan. 1,445 ff.) bekannt, treten uns vor allem auf Inschr. und bildl. Darstellungen entgegen ([39]), deutl. unterschieden vom klass. Pantheon und den germ. Vorstellungen ([40]): anthropomorph, aber vielfältig mit Naturerscheinungen, vor allem der Tierwelt verwoben. Den Kreis der Hauptgötter gibt ein Silberkessel, gef. in Gundestrup (Dänemark), wieder ([41]. [36]): der Gott Cernunnos mit Hirschgeweih, → Taranis-Juppiter mit dem Rad, Teutates-Mercurius beim Menschenopfer vor einem Kriegsheer, eine Muttergottheit (Caesars Minerva?); weitere überregional verbreitete Götter sind Esus-Mercurius oder Mars, die Pferdegöttin → Epona, → Belenus-Apollo, der Gott mit dem Hammer, → Sucellus, und die als Dreiheit auftretenden Matronae (→ Matres). Lokale Gottheiten, meist unbekannter Art und oft nicht sicher als kelt. erweisbar, begegnen in Randgebieten, in ungewöhnlicher Häufung in NW.-Hispanien ([42]). Orte der Verehrung waren »Haine« (Plin. nat. 16,249. Tac. ann. 14,30), gall. *nemeton* (ir. *nemed* »Heiligtum«); arch. greifbar sind vor allem »Viereckschanzen«, heilige Bezirke bes. in W.- und S.-deutschland; es gab kleine Rund- oder Viereckbauten; wahrscheinl. ist *celicnon* Bezeichnung eines solchen (ins Got. entlehnt: *kelikn* »Turm«). Ant. Autoren berichten von geweihten Orten, an denen gewaltige Schätze aufgehäuft waren (Poseid. b. Strab. 4,1,13), die vornehmlich aus Kriegsbeute zusammenkamen (Caes. Gall. 6,17,4. Diod. 5,27,4. [4], 111 ff. [43]).

V. Inschr., die sich als Texte nah verwandter Dialekte einer vorröm. Sprache erweisen, sind in Gallien ([44]), Oberitalien ([45]) und Hispanien ([46]) gefunden worden. Der gleichen Sprache gehören ONN. und PNN. an, die aus der ganzen kelt. Welt des Alt. auf lat. und griech. Inschr. und bei ant. Autoren erhalten sind ([47]; für Gallien auch [44]). Glossen in der ant. Lit. kommen hinzu. Die vergl. Sprachwissenschaft hat eine enge Verwandtschaft mit den h. in Frankreich und auf den brit. Inseln gesprochenen Sprachen Bretonisch, Kymrisch, Irisch sichtbar gemacht ([48]), diese stellt man als »inselkelt.« den »festlandkelt.« oder »altkelt.« Dialekten der Ant. gegenüber. Beide bilden eine Subfamilie der idg. Sprachgruppe, durch Merkmale wie idg. *ē* > *ī*, Schwund von *p*, Wortschatz und durch syntakt. Besonderheiten ([49]) von den übrigen idg. Sprachen unterschieden. Die Zweigliederung der h. kelt. Sprachen in Goidelisch (idg. *qu* > *qu* > *k:* ir. *cethir* »vier« vgl. lat. *quattuor*) und Britannisch (idg. *qu* > *p:* kymr. *pedwar*) ist bereits im Altkelt. vorhanden: »*qu*-keltisch« in Hispanien und Nordgallien, »*p*-keltisch« in allen übrigen Gebieten. Eine gesamtaltkelt. Grammatik steht noch aus (Übersicht: [19]; vorerst [50]).

Die Inschr. gruppieren sich in (s. Abb.): 1. die gall. und lepont. Inschr. um die lombard. Seen, geschr. in einem n.-etr. Alphabet; 2. die s.-gall. Epigraphik in griech. Alphabet, im unteren Rhônegebiet; 3. die zentralgall. Gruppe, vor allem in Burgund, meist in lat., vereinzelt in griech. Schrift; 4. die keltiber. Inschr., teils in iber., teils in lat. Schrift, in Aragón und dem ö. Altkastilien; 5. im Dialekt am meisten abweichend die lusitan. Inschr. zw. Porto und Cáceres, in lat. Alphabet. Bes. hervorzuhebende Texte sind: die einzige Bilingue, gefunden in Todi in Umbrien, aber sicher von oberital. Galliern verfaßt ([45], 29 ff.), der Kalender von Coligny (Ain), der große Komplex von Töpfernotizen aus der Manufaktur La Graufesenque bei Millau (Aveyron) ([51]), die in iber. Schrift geschr. keltiber. Bronzetafel aus Botorrita (Zaragoza) mit einem umfangreichen, wahrscheinl. jurist. Text ([52]). Hauptertrag der Inschr.en: Pronomina (*sosin* »diesen«), Konjunktionen (lep. *-pe*, gall. *etic*, keltiber. *-kue*, lusit. *indi* »und«), Flexionsendungen (Gen. Sg. mask. *o*-Stämme lep. und gall. *-i*, keltiber. *-o*; Dat. Pl. südgall. *-bo*, zentralgall. *-bi*, lep. und keltiber. *-bos*), Verben (gall. *dugiont-io* »sie fertigten es«?, *ieuru* plur. *ieurus* »er weihte/sie weihten«?, keltiber. *eni-ioros-ei* »sie weihten es«?), Zahlwörter (La Graufesenque, Coligny) und Gefäßbezeichnungen (La Graufesenque).

Unter den PNN. ([47]. [7]) sind die komponierten ([53]) am ergiebigsten für das altkelt. Lex.: *Vercingetorix* aus *uer* = *uper* = ahd. *ubar*, *cinget* = ir. *cing*, Gen. *cinged* »Held«, *rīx* = ir. *rī*, Gen. *rīg* »König«; *Nertomarus* aus *nerto-* = ir. *nert* »Kraft«, *maro-* = ir. *mār* »groß«; dazu vielerlei Kurznamen (*Cingius*, *Cingetissa*, *Nertilla*, *Marullus* usw.), deren Zuweisung freilich nicht immer eindeutig ist. – Bei den ONN. ([47]. [23]. [54]) und VNN. sind ebenfalls Komposita die sicherste Grundlage: *Nertobriga* (Prov. Zaragoza) aus *nerto-* (s. o.), *briga* vgl. ir. *brī*, Gen. *brig* »Anhöhe« = dt. *Burg*; *Virodunum* (h. Verdun) aus *viro-* = ir. *fer* »Mann« = lat. *vir*, *dūno-* vgl. ir. *dūn* »Festung«, aengl. *tūn* »Gehege, Siedlung«, nengl. *town*; *Aremorici* (an der Kanalküste) aus *are* = ir. *ar-* »bei«, vgl. gr. *παρά-*, *mori-* = ir. *muir* »Meer« = lat. *mare*. – Die als gall. (kelt.) Glossen ([55]; vollst., aber unübersichtlich [44]) in ant. Kontexten erhaltenen Wörter erweitern die Kenntnis des Wortschatzes: *ambactus* »Diener«, *vergobretus* »Oberbeamter« (Caes. Gall. 6,15,2. 1,16,9), *druidae*, *vates*, *bardi* (s. o. IV.), *arepennis* als Ackermaß (Plin. nat. 11,121) = ir. *airchinn* »Schmalseite eines Rechtecks«, *brogae· Galli agrum dicunt*

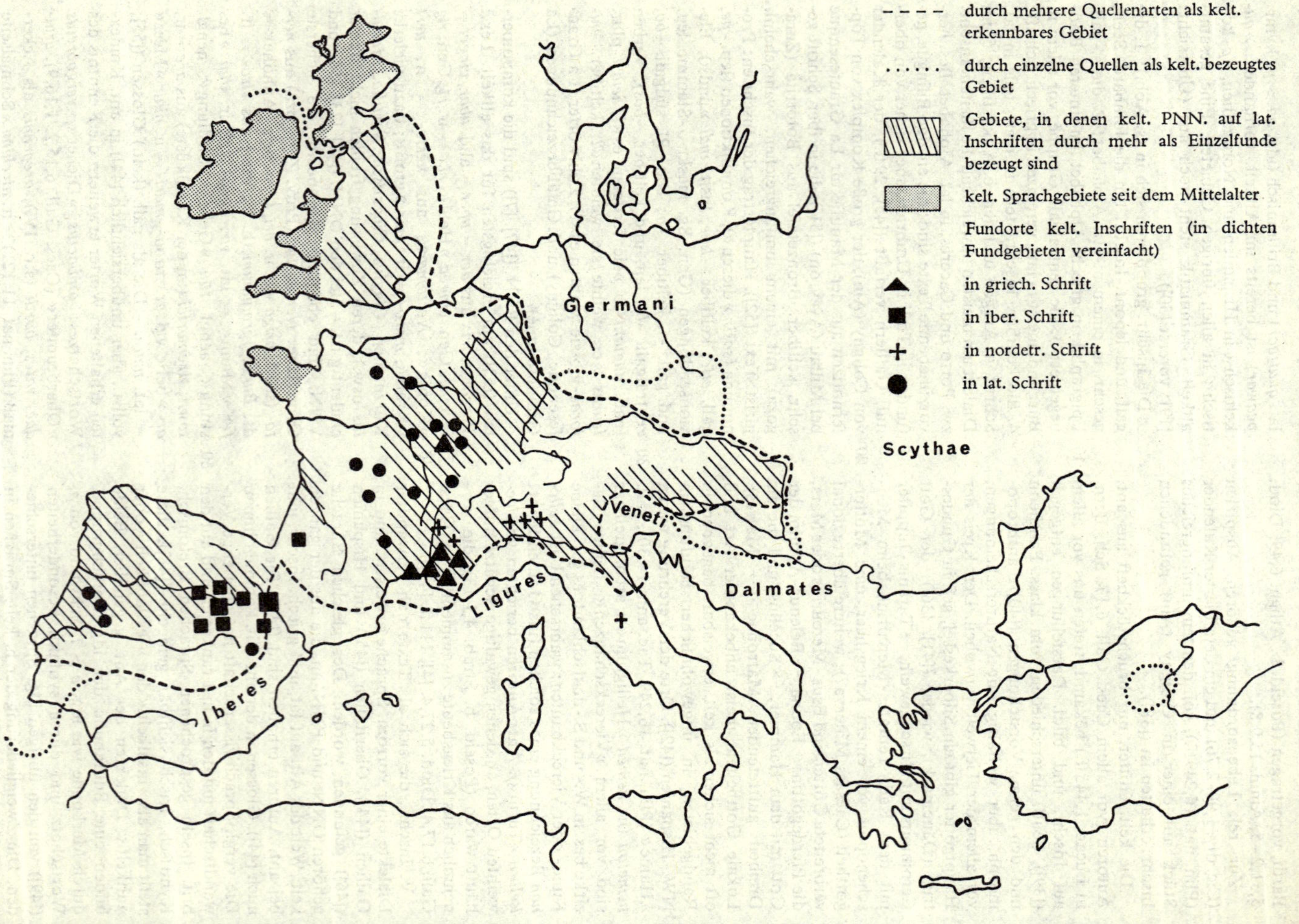

durch mehrere Quellenarten als kelt. erkennbares Gebiet
durch einzelne Quellen als kelt. bezeugtes Gebiet
Gebiete, in denen kelt. PNN. auf lat. Inschriften durch mehr als Einzelfunde bezeugt sind
kelt. Sprachgebiete seit dem Mittelalter
Fundorte kelt. Inschriften (in dichten Fundgebieten vereinfacht)
in griech. Schrift
in iber. Schrift
in nordetr. Schrift
in lat. Schrift
Scythae
Germani
Veneti
Dalmates
Ligures
Iberes

(Sch. Iuv. 8,234) = air. *mruig* »Bezirk«, ahd. *mark* »Grenzland«.

Kelt. Lehnwörter sind vor allem im Lat. und in den germ. Sprachen nachzuweisen. Im Lat. überwiegen die Bereiche »Waffen« *(gladius, lancea)*, »Wagen« *(carpentum, carrus, petorritum)*, Pferd *(caballus, paraveredus)*, im Germ. Begriffe der Metallurgie (*isarno-* »Eisen«, *loud-* »Blei«) und der Sozialschichtung (*rīg-* in ahd. *rīhhi* »Reich«, *ambactus* > ahd. *ambaht* »Diener«, vgl. nhd. *Amt*; [55]. [40]. [56]). Viele kelt. Wörter leben in den iberorom. ([57]) und gallorom. ([58]) Sprachen weiter. J. U.

1. *Jullian* HG. 2. *A.Grenier* Les Gaulois, ^{2}1945. 3. *H.Hubert* Les Celtes et l'expansion celtique, ^{2}1950. 4. *J.Moreau* Die Welt d. K., 1958. 5. *T.G.E.Powell* Die K., 1959. 6. *J.Filip* Celtic Civilisation and its Heritage, Prag 1962. 7. *D.Ellis Evans* Gaulish Personal Names, 1967. 8. *E.Norden* Germ. Urgesch. in Tac. Germ. 9. *F.Fischer*, MDAI (Madr.) 13, 1972, 109ff. 10. *J.Jannoray* Ensérune, 1955, 362ff. 11. *G.Barruol* Les peuples préromains du sud-est de la Gaule, 1969. 12. *L. Weisgerber* Versch. Aufsätze, jetzt in: Rhenania Germano Celtica, 1969, 103ff. 213ff. 317ff. *G.Petracco Sicardi*, Riv. St. Lig. 23, 1957, 223ff. 13. *G.E.F. Chilver* Cisalpine Gaul, 1941, 71ff. 14. *K.Jackson* Language and Hist. in Early Britain, 1953. 15. *A.Mócsy*, RE Suppl. IX 527ff. 16. *Mil.Pavlović*, Proc. 8th Congr. Onom. Sc., 1966, 371ff. 17. *J.Maluquer de Motes*, in: Hist. España, hg. v. *R.Menéndez Pidal*, 1,3 (1954). *E.Sangmeister*, MDAI (Madr.) 1, 1960, 75ff. 18. *L. Weisgerber* Die Namen d. Ubier, 1968. *R.Hachmann – G.Kossack – H.Kuhn* Völker zw. Germanen u. K., 1962. 19. *L. Weisgerber*, 20. Ber. d. Röm.-Germ. Komm. 1931, 176ff. 20. *N.Chadwick* Celtic Britain, ^{2}1967. 21. *F.Falchun* Les noms des lieux celtiques 2, 1970, 43ff. 22. *Weiß*, RE VII 651ff. 23. *H.Gröhler* Über Urspr. u. Bed. d. frz. ONN., 1913. 24. *C.Peyre*, REL 48, 1970, 277ff. 25. *G.Mansuelli*, Homm. Grenier, 1962, 1067ff. 26. *J.Untermann*, Arch. Prehist. Levant. 12, 1969, 99ff. 27. *R.J.Forbes* Stud. in Anc. Technology 8, 1971. 28. *P.Harbison*, Festschr. Dehn, 1969, 34ff. 29. *K.Pink* Einf. in d. kelt. Münzkunde, 1950. *R.Forrer* Kelt. Numismatik d. Rhein- u. Donaulande, ^{2}1968. *J.B.Colbert de Beaulieu*, Et. Celt. 13, 1972, 445ff. – Oberitalien: *A.Pautasso*, ebd. 662ff. 30. *J.B.Colbert de Beaulieu*, Homm. Grenier, 1962, 419ff. 31. *J.Untermann*, Mon. Ling. Hispanicarum 1, 1975. 32. *H. d'Arbois de Jubainville* Les premiers habitants de l'Europe, ^{2}1894, 255ff. *H.Rix*, Festschr. P. Goessler, 1954, 99ff. 33. *H. d'Arbois de Jubainville* Rech. sur l'origine de la propriété foncière et des noms de lieux habités en France, 1890. 34. Allg.: *J.Vendryes* La Rel. des Celtes, 1948. *J. de Vries* Kelt. Rel., 1961. *Le Roux*, Ogam 19, 1967, 272ff. Quellenslg.: *J.Zwicker*, Fontes hist. rel. Celticae, 1934. 35. *N.Chadwick* The Druids, 1966. *S.Piggott* The Druids, 1968. 36. *J.J. Hatt*, REA 67, 1965, 80ff. 37. *R.Thurneysen* Die ir. Helden- u. Königssage, 1921. *M.L.Sjoestedt-Jonval* Dieux et héros des Celtes, 1940. 38. *P.Duval*, Homm. Grenier, 1962, 544ff.; Et. Celt. 10, 1962, 18ff. 374ff. 11, 1967, 7ff. 269ff. 39. *F.Benoit* Art et dieux de la Gaule, 1969. 40. *J. de Vries* K. u. Germanen, 1960, 80ff. 41. *O.Klindt-Jensen* Gundestrupkedelsen, 1961. 42. *J.M.Blázquez-Martínez* Religiones primitivas de Hispania, 1962. 43. *J.Filip*, in: Vorgesch. Heiligtümer (Symp. Reinhausen 1968), AAG 74. *K.Schwarz*, JBer. d. Bayr. Bodendenkmalpflege 1962, 22ff., bes. 43ff. 44. *J. Whatmough* Dialects of Anc. Gaul, ^{2}1970. 45. *M.Lejeune* Lepontica, 1971. 46. *M.Gómez-Moreno*, Miscelaneas, 1949, 309ff. *M.Lejeune* Celtiberica, 1955. – Inschr. aus Portugal: *C.Hernando Balmori*, Emerita 3, 1935, 77ff. *A. Tovar*, Et. Celt. 11, 1967, 237ff. 47. Vollst. Slg.: *Holder*. 48. *H.Pedersen* Vergl. Gramm. d. kelt. Sprachen, 1909/13. 49. *K.H.Schmidt*, KZ 83, 1969, 108ff. 50. *G.Dottin* La langue gauloise, 1915. – Hispanien: *U.Schmoll* Die Sprachen d. vorkelt. Idg. Hispaniens u. d. Keltiberische, 1959. 51. *J.Loth*, Rev. Celt. 41, 1924, 1ff. 52. *A. Tovar*, Hisp. Ant. 3, 1973, 367ff. *M.Lejeune*, CRAI 1973, 622ff. 53. *K.H.Schmidt*, Ztschr. f. celt. Phil. 26, 1957, 39ff. 54. *P.Lebel*, Homm. Grenier, 1962, 966ff. 55. *K.H. Schmidt*, Glotta 44, 1967, 157ff. 56. *H.Birkhan* Germanen u. K. bis z. Ausg. d. Römerzeit, 1970, 131ff. 147. 57. *J.Corominas*, Ztschr. f. celt. Phil. 25, 1955, 30ff. 58. *R. Thurneysen* Keltoromanisches, 1884.

Kleitarchos. 3. Aus Aigina, Glossograph vermutlich des 1.Jh.s v.Chr., schrieb ein Werk über Dialektglossen in mind. 7 B. Nur einige Zit. erhalten, bei Athen. u.a. E. F.

Frg.: *M.Schmidt*, Clitarchi Reliquiae, Bln. 1842.
Lit.: *W.Kroll*, RE XI 654f. *K.Latte*, Philol. 80, 1925, 136–175, bes. 169–171 (= Kl. Schr. 631ff.).

Kleoneides (*Κλεονείδης*), vermutlich der Vf. einer *εἰσαγωγὴ ἁρμονική* (Mus. Scr. Gr. 168–207 v. JAN), einer knappen systemat. Darstellung der Harmonik des → Aristoxenos; viell. 2.Jh. n.Chr. D. Na.

M.Fuhrmann Das systemat. Lehrbuch, 1960, 34–40.

Kleostratos. Von Tenedos, Astronom, von → Parmeniskos Frg. 17 zu den *ἀρχαῖοι* gezählt. Plin. nat. 2,31 setzt ihn nach → Anaximander von Milet, der die Schiefe der Ekliptik festgestellt habe (Ol. 58): *signa deinde in eo Cleostratus et prima Arietis et Sagittarii*, ein Mißverständnis seiner Quelle. K. nennt auch den Skorpion in dem einzigen, von Parmeniskos im Sch. Eur. Rhes. 528 erhaltenen Frg. des K., auch die Böckchen (Hygin. astr. 2,13). K.' Werk hieß *Φαινόμενα* (Vit. Arat. 324,10 MAASS) oder *᾿Αστρολογία* (Athen. 7, 278a). Vom Ida aus habe er die Sonnenwenden beobachtet (Theophr. de sign. 4) und als erster eine Octaeteris aufgestellt (Cens. 18,5). E. Bo.

Diels Vorsokr 6 (S. 41/2). *Breithaupt* De Parmenisco Grammatico (*Στοιχεῖα* IV), Lpz./Bln. 1915. *Boll* Sphaera 193.

Klitias (urspr. wohl *Kleitias*. Signaturen *ΚΑΙΤΙΑΣ* und *ΚΛΕΤΙΑΣ*). Der Athener bemalte um 570 in sf. Technik Kratere, Skyphoi und Schalen, darunter einen Krater, drei Schalen und einen Gefäßuntersatz des Töpfers Ergotimos. Ihr Hauptwerk ist die »Françoisvase«, ein Volutenkrater, der in sechs figürl. Friesen und zwei Henkelplatten je nach Thema feierlich oder humorvoll, immer episch erzählt, gedankliche Zusammenhänge faßbar werden läßt, die Präzision hocharchaischer Zeichnung auf den Höhepunkt führt. W. H. G.

Beazley AV 2,76f.; Development of Attic Black-Figure 26ff. *Arias-Hirmer* 1000 J. griech. Vasenkunst T. 40–46. *A. Minto* Il vaso François, 1960. *K. Schefold* Frühgriech. Sagenbilder, 1964, 54f. T. 46–52.

Leontius. 2. Usurpator; 482 Patricius, von Kaiser → Zenon (I 2) entsandt zu → Illos, der ihn überredete, sich von → Verina zum Kaiser erheben zu lassen (bei Tarsus). L. residierte Sommer/Herbst 484 in Antiocheia, suchte vergeblich ein Bündnis mit den Persern und floh schließlich mit Illos nach Papyrion. A. L.

Licinius. II. 9 a. C. L. Mucianus, Politiker und Schriftsteller des 1. Jh.s n. Chr.; Hauptquelle sind – neben Inschr. – die Historien des Tacitus. L. M. stammte wohl aus Spanien ([3], 790f.). Sein schillernder Charakter (Tac. hist. 1,10. 2,5) machte ihn Claudius verdächtig. So begann sein Aufstieg – um 57 Legat von Lykien, um 64 zum erstenmal Konsul, 68 Legat in Syrien – unter Nero. Im Dreikaiserjahr erklärt sich M. zunächst für Otho, beteiligt sich aber nach dessen Tode, nachdem Spannungen behoben waren, aktiv an der Bewegung für Vespasian (2,74ff., zumal 76f.). Er kommandiert die für Italien bestimmten Truppen; auf dem Landwege wird er durch einen Daker-Aufstand etwas aufgehalten (3,46f.), während → Antonius (II 11) Primus durch den Sieg bei Cremona die Entscheidung für Vespasian bringt und nur unter Schwierigkeiten (3,52f.) vor Rom aufgehalten werden kann. Nach der Einnahme Roms regiert L. M. wie ein *princeps* (4,11. 49). Auch während des Bataveraufstandes (4,85) brauchte er nicht selbst einzugreifen. Seine Parteinahme wurde mit den Triumphalinsignien und zwei weiteren Konsulaten (70 und 72) belohnt. Die letzten Jahre seines Lebens – † 76/77 – waren liter. Tätigkeiten gewidmet: Neben Slg.en hist. Dokumente (11 B. *acta*, u. a. Reden, 3 B. *epistulae*, vgl. Tac. dial. 37,2) hat er eine Kollektion selbst registrierter geogr. Kuriositäten aus dem O. zusammengestellt, die der ältere Plinius häufig heranzieht und zit. P·L. Sch.

Frg.: HRR 2, CXXXXff. 101ff.

Lit.: 1. *Schanz-Hos.* 2,783f. 2. *H. Bardon* Litt. Lat. Inc. 2, 1956, 179ff. 3. *R. Syme* Tacitus, 1958, 166f. 195f. u. passim. 4. PIR 5,1, ^{2}1970, 49ff. 5. *K. G. Sallmann* Die Geogr. d. ält. Plin., 1971, 45ff.

Lollianus. 8. Pap. Colon. inv. 3328 (2. H. 2. Jh. n. Chr.) enthält zahlreiche Reste (bes. aus B. 1 u. 10) eines kaiserzeitl. Romans *Φοινικικά* (ält. Beleg für diese Form eines Romantitels!), aus dem bereits im POxy 1368 (Anf. 3. Jh.) ein aus einem anderen ant. Expl. stammendes Stück bekannt war (sog. Glauketes-Frg.). Die an Nachlässigkeit grenzende Einfachheit der Sprache schließt den Sophisten L. (Nr. 7) höchstwahrscheinl. als Vf. aus. Die Frg.e enthalten die Schilderung eines Festes mit Tanz, einer Liebesnacht zw. einem Mädchen namens Persis und Androtimos (in den erhaltenen Romanen [scheinbare Ausnahme: → Achilleus Tatios 1] in dieser Art verpönt) und eines orientalisch kolorierten (nach Ansicht des Herausgebers dem Dionysos Zagreus zuzuordnenden Mysterien-) Rituals (Ermordung eines Knaben, Verzehren des gerösteten Herzens unter Eidesleistung, Beischlaf, Totenwache, nächtl. Vermummung), das sich vor den Augen des von Räubern gefangenen Androtimos abspielt. Im POxy begegnet Glauketes (dieser Name vor allem sichert die Zusammengehörigkeit der beiden Funde) dem *φάσμα* eines Erschlagenen, verspricht, für dessen Bestattung zu sorgen und kehrt nächtens in einem Pferdestall ein. Die Rekonstruktion des Handlungsverlaufes ist nicht möglich. H. Gä.

Ausg. u. ausführl. Komm.: *A. Henrichs* Die Phoinikika d. L., Bonn 1972.

Loxias (*Λοξίας*), Name des → Apollon bes. als Orakelgott (Bakchyl. 13,148. Pind. P. 3,28, dann oft bei den Trag.), daher Formeln wie *Λοξίου χρησμοί, μαντεύματα* u. ä. (Aischyl. Choeph. 269f.; Prom. 669); etym. zu *λοξός*, »schräg, zweideutig« (Frisk 2,136), das z. B. jetzt »pelasgisch« gedeutet wird bei J. van Windekens, Studi Micenei ed Egeo-Anatolici 2, 1967, 110ff. D. Wa.

Medizin. I. Griechenland. 1. Vorwissenschaftl. M. 2. Entstehung der wissenschaftl. M. 3. M. des 4. Jh.s v. Chr. 4. M. des Hellenismus. II. Rom. 1. M. der Römer. 2. Griech. M. in Rom. 3. Ausklang der ant. M. III. Arztberuf und ärztl. Praxis.

I. 1. Die älteste, für uns in den hom. Epen faßbare M. der Griechen stand noch ganz in der Tradition der auf Empirie beruhenden Heilkunst, wie sie auch bei den altoriental. Völkern begegnet. Sie wurde in der frühen griech. Adelsgesellschaft von den Angehörigen der Aristokratie ausgeübt, deren Erziehungsprogramm offensichtlich auch die Vermittlung med. Kenntnisse enthielt. Diese M. war vor allem eine Wundchirurgie, die bereits über bemerkenswerte rationale Behandlungsmethoden verfügte (s. z. B. Il. 4,210ff. 11,809ff.). Rationalempir. Kenntnisse in der inneren M. waren bestenfalls in Ansätzen vorhanden (vgl. Od. 2,329f.), hier überwog die Auffassung von der Krankheit als einem rel.-mag. Geschehen (s. bes. Il. 1,43ff.).

In früher Z. entstand auch die Tempel-M., die zwar in der ganzen Ant. weit verbreitet war, aber im Unterschied zu der Situation bei den Völkern des vorderen Orients innerhalb der ant. M. niemals eine beherrschende Stellung innehatte. Mit dem Vordringen des → Asklepioskultes seit dem 5. Jh. v. Chr. wurden die Asklepieia zur Hauptwirkungsstätte dieser M., wo dem → Tempelschlaf für die Wunderheilungen und die von den Priestern verordneten therapeut. Maßnahmen (s. z. B. Anth. Pal. 6,330. Aristeid. 48,46ff. K.) die entscheidende Bedeutung zukam.

2. Die Entstehung der wissenschaftl. M. erfolgte

vor allem unter dem Einfluß der ion. Naturphilosophie. Von ihren Fragestellungen ausgehend lernten die Ärzte, den Menschen als einen Bestandteil des Weltganzen zu begreifen, nach Ursprung und Aufbau des menschl. Körpers zu fragen und in Abhängigkeit davon die körperl. Vorgänge erstmalig als ein auf natürl. Ursachen beruhendes Geschehen zu erklären. Erste Bemühungen dieser Art finden sich bei → Alkmaion (4) von Kroton.

Zu den wichtigsten Quellen der wissenschaftl. M. gehörten auch die diätet. Lehren des → Herodikos (2) von Selymbria, denen die bahnbrechende Erkenntnis zugrunde lag, daß das Verhalten des menschl. Körpers weitgehend von Faktoren wie Nahrungsaufnahme, Schlaf, körperl. und seel. Belastung, Klima u.ä. bestimmt wird. Die → Diätetik bedeutete einmal eine Bereicherung der Therapie bei inneren Krankheiten, und zum anderen wurden mit ihr die Grundlagen für einen vorbeugenden Gesundheitsschutz geschaffen.

Um wissenschaftl. M. im eigentl. Sinn des Wortes handelt es sich zum erstenmal bei der mit dem Namen des → Hippokrates (8) verbundenen Heilkunde, die von dem sichtbaren Bemühen um die rationale Bewältigung aller das Körpergeschehen betreffenden Probleme geprägt ist. Ihrer physiolog. Konzeption mit dem umfassenden Physisbegriff und der in Nat. Hom. am konsequentesten ausgebildeten Viersäftelehre entsprechend entwickelten die hippokrat. Ärzte ihre humoralpatholog. Vorstellungen vom Krankheitsgeschehen, das sie mit natürl. und rational faßbaren Ursachen zu erklären versuchten (vgl. z.B. Aër.) und demzufolge auch mit natürl. Mitteln behandelten (vgl. z.B. Morb. Sacr.). Ätiologie, Semiotik und Prognose bildeten die Hauptbestandteile ihrer Nosologie. Anliegen der hippokrat. Therapie war es, die individuelle Natur des jeweiligen Körpers bei der Wiederherstellung der Gesundheit zu unterstützen, wobei der berühmte Grundsatz »nützen oder (doch) nicht schaden« (Epid. 1,11) für die Wahl der Behandlungsart ausschlaggebend war. Vorrang hatten im allg. die diätet. Maßnahmen. Am weitesten entwickelt waren die Behandlungsmethoden der Hippokratiker auf dem Gebiet der Knochenchirurgie (vgl. Art./Fract.).

3. Die Weiterentwicklung der hippokrat. M. im 4. Jh. v.Chr. durch die → dogmat. Ärzte, die vor allem den theoret. Bereich erfaßte, fand unter wechselseitiger Beeinflussung zw. der M. und den philos. Systemen Platons und Aristoteles' statt. → Mnesitheos von Athen soll die Platon. Diärese in der M. bei der Klassifizierung der Krankheiten als erster nutzbar gemacht haben (Frg. 10. 11 Bertier). Einflüsse Platon. Gedankenguts lassen sich auch bei → Diokles (7) von Karystos nachweisen, der andererseits mit seinen Spezialschriften zur → Anatomie und med. Botanik einen Weg beschritten hat, der später durch die Etablierung der Naturwissenschaften als Einzelwissenschaften im Wissenschaftsgebäude des Aristoteles allg. verfolgt wurde und der entscheidend dazu beigetragen haben dürfte, daß nunmehr auch in der M. die einzelnen Fachgebiete voneinander abgegrenzt wurden und sich selbständig entwickelten.

4. Im Hellenismus setzte eine verstärkte Spezialisierung auf bestimmte med. Fachgebiete ein, die für den Fortschritt in den einzelnen Spezialdisziplinen außerordentl. fruchtbar werden sollte. → Herophilos (1) und → Erasistratos nutzten die für die ant. Ärzte im hellenist. Alexandreia einmalige Gelegenheit, menschl. Leichen zu sezieren, für umfangreiche anatom. Studien, die der Ant. die wertvollsten Kenntnisse vom Bau und von den Funktionen des menschl. Körpers vermittelten und die Grundlage für die Entwicklung der → Chirurgie schufen. Unter dem Einfluß der → Empiriker wurde im 3. Jh. v. Chr. u.a. auch die → Pharmakologie zu einem selbständigen Zweig der M., deren Arzneischatz durch den infolge der Expansionspolitik Alexanders d.Gr. aufblühenden Handel mit dem Orient wesentl. bereichert wurde.

II. 1. Die M. der röm. Frühzeit war eine auf empirisch gewonnenen Rezepten, auf gewissen Erfahrungen in der Chirurgie und rel.-mag. Praktiken beruhende Hausmedizin und ist es auch noch lange Zeit hindurch geblieben, wie die von → Cato (4) in *De agri cult.* (z.B. 156ff.) aus seinem Erfahrungsschatz mitgeteilten Rezepte und Behandlungsmethoden zeigen. Die Römer haben auch später keine eigenen Leistungen in der wissenschaftl. M. hervorgebracht. Im Zuge der zielgerichteten Rezeption der hellenist. Kultur haben sie jedoch die Ergebnisse der griech. M. für die prakt. Bedürfnisse ihrer *medicina domestica* lehrbuchartig zusammengefaßt. Das älteste erhaltene Werk dieser Art sind die 8 B. *De medicina* des → Celsus (8), in dem die Therapie neben einer umfassenden Darstellung aller theoret. und prakt. Fächer der M. den breitesten Raum einnimmt. Dem prakt. Bedürfnis der Römer entsprachen auch die Rezept-Slg.en des → Scribonius (II 8) Largus und die Zusammenstellung von Heilmitteln in der Nat. hist. des → Plinius (1).

2. Mit → Asklepiades (2) von Bithynien wurde die wissenschaftl. M. der Griechen in Rom heimisch, wo sie ein neues fruchtbares Betätigungsfeld fand. Sein Schüler → Themison (5) von Laodikeia gründete hier die Ärzteschule der → Methodiker, die mit ihrer Auffassung, daß Krankheiten durch Veränderungen der festen Bestandteile des Körpers entstünden, zu den Schöpfern der Solidarpathologie wurden. Eine Mittlerrolle zwischen den humoralpatholog. Vorstellungen der dogmat. Ärzte und dem Schematismus der Methodiker nahm die → pneumat. Schule ein. Ihr verdankt die ant. M. zahlreiche neue Erkenntnisse, bes. in der Chirurgie und Internistik. Das hohe Niveau der griech. M. in der frühen Kaiserzeit und den Fortbestand lebendiger med. Forschung spiegeln auch

das pharmakolog.-botan. Werk des → Dioskurides (5), die Gynäkologie des → Soranos und die Schriften des → Rufus (7) wider. Ihren Abschluß fand die wissenschaftl.-schöpfer. M. mit → Galenos, dessen umfassendes med. Lehrgebäude die M. bis weit in die Neuzeit hinein beherrschen sollte.

3. Die M. der ausgehenden Ant. brachte kaum noch selbständige Leistungen hervor. Die griech. Ärzte → Oreibasios und → Alexandros (23) von Tralleis standen am Beginn einer Tradition, die umfangreiche med. HB. hervorbrachte, in denen ältere Quellen verarbeitet wurden. Sie enthalten in übersichtl. Form vor allem therapeut. Empfehlungen, daneben aber auch theoret. Kenntnisse, soweit diese für den praktizierenden Arzt von unmittelbarem Nutzen waren. Ausschließlich prakt. Bedürfnissen diente auch das lat. med. Schrifttum, das, abgesehen von einigen lat. Bearbeitungen griech. Schriften z.B. von → Caelius Aurelianus, → Vindicianus und → Cassius Felix, in Rezept-Slg.en wie der von → Marcellus (14) Empiricus oder → Theodorus (3) Priscianus bestand. Für die gesamte M. dieser Z. ist es bezeichnend, daß Aberglaube und Magie wieder stärker hervortraten.

III. Obwohl der ant. Arzt infolge seiner Bedeutung für die menschl. Gesellschaft hohes Ansehen genoß (so schon Il. 11,514f.) und über eine wissenschaftl. Bildung verfügte, entsprach sein sozialer Status dem der Handwerker (Od. 17,383f.), da er sich wie diese mit seinem Beruf seinen Lebensunterhalt verdiente. Neben frei praktizierenden Ärzten, die entweder in einer größeren Stadt ansässig waren oder als Periodeuten im Lande umherzogen, gab es auch von den Städten angestellte und besoldete Gemeindeärzte.

Die ärztl. Ausbildung erfolgte bei einem selbständig praktizierenden Arzt oder an den Ärzteschulen, die einen der ma. Handwerkszunft vergleichbaren Charakter angenommen hatten, nachdem der urspr. Familienverband durch die ständig steigende Zahl ihrer Mitglieder gesprengt worden war. Entsprechende Verpflichtungen, die die Beziehungen zw. Lehrer und Schüler regelten, sind im sog. Eid des → Hippokrates (8) festgelegt. Aber weder die med. Ausbildung noch die Ausübung der ärztl. Tätigkeit unterlagen in der Ant. einer staatl. Kontrolle. Um das Ansehen des Arztberufes zu schützen, entwickelten die Hippokratiker, ausgehend von der Forderung, daß sich der Arzt in seinem Handeln und Auftreten stets vom Wohl des Kranken leiten lassen müsse, eine bis in unsere Z. hineinwirkende Standesethik, deren Pflichtenkodex den Vorschriften aus dem zweiten Teil des Eides vergleichbar gewesen sein dürften (J. Kollesch Die Med. u. ihre sozialen Aufgaben z.Z. d. Poliskrise, in: Hellen. Poleis, Bln. 1974, 1860ff.).

Die Behandlung der Patienten erfolgte entweder im Iatreion im Hause des Arztes (vgl. z.B. Hippokr. Off.) oder durch Hausbesuche seitens des Arztes oder seiner Gehilfen. Krankenhäuser kannte die Ant. nicht, seit dem 1. Jh. n. Chr. gab es in Rom jedoch die Einrichtung der → Valedutinarien. Als Militärlazarette dienten sie der med. Versorgung der Soldaten durch die *medici a valetudinario* (→ Medicus 2), und im zivilen Bereich handelte es sich dabei in der Regel um einzelne Krankenräume in den Sklavenunterkünften, in denen die Sklaven von den *servi medici* behandelt wurden. J. K.

P. Diepgen Gesch. d. Med. 1, Bln. 1949, 67–158. *G. Harig* Die Med. d. griech.-röm. Ant., in: Gesch. d. Med., hg. v. *A. Mette – I. Winter*, Bln. 1968, 41–114. *F. Kudlien* Der Beginn d. med. Denkens b. d. Griechen, Zürich–Stuttg. 1967. Ant. Med., hg. v. *H. Flashar*, Darmstadt 1971. Ancient Medicine. Selected papers of *L. Edelstein*, hg. v. O. u. *C.L. Temkin*, Baltimore 1967. *H. Diller*, Kl. Schr. z. ant. Med., Bln. 1973. *E.J.* u. *L. Edelstein* Asclepius, 2 Bde., Baltimore 1945. *R. Herzog*, Philol. Suppl. 22,3, Lpz. 1931. *J. Bertier* Mnésithée et Dieuchès, Leiden 1972. *M. Michler* Das Spezialisierungsproblem u. d. ant. Chirurgie, Stuttg.–Wien 1969. *Th. Puschmann* Gesch. d. medicin. Unterrichts, Lpz. 1889, 29–112. *G. Harig*, Klio 53, 1971, 179–195.

Meletios (*Μελέτιος*), Bischof von Antiocheia in der 2. H. des 4. Jh.s, war eine kirchenpolitisch bedeutsame Gestalt in den Auseinandersetzungen um den Arianismus. Ähnlich → Athanasios wurde er verschiedentlich verbannt. In der Verurteilung der arian. Anschauungen war er für seine Z. nicht entschieden genug, so daß selbst die Gemeinde von Antiocheia durch das nach ihm benannte Schisma gespalten wurde. Die Ablehnung durch Athanasios verhinderte die vor allem durch → Basileios (4) betriebene Anerkennung durch Rom und den W. Für die Orientalen war er zur führenden Persönlichkeit geworden. → Gregorios (2) von Nyssa und → Iohannes Chrysostomos (Nachtr. Bd. V) haben ihn in Trauerreden verherrlicht. Von ihm selbst ist bei Epiphanios panar. 73,29ff. eine vor Kaiser Constantius gehaltene gewichtige, auch in ihrer Form anzuerkennende Predigt über prov. 8,22 überliefert. B. R. V.

W. Enßlin, RE XV 500–502. *Lietzmann* AK 4,9–34.

Menandros. 10 a. Sohn des Euphratas aus Konstantinopel, mit dem Beinamen *προτίκτωρ* (*protector* = Angehöriger der kaiserlichen Leibgarde), Historiker des 6. Jh.s n. Chr. (unter → Mauricius). M. war erst Jurist, ehe er sich, nach einem leichtsinnigen Leben (autobiograph. Angaben in der erstaunlich offenen Vorrede zu seinem Werk, Suda s. *M.*) der Geschichtsschreibung zuwandte. Sein Vorbild war → Agathias, dessen Werk er fortsetzte und dessen manierierte Art er nachahmte. Erhalten sind von seiner Darstellung, die die Z. von 558–582 umfaßte, Exc. in den konstantin. Slg.en (→ Constantinus 6) und in der Suda; ein Frg. zweifelhafter Authentizität bei F. Halkin, in: Zetesis ... aangeb. aan E. de Strijcker, Amsterd. 1973, 664ff. Benutzt wurde M. von → Euagrios (4; Nachtr. Bd. V), bes. in B. 5, und → Theophylaktos Simokattes. Die Reste der Historien enthalten wichtige und durchwegs zuverlässige Nachrichten zur polit. Gesch., daneben reiches geograph. und ethnograph. Material. – Ein Epigramm auf einen pers. Magier, der Christ und Märtyrer wird, Anth. Pal. 1,101. H. Gä.

Ta.: *B.G.Niebuhr*, Dexippus etc., Bonn 1829, 279ff. *Migne*PG 113,791ff. FHG 4,200ff. *L.Dindorf*, Hist. Gr. Min. 2,1ff. – Dt. Übers.: *E.Doblhofer*, in: Byz. Geschichtsschreiber 4, Graz–Wien–Köln (Darmstadt) ^{2}1965.

Lit.: *Krumbacher* 243f. *V.Valdenberg*, St. Biz. e Neoellen. 4, 1935, 65ff. *E.Colonna*, Gli storici biz. ..., Napoli 1956, 82f. *G.Moravcsik* Byzantino-Turcica 1, Bln. ^{2}1958, 254ff.

Menelaos. 5a. Aus Aigai, Epiker unbestimmter Z., Vf. einer »Thebais« in 11 B. und anderer Werke (Suda), wovon außer einigen Ortsnamen bei Hesych. nichts erhalten ist. M. wird in einem Hermogenes-Komm. (Walz Rhet. 6,93) als Beispiel dafür vorgestellt, wie ein Dichter bei mäßiger Begabung, aber vorhandenem Fleiß, Meister einer »genauen« Stilrichtung werden könne. Danach vermutet man in ihm einen Alexandriner. E. F.

Fiehn, RE XV 833 (M. Nr. 10). *Christ-Schmid* 2,1,321.

Menschenopfer sind im europäischen Raum schon für das Palaeolithikum nachweisbar (Müller-Karpe, HB. d. Vorgesch. 1, Mnch. 1966). Der griech. Mythos erwähnt sie (Iphigenie, Polyxena); M. zu Ehren des → Zeus Lykaios kennt Plat. rep. 565d. Porph. abst. 2,27. Paus. 8,38,7; wer vom Fleisch des dort geopferten Knaben aß, wurde zum Wolf aitiolog. Erkl. b. Hes. frg. 163 Merkelbach-West). Der → Dionysoskult (Porph. abst. 2,55) wie später die → Mithrasmysterien (Vita Athanasii b. Phot. bibl. cod. 258,483b, 25f.) kennen das M. Innerhalb der Magie wurden M. vor allem zu divinator. Zwecken verwandt (Porph. abst. 2,51. 56. Tert. apol. 9. M. in Bauriten s. [4], 109. [5], 49,17. In der Magie werden Kinder als M. bevorzugt: das schuldlose Opfer ist effektiver. Auch die Griechen kennen das M. im → Totenkult (s. [2], 59f.). Homer erwähnt nur einmal bei der Bestattung des Patroklos (Il. 21,26f. 23,174f.) ein solches Opfer; vergleichbar aus späterer Z. die Tötung von 300 Gefangenen am Grab des → Philopoimen (Plut. Philop. 21). Die Tragödie verwendet das Motiv häufig (vgl. W. Burkert, Gr. Rom. and Byz. St. 7, 1966, 116f.). Frühe röm. Riten kennen das M. nicht (vgl. Liv. 22,57,6); zwei Ausnahmen auf Anweisung der sibyll. Bücher sind bekannt (dazu [1], 420f.). Später nimmt der griech. Einfluß zu, so daß 97 v. Chr. durch ein *senatus consultum* das M. verboten werden muß (Plin. nat. 30,3); erneutes Verbot unter Hadrian (Eus. Praep. ev. 4,15,6). Trotzdem sollen Elagabal (Cass. Dio 79,11), Maxentius (Sokr. 3,13) und Iulianus (Greg. Naz. c. Iul. 1,92) M. dargebracht haben. Die Zauberpap. erwähnen keinen Fall von M.; auf die Praxis, menschl. οὐσίαι zum Opfer zu verwenden, weist aber Cass. Dio 42,26; eindeutig auch die Schilderung Lucan. 6,520f., bes. 554f. Scheinbare M. kennt Serv. zu Aen. 2,116 (dazu [2], 114f.). C. Z.

1. *Wissowa* Rel.^{2} 2. *F.Schwenn* Die M. b. d. Griechen u. Römern (RVV 15,3), Giessen 1915. 3. *Hopfner* 1, § 24. 353. 634f. 4. *Cumont* (dt. Ausg. 1931 ([Darmstadt 1959]). 5. *W.Burkert* Homo necans, Bln. 1972.

Minoa. 2. Nach Ptol. 3,14,32 Hafen, bei Strab. 8,6,1 p. 368 φρούριον, bei Paus. 3,23,11 Vorgebirge an der W.-Küste des Argolischen Golfs, das h. imposante Monemvasia mit seiner mächtigen ma. und neuzeitl. Festung.

1. *F.W. Hasluck*, ABSA 14, 1907/08, 176ff. 2. *Philipps.-Kirst.* 3,493f. 3. *H. Waterhouse–R. Hope Simpson*, ABSA 56, 1961, 137. 4. *Kevin Andrews* Castles of the Morea 192ff.

3. Stadt im W. der N.-Küste Kretas an der Sudabucht, zu → Kydonia gehörend, [1], 116 Nr. 1,12. Ptol. 3,15,5. Stadiasm. m. m. 344. Plin. nat. 4,59.

1. *M.Guarducci*, Inscr. Cret. 2,10f. 2. *B.D. Theophanides*, EA 1950/51, Χρον. 1ff. (Ausgrabung).

4. Stadt im O. der N.-Küste Kretas am S.-Ufer der Bucht von Mirabello wohl beim h. Pachyammos, zu → Lyttos gehörend, Strab. 10,4,3 p. 475. Ptol. 3,15,4.

M.Guarducci, Inscr. Cret. 1,100 A. 1.

5. Stadt in der Mitte der NW.-Küste der Insel → Amorgos an der Katapola-Bucht. Reste der Stadtmauer an der steilen Akropolis, Theater, Tempelfundamente u. a. erhalten, Ethn. Μινοήτης, Μινῳήτης. M. galt als Gründung von Samos, Suda s. Σιμωνίδης Κρίνεω, und hatte im 3. und 2. Jh. v. Chr. eine Kolonie von Samiern, Σάμιοι οἱ ἐν Μινώιαι, IG XII 7, 226,11ff. 231,29f. 237,37ff. = Sylloge^3 1047. 239,1f. 240,1. Inschr. von Magnesia 50 = Sylloge^3 562,80. [7]. Eigene Mz. hellenist. und im 2. und 3. Jh. n. Chr. Aus M. stammte der Iambograph → Semonides (Simonides). Stadiasm. m. m. 282. 284. Steph. Byz. s. v. u. s. Ἀμοργός und Ἀρκεσίνη. Inschr.: IG XII 7,219–385. Suppl. p. 144f. Nr. 332. 333. Mz.: Head HN^2 481. E. M.

1. *L. Ross* Inselreisen 1,173ff. 2,40ff. 2. IG XII 7 p. VIIf. 50. 3. *Fiehn*, RE XV 1858f. Nr. 7. 4. *Philipps.-Kirst.* 4, 152f. 5. *R. Weil*, MDAI(A) 1, 1876, 331ff. 6. *W. Ruppel* Klio 21, 1927, 313ff. 324ff. 7. *L. Robert*, REG 46, 1933, 437ff.

Munatios (Μουνάτιος) aus Tralleis, Grammatiker, 1. Drittel des 2. Jh.s n. Chr., genannt von Philostr. vit. soph. 2,1,14. 1,25,7 als Lehrer des → Herodes (16) Atticus. Vermutlich derselbe hat einen Komm. zu Theokrit verfaßt, der in den Theokr.-Sch. (1,110c. 2,100b. 7,106/08b. 138a. 9,14; hypoth. 3. 7. 17) zit. wird. E. F.

E. Wüst, RE Suppl. VIII 359–361. *C. Wendel*, AGG 1920, 74–84.

Neoteriker. Moderner Begriff (so die Ant. für die Dichter des 2. Jh.s n. Chr. – h. poetae novelli; Cicero nennt die N. νεώτεροι oder *p. novi*, vgl. zuletzt CROWTHER, CQ 1970, 322ff.) für die Lebens- und Dichtungsgemeinschaft um den Gramm. → Valerius (B 3) Cato (zu skeptisch CROWTHER a.O. und CPh 1971, 108f. WISEMAN Cinna the Poet, 1974, 50ff.), aus der → Catullus und C. Licinius → Macer (2) Calvus, Helvius Cinna (6), → Furius (III 1) Bibaculus und → Ticidas herausragen. Ihre Produktion konzentriert sich auf myth. Epyllien und Slg.en von Kleingedichten, in denen persönlich-gesellschaftl. Beziehungen (Freundschaft und Polemik, Liebe und Ehe) dominieren. Traditionell lyr. Maße (Hendekasyllaben) mischen sich mit Distichen (Elegie und Epigramm). Einen Eindruck vom neoter. Gedichtbuch kann – trotz späterer Bearbeitung – der Bestand des catull. Werkes vermitteln; sonst sind nur einzelne Poeme oder Frg.e überliefert. Die neoter. Poetik greift in Distanz zum (hist.) Epos und über die automat. Transposition der je zeitgenöss. griech. Poesie in den vorigen Generationen – unter dem Einfluß des → Parthenios (1)? – bewußt auf die hellenist. »Klassiker« → Kallimachos (3) und → Euphorion (3) zurück. Während sich die Linie des zu artifiziellen Epyllions als Sackgasse erweist – vgl. aber → Ciris (Nachtr. Bd.V) und → Culex (Nachtr. Bd.V) in der App. Verg. –, wirkt die Tradition der neot. Gedichtslg. in der Epigrammatik (Domitius Marsus; Vergil?, Catal.; Martial) und der sich verselbständigenden Elegie weiter, bleibt das Niveau des poetol. Programms auch in der nicht gattungsgebundenen Rezeption (Horaz) erhalten. P. L. Sch.

Frg.: *A. Traglia* Poetae Novi, 1962. *J. Granarolo*, ANRW 1,3, 1973, 278ff.

Lit.: *L. Alfonsi* P.N., 1945. *H. Bardon* Litt. Lat. Inc. 1, 1952, 337ff. *G. Brugnoli*, Riv. Cult. Class. Med. 1962, 154ff. *H. Tränkle*, MH 24, 1967, 87ff. *E. Castorina* Quest. Neot., 1968 (und Giorn. It. Filol. 1973, 208ff.). *K. Deichgräber*, H 1971, 46ff. *E. Paratore* Poetiche e corr. lett. nell' ant. Roma, 1970, 12ff.

Nikagora (Νικαγόρα) aus Sikyon, Frau eines Echetimos, soll den Asklepioskult in Sikyon begründet haben, indem sie den Gott, in seiner Schlangengestalt (→ Asklepios), auf einem Maultierwagen aus Epidauros brachte (Paus. 2,10,3). E. F.

Thraemer, RE V 1915 (Echetimos).

Niketas Eugenianos (Νικήτας ὁ Εὐγενιανός). Byz. Dichter (2.H. 12.Jh.), Vf. eines Versromans *Τὰ κατὰ Δρόσιλλαν καὶ Χαρικλέα* (9 B., 3641 Iamben). Als Muster der äußeren Anlage diente ihm die Gesch. von Rhodante und Drosikles des → Theodoros (11) Prodromos (den N.E. in einer im Cod. Escor. Y. II. 10 erhaltenen *μονῳδία* verherrlicht); daneben machte er aber Anleihen bei ant. Romanautoren wie → Heliodoros (5), der der eigentl. Stammvater dieser späten Werke ist, ferner bei → Achilleus Tatios (1) und → Longos sowie anderen erot. und bukol. Werken älterer Z. Zahlreiche Einlagen (Briefe, Ekphraseis, Monologe) und Partien von teils derbem Humor (vgl. 7,271ff.) sind des Autors eigener Beitrag zu dem im übrigen traditionellen Werk. Die Sprache neigt zum Pompösen. – Weitere Werke: Eine *ἐπιστολὴ γραμματική* an eine junge Dame (ed. BOISSONADE Ausg. d. Romans Bd.2, Paris 1819, 6ff.); ein Gedicht auf Jonas und die Leute von Niniveh; eine Rede auf den verstorbenen Großdrungarios Stephanos Komnenos. H. Gä.

Ta.: *R. Hercher*, Erotici Scr. gr. 2, Lpz. 1859, 435ff. Auswahl bei *R. Cantarella*, Poeti biz., Milano 1948.

Lit.-Ber.: *O. Mazal*, Jb. Österr. Byz. Ges. 14, 1965, 94.

Lit.: *Krumbacher* 763f. *E. Rohde* Der griech. Roman 565ff. *H. Hunger*, AAWW phil.-hist. Kl. 105, 1968, 59ff.

Nikias. 6 a. Von Nikaia, verfaßte, etwa z.Z. Neros, ein philos.-gesch. Werk *διαδοχαί*. Er stand somit in der von → Sotion (1) begründeten Tradition, die Überlieferung alles Philosophischen auf das engste an die Gesch. der Philosophen-Schulen zu binden. Die wenigen Notizen freilich, die Athenaios (4,162e. 6,273e. 10,437ef. 11,505b. 13,592a) erhalten hat, bereichern lediglich das ohnehin überreiche anekdot. Material.

Daß N. zu den von Diog. Laert. benutzten Autoren gehört habe, ist vermutet worden – wohl sicher zu Unrecht. Die am Terminus *διαδοχή* orientierte Betrachtungsweise wurde nahezu ausschließlich vertreten; zudem ist das Wenige, das von N. bekannt ist, so wenig spezifisch, daß N. weder mit Diog. Laert. noch einem anderen Philosophie-Historiker in engere Verbindung gebracht werden darf. H. D.

Oclatinius. M. O. Adventus. Stammte aus niedrigsten Verhältnissen und konnte nicht lesen (Cass. Dio 78,14,1). Über untergeordnete mil. Ämter stieg er unter → Septimius (II 7) Severus bis zum *princeps peregrinorum* auf und trat in den Verwaltungsdienst über. Als *procurator* von Britannien (CIL VII 1003 = DESSILS 2618) diente er unter dem Statthalter L. → Alfenus (2) Senecio. Caracalla ernannte ihn zusammen mit M. Opellius → Macrinus (2) zum *praefectus praetorio* (Herodian. 4,14,2. Cod. Iust. 9,51). O. weilte mit Caracalla in Mesopotamien und wurde nach dessen Ermordung von den Soldaten zum Kaiser ausgerufen (Cass. Dio 78,14,2), lehnte aber unter Hinweis auf sein Alter und ein Augenleiden ab, so daß am 11. April 217 Macrinus auf den Thron erhoben wurde. Dieser dankte durch die Ernennung zum *praefectus urbi* (Cass. Dio 68,14,4) und zum *cos. ord.* 218 (CIL XIV 4562,4. DEGRASSI FImp. 61). G. Wi.

Odeion (zu ἀοιδή, att. ᾠδή, »Gesang«) ist ein Gebäude, in dem vorwiegend musikal. Darbietungen oder Rezitationen vorgeführt wurden. Es ist in Form und Funktion schon in der Ant. nicht immer streng vom → Theater unterschieden (Paus. 7,20,3). Der entscheidende architekton. Unterschied liegt darin, daß man das O. überdachte, was seine Funktion als intimer Konzertsaal oder Kammertheater betonte. Das früheste Bauwerk dieser Art, von Paus. 1,20,4 als *κατασκεύασμα*, von Vitr. 5,9,1 und Plut. Per.13 aber als *ᾠδεῖον* bezeichnet, ist das O. des → Perikles (letztes Drittel des 5. Jh.s) am SO.abhang der Akropolis in Athen. Es ist ein fast quadrat. Bau (62,40 × 68,60 m) mit 9 mal 10 Säulenreihen im Inneren, dem Telesterion des → Iktinos in Eleusis vergleichbar. Es war mit einem pyramidenförmigen Holzdach gedeckt. Einen ähnlichen Grundriß hat das O. des → Agrippa auf der Agora (um 15 v. Chr.). In dem Innenraum von ca. 25 m Seitenlänge ist nun aber eine Orchestra und eine muschelförmige Cavea mit 19 Sitzreihen für ca. 1000 Besucher nachzuweisen, eine Bauform, die der des Bouleuterions sehr ähnlich ist. Das bekannteste und am besten erhaltene O. ist das des → Herodes (16) Attikos am Südwestabhang der Akropolis. Es wurde zum Andenken seiner Frau Regilla nach 160 v. Chr. (Paus. 7,20,6. Philostr. v. soph. 2,1,5,8) errichtet. Der halbkreisförmige Grundriß gleicht dem eines Theaters. Mit einem Radius von 38 m und 2 Rängen bot es etwa 5000 Zuschauern Platz. Das Dach (Suda s. *Ἡρώδης*), das einen beträchtlichen Raum zu überspannen hatte, bestand aus Zedernholz. Beim Heruler-Einfall 267 n. Chr. verbrannte es. Eine dicke Aschenschicht mit Dachziegeln, die bei der Grabung festgestellt wurde, lassen nicht an dem einst vorhandenen Dach zweifeln. In vielen ant. Städten und Heiligtümern Griechenlands, Kleinasiens, Afrikas und Italiens lassen sich O. nachweisen. Das früheste auf ital. Boden ist das *theatrum tectum* von → Pompeii (ca. 80–75 v. Chr.). S. O.

L. Crema L'architettura Romana, 1959, 80ff. 202ff. *J. Travlos* Bildlex. z. Top. d. ant. Athen, 1971, 365ff. *P. E. Arias*, Encicl. arte ant. 7,640ff. *W. Zschietzschmann*, RE Suppl. XIII 56ff.

Oistros (*οἶστρος*) ist die Bremse, die → Io verfolgt (Aischyl. Prom. 567ff. Orph. Arg. 47ff.), und ebenso der personifizierte Wahnsinn. Poll. 4,142 zählt O. zu den *ἔκσκευα πρόσωπα*. G. R.

Gruppe Griech. Myth. 1070,7. *Lewy*, Myth. Lex. 3,803f. Wilam. GldH. 1,273.

Oktoberpferd *(Equus October)*, das rechte, d. h. führende, Roß des in einem Wagenrennen siegreichen Gespanns wird an den Iden des Oktober auf dem röm. Marsfeld *ad nixas* (Philocal. CIL I² p. 274) mit Tüchern (Fest. 246,21 L. *pan⟨n⟩ibus* nach Vorbild von Enn. var. 30 V. Pompon. frg. 70 R.) geschmückt (oder erstickt?) und durch einen Speerwurf dem Mars geopfert. Um seinen Kopf streiten die Bewohner der *sacra via* und Subura, um ihn an die Regiawand oder die *turris Mamilia* zu nageln. Das Schwanzblut wird auf den Herd der Regia geträufelt. Als Motiv werden der Fall Troias durch das hölzerne Pferd, die kriegerische Natur des Rosses, der *eventus frugum* (Fest. 246,22 L.) oder die Bestrafung der »feigen« Schnelligkeit genannt (Timaios FGrH 566 F 36 mit Kritik des Pol. 12,4b,3. Fest. 190,11ff. 246, 21ff. Paul. Fest. 71,20ff. 191,3ff. L. Plut. mor. 287ab). Eine Deutung fehlt. G. R.

Wissowa Rel. ²144f. *Latte* RRel 110. *Hermansen* Stud. über d. ital. u. d. röm. Mars, 1940, 165ff. *Dumézil* Rel. Rom. Arch. 217ff. *Scholz* Stud. z. altital. u. altröm. Marskult u. Marsmythos, 1970, 89ff. *Radke*, Gn 44, 1972, 557ff.

Onnos, äg. *Wnjś* (Horusname *Wꜣḏ-tꜣ.wj*), etwa 2355–22 v. Chr., als letzter König der 5. Dyn. gerechnet, aber wohl Usurpator. Pyramide *Nfr-jśw.t-Wnjś* (»Vollendet sind die Stätten des O.«) an SW.-Ecke des Djoser-Bezirks in Saqqara; ihre Grabkammer enthält zum ersten Mal die sog. »Pyramidentexte«, d. h. die zum Begräbnisritual gesprochenen Verklärungen und Hymnen. Am Aufweg Reste hist. Darstellungen wie Bau des Pyramidentempels und verhungernde Beduinen, sowie Asiatenschlacht (S. Hassan, ÄZ 80, 1955, 136ff.; Ann. Serv. 53, 1955, 439ff. Schott, Rev. d'Égypt. 17, 1965, 7ff.). W. H.

Oplontis. Die Tab. Peut. nennt O. drei Meilen von Pompeii entfernt, Geogr. Rav. 4,32. 5,2 nennt den Ort *Eplontis* bzw. *Opolontis*. Die Angaben stammen wohl aus der Karte des → Agrippa, da O. beim Vesuv-Ausbruch 79 n. Chr. verschüttet wurde. Seit 1964 wird dort eine große, bisher schon über 50 × 60 m messende röm. Villa ausgegraben mit vorzüglichen Wandmalereien. A. de Franciscis, Connaissance des arts 264, 1974, 48ff. und in: Neue Forschungen in Pompeji, hg. v. Andreae u. Kyrieleis, 1975, 9ff. W. H. G.

Ordo. 2. Staatsrechtlich eine in den Censuslisten oder einem → *album* geführte, geschlossene, privilegierte Körperschaft. Die Senatoren und ihre Familien bildeten den höchsten *o.* (Cic. Sest. 97 *summus*, *maximus*; leg. 3,28 *o. princeps*). Seit den Gracchenkämpfen sonderten sich die Ritter als *equester o.* im Streit um die Richterstellen *(→ quaestio)* ab. Cic. bemühte sich um die polit. Einigung der beiden *o.*, H. Strasburger Concordia ordinum, 1931, 71f. In der Kaiserzeit erscheint der Ausgleich in der Bezeichnung *uterque o.*, Vell. 2,32,3. 100,5. Suet. Aug. 15; Ner. 11. CIL IX 5420,12. Wenn die *aerarii tribuni* oder die Plebs als 3. *o.* oder *o. plebeius* angesprochen werden, benutzt diese Aussage eine sprachliche Weiterbildung mit der verblaßten Bedeutung des *o.* als Menschen- oder Berufsklasse. Im Staatsrecht gab es einen 3. *o.* nicht, Plin. nat. 33,29. Ascon. p. 15. 59 (Kiessl.). Cod. Theod. 9,45,5. Dig. 27,1,44,3. Dagegen entspricht der Gemeinderat, der *o. decurionum* der → Municipien (2b) und → *coloniae* dem röm. *o. senatorius*. H. V.

B. Kübler, RE XVIII 930ff. *C. Nicolet* L'ordre équestre à l'époque républ., 1966. *J. Hellegouarc'h* Le vocabulaire latin, 1963. *J. Béranger* Principatus, 1973, 77ff. *W. Langhammer* Die rechtliche und soziale Stellung der Magistratus municipales und der Decuriones, Wiesbaden 1973.

Pasikrates (*Πασικράτης*). Fürst von → Soloi auf Kypros, siegte 331 bei den von Alexander in Tyros gegebenen mus. Spielen durch den Schauspieler Athenodoros, stellte seinen Sohn → Nikokles (3) Alexander vor, schloß sich 321 → Ptolemaios (1) an, half ihm 315 gegen → Antigonos (1) und gründete nahe bei Soloi an der NW.-küste Alexandreia, Plut. Alex. 29. Arr. FGrH 156 F 10,6. Steph. Byz. Mz. HEAD HN² 745. BERVE Alex. 2 Nr. 610. J. SEIBERT Unt. z. Gesch. Ptolemaios' I., 1969, 114. 117. H. V.

Paulus. 11. P. Diaconus, langobard. Adliger aus Norditalien, * um 720, nach 774 Mönch in Monte Cassino, nach 782 einige Jahre am Hof Karls d. Gr. und Mitglied seiner »Akademie«, † um 800. In diesem Rahmen ist neben seiner geistl. und persönlich motivierten liter. Produktion (Gedichte, *Historia Langobardorum*) bes. das enzyklop. Programm hervorzuheben, in dem P. D. die spätant. Tradition Süditaliens mit den fränk., frühma. Reformbestrebungen vermittelt (*Historia Romana*, eine Fortsetzung und Bearbeitung des → Eutropius (1), vor 774; Auszug aus dem Lex. des → Festus (6) und der Donat-Komm., beide Karl gewidmet). P. L. Sch.

Ta.: *P. Neff*, 1908 (Gedichte). *W. Waitz*, 1878 (Hist. Lang.). *A. Crivellucci*, 1914 und Bull. Ist. Stor. It. 1921, 7ff. (Hist. Rom.). *W. Lindsay*, 1913 u. 1930 (Festus). *A. Amelli*, 1899 (Donat-Komm.).

Lit.: *Manitius* 1,257ff. *Wattenbach-Levison* Deutschlands Geschichtsquellen 1, 1953, 203ff.

Pech (*πίσσα, pix*) wurde aus harzreichen Hölzern (Plin. nat. 14,122. 16,38) wie Kiefern und Fichten dadurch gewonnen, daß man zu einem Meiler aufgerichtete Holzscheite ohne Zufuhr von Sauerstoff (Theophr. h. plant. 9,3,1) schwelen ließ. Aus dem so erhitzten Holz (trockene Destillation) tropfte in eine darunter liegende Vertiefung → Teer, bzw. P., das durch einen Kanal nach außen abgeleitet wurde. Das sehr geschätzte »bruttische« P. wurde in Kupferkesseln mit einem Zusatz von Essig gekocht (Plin. nat. 16,52). Daneben gab es auch Öfen, die Plinius (16,52) zur Teerherstellung empfiehlt. P. war ein wichtiges Erzeugnis zum Verschließen und Abdichten von Schiffen (Plin. 16,56), Weinfässern und anderen Gefäßen (Plin. 16,134. Hor. c. 3,8,10. Martial. 13,107) sowie zum Konservieren von Hölzern und organischen Stoffen, die stark der Feuchtigkeit ausgesetzt waren (Vitr. 7,4,2. 10,9,2), und sogar Metallen, um eine Rost- oder Grünspanbildung zu verhindern (Paus. 1,15,4). Auch in der Heilkunst fand P. Verwendung (Verg. georg. 3,450). Wegen seiner leichten Entflammbarkeit wurde P. für Fackeln (Hom. Il. 11,553) und in Kriegsfällen zum Entfachen von Bränden (Caes. civ. 2,11,2) benutzt. S. O.

Pedarii. Seit Cic. Att. 1,19,9. 20,4 nachweisbarer Name der niedrigsten Rangklasse der Senatoren, die kein curul. Amt bekleidet hatten, Frontin. aqu. 99. Tac. ann. 3,65. 14,49,1. Sie hatten das *ius sententiae ferendae et dicendae*, kaum aber Gelegenheit dazu, da bei der Umfrage im Senat die vielen Senatoren höherer Rangstufen sich zuvor äußerten. Bei der Abstimmung (→ *discessio*) traten sie zu dem Redner ihrer Wahl (Gell. 3, 18 *in alienam sententiam pedibus eunt*), gaben also ihre Meinung mit den Füßen ab. Fest. s. *pedarium* 232 L. Zu anderen Deutungen von *p.* bei → Gavius (III 1) Bassus und → Varro (1) s. Gell. a. O. P. WILLEMS Le sénat de la république Romaine, 1968, 137ff. In der Senatsliste von → Canusium erscheinen 213 n. Chr. die *p.* als *pedanii*, CIL IX 338. H. V.

Pedicae. 1. Urspr. die Fußfessel, *πέδαι*, für die Immobilisierung der Pferde und so aus dem O. nach Griechenland gekommen, werden die P. allg. zur Fessel für Gefangene und Sklaven, bei letzteren auch als Strafmaßnahme. P. von Gefangenen können auch in Heiligtümer geweiht werden (Hdt. 5,77,3). **2.** Auf der Jagd sind P., *ποδοστράβαι*, Fußfesseln bzw. Fußfallen, die vor allem bei der Hirsch- und Eberjagd verwandt werden. J. AYMARD Essai sur les chasses romaines, 1951, 338ff. W. H. G.

Philippos. 21 a. Von Opus, Schüler → Platons, wahrscheinl. (vgl. Ind. acad. col. III 35ff.) in den letzten Lebensjahren Platons dessen Sekretär und Vorleser. Von weiteren Lebensumständen Ph.' ist nichts bekannt; von hoher Bedeutung ist nur die Notiz bei Diog. Laert. 3,37, wonach manche sagen, Ph. habe Platons »Nomoi« aus einem Rohexemplar, das aus Wachstafeln bestand, ins Reine abgeschrieben; von Ph. sei auch – *φασίν* – die »Epinomis«. Ob diese doppelte Notiz auf guter alter Überlieferung – so WILAMOWITZ – beruht, ist äußerst zweifelhaft. Ob man sich die Modalitäten, wie die »Nomoi« aus dem Nachlaß Platons herausgegeben wurden, so oder anders denken soll, ist von geringem Belang. Ob aber die »Epinomis« ein authent. Werk Platons ist, wurde hart umstritten. »Ist die Schrift ein Werk des Ph., so zeigt sie in anschaulichster Weise, wie die Akademie die pythagoreisierende Richtung der letzten Entwicklungsphase Platons aufnahm und fortsetzte« (K. PRAECHTER).

Nur die Suda (s. *Φιλόσοφος*) nennt als weiteres Werk des Ph. eine Schrift *περὶ Πλάτωνος* – damit hätte Ph. zu → Speusippos' *Πλάτωνος περίδειπνον* in Konkurrenz treten müssen. Da die Notiz der Suda durch nichts gestützt wird, muß sie als verdächtig gelten. Das Zeugnis der Suda weist dem Ph. ferner mehrere Schriften zur Mathematik, Harmonielehre und Optik zu; hiervon ist nichts erhalten.

Proklos (in Eucl. elem. p. 212/13 FRIEDLEIN) nennt als Schüler und nachmaligen Mitarbeiter Platons an der Erforschung math. Probleme einen sonst nicht bezeugten Ph. von Mende. Es muß mangels gesicherter Bezeugung gänzlich offen bleiben, ob die durch die Suda dem Ph. von Opus zugeschriebenen Werke in Wahrheit dem Ph. von Mende gehören, oder ob (so versuchsweise H. USENER) die beiden Ph. eine Person sind. H. D.

Lit.: (Älteres bei *W.A.Oldfather*, Philol. 67, 1908, 451ff.) *K.v.Fritz*, RE XIX 2351ff. *Fr.Müller* Stilist. Unt. d. Epinomis des Ph., Diss. Bln. 1928, dagegen *A.E.Taylor* Plato and the Authorship of the Epinomis, London 1929. *W.Theiler* Rez. der beiden vorgenannten Arbeiten, Gn 7, 1931, 337ff. *H.Raeder* Platons Epinomis, 1938, dazu *Fr.Müller*, Gn 16, 1940, 289ff. *Ed. des Places*, REG 44, 1931, 153–166. 50, 1937, 321–328; AC 21, 1952, 376–383. *Iula Kerschensteiner* Platon u. d. Orient, 1945, bes. 195ff. *E.Dönt*, WS 78, 1965, 45ff.

Philiskos. 2. Richtig Philikos (*Φίλικος*), Sohn des Philotas, aus Kerkyra, Dichter der → Pleias, wirkte in Alexandreia Anf. 3.Jh. v.Chr. Er wird in der Beschreibung des Festzugs des Ptolemaios Philadelphos erwähnt, wo er als Dionysospriester die Dionysos-Techniten anführte (Kallixeinos FGrH 627 F 2 p. 169,8). Ein Epigramm auf Pap. (P. Hamb. 312. PACK² 1764. PAGE, Sel. Pap. 3 Nr.106) von einem unbekannten Alexandriner auf den Tod eines Ph. bezieht sich wahrscheinlich auf ihn (WILAMOWITZ, SPrAW 1912, 547ff.). Ph. soll 42 Tragödien geschrieben haben (Suda); davon ist nichts übrig außer viell. dem einen Titel »Themistokles« (Konjektur). Erhalten ist auf Pap. (Pap. Soc. It. 12,1282. PACK² 1342. PAGE a.O. Nr.90) ein Stück aus einem Hymnus auf Demeter. Es wird dem Ph. zugeschrieben auf Grund des ungewöhnlichen Versmaßes, das Hephaistion (p. 30 C.) für einen Demeterhymnus des Ph. zit. (DIEHL, Anth. lyr. 6, p. 296). Das Gedicht ist gelehrt und zum Vortrag vor »Grammatikoi«, nicht für den Kult bestimmt. E. F.

Snell, TrGF 104 (Testimonien). *F.Stoessl*, RE XIX 2379ff. *T.B.L. Webster* Hellenistic Poetry and Art, Lond. 1964, 127f. *K.Latte*, MH 11, 1954, 1–19 = Kl. Schr. 539ff. (zum Hymnus).

Phoinike (*Φοινίκη*), Stadt im Gebiet der → Chaoner in → Epeiros, nach dem Sturz des Königtums um 230 v.Chr. Hauptstadt des Bundes der Epeiroten, etwas landeinwärts des Sees von → Buthroton gegenüber Kerkyra. Gut erhaltener Mauerring in mehreren Bauphasen von ca. 5 km Umfang aus dem 4. und 3.Jh. v.Chr. am Abhang des Mal i Finikut beim h. alban. Finik. Strab. 7,7,5 p. 324. Ptol. 3,13,5. Itin. Anton. 324,4. Tab. Peut. 7,3. Geogr. Rav. 4,8,193,3. 5,13,378,12. Hierokl. synekd. 652,2. Sylloge³ 653 A Nr.4. B Nr.22. BCH 90, 1966, 157 = SEG 23,189 I 12 (Thearodokenliste aus Argos aus dem 4.Jh. v.Chr.). 230/29 v.Chr. vorübergehend in der Gewalt illyr. Seeräuber, Pol. 2,5,3–6,8. 2,8,2. 4. 205 v.Chr. Friede von Ph. zw. Philipp V. und Rom, Liv. 29,12,11ff. Pol. 16,27,4. BENGTSON Staatsverträge III 281ff. Nr.543. Blutige innenpolit. Unruhen nach dem 3. maked. Krieg, Pol. 32,6 (21), 2. 14 (26), 1. Festungsbauten Justinians bei Ph., Prok. aed. 4,1,37. E. M.

Polaschek, RE XX 1306ff. *Ugolini* Albania antica 1, 1927, 125ff. 190f. 2, 1932: Acropoli di Fenice, mit Plan ca. 1:2500. *B.Page*, RAL 8,6, 1951, 329f. *N.G.L.Hammond* Epirus 112ff. und oft. Lagekarten S.20 map 2. 288 map 13 Nr.12. 464 map 14. 674 map 16. 700 map 18. Plan der näheren Umgebung fig. 29c. Stadtplan plan 11. Stück der Mauer pl. VIIa.

Pixodaros (*Πιξώδαρος*). Jüngster Sohn des kar. Fürsten und pers. Satrapen → Hekatomnos, als Kind schwer erkrankt, von → Dexippos (4) gerettet, vertrieb 340 → Ada von der Regierung, plante vergeblich durch Vermählung seiner Tochter mit → Philipps (4) Sohn Arridaios Anschluß an Makedonien, da Alexander selbst sich als Schwiegersohn anbot, gab sie dann → Orontopates, seinem Mitsatrapen, Diod. 16,74,2. Plut. Alex. 10. Goldmz. HEAD HN² 630. TAM I 45 (Schenkungen an 4 lyk. Städte). H. V.

Plataniston (*Πλατανιστών*), Fluß n. von → Lykosura, Nebenfluß des → Alpheios (1), der Bach von Stala, h. Kastritsi, Paus. 8,39,1. E. M.

F.Bölte, RE XX 2335 Nr.2.

Plotina. Pompeia P., Gattin des → Traianus (1). * vor 70 in → Nemausus, wo sie auch begütert war (CIL XII 5678,1 = XV 693,17). Ihre schon vor der Thronbesteigung geschlossene Ehe mit Traianus blieb kinderlos. Als umsichtige und tugendhafte Gattin (Plin. paneg. 83) nahm sie auch an den Regierungsgeschäften regen Anteil (Epit. de Caes. 42,21). Mit → Matidia (1) weilte sie anläßlich des Partherkrieges im Gefolge des Gatten vom Herbst 113 bis Aug. 117 im Orient, wo ihr in Lyttos auf Kreta (GUARDUCCI Inscr. Cret. I 34) und in Lindos auf Rhodos (IG XII 807 = IGRom IV 1147) Statuen gesetzt wurden. Beim Tod des Traianus in → Selinus (5) weilte sie am Totenbett und hatte an der Adoption des → Hadrianus zusammen mit dem Gardepräfekten P. → Acilius (II 1) Attianus maßgeblichen Anteil (Cass. Dio 69,1. Eutr. 8,6,1. Aur. Vict. Caes. 13,11ff. H.A. Hadr. 4,6ff.). Zusammen mit Matidia brachte sie den Leichnam des Traianus nach Rom (H.A. Hadr. 5,9), wo sie selbst im Spätherst 121 starb. Hadrianus errichtete in Nemausus eine Basilica (H.A. Hadr. 12,2) und in Rom einen Tempel (Cass. Dio 69,10,3; vgl. CIL VI 966 = DESSILS 306). – Mz.: P. STRACK Unt. z. röm. Reichsprägung 1/2, 1931/33. MATTINGLY RIC II 297 Nr.725. 728–741. 343 Nr.28–33. – Bildnisse: M. WEGNER Das röm. Herrscherbild II 3, 1956. G. Wi.

Plumbata. Mit Blei vergossene Pfeile oder Wurfspieße waren bereits in hellenist. Z. als *κέστροι* bekannt. Dion. Hal. ant. 20,1,3 erwähnt sie bei der Schilderung der Schlacht von Ausculum (279 v.Chr.) als Waffe gegen Elephanten. Im Kriege gegen Rom unter → Perseus (2) bedienten sich ihrer die Makedonen (z.B. Liv. 42,65,9f.). Über die Beschaffenheit der *κέστροι* ist im einzelnen nichts bekannt. Die Einführung von *p.* als

→ *mattiobarbuli* im röm. Heer dürfte kaum erst in spätröm. Z. erfolgt sein, wie allg. angenommen wird. A. N.

F. Lammert, RE XXI 614f.; Suppl. VI 164. *A. R. Neumann*, CPh 41, 1946, 220f. 43, 1948, 166f.

Polemonion (*Πολεμώνιον*, Ptol. 5,6,4), Hafenstadt an der pont. Küste des Schwarzen Meeres beim h. Bolaman an der Bucht Yasun Burun, benannt nach → Polemon I. (1), also frühestens seit 37 v. Chr., spätestens seit 8/7 v. Chr. Daß hinter dieser Bezeichnung nicht eine Neugründung, sondern eine sehr alte, in dieser Weise umbenannte Siedlung steht, legt Amm. 22,8,16 nahe, der P. in einem Atemzug mit den alten Griechenstädten → Herakleia (7), → Sinope und → Amisos nennt. E. O.

E. Olshausen, RE Suppl. XIV 427f.

Polybos. 4. Arzt um 400 v. Chr., Schwiegersohn (Gal. 7,960,1 K. Hippokr. 9,420,2f. L.), Schüler und Nachfolger des → Hippokrates (8) als Schulhaupt von Kos (z. B. H. Schöne, RhM 58, 1903, 57 Z. 15–17. CMG V 9,1, S. 8,24f.). Von der ant. Tradition wird P. als Vf. von den 4 im Corp. Hippocrat. erhaltenen Schriften Nat. Hom. (mit Salubr.), Oct., Nat. Puer. und Aff. genannt (s. [2], 6ff.). Nach der neuesten Forschung ist jedoch die Verfasserschaft des P. für Nat. Puer. und Aff. aus sachl. Gründen auszuschließen ([2], 9. [3], 554f.). Einhelligkeit besteht auch in der Auffassung, daß P. als Verfasser von Nat. Hom. und damit als Schöpfer des Viererschemas in der hippokrat. Säftelehre anzusehen ist ([2], 9ff. [3], 555ff.; CMG I 1,3, S. 55ff.). Umstritten ist dagegen seine Verfasserschaft von Oct. Während [2], 16ff. zu erweisen sucht, daß Oct. von demselben Autor stammt wie Nat. Hom., macht [3], 557ff. eine Reihe von sprachl. und sachl. Unterschieden dagegen geltend. In der 1969 zugänglich gewordenen Schrift De diaet. in morb. acut. sec. Hipp. (CMG Suppl. Or. 2, 109,19f.) erwähnt Galen P. auch als mögl. Vf. der »kürzeren Schrift Über die Krankheiten« (= Hebd. + Morb. III). Da sich der dort angesprochene Sachverhalt in keiner der beiden Abh. in ihrem h. Überlieferungszustand findet, möchte H. Grensemann (Knidische Medizin, Teil I, Bln. 1975, 10) hier einen Irrtum Galens annehmen und diese Angabe auf Aff. beziehen. J. K.

Ta.: Nat. Hom.: *J. Jouanna*, CMG I 1,3, 1975. Oct.: *H. Grensemann*, CMG I 2,1, 1968.

Lit.: 1. *H. Grensemann*, RE Suppl. XIV 428ff. 2. *Ders.* Der Arzt Polybos als Vf. hippokrat. Schriften, Wiesbaden 1968. 3. *J. Jouanna*, REG 82, 1969, 552ff.

Pons. 5. P. Aeni (Itin. Anton. 236,2. 257,1. 258,8. 259,3. 7; *ad Enum* Tab. Peut.), Post- und Zollstation (CIL III 15184^{7}) am Innübergang der Straße → Iuvavum (Salzburg) – → Augusta (7) Vindelicum (Augsburg), h. Pfaffenhofen n. Rosenheim, wo der ant. Name in den Bezeichnungen der Weiler Langenpfunzen am l. und Leonhardspfunzen am r. Innufer weiterlebt. Eine im h. Westerndorf betriebene Sigillatatöpferei gehörte im 2./3. Jh. zu den größten Betrieben ihrer Art und exportierte nach Noricum, Pannonien und Dalmatien. In der Spätant. Garnison von *equites Stablesiani iuniores* (Not. dign. occ. 35,21f.). G. Wi.

H.-J. Kellner, Bayer. Vorgeschichtsbl. 26, 1961, 165ff. 27, 1962, 115ff.; Das bayer. Inn-Oberland 33, 1963, 5ff. 35, 1968, 5ff. *R. Christlein–H.-J. Kellner*, Bayer. Vorgeschichtsbl. 34, 1969, 76ff.

6. P. Aluti. Ortschaft und Zollstation in Dacia Inf., am rechten Ufer des Alutus/Olt. In der Tab. Peut. wird der Name als *Ponte Aluti*, beim Geogr. Rav. als *Aluti* angeführt. Identifizierung mit Ionesti Govorii ungewiß. Am letzteren Fundort sind ein Militärlager und eine bürgerl. Siedlung bekannt. Im Lager war die *cohors III Gallorum* stationiert. Die letzten Stücke des Münzfundes, bestehend aus 152 Antoniniani, stammen aus der Z. des → Philippus (2). **7.** P. Augusti. Ortschaft und Zollstation in Dacia, zw. → Tibiscum und → Sarmizegetusa, 15 mp von Sarmizegetusa entfernt. Tab. Peut. *Ponte Augusti*. Geogr. Rav. *Augusti*. CIL III 1351 = 7853 (*statio Pont. Aug.*). 1547. H. Marga. Die Inschr. CIL III 1547 erwähnt ein *collegium utriclariorum* und ein *templum Deae Nemesis*. J. F.

8. P. Drusi (nur in der Tab. Peut. 4,3), 40 mp n. → Tridentum und 13 mp s. Sublabione (lies: *Subsabione*), kann nach den mit Straßenverlauf übereinstimmenden Entfernungen nur an einer Eisackbrücke im Raum Bozens ö. Talfermündung gelegen haben; den Namen erhielt diese Straßenstation nach dem älteren Drusus. G. R.

Radke Viae publicae Romanae 193f. (= RE Suppl. XIII 1609f.).

9. P. Dub(r)i. Eine Station der Itinerarien im Sequanergebiet (Gallia Belgica), am → Dubis = Doubs; h. Pontoux-sur-le-Doubs, dépt. Saône-et-Loire. *Ponte Dubris* (Tab. Peut.) liegt an der Straße von → Vesontio (h. Besançon) nach → Cabillonum (h. Chalon-sur-Saône); durch die Station Crusinia = Orchamps oder Dôle von Vesontio getrennt, Grenier MAN 6,241 (Karte). 263,1. 288. Feuvrier et Brune Les voies rom. de la région de Dôle, Bull. Comité 1920, 105ff. Die Lokalisierung bei Pontoux ist fast allgemein. M. L.

10. P. Sociorum. Station in Pannonia Inf. an der Straße → Sopianae – → Aquincum, 25 mp von Sopianae entfernt (Itin. Anton. 264, 2). Lage unbekannt. Aufgrund der Meilenangaben möglicherweise bei Bonyhád, viell. in der Gemarkung von Aparhant, wo eine Siedlung, *tumuli* und ein Gräberfeld aus dem 4. Jh. bekannt sind. J. F.

11. P. Sonti (< *pons ⟨Ae⟩sontii*; s. o. S. 268,9ff.), 14 mp nach Tab. Peut. 4,5, 16 mp nach Herodian. 8,4,2 (Beschreibung der Brücke) n. ö. → Aquileia, wenig w. Görz, Station der über den Birnbaumer Wald nach Pannonien führenden Straße; dort schlug 489 Theoderich den Odoakar (Iord. Get. 57. Anon. Vales. 50); er erinnert sich daran noch

511 dankbar in einem Briefe (Cassiod. var. 1,18,1). **12.** P. Tiluri, Straßenstation 16 mp n.ö. Salona (Itin. Anton. 337,5. – Tab. Peut. 6,3 *Tilurio*; Geogr. Rav. 4,16 *Tilurion* und *Ponteluri* hintereinander); CIL III 3202 nennt dort *pontem Hippi fluminis*. G. R.

13. P. Ulcae. Station in Pannonia Inf. zw. → Mursa und → Cibalae am Fluß Ulca. Tab. Peut. 6,2 gibt die Benennung *Ad labores pontis Ulcae* an, was möglicherweise die irrtümliche Zusammenschreibung der Namen zweier Stationen ist. Fragliche Identifizierung mit Leutuoanum zw. Mursa und Cibalae, erwähnt im Itin. Hieros. 563, 1. Lage unbestimmt. Nach ihrem wahrscheinlicheren Namen ist die Station eher entlang der h. Vuka zu suchen, und nicht n. von Bobota beim Veliki Prokop (Großer Kanal). **14.** P. Vetus. Zollstation in Dacia Inf. am linken Ufer des Alutus / Olt. Der Name wird in der Tab. Peut. als *Ponte Vetere*, beim Geogr. Rav. als *Betere* angeführt. Ort unbestimmt. Viell. Cîineni im Rotenturmpaß, wo sich ein Militärlager (150 × 150 m) und eine bürgerl. Siedlung befanden. Letztere erstreckte sich auf beide Ufer des Flusses. J. F.

Praeiudicium heißt die gerichtl. Entscheidung einer Vorfrage. Solche Feststellungen können durch selbständige Klage erstrebt werden, z. B. über die Abstammung oder die Freiheit einer Person. Hier besteht die *formula praeiudicialis* bloß aus einer → *intentio* (Gai. 4,44). Älter dürfte die *sponsio praeiudicialis* (Gai. 4,93) sein: Hier ist die zu entscheidende Vorfrage (z. B. nach dem Eigentum einer Partei) Bedingung eines Zahlungsversprechens: Die Entscheidung über die Zahlungspflicht beantwortet zugleich die Vorfrage. Andererseits waren bestimmte Rechtsfragen dem regelmäßigen Zivilprozeß entzogen, z. B. weil sie dem Centumviralgericht vorbehalten waren. Erreicht wurde das durch eine *exceptio*, z. B. *quod p. hereditati non fiat*. D. M.

M. Kaser Röm. Zivilprozeßrecht, 1966, 184ff. 266f. 292ff.

Praescriptio heißt allg. das »Vorweggeschriebene« und insbes. im röm. Formularprozeß ein Zusatz zur Klagformel (→ *formula*). Dieser Zusatz konnte dienen dem Kläger (*p. pro actore*, Gai. 4,130–137), z. B. um ihm einen Teil des eingeklagten Anspruchs für spätere Geltendmachung zu reservieren, oder dem Beklagten (*p. pro reo*), um sein Verteidigungsvorbringen gegenüber der Klagformel zur Geltung zu bringen. Diese *p. pro reo* ist jedoch schon früh in der → *exceptio* aufgegangen, Gai. 4,133. Im nachklass. Kognitionsprozeß ist der Begriff dann unscharf geworden. Eine Sonderform ist die *p. longi temporis*, der Vorläufer der Verjährung, die aber auch Ersitzungswirkung haben kann. D. M.

M. Kaser Röm. Zivilprozeßrecht, 1966, 190ff. 245f. 472ff.

Principes. Vermutlich schon seit dem Ende der Frühzeit des röm. Milizheeres gab es in der Legion (→ *legio*) 1200 *p.* Sie waren in 10 Manipel (→ *manipulus*) zu je 120 *p.* oder 20 → *centuriae* zu je 60 *p.* gegliedert. Die Bezeichnung weist offenbar auf die Z. zurück, als die *p.* das erste Treffen in der → Schlachtordnung bildeten und allein auch mit dem → *pilum* bewaffnet waren. Offenbar mit der Ausrüstung auch der → *hastati* mit dieser Waffe und ihrer Aufstellung als erstes Treffen wurden die *p.* das zweite. Seit dieser Z. scheinen die *p.* auch *postsignani* (Krom.-Veith 407f. 409) geheißen zu haben wie die Hastati → *antesignani*. Mit der zunehmenden Homogenisierung der Legion ging diese praktische Bedeutung von *p.*, *hastati* und → *triarii* allmählich verloren. Lediglich in der Rangordnung der → *centuriones* spielten diese Bezeichnungen noch eine Rolle. In spätröm. Z. waren *p.* vor allem Bureauvorstände der mil. *officia*. A. N.

A. Neumann, RE Suppl. XI 1113f. *Krom.-Veith* 638. *A. v. Domaszewski*, Beih. d. BJ 14, 1967, 321. *R. Grosse* Röm. Mil.-Gesch., Bln. 1920, 341.

Prostates (προστάτης), »Vorsteher«. Das schwer definierbare Wort bedeutet seit dem 5. Jh. v. Chr. Vorgesetzter, Hüter, Schützer, Verteidiger mit und ohne Staatsamt. In Apollon sieht der Chor seinen P., Soph. Oid. T. 882. Die Perser haben Kyros, die Kolonie → Myrkinos → Histiaios zum P., Hdt. 1,127.5,23. Inschr. und Pap. erwähnen einen Diener der Gottheit als P., unklar in welcher Funktion, Didyma 2,252,3. W. Otto Priester u. Tempel 1,362. 2,75. Die Eleer sind für Olympia P. Die Chaones haben 2 P. in jährl. Wechsel, die Molosser einen neben dem König, später nur den P., Thuk. 2,80,5f. SEG 15,384. 411. SGDI 1340. In den Diadochenkämpfen ist → Krateros (1) als P. Hüter des Königtums, Arr. FGrH 156 Fl, 3. Ein P. repräsentiert mitunter ein Koinon (Aitoler IG IX² 1,188,33. Inselgriech. IG XII 5,824, B 34). In röm. Z. nähert sich dem Begriff P. die Vorstellung des → *patronus* (3), IGRom 1,797. Zusätze oder verbale Umschreibung bestimmen 3 Arten des P. näher. Der Titel π. τῆς Ἑλλάδος gibt Sparta, dann Athen, den Ehrenvorrang Griechenlands, Hdt. 1,69,2. H. Schaefer Staatsform u. Politik, 1952, 251ff. In kleinerem Kreis wird die Ehre des π. τῆς πατρίδος oder τῆς πόλεως verliehen, Pol. 12,13,9. Verbreitet war die Einrichtung des Ratsvorsitzenden, des π. τῆς βουλῆς in bestimmten geographisch und gleichzeitig hist. erklärbaren Zusammenhängen. So erinnert in Arkadien dieser P. in Megalopolis, Orchomenos und Stymphalos an die Stammesgemeinschaft, IG V 2,431. Plassart, BCH 38,459. 461. IG V 2,351. 356. In Athen gab es diesen P. nicht. Die Doppeldeutigkeit des Wortes → Demos (1. 3.) steckt auch in der Verbindung π. τοῦ δήμου das den Führer des Staates wie den Leiter einer Volksgruppe bezeichnet. Perikles hat den Titel nie geführt, auch wenn Thuk. 1,139,4. 2,65,5 ihn als ersten Mann empfindet. V. Ehrenberg Sophokles u. Perikles, 1956, 122ff. Wenn Aristot. Ath. pol. 2,2. 28,2 in einer Liste der P. in Athen Solon den ersten P. nennt, spricht er in der Theorie seiner Z., die diese P. als Demagogen wertet. Nach dem Privatrecht mußten → Metoikoi in Athen einen P. als Gerichtsverteidiger haben, Freigelassene den früheren Besitzer. H. V.

H. Schaefer, RE Suppl. IX 1287 ff.

Psephisma. Ein in Athen und anderen griech. Staaten durch Abstimmung gefaßter Beschluß des Rates oder der Ekklesia, von Aristot. pol. 1292a 33. And. 1,84 scharf von dem Nomos, dem ewig gültigen Gesetz, getrennt, in der Praxis schwer unterscheidbar, da das Volk, Herr des Stimmsteins (κύριος τοῦ ψήφου), Herr des Staates war, Aristot. Ath. pol. 9. Ein P. regelte in Athen Einzelfälle (ἐπ' ἀνδρί) wie den Ostrakismos, eine Bürgerrechtsverleihung, Gerichtsanklagen, neue Gesetze, aber auch Krieg und Frieden, Verträge und Bündnisse. Es wurde durch Zuruf (Thuk. 1,87) oder → Cheirotonie oder Abgabe von Stimmsteinen (Psephophoria) herbeigeführt. Als Stimmsteine (Psephos) dienten Scherben oder Bohnen. In Athen erhielt der Geschworene zur Zeit des Demosthenes 2 kleine Bronzescheiben, eine mit durchbohrter Achse in der Mitte (τετρημένη) für die Verurteilung, eine mit voller Achse (πλήρης) für den Freispruch. In jeder Hand eine Scheibe verdeckt zw. Daumen und einem Finger haltend, ging er zur Stimmurne. Die P. wurden im Archiv aufbewahrt, auf weißen Holztafeln veröffentlicht, wichtigere in Stein gehauen aufgestellt. Die durchgehende geheime Abstimmung der Demenmitglieder über das Bürgerrecht jedes einzelnen der betr. Gemeindeliste hieß Diapsephismos oder Diapsephisis, Aristot. Ath. pol. 13,5. 68. Aischin. 1. 1,79. Busolt GStK. 454f. 949. FGrH 324 F 52. 328 F 52. H. Swoboda Die griech. Volksbeschlüsse, 1890. K.-W. Welwei, G 74, 1967, 423 ff. Fr. Quass Nomos u. P., 1971 (Zet. 55). E. S. Staveley Greek and Roman Voting and Elections, 1972. H.V.

Pygmäen. Laut Hom. Il. 3,5f. über die Kraniche, die im Winter hinfliegen »bis zum Okeanosstrome, Mord und Verderben dem Menschenstamm der Pygmäen zu bringen«, und Ps.-Hes. cat. frg. 150,9. 18 M.-W. sowie mehrerer archaischer und klass. Sagenbilder vom 7. Jh. ab ([1], 3291–3301, ferner J. Dunbabin The Greeks and their Eastern Neighbours, 1957, 79. 87, und Indizes bei Beazley AV 1 u. 2) wird ein parodisches Klein-Epos, die angeblich hom. *Geranomachia* (so Eratosth. bei Strab. 2,1,9 und Suda s. Ὅμηρος), vom Krieg der Kraniche gegen das tapfere Zwergvolk der »Faustgroßen« (πυγμαῖοι, jedoch *trispithami* bei Plin. nat. 7,27 aus Megasthenes) erzählt haben, das später s. von Äg. lokalisiert wurde (Hekat. FGrH 1 F 328, Aristot. hist. an. 597a 6 usw.). Daher kommt der heutige Name der schon von kyrenaischen Reisenden am Niger, Chari oder Bahr el Ghazal entdeckten P. (Hdt. 2,32). Dieser Krieg wird jedoch auch über → Aristeas (J. D. P. Bolton Aristeas of Proconnesus, 1962, 30f.) und → Ktesias, FGrH 688 F 45f, ö. von Indien versetzt von → Megasthenes, → Daimachos und Basilis, FGrH 715 F 27; 716 F 5; 718 F 1. Ob er als ostasiat. Märchenmotiv oder späte Entlehnung aus griech. Tradition bis zum illustrierten chines. »Buch der Unwesen« (F. de Mély, RA 3. Reihe 31, 1897, 364) gelangte, bleibt bisher ungeklärt.

In der pompeian. Wandmalerei und der hellenist. Kunst wird über P. weiter phantasiert, indem sie in den Nilotischen Landschaften an Szenen aus dem Alltagsleben parodisch teilnehmen. Das scheinbar beliebte Motiv des schlafenden Herakles von P. geneckt bezeugen ein Relief in der Villa Albani ([1], Abb. 18), Philostr. im. 2,22 und Amm. 22,12,4. F. L.

1. O. *Waser*, Myth. Lex. 3,1283–3317. 2. *E. Wüst*, RE XXIII 2064–2074. 3. *M. Gusinde* Kenntnisse u. Urteile über P. in Ant. u. MA., Nova Acta Leopoldina 162, 1962.

Quartinus. Konsular und Freund des Kaisers M. → Aurelius (II 30) Severus Alexander, gegen → Maximinus (2) Thrax zum Kaiser ausgerufen, jedoch bald darauf hingerichtet (Herodian. 7,1,9f. H. A. Maximin. 11,2ff.). G. Wi.

Rēātĕ (ĕ, ā, ĕ: Sil. 8,417. Steph. Byz. s. Ῥεάτιον), *civitas Sabina* (Guido 54; vgl. Strab. 5,228) am 49. Meilenstein der *v. Salaria* (Itin. Anton. 306, 7. Tab. Peut. 5,5), sehr lange *praefectura* (Fest. 262,15 L. Cic. Cat. 3,5; nat. 2,6. Val. Max. 1,8,1), später *municipium* der 4. Region (Plin. nat. 3,107) zur *tribus Quirina* (L. Ross Taylor Voting Districts 274), in der Spätant. zur *provincia Valeria* (Polem. Silv. laterc. 1,6 Seeck. Paul. Diac. h. Lang. 2,20). Nach Cato frg. 50 P. Varro l.l. 5,53. Dion. Hal. ant. 1,14f. verdrängten Sabiner die Aboriginer. 211 kommt Hannibal über R. auf Rom zu (Liv. 26,11,10); 205 stellt R. Soldaten (Liv. 28,45,19); 76 starkes Erdbeben (Obseq. 59). Prozesse mit → Interamna (1) um → Velinuskanalisation (Cic. Scaur. 27; Att. 4,15,5. Tac. ann. 1, 79,2). Kult der *Mater magna* (Sil. 8,418 Rhea: R.). Maultierzucht (Plin. nat. 8,167. Liv. 26,23,5. 37, 3,3. 40,2,4. Obseq. 1. 5. 15. 28). Vermutlich → Varros (1) Geburtsort (Symm. epist. 1,2; anders Aug. civ. 4,1), der ihn als Nabel Italiens bezeichnet (Guido 10); → Vespasianus stirbt in R. (Suet. Vesp. 24). Wenig ant. Reste im h. Rieti; eindrucksvoll jedoch die Reste der röm. Velinobrücke. G. R.

Forbiger HB. d. alt. Geogr. 3,453. *Nissen* It. Ldk. 2,476. *Beloch* RG 579. 597. *Gazzola* Ponti Romani, 1963, 187. *Radke* Viae publicae Romanae 241 (= RE Suppl. XIII 1657).

Rhe(i)a, Tochter des → Uranos und der → Ge, gebiert dem → Kronos Kinder, die dieser aus Angst vor Erfüllung des Orakels, er werde von einem Sohn der Macht beraubt, verschlingt; nach der Geburt des Zeus gibt R. dem Kronos jedoch einen in Windeln gewickelten Stein und bringt das Kind nach Kreta zu den Kureten (Hes. theog. 453ff. Apollod. 1,1,5ff. Diod. 5,68. 70. Paus. 5,7,6.

9,2,7. 41,6. Hyg. fab. 139). Seit Kall. h. 1,4ff. ist es strittig, ob Kreta oder Arkadien Geburtsland des Zeus sei; zu Arkadien vgl. Paus. 8,10,1. 36,2. 41,2. 47,3. Strab. 8,348. Auch bei Geburt des Poseidon soll R. den Kronos getäuscht haben (Paus. 8,8,2). Zeus als Sohn des Kronos und der R. seit Hom. Il. 15,187f. Pind. O. 2,12. 85. Ansehen R.s im Olymp (Hom. h. 1,93. 5,442); Tempel von R. und Kronos in Athen (Paus. 1,18,7); Altar zusammen mit Kronos in Olympia von Herakles erbaut (Herodor. FGrH 31 F 34); Fundamente eines Hauses der R. bei → Knosos (Diod. 5,66). G. R.

Prell.-Rob. 1,638ff. *Gruppe* Griech. Myth. 1519ff. *Rapp*, Myth. Lex. 2,1638ff. 4,88ff. *Grimal* Dict. 408. *Immerwahr* Kulte u. Mythen Arkadiens 1,213ff.; Bonner Stud. f. R. Kekulé, 1890, 188ff.

Rhetorios. Astrologe um 500 n. Chr., viell. in Äg. geboren, dann in Konstantinopel tätig. Von seinem Werk *Διήγησις καὶ ἐπίλυσις πάσης τῆς ἀστρονομικῆς τέχνης* sind nur Teile in Sammelhss. erhalten, daraus ist der Gesamtumfang nicht zu erschließen. Im CCAG sind Teile ediert: 1,140–164. 5,4,123–154. 7,192–226. 8,1, 220–248; cf. 8,3,104–119. 8,4,115–225. R. hat viele ältere Autoren benutzt, manche dadurch erhalten: → Teukros (4) von Babylon, → Antiochos (17), → Iulianus (18), für andere zu ihrer Überl.-gesch. beigetragen: → Ptolemaios (B 1), → Vettius Valens, den sog. → Heliodoros (6). Er wird benutzt vom Anonymos von 884, dem Syntagma Laurentianum, Joh. Kamateros. E. Bo.

W. u. *H. G. Gundel* Astrologumena 249–251.

Rhizus (*Ῥιζοῦς*), Stadt im N.-teil der O.-küste der Halbinsel Magnesia, Skyl. 65. Strab. 9, 5,15 p. 436. 5,22 p. 443. Plin. nat. 4,32. Steph. Byz., wahrscheinl. bei Tarsanas (Ikonomion), Münzen des 4. Jh.s v. Chr. *Ῥιζουσίων*, Head HN^2 309, dann *κώμη* von → Demetrias. E. M.

Stählin Das hellen. Thessalien 48. 49. 50; RE I A 940.

Roma. III. Dea Roma. Vergöttlichung Roms. Gleichwertig ist die Bezeichnung *Τύχη Ῥωμαίων*. d. R. ist keine Schöpfung des röm. religiösen Bewußtseins, sondern Erzeugnis griech. Huldigung gegenüber Roms Staatsmacht. Die religiöse Einkleidung ist dem panegyr. Ausdruckswillen dienstbar gemacht. An Hand der Zeugnisse läßt sich die d. R. zurückverfolgen bis in die Z. der verstärkten Beziehungen zw. Rom und dem hellenist. O. am Anf. des 2. Jh.s v. Chr. unmittelbar nach dem 2. pun. Krieg. Die Smyrnäer rühmten sich in der frühen Kaiserz., als erste unter den kleinasiat. Städten der d. R. einen Tempel errichtet zu haben (Tac. ann. 4,56,1: 195 v. Chr.), ein Beispiel, das bei anderen kleinasiat. Gemeinden Schule machte. 191 v. Chr. verherrlichten die Chalkidier die d. R. in einem Päan auf T. → Flamininus neben Zeus und der Fides p. R., weil Flamininus sie vor dem Strafgericht des Konsuls M'. → Acilius (I 10) Glabrio bewahrt hatte und ihnen zum *σωτήρ* geworden war (Plut. Tit. 16,5ff. = PLG ^{4}3, 673 = Powell Coll. Alex. 173). Der Kult der d. R. steht auf der gleichen Stufe wie der des *Ῥοδίων δῆμος* (BCH 58, 1934, 351f. Sylloge^3 1000,17ff.) und muß als Gegenstück zum hellenist. Herrscherkult in Gemeinwesen mit freistaatl. Verfassung betrachtet werden. Nicht selten sind dem Kult Spiele, *Ῥωμαῖα*, angeschlossen, wie in → Alabanda (1; Liv. 43,6,5). Auch in der Folgez. ist es gelegentl. vorgekommen, daß der Kult der d. R. mit dem einer Magistratsperson gekoppelt wurde. An diese Tradition knüpfte Oktavian an, als er 29 v. Chr. kleinasiat. Provinzialen gestattete, ihm in Verbindung mit der d. R. kult. Ehren zu erweisen (Cass. Dio 51,20,6f. Tac. ann. 4,37. Suet. Aug. 52. CIL III Suppl. 7086,12). (Die röm. Bürger in Kleinasien erhielten nur die Genehmigung zu einer gemeinschaftl. Verehrung der d. R. und des Divus Iulius, weil der Princeps Anbetung seitens seiner Mitbürger nicht entgegennehmen mochte. Verzerrt Tac. ann. 1,10,6). 12 v. Chr. wird diese kult. Gemeinschaft von Kaiser und d. R. in die W.-Provinzen verpflanzt anläßl. der Stiftung eines Heiligtums der Tres Galliae in Lugdunum (Liv. epit. 139. Strab. 4,192. CIL XIII p. 227). Auf die Dauer vermochte sich die d. R. in dieser Kultgemeinschaft nicht zu behaupten. Erst 121 n. Chr. findet sie Aufnahme unter die Staatsgötter, als Hadrian ihr zusammen mit Venus einen Doppeltempel auf der → Velia (2) errichtete (Cass. Dio 69,4,5). Stiftungstag war der 21. Apr. (→ Parilia), an dem Rom gegründet sein sollte. Eine eigene Priesterschaft wurde eingesetzt *(XIIviri Urbis Romae)*, jährl. Spiele veranstaltet. Mit der Gründung von Constantinopel tritt an die Stelle der d. R. die Tyche Neuroms. – Bei den bildl. Darstellungen lassen sich zwei Typen unterscheiden, der Amazonentyp, kurzgewandet, kriegerisch, der Pallas-Polias-Typ, langgewandet, friedlich. Letzterer gewinnt durch Hadrian kanonische Geltung. K. A.

Myth. Lex. 4,130ff. *Dar.-Sagl.* 4,875bff. *Wissowa* Rel. ^{2}339ff. *Latte* RRel ind. *Nilsson* GgrR ^{3}2,177f. 385ff. *C. C. Vermeule* The Goddess Roma in the Art of the Roman Empire, 1959. *R. J. Mellor* Dea Roma, Diss. Princeton 1967 (nicht zugänglich).

Sanqualis porta. Tor in dem Teil der Servian. Mauer Roms, der sich von der p. Fontinalis (beim Denkmal für Victor Emanuel) nach N. hinzog und den Quirinal einschloß. Die S. p. lag wahrscheinl. am Beginn der via XXIV Maggio und trug ihren Namen nach einem nahegelegenen Heiligtum des Semo → Sancus *(Sanquos*; etr. *Sancva)*. Rud. G.

*Lugli*M 2,116ff. 3,297f.

Saumakos (*Σαύμακος*), Skythe, im Palast des → Pairisades (5) als Sklave *, erzogen und freigelassen, stürzte als Führer eines Aufstandes des niederen Volkes Pairisades, der sein Reich dem → Mithradates (4) unterstellt hatte, und tötete ihn. → Diophantos (2), Feldherr des Mithradates, rettete sich, kehrte 107 v. Chr. mit einem Heer zurück, warf den Aufstand nieder, fing S. und übergab ihn Mithradates. Sylloge³ 709,35. Silbermz. βασιλ(έως)Σαυμ(άκου). HEAD HN² 290. E.H. MINNS Scythians and Greeks 2, 1965, 520. H. V.

Scaevola. 2. Cervidius S. war ein klass. röm. Jurist. Sein Wirken fällt hauptsächl. in die Regierungszeit des Marcus Aurelius. In den Dig. Justinians finden sich Frg.e vor allem aus folgenden Werken des S. (vgl. O. LENEL Palingenesia Iuris Civ. 1, 1889, 215 ff.): *digesta* (40 B.), *responsa* (6 B.): beide im wesentl. Fallentscheidungen, oft nur mit kurzer oder ganz ohne Begründung; *quaestiones* (20 B.): meist breit erörterte Rechtsfragen; *regulae* (4 B.): meist kurze Sätze. Doch sind die *digesta* und die *responsa* wahrscheinl. bloß nachklass. Auszüge aus postumen Ausgaben. Thesen einer griech. oder afrikan. Abstammung des S. sind heute aufgegeben; er ist wohl italischer Herkunft. Während seiner Tätigkeit als Jurist hat S. auch hohe Staatsämter bekleidet. D. M.

W. Kunkel Herkunft u. soz. Stellung der röm. Juristen, ²1967, 217 ff.

Severinus. 2. Heiliger, † 8. Jan. 482 in Favianis (Mautern/Donau; AIGN, Passauer Jb. 6, 1962/63, 5). S. (w. Herkunft?) kam bald nach → Attilas Tod aus dem O. (Einsiedelei in Äg.?) nach → Noricum Ripense. Dort wirkte er als Seelsorger, Helfer in Nöten aller Art, Berater der Romanen in Verteidigungsfragen, aber auch als Mittler zu den → Rugii. S., der meist in Favianis lebte, aber auf Reisen bis Quintana (= Künzing/Donau) kam, gründete Klöster (in Favianis, → Batava). Da wir über S. nur eine hagiograph. Quelle (→ Eugippius) besitzen, nach der S. auch die 488 erfolgte Evakuierung von Romanen (→ Odoacer) prophezeit haben soll und die ihn als eine Art Oberhaupt der Romanen Noricums erscheinen läßt, bot dies Anlaß zu vielen Spekulationen (in neuerer Zeit z.B. bei K. KRAMERT–E. WINTER St. Severin, 1958/59, oder F. LOTTER, HZ 212, 1971, 265 ff.). A. L.

G. Alföldy Noricum, 1974. *K. Gamber*, Röm. Quartalschr. 65, 1970 145 ff.

Sikanoi (*Σικανοί, Sicani*). Bereits in vorhist. Z. in Sizilien ansässiger Volksstamm. Während bei Beginn der griech. Kolonisation im 8. Jh. die → Siculer den ö. Teil der Insel bewohnten, siedelten die S. im S. und W. (vgl. Thuk. 6,2,2. 5). Sie werden im allg. in der ant. Überlieferung von den Siculern streng geschieden; erst in später Z. verfließen die Grenzen (z.B. Gell. 1,10,1 nach Favorinus). Die ethn. Herkunft war in der Geschichtsschreibung des Alt.s umstritten. Nach Antioch. von Syrakus (vgl. Thuk. 6,2,2) und Timaios von Tauromenion (vgl. Diod. 5,6,1) wären sie autochthon, nach Thuk. (6,2,2), Philistos (vgl. Diod. 5, 6,1), Ephor. (bei Strab. 6,270), Hellan. (FGrH 4 F 79), Dion. Hal. (ant. 1,22) iber. Abstammung. In der modernen Forschung werden sie teilweise – bes. wegen des Namens – mit den Siculern gleichgesetzt ([3]. [4]. [5] u.a.). Andere (wie [2]) treten nachdrücklich für ihren (lib.-)iber. Ursprung ein. Auch kelt. Abstammung findet Befürworter. [1] beschränkt sich auf das Referat der unterschiedlichen Abstammungshypothesen. Die Arch. des prähist. Sizilien hat bislang keine Aufhellung gebracht. Die Sprache der S. ist im Gegensatz zu der der Siculer praktisch unbekannt. An sikan. Orten werden genannt Kamikos, Hykkara, Indara, Inykon, Krastos, Miskera, Omphake, Uessa. Nach Tim. (bei Diod. 5,6,2) hatten die S. sich nicht zu einem größeren polit. Verband zusammengeschlossen, sondern lebten in dörflichen Gemeinschaften, die von einem lokalen Machthaber geleitet wurden. Zur Sicherheit gegen Raubüberfälle siedelten sie auf Anhöhen in Fluchtburgen. Ackerbau war die wirtschaftl. Grundlage ihres Lebens. Urspr. war die ganze Insel ihr eigen, die nach ihnen *Σικανία* (Hom. Od. 24,307) hieß. Aitna-Ausbrüche, nach anderer Version die eindringenden Siculer sollen sie veranlaßt haben, sich in den W. zurückzuziehen. Grenzstreitigkeiten mit den Siculern wurden schließlich durch Vertragsschluß beigelegt. Der Hellenisierung leisteten sie stärkeren Widerstand als die Siculer. Bei den Auseinandersetzungen zwischen den Griechen und Karthagern um den Besitz Siziliens findet man die S. mehrfach auf der Seite der Griechenfeinde. Im 4. Jh. v. Chr. verlieren sich die Spuren der nationalen Eigenständigkeit. K. A.

Lit.: 1. *K. Ziegler*, RE II A 2482 f. 2. *A. Schulten*, ebd. 2459 f. 3. *Nissen* It. Ldk. 1,546 ff. 4. *Beloch* GG 1,1,240. 5. *Meyer* GdA 3,460 f. 6. *Jacoby* FGrH 4 F 79; 556 F 45 f.; 577 F 8–10 (jeweils im Komm.). 7. *L. Bernabò Brea* Alt-Sizilien, 1958. 8. *M. I. Finley* Ancient Sicily, 1968.

Sura. 4. Kleine Ortschaft an der lyk. Südküste Kleinasiens auf dem Territorium von → Myra, bekannt durch ein Fischorakel, nach dem Apollon den Beinamen Surios führte. E. O.

W. Ruge, RE IV A 960 f. Nr. 3.

Synkretismus. Der Ausdruck *συγκρητισμός* begegnet zuerst Plut. mor. 490 ab. Er ist wohl aus * *σύγκρητος* (ion. für *σύγκρᾱτος* »zusammengemischt«) gebildet und von einer Volksetym. oder Plutarch als Bezeichnung für das Verhalten der Kreter erklärt worden, die sich trotz sonst herrschender Zwietracht zusammenschlossen, wenn ein äußerer Feind sie angriff. Frühere Deutungen, welche das Verhältnis zw. Wortprägung und -deutung umgekehrt sahen, dürften aufzugeben sein (A. PARIENTE, Eremita 37, 1969, 317 bis 321). Die Suda (4,451, 1299), das Etym. m. (732, 54 f.) und Erasmus von Rotterdam (Adagia, Basel 1540, 27; Epist. 3,539 ALLEN) fußen auf Plutarchs Erklärung. Sie wird so dem 16. und 17. Jh. vermittelt; als »S.« können nun Versöhnungsbemühungen zw. Lutheranern und Calvinisten hier, Molinisten und Thomisten dort kritisiert werden, bis der Ausdruck im 19. Jh. (zuerst wohl anonym in Fraser's Magazine for Town and Country 47,

Lond. 1853, 294) neutral auf Kultur- und Religionsmischungen der ausgehenden Ant. angewandt wird.

So geeignet der Ausdruck S. zur Bezeichnung vieler Phänomene in jener ant. und jeder vergleichbaren Akkulturationsepoche bis zur Gegenwart auch ist, er blieb doch Schlagwort, das (trotz des bei H. Wagner, Aristoteles, Werke 11: Physikvorlesung, 1967, 412–14 zusammengestellten und weiteren logisch auswertbaren Materials bei Empedokles, Aristoteles, einigen Stoikern und Simplikios zum Wortfeld »mischen«) Unterschiede weder wie zw. Kombination, Gemenge, Verschmelzung noch wie zw. intellektueller Machtdurchsetzung, traditionsbewußter Selbstbehauptung, gelehrter interpretatio (nicht nur Graeca und Romana!) als sozialpsycholog. Gründen für das Zustandekommen von S. zu erkennen gestattet. Aus Platzgründen können solche Unterscheidungen auch in diesem Sammelart. nicht gemacht werden.

In der ant. Mittelmeerwelt und ihren Nachbargebieten wurde S. interkulturell im großen Stil erst durch die Eroberungen → Alexanders (4) d. Gr. möglich. Bis dahin gab es teils innerkulturelle S.men wie den äg. oder sumerisch-akkad., teils lokal begrenzten interkulturellen S., wo Bürger- oder Sklavengemeinden, Kaufmannsgilden oder sonstige Sozialeinheiten von Griechen im Orient oder Orientalen in Griechenland den Weg der Anpassung an die Umwelt gewählt hatten. Inwieweit die genannten innerkulturellen S.men etwa für die Verhältnisse des Ptolemäer- (→ Ptolemaios 1–20) und Seleukidenreiches (→ Seleukos 1–7), ein gewisser S. kleinen für den großen Stils bestimmend waren, muß untersucht werden. Auch ohne daß hier schon ausreichende Resultate vorliegen, drängt sich das Phänomen S. auf, je weiter das Zeitalter des → Hellenismus fortschreitet.

Hier ist jedoch zw. Verhältnissen vor und nach Entstehung des → Christentums endlich zu unterscheiden. Keine von beiden Teilepochen ist durch und durch synkretistisch: ein kleinasiat. Kult in Italien, ein griech. in Syrien konstituieren z.B. als solche noch keinen S. Andere Gegebenheiten als die der Diffusion können S. bedingen, und dann hat er sowohl religions- und kulturgeographisch als auch literar- und traditionsgesch. in vorchr. Zeit deutlich geringere Ausmaße und innerhalb ihrer schwächere Durchdringungsintensität als in der Zeit, wo es innerhalb der griechisch-römisch-hellenistisch-oriental. Ant. das Christentum gibt.

In vorchr. Zeit konzentriert sich S. am meisten im ptolem. Äg., hier religionspolitisch noch verstärkt im → Sarapis-Kult und viell. auch in den → Isis-Mysterien. In Kleinasien (→ Asia) werden die → Mysterien der → Kybele/Attis und der Kult des → Sabazios synkretistisch (der letztere gleichzeitig zur Mysterienreligion), die des → Mithras und der → Herrscherkult in der → Kommagene (→ Antiochos 13) sind es von Anfang an. Im seleukid. und frühen arsakid. Mesopotamien (→ Parthia) und Iran begegnen, abgesehen von vorgriech. und teilweise einfach übersetzten S.men aus aramäisch sprechenden Gebieten (→ Syria, → Palmyra, → Nabataioi, → Dura 2), vor allem die hellenisierten Magier (→ Magoi), wenn sie auch, erst recht nach ihrem sporadischen Ausgreifen nach W., als wirklich hist. Größe immer noch nicht recht greifbar sind. Das → Judentum verliert sich nur in seiner Symbolkunst und den Sabbatisten (→ Hypsistos) ans Heidentum, wodurch S. zustandekommt, während seine Apokalyptik mit der Irans im Stande der Konvergenz bleibt. Literar. S. ist aus einigen pythagoreischen (→ Pythagoreer), astrolog. (→ Astrologia), orphischen (→ Orpheus, → orphische Dichtung), stoischen (→ Stoa 2) und *φυσικά* (→ Bolos, → Poseidonios 2, → Nigidius Figulus, → Pamphilos 3, → Nepualios, → Nestor 3, → Physiologus, → Geoponica; ab Pamphilos nachchr.) Zeugnissen zu erheben.

In nachchr. Zeit nehmen namentlich die Theokrasien zw. kelt., thrak., kleinasiat., iran., semit., äg. und/oder pun. Gottheiten einerseits, griech. und/oder röm. Göttern andererseits ein zwar von einem Gebiet zum anderen wechselnd großes, im ganzen aber eindrückliches Ausmaß an. Die kult. Verankerung einer Theokrasie läßt sich manchmal nicht erweisen; sie ist jedoch relativ häufig neben die aus vorchr. Zeit weiterbestehenden synkretistischen Religionsformen getreten (s. auch → Kabeiroi), von denen namentlich die des → Dionysos und die Orphik noch synkretistischer werden. Eine neue Mysterienreligion für Juppiter → Dolichenus wird gestiftet. Der Sonnenkult von → Emesa bekommt imperiale Bedeutung. Der S. lebt bes. breit in der Magie (→ Zauberei) und Dämonologie der Volksreligion, mit weniger Komponenten in der gräko-iran. und parth. Kunst und in der Lit.: → Corpus Hermeticum, Sibyllinen (→ Jüdisch-hellenistische Literatur 7), Chaldäische Orakel (Substanz 2. Jh.; ed. E. des Places, Par. 1971), Tübinger → Theosophia, → Alchemie, → Dion (3) v. Prusa, → Plutarchos (2), → Herennios Philon (bei Eus. praep. ev. 1,9,20–10, 55. 4,16,6. 11. 10,9,12–17), → Lukianos (1) v. Samosata, Ailios → Aristides (3), → Numenios (4) v. Apameia, → Philostratos (5), → Porphyrios, → Iamblichos (2), → Salustios (2).

Fast sieht es aus, als habe die bloße Existenz des Christentums zunehmend als Katalysator gewirkt, in dessen Gegenwart das Heidentum die Nötigung, seine besten Traditionen zu vereinigen, vollziehen konnte. Denkmittel dazu waren bes. von → Neupythagoreern und → Neuplatonikern vorgebildet worden, wenn auch die wenigsten von ihnen direkt dem S. zu subsumieren sind. Außerdem hat das Christentum auch inhaltlich zum S. beigetragen, bes. im religions- und beim → Manichäismus sogar weltgesch. bedeutsam gewordenen synkretist. Spezialfall, der → Gnosis. Diese kann ihrerseits bei platonisierenden Kirchenvätern wie → Clemens (6), → Origenes (2) und → Gregorios (2) v. Nyssa unsynkretistisch sein, während etwa → Lactantius, → Augustinus und Michael → Psellos allerlei synkretist. Gut mitführen und z.T. angegriffen werden, weil sie es mit chr. Überlieferung harmonisieren wollen.

Der ant. S. ist bis h. der hist. eindeutigste Beweis für die – in der Philos. nur am begrifflichsten durchdachte, aber keinesfalls auf ihren Umkreis beschränkte – Möglichkeit, die Wahrheit zumindest tendenziell in Identitäten zu finden (so kann faktisch zuweilen vor die Metamorphosen zurückgegangen werden, die seit Beginn der → Mykenischen Kultur um das ö. Mittelmeer herum stattgefunden hatten) oder gar herzustellen. Er ging unter, seit mit Christentum und Islam alternative Entscheidungen gefordert und durchgesetzt wurden. Wenn auch in den Theologien beider Religionen Begriffe weiterverwendet werden, die einmal synkretistisch vermittelt gewesen waren, so können sie doch nicht mehr in verschiedene Inhalte zerfallen oder Parallelinhalte balancieren. Wo man dies weiterhin will, muß man es in Allegorie des offiziell Gewordenen einbringen oder in Isolation bzw. Untergrund bzw. Rückzugsgebieten pflegen. Unter Gruppen, die in dieser Hinsicht noch relevant sind, verdienen chr.-orientalisierende und pseudomuslimische (wie Ahl-i Ḥaqq

und Drusen) Sekten und die Yeziden, und von Gebieten, in denen sich dergleichen konzentriert, verdient Kurdistan von der Forschung besondere Beachtung. C. C.

1. *R. Reitzenstein–H. H. Schaeder*, Stud. z. ant. Synkretismus aus Iran u. Griechenland, 1926. 2. *R. Reitzenstein* Die hellenist. Mysterienreligionen, ^{3}1927 (1956). 3. *F. Cumont* Die oriental. Religionen im röm. Heidentum, ^{3}1930 (^{4}1959). 4. *F. C. Grant* Hellenistic Religions. The Age of Syncretism, New York 1953. 5. *M. P. Nilsson* GgrR 2. 6. *A. D. Nock* Essays on Religion and the Anc. World, ed. *Z. Stewart*, 2 Bde, Oxf. 1972. 7. *M. J. Vermaseren* (Hsg.), Études préliminaires aux religions orientales dans l'empire Romain, bisher 43 Bde., Leiden 1961–1975.

Tritopatores (τριτοπάτορες, auch τριπ- u. a.; zu Formvarianten [1]), griech. Ahnenbegriff, insofern T. = πρόπαπποι (Aristot. Frg. 415), d.h. »dritte« oder »Urgroßväter«, in allg. Bdtg. »Stammväter« überging (vgl. lat. *tritavus*, alban. *tregüš* u. a.; KRETSCHMER, Glotta 10,38 ff.). Nachweisbar in Athen (ab 6. Jh. v. Chr.: [2]), Kyrene, Delos, waren die T. als Ahnenseelen zugleich → Wind- und Fruchtbarkeitsdämonen (FGrH 327 F 2. Orph. Frg. 318. FGrH 325 F 6; gut zur Vorstellung: ROHDE Psyche 1,246 ff.; Kl. Schr. 2, 227 f.). Vermutl. schon idg., bei Lesung von τρισήρως in Linear B viell. myk. Kult ([1], 179 ff. [3]). D. Wa.

1. *Hemberg*, Eranos 52, 1954, 172 ff. 2. *Kübler*, AA 1973, 189 f. 3. *Sacconi*, SMSR 35, 1964, 146 ff.

CORRIGENDA ET ADDENDA

BAND 1

Abkürz.-Verzeichnis		lies:	ÄZ = Ztschr. für äg. Sprache u. Kultur
Spalte	2, 10	lies:	W. H.
Spalte	3, 23	streiche: 1.	
Spalte	22, 8	lies:	A. Valens s. Nachtr. Bd. V.
Spalte	32, 35	lies:	Ἀχαία
Spalte	45, 1	streichen	
Spalte	45, 11	Verweis tilgen	
Spalte	54, 42	lies:	s. Nachtr. Bd. V.
Spalte	61, 29	lies:	Charakteristik
Spalte	67, 7	lies:	Aristot.
Spalte	88, 49 f.	lies:	L. Ae. Aurelius Commodus → Verus
Spalte	88, 51	lies:	s. M. → Annius (II 16) Verus
Spalte	88, 52	lies:	Aurelius Commodus → Commodus
Spalte	89, 2	lies:	→ Hadrianus
Spalte	89, 15	lies:	s. Apthonius, Nachtr. Bd. V.
Spalte	94, 50	Verweis tilgen	
Spalte	95, 46	lies:	Pithekusa
Spalte	95, 48	Verweis tilgen	
Spalte	97, 1	lies:	s. Himmelskreise. Kykloi
Spalte	105, 24	lies:	s. Peregrinatio ad loca sancta
Spalte	105, 41	lies:	Stobaios
Spalte	105, 50	lies:	Flavius A., * um 390
Spalte	106, 47	lies:	s. Nachtr. Bd. V.
Spalte	107, 5 f.	lies:	vgl. den Redner Cn. → Domitius (III 26) Afer und den Dichter P. → Terentius (B 1) Afer
Spalte	107, 9 f.	lies:	Caracallas
Spalte	107, 11	streichen	
Spalte	116, 7 u. 46	lies:	H. Gä.
Spalte	121, 24	lies:	H. Gä.
Spalte	125, 31	lies:	s. Campanus ager
Spalte	126, 58	lies:	Hegesianax
Spalte	127, 14	streichen	
Spalte	134, 43	lies:	H. G.
Spalte	142, 49	lies:	551 ff.
Spalte	144, 53	lies:	Akragas
Spalte	150, 45	lies:	s. Imagines maiorum
Spalte	150, 60	lies:	H. G.
Spalte	154, 33	lies:	Silvanus
Spalte	170, 44	lies:	→ Ptolemaios (A 1–20)

Spalte	178, 24	lies: *Αἰολικόν*
Spalte	183, 28	lies: *ὑποδωριστί*
Spalte	204, 53	Verweis tilgen
Spalte	227, 52	streiche: **, -eus**
Spalte	239, 31	erg.: **1.**
Spalte	239, 36f.	lies: Anth. Lat. 713–715. 740; umstritten 233 u. 674a
Spalte	239, 37	erg.: **2.** s. Avitus (2)
Spalte	239, 60	lies: **3. 4.**
Spalte	240, 29	lies: s. Erinys, Nachtr. Bd. V.
Spalte	241, 33	lies: s. Nachtr. am Schluß des Bandes
Spalte	246, 3f.	streichen
Spalte	250, 37	lies: Antiochos V.
Spalte	271, 53	lies: Pharmakides
Spalte	302, 8	lies: *ἀγκύλη*
Spalte	306, 35	lies: um 500
Spalte	307, 48	lies: s. S. 1535, 13f.
Spalte	308, 45	streichen
Spalte	310, 41	erg.: **Amphikleia** s. Amphikaia
Spalte	315, 45	Verweis tilgen
Spalte	324, 29	lies: Hilfe von 60 Kriegsschiffen
Spalte	325, 8	lies: *'Αναβάτης*
Spalte	337, 7	Verweis tilgen
Spalte	341, 35	Verweis tilgen
Spalte	346, 53	lies: Altar in Phaleron
Spalte	347, 41	streiche: **1.**
Spalte	354, 30	lies: Cerialis
Spalte	358, 45	lies: L. A. Cornutus
Spalte	358, 46	lies: wohl richtiger: M. A. Mela
Spalte	358, 51f.	streiche: M. A. Mela → Mela
Spalte	358, 52	lies: A. Novatus s. Gallio
Spalte	372, 20f.	lies: Temenidai (→ Temenos 2)
Spalte	377, 60	lies: Thespios (→ Thespiades 2)
Spalte	385, 1	Verweis tilgen
Spalte	387, 32	lies: Samosata
Spalte	407, 21	lies: Hadrianus
Spalte	415, 25	lies: Euboia
Spalte	439, 57f.	lies: Griech. Bereds.
Spalte	476, 48	lies: **Aquae et ignis interdictio**
Spalte	482, 3f.	lies: Philaeni (→ Philaenorum Arae)
Spalte	482, 5	lies: s. Colonia Agrippinensis
Spalte	488, 57	lies: Germanicus, Avienus, Hyginus
Spalte	507, 5	lies: s. Nachtr. Bd. V.
Spalte	545, 14	streichen
Spalte	558, 60	lies: TAPhilos. Soc. N.S. 43, 4, 1953
Spalte	582, 34 u. 39	lies: Hermias (1)
Spalte	584, 3	Verweis tilgen
Spalte	595, 1ff.	lies: Epitome der *Καθολικὴ προσῳδία* des Herodianos stammt nicht von ihm
Spalte	609, 39	lies: → Parthia

Spalte 632, 15	lies:	**Arzneikunde** s. Pharmakologie **Arzt** s. Archiatros. Medicus (2). Medizin, Nachtr. Bd. V.
Spalte 648, 34	streichen	
Spalte 651, 23	lies:	→ Aemilius Asper
Spalte 658, 35	streiche:	**1.**
Spalte 658, 46	streichen	
Spalte 660, 44	lies:	→ Ioh. (14) Philoponos
Spalte 709, 46	lies:	**21 ff.** A. Sarani bzw. Serrani
Spalte 716, 49	lies:	s. Frankolin-Huhn, Nachtr. Bd. V.
Spalte 727, 27	lies:	L. Catius
Spalte 729, 8	erg.:	S. a. Rhetorik ad Herennium
Spalte 732, 42	lies:	**Auge** s. Athena
Spalte 736, 9	lies:	Haruspices
Spalte 739, 41 f.	lies:	magistri vicorum (→ vici magister)
Spalte 740, 31 f.	lies:	→ Sodales Augustales
Spalte 765, 33	lies:	Au. Opilius (→ Opillus)
Spalte 766, 13	lies:	T. → Claudius (II 12) M. A. Aristobulus
Spalte 768, 20 f.	lies:	s. Antoninus Pius
Spalte 800, 3	lies:	s. Stab
Spalte 802, 30	Verweis tilgen	
Spalte 804, 48	lies:	s. Hispania, Nachtr. Bd. V.
Spalte 805, 14	lies:	Paneg. 5, 14. 10, 4
Spalte 805, 21	streiche:	10, 4
Spalte 821, 39	lies:	Kotyt(t)o
Spalte 883, 44	streiche:	Sextius
Spalte 912, 13	lies:	Quadruviae
Spalte 913, 43	lies:	s. Fluch
Spalte 924, 8	lies:	s. Seide
Spalte 937, 15	lies:	61 n. Chr.
Spalte 944, 12 f.	lies:	s. Lex Rom. Visigotorum
Spalte 944, 24	lies:	1, 402 ff.
Spalte 945, 47	lies:	s. Nachtr. Bd. V.
Spalte 945, 49	lies:	s. Brisai. Brisaios
Spalte 1003, 15	lies:	Sohn des Agrippa
Spalte 1003, 19	lies:	**17.** L. → (Iulius, Nachtr. Bd. V) Caesar
Spalte 1009, 39	erg.:	**1.**
Spalte 1014, 52	streiche:	**1.** Maximus s. Servilius
Spalte 1014, 60	erg.:	Vgl. aber RE Suppl. XIV 89 ff.
Spalte 1015, 8	lies:	klagte 66
Spalte 1027, 43	lies:	Calvilla (richtig: Lucilla)
Spalte 1029, 19	lies:	Plut. Rom. 24, 4
Spalte 1030, 7	lies:	vielleicht ident. mit Q. Sulpicius C.
Spalte 1036, 55	lies:	Marius (vgl. Iulius II 26)
Spalte 1036, 55 f.	lies:	Papirius
Spalte 1038, 50	streichen	
Spalte 1041, 35	lies:	**1.** s. Martianus, **2.** s. Sternbilder
Spalte 1047, 20	streichen	
Spalte 1067, 21	lies:	Latinius

Spalte 1074, 15	lies:	M. (?)
Spalte 1085, 10	lies:	seinen Schwager
Spalte 1086, 4	streiche:	**3.**
Spalte 1086, 35	lies:	s. Nachtr. Bd. V.
Spalte 1086, 35	erg.:	**1a.** L. C. Celer s. Attius (II 2)
Spalte 1097, 27	lies:	M. Vettulenus Civica Barbarus s. Vettulenus (2)
Spalte 1102, 47	lies:	s. Kelten, Nachtr. Bd. V.
Spalte 1115, 32	lies:	Munatius (II 6)
Spalte 1116, 15	lies:	s. Scaevola, Nachtr. Bd. V.
Spalte 1120, 18	lies:	Taprobane
Spalte 1140, 31	lies:	s. Papyrus
Spalte 1151, 5	lies:	28. Sylloge³ 1024.
Spalte 1158, 14	Verweis tilgen	
Spalte 1160, 49	lies:	Belisarios
Spalte 1168, 55	lies:	**2 bis**
Spalte 1173, 54	lies:	(→ *Αἰθιοπία*)
Spalte 1174, 7	streiche:	**1.**
Spalte 1194, 33	lies:	s. Milchstraße
Spalte 1197, 40	lies:	→ Novius Plautius
Spalte 1202, 24f.	lies:	s. Claudius (II 29).
Spalte 1208, 60	lies:	P. → Clodius
Spalte 1211, 16	lies:	→ Aurelius (II 31).
Spalte 1211, 17	lies:	→ Aurelius (II 9). **12.** T. C. M. → Aurelius (II 3) Aristobulus
Spalte 1213, 59	lies:	Fl. Iulianus
Spalte 1219, 44	lies:	C. Severus
Spalte 1219, 46	erg.:	wohl ident. mit Nr. 52
Spalte 1219, 50	lies:	Cn. C.
Spalte 1219, 56	lies:	Cos. II ord.
Spalte 1220, 4	lies:	Fronto ad am.
Spalte 1220, 5	erg.:	wohl ident. mit Nr. 49
Spalte 1227, 40	lies:	Nr. 10–12
Spalte 1228, 57	lies:	Ser. C.
Spalte 1236, 17	streiche:	cos. suff. 39 v. Chr.
Spalte 1236, 17f.	lies:	Urgroßonkel
Spalte 1236, 32	streiche:	suff., lies: Bruder von Nr. 3
Spalte 1237, 6	lies:	s. Kokytos (1)
Spalte 1239, 59	lies:	C. Popillius Laenas
Spalte 1252, 60	erg.:	Comissatio s. S. 1260
Spalte 1261, 39	erg.:	**1.**
Spalte 1308, 33	lies:	294 Censor
Spalte 1310, 45	lies:	Cn. (C.)
Spalte 1313, 28	lies:	Cn. C.
Spalte 1313, 35	lies:	L. C.
Spalte 1315, 18ff.	erg.:	RE 350 = Kl. P. 80 → Scipio RE 353 = Kl. P. 82 → Scipio RE 354 = Kl. P. 83 → Scipio
Spalte 1315, 34	lies:	Q. C. Senecio Annianus (s. PIR II² p. 360 Nr. 1450)

Spalte	1315, 50	lies:	s. Cethegus (II 2)
Spalte	1317, 40	lies:	s. Ulpius
Spalte	1319, 15	lies:	L. Stertinius Quintilianus Acilius Strabo Q.C. Rusticus Apronius Senecio Proculus
Spalte	1319, 28f.	lies:	Ser. C. (Scipio) Salvidienus Orfitus
Spalte	1319, 35f.	lies:	(Ser. C. Scipio) Salvidienus Orfitus. Cos. suff. vor 93. Wahrscheinlich im J. 93 der
Spalte	1319, 39	lies:	Ser. C.
Spalte	1321, 19	lies:	Sohn von Nr. 2
Spalte	1322, 21	statt:	s. Annaeus lies: s. Nachtr. am Schluß des Bandes
Spalte	1327, 30	erg.:	Leg. Aug. pr. pr. Ciliciae
Spalte	1336, 15	lies:	Constantinus I., s. Nachtr. Bd. V.
Spalte	1348, 26	lies:	Curtius
Spalte	1349, 17	lies: 1922	
Spalte	1349, 19	lies:	44f.
Spalte	1350, 58	lies:	aus Pergamum (? Vgl. RE Suppl. VII 98ff.),
Spalte	1358, 18	lies:	s. Eleusinia
Spalte	1358, 19	lies:	Daeira
Spalte	1359, 39	lies:	s. Xoanon
Spalte	1369, 46	lies:	Damareteion
Spalte	1390, 39	lies:	Philippeioi
Spalte	1407, 34	Verweis vor Quinquennalia tilgen	
Spalte	1407, 53	lies:	Magnus → Magnentius
Spalte	1436, 4	lies:	Kimon 6
Spalte	1443, 36	lies:	**Delmatai** s. Dalmatae, -ia
Spalte	1456, 15	lies:	*Δημάδης*
Spalte	1463, 58	lies:	Orphik (→ Orphische Dichtung)
Spalte	1469, 54	erg.:	Vgl. jedoch RE Suppl. III 329f.
Spalte	1477, 26	lies:	Aphidna
Spalte	1488, 20	streichen	
Spalte	1490, 22	lies:	s. Nachtr. Bd. V.
Spalte	1501, 45f.	lies:	Dis pater → Pluton)
Spalte	1518, 10	lies:	*ὁπλίτης → δρόμος*
Spalte	1532, 38	lies:	Katsipodi
Spalte	1558, 12	lies:	**12.**

Corrigenda

Spalte	944, 24	lies:	1, 402ff.

BAND 2

Spalte	28, 9	Verweis tilgen	
Spalte	29, 48	lies:	Pflegesohn
Spalte	29, 50	lies:	*Τρωικοῦ*
Spalte	34, 31f.	die Worte:	»der h. Murat Dagh« beziehen sich auf das Gebirge Dindymos, das Quellgebiet des → Hermos.
Spalte	48, 54	lies:	Zopyrion
Spalte	54, 15	Verweis streichen	
Spalte	73, 41	erg.:	H. Gä.

Spalte	74, 16	erg.: R. K.
Spalte	94, 1	streiche: → Kastor, → Polydeukes
Spalte	107, 59	Verweis tilgen
Spalte	114, 27	lies: Cornelius I 21–26
Spalte	115, 16	lies: II 12–16
Spalte	162, 36	lies: Helenopolis, s. Nachtr. Bd. V.
Spalte	190, 55	lies: Pityussai
Spalte	192, 14	lies: Phaidon berichtet dem Echekrates
Spalte	192, 56	lies: s. Nikagora, Nachtr. Bd. V.
Spalte	234, 5	lies: Elea
Spalte	254, 29	lies: Ackerbau treibende
Spalte	265, 48	lies: s. Nachtr. Bd. V.
Spalte	300, 35	lies: Ps. → Skymnos
Spalte	308, 21	lies: kykl. Epos (→ Epischer Zyklus)
Spalte	311, 14	Verweis tilgen
Spalte	314, 1	lies: Kaiser → Marc Aurel
Spalte	314, 18	lies: Hischylos
Spalte	317, 42	lies: Seiron
Spalte	320, 45	lies: s. Nachtr. Bd. V.
Spalte	322, 52	Verweis tilgen
Spalte	323, 1	Verweis tilgen
Spalte	323, 27	Verweise tilgen
Spalte	323, 54	lies: Dioiketes (→ Dioikesis 1)
Spalte	329, 12	streiche: und Eurygyes
Spalte	333, 18	lies: ziselierter
Spalte	333, 30	Verweis tilgen
Spalte	334, 23	Verweis tilgen
Spalte	335, 16f.	lies: Alcimus → Avitus (2)
Spalte	335, 23	lies: → Cinna, → Cornelius → Gallus
Spalte	341, 20	lies: s. Aurelius (II 28).
Spalte	347, 29	Verweis tilgen
Spalte	349, 40	lies: S. a. Bona. Testamentum
Spalte	382, 36	streichen
Spalte	391, 35	lies: 2 bis
Spalte	392, 31	lies: s. Varro (1), u. Bd. V 1133f.
Spalte	395, 22	lies: Telekles
Spalte	402, 30f.	lies: Serenas, der Tochter des → Honorius (2)
Spalte	402, 32	lies: Honorius (3)
Spalte	402, 60	lies: s. Arabia, o. Bd. I 483, 25f.
Spalte	420, 59	Verweis tilgen
Spalte	424, 60	lies: Arr. Ind. 18, 7
Spalte	427, 36	lies: s. Panegyrikos
Spalte	430, 7	streichen
Spalte	437, 7	lies: *Εὐφρόνιος*
Spalte	465, 27	lies: G. Heylbut
Spalte	522, 58	lies: **1.–3.** s. Nachtr. am Schluß des Bandes. **4.**
Spalte	528, 5	lies: → Schrift
Spalte	550, 43	Verweis tilgen
Spalte	554, 29	lies: E. Bo.

Spalte	563, 55	streiche:	**1.**
Spalte	627, 48	lies:	Trio
Spalte	650, 17	lies:	Pedanius
Spalte	652, 24	lies:	→ via Praenestina
Spalte	657, 26f.	lies:	Cn. Cornelius (II 29) Lentulus G.; Cossus Cornelius (II 26) Lentulus G. (?);
Spalte	664, 25	Verweis tilgen	
Spalte	684, 48	lies:	Saloninus (→ Licinius II 5)
Spalte	685, 37 u. 41	lies:	Odaenathus
Spalte	688, 9	lies:	s. Menschenopfer, Nachtr. Bd. V.
Spalte	691, 46	lies:	So(h)aemias
Spalte	707, 11	Verweis tilgen	
Spalte	712, 37	lies:	Scipio → Metellus (I 23)
Spalte	717, 26	lies:	Godigiselus
Spalte	725, 5	lies:	Bankwesen
Spalte	754, 11	lies:	Marcianus
Spalte	761, 16	erg.:	früher Enope.
Spalte	795, 12 u. 29	lies:	H. Do.
Spalte	814, 45	lies:	Maximilla
Spalte	818, 10	lies:	Ps. → Dositheus'
Spalte	819, 20	lies:	→ Aurelius Opilus (→ Opillus)
Spalte	819, 24	lies:	Ser. → Clodius (II 1)
Spalte	819, 41	lies:	Pompeius → Festus
Spalte	847, 3	Verweis tilgen	
Spalte	872, 23	lies:	o. Bd. I 1085, 10: M. Marius Gratidianus
Spalte	908, 54	lies:	Celsus
Spalte	919, 27	Verweis tilgen	
Spalte	944, 49	lies:	*δυνάμεων*
Spalte	944, 54	lies:	Valerius → H.
Spalte	946, 24	lies:	(Libri → Sibyll.)
Spalte	955, 13	lies:	o. Bd. II 339
Spalte	955, 18	lies:	→ via Fulvia
Spalte	964, 38	Verweis vor Pentekostyes tilgen	
Spalte	972, 22	lies:	s. Medizin, Nachtr. Bd. V.
Spalte	978, 41	lies:	Ps. → Skyl.
Spalte	1004, 15	erg.:	**1.**
Spalte	1020, 1	lies:	s. Amphora (2). Urna (2)
Spalte	1022, 56	lies:	s. Venus (2)
Spalte	1042, 36	lies:	Heft 7
Spalte	1046, 11	lies:	Aetius
Spalte	1051, 19	lies:	JANE HARRISON
Spalte	1060, 34	lies:	Diktys (6)
Spalte	1060, 35	lies:	Antonius → Diogenes (17)
Spalte	1080, 9	lies:	*ἦ*
Spalte	1084, 21	Verweis tilgen	
Spalte	1086, 21	lies:	Munichia
Spalte	1098, 16	lies:	*τὸν*
Spalte	1099, 22	lies:	Emerita
Spalte	1104, 39	Verweis tilgen	

Spalte	1118, 52	lies:	s. Venus (2)
Spalte	1131, 42	lies:	s. Nachtr. Bd. V.
Spalte	1134, 8	lies:	s. Nachtr. Bd. V.
Spalte	1135, 45	lies:	Maketa (→ Makai 1)
Spalte	1138, 34	lies:	Heft 10
Spalte	1140, 21	lies:	*τόναια*
Spalte	1154, 60	Verweis tilgen	
Spalte	1194, 1	lies:	s. Istros (3)
Spalte	1252, 4	Verweis tilgen	
Spalte	1279, 23	erg.:	**Hyphasis** s. S. 1271
Spalte	1306, 46f.	M. v. ALBRECHT, Zürich 1963 setze hinter: L. DEUBNER, Lpz. 1937 (Zeile 44)	
Spalte	1308, 3	Verweis tilgen	
Spalte	1308, 9	Verweis tilgen	
Spalte	1308, 14	Verweis vor Parmenon tilgen	
Spalte	1313, 13f.	lies:	I. → Quadrifrons
Spalte	1339, 4	lies:	s. Hydatius (2)
Spalte	1407, 10	streichen	
Spalte	1413, 11	lies:	Papyrologie (→ Papyrus)
Spalte	1419, 6	lies:	Pluspetitio ·
Spalte	1426, 31	Verweis tilgen	
Spalte	1427, 57	lies:	s. Nachtr. Bd. V.
Spalte	1465, 44	lies:	Leontiades
Spalte	1465, 56	lies:	Naryka
Spalte	1467, 1	lies:	Person – Bereicheinheit (→ Personifikation)
Spalte	1479, 59	lies:	s. Bibelübersetzungen
Spalte	1484, 5	lies:	Uso (→ Utens)
Spalte	1513, 17	Verweis streichen	
Spalte	1514, 16	lies:	Mulu(c)cha
Spalte	1522, 14	lies:	Leges Iuliae (→ Lex)
Spalte	1524, 7	lies:	B 2
Spalte	1543, 20	lies:	So(h)aemias
Spalte	1550, 43	lies:	Amt a memoria (→ magister 4)
Spalte	1550, 57	Verweis tilgen	
Spalte	1553, 57	lies:	Agrippa o. Bd. I 1521
Spalte	1554, 1	lies:	Theodotos (9)
Spalte	1555, 10	Verweis tilgen	
Spalte	1565, 6	lies:	forum → holitorum
Spalte	1584, 43	lies:	**Furius. III. 2.**
Corrigenda			
Spalte	265, 48	streichen	

BAND 3

Spalte	5, 35	lies:	(→ Epulo 2)
Spalte	6, 18	lies:	Capitolinus
Spalte	73, 49	lies:	FRAENKEL
Spalte	74, 33	lies:	Paradoxographie (→ Paradoxa I)
Spalte	96, 17	lies:	Camara
Spalte	108, 49	streichen	

Spalte	125, 4	lies:	Philon (8) von Larissa
Spalte	135, 17	lies:	→ Iulius (B 8) Honorius
Spalte	151, 30f.	lies:	Amt a memoria (→ magister 4)
Spalte	156, 38	streichen	
Spalte	163, 37	lies:	ψευδομαρτυριῶν
Spalte	181, 5	lies:	s. Nachtr. Bd. V.
Spalte	208, 1	lies:	s. Pinie
Spalte	212, 38	Verweis tilgen	
Spalte	223, 14	streiche:	**2.** s. Sternbilder
Spalte	224, 32	lies:	s. Klaros
Spalte	231, 53	Verweis tilgen	
Spalte	269, 54	lies:	Inykon
Spalte	279, 57	lies:	Meteorologie
Spalte	291, 6	lies:	(2 bis)
Spalte	298, 26	lies:	→ σαμβύκη (2)
Spalte	308, 35	lies:	s. Polymnos (Prosymnos, Bd. IV 1194, 47f.)
Spalte	319, 17	streichen	
Spalte	320, 60	Verweis tilgen	
Spalte	321, 37	Verweis tilgen	
Spalte	326, 34	lies:	Drangiana (→ Drangai)
Spalte	342, 42	lies:	s. Crux
Spalte	358, 37	lies:	DIRLMEIER
Spalte	367, 9 u. 17	lies:	9, 8, 2 bzw. 9, 8, 4
Spalte	377, 7	lies:	Kyros (3)
Spalte	387, 38	lies:	(Sandas – Santa [→ Sandon].)
Spalte	410, 23f.	lies:	der Philainoi (→ Philaenorum Arae, ...)
Spalte	413, 39	lies:	Pan – Min von → Koptos
Spalte	435, 44	streiche:	Krokodil
Spalte	436, 1	streichen	
Spalte	462, 15	lies:	Euandros (2)
Spalte	462, 16	lies:	Telekles
Spalte	488, 48	lies:	Gemahlin des → Alkaios (1) in einem Teil der Überlieferung
Spalte	494, 28	lies:	s. Acca Larenti(n)a
Spalte	526, 18	streiche:	Leukothea
Spalte	531, 31f.	lies:	beim Epulum Iovis [→ Epulo (2)];
Spalte	539, 31	Verweis vor Verpflegung tilgen	
Spalte	542, 49	lies:	primipilus
Spalte	542, 55	lies:	primi → ordines
Spalte	543, 4	lies:	Röm. → Militär-HB
Spalte	544, 6	Verweis tilgen	
Spalte	575, 54	lies:	**2.** L. II.,
Spalte	576, 29	lies:	s. Leptis Magna
Spalte	580, 50	streichen	
Spalte	583, 56	lies:	s. Lerna
Spalte	601, 24	Verweis tilgen	
Spalte	641, 3	lies:	Saloninus
Spalte	668, 10	lies:	Dentheliatis (→ Denthalioi)
Spalte	677, 19	Verweis vor Pentathlos tilgen	

Spalte	691, 48	lies:	C. → Claudius (I 21) Nero
Spalte	724, 8	Verweis tilgen	
Spalte	743, 44	lies:	s. Nachtr. Bd. V.
Spalte	751, 7	lies:	s. Venus (2)
Spalte	789, 4	lies:	s. Tabula lusoria
Spalte	796, 33	lies:	s. Sumptus
Spalte	796, 35	streiche:	Mysterien
Spalte	814, 37 f.	lies:	Tyrannen
Spalte	816, 51	lies:	s. Gallus (1)
Spalte	833, 43	lies:	Kallikratidas
Spalte	850, 25	lies:	→ Aelius (I 18) Tubero
Spalte	851, 27	streiche:	**4.** M., s. Septimius
Spalte	854, 46	lies:	(Amm. 18,
Spalte	863, 48	lies:	Siehe auch Eggius, Roscius.
Spalte	870, 11	erg.:	s. a. Titianus
Spalte	874, 12	lies:	s. Magoi. Zauberei
Spalte	878, 48	lies:	Repetundarum crimen
Spalte	885, 50	lies:	des unteren → Maiandros
Spalte	889, 17	lies:	Pityussai
Spalte	896, 20	lies:	Harpasos
Spalte	920, 50	Verweis tilgen	
Spalte	928, 14	lies:	Priscus
Spalte	936, 27	lies:	s. Melite (7)
Spalte	936, 28	lies:	(o. Bd. II 1093 f.)
Spalte	937, 10	lies:	(I 8–17)
Spalte	946, 49 f.	lies:	negotiorum → gestio
Spalte	963, 43	lies:	**23. 28 ff.**
Spalte	994, 40	lies:	Marciana
Spalte	1003, 27	lies:	P. → Cornelius (I 7) Arvina
Spalte	1008, 24	lies:	Kolonien
Spalte	1010, 14	lies:	(= → Antoninus Pius)
Spalte	1013, 58	lies:	**2 bis**
Spalte	1017, 18	lies:	s. Marduk-apla-iddina
Spalte	1024, 57	lies:	Gobryas (2)
Spalte	1041, 38	streichen	
Spalte	1057, 55	lies:	forum → boarium
Spalte	1057, 57	lies:	forum → holitorium
Spalte	1060, 52	Verweis vor Martyropolis tilgen	
Spalte	1065, 31	lies:	Elymais
Spalte	1079, 13	lies:	Nichte Traians
Spalte	1089, 22	streichen	
Spalte	1125, 11	lies:	A. D.
Spalte	1129, 1 f.	lies:	ʽ*Ραγαί*, altpers. → Raga
Spalte	1133, 31	lies:	**3.**
Spalte	1137, 49	lies:	Spithridates
Spalte	1138, 56	lies:	POxy 221
Spalte	1175, 26	Verweis tilgen	
Spalte	1184, 52	lies:	W. Rö.
Spalte	1193, 30	lies:	Psammetichos I.

Spalte	1194, 30	lies:	*Kees*, RE XV 660–688.
Spalte	1197, 15	lies:	Plautus'
Spalte	1210, 38	lies:	Onias
Spalte	1216, 57	lies:	s. Lukianos (1). Menippos (4). Satura
Spalte	1226, 5	lies:	s. Nachtr. Bd. V.
Spalte	1237, 11	streichen	
Spalte	1245, 34	lies:	enkel
Spalte	1246, 46	lies:	Hippokrates von Gela
Spalte	1264, 31	lies:	Rückberufung ein
Spalte	1275, 28	streiche: **1.**	
Spalte	1277, 10	lies:	Proxenoi (→ Proxenia)
Spalte	1301, 50	lies:	primipilus
Spalte	1306, 55	lies:	s. Mulvius Pons
Spalte	1308, 4	erg.:	Mimos
Spalte	1320, 10	lies:	s. S. 1319, 29 ff. und Surrentum
Spalte	1333, 5	lies:	mit Britomartis (→ Diktynna), Pareia,
Spalte	1349, 3	lies:	causae → cognitio
Spalte	1371, 54	lies:	O. Dr.
Spalte	1389, 46	lies:	L. → Antonius Saturninus
Spalte	1391, 32	Verweis tilgen	
Spalte	1395, 52 f.	Verweise tilgen	
Spalte	1397, 60	lies:	Krokodeilonpolis
Spalte	1404, 2 f.	lies:	Psammetichos I.
Spalte	1425, 31	streiche: Parricida	
Spalte	1430, 59	lies:	Philokles (4)
Spalte	1431, 53	lies:	Asphaltitis Limne
Spalte	1433, 17	lies:	Sosos
Spalte	1441, 42	lies:	(I 26)
Spalte	1452, 49 f.	streiche: Zur Kaufkraft → Preise	
Spalte	1460, 3	lies:	Nr. II 4
Spalte	1499, 26	lies:	Papius
Spalte	1527, 8	streichen	
Spalte	1531, 60	Verweis tilgen	
Spalte	1572, 25	lies:	Malabathron
Spalte	1576, 21	lies:	**4.**
Spalte	1579, 22	streiche: **1.**	

BAND 4

Spalte	20, 18	lies:	in Portus Iulius [→ Avernus lacus. Puteoli]
Spalte	27, 49 f.	lies:	Durch ihre beiden Bischöfe Gregorioi, den Vater und den Sohn (→ Gregorios 3),
Spalte	33, 29	lies:	Medabakarte
Spalte	33, 44	streichen	
Spalte	38, 36	lies:	negotiorum → gestio
Spalte	41, 33	lies:	s. Nachtr. am Schluß des Bandes
Spalte	47, 49	lies:	(→ Aurelius II 25; Vers 63 ff.)
Spalte	69, 58	Verweis streichen	
Spalte	71, 37	lies:	L. Domitius Ahenobarbus = Nero ...
Spalte	73, 45	lies:	o. Bd. I. I 20–23. II 20–22. 39.

Spalte	75, 15	lies:	**2.** M. Cocceius N. = Imp. N. Caes. Aug.
Spalte	78, 34	streichen	
Spalte	82, 23	streiche:	**1.**
Spalte	82, 59	lies:	Kyrrhos
Spalte	113, 28	lies:	→ Ioh. (14) Philoponos
Spalte	136, 31	lies:	Bd. II 1563
Spalte	161, 11	lies:	Thuringi
Spalte	161, 49	lies:	→ Cetium (Nachtr. Bd. V)
Spalte	165, 34	lies:	Marcellinus Nr. 13
Spalte	228, 50	lies:	nahm O.' Tochter Kydippe, die
Spalte	241, 26	lies:	Polyxenes
Spalte	264, 2	Verweis tilgen	
Spalte	272, 28	Verweis tilgen	
Spalte	277, 17	streiche:	**1.**
Spalte	286, 28–30	lies:	43. → *Χάριτες* s. 13. 44. → *Ὧραι*: Altar
Spalte	306, 30	lies:	→ Aelius (II 14) Stilo
Spalte	313, 8	erg.:	s. Aurelius (I 19).
Spalte	314, 11	Verweis tilgen	
Spalte	320, 24	erg.:	**Optik** s. Eukleides (3). Heron
Spalte	325, 53	lies:	Pan zu → Lykosura
Spalte	334, 7f.	lies:	Nachtr. Bd. V.
Spalte	337, 44f.	lies:	→ Tauroi, → Thoas (5).
Spalte	341, 19	lies:	H 27, 1962.
Spalte	346, 38	lies:	Ornithogonia
Spalte	359, 10	Verweis vor Protogonos tilgen	
Spalte	375, 28	Verweis tilgen	
Spalte	413, 26	lies:	Vologaeses
Spalte	445, 38	lies:	(z. B. Silene [→ Silenos – Satyros] u. ä.,
Spalte	447, 41	lies:	→ Scipio (12) Min.
Spalte	460, 54	lies:	Scordisci
Spalte	467, 35	lies:	s. Anthesteria. Pyanopsion. Thargelia
Spalte	480, 21	lies:	→ Pylades (2) aus Kilikien
Spalte	481, 49	Verweis tilgen	
Spalte	490, 55	lies:	L. P. Cursor
Spalte	504, 20	streichen	
Spalte	509, 19	streichen	
Spalte	509, 58	lies:	neun → Archontes
Spalte	519, 7	lies:	→ Antipatros (1) 346 den
Spalte	538, 40	lies:	Kyros (3)
Spalte	554, 3	lies:	s. *Ἀμφιθαλεῖς παῖδες*
Spalte	554, 30	Verweis tilgen	
Spalte	555, 5	lies:	(z. B. → Priscianus)
Spalte	566, 48	lies:	*Εἰσα-*
Spalte	567, 50–54	lies:	griechischer Arzt des 7. Jh. n. Chr., wirkte vorwiegend in Alexandreia; P. gehörte nicht unbedingt zu den für spätalex. Medizin typischen reinen Theoretikern,
Spalte	569, 42	lies:	*γου νόμων*
Spalte	574, 44	Verweis tilgen	

Spalte	575, 8	lies:	Tab.
Spalte	579, 6	lies:	s. Nachtr. Bd. V.
Spalte	580, 16	streiche:	I. Republikan. Zeit.
Spalte	585, 3	Verweis tilgen	
Spalte	589, 11	lies:	Pedasos (3)
Spalte	590, 17	lies:	Rhaikelos (→ Aineia)
Spalte	595, 47	lies:	Aischyl. Hik. 250f.
			Verweis streichen
Spalte	608, 24	Verweis tilgen	
Spalte	615, 52	Verweis tilgen	
Spalte	618, 15 u. 35	streichen	
Spalte	645, 43f.	lies:	**Perrhaiboi** (ältere Namensform *Περαιβοί*, jüngere *Περραιβοί*)
Spalte	657, 48f.	lies:	zwischen actio in rem und → actio in personam
Spalte	672, 16f.	streiche:	I. Politische Persönlichkeiten.
Spalte	682, 24	lies:	Toxotai
Spalte	683, 28	lies:	Besonderheit
Spalte	695, 16	lies:	O. Dr.
Spalte	702, 59f.	lies:	die Satyroi und weiterhin die urspr. pferdeartigen Silenoi (→ Silenos – Satyros)
Spalte	711, 44	lies:	**1.** s. Nachtr. am Schluß des Bandes. **2.**
Spalte	724, 41	lies:	Heraklesnachkommen → Thessalos
Spalte	730, 49	lies:	*Φερετίμα*
Spalte	734, 37	lies:	Ptol. 4, 3, 14
Spalte	735, 14	lies:	(→ Nektanebos)
Spalte	736, 30	lies:	Phlegyer (→ Phlegyas)
Spalte	740, 56	lies:	s. Philiskos (2)
Spalte	754, 15	lies:	*Φιλίσκος*
Spalte	754, 26f.	lies:	s. Nachtr. Bd. V.
Spalte	759, 19	lies:	Seiron
Spalte	770, 58	lies:	**8.** P. von Larissa
Spalte	780, 15	lies:	**4.-7.**
Spalte	780, 49	Verweis tilgen	
Spalte	791, 36	lies:	*E. Frank*, RE XX 261–64.
Spalte	794, 47	lies:	Ps. → Probus (3)
Spalte	798, 32	erg.:	**Phoinikis** s. Medeon (2)
Spalte	832, 47f.	lies:	Person – Bereicheinheit (→ Personifikation)
Spalte	854, 50	lies:	Claudius
Spalte	857, 48	lies:	**6.**
Spalte	870, 14	Verweise tilgen	
Spalte	877, 50	lies:	**2.** M. Maecius Baburius P.
Spalte	881, 23	lies:	»zweideutig, schief, falsch«,
Spalte	882, 52	lies:	(II 7)
Spalte	884, 5	lies:	→ Seleukos (11) von Seleukeia
Spalte	907, 59	erg.:	I. Republikan. Zeit.
Spalte	939, 41	lies:	Vormundschaft
Spalte	942, 36f.	lies:	3 Bde., 1951. 1959. 1973;
Spalte	944, 21	lies:	s. Nachtr. Bd. V.
Spalte	961, 30	lies:	**Poplicola** s. Gellius (I 7. 8). Publicola. Valerius

Spalte 980, 41	lies:	**2.** P., (Iulios Polydeukes)
Spalte 991, 30	lies:	Polybolos
Spalte 992, 28	streiche:	**1.**
Spalte 993, 4	lies:	**2 bis**
Spalte 994, 23	lies:	Theopompos (2)
Spalte 1020, 18	lies:	**3. 4. 5.** s. Claudius II 42. 43. 44.
Spalte 1027, 33	lies:	L. → Staius Murcus
Spalte 1053, 60	lies:	s. Wirtshäuser
Spalte 1054, 1	erg.:	**Poplicola** s. S. 961
Spalte 1070, 32	lies:	s. Omen. Prodigium
Spalte 1077, 52	Verweis tilgen	
Spalte 1080, 29	lies:	I. Heinemann
Spalte 1087, 19	lies:	**8 ff.** Postumii Albini.
Spalte 1089, 59	erg.:	**1.**
Spalte 1089, 60	lies:	60 (Zeilenzählung)
Spalte 1090, 56	erg.:	**2.** s. Nachtr. am Schluß des Bandes
Spalte 1095, 53	lies:	Praeconinus
Spalte 1114, 48	streiche:	Vettius
Spalte 1117, 26	lies:	→ legio, o. Bd. III 542 f.
Spalte 1128, 24	lies:	Deiphobos; lies: → Troilos
Spalte 1135, 42	lies:	II 11
Spalte 1150, 59	lies:	Licinius II 14
Spalte 1174, 52	Verweis tilgen	
Spalte 1194, 51	erg.:	**Protagonistes** s. Tritagonistes
Spalte 1198, 34	lies:	s. Vindemitor
Spalte 1212, 8	lies:	*ψευδομαρτυριῶν*
Spalte 1227, 19	lies:	*ἀστρολάβος*
Spalte 1235, 28	lies:	öffentl. Gebäude, *sarta tecta*,
Spalte 1237, 60	lies:	s. Ager publicus
Spalte 1243, 31	lies:	**5.** M. P. Piso Frugi
Spalte 1251, 60	streiche:	1.
Spalte 1264, 41	lies:	**2 bis**
Spalte 1278, 4	lies:	Rhoimetalkes II.
Spalte 1299, 41	lies:	Tarruntenus
Spalte 1303, 47	streiche:	(1)
Spalte 1307, 11	lies:	*O. Hentschel*, RE XXIV 1149–62.
Spalte 1313, 36	lies:	→ Sestii (3)
Spalte 1323, 33	lies:	wie literarischer Einordnung
Spalte 1324, 10	lies:	(s. [14]. [15]. [16])
Spalte 1324, 42	lies:	(s. [19]. [20])
Spalte 1324, 54	setze hinter Zeile 57	
Spalte 1325, 1	lies:	(s. [23])
Spalte 1325, 4	lies:	(s. [21])
Spalte 1325, 40	lies:	im synagogalen
Spalte 1326, 34	lies:	[25]
Spalte 1326, 51	lies:	Lehnwörter
Spalte 1327, 5	lies:	1921^{5}
Spalte 1327, 28	lies:	Mabo l^{e}talmudim I, 1969.
Spalte 1330, 12	lies:	Vologaeses

Spalte 1334, 53	lies:	Thèse lic.
Spalte 1341, 8	lies:	s. Weihrauch
Spalte 1366, 21	lies:	von → Marcus (2) Aurelius
Spalte 1381, 31	lies:	s. Finanzwirtschaft. Patrimonium
Spalte 1387, 46	lies:	(I 31 ff.)
Spalte 1398, 19f.	lies:	aus der »Rhetorik an Alexander« (→ Anaximenes 2) deutlich wird.
Spalte 1398, 32	Verweis tilgen	
Spalte 1398, 37	lies:	Theodoros (II 6) v. Byzanz
Spalte 1401, 40	Verweis tilgen	
Spalte 1401, 52	lies:	*χαρακτὴρ*
Spalte 1403, 29	lies:	(Ps. → Longinos)
Spalte 1415, 16	erg.:	s.a. Auctor ad Herennium
Spalte 1415, 18	lies:	1958, 81 ff.
Spalte 1469, 1	lies:	I 33
Spalte 1512, 59	streiche: **1.**	
Spalte 1521, 41	Verweis tilgen	
Spalte 1521, 48	streiche: I. Republik. Zeit	
Spalte 1523, 45	lies:	Serenos S. Sekundos
Spalte 1529, 33f.	lies:	mit Namen Sebaste ausbaute
Spalte 1542, 39	lies:	*Σάγγαλα*
Spalte 1545, 18	lies:	Tarruntenus
Spalte 1557, 16	Verweis tilgen	
Spalte 1559, 58	erg.:	**1.**
Spalte 1569, 34	lies:	Faunalia (s.o. Bd. II 522, 33f.)
Spalte 1573, 32	lies:	s. Silenos – Satyros
Spalte 1574, 7	lies:	Chor von Satyrn (→ Silenos – Satyros)
Spalte 1587, 7	lies:	I 2 d
Spalte 1587, 24	erg.:	**1.**
Spalte 1588, 1–3	setze hinter 1587, 23	

Corrigenda et Addenda

Spalte 307, 26	lies:	Macrinus (2)

BAND 5

Spalte 26, 25	lies:	4. Gattung
Spalte 48, 14	lies:	Nr. 9
Spalte 49, 28	lies:	(I 68)
Spalte 98, 48	lies:	→ S. Asellio (III)
Spalte 115, 26	lies:	*C. F. Russo*
Spalte 115, 55	lies:	*H. Cancik*
Spalte 118, 3	lies:	Augusta → Suessionum
Spalte 132, 37	lies:	(2),
Spalte 133, 5	lies:	Folgenden aus.
Spalte 142, 17	lies:	RE II A 1775 ff.
Spalte 153, 6	erg.:	**1.**
Spalte 153, 14	lies:	A. L.
Spalte 176, 8	lies:	Boethos (1 und 3)
Spalte 247, 39	lies:	So(h)aemias
Spalte 268, 5	erg.:	Uhren

Spalte	284, 17	streiche:	(II 3)
Spalte	315, 56	lies:	(I 49f.)
Spalte	323, 12	streiche:	(II 3)
Spalte	371, 22	lies:	Pinax 6)
Spalte	372, 38	erg.:	**Stierkult** s. Tauros (4)
Spalte	405, 8	lies:	nota censoria
Spalte	405, 9	lies:	libellus principis
Spalte	485, 14	Verweis tilgen	
Spalte	489, 1	lies:	([Ps.-] → Longinos 2)
Spalte	508, 32	lies:	(I 13–18)
Spalte	519, 49	lies:	Phalantos
Spalte	529, 4	lies:	XLVII. 972
Spalte	537, 48	erg.:	4.
Spalte	546, 1	erg.:	Tauroi
Spalte	547, 47	lies:	Calvisius (richtig: Calvinus, wie in neueren Ausgaben hergestellt)
Spalte	548, 28f.	lies:	In den Fasten der republ.- und der Kaiserzeit bei den → Statilii (II 3ff.;
Spalte	561, 29	streiche:	(1)
Spalte	646, 53	lies:	(I 5–10)
Spalte	690, 20	lies:	des → Isokr. (2)
Spalte	731, 7	lies:	freilich
Spalte	750, 21	lies:	(o. Bd. III 1334, 33ff.)
Spalte	762, 5	lies:	via → Egnatia
Spalte	764, 32	lies:	Hypermestra (2)
Spalte	945, 21	lies:	Nemetern
Spalte	961, 12	lies:	Petronius
Spalte	1004, 41	lies:	Catualis
Spalte	1111, 59f.	lies:	Befreundet war er mit → Vitellius (II 2), s. R. Syme, H 92, 1964, 417, ...
Spalte	1211, 30ff.	erg.:	Über die Bestimmbarkeit der Quantität des Endelementums gewisser Kola (enh, ith usw., vgl. S. 1217, 24ff.) R. Pretagostini, RFIC 102, 1974, 273ff.
Spalte	1212, 47	füge ein:	Jetzt aber läßt der neu veröffentlichte Archil., Pap. Colon. 7511, Frg. a, 3ia ‖ hem | 2ia |||, eine gesch. Entwicklung der Technik spüren: zw. den Kola elem. indiff. 1. 7. 21. 33, Hiat 3. 17; vgl. Hor. epod. 11. 13.

VERZEICHNIS DER MITARBEITER

Abel, Prof. Dr. Karlhans, Marburg	K. A.
Aubet, Dr. María Eugenia, Barcelona	M. E. A.
Bellen, Prof. Dr. Heinz, Mainz	H. B.
Berneker, Prof. Dr. Erich, Würzburg	E. B.
Böker, Dr.-Ing. Robert, Bad Homburg v. d. H.	R. B.
Bocr, Dr. Emilie, Berlin	E. Bo.
Breitenbach, Prof. Dr. Hans Rudolf, Aetingen-Bern	H. R. B.
Büchner, Prof. Dr. Karl, Freiburg i. Br.	K. B.
Bund, Prof. Dr. Elmar, Freiburg i. Br.	E. Bu.
Burchard, Prof. Dr. Christoph, Heidelberg	Chr. B.
Cancik, Univ.-Doz. Dr. Hubert, Tübingen	H. Ck.
Chantraine, Prof. Dr. Heinrich, Mannheim	H. Ch.
Classen, Prof. Dr. Carl Joachim, Göttingen	C. J. C.
Colpe, Prof. Dr. Dr. Carsten, Berlin	C. C.
Cüppers, Dr. Heinz, Trier	H. C.
Danoff, Prof. Dr. Christo M., Sofia	Chr. D.
Deißmann-Merten, Akad. ORätin Dr. Marieluise, Freiburg i. Br.	M. D.-M.
Dietrich, Prof. Dr. Albert, Göttingen	A. D.
Dobesch, Univ.-Prof. Dr. Gerhard, Graz	G. Do.
Dörner, Prof. Dr. Friedrich Karl, Münster	F. K. D.
Dörrie, Prof. Dr. Heinrich, Münster	H. D.
Dreyer, Dr. Oskar, Ostercappeln	O. Dr.
Drögemüller, Dr. Hans-Peter, Hamburg	H.-P. D.
Duchesne-Guillemin, Prof. Dr. Jacques, Liège	J. D.-G.
Ebner, Univ.-Ass. Dr. Constanze, Innsbruck	C. E.
Eder, Dr. Walter, Berlin	W. Ed.

Eisenhut, Prof. Dr. Werner, Berlin	W. E.
Engel, OStR Dr. Rudolf, Nettetal-Lobberich	R. E.
Fadinger, Prof. Dr. Volker, Berlin	V. F.
Fabian, Klaus-Dietrich, Berlin	K. D. F.
Fauth, Priv.-Doz. Dr. Wolfgang, Göttingen	W. F.
Fischer, Dr. Eitel, Regensburg	E. F.
Fitz, Dr. Jenö, Székesfehérvár/Ungarn	J. F.
von Fritz, Prof. Dr. Kurt, München	K. v. F.
Fuhrmann, Prof. Dr. Manfred, Konstanz	M. F.
Gärtner, Prof. Dr. Hans, Regensburg	H. Gä.
v. Geisau †, OStDir. Dr. Hans, Warburg/Westf.	H. v. G.
von Gladiß, Dr. Almut, Berlin	A. v. Gl.
Groß, StDir. Rudolf, Stuttgart	Rud. G.
Gross, Prof. Dr. Walter Hatto, Hamburg	W. H. G.
Gugel †, Univ.-Doz. Prof. Dr. Helmut, Graz	H. Gu.
Gundel, Prof. Dr. Hans Georg, Gießen	H. G. G.
Hanslik, Univ.-Prof. Dr. Rudolf, Wien	R. H.
Helck, Prof. Dr. Hans Wolfgang, Hamburg	W. H.
Herter, Prof. Dr. Dr. h. c. Hans, Bonn	H. H.
Herzog, Prof. Dr. Reinhart, Bielefeld	R. He.
Heubeck, Prof. Dr. Alfred, Nürnberg	A. H.
Hiltbrunner, Prof. Dr. Otto, Münster	O. H.
Horak, Univ.-Prof. Dr. Franz, Innsbruck	F. H.
Hunger, Univ.-Prof. Dr. Herbert, Wien	H. Hg.
Kaletsch, Akad.ORat Dr. Hans, Regensburg	H. K.
Keydell, Prof. Dr. Rudolf, Berlin	R. K.
Kinzl, Prof. Dr. Konrad, Peterborough/Canada	K. K.
Kippenberg, Prof. Dr. Hans G., Berlin	H. G. K.
Klein, Dr. Ulrich, Tübingen	U. K.
Kollesch, Dr. Jutta, Berlin	J. K.
Kraus, Univ.-Prof. Dr. Walther, Wien	W. K.
Krenkel, Doz. Dr. Werner, Rostock	W. Kre.

Kudlien, Prof. Dr. Fridolf, Kiel	F. K.
Kuschke, Prof. Dr. Arnulf, Tübingen	A. Ku.
Lasserre, Prof. Dr. François, Lausanne	F. L.
Le Glay, Prof. Dr. Marcel, Paris-Nanterre	M. L.
Lesky, Univ.-Prof. Dr. Albin, Wien	A. Le.
Lippold, Prof. Dr. Adolf, Regensburg	A. L.
Mariotti, Prof. Dr. Scevola, Rom	Sc. M.
Mansel, Prof. Dr. Arif Müfid, Istanbul	A. M. M.
Mau, Prof. Dr. Jürgen, Göttingen	J. M.
Medicus, Prof. Dr. Dieter, Regensburg	D. M.
Meister, Prof. Dr. Klaus, Köln	Kl. M.
Meyer, Prof. Dr. Ernst, Zürich	E. M.
Moritz, Prof. Dr. L. A., Cardiff	L. A. M.
Najock, Dr. Dietmar, Göttingen	D. Na.
Neumann, Prof. Dr. Alfred Richard, Wien	A. N.
Neumann, Prof. Dr. Günter, Würzburg	G. N.
Olshausen, Prof. Dr. Eckart, Stuttgart	E. O.
Oppermann, Akad.Rat Dr. Siemer, Gießen	S. O.
Pekáry, Prof. Dr. Thomas, Münster	Th. P.
Pfiffig, Univ.-Doz. Dr. Ambros J., Geras/Österr.	A. Pf.
Pötscher, Univ.-Prof. Dr. Walter, Salzburg	W. P.
Raber, Univ.-Prof. Dr. Fritz, Innsbruck	F. R.
Radke, Prof. Dr. Gerhard, Berlin	G. R.
Regen, Dr. Frank, Göttingen	F. Re.
Reinmuth, Prof. Dr. Oscar W., Austin/Texas	O. W. R.
Richter, Prof. Dr. Will, Göttingen	W. R.
Rix, Prof. Dr. Helmut, Regensburg	H. R.
Röllig, Prof. Dr. Wolfgang, Tübingen	W. Rö.
Roisl, Dr. Hans Norbert, Wien	H. N. R.
Rossi, Prof. Dr. Luigi Enrico, Rom	L. E. R.
Sallmann, Prof. Dr. Klaus, Mainz	K. S.
Schachermeyr, Univ.-Prof. Dr. Fritz, Wien	F. Sch.

Verzeichnis der Mitarbeiter

Schaller, Dr. Berndt, Göttingen	B. Sch.
Schmidt, Doz. Dr. Ernst Günther, Berlin-Jena	G. Schm.
Schmidt, Prof. Dr. Peter L., Konstanz	P. L. Sch.
Schmitt, Dr. Wolfgang O., Berlin	W. O. Sch.
Schwabl, Univ.-Prof. Dr. Hans, Wien	H. Sch.
Schwarz, Univ.-Doz. Dr. Mag. Franz F., Graz	F. F. S.
Sontheimer, Prof. Dr. Walther, Stuttgart	W. S.
Steinmetz, Prof. Dr. Peter, Saarbrücken	P. St.
Stiegler, Univ.-Doz. Dr. Herwig, Graz	H. St.
Stoessl, Univ.-Prof. Dr. Franz, Graz	F. St.
Szilágyi, Dr. János, Budapest	J. Sz.
Thür, Univ.-Doz. Dr. Gerhard, Wien	G. Th.
Ürögdi, Prof. Dr. Georg, Budapest	G. Ü.
Untermann, Prof. Dr. Jürgen, Köln	J. U.
Völkl, Univ.-Ass. Dr. Artur, Innsbruck	A. V.
Volkmann, Prof. Dr. Hans, Köln	H. V.
Voss, Prof. Dr. Bernd Reiner, Münster	B. R. V.
Vretska, Dr. Helmuth, Graz	H. Vr.
Vretska, Univ.-Prof. Dr. Karl, Graz	K. V.
Wachsmuth, Prof. Dr. Dietrich, Berlin	D. Wa.
Wegenast, Prof. Dr. Klaus, Bern	Kl. W.
Wesener, Univ.-Prof. Dr. Gunter, Graz	G. We.
Wiggers, Dr. Heinz B., Vreden	H. B. W.
Winkler, Mag. Dr. Gerhard, Linz	G. Wi.
Wirth, Prof. Dr. Gerhard, Nürnberg	G. W.
Wolbergs, Akad. Rat Dr. Thielko, Regensburg	Th. W.
Zazoff, Prof. Dr. Peter, Hamburg	P. Z.
Ziegler †, Prof. Dr. Dr. h. c. Konrat, Göttingen	K. Z.
Zintzen, Prof. Dr. Clemens, Köln	C. Z.
Zschietzschmann, Prof. Dr. Willy, Gießen	W. Z.

Der Kleine Pauly
Lexikon der Antike in 5 Bänden